Wörterbuch der donauschwäbischen Landwirtschaft

SCHRIFTENREIHE DES INSTITUTS
FÜR DONAUSCHWÄBISCHE
GESCHICHTE UND LANDESKUNDE

Band 12

DONAUSCHWÄBISCHE
FACHWORTSCHÄTZE

Teil 1
Wörterbuch der donauschwäbischen
Bekleidungsgewerbe
(Bd. 6, 1997)

Teil 2
Wörterbuch der donauschwäbischen
Baugewerbe
(Bd. 7, 2000)

Teil 3
Wörterbuch der donauschwäbischen
Landwirtschaft
(Bd. 12, 2003)

Wörterbuch der donauschwäbischen Landwirtschaft

von Hans Gehl

Franz Steiner Verlag Stuttgart 2003

Abbildungsverzeichnis

DudenBildWb 1977: 2, 3, 4, 13, 16, 17, 24, 25, 27, 28, 40, 41, 42, 48, 49, 52, 56, 57, 60, 61, 69, 76, 82, 83, 85, 87, 88, 93, 97, 98, 103, 104; *Der große DudenBildWb 1958*: 5, 7, 8, 30, 31, 33, 38, 44, 45, 50, 53, 54, 63, 71, 72, 74, 75, 77, 78, 86, 89, 92, 95; *BildWb Deutsch-Rumänisch 1960*: 1, 6, 23, 47, 79, 81, 100; *Gauss/Weidenheim*: 73; Gehl 1991: 12, 14, 39, 43, 46, 51, 55, 58, 62, 64, 67, 68, 80, 94, 96, 102, 105; *DEX 1984*: 21, 90; *Schneider 1986*: 34, 84; *Sens 1976*: 19; *Eggert 1991*: 10. Illustrationen ohne Quellenangaben wurden vom Autor gezeichnet.

Bibliografische Information der Deutschen Bibliothek
Die Deutsche Bibliothek verzeichnet diese Publikation in der Deutschen Nationalbibliografie; detaillierte bibliografische Daten sind im Internet über <http://dnb.ddb.de> abrufbar.

ISBN 3-515-08264-6

ISO 9706

Jede Verwertung des Werkes außerhalb der Grenzen des Urheberrechtsgesetzes ist unzulässig und strafbar. Dies gilt insbesondere für Übersetzung, Nachdruck, Mikroverfilmung oder vergleichbare Verfahren sowie für die Speicherung in Datenverarbeitungsanlagen.
Gedruckt auf säurefreiem, alterungsbeständigem Papier.
© 2003 by Franz Steiner Verlag Wiesbaden GmbH, Sitz Stuttgart. Druck: Druckerei Proff, Eurasburg.
Printed in Germany

INHALTSVERZEICHNIS

VORWORT 7

EINFÜHRUNG 9

   1 Zur Geschichte eines donauschwäbischen Wörterbuchs 9
      1.1 Der Weg zum Wörterbuch der donauschwäbischen Fachwortschätze 11
      1.2 Gestaltung des Wörterbuchs 11
      1.3 Zum Inhalt des Wörterbuchs 13
      1.4 Verwendete Umschriften 16
      1.5 Danksprechung 19

   2 Fachsprachen 19
      2.1 Entwicklung der Landwirtschaft in Ungarn und in den Nachfolgestaaten 21
      2.2 Besonderheiten der Fachsprache der Landwirtschaft 25

   3 Entstehung und Entwicklung der donauschwäbischen Dialekte 32
      3.1 Gliederung der donauschwäbischen Dialekte 33

   4 Ortschaften mit mundartlicher Zuordnung 42
      4.1 Ungarisches Mittelgebirge 42
      4.2 Schwäbische Türkei 43
      4.3 Batschka 45
      4.4 Syrmien und Slawonien 46
      4.5 Banat und Arader Gebiet 47
      4.6 Sathmarer Gebiet 50

   5 Karten der Siedlungsregionen 51

   6 Literatur und Quellenangaben 59
      6.1 Allgemeine Nachschlagewerke 59
      6.2 Allgemeine und donauschwäbische Literatur 61
      6.3 Literatur über Landwirtschaft 67
      6.4 Publizierte Quellen für den Wortschatz der Landwirtschaft 69
      6.6 Manuskripte und Einsendungen 73
      6.7 Zitierte Zeitungen und Zeitschriften 75

   7 Abkürzungsverzeichnis 76

WORTARTIKEL .... Spalten 1-1122

STICHWORTVERZEICHNIS 1-22

ABBILDUNGSVERZEICHNIS

Abb. 1 Agrasel
Abb. 2 Amsel
Abb. 3 Atzel
Abb. 4 Bachstelze
Abb. 5 Blutegel
Abb. 6 Bockerl
Abb. 7 Bratkürbis
Abb. 8 Brennnessel
Abb. 9 Bürste
Abb. 10 Cormick
Abb. 11 Dampfer
Abb. 12 Dengelstuhl
Abb. 13 Distel
Abb. 14 Distelstecher
Abb. 15 Doboschtorte
Abb. 16 Eierwiesel
Abb. 17 Fasan
Abb. 18 Feldkreuz
Abb. 19 Fischkalter
Abb. 20 Frucht (1)
Abb. 21 Fuchs
Abb. 22 Galgen
Abb. 23 Gehängel
Abb. 24 Gelse
Abb. 25 Georgine
Abb. 26 Gießkannenkopf
Abb. 27 Glockenstrauß
Abb. 28 Goldamsel
Abb. 29 Grabschaufel
Abb. 30 Gritsche
Abb. 31 Hahnenfuß
Abb. 32 Hambar
Abb. 33 Hederich
Abb. 34 Hendelkorb
Abb. 35 Heurupfer
Abb. 36 Heuschober
Abb. 37 Holzriese
Abb. 38 Kamille
Abb. 39 Katsche
Abb. 40 Kolben
Abb. 41 Kornblume
Abb. 42 Krake
Abb. 43 Krauthobel
Abb. 44 Kröte

Abb. 45 Kuckuck
Abb. 46 Kuh
Abb. 47 Kukuruz
Abb. 48 Lerche
Abb. 49 Luzerne
Abb. 50 Maikäfer
Abb. 51 Mangalitza
Abb. 52 Margerite
Abb. 53 Maulwurf
Abb. 54 Melde
Abb. 55 Messer
Abb. 56 Mistbeet
Abb. 57 Nelke
Abb. 58 Paradeis
Abb. 59 Peitsche
Abb. 60 Pferd
Abb. 61 Pflug
Abb. 62 Pfluputzer
Abb. 63 Pipatsch
Abb. 64 Presse
Abb. 65 Presshaus
Abb. 66 Quecke
Abb. 67 Rebenschere
Abb. 68 Rebenstock
Abb. 69 Rebhendel (1)
Abb. 70 Rechen
Abb. 71 Ribisel
Abb. 72 Rotklee
Abb. 73 Salasch
Abb. 74 Sämaschine
Abb. 75 Sapine
Abb. 76 Schafrippe
Abb. 77 Scheibenegge
Abb. 78 Scheißdreckvogel
Abb. 79 Schleppe
Abb. 80 Schneider
Abb. 81 Schwadenrechen
Abb. 82 Schwalbe
Abb. 83 Schwarzwurzel
Abb. 84 Schwengelbrunnen
Abb. 85 Sense
Abb. 86 Sielengeschirr
Abb. 87 Speckmaus
Abb. 88 Star

Abb. 89 Steinklee
Abb. 90 Sterlet
Abb. 91 Storch
Abb. 92 Striegel
Abb. 93 Strippwurzel
Abb. 94 Tabaknadel
Abb. 95 Taube
Abb. 96 Taubenschlag
Abb. 97 Tausendgüldenkraut
Abb. 98 Totenvogel
Abb. 99 Traubenmühle
Abb. 100 Walze
Abb. 101 Wassermelone
Abb. 102 Weinheber
Abb. 103 Wicke
Abb. 104 Winde
Abb. 105 Windmühle (2)
Abb. 106 Winete
Abb. 107 Zinkenegge
Abb. 108 Zwacken

VORWORT

Der vorliegende Band 12 der Schriftenreihe des IdGL, das *Wörterbuch der donauschwäbischen Landwirtschaft*, setzt die beim Jan Thorbecke Verlag 1997 von Hans GEHL eröffnete (und 2000 fortgesetzte) Reihe der Wörterbücher zum donauschwäbischen Fachwortschatz fort und untersucht alle landwirtschaftlichen Tätigkeiten der Bereiche Ackerbau, Viehhaltung, Gärtnerei, Obst- und Weinbau, Bienenzucht und Fischerei, Hanfbau, Tabakbau und Forstwirtschaft, die in allen bzw. in manchen donauschwäbischen Siedlungsgebieten anzutreffen sind. Das ausgewertete Korpus umfasst 510 phonetische Transkriptionen von fachbezogenen Tonaufnahmen des Bearbeiters, Einsendungen von donauschwäbischen Gewährsleuten und zahlreiche germanistische Examensarbeiten aus Rumänien und Ungarn. Da vom vorhandenen Korpus ausgegangen wurde, musste auf die Darstellung technisch wichtiger Termini verzichtet werden, für die keine Satzbelege vorhanden waren.

Als Sprecher eines südfränkischen Banater Dialektes war ich von 1978 bis 1985 Mitarbeiter an der Wörterbuchstelle für die Banater deutschen Dialekte. Die Tübinger Fachtagung vom 25.-27. Juni 1992 zum Thema "Deutsche Sprache und Literatur in Südosteuropa - Archivierung und Dokumentation", die alle Kräfte in diesem weiten Forschungsbereich bündeln sollte, bewies nur die Unmöglichkeit einer Kooperation und ihrer Koordination. Von den geladenen Budapester Linguisten etwa war kein einziger auf der Tagung vertreten, und die meisten Referenten sahen nur die Hürden und keine konkrete Arbeitsmöglichkeit. Allein Wolfgang KLEIBER verwies als Mitglied des Germanistischen Beirats am IdGL auf die Dringlichkeit der Sicherung und Weitergabe des uns anvertrauten Kulturerbes und schlug dafür zwei Forschungsdesiderata vor: 1. *Einen Wortatlas* der donauschwäbischen Landwirtschaftsterminologie, mit Beratergremium und internationaler Koordination, jedoch mit Durchführung am IdGL. 2. *Ein Wörterbuch* donauschwäbischer Fachsprachen, mit kleinstmöglichem Sach-, Zeit- und Finanzrahmen, wobei zwischen Einzelmonographien zu den genannten Fachsprachen oder einem umfangreichen Sammelwerk zu entscheiden sei[1]. Das waren richtungweisende Worte, die in konkrete Schritte umgesetzt werden konnten und bisher zu drei Bänden des insgesamt vierbändigen lexikographischen Werkes geführt haben. Material und Planung für einen Donauschwäbischen Wortatlas sind gleichfalls seit 1997 bereitgestellt, doch das Vorhaben benötigt eine entsprechender Förderung.

Der vorgestellte Wortschatz der Landwirtschaft führt zum Teil altes Sprachgut fort, das nur mehr in verwandten süd- und südwestdeutschen Dialekten auftritt; er ist ein Spiegelbild ländlicher Lebensformen und sozialer Verhältnisse. Vertreten ist die *Ansiedlung* in: Aufteilung, Meierhof, Parzelle, Pußta, Überland, Session; die *Dorfverwaltung*: Bergrichter, Hutweide; *Besitzverhältnisse*: Bauer, Kleinhäusler, Kleinknecht; *Erbschaft und Versorgung*: Vorbehalter; *Wirtschaft*: Jahrmarkt, Export, Kukuruz, Liesch, Mangalitza, Schankrecht, Verkauf; *Technik*: Kombine, Wetterkanone, Windmühle; *sozialistische Umgestaltung*: Ferma, Kollektiv; *feierlicher Arbeitsabschluss*: Aldemasch, Ernte-, Schlacht-, Traubenfest, Schlachttag: Hausnudeln, Metzel-, Wurstsuppe, Spießstecker, Stichbraten.

Von besonderem Interesse sind Wanderwörter (*Kukuruz, Palatschinke*), die in ähnlicher Form in allen Sprachen der Region anzutreffen sind sowie Rückentlehnungen (*Leckwar, Weinzettler*), die vom Ungarischen aus einer älteren deutschen Sprachstufe entlehnt wurden, und die nun in veränderter Form aus dem Ungarischen in die donauschwäbischen Dialekte zurückgelangen. Oft erweisen sich diese Dialekte

---

[1] Vgl. KLEIBER 1996, 58.

auch als Vermittler zwischen den Sprachen der Region[2]. Der Band enthält dadurch Bezüge zum bairisch-österreichischen und zum gesamtdeutschen Sprachraum und verweist auf sprachliche und kulturelle Wechselbeziehungen zwischen den Völkern der untersuchten Region im südöstlichen Mitteleuropa. Eine große Hilfe waren uns die umfangreiche Sammlungen dialektaler Pflanzen-, Tier- und Straßennamen der Region von Anton Peter PETRI mit Belegen in den einzelnen Dialekten.

Die 4130 Wörterbuchartikel enthalten knappe grammatische Angaben zum Stichwort, Lautvarianten in phonetischer Transkription mit zugeordneten Ortssiglen, Bedeutungsangaben mit zahlreichen Belegen aus dem Korpus in Populärumschrift und ggf. sprachliche und sachliche Erläuterungen sowie Verweise auf zusammenhängende Wortartikel innerhalb des Bandes und auf Vorkommen in anderen Dialektwörterbüchern. Die Wörterbuchreihe zum donauschwäbischen Fachwortschatz und besonders zur Lexik der Landwirtschaft bietet einen Querschnitt durch die Arbeitswelt der Donauschwaben und wird mit einem Band über die Lexik der donauschwäbischen Lebensformen und Volkskunde abgeschlossen. Sie bietet - teilweise schon abgeschlossene und unwiederbringliche - Informationen für Linguisten und Germanisten, Ethnografen und Soziologen, Historiker, Geografen und Leser mit Interesse an Fragen des südöstlichen Mitteleuropa, das heute in völligem Umbruch begriffen ist.

Umfangreiche lexikographische Werke werden langsam angenommen und bewertet; demnach lässt auch die wissenschaftliche Einstufung der "Donauschwäbischen Fachwortschätze" auf sich warten. Wenngleich diese Wörterbücher mit denkbar knappen personellen und zeitlichen Ressourcen erarbeitet werden mussten, wurden sowohl die Zielsetzungen als auch der wissenschaftlicher Standard für solche großräumigen Wörterbücher gewahrt. Dazu zählt der Lemmaansatz auf Grund des vorhandenen Korpus und der Eintragung des Wortes in anderen Wörterbüchern, desgleichen die umfangreichen etymologischen und sachlich-volkskundlichen Angaben, die Hinweise auf die wortgeographische Verbreitung des Materials (z. B. nach Paul KRETSCHMER und verwandten Wörterbüchern), auf eigenständige Entwicklungen in den Siedlungsgebieten und die sprachlich-kulturellen Wechselbeziehungen zu den benachbarten Ethnien. Ob dieses Unternehmen Ersatz für ein gesamtes "Donauschwäbisches Wörterbuch" bieten kann, wird seine Auswertung in zeitlichem Abstand zeigen. Jedenfalls wird dadurch ein bedeutendes, vor dem Untergang stehendes sprachliches Kulturerbe erfasst und in den wissenschaftlichen Kreislauf eingebracht. Hilfe erteilen bei Problemfällen verwandte Wörterbücher, vor allem das pfälzische, rheinische, schwäbische und siebenbürgische. Leider kann kein abgeschlossenes (neueres) bairisches Wörterbuch herangezogen werden, das gerade zur Erläuterung des starken Einflusses der bairisch-österreichischen Verwaltungssprache auf den Untersuchungsraum wichtig wäre. Andererseits bieten die donauschwäbischen Fachwortschätze wertvolle Hinweise von "Auslandsbayern" für diese Wörterbuchunternehmen. Schließlich bleibt zu hoffen, dass alle geplanten Bände der "Donauschwäbischen Fachwortschätze" den Lesern zeitgerecht vorliegen werden.

---

[2]Vgl. dazu Gehl / Purdela Sitaru 1994.

EINFÜHRUNG

1 Zur Geschichte eines donauschwäbischen Wörterbuchs

Die neuzeitlichen Siedler im ungarischen Donauraum wurden von ihren Nachbarn *Schwaben* genannt (ung. sváb, serbokr. švaba, rum. şvab), wenngleich sie nur teilweise "Abstammungsschwaben" sind. Sie stammen nur zum Teil aus dem heutigen Baden-Württemberg. Die Mehrzahl wanderte vielmehr aus anderen Teilen Südwest- und Westdeutschlands (linksrheinische Kurpfalz, Kurmainz, Speyer, Kurtrier, Hessen, Fulda, Würzburg) aber auch aus dem Elsass und aus Lothringen ein. Da jedoch die Einwanderer aus Oberschwaben, dem nördlichen Bodenseegebiet, der oberen Donau und dem Südschwarzwald bis etwa 1723 die Mehrzahl der deutschen Siedler in Ungarn ausmachten, wurden bereits im 18. Jahrhundert alle nichtösterreichischen Siedler und deren Nachkommen als *Schwaben* bezeichnet.[3] Es handelt sich also größtenteils um "Nennschwaben". Zu den Ursachen für diese Bezeichnung mag zählen, dass viele nachtürkischen Ansiedler in den "Ulmer Schachteln" genannten Flussbooten auf der langen Donaustraße nach Ungarn gekommen sind. Die Siedler für ungarische Grundherrschaften schifften sich in Ulm ein, dagegen die für habsburgische Kameralgüter geworbenen Kolonisten in Ehingen oder Günzburg.[4] Unter den entlassenen Soldaten befanden sich viele Schwaben. Diese Bevölkerung wurde von den Seuchen des 18. Jahrhunderts dezimiert und zog zum Teil in andere Gebiete weiter. An ihre Stelle traten im Karpatenraum Bayern und Franken, auf die der Name *Schwaben* übertragen wurde,[5] ähnlich wie die Aussiedler nach Amerika mit dem Sammelnamen "palatines" bezeichnet wurden, wenngleich sie nicht nur Pfälzer waren. Der Begriff *Donauschwaben* wurde nach dem Vertrag von Trianon, zuerst 1922 vom Grazer Geografen Robert SIEGER und vom Herausgeber der Stuttgarter Zeitschrift "Der Auslandsdeutsche" Hermann RÜDIGER verwendet und setzte sich in den 1930er Jahren gegen die Bezeichnungen *Donaubayern* (für die bairischen Siedler) und *Donaudeutsche* (für alle Siedler) durch, der zutreffender gewesen wäre.

Die donauschwäbischen Siedlungsgebiete erstrecken sich entlang des mittleren Donaubeckens vom Raabfluss im Nordwesten bis zur Donauenge am Eisernen Tor, bei Orschowa, im Osten.[6] In diese Gebiete: Ungarisches Mittelgebirge, Schwäbische Türkei, Batschka, Syrmien und Slawonien, Banat und Sathmarer Gebiet (im Wörterbuch mit den römischen Ziffern I - VI bezeichnet) kamen deutsche Siedler nach der Türkenvertreibung, vorwiegend im 18. Jh. unter Karl VI., Maria Theresia und Joseph II. Ihre wirtschaftliche, zivilisatorische und kulturelle Tätigkeit wurde bereits nach zwei Jahrhunderten durch die beiden Weltkriege unterbrochen und durch die Vertreibung und Aussiedlung seit 1945 gänzlich in Frage gestellt. Zudem ist heute ein Kontinuitätsbruch in den sachlichen Grundlagen und in der sprachlichen Tradition durch die Ablösung der alten Gewerbe durch vollmechanisierte, moderne Fertigungsmethoden der Industrie zu verzeichnen, wodurch die Bedeutung der Fachsprachen für die Sprachgeschichte wächst. Dazu kommt die zunehmende Schwierigkeit, noch geeignete Gewährspersonen in diesen hochspezialisierten Bereichen zu finden. Die Landwirtschaft und das Handwerk waren die wichtigsten Berufszweige der Donauschwaben. Daraus ergab sich die vorrangige Aufgabe, wichtige Aspekte aus dem Leben und der Arbeit dieser Bevölkerung festzuhalten. Die Sprache ist Ausdruck der Wirklich-

---

[3] SCHEUERBRANDT 1972 ff., S.13.
[4] SCHEUERBRANDT 1972 ff., S.1.
[5] HUTTERER 1975, S. 2.
[6] TAFFERNER / SCHMIDT / SENZ 1981, S. 1.

keit. Das vorliegende sprachlich-sachliche Wörterbuch soll "Wörter und Sachen" oder anders formuliert "Sachen in Form von Wörtern" aus einem bestimmten südosteuropäischen Bereich gleichermaßen als unersetzliches Kulturgut dokumentieren und künftigen Generationen aufbewahren. Die Handwerkersprachen und die Landwirtschaftsterminologie der donauschwäbischen Siedlungsgebiete werden als "Donauschwäbische Fachwortschätze" in drei Teilen dargestellt: 1. Wörterbuch der donauschwäbischen Bekleidungsgewerbe, 2. der Baugewerbe (Handwerke, die Stein, Holz und Metall verarbeiten) und 3. der Landwirtschaft (Ackerbau, Viehhaltung und Nebenzweige der Landwirtschaft. Dazu kommen 4. donauschwäbische Lebensformen[7].

Die binnendeutschen Mundartgebiete sind bereits durch lexikografische Werke und Sprachatlanten erfasst oder werden zurzeit erforscht. Das gilt auch für die süd- und südwestdeutschen Herkunftsgebiete der Donauschwaben und für den Dialekt einer benachbarten deutschen - allerdings noch mittelalterlichen - Siedlungsgruppe, der Siebenbürger Sachsen. Für die donauschwäbische Dialektgeografie gibt es nur Vorarbeiten. Nachdem Gideon PETZ Ende des 19. Jahrhunderts in Budapest die ungarndeutsche Mundartforschung eingeleitet hatte, wurde diese von seinem Schüler Heinrich SCHMIDT fortgesetzt, der bereits 1914 die deutschen Dialekte in Südungarn und 1928 jene aus dem gesamten "Rumpfungarn" beschrieb. Zusammen mit Petz und JAKOB BLEYER gab Schmidt eine ungarisch verfasste Sammlung germanistischer, sprach- und literaturwissenschaftlicher Untersuchungen in der Reihe "Arbeiten zur deutschen Philologie" heraus. Nach dem Zweiten Weltkrieg betrieb Johann WEIDLEIN Feldforschungen in der Schwäbischen Türkei und stellte besonders die fränkischen Dialekte in Ungarn dar. Johannes HACK beschrieb die Fuldaer Dialekte der Schwäbischen Türkei. Claus Jürgen HUTTERER fasste 1960 die Geschichte der ungarndeutschen Mundartforschung zusammen und nannte ihre Ziele, darunter vorrangig ein Ungarndeutsches Wörterbuch und ein Ungarndeutscher Sprachatlas. Sein Interesse galt vor allem den deutschen Dialekten in Westungarn und im Ungarischen Mittelgebirge. Karl MANHERZ arbeitete in dieser Forschungsrichtung weiter. Seine sprachsoziologische Orientierung führte zur Untersuchung der Fachsprachen der Handwerker und der Landwirtschaft in Budapest, während in Fünfkirchen / Pécs vor allem volkskundliche Themen über die Deutschen behandelt wurden und ihren Niederschlag in Abschlussarbeiten der Germanistikstudenten, Promotionsarbeiten und in Aufsätzen in zwei von Manherz herausgegebenen Reihen[8] fanden. Der Plan ein Ungarndeutsches Wörterbuch zu erarbeiten wurde allerdings aufgegeben. Über die deutschen Dialekte in der Batschka gibt es Einzeluntersuchungen.[9] Die schwäbischen Dialekte im Sathmarer Komitat wurden von Hermann FISCHER und Hugo MOSER, später auch von Stefan KOCH erforscht. Anton SCHWOB untersuchte den Sprachausgleich in südostdeutschen Siedlungsdialekte und Ladislaus Michael WEIFERT befasste sich mit Dialekten des jugoslawischen Banats. In der Zwischenkriegszeit veröffentlichte Hans HAGEL in Temeswar / Timişoara sprachliche und volkskundliche Arbeiten, die von Anton Peter PETRI 1967 im Sammelband "Die Banater Schwaben" in München zusammengefasst wurden. Stefan BINDER vom germanistischen Lehrstuhl der Universität Temeswar leitete zusammen mit Johann WOLF ein Wörterbuch der Banater deutschen Mundarten (aus Rumänien) ein, für das viel Material aufgenommen, in einem Zettelarchiv aufbereitet und in einer Vielzahl von germanistischen Abschluss- und Promotionsarbeiten dargestellt wurde. Zu einem Wörterbuch ist es auch hier nicht gekommen. Johann WOLF fasste die gesamte Banater Forschung 1987 in seiner "Banater deutschen Mundartenkunde" zusammen.

---

[7] Beginnend mit dem ersten Teil der Wörterbuchreihe wurden bereits die neuen, ab 1. August 1998 verbindlichen Rechtschreiberegeln angewendet.
[8] Beiträge zur Volkskunde der Ungarndeutschen (1 / 1975 - 10 / 1993) und Ungarndeutsche Studien (1 / 1981 ff.).
[9] Zu den Vorarbeiten s. Literaturliste und eine Zusammenfassung bei GEHL 1988.

1.1 Der Weg zum Wörterbuch der donauschwäbischen Fachwortschätze

Das von mir geleitete Projekt "Donauschwäbische Mundartforschung" besteht seit dem 1. 10. 1987 am Institut für donauschwäbische Geschichte und Landeskunde. Ich bin Sprecher eines südfränkischen Banater Dialektes, war von 1978 bis 1985 Mitarbeiter an der Wörterbuchstelle für die Banater deutschen Dialekte und kannte die Zielsetzungen der Budapester Dialektologie. Deshalb knüpfte mein Projekt zuerst an die Vorarbeiten und frühen Ziele der ungarndeutschen Mundartforschung an und sah die Mitarbeit an der Erstellung eines "Donauschwäbischen Wörterbuchs" vor. Die Bestandsaufnahme der bis dahin vorliegenden Quellensammlungen und Literatur, die inzwischen veränderte Zielsetzung in der ungarndeutschen und rumäniendeutschen Dialektforschung und die schwieriger werdende Feldforschung ließen es sinnvoll und zweckmäßig erscheinen, das ursprüngliche Forschungsziel einzuschränken und die Arbeit auf einen begrenzten Bereich zu konzentrieren.[10]

Das Materialkorpus entstand durch direkte Tonaufnahmen bei donauschwäbischen Gewährspersonen in den Siedlungsgebieten und - wo dies nach der Aussiedlung nicht mehr möglich war - bei Mundartsprechern in Deutschland. Bei der Auswahl der Sprecher wurde darauf geachtet, dass sie womöglich erst vor kurzem ausgesiedelt waren, ihre Heimatmundart bzw. die Fachausdrücke ihres Handwerks beherrschten und regelmäßig mit Landsleuten aus den gemeinsamen Siedlungsregionen zusammenkamen. Vor der Tonaufnahme schickte ich den Gewährspersonen einen nach Gewerben differenzierten Interviewleitfaden zu. In der Regel kamen mehrere Sprecher aus derselben Ortschaft zusammen, um die Sprechsituation möglichst natürlich zu gestalten. Neben den von 1987-2002 selbst durchgeführten über 1900 Interviews[11] konnte ich auf hundert zwischen 1958 und 1965 erstellte Aufnahmen von ausgesiedelten Donauschwaben vom Institut für deutsche Sprache Mannheim[12] sowie einige Tonaufnahmen vom Germanistiklehrstuhl der Universität Budapest, vom Johannes-Künzig-Institut für ostdeutsche Volkskunde Freiburg und von der donauschwäbischen Siedlung in Entre Rios (Brasilien) zurückgreifen. Insgesamt umfasst das Korpus 750 Tonkassetten zu je einer Stunden Aufnahmedauer, das entspricht über tausend Interviews vorwiegend zu den Themen: Handwerker, Landwirtschaft, Bräuche und Lebensformen in den erfassten donauschwäbischen Siedlungsgebieten. Die Aufnahmen wurden laufend phonetisch transkribiert; möglichst die ganzen Tonbänder (325), mit Aufnahmen zu allen bearbeiteten Forschungsthemen. Ergänzt wurden die Direktaufnahmen durch schriftliche Erhebungen ausgewählter Ausdrücke mit Satzbeispielen. Zu diesem Korpus kommen rund 500 Manuskripte, und zwar germanistische Examensarbeiten aus Ungarn und Rumänien und thematische Einsendungen von Gewährsleuten, die auch als Quellen für die Belegrecherche verwendet wurden.

1.2 Gestaltung des Wörterbuchs

Die Beschreibung der donauschwäbischen Landwirtschaft schließt an die Erforschung der Bekleidungsgewerbe und Baugewerbe an und behandelt einen weiteren eigenständigen Schwerpunkt innerhalb der donauschwäbischen Fachwortschätze. Die ausgewählten Ausdrücke wurden in den letzten zwei Jahren lemmatisiert und in die Wörterbuchdatenbank eingegeben, deren Aufbau in der *Materialien*-Reihe unseres Instituts[13] vorgestellt wurde. Es handelt sich um ein sprachlich-sachliches Wörterbuch, das sich sowohl an linguistisch-dialektologische, volkskundlich-soziologische und historische Fachkreise als

---

[10]Vgl. GEHL 1993.
[11]Vgl. GEHL 1999, S. 15 f.
[12]Vgl. GÖSCHEL (Hrsg.) 1977.
[13] Vgl. GEHL / BADER 1993.

auch an interessierte Laien wendet. Deshalb wurden in den Band sachliche Erläuterungen und Illustrationen zu den vorgestellten Nutzpflanzen und Tieren, zu Werkzeugen, Maschinen und Erzeugnissen aufgenommen, idiomatische Wendungen angeführt, und die Verwendung der landwirtschaftlichen Erzeugnisse angegeben.

Ein Wörterbuchartikel besteht aus drei Teilen: dem Lautkopf, dem Inhalt (Bedeutungsbeschreibung, Belege, sachlich-volkskundliche Informationen, etymologische Kommentare, sprachliche Anmerkungen) und den Verweisen (Buchungen des Lemmas in verwandten Sach- und Mundartwörterbüchern und Verweise auf semantisch zusammenhängende Lemmata innerhalb des Wörterbuchs).
- Der *Lautkopf* jedes Artikels enthält die Wortbelege in phonetischer, den dialektalen Besonderheiten der Region entsprechenden Umschrift (während die Satzbelege zwecks leichterer Lesbarkeit literarisch umgeschrieben und kursiv gesetzt sind). Die Belege sind dem jeweiligen Herkunftsort und der Region durch Siglen der Ortsangabe zugeordnet, die durch die Ortsnamenliste und die Karten der Siedlungsregionen erschlossen werden. Der Lemmaansatz umfasst hochgelautete standardsprachliche, nur ausnahmsweise dialektale / regionale Wortformen, insofern sie z. B. im DWb, im PfWb usw. erscheinen. Nichtassimilierte Fremdwörter werden als Lemmata in schriftsprachlicher Umschrift angesetzt. Die grammatischen Angaben umfassen die Notierung des Genus und der Pluralform bei Substantiven (bei identischen Varianten nur bei der ersten), des Konjugationstypus (durch die Infinitiv- und die Partizip Perfekt-Form erkenntlich), des trans., intrans. bzw. reflexiven Gebrauchs bei Verben und der Kennzeichnung von Adjektiven und Adverbien. Auch doppelte Genus- bzw. Konjugationsformen werden ggf. hervorgehoben.
- Ein Absatz trennt den Lautkopf vom Inhalt des Wörterbuchartikels und diesen von den Verweisen auf zusammenhängende Lemmata. Durch Symbole werden die einzelnen Abschnitte gegliedert: voller Kreis ● leitet die Belege ein, voller Rhombus ◆ die sachlich-volkskundliche Informationen und volles Rechteck ■ die Buchungen in verwandten Wörterbüchern. Vertikaler Pfeil ↑ vor schwer verständlichen Fachwörtern im Kontext verweist auf Informationsmöglichkeiten bei Wörtern, die als Lemma aufgenommen wurden. Ist das nicht möglich, wird die Wortbedeutung in runden Klammern erläutert. In eckigen Klammern stehen die Ortssiglen mit der Angabe der Regionszugehörigkeit und in den Belegen die Ergänzung von Lauten oder ganzen Wörtern zur Erläuterung der Bedeutungen. Z. B. *Lite*[r], *Der Risar* (↑*Riesar*) *hat zehn Prozent* [des Ertrages] *kriet*. Ein horizontaler Pfeil → in der letzten Rubrik des Wörterbuchartikels leitet die Verweise auf zusammenhängende Wortartikel innerhalb des Bandes ein, wobei sich die Ziffern vor dem Verweis auf die Bedeutung im besprochenen Lemma und jene nach dem Wort auf die Bedeutungspositionen im Verweislemma beziehen. So wird beim Artikel "brechen", Bedeutung 2. 'die reifen Maiskolben vom Stängel abbrechen, ernten' auf die sinnverwandten Lemmata aus, wegbrechen, ausbrocken, verwiesen. Der Apostroph markiert eine Bedeutungsangabe: Rohme 'Rahmen', Motsche 'Kalb' bzw. einen ungewöhnlichen Wortakzent: 'Kolrabe (Kohlrabi), Trak'tor. Das Anführungszeichen hebt ein zitiertes Wort, eine Wortform oder einen Text hervor: als Brigadier in de ↑Ferma "Scânteia", es eignete sich als "Vier-Schinken-Schwein"; oder "16 rechter gutter Echer". Die Herkunftswörter im Abschnitt *Etym.*: werden kursiv und fett gesetzt: türk. ***ambar***, serbokr. und rum. ***ambar***, ***hambar***, ung. reg. ***hambár*** 'Getreidespeicher'.
- Die *Verweise* sollen der Benutzerfreundlichkeit dienen und fassen inhaltlich Zusammengehöriges unter einem Hauptlemma zusammen, während die Buchungen in verwandten Wörterbüchern die regionale Verbreitung bzw. die Sonderentwicklung sprachlich interessanter, auch alter Wortformen aufzeigen.

1.3 Zum Inhalt des Wörterbuchs

Das Wortmaterial und die aufgenommenen Wortbedeutungen dienen der sachlichen Information zu den vorgestellten Lemmata. Ihre Auswahl erfolgte nach sachlichen Kriterien, die nach Interviewleitfäden abgefragt wurden. Dabei handelt es sich um: Allgemeines zum Arbeitsbereich Landwirtschaft, Umwelt und Wetter, Bauernhof mit Wirtschaftsgebäuden, Dorfflur und Äcker, landwirtschaftliche Werkzeuge, Geräte Transportmittel und Maschinen, Pflanzen und Tiere, Pflege- und Erntearbeiten, landwirtschaftliche Erzeugnisse, ihre Verwendung und ihr Absatz. Es handelt sich also um den Wortschatz, den Bauern und Landarbeiter während ihrer Arbeit und in Bezug darauf verwenden. Wortbedeutungen aus der Allgemeinsprache können neben den fachsprachlichen Bedeutungen nicht berücksichtigt werden. Allerdings umfasst das Korpus nicht einen "donauschwäbischen Sonderwortschatz" sondern, neben einem nur Fachkundigen verständlichen Teilbereich, viele Ausdrücke, aus der Allgemeinsprache und den Lokalmundarten, die von Bauern und Landarbeitern verwendet werden. Eigene Wortbedeutungen berechtigen die Behandlung von Diminutivformen und Komposita als gesonderte Lemmata. Die Anwendung des Nestprinzips mit der Zusammenfassung aller Ableitungen und Zusammensetzungen unter das Grundwort würde die Anlage eines Fachwörterbuchs (schon wegen der Aufnahme von Einzelbelegen für jedes Fachwort) zu unübersichtlich gestalten. Deshalb werden die inhaltliche Beziehung zwischen zusammengehörenden Lemmata durch das komplexe Verweissystem hergestellt. So werden beispielsweise unter "Fleisch" Verweise auf 64 Lemmata angeführt, die unter den Abschnitten Herkunft, Zubereitungsarten und Sonstiges zusammengefasst sind. Vom Überlemma "Gemüse" wird auf 31 erfasste Gemüsearten verwiesen. Die 34 Verweise von "Kukuruz" betreffen Pflanzenteile, Erzeugnisse und Verschiedenes, 38 Verweise von "Grundbirne" fassen Arten, Kartoffelspeisen und Verschiedenes zusammen. Das Überlemma "Riesleute" verweist auf 33 Bezeichnungen von Drescharbeitern, während unter "Bauer" 27 substantivische Verweise und das Verb "bauerieren" das Verhältnis zum Bodenbesitz dieser Bedeutungssphäre betreffen.

Die Siglen entsprechen folgenden erfassten landwirtschaftlichen Tätigkeitsbereichen:

1. *Allg*   *Allgemeines* über landwirtschaftliche Tätigkeiten, einschließlich Beschaffung von Maschinen, Saatgut, Zuchttieren usw. sowie der Absatz landwirtschaftlicher Erzeugnisse
2. *A*   *Ackerbau* (Bauernwirtschaft und Nutzflächen, Flurnamen, Wettereinflüsse; Anbau von Nutzpflanzen: Getreide und Industriepflanzen; Fahrzeuge, Maschinen und Geräte, Feldbearbeitung, Ernte, Bearbeitung und Verwertung der Erzeugnisse, Nahrungsmittel)
3. *B*   *Bienenzucht* (Imkerei und Nutzung der Erzeugnisse)
4. *Fi*   *Fischfang* (Arbeitsweisen, Fischarten; Verwertung und Absatz des Fangs)
5. *Fo*   *Forstwirtschaft* (Wald und Wildtiere; ihre Pflege, Jagd und Holzgewinnung)
6. *G*   *Gartenbau* (Gemüsebau, Blumenzucht)
7. *H*   *Hanfbau* (Anbau und Bearbeitung des Hanfes)
8. *O*   *Obstbau* (Obstbäume und Sträucher; Verwertung der Ernte)
9. *T*   *Tabakbau* (Pflegearbeiten, Ernte und Absatz)
10. *V*   *Viehhaltung* (Nutztiere, Geflügel und Schädlinge, weitere Tiere; Pflege, Vermehrung und Mast; tierische Erzeugnisse: Verwertung und Absatz)
11. *W*   *Weinbau* (Rebsorten, Pflegearbeiten, Weinlese; Wein- und Schnapsbereitung)
    Insgesamt Wortartikel: 4.130

Durch die Belege sollen die einzelnen Regionen repräsentiert werden. Allerdings hat die Aussagekraft der Belege Vorrang vor flächendeckender Belegung, da es sich um die Darstellung eines in den Siedlungsgebieten verbreiteten Fachwortschatzes handelt. Das aufgenommene Wortmaterial entstammt zum Großteil mündlichen Erhebungen seit neun (teilweise seit 40) Jahren. Anhand von Aufzeichnungen und Erinnerungen alter Gewährsleute konnten maximal hundert Jahre (etwa die Zeitspanne von 1880 bis 1950 bzw. 1995) retrospektiv erfasst werden. Da eine Rekonstruktion allgemein gültiger früherer Sprachzustände nicht mehr einwandfrei möglich ist, wird als Frequenzangabe nur *selten* verwendet (z. B. für regional verbreitete Fremdwörter oder Neologismen bei der jüngeren Generation), dsgl. *veraltet*, doch nicht *allgemein*; zumal die Belegfrequenz dafür nicht ausreicht und die Kennzeichnung *Allg.* auch als Landwirtschaftssigle (für alle Sparten gültig) verwendet wird. Sprachliche Anmerkungen (**Anm.**:) verweisen auf dial. oder ugs. Besonderheiten wie d > r-Rhotazismus in Lerer 'Leder', Schwund des -g(en) in Wåån, Waa 'Wagen', auf die ugs. Richtungspartikel *rum-* statt standardspr. *herum-*, auf Tautologien: Fischkalter, Volksetym.: Leckwar, Weinsiedler. Etymologische Kommentare werden durch das Kürzel: ***Etym.*** eingeleitet.

Bedingt durch den räumlich begrenzten Arbeitsbereich ist die Landwirtschaftsterminologie stärker als der Handwerkerwortschatz an den Lokaldialekt gebunden. Aufgenommen wurden nur Termini, die einen Bezug zur landwirtschaftlichen Arbeit haben und in einem Großraumwörterbuch verzeichnet sind. Bemerkenswert ist die große Anzahl von Komposita und Ableitungen zur präzisen Bezeichnung von Dingern und Handlungen. Manche Ausdrücke für wichtige landwirtschaftliche Tätigkeiten wie hacken, schneiden haben mit Wortbildungsmitteln eine Reihe weiterer Ausdrücke gebildet und werden durch Synonyme weitergeführt:
hacken: abhacken, aufhacken (1a), -reißen, einscharren, hauen, häufeln, scharren, schüttern; verhackt; Hacke, Hackpflug, Schubhacke;
schneiden: ab-, auf-, aus-, darauf-, durch-, ein-, herab-, heraus-, hinein-, los-, ver-, weg-, zu-, zusammenschneiden, auseinander -, voneinander schneiden, hobeln, stutzen; geschnittenes Kraut, Kraut-, Laub-, Rübenschneider, Schneide, Schnitt.

Viele Fachwörter führen *altes Sprachgut* fort, das nur mehr zum Teil in verwandten süd- und südwestdeutschen Dialekte vorkommt, wie:.
abspänen (mhd. spenen), Atzel (ahd. agazzala), aufspreiten (mhd. spreiten), Bär (mhd. bēre), Barg (mhd. barc), Blache (mhd. blahe), blähen (mhd. blaejen), Blater (mhd. blātere), Bottich (mhd. botech{e}, boting), Bürde (mhd. bürde, ahd. burdī), Bütte (mhd. büt{te}, ahd. butīn), Delle (mhd. telle), Eimer (mhd. eimber), Flederwisch (mhd. vederwīsch) Halt (mhd. halt), hantig (mhd. hantīg), Holder (mhd. holder), Hefel (mhd. hefe), Heimermaus (mhd. heime, ahd. heimo 'Grille'), Hübel (mhd. hübel), Kiebitz (mhd. kībitze), Lache (mhd. lache), Lägel (mhd. laegel), Leuchse (mhd. liuhse), Lumbel (mhd. lumbel{e}), Mag (mhd. māhen, ahd. māgen), Metze (mhd. metze), Multer (mhd. mu{o}lter), Muri (mhd. mūr{e}), Rain (mhd., ahd. rein), Schar (mhd. schar), Schellkraut (mhd. schelkrut), schütter (mhd. schiter), Treber (mhd. treber), Weinsiedler (mhd. wînzürl).
Bemerkenswert ist das Reliktwort Watz 'Eber', das im dt. Sprachgebiet nicht mehr bezeugt ist.
Bairisch-österreichischer Herkunft sind die Wörter:
Agrasel, Backsimperl, Beuschel, Biskotte, Brotbrösel, Deka, Doboschtorte, Dunstobst, Eierspeise, -störz, Eiskasten, Erdapfel, fechsen, Fechsung, Fiaker, Fisole, Flachse, Fleischhacker, -bursche, Fratschler, Gelse, gerechteln, Germ, Gewölbe, Glasschneider, Halter, haue, Hendel, Honigbusserl, Marone, Kaiserspitz, Karbonade, Karfiol, Katastraljoch, Kipfel, Kolatsche, Kommassierung, Kraxe, Krenwurst, Leckwartascherl, Lemoni, Linzer, Maschansker Apfel, Obers, Ohrwangel, Paradeis, Pension, pickig, Pipe, Plätte, Prominze, Ribisel, Scheibtruhe, Schubkarren, selchen, Speis, Streifenwagen, Taschenfeitel, Topfen, Umurke, Wadschinken, Weidling, Zeller, Zuwaage.

Der *neue Fachwortschatz* umfasst Entlehnungen aus der *Standardsprache*, die über Fachbücher und -zeitschriften, Warenlisten usw. in den Landwirtschaftswortschatz gelangten. Es handelt sich um neue Wortformen für Maschinen und Werkzeuge, Arbeitsmaterial und Arbeitsvorgänge, Bezeichnungen von Tieren und neuen Pflanzensorten, in den Bereichen Organisation und Handel.

Bassin, befruchten, Beschäler, Bewilligung, Blütezeit, Dieselmotor, Edelmarder, -wild, Eiweiß, Elpege, Esparsette, Export, Gestüt, Gladiole, grillen, Größe, Import, Jagdrevier, -verein, Kahn, Kalium, Kartoffel, klassifizieren, Kohlenhydrat, Kohlweißling, konservieren, Kultivator, Kunstdünger, Libelle, Mädchentraube, Marderfell, Melasse, Milchgenossenschaft, Mistunterlage, Monopol, Muskat Hamburg, Muskat Othonell, Nährwert, Nikotin, Pfauenauge, Phylloxera, Plantager, Plastik, Prozent, Raffia, Reizfütterung, Sägewerk, Scheune, Schwalbenschwanz, Schweizerei, Stärke, Superphosphat, Topinambur, Weidenblüte, Wildbestand, Wintertraube, Zuckergehalt.

Übernommen wurden Ausdrücke aus benachbarten Fremdsprachen, so aus dem *Ungarischen*:

Bakati, Bandi, Beresch, Bika, Botz, Darwasch, Duransche, Elo, Eserjo, Goja, Gomboz, Gore, Gulasch, Muhar, Janni, Joschka, Jultscha, Kaptar, Karam, Kotschisch Irma, Langosch, Latzi, Leventeplatz, Listharmat, Madjarka, Marischka, Meritzel, Morscholo, Muhar, Napschugar, Oriaschi, Petrenze, Pipatsch, Pischta, Pörkölt, Pujke, Pußta, Sackosch, Schajt, Schasch, Scheiemkoro, Schokoladentorte, Silvapalinka, Sit, Törökbalint, Tragatsch, Tschabadjön, Tschalamadi, Tscharnok, Tschikel, Ujhädj, Weder, Zirok, Zitzkan.

Ung.-dt. *Rückentlehnungen* sind: Kaffee-, Schokoladentorte, Liptauer, Salasch, Schor, Weinzettler.

Aus dem *Rumänischen* wurden entlehnt:

Afina, Afus Ali, Apfelmoj, Brinse, Butusch, Dranitza, Ferma (und Staatsferma), Fridschider, Galbenfrumos, Gostat, Hodaie, Joghurt, Kabane, Kanton, Kiftele, Kolibe, Kolne, Kosch, Krapp, Malai, Mamaliga, Mitsch, Munte, natürlich (natural), Huli, Pirkitzle, Poiana, Pope, Redschina Wielor, Remorka, Schikulaer, Semete, Slatina, Soluzie, Towaraschie, Tschag, Tschesar, Winete. Nach rum. und dt. Vorbild entstand die Bezeichnung Brigade.

Aus dem *Russischen* stammt Druschba, aus dem *Serbokr.* Pekmes und Riesar. Einige *franz.* Lehnwörter wurden aus westdt. Siedlungsgebieten (Lothringen) ins Banat mitgenommen:

Baberjon, Koglischan, Rigola, Scharja.

Hervorzuheben sind zahlreiche *Wanderwörter* verschiedener Herkunft, die in mehreren südosteuropäischen Sprachen auftreten, so dass meist keine eindeutige Entlehnungsrichtung erkennbar ist:

Hambar, Hotter, Kaper, Katsche, Kokosch, Kombine, Kotarka, Krempitte, Krenwurst, Kukuruz, Leckwar, Mangalitza, Palatschinke, Pogatsche, Raki, Rampasch, Sarma, Schokolade, Tepsi, Tschardak, Tschutra, Wodka.

Schließlich enthält die landwirtschaftliche Terminologie eine Anzahl von *Eigenbildungen*, ausgehend von anderen dt. oder auch fremden Wörtern, die (bis zu Satznamen) erweitert bzw. umgedeutet werden:

Abendduft, Amerikaner, Arrandat, ausbrocken, auskrücken, ballotieren, bauerieren, kanitzeln 'mit Blaustein behandeln', maschinen (und herabmaschinen), Baumpicker, Bibor, Blähmühle, Blumenstaub, Bollerpeitsche, Butellerschank, Deutschländer Sau, Fransela-Brot, Fujacker, Futterei, Gerade-in-die-Höhe (Schmuckzinnie), Glecke (glecken, Gleckerin), Gulahalt, Hutschenbündel, Kollektiv, Komm-Mitvogel, Kotzkazucker, Leventeplatz, Mutter-lösch-das-Licht (Löwenzahn), Patschkukuruz, Tappe-mich-zusammen (Rhodeländer Huhn), Tscharak, Tschiri, Wasserrain, Winete, Zensor.

1.4 Verwendete Umschriften

Transkriptionen sind für die genaue Wiedergabe der Belege erforderlich. Dabei sollen *Wortbelege* für die einzelnen Lemmata *phonetisch* möglichst genau, mit allen vokalischen Stufen dargestellt werden, um ein Bild der vielfältigen Mundartformen in den donauschwäbischen Siedlungsgebieten zu vermitteln, die sich auch in der Handwerkersprache widerspiegeln. Die *Satzbelege* werden *literarisch* transkribiert, um durch schriftsprachliche Darstellung dieser Belegtexte eine größere Benutzerfreundlichkeit zu gewährleisten. Das Hauptziel des Wörterbuchs gilt nicht phonetischen oder grammatischen Untersuchungen sondern einem lexikalischen Vorhaben, das sprachlich-sachliche Zusammenhänge aus einer bestimmten Region in einem gegebenen Zeitraum darstellt. Dem müssen die angewandten Umschriftsysteme Rechnung tragen.

1. Die **phonetische Transkription** geht von den Lautzeichen der *API* aus, (die von der internationalen Linguistik befürwortet, von der *ZDL*[14] verwendet wird und auch Grundlage der Lautumschrift für das Banater Wörterbucharchiv ist und passt sie den besonderen lautlichen Gegebenheiten der untersuchten, recht komplexen Dialektgruppe an.[15] Dabei soll eine fortlaufende, handliche, eindeutige und leicht lesbare Schreibweise gewährleistet werden. Desgleichen müssen die verwendeten Transkriptionszeichen auch drucktechnischen Gesichtspunkten entsprechen. Das System der API stellt das einzige in Frage kommende Inventar dar, welches sowohl international verwendet wird als auch theoretisch und praktisch entsprechend fundiert ist.[16] Das Transkriptionssystem muss den konkreten Anforderungen vor Ort entsprechen. HOTZENKÖCHERLE berichtet aus seiner Arbeit am Sprachatlas der Deutschen Schweiz, dass dem komplizierten Tatbestand der schweizerdeutschen Dialekte durch ein differenziertes Transkriptionssystem entsprochen wurde, das aber nicht aus irgendeiner apriorischen Theorie, sondern aus der Praxis der Vorenqueten erwachsen ist; man habe sich weitgehend auf die Buchstaben des lateinischen Alphabets mit wenigen elementaren Zusatzzeichen beschränkt. Nach HOTZENKÖCHERLE entscheidet über die schreib- und lesetechnische Eignung eines Transkriptionssystems weitgehend die Erfahrung.[17]

Schriftzeichen

å, å:	- gegen o gehobener, dumpfer a-Laut - *må:stər* 'Meister', *vå:x* 'weich', *hå:r* 'Haar'
ɛ, ɛ:	- sehr offener ä-Laut, vor r - *pɛrʃtə* 'bürsten', *fɛrbərhɛ:s* 'Färberhäß'
ə	- Schwundvokal e - *jupənə* 'Joppen'
ɐ	- Schwundvokal a - *vɐinik hɐuntoɐrvət* 'wenig Handarbeit' *rɐuk* 'Rock', *ɐf* 'auf'
ai	- Diphthong ei - *flaiʃ* 'Fleisch', *ʃaip* 'Scheibe', *ʃnaidə* 'schneiden'
au	- Diphthong au - *khaufn* 'kaufen', *kraut* 'Kraut', *ʃaufl* 'Schaufel'
åi, oi, eɐ, oɐ, uɐ, ei, iə, uə	- Diphthonge mit abgeschwächter zweiter Komponente: - *ʃtåin*, 'Stein', *foin*, *fō͜i* 'fein', *ʃteɐkn*, *ʃtiəkn* 'Stärke', *oɐrvət* 'Arbeit", *fuɐm*, *fuəm* 'Form', *leidə* 'Leder'
ø	- ö - *møj* 'Mehl', *vøln* 'Welle'
y	- ü - *fyj myli* 'viel Milch"
ç	- palataler Ichlaut - *ʃtiç* 'Stich', *reçə* 'Rechen'
x	- velarer Achlaut - *ʃvax* 'schwach', *raux* 'Rauch', *lox* 'Loch'

---

[14] Zeitschrift für Dialektologie und Linguistik, s. auch deren Beihefte. Vgl. auch WAGENER 1988, S.119: "Es ist unumstritten, daß das API-System für die nachträgliche Transkription vom Tonband weitaus besser geeignet ist als Teuthonista."
[15] Vgl. auch WOLF 1987, 148 und GEHL 1991, XX f.
[16] GÖSCHEL / LAUF 1996, S. 82.
[17] HOTZENKÖCHERLE 1962 (II. Das Fragebuch, S. 12-48), S. 51-54.

kx   - stimmloser velarer Reibelaut zwischen k und ch - *sakx* 'Sack'
kh, ph   - behauchter stimmloser Verschlusslaut - *khaliç*, 'Kalk', *khetə*, 'Kette', *phę:r* 'Pferd'
đ   - spirantischer alveolarer Verschlusslaut zwischen d und r - *leđər* 'Leder'
ʃ   - palato-alveolarer stimmloser Reibelaut sch - *ʃlaxtər* 'Schlachter', *miʃt* 'Mist'
ʒ   - palato-alveolarer stimmhafter Reibelaut sch - *kuʒmɐ* 'Pelzmütze'
z   - stimmhafter alveolarer Reibelaut s - *ha:zə* 'Hasen', *ki:zə* 'gießen'
ŋ   - velarer Nasal - *riŋ* 'Ring', *deŋlə* 'dengeln'
r   - Zungenspitzen-r - *marki:rə* 'markieren', *ro:t* 'rot', *krē:virʃtl* 'Krenwurst'

Diakritika

:   - Bezeichnung der Vokallänge
~   - Bezeichnung für Nasalierung - *mą̄:ndl* 'Mandel', *lō:* 'Lohn', *hēūnt* 'Hand', *ʃē:* 'schön',
ˬ   - Bezeichnung für Vokalöffnung - *pą̄:ndl* 'Band' *krį̄:n* 'Kren', *lę:rmą:dl* 'Lehrmädchen'
    - Zwischenvokale (a-o) *vǫs* 'was', (e-i) *i̯* - *ʃi̯:n* 'schön', (o-u) *hu̯:x* 'hoch'
'   - Bezeichnung für ungewöhnlichen Wortakzent (vor der betonten Silbe) - *'Åkaz* 'Akazie',
    trak'to:r, 'Traktor', *Ri'zinus* 'Rizinus '

Schriftzeichen aus südosteuropäischen Sprachen

ungarisch - ő, ű, á, é, í, ó, ú (lange, geschlossene Vokale, nur á ist lang und offen): *kékfestő* 'Blaufärber', *műhely* 'Werkstatt', *öblitőhordó* 'Spülfass', *koptár* 'Bienenhaus'', *góré* 'Maisscheune', *hímzés* 'Stickerei', *búcsú* 'Abschied',
rumänisch- ă (Schwundvokal), â und î (gutturaler Vokal, zwischen i und ü), ş (wie sch),
ţ (wie z): *coş* 'Korb', *ţintă* 'Ziel', *împărţi* 'austeilen', *român* 'Rumäne',
serbokroatisch - ć, und č (tsch), š (sch), ž (stimmhaftes sch): *čaš* 'Glas', *šaš* 'Binse', *žaba* 'Frosch".

2. Die **literarische Umschrift** soll bei der schriftsprachlichen Wiedergabe von Belegtexten die Aussprache möglichst genau und konsequent darstellen und dennoch allgemein verständlich bleiben. Deshalb wird das nhd. Schriftbild so weit wie möglich beibehalten, doch auffallende Abweichungen von der standardsprachlichen Lautung werden gekennzeichnet. Es gelten folgende Leitsätze:

Bei Vokalen:

- Der Vokalklang und die Diphthonge werden genau bezeichnet: *nehe, nähn* 'nähen', *Korn, Karn, Kårn*[18]'Korn', *Föuß* 'Fuß', *Muata, Muida* 'Mutter', *sähr guet* 'sehr gut'.
- Der Diphthong *ai* wird wie nhd. ei gesprochen: *leicht, Heiser* 'Häuser', wobei die Aussprache *ei* als "ej" gekennzeichnet wird: *schejn* 'schön', *bejgle* 'bügeln', *Bejttwejsch* 'Bettwäsche'.
- In offener Silbe wird die Vokallänge nicht besonders bezeichnet, wenn das Schriftbild dem der Standardsprache entspricht: *lewe* 'leben', *hole* 'holen'.
- In geschlossener langer Silbe werden die Dehnungszeichen bewahrt bzw. analog gesetzt: *er geht, viel, mied* 'müde'.
- Ist kein Dehnungszeichen (wie in der Standardsprache) möglich, wird die Länge in geschlossener Silbe durch Vokalverdoppelung bezeichnet: *zuäärscht* 'zuerst', *aarich* 'arg'.

---

[18] Für dunkles "a" wird å als zusätzliches Zeichen zu den üblichen Schriftzeichen des Alphabets verwendet. Dazu kommt lediglich das Schriftzeichen "ë" im Diphthong "ië", dem phonetisch *iə* entspricht.

- Monophthonge statt schriftsprachlicher Diphthonge werden verdoppelt: *Klaad* 'Kleid', *Gaaß* 'Geiß', *Baam* 'Baum', *Suurchruut* 'Sauerkraut'.
- Statt *ii* steht bei langem Vokal das Dehnungszeichen "ie": *wieß* 'weiß', *Ziet* 'Zeit'. Zum Unterschied vom Dehnungszeichen wird diphthongisches *ie* als "ië" geschrieben: *lïéb* 'lieb', *Bliëmli* 'Blümelein'. In *grëuß* 'groß' wird ë eingesetzt, um eine Verwechslung mit 'eu' vorzubeugen.
- Vokallänge im Wortauslaut (nach Konsonantenausfall) wird durch Dehnungszeichen oder Vokalverdoppelung bezeichnet: *grie* 'grün', *Maschie* 'Maschine', *Staa* 'Stein'. Bei Dehnungszeichen erübrigt sich die Vokalverdoppelung: *Fah'* 'Fahne' *grie* 'grün'.
- Die Schwundvokale ə, ɐ werden mit dem nächststehenden Vokal ("e","a") bezeichnet: fəla:və, fɐlaubɐ (*felaawe, falauba*) 'erlauben', i:rɐ fatɐ (*ihra Vatta*) 'ihr Vater'.
- Kürze in offener Silbe wird durch Tilgung des Dehnungszeichens, sonst durch Verdoppelung des folgenden Konsonanten bezeichnet: *lige* 'liegen', *sagge* 'sagen', *Hosse* 'Hose', *holle* 'holen', *uffgezoo'* 'aufgezogen', *hinne* 'hinten'.
- In kurzer geschlossener Silbe wird das Dehnungszeichen aufgehoben: villeicht, vleicht 'vielleicht'.

Bei **Konsonanten**:

- Als hochdeutsche (md. und obd.), hauptsächlich süd- und südwestdeutsche Dialekte haben alle donauschwäb. Dialekte sch in den Lautgruppen st-, sp- im Wort- und Wortstammanlaut (stelle, bestelle ʃt-). Desgleichen gilt die Stimmlosigkeit der an- und auslautenden stimmhaften Verschlusslaute b, d, g und der Dentale s[19], so dass sich vom gewohnten Schriftbild stark abweichende Schreibungen wie *schtark* 'stark', *Schpinnrat'* Spinnrad', *ssâge* (oder *ßâge* 'sagen', *Pant* 'Band', *ksâgt* 'gesagt', *aikepentlt* 'eingebändelt' erübrigen und die Benutzerfreundlichkeit der Belegwiedergabe nicht beeinträchtigen.
- Im Wortinlaut und Wortauslaut muss die dialektal verschiedene Aussprache der Lautgruppen st und sp bezeichnet werden: *Meiste, Maaschte* 'Meister', *du schneidst, schneidscht* 'du schneidest', *Raspl, Raschpel* 'Raspel'.
- Nur im Wortinlaut wird die stimmhafte, stimmlose bzw. spirantische Aussprache der Verschlusslaute b, d, g und p, t, k bezeichnet: *Obed, Owed* 'Abend', *Laater, Laade* 'Leiter', *arweide* 'arbeiten', *Wagge, Waache, Waan* 'Wagen', *gude Stigger* 'gute Stücke'.
- Die stimmlosen Verschlusslaute p und t sind in der Regel unbehaucht: *Plüschtuch, Tischtuch*; ihre Behauchung wird mit folgendem h bezeichnet: *Phär* 'Pferd', *Thenn* 'Tenne'. Stimmloses k ist wie nhd. behaucht: *Kapp, Stick*.
- Intervok. s ist, wie nhd., stimmhaft: *Hose* (aber *Hosse!*), *mise* (nicht *misse!*) 'müssen'.
- Das Schriftbild entspricht der Aussprache: *nicks* 'nichts', *färtich* 'fertig', *Tach* 'Tag', *Chriasi* 'Kirsche', *åås gschniedn* 'ausgeschnitten'.
- Der Apostroph steht beim Ausfall mehrerer Laute: *gwä'* 'gewesen', *wor'* 'geworden', *'rein* 'herein', *d'Bank* 'die Bank'.
- Der Akzent steht in Ausnahmefällen vor der betonten Silbe: *'Asur* (ung.) 'Azur'.
- Der Bindestrich erläutert schwer verständliche, durch Satzphonetik assimilierte Wörter: *hem-mer* 'haben wir', *kam-mer* 'kann man' (aber: *hat mer* 'hat man').

---

[19] Wobei ganz seltene Ausnahmen (etwa bei Neologismen) aus dem phonetisch notierten Lautkopf erkenntlich sind.

1.5 Danksprechung

An dieser Stelle soll ganz besonders den rund tausend Gewährsleuten und Mundartsprechern gedankt werden, die unsere Dokumentation unermüdlich durch Einsendungen von Mundartmaterial und Beantwortung von Fragebögen unterstützt haben, sich selbst für Tonaufnahmen zur Verfügung gestellt, weitere Sprecher empfohlen und mich auch bei der Feldforschung beraten und begleitet haben. Stellvertretend für viele seien die wichtigsten Helfer genannt:

[I] Johanna Haidler (Kirwa), Franz Karádi-Kindler (Augustin), Josef Mikonya (Tarian), Andreas Ritter (Wudersch), Katharina Schiewe (Schorokschar);

[II] Margarethe Guttján (Wieland), Ferdinand Hengl (Surgetin), Anton Mayer (Sawet), Hans Rothermel (Mutschwa), Mathias Volk (Kischfalud);

[III] Franz Ehmann (Apatin), Konrad Müller (Siwatz), Josef Pertschi (Filipowa), Andreas Pfaff (Neudorf), Georg Richter (Nadwar), August Rukatukl (Tschawal), Franz Wetzl (Futog);

[IV] Georg Bader (Neudorf), Josef Eder (Tomaschanzi), Eva Linzner (Towarnik), Mathias Rometsch (Neu Pasua), Georg Weiner (Putinzi), Franz Wilhelm (Ruma);

[V] Grete Eipert (Orzidorf), Barbara Fetzer (Nitzkydorf), Elisabeth Flassak (Ernsthausen), Sofia Hack, Johann Haidt (Glogowatz), Katharina Muranyi (Sanktanna), Friedrich Scheuermann (Franzfeld), Hans Weiszenberger (Saderlach), Rosalia Zieger (Albrechtsflor);

[VI] Wendelin Fuhrmann (Hamroth), Jakob Heilmann (Neupalota), Anton-Joseph Ilk (Oberwischau), Walter Sinn (Kriegsdorf).

Die Erschließung der Tonbandaufnahmen durch Transkription und Anlage von Zetteln - ab 1993 Eingabe in die Datenbank - wäre in der relativ kurzen Frist vom Aufbau des Wörterbucharchivs bis zur Redigierung des ersten Bandes ohne die Mithilfe mehrerer, leider stets wechselnden, studentischen Hilfskräfte nicht möglich gewesen. Auch ihnen sei gedankt. An der Eingabe und Bearbeitung des Wörterbuchmaterials für den Band *Landwirtschaft* waren Laura Tăuţu und Magdalena Mureşan beteiligt, die Bildformatierung und Layoutgestaltung des Bandes hat Monika Jekelius übernommen, während Christoph Hallerstede die aufwändige Formatierung des Manuskriptes durchgeführt hat. Er widmete sich ab September 1996 der EDV-Betreuung und stellte die Wörterbuchdatenbank auf *ACCES*. Dank der gesteigerten Arbeitseffizienz konnte der zweite Band bereits zwei Jahre nach der Publikation des ersten Bandes und der dritte wieder nach zwei Jahren abgeschlossen werden.

2 Fachsprachen

Da die untersuchte Landwirtschaftsterminologie sowohl Elemente der lokalen Dialekte als auch Merkmale der Fachsprachen enthält, ergibt sich die Notwendigkeit, das Wesen der Fachsprachen zu untersuchen. Der Terminus *Fachsprache* ist bis heute nicht endgültig definiert, da er kontrastierend zu einem ebenso wenig definierten Begriff *Gemeinsprache* gebraucht wird und so unterschiedliche Bereiche wie handwerkliche, technische oder landwirtschaftliche Sprache und ihre Übergangsformen abdeckt. Sondersprachen werden von bestimmten Trägergruppen benutzt und weisen eine Tendenz zur Geheimsprache auf, während die funktionellen Fachsprachen auf Klarheit ausgerichtet und zur Allgemeinheit hin durchlässig sind. Die Besonderheit der Fachsprachen liegt in ihrem speziellen, auf die Bedürfnisse des jeweiligen Faches abgestimmten Wortschatz, dessen Übergänge zum allgemeinen Wortschatz jedoch fließend sind und der auch viele gemeinsprachliche Wörter enthält. Das Wesentliche der fachlichen Aussage liegt - nach Hans-Rüdiger FLUCK - in den Fachwörtern, nicht in der Syntax, obwohl auch syntaktische, zum Teil in spezieller Bedeutung verwendete, Eigenheiten der Fachsprache berücksichtigt werden[20].

Die Fachsprache besteht nicht als selbstständige Erscheinungsform der Sprache, sondern wird in Fachtexten aktualisiert, die außer der fachsprachlichen Schicht immer gemeinsprachliche Elemente aus den natürlichen Teilsystemen der Sprache wie Hochsprache, Umgangssprache oder Dialekt enthalten. Ausgehend von der dreifachen (wissenschaftlichen, wirtschaftlichen und sozialen) Leistung der fachsprachlichen Lexik teilt Heinz ISCHREYT die Fachsprachen ein in: wissenschaftliche Fachsprache, Werkstatt- und Verkäufersprache. Unter "Werkstattsprache" versteht ISCHREYT jene sprachliche Schicht, die im Bereich der technischen Produktion unmittelbar hervorgebracht wird und durch ihre Metaphorik gekennzeichnet ist. Historisch ist die werkstattsprachliche Schicht durch die Übernahme zahlreicher Wörter aus der Sprache des Handwerks gekennzeichnet, die in Bezeichnungen wie *bördeln*, *hobeln* oder *zwirnen* hervortreten[21]. Walther von HAHN bezeichnet die Werkstattsprache als *fachliche Umgangssprache*, die der direkten Kommunikation unter Fachleuten bei ihrer Arbeit dient. Charakterisiert wird sie durch persönlichen Sprechkontakt und durch gemeinsame situative Kontexte ihrer Benutzer[22]. Wilhelm SCHMIDT unterteilt den fachsprachlichen Wortschatz bei seiner vertikalen Gliederung der Fachsprache zunächst in standardisierte (genormte) und nichtstandardisierte Termini und Halbtermini. Als Terminus gilt für ihn ein Fachwort, dessen Inhalt - wie bei *Glühlampe* oder "Umlaut" - durch Definition festgelegt ist. Halbtermini, d. h. Professionalismen (wie: *Bandsäge*, *Beißzange*) und Markennamen (wie *Chlorodont*, *Trabant*) sind nicht durch Festsetzung bestimmte Fachausdrücke, die jedoch zur eindeutigen Beschreibung der Denotate ausreichen. Neben den Termini und Halbtermini stehen die Fachjargonismen, die - ohne Anspruch auf Genauigkeit oder Eindeutigkeit zu erheben - Gegenstände und Erscheinungen eines Fachbereichs bezeichnen und oft bildhaften Charakter und stark emotionale Bedeutung tragen (wie *Hexe* 'Materialaufzug auf der Baustelle'). Neben der wissenschaftlichen, theoretisch-fachlichen Schicht unterscheidet SCHMIDT eine halb- oder populärwissenschaftliche, praktisch-fachliche Schicht, bei der neben standardisierten Termini halbterminologische, also nichtdefinierte Fachwörter und Fachjargonismen überwiegen. Sie dienen hauptsächlich der Kommunikation in der Produktionssphäre und zwischen Fachleuten und Laien.[23]

Im Gegensatz zu den Fachsprachen der Technik haben viele Fachsprachen handwerklicher Berufe - nach FLUCK - vor allem zwei Merkmale: Sie sind weitgehend mündlich konstituiert und dialektgebunden. Aufgrund des vorherrschend regionalsprachlichen Inventars (in Lautung, Morphologie und Lexik) der Werkstattsprachen schlagen MÖHN / PELKA die Bezeichnung "Fachmundarten" vor, die sich im sprachlichen Orts- oder Regionalverband von der Ortsmundart oder der allgemeinen Mundart abheben. Meist sind es mündlich tradierte Fachsprachen, die zusätzliche lexikalische Mittel gegenüber der Ortsmundart aufweisen[24]. Besonders stark ist die dialektale Komponente dann, wenn bei den Handwerkern kein Wanderzwang bestand, wenn sie also in ländlichen Gebieten sesshaft waren und bei den Vertretern landwirtschaftlicher Berufe. Die sprachlichen Varietäten dieser Sprechergruppe bewahren die primären Dialektmerkmale und viele lexikalischen Formen aus dem Grundwortschatz der Sprachgemeinschaft, enthalten jedoch einen Sonderwortschatz und haben sich - vor allem bei der jüngeren Generation - einer regionalen Verkehrsmundart angepasst. Die Träger der landwirtschaftlichen Fachsprachen vermitteln zwischen den Ortsdialekten und der Verkehrssprache ihres Gebietes. In den letzten Jahrzehnten nahm die Zahl der

---

[20] Nach FLUCK 1991, S. 11 f.
[21] ISCHREYT 1965, S. 41 f.
[22] HAHN 1980, S. 392 f.
[23] SCHMIDT 1969, S. 19 f.
[24] MÖHN / PELKA 1984, S. 139.

Handwerker und Bauern durch die zunehmende Industrialisierung und Umstrukturierung der Landwirtschaft ab. Zugleich bildete sich eine neue Schicht von Pendlern, Halbtagsbauern und Industriearbeitern heraus, die aber noch sporadisch in der Landwirtschaft tätig ist und die bäuerlichen Lebensformen bewahrt hat. Dieser Personenkreis gebraucht stark dialektal gefärbte bäuerliche Fachsprachen, die aber einen bedeutenden standardsprachlichen Einfluss und viele Entlehnungen aus der jeweiligen (ungarischen bzw. rumänischen) Staatssprache aufweisen.

Ein Kennzeichen der dialektalen Fachsprachen ist ihr Zug zur Anschaulichkeit und Konkretheit, der sich in zahlreichen metaphorischen Benennungen von Geräten äußert, die als Auge, Nase, Zunge usw. vermenschlicht werden. Neben Verbildlichungen sind Vergleiche mit Gegenständen des täglichen Lebens anzutreffen. Wenngleich die dialektale Fachsprache keine fest definierten Termini kennt, wie die Wissenschaftssprachen, so hat der einzelne Fachausdruck doch terminologischen Charakter. Die Gerätevorstellung etwa orientiert sich an der lokalen Form, dem verwendeten Material und der Größe. Diese Bedeutungsvorstellung ist jedoch anpassungsfähig, das heißt, die Bezeichnung subsummiert auch abweichende Geräteformen[25]. In unserer Zeit unterliegen die Fachsprachen einem starken Wandel, da die Technik das handwerkliche und landwirtschaftliche Berufsbild entscheidend verändert hat. Während sich manche Fachbereiche und Arbeitsgebiete entwickeln und differenzieren, sterben nicht mehr gefragte Berufszweige aus.

2.1 Entwicklung der Landwirtschaft in Ungarn und in den Nachfolgestaaten[26]

Die staatlich angesiedelten Kolonisten des 18. Jahrhunderts erhielten von der Wiener Hofkammer nicht nur den Boden ihres künftigen Bauernhofes, sondern auch dessen Erstausstattung. Die Hofkammer trug auch die Unterhaltskosten der Ansiedler (5-10 steuerfreie Jahre), bis sie sich selbst ernähren konnten. Dennoch brachten diese Investitionen dem Staat bald reiche Früchte. Die deutschen Kolonisten waren wegen ihrer Wirtschaftsform von den übrigen Ethnien Ungarns geschätzt. Während bei Magyaren, Serben und Rumänen extensive Vieh- und Weidewirtschaft vorherrschte, betrieben die deutschen Siedler intensive Dreifelderwirtschaft mit dem einheitlichen Anbau derselben Frucht auf den einzelnen Flurstreifen, mit häufigem Fruchtwechsel und Abschaffung der Brache. Gleichzeitig gewannen sie durch die Stallhaltung des Viehs Dünger, der ihnen die doppelten Felderträge sicherte. Die herkömmliche Graswirtschaft wurde in den deutschen Dörfern durch den Anbau von Futterpflanzen verdrängt. Höhere Erträge brachten der jeweiligen Herrschaft auch höhere Steuererträge. Dennoch war der Anfang in den deutschen Kolonistendörfern trotz staatlicher Unterstützung relativ schwer. Die Gründe waren die Anpassung an andere Klimaverhältnisse und Bodenbeschaffenheit sowie zahlreiche schwere Seuchen. In dieser Zeit entstand der Spruch: *Der erste hat den Tod, der zweite die Not und der dritte das Brot.* Insgesamt war die Entwicklung jedoch günstig und die Einwanderung deutscher Kolonisten wurde jahrzehntelang durch die Hofkammer gefördert. Die Ansiedlungspatente schrieben fest, was die einzelne Familie von der staatlichen oder adelig-kirchlichen Herrschaft zu erhalten hatte. Nach der Impopulations-Haupt-Instruktion sollten die Siedler trotz der planmäßig und gleichförmig angelegten Dörfer (schachbrettartig angelegte Straßendörfer) keineswegs alle die gleiche Ackerfläche zugeteilt erhalten. da nicht alle Haushaltungen gleich groß waren und dieselbe Anzahl von Angehörigen umfassten, sollte jedes Dorf nicht nur in ganze Bauernhöfe (Sessionen) mit 37 Joch, sondern auch in halbe (mit 21 Joch) und viertel Höfe (mit 13 Joch) aufgeteilt werden. Die Aufteilung geschah folgendermaßen: Der ganze Hof bekam an Ackerland 24 Joch, der halbe 12 und der viertel Hof sechs; an Wiese und Weide bekam der ganze Hof sechs Joch, der halbe vier und der viertel Hof drei, jedoch an Hausgrund erhielten alle je ein Joch. Bei

---

[25] FLUCK 1991, S. 69-71.
[26] Dieser Abschnitt fußt auf EBERL 1990, J. V. SENZ 1987, I. SENZ 1994 und WEIFERT 1998.

der Aufteilung des Bodens musste ein gewisser Anteil zurückgehalten werden, um das Vieh des Pfarrers, Schulmeisters, des Wirts, der Beamten und einiger für das Dorfleben nötigen Handwerker füttern zu können. Zu beachten sind auch die ein Drittel der Donauschwaben, die bis zum Ende des 19. Jahrhunderts in Städten lebten und hauptsächlich aus Handwerkern bestanden. Dazu kommen die meist bäuerlichen Bewohner der Marktflecken, die als Unterzentren funktionierten.

2.1.1 Wirtschaftliche Entwicklung im Banat

Wegen seiner besonderen Geschichte erfuhr das Banat eine besondere wirtschaftliche Entwicklung. Dieses Gebiet fiel mit dem Frieden von Passarowitz 1718 als Siedlungsgebiet an Österreich und blieb bis 1778 unmittelbar unter der Verwaltung der Hofkammer, um dann Ungarn angegliedert zu werden. Im Jahre 1718 verlor das Banat seinen bisherigen Status als Grenzprovinz, der dauernde Kriegsbelastung mit sich gebracht hatte. Zu dieser Zeit war das Gebiet weitgehend menschenleer, Landwirtschaft, Handwerk und sonstige Betriebe fehlten fast völlig. Während die Hofkammer bei der Besiedlung der übrigen donauschwäbischen Gebiete (die Städte ausgenommen) einen relativen Schwerpunkt auf die Förderung der Landwirtschaft gesetzt hatte, wurden im Banat das Handwerk und die Großbetriebe gefördert, ohne jedoch die Landwirtschaft zu vernachlässigen. Da die Hofkammer im Banat nicht auf eine bereits ansässige Handwerker- oder Bauernschicht zurückgreifen konnte, musste sie von Grund auf neu beginnen. Da sie den Handwerkern neben einer sechsjährigen Steuerfreiheit auch Ackerland zur Selbstversorgung versprach, waren ihre Bemühungen bald erfolgreich. Die Ergänzung von Handwerksberufen durch landwirtschaftliche Nebentätigkeiten wirkt sich auch auf den Sprachgebrauch aus: Eine umgangssprachlich ausgerichteter Dialekt wird zum wichtigsten Kommunikationsmittel im ländlichen Bereich. Während des Türkenkriegs 1736-1739 wurden die meisten Manufakturen zerstört und konnten nach dem Frieden von Belgrad (1739) nur teilweise wieder erbaut werden, auch wandte sich die staatliche Förderung in dieser Zeit hauptsächlich der Landwirtschaft zu. Im Bereich der Agrarpolitik wurden nicht nur umfangreiche Mengen Saatgut für die Kolonisten angekauft und verteilt, sondern 1728 bis 1733 auch der Bega-Kanal errichtet, um die zahlreichen Sümpfe und Überschwemmungsgebiete trockenzulegen. Neben dem Getreideanbau förderte man den Anbau von Wein, Hopfen, Tabak, Hanf, Flachs, Reis und Raps oder führte ihn neu ein. In der Viehzucht wurde eine Verbesserung der Rinder erreicht. Ähnlich ging man in der Schaf- und Bienenzucht vor. In den 1750er Jahren wurde ein großer Getreideüberschuss erreicht, wodurch sich das Banat zunehmend zur Kornkammer Südosteuropas entwickelte. Damit lief die landwirtschaftliche Ausbaupolitik der ursprünglich gleichgestellten industriellen Entwicklung den Rang ab.

2.1.2 Die Entwicklung der Siedlungsgebiete bis 1918

Mit dem Ende der Ansiedlung neuer Kolonisten war die Kolonisation noch nicht zu Ende, nur wurde sie zur Binnenkolonisation und führte deutsche Siedler durch Kauf oder Eheschließung in viele bisher geschlossene ungarische, serbische oder rumänische Dörfer. Diese Binnenkolonisation war durch die tägliche Berührung mit den übrigen Ethnien Ungarns von erheblicher kultureller und wirtschaftlicher Bedeutung.

Wenn der Viehbestand auch eine wichtige Rolle in der wirtschaftlichen Entwicklung der Bauern und ihrer Höfe gespielt hat, spielten die Getreideernten doch eine entscheidende Rolle. Wenn der Bauer aus der jeweiligen Ernte die öffentlichen Abgaben entrichtet, das Saatgut für das kommende Jahr und seinen eigenen Unterhalt gesichert hatte, war es ein gutes Jahr gewesen. Aus dem Erlös des Getreideverkaufs bezahlte der Bauer seine Steuern, die für einen Bauernhof bei etwa 12 Gulden lagen. Weitere Leistungen aus der Getreideernte gingen an den Dorfpfarrer, den Lehrer, die fünf Gemeindehirten und den Nachtwächter, die neben ihrer Wohnung auch ein Stück Ackerland, dazu Bargeld und Getreide erhielten. Von Bedeutung waren außer dem Getreideanbau die Gartenfrüchte, zu denen man auch den Weinbau rechnete. Weitere Einnahmequellen waren die Milchwirtschaft, die Haltung von Federvieh und die Wolleerzeugung. Die bäuerliche Wirtschaft war zwar nicht arm, verfügte aber kaum über Bargeld. Das durchschnittliche Jahreseinkommen aus der Eigenproduktion von Nahrungsmitteln lag bei 200 Gulden, zum Vergleich betrug das Jahreseinkommen eines Amtsschreibers 170 Gulden. Diese dörflichen Verhältnisse blieben im Wesentlichen erhalten, bis die Grundherrschaften durch die Nachwirkungen der Revolution von 1848 aufgelöst wurden.

Die oft weit auseinanderliegenden Äcker der deutschen Bauern wurden mit dem System des Sallaschs (etwa dem Aussiedlerhof entsprechend) bewirtschaftet, auf dem gewöhnlich ein Pächter den Bauern in der Wirtschaftsführung unterstützte. Hauptanbaupflanzen der donauschwäbischen Bauern waren seit dem 19. Jahrhundert Weizen und Mais. Obwohl immer die Gefahr von Missernten bestand, ließen sich die deutschen Bauern zunehmend auf die Monokultur Weizen / Mais ein, um ihre Einkünfte zu erhöhen. Der Anbau von Kartoffeln, Hanf, Flachs, Zuckerrüben, Obst, Gemüse und Wein wurde bis zum Ersten Weltkrieg eher vernachlässigt. Auch die Viehzucht spielte keine bedeutende wirtschaftliche Rolle.

Eine entscheidende Erneuerung des späten 19. Jahrhunderts waren die Zusammenschlüsse der deutschen Bauern zu Genossenschaften, die nicht nur ihren Stammescharakter stärkten, sondern auch bessere Bedingungen für die Weiterbildung und dei Wahrnehmung wirtschaftlicher Interessen mit sich brachten. Der Kroatisch-Slawonische Wirtschaftsverein wurde bereits 1841 gegründet, konnte aber erst in den letzten Jahrzehnten des 19. Jahrhunderts in vielen Ortschaften Zweigverbände errichten. Die Genossenschaften vermittelten Neuerungen in der Landwirtschaft und förderten den Absatz der Erzeugnisse. Indem wohlhabende Bauern am Ende des 19. Jahrhunderts ihre Söhne häufig auf landwirtschaftlichen Schulen in Österreich ausbilden ließen entwickelte sich zugleich mit der Verbindung zum deutschen Siedlungsgebiet in Österreich auch der Widerstand der Donauschwaben gegen die Magyarisierungsbestrebungen des ungarischen Staates seit 1867.

Die ärmeren Bauern in Syrmien und Slawonien waren aufgrund ihrer wirtschaftlichen Lage eher zu einem genossenschaftlichen Zusammenschluss bereit als die wohlhabendren Bauern des Banats. Im Gegenzug zum Genossenschaftswesen entstand die erste Raiffeisen-Landwirtschafts-Kreditgenossenschaft des Banats 1897 in Großscham, der weitere folgten. Allerdings blieb ihre Tätigkeit bis zum Ende des Ersten Weltkriegs begrenzt. In Temeswar wurde nach zwei gescheiterten Versuchen (1856 und 1860) 1891 der Südungarische landwirtschaftliche Bauernverein gegründet. bereits 1894 besaß er in 48 Ortsvereinen 2800 Mitglieder, die bis 1906 auf 126 Ortsvereine mit über 10 000 Mitgliedern anwuchsen. Auch in diesem genossenschaftlichen Verein wurde das wirtschaftliche Interesse vom politischen, nationalen, ergänzt. Im 19. Jahrhundert haben die donauschwäbischen Bauern ihre Anbaumethoden und ihre Viehhaltung im Sinne der Ertragsmaximierung ausgerichtet und gingen dafür auch die Risiken einer Monokultur (wie Weizen und Mais) ein. Der Wohlstand wuchs in den donauschwäbischen Dörfern bis zum Ersten Weltkrieg und die Bauern setzten ihn in den Ausbau ihrer Höfe um. Bei allen wirtschaftlichen Schwierigkeiten, denen die Bauern ausgesetzt waren, kann man doch die Zeit von 1850 bis 1918 als die beste der donauschwäbischen Bauern bezeichnen. Die Hofkammer hatte 200 Jahre nach der Ansiedlung im 18. Jahrhundert ihr Ziel erreicht: Die nach dem Rückzug der Türken entvölkerten Gebiete Ungarns waren nach zwei Jahrhunderten zur Kornkammer Österreich-Ungarns geworden. Im ausgehenden 19. Jahrhundert gelangten die Nachkommen der Kolonisten an vielen Orten zu einem bescheidenen Wohlstand, der sich insbesondere im Hausbau ausdrückte.

2.1.3 Die Entwicklung von 1918 bis 1944

Nach dem Ersten Weltkrieg wurde das donauschwäbische Siedlungsgebiet durch den Friedensvertrag von Trianon unter Ungarn, Jugoslawien und Rumänien aufgeteilt. Dadurch wurden jahrzehntelang gewachsene Verbindungen durch die neuen Grenzen abgerissen. Dennoch kann man nicht von einem Rückschritt der donauschwäbischen Wirtschaft sprechen, denn sie war weiterhin von der Landwirtschaft geprägt und konnte sich durch den Einsatz moderner Maschinen, durch die Verwendung von Kunstdünger, durch die Anwachsen der Viehzucht und der Milchwirtschaft im Gleichgewicht halten.

Im Jahre 1920 wurden in Ungarn 551 000 Deutsche (6,9 % der Gesamtbevölkerung) und 1930 nur noch 478 000 Deutsche 5,5 % der Gesamtbevölkerung) gezählt. Die Aufteilung nach Berufsgruppen zeigt, dass 1926 etwa 56,2 % Deutsche in der Landwirtschaft tätig waren. Dank der intensiven deutschen Landwirtschaft stammten in Ungarn 40 % der abgelieferten Milch von deutschen Bauernhöfen, die 60 % der Butterausfuhr Ungarns bildete. Im Jahre 1938 kamen aus der ungarisch gebliebenen Restbatschka und aus der Schwäbischen Türkei zwischen 50 und 65 % der gesamten landwirtschaftlichen Produktion Ungarns, obwohl diese beiden Siedlungsgebiete der Donauschwaben in Ungarn nur ein Drittel des Staatsgebietes umfasste. Der Weinbau aus den Gebieten um Batschalmasch und Fünfkirchen sowie aus einzelnen Gemeinden im Tokajer Gebiet erlangte Weltruf; auch in der Rinderzucht erzielte die donauschwäbische Landwirtschaft große Erfolge. So entwickelten sich Neidkomplexe und es kam bald zu politischen Anfeindungen. Es ist bemerkenswert, dass gerade die Partei der Kleinlandwirte in Ungarn 1945/1946 für die Vertreibung der Donauschwaben eintrat und sie auch etwa zur Hälfte durchsetzte, abgesehen von der totalen Enteignung der Deutschen.

In Jugoslawien wurden in der Zwischenkriegszeit etwas mehr als 500 000 Donauschwaben gezählt, die sich auf die Siedlungsgebiete (westlichen) Banat, Batschka, Syrmien und Slawonien verteilten. Im Banat standen die Donauschwaben mit 23,6 % der Gesamtbevölkerung an zweiter Stelle hinter den Serben. Sie besaßen 1941 22 % der Nutzfläche des Landes und erzeugten über 30 % der Ernteerträge. Von den Handwerkern des Gebiets stellten die Donauschwaben 42 % und an der Industrie waren sie sogar mit 58 % beteiligt. In der Batschka trugen die Donauschwaben den Hanfbau entscheidend mit, in dem Jugoslawien den dritten Platz in Europa einnahm. Von den Hanffabriken des Landes befanden sich 65 % mit 76 % der Produktion in donauschwäbischem Besitz, bei den Hanfhecheleien waren es sogar 95 %.

Im *rumänischen Teil des Banats* standen die Donauschwaben 1930 mit 226 597 Personen und 25,2 % der Gesamtbevölkerung an zweiter Stelle nach den Rumänen. Dabei umfasste die Landbevölkerung 79,3 % und die Stadtbevölkerung 20,7 %. Die Betriebsgrößen lagen bei mehr als 50 % zwischen 0 und 5 ha, während nur 10 % zwischen 20 und 50 ha lagen, somit können sie als ausgewogen bezeichnet werden. Die Ackerflächen wurden zu 52 % für Getreideanbau genutzt (davon allein 41,8 % für Weizen), zu 37,5 % für Hackfrüchte, zu 4,5 % für Futterpflanzen und zu 6 % für Sonstiges. Demnach waren Weizen und Mais, der vom Hackfrüchteanteil 35,7 % umfasste, die wichtigsten Anbaupflanzen im rumänischen Banat. Im Zeitraum 1938/1939 befanden sich 82 % des gesamten donauschwäbischen Schweinebestandes im Besitz von Donauschwaben. Der Anteil der deutschen Bevölkerung an der Gesamtausfuhr von Schweinen aus Rumänien lag 1939 bei 29 % und 1940 sogar bei 51 %. Der Anteil an der Gesamtausfuhr von Schweinen nach Deutschland mit 90 % im Jahre 1939 und 57% im Jahre 1940. In der Weinausfuhr war der Anteil des Banats wesentlich höher als der aller übrigen Gebiete Rumäniens. An den Einfuhren aus dem Deutschen Reich war das Banat seit dem 19. Jahrhundert in steigendem Maße beteiligt, es wurden vor allem landwirtschaftliche Geräte bezogen. Die weite Überlegenheit der donauschwäbischen Landwirtschaft über jene der 1918 neugebildeten Staaten Südosteuropas hat schließlich zu einer verstärkten Ablehnung der deutschen Minderheit geführt. Die Zeit von 1918 bis 1944 hat somit in gewisser Weise die Enteignung und Vertreibung der Donauschwaben vorbereitet.

Nachdem die in den Heimatländern verbliebenen Donauschwaben ihren gesamten Besitz durch ersatzlose Enteignung verloren hatten, ist die Jugend zum Großteil in handwerkliche Berufe oder in die städtische Industrie abgewandert, während die ältere Generation notgedrungen in die unrentablen landwirtschaftlichen Produktionsgenossenschaften eintrat oder ihren Lebensunterhalt durch Taglöhnerarbeit in den landwirtschaftlichen Staatsfarmen fristete. An der Rückgabe des enteigneten Ackerlandes nach 1989 in Ungarn und Rumänien waren deutsche Bauern kaum mehr beteiligt, da sie zum Großteil schon ausgesiedelt waren bzw. in Rumänien ab 1990 in beispielloser Exodus nach Deutschland einsetzte.

2.2 Besonderheiten der Fachsprache der Landwirtschaft

Handwerker waren auf die Abgrenzung der Handwerker von der bäuerlichen Bevölkerung der Dorfgemeinden bedacht. Es kam zur Bedeutungsopposition: "Herrische" und "Baurische", wobei sich die Handwerker der Verwaltung und den Intellektuellen des Dorfes sowie ihrer städtischen Kundschaft in Sprache, Kleidung und Verhalten anzupassen versuchten. Die "Professionisten" waren, etwa in Neupetsch / Peciu Nou bei Unterhaltungen und sogar beim Kirchweihfest von den Bauern getrennt (*Die häärische Kärweih wår aach extra. Do sein vil Häärische von de Stadt komme.*) und Eheschließungen zwischen beiden Gruppen wurden nicht gerne gesehen. Die Bauern hielten an der überlieferten Kleidung, an der Hausform des Streckhauses mit Wirtschaftsgebäuden und an der Dorfmundart fest, während sich die Handwerker nach der Mode richteten und ihre berufsspezifische Sprache entwickelten. Dazu hat sich - vor allem nach dem Zweiten Weltkrieg - durch viele Studierende in städtischen Schulen und durch den wachsenden Einfluss der Massenmedien auf die dörfliche Bevölkerung eine an der Standardsprache orientierte Umgangssprache herausgebildet, die anstelle der Dorfmundart gesprochen wurde[27]. Die Landwirtschaftsterminologie weist neben ihrer dialektalen Grundlage fachsprachliche Elemente auf.

Zu den phonetischen, grammatischen und lexikalischen Besonderheiten der Fachsprache gehört z. B. das Verb *treim* 'treiben, antreiben', wobei auch die dial. Formen *treiwe - getriewe* zu hören sind. Die Sprossvokale *-i-, -e-, -u-* in *Kalich* 'Kalk', *Furich* 'Furche' usw. zeigen starken dial. Einfluss in der bäuerlichen Fachsprache. Bei der bair. Mundartform *truckln - truckelt* tritt verhinderter Umlaut vor "ck" und Schwund des Präfixes *ge-* im PPerfekt auf. Umlautverhinderung tritt ausnahmsweise auch in den Substantiven *Wasserstander* bzw. *Stande* 'Bottich' auf. Am auffälligsten für die bair.-österr. ausgerichtete Fachsprache der donauschwäb. Handwerker ist die Abweichung von der dial., frk.-schwäb. Infinitivendung *-e* zu Gunsten der bair. Endung *-en* bzw. deren Abschwächung zu *-n*, z. B. in *aufziehn*. Ugs. und dial. Formen treten manchmal parallel in derselben Ortschaft auf: *Ärd, Ärde, Eäde, Ärdn*; *Seg, Sag, Såch*; *ånschlagn, anschläche*; *breit, broait*.

Die Endung *-n* als Einfluss der bair.-österr. Ugs. auf die donauschwäb. Handwerkersprache und der Landwirtschaftsterminologie erscheint nicht nur beim Infinitiv der Verben, sondern auch bei femininen Substantiven im Sg. als Ersatz der Endung *-e*: *die Antn* 'Ente', *Birschtn, Lattn, Leistn*. Auch die Pluralendung kann zwischen *-en* und *-e* schwanken, z. B. *Form*, Pl. *Formen* [NPe V], *Forme* und *Formen* [El V], *Forme* [Bohl V]. Das Genus der Subst. kann schwanken und von der nhd. Form abweichen, z. B. *das* oder *die* Fach 'Gewerbe', *die* Kunde, Kundi für 'der Kunde, die Kundin', mit konkretem Gebrauch

---

[27] STEIN 1978.

des Abstraktums; die Kunde 'Kundschaft sein' gilt für die Fachsprachen aller Handwerker und der Landwirtschaft. *Muster* wird m. und n. verwendet, *Form* f. und m., *Glasur* m, *Hobel* f., *Schar* n. Doppelte Pluralendungen wie *Rährene* ('Röhren-en') in [StA V] verweisen auf dial. Einfluss in der Fachsprache. Viele Fachausdrücke mit dem Diminitivsuffix *-l* ohne verkleinernde Funktion stammen aus der bair.-österr. Verwaltungssprache, z. B.: *Tatschkerl* ('Teigtaschen').

2.2.1 Erkenntnisse aus der landwirtschaftlichen Terminologie

Die Arbeit am dritten Wörterbuchband deckte viele Besonderheiten der ostmitteleuropäischen Landwirtschaft auf. Die eigenen Bezeichnungen und Wortbedeutungen erschließen häufig den Wanderweg von Pflanzen, Tierrassen und Produkten. So zum Beispiel KUKURUZ m. 'Mais' eine wichtige Kulturpflanze in Südosteuropa. Ihre Bezeichnung ist ein türkisch-slawisches Wanderwort, dessen Verbreitungsgebiet westwärts bis Österreich und Ostmitteldeutschland reicht. Österreichisch *Kukuruz* 'Mais' ist aus serb. *kukuruc* entlehnt. Die ältere Bezeichnung *mahis* für 'Mais' aus dem Taino (Haiti), kommt vom indianischen Namen der Pflanze, *mahiz*, das über spanisch *maiz* mit der Sache nach Deutschland gelangte, nachdem der Mais zunächst als *Welschkorn* und *Türkisch Korn* bezeichnet worden war. Diese Namen, ähnlich ung. *török búza* 'türkischer Weizen' deuten den Wanderweg der alten Kulturpflanze an, die in Europa zuerst 1525 in Andalusien angebaut wurde. Von Spanien kam der Mais über Italien in die Türkei und von hier in die Balkanländer und zurück nach Mitteleuropa. In der ersten Hälfte des 17. Jahrhunderts wurde in Siebenbürgen Mais angebaut und während der österreichischen Eroberung des Banats (Beginn des 18. Jahrhunderts) ist in den Akten von *Kukuruz* die Rede[28].

Bernhard MARTIN schreibt zur Namengebung einiger aus Amerika eingeführter Kulturpflanzen, dass der Mais eine bedeutende Stellung in der Volksernährung nur in jenen wärmeren Regionen erringen konnte, wo er richtig reif wurde. Deshalb spielt er in Deutschland eine bescheidene Rolle, was sich durch die Bezeichnung mit dem Handelsnamen "Mais" ausdrückt. In Gebieten mit stärkerem Anbau erhielt er vom Volk persönlichere Namen, wie "Welschkorn" oder "Türkischer Weizen". Die zwei Konkurrenten "Kartoffel" und "Topinambur" weisen viele gemeinsame Züge auf: Sie litten unter den gleichen Vorurteilen und Widerständen. Wirtschaftlich weist der Topinambur bessere Qualitäten aus, dennoch konnte sich die Kartoffel wegen Geschmacksfragen als Weltnahrungsmittel durchsetzen. Ihr ausgedehnter Anbau und Konsum begünstigte das Entstehen synonymer Bezeichnungen. Die "Tomate" hatte gegen eingefleischte Vorurteile aller Art zu kämpfen und brauchte die längste Zeit, um sich im menschlichen Nahrungssystem behaupten zu können. Die Namengebung in den Dialekten erreicht nur in ausgedehnten Anbaugebieten mit günstigem Klima eigene Formen und passt übernommene Formen dem Lautsystem des Dialektes an. (MARTIN 1963, 150)

Für die Herkunftserklärung der Bezeichnung *Kukuruz* bietet sich italienisch reg. *cucurugu* an, das nach dem Sprachatlas Italiens und der Südschweiz die Bedeutung 'Tannenzapfen' hat[29]. Auch rum. reg. (in Nordrumänien und in der Westukraine) heißt *cucuruz* 'kegelförmiger Zapfen der Koniferen' Im nordrumänischen Gebiet Marmarosch / Maramures heißt auch der Weintraubenkamm *cucuruz de strugure*[30]. Im donauschwäb. Dialektbereich weist das Lemma ZAPFEN zwei Bedeutungen auf: 1. Maiskolben, 2. Fruchtstand von Nadelhölzern. *Zapfenkukuruz* bedeutet 'nicht entkörnter Kolbenmais'. Das Bild eines samenbesetzten Tannenzapfens wurde also metaphorisch auf den Mais übertragen. Die donauschwäbi-

---

[28] Vgl. GEHL / PURDELA SITARU 1994, 46 f.
[29] JABERG / JUD, 1928-1940, Karte 547 (Norditalien)
[30] Nach LAMMERT 1984, 162.

schen Ansiedler lernten den Maisanbau erst im Banat, in der Schwäbischen Türkei bzw. Batschka kennen. Die Banater Wortform *Kukruz* mit Schwund des Vokals in der zweiten Silbe lässt auf eine Übernahme des Wortes über die Verwaltungssprache aus der österr. Verkehrssprache schließen[31]. Es handelt sich um ein slawisches Wanderwort: serbokr. *kukúruz, kokóruz*, bulg. *kukurúz*, russisch *kukuryza*, tschechisch *kukurice*, polnisch *kukurydza* usw., aber auch rum. dial. *cucuruz* und ung. *kukorica*, das über serb. Vermittlung auf ursprünglich türk. *kokoroz* zurückgeführt wird[32] und somit den angedeuteten Wanderweg der Maispflanze bestätigt.

Das mit dem Mais zusammenhängende Stichwort LIESCH hat zwei Wortbedeutungen: 1. Hüllblätter des Maiskolbens, 2. Schilfblätter, Binsen zum Abdichten der Weinfässer. Zur Etymologie des Wortes vgl. *Liesch* n. 'Riedgras' (< 10. Jh.), aus mhd. *liesche,* f., schon ahd. *lisca, lesc* f. 'Farn'. Das Wort ist wohl entlehnt aus mittellat. *lisca* f., 'Riedgras', dessen Herkunft unklar ist. Vielleicht ist die Entlehnung in umgekehrter Richtung verlaufen, wie auch bei anderen romanischen Wörtern dieser Sippe vermutet wird[33]. *Liesch* n. oder m., *Liesche* f., Pl. *Lieschen* ist die volkstümliche Bezeichnung für verschiedene schilfähnliche Pflanzen: Teichbinse, Gelbe Schwertlilie, Kalmus, Riedgräser, Wasserschwaden; dagegen hat *Lieschen* Pl. die Bedeutung 'Hüllblätter des Maiskolbens'. (DudenWb 4, 1680) Serbokr. *lišce* 'Laub Blätterwerk' kann das Wort in einigen Banater Dialekten gestützt haben, doch es tritt auch in Dialekten auf, die keinen Bezug zum Serbokroatischen haben. Es ist anzunehmen, dass *Liesch* von den deutschen Ansiedlern aus den Herkunftsgebieten mit der ersten Bedeutung 'Binsen, Riedgras, im Wasser wachsende Seggenarten (Carex L.) schilfförmige Pflanzen' mitgebracht und in den Siedlungsgebieten um die zweite Bedeutung 'Hüllblätter des Maiskolbens' bereichert wurde[34].

Zur Bedeutungsübertragung merkt Johann WOLF an, dass *Lieschgras* eine Grasgattung mit rohrkolbenähnlicher Rispe ist, während die Blätter dieser Pflanze einige Ähnlichkeiten mit den Hüllblättern des Maiskolbens haben. Übereinstimmung besteht in der praktischen Verwendung: Sowohl die einen als auch die anderen Blätter gebraucht man zum Abdichten der Weinfässer. Zwischen den Blättern der Segge und den Maiskolbenblättern besteht demnach eine gewisse Ähnlichkeit der Form, aber mehr noch der Funktion. Emilija GRUBAČIĆ sieht in der Bezeichnung *Liesch* "eine durch Form und Funktion hervorgerufene Metapher, eine Übertragung des Namens der Segge, des Riedgrases, wie er in hessischen, saarländischen und anderen Dialekten der alten Heimat bezeugt ist, auf die neue Kulturpflanze"[35]. Die erste Wortbedeutung ist noch im Banat bezeugt: In [Warjasch V] bezeichnet man mit *Liesche* nicht nur die Hüllblätter des Maiskolbens, sondern noch heute eine Seggenart, die zum Binden der Maisstängelbündel und zum Dichten der Weinfässer verwendet wird. Für Riedgras verwendet man auch das Wort *Schowar* (von rum. *şovar*). *Lieschblume* werden in [Hatzfeld] u. a. Orten auch die Gladiolen genannt. Bemerkenswert ist auch, dass sowohl serb. *šaš, šaša,* als auch der ung. Name *sás* 'Riedgras' auf die Maisstaude übertragen wurde. Die in den Banater deutschen Dialekten vollzogene Metapher hat also Parallelen in den serb. und ung. Dialekten dieses Gebietes. E. GRUBAČIĆ erklärt diesen Vorgang aus der wirtschaftlichen Entwicklung. Sie betrachtet den Parallelismus nicht als Entlehnung aus der einen oder anderen Sprache, sondern als Folge der gleichen Lebensbedingungen und Beschäftigungen, einer ähnlichen materiellen und kulturellen Entwicklungsstufe einer Gemeinschaft, die daher die Dinge auf gleiche

---

[31] Vgl. WOLF 1987, 266.
[32] Vgl. SKOK 2, 228 f.
[33] KLUGE 1999, 510.
[34] Vgl. GEHL 1991, 72.
[35] Vgl. GRUBAČIĆ 1965, 269-272.

Weise sieht und ähnliche Schlüsse zieht, ohne Rücksicht auf die Verschiedenheit der Sprachen, in denen sie handelt[36].

Mehrere Bezeichnungen haben die hohen Trockenspeicher für Getreide und Maiskolben. Das Stichwort HAMBAR hat zwei Bedeutungen: 1. überdachter Bretter- oder Rutenbau, manchmal mit Schlafmöglichkeit davor, zum Aufbewahren von Weizen oder Bohnen; 2. hoher, quaderförmiger, überdachter Maisspeicher aus Latten auf Steinfundament, oft über einem Schweinestall errichtet. Die Etymologie des Wortes geht zurück auf türk. *ambar* 'Lagerschuppen, Kornspeicher, Lagerraum eines Schiffes', das über bulg. *chambar*, serbokr. und rum. *ambar, hambar*, ung. reg. *hambár* 'Getreidespeicher' in die österreichische Beamtensprache und über diese in die donauschwäbischen Dialekte mit der Bedeutung 'Maisspeicher aus Rutengeflecht bzw. Latten' gelangte[37]. Am 8.10.1746 bewilligte ein österreichisches Hofreskript "die in denen Distrikten in Antrag habende Erbauung deren Hambare oder Depositorien auf Kosten der Unterthanen"[38].

Das Synonym TSCHARDAK hat die Bedeutung: 'überdachter Bretter- oder Rutenbau, manchmal mit Schlafmöglichkeit davor, zum Aufbewahren von Weizen oder Bohnen'. Beleg: *De Knecht, dä hod im Tschardak gschlofe, un im Winder hod er im Stall gschlofe*[39]. *De Tschardak war von Holz gebaut un mit Latte zugschlage, dass viel die Luft durchgange is. Un dann is der Kukrutz mit Kolwe (Kolben) neikumme*[40]. Das Substantiv gelangte von türk. *çardak* 'Laubengang, Pergola' über bulg., serbokr. und albanisch *ciardak, ceardak*, rum. *cerdac* 'Veranda' in die donauschwäbischen Dialekte[41].

Das Stichwort GORE bezeichnet gleichfalls ein 'gedeckter Maisspeicher aus Latten im Hinterhof. Er wurde zur Platzersparnis oft über dem Saustall errichtet. Dieser Speicher besteht aus Latten, die eine gute Durchlüftung und Trocknung des frischen Kolbenmaises ermöglichen, und ist mit Schilfrohr oder Dachziegeln gedeckt. *Gore* ist eine Entlehnung aus ung. *góré* 'Maisscheune'.

2.2.2 Etymologische Sonderfälle

Rückentlehnungen verweisen auf den regen Kulturaustausch zwischen benachbarten Völkern. Dazu zählt SALASCH, in der Bedeutung ' Einödhof, als Zweithof auf eigenem Feld; oft Sitz des Pächters'. Das Wort ist eine Entlehnung aus ung. *szállás* 'Herberge, Lager, zeitweilige Unterkunft für Mensch und Tier', daraus auch rum. *salas* mit derselben Bedeutung. Zu bedenken ist aber auch mhd. *zalas* 'Herberge', das eine alte Entlehnung ins Ungarische und daraus eine Rückentlehnung in die donauschwäbischen Dialekte vermuten lässt[42].

Die Musbezeichnung LECKWAR ist über das Bairisch-Österreichische in den süddeutschen Sprachraum gedrungen und wird manchmal als "ungarndeutsch" verzeichnet. Dabei handelt es sich nicht um ein ung. Lehnwort im Deutschen, obwohl es mit derselben Bedeutung wie ung. *lekvár* erscheint. Das Obstmus, die Latwerge, heißt in der Westpfalz auch *Leckmerich, Leckschmeer, Leckschmiere*". (PfWb IV 803) Eigentlich stellt *Leckwar* eine lautliche Umbildung von mittellat. *êlectuarium*, mhd. *(e)lectuārje, latwārje* 'breiartige Arznei' dar. Der Anknüpfungspunkt liegt in den beiden verwandten Wortbedeutun-

---

[36] Nach WOLF 1987, 266 f.
[37] Vgl. GEHL / PURDELA SITARU 1994, 62.
[38] Vgl. WOLF 1987, 279.
[39] Tonband 123-B (Laufwerk 13.30a) im Tonarchiv des IdGL, Aufnahme aus Waldneudorf III.
[40] Tonband 246-B (Laufwerk 32.00a) im Tonarchiv des IdGL, Ausnahme aus Apatin III.
[41] Vgl. GEHL / PURDELA SITARU 1994, 62.
[42] Vgl. GEHL / PURDELA SITARU 1994, 43.

gen 'durch Einkochen verdickter Saft'[43]. In den donauschwäbischen Dialekten wurde der lat. Ausdruck der Apothekersprache zu *Leckwar* umgebildet und auch volksetymologisch als 'Ware zum Lecken' umgedeutet, da man die Arznei früher mit Fruchtmus zubereitet hatte. Im etymologischen Wörterbuch der ungarischen Sprache werden die ältesten ung. Belege für *lekvár, lékvár, likvár, lakvár* usw. ab 1783 (also bereits nach der Ansiedlung der Donauschwaben) mit zwei Wortbedeutungen festgehalten: 1. 'Arznei in Breiform, Latwerge', 2. 'Fruchtmus, Marmelade'. Statt deutscher Herkunft des Wortes wird die Übernahme slawischer Wortformen angenommen, wie slowak. *lekvár* 'Fruchtmus' und veraltetes slowakisches *lektvar* 'Arznei in Breiform' oder tschech. *lekvar, lekvár* 'Arznei in Breiform, Mixtur' (veraltet) und 'Fruchtmus' ugs.[44] Das schließt allerdings nicht den deutschen Ursprung des ungarischen Lexems *lekvár* aus, das möglicherweise zuerst über slowakische (oder tschechische) Wortformen ins Ungarische übermittelt und später über donauschwäbische Mundartformen gestützt wurde.

Beim Stichwort KATSCHE erscheint die Entlehnung von ung. *kacsa, kácsa* 'Ente' (vgl. auch ung. *kácsér, gácsér* 'Enterich') vordergründig, zumal von der ung. Wortform auch tschechisch.*kacena* 'Ente' und *kacer* 'Enterich' stammt. Zu Bedenken sind allerdings Formen wie *Katsch, Katschrich, Katscher, Patscher* für 'Enterich' im Deutschen Wortatlas (Bd. 2 und 7), wobei die Benennungsmotive auf Tierstimme, Gangart, Körperform, Lock und Kosenamen zurückgehen[45]. Johann WOLF gibt zu bedenken, dass es im Ungarischen für Ente auch die Bezeichnungen *réce* und *ruca* gibt. Andererseits verzeichnet Andreas SCHMELLER (in BayWb 1/2 965) die bair. Form: *gatsch, gatsch* als Lockruf für Enten und *Gätschel* als Entennamen[46]. Demnach ist anzunehmen, dass die Tierbezeichnung *Katsch, Katsche* von den donauschwäbischen Ansiedlern des 18. Jahrhunderts aus den Herkunftsgebieten als lautnachahmende Bildung mitgebracht und unter fremdem Einfluss weiterentwickelt wurde[47].

Bair.-österr. PALATSCHINKE 'gefüllter Eierkuchen' (statt Pfannkuchen) haben die donauschwäbischen städtischen Umgangssprachen und von diesen die Verkehrsmundart übernommen[48]. Die etymologischen Angaben sind im KLUGE ungenau: *Palatschinke* f., österr., 'gefüllter Pfannkuchen' (> 20. Jh.). Entlehnt aus cech. *palacinka*, dieses aus ung. *palacsinta*, aus rum. *pla*[a!]*cinta*[a!], das zu lat. *placenta* gehört[49]. Eigentlich ist *Palatschinke* im Österreichischen eine Entlehnung aus ung. *palacsinta*, (es gibt auch diese Lautform, österr. *Palatschinte*). Die ung. Form kommt aus rum. *placinta* 'gefüllter Blätterkuchen, Pastete', das in zahlreichen Neubildungen erscheint. Das rum. Lexem kommt aus vulgärlat. *placenta* 'Kuchen, Fladen'. Ung. *palacsinta* ist seit 1577 belegt und kommt aus rum. *placinta* mit entsprechender Lautumstellung, wobei a>a und die anlautende Konsonantengruppe *pl* durch Einfügung des Vokals -a- aufgelöst wird. Neben anderen Varianten hat sich die literarische Form ung. *palacsinta* durchgesetzt und erscheint in der bair.-österr. Variante *Palatschinte* (neben *Palatschinke*). Auch die ung. umgangssprachliche Variante *palacsinka* in der Bedeutung 'Eierkuchen' wurde verbreitet und ergab slowak. *palačinka*, tschech. *palačinka*, ukr. *palačinda, palačinka*, serbokr. und bulg. *palačinka*[50]. Die ung. Entlehnung *palacsinta* im Serbokroatischen erhielt als sprachliche Anpassung das serb. Suffix *-ka* und wurde in der Form *palačinka* ins Bulgarische weitergeleitet[51]. Mit europäischen Auswanderern gelangte der Name des Pfannkuchens auch nach Amerika. Wie mir ein Gewährsmann aus New Jersey, USA, berichtet, gibt es im

---

[43] Vgl. Wolf 1987, 252.
[44] MESz II 747.
[45] KLUGE 1975, 167.
[46] Vgl. WOLF 1987, 275.
[47] Vgl. GEHL 1991, 215.
[48] Vgl. WOLF 1987, 270.
[49] KLUGE 1999, 608.
[50] MESz III 67.
[51] SKOK Bd. 2, 590.

New Yorker Stadtteil Soho eine Imbissstube namens *Palačinka*. Das kleine Lokal liegt in der Grand Street 28 und bäckt (laut einer Zeitungsanzeige) nach alten französischen, italienischen und jugoslawischen Rezepten mit Bratkartoffeln, Käse oder Mandelkreme mit Sahne gefüllte Eierkuchen. Ausgangspunkt (oder Parallelen dazu) sind wohl verschiedene *Palacsintabar* genannte Imbissstuben in ungarischen Badeorten, in denen gefüllte *Palatschinken* verkauft werden. In Jugoslawien heißen ähnliche Imbissstuben *palačinkarnica*.

Das Substantiv WEINZETTLER ist eine Rückentlehnung aus ung. *vincellér* 'Winzer, Weingärtner', das von mhd. *wînzürl, wînzurl* 'Winzer' stammt. Das Wort erscheint auch bair.-österr. als *Weinzierl* 'Winzer' (BayWb 2/2 928), das auf lat. *vinitor, vineator*' zurückgeht[52]. Die ung. Wortform entstand wahrscheinlich unter Einfluss der Berufsbezeichnungen auf *-ér*. Als Terminus des Weinbaus wurde *vincellér* im 14.-15. Jh. ins Ungarische entlehnt[53]. Die volksetymologische Weiterentwicklung des Lehnwortes erfolgte unter formaler Anlehnung an *Zettel* und Bedeutungswandel von 'selbständiger Weinbauer' zu 'Pächter des Weingartens'. Auch im österreichischen Weinbaugebiet wird zwischen dem *Hauer*, der eigene Weingärten mit Haus besitzt und *Winzer, Weinzierl* unterschieden, der im Haus seines Herrn wohnt und ihm den Weingarten baut[54], also dem Pachtverhältnis unseres *Weinzettlers* entspricht. Der Winzer heißt in [Semlak V] *Winzelier*, eine Lautumstellung nach mhd. *wînzürl*, in [Bakowa V] jedoch *Weinsiedler*, mit volksetymologischer Anlehnung an *Siedler*.

2.2.3 Entwicklung von Sonderbedeutungen

Vor der mechanischen Getreideernte wurde das geschnittene Getreide mit Seilen aus Kornstroh zu Garben gebunden und vor dem Drusch kreuzförmig zu Haufen (daher die Bezeichnung KREUZ) aufgesetzt. Aus Befragungen geht hervor, dass die Garbenzahl des Kreuzes in den donauschwäbischen Siedlungsgebieten zwischen neun (zwei Lagen zu vier Garben und eine Obergarbe, z. B. in [Hatzfeld V] und 21 Garben (fünf Lagen zu vier Garben und eine darüber, z. B. in [Nitzkydorf V] und in vielen Ortschaften des Sathmarer Gebietes, schwankt. Die Entwicklung verlief von zehn (größeren) *Sensengarben* zu 14 bzw. 18 (kleineren) *Maschinengarben*. Bei unpaariger Garbenzahl fehlt die unterste Schutzgarbe; so entstanden die *Dreizehner* und *Siebzehner* Garben, hauptsächlich in Banater Ortschaften nahe der Stadt Arad. Die rumänischen Bauern des Banats nennen den Garbenstand ebenfalls *cruce, crucița* 'Kreuz' und bilden ihn aus 16 Garben, jene aus Siebenbürgen und der Moldau aus 13, 17 oder 21 Garben[55]. Daher kann rum. Einfluss auf die Landwirtschaft der deutschen Bauern im Banat und im Sathmarer Gebiet angenommen werden. Diese Annahme wird durch eine andere Ausgangslage in den Herkunftsgebieten der deutschen Siedler erhärtet. Der Atlas der Deutschen Volkskunde[56] bringt nur für Württemberg einen Garbenstand von 15, 16 und 17 Garben, der vielleicht jenem der Ortschaften um Arad und Sathmar entspricht. Die geringere Garbenzahl in der Pfalz (von 8, 9 und 10 Garben) käme nur dann als Vorbild für unsere Garbenzahlen in Betracht, wenn wir von der Entwicklung von 10 zu 14 Garben im Garbenstand ausgingen. Zu beachten ist auch der Unterschied in der donauschwäbischen (und rumänischen) Landwirtschaft zwischen der Bedeutung von *Kreuzhaufen* (zu 14 Garben) und *Kreuz* (zu 21 Garben), wobei das Kreuz als Maßeinheit galt und zu einem Zentner Körnergewicht gerechnet wurde; drei Kreuzhaufen zu 42 Garben, also zu zwei Kreuzen. *Mandel*, wie in westeuropäischen deutschen Sprach-

---

[52] MESz III 1149.
[53] KOBILAROV-GÖTZE 1972, 465.
[54] KRETSCHMER 1969, 233.
[55] VLĂDUŪIU 1973, 217.
[56] Atlas der Deutschen Volkskunde, Lieferung V, Karte 83.

gebieten, hieß der Garbenstand nur im Ofner und Banater Bergland, sonst nur in wenigen Banater und Sathmarer Ortschaften, wo die Garben wegen der kühleren, feuchteren Witterung tatsächlich zu Mandeln aufgestellt werden mussten. Der Name *Mandel* galt auch als Zählmaß, das sich auf die Garbenzahl im Haufen bezieht: Eine kleine Mandel hieß ein Stand von 15, eine große Mandel ein Stand von 16 aufgestellten Garben[57].

Die Bedeutungen des Stichwortes HEIDE weichen von der üblichen ab: 1. 'Flurenbezeichnung für Ackerfelder', Beleg: *Uff de Hååd worn die Håådkette gwest, des wor net so gudes Feld.* [Glogowatz V], 2. In der Banater Ebene gelegenes, fruchtbares Ackerland, Beleg: *Dort wu dr Bauer frih un spot / Mit seine Leit is viel geplot (geplagt), / Un wu die Arweit niemols steht, / Des is die Heed!* [Bogarosch V] Den kulturgeschichtlichen Gehalt des Begriffes "Banater Heide" beschreibt Erich LAMMERT[58]: Hier folgen seine Ausführungen in gekürzter Form. Das Banat gliedert sich in drei Landschaftstypen: das Bergland (im Süden), das Hügelland (im Osten) und die Ebene (im zentralen und westlichen Teil). Die *Heide* genannte Ebene war im Naturzustand ein Wechsel von Wald, Gestrüpp, Weide und Sumpf, fast nur von Wanderhirten und Fischern bewohnt. Im Verlauf der Geschichte wurde sie zum Schauplatz der Völkerwanderung, stand 164 Jahre lang (von 1552 bis 1716) unter Türkenherrschaft und wurde im 18. Jh. als Kameralprovinz "Temeswarer Banat" von der Habsburgermonarchie hauptsächlich mit Deutschen aus den südwestlichen Reichsprovinzen besiedelt, zu denen später auch Serben, Rumänen, Ungarn, Slowaken, Juden und Roma kamen. Im 19. und 20. Jahrhundert war die *Heide* das reichste Gebiet des Banats und stand unter der Ausstrahlung der Provinzhauptstadt Temeswar. Reisende bezeichneten die Banater Ebene als Produkt der Zivilisation und der menschlichen Willenskraft. Ihre augenfälligsten Merkmale sind neben den gepflegten Ackerfluren große geometrische Dorfanlagen, die Höfe von langen Bretterzäunen eingefasst, mit Dachziegeln gedeckte Häuser, im Gegensatz zu den alten Siedlungen des Hügellandes mit Heckenzäunen (s. den Gebietsnamen *Hecke*), Holzbauten und Schindeldächern, mit einem dichten Straßen- und Schienennetz, mit Hang zu weitflächigen Monokulturen und Rassevieh, regem Handel und Gewerbe. (...) Pflanzengeographisch gesehen ist eine Heide vorrangig ein wasserarmer, ärmlicher, stellenweise auch mooriger Boden, mit Zwergsträuchern, Gräsern und dem Heidekraut (Calluna vulgaris) als vorherrschendem Pflanzenwuchs. Diese Merkmale treffen auf die Banater Heide nicht zu. Schon eher der weitere Begriff, der in der Heide ein urwüchsiges Land im Gegensatz zur bebauten und bewohnten Landschaft sieht. Im österreichischen Beamtendeutsch hießen unbebaute Gebiete Prädien, Einöden, häufig auch Heide. Die extensive Weidewirtschaft wurde nach der Besiedlung des Banats durch intensiven Ackerbau abgelöst, doch der Gebietsname *Heide* hat sich erhalten.

KRENWURST, nach dem gleichen bair.-österr. Wort, ist eine an *Krenfleisch* angelehnte Wortbildung. Das österreichische Substantiv wurde in die rum. Umgangssprache als *crenvursti* übernommen. Diese Art von Bockwurst werden in städtischen Verkaufsbuden gewöhnlich frisch gekocht mit einer Beigabe von Senf verkauft. Da bair.-österr. Kren vielen rumänischen Verkäufern unbekannt, dagegen Kreme (aus frz. *crème*) als rum. *cremă* bekannt war, konnte man an manchen Temeswarer Verkaufsständen in den 1970er Jahren die Aufschrift *cremvurşt* lesen, wobei ursprüngliches rum. *cren* volksetymologisch an rum. *cremă* angelehnt und zum deutschen Lehnwort *vurşt* eine übliche rum. Pluralform mit der Endung "-i" gebildet wurde. Auch serbokr. ugs. ist *krènviršla*, gewöhnlich in der Wortfügung im Plural *krenviršle za softom* bekannt[59]. Für die slawischen Formen handelt es sich um eine Rückentlehnung, da südd.

---

[57] Vgl. GEHL / PURDELA SITARU 1994, 43 f.
[58] LAMMERT 1973.
[59] STRIEDER-TEMPS 1958, 148.

und mhd. *krên(e)*, als Ausgangspunkt tschech. *hren*, russ. und sorbisch *chren* hat[60]. Für bair.-österr. Kren bietet sich serbokr. *hren* als Etymon an. Auch rum. *hrean* wird auf slaw. *hrenu* zurückgeführt[61].

Bemerkenswerte Etymologien erscheinen bei den 22 aufgelisteten Überlemmata und den jeweiligen untergeordneten Lemmata:

1. EIMER:	Butte, Bütte, Sack, Sackosch, Schaff
2. EISMÄNNER:	Barbara, Urban
3. ESTRICH:	Boden
4. FERMA:	Staatsferma, Gostat
5. GARBE:	Kreuzgarbe, Pope, Gesiede, Spelz, Ries
6. GASSE:	Gang, Straße, Friedhof
7. GERM:	Sauerteig, Dampfel
9. GRUNDBIRNE:	Paprika, Paprikasch, Pörkölt
9. HEIDE:	Hecke, Kette, Pußta, Salasch
10. KARFIOL:	Kohlrabi, Paradeis, Zeller
11. KATSCHE:	Kokosch
12. KRAPFEN:	Palatschinke, Krempitte, Pfannkuchen, Nudel
13. KUKURUZ:	Liesch, Hambar, Gore, Tschardak
14. LACHE:	Wasser-, Dreck-, Grabenlache, Lachenwasser
15. LÄGEL	Tschutra, Weinheber
16. LECKWAR:	Schmer, Pekmes, Rahm
17. MÜCKE:	Gelse, Rossmücke, Bremse, Schmeißmücke, Wespe
18. MUSKATEL:	Palm(e)
19. RAHM:	Obers, Süßobers, Schlagsahne
20. RAMPASCH:	Weinheber, Weinzettler
21. SCHWEIN:	Deutschländer Sau, Mangalitza, Zigeunerspeck
22. WOCHENMARKT	Wendelinsmarkt

3 Entstehung und Entwicklung der donauschwäbischen Dialekte

Die Fachsprachen der Handwerker und der Landwirtschaft widerspiegeln neben den technischen Termini viele dialektale Besonderheiten der Sprecher, die auf die historische Entwicklung dieser Dialekte und auf den Einfluss benachbarter Sprachen zurückzuführen sind. Deshalb erweist sich eine eingehende Untersuchung dieser komplexen Dialekte als notwendig[62]. An dieser Stelle wird nur eine Orientierungshilfe für den Leser gegeben. Die Jahrhunderte lange, eigenständige Entwicklung der donauschwäbischen Dialekte relativiert ihre Einteilung nach den überlieferten Mustern der binnendeutschen Dialekte. Dennoch ermöglichen viele erhaltenen primären Dialektmerkmale die Zuordnung der meisten Dialekte und Dialektgruppen zu einem bestimmten Typus bzw. die Bestimmung ihres Mischungsverhältnisses. Zur Herkunft der Donauschwaben lässt sich - unter Berücksichtigung der Ergebnisse der Dialekt- und Herkunftsforschung folgendes feststellen: ein Drittel ist fränkischer (pfälz., hess.), ein Drittel bairischer (auch österr. und sudetend.) und ein Viertel ist schwäbischer (auch alem. und elsässischer) Herkunft; die restlichen 8% entfallen auf andere deutsche Stämme und auf Andersnationale (Franzosen, Italiener,

---

[60] KLUGE 1999, 485.
[61] GEHL / PURDELA SITARU 1994, 94.
[62] Trotz mehrerer Einzeluntersuchungen fehlt bislang eine zusammenfassende Darstellung der deutschen Mundarten in den donauschwäbischen Siedlungsgebieten.

Spanier, Südostvölker). Eine Übersicht der staatlichen und privaten (geschätzten) deutschen Einwanderer in den donauschwäbischen Siedlungsgebieten kommt nach Josef Volkmar SENZ auf rund 200 000 Personen.

Siedlungegebiet	staatl. Ansiedler	private Ansiedler (geschätzt)	
1. Ung. Mittelgebirge	15 000	20 000	
2. Schwäbische Türkei	5 000	25 000	
3. Batschka	30 000	5 000	
4. Syrmien-Slawonien	5 000	10 000	
5. Banat	73 000	10 000	
6. Sathmarer Gebiet	2 000	5 000	
Summe:	130 000	75 000	Zusammen: 205 000.[63]

Trotz des verhältnismäßig kurzen Zusammenlebens (vom Ausgangspunkt, der Rückeroberung Ofens von den Türken und dem kaiserlichen Impopulationspatent 1686 bis zur Vertreibung und Aussiedlung nach 1945) konnten die Siedler aus verschiedenen Gebieten Mittel- und Südwestdeutschlands, Österreichs und der Nordschweiz durch intensive Mischung von Sprache, Kultur, Wirtschaftsweise, Brauchtum und Volkscharakter sowie durch die Ausgleichswirkung der österreichischen Verwaltung und der bairisch-österreichischen Umgangssprache eine relative Einheit erreichen, die sich bei den etwa 1,5 Millionen Donauschwaben (um 1940 in Ungarn, Rumänien und Jugoslawien) trotz der Dreiteilung durch den Trianoner Vertrag bis zur Gegenwart auswirkt. In den südosteuropäischen Siedlungsgebieten lebten - nach Senz - 1980 noch etwa 550000 Donauschwaben[64]. Allerdings sind diese Werte diskutabel. Nach Josef WOLF berichtet die offizielle Statistik in Ungarn von 302 198 Deutschen im Jahre 1941 und von 30 824 im Jahre 1990[65]. Dagegen schätzte das Statistische Bundesamt Wiesbaden in seinem "Länderbericht Ungarn 1992" die Anzahl der deutschen Minderheit auf über 200 000 Personen[66]. Nach der Bevölkerungsstatistik Rumäniens nach Nationalitätszugehörigkeit gab es 1977 in Rumänien 359 109 und 1992 noch 119 462 Deutsche[67], heute sind es noch etwa 60 000. In Jugoslawien lebten nach amtlichen Quellen 1953 noch 60 536 Deutsche und 1 459 Österreicher, im Jahre 1981 nur 8 712 Deutsche und 1 402 Österreicher[68]. Ihre Zahl in den Nachfolgestaaten Jugoslawiens ist schwierig zu erfassen. Die von Senz für 1980 geschätzte Zahl von 550 000 noch in Südosteuropa lebenden Donauschwaben wäre also nach den offiziellen Statistiken auf etwa 160 400 zu reduzieren.

3.1 Gliederung der donauschwäbischen Dialekte

Bekanntlich haben sich in den donauschwäbischen Siedlungsgebieten im Laufe der Sprachmischung und des Sprachwandels aus der Vielfalt der mitgebrachten Dialektformen mehr oder weniger einheitliche Dialektgebiete herausgebildet. Somit widerspiegeln die heutigen donauschwäbischen Lokaldialekte zum Teil die Siedlerstruktur, doch größtenteils haben sich Mischdialekte herausgebildet bzw. haben sich jene Dialekte durchgesetzt, die schriftnah und für alle Siedler verständlich waren. Das gilt sowohl für

---

[63] SENZ, 1993, S. 58 f.
[64] DERS., S. 224.
[65] WOLF 1994, Tabelle 2, S. 66.
[66] DERS., S. 67.
[67] DERS., Tabelle 17, S. 127.
[68] DERS., Tabelle 13, S. 112.

die bodenständige bäuerliche Bevölkerung als auch für zugewanderte Handwerker, die ihren eigenen Dialekt zugunsten des Lokaldialektes und der jeweiligen Handwerkersprache aufgeben mussten.

In den sechs Siedlungsgebieten der Donauschwaben haben sich die vielfältigen Herkunftsdialekte der Siedler im Laufe der Generationen zuerst innerhalb der Ortschaften vereinheitlicht (Ausgleich erster Stufe). In der 250-jährigen Siedlungsgeschichte haben sich durch Ausstrahlung der durchsetzungsfähigsten Lokaldialekte, deren primäre Merkmale auch durch weitere Dialekte gestützt wurden, mehrere *Dialektlandschaften* herausgebildet (Ausgleich zweiter Stufe), wobei jedoch Einzel- und Mischdialekte (mit frk., schwäb.-alem. und bair. Komponenten) in vielen Orten erhalten blieben. Dabei ragen folgende Dialektlandschaften heraus:[69]

- *Im Ungarischen Mittelgebirge* (Zentrum Budapest) hat sich ein bair. Sprachraum mit mbair. ua- und ui-Dialekte (*Muata, Muida*) herausgebildet. In den Randzonen gibt es frk. Dialekte und einige Mischdialekte. Vereinzelte schwäb. Reliktformen lassen erkennen, dass auffallende primäre Laut- und Formenerscheinungen dieses "schriftfernen" Dialektes durch solche aus bair. oder frk. Dialekten der späteren Siedler ersetzt wurden. Hugo MOSER weist schon 1953 darauf hin, dass im Schwäbischen der Vokalismus und Teile des Wortschatzes "schriftferner" sind als in anderen Dialekten, die leichter auszusprechen und "schriftnäher" sind und sich in einer Auseinandersetzung besser durchsetzen können[70].
- *In der Schwäbischen Türkei* (um Fünfkirchen / Pécs) hat sich (trotz schwäb., frk. und bair. Einstreuungen) der rheinfrk. Sprachausgleich durchgesetzt. In der nördlich gelegenen Tolnau besteht ein hess. Dialektraum (Vgl. *Äpplpeemcher stije in unsem Goate*, auch *rere* 'reden' mit d > r - Rhotazismus). In der südlicher gelegenen Branau gibt es *Stiffoller* Dialekte (nach Stift Fulda benannt, vgl. *Mäderje* oder: *Ich kann getrenk* 'Ich kann trinken'). Die bairisch-österreichische Umgangssprache der Städte wie Fünfkirchen und Petschwar wurde auch von den Handwerkern auf dem Land verbreitet. Alem. wird in Tewel gesprochen.
- In der *Batschka* (am linken Donauufer, um Frankenstadt / Baja, Apatin) widerspiegeln sich die konfessionellen Unterschiede der Siedler in ihrer sprachlichen Entwicklung. Während die protestantischen Dörfer um Werbaß das Westpfälzische erhalten haben, sprechen die Dörfer mit katholischen Siedlern um Filipowo pfälz.-alem. Dialekte. (Vgl. pfälz.: *Ich hann gefroot, Mädche*; dagegen schwäb.-alem.: *du bisch, du hosch, Mädli(n)*, neben der Mischform *Äppelin.*) Schwäbische Dialekte (vgl. *Muete, Mädle*) sind in Hajosch, Neudorf a . d. Donau anzutreffen.
- *In Syrmien und Slawonien* (um Esseg / Osijek) haben sich in vielen späteren Siedlungen schwäb. und rheinfrk. Dialekte gemischt (vgl. *Mädle, sie isch, sage*, neben: *Ich hann gsaat.*) Im Ausdruck: *Du muesch hoemgeh* statt: *must* bzw. *gah*; treten frk.-schwäb. Mischformen auf.
- Vom vortrianonischen *Banat* (Zentrum Temeswar) blieb ein kleiner Teil bei Ungarn, während ein Drittel zu Jugoslawien und zwei Drittel zu Rumänien kamen. Unabhängig davon blieben die ausgebildeten Dialektlandschaften vorhanden.[71] Neben dem rheinpfälz.-md. Kerngebiet (vgl. *Äpplche, geloff, du bischt / bist, Worscht, Seef, dehem*) gibt es am nordwestlichen Rand kleine obd., ost- bzw. südfrk. Dialektgebiete (vgl. *Heisala / Haisele, du musst / muscht*) und der hochalem. Dialekt von Saderlach (vgl. *Chindli, Chueche, mien Huus, miër, ihr, sie maajet* 'mähen'). Oberdeutsch ist auch das nordbair. Dialektgebiet im Banater Bergland und der bair.-österr. Einfluss in der ehemaligen österreichischen Militärgrenze um Werschetz und in den Stadtmundarten. Bairische, durch die Verwaltungssprache vermittelte, Merkmale weisen auch Dorfmundarten auf.

---

[69] Vgl. GEHL 1989, S. 292 f.
[70] MOSER 1953, S. 132 f.
[71] Um 1770 lebten im Banat 25 900 Deutsche, zu denen zwischen 1784 - 86 noch 3000 deutsche Familien angesiedelt wurden. (WOLF 1979, S. 303, 311).

- Das *Sathmarer Gebiet* (um Großkarol und Sathmar) ist einheitlich oberschwäbisch geprägt (vgl. *I ga hui, i woaiß; mier, ihr, sie schwätzet, guet*), nur in Kriegsdorf gibt es einen alem. Dialekt (vgl. *Bliëmli, mien Huus*), in Neupalota wird pfälz.-moselfrk. gesprochen und in Oberwischau, Großtarna und Batartsch ist eine bair.-österr. Sprachinsel anzutreffen.

3.1.1 Schwäbisch-alemannische Dialekte und Einflüsse

Nach der Vertreibung der Türken aus Ofen (1686) lag der Schwerpunkt der älteren Kolonistenanwerbung in Schwaben[72]. Von den in Wudigeß / Budakeszi angesiedelten Schwaben haben sich lediglich die schwäbischen Familiennamen: Bable, Deberle, Ederle, Enderle, Eszterle, Werle, Madle u.a. erhalten[73]. Von Bedeutung ist die große oberschwäbische Auswanderung der Jahre 1712 - 1717 ins Komitat Sathmar, in die Schwäbische Türkei und in die Batschka. So wurde die Ortschaft Großarbersdorf / Nagyárpád [II] 1731 mit Schwaben aus dem Stadtgebiet Rottweil besiedelt. Nach Neudorf / Bačko Novo Selo [III] kamen 1733 unter den Erstsiedlern 70 Schwaben vom Oberen Neckar, im selben Jahr 100 Männer aus dem Stadtgebiet Rottweil nach Mohatsch / Mohács [II]. Auch ins benachbarte Bohl / Boly [II] gelangten zwischen 1746 und 1752 Schwaben aus dieser Gegend. In das 1749 angelegte Apatin kamen Schwaben aus Vorderösterreich, dem badischen Oberland und aus Mainfranken. Auch nach Hodschag / Odžaci, Palanka und Kolut [III] kamen 1756 Schwaben und Alemannen, von denen Kaiserin Maria Theresia 540 Familien für die Batschka werben ließ. Im Mai 1763 zogen 30 Familien aus den Oberämtern Hechingen und Tuttlingen nach Filipowa / Filipova, später auch Siedler aus Rottweil. Viele protestantische Schwaben siedelten in den 1780er Jahren in Bulkes / Maglić, Kleinker / Bačko Dobre Polje, Siwatz / Sivac und Torschau / Torča. In Sekitsch / Sekić stammten unter den Erstsiedlern 50 aus dem Gebiet der Reichstadt Ulm, (90 kamen aus Württemberg, 95 aus dem Elsass)[74]. In Syrmien erhielt die seit 1746 bestehende Ortschaft Ruma im Jahre 1786 rund 700 Neuankömmlinge aus Württemberg, Hohenzollern, Ober- und Mittelbaden und aus dem Elsass (61% aus Schwaben, 12% aus Baden und 9% aus dem Elsass). Dafür war die Siedlung nicht vorbereitet. Deshalb zogen von diesen Kolonisten 240 Familien in die Batschka oder ins Banat weiter, während von den Zurückbleibenden im Winter 320 den Seuchen erlagen[75]. Im Banat ist die einzige Alemannensiedlung das 1737 angelegte Saderlach / Zădăreni, die 1744 und danach Zuzug aus Oberbaden und vom Hochrhein erhielt. Hauensteiner kamen 1753 nach Neubeschenowa / Dudeștii Noi [V], aber auch nach Saderlach[76].

Schwäbische Dialektmerkmale

Das einzige einheitliche oberschwäb. Siedlungsgebiet liegt um Sathmar, in Nordostungarn und Nordwestrumänien. Hier weisen die Dialekte die primären Merkmale des Schwäbischen und dazu einige Besonderheiten auf:[77]
- *p* ist in allen Wortstellungen zu *pf* verschoben: *Pfund, Apfel, Strumpf, Kopf*;
- *st* erscheint auch im In- und Auslaut als *scht: dieane luschtege Schwobe esset Wurscht; du bischt, er isch(t); Wu gehscht du naa?*;
- Diminutivsuffixe *-le, -lə, (-lin)*: *Bäsle, Mädle, Gätterle* 'Gassentürchen';

---

[72] SCHÜNEMANN 1935, S. 266.
[73] FOLLATH 1986, S. 263.
[74] WEIDLEIN 1979, S. 131.
[75] WILHELM 1990, S.112-114, 159.
[76] KÜNZIG 1937, S. 36-38.
[77] WEIDLEIN 1979, S. 127-136; RUOFF 1992; SCHIRMUNSKI 1962.

- Einheitsplural auf -et: mer, ihr, sie: schwätzet, winschet, singet;
- Bewahrung der Diphthonge und Triphthonge: ie, iea, ue, ui, oi, uoi, uei: sießß, dieäne, Fieänschter, lieäb, guat, luege, hui 'heim', 's isch hoiß, i wuois it waa 'ich weiss nicht, was', Stuoi 'Stein', Flueisch 'Fleisch';
- Intervok. Verschlusslaute b, d, g sind erhalten: Schwobe, widr, fliage, Gwander, lige blibe;
- Verkürzung des Artikels die zu d': d'Mareibäs, d'Baure, d'Ohre;
- Verkürzte Pronominalformen i 'ich', mi 'mich', wobei i auch den Dativ ausdrückt: i dieam Bauer 'dem Bauer'; desgleichen ui 'euch' und ujer 'euer';
- Das Präfix ge- fällt vor Verschlusslaut ab: brocht 'gebracht', grabe 'gegraben' kennt 'gekannt'.

Das **Alemannische**, als Untergruppe des Schwäbischen, weist z. B. in Sad [V] oder Kr [VI] sprachliche Merkmale der oberrheinischen bzw. Durlacher Siedler auf:[78]
- Konsequenteste p > pf-Verschiebung, sogar in Formen wie: Seipfe;
- Verschiebung des k > ch: Chopf, chrankh, Chrieäsliblueschrt 'Kirschblüte';
- Diminutivsuffix -li (Pl. auch -lin): en Äpfeli, Maidli, Wiebli 'Weiblein';
- Erhaltung der mhd. Diphthonge ie, uo, üe und ei als: ia, ue, ia, ai; Bliamli, guete Mueter, Brieädr, mieässe heim, heiß;
- Alte Monophthonge: î, û, iu bleiben als ie, uu, ie erhalten: Huus, Ziet, nien Hieser 'neun Häuser', d'wieß Bruut 'die weiße Braut' (in Mischmundarten meist aufgegeben);
- Verbalformen auf e: sege 'sagen', du hesch 'du hast', ihr het 'ihr habt';
- Alemannische Ausdrücke sind z. B.: gohscht uusi 'gehst du hinaus?', er isch gsei 'er ist gewesen', z'Dorf goh 'zur Spinnstube gehen', de Chopf in d'Heh lupfe 'den Kopf heben'.

Auffallende primäre Laut- und Formenerscheinungen des Schwäbischen wurden allerdings in vielen Fällen durch jene der fränkischen oder bairischen Dialekte anderer Siedler ersetzt; die "Sprechschwaben" wurden so zu "Abstammungsschwaben"[79]. Schwäbische Dialekte, mit primären schwäbischen Merkmalen, erhielten sich außer in den Sathmarer Siedlungen in: Tax und Har I (allerdings mit bair. eng 'euch' und enger 'euer')[80], Tew (für deren alem. Kennzeichen vgl.: Hondr khoo Stikli weißi Soapfe uff mim Tischli gfunde, fer mi?)[81], gleichfalls alem. in GA [II] und Hod [III] (vgl. Du muesch z'ärscht noch e bissli wachse; wenn't'n kennt hetsch 'wenn du ihn gekannt hättest', jedoch: awr, owed 'aber, abend', mit rheinfränkischem w statt b und Diphthongierung von altem î und û: weiß, Haus), weiterhin schwäb. in Neud [III] (vgl. d'Leit mehet, Heit obed gea mer z'Lieächt 'Heute Abend gehen wir in die Spinnstube') und Franzf [V], ein schwäb. Dialekt mit einigen frk. Einflüssen[82].

Häufiger sind jene Dialekte, in denen die zahlreichen schwäb. bzw. alem. Erstsiedler deutliche Spuren hinterlassen haben. Je nachdem, wie viel primäre Merkmale (etwa pf, scht, -le, -li, -lin, Diphthonge, Einheitsplural -et) sich erhalten haben, können diese Dialekte als schwäb.-frk. bzw. als frk.-schwäb. eingestuft werden, wobei auch bair. Elemente (Diminutivendung -l, Adjektivendung -i, pronominale Dualformen: eng, enger) vorhanden sein können. Die alem. Monophthonge î, û wurden meist zu ei, au diph-

---

[78] WOLF 1987, S. 100-105.
[79] WEIDLEIN 1979, S. 127.
[80] WEIDLEIN 1979, S. 130.
[81] Für die Bestimmung der Mundarten ohne Quellenangabe wurden die Tonaufzeichnungen (vor allem der Wenkersätze und einer Liste von "Kennwörtern") im Mundartarchiv des IdGL in Tübingen ausgewertet. Vgl. auch PETERSEN u. a. (Hrsg.) 1936, S. 298-300.
[82] Bei Mischmundarten wurde die Reihenfolge der beteiligten Dialekte nach der relativen Menge der festgestellten primären Merkmale festgelegt.

thongiert. Zur Gruppe der schwäb. (-alem.) -rheinfrk. Dialekte zählen jene von: Al, Ap, Gak, Gara, (alem.-rheinfrk.), Ker, Kol (alem.-rheinfrk.-bair.), Katschm, Kula, Mil, Tschat, Wasch [III] (alem.-rheinfrk.) (alle [III]), des Weiteren In (schwäb.-pfälz.-bair.), Jarm (schwäb.-südfrk.), NP (schwäb.-rheinfrk.), Put und Tom (alle [IV]) (alem.-rheinfrk.-bair.).

Weniger schwäbische Spuren (hauptsächlich das Diminutivsuffix -le, -lin und Verbalformen wie: *bisch, hasch*) haben die frk.-schwäb. bzw. bair.-frk.-schwäb. Dialekte bewahrt. Solche begegnet man in Bad [II] (rheinfrk.-schwäb.) sowie in Kir [I] (bair.-schwäb.): *Räißle* 'Rössel', *Kranzele*, neben bair. *Kindl, Handl, brocht* (ohne Präfix ge-), desgleichen: *kannscht läicht tanze*[83], *muədə, khuə*. Hess.-schwäb. wird in Kock [II], gesprochen, pfälz.-alem. in Fil und KK [III], und südfrk.-schwäb.-bair. in Fu [III]. In Ru [IV] gibt es einen bair. ui-Dialekt, mit ostfrk. und alem. Elementen. In StA, Wil und Ga (alle [V]) wird südfrk., mit schwäb. Einfluss gesprochen[84].

3.1.2 Fränkische Dialekte und ihre Verteilung

Siedler aus der Rheinpfalz, aus Rheinhessen, aus Süd- und Mainfranken, aus dem Saargebiet und aus Luxemburg wurden vorwiegend in der theresianischen und josephinischen Kolonisationswelle (1763-1770 und 1782-1787) in der Schwäbischen Türkei, in der Batschka und im Banat sesshaft. Zu den 20 000 deutschen Siedlern, die bereits 1739 in 55 Banater Orten lebten, kamen unter Maria Theresia noch 12 500 Familien, etwa 48 000 Personen, während unter Joseph II. noch 14 neue Dörfer mit 3000 Kolonistenfamilien angelegt wurden.[85] Heinrich SCHMIDT stellt fest, dass die meisten deutschen Siedlungen in der Schwäbischen Türkei, in der Batschka und im Banat fränkisch sind[86]. Faktoren wie Schriftnähe des Dialektes, d. h. Verständlichkeit für alle Siedler eines Ortes, Stützung ihrer primären Merkmale durch die übrigen Ortsdialekte, sprachliches Vorbild von herausragenden Personen der Gemeinde usw. haben im Laufe der Sprachmischung und des Sprachausgleichs ersten Grades zur relativen Vereinheitlichung der Ortsdialekte geführt, während sich durch regionale Wirtschaftsbeziehungen und Ausdehnung des großräumigen Verkehrs (vor allem der Handwerker) in den donauschwäbischen Siedlungsgebieten recht gut erkennbare Mundartlandschaften herausgebildet haben, die nach ihren primären Merkmalen in etwa den jeweiligen binnendeutschen Sprachlandschaften zugeordnet werden können.

Das **mitteldeutsch-Hessische** hat folgende primären Merkmale[87]:

- erhaltenes p in allen Positionen: *phunt* 'Pfund', *tupə* 'Tupfen', *khop* 'Kopf';
- Diminutivsuffix *-je, -jə, -chər: faiçlje* 'Veilchen', *me:dərjə,* 'Mädchen', *eplçər* 'Äpfelchen' (Pluralformen);
- mhd. *ei* wird zu *a, ā: kha:n* 'keinen', *ha:s* 'heiß', *ā:farbiç* 'einfarbig';
- oberhessische gestürzte Diphtonge: *fǫus* 'Fuß', *mǫit* 'müde', *lęip* 'lieb';
- Rhotazismus d > r: *brǫurə* 'Bruder', *lerər* 'Leder', *ʃli:rə* 'Schlitten';
- intervokalische Konsonanten werden stimmhaft: *mir haddə* 'wir hatten', *ho:zə* 'Hose';

---

[83] BONOMI 1959 / 60, S. 244.
[84] GEHL 1991, S. 54 f.
[85] WOLF 1979, S. 277-307.
[86] SCHMIDT 1928, S. 29 f.
[87] nach: FRIEBERTSHÄUSER 1987, S. 45-80; AGRICOLA / FLEISCHER / PROTZE, (Hrsg.) 1969, S. 312-422), S. 412 f.; WEIDLEIN 1979, S.113-126; SCHMIDT 1928, S. 29-34, HACK 1934, S. 74; MANHERZ / WILD 1987, S. 27 f.

- Tonerhöhung e > i, o > u: ʃti: 'stehen', ʃī: 'schön', ru:t 'rot', pru:t 'Brot', neben Senkung i > e: Kend, 'Kind', breng 'bringe' trenke 'trinken';
- st im In- und Auslaut: ʃvestər 'Schwester', maist 'meist';
- (Stiffoller) Präfix ge- des Verbs nach den Modalverben können, mögen: iç khon kətrenk 'ich kann trinken', iç meçt kəle:s 'ich möchte lesen'; neben Schwund des Infinitivsuffixes des Vollverbs nach den übrigen modalen Hilfsverben: iç sol nur aləs max 'ich soll alles machen', mir volə ę;rʃt nox pesje oɐrvət 'wir wollen zuerst noch ein bisschen arbeiten'; fon tem khanst tu kəlep, ven tu tes tętst lęrn ('von dem kannst du leben, wenn du das lernen würdest');
- althess. b statt w im Anlaut: bar 'wer', bo 'wo', bɐl 'weil' (ei > a), bi ban sə 'wie wann sie' (auffällig und daher größtenteils aufgegeben). Die althess. Monophthonge î, û sind gleichfalls nicht erhalten.[88]

Diese Mundartmerkmale sind vorrangig in der Schwäbischen Türkei anzutreffen, wobei sich eine nordhess., "Stiffoller" (nach dem Stift Fulda benannte) Mundartlandschaft von rund 30 Ortsdialekten in der Tolnau und Branau erstreckt. Sie liegen um Nimm, Surg, Ma in der Branau und um Mu, Kä, Jink, Sar in der Tolnau. Einige weisen mhess. Merkmale auf., z. B. Apar, Bold, EB, Go, Lasch, Tscheb, Ud [II], Bul und Rig [III]. Hessisch-odenwäldisch wird in Mut [II], Gutt und NDo [V] gesprochen.

Im Pfälzischen gelten als primäre Merkmale:[89]

- unverschobenes p: plu:x 'Pflug' apl 'Apfel', knop 'Knopf';
- Diminutivsuffix -che, -cher: haisçe, Pl. haisçər 'Häuschen';
- ei wird zu ee oder aa: kle:n, kla:n 'klein', se:f, sa:f 'Seife';
- g wird spirantisiert oder fällt aus: ve:x 'Weg', va:n 'Wagen', sa:n 'sagen';
- Partizip endungslos (Westpfalz) oder auf -e (Ostpfalz): kəprox / kəproxə 'gebrochen', kʃlo:f / kʃlo:fə 'geschlafen', kaŋ / kaŋə 'gegangen';
- verbale Formen: iç sin (senn) 'ich bin', iç han (hun, nordpfälz.) 'ich habe', ken 'gegeben';
- rheinischer b > w-Wandel: kla:və 'glauben' (au > a), o:vət 'Abend', kavl 'Gabel'
- nordrheinfrk. (hessisch) -st-, -st, südrheinfrk. -ʃt-, -ʃt: mustə / muʃtə 'Muster', must / muʃt (du) 'musst', fest / feʃt 'fest'.

Das Pfälzische wird in einem Großteil der Batschka und des Banats gesprochen.
Über 20 westpfälz. Dialekte liegen in der Batschka um Kar, Tscher, Werb, desgleichen in Ker, Ku, Lo, ND, Wuk [IV], rund 50 pfälz. Dialekte um: Alex, Charl, Laz, Ost, StAnd, Set, Wies, Wis, wobei für diese Dialekte in- und auslautendes scht statt st kennzeichnend ist. Rheinfränkische (d. h. pfälz.-hess.) Dialekte findet man verstreut in der Schwäbischen Türkei, in: Darda, Graw, KaF, Mar, Mösch, Sal, StG. In der Batschka hört man sie in Jar, Krusch, PrStI, Tscho und Waldn; im Banat z. B. in Blum, Bre, DE, GB Heu, KSch, Moll, Mram, Sem, Tschak. Häufig ist das Rheinfränkische gemischt mit anderen Dialekte, z. B. in Nadw [III] wird die Mischmundart rheinfrk., schwäb. gesprochen.

---

[88] In diesem Sinne ist die Zuordnung dieser (und anderer) donauschwäb. Mundartengruppen zu einem binnendeutschen Mundartgebiet nur orientierungsmäßig und nicht in vollem Umfang zutreffend zu verstehen.
[89] Nach: POST 1990 (Karte zur Untergliederung des Pfälzischen, S. 21.); WEIDLEIN 1979, S. 136-139; WOLF 1987, S. 38-46 (Übersicht deutsche Mundarten des Banats).

Das **Moselfränkische** gehört zur Übergangslandschaft vom Rheinfränkischen zum Niederdeutschen. Es hat als primäre Merkmale[90]:

- unverschobenes *t*: *et kle:net* 'das Kleine', *wat* 'was';
- auslautendes *b > f*: *khorf* 'Korb', *kʃtorf* 'gestorben', *keft* (gibt) 'wird';
- Tonerhöhung von *e > i* und *o > u*, aber auch Senkung *i > e* und *u > o*: *me le:f khent, plaif to onən ʃti:n, te pi:s kents peisn tejç tu:t* 'Mein liebes Kind, bleib da unten stehen, die bösen Gänse beißen dich tot';
- Pronominalformen: *hen, ne* 'er' und *wen* 'wer': *es nə to:?* 'Ist er da?', *ven hat ət ksa:t?* 'Wer hat es gesagt?'

Moselfränkische Dialekte und Elemente sind außer dem pfälz.-moselfrk. Dialekt von NP, im Sathmarer Gebiet, im Banat anzutreffen und zwar: moselfrk. in NB, moselfrk.-pfälz. in NPe und Bill, westpfälz.-moselfrk. in Bog, Hatz, KB, KJ, Knees, Len, Perj. Rheinfrk.-moselfrk. Mischdialekte entstanden in: Bru, DStP, Jahr, Tschan, Tsche, War.

Das **oberdeutsch-Südfränkische** ist eine Übergangsmundart vom Fränkischen zum Schwäbischen, mit denen es viel gemeinsam hat. Primäre Kennzeichen sind:[91]

- *p > pf* in allen Wortstellungen: *pflaum* 'Pflaume', *apfl* 'Apfel', *khopf* 'Kopf';
- das Diminutivsuffix *-le, -lə*: *pe:mle* 'Bäumchen', *haisələ* 'Häuschen';
- *st > ʃt* in allen Positionen: *ʃte:ə* 'stehen', *muʃtə* 'Muster', *haʃt* '(du) hast';
- mhd. *ei, ou > a:*, *kla:t* 'Kleid', *va:ts* 'Weizen', *kha:nə* 'keiner', *pa:m* 'Baum';
- mhd. langes *a > å, o*: *vågə* 'Wagen', *krå:və* 'graben', *ro:də* 'raten';
- das Präfix *ge- > k-* abgeschwächt: *kne:t* 'genäht', *kmaxt* 'gemacht', *kʃlaxt* 'geschlachtet', aber *kə-* vor *b*: *kəproxt* 'gebracht', *kəpli:mlt* 'geblümt';
- Sonderformen mit *-e-*: *sele* 'sollen', *vele* 'wollen', *sele* 'jene'.

Nach ihrer Anlage sind die Banater südfrk. Dialekte mit Elementen anderer Dialekte gemischt. Z. B. südfrk.-schwäb. in Ga und StA, südfrk.-bair. in Glog und Fak, südfrk.-pfälz. in Liget, südfrk.-bair.-rheinfrk. in Karl, südfrk.-schwäb.-bair. in Pank [V] und südfrk.-alem.-bair. in Fu [III]. In Kisch [II], Erd und Ern [IV] ist ein rheinfrk.-südfrk. Dialekt festzustellen, in Pal [III] eine südfrk.-bair., in Tow [IV] eine pfälz.-südfrk.

Das **Ostfränkische** hat, zum Unterschied vom Südfränkischen, die Merkmale:[92]

- Diphthongierung einfacher Vokale: *a > ʋo, eʋ*; *e > ęʋ*, *i > iə*, *o > oʋ, eų̈*; *u > uə*, z. B.: *rʋuk* 'Rock', *meǫn* 'Mann'; *knęʋt* 'genäht', *khopftiəçle* 'Kopftüch(lein)', *ho:ʋx* 'hoch', *heų̈zə (houzə)* 'Hose', *ʃuəstr* 'Schuster', *tu muəst* 'du musst';
- Tonerhöhung *e > i* und Vokalsenkung *i > e*, *ʃtj:ə* 'stehen', *ʃerts* 'Schürze';
- frk. *b > w* und *g > ch*-Wandel, *petri:və* 'betrieben', *kro:xə* 'Kragen';
- *st* im In- und Auslaut: *am ʃnelstə* 'am schnellsten', *fest* 'fest';

---

[90] Nach: AGRICOLA / FLEISCHER / PROTZE, (Hrsg.) 1969, S. 414; WOLF 1987, S. 86-94 (Moselfränkisches im Banat).
[91] Nach: BARBA 1982, S. 165-170; GEHL 1991, S. 37-55.
[92] Nach: WEIDLEIN 1979, S. 140-157; WOLF 1987, S. 94-100 (Oberfrk. Mundarten); AGRICOLA / FLEISCHER / PROTZE, (Hrsg.) 1969, S. 140 f.; WAGNER 1987.

- Diminutivsilben *-lɐ*, (Pl.) *-li, mitslɐ* 'Mutzen', *ʃuəpleçli* 'Schuhbeschlag';
- Partizip Perfekt (vor *p, t, k*) ohne Präfix *ge-*, *pli:və* 'geblieben', *tro:xə* 'getragen', *knepft* 'geknöpft'; dazu die Formen: *kve:* 'gewesen', *sann* 'sind'.

Gesprochen werden ostfrk. Dialekte im Banat: in El, Mat, Schim und StM, sowie gemischte, hess.-ostfrk. Dialekte in der Schwäbischen Türkei: in Illu, Jan, Kom, Lap, Schom, Seetsch, Wiel und Zi; eine ostfrk.-rheinfrk. Mischmundart in Send [I].

3.1.3 Bairische Dialekte und ihre Verteilung

Das Bairische übte siedlungsmäßig und durch massiven Einwirkung der *bair.-österr. Verwaltungssprache* einen bedeutenden Einfluss auf die donauschwäb. Siedlungsdialekte aus. Unter seiner Einwirkung bildete sich im Ungarischen Mittelgebirge ein fast einheitlicher bair. Siedlungsraum (45 Dialekte), mit den zwei Grundtypen: *ui-* und *ua-*Dialekte heraus, während sich in den Städten aller Siedlungsgebiete eine bair.-österr. geprägte Umgangssprache mit einigen Einflüssen der umliegenden Dialekte und Fremdsprachen entwickelte.

Das **Bairische** unseres Siedlungsraums hat diese primären Merkmale:[93]

- ahd. *uo > ui / uɐ, ai > oɐ, muidɐ / muɐdɐ* 'Mutter', *pruidɐ / pruɐdɐ* 'Bruder', *proɐt (pra:t)* 'breit', *hoɐm (ha:m)* 'heim';
- offenes *a̯* für mhd. *ä*, *ʃa̯:r* 'Schere', *ma̯ndl* 'Männlein', *sa̯gi* 'Säcklein';
- Verdumpfung des *a > å / o̭ håt mə ksokt* 'hat man gsagt';
- Vokalisierung *l > i, r > ɐ, ksyin* 'Gesellen', *mø:i* 'Mehl', *kho̭it* 'kalt', *feɐti* 'fertig', *ʃnuɐ* 'Schnur'; *kheɐn* 'kehren';
- fließender Übergang *p, t, k > b, d, g, ne:tərin / ne:dərin* 'Näherin', *ledɐ / letɐ* 'Leder', *do̭ɐk* 'Tag', *to̭:x* 'Dach';
- Umlautverhinderung: *kha̭:s* 'Käse', *prukn* 'Brücke', *ɐ ʃtuk* 'ein Stück';
- Vokaldehnung vor Konsonantengruppen: *hu:tʃn* 'Schaukel', *pfe:fə* 'Pfeffer';
- die Pronominalformen: *ø:s* 'ihr', *eŋk* 'Euch', *eŋgər* 'Euer';
- Endung *-n* des f. Subst. im Sg., *ti piəstn* 'die Bürste', *ti minu:tn* 'Minute';
- Diminutivendung *-l, -əl, -i, haisl* 'Häuschen', *pliəməl* 'Blümlein', *kaivi* 'Kalb', *khati* 'Katharina' ('Koseform').

Mittelbairische ua-Dialekte werden in 34 Orten des Ungarischen Mittelgebirges gesprochen: von Aug bis Scham und Schor und von Ins bis Paum; **mbair. ui-Dialekte** dagegen in elf Orten: in Ganna, Gant, Gest, GT, Kät, Kopp, Moor, Pul, Pußt, Vert und Wasch (mbair.-rheinfrk.). In der Schwäbischen Türkei gibt es ein mbair. ui-Dialekt in Wik und ua-Dialekte in Sulk sowie Tschaw [III] (mbair.-hess.). **Nordbair. əu-Dialekte** (*fəus* 'Fuß') erscheinen in den Südbanater Orten: ASad, Lind, Wei, Wolf. **Bair.-österr.** in 16 städtischen Siedlungen des Banats: Ferd, Franzd, Kar, Lug, Ora, Resch, Stei, Tem (hier wurden in der "Tirolergasse" 1818 Tiroler aus dem Banater Königsgnad angesiedelt)[94], in Weiß, Wer [V], in GT [I], Bat [II] und in OW [VI], wo die Deutschen in der "Zipser Reih" siedelten. In Oberwi-

---

[93] Nach: ZEHETNER 1985, S. 54-70; AGRICOLA / FLEISCHER / PROTZE, (Hrsg.) 1969, S. 408-410; HUTTERER 1991 S. 281-312 ; MANHERZ, / WILD 1987, S. 25-47; WOLF 1987 (5. Bairisches und bairischer Einfluß; 6. Die Stadtmundarten) S. 105-131.
[94] PETRI 1975, S. 63.

schau ist "Zipser" heute ein Sammelbegriff für die bair., österr. (1778 - 1785) und Zipser Einwanderer (1812), die heute nur mehr bair.-österr. (*deitsch*) sprechen.[95] MischDialekte enthalten oft bair. Elemente. Z. B. mbair.-hess. in At [I] und in Zich [V]. Ein bair.-pfälz. Dialekt ist aus DP [V] bekannt. Rheinfrk.-bair. Dialekte gibt es in in Bes [II], in Frei, Lippa, NA, Pant [V]. Pfälz.-bair. (mit *enk, enker*) in Tscheb [III] sowie in 20 Banater Orten, z. B. in Bak, Ben, Da, DSta, Eng, Gra, GK, Jos, Kath, Kleck, Küb, Mar, NPa, Wet. Einen bair.-österr.,-rheinfrk. Dialekt gibt es in GS [V].

---

[95] KRONER / STEPHANI 1979, S. 321-327.

4 Ortschaften mit mundartlicher Zuordnung

4.1 Ungarisches Mittelgebirge

Nr.	Sigel	Deutsche Bezeichnung	Landesbezeichnung	Lage im Suchgitter	Mundartzuordnung
1	At	Atschau	Vértesacsa	E 4	mbair.-ua, hess.
2	Aug	Augustin	Agostyán	E 3	mbair.-ua
3	Bay	Bay	Baj	E 3	mbair.-ua
4	Bog	Bogdan	Dunabogdány	F 3	mbair.-ua
5	Ed	Edeck	Etyek	E 4	mbair.-ua
6	Erb	Erben	Üröm	F3	mbair.-ua
7	Ganna	Ganna	Ganna	C4	mbair.-ui
8	Gant	Gant	Gánt	E4	mbair.-ui
9	Gest	Gestitz	Várgesztes	E4	mbair.-ui
10	GT	Großturwall	Törökbálint	F4	mbair.-ui
11	Har	Haraßt	Dunaharaszti	F4	schwäb.-bair.
12	Ins	Inselneudorf	Szigetújfalu	F4	mbair.-ua
13	KaB	Kaltenberg	Nadap	E4	mbair.-ua
14	KaBr	Kaltenbrunn	Pesthidegkút	F3	mbair.-ua
15	KT	Kleinturwall	Torbágy	E4	mbair.-ua
16	Kät	Kätschke	Kecskét	E3	mbair.-ui
17	Kir	Kirwa	Máriahalom	E3	mbair.-ua, schwäb.
18	Kopp	Koppau	Bakonykoppány	C4	mbair.-ui
19	Kow	Kowatsch	Nagykovácsi	F3	mbair.-ua
20	Krott	Krottendorf	Békásmegyer	F3	mbair.-ua
21	Lein	Leinwar	Leányvár	E3	mbair.-ua
22	Moor	Moor	Mór	D4	mbair.-ui
23	Ni	Niglo	Dunaszentmiklós	E3	mbair.-ua
24	OG	Obergalla	Felsőgalla	E3	mbair.-ua
25	Paum	Paumasch	Pomáz	F3	mbair.-ua
26	Per	Perwall	Perbál	E3	mbair.-ua
27	Prom	Promontor	Budafok	F4	mbair.-ua
28	Pul	Pulau	Pula	C4	mbair.-ui
29	Pußt	Pußtawahn	Pusztavám	D4	mbair.-ui
30	StIO	Sanktiwan bei Ofen	Pilisszentiván	F3	mbair.-ua
31	Scham	Schambeck	Zsámbék	E3	mbair.-ua
32	Schau	Schaumar	Solymár	F3	mbair.-ua
33	Schor	Schorokschar	Soroksár	F4	mbair.-ua
34	Sen	Sendelbach	Szendehely	F3	ostftrk., rheinfrk.
35	Tar	Tarian	Tarján	E3	mbair.-ua
36	Tax	Tax	Taksony	F4	schwäb., bair.
37	Tol	Tolnau	Tolna	E3	mbair-ua, rheinfrk.
38	Tscha	Tschawa	Piliscsaba	E3	mbair.-ua
39	Tschep	Tschep	Szigetcsép	F4	mbair.-ua
40	Tschol	Tscholnok	Csolnok	E3	mbair.-ua, rheinfrk.

41	Tschow	Tschowanka	Csobánka	F3	mbair.-ua
42	Vert	Vérteskozma	Vérteskozma	E4	mbair.-ui
43	Wasch	Waschludt	Városlőd	C4	mbair.-ui, rheinfrk.
44	Wein	Weindorf	Pilisborosjenő	F3	mbair.-ua
45	Wer	Werischwar	Pilisvörösvár	F3	mbair.-ua
46	Wet	Wetschesch	Vecsés	F4	mbair.-ua
47	Wud	Wudersch	Budaörs	F4	mbair.-ua
48	Wudi	Wudigeß	Budakeszi	F3	mbair.-ua

4.2 Schwäbische Türkei

Nr.	Sigel	Deutsche Bezeichnung	Landesbezeichnung	Lage im Suchgitter	Mundartzuordnung
1	Al	Almáskeresztúr	Almáskeresztúr	D6	rheinfrk.
2	Alt	Altglashütten	Óbánya	E6	fuld.
3	Apar	Aparhant	Aparhant	E6	hess.
4	Bad	Baderseck	Bátaszék	E6	rheinfrk., schwäb.
5	Baw	Bawaz	Babarc	E6 / 7	fuld.
6	Bes	Besing	Bőszénfa	D6	rheinfrk., bair.
7	Bohl	Bohl	Bóly	E7	hess.
8	Bold	Boldigaß	Boldogasszonyfa	D6	hess.
9	Bonnh	Bonnhard	Bonyhád	E6	fuld.
10	Bosch	Boschok	Palotabozsok	E6	fuld.
11	Darda	Darda	Dárda	E7	rheinfrk.
12	DL	Deutschlad	Lád	C6	rheinfrk.
13	EB	Ebendorf	Ibafa	D6	hess.
14	Fek	Feked	Feked	E6	fuld.
15	Fü	Fünfkirchen	Pécs	D6	bair.-österr.
16	Gör	Görcsönydoboka	Görcsönydoboka	E6	fuld.
17	Go	Gowisch	Villánykövesd	E7	hess.
18	Graw	Grawitz	Grábóc	E6	rheinfrk.
19	GA	Großarbersdorf	Nagyárpád	D6	alem.
20	GBu	Großbudmer	Nagybudmér	E7	fuld.
21	GM	Großmanock	Nagymányok	E6	hess.
22	GN	Großnarad	Nagynyárád	E7	fuld.
23	Ha	Haschad	Hasságy	E6	fuld., alem.
24	Hom	Homeli	Almamellék	D6	rheinfrk., bair.
25	Illu	Illutsch	Illocska	E7	hess., ostfrk.
26	Jak	Jakfall	Kisjakabfalva	E7	fuld.
27	Jan	Janisch	Mecsekjánosi	D6	hess., ostfrk.
28	Jink	Jink	Gyönk	E5	fuld.
29	Jood	Jood	Gyód	D6 / 7	schwäb., hess.
30	Jörg	Jörging	Györköny	E5	mbair.-ui, fuld.
31	Ka	Kalas	Kalaznó	E5 / 6	fuld.
32	Kä	Källäsch	Kölesd	E6	fuld.
33	KaF	Katschfeld	Jagodnjak	E7	rheinfrk.

34	Kier	Kier	Németkér	E5	fuld.
35	Kisch	Kischfalud	Kisfalud	E7	rheinfrk., südfrk.
36	KKa	Kleinkaschau	Kiskasa	E7	fuld.
37	KN	Kleinnahring	Kisnyárád	E6	fuld.
38	Kock	Kockers	Kakasd	E6	hess., schwäb.
39	Kom	Komlau	Komló	D6	hess., ostfrk.
40	La	Lantschuk	Lánycsók	E7	fuld.
41	Lap	Lapantsch	Lapáncsa	E7	hess., ostfrk.
42	Lasch	Laschkafeld	Ceminac	E7	hess.
43	Li	Litowr	Liptód	E6	fuld.
44	Maisch	Maisch	Majs	E7	fuld.
45	Mar	Maratz	Mórágy	E6	rheinfrk.
46	Ma	Marok	Márok	E7	fuld.
47	Me	Metschke	Mőcsény	E6	hess.
48	Mi	Mickendorf	Mike	C6	rheinfrk.
49	Misch	Mischling	Kozármislény	D6	rheinfrk.
50	Mon	Monyorod	Monyoród	E6	fuld.
51	Mösch	Mösch	Mőzs	E6	rheinfrk.
52	Mu	Mutsching	Mucsi	E6	fuld.
53	Mut	Mutschwa	Mucsfa	E6	hess.-odenw.
54	Naane	Naane	Alsónána	E6	fuld.
55	Nad	Nadasch	Mecseknádasd	E6	hess.
56	Nimm	Nimmersch	Himesháza	E6	fuld.
57	ON	Obernannau	Felsőnána	E6	fuld.
58	Oh	Ohfall	Ófalu	E6	rheinfrk.
59	Pal	Palkan	Palkonya	E7	fuld.
60	Petschw	Petschwar	Pécsvárad	E6	bair.-österr.
61	Sag	Sagetal	Szakadát	E5	fuld.
62	Sal	Salka	Szálka	E6	rheinfrk.
63	StG	Sanktglasl	Szentlászló	D6	rheinfrk.
64	StI	Sanktiwan	Petlovac	E7	fuld., rheinfrk.
65	Sar	Saratz	Szárazd	E5	fuld.
66	Sa	Sawar	Székelyszavar	E6	fuld.
67	Saw	Sawet	Závod	E6	fuld.
68	Schom	Schomberg	Somberek	E6	hess., ostfrk.
69	Seetsch	Seetschke	Dunaszekcső	E6	hess.,ostfrk.
70	Seik	Seik	Szajk	E7	fuld.
71	Sier	Sier	Szűr	E6	fuld.
72	Sol	Soleman	Szulimán	C6	rheinfrk.
73	Sulk	Sulk	Szulok	C6	mbair.-ua
74	Surg	Surgetin	Szederkény	E7	fuld.
75	Tew	Tewel	Tevel	E6	alem.
76	Tscheb	Tschebing	Csebény	D6	hess.
77	Ud	Udwo	Udvar	E7	hess.
78	Wak	Wakan	Vókány	E7	fuld.
79	War	Warasch	Bonyhádvarasd	E6	fuld.
80	Warsch	Warschad	Varsád	E5	hess.
81	Wem	Wemend	Véménd	E6	fuld.

82	Wer	Werschend	Versend	E6 / 7	fuld.
83	Wiel	Wieland	Villány	E7	hess., ostfrk.
84	Wik	Wikatsch	Bikács	E5	mbair.-ui
85	Zi	Zicko	Cikó	E6	hess., ostfrk.

4.3 Batschka

Nr.	Sigel	Deutsche Bezeichnung	Landesbezeichnung	Lage im Suchgitter	Mundartzuordnung
1	Al	Almasch	Bácsalmás	F / G6	alem., pfälz.
2	AK	Altker	Zmajevo	G8	rheinfrk.
3	Ap	Apatin	Apatin	F7	alem., pfälz.
4	Berg	Berg	Bački Breg	F7	westpfälz.
5	Brest	Brestowatz	Bački Brestovac	F7	westpfälz.
6	Buk	Bukin	Mladenovo	F8	westpfälz.
7	Bul	Bulkes	Maglić	G8	hess.
8	Fil	Filipowa	Filipova	F7	pfälz..-alem.
9	Fran	Frankenstadt	Baja	F6	westpfälz.
10	Fu	Futog	Futog	G8	südfr.-alem.-bair.
11	Gai	Gaidobra	Gajdobra	G8	westpfälz.
12	Gak	Gakowa	Gakovo	F7	alem.-rheinfrk.
13	Gara	Gara	Gara	F6	alem.-rheinfrk.
14	Haj	Hajosch	Hajós	F6	schwäb.
15	Har	Hartau	Harta	F5	hess.
16	Hod	Hodschag	Odžaci	F7	alem., rheinfrk.
17	Jar	Jarek	Bački Jarak	H8	rheinfrk.
18	Kar	Karawukowa	Karavukovo	F8	westpfälz.
19	Katschm	Katschmar	Katymár	F6	alem., rheinfrk.
20	Ker	Kernei	Krnjaja	F7	alem., rheinfrk., bair.
21	KK	Kleinker	Bačko Dobre Polje	G7 / 8	pfälz., schwäb.
22	Kol	Kolut	Kolut	F7	alem., rheinfrk., bair.
23	KowStI	Kowil Sanktiwan	Šajkaški Sveti Ivan	H8	westpfälz.
24	Krusch	Kruschewel	Kruševlje	F7	rheinfrk.
25	Kula	Kula	Kula	G7	alem., rheinfrk.
26	Kutz	Kutzura	Kucura	G7	westpfälz.
27	Mil	Miletitsch	Srpski Miletić	F7	alem., rheinfrk.
28	Nadw	Nadwar	Nemesnádudvar	F6	rheinfrk., schwäb.
20	Neud	Neudorf	Bačko Novo Selo	F8	schwäb.
30	Pal	Palanka	Bačka Palanka	G8	westpfälz., bair.
31	Par	Parabutsch	Ratkovo	G8	westpfälz.
32	Plaw	Plawingen	Plavna	F8	westpfälz.
33	PrStI	Priglewitz-Sanktiwan	Prigrevica Sveti Ivan	F7	rheinfrk.
34	Rig	Rigitza	Ridjica	F7	hess.
35	Sch	Schowe	Šove	G8	westpfälz.
36	Sek	Sekitsch	Sekić	G7	westpfälz., schwäb.
37	Siw	Siwatz	Sivac	G7	westpfälz.

38	Son	Sonta	Sonta	F7	westpfälz.
39	Stan	Stanischitz	Stanišić	F7	ostpfälz.
40	Tem	Temerin	Temerin	H8	rheinfrk.
41	Tor	Torschau	Torča	G7	westpfälz.
42	Tow	Towarisch	Tovaričevo	F8	westpfälz.
43	Tschat	Tschatali	Csátalja	F6	alem., rheinfrk.
44	Tscha	Tschawal	Csávoly	F6	mittelbair.-ua, hess.
45	Tscheb	Tscheb	Ceb	G8	pfälz., mbair.
46	Tscher	Tscherwenka	Črvenka	G7	westpfälz.
47	Tscho	Tschonopl	Čonoplja	F7	rheinfrk.
48	Waldn	Waldneudorf	Budisava	H8	rheinfrk.
40	Wasch	Waschkut	Vaskút	F6	alem., rheinfrk.
50	Wek	Wekerledorf	Nova Gajdobra	G8	westpfälz.
51	Wepr	Weprowatz	Veprovac	G7	westpfälz.
52	Werb	Werbaß	Vrbas	G7	westpfälz.

4.4 Syrmien und Slawonien

Nr.	Sigel	Deutsche Bezeichnung	Landesbezeichnung	Lage im Suchgitter	Mundartzuordnung
1	Ban	Banowzi	Šidski Banovci	F8	westpfälz.
2	Beschk	Beschka	Beška	H8	westpfälz.
3	Br	Breslanica	Breslanica	C8	westpfälz.
4	Be	Betschmen	Bečmen	H9	rheinfrk.
5	Erd	Erdewik	Erdevik	G8	rheinfrk., südfrk.
6	Ern	Ernestinendorf	Enestinovo	E8	rheinfrk., südfrk.
7	Esseg	Esseg	Osijek	E7	bair.-österr.
8	Franzt	Franztal	Zemun	J9	rheinfrk., südfrk., bair.
9	Hert	Hertkowze	Hrtkovci	G9	rheinfrk., bair.
10	Illa	Illatsch	Ilača	F8	pfälz., südfrk.
11	In	India	Indjija	H8	schwäb., pfälz., bair.
12	Jan	Jankowzi	Jankovci	F8	pfälz., bair.
13	Jarm	Jarmin	Jarmina	E8	schwäb., südfrk.
14	Kern	Kerndia	Krndija	E8	rheinfrk.
15	Ker	Kerschedin	Krčedin	H8	westpfälz.
16	Ku	Kuttina	Kutina	C8	westpfälz.
17	Lo	Lowas	Lovas	F8	westpfälz.
18	Mitr	Mitrowitz	Sremska Mitrovica	G9	rheinfrk.
19	ND	Neudorf	Vincevačo Novo Selo	E8	westpfälz.
20	NP	Neu Pasua	Nova Pazova	H9	schwäb., rheinfrk.
21	NS	Neu Slankamen	Novi Slankamen	H8	rheinfrk., südfrk., bair.
22	Put	Putinzi	Putinci	H9	alem., rheinfrk., bair.
23	Ru	Ruma	Ruma	G8	bair.-ui, ostfrk., alem.
24	Sar	Sarwasch	Sarvaš	E7	pfälz., alem.
25	Tom	Tomaschanzi	Tomašanci	E8	alem., rheinfrk., bair.
26	Tow	Towarnik	Tovarnik	F8	pfälz., südfrk.

27	Tsch	Tschalma	Calma	G8	pfälz., südfrk., bair.
28	Win	Winkowzi	Vinkovci	E8	rheinfrk., bair.
29	Wuk	Wukowar	Vukovar	F8	westpfälz.
30	Zer	Zeritsch	Cerić	F8	westpfälz.

4.5 Banat und Arader Gebiet

Nr.	Sigel	Deutsche Bezeichnung	Landesbezeichnung	Lage im Suchgitter	Mundartzuordnung
1	Albr	Albrechtsflor	Teremia Mică	J7	pfälz.
2	Alex	Alexanderhausen	Şandra	K7	pfälz.
3	ASad	Altsadowa	Sadova Veche	M8	nordbair.
4	Bak	Bakowa	Bacova	L7	pfälz., bair.
5	Ben	Bentschek	Bencecu de Sus	L7	pfälz., bair.
6	Bill	Billed	Biled	K7	moselfrk., pfälz.
7	Bir	Birda	Birda	K / L8	rheinfrk., bair.
8	Blum	Blumental	Maşloc	L7	rheinfrk.
9	Bog	Bogarosch	Bulgăruş	J7	westpfälz., moselfrk.
10	Bot	Botschar	Bočar	H7	pfälz.
11	Bre	Brestowatz	Banatski Brestovac	J9	rheinfrk.
12	Bru	Bruckenau	Pişchia	L7	rheinfrk., moselfrk.
13	Char	Charleville	Šarlevil	J7	pfälz.
14	Charl	Charlottenburg	Charlotenburg	L7	pfälz.
15	Da	Darowa	Darova	L7	pfälz., bair.
16	De	Detta	Deta	K8	pfälz., bair.
17	DE	Deutsch-Etschka	Ečka	J8	rheinfrk.
18	DP	Deutschpereg	Peregu Mare	K6	bair., pfälz.
19	DStM	Deutschsanktmichael	Sînmihaiu German	K7	pfälz.
20	DStP	Deutschsanktpeter	Sînpetru German	K6	rheinfrk., moselfrk.
21	DSta	Deutsch-Stamora	Stamora Germană	K8	pfälz., bair.
22	Dol	Dolatz	Dolaţ	K8	pfälz.
23	Drei	Dreispitz	Şagu	K6	pfälz.
24	El	Elek	Elek	K5	ostfrk.
25	Eng	Engelsbrunn	Fîntînele	L6	pfälz., bair.
26	Ernst	Ernsthausen	Banatski Despotovac	J8	pfälz.
27	Fak	Fakert	Livada	L6	südfrk., bair.
28	Ferd	Ferdinandsberg	Ferdinand	N7	bair.-österr.
29	Fib	Fibisch	Fibiş	E7	pfälz.
30	Franzd	Franzdorf	Văliug	M8	bair.-österr.
31	Franzf	Franzfeld	Kačarevo	J9	schwäb., rheinfrk.
32	Frei	Freidorf	Freidorf	K7	rheinfrk., bair.
33	Ga	Galscha	Galşa	L6	südfrk., schwäb.
34	Ger	Gertianosch	Cărpiniş	K7	rheinfrk., moselfrk.
35	Gis	Gisella	Ghizela	L7	rheinfrk., bair.
36	Glo	Glogau	Glogonj	J9	rheinfrk.
37	Glog	Glogowatz	Vladimirescu	L6	südfrk., bair.

38	Gott	Gottlob	Gotlob	J7	pfälz.
39	Gra	Grabatz	Grabaţ	J7	rheinfrk., bair.
40	GB	Großbetschkerek	Veliki Bečkerek	J8	rheinfrk.
41	GJ	Großjetscha	Iecea Mare	K7	rheinfrk., moselfrk.
42	GK	Großkomlosch	Comloşu Mare	J7	pfälz., bair.
43	GStN	Großsanktnikolaus	Sînncolau Mare	J6	rheinfrk., moselfrk.
44	GStP	Großsanktpeter	Sînpetru Mare	J6	rheinfrk.-moselfrk.
45	GSch	Großscham	Jamu Mare	L8	rheinfrk., bair.
46	GS	Groß-Sredischte	Veliko Središte	L8	bair.-österr., rheinfrk.
47	Gutt	Guttenbrunn	Zăbrani	L6	hess.-odenw.
48	Hatz	Hatzfeld	Jimbolia	J7	westpfälz., moselfrk.
49	Heid	Heideschütz	Hajdučica	K8	pfälz.
50	Hett	Hettin	Hetin	J7	pfälz.
51	Heu	Heufeld	Hajfeld	J7	rheinfrk.
52	Hom	Homolitz	Omoljica	J9	bair.-österr.
53	Jab	Jabuka	Jabuka	J9	bair.-österr.
54	Jahr	Jahrmarkt	Giarmata	K7	nordpfälz., moselfrk.
55	Joh	Johannisfeld	Iohanisfeld	K7	pfälz.
56	Jos	Josefsdorf	Iosifalău	L7	pfälz., bair.
57	Kar	Karansebesch	Caransebeş	M8	bair.-österr.
58	Karl	Karlsdorf	Banatski Karlovac	K8	südfrk.-bair.-rheinfrk.
59	Kath	Kathreinfeld	Katarina	J8	pfälz., bair.
60	Ket	Ketfel	Gelu	K7	pfälz.
61	Kleck	Kleck	Klek	J8	pfälz., bair.
62	KB	Kleinbetschkerek	Becicherecu Mic	K7	westpfälz., moselfrk.
63	KJ	Kleinjetscha	Iecea Mică	K7	westpfälz., moselfrk.
64	KSch	Kleinschemlak	Semlacul Mic	L8	rheinfrk.
65	Knees	Knees	Satchinez	K7	westpfälz., moselfrk.
66	KöH	Königshof	Remetea Mică	L7	rheinfrk.
67	Kow	Kowatschi	Covaci	K7	rheinfrk.
68	Kreuz	Kreuzstätten	Cruceni	K / L6	pfälz.
69	Küb	Kübekhausen	Kübekháza	H6	pfälz., bair.
70	Kub	Kubin	Kovin	K9	bair.-österr., rheinfrk.
71	Kud	Kudritz	Gudurica	L8	hess., schwäb.
72	Laz	Lazarfeld	Lazarevo	J8	pfälz.
73	Len	Lenauheim	Lenauheim	J7	westpfälz., moselfrk.
74	Lieb	Liebling	Liebling	K7	rheinfrk.
75	Liget	Liget	Ţipari	L6	südfrk., pfälz.
76	Lind	Lindenfeld	Lindenfeld	M8	nordbair.
77	Lippa	Lippa	Lipova	L6	rheinfrk., bair.
78	Low	Lowrin	Lovrin	J7	pfälz.
79	Lug	Lugosch	Lugoj	M7	bair.-österr.
80	Lunga	Lunga	Lunga	J7	pfälz.
81	Mar	Marienfeld	Teremia Mare	J7	pfälz., bair.
82	Mat	Matscha	Macea	K6	ostfrk.
83	Mer	Mercydorf	Cărani	K7	pfälz.
84	Moll	Mollydorf	Molin	J7	rheinfrk.
85	Mori	Moritzfeld	Măureni	L8	pfälz.

86	Mram	Mramorak	Mramorak	K9	rheinfrk.
87	Na	Nakodorf	Nakovo	J7	rheinfrk.
88	NA	Neuarad	Aradu Nou	K6	rheinfrk., bair.
89	NB	Neubeschenowa	Dudeştii Noi	K7	moselfrk.
90	NDo	Neudorf	Neudorf	L6	hess.-odenw.
91	NPa	Neupanat	Horia	L6	pfälz., bair.
92	NPe	Neupetsch	Peciu Nou	K7	moselfrk., pfälz.
93	NSie	Neusiedel	Ujhely	K6	pfälz.
94	Nitz	Nitzkydorf	Niţchidorf	L7	rheinfrk.
95	Ob	Obad	Obad	K7	pfälz.
96	Ofs	Ofsenitz	Ofseniţa	K8	pfälz., bair.
97	Ora	Orawitz	Oraviţa	L8	bair.-österr.
98	Orz	Orzidorf	Orţişoara	K7	pfälz.
99	Ost	Ostern	Comloşu Mic	J7	pfälz.
101	Pan	Pankota	Pîncota	L6	südfrk., schwäb., bair.
102	Pant	Pantschowa	Pančevo	J9	rheinfrk., bair.
103	Pau	Paulisch	Păuliş	L6	pfälz.
104	Perj	Perjamosch	Periam	K6	westpfälz..-moselfrk.
105	Pl	Ploschitz	Pločica	K9	bair.-österr., rheinfrk.
106	Resch	Reschitz	Reşiţa	M8	bair.-österr.
107	Rud	Rudolfsgnad	Kničanin	H8	pfälz.
108	Rus	Ruskodorf	Rusko Selo	J7	pfälz.
109	Sack	Sackelhausen	Săcălaz	K7	pfälz., moselfrk.
110	Sad	Saderlach	Zădăreni	K6	hochalem.
111	StA	Sanktanna	Sîntana	L6	südfrk., schwäb.
112	StGB	Sankt Georgen	Begej Sveti Djuradj	J8	pfälz.
113	StH	Sankt Hubert	Sveti Hubert	J7	pfälz.
114	StAnd	Sanktandres	Sînandrei	K7	pfälz.
115	StM	Sanktmartin	Sînmartin	L6	ostfrk.
116	Sar	Sartscha	Sarča	J8	pfälz.
117	Schag	Schag	Şag	K7	pfälz.
118	Schim	Schimand	Şimandu de Jos	L6	ostfrk.
119	Schön	Schöndorf	Frumuşeni	L6	rheinfrk.-bair.
120	Schu	Schurian	Šurjan	K8	bair.-österr., rheinfrk.
121	Sekul	Sekul	Secul	M8	bair.-österr.
122	Sem	Semlak	Semlac	K6	rheinfrk.
123	Set	Setschan	Sečanj	J8	pfälz.
124	Seul	Seultour	Banatsko Veliko Selo	J7	pfälz.
125	Sig	Sigmundfeld	Lukićevo	J8	pfälz.
126	Star	Startschowa	Starčevo	J9	bair.-österr.
127	Stef	Stefansfeld	Šupljaja	J8	pfälz.
128	Stei	Steierdorf	Steierdorf	M8	bair.-österr.
129	Tem	Temeswar	Timişoara	K7	bair.-österr.
130	Trau	Traunau	Aluniş	L6	rheinfrk.
131	Trie	Triebswetter	Tomnatic	J7	pfälz.
132	Tschak	Tschakowa	Ciacova	K7	rheinfrk.
133	Tschan	Tschanad	Cenad	J6	rheinfrk., moselfrk.
134	Tsche	Tschene	Cenei	K7	rheinfrk., moselfrk.

135	Tsch	Tschesterek	Česterek	J7	pfälz.
136	Ui	Uiwar	Uivar	K7	pfälz.
137	War	Warjasch	Variaş	K6	rheinfrk., moselfrk.
138	Wei	Weidental	Brebu Nou	M8	nordbair.
139	Weiß	Weißkirchen	BelaCrkva	L9	bair.-österr.
140	Wer	Werschetz	Vršac	K8	bair.-österr.
141	Wet	Wetschehausen	Pietroasa Mare	M7	pfälz., bair.
142	Wies	Wiesenheid	Tisa Nouă	L6	rheinfrk.
143	Wil	Wilagosch	Şiria	L6	südfrk., schwäb.
144	Wis	Wiseschdia	Vizejdia	J7	pfälz.
145	Wolf	Wolfsberg	Gărîna	M8	nordbair.
146	Zich	Zichydorf	Mariolana	K8	bair., hess.

4.6 Sathmarer Gebiet

Nr.	Sigel	Deutsche Bezeichnung	Landesbezeichnung	Lage im Suchgitter	Mundartzuordnung
1	Bat	Batartsch	Bătarci	O2	bair.-österr.
2	Besch	Beschened	Dindeştiu Mic	N3	oberschwäb.
3	Bil	Bildegg	Beltiuc	O3	oberschwäb.
4	Bur	Burlesch	Burleşti	O / P3	oberschwäb.
5	Erd	Erdeed	Ardud	O3	oberschwäb.
6	Fie	Fienen	Foeni	N3	oberschwäb.
7	GT	Großtarna	Tarna Mare	O2	bair.-österr.
8	Ham	Hamroth	Homorodul de Jos	O3	oberschwäb.
9	Kal	Kalmandi	Cămin	N3	oberschwäb.
10	Kap	Kaplau	Căpleni	N3	oberschwäb.
11	Kr	Kriegsdorf	Hodod	O4	alem.
12	Mai	Maitingen	Moftinu Mare	N3	oberschwäb.
13	Mer	Merken	Mérk	N3	oberschwäb.
14	NP	Neupalota	Palota	L4	pfälz.-moselfrk.
15	OW	Oberwischau	Vişeul de Sus	R3	bair.-österr.
16	Pe	Petrifeld	Petreşti	N3	oberschwäb.
17	Schei	Scheindorf	Sîi	O3	oberschwäb.
18	Schö	Schöntal	Urziceni	N3	oberschwäb.
19	Suk	Sukunden	Socond	O3	oberschwäb.
20	Tere	Terebesch	Terebeşti	N3	oberschwäb.
21	Tur	Turterbesch	Turulung	O3	oberschwäb.
22	Wa	Wahlei	Vállaj	N3	oberschwäb.

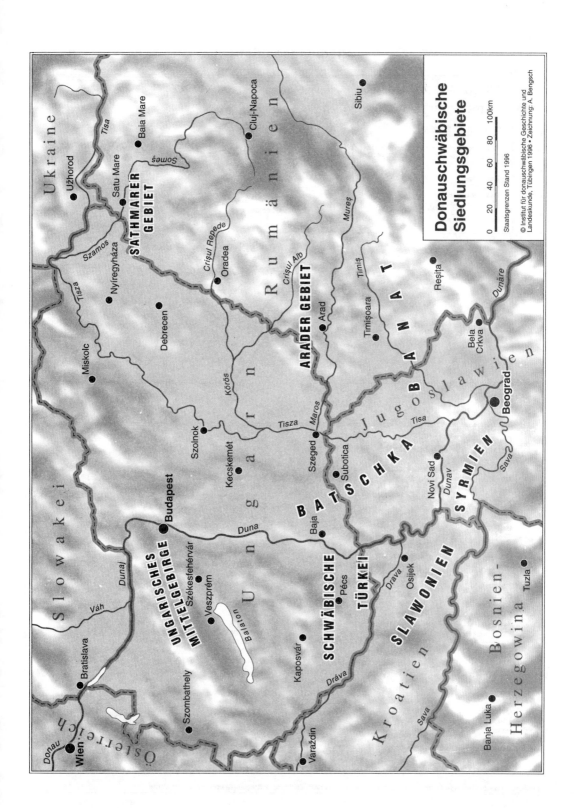

Siedlungsgebiet I

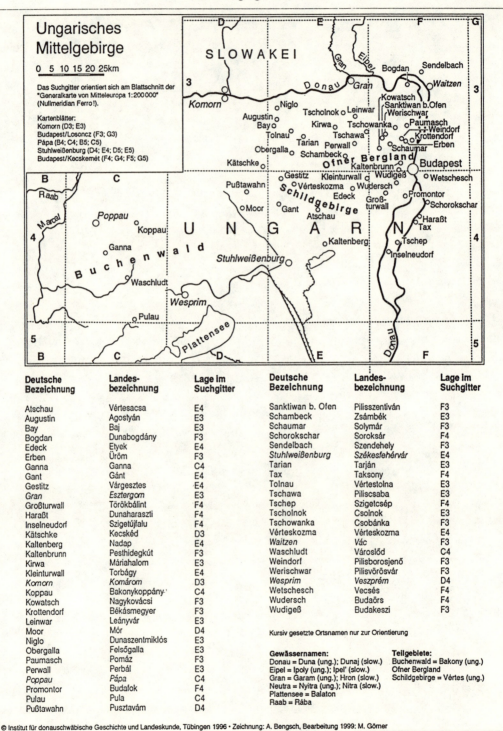

Deutsche Bezeichnung	Landesbezeichnung	Lage im Suchgitter
Atschau	Vértesacsa	E4
Augustin	Agostyán	E3
Bay	Baj	E3
Bogdan	Dunabogdány	F3
Edeck	Etyek	E4
Erben	Üröm	F3
Ganna	Ganna	C4
Gant	Gánt	E4
Gestitz	Várgesztes	E4
Gran	*Esztergom*	E3
Großturwall	Törökbálint	F4
Haraßt	Dunaharaszti	F4
Inselneudorf	Szigetújfalu	F4
Kätschke	Kecskéd	D3
Kaltenberg	Nadap	E4
Kaltenbrunn	Pesthidegkút	F3
Kirwa	Máriahalom	E3
Kleinturwall	Torbágy	E4
Komorn	*Komárom*	D3
Koppau	Bakonykoppány	C4
Kowatsch	Nagykovácsi	F3
Krottendorf	Békásmegyer	F3
Leinwar	Leányvár	E3
Moor	Mór	D4
Niglo	Dunaszentmiklós	E3
Obergalla	Felsőgalla	E3
Paumasch	Pomáz	F3
Perwall	Perbál	E3
Poppau	*Pápa*	C4
Promontor	Budafok	F4
Pulau	Pula	C4
Pußtawahn	Pusztavám	D4
Sanktiwan b. Ofen	Pilisszentiván	F3
Schambeck	Zsámbék	E3
Schaumar	Solymár	F3
Schorokschar	Soroksár	F4
Sendelbach	Szendehely	F3
Stuhlweißenburg	*Székesfehérvár*	E4
Tarian	Tarján	E3
Tax	Taksony	F4
Tolnau	Vértestolna	E3
Tschawa	Piliscsaba	E3
Tschep	Szigetcsép	F4
Tscholnok	Csolnok	E3
Tschowanka	Csobánka	F3
Vérteskozma	Vérteskozma	E4
Waitzen	Vác	F3
Waschludt	Városlőd	C4
Weindorf	Pilisborosjenő	F3
Werischwar	Pilisvörösvár	F3
Wesprim	*Veszprém*	D4
Wetschesch	Vecsés	F4
Wudersch	Budaörs	F4
Wudigeß	Budakeszi	F3

Kursiv gesetzte Ortsnamen nur zur Orientierung

Gewässernamen:
Donau = Duna (ung.); Dunaj (slow.)
Eipel = Ipoly (ung.); Ipel' (slow.)
Gran = Garam (ung.); Hron (slow.)
Neutra = Nyitra (ung.); Nitra (slow.)
Plattensee = Balaton
Raab = Rába

Teilgebiete:
Buchenwald = Bakony (ung.)
Ofner Bergland
Schildgebirge = Vértes (ung.)

© Institut für donauschwäbische Geschichte und Landeskunde, Tübingen 1996 • Zeichnung: A. Bengsch, Bearbeitung 1999: M. Görner

Siedlungsgebiet II

Schwäbische Türkei

0 5 10 15 20 25km

Kartenblätter:
Pápa (C5)
Stuhlweißenburg (D5; E5)
Budapest/Kecskemét (F5)
Bjelovar (C6; C7)
Fünfkirchen (D6; E6; D7; E7)
Maria Theresiopel (F6; F7)

Deutsche Bezeichnung	Landesbezeichnung	Lage im Suchgitter
Mösch	Mözs	E6
Mutsching	Mucsi	E6
Mutschwa	Mucsfa	E6
Naane	Alsónána	E6
Nadasch	Mecseknádasd	E6
Nimmersch	Himesháza	E6
Obernannau	Felsőnána	E6
Ohfall	Ófalu	E6
Palkan	Palkonya	E7
Pax	Paks	F5
Petschwar	Pécsvárad	E6
Sagetal	Szakadát	E5
Salka	Szálka	E6
Sanktglasl	Szentlászló	D6
Sanktiwan	Petlovac	E7
Saratz	Szárazd	E5
Sawar	Székelyszabar	E6
Sawet	Závod	E6
Schomberg	Somberek	E6
Seetschke	Dunaszekcső	E6
Seik	Szajk	E7
Sier	Szűr	E6
Sigeth	Szigetvár	C6
Soleman	Szulimán	C6
Sulk	Szulok	C6
Surgetin	Szederkény	E7
Tewel	Tevel	E6
Tschebing	Csebény	D6
Udwo	Udvar	E7
Wakan	Vókány	E7
Warasch	Bonyhádvarasd	E6
Warschad	Varsád	E5
Wemend	Véménd	E6
Werschend	Versend	E6/7
Wieland	Villány	E7
Wikatsch	Bikács	E5
Zicko	Cikó	E6

Deutsche Bezeichnung	Landesbezeichnung	Lage im Suchgitter
Almáskeresztúr	Almáskeresztúr	D6
Altglashütten	Óbánya	E6
Aparhant	Aparhant	E6
Baderseck	Bátaszék	E6
Bawaz	Babarc	E6/7
Besing	Bőszénfa	D6
Bohl	Bóly	E7
Boldigaß	Boldogasszonyfa	D6
Bonnhard	Bonyhád	E6
Boschok	Palotabozsok	E6
Darda	Dárda	E7
Deutschlad	Lad	C6
Ebendorf	Ibafa	D6
Feked	Feked	E6
Fünfkirchen	Pécs	D6
Görcsönydoboka	Görcsönydoboka	E6
Gowisch	Villánykövesd	E7
Grawitz	Grábóc	E6
Großarbersdorf	Nagyárpád	D6
Großbudmer	Nagybudmér	E7
Großmanock	Nagymányok	E6
Großnarad	Nagynyárád	E7
Haschad	Hásságy	E6
Homeli	Almamellék	D6
Illutsch	Illocska	E7
Jakfall	Kisjakabfalva	E7
Janisch	Mecsekjánosi	D6
Jink	Gyönk	E5
Jood	Gyód	D6/7
Jörging	Györköny	E5
Kalas	Kalaznó	E5/6
Källäsch	Kölesd	E6
Katschfeld	Jagodnjak	E7
Kier	Németkér	E5
Kischfalud	Kisfalud	E7
Kleinkaschau	Kiskassa	E7
Kleinnahring	Kisnyárád	E6
Kockers	Kakasd	E6
Komlau	Komló	D6
Litowr	Liptód	E6
Kopisch	Kaposvár	C6
Lapantsch	Lapáncsa	E7
Laschkafeld	Čeminac	E7
Lantschuk	Lánycsók	E7
Maisch	Majs	E7
Maratz	Mórágy	E6
Marok	Márok	E7
Metschke	Mőcsény	E6
Mickendorf	Mike	C6
Mischling	Kozármisleny	D6
Mohatsch	Mohács	E7
Monyorod	Monyoród	E6

Kursiv gesetzte Ortsnamen nur zur Orientierung

Gewässernamen:
Donau = Duna (ung.); Dunav (serbokroat.)
Drau = Dráva (ung.); Drava (serbokroat.)

Teilgebiete:
Branau = Baranya (ung.)
Donau-Drau-Winkel = Baranja (serbokroat.)
Schomodei = Somogy (ung.)
Tolnau = Tolna (ung.)

Das Suchgitter orientiert sich am Blattschnitt der "Generalkarte von Mitteleuropa 1:200000" (Nullmeridian Ferro!).

© Institut für donauschwäbische Geschichte und Landeskunde, Tübingen 1996
Zeichnung: A. Bengsch
Bearbeitung 1999: M. Görner

Siedlungsgebiet III

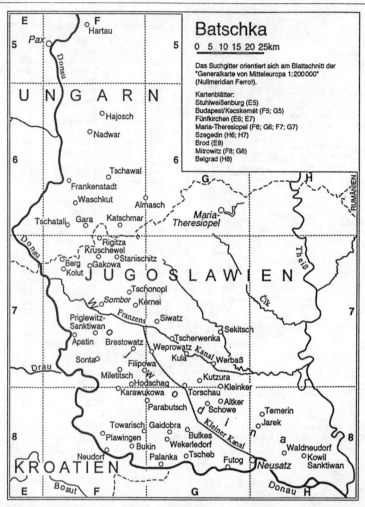

Deutsche Bezeichnung	Landes- bezeichnung	Lage im Suchgitter	Deutsche Bezeichnung	Landes- bezeichnung	Lage im Suchgitter	Deutsche Bezeichnung	Landes- bezeichnung	Lage im Suchgitter
Almasch	Bácsalmás	F/G6	Kleinker	Bačko Dobre Polje	G7/8	Siwatz	Sivac	G7
Altker	Zmajevo	G8	Kolut	Kolut	F7	Sombor	Sombor	F7
Apatin	Apatin	F7	Kowil Sanktiwan	Šajkaški Sveti Ivan	H8	Sonta	Sonta	F7
Berg	Bački Breg	F7	Kruschewel	Kruševlje	F7	Stanischitz	Stanišić	F7
Brestowatz	Bački Brestovac	F7	Kula	Kula	G7	Temerin	Temerin	H8
Bukin	Mladenovo	F8	Kutzura	Kucura	G7	Torschau	Torža	G7
Bulkes	Maglić	G8	Maria-Theresiopel	Subotica	G6	Towarisch	Tovariševo	F8
Filipowa	Filipova	F7	Miletitsch	Srpski Miletić	F7	Tschatali	Csátalja	F6
Frankenstadt	Baja	F6	Nadwar	Nemesnádudvar	F6	Tschawal	Csávoly	F6
Futog	Futog	G8	Neudorf	Bačko Novo Selo	F8	Tscheb	Čeb	G8
Gaidobra	Gajdobra	G8	Neusatz	Novi Sad	H8	Tscherwenka	Crvenka	G7
Gakowa	Gakovo	F7	Palanka	Palanka	G8	Tschonopl	Čonoplja	F7
Gara	Gara	F6	Parabutsch	Ratkovo	G8	Waldneudorf	Budisava	H8
Hajosch	Hajós	F6	Pax	Paks	F5	Waschkut	Vaskút	F6
Hartau	Harta	F5	Plawingen	Plavna	F8	Wekerledorf	Nova Gajdobra	G8
Hodschag	Odžaci	F7	Priglewitz- Sanktiwan	Prigrevica Sveti Ivan	F7	Weprowatz	Veprovac	G7
Jarek	Bački Jarak	H8	Rigitza	Ridjica	F7	Werbaß	Vrbas	G7
Karawukowa	Karavukovo	F8	Schowe	Šove	G8			
Katschmar	Katymár	F6	Sekitsch	Sekić	G7			
Kernei	Krnjaja	F7						

© Institut für donauschwäbische Geschichte und Landeskunde, Tübingen 1996 · Zeichnung: A. Bengsch
Bearbeitung 1999: M. Görner

Siedlungsgebiet IV

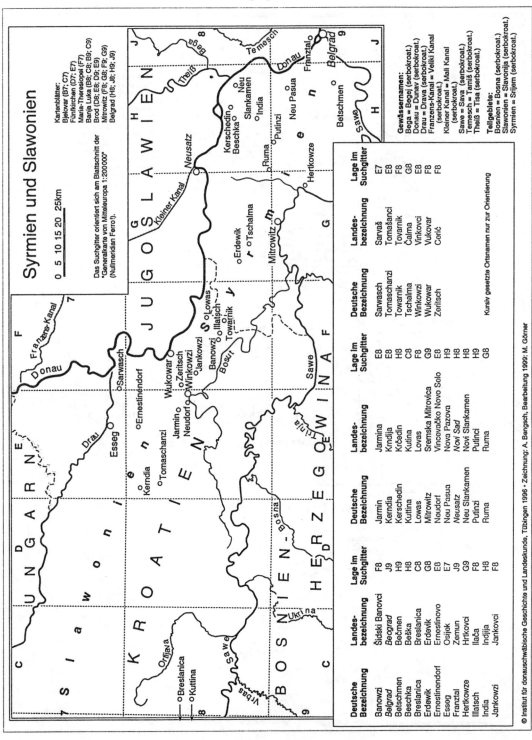

Siedlungsgebiet V

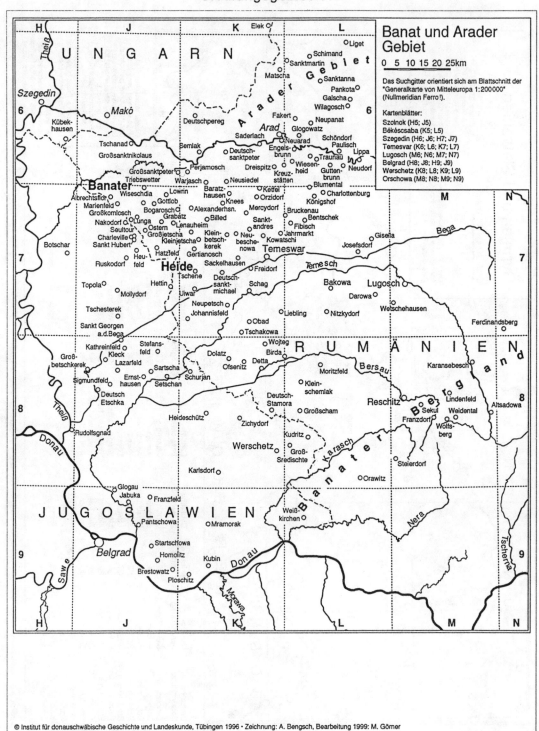

Deutsche Bezeichnung	Landes-bezeichnung	Lage im Suchgitter	Deutsche Bezeichnung	Landes-bezeichnung	Lage im Suchgitter	Deutsche Bezeichnung	Landes-bezeichnung	Lage im Suchgitter
Albrechtsflor	Teremia Mică	J7	Kleinjetscha	Jecea Mică	K7	Startschowa	Starčevo	J9
Alexanderhausen	Şandra	K7	Kleinschemlak	Semlacul Mic	L8	Stefansfeld	Šupljaja	J8
Altsadowa	Sadova Veche	M8	Knees	Satchinez	K7	Steierdorf	Steierdorf	M8
Arad	*Arad*	K6	Königshof	Remetea Mică	L7	Szegedin	*Szeged*	H6
Bakowa	Bacova	L7	Kowatschi	Covaci	K7	Temeswar	Timişoara	K7
Belgrad	*Beograd*	J9	Kreuzstätten	Cruceni	K/L6	Traunau	Aluniş	L6
Bentschek	Bencecu de Sus	L7	Kübekhausen	Kübekháza	H6	Triebswetter	Tomnatic	J7
Billed	Biled	K7	Kubin	Kovin	K9	Tschakowa	Ciacova	K7
Birda	Birda	K/L8	Kudritz	Gudurica	L8	Tschanad	Cenad	J6
Blumental	Maşloc	L7	Lazarfeld	Lazarevo	J8	Tschene	Cenei	K7
Bogarosch	Bulgăruş	J7	Lenauheim	Lenauheim	J7	Tschesterek	Česterek	J7
Botschar	Bočar	H7	Liebling	Liebling	K7	Uiwar	Uivar	K7
Brestowatz	Banatski Brestovac	J9	Liget	Tipari	L6	Warjasch	Variaş	K6
Bruckenau	Pişchia	L7	Lindenfeld	Lindenfeld	M8	Weidental	Brebu Nou	M8
Charleville	Šarlevil	J7	Lippa	Lipova	L6	Weißkirchen	Bela Crkva	L9
Charlottenburg	Charlottenburg	L7	Lowrin	Lovrin	J7	Werschetz	Vršac	K8
Darowa	Darova	L7	Lugosch	Lugoj	M7	Wetschehausen	Pietroasa Mare	M7
Detta	Deta	K8	Lunga	Lunga	J7	Wiesenheid	Tisa Nouă	L6
Deutsch-Etschka	Ečka	J8	*Makó*	*Makó*	J6	Wilagosch	Şiria	L6
Deutschpereg	Peregu Mare	K6	Marienfeld	Teremia Mare	J7	Wiseschdia	Vizejdia	J7
Deutschsanktmichael	Sânmihaiu German	K7	Matscha	Macea	K6	Wolfsberg	Gărâna	M8
Deutschsanktpeter	Sânpetru German	K6	Mercydorf	Carani	K7	Zichydorf	Mariolana	K8
Deutsch Stamora	Stamora Germană	K8	Mollydorf	Molin	J7			
Dolatz	Dolaţ	K8	Moritzfeld	Măureni	L8			
Dreispitz	Şagu	K6	Mramorak	Mramorak	K9	Kursiv gesetzte Ortsnamen nur zur Orientierung		
Elek	Elek	K5	Nakodorf	Nakovo	J7			
Engelsbrunn	Fântânele	L6	Neuarad	Aradu Nou	K6			
Ernsthausen	Banatski Despotovac	J8	Neubeschenowa	Dudeştii Noi	K7			
Fakert	Livada	L6	Neudorf	Neudorf	L6	**Gewässernamen:**		
Ferdinandsberg	Ferdinand	N7	Neupanat	Horia	L6	Bega = Begej (serbokroat.); Bega (rum.)		
Fibisch	Fibiş	L7	Neupetsch	Peciu Nou	K7	Bersau = Bârzava (rum.)		
Franzdorf	Văliug	M8	Neusiedel	Uihei	K6	Donau = Dunărea (rum.);		
Franzfeld	Kačarevo	J9	Nitzkydorf	Niţchidorf	L7	Dunav (serbokroat.); Duna (ung.)		
Freidorf	Freidorf	K7	Obad	Obad	K7	Karasch = Caraş (rum.); Karaš (serbokroat.)		
Galscha	Galşa	L6	Ofsenitz	Ofseniţa	K8	Marosch = Mureş (rum.); Maros (ung.)		
Gertianosch	Cărpiniş	K7	Orawitz	Oraviţa	L8	Sawe = Sava (serbokroat.)		
Gisella	Ghizela	L7	Orzidorf	Orţişoara	K7	Temesch = Timiş (rum.); Tamiš (serbokroat.)		
Glogau	Glogonj	J9	Ostern	Comloşu Mic	J7	Theiß = Tisa (rum./serbokroat.); Tisza (ung.)		
Glogowatz	Vladimirescu	L6	Pankota	Pâncota	L6	Tscherna = Cerna (rum.)		
Gottlob	Gotlob	J7	Pantschowa	Pančevo	J9			
Grabatz	Grabaţ	J7	Paulisch	Păuliş	L6			
Großbetschkerek	Veliki Bečkerek	J8	Perjamosch	Periam	K6			
Großjetscha	Iecea Mare	K7	Ploschitz	Pločica	K9			
Großkomlosch	Comloşu Mare	J7	Reschitz	Reşiţa	M8			
Großsanktnikolaus	Sânnicolau Mare	J6	Rudolfsgnad	Knićanin	H8			
Großsanktpeter	Sânpetru Mare	J6	Ruskodorf	Rusko Selo	J7			
Großscham	Jamu Mare	L8	Sackelhausen	Săcălaz	K7			
Groß-Sredischte	Veliko Središte	L8	Saderlach	Zădăreni	K6			
Guttenbrunn	Zăbrani	L6	Sanktanna	Sântana	L6			
Hatzfeld	Jimbolia	J7	Sankt Georgen a.d.Bega	Begej Sveti Djuradj	J8			
Heideschütz	Hajdučica	K8	Sankt Hubert	Sveti Hubert	J7			
Hettin	Hetin	J7	Sanktandres	Sânandrei	K7			
Heufeld	Hajfeld	J7	Sanktmartin	Sânmartin	L6			
Homolitz	Omoljica	J9	Sartscha	Sarča	J8			
Jabuka	Jabuka	J9	Schag	Şag	K7			
Jahrmarkt	Giarmata	K7	Schimand	Şimandu de Jos	L6			
Johannisfeld	Iohanisfeld	K7	Schöndorf	Frumuşeni	L6			
Josefsdorf	Iosifalău	L7	Schurjan	Šurjan	K8			
Karansebesch	Caransebeş	M8	Sekul	Secul	M8			
Karlsdorf	Banatski Karlovac	K8	Semlak	Semlac	K6			
Kathreinfeld	Katarina	J8	Setschan	Sečanj	J8			
Ketfel	Gelu	K7	Seultour	Banatsko Veliko Selo	J7			
Kleck	Klek	J8	Sigmundfeld	Lukićevo	J8			
Kleinbetschkerek	Becicherecu Mic	K7						

Siedlungsgebiet VI

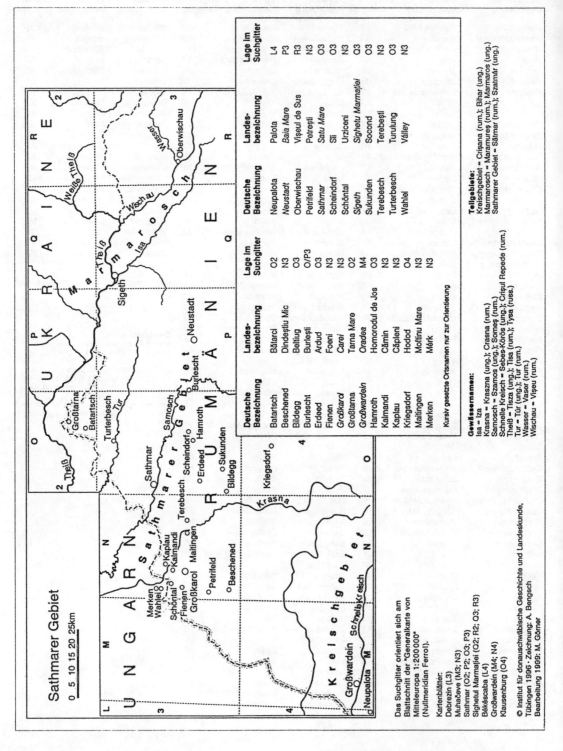

6 Literatur und Quellenangaben
(mit Siglen)

6.1 Allgemeine Nachschlagewerke

(BadWb) Badisches Wörterbuch. Vorbereitet von Friedrich Kluge, Alfred Götze, Ludwig Sütterlin, Friedrich Wilhelm, Ernst Ochs, Friedrich Maurer, Bruno Boesch. Bearb. von Ernst Ochs, Karl Friedrich Müller, Gerhard Wolfram Baur, Lahr 1925-1940, 1942-1974, 1975 ff.

(BayWb) Schmeller, Johann Andreas: Bayerisches Wörterbuch. 2 Bde. in 4 Teilen. Sonderausgabe, Nachdruck der von Karl Fromann bearbeiteten 2. Ausgabe, München 1872-1877. München / Oldenburg 1985.

(Beitl 1974) Beitl, Richard / Beitl, Klaus: Wörterbuch der deutschen Volkskunde. 3. Aufl. Stuttgart: Alfred Kröner.

(BWb) Bayerisch-Österreichisches Wörterbuch. II Bayern. Bayerisches Wörterbuch. Hrsg. von der Kommission für Mundartforschung. Bearb. von Josef Denz, Bernd Dieter Insam, Anthony R. Rowley, Hans Ulrich Schmid. München 1995 ff.

(Bächtold-Stäubli 1987) Handwörterbuch des deutschen Aberglaubens. 10 Bde. Hrsg. Hanns Bächtold-Stäubli. Berlin, New York.

(Boros / Fábián 1983) Boros, Ferenc / Fábián, Pál: Idegen szavak és kifejezések szótára (Wörterbuch für Fremdwörter und fremde Ausdrücke). Akadémiai kiadó. Budapest.

(Brockhaus Wahrig) Brockhaus Wahrig. Deutsches Wörterbuch. 6 Bde. Stuttgart 1980-1984.

(DEX 1984) Dicţionar explicativ al limbii române. (Erläuterndes Wörterbuch der rumänischen Sprache). Bucureşti.

(DudenBildWb) Duden. Bildwörterbuch der deutschen Sprache. Mannheim / Wien / Zürich 1958.

(DudenWb) Duden: Das große Wörterbuch der deutschen Sprache. 6 Bde. Hrsg. und bearb. vom Wissenschaftlichen Rat und den Mitarbeitern der Dudenredaktion. Mannheim 1976-1981.

(Duden 5) Duden: Das Fremdwörterbuch. Hrsg. von der Dudenredaktion. Mannheim 1982.

(Duden 7) Duden: Das Herkunftswörterbuch. Eine Etymologie der deutschen Sprache. Mannheim 1963.

(DWA) Mitzka, Walther / Schmitt, Erich: Deutscher Wortatlas. Gießen 1951 ff.

(DWb) Grimm, Jacob / Grimm, Wilhelm: Deutsches Wörterbuch. Fotomechanischer Nachdruck der Erstausgabe von 1854-1954. 32 Bde. (Bd. 33 Quellenverzeichnis, 1971). München 1984.

(Ebner 1980) Ebner, Jakob (Bearb.): Duden. Wie sagt man in Österreich? Wörterbuch der österreichischen Besonderheiten. Mannheim / Wien / Zürich.

(EtWb A-l, M-Z) Wolfgang Pfeifer: Etymologisches Wörterbuch des Deutschen A-L, M-Z, 2. Aufl., Berlin 1993.

(GFWb) Das Große Fremdwörterbuch. Herkunft und Bedeutung der Fremdwörter. Mannheim / Leipzig / Wien / Zürich 1994.

(HNassVWb) Hessen-Nassauisches Volkswörterbuch. Ausgewählt und bearb. von Luise Berthold, Hans Friebertshäuser, Heinrich J. Dingeldein. Marburg 1927 ff.

(Hügel 1995) Hügel, Fr. S.: Der Wiener Dialekt. Lexikon der Wiener Volkssprache. (Idioticon Viennese). Wien / Pest / Leipzig 1873. Unveränderter Neudruck der Ausgabe von 1873, Vaduz / Liechtenstein 1995.

(Jakob 1919) Jakob, Julius: Wörterbuch des Wiener Dialektes mit einer kurzgefaßten Grammatik. Wien / Leipzig: Gerlach & Wiedling.

(Jungmair / Etz 1999) Jungmair Otto / Etz, Albrecht: Wörterbuch zur oberösterreichischen Volksmundart. Hg. Stelzhamerbund (33. Bd. des Sammelwerkes "aus dá Hoamat"), Linz.

(^{21}Kluge 1975, ^{22}Kluge 1989, ^{23}Kluge 1999) Kluge, Friedrich: Etymologisches Wörterbuch der deutschen Sprache. Berlin / New York, 21. Aufl., bearb. von Walther Mitzka 1975, 22. und 23. Aufl., bearb. von Elmar Seebold 1989 und 1999.

(Kobilarov-Götze 1972) Kobilarov-Götze, Gudrun: Die deutschen Lehnwörter der ungarischen Gemeinsprache. (= Veröffentlichungen der Societas Uralo-Altaica, Bd. 7) Wiesbaden.

(Küpper) Küpper, Heinz: Illustriertes Lexikon der deutschen Umgangssprache. 8 Bde. Stuttgart 1982-1984.

(Krauß) Krauß, Friedrich: Wörterbuch der nordsiebenbürgischen Handwerkssprachen. Siegburg 1957.

(LexerTWb) Lexer, Matthias: Mittelhochdeutsches Taschenwörterbuch. 37. Auflage. Stuttgart 1986.

(LexerHWb) Lexer, Matthias: Mittelhochdeutsches Handwörterbuch. 3 Bde. Stuttgart 1992.

(MESz I-IV) A magyar nyelv története - etimológiai szótára (Ungarisches geschichtlich-etymologisches Wörterbuch. Bd. 1 (A-Gy), Budapest 1984; Bd. 2 (H-O) 1970; Bd. 3 (Ö-Zs) 1976; Bd. 4 (Mutató) 1984.

(NordSSWb) Nordsiebenbürgisch-sächsisches Wörterbuch. Begr. von Friedrich Krauß, bearb. von Gisela Richter, Helga Feßler. Köln / Weimar / Wien 1986 ff.

(ÖstWb) Österreichisches Wörterbuch. 37. Aufl. Wien 1995.

(PfWb) Pfälzisches Wörterbuch. Begr. von Ernst Christmann, bearb. von Julius Krämer, Rudolf Post, Josef Schwing, Siegrid Bingenheimer. Wiesbaden / Stuttgart 1965 ff.

(RheinWb) Rheinisches Wörterbuch. Nach den Vorarbeiten von Josef Müller bearb. von Heinrich Dittmaier, Rudolf Schützeichel, Matthias Zender. Berlin 1928-1971.

(Schneeweis 1960) Schneeweis, Edmund: Die deutschen Lehnwörter im Serbokroatischen in kulturgeschichtlicher Sicht. Berlin.

(Schuster 1985) Schuster, Mauriz: Alt-Wienerisch. Ein Wörterbuch veraltender und veralteter Wiener Ausdrücke und Redensarten. Wien.

(SchwHWb) Schwäbisches Handwörterbuch. Auf der Grundlage des Schwäbischen Wörterbuchs von Hermann Fischer und Hermann Pfleiderer Fischer, bearb. von Hermann Fischer und Hermann Taigel. Tübingen 1986.

(SchwWb) Schwäbisches Wörterbuch. Bearb. von Hermann Fischer und Hermann Pfleiderer. Tübingen 1904-1936.

(Skok 1-3) Petar Skok: Etimologijski rječnik hrvatskoga ili srpskoga jezika (Etymologisches Wörterbuch der kroatischen oder serbischen Sprache). Hrsg. Mirko Deanoviä, Ljudevit Jonke, Valentin Putanec. Jugoslawische Akademie der Wissenschaft und Kunst. Zagreb. Bd. 1 - 1971, Bd. 2 - 1972, Bd. 3 - 1973.

(SSWb) Siebenbürgisch-sächsisches Wörterbuch. Bearb. von Adolf Schullerus, Georg Keintzel, Friedrich Hofstädter, Friedrich Krauß, Bernhard Capesius, Annemarie Bieselt-Müller, Arnold Pancratz, Gisela Richter, Anneliese Thudt, Roswitha Braun-Sánta, Sigrid Haldenwang. (Straßburg) Berlin / Leipzig 1908-1928, Bukarest / Berlin 1971-1975, Bukarest / Köln / Weimar / Wien 1993 ff.

(Steuerwald 1988) Steuerwald, Karl: Türkisch-deutsches Wörterbuch. Türkçe-almanca sözlük. Wiesbaden: Otto Harrassowitz.

(SüdHWb) Südhessisches Wörterbuch. Begr. von Friedrich Maurer, bearb. von Rudolf Mulch. Marburg 1965 ff.

(SudWb) Sudetendeutsches Wörterbuch. Wörterbuch der deutschen Mundarten in Böhmen und Mähren-Schlesien. Begr. von Ernst Schwarz. Hrsg. von Heinz Engels, bearb. von Horst Kühnel, Norbert Englisch, Bernd Kesselgruber. München 1988 ff.

(Striedter-Temps 1958) Striedter-Temps, Hildegard: Deutsche Lehnwörter im Serbokroatischen. Berlin.

(Teuschl 1994) Teuschl, Wolfgang: Wiener Dialektlexikon. Wien.

(Wahrig) Wahrig, Gerhard: Deutsches Wörterbuch. Gütersloh / Berlin / München / Wien 1974.

(WBÖ) Wörterbuch der bairischen Mundarten in Österreich. Hrsg. von der Kommission für Mundartkunde und Namensforschung. Wien 1963 ff.

(WbWien) Hornung, Maria / Swossil, Leopold: Wörterbuch der Wiener Mundart. Wien, 1998.

(Wb1) Wörterbuch der donauschwäbischen Bekleidungsgewerbe (Donauschwäbische Fachwortschätze, Teil 1) Bearb. Hans Gehl (= Schriftenreihe des Instituts für donauschwäbische Geschichte und Landeskunde Bd. 6), Sigmaringen: Jan Thorbecke 1997.

(Wb2) Wörterbuch der donauschwäbischen Baugewerbe (Donauschwäbische Fachwortschätze, Teil 2) Bearb. Hans Gehl (= Schriftenreihe des Instituts für donauschwäbische Geschichte und Landeskunde Bd. 7), Stuttgart: Jan Thorbecke 2000.

(Wehle 1980) Wehle, Peter: Sprechen Sie Wienerisch? Von Adaxl bis Zwutschkerl. Erweiterte und bearb. Neuausgabe. Wien / Heidelberg: Carl Ueberreuter.

(Wolf 1993) Wolf, Siegmund A.: Großes Wörterbuch der Zigeunersprache. Wortschatz der deutschen und anderen europäischen Zigeunerdialekte. Hamburg: H. Buske Verlag.

6.2 Allgemeine und donauschwäbische Literatur

Agricola, Erhard / Fleischer, Wolfgang / Protze, Helmut (Hrsg.) 1969: Kleine Enzyklopädie. Die deutsche Sprache. Bd. 1 Leipzig 1969 (Die deutschen Mundarten, S. 312-422).

Andrei, Nicolae 1987: Dicţionar etimologic de termeni ştiinţifici (Etymologisches Wörterbuch [rumänischer] wissenschaftlicher Termini. Bucureşti.

Arvinte, Vasile 1971: Die deutschen Entlehnungen in den rumänischen Mundarten (nach den Angaben des Rumänischen Sprachatlasses). Berlin.

Barba, Katharina 1982: Deutsche Dialekte in Rumänien. Die südfränkischen Mundarten der Banater deutschen Sprachinsel. Wiesbaden (= ZDL Beiheft 35).

Baróti, Lajos 1893-1904: Adattár Délmagyarország XVIII. századi történetéhez (Datensammlung zur Geschichte Südungarns im 18. Jahrhundert). Bd. I 1893-1896, Bd. II 1900-1904. Temesvar.

Beinhardt, Werner / Köhler, Claus 1986: Zu einigen Tendenzen in den Fachsprachen und in ihrer Erforschung. In: Zeitschrift für Germanistik, Jg. 7 / 4, S. 467-475.

Besch, Werner / Knoop, Ulrich / Putschke, Wolfgang / Wiegand, Herbert Ernst (Hrsg.): Dialektologie. Ein Handbuch zur deutschen und allgemeinen Dialektforschung. Berlin / New York 1982 / 3 (= Handbücher zur Sprach- und Kommunikationswissenschaft, Bd. 1.1, 1.2).

Ekkehard Buchhofer u. a. (Hg, 1998): Agrarwirtschaft und ländlicher Raum Ostmitteleuropas in der Transformation. Marburg: Herder-Institut (=Tagungen zur Ostmitteleuropa-Forschung; 7).

Bußhoff, Lotte 1938: Wandlungen im Landschafts- und Siedlungsbild der Banater Schwäbischen Heide. München.

Crößmann-Osterloh, Helga 1985: Die deutschen Einflüsse auf das Rumänische. Probleme - Kriterien - Anwendungen. Tübingen.

Czirbusz, Géza, 1913: A délmagyarországi németek (Die Deutschen in Südungarn). Budapest. Darin Kapitel IV: Volkskunde, S. 72-76.

Doll, Aloysius 1785: Grammatica germanica, ex Gottschedianis libris collecta. Adjecta est geographia descriptio regni Hungariae. (Kurze Beschreibung des Königreichs Ungarn, S. 158-210.) Posonii.

Eberl, Immo 1990: "Der erste hatte den Tod, der zweite die Not, der dritte das Brot". Zur wirtschaftlichen Situation und Bedeutung der Donauschwaben. In: Beiträge zur Landeskunde. Regelmäßige Beilage zum Staatsanzeiger für Baden-Württemberg, Nr. 2 / April 1990, S. 1-8.

Fluck, Hans Rüdiger 1991: Fachsprachen. Einführung und Bibliographie. Tübingen.

Follath, Franz 1986: Unser Dialekt. In: Wudigeß / Budakeszi. Hrsg. von der Budakesser Gemeinschaft. Heidelberg. S. 260-294.

Friebertshäuser, Hans (Hg.) 1986: Lexikographie der Dialekte. Beiträge zu Geschichte, Theorie und Praxis, Tübingen (= Reihe Germanistische Linguistik 59).

Ders., 1987: Das hessische Dialektbuch. München.
Gehl, Hans (Hg.) 1973: Heide und Hecke. Beiträge zur Volkskunde der Banater Schwaben. Temeswar: Facla.
Gehl, Hans (Hg.) 1984: Schwäbisches Volksgut. Beiträge zur Volkskunde der Banater Deutschen. Temeswar: Facla.
Ders. 1988: Von der Arbeit am donauschwäbischen Wörterbuch. In: ZDL, LV. Jg., Heft 2 / 1988, S. 179-184.
Ders. 1989: Donauschwäbische Dialekte. In: Die Donauschwaben. Deutsche Siedlungen in Südosteuropa. Ausstellungskatalog. Hrsg. Innenministerium Baden-Württemberg. Sigmaringen, S.292 f.
Ders. 1991: Die oberdeutschen *fescht*-Mundarten des Banats. (= ZDL Beiheft 67) Stuttgart.
Ders. 1993: Bericht zum Projekt: Donauschwäbische Mundartforschung am Institut für donauschwäbische Geschichte und Landeskunde in Tübingen. In: Jahrbuch für ostdeutsche Volkskunde, Bd. 36, Marburg. S. 349-356.
Ders. 1997: Deutsche Stadtsprachen in Provinzstädten Südosteuropas. (= ZDL Beihefte Bd. 95). Stuttgart.
Ders. 1999: Kommentierte donauschwäbische Texte. (= ZDL Beihefte, Bd. 103). Stuttgart.
Gehl, Hans / Bader, Leo 1993: Werkstattbericht mit Probeartikeln aus dem "Wörterbuch der donauschwäbischen Bekleidungsgewerbe". (= Materialien Heft 2 / 1993). Hrsg. Institut für donauschwäbische Geschichte und Landeskunde, Tübingen.
Gehl, Hans / Purdela Sitaru, Maria (Hrsg.) 1994: Interferenzen in den Sprachen und Dialekten Südosteuropas. (= Materialien Heft 4 / 1994). Hrsg. Institut für donauschwäbische Geschichte und Landeskunde, Tübingen.
Gehl, Hans / Viorel Ciubot (Hrsg.) 1999: Interethnische Beziehungen im rumänisch-ungarisch-ukrainischen Kontaktraum vom 18. Jahrhundert bis zur Gegenwart. (Dreisprachiger Tagungsband). Satu Mare - Tübingen.
Göschel, Joachim (Hrsg.) 1977: Die Schallaufnahmen deutscher Dialekte im Forschungsinstitut für deutsche Sprache. Bestandsbeschreibung und Arbeitsbericht. Marburg / Lahn.
Göschel, Joachim / Lauf, Raphaela: Datenverarbeitung: Transkription, Verzettelung und EDV-Anwendung. In: Deutsche Sprache und Literatur in Südosteuropa. Archivierung und Dokumentation. Anton Schwob / Horst Fassel (Hrsg.) München 1996. S. 82-84.
Griselini, Franz 1780: Versuch einer politischen und natürlichen Geschichte des Temeswarer Banats in Briefen an Standespersonen und Gelehrte. Wien.
Grosse, Rudolf (Hrsg.) 1998: Bedeutungserfassung und Bedeutungsbeschreibung in historischen und dialektologischen Wörterbüchern. (Abhandlungen der Sächsischen Akademie der Wissenschaften zu Leipzig, Philologisch-historische Klasse, Bd. 75, Heft 1), Stuttgart / Leipzig.
Grubaèià, Emilija 1965: Jedan primjer paralelne metafore u banatskim jezicima (Beispiel einer parallelen Metapher in den Banater Sprachen). In: Radovi III. 1965. Filozofski Fakultet u Sarajevu/Sarajevo. S. 269-272.
Dieselbe 1967: Koine-Bestrebungen in der Banater deutschen Halbmundart. In: Verhandlungen des Zweiten Internationalen Dialektologenkongresses. Beihefte der ZDL, Neue Folge Nr. 3 und IV, Wiesbaden, S. 295-301.
Hack, Johannes 1934: Fuldaer Mundarten in Ungarn. In: Fuldaer Geschichtsblätter, 27. Jg., S. 70-76.
Hagel, Hans 1967: Die Banater Schwaben. Gesammelte Arbeiten zur Volkskunde und Mundartforschung. Hrsg. von Anton Peter Petri. München.
Hahn, Walther von 1980: Fachsprachen. In: Lexikon der Germanistischen Linguistik. Hrsg. Hans Peter Althaus, Helmut Henne, Herbert Ernst Wiegand. Tübingen. S. 390-395.
Harmjans, Heinrich / Röhr, Erich 1937-1939: Atlas der deutschen Volkskunde. Hrsg. mit Unterstützung der Deutschen Forschungsgemeinschaft. Leipzig.

Hippel, Wolfgang v. 1984: Auswanderung aus Südwestdeutschland. Studien zur württembergischen Auswanderung und Auswanderungspolitik im 18. und 19. Jahrhundert. Stuttgart.
Hoffmann, Mathias 1935: Hundertfünfzig Jahre deutsches Gertianosch im Banat, Rumänien, 1785-1935. Timişoara: Verlag der Schwäbischen Verlags-AG.
Hoffmann, Lothar 1986: Gemeinsamkeiten und Unterschiede in den Fachsprachen. In: Zeitschrift für Germanistik, Jg.7, S. 459-475.
Hotzenköcherle, Rudolf 1962: Einführung in den Sprachatlas der Deutschen Schweiz. A. Zur Methodologie der Kleinraumatlanten. Bern.
Hums, Lothar 1988: Zur Problematik metaphorischer Benennungen in Wissenschaft und Technik. In: Zeitschrift für Germanistik, Jg. 9 / 1, S. 43-56.
Hutterer, Claus Jürgen 1960: Geschichte der ungarndeutschen Mundartforschung. Berlin.
Ders. 1963: Das Ungarische Mittelgebirge als Sprachraum. Historische Lautgeographie der deutschen Mundarten in Mittelungarn. Halle / Saale (= Mitteldeutsche Studien Bd. 24).
Ders. 1975: Die deutsche Volksgruppe in Ungarn. In: Beiträge zur Volkskunde der Ungarndeutschen. Heft 1. Budapest. S. 11-36.
Ders. 1982: Sprachinselforschung als Prüfstand für dialektologische Arbeitsprinzipien. In: Werner Besch u. a. (Hrsg.): Dialektologie. Ein Handbuch zur deutschen und allgemeinen Dialektforschung. 1. Halbband. Berlin / New York. S.178-189.
Ders. 1991: Aufsätze zur deutschen Dialektologie. (Ungarndeutsche Studien Bd. 6). Budapest. (Sprachinseln in Mittel- und Westungarn und in der "Schwäbischen Türkei", S. 281-284).
Hübner, Jakob 1984: Monographie der Großgemeinde Sanktanna. Lahr.
Ischreyt, Heinz 1965: Studien zum Verhältnis von Sprache und Technik. Düsseldorf.
Jaberg, Karl / Jud, Jakob: Sprach- und Sachatlas Italiens und der Südschweiz. Zofingen 1928-1940. (Karte 547, Norditalien).
Kleiber, Wolfgang 1996: Zur Erhebung von Fachwortschätzen in Südosteuropa. Erfahrungen und Vorschläge aus dem Umkreis des Wortatlas der kontinentalgermanischen Winzerterminologie (WKW). In: Anton Schwob / Horst Fassel (Hg.): Deutsche Sprache und Literatur in Südosteuropa - Archivierung und Dokumentation. Beiträge der Tübinger Fachtagung vom 25.-27. Juni 1992. München: Südostdeutsches Kulturwerk, S. 52-60.
Knoop, Ulrich / Mühlenhort, Michael 1997: Wörterbuch der deutschen Dialekte. Eine Sammlung von Mundartwörtern aus zehn Dialektgebieten im Einzelvergleich, in Sprichwörtern und Redewendungen. Gütersloh.
Koch, Stefan 1984: Die Sathmarer Schwaben - Oberschwaben in Südosten. Laupheim.
Konschitzky, Walther 1975: Wirtschaftsbeziehungen zu den "prieteni". In: Hans Gehl (Hg.): Handwerk und Brauchtum. Beiträge zur Volkskunde der Banater Deutschen. Temeswar: Facla Verlag, S. 61-68.
Konschitzky, Walther 1982:Dem Alter die Ehr. Lebensberichte aus dem Banat. 1. Bd. Bukarest: Kriterion Verlag.
Kottler, Peter 1984: Sprachliche Kennzeichnung der Banater Deutschen. In Gehl, Hans (Hg.): Schwäbisches Volksgut. Beiträge zur Volkskunde der Banater Deutschen. Temeswar. S. 226-263.
Kranzmayer, Eberhard 1960: Die bairischen Kennwörter und ihre Geschichte. Wien.
Kretschmer, Paul 1969: Wortgeographie der hochdeutschen Umgangssprache. Göttingen.
Kroner, Michael / Stephani, Claus 1979: Andere deutsche Siedlergruppen. In: Geschichte der Deutschen auf dem Gebiet Rumäniens. Bd. 1. Bukarest. S. 321- 327.
Leber, Reinhard 1996: Politische Kultur und Systemtransformation in Rumänien. Lokalstudie zu der Stadt Temeswar. Europäische Hochschulschriften. Reihe 41 Politikwissenschaft, Bd. 280. Frankfurt / a.M.
Lindler, Jakob 1999: Neu Palankaer Sprach- und Wörterbuch. Selbstverlag des Verf.
Lotz, Friedrich 1965: Johann Eimann: Der Deutsche Kolonist oder die deutsche Ansiedlung unter Kaiser Josef II. in den Jahren 1783-1787 besonders im Königreich Ungarn in dem Batscher Komitat. (= Veröffentlichung des Südostdeutschen Kulturwerkes, Reihe B, Bd. 17). München.

Lux, Franz / Scherer, Paul 1985: Die Mundart von Weprowatz. Karlsruhe.
Lammert, Erich 1975: Einiges über Volksbräuche. In: S. 86-108. In: Hans Gehl (Hrsg.): Handwerk und Brauchtum. Beiträge zur Volkskunde der Banater Deutschen. Temeswar: Facla Verlag.
Manherz, Karl 1977: Sprachgeographie und Sprachsoziologie der deutschen Mundarten in Westungarn. Budapest.
Ders. 1985a: Die Geschichte der ungarndeutschen Volkskundeforschung. In: Beiträge zur Volkskunde der Ungarndeutschen. Heft 5. S. 7-26.
Ders. 1985b : Die ungarndeutschen Mundarten und ihre Erforschung in Ungarn. In: Beiträge zur Volkskunde der Ungarndeutschen. Heft 5. S. 27-38.
Manherz, Károly / Wild, Katalin 1987: Zur Sprache und Volkskultur der Ungarndeutschen. Budapest. Darin: 2.3. Die Einteilung der ungarndeutschen Mundarten. S. 25-47.
Martin, Bernhard 1963: Die Namengebung einiger aus Amerika eingeführter Kulturpflanzen in den deutschen Mundarten (Kartoffel, Topinambur, Mais, Tomate). (Beiträge zur deutschen Philologie Bd. 25). Gießen: Wilhelm Schmitz.
Mattheier, Klaus / Wiesinger, Peter (Hrsg.) 1994: Dialektologie des Deutschen. Forschungsstand und Entwicklungstendenzen. (= Reihe Germanistische Linguistik 147). Tübingen
Mihailovič, Velimir / Vukovič, Gordana 1977: Srpskohorvatska leksika ribarstva (Serbokroatisches Fischereilexikon). Novi Sad: Institut za lingvistiku u Novom Sadu.
Milleker, Felix 1925:Geschichte der Banater Militärgrenze 1764-1873. Pancevo.
Ders. 1930: Kulturgeschichte der Deutschen im Banat 1716-1918, in Einzeldarstellungen. Vršac (Werschetz).
Miller, T. 1947: Die Siedlungen des 18. Jahrhunderts im mittleren Donautal. Siedlungsgeschichtliche Grundlagen. In: Schriftenreihe der Forschungsgemeinschaft Hochschule Weimar, Heft 5. Weimar.
Möhn, Dieter / Pelka, Roland 1984: Fachsprachen: eine Einführung. Tübingen (= Germanistische Arbeitshefte 30).
Mokka, Hans 1992: Erlebtes Temeswar. Alttemeswarer Mosaik. (= Schriftenreihe der Kommission für ostdeutsche Volkskunde Bad. 60). Marburg.
Moser, Hugo 1937: Mundart und Sitte in Sathmar. München 1937. (= Schriften der Deutschen Akademie Heft 30).
Moser, Hugo 1953: Umsiedlung und Sprachwandel. In: Bildungsfragen der Gegenwart. Hrsg. von Franz Arnold (= Festschrift für Theodor Bäuerle). Stuttgart. S. 119-139.
Petersen, Carl u. a. (Hrsg.) 1936: Handwörterbuch des Grenz- und Auslanddeutschtums. Breslau, Bd. 2 (Donauschwaben, Mundarten, S. 298-300).
Popadić, Hanna 1978: Deutsche Siedlungsmundarten aus Slawonien / Jugoslawien. Tübingen. (= PHONAI, Bd. 19, Monographien 10).
Petri, Anton Peter 1966: Die Festung Temeswar im 18. Jahrhundert. München.
Ders. 1969: Donauschwäbische Ortsneckereien. Versuch einer Sammlung und Sichtung. Mühldorf am Inn.
Ders. 1992: Biographisches Lexikon des Banater Deutschtums. Marquartstein.
Post, Rudolf 1982: Romanische Entlehnungen in den westmitteldeutschen Mundarten. Diatopische, diachrone und diastratische Untersuchungen zur sprachlichen Interferenz am Beispiel des landwirtschaftlichen Sachwortschatzes. (= Mainzer Studien zur Sprach- und Volksforschung, Bd. 6) Wiesbaden: Steiner Verlag.
Post, Rudolf 1990: Pfälzisch. Einführung in eine Sprachlandschaft. Landau / Pfalz.
Regényi, Isabella / Scherer, Anton 1987: Donauschwäbisches Ortsnamenbuch. Hrsg. Arbeitskreis donauschwäbischer Familienforscher. Darmstadt 2. Aufl.
Rieser, Hans Heinrich 1992:Temeswar. Geographische Beschreibung der Banater Hauptstadt. Sigmaringen. (Schriftenreihe des Instituts für donauschwäbische Geschichte und Landeskunde Tübingen, Bd. 1).

Roemer, Hermann 1941 / 42: Auswanderungen aus dem Gau Württemberg-Hohenzollern nach Ungarn im 18. Jahrhundert. In: Deutsches Blut im Karpatenbecken, Sammelband Nr. 6 des DAI.
Roth, Erik 1988: Die planmäßig angelegten Siedlungen im Deutsch-Banater Militärgrenzbezirk 1765-1821. München. (= Buchreihe der Südostdeutschen Historischen Kommission, Bd. 33.)
Ruoff, Arno 1973: Grundfragen und Methoden der Untersuchung gesprochener Sprache. Tübingen (IDIOMATICA Veröffentlichungen der Tübinger Arbeitsstelle "Sprache in Südwestdeutschland" Bd. 1).
Ders. (Hrsg.) 1992: Die fränkisch-alemannische Sprachgrenze. Statik und Dynamik eines Übergangsgebiets. Tübingen (IDIOMATICA, Bd. 17 / 1 Textband, 17 / 2 Kartenband).
Schenk, Annemie / Weber-Kellermann, Ingeborg 1973: Interethnik und sozialer Wandel in einem mehrsprachigen Dorf des rumänischen Banats. (= Marburger Studien zur vergleichenden Ethnosoziologie, Bd. 3). Marburg / Lahn.
Scheuerbrandt, Arnold 1972 ff.: Die Auswanderung aus dem heutigen Baden-Württemberg nach Preußen, in den habsburgischen Südosten, nach Rußland und Nordamerika zwischen 1683 und 1811. Erläuterungen zum historischen Atlas von Baden-Württemberg. Beiwort zur Karte XII, 5. Stuttgart.
Schirmunski, Viktor M. 1962: Deutsche Mundartkunde. Vergleichende Laut- und Formenlehre der deutschen Mundarten. Berlin.
Schmidt, Josef 1938: Die Deutschböhmen im Banate. Ein Heimatbuch zur Jahrhundertwende. Timičoara: Verlag der Deutschen Buchhandlung.
Schmidt, Heinrich 1914: Die deutschen Mundarten in Südungarn. In: Ungarische Rundschau 3, S. 656-677.
Ders. 1928: Die deutschen Mundarten Rumpfungarns. In: Das Deutschtum in Rumpfungarn. Budapest, S. 5 ff.
Schmidt, Leopold 1966-1972: Volkskunde von Niederösterreich. Bd. 1 1966, Bd. 2 1972, Horn.
Schmidt, Wilhelm 1969: Charakter und gesellschaftliche Bedeutung der Fachsprachen. In: Sprachpflege 18 / 1969, S. 10-20.
Schneider, Thomas 2000: Landwirtschaft in Hajós: Agrarhistorie und sozialer Wandel in einem ungarndeutschen Dorf. Mainz (=Studien zur Volkskultur; 27).
Schünemann, Konrad 1935: Österreichs Bevölkerungspolitik unter Maria Theresia. Berlin.
Schwedt, Herbert 1990: Nemesnádudvar-Nadwar. Leben und Zusammenleben in einer ungarndeutschen Gemeinde. (= Schriftenreihe der Kommission für ostdeutsche Volkskunde, Bd. 50). Marburg.
Schwedt, Herbert 1994: Probleme ländlicher Kultur. Gesammelte Aufsätze (= Studien zur Volkskultur in Rheinland-Pfalz, Bd. 17) Mainz.
Schwob, Anton 1963: Zur donauschwäbischen Mundartforschung. In: Südosteuropäische Vierteljahresblätter 12, S.143-148.
Ders. 1969: Sprachausgleich in einer moselfränkischen Siedlungsmundart. Innsbruck.
Ders. 1971: Wege und Formen des Sprachausgleichs in neuzeitlichen ost- und südostdeutschen Sprachinseln. (= Buchreihe der Südostdeutschen Historischen Kommission, Bd. 25). München.
Seiler, Friedrich 1905: Die Entwicklung der deutschen Kultur im Spiegel des deutschen Lehnwortes. Halle / Saale.
Senz, Ingomar 1994: Die Donauschwaben. (= Studienbuchreihe der Stiftung Ostdeutscher Kulturrat, Bd. 5). München.
Ders. (Hrsg.) 1997: Donauschwäbische Geschichte Bd. II. Wirtschaftliche Autarkie und politische Entfremdung 1806-1918. München.
Senz, Josef Volkmar 1974: Donauschwäbische Siedlungsgeschichte. München.
Ders. 1976: Die Donaufischerei bei Apatin. Entstehung, Organisation, Bedeutung. (Apatiner Beiträge 10), Straubing.

Ders. 1993: Geschichte der Donauschwaben. Von den Anfängen bis zur Gegenwart. Amalthea, Wien / München.
Skiba, Romuald 1998: Fachsprachenforschung in wissenschaftstheoretischer Perspektive. Tübingen.
Tafferner, Anton 1974: Quellenbuch zur Donauschwäbischen Geschichte. Bd. I. München.
Ders. 1977: Donauschwäbisches Quellenbuch. Bd. II. Stuttgart.
Ders. 1978: Quellenbuch zur Donauschwäbischen Geschichte. Bd. III. Stuttgart.
Ders. 1982: Quellenbuch zur Donauschwäbischen Geschichte. Bd. IV. Stuttgart.
Ders. 1995: Donauschwäbisches Quellenbuch. Bd. V. München.
Tafferner, Anton / Schmidt, Josef / Senz, Josef Volkmar 1981: Die Donauschwaben im Pannonischen Becken, ein deutscher Neustamm. München.
Valentin, Anton 1959: Die Banater Schwaben. Kurzgefaßte Geschichte einer südostdeutschen Volksgruppe. München. Darin: Der wirtschaftliche Aufbau, S. 44-49.
Vlăduțiu, Ion 1973: Etnografia românească (Rumänische Ethnografie). București: Wissenschaftlicher Verlag.
Volkmann, Swantje 1996: Der planmäßige Aufbau einer Kulturlandschaft am Beispiel der Besiedlung des Temescher Banats im 18. Jahrhundert. Arbeit zur Erlangung des Grads eines Magister Artium an der Ruprechts-Karls-Universität Heidelberg, Philosophisch-Historische Fakultät, Historisches Seminar. Betreuer: Prof. Eike Wolgast. Typoskript 186 S. (mit 10 Karten, 20 Plänen, 63 Abb.).
Wagener, Peter 1988: Untersuchungen zur Methodologie und Methodik der Dialektologie. (= Deutsche Dialektgeographie, Bd. 86). Marburg.
Wagner, Eberhard 1987: Das fränkische Dialektbuch. München.
Weber, Siegfried (Hrsg.) 1989: Fachkommunikation in deutscher Sprache: Ergebnisse, Probleme und Methoden der Fachsprachenforschung. Leipzig.
Wehenkel, Günter 1929: Deutsches Genossenschaftswesen in Rumänien. Stuttgart: Ausland- und Heimatverlag.
Weidlein, Johann 1965: Entwicklung der Dorfanlagen im donauschwäbischen Bereich. Stuttgart. (= Donauschwäbisches Schrifttum. Heft 11).
Ders. 1979: Pannonica. Ausgewählte Abhandlungen und Aufsätze zur Sprach- und Geschichtsforschung der Donauschwaben und der Madjaren. Schorndorf, Selbstverlag. Darin: Die Mundarten der Donauschwaben, S. 105-112. Deutsche Mundarten in der Schwäbischen Türkei, S. 113-126. Württembergische und badische Merkmale in den donauschwäbischen Mundarten, S. 127-135. Pfälzische Dialekte in Südosteuropa, S. 136-139.
Ders. 1980: Die Schwäbische Türkei. II. Beiträge zu ihrer Geschichte, Sprach- und Volkskunde. Hrsg. Ungarndeutsches Sozial- und Kulturwerk. München. Darin: Die deutschen Trachten in der Schwäbischen Türkei, S. 220-225.
Ders. 1981: Hungaro-Suebica. Gesammelte Beiträge zur Geschichte der Ungarndeutschen und der Madjaren. Schorndorf.
Weifert, Ladislaus 1935: Die deutsche Mundart von Vrǒac (Werschetz) - Lautlehre. (Bibliothek des Germanistischen Instituts der Belgrader Universität Nr. III). Belgrad.
Weifert, Ladislaus Michael 1962: Die Mundarten der Banater Gemeinden Heufeld und Mastort. Hrsg. Landsmannschaft der Donauschwaben in Baden-Württemberg e.V. Stuttgart.
Ders. 1975: Die deutsche Mundart von Weißkirchen. Salzburg (= Donauschwäbisches Archiv. Reihe VI: Weißkirchner Beiträge, Heft 2).
Weifert, Mathias 1998: Die Donauschwaben - eine südostdeutsche Volksgruppe. (Donauschwäbisches Archiv - Reihe I, Bd. 18). München.
Werner, Waltraut 1969: Altschwäbisches aus dem ungarndeutschen Dorf Hajos. In: Jahrbuch für ostdeutsche Volkskunde, Bd. 12, S. 249-270.

Wild, Katharina 1994: Syntax der eingeleiteten Nebensätze in den "Fuldaer" deutschen Mundarten Südungarns. Budapest.
Wilhelm, Franz 1990: Rumaer Dokumentation 1745-1945. Mittelpunkt der deutschen Bewegung in Syrmien, Slavonien und Kroatien. Bd. I. Stuttgart.
Wolf, Johann 1975: Kleine Banater Mundartenkunde. Bukarest.
Ders. 1979: Siedlungsgeschichte der Banater Schwaben 1718-1778. In: Geschichte der Deutschen auf dem Gebiete Rumäniens, Bd. 1. Bukarest. S. 277-307.
Ders. 1987: Banater deutsche Mundartenkunde. Bukarest. Darin: Übersicht: deutsche Mundarten des Banats, S. 38-46. Wörterverzeichnis, S. 348-373.
Wolf, Josef 1994: Deutsche Minderheiten in Südosteuropa im Umbruch. Die Volkszählungen 1990-1992. Hrsg. Institut für donauschwäbische Geschichte und Landeskunde. (= Heft 3 / 1994). Tübingen.
Ders. 1995: Quellen zur Wirtschafts-, Sozial- und Verwaltungsgeschichte des Banats im 18. Jahrhundert. Tübingen. (= Materialien Heft 5, hrsg. vom Institut für donauschwäbische Geschichte und Landeskunde Tübingen).
Zehetner, Ludwig 1985: Das bairische Dialektbuch. München.

6.3 Literatur über Landwirtschaft

Andrásfalvy, Bertalan 1993: Bäuerliche Lebendform-Modelle und deren ökologisch-gesellschaftliche Bedingungen im südlichen Teil Ungarns im XVIII. Jahrhundert. In: Beiträge zur Volkskunde der Ungarndeutschen. Bd. 10. Hrsg. Verband der Ungarndeutschen. Budapest, S. 19-48.
Assion, Peter 1971: Bäuerliches Tagwerk vor der Mechanisierung. Fränkische Beiträge zur Sozialgeschichte, Gerätekunde und landwirtschaftlichen Fachsprache. In: Peter Assion (Hrsg.): Ländliche Kulturformen im deutschen Südwesten. Festschrift für Heiner Heimberger. Stuttgart: Verlag W. Kohlhammer, S. 53-94.
(Baranay 1982) Baranya megye földrajzi nevei (Orts- und Flurnamen des Komitats Branau). Bd. I und II, Pécs. (Vokány, Bd. I, S. 1049-1053, Feked, Bd. II, S. 43-53).
Dammang, Andreas 1931: Die deutsche Landwirtschaft im Banat und in der Batschka. Novisad (Neusatz). (= Schriften der Deutschen Akademie Heft 1).
Deutsches Bauernleben im Banat. Hausbuch des Mathias Siebold aus Neubeschenowa, Banat 1842-1878. Hg. Hans Diplich, München 1957: Verlag des Südostdeutschen Kulturwerks.
Eberl, Immo 1989: Die Entwicklung von Handwerk, Industrie und Landwirtschaft (Beispiele). In: Donauschwaben. Deutsche Siedlung im Südosten. Ausstellungskatalog. Hrsg. Innenministerium Baden-Württemberg, bearbeitet von Immo Eberl und Mitarbeitern. Sigmaringen.
Eggert, Alfons 1991: Von der Mähmaschine zum Mähdrescher. Die Technik in der Getreideernte. Münster: Aschendorff Verlag.
Gehl, Hans 1978: Das Banater Landwirtschaftsjahr. In: Hans Gehl (Hg.): Schwäbischer Jahreslauf. Beiträge zur Volkskunde der Banater Deutschen und Sathmarer Schwaben. S. 8-67. Temeswar: Facla Verlag.
Gehl, Hans 1984: Banater Volksetymologie. In: Hans Gehl (Hg.): Schwäbisches Volksgut. Beiträge zur Volkskunde der Banater Deutschen, Bd. 5, Temeswar: Facla Verlag, S. 183-225.
Greenwood, Pippa / Halstead, Andrew 1998: DUMONT's Großes Gartenhandbuch. Schädlinge und Krankheiten. Das Standardwerk zur Vorbeugung, Erkennung und Behandlung von Pflanzenproblemen. Köln: DuMont Buchverlag.
Hamm, Wilhelm 1985: Das Ganze der Landwirthschaft in Bildern. Mit 719 Abbildungen und erläuterndem Text. Leipzig: Arnoldische Buchhandlung 1872. Unveränderter Nachdruck 1985. Edition *libri rari*, im Verlag Th. Schäfer, Hannover.

Hațegan, Ioan 2000: Camera de Comerț, Industrie si agricultură Timișoara: Repere Monografice 1850-2000 (Die Industrie-, Handels- und Landwirtschaftskammer Temeswar. Monographische Schwerpunkte 1850-2000). Timișoara: Editura Banatul.
Horn, Nikolaus 1975: Alte Maßeinheiten und Mengenangaben. In: Hans Gehl (Hg.): Beiträge zur Volkskunde der Banater Deutschen, Bd. 2. Temeswar: Facla Verlag, S. 69-85.
Ders. 1984: Bauern- und Wetterregeln. In: Hans Gehl (Hg.): Schwäbisches Volksgut Beiträge zur Volkskunde der Banater Deutschen, Bd. 5. Temeswar: Facla Verlag, S. 135-148.
Jakob, Johann 2000: Maße, Gewichte und Währungen im Banat 1718-1900. Mainz.
Jordan, Sonja 1967: Die kaiserliche Wirtschaftspolitik im Banat im 18. Jahrhundert. (= Buchreihe der Südostdeutschen Historischen Kommission, Bd. 17). München.
Jung, Peter 1973: Wie das schwäbische Dorf entstand. In: Hans Gehl (Hg.): Heide und Hecke. Beiträge zur Volkskunde der Banater Schwaben, Bd. 1. Temeswar: Facla, S. 27-35.
Kabán, Ferenc: A kukorica története (Geschichte des Maises). Mit einer Karte über die Verbreitung des Namens Kukuruz. București 1965.
(Keeß 1824) Keeß von, Stephan : Darstellung des Fabriks- und Gewerbewesens in seinem gegenwärtigen Zustande, vorzüglich in technischer, mercantilistischer und statistischer Beziehung. 2 Bde., in je 2 Teilen. Wien.
Keinath, Walther 1951: Orts- und Flurnamen in Württemberg. Stuttgart: Schwäbischer Alberverein.
Komanschek, Josef 1961: Die landwirtschaftlichen Leistungen der Banater Schwaben in Rumänien 1919-1944. (= Arbeitsheft 3 der Landsmannschaft der Banater Schwaben). Reutlingen, Selbstverlag des Verfassers.
Kósa László 1993: Bauernwirtschaft und Vorurteile. In: Beiträge zur Volkskunde der Ungarndeutschen. Bd. 10. Hrsg. verband der Ungarndeutschen. Budapest, S. 49-57.
Lammert, Erich 1973: Heide und Hecke. In: Hans Gehl (Hg.): Heide und Hecke. Beiträge zur Volkskunde der Banater Schwaben, Bd. 1. Temeswar: Facla Verlag S. 11-26.
Lammert, Erich 1984: Banater Beinamen und Namen einiger Kulturpflanzen. S. 149-172. In: Hans Gehl: Banater Volksgut. Beiträge zur Volkskunde der Banater Schwaben. Bd. 5. Temeswar: Facla Verlag. S. 149-172.
Lenger, Friedrich 1988: Sozialgeschichte der deutschen Handwerker seit 1800. Frankfurt a. M.
Manherz, Karl 1982: Dorfmuseum der Ungarndeutschen im Komitat Baranya. In: Beiträge zur Volkskunde der Ungarndeutschen. 4. Bd. S. 252-261.
(Enc. agr.) Mică enciclopedie agricolă 1988 (Kleine landwirtschaftliche Enzyklopädie). București: Wissenschaftlich-enzyklopädischer Verlag.
Museum der bäuerlichen Technik. Brukenthalmuseum Sibiu, 1974.
Pamfile, Tudor 1913: Agricultura la români, studiu etnografic (Die Landwirtschaft der Rumänen. Ethnographische Studie). București.
Péterdi-Hahn, Otto 1974: Die kapitalistische Landwirtschaft von 1848 bis 1945 im Dorf Bakonypéterd in Ungarn. München: Verlag des Südostdeutschen Kulturwerks (Reihe B, Bd. 322).
Reb, Karl Eugen 1981: Volksnahrung im Wandel der Zeit. In: In: Hans Gehl (Hg.): Schwäbische Familie. Beiträge zur Volkskunde der Banater Deutschen, Bd. 4. Temeswar: Facla Verlag, S. S. 57-91.
Rosenfeld, Hellmut 1950: Die Magie des Namens. In: Bayrisches Jahrbuch für Volkskunde, S. 94-98.
(Tevel 1988) Tevel. Zweieinhalb Jahrhunderte schwäbische Ortsgeschichte in Ungarn 1701-1948. Hrsg. von der Heimatgemeinschaft der Teveler e. V. Eppingen/BRD, Budapest 1988.
(Tolna 1981) Tolna megye földrajzi nevei (Orts- und Flurnamen des Komitates Tolnau). Budapest: Akadémiai kiadó. (Gyönk, S. 530 f.).
Tremel, Ferdinand 1869: Wirtschafts- und Sozialgeschichte Österreichs. Wien.
Unterreiner, Hans 1885: Unsere Bauern: Die Landwirtschaft in Apatin. Erding: Apatiner Gemeinschaft. (Donauschwäbisches Archiv 5, Apatiner Beiträge 32).

Wagner, Dietmar 1980: Bäuerliche Arbeitswagen in Ost- und Westpreußen.. In: Jahrbuch für ostdeutsche Volkskunde. Marburg, S. 266-279.
Wiegelmann, Günter (Hrsg.) 1985: Nord-Süd-Unterschiede in der städtischen und ländlichen Kultur Mitteleuropas. (= Beiträge zur Volkskultur in Nordwestdeutschland, Heft 40). Münster.
(WKW Komm) Kleiber, Wolfgang (Hrsg.) 1900-1996: Wortatlas der kontinentalgermanischen Winzerterminologie. Kommentar. Tübingen .

6.4 Publizierte Quellen für den Wortschatz der Landwirtschaft

Amann, Josef 1983: Unvergessene Heimat Lowas (Lewa, Lovász, Lovas). Aus der Geschichte einer donauschwäbischen Dorfgemeinschaft in Syrmien. Hrsg. Heimatortsgemeinschaft Lowas. Tübingen. Darin: Die Handwerker (Professionisten), S. 148-154. - Die Tracht, S. 220-223.
Blantz, Katharina 1993: Donauschwäbisches Kochen und Backen. Kochen wie Mutter. Hrsgg. im Auftrag der Frauengruppe in der Landsmannschaft der Donauschwaben in Bayern, im Eigenverlag der Herausgeberin. 2. Auflage.
Bleiziffer, Anton 1997: Für Leib und Seele. Kochen und Backen wie in Sanktanna. Hg. HOG Sanktanna, Kreis Freiburg.
Blum, Konrad 1958: Liebling. Geschichte einer schwäbischen Gemeinde des Banats. Selbstverlag des Verfassers. Weilheim / Obb.
Bruckenau. Eine Banater Hecken-Gemeinde an der Bergsau. Hg. Heimatortsgemeinschaft Bruckenau. Landshut 1999. Darin: Geographische Lage; Hotter, Waldungen, Hutweide, S. 44-52.
Burger, Johann 1987: Saderlach 1937-1987. Festschrift zur 250-Jahrfeier. Lebensweg einer deutschen Gemeinde im rumänischen Banat. Hrsg. von der Heimatortsgemeinschaft Saderlach. Emmendingen.
Eimann, Johann 1965: Der deutsche Kolonist oder die deutsche Ansiedlung unter Kaiser Josef II. in den Jahren 1783 bis 1787, besonders im Königreich Ungarn in dem Batscher Komitat. Hrsg. von Friedrich Lotz. (= Veröffentlichungen des Südostdeutschen Kulturwerks Reihe B, Bd. 17) München. Darin: Dritter Abschnitt, 6. Vom Charakter der ersten Ansiedler, (Sprache) S. 65 f.
Eliker, Karl 1957: Bulkes. Werden und Vergehen einer donauschwäbischen Gemeinde in der Batschka. Freilassing (= Donauschwäbische Beiträge 19).
Eppel, Johann 1988: Tevel. Zweieinhalb Jahrhunderte schwäbische Ortsgeschichte in Ungarn 1701-1948. Budapest: Verlag Interpress. Darin zum Thema Landwirtschaft: S. 257-279, 378-392.
Fett, Reinhold 1979: Sackelhausen, Heimatbuch. Limburg / Lahn.
Flach, Paul 1953: Goldene Batschka. Ein Heimatbuch der Deutschen aus der Batschka. München.
Gehl, Hans. 1988: Heimatbuch der Gemeinde Glogowatz im Arader Komitat. (Hrsg. von der HOG Glogowatz). Abensberg 1988. Darin: III. Entwicklung der Glogowatzer Landwirtschaft, S. 189-244; Besonderes Mundartwortgut, S. 637-686.
Gehl, Hans 1978: Das Banater Landwirtschaftsjahr. In: Hans Gehl (Hg.): Schwäbischer Jahreslauf. Beiträge zur Volkskunde der Banater Deutschen und Sathmarer Schwaben, Bd. 3. Temeswar: Facla Verlag, S. 8-67.
Gehl, Hans 1981: Nebenzweige der Landwirtschaft. In: Hans Gehl (Hg.): Schwäbische Familie. Beiträge zur Volkskunde der Banater Deutschen, Bd. 4. Temeswar: Facla Verlag, S. 7-56.
Gerescher, Konrad 1981: Unserer Hände Arbeit. 200 Berufe der Donauschwaben aus der Batschka. Hann Münden.
Ders. 1986: Daheim I. Heimat Südosteuropa in Bildern und Aufsätzen. Sersheim, 2. Aufl.
Ders. 1987: Daheim II. Heimat Südosteuropa in Bildern und Aufsätzen. Sersheim.
Ders.1993: So hemrs ksakt (So haben wir es gesagt). Mundart-Sprüche aus Bereg / Baski Breg. Szeged.
Ders. 1995: Tes hemr khat (Das haben wir gehabt). Szeged..

Ders. 1996: So hemrs kmacht (So haben wir es gemacht). Szeged.

Ders. [1999]: Donauschwäbisch - deutsch. Lexikon. Mundart und Fachwortschatz der Nord-Batschka. Teil 4 Szeged: Verlag Közélet-Gemeinschaft.

Ginder, Paul / Pfeil, Jakob / Rukatukl, August 1980: Csavoly 1780-1980. Heimatbuch einer ungarndeutschen Gemeinde aus der Batschka. Waiblingen.

Gundel, Károly 1993: Kleines ungarisches Kochbuch. Budapest: Corvina Verlag.

Hambuch, Wendelin 1988: Mutsching. Geschichte und Gesellschaft einer ehemaligen fuldischen Gemeinde in Ungarn. Budapest.

Hambuch, Wendel 1981: Der Weinbau von Pusztavám / Pusstawahn. Der Wortschatz des Weinbaus in der deutschen Mundart von Pusztavám. Lehrbuchverlag. Budapest.

Heimatbrief 1998: Den Ursprüngen verpflichtet, die Zukunft gestalten. 10. Heimatbrief, 31.05.1998, Hg: Heimatortsgemeinschaft Sanktanna. Fürth.

Heimatbrief 1999: Versöhnende Sinngebung sei unser Anliegen. "St. Antoni" - 100 Jahre. 11. Heimatbrief, 26.06.1999. Hg: HOG Sanktanna. Fürth.

Heimatbrief 2000: 1742 - 2000. Laß Dir die Fremde zur Heimat, die Heimat nie zur Fremde werden. 12. Heimatbrief, 11.06.2000, Hg: HOG Sanktanna. Fürth.

Helli vun Bogarosch [Helen Alba] 1996: E Schmunzle vun der Heed. Gschichte in schwowischer Mundart. Temeswar: Mirton Verlag.

Helmlinger, Hans (Red.) 1986: 200 Jahre Parabutsch (1786-1986). Jubiläumsband, hrsg. vom Heimatausschuß der Ortsgemeinschaft Parabutsch. Bad Schönborn. Darin: Das Handwerk in unserer alten Heimat. S. 146-161.

Heß, Nikolaus / Groß, Michael (Hrsg.) 1981: Heimatbuch der Banater Schwestergemeinden St. Hubert, Charleville, Soltur. München.

Hockl, Hans Wolfram 1956: Brunnen, tief und klar. Lyrik in Mundart und Hochdeutsch. München: Verlag des Südostdeutschen Kulturwerkes.

Hockl, Hans Wolfram 1957: Mir ware jung un alles war denoh. Kaiserslautern.

Hockl, Hans Wolfram [1973]: Warm scheint die Sunn. Kaiserslautern. (= Pfälzer der weiten Welt, Folge 10).

Hockl, Hans Wolfram 1976: Unser liewes Banat. Hg. Landsmannschaft der Donauschwaben in Baden-Württemberg e. V., Stuttgart 1976 (= Donauschwäbisches Schrifttum Heft 19)

Hockl, Hans Wolfram / Hockl, Helmfried, 1997: Die Mundart von Lenauheim. Wörterbuch und Allerlei. Linz: Denkmayr.

(Blättli 2000) Hodschager Blättli, 15. Jg. Nr. 45, Juli 2000; Nr. 46, Dezember 2000.

Hoffmann, Hans 1981: Uivar. Geschichte einer deutschen Gemeinde im rumänischen Banat. Ahorn / Coburg.

Hudjetz-Loeber, Irmgard 1956: Neu-Pasua. Die Geschichte eines donauschwäbischen Dorfes. Stuttgart.

Karl, Anton / Petri, Anton Peter 1981: Heimatbuch der Gemeinde Sanktmartin im Arader Komitat. Hrsg. im Auftrage der Heimatortsgemeinschaft. Altötting. Darin: Das bäuerliche Jahr, S. 270-290. Die Sankt-Martiner Mundart, S. 377-409.

Keiner, Stefan 1991: Gara. Beiträge zur Geschichte einer überwiegend deutschen Grenzgemeinde in der Nordbatschka / Ungarn. Langenau.

Kendel, Hans 1984: Bulkeser Mundartausdrücke. In: Bulkes: Geschichte einer deutschen Gemeinde in der Batschka. Hrsg. vom Heimatausschuß Bulkes. Kirchheim / Teck. S. 324-336.

Klein, Franz 1980: Billed. Chronik einer Heidegemeinde im Banat in Quellen und Dokumenten 1765-1980. Salzburg / Wien. Darin: Die wirtschaftliche Entwicklung von Billed. Die Landwirtschaft, S. 357-386.

Klingler, Josef (Hrsg.) 1958: Unsere verlorene Heimat. Futok. Freilassing. Darin: Futoker Mundart, S. 63 f. Allerhand Futokerisch, S. 63-95.

Koch, Stefan 1984: Die Sathmarer Schwaben - Oberschwaben im Südosten. Laupheim. Darin: Aus der Arbeit, S. 198-301; Eßgewohnheiten, S. 302-307.

Konschitzky, Walther 1982: Dem Alter die Ehr [Interviews in Mundart]. Bukarest.

Konschitzky, Walther / Klein, Hans: Das Flachsbauen - ein Faschingsbrauch. In: Hans Gehl (Hg.): Schwäbischer Jahreslauf. Beiträge zur Volkskunde der Banater Deutschen und Sathmarer Schwaben, Bd. 3. Temeswar: Facla Verlag, S. 86-92.

Krämer, Anton / Kupi, Josef 1987: Ulmbach - Neupetsch. Geschichte einer deutschen Gemeinde im Banat 1724-1984. Rechberghausen. Darin: Handel und Gewerbe, S. 336-356.

Krutsch, H. W. / Neidenbach, H. 1990: Hatzfeld in Wort und Bild. Nürnberg.

Kuhn, Walter 1963: Das österreichische Siedlungswerk des 18. Jahrhunderts. München. (= Südostdeutsches Archiv Bd. 6).

Künzig, Johannes 1937: Saderlach 1737-1937. Eine alemannische Bauerngemeinde im rumänischen Banat und ihre Südschwarzwälder Urheimat. Karlsruhe. Darin: Die Sprache der Saderlacher, S. 219-240.

Lotz, Friedrich 1964: Geschichte einer deutschen Marktgemeinde in der Batschka. Freilassing. Darin: Das Gewerbe in der Zeit der Zunft, S. 130-145.

Ders. 1966: Die frühtheresianische Kolonisation des Banats 1740-1762. In: Buchreihe der Südostdeutschen Historischen Kommission. Bd. 16 München, S. 146-181.

Merschdorf, Wilhelm Josef 1997:Tschakowa, Marktgemeinde im Banat. Monographie und Heimatbuch. Hrsg. von der Heimatortsgemeinschaft Tschakowa. Augsburg. Darin: Zur wirtschaftlichen Entwicklung der Marktgemeinde Tschakowa, S. 707-829.

Mihály, Rosina 1981: Volksnahrung in der Baranya. In: Beiträge zur Volkskunde der Ungarndeutschen 3. Budapest, S. 7-66.

Miklósi, Judit 1991: Buntes ungarisches Kochbuch. 100 Rezepte, zusammengestellt von Judit Miklósi. Budapest: Corvina Verlag.

Pechtol, Maria 1972: Schwäbisches Wörterbuch. Rumänische Lehnwörter in den Banater deutschen Mundarten. In: NBZ, 7 Folgen vom 19., 24.02; 2., 10., 21., 30.03; 12.04.1972.

Petri, Anton Peter 1963: Neubeschenowa. Geschichte einer moselfränkischen Gemeinde im rumänischen Banat. Freilassing. (= Donauschwäbische Beiträge 49). Darin: Unsere Mundart, S. 149-155

Ders. 1965: Kulturgeschichtliches Wortgut in den Mundarten der Donauschwaben. Stuttgart (= Donauschwäbisches Schrifttum, 10).

Ders. (Hrsg.) 1967: Donauschwäbische Kulturbeiträge. Mühldorf a. I.

Ders. 1969: Donauschwäbische Ortsneckereien. Versuch einer Sammlung und Sichtung. Mühldorf a. I.

Ders. 1971: Pflanzen- und Tiernamen in den Mundarten der Donauschwaben. Versuch einer Sammlung und Sichtung. (= Veröffentlichung des Südostdeutschen Kulturwerkes, Reihe B, 29). München.

Ders. 1975: Vom "Aachenibrunnen" bis zur "Zwölften Gasse". Die Gassennamen der deutschen Siedlungen des vortrianonischen Banats. Versuch einer Sammlung und Sichtung. (= Veröffentlichung des Südostdeutschen Kulturwerkes, Reihe B, Bd. 33). München.

Ders. 1979: Heimatbuch der Heidegemeinde Lovrin im Banat. Altötting. Darin: Einige Lovriner Mundartausdrücke, S. 490-493.

Ders. 1980: Von der "Abschiedsgasse" bis zum "Zwölfhaus". Die Gassennamen in den ehemaligen deutschen Siedlungen der Batschka, Bosniens, der jugoslawischen Baranya, Kroatiens, Slawoniens und Syrmiens. (= Veröffentlichung des Südostdeutschen Kulturwerkes, Reihe B, Bd. 38). München.

Ders. 1985: Heimatbuch der Marktgemeinde Neuarad im Banat. Marquartstein. Darin: Die Neuarader Mundart, S. 654-670.

Ders. 1986: Heimatbuch der deutschen Gemeinde Moritzfeld im Banat. Hrsg. Heimatortsgemeinschaft Moritzfeld. Marquartstein.

Petri, Anton Peter / Fritz, Franz / Wilhelm, Jakob: Heimatbuch der Heidegemeinde Gottlob im Banat. Hrsg. von der Heimatortsgemeinschaft Gottlob, o. O.

Petri, Anton Peter / Wolf, Josef 1983: Heimatbuch der Heidegemeinde Triebswetter im Banat. Tuttlingen. Darin: Die Triebswetterer Mundart, S. 479-501.

Pink, Peter 1935: Die Heidegemeinde Ostern. Temeswar. Darin zur Landwirtschaft: S. 73-89.

Reiser, Georg 1940: Mundartliches und Volkskundliches aus Triebswetter im Banat. In: Batsch, Franz (Hrsg.): Buch der Deutschen Forschungen in Ungarn. Budapest. S. 277-282.

Riedl, Franz 1952: Budaörser Heimatbuch. Stuttgart.

Rometsch, Matthias 1982: Spotjohrsonne. Donauschwäbisches. Reutlingen.

Rukatukl, August 1995: Der Mann denkt - die Köchin lenkt. In: DSK 1996, hrsg. von der Redaktion des DS. Aalen.

Schneider, Martin 1989: Miletitsch. Freilassing. (= Donauschwäbische Beiträge 43). Darin: Die "Milititscher Schprooch", S. 87-103. Der Hanf, S. 205-211.

Schwartz, Alois 1994: Donauschwaben, Mórer Schwaben. Mór. Darin: Mundart, S. 146-159.

Schwarz, Ludwig 1977: De Kaule-Baschtl [Mundartroman]. Temeswar: Facla Verlag.

Ders. 1978: Es zweiti Buch vum Kaule-Baschtl. Temeswar.

Ders. 1981: Es dritti Buch vum Kaule-Baschtl. Temeswar.

[Gsätzle 1969]: Schwowische Gsätzle ausm Banat. Gedichte in Banater schwäbischer Mundart. Gesammelt, ausgewählt, eingeleitet von Karl Streit und Josef Zirenner. Temeswar.

Senz, Josef Volkmar 1966: Apatiner Heimatbuch. Straubing.

Speck, Hans 1973: Der Rosmarin im im Brauchtum. In: Hans Gehl (Hg.): Heide und Hecke. Beiträge zur Volkskunde der Banater Schwaben (I). Temeswar. S. 85-98.

Stegh, Peter 1988: Altker. Die Geschichte eines donauschwäbischen Dorfes und die Chronik seiner Familien. Weingarten / Baden.

Szimits, Johann 1908: Pipatsche un Feldblume vun dr Heed. Temesvár.

Ders. 1963: Der "Lerche der Banater Heide" zum Gedenken [Gedichtband]. Wien.

Ders. 1973: Blume vun dr Heed un sunscht allerhand Luschtiches. Bukarest: Kriterion.

Teppert, Stefan (Hrsg.) 1995: Die Erinnerung bleibt. Donauschwäbische Literatur seit 1945. Eine Anthologie. Bd. 1, A - D. Sersheim.

Urtheil, Leopold 1999: Donauschwäbische Mundart: Wortschätze aus Gajdobra und Weckerle. Schlaitdorf: Eigenverlag.

Vetter, Roland / Keiper, Hans 1980: Unser Tscherwenka. Der Weg einer Batschkadeutschen Großgemeinde in zwei Jahrhunderten. Hrsg. Heimatausschuss Tscherwenka. Tuttlingen.

Vetter, Roland 1985: Zweihundert Jahre Tscherwenka. München.

Volk, Mathias (Red.) 1985: Unvergessene Heimat Branau / Baranya. (Selbstverlag der Arbeitsgemeinschaft Untere Baranya / Branau). Darin: Mundart und Tracht; Handwerk, Handel und Gastwirtschaften, S. 70-76.

Weber, Matthias / Petri, Anton Peter 1981: Heimatbuch Sanktandres im Banat. Marquartstein. Darin: Das bäuerliche Arbeitsjahr, S. 451-509.

Weidlein, Johann 1969 / 70: Die Trachten in der Schwäbischen Türkei. In: Archiv der Suevia Pannonica, Jg. 6. 1969 / 70, S. 36-44.

Ders. 1980: Die Schwäbische Türkei II. Beiträge zu ihrer Geschichte, Sprach- und Volkskunde. München.

Weiser, Elfriede 1994: Miletitscher Wortschatz. Eine Auswahl von gebräuchlichen oder fast vergessenen Wörtern und Redensarten. Schönaich: HOG Miletitsch.5.

Wildmann, Sebastian 1998: Filipowaer Mundart. Wörterbuch - Schimpfwörter - Sprüche. Hrsg. Filipowaer Arbeitsgemeinschaft. Speyer.

Wilhelm, Franz 1997; Rumaer Dokumentation 1745-1945. Mittelpunkt der deutschen Bewegung in Syrmien, Slavonien und Kroatien, Bd. II. Stuttgart, Hrsg. von der Donauschwäbischen Kulturstiftung. Darin: 8.2 Die Bauern, S. 15-42.

6.6 Manuskripte und Einsendungen
(im Mundartarchiv des Instituts)

Albrecht, Johannes 1962: Die Sprache der Tscherwenkaer [Wörterbuch].Typoskript. München. 152 S.

Chicin, Hilde 1973: Wohnung, Kleidung und Nahrung in der Mundart von Großsanktnikolaus (Locuinţa, îmbrăcămintea şi hrana în graiul din Sînnicolaul Mare). Handschr. Ms. Diplomarbeit an der Universität Temeswar. 93 S.

Diener, Sylvia 1978: Die Batschka. Ein Beitrag zur Genese ihrer Kulturlandschaft seit dem Ende der Türkenzeit. Zulassungsarbeit zur Lehramtsprüfung im Hauptfach Geographie an der Universität Tübingen, Ms. 308 S.

(Donos 2000) Donos, Katharina: Die Landwirtschaft in Bruckenau. Dokumentation. Einsendung vom 25.11.2000, Nürnberg, 7 S.

Dumitru, Marioara Elena 1972: Der Wortschatz im Zusammenhang mit den Haus- und Hofarbeiten in der Mundart von Ferdinandsberg (Lexicul dialectal legat de muncile casei şi ale curţii din oraşul Oţelul Roşu). Handschr. Ms., Diplomarbeit an der Universität Temeswar, 166 S.

Engert, Bernhard 1987: Die Batsch-Brestowatzer Mundart. (Wortliste, 79 S., Mundarttexte, 5 S.) Im Eigenverlag des Verf. Nördlingen-Baldingen.

Flander, Gustav 1988: Schwowischer Wortschatz. Typoskript. Donaueschingen. Einsendung von 1988, 10 S.

Gădeanu, Sorin 1988: Besonderheiten der Verwaltungssprache des 18. Jahrhunderts im Banat (Particularităţi ale limbajului administrativ din secolul al 18-lea în Banat). Typoskript, Magisterarbeit an der Universität Temeswar. 91 S.

Gehl, Hans 1990: Zum Wortschatz der Mundart von Ruma. Typoskript. Tübingen. 14 S.

Haidler, Johanna 1993: Beantwortung der Fragebögen zu den Handwerkern und zur Landwirtschaft in Kirwa [I]. Einsendung vom 4.02.1993, 10 S.

Hergenröder, Mária 1977: Die Geschichte der Honigbearbeitung und des Wachsgusses in der Werkstatt von Ludwig Tárnoky in *Bóly* (Mézfeldolgozás és viaszöntés Tárnoky Lajos bólyi műhelyében). Fünfkirchen, Typoskript, 44 S. Staatsexamensarbeit an der Janus-Pannonius-Universität Pécs, Lektorin: Maria Beck.

Hinţea, Lucia 1968: Wohnung, Kleidung und Nahrung in der Mundart von Hatzfeld <Locuinţa, îmbrăcămintea şi hrana în graiul din Jimbolia>. Handschr. Manuskript. Diplomarbeit an der Universität Temeswar. 78 S.

Hoffmann, Gerlinde 1968: Wohnung, Nahrung und Kleidung in der Mundart von Mercydorf <Locuinţa, hrana şi îmbrăcămintea în graiul din Merţişoara>. Handschr. Manuskript. Diplomarbeit an der Universität Temeswar. 134 S.

Hüpfel, Brunhilde 1973: Der Wortschatz im Zusammenhang mit der Wohnung, Nahrung und Kleidung in der Mundart von Lenauheim (Vocabularul privind locuinţa, hrana şi îmbrăcămintea din graiul german din Lenauheim). Handschr. Ms. Diplomarbeit an der Universität Temeswar. 142 S.

Hutflötz-Ertl, Katharina 1962: Wohnung, Kleidung und Nahrung im Wortbestand der Lieblinger Mundart. Handschr. Ms. Diplomarbeit an der Universität Temeswar. 72 S.

Karádi-Kindler, Franz: Bauanschicksol zwischn die zwaa Wöltkriag! (10 Folgen) In: Neue Zeitung (Budapest) 18.01.1992 bis 21.03.19922.

Kopp, Heinrich 1980: Tscherwenkaer Mundartausdrücke. In: Vetter, Roland / Keiper, Hans: Unser Tscherwenka. Hrsg. im Auftrag des Heimatausschusses. Tuttlingen. S. 419-497.
Krapfl, Adam 1875: Weidenthaler Chronik, 1827-1875. Handschr. Manuskript 1875. Abschrift und Einsendung: Anna Maria Krall 1988.
Kuhn, Friedrich 1986: Siwatzer Wörterbuch. 2 Bde. (972 S.) Typoskript. Selbstverlag des Verfassers. Blankenloch-Büchig.
Lammert, Erich 1982: Der Slang in Temeswar. Typoskript. 90 S. Darin: Slangwortschatz, S. 66-90.
Lux, Franz / Scherer, Paul 1985: Die Mundart von Weprowatz. Karlsruhe. S. 45-70.
Manz, Alfred 1990: Beiträge zur Wortgeographie und zum Lautbestand der deutschen Mundarten im Komitat Bács-Kiskun. Magisterarbeit an der József-Attila-Universität Szegedin. 106 S.
Mayer, Anton 1988: Unser Heimatdialekt: "Stiffollerisch einst und jetzt." Darin: Zweenhondertonfenfzisch (250) Wörter "Stiffollerisch". Handschr. Manuskript. Einsendung 1988, S. 4-11.
Mayer-Kuncz, Agneta 1978: Der Wortschatz der bäuerlichen Wirtschaft in der sathmarschwäbischen Mundart von Petrifeld <Terminologia dialectală legată de gospodăria ţărănească din comuna Petreşti, judeţul Satu-Mare >. Typoskript. Magisterarbeit an der Universität Temeswar. 95 S.
(Mayer 2001) Mayer, Waldemar: Zur Banater Landwirtschaft: Mais- und Rebsorten, Pferde-, Rinder- Schweine und Schafrassen. Einsendungen einer Dokumentation vom 6.12.2000, 17.01.01., 22.01., 19.02, Spraitbach, 14 S.
Metz, Stefan 1978: Werbasser Wortschatz. Typoskript. 30 S. (Aus dem Nachlass "Franz Hamm" am Institut für donauschwäbische Geschichte und Landeskunde, Tübingen).
Mözl, Magdalena 1976: Womit beschäftigen sich die Einwohner von Batschalmasch? Im Interesse der Behaltung der Muttersprache. Typoskript. Staatsexamensarbeit an der Janus-Pannonius-Universität Pécs. 56 S.
Petri, Johann 1953: Sunnereen. Besinnliches und Heiteres in donaupfälzischer Mundart. München. Darin: Worterklärungen, S. 209-213.
Pippus, Adam 1995: Worterklärungen mit Satzbeispielen zur Mundart von Sanktiwan (II). Einsendung vom 6.10.1995, 2 S.
Ravelhofer, Hans M. 1987: Zur Erinnerung für unsere Nachkommen: Werschetzer Dialekt-Ausdrücke. Typoskript. Einsendung 1987, 9 S.
(Ritter 2000) Andreas Ritter: Landwirtschaftliche Geräte. Dokumentation. Einsendung vom 6.07.2000. Schwetzingen, 43 S.
(Ritter 2002) Andreas Ritter: Wortsammlung von Wudersch. Ms., 65 S.
Sandles, Philipp 1989: Mottersproch. Sprachkunde der donauschwäbischen Mundart von Sekitsch in der Batschka. Hrsg. v. Verein zur Pflege Donauschwäbischer Heimatkunde e.V. Sersheim. Darin: Sprachliche Eigenheiten der Sekitscher Mundart [Worterklärungen]. S. 253-297.
Schmidt, Martin 1992: Seltene Mundartwörter in Jahrmarkter Mundart. Typoskript vom 28.04.1992, 20 S.
Schwalm, Paul 1979: Wörterbuch des Dialekts der Deutschen in Vaskút / Südungarn (A vaskúti németek tájszólásának szótára). Neuenstein.
Stein, Herta 1978: Das Verhältnis zwischen Mundart und Umgangssprache bei den Deutschen in Neupetsch <Raportul între grai şi limba uzuală la vorbitorii de limba germană din Peciu Nou>. Typoskript. Magisterarbeit an der Universität Temeswar. 147 S.
Stolz, Matthias 1987: Krndija, Heimatbuch. Slawoniendeutsches Dorf ausgelöscht. Graz. Darin: Wie kam es zur Krendjaner Sproch [Wörterauswahl], S. 95-98.
Wolf, Walter 1973: Der Wortschatz der rheinfränkischen Mundart von Kleinsanktpeter im Zusammenhang mit Wohnung, Kleidung und Nahrung (Vocabularul graiului renano-francon din localitatea Sînpetru Mic în legătură cu locuinţa, îmbrăcămintea şi hrana). Handschr. Ms. Diplomarbeit. Universität Temeswar. 117 S.

Zala, Anikó Maria 1991: Der Soziolekt von Gara, einer ungarndeutschen Gemeinde in Südungarn. Typoskript. Magisterarbeit an der József Attila-Universität Szeged. Szegedin. 77 S. Darin: Kleidung, S. 155-162.

6.7 Zitierte Zeitungen und Zeitschriften

ADZ	Allgemeine Deutsche Zeitung für Rumänien (Bukarest; Nachfolge von NW); (vorhanden in Freiburg[96] und Tübingen[97], ab 5.1.1993)
BP	Banater Post (München); (in Freiburg 1956 ff.)
DK	Deutscher Kalender (Budapest); (in Freiburg 1978 ff.)
DS	Der Donauschwabe (Aalen); (in Freiburg und Tübingen, 1958 ff.)
DSK	Donauschwaben-Kalender (Aalen); (in Freiburg 1958 ff.)
NBZ	Neue Banater Zeitung (Temeswar, 1968-31.12.1992, ab 2.4.1993 Banater Generalanzeiger; heute Wochenbeilage der ADZ, mit wöchentlicher Mundartbeilage "Pipatsch" ab 9.11.1969); (in Freiburg 1970-2000)
NW	Neuer Weg (Bukarest, 1949-31.12.1992, ab 5.1.1993 ADZ, Allgemeine Deutsche Zeitung); (in Freiburg 1964 ff., in Tübingen 1958-1965; 1987 ff.)
NZ	Neue Zeitung (Budapest); (in Freiburg 1963 ff.)
PipWb NBZ	Pipatsch-Wörterbuch. Artikelfolge in der NBZ (1984 - 1988); (in Tübingen)
UP	Unsere Post (Ostfildern); (in Freiburg 1949 ff.)

---

[96]Vorhanden am Johannes-Künzig-Institut für Ostdeutsche Volkskunde, Freiburg.
[97]Vorhanden am Institut für donauschwäbische Geschichte und Landeskunde, Tübingen.

7 Abkürzungsverzeichnis

A	- Ackerbau	DWb	- Deutsches Wörterbuch
Abl.	- Ableitung		
Adj.	- Adjektiv	ebd.	- ebenda
adj.	- adjektivisch	engl.	- englisch
Adv.	- Adverb	Etym.	- Etymologie
afrz.	- altfranzösisch		
ahd.	- althochdeutsch	f.	- feminin
alem.	- alemannisch	f., ff.	- folgende(n) Seite(n) (aus
Allg.	- Allgemein		dem Kontext ersichtlich)
Anm.	- Anmerkungen	fachsprachl.	- fachsprachlich
Aufl.	- Auflage	Fi	- Fischerei
		Fo	- Forstwirtschaft
B	- Bienenzucht	frk.	- fränkisch
BadWb	- Badisches Wörterbuch	frz.	- französisch
	(s. Literaturangaben)	fuld.	- fuldaisch
bair.	- bairisch		
bair.-österr.	- bairisch-österreichisch	G	- Gärtnerei
BayWb	- Bayerisches Wörterbuch	germ.	- germanisch
	(Schmeller)	GFWb	- Das Große Fremd-
Bd.	- Band		wörterbuch
Be	- Bergleute	gr.	- griechisch
Bearb.	- Bearbeiter		
bearb.	- bearbeitet	H	- Hanfbau
begr.	- begründet	handschr.	- handschriftlich
bulg.	- bulgarisch	hd.	- hochdeutsch
BWb	- Bayerisches Wörterbuch	hess.	- hessisch
bzw.	- beziehungsweise	HNassVWb	- Hessen-Nassauisches
			Volkswörterbuch
dass.	- dasselbe	hochsprachl.	- hochsprachlich
ders.	- derselbe	Hrsg.	- Herausgeber
d. h.	- das heißt	hrsg.	- herausgegeben
dial.	- dialektal		
dies.	- dieselbe	indogerm.	- indogermanisch
Dimin.	- Diminutiv	Interj.	- Interjektion
Diss.	- Dissertation	interkons.	- interkonsonantisch
donauschwäb.	- donauschwäbisch	intervok.	- intervokalisch
dsgl.	- desgleichen	intrans.	- intransitiv
dt.	- deutsch	ital.	- italienisch
DudenWb	- Duden: Das große Wörter-		
	buch der deutschen Sprache	Jg.	- Jahrgang
Duden 5	- Duden: das	Jh.	- Jahrhundert
	Fremdwörterbuch	jmd(n).	- jemand(en)
Duden 7	- Duden: Das		
	Herkunftswörterbuch	Komp.	- Kompositum
DWA	- Deutscher Wortatlas	kr.	- kroatisch

landsch.	- landschaftlich	refl.	- reflexiv
lat.	- lateinisch	reg.	- regional
LexerHWb	- Mittelhochdeutsches Handwörterbuch	rheinfrk.	- rheinfränkisch
		RheinWb	- Rheinisches Wörterbuch
LexerTWb	- Mittelhochdeutsches Taschenwörterbuch	rum.	- rumänisch
		russ.	- russisch
Lief.	- Lieferung	s.	- siehe
m.	- maskulin	S.	- Seite
mbair.	- mittelbairisch	schwäb.	- schwäbisch
md.	- mitteldeutsch	schw.	- schwaches Verb
MESz	- Ungarisches geschichtlich-etymologisches Wörterbuch	SchwHWb	- Schwäbisches Handwörterbuch
metaph.	- metaphorisch	SchwWb	- Schwäbisches Wörterbuch
mfrk.	- mittelfränkisch	schweiz.	- schweizerisch
mhd.	- mittelhochdeutsch	serb.	- serbisch
mhess.	- mittelhessisch	serbokr.	- serbokroatisch
mlat.	- mittellateinisch	Sg. tant.	- Singulare tantum
mnd.	- mittelniederdeutsch	slaw.	- slawisch
mundartl.	- mundartlich	slowak.	- slowakisch
Ms.	- Manuskript	slowen.	- slowenisch
		sog.	- so genannt
n.	- neutrum	sonderspr.	- sondersprachlich
Näh.	- Näherin	span.	- spanisch
ndd.	- niederdeutsch	SSWb	- Siebenbürgisch-sächsisches Wörterbuch
nhd.	- neuhochdeutsch		
nordd.	- norddeutsch	st.	- starkes Verb
NordSSWb	- Nordsiebenbürgisch-sächsisches Wörterbuch	standardspr.	- standardsprachlich
		Subst.	- Substantiv
		südd.	- süddeutsch
O	- Obstbau	südfrk.	- südfränkisch
obd.	- oberdeutsch	SüdHWb	- Südhessisches Wörterbuch
odenw.	- odenwäldisch	SudWb	- Sudetendeutsches Wörterbuch
ON	- Ortsname		
österr.	- österreichisch	südwestd.	- südwestdeutsch
ostfrk.	- ostfränkisch		
ÖstWb	- Österreichisches Wörterbuch	T	- Tabakbau
		tautol.	- tautologisch
		trans.	- transitiv
pfälz.	- pfälzisch	tschech.	- tschechisch
PfWb	- Pfälzisches Wörterbuch	türk.	- türkisch
Pl. id.	- Plurale idem		
Pl. tant.	- Plurale tantum	u. a.	- und andere
poln.	- polnisch	u. Ä.	- und Ähnliche
PPerfekt	- Partizip Perfekt	Ugs.	- Umgangssprache
Präf.	- Präposition	ugs.	- umgangssprachlich
		ukr.	- ukrainisch
Red.	- Redaktion	ung.	- ungarisch

urspr.	- ursprünglich	westpfälz.	- westpfälzisch
		wien.	- wienerisch
V	- Viehzucht		
veralt.	- veraltet	z. B.	- zum Beispiel
vgl.	- vergleiche	z.T.	- zum Teil
volksetym.	- volksetymologisch		

W	- Weinbau		
WBÖ	- Wörterbuch der bairischen Mundarten in Österreich	>	wird zu
		<	kommt aus
WbWien	- Wörterbuch der Wiener Mundart	*	erschlossene Form
		†	veraltete Form
Wb1	- Wörterbuch der donauschwäbischen Bekleidungsgewerbe	↑	Verweis auf einen anderen Wörterbuchartikel
		< ! >	Fehler im Beleg
Wb2	- Wörterbuch der donauschwäbischen Baugewerbe		

Aasplatz - m, a:splats, -plets [Alt, Fek, Nad, Oh, Wem II]
A, V: abseits gelegenes Gelände, in dem verendete Haustiere begraben werden • *Ofn Aasplatz es vrecktes Viech komm.* [Fek II]
→Platz, Schinderloch, Viehfriedhof.

abbarbieren - schw, åppålviən, -kəpålviət [Baw, Fek, KN, Kock, Sulk, Surg II]
V: die Borsten mit scharfen Werkzeugen von der Schweineschwarte schneiden *Etym.*: Das Verb ist eine Abl. von *abbarbieren* (zu *Barbier*), mit Dissimilation des ersten -r-. (^{23}Kluge, 75 *balbieren*) • *Wie die Sau zimmlich fätich woar, is sie uf en Hackstock, do is hat so en Tisch, duet is sie draufgelecht woan, obgewesche woan* (↑abwaschen), *un no is se mit Messer åbgebålwiët woan.* [Fek II] **Anm.**: Der Vokal *a* wird hier zu *å* verdumpft.
→abkratzen, rasieren.

abbeeren - schw, apȩ:rlə, -kəpȩ:rlt [Bog, Fak, GK, Low, Ost, War V]
O, W: Beeren von den Stielen abrupfen *Etym.*: Das Verb ist eine Abl. von *Beere* mit dem Präfix *ab-*, die Variante *abbeerlen* hat zusätzlich das Interativsuffix *-le*. • *Die Trauwe* (↑Traube) *hammer abgepärlt, in Backowe getrucklt* (↑trocknen) *un mer hann s ganzi Johr Ziwewe* (↑Zibebe) *ghat.* [Ost V] ■ PfWb I 10: 'Beeren von den Stielen abpflücken', vgl. *abrappen, abrupfen*.
→Beere.

abbeißen - st, apaisə, -kəpis [Bog V]
V: ein Stück beißend vom Rest abtrennen • *Kommt e rote Hund, beißt'm Hinkl* (↑Hünkel) *de Kopp* (↑Kopf) *ab.* [Bog V]

abbinden - st, apində, -kəpundə [Ap III, Tom IV, Fak, Ga, Glog, StA, Wil V]; apinə, -kəpun [Har II, Bak, Bill, Lieb, Ost, War, Wis V]
Allg: etwas mit einem Bindfaden o. Ä. fest verschnüren • *Es allererscht is de Dickdarm, de Aarschdarm, wie mir saan, abgebunn un gut gewesch war.* [Lieb V] **Anm.**: Intervok. *-nd* ist zu *-nn* assimiliert.
→binden, zubinden.

abblühen - schw, apli:ə, -kəpli:t [La II]; opli:ə, -kəpli:t [Baw II]
O, W: die Blüte beenden, verblühen • *Un noch de Zeit, wenn die Treiwl obgebliht honn, enner* (eher) *därf me jo net spritz* (↑spritzen 1a) *awwe* (oder) *stutz* (↑stutzen). [Baw II] *Noch hon se schon obgebliht, die Treiwl* (↑Traubel), *noch kam-me schon gstutz, ne.* [La II]
→blühen.

abbraten - st, åpprǫ:də, -kəprǫ:də [Fek II]
V: Fleischprodukte vor dem Verzehr braten • *Bei uns woar oweds Stichbrode* (↑Stichbraten), *un is gfellt Kraut* (↑gefülltes Kraut) *gemocht woan un von jede Gåttung Wuescht* (↑Wurst) *is in e* ↑*Blech un åbgebrode.* [Fek II]
→braten.

abbrechen - st, intrans, apreçə, -keproxə [Sulk II, Fak, Ga, Glog, Pan, StA, Wil V]; apreçə, -kəprox [Bog, GJ, GK, Len, Low, War V]; ǫprȩiçə, -prǫuxə [Ed, KT, Wud I]; aprexn, -kproxn [Pußt I]
A, Fo, G, H O, T, W: einen Pflanzenteil brechend abtrennen • *Sonst waan* (wären) *sie jo abbrochn, wei de hamm jo miëssn aufiwoucksn* (↑aufwachsen) *so hoch, die Weireem* (↑Weinrebe). [Pußt I] *Nom hot me die Bruat* (↑Brut) *auesbrouckt und in Gipf* (↑Gipfel) *obbrouche.* [Wud I] *Un no hod me mese de* ↑*Kopf* (2) *owe de Blih* (↑Blüte) *abbreche, dass es Blatt greser is wore.* [Sulk II] *Wann kaa Tau war, sinn die Spitze vum Laab* (↑Laub 1b) *abgebroch, des war alles so wie Hecksl* (↑Häcksel) *gewenn.* [Ost V]
→ausbrocken, brechen (3).

abbrennen - schw, trans, aprenə, -kəprent [Bak, Bog, Ge, Mar, NA, Ost, War V]; åprenə, -prent [Petschw II]; aprenə, -prent [Jood II]; ā:prenə, -prent [Jood II]
V, W: verbrennen, durch Feuer beseitigen • *Un noch mit dem Gas hot mer abbrennt un schee sauwer.* (...) *Un de Woi kriëgt en Oischlag* (↑Einschlag), *dä wurd abbrennt im Fass.* [Jood II] *Un noch wäd die Schwei abgsängt, wagj* (ung. *vagy* 'oder') *min Gasflamme åbbrennt un abgwåschn guet.* [Petschw II] *Jetz tud me sie schon abbrenne mit* ↑*Aragas, dass ke Hoar droobleibt.* [NA V] ■ PfWb I 14; RheinWb I 966; BadWb 1, 3.
→absengen; Gasflamme.

abbrunzen - schw, åpruntsə, -kəpruntst [StI II]
V: mit Urin bespritzen • *Där hat de Kuh ihrn Schwanz oogepackt* (↑anpacken) *un hat en gezo-*

ge, un die Kuh hat den hoart (stark) åbgebrunzt, weil sie grad gebrunzt hat. [StI II]
→brunzen.

abdeckeln - schw, ǫptekln, -kəteklt [Seik, StI II, Bat VI]
B: (von gefüllten Waben:) den Wachsverschluss der Zellen entfernen ● Sie tut die Rohme (↑Rahmen) obdeckln unnoch wänn sie ausgschleidet (↑ausschleudern). [Seik II] Da hunn i so e graußi Gobl (↑Gabel), du i die Wabn (↑Wabe) obdeckln un nach in Honigschleiden (↑Honigschleuder) eini geht des. [Bat VI]
→Deckel.

abdecken - schw, aptekə, -kətekt [Jood II, LenV]; ǫptekə, -ketekt [Seik, StI II]; ōtekn, -kətekt [Bat VI]
Allg: mit einem Schutzmaterial bedecken ● Des honn se gnumme fer ↑Tacke in de Gärtneråi, zum die Pflanze abdecke em Fruhjohr. [Jood II] Die ibeflüssige Rohme (↑Rahmen) wänn rausgenomme, un so wänn die Bien eingeengt (↑einengen) un gut woarm abgedeckt. [Seik II] In de Mitte 'nei in de Mulde (↑Multer) hot se den Dampl (↑Dampfel) gemocht un des obgedeckt, un des is noch gange. [StI II] Da hunn i so e graußi Gobl (↑Gabel), du i die Wabn (↑Wabe) opdeckln un nach in Honigschleiden (↑Honigschleuder) eini geht des. [Bat VI]
→darauf-, zudecken.

Abendduft - m, a:pnttuft [Low V]; o:vətstuft [Bog, Ernst, GK, Len, Ost V]
G: Bittersüßer Nachtschatten; Solanum dulcamare Etym.: Die Eigenbildung hat als Benennungsmotiv den abends wahrnehmbaren intensiven Duft der Blüten. ● Im Hochsummer hann die Lilie, die Kaiserblumme, Gladiole un de Owedsduft geblüht. [Bog V] ■ PfWb I 21; Petri 1971, 68.
→Blume.

Abfall - m, apfal, Sg. tant. [Ap, Hod, Kutz, Pal, Tscher III]
A: Nebenprodukt eines landwirtschaftlichen Erzeugnisses ● Dann hot's noch die Kleie gewwe, der Abfall. Die Kleie is vewendet ware. [Ap III]
→Abfallsache, Kleie.

abfallen - schw, apfalə, -kfalə [Alex, Bru, Fak, Ga, Glog, StA, Wil V]
O: sich lösen und herunterfallen ● Die Bletter wärn dirr (↑dürr) un falln ap. [StA V]
→herabfallen.

abfällen - schw, apfęln, -kefęlt [OW VI]
Fo: Äste mit einer Säge oder Axt vom Stamm entfernen ● Wenn nicht sofort die Este (↑Ast) abgehackt sind, abgefällt, unter de Rindl (↑Rinde) is dann der ↑Holzschneider, ein Kefer. [OW VI]
→abhacken, fällen.

Abfaller - m, apfalər, Pl. id. [Bil, Ham, Pe, Schei, Suk VI]
W: reife Traubenbeeren, die bei Frost abfallen ● Da sänn d'Traube scho rabgfalle, weil sänd Abfaller gsaai, Abfallertrauwe hom-mir gseit. [Schei VI] Anm.: Das Subst. ist eine Verkürzung von Abfallertraube
→Abfallertraube.

Abfallertraube - f, apfalərtrauvə, Pl. tant. [Mai, Pe, Schei VI]
W: reife Traubenbeeren, die bei Frost abfallen Etym.: Das Komp. geht von den reifen Traubenbeeren aus, die bei einsetzender Kälte vom Stock abfallen. ● Da sänn d'Traube scho rabgfalle, weil sänd Abfaller gsaai, Abfallertrauwe hom-mir gseit. [Schei VI]
→Abfaller, Traube; herabfallen.

Abfallsache - f, ǫpfəlsax, Sg. tant. [Baw II]
V: Fleischreste bei der Schweineschlacht ● Des gekocht Fleisch on, wos des Obfellsach is, des kemmt alles 'nei in selli Schwoadegende (↑Schwartengender) noch. [Baw II]
→Abfall.

abführen - schw, apfi:rə, apkfi:rt [Bak, Bog, Fak, Glog, Gott, Gra, Nitz, Ost, Wies, Wis V]
1. A, T: ein landwirtschaftliches Erzeugnis pflichtgemäß (bzw. nach Vereinbarung) abgeben ● Der Thuwak (↑Tabak) muss gut getrucklt werre (↑trocknen 2), un no gebischlt (↑büscheln) un gebieglt un no abgfiehrt uff Arad, beim Einleesamt. [Wies V] 2. Allg. (eine Flüssigkeit mittels einer Rinne) ableiten ● Des ↑Brunzich ausm Stall wärd in e Brunzloch ufn Mischt abgfiehrt. [Berg III] ■ PfWb I 31: 'Geld u. a. entrichten, bezahlen'; RheinWb II 879; BadWb I 8.
→(1) abliefern; Einlöseamt.

Abführmittel - n, apfi:rmitl, Pl. id. [Tom IV]
A: die Darmentleerung förderndes Mittel ● *Aach Sonneblume henn die Leit angebaut un sogar ↑Ri'zinus, fir in die Apotheke, fer Abfihrmittl mache. Ja, die henn El (↑Öl) draus gmacht.* [Tom IV]

abfüllen - schw, apfilə, -kfilt [Bog, Ger, Lieb, Low, Wis V]
Allg: (wie: füllen) ● *Des Blut hot mer nur in die Blutworscht abgfillt, in die dicke Därm.* [Lieb V]
→füllen.

abgabeln - schw, apkavlə, -kəkavlt [Ost V]
A: gedroschenes Stroh mit der Gabel schütteln, damit alle Körner herausfallen ● *Dann is des Stroh abgegawwlt ginn (worden). So oft wie mer's ghob un gruttlt hat, umso reiner war's, also umso mähr Frucht is rausgfall ufs Platz.* [Ost V]
→gabeln, rütteln; Gabel (1).

abgeblüht - Adj, apkebli:t [Franzd, Resch, Sekul, Stei, Wolf V]
A, Fo, G, H, O, W: verblüht ● *Mit de Muttelesch-es-Licht-aus spieln die Kinde gäen; sie blasn die abgeblihtn Blummen aus.* [Resch V]
→blühen.

abgekochte Grundbirne - f, apkəkhoxti krumbi:r, -ə [Ap, Fil, Sch, Siw, Werb III, Be, Tom IV, Alex, Bill, Bog, Ger, Len, Low, Nitz, Ost, War, Wies V]
V: in der Schale gekochte Kartoffel ● *Die Kih sinn im Summer uf die Waad (↑Weide) getriewwe (↑treiben 2) warre. Im Winter henn sie Kihriewe (↑Kuhrübe) krigt un Klaai (↑Kleie) un abgekochti Grumbiere.* [Ap III]
→gekochte Grundbirne, Grundbirne.

abgemachter Kukuruz - m, apkmaxtə kugruts, Sg. tant. [Jood II]
A: abgeribbelte Maiskörner ● *Die Saue (↑Sau) hon kriëgt e Simpeli (↑Simperl) voll abgmachte Kugrutz, un des honn se miëse fresse.* [Jood II]
→Kukuruz; abgeribbelt.

abgeribbelt - Adj, apkriplt [Bak, Bill, Fak, Ga, Glog, StA, Wil, Wis V]
A: (von Maiskolben:) entkörnt *Etym.:* Abl. von *ribbeln,* eine Intensivbildung zu *reiben.* ● *Die Buwe (Buben) henn sich als gärn Kolweross (↑Kolbenross) aus abgripplti Kukrutzkolwe gmacht.* [Glog V] ■ Gehl 1991, 75; *ribbeln, riebeln, rippeln* PfWb V 521 f.: 'reiben, besonders (mit den Händen oder Fingern) zu Krümeln zerreiben'; SüdHWb IV 1388 f.; RheinWb VII 382 f.
→abgemachter Kukuruz.

abgestumpft - Adj, apkʃtumpft [Ap, Berg, Pal, Mil, Siw, Stan, Wepr III, Be, In, Tom IV, Bill, Bru, Ger, Gott, Mar, Ost, Wies, Wis V]
V: stumpf, ohne Spitze ● *Un zum Steche (↑stechen 2) hot mer spitzige Messre ghat, die annre ware abgestumpft.* [Stan III]
→spitzig, zugespitzt.

abhacken - schw, abhakn, -gehakt [OW VI]; ǫphokn, -khǫkt, [Pußt I]; aphakə, -khakt [Fek, Nad, Wak, Wem II, Ap, Fil, Ker, Sch, Siw, Werb III, Be, Tom IV, Bru, Fak, Ger, Glog, Kath, Nitz, Ost, War, Zich V]
A, Fo, V: Teile von großen pflanzlichen oder tierischen Produkten mit einem scharfen Werkzeug abtrennen ● *Die Eche (↑Ähre) sin obghockt won, so lang as me des Schaab (↑Schaub) braucht hot zem Bindn.* [Pußt I] *Wenn nicht sofort die Este (↑Ast) abgehackt sind, abgefällt, unter de Rindl (↑Rinde) is dann der ↑Holzschneider, ein Kefer.* [OW VI]
→abfällen, hacken.

abhängen - schw (st), abhengə, -khęnt [Bog, Fak, Ga, Glog, Nitz, StA, War, Wil V]; (st) apheŋkə, -apkhoŋk [Mar, Ost V]
A: losbinden, einen Verschluss öffnen um etwas Festgebundenes herabzunehmen ● *Un am Kaschte (↑Kasten) ware die Seckleit (↑Sackmann), die hann abghong un gwoo (↑wiegen). Un wann zehn Zentner ware, no war Ables (↑Ablöse).* [Ost V]

abhauen - schw, ǫ:hāūn, -khaut [ASad, Lind, Wei, Wolf V]
Fo: (von Stämmen und Gebüsch:) abholzen ● *Sie hammet messn in Urwold oohaun, un 's Holz wegraamen (↑wegräumen) un hamm's vebreent (↑verbrennen 1).* [Wolf V]
→hauen.

abholzen - schw, o:holtsn, -kholtst [ASad, Lin, Wei, Wolf V]
Fo: Bäume fällen und Unterholz roden ● *Do is vor de Oosiedlung alles voll Wold (↑Wald) gwen; man hot messn z'erscht olles ooholzn.* [Wei V]

abkaufen - schw, apkha:fə, -kəkha:ft [Ap III]
Allg: von jemanden etwas käuflich erwerben

● *Es hat ja so e Kartell gewwe, so e ↑Fischkartell, die wu die Fisch vun de Fischer abgekaaft henn.* [Ap III]
→kaufen.

abkeimen - schw, apkhaimə, -kəkhaimt [Fil, Mil, Sch III, Be, Put, Tom IV, Bog, Fak, Gra, Glog, Gra, Len, Low, Nitz, StA, Stef, War, Wil, Wis V]
G: Keime (von Kartoffeln) entfernen ● *Die Grumbiere (↑Grundbirne) henn schun Keime, die muss mer abkeime.* [Glog V] ■ PfWb I 44 f.: *Grumbeere abkeime*; RheinWb IV 396; BadWb I 10; Gehl 1991, 79.
→Keim.

abkochen - schw, apkhoxə, -kəkhoxt [Glog V]; apkhoxə, -khoxt [Jood II]
W: (von Most:) zu Wein gären ● *Wenn der Woi abkocht genzlich, no muss me'n abziehge (↑abziehen), vun Läger (↑Lager) 'runder.* [Jood II] ■ kochen PfWb IV 392-394: II.1.b: *Der Moscht kocht 'gärt'.*

abkratzen - schw, apkratsə, -kəkratst [Fek II, Fak, Glog V]
V: etwas mit einem scharfen Werkzeug abschaben ● *Un duet is die Sau noch emol abgekratzt woen midn schoarfe (↑scharf) Meser, un no is aagfangt woen in der ↑Mitt[e] aufzuschneien.* [Fek II].
→abbarbieren, herauskratzen.

abladen - st, abladə, -kəladə [Jood II]; oplo:də, -kəlo:də [La II]
W: ein Material oder Produkt aus einem Transportmittel ausladen ● *Es gibt den Spenitärwagge (↑Spediteurwagen), dä hod nochhe Seitetaal (↑Seitenteil) un dä isch noch so ebe (↑eben), damme uflade druf kann un des leuchter isch zu ablade.* [Jood II] *Noch fihen (führen) se's ham mit so'n klaane Traktor, no muss obgelode wäen, no komme se widde zureck.* [La II]
→aufladen.

ablassen - st, åplazn, -kla:zn [Petschw II]; åplasə, -klåsə [Fak, Glog V]
W: eine Flüssigkeit aus einem Gefäß herauslaufen lassen ● *Dann de Most wäd åbglasn un dä kummt in die Fesse (↑Faß) 'nei, in Kelle (↑Keller).* [Petschw II]
→hineinschütten.

ablaufen - st, apla:fə, -klofə [Fak, Ga, Glog, Sad, StA, Wil V]; apla:fə, -kla:f [Bog, Hatz, Len, Low, Ost V]
A: abfließen ● *Uff em Schowr (↑Schober) is e Dach gsetzt ginn (↑setzen), dass es Wasser ablaaft.* [Ost V]

ablesen - st, aple:sn, -kle:sn [NA, Ora, Stei, Tem, Wer V]; aple:zə, -kle:zə [Fak, Ga, Glog, Sta, Wil]; aple:sə, -kle:sə [Ker, Sch, Stan III, Bog, Ger, GJ, Len, War, Wis V]
G, O: (von Gemüse und Obst:) die reifen Früchte ernten ● *Do brauch me'n halwe Tag für alles ablesn un grechtln.* [NA V]
→lesen (2).

abliefern - schw, apli:frə, kli:fərt [Ga, Pan, StA, Wil V]; åpli:frə, -kəli:fət [Ha II]; aplifrə, -klifərt [Ap III, Fak, Glog V]; apli:veə, -kli:vərt [Wies V]
Allg: pflichtmäßig abgeben ● *Mir ham de Honich gschleidet (↑schleudern) mit de Schleidemaschie, un nach åbgeliefert.* [Ha II] *No hat's e ↑Gärtnerei un de Milichverai gewe, wo die Baure ihre Milich abgliffert henn.* [Ap III] *Aso, der Thuwak (↑Tabak) is gewoche war (↑wiegen), un um zehn Prozent hat's wenicher sein kenne, wie mer hat abliewre selle.* [Wies V]
→abführen (1), aufholen, liefern, verstecken.

ablieschen - schw, apli:ʃə, -kli:ʃt [Alex, Bak, Bru, Charl, Fak, Fib, Ga, Jahr, StA, Wil V]
A: die Hüllblätter des Maiskolbens abschälen ● *Beim Kukrutzbreche (↑Kukuruzbrechen) is manchesmol mit de Lische gebroche (↑brechen 2) un derhaam abgeliescht gewe (worden).* [Bru V]
→lieschen; Liesch.

Ablöse - f, aple:s, Sg. tant. [Ost V]
A: Aufgabenwechsel innerhalb einer landwirtschaftlichen Arbeitsgruppe; Ablösung ● *Un am Kaschte (↑Kasten) ware die Seckleit (↑Sackmann), die hann abghong (↑abhängen) un gwoo (↑wiegen). Un wann zehn Zentner ware, oder zwanzich Zentner, no war Ables. Där was der ärschte am Garweschower (↑Garbenschober), vore am Kaschte war, is runnerkumm bei der Ables. Un där wu frisch nufkumme is, hat sich hinne aagstellt.* [Ost V] ◆ Um die schwere Drescharbeit den langen Arbeitstag durchhalten zu können, pflegten sich die ↑Riesleute an ihren Arbeitsplätzen periodisch abzulösen. Allerdings blieben leichtere Arbeiten, etwa das Wegschaffen der anfallenden Spreu, ausschließlich alten

Frauen und Männern oder jungen Mädchen vorbehalten.
→abwechseln.

abmachen - schw, apmaxə, -kəmaxt [Jood II]; apmaxə, -kmaxt [Sulk II, Ost V]; ǫpmoxə, -kəmoxt [Fek II]; ǫpmaxə, -kmaxt [Ru IV]; apmaxə, -kəmax [Alex, Bog, Bru, Charl, Jahr, Gott, Gra, Len, Low, Ost, War, Wis V]
1. Allg: etwas von einer unteren Schicht abtrennen ● *Do woan die Schwoate, die sinn obgemocht woan, un noch sein se zammgschnied woan odder gmahle woan, un die sein in Schwoategender* (↑Schwartengender) *komm.* [Fek II] 2. A: (reifes Getreide:) mähen ● *Friher warn Baure ode Taglehner, die henn de ↑Schnitt abgmacht ums Zehnti* (↑Zehntel). [Jood II] *Un drei Pärsone homm en Ockr* (↑Acker) *Frucht mese obmache.* [Ru IV] *Die Klaanhäusler hunn sich vun de Baure, je noch Meglichkeit, a paar Joch gedingt for abmache.* [Bru V] *Der Mehbinner hat abgmach, hat die Garwe gemeht un zugleich gebunn.* [Ost V] 3. A: die Körner vom Maiskolben lösen ● *Do war zerscht noch ka Maschie zu abmache; is mit de Hand abgmacht worre, de Kugrutz.* [Sulk II] ■ PfWb I 55-57: 1.b 'schneidend abtrennen', das Gras einer Wiese, das Getreide eines Ackers, früher 'mit der Sichel abschneiden', jetzt zumeist 'mit der Sense, mit der Mähmaschine abmähen'; RheinWb V 675; BadWb I 12.
→(1) abreißen, -schneiden, herabziehen; (2) abmähen, herabmachen, mähen; Abmachmaschine; (3) abribbeln; Abmacher.

Abmacher - m, abmaxər, Pl. id. [Sulk II]
A: (verkürzt für:) Kukuruzabmacher ● *Manche Leit hadde so e eisene* (↑eisern) *Abmacher, so Kugrutzabmacher, jå.* [Sulk II]
→Kukuruzabmacher; abmachen (3).

Abmachmaschine - f, apmaxmaʃí:, -nə [Bru, Charl, Jahr V]
A: Mähmaschine, die Getreide oder Gras und Klee schneidet ● *Wie die Abmachmaschine ufkumm sein, war de Schnitt schun leichter un schneller rum.* [Bru V]
→Mähmaschine; abmachen.

abmähen - schw, apme:n, -keme:t [ASad, Lind, Resch, Wei, Wolf V]; apme:ə, -keme:t [Har, Mil, Pal, Siw, Stan, Waldn III, Tom IV, Bog, Ger, GJ, Gra, War V]
A: Weizen oder Gras schneiden, mähen ● *Die ↑Kutsche warn groß, fir zammfihre, wånn de Wååz* (↑Weizen) *abgemeht war awwer* (oder) *Gärscht.* [Har III] *Taglehner* (↑Taglöhner) *henn die ↑Frucht* (1) *abgemeht un henn sich's Johrbrot verdient.* [Stan III] *Die Frucht is gemeht worre mit de Gäil* (↑Gaul), *so dass, in acht Tage war die Frucht abgemeht.* [Waldn III]
→abmachen (2), herab-, niedermähen, mähen.

abmaschinen - schw, apmaʃi:nə, -kmaʃi:nt [Fek, Jood, Surg II]
A: Getreide mit der Dreschmaschine derschen ● *Un wann's ganz Doref abgmaschient wor, no wor e Gaschtmohl* (↑Gastmahl). [Jood II]
→maschinen.

abpressen - schw, apresə, -prest [Jood II]; opresə, -kəprest
W: (von Trauben:) durch Pressen Most gewinnen ● *Dehaam is schee alles obgepresst woan un de Wei 'nei in die Fesser.* [Baw II] *Die Traube wäred noimahle* (↑hineinmahlen) *in de Boding* (↑Bottich), *no ham-me sie abpresse un kummet 'noi ins Fass.* [Jood II]
→pressen.

abputzen - schw, aputsn, apufst [OW VI]; aputsə, apkəputst [Bru, Fak, Ga,GJ, Glog, Nitz, NPa, StA, War, Wil V]; åputsə, åputst [Petschw II]
G, Fo, V: (ein landwirtschaftliches Produkt) säubern und glätten ● *Un noch wäd die Schwei abgsängt* (↑absengen), *min <!> Gasflamme åbbrennt un abgwåschn guet un åbputzt un am Galing* (↑Galgen) *wäd sie aufghengt.* [Petschw II] *Des Holz muss mer abputzn. Die Rindn geht sähr leicht 'runder mit e kleine Schaufl, un die is ↑scharf* (1), *is gut ausgespitzt.* [OW VI] **Anm.:** Das PPerfekt des Verbs wird in [Petschw II und OW VI] ohne das Präfix ge- gebildet.
→putzen, reinigen (1).

abrahmen - schw, aprå:mə, -kərå:mt [Fil, Mil, Sch III, Be, ND, Tom IV, Alex, DStM, Gra, Hatz, Low, Nitz, Ost, War, Wis V]; aprå:mə, -krå:mt [Stan III, Fak, Glog V]
V: die Fettschicht von der ungekochten Milch abschöpfen ● *Jetz hem-mer sie abgråhmt, hemmer en Abråhmer ghat un die Magermillich hemmer in Sautrank gewwe.* [Stan III] *Die Millich had me no abgerahmt un de Schwein zu fresse ginn.* [DStM V]
→Abrahmer, Rahm.

Abrahmer - m, apraːmər, Pl. id. [GK, Gra, Low, Ost, War, Wis V]; apråːmər [Stan III]
V: Separator zur Entnahme der Sahne von der Milch ● *Jetz hem-mer sie abgråhmt, hem-mer en Abråhmer ghat un die Magermillich hem-mer in Sautrank gewwe.* [Stan III] *Un letschti Zeit hammer aa e Abrahmer ghat fer Butter mache.* [Ost V]
→Rahm; abrahmen.

abrasieren - schw, åpraziən, åpkraziət [Petschw II, Franzd, Ora, Resch, Stei V]]
V: Borsten des geschlachteten Schweines mit einem Messer entfernen ● *Un noch wäd die Schwei abgsängt* (↑absengen)*, abgwåschn guet un åbgrasiët, un am Gåling* (↑Galgen) *wäd sie aufghengt.* [Petschw II]
→rasieren.

abrechen - schw, apreçnə, -kəreçnt [Bru, Charl, Gutt, KöH V]
A: eine Wiese bzw. einen Acker mit einer Harke von Halmen säubern ● *Zuletzt is mit am braate* (↑breit)*, helzerne Reche die ganze Wies sauwer abgerechnt gewe* (worden). [Bru V]
→rechen.

abrechnen - schw, apreçnə, -kreçnt [Alex, Bog, Bru, Ger, NA, Ost, War V]
Allg: Einkommen und Auslagen im landwirtschaftlichen Bereich berechnen ● *Die hawwe die Seck aff die Woch* (↑Wage) *gschmisse, nom is die ↑Maut (3) abgrechnet woan.* [NA V]
→Maut.

abreißen - st, apraisn, -krisn [Petschw II]; apraisə, -krisə [Fil, Mil III]; apraizə, -krisə [Fak, Ga, Glog, StA V]; opraisə, -krisə [Petschw II]; apraisə, -kəris [Fek II, Ernst V]
Allg: etwas durch Ziehen zerteilen, entfernen ● *Ha, die Klowe* (↑Klaue)*, die hot me min Haairepper* (↑Heurupfer) *kennt abgereiß.* [Fek II] *Die kloone Kamillekepp sinn zwische de Hechlzäh* (↑Hechelzahn) *abgrisse.* [Mil III] **Anm.**: In der Verbform *kennt abgereiß* (abreißen können) tritt - in den *Stiffuler* Dialekten der Schwäbischen Türkei - nach den modalen Verben *können, müssen*, das zweite Verb in der PPerfekt-Form statt im Infinitiv auf.
→abmachen.

abribbeln - schw, apriplə, -kriplt [åprepln, -kərəplt [Petschw II]
1. A, W: etwas von seiner Unterlage reibend entfernen; a. W: Traubenbeeren vom Gehänge abstreifen und quetschen ● *Aescht* (zuerst) *in de Räpple, dot wäd's 'neigschitt un wäd åbgräpplt. Un des rinnt in de Boding* (↑Bottich). [Petschw II]
b. A: die Körner vom Maiskolben abreiben ● *Im Schoppe ware die Kukrutzhuwwl* (↑Kukuruzhobel)*, bei de Baure später aach de Kukrutzribbler fer de Kukrutz abribble.* [Bru V] **Anm.**: Die Variante *åbräppeln* weist Vokalsenkung *i>e (ä)* auf.
→(1a) ribbeln; Ribbeler; (1b) abmachen, ribbeln; Kukuruzribbeler.

abrupfen - schw, apropfə, -kropft [Fak, Ga, Glog, StA, Wil V]; oːprupfə, -kərupft [OG I]; apropə, -kropt [Bog, Len, Low, Ost V]
G, O: abzupfen, abreißen ● *Jetz wäd's ghaut un nochhe, wann's ↑zeitig is, no tame's obrupfe.* [OG I] *Do sinn die Aldi* (Alten) *nausgang, hann Eecher abgroppt, hann ne griwwlt* (↑ribbeln) *in der Hand.* [Ost V]
→rupfen (1a).

abrutschen - schw, aprutʃə, -krutʃt [Brest, Gai, Sch, Siw III, NP IV, Bog, Fak, Ga, Glog, Len, Low, Ost, War V]
Allg: den Halt verlieren und seitlich abgleiten ● *De Schowrsetzer* (↑Schobersetzer) *is runderum gange un hat misse owachtginn* (achtgeben)*, dass de Strohschowr jo net rumfallt* (↑umfallen) *un ned abrutscht.* [Ost V]

Absatz - m, selten, apsats, Sg. tant. [Bog, Gott, Gra, NA, Wis V]
Allg: Verkauf landwirtschaftlicher Produkte *Etym.*: Entlehnung aus der Standardsprache. ● *E jedes Haus hot Gärtnerei ghabt, wal Absatz woar, is exportiët woan.* [NA V] ■ PfWb I 72 f.: 'Abgang der Ware beim Verkauf'.
→verkaufen.

abschaben - schw, apʃaːvə, -kʃaːpt [Ap, Berg, Ker, Sch, Stan, Tor III, Bill, Ger, GJ, Lieb, Ost, Wis V]
G, V: (ein landwirtschaftliches Produkt) mit einem Schabegerät putzen ● *Die Sau is es ärschti gebriht* (↑brühen) *warre im heiße Wasse in e großi Multer, un da hot mer sie abgschabt.* [Ap III] *Die Schleimhaut in de Därm, die is abgschabt wor.* [Lieb V]
→schaben.

abschälen

abschälen - schw, apʃelə, -kʃelt [Jood II]; åpʃe:lə, -kʃe:lt [Bohl II]
A: die Deckblätter des Maiskolbens entfernen ● *Mir homm um selli (jene) Zeit die Kolber (↑Kolben) zammt dem Schellaub haambrocht (↑heimbringen) in Hof. Des Schellaub, des muss mer abschele.* [Jood II]
→schälen; Schällaub.

abschinden - st, opʃintn, -kʃuntn [Aug, Ed, GT, KT, Scham, StIO, Wein, Wud I]
Fo, V: abziehen *Etym.:* Vgl. mhd. *schinden, schinten* 'enthäuten, schälen' (^{23}Kluge, 722), wobei *abschinden* wohl eine Wortkreuzung zwischen *schinden* und *abziehen* darstellt. ● *Im Winte had er obgschundn die Rindn, und die Stejka (↑Stecken) gspitzt und min Obziëgmejsse (↑Abziehmesser) glott gmocht.* [Wud I]
→abziehen (1); Schinder.

abschlagen - st, apʃlagə, -kʃlagə [Fak, Glog V]; apʃlạ:gə, -kʃla:gə [Ga, StA V]; apʃla:n, -kʃla: [Bog, GJ, GK, Len, Low, Ost, War V]
Allg: etwas mit einem Werkzeug schlagend abtrennen ● *Mer had die Rub (↑Rübe) am ↑Schwanz (2) verwischt un hat de Kopp (↑Kopf 1b) abgschlaa.* [Ost V] ◆ Man fasst die Rübe an der Wurzel und köpft die Blätter mit einem sichelähnlichen Werkzeug. ■ PfWb I 80-82: I. trans. 1.a 'etwas herunterschlagen' (Obst); RheinWb VII 1206; BadWb I 16.

abschmälzen - schw, apʃmeltsə, -kʃmeltst [Mu, La, Lasch, Wem II, Fil, Fu, Hod, Kol, Mil, Sch III, Be, Put, Tom IV, Alex, Bill, Bru, Charl, Fak, Ga, Gra, Ost, War, Wil V, Ham, Pe VI]
A, V: eine Speise mit Fett zubereiten ● *Die Nudle sinn allweil abgschmälzt warre, mit heißem Schmalz, un Brotbresilin (↑Brotbrösel) drin gereschtet (↑rösten 2).* [Mil III] ■ PfWb I 84: 'ein Gericht so lange schmälzen, bis es den rechten Geschmack gewonnen hat', dafür meist einfaches *schmälzen*; BadWb I 16.
→Schmalz.

abschmieren - schw, åpʃmi:rə, -kmiət [Ha, Fek, Seik, Surg II]
Allg: einen Gegenstand mit einer streichfähigen Masse ganz überziehen ● *Enwennich (↑inwendig) nicht, nur auswennich senn die Kärb (↑Korb 2) als åbgschmiët, segt me so gschmiët mit ↑Lehm un gewaaißlt (↑weißeln).* [Seik II]
→schmieren (2).

abschneiden - st, apʃnaidn, -kʃnitn [ASad, Resch, Lind, Wei, Wolf V, OW VI]; apʃnaidn, -kʃni:dn [Aug, Wein I]; apʃnaitn, -kʃnitn [Stei V]; opʃnaidə, -kʃnitn [Petschw II]; ǫpʃnaidn, -kʃni:dn [OG, Pußt I]; apʃnaitn, -kʃni:t [Ger V]; apʃnain, -kʃni:n [Wer I]; apʃnaidə, -kʃnidə [Mil III, Ben, Fak, Ga, Glog, StA V]; åpʃnaidə, -kʃni:də [Nad II]; opʃnaidə, -kʃnitə [La, Mu, Oh II, Franzf, Len V]; obʃnaidə, -kʃni:də [Surg II]; apʃnoidə, -kʃni:də [Jood II]; apʃnaidə, -kʃni:t [StAnd V]; apʃnaidə, -kʃnit [Lieb, Ost V]; opʃnaiə, -kʃniə [StI II]
Allg: ein Teil von einem Ganzen schneidend abtrennen ● *Noche wäd e obgschniedn, de Weigoatn, nache ta-me die Rebn naustrogn.* [OG I] *Do hot me miëssn in Fruhjoah die Reem (↑Rebe) obschnein.* [Pußt I] *Em Härbscht semmer gange, die Kugrutzstengl (↑Kukuruzstängel) abschnoide ower em Zapfe (↑Zapfen 1).* [Jood II] *Die Schubhacke hat vone so e Redje (↑Rad) un noch zwaa so Messer, des tud es Gros (↑Gras) obschneide.* [La II] *Die Traubn wänn obgschnittn, dånn les (↑lesen 2) me sie in Åmbe (↑Eimer).* [Petschw II] *De Schlochter, muss die Sau die Gurgl obgschneije.* [StI II] *Duort hobn sie aan dickn Stamm abgschnittn grad, und duort hobn sie die Hittn draufgmocht.* [ASad V] *Do hot mer e Stick Lewwer abgschnitt un oo Stick Fleisch.* [Lieb V] *Bei de Maschingarwe ware die Storze (↑Storzen) gleich, so wie abgschnitt.* [Ost V] ◆ Um den Reifeprozess zu beschleunigen, kann man die Maisstängel über den Kolben abschneiden, so dass alle Nährstoffe in die Kolben gelangen.
→abstutzen, -machen, herunterlösen, kippen, los-, wegschneiden, schneiden.

abschöpfen - schw, apʃepfə, -kʃepft [Tom IV, Fak, Ga, Glog, Pan, StA, Wil V, Bil, Ham, Mai, Schei, Suk VI]; apʃepə, -kʃept [Baw, Wem II, Gai, Pal, Sch, Siw III, Be, Put IV, Bill, Bru, Ernst, Fib, GK, Jahr, Len, Low, Nitz, Ost, Sack, Ui, Wis V]
Allg: die obere Schicht einer Flüssigkeit wegnehmen ● *Es is gmolk ginn (worden), die Milich is abgscheppt ginn.* [Ost V] *No hat me e Wiedlekärble (↑Weidenkorb) neitaa un håt me abgschepft der Wei[n].* [Schei VI]

abschrecken - schw, apʃrekə, -kʃrekt [Ap, Ker, Sch, Stan III, Be, Tom IV, Bill, Ger, GJ, Lieb, War, Wis V]
A, G, V: (erhitzte landwirtschaftliche Produkte)

abschwärmen

mit kaltem Wasser übergießen ● *Die Sau in de Brihmulder* (↑Brühmulter) *hod me bissje abgschreckt mit oome Heepche* (↑Hafen) *kaldn Wasse.* [Lieb V]

abschwärmen - schw, selten, opʃvẹrmə, -kʃvẹrmt [Seik II]
B: (wie: schwärmen) ● *Noch, wann des Volk gut stoark* (↑stark 2) *is, gut voll ist mit Biene un mit Honich, dann denge* (denken) *se ans Schwärme, noch mechte se obschwärme.* [Seik II]
→schwärmen.

abschwarten - schw, apʃvaːrtə, - kʃvaːrt [Ap, Ker, Sch, Tscher III, Bog, Ger, GJ, Jahr, Lieb, Ost, War, Wis V]
V: die Schwarte vom Speck abschneiden ● *Do hod me erscht des färtich abgschwart, die Schwarte abgezoo un hot des in Straaf* (↑Streifen) *gschnitte.* [Lieb V] ■ PfWb I 89; RheinWb VII 1014; BadWb I 17.
→Schwarte.

absengen - schw, apsẹŋə, -ksẹŋt [Petschw II]
V: etwas mit einer Flamme entfernen ● *Un noch wäd die Schwei[n] abgsängt, min ◇Gasflamme åbbrennt un abgwåschn guet un åbputzt un åbgrasiert un am Gåling* (↑Galgen) *wäd sie aufghengt.* [Petschw II]
→abbrennen.

abspänen - schw, apʃpeːnə, -kʃpeːnt [Bog, GK, Low, Ost, War, Wis V]; apkpeːnə, -kʃpeːnt [Fak, Ga, Glog V]
V: (einem jungen Tier) die Muttermilch entziehen, entwöhnen *Etym.*: Vgl. *abspänen* 'Ferkel entwöhnen', s. Spanferkel. (Wahrig 285) Das Verb kommt von mhd. *spenen* (*ein kint spenen*) 'abwendig machen, von der Mutterbrust entwöhnen', vgl. auch mhd. *spen* 'Muttermilch, -brust'. (LexerHWb II 1078 f.) ● *Färkle, die was abgspent ware, des sinn noh nimmär Sauffärkl, die sinn schun halbgwackst, vun zwei, drei Monat.* [Ost V] ■ DudenWb 1, 68: abspänen (landschaftlich) 'die Muttermilch entziehen, entwöhnen'; *abspenen* Gehl 1991, 200.
→saufen.

absperren - schw, apʃpeːrə, -kəʃpeːrt [OW VI]
Fo: (eine Strecke) abriegeln, mit Hindernissen verbauen ● *Un da sinn Schleuser gemacht, Klaus* (↑Klause) *sagt man das bei uns, wo man das Wasser abspeert.* [OW VI]
→Schleuse.

abstechen - st, apʃtexn, -kʃtoxn [Petschw II, ASad, Resch, Stei, Wei, Wolf V]; apʃtexə, -kʃtoxə [Baw, Jood, Kock, Surg, Wem II, Ap, Mil, Wepr, Be, Tom, Bog, GJ, Ost, Wis V]; opʃteçə, -kʃtoxə [Aug, Ed, OG, Wud I, StI II]
V: ein Tier erstechen, schlachten ● *Wann se aundetholb-zwaa Kilo sann, no tame se obsteche, die kumme oli 'nei in Nailonsackl* (↑Nylonsack) *un in Kühlschrank.* [OG I] *Nocher is die Sau fangt, wurd sie abgstoche.* [Jood II] *Zuärst wäd die Schwei abgstochn vom Schlåchte* (↑Schlachter), *dann muss me sie briheren* (↑brühen), *in de Brihemulde* (↑Brühmulter). [Petschw II] *Un noch honn se de Bärich* (↑Barg) *oogepackt hinne an de Fieß un gezoge* (↑ziehen 1) *an die Uhre* (↑Ohr), *noch is e obgstoche woan, un noch hunn se rausgezoge.* [StI II]
→schlachten, stechen (2).

abstutzen - schw, ǫːʃtutsn, -kʃtutst [Ed, Pußt, Schau, Tar, Wein, Wer I]
O, W: (zu lange Triebe oder Zweige) kurz schneiden ● *Wann de* ↑Stock (1a) *scho ausgwacksn is, no hot me miëssn oostutzn, und so is des gange.* [Pußt I]
→abschneiden, stutzen.

abwaschen - st, åpvåʃn, -kvåʃn [Petschw II]; apvaʃə, -kəvaʃə [Gai III]; apvåʃə, -kvåʃə [Fak, Glog V]; abveʃə, -kveʃə [Bil, Ham, Mai, Pe, Schei, Suk VI]; apveʃə, -kveʃə [Bog, Len, Low, Ost V]; apveːʃə, -kvẹːʃə [Jood II]; åpveʃə, -kəveʃə [Nad II]; opveʃə, -kəveʃə [Fek, StI II]
G, V, O: etwas mit Wasser gründlich säubern ● *Wie die Sau zimmlich fätich woar, is sie uf en Hackstock draufgelecht woan un obgewesche woan.* [Fek II] *Un noch wäd die Schwei abgwåschn guet un åbputzt un åbgrasiert.* [Petschw II] *Die Weiwer hunn noch alle Mulder* (↑Multer) *un alles obgewesche. Des woa alles om Bode drowe.* [StI II] *Na tan se's Eiter schää abwesche un meälket in Mälkkibbel* (↑Melkkübel), *sage mer.* [Schei VI]
→waschen; sauber.

abwechseln - schw, apvekslə, apkvekslt [Fak, Ga, Glog, Ost, StA V]
Allg: eine Arbeit in regelmäßigem Wechsel mit anderen tun ● *Un wann zehn Zentner ware oder zwanzich, no war Ables, un dann sinn die abgweckslt ginn* (worden). [Ost V]

→Ablöse.

abwiegen - st, apvigə, -kvogə [Sulk II]; åpviːgə, -kəvo̯u̯gə [StI II]; apveːgə, -kvo̯ːgə [Fak, Ga, Glog, StA, Wil V]
Allg: das Gewicht eines Produktes mit der Waage feststellen ● *Noch woan die stoarge Mennr, was die Seck mit ↑Frucht (1) honn nabgelosse (↑hinabgelassen) un åbgewouge.* [StI II] *Un die Seck sein abgwoge ware un am ↑Boden (1) troge (↑tragen) glei.* [Sulk II]
→wiegen.

abziehen - st, aptsiə, -tsogə [Jood II]; aptsiə, -kətsoː [Schön V]; aptsiːgə, -kətsoːgə [Baw II, Fak, Glog V]; aptsiːn, -tso̯ːgn [OW VI]; o̯ptsiːn, -kətsoːgə [Baw II]; aptsiːgə, -tsoːgə [Jood II, Fak V]; aptsiːçə, -kətsoːçə [NA V]; o̯ptsiːç, optsoːx [Surg II]; aptsiə, -kətsoː [Bog, GK, Len, Lieb, Low, Nitz, Ost, War V]; aptsiəŋ, -tsäüŋ [Aug, Ed, GT, KT, Scham, Schor, Wud, Wudi I]
1. A, G, V, W: etwas entfernen, herunterziehen ● *Mit em Mejsse (↑Messer) hot me die Weiembasteicka (↑Weinbeerenstecken) aff de Hanslbank obzaung.* [Wud I] *Un noch, die Haut, die is obgezoge worn, wann er gschlocht hat.* [Baw II] *Fer des Schmalz hat mer die Haut vun dem Fett abzoge, un des hat me no ausbrode im Kessl.* [Jood II] *Do hod me erscht des färtich abgschwart, die Schwarte abgezoo.* [Lieb V] 2. W: (Wein oder Most:) abfließen lassen ● *Wenn de Wei sauwer woar, no is er abgezoge woan un 'nei ins reine Fass.* [Baw II] *Wenn der der Woi abkocht genzlich, no muss me'n abziehge, vun Läger (↑Lager) 'runder.* [Jood II] *Wenn de Wei ausgekocht is (auskochen 2) im Fewer, zieche me'n Wei ab.* [NA V] *Dann is de Wein von die Trewer abgezoo ginn.* [Ost V] ■ PfWb IV 115: 1.a 'etwas von etwas anderem herunterziehen'; Wein, Most 'abfließen lassen'; BadWb 1, 21; Gehl 1991, 242.
→(1) abschinden, herabziehen; Abziehmesser, Klauenzieher.

Abziehmesser - n, optsikmeisə, Pl. id. [Aug, Ed, KT, Wein, Wud I]
Allg: scharfes Werkzeug zum Zuschneiden und Glätten von Hölzern ● *Im Winte had er obgschundn (↑abschinden) die Rindn, und die Stejka (↑Stecken) gspitzt und min Obziëgmejsse glott gmocht.* [Wud I]
→Messer (1); abziehen (1).

Achse - f, aks, -n [OG I]; aks, -ə [Jood II, Ben, Bill, Fak, Franzf, Glog, Kleck, Len, Wa V]; akst, -ə [Nad II]
A: stabförmiger Wagenteil zum Tragen eines Rades ● *Des Rad had e Bucks (↑Buckse), sage mir, wu uff die Acks geht, un des schmiert mer mit Wageschmier (↑Wagenschmiere).* [Jood II] *So Ackste kumme noi, wäen aufgericht.* [Nad II]
Anm.: Die Variante *akst* weist in [Nad II] epithetisches *-t-* auf. ■ Gehl 1991, 149.
→Rad.

Achteimerfass - n, axtaimərfas, -fe̜sər [Sad V]
W: Weinfass mit einem Fassungsvermögen von acht Eimern (etwa 440 Litern) ● *Bie uns het's Zweieimer-, Seckseimer-, Achteimer- un Zeheimerfässer geh (gegeben). In ei Zeheimerfass sinn bal (fast) 600 Litter driegange (hineingegangen).* [Sad V] ■ Gehl 1991, 170.
→Fass, Eimer (2).

Achtzehner - m, axtsenər, Pl. id. [Ost V]
A: aus achtzehn Getreidegarben bestehender Garbenstand ● *Värzehner un Achtzehner hann se gmach, Färzehner un Achzehner Kreiz.* [Ost V]
→Garbe, Kreuz (1a).

Acker - m, akər, ekər [Kock II, Tom IV, Alex, Bog, GK, Gra, Len, Low, Ost, War, Wis V]; akər, e̜kər [Bru, Fak, Glog V]; akərə, åkrə [Gehl 1991]; akə, e̜kə [Ga, StA V]; oka, eka [Aug, GT, KT, Scham, Schor, Wud, Wudi I]; o̜kr [Ru IV]
A: vereinzeltes Ackerfeld des Bauernhofes ● *Dåe hot auesgmocht, um en wiëvüjtn Töü (↑Teil) ea in Ocka owwe Weijgoatn oawet (↑arbeiten).* [Wud I] *Hat, do wore Ecker, halwe Ecker, no wore Krautgärte un Hannefgärte.* [Kock II] *Där Ockr waa zeh Klofte (↑Klafter) braat un zwaahundet Klofte lang.* [Ru IV] *Uff die Ecker ware schlechte Wege 'naus, do hod me ke schwäri Ross kenne hawwe, meischtns die leichti Ross, die Nonjus (↑Nonius) halt.* [Tom IV] *Die Äcker ware sauwer (↑sauber 2) for ackre un Frucht oubaue.* [Bru V] *Do worn kurzi Äcker un großi Äcker.* [Glog V] *Ich sinn auch vierspennich (↑vierspännig) als haamgfahre vum Acker.* [Ost V] *Friher sinn viel Jungi wege dem Acke zåmmkupplt (verkuppelt) worre.* [StA V] ◆ Bei der Heirat reicher Bauernkinder musste die Mitgift, vor allem der eingebrachte Feldbesitz, stimmen, damit die Eltern ihr Einverständnis zur Vermählung gaben. - Sprichwörter: *Wie de Acker, so die Ruwe (Rüben), wie de Vatter, so die Buwe (Buben).*

Ackerbauschule

Liewer e weide (weiter) Acker wie e nochedi (nahe) Schwiegemutter. (Gehl 1991, 60) ■ Gehl 1991, 60.
→Ackerbauschule, Ackerfeld, Feld, Grundbirnen-, Hirsch-, Raitzenmühlen-, Schneidermühlenacker; ackern.

Ackerbauschule - f, akərpauʃuːl, -ə [Fak, Glog, Len, Low, Ost, Sack V]
A: Fachschule, an der die Bebauung des Bodens mit Nutzpflanzen und die Viehhaltung erlernt wird ● *Manchi hann gsaat, die Bauerei kam-mer derhaam (daheim) lärne, vum Vadder un vum Großvadder. Andri hann die Kinner in die Ackerbauschul gschickt, dass sie Bauer lärne.* [Ost V]
→Acker, Praktikum; lernen.

Ackerfeld - n, akərfelt, -feldər [Bog, Bru, KöH, Low, Ost, war V]
V: als Ackerland genutzter, fruchtbarer Feldstreifen ● *Die Wiese for Haai (↑Heu) mähe, ware immer an tiefere Stelle, die was for Ackerfeld zu nass ware.* [Bru V]
→Acker, Feld.

ackern - schw, okən, kəokət [Petschw II]; akərə, kəakərt [Ga, StA V]; akrə, kəakərt [Jood, StI II, Waldn III, Bru, Charl, Fib, Jahr V]; åkrə, kəåkərt [Fak, Glog V]; akrə, kakərt [Sulk II, Nitz, NA, Ost V]
A: den Acker pflügen ● *De Fruhjohr muss e widde ackre, dass k kann die Grumbire (↑Grundbirne) odde Kugrutz (↑Kukuruz) odde Haber odde Summegärschte odde Summerwaaz (↑Sommerweizen) aabaue kann.* [Jood II] *Had, bevoe me oobauen tued, muss me acken un egn (↑eggen), des Feld häerrichtn, un dann kåm-me stupfn Kukrutz mit de Haun (↑Haue).* [Petschw II] *Ja, vun Fruhjahr hod mer oogfangt zu ackre. Im Härbst hunn se schun de Mist nausgfiehet, noch Mist ausbraade (↑ausbreiten).* [StI II] *Me hod mit de Ross gackert es Feld un de Hawer mit de Hånd ausgstraat (↑ausstreuen), unno is er oigeegt wore.* [Sulk II] *Die eisene Pflug honn besser geackert wie die Holzplig (↑Holzpflug).* [Waldn III] *No hod me es Wickefeld dreimol gackert, dass alles vufault is.* [NA V] *Die Äcker ware sauwer (↑sauber 2) for ackre un Frucht oubaue.* [Bru V] *Ackre war mei Freid.* [Nitz V] *Die Baure hann gackert un geecht und gschleppt mit de Schlepp un alles gmacht.* [Ost V] *I hab mir denkt: "Steffe, dårt hasch zu viel zu ackere, bleisch liewer do".* [StA V] ■ Gehl 1991, 126.
→aufreißen, stürzen, ein-, herum-, unterackern, umgraben; Acker, Stoppelsturz.

Ader - f, aːdər, aːdərn [Aug, Ed, Schor, Wud I, ASad, Resch, Tem V]; oːdər, oːdrə [Berg, Ker, Mil, Siw, Stan, Wepr III, Be, Put IV, Bog, Ger, GJ, Lieb, War V]
V: Blutgefäß bei Tieren ● *Awwer des wor besser, wann er die Oder glei getroff hat.* [Lieb V]
→Schlagader, Vieh.

Afina - f, selten, afina, Pl. tant. [Lind, Wei, Wolf V]; jafina [OW VI]
Fo: Heidelbeere; Vaccinium myrtillus *Etym.:* Entlehnung aus rum. *afină* 'Heidelbeere' (DEX 16), dial. *iafină*. ● *Sind ville Brombeern (↑Brombeere 1a), die Himbeern auch un die Jafina.* [OW VI] ■ Petri 1971, 76.
→Beere, Obst.

Afus Ali - f, selten, afus ali [Wud I, Kud, Ost V]; afus ali große [Stef V]
W: sehr ergiebige Traubensorte mit großen, gelblich-grünen Beeren *Etym.:* Aus rum. *Afuz-Ali*, eine aus Kleinasien stammende Traubensorte mit bis zu zwei Kilogramm schweren Trauben und fleischigen, gelblich-weißen Beeren. Die Bezeichnung stammt vom türk. Personennamen Afuz Ali. (DEX 17) Die Verbreitung erfolgte wohl über Türken, die in der rum. Dobrudscha leben. ● *Die Staanschiller, die Afus Ali, also neigezicht (↑neugezüchtet) noh em Zweite Weltkriech, die sinn aach mit em gude Aroma.* [Ost V]
→Rebsorte.

Agrasel - f, agərasl, -ə [Fak, Ga, Glog, StA, Wil V]; agrasl, Pl. id. [Ap, Fil, Hod, Mil III]; akraːzl [Franzd, Ora, Stei V]; akrasl, -ə [Bog, GK, Len, Low, Ost, War V]; akəraisl [Stan III]; akərasl [Kar III]; agəraislə [Mil III]; akras [Wer V]; akrasl [AK, Brest, Bul, KK, Kol, Sek III, In IV, Albr, Bak, Ben, Bir, Char, De, DStP, Ger, GJ, GStP, Hatz, Hei, Jahr, Joh, Jos, Kath, KB, Karl, Ket, Kub, Laz, Ora, Orz, Ost, Rud, Seul, StH, StAnd, Stef, Stei, Wer V]; agraːsl, akraːsl [Fil, Hod, Tscheb III, Tschak, Wer V]; agaːsn [SM V]; agrasln [Stan III, Kud, Tschan V]; akrausln [NB V]; akrats [Sack V]; akraːtsl [Ker III, Bill, Gott, Schön, Tsch V]; agresl [Eng V]; akroːsl [Tew II, Bul, Ap III, Na V]; okrosl [Bog, KT, Wud, Wudi I, Fil, Mil, Wasch III, Wer V]; okroːsl [Sen I, Fu, Par III, Gutt, Low V]; okarosl [StI II, Tscha III]

G: Stachelbeere; Ribes grossularia *Etym.:* *Agrasel, Agrassel* n., meist Pl., österr. dial., aus mhd. *agraȝ, agrāȝ* 'saure Brühe', über das Romanische, aus lat. *ācer* 'sauer'. (DudenWb 1, 92) ● *Im Fruhjohr blihe die Agrassl.* [Mil III] *Riwisle* (↑Ribisel) *ham-ma ghat un Himbääre un Agrasle, also die schwarzi Johannisbääre, hamme viel ghat.* [Ost V] *Ribisl un Agrasl ham-mer ghabt im Gartn.* [Stei V] ■ ÖstWb 136 (ostösterr.); Gehl 1991, 232; Petri 1971, 61 f. →Obst.

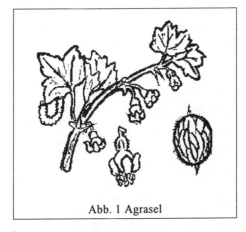

Abb. 1 Agrasel

Ähre - f, ę:r, -ə [Fak, Bru, Fib, Glog V]; ę:rə, Pl. id. [Sulk II, Stan III, Ga, StA, Wil V]; e:ç, -ə [Pußt I]; e:çə, -r [Pußt I, Ost V]
A, V: Blütenstand von Getreidearten und Gräsern; Teil des Halms, der die Körner enthält ● *Die Eche sin obghockt won, so lang as me des Schab* (↑Schaub) *braucht hot zem Bindn.* [Pußt I] *Die Ähre hod mer in de Garb alle zammtue.* [Sulk II] *Die Garb owwedruf wor de* ↑*Ritter, so schreg un mit de Ähre nach unte, dass des Kreiz* (↑Kreuz) *net ↑nass wärd, wann's reget* (↑regnen). [Stan III] *Mit am große Holzrechn sein alle verstraate Ähre sauwer zammgerechnt gewwe* (↑zusammenrechen). [Bru V] *Manchi Leit henn fers* (für das) *Gfligl vum Feld Ähre glese, Fruchtähre oder Gärschtähre.* [Glog V] *Do sinn die Aldi* (Alten) *nausgang, hann Eecher abgroppt* (↑abrupfen), *hann ne griwwlt* (↑ribbeln) *in der Hand.* [Ost V] ■ Gehl 1991, 74; PfWb I 153; *Aecher* SchwWb I 119: Ältere Schreibungen: "Do waren an Sant Jörgen tag alliu Echer an dem Korn völliclich heruz komen." - "16 rechter gutter Echer".
→Frucht-, Gerstenähre, Pflanze; lesen (1b).

Akazie - f, akatsə, Pl. id. [Bru, Len, Low, Nitz, NPe V]; 'åka:ts [Bat VI]; aga:tsi [Bold, Nad II, AK, Brest, Har, Tscher, Wasch III GStP, Tschan V]; ąga̧:tsi [Wein I]; agatsi [Da, Sad V]; aga:tsi [Seik II]; ka:tsə [Fak, Glog V]
A, B, Fo: Laubbaum der Mimosengewächse mit gefiederten Blättern und weißen oder gelben Blüten; Robinia pseudacacia ● *Do senn Agazi, ville Agazibeem, ganze Agaziwelder. Un do wart ich die Blitezeit ob, noch wit de Agazihonich ausgschleidet.* [Seik II] *Im Bruckenauer Wald ware viel Beem: Eichle, Tanne, Riester, Akaze un Papplbeem.* [Bru V] *De Honig is vun verschideni. Des meischti is des von 'Åkaz un jetz in Härbst von Sonnenrosn* (↑Sonnenrose) *un wenn's mähr regnet, vun die Heiwiesn. Un es gibt verschideni Blumen.* [Bat VI] **Anm.**: Die Variante *Kaze* ist in [Fak und Glog V] eine Verkürzung des Substantivs, während *'Åkaz* in [Bat VI] das ung. *akác* mit dunklem å und Betonung in der Erstsilbe übernimmt. ■ PfWb I 154: 'Robinie', RheinWb I 86; BadWb I 28; Gehl 1991, 82; Petri 1971, 63.
→Akazienblatt, -baum (1), -holz, -honig, -wald, Baum (1).

Akazienbaum - m, Aka:tsipa:m, -pe:m [Bog, Fak, GJ, GK, Glog, Gott, Len, Ost, Wies, Wis V]; aga:tsipa:m, -pe:m [Ha, Seik II]
A, B: (wie: Akazie) ● *Do senn Agazi, ville Agazibeem, ganze Agaziwelder. Un do wart ich die Blitezeit ob.* [Seik II] *Unner eem Akazibaam war e schener Platz.* [Bog V] **Anm.**: Das Komp. ist eine tautol. Bildung zu *Akazie*. ■ PfWb I 154.
→Akazie, Baum (1).

Akazienblatt - n, akatsəplat, -pletr [Bog, GK, Ost, Low, War V]
A: Blatt der Akazie ● *Sießholz* (↑Süßholz), *des hat so wie Akazeblettr, un die Worzl* (↑Wurzel) *is sieß, des is Sießholz for Kinner.* [Ost V]
→Akazie, Blatt.

Akazienholz - n, aka:tsiholts, Sg. tant. [StAnd V]; akatsəhuits [Aug, Ed, GT, KT, Scham, Schor, Wein, Wud I]; aka:tsihu̧ts [Tol I]; aga:tsiholts [Nad II]; aga:tsihu̧lts [Nad II]; ka:tsəholts [Bog, Bru, Fak, Ga, Glog, Gra, Nitz, StA, War, Wil V]
Fo: Holz der Akazie ● *Die Weiembastejke* (↑Weinbeerenstecken) *sann fen Akatzehujtz gweiest, dej hot ma gmocht fiën Weigoatn.* [Wud I] ■ Krauß 24.
→Akazie, Holz.

Akazienhonig - m, aka:tsiho:niç, Sg. tant. [StI II]; aga:tsiho:niç [Seik II]
B: aus den Nektar der Akazienblüten gewonnener Honig ● *Do senn ville Agazibeem, ganze Agaziwelder. Un do wart ich die Blitezeit ob, noch wit de Agazihonich ausgschleidet.* [Seik II] *Es wor Akazihonich, noch woar Linnehonich (↑Lindenhonig), un noch woar Feldblummehonich. Also allerhand für, des woar gemischter Honich.* [StI II]
→Akazie, Honig.

Akazienpflock - m, agatsiplok, -plek [NA V]
G: langer Stock aus Akazien ● *Die Paradeis sein oogebunne woan (↑anbinden) an der Pleck. Des sin meistns Agazipleck aus de Waldunge (↑Waldung) be Aljusch* (ON). [NA V]
→Pflock.

Akaziensägemehl - n, aga:tsəsǫ:gmẹ:l, Sg. tant. [Fek, Jood, Surg II]
V: Sägemehl von Akazienholz ● *Mir mache Rauch mit Eichesogmehl odde Agazesogmehl.* [Jood II]
→Eichensägemehl.

Akazienwald - m, aka:tsəvalt, -veldər [Bog, Bru, Gott, Len, Low, Ost, War V]; aga:tsivalt, -veldər [Ha, Seik, StI II]; ka:tsəvalt, -veldə [Fak, Glog V]
A, B, Fo: aus Akazien gebildeter Hain auf der Dorfflur ● *Do senn Agazi, ville Agazibeem, ganze Agaziwelder. Un noch wit de Agazihonich ausgschleidet.* [Seik II] *In Richtung ↑Butusch un Moran is noch de Akazewald.* [Bru V] *Gar net weit die große ↑Kaule, runderum Akazewald.* [Len V] ◆ In der waldarmen Ebene der Batschka und des Banats spendeten kleine Akazien- oder Pappelhaine der Herde an heißen Sommertagen Schatten. Akazienblüten waren auch für die Honiggewinnung von Bedeutung.
→Akazie, Wald.

Alberta - f, selten, ålbertå, Pl. id. [Ed, KT, Wein, Wud I]
O: spät reifender Pfirsich mit gelbem Fruchtfleisch *Etym.:* Die Bezeichnung geht vom Eigennamen *Albert* - vermutlich der Vermittler dieser Pfirsichsorte - aus. ● *Die Ålbertå, im Hiëgst (Herbst), noch die Amerikaner, dej haum göbs (↑gelb) Fleiesch (↑Fleisch 2) ghot und sann hantich (↑hantig) gweiest.* [Wud I]
→Pfirsichsorte.

Aldemasch - m, aldəma:ʃ, Sg. tant. [Fak, Ga, GK, Gra, V]; aldəmarʃ [Bill, Bak, Bog, Bru, DStP, GStP, Mar, Nitz, Ost, War, Wis V]
A, V: Kauftrunk bzw. Umtrunk für die Arbeiter nach beendetem Dreschen *Etym.:* Entlehnung aus ung. *áldomás* 'Kauftrunk' bzw. aus dem gleichfalls entlehnten rum. *aldămaş*. ● *Dann is es uns uff e Aldemarsch net ankumm.* [GStP V] *Nochm Schnitt hat de Eigntime vun de Dreschmaschin deni Leit e bissl Aldemasch gewwe.* [NA V] **Anm.:** Die Variante *Aldemarsch* ist eine volksetym. Angleichung an *alt* und *Marsch*, wohl in Anlehnung an den Brauch, sich nach dem abgeschlossenen Kauf eines Haustieres auf dem Märkten zum Kauftrunk einen *Marsch* aufspielen zu lassen. (Gehl 1984, 201) ◆ Bei den Schwaben wird der Kauf eines Haustiers oder Wirtschaftsgeräts mit einem ungezwungenen Umtrunk, d. h. *Aldemarsch* besiegelt. Für die Rumänen bedeutet dies mehr: Es ist eine rituelle Gepflogenheit. Der rumänische Käufer oder Verkäufer hatte bei dem Umtrunk immer Beschwörungsformeln, als Abwehr- und Fruchtbarkeitszauber, bereit. (Konschitzky 1975, 66 f.)
→Erntefest.

Alterberg - m, selten, altəpɐrx, Sg. tant. [Bru V]
A: hügeliger Flurenteil mit Weinrebenbepflanzung ● *Die Weingerte ware gegr Bentschek* (ON) *zu, weil's do hiwlich (↑hügelig) war. Es war de Alteberch un de Neieberch.* [Bru V]
→Berg, Neuerberg.

Altmodische Blaue - f, altmo:diʃe plo:e, altmo:diʃi plo:i [Bog, GK, Lor, Ost, War V]
W: ältere Rebsorte mit dunkelblauen Beeren ● *Dann ware noch die Traminer, die Riesling, die Altmodische Blaue, also die Portugieser un vieli annri.* [Ost V]
→Blaue, Portugieser, Rebsorte; blau.

Altmodischer Kukuruz - m, altmo:diʃə kukruts, Sg. tant. [Low, Ost V]
A: überlieferte Banater Maisform mit flachen Wurzeln und länglichen, glasigen Körnern; Zea mays indurata ● *Die Kukrutsorte ware verschiedene, de Rosszahnkukrutz un de Warjascher, de Altmodische mit niedrichi Käre (↑Kern 2), de Amerikanische Kukrutz mit tiefi Worzle (Wurzel), de Warwick.* [Ost V]
→Kukuruzsorte.

Amarelle

Amarelle - f, amarelə, Pl. id. [Fak, Glog V]; amarilə [Ga, StA V]
O: große, dunkelrote, schmackhafte Sauerkirsche
Etym.: Amarelle 'Sauerkirsche', aus gleichbedeutendem mittellat. *amarella* zu lat. *amarus* 'bitter, sauer'. (GFWb 80) ● *Mir henn en Amarellebaam ghat. Ja, die Amarelle worn die beschti Weicksle.* [Glog V] ■ Gehl 1991, 236.
→Amarellebaum, Spanische Weichsel, Obst.

Amarellenbaum - m, selten, amarelǝpã:m, -pẽ:m [Fak, Glog, Wil V]
O: Obstbaum, der Spanische Weichseln trägt ● *Mir henn en Amarellebaam ghat. Ja, die Amarelle worn die beschti Weicksle.* [Glog V]
→Amarelle, Baum.

Ameise - f, amais, -ə [Pal III]; amaisn, Pl. id. [De, Kud V]; a:mets [Bul III]; ameisn [De, Kud V]; ama:tsn [Franzd, Resch, Sekul V]; a:matsn [GM II, Stei V]; aumasn [Wer I, Wer V]; a:mo:ts oments, -ə [Ben, GJ, GK, Ost V]; aumasl [Kirwa I]; o:mentsl, -ə [Jahr V]; o:ma:tsə [Sen I, Brest II]; omatsən [Wer V]; o:mats [Tscho III, Gra, Karl, Mar, Schön, Tschak V]; o:ma:ts [Tscho III]; o:masn [Da II, Tscha III, SM V]; o:matsn [Wer, Stei V]; omausn [Star V]; omoisa [Tax I]; o:mets [Sag, Wiel II, Sek, Tschat, Wasch III, Ben, Bill, Bir, Bog, Char, Eng, GB, Ger, GStP, Hatz, Joh, Jos, Kath, Ket, Kud, Ksch, Laz, Len, Lieb, Low, Mori, Na, Nitz, Orz, Rud, Sack, StAnd, Stef, Tsche, Ui, War V]; o:mẹ:ts [Laz III]; o:me:tsə [Ker III,Tsch V]; o:meisə [Gutt, Kub V]; o:ments [Ben ,GJ, Hatz, Ost V]; o:mentsl [Jahr V]; o:mosə [Ker III]; oumasa [StA V]; umå:s, uma:zə [Fak, Glog V]; uma:is [Franzf V]; umats [StA V]; uma:ts [Fu, Hod, Katschm, Kol, Mil, Pal, Stan, Tscha, Wepr III, Buk, In IV, Mram V]; uma:sə [Hod III]; umartsn [Ora V]; ume:ts[Gara, Tscheb, Waldn III]; u:mets [Bak V]; u:me:ts [Gara III]; umois [Franzf V]; umo:sə [Tew II]; umo:tsə [Ap, Fu, Kol, Stan III]; u:mo:isə [Par III]; u:mo:tsə [Kow I, Tew II, Fill III]; ements [PrStI III]; emetsə [KKa II]; eme:tsə [Kock, Mösch II]; e:mets [Fek, Kock, Mu II, Ak, Bul, KK, Kutz, Tor, Tscher III, Har IV, Albr, Gott, Hei, Tschan V]; e:melts [Tscher III]; e:ments [PrStI III, DStP, El, Gutt V]; e:meitsə [Har IV]
V: zu den Hautflüglern gehörendes, staatenbildendes Insekt; Formica rufa ● *Im Garte senn soviel Oometze, ich menn, es git Reen* (↑Regen). [Bog V] *Manchsmol sinn viel Omenze un Haaischrecke.* [Ost V] *Auf de Wiesn sind ville Amaazn.* [Resch V] ■ PfWb I 194-198 (mit [Wort]karte 11). Unterschieden wird meist nur zwischen schwarzer und roter Ameise. Die rote Ameise wird als bösartig angesehen und mancherörts *Säächims* 'Seichameise' genannt.; RheinWb I 160-166: BadWb I 39 f.; Gehl 1991, 115; Petri 1971, 101 f.
→Bienenameise, Ungeziefer. ■

Amerikaner - f, amerika:nər, Pl. tant. [Aug, Ed, Wein, Wud I]
O: edler, aus Amerika stammender Pfirsich
Etym.: Benennungsmotiv ist die amerikanische Herkunft der Frucht. ● *Wos fië Pfeaschesuatn hot me in Wudäesch ghot? Die Amerikaner, dann sann die Schofnosn* (↑Schafsnasen) *gwejest, so leinglti* (↑länglich) *und e bissl* ↑*hantig.* [Wud I] ■ Petri 1971, 60.
→Europäer, Japaner, Pfirsichsorte.

amerikanischer Binder - m, amęrikā:niʃə pindər, Pl. id. [Waldn III]
A: Mähbinder ausländischer (auch amerikanischer) Lizenz ● *Des war e amärikanische Binder. Do ware Stigger* (Stück) *secks-siebene im Dorf, Walerot-Fabrikat, Masearesch un Kormik. Mir hadde e Kormik ghat.* [Waldn III]
→Binder (1), Mähbinder.

Amerikanischer Kukuruz - m, amęrika:niʃə kukruts, Sg. tant. [Ost V]
A: in Amerika gezüchtete Maissorte mit tiefen Wurzeln; Zea mays indentata ● *Die Kukrutzsorte ware verschiedene, de Rosszahnkukrutz un de Warjascher, de Altmodische mit niedrichi Käre* (↑Korn 1), *de Amerikanische Kukrutz mit tiefi Worzle* (↑Wurzel), *de* ↑*Warwick.* [Ost V]
→Kukuruzsorte, Rosszahnkukuruz.

Amsel - f, amzl, -ə [Sad V]; amsl [KK, Sch III, Bill, Ga, StA V]; amʃl [Bog I, Sag II, KK, Mil, Stan, Tscher III, Be, Tom IV, Bog, Gott, Gra, GStP, Karl, Len, Low, StA, Wis V]; åmʃl [Fak, Glog V]; (Arten:) ro:tamʃl [Stan III, Low V]; ʃvartsamʃl [Wasch III, NB V]
Fo, V: Singvogel, Männchen mit schwarzem Gefieder und gelbem Schnabel, Weibchen mit graubraunem Gefieder; Turdus merula ● *Die Amschle gehn gärn in die Kirschebeem.* [Mil III] *Dann gibt's noch annri Amschl, die Schwarzamschl, wie mer sie do kenne.* [Ost V] *Singvegl sind schon, Kuckuck, das gibt's, dann Amseln. Dä Amsel kommt auch in de Nehe zum Haus.*

[OW VI] ■ PfWb I 205 f.; RheinWb I 169; BadWb I 41; Gehl 1991, 121; Petri 1971, 123.
→Gold-, Schwarzamsel, Singvogel, Vogel.

Abb. 2 Amsel

Amster - f, selten, amstər, Pl. id. [Ed, KT, Wein, Wud I]
O: runder Pfirsich mit roter Schale *Etym.*: Die Bezeichnung geht vom Eigennamen *Amster* - vermutlich der Vermittler dieser Pfirsichsorte - aus. ● *Die Amster, dej sann rund gweiest und haum e scheini roudi Hauet (↑Haut 2) ghot.* [Wud I] ■ Petri 1971, 60.
→Pfirsichsorte.

anbauen - schw, anbaun, -gəbaut [ASad, Resch, Tem, Wer V]; ānbaun, -gəbaut [OW VI]; õ:pauən, -kəpaut [Petschw II, Stan III, NA V]; ā:npauə, -kəpaut [Bog, Bru, GStP, Ost V]; a:pauə, -kəpaut [Jood II, Berg III, Tom IV, Fak, Glog, Ost V]; ā:baun, -baut [Lind, Wei, Wolf V]; õ:paun, -kəpaut [NA V]; õ:paun, -paut [Ru IV]; ā:bauə, -baut [Bil, Ham, Mai, Pe, Schei, Suk VI]; ā:pauə, -paut [Ga, Sad, StA V]; õ:pauə, -kəpaut [StI II, Waldn III]; õ:pa:uə, -kəpa:ut [Ap III]; õũpauə, -kəpaut [Bru V]; õ:pauə, -paut [Bold, StG, Sulk II]
A, Fo, G: Feldfrüchte in größerem Umfang pflanzen, säen ● *Mir honn en Waaz (↑Weizen) aabaut, Gärschte, Haber, Kugrutz (↑Kukuruz) un die Grumbire (↑Grundbirne), was die Famili braucht hot.* [Jood II] *Had, bevoe me oobauen tued, muss me acken un egn, des Feld häerrichtn.* [Petschw II] *Dot woar e Zuckerfabrik net weit un do sinn vill Zuckerriewe oogebaut woan.* [StI II] *In Fruhjohr hot mer mise Grumbire stecke un de Hawer oobaue.* [Sulk II] *Friher hot mer hauptsechlich die ↑Frucht (1) oogebaut un der Hawwer un die Geärscht un Kukruz.* [Ap III] *↑Mag hat mer sich im Hausgarte aagebaut.* [Berg III] *Die Frucht is gereinicht worre, vor ob sie oogebaut worre is.* [Stan III] *Dann im Zweite Weltkriech sein die Eelsame (↑Ölsamen) kumme. Do is Leinsame oogebaut worre un Sonneblume zum Eel mache.* [Waldn III] *Kirbis had me im Gärtl oobaut, un dear is meist aff an Kittnbaum (↑Quittenbaum) gwachsn.* [Ru IV] *Aach Sonneblume henn die Leit angebaut un sogar Ri'zinus, fir Abfihrmittl mache.* [Tom IV] *Aff de Pußta kann me anbaun olles ohne Plage, des gibt's bei uns nicht.* [ASad V] *Uff des Feld, wu Kukrutz war, is im Härbst Frucht ougebaut gewe (worden).* [Bru V] *Des Feld hat mei Bruder angebaut um die Hälft.* [GStP V] *Dann had me Paprika oogebaut, Umoake (↑Umurke) oogebaut, Kolrawi im Somme.* [NA V] *Dann is zuärscht Hawwer aagebaut ginn oder ärscht ↑Wicke.* [Ost V] *Dann is e bisserl Howen Eadäpfl (↑Erdapfel) un Korn aabaut woan, Dorschtn (↑Dorschen) un Flocks (↑Flacks) hot ma aa baut.* [Wei V] *In die Försteschule lernt mer den Wald anzubaun und ihm zu pflegen.* [OW VI] *Dehui (daheim) uff der ↑Hofstatt hat mer Riëbe und Grumbire aabaut.* [Schei VI] ◆ Sprichwort: *Wer Dischtle (↑Distel) anbaut, soll nit bloßfießich gehn.* (Wer im Glashaus sitzt, soll nicht mit Steinen werfen). [Bog V] ■ Gehl 1991, 129.
→bauen, säen.

anbinden - st, anbindn, -gebundn [Lug, Tem V]; å:pundə, -kəpundə [Jood II]; ā:pinə, -kəpunə [Fak, Glog V]; õ:pintə, -kəpuntə [Brest, Fil, Mil III]; õ:pinə, -kəpunə [NA V]; õ:pinə, -kəponə [GBu II]
Allg: einen Gegenstand (ein Tier) mit einem Bindfaden, einem Seil oder einer Kette an etwas befestigen ● *Un do hăm-mer die Kelwer (↑Kalb) un die Huscherje (↑Hutsch) henne oogebonne bein Schrogl (↑Schragen), naja.* [GBu II] *Dot stehn die Ross, senn ååbunde.* [Jood II] *No hod er des an so e Walz (↑Walze) oogebunde, no henn sie gedreht, bis halt die Kuh da druf war.* [Brest III] *Der Blumme muss mer e Stecke (↑Stecken) gewwe un sie oobinde.* [Mil III] *Da habn sie dem Stier den Strick auf die Herne (↑Horn) un habn ihm <!> angebundn obn. Dann hab ich dem Stier derwischt beim Ring in de Nasn und hab ihm auf sein Platz angebundn.* [Lug V] *Die Paradeis sein oogebunne woan an die Pleck (↑Pflock).* [NA V] *Die Ross ware mit Halftre aagebunn.* [Ost V] ◆

Dreimal im Jahr werden die Reben und die Tomatentriebe an die Pfähle gebunden. ■ Gehl 1991, 242.
→auf-, zusamenbinden, binden.

anbrennen - schw, å:prenə, -prent [Ha II, Jar, Tem, Waldn III]
Allg: brennbares Material entzünden ● *Des is so Schwewlstange* (↑Schwefelstange) *ååbrennt, un nach, aller Unrat, wos sich dren* [im Bienenstock] *aufhalt, geht alles kaputt.* [Ha II] *Dann is de Strudl in die ↑Tepsi kumme. Die war mit Schmalz schun eigschmiert unne, dass e net aabrennt.* [Waldn III]
→anzünden, brennen.

andrücken - schw, ã:trukə, -kətrukt [Alex, GK, Gra, Len, Low, Ost, War, Wies, Wis V]
A, G, T, W: einen Gegenstand gegen etwas fest drücken ● *Die Reder ware so konisch aanglegt, dass die Reih zugleich aagedruckt git* (wird) *sowie gwalzt* (↑walzen). (...) *Mit em Planzholz is e Loch gmacht ginn in die Ärd* (↑Erde), *de Tuwakstock ninn un leicht aagedruckt.* [Ost V]

anfüllen - schw, a:nfiln, kfilt [ASad, Resch, Tem, Wer, Wolf V]; anfilə, -kfilt [Surg, Wem II, Ker, Mil, Pal, Sch, Stan III, Tom IV, Bog, Ger, GJ, Len, Nitz, War V]; ọ:fyln, ọkfyjt [Aug, GT, Krott, OG, Pußt, Schau, Wein, Wer I]
Allg: etwas ganz voll machen ● *So e offenes Holzfass von zwaahundert Litte hamm die Bauen oogfüjt mit Wosse* (↑Wasser 2). [Pußt I] *Des war de Endkeidl* (↑Endkeutel), *där is mit Worschtfleisch angfillt genn.* [GJ V]
→auffüllen, füllen.

angärteln - schw, ã:kẹ:rtlə, -kəkẹ:rtlt [Jood II, Brest, Gai, Sch, Siw, Tscher III, ND, NP IV, Fak, Ga, Glog, StA, Wil V]
G, W: den Gemüsegarten im Frühjahr bestellen; Beete anlegen, Gemüsepflanzen aussäen ● *Und na wurd de Woigarte geackert, kann die Frau aagärtle.* [Jood II] ■ PfWb I 236.
→Garten.

Angel - f, aŋl, -n [Schor, Wud I, ASad, Lind, Resch, Wei, Wolf V, OW VI]; aŋl, -ə [Tax I, Baw, Wem II, Ap, Fu, Hod, Mil, Werb III, Put, Tom IV, Bak, Bill, Bog, Fak, Glog, Gutt, Schön, StA, Wil, War V, NP, Pe, Schö VI]
1. Fi: Fischfanggerät aus Rute, Schnur, Haken und Köder ● *Dee hom-mand net mit de Angl owa* (oder) *mit a Netz Forelln gfangt; dee hommand mit an gifteten* (↑giftig) *Gros* (↑Gras 2) *'s Wossa peitscht und die betäibten Forelln gfischt.* [Wei V] a. Fi: Angelhaken am Fischernetz ● *Do ware so Angle dran an ener Leine. Die sinn no gezoge warre, dass die Fisch no henge gebliewe sinn.* [Ap III]
→(1a) Fangangel.

angeschweißt - Adj, õ:kʃvaist [ASad, Lind, Wei, Wolf V]
Fo: (beim Wıld:) angeschossen, blutend *Etym.*: Das Adj. ist eine Weiterbildung von *schweißen*: (beim Wild) 'Blut verlieren, bluten', von mhd. *sweizen* 'braten, rösten', angelsächsisch *swaetan* 'schwitzen, bluten'. (Wahrig 3214) ● *Wenn a Wild oogschweißt is gwest, is er ihm stundelang nohgange, bis er's gschossn hot.* [Wolf V]
→schießen.

angesteckt - schw, ã:kʃtekt [Fak, Ga, Glog, Kath, StA, Wil V]; õ:kʃtekt [NA V]
A, G, O, W: (von landwirtschaftlichen Produkten:) von Fäulniserregern befallen ● *Weil doch imme oogsteckti debei sein, die wänn faul. Un dann stecken sich mähreri an un vedärwe, net.* [NA V]
→anstecken, faul.

anhängen - schw, a:nheŋə, -kheŋt [OW VI]; ã:heŋə, -kheŋt [Bru, Fak, Glog, Wil V]; õ:heŋə, -kheŋt [Fek II]
Allg: an etwas befestigen ● *Hat des is die owe Goarwe* (↑obere Garbe), *die is rechts un links ooghengt woan, es der Wend se net so leicht råbtreibt* (↑herabtreiben). [Fek II] *Mit Pfärde wird des gezogn, dort hengt man das Holz auf diese Waggonettn* (↑Waggonet) *an.* [OW VI]
→hängen.

anhäufeln - schw, ãūhaiəfyn, -haiəfyt [Aug, Ed, GT, KT, Scham, Schor, Wein, Wud I]
A, W: den Wurzelstock gut mit Erde bedecken ● *In Hiëbst hot me die Stejck* (↑Stock 1) *augheiefüt bis zen Stouck, dass die Rejem* (↑Rebe) *noch außeschaut.* [Wud I]
→häufeln.

anheflen - schw, ã:hevlə, -khevlət [Bil, Ham, Mai, Pe, Schei, Suk VI]
A: den Teig mit Hefel zum Brotbacken anrichten ● *Do ham-mer des Mäehl gsiblet* (↑sieben) *un mit em Hewel aagrihrt un in säller Mulde*

(↑Multer) *aaghewlet.* [Schei VI] ■ SchwWb I 219: 'mit *Hefel* Sauerteig machen'
→Hefel.

ankalken - schw, ankheliçə, -kəkheliçt [Ben, Bru, Charl, Fib, Jahr, Ost, War V]
A: Saatgut mit Kalk u. a. Chemikalien gegen Schädlinge behandeln *Etym.:* Vgl. *kalken* 'mit Kalkbrühe Schädlinge bekämpfen'. (PfWb IV 27) ● *Im Schoppe* (↑Schoppen) *ware die helzerne Gawwle* (↑Gabel) *un die helzerne Schippe for Frucht ankeliche un Schnee scheppe* (↑schippen). [Bru V] **Anm.**: Die Variante *ankeliche* weist den Sprossvokal *-i* auf.
→Kalk.

anlegen - schw, ãːnleːgə, -kleːkt [GK, Ost V]; anleːə, -gəleːt [Bak, Nitz V]; ãːlęiə, -klęikt [OG I]; ãːleə, ãːkleːt [Ost V]; āūlęiŋ, -kleikt [Wud I]; ǭūleːə, -kəleːt [Bru V]
1. G, W: pflanzen, setzen ● *Im Kuchlgoatn* (↑Küchengarten), *zunäscht wäd olles anglegt, im Fruhjoah. Im Hirbscht ta-me umgråbn, mit de Grobschaufi* (↑Grabschaufel). [OG I] *Wem-mer en neichn Weigoatn auglejgt hot, hot me zeascht in Grund tiëf umgroom miëssn.* [Wud I] *No sein dort die Weingärter angəleet wor.* [Bak V] *Die Wingärte sein net gleichzeitich ougeleet gewe.* [Bru V] *Mir hänn vum 1904-er an dort unse Weingarte angeleet un hann bis zu 20, 25 ↑Hekto gfeckst* (↑fechsen). [Nitz V] 2. A: Getreide auf der Dreschtenne auslegen ● *Also friher hann se getrett, hann se die Frucht aaglet ufn Trepplatz* (↑Tretplatz). [Ost V] 3. Fo: mit dem Gewehr zielen ● *Oamel* (einmal) *han i aff an ↑Bock ooglegt; do hot er me vem Arm packt und nimma auslossn, bis de Bock furt woar.* [Wolf V] 4. Allg: einen Gegenstand an etwas anderes legen, danebenlegen ● *Dort kummt de Fade* (↑Faden) *dorich, dass die Tuwakbletter* (↑Tabakblatt) *sich net zu fescht aanlege un schimble* (↑schimmeln). [Ost V] ■ PfWb I 256: I. trans. 1. gegenständlich, b. etwas zur weiteren Nutzung, Verarbeitung a., 'bepflanzen'; RheinWb V 196 f.; BadWb I 56.
→(1) setzen (2b,c).

anmachen - schw, anmaxə, -gəmaxt [BeschVI]; aːnmaxə, -kəmaxt [Gai III, Jahr V]; ãːmaxə, -gmaxt [Jood II]; å̃ːnmåxn, -kmåxt [OW VI]; ã̊ːnmaxə, -kmaxt [Len V]; ãːmaxə, -kəmax [Har III]; å̃ːmaxə, -gəmax [Bru, Len V]; å̃ːmaxə, -kmaxt [Gak III, Fak, Glog V]; ōːnmaxə, -kəmaxt [Nad II]; ōːnmaxə, -kmaxt [Nad II]; ōːmoxə, -kmoxt [Surg II]; ǫmaxə, -kmaxt [Pußt I]; ōːmaxə, -kmaxt [Mil, Sch, Stan, Werb III, Drei, Kreuz, NA, Wies V]
G, V, W : mit etwas mischen und zubereiten ● *Kolitzn* (↑Kanitzel) *un Kålch, des is in so e Holzfass aagmocht woen.* [Pußt I] *De scharfe Krië* (↑scharfer Kren), *dä wurd mit Rahm aagmocht.* [Jood II] *Mir henn den Kukrutz* (↑Kukuruz) *selwer gschrote un den Schrot mit Wasser oogmacht.* [Stan III] *Do is Blaustaa 'neikumme un in Wasse vuwaacht* (↑verweichen) *un oogmacht woan mit Kalich* (↑Kalk). [NA V]
→mischen.

Anna-Spät - m, anaʃpeːt, Sg. tant. [Bak, Nitz V]
O: Apfelsorte, die um den Anna-Tag (26. Juli) reift ● *Mit dem Obst, des war a gudi Idee, solche Äppl un Anna-Spät hann mir frieier do net gsiehn.* [Nitz V]
→Apfelsorte.

annageln - schw, anaːgln, -knaːglt [Ora, Tem, Stei V]; å̃ːnǫgln, -knǫglt [Aug, Ed, Schor, Wein, Wud I, ASad, Resch, Wei V, OW VI]; anaːglə, -knaːglt [Ap, Brest, Sch III, NP IV, Bog, Ga, GK, Len, Low, Ost, StA, War V]; aːnaglə, -knaglt [Fak, Glog, Wil V]; ǫːnoːglə, -knoːglt [Wer I]; nåːxln, knåxlt [Nad II]
Allg: ein Material mit Nägeln an etwas befestigen ● *Vor es ↑Loch* (2) *hat mer e sauwre* (↑sauber) *Bese gebunn* (↑binden), *innewendsich angnaglt.* [Ost V] *Die Schindl sind reihweis angnaglt woen.* [Stei V]

annehmen - st, ãːnemə, -knumə [Mil III, Tom IV, Bog, Fak, Ga, Glog, Pan, Wil V]
V: (von weiblichem Vieh:) beim Decken befruchtet werden ● *De Hengscht hat die Stut* (↑Stute) *belegt, un sie hat de Hengscht aagnumme.* [Glog V] ■ Gehl 1991, 200.
→belegen.

anpacken - schw, ãːpakə, -kəpakt [Fak, Glog V]; ã̊ːnphakə, -kəphakt [StAnd V]; ōːpakə, ōːgəphakt [StI II]; ōːpakə, -kəpakt [Bog, Ger, Len, Lieb, War V]
Allg: etwas fassen ● *Där hat de Kuh ihrn Schwanz oogepackt un hat en Schwanz gezoge. (...) Un noch honn si de Bärich* (↑Barg) *oogepackt hinne an de Fieß.* [StI II] *Dann hod me die Sau an de Fieß oogepackt un hod se hiegschmiss.* [Lieb V]

anpicken - schw; intrans, a:npikə, -kəpikt [Bog, GK, Low, Ost V]
Allg: an etwas fest haften ● *Unkraut ham-mer viel ghat, Wildi Wicke* (↑Wilde Wicke), *↑Klette, Pickantle* (↑Pickan) *un Bettlleis* (↑Bettellaus). *Des sinn die, wu sich an die Strimpf un an die Hose aanpicke.* [Ost V]
→picken.

anrühren - schw, ã:ri:rə, -kri:rt [Ap, Ker, Fil, Pal, Stan III, Be, Tom IV, Bog, Ger, GJ, Gra, Low, War, Zich V, Ham, Mai, Pe, Schei, Suk VI]; õ:ri:rə, -gəri:rt [StI, Surg, Wem II]
Allg: mischen, verrühren ● *No hot die Hausfrau mise ihre Kreppl oorihre, ihre Krepp1taaig* (↑Krapfenteig) *mache.* [StI II] *Do ham-mer des Mäehl gsiblet* (↑sieben) *un mit em Hewel* (↑Hefel) *aagrihrt.* [Schei VI]
→mischen.

ansammeln - schw, anza:mln, -kza:mlt [OW VI]
Fo: mehrere Dinge zusammentragen und aufheben ● *Dervor hat man mit die Flößer das Holz gebracht bis zum Hauptfluss, dort war das Holz angsaamlt.* [OW VI]
→sammeln (1a), zusammentragen.

anschaffen - schw, anʃafə, -kʃaft [Bak, Fak, Jos, Lieb, Nitz, Ost, War V]
Allg: (eine Arbeit im landwirtschaftlichen Bereich:) anordnen und überwachen *Etym.:* Die Bedeutung 'anordnen' für *anschaffen* ist bair.-österr. ● *De Bärichrichter* (↑Bergrichter), *där hat angschafft die Weche* (↑Weg) *richte, där hat bestimmt, wann die Les* (↑Lese) *angfangt hat.* [Bak V] ■ ÖstWb 144: 'jmdm. eine Arbeit befehlen'; Teuschl 1994, 28: 'befehlen'.
→schaffen.

anschlagen - st, ånʃlåŋ, -kʃlå:ŋ [Bohl II]; å:ʃloŋ, -kʃloŋ [StIO I]; ã:ʃla:gə, -kʃla:gə [Neud III]; anʃla:n, -kʃla: [Bog, GJ, Gra, Low, Wies V]
1. Allg: einen Gegenstand gegen etwas schlagen ● *Den Hampf* (↑Hanf) *ham-mer miëse* (müssen) *bräeche* (↑brechen 1), *no mit der Schwinge oogschlage. Un denn ham-mer Hampf ghet un ↑Kauder.* [Schei VI] 2. T: Nässe ansetzen, feucht werden ● *Do solle zwaa Tore sinn, dass die Luft dorichgeht, schunscht schlaat der Thuwak an, fangt an zu schwitze in der Mitt un verbrennt.* [Wies V] ■ Krauß 34.
→(1) schlagen (1); Schwinge; (2) schwitzen.

anschnallen - schw, anʃnalə, -kʃnalt [Bohl, Mu, Wem II, Hod III, Bil, Pe VI]; ã:ʃnalə, -kʃnalt [Ap, Mil, Sch III, Be, Tom IV, Bog, Fak, Ga, GK, Len, Low, Ost, StA, War V]
V: mit Schnallen oder mit einem Gurt befestigen ● *Un die zwei Rieme, die sinn unne ins Gebiss aagschnallt ginn.* [Ost V]
→Schnalle.

anschrauben - schw, a:nʃra:fə, -kʃra:ft [Gai, Ker, Pal III]; ã:ʃraufə, -kʃrauft [Fak, Glog V]; õ:ʃrauvə, -kʃraupt [Be IV]; õ:ʃraufə, -kʃrauft [NA V]
G: etwas mit Schrauben befestigen ● *Wäd de Schlauch am ↑Rohr* (1a) *oogschrauft, un de Brunne wäd eigschalt, un es geht.* [NA V]

anschüren - schw, ã̱:ʃi:rə, -kʃi:rt [Jood II]
V: (mit Feuer) anheizen ● *Em Morget muss mer underm Kesslowe* (↑Kesselofen) *aaschiere de Kessl, und elles hägrechne* (↑hergerechteln). [Jood II]
→heizen.

anselchen - schw, õ̱:selçn, -kselçt [ASad, NA, Ora, Resch, Stei V]
V: (wie: selchen) ● *Un wenn des e bissl oogselcht woa, hod me's runner.* [NA V]
→selchen.

ansetzen - schw, trans, refl, a:nsetsə, -ksetst [Bog, GK, Len, Low, Ost, War, Wis V]; a̱:setsə, -ksetst [Ga, StA, Wil V]; å:setsə, -ksetst [Fak, Glog]; õsetsə, -ksetst [Ap III]
1. Fi: (junge Tiere) an eine bestimmte Stelle setzen, um das Wachstum zu fördern ● *Dann hann se Karpfn, als Jungfisch, irgenwu kaaft un dort im Teich angsetzt.* [Ost V] a. V: Eine Glucke zum Brüten auf die Eier setzen ● *Die Gluck* (↑Glucke) *hot mer oogsetzt em Weidekarb* (↑Weidenkorb), *hot mehr Stroh 'nei un hot mer die Aaier neiglegt.* [Ap III] 2. W: sich festsetzen, ablagern ● *Also was se aagsetzt hot in Fass, es Lager, des hot me au mit de Treber mitbrennt.* [Schei VI] ■ PfWb I 279 f.; 2. 'an eine bestimmte Stelle setzen', 4. beim Heu- oder Getreideladen 'die erste Lage über den Wagenleitern so setzen, dass man viel laden kann', 5. beim Einpflanzen 'die Erde an die Pflanzen andrücken'; RheinWb VIII 99; BadWb I 61.
→(1a) daraufsetzen; (2) Lager.

anspritzen - schw, ã:nʃpritsə, -kʃpritst [Ost V]
A, G: Flüssigkeit als Tropfen oder Strahl auf

einer Fläche verteilen ● *Es Treppplatz* (↑Tretplatz) *war vorhär vorbereit schun, nass gmach, gspritzt, aangspritzt mit Wasser.* [Ost V]
→spritzen (1b).

anstechen - schw, ā:ʃteçə, -kʃtox [Bog, Ger, GJ, Gra, Lieb, Low, War V]; ǫ:ʃteçə, -kʃtoxə [Bold, StG, Sulk II]
A, G, T: mit einem spitzen Werkzeug durchlöchern ● *Dann in de Schopfe* (↑Schuppen), *oosteche mit de Tuwaksnåål* (↑Tabaknadel) *un aff de Schnur druf un no ufhenge in e Schopfe.* [Sulk II] *Wenn de Darm aagstoch war, dann war 's Fleisch halt bissje verschmeert* (↑verschmiert). [Lieb V]
→stechen (1).

anstecken - schw, ā:ʃtekə [Bog, Fak, GJ, Nitz, War V]; ō:ʃtekə, -kʃtekt [NA V]
A, G, O, W: (von landwirtschaftlichen Produkten:) von Fäulniserregern befallen werden ● *Weil doch imme oogsteckti debei sein, die wänn faul. Un dann stecken sich mähreri an un vedärwe, net.* [NA V]
→angesteckt, verderben.

anstellen - schw, ā:ʃtelə, -kʃtelt [Fak, Ga, Len, Low, Ost V]
Allg: sich einer Reihe ansschließen ● *Un där wu frisch nufkumme is am Kaschte* (↑Kasten) *, hat sich hinne (hinten) aagstellt.* [Ost V]

Antonirose - f, anto:niro:s, -ə [Bog, GJ, GK, Low, Ost V]
G: Pfingstrose; Päonia officinalis *Etym.*: Benennungsmotiv ist das Datum des Erblühens, das mit dem Antonitag, dem 13. Juni (Antonius von Padua) gleichgesetzt wird. Dieser Termin liegt zugleich in der Nähe des Pfingstfestes. ● *Do warn die Tagunnachtschatte, Härzjesublumme* (↑Herzjesublume)*, die Antonirose, des sein die Phingschtrose, Quackeblumme, also die Froschmeiler* (↑Froschmaul)*.* [Ost V] ■ Petri 1971, 51.
→Pfingstrose, Rose.

anwachsen - st, āūvoksn, -kvoksn [Aug, Ed, GT, KT, Scham, Schor, Wein, Wud I, ASad, Wei, Wolf V, OW VI]; ā:vaksə, kvaksə [Mil III, Tom IV, Fak, Ga, Glog, StA, Wil V]
A, Fo, G, O, W: Wurzeln schlagen, zu wachsen beginnen ● *Wenn die Rejem* (↑Rebe) *augwocksn is, hot me sie im Fruhajoah pöjtzt* (↑pelzen)*.* [Wud I]

anzünden - schw, antsundn, -getsundn [OW VI]
Fo: etwas zum Brennen bringen ● *Die Leute habn geschlafn in die Kolibn* (↑Kolibe)*. Dort war Härd* (↑Herd) *in der Kolibn, und das Holz war angezundn.* [OW VI]
→anbrennen, brennen.

Apfel - m, apfl, epfl [Petschw II, Gai, Tscha, Waldn III, ASad, De, Fak, Franzd, Ga, Glog, Kar, Lin, Ora, Resch, StA, SM, Stei, Wer V, Bil, Ham, Mai, OW, Schei, Suk VI]; opfl, epfl [Aug, Krott, Wein, Tar, Wud, OG I]; epfl, Pl. id. [Hod III, El, Sad V]; apl, epl [AK, Brest, Gai, Gak, Har, Krusch, Siw, Tscher, Tscho, Wepr III, Albr, Bak, Bog, Ben, Eng, Ger, GJ, Gott, Gutt, GStP, Hatz, Heid, Heu, Kud, Jahr, Joh, Jos, Len, Low, Mram, Nitz, NPa, NSie, Sack, Schön, Pau, Tschak, Tschan, Tsch, Tsche, Ui, War V]; abl, ebl [Nimm II]; epl, Pl. id. [Brest, Kol, Wasch III]
O: Kernobstgewächs mit fleischigen, rundlichen Früchten; Malus communis ● *Hat, månichi Plåtz machn sie Struul* (↑Strudel)*, guedn Topfnstruul un mit Epfl un Måågn* (↑Mag)*.* [Petschw II] *In den gezoene Strudl is neikumme e bissl Fett un dann Kirsche, Epfl, was halt war.* [Waldn III] *De Appl fallt nit weit vum Baam, außer er steht ufm Berch* (↑Berg)*.* [Bog V] *Mit dem Obst, des war a gudi Idee, solche Äppl un* ↑*Anna-Spät hann mir friejer do net gsiehn.* [Nitz V] *Vun dem Epplwalach hab ich Eppl un e Scheffl kaaft.* [NPa V] *Mir henn gärn Äpfl gesse. Bei uns worn viele Apflsorte: Långstiel-, Glås-, und Strudläpfl, Weinsaure, Ghånsäpfl* (↑Gehansapfel) *un Jakobiäpfl.* [StA V] *Aus Epfl, Biere, Fiärsche* (↑Pfirsich)*, Zwetschke hot me starke Schnaps brennt.* [Schei VI] **Anm.**: In der Variante *apl* tritt im Inlaut unverschobenes *-p-* auf, das in *abl* zu *-b-* erweicht ist. ■ Gehl 1991, 232; Petri 1971, 45 f.
→Apfelbaum, -schnitz, -moj, -sorte, -walache, Erdapfel (1), Stechapfel, glasierter -, Maschansker Apfel; Obst.

Apfelbaum - m, apflpā:m, -pē:m [Fak, Ga, Glog, StA, Wil V]; epflba:m, -bẹ:m [Bil, Ham, Pe, Schei, Suk VI]; opfyba:m, -be:m [KT, Wud, Wudi I]; aplpā:m, -pē:m [Ap, Pal, Sch, Siw III, Tom IV, Alex, Bak, Gra, Len, War V]
O: Äpfel tragender Obstbaum ● *Die Obstbeem worn Epplbeem, Biere, Ringlo* (↑Reneklode)*, Weichsl* (↑Weichsel)*, Kärsche, Kitte* (↑Quitte)*.* [Ap III] *Ja, d'obe isch en* ↑*Gostat mit de Obstbääm gsei, mit de Epflbääm, do send d'Leit gange arbeite.* [Schei VI]

→Apfel, Obstbaum.

Apfelmoj - m, selten, eplmoj, -ə [NPa V]; eplmojə, Pl. id. [Bak, Nitz V]
O: rumänischer Wanderhändler aus Gebirgsgegenden *Etym.:* Das Grundwort *-moj* ist eine entstellte Entlehnung der rum. Interjektion *măi* 'he, du!', die als auffällig empfunden und zur Bezeichnung eines Rumänen verallgemeinert wird. ● *Vun de Epplmoje kam-me gudi Eppl kaafe.* [Bak V] ◆ Rumänische Bauern aus dem Banater Bergland oder aus den Westkarpaten fuhren im Herbst mit ihren Wagen in die Dörfer der Ebene und verkauften Äpfel oder anderes Obst bzw. tauschten es gegen Getreide ein.
→Apfel, Apfelwalache.

Apfelschnitz - m, eplʃnits, -ə [Bog, GK, Len, Low, Ost, War V]
O: Stück eines geschälten, vom Kerngehäuse befreiten Apfels ● *Friher, bei meiner Oma hammer Epplschnitze gmach, die sinn ingfadlt ginn* (↑einfädeln). [Ost V]
→Apfel.

Apfelsorte - f, apflsortə, Pl. id. [Ga, StA V]
O: durch besondere Merkmale unterschiedene Arten von Äpfeln ● *Bei uns worn viele Apflsorte: Långstiel-, Glås-, und Strudläpfl, Weinsaurer, Ghånsäpfl un Jakobiäpfl.* [StA V]
→Anna-Spät, Galbenfrumos, Gehans-, Glas-, Jakobi-, Langstiel-, Leder-, Pfund-, Schafnasen-, Süß-, Strudelapfel, Goldparmäne, Jonathan, Schikulaer, Törökbalint, Weinsaurer.

Apfelwalache - m, eplvalax, -ə [DStP, Low, NPa, Ost V]
O: rumänischer Gebirgsbauer aus den Westkarpaten, der in Dörfern der Ebene Äpfel u. a. Produkte verkauft bzw. gegen Getreide eintauscht ● *Vun dem Epplwalach hab ich Eppl un e Scheffl kaaft.* [NPa V] *Bloß die Epplwalache sinn in Oschtre* (ON) *mit Ockse gfahr.* [Ost V]
→Apfel, Apfelmoj, Schaffwalache.

Aprikose - f, apriko:s, -n [Wer V]; apriko:s, -ə [Ap, Brest, Gai, Stan, TorTscher, Wasch, Wepr III; GStP, Low V]; apriko:s, apriko:zə [Fak, Glog, Pau V]; apriko:sə, Pl. id. [Ga, StA V]
O: eiförmige, orangenfarbene Früchte eines Steinobstgewächses; Prunus armeniaca ● *Die Obstbeem worn Epplbeem, Biere, Ringlo* (↑Reneklode), *Weichsl* (↑Weichsel), *Kärsche, Kitte* (↑Quitte), *Pärsching* (↑Pfirsich), *Aprikose.* [Ap III] *O je, da waa viel Obst fir* ↑*Sulz kochn, was me grad fir Bäume selbe ghabt hat, Pfiësich, fir Pfiësichsulz und aus Aprikosn, des waa es allebeste, gell.* [Wer V] ■ Gehl 1991, 233; Petri 1971, 57.
→Aprikosenraki, Marille, Obst.

Aprikosenraki - m, apriko:zəraki, Sg. tant. [Bak, Bog, Fak, Ga, GK, Glog, Len, Low, Ost, StA V]
O: aus reifen Aprikosen gebrannter Obstschnaps ● *Wer viel Raki trinkt, krigt e Rakinas. Bei uns wor hauptsechlich Pflaumeraki, awer aa Maulbiereraki un Aprikoseraki hat en gude Gschmack.* [Fak V] ■ Gehl 1991, 241.
→Aprikose, Raki.

Ar - n, a:r, Pl. id. [Scham, Schor, Tax, Wud I, Baw, Wem II, Ap, Hod, Mil, Pal, Tscher, Wepr III, In, NP, Ru, Put IV, Bak, Bru, Charl, GK, GStP, Jahr, Low, Nitz, Ost, Sack, SM, Stef, Wer V, Bat, Bur, Erd, Mai, OW, Schei VI]
A, Fo, G, H, O, T, W: Flächenmaß von 100 m^2
● *Glei nochm Krieg had mer Kuhfeld kriet, dreißich Ar for die Kuh un zehn Ar for a* ↑*Rind* (2). [Ost V] ■ Gehl 1991, 166.
→Hektar, Maß, Quadratklafter.

Aragas - n, araga:s, Pl. id. [Alex, Bill, Bog, Bru, Ger, Low, NA, Nitz, Mar, Orz, StA, War, Wis V, Ham, Mai, Pe, Schei, Suk VI]
A, V: verflüssigtes, in Druckflaschen an die Hauswirtschaften geliefertes Butangas *Etym.:* Entlehnung aus rum. *aragaz* 'verflüssigtes Butangas in Druckflaschen', ein Kurzwort aus *AR* + *gaz*. *AR* ist ein Kürzel für den Lieferbetrieb *Astra Română*. (DEX 1984, 47) ● *Jetz tud me sie schon abbrenne mit Aragas, dass ke Hoar droobleibt.* [NA V]
→Gas.

Arbeit - f, arbait, -n [Franzf V]; arvait, -n [Bohl II, Stan III, Ben V]; arbait, -ə [Tax I]; arvait, -ə [Drei, Wies V]; arvait, arvaidə [Kutz, Mil, Sch, Stan III, Put, Tom IV, Fak, Glog, Ost V], å:rvait, -n [OW VI]; å:rvait, -ə [Len, StAnd V]; arbət, -ə [Jood II]; arvət, arvədə [Nad II, Bru, Jahr, KSch V]; arvət, -ə [Mil III, Tom IV, Bru V]; ɐrvət, -ə [Fek II]; ɔɐrvait [Baw II]; oɐrvat [ASad, Lind, Wei, Wolf V]; oɐrvət, -ə [Wer I, Fek, Ha, Seik II]
1. Allg: einzelner Arbeitsgang innerhalb einer umfangreichen landwirtschaftlichen Tätigkeit ● *De Weingarte, dä brauch hoart (sehr) vill*

arbeiten

Oarwait, von Frihjor bis spet Härbst. [Baw II] *No sen die Schunge* (↑Schinken) *un die Specksteckr* (↑Speckstück) *eingsalzt woen oweds, wie scho die anre Ärwet färtich woar.* [Fek II] *Die Kihe* (↑Kuh) *hom-mir eigspannt ghet im Wage ode im Schlitte* (↑Schlitte), *hot mer alle Arbet gmacht.* [Jood II] *Wann ich zu tun honn, no foahn ich hien un mach mei Oarwet.* [Seik II] *Fedre* (↑Feder) *schleiße* (↑schleißen) *is e phuddlichi* (ungeordnete) *Arwet.* [Mil III] *No is Schmalz ausglosst worre* (↑auslassen), *des war e große Arweit.* [Stan III] *Des war des erschte, was drokomme is, un dann is die Arwet losgange.* [Tom IV] *Es war jo immer viel Arwet in de Wingerte, im Frihjohr ufhacke* (↑aufhacken), *schneide, no später spritze* (↑spritzen 1a), *hefte* (↑heften) *un stutze* (↑stutzen). [Bru V] *Also Arwede hot me schun so gmacht. Um die Zeit is schun bei uns Kukrutz* (↑Kukuruz) *gsetzt wor un ghackt wor, de Kugrutz.* [KSch V] 2. Allg: körperliche Tätigkeit, Anstrengung, Plage ● *Des war immer e große Arweit un die Pardeis ware immer schen dick un so groß.* [Ost V] *D'Weiwa hommand mejssen* (mussten) *in Winta 's Wintaholz foahrn und aa Mist foahrn; des is'n Weiwa ihra Oarwat gwen.* [Wei V] *Viel Arweit is mit dem Thuwak* (↑Tabak), *awer mr hat lewe kenne, wer gudi War* (↑Ware) *hat ghat.* [Wies V] ■ PfWb V 320 f.: 1. 'Anstrengung, Mühsal, Plage', 2. 'Beschäftigung', a. allgemeiner Art, oft auch Mühe, b. 'berufliche Beschäftigung', 3. 'das Erzeugnis der Arbeit'; RheinWb I 228-233; BadWb I 69.
→(1) Arbeitsbiene, -ross, Weiberarbeit; arbeiten; (2) Robot, Waldarbeit.

arbeiten - schw, trans, arbaitn, karbait [Tem, Resch, Wer V, OW VI]; årvətn, -kəårvət [Bohl II]; oɐrbətn, kəoɐrbət [Bat VI]; oɐrvətn, kəoɐrvət [Petschw, StI II]; oɐvətn, kəoɐvət [OG I]; arbaidə, kəarbait [Hod III, Pan, Sad V]; arbaidə, karbait [Tax I]; arbaitə, karbait [Ham, Schei, Suk VI]; arbədə, karbət [Jood II]; arvaidə, kəa:rvait [La II, Bog, GK, Gra, Ost V]; arvaitn, kearvait [Pußt I]; oɐrvaitn, koɐrvait [Nad II]; oɐrvətn, goɐrvət [ASad, Lin, Wei, Wolf V]; oɐrvədə, kəoɐrvət [Surg II]; arvaidə, karvait [Fak, Ga, Glog, StA, War V]; arvətə, kəarvət [Sack V]; oɐrvədə, kəoɐrvət [Surg II]; arvətə, karvət [Tom IV]; ɛrvətə, kɛɐrvət [Fek II]
Allg: eine landwirtschaftliche Arbeit durchführen, einen Rohstoff, ein Produkt bearbeiten ● *Die Hausfrauene, die tan ihnen Goatn oawetn.* [OG I] *Däe hot auesgmocht, um en wiëvüjtn Töü* (↑Teil) *ea in Ocka* (↑Acker) *owwe Weijgoatn* (↑Weingarten) *oawet.* [Wud I] *In de meiste Heiser, was e weng* (wenig) *Feld hat, där hat Gail* (↑Gaul), *wiel ohne Geil hot me kaa Feld kennt geärwet.* [Fek II] *Friher warn Baure ode Taglehner, die henn um de Schutz garbet.* [Jood II] *In Weigoate is viel zu arweide. Mer sagt, de Weigoate brauch en Knecht, net en Härr.* [La II] *Im Weigoatn muss me viel oarwetn, vun Fruhjahr bis Härbst.* [Petschw II] *Noch woan doch die Weinzettler* (↑Weinzettler), *die wos den Weigoate goarwet hunn.* [StI II] *In de Tricknheiser* (↑Trockenhaus) *fer de Hanf henn die Vorarbeiter, die zwei* ↑*Sortierer un* ↑*Binder gearbeit.* [Hod III] *Bei uns hod kei Mensch mid ame Ocks* (↑Ochse) *ode anre Kuh garwet.* [Tom IV] *De Schliede* (↑Schlitten) *for arweide, där hat zwei Laaf* (↑Lauf). [Ost V] *Jetz arwet ich noch meh wie vorher, iwerhaupt an so echti Schniddertäch* (↑Schnittertag). [Sack V] *Völ* (viel) *hot ma in Wold goarwat, wieda in Holzschlag.* [Wei V] *Un wenn d'Kenigin zgrund geht, de geht de Bienestock zgrund, die oarbeten nicks mäh.* [Bat VI] *Jetzt arbeit man mit Wege, wärn gebaut bis im Wald rein, un mit Traktorn un Drohtseilbahn das Holz rauszogn.* [OW VI] *Ja, d'obe isch en* ↑*Gostat mit de Obstbeem gsei, do send d'Leit gange arbeite.* [Schei VI] ■ Gehl 1991, 127.
→auf-, aus-, ver-, zusammenarbeiten, schaffen; Arbeit.

Arbeiter - m, arbaitər, Pl. id. [Jood II]; arbaidə [Wer V]; arvaidər [Brest III, Tom IV]; oɐrvaidə [Petschw II]
1. A, W: als Taglöhner beschäftigter Landarbeiter ● *Wann die Schlachterei* (↑Schlachterei) *'rum isch am Owed, no gibt's* ↑*Schlachtsuppe for die Arbeiter.* [Jood II] *Da had äe Oarweide gäbt an de Dreschmaschie.* [Petschw II] *Bis neinehalb Prozent hot der Unternehmer krigt fir sei Maschine un fir die Arweider, fir alles.* [Tom IV] *Die Bauen sinn nachts um eins in die Stadt gange, hamm sich die Arbeide gholt un dann sinn se rausgfahrn.* [Wer V] 2. A, W: (freiwillige) Helfer bei der Schweineschlacht, beim Maislieschen u. a. landwirtschaftlichen Gemeinschaftsarbeiten ● *Wann die Schlachterei 'rum isch am Owed, no gibt's Schlachtsuppe for die Arbeiter.* [Jood II]
→Bauer, Tagelöhner, Holz-, Maschinenarbeiter.

Arbeiterin - f, arbaitərin, -ən [Bat VI]
B: (wie: Arbeitsbiene) ● *Der woan Drohnen, ne*

Arbeitsbiene

Drohnen. Die Bienen vernichtn's sälbe (selbst), die Arbeiterinnen, do treiben sie's aus (↑austreiben). [Bat VI]
→Arbeitsbiene, Biene.

Arbeitsbiene - f, arvaitspi:n, -ə[Bog, GK, Ost, Wis V]; ɒɐrvətspī:, Pl. id. [StI II]; årvaitspå̃ĩ, Pl. id. [Fak, Glog V]
B: unfruchtbare weibliche Biene, die in einem Bienenstaat Blütenstaub einsammelt, die Königin und die Brut pflegt ● *Un do sein die Oarwetsbie, die gehn so umetum un die gehn 'nei un 'raus.* [StI II] *Bei de Biene sinn die Arweitsbiene un die Kenichin.* [Ost V] ■ Gehl 1991, 249.
→Arbeit, Arbeiterin, Biene.

Arbeitsross - n, arvaitsros, Pl. id. [Alex, Bog, GK, Low, Ost, War, Wis V]
V: zur landwirtschaftlichen Arbeit verwendetes Pferd, Zugpferd ● *Dann hat's Arweitsross ginn un Fillerstude (↑Füllenstute) odder Zuchtstude, Hengschte odder Knopphengscht, där war schun kastriert.* [Ost V]
→Arbeit (1), Ross.

armlang - Adj, armlaŋ [Gra, Lieb, Ost, Wis V]; å:rəmlaŋ [Tom IV, Fak, Glog, Wil V]
Allg: von der Länge eines Armes ● *E dopplti Worscht war so armlang.* [Lieb V]
→lang, meterlang.

Aroma - m, aro:ma, Sg. tant. [Bog, Fak, GK, Glog, Low, Ost, StA, Wil V]
Allg: würziger Wohlgeruch oder Wohlgeschmack ● *Des war so gude Wein, so mit leichtem (↑leicht 2) Aroma, so Pärfiemgschmack.* [Ost V]
→Geschmack.

Arrendat - m, veraltet, arenda:t, Pl. id. [Bak, Bog, Gott, Gra, Mar, Nitz, Wis V]
W: Pächter einer Schankkonzession *Etym.:* Das Subst. ist eine Eigenbildung nach bair.-österr. Vorbild. Vgl. *Arrenda* 'Pacht' und die Redensart "des Sach in Arrenda hann" 'eine Sache zur Verfügung haben'. In der österr. Kanzleisprache des 18. Jhs. kommen Wörter vor wie: *Arrenda* 'Pacht', *Arrendator* 'Pächter' oder *in arrendam gehabten Grundstücken.* Als Flurnamen erscheint z. B. in [NPe V] *Arrentate-Wiese.* (Wolf 1987, 279) ● *Mei Vater war aa Arrendat, die ↑Finanze[r] hänn des Schankrecht rausginn.* [Bak V]
→Schankrecht.

Arsch - m, a:rʃ [Wem II, Gai III, Tom IV, Bog, GK, Gra, Len, Lieb, Orz, Ost, War, Wis V; Bil, Pe VI]; ɒɐ:rʃ [Aug, Ed, Scham, Schor, Wein, Wud, Wud I, StI II]
V: After beim Vieh ● *Spießstecker (↑Spießstecker) hunn gspoddlt (gespottet) de Schlochter (↑Schlachter), statts dass er die Sau die Gurgl hot obgschnieje (↑abschneiden), hod er ihr des Messer in Oarsch gstoche.* [StI II] *Wenn die Sau is ufgschnitte wor, hod de Schlachter ihr misse de Daume in de Aarsch strecke un dann gegnhalle.* [Lieb V] ■ PfWb I 335-338; RheinWb I 259-269; BadWb I 72 f.; BayWb I 148.
→Arschdarm, Fideli, Vieh.

Arschdarm - m, a:rʃta:rm, -tẹ:rm [Alex, Char, Ger, GJ, Lieb, Low, Wis V];
V: Mastdarm *Etym.:* frühnhd. mas(t)darm ist aus mhd. *arsdarm* - wohl aus lautlichen Gründen - umgebildet worden; das *t* der späteren Form beruht sicher auf Verdeutlichung, doch ist ein sekundärer Anschluß an *Mast* 'Fütterung' nicht ausgeschlossen. ([23]Kluge, 544) ● *Es allererscht is de Dickdarm, de Aarschdarm, wie mir saan, abgebunn un gut gewesch war.* [Lieb V] ◆ Die Gleichsetzung von *Dick-* und *Arschdarm* ist sachlich ungenau, da sich der Mastdarm an den Dickdarm anschließt und mit dem After endet; daher sein Name *Arschdarm.* ■ PfWb I 338: 'Mastdarm'; RheinWb I 270.
→Arsch, Arschdarmwurst, Dickdarm.

Arschdarmwurst - f, ã:rʃta:rmvorʃt, -virʃt [Ger, Lieb V]
V: in den gereinigten Mastdarm gefülltes Wurstfleisch ● *Am beschte war die Arschdarmworscht bei uns.* [Lieb V]
→Arschdarm, Wurst.

Art - f, a:rt, -ə [Fil, Kern Pal, Sch, Tscher III, Be, In, NP, Ru IV, Bak, Bru, Fak, Ger, Gra, Joh, Kath, Low, Schön, SM, Wil, Zich V, NP, Pe, Suk, OW VI]; ǫ:rt, -ə [Sulk II]
Allg: (von Pflanzen und Tieren:) Ordnungseinheit, Sorte ● *Des wor so e Oort, Suloker Tuwak (↑Suloker Tabak) ham-mir friher allwel baut.* [Sulk II] *Jede Art vun Hehne kennt me noch de Federe (↑Feder). Es gibt bei uns Rode (↑Rote), Schwarze, Gscheckelde (↑Gescheckte) Hehne, des senn die Ziffersteånicke (↑Schiefersteinige). Dann senn noch die Zierhehle (↑Zierhendel), es Leghorn un es Schopfhoh. Die Tapp-me-zamm (↑Tappe-mich-zusammen) senn aa noch die*

Patschkefißede (↑Patschfüßige). [StA V]
→Rumänische Art, Rasse, Sorte.

artesischer Brunnen - m, arteːziʃə prunə, arteːziʃi prinə [Schön V]; arteːsiʃər prunə, arteːsiʃi prinə [Bru, Gutt, Lippa V]
A, Fo: durch Druck in einem Bohrbrunnen zutage tretendes Grundwasser, ähnlich bei einer Quelle • *De Sauerbrunne, negscht der Landstroß ist e artesischer Brunne mit e kohlesäurehaltige Mineralwasserquelle.* [Bru V] *Mitte im Darf war e große Brunne, artesische Brunne.* [Schön V]
→Artesischwasser, Brunnen.

Artesischwasser - n, arteːzivasər, Sg. tant. [Alex, Bru, Ger, GJ, GK, Hatz, War V]
A: aus einem tiefen Bohrbrunnen gewonnenes Trinkwasser • *No hat's imme gheeßt, Brunnewasser un Artesiwasser. Des gute Trinkwasser war's Artesiwasser vun der Gass.* [GJ V]
→artesischer Brunnen, Wasser (2).

Asche - f, aʃ, Sg. tant. [Bru, Charl, Fak, Glog, Wil V]; eʃə [Seik, StI II, Ga, StA V]; eʃ [Alex, Bog, GK, Len, Lieb. Low, Ost, War, Wis V]
A, B: Rückstand von verbranntem Material • *Die Biekärb* (↑Bienenkorb), *die wärre mit Äsche ausgebrennt, des hom-miě imme so gemocht.* [Seik II] *Do woar so en Strohwisch, dä woar anre Stange, un noch mit dem hot me die Esche zammgelese.* [StI II] *Mit de Owekrick* (↑Ofenkrücke) *is die Glut un Esch rausgschärrt gewe* (worden). [Bru V] *Manche Leit hann als noch Esch driwwergstraat* (↑darüberstreuen), *iwwer die Sau.* [Lieb V] ■ PfWb I 343: (auch *Äsche*, in der Südwestpfalz, *Asche* in der Südpfalz) Der Umlaut von *a*>*ä* erklärt sich aus der Stellung des *a* vor dentalem Zischlaut. Die Apokope von *e* ist beim f. Subst, sonst weit allgemeiner; RheinWb I 280-284; BadWb I 74; BayWb 1/1 166 (auch *Der Aschen*); *Äsch(e)* SchwWb I 337 f.
→Glut.

Ast - m (n), ast, este [OW VI]; ast, est [Sack V]; åst, estər [OW VI]; naʃt, neʃt [Fak, Ga, Glog, StA, Wil V]; (n) neʃtlį, Pl. id. [Sad V]; (n) åstl, -n [Tem, Resch, Wer V]
Fo, O: aus dem Stamm hervorgehender Teil des Baumes oder Strauches • *Ins Fundament vom Haus hat ma Astln un Zweigl einmauern lassn; sie habn nit solln lassn Krankheit oda frihen Tod ins Haus.* [Tem V] *Wenn nicht sofort die Este abgehackt sind, abgefällt, unter der Rindl is dann der ↑Holzschneider, ein Kefer.* [OW VI] **Anm.**: Die Variante *Nascht* ist aus Formen wie *den, einen Ast* entstanden und im obd. Sprachgebiet seit 1575 belegt. (^{21}Kluge, 34) ■ Gehl 1991 80.
→Baum (1), Reis, Zweig.

Atka - f, selten, atka, Sg. tant. [Ha, StI II]
B, V: Milbe, Krankheitserreger der Bienen; Acarapis • *Do is die Kranget kumme, miě sage Atka zu den. Un in zwei Monat senn meini Bie* (↑Biene) *all kaputt gang.* [Ha II]
→Krankheit.

Attich - m, atiç, Sg. tant. [Brest, Fill, Fu, Ker, Stan, Tor, Tscher, Wasch III, Buk, Ka, IV, Bak, Bog, Bi, Fak, GJ, GK, Ga, Ger, Glog, GStP, Hod, Jahr, Karl, Len, Low, Ost, Pau, Sack, SM, StA, Tsche, War, Wil V]; ʃvartəsr atiç [DSPe V]; edriç [Kud V]
A: Staude des Zwergholunders, mit weißen Blüten und schwarzen, beerenförmigen Früchten; Sambucus ebulus • *Unkraut ham-mer viel ghat, Quecke, Wolfskraut, Hunsdmillich, Hundszwiwwle* (↑Hundszwiebel) *un Attich.* [Ost V] ♦ Aus den schwarzen Beeren des Zwergholunders wurde noch um 1950 ein schmackhaftes Mus gekocht und auch ein Farbmittel gewonnen. Die weißen Blüten wurden zu einer erfrischenden, säuerlichen Limonade vergoren. ■ PfWb I 356; RheinWb I 292; Gehl 1991, 82.
→Holder, Unkraut, Weinfärber.

Atzel - m (n), atsl, -ə [Mu, Sag II, AKer, Bul, Fi, Fu, Gara, Hod, Kar, Kath, KB, Ker, Ket, KK, Kol, Ksch, Maisch, Mil, Mori, Pal, Stan, StAnd, Star, Stef, Tor, Trie, Tsch, Tschak, Tschan, Tsche, Tscher, Tscho, Wasch, Wepr, Wis III, Buk, Har, Ker, In, NP IV, Albr, Bak, Ben, Bill, Bir, Char, De, DStP, Eng, Franzf, Ger, GJ, Gott, Gra, GStP, Gutt, Hatz, Hei, Hom, Jahr, Joh, Jos, Karl, Kub, Kud, Laz, Len, Lieb, Low, Mar, Mram, Na, NB, Nitz, Orz, Ost, (n) Pan, Rud, Sack, Schön, StA, Ui, War V]; hatsl, -ə [Fak, Glog, Wil V]; olxst [Darda II]; õlstər [Stei V];
V: Elster *Etym.*: Elster kommt aus mhd. *elster, agelster,* ahd. *agalstra.* Andere Formen sind ahd. *agaza* nebst der Erweiterung *agazzala,* aus der *Atzel* stammt. (Kluge 1991, 218) • *Du hascht jo so gudi Auge wie e Hatzl.* [Fak V] *Ufm Hotar* (↑Hotter) *gsieht mer viel Vegl. Do warn die Schneppe* (↑Schnepfe), *de Atzl un die Krage* (↑Krake). [Ost V] ■ PfWb I 356 f.: 1. 'Elster', 2. 'Häher'; RheinWb I 292 f.; BadWb I 76; Gehl

1991, 121; Petri 1971, 114.
→Elster, Vogel.

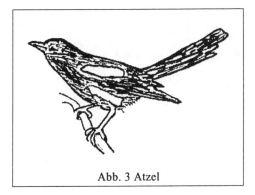

Abb. 3 Atzel

Auerhahn - m, auərha:n, -e [OW VI]
Fo: männlicher Vogel der Rauhfußhuhngattung; Tetrao urogallus • *Ja, also bei uns gibt es Wildschweine, Wölfe, Bärn, Hirschn, Rehner (↑Reh) und Auerhahne gibt es auch.* [OW VI] **Anm.:** Vgl. jägersprachlich Pl. -hahnen. (Wahrig 458)
→Hahn, Vogel, Wild.

aufarbeiten - schw, aufarvətə, -kəarvət [Mu II]; aufe̥rvətə, -kəe̥:rvət [Fek II]; aufo̥ɐrvətə, - ko̥ɐrvət [Baw, Nad, Petschw, Seik, Surg II]; ufarbətə, -karbət [Jood II]; ufarvaitə, -karvait [Schön V]; ufarvaidə, -karvait [Fak, Ga, GK, Glog, Ost V]
Allg: ein landwirtschaftliches Produkt vollständig verarbeiten • *Des Fleisch is aufoarwet woen, no in de Fleischbank is es vetranschiët woen.* [Baw II] *Die Fekeder Mällich (↑Milch) hod mer in de Mälichverein getroge un in Wemend (ON) is die aufgeärwet woan.* [Fek II] *No senn die zwaa Saue ufgarbet, sinn die Wirscht gmacht, Wirscht kocht und Salami gmacht.* [Jood II] *Dann wäd die Schwei aufgspåldn (↑aufspalten) un die Därem (↑Darm) rausgnumme (↑herausnehmen 2) un neitrag am Håckstock, un noch wäd' s aufgeoarwet.* [Petschw II] *Des Wocks (↑wachs) tun ich vlaicht ein Drettl Taal (Teil) aufoarwede.* [Seik II] *Des sin die Mischkefer (↑Mistkäfer), wu so in alte Rossmischt gehn, tun den ufarweide.* [Ost V]
→arbeiten.

aufbauen - schw, aufbaun, -gebaut [OW VI]
Fo: schaffen, errichten • *Un die Drohtseilbahn (↑Drahtseilbahn) is ganz einfach bei uns. Da wärdn solche Stendern (↑Ständer) aufgebaut, un dann wird de Droht ausgezogen.* [OW VI]
→bauen.

aufbinden - st, aufbindn, -gebunt [OW VI]; aufipintn, -puntn [Pußt I]
Fo, W: etwas festmachen • *Die Weireem (↑Weinrebe) von Weistock hod me aufibindn miëssn.* [Pußt I] *Das Holz wird aufgebunden mit Drahtstricke un raufgezogn.* [OW VI]
→binden.

aufblasen - schw, aufplo:sə, -kəplo:sə [Stan III]
V: etwas mit Luft (oder mit einem Gas) füllen • *Die Leit sinn nur komme Rindsdärem (↑Rindsdarm) kaufe, vom Rind die Därem. Die sinn aufgeblose worre un getrocknet.* [Stan III]

aufblühen - schw, ufpli:ə, -kəpli:t [Wem II, Brest, Gai, Fil, Sch, Tscher III, Be, NP, Tom IV, Bog, Fak, Ga, Glog, Gott, Gra, Len, Low, Ost, StA, War, Wil, Wis V]
A, Fo, G, O, T, W: erblühen, Blüten entfalten • *De Anfang hann die Schneegleckl gemacht, noh sinn die Veilchen, die Tachunnachtschatte un die Vergissmeinnicht in alle Farwe ufgebliht, ja.* [Bog V]
→blühen.

aufdecken - schw, auftekn, -kətekt [Petschw II]; uftekə, -kətekt [Jood II, Bak, Bog, Fak, Ga, Glog, Nitz, Ost, StA, Wil V]; auftei̯kə, -tei̯kt [Aug, Ed, GT, Scham, Schor, Wein, Wud I]; auftekɐ, -tekt [Bil, Ham, Pe, Schei, Suk VI]
W: (das schützende Erdreich) vom Wurzelstock entfernen • *Im Fruhajoah hot me die Rejem (↑Rebe) aufdäicka miëssn.* [Wud I] *Den Woigarte muss me im Fruhjohr ufdecke. Un nachdem tud mer schnoide, die Rebe rabschnoide (↑herabschneiden).* [Jood II] *In Härbst wäd de Weigoatn zudeckt im Fruhjahr aufdeckt.* [Petschw II] *De Weingaarte geht (wird) im Frujohr 's ärscht ufgedeckt, mid am Weingartepluck, un dann mit der Hack an die Steck (↑Stock 1a) rum.* [Ost V] *Auftecka ham-mië gseit, un denn ham-mer mit de Wiedle (↑Weide 2) naabunde selle Ruetene (↑Rute).* [Schei VI] ■ Gehl 1991, 242.
→aufräumen, zudecken.

auffangen - st, schw, aufaŋə, -kfaŋt [Fek, Stl II]; ufaŋə, -kfaŋə [Jood II], ufaŋə, -kfaŋ [Bog, Ger, GJ, Lieb, war V]
V: austretende Flüssigkeit in einem Gefäß sammeln • *Do hot der Hausfrau 's Blut aufgfangt mitn Howe (↑Hafen) un hot gerihrt, weil es Blut stockt gschwind.* [Fek II] *Ender war, henn se' s Bluet ufgfange, muss me rihre, dass net zamm-*

stocke tuet, in die Blutwirscht. [Jood II] *Ja, ba uns hunn se's Blut aufgfangt.* [StI II] *Do hot jemand es Blut ufgfang mit aaner Schissl.* [Lieb V]
→fangen.

auffressen - st, uffresə, -kfresə [Fak, Ga, StA, Wil V]; uffresə, -kfres [Bog, Ger, GK, Low, Ost, War, Wis V]
Allg: verzehrend zerstören ● *Friher hann se misse die Rewe* (↑Rebe) *rausreiße, weil die Phylloxära* (↑Phylloxera) *hat in der Erd die Worzle ufgfress.* [Ost V]
→fressen.

auffüllen - schw, ufilə, -kfilt [Bog, GK, Gra, Low, Ost, War V]
Allg: etwas durch Nachgießen ganz füllen ● *Wenn der Wein nimmär gekocht hat, sinn die Fesser zugschlaan un ufgfillt ginn.* [Ost V]
→anfüllen, füllen.

auffüttern - schw, aufitən, -kfitət [Seik, StI II]
B, V: (von Bienen und Jungtieren:) durch zusätzliches Füttern stärken, das Wachstum und die Widerstandskraft anregen ● *En gute Imke muss die Kenigin tausche un die Völker auffitten, aufstärke mit eine Reizfütterung, dass se gut iwwen* (über den) *Winter kommen.* [Seik II]
→füttern; Reizfütterung.

aufgehen - st, aufge:n, -gaŋən [Aug, Bay, Ed, Schor, Wein I, Asad, Ora, Resch, Stei, Tem V]; aufke:n, -kaŋə [Na V]; aufke:ə, -kaŋə [NA V]; ufke:ə, -kaŋə [Fak, Ga, Glog, StA, Wil V]; ufke:n, -kaŋ [Bak, Ben, Bog, GJ, GK, Len, Low, Ost, War V]
Allg: (von Pflanzen:) sprießen, aus der Erde wachsen ● *Wenn's aufgange is, dann is härausgeropft woan* (↑herausrupfen) *un is vupickt woan* (↑verpikieren). [NA V] *Un wann de Kukrutz schen ufgang war, is er ufgriss ginn* (↑aufreißen) *mid em Hackpluch* (↑Hackpflug) *un nohhär ghackt mit der Hand.* [Ost V]
→wachsen.

aufgespalten - Adj, a:fkʃpoltnt [ASad, Lind, Wei, Wolf V]
Fo: in mehrere längliche Teile zerlegter Baumstamm ● *Gschlofn ham-mar draaßt* (draußen) *in Wold in oane* ↑*Koliba, die is vo aafgspoltnde Bretten gmocht gwest.* [Wei V]

aufhacken - schw, aufhakn, -khakt [Aug, Ed, Wud I, ASad, Franzd, Ora, Resch, Tem, Wolf V]; ufhakə, -khakt [Baw, La, II, Ap, Fil, Pal, WeprIII, Put, Tom IV, Bog, Bru, Fak, Ga, Glog, Len, Lieb, Sad, StA, War, Zi V]
1. A, Fo, G, O, V, W: durch Hacken etwas freilegen ● *Alle morjets hod er in de Grufte* (↑Gruft) *des Eis imme so ufghackt, Stecker* (↑Stück) *ghackt, un des is in den Eiskoste 'neikomme.* [Baw II] *Denoh hot mer die Bruscht* (↑Brust 1) *ufghackt, mit oom stärkere Messer, ans Bruschtbein.* [Lieb V] a. A, G, W: Pflanzenteile von der daraufliegenden Erde befreien ● *Ja, da muss me ufhack, net. Die Steck senn zugedeckt iwwe Windr, des muss ufghackt wär.* [La II] *Es war jo immer viel Arwet* (↑Arbeit) *in de Wingerte, im Frihjohr ufhacke, schneide, no später spritze* (↑spritzen 1a), *hefte* (↑heften) *un stutze* (↑stutzen). [Bru V] b. Fo, O: die Baumrinde öffnen ● *De Baampicker* (↑Baumpicker) *hackt die Rinde uff un sucht sich Käffre un Wirem* (↑Wurm 2). [Fak V]
→(1a) hacken, zudecken.

aufhalten - st, aufhaldn, -khåldn [Petschw II]; ufhaldə, -khaldə [Fak, Ga, Glog, StA, Wil V]; ufhalə, -khalə [Bak, Ben, Bog, Bru, Charl, Jahr, Wis V]
A: etwas geöffnet hinhalten, um darin Körner usw. auffangen ● *Un do woan extri Leit, die wu die Seck aufghåldn hamm, un dot is neigrunne* (↑hineinrinnen) *de Waaz* (↑Weizen). [Petschw II] *Wam-mer gedrescht hot, no hot mer 's* ↑*Fruchttuch verwendt, for die ausgfallne Kärn* (↑Kern 2) *ufhalle.* [Bru V]

aufhängen - schw, (st), aufheŋən, -kehŋkt [Bad II]; aufheiŋən, -kheiŋt [Ed, KT, Wud, Wudi I]; aufheŋə, -khent [Fek, Petschw II, NA V]; ufheŋə, -khent [StI II, Ap, Stan III, Bak, Fak, Ga, Glog, StA, Wil V]; ufheŋə, -kheŋkt [Gai III]; ufheŋgə, -kheŋgt [Sulk II]; (st) aufheŋkə, -khaŋkə [Neud III]; ufheŋə, -khoŋk [Alex, Bill, Bog, GK, Gra, Low, Ost, War, Wis V]
A, G, O, T, V, W: etwas an einem Haken oder Nagel anbringen; über einen Balken hängen ● *Die Othella* (↑Othonell) *hot me aa aufgheingt.* [Wud I] *No is de Sau aufghengt woen ufn Galige, de woar uff vier Fiss gstanne.* [Fek II] *No hadde se die große Kesseck* (↑Käsesack), *die hunn se ufghengt, un owwedruf is die Molge gewest.* [StI II] *Dann die Blätter oosteche* (↑anstecken) *mit de Tuwaksnåål* (↑Tabaknadel), *un no ufhenge in e Schopfe* (↑Schuppen). [Sulk II] *Un no is die Sau ufghengt warre un is vertranschiert warre*

(↑transchieren) *vum Schlachter.* [Ap III] *Noh hot mer die Sau schen nufgezoge un ufghengt.* [Stan III] *Soviel Stick Wäsch wie mer zwischer Weihnachte un Neijohr ufhängt, soviel Häit* (↑Haut) *hängt mer des Johr uff de Kehlbalke.* [Bak V] *Die Trauwe ware in der ↑Speis ghong, aach an Schnier ufghong.* [Ost V]
→daranhängen, hängen; Aufhängeweinbeere.

Aufhängeweinbeere - f, aufhaiŋkvāīɐmpɐ, Pl. id. [Aug, Ed, GT, KT, Scham, Schor, StIO, Wein, Wud, Wudi I]
W: haltbare, auf einem Gestell aufgehängte und getrocknete Trauben ● *Die ↑Tschiri sann die Aufheingweiemba gwejest, die hot's nue in Wudeasch gejem.* [Wud I]
→Weinbeere, Weinbeerenkraxe; aufhängen.

aufhäufen - schw, ufhaufə, -khaift [Ost V]
Allg: (sich) zu einem Haufen ansammeln ● *Dann hann die Leit Mischt gfihrt, was sich iwer Winder ufgheift hat.* [Ost V]
→häufen; Haufen (1b).

aufheben - schw, aufhe:bn, -kho:bn [Fek II]; ufhe:və, -kho:və [Ap III]
A: landwirtschaftliche Produkte für den späteren Verzehr aufbewahren ● *Wann där austrecklt* (↑austrocknen) *woar, der Kukurutz, der Waaz* (↑Weizen) *un des Sache, des is leichte aufhebn. Weil de Kukrutz is feichter, där verschimmlt* (↑verschimmeln) *stark.* [Fek II] *Do hot's jo noch kei Kihltruh* (↑Kühltruhe) *gewwe, wu mer die Fisch hat länger ufhewe kenne.* [Ap III]

aufholen - schw, ufhole, -ghol [Wies, Wis V]
Allg: (von einer Finanz- oder anderen Behörde:) die Höhe der Abgaben festlegen ● *Wann ufghol is war, hann se gsaat, aso bei 800 Schnier* (↑Schnur 1a) *do sinn 200 Schnier Sandthuwak* (↑Sandtabak), *400 Schnier Hauptthuwak un 200 Kipplthuwak* (↑Gipfeltabak). [Wies V] **Anm.**: Statt *aufnehmen,* 'verzeichnen' wird hier *-holen* verwendet. ■ PfWb I 379: 3. 'beschlagnahmen'; vgl. auch *aufnehmen* PfWb I 386: 2.g: 'Vermögen, Inventar usw. registrieren'.
→abliefern.

aufklopfen - schw, ufklopfə, -kəklopft [Bog, Fak, Glog, Ost V]; ufklopfə, -klopft [Ga, StA V]
Allg: etwas durch Schlagen öffnen ● *D'Nusse wärn ufklopft un die Kärn rausgnumme.* [StA V]

aufkreuzen - schw, aufkraitsə, -kəkraitst [Brest III, Tom IV]; ufkraitsə, -kəkraitst
A: Getreidegarben, aber auch Hanf oder Maisstängel zu Kreuzen aufschichten ● *Aso do hemmer noch um acht Uhr oweds (abends) aufkreizt, des ware lange Tage.* [Brest III] *Mer hat den Hanf ufgekreizt, awwer net dicki Bärte.* [Ost V]
→Kreuz (1a).

aufladen - st, aufla:dn, -kela:dn [NA V, OW VI]; auflå:də, aufkelå:t [Gbu II]; ufla:də, -kla:də [Jood II, Fak, Glog, Ost V]
Allg: (ein landwirtschaftliches Produkt) auf ein geeignetes Transportmittel bringen ● *Do håd me die Goarwe* (↑Garbe) *uff den Woge aufgelåd un no hod me sich dot draufgsetzt.* [Gbu II] *Es gibt den Spenitärwagge* (↑Spediteurwagen), *dä hod nochhe Seitetaal un dä isch noch so ebe, dam-me uflade druf kann un des leuchter isch zu ablade.* [Jood II] *Da hat me ↑Maut bezahlt. Die Fußgenge habe misn einen Lee zahln un die Wegn hamm mise zwanzich bis dreißich Lee bezahle, dennach, was sie aufgladn ghabt habn.* [NA V] *Dann hann se uf de Waa* (↑Wagen) *Zwärchhelzer* (↑Zwerchholz) *druf un Newetstange* (↑Nebenstange), *un hann aagfangt uflade.* [Ost V] *Un da is schon die Strecke, un wird des in die Waggonettn aufgeladen un wird ein Zug runtegebracht.* [OW VI]
→ab-, darauflade.

auflesen - st, aufle:zə, -gəle:zə [La II]
W: vom Boden aufheben, sammeln ● *Ich sog ja imme zu unsre Leit, nor auflese de Pär* (↑Beere), *wal von de Pär git's de Wei* (↑Wein), *net von de ↑Stiel, hehe.* [La II]
→lesen (2).

auflösen - schw, aufle:zə, -kele:st [Ben, Bog, LenV]; aufle:zə, -kle:st [Tax I, Ha, Seik, StI II]; ufle:zə, -kəle:st [Ap, Fil, Hod, Tscher III, Put, Tom IV, Bak, Gra, Len, Nitz, War V, Bil, Pe VI]; ufle:zə, -kle:st [Ga, Fa, Glog, StA, Wil V]
Allg: (einen festen Stoff) in einer Flüssigkeit zerfallen lassen ● *Des Winterfutter entsteht ven Zucker; Kristaalzucker tun mir auflesn, un das wird dene Bien gfittet.* [Seik II]

aufmachen - schw, aufmoxə, -kəmoxt [Fek II]; ufmaxə, -kmaxt [Fak, Ga, Glog, StA, Wil V]; ufmaxə, kəmax [Alex, Bog, Bru, Charl, Gutt, Jahr, Len, Low, Ost, War, Wis V]
1. A: aufbinden, einen Knoten öffnen ● *Aans* (einer) *hat aufgemocht die Goarwe* (↑Garbe).

Noch woan Spreitroger (↑Spreuträger) *un Strohschiewer* (↑Strohschieber). [Fek II] 2. A: aufsetzen • *For Haai ufmache hot mer Holzgawwle* (↑Holzgabel) *verwendt.* [Bru V] ■ PfWb I 384 f.: 1. 'öffnen', 2. 'eröffnen, gründen', 3. 'in die Höhe bringen, aufsetzen'; RheinWb V 678 f.; BadWb I 84.
→(2) aufsetzen.

aufnehmen - st, ufnemə, -knumə [Fak, Ga, Glog, StA, Wil V]
V: (von weiblichen Haustieren:) befruchtet werden • *Die Los* (↑Lose) *hat uff de ↑Halt ufgnumme.* [StA V] ■ Gehl 1991, 200.
→bären.

aufplatzen - schw, ufplatsə, -kəplatst [Brest III, Tom IV, Lieb V]
Allg: durch starken Innendruck auseinanderplatzen • *In dem Klee is Tau driwergange un die Kih henn zu schnell gfresse, no sinn secks-siwwe Stick ufgeplatzt, sin alli eigange.* [Tom IV] *Manchmol is e Worscht im Worschtkesssl ufgeplatzt.* [Lieb V]

aufraffen - schw, aufrafə, -kraft [Sulk II]; ufrafə, -kraft [Bog, GK, Len, Low, Ost, War V]
Allg: etwas am Boden Liegendes schnell aufsammeln • *No hod me Bandl* (↑Band 1) *mache mise und aufraffe mit de Sichl.* [Sulk II] *Un dann is ufgrafft ginn der butzliche* (↑butzlig) *Kukrutz* (↑Kukuruz), *de klaane* (klein) *un griene.* [Ost V]
→raffen.

aufräumen - schw, ufra:mə, -kra:mt [Drei, Kreuz, NA, Wies V]
W: die Weinreben im Frühjahr aufdecken • *In Weigoade muss mer im Frihjahr aufraame un oobinne* (↑anbinden) *die Rewe, wenn se mol treiwe* (↑treiben 4). [NA V]
→aufdecken.

aufreiben - st, (refl.), aufraibn, -kri:bn [Aug, Ed, GT, Schor, Wer, Wud I, Petschw II, In, Ru IV, ASad, Lug, Resch, Tem, Wer, Wolf V, OW VI]; ufraibə, -krivə [Tom IV, Fak, Ga, Glog, StA, Wil V]; ufraivə, -kri:p [Bog, Bru, GK, Gra, Len, Ost, War, Wis V]
V: (vom Tierkörper:) durch ständigen Druck des Geschirrs wund scheuern • *Am Rossgschärr* (↑Rossgeschirr) *sinn die ↑Strupfer, dass sich die Ross net ufreibn.* [Fak V] *Wichtich war, dass de ↑Siele richtich gelee* (↑liegen) *hat, sunscht hann sich die Ross ufgrieb.* [Ost V]
→reiben.

aufreißen - st, ufraisə, -kris [Ost V]
A: die Oberschicht des Bodens mit einem Gerät öffnen • *Un wann de Kukrutz schen ufgang war* (↑aufgehen), *is er ufgriss ginn mid em Hackpluch* (↑Hackpflug) *un nohhär ghackt mit der Hand.* [Ost V]
→ackern, hacken.

aufribbeln - schw, aufrɛvyn, -krevyt [Ed, GT, KT, Scham, Wein, Wud I]
W: eine Masse durch Reiben lockern • *Die Trejwe* (↑Treber) *sann aufgräwüt woan, e poa Aumbe* (↑Eimer) *Wossa driwaglaat* (↑darüberleeren), *und nocha eff de eiseni Prejs naumoj auesprejsst woan.* [Wud I]
→ribbeln.

aufschlichten - schw, ufʃliçtə, -kʃliçt [Bru, Charl, Fib, Jahr, Nitz V]
Allg: ein Material bzw. landwirtschaftliches Produkt in Schichten übereinanderlegen, aufschichten • *Nochm ↑Schnitt sein die Newerstange uff de Waa* (↑Wagen) *montiert gewe* (worden), *for die Garwe* (↑Garbe) *druf ufschlichte.* [Bru V]

aufschneiden - st, aufʃnaidə, -kʃnitn [Bohl II]; aufʃnaidə, -kʃnitə [Bold II]; aufʃnaiən, -kʃniən [Fek II]; aufʃna:in, -kʃni:n [Wud I]; aufʃnain, -kʃnin [Pußt I]; ufʃnaidə, kʃnitə [Oh II, Stan III]; ufʃnaidə, -kʃni:də [StI II, Fak, Glog V]; ufʃnaidə, -kʃnit [Bog, Ger, GJ, Len, Lieb, Ost, War V]
A, V, W: etwas mit einem scharfen Werkzeug schneidend öffnen • *Also die Bandl* (↑Band 1) *ham-me aufschnein miëssn, nod hod me's heiflweis* (↑haufenweise) *zammgschmissn.* [Pußt I] *Noch honn se ufgschniede un de Schwanz rausgschniede.* [StI II] *Noh is die Sau in der Mitte ufgschnitte worre.* [Stan III] *Vorne war sie vun owwe bis unne ufgschnitt.* [Lieb V] *Die ↑Schneiderin hat die Garb mit em gschliffene Messr ufgschnitt un hat se rechts ginn zum Inlosser* (↑Einlasser). [Ost V]
→schneiden.

aufschobern - schw, ufʃe:vrə, -kʃe:vərt [Bog, Bru, Ost, Wis V]
A: Heu oder Stroh auf Haufen setzen • *Des truckne Haai is ufgschewert gewe* (worden) *uff*

Potrenze (↑Petrenze). *Mit zwaa Potrenzestange hunn sie des Haai an de Schower getraa.* [Bru V]
→schobern; Schober.

aufsetzen - schw, aufsetsə, -ksetst [Fek II]; ufsetsə, -ksetst [Wem II, Ap, Brest, Gai, Stan, Tschwer III, NP, Tom IV, Alex, Bog, Bru, Charl, Fak, Fib, Ga, GK, Glog, Gra, Gutt, Len, Low, Nitz, Ost, StA, War, Wil, Wis V]
A: etwas übereinander aufschichten • *Wie es Steck fätich war, noch sein die Goarwe* (↑Garbe) *aufgesetzt woan uff Heiwe* (↑Haufen). [Fek II] *Die ↑Schnitter henn die Garwe oweds zammgetrage un achtzeh Garwe uf e Kreiz* (↑Kreuz) *ufgsetzt.* [Stan III] *Do hat mer Trischte ufgsetzt, do war no die Fruchttrischt* (↑Fruchttriste). [Tom IV] *Er hat's letschti Laab* (↑Laub 1b) *zum Laabschuwwer* (↑Laubschober) *ufgsetzt.* [Bog V] *Geger Owed* (Abend) *hor mer die Garwe zammgetraa un uff Kreiz ufgsetzt.* [Bru V] *Un wenn sie e gudes Stick* (↑Stück 1a) *gmeht hann ghat, dann hann se die Garwe ufgsetzt uff Kreiz.* [Ost V]
→aufmachen (2), -schichten, darauftun, setzen (1).

aufspalten - st, schw, auffpåldn, -kʃpåldn [Petschw II]; auffpaltn, -kʃpalt [PrStI III]; auffpaldə, -kʃpaldə [Bold, Nad II]
Fo, V: ein Werkstück oder ein geschlachtetes Tier mit einem Werkzeug in zwei Teile zerlegen • *Dann wäd die Schwei[n] aufgspåldn un die Därem* (↑Darm) *rausgnumme* (↑herausnehmen 2) *un neitragn am Håckstock* (Hackstock), *un noch wäd' s aufgeoarwet* (↑aufarbeiten). [Petschw II]
→spalten.

aufspreiten - , uffpra:tə, -kʃpra:tə [Jood II]
A: mehrere gleiche Dinge ausbreiten *Etym.*: Vgl. mhd. *spreiten* (veraltend) 'ausbreiten'. Auch *Spreite*, 1.b (landschaftlich, besonders schwäbisch:) 'ausgebreitete Lage von Getreide zum Dreschen'. (DudenWb 6, 2458). • *Un do isch des ufgspraate worre un isch zammbunde worre uf so Hoifle* (↑Haufen) *uf em Feld.* [Jood II]

aufstellen - schw, auffteln, -keʃtelt [Saw II]; uffteln, -kʃtelt [Waldn III]; uffteln, -kʃtelt [Fak, Ga, GK, Glog, Gra, Len. Ost, StA, War, Wil V]; aufiʃteln, -kʃtelt [Pußt I]
1. A, H, W: aufrichten • *Auf dem Wogn is e Maaschbaam* (↑Meischebaum) *gwest, un doet is die Boding* (↑Bottich) *aufigstellt gwest.* [Pußt I] *Dann hat me'n Hanf gerupft, in Hampln* (↑Hampel) *gebunden un aufgestellt.* [Saw II] *Den Hannef* (↑Hanf) *hod me aufgstellt so auf Heifl* (↑Haufen). [Waldn III] *Uff de Mischbeddl* (↑Mistbeet) *sinn die Rahme mit Scheiwe* (↑Scheibe). *Die sinn ufgstellt ginn, je nochm Wädder.* [Ost V] 2. Fo, V: errichten, herstellen • *Durt hot er's Solz* (↑Salz) *mit de Erd vemischt und hot aa Heihittn* (↑Heuhütte) *aufgstellt.* [Wolf V]
→stellen (1).

aufteilen - schw, auftailn, -tailt [In, Ru IV]; ufta:lə, -kəta:lt [Kock II, Bak, Bog, Fak, Ga, GK, Glog, Len, Low, Nitz, Ost, War, Wil, Wis V]
Allg: eine größere Einheit auf mehrere Teile aufgliedern • *No henn sie die Hutwaad* (↑Hutweide) *ufgetaalt uff Parzelle.* [Kock IV] *Där Hausgrund is in vië Parzelln aufteilt woan.* [Ru IV] *War e großi Wärtschaft, bei achtzich Joch Feld ware, des is no ufgetaalt ginn.* [Gott V]
→teilen; Aufteilung.

Aufteilung - f, ufte:luŋ, Sg. tant. [Bog, Drei, Eng, GJ, Gra, Kreuz, Wies V]
Allg: Verteilung eines Ganzen in mehrere Teile • *Un bei de Ufteelung hat jeds vun de Ansiedler a halb Joch Garte griet.* [Wies V]
→Teil; verteilen.

aufwachsen - st, aufivoŭksn, -kvoŭksn [At, Erb, GT, Ins, OG, Pußt, Schau, Tar, Wein I]; ufvaksə, -kvaksə [Fak, Ga, Glog, StA, Wil V]; ufvaksə, -kvaks [Bog, Ger, GJ, Low, War V]
W: (von Pflanzen:) sich entwickeln • *De hamm jo miëssn aufiwoucksn so hoch, die Weireem* (↑Weinrebe). [Pußt I]
→wachsen.

aufziehen - st, auftsi:ə, -kətso:gə [GBu II]; auftsi:gə, -kətso:gə [OG I]; uftsi:gə, -kətsog:ə [Ap, Hod, Ker, Web III, Tom IV, Fak, Ga, Glog, StA, Wil V, Pe, Suk, Tur VI]
V: Haustiere pflegen und groß ziehen • *Un dann ziehg i auf alle Jahr fünfzig Hiëndl* (↑Hendel). [OG I] *Also die Leit frihe, die honn die Geil* (↑Gaul) *un Huscherje* (↑Hutsch) *aufgezoge, net, un die Kih.* [GBu II] *Die Wutzle* (↑Wutz) *sinn noh ufgezoge warre un gmescht* (↑mästen) *warre. (...) Do warre großi un klaani Hase, die hot mer kenne ufziehge.* [Ap III]
→halten, ziehen (2).

Auge - n, auk, augn [Ru IV]; auk, augə [Ap III, Fak, Ga, Glog, StA, Wil V]; au, auə [Ker, Bak,

Bog, Gott, Gra, Heuf, Len, Low, Nitz, Ost, StAnd, War V]
1. V: Sehorgan des Tiers • *Un am Kopp, do ware die Auge, die Ohre die Schnuss* (↑Schnusse) *mit de Naselecher, die Zung un die Zeh* (↑Zahn). [Ap III] *Ee Krak* (↑Krake) *hackt der anner net die Aue aus.* [Ker III] *Bei dem laafe die Meis* (↑Maus) *in der ↑Speis rum un hann die Aue voller Träne* (weil sie nichts zu fressen finden). [Bog V] *Des Ross hat wehi* (↑weh) *Auge.* [Fak V] 2. Fo, O, W: Knospe an Rebstöcken und Bäumen • *Aufaungs Oprüj* (April) *hot me die Rejem* (↑Rebe) *gschnien, eff aan owwe zwaa Augn.* [Wud I] *De Rebstock ha mer eine Rebn stehn lassn, mit vier odder fümf Augn.* [Ru IV] *Die Aldi hann de Weingaarte gschnitt uff drei-vier Zappe* (↑Zapfen) *mit zwei-drei Aue.* [Ost V] ■ PfWb I 418-425: 1. 'Sehorgan des Menschen und des Tieres', 4. augenähnliche Dinge, a. 'Stiefmütterchen', b. 'Keime an der Kartoffel', c. 'Knospe', d. 'Fettauge auf der Suppe'; RheinWb I 308-325; BadWb I 88 f.; Gehl 1991, 108.
→(1) Augenweh, Kopf (1a), Pfauenauge; (2) Rebenstock.

Augenweh - n, augəve:, Sg. tant. [Fak, Ga, Glog, StA, Wil V]; auəve: [Bak, Bog, Gott, Gra, Low, Nitz, Ost, War V]
V: Augenkrankheit von Tieren • *Ich maan, des Ross hat Augeweh.* [Fak V] ■ PfWb I 429; RheinWb VIII 329; Gehl 1991, 108.
→Auge (1); weh.

ausarbeiten - schw, ausoɐrvətə, -kəoɐrvət [Baw, Fek, Seik, StI, Wem II]
A, H, V: etwas im Arbeitsprozess erstellen bzw. weiter bearbeiten • *Un die Kalbshaut ausgoarwed worn fir Kalbslede.* [Baw II] *Die Schåf sinn in jedn Frihjahr gschäet* (↑scheren) *woen, un die Woll* (↑Wolle) *is ausgeoarwet woan dann.* [Fek II]
→arbeiten.

ausbacken - st, auspåkn, -kepåkn [Aug, Ed, Schor, Wud I, ASad, Ora, Resch, Stei, Tem, Wei V]; auspakə, -kəpak [Bog, Ger, GJ, Len, Lieb, War V]; auspakə, -kəpakə [StI II]; auspoxə, -kəpoxə [OG I]
A, V: etwas so lange backen, bis es völlig gar ist, durchbacken • *Da ham-me es ganzi Joah Hiëndl* (↑Hendel) *fir ausboche, fir bratn un zem Gulasch.* [OG I] *In zwaa Stund is des Brot ausgebacke.* [StI II] *Es Härn* (↑Hirn) *hot me ausgeback dann un gess.* [Lieb V]
→backen, braten; ausgebacken.

Ausbehalt - , veraltet, ausphalt, Sg. tant. [Werb III]; ausnphalt [Tscher, Waldn III]; ausəmphalt [Sch, Tor III, Len, Mer, Orz, Ost, Low V]
A: das Altenteil, wobei der Bauer noch zu Lebzeiten das landwirtschaftliche Vermögen seinen Kindern überlässt • *Die Eltre, wenn sie iwwegebe hamm, no hunn se Ausnbhalt kriet vum Sohn.* [Waldn III] ◆ Nach der Übergabe des Bauernhofs erhält das Altbauernpaar von den Erben die vertraglich festgelegten landwirtschaftlichen Güter und Lebensmittel, bewirtschaftet seinen Hausgarten und hilft im Haus und bei größeren Feldarbeiten aus. Vgl. *Der Ausbhalter* von Josef Gabriel d. Ä.: "Ausbhalt! Un groß losst ich mr jetz vrschreiwe, weil vrschenke kännt ich immer noch, des was mir iwrich bleiwe tät." (Gsätzle 1969, S. 115) ■ PfWb I 432 f.; Aushalt RheinWb III 166.
→übergeben.

ausbeinen - schw, auspä:nə, -kəpä:nt [Stan III, Fak, Glog V]; ausban:ndlə, -geba:ndlt [Bog, Gra, Low, Ost V]
V: Fleisch vom Knochen lösen *Etym.:* Das Verb ist eine Abl. von *Bein* 'Knochen'. • *De ↑Schlegel is ausgebaant warre, do ware die Marikknoche* (↑Markknochen). [Stan III] *Die Vorderschunge gin* (werden) *ausgebaandelt un die Hinnerschunge* (↑Hinterschinken) *gsalzt un geraacht* (↑räuchern). [Bog V] **Anm.:** In der Variante *ausbaand(e)le* statt *ausbaanen* tritt Monophthongierung *ei>aa* und das Iterativsuffix -le auf, vor das epithetisches *d* tritt. ■ PfWb I 433; RheinWb I 599; BadWb I 91.
→auslösen; Bein, Knochen.

ausbessern - schw, auspesən, -pesət [Schor, Wein, Wud I]; auspesərə, -kəpesərt [Gai, Gak III]; auspesrə, -kəpesort [Alex, Bog, GK, Gra, Len, Nitz, Ost, War, Wis V]
A: Schäden instand setzen, reparieren • *Un dann tut mer grob spinne for Seck un Plochete* (↑Blache), *un vum feine Hauszwärn for Seck odder Plochete ausbessre odder Gschärr* (↑Geschirr) *nehe.* [Ost V]

ausbeuteln - schw, auspoitlə, -poitlt [Jood II]
Allg: ausschütteln • *Un vun dem Stroh hom-me noch ↑Schaub gmacht. Die senn ausbeutlt worre, un no senn sie zammbunde worre.* [Jood II]

→schütteln.

ausblasen - st, ausbla:zn, -kebla:zn [ASad, Franzd, Resch, Sekul, Tem, Wer V]; ausplo:zə, -kəplo:zə [Baw, Fek, Seik, Wem II, Ap, Fil, Hod, Ker, Siw, Tscher III, Put, Tom IV, Alex, Bak, Fak, GJ, Nitz, StA, Wil, Wis V]
B, V: etwas blasend reinigen ● *Un noch die Därm hot mei Votte gschlesse* (↑schleißen) *un ausgeblose, un in Sommer getrecklt* (↑trocknen). [Baw II] ■ PfWb I 434: 2. 'blasend leeren', 3. 'blasend reinigen'; RheinWb I 750; BadWb I 91.

ausbohren - schw, auspo:rn, -po:rt [Ru IV]; auspoə, -kəpoət [OG I]; auspǫ:ɐ, -pǫ:ɐt [Tol I]; auspo:rə, -kəpo:rt [Da, Glog V]; auspa:rə, kepa:rt [Oh II]
A, G: einen Gegenstand (eine Frucht) bohrend aushöhlen ● *Un die Kirwisl* (↑Kürbis) *had mer ausbohrt obn und ba ein kleine Loch had me die Keän* (↑Kern 1) *alles raus.* [Ru IV]

ausbraten - schw, auspro:tə, -kəpro:tə [Jood II]; auspro:də, -kəpro:də [StI II]
V: braten, bis es flüssig ist; (Fett, Speck) auslassen ● *Fer des Schmalz wurd die Haut vun dem Fett abzoge* (↑abziehen). *Un no wurds zammgschnitte in so klaani Sticker wie de ↑Kotzkazucker, un des wurd no ausbrode im Kessl* (↑Kessel). [Jood II] *Des ↑Fett is ausgebrode woar in eiserne Reindl* (↑Rein). [StI II]
→braten.

ausbrechen - st, ausprᴇçn, -kəproxn [Perschw II]; auspreçə, -kəproxə [Baw, Wem, II, AK, Ap, Fil, Pal, Sch, Wepr III, Put, Tom IV, Alex, Gra, Nitz, Schön, Wil V]; auspreçə, -kəprox [Bog, Gott, Len, War V]
A, G, H, T, W: unerwünschte Nebentriebe entfernen ● *Die vier-fümf Rewe, die därfe nur bleib, des anner muss ausgebroche wäär.* [Baw II] *De Weingoatn muss me haun* (↑hauen), *ausbrechn, bindn un spritzn* (↑spritzten 1a). [Petschw II]
→ausgeizen, brocken.

ausbreiten - schw, auspra:də, -kepra:t [StI II]
A: auf einer großen Fläche ausstreuen ● *Ja, vun Fruhjahr hod mer oogfangt zu ackre. Im Härbst hunn se schun de ↑Mist nausgfiehet, noch Mist ausbraade.* [StI II]

ausbrennen - schw, ausprenə, -kəprent [Baw, Seik, StI, Wem II, Ap, Fil, Mil, Wepr III, Put, Tom IV, Alex, Bru, GJ, NA, War, Wil V, NP VI]
B, W: (das Innere eines Gefäßes) durch Hitze und Rauch keimfrei machen ● *Die Biekärb* (↑Bienenkorb), *die wärre mit Äsche* (↑Asche) *ausgebrennt, des hom-mië imme so gemocht.* [Seik II]
→brennen (1).

ausbrocken - schw, selten, auəsprǫukn, -prǫukt [Ed, KT, Wud I]; ausprokə, -əprokə [Pußt I]
A, W: unnötige Pflanzentriebe ausbrechen, ausgeizen *Etym.:* Vgl. *brocken* 2: 'abbrechen, pflücken'. Dieses *brocken* hat, gegen *brechen* etwas Niederdeutsches, wie auch der nhd. *Brocken*. (BayWb 1/1, 347) ● *Wann die Reem* (↑Rebe) *so hoch is gwest, not hot me miëssn ausgeizn, des außebrockn.* [Pußt I] *Nom hot me die Bruat* (↑Brut 2) *auesbrouckt und in Gipf* (↑Gipfel) *obrauche.* [Wud I]
→ausgeizen, abbrechen, brechen (2), brocken.

auseinander nehmen - st, ausənandər ne:mə, -knumə [Ap, Hod, Mil III, In, Tom IV, Alex, Gra, Len, Low V]
V: das Fleisch zerlegen ● *Do wärd die Sau auseinander gnumme, un do is no extre de Speck, die Schunge* (↑Schinken), *de ↑Bauchspeck un es Klaafleisch* (↑Kleinfleisch). [Ap III]
→transchieren.

auseinander schneiden - st, auzənantʃnaidə, -kʃnitə [Jood II]
V: in kleinere Bestandteile zerteilen; transchieren ● *Die Sau wäd ausenand gschnitte, die Därem* (↑Darm) *kummed raus, un no geht sie uff de ↑Hackstock.* [Jood II]
→schneiden.

auseinzeln - schw, selten, ausä:ntsln, -auskə-ä:ntslt [Baw II]
A, Fo, G: (zu dicht stehende Pflanzen) aushacken ● *De Kukrutz* (↑Kukurutz) *hot misst ausgeaanzlt wär, senn bloß zwaa Steck gebliewe, die anneri hann misst raus.* [Baw II] **Anm.**: Das Verb ist eine Wortkreuzung zwischen *auhacken* und *vereinzeln*.
→schüttern.

ausfallen - st, ausfalə, -kfalə [Ost V]
A: (vom Samen:) aus dem Samenstand herausfallen ● *Beim ↑Fruchtfeld soll so gschwind wie meglich gstärzt* (↑stürzen) *ginn* (werden), *dass de Grassome* (↑Grassamen), *wu ausgfall is, wegkummt.* [Ost V]

→fallen; ausgefallen.

ausfliegen - st, ausfle:gə, -kflo:gə [Seik, StI II] B, Fo, V: (von jungen Vögeln und Insekten:) hinaus-, wegfliegen ● *En woarme Teg, noch flege die Bien aus. Do mache sie ihre Reinigungsflug un tun sich reinigen.* [Seik II]
→fliegen.

ausgebacken - Adj, auskəpakə [Fak, Glog V]; auspakə [Ga, StA V]
G, V: (von landwirtschaftlichen Produkten:) durch trockene Hitze im Ofen gegart ● *Oweds hädde mir Buwe halt gähn (gerne) ausbackene Åie gesse, awwe wuhär die Åie?* [StA V]
→ausbacken; ausgebackenes Fleisch.

ausgebackenes Fleisch - n, auskəpakənəs flaiʃ, Sg. tant. [Bohl, Mu, Petschw II, Ap, Hod, Mil, Sch III, Beschk, Put IV, Alex, Bog, Ernst, GJ, Len, Ost, Wis V, Bil, Ham VI]; auskəpakəs flaiʃ, Sg. tant. [StI II]
V: durch trockene Hitze und Fettzusatz gegartes Fleisch ● *Un noch waa gebrode Fleisch, ausgebacke Fleisch, un noch woa Salot (↑Salat 2) un saure Paprike.* [StI II]
→ausgebacken, ebackenes -, gebratenes Fleisch, Fleisch (1).

ausgebohrt - Adj, auskəpo:rt [Wem II, Fil, Mil, Tscher III, Be, Tom IV, Alex, Da, Fak, GK, Glog, Gra, Ost, War, Wil V]; auskəpa:rt [OH II]; auskəpoət [OG I]; auspo:rt [Ga, StA V]; auspo:ɐt [Tol I]
Allg: (von einem weichen Material:) mit einem scharfen Werkzeug ausgehöhlt ● *An die Laadre is noch a Peitschebehelder (↑Peitschenbehälter), vun Holz ausgebohrt, wu die Peitsch ningstoch (↑hineinstecken) wärd.* [Ost V]

ausgefallen - Adj, auskfalə [Gai, Gak, Pal, Sch III, Be, NP, Tom IV, Alex, Ben, Bru, Fak, Ga, GStP, Jahr, KöH, Len, Low, Sack, SM, War, Wil V, Bil, Ham, Pe VI]
A: (vom Samen:) aus dem Samenstand herausgefallen ● *Wam-mer gedrescht hot, no hot mer 's ↑Fruchttuch verwendt, for die ausgfallne Kärn (↑Kern 2) ufhalle (↑aufhalten).* [Bru V]
→ausfallen.

ausgefüttert - Adj, auskfudərt [Kock, Wem II, Gai, Wepr III]
V: durch Stallfütterung gut genährt ● *Die Hendler (↑Händler) sein in Fruhjohr kumme, wann die Ross gut ausgfuddert wore un henn fette Ross kaaft.* [Kock II]
→füttern.

ausgeizen - schw, auskaitsn, -kaitst [Pußt I]; auskaitsə, -kəkaitst [Sch, Tor III, Bog, Fak, Ga, GK, Glog, Len, Low, NA, StA, War, Wil V]
A, G, T, W: überflüssige Triebe des Maises, der Tomaten, des Hanfes, der Reben u. a. ausbrechen ● *Wann die Reem (↑Rebe) so hoch is gwest, not hot me miëssn ausgeizn, des außebrockn.* [Pußt I] *Dann hod me die Weigäede ausgegeizt, die Geize rausgschnitte.* [NA V] *Un die Pardeis (↑Paradeis), wann se Geize ghat hann, hat mer die misse ausgeize. Hat mer ihne Steckre (↑Stecken) ginn un ausgegeizt.* [Ost V] ◆ Überzählige Maistriebe aus den Blattachseln oder doppelte Wurzelschösslinge werden entfernt und dem Vieh verfüttert, damit sie nicht die Kraft vom Hauptschössling und den Kolben abziehen. ■ PfWb I 443; RheinWb II 1169; Bad I 93.
→ausbrechen, -brocken, herunterbrechen, geizen, jäten; Geiz.

ausgespitzt - Adj, auskeʃpitst [OW VI]
Allg: (von einem Werkzeug:) geschärft, zugespitzt ● *Die Rindn (↑Rinde) geht sähr leicht 'runder mit e kleine Schaufl (↑Schaufel), un die is scharf, is gut ausgespitzt.* [OW VI]
→geschliffen, scharf (1).

ausgewachsen - Adj, auskvaksn [Aug, Erb, Krott, OG, Pußt, Tar, Wein, Wud I]; auskvaksə [Mil III, Tom IV, Fak, Ga, Glog, StA, Wil V]; auskvaks [Sch, Siw III, Bog, Gott, Gra, Low, War V]
W: zur vollen Größe herangewachsen ● *Wann de ↑Stock (1a) scho ausgwacksn is, no hot me miëssn oostutzn (↑abstutzen), und so is des gange.* [Pußt I]
→auswachsen, wachsen.

ausgleichen - st, ausklaiçə, -kəkliç [Bog, Ernst, GK, Len, Low, Ost, Stef V]
Allg: Unterschiede beseitigen, einander angleichen ● *Dann hat a Kommission bestimmt, die Stut kummt zum Hengscht Nummre sounso, dass die sich ausgleiche.* [Ost V]

ausgraben - st, (schw), auskra:və, -kəkra:və [Ap, Gai III, NP, Tom IV, Fak, Ga, Glog, Pan, Sad, StA, Wil V]; auskra:və, -kəkra:p [Bill, Bog, Bru, Gott, Gra, Hatz, Len, Low, War V]; (schw)

auskra:və, -kəkra:pt [GJ, GK, Ost V]
Allg: Erde aus einer Vertiefung grabend entfernen ● *Do hat sich mol e Gsellschaft gegrind, die hann uff e paar Joch a Fischteich ausgegrabt un weggfihrt (↑wegführen) de Grund.* [Ost V]
→graben.

ausgrasen - schw, auskra:zə, -kəkra:st [Fak, Ga, Glog, StA, Wil V]; auskra:sə, -kəkra:st [Bog, GJ, GK, Len, Low, Ost, War V]
A, G, T: Kulturpflanzen von Unkraut manuell befreien ● *Ja, ausgseet (↑aussäen) den Salat, dann ham-mern versätzt (↑versetzen). Un dann hammer'n ghackt und hann's misse aach ausgrase, dass alles rein war.* [Ost V]
→rein.

aushacken - schw, aushakə, -khakt [Ker III, Fak, Ga, Glog, Ger, Heu, StA, StAnd, Wil V]
Allg: etwas durch Hacken ausrotten, entfernen ● *Ee Krak (↑Krake) hackt der anner net die Aue (↑Auge) aus.* [Ker III]

aushauen - schw, aushaun, -khaut [Aug, Ed, Krott, StIO, Tar I. Baw, Jood, Wem II]
A, Fo, O, W: durch Aushauen entfernen, roden ● *Des woan frihe gudi Sortn, do woan die Nohatreiwl (↑Neue) un die Ottelo (↑Othonell), wos jo jetz genzlich ausghaut senn.* [Baw II] ■ PfWb I 448 f.: 4. 'den verwilderten Weinstock roden'; RheinWb III 319; BadWb I 94.
→hauen.

ausjäten - schw, ausje:tn, -kje:t [At, Erb, GT, Ins, OG, Pußt, StI, Schau, Tar I]
A, G, T, W: Unkraut entfernen ● *Also des wos no außegwocksn is (↑auswachsen), hod me jetn miëssn, des is ausgjetn woen an jedn ↑Stock (1a).* [Pußt I]
→jäten.

ausklopfen - schw, ausklopə, -keklopt [Baw, Jood, StI, Wem II]
A: Getreidekörner vom Stroh trennen ● *Mit den Kurnstroh, wo ausgekloppt is, vun den hom-me die Saaler (↑Seil) gemocht.* [Baw II]
→klopfen (1).

auskochen - schw, auskhoxə, -kəkhoxt [Ha, Fek, Seik II, Ap, Fil, Pal III, Tom IV, Bog, Fak, Ga, Gra, NA, Nitz, StA, War V, NP, Pe VI]
1. B, V: ein landwirtschaftliches Produkt in siedendem Wasser zubereiten ● *Un där Schwoategender (↑Schwartengender) is ausgekocht woen un hat me kennt lengere Zeide, e halb Joahr aufhewe (↑aufheben).* [Fek II] *Un Wachs hånn ich noch andethalb Mette (↑Meter 3), was ich ausgekocht hånn.* [Ha II] *De Biezichte tut des Wocks auskoche, die Kenigin zichte (↑züchten 2), är macht, wie's meglich is.* [Seik II] 2. W: (vom Most:) gären ● *Wenn de Wei ausgekocht is im Fewer, zieche me'n Wei ab (↑abziehen 2).* [NA V] ■ PfWb IV 392-394: I. im eigentlichen Sinne, II. übertragen, 1. von Vorgängen in der Natur, a. (die Sonne) 'bringt die Trauben durch Wärme zur Reife', b. (der Most) gärt'; SüdHWb III 1577-1579; RheinWb IV 1095-1099.
→(1) kochen.

auskrücken - schw, auskrikə, -kəkrikt [Fek, Kock, StI, Surg II, Ker, Sch, Stan, Werb III, Be, Tom IV]
A: (vor dem Einschießen des Brotes:) die Glut aus dem Backofen ziehen ● *Mit de Kricke hunn se die Glut ausgekrickt un ausm Backowe rausgezoge.* [StI II]
→Krücke; herausziehen.

auskühlen - schw, auskhi:lə, -kəkhi:lt [Fek, StI II, Fak, Ga, Glog, StA V]; auskhilə, -kəkhilt [Nad II, Sch, Stan III, Be, Tom IV, Bog, Ost, War V]
V: an Temperatur verlieren, kalt werden ● *Fleisch hod ärscht dann misst (müssen) auskill. Noch hod me es Fleisch eigsalze (↑einsalzen) in em Fass, e Fleischfass.* [Fek II] *Noch hunn se aufgehengt, des hot mise dot auskihle, net.* [StI II]
→kalt.

auslassen - st (schw), auslozn, -klozn [Petschw II]; auslosə, -klosə [Ap III, Bog, Len, Low]; (schw) auslasə, -klast [Fak, Ga, Glog, StA V]; auslosə, -klost [Stan III, Ost V]
1. V: Fett durch Erhitzen aus dem Speck abfließen lassen ● *Die Menne tan Fleisch måhln un Bradwirscht (↑Bratwurst) måchn, dann Fettn schneidn, Fettn auslosn.* [Petschw II] *Fir Schmalz is des Fett in klååni Stickle in der Kessl kumme un is ausglosse warre. Des ware die Grammle (↑Grammel).* [ApIII] *No is Schmalz ausglosst worre, des war e große Arweit (↑Arbeit 1).* [Stan III] 2. Allg: freigeben, loslassen ● *Un der Inlossr (↑Einlasser) an der Trumml (Trommel), där hat die Garb (↑Garbe) so leicht iwwer die Trumml, die Echer (↑Ähre), un dann ausglosst.* [Ost V]
→(1) verschmelzen.

Auslauf

Auslauf - m, auslauf, Pl. id. [Fu, Jar, Ker, Tem, Waldn III]
V: vorderer Teil des Schweinestalls, Laufstall ● *De Saumischt un de Rossmischt is aff der Mischthaufe abgeleet worre, där war immer beim Auslauf vorm e jede Saustall.* [Waldn III]
→Salasch (3).

auslegen - schw, ausle:gə, -kle:kt [Ap, Fil, Ker, Pal, Wepr III, Be, NP IV, Fa, Ga, Glog, StA, Wil V]; ausle:jə, -kle:t [Sch, Siw III, Bog, Gott, Gra, Hatz, Ost, Wis V]
V: (von Vögeln:) das Eierlegen vor der Brutzeit einstellen ● *Un dann es Hinkl* (↑Hünkel), *wann's ausglegt hot ghat, no hot's gebrieht* (↑brüten). [Ap III]
→legen (2).

auslieschen - schw, ausli:ʃə, -kli:ʃt [Drei, Eng, Fak, Glog, Kreuz, NA, Ost, Wies, Wil V]
A: (wie: lieschen) ● *Meistns hod me die Kolwe mit Liesche gebroche* (↑brechen 2) *un nom ausgliescht für die Strohseck.* [NA V]
→lieschen; Liesch (1).

auslösen - schw, ausle:sə, -kle:st [GK, Gra, Low, Ost, War V]
V: Fleisch vom Knochen lösen ● *Manchsmol hat mer aa noch e voddre Schunke odder alli zwaa ausglest un des Fleisch in de Brotworscht ginn.* [Ost V]
→ausbeinen.

ausmachen - schw, auəsmoxn, -kmoxt [Aug, GT, KT, Scham, Schor, Wud, Wudi I]; ausmaxə, -kmaxt [Baw, Seik, Sulk, Surg, Wem II, Ker, Kol, Mil, Pal, Siw III, Be, Tom IV, Ben, Bill, Fak, Ga, GK, Gra, Low, Nitz, Ost, War, Wis V]
1. A, G: (ein landwirtschaftliches Produkt) aus der Erde heraushacken, ernten ● *Die Grumbire* (↑Grundbirne) *hod me mise mit de Haue* (↑Haue) *ausmache, wor noch ke Maschie* (↑Maschine 1). [Sulk II] 2. Allg: (eine Arbeitsleistung, Entlohnung usw.) absprechen, festlegen ● *De Weizäal* (↑Weinzettler) *hot auesgmocht, um en wiëvüjtn Töü* (↑Teil) *ea in Ocka* (↑Acker) *owwe Weijgoatn oawet* (↑arbeiten). [Wud I]

ausmaschinen - schw, ausmaʃi:nə, -maʃi:nt [Fek, Jood, Surg II]
A: Getreide maschinell dreschen ● *Had, es ware, was um Loh* (↑Lohn) *garbet honn, un wu mir gmaschient honn, mir honn zammgholfe* (↑zusammenhelfen), *un honn em jede soins so ausgmaschient.* [Jood II]
→maschinen.

ausmessen - st, ausmesə, -kmesə [Fak, Ga, Glog, StA, Wil V]; ausmosn, -kemosn [OW VI]
Allg: Länge, Fläche, Rauminhalt oder Gewicht von etwas genau feststellen ● *In e Viertlschaffl gehn 25 Liter Wei* (↑Wein), *aa Äpfl odde Frucht, was me grad ausmesse will.* [Glog V] *Der Weg kommt mit em Buldoser* (↑Bulldozer) *gemacht. Es ärstemal wiëd de Weg trassiët* (↑trassieren), *wird mit em Apparat ausgemossn.* [OW VI] ■ Gehl 1991, 245.
→messen.

ausmisten - schw, ausmistə, -kmist [NA V]; ausmitə, -kmiʃt [Fil, Gai, Gak, Mil, Pal, Sch, Werb III, NP, Tom IV, Bog, Fak, Ga, GK, Glog, Gra, Len, Low, Sad, StA, Ost, Wil V, Bil, Ham, Pe VI]
V: (einen Stall) von Tiermist säubern ● *Der Stall muss teglich ausgmischt wärre.* [Fak V] *De Pfäedstall hod me in de Frih mit de Gawwl* (↑Gabel 1) *ausgmischt.* [NA V] *Der Hinglstall un de Schweinstall ware hinne, newer em Mischt, dass mer leicht ausmischte kann.* [Ost V]
→misten (3).

ausnehmen - st, ausne:mən, -kŋomən [Aug, Ed, Schor, Wein, Wud I]; ausnemn, knomən [ASad, Franzd, Ora, Resch, Stei, Tem, Wei V]; ausnemə, -knumə [Fak, Ga, Glog, StA, Wil V]; ausnemə, -kənom [Fek, Nad, Wak, Wem II, Ker, Sch, Siw, Tscher III, Bog, Ger, Hatz, Kath, Len, War, Wis V]; ausnemə, -kənum [Be IV, Lieb V]
V: geschlachtetes Tier ausweiden ● *Dann is die Sau ausgenumm wor, in so e große Weidling.* [Lieb V] ■ PfWb I 461: 1. die Sau, 's Hinkel, de Has ausnemme; RheinWb VI 136; BadWb 1, 97.
→herausnehmen.

auspflanzen - schw, ausplantsə, -kəplantst [Bog, GK, Low, Ost V]
G: Gemüsepflanzen in die Erde setzen ● *Mir hann des net in Bettl* (↑Beet), *mir hann des glei in de Garte ausgeplant.* [Ost V]
→setzen (2a).

auspflücken - schw, ausplikə, -kəplikt [Bog, GJ, GK, Len, Low, Ost, War V]
G: (von Erbsen, Bohnen:) aus den Schoten lösen ● *Die Plickärbse, die hat mer ausgeplickt for*

↑Zuspeis[e] un Suppe koche. [Ost V] ■ PfWb I 462; RheinWb VI 766.
→Pflückerbse.

auspressen - schw, auspresə, -kəprest [Ap, Brest, Gai, Sch, Siw, Werb III, NP, Put IV, Bak, Bog, Fak, Ga, Glog, GJ, GK, Len, Low, Ost, Pan, StA, War, Wies, Wil V, Pe VI]; auspresə, -prest [Ha II]; auəspre:isn, -pre:ist [Ed, GT, KT, Wein, Wud I] A, B, G, O, W: durch Pressen von Saft befreien, ausquetschen ● *Die Trejwe (↑Treber) sann eff de eiseni Prejs naumoj auesprejsst woan.* [Wud I] *↑Wachs honn ich vekauft un Kunstrose lass auspress, wu me neitut in de Rahme.* [Ha II] *Wann se ausgepresst sinn, wann nicks mähr rauskummt, die ginn (werden) no verheckslt, die Ruwe (↑Rübe).* [Ost V]
→pressen, verquetschen.

ausputzen - schw, ausputsə, -kəputst [Hod III, Tom IV, Fak, Ga, Glog, GK, Low, Ost, StA, War, Wil V] Fo, G, O, W: (von Pflanzenteilen:) von überflüssigen Zweigen und Blättern reinigen ● *Die Leit hann e weickslne (↑weichselner) ↑Schuss ausgeputzt, dass er nor Zwacke (↑Zwacken) hat, for die Peitscheschnur.* [Ost V]

ausreiben - st, ausraivə, -kəri:və [Sei, StI, Wem II, Bill, Gra, Low, War V]; ausraivə, -krivə [Tom IV, Bru, Fak, Ga, Glog, Wil V] Allg: (einen Innenraum) durch Reiben reinigen und bearbeiten ● *Unno hom-me noch de Biekorb (↑Bienenkorb) mit Nesslaab (↑Nusslaub), vo Nessbeem ausgeriewe.* [Seik II]
→reiben (1).

ausrotten - schw, ausrotn, ausgərotət [OW VI], ausrotə, -krot [Bill, Bog, Ger, Low, Nitz, Ost, War, Wil V] Fo: (von Pflanzen und Tieren:) völlig vernichten ● *Bei uns gibt's nur de Uulu (↑Huli). Die fressn auch die Hühner, und die Taubn tut er ausrottn.* [OW VI]

ausrupfen - schw, ausrupfn, -krupft [Wud, Wudi I, Petschw II]; ausropə, -kropt [Stan III] A, G, H, V: etwas aus einem Untergrund ausreißen ● *De Kukrutz (↑Kukuruz) muss me ausrupfn, dann wänn die Kolm (↑Kolben) schänner.* [Petschw II] *No hot mer messe ausroppe der Kukrutz, nur zwaa Steck (↑Stock 1b) hot mer därfe steh lasse.* [Stan III]

→rupfen.

aussäen - schw, ause:ə, -kse:t [Bog, GK, Low, Ost V]; āū:sä:n, -ksä:t [Petschw II]; nause:n, -kse:t [Baw, StI, Wem II] A, G, H, T: Saatgut auf die Erde ausstreuen ● *Naja, de Waaz (↑Weizen), dä is schon in Härbst ausgseet woan, de Windewaaz.* [Baw II] *Hat, Klee aussaan, des muss mer in Fruhjahr.* [Petschw II] *Ja, ausgseet den Salat, dann hammern versätzt (↑versetzen).* [Ost V]
→säen.

aussaufen - st, ausaufə, ksofə [Ap, Hod III, Tom IV, Fak, Ga, Glog, Mar, Schön, StA, Wil V]; ausaufə, ksof [Mil, Sch, Siw III, Bak, Bog, Bru, GK, Gott, Jahr, Len, Low, Nitz, Ost, War, Wis V] V: (von Tieren:) das gesamte Wasser bzw. den gesamten Trank aufnehmen ● *Die Kuh hot e Ambr (↑Eimer) voll Wassr ausgsoff.* [Mil III]
→saufen.

ausschenken - schw, ausʃεŋkn, -kʃεŋkt [Aug, Ed, GT, KT, Schor, Wud, Wudi I] V, W: (von einem flüssigen Produkt:) ausmessen und verkaufen ● *Manichi Bauen (↑Bauer) hamm zwanzich, dreißich Litte Mülli (↑Milch) ghot. De is nue dehaam ausgschenkt woan.* [Wud I]
→verkaufen; Schankrecht.

ausschlagen - st, ausʃla:gə, -kʃla:gə [Bil, Ham, Mai, Pa, Schei, Suk VI]; ausʃlagə, -kʃlagə [Gai, Ker, Mil, Sch, Werb III, Be, Tom IV, Bog, Gert, GJ, Glog, Nitz, Ost, War, Wil V] A, O: (von Samen:) schlagend aus der Hülle lösen ● *Im Hirbscht hat mer d'Sunnerose ausgschlage un die Sunnerosekeäne bläht mit de Blehmihle (↑Blähmühle).* [Schei VI]
→schlagen (1).

ausschleudern - schw, ausʃlaidən, -kʃlaidət [Seik, StI II] B: (wie: schleudern) ● *Do senn ganze Agaziwelder (↑Akazienwald). Un do wart ich die Blitezeit (↑Blütezeit) ob, noch wit de Agazihonich ausgschleidet.* [Seik II]
→schleudern.

ausschneiden - st, ausʃnaidn, -kʃnidn [GT I, Stei V]; ausʃnaidə, -kʃnitə [Mi II, DSta, Fak, Gal, Glog, StA V]; ausʃnaidə, -kʃni:də [Jood, Fek II, Ap, Stan III]; ausʃnain, -kʃni:n [Wud I]; å:sʃna:idn, -keʃni:dn [Erb I] 1. Allg: einen (unfruchtbaren) Teil aus Bäumen,

ausschöpfen

Pflanzen, Früchten usw. herausschneiden ● *Die schajnsti Weiemba hot me auesgschnien und in Keawü* (↑Korb) *eieniglejgt* (↑hineinlegen), *mit Weiembablaal* (↑Weinbeerenblatt) *dezwischn.* [Wud I] *Wann so stark trocke war, is des Kukrutz schon welich* (↑welk) *ware, no hem-mer messe geh ausschneide.* [Stan III] 2. A: durch Schneiden etwas herstellen ● *No hom-me so Spießli* (↑Spieß) *ghet. Die ware so ausgschniede und e Stiel ghet, un mi senn in de Waaz* (↑Weizen) *gange, die Dischtl* (↑Distel) *raussteche.* [Jood II] 3. V: (männliche Haustiere) kastrieren ● *Mir hann gsacht Wutzerje* (↑Wutz). *De hot me Zuchtsau nu gsagt. De* [Eber] *is ausgschniede woen, dann ham-mir Buärg gsocht.* [Fek II] *Wenn de Ewwer* (↑Eber) *ausgschnidde wärd, des war no de Barich.* [Ap III] *De Hengscht is ausgschnitte worre.* [Fak V] ■ Gehl 1991, 200.
→(1-3) schneiden; (3) kastrieren; Barg.

ausschöpfen - schw, auəsəʃeipfn, -kʃeipft [Aug, Ed, GT, KT, Scham, Schor, Wein, Wud, Wudi I]
Allg: durch Schöpfen leeren ● *Mitn Tschutel* (Tschutra) *hot me in lejtzn Moust ve de Baueding* (↑Bottich) *aueßegschejpft.* [Wud I]

ausschütten - schw, ausʃitə, -kʃit [Sulk II, Ap, Fil, Hod, Mil, Pal, Sch, Stan, Tscher III, NP, Tom IV, Bak, Bru, Fak, Ga, GK, Glog, Gra, Nitz, Ost, Pan, StA, War, Wil V]
V: (von Tieren:) Junge werfen ● *Des is halt wichtich fer die Bauerei, wann wärd die Kuh ausschitte.* [Sulk II] *Un die ↑Wutz hot noh ausgschitt un hot Wutzle krigt, die henn am Tuttl* (↑Tutte) *gsoffe.* [Ap III] *Mir henn zwaa Kelwl ghat, wenn die Kuh hat Zwillinge ausgschitt.* [Stan III] *Unse Los* (↑Lose) *hat vorigi Woch ausgschitt.* [Glog V] *Die Stude ware dann im Winter hochtrechtich, un im Fruhjohr henn sie ausgschitt.* [Ost V] ■ PfWb I 475: 4. 'gebären' von Tieren; RheinWb VII 1963; BadWb I 99; Gehl 1991, 201.
→schütten; trächtig.

ausschwefeln - schw, auəsʃvaiəfyn, -ʃvaiəfyt [Aug, Ed, GT, KT, Scham, Schor, Wein, Wud I]
W: ein Fass (einen Raum) durch Schwefelrauch entkeimen ● *Me hot aa en Eischlog geiem* (gegeben), *die Weiembastuum* (↑Weinbeerenstube) *hot me mit Schweiefü* (↑Schwefel) *auesgschweiefüt.* [Wud I]
→schwefeln.

außenwendig - Adv, ausvendiç [Bru V, OW VI]; ausveniç [Oh, Seik, StI II]; auzəveniç [Fak, Ga, Glog, StA, Wil V]; ausəvendsiç [GK, Len, Ost V]; a:səvendiç [Ap III]
Allg: außenseitig ● *Enwennich nicht, nur auswennich senn die Kärb* (↑Korb 2) *als åbgschmiët, segt me so gschmiët mit Lehm un gewaaißlt.* [Seik II] *Die Wassermilone woarn auswennich grien un innwennich rot.* [StI II] *A Zweigspänner* (↑Zweispänner) *hat Schärrieme* (↑Scherriemen) *ghat. Die zwei in de Mitte, un die auswendsich sinn direkt gange.* [Ost V] ■ PfWb I 477; SüdHWb I 494.
→inwendig.

ausspitzen - schw, ausʃpitsn, -keʃpitst [OW VI]
Fo: schärfen ● *Des Holz muss mer abputzn. Die Rindn geht sähr leicht 'runder mit e kleine Schaufl, un die is scharf, is gut ausgespitzt.* [OW VI]
→spitzen; Spitze.

ausstechen - st, usʃteçə, kʃoxə [Fak, Ga, Glog, StA V]; ausʃteçə, -kʃtox [Bog, Len, Low, Ost V]
A: (von einer Pflanze) mit einem scharfen Werkzeug aus dem Boden entfernen ● *De Dischtlstecher war a Stecke un dran war so wie a Spachtl, a gschärftes, un mit dem had me die Dischtle ausgstoch.* (...) *Dann sinn die Ruwe mit de Ruwegawwl* (↑Rübengabel) *ausgstoch ginn.* [Ost V]
→stechen (3).

Ausstellung - f, ausʃteluŋ, -ə [Aug, Ed, GT, KT, Schor, Tar, Wein, Wud, Wudi I]
A, G, O, V, W: Schaustellung von landwirtschaftlichen Sortenprodukten ● *In de dreiße (1930er) Joah woan in Wudärsch (ON) oft Ausstellunge, hauptsächlich Pfiësichausstellunge un Traubnausstellunge.* [Wud V]
→Pfirsich-, Traubenausstellung.

ausstreuen - schw, ausʃtra:n, -kʃtra:t [Sulk II]
A: auf dem Boden verteilen ● *Me hod mit de Ross gackert es Feld un de Hawer mit de Hånd ausgstraat, unno is er oigeegt wore* (↑eineggen). [Sulk II]
→streuen.

austreiben - st, austraibə, -kətri:bə [Trieb V, Bat VI]; austraivə, -kətri:və [Fek, GBu II]; å:straibn, -å:stri:bn [Pußt I]
1. V: Vieh auf die Weide treiben ● *De war e*

austrocknen

Schofhalder, un där hat die Schåf ausgetriewe in Frihjahr. Un im Späthärbst hot er die Schåf haamgetriewe. [Fek II] Do woar de Seihalder, de hot die Sei ausgetriewe un oweds haamgetriewe noch. [GBu II] 2. B: Drohnen bzw. Ungeziefer aus dem Bienenstock verjagen ● Der woan Drohnen, ne Drohnen. Die Bienen vernichtn's sälbe (selbst), die Arbeiterinnen, do treiben sie's aus. 3. [Bat VI] A, Fo, O. W: anfangen zu sprießen ● Un node ham me die Steck (↑Stock 1a) in Hirbst eischlong miëssn, un de Stock hod not ååstriebn in Frühjoah. [Pußt I]
→(1) treiben (2).

austrocknen - schw, austroknə, -troknət; aūstrikə, -trikt [Tol I]; austreklə, -treklt [Fek II]; austriklə, -kətriklt [Jood, Nad II, Har III, Fak, Glog V]; austruklə, -kətruklt [Bog, Ger, GK, Ost, War, Wis V]
A: (von einem landwirtschaftlichen Produkt oder dem Ackerboden:) die Feuchtigkeit durch Einwirkung von Luft und Wärme verlieren ● Wann där austrecklt woar, der Kukurutz den Waaz (↑Weizen) un des Sache, des is leichte aufhebn. Weil de Kukrutz is feichter, där verschimmlt stark. [Fek II] De Mischt (↑Mist) muss em Winte odde Fruhjohr nauskumme ufs Feld und wärd undeackert (↑unterackern) gloi (gleich), sunscht tricklt er aus. [Jood II] Der Hannef (↑Hanf) is uff e Zaun odder uff e Strohtrischt kumme, dass er noch besser austrucklt. [Ost V]
→trocknen.

auswachsen - st, ausəvoksn, -kvoksn [Aug, Ed, Ins, OG, Pußt, StIO, Schau, Tar I]; ausvaksə, -kvaksə [Bog, Bru, Ger, GJ, Nitz, Perj, War V]
A, Fo, G, O, W: (von Pflanzen:) herauswachsen, unnötige Triebe entwickeln ● Also des wos no außegwocksn is, hod me jetn miëssn, des is ausgjetn woen an jedn ↑Stock (1a). [Pußt I] ■ PfWb I 487: 1. 'zu Ende wachsen', 2. 'herauswachsen'; BadWb I 102.
→wachsen; ausgewachsen.

auswälgern - , ausvelrə, -kəvelərt [StI II]
A: mit dem Wälgerholz dünn walzen Etym.: Das Grundwort wälgern ist eine Iterativbildung zum gleichbedeutenden walgen 'wälzen'. (DWb 27, 1236) ● In zwaa Stund is des Brot ausgebacke. Friher hod mer aa Kuche gebacke noch. E Stick ausgewellert, so groß wie de Backschisser (↑Backschießer) woar, un hot klaane Speckschnit- te druf un Zwippl (↑Zwiebel). [StI II] ■ PfWb I 487; BadWb I 102.

auswaschen - schw, ausvaʃn, -kvaʃn [Ru IV]; ausvaʃə, -kvaʃə [Petschw II, Fak, Glog V]; ausvåʃə, -kvåʃə [Glog V]; ausveʃə, -kəveʃə [Jood, StI II]; ausvǫʃn, -kvǫʃn [Aug I, Petschw II]
W: mit Wasser säubern ● Be die Woiles (↑Weinlese) kummen die Fesse 'ruf vun Kelle[r] un die Bodinge (↑Bottich) lli schee auswäsche. [Jood II] Do hunn se ärscht des Wasser rausgschitt (↑herausschütten) un ausgewesche, dass nicks drinbleibt vun den Melkkiewl (↑Melkkübel) [StI II] Des Fass had mer ausgwaschn und hat's gschweflt (↑schwefeln). [Ru IV] ■ Gehl 1991, 140.
→waschen.

auswintern - schw, ausvintrə, -kvintərt [Seik II]
B: die Bienen nach der Winterruhe pflegen ● Ja, in Frijohr, wann die Völker ausgewintert hon, un noch muss me trocht, dass jedes Volk sei Kenigin (↑Königin) noch hot. [Seik II]
→Wintertraube.

auswirken - schw, ausvirkə, -kvirkt [Fil, Sch, Stan III, Be, Put IV, Bak, Bog, Ger, GJ, Glog, Len, Nitz, Wis V, Ham, Mai, Pe, Schei, Suk VI]
A: den Brotteig zu Laiben formen ● Un denn ta mer's Brot auswirke in die Täpschene (↑Tepsi), so runde vun Blech. [Schei VI] ■ PfWb I 490; BadWb I 102 f.; SchwWb I 539.

ausziehen - schw, austsi:gn, -ketso:gn [OW VI]
Fo: spannen, straff ziehen ● Un die Drohtseilbahn is ganz einfach bei uns. Da wärdn solche Stendern (↑Ständer) aufgebaut (↑aufbauen), un dann wird de Droht ausgezogen. [OW VI]
→ziehen.

Baberjon - m, selten, ba:brjo:n, -ə [GStP, Gott, Trie, Wis V]
V: Schmetterling; Lepidoptera *Etym.:* Entlehnung aus frz. *papillon* 'Schmetterling'.
● *Mei Großvater sei Generazion, die hann die franzesisch Werter noch all gebraucht wie: De Babrion sitzt ufm Koglischaan* (↑Koglischan). [Trie V] ■ Petri 1971, 108.
→Schmetterling.

Bachstelze - f, (n), paxʃtelts, -ə [Bul, KK, Sek, Tscher III, DStP, Ger, Gutt, Ksch, Kud, Low, Mori, NA, NB, Rud, Stef, Tscha, Tschan, Tschak, Ui, War V]; pakʃtelts [Ker III]; paxteltsn [Stei V]; pakʃteltsn [StI II, Tscha III]; paxteltsər [In IV]; pakʃteltsər [Ben V]; (n) pakʃteltsl [Nitz V]; trekpaxʃtelts [GStP, Low V]
V: schwarz-weißer, kleiner Singvogel, mit mittellangen Flügeln, abgestutztem Schwanz und hohen, langzehigen Beinen; Motacilla alba ● *Schau mol, do huppse* (↑hüpfen) *zwaa Bachstelze uff de Scholle rum.* [Ker III] ■ PfWb I 506 f.; RheinWb I 356; BadWb I 105; Petri 1971, 110.
→Schollenhüpfer, Vogel.

Abb. 4 Bachstelze

Backe - f, pakə, Pl. id. [Baw, Sur II, Ap, Hod, Ker, Pal, Stan, Tscher III, Alex, Char, Franzf, Kath, Mram, Zich V]
V: Teil des Gesichts beim Tier ● *Un no war die Schulder un es Ohrwangl, des is der Hals, also an der Backe.* [Stan III]
→Vieh.

backen - st, pakn, kepakn [Tem, Wer V]; pakn, pakn [Ora, Stei V]; pakə, kəpakə [Baw, StI, Wem II, Ap, Fil, Hod, Mil, Sch, Siw, Stan III, Be, Tom IV, Bak, Bog, Fak, Ga, Glog, Len, Lieb, Low, NA, War, Wil V]; paxə, kəpaxə [Sulk II]
1. A, V: Teig durch trockene Hitze im Ofen (zu Brot oder Kuchen) garen ● *Die Weiwer honn imme die Kreppl gebacke, un noch dezu Wein un des ↑Dunst.* [Baw II] *Des eschti Mehl* (↑erstes Mehl) *war zu ↑Kolatsche[n] backe.* [Sulk II] *Mit Grammle hot mer a Kuche gebacke.* [Ap III] *Mer hot oweds Wärscht gekocht un Schmärkipfl hot mer gebacke.* [Stan III] *Die Pfannekuche wärrn mit bissl Schmalz in e haaßi Pfann gebacke.* [Glog V] *Mer soll zwische de Johre* (zum Jahreswechsel) *ke Brot backe, schunscht sterbt jemand.* [Lieb V] *Bei uns is Fleisch gebacke woan.* [NA V] *Abe die Kuchn, des hat me alles selbst gebackn, gel.* [Wer V] *De ham-mer des Brot bache, so große Brotlaib.* [Schei VI] 2. Fi, V etwas durchbacken, bis es gar ist, ausbacken ● *Die Kareischl* (↑Karausche), *die ware so klååni Fisch, die hat mer fer backe gnumme.* [Ap III]
→(1) ausbacken; Backerei, Backofen, -sache, -simperl, Strudelbacken; (2) ausbacken, bähen.

Backerei - f, pakərai, Sg. tant. [Baw II]; baxərai [Bil, Ham, Mai, Pe, Schei, Suk VI]; paxəra:i [Petschw II]
A: aus Mehl, Wasser, Zucker u. a. Zutaten hergestelltes Gebäck ● *Aso do ware gebrode Fleisch* (↑gebratenes Fleisch), *widde ↑Saures un noch Backerei.* [Baw II] *Zu Nachtmohl gibt 's e guedi Suppn, gfilldes Kraut, Bacheraai, hat Faschingkrapfn, Pogatschel.* [Petschw II] *Aff Nacht war Metzlsuppe. Da war Wurschtsuppe un gfillts Kraut mit Kneel* (↑Knödel) *un Bacheraai.* [Sulk II] *Zerscht ham-mer Brenntewei* (↑Branntwein) *un Bacherei, Zuckerzelte, we mer saget schwabisch.* [Schei VI]
→Backsache, Faschingskrapfen, Keks, Mehlspeise (1), Pogatsche, Strudel (1), Zuckerzelten, Torte; backen.

Bäckergasse - f, selten, pekəkas, -ə [Eng, Kreuz, NA, Wies V]
G: nach einer (früheren) Bäckerei benannte Dorfstraße ● *Wuchemoak* (↑Wochenmarkt) *is newen Fritthof* (↑Friedhof). *Frihe woar auf de Hauptgasse odde in de Beckegass.* [NA V]
→Gasse.

Backofen - m, pako:fn, -e:fn [Wik II, Wer V]; pako:fə, -e:fə [Ker III, Fak, Gal, Glog, Nitz, StA V]; pako:və, -e:və [StI II, Bog, Bru, GK, Len, Low, Ost, War V]; paxo:fə [Sulk II]; baxo:və [Bil, Ham, Mai, Pe, schei, Suk VI]; pǫxo:və [Wein I]
Allg: gemauerter Ofen zum Backen von Brot und Teigwaren und Dörren von Obst ● *No hunn se de Backowe ghitzt mit Raaisich.* [StI II] *A jeds Haus hod en Backofe ghot. Där war gut, besse wie in de Rehre* (↑Röhre), *ja.* [Sulk II] *Weil bei uns for de Backowe oder de Kessl schiere* (↑schüren), *Rewe* (↑Rebe) *un Stengle* (↑Stängel) *genuch ware, sein die Storze glei in der Forch* (↑Furche) *oder im Wech verbrennt gewe.* [Bru V] *Die Trauwe ham-mer abgepärlt* (↑abberen), *in Backowe getrucklt un mer hann s ganzi Johr Ziwewe* (↑Zibebe) *ghat.* [Ost V] *Mië hamm en sähe großn Backofn ghabt, wo vië so große Laib reingange sinn. Und über diesn Backofn waa auch en Reicheofn* (↑Räucherofen) *noch, wo me selbst gräuchet hat, wem-me gschlacht hat.* [Wer V] *De ham-mer es Fuier* (↑Feuer 1b) *im Bachowe gmacht.* [Schei VI] ◆ Der Backofen stand meist im Sommerhaus, gegenüber dem Wohnhaus. Darin wurden bei Bauernfamilien wöchentlich ein- bis zweimal große Laibe Bauernbrot und Brotkuchen aus feinem Weizenmehl gebacken und diese wurden zum Schutz vor dem Austrocknen im Kellereingang oder an einem anderen kühlen Ort aufbewahrt.
→Ofen; backen.

Backsache - f, paxsax, -ə [Jood II]
A: Gebäck, Kuchen ● *Sie bringe den Tanischte* (↑Tornister), *dot soll me noch e Wurscht noi un e* ↑*Glas voll woi un Backsach noi.* [Jood II]
→backen, Backerei, Zuckerbäcker.

Backschießer - m, pakʃi:zər, Pl. id. [Bru, Charl, Jahr V]; pakʃisər [StI II]
A: hölzerne Schaufel zum Einschießen der geformten Brotlaibe in den Backofen ● *Mit em Backschisser, so en runde, vun Breder* (↑Brett) *mit e langi Stange, hot me's rausgezoge.* [StI II] *Mit de Owekrick is die Glut un Esch* (↑Asche) *rausgschärrt gewe* (worden) *un mim Backschießer de gformte Brottäich* (↑Brotteig) *in de haaße* (↑heiß) *Backowe.* [Bru V] ■ PfWb I 524; RheinWb I 384.
→Krücke.

Backsimperl - n, paksimbl, Pl. id. [StI II]; paksimpəl [Wik II]; paksimbələ [Fak, Ga, Glog, StA, Wil V]
A: flaches, aus Stroh und Weiden geflochtenes Körbchen, in dem der Brotteig aufbewahrt wird *Etym.:* Die bair. Wortform ist ein Dimin. zu *Simmer* 'Hohlmaß für feste Stoffe', von frühnhd. *sümmer, summer*. Das vorausgehende mhd. *sumber,* ahd. *sumb(a)rī, sumbarīn, sumbar* bedeutet Korb. Weitere Herkunft unklar. (²³Kluge, 763) ● *Des Brot kummt in die Backsimbl 'nei, des woan so klaane Kerweje* (↑Korb), *vun Strouh un vun* ↑*Weide* (2) *woa des so zämmgflochte.* [StI II] ■ *Bachsumper* n. BayWb 1/1 194: 'Schüssel, aus Stroh geflochten, in welcher der Brotlaib zum Ofen gebracht wird'; *Sumber, Sümber* n. BayWb 2/1, 283: *das Simpal,* 'ein Brotkorb', *Bachsimperl; Simperl* in Wb2, 781 f.
→Simperl; backen.

baden - schw, pa:də, kəpa:t [Fek, Surg, Wem II, Fil, Ker, Sch, Siw, Wepr, Be, Put IV, Alex, Bak, Bru, Char, GJ, Nitz, Len, Low, Wis, Zich V]
V: (von Vögeln:) das Gefieder zum Schutz gegen Parasiten mit Staub bestreuen ● *Die Hehne bade im haaße Staab* (↑Staub) *un veschärrn* (↑verscharren) *de ganze Sǻndhaufe.* [StA V]

bähen - schw, peə, kepe:t [Ap, Fil, Ker, Mil, Sch, Siw, Tscher III, Tom IV, Bog, Fak, Ga, Glog, Gra, Len, StA, Wil, Wis V]
A, G: Brot oder geriebenen Kren im Backofen des Herdes rösten ● *Der Kree* (↑Kren) *hot mer griewe* (↑treiben 2), *hotn e bissl gebeht, dass er net so scharef* (↑scharf 2) *is, uno hot men zum Brotworscht hauptsechlich gesse.* [Ap III] ◆ Durch Erhitzen verliert der geriebene Kren an Schärfe. ■ PfWb I 530: 1. 'durch Wärme weich machen', 3. 'rösten' Zwieback, Brot, besonders als Suppeneinlage; RheinWb I 395; BadWb I 108.
→backen (2), rösten (2).

Bakati - m, selten, bakati, Sg. tant. [Ru IV]
W: Lagerschnaps aus aromatischen Traubensorten *Etym.:* Die Benennung des wohlriechenden Treberschnapses erfolgte nach dem Namen der ung. Rebsorte *Bakator* 'Rosentraube'. ● *Den Schnaps ham-mer Bakati gnannt, weil där von dem absetztn Leger* (↑Lager) *so grochn hat.* [Ru IV]
→Schnaps.

Balken - m, palkə, Pl. id. [Ost V]; palgə [Fak, Ga, Glog, StA V]
A: dicker, vierkantig gesägter Holzstab ● *Die Schlepp, des sinn Ringle (↑Ring) vum Schmidt oder färtich kaaft. Vore (vorne) is a Balke un dann sinn Ringle, die gehn alli inander.* [Ost V]
→Schleppe.

Ballen - m, palə, Pl. id. [Alex, Bog, Fak, GK, Glog, Kow; Len, Low, Ost, War, Wies, Wis V]
T: fest verpacktes Frachtstück, z. B. von Tabak ● *De Thuwak (↑Tabak) git (wird) vorhär in Balle gmacht, ballotiert.* [Ost V]
→ballotieren.

ballotieren - schw, selten, paloti:rə, paloti:rt [Alex, Bog, Ger, GK, Gott, Gra, Low, Ost, War, Wies, Wis V]
T: Tabak in Ballen zum Transport fest verpacken
Etym.: Im Deutschen gibt es zwar seit dem 15. Jh. das Lehnwort *Ballot* 'kleiner Warenballen', von frz. *ballot* 'kleiner Ballen', zu *balle* 'Kugel, Warenballen', das seinerseits auf frk. **balla* 'Kugel, Ball' zurückgeht. Unser Verb *ballotieren* geht allerdings von rum. *balot* 'großer Warenballen' aus, der auf dieselbe frz. Quelle *ballot* zurückführt. Davon wurde das Verb mit dem Suffix *-ieren* - als Eigenbildung - abgeleitet.
● *De Thuwak (↑Tabak) git (wird) vorhär in Balle gmacht, ballotiert.* [Ost V]
→Ballen.

Band - n, pant, pendər [Jood II, Tom IV, Jahr, Sad V]; pant, pęndər [Bad, StI II, Brest, Gai III, Tom IV, Jahr, Orz, Tsche V]; pant, pentər [Nad, StI II, StAnd V]; pant, pentr [Mil, Sch, Siw, Stan, Werb III]; pant, pendə [Jood II, Glog V]; pant, penər [Bog, Alex, Len V]; pånt, pęntə [Ganna I]; pantl, pęndl [GT I, Fu III, NP IV, Eng V, Glog VI]; pantl, Pl. id. [Aug, Wud I, DSta V]; päntl, Pl. id. [Pußt I]; pandl, Pl. id. [Sulk II] bęndl, Pl. id. [Fu III, NP IV, Glog, Orz V, Bur VI]; pendəli, Pl. id. [Tschat III]
1. A, W: Strohseil zum Binden der Getreidegarben und Maisstängel ● *Also die Bandl hamme aufschnein miëssn, nod hod me's heiflweis (↑haufenweise) zammgschmissn.* [Pußt I] *Vum Stroh hom-me Bende gmacht, von de Korn Bende.* [Jood II] *No hod me Bandl mache mise und aufraffe mit de Sichl.* [Sulk II] *Korn is nur gebaut worre far Bendr mache.* [Stan III] *Korn hot mer nor fir Bender mache angebaut.* [Tom IV] 2. A, W: farbiges Band zum Schmuck der Erntekrone ● *Owe woar e Reih Treiwl (↑Traube), un imme widder un so Bender in die Kroune neigebunde.* [StI II] ■ Gehl 1991, 132.
→(1) Seil, Strohband; binden.

Bandi - m, selten, bandi, Sg. tant. [Fak, Glog, Pan V]; båndi [Ga, StA, Wil V]
V: Rufname für männliche Pferde *Etym.:* Entlehnung des ung. Personennamens *Bandi*, ein Dimin. zu ung. *András* 'Andreas', über ung. *Andi*.
● *Die Rossname ware dann ungarischi Name: Bandi, Joschka, Latzi, Janni, Jultscha.* [Ost V] *Jede Bauer hot seu Geil (↑Gaul) mim Nåme gnennt: Båndi, Fanni, Ida, Låtzi, un ständich uff se gred bei de Arweit.* [StA V] ■ Gehl 1991, 198.
→Rossname.

Bär - m, (1) be:r, -n [OW VI]; pę:r, -ə [Ganna, Kir, Scham, Tax, Vert, Wet, Wudi I, Jörg, Sulk, Warsch II, Haj, Hod, Ker, Sch, Wasch III, Be, Ker IV, Albr, Char, De, Drei, Eng, Franzf, Ger, GJ, Gra, Gutt, Hom, Jahr, Joh, Jos, Karl, Kath, KB, Laz, Len, Lippa, Low, Mar, Mram, NA, Nitz, Orz, Ost, Rud, Schag, Schön, Seul, Tschak, Tschan, Tsche, Ui, STGB V]; pi̯:r, -ə [DStP, Tsch V]; pęəl [Bohl II]; (2) pę:r, -n [Aug, Ed, Schor, Wud I, Petschw II, ASad, Franzd, Ora, Resch, Stei, Wei V, OW VI]; pę:r, -ə [Fek, Nad, Wak II, Ker, Siw, Tor III, Be, Tom IV, Bog, Ger, Len, War, Zich V, NP VI]
1. V: Zuchteber *Etym.:* Vgl. *Bär* (2) 'Zuchteber', seit dem 11. Jh. belegt, von mhd. *bēre*, mittelniederländisch *bēre*, angelsächsisch *bēr(swīn)* 'Eber'. Zuerst wurde so der wilde Eber bezeichnet und die Grundbedeutung kann 'der Schreckliche, Schrecken' gewesen sein. ([23]Kluge, 80) ● *Bäre ware, jåjå, un de Gemoindebär is 'nausgange mit de ↑Halt.* [Sulk II] *Jeder Bär hat sei Ohrnummer ghat. Un wenn die Sau gschitt (↑schütten) hat, no hann die Schwein dieselwi Ohrnummre griet. So hat mer kenne suche, ja, die Schwein sinn vun däre Sau un vun dem Bär.* [Ost V] 2. Fo: großes Raubtier mit dickem Pelz und von gedrungener Gestalt; Ursus ● *Ja, also bei uns gibt es Wildschweine, Wölfe, Bärn, Hirschn, Rehner (↑Reh) und Auerhahne gibt es auch.* [OW VI] ■ *Bär* Petri 1971, 119; *Ber* PfWb I 700; RheinWb I 615 (rheinfrk. *bēr*, moselfrk. *bīr*); BWb I 119-1123: 1. 'männliches Schwein', 1.a 'männliches Hausschwein, meist Zuchteber'.
→(1) Bärenstall, Eber, Gemeindebär, Schweinsbär, Schwein; bärig; bären, einbären; (2)

Raubwild.

Baracke - f, barackn, Pl. id. [OW VI]
Fo: nicht unterkellerter Holzbau zur vorläufigen Unterbringung ● *Die Leute schlafent gemeinsam in eine Kabane. In diese Barackn schlafnt auch 25 Personen. Dort warn schon Bettn, Strohsecke und Pölstern.* [OW VI]
→Kabane.

Barbara - f, parbara, Sg. tant. [Fek, StG, Surg, Wem II, Fil, Ker, Mil III, Be, Tom IV, Bru, Fak, Ger, Gott, NA, Ost, Wis V]
G: landwirtschaftlicher Lostag (4. Dezember), an dem Gemüse in Warmbeete ausgesät wird *Etym.:* Benannt nach dem Tag der hl. Barbara (4. Dezember). An diesem Lostag pflegte man in Süddeutschland Kirschenzweige ins Wasser zu stellen, damit sie zu Weihnachten blühen. Analog zu dieser symbolischen *Lebensrute* und dem Aussäen von Weizen in ein Gefäß, dessen grüne Halme unter den Weihnachtsbaum gestellt wurden (Beitl 1974, 60), erfolgte auch das Aussäen der Gemüsepflanzen in Warmbeete an diesem bedeutungsvollen Tag. ● *Zu Barbara, am virte Dezembe, hod me schon die ärschti Mistbeddl* (↑Mistbeet) *gmacht un Paprika schun oogebaut.* [NA V]
→Peter-und-Paul.

bären - schw, pę:rə, pę:rt [StG, Sol, Sulk II]
V: (von der Sau:) gedeckt werden ● *Die Sau hot bärt, awwe die Kuh hot gstiert* (↑stieren). [Sulk II]
→aufnehmen, einbären; bärig; Bär (1).

Bärenpratze - f, pę:rnbra:tse, -n [OW VI]
Fo: brauner Pilz mit Auslappungen ähnlich einer Bärentatze *Etym.:* Das metaph. Benennungsmotiv des Pilzes ist seine Form und Farbe. ● *Die Schwammel, sagt man Bärnpratzn, der is groß un so braun.* [OW VI]
→Schwamm (1).

Bärenstall - m, pę:rəʃtal, -ʃtel [Eng, Ger, GJ, Gra, Gutt, Hom, Jahr, Karl, Kath, KB, Laz, Len, Low, Mar, Mram, NA, Nitz, Orz, Ost, Rud, Schag, Seul, Tschan, Tsche, Ui, STGB V]
V: Stall für Zuchteber ● *Da war e Zuchtverein, un de Bärestall war beim Bikostall* (↑Bikastall)*, newedran. Jeder Bär hat sei Ohrnummer ghat.* [Ost V]
→Bär (1), Stall.

Barg - m, pa:rg [Gutt V]; parik, -ə [Fak, Ga, Glog, StA V]; parch [KK II, In IV, Ger, Ksch, Kud, Len, NB, Sack, Tsche, War V]; pa:rch [Tscher III, Ben, Eng, Ger, Hatz,Hei, Jahr, Joh V]; pariç, pęriç [NB V]; pa:rich [Kol III, Buk IV, Albr, Bak, Ben, Bir, Char, DStP, GK, Gott, Ket, Lieb, Low, Mar, Na, Ost, Orz, Stan, Tschan V]; pariç [Ap, Stan, Tschak III, Gutt, Tsche V]; pęrk [Ker IV] phęriç [StI II, Buk IV, El, SM V]; puęrk, Pl. id. [Fek II]; pa:rgl [Kar III, Bak V]; pęriçl [El V]
V: kastrierter Eber *Etym.:* Aus mhd. *barc, barges* 'männliches verschnittenes Schwein'. ● *De hot me Zuchtsau nu gsagt. De Ewwer* (↑Eber) *is ausgschniede woen, dann ham-mir Buärg gsocht.* [Fek II] *Un noch honn se de Bärich oogepackt, noch is e obgstoche woan.* [StI II] *Wenn de Ewwer ausgschnidde* (↑ausschneiden 1) *wärd, des war no de Barich.* [Ap III] *De Schweinshalten hann de Schweinsau, de Sei un de Bärich hååmgetrieb.* [NB V] *Die kastrierti Bäre* (↑Bär 1) *sinn Bariche.* [Ost V] **Anm.**: Die Variante *Barig* weist Sprossvokal -i- auf. ■ Gehl 1991, 192.
→Sau; schneiden (3).

bärig - Adj, pę:riç [StG, Sol, Sulk II, Fak, Ga, Glog, Wil V]
V: (von der Sau:) brünstig ● *Die Sau is bärich, die muss zum Bär* (1)*.* [Sulk II]
→rollig; bären; Bär (1).

Bartriemen - m, pa:rtri:mə, Pl. id. [Bog, GJ, GK, Gra, Joh, Jos, Ost, Ui, Wis V]
V: Riemen am Kopfgestell, der über die Backen des Zugpferdes verläuft ● *Dann ware am Kopfgestell de Stärnrieme, de Naserieme un de Bartrieme.* [Ost V]
→Riemen, Sielengeschirr.

Bassin - n, selten, base:n, -ə [Ost, Wis V]; pazə:n, -ə [War V]
1. Allg: Wasserspeicher *Etym.:* Entlehnung aus der Standardsprache. ● *Mer hat misse Wasser fihre in die Bassene. De Kessl hat viel Wasser gebraucht, des is verdampft.* [Ost V] 2. W: mit Beton ausgemauerte Grube zur Aufnahme der Treber ● *Die Bassene sinn Betonbassene, un die Botting is mit Stroh un mit Ärd abgedeckt, dass de Treber gärt un net Essich gibt.* [Ost V]
→(2) Beton-, Treberbassin.

Bast - m, past, Sg. tant. [NA V]; paʃt, Sg. tant. [Ap, Fil, Hod, Pal, Sch, Tscher III]
A: Hüllblätter des Maiskolbens ● *Die Kolwe (↑Kolben) sin so gebroche (↑brechen 2) warre mitm Bascht un sinn dann gschelt warre. Des wåiche (↑weich) Bascht ist noh fers Viech fittre (↑füttern) gwest un aach in ↑Strohsack kumme.* [Ap III] *Mit Past hod me frihe oogebnn (↑anbinden).* [NA V] ■ PfWb I 595: 1. 'Bast des Baumes'. Bei den Donauschwaben gab es den *Kukruzbascht*, 'Maiskolbenumhüllung', die abgeschält wurde.
→Liesch (1), Schällaub.

Batschkai Riesling - m, batʃkai rizliŋk [La II]
W: in der Batschka (III) gepflanzte Riesling-Traubensorte Etym: Die Bezeichnung ist nach ung. *bacskai* 'Batschkaer, aus der Batschka' und *Riesling* gebildet. ● *Un sutiet (↑sortieren) wäd's, wenn me mähreri Sorte hot, mi han ↑Leanka un honn ↑Kotschisch Irma un so Batschkai Riesling, un des git feiner Wei[n].* [La II] ◆ Es ist üblich, im Namen einer Traubensorte das Anbaugebiet mitzubenennen. Vgl. dazu: Plattensee-, Rheinriesling, Banater, Csengöder oder Slankamen Riesling. [Petri 1971, 80.
→Riesling, Traubensorte.

Bauch - m, baux, baiç [Ru IV]; paux, paiç [Mu, Wem II, Ap, Hod, Siw, Werb III, Be, NP, Pal, Tom IV, Alex, Bog, Fak, Ga, Glog, Gra, Len, Ost, Sack, StA, Wil V]; pa:ux, pa:iç [Ap III]
1. V: unterer Teil des Tierrumpfes ● *Bei der Sau hot mer der Kopp, der Hals, der Bauch, die Fieß.* [Ap III] *Die Schef (↑Schaf) henn dicki Beich, die kriegn bal Jungi (↑Junges)* [Glog V] 2. Allg: bauchförmig gewölbter Teil eines Gefäßes ● *Es hat ↑Heber gebn vun Glas un had auch Heber gebn vun so langen Kirbis. Dea Kirbis hat obn son Bauch ghat und untn so e dinnes Reahrl (↑Rohr 1a).* [Ru IV] ■ Gehl 1991, 106.
→1. Bauchgurte, -lappen, -speck, Panzen, Vieh.

Bauchgurte - f, pauxkort, -ə [Bog, GJ, GK, Len, Low, Ost, War V]
V: um den Tierbauch liegender Riemen des Pferdegeschirrs ● *Die Bauchgort mit der Zung (↑Zunge 2), die Schnall. Des is um de Phanz (↑Panz) zammgschnallt (↑zusammenschnallen) ginn.* [Ost V] ■ PfWb I 613: 'Bauchriemen'; RheinWb I 523; BadWb I 127.
→Bauch (1), Sielengeschirr.

Bauchlappen - m, pauxlapə, Pl. id. [Surg, Wem II, Ker, Mil, Sch, Siw, Stan III, Be IV, Alex, Bog, Fak, GJ, Kath, Len, Ost, Wis V]
V: Fleisch vom Bauchbereich des Rindes ● *Also an der Bauchlappe, es Iwwerzwerchi (↑Überzwerches) sinn die Rippe.* [Stan III] ■ PfWb I 614: 'das lappige Fleisch am Bauch des Tieres, besonders des Schweines'.
→Bauch, Fleisch (1).

Bauchspeck - m, pauxʃpek, Sg. tant. [Ap, Hod, Mil, Tscher III, Put, Tom IV, Alex, Bak, Fak, Ga, GJ, Glog, Lieb, Ost, Mar, Wil V]
V: mit Fett durchwachsenes Fleisch von der Bauchseite des Schweines ● *Do wärd die Sau auseinander gnumme, un do is no extre de Speck, die Schunge (↑Schinken), de Bauchspeck un es Klaafleisch (↑Kleinfleisch).* [Ap III] *An de Rippe is de Rippespeck, un dann is de Bauchspeck.* [Lieb V]
→Bauch (1), Speck.

bauen - schw, paun, kəpaut [Nad II]; pauə, kəpaut [Bohl, Fek, Sier II, Ap III, Hod, Fil, Pal, Sch, Stan, Tscher V, Bru, Len, Ost, War, Wies, Wis V]; pauən, paut [Krott I]; pa:un, pa:ut [Sulk II]; baun, baut [ASad, Lin, Wei, Wolf V]; pauə, paut [Tax, Tol I, Ga, StA V, Besch, OW VI]; pauə, pauət [Wein I]
A, G, H: (verkürzt für:) anbauen ● *Mer hot vill Fudrei (↑Futterei) mese baue fer des Viech.* [Kock II] *Die Baure hunn Kugrutz (↑Kukuruz) un Futterasch (↑Futter) baaut for die Viecher.* [Sulk II] *Hanf is aa gebaut warre, mir henn e paar Hanffawricke (↑Hanffabrik) ghat.* [Ap III] *Korn is nur gebaut worre far Bendr (↑Band 1) mache.* [Stan III] *No em Kriech (Zweiter Weltkrieg) is viel Thuwak (↑Tabak) gebaut ginn (worden), hat die Kollektivwärtschaft viel gebaut.* [Ost V] *Dann hot ma aa Dorschtn (↑Dorschen) un Flocks (↑Flachs) baut.* [Wei V] *Unser ganzes Darf hat Thuwak gebaut, iwerhaupt die Kleenhäisler (↑Kleinhäusler).* [Wies V]
→anbauen, aufbauen.

Bauer - m, pauər, -n [Lug, Tem V]; pauə, -n [Ed, GT, KT, Pußt, Wud, Wudi I, Baw, Petschw II, ASad, Lind, Wei, Wer, Wolf V]; pauər, Pl. id. [Fek, GBu, StI II]; pauər, paurə [Jood, Sulk II, Stan, Waldn III, Tom IV, Bak, Bog, Bru, Fak, Ga, GJ, Glog, Gott, Gra, Jahr, Ost, Perj, StA, War, Wies, Wil V]; pu:r, -ə [Sad V]
Allg: Landwirt, der berufsmäßig auf einem

eigenen (oder gepachteten) Stück Land vorwiegend Ackerbau und Viehzucht ausübt ● *So e offenes Holzfass von zwaahundet Litte* (↑Liter) *hamm die Bauen oogfüjt* (↑anfüllen) *mit Wosse* (↑Wasser 2). [Pußt I] *Do sann Bauen gweest, wo olli Tog in Wäigoatn gfoahrn sann.* [Wud I] *Noch woa scho aa Bauer, där hot scho en Traktor sich kenne schaffe.* [Fek II] *Ja, Maschterei* (↑Mästerei) *wor aa, dass e Bauer alli Johr aa-zwaa Stuckl Viech hot gmest.* [Kock II] *Zuckerruem* (↑Zuckerrübe), *des ton schon die Baue[r]n da un Sunneblume.* [Petschw II] *Ba uns woan a große Bauer, dä wos vierzich Joch Feld hat, owe von dem woan nor zwaa.* [StI II] *Die Baure hunn Kugrutz un Futterasch* (↑Futter) *baaut* (↑bauen) *for die Viecher.* [Sulk II] *Die Windmihle, die hem alli Baure ghat, mit där hot mer als aa gwindet* (↑winden) *manichmol.* [Stan III] *Die Baure hunn sich bescheftich mit Kugrutz un Frucht.* [Waldn III] *De Bauer hot Ross gebraucht, des ware meischtns Nonjus* (↑Nonius). [Tom IV] *Ich war Bauer un hann was druf ghal, Bauer zu sein.* [Gott V] *Die habn Feld ghabt, die Lugoscher, die habn bauriert, die warn Bauern.* [Lug V] *Die Baure hann Holz kaaft un hann Hambare* (↑Hambar) *gebaut.* [Perj V] *Des isch a Saderlacher Buur.* [Sad V]
→(Im Verhältnis zum Grundbesitz:) Arbeiter (1), Bauersleute, Beresch, großer -, reicher Bauer, Groß-, Halbscheid-, Kleinbauer, Grundherrschaft, Hechler, Herrschaft, Kleinhäusler, Knecht, Leser, Magd, Riesar, Taglöhner; (Verschiedenes:) Bauerei, Bauernhaus, -hof, -hutweide, - reihe, -sack, -wagen, -wirtschaft, Vorbehalt, Wirtschaft; bauerieren.

Bauerei - f, pauərai, Sg. tant. [Sulk II, ASad, Lind, Ost, Wei, Wolf V]; pauəra:i, Sg. tant. [Mil, Sch, Stan, Wepr III]
V: Beruf des Bauern, Bauernwirtschaft ● *Des is halt wichtich fer die Bauerei, wann wärd die Kuh ausschitte.* [Sulk II] *Also, ich heb in e Baurehaus neigheirååt, mei Eltre hem ke Bauerei ghat.* [Stan III] *Manchi hann gsaat, die Bauerei kam-mer derhaam lärne, vum Vadder un vum Großvadder. Andri hann die Kinner in die Ackerbauschul gschickt, dass sie Bauer lärne.* [Ost V] *Bei uns do obn saan d'Monna* (Männer) *Holzoarwata* (↑Holzarbeiter) *un z'gleich aa Bauen. Da kam-ma net vo da Bauerei allaane lebn.* [Wei V] ■ PfWb I 618 f.: 'landwirtschaftlicher Betrieb'; BadWb I 130; *Bauererei* RheinWb I 547.
→Bauer, Bauernwirtschaft.

bauerieren - schw, pauri:rn, pauri:rt [Lug, Resch, Stei V]; pauri:rə, pauri:rt [Kock, StG, Surg, Wem II, Ker, Sch, Werb III, Bak, Bill, Nitz, Ost, War, Wis V]
A, G, H, V, T, W: eine Bauernwirtschaft, Landwirtschaft betreiben ● *Die henn no mese die Baurewärtschaft weiderfihre un bauriere.* [Kock II] *Die habn Feld ghabt, die Lugoscher, die habn bauriert, die warn Bauern.* [Lug V] ■ *bauern* PfWb I 619: 'Landwirtschaft treiben'; RheinWb I 547; BadWb I 128.
→Bauer.

Bauernhaus - n, pauəshaus, -haisər [Alt, Fek, Nad, Wem II]; paurəhaus, -haisər [Ker, Mil, Pal, Sch, Stan III, Be, Tom IV, Bak, Bog, Fak, Ger, GJ, Nitz, Ost, Len, War, Wis V]
A: Hof und Wirtschaft eines Bauern ● *In de Baureraaje senn ville Bauesheiser.* [Fek II] *Also, ich heb in e Baurehaus neigheirååt, mei Eltre henn ke Bauerei ghat.* [Stan III]
→Bauer, Bauerei, Haus, Küche.

Bauernhof - m, pauəho:f, -he:f [Ap, Ker, Sch, Stan III, Be, Tom IV, Fak, Ga, Glog, Gra, Nitz, StA, Wil, Wis V]; pauəhof, -hẹif [Ed, KT, Wud, Wudi I]
A: landwirtschaftlicher Betrieb ● *Hat, noche woan, wo e Bauehof woa, wo Kihe* (↑Kuh) *und Säi* (↑Sau) *und Räisse* (↑Ross) *ghot hamm.* [Wud I] *In Staneschitz* (ON) *ware großi Baurehef, die Leit henn als siwwetausend Metter* (↑Meter 3) *getrette* (↑treten) *in aam Jahr.* [Stan III] *↑Pujke sinn wennicher im Baurehof, weil die fressn ååich viel.* [Glog V] ■ Gehl 1991, 216.
→Bauer, Hof.

Bauernhutweide - f, pauənhutva:t, Sg. tant. [Fek, Jink, Nad, StG, Wem II]
A: besseres Weideland für das Vieh von Bauern mit Feldbesitz ● *Die Hutwaad woar separat: die Bauenhutwaad un die Klåånheislehutwaad.* [Jink II]
→Bauer, Hutweide.

Bauernreihe - f, pauəsra:jə, Pl. id. [Alt, Fek, Nad, Oh, Wem II]
A: aus Bauernwirtschaften bestehende Häuserzeile ● *In de Källeraaje stiehn bei uns ville Wåikeller, un in de Baureraaje senn ville Bauesheiser.* [Fek II]
→Bauer, Bauernhaus, Reihe.

Bauernsack - m, paurəsak, -sek [Waldn III]
A: in der Landwirtschaft verwendeter Sack aus widerstandsfähigem Hanfgewebe ● *Ganz friher hum-mir die Baureseck gemacht aus Hannef* (↑Hanf). [Waldn III]
→Bauer, Sack.

Bauernwagen - m, paurəva:gə, -ve:gə [Gak, Mil, Pal, Waldn III]; paurəvagə, -vegə [Fak, Ga, Glog, StA, Wil V]; paurəvå:n, -ve:n [Bill, Bog, Len, Low, War, Wis V]; pauəʃvo:gə, Pl. id. [Gbu II]; paurəva:ə, -ve:ə [GK, Ost V]
A: vorrangig von Pferden gezogener, landwirtschaftlich genutzter Wagen ● *Des hot ghaase (geheißen) es Wogegstell* (↑Wagengestell), *von en kueze Baueschwoge un en lange Baueschwoge zu eifihen* (↑einführen) *die ↑Frucht (1), die Gäeschte* (↑Gerste) *un anneres.* [Gbu II] *Mir hunn de Mischt mim Baurewage nausgfihrt affs Feld, im Frihjahr un im Härbscht.* [Waldn III] *Un där is zweimol am Tach mit Milich uff Kumlusch (ON) gfahr, mid em Baurewaae, awer net mit Gummiwaae.* [Ost V] ◆ Durch Verlängerung des Wagengestells kann auf den Bauernwagen beim Einführen landwirtschaftlicher Ernteerträge mehr geladen werden. Aus dem kurzen wird so ein langer Bauernwagen. Beide haben Seitenleitern. Beim Einführen von Rüben, Kürbissen oder Maiskolben werden sie mit Brettern abgedeckt. Kartoffeln werden gewöhnlich in Säcke abgefüllt und so transportiert. - In der Pfalz waren beide Typen des (bis um 1950 gebräuchlichen) Bauernwagens deutlich unterschieden. Es gab den längeren Ernte-, Frucht-, Heu, Lang-, Leiterwagen, der mit seitlichen Leitern versehen war und zum Einbringen von Heu- und Getreide diente sowie den kürzeren Bord(en), Dielen-, Tummel-, Kasten-, Kurzwagen, der zum Transport von Mist, Futterrüben, Kartoffeln usw. verwendet wurde. Bisweilen wurden beide Typen aus dem gleichen Fahrgestell hergerichtet, indem Vorder- und Hinterwagen an der Langwiede kürzer oder weiter gestellt und die Leitern gegen Seitenbretter ausgetauscht wurden und umgekehrt. (PfWb VI 999)
→Bauer, Gerechtelwagen, Wagen.

Bauernwirtschaft - f, paurəvirtʃaft, -ə [Berg III, Ost V]; pauərvertʃaft [Bill V]; paurəvertʃaft [Kock II]; pauəʃvitʃaft [Baw II]
Allg: Bauernhof als Wirtschaftseinheit ● *In de Baueschwitschaft senn die Kische, Pfische* (↑Pfirsich), *die Quetsche* (↑Zwetschke) *un die Birn, die senn alles eingelecht woen fer Dunstobst.* [Baw II] *Die henn no mese die Baurewärtschaft weiderfihre un bauriere* (↑bauerieren). [Kock II] *Der Risar* (↑Riesar) *oder Beresch hat die Bauerwirtschaft gepacht un hat sein Lohn vun de Fecksung* (↑Fechsung) *griet.* [Berg V] *Aso greßeri Bauerwärtschafte hann not schun die Mehmaschine ghat.* [Bill V] *Manchi hann die Kinner in die Ackerbauschul gschickt, dass sie Bauer lärne. Die hann dann e korzes Praktikum in a großi Baurewirtschaft gemach.* [Ost V]
→Bauer, Bauerei, Dorf, Wirtschaft.

Bauersleute - f, pauəʃlait Pl. tant. [Baw, Jood, StI, Wem II]
Allg: in der Landwirtschaft tätige Bevölkerung; Leute vom Land ● *Schweinenes* (↑Schweinernes) *is wenich gekaaft woen, weil die Baueschleit hadde Saufleisch, gell.* [Baw II]
→Bauer.

Baum - m, baum, bɐumə [OW VI]; paum, poime [Tem, Wer V]; paum, paim [Baw II, Sad V]; ba:m, be:m [Bil, Ham, Pe, Schei, Suk VI]; pa:m, -ən [ASad, Lind, Wei, Wolf V]; pã:m, -ə [Franzd, Ora, Resch, Stei V]; pa:m, pe:m [Kom II, Bru, Ga, Bog, Len, Low, Ost, Pan, StA, Wil, V]; pãm, pe:m [Fak, Ger, Glog V]; pa̧:m, pe:m [Bat VI]; pã:m, pẽ:m [Jood, Seik, StI II]
1. B, Fo, O: große Pflanze mit einem Stamm aus Holz, Ästen und Blättern (Nadeln) ● *Im Weigoate woar jo e grose Schode* (↑Schaden), *wann dotn Baum drin woa.* [Baw II] *Heier war ich dren em Wald, dass die Bien unter en Beem en Schutz honn.* [Seik II] *No, hunn sich die Bie* (↑Biene) *auf en Baam gsetzt.* [StI II] *Abnds wärd der Baam aafgstellt, a Tanne un de Gipfl is Birke.* [ASad V] *De Appl fallt nit weit vum Baam, außer er steht ufm Berch.* [Bog V] *Im Bruckenauer Wald ware viel Beem: Eichle, Tanne, Riester, Akaze un Papplbeem.* [Bru V] *Dort war e alte Gärtne, där hat uns gezeigt, wie mer die Beem schneid und behandlt, wie me die Jungbeem setzt un so weider.* [Ost V] *Es Laab fallt vun de Beem runner.* [Pan V] *O je, da waa viel Obst fir ↑Sulz (1) kochn, aus Zwetschkn, aus Riwiesl, aus Äedbäen* (↑Erdbeere), *was me grad fir Bäume selbe ghabt hat.* [Wer V] *No, dä Schwoarm* (↑Schwarm), *dä hängt am Baam umme.* [Bat VI] *Von schene Baume, welche Früchtn machn, zerstraat* (↑zerstreuen) *de Wind den Samen.* [OW VI] *Hacke ham-mer amel (allemal) misse, bis*

dene Beem sen groß gwe. [Schei VI] 2. V: starke Stange ● *Dot stehn die Ross, senn ååbunde. Abbe uf aa Seite is ellemol* (allemal) *so en Baam, dass e nit woite* (weiter) *kann geh.* [Jood II] ◆ Im Banater Bergland wurde, wie in [ASad V], am Vorabend des 1. Mai zum *Mailejt* (Mailicht) eine Tanne mit einer jungen Birke im Gipfel auf der Weide aufgestellt, mit einem Haufen Sträuchern umgeben, als Höhenfeuer angezündet und dabei zur Hexenabwehr mit Peitschen geknallt. (Konschitzky 1982, 269) ■ Gehl 1991, 80.
→(1) (Arten:) Akazie, Birke, Buche, Eiche, Esche, Rüster, Akazien-, Buchen-, Christ-, Jung-, Linden-, Mai-, Mairöschen-, Obst-, Pappel-, Schindel-, Spinnrosen-, Tannenbaum, Hergottsfinger, Palm, Tanne, Weide (2); (Teile:) Ast, Gipfel, Klotz, Laub (1a), Rinde, Stamm, Zwacken, Zweig; (Sonstiges:) Baumklopfer, -picker, -wachs, Pflanze, Schuss, Strauch; (2) Maischebaum, Stange.

Baumklopfer - m, pa:mklopər, Pl. id. [Kar III, Char, GK, Ost, StH, War V]
V: kräftiger, oft bunter Vogel mit Meisenschnabel, der Insekten und Larven aus der Baumrinde heraushackt, Specht; Picidae ● *Im Wald gsieht mer de ↑Kiwick un de Baamklopper, de Specht, wie mer saat.* [Ost V] ■ Petri 1971, 114.
→Baum (1), Baumpicker, Vogel.

Baumpicker - m, pa:mpikər, Pl. id. [Fak, Ga, Glog, Pan, StA, Wil V]; pa:mphikər [Stan III, NP IV, Bill, Bog, Hatz, Joh, Len, Low, Schön, Ui V]; pa:mpek [Darda II]; pampe:ikə [Ver V]; pa:mphekər [Sack V]; pa:mpikar [StA V]; pampekər [StI II, Tscha III]; pa:mphikər [Sch, Stan, StI III, Bill, Gott, Hatz, Hom, Joh, KB, Ket, Kub, Len, Low, Na, NB, Orz, Ost, Rud, Schön, Star, Tschak, Tschan, Ui, Wis V]; paumphikər [Gutt V]; po:mphikər [Mil III, Ben, Hei]; poumpikər [Bir, Ksch V]
V: Specht; Picidae *Etym.:* Das Grundwort *Picker* des Komp. ist eine subst. Weiterbildung von *picken* 'hacken', dieses von mhd. *bicken*, mittelniederdeutsch *pecken*, wobei hier eine lautmalende Bildung (vgl. dazu auch *Pickel, Bickel* m. 'Spitzhacke') und eine Entlehnung, die 'stechen, picken' bedeutet, vgl. entsprechende romanische Wörter wie ital. *beccare* 'hacken' oder frz. *bêche* f. 'Grabscheit', zusammenkommen. (Kluge 630 f. *Pickel* und *picken(1)*) ● *De Baampicker hackt die Rinde uff* (↑aufhacken 1b) *un sucht sich Käffre un Wirem* (↑Wurm 2). [Fak V] ■ Gehl 1991, 120; Petri 1971, 114.
→Baumklopfer.

Baumwachs - n, på:mvåks, Sg. tant. [Fak, Ga, Glog, Wil V]
Fo: Fichtenharz ● *An de Taånnebeem is viel Bååmwåcks, des is gut fer Kålåfo:ni* (Kolofonium). [Glog V] ◆ *Baumwachs* ist eigentlich eine Masse aus Fichtenharz, Talg und Bienenharz, die zum wasserdichten Verschließen von Baumwunden verwendet wird. ■ Gehl 1991, 80.
→Tannenbaum.

Beere - f, (n), pę:rə, Pl. id. [Ga, StA V]; pę:r, Pl. id. [La II]; pęə, -n [Wer V]; (n) pę:rl, -ə [Bog, Fak, GK, Glog, Len, Low, Ost, War V]
O, W: kleine, rundliche und fleischige Frucht von einem Strauch ● *Wie die Treiwl geblüht hann, is so'n große Sturm komme, un dä hot die Blihe verhindert. Un jetzt senn die Bär schitter* (↑schütter). [La II] *Mir hann getracht, dass es Bärl e dicki Schal* (↑Schale 1a) *hat. Weil die Dinnschalichi* (↑Dünnschalige), *aso Esstrauwe hann sich net gut ghall* (↑halten 3). [Ost V] *Un dann waan welche Traubn, die hamm so große, lengliche Bäen ghabt, des waan die ↑Damenfinge[r].* [Wer V] ■ PfWb I 649: Das Simplex ist im Sg. nur als Diminutiv gebräuchlich; RheinWb I 574; BadWb I 134; Gehl 1991, 74.
→Afina, Traube, Traubel, Brombeere, Erdbeere, Himbeere, Trauben-, Weinbeere; abbeeren.

Beet - n, petl, Pl. id. [Ap III, GK, Ost V]
A, G: (verkürzt für:) Mistbeet ● *Der ganzi Garte war in Bettl eigetaalt* (↑einteilen). *Un do ware in von Bettl sinn Zwiefl* (↑Zwiebel) *gwest un in annre sinn Paprich.* [Ap III] *Mir hann des net in Bettl, mir hann des glei in de Garte ausgeplanzt.* [Ost V]
→Mistbeet, Rabatte.

befruchten - schw, selten, pefruxtə, pefruxtət [Seik, StI II, Ost V]
B: mit dem männlichen Samen vereinigen, begatten *Etym.:* Entlehnung aus der Standardsprache. ● *Wann des Volk gut stoark* (↑stark 2) *is, dann lecht* (↑legen 2) *die Kenigin die Drohneeier* (↑Drohnenei), *die senn nicht befruchtet.* [Seik II]
→künstlich befruchten, stieren.

behandeln - schw, pehantln, pehantlt [NPe V]; pehandlə, pehandlt [Seik, StI II, Ben, Fa, Glog, Ost V]; pehantlə, pehantlt [Bohl II]
Allg: bearbeiten, auf etwas einwirken ● *Mië muss die Bien behandle gege die ↑Milbe, un villmalst äfolglos.* [Seik II] *Dort war e alte Gärtne, där hat uns gezeigt, wie mer die Beem (↑Baum) schneid und behandl.* [Ost V]

beiführen - schw, paifi:rə, -kfi:rt [Bog, Bru, Gra, GStP, Len, Low, Ost, War V]
A: Getreidegarben mit einem Erntewagen zum Dreschplatz befördern, zusammenführen ● *Jetz is die Zeit fer beifihre kumme.* [Bog V] *Nochm ↑Schnitt hunn se beigfihrt; do sein die Newerstange (↑Nebenstange) uff de Waa (↑Wagen) montiert gewe (worden), for die Garwe (↑Garbe) druf ufschlichte (↑aufschlichten).* [Bru V] *Unser Knechte hann im Summer beigfihrt oder sinn stärze (↑stürzen) gfahr.* [GStP V] *Nochher had mer grechlt (↑rechen), un dann is es Beifihre aangang.* [Ost V] ■ PfWb I 664; Bad I 138.
→führen, zusammenführen.

Bein- n, buin, -ər [Bil, Ham, Mai, Pe, Schei, Suk VI]; pã:n [Resch, Stei, Tem V]
V: Tierknochen *Etym.*: Zur Bedeutung des Wortes *Bein* vgl. mhd., ahd. *bein* 'Knochen'. Die heute vorherrschende Bedeutung 'untere Extremität' ist erst nhd. entwickelt worden. (^{23}Kluge, 94) ● *Säll Kopffleisch ta-mer siëde (↑sieden) un rabnemme fun de Buiner.* [Schei VI] ■ SchwWb I 800-802: 'Knochen des menschlichen oder tierischen Körpers'; PfWb I 668-670; RheinWb I 589-591; BadWb I 139 f.
→Brustbein, Knochen.

beißen - st, (intrans), paisə, kəpisə [Fak, Glog, Hatz V]; paisə, kəpis [Alex, Bill, Bog, GK, Gra, Ost, War, Wis V]
1. V: mit den Zähnen packen, zubeißen ● *Die bes Gens beiße des Kind noch.* [NB V] *Die Hunde hamm de Biko (↑Bika) in die Fieß (↑Fuß 1) gebiss, wann die gloff (↑laufen) sinn.* [Ost V]
2. V: einen juckenden, stechenden Schmerz empfinden ● *Wann em Esl die Ohre beiße, get's (gibt es) Reen (↑Regen).* [Hatz V] ■ PfWb I 676-678: 2. 'im Körper beißenden Schmerz empfinden'; 'beißt mich 'juckt mich''; Rhein I 601-603; BadWb I 141.

Beizwasser - n, pa:tsvasər, Sg. tant. [Jood II]
V: stark salzhaltiges Wasser zum Einpökeln von Fleisch ● *No kriegt's Baazwasser drauf. Do kummt auch Knowl (↑Knoblauch) dezue, dass des en guete Gschmack kriëgt.* [Jood II]
→Wasser (2).

belegen - schw, pele:gə, pele:kt [Fak, Ga, Glog, Wil V]
V: (von männlichem Zuchtvieh:) decken ● *De Hengscht hat die Stut (↑Stute) belegt, un sie hat de Hengscht aagnumme.* [Glog V] ■ PfWb I 686: 'ein Muttertier decken lassen', allgemein vom Pferd, vielerorts auch vom Hund; RheinWb V 298 f.; BadWb I 143; Gehl 1991, 200.
→annehmen, rammeln.

bellen - schw, pelə, kəpelt [Bog, Bru, Fak, Ga, GK, Glog, Gott, Gra, GStP, Len, Low, Nitz, Mar, Ost, War, Wies, Wis V]; pelə, pelt [Tax I, Haj III, Ga, StA V]
V: (von Hund und Fuchs:) bellende Laute von sich geben ● *Am e Morjet (Morgen) bellt de Hund, wie wann er sich vun der Kett losreiße mecht.* [Bog V] ■ Gehl 1991, 202.
→Hund.

Benzinmotor - m, benzinmoto:r, -n [OW VI]; benzĩ:nmoto:r, -ə [Sulk II]
Fo: krafterzeugende, mit Benzin betriebene Maschine ● *Do warn solchi ↑Maschine (1) mit Benzinmotore.* [Sulk II] *Da hamm wir schon mekanischi Segn (↑mechanische Säge). Von de sechzige Jahr härzu hamm wir schon Motorsege mit Benzinmotor.* [OW VI]
→Motorsäge.

Beresch - m, selten, be:reʃ, -ə [Breg III, Gott, Gra, Mar, Wis V]; bireʃr, Pl. id. [Hod III]; pe:reʃ [Ap III]
A: Pächter einer Außenwirtschaft mit Anteil vom Ertrag, der in der Wirtschaft mit seiner Familie wohnt *Etym.*: Entlehnung aus ung. *béres* 'Bauern-, Ackerknecht'. ● *Ufm Sallasch ware die Beresch, des ware die Pächter, un die henn no widder Knechte ghat.* [Ap III] *Der Beresch hat beim Bauer um de Lohn gearweit.* [Hod III] *Vun weitm hat er schun geruf: "Sie vergleichn mich zu meim Beresch?"* [Wis V] **Anm.**: In der Variante *Bireschr* in [Hod III] tritt Tonerhöhung e>i und Erweiterung des Subst. durch das Suffix -er auf.
◆ Valentin Filko schildert das Leben des Hodschager *Bireschr*, dessen Stellung in der Außenwirtschaft wohlhabender Bauern zwischen der eines Knechtes und eines Pächters stand. Sofern

die Felder eines Bauern 30 Joch überschritten und beieinander lagen, legte er einen ↑*Salasch* an. Das Wohnhaus wurde vom Bireschr und seiner Familie bezogen. Arbeitete der Mann außerhalb des Salaschbereichs, musste der Bauer die Kost stellen, sonst versorgte er sich selbst. Die Birescherin versorgte die Kühe und das Geflügel des Bauern; jedes dritte Hühnerei blieb ihr als Lohn. Sie konnte auch überzähliges Geflügel, Eier und Molkereiprodukte auf dem Wochenmarkt verkaufen. Für Tagelohnarbeit wurde sie gesondert entlohnt. Der Bireschr wohnte kostenlos und erhielt das Heizmaterial, hatte im Winter Urlaub und erhielt im Sommer drei Tage frei, um seinen Hanf zu schneiden. Das Wildern war verboten, doch im Winter wurden oft Fallen für Hasen und Rebhühner aufgestellt. Bauer und Bireschr besprachen sich und arbeiteten gut zusammen. Wegen dem langen Schulweg konnten die Kinder im Winter die Schule nicht besuchen, es sei denn, sie konnten bei Großeltern im Dorf wohnen. (Nach: Hodschager Blättli, Dezember 2000, S. 17) ■ Gerescher 1999, 45.
→Bauer, Kohlenberesch, Riesar.

Berg - m, bęrg, -n [ASad, Lin, Wei, Wolf V]; bęrk, bęrgə [Bil, Ham, Mai, Pe, Schei, Suk VI]; pęrk, pęrgə [Fak, Glog V]; pęrx, -ə [Jink, Kä, Sag, Sar, Warsch II, Bog V]; pęriç, -ə [Alt, Fek, Nad, Oh, StI, Wem II, Bak. Bog, Gott, Len, Low, Ost V]; pęrik, pęrigə [Fak, GlogV]; pęrgə [Pan V]; bęəg, -ə [OW VI]; pęək [Ora, Resch, Stei V] A, Fo, V, W: große Erhebung in der Landschaft ● *Ungrisch soot mer zu em Bärch bei ons Ujhädj.* [Jink II] *Unser Leit hadde ufn Bärich ihre Weigäte* (↑Weingarten). [StI II] *De Appl fallt nit weit vam Baam, außer er steht ufm Bärch.* [Bog V] *Aach hoche Bärche hat's Banat, dort get (wird) noch Wolf un Luchs gejaat* (↑jagen). [Len V] *En ejda hot Feld krejgt, hot aan Ochsn krejgt un zu zwoat en Pflöu* (↑Pflug), *und homand a neis Lebn oogfangt do herobn in de Bergn.* [Wei V] *Man kann den Spitz reinschlagen un 's Holz ziehn. Un da riegelt* (↑rügeln) *mer des Holz un des geht am Bäeg runter.* [OW VI] *Wem-me en große Bärg hat nab misse, do hat mer d'Reder gspärrt mit de Kettum* (↑Kette), *hot me gseit.* [Schei VI] **Anm.:** Die Lautvarianten pęrik, pęriç weisen Sprossvokal -*i*- auf. ■ Gehl 1991, 59.
→(Bezeichnungen:) Alter-, Gänse-, Geiß-, Hetschel-, Kirch-, Kohlen-, Neuer-, Ross-, Rusa-, Sand-, Schaf-, Stein-, Stock-, Wein-, Zigeuner-

berg, Gebirge, Hang, Hübel, Munte, Ujhädj; (Verschiedenes:) bergiger Grund, Bergrichter, Ebene, Tal; steil.

bergiger Grund - m, pęrgigə grunt, Sg. tant. [Jood II]
A: weniger fruchtbare Gebirgserde ● *Des isch bärgige Grund dä un isch unteschidlichi Ärde.* [Jood II]
→Berg, Grund (1).

Bergrichter - m, pęəkriçtə, Pl. id. [Heid, Karl, Kudr, Wer, Zich V]; pęriçriçtər [Bak, Da, Jos, Lieb, Nitz V]
A, W: Schiedsrichter für Verstöße in den Weinbergen ● *Ufm Bärich war alles greglt: Do war de Bärichrichter, där hat angschafft die Weche* (↑Weg) *richte, där hat bestimmt, wann die Les* (↑Lese) *angfangt hat, där hat iwwer die Hieder* (↑Hüter) *verfiegt.* [Bak V] *Mein Großvatte war Bäegrichte und Grundpräses, zeitweise hat är sein ganzes Feld vepachtet.* [Wer V] ◆ Damit nicht alle geringen Verstöße, Diebstähle und Missachtung der Feldgrenzen vor dem Bezirksgericht verhandelt werden mussten, vermittelte der Bergrichter in Fällen bis zu einem bestimmten Wert des Streitobjektes. Zudem bestellte er die Feldhüter und legte den Beginn der Weinlese für die Gemeinde fest.
→Berg, Grundpräses.

Berkshire - n, pęrkʃi:r, Pl. id. [Scham, Schor, Wer, Wud I, Jood II, Gai, Hod, Ker, Pal, Sch Siw, Tscher III, In, NP IV, Bog, Char, GK, Low, Orz, Ost, War V]; pęrkʃi:r, -ə [Stan III]
V: schwarzes Fleischschwein einer englischen Landrasse ● *Un hot aa die Bärkschiere gewwe un Gscheckedi* (↑Gescheckte) *hot mer au ghat.* [Stan III] *Es ärscht is es Bärkschier ingfihrt ginn (worden). Die Bärkschierschwein, des ware die schwarzi, mit bissl Weiß hann sie ghat.* [Ost V] ◆ Das *Berkshire*, eine schwarze englische Rasse des 19. Jhs., ein widerstandfähiges, fettes Fleischschwein, diente zur Kreuzung, um bestimmte Merkmale der Banater Schweinerassen zu verbessern. (Mayer 2001, 6 f.) ■ Petri 1971, 120.
→Berkshireschwein, Schwein.

Berkshireschwein - n, pęrkʃi:rʃvain, Pl. id. [Bog, Gott, Gra, Ost, War V]
V: Schwein der Berkshire-Rasse ● *Die Bärkschierschwein, des ware die schwarzi, mit bissl Weiß hann sie ghat.* [Ost V]

→Berkshire, Schwein.

Beschäler - m, selten, pʃeːlər, Pl. id. [GK, Low, Ost V]
V: Zuchthengst *Etym.*: Entlehnung aus der Standardsprache. • *Der Staat hat Bscheler ghat for gudi Zucht. Un dann ware aach Privathengschte.* [Ost V]
→Hengst.

beschweren - schw, peʃvęːrə, -ʃvęːrt [Gai, Gak, Pal, Sch, Siw, Tscher III, Be, NP, Tom IV, Alex, Bill, GK, Low, Ost, War V]
Allg: etwas mit einem schweren Gegenstand abdecken • *A Plett (↑Plätte) is sowie a Fähre, die is leicht gschwumm uff a Platz, wu's tief genuch war. Dann is sie beschwärt ginn mit Lahm (↑Lehm).* [Ost V]

Besen - m, peːzə, Pl. id. [Fa, Ga, Glog, StA, Wil V]; peːsə [Bog, GK, Ost, War V]
A: aus Zirok oder Reisern gebundenes Werkzeug zum Kehren • *In der Botting vor es Loch hat mer e sauwre (↑sauber) Bese gebunn, innewendsich (↑inwendig) angnaglt. Des war e Art ↑Seiher schun vum Fass.* [Ost V]
→Zirok.

bestellen - schw, beʃteln, beʃtelt [Aug, Schor, Wud I, Petschw II, Ru IV, ASad, Resch, Tem, Wei, Wer V, OW VI]; pəʃtelə, pəʃtelt [Baw, Surg, Wem II, Fil, Ker, Mil, Pal, Sch, Stan, Wepr III, Put, Tom IV, Bak, Bog, Ger, GJ, Nitz, Len, Low, War, Wis V]
Allg: ein (landwirtschaftliches) Produkt anfordern • *Windersalami, die Rohsalami, hat mer nur auf Bestellung gmacht, nur wenn jemand des bestellt hat.* [Stan III]
→Bestellung.

Bestellung - f, beʃteluŋ, -ən [Resch, Tem, Wer V, OW VI]; peʃteluŋ, -ə [Fil, Ker, Sch, Stan, Tscher III, Tom IV, Bru, Fak, Ga, GJ, Nitz, Low, StA, Wil, Wis]
Allg: Auftrag zur Lieferung eines (landwirtschaftlichen) Produktes • *Windersalami, die Rohsalami, hat mer nur auf Bestellung gmacht, nur wenn jemand des bestellt hat.* [Stan III]
→bestellen.

Betonbassin - n, petõːnpasę̃ːn, -ə [GK, Gra, Mar, Ost, Pau V]
W: mit Beton ausgemauerte Grube zur Aufnahme der Treber • *Die Bassene sinn Betonbassene, un die Botting is mit Stroh un mit Ärd abgedeckt, dass de Treber gärt (↑gären) un net Essich gibt.* [Ost V]
→Bassin (2); Treberbassin.

Betonfass - n, betoːnfas, -fesə [Fek, Surg II, Ap, Ker, Stan III, Bog, Ger, Na, Nitz, Ost, War V]
A, W: offener Behälter für Flüssigkeiten aus Beton • *Do woan die Betonfesse, Stanne (↑Stande) hot me gsacht.* [NA V]
→Fass.

Bettbrunzer - m, petprunzər, Pl. id. [Fak, Ga, Glog, StA, Wil V]; petpruntsər [GK, NB, Ost, War V]; petpronsər [Bog, Gott, Len V]
V: Feuerwanze, Blattwanze; Pyrrhocoris apterus *Etym.*: Vielleicht ausgehend von der roten Färbung der *Feuerwanze*. Um Brandgefahr abzuwenden, sagte man den Kindern, wer mit Feuer spiele, würde ins Bett brunzen. • *Die Bettbrunzer, die sinn so gfärbt, schwarz un rot ufm Buckl (↑Buckel). Die hann sich sich annanner (aineinander) ghong, e ganzi Schlange.* [Ost V] ■ PfWb I 753: 2. 'Löwenzahn', Syn. *Bettseicher*, 3. 'rote Blattlaus'; RheinWb I 653; BadWb I 171; Gehl 1991, 114.
→Käfer.

Bettellaus - f, petlaus, -lais [Hod III, Ker, Bog, GK, Low, Ost V]
A: als Unkraut verdrängter Dreiteiliger Zweizahn; Bidens tripartitus *Etym.*: Das Subst. ist eine metaph. Bezeichnung nach den hakigen Stacheln der Samenkapseln, die fest an den Kleidern haften. • *Unkraut ham-mer viel ghat, Wildi Wicke, Klette, Pickantle (↑Pickan) un Bettlleis. Die Klett, die Pickantl un Bettlleis, des sinn die, wu sich an die Strimpf un an die Hose aanpicke (↑anpicken).* [Ost V] ■ Petri 1971, 19.
→Unkraut.

Bettelmannsfeld - n, petlmansfelt, -feldər [Bru, Charl, Jahr V]
Allg: Gemeindeäcker, aus deren Verpachtung die Unterkunft für obdachlose Bettler finanziert wurde • *An der Moraner (ON) Stroß, gleich nach der Hutwaad (↑Hutweide), ware die Bettlmannsfelder. Die ware Gemeindeeigentum un an die Baure verpacht.* [Bru V] ♦ *In [Bru V] wurden mit dem Pachtertrag von Gemeindefeldern (s. auch ↑Wirtsfeld) vier Zimmer in dem Gemeindegasthaus bezahlt, in dem obdachlose Bettler untergebracht waren. Das war das seltene*

Bettelmannsgasse

Beispiel für Sozialeinrichtungen auf dem Lande. Dieses Gemeindegasthaus wurde um 1890 verkauft, weil die Gemeinde Geld für den Bau der vorbeiführenden Eisenbahnlinie Temeswar-Radna benötigte.
→Bettelmannsgasse, Feld.

Bettelmannsgasse - n, pe:tlmånskęsjə, Pl. id. [Jink, Kä, Sag, Sar, Warsch II]; petlmanumkhę:rkasə [Ker III]
A: Gasse, in der obdachlose Bettler von der Gemeinde untergebracht wurden ● *Unse Gasse woare die Lutherschgass, die Doppltgass, es Juregässje, e Zwärchgässje un es Bedlmannsgässje.* [Jink II] ■ Petri 1980, 83.
→Bettelmannsfeld, Gasse.

Beuschel - n, paiʃl, Sg. tant. [Stan III, Fak, Ga, Glog, Jahr V]
V: Lunge, Herz, Milz und Leber (obere Eingeweide) vom geschlachteten Kalb *Etym.:* Das Wort ist ostobd., österr. 'Speise aus Tierinnereien' (Bedeutung seit dem 19. Jh.). Die vorhergehende Bedeutung ist 'Herz, Lunge, Milz und Leber (obere Eingeweide eines geschlachteten Tieres), besonders auch Eingeweide von Fischen. Diminutiv zu *Bausch*. Das Wort bedeutet in der frühesten Bezeugung Teile von Kleidern, also etwa 'Wulst', und ist in einer derartigen Bedeutung auf die Innereien angewandt worden. (²³Kluge, 105) ● *Do is Sauerrahm, un no is e saures Guleschl* (↑Gulasch) *gmacht worre un Beischl, ja.* [Stan III] *Vun de Kelwer* (↑Kalb), *wenn die geschlacht wärre, des Beischl, was is die Lewwer un Milz un alles, was derzugheert, un des wärd dann gekocht un wärd gess. Un des gheert* (gehört) *zum Beischlowed oder zum Poltrowed.* [Jahr V] ◆ Nach den Hochzeitsvorbereitungen, am Polterabend, pflegte man Innereien des geschlachteten Kalbes zu essen, daher der Name *Beuschelabend* in [Jahr V]. ■ ÖstWb 166.
→Beuschelsuppe, Vieh.

Beuschelsuppe - f, paiʃlsup, Sg. tant. [Fak, Ga, Glog, NPa V]
V: Suppe aus Innereien des geschlachteten Kalbes ● *Vun de Kelwer* (↑Kalb), *wenn die geschlacht wärre, des Beischl, des wärd dann gekocht un wärd Beischlsupp gesse.* [Fak V]
→Beuschel, Innereien, Suppe.

Bewilligung - f, beviliguŋ, Sg. tant. [ASad, Resch, Stei, Wei, Wolf V, OW VI]
Fo: Zustimmung für einen Antrag, Erlaubnis *Etym.:* Entlehnung aus der Standardsprache.
● *Unsere Jäger können ganz wenig schießen, weil es kommen doch vom Ausland, die bezahlen und bekommen die Bewilligung fië Hirsch un Bärn zu schießn.* [OW VI]

bezimmern - schw, betsimərn, -tsimərt [OW VI]
Fo: mit der Hacke Holz bearbeiten ● *Das Holz wird bezimmert, mit so e breite Hacke un zusammenpasst, und nachhär wird es verschopft* (↑verstopfen) *mit Moos, dass das Wasser nicht rausrinnt.* [OW VI]

Bibor - m, selten, bivor, Sg. tant. [StG, Sol, Sulk II]
A: Rotklee *Etym.:* Das Subst. ist vermutlich eine Bildung nach ung. *bibor* 'Purpur', wobei die Farbe der Pflanze das Benennungsmotiv darstellt.
● *War allehand, viel Biwor, was so rot blüht, ja, Rotklee war's.* [Sulk II]
→Klee, Rotklee.

Biene - f, (m), pi:nə, -n [Bat VI]; pi:nə, Pl. id. [Sad V]; pī:n, -ə [Kock, Mu, Mut, Seik II, Fu, Har, Hod, Kar, KK, Kol, Sch, Tscher III, In, NP IV, Albr, Alex, Char, DStP, Eng, Ger, GJ, Gott, Jahr, Jos, Len, Low, Mram, NB, NPa, Pau, Rud, Sack, Schön, Stef, SM, Tschan, Tsch, Tsche, Ui, War V]; pī:, -nə [Seik II, Kar, Kol, Stan III, Gra V, GK, KSch, Lieb, Ost V]; pī:, Pl. id. [Ha, Seik, StI II]; påī, Pl. id. [Tscha III, Fak, Ga, Glog, StA V]; (m) pē:n, Pl. id. [Tschat III]; pē:, Pl. id. [Wasch III, Gutt V]
B: in Stöcken lebendes gelb-schwarzes Insekt, das Honig produziert, Honigbiene; Apis mellifica ● *Un den ↑Schwarm hann ich in en ↑Korb* (2), *un hann en Kaste* (↑Kasten) *gemacht un honn oogfangt mit de Bie.* [Ha II] *Hat, ven de Bienwirtschaft kenn me vill rede. Ich tun jo wanden mit de Bien.* [Seik II] *No hunn sich die Bie auf en Baam* (↑Baum) *gsetzt.* [StI II] *Die Libelle sinn Schneidre* (↑Schneider) *bei uns. Ja, aach Biene un Wepse* (↑Wespe) *gibt's.* [Ost V] *Vun de Weideblite* (↑Weidenblüte) *sammln die Biene gude Honich.* [Schön V] *No, die Bienen hunn i schon seit 44 Jahre, ja, neben Haus in Goartn.* [Bat VI] ◆ Sprichwort: *Die Beie un die Schof, die bringen's in Schlof.* (Bienen und Schafe liefern - bei wenig Arbeit - gute Erträge). [Glog V] ■ PfWb I 889 f.; SüdHWb I 828-830; RheinWb I 582; BadWb I 223 f.; Gehl 1991, 248;

Petri 1971, 85.
→(Art:) Arbeiterin, Arbeitsbiene, Brut, Drohne, Königin; (Sonstiges:) Bienenameise, -jahr, -hütte, -kasten, -volk, -wirtschaft, -zucht, -züchter, Tier, Wintertraube.

Bienenameise - f, pimoislə, Pl. id. [Bat VI]
B: den Ameisen ähnelndes Insekt, das als Brutparasit vor allem in den Nestern von Bienen lebt; Ameisenwespe (DudenWb 1, 387) ● *Un dann sinn die Biemoisle, so kloani, so gälb un grab (↑grau), die machn Winte dortn un fressn die Bie.* [Bat VI]
→Ameise, Biene.

Bienenhaus - n, pi:nəhaisje, -haisərje [StI II]
B: Bienenstock ● *Un dä hatn schene Goate, un noch hat er gemocht so drei ↑Reihe so klaane Bieneheiserje.* [StI II] ■ PfWb I 893; Gehl 1991, 249.
→Bienenkorb, -stock, -zucht, Kaptar.

Bienenhütte - f, pī:hitə, Pl. id. [Ha, Seik II]
B: Holzhütte zur Unterbringung der Bienenstöcke ● *En alde Tischlemaaste, dä hat so e alt Biehitte gemocht, ganz von Holz, do woan die Keste (↑Kasten 3) neigebaut.* [Ha II]
→Biene, Hütte.

Bienenjahr - n, pinəjoɐ̯:, -n [Seik, StI II]
B: Arbeitsjahr des Imkers ● *Ja, des Binejoah, des fangt eigentlich im Septembe oo, do wänn die Völker eingewintert.* [Seik II]
→Biene.

Bienenkasten - m, pī:khastə, -khestə [Seik II]
B: Bienenstock ● *Friher honn se die Velker (↑Volk) nit in de Biekeste khale (↑halten 1), sonden in Kärb (↑Korb 2), die senn aus Stroh gebunde, aus Schabstroh (↑Schaubstroh), ja.* [Seik II]
→Biene, Kasten (3).

Bienenkorb - m, pī:khorp, -khɛrp [Seik, StI II]
B: aus Ruten oder Stroh geflochtener Korb, in dem sich ein Bienenvolk aufhält ● *No hot me e Biekorb, des hot jeder Imker heitzutog noch, die Biekärb.* [Seik II] *No hot er den Biekorb genumme, hat er so en Sieb druf un is gange mit grouße Stange un hot den Schwarm robgnomme (↑herabnehmen).* [StI II] ■ PfWb I 894: 'Behausung der Bienen', ursprünglich aus Stroh geflochten, auch *Bienenkasten, -stock.*
→Bienenhaus, -stock, -zucht, Kaptar.

Bienenstand - m, pi:nəʃtant, Sg. tant. [Bohl, Seik, StI II]
B: zu einem Stand vereinigte Bienenstöcke ● *Un dä Bienestand woa foet, secht me bis zu dreißichviëzich Kilomette un mähe.* [Seik II] ■ PfWb I 895; SüdHWb I 832.
→Bienenstock.

Bienenstock - m, pi:nəʃtok, -ʃtek [Bat VI]; pinəʃtok, -ʃtek [Ga, StA V]
B: Holzkasten zur Unterbringung des Bienenvolkes ● *In oan Koarb (↑Korb 2) hunn i jetz un e zehn Volk in so'n Bienestock, mit Rahme hot's.* [Bat VI] ■ PfWb I 895: 1. 'Behausung der Bienen', ursprünglich 'hohler Holzklotz zur Aufnahme eines Bienenschwarmes'; Gehl 1991, 249.
→Bienenhaus, -korb, -stand, -zucht, Stock (2).

Bienenvolk - n, pi:nəfolk, -felkər [Seik, StI II]
B: Bienenfamilie, bestehend aus Königin, Drohnen und Arbeitsbienen; Bienenbestand ● *Bei uns is des so, dass ich ellaa (allein) drauß senn bei dem Bienevolk.* [Seik II]
→Biene, Volk.

Bienenwirtschaft - f, pī:nvirtʃaft, Sg. tant. [Ha, Seik II]
B: Imkerei ● *Ven de Bienwirtschaft kenn me vill rede. Ich tun jo wanden mit de Bien.* [Seik II]
→Biene.

Bienenzucht - f, pi:nətsuxt, Sg. tant. [StI II, GK, Ost V]
B: das Züchten von Bienenvölkern zur Honig- und Wachsgewinnung; Imkerei ● *Die Bienenzucht, des is schee gewest. Dot newe (neben) uns, dä Mann, dä hat zwaahunnert ↑Familie.* [StI II] *Ja, im Dorf hann sich Leit mit Bienezucht bescheftich. Do sinn die Rahme, un die Wawe wärre gschleidert.* [Ost V]
→Biene, Bienenhaus, -korb, -stock, -züchter, Familie, Honig, Honigschleuder, Kaptar, Rahmen, Schwarm, Volk, Wabe; züchten (2).

Bienenzüchter - m, pi:nətsyçtə, Pl. id. [Seik, StI II]; pī:tsiçtə, Pl. id. [Seik II]
B: jemand der Bienen züchtet; Imker ● *De Biezichte tut des Wocks auskoche, die Kenigin zichte (↑züchten 2), är macht, wie's meglich is.* [Seik II] *Un de Biezichter muss des aane Volk uff zwaa vetaale (↑verteilen), tut sie in anre Koptar (↑Kaptar) 'nei, des is e Biekoarb.* [StI II] ■ PfWb I 895; SüdHWb I, 833.
→Bienenzucht, Imker.

Bika

Bika - m (n), pika, Pl. id. [Berg III, El, Franzf, Ga, Sack, StM V]; biko [GStP, Tschak V]; piko [Albr, Bog, Pau, Len, Low, NA, NB, Ost, Ui, War V]; piko: [Trie V]; pi:ko [Ben, Ger, Len]; bikə, -nə [Ga, StA]; pikə [Fak, Glog, Gutt, Franzf, Sack, Schön, Ora V]; pi:kə [Bak, KB, Nitz, Sack Sad, StA V]; vikə [Alt, Fek, Nad, StG, Sulk, Wak, Wem II]; (n) bikəlę [Ga, StA V]
V: Stier *Etym.*: Entlehnung aus ung. *bika* 'Stier'.
● *Hengscht ware kaani, nur Wicke sein aa mitgange.* [Sulk II] *Wu is es Wasser? De Biko hat's gsoff* (↑saufen). [Bog V] *Der Kihhalder treibt die Kih un die Bike uf die Hutwaad* (↑Hutweide). [Glog V] *Die Haldre* (↑Halter) *hann zwei Biko vun der Gemeinde, vum Bikostall nausgfihrt, mit Hunde.* [Ost V] **Anm.**: Die Variante *bigə, -nə* hat in [Gal und StA] die Pluralendung *-nə*. In der Form *pigə* tritt in [Fak und Glog] die intervok. Erweichung *k>g* auf. ■ *Bicka* Gerescher 1999, 35; *Bike* Gehl 1991, 189.
→Bikakalb, kopf, -stall, Rind, Stier; (Namen:) Janni, Joschi, Pischta.

Bikakalb - n, pikokhalp, -kelvər [Bog, GK, Gra, Len, Low, Ost, War V]
V: männliches Kalb ● *Die Bikokelwer hat mer mise am Staat ginn (geben), die hat mer net därfe schlachte.* [Ost V]
→Bika, Kalb.

Bikakopf - m, pikokhop, -khep [Albr, Bir, Bog, Char, Ernst, Ger, GJ, Gra, Hatz, Joh, Kath, KJ, Ksch, Kub, Laz, Low, Na, Ost, Rud, Sack, Star, Stef, Tschak, Tsche, War, Wer V]; pikəkhop [Ben, Mori V]; pikokhep [Ben, Tschan V]
A: als Unkraut verdrängter Stechapfel *Etym.*: Die Bezeichnung ist eine Metapher ausgehend von der Form des großen Samengehäuses des Stechapfels, die mit jener des Stierkopfes verglichen wird. ● *Mir hann viel Unkraut ghat, Tollkärsche* (↑Tollkirsche), *Winne* (↑Winde), *Bikokepp, des is de Stechappl un viele andre.* [Ost V] ■ Petri 1991, 31.
→Bika, Kopf (1b), Stechapfel, Unkraut.

Bikastall - m, bikoʃtal, Sg. tant. [Bog, GK, ost V]; bikəʃtal [Fak, Ga, Glog, StA, Wil V]
V: Stall für Zuchtstiere ● *Die Haldre* (↑Halter) *hann zwei Biko vum Bikostall nausgfihrt, mit Hunde.* [Ost V] *Im Halderhaus is der Bikestall un der Ewerstall.* [StA V]
→Biko, Halterhaus, Stall.

binden - st, bintn, buntn [Wud I]; pintn, kepuntn [OG I, GN II, Bohl II, Ru IV]; pintn, puntn [Pußt I, Petschw II]; pində, kəpu:ntn [Tol I]; pində, puntn [Wein I]; bində, gəbundə [Saw II]; pində, kəpundə [Ha, Seik II, Franzf V]; pinə, kəpunə [Fak, Glog V]; bində, bundə [BeschVI]; bində, bondə [NP IV]; penə, kəpunə [La II, Len V]; pində, pundə [Jood II, Hod III, NP IV]; pintə, kəpuntə [Saw II, Ap III]; pinə, kəpunə [Ger, Glog, NA V]; pinə, kəponə [Baw, StI, Wen II]; pinə, kəpun [Gai, Pal III, Bru, Charl, Lieb, Low, Ost, Wis V]; penə, kepun [Bog V]
A, H, W: mit Band, Faden usw. festmachen, verknüpfen ● *Wann die Rebn schon en holbn Mete* (↑Meter 1) *gwocksn sann, no ta-me se bindn.* [OG I] *Mit den hom-me die Reem auch bundn.* [Pußt I] *Die Loit senn gange Woigarte hacke un binde un spritze.* [Jood II] *Jedi Woche muss aamol gebunne wär mit Raffia* (↑Raphia). *Ich tun liewer mit Kunstraffia benne.* [La II] *Hinnenach is a Mann gange, dä hot die Goarem* (↑Garbe) *bundn.* [Petschw II] *Wenn der Hanf hoch genug war, hat me'n gerupft, in Hampln* (↑Hampel) *gebunde un aufgestellt.* [Saw II] *Zwaa Mann henn den getricklte Hanf sortiert un des Bischeli zu em Kopf* (↑Kopf 1b) *bunde.* [Hod III] *De Goarbnbinder, där hat die Garbn miesn bindn.* [Ru IV] *An de Droht sinn Reweblätter* (↑Rebenblatt) *un scheene Trauwe gebunn ginn.* [Bog V] *Die Weibsleit hunn geglcckt* (↑glecken) *un gebunn.* [Bru V] *Do brauch mer Grienes* (↑Grünes 2) *fer Streiß* (↑Strauß 1) *binde.* [Fak V] *Noch em Saallejer is de Binnr kumm, där hat se gebunn.* [Ost V] **Anm.**: Das PPerf. wird in [Jood II] und [Hod III] ohne das Präfix *ge-* gebildet. - In den Varianten *binne* und *benne* wird das inlautende *-d-* assimiliert und in *benne* tritt *i>e-*Senkung auf. ■ Gehl 1991, 132.
→ab-, an-, auf-, ein-, hinein-, zu-, zusammenbinden, heften, knüpfen; Band, Binder (2b), Bindsache, Mähbinder.

Binder - m, pindər, Pl. id. [Mu, Nad II, Waldn III War V]; pintər, Pl. id. [Da V]; pindər, pindrə [GStP V]; pində, -nə [Ga, StA V]; pindɐ, -nɐ [Wein I]; pinr, Pl. id. [Ost V]
1. A: (verkürzt für:) Mähbinder ● *Mein Vater, dä hot schon voom Ärschte Weltkriech e Mehbinder ghat. Un mir hann mit dem Binder nach gearweit. Des war e amärikanische Binder.* [Waldn III]
2. A, H: Landarbeiter, der Stängel oder Halme zu Büscheln bindet **a.** Hanfarbeiter, der im Trockenhaus Hanfstängel zu Büscheln bindet

● *In de Tricknheiser* (↑Trockenhaus) *fer de Hanf henn der Maschinist, der Heizer, die Vorarbeiter, die zwei Sortierer un Binder gearbeit.* [Hod III]
b. A: Erntehelfer, der gemähte Getreidehalme zu Garben bündelt ● *De Saallejer* (↑Seileleger) *hat es ärscht a Saal hiegleet* (↑hinlegen), *un hinnenoh is de Binnr kumm, där hat se gebunn.* [Ost V]
→(1) amerikanischer Binder, Mähbinder; (2a) Sortierer, Vorarbeiter; (2b) Garbenbinder; binden.

Bindsache - n, pintsax, Sg. tant. [Ost V]
A, G, W: Material zum Binden ● *Die Liesche* (↑Liesche) *warn unser Bindsach im Weigarte. Scheni langi, weißi Liesche hann se gsucht, un die sinn zammgebunn ginn im Winder, sinn se geknippt ginn* (↑knüpfen). *Liescheknippe had mer's gnennt.* [Ost V]

Binse - f, pinsə, Pl. tant. [Hod, Sch, Stan, Tor III, Bog, Hatz, Len, Low, Ost, War V]
A: als Unkraut verdrängte lilienartige Sumpfpflanze mit stängelähnlichen, markerfüllten Blättern; Juncus ● *Zum Unkraut ghärn noch die Binse, es Schilfrohr, die Wachtlsmahd* (↑Wachtelsmahd) *un viele andre.* [Ost V] ♦ Die Binsenblätter werden zum Herstellen von Geflechten verwendet. ■ PfWb I 923: 1.; SüdHWb I 857; RheinWb I 708; BadWb I 232.
→Unkraut.

Biovit - , selten, piovit, Sg. tant. [Petschw II]
O, W: (Markenbezeichnung für:) ein Spritzmittel für Obst- und Weinbau ● *De Weingoatn muss me spritzn mit Blaustaa* (↑Blaustein), *Miltox, Biovit un ich alledehand Gattung. Ich kann des net sagn so, näm todom* (nem tudom: ung. 'ich weiß es nicht'). [Petschw II]
→Spritzsache.

Bippele - n, pipələ, Pl. id. [Fak, Glog V]; pipəle, Pl. pipələ [Gal, StA V]; pipilin [Ap III]
V: Küken des Huhns und der Truthenne *Etym.*: Aus dem Lockruf für Hühner in der Kindersprache gebildete Bezeichnung für 'junges Hühnchen'. ● *Un no is die Gluck drufgsetzt warre, bis die Bippilin vun imme es Aai gepickt* (↑picken 2) *henn und gschluppt sinn.* [Ap III] *Zwaa Heise weide is e Gluck mit 21 Äie gwest, die is schun iwwe* (über) *zwaa Wuche uff ihrem Nescht gsesse. Die Gluck hat schun noch kårze Zeit Bippele krigt.* [StA V] ♦ Redewendung: *Du vebriedlts Bippele* 'zurückgebliebenes Küken, das immer fröstelt'. (Gehl 1991, 214) Kinderreime: *Heio, bumbeio, schlag's Biebelche dot. 's leht mer ke(n) Eier un frißt mer mei(n) Brot* [verbr.]. - *Mei Mutter backt Kuche, sie backt se so hart, sie leht se ins Schränkche un gebt mer net satt. Sie gebt mer drei Brocke für's Bibi zu locke: Bibi, Bibi, Bibi, komm. Un wann mer's die Mutter nochmols so macht, so nemm ich mei Bündel un sag ehr Gut Nacht.* (PfWb I 882) ■ BadWb 1, 233 f.: 1. 'mehr oder weniger kindliches, kosendes Wort im Bereich der Hühnerzucht'. a. Der Lockruf für Hühner lautet *ī, bī!* b. 'Hühnchen, das ganz junge Küchlein, zunächst ohne Betonung des Geschlechts'; SchwWb I 10922: *Biberle(in)*; PfWb I 882: *Bib, Bibi*: 'Huhn, Sprache des Kleinkindes, meist in der Wiederholung *Bibib* verbreitet'. Die Verkleinerungsform ist die Bezeichnung für das Küken, auch Schmeichelname für das Huhn; SüdHWb I 820; RheinWb I 671; Gehl 1991, 214.
→Bippelekorb, Glucke, Huhn; schlüpfen.

Bippelekorb - f, pipəlekhårəp, pipələkhęrəp [Ga, StA V]
V: (wie: Hendelkorb) ● *Unnerm Bippelekåreb henn die klaani Bippele zu fresse krigt.* [StA V] ■ Gehl 1991, 217.
→Bippele, Hendelkorb, Korb.

Birke - f, birke, birkn [ASad, Lind, Resch, Stei, Wei, Wolf V]; pirkə, pirkn [Brest, tscher III, Fak, Glog V]; pirkpā:m, -pe:m [Hod III, Bill, Len, Low, Ost, War V]
Fo: Laubbaum mit weißer Borke, Kätzchenblüten und geflügelten Früchten; Betula ● *Abnds wård der Baam aafgstellt, a Tanne un de Gipfl is Birke.* [ASad V] ■ Petri 1971, 19.
→Baum (1), Birkenstrauch.

Birkenstrauch - m, birkʃtraux, -ʃtraiçə [Ora, Resch, Stei V]
Fo: Ast der Birke mit buschförmigen Zweigen *Etym.*: Es erfolgte Bedeutungsübertragung von 'dichter Ast' zu 'Strauch'. ● *Dann is am Eck am Dachstuhl e Maibaum aufgstellt woan, e große Birkstrauch, mit Mascheln* (Schleifen) *drauf.* [Stei V]
→Birke, Strauch.

Birnbaum - m, pi:rəpā:m, -pē:m [Bog, GK, Ostlen, Low, War V]; pirnəpā:m, -pē:m [Bil, Ham, Mai, Pe, Schei, Suk VI]
O: Obstbaum mit süßen, länglichen Früchten an

langem Stiel ● *Im große Garte ware viel Obstbeem drin, e große Bierebaam, zwei Hawwerbierebeem un e ganz große Maulbirebaam.* [Ost V] *Obe am Wald hot der ↑Gostat alles voll pflanzt mit Epflbääm, Birnebääm un Zwetschkebääm.* [Schei VI]
→Birne, Haferbirn-, Obstbaum.

Birne - f, pirn, -ə [OG I]; pirn, Pl. id. [Baw II]; pirə, Pl. id. [Ga, StA V]; pi:r, -ə [Ap, Gai, Hod, Kol, Stan, Wasch III, Bill, Bre, Fak, Glog, GStP, Len, Low, Nitz, NPe, Nsie, Orz, Ost, Sack, Tsche, War V]; pę:r, -ə [KK, Sch, Tscher III, Jahr V]
A: Frucht des Birnbaums, süß schmeckendes, längliches Kernobst mit grüner oder gelber Schale und weißlichem Fruchtfleisch; Pirus communis ● *Ja, es Obst woa viel. Von die Himbårn ham-men Soft* (↑Saft) *gmocht. Jetz tame nue es Obst einfriën, in de Kühlschrank 'nei, olles wos wockst, Weicksl* (↑Weichsel)*, Kiëschn* (↑Kirsche)*, Biern.* [OG I] *Die Pfische un die Birn, des honn sie zommgelese* (↑zusammenlesen)*, un des hod in de Fesse gegärt.* [Baw II] *Die Obstbeem worn Epplbeem, Biere, Ringlo* (↑Reneklode)*, Weichsl* (↑Weichsel)*, Kärsche, Kitte* (↑Quitte)*, Pärsching* (↑Pfirsich)*, Aprikose, Gelli Quetsche* (↑Gelbe Zwetschge) *un Blooi Quetsche* (↑Blaue Zwetschge)*.* [Ap III] *Hawwerbiere, des ware friheri un klennri geeli Biere, die was in de Hawwerzeit kumme* (reifen)*.* [Ost V] *Aus Epfl, Biere, Fiärsche, Zwetschke hot me starke Schnaps brennt.* [Schei VI] ■ Gehl 1991, 233; Petri 1971, 55.
→Birnbaum, Butter-, Hafer-, Kaiser-, Zuckerbirne, Obst, Obstbaum, Glasierte -, Späte Birne.

Biskotte - f, piʃkot, -n [Baw, Seik, Wem II]
V: löffelförmiges Biskuitkleingebäck *Etym.: Biskotte* ist österr. für 'Biskuitkleingebäck'. (↑Wahrig 697) ● *Die Bischkottntoete wärd mit Bischkottn gebacke, die Nesstoete* (↑Nussstorte) *mit Ness un die Mogesaametoete mit Mogesaame* (↑Magelsamen)*.* [Baw II] ■ ÖstWb 168.
→Biskottentorte.

Biskottentorte - f, piʃkotntoətə, Pl. id. [Baw II]
V: aus Biskotten und einer Füllung gebackene Torte ● *Die Bischkottntoete wärd mit Bischkottn gebacke, die Nesstoete mit Ness un die Mogesaametoete mit Mogesaame.* [Baw II]
→Biskotte, Torte.

bitter - Adj, pitər [Fek, Nad, Surg, Wem II, Ker, Sch, Stan, Tor III, Be, Tow IV, Bog, Fak, Ga, Glog, Len, NA, StA, War, Zich V]
Allg: von sehr herbem Geschmack ● *Die Spatzekirsche sinn klaani, schwarzi Kirsche. Die sinn zimmlich bitter.* [Fak V]
→Geschmack.

Blache - f, plaxe, plaxə [PrStI III]; pląxə, Pl. id. [KaF II]; ploxa, Pl. id. [Pul I]; plågə, -n [GN II]; ploxn, Pl. id. [Aug I, KKa II]; ploxətə, Pl. id. [GK, Ost V]
A, H: Plane aus grober Leinwand zum Schutz des Wagens gegen Unwetter *Etym.:* Aus *Blahe, Blache, Plache* (österr.) 'große Leinwand, Plane', kommt von mhd. *blahe,* ahd. *blaha.* (DudenWb 1, 398) ● *Un dann tut mer grob spinne for Seck un Plochete, un vum feine Hauszwärn for Seck odder Plochete ausbessre odder Gschärr* (↑Geschirr) *nehe.* [Ost V] ■ *Blahe, Blache* PfWb I 961; SüdHWb I 887; RheinWb I 746; NordSSWb I 1148 f.; *Blache, Blahe, Plache* Krauß 138; *Plachen* BayWb 1/1, 455; *Plahe* WBÖ 3, 253; *Bla(c)he, Plachte* SudWb II 404; *Blache* BadWb 1, 242.
→Nylonblache, Tuch.

blähen - schw, blę:ə, blę:t [Bil, Ham, Mai, Pe, Schei, Suk VI]
A: Körnern mit der Putzmühle reinigen *Etym.:* Von mhd. *blaejen,* ahd. *blāen, blājen* 'blähen, blasen'. ([23]Kluge, 115) ● *Im Hirbscht hat mer d'Sunnerose ausgschlage un die Sunnerosekeäne bläht mit de Blehmihle.* [Schei VI]
→winden; Blähmühle.

Blähmühle - f, blę:mi:lə, Pl. id. [Bil, Ham, Mai, Pe, Schei, Suk VI]
A: Putzmühle zum Reinigen des Getreides ● *Im Hirbscht hat mer d'Sunnerosekeäne bläht mit de Blehmihle, deseall hot der Wind gmacht.* [Schei VI]
→blähen; Windmühle (2).

Blasebalg - m, plo:spalk, -pelk [Nad II, Be IV]; pląspalk, -pelk [Bat VI]; plo:spålk, -pelk [Har III]; plo:spalk, Pl. id. [Tax I, Franzf V]; plo:spolk, Pl. id. [Wer I]; plå:spalç [StAnd V]; pla:spaliç [Drei V]; plo:spåliç [Bog V]
B: Gerät aus zwei durch einen Lederbalg verbundenen Platten zum Erzeugen eines Luftstroms ● *Und aff de Leutern* (↑Leiter)*, do gehn i affi min Rauch, do honn i en Blosbalg,*

odde hunn i so en Fledewisch fir en Schwoarm fangen. [Bat VI] **Anm.**: In der Endung des Subst. ist in [Bog und Drei V] Sprossvokal *-i-* aufgetreten. ■ Krauß 139.

Blässhünkel - n, pleshiŋgl, Pl. id. [Stan III, Bill, GK, GStP, Len, Low, Ost, War V]; pleshu:n, -hy:nə [Wer V]; plesl [Wasch III]; pleshu:n [Wer V] V: am Wasser lebende, hühnergroße schwarze Ralle mit weißer Blesse; Fulica atra ● *Am Wasser gsieht mer die Wildgans un die Wildente, 's Blesshingl un de Rohrspatz.* [Ost V] ■ Petri 1971, 102.
→Hünkel, Vogel.

Blater - f, plo:dər, Pl. id. [Ap, Hod, Mil III, Be, Tom IV, Bog, Fak, Ga, GJ, Glog, Lieb, War V] V: Blase des Tieres *Etym.*: *Blatter*, aus mhd. *blātere* 'Blase, Pocke', auch in altengl. *blǣdre*, eine Instrumentalbildung auf indogermanisch *-tro-*, zu der unter *blähen* behandelten Wortsippe. Also eigentlich 'Mittel zum Aufblasen' (etwa eine Schweinsblase), und dann übertragen auf 'Blasen auf der Haut'. (²³Kluge, 116) ● *Die Sau hat noh an der Innereie, hot sie de Saumage, die Bloder gewwe, die Lewwer, die Niere, es Härz.* [Ap III] ■ PfWb I 975: 1. 'mit Flüssigkeit gefüllte Hautblase'; *Blatter* Gehl 1991, 104; *Blase* PfWb I 968: 2.b. 'Harnblase des Schlachttieres, besonders des Schweines'; SüdHWb I 898 f.; RheinWb I 746, 751; BadWb I 246.
→Vieh, Wasserblase.

Blatt - n, blat, bletər [Bil, Ham, Mai, OW, Pe, Schei, Suk VI]; plat, pletər [KaF, Sulk II, Bog, Ger, GJ, GK, Ost, StA, War V]; plat, pledər [StI II, Fak, Glog]; plat, pletə [Pußt, Tax I, Bohl, Jood II, Ga, Glog, StA V, Bat VI]; pla:t, ple:dər [Bak V]; blat, -ə [Schei, Suk VI]; plat, platə [Nad II, Pußt I]; pla:t, ple:də [La II]; plat, plętə [GN II, El, Glog, StA V]; plåt, ple:tər [Ger V]; plå:t, ple:tə [Har III]; plot, pleidə [Tol I]; pla:dl, ple:dl [Pul I]; platl, Pl. id. [Weri I]; pla̜:l, Pl. id. [Aug, Ed, GT, KT, Schor, StIO, Wein, Wud, Wudi I] A, Fo, G, H, T, O, W: flächenförmig ausgebildetes, durch Blattgrün gefärbtes Teil höherer Pflanzen, das die Photosynthese durchführt ● *Wann so e schlechte Regn kemme is, sann die Blette gflecket worn un die Weimbe* (↑Weinbeere) *sann kaputt gange.* [Pußt I] *Me hot die Blaal wejgbrouche, dass dejes Weiemba meha Sunna kriëgt.* [Wud I] *Em Härbscht sem-mer gange, die Kugrutzstengl* (↑Kukuruzstängel) *abschneude,* *ower em Zapfe* (↑Zapfen 1), *un die Blette rundeläse, dass des tricklt* (↑trocknen). [Jood II] *Ja, noch geht die* ↑*Kraft dot 'nei in die Steck* (↑Stock 1a) *un in die Blede.* [La II] *Den Hower* (↑Hafer) *hot me net kenne gleich zommbinne, wäl där soviel Bleder hat, där hot misse gewend wän.* [StI II] *Un no hod me mese de* ↑*Kopf (2) owe de Blih* (↑Blüte) *abbreche, dass es Blatt greser is wore.* [Sulk II] *Wu ka Wind geht, wacklt aach ka Blaat.* [Bak V] *Un dann ham-mer vum Kunstdinger glärnt, zu was er is, zum Beispiel dass Stickstoff es Blatt macht.* [Ost V] *Die Bletter wärn dirr un falln ap.* [StA V] *Ja, hot's kleine Eichnwold, un aff die Blette sinn manchsmal die Bienen.* [Bat VI] *Dise Bletter vom Graut* (↑Kraut) *tu mer fille mit Reis un Floaisch vu der Saue.* [Schei VI] **Anm.**: In [Schei VI] tritt die dial. Pluralform *blatə* neben der ugs. Form *bletər* auf. ■ Gehl 1991, 71, 88.
→Akazien-, Eichen-, Kraut-, Lorbeer-, Mutter-, Reben-, Rüben-, Sand-, Tabak-, Weichsel-, Weinbeerenblatt, Blattdünger, Bletschen, Pflanze; blättern; blätterig.

Blattdünger - m, pletrdynər, Sg. tant. [La II] W: chemischer Stoff zur Behandlung der Traubenblätter ● *Noch wenn's gspretzt wird, noch tun se so e Bledrdünger 'nei ins Spretzsach, des is so e grieni* (↑grün) *Brih* (↑Brühe), *des is gut fir de Treiwl* (↑Traubel) *aa.* [La II]
→Blatt, Spritzsache.

blätterig - Adj, pledriç [StI II] A: (von Kuchen:) aus dünnen, blattförmigen Schichten bestehend ● *Un noch woan die Schmärkreppl* (↑Schmerkräppel), *vum Schmär* (↑Schmer). *Hunn se noch e Hefetaaig gemocht, do is de Schmär neikomme, noch is des so bleddrich, so mähemol dorichgelecht* (durchlöchert). [StI II]
→Blatt.

blättern - schw, pletrə, kəpletərt [Fak, Glog V] T: die reifen Blätter ernten, entblättern ● *Wenn die Bletter geel* (↑gelb) *wärn, kam-mer de Tuwak* (↑Tabak) *blettere.* [Fak V] ■ SüdHWb I 916, 1.a wie *blatten* 1.a: 'die äußeren Blätter der Runkelrüben abnehmen', 'zu üppige Getreidepflanzen einkürzen', 'überschüssige Rebenblätter entfernen'; RheinWb 758; BadWb 1, 252.
→Blatt.

blau

blau - Adj, plau [KT, Pußt I, Bohl, GN, Oh II, Gai, Tscha III, El, NPe V]; plå: [GT I]; plo: [Har III, Bak, Bog, Bru, Fak, Ga, Glog, Len, Low, Ost, NPe, StA, Wil V]; plo:p [Aug, Ed, GT, KT, Scham, Schor, Wud, Wudi I]
Allg: von blauer Farbe ● *De sann blau gweest un rot gweest un gölb gweest, mit en schene ↑Heft.* [Pußt I] *Struulweiemba* (↑Strudelweinbeere) *sann klaa un blob gwejest.* [Wud I] *An de Droht sinn die schenschte Trauwe gebunn ginn: Zacklweißi, blooi Ochseaue.* [Bog V] *Der blooi Strååf* (↑Streifen) *im Regeboge bedeit viel Håi.* [Glog V] *Die Trollinger ware die blooi, dicki Trauwe.* [Ost V] ■ Gehl 1991, 57.
→Altmodische Blaue, Blaue, Blaue Grundbirne, - Kohlrabi, - Zwetschke, Blaustein, Farbe.

Blaue - f, blaue, -n [In, Ru IV]; plo:e, plo:i [Bak, Nitz V]; plo:trauvə [Har, Stan III]
W: Rebsorte mit dunkelblauen Beeren ● *Unser ↑Genossnschaft* (1) *hat mehrere Sortn Traubn ghabt, die Jaramere, die Franzesischn, die Blauen, die wo me net spritzn brauch.* [Ru IV] *Meischt hann se ghat Blooi, Matscharga, Schiller un Zacklweißi, des ware die Sortn.* [Bak V] ◆ Diese Rebsorte mit dunkelblauen Beeren wird zur Herstellung von Rotwein verwendet. Da diese Sorte gegen Schädlinge widerstandsfähig ist und nicht gespritzt werden muss, wird sie auch *Selbstträger* genannt.
→Altmodische Blaue, Rebsorte; blau.

Blaue Grundbirne - f, plo:i krumpir, -ə [Ap, Sch, Stan III]
A: Salatkartoffel mit grau-blauer Schale ● *Un noh ware Weißi Grumbire un Geeli Grumbire un Blooi Grumbire ware aa.* [Stan III]
→Grundbirne; blau.

Blaue Kohlrabi - m, plauə kholra:vi, Pl. id. [Drei, Eng, GJ, Gra, Kreuz, NA, Wies V]
G: Zuchtform des Gemüsekohls mit Stängelknollen ● *Die Blaue Kolrawi un Schwoaze Rattich sein in Silos neikumme. In Winte sein se rausgnumme woan un sein vekauft woan.* [NA V]
→Kohlrabi; blau.

Blaue Zwetschke - f, plo:i kvetʃ, -ə [Ap, Fil, Sch, Siw III, Tom IV]
O: blaue, längliche Pflaumenart mit gelblichem Fruchtfleisch; Prunus domestica oeconomica ● *Die Obstbeem worn Epplbeem, Biere, Kärsche* (↑Kirsche), *Kitte* (↑Quitte), *Pärsching* (↑Pfirsich),

Aprikose, Geeli Quetsche un Blooi Quetsche. [Ap III]
→Zwetschke; blau.

Blaustein - m, plauʃtain, Sg. tant. [NPe V]; plauʃtai, [Sad V]; plauʃta:n [Bohl II]; plauʃtā: [Baw, Jood, Petschw II, NA V]; plo:ʃtā: [Fak, Ga, Glog, Ost, StA V]
O, V, W: Kupfervitriol, das vermischt mit Kalk, Alaun und Wasser eine Lösung von Kupferkalkbrühe ergibt ● *In dene frihrichi Weingoatn wor de Blaustaa, und in den Blaustaa is de Kalich* (↑Kalk) *reingemischt woan, und mit dem hot me gspritzt.* [Baw II] *No had e miëse rauszihege* (↑herausziehen) *den Nagl aus dem Ross sei Fueß, un där Schmidt hot Blaustaa dran gebe.* [Jood II] *Friher is nur mit Blaustaa gspretzt* (↑spritzen 1a) *won, mit sonst nicks.* [La II] *De Weingoatn muss me haun, ausbrechn, bindn un spritzn mit Blaustaa, ↑Miltox, ↑Biovit un ich alledehand Gattung. Ich kann des net sagn so, näm tudom* (nem tudom: ung. 'ich weiß es nicht'). [Petschw II] *Mit Blaustaa hod me gspritzt meistns.* [NA V] *Mer hat gspritzt mit Kanitzl, mit Bloostaa.* [Ost V] ◆ Zum Spritzen verwendetes *Blausteinwasser* ist Kupferkalkbrühe, eine Lösung aus Blaustein, Kalk, Alaun und Wasser. - Vom Schmied wird die Lösung zum Desinfizieren verwundeter Pferdehufe verwendet. ■ Krauß 141; NordSSWb I 1165 f.; Gehl 1991, 243.
→Spritzsache; blau.

Blech - n, pleç Sg. tant. [Aug, Ed, Schor, Wud I, Ap, Gak, Hod, Mil, Sch III, Bill, Bru, Jahr, Mar, Nitz, War, Wis V]; (2) pleç, -ər [Wein, Wer I, Fek II, Har, Ker, Kutz III, Tow IV, Bog, Ger, Drei, Glog, Gutt, Len, Lieb V, OW VI]
1. Allg: zu Platten dünn ausgewalztes Metall ● *Vorne war e Härnche* (↑Horn 2) *am Blech, un dort is de Darem drufgstrippt* (↑daraufstrüpfen). [Lieb V] 2. A, V: (verkürzt für:) Backblech ● *Bei uns woar oweds Stichbrode* (↑Stichbraten) *un is gfellt Kraut gemocht woan un von jede Gåttung Wuescht* (↑Wurst) *is in e Blech un åbgebrode* (↑abbraten). [Fek II] *Tepscha, des senn die Blecher mitn Brot.* [OW VI]
→(1) blechern; (2) Tepsi.

blechern - Adj, bleçən [OW VI]; pleçərn [Aug, Bay, Scham, Schor, Wein, Wud I, Ap, Berg, Ker, Fil, Siw III, In, Ru IV, Alex, Bog, Ger, Nitz, Low, War V]; pleçən [Har III, GJ, GK, Len V]
Allg: aus Blech angefertigt ● *Sie hann so*

blechene Leffl ghat, manchsmol aa bleiene Leffl. Nor an der Kärweih (Kirchweihfest) ware so geele Leffl, des ware aus Messing. [GJ V]
→eisern; Blech (1), Blechlöffel.

Blechlöffel - m, pleçlefl, Pl. id. [Jood II, Gai III, Bog, Fak, Ga, Glog, Len, Low, Pan, Sad, StA, Wil, V]
V: blechernes, scharfkantiges Werkzeug zum Reinigen der Sau ● Friher hom-me des mit em Rasiermesse grasiert, dass die Sau sauber isch. Ja, un die Leffl, soligi Blechleffl waret, ja. [Jood II]
→Löffel; blechern.

bleiern - Adj, plaiən [Bog, Ger, GJ, GK, Len, War V]
Allg: aus Blei geformt ● Sie hann so blechene Leffl ghat, manchsmol aa bleiene Leffl. Nor so geele Leffl, des ware aus Messing. [GJ V]
→eisern.

Blesse - m, ples, Pl. id. [Fak, Glog, Sd V]
V: weißer Stirnfleck bei Pferden und Kühen ● Des Ross het großi Naselecher (↑Nasenloch) un e Bless. [Fak V] ■ Gehl 1991, 108; Bläß f, m, n PfWb I 973 f.: 'Weißer Fleck auf der Stirn von Tieren'; SüdHWb I 903 f.; RheinWb I 752 f.; BadWb I 284.
→Pferde, Vieh.

Bletschen - f, pletʃə, Pl. id. [Fak, Drei, Ga, Glog, Kreuz, NA, StA, Wil V]
A, G: großes Blatt (z. B. der Klette, Sonnenblume und von Gemüsepflanzen) ● Un Bletsche, sein neigschmisse woan in Zallasch (↑Salasch 3), Kolrawibletsche un Riewebletsche im Frihjahrszeit. [NA V] ■ ÖstWb 169: auch Pletschen (dial.) 'großes Pflanzenblatt'; Gehl 1991, 71; Plätsche PfWb I 976: 3. 'was flach und breit ist', d. 'breites Kohlblatt'.
→Blatt, Kohlrabi-, Kraut-, Rübenbletschen.

Blinddarm - m, plinta:rm, -tẹ:rm [Lieb V]
V: blind endender Teil des Dickdarms ● Un de Blunser (↑Blunze) war e Darm, so wie e Blinddarm. [Lieb V]
→Darm.

Blindermaus - f, plindərmaus, -mais [NP IV]; plindərmaisl, Pl. id. [Bill, Low V]; plindərmaisçe [GJ, War V]; plindərmaisjə [Alex, GStP, Jahr, Per, StAnd V]; plinəmaisl [DStP]; plindlmaisl [Bak, Low V]; plintslmaisl [Ben V]
V: Schmetterling; Lepidoptera ● Die Kinner fangen als Härrgottsveelcher (↑Herrgottsvogel), Blindermeisje un im Fruhjohr die Mååikefer. [Jahr V] ■ PfWb II 1017; Petri 1971, 108.
→Schmetterling.

blitzen - schw, plitsə, kəplitst [Alex, Bak, Bog, Fak, GJ, Glog, NB, Nitz, Low, War V]
Allg: (durch elektrische Entladungen bei Gewitter:) grell aufleuchten ● Mer miesn et Hååi gewend hann (↑wenden), vier (bevor) ob et Gewidder kummt un et schloßt un blitzt. [NB V] ■ Gehl 1991, 56.
→Wetter; schloßen.

Blockhaus - n, blokhaus, -hẹisa [ASad, Lin, Wei, Wo V]
Fo: kleines Wohnhaus aus roh behauenen Stämmen ● Da Staat hot a poar Blockhäisa aafbaut ghot, en ejda hot Feld krejgt, hot aan Ochsn krejgt un zu zwoat en Pflöu (↑Pflug), und homand a neis Lebn oogfangt do herobn in de Bergn (↑Berg). [Wei V]

Blühe - f, pli:, -ə [Bold, StG, Sulk II]; pliə, Pl. id. [La II, Fak, Ga, Glog, StA, Wil V]
A, G, O, W: Blüte ● Wie die Treiwl (↑Traubel) gebliht hann, is so'n große Sturm komme, un dä hot die Blihe verhindert. Un jetzt senn die Pär (↑Beere) schitter. [La II] Un no hod me mese de ↑Kopf (2) owe de Blih abbreche, dass es Blatt greser is wore. [Sulk II] De Bååm is voll mit Blihe. [Fak V] Mit de Blihe vun Lindebååm (↑Lindenbaum) macht mer sich Lindetee. [Glog V] ■ PfWb I 1029; RheinWb I 801; BadWb I 268; Blüte Gehl 1991, 73.
→Blüte (1), Blütezeit; blühen.

blühen - schw, pliə, kəpli:t [La StG, Sol, Sulk II, Ap, Fil, Gai, Mil, Sch III, NP IV, Bog, Fak, GK, Glog, Len, Low, Ost, Pan, War, Wil V]; pli:ə, pli:t [Tax I, Ga, Sad, StA V]
A, G, O, W: Blüten hervorbringen ● Wie die Treiwl (↑Traubel) gebliht hann, is so'n große Sturm komme, un dä hot die Blihe verhindert. Un jetzt senn die Pär (↑Beere) schitter (↑schütter). [La II] War allehand, viel Biwor (↑Bibor), was so rot bliht. [Sulk II] Im Garte im Eck wachst un bliht die Gretl-in-dr-Hecke. [Mil III] In unse Blummegärtl (↑Blumengarten) sinn viel Blumme, die blihn es ganzi Johr. [Bog V] Du blihscht jo wie e Rous (↑Rose 1). [Fak V] ◆ Blühen wird auch metaph. für 'eine rosige, gesunde Gesichtfarbe haben' verwendet.

Blume

→aufblühen; abgeblüht; Blühe, Blütezeit.

Blume - f (n), pluːme, pluːmən [Nad II, Gai III, OW VI]; plumə, -n [Franzd, Resch, Sekul V]; pluːm, -ən [Bat VI]; plum, -ə [Fil, Har, Mil III, Be, Put, Tom IV, Bog, Drei, GJ, Gott, Gra, Len, Ost, War, Wis V]; plumə, Pl. id. [Wein I, Petschw II, Tow IV, Ga, NA, StA, Pan, Wil V]; (n) pliml, -ə [GK, Ost V]
B, G: zu Zierzwecken gezüchtete oder wildwachsende kleinere, schön blühende Pflanze ● *Der Blumme muss mer e Stecke (↑Stecken) gewwe un sie oobinde.* [Mil III] *In unse Blummegärtl sinn viel Blumme, die blihn es ganzi Johr.* [Bog V] *Die Veilche un die Blumme, de Summe wärd bal[d] kumme; do fliegt die Lärche (↑Lerche) iwwers Feld.* [Drei V] *Die hann so feini (↑fein 3) Blimmle drin, net volli Blumme.* [Ost V] *Bei uns woan im Wiäzbischl (↑Würzbüschel) Fruchthalme, Blumme un viel anderes.* [NA V] *D'Blumme schmecke (↑schmecken) gut.* [StA V] *De Honig is vun verschideni, wenn's mähr regnt, vun die Heiwiesn. Un es gibt verschideni Blumen.* [Bat VI] ◆ Viele Blumen haben im Deutschen regional verschiedene Bezeichnungen, die noch dialektal abweichen und bis zu verschiedenen Varianten in Ortsmundarten gehen können. Viele Bezeichnungen sind metaph. Bezeichnungen nach dem Aussehen, dem Duft u. a. Eigenschaften der Pflanze. Vgl. eine Sammlung donauschwäbischer Pflanzen- und Tiernamen in Petri 1971. ■ Gehl 1991, 72.
→(Arten:) Dotter-, Frühjahrs-, Garten-, Herzjesu-Holder-, Kaiser-, Korn-, Oster-, Paprika-, Quacker-, Ringel-, Schlüssel-, Stern-, Tabak-, Tuttelblume; Abendduft, Butterröslein, Chrysantheme, Dahlie, Federröschen, Froschmaul, Georgine, Gerade-in-die-Höhe, Gladiole, Glocken-, Sternstrauß, Gretel-in-der-Hecke, Hahnenfuß, Herrgottshaar, Himmelschlüssel, Jakobsveilchen, Kaiserkrone, Kathreiner, Kratzkarde, Lambertel, Lilie, Maiglöckchen, Margerite, Mariaauge, -herz, Märzkrüglein, Maulaffe, Morgenstern, Muskatel, Nelke, Portulak, Rose, Schneeglöckchen, Stinkeritze, Tagundnachtschatten, Tulipan, Veilchen, Vergissmeinnicht, Weiße Blume; (Sonstiges:) Blumengarten, -geschäft, -kasten, -staub, -topf, Pflanze, Strauß.

Blumengarten - m, (n), pluməkaːrtə, -kęːrtə [Bog, Ger, Gott, Gra, Len, Low, War, Wis V]; pluməkęːrtl, -ə [Bog, Ost V]
G: Teil des Hausgartens oder Hofes, in dem in der Bauernwirtschaft Blumen angebaut werden ● *In unse Blummegärtl sinn viel Blumme, die blihn es ganzi Johr.* [Bog V] *Frisches Wasser, Duft un Tau / dann em Blummegarte.* [Len V]
→Blume, Garten.

Blumengeschäft - n, pluməkʃeft, -ə [Fak, NA, Pan, Wil V]
G: Verkaufsladen für Blumen ● *Im Blumegschäft brauch mer Grienes (↑Grünes 2) fer Streiß (↑Strauß 1) binde.* [Fak V]
→Blume; verkaufen.

Blumenkasten - m, pluməkheʃtl, -ə [Bog, Ger, GK, Ost V]
G: längliches Gefäß (aus verschiedenem Material) zur Blumenanpflanzung im Hausflur ● *Muschkattle (↑Muskatel) ware im Hof un aach im Glasgang (verglaste Hausflur), in de Blummekäschtle.* [Bog V]
→Blume.

Blumenstaub - m, selten, pluməʃtaːp, Sg. tant. [Seik, StI II]
B: Blütenstaub, Pollen *Etym.*: Eigenbildung nach standardsprachl. *Blütenstaub*. ● *Es woan Joahn (Jahre), wo ich hat loss sammln vun de Biene Blummestaab, sage miě schwebisch, Blummestaab.* [Seik II]
→Blume, Honig.

Blumentopf - m, plumətopf, -tepf [Fak, Ga, Glog, GJ, GK, StA, Wil V]
G: Tongefäß zum Einpflanzen von Blumen ● *Am Gang ware mehrere Blummetepf mit schene Blumme gstann.* [GJ V]
→Blume, Topf.

Blunze - f, plunsə, Sg. tant. [Ap, Mil, Sch III, Tom IV, Alex, GJ, GK, Low, War V]; plunzər [Lieb V]
V: mit Fleischstücken, Fettgrieben, gestocktem Blut und Schwarten gefüllte Blutwurst *Etym.*: *Blunze* f., auch *Blunzen* f. oberdt., 'dicke Blutwurst'. Das seit dem 16. Jh. belegte Wort steht zu mhd. *blunsen* 'aufblähen, aufblasen'. Die Benennung kommt wohl lautmalerisch vom Geräusch, das schwerfällige Körper beim Fallen machen (ähnlich *plumpsen*). ([23]Kluge, 121) ● *De Blunze is en End vum Dickdarm, do is aa Schwartlmagesach (↑Schwartenmagensache) neikumme hauptsächlich.* [Ap III] *Un de Blunser war e Darm, so wie e Blinddarm.* [Lieb V] ■ PfWb I

1038: 1.a. 'Blutwurst ohne oder nur mit wenig Speckgrieben', b. 'Pressmagen'; SüdHWb I 962; RheinWb I 805; BadWb I 272.
→Darm, Schwartenmagen.

Blut - n, plu:t, Sg. tant. [Fek, StI II, Ap, Ker, Sch, Tor III, Be, In, Ru IV, Alex, Bru, Fak, GJ, Glog, Kath, Lieb, NA, Tem, StA, Zich V, NP, OW VI]; pluət [Jood, Petschw II]
V: rote Flüssigkeit zum Transport von Sauerstoff und Nährstoffen im Tierkörper ● *Do hot die Hausfrau's Blut aufgfangt mitn Howe* (↑Hafen) *un hot gerihrt, weil es Blut stockt gschwind.* [Fek II] *Ender war, henn se's Bluet ufgfange, muss me rihre, dass net zammstocke tuet, in die Blutwirscht.* [Jood II] *In die Bluedwirscht kummt Blued 'nei un Kopffleisch 'nei, des wäd kocht.* [Petschw II] *Ja, ba uns hunn se's Blut aufgfangt.* [StI II] *Die Sei* (↑Sau) *sinn gstoche* (↑stechen 2) *warre un es Blut is no grihrt ware in anre Schissl odder in anre Raai* (↑Rein). [Ap III] *In Schwartemage wärd Kopffleisch, Schwarte, Speck un aa gstocktes Blut gfillt.* [Glog V] *Vun die Schwarte un vum Blut, des had mer zammgmischt.* [Ost V] *Mer hat Speck am Spieß gesse un dinschte Zwiefl* (↑gedünstete Zwiebel) *mit Blut un Lewwer* (↑Leber). [StA V] ◆ Beim Schlachten wird das Blut aufgefangen und zur Herstellung von Blutwurst u. a. Fleischprodukten verwendet. Dsgl. wurde gestocktes Geflügelblut mit Kleinteilen und gedünsteten Zwiebeln gegessen.
→Blut, -egel, -wurst, Vieh; blutig.

Blüte - f, pli:te, pli:tn [Ost V]; pli:te, Sg. tant. [Schön V]
1. A, Fo, G, O, T, W: Pflanzenteil, der die Fortpflanzungsorgane enthält ● *Un dann ham-mer vum Kunstdinger glärnt, zu was er is, zum Beispiel dass es Superphosphat die Blitn macht, un dass es Kalium den Stamm fest macht.* [Ost V]
2. A, Fo, G, O, W: die Blütezeit, das Blühen ● *Wenn die ↑Weide (2) in de Blite stehn, kriegn sie klaani Ketzl.* [Schön V] ■ PfWb I 1042: 1. 'das Blühen, die Blütezeit', 2. 'die einzelne Blüte'; SüdHWb I 966; RheinWb I 812; BadWb I 273.
→(1) Blühe, Kätzchen, Pflanze; blühen; (2) Blütezeit, Weidenblüte.

Blutegel - m, plu:tegl, Pl. id. [Brest III, Jos V]; plu:ti:gl, -ə [In IV, Ben, Char, Gert, GK, Gott, Gra, Karl, Jahr, Laz, Len, Low, Mram, NP, Ost, Stef, Stei, Tsch, Tschak, Tsche, Ui V]; plutigl [Wepr III, Kud, Nitz, StA V]; plu:tiçl [Werb III, Eng V]; plu:tsaugər [SM V]; plu:tsukl [Fil, Mil III]; plu:tsuklər [Ap, Fu, Ker Kar, Kol, Sch, Stan, Wasch III, DStP, Low, NA, War V]
V: langer, blutsaugender Kieferegel; Hirudo medicinalis ● *Ja, die Blutiegle sinn kumme, wam-mer uns im Stambloch* (↑Stampfloch) *gebad hann.* [Ost V] ■ Petri 1971, 105.
→Blut, Ungeziefer.

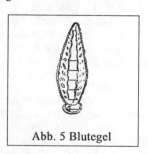

Abb. 5 Blutegel

Blütezeit - f, selten, plitətsait, Sg. tant. [Seik, StI II]
B, Fo, O: Zeit des Blühens, vor allem von Bäumen und Sträuchern *Etym.:* Entlehnung aus der Standardsprache. ● *Do senn ganze Agaziwelder* (↑Akazienwald). *Un do wart ich die Blitezeit ob, noch wit de Agazihonich ausgschleidet* (↑ausschleudern). [Seik II]
→Blüte (2); blühen.

blutig - Adj, plu:diç [Fek, StI, Wak, Wem II, Ap, Mil, Tor III, Be, Tom IV, Bog, Fak, Ga, Ger, Glog, Lieb, StA, Wil, Wis V]
V: voller Blut, mit Blut befleckt ● *Was noch so blutich woa, des is neikomme un is gekocht woen.* [StI II] *Dann is die sau gewesch wor, weil des wor jo alles bludich.* [Lieb V] *Un manchi homm auch Blut 'nei.* [NA V]
→Blut.

Blutwurst - f, plu:tvurʃt, plu:tvirʃt [Baw, Jood II, Ga, StA V]; plu:dvurʃt, -virʃt [Ga, StA V]; plu:tvuʃt, -viʃt [StI II]; plutvurʃt, -virʃt [StI II]; plu:dvorʃt, -vęrʃt [Bog, Ger, Gra, Lieb, Ost, War, Zich V]; pluədvuʃt, -viʃt [Perschw, StI II]; plu:tvoəʃt, -viəʃt [Fek II]; plu:tvǫrʃt, -vęrʃt [Ap, Stan III]; plu:dvoʃt, -viʃt [NA V]
V: gekochte Fleischwurst, in die auch Schweineblut gemischt wird ● *In die Blutwirscht, dot kommt die Gäeschel* (↑Gerstel) *noch 'nei.* [Baw II] *Mir honn Blutwoescht, Bråtwoescht un Schwoatewiëscht.* [Fek II] *Es Bluet muss me rihre, dass net zammstocke tuet, fir in die*

Blutwirscht. [Jood II] *Mië machn Bluetwuscht, Fleischwuscht, un Sålami.* [Petschw II] *Un vom Kopp un Kretzl* (↑Gekröse) *sein noch Blutwirscht gmocht woen. Un noch hunn se noch Salz 'nei un Pheffer.* [StI II] *Die dicke Därem sinn far Blutwärscht mache gwest.* [Ap III] *Friher henn sie als Blut an die Wärscht gewwe, in die Blutwärscht.* [Stan III] *Des Blut hot mer nur in die Blutworscht abgfillt, in die dicke Därm.* [Lieb V] *Schwoadlmache un Bludwoscht hod me kenne auch mache.* [NA V] *Dann is viel Blut un e bissl Schwarte in de Blutworscht kumm.* [Ost V] ■ PfWb I 1054: 'Wurst aus Schweineblut und Speckgrieben'; SüdHWb I 972 f.; RheinWb I 810; BadWb I 275 (andere Bedeutung).
→Blut, Wurst.

Bock - m, pok, pek [Pußt, Tax I, Mu, Nad, Wem II, Ap, Brest, Fu, Gai, Har, Sch III, ND, NP IV, ASad, Bak, Bog, Fak, Ga, Glog, Gott, Gra, Gutt, Nitz, Len, Lieb, Lind, Sad, StA, StAndWar, Wei, Wil, Wolf V]
1. Fo, V: bei Kaninchen und Gehörn tragenden Tieren (Reh, Schaf, Ziege): männliches Tier ● *Oamel (einmal) han i aff an Bock ooglegt* (↑anlegen 3); *do hot er me vem Arm packt und nimma auslossn, bis de Bock furt woar.* [Wolf V]
2. A: Haufen aufgesetzter Maislaubbüschel ● *In ein Bock hem-mer zwelf bis fufzehn Burdi* (↑Bürde) *Kugrutzstengl* (↑Kukuruzstängel) *gsetzt* (↑setzen 1). [Sad V] 3. V: Holzgerät mit zwei bis vier Füßen und einem Querbalken oben zum Aufhängen des geschlachteten Schweines ● *Am Bock sein die Halbscheide* (↑Halbscheid 1) *dann hängegeblieb un waan stabil.* [Lieb V] ■ PfWb I 1057-1060; SüdHWb I 975-878; RheinWb I 820-828; BadWb I 276-278: 1. 'männliches Tier', a. 'Ziegenbock', b. 'andere Tiere: Rehbock, Schafbock', 2. 'Gestelle und Geräte, meist aus Holz', 3. Der aus dem Boden gezogene Hanf wird in Böcke gehäuft.
→(1) Vieh, Wild.

Bockerl - n, pokəl, -n [NB V]; pokl, -n [Ora, Resch, Stei V]; pəugl [Fek II]; pokl, Pl. id. [Har, Sch, Sek, III, Karl, Kub, Low, Mar, Nitz, Rud V]; pokərl, -ə [Erb I, Ap, Pal III, Franzf V]; pokərli [Buk, Fil, Hod, Stan III]; pokərle [Ker III]; pokrle [Mil III]; pokļçər [Sch, Tscher III]
V: großer, kräftiger Hühnervogel, Truthahn; Meleagris ocellata *Etym.*: Vgl. unter *Pujke*.
● *Hat, mi hatte Hinkel* (↑Hünkel) *un hatte Änte un hadde Gens un Beugl hatte manichi Leit.* [Fek II] *Do hat mer Gens, Pärlhinkl und Bockerle ghat, des war so es Gfligl.* [Ap III] *Die Bockrle missn gut gfudert* (↑füttern) *wärre.* [Mil III] *Mië hamm en Kokosch, fimf Hehne und drei Bockln.* [Resch V] *Gfligl hab ich alles ghabt, nue kaani Bockln hab i nit ghabt.* [Stei V] ◆ Vom erregten Kollern des Truthahnes kommt das Komp. *Pokerlfras* 'bebender Zorn, Veitstanz' mit *Fras*, südd., österr. 'Fraisen, Krämpfe bei Kindern'. (Jakob 1929, 138) ■ *Bockerl* Hügel 1995, 42; *Pokerl* Jakob 1929, 138; *Bockarl, Bokarl* BayWb 1/1, 204: 'indianischer Hahn'; Petri 1971, 110.
→Bockerlrotznase, -schnudel, Geflügel, Pujke.

Abb. 6 Bockerl

Bockerlrotznase - f, selten, pokəlirotsna:s, -ə [Tom IV]
A: Hahnenkamm, Gattung der Fuchsschwanzgewächse; Celosia argentea cristata *Etym.*: Die metaph. Bezeichnung geht vom Vergleich des roten Blütenstandes der Pflanze mit dem Hautlappen am Schnabel des Truthahns aus.
● *Des war net so viel Unkraut, awer do ware Dischtl* (↑Distel) *in de* ↑*Frucht, do ware Radde* (↑Rade) *drin, do ware Pipatsche* (↑Pipatsch) *un* ↑*Quecke un Bockelirotznase drin un Kamille ware drin un* ↑*Zinnkraut.* [Tom IV]
→Bockerl, Bockerlschnudel, Unkraut.

Bockerlschnudel - f, selten, pokəlʃnudl, Sg. tant. [NA V]; pǫukəlkraut [Wud I]
A: Lungenkraut; Pulmonaria officinalis *Etym.*: Die metaph. der Pflanze geht vom Vergleich ihres roten Blütenstandes mit dem Hautlappen am

Boden

Schnabel des Truthahns aus. Das Grundwort des Kompositums *Schnudel* bedeutet u. a. 'Nasenschleim, Rotz' (PfWb V 1359: *Schnudel* m.: 1.). Vgl. dazu auch *Rotznase* 'Hautlappen am Schnabel des Truthahns'. (PfWb V 616 f.: 2.b) ● *Bei uns woan im Wiäzbischl* (↑Würzbüschel) *auch Gspitztewegrich* (↑Spitzwegerich), *Bohnekraut, Pockelschnuddl, Mariaauge und Herrgottsfinger.* [NA V] ◆ Wohl wegen seiner Heilwirkung als Absud gegen Lungenkrankheiten wurde das Lungenkraut gelegentlich in den Würzwisch (das ↑Würzbüschel) aufgenommen. ■ Petri 1971, 458.
→Bockerl, Bockerlrotznase, Unkraut.

Boden - m, bo:dn, Pl. id. [Lug V, OW VI]; po:dn, pe:dn [Pußt, Wein I, Mu, Petschw, Wi II, Len V, Bat, OW VI]; bo:də, be:də [Fek II, Bil, Ham, Mai, Pe, Schei, Suk VI]; po:dn, Sg. tant. [GN II]; po:də, pe:də [Bold, Jood, Nad II, Ap, Gai, Gak, Kutz, Stan, Waldn III, Da, Fak, Glog, Ost, StA, Wer V]; po:də, Pl. id. [Nad, StI, Sulk II, Schön V]; pǫtə, petə [Bog V]; po:də, po:dənə [Ga, StA V]; podəm, pe:də [Nad II]; pǫ:dm, Pl. id. [Tol I, Fek II]; pǫdm, pędm [Bog, Bru, Charl, GJ, GK, Gra, Len, Low, Ost, War, Wis V]; po:udə, pe:idə [Fak, Glog V]; po:udə, Sg. tant. [Glog V]; po:tə, pe:tə [Gai, Stan III, StA V]; po:tə [Gai III, StA V]; pǫudn, Pl. id. [Tol, Wein I]
1. A, G, O, V: Speicherraum unter dem Hausdach ● *Des is gleich hiegfiehet woen in Hof un uw en Bode naufgetroge.* [Fek II] *Was die Secktrager waret, die hänn die Kärn* (↑Kern 2) *auf de Bode odde in de* ↑*Hambar* (1) *tragn.* [Jood II] *Dann kummt de Kukrutz in die Seck 'nei un is e nauftragn woan am Bodn ode am Kukruzgori* (↑Kukuruzgore). [Petschw II] *Die Mulder* (↑Multer) *un alles, des woa alles om Bode drowe.* [StI II] *Un die Seck sein abgwoge ware un am Boden troge glei.* [Sulk II] *Newe de Kich war die* ↑*Speis un dann de Bodeaufgang, wu mer uff de Bode gange is.* [Waldn III] *Ufm Bodm ware noch die Hannefbrech un die Hechl, for de Hannef hechle.* [Bru V] *Da sein zwaa Nachbarbubn aufn Bodn un habn dem Stier den Strick auf die Herne* (↑Horn) *un habn ihm angebundn obn.* [Lug V] *Wär gholfe hat, die Seck nuftraan uff de Bode, hat e Glas Wei[n] kriet.* [Ost V] 2. A, G, T, O, W: Erdboden, Grund ● *Es Feld wor gut, guder Bode hem-mir schun ghat.* [Stan III] *Die Woldwiesn da obn, und die sann eingrechnet fir Bodn, nur sie bringen sähr wenig.* [ASad V] *Bei uns wor allerhand fer Bede. De beschti is de Humusbode odde Pechbode.* [Fak V] *Der Bode war verschiede, de schwarze Bode war gudes Feld.* [Ost V] *Die Treber, die hat me fescht eigstampfet und en Bode nauftaa, dass se koi Luft hann.* [Schei VI] 3. W: unterer Abschluss eines Fasses oder anderes Gefäßes ● *E Stellfass is groß un steht uff seim Bode. Do kummt oft de Trewer* (↑Treber) *'nei.* [Glog V] ■ (2) Gehl 1991, 64.
→(1) Bodenaufgang, Estrich, Hambar, Haus-, Schuppenboden; (2) Erde, Feld, fruchtbarer -, hitziger -, nasser -, schwarzer -, schwerer -, weißer Boden, Humus-, Natur-, Letten-, Pech-, Saliter-, Sand-, Stein-, Sumpfboden, Sit, Slatina.

Bodenaufgang - m, po:dəaufkaŋk, Sg. tant. [Fil, Gai, Jar, Stan, Waldn, Wepr III, Be, Tom IV, Bog, Fak, GJ, Ost, Wis, Zich V]
A: Speicherraum unter dem Hausdach ● *Newe de Kich war die* ↑*Speis un dann de Bodeaufgang, wu mer uff de Bode gange is.* [Waldn III]
→Boden (1).

Bogdaner - f, bougta:nə, Sg. tant. [Ed, GT, KT, Scham, Wein, Wud, Wudi I]
W: vermutlich nach dem ON Dunabogdány benannte Rebsorte mit dicken, blauen Beeren ● *Die Bougdane sann sou dick, des sie fost viërejket auesgschauet haum.* [Wud I] ■ Petri 1971, 79.
→Rebsorte.

Bohne - f, bo:n, -ə [Bil, Ham, Mai, Pe, Schei, Suk VI]; põ:n, -ə [StI II, Bog, Fak, GK, Glog, Ost V]; po:nə, Pl. id. [Ga, NA, StA V]; po:n [Sag II, Brest, Bul, Ker, Kutz, Mil, Stan, Tscha, Tschat, Tscher, Wasch III, Har iV, Albr, Alex, Bak, Ben, Bill, Bir, Char, De, Eng, Franzf, Ger, GJ, Glog, Gott, Gra, GStP, Gutt, Hatz, Hei, Jahr, Joh, Karl, Kath, KJ, Ksch, Kud, Laz, Len, Lieb, Low, Mar, Mram, Mori, Na, Nitz, Ost, Orz, Rud, Sack, Sad, Schön, StAnd, Stef, Tschan, Tschak, Tsche, Ui, War V]; po:nɐ [SM, StA V]; ba:nə [Kar III]; pu:nə [Kol III, DStP V]; pũ:n, Pl. id. [Baw II]
G: Gemüsepflanze von der Gattung der Schmetterlingsblütler; Phaseolus vulgaris ● *Die Buhn håm-me durich die Reite* (↑Reiter) *gelosst, es de Dreck raus is komme, es die Buhn sauwe woan.* [Baw II] *In Fruhjahr hunn se die Summergäerschte oogebaut, Kukrutz* (↑Kukuruz) *un Bohne 'nei, hat olles oogebaut.* [StI II] *Im Frihjahr hot me auch Bohne gebaut un die Paradeis, die sein zum* ↑*Fruchtexport gange, des woan die Exportparadeis.* [NA V] *Bohne ware die Spinnbohne, die sinn am Kukrutz so*

Bohnen-Nudeln

nufgspunn (↑hinaufspinnen). *Des wore die Griekochbohne, wu mer Supp un Zuspeis gmach hat. Un dann ware die Weißi Bohne, die truckeni, was mer im Winter for Truckebohne ghat hat.* [Ost V] *Im Garte wachse Paprika, Salat, Bohne, Griekichele* (↑Grünkichern)*, alles.* [Schei VI] ♦ "*Die Bohne sen schun derr un braun, die Weichsle rot am Gartezaun.*" (Hockl 1973, 37) ▪ Gehl 1991, 225; Petri 1971, 54.
→(Bohnenarten:) Grünkoch-, Reis-, Spinn-, Trockenbohne; Grüne -, Niedrige -, Weiße Bohne; (Verschiedenes:) Bohnenkraut, Bohnen-Nudeln, Bohnennudel, Dürre Bohne, Fisole, Gemüse.

Bohnen-Nudeln - f, po:nə-nu:dlə, Pl. tant. [Ap, Fil, Mil III, Be, Put IV]; po:nə-nu:dl [Fak, Glog V]
A, G: dicke Bohnensuppe mit Nudelneinlage ● *Gern gesse hot mer großi Knedle* (↑Knödel) *un Paradeissoß* (↑Paradeissoße)*, Bohne-Nudle oddr Krapfe* (↑Krapfen). [Mil III] *Bohne-Nudl hat's ganzi Dorf an Freidag gesse.* [Glog V]
→Bohne, Nudel.

Bohnenkraut - n, po:nəkraut, Sg. tant. [Lieb, NA V]; po:nəkraidl [Surg, Wem II, Ap, Berg, Hod, Ker, Siw, Stan, Tscher III, Bog, GJ, GK, Glog, Len, Ost, StA, War, Zich V]; po:nəkre:dl [Par III]; vildəs po:nəkraitl [Ger, Low V]; po:nəkraitçe [Werb III]
G: Gewürzpflanze aus der Familie der Lippenblütler, Majoran; Mojorana hortensis ● *Dann hot mer Gwärz dran, Pfeffer, Lorbäärblatt, Kimml, Bohnekreidl.* [GJ V] *Bei uns woan im Wiäzbischl* (↑Würzbüschel) *auch Gspitztewegrich* (↑Spitzwegerich)*, Bohnekraut, Pockelschnuddl* (↑Bockerlschnudel) *und* ↑*Herrgottsfinger.* [NA V] *Im Garte ham-mer aa ghat Bohnekreidl, des tut mer in de Worscht un wam-mer Bohne kocht, des is e Art Gwärz.* [Ost V] ▪ Petri 1971, 45.
→Bohne, Gewürz.

Bohnennudel - f, pǫ:nənu:dl, Pl. tant [AK, Ap, Fil, Ker, Ap, Siw III]; ; pǫ:nənu:dl [Tom IV, Fak, Ga, Glog, StA, Wil V]
A: Bohnensuppe aus trockenen Bohnen mit Nudelneinlage ● *No hot's Grumbierenudl* (↑Grundbirnennudel) *gewwe un Bohnenudl, un no Nussenudl, Mågnudl* (↑Magnudel). [Ap III]
→Bohne, Nudel.

Boja - n, po:ja, Pl. id. [GK, Ost V]; po:ja:n [Da, Nitz, Wet V]
V: Stierkalb *Etym.:* Vgl. lothringisch *Bojää*, das auch in [Trie V] auftritt. (Petri 1971, 88) Die weitere Herkunft ist unklar. ● *A junges Kalb, was a Biko* (↑Bika) *war, ham-mer Boja gsagt.* [Ost V] ▪ Petri 1971, 88.
→Kalb.

Bolle - f, bol, Pl. id. [Bog, GJ, GK, Gra, Lunga, War, Wis V]
A, V, O, W: große Schöpfkelle aus Blech ● *Verfriere die Rewe in dr Woll* (↑Wolle 2)*, sauft mer de Wein mit der Boll.* [GK V] ♦ Das Banater Sprichwort wird in der Pfalz ähnlich überliefert: *Wann die Wingert verfriewre in der Woll, no saufe mer de Woi aus de Boll*, d. h. Spätfröste schaden den noch wenig entwickelten Trieben der Reben nicht. (PfWb I 1089 f.) ▪ PfWb I 1089 f.; SüdHWb I 1003 f.
→Löffel.

Bollerpeitsche - f, selten, polərpaitʃ, -ə [Fak, Glog, Wil V]
A: (wie: Knallpeitsche) *Etym.*: Als Eigenbildung Komp. mit dem Verb *bollern*, aus spätmhd. *bollern*, zu mhd. *boln*, landsch. 'poltern, krachen'. (DudenWb 1, 415) ● *Die Bollerpeitsch had e langi Ledeschnur mit viel Knepf. Der Kihhalder treibt mit ihr die Kih un die Bike* (↑Bika) *uf die Hutwaad* (↑Hutweide). [Glog V] ▪ Gehl 1991, 165.
→Peitsche (1).

Bonyhader - f, bonha:dər, Pl. id. [Kock II]; poŋja:tər [Wud I, Bog, Char, GK, Gott, Gra, Low, Na, Ost, Seul, War, Wies V]
V: aus der Zuchtstation in Bonyhád (Komitat Tolnau) stammende Rinderrasse ● *Hat des wor Bonnhader Viech, aus de Schweiz henn sie mol gebrocht.* [Kock II] *Noh hann se die Bonnjader Kih vun e Zuchtstation in Bonnjad, in Ungarn, beigebrung* (gebracht). [Ost V] ▪ Petri 1971, 88.
→Rind.

Borste - m, porʃtə, Pl. id. [StG, Sol, Sulk II]
V: steifes, dickes Haar beim Schwein ● *Die Mangelitzå* (↑Mangalitza) *såin Fettschweine, die humm so großi Borschte.* [Sulk II]
→Haar, Vieh.

Bottich - m, botiç, -e [NPe V]; potiç, -ə [Pußt I, Mu II, NPe V]; podiç, Pl. id. [Nad II]; potiŋ, -ə [Ben, Ost V]; podiŋ, -ə [Pußt I, Jood II, Fak, Glog, NA, Sad V]; po:diŋ, -ə [Pußt I, La, Petschw II, Fak, Glog, Sd V]; pǫu̯diŋ, -ə [Aug, Ed, GT,

KT, Scham, Schor, Wein, Wud, Wudi I]; pudiŋ, -ə [War V]
W: größeres, ovales oder rundes Gefäß, meist aus Holz Etym.: Von mhd. botige, boting, botech(e), m/f, ahd. botega. Dieses ist sicher aus dem romanischen Bereich entlehnt, doch schafft die Bestimmung der genauen Vorform Schwierigkeiten. Das Wort Bottich ist zunächst nur obd. Es hat später sein m. Genus wohl von dem lautähnlichen ahd. botah m 'Körper' bezogen. (^{23}Kluge, 128) ● Do hodn mię drauβn e groβi Boding steh ghobt mit de Traubnmühle. [Pußt I] Mitn Tschutel (Tschutra) hot me in lejtzn Moust ve de Boueding aueβegschejpft (↑ausschöpfen). [Wud I] Be die Woiles (↑Weinlese) kummen die Fesse un die Bodinge 'ruf vun Kelle[r]. [Jood II] Un noch des wird durchgemohle mit dem Quetscher (↑Quetsche), in de Boding wird's neigequetscht. [La II] Aescht (zuerst) in de Räpple (↑Ribbeler), dot wäd's 'neigschitt un wäd åbgräpplt (↑abribbeln). Un des rinnt in de Boding. [Petschw II] Nom is die Pippe (↑Pipe) neikumme in de Boding. [NA V] Dort war e groβi Botting un die Trauwemihl war druf. [Ost V] ■ Gehl 1991, 244.
→Fass, Melkkübel, Zuber.

Botz - m, (n), bots, -ə [Ga, StA V]; (n) potsl [Heuf, Rud V]; botsi, Pl. id. [Sad V]; potsi [GK, Len, Low, Ost V]; (n) betsl, Pl. id. [Fak, Glog V]; betsəlę [Ga, StA V]; betsələ [Fak, Glog V]
V: Kalb Etym.: Die Variante Botz ist eine Entlehnung aus ung. boci 'Kälbchen' in der Kindersprache. Dafür steht auch die unveränderte Variante Botzi. Dagegen kommt als Herkunft für Betzl in [Fak, Glog] und das Dimin. Betzele in südd. Mundartwort in Betracht. Im Mittelfränkischen macht Bäzerl fast ein Viertel, in Niederbayern fast die Hälfte aller Kosenamen für das Kalb aus. (Rosenfeld 1950, 95) Jedenfalls handelt es sich in allen Fällen um Kosenamen für die Tierbezeichnung. Vgl. die ähnliche Herkunft von pfälz. Butz, oft als Dimin. Butzel für 'Schwein', besonders in der Sprache der Kleinkinder (verbreitet in der mittleren und südlichen Vorderpfalz), dsgl. Butz!-Butz! 'Lockruf für das Schwein'. (PfWb I 1417) ● Die Kih had mer gruft, kumm Botzi, kumm da Botzi, for kumme. [Ost V] Im Botzelestall stehn die Saufbotzele. Des sein die klaane Botze bis zu secks Monat alt. [StA V] ■ Gehl 1991, 190; Petri 1971, 88.
→Botzenstall, Kalb, Rind, Saufbotz.

Botzenstall - m, botsəleʃtal, -ʃtel [Ga, StA V]
V: Stall für Jungkälber ● Im Botzelestall stehn die Saufbotzele. Des sein die klaane Botze bis zu secks Monat alt. [StA V] ■ Gehl 1991, 190.
→Botz, Stall.

Brachfeld - n, pro:xfelt, -feldər [Fek, Surg, Wem II, Ker, Sch, Siw III, Bog, Ger, GJ, NA, War, Zich V]
A: gepflügter, unbebauter Acker, Brache ● No hod me es Wickefeld dreimol gackert, dass alles vufault is in Härbstzeit, des woa halt Brochfeld gwest. [NA V] ◆ In der Dreifelderwirtschaft sah die Fruchtfolge den Wechsel von Getreidepflanzen, Hackfrüchten und Brachfeld vor. ■ PfWb I 1146; SüdHWb I 1058; RheinWb I 893; BadWb I 303.
→Feld.

Brachflur - f, pra:xflu:r, Sg. tant. [Bog, GK, Low, Ost, War V]
A: unbebauter Acker, Brache ● Wie noch die Dreifelderwirtschaft war, dann is uff der Brachflur Gras gwackst, dort is nicks gebaut ginn (worden). [Ost V]
→Dreifelderwirtschaft, Flur.

brandig - Adj, prantiç [Fek, Surg, Wem II, Fil, Ker, Sch, Stan, Wepr III, Be IV, Bog, Ger, Nitz, Len, War]; prandiç [Tom IV, Fak, Ga, Glog, Gott, Ost, StA, Wil V]
A: (von Getreideähren und Maiskolben:) schwarzer, verbrannt aussehender Pilzbefall ● Do ware Steck (↑Stock 1b), wu der Kolwe (↑Kolben) brandich worre is. [Stan III]
→krank.

Branntwein - m, prandəvāī, Sg. tant. [Bru, Fak, Ga, Glog, StA, Wil V]; prentəvāī [Bil, Ham, Pe, Schei, Suk VI]
O, W: aus gegorenen Flüssigkeiten durch Destillation gewonnenes alkoholisches Getränk ● Un säle ↑Treber tan se neistampfe (↑hineinstampfen) in e ↑Stande, un vun de kummt noh en Brenntewei raus. [Schei VI]
→Branntweinhaus, Schnaps.

Branntweinhaus - n, prentəvāīhaus, -haizər [Bil, Ham, Pe, Schei, Suk VI]
O, W: Haus, in dem Schnaps gebrannt wird ● Uf der ↑Hofstatt unte im Brennteweihaus, bei de ↑Kessel (↑2b), muss me warte, bis de Wodke (↑Wodka) rauskummt. [Schei VI]
→Branntwein, Schnapshaus.

braten - st, bra:tn, gebra:tn [Tem V, OW VI]; pra:dn, pra:dn [Ora, Stei V]; pra:tn, kəpra:tn [OG I]; prå:tə, kəprå:tn [Jood II]; pro:tə, kəpro:tə [Ap, Fil, Mil, Stan III]; pro:də, kəpro:də [Baw, Jood, Seik, Wem II, Fak, Ga, Glog, StA V]
Fo, G, V: Gemüse oder Fleisch in einer Pfanne in Fett garen ● *Da ham-me es ganzi Joah Hiëndl fir ausboche, fir bratn un zem Gulasch.* [OG I] *Da wird Fleisch gebrode un die gut Hochrickoppe (↑Hochrückensuppe) gekocht.* [Baw II] *Des gibt Sauebradlfleisch, was bråte wurd in de ↑Tepsi im Owe (↑Ofen).* [Jood II] *Kärbse hot's zwaaelei gewe Kuhkärbse un die Brotkärbse (↑Bratkürbis), die sinn im Winter gebrode ware.* [Ap III] *Do isch e ↑Dreifuß in die Glute (↑Glut) gstellt warre, un in der Tepsi hot mer aa Kirbse brote kenne.* [Mil III] *Mer hot oweds Wärscht (↑Wurst) gekocht un vum Fleisch gebrode vor die Schlachter, un Schmärkipfl hot mer gebacke.* [Stan III] *Rebhendl (↑Rebhendel) sagt mer zu de Grumbiere (↑Grundbirne), wam-mer sie mit de Schele im Feier gebrode hat.* [Glog V] *Meine Schwiegemutte, die hat nicht gsacht Kastanien, was man bratet im Winte, sonden die Maroni (↑Marone).* [Tem V] *Die Schwämme (↑Schwamm) gehn sähr gut zu bratn, und das kannst auch so grilln mit Salz und ein wenig Pfeffe.* [OW VI]
→ab-, einbraten, ausbacken, backen, grillen, panieren, rösten (2); gebraten; gebratenes Fleisch, Bratkürbis, -wurst, Fleischbraten, Sauerbratenfleisch.

Bratkürbis - m, pro:tkhirvəs, Pl. id. [Fak, Glog V]; pro:rkhęrps, -ə [Low V]; pro:rkhęrps [Stan III]; pro:tkhęrpsɐ [Ga, StA V]; pro:tkhęrps, -ə [Ap, Stan III, Bog, GK, Low, Ost, War V]; pro:rkhirps, -ə [Franzf V]

Abb. 7 Bratkürbis

A: Kürbissorte mit großen runden Früchten mit gelbem Fruchtfleisch, die zum Verzehr in Stücken gebraten werden ● *Kärbse hot's zwaaelei gewe Kuhkärbse (↑Kuhkürbis) un die Brotkärbse, die sinn im Winter gebrode ware.* [Ap III] *Kärbse hat mer ghat in Garte, die Kochkärbse un dann die Brotkärbse far Strudl (↑Strudel).* [Ost V] *Im Winder hat me bei de Vorsetz (Spinnstube) kochte Kukrutz (↑gekochter Kukuruz), des war de Rosszahkukrutz (↑Rosszahnkukuruz) un e Stick Brotkärbsa gesse.* [StA V] ◆ Das gebratene, aromatische und Süßstoffe enthaltende Fruchtfleisch des Bratkürbisses konnte auch als Strudelfüllung verwendet werden.
→Kürbis; braten.

Bratwurst - f, pra:tvurʃt, -virʃt [StI II]; pra:tvuʃt, -viʃt [StI II]; prat:vǫrʃt, -verʃt [Stan III]; prå:tvoəʃt, -viəʃt [Fek II]; pro:dvurʃt, -virʃt [Petschw II, Fak, Ga, Glog, StA V]; pro:tvorʃt, -verʃt [Ap III, Bog, Gott, Gra, Low, Ost V]
V: Wurst aus gemahlenem rohem Schweinefleisch, Salz und Gewürzpaprika ● *Mir hann mehrelei Wiëscht gmocht, mir honn Hiënwiescht, Bråtwiëscht un Schwoatewiëscht gmocht.* [Fek II] *Die Menne (Männer) tan ↑Fleisch måhln un Bradwirscht måchn, dann Fettn (↑Fett) schneidn, Fettn auslosn (↑auslassen).* [Petschw II] *Die dicke Därem sinn far Blutwärscht mache gwest un die dinne (↑dünn) Därem far Brotwärscht.* [Ap III] *Noch sein die Brotwischt gfillt woen mit däre Wueschtspritz (↑Wurstspritze).* [StI II] *Die Brotwärscht, die hot mer drooghengt (↑daranhängen) an die Stecke (↑Stecken), un nochhär is alles gselicht wor (↑selchen), dass sie net verdärwe (↑verderben).* [Stan III] *In der Vorweihnachtszeit git (wird) gschlacht un Worscht gmacht, vill Brotworscht.* [Bog V] *Manchsmol hat mer aa noch e voddre Schunke oder alli zwaa ausglest (↑auslösen) un des Fleisch in die Brotworscht ginn.* [Ost V] ◆ Die rohe Bratwurst wird entweder vor dem Verzehr gebraten oder durch Räuchern konserviert. - In der Pfalz aß man vor 1914 in den Bauernhäusern am Heiligen Abend hausgemachte Bratwurst und Rotkraut. (PfWb I, 1166) ■ PfWb I 1165 f; SüdHwb I 1077, RheinWb I 920; BadWb I 309 f.
→Bratwurstdarm, Bratwurstfleisch, -sache, Wurst; braten.

Bratwurstdarm - m, pro:tvęrʃta:rəm, -tę:rəm [Stan III]
V: Dünndarm vom Schwein zum Anfüllen der

Bratwürste • *No hot en Mann die Brotwärschtdärem gschleizt* (↑schleißen 2) *mit em* ↑*Rollholz.* [Stan III]
→Bratwurst, Darm.

Bratwurstfleisch - n, prå:dvurʃtflaiʃ, Sg. tant. [Jood II]; prå:tviəʃflaiʃ [Fek II]; pro:tvęrʃtflaiʃ [Stan III]
V: zur Herstellung von Bratwürsten verwendetes, rohes Schweinefleisch • *Hiënwiëscht* (↑Hirnwurscht) *is soviel, des bessje (bisschen) Hiën* (↑Hirn), *wås die Sau hot, un Zwiffl* (↑Zwiebel) *dezue un hald e weng Bråtwiëschtfleisch, so zammgemahle so moger* (↑mager) *Fleisch.* [Fek II] *Sell macht mer Schwartegende* (↑Schwartengender), *sell mache mer. Dot kummt a* ↑*Kopffleisch 'noi un die Schwarte un Brådwurschtfleisch, alles.* [Jood II] *Dia Schwarte sinn in de Schwartemache* (↑Schwartenmagen) *kumme un derzu noch Brotwärschtflaaisch.* [Stan III]
→Bratwurst, Fleisch (1).

Bratwurstsache - f, pro:tvirʃtsax, Sg. tant. [Sch, Siw, StI II]
V: Fleisch und Zutaten zur Herstellung von Bratwurst • *Un noch des Bratwirschtsach: In zeh Kilo Fleisch sein zwanzich Dekå* (↑Deka) *Salz neikomme un sievenuntzwanzich Dekå Paprike* (↑Paprika 1a) *un Knouwl* (↑Knoblauch) *is neikomme in die Brotwischt.* [StI II]
→Bratwurst, Fleisch, Gewürzsache, Sache.

braun - Adj, praun [Bohl, Oh, Petschw II, Fil, Har, Mil III, Be, NP, Tom IV, Alex, Bog, Gra, Len, Low, Ost, Resch V]; präüən [Aug, Schor, Tax, Wud I]; präü [Ru IV, Fak, Ga, Glog, StA, Wil V]
Allg: von brauner Farbe • *Die weießi, rundi Schampiau* (↑Champignon), *dej haum en brauene, klaane Kean* (↑Kern 1). [Wud I] *Des Maulbierfass* (↑Maulbeerfass), *des is brau, des had em Schnaps e Farbe gebn.* [Ru IV] *Schallanke* (↑Schalanken), *des is Zierledder, rodes Ledder mit braunem und geelem* (↑gelb), *mit Lecher ningschlaa mit so e Spiggl* (↑Spiegel) *do un* ↑*Rose* (3), *ja.* [Ost V] *Die Schwabn* (↑Schwabe) *sind schwarze Kefer im Kelle, und braune heißn Russn.* [Resch V]
→Farbe.

Brechagen - f, preçha:gl, Pl.id. [Ap III]; preçha:kl [PrStI III, Kol III, Alex, Bog, GK, Gra, Low, Ost, War V]; preça:kl, -ə [NP IV]; preçho:gl, Pl. tant. [KaF II]; preçaŋgələ, -aŋgəli [Wasch III]

H: die beim Brechen abfallenden holzigen Stängelteile der Hanf- oder Flachspflanze *Etym.:* Vgl. zu *Brechahne* 'Ahne, die aus der Breche oder beim Brechen des Flachses abfällt'. (nach DWb 2, Sp. 341) • *Noh ham-me'n Hanf gebrechelt. Ärscht grob, die große Brechhoogl raus, noh noch emol mit de feine Brechl.* [KaF II] *Die Fåser sinn no ghechelt warre un die Brechhagl sinn no rauskumme.* [Ap III] *Hann sie de Hannef* (↑Hanf) *zu fruh rausgholl, dann sinn die Brechhagle, so nenne mir de holziche Taal, schwär rausgang, wem-mer gebrechlt hat.* [Ost V] ■ *(Brech-)Agen* in: RheinWb I 944; PfWb I 1179; BayWb 1/1, 47, WBÖ 1, 109 f.; SchwWb I 1378; *Brechhagel* SüdHWb I 1087; WBÖ, BadWb 1, 313; *(Brech-)Ahne* SSWb 1, 60; NordSSWb I 1305.
→brechen (1).

Breche - f, prexə, Pl. id. [ASad, Lind. Wei, Wolf V, Bil, Ham, pe VI]; preçl, -n [Aug, Pul I]; preçl, -ə [KaF, Mi II, Ker, Kol, Mil, Pal III]; preçəl, preçlə [Blum V]
H: (wie: Hanfbreche) • *Noh ham-me'n Hanf gebrechelt. Ärscht grob, die große Brechhoogl* (↑Brechagen) *raus, noh noch emol mit de feine Brechl.* [KaF II]
→Hanfbreche; brechen (1).

brechen - st, preçən, keproxən [NPe V]; prexn, proxn [Petschw II]; preçn, proxə [Wein I]; preçə, keproxə [Ap, Fil, Mil III, Tom IV, Schön V]; preçə, kəproxə [Fek II, Kol, Waldn III, Fak, Glog, NA, Ost, StA, Wolf V]; preçə, kəprox [Bru, Charl, Da, Jahr V]; bręəçə, broxə [Ham, Mai, Schei VI]; preçə, proxə [Jood, Sulk II, Hod III, Ga, StA V]; pre:xə, pro:xə [Wolf V]; preçə, prox [NP IV]; preçln, kepreçlt [Aug I]; preçlə, kepreçlt [KaF II, Alex, Bog, GK, Len, Low, Ost, War V]
1. H: den Hanfstängel knicken, um die hölzernen Teile entfernen zu können • *Des Stroh, des is noch aufgesetzt woan uw en Strohschowe.* [Fek II] *Noh ham-me'n Hanf gebrechelt. Ärscht grob, die große Brechhoogl raus, noh noch emol mit de feine Brechl.* [KaF II] *De Hanf is gebroche warre mit de Hanfbreche.* [Ap III] *No had me ne gebroche mid-de Hannefbrech, damit der Stengl rausgeht un de Faser bleibt.* [Waldn III] *Hann sie de Hannef zu fruh rausgholl, dann sinn die Brechhagle, so nenne mir de holziche Taal, schwär rausgang, wem-mer gebrechlt hat.* [Ost V] *De Hannef wärd jetz broche.* [StA V] *Den Hampf ham-mer miëse (müssen) bräeche, no mit der*

Schwinge oogschlage. Un denn ham-mer Hampf ghet un ↑Kauder. [Schei VI] 2. A: die reifen Maiskolben vom Stängel abbrechen, ernten ● *Un was selle Tag broche isch worre, die sechs-sibbe Wege voll Kukrutz (↑Kukuruz), desch isch sälle Owed gschelt worre.* [Jood II] *Wie die Kukrutz reif woa, håmm sie ihn brochn zammst (zusammen) min Schällaub.* [Petschw II] *In Oktowe hod me'n broche, de Kugrutz.* [Sulk II] *Die Kolwe sin so gebroche warre mitm Bascht (↑Bast) un sinn dann gschelt warre.* [Ap III] *Beim Kukrutzbreche is manchesmol mit de Lische (↑Liesch 1) gebroche un derhaam abgeliescht gewwe (worden).* [Bru V] *Meistns hod me die Kolwe mit Liesche gebroche un nom ausgliescht.* [NA V] *De Kukrutz hat mer friher gebroch mitzamm die Liesche.* [Ost V] 3. Allg: durch Druck in Stücke zerteilen ● *No honn die Leit Eis gebroche, un des is in die Grufte (↑Gruft) neikomme.* [Baw II] *Die Baure hann dick Stroh gstraut (↑streuen), dass die Dresch (↑Dresche) die Ziggle im Hof un in de Infuhr (↑Einfuhr) net brecht.* [Ost V] *Ja, des war halt e Tonkrug, där is leicht gebroche.* [Schön V] **Anm.**: Die PPerfekt-Formen *brochn, broche* und *broch* werden ohne das Präfix *ge-* gebildet. - Die Varianten *brechln* und *brechle* sind Iterativformen mit dem Bildungssuffix *-le*. ■ Gehl 1991, 132, 140.
→(1) Brechagen, Breche, Hanfbreche; (2) aus-, wegbrechen; ausbrocken, Kukuruzbrechen, -brecher; (3) abbrechen, herunterbrechen; brüchig.

Brechmaschine - f, preçmaʃin, -ə [Hod III]
H: mechanische Vorrichtung zum Brechen der Hanfstängel ● *In de klaani Hanffabrike ware statts die manuelle ↑Knitsche schun die Brechmaschine. Dort war viel Staab.* [Hod III]
→Hanfbreche.

Brei - m, pra:i, Sg. tant. [Ap, Fil, Hod, Ker, Pal, Siw, Tscher III Put, Tom IV, Alex, Bak, Fak, Ger, Gra, GJ, Nitz, Wil, War V, NP, Pe, Suk VI]
A, G: aus gemahlenem Getreide und Gemüse bereitete dickflüssige Nahrung ● *Ven dem hot mer Kuche (↑Kuchen) gebacke oder Brei gmacht, Grießbrei oder Grießstrudl, was in der Kuchl (↑Küche) verwend is warre.* [Ap III]
→Grießbrei.

breit - Adj, brait [Ru IV, Lug, Resch, Tem V, OW VI]; braːit [Bohl II]; prait [Bohl, Oh II, Ap, Gai, Gak, Ker, Kutz III]; praːit [Ben, Da V]; praːt [Wer I, Nad, Surg II, Fil, Mil, Sch, Stan III, Ru IV, Bru, Fak, Ga, Glog, Ost, StA V]; prɒːt [Wudi I, Alt, Fek, Nad, Oh, Wak, Wem II, Har III, DSta, Fak, Ga, Glog, Gutt, StA, Wil V]; prɒ̨ːt [Pußt I, Nad II]; praːti [Stan III]; preːt [Bak, Bog, Ger, Hatz, GJ, GK, Len, Low, Sack V]; proit [Tax I]; proɐit [Besch VI]
Allg: seitlich weit ausgedehnt, flächig ● *De Stroßweg es e braade Weg.* [Fek II] *De Kamilleroppr war so e 30-35 cm braati Kischt mit e Raaih alti Hechlzäh (↑Hechelzahn).* [Mil III] *Mit so braati Reche hot mer messe rechle, es schee zammrechle mit de Handreche.* [Stan III] *Nur in Trenkkeßl (↑Tränkkessel) hod me mitgnumme ins Feld, wal dea breiter woar un net so tief wie e Eimer.* [Ru IV] *Zuletzt is mit am braate, helzerne Reche die ganze Wies sauwer abgerechnt (↑abrechen) gewe (worden)* [Bru V] *Seller Strååf (↑Streifen) im Regeboge[n], där wås ån breetschte is, vun den gebt's am meischte in den Johr; geel (↑gelb) bedeit viel Kukrutz (↑Kukuruz), rot viel Wei (↑Wein), bloo viel Hài (↑Heu).* [Glog V] *Un die Sprauergawwl (↑Spreugabel), des war a braadi holzeni Gawwl mit fümf-secks Zinke.* [Ost V] *Das Holz wird bezimmert, mit so e breite ↑Hacke (2) un zusammenpasst.* [OW VI] ■ Krauß 165.
→finger, handbreit, schmal; Breite.

Breite - f, praite, praitn [Pußt I, Ap III, Ben, DSta V]; prę:ta [Mu II]; prę:ti [Jood II]; preːt [Har III]; prędn, Pl. id. [Wein I]; proat [ASad, Franzd, Wei, Wolf V]
Allg: Ausdehnung in seitlicher Richtung ● *Der Kugrutz (↑Kukuruz) kam-mer aabaue mit de Maschie sechzich Zenti Reihebrädi, odde mit de ↑Hacke, widde so in däre Bräti die Kärne (↑Kern 2).* [Jood II] *Aa Woldbrand (↑Waldbrand) hot's öfte gebn. A gonze Häng (↑Hang) vo en Kilomete Broat is wegbrennt.* [Wei V] ■ PfWb I 1191; SüdHWb I 1094; RheinWb I 960; BadWb I 316.
→Breiting, Reihenbreite; breit.

Breiting - f, preːtiŋ, Sg. tant. [Fil, Mil III]; preːdiŋ [Nad, Surg II, Fil, Mil, Tscher, Werb III, Tom IV, Fak, Ga, Glog, Wil V]
Allg: (wie: Breite) ● *An ooner Seit, do war die Kischt (↑Kiste) in dr ganz Brätiŋ uff.* [Mil III] ■ PfWb I 1192; SüdHWb I 1096; RheinWb I 961; BadWb I 317.
→Breite.

Bremse

Bremse - f, premsə, -n [Bil, Ham, Mai, Schei VI]; premsən [NB V]; prems, -n [NB V]; prems, -ə [AK, KK III, GK, Low, Ost, War V]; premʃ, -ə [Len V]; phɛ:rtspremʃ, -ə [Len V]; pre:mə, Pl. id. [Hod, Kol, Wasch III, Buk IV, Bill, Ga, GStP, Karl, StA V]; pre:m, -ə [Buk, Kol, Wasch III, Bill, Fak, Glog, GStP, Hom, Pan, Wil V]
1. V: Viehbremse, Tabanidae *Etym.: Breme* und *Bremse* sind obd. Namen verschiedener stechender Fliegen. Sie kommen von mhd. *brem(e)*, ahd. *brema* f., *bremo* m., aus vordeutschem **brem-ōn* m. 'Bremse, Stechfliege', zu der indogermanischen Schallwurzel **bhrem-*. ([23]Kluge, 134) ● *Die Breme arweide, 's gibt Rege.* [StA V] *Dann sinn die Bremse, wu die Ross stechn. Schlimm sinn aa die Gelse.* [Ost V] 2. Bremsvorrichtung ● *Do war e Kettum (↑Kette) am Rad un am Loiterbååm (↑Leiterbaum) die isch sowie gsei wie e Bremse, no hat's halt bremst.* [Schei VI] ■ PfWb I 1195-1198 (mit Karte): 1. 'Viehbremse', 2. 'Stechfliege', Syn. Schnake. Die nahezu ausschließlich auf den nördlichen Teil der Pfalz beschränkte Verbreitung der Form *Brems* verträgt sich gut mit der Feststellung, dass sie aus dem Niederdeutschen stamme; in der Vorderpfalz ist sie unter schriftsprachlichem Einfluss in einzelnen Orten aufgekommen; SüdHWb I 1099; RheinWb I 961; BadWb I 318; Petri 1971, 121.
→(1) Rossmücke; (2) bremsen.

bremsen - schw, bremzn, gebremst [OW VI]; premzə, premst [Ham, Mai, Pe, Schei, Suk VI]
A, Fo: die Geschwindigkeit verringern ● *Und runter kommen die Waggonettn (↑Waggonet) selber, durich die ↑Fallung, der Motor tut nor bremsen.* [OW VI] *Do war e Kettum (↑Kette) am Rad un am Loiterbååm (↑Leiterbaum) die isch sowie gsei wie e Bremse, no hat's halt bremst.* [Schei VI]
→Bremse (1).

brennen - schw, prenə, keprant [Gak III]; prenə, keprent [Ap III]; prenə, kəprent [Baw, Jood, Nad, Petschw, StI II, AK, Ap, Hod, Ker, Tscher III, Put, Tom IV, Ben, Bog, Fak, GJ, GK, Glog, Gra, Low, Mar, NA, Ost, War, Wil V, Bat VI]; prenə, prent [Ga, StA V, Bil, Ham, Mai, Schei, Suk VI]; prɛnə, prɛnt [Wein I]
1. Allg: in Flammen stehen, glühend heiß sein ● *Wenn des gebrennt hot, woa im Backowe hinne a Loch, dot is de Raach nausgange.* [StI II] *Ausm Trewer (↑Treber) hot mer Schnaps gebrennt. Der Trewerschnaps (↑Treberschnaps) war ziemlich ↑stark (3), bis zu vierzich un fufzich Prozent stark.* [Ap III] *Wann de Inschlag (↑Einschlag) gebrennt hat, war es Fass sauwer.* [Ost V] 2. O, W: (von Schnaps:) durch Erhitzen und Destillation erzeugen ● *Die honn selmols Schnaps gebrennt mit de Trewe un min Obst.* [Baw II] *Schnaps kam-me vun Obst brenne un vun de Woitreber brenne un vun alte Woi kamme Schnaps brenne.* [Jood II] *Es woa schon, dass sie vun die Trewe Schnaps gebrennt hamm, awe (aber) jetz net.* [Petschw II] *Ausm Trewer hot mer Schnaps gebrennt.* [Ap III] *Die Trewer sein in a Fuhrfass fest gestampt gewe for Raki brenne.* [Bru V] *Pflaume sinn gut fer esse, fer eilege un fer Raki brenne.* [Glog V] *De Lager had mer uff die Seit un hat speder mit die Trewer Schnaps gebrennt.* [Ost V] *Meischt em Arader Weg senn d'Säntånneme (Sanktannaer) gfahre Maulbeere schittle fer Schnaps brenne.* [StA V] *Schnaps hunn i brennt aus Zwetschkn, Zwetschknschnaps, sinn nicht so viel Trauben dort.* [Bat VI] *Aus Epfl, Biere, Fiärsche (↑Pfirsich), Zwetschge hot me starke Schnaps brennt.* [Schei VI] ■ Gehl 1991, 243.
→(1) an-, aus-, verbrennen, anzünden (1); Feuer; (2) mitbrennen; Schnaps, Schnapsbrenner.

Brennholz - n, brenholts, Sg. tant. [ASad, Lind, Wei, Wolf V]; prenholts [Bak, Bog, Fak, Ga, Glog, Len, Low, Nitz, Ost, StA, War, Wil V]
A, Fo, O, V, W: trockenes Holz zum Heizen ● *Tausnde Meta (↑Meter 2) Brennholz saan vebrennt. Die gonzn Holzschläga (↑Holzschläger) saan zammkemma, mitn Redhauen (↑Reuthaue) hot me freia Raum gschofft un eso's Feia (↑Feuer) aafgholtn.* [Wei V]
→Holz; verbrennen (1).

Brennmaterial - n, prenmatəria:l [Brest, Gai, Gak, Sch, Werb III, ND, NP IV, Bak, Bog, Fak, GK, Len, Low, Ost, War, Wil V]
A, Fo, O, W: holzige Pflanzenreste, die in der Bauernwirtschaft verfeuert werden ● *Die Rose (2), die getruckldi (↑getrocknet), war e gutes Brennmaterial.* [Ost V] ◆ Pflanzenstängel, Reben, Zweige, entkörnte Maiskolben und Sonnenblumenrosen waren im waldarmen Flachland der Pannonischen Tiefebene willkommenes Brennmaterial für die bäuerliche Wirtschaft.

Brennnessel - f (n), prene:zl, Pl. id. [Mu, Petschw II, AK, Brest, Buk, Fu, Gara, Hod, Kar, Kol, Pal, PrStl, Stan, Tscha, Tschat, Wasch III,

Brennsachenschober

Fak, Ger, Glog, GStP, Karl, Kud, Sad, Tschak V]; prene:sl, -n [Franzd, Ora, Stei V]; prenesl [Bul, Kol, Sch, Tor, Tscho, Werb III, In IV, Albr, ASad, Bak, Ben, Bir, Char, De, Eng, GJ, Gott, Gra, Gutt, Hatz, Heid, Joh, Kath, KJ, Mori, Mram, NB, Nitz, NPe, Pau, Seul, StH, StM, Tsch, Tsche, Ui, War V]; prẹine:sl [Aug, Ed, Wud, Wudi I]; prenaisl, -ə [Bill, Bog, GK, Jos, Laz, Len, NSie, Ost, Sack, Stef, War V]; prenetsl, -ə [Tschan V]; (n) preneslį [Sad V]
A: als Unkraut verdrängte Pflanze der Nesselgewächse mit Brennhaaren auf den Blättern; Urtica dioica ● *Die Antn (↑Ente) fressn Klee un Brennnesl un die Schwei[n], des is stoark gut.* [Petschw II] *Mir hann viel Unkraut ghat, die Brennneisle, die Taawi Brennneisle, die Brominzle (↑Brominze), des is, im Stambloch (↑Stampfloch) wachse die.* [Ost V] *Die Brennesln un Brombe (↑Brombeere) sein aach bei uns.* [Stei V] ■ PfWb I 1204; Gehl 1991, 88; Petri 1971, 75 f.
→Taube Brennnessel, Unkraut.

Abb. 8 Brennnessel

Brennsachenschober - m, prensaxʃo:vər, Pl. id. [GK, Len, Ost, War V]
A: Haufen aufgeschichteter Reiser, Zweige, Maisstängel und trockener Weinreben, die als Brennmaterial für die Sommerküche und das Kesselhaus verwendet wurden ● *De Strohschower, de Sprauerschower (↑Spreuschober), de Laabschower (↑Laubschober), de Haaischower un de Brennsachschower, des war alles im Hinnerhof.* [Ost V]
→Schober.

Brett - n, pret, -ər [Tax I, Mu II, Ap III, Be, Tow IV, Ben, Kleck V, OW VI]; prẹt, -ər [OG I]; pret, -ən [ASad, Lind, Wei, Wolf V]; pret, -ə [Bohl II, Gai III, Tscha III, Fak, Ga, Glog, DStA, NA, StA V]; pret, predər [Ker III, Ost V], pret, pre:dər [StI II]; pred, -ər [StAnd V]; pret, predə [Wer V]; pre:d, -ə [Bog, Ger, GJ, GK V, Bat VI]; pre:d, -r [Nad II]; prit, -ə [Jood II]; brẹtt, -ər [Besch VI]; prẹtl, -ə [Glog V]; pre:ď, pre:dərje [StI II]
B, Fo, G: flaches, rechteckiges Stück Holz ● *Un do hod e sich die Wagelaatre (↑Wagenleiter) no ibbesetzt (↑übersetzen) un die Britte un de Schrage (↑Schragen).* [Jood II] *Die Krautfesser sinn zugemocht woan mit so Brederje, un noch is e Krautstaa (↑Krautstein) drufkomme. (...) Mit em Backschisser (↑Backschießer) vun Breder mit e langi Stange, hot me's rausgezoge.* [StI II] *Im Kellerhals war so e Breet, do hann die Baure 's Brot druff leije (↑liegen) ghat.* [GJ V] *Owwe de Äed sein zammgesetzt woan die Brette un die Fliggl (↑Flügel 2) sein draufkomme, die Glasfenste.* [NA V] *Am Schowr (↑Schober) hat mer die Lade (↑Leiter) stehn ghat, in a Sprossn so a Brett ningstoch (↑hineinstecken), wu vorgstann hat, a Sitzbrett vum Waa (↑Wagen) zum Beispiel.* [Ost V] *Gschlofn ham-mar draaßt (draußen) in Wold in oane ↑Koliba, die is vo aafgspoltne (↑aufgespalten) Bretten gmocht gwest.* [Wei V] *Jå, die Wabn, des ham-men ausnemme. Do sann socheni Brede, die hamm so dinni Negl drin.* [Bat VI] ■ Gehl 1991, 145 *Brettel*.
→Dranitza, Latte, Schabe-, Sitzbrett.

Brigade - f, prika:de, prika:dn [Len, Low, War V]; prika:de, prika:des [Bak, Bru, Ger, GJ, Nitz, Ost, Wis V]
A: aus mehreren Arbeitsgruppen bestehende größere Einheit in der LPG und der landwirtschaftlichen Staatsfarm, die dieselbe Arbeit ausführt und von einem Brigadeleiter geführt wird Etym.: Das Subst. wird nach dem rum. *brigadă*, unter dem Einfluss des aus der deutschsprachigen Presse Rumäniens bekannten Substantivs *Brigade* gebildet. ● *In de ↑Kollektiv warn die Leit ingeteelt (eingeteilt) in Gruppn un Brigadn, un die hann e Gruppnfihre un e Brigadnfihre, des war so.* [Len V] ■ Gehl 1991, 209.
→Brigadenführer, Brigadier, Gruppe.

Brigadenführer - m, prika:dnfi:rə, Pl. id. [GJ, Gra, Len V]
A: Leiter einer Arbeitsbrigade in der LPG oder in einer landwirtschaftlichen Staatsfarm ● *In de*

↑*Kollektiv warn die Leit ingeteelt* (eingeteilt) *in Gruppn un Brigadn, un die hann e Gruppnfihre un e Brigadnfihre, des war so.* [Len V]
→Brigade, Brigadier, Gruppenführer.

Brigadier - m, prigadi:r, Pl. id. [Fak, Ga, Glog, StA V]
A, G, V, W: Leiter einer landwirtschaftlichen Arbeitsbrigade ● *Zum Schluss bin i widde zu meim Fach kumme, als Brigadier in de* ↑*Ferma "Scânteia". Vun dårt bin i aa in Pensioo* (↑Pension). [StA V] ■ Gehl 1991, 209.
→Brigade, Brigadenführer, Gruppenführer.

Brinse - m, brinzə, Sg. tant. [Bak, Ga, Nitz, Sad, StA, Wil, Pan V]; brinza [Resch V]; prinzə [Bog, Ger, GJ, Len, Low, NA, Ost, War V]
V: durch Erhitzen der Sauermilch erzeugter Schafkäse *Etym.*: Aus rum. brânză 'Käse', hauptsächlich 'Schafkäse'. Für *Brimsen* m, 'Art Schafkäse', der gewöhnlich aus tschech. oder slowak. bryn(d)za hergeleitet wird (vgl. WbWien 184), erkennt Teuschl die rum. Herkunft, ohne die Form anzugeben (Teuschl 1994, 52). ● *De Brinse hann se gholl vom Schofhalder* (↑Schafhalter). [GJ V] *Alli, was Schof gezicht hann, die hann viel Lemmer ghat un viel Brinse kriet.* [Nitz V] *Mer hat vum Schofhalder den* ↑*Kasch, Brinse, Liptåi* (↑Liptauer) *kaaft un hat eigene Salami oder gekaafte Summersalami un Griewärschtle* (↑Krenwurst) *gesse.* [StA V] ■ Gehl 1991 205.
→Käse, Schafbrinse.

Brockelmilch - f, proklmiliç [Ker, Siw, Stan, Wepr III, Bill, Ger, Low, Nitz, Sack, Wies V]
V: kalte Speise aus süßer bzw. Sauermilch mit darin aufgeweichten Brotbrocken ● *Zu Mittach, no hat mer e großi Schissel ghat, dort is Brocklmilch nenkomm, hat mer gess un weider.* [Sack V] ■ Vgl. PfWb I 1238 *Brockel, Bröckel* 1.a: 'in Milch aufgeweichter Brotbrocken' und Komp. *Milchbrockel*.
→Brocken, Milch.

brocken - schw, broklə, -t [Bil, Ham, Pe, Schei, Suk VI]
O: Obst u. a. Früchte pflücken *Etym.*: Vgl. *Brocken* m., von mhd. *brocke*, ahd. *brocko*, eine Bildung mit expressiver Gemmination (oder *n*-Assimilation) zu *brechen*, also 'Bruchstück, Abgebrochenes'. Das auslautende *n* ist aus dem Plural und den obliquen Formen übernommen. Dazu *brocken* ('Brot o. Ä. in Stücke brechen') und *bröckeln* ('in Brocken zerfallen'). ([23]Kluge, 136) ● *Wenn se emol Frucht ghet ham, ham-mer awel kenne ga in Härbst Epfl brockle.* [Schei VI]
Anm.: Die Variante *brocklen* ist eine Iterativbildung mit dem Suffix *-le* zu *brocken*. ■ SchwWb I 1430 f., auch *brocklen*: 'abbrechen, pflücken, von Früchten, allerlei Obst, Beeren, auch Blumen'; BayWb 1/1, 347: 1. 'einbrocken', 2. 'abbrechen, pflücken'. Dieses *brocken* hat gegen *brechen* etwas Niederdeutsches, wie auch hochd. *Brocken*.
→ausbrechen, -brocken.

Brocken - m, prokə, Pl. id. [Ap, Berg, Ker, Mil, Stan III, Be, Tom IV, Bog, Fak, Dol, GJ, StA, Wil V]
Allg: unregelmäßig geformtes, meist abgebrochenes Stück ● *Do ware hechschtn noch e Tippe* (↑Tüpfen) *Millich im Haus, a Tippche mit Rahm, e Brocke Kuhkäs un e Stick Schofbrinsa* (↑Schafbrinse) *un vielleicht aach a Stickl Butter.* [Dol V]
→Brockelmilch, Stück (1), Würfel.

Brombeere - f, brombe:r, -n [OW VI]; prompę:r, -n [De, SM V]; proumpean [Wer V]; prumpein [Gutt V]; prompę:rə [Bul III, Bill, Franzf, Ger, GJ, KJ, Mar, Na, Schön V]; prompi:rə [Jos, Tschak V]; prompirn [NB V]; prompr [Sag, StI II, Tscar III]; prumpę:rə [Gott, Gra, Jahr, Orz, Sad V]; prompęrtə [Bru V]; prămbę:erə, Pl. id. [Ga, StA, Wil V]; prămbę:r, -ə; [Fak, Glog V]; prampę:rə [AK, Brest, Fu, Gara, Kol, Pal, Stan, Tscho III, Buk, In IV, Albr, Char, Seul V]; prampir [Karl, Nitz V]; prampi:r, -ə [Eng, Ernst, Heu, Kath, Laz, Pau, StA, Stef V]; prampirə [NSie V]; prempi:rn [Tschan V]; prempi:rə [Ben, KB, Low, Mori, StAnd, Tsche V]; prumbę:rį, primbę:rə, [sad V]; prăumpi:r, -ə [GK, Ost V]; praumpi:r [Ost, Rud, Tsch V]; prompə, Pl. id. [Franzd, Ora, Stei V]; prămpə [Ga, Resch, StA V]; prampr [Hod, Wasch III, Franzf, Star V]; prampln [Kud, Wer V]; pre:mərə [Tscher III]; prempę:r [Len V]; premplə [DStP V]; premprə [Hatz V]; promp [Darda III];
1. A: als Unkraut verdrängte kriechende Staude mit glänzend schwarzen Früchten; Rubus caesius ● *Es Härschgras* (↑Hirschgras) *un es Mohaigras* (↑Muhargras), *wu des auftaucht, des is schlimm, un die Braumbiere in de Ruwe* (↑Rübe). [Ost V] *Die Brennesln un Brombe sein aach bei uns.* [Stei V] a. Fo: *Do ware noch teilweis Hecke un Gstripps* (↑Gestrüpp) *un Bromberte wie nirgendswu, soviel.* [Bru V] Frucht des (wild wachsenden)

Brombeerstrauches ● *Aus Brambe und Hetschl kann me guti Sulzn (Sulz 1) kochn.* [Resch V] *Sind ville Brombeern, die Himbeern auch un die Jafina* (↑*Afina*). [OW VI] ◆ *Brombeeren wachsen im donauschwäb. Siedlungsgebiet nur auf Feldern oder im Wald. Der Anbau veredelter Brombeersorten in Gärten wie andere Obststräucher ist unbekannt.* ■ PfWb I 1245 f., auch Karte 68 *Brombeere*; SüdHWb I 1136 f.; RheinWb I 902 f.; BadWb I 332; Gehl 1991, 233; Petri 1971, 64.
→(1) Unkraut (1); (1a) Beere, Obst.

Brominze - f, promintsə, Pl. id. [Sad V]; promintsl, -ə [Bog, GK, Ost V]
A: als Unkraut verdrängte Sonnenwende; Heliotropium europaeus ● *Mir hann viel Unkraut ghat, die Brenneisle, die Taawi Brenneisle* (↑*Taube Brennnessel*), *die Brominzle, des is, im Stambloch* (↑*Stampfloch*) *wachse die.* [Ost V] ■ Petri 1971, 38.
→Unkraut.

Brot - n, bro:t, Sg. tant. [Bil, Ham, Mai, Pe, Schei, Suk VI]; pro:t [Baw, StI II, Ap, Fil, Mil, Sch, Stan, Tscher, Wepr III, Beschk, ND, NP, Tom IV, Alex, Bog, Bru, Charl, Ernst, Fak, Ga, GJ, GK, Glog, Kath, Len, Lieb, Low, Ost, StA, Wer, Wies, Zich V]
A: Gebäck aus Mehl, Wasser, etwas Salz und einem Auflockerungsmittel ● *Un die wos sich mit de Landwirtschaft pschefticht honn, die honn sich ihre tegliches Brot schee vedient.* [Baw II] *Un noch hunn se Brot eigewaaicht, hunn des zåmmgemischt, un noch e Aai droo un Mehl durigenannt* (↑*durcheinander*). [StI II] *Un far Fisch fange hot mer an die Angl entweder Wärm* (↑*Wurm*) *droo oder Kukrutz* (↑*Kukuruz*) *oder aa mit Brot.* [Ap III] *Des Mittachesse beim* ↑*Lese war Brot un Speck, aach Zigeinerspeck* (↑*Zigeunerspeck*) *und Zwiewle* (↑*Zwiebel*) *zu dene siße Trauwe.* [Bru V] *Mer soll zwische de Johre* (zum Jahreswechsel) *ke Brot backe, schunscht sterbt jemand.* [Lieb V] *De Sprauersetzer* (↑*Spreusetzer*) *war gewehnlich e alde Mann, wu aach had wille sei Brot verdiene.* [Ost V] *Beim Knete soll de Månn net zuschaue, wel sunscht geht's Brot net.* [StA V] *Mië hamm en sähe großn Backofn ghabt, wo vië so große Laib Brot reingange sinn. Im Kelle hat me des Brot kenne gut acht oder zehn Tag aufhebn.* [Wer V] *De ham-mer des Brot bache* (↑*backen*), *so große Brotlaib, schwabisch sag ich's.* [Schei VI] ◆ *Das so genannte Bauernbrot ist meist in großen runden Laiben im Backofen für die ganze Familie, doe Knechte und Tagelöhner gebacken und bis zum Verzehr kühl aufbewahrt worden.*
→(Arten:) Fransela-Brot, Dampfel, Hasen-, Jahres-, Leckwarbrot, Kipfel, Kuchen, Langosch, Semmel; (Verschiedenes:) Brotbrösel, -korb, -kuchen, -laib, -mehl, -multer, -teig, -tuch; gehen, kneten.

Brotbrösel - n, pro:tspre:zl, Pl. id. [Fak, Ga, Glog, StA, Wil V]; protpre:zili, -n [Fil, Hod, Kol, Mil V]
A: Brotkrümel, Brosame *Etym.:* Komp. mit *Brösel*, österr., eigentlich *Bröselein*, Dimin. zu *Brosame*. (Wahrig 763 f.) Vgl. *Brösel, Bröserl, nicht ein Bröser* 'gar nichts'. (ÖstWb 172) Vgl. *Brosam* m., *Brosame* f., meist *Brosamen* Pl., seit dem 9. Jh. belegt, aus mhd. *brosem(e), brosme* f., ahd. *brōs(a)ma,* f., 'Krume, Brosame'. *Brösel* ist ein altes Dimin. hierzu (mhd. *brosemlīn* n.), zu diesem weiter (*zer-)bröseln*. Diese Wörter zeigen noch eine allgemeinere Bedeutung, während *Brosamen* wohl durch den Anklang an *Brot* auf 'Brotkrümel' festgelegt ist. ([23]Kluge, 137) ● *Die Nudle sinn allweil abgschmälzt* (↑*abschmälzen*) *warre, mit heißem Schmalz, un Brotbresilin drin gereschtet* (↑*rösten 2*). [Mil III] ■ ÖstWb 172.
→Brot.

Brotkorb - m, pro:tkhorp, -khɛrp [KaF, StI II, Schön, Trau V]
A: kleiner Korb zum Aufbewahren von Brotscheiben und Brötchen ● *Noch honn se des in den Brotkorb un hunn e Brottuch drufgeteckt.* [StI II]
→Brot, Korb (1).

Brotkuchen - m, pro̥utkhu:xə, Pl. id. [StI II]
A: nach dem Brot gebackene, mit Fett oder Rahm bestrichene Teigfladen ● *Des woar immer es Fruhstuck, Brotkuche gebacke un mit Fett eigschmiert.* [StI II]
→Brot, Kuchen.

Brotlaib - m, bro:tlaip, Pl. id. [Bil, Ham, Mai, Pe, Schei, Suk VI]
A: laibförmig gebackenes Brot ● *De ham-mer des Brot bache* (↑*backen*), *so große Brotlaib, schwabisch sag ich's.* [Schei VI]
→Brot, Laib.

Brotmehl - n, pro:tme:l, Sg. tant. [Ap, Mil III, Be, Tom IV, Bog, Fak, Len, Ost, War V]; pro:tmẹ:l [Kock II]
V: zum Brotbacken verwendetes Mehl durchschnittlichen Feinheitsgrades ● *Hat, Mähl, da wor Brotmähl, Fuddermähl, Nullemähl, des wor schun ganz feines Strudlmähl.* [Kock II] *Do is in Apetie (ON) hauptsechlich Weißmehl gwest, des feini (↑fein 2) und es Brotmehl.* [Ap III]
→Brot, Mehl.

Brotmulter - m, prọ:tmuldər, Pl. id. [StI II]
A: abgerundeter Holztrog zum Anmachen des Brotteiges ● *Alle Woche aamol hot me Brot gebacke in de Brotmulder. Die woa aus em Baam* (↑Baum) *rausgschnitte* (↑herausschneiden). *Vun Holz woa so e Kraaiz* (↑Kreuz 1b), *do hot se die Mulder drufgstellt.* [StI II] ◆ Die Brotmulter ist meist aus einem Baumstamm ausgeschnitten, seltener aus Brettern angefertigt.
→Brot, Multer.

Brotschwamm - m, pro:tʃvåm, -ʃvẹm [Fak, Glog, Sad V]; krotnpro:t, Sg. tant. [Tem, Wer V]; krotəpro:t [Ker III]
A, Fo: Champignon; Agaricus campester ● *De Brotschwåmm is gut fer esse, där wackst im Wald.* [Glog V] ■ Gehl 1991, 99; Petri 1971, 12.
→Brot, Schwamm.

Brotteig - m, pro:ta:ik, Sg. tant. [Ga, StA V]; pro:tåik [Bru, Jahr V]; pro:ta:k [Fak, Glog V]
A: Mehlteig, aus dem Brot gebacken wird ● *Mim ↑Backschießer is de gformte Brottåich in de haaße* (↑heiß) *Backowe kumme.* [Bru V] *De Brottaag muss mer iwwer e Stund lang knede* (↑kneten). [Fak V]
→Brot, Teig.

Brottuch - n, prọutux, -tiçər [Mu, StI II, Brest, Wepr III, Bru, Charl, Fib, Jahr, StAnd V]; pro:tu:x, -ti:çər [Ap III, Tom IV, Fak, Ga, Glog, StA, Wil V, Bil, Ham VI]
A: Tuch zum Abdecken von Brot ● *Noch honn se des in den Brotkorb un hunn e Brottuch drufgeteckt.* [StI II]
→Brot.

brüchig - Adj, priçiç [Alex, Bru, Fak, Ga, Ger, Hatz, Low, Ost, Schön, War V]
Allg: spröde, leicht brechend ● *Mer hat die Saal* (↑Seil) *glei im Tau gmacht, dass se net brichich sinn. Wann se trucked* (↑trocken) *sinn, breche sie, wam-mer bind* (↑binden 3). [Ost V]
→brechen.

Brücke - f, prikn, Pl. id. [Lug, Ora, Resch, Tem V]; pruk, -n [NA V]; pruk, -ə [Bog, Fak, Ga, GJ, GK, Glog, Gra, Hatz, Joh, Ost, War, Wis V]; pręką, Pl. id. [Alt, Fek, Nad, Oh, Wem II]
1. A, G: Bauwerk zur Überquerung von Flüssen und Schluchten *Etym.:* Aus mhd. *brücke, brucke, brügge*, ahd. *brugga* 'Landebrücke, Landesteg'. Auszugehen ist wohl von einem keltisch-germanisch-slawischen Wort *bjrw-, das 'Stamm, Bohle' und 'einfache Brücke (aus einem Stamm)' bedeutete. Verwandt ist *Prügel* und schweizerisch *Brügi* 'Prügeldamm, Plattform, Heubühne (usw.)'. Das Wort *Brücke* weist in den Mundarten ebenfalls Bedeutungen wie 'Zwischenboden, Bettstelle über dem Ofen u. ä.' auf. ([23]Kluge, 138) Der Übergang zu unserer Bedeutung 'Pfostenboden im Stall' wird durch die Verwendung von Bohlen zuerst im Schweinestall, später auch in Kuh- und Pferdeställen ermöglicht. ● *Bräcke senn die Äwwenbräcke un em Mätteduerf* (↑Mitteldorf) *die Kiërchebräcke.* [Fek II] *Frihe woan Bruckn gwesn, woa die Festungsbruck un die Neiarade Bruck.* [NA V] 2. V: Fußbodenbohlen im Stall ● *Wann im Stall unner dr Bruck Hoor oder Eierschale leije* (↑liegen), *krepiere die Ross.* [Hatz V] *Die Ross hann uff der Bruck gstann.* [Ost V] **Anm.:** Der Vokal *u* ist vor *-k* nicht umgelautet. ■ WBÖ 3, 1135-1143: *Prucke*, 'Brücke, Bretterboden, -bühne', 1143 *Prücke*: 1. 'Boden aus Brettern oder Pfosten im (Schweine-)Stall'; PfWb I 1268 f. (*prik*): 1. 'Bauwerk zur Überquerung von Flüssen usw.', 2. 'Fähre', 3.a 'Tragschemel in der Mitte unter dem Wagenkasten', 4. 'Bretterbelag des Schweinestalles'; SüdHWb I 1157 f. (*brugə, brig*): 2.c 'hölzerner Bodenbelag im Schweinestall'; Gehl 1991, 180.
→(1) Festungs-, Graben-, Kirchen-, Ober-, Unterbrücke.

Brühe - f, priə [Fek II]; pri: [La II]
1. V: durch Auskochen von Fleisch, Fisch, Gemüse u. A. hergestellte würzige Flüssigkeit ● *Des Koppfleisch* (↑Kopffleisch) *un alles, hot, des muss ↑weich sein. Mir honn halt Kreksl gsocht, zu dem Koppfleisch un alles, des is gekocht woen. Un die Brieh hot me ghase* (geheißen) *Grekslbrihe.* [Fek II] 2. W: durch die Auflösung fester Stoffe entstandenes, trübes Wasser ● *Noch wenn's gspretzt* (↑spritzen) *wird,*

noch tun se so e Bledrdünger (↑Blattdünger) 'nei ins Spetzsach (↑Spitzsache), des is so e grieni (↑grün) Brih, des is gut fir de Treiwl (↑Traubel) aa. [La II]
→(1) Gekröse-, Hirnwurstbrühe.

brühen - schw, priə, kəpri:t [Fek, StI, Sulk II, Ap III, Be, Tom IV, Bak, Bill, Ger, Glog, NA, Nitz, Ost, Wil, Wis V]; pri:rən, kəpri:rət [Petschw II]
V: ein Produkt zur weiteren Bearbeitung mit siedendem Wasser übergießen ● *Däreweil hod es Wasse scho gekocht un is gebriht woan die Sau in de Brihmulder.* [Fek II] *Die Sau tut me schlachte und brihe in de Mulde.* [Sulk II] *Die Sau is es ärschti gebriht warre im heiße Wasse in e großi Multer un da hot mer sie abgschabt.* [Ap III] *Die Sau is gebriht worre in de Brihmulter.* [Stan III] *Die Schweine sein gstoche woan (↑stechen 2) un gebriht woan.* [NA V]
→Brühmulter, -wasser.

Brühmulter - f, pri:multər, Pl. id. [StI, Surg II]; pri:multər, pri:multrə [Stan III]; pri:muldər [Fek II, Fak, Ga, Glog, Lieb, StA, Wil V]; priəmuldə [Petschw II]
V: Holzmulde, in der das abgestochene Schwein mit kochendem Wasser gebrüht wird ● *Däreweil is gebriht woan die Sau in de Brihmulder, des kochende Wase dribgschitt woan.* [Fek II] *Zuärst wäd die Schwei abgstochn vom Schlåchte[r], dann muss me sie brihern, in de Brihemulde.* [Petschw II] *Die Sau is gebriht worre in de Brihmulter.* [Stan III] *Die Sau in de Brihmulder hod me bissje abgschreckt mit oome Heepche (↑Hafen) kaldn Wasse.* [Lieb V]
→Multer, Schlachtmulter; brühen.

Brühwasser - n, pri:vazer, Sg. tant. [Fek II]; priəvasə [Jood II]
V: zum Brühen verwendetes siedendes Wasser ● *Un noh is es Briehwasser ufn Buckl un uf die Fiss vun de Sau draufgschitt woen.* [Fek II] *No die Sau in die Multe (↑Multer) noi, es Brihewasse druf, hamm sie so lang zoge un dreht, bis de Hoor rabgehn (↑herabgehen), no wurd sie putzt.* [Jood II]
→brühen; Wasser (2).

Brummse - f, prums, -ə [KK, Tscher III, Low, Ost V]
V: (wie: Rossmücke) *Etym.*: Die Bezeichnung geht vom brummenden Geräusch des Insektes aus. ● *Die Brummse, des sinn die dicki Micke (Mücke), so schwarzi dicki Brummse.* [Ost V] ■ Petri 1971, 121.
→Rossmücke.

Brunnen - m, prunə, Pl. id. [Berg III, Bru, NA V]; prunə, -nə [Ga, StA V]; prunə, prinə [Gai, Mil, Sch, Stan III, Bog, Da, Drei, Fak, Ga, GK, Glog, Len, Low, Ost, Schön, StA V]; pronə, prenə [Fek, Surg, Wem II]
A, V: Anlage zur Förderung von Grundwasser durch Schöpfeimer oder Pumpe ● *Dort war e Brunne gwen, dort hann sie gstanne in der Sunn.* [Ost V] *Un do ware schun allelei Arte vun Brinne.* [Schön V] *Be dene Lecher (↑Loch 1) is de greschte Brunne gstånde, mit zwaa Schwengl un zwaa långe Treg (↑Trog) fars Vieh tränge (↑↑tränken).* [StA V] **Anm.**: In der Variante Brinne wird die Pluralform mit Umlaut gebildet; in Brenne tritt zusätzlich i>e-Senkung auf. ■ Gehl 1991, 176.
→artesischer -, Gemeinde-, Jäger-, Oberwiesen-, Pump-, Rad-, Sauer-, Schwengel-, Stock-, Straßenteil-, Tiefbrunnen, Pumpe, Quelle, Viertergrund-Brunnen.

Brunnenkatze - f, prunəkhats, -ə [Fil III, Len V]
V: Vorrichtung mit drei Eisenhaken, um ein Tier oder eine andere Verunreinigung aus dem Brunnen zu fischen ● *Häng de Ambr (↑Eimer) an die Brunnekatz.* [Mil III] *Wann e Katz in Brunne fallt, holt me se raus mit de Brunnekatz, des is so e Vorrichtung mit drei Spitze an e Schnur.* [Len V]
→Katze.

Brunnenwasser - n, prunəvasər, Sg. tant. [Baw, Surg, Wem II, Fil, Ker, Pal, Sch, Tor, Wepr III, Be, Tow IV, Alex, Bill, Bru, GJ, GK, Gra, Kath, Nitz, StA, War, Wil V]
A, V: aus einem Schöpf- bzw. Pumpbrunnen gewonnenes Trinkwasser ● *No hat's imme gheeßt, Brunnewasser un Artesiwasser. Des gute Trinkwasser war's Artesiwasser vun der Gass.* [GJ V]
→Brunnen, Wasser (2).

Brunz - m, prunts [Tor III, GK, Len, Lieb, Low, Ost, War, Zich V]
V: tierischer Urin ● *Manchmol war 's Fleisch halt bissje verschmeert mit Brunz.* [Lieb V] *Hinne, zwische de Brettr, is de Brunz dorichgeloff un hat sich gsammlt in de Brunzgrub im Stall.* [Ost V] ■ PfWb I 1294; SüdHWb I 1177; RheinWb I 1051; BadWb I 349; Hockl 1997, 20.
→Brunzich, Brunzgrube, -loch; brunzen.

brunzen - schw, pruntsə, kəpruntst [StI II, Berg, Fil III, Fak, Ga, Glog, StA, Wil V]; prontsə, kəprontst [Bog, GK, Len, Low, Ost, War V]
V: harnen, urinieren ● *Där hat de Kuh ihrn Schwanz oogepackt un hat en Schwanz gezoge, un die Kuh hat den hoart (stark) åbgebrunzt, weil sie grad gebrunz hat.* [StI II] *Wenn mähr wie vier Stickr Viech im Stall brunzn, no wärd des Brunzich in e Brunzloch ufn Mischt abgfiehrt* (↑abführen 2). [Berg III] *Die Furich (↑Furche) is so grad wie de Ocks (↑Ochse) brunzt* (also nicht gerade). [Glog V] ◆ Das Verb *brunzen* ist Bestandteil pfälzischer Sprichwörter und Redewendungen wie: *Er kann nemme brunse* (Er hat kein Geld mehr). *So houch wie der kann ich aach brunse* (was der kann, kann ich auch). *Der dit gere (gern) mit de grouße Hund brunse* (der prahlt gern). Von den durch die Sonne gebräunten und deshalb besonders süßen Weinbeeren sagt man: *Iwwer die hän die Hase gebrunzt.* (PfWb I 1295) ■ PfWb I 1295; SüdHWb I 1177 f.; RheinWb I 1051; BadWb I 349; Gehl 1991, 194; Hockl 1997, 20.
→abbrunzen, scheißen; brunzerig; Brunzich, Brunzgrube, -loch.

brunzerig - Adj, pruntsriç [Fil, Gai, Hod, Mil, Pal III, Be, Put, Tom IV, Fak, Ga, Glog, Len, Low, StA, Wil V]
V: (von Tieren:) Harndrang empfindend ● *Halt den Wagge ån, des Ross is brunzrich.* [Mil III] ■ PfWb I 1296; Hockl 1997, 20.
→brunzen.

Brunzgrube - f, pruntskru:p, -ə [Ost V]
V: Vertiefung in der Erde, in der der Urin der Haustiere gesammelt wird ● *Hinne, zwische de Brettr, is de Brunz dorichgeloff un hat sich gsammlt in de Brunzgrub im Stall.* [Ost V]
→Brunz, Brunzloch.

Brunzich - n, (m), pruntsiç, Sg. tant. [Berg, Fil III]; pruntsriç [Fak, Ga, Glog, StA, Wil V]
V: Urin *Etym.:* Die Variante *Brunzerich* wird von *brunz* mit den Suffixen -er + -ich abgeleitet. ● *Wenn mähr wie vier Stickr Viech im Stall brunzn, no wärd des Brunzich in e Brunzloch ufn Mischt abgfiehrt* (↑abführen 2). [Berg III] ■ PfWb I 1296; SüdHWb I 1179; BadWb I, 349; *Brunzet* n. BayWb I 360; *Brunzerich* Gehl 1991, 194.
→Brunz, Brunzloch; brunzen.

Brunzloch - n, pruntslox, -leçər [Berg III]
V: Vertiefung im Düngerhaufen, in die der Urin aus den Viehställen abgeleitet wird ● *Wenn mähr wie vier Stickr Viech im Stall brunzn, no wärd des Brunzich in e Brunzloch ufn Mischt abgfiehrt* (↑abführen 2). [Berg III] ■ Gerescher 1991, 151.
→Loch (1); brunzen.

Brust - f, prust, prist [Aug, Ed, Schor, Wein, Wer I, In, Ru IV, ASad, Lug, Resch, Tem, Wer V]; pruʃt, priʃt [Bog, Fak, Ga, Ger, GJ, GK, Glog, Lieb, Wil V]
1. V: (von Tieren:) vordere Hälfte des Rumpfes ● *Denoh hot mer die Bruscht ufghackt, mit oom stärkere Messer, ans Bruschtbein.* [Lieb V] 2. V: als Nahrung verwendetes Brustfleisch von geschlachteten Tieren ● *Ja, so gudi Bruscht hann die Teibcher (↑Taube), bevor se anfange zu flieje.* [GJ V] ■ PfWb I 1296-1298: 2. 'Bruststück von geschlachteten Tieren'.
→(1) Brustbein, Vieh; (2) Fleisch.

Brustbein - n, pruʃtpain, -ə [Bog, GK, Lieb, Low, Wies V]
V: (bei Tieren:) Knochen in der Mitte des Brustkorbs, an dem das Schlüsselbein und die Rippen ansetzen ● *Denoh hot mer die Bruscht ufghackt, mit oom stärkere Messer, ans Bruschtbein.* [Lieb V] ■ PfWb I 1298; SüdHWb I 1181; RheinWb I 1055; BadWb I 350.
→Bein, Brust (1).

Brustblatt - n, pruʃtplat, -pletər [Jood II, Hod, Sch III, NP, Tom IV, GK, Gra, Ost V, Pe VI]
V: über der Pferdebrust verlaufender Teil des Zugriemens ● *Dann war's Brustblatt, des war braat (↑breit). Als doppelt odder aanfach (↑einfach) un noch aamol verstärkt mit e Rieme derdriwwert* (darüber). [Ost V]
→Sielengeschirr.

Brustteil - n, prusta:l, -ə [Fek II]
V: aus Leder bestehendes Brustblatt des Sielengeschirrs ● *Hat, des Geilsgeschirr woa ba uns in Fäkäd (ON) von ↑Leder. Des Geilsgeschirr hat des Brusttaal, mit den hod der Gaul gezoge.* [Fek II]
→Sielengeschirr.

Brut - f, pru:t, Sg. tant. [Ha, Kock, Seik, StI II, Mil III, Tom IV, Gra, Nitz, War, Wis V]; pruɐt [Aug, Ed, GT, KT, Scham, Schor, Wud, Wudi I]
1. B: junge Nachwuchsbienen *Etym.:* Die Bedeu-

tungserweiterung des Wortes erfolgte ausgehend von 'Nachkommen aller brutpflegenden Tiere, besonders ausgebrütete', über 'Pflanzenteile zur Aufzucht neuer Pflanzen' zu 'unnötiger Trieb', den man ausgeizen muss, um das Wachstum der Frucht zu beschleunigen. ● *Do muss me schon trocht, dass die Velker e junge Kenigin henn un meglichst viel Brut.* [Seik II] 2. A, W: Pflanzentriebe, Geize ● *Nom hot me die Bruat auesbrouckt* (↑ausbrocken) *und in Gipf* (↑Gipfel) *obbrauche.* [Wud I]
→(1) Biene, Brutnest, -rahmen, -wabe; (2) Geiz.

brüten - schw, pri:ə, kəpri:t [Ap III, Ga, StA V]; pri:dlə, kəpri:dlt [Fak, Glog V]
V: durch Körperwärme die Entwicklung von Jungtieren in Eiern fördern ● *Un dann es Hinkl* (↑Hünkel), *wann's ausglegt hot ghat, no hot's gebriet.* [Ap III] *Do sitzt d'Hō:* (↑Huhn) *uff 19 ode 21 Åie* (↑Ei) *un briet sie drei Woche.* [StA V]
Anm.: Die Variante *briedle* ist eine Iterativform mit dem Suffix *-le(n)* zu mhd. *brüeten* 'brüten'.
◆ Redewendung: *vebrihtes Åi* 'verbrütetes, faules Ei'. [StA V] ■ PfWb I: *brīdə* in Neustadt, sonst in der Pfalz allgemein *brihe* (s. *brüten* 2a); *brüteln,* (*brīdlə*): 1. 'brüten', 2. 'wärmen', von der Glucke, die ihre Kücken unter die Flügel nimmt; BadWb I 351: 3. Kurzformen in einem Teil des Fränkischen wie *brīə, gəbrīt* fallen mit *brühen* zusammen. Die beiden Zeitwörter sind auf jeden Fall verwandt; Gehl 1991, 218.
→daraufsetzen, Glucke.

Brutnest - n, prutnest, -ə [Seik II]
B: Aufenthaltsplatz junger Nachwuchsbienen ● *Die restliche Wawe* (↑Wabe), *die muss mer rausnehme, dass des Volk sei Brutnest leichter woarm halle kann.* [Seik II]
→Brut, Nest.

Brutrahmen - m, pru:trɔ:mə, Pl. id. [Seik, StI II]
B: hölzerne Umrandung von Bienenwaben ● *Wann schon secks-siwwe Brutrohme senn, do is des Volk schon stoak* (↑stark 2) *un kann schwärme* (↑schwärmen). [Seik II]
→Brut (1), Rahmen.

Brutwabe - f, pru:tva:be, -va:bn [Seik, StI II]
B: Wabe, in der die Bienenbrut aufgezogen wird ● *Do kricht jedes ↑Volk seine Wabe. Die wänn noch so vetauscht, weil me muss ja de Brutwabn auch schleiden* (↑schleudern). [Seik II]
→Brut (1), Wabe.

Buche - f, buxe, buxn [ASad, Resch, Wolf V, OW VI]; puxe, puxə [Bohl II]; pu:xə, Pl. id. [Tscha I, Wem II, Brest, Stan, Tor, Tschat, Tscher, Wasch III]; puxə, Pl. id. [GStP, GStN V]
Fo: Laubbaum mit kleinen, fast runden Blättern; Fagus silvatica ● *Von schene Baume, welche Früchtn* (↑Frucht 2) *machn, zerstraat* (↑zerstreuen) *de Wind den Samen. Bei Buchn, Eichn, Eschn, bei dieses geht es, natural* (↑natürlich) *anbaun.* [OW VI] ■ Petri 1971, 35.
→Baum (1), Buchecker, Buchenbaum, -laub, -wald.

Buchecker - f, bu:xekə, -n [ASad, Lind, Resch, Wei, Wolf V, OW VI]
Fo: Frucht der Rotbuche ● *Die Wildschweine habn genug von den Buchen die Buchecken und Eichln.* [OW VI]
→Buche, Eichel.

Buchenbaum - m, pu:xəpa:m, -pe:m [Brest, Gai III, Be, NP, Tom IV, Alex, Ben, Bru, Fak, Ga, GK, Glog, Jahr, StA, Wil V]; puxəpã:m, -pe:m [Len, Low V]; pɐuxəpã:m, -ən [ASad, Lind, Wei, Wolf V]
Fo: Laubbaum mit silberglatter Rinde; Fagus silvatica ● *Die Bauchnschwamme sein Schwamme* (↑Schwamm), *die wocksn meistns auf de Bauchebaamen.* [Wolf V] ■ Petri 1971, 35.
→Baum, Buchenschwamm.

Buchenlaub - n, bu:xənlaup, Sg. tant. [ASad, Lind, Resch, Wei, Wolf V]
Fo: (grüne und trockene) Blätter der Buche ● *Wenn amal 's Laub herauskummen is, 's Buchenlaub, hot me des Viech* (↑Vieh) *duort hinaufgetriebn.* [ASad V]
→Buche, Laub (1a).

Buchenschwamm - m, pɐuxnʃvam, -ə [ASad, Lind, Wei, Wolf V]; puxnpøltsliŋ [Franzd V]
A: hauptsächlich an Buchen wachsender, essbarer Pilz; Boletus edulis ● *Die Bauchnschwamme sein Schwamme, die wocksn meistns auf de Bauchebaamen.* [Wolf V] ■ Petri 1971, 19.
→Buchenbaum, Schwamm.

Buchenwald - m, buxnvalt, -veldər [OW VI]
Fo: aus Buchen bestehender Wald ● *Da is schene Buchnwald, da sinn weiße Schwämme.* [OW VI]
→Buche, Wald.

Buchfink - m, pufiŋ, -ə [GK, Ost V]
V: kleiner Singvogel in lichtem Gehölz; Fringilla

coelebs ● *Do gsieht mer de Scheißdrecksvogl* (↑Scheißdreckvogel), *des is de Wiedehopf, die Schwalme* (↑Schwalbe) *un de Bufing, manchsmol aa die Nachtigall.* [Ost V] ■ PfWb I 1317 f.: Buffink, neuer: Buchfink; SüdHWb I 1193; RheinWb I 1070 f.
→Vogel.

Buchführung - f, puxfi:ruŋ, Sg. tant. [Ost V]
Allg: systematisch geführte und aktualisierte Aufstellung über Einnahmen und Ausgaben eines landwirtschaftlichen Betriebes ● *Dann ham-mer Buchfihrung glärnt, landwirtschaftliche Buchfihrung, die einfach Buchfihrung.* [Ost V]

Buchhalter - m, puxhaldər, Pl. id. [Bog, GK, Gott, Gra, Len, Low, Ost, War, Wies, Wis V]
T: Angestellter, der die Buchführung (bei der Übernahme des Tabaks von den Produzenten) durchführt ● *So vor Weihnachte kummt widrem de Thuwaksmann mit seim Woochmeistr un Buchhalder, die tun de Thuwak* (↑Tabak) *iwwerholle* (↑überholen). [Ost V]
→Tabakmann.

Buchse - f, puks, piksn [Resch V]; puks, piksə [Ben, Bill, Da V]; puks, -ə [Jood II, Fak, Glog]; piksə, Pl. id. [Sad, StA V]
A: Hohlzylinder als Umkleidung einer Achse ● *Des Rad had e Bucks, sage mir, wu uff die Acks geht, un des schmiert mer mit Wageschmier* (↑Wagenschmiere). [Jood II] ■ Gehl 1991, 159.
→Rad.

Buckel - m, pukl, Pl. id. [Aug, Ed, GT, KT, Scham, Schor, Tar, Wud, Wudi I, Fek II, Ap, Gai, Sch, Siw, Tscher III, ND, NP IV, Bak, Bog, GK, Gott, Gra, Lieb, Nitz, Ost, War, Wis V]
V: Rücken ● *Un noh is es Briehwasser ufn Buckl un uf die Fiss* (↑Fuß) *vun de Sau draufgschitt woen.* [Fek II] *Es Meisl war so e Muskl am Buckl, des war reines Fleisch.* [Lieb V] *Die ↑Bettbrunzer, die sinn so gfärbt, schwarz un rot ufm Buckl.* [Ost V]
→Buckelblatt, Rücken, Vieh.

Buckelblatt - n, puklplat, -pletər [Fil, Sch, Wepr III, NP, Tom IV, Bog, Ernst, GJ, GK, Gra, Low, Ost, Stef, Wis V, NP VI]
V: über den Tierrücken verlaufender Riemen des Pferdegeschirrs ● *Dann war's Brustblatt, des war braat* (↑breit), *dann es Bucklblatt mit Ringle* (↑Ring). [Ost V]

→Buckel, Sielengeschirr.

Buckelkratten - m, puklgretə, Pl. id. [Bil, Ham, Pe, Schei, Suk VI]
O, W: auf dem Rücken zu tragender, geflochtener Weidenkorb ● *Håm-mer son ↑Kosch ghet, e son Bucklgrette, håm-mer det meh kenne neitue.* [Schei VI]
→Kratten.

bügeln - schw, by:gln, kepy:glt [Stei V]; by:gln, by:glt [GT I]; pigln, kəpiglt [Jahr V]; pi:kln, kepi:klt [Knees V]; pi:çəln, kəpiçəlt [El V]; pi:glə, kepi:glt [Wies, Wis V], piglə, kəpiglt [Eng, Orz V]; pe:gln, kəpe:glt [StA V]; pe:gln, pe:glt [KT I]; pe:igl, kepe:iglt [Wudi I]; pʀigln, pʀiglt [Wud I]; be:glə, be:glət [Bur VI]; pe:klə, kəpe:glt [DSta, Glog V]; pe:klə, kepe:klt [Schom I, Bur VI]; be:iglə, be:iglət [Pe VI]
T: (Tabakblätter nach der Ernte:) glatt streichen, plätten ● *Der Thuwak* (↑Tabak) *muss gut getrucklt werre* (↑trocknen 2), *un no gebischlt* (↑büscheln) *un gebiegelt un no abgfiehrt* (↑abführen) *uff Arad, beim Einleesamt* (↑Einlöseamt). [Wies V]

Bulldozer - m, buldo:zər, Sg. tant. [OW VI]
Fo: schweres Raupenfahrzeug, mit dem Erde bewegt wird ● *Der Weg kommt mit em Buldoser gemacht. Es ärstemal wiëd de Weg trassiët* (↑trassieren), *wird mit em Apparat ausgemossn* (↑ausmessen). [OW VI]
→Traktor.

Bürde - f, (n), selten, purdj̣, Pl. id. [Sad V]; pɛrt, -ə [Mil, Pal, Siw III, Be, NP IV, Alex, Bog, GK, Len, Low, Ost, War, Wis V]; (n) biətl [Aug, Ed. KT, Wein, Wud I]
A, H, W: Bündel von Mais-, Hanf- oder Rebenstängeln *Etym.:* Das Subst. ist seit dem 9. Jh. belegt, vgl. mhd. bürde, ahd. burdin, burdī. Formal handelt es sich um ein Adjektiv-Abstraktum zu einer alten Partizipialform (*burda) des starken Verbs gotisch *ber-a- 'tragen', also etwa 'das, was getragen wird'. ([23]Kluge 145) ● *Mer hat den Hanf ufgekreizt, awwer net dicki Bärte.* [Ost V] *In ein ↑Bock (2) hem-mer zwelf bis fufzehn Burdi Kugrutzstengl* (↑Kukuruzstängel) *gsetzt* (↑setzen 1). [Sad V] ◆ Beim Ernten des Tabaks werden die Blätter, in der Pfalz, in kleinen Häufchen abgelegt und dann zu Bürden zusammengebunden. (PfWb I 1367) ■ PfWb I 1366 f.: 1. gegenständlich, a. 'Traglast, Holz u.

Burgunder

dgl., die auf einmal getragen werden kann', 'Bündel aus 3-4 Bandelieren Tabak'; SüdHWb I 1235; RheinWb I 1136 f.; BadWb I 373, Heu-, Holz, Strohbürde; Gehl 1991, 132 *Burdi*.
→Büschel, Rebenbürde.

Burgunder - f, purgundər, Sg. tant. [Erb, Scham I, Tscher, Wasch III, Ger, Len, Low, Ost V]; puəgundə, Sg. tant. [Wer V]; purgundər blauər [Wud I, Ger, Len, Low, Mar V]; purgundər waisər [Wud I, Ger, Len, Low, Mar V]
W: edle Rebsorte aus den franz. Bezirken Burgund und Beaujolais ● *Die Burgunder un die Medchentraube, des war was Nowles. Des war so gude Wein, so mit leichtem Aroma, so Pärfiemgschmack* (↑Parfümgeschmack). [Ost V] *Die Traubnsoetn waan veschiedene. Ich weiß, dass me Riesling ghabt hamm und Buegunde und Hambuege, des waan die, wo so gut grochn hamm.* [Wer V]
→Rebsorte.

Bürste - f, byrste, byrstn [Lug, NPe, Resch, Tem, Wer V]; piəʃt, -n [Ger V]; pirʃt, -ə [Bru, Fak, Glog, Jahr, Kow, Schön, Wil V, Ham, Pe VI]; pęrʃtə, Pl. id. [Ga, StA V]; pęrʃt, -ə [Bog, Ger, GK, Gra, Hatz, Len, Low, Ost, War V]
V: Werkzeug mit Borsten und Ledergriff zur Pflege der Haustiere ● *Im Stall war de Schubkarre, die Bärscht, de Striegl un die Gawwl* (↑Gabel). [Ost V] ■ Gehl 1991, 180.
→Striegel; bürsten.

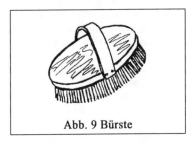

Abb. 9 Bürste

bürsten - schw, pirʃtə, kəpirʃt [Fak, Glog V]; pęrʃtə, kəpęrʃt [Bog, GK, Len, Low, Ost V]; pęʃtə, kəpęʃt [Ga, StA V]
V: Tierfell mit einer Bürste reinigen ● *Korzi Hoor sinn schnell gebärscht.* [Bog V] *Die Rossbärscht wor im Stall, mit der hat mer die Ross gebärscht.* [Ost V] ■ Gehl 1991, 181.
→Bürste, striegeln.

Buschakhanf - m, puʃakhanf, Sg. tant. [Ost V]
H: nach der rum. Zuchtstation Bujac benannte Hanfsorte ● *Friher hann se nor de Buschakhanf aagebaut. Där is niedrich gewenn, mannshoch, wann er gut grot (geraten) is, demnoh, wie's grejet (↑regnen) hat.* [Ost V]
→Hanf.

Büschel - n, piʃl, Pl. id. [Bog, Fak, GK, Gra, Low, Ost, War, Wis V]; puʃl, Pl id. [Stan III, Glog V]; biʃəle, biʃələ [Ga, StA V, Besch VI]; piʃəli, Pl. id. [Hod III, Sad V]
A, G, H, T, W: kleines Bündel gleichartiger Pflanzen, Reben, Tabakblätter usw. ● *Die Taglehner* (↑Tagelöhner) *henn des Bischeli Hanf mit der Knitsch* (↑Knitsche) *broche. Zwaa Mann henn des Bischeli am End zu em ↑Kopf (1b) bunde.* [Hod III] *Die Weiwer henn ↑Glecke gmacht, sie henn e Buschl Bendr* (↑Band) *ufn Buckl ghat.* [Stan III] *Die ziehn dann e Bischl vum Thuwak* (↑Tabak) *raus un schaue un klassifiziere ne.* [Ost V] ◆ Historischer Beleg: "1864 Jänner Anfang kalt ... kein Stroh, kein Geld, Kukuruzlaub kostet das Büschel 10 Kr[euzer] und ist nicht überall zu bekommen." (Deutsches Bauernleben 1957, 17) ■ Gehl 1991, 132.
→Bürde, Würzbüschel; büscheln.

büscheln - schw, piʃlə, kəpiʃlt [Bak, Bog, Fak, GK, Glog, Gott, Gra, Low, Nitz, Ost, War, Wies, Wil, Wis V]; piʃlə, piʃlt [Bold, StG, Sulk II]
A, H, G, T, W: gleichartige Pflanzen bzw. Pflanzenteile (wie Tabakblätter, Weinreben) zu Büscheln zusammenbinden ● *De Tuwak* (↑Tabak) *is tricklt, un wenn e trucke* (↑trocken) *war, bis in Oktower, no hum-me'n bischlt hot me gsagt.* [Sulk II] *Wem-me bischle, muss mer jedes Blatt umdrehe.* [Ost V] *Der Thuwak muss gut getrucklt werre* (↑trocknen 2), *un no gebischlt un gebiegelt* (↑bügeln). [Wies V] ■ PfWb I 1390; SüdHWb I 1248 f.; BadWb I 380.
→Büschel.

Buschteil - m, puʃtå:lər, Pl. tant. [Go, Ma, Pal, Wak, Wiel II]
A: Felder auf einem gerodeten Heckengebiet ● *Bei ons woan die Pålkånər* (ON) *Häcke* (↑Hecke 1a), *die Wåldstååler un die Buschtååler.* [Wak II]
→Teil (1a), Waldteil.

Butellerschank - m, veraltet, putelərʃaŋk, Sg. tant. [Bak, Bog, Gott, Gra, Mar, Nitz V]
W: Konzession, eigenen Wein literweise auszuschenken *Etym.:* Das Komp. ist wohl eine Eigenbildung nach bair.-österr. Vorbild. Vgl. *Buttel* f. 'Flasche', nach frz. *bouteille* (DWb 2, 581), auch rum. *butelie* 'Flasche', und *Buttel*, m., (München), 'zylinderförmiges Glas mit einer Handhabe, ohne Deckel' (BayWb 1/1, 311). ● *Im Dorf ware schun Leit, was Schankrecht ghat hann, Butellerschank. Die hann so halbliterweis un literweis de Wein verkaaft im Haus.* [Bak V]
→Schankrecht.

Butte - f, butə, Pl. id. [Sad V]; putə, putn [La, Petschw II]; butn, Pl. id. [Aug, Ed, GT, KT, Wud, Wudi I]; putn, Pl. id. [Pußt, Tar, Wein I]; put, -ə [Bru, Mar, NA V]
W: auf dem Rücken zu tragendes, hohes ovales Daubengefäß mit zwei Griffen *Etym.:* Im Siebenbürgisch-Sächsischen hat *Butte* zwei Bedeutungen. Dabei ist das Wort *Batt*, Pl. *Battn* von *Bitt*, Pl. *Biddn* ('Bütte') zu unterscheiden und als unmittelbare Entlehnung aus der alten romanischen Wortsippe in der besonderen Bedeutung 'Rückentraggefäß' zu betrachten. Vgl. gr., mittellat. *butina*, ital. *botta, bottina*, provenzalisch *bota*, rum. *bute*, altfrz. *bote*, neufrz. *boute* 'Fass, Schlauch, Kübel'. (SSWb 1 844)
● *Un noch gehn se zu jedn, un un noch muss me 'neilär* (↑hineinleeren) *die Treiwl* (↑Traubel) *in die Butte.* [La II] *Un noh kummen die jungi Menne[r], sein de, wo die Buttn tragn. Dort schittn mië 'nei die Weimbe* (↑Weinbeere). [Petschw II] *Die Fuhrfässer sein uff de Waan* (↑Wagen) *kumm, die Butt un die Trauwemihl.* [Bru V] *Hod aane die Butte am Rucke gnumme un hod sei Ambe* (↑Eimer) *neigschitt.* [NA V]
Anm.: Die Variante *Buttn* mit *n*-Morphem im f. Sg. und Pl. weist bair.-österr. Einfluss auf. ◆ In der *Butte* werden in der Pfalz die geernteten Weintrauben vom Buttenträger zur *Feldbütte* getragen. (PfWb I 1400) Hier wird inhaltlich zwischen den verwandten Bezeichnungen Butte und Bütte unterschieden. - Im Siebenbürgisch-Sächsischen wird bei gleichem Wortansatz Butte durch die dialektal differenzierte Form und auch inhaltlich unterschieden; 1. *Batt* f.: 'Weinlesegefäß von schmal elliptischer Grundfläche, nach oben etwas erweitert, von 20-25 Liter Inhalt'. Zum Tragen hat *die Batt* an der hinteren Seite zwei Bänder (*Battenzôp*) in die die *Battenträger* ihre Arme hindurchstecken. Die Trauben werden in kleinen Gefäßen (*Schiefker*) gelesen, sodann noch im Weingarten in die Batt gefüllt und mit dem *Mîschhûlz gemîscht* (zerdrückt). Die Batt wird vom Battendräjer auf dem Rücken zum Wagen getragen, der an der unteren oder oberen Weingartenhecke hält. Der Battendräjer steigt das an den Wagen angelehnte Leiterchen hinauf, neigt sich seitwärts und gießt den Inhalt der Batt, ohne sie vom Rücken abzunehmen, in die Bitt (*Liesbitt*). Nach den Batten wird die Menge des gelesenen Mostes bestimmt. (SSWb 1, 844 f.) ■ Krauß 189; PfWb I 1401; SüdHWb I 1257 f; RheinWb I 1166 f; BadWb I 385; SSWb 1, 844: *Butte (Batt)* f. 'Weinlesegefäß'; ÖstWb 175; Krauß 189: *Butte* 1. 'auf dem Rücken zu tragendes, länglich-rundes Daubengefäß'.
→Bütte, Buttenträger, Kirne, Kübel, Meritzel.

Bütte - f, pit, -ə [Bog, GK, Lieb, Low, Ost V]
W: hölzernes Wassergefäß, runder bzw. ovaler Bottich *Etym.:* *Bütte, Butte* 'offenes Daubengefäß' ist seit dem 9. Jh. belegt und kommt aus mhd. *büt(t)e, büten*, ahd. *butin, butin(n)a*, früh entlehnt aus mittellat. *butina* 'Flasche, Gefäß', dieses aus gr. *bytinē, pytin* 'umflochtene Weinflasche', unter Einfluss von mittellat. *but(t)is* 'Fass'. Weitere Einzelheiten sind nicht ausreichend geklärt. (^{23}Kluge, 148) ● *Des war oo Bitt; ja, e Fleischbitt hod me ghat.* [Lieb V] *Unre em Pippe* (↑Pipe) *war a Scheffl, a Bitt gstann, un dort is es ningloff* (↑hineinlaufen). [Ost V] ◆ Im Siebenbürgisch-Sächsischen bedeutet *Butte* 2. *Bitt* f., Pl. *Biddn*, Dim. *Bittchen*, 'Bottich in Form einer abgestumpften Pyramide, an der oberen, engeren Stelle offen'. *De Bitt* ist zumeist aus Eichenholz, *det Bittchen* aus Tannenholz angefertigt. Komposita sind z. B.: *Batterbitt* 'Butterfässchen', *Härwestbitt* 'Herbstbütte, zum Einfüllen und Heimholen der Mostmaische in der Weinlese'. Die *Kampestbitt* 'Krautfass', zum Einsäuern des Krautes, gilt als die wichtigste Bitt. (SSWb 1, 844 f.) ■ PfWb I 1401: wird meist aus Holz, neuerdings auch aus Zinkblech gefertigt. SüdHWb I 1257 f.; RheinWb I 1166 f.; BadWb I 385; SSWb 1, 844 f. *Butte (Bitt)*, f. 'Bottich'.
→Butte, Fass, Fleischbütte, Schaff.

Buttenträger - m, butntro:gə, Pl. id. [Ed, GT, KT, Scham, Wud, Wudi I]
W: landwirtschaftlicher Arbeiter, der die vollen Butten wegträgt ● *De Buttntroge hot die Weimba* (↑Weinbeere) *in d'Baueding* (↑Bottich) *einiglaat* (↑hineinleeren). [Wud I]

→Butte; tragen (1).

Butter - m, putər, Sg. tant. [StI, Sulk II, Ap III, Bog, Dol, Ga, Gott, Gra, Len, Low, Ost, StA, War, Wis V]; pudə [Fak, Glog V]
V: aus dem Rahm der Milch gewonnenes tierisches Fett, das als Nahrungsmittel, oft als Brotaufstrich dient ● *Dot hat me die Milich hie un die hunn Kes* (↑Käse) *un Butter gemocht, no hunn se fuetgeliefert.* [StI II] *Den Butter hann se gschlage* (↑schlagen 2) *mim Rihrfassl* (↑Rührfass). [Sulk II] *Meischtns hot mer e Butterfessl ghat mit Butterstesl, wu mer de Butter gschlage hat.* [Ap III] *Es is nit alles Butter, was vun der Kuh kummt.* [Bog V] *Do ware hechschtn noch e Tippe* (↑Tüpfen) *Milich im Haus, a Tippche mit Rahm un vielleicht aach a Stickl Butter.* [Dol V] *Butter git* (wird) *mit am holzene Butterfass gschlaa, un gstampt mid am Stamber* (↑Stampfer). [Ost V] **Anm.**: In der Variante pudə wird in [Fak, Glog V] intervok. t>d erweicht. ■ Gehl 1991, 205.
→Butterbirne, -blume, -fass, -röslein, -schmalz, -stäßel, Milch.

Butterbirne - f, putərpi:rə, Pl. id. [Ga, StA V]; putərpi:r, -ə [Fak, Glog V]
O: edle, butterweiche Birnensorte ● *Die Kaiserbiere sinn dick, die Butterbiere henn waaches* (↑weiches), *gudes* ↑*Fleisch* (2) *un die Zuckerbiere sinn sieß wie Henich* (↑Honig). [Fak V] ■ Gehl 1991, 233.
→Birne, Butter.

Butterblume - f, putərplum, -ən [De, Tschan V]; putrplum, -ə [Ap, Bul, Hod III, Alex, Ben, Bill, Ger, GJ, Hatz, Heid, Jahr, KöH, Kub, Lieb, NB, StA, Trau, Tschak, Tschan, Ui, War V]; potrplum, -ə [GStP, KB, Perj V]
A: Löwenzahn; Taraxacum officinale *Etym.*: Benennungsmotiv der Pflanze ist der milchige Saft, der bei Verletzung aus dem Stängel austritt. ● *Die Buttrblumme hamm tiefe Wurzle.* [Ap III] ◆ Ein ähnliches Benennungsmotiv wie *Butterblume* liegt dem volkstümlichen Pflanzennamen *Hundsmillich* 'Hundemilch' in [Wepr III, Gott, Low V] zugrunde. (Petri 1971, 73) ■ Petri 1971, 73.
→Mutter-lösch-das-Licht, Unkraut.

Butterfass - n, putərfas, -fesər [Wem II, Gai, Gak, Pal, Mil III, Be, Tom IV, Alex, Bog, Bru, GK, Gra, Len, Low, Ost, War, Wis V, NP, Pe VI]; putəfas, -fesə [Fak, Ga, Glog, StA, Wil V]; putəfesl [Ap III]
V: zylindrisches Holzfässchen mit einem Stößel zur Buttergewinnung aus Milch ● *Meischtns hot mer e Butterfessl ghat mit Butterstesl, wu mer de Butter gschlage* (↑schlagen 2) *hat.* [Ap III] *Butter git* (wird) *mit am holzene Butterfass gschlaa, un gstampt mid am Stamber* (↑Stampfer). [Ost V] ■ PfWb I 1406 f.; SüdHWb I 1261; RheinWb I 1176 f.; BadWb I 387; Gehl 1991, 205.
→Butter, Fass, Rührfass.

Butterröslein - n, putre:sl, Pl. id. [Brest III]; putre:sili, -n [Fil, Mil III]; putro:s, -ə [Tscher III]; putrplum, -ə [Ernst, Laz, Stef V]
G: Tausendschön; Bellis perenis *Etym.*: Das Komp. verwendet als Grundwort *Rose*, allgemein als Blumenname und als Bestimmungswort das fette, an Butter erinnernde Aussehen der Blüte. Vgl. auch die Bezeichnungen *Schmierchen* und *Schmergel*. (Petri 1971, 19) ● *Uff dr Butterresilin kråwwle* (↑krabbeln) *Härgottsvegilin* (↑Herrgottsvogel). [Mil III] ■ Petri 1971, 18.
→Blume, Butter, Rose.

Butterschmalz - m, putərʃma:lts, Sg. tant. [Fek, Nad, StG, Sol, Sulk, Wem II]
V: reines Butterfett aus der ausgelassenen Butter ● *Mei Großmutte hat so viel Butter ghot, die hot gar Butterschmalz gmacht devun.* [Sulk II] ■ PfWb I 1415; SüdHWb I 1265; BadWb I 388.
→Butter, Schmalz.

Butterstößel - m, putəʃte:sl, Pl. id. [Ap, Ker, Sch, Siw, III, Be, Tom IV, Bog, Len, Ost, Wis V]
V: *Meischtns hot mer e Butterfessl ghat mit Butterstesl, wu mer de Butter gschlage* (↑schlagen 2) *hat.* [Ap III]
→Butter, Stampfer.

Butusch - f, selten, putuʃ, Sg. tant. [Bru V]
A: eine Feldflur auf gerodetem Land *Etym.*: Von rum. *butuci* (Pl. von *butuc*) 'Baumstumpf'. ● *Die Butusch stammt vum rumänische Name "Bututsch", weil do ware noch teilweis Hecke un Gstripps* (↑Gestrüpp) *un Bromberte* (↑Brombeere) *wie nirgendswu, soviel.* [Bru V] ◆ Beim Roden des früheren Waldes waren auf dieser Flur Baumstümpfe und Gestrüpp stehen geblieben.
→Feld.

Butzelkukuruz - m, puslkugruts, Sg. tant. [Jood II]
A: unausgewachsener, von Schädlingen befalle-

ner Maiskolben *Etym.:* Zum Bestimmungswort des Komp. vgl. PfWb I 1420: *Butzel* 4. 'Kiefernzapfen', SchwWb I 1571: *Butzel* 5. 'Tannenzapfen'. Die Bezeichnung des aus den Herkunftsorten bekannten Gegenstandes wurde in den Siedlungsgebieten auf den verkrüppelten Maiskolben übertragen. Vgl. dazu auch die Etymologie von *Kukuruz* und von *Liesch.* • *Wal's gibt Butzlkugrutz, was nit gsund ischt, nit dass där zu de andre Kugrutz dezukummt, na vuschimmlt där.* [Jood II]
→Kukuruz; gesund.

butzlich - Adj, putsliç [GK, Ost V]
A, G, O, W: (von einer Frucht:) im Wuchs verkümmert, zu klein gewachsen *Etym.:* Das Adj. ist wohl eine Abl. zu *Butze* 'geschälter Maiskolben', das z. B. für [Tscher III] belegt ist (vgl. PfWb I 1418 *Butz* 2: 11.c), in der pfälzischen Bedeutung von *butzig* (1) 'im Wuchs verkümmert, zurückgeblieben', wobei auch die Bedeutung *Butz:* 10.a 'Krankheitskeim im Getreide' mitgewirkt haben kann. • *Un dann is ufgrafft ginn* (↑aufraffen) *der butzliche Kukrutz* (↑Kukuruz), *de klaane* (klein) *un griene un de unförmiche, där is gleich de Ross odde de Schwein gfiedert ginn* (↑füttern). [Ost V] ∎ *butzig* PfWb I 1435: 'verkümmert im Wuchs, klein', z. B. von Obst; SüdHWb I 1277, BadWb I 392.
→grün (2).

Champignon - f, selten, ʃampiãũ, Pl. id. [Aug, Ed, KT, Wein, Wud I]
O: runder Pfirsich mit kleinem braunen Kern und weißem Fleisch *Etym.:* Benennungsmotiv ist die Ähnlichkeit mit dem weißen runden Pilz. • *Die weießi, rundi Schampiau, dej haum en brauene, klaane Kean* (↑Kern 1) *und e schneeweießes Fleiesch* (↑Fleisch 2). [Wud I] ∎ Petri 1971, 60.
→Pfirsichsorte.

Chef - m, ʃe:f, Pl. id. [OG I, Fak, Ga, Glog, Jahr, Ost, StA, Wil V]
Allg: verantwortlicher Vorgesetzter, Leiter einer Arbeitsgruppe • *Die Fischer un der Scheef sinn mid am Netz im* ↑*Fischteich dorchgang* (↑durchgehen), *un hann dann die Fisch vetaalt* (↑verteilen). [Ost V] **Anm.:** Das Subst. wird nach bair.-österr. Vorbild mit langem geschlossenem *e* gesprochen.
→Gesellschaft.

Chemikalie - f, khimika:lie, khimika:ln [OW VI]
Fo: chemischer Stoff • *Das Holz wird verarbeitet, für Kimikaln.* [OW VI]

Christbaum - m, kristpa:m, -ə [ASad, Lug, Lind, Tem, Resch, Wei, Wolf, Wer V, OW VI]; kriʃpã:m, pẽ:m [Gai, Haj, Mil, Tscher III, Be, NP IV, Bog, GK, Gott, Gra, Ost V, Ham, Pe VI]
Fo: als Weihnachtsbaum aufgeputzte Fichte oder Tanne, bzw. verschiedene Zweige • *Die Krisantiener* (↑Chrysantheme) *ware vor Allerheilige gericht[et] un die Weihnachtsgleckle* (↑Weihnachtsglocke) *hann newer em Chrischbaam gebliehd* (↑blühen). [Bog V] ♦ Die pfälz. Weihnachtsbräuche um den *Christbaum* sind auch ähnlich auch in den meisten donauschwäb. Siedlungsgebieten vertreten. "Der Christbaum wird von den Eltern oder den älteren Geschwistern am Nachmittag des 24. Dezember geschmückt. Früher schmückte man nicht nur Rot- oder Edeltannen sondern auch Kiefern, oder man stellte aus einem Holzstab und Fichtenzweigen oder mit grünem Papier umwickelten Drahtstückchen einen Christbaum her. Man befestigte ihn im Christbaumständer oder im Christbaumgärtchen; bis etwa 1910 hängte man ihn mit der Spitze an der Zimmerdecke auf. Ärmere Leute begnügten sich damit, daß sie einen Zweig an der Decke oder an der Wand befestigten". (PfWb IV 610) Im Banat wurden früher statt Tannen Wacholder- oder Schlehenzweige als Christbaum verwendet. ∎ PfWb IV 610 f. (mit Karte 265): als Christbaum dient zumeist eine Rottanne oder Fichte, seltener eine Edeltanne; SüdHWb III 1844; RheinWb IV 1532.
→Baum.

Chrysantheme - f, krizanti:n, -ər [Fak, Ga, Glog, StA, Wil V]; krisantĩ:n, -ə [Bog, GK, Low, Ost V]; krisante:mə [StI II, Fil, Gai, Tscha III, Heu, Jos, Kud, Rud, Sad V]; krisanti:nə [Kar, Stan III, Albr, Ben, Char, Eng, Ernst, Ger, Gott, Gra, Hatz, Jahr, Kath, KB, Laz, Len, Low, StA, Tschan, Tsche, Ui, War V]; krisanti:nər [Joh, Low V]
G: Winteraster; Chrysanthemum indicum • *Die Dahlier* (↑Dahlie) *ware newer em Gartezaun, die*

Krisantiener ware vor Allerheiliche gericht[et]. [Bog V] Do warn die Krisantien, Margareta, Lilier, die weißi, die Schwärtlilier (↑Schwertlilie) un viel andre Blumme. [Ost V] ■ Gehl 1991, 89; Petri 1971, 24.
→Blume, Kathreiner.

Cormick - m, selten, kho:rmik, Pl. id. [Stan, Waldn III]
A: Markenbezeichnung McCormick für einen Getreidemäher, der die Garben ungebunden ablegt ● Mir hadde e Kormick ghad, un in acht Tag war die ↑Frucht (2) abgemäht. [Waldn III]
◆ Der aus England stammende Getreidemäher ist in Fachbüchern in Modellen aus Deutschland und Polen zum Beginn des 20. Jhs. festgehalten. (Eggert 1991, 30 f.) Nach Südosteuropa wurden die Maschinen Ende der 1920er und in den 1930er Jahren von den Landwirtschaftsvereinen importiert.
→Mähbinder.

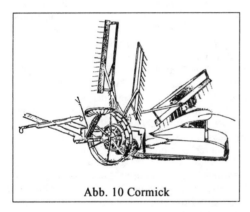

Abb. 10 Cormick

Dach - n, dax, deçər [Besch VI]; tax, teçər [Sier II, Ap, Fil, Kutz, Mil III, Bru, Low, Ost V]; tax, teçə [Surg II, Bog, Ga, Len, StA V]; tax, teçə [Be IV, Drei, Glog V]; tǫx, teçə [Tol, Wein, Wer, Wud, Wudi I]
A: besonders geschichtete Garben zum oberen Abschluss und Schutz des Haufens Etym.: Das Subst. wird in metaph. Bedeutung verwendet.

● Uff em Schowr (↑Schober) is e Dach gsetzt ginn, dass es Wasser ablaaft. [Ost V]
→Garbe.

Dachwurzel - f, taxvurtsl, ə [Glog, Sad V]; taxvårtsl [Ga, Fak, StA V]; taxvortsl [Buk, Har, Kar, Tscher III, Ker IV, Ernst, GStP, Len, Low, Ost, War V]; taxvoɐtsl [NA V]; taxvartsl [Ap, Sch, Tor III]
A: zwischen Unkraut und Gartenpflanze stehendes, auf steinigem Untergrund oder Dächern gedeihendes Gewächs mit fleischigen Blättern und auf einem Stängel wachsenden Blüte; Sempervivum tectorum ● Dann warn noch die Dachworzle, die Drischlinge (↑Drieschling) un iwers Moos saan mer Mus. [Ost V] ◆ Die Pflanze wird wegen ihrer Eigenschaften auch als Dachkraut, Hauswurzel, Mauerwurzel und Steinrosen bezeichnet. (Petri 1971, 68) ■ PfWb II 24: 1. 'Dachwurz', Syn. Brunnen-, Donner-, Mauerwurzel, Dachgrün, -kater, -katze, -rose, -schnecke usw.; 2. 'Mauerpfeffer', Sedum purpureum; Süd-HWb I, 1296; RheinWb I, 1219; BadWb I 399; Gehl 1991, 89.
→Unkraut, Wurzel.

Dahlie - f, da:ljə, -r [Low, NB, NSie, Trau V]; ta:ljə, -r [Stan, Wepr III, Bog, De, Ger, Gott, Gra, Heu, Jos, Len, Low, Na, War V]; ta:lja [Char, DStP V]; ta:ljen [Hatz, Stei V]
G: Zierpflanze mit Körbchenblüten; Dahlia variabilis ● Die Dahlier ware newer em Gartezaun, die Krisantiener (↑Chrysantheme) ware vor Allerheiliche gericht[et] un die Weihnachtsgleckle (↑Weihnachtsglocke) hann newer em Chrischbaam (↑Christbaum) geblieht. [Bog V] ■ Petri 1971, 30.
→Blume.

Damenfinger - f, tåmenfiŋə, Sg. tant. [Wer V]
W: Traubensorte mit fingerförmig gestreckten Beeren Etym.: Die Benennung der Traubensorte erfolgte nach der Form der Beeren. ● Un dann waan welche Traubn, die hamm so große, lengliche Bäen (↑Beere) ghabt, des waan die Damenfinge. Un dann hat's große runde gebn, des waan die Ocksnaugn (↑Ochsenauge). [Wer V]
→Rebsorte.

Dammwiese - , tamvi:zə, Pl. id. [Go, Ma, Pal, Wak, Wiel II]
A: aus aufgeackerter Wiese entstandenes Ackerland Etym.: Benennungsmotiv ist die Lage

Dampfel

des Feldes neben einem Flussdamm. ● *Ofm Feld woare die långe Wiese, die Durfwiese un die Dammwiese.* [Wak II]
→Wiese (2).

Dampfel - n, (m), tampfl [Fak, ga, Glog V]; (m) tambl, Pl. id. [StI II]
A: Treibmittel für Teig, Sauerteig ● *In de Mitte 'nei in de Mulde hot se den Dampl gemocht un des obgedeckt* (↑abdecken), *un des is noch gange* (↑gehen). [StI II] ■ *Dampfl* n. ÖstWb 179: 'Treibmittel für Teige' (aus Germ oder Sauerteig u. A.); *Dampfe* n. WbWien 209: 1. 'Germ mit Milch und Zucker angerührt als Sauerteigersatz für Germmehlspeisen', 2. 'leichter Rausch'; *Das Dämpflein* BayWb 1/1, 511: (Dámpfl) 'der Sauerteig', Wien: Sauerdämpfl, Sauerteig, *'s Dámpfel gêt* 'der Teig gärt', übertragen 'es ist eine Schwangerschaft erfolgt'. Vgl. *andämpfeln* 'mit Sauerteig anmachen, säuern', übertragen: 'schwängern'.
→Brot, Sauerteig.

Dampfer - m, tampər, Pl. id. [Baw, Fek II]
A: Dampflokomobile zum Antrieb landwirtschaftlicher Maschinen ● *De Maschiefihre* (↑Maschinenführer) *hot de Damper misst begleit, un där hot die Dreschmaschie getriewe* (↑treiben 3). [Baw II] *Hat, damolige Zeide woa noch die Damper mit dene hot me getriewe. Där Damper ist mit* ↑*Holz gange, weil in Feked woar viel* ↑*Waldung, do is vill Wald un vill Holz.* [Fek II]
Anm.: Das Subst. weist unverschobenes -p- auf.
→Dampfkessel, -maschine.

Abb. 11 Dampfer

Dampfkessel - m, tampfkesl, Pl. id. [Fak, Ga, Glog, Sad, StA, Wil V]
A: Maschine mit heizbarem Kessel, die Dampf zum Betreiben des Dreschkastens erzeugt
● *D'Wassermenner missn beim Dresche ständich* ↑*Wasser* (2) *zum Dampfkessl bringe.* [Sad V] ■ Gehl 1991, 132.
→Dampfer, Dampfmaschine, Dreschkasten, Kessel (2a).

Dampflokomotive - f, dampflokomotif, -n [ASad, Resch, Tem, Wei, Wolf V, OW VI]
Fo: durch Dampfkraft betriebene Lokomotive
● *In dem Tal, da kannt man rauffahrn mit Schmalspurstreckn* (↑Schmalspurstrecke), *un da fahrt eine Damplokomotiv mit.* [OW VI]
→Schmalspurbahn.

Dampfmaschine - f, dampfmaʃi:nə, -n [Franzf, Resch V]; tampfmaschin, -ə [Pal III]; tampfmaʃī:, nə [Baw II]; tampmåʃin, -ə [Brest, Har III, Tom IV]; tampfmaʃii:n, -ə [Sulk II]
A: mit Dampfdruck betriebene Kraftmaschine
● *De Maschiefihre* (↑Maschinenführer), *där hot die Dampfmaschie misst begleit.* [Baw II] *Un dann warn die Dampfmaschine.* [Sulk II] *Friher wåre die Dampmåschine, heit brauch mer ke Geil* (↑Gaul) *måh, jetz sein die 'Kombaanje* (↑Kombine). [Har III] *Zu meine Zeit war noch die Dampfmaschin, die gleichzeitig de Dreschkaschte* (↑Dreschkasten) *un der Elevåtor* (↑Elevator) *gezoo hat.* [Pal III] *No sinn schun Dreschmaschine rumgfahre, teilweise mit der Dampmaschie.* [Tom IV] *Also die Maschine, sind veschiedene Dampfmaschinen.* [Resch V] **Anm.:** In der Variante *Dåmpmaschin* tritt als dial. Einfluss unverschobenes -p- und dumpfes å auf.
→Dampfer, Dampfkessel, Maschine (1a).

Dampfmühle - f, tampfmi:l, -ə [Sulk II, Ap, Fil, Fu, Hod, Pal, Sch, Siw, Werb III, Put, Tom IV, Alex, Bill, Bog, DStP, GJ, GK, GStP, Low, Nitz, Perj, StA, Wil, War V, Pe, Schö, Suk VI]
A: mit Dampfkraft betriebene Getreidemühle
● *Des war ke Dampfmihl, en große Dieslmotor hat sie getriewe* (↑treiben 3) [Sulk II] ↑*Frucht* (1) *un Gäescht* (↑Gerste) *is in der Mihl gmahle warre. Do hat's e Dampfmihl gewwe un Wassemihle.* [Ap III] *Mei Vater hat nimmähr in der Windmihl gearweit, där is schun in die Dampfmihl gang.* [GStP V] *Un die Schiffsmihle sinn zugrond gang, wie die Dampfmihle ufkomm sinn do bei uns.* [Perj V]
→Mühle.

darangehen - st, trä:nke:n, -kaŋ [Bog, GK, Ost V]
A, Fo, G, O: (von Schädlingen:) eine Kulturpflanze befallen ● *An die Winette sinn so gäre*

(gern) *die Kefer drangang, de Grumberkefer* (↑Grundbirnenkäfer). [Ost V] ■ PfWb II 103: 2. 'auf ein Ziel losgehen', c. *Stell die Millich in de Schank, daß die Schnooke net droongehn*; SüdHWb I 1377; RheinWb I 1253.
→Statt der standardsprachl. Richtungspartikel *daran-* wird ugs. *dran-* verwendet.

daranhängen - schw, trå:heŋə, -kheŋt [Fek II]; trǫ̈:heŋə, -kheŋt [Stan III]
V: etwas an einem Haken oder Nagel anbringen ● *Un duet is die Sau an die hengen* (hinterer) *Fiss* (↑Fuß) *drååghengt woen. Des hot de Schlåchter* (↑Schlachter) *gemåcht.* [Fek II] *Die Brotwärscht* (↑Bratwurst), *die hot mer drooghengt an die Stecke* (↑Stecken), *un nochhär is alles gselicht wor* (↑selchen), *dass sie net verdärwe.* [Stan III]
→auf-, herhängen.

daraufdecken - schw, truftekə, -kətekt [StI II, Fil, Sch, Siw III, Be, Put IV, Bru, Fak, Ga, Ost, StA, Wil V]
A: ein landwirtschaftliches Produkt mit einem Schutzmaterial abdecken ● *Noch honn se des in den Brotkorb un hunn e Brottuch drufgeteckt.* [StI II]
→abdecken.

daraufgehen - st, intrans, trufkeə, -kaŋə [Fak, Ga, Glog, StA, Wil V]; trufkeə, -kaŋ [Bog, GK, Len, Ost, War V]
Allg: auf eine Vorrichtung passen, gelagert werden ● *Uff die große Hambare* (↑Hambar) *is 24 ↑Waggon Kolwekukuruz* (↑Kolbenkukuruz) *drufgang.* [Ost V]

daraufhängen - schw, trufheŋgə, -kheŋkt [Fak, Ga, GK, Glog, Len, Ost, StA, War, Wil V]
Allg: etwas auf einer Vorrichtung anbringen, befestigen ● *De Hengsitz* (↑Hängesitz) *hat zwei Hoke* (↑Haken), *wu me drufhengt, un de Sitzsack kummt dorte druf.* [Ost V]
→hängen.

daraufhauen - schw, traufhaun, -khaut [Ed, GT, OG, Pußt, Schau, Tar, Wein, Wud I]
W: (von der Erde:) durch hacken auf etwas häufen ● *Do is e Graam* (↑Graben) *gmocht woen, hod me's einischäen* (↑einscharren) *miessn, un no is die Äed draufghaut woen.* [Pußt I]
→hauen.

daraufkommen - st, intrans, trufkhomə, -khomə [StI II]; trufkhumə, -khumə [Bog, GK, Len, Low, Ost V]
Allg: auf etwas gelegt werden ● *Äscht* (zuerst) *honn se's Kraut, un noch isde Krautstaa* (↑Krautstein) *drufkomme.* [StI II] *Dann is feine* (↑fein 2) *Grund drufkumme, dann sinn Straafe* (↑Streifen) *gezoo ginn.* [Ost V] **Anm.**: Statt der standardspr. Partikel *darauf-* ist hier dial. *druf-* anzutreffen.

daraufladen - st, trufladə, -kladə [Fek, Jood, Surg, Wem II]
A: (wie: aufladen) ● *Do ham-mer Seck uflade ode Ärde druflade un ablade, was amol isch, Stroh aa.* [Jood II]
→aufladen.

daraufliegen - schw, traufle:gn, -kele:kt [OW VI]; traufle:gə, -kle:kt [Fek II]; trufle:gə, -kle:kt [Ap, Fil, Mil, Sch, Stan, Tscher III, Be, Tom IV, Fak, Ga, Glog, StA, Wil V, Ham, Pe VI]
Allg: auf etwas legen ● *Die honn des zammgerafft* (↑zusammenraffen), *no hot me 's draufglegt uff des Saal* (↑Seil), *Waazsaal* (↑Weizenseil) *woar des.* [Fek II] *Uff die Grumbireschnitz* (↑Grundbirnenschnitze), *do isch oft frischer Kiebackespeck* (↑Kinnbackenspeck) *drufglegt warre.* [Mil III] *Mit der Sichl* (↑Sichel) *henn die Weiwer die Garb ufgnumme un ufs ↑Band drufglegt.* [Stan III] *Diese Riesn* (↑Riese) *wird auf ein Unterbau draufgelegt.* [OW VI]
→legen (1).

daraufliegen - st, traufle:gn, -klegn [Ed, GT, KT, Scham, Wein, Wud, Wudi I]
Allg: auf einer Unterlage aufliegen ● *Die Gante* (↑Ganter) *sann dejes Huitz* (↑Holz) *owwe Pfoustn* (↑Pfosten), *do sann die Foss draufglejgn.* [Wud I]

daraufmontieren - schw, draufmonti:rn, -monti:rt [Ora, Resch, Stei, Tem V]; draufmondi:rə, -mondi:rt [NA, V]; trufmonti:rə, -monti:rt [Ker, Kutz, Mil, Siw III, Bog, GJ, Low, War V]
A: etwas an eine Vorrichtung, ein Gerät anbringen ● *Un die Platte sinn dann drufmontiert worre.* [Kutz III] *Do woan schun die ↑Setzer* (2) *an die Pliech* (↑Pflug) *draufmontiert, dä hod jedn Schritt Kukrutz gschmisse* (↑schmeißen). [NA V]
→montieren.

daraufschlagen - st, traufʃlaŋ, -kʃlaŋ [Pußt I]; traufʃlo:gn, -kʃlo:gn [Wer I]; traufʃlagə, -kʃlagə

[Fak, Glog V]; trauʃʃlo:gə, kʃlo:gn [Wein I]; truʃʃlagə, -kʃlagə [Jood II]; trauʃʃlå:xə, -kʃlåxn [Nad II]; truʃʃlå:n, -kʃlå: [StAnd V]; truʃʃla:xə, -kʃla:xə [Oh II]
V: etwas durch Schlagen (mit Hilfe von Nägeln) befestigen ● *Dä ware, wu de Fueß (↑Fuß) uf d' Heh hebt, dass e des Oise (↑Eisen 2) drufschlage tuet.* [Jood II]

daraufschmieren - schw, trauʃʃmi:ən, -kʃmi:ət [Aug, Ed, Wud I, Petschw II, In, Ru IV, ASad, Lug, Ora, Stei, NA, Resch, Tem, Wer V]; truʃʃmi:rə, -kʃmi:rt [Ker, Mil, Sch, Tscherw III, Be, Tom IV, Alex, Bog, Fak, Ga, Ger, Glog, Kath, Nitz, Ost, Len, Wil, Wies, Zich V]
Allg: (wie: schmieren 2) ● *De Kinner had mer als e Stick Hasebrot (↑Hasenbrot) haamgebrocht. Des wor schun hart, awwer wem-mer was drufgschmiert hat, henn sie's gärn gesse.* [Fak V]
→schmieren (2).

daraufschneiden - st, trauʃʃnaidə, -kʃnitə [Franzf V]; trauʃʃnaidə, -kʃni:də [Oh II]; truʃʃnaidə, -kʃni:də [StI II]
V: (ein landwirtschaftliches Produkt:) zerschneiden und auf etwas streuen ● *Noch honn se gfruhstuckt mit saure Paprike, Umorge (↑Umurke), gebrodene Lewer (↑gebratene Leber), gebrodenes Fleisch, do is Knowwl (↑Knoblauch) drufgschniede woen.* [StI II]
→schneiden.

daraufschütten - schw, trauʃʃitə, -kʃit [Fek II]
V: eine Flüssigkeit auf etwas gießen ● *Un noh is es Briehwasser (↑Brühwasser) ufn Buckl un uf die Fiss (↑Fuß) vun de Sau draufgschitt woen.* [Fek II] ◆ darüberschütten

daraufsetzen - schw, trufsetsə, -ksetst [Ap III]
V: (die Glucke) zum Brüten auf die Eier ansetzen ● *Un no is die Gluck drufgsetzt warre, bis die Bippilin (↑Bippele) vun imme es Aai gepickt (↑picken 2) henn und gschluppt (↑schlüpfen) sinn.* [Ap III]
→brüten, setzen (1a).

daraufstellen - schw, truʃʃtelə, -kʃtelt [Bad, Nad, StI II, Ap, Hod, Mil, Sch III, Beschk, ND, Tom IV, Alex, Bru, Charl, Jahr, Ost, Wies V, Bil, Ham, Pe VI]
Allg: etwas auf eine Unterlage stellen ● *Alle Woche aamol hot me Brot gebacke in de Brotmulder. Die woa aus em Baam (↑Baum) rausgschnitte. Vun Holz woa so e Kraaiz, do hot se die Mulder (↑Multer) doufgstellt.* [StI II]
→stellen (1).

daraufstrüpfen - schw, truʃʃtripə, -kʃtript [Bog, Ger, GJ, Lieb, Mar, Ost, War V]
V: (ein Material auf eine Vorrichtung) überstülpen ● *Vorne war e Härnche (↑Horn 2) am Blech, un dort is de Darem drufgstrippt.* [Lieb V] ■ strüpfen PfWb VI 735-738: 'streifend überziehen oder abstreifen'.

darauftun - st, truftǭ:n, -kətǭ:n [StI II]; truftō: -kətō [Jood II]
A: ein Teil auf andere legen ● *Wem-me honn un de ↑Zehnt garbet (↑arbeiten), no hom-me zeh ↑Garbe uff aa Kroiz (↑Kreuz) too (getan). Odde hem-me fufzehn druftoo, denoch hom-me widdem unsen Loh (↑Lohn) kriëgt.* [Jood II] *Mië hunn immer unne drei, do woa die Mittelgoarwe (↑Mittelgarbe), noch zwaa druf unnoch widder zwaa druf un so, zehni hum-mië (haben wir) drufgeton uf aan Hauwe (↑Haufen).* [StI II]
→aufsetzen.

Darm - m, tarm, tęrmə [Ben, Blum, Bru, Charl, KöH V]; ta:rm, tę:rm [Lieb V]; tarm, tęrm [Baw II]; ta:rəm, tę:rəm [Fek, Jood, Petschw StI II, Ap, Mil, Pal, Sch, Stan III, Put, Tom IV, Ga, GJ, GK, StA V]; ta:rəm, tɛ:rəm [Fak, Glog V]
V: langes, dünnes, gewundenes, zum Verdauungstrakt gehörendes Organ des Tierkörpers ● *No kommt des Ingewaid raus, des senn die Därem, de Måge (↑Magen), Lunge.* [Fek II] *Die Sau wäd ausenandgschnitte, die Därem kummed raus, un no geht sie uff de Hackstock.* [Jood II] *Die Frau is noch komm mid em Weidling um die Därem houle.* [StI II] *Bei en Ewwer ware noch die Ååier (Ei 1c) un die Därem.* [Ap III] *Ganz hindri uff der Mischthaufe, dort hat mer die Därem gwesche.* [Stan III] *Do hat mer gericht for die Schweinsschlacht de Transchiertisch un die Schawebretter (↑Schabebrett), for die Därme schawe.* [Bru V] *Do gibt's so e dicke, korze Darem, des war de Endkeidl (↑Endkeutel).* [GJ V] *Beim Ufschneide, do hod me aarich leicht kenne die Därm veletze.* [Lieb V] **Anm.**: Die Variante Darem weist Sproßvokal -e- auf. ■ Gehl 1991, 104.
→Blunze, Arsch-, Blind-, Bratwurst-, Dick-, Dünn-, Hühner-, Rinds-, Salami-, Seidendarm, Eingeweide, Gekröse (1), Vieh.

darüberleeren - schw, drivalɐ:n, -klɐ:t [Ed, GT, KT, Wud, Wudi I]
Allg: eine Flüssigkeit über etwas gießen ● *Die Trejwe (↑Treber) sann aufgräwüt (↑aufribbeln) woan, e poa Aumbe (↑Eimer) Wossa driwaglaat.* [Wud I]
→gießen.

darüberschütten - schw, trivərʃitə, -kʃit [Ap, Fil, Ker, Sch, Werb III, Be, Tom IV, Bog, Bru, Ger, GJ, Lieb, War, Zich V]; tripʃitə, -kʃit [Fek II]
V: eine Flüssigkeit über etwas gießen ● *Däreweil is gebriht woan die Sau in de Brihmulder (↑Brühmulde), des kochende Wase dribgschitt woan.* [Fek II] *Dann hod mer kochiches Wasser driwwergschitt, iwwer die Sau.* [Lieb V]
→daraufschütten.

darüberstreuen - schw, trivrʃtra:ə, -kʃtra:t [Bog, Ger, Lieb V]
Allg: (einen pulverförmigen bzw. feinkörnigen Stoff) über etwas ausstreuen ● *Dann hod mer kochiches Wasser driwwergschitt. Manche Leit hann als noch Esch (↑Asche) driwwergstraat, iwwer die Sau.* [Lieb V]
→streuen.

darunter - Adv, tərtrunərt [Bog, Ger, GJ, GK, Len, Ost, War, Wis V]
Allg: unter einer Vorrichtung, einer Überdachung usw. ● *Unnedran war immer de Schoppe (↑Schuppen), de Maschinnschoppe vor die Wejer (↑Wagen) derdrunnert schiewe (↑schieben).* [Ost V] **Anm.**: Die Form *derdrunnert* weist das Bildungselement *der-* und epenthetisches *-t* auf.
→obendarüber, untendran.

darunterlegen - schw, trunərle:gə, -kle:kt [Fak, Ga, Glog, StA, Wil V]; trunərlejə, -kəle:t [Stan, Waldn III, Bog, Ger, Hatz, GJ, Len, Low, War, Wis V]
Allg: unter etwas Bestimmtes legen ● *Des wor so e große Staa (↑Stein), där is rundrum gange. Un dort is der Hannef drunnergeleet worre, dass er waaich wird.* [Waldn III]
→legen.

Darwasch - f, selten, tarvaʃ, Sg. tant. [Bru V]
A: schweres, sumpfiges Ackerfeld *Etym.*: Entlehnung aus ung. *darabos* 'klumpig, großstückig', mit phonetischer Angleichung an die rheinfrk.-moselfrk. Lokalmundart von [Bru V]. ● *Am annre Dorfend, hinnerm deutsche Kerchhof, is die Darwasch. Des ganze Gebiet is aach jetz noch teilweis Sumpe (↑Sumpf), wu verschiedene Tiere heimisch sinn.* [Bru V]
→Darwaschwald, Feld.

Darwaschwald - m, tarvaʃvalt, Sg. tant. [Bru, Charl V]
Fo: sumpfiger Wald ● *Die ↑Weide (2) hot mer kenne im sumpiche (↑sumpfig) Darwaschwald schneide.* [Bru V]
→Darwasch, Wald.

Debreziner - , tepretsi:nər, Pl. id. [Sch, Siw, Stan, Werb III]
V: stark gewürztes Würstchen *Etym.*: Nach *Debrezin*, der deutschen Bezeichnung der südostungarischen Stadt an der Theiß, Debrecen, woher diese Wurstart stammt. ● *Mei Vadder hat efter als e Salwelat odder e Debreziner gmacht.* [Stan III] ■ *Debreziner*, Pl., ÖstWb 180.
→Zervelat, Wurst.

Deckel - m, dekəl, Pl. id. [OW VI]; tekl [Bohl, Mu II, Ap, Fil, Hod, Kutz, Sch, Siw, Wepr III, Bog, Fak, Ga, Glog, Len, Lieb, Schön, StA V, Bat VI]; tẹkl [Nad II]
A, B, Fi, G, V: abnehmbarer Verschluss eines Behälters ● *No hot mer e Deckl ghat, wu me in dem ↑Kalter, wu mer ufmache hot kenne.* [Ap III] *Die Worschtspritz war viereckich mit em Deckel druf.* [Lieb V] *De Schwoarm (↑Schwarm) kummt in en Koarb eini mit so en Deckl.* [Bat VI] ■ Gehl 1991, 247.
→ab-, entdeckeln.

Deckzeit - f, tektsait, Pl. id. [GK, Gra, Ost, War V]
V: Zeitspanne, in der Zuchtstuten gedeckt werden ● *Die Bscheler (↑Beschäler) sinn im Härbscht kumm, wie die Deckzeit war. Die Stude (↑Stute) ware dann im Winter hochtrechtich, for se schone un im Fruhjohr henn sie ausgschitt.* [Ost V]

Deka - n, deka, Sg. tant. [Aug, Schor, Wer, Wud I, Baw, Seik, StI, Wem II, AK, Fil, Mil, Pal, Siw III, In, Ru IV, ASad, Bru, Ga, Ger, GJ, Nitz, Tem, Wer, Wis V]; dekå [StI II, Fak, Glog V]; tekɐ [Stan III]
Allg: Verkürzung von Dekagramm (= 10 g) *Etym.*: Deka ist das österr. Kurzwort für Dekagramm. Vgl. das Deka (ÖstWb 181). ● *Es Fleisch is net kiloweis vekaaft woen, manche honn zwölfehalb Deka gekaaft.* [Baw II] *Hat, Honichkuche, awe des Rezept kennd ich net soge*

devoo, so dreißich Deka Honich. [Seik II] *Un noch des Bratwirschtsach: In zeh Kilo Fleisch sein zwanzich Dekå Salz neikomme un sievenuntzwanzich Dekå Paprike* (↑Paprika 1a) *un Knouwl* (↑Knoblauch) *is neikomme in die Brotwischt.* [StI II] *Bei Rindfleisch henn därfe zehn Prozent Knoche draa seie, bei Kalbfleisch zwanzich Decha bei einem Kilo.* [Stan III]
→Kilo.

Delle - f, tel, -ə [Bru, Hatz, Joh, Len, Low, Ost, Wis V]
A: leichte Vertiefung im Erdboden, Tal *Etym.:* Vgl. *Delle, Telle, Dalle* f. 'Vertiefung im Gelände usw.' Aus spätmhd. *telle*, verwandt mit *Tal.* (^{23}Kluge, 169) ● *Außer dem Sauerbrunne gibt's noch de Radbrunne mit Mineralwasser an de Bahnstation und noch e Quell in der Moraner Dell.* [Bru V]
→Feld.

Dengelhammer - m, teŋlhamər, -hemər [Fil, Kutz, Mil, Sch III, Be, Put, Tom IV, Ben, Bru, Fak, Ga, Glog, Jahr, Ost, StA, Wil, Wis V]; teŋlhåmər [Nad II]; taŋlhamər [KT, Wud, Wudi I, Sad V]
A: Hammer zum Schärfen der Sense durch Klopfen *Etym.:* Das Komp. ist aus diachronischer Sicht eigentlich ein Pleonasmus, denn mhd. *tengelen* 'hämmern, klopfen' steht zu ahd. *tangil* 'Dengelhammer'. (^{23}Kluge, 170) ● *Im Schoppe* (↑Schuppen) *ware noch de Denglstock ufm Denglstuhl un de Denglhammer for die Sense un Hacke kloppe.* [Bru V] ■ PfWb II 212; SüdHWb I 1467; RheinWb I 1240; BadWb I 457; Gehl 1991, 141.
→Dengelstuhl; dengeln, klopfen (2).

dengeln - schw, taŋln, taŋlt [KT, Wud, Wudi I]; teŋlə, kətŋlt [Fil, Mil, Siw III, Be, Tom IV, Bog, Fak, Glog, Nitz, Stef, War V]; teŋlə, -teŋlt [Tax I, Tew II, Ga, Sad, StA V]
A: das Sensenblatt durch Klopfen mit dem Dengelhammer schärfen ● *De Denglstuhl brauch mer fer die Sense dengle.* [Fak V] ■ PfWb II 212-214 (mit Karte 87); SüdHWb I 1467 f.; RheinWb I 1239; BadWb II 457; Gehl 1991, 142.
→klopfen (2); Dengelstuhl.

Dengelstock - m, (n), teŋlʃtok, -ʃtek [Gai, Har III, Be, Put IV, Ben, Bru, Fak, Glog, Jahr, Ost V]; taŋləʃtok, -ʃtek [Sad V]; (n) teŋlʃteklę, -ʃteklə [Ga, StA V]

A: kleiner Amboss in einem Holzklotz, auf dem die Sense oder Sichel gedengelt wird ● *Im Schoppe* (↑Schuppen) *ware noch de Denglstock ufm Denglstuhl un de Denglhammer for die Sense un Hacke kloppe* (↑klopfen 2). [Bru V] ■ PfWb II 214 f.; SüdHWb I 1468; RheinWb I 1240; BadWb I 457; Gehl 1991, 141.
→Dengelstuhl.

Dengelstuhl - m, teŋlʃtu:l, -ʃti:l [Gai III, Put, Tom IV, Alex, Bru, Charl, Fak, Glog, Jahr, KöH, Ost, StA, War, Wil V]
A: bockartiger Schemel mit dem in einen Klotz eingelassenen Dengelstock an der Stirnseite des Gerätes ● *Im Schoppe* (↑Schuppen) *ware noch de Denglstock ufm Denglstuhl un de Denglhammer for die Sense un Hacke kloppe* (↑klopfen 2). [Bru V] *De Denglstuhl brauch mer fer die Sense dengle.* [Fak V] ■ PfWb II 215; RheinWb I 1240; Gehl 1991, 142.
→Dengelhammer, -stock; klopfen (2).

Abb. 12 Dengelstuhl
1. Dengelhammer

Deputatholz - n, deputa:tholts, Sg. tant. [ASad, Franzd, Ora, Resch, Sekul, Stei, Wolf V]
Fo: regelmäßige Leistungen in Brennholz als Ergänzung des Lohnes ● *Aff einmal hamm wir bekommen zwölf Mette* (↑Meter 2) *äärstklassiches Deputatholz.* [Resch V] ■ Deputat ÖstWb 182: 'Sachlohn, der nicht in Geld, sondern z. B. in Lebensmitteln, Brennholz entrichtet wird'.
→Holz.

deutsches Dorf - n, taitʃ tɐrf, - tęrfər [Jink II]
A: von Deutschen bewohnter Teil einer gemischtsprachigen Siedlung, Ortsnamen ● *In Jenk* (ON) *woar es unnern Darf un es deitsch Darf.* [Jink II] ◆ In der Schwäbischen Türkei und in der Batschka trifft man häufig ländliche Siedlungen

Deutschländer Sau

mit verschiedenen Ethnien und Konfessionen, die zumeist friedlich nebeneinander leben. (Vgl. Gehl/Purdela Sitaru 1994, besonders S. 31-78)
→Dorf, Juden-, Luthergasse.

Deutschländer Sau - f, taitʃlendər sau, - sauə [Ap, Mil III, Tom IV]; taitʃlenər sau, -sauə [Ker, Sch, Stan, Werb III]
V: deutsches Edelschwein, eine Fleischrasse
Etym.: Die Bezeichnung *Deutschländer Sau* ist eine Eigenbildung. Sie geht von der Einfuhr dieser Schweinerasse aus Deutschland aus, während das Synonym *Weiße* den Gegensatz dieses langen Fleischschweines zum Fettschwein der *Mangalitza*-Rasse hervorhebt. Zum Bedeutungsgehalt des Wortes *Deutschländer* bei den Deutschen in Rumänien vgl. Hans Gehl: *Zu 'Amerika' in der deutschen Sprache. Diskussionsbeitrag*. (In: *Der Sprachdienst*, Wiesbaden, Heft 11/12 1983, S. 180 f.) ● *No hot mer die letschte Johre schun die Deitschlender Sei, hot me gsagt.* [Stan III] *Die letschte Jahre hem-mir die Deitschlender Saue ghat, die Weiße, ja, die so ohne Haar, gell.* [Tom IV] ♦ Gemeint ist das *Edelschwein*, eine weiße Rasse, die aus Deutschland nach Südosteuropa gelangte. Sie entstand an der Wende vom 19. zum 20. Jh., vorwiegend durch Verdrängungskreuzung deutscher bodenständiger Schweine (Marschschwein aus Ost- und Westpreußen sowie Pommern) mit großen weißen englischen Schweinen (Yorkshire, Large White). Edelschweine waren in der ersten Hälfte des 20. Jhs. die "besseren Schweine" gegenüber den spätreifen Landrassentypen. Sie hatten im früheren Reichsgebiet um 20% Anteil am Gesamtschweinebestand, in Ostpreußen 95%, in Niederschlesien 48%. Im Jahre 1980 betrug ihr Anteil in Westdeutschland nur noch 2,2%, in der ehemaligen DDR jedoch noch 20%. Das Ammerland (Oldenburg) ist das einzige geschlossene Zuchtgebiet. - In Rumänien wurde diese Rasse zwischen den beiden Weltkriegen eingeführt, verstärkt anfangs der 1940er Jahre, als mit England keine Handelsbeziehungen mehr stattfanden (Rumänien war damals Verbündeter Deutschlands) und man auf das deutsche Edelschwein zurückgriff. Vermehrt wurden die Eber zu Kreuzungen in Gegenden mit deutscher Bevölkerung (im Banat und Siebenbürgen) eingeführt. So wurde im Banat die Rasse *Banater weißes Schwein* verbessert. - Das Edelschwein ist als jüngere Rasse kräftiger und weniger anspruchsvoll als das Large-White-Schwein. Im Unterschied zu diesem verdaut es nicht nur Getreideschrot, sondern auch Maiskörner, Kartoffelknollen und Rüben. Gegenüber anderen weißen Schweinen unterscheidet sich das Edelschwein durch seine Stehohren, die bessere Fleischbeschaffenheit, geringere Stressanfälligkeit und niedrigere Aufzucht- und Mastverluste als z. B. die Yorkshire-Rasse. Im Vergleich zu dem englischen *Large White* hat das deutsche Edelschwein einen kleineren Kopf und eine kürzere Schnauze. Es hat kräftige, kurze Beine und ist der geschmeidigere Typ. Es erzielt im Durchschnitt zehn Ferkel je Wurf und erreicht nach zwölf Monaten ein Mastgewicht von 120-140 kg. Erwachsene Sauen können 180-200 und Eber 200-250 kg erreichen. Die sehr gute Fleischausbeute beträgt 76-78%. - Die *Deutsche Landrasse* ging aus dem "Deutschen Veredelten Landschwein" hervor und erreichte 1980 78,4% des Zuchtsauenbestandes. Über England und Kanada wurde es 1957 nach Rumänien gebracht. Durch den breiteren Rücken eignete es sich als "Vier-Schinken-Schwein". - Das in England *Large-Black* genannte *Cornwall-Schwein* ist eine alte Rasse mit schwarzer Hautfarbe und großen Schlappohren, von der englischen Halbinsel Cornwall. Es entstand durch Kreuzung des primitiven englischen Schwarzschweines mit der Rasse *Essex*. Wichtig für das Leben auf der Hutweide ist seine Resistenz und die Sonneneinstrahlung; es nutzt Heu, faserreiche Nahrung und Rüben. Nach Rumänien kam das *Cornwall-Schwein* erst nach dem Ersten Weltkrieg (1918). Im Jahre 1959 wurden weitere Schweine zu Kreuzungszwecken importiert. Vor etlichen Jahren gab es einige Exemplare auf Bauernhöfen um Arad, besonders in Sanktanna. (Mayer 2001, 4-7)
→Edelschwein, Schwein, Weiße.

dick - Adj, dik [Bil, Ham, Mai, OW, Pe, Schei, Suk VI]; tik [Ed, GT, KT, Scham, Schor, Wein, Wud, Wudi I, Kock, Mu, Wem II, Ap, Gai, Hod, Tscher III, ND, NP, Tom IV, Alex, ASad, Bru, Fak, Ga, GJ, GK, Glog, Len, Lind, Ost, StA, Wei, Wolf V]; tek [Fek II, Sack V]
1. A: von relativ großem Durchmesser ● *Also mir hann decke Goarwe (↑Garbe), ba uns senn zeh[n] Goarwe uw en Hauwe (↑Haufen) komme. Nor wu se weng schweche (↑schwach) woan, senn sechze Goarwe draufkomme.* [Fek II] *Die dicke Därem sinn far Blutwärscht mache gwest un die dinne Därem far Brotwärscht (↑Bratwurst).* [Ap III] *Duort hobn sie aan dickn Stamm*

Dickdarm

abgschnittn grad, und duort hobn sie die Hittn (↑Hütte) *draufgmocht.* [ASad V] *Die Holzstange sein so 5-7 cm dick, ungefähr drei Meter lang, an jedem End spitzich.* [Bru V] *Dicke Lindebääm* (↑Lindenbaum) *senn meh wie hunnert Johr schun alt.* [Len V] *Die Baure hann dick Stroh gstraut vor de* ↑*Dresch.* [Ost V] **2.** A, Fo, G, T: (von Pflanzen:) dicht stehend ● *Die hann so dick aangebaut, gstraut* (↑streuen), *weil sie imme Engschtre* (Angst) *khad henn vun dem Ärdfloh.* [Ost V] *Un wenn es schon gwacksn is, schaut man, welcher is vielleicht krank. Un wenn es zu dick ist, wenn de Stamm schon de Duichmesser von 15-20 cm hat, tut me schittern, dass nur die gute Exemplarn bleibn, welche ganz gesund sind.* [OW VI] **3.** V: (von der Milch:) relativ zähflüssig, von halbfester Konsistenz ● *Der Rohm is gschlage* (↑schlagen 2) *ware, bis där dick, bis där Butter is ware.* [Ap III] *Die Mill* (↑Milch) *ta mer in selle Hefele* (↑Hafen), *seit mer Millhefele, un de wärd se dick.* [Schei VI]
→(1) dünn (1), fett, fingerdick, schwach (1); Dickdarm; (2) dünn (2), schütter; (3) dicke Milch.

Dickdarm - m, tikta:rm, -tẹ:rm [Bog, Ger, GJ, Len, Lieb, Ost, War V]; tikta:rəm, -tẹ:rəm [Ap III, Fak, Ga, Glog, StA, Wil V]
V: (bei Tieren:) zwischen Dünn- und Mastdarm liegender, dicker Teil des Darms ● *Do hot's Dickdärem gewwe un Dinndärem.* [Ap III] *Es allererscht is de Dickdarm, de Aarschdarm, wie mir saan, abgebunn un gut gewesch war.* [Lieb V]
■ PfWb II 257: 1.; SüdHWb I 1506; RheinWb I 1344.
→Arschdarm, Darm; dick.

dicke Milch - f, tiki miliç, Sg. tant. [GK, Gra, Len, Ost V]
V: samt dem Fettgehalt gesäuerte, steif gewordene Milch ● *Sießowerscht* (↑Süßobers), *des war der Rahm, net. Dicki Milich is gmacht ginn, Kes, Butter.* [Ost V] ◆ Mit *gestockter Milch* wird in [Sch V] gestandene, nur leicht saure Milch bezeichnet. (Gehl 1991, 206)
→Milch; dick (2).

Dieselmotor - m, di:zlmoto:r, -ə [Kock, StG, Sulk, Wem II, Ap, Fil, Ker, Pal, Stan III, Be, In, Ru, Bog, Gra, Kath, Low, Wer, Zich V, Bat, OW VI]
A: von Rudolf Diesel entwickelte Verbrennungskraftmaschine **Etym.:** Entlehnung aus der Standardsprache. ● *Des war ke Dampfmihl, en große Dieslmotor hat sie getriewe* (↑treiben 3) [Sulk II]
→Motor.

dingen - schw, tiŋə, kətiŋt [Alex, Bog, Bru, Charl, Jahr, Len, Low, Ost, War, Wis V]
A: gegen vertragsmäßig festgesetzten Lohn in Nutzung nehmen; pachten ● *Die Klaanhäusler* (↑Kleinhäusler) *hunn sich vun de Baure, je noch Meglichkeit, a paar Joch gedingt for abmache* (↑abmachen 2). [Bru V] ■ PfWb II 288: 'gegen vertragsmäßig festgesetzten Lohn in Dienst nehmen', Knecht, Magd; SüdHWb I 1530; RheinWb I 1366; BadWb I 483.
→pachten.

Distel - f, distl, Pl. id. [Petschw, Stl II, Ap, Brest, Bul, Fu, Gara, Kar, Kol, Stan, Tsca, Tscho III, In IV, Albr, Bak, Ben, Bill, Char, Eng, Franzf, GJ, Gott, Gra, Gutt, Hei, Hod, Jos, Karl, Kath, Ksch, Laz, Len, Lieb, Low, Mar, Mori, Mram, Na, Nitz, Pau, Orz, Ost, SM, StA, StAnd, Tschak, Tsche, Ui V]; tistl, Pl. id. [Petschw II, Bir, De, DStP, Jahr, Kud, NA, NSie, Rud, Schön, Star, Stef, Stei, War V]; tistl, -ə [Bru V]; tiʃtl, -ə [Gara, Kar, Stan III, Tom IV, Bak, Ben, Bill, Bog, Bre, Char, Fak, Franzf, GJ, Glog, Gott, Gra, Jos, Karl, Len, Low, Mori, Na, Nitz, Pau, Orz, Ost, Tschak,Tsche, Tschan, V]; testl [Sag II]

Abb. 13 Distel

A: wild wachsende Pflanze mit Stacheln; Carduus, Cirsium ● *No hom-me so Spiësli* (↑Spieß) *ghet, un mi senn in de Waaz* (↑Weizen) *gange, die Dischtl raussteche.* [Jood II] *Had, frihe hod me Distl rausgstochn mitn Distlsteche, awe heind* (heute) *is das ja nicht mähe.* [Petschw II] *No had mer als Dischtl gstoche* (↑stechen 3) *in de* ↑*Frucht, awer manchmol hod mer sich gar net die Zeit gnumme.* [Tom IV] *Wer Dischtle anbaut,*

soll nit bloßfießich gehn. [Bog V] *For die Hutwaad* (↑Hutweide) *sauwer* (↑sauber) *halle, meistnens vun Distle, hunn die Leit misse Rowet* (↑Robot) *mache.* [Bru V] *Im Fruchtfeld und Gärschtfeld* (↑Gerstenfeld), *wann die Dischtle wachse, tud me Dischtle steche mid em Dischtlstecher.* [Ost V] ◆ Sprichwort: *Wer Dischtlə anbaut, soll nit bloßfießich gehn* (wer im Glashaus sitzt, werfe nicht mit Steinen). [Bog V]
■ Gehl 1991, 90.
→Distelstecher, Donner-, Dreikreuz-, Rossdistel, Unkraut.

Distelstecher - m, tistlʃteçə, Pl. id. [Petschw II]; tiʃtlʃteçər [Fak, Ga, Glog, Ost, StA, Wil V]
A: Gerät mit einer scharfen Klinge und einem Stiel zum Ausstechen von Disteln im Getreidefeld ● *Had, frihe hod me Distl rausgstochn* (↑herausstechen) *mitn Distlsteche. Mit deni Distlsteche is me in die Frucht gânge un hat die Distl rausgstochn, awe heind* (heute) *is das ja nicht mähe.* [Petschw II] *Im Fruchtfeld und Gärschtfeld* (↑Gerstenfeld), *wann die Dischtle wachse, tud me Dischtle steche mid em Dischtlstecher. Des war a Stecke* (↑Stecken) *un dran war so wie a Spachtl, a gschärftes* (↑geschärft), *un mit dem had me die Dischtle ausgstoch.* [Ost V]
→Distel, Werkzeug; stechen (3).

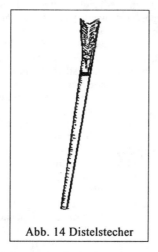
Abb. 14 Distelstecher

Doboschtorte - f, doboʃtortn, Pl. id. [Ap III, Resch, Stei, Tem, Wer V]; doboʃtortə, Pl. id. [Berg III]; doboʃto:rta, -tuətn [Petschw II]
A, V: runde Torte mit Schokoladenkrem und Rum zwischen den übereinandergelegten Tortenblättern und am Rand sowie mit einer Karamelglasur auf dem Deckblatt Etym.: Die Doboschtorte wurde nach dem ungarischen Konditor József C. Dobos benannt, der sie um 1900 erfand. (Miklósi 1993, 80) Die Wortformen im donauschwäb. Sprachbereich weisen auf bair.-österr. Ursprung hin. Nur die Form *Doboschtorta* wurde aus der ung. Form *dobostorta* übernommen. Sie weist allerdings die bair. Pluralform *-tuətn* auf.
● *Ålledehånd Tuetn, des is Dobostorta, Tschokoladitorta, Kawetorta* (↑Kaffeetorte), *Vaniliëtorta, russische Kremtodn, dä is fein.* [Petschw II] *Tortn hat's verschiedeni gewwe. Do hat's die Doboschtortn gewwe un so verschiedeni Arte.* [Ap III] ◆ Konditor Dobos gab zu Lebzeiten den ungarischen Hausfrauen gute Tipps. Die nach ihm benannte Torte steht in Ungarn heute noch an erster Stelle der Konditoreiwaren und fand auch Einzug in die donauschwäbische Küche fand: Bei Hochzeiten, Taufen und beim Kirchweihfest durfte sie nicht fehlen. Zutaten: 6 Eigelb, 6 Eischnee, 120 g Zucker, 120 g Mehl. Fülie: 6 Eier, 120 g geriebene Schokolade, Vanille, 200 g Puderzucker, 150 g Butter. (Blantz 1993, 130) ■ Gerescher 1999, 40; *Dobostorte* ÖstWb 186.
→Torte.

Abb. 15 Doboschtorte

Donaumühle - f, to:naumi:l, -ə [Ap, Fil, Fu, Hod, Pal, Sch, Werb III]
A: an der Donau gelegene Wassermühle ● *Die sinn an die Donaumihl gfahre ihre ↑Frucht (1) mahle.* [Ap III]
→Mühle, Wassermühle.

Donauried - n, to:nari:t, Sg. tant. [Waldn III]
A, H: in der Donauau gelegenes sumpfiges Gelände ● *No hod men* (man ihn) *mise ins Hannefwasser* (↑Hanfwasser) *fahre, un des war im Kåtsche Ried. Mir hadde am Ort ko Wasser, im Katsch* (ON) *wars Ried, es Donaried.* [Waldn III]
→Ried.

Donnerdistel - f, tonərtistl, -ə [NA, Tem, Wer V]; tonərtiʃtl [Bog, GK, Len, Low, Ost, War V]; tunərtiʃtl [Fak, Ga, Glog, StA, Wil V]; tunərtiʃtl [Fu, Pal, Stan III, Bill, Schön, Tschak V]; tunətistl [GStP V]; tunartistl [SM V]; tunatistl [SM V]; dundrdiʃtl [Kar III]
A: (Bezeichnung für:) mehrere Distelarten mit großem Samengehäuse und Stacheln wie: Mariendistel 'Cirsium marianum', Wetterdistel 'Carlina vulgaris', Nickdistel 'Carduus nutans' oder Feldmannstreu 'Eryngium campestris', alles Bestandteile des Würzwisches *Etym.*: Die *Donnerdistel* kann ihre Bezeichnung vom germanischen Gott Donar ableiten, dem die Distel seit ältester Zeit geweiht war. (PfWb II 330) Andererseits diente sie als Bestandteil des kirchlich geweihten Würzwischs, um Blitz und Donner von Hof und Flur abzuwenden. ● *Bei uns woan im Wiäzbischl* (↑Würzbüschel) *auch Donnerdistel, Hexenkambel* (↑Hexenkamm), *Tausndguldnkraut und Schofrippchen.* [NA V] *Unkraut ham-mer viel ghat, Dischtle, Ross-dischtle, also die Dunnerdischtle, die Dreikreiz-dischtle, in die wu mer als Kinner immer ningetret hann.* [Ost V] ◆ Vgl. weiter *Würzwisch* unter *Würzbüschel*. ■ PfWb II 330; SüdHWb I 572; RheinWb I 1398; BadWb I 500; Gehl 1991, 90; Petri 1971, 22.
→Distel.

Doppelgasse - f, topltkas, -ə [Jink, Kä, Sag, Warsch II]
A: parallel zur Hauptgasse verlaufende Dorfstraße ● *Unse Gasse woare die Luthersch-gass, die Doppltgass, es Juregässje, e Zwärch-gässje un es Bedlmannsgässje.* [Jink II]
→Gasse.

doppelt - Adj, dopəlt [OW VI]; toplt [Wem, Wer II, Ap, Brest, Fil, Mil, Sch, Tscher III, Be, NP, Tom IV, Alex, Bog, Fak, Ga, Glog, Gott, Gra, Gutt, Len, Low, NPe, Ost, SM, StA, War, Wil, Wies, Wis V]; tɔplt [KKa II]; toplti [Lieb V]
1. Allg: zweifach ● *E dopplti Worscht war so armlang.* [Lieb V] *Dann war's Brustblatt, des war braat, als dopplt odder aanfach.* [Ost V] 2. Fo, O, W: von besonderer Qualität ● *Newer em Schwenglbrunne ware zwaa Maireslbeem* (↑Mai-röschenbaum), *eene weiße, doppelte un de anre mit lila Blume.* [Bog V] ◆ Veredelte, besonders gezüchtete Blumen und Sträucher haben große, bunte bzw. duftende Blüten. Obststräucher können durch diese Behandlung ertragreicher werden.
→(1) einfach.

Dorf - n, dorf, dərfər [Lug, Tem, Resch, Wer V]; torf, tərfər [Kock, Wem, Wer II, Ap, Siw, Tscher III, ND, Tom IV, Alex, Bog, Bru, Ga, GJ, GK, Gott, Gra, Len, Low, NA, NPa, Ost, Schön, StA, Wies, Wil V]; torəf, tərfər [Fak, Glog V]; tɐrf [Jink, StG, Sol, Sulk II]; turf [Go, Ma, Pal, Wak, Wiel II]; tɔrf, tiərvə [Fek II]
Allg: ländliche, hauptsächlich aus Bauernhöfen bestehende Siedlung ● *Nn mit dän sein die Sei* (↑Sau) *gemest woen im Dorf. (...) Es woan Diërwe, wu se Kreiz* (↑Kreuz 1a) *honn gsacht.* [Fek II] *In Jenk* (ON) *woar es unnern Darf un es deitsch Darf.* [Jink II] *Ums Dorf rum is e Grawe gange, dot wore finef Wassermihle droo.* [Kock II] *Die Hudwaad war aff e jede Saait vum Darf.* [Sulk II] *Owwerhalb vum Dorf is der Werwald un geger die Bergsau (Flussname) zu is de Unnerwald.* [Bru V] *Ware mährere Rakikessle* (↑Rakikessel) *im Dorf, jo.* [GJ V] *Unse Doref liegt bei Åred* (ON). *Newem Doref is e neies Dorf gebaut worre, des is ärscht fufzich Johr alt.* [Glog V] *Ja, im Dorf hann sich Leit mit Bienezucht bescheftich.* [Ost V] **Anm.:** Die Variante *Doref* wird in [Fak und Glog V] mit dem Sprossvokal -e- gebildet. ◆ In den donauschwäbischen Siedlungsgebieten, die zumeist in der Ebene lagen, wurden im 18. Jh. große Straßendörfer mit breiten, sich rechtwinkelig schneidenden Straßen (sog. *Schachbrettdörfer*) angelegt, die von der Feldflur (↑Hotter) umgeben waren. Wo an bereits bestehende Siedlungen angebaut wurde, änderte sich das Dorfbild. Einsiedelhöfe ergänzen den großen Dorfkern, in dessen Mitte die Dorfverwaltung, Kirche und Schule (ggf. auch das Dorfwirtshaus) liegen. - Redewendungen: Die is e Dorfbese (eine Klatschbase) [Glog V]; z'Dorf goh (in die Spinnreihe zu Nachbarn und Verwandten im Dorf gehen) [Sad V]. - Pfälz. Redewendungen, die auch im donauschwäb. Bereich auftreten: Geh doch net mit de Kerch ums Dorf (sei nicht so umständlich)! Die hat werre (wieder) 's ganze Dorf ausgekehrt (von einem Tratschweib); Der kummt iwwe siwwe Därfer (ist von weit her). (PfWb II 344) ■ PfWb II 344 f.; SüdHWb I 1583 f.; RheinWb I 1414-1416; BadWb 1, 506 f. (auch *torəf*); SchwWb II 272 f.; BayWb 1/1 538 f., *Ins Dorf gên* 'zu Besuch aus dem Hause gehen'; Gehl 1991, 60.
→Bauernwirtschaft, deutsches -, neues Dorf, Dorfende, -wiese, Gemeinde, Kolonie, Mittel-,

Dorfende - n, torfent, -endə [Wem II, Ap, Hod, Sch, Siw III, Be, Tom IV, Alex, Bru, Fak, Ga, Glog, StA, War, Wil V]
A: Dorfausgang, an dem die Hutweide, bzw. das Ackerfeld beginnt • *Am annre Dorfend, hinnerm deutsche Kerchhof, is die ↑Darwasch. Des ganze Gebiet is aach jetz noch teilweis Sumpe* (↑Sumpf). [Bru V]
→Dorf.

Dorfwiese - f, turfvi:zə; Pl. id. [Go, Ma, Pal, Wak, Wiel II]
A: Ackerland aus Gemeindebesitz ursprünglicher Wiesen, Flurnamen • *Ofm Feld woare die långe Wiese, die Durfwiese un noch die Dammwiese.* [Wak II]
→Gemeinewiese, Wiese (2).

dörren - schw, tirə, ketirt [Baw, Seik, Surg, Wem II]
A, G, O: (zur Haltbarkeit) an der Luft oder am Feuer austrocknen • *Die Quetsche* (↑Zwetschke), *die senn villmol gedirrt woar.* [Baw II] ■ PfWb II 359 f.: 1. trans. a. Obst 'im Backofen trocknen, um es haltbar zu machen', b. Erbsen und Bohnen, c. Hanf und Flachs, d. vom Trocknen des Heues; SüdHWb I 1904 f.; RheinWb I 1587; BadWb I 615.
→reocknen (2); dürr.

Dörrloch - n, tɛrlox, -leçər [Hod III]
H: gegrabene Vertiefung, in der man die Hanfstängel über gedämpfter Glut dörrte • *Im ausgegrabene Därrloch hat me den Hanf gstaplt un die Stengl mit gedämpfte Glut getricklt* (↑trocknen).
→Trockenhaus; dürr.

Dorschen - f, dorʃtn, Pl. id. [ASad, Lin, Wei, Wolf V]; doarstn, doastn [ASad, Wei, Wolf V]
G: Runkelrübe, essbare Futterrübe; Beta vulgaris • *Dann is e bisserl Howen* (↑Hafer) *Eadäpfl* (Erdapfel) *un Korn aabaut woan, Dorschtn un Flocks* (↑Flachs) *hot ma aa baut.* [Wei V] ■ BayWb 1/1, 544: *Dorschen, Dorsten,* 'der Strunk oder Stängel (*il torso* vom Kohl, besonders der essbare von der *brassica oleracea napobrassica,* Erdkohlrabi)', von ahd. *torso,* mhd. *torse.*
→Gemüse.

Dose - f, te:z, -ə [Jood II]
V: Gefäß (oft aus Blech) mit Deckel • *Des Schmalz kummt in Dese, in Schmalzdese, un nochdem, wenn's voll isch, no kummt's in die Kammer.* [Jood II]
→Schmalzdose.

Dotterblume - f, totərplum, -ə [GK, Ost V]; dotrplum [Gutt, Hei, Laz, Len, Mar, Rud V]
A: als Unkraut verdrängter Löwenzahn; Taraxacum officinale • *Mir hann viel Unkraut ghat, die Schofgarb* (↑Schafgarbe), *die Dotterblumme, die sinn so geel* (↑gelb) *wie a Aaierdodder.* [Ost V]
■ *Dotterbuschen* PfWb II 387; Petri 1971, 72.
→Blume, Eidotter, Unkraut.

Draht - m, dro:t, Sg. tant. [ASad, Lind, Resch, Tem., Wei, Wolf V, OW, Pe VI]; tra:t, tre:t [Oh II]; trå:t [Jood, Petschw, Saw II]; tro:t [Ed, StIO, Wudi I, Ap III, ND, NP IV, Bak, Bog, Fak, Ga, GJ, GK, Glog, Gott, Gra, Len, Lieb, Low, Nitz, Ost, StA, War, Wil V]; trǫt [Petschw II]
Allg: schnurförmig ausgezogenes Metall • *Un wenn de Woigarte mol triebe* (↑treiben 4) *hot, do muss me schon noizihege* (↑hineinziehen) *un noibinde* (↑hineinbinden) *die Rebe in de Dråht.* [Jood II] *An de Droht sinn Reweblätter un scheene Trauwe gebunn ginn.* [Bog V] *Die Zigeinergawwle* (↑Zigeunergabel) *ware vom e dickre Droht gmach, un do ware so die drei Zwinke* (↑Zinke) *un e Stiel.* [GJ V] *No hod mer de Rissl vun der Sau misse mit em Droht zammziehe, no hod me sie rausfihre kenne.* [Lieb V] *An de Drohtseilbahn wärdn solche Stendern* (↑Ständer) *aufgebaut, un dann wird de Droht ausgezogen.* [OW VI]
→Drahtseilbahn, Drahtstrich.

Drahtseilbahn - f, dro:tsailba:n; Sg. tant. [Resch V, OW VI]
Fo: auf einem Drahtseil gezogenes Transportmittel für Holz und Personen • *Jetzt arbeit man mit Wege* (↑Weg), *wärn gebaut bis im Wald rein, un mit Traktor un Drohtseilbahn das Holz rauszogn.* [OW VI]
→Draht, Seil.

Drahtstrick - m, dra:tʃtrik -e, Pl. id. [OW VI]
Fo: Seil aus zusammengedrehten Drähten • *Das Holz wird aufgebunt mit Drahtstricke un raufgezogn.* [OW VI]
→Draht, Strick.

Dranitza - f, selten, dra:njitsn, Pl. id. [OW VI]
Fo: Holzbrettchen zum Dachdecken, Schindel
Etym.: Entlehnung aus rum. *dranițǎ* 'Dachschindel'. • *Mit die Rindl von die Fichtn*

(↑Fichte) *macht mer die Dranjitzn.* [OW VI]
→Brett.

Dreck - m, trek [Baw, Seik, StI, Wem V, Ap, Fil, Hod, Mil, Waldn, Wepr III, Be, ND, NP IV, Alex, Bak, Bog, Bill, Len, Low, StA V]
1. A: Schlamm, nasse Erde ● *De Hannef* (↑Hanf) *is ins Waser kumme, des war net so ↑tief vleicht achzich-neinzich Zentimette* (↑Zentimeter) *tief, hod me den Dreck druf, do hod me Hanefreeze* (↑Hanfröste) *gemacht.* [Waldn III] *Eier Sau wuhlt* (↑wühlen) *im Dreck im Gassegrawe* (↑Gassengraben). [Bog V] 2. A, G (vom Saatgut:) Staub und Unkrautsamen ● *Die Buhn* (↑Bohne) *håm-me durich die Reite*[r] *gelosst, es de Dreck raus is komme, es die Buhn sauwe woan. Awwe de Waaz* (↑Weizen) *is net in die Reite komme.* [Baw II] ◆ Redewendung: *Klaan un keck, werft de Große in de Dreck.* [Bak V]
→(1) Drecklache, -ofen, Erde.

Drecklache - f, treklax, -ə [Fil, Mil Waldn III]; treklaxə, -nə [Sad V]; treklåk, -ə [Fak, Glog V]; treklak, -ənə [Ga, StA, Wil V]
A: Pfütze, morastiger Tümpel ● *Die Kindr fange als oo Flättrmeisl* (↑Fledermaus 2) *an de Drecklach.* [Mil III]
→Dreck (1), Lache.

Dreckofen - m, treko:fə, -e:fə [Gak III]; treko:və, -e:və [Bru, Charl, GK, Jahr, KöH, Len, Ost V]
Allg: aus Lehm errichteter Küchenherd ● *Weil bei uns ka Dreckewe ware, un for de Backowe oder de Kessl schiere* (↑schüren), *Rewe* (↑Rebe) *un Stengle* (↑Stängel) *genuch ware, sein die Storze* (↑Storzen) *glei in der Forch* (↑Furche) *oder im Wech* (↑Weg) *verbrennt gewe.* [Bru V]
→Dreck (1), Ofen.

drehen - schw, dre:n, gedre:t [OW VI]; tre:n, ketre:t [Pußt I]; treə, gətre:t [Fek II]; treə, kətre:t [Bohl, Mu, Oh, Petschw StI II, Brest, Gai III, Bak, Bog, DSta, Franzf, Drei, Glog, Len, Low, Ost, StAnd V]; tre:n, tre:t [Pußt I]; tre:ə, kətre:t [Petschw II, Gai III, Bak, DSta, Glog V]; tre:ə, tre:t [Jood II, Franz V]; tra:n, tra:t [ASad, Lind, Wei, Wolf V]
1. Allg: etwas in drehende Bewegung versetzen ● *Mit däre Kede* (↑Kette) *hot me die Sau kennt drehe, sticke zwaa-dreimol rungedreht woen.* [Fek II] *No hamm sie die Sau in de ↑Multe*[r] *so lang zoge* (↑ziehen) *un dreht, bis de Hoor* (↑Haar) *rabgehn.* [Jood II] *Un noch hunn se oogfangt die Schleider zu drehe, un no is der Honich 'raus.* [StI II] *No henn sie gedreht, so e Walz, bis halt die Kuh uff dem Wage war.* [Brest III] *Des großi Rad mit am Griff had mer gedreht und hat die Trauwe kärbweis ningschitt.* [Ost V] 2. A: sich im Kreis herum bewegen ● *Speder sinn noh Gepple* (↑Göpel) *kumm, mid-die Ross. Die drehn sich im Kreis un treibn* (↑treiben 3) *die aanfachi ↑Dresch.* [Ost V] 3. A: etwas drehend formen, binden ● *Beim Handmehe* (Handmähen) *hat mer sich die Saal* (↑Seil) *selwer gedreht.* [Ost V] *Frehja hot ma Kohl* (↑Kohle) *brennt, Holzspaa* (↑Holzspan) *draht - mit dem hom-ma uns recht vül befosst.* [Wei V] **Anm.**: Das PPerfekt wird in [Pußt I] und in [Franz V] sowohl ugs. mit, als auch dial. ohne das Präfix ge- verwendet.
→(1) drillen, herumdrehen, hinabrollen, zusammendrehen.

dreieckig - Adj, traiekik [StI II]; traiekiç [Fil, Mil, Pal, Siw III, Be, Tom IV, Bill, Fak, GK, Glog, Low, Ost, Stef, Zich V]
A: mit drei Ecken versehen ● *De Kukrutz* (↑Kukuruz), *där is als zwaamol ghackt woen, wann e grosig* (↑grasig) *woa, un aamol gheiflt* (↑häufeln) *hunn se. De hadde so en dreieckige Heiflpflug* (↑Häufelpflug), *is zugheiflt woan.* [StI II]
→viereckig.

Dreifelderwirtschaft - f, treifeldərvirtʃaft, Sg. tant. [Ker, Sch, Siw, Tscher III, Be, ND IV, Alex, bak, Bog, GK, Gott, Gra, Hatz, Joh, Jos, Nitz, Len, Low, Ost, War, Wis V, Pe VI]
A: Fruchtfolge, bei der im Dreijahresrhythmus Getreide, Hackfrüchte und Brache aufeinander folgen ● *Wie noch die Dreifelderwirtschaft war, glei fun Aafang, hat mer Frucht und Kukrutz* (↑Kukuruz) *gebaut. Un dann uff der Brachflur is Gras gwackst, dort is nicks gebaut ginn* (worden). [Ost V] ◆ In Deutschland wurde die Dreifelderwirtschaft so gehandhabt: früher: Winter-, Sommergetreide und Brache; heute: Winter-, Sommergetreide, Hackfrüchte oder Futterpflanzen. (Wahrig 937)
→Brachflur, Feld, Wirtschaft.

Dreifuß - m, veraltet, draifu:s, -fiəs[Bil, Ham, Mai, Schei VI]; traifu:s, Pl. id. [Ap, Brest, Fil, Mil, Sch III, Be, NP, Tom IV, Alex, Bog, Bru, Ger, GK, Len, Low, Nitz, Ost, StAnd V, NP VI]
Allg: dreifüßiges Eisengestell zum Aufstellen von Töpfen und Pfannen über offenem Herdfeuer ● *Do isch e Dreifuß in die Glute* (↑Glut) *gstellt*

warre, dass die ↑Tepsi fescht steht, do hot mer aa Kirbse (↑Kürbis 1a) brote kenne. [Mil III] *In de ufne Kiche war e Herd mit so am Dreifuß, wu druf gekocht is gewwe* (worden). [Bru V] *Un die hann so Reindle* (↑Rein) *ghat aus Gusseise un die hann so drei Fieß ghat, odder hann se e Dreifuß ghat.* [GJ V] ■ PfWb II 476: 1. 'dreifüßiges Gestell', a. 'zum Aufstellen von Töpfen und Pfannen, bzw. des Kessels beim Latwergkochen (Muskochen) über dem Feuer', b. 'Holzgestell für den Waschzuber'; SüdHWb I 1708 f.; RheinWb I 1468; BadWb I 549.
→Fuß (2), Ofen.

Dreikreuzdistel - f, treikraitstiʃtl, -ə [GK, Ost V]
A: Distelart mit mehreren querstehenden Stacheln ● *Unkraut ham-mer viel ghat, Dischtle, Rossdischtle, also die Dunnerdischtle, die Dreikreizdischtle, in die wu mer als Kinner immer ningetret* (↑hineintreten) *hann.* [Ost V] ◆ Diese Distelart konnte ebenfalls Bestandteil des am 15. August geweihten Würtwisches sein.
→Distel.

dreischarig - Adj, traiʃaːriç [Bog, GK, Hatz, Len, Low, Ost, War V]
A: mit drei Scharen ausgerüsteter Pflug ● *Gstärzt* (↑stürzen) *ham-me mit am dreischariche Pluch* (↑Pflug). [Ost V]
→Schar.

Dreißig-Kiloschwein - n, traisiç-kiloʃvaindl [Bog, Fak, Ger, Glog, Kath, Mar, NA, NPa, Ost, War, Wis, Zich V]
V: Jungschwein, das schon vor Beendigung der Mast geschlachtet wird *Etym.*: Benennungsmotiv ist das ungefähre Schlachtgewicht der Jungschweine. ● *Manche hot auch sei Zuchtschwei ghat mit Tudlschweindl. Die greßeri haaßn Dreißig-Kiloschweindl.* [NA V] ◆ Zu besonderen Gelegenheiten wie Hochzeiten oder Kirchweihfesten, wenn das Fleisch rasch verzehrt wurde, schlachtete man Jungschweine mit einem Lebendgewicht von 30 bis 50 kg schon im Herbst. Die eigentliche Schweineschlacht fand im Winter statt, wenn die Mast beendet war und das Fleisch bei der starken Kälte (im Pannonischen Tiefland) leicht konserviert werden konnte.
→Schwein.

Dresche - f, treʃ, -ə [Fil, Ker, Mil, Sch, Siw, Tor, Werb III, Be, Tow IV, Bill, Bog, Len, Low, Ost, War, Wis V]
A: (verkürzt für:) Dreschmaschine ● *Die Dresch is vun Haus zu Haus gang, de Reihe noch, weil jede hat wille so rasch wie meglich dresche.* [Ost V] *No hann die Leit dorte gearweit bei der Dresch un im Tachlohn un so.* [Wis V] ■ PfWb II 489: 2. 'Dreschmaschine'; SüdHWb I 1714; RheinWb I 1487; BadWb I 553.
→Dreschmaschine.

dreschen - st, treʃn, kətreʃt [Petschw II]; treʃn, treʃt [Ru IV]; treʃə, kətreʃt [Bru, Fak, Glog, KSch, Ost, Wil V]; treʃə, treʃt [Jood II, Ga, Sad, StA V]
A: die Körner durch manuelles Schlagen, durch Austreten mit Pferden oder mit einer Dreschmaschine aus den Ähren lösen ● *Aufm Trepplatz* (Tretplatz) *in Hof is des Korn no drescht worre mit de Hand.* [Jood II] *Un no is die Dreschmaschie vun Haus zu Haus dreschn gfoahn.* [Petschw II] *Die Dreschmaschie hat mese bis andethalb Waggon Frucht dreschn.* [Ru IV] *Wam-mer gedrescht hot, no hot mer 's ↑Fruchttuch verwendt, for die ausgfallne Kärn* (↑Kern 2) *ufhalle* (↑aufhalten). [Bru V] *Bei uns wärd alles drauß gedrescht, senn grose Triste, entweder uff de Hutwad* (↑Hutweide) *oder ufm Feld drauß.* [KSch V] *Die Dresch is vun Haus zu Haus gang, weil jede hat wille so rasch wie meglich dresche.* [Ost V] *D'Wassermenner missn beim Dresche ständich Wasser zum Dampfkessl bringe.* [Sad V] ■ Gehl 1991, 130.
→trappen, treten; Dreschflegel, -kasten, -maschine.

Drescher - m, treʃr, Pl. id. [StI II]
A: Dreschmaschine *Etym.*: Das Subst. ist eine Personifizierung der Landmaschine. ● *Es warn zwaa Dreschr, zwaa Dreschmaschine im Durf. Noch is imme so e Kompanie zammgange. Die sein iweräll hie un honn getrappt* (↑trappen) *iweräll.* [StI II] ■ PfWb II 491, 1.a: 'Dreschwagen, -maschine'; SüdHWb I 1716 f.: 2.d: 'Mähdrescher'
→Dreschmaschine.

Dreschflegel - m, treʃflegl, Pl. id. [Jood II]
A: landwirtschaftliches Gerät, mit dem gedroschen wird ● *Mit Dreschflegl håm-mir es Korn gedrescht.* [Jood II] ■ PfWb II 493 f.; SüdHWb I 1718.
→Schlegel; dreschen.

Dreschgarnitur

Dreschgarnitur - f, veraltet, treʃkarniːtuːr, -ə [Bill, Ger, Gott, Gra, Mar, Low, Wis V]
A: aus Dampfmaschine, Dreschkasten und Elevator bestehende Funktionseinheit von Landmaschinen ● *Die reichi baure in Gottlob (ON), die hann sich damol acht Dreschgarniture kaaft.* [Wis V]
→Dreschmaschine.

Dreschkasten - m, veraltet, treʃkhostə, Pl. id. [Fek II]; treʃkhaʃtə, -kheʃtə [Pal III, Bill, Ost V]
A: Teil der Dreschmaschine, in der das Getreide gedroschen wird ● *Duet woan zwaa-dreie Mann, die honn Goarwe (↑Garbe) gschmese (geworfen) uw de Dreschkoste.* [Fek II] *Zu meine Zeit war noch die Dampfmaschin, die gleichzeitig de Dreschkaschte un der Elevâtor gezoo hat.* [Pal III] *Die Rieslleit (↑Riesleute) hann misse schiewe (↑schieben), dass de Dreschkaschte an de Schowr (↑Schober) kumm is.* [Ost V] ◆ Vor der selbstfahrenden Dreschmaschine und dem Mähdrescher wurde mit einer Kombination von Dreschkasten (Strohbinder und Spreugebläse) gedroschen. Aus der Pfalz wird z. B. überliefert: "An die Stelle der früher üblichen Hand- und Göpeldreschmaschine ist seit etwa 1930 immer mehr der aus Dreschwagen, Strohbinder und Spreugebläse bestehende Dreschsatz getreten." (PfWb II 494) ■ PfWb II 494.
→Dreschmaschine, Kasten (2).

Dreschleute - f, treʃlait, Pl. tant. [Ost V]
A: Arbeitsgruppe an der Dreschmaschine ● *Die Dreschleit, die hem-mir hauptsechlich Rissleit gnennt, weil 's um Riss (↑Ries) gange, um Prozente hann die gedrescht.* [Ost V]
→Dreschmaschine, Maschinen-, Riesleute.

Dreschmaschine - f, treʃmaʃiːnə, -n [Waldn III, Franzf V]; treʃmaʃiːn, -ə [Pal III, Ben, Bog, NA, Sad V]; treʃmaʃiː, -nə [Baw, Jood, Petschw, StI II, Brest, Stan III, Ru, Tom IV, Fak, Ga, Glog, StA V, Bil, Mai, Schei, Suk VI]
A: Landmaschine zum Dreschen von Getreide ● *Vier-fimf Woche lang sem-mer zu de Dreschmaschie arbete (↑arbeiten) gange.* [Jood II] *Aufn Trepplatz (↑Tretplatz) is die Dreschmaschie kumme. An de Dreschmaschie woa die Trumml, do sein die Goarbn neiglossn (↑hineinlassen) woan.* [Petschw II] *Un die Goarwe warn uf de Triste, bis die Dreschmaschie komme is. Es warn zwaa Dreschr, zwaa Dreschmaschine im Durf.* [StI II] *Bei der Dreschmaschie ware die Maschieleit (↑Maschinenleute).* [Stan III] *Aso in meinre Zeit ware schun Dreschmaschine.* [Waldn III] *Da war de Haaitze (↑Heizer), dann waan zwei, wo die Fruchtgoabn (↑Fruchtgarbe) naufgschmissn hobn auf die Dreschmaschie.* [Ru IV] *No sinn schun Dreschmaschine rumgfahre, teilweise mit der Dampmaschie.* [Tom IV] *In de ↑Salasch (2) hunn die Baure ihre Trist gsetzt. Do is no die Dreschmnaschin zu am jede in de Hof kumm.* [Bru V] *Die Gsiedmadle (↑Gsiedemädchen) tragn 's Gsied vun de Dreschmaschie ufn Haufe.* [Fak V] *An de Dreschmaschin woan die Garweschmeise (↑Garbenschmeißer), zwaa Eileche (↑Einleger) un zwaa Seckle (↑Säckler).* [NA V] *Ja, hamm sie mit de Wege hiegfihrt, wo Dreschmaschie isch gsei.* [Schei VI] ■ Gehl 1991, 147.
→Dampfkessel, -maschine, Dresche, Drescher, Dreschgarnitur, -kasten, -leute, Elevator, Göpel, Kombine, Kormikmaschine, Maschine (1a), Trommel; dreschen.

Dreschplatz - m (n), treʃplats, -plets [StI II, Ru IV, (n) Bog, Bru, Charl, Len V]
A: gereinigter, festgestampfter Platz, auf dem Getreide (oder Hülsenfrüchte) gedroschen werden ● *Ba uns is als im Hof getrappt (↑trappen) woan, hammgfieht won un im Hof is des getrappt woan, ufm Dreschplatz, ja.* [StI II] *Am Dreschplatz hamm links un rechts die Tristn (↑Triste) gstandn vun däre Frucht, wo mer eingfihet hat.* [Ru IV] *Die Klaanbaure (↑Kleinbauer) hunn ihre Sach ufs Dreschplatz uff am gewisse Feldstick gfihrt un zu Triste ufgsetzt.* [Bru V] ◆ Kleinere Garbenmengen wurden im Hinterhof der Bauern gedroschen, größere auf einem vorbereiteten Platz auf der Hutweide des Dorfes bzw. auf einem freien Feldstück. Dem *Dreschplatz* ('Hinterhof') entspricht pfälz. *Dreschtenn* n., eine 'Tenne in der Scheune, auf der gedroschen wird.'
→Platz (2), Tretplatz, Salasch (2); dreschen.

Drieschling - m, triʃliŋ, -ə [Bill, Ernst, GK, Gott, Gra, Hei, Joh, Jos, Karl, Kath, Ket, Kud, Laz, Len, Low, Mar, NB, Orz, Rud, Tschak, Tsch, Ui, War V]; treːʃliŋ [Ben, GJ, KJ V]; treʃliŋ [Pau V]; triʃleŋk [Sack V]; triːʃliŋ [StAnd V]
A: chlrophyllose Lagerpflanze mit feinfädigen Vegetationskörpern, die ein Mycel bilden, essbarer bzw. giftiger Pilz; Psaliota campestris und arvensis *Etym.:* Die Bezeichnung der Pilze hängt damit zusammen, dass sie häufig auf

feuchtem Weideland, besonders auf Viehweiden, den *Drieschen* wachsen. Vgl: (Diese Pilze nennt man) "heiderling oder druschling darumb, das sie auf der heiden oder druschen" (Drieschen) *gern wachsen*. *Driesch, Drieschfeld* ist ein 'unbebautes Land, Ödland, das bestenfalls als Viehweide dient'. (PfWb II 505 f.) ● *Dann warn noch die Dachworzle (↑Dachwurzel) un die Drischlinge. Ich hann kaane gekennt, wu Drischlinge gess hat. Wäll alli Engschtre (Angst) ghat hann, dass sie giftich sinn, un 's ware aach net viel gwenn.* [Ost V] ■ PfWb II 509: 'Champignon'; RheinWb I 1491; Petri 1971, 36.
→Unkraut.

driften - schw, trans, selten, triftərn, triftərt [OW VI]
Fo: mit der Strömung getrieben werden ● *Dann kommt des Holz driftert, in die Wasseriesn (↑Wasserriese). Das ist von siem (sieben) Hölzer gemacht, so ein Kanal.* [OW VI]
→Floß.

drillen - schw, trilə, trilt [Bil, Ham, Mai, Pe, Schei, Suk VI]
A, G: drehend eingraben ● *Mid em Briggele (↑Prügel) tud mer drille, mach mer e Loch, tud mer's in de Bode setze (↑setzen 2b).* [Schei VI] ■ SchwWb II 381: 1. 'drehen, umdrehen, hin und her bewegen'; PfWb II 512 (auch *drillern* 516): 1. 'rasch drehen, wirbeln'; SüdHWb I 1730; RheinWb I 1495; BadWb I 559.
→drehen (1).

dritte Klasse - f, triti kla:s, Sg. tant. [Seik, Sulk, Surg, Wem II]
Allg: (von landwirtschaftlichen Produkten:) die billigste Güteklasse ● *Un noch wor dritti Klaas, där wor ganz billich, un de virti Klaas, for senn hot me schun bal nicks krigt.* [Sulk II]
→Klasse.

Drittel - s, tritl, Pl. id. [Ed, GT, KT, Scham, Wein, Wud I, Jood II, Alex, Bill, Fak, Glog, GStP, Ost, Trie, Wis V]; tridl [Sad V]
A, G, W: für landwirtschaftliche Arbeiten bezahlter dritter Teil des Ernteertrags ● *Unsa Votta hat amoj (einmal) vom Grumbianocka (↑Grundbirnenacker) e Drittl von de Fecksung (↑Fechsung) bhojtn (behalten) deafa.* [Wud I] *Friher warn Baure ode Taglehner, die sinn maschine (↑maschinen) gange ums Drittl un so.* [Jood II] *Viel hat e Perzentmiller in der Windmihl jo net verdient, e Drittl von der Maut hat er kriet.* [GStP V]
→Zehntel; überhaupt.

Drohne - f, tro:nə, -n [Bat VI]; tro:nə, Pl. id. [Seik, StI II]
B: männliche Biene ● *Wann des Volk gut stoark (↑stark 2) is, dann kummen es äescht die Drohne, dann lecht (↑legen 2) die Kenigin die Drohneeier, die senn nicht befruchtet.* [Seik II] *Un noch macht er schun sauwer alles, vun dene Drohne, gell.* [StI II] *Der woan Drohnen, ne, Drohnen. Die Bienen vernichtn's sälbe (selbst), die Arbeiterinnen, do treiben sie's aus.* [Bat VI]
→Biene, Drohnenei.

Drohnenei - n, tro:nəai, -ər [Seik, StI II]
B: unbefruchtetes Ei, aus dem eine Drohne schlüpft ● *Wann des Volk gut stoark (↑stark 2) is, dann kummen es äescht die Drohne, dann lecht (↑legen 2) die Kenigin die Drohneeier, die senn nicht befruchtet.* [Seik II]
→Drohne, Ei (1a).

Drossel - m, dra:ʒəl, -n [OW VI]; truʃl [Low, Orz, War V]
Fo: in mehreren Unterarten vorkommender, beeren- und insektenfressender Singvogel; Turdida ● *Auch de Drascheln gibt's, das ist auch so groß wie eine Amsel. Die Draschel macht kein Schaden und auch kein Nutzen nicht.* [OW VI] ■ Petri 1971, 123.
→Singvogel, Vogel.

Druschba - f, selten, druʒbɐ, Pl. id. [ASad, Lind, Wei, Wolf V]; druʒbə [Bat VI]
Fo: Motorsäge zum Fällen und Zerlegen von Baumstämmen *Etym.:* Markenname einer Motorsäge, benannt nach russ. *družba* 'Freundschaft'. ● *In Holzschlag hom-mar mejssn mit de Waldsoo schneijn (↑schneiden). Heit is des scho völ bessa, ejtz oarwatn's mit de "Druschba", mit der Motorsoo.* [Wei V] ◆ Diese aus der UdSSR eingeführte Art von Motorsäge wurde in Rumänien seit den 1960er Jahren verwendet.
→Motorsäge.

Dulfe - f, tulfe, -n [PrStI III]; tulf, -ə [Hod III]; tu̱lf, -ə [Mil III]
H: hölzernes Gerät mit einem Rahmen und beweglichen, unten zugespitzten Brettern zum Brechen der Hanfstängel ● *Zuärscht ware die Dulfe, die Hanfknitsche. Die Taglehner*

dunkel

(↑Tagelöhner) *henn des Bischeli* (↑Büschel) *Hanf mit der Knitsch* (↑Knitsche) *broche* (↑brechen). [Hod III] ■ PfWb II 597 f. (veraltet); SüdHWb I 1810; BadWb I 588.
→Hanfknitsche.

dunkel - Adj, duŋkl [OW VI]; tuŋkęl [NPe V]; tuŋkl [Bad, GN II, Gai, Gak, Ker, Kol, Tscha III, NP, Tow IV, Ben, Bog, DSta V, Ger, GK, Gra, Low, Ost, War, Wis V]; tuŋgl [Bohl II, Har III]
Allg: nicht hell, der Farbe schwarz angenähert ● *Ke griener, je dinkler de Thuwak* (↑Tabak) *is, desto minderwertiger is er.* [Ost V]

dünn - Adj, tin [GN, Petschw II, Ap III, Bog, Fak, Ga, GK, Glog, Ost, Sad, StA V, Bat VI]
1. B: von relativ kleinem Durchmesser ● *Die dicke Därem* (↑Darm) *sinn far Blutwärscht mache gwest un die dinne Därem far Brotwärscht* (↑Bratwurst). [Ap III] *Die Papiernusse* (↑Papiernuss) *henn dinni Schele* (↑Schale 1a). [Glog V] *Jå, die Wabn, des ham-men ausnemme. Do hunn i socheni Brede* (↑Brett), *die hamm so dinni Negl drin.* [Bat VI] 2. A: nicht dicht stehend, rar ● *Die letschti Zeit hann se die Ruwe* (↑Rübe) *dinn aangebaut, ganz schitter.* [Ost V]
→(1) dick (1); Dünndarm, -schalige; (2) schütter.

Dünndarm - m, tinta:rm, -tę:rm [Bog, Ger, GJ, Len, Lieb, Wis V]; tinta:rəm, -tę:rəm [Ap III, Fak, Ga, Glog, Wis V]
V: (von Tieren:) erster Abschnitt des Darms vom Magenausgang ● *Do hot's Dickdärem gewwe un Dinndärem.* [Ap III] *De Dinndarm, där is in Sticke gschnitt wor, so lang wie die Worscht seie hat mise.* [Lieb V]
→Darm; dünn (1).

Dünnschalige - f, tinʃa:liçe, tinʃa:liçi [Ost V]
W: Sorte von Tafeltrauben mit dünner Schale ● *Mir hann getracht, dass es Bärl* (↑Beere) *e dicki Schal* (↑Schale 1a) *hat. Weil die Dinnschalichi, aso Esstrauwe* (↑Esstraube), *hann sich net gut ghall* (↑halten 3). [Ost V]
→Rebsorte, Schale (1); dünn (1).

Dunst - n, tunst, Sg. tant. [Baw, Jood, Seik, StI II, OG I]; tunʃt [Ap, Hod, Fil, Kol, Mil III]
O: (verkürzt für:) Dunstobst ● *Die Kiëschn* (↑Kirsche), *die ta-me olli in Dunst 'nei. Zwaahundet Glas, die fülln me olli Jahr mit Pfäschn* (↑Pfirsich), *Weicksl* (↑Weichsel), *Zweischpn* (↑Zwetschke). [OG I] *Die Weiwer honn imme die Kreppl* (↑Krapfen) *gebacke, un noch dezu Wein un des Dunst.* [Baw II] *Die Quetsche sinn eiglegt warre als Dunscht. Die wärre in Dunschtgleser 'nei un wärre no gedienscht.* [Ap III] *Gern gesse hot mer als Käsnudle* (↑Käsenudel) *un Dunscht oder gereschti Grumbire* (↑geröstete Grundbirne) *un Nudle mit Dunscht.* [Mil III] ■ *Dunst 2* PfWb II 625.
→Dunstglas, -obst; dünsten.

dünsten - schw, tinʃtə, kətinʃt [AK, Ker, Sch, Siw, Tscher III, Put, Tom IV, Bak, Bog, Gra, Kath, KJ, Len, Low, War, Wis V]; ti:nʃtə, kədi:nʃt [Ap, Fil III]
G, O, V: im eigenen Dunst gar werden lassen ● *Die Quetsche* (↑Zwetschke) *sinn eiglegt warre als Dunscht. Die wärre in Dunschtgleser 'nei un wärre no gedienscht. (...) Mer hat de Brotworscht* (↑Bratwurst) *gedinscht oder hat men roch* (↑roh) *gesse.* [Ap III] ■ PfWb II 625; SüdHWb I 1839; BadWb I 597.
→Dunst, Dunstglas, -obst.

Dunstglas - n, tunʃtkla:s, -kle:zər [Fak, Ga, Glog, Wil V]; tunʃtkla:s, -kle:sər [Ap, Fil, Pal, Tscher III]
G, O: Einweckglas, in dem gedünstetes Obst konserviert wird ● *Do hod mer Schnaps in a Dunschtglas un hot Teentl* (↑Tendel) *'nei, dass es Teentlschnaps gibt.* [Ap III]
→Dunst, Glas; dünsten.

Dunstobst - n, tunstopst, Sg. tant. [Baw, Seik, StI, Wem II]; tunʃtopst [Fil, Pal, Mil III, Fak, Ga, Glog, Ost, StA, Wil V]
O: gedünstetes und als Kompott konserviertes Obst *Etym.*: Vgl. österr. *Dunstobst* 'Kompott'. (ÖstWb 190) ● *Die Kische, Pfische* (↑Pfirsich), *die Quetsche* (↑Zwetschke) *un die Birn, die senn alles eingelecht* (↑einlegen) *woen fer Dunstobst.* [Baw II] *Heier wor e gudes Obstjohr, do hemmer viel Dunschtobst eiglegt.* [Fak V] *Un Dunschobst is ingleet ginn un Schleckl* (↑Schleckel) *gekocht, bis es ↑steif war.* [Ost V] ■ Gehl 1991, 229.
→Dunstglas, Obst; dünsten.

Duransche - f, turanʃn, Pl. id. [Tschan V]; duɐrantʃə, Pl. id. [Aug, Ed, GT, KT, Schor, StIO, Wein, Wud I]; turantsə [Stan III]
O: Pfirsich mit hartem, am Kern haftenden Fleisch *Etym.*: Entlehnung aus ung. *duránci* 'Härtling'. Vgl. *Härtling 2*. (veralt.) 'spätgewachsene Weintraube, die die nötige Reife nicht

mehr erreicht'. (DudenWb 3, 1152) Hier erfolgte Bedeutungsübertragung von den harten Beeren der unausgewachsenen Traube auf das harte, am Kern festgewachsene Pfirsichfleisch, bzw. auf minderwertige Pfirsichsorten. • *Dej Duarantsche haum e hoats* (↑hart) *Fleiesch* (↑Fleisch 2), *deies hot sie net ven Kean* (Kern 1) *glest.* [Wud I] ■ Petri 1971, 60.
→Pfirsichsorte.

durchdrehen - schw, turxtra:n, -tra:t [In, Ru IV]
A, G, O, V, W: ein landwirtschaftliches Produkt durch drehende Bewegung in einem Gerät zerkleinern • *Die Ruebn hat mer verhackt oder durch ane Ruebnschneider* (↑Rübenschneider) *durchdraht.* [Ru IV]
→mahlen.

durcheinander - Adv, turxənandə [Bak, Fak, Ga, Glog, Nitz, StA, Wil V]; turigənant [StI II]; torxənanər [Bog, GK, Len, Ost, War, Wis V]; tarxənanər [Sch, Siw, Tscher III, Sack V]
Allg: (von verschiedenen Dingen:) zusammen gebracht, vermischt • *Un noch hunn se Brot eigewaaicht* (↑einweichen), *hunn des zåmmgemischt, un noch e Aai droo un Mehl durigenannt.* [StI II] ◆ Redewendung: "*Do leit* ('liegt') *alles dorchnanner wie Kraut un Riewe.*" ■ PfWb II 643 f.; 2. 'vermischt'; SüdHWb I 1862 f.; RheinWb II 76 f.; BadWb I 602.

durchfahren - st, torxfa:rə, -kfa:rə [Bog, Bru, Charl, Jahr, Len, Sack V]
Allg: mit einem Fahrzeug bzw. landwirtschaftlichen Gerät zwischen Pflanzenreihen, Bäumen usw. fahren • *Beim Kukrutzhacke is jo mitm Hackplug* (↑Hackpflug) *dorchgfahr gewe* (worden), *nor in de Reih* (↑Reihe) *hot mer misse mit de Hack* (↑Hacke) *hacke, haufe* (↑häufeln) *un schittre* (↑schüttern). [Bru V]
→fahren (1).

durchgehen - st, intrans, turxke:n, -käŋən [Lug, Resch, Tem, Wer V]; turxke:ə, -kåŋə [Fak, Ga, Glog, StA, Wil V]; torxke:ə, -kaŋ [Alex, Bog, Ernst, GK, Gott, Grab, Len, Ost, Stef, War V]
1. Allg: einen Raum gehend durchqueren • *Die Fischer sinn mid am Netz im Fischteich dorchgang, un hann dann die Fisch vetaalt* (↑verteilen). [Ost V] 2. Fo: (von zu Tale gleitenden Baumstämmen:) von der Rutschbahn abkommen *Etym.:* Die Verwendung des Verbs für einen entgleitenden Baumstamm ist eine Personifizierung. • *In Slatinara Wold is aamol a Holzriesn* (↑Holzriese) *baut woan, un do is a Baam* (↑Baum 1) *durgonge un hot aa poar Monna* (Männer) *ziemlich vestimmelt.* [Wei V] ◆ Schwärmende Bienen oder scheu gewordene Pferde *gehen durch,* indem sie 'davonlaufen, entfliehen'. ■ PfWb II 649 f.: I.4.a gegenständlich 'davonlaufen, entfliehen', besonders vom scheuenden Pferd, vom Bienenschwarm; RheinWb II 1130 f.; Bad I 603.

durchkneten - schw, turiçkəkne:tə, kne:t [StI II]
A: (von einem Teig:) durch andauerndes Kneten durchmischen • *Noch hot se geknet den Taaig mit warmes* <!> *Wasser, so lauwarmes un Salz 'nei, des Brot gut durichgeknet.* [StI II]
→kneten.

durchmahlen - schw, turxmo:lə, -kəmo:lə [La II]; durma:lə, -gəma:lə [Bil, Ham, Schei VI]
A, V, W: ein landwirtschaftliches Produkt durch zermahlen bearbeiten • *Un noch des wird durchgemohle mit dem Quetscher* (↑Quetsche), *in de Boding* (↑Bottich) *wird's neigequetscht* (↑hineinquetschen). [La II] *Denn tu mer Traube wimmle* (↑wimmeln 1), *tut mes durmahle in em große* ↑*Stande.* [Schei VI]
→mahlen.

Durchmesser - m, turxmesər, Sg. tant. [Fak, Ga, Glog, StA, Wil V]; duiçmesər, Sg. tant. [OW VI]; torxmesər [Kock II, Bog, Low, War V]
Allg: Länge der Strecke, die durch den Mittelpunkt eines Kreises verläuft • *Die Wassermihle hadde e groß* ↑*Rohr* (1a) *un e groß Rod* (↑Rad) *mit drei bis vier Medder* (↑Meter 1) *in Dorchmesser.* [Kock II] *Un wenn es schon gewacksn is, schaut man, welcher is vielleicht krank. Un wenn es zu ist, wenn de Stamm schon de Duichmesser von 15-20 cm hat, tut me schittern* (↑schüttern), *dass nur die gute Exemplarn bleibn, welche ganz gesund sind.* [OW VI]
→Maß.

durchschneiden - st, turiçʃnaidn, -kʃni:dn [OW VI]; tuiçʃnaidn, -ʃnitn [Ed, Pußt I]; turiçʃnaidə -kʃnitə [Nad II, War V]; turiçʃnaidə, -kʃnidə [Fak, Ga, Glog, StA, Wil V]; turxʃnaidə, -kʃni:t [Kleck V]; turiçʃnaidə, -kʃnit [Bog, Ger, GJ, Len, Lieb, Wis V]
Allg: ein landwirtschaftliches Produkt mit einem Schneidewerkzeug zerteilen • *Un dann hod er*

durchschubben

gsucht am Hals un hot die Schlagode durichgschnitt mitm Stechmesser. [Lieb V]
→schneiden.

durchschubben - schw, turxʃupə, -kʃupt [La II]
A, G: ein Hackgerät durch die Pflanzenreihen schieben *Etym.*: Das Grundwort *schubben* 'schieben' ist eine Weiterbildung von *Schub*. • *Die Schubhacke wird durchgschubbt, aamol 'rauf un aamol 'rob (herab) in de Reih (↑Reihe) un noch is schon färtich.* [La II]
→Schubhacke.

durchziehen - st, torxtsi:ə, -kətso: [Alex, Bill, Bog, GH, Len, Nitz, Ost, War, Wis V]; turiçtsi:gə, -kətso:gə [Fak, Ga, Glog, StA, Wil V]
Allg: etwas durch eine Öffnung ziehen • *Hechle (↑Hechel) ware feini un growi Hechle, dort is de Hannef dorchgezoo ginn.* [Ost V]
→ziehen (1).

dürr - Adj, tir [StA V]
O: vertrocknet, verdorrt • *Die Bletter wärn (werden) dirr un falln ap.* [StA V]
→Dörrloch, Dürre Bohne; dörren.

Dürre Bohne - f, tɛri po:n, -ə [Ap, Pal, Sch, Siw III, Put. Tom IV, Gert, Gott, Gra, Len, Low, War V]
G: ausgereifte, trockene Bohne • *Far die Kuchl (↑Küche) is aagebaut (↑anbauen) warre Grumbiere (↑Grundbirne), Zwiefl (↑Zwiebel), Knofl (↑Knoblauch), Griezeich (↑Grünzeug), Grieni Bohne, Därri Bohne un anneres.* [Ap III]
→Bohne, Grüne Bohne; dürr.

eben - Adj, e:bn [Tax I]; ebə [Jood II]; e:və [Gak III]
A: flach • *Es gibt den Spenitärwagge (↑Spediteurwagen), dä hod nochhe Seitetaal (↑Seitenteil) un dä isch noch so ebe, dam-me uflade (↑aufladen) druf kann un des leuchter isch zu ablade (↑abladen).* [Jood II]

Ebene - f, e:bene Pl. id. [OW VI]
Allg: flaches Gebiet, Landschaft ohne Erhebungen • *Aso Hasn (↑Hase) gibt's ganz wenig. Es gibt schon, aber mähr in de Ebene.* [OW VI]
→Berg.

Eber - m, e:bər, Pl. id. [Kol III, In IV, De, Hatz, Stei V]; e:vər [Bad II, Gai, Kar, Kol, Stan III, Bir, Ga, Lieb, NA, StA V]; evər [Ap III, Buk, Bul, Tscher III, Kreuz, NPe, Paul, Schön, Ui V]; ęvər [AK, KK, Sch, Werb III, Fak, Glog V]; nęəpr [GA II]
V: männliches Zuchtschwein • *Bei en Ewwer ware noch die Ååier (Ei 1c) un die Därem.* [Ap III] *De Seihalder un d'Seihaldere (↑Sauhalterin) treibn (↑treiben 2) d'Ewer un d'Lose (↑Lose) uff die Hutweid.* [StA V] ■ Gehl 1991, 192.
→Bär (1), Eberstall, Sau, Watz.

Eberhardpflug - m, ebərhartplux, -pliç [Ost V]
A: nach der Herstellerfirma benannter Ackerpflug • *Aso vier Joch im Tag had mer kenne mid em Sackische Pluch oder Eberhardpluch stärze (↑stürzen), mit vier Ross ingspannt (↑einspannen).* [Ost V]
→Pflug.

Eberstall - m, e:vərʃtal, -ʃtel [Ga, StA V]; evərʃtal [Bog, Fak, GK, Glog, Ost, War V]
V: Stall für Zuchteber im Gemeindebesitz • *Im Halderhaus is der Bikestall un der Ewerstall.* [StA V] ■ Gehl 1991, 181.
→Eber, Halterhaus, Stall.

Ecke - f, ek, -ə [Bohl, Nad, Oh, Sier II, Fil, Har, Kutz, Mil, Sch, Wepr III, Be, NP, Tom IV, Alex, Ben, Fak, Franzf, Glog, Joh, Len, Schön, Wil, Wis V, Bil, Ham, NP, Pe VI]
Allg: von zusammenstoßenden Kanten begrenzter Raum; abgelegener Winkel auf einer größeren Fläche • *Im Garte im Eck wachst un bliht die Gretl-in-dr-Hecke (↑ Gretel-in-der-Hecke).* [Mil III]

Edelmarder - m, selten, e:dlmoadə Pl. id. [ASad, Lind, Resch, Stei, Wei, Wolf V]
Fo: Baummarder; Martes martes *Etym.*: Entlehnung aus der Standardsprache. • *Iwan (über den) Winta, kann i mi erinnern, hot er 30 Edelmoade gfangt; a Moadefell hot sovöl kost wej a Köuh (↑Kuh).* [Wolf V] ◆ Der Edelmarder ist ein gelb- bis dunkelbraun gefärbter Marder mit gelbem Kehlfleck, etwa 55 cm lang und mit buschigem Schwanz. ■ PfWb II 724; SüdHWb II 13; BadWb I 626.
→Marder.

Edelschwein - n, eːdlʃvain, Pl. id. [Drei, Eng, Kreuz, NA, Wies V]
V: deutsches Schwein, eine Fleischrasse ● *Die letzti Zeit hawwe se die Edlschwein ghobt, die Landrass hod me gsacht.* [NA V]
→Deutschländer Sau, Landrasse, Schwein.

Edelwild - n, selten, eːdəlvilt, Sg. tant. [ASad, Lind, Resch, Wei, Wolf V]
Fo: (Sammelbezeichnung für:) Reh-, Rot- und Schwarzwild, zum Unterschied von Raubtieren *Etym.:* Entlehnung aus der Standardsprache.
● *"Weh dir, wenn du vo heit aan a Stick Edelwild daschuißt!" Und vo den Tog aan hot de Kaiser koa Reh, koan Hirsch und koan Hosn* (↑Hase 2) *umglegt* (↑umlegen 2), *koan eunzgen.* [Wolf V]
→Hirsch, Reh, Wildschwein, Wild.

Egge - f, eːk, eːgə [Be IV, Franzf, Fak, Glog V]; eːk, eːkə [Tow IV]; ek, -ə [Jood II]; eːgə, -nə [Ga, StA V]; eːç, -ə [Nad II, Ben, Ost V]; aik, aigə [Gutt V]; eːçt, -ə [StAnd V]
A: Gerät mit mehreren Zinken zur Zerkleinerung der Schollen *Etym.:* Gehl 1991, 147. ● *Un hod a gmacht Egge, wu me muss des Feld klor mache noch en Ackre, un de Schmied hat die Zehn* (↑Zahn) *noigmacht* (↑hineinmachen), *Oisezeh* (↑Eisenzahn). [Jood II] *Die Eech geht tiefer runner un de Hackpluch* (↑Hackpflug) *noch tiefer.* [Ost V] **Anm.:** Die Variante *Echt* in [StAnd V] wurde, nach Schwund des Morphems -e, durch epithetisches -t erweitert. Im Wortlinaut ist d>ch verschoben.
→Scheiben-, Zinkenegge; eggen, eineggen.

eggen - schw, eːgn, gəːgt [Petschw II]; eːgə, kəːkt [Mil, Sch, Stan III, Tom IV, Fak, Glog V]; eːçə, kəːçt [Bog, Len, Low, Ost V]
A: die Erde mit einer Egge lockern ● *Had, bevoe me oobauen tued, muss me acken un egn, des Feld häerrichtn* (↑herrichten), *un dann kåm-me stupfn Kukrutz* (↑Kukuruz) *mit de Haun* (↑Haue). [Petschw II] *Es Feld hot messe geegt wärre un gschlaaft* (↑schleifen) *wärre, dass es so klor* (↑klar) *war wie e Gärtl.* [Stan III] *Die Baure hann gackert un geecht und gschleppt mit de Schlepp* (↑Schleppe) *un alles gmacht.* [Ost V] ■ Gehl 1991, 129.
→Egge; eineggen.

Ei - n, ai, -ər [Seik, II, Ost, Sad V]; aːi, -ər [Ap III, OW VI]; aːi, -ə [StI II, Dol, Drei, Ga, Jahr, NB, StA V]; åːi, -ər [Ap III]; åːi, -ə [Fak, Ga, Glog, StA V]
1. V: weibliche Keimzelle von vielzelligen Lebewesen, a. V: von Insekten, Fischen, Vögeln ● *Die Gluck hot mer oogsetzt* (↑ansetzen) *in em Weidekarb* (↑Weidenkorb), *hot mehr Stroh 'nei un hot mer die Aaier neiglegt.* [Ap III] *Dann sinn die Schmaaßmicke* (↑Schmeißmücke), *die wu ihre Eier gäre in die Schunke* (↑Schinken) *ninleje* (↑hineinlegen). *Dann kummen drin die Wärm* (↑Wurm). [Ost V] *De Kefer legt die Eier, un das tut sich stark vermehrn.* [OW VI] b. V: als Nahrungsmittel verwendetes, vor allem von Hühnern gelegtes, Vogelei ● *Noch honn se die Lewerkneel* (↑Leberknödel) *gemocht, hunn des zåmmgemischt, un noch e Aai droo un Mehl durigenannt* (↑durcheinander). [StI II] *Für sauri Nudl* (↑saure Nudel) *is noch e Aai 'neigschlage warre, des ware sauri Aaier un Nudl.* [Ap III] *Do ware hechschtn noch e Tippe* (↑Tüpfen) *Milich im Haus, a Tippche mit Rahm, e Brocke Kuhkäs un natierlich Aie, also es Allteglichi.* [Dol V] *Sunne, Sunne, Maie, die Hinkle* (↑Hünkel) *leje Eie.* [Drei V] *Eie raus, Eie raus odde mir schicke de Fuchs ins Hinkelshaus.* [Jahr V] *Milich in die Tippe, Eier in die Kuchepann* (↑Kuchenpfanne). [NB V] *Oweds hädde mir Buwe halt gähn (gerne) ausbackene Åie gesse, awwe wuhär die Åie?* [StA V] c. V: Tierhoden ● *Bei en Ewwer* (↑Eber) *ware noch die Ååier, die Därem* (↑Darm). [Ap III]
◆ Des Kokoschåi is e Unglücksåi. (Gemeint sind Zwergeier, von denen es heißt, man müsse das Unglücksei nach rückwärts übers Dach werfen, damit die Henne wieder richtige Eier legt.) - *Du vebriedlts (verbrütetes) Åi* (ein Schimpfname für eine unnütze Person) [Glog V]. ■ Gehl 1991, 218.
→(1a) Drohnenei; (1b) Eidotter, Eierschale, -speise, -störz, -wiesel, Flaum-, Katschenei, saures Ei.

Eiche - f, aiçe, aiçn [ASad, Tem, Resch, Wolf, Wei V, OW VI]; aiçə, Pl. id. [Mu, Mut II, Har, Brest, Tor, Tschat, Tscher III, Bill, GStP V]; aiçl, -ə [Hod, Stan III, Bru, Charl, KöH, Karl, Low V]; åiçl [Ap, Gai III]; ɔiçl [Kol III]
Fo: Eicheln tragender Laubbaum mit hartem Holz; Quercus *Etym.:* Die Varianten *Eichl, Åichl, Oichl* sind Bedeutungsübertragungen vom Teil (Frucht des Baumes) auf den ganzen Baum.
● *Im Bruckenauer Wald ware viel Beem: Eichle, Tanne, Riester, Akaze un Papplbeem.* [Bru V] *Von schene Baume, welche Früchtn* (↑Frucht 2) *machn, zerstraat* (↑zerstreuen) *de Wind den*

Eichel

Samen, und es tut sich natural (↑natürlich) wieder anbaun. Bei Buchn, Eichn, Eschn, bei dieses geht es, natural anbaun. [OW VI] ■ Petri 1991, 60.
→Baum (1), Eichel, Eichenfass, -klotz.

Eichel - f, a:içl, -n [ASad, Lind, Resch, Wei, Wer, Wolf V, OW VI]
Fo: Frucht des Eichenbaumes ● *Die Wildschweine habn genug von den Buchen die Buchecken und Eichln.* [OW VI]
→Buchecker, Eiche.

Eichenblatt - n, aiçnblat, -bledə [Bat VI]
B: Laub des Eichenbaums ● *Ja, es mache's mol ein wenig ↑Waldhonig vun de Eichnbletta, des is so hirt* (↑hart), *das is so wie e ↑Leim.* [Bat VI]
→Blatt, Eichenwald.

Eichenfass - n, aiçnfas, -fesr [Ru IV]
W: aus Eichenholz hergestelltes Fass ● *Des woarn Eichnfessr meistns fir Wein. Un in Schnaps had me missn in Maulbierfessr reitun, weil Maulbierfass, des is brau, des had e Farbe gebn.* [Ru IV]
→Eiche, Fass.

Eichenklotz - m, aiçnklots, -kletsə [Ora, Resch, Stei V]
Fo: Teil eines Eichenstammes ● *Es war so e Eichnklotz, was sie in den Schacht tun.* [Stei V]
→Eiche, Klotz.

Eichensägemehl - n, aiçəsọ:gmẹ:l, Sg. tant. [Jood II]
V: Sägemehl von Eichenholz ● *Mir mache ↑Rauch mit Eichesogmehl odde Agazesogmehl.* [Jood II]
→Akaziensägemehl.

Eichenwald - m, aiçnvold, veldə [Bat VI]
A, B: aus Eichen bestehender Wald ● *Ja, hot's kleine Eichnwold, un aff die Blette sinn manchsmal die Bienen.* [Bat VI]
→Eichenblatt, Wald.

Eichkatze - f (n), aiçkhats, -ə [Ka II, Char, Gra V]; (n) aiçkhatsl, Pl. id. [Mon II, Pal, Sek III, In IV, Bak, KB, Kub, Laz, Mar, Mori, Ost, Pau, Rud, Stef V]; oiçkha:tsl [ASad, Lin, Mram, Wei, Wolf V]; axkhatsl, -n [Ed, KT, Scham, Wud, Wudi I]; a:xkhatsl, -ə [Schön, Stei V]; aiçkhetsl [Buk III, Franzd, Ga, KSch, Resch, Sekul, StA V]; a:içkhetsl [Kar, Kol, Stan, Wasch III, Ben, Bill, Kud, Low, Orz, Tschan V]; a:içkhetsçə, Pl. id. [Sack V]; aiçkhetsjə [Ger, GJ, Hatz V]; a:xlkhetsçə [KSch V]; a:xlkhetslį [Hod III]
V: Eichhörnchen; Sciurus vulgaris ● *Eichketzl sind auf de Baame im Wald.* [Resch V] ■ PfWb II 750; SüdHWb II 37; RheinWb II 45 f.; BadWb I 637; Petri 1971, 117.
→wildes Tier.

Eidechse - n, aideksle, aidekslə [Ga, StA V]; hå:iteksl, -ə [Fak, Glog V]; a:daksl [Ed, KT, Scham, Wud, Wudi I, Bog, Har, Wud I, Ora, Stei, Wer V]; a:ideksl(e) [Kol III, In IV, Franzf V]; e:deks [Kutz, Tor, Tscher III, Ben, Bill, Bir, DStP, Eng, Ger, GJ, Gott, Hatz, Hei, Joh, Jos, Kath, KB, Laz, Len, Lieb, Low, Mori, Na, Orz, Rud, Sack, StAnd, Stef, Tsch, Tsche, Ui, War V]; aidaks [Kud V]; aideks, aiteks [KK, Tscher III, Jahr, Ksch V]; aideksl, aiteksl [Ap, Gara, Par, PrStI III, De, Gutt, Kub, Tschak V]; eideskla [SM V]; oiteksl [Kol III]; o:teks [Waldn III]; o:teksl [Fil, Mil III]; hẹgẹtslį, Pl. id. [Sad V]; e:deksl [Char V]; ẹ:rtheksl, -ə [GK, Low, Ost, war V]
V: kleine braungrünliche, flinke Echse, die bei Verfolgung den Schwanz abwerfen kann; Lacerta viridis ● *Do worn aa die wildi Tiere im Garte un ufm Feld, die Igle, die Ärdhecksle un die Schlange.* [Ost V] *D'Feldhase, Eidecksle, ↑Grickser un Heischrecke henn die Kinde frihe uffn Acker kenneglernt.* [StA V] **Anm.:** Die verschiedenen Varianten führen mhd. *egedëhse*, ahd. *egidehsa*, teilweise unter Anlehnung an *Erde, Heu* usw. weiter. *Ärdhecksl* ist volksetym. an *Erde* und an *Hexe* angelehnt. ◆ Volksglauben in der Pfalz: Wenn viele Eidechsen zu sehen sind, dann gibt es heiße Tage. - *Wann ääm e Äädechs iwwer de Fuß springt, hot mer Glick.* [PfWb II 735] ■ PfWb II 753 f.: 1.a; SüdHWb II 38-40; RheinWb II 51; BadWb I 638 f.; Gehl 1991, 114; Petri 1971, 107.
→wildes Tier.

Eidotter - n, a:iətodər, Pl. id. [Ost V]; å:idotər, Pl. id. [Fak, Ga, Glog, StA, Wil V]
V: das Gelbe des Hühnereis ● *Mir hann viel Unkraut ghat, die Schofgarb* (↑Schafgarbe), *die Dotterblumme, die sinn so geel* (↑gelb) *wie a Aaierdodder.* [Ost V] ■ PfWb II 754; SüdHWb II 40; RheinWb II 39; BadWb I 639; Gehl 1991, 218.
→Dotterblume, Ei (1b).

Eierschale - f, aiərʃa:l, -ə [Hatz V]; å:iəʃa:l, -ə [Fak, Ga, Glog V]
V: kalkhaltige Außenhülle des Vogeleies ● *Die*

Åieschele vun de Katscheåie (↑Katschenei) *sinn hart.* [Glog V] *Wann im Stall unner dr Bruck* (↑Brücke) *Hoor* (↑Haar) *oder Eierschale leije* (↑liegen), *krepiere[n] die Ross.* [Hatz V]
→Ei (1b), Schale (1b).

Eierspeise - f, åiəʃpais, Sg. tant. [Fak, Ga, Glog, StA V]
V: Rührei in Öl mit Zwiebeln *Etym.*: Vgl. österr. *Eierspeise* 'Rührei'. • *Mir henn d'Åie vun däre Gluck* (↑Glucke) *gholt un se bei meim Kumrad umtauscht. So senn mir zu unsere Åiespeis kumme.* [StA V]
→Ei (1b), Eierstörz.

Eierstörz - m, oajəʃterts, Sg. tant. [ASad, Lind, Wei, Wolf V]
A, V: Rührei mit Schmalz und Zwiebeln *Etym.*: Komp. mit bair. *Störz* m. (entrundet zu -e-), 'Mehl von verschiedenen Getreidearten, besonders von Heidekorn, auch von Kartoffeln, geröstet und mit Schmalz zu einem dicken Brei gekocht': *Haidenstörz*, von Heidekorn; *Grammelstörz*, mit gerösteten Speckschnittchen; *Erdäpfelstörz*, aus Kartoffeln. (BayWb 2/1, 786) • *Af dem Härd* (↑Herd) *is aa kocht woan: In de Frih Ejnbrennsuppn* (↑Einbrennsuppe), *z'Mittag ↑Nockerl owa en Oajesterz und af d'Nacht Eardäpflsuppn, des is die tägliche Kost gwest de gonze Wocha.* [Wei V]
→Ei (1b), Eierspeise.

Eierwiesel - n, a:iərvislər, Pl. id. [Ost V]; a:iərwisl [Fu III, Kath, Mram, Nitz V]; a:iərwi:sl [Ker III, In IV, Bill, Gra, Gutt, Laz, Orz, Stef V]; aiərwi:sl [Star V]; a:iərvuslər [NB, Tscher V]; a:iərvislçə [Len, Low V]; a:jərvisili(n) [Ap, Fi, Gai, Kol, Kar, Mi, Stan III, Franzf V]; a:iərvislə [Eng, Tsch V]; a:iərvislər [In IV, Bill, Ben, Char, Ger, Gott, GStP, Laz, Na, Orz, Sack, Schön, Stef, Tschan, Tschak, Tsche, Ui V]; a:iərvi:slər [Rud, StAnd V]; a:iərvislçə [DStP, GJ, Ket, Len V]; a:iərviʃlçə [Sch, Tor III]; a:ivi:sl [Wasch III]; aiərvuslər [NB V]
V: kleiner, flinker Marder, Wiesel; Mustela herminea *Etym.*: Das Grundwort *Eierwiesel* kommt von mhd. *wisele*, ahd. *wisula* 'Wiesel', das verwandt ist mit germanisch *wis(j)o 'Iltis', in Bezug auch zu spätlat. *vissio* 'Furz, Gestank', wegen dem penetranten Geruch des Tiers. Aus der spätlat. Form entstand altfranz. *voison* 'Iltis'. (Wahrig 4017) Nach Kluge kommt das seit dem 8. Jh. belegte Wort *Wiesel* aus mhd. *wisel(e)* f., ahd. *wisula, wisala, wisel* f., aus westgerm. *wisulōn (oder -e-) f. 'Wiesel'. Doch Wort kann gemeingermanisch sein, jedoch ist seine Herkunft unklar. ([23]Kluge, 890) Das Bestimmungswort des Komp. bezieht sich auf die Vorliebe des Raubtiers für Geflügel und seine Eier. • *Ja, do wär mol de Fuchs un de Ildis* (Iltis), *also de Aaierwissler.* [Ost V] ■ PfWb II 758 f.; RheinWb II 43 f.; Petri 1971, 111.
→Ei (1b), Iltis, Ungeziefer.

Abb. 16 Eierwiesel

Eigentümer - m, aigntimər, Pl. id. [Fek, Nad, StG, Wem II, Gai, Mil, Sch, StI, Werb III, Be, Tow IV, Bak, Bill, Bru, Ger, Gra, Nitz, Ost, War V]; aigntimə [Drei, Fak, Glog, Kreuz, NA, Wies, Wil V]
A: Besitzer einer (allgemein genutzten) Dreschmaschine • *Nochm Schnitt hat de Eigntime vun de Dreschmaschin deni Leit e bissl ↑Aldemasch gewwe.* [NA V]
→Maschineneigentümer.

Eimer - m, aimər, Pl. id. [Ru IV, Lug, Tem, Wet V]; aimęr [OW VI]; aimər, aimrə [Gal, StA V]; ạimr, Pl. id. [Gai III]; e:mər, Pl. id. [Bog, Nitz, War V]; e:mə, Pl. id. [Pußt I, Len V, OW VI]; a:mər, Pl. id. [Fek, Surg II, Bru V]; ā:mər, Pl. id. [La II]; ambər, Pl. id. [Fak, Glog, Drei V]; ambər, ęmbər [Ap III, Drei V]; ambə, ęmbə [Glog, NA V]; ạ̄mbə, Pl. id. [Wein I]; åmbə, ęmbə [Petschw II]; aūmbɛ, aūmbə [Aug, Ed, GT, KT, Scham, Schor, Wud, Wudi I]; ambr, embr [Mil III]; ampər, amprə [Stan III]; ampr, empər [Ost V]
1. A, V, O, W: rundes, hohes Blech- oder Holzgefäß mit Henkel zum Tragen oder Aufbewahren von Flüssigkeiten *Etym.*: Das seit dem 9. Jh. belegte *Eimer* kommt von mhd. *eimer, eimber*, ahd. *eimbar* m./n., *eimb(a)ri* n., *eimbarī(n)* n. Das Wort ist ursprünglich, wie altenglisch *āmber, ōmbor* m./n. entlehnt aus lat. *amphora* f., 'Gefäß mit zwei Henkeln', das seinerseits aus gr. *amphoreús* entlehnt ist. Offenbar wurde die Funktion dieses Gefäßes dann durch einen Kübel mit Henkel übernommen, worauf das Wort

umgedeutet wurde zu ahd. *eim-bar* 'Ein-Trage', unter Anlehung an das Zahlwort *eins* und einer möglichen Ableitung zu *beran* 'tragen'. (²³Kluge, 210) Vgl. bair.-österr. *Amper* (dial.) 'Kanne; eine Art Kübel, Eimer'. (ÖstWb 140) ● *Die Fecksung* (↑Fechsung) *is net guat, es gibt nua an Aumbe vuj Weiemba* (↑Weinbeere). [Wud I] *Do hod e jeds sein Aamer in sei Messer, noch geht's von* ↑*Stock* (1a) *zu Stock*. [La II] *Die Traubn wänn obgschnittn, dånn les* (↑lesen 2) *me sie in Åmbe.* [Petschw II] *Die Kuh hot e Ambr voll Wassr ausgsoff.* [Mil III] *Mit Ambre hot me des Schrot eigeteilt in die Treg* (↑Trog). [Stan III] *Nur in Trenkkeßl* (↑Tränkkessel) *hod me mitgnumme ins Feld, wal dea breiter woar un net so tief wie e Eimer.* [Ru IV] *Bei der Weinles war for jedi Person a Aamer.* [Bru V] *Hod aane sei Ambe in die Butte neigschitt.* [NA V] *Da hann die* ↑*Leser die Trauwe in de Amber gles mit eme scharfe Messer.* [Ost V] **2.** A, V, W: Flüssigkeitsmaß verschiedener Größe (von etwa 50-56 Litern) ● *Un achtenzwanzich Litte, des woa de Halbeeme, ne, un de Eeme hot secksunfufzich Litte ghobt, des is ein Maß, ne.* [Pußt I] ◆ Der Eimer diente auch als Flüssigkeitsmaß. In [Sad V] gab es ein *Zwei-, Secks-, Acht-, Zehneimerfass,* d. h. Fässer mit einem Fassungsvermögen von zwei, sechs, acht, bzw. zehn Eimern, wobei das letzte fast 600 Litern entsprach. (Gehl 1991, 170) Die Flüssigkeitsmaße sind nach Region verschieden. In Siebenbürgen umfasste der Eimer nur zehn Liter. (Krauß 227; Eimer 2.) In Ungarn betrug das Maß eines Eimers - nach einer Gewährsperson aus [Pußt I] - 56 Liter. ■ PfWb II 763 f.; SüdHWb II 52-54; RheinWb II 60 f.; BadWb I 643; Gehl 1991, 170.
→(1) Weder; (2) Acht-, Sechs-, Zehn-, Zweieimerfass, Halb-, Milcheimer, Maß.

einackern - schw, inakən, -kakərt [Baw, Jood, Wem II]
A: (Dünger oder Pflanzenreste) durch Pflügen in den Ackerboden einbringen ● *In Frihjahr, no is der Mist nauskomme, där hot missn ingackert wäär.* [Baw II]
→ackern.

einbären - schw, ǭipę:rə, -pę:rt [StG, Sulk II]
V: (wie: bären) ● *Und wenn die Sau oibärt hot, hot de Sauhalde* (↑Sauhalter) *uff Nacht de Baure gsagt.* [Sulk II]
→bären; Bär (1).

einbinden - schw, aipintn, -kepuntn [KKa II]; ainpində, -kəpuntn [Kow V]; ā̰īpintn -puntn [Wudi, Ed I]; ainpintə, -kəpuntə [Mu II]; aipinə, -punə [Saw, KaF II]; ā̰īpinə, -kəpunə [Glog V]; ǭīpində, -kəpundə [Nad II]; oipində, -pundə [Jood II]; inpinə, -kəpun [Ger, Kow V]
A: zusammenbinden ● *Wann die Kugrutzstengl* (↑Kukuruzstängel) *trucke* (↑trocken) *ware, des dauert ungefähr e siebe Däg* (Tage), *no ham-me des enbunde mit Bender* (↑Band) *vum* ↑*Schaubstroh, un is zammgsetzt worre uff en Haufe* (↑Haufen). [Jood II] ◆ Die geschnittenen Maisstängel werden gebündelt und zum Trocknen in Haufen gesetzt.
→binden.

einbraten - st, ā̰īpra:də, -kəpra:də [StG, Sol, Sulk II]; aipro:də, -kəpro:də [Tom IV, Fak, Ga, Glog, StA, Wil V]
V: in einer Pfanne in Fett garen ● *Und Fleisch hum-me eibrade ins Schmalz firs ganzi Johr.* [Sulk II]
→braten.

Einbrennsuppe - f, ejnbrensupn, Sg. tant. [ASad, Lind, Wei, Wolf V]
A: aus Einbrenne (Mehlschwitze) und Kümmel zubereitete Mehlsuppe ● *Af dem Härd* (↑Herd) *is aa kocht woan: In de Frih Ejnbrennsuppn, z'Mittag* ↑*Nockerl owa en Oajesterz* (↑Eierstörz) *und aff d'Nacht Eardäpflsuppn, des is die tägliche Kost gwest de gonze Wocha.* [Wei V] ■ PfWb II 775: 'Suppe mit einer Einbrenne'; SüdHWb II 69.
→Suppe.

eineggen - schw, ǭīegə, -kəe:kt [Sulk II]
A: Getreidesamen mit einer Egge in den Boden einbringen ● *Me hod mit de Ross gackert* (↑ackern) *es Feld un de Hawer* (↑Hafer) *mit de Hånd ausgstraat* (↑ausstreuen), *unno is er oigeegt wore.* [Sulk II]
→eggen; Egge.

einengen - schw, eineŋə, -gəeŋt [Seik, StI II]
B: (vom Bienenstock:) die Waben enger zusammenrücken ● *Die ibeflüssige Rohme* (↑Rahmen) *wänn rausgenomme, un so wänn die Bien eingeengt un gut woarm obgedeckt.* [Seik II]

einfach - Adj, ainfax [Aug, Ed, Schor, Wer I, Oetschw II, Esseg, Ru IV, ASad, Lug, Resch, Tem, Wei, Wolf V, OW VI]; ā:nfax [GJ, GK, Ost

V]; ā:fax [Fak, Ga, Glog, Pan V]; ẽ:nfax [Bog, Gott, Gra, War V, NP VI]
Allg: nicht doppelt oder zusammengesetzt, aus einem Stück bestehend ● *Dann war's Brustblatt, des war braat* (↑breit). *Als dopplt odder aanfach.* [Ost V]
→doppelt (1).

einfädeln - schw, āīnfę:dlə, -kfę:dlt [Fak, Glog V]; aife:dlə, -kfe:dlt [Bak V]; aifɛ:tlə, -kfɛətlət [Pe VI]; ōīfetlə, -kfetlt [StA V]; aifa:ln, -kfa:lt [Wud, Wudi I]; ai̯fa̱:ln, kfa̱:lt [Ed I]; infa:dlə, iŋkfa:dlt [Bog, GK, Len, Low, Ost, War, Wies, Wis V]
O, T: Teile von landwirtschaftlichen Produkten zum Trocknen auf einen Bindfaden aufreihen ● *Friher, bei meiner Oma ham-mer Epplschnitze* (↑Apfelschnitz) *gmach, die sinn ingfadlt ginn.* (...) *Der Tuwak is haamgfiehrt ginn un mit der Tuwaksnodl ingfadlt ginn.* [Ost V]
→Faden.

einfahren - st, āīfā:rə, -kfa̱:rə [Waldn III]
A: ein landwirtschaftliches Produkt in einen abgegrenzten Lagerraum transportieren ● *Des hot mer eigfähre, wär e Sallasch* (↑Salasch) *hat ghat. Sallasch, des is e Wirtschaftshof drauß im Feld.* [Waldn III]
→führen.

einfangen - schw, āīfaŋə, -kfaŋt [StI II]
B: etwas Entwichenes wieder fangen ● *Wann de Schwarm owed furtfliegt* (↑fortfliegen), *den muss me eifange. Wann die ville Bie* (↑Biene) *steche, des is gfährlich, des kam-me net mitmache.* [StI II]
→fangen

einfrieren - schw, eikfriən, -kfroən [Aug, Ed, OG, Wein, Wud I]
Allg: Lebensmittel durch Gefrieren haltbar machen ● *Ja, es Obst woa viel. Von die Himbårn* (↑Himbeere) *ham-men Soft gmocht. Jetz ta-me nue es Obst einfriën, in de Kühlschrank 'nei, olles wos wockst, Weicksl* (↑Weichsel), *Kiëschn, Biern.* [OG I]
→gefrieren.

Einfuhr - f, ainfu:r, -ə [Hod, Pal, Werb III, In, Ru IV, Fak, Glog, Wil V]; infu:r [Alex, Bill, Gra, Mar, Len, Low, Ost, Wis V]
A: breiter, zumeist gedeckter Zugang zu einem Gebäude ● *Die Baure* (↑Bauer) *hann dick Stroh gstraut* (↑streuen), *dass die Dresch* (↑Dresche) *die Ziggle im Hof un in de Infuhr net brecht.* [Ost V]

◆ Einfahrt und Hof mancher großer Banater und Batschkaer Bauernwirtschaften war in der Zwischenkriegszeit (wie auch die Gesteige) mit Brennziegeln gepflastert, um bei Regenwetter nicht im Schmutz gehen zu müssen.

einführen - schw, āīfiən, -kfiət [Fek II, Ru IV]; āīfiən, -kfiət [Gbu, Petschw II]; āifi:rə, -kfi:rt [Fak, Ga, Glog, StA V]; āifi:rə, kfi:ət [Tom IV, Glog V]; āīfiərə, -kfiət [StI II]; āīfe:rə, -kfe:rt [KSch V]; oify:rə, -kfy:rt [StA V]; ōīfi:rə, -kfi:rt [Jood II]
A: Getreidegarben vom Feld zum Dreschplatz fahren ● *Un so is bliewe, bis die Zeit is komme zum Eifiehen.* [Fek II] *Un wann's eigfihed is won* (worden), *noch is jo e Sitzbrett neigelecht won in Woge* (↑Wagen). [Gbu II] *Noch dem Schnitt isch oigfiehrt worre in Hof.* [Jood II] *Mit die Pfäerde is eigfiehet woan an Trepplatz* (↑Tretplatz), *un noch is die Dreschmaschie kumme.* [Petschw II] *Un noch is es eigfihet woan. Sann* (sind) *die grose Wege* (↑Wagen) *komme, die grose Latterwege.* [StI II] *Am Dreschplatz hamm links un rechts die Tristn* (↑Triste) *gstandn vun däre Frucht, wo mer eigfihet hat.* [Ru IV] *No hod mer die Garwe* (↑Garbe) *eingfihet uff der Trepplatz.* [Tom IV] *Un dånn hot mer Håăi* (↑Heu) *gemeht* (↑mähen) *un eigfehrt, net.* [KSch V] ■ Gehl 1991, 133.
→führen.

einfüllen - schw, ainfilə, -kfilt [Seik, StI II, Ap, Brest, Fil, Pal, Sch, Siw III, Put, Tom IV, Ger, GJ, Gra, Low, SM, Wil, Zich V]; āīfilə, -kfilt [Bak, Bog, Fak, Glog, Schön V]
Allg: ein landwirtschaftliches Produkt in ein Gefäß hineinschütten, ein Gefäß füllen ● *Ich hab Scheibnhonich* (↑Scheibenhonig) *sähe viel gemocht. Ja, in Gleser* (↑Glas 2) *ham-mir die eingfillt.* [Seik II]
→füllen.

eingehen - st, āīke:ə, -āīkaŋə [Brest III]
A, G, V: (von Pflanzen und Tieren:) absterben, verenden ● *Die Kih henn zu schnell gfresse, no sinn secks-siwwe Stick ufgeplatzt* (↑aufplatzen), *sin alli eigange.* [Brest III] ■ PfWb II 786: 4.a. übertragen, von Tieren: 'verenden'.
→krepieren.

eingekochte Paradeis - f, ingəkhoxti paradais Sg. tant. [Bog, GJ, Gott, Gra, Len, Low, War V]
G: durch Kochen konservierte, in Flaschen abgefüllte Tomatensoße ● *Aus ingekochti Para-*

deis macht mer Paradeissoß un die esst mer mit gekochtem Fleisch un Knedle (↑Knödel). [Bog V]
→Paradeis; kochen.

eingelernt - Adj, aingəlęnt [Fek II]
V: (von Tieren:) auf bestimmte Verhaltensweisen dressiert ● *Die was weniger Feld hadde, die honn mit eingelände Kih ihre siwwe-ocht ↑Joch Feld geärwet* (↑arbeiten). [Fek II]

Eingeweide - n, iŋgəva:t, Sg. tant. [Fek, Nad, Oh, Wem II]; iŋkəva:t [Bog, Ger, GJ, Hatz, Len, Lieb, War, Wis V]; iŋkəvat [StI II]; iŋkva:t [Fak, Glog, StA V]; ikvat [Tom IV]; ī:gəvit [Sad V]
V: Innereien, innere Organe eines Lebewesens ● *No kommt des Ingewaad raus, des senn die Därem, de Måge, Lunge.* [Fek II] *Dann honn se gspalle* (↑spalten), *honn se's Ingewaad rausgenumme, des is neikomme in Zuwwer* (↑Zuber). [StI II] *Die Sau hot me schee gschlachtet, also des Ingwad un des alles weg.* [Tom IV] *Es Ingewaad is dann in e große Weidling kumm.* [Lieb V] ■ Gehl 1991, 104.
→Beuschel, Darm, Vieh.

eingraben - st, āīkra:bn, -kra:bn [Ed, GT, Ins, Krott, Pußt, Wein, Wer, Wud I]; āīkro:bn, -kəkro:bn [OG I]; aikra:və, -kəkra:və [Fak, Ga, Glog, StA, Wil V]; ōīkravə, -kra:və [Ga, StA V]
G, V, W: etwas in Erde vergraben ● *Des Eäbsnstrauh* (↑Erbsenstroh), *des ta-me auf Heife* (↑Haufen), *dass es vefault, un des wird eigrobn.* [OG I] *Entwede is e Mist gwest aigraam, hod me den Stallmist aigraam.* [Pußt I] *Ba de Lecher* (↑Loch 1) *iwwer em Båh[n]gleis driwwe hat de Schinder gwohnt, wu es vereckte Vieh eigrawe hat.* [StA V]
→graben.

einhängen - schw, st, āīheŋgə, -kheiŋt [Fak, Ga, Glog, StA, Wil V, Bil, Ham, Mai, Pe, Schei, Suk VI]; ēīheiŋgn, -kheiŋt [Aug, Ed, KT, Scham, Wud, Wudi I]; inheŋgə, -khoŋ [Bog, Len, Ost V]
Allg: etwas in einer Vorrichtung befestigen ● *Ef de Latte* (↑Leiter 2), *links un rechts, is die Leicksn* (↑Leuchse) *eikhejngt woen.* [Wudi I] *De Kukurutz* (↑Kukuruz) *is nufgezoo ginn* (↑hinaufziehen), *mit anre Roll sinn die Kärb* (↑Korb 1) *inghong gin un nufgezoo.* [Ost V] *Do war e Kettum* (↑Kette), *dä håt me is Rad un am Loiterbåam* (↑Leiterbaum) *eighengt, wem-mer de Bärg nab isch gfahre. Dä isch sowie gsei wie e Bremse, no hat's halt bremst.* [Schei VI]

→hängen.

einhäufeln - schw, oihoiflə, -khoifl [Jood II]
A: den Wurzelstock gut mit Erde bedecken ● *De Kukrutz* (↑Kukuruz) *wärd aa oighoiflt bei uns, wann's mit de Hacke wäred garbet* (↑arbeiten). [Jood II]
→häufeln.

Einheit - f, ainheit, -ə [Ost V]
Allg: eine bestimmte Größe als Grundmaß ● *Un dann ham-mer glärnt, wieviel Einheite Stärke, Eiweiß, Kohlnhidrate un so weiter, was es Jungviech brauch.* [Ost V]

einkochen - schw, āīkhoxə, -kəkhoxt [Fak, Ga, Glog, StA, Wil V]; ikhoxə, -kəkhoxt [Bog, GK, Len, Low, Ost, War V]
A, G, O: Früchte und Gemüse durch Kochen konservieren ● *Die Pardeis* (↑Paradeis) *hat mer ingekocht un aa fer esse un fer Salat mache dervon.* [Ost V] ■ PfWb II 795; SüdHWb II 97; RheinWb IV 1100; BadWb I 656.
→einlegen, kochen; eingekochte Paradeis.

Einkreuzung - f, selten, inkraitsuŋ, Sg. tant. [GJ, GK, Gra, Low, Ost, War V]
A, V: (von Pflanzen oder Tieren:) durch Zuchtauswahl und Kreuzung erzielte Sorte bzw. Rasse ● *Furioso, des war e Inkreizung vun Vollblut.* [Ost V]

Einlasser - f, inlosr, Pl. id. [Bog, Ger, GJ, KJ, Ost, Len, Low, War V]
A: Dreschhelfer, der die Garben ausbreitet und in die Trommel der Dreschmaschine einlässt ● *Die ↑Schneiderin hat die Garb mit ame gut gschliffene Messr* (↑Messer 1) *ufgschnitt un hat se rechts ginn zum Inlossr.* [Ost V]
→Riesleute.

einlegen - schw, ainle:gn, -kle:kt [OW VI]; ainle:çə, -gəle:çt [Baw II]; āīle:gə, -kle:kt [Fak, Ga, Glog, StA, Wil V]; āīlegə, -klekt [Ap III]; inle:ə, -kle:t [Bog, GK, Len, Low, Ost, War V]
Fo, G, O: Gemüse und Obst durch Säuerung oder mit Zucker konservieren ● *Die Kische, Pfische* (↑Pfirsich), *die Quetsche* (↑Zwetschke) *un die Birn, die senn alles eigelecht woen fer Dunstobst.* [Baw II] *Die Quetsche sinn eiglegt warre als Dunscht* (↑Dunst). [Ap III] *Heier wor e gudes Obstjohr, do hem-mer viel Dunschtobst eiglegt.* [Fak V] *Pflaume sinn gut fer esse, fer eilege un fer ↑Raki brenne.* [Glog V] *Un Dunschobst is in-*

gleet ginn un *Schleckl* (↑Schleckel) *gekocht, bis es ↑steif war.* [Ost V] *Die Schwammel* (↑Schwammerl) *tut man waschn mit kochetn* (↑kochend) *Wasser, und dann legt man sie in Gläser ein, kannt man konserviern.* [OW VI] ■ Gehl 1991, 229.
→einkochen, -säuern.

Einleger - m, aile:çə, Pl. id. [Drei, Kreuz, NA, Wies V]
A: Drescharbeiter, der Garben in die Dreschmaschine einlässt ● *An de Dreschmaschin woan die Garweschmeise* (↑Garbenschmeißer), *zwaa Eileche un zwaa Seckle* (↑Säckler). [NA V]
→Fütterer, Riesleute.

Einlöseamt - n, ainle:samt, -emtər [Wies, Wis V]
T: staatliche Behörde, bei der ein Wechsel eingelöst bzw. ein vereinbartes landwirtschaftliches Erzeugnis abgeliefert wird ● *Der Thuwak* (↑Tabak) *muss gut getrucklt werre* (↑trocknen 2), *un no gebischlt* (↑büscheln) *un gebieglt* (↑bügeln) *un no abgfiehrt uff Arad, beim Einleesamt.* [Wies V] ■ *einlösen* PfWb II 801: 'einen Wechsel, sein Versprechen einlösen'; RheinWb V 558.
→abführen (1).

einmachen - schw, aimaxə, -kmaxt [Wer V]; aimoxə, -kəmoxt [StI II]
G, O: Tomaten und Obst durch Einkochen, bzw. Gemüse durch Einsäuern konservieren, einlegen ● *Salot, waa Krautsalot un saure Umorke* (↑saure Umurke), *wel die Paprike* (↑Paprika 1) *sein in der Fesser eigemocht woan.* [StI II] *Un do waa ein große Kupfekessl, wo me alles eigmacht hat, die ↑Paradeis ond Marmelade, ↑Sulz* (1) *ham-me gsagt. Des alles is da drin gekocht worn, eigmacht.* [Wer V]
→kochen.

Einmachsuppe - f, āīmaxsup, Sg. tant. [AK, Ap, Ker, Mil, Sch, Siw, Tscher III, Put, Tom IV, Bog, Joh, Len, War, Wis V]
G, V: Gemüsesuppe, in der Teile vom Huhn mit wenig Fleisch mitgekocht werden *Etym.:* Das Komp. ist nach dem Vorbild von *einmachen* 'einwecken, konservieren', über *eingemachte -*, zu *Einmachsuppe,* durch Bedeutungsübertragung zu 'einlegen, mitkochen' entstanden. ● *Do is no es Klaani vum Hingl* (↑Hünkel), *des sinn Fliggl, der Hals, die Fieß, sinn gnumme warre far Supp koche. No hot mer Eimachsupp dervuu* (davon) *gmacht.* [Ap III]
→Suppe.

einreiben - st, ainraibə, -kri:bə [Tax I, Pan, Sad V, Bil, Ham, Suk, Pe VI]; ainraivə, kri:və [Ga, StA V]; āīraivə, -krivə [Fak, Glog, Wil V]; inraibə, -kri:p [Alex, Bru, GK, Len, Low, Ost, War, Wis V]
B, V: etwas mit einem weichen Material bestreichen ● *De Speck hat mer mit Knofl* (↑Knoblauch) *ingrieb, manchsmal aa noch mit Pheffer, dass er Aroma hat.* [Ost V]

einsäen - schw, aisçə, -ksẹ:t [Fil, Mil III]
A, G: den Samen in eine vorbereitete Bodenfläche (in ein Beet) streuen ● *Im Garte hat mer viel Rawattle* (↑Rabatte) *gmacht, do ware oozwaa Rawattl Salat eigsät.* [Mil III]
→säen.

einsalzen - st (schw), ainsaltsə, -ksaltst [Fek II, Fak, Glog V]; āīsaltsə, -ksaltsə [Stan III]; aisåltsn, -ksåltsn [Petschw II]; āīsaltsə, -ksaltsə [Tschat III]; oisaltsə, -ksaltsə [Jood II]; ọīsaltsə, -ksaltsə [Sulk II]; (schw) insaltsə, -ksaltst [Bog, GJ, Gra, Len, Low, Ost, War V]
V: Lebensmittel durch Behandlung mit Salz konservieren, pökeln ● *No sen die Schunge* (↑Schinken) *un die Specksteckr un alles is eingsalzt woen oweds, wie scho die anre Ärwet* (↑Arbeit) *so zimmlich färtich woar.* [Fek II] *Sell wurd oigsalze in soligi Fesser vun ↑Plastik, no bloibt des so acht Teg lang im Salz.* [Jood II] *Hat, månichi Leit låssn die Rippe, des wäd aa gselicht* (↑selchen) *un eigsålzn.* [Petschw II] *Des Fleisch is oigsalze un grauchert wore* (↑rauchern), *dass es sich halt.* [Sulk II] *Es Klooffleisch* (↑Kleinfleisch) *is noch gschnidde worre* (↑schneiden) *un in e großes Salzschaffl* (↑Salzschaff), *wie me sagt, in en Zuwwer* (↑Zuber) *eigsalze worre.* [Stan III] *De Speck is ingsalzt ginn drei Woche, demnoh, wie's Wetter war.* [Ost V]
→laken, salzen; Salz (1).

einsäuern - schw, āīsaiən, -ksaiət [ASad, Lind, Resch, Wei, Wolf V]; ainsairə, -ksaiərt [Fak, Ga, Glog, StA, Wil V]; insairə, -ksaiərt [Bog, GK, Len, Low, Ost, War V]
G: Gemüse durch Säuerung konservieren ● *De Krauthowwl* (↑Krauthobel) *brauch mer, wammers Kraut einseiert.* [Glog V] *Umorke* (↑Umurke) *ham-mer aa ghat far iwwer Winter inleje, inseire, for Salzumorke mache.* [Ost V] *Die Schwamme hot me dann eigseiet fië Wintesolot* (↑Wintersalat) *moche.* [Wolf V] ■ PfWb II 817: 'Futter durch Gären haltbar

machen'; SüdHWb II 125 f.
→einlegen.

einschalten - schw, ainʃaltə, kʃalt [Fek, Surg, Wem II, Ap, Mil, Tscher III, Be, Tow IV, Bru, GJ, Jahr, Len, Lieb, Wis V]; āīʃaltə, -kʃalt [Fak, Glog, NA, Wil V]; ǭīʃaldə, -kʃalt [Ga, StA V]
G: durch Schalten (Schließen des Stromkreises) einen Motor in Gang bringen • *Wäd de Schlauch am Rohr oogschrauft* (↑anschrauben), *un de Brunne wäd eigschalt, un es geht.* [NA V]
→Motor.

einscharren - schw, ainiʃęən, -kʃęət [At, Aug, GT, OG, Pußt, Schau, Tar, Wein, Wud I]
W: die Erde leicht hacken • *Do is e Graam* (↑Graben) *gmocht woen, hod me's einschäen miëssn, un no is die Äed draufghaut* (↑daraufhauen) *woen.* [Pußt I]
→hacken, scharren, verscharren.

Einschlag - m, ainʃlak, -ʃlęk [Gai III]; aiʃla:k, -ʃle:k [GT I]; āīʃlo:g [Aug, Ed, GT, KT, Scham, Wein, Wud I, Ha II]; ǭiʃla:k [Jood II]; inʃlak [Pal, Sch, Siw III, Bak, Ga, GK, Len, Ost, Pau, Wil V]
W: Schwefelstreifen, der im Fass bzw. in der Traubenstube verbrannt wird *Etym.:* Vgl. *Wein einschlagen* 'schwefeln'. (Wahrig 1032) • *Me hot aa en Eischlog geiem* (gegeben), *die Weiembastuum* (↑Weinbeerenstube) *hot me mit Schweiefü auesgschweiefüt.* [Wud I] *In Weifass, dort mit den Rauch tut de Eischlog neibrenne.* [Ha II] *Un de Woi kriëgt en Oischlag, dä wurd abbrennt im Fass.* [Jood II] *Ja, Inschlag is Schwefl. Wann de Inschlag gebrennt hat, war es Fass sauwer.* [Ost V] ■ DWb 3, 272: 5. 'einschlag des weins, *medicamen vini,* was in den wein gehängt wird, um ihm farbe und geschmack zu geben, gewöhnlich linnene oder papierene, mit schwefel überzogene streifen'.
→Schwefel; einschlagen.

einschlagen - st, āīʃlǭn, -kʃlǭn [Aug, GT, Ins, OG, Pußt, Schau, Tar, Wein, Wud I]; āīʃla:gə, -kʃla:gə [NA V]; inʃla:n, -kʃla: [Alex, Bill, Ger, Gra, Len, Nitz, Ost, War, Wis V]
G, Fo, W: etwas in die Erde hineinschlagen, mit Erde bedecken • *Un node ham-me die Steck* (↑Stock 1a) *in Hirbst eischlong miëssn, un de Stock hod not ååstriebn* (↑austreiben 3) *in Frühjoah.* [Pußt I] *Im Keller war es Grienzeich ingschlaa in de Sand.* [GJ V] *Im Winder is es Gemiese eigschlage woan in Goade, Eäde* (↑Erde) *drauf, dass es nit gfriert.* [NA V] ■ PfWb II 820 f.: 2.c: 'in die Erde einschlagen', Gemüse vor dem Winter; 'Pflanzen und Sträucher vor dem endgültigen Einpflanzen mit Erde bedecken'.
→schlagen (3) ; Einschlag.

einschmieren - schw, āīʃmi:rə, -kʃmi:rt [StI II, Waldn III, Fak, Ga, Glog, StA V]; inʃmi:rə, -kʃmi:rt [Bog, Len, Low, Ost V]
A: (wie: schmieren) • *Un wann se net Speck druf hot, no hot se so gebacke un hot se's mit Fett eigschmiert.* [StI II] *Dann is de Strudl in die ↑Tepsi kumme. Die war mit Schmalz schun eigschmiert unne, dass e net aabrennt* (↑anbrennen). [Waldn III] *No hann se's Pheifl* (↑Pfeife) *mit ↑Tobottfett ingschmiert. Tobottfett, des is so wie Waaschmier* (↑Wagenschmiere). [Ost V]
→schmieren.

einschneiden - st, ainʃnaidn, -kʃnitn [Aug, Bay, Scham, Wein, Wud I, In, Ru IV, ASad, Lind, Resch, Tem, Wei, Wolf V, OW VI]
G: Weißkohl mit einem Krauthobel für das Einsäuern zerkleinern • *Im Keller is es Kraut ingschniet genn, de Krautstenner* (↑Krautstande) *hat unne gstann.* [GJ V] ■ PfWb II 823 f.; SüdHWb II 133; RheinWb VII 1593; BadWb I 663.
→schneiden.

einspannen - schw, ainʃpanən, -keʃpant [NPe V]; ainʃpanən, -kʃpant [Wer I, Bohl II]; ainʃpanə, -kʃpant [Gai III, Franzf, NA V]; aiʃpanə, -kʃpant [Jood II]; āīʃpanə, -kʃpant [Mu, Oh II, Fak, Ga, Glog, StA V]; ǭīʃpanə, -kʃpant [Tax I]; inʃpanə, -kʃpant [Da, GK, Len, Low, Ost, StAnd V]; inʃpånə, -kʃpånt [Bog V]
V: Zugtieren vor dem Wagen ins Geschirr fest einlegen • *De Wagne[r] had noch gmacht Ocksejoche, wäm-me die Kihe odde die Ockse hat eigspannt, wo sie ins Gnack* (↑Genick) *honn kriëgt då.* [Jood II] *Wenn se gfresse ghat hawwe, tud me einspanne.* [NA V] *Aso vier Joch im Tag had mer kenne mid em Sackische Pluch oder Eberhardpluch stärze* (↑stürzen), *mit vier Ross ingspannt.* [Ost V] ♦ Redewendungen: *In de Fåricht eispanne* 'vorne, d. h. rechts im Gespann'. *In de Sattl eispanne* 'im Sattel, d. h. links im Gespann'. (Gehl 1991, 157) ■ Gehl 1991, 157.
→spannen (1), zusammenspannen; Ein-, Zweispänner, Gespann.

Einspänner

Einspänner - m, āɪʃpenər, Pl. id. [Brest III, Tom IV]; ā:ʃpenər [Fak, Ga, Glog, StA, Wil V]
A, V: Wagen mit nur einem Zugpferd ● *Aso on Brestowatz (ON) do war e Schinder, där hat so e Eispenner ghat.* [Brest III] *Eispenner gfahre hod me vleicht mid e Fiaker oder Eispenner fahre henn jo misse die Leit,wu nur oo Ross ghabt henn.* [Tom IV]
→Gespann, Zweispänner.

einstampfen - schw, aiʃtampfə, -kʃtampfət [Bil, Ham, Mai, Schei, Suk VI]
A, O, W: (ein landwirtschaftliches Produkt) fest stampfen ● *Die Treber, die hat me fescht eigstampfet, un do hat me obenaa en Bode nauftaa, dass se koi Luft hann.* [Schei VI]
→stampfen.

einstellen - schw, inʃtelə, -kʃtelt [Bog, GJ, GK, Gra, Len, Low, Ost, War, Wis V]
1. A, V: etwas in einen geschlossenen Raum hineinstellen, unterbringen ● *Dort hann die Leit iwenacht (übernachtet) un hann die Ross ingstellt* (↑eingestellen). [Ost V] 2. A, V: eine Vorrichtung in einer bestimmten Weise stellen, regulieren ● *Der Gnackrieme* (↑Genickriemen) *is verstellbar gwenn mit zwei Schnalle. Un den hat mewr kenne instelle for großes odder klaanes Ross.* [Ost V]
→(2) verstellbar.

einteilen - schw, aitailə, -kətailt [Stan III]; āīta:lə, -keta:lt [Ap III]; inta:lə, -gəta:lt [Bog, GK, Ost, War V]
Allg: (einen Teil einer größeren Menge:) verteilen, zuteilen ● *Der ganzi Garte war in Bettl* (↑Beet) *eigetaalt. Un do ware in von Bettl sinn Zwiefl* (↑Zwiebel) *gwest un in annre sinn Paprich* (↑Paprika). [Ap III] *Mit Ambre* (↑Eimer) *hot me des Schrot eigeteilt in die Treg* (↑Trog). [Stan III] *Dann hat jede Parzelle ingetaalt kriet fir Thuwak* (↑Tabak) *baue*[n]. [Ost V]
→klassifizieren, teilen; Teil (1).

eintreten - st, āītretə, -kətretə [Ap III, Tom IV, Fak, Ga, Glog, StA, Wil V]; intre:tə, iŋgətre:t [Bog, Ger, Gott, Gra, Len, Low, War, Wis V]; intre:də, iŋkətre:t [GJ, GK, KJ V]
A, G, O, W: (von landwirtschaftlichen Produkten:) zur Verarbeitung in ein Gefäß einstampfen ● *Die Kinner hann des Kraut misse intrede. Des is no mit weiße Strimp ingetret genn.* [GJ V] ■ PfWb II 837: II. trans. 2. 'festtreten', vom Heu auf dem Heuboden, b. vom Kraut im Fass oder Ständer; SüdHWb II 149 f.; RheinWb VIII 1354; BadWb I 667.
→treten.

einweichen - schw, aivakn, aikvakt [Ed, Ins, Pußt, StIO, Wer, Wud I]; aiva:içə, -kvai:çt [Ap, Ker, Mil, Sch, Siw, Werb III]; āīva:içə, -kəva:içt [StI II]; āīva:xə, -kva:xt [Bog, Bru, Fak, Ga, Ger, GJ, Nitz, Wis V]
Allg: etwas zum weich machen in eine Flüssigkeit legen ● *Kolitzn* (↑Kanitzel) *un Kålch, des is aigwaakt woen in so e Holzfass.* [Pußt I] *Un noch hunn se Brot eigewaaicht, hunn des zåmmgemischt, un noch e Aai* (↑Ei) *droo un Mehl durigenannt* (↑durcheinander). [StI II] *Hot me Kukrutz* (↑Kukuruz) *eigwaaicht un da neigstoppt* (↑hineinstopfen), *bis die Gens fett ware.* [Ap III]
→verweichen; weich.

einwickeln - schw, ainvikln, -kvikIt [Wik II]; āīvikln, -kvikIt [Wik II]; āīvikln, -kəvikl [StI II]; āīviklə, -kvikIt [Gak III]; āīveklə, -gəveklt [Fek II]
G: mit etwas umhüllen, einpacken ● *Die ↑Sarme sein eingewicklt woan in Krautbleder* (↑Krautblatt). [StI II]

einwintern - schw, ainvintrə, -kvintərt [Seik II]; ainvendə, -gvendət [Fek II]
B, V: Bienen und Vieh für den Winter mit besonderen Schutzmaßnahmen unterbringen ● *Schåf woan auch in jedm Haus. De war e Schofhalder* (↑Schafhalter), *un där hat se ausgetriewe in Frihjahr. Un im Späthärbst hot er die Schåf haamgetriewe, wann emol eingwendet is.* [Fek II] *Ja, des Binejoah* (↑Bienenjahr), *des fangt eigentlich im Septembe oo, do wänn die Völker eingewintert.* [Seik II] **Anm.**: Das verbale Form *einwenden* in [Fek II] weist *i>e* Senkung und Erweichung *t>d* auf.

Eis - n, ais, Sg. tant. [Aug, Ed, GT, Ins, StIO, Tar, Wasch, Wudi I, Bad, baw, Bold, Fek, Jink, Kock, Wik II, AK, Berg, Kutz, Tscheb III, Be, Kern, ND, Tow IV, Bil, Bak, Bog, Bot, El, Ernst, Franzf, Karl, Kath, Mar, Seul, War, Wer, Wis, Zich V]; i:s [Sad V, Kr VI]
Allg: gefrorenes Wasser ● *Es Wasser is gfrorn. No honn die Leit Eis gebroche, un des is in die Eisgrufte neikomme. Die woan so e drei Mette* (↑Meter 1) *tief.* [Baw II] ◆ *Beim Eisstoß konnten die Eisschollen im Fluss den Wassermühlen gefährlich werden. - "De Iisstoß goht;*

d'Iisscholle schwimmen in de Marosch." [Sad V]
→Eisgruft, -kasten, -männer, Wasser (1); gefrieren.

Eisen - n, aizn, Sg. tant. [Tschol, Wein I, Nad II, Ap III, OW VI]; aisn [Wer V, Dar V]; ęizn [StIO I]; aizə [Tax I, Nad, Surg II, Gak, Waldn III, Be IV, Bog, Fak, Ga, GK, Glog, Ost, StA, StAnd, War V]; aisə [Tax, Tschawa I, Tow IV, Len V]; a:isə [Bog, Gutt V]; ãĩzə [Nad II]; ɛ:sn [Wer V]; oʋisə [Har III]; aisə, -nə [Franzf V]; oizə [Jood II]
1. A: Stück einer Eisenlegierung mit einem bestimmten Prozentsatz Kohlenstoff ● *Des wore ganz eisene Plig. Do worde Grendl* (↑Grindel) *un alles aus Eise un de Pflugkarre* (↑Pflugkarren) *auch aus Eise.* [Waldn III] *Die Thuwaksnodl* (↑Tabaknadel) *is zwei-drei Zentimetter dick, aus Eise un am End zugspitzt.* [Ost V] V: 2. Hufeisen ● *Dä ware, wu de Fueß* (↑Fuß) *uf d' Heh hebt, dass e des Oise drufschlage* (↑daraufschlagen) *tuet.* [Jood II]
→(1) Eisenraufe, eiserner Pflug, Gusseisen, Messing.

Eisenraufe - m, aizəra:f, -ə [GK, Gra, Ost, V]; aizəre:f, Pl. id. [Bog, Ger, Gott, Gra, Hatz, Joh, Jos, Sack, War, Wis V]
V: eiserne, an der Stallwand angebrachte Raufe ● *Owwedran war de Holzraaf un speder schun e Eiseraaf, mit Sprossle fers Fuder.* [Ost V]
→Eisen (1), Raufe.

Eisenzahn - m, oizətsa:, -tse: [Jood II]
A: metallenes, spitzes Teil ● *Un hod a gmacht Egge, wu me muss des Feld klor mache noch en Ackre, un de Schmied hat die Zehn noigmacht* (↑hineinmachen), *Oisezeh*. [Jood II]
→Zahn.

eisern - Adj, aizən [StI, Sulk II, Bak, Bru, Charl, Fak, Fib, Glog, Jahr, KöH V]; aisən [Ed, GT, KT, Wein, Wud I, Bog, GJ, GK, Ost, War V]
Allg: aus (Guss-)Eisen gebildet ● *Die Trejwe* (↑Treber) *sann eff de eiseni Prejs* (↑Presse) *naumoj auesprejsst woan.* [Wud I] *Noch sann se gange mit den große eisene Reche, hunn se zammgerechet alles.* [StI II] *Manche Leit hadde so e eisene Abmacher, so Kugrutzabmacher* (↑Kukuruzabmacher), *jå.* [Sulk II] *Im Schoppe* (↑Schuppen) *ware noch Grabschippe, eiserne Reche.* [Bru V] *So eisene Messre mit em schene Griff, die ware net roschtfrei, ja, die ware meischtns roschtich.* [DJ V] *Die Eech* (↑Egge) *hat eiseni Zinke.* [Ost V]
→blechern, bleiern, hölzern, kupfern; eiserner Pflug.

eiserner Pflug - m, aisənə pluk, aisəne plik [Hod, Ker, Mil, Sch, Stan, Waldn, Wepr III, Bog, Ger, Gra, Mar, Ost, War]
A: zur Gänze aus Gusseisen hergestellter Pflug ● *Nochm Ärschte Weltkrieg sein die Ulmer Plig kumme. Des wore ganz eisene Plig. Do worde Grendl* (↑Grindel) *un alles aus Eise[n] un de Pflugkarre* (↑Pflugkarren) *auch aus Eise. Die eisene Plig honn besser geackert wie die Holzplig.* [Waldn III]
→Eisen, Holzpflug, Pflug.

Eisgruft - f, aiskruftə, Pl. id. [Baw, Fed, Jood, Kock, StI, Wem II]; aiskruft, -ə [Fak, Glog V]
A, V: tiefe Grube neben dem Haus, in der Eis für die Kühlung von Lebensmitteln aufbewahrt wurde ● *No honn de Leit Eis gebroche, un des is in die Grufte neikomme. Die woan so e drei Mette* (↑Meter 1) *tief, unse Eisgrufte.* [Baw II] ◆ Mit den Eisbrocken aus Tiefgruben wurden vor allem Fleisch- und Milchprodukte in Metzgereien und Milchsammelstellen zeitweilig konserviert.
→Eis, Eiskasten, Gruft.

Eiskasten - m, aiskhastn, Pl. id. [Petschw II, ASad, Resch, Tem, Wer V]; aiskhåstn [OW VI]; aiskhǫstə, khestə [Baw, Fek, StI, Wem II]; aiskhaʃtə, -kheʃtə [Fak, Ga, Pan, StA, Wil]
Allg: mit Blech ausgelegte Kühltruhe, in der Fleisch (u. a. verderbliche Lebensmittel) mit Eisstücken kühl gelagert werden *Etym.:* Das Komp. übernimmt das ostösterr. Wort *Eiskasten* 'Kühlschrank' (ÖstWb 199), jedoch in der Bedeutung 'Kühltruhe'. Vor der Verbreitung des Elektrokühlgeräts wurden schlecht haltbare Lebensmittel (vor allem Fleisch) in einer Truhe mit Eisstücken zeitweilig konserviert. ● *Alle morjets honht er in de Grufte* (↑Gruft) *des Eis imme so ufghackt, Stecker* (↑Stück) *ghackt, un des is in den Eiskoste 'neikomme.* [Baw II] ■ ÖstWb 199.
→Kühlschrank, -truhe.

Eismänner - m, aismenər, Pl. tant. [Gai, Ker, Mil, Siw, Stan, Werb III, Alex, Bill, Bru, Gott, Jahr, Len, Ost, War, Wis V]; aismenə, Pl. tant. [Fak, Ga, Glog, NA V]
G, O: Kälteeinbruch im Frühling, der an drei Kalenderheilige (vom 12.-14. Mai) gebunden ist *Etym.:* Die drei *Eisheiligen* oder die *gestrengen*

Herren Pankratius, Servatius und Bonifatius waren Bischöfe und Märtyrer des 4. und 5. Jhs., vor denen noch Mamertus im Kalender steht (11.-14. Mai). Ihnen folgt die *kalte Sophie* (15. Mai) sowie "Söhne und Enkel der Eismänner" (14.-19. Mai). Zugrunde liegt die Beobachtung tatsächlicher Naturverhältnisse: Tiefe Nachttemperaturen im Mai können gefürchtete Fröste, die *Gefrier* hervorrufen. (Beitl 1974, 170) • *Am elfte, zwölfte un dreizende Maai sein die Eismenne, nom hot me imme Angst ghat, dass die Pflanze gfriern tun.* [NA V] ■ PfWb II 859: 'die drei Eisheiligentage im Mai'; SüdHWb II 172; RheinWb IX 1143.
→Eis, Gefrier, Peter-und-Paul.

Eiszapfenrettich - m, aistsapfəretiç [Bog, Drei, GJ, Gott, Kreuz, Len, Trieb, Wies, Wis V]; aistsapfərɐtiç, Sg. tant. [NA V]
G: lange weiße Rettichsorte *Etym.*: Benennungsmotiv ist die Ähnlichkeit des dicken, weißen Riesenrettichs mit einem herabhängenden Eiszapfen. • *Rattich sein mähe Sortn, de Klaani Rodi de Langi Rodi, de Langi Weiß, de Eiszapferattich.* [NA V] ■ *Eiszapfen* PfWb II 862: 2.b. 'langer, dünner Rettich'; SüdHWb II 175; RheinWb II 93; BadWb I 675.
→Rettich.

Eiweiß - n, aivais [Fak, Ga, Glog, Gra, Low, Ost, StA, Wies V]
A, G, V: neben Kohlenhydraten und Fetten der wichtigste Bestandteil der Nahrungsmittel, aus proteinreichem Material *Etym.*: Entlehnung aus der Standardsprache. • *Un dann ham-mer glärnt, wieviel Einheite Stärke, Eiweiß, Kohlnhidrate un so weiter, was es Jungviech brauch.* [Ost V]
→Futter; eiweißreich.

eiweißreich - Adj, aivaisraiç [Bog, Len, Low, Ost, War V]
A: reich an proteinhaltigen Substanzen • *Je jinger de Klee war, je weniger ↑Zellulose drin war im Klee, um so eiweißreicher is er. Weil Kleehaai is doch eiweißreiches Fuder un's Wickehaai (↑Wickeheu) gnauso.* [Ost V]
→Eiweiß.

elektrisch - Adv, elektriʃ [Aug, Ed, Schor, Wud I, Baw, Fek, StG, II, Hod, Sch, Siw III, Esseg, In IV, Alex, Bak, Ger, GJ, Low, NA, War, Zich V, Bil, Erd, Ham, Kr, Pe, Suk VI]
G: mit Elektrizität betrieben • *Jetz is schon alles neimodisch, jetz gießt mer elektrisch.* [NA V]
→neumodisch.

elektrische Säge - f, elektriʃi seːk, elektriʃe seːgə [Stan III]
V: Motorsäge • *Do hot's e klooni Handsege gewwe, noch ko elektrische Sege. Hot mer alles messe mit der Hand sege.* [Stan III]
→Säge (1); sägen.

Elevator - m, elevaːtor, -ə [Fek II, Ost V]; elevǻːtor [Pal III]; eleva:tər [Jood II, Stan III]; elevǻːtər [Bill V]
A: Förderband für das gedroschene Stroh an der Dreschmaschine *Etym.*: Entlehnung aus der Standardsprache. • *Un no geht des Stroh 'naus uff de Elevator un oft de Strohhaufe[n].* [Jood II] *Me hod des Stroh messt schiebe, mer hat kein Elevator.* [Fek II] *Zu meine Zeit war noch kein Dampfmaschin, die gleichzeitig de Dreschkaschte un de Elevǻtor gezoo hat.* [Pal III] *Un no ware die Strohmennr (↑Strohmann), die henn Stroh vun Elevater runder un henn die Strohtrischte gsetzt (↑setzen 1).* [Stan III] *Do wår dann de Elevǻtor, dort hann neie Kette misse drufkumme.* [Bill V]
♦ Beim traditionellen Drusch, vor dem Zweiten Weltkrieg, wurde das gedroschene Stroh mit dem Elevator auf den bis zu fünf Meter hohen Strohschober befördert und dort von einem Arbeiter festgestampft.
→Dreschmaschine.

Elo - f, selten, ęlo, Pl. id. [Sulk II]; elakrumpirə, Pl. tant. [Low V]
A: frühreifende Kartoffel *Etym.*: Die Frühkartoffel wurde als *Elo*, nach ung. *elöbb* 'früher, eher', bezeichnet. • *Do ware die Elo, hod me ghase un die Pedesilgrumbire hunn se gsagt un die Steckgrumbire.* [Sulk II]
→Frühgrundbirne, Grundbirne.

Elpege - f, veraltert, ęlpegeː, Pl. id. [Ha, Seik II]
A, G, V: landwirtschaftliche Produktionsgenossenschaft in den ehemaligen sozialistischen Ländern *Etym.*: Die Buchstabenabkürzung (LPG) ist eine Entlehnung aus der Standardsprache. • *Do die Elpege, die honn, moniche honn zimlich bis femf-seckshundet Joch; nonet jede Elpege.* [Seik II]
→Kollektiv.

Elster - f, elstə, -n [Franzd, Resch, Sekul, Stei V]; olçst [Darda II]
V: schwarz-weißer, nesträuberischer Rabenvogel

mit langem Schwanz, Elster; Pica pica ● *In unsre Gegend sieht mer Goldamschln, Elsten, Rabn un seltn auch ein Zaunkenich.* [Resch V] ■ PfWb II 855; SüdHWb II 192; RheinWb II 115-118; BadWb I 682; Petri 1971, 114.
→Atzel, Vogel.

Ende - n, ent, endə [Fak, ga, Glog, StA, Wil V]; e:nd, -ər [Mil, Sch, Stan III, Tom IV, Bak, Bog, Ger, GJ, Len, Low, War V]
Allg: Stelle, an der etwas aufhört, das letzte Stück von etwas ● *Des aldi Schmalz un all des Specksach* (↑Specksache) *hot mer gsammlt un es Salwen, die Ender vum Speck, des hot me net gesse.* [Stan III]
→Salband.

Endkeutel - m, entkhaidl, Pl. id. [GJ, GK V]; entkhail [Ger V]
V: Dickdarm des Schweines mit Presswurstfüllung, kleiner Schwartenmagen *Etym.:* Vgl. Keutel 'sackförmiger Darm, zum Wurstmachen verwendet' (DWb V 665) ● *Do gibt's so e dicke, korze Darem* (↑Darm). *Des war de Endkeidl, där is mit Worschtfleisch angfillt genn* (↑anfüllen). [GJ V] ■ PfWb II 869: 2. 'kleiner Schwartenmagen'; SüdHWb II 201 f.; *Engkeitel* RheinWb II 128; BadWb I 684 f.; SchwWb II 723.
→Wurst.

Ente - f (n), ent, endə [Waldn III, Bog, Ga, Hei, StA, Sd V]; ent, -ə [Fek II, Fu, Gaj, Tscher III, Buk IV, Albr, Bak, Ben, Bill, Bir, Char, DStP, Eng, Franzf, Ger, GJ, Gott, Gra, GStP, Gutt, Hatz, Jahr, Jos, Kar, Ket, Ksch, Len, Lieb, Low, Mil, Mori, NB, Ost, Orz, Pau, Rud, Sack, Schön, Tschak, Tschan, Tsche, War V]; andə, Pl. id. [StA V]; ant, -n [Petschw II, Gutt, Karl, NB V]; antn, Pl. id. [Ed, KT, Scham, Tscha, Wer, Wud, Wudi I, De, Kub, SM, Star, Stei V]; antn, antə [Pan V]; (n) ęntlį, Pl. id. [Sad V]
V: Wasservogel mit Schwimmfüßen und breitem Schnabel, Hausente; Anas domestica ● *Hat, mi hatte Hinkel* (↑Hünkel) *un hatte Änte un hadde Gens un Beugl* (↑Bockerl) *hatte manichi Leit. Die Gens un die Änte hat me gstoppt.* [Fek II] *Mie hamm ka andres Gfliegl nicht ghabt, nu Hihene* (↑Huhn). *Ka (keine) Katsch un ka Antn un ka Gens, des ham-me net ghobt.* [Petschw II] *Die annre hann schon die Ende un die Gens gstoppt, dass se fett ware, un no sein Hihner gschacht worre.* [Waldn III] *Die Ende un de Endrich schwimmen gäre im Wasser.* [Bog V] *Gäns un Ente ware streidich.* [Len V] **Anm.**: Die Variante Antn mit n-Morphem im f. Sg. ist bair.-österr. (Vgl. WbWien 51) - Gelegentlich heißt das Entenküken *Katschel* (Wud I]. ■ Gehl 1991, 211.
→Enterich, Gans, Geflügel, Katsche, Wildente; hineinstopfen, stopfen.

enteignetes Feld - n, entaiknətəs felt, Sg. tant. [Bru V]
A: Ackerfeld, dessen Eigentum den Besitzern (im Interesse des Staates) entzogen wurde ● *Nochm Erschte Weltkriech hunn die Soldate und die Kriegswitwen vun dem enteignete Feld a jeder drei Joch kriet.* [Bru V] ◆ Nach dem Ersten Weltkrieg wurden vor allem Großgrundbesitzer enteignet und das enteignete Feld an besitzlose Bauern verteilt. Nach dem Zweiten Weltkrieg wurde der landwirtschaftliche Besitz aller deutschen Bauern restlos enteignet. Von diesem Ackerland erhielten nur ausnahmsweise einige linientreue deutsche Bauern einen Anteil.
→Feld.

Enterich - m, entriç, -ə [Ap, Tscher III, Bir, GStP V]; endriç [StI II, AK, Fu, Gara, Mil, Pal, Stan, Tor III, Bog, Low, Mar, Mori, Mram, Na, Nitz, Pan, Sad, StAnd, Tsch V]; ęndriç [Ga, StA V], enriç [Wasch III]; andriç [Karl, Tsche V]; antriç [Darda II]; anter [NB V]
V: Wasservogel mit Schwimmfüßen und breitem Schnabel ● *Dann hot's noch* ↑*Katsche gewwe* (gegeben), *un de Entrich war un die Klååne ware die Ketschl.* [Ap III] *Die Ende un de Endrich schwimmen gäre im Wasser.* [Bog V] ■ Gehl 1991, 210.
→Ente, Geflügel.

Erbse - f, e:əpsn, Pl. id. [OG I]; ęəpsn, Pl. id. [OG I]; ääpsn, Pl. id. [StM V]; ęrps, -ə [Maisch II, Brest, Tscha, Stan, Tor, Tschat, Tscher, Wasch III, Fak, Glog, GStP, Low, Ost, Tsche V]; ęrəpsə, Pl. id. [Ga, StA, Wil V]; ęrvəs, Pl. id. [Fek II, Bill, Jahr, Karl V]; ęrvus, Pl. id. [Karl, Len V]; arwus, Pl. id. [Hom V]; oęrwęs, Pl. id. [ASad, Lind, Wei, Wolf V]; oęrvəs, -ə [Ru IV]; oęvus [KT, Wud, Wudi I]
G: strauchförmig wachsende Pflanze und deren Hülsenfrucht, Schmetterlingsblütler; Pisum hortense (auch sativum) ● *Donn hob i noch Eäbsn, Himbärn* (↑Himbeere) *un zwaa Schoa* (↑Schor) *Weimbe* (↑Weinbeere). [OG I] *Dann sann die Fisoule* (↑Fisole) *kummen, nur Oarwesse sann wenich oobaut* (↑anbauen) *woan.* [Ru IV] *Im*

Garte ham-mer gebaut for uns nor Ärbse un Bohne un Kolrawi (↑Kohrabi). [Ost V] **Anm.:** Die Variante *ęrəpsə* weist in [Gal, StA und Wil V] den Sprossvokal -ə- auf. ■ PfWb II 921 f.; SüdHWb II 230-232; RheinWb II 144; BadWb I 698; SchWb II 764-767; Gehl 1991, 225.
→Erbsenstroh, Gemüse, Grünkichern, Pflück-, Zuckererbse.

Erbsenstroh - n, erpsʃtro:, Sg. tant. [OG I]
G: getrocknetes Erbsenkraut ● *Des Eäbsnstrauh, des tame auf Heife* (↑Haufen), *dass es vefault, un des wird eigrobn* (↑eingraben). [OG I]
→Erbse, Stroh.

Erdapfel - m, eɐrdapfl, -ępfl [ASad, Lind, Wei, Wolf V]; ę:rtapl, -eplə [GJ, Ost, War V]; kipfəlerdępfəl, gelbe [ASad, Lind, Wei, Wolf V]; kipfəlerdępfəl, rote [ASad, Lind, Wei, Wolf V]; eɐrdapfl, -ępfl, bø:miʃe [ASad, Lind, Wei, Wolf V]; eɐrdapfl, -ępfl, ʃpekige blaue [ASad, Lind, Wei, Wolf V]
1. G: Kartoffel; Solanum tuberosum *Etym.:* Der Kartoffelname ist bair.-österr. ● *Dann is e bisserl Howen* (↑Hafer) *Eadäpfl un Korn aabaut woan, Dorschtn* (↑Dorschen) *un Flocks hot ma aa baut.* [Wei V] 2. G: essbare Knolle einer amerikanischen Sonnenblumenart, Topinambur; Helianthus tuberosus ● *Die Ärdepple ihre Name is Topinambur. Die sinn so de Gschmack wie Kolrawi* (↑Kohlrabi), *die had mer rohe gess.* [Ost V] ■ BayWb 1/1, 139.
→(1) Apfel, Erdäpfelsuppe, Grundbirne, Kartoffel.

Erdäpfelsuppe - f, eɐrdępflsupn, Pl. id. [ASad, Lind, Tem, Wei, Wolf V]
G: Suppe aus Kartoffelschnitten und Suppengemüse ● *Af dem Härd* (↑Herd) *is aa kocht woan: In de Frih Ejnbrennsuppn* (↑Einbrennsuppe), *z'Mittag ↑Nockerl owa en Oajesterz* (↑Eierstörz) *und af d'Nacht Eardäpflsuppn, des is die tägliche Kost gwest de gonze Wocha.* [Wei V]
→Erdapfel (1), Suppe.

Erdarbeiter - m, ę:rtəarbədər, Pl. id. [Jood II]
A: landwirtschaftlicher Arbeiter, der in der Wasserwirtschaft Abflussgräben aushebt ● *Die Loit* (Leute) *senn gange fir Kubikarbeiter be de Wasserindustrie. Ja, 'Kubik? Des isch Ärdearbeder, was 'Kubikmäter rauswärwe* (auswerfen), *neue Grabe mache, wo de Fluss geht.* [Jood II]
→Kubikarbeiter.

Erdbeere - f, ęətpęə, ęətpęən, [Wer V]; ęrtpɛ:r, -ə [Fak, Glog V]; ęrtpę:rə, Pl. id. [Ap III, Wer V]; ęrpl, -ə [Glog V]
O: niedrig wachsende Pflanze mit fleischigen, wohlschmeckenden Früchten; Fragaria grandifolia ● *No hot's noch Obst gewwe* (↑geben), *Riwisl* (↑Ribisel), *Riwislsteck und Ärdbääre un Himbääre* (↑Himbeere) *und e paar Rewesteck* (↑Rebenstock) *ware in jedem Haus.* [Ap III] *O je, da waa viel Obst fir ↑Sulz kochn, aus Zwetschkn, aus Riwiesl, aus Äedbäen, was me grad fir Bäume selbe ghabt hat, Pfiësich, fir Pfiësichsulz und aus Aprikosn, des waa es allebeste, gell.* [Wer V] **Anm.:** Die Variante *ęrpl* ist in [Glog V] eine Wortkürzung. ■ Gehl 1991, 233.
→Beere, Obst.

Erde - f, ę:rde, Sg. tant. [OW VI]; ę:rdə, Sg. tant. [Nad, Surg II, NA V, Besch VI]; ęədə [Bohl, Fek II]; eę:də [Petschw, Sier II]; eədə [Bohl II]; ę:də [Nad II]; e:rd [ASad, Lind, Wei, Wolf V]; ę:rtə [Jood, Kock II, Ga, StA V]; ę:rt [Ap III, Bru, Fak, Glog, Ost V]; ę:rtn [Petschw II, OW VI]; eɐdn [Ed, Wein, Wud I]; ę:tn [OG I]; ęət [Pußt I]
Allg: oberste Schicht des Bodens, Erdboden ● *Im Häerbst wäd er tïef zuedeckt mit die Eädn, wäd die Eädn zu die Steik guet hiezougn* (↑hinziehen). [OG I] *Do Do is e Graam* (↑Graben) *gmocht woen, hod me's einischäen* (↑einscharren) *miëssn, un no is die Äed draufghaut woen.* [Pußt I] *Em End is e Louch gwiesn, do is die Eadn drinne bliem, wos de Rejgn mitgnaume hot.* [Wud I] *ham-mer Seck ufglade* (↑aufladen) *ode Ärde druflade un a.* [Jood II] *No had me Firiche* (↑Furche) *gmacht un die Pflanze in die Ärde 'näigsetzt* (↑hineinsetzen). [Sulk II] *Un im Frihjahr hat mer misse die Storze* (↑Storzen) *raffe un die Ärd an de Storze etwas ruttle* (↑rütteln) [Bru V] *Die Blaue Kolrawi un Schwoaze Rettich sein in Gartn in die Ärde neikumme.* [NA V] *Selmols ware die Worzle vom Kukrutz* (↑Kukuruz) *net so tief in die Ärd gang.* [Ost V] *A andersmol saan Kletz* (↑Klotz) *gfoahrn woan, aff de Erd gschleppt.* [Wei V] *Die Reiser, alles verfault dortn, un das bleibt Humus fir de Erde.* [OW VI] **Anm.:** Die Varianten *Ärdn, Eadn* haben als bair.-österr. Einfluss die Endung -n im Sg. f. ◆ Redewendungen: "*Är ruht schun under d'Ärde*" (er ist schon gestorben). - *Schad, dass dei Kopf unter die Ärd kummt*" (ironisch für: 'du bist überklug'). (Gehl 1991, 65)
→Boden (2), Dreck (1), Erdfloh, -haufen, -loch, -wühler, Grund (1), Humus, Lehm, Lettenerde,

gelbe Erde, rote Erde, Misterde, Sand (1), Scholle, Staub, Ton; sandig.

erden - Adj, ɛ:rtən [GK, Ost, War V]
W: irden, aus gebrannter Erde ● *Uff die Fesser is noh a äärdene Trechter* (↑Trichter) *drufkumm mid ame Loch, un in des Gfeß* (↑Gefäß) *had mer kenne Wasse ninschitte* (↑hineinschütten). [Ost V]

Erdfloh - m, ę:rtflo:, -fle: [Bog, GK, Ost, War V]
A, G, T: bis zu 4 mm großer Blattkäfer, der sich springend fortbewegt und Gartengewächse schädigt; Halticini ● *Die Ruwe* (↑Rübe) *sinn aangebaut ginn* (↑anbauen) *met der Maschin* (↑Maschine 3), *un dann sinn sie gschärrt ginn* (↑scharren), *wejer em Ärdfloh.* [Ost V] ◆ Pfälzischer Volksglaube: Wammer net bgloogt sei(n) will mit Erdfleh, sät mer de Sume (Samen) oweds, wann die Sunn unner is, oder märgets (morgens), eb (ehe) sie uf is. (PfWb II 929) ■ SüdHWb II 240; RheinWb II 163; BadWb I 701.
→Erde, Floh.

Erdhase - m, ęrtha:s, -ə [Ap, Pal, Wasch III, Har, NP IV, Bir, Char, Eng, Franzf, Ger, GJ, GK, Gra, Hei, Jos, Ksch, Kub, Len, Lieb, Low, Na, Ost, Ru, Tsche, Ui, War V]; ę:rdha:s [Bul, Ker, Pal, Stan, Tscher III, In IV, Albr, Ben, Bill, DStP, Gott, GStP, Gutt, Joh, Kath, Ket, Laz, Len, Low, Mar, Mram, Orz, Sack, StAnd, Stef, Tsch, Tschak, Tschan, War V]; ę:rdho:s [NB V]; ę:rdhas [Ben V]; ęrtha:sn [Kud V]; ę:rdho:sn [NB V]; ęrdha:sl [Star V]; ęrdha:s [SchönV]; ęrdhę:sl(e) [Kar III, StA V]; ertəhę:zle [Ga, StA V]; ę:rthe:zl [Fak, Glog, Wil V]
V: osteuropäisches Nagetier mit Backentaschen, das in Erdhöhlen Vorräte anlegt, Ziesel; Citellus citellus ● *Ja, do warn die Ratze* (↑Ratz), *die Meis* (↑Maus), *die Ärdhase un die* ↑*Gritsche, wu als so große Schade mache.* [Ost V] *D'Feldhase, Fasaune* (↑Fasan), *Wachtle un Erdehäsle, henn die Kinde frihe uffn Acker kenneglernt.* [StA V] ■ Wolf 1987, 282; Petri 1971, 117.
→Hase, Ungeziefer.

Erdhaufen - m, ertəhaufə, -nə [Ga, StA V]; ę:rthaufə, -haifə [Ap, Berg, Fil, Pal, Siw, Tscher III, NP, Tom IV, Alex, Bog, Bru, Fak, GJ, Gra, Sch, SM, War, Wis V]
Allg: aufgehäufte Erde ● *Die Erdewihle* (↑Erdwühler) *stoße die Erdehaufe uff.* [StA V]
→Erde, Haufen (1b).

Erdhund - m, ę:rthunt, -hundə [Mösch, Zi II]; eəthunt, -hundə [OG I]; ęrthundi, Pl. id. [Jood II]
G: Hamster; Cricetus cricetus ● *Do is aan Ungeziffer, kleine wie en* ↑*Ratz un greße wie an Maus, an Eädhund.* [OG I] ■ PfWb II 930 'Hamster', dafür häufiger *Kornwurm*.
→Ungeziefer.

Erdloch - n, e:rtlox, -leçər [Bill, Bog, Bru, Len, Low, Ost, Wis V]
A: natürliche oder durch graben entstandene Vertiefung im Boden ● *Dort hunn se 1958 tiefi Erdlecher gegrab* (↑graben) *un sinn uff Knoche gstoß, weil dort aamol e Siedlung war.* [Bru V]
→Erde, Grundloch, Loch (1).

Erdwühler - m, selten, ertəvi:lə, Pl. id. [Ga, Pan, StA, Wil V]
V: Maulwurf; Talpa europaea *Etym.:* Das Komp. ist eine der volksetym. Deutungen für das Erde aufwühlende Tier wie: "Maulwolf, -werfer, -wurm, Molt-, Mondwurm" u.a. (^{21}Kluge, 468), weiter "Mauerwolf, Maulwühler, Wühler, Scherwühler" (*Scher* ist alem. und bair.), *Stoßmaus* im donauschwäb. Dialektbereich. (Petri 1971, 121 f.) Vgl. auch die Bezeichnung *Erdwolf* für 'Maulwurfsgrille'. (DWb 3, 783) ● *Die Erdewihle stoße die Erdehaufe uff.* [StA V] ■ Gehl 1991, 119.
→Erde, Maulwurf.

Ernte - f, ęrnt, Sg. tant. [Ga, Sad, StA V]
A, G, H, O, T, W: Mähen, Sammeln und Einbringen der Feld- und Gartenfrüchte, auch der Ertrag ● *Micheli, Sicheli, gang in d'Ärnt.* [Sad V] *D'Ärnt soll zu Peter un Paul oder zu* ↑*Maria Heimsuchung aafange, dånn schmeißt die Mutter Gottes die Sichl ins Kårn un die* ↑*Frucht* (1) *is reif.* [StA V] ■ Gehl 1991, 133.
→Erntefest, Fechsung, Frucht-, Gersten-, Haferernte, Peter-und Paul (1), Schnitt.

Erntefest - n, ęəntnfest, Sg. tant. [StG, Sol, Stl II]
A: nach überlieferten Bräuchen gefeiertes Fest nach der abgeschlossenen Ernte ● *Wann schun getrappt* (↑trappen) *woar, des is gedroschen, noch woar es Ärntefest.* [Stl II]
→Aldemasch, Ernte, Gastmahl, Majalus, Schlacht-, Traubenfest, Sichellegen.

erste Klasse - f, ęrʃte klas, Sg. tant. [Bog, Ga, GK, Gott, Gra, Len, Low, Pan, StA, War V]; ęrʃti klas [Bak, Fak, GK, Glog, Nitz, Ost V]; ę:rʃti kla:s [Sulk II]

Erstergrund

Allg: (von landwirtschaftlichen Produkten:) beste Güteklasse ● *Die ärschti Klaas Tu'wak wor de teiersti, no wor zweite Klaas, wor schun billiche.* [Sulk II] *Aso, do war de Spitzthuwak, mr hat ne gnennt Kipplthuwak* (↑Gipfeltabak), *des war erschti Klasse.* [Wies V] ■ Klasse PfWb IV 278: 3.b 'Güteklasse bei Waren, z. B. bei Tabak'; SüdHWb III 1378 f.; RheinWb IV 641; BadWb III 151.
→Klasse.

Erstergrund - m, ęrʃtəkront [Jink, Kä, Sag, Sar, Warsch II]
A: erster Teil des Ackerfeldes (nach der Aufteilung im Flurplan) ● *Der Grond woar verschiede, socht mer de Kukrutzgrond, Wiesgrond, Zigeinersgrond, Ärschtegrond.* [Jink II]
→Grund (2).

erstes Mehl - n, e:ʃtəs me:l, Sg. tant. [StG, Sol, Sulk II]
A: sehr feines Mehl, das zum Kuchenbacken geeignet ist ● *No is es eschti Mehl kumme, no is zwatti Mehl kumme, no sein die Kleie kumme. Des eschti Mehl war gut zu ↑Kolatsche backe.* [Sulk II]
→Mehl.

erstklassig - Adj, ę:rstklasiç [Ora, Resch, Sekul, Stei, Wei V]; ęrʃtklasiç [Bru, Fak, Ga, Glog, Ost, StA Wil, Wis V]
Allg: von besonderer Güte, ausgezeichnet ● *In Oschtre* (ON) *war ärschtklassiches Feld. Un de Sand un die Wiese ware leichtres Feld.* [Ost V] *Aff einmal hamm wir bekommen zwölf Mette* (↑Meter 2) *äärstklassiches Deputatholz.* [Resch V]
→Klasse.

Erstling - m, ęrʃtliŋ, Pl. id. [Bog, GK, Ost V]
V: junge Kuh nach dem ersten Kalben ● *Es klaani Kalb war a Modderkalb* (↑Mutterkalb), *dann war's a Rindl un dann war's a Ärschtling.* [Ost V]
→Rind.

Erwerb - m, ęrvęrp, Sg. tant. [ASad, Lind, Resch, Wei, Wolf V]
A, Fo, W: Lohn, Verdienst ● *Es Edelwild hot er immer pflegt und d'Raubwild is sei Ärwärb gwest.* [Wolf V]
→Lohn.

Esche - f, eʃe, eʃn [ASad, Tem, Resch, Wer V, OW VI]; eʃe, eʃə [Bohl, Bold II, Ap III, Ben, Bru, Da V]; eʃə, Pl. id. [Fak, Glog V]; aʃ, -ə [Mu, Mut II]; aʃpɐ, Pl. id. [Lieb V]; aʃpə [Bul III]; aʃpl [Bill, DStP, Ger, Gott, Gra, Gutt, Jos, KB, Orz, Len, NA, NPa, NPe, War, Tschak, Tsche]
Fo: Laubbaum mit fedrigen Blättern; Fraxinus excelsior ● *Von schene Baume, welche Früchtn* (↑Frucht 2) *machn, zerstraat* (↑zerstreuen) *de Wind de Samen, und es tut sich natural* (↑natürlich) *wieder anbaun. Bei Buchn, Eichn, Eschn geht es, natural anbaun.* [OW VI]
→Baum (1).

Esel - m (n), e:zl, -ə, (Pl. id.) [Darda II, Ap, Fu, Har, Ker, Sch, Tscher, Wasch III, In IV, Bog, Fak, Ga, Glog, GStP, Hatz, Hom, Joh, Karl, Low, Mram, NA, NB, Ost, Sack, StA, Wer, Wil V]; e:sl [Ap III]; eisl [ASad, El, Lind, Wei, Wolf V]; eiəsl [Ed, Erb, GT, KaBr, Krott, Paum, Scham, Schau, StIO, Tscha, Tschow, Wein, Wud, Wudi I]; i:sl [DStP V]; e:zəlę, Pl. id. [Ga, StA V]
V: als Reit- und Lasttier benutzter grauer Einhufer mit langen Ohren; Equus asinus ● *Ross und Kih ware in Sallasch* (↑Salasch) *hauptsechlich, und zu de Schef* (↑Schaf) *hot aa de Esl gehert.* [Ap III] *Wann em Esl die Ohre beiße* (↑beißen 2), *get's Reen.* [Hatz V] *De Esl zeigt die Uhrzeit; wenn er schreit, is Mittag.* [Glog V] *Wenn d'Esl viel schrein, gebt's Rege.* [StA V] ◆ Bei hoher Luftfeuchtigkeit (vor nahendem Regen) schwärmen die Stechmücken und belästigen den Esel - auch an seinen Ohren - so dass er mehr als sonst schreit. - Der Esel ist in den donauschwäb. Siedlungsgebieten nur als Begleiter der (zumeist durchziehenden) Schafherden bekannt. ■ Gehl 1991, 185.
→Eselzucht, Vieh.

Eselzucht - f, esltsuxt, Sg. tant. [Bog, Gott, Gra, Low, Wis V]
V: Aufzucht von Eseln als Zug- und Tragtier ● *Ganz frihjer hat die Härrschaft* (↑Herrschaft) *jo mit Eselszucht angfangt, vom Staat betraut for Eselszucht mache, is awwer nit geglickt.* [Wis V]
→Esel, Zucht.

Eserjo - f, selten, ęzęrjo:, Pl. id. [Aug, Ed, GT, KT, Scham, Schor, StIO, Wein, Wud I]
W: neuere Sorte von Tafeltrauben mit sehr süßen Beeren *Etym.:* Entlehnung der ung. Sortenbezeichnung *ezerjó* 'Tausendsüß', nach der Qualität der neu gezüchteten Traube. ● *Nou haum me ghot die Lampüschwaaf* (↑Lammschweif), *die Gaaßtuttl, Kadarka, die Ocksnaugn un die Eserjoo, des sann sche naicheri* (neuere) *gwejest.*

[Wud I] ■ Petri 1971, 78.
→Rebsorte.

Esparsette - f, selten, ęʃpəset, Sg. tant. [Kock, Surg, Wem II]; ʃparsetə [Tor III]
A: etwa 50 cm hohe, rosa blühende Futterpflanze; Onobrychis viciae *Etym.:* Entlehnung aus der Standardsprache. Die deutsche Bezeichnung kommt aus frz. *esparcet(te)* 'Süßklee'. ● *Im Summer hot mer Grienes gfudert* (↑füttern), *Klee un Äschpesätt.* [Kock II] ■ Petri 1971, 50.
→Grünfutter.

Essgrundbirne - f, eskrumbi:r, -ə [Fak, Ga, Glog, StA, Wil V]
G: Speisekartoffel mit großer Knolle ● *Do wore bei uns die großi Essgrumbiere, meischtns die Rosegrumbiere, un dann viel Steckgrumbiere un die Saugrumbiere, des worn die ganz klaani un die vehackti* (↑verhackt). [Fak V] ■ Gehl 1991, 116
→Grundbirne.

Essig - m, esiç, Sg. tant. [StI II, GK, Glog, NPe, Ost, StA, War, Wil V]; esik [Neud III]
O, W: aus Obst oder Wein gewonnene saure Flüssigkeit zum Einlegen, Marinieren, Haltbarmachen von Lebensmiteln ● *Mir hunn als mit bissje Essich un Salz, Loowebleder* (↑Lorbeerblatt), *Kree* (↑Kren), *noch hom-mer Weickslbledder* (↑Weichselblatt) *druf.* [StI II] *Die Botting* (↑Bottich) *is mit Stroh un mit Ärd* (↑Erde) *abgedeckt, dass de Treber gärt* (↑gären) *un net Essich gibt.* [Ost V]

Essigumurke - f, esiçumork, -ə [Fak, Ga, Glog, StA, Wil V]
G: in Essig konservierte Salatgurke ● *Zu Fleisch hem-mer als gärn Salzumorke oder Essichumorke gesse* (gegessen). [Glog V] ■ Gehl 1991, 229.
→Umurke.

Esskürbis - m, eskhirbis, Pl. id. [NA, Ora, Resch, Stei, Tem V]; eskhirvəs [Fak, Glog, Wil V]; eskhęrvəs [Bog, Ga, SM, StA V]
G: länglicher, grün zu kochender Speisekürbis ● *In Goate is alles: Rattich* (↑Rettich), *Kirbis un Esskirbis, ja, un Rodi Ruwe.* [NA V]
→Kürbis.

Esstraube - f, estraup, -trauvə [Fak, GK, Glog, Low, Ost, War V]
W: verschiedene Sorten von Tafeltrauben ● *Mir hann getracht, dass es Bärl* (↑Beere) *e dicki Schal* (↑Schale 1a) *hat. Weil die Dinnschalichi* (↑Dünnschalige), *aso Esstrauwe, hann sich net gut ghall* (↑halten 3). [Ost V]
→Rebsorte.

Estrich - m, eʃtre, Pl. id. [Besch, Bil, Ham, Mai, Pe, Schei, Suk VI]
A: mit Lehm bestrichener Hausboden *Etym.: Estrich* m, westobd. 'Fußboden', aus mhd. *est(e)rīch, est(e)rich*, ahd. *estrīch, astrih* ist entlehnt aus mlat. *astracus, astricus* 'Estrichguss, Pflaster', das seinerseits auf gr. *óstrakon* n. 'knöcherne, harte Schale von Schnecken etc., Scherbe' zurückgeht. Ursprünglich wurde der Estrich aus Scherben gefertigt. ([23]Kluge, 235) In unserem Fall wurde der feste Bodenbelag bzw. der Mörtel- und Zementbelag der Zimmerdecke auf den verstärkten Dachbodenbelag zur Unterbringung des Getreides und schließlich auf den als Speicherraum dienenden Dachboden selbst übertragen, wie es die oben angeführten Nachrichten aus dem Rheinland bestätigen. Ähnlich verhält es sich im schweizerdeutschen Sprachraum, während im Schwäbischen und Alemannischen statt *Estrich Dachboden* und *Bühne* verwendet werden. ● *Eschtrekammer, wo mer uf d'Eschtre isch. Det ischt e Loiter* (↑Leiter 1) *gsei, un de isch me uff d'Eschtre.* [Schei VI]
◆ Da der Dachraum zuweilen einen Estrichfußboden hat, führt er in Tirol, Bludenz, einem Teil der Schweiz (Bern, Aargau, Basel, Graubünden, Schaffhausen, Thurgau) den Namen *Estrich.* In Bregenz, Dornbirn heißt der Boden *Aufzug* (vgl. schweiz. *Ufzug*) und in Zürich *Winde,* offenbar weil sich ursprünglich auf dem Dachboden eine Winde befand, mit der das Korn oder das Heu heraufgezogen wurde. - Die häufigste dial. und ugs. Bezeichnung des Speicherraumes unter dem Dach, also dem *Dachboden,* ist *Boden,* ein ostdt. Wort, das sich im Norden bis zu den Rheinladen und im Süden bis nach Baden-Württemberg erstreckt. Demnach wird es in Bayern, in ganz Österreich (außer Tirol und dem westlichen Kärnten) verwendet. Während in Siebenbürgen (Hermannstadt und Bistritz) das Wort *Oberboden* auftritt, wird in Westdeutschland häufig *Speicher* verwendet. Im südwestlichen Deutschland, in Württemberg bis Konstanz wird *Bühne* verwendet, im Elsaß *Speicher* und *Bühne.* - Ein Teil der Ausdrücke bezieht sich auf den Getreide- und Heuboden des Bauernhauses. Boden, Bühne, Diele, Balke bezeichnen die horizontale Balkenschicht, durch die dieser Dachraum vom

Erdgeschoß abgegrenzt wird. *Boden* bedeutet überhaupt 'Stockwerk'. Im erdgeschossigen Haus ist aber der Dachraum der einzige Stock oder Boden, so dass hier *Boden* die Bedeutung von 'Dachraum' erhielt. Jene Balkenschicht bildet zugleich die Decke des darunter befindlichen Raumes, daher bedeuten *Bühne, Diele* auch die 'Zimmerdecke'. (Kretschmer 1969, 132-135) ■ SüdHWb II 295: 1.a † 'der mit einem festen Bodenbeleg versehene Dachspeicher', b. 'Zimmerdecke, Decke des Viehstalls'. Das Wort ist schon 1926 im Veralten; sein rascher Rückgang im Umkreis von Mainz wird 1933 und im Kreis Worms 1932 bestätigt; *Esterich* RheinWb II 203 f.: 1. 'mit Lehm oder Mörtel ausgelegter Zimmerboden', 2. 'Kalk- bzw. Zementboden auf dem Speicher'; ein aus Kalk (Zement) gemachter fester Boden unter dem Dach zum Aufschütten des Getreides, dann der Dachboden, Speicher schlechthin, auch wenn er keinen Estrich hat. In Trier hatten die ausgebauten Speicherzimmer einen Estrich, der oben einen dünnen, mit kleinen Kieselsteinen vermengten Zementbelag zeigte, der Speicher selbst war mit Brettern gedielt; PfWb II 983: 1. 'Zimmerdecke', 2. 'Fußboden', 3. 'Hausgang, Vorraum des Hauses'; SSWb, 2, 278: 1. 'der (mit Lehm) gestrichene Fußboden des Zimmers', ebenso auch die Bekleidung des Aufbodens mit Ziegeln (Ziegelstücken), Erde oder Lehm, 2. 'der mit Lehm gestrichene Aufboden'.
→Boden (1); Estrichkammer.

Estrichkammer - f, eʃtrekhamər, Pl. id. [Besch, Bil, Ham, Mai, Pe, Schei, Suk VI]
A: Abstellkammer im Hinterhaus mit der Aufstiegstreppe auf den Dachspeicher ● *Eschtrekammer, wo mer uf d'Eschtre isch. Det ischt e Loiter (↑Leiter 1) gsei, un de isch me uff d'Eschtre.* [Schei VI]
→Estrich.

Europäer - m, airopeər, Pl. id. [Bak, Bog, Mar, Nitz, Pau, Wis V]
W: einheimische, nicht veredelte Rebsorte
Etym.: Benennungsmotiv ist die geografische Herkunft der benannten Rebsorten. ● *Die Sortn ware ja alles Eiropäer, sie ware net veredlt.* [Bak V]
→Amerikaner, Rebsorte.

Euter - n, aitər, Pl. id. [Bak, Bog, GK, Gott, Gra, Len, Low, Nitz, Ost, Wies, Wis V, Bil, Ham, Mai, Pe, Schei, Suk VI]; aidər, aidrə [Fak, Ga, Glog, StA, Wil V]; audər, audrə [Ger, Hatz, Mer, StAnd, Tsch V]; u:tər [Sad V, Kr VI]
V: Milchdrüse beim weiblichen Säugetier ● *E Kuh hat gutes Fresse krien misse oder war es Eiter leer.* [Bog V] *Die Kih mit großi Eidre gebn viel Millich.* [Fak V] *Na tan se's Eiter schää abwesche un meälket in Mälkkibbel* (↑Melkkübel), *sage mer.* [Schei VI] ◆ Pfälz. (und auch donauschwäb.): Ein geschwollenes Euter heilte man mit einem Donnerkeil (Versteinerung beim Blitzschlag). (PfWb II 991) ■ PfWb II 991 f.; SüdHWb III 303 f.; RheinWb II 215; BadWb I 721 f.; Gehl 1991, 106.
→Kuheuter, Strich, Tutte, Vieh.

Export - m, eksport, Sg. tant. [Bak, Bog, Fak, Ga, GJ, GK, Glog, Gott, Gra, Hatz, Low, Nitz, Ost, Sad, StA, Wies, Wil, Wis V, Pe V, OW VI]
Allg: Ausfuhr landwirtschaftlicher Waren zum Verkauf *Etym.*: Entlehnung aus der Standardsprache. ● *De Export geht jährlich zu seiner Kinner un Enkelskinner.* [Bog V] *Im '19er Johr hann ich fimf ↑Meter (3) Rotkleesame verkaafe kenne uff Guddebrunn* (ON), *far Export.* [Wies V] *In Wald sind ville Waldfrichtn, was sähr gut sich verkaufn, firn Export, ins Ausland.* [OW VI]
→Exportparadeis, Fruchtexport, Import, Markt; exportieren.

exportieren - schw, eksportiən, eksportiət [Aug, Ed, Wud I, ASad, Ora, NA, Resch, Weid, Wer V]; eksporti:rə, eksporti:rt [Fek, Nad, Tew, Wem II, Har, Hod III, ND, NP IV, Bog, Fak, Ga, GK, Glog, Gott, Len, Low, Nitz, Ost, StA, War, Wies,V, Pe VI]
Allg: landwirtschaftliche Produkte zum Verkauf ausführen ● *De Vetter Alois exportiert jährlich, was er iwrich (übrig) hat, uff Deitschland.* [Bog V] *E jedes Haus hot Gärtnerei ghabt, wal Absatz woar, is exportiёt woan.* [NA V] *Aus Oschtre* (ON) *sinn die Schwein uff Wien exportiert ginn* (worden). [Ost V]
→verkaufen; Export.

Exportparadeis - m, eksportparədais, Pl. id. [Bog, Drei, DStP, Eng, Fak, Ga, Gott, NA, Ost, Wis V]
G: für die Ausfuhr geeignete Tomatensorte ● *Im Frihjahr hot me auch Bohne gebaut un die Paradeis, die sein zum ↑Fruchtexport gange, des woan die Exportparedeis.* [NA V]
→Export, Paradeis.

Fach - n, fax, feçə [Bohl, KKa, Petschw II, Fak, StA V]; fǫx, feiçə [Wud I]; kfax, kfeçə [Nad II]
Allg: Berufszweig ● *Zum Schluss bin i widde zu meim Fach kumme, als Brigadier in de ↑Ferma "Scânteia". Vun dårt bin i aa in Pensioo* (↑Pension). [StA V] **Anm.**: Die Variante *Gfach* wird in [Nad II] durch das Präfix *ge-* erweitert. ◆ In den Berufen liegt die Entstehung des heutigen Faches begründet. Allerdings ist nicht jeder Beruf mit einem Fach identisch, sondern kann mehrere Berufe bzw. Berufsgruppen umfassen. (Möhn / Pelka 1984, 31) ■ PfWb II 1003: 5.a 'Berufszweig'; SüdHWb II 317; RheinWb II 116 f.; BadWb II 1 f.
→Fachmann.

Fachmann - m, faxman, -laide [Petschw II]; faxman, -lait [Ap, Sch, Werb III, NP IV, Fak, Ga, Glog, Jahr, Low, Ost, Wies, Wis V]; foxman, -lait [Wein I]; faxmãũ, l-ǫit [Aug I]
Allg: Experte in einem landwirtschaftlichen Bereich ● *Der Thuwaksmann is de Vertreter vun der Thuwakfabrik for e phaar Därfer, där war de Fachmann. ... Un des ware Fachleit un hann an de Reez* (↑Röste) *gschaut.* [Ost V] ■ PfWb II 1004; SüdHWb II 318; RheinWb II 227.
→Fach, Tabakmann.

Fadel - n, fa:dl, Pl. id. [Ka, Sulk II, Tscha III, Ru IV, Karl, Kaub, Len, Mram, Nitz, Res, Tem, Ver V]; fa:l, -n [At, Kir, Scham, Schor, Tax, Wud, Wudi I]
V: Ferkel ● *Mir humm ke Faal vekaaft, die hot me groß gezoge.* [Sulk II] ■ Petri 1971, 120; BayWb 1/1, 755: *Farl, Fal,* von *Färklein* 'Ferkel'.
→Ferkel, Schwein.

Faden - m, fa:dn, -fe:dn [Neud III, Franzf, Ger, Kow, Schön V]; fo:dn, fe.dn [Wud I, Petschw II, Mat V]; fa:n, fn [Ed, Pul I]; fã:dm, fędm [Jahr V]; fa:də, fe:də [Ker, Kol, Neud, Pal, Sch, Tscher III, In, Put, Ru, Tom IV, Alex, Bog, Ernst, Jahr, GK, Len, Low, Nitz, Ost, War, Wil, Wis V, Bur VI]; fã:də, fę:də [Petschw II, Fak, Glog, Orz V]; fǫ:də, fe:də [Oh II]; fa:tn, fe:tn [DStA, Stei V]; fã:tn, fe.tn [GT I, petschw II, Ger V]
Allg: dünner Strang aus zusammengedrehten Fasern ● *Dort kummt de Fade dorich, dass die Tuwakbletter* (↑Tabakblatt) *sich net zu fescht aanlege* (↑anlegen 4) *un schimble* (↑schimmeln). [Ost V]
→Schnur.

fahren - st, fa:rn, kefa:rn [OW VI]; foɐrn, kfoɐ:rn [Aug, Ed, GT, KT, Scham, Schor, Wud, Wudi I, Petschw II, ASad, Lind, Wei, Wolf V]; fa:n, kfa:n [Wer V]; fa:rə, kfa:rə [Fak, Ga, Glog, Pan, StA, Wil V]; fa:rə, kfa:r [Bak, Nitz, Ost V]
1. Allg: sich mit einem Fahrzeug mit Rädern fortbewegen ● *Do sann Bauen* (↑Bauer) *gweest, wo olli Tog in Wäigoatn* (↑Weingarten) *gfoahrn sann mit die Räisse* (↑Ross). [Wud I] *Un no is die Dreschmaschie mit die Pfäerde vun Haus zu Haus dreschn gfoahn.* [Petschw II] *Die Leit sinn mit de Wään* (↑Wagen) *zu der Wahl gfahr un geritt* (↑reiten). [Nitz V] *Bloß die Epplwalache* (↑Apfelwalache) *sinn in Oschtre* (ON) *mit Ockse gfahr.* [Ost V] *Uff em Schimånde Weg is me ufs Schimånde Feld gfahre.* [StA V] *Die hamm oft zwei Stund mit die Pfäed fahn missn am ↑Hotte*[r]*.* [Wer V] *Die ganze Nacht sinn sie gefahrn, dass sie in de Früh dort ankommen im Wald.* [OW VI] 2. Allg: (landwirtschaftliche Produkte) mit einem Fahrzeug befördern ● *D'Weiwa hommand mejssen* (mussten) *in Winta 's Wintaholz* (↑Winterholz) *foahrn und aa Mist foahrn.* [Wei V]
→(1) durch-, herauf-, herum-, hineinfahren.

fällen - schw, feln, gefelt [OW VI]
Fo: einen Baum mit einer Säge oder Axt zum Fallen bringen ● *Die Leute tun nicht mehr mit die Hende die Segn ziehgn* (↑ziehen) *ond so das Holz felln. (...) Dann gehn wir un wird das Holz gefellt.* [OW VI]
→abfällen, herunterfällen; Holzfällen.

Familie - f, fami:lie, Pl. id. [StI II]; fami:li [Ha II]; famili [Seik II]; famøli, [Bat VI]
B: in einen Stock lebende Arbeitsgruppe von Bienen; Bienenvolk ● *Ich honn 28 Famieli ghot, in grose Käste* (↑Kasten 3) *woa alles.* [Ha II] *Nur bis zeh-zwanzich Famili hann dren gstanne en de Biehitte* (↑Bienenhütte). [Seik II] *Die Bienenzucht, des is schee gewest. Dot newe uns, dä Mann, dä hat zwaahunnert Famielie.* [StI II] *De dritte Schwoarm, wenne oa Famöli gibt, hand aa widde mähe Kenigin.* [Bat VI]
→Bienenzucht, Volk.

Fangangel - f, selten, faŋaŋl, -ə [Ap, Fu, Pal III]
Fi: Angelhaken am Fischernetz ● *Die Fischer henn entweder mit de Reische (↑Reuse) gfischt oder henn sie e ↑Netz ghot un so mit Fangangl.* [Ap III]
→Angel (1a); fangen.

fangen - st, schw, faŋən, kfaŋt [ASad, Lind, Resch, Tem, Wei, Wer, Wolf V]; faŋə, kfaŋə [Hatz V]; faŋə, kfaŋt [Jood II, Fil, Mil III, Be, Tom IV, Fak, Ga, Glog, Ost, StA, War, Wil, V, Ham, NP, Pe VI]
B, Fi, Fo, V: ein freilaufendes Tier, ein Insekt bzw. einen Vogel oder Fisch einfangen ● *Nocher is die Sau gfangt, wurd sie abgstoche.* [Jood II] *Un far Fisch fange hot mer an die Angel entweder Wärm (↑Wurm) droo oder Kukrutz (↑Kukuruz) oder aa mit Brot.* [Ap III] *Wem-mer o Rebhingl (↑Rebhendel) fangt, gibt's e guti Rebhinglsupp.* [Mil III] *In de Grawene (↑Graben) hat me ↑Krapp kenne fange.* [Ga V] *Schwalme soll mer net fange, sunscht git die Kuh roti Milich.* [Hatz V] *E alte Gärtne hat uns gezeigt, wie mer die Beem (↑Baum) schneid und behandlt, wie me die ↑Raupe fangt un so weider.* [Ost V] *Iwan (über den) Winta, kann i mi erinnern, hot er 30 Edelmoade (↑Edelmarder) gfangt. ... Zwäj hom-mand an Semenikboo (vom Semenikgebirge kommender Bach) Forelln gfangt.* [Wolf V]
→auf-, einfangen; Fangangel.

Fanni - f, fani, Sg. tant. [Fak, Ga, GK, Glog, Ost, StA V]
V: Rufname für weibliche Pferde *Etym.*: Der Name ist ein Dimin. für *Stefania*. ● *Die Rossname ware aldi Name vun der Ansiedlung: Fanni, Olga, Mitzi, Freila.* [Ost V] *Jede Bauer hot seu Geil (↑Gaul) mim Nåme gnennt: Båndi, Fanni, Ida, Låtzi, Lisska, Rudi, Gidran, Tschesar, un ständich uff se gred bei de Arweit.* [StA V] ■ Gehl 1991, 198.
→Rossname.

Farbe - f, farbe, farbn [Ru IV, NPe V, OW VI]; farp, farbə [Bohl II, Ker III, Be IV]; farp, -n [KT I, GN II, NP IV, Jahr V]; farpn, Pl. id. [Bad II]; fårp, -n [tscha III]; farp, -ə [Petschw II, Tow IV]; fårp, -ə [Nad II]; farp, farvə [Gai, Har III, Bog, El, Fak, Ga, GK, Glog, Len, Low, Orz, Ost, StAnd, War, Wil V]; farvə, Pl. id. [Tax I, Ga, StA V]; foɐrp, foɐrbə [Petschw II]; foɐrp, -ə [Nad II]; foɐp, foɐbə [Aug, Ed, GT, KT, Scham, Schor, StIO, Wein, Wud I]; fa:p, -ə [Ger V]; farəp, farvə [Ga, StA V]
Allg: natürlicher oder synthetischer Farbstoff ● *Dej weießi Pfeasche (↑Pfirsich) haum goa net e stoaki Foab kriëgt.* [Wud I] *Des Maulbierfass (↑Maulbeerfass) is brau, des had em Schnaps e Farbe gebn.* [Ru IV] *Noh sinn die Veilchen, die Tachunnachtschatte (↑Tagundnachtschatten) un die Vergissmeinnicht in alle Farwe ufgeblieht (↑aufblühen).* [Bog V] *Dann war noch die ↑Kardinal, wu so lilafarwich, violett sinn. Un wann se Farb hann, kam-me schun esse.* [Ost V]
Anm.: Die Variante *Fareb* wird in [Ga und StA V] mit dem Sprossvokal -e- gebildet. ■ Krauß 268-270: 'Bezeichnung der verschiedenen Farbstoffe'.
→blau, braun, gelb, grün (1), lila, lilafarbig, rot, schwarz (1), violett, weiß.

Fasan - m, fazā:n, -ə [Mu II, Buk, Fu, Tscher, Wasch III, In IV, GStP, Len, Low, Stef V]; fasa:n [Fu, Pal, Tscher, Wasch III, Buk, In IV, GStP, Low, Stef V]; fåså:n, -ə [Go, Ma, Pal, Wak, Wiel II]; fazā̄un, -ə [Hod, Stan III, Bru, Fak, GK, Glog, Ost V]; fasaun [Ka II, Hod, Stan III]; fazā̄unə, Pl. id. [Ga, StA V]; fazaunər, Pl. id. [Bak, Nitz V]

Abb. 17 Fasan

V: jagdbarer Hühnervogel mit farbenprächtigen Hähnen und graubraunen Hennen; Phasianus colchicus ● *Bei ons im Fåsånerwåld, do woan*

friher ville Fåsåne. [Wak II] *Im Bruckenauer Wald lebn viele Vegl, hauptsechlich Singvegl und aach Fasaune im Gstripps* (↑Gestrüpp). [Bru V] *Do warn de scheni Fasaun un die Rebhingle* (↑Rebhendel), *dannoh die Wachtle.* [Ost V] *D'Feldhase, Fasaune, Wachtle und Erdehäsle* (↑Erdhase) *henn die Kinde frihe uffn Acker kenneglernt.* [StA V] ◆ In Anlehnung an Eigenschaften des Vogels - vor allem während der Balz - wird ein naiver, leichtgläubiger Mensch in der Banater städtischen rum. Ugs. als *fazan* bezeichnet. Diese übertragene Bedeutung wurde von deutschen und ungarischen Studenten (z. B. in Tem V) übernommen und verbreitet. Die 1953 in [Nitz V] geborene, heute in Berlin lebende Schriftstellerin Herta Müller, die 1972-1976 Germanistik und Romanistik an der Universität Temeswar studierte, verwendet diese Wortbedeutung in ihrer 1986 erschienenen Erzählung "Der Mensch ist ein großer Fasan auf der Welt". ■ PfWb II 1047: (auch *Fasaun*); SüdHWb II 360; RheinWb II 200; BadWb II 16.
→Fasanenwald, Vogel.

Fasanenwald - m, fåsånərvalt, -vęldər [Go, Ma, Pal, Wak, Wiel II]
Fo: Waldrevier mit Fasanenpopulation ● *Bei ons im Fåsånerwåld, do woan friher ville Fåsåne.* [Wak II] ■ PfWb II 1047: Flurnamen.
→Fasan, Wald.

Faschingskrapfen - m, faʃiŋkrapfn, Pl. id. [Petschw II]
A: in Fett gebackener und mit Marmelade gefüllter Kuchen ● *Zu Nachtmohl gibt 's e guedi Suppn, gfilldes Kraut,* (↑gefülltes Kraut) *bradeni* (↑braten) *Bradwuscht* (↑Bratwurst) *un Fleischbraan* (↑Fleischbraten) *un Bacheraai, Faschingkrapfn, Pogatschel* (↑Pogatsche). [Petschw II]
→Backerei.

Faser - f (m), fasər, fa:srə [Alex, Bog, GK, Len, Low, Ost, War V]; fa:sər, få:sər [Ap III]; (m) fa:zər, Pl. id. [Waldn III]
H: dünnes, langes, aus Pflanzengewebe gewonnenes Gebilde, das zu Fäden versponnen wird ● *Die Fåser sinn no ghechelt* (↑hecheln) *warre un die Brechhagl* (↑Brechagen) *sinn no rauskumme.* [Ap III] *No had me den Hannef* (↑Hanf) *gebroche mid-de Hannefbrech, damit der Stengl* (↑Stängel) *rausgeht* (↑herausgehen) *un de Faser bleibt.* [Waldn III] *Wenn de holziche Taal vum Hannef brichich* (↑brüchig) *war un weggfloo is un die Fasre hann ghal* (gehalten), *dann war e gut.* [Ost V]

Fass - n, fas, fesər [Pußt I, Baw, Bohl, Fek, Jood, Nad, StI II, Ap III, Ru IV, Bog, Fak, Ga, GK, Glog, Joh, Jos, Len, Low, Ost, StA, Ui, War, Wil V, Bil, Ham, OW Schei, Suk VI]; fas, fęsər [Mu II, Da, Sad, War V]; fes, fesr [La II]; fas, fesə [Petschw II]; fasl, Pl. id. [Aug, Ed, GT, KT, Pußt, Wein, Wud I, Ru IV, Fak, Glog V, Bat VI]
Fo, V, W: geschlossenes Gefäß aus Holz, Metall oder Kunststoff, gewöhnlich mit bauchiger Form ● *Do is holt des Kolitzn* (↑Kanitzel) *un Kålch in so e Fassl, so e Holzfass aagmocht woen* (↑anmachen). [Pußt I] *Die Spritzlad hot auesgschauet wir-r-e Fassl, nua aum* (oben) *hot sie e vięeckets Louch ghot.* [Wud I] *Noch hod me es Fleisch eigsalze in em Fass, e Fleischfass.* [Fek II] *Sell wurd oigsalze in soligi Fesser vun Plastik, no bloibt des so acht Teg lang im Salz. (...) Be die Woiles* (↑Weinlese) *kumme die Fesse 'ruf vun Kelle*[r]. [Jood II] *Un noch tun's zwaa Mennr gleich robpresse* (↑herabpressen) *un neitroge in de Fessr.* [La II] *Dann de Most wäd åbglasn* (↑ablassen) *un dä kummt in die Fesse 'nei, in Kelle*[r]. [Petschw II] *Die Paprike* (↑Paprika 1) *sein in der Fesser eigemocht* (↑einmachen) *woan.* [StI II] *Ausn Fassl hod mes Wosser rauslosse in Trenkkeßl* (↑Tränkkessel) *fir de Rouß* (↑Ross) *zu saufn.* [Ru IV] *Wann's heiß war, war ufm Waa* (↑Wagen) *e Fass mit Wasser un a Krug.* [Ost V] *Die Frichte* (↑Frucht 2) *werdn in Fesser gesammelt, un das wird roch* (↑roh) *verkauft, nur sortiert und sauber in Fesser konserviert.* [OW VI] *Denn tu mer Traube durmahle in em große* ↑*Stande, denn tut me's 'nei in die Fesser.* [Schei VI] ■ PfWb II 1052 f.: 1. 'Faßarten', 2. 'altes Getreidemaß'; SüdHWb II 362 ff.; RheinWb II 312 ff.; BadWb II 17 f.; SchwWb II 963-965; Gehl 1991, 244.
→(Arten:) Achteimer, Beton-, Butter-, Eichen-, Fleisch-, Fuhr-, Kraut-, Maulbeeren-, Schimmel-, Sechseimer-, Stell-, Wasser-, Wein-, Zehneimer, Zweieimerfass, Bottich, Fleischkübel, Gatzen, Gelte, Holzfass, Schaff, Spritz-, Wasserlade, Tschutra.

faul - Adj, faul [Kock, Nad, Surg II, Ap, Hod, Stan, Wepr III, In, Ru IV, Alex, Bill, Bog, Len, Low, NA, Orz, War V, OW VI]
G: (von Nahrungsmitteln:) durch Gärung oder Verwesung ungenießbar geworden ● *Weil doch imme oogsteckti* (↑angesteckt) *debei sein, die wänn faul. Un dann stecken sich mährreri an un*

vedärwe (↑vederben), net. [NA V]
→verfault, verfaulen.

faulen - schw, føyn, kføyt [Aug, Ed, GT, KT, Scham, StIO, Wein, Wud, Wudi I]
A, Fo, G, O, V, W: faul werden, sich zersetzen ● *Die Weiemba sann eff Weiembasteicka* (↑Weinbeerenstecken) *aufgheingt woan, dass sie net so gschwind gföüt sann.* [Wud I]
→verfault.

fechsen - schw, feksn, kfekst [Aug, Ed, Ins, GT, KT, Scham, Schor, Wud, Wudi I]; feksə, kfekst [Bak, Bog, Nitz, GJ, GK, Len, Low, Ost, War V]; fęksə, kfękst [Fak, Ga, Glog, StA V]
A, G, H, O, T, W: ernten *Etym.:* Vgl. ostösterr. *fechsen* 'ernten'. Das Verb ist eine Abl. zu *Fechser* 'Schößling, Senker', von frühnhd. *fechser* 'bewurzelter Schößling der Rebe u. a. Pflanzen', dieses von mhd. *vahs,* ahd. *fahs* 'Haar'. (Wahrig 1224) ● *Mië tan fecksn, owwe Kukurutz un Weiemba* (↑Weinbeere) *tan mer lejesn* (↑lesen 2). [Wud I] *Mir henn in seller Zeit viel ↑Frucht un Kukrutz* (↑Kukuruz) *gfeckst.* [Fak V] *Mir hänn vum 1904-er an dort unse Weingarte angeleet* (↑anlegen) *un hann bis zu 20, 25 ↑Hekto gfeckst.* [Nitz V] *Die hann zehn Zappe* (↑Zapfen 2) *glosst un siwwe Aue* (↑Auge 2) *un hann dreimol soviel gfeckst wie die Alti friher.* [Ost V] ■ ÖstWb 213; Gehl 1991, 133.
→lesen (2); Fechsung.

Fechsung - f, feksuŋ, Sg. tant. [Aug, Ed, GT, KT, Scham, Schor, Wud, Wud I, Bohl, Petschw II, Ap, Berg, Fil, Hod III, Be, Tom IV, Fak, Ga, Glog, Sad, StA V]
A, G, O, W: Ernte *Etym.:* Vgl. österr. *Fechsung* 'Ernte, Ernteertrag'. (ÖstWb 213) Die Wörter *Fechsung* und *fechsen* gehören dem österr. Sprachgebrauch an. Sie wurden in der Zeit der Ansiedlung (18. Jh.) übernommen und sind bis heute in den Mundarten des Banats (und der übrigen donauschwäb. Siedlungsgebiete) erhalten. Über die Kanzleisprache verbreiteten die österr. Beamten neben anderssprachigen Wörtern auch obd. Wortgut. Im Jahre 1718 stellte ein Schriftstück fest, "daß heuer von der Fechsung kaum der Samen rückerstattet werden könne." (Wolf 1987, 280, der Baróti 1904, 117, 592 zitiert) ● *Die Fecksung is net guat, es gibt nua an Aumbe* (↑Eimer) *vuj Weiemba* (↑Weinbeere). [Wud I] *Der Risar* (↑Riesar) *oder Beresch hat die Baurewirtschaft gepacht un hat sein Lohn vun de Fecksung griet.* [Berg V] *Des isch Wie* (↑Wein) *vun de iegene Fecksung, ja.* [Sad V] *Uf nichterne Mage hat mer e als Schluck Schnaps aus de eigene Fecksung getrunke.* [StA V] ◆ Historischer Beleg: "Fechsung von meiner Session 8 Metz Frucht, auf der halben Session von Herrn Notär habe ich 11 Metz bekommen." (Deutsches Bauernleben 1957, 17) ■ Gehl 1991, 133.
→Ernte; fechsen.

Feder - f, fe:dər, Pl. id. [Fek II]; fedər, fedrə [Mil, Sch, Siw III, Tom IV, Bog, GK, Gra, Ost, War V]; fedər, -ə [Ga, StA V]; fędər, fętrə [Fak, Glog V]
V: aus Horn und haarähnlichen Fasern bestehender Teil des Vogelgefieders ● *Die Gens* (↑Gans) *senn geroppt woan un die Feder hot me getrecklt* (↑trocknen), *un wann se gut getrecklt wan, noch hot me Polschter gmacht.* [Fek II] *Fedre schleiße is e phuddlichi* (ungeordnete) *Arwet* (↑Arbeit 1). [Mil III] *Jede Art vun Hehne* (↑Huhn) *kennt me noch de Federe.* [StA V] ◆ Zu *phuddlich* vgl. *pudelig* 'ungeordnet, ungekämmt, zerrauft', zu *Pudel.* (PfWb I 1331) ■ Gehl 1991, 109.
→Federschleißen, Flaumfeder; rupfen (1b), schleißen.

Federröschen - n, fedəre:sçə, -r [Sch, Tscher, Werb III, Bog V]; fedəre:sjə [AK, KK III]; fedre:sjə [Jahr V]; fedrre:slçə [Len, Low V]
G: Federnelke; Dianthus plumarius *Etym.:* Die metaph. Bezeichnung geht von der Form der Blüte aus, die mit einem Röschen verglichen wird, während die feinen Blütenblätter einer Feder gleichen. ● *An Phingschte hann die Gichterrose* (↑Gichtrose), *Federrescher, Margarete* (↑Margerite), *die Nelke un Rose angfang ufzubliehe.* [Bog V] ■ PfWb II 1085 f.: 1.a 'Nelke', b. *wilde Fedderreselcher* 'Karthäusernelken'; SüdHWb III 296; RheinWb II 351; BadWb II 30; Petri 1971 32 f.
→Blume, Rose.

Federschleißen - f, fe:dərʃlais, Sg. tant. [Fek II]
V: Abreißen der Federn vom Kiel ● *Die große Feder sein gschlese woen, die Federschleiß hommië des ghaaße.* [Fek II]
→Feder; schleißen (1).

Federwagen - m, fejətəva:gəl, Pl. id. [Aug, Ed, GT, KT, Scham, Schor, StIO, Wein, Wud I]
Allg: flacher, gefederter Pferdewagen zum Transport von landwirtschaftlichen Produkten

• *Die Weiemba* (↑Weinbeere) *hot me mitn Fejedewagel in d'Stodt eienigfoahn* (↑hineinfahren). [Wud I]
→Spediteurwagen, Wagen.

Feigenpfirsich - f, faiŋpfeɐ̯ʃə, Pl. id. [Aug, Ed, GT, KT, Scham, Schor, StIO, Wein, Wud I] O: länglicher, feigenähnlicher Pfirsich *Etym.:* Benennungsmotiv der Frucht ist ihre entfernte Ähnlichkeit mit einer Feige. • *Nocketi Pfeasche hot's wejeneg gejem. Die aundri, die Feignpfeasche hot's füj gejem.* [Wud I] **Anm.:** Nach ihrer Form, Herkunft, Verwendung u. a. Benennungsmotiven kann eine Obst- oder Rebensorte in derselben Sprechergruppe verschiedene Bezeichnungen aufweisen, vgl. z. B. Feigen-, Nackter -, Pogatschenpfirsich und Japanischer. Die Ursache dieser Erscheinung ist der mündliche Gebrauch des landwirtschaftlichen Wortschatzes, der in verschiedenen, aber auch in derselben Sprachgemeinschaft variieren kann. ■ Petri 1971, 60.
→Japanischer, Pfirsichsorte.

fein - Adj, fain [GT, Pußt, Wein I, Bohl, La, Kock, Petschw, Surg II, Ap, Gai, Gak, Kern Neud III, In, ND, NP, Ru, Tom IV, Ben, Bog, Fak, Glog, Lan, Lieb, NPe, StAnd V, Bil, Mai, OW, Pe, Schei, Suk VI]; fā̆in [NA V]; fā̊in [Oh II]; foin [Ga, StA V]; fǫin [Tax I, Nad II]; fāī [NP IV]; fǫī [Har III, StA V]; fẹ̄:n [Wer I]
1. Allg: von sehr guter Qualität • *Un sutiet* (↑sortieren) *wäd's, wenn me mähreri Sorte hot, mi han ↑Leanka un honn ↑Batschkai Riesling, un des git feiner Wei*[n]. [La II] *Es Schmär, des is feineres Fett, mei Motter hot immer Krempitte gemach devun.* [Lieb V] *Es Schmär, des is feineres Fett, mei Motter hot immer Krempitte gemach devun.* [Lieb V] *Des isch e feine Suppe mit Kuttle* (↑Kuttel), *die Kuttlesuppe.* [Schei VI]
2. A, G, H, T: dünn, feinkörnig • *Noh ham-me'n Hanf gebrechelt* (↑brechen 1). *Ärscht grob, die große Brechhoogl* (↑Brechagen) *raus, noh noch emol mit de feine Brechl.* [KaF II] *Hat, Mähl, da wor Brotmähl, Fuddermähl, Nullemähl, des wor schun ganz feines Strudlmähl.* [Kock II] *Do is in Apetie* (ON) *hauptsechlich Weißmehl gwest, des feini und es Brotmehl.* [Ap III] *Die Schleimhaut is e feini Haut in de Därm, die is abgschabt wor.* [Lieb V] *Die Mistäede von vegangenen Joah is noh gsiebt woan, dass se fein woa.* [NA V] *Dann is feine Grund drufkumme, dann sinn Straafe* (↑Streifen) *gezoo ginn, is markiert ginn.* [Ost V]
3. A, Fo, G, H, W: klein, von geringem Durchmesser • *Mir saan Weißi Blumme. Die hann so schittri* (↑schütter) *feini Blimmle drin, net volli Blumme.* [Ost V]
→(2) gesiebt, grob.

Feld - n, felt, feldə(r) [Wud I, Baw, Fek, Jood, Kock, Petschw, StI, Sulk, Wak, War, Wem II, Ap, Fil, Hod, Mil, Siw, Stan, Waldn III, Ru, Tom IV, ASad, Bak, Bog, Bru, Fak, Drei, Ga, GJ, GK, Glog, KSch, Len, Lin, Lug, Nitz, Ost, Perj, StA, War, Wei, Wer, Wies, Wil, Wolf V]; fęlt, fęldər [Jink, Kä, Sag, Sar, Warsch II, Bil, Ham, Mai, OW, Pe, Schei, Suk VI]
A, Fo, G, H: als Ackerland genutzte, fruchtbare Bodenfläche auf der Dorfflur • *In de meiste Heiser, was e weng* (wenig) *Feld hat, där hat Geil* (↑Gaul). [Fek II] *Bevoe me oobauen tued, muss me des Feld häerrichtn.* [Petschw II] *Ba uns woan a große Bauer, dä wos vierzich Joch Feld hat.* [StI II] *Me hod mit de Ross gackert es Feld un de Hawer mit de Hånd ausgstraat.* [Sulk II] *Es hat ganzi Felder gewwe, wu Milone aagebaut sinn warre.* [Ap III] *Die Leit henn die Grumbire* (↑Grundbirne) *im Feld, in oo kloones Feier glegt.* [Mil III] *Es Feld wor gut, guder Bode hem-mir schun ghat.* [Stan III] *Den Hannef hot me dann gschnitte un getrocknet ufm Feld.* [Waldn III] *Nur in Trenkkessl* (↑Tränkkessel) *hod me Wasser mitgnumme ins Feld.* [Ru IV] *Oft war uff de Felder in der Mitte e Streife mit Stupple* (↑Stoppel). [Tom IV] *Und mir habn duort obn jeder a Stickl Feld ghobt.* [ASad V] *Bei uns wärd alles drauß gedrescht, ufm Feld drauß.* [KSch V] *De schwarze Bode war gudes Feld, net wie aff dem Sand.* [Ost V] *Dann haww i* (habe ich) *Feld um die ↑Halbscheid genumme.* [StA V] *Die komment ja villmal härunter bis auf die Fälder und nehmen die Kartoffl dort raus.* [OW VI] *Nach em Kriëg hand mir nicks me zurickiberkumme, kein Fäld un kuin Weibärg.* [Schei VI] ■ Gehl 1991, 61.
→(Arten:) Acker, Acker-, Bettelmanns-, Brach-, Frucht-, Garten-, Gersten-, Hanf-, Herrschafts-, Kirchhof-, Klee-, Kleinhäusler-, Kuh-, Kukuruz-, Linsen-, Melonen-, Muhar-, Neu-, Pfarrer-, Stoppel-, Tal-, Wald-, Wicken-, Wirtsfeld, enteignetes -, kameralisches Feld; Boden (2), Butusch, Darwasch, Delle, Feldrain, Flur, Garten, Gewanne, Grund (2), Heide, Hecke (1), Hotter, Jan, leichtes Feld, Insel, Pußta, Sand, Session (2), Stück (1a), Sumpf, Überland, Weinberg, Wiese; (Sonstiges:) Dreifelderwirtschaft, Feldhase,

-hüter, -kreuz.

Feldblumenhonig - m, feltplumǝho:niç, Sg. tant. [Seik, StI II]
B: aus dem Nektar von Feldblumen gewonnener Honig ● *Es wor Akazihonich, noch woar Linnehonich* (↑Lindenhonig), *un noch woar. Also allerhand für, des woar gemischter Honich.* [StI II]
→Honig.

Feldhase - m, feltha:s, -ǝ [Fu, Har, Ker, Stan, Tscher III, NP, Tom IV, Bog, Ga, Ger, GJ, Kath, Len, Low, StA, Wil, Wis V]; felthå:s, -hå:zǝ [Fak, Glog]
Fo, V: bis zu 6 kg schweres Jagdwild, gräbt sich im Unterschied zum Kaninchen nicht ein; Lepus europaeus ● *D'Feldhase, Fasaune* (↑Fasan), *Wachtle un Erdehäsle* (↑Erdhase) *henn die Kinde frihe uffn Acker kenneglernt.* [StA V] ■ Gehl 1991, 186.
→Feld, Hase (2).

Feldhendel - n, felthẹ:nl, Pl. id. [Fil, Mil III]
G: im offenen Feuer in den Schalen gebratene Kartoffel *Etym.:* Dasselbe wie bei *Rebhendel,* wobei *Feldhendel* eine Bezeichnung für 'Rebhendel' ist. ● *Zu dene gebrotene Grumbire hot mer aa Feldhähnle gsagt, weil die Leit die Grumbire im Feld, in oo kloones Feier glegt henn.* [Mil III] ■ Petri 1971, 114.
→Rebhendel (2), Grundbirne.

Feldhüter - m, felthi:tǝr, Pl. id. [Ap III]; feldhi:dǝr, Pl. id. [Fak, Ga, Glog, StA, Wil V]
A, G, W: von der Gemeindeverwaltung angestellter und bezahlter Wächter in Feldern und Weingärten ● *Ja, Feldhieter hot's no gewwe* (↑gegeben), *die henn es Feld ghiet, genau wie Weigartehieter.* [Ap III] *De Feldhieder muss die zeidichi* (↑zeitig) *Milone* (↑Melone) *und die Weigärte* (↑Weingarten) *hiede.* [Fak V] ■ Gehl 1991, 61.
→Feld, Halter, Hüter; hüten.

Feldkreuz - n, feltkraits, -ǝ [Fak, Ga, Glog, StA V]
A: Kreuz aus Stein, Eisen oder Holz auf der Dorfflur ● *Die Feldkreize un die viele Schwenglbrunne* (↑Schwengelbrunnen) *uffn Hottar* (↑Hotter) *sinn in kurzer Zeit verschwunne.* [StA V] ◆ Feldkreuze wurden an Stellen eines Unglücks (Blitzschlag) und zum Schutz der Äcker auf der Feldflur errichtet. Sie waren im Frühling Ziel der Bittprozessionen für Flursegen mit Pfarrer und Monstranz. Während der kommunistischen Diktatur wurden fast alle vernichtet und nach 1989 nur teilweise erneuert.
→Feld.

Abb. 18 Feldkreuz

Feldmaus - f, feltmaus, -mais [Ap, Fil, Stan, Werb III, Bill, Ger, GJ, Hom, Lieb, Ost, Wis V]
V: in Erdlöchern auf dem Acker lebende Maus ● *Ja, do warn die Ratze, die Meis, die Hausmeis un die Feldmeis, die wu als so große Schade mache.* [Ost V] ■ PfWb II 1108; SüdHWb II 422; RheinWb II 378; BadWb II 39.
→Maus (1).

Feldrain - m, feltrain, -ǝ [Bog, GK, Low, Ost, War V]; feltra:nǝ, Pl. id. [Sad V]
A: ungepflügter Grasstreifen zwischen den Äckern ● *Echti Lieb geht iwwer die Feldraine* (macht vor Schwierigkeiten nicht Halt). [Bog V]
→Feld.

Feldstück - n, feltʃtik, -ǝr [Bru, Charl, Fak, Ga, Gra, Low, War, Wis V]
A, G, H: als Ackerland genutzte, begrenzte, Bodenfläche auf der Dorfflur ● *Die Klaanbaure* (↑Kleinbauer) *hunn ihre Sach* (↑Sache) *ufs* ↑*Dreschplatz uff am gewisse Feldstick gfihrt* (↑führen) *un zu* ↑*Triste ufgsetzt.* [Bru V]
→Feld, Parzelle, Stück (1a).

Feldweg - m, feltveːk, -veːgə [Fak, Franzd, Ga, Glog, Ora, StA, Stei V]
A: durch die Ackerfelder führender Weg ● *Die Hetschl* (Hetschel) *find mer an de Feldwege.* [Stei V]
→Feld, Weg.

Fenchel - m, fenikl, Sg. tant. [Bog, GK, Ost V]; fenigl [Darda II, Glog, Sad, Wer V]; feneːgl [Ga, StA V]
G: Doldengewächs, dessen Kraut und Früchte als Gewürz benutzt werden; Foeniculum officinale ● *Im Garte ham-mer aa ghat Schalotte un Krien* (↑Kren), *↑Zeller, Fenigl, Kimml* (↑Kümmel), *Liebsteckl* (↑Liebstöckel) *un viel annres.* [Ost V]
◆ Die Früchte der Gartenpflanze werden auch als schleimlösendes und verdauungsförderndes Mittel verwendet. ■ PfWb II 1115 f.; SüdHWb II 428; RheinWb II 382; BadWb II 42; Gehl 1991, 90.
→Gewürz.

Ferkel - n, fęrkl, -ə [Fu, Stan, Tsches, Wasch III, In IV, Bog, Ger, GJ, GK, Gra, GStP, Len, Low, NB, Ost, Pau, Sack, Tsch, Tsche, Wis V]; fęrklçə, -r [DStP, Knees, War V]
V: Junges der Sau ● *Unse Leit hann en Watz un Sei mit Färklcher.* [Knees V] *Die Magermilich is die Schwein verfiedert* (↑verfüttern) *ginn, die Färkle hauptsechlich.* [Ost V] ■ Petri 1971, 120.
→Fadel, Gutzel, Saufferkel, Schwein.

Ferma - f, veraltet, fęrma, Pl. id. [Alex, Bog, Bru, Fak, Ga, Glog, Gott, Gra, Low, Nitz, Ost, NPa, StA, War, Wil, Wis V]
A, G, O, V: landwirtschaftliche Staatsfarm (in Rumänien zwischen 1946 und 1989) mit spezialisierter Produktion *Etym.:* Entlehnung aus rum. *fermă (de stat)* 'Staatsfarm'. ● *Ich hann 's Viech gern un geh täglich zu der Färma in de Stall, zu de Ross un Kieh.* [Gott V] *Zum Schluss bin i widde zu meim ↑Fach kumme, als Brigadier in de Färma "Scânteia". Vun dårt bin i aa in Pensioo* (↑Pension). [StA V] ◆ Die großen staatlichen Landwirtschaftsbetriebe hatten *Ferma* genannte, von Ingenieuren geleitete Abteilungen, die mehrere Brigaden der Fachrichtungen Ackerbau, Viehhaltung, Gemüsebau, Weinbau beschäftigten. ■ Gehl 1991, 209.
→Gostat, Staatsferma.

fest - Adj, fest [Wudi I, Nad, ND, Surg, Tscha III, Ost V]; fęst [Tol I]; feʃt [Tax I, Ap, Gak III, Fak, Ga, Glog, StA V]; feʃt [Kow V]
1. Allg: hart, widerstandsfähig gegen äußere Einflüsse ● *Far quelle* (↑quellen) *ware die mehliche besser, nur far Grumbiresalat* (↑Grundbirnensalat) *hot mer die feschte, die speckedi* (↑speckig) *gnumme.* [Ap III] *Ufm Sensegriff is e Ring un e Keil, was des Senseblatt fescht.* [Fak V] *Un dann ham-mer vum Kunstdinger glärnt, zu was er is, zum Beispiel dass es Kalium den Stamm fest macht.* [Ost V] 2. Allg: eingestampft, kompakt ● *Die Treber, die hat me fescht eigstampft und en Bode* (↑Boden 2) *nauftaa, dass se koi Luft hann.* [Schei VI] ■ Krauß 287.
→(1) hart; fest machen; (2) steif.

fest machen - schw, fest maxn, -kmaxt [Pußt I, Petschw II, ASad, Lind, Lug, Resch, Tem, Wei, Wer, Wolf V]; feʃt måxn - kmåxt [OW VI]; feʃt maxə, -kmaxt [Nad II, Fil, Mil III, Fak, Franzf, Ga, Glog, StA, Wil V]
Allg: etwas durch Kraftanwendung befestigen, dauerhaft anbringen ● *Am Kamilleroppr* (↑Kamillenrupfer) *war in der Mitte oo* (ein) *starkr* (↑stark 1) *↑Stiel* (2) *fescht gmacht fer die Kischt ziehge* (↑ziehen). [Mil III]
→fest (1).

fest stampfen - schw, fest ʃtampə, - kʃtampt [Bill, Bru, Low, War V]
Allg: (ein Material oder Erzeugnis) durch Stampfen andrücken ● *Die Trewer* (↑Treber) *sein in a ↑Fuhrfass fest gestampt gewe* (worden) *for ↑Raki brenne.* [Bru V] ■ PfWb II 1333; SüdHWb II 688.

Festungsbrücke - f, festuŋpruk, Sg. tant. [Drei, Kreuz, NA, Wies V]
Allg: Flussbrücke, die in Richtung einer (früher) befestigten Anlage führt ● *Frihe woan Bruckn gwesn, woa die Festungsbruck un die Neiarade Bruck.* [NA V]
→Brücke (1).

fett - Adj, fet [Baw, Kock, Wem II, Ap, Hod, Mil, Sch, Tscher, Waldn III, Be, NP, Ru, Tom IV, Alex, Bog, Bru, Kath, Len, Low, Nitz, SM, StA, War, Wil V, Bil, Ham, Mai, Pe, Schei, Suk VI]
V: dick, gemästet ● *Die Hendler sein in Fruhjohr kumme, wann die Ross gut ausgfuddert* (↑ausgefüttert) *wore un henn fette Ross kaaft.* [Kock II] *Die Gens hot me gstoppt* (↑stopfen), *bis*

sie fett ware. [Ap III] *Die annre hann schon die Ende* (↑Ente) *un die Gens gstoppt, dass se fett ware.* [Waldn III] *Die Mangolitza* (↑Mangalitza) *hamm Kugrutzschrot krigt, dann sann sie fetter woan.* [Ru IV] *Jetz will d'Sau nimme fresse, sie isch scho fett.* [Schei VI]
→dick, fettig, mager; Fett.

Fett - n (f), fet, Sg. tant. [Fek, Jood, StI II, Ap, Gai, Ker, Sch, Stan, Waldn III, Be, Tom IV, Alex, Bru, Char, Fak, Ger, Glog, Len, Lieb, StA, Wis, Zich V]; (f) fetn [Petschw II, Ora, Resch, Tem, Wer V]
V: als Nahrungsmittel verwendete Ablagerung im Körper von Haustieren ● *De Speck, wos me zu Fett hot, do is die Schwoate* (↑Schwarte) *rabgezoge woan.* [Fek II] *Fer des Schmalz wurd die Haut vun dem Fett abzoge.* [Jood II] *Die Menne* (Männer) *tan Fleisch måhln un Bradwirscht måchn, dann Fettn schneidn, Fettn auslosn* (↑auslassen). [Petschw II] *Un no owedruf is widder Sauerkraut, un Fett is noch drufkomme.* [StI II] *In den gezoene Strudl is neikumme e bissl Fett un dann Kirbis, Kirsche, Epfl.* [Waldn III] *Es Schmär, des is feineres Fett, mei Motter hot immer ↑Krempitte gemach devun.* [Lieb V]
Anm.: Die Variante *Fettn* in [Petschw II] mit dem Morphem -*n* im f. Sg. und Pl. weist bair.-österr. Einfluss auf. (Vgl. *die Fettn*, in WbWien 350) ■ PfWb II 1333 f.
→Fettschwein, -stoff, Fleisch (1), Schmalz, Speck, Tobottfett, Vieh; fett, fettig.

fettig - Adj, fetiç [Bog, Ger, GJ, GK, Len, Low, Nitz, Ost, War, Wis V]
Allg: (von landwirtschaftlichen Geräten usw.:) mit einer dünnen Fettschicht bestrichen ● *Do is es net so groscht* (↑rosten), *des war immer bisl fettich.* [GJ V] ■ PfWb II 1339: 2. 'fettglänzend, sich fett anfühlend'; SüdHWb II 693; RhewinWb II 419 f.; BadWb II 135.
→fett.

Fettschwein - n, fetʃvain, -e [Stan III]; fetʃvain, -ə [Fek, Nad, StI, Sulk, Wem II]; fetʃvāī, Pl. id. [Fak, Ga, Glog, Wil V]
V: zur Fettproduktion gehaltene Schweinerasse ● *Ärscht woarn die Mangolitza. Es woan die runde* (↑rund), *die Fettschweine.* [StI II] *Die Mangelitzá såin Fettschweine, die humm so großi Borschte* (↑Borste). [Sulk II] *Oo Waggoo* (↑Waggon) *is jede Tag vun Staneschitz* (ON) *fortgange. Unser Leit henn zammekauft Fettschweine, sie wore halt Schweinehendle.* [Stan III]
→Fett, Mangalitza, Schwein.

Fettstoff - m, fetʃtof, Sg. tant. [StI II]
V: viel Fett enthaltende Substanz ● *No woan so Gleserje* (↑Glas), *do honn se neigemesse* (↑hineinmessen) *wievl Fettstoff es* (dass) *die Milich hot.* [StI II]
→Fett.

feucht - Adj, faiçt [Fek II, Gak III, NP IV, Bog, Fak, GK, Glog, Len, Low, Ost, War, Wil, Wis V]; pfaiçt [Nad II]
A: geringfügig nass ● *Wann där austrecklt* (↑austrocknen) *woar, der Kukurutz den Waaz* (↑Weizen) *un des Sache, des is leichte aufhebn. Weil de Kukrutz is feichter, där verschimmlt* (↑verschimmeln) *stark.* [Fek II] *Na, net trocke, des is so pfeicht.* [Nad II] *Die Saal* (↑Seil) *sinn gut zugedeckt ginn, dass se feicht bleiwe.* [Ost V]
→nass (1), trocken; Feuchtigkeit.

Feuchtigkeit - f, faiçtiçkhait [Seik, StI II, Fak, Ga, Glog, Ost, StA V]
Allg: (geringfügige) Nässe ● *Im Oktowe konn schon schnell e goaschtige Wittrung* (↑Witterung) *komme, mit viel Feichtichkeit.* [Seik II] *Dann is es ärscht geecht* (↑eggen) *ginn* (worden), *fer die Feichtichkeit ärhalle im Bode* (↑Boden 2), *de Bode gleich mache, dass gleiches ↑Saatbett wärd.* [Ost V]
→feucht.

Feuer - n, faiər, Pl. id. [Ap III, Bak, Fak, Ga, Glog, Len, Nitz, Ost, Wil V]; faiɐ [ASad, Ga, Lind, StA, Wei, Wolf V]; fuiər [Bil, Ham, Mai, Pem Schei, Suk V]
1. A, G, Fo: Brand, a. A, Fo: (außer Kontrolle:) dem Wald, Getreide u. a. zum Opfer fallen ● *Die gonzn Holzschläga* (↑Holzschläger) *saan zammkemma, mitn Redhauen* (↑Reuthaue) *hot me freia Raum gschofft un eso's Feia aafgholtn.* [Wei V] b. A, G, V: (kontrolliert:) zum Kochen, Heizen usw. ● *Des Fleisch un die Schunge* (↑Schinken) *sinn gselcht warre* (↑selchen) *in Selchofe gewwe un ufs Feier is Segmehl drufkumme.* [Ap III] *Die Leit henn die Grumbire* (↑Grundbirne) *im Feld, in oo kloones Feier glegt.* [Mil III] *Rebhendl* (↑Rebhendel 2) *sagt mer zu de Grumbiere, wam-mer sie mit de Schele* (↑Schale) *im Feier gebrode hat.* [Glog V] *'s Feie is zu groß gwest, d'Kulatsche* (↑Kolatsche) *senn jo unne gånz vebrennt.* [StA V] *Moargets ham-mer Fuier*

gmacht un warmes Wasser gmacht. [Schei VI]
→(1a) Glut, Waldbrand; brennen (1).

Feuerherd - m, faiəhę:rt, Pl. id. [ASad, Lind, Wei, Wolf V]
Fo: geschlossene Feuerstelle zum Heizen und Kochen ● *In de Mitt in de Hittn* (↑Hütte) *hammar en Feiehärd ghot, un durt hom-ma Feia ghot. Af dem Härd is aa kocht woan.* [Wei V]
→Herd.

Fiaker - m, fiakər, Pl. id. [Fek II, Tom IV, Da V]; fiakə [Fak, Glog V]
A, V: von einem Pferd gezogene Kutsche *Etym.:* Fiaker ist österr. 'ein mit zwei Pferden bespanntes Lohnfuhrwerk, Mietkutsche, auch dessen Lenker'. Das Wort Fiaker stammt aus Paris und rührt von einem Hause zum heiligen Fiacrus, dem Schutzpatron der französischen Gärtner, her. Vor dem Hôtel Saint Fiacre hatten um 1650 die Lohnkutscher eines Nikolas Sauvages ihren Stand, die in Paris als "Wagen des Heiligen Fiacrus" oder einfach als *fiacres* bezeichnet wurden. (Schuster 1985, 52 f.) ● *Mit den Streng* (↑Strang) *ziehgt der Gaul, die senn von Hanft. On was die Fiaker woarn, die honn Streng mit Kede* (↑Kette) *ghot.* [Fek II] *Eispenner* (↑Einspänner) *gfahre hod me vleicht mid e Fiaker oder Eispenner fahre henn jo misse die Leit, wu nur oo Ross ghabt henn.* [Tom IV] ■ Krauß 290; ÖstWb 215.
→Wagen.

Fichte - f, fiçtn, Pl. id. [ASad, Resch, Wei V, OW VI]; fiçtə [Karl, Len, Low V]
A: Nadelbaum mit vierkantigen, spitzen Nadeln und hängenden Zapfen; Picea excelsa ● *Un die Leute schlafn auf die Reiser* (↑Reis 2) *von die Fichtn und Tannen, die Tannenreiser.* [OW VI]
→Baum (1), Fichtenzapfen, Tanne.

Fichtenholz - n, fiçtəholts Sg. tant. [Seik II]
Fo: Holz aus dem Stamm der Fichte ● *Ha, Fichteholz gibt's veschiedene Sorte, secht me, des is härter* (↑hart) *un waaicher* (↑weich). [Seik II]
→Holz.

Fichtenzapfen - m, fiçtnsapfn, Pl. id. [OW VI]
Fo: Fruchtstand der Fichte ● *Samen kommt von de Zapfen, von de Fichtnzapfn.* [OW VI]
→Fichte, Zapfen (2).

Fideli - n, fi:dili, Pl. id. [Fil III, Sad V]
V: (von Hühnern u. a. Vögeln:) After *Etym.:*

"Vgl. *Füdlein* n., auch *Füdli* 1. 'vulvula', 2. 'der hintere, anus', auch bei Schmeller, der das wort aus dem schwäbischen theil Baierns hat. Eigentlich aus *Fud*, schlechte Schreibung für *Fut* 'vulva'." (DWb 4, 362, 370) Weiter: *Das Füdlein* 1. 'vulvula', 2. (Fidlé, schwäb.) 'podex'. (BayWb 1/1 694) Schwäb. und alem. Wörterbucheinträge fehlen allerdings. ● *Oo* (ein) *krankes Hingl* (↑Hünkel) *hot als oo vrbicktes* (↑verpickt) *Fiedili.* [Mil III] ■ Weiser 1994, 50.
→Arsch.

Finanzer - m, finantsə, Sg. tant. [Baw, Seik, Sulk, Surg, Wem II, Fil, Ker, Mil, Stan, Wepr III, Bill, Bak, Bog, Ger, Mar, Nitz, Ost, War, Wer V]
T, W: mit der Kontrolle des Tabakbaus bzw. des Ausschanks beauftragter Finanzbeamter ● *No hot me de Tuwak mise vesteckle* (↑verstecken), *weil no sein die Finanze kumme und hamm am gstraft, wenn sie gfunde hunn.* [Sulk II] *Die hann so halbliterweis un literweis de Wein verkaaft im Haus. Mei Vater war aa Arrendat, die Finanze hänn des rausginn.* [Bak V]
→Tabak.

fingerbreit - Adj, Adv, fiŋərpra:t [Fak, Ga, Glog, Lieb, StA, Wil V]; feŋərpra:t [Fek, Nad, Oh, Surg, Wem II]; fiŋərpre:t [Sch, Siw, Tscher III, Bog, Gott, Gra V]; fiŋərʃpre:t [Bog, Ger, Len, War V]
Allg: (von landwirtschaftlichen Produkten:) breit wie ein Finger ● *Die Leit hunn so kloone Wirflcher* (↑Würfel) *fingerbraat gschnitt vun den Fett.* [Lieb V]
→breit, fingerdick.

fingerdick - Adj, Adv, fiŋərtik [Ap, Gai, Ker, Mil, Pal, Siw, Stan III, Be, Tom IV, Alex, Bog, GJ, Len, Low, Wis V]; fiŋərstik [Har III]
Allg: (von einem landwirtschaftlichen Produkt:) so dick wie ein Finger ● *Manchi hunn des ganze so in fingerdicke Sticke gschnitt.* [Lieb V]
→dick (1), fingerbreit, mannshoch.

Fisch - m, fiʃ, Pl. id. [Bad, Bohl, Fek II, Ap, Gai, Fil, Mil, Siw III, Be, NP, Put IV, ASad, Bak, Bog, Ga, Lind, Resch, Sad, Nitz, Ost, StA, War, Wei, Wil, Wolf V]; fuʃ [Fu III, Fak, Glog V]
Fi: im Wasser lebendes Wirbeltier mit Schwimmflossen, Kiemenatmung und mit Schuppen bedeckter Haut; Piscis austrinus ● *Do ware so Angle dran an ener Leine. Die sinn no gezoge warre, dass die Fisch no henge gebliewe sinn.*

fischen

[Ap III] *Mitm Stirzkarb* (↑Stürzkorb) *is mer an die Moschtung* (ein Teich) *gange un hat Fisch gfangt.* [Mil III] *Manchi Leit henn in der Marosch Fusch gfangt.* [Glog V] *Die Fischer hann dann die Fisch vetaalt.* [Ost V] *Uff em Wase* (↑Wasen) *graset d'Hase, untr'em Wasser gumpet* (springen) *d'Fisch.* [Sad V] ◆ In Ortschaften, die nicht an einem Fluss liegen, wird *Fisch* häufig mit Bedeutungserweiterung für alle bekannten Fischarten verwendet. Es kommt aber auch vor, dass Fische in künstlich angelegten Teichen gehalten werden. Meistens sind es Karpfen oder Barsche. - Von den 52 im Tiefland-Abschnitt der Donau auftretenden Fischarten und Fischfamilien der Qualitätsgruppen Edelfische, Gutfische und Minderwertige sind im Flussbereich von Apatin alle bekannt. (Senz 1976, 14 f.) ■ Gehl 1991, 119.
→(Arten): Forelle, Hecht, Jungfisch, Karausche, Karpfen, Schadel, Schleie, Sterlet; (Verschiedenes:) Fischer, Fischkalter, -kartell, -mehl, -otter, -paprikasch, -suppe, -teich, -weib, -zentrale, Gräte, Tier; fischen.

fischen - schw, fiʃn, kfiʃt [ASad, Lind, Resch, Tem, Wei, Wolf V, OW VI]; fiʃə, kfiʃt [Tax I, Baw, Wem III, Ap, Fil, Fu, Hod, Ker, Pal, Sch, Tscher III, In, Put, Tom IV, Bak, Bog, Fak, Ga, Glog, Gott, Gra, Gutt, Nitz, Ost, StA, War, Wil V, NP, Pe VI]
Fi: angeln, Fische fangen ● *Bei uns hot mer viel gfischt in Apetie* (ON). [Ap III] *Dee hom-mand mit an gifteten* (↑giftig) *Gros* (↑Gras 2) *s'Wossa peitscht und die betäibten Forelln gfischt.* [Wei V]
→Fisch.

Fischer - m, fiʃər, Pl. id. [Aug, Ins, Schor, Tax I, Darda, Fek, Kock, La, Lasch II, AK, Ap, Berg, Fu, Haj, Hod, Jar, Pal, Tschat, Waldn III, Esseg, In, ND, NP, Ru IV, DP, DStP, Eng, Glog, Gert, GStN, Gutt, NA, Sad, Schag, Sem, Tsch V, Bur, KapNP, OW, Suk VI]
Fi: wer (beruflich oder sportlich) Fische fängt ● *Es ware viel Fischer in Apetie* (ON), *un do hot's noch ↑Fischkalter gewwe, wu mer die Fisch hot kaafe* (↑kaufen) *kenne.* [Ap III] *Die Fischer un der Scheef* (↑Chef) *sinn mid am Netz im ↑Fischteich dorchgang* (↑durchgehen), *un hann dann die Fisch vetaalt* (↑verteilen). [Ost V]
→Fisch, Fischweib; fischen.

Fischkalter - m, fiʃkhaltər, Pl. id. [Ap, Fu, Hod, Pal III]
Fi: (wie: Kalter) ● *Es ware viel Fischer in Apetie* (ON), *un do hot's noh Fischkalter gewwe, wu mer die Fisch hot kaafe kenne.* [Ap III] **Anm.:** Das Komp. ist eine Tautologie zu *Kalter*.
→Fisch, Kalter.

Abb. 19 Fischkalter

Fischkartell - n, fiʃkartel, Pl. id. [Ap, Hod III]
Fi: Interessenvereinigung der Donaufischer ● *Es hat ja so e Kartell gewwe, so e Fischkartell, wu die Fisch vun de Fischer abgekaaft henn.* [Ap III]
→Fisch.

Fischmehl - n, fiʃmø:l, Sg. tant. [OG I]
V: aus Fischabfällen hergestelltes Pulver, das zur Viehfütterung verwendet wird ● *Des Hiëndlfutte* (↑Hendelfutter), *fufzich Kile* (↑Kilo), *des is Kunstfutte, des is gemischt mit Kukrutz* (↑Kukuruz) *un Fischmöhl.* [OG I]
→Fisch, Kunstfutter, Mehl.

Fischotter - m, fiʃotər, Pl. id. [Ap, Hod, Pal III Bru, Hom, Perj V]; fiʃotər, -s [ASad, Lind, Resch, Wei, Wolf V]
Fo: langes., niedriges, am Wasser lebendes Raubtier, das von Fischen lebt; Lutres lutres ● *Un in de Sumpe* (↑Sumpf) *ware friher aach Fischotter.* [Bru V] *Dem Kaiser seins san d'Fuchsn* (↑Fuchs), *d'Wölf, Moade* (↑Marder) *und Fischotters gwest.* [Wolf V] ■ PfWb II 1403; SüdHWb II 748; RheinWb II 490; BadWb II 160.
→Raubwild.

Fischpaprikasch - m, fiʃpaprikå:ʃ, Sg.tant. [Tax I, Baw, Wem II, Ap, Berg, Fil, Hod, Mil, Pal, Tscher III, In, NP, Put, Ru IV, Bak, Bog, Wil V, NP, Pe, Schö VI]
Fi, G: aus Fisch, Gemüse und Paprikagewürz zubereitete wässrige Speise ● *No hot's gewwe hauptsechlich die Karpfe un die Hecht, es hot guti Fischsupp* (↑Fischsuppe) *gewwe un Fischpaprikåsch.* [Ap III]

→Fisch, Paprikasch.

Fischsuppe - f, fiʃsup [Tax I, Baw, Wem II, Ap, Berg, Fil, Hod, Mil, Pal, Tscher III, In, NP, Put, Ru IV, Bak, Bog, Glog, Wil, War V, NP, Schö, Suk VI]
Fi: mit Gemüse gekochte Brühe aus Fischfleisch ● *No hot's gewwe hauptsechlich die Karpfe un die Hecht, es hot guti Fischsupp gewwe un Fischpaprikåsch* (↑Fischpaprikasch). [Ap III]
→Fisch, Suppe.

Fischteich - m, fiʃtaiç, -ə [Kock II]; fiʃtaiç, Pl. id. [Bog, GK, Glog, Ost V]; fiʃtåiç, Pl. id. [Go, Ma, Pal, Wak, Wiel II]
A, Fi: Teich zur Fischzucht ● *No henn sie Fischteiche gmacht un in Sumpft* (↑Sumpf) *die Grewe* (↑Graben) *im Stand ghalde.* [Kock II] *Newer em Durf woan die Lahmelecher* (↑Lehmloch) *un de Fischteich.* [Wak II] *In de dreißicher Johre hat sich e Familie e Fischteich gegrawe.* [Glog V] *Do hat sich mol e Gsellschaft gegrind, die hann uff e paar Joch a Fischteich ausgegrabt un weggfihrt de Grund.* [Ost V]
→Fisch, Teich, Wasser (1).

Fischweib - n, fiʃvaip, -vaivər [Ap, Fu, Hod, Jar, Pal, Tscher, Werb III]
Fi: Frau einer Fischerfamilie, die frische Flussfische verkauft ● *Die Fischweiwer henn der Stookarre* (↑Steinkarren) *gnumme un e großer Weidekarb, aus schwarzi ↑Weide (2), un uff de Gass henn sie no grufe: Fisch verkaafe, Leit, kaafe eich Fisch.* [Ap III] ◆ Fische wurden besonders am Fasttag Freitag (teilweise auch am Mittwoch) gegessen. Die Fischweiber verkauften die Ware in den Gassen ihres Viertels. Sie brachten die frischen Fische (zumeist Karpfen, Schadel und Hechte) vom Kalter in flachen Weidenkörben auf dem Schubkarren zu den Kunden. Gewogen wurde auf einer Hängewaage mit einer Schale. Die Fischweiber waren meistens Witwen, die im Nebenberuf arbeiteten. Bei einer Fahrt verkauften sie etwa 70-80 kg Fische. Um 1900 gab es in Apatin 307 Fischermeister, 1926 sogar 400 Fischer und 1944 noch etwa 200 Berufsfischer. (J. V. Senz 1976, 49, 56)
→Fisch, Fischer.

Fischzentrale - f, fiʃsentra:l, -ə [Ap, Hod, Pal III]
Fi: Betrieb zur kurzfristigen Lagerung und Verarbeitung von Flussfischen ● *Und in der Fischzentral in Apetie* (ON) *sinn no die Fisch vearwet* (↑verarbeiten) *warre far Konserve.* [Ap III] ◆ Im Jahre 1911 wurde in Apatin eine herrschaftliche Fischzentrale gegründet, die eine Monopolstellung in der Fischverwertung ausübte und mit den Fischerposten entlang der Donau, den Fischerkompanien Regelungen über die Abgabe ihrer Fangergebnisse traf. Die Fischer mussten ihr Fangwasser jährlich pachten. Zur Aufbewahrung der Fische stand eine große Eisgrube mit Kühlanlagen zur Verfügung. Die früheren Groß- und Erbfischer wurden freilich durch die Vormachtstellung der Zentrale zu Lohnarbeitern, wobei fast nur mehr Fischersöhne die einzelnen Fischereiposten als Lehrlinge und Fischergesellen übernahmen. Schiffbau und Donauschifffahrt bot bessere Verdienstmöglichkeiten als der Fischfang. (J. V. Senz 1976, 48 f.)
→Fisch.

Fisole - f, fiso:ln, Pl. tant. [StI II, Tscha III, Kub]; fizoln [Ora, Resch, Stei V]; fisuin [Wud, Wudi I]; fiso:lə [Ker IV, Franzf, Jos, Low, Sad V]; fisu:lən [Scham I]; viso:ln [Star V]; fisouin [At I]; fizɐuln [OG I] fizọulə [Ru IV]
G: Gartenbohne; Phaseolus vulgaris *Etym.*: Die Bezeichnung ist bair.-österr. für 'grüne Bohne'. Vgl. ÖstWb 216: 'frische Bohnenschote'. ● *De Kühlschrank mit vierhundert Lite[r], där is bis in Härbst voll mit Eäbsn, Fisauln, Karfeol un Kraut.* [OG I] *Dann sann Fisoule kummen, nur Oarwesse* (↑Erbse) *sann wenich oobaut woan.* [Ru IV] *Im Garte get's nor e schmale Streef* (↑Streifen) *mit Grumbre un Fisole.* [Len V] *Newen Haus woa e Stick Goatn, dort ham-mer des Grinzeig anbaut und Fisoln und Kellerabi.* [Stei V] **Anm.:** Wenngleich *Fisole* eigentlich nur die 'grüne Bohne' bezeichnet, unterscheiden bair. Dialekte im Ofner Bergland, z. B. in [Wud, Wudi I] noch zwischen *krīəni fisuin, ti:ri* und *veiəsi* ('dürre' und 'weiße') *Fisuin.* (Ritter 2002, 11)
→Bohne.

flach - Adj, flax [Bold, Nad, Petschw, Wi II, Ker III, Bog, Franzf, Ger, Knees, Kow, Len, Low, Ost, StAnd, StA, Stei, Wil V]; flox [Aug, GT, KT, Scham, Schor, Wer, Wud, Wudi I]
1. A: (vom Ackern:) oberflächlich, nicht tief ● *De Bode* (↑Boden 2) *wärd tief ufgmacht* (geöffnet) *mit em Pluch* (↑Pflug) *un mit em Hackpluch nohhär, där hat flachi Schare un de ↑Plucharm.* [Ost V] 2. Allg: platt, ohne Erhöhungen ● *De Straafwogn* (↑Streifenwagen), *de vierejketi* (↑viereckig), *groueßi, is floch un hot e*

Flachs

Plottn (↑Platte). [Wudi I]
→(1) flachwurzelig.

Flachs - m, flaks, Sg. tant. [Tom IV, Bog, Fak, Ga, Glog, NB, StA, War V, Bil, Ham, Pe, Schei, Suk VI]; floks [ASad, Lin, Wei, Wolf V]
H: einjährige, blau blühende Pflanze aus der Familie der Leingewächse; Linum usitatissimus ● *Am wichtigschte ware bei uns ↑Frucht (2), Kukruz* (↑Kukuruz), *Zuckerruwe, Hannef und Flacks, alles ander war weniche*r. [Tom IV] *Im Zallasch* (↑Salasch 2) *ham-mer am Freidach Hannef un Flacks vestuppt* (versteckt). [NB V] *Dann hot ma aa Dorschtn* (↑Dorschen) *un Flocks baut.* (...) *D'Weiwa hommand mejssen* (mussten) *in Winta völ* (viel) *Flocks spinna*. [Wei V] *In eisre Scheier* (↑Scheuer) *hâm mir am Freiteg Hampf und Flacks versteckt.* [Schei VI] ◆ Wenngleich der Anbau des Flachses schon längst durch den Hanfbau abgelöst worden war, überlebte ein agrarischer Brauch, das "Flachsbauen", bis in die 1980er Jahre als Volksschauspiel bei den "Deutschböhmen" im Banater Bergland, in [ASad V], die das Spiel in der Faschingszeit aufführten. Dabei wurden die einzelnen Arbeitsgänge vorgeführt. Frauen gingen hinter dem "Ochsengespann" her und sangen während dem Leinsäen: "Wenn d'Maiensunn scheint so warm und so lind, do bau i mei Flochs in d'Erd eini gschwind ... Ejtz bau i mei Lein, dea mäuß wochsn bis Ende Mai! Und wochst a net bis Ende Mai, so is's net mei Lein." (Konschitzky / Klein, 1978, 88) ■ Gehl 1991, 85.
→Hanf.

Flachse - f, flaks, -ə [Ap, Mil, Werb III, Be, Tom IV, Bog, Fak, Ger, GJ, Glog, Lieb, War V]
V: Flechse, Sehne am Tierbein *Etym.*: *Flachse* ist bair.-österr. für *Flechse*. ● *Die Flackse vun de Hinnerfieß hot mer frei gmacht un die Hoke* (↑Haken) *sein dort neigsteckt wor*. [Lieb V] ■ ÖstWb 216: ugs., dial. auch *Flaxe* 'Sehne'.
→Vieh.

flachwurzelig - Adj, flaxvortslįç [Bog, Ger, Lieb, Ost, War V]
A, Fo, G, H, O, T, W: mit flachwachsenden Wurzeln ausgestattet ● *Selmols ware die Worzle vom Kukrutz* (↑Kukuruz) *net so tief in die Ärd* (↑Erde) *ningang, die ware mähr flachworzlich.* [Ost V]
→flach (1); Wurzel.

Flarren - m, flarə, Pl. id. [Bak, Bog, Gott, Gra, Len, Low, Ost, War, Wis V]
V: flacher Haufen Kuhmist, Kuhfladen *Etym.*: Von mhd., ahd. *vlarre, vlerre* 'Kihfladen'. ● *Es is nit alles Butter, was vun der Kuh kummt, hat's Mädl gsaat, wie's in de Flarre getret is.* [Bog V] ■ PfWb II 1425: 2.c 'flacher Haufen Kuhmist'; SüdHWb II 771; RheinWb II 561; BadWb II 167.
→Mist.

Flaumei - n, flo:må:i, -ə [Fak, Glog V]
V: schalenlos gelegtes Hühnerei *Etym.*: Das Subst. ist ein Komp. mit *Flaum* 'zarte Vogelfedern unter dem äußeren Gefieder', aufgrund ähnlicher Eigenschaften des weichen, schalenlosen Vogeleies. ● *Des Flomååi hat ke Schal* (↑Schale 1b), *des muss me glei esse*. [Glog V] ■ Gehl 1991, 218.
→Ei (1b).

Flaumfeder - f, flaumfe:də, -n [Petschw II, ASad, Resch, Tem, Wei, Wer V, OW VI]; flaumfedər, -fedrə [Ap, Fil, Mil, Sch III]; flå:mfedər, -fedrə [Fak, Glog, Wil V]; flå:mfedər, -ə [Ga, StA V]
V: Daunenfeder auf dem Vogelkörper ● *Die ↑Nackhalsige kennt me glei, weil die senn nackich, ohne Flååmfedere am Hals.* [StA V] ■ PfWb II 1434: (Flaumfedder, Flaumferrere); SüdHWb II 781; RheinWb II 576; BadWb II 170.
→Feder.

flechten - schw, (st), flẹ:çtn, kflɐuxtn [Schor V]; flẹ:çtn, kflo:xtn [KT, Wud, Wudi I]; flẹçtə, kfloxtə [Bad, Oh, II, Ap, Gai, Kol, Stan III, NP IV, Fak, Ga, Glog, Schön, StA, Wil V]; flẹçtə, kfloxt [Bog, GJ, GK, Hatz, KJ, Len, Low, Ost, War V]; (st) flẹçtə, kflẹçt [Bohl, StI II]
A: mehrere Streifen eines dünnen, länglichen Materials durch regelmäßiges Verschränken zu einem Strang (einer Fläche) verknüpfen ● *Un wo die scheini Zopfe woan, do woan drei-vië Blaal* (↑Blatt) *dra bliëm, den hom-me gfloochtn un so aufgheingt.* [Wud I] *Noch hunn se en große Schnittkranz gflecht vun Waaz* (↑Weizen), *un do hunn se ville Schnier dråå, un noch woan aa, die wos Spruch gsocht honn. Un in de Kirich is dä Kranz eisegsent woan.* [StI II] *De ↑Hambar war so hoch un so vierecket* (↑viereckig), *vun Wiede* (↑Weide 2) *ware so gflochte, die Wend* (↑Wand) *un des war gschmiert.* [Stan III] *Bei uns net, awer in Sacklaas* (ON) *hann se im Kriech die Liescheckre* (↑Lieschenzecker) *un sowas gmach. Fun*

Fledermaus

scheni Handarweit, die Zeckre. [Ost V] ◆ Das Flechten von Fußmatten, Schuhsohlen für Hausschuhe und Einkaufstaschen aus den Hüllblättern des Maiskolbens wurde vor und auch noch nach dem Zweiten Weltkrieg in den Handarbeitsstunden des Schulunterrichts gelehrt.
→hinein-, zusammenflechten.

Fledermaus - f, (n), fledərmaus [Fu, Gara, Kar, Ker, Kol III, Har, In IV, Bir, DStP, Franzf, Glog, Gutt, Ket, Ksch, Lieb, Schön, Wer V]; fletərmaus, -mais [Bog, GK, Ost V]; fle:dərmaus [Stan III, El V]; fledəmaus, -mais [Eng, Fak, Ga, Glog, Kud, StA, Wil V]; fleiədəmauəs [Ed, Tscha, Scham, Wer, Wud, Wudi I, Sol III]; fledrmaus [Ap, Fu, KK, Kol, Pal, Tscho, Wasch III, Buk IV, Albr, Ben, Bill, De, DStP, Ger, GJ, Gra, GStP, Hatz, Jahr, Joh, Laz, Low, Mar, Mori, Nitz, Rud, Schön, SM, StAnd, Stei, Tsch, Ui, War V]; fle:idəmauəs [Wer I]; fledamaus [StA V]; fledərmous [NB V]; fledrəmu:s, -mi:s [Sad V]; (n) flętrmaisl, -ə [Mill III]
1. V: Säugetier mit Flughaut zwischen den verlängerten Fingern, Nachttier mit ausgeprägtem Gehör; Vespertilio *Etym.*: (1) *Fledermaus* kommt von mhd. *vledermūs*, ahd. *fledarmūs*, eigentlich 'Flattermaus', zu dem unter *Flattern* behandelten Wort. Der ältere und eigentlich genauere Name ist ahd. *mūstro* m., 'Tier, das einer Maus ähnelt'. ([23]Kluge, 271) ● *Fleddremuus, chum dohär, ixh gib der Dreck un Speck*. [Sad V] 2. V: Schmetterling, Insekt aus der Gruppe der Falter mit gleichartig beschuppten Flügeln und einem Saugrüssel; Lepidoptera ● *Die Kindr fange als oo Flättrmeisl an de Drecklach* (↑Drecklache). [Mil III] *Do worn aa viel Flettermeis un oweds sinn Speckmeis rumgfloge*. [Ost V] ◆ Nach dem Volksglauben bringen diese Nachttiere Glück ins Haus. - In der Pfalz glaubt man: Fliegt eine Fledermaus ans Fenster, ist mit einem Briefeingang zu rechnen. Bindet man sich mit einem rotseidenen Faden das Herz einer Fledermaus an den Arm, dann gewinnt man beim Kartenspiel. Jedoch: Sieht man die Fledermaus im Schein eines erleuchteten Fensters fliegen, wird jemand im Haus sterben. Um 1800 hieß es: "Stich einer flettermaus das Rechte auge aus (dann kannst du für andere unsichtbar werden)." (PfWb III 1438-41) ■ PfWb II 1438: 1.a 'Schmetterling', 2. 'Fledermaus'; SüdHWb II 786 f.; RheinWb II 585-588; BadWb II 172; Gehl 1991, 114.
→(1) Speckmaus; (2) Blindermaus, Schmetterling.

Flederwisch - m, fle:dəviʃ, Pl. id. [Bat VI]; fledəviʃ, Pl. id. [Fak, Ga, Glog, StA V]
B: Gänseflügel bzw. Federbesen *Etym.*: Aus mhd. *vederwisch* 'Gänseflügel zum Abwischen'; ursprünglich *Verderwisch* und sekundär zu mhd. *vledere(n)* angeglichen. ([23]Kluge, 271) ● *Und aff de Leutern* (↑Leiter), *do gehn i affi min Rauch, do honn i en Blosbalg, odde hunn i so en Fledewisch fir demit en Schwoarm fangen*. [Bat VI] ■ Gehl 1991, 109.

Fleisch - n, flaiʃ, Sg. tant. [Baw, Fek, Petschw, Surg II, Ap, Brest, Fil, Hod, Mil, Sch, Stan, Tscher III, Be, NP, Tom IV, ASad, Bak, Bog, Fak, Ga, GJ, GK, Glog, Gott, Gra, Len, Lind, Low, Nitz, Ost, StA, War, Wei, Wil, Wolf V, OW VI]; floiʃ [Jood II, Pe VI]; floɐiʃ [Bil, Ham, Mai, Schei, Suk VI]; flaiəʃ [Aug, Ed, GT, KT, Scham, Schor, StlO, Wein, Wud I]
1. V, Fo: aus Muskeln bestehende, essbare Teile des tierischen Körpers, die verschieden zubereitet verzehrt oder zunächst konserviert werden ● *Fleisch hod ärscht dann misst auskill* (↑auskühlen). *Noch hod me es Fleisch eigsalze in em Fass, e Fleischfass*. [Fek II] *Mir machet mit Rois* (↑Reis), *Roiswirscht, abe Floisch isch iberall, droi Taal* (↑Teil) *Floisch drin un aan Taal Rois nur*. [Jood II] *Die Menne (Männer) tan Fleisch måhln un Bradwirscht måchn, dann Fettn schneidn, Fettn auslosn* (↑auslassen). [Petschw II] *Die Mehlspeise hot mer am Montag, Mittwoch un Freitach gesse, weil an dr andre Täg Fleisch uf dr Tisch kumme isch*. [Mil III] *Mer hot oweds Wärscht gekocht un vum Fleisch gebrode vor die Schlachter, un Schmärkipfl hot mer gebacke*. [Stan III] *Die krepierti Kih* (↑Kuh) *hod mer gschlacht, awer do hot mer kei[n] Fleisch gnomme*. [Tom IV] *Es Meisl* (↑Maus 2) *war so e Muskl am Buckl, des war reines Fleisch*. [Lieb V] *Dann is des Fleisch sortiert woan*. [NA V] *Manchsmol hat mer aa noch e voddre Schunke odder alli zwaa ausglest* (↑auslösen) *un des Fleisch in de Brotworscht ginn*. [Ost V] *Im Summer hot er d'Fuchsn und d'Wölf aaf ein gwissn Plotz mit Fleisch gfejdet* (↑füttern). [Wolf V] *Und in diesn Kessl machn sie den ↑Malai* (1b) *mit Speck, mit Kese, saure Millich und mit Fleisch*. [OW VI] *Diese Grautbletter tu mer fille mit Reis un Floaisch, mit Zibbl* (↑Zwiebel) *un Paprike*. [Schei VI] 2. G, O, W: Fruchtfleisch von Gemüse und Obst ● *Die easchti Pfeaschesuatn* (↑Pfirsichsorte) *sann die Peter-und-Pöuli* (↑Peter-und-Paul 2) *kumme, mit weießn Fleiesch*.

[Wud I] *Die Kaiserbiere sinn dick, die Butterbiere henn waaches, gudes Fleisch un die Zuckerbiere sinn sieß wie Henich* (↑Honig). [Fak V] ■ Gehl 1991, 74.

→(1) (Zubereitungsarten:) ausgebackenes Fleisch, gebratenes -, rohes -, gekochtes Fleisch, Gekröse, Gemahlenes, Bratwurst-, Kessel-, Klein-, Koch-, Kopf-, Quell-, Reis-, Schinken-, Suppen-, Tepsifleisch; Bauchlappen, Bratwurstsache, Brust (2), Fleischbraten, -wurst, Griebe, Gulasch, Hochrücken, Kaiserspitz, Karbonade, Kiftele, Kuttel, Ohrwangel, Schale (2), Paprikasch, Pörkölt, Rotes, Rückstrang, Schlegel, Sulz, Überzwerches, Wadschinken, Weißbraten, Wurst, Wurstfleisch (2); (Herkunft:) Hühner-, Hünkels-, Kalb-, Rind-, Sau-, Schaf-, Schweine-, Taubenfleisch, Lamm, Schweinernes; (Sonstiges:) Fett, Fleischbank, -bütte, -fass, -hacke, -hacker, -hackerbursch, -kübel, -maschine, -mühle, -säge, -schwein, Vieh.

Fleischbank - f, flaiʃpāŋk, -pēŋk [Baw, Jood, Seik, Stl, Wem II, Ap, Fil, Tscher III, In, NP IV, Bog, Fak, Ga, GJ, GK, Glog, Len, Low, Ost, StA, War, Wil V]; flåiʃpāŋk[Go, Ma, Pal, Wiel II]
V: Laden zum Verkauf von Fleischwaren *Etym.:* Das Wort erfuhr Bedeutungserweiterung von *Fleischbank* 'Arbeitstisch des Fleischers' zu 'Verkaufsladen für Fleischpfrudukte'. ● *Mië hadde kaa Feld, es woa n nur die Fleischbank un es Wiëtshaus, mië hadde vun dem gelebt.* [Baw II] *Em Durf woar e Håldeshaus, die Millichalle on e Flåischbank.* [Wak II] *Bei uns in Großjetscha (ON) hat mer's Fleisch noch nohm Phund kaaft an de Fleischbank.* [GJ V] *Der Nochber war Fleischhacker in der Fleischbank.* [Ost V] ■ PfWb II 1446: 1. 'Werktisch des Fleischers', 2. 'Ladengeschäft für Fleischwaren'; SüdHWb II 792, RheinWb II 594; ÖstWb 217.
→Fleisch.

Fleischbraten - m, flaiʃpra:n, Pl. id. [Petschw II]
V: gebratenes Fleisch ● *Zu Nachtmohl gibt 's e guedi Suppn, gfillrdes Kraut, bradeni Bradwuscht* (↑Bratwurst) *un Fleischbraan un Bacheraai* (↑Backerei), *hat Faschingkrapfn, Pogatschel* (↑Pogatsche). [Petschw II]
→Fleisch (1), Stichbraten; braten.

Fleischbütte - f, flaiʃpit, -ə [Ger, GJ, Lieb, Nitz, Orz V]
V: rundes, offenes Holzgefäß zum Pökeln des Fleisches ● *Des war oo Bitt; ja, e Fleischbitt hod me ghat.* [Lieb V]
→Bütte, Fleisch.

Fleischfass - n, flaiʃfas, ər [Fek II]
V: verschiedenförmiges Fass, in dem Fleisch eingepökelt wird ● *Fleisch hod ärscht dann misst auskill* (↑ausküllen). *Noch hod me es Fleisch eigsalze in em Fass, e Fleischfass.* [Fek II]
→Fass, Fleisch (1).

Fleischhacke - n, flaiʃhakl, Pl. id. [Stan III]
V: Werkzeug mit scharfer Schneide zum Beabeiten von Fleisch ● *Mer hat e Fleischhackl un e Fleischseg ghat.* [Stan III]
→Fleisch, Fleischsäge, Hacke.

Fleischhacker - m, flaiʃhakər, Pl. id. [Fek, Kock, Wem II, Ap, Fil, Mil, Stan III, Bak, Bog, Fak, Ga, Glog, Gott, Gra, Len, Low, Lug, Nitz, Ost, StA, Tem, War, Wer, Wil, Wies, Wolf V]; flaiʃhakər, -hakrə [GJ, GK V]; fla:iʃhaker, Pl. id. [Stan III]; floeiʃhakər, Pl. id. [Bil, Ham, Mai, Pe, Schei, Suk VI]
V: Metzger *Etym.:* Das Subst. ist bair.-österr. für 'Metzger'. Vgl. *Fleischhacker, Fleischhauer,* ostösterr. (ÖstWb 217) ● *Die Bonnhader (ON) Fleischhacker sein kumme un die henn die Mastschwei gholt.* [Kock II] *In unserm Dorf ware bis zu zehn Flaaischhacker, die henn im Winder Ruhe ghat.* [Stan III] *De kalte Raach* (↑kalter Rauch), *war net so* ↑*scharf (3) wie in der Selcherei, wie die Fleischhackre hann.* [GJ V] *Aso war ein Fleischhacker, der war von Wien, a Fleischhackerbursch.* [Lug V] *Unser Nochber war Fleischhacker in der Fleischbank.* [Ost V] *Frihe hot me gseit Floaischhacker, vor em Griëg* (Krieg). *Aber seither seit mer Metzger, weil der jede sei oaigene Sau hat gmetzget.* [Schei VI] ■ ÖstWb 217: ostösterr., auch *Fleischhauer.*
→Fleisch (1), Fleischhackerbursche, Schlachter.

Fleischhackerbursche - m, selten, flaiʃhakərburʃ, -n [Lug, Tem V]
V: Metzgergeselle *Etym.:* Das Komp. ist eine bair.-österr. Variante für 'Metzgergeselle'. ● *Aso war ein Fleischhacker, der war von Wien, a Fleischhackerbursch. Der hat a gudn Lohn bekommen, un die Stiere sein nach Wien gangen auf die Schlachbruckn* (↑Schlachtbrücke). [Lug V]
→Fleischhacker.

Fleischkübel - m, floɐiʃkhibl, Pl. id. [Bil, Ham, Mai, Pe, Schei, Suk VI]
Allg: zuberartiges Holzgefäß zur Aufbewahrung von Fleisch u. a. landwirtschaftlicher Produkte ● *No hann d'Leit so ↑Treber naitaa in e Gelte odder in e Floaischkibbl, was sie hånnt ghet.* [Schei VI]
→Fass, Fleisch, Kübel.

Fleischmaschine - f, flaiʃmaʃī:, -nə [Fek II]
V: Gerät zum Zerkleinern von Fleisch, Fleischwolf ● *Ja die Griewe* (↑Griebe) *senn durch e Fleischmaschie zammgemåhle woen* (↑zusammenmahlen) *un honn Taaig* (↑Teig) *gemocht un Griewekreppl* (↑Griebenkräppel). [Fek II]
→Fleisch (1), Maschine (1).

Fleischmühle - f, flaiʃmi:l, -ə [Baw, Surg, Wem II, Ker, Mil, Sch, Stan III, Tom IV, Bog, Bru, Fak, Glog, StA, Wil, Wis V]
V: Gerät zum Zermahlen von Fleisch ● *Do hot mer die Knoche vum Fleisch misse rausschneide un mit de Fleischmihl mahle.* [Stan III]
→Fleisch (1), Mühle.

Fleischsäge - f, flaiʃse:k, -se:gə [Stan III]
V: Werkzeug mit gezähntem Blatt zum Zerschneiden von Fleisch ● *Mer hat e Fleischhackl un e Fleischseg ghat.* [Stan III]
→Fleisch, Fleischhacke (2), Säge (1).

Fleischschwein - n, flaiʃʃvain, -ə [Aug, Ed, Wud I, Bohl, Fek, Nad, Surg II, Gai, Ker, StG, Tscher III, In, Ru IV, Alex, Bak, Fak, GJ, Mram, NA, Ost, StA, Wil, Wis V]
V: wenig Fett und viel Fleisch ansetzende Schweinerasse ● *Die Weise* (↑Weiße), *die Jork* (↑Yorkshire), *die woan Fleischschwein.* [NA V]
→Fleisch, Schwein.

Fleischwurst - f, flaiʃvuʃt, -viʃt [Petschw II]
V: aus fein zerkleinertem Fleisch hergestellte Wurst ● *Mië machn Bluetwuscht, Fleischwuscht, des is Stiffulde un Sålami.* [Petschw II] **Anm.**: Das *-r-* ist in *Wuscht* geschwunden.
→Fleisch (1), Stiffulder, Wurst.

Fliege - f, fli:gə [Kol, Fu, Wasch III, Pau V]; fli:ŋ, Pl. id. [Tem, Resch, Wer V]; fli:gə, Pl. id. [Ga, StA V]; fli:k, fli:gə [Bak, Bog, Fak, Glog, Gott, Gra, Nitz, Ost, War V]; fliəgə [Sad V]; flei [Sag II]; fleigə [Tew II]; fli:gn [Fu, Stan III, De, Star V]; fliaŋ [Ed, KT, Scham, Wud, Wudi I, Wer V]; fliagn [StI II, Tscha III, Stei V]; fli: [Wasch III, Karl, Mar V]; fli:çə [NA, Schön V]; fli:ə [Fu III]; fli:ga [StA V]; fli:k [Fu III]
V: gedrungenes Insekt mit zwei Flügeln und dreigliedrigen Fühlern, Stubenfliege; Musca domestica ● *Heite Nacht hab ich nit kennen schlafn, die Fliegn! Ich bin ganz schlecht, kaum kann ich heite essn, a bissl Milch trinkn.* [Tem V]
■ Gehl 1991, 114.
→Gäulsfliege, Mücke.

fliegen - st, flie:gn, kflo:gn [Tem, Resch, Wer V]; fli:gə, kflo:gə [Fak, Drei, Ga, Glog, Sad, StA V]; fli:jə, kflo:ə [Bog, Ger, GJ, GK, Gott, Gra, GK, Ost V]
B, V: (von Vögeln und Insekten:) sich mit Flügelschlägen über dem Erdboden fortbewegen ● *Die ↑Veilche*[n] *un die Blumme, de Summe wärd bal*[d] *kumme; do fliegt die Lärche* (↑Lerche) *iwwers Feld.* [Drei V] *Wenn die Wildgens fliegn, kummt de Winder.* [Glog V] *Ich hann mer so gedenkt: Jetz misste die Junge schun flieje kenne.* [Gott V] *Flieget d'Schwalme* (↑Schwalbe) *hoch un d'Kiebitz nieder, nom git's schen Wetter wieder.* [Sad V] *Wer sei neies Haus das erste Mal hat betretn, hat durchs offene Fensta a paar Hendl fliegn lassn, dass sie mitnehma des Unglick.* [Tem V] ◆ Nach alten abergläubischen Vorstellungen konnte man Krankheit und Unglück an ein Lebewesen oder ein Ding weitergeben, so dass der Betroffene davon befreit wurde.
→aus-, fort-, herum-, hin-, hineinfliegen; Flugloch.

Floh - m, flo:, fle: [Fu, Pal, Sch, Stan, Tor, Tschat, Tscher, Wasch III, Bog, Fak, Ga, GJ, Glog, Gutt, Sack, StA, Tsch, Tem, Wil V]; flɐ, flei [El, StM V]; flou, flei [Ed, Erb, GT, Scham, Schau, Tscha, Tschow, Wer, Wein, Wud, Wudi I, GStP]; flo:x, fle:ç [Wer V]; flo:k, fle:k [KK, Sek III]; flu:, fle: [DStP V]
V: kleines Insekt, das blutsaugend auf Vögeln und Säugetieren lebt; Pulex irritans ● *Floh uff der Hand - Brief im Land.* [Gutt V] *E Floh auf der Hand kommt e Brief iwwers Land.* [Sack V] *Åå Floh in der Hånd åå Brief em Lånd.* [StA V] *Auf mich kommt kaan Floh un kaane Laus. Ich fang sie aanfach un mach sie hin.* [Tem V] ◆ Redewendung: e Floh im Ohr (eine Idee, die man verfolgt). ■ Gehl 1991, 114.
→Erdfloh, Flohgraben, -pulver, Ungeziefer.

Flohgraben - m, fle:kro:vǝ, Sg. tant. [Alt, Fek, Nad, Oh, Wem II]
A: mit Wasser gefüllte Erdvertiefung, in der sich Wasserflöhe ansammeln ● *Die Growe, do is de Howegrowe* (↑Hafergraben), *de Huttergrowe an der Hutwaad* (↑ Hutweide), *un de Flehgrowe*. [Fek II]
→Floh, Graben.

Flohpulver - n, flo:pulvǝr [Fak, Ga, Glog, StA, Wil V]; fle:phulfǝr, Sg. tant. [Bak, GK, Len, Low, Ost, War V]
V: Chemikalie zur Bekämpfung von Pflanzenschädlingen ● *Mir hann wennich Schnecke ghat im Garte, un andres Ungeziffer. Manchi Leit hann jo mit dem Flehphulver garweit.* [Ost V]
→Floh.

Floß - m, flo:s, flø:sǝr [OW VI]
Fo: (aus Baumstämmen zusammengefügtes) flaches Wasserfahrzeug ● *Dervor hat man mit die Flößer das Holz gebracht bis zum ↑Hauptfluss, dort war das Holz angsaamlt* (↑ansammeln). *In ein Floß geht ungefähr 200-300 ↑Kubikmeter Holz.* [OW VI]
→Ruder, Tafel (2); driften.

Flügel - m, fly:gl, Pl. id. [Ben V]; fli:gl, Pl. id. [Oh II, Ben V, OW VI]; fligl [AK, Ap, Ker, Pal, Sch, Siw, Tscher III, Put, Tom IV, Alex, Bog, Fak, Ga, Glog, NA, SM, StA, War, Wil V]; fli:çl [Bohl, Wem II]
1. V: zum Fliegen dienender Körperteil der Vögel und Insekten ● *Do is no es Klaani vum Hingl* (↑Hünkel), *des sinn Fliggl, der Hals, die Fieß, sinn gnumme warre far Supp koche.* [Ap III] 2. G: beweglicher Teil einer Tür bzw. eines Fensters ● *Owwe de Äed* (↑Erde) *sein zammgsetzt woan die Brette[r] un die Fliggl sein draufkomme, die Glasfenste, un dann is Mistäede draufkomme.* [NA V] ■ Gehl 1991, 110.
→Vieh.

Flugloch - n, selten, fli:klox, -leçǝr [Seik, StI II]
B: Loch im Bienenkasten, durch das die Bienen ausfliegen *Etym.:* Das Subst. ist eine Entlehnung aus der Standardsprache, mit Angleichung an fliegen. ● *Zeh Zenti* (↑Zentimeter) *lang un seckssiwwe Milimetter hoch, so groß is des Flieglochch.* [Seik II] ■ PfWb II 1480; SüdHWb II 825; RheinWb II 674.
→Loch (2); fliegen.

Flur - f (m), flu:r, -ǝ [Gai, Sch III, NP, Tom IV, Bill, Bak, Bru, (m) GJ, GK, Gra, Low, Ost, Sad, StA, Wis V]
A: Teil der Dorfgemarkung, in Parzellen eingeteiltes Ackerland *Etym.:* Das Subst. kommt von mhd. *vluor* 'Feldflur, Saatfeld; Boden(fläche)' (Wahrig 1306). Im Deutschen ist *Flur* 'Feldflur' ererbt und hat in spätmhd. Zeit sein Genus zum Femininum umgestellt. *Flur* 'Hausgang' ist erst im Neuhochdeutschen aus dem Niederdeutschen aufgenommen worden. ([23]Kluge, 276) ● *Die Flure hatte verschiedene Nome* (Namen), *zum Beispiel Scharad, wu in frihere Zeit die Burg Scharad gstann hat.* [Bru V] *Do war de ganz Flur no, wam-mer uff Lenauheim gfahr is, do war no de Fruchtflur.* [GJ V] *Uff däre Flur is mer noch vier Gwende* (↑Gewanne) *abboge. Dann senn rechts vum Weg drei Hiwwel* (↑Hügel) *oder de Ståå̊buckl* (↑Steinbuckel) *kumme, wu d'Sentånneme* (ON) *Hottar* (↑Hotter) *ufgheert hat.* [StA V] ■ PfWb II 1481: 1.a. 'die gesamte Feldflur eines Dorfes', b. 'ein größerer, zusammenhängender Teil der Gemarkung eines Ortes, von ebener Beschaffenheit und mehr oder weniger einheitlicher Güte', vgl. *Gewanne*; SüdHWb II 827 f.; RheinWb II 685; BadWb II 187.
→Brach-, Frucht-, Kukuruzflur, Feld.

flüssig - Adj, flisiç [Fek II, Ap, Mil III, In, Ru IV, Ger, Lieb, Wis V]
Allg: (von einem landwirtschaftlichen Produkt:) wässrig, in flüssigem Zustand ● *Dann is es Blut net gstockt, es is flissich gleibb for die Blutworscht.* [Lieb V]
→stocken.

Fohlen - n, fo:lǝ, Pl. id. [Waldn III, Sad V], fulǝ, Pl. id. [Karl V]; ful, -ǝ [Franzf V]
A: neugeborenes und junges Pferd ● *Mer hadde e gude Stute un hann uns meischtns e Fohle groß gezoge.* [Waldn III] ■ Gehl 1991, 183.
→Füllen, Munz, Pferd.

Forelle - f, foreln, Pl. id. [ASad, Lind, Resch, Wei, Wolf V]
Fi: mit den Lachsen verwandter, sehr schmackhafter Raubfisch; Salmo trutta ● *Zwäj hom-mand an Semenikbooch* (vom Semenikgebirge kommender Bach) *Forelln gfangt.* [Wolf V]
→Fisch.

Förster - m, førstǝr, Pl. id. [OW VI]
Fo: für die Wild- und Waldpflege zuständiger

Forstbeamter • *Ich hab Meisterschule als Förster fertig gemacht. (...) Aso där Förster, welcher den Wald pflegt, där wohnt oben, Kanton heißt das.* [OW VI]
→Forstschule, Jäger, Kanton, Wald, Waldarbeit, -förster.

Forstgarten - m, forʃtga:rtn, -gę:rtn [OW VI]
Fo: Baumschule zur Aussaat von Waldbäumen • *Es gibt solche Forstgarten, wo me anbaut mit Samen die Fichtn und Tannen.* [OW VI]
→Garten.

Forstschule - f, førstəʃu:le, -ʃu:ln [OW VI]
Fo: Fachschule zur Ausbildung von Wild- und Waldpflegern • *In de Försteschule lernt mer den Wald anzubaun und ihm zu pflegn, und dan dan das Holz rausbringen und verarbeitn.* [OW VI]
→Förster, Ackerbau-, Meisterschule; lernen.

fortfliegen - schw, fuətfli:çə, fuətkflouxə [StI II]
B: von einem Ort wegfliegen • *Wal die Kenigin, die fliecht fuet un noch ton sie sich vehalbiere (↑verhalbieren) owwe (oder) wie's halt kommt, wieviel Keniginne es se hunn.* [StI II]
→fliegen.

fortliefern - schw, fuətli:fərn, -kəli:fərt [StI II]
V: ein landwirtschaftliches Produkt zum Verkauf bzw. zum Verkehr weg befördern • *Dot hat me die Milich hie un die hunn Kes (↑Käse) un Butter gemocht, no hunn se fuetgeliefert.* [StI II]

fortschwimmen - st, fortʃvimə, -kʃvumə [Fu III, Tom IV, Fak, Ga, Glog, StA, Wil V]; fortʃvimə, -kʃvum [Bog, GK, Len, Low, Ost, War V]
Allg: sich schwimmend von einer Stelle entfernen • *Dann is die Plett (↑Plätte) mit Lahm (↑Lehm) beschwert ginn. Trotzdem is die Reez als fortgschwumm.* [Ost V]
→schwimmen.

forttreiben - st., fuətrai:və, -kətri:və [Fek II]; fotraivə, -kətri:və [Baw, StI, Wem II]
1. V, W: (von Tieren oder Vögeln:) verscheuchen, wegjagen • *Do hånn sie die große Raatsche (↑Ratsche) vill gemocht, die wos Krawall homm gschloge. Die homm die Star fotgetriewe.* [Baw II] 2. V: Vieh aus dem Bauernhof (auf die Weide) treiben • *De Kihhalde (↑Kuhhalter) hot die Kih fuetgetriewe un hot de widder oweds haambrocht (↑heimbringen).* [Fek II]
→treiben (2).

Fransela-Brot - n, selten, franzelapro:t, Pl. id. [Eng, Fak, Ga, Orz, Sack, StA V]
A: längliches, dünnes Weißbrot, Baguette *Etym.*: Entlehnung aus rum. *franzelă* 'längliches Weißbrot', das von neugriech. *frantzóla* 'dasselbe' kommt. (DEX 350) • *In der Stadt hot mer sich Fransela-Brot, Kipfl, ↑Langosch mit Schofkäs oder ↑Mitsch kaaft un gesse.* [StA V] **Anm.**: Das Komp. ist als verdeutlichende Zusammensetzung eine Eigenbildung, da das Simplex *Fransela* nicht allen Sprechern geläufig ist.
→Brot.

Franzbranntwein - m, frantsprantvain, Sg. tant. [Wem II, Bak, Bog, GK, Len, Low, Ost, War, Wis V]; frantsprandəvāi [Fak, Ga, Glog, StA, Wil V]
A, W: Einreibe- und Arzneimittel aus verdünntem Alkohol *Etym.*: Das Komp. ist eine Verkürzung aus *französischer Branntwein*. (Wahrig 1329) • *Wann em schlecht war, hat mer uff e Stick Wirflzucker (↑Würfelzucker) phaar Troppe (↑Tropfen) Franzbranntwein druftrippse gelosst un hat eemol gschlickt.* [Bog V] ◆ Einige Tropfen Franzbranntwein wurden auf einem Stück Zucker gegen Magenverstimmung eingenommen. Die wichtigste Anwendung war äußerlich, besonders bei rheumatischen Leiden. ■ PfWb II 1567; SüdHWb II 925; RheinWb II 731; BadWb II 217.
→Wein.

Französische - f, frantse:ziʃn [Ru IV]
W: aus Frankreich stammende Rebsorte von Tafeltrauben • *Unser ↑Genossnschaft (1) hat mehrere Sortn Traubn ghabt, die Jaramere (Jarminer), die Franzesischn, die Blauen, die wo me net spritzn brauch.* [Ru IV]
→Rebsorte.

fratscheln - schw, fratʃln, kfratʃlt [ASad, Lug, Ora, Resch, Stei, Tem, Wolf V]; fratʃlə, kfratʃlt [Bak, Bog, Fak, Ga, Ger, Glog, Nitz, StA, Wil, Wis V]
G, V: (vor allem Gemüse, Milch und Eier:) kaufen und weiter verkaufen *Etym.*: *Fratschler* und das daraus abgeleitete Verb *fratscheln* kommt von bair.-österr. *fra[t]scheln* 'indiskret ausfragen, tratschen', eine Intensivbildung zu *fragen*, das in der Ugs. durch Bedeutungserweiterung den Sinn von 'auf dem Markt verkaufen, verhökern' erlangt hat. (Wolf 1987, 135) • *Na, mir hann gheirat, no ham-mer angfangt fratschle. Ich hann Pardeis (↑Paradeis) un Grumbire*

(↑Grundbirne) kaaft, hann Wään (↑Wagen) ufgholl, un sinn gfahr un hann verkaaft. [Wis V] ■ Wehle 1980, 128: Intensivform zu fragen, aber nur rund um Wien; in den Alpenländern heißt fratscheln 'Waren von einem Marktstand aus verkaufen'; Teuschl 1994, 82: 'indiskret fragen'.
→verkaufen; Fratschler.

Fratschler - m, fratʃlər, Pl. id. [Bog, GK, Gra, Len, Nitz, Ost, Trie, War, Wis V]
G: Person, die Gemüse, Milch usw. aufkauft (oder selbst erzeugt) und auf Märkten verkauft *Etym.*: Vgl. unter *fratscheln*. ● *Un Butter un Kes* (↑Käse) *hann die Fratschler billich zammkaaft un in de Stadt verkaaft.* [Ost V] *Die Fujakre, des ware die Fratschler, meh die arme Leit, was sich mit Gemiesebau beschäftigt han. Schun in de neinzicher Johre rum (um 1890) han die angfang bis Kikinda* (ON) *un Szegedin* (ON) *un sogar noch weider uf de Mark* (↑Markt) *zu fahre.* [Trie V] *"Was is Ihr Beruf?" - "Ich war Fratschler."* [Wis V] ■ *Fratschlerin* Wehle 1980, 128: 'Marktweib, neugierige Person'. Diese Bedeutungsvermischung ist ein Stück Zeitgeschichte: Verkaufen und tratschen, handeln und ausfragen gehörte zusammen - man hatte Zeit; Teuschl 1994, 82; Hügel 1995, 62.
→Fujaker, Händler; fratscheln.

Freila - f, fraila, Sg. tant. [GJ, GK, Gra, Ost V]
V: Rufname für weibliche Pferde *Etym.*: Der Name ist eine dial. Variante von *Fräulein*. ● *Die Rossname ware aldi Name vun der Ansiedlung: Fanni, Olga, Mitzi, Freila.* [Ost V]
→Rossname.

fressen - st, fresn, kfresn [Petschw II, Ru IV, ASad, Lind, Resch, Tem, Weid, Wer, Wolf V, OW VI]; fresə, kfresə [OG I, Ha, Jood, Sei, StI II, Gai III, Bak, Fak, Ga, Glog, Pan, StA, Wil V]; frȩsə, kfrȩsə [Sad V]; freȩsə, kfreȩsə [Bil, Ham, Mai, Pe, Schei, Suk VI]
Fo, V: (von Tieren:) Futter aufnehmen ● *Kani Kaniegl* (↑Karnickel) *un kani Sau ham-me nede, nue Hiëndl* (↑Hendel), *un de fresn des net.* [OG I] *Es Rindviech braucht die Ruebe fir fresse.* [Jood II] *Die Antn* (↑Ente) *fressn Klee un Brennnesl un die Schwei, is stoark gut.* [Petschw II] *Es gibt so eine kleine Maus, die fresst die Bien un des Wocks* (↑Wachs) *un de Honich.* [Seik II] *Die Starke* (↑Storch) *misse viel rumfliege un suchn Fresch far fresse.* [Mil III] *Des Kugrutzlaub hamm die Kihe* (↑Kuh) *die ganze Nacht fressn kenne.* [Ru IV] *Wär sich unner die Kleie mischt, den fresse die Schwein.* [Bak V] *Was hadn die Kuh widder gfresse, die had jo die Scheiß.* [Fak V] *Die Kih henn viel Klee gfresse, Rotklee, Weißklee un aa Rossklee.* [Pan V] *Wär si under d'Chleie* (↑Kleie) *mischt, dä frässet d'Soue.* [Sad V] *Bei uns gibt's nur de Uulu* (↑Huli), *des gibt's schont. Die fressn auch die Hühner, und die Taubn tut er ausrottn.* [OW VI] *Jetz will d'Sau nimme freässe, sie isch scho fett.* [Schei VI] ■ Gehl 1991, 194.
→auffressen, herabbeißen, hineinstopfen, mästen, saufen, stopfen, wiederkäuen, wurgsen; Fressen.

Fressen - n, fresə, Sg. tant. [Ap, Brest, Sch, Tscher V, ND, NP IV, Bak, Bog, Fak, Ga, Glog, Gutt, Len, Nitz, Ost, War, Wil, Wis V]
A, V: Tierfutter ● *E Kuh hat gutes Fresse krien misse, oder war es Eiter* (↑Euter) *leer.* [Bog V] *D'Sou, die e gueti Trenki* (↑Trank) *hat, braucht 's halbi Fresse.* [Sad V] ■ Gehl 1991, 196.
→Futter; fressen.

Fridschider - m, fridʒidȩːr, Pl. id. [Alex, Bog, Fak, Ger, Glog, GStP, Low, Mar, Sack, War, Wies V, Bil, Pe, Schei, Suk VI]
A, G, V: Kühlschrank *Etym.*: Entlehnung aus rum. *frigider* 'Kühlschrank'. ● *Un was isch bliebe, frisch hann sie des wegtaa in Fridschidär.* [Schei VI]
→Kühlschrank.

Friedhof - m, friːthoːf, -heːf [Ed, Wud, Wudi I, Bog, GK, Ost, Resch, Sad, Stei, War V]; frithof, -hef [Bog, Ger, GJ, Gott, Len, NA, Ost, Wis V]; fraithoːf, -heːf [Fak, Ga, Glog, StA, Wil V]
A: Begräbnisplatz, der das ganze Jahr gepflegt und vor allem zu Allerheiligen mit vielen Blumen geschmückt wird *Etym.*: Das Subst. kommt von mhd. *vrīthof*, ahd. *frīthof*, angelsächsisch *frīdhof*, ursprünglich 'Vorhof (eines Tempels), Kirchhof, eingefriedetes Grundstück' und steht zu ahd. *frīten* 'hegen', gotisch *freidjan* 'schonen'. In ungestörter Entwicklung wäre nhd. **Freithof* zu erwarten gewesen, was auch regional bezeugt ist; doch ist das Wort als Bezeichnung des Kirchhofs an *Friede* angeglichen worden durch das Verständnis als 'Immunitätsland'. Die öffentlichen Beamten hatten kein Eingriffsrecht auf den Friedhof, der von der Kirchengemeinde verwaltet wurde. Entsprechendes gilt für das gleiche Wort als Orts- und Hofbezeichnung. Ahd. *frīten* gehört zur Wortgruppe von *frei, freien, Freund* und

Friede(n), mit der Sonderbedeutung 'hegen, schonen, pflegen'. Unmittelbar zugrunde liegt das Adjektiv gotisch **frīda-* 'gepflegt, schön', außergermanisch vergleichbar ist altindisch *prītá-*, ein Partizip zum altindischen Primärverb *prīnáti* 'erfreut, genießt' mit ursprünglich lokaler Bedeutung. ([23]Kluge, 286 f., 284) ● *Die ↑Kathreiner blihn zu Allerheilige un kummen in Freidhof uff die Gräwer.* [Glog V] *Wuchemoak is newen Fritthof. Frihe woar auf de Hauptgasse.* [NA V] *Vor am Friedhof war e Maulbierewald, e klaane Wald vun Maulbierebeem* (↑Maulbeerbaum). [Ost V] *Am Hetschlbäeg* (↑Hetschelberg) *liegt de Friedhof.* [Resch V] ◆ Wo der alte Kirchhof der Ansiedlungszeit zu klein geworden und durch einen neuen, größeren Begräbnisplatz am Dorfrand ersetzt wurde (was sich im Laufe der Zeit wiederholen konnte), kam es zur Unterscheidung: "alter" und "neuer Friedhof". Dsgl. werden "deutsche", "rumänische" und "serbische Friedhöfe" unterschieden, da die Toten auf den Dörfern nach Konfessionen (katholisch bzw. evangelisch und reformiert sowie orthodox) getrennt bestattet wurden. ■ PfWb II 1598: Das Wort dringt von den Städten her vor und verdrängt die älteren Bezeichnungen *Gottesacker, Kirchhof*; auch *Freithof*, S. 1586 und *Kirchhof*; SüdHWb II 859 f.; RheinWb II 803; BadWb II 232; Gehl 1991, 61.
→Friedhofsgasse, Hof, Kirchhof, Viehfriedhof.

Friedhofsgasse - n, fraitho:fskas, -ə [Fa, Ga, Glog, StA V]
A: zum Friedhof führende Dorfstraße ● *Die Freidhofsgass geht vom Gmaahaus* (Gemeindehaus 'Bürgermeisteramt') *bis zum Freidhof.* [Glog V] ◆ Wenn der alte Kirchhof der Ansiedlungszeit zu klein geworden war, ersetzte man ihn durch einen neuen, größeren Begräbnisplatz am Dorfrand. ■ Gehl 1991, 61.
→Friedhof, Gasse, Kirchhofgasse.

frisch - Adj, friʃ [Wud, Wudi I, Bad, Bohl, Petschw, Wem II, Ap, Brest, Gai, Fil, Mil, Sch, Wepr III, Be, Esseg, ND, Tom IV, Alex, Bak, Bill, Fak, Ga, Glog, Jahr, Ost, Schön, War, Wil, Wis V, Bil, Ham, NP, Pe , Schei, Suk VI]; freʃ [Seik, StI II]
Allg: (hauptsächlich von Lebensmitteln:) neu, unverbraucht, nicht abgestanden ● *Noch kriegt de Biekorb* (↑Bienenkorb) *so en gute, fresche Wocksgeruch, des hämm die Biene so gäen.* [Seik II] *Des is e großer Kahn, ganz speziell, mit Lecher* (↑Loch 2) *hiwwe un driwwe, dass ständig frisches Wasser drin war.* [Ap III] *Uff die Grumbireschnitz* (↑Grundbirnenschnitze), *do isch oft frischer Kiebackespeck* (↑Kinnbackenspeck) *drufglegt warre.* [Mil III] *Im Lägl* (↑Lägel) *isch es Wasser frisch blibe, der ganze Tag.* [Schei VI]

Frischobst - n, friʃopst, Sg. tant. [Wer V]
O: frisch gepflücktes und verzehrtes Obst ● *Un die Weingäetn* (↑Weingarten) *ham-me ghabt und im Hausgartn, da hat me imme e bissl Frischobst ghabt.* [Wer V]
→Obst.

Frischwurst - f, friʃvuəst, -viəst [Wer V]; friʃvurʃt [Stan III]
V: ungeräucherte, in frischem Zustand zu verzehrende Wurst ● *Salwelat* (↑Zerwelat) *war so e Frischwurscht, do worn halt au Speckstickle so drin.* [Stan III] *Aber die Frischwuest, die musste zu End sein in März-April, weil sunst wää se kaputt gange, gell.* [Wer V]
→Wurst.

Frosch - m, froʃ, freʃ [Wem, Wer II, AK, Ap, Fu, Gaj, Hod, Ker, KK, Kol, Mil, Pal, Stan, To, Tor, Tscher, Tscho, Wasch III, Be, ND, NP, Tom IV, Albr, Bill, Bog, GK, GStP, Hatz, Hom, Heu, Karl, Len, Low, NB, Ora, Ost, Ru, Sack, Trie, Ui, War V]; frouʃ, freiʃ [Ed, KT, Scham, Wud, Wudi I, Sol III]
V: glatthäutiger, langbeiniger, springender Froschlurch; Rana ● *Die Starke* (↑Storch) *misse viel rumfliege un suchn Fresch far fresse.* [Mil III] *Dee Dognatschkaer* (ON) *Fresch, dee schlaue, is net mol en de Nacht zu traue.* [Len V] *Do worn ufm Feld die Schlange, Krotte, Fresch un die Laabfresch.* [Ost V] ■ Petri 1971, 116.
→Laubfrosch, wildes Tier.

Froschmaul - n, froʃmaul [Fil, Ker, Stan III]; froʃmailər, Pl. tant. [Berg, Fil III, GK, Ost, War V]; freʃmailər [Kol, Wepr III, Fak, Ga, Wil V]; freʃmeilxə [DStP V]; froʃmailxər [Low V]
G: Großes Löwenmaul; Antirrhinum majus ● *Do warn die Tagunnachtschatte, Härzjesublumme* (↑Herzjesublume), *die Antonirose, des sein die Phingschtrose* (↑Pfingstrose), *Quackeblumme, also die Froschmeiler und die Tuwaksblumme* (↑Tabakblume). [Ost V] ■ Gehl 1991, 91; Petri 1971, 15.
→Blume, Quackerblume.

Frucht - f, fruxt, Sg. tant. [Ed, Har, KT, Scham, Wud, Wudi I, Baw, Peschw, StI II, Ap, Brest, Buk, Bul, Fil, Gai, Gak, Har, Gara, Hod, Kar, Ker, Kol, Mill, Neud, PrStI, Sch, Siw, Stan, Tscher, Waldn, Wasch III, Franzt, In, NP, Ru, Tom IV, Albr, Bak, Ben, Bill, Bir, Bog, Bru, Char, De, DStP, Eng, Ernst, Fak, Ga, Ger, GJ, Glog, Gott, Gra, GStP, Hatz, Jahr, Joh, Jos, Karl, Kath, KJ, KSch, Kub, Kud, Laz, Len, Lieb, Low, Lug, Mar, Mori, Mram, Na, NA, NB, Nitz, NSie, Ost, Orz, Rud, Sack, Sad, Schön, Seul, StA, StAnd, Star, Stef, StH, SM, Tsch, Tschak, Tsche, Ui, War, Wil, Wis V, Ham, Pe, Schei VI]; froxt [Franzf, Gutt V]; (2) fruxt, friçtn [OW VI]
1. A: Weizen; Triticum vulgare *Etym.*: Bedeutungsverengung von 'Pflanzenteil mit Samen' über 'Feld- bzw. Baumfrucht, allgemein' zu 'Weizen', im donauschwäbischen Ackerbau die wichtigste Getreidepflanze. - Die Ansiedler verwendeten das Subst. *Frucht* für 'Weizen' nach dem Vorbild der österr. Beamten. (Wolf 1987, 280) ● *Am beste woar's mit de Frucht, Kukurutz* (↑Kukuruz), *die Gäeschte* (↑Gerste) *un die Grombirn* (↑Grundbirne). [Baw II] *Un Frucht un Gäerschtn, des wäd mid Maschie* (↑Maschine 1b) *oobaut.* [Petschw II] *Des hot ghaaße zu eifihen* (↑einführen) *die Frucht, die Gäeschte un anneres.* [Gbu II] *Friher hot mer hauptsechlich die Frucht oogebaut un der Hawwer un die Geärscht un Kukrutz.* [Ap III] *Die Frucht is gereinicht worre, vor ob sie oogebaut worre is.* [Stan III] *Die Baure hunn sich beschefticht mit Kugrutz un Frucht. In acht Tage war die Frucht abgemehnt.* [Waldn III] *Un drei Pärsone homm en Ockr* (↑Acker) *Frucht mese obmache* (↑abmachen 2). [Ru IV] *Am wichtigschte ware bei uns Frucht, Kukrutz, Zuckerruwe, Hannef und Flachs.* [Tom IV] *Wu Kukrutz war, is im Härbst Frucht angebaut gewe* (worden). [Bru V] *Mir henn in seller Zeit viel Frucht un Kukrutz gfeckst* (↑fechsen). [Fak V] *Die Frucht war ja schun im Spodjohr* (Herbst) *gseet* (↑säen) *worre, des is die Winterfrucht.* [Len V] *Im 1904er Johr ist bei Frucht un Kukrutz net mol de Some* (↑Samen) *rauskumm* (↑herauskommen 2). [Nitz V] *Aufm schwarze Bode war die Frucht um e Woch speder zeidich* (↑zeitig) *wie uff dem Sand.* [Ost V] *Zu ↑Maria Heimsuchung is die Frucht is reif.* [StA V] 2. A, Fo, O: aus Samen und ihrer Umhüllung bestehendes Pflanzenteil ● *Von schene Baume* (↑Baum), *welche Frichtn machn, zerstraat* (↑zerstreuen) *de Wind den Samen. (...) Im Wald sinn sähr ville Waldfrichtn, sinn ville Frichtn.* [OW VI] *Wenn se emol Frucht ghet ham, ham-mer awel kenne ga in Härbst Epfl brockle* (↑brocken). [Schei VI] ◆ Historischer Beleg: "Fechsung von meiner Session 8 Metz Frucht, auf der halben Session von Herrn Notär habe ich 11 Metz bekommen. Alte Frucht habe ich noch 40 Metz, 12 Metz bekomme ich für Samen von der Regierung ..." (Deutsches Bauernleben 1957, 17) ■ SSWb II 500 f.: 1.a. In echter Mundart nur in der Bedeutung 'Getreide' (Weizen, Korn) üblich, darum auch *Kîren, Kuiren* für Frucht gebraucht im Sinne von 'Weizen und Roggen', b. Auch das gedroschene Getreide heißt Frucht; NordSSWb II 840: 1. 'Getreide' allgemein; Gehl 1991, 85.
→(1) (Arten:) Hunderttage-, Samen-, Spätjahr-, Winterfrucht; (Sonstiges:) Fruchtähre, -ernte, -export, -feld, -flur, -garbe, -halm, -sack, -schnitt, -triste, -tuch, Kern (2), Scharfrucht, Spreu, Weizen; (2) Pflanze, Waldfrucht.

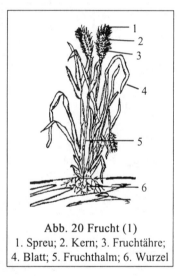

Abb. 20 Frucht (1)
1. Spreu; 2. Kern; 3. Fruchtähre; 4. Blatt; 5. Fruchthalm; 6. Wurzel

Fruchtähre - f, fruxtẹ:r, -n [Lug V]; fruxtẹ:r, -ə [Fak, Ga, Glog, StA, Wil V]
A: Weizenähre ● *Manchi Leit henn fers* (für das) *Gfligl vum Feld Ähre glese* (↑lesen 1b), *Fruchtähre oder Gärschtähre.* [Glog V] *Und des Wasse war so hoch, so hoch wie die Frucht; die Fruchähm hat me noch e bissl gsehgn.* [Lug V] ■ Gehl 1991, 74.
→Ähre, Frucht.

fruchtbar - Adj, fruxtpa:r [Ap, Hod, Siw III, NP, Tom IV, Alex, Bog, Fak, Ga, Jahr, Len, Ost, War V, NP, OW VI]

Fruchternte

Allg: (von Boden, Pflanzen und Tieren:) reiche Frucht bringend, ertragreich ● *De beschti is de Humusbode. Des is gude, fruchtbare Bode* (↑Boden 2) *un is im Banat de Naturbode.* [Fak V]

Fruchternte - f, fruxtɐrnt, Sg. tant. [Ga, StA V]; fruxtɛnte [NA V]
A: Ernte (Schnitt) des Weizens ● *Noch de Fruchtänte is gstärzt woan* (↑stürzen) *und im Frihjah noch aamol tief rumgackert.* [NA V] *Die Gäschteärnt wor immer zuärscht, die Fruchtärnt un die Hawerärnt sinn speder drankumme.* [StA V] ■ Gehl 1991, 133.
→Ernte, Frucht (1).

Fruchtexport - m, selten, fruxteksport, Sg. tant. [Bog, Fak, Glog, Kreuz, NA, Sad, StA, Wil, Wies V]
G, O: Ausfuhr landwirtschaftlicher Waren zum Verkauf *Etym.*: Bildung nach rum. *fructexport* 'staatliche Gesellschaft zur Ausfuhr von Gemüse und Obst'. ● *Im Frihjahr hot me auch Bohne gebaut un die Paradeis, die sein zum Fruchtexport gange, des woan die Exportparedeis.* [NA V] ■ Gehl 1991, 210.
→Export, Frucht.

Fruchtfeld - n, fruxtfelt, -feldər [Bog, GK, len, Low, Ost, War V]
A: Acker, auf dem Weizen angebaut wird ● *Im Fruchtfeld und Gärschtfeld, wann die Dischtle wachse, tud me Dischtle steche mid em Dischtlstecher.* [Ost V] ◆ Historischer Beleg: "Die Frucht dürrte ab, so auch der Hafer. Wir mußten Kukuruz in die Fruchtfelder bauen." (Deutsches Bauernleben 1957, 18)
→Feld, Frucht.

Fruchtflur - m, fruxtflu:r, Sg. tant. [Bog, Ger, GK, Len, Low, War, Wis V]
A: Teil der Dorfgemarkung, auf der - im Rahmen der Fruchtfolge - nur Halmfrüchte angebaut werden ● *Do war de ganz Flur no, wam-mer uff Lenauheim gfahr is, do war no de Fruchtflur.* [GJ V]
→Flur, Frucht (1).

Fruchtgarbe - f, fruxtkǫɐrp, -kǫɐrbn [Ru IV, Wer V]; fruxtkarp, -karvə [Berg, Ker, Sch, Stan, Tscher III, Tom IV, Bru, Bog, Fak, Ga, Ger, GJ, Nitz, Ost, Wis V]
A: Bündel von Weizenhalmen ● *Die hochi Trischte* (↑Triste) *sinn zammgsetzt warre, die Fruchtgarwe.* [Stan III] *Dann waan zwei be die Goabn, wo die Fruchtgoabn naufgschmissn hobn auf die Dreschmaschie.* [Ru IV]
→Frucht, Garbe.

Fruchthalm - m, fruxthalm, -ə [Bog, Fak, Ga, Gott, Gra, Gutt, Len, Low, NA, Nitz, Ost, StA, Wil, Wis V]
A: Halm des Weizens ● *Bei uns woan im Wiäzbischl* (↑Würzbüschel) *Fruchthalme un viel anderes.* [NA V]
→Frucht.

Fruchtsack - m, fruxtsak, -sek [Waldn III, Fak, Ga, Glog, StA, Wil V]
A, H: aus Hanffasern gewebter, schmaler Sack zum Transportieren von Getreide ● *De Hanneffäser* (↑Hanffaser) *is so sähr starek* (↑stark), *no hot mer als gspunne for hempfene* (↑hänfen) *Fruchtseck.* [Waldn III] *Der Sackåsch* (↑Sackasch) *wegt* (↑wiegen) *die volli Fruchtseck un schreibt sie uff.* [Glog V]
→Sack.

Fruchtschnitt - m, fruxtʃnit, Sg. tant. [Tom IV, Fak, Ga, Glog, StA V]
A: Schneiden des reifen Weizens ● *Nom war schun de Schnitt. Aber em erschte de Gärschteschnitt em* ↑*Peter un Paul un am ärschte Juli is der Fruchtschnitt losgange.* [Tom IV]
→Frucht, Fruchternte, Schnitt.

Fruchtschober - m, fruxtʃuvər, -ʃivər [Bog, Gott, Gra, Low, War V]
A: Haufen aufgeschichteter Weizengarben ● *Die Tristnticher,* (↑Tristentuch) *die ware groß un wasserdicht, die hat mer uf die Fruchtschiwer, dass die Frucht nit nass git.* [Gott V]
→Frucht, Schober.

Fruchttriste - f, fruxtriʃt, -ə [Brest III, Tom IV]
A: Haufen aufgeschichteter Weizengarben ● *Do hat mer Trischte ufgsetzt, do war no die Fruchttrischt.* [Tom IV]
→Frucht, Triste.

Fruchttuch - n, fruxtu:x, -ti:çə [Fak, Ga, Glog, Jahr, StA, Wil V]; fruxtux, -tiçər [Ben, Bog, Bru, Fib, Jahr, KöH, Ost, SM, War, Wis V]
A: bei der Getreideernte verwendetes großes Tuch aus grobem Hanfgarn ● *A Fruchttuch aus growem Hannefgarn war so 5 Metter lang un braat* (↑breit) *un in de Mitt zammgenäht. Beim Beifihre* (↑beifühen) *hot mer's in de Waa* (↑Wagen) *geleet un ach beim Dresche is es verwendt gewwe* (worden). [Bru V] ◆ Auf dem

Fruchttuch wurde ursprünglich das Getreide mit dem Dreschflegel ausgeschlagen. Dsgl. legte man es bei der Ernte unter Maulbeer- und Pflaumenbäume, aus deren Früchten man Obstschnaps brannte. ■ PfWb II 1619: (nur bei Auslandspfälzern bezeugt) 'großes Tuch aus Hanfleinen, das man bei Regen über den Erntewagen deckte'.
→Frucht.

früh - Adj, fri: (friər) [Baw, StI, Wem II, Bog, GK, Low, Ost, War V]
A, G, O, W: frühzeitig (reifende Frucht) ● *Net die frihe, was jetzt senn, awwe die Spede Pfische* (↑Später Pfirsich), *wås im Härbst senn zeidich* (↑zeitig) *woan.* [Baw II] *Hawwerbiere* (↑Haferbirne), *des ware friheri un klennri geeli* (↑gelb) *Biere, die was in de Hawwerzeit kumme* (reifen). *(...) Dann war noch die ↑Kardinal, wu so violett sinn, wu so fruh zeidich sinn.* [Ost V]
→Frühgrundbirne.

Frühgerste - f, fri:kęəʃtə, Sg. tant. [StI II]
A: Wintergerste *Etym.:* Die Wintergerste wird schon früh, also im Herbst gesät und überwintert auf dem Feld. ● *Im Härbst hunn se die Frucht oogebaut* (↑anbauen) *un die Gäeschte, gel, die Frihgäeschte.* [StI II]
→Gerste.

Frühgrundbirne - f, fri:krumpirə [Low V]; fri:krumbər, -krumbrə [Trie V]; fru:krumbi:r, -ə [Fak, Glog V]; krumpər Pl. id. [GK, Ost V]; fri:krumbin [NA V] fru:ke:lə krumpi:rə [Stan III]
G: früh reife Kartoffelsorte ● *Mir hatte die Frihgrumbire, Geele Grumbire, die Paprikaschgrumbire un annere.* [Low V] *In Sadelach (ON) hod me die Frihgrumbin meistens gebaut.* [NA V] *Aso dann ware die Roti Grumber un die Weiße Grumber, die Maigrumper, aso die Fruhgrumber un die Speti Grumber.* [Ost V] *Schun in de neinzicher Johre rum (um 1890) hann die angfang mit Milone, Paprika, Friehgrumbre uff de Mark zu fahre.* [Trie V] ■ Gehl 1991, 226.
→Elo, Grundbirne, Maigrundbirne; früh.

Frühjahrgerste - f, fru:jorkę:rʃt, Sg. tant. [Bog, Gott, Gra, Ost V]
A: rasch wachsende Sorte von Sommergerste ● *Dann is de Kukrutz* (↑Kukuruz) *gsetzt ginn* (↑setzen 2a) *un Fruhjohrgärscht, awwe nor ganz selte.* [Ost V]
→Gerste.

Frühjahrsaat - f, fru:jo:rsa:d, -ə [Ost V]
A: im Frühjahr ausgesäte Getreidesorten oder andere Kulturen ● *Mer hat es Feld härgricht* (↑herrichten) *for die Fruhjohrsaade, dann is zuärscht Hawwer* (↑Hafer) *aagebaut* (↑anbauen) *ginn oder ärscht ↑Wicke.* [Ost V]

Frühjahrsblume - f, frujo:rsplu:m, -ə [GK, Heu, Low, Ost V]
G: Blume, die im Frühling blüht ● *Des sinn so Fruhjohrsblumme, ↑Lambertel, Oschterblumme, Tulipane* (↑Tulipan), *Maigleckle, Vergissmeinnicht.* [Ost V]
→Blume.

Frühjahrschwammerl - m, fryja:rʃvaməliŋ, Pl. id. [OW VI]
Fo: zu Beginn der Vegetationsperiode wachsender Speisepilz ● *Dann sinn diese Frühjahrschwemmeling, die wo in Wald wacksn. Die tut man auch viel konserviern.* [OW VI]
→Pflanze, Schwamm (1).

Fuchs - m, fuks, fiks [Tax I, Fek, Ka, Mörsch, Mu, ON, Sag, Sol, Warsch II, AK, Ap, Fu, Gai, Ker, Kol, Mi, Sek, Sta, Stef, Tor, Tscher, Wasch III, Buk, In IV, Alex, Bog, Bru, Franzf, Ga, Ger, Glog, GStP, Hom, Jahr, Karl, Len, Low, Mar, Na, NB, Nitz, Orz, Ost, Perj, StA, Tsche, Zich, V, Bil, Erd, Ham, Pe, Schö VI]; fuks, fuksə [Pan V]; fuks, -n [ASad, Lind, Wei, Wolf V, OW VI]

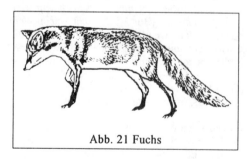

Abb. 21 Fuchs

1. Fo: hundeähnliches, kleineres Raubtier; Vulpes vulpes ● *Die wohne dort, wu sich Wolf un Fuchs gut Nacht saan.* [Bog V] *Im Bruckenauer Wald lebn viel wildi Tiere, do ware Hirsche, Reh, Wildschwein, Ficks un Iltisse.* [Bru V] *Eie* (↑Ei) *raus, Eie raus odde mir schicke de Fuchs ins Hinkelshaus* (↑Hünkelshaus). [Jahr V] *Un wie de Schimml* (↑Schimmel) *in de Wald komm is, is uff emol de Wolf un de Fuchs komm.* [Len V] *Dem Kaiser seins sann d'Fuchsn, d'Wölf, Moade*

Fuchsental

(↑Marder) und Fischotters gwest. [Wolf V] So gibt's noch Wildkatze noch un Mårder und Fuchs, abe wenig sind. [OW VI] **2.** V: Pferd mit rotbraunem Fell ● *Furioso un Gidran, des ware Ficks un guti Reitross, leichti Kavallrieross.* [Ost V] ◆ Im Spruch: Kommt e rote Hund, beißt'm Hinkl (↑Hünkel) de Kopp (↑Kopf) ab [Bog V], ist eigentlich der hundeähnliche Fuchs mit rotbraunem Fell gemeint. ■ Gehl 1991, 119.
→(1) Fuchsental, Raubwild, (2) Pferd.

Fuchsental - n, selten, fuksnta:l, Ag. tant. [Franzd, Ora, Stei V]
A, Fo: nach häufig gesichteten Füchsen benanntes Tal, Flurnamen ● *Dann woa Fucksntaale Kolonie, untn im Fucksntaal, un de Stockebäeg obn.* [Stei V] ■ PfWb II 1627: vgl. *Fuchs(en)acker, -brunnen, Fuchsneck,* Flurnamen; SüdHWb II 985.
→Fuchs (1), Tal.

Fuhre - f, fu:r, -ə [Gbu II, Ap, Brest, Sch III, NP, Tom IV, Bru, Fak, Ga, Glog, Ost, Pan, StA V]; fuə, -n [Fek II]
A: Ladung eines Transportfahrzeugs (meist Bauernwagens) ● *No hot me kennt nausfoahn in ↑Wald un hot sich kennt e Fuhe, zwaa Holz hole.* [Fek II] *Ich hann e poa Fuhr Garwe* (↑Garbe) *gereicht, hehehe!* [Gbu II] *Hat, do wore die Nonjus, do hod me kenne schwäre Fuhre aa mache.* [Kock II] *Do hot mer misse owachtgewwe, dass die Fuhr nit vielleicht schepp werd oder gar umfallt.* [Bru V] *Meischt war a Weib oder a Madl owwe uff de Fuhr un a Mann hat die Garwe nufginn* (hinaufgegeben). [Ost V] ◆ Redewendung: E Fuhr koche (sehr viel, meist nicht sehr ergiebige Nudelsepseisen kochen). [Glog V] ■ Gehl 1991, 156.
→Fuhrfass, -mann; führen; fuhrenweise.

führen - schw, fiən, kfiət [Aug, Ed, KT, Wud, Wudi I, Baw, Seik, StI II, NA V]; fiən, kfi:t [Gbu II]; fi:rə, kfi:rt [Sulk II, Brest III, Tom IV, Bru, Fak, Ga, Glog, Ost, StA V, Bil, Mai, Pe, Schei, Suk VI]; fiən, kfiət [Na V]; fi:rə, kfiət [Jood II]
Allg: (ein landwirtschaftliches Produkt oder ein Material:) mit einem Fahrzeug befördern ● *Von de Kischebeem senn die Kische geroppt* (↑rupfen 1c) *un in die Stodt gfiehd woen.* [Baw II] *Mit dem Grichtlwogn* (↑Gerechtelwagen) *hot me Mist, Ruam* (↑Rübe) *und Kukurutz gfiehd.* [Wud I] *Do woan alde Woge, wo de Mist is gfiht won un neie Woge, wam-me is gfoahn am Moark* (↑Markt), *net.* [Gbu II] *No is e min Schlitte gange Mischt fihr Hei* (↑Heu) *fihre, dam-men* (dass man im) *Winte nit muss uff Fuette sorge.* [Jood II] *Un no hod me de Waaz* (↑Weizen) *in de Mihl gfihrt, zu mahle.* [Sulk II] *Die Baure messe fleißich Wasser fihre.* [Tom IV] *Die Klaanbaure* (↑Kleinbauer) *hunn ihre Sach ufs Dreschplatz uff am gewisse Feldstick gfihrt un zu ↑Triste ufgsetzt.* [Bru V] *Im Winde hod me Mist gfiehd.* [NA V] *Dann hann die Leit Mischt gfihrt, was sich iwer Winder ufgheift hat.* [Ost V] *Ja, hamm sie mit de Wege* (↑Wagen) *gfiehrd, wo Dreschmaschie isch gsei.* [Schei VI] ■ PfWb II 1633 f.: 2.a. 'befördern, transportieren', vgl. *fahren* II 1; SüdHWb II 993-995: 3. 'mit einem Fahrzeug befördern', a. 'Menschen und Tiere', b. 'Holz, Mist u. dgl.'
→bei-, einfahren, ein-, heraus-, hin-, hinaus-, heim-, weg-, zusammenführen, fahren, herunterbringen; Fuhre.

fuhrenweise - Adv, fu:rəvais [Fil, Ker, Mil, Pal, Siw, Stan III, Put, Tom IV, Bog, Fak, Glog, Gra, Len, War V]
A, Fo, G, H, W: je eine Wagenladung voll ● *Un Geize* (↑Geiz) *hot mer fuhreweis håamgfiehrd* (↑heimführen) *for die Kih* (↑Kuh). [Stan III]
→Fuhre.

Fuhrfass - n, fu:rfas, -fesər [Bog, Bru, Charl, KöH, Ost V]
W: offenes Fass, Bottich, in dem die geernteten Trauben nach Hause gefahren werden ● *Es Schenste war die Les* (↑Lese). *Die Fuhrfässer sein uff de Waan kumm, die Butt* (↑Butte), *die Trauwemihl* (↑Traubenmühle) *oder nor a Steßer* (↑Stößer). [Bru V]
→Fass, Fuhre.

Fuhrmann - m, fu:rman, -laite [NA V]; fu:rman, -lait [Bak, Bog, Fak, GJ, GK, Glog, Len, Low, Ost, Sad, StA, War, Wil V]
Allg: Kutscher eines von Pferden gezogenen Ernte- bzw. Transportwagens ● *Do woan Fuhrleite, die sein in de Gasse mi de Straafwege* (↑Streifenwagen) *rumgfoahn.* [NA V] *De Fuhrmann, de ↑Setzer is owwe drufrum gang uff de Fuhr. (...) De Zaam* (↑Zaum), *des sinn zwei Rieme vum Gebiss bis zum Fuhrmann.* [Ost V] ■ Gehl 1991, 163.
→Fuhre.

Fujaker - m, fujakər, fujakrə [Albr, Bak, GStP, Mar, Ost, Trie, Tschan V]
G: fahrender Gemüsehändler *Etym.:* Das Verb ist eine Wortkreuzung aus *Fiaker* und *fuggern*. Das Verb *fuggern*, donauschwäb. *fuckre* 'verkaufen, handeln, schachern' stammt vom Namen der Augsburger Bankierfamilie Fugger und ist als *fuggere* 'Tauschhandel treiben, schachern' im gesamten südwestdeutschen Sprachgebiet bekannt. Vgl: PfWb II 1632; SüdhWb II 991; RheinWb II 871; BadWb II 247, SchwWb II 1820 f; BayWb 1/1, 698: fuggern, fuckern. ● *Die Fujakre, des ware die Fratschler, die arme Leit, was sich mit Gemiesebau beschäftigt han. Schun in de neinzicher Johre rum* (um 1890) *han die angfang mit Milone, Paprika, Friehkrumbre* (↑Frühgrundbirne) *un Parideis* (↑Paradeis) *bis Kikinda* (ON) *un Szegedin* (ON) *un sogar noch weider uf de Mark zu fahre*. [Trie V]
→Fratschler; fujackern.

fujakern - schw, fujakrə, kfujakərt [Albr, GStP, Low, Mar, Ost, Per, Trie, War V]
G: Handel mit Gemüse u. a. landwirtschaftlichen Produkten betreiben *Etym.:* Aus *fuggern*, unter Anlehnung an *Fujaker*, vgl. dieses. ● *Heit gin* (werden) *unser Parideis* (↑Paradeis) *uf ganz Europa gfujackert, aber heit geht des im große Stil, viel Export*. [Trie V] ◆ In den 1970er und 1980er Jahren wurden aus Rumänien - und besonders aus dem Banat - große Mengen Tomaten u. a. Gemüse nach Westeuropa, hauptsächlich nach Deutschland exportiert.
→Fujaker.

füllen - schw, fylə, kfylt [OG I]; filn, kefilt [Bohl II]; filə, kfilt [StI II, Ap III, Bak, Bog, Fak, Ga, GK, Glog, Gott, Gra, Nitz, Ost, StA, War, Wies, Wis V, Bil, Ham, Mai, Pe, Schei, Suk VI]
Allg: einen Hohlraum mit etwas voll machen, ausfüllen ● *Die Kiëschn, die ta-me olli in* ↑*Dunst 'nei. Zwaahundet Glas, die fülln me olli Jahr mit Pfäschn* (↑Pfirsich), *Weicksl, Zweischpn* (↑Zwetschge). [OG I] *Noch sein die Brotwischt gfillt woen mit däre Wueschtspritz*. [StI II] *Un der Mage, där is gfillt warre zum Schwartlmage*. [Ap III] *In Schwartemage wärd Kopffleisch, Schwarte, Speck un aa gstocktes Blut gfillt*. [Glog V] *Grautgockele saget mir. Diese Grautbletter* (↑Krautblatt) *tu mer rabnemme un fille mit Reis un Floaisch vu der Saue*. [Schei VI]
→an-, ab-, auf-, einfüllen, hereingeben, hineintun; Füllsel, gefülltes Kraut.

Füllen - n, filə, Pl. id. [Kar, KK, Sch, Siw III, In IV, Bak, Bill, Bog, DStP, GJ, Gott, Gra, Hatz, Joh, Jos, KB, Len, Lieb, Low, Rud, Stef, In, War V]; filər, Pl. id. [GK, Ost V]; fili̯ [Sad V]; filɐ, Pl. id. [Ker III, SM V]; fulə, Pl. id. [Karl V]; fil, -ə [Ker, PrStI, Werb III]; fyj, Pl. id. [Vert I]; filçən, Pl. id. [Tschan V]; filçə [Har, Kar III, Ger, GStP, KB, Len, Sack, War V]
V: Fohlen, neugeborenes und junges Pferd *Etym.:* Füllen geht zurück auf mhd. *vülī(n)*, *vül(n)*, *vüle*, ahd. *fulī(n)*, eine Diminutivbildung zu Fohlen, aus mhd. *vol(e)* m., ahd. *folo* m. Das Neutrum sowie das aus den Kasus außerhalb des Nominativ eingedrungene *-n* sind erst frühnhd. Fohlen ist hauptsächlich ein nördliches Wort gegenüber südlichem *Füllen*. (²³Kluge, 277, 290) ● *De armi Leit ihre Fille wärre schnell Ross*. [Bog V] *Die klaani Filler odder Hitschl, die henn noch bei de Stude gsoff*. [Ost V] ■ PfWb II 1637 f.; SüdHWb II 998 f.; RheinWb II 883 f.; BadWb II 250; Gehl 1991 183; Petri 1971, 98.
→Füllenhalter, Hutsch, Pferd.

Füllenhalter - m, filəhaldər, -haldrə [Bog, Ger, GJ, GK, Nitz, Ost, War, Wis V]
V: Viehhüter, der Füllen auf die Gemeindeweide bringt und sie hütet ● *Bei uns war e Kihhalder, Schweinshalder, Phärdshalder un ganz friher aa e Fillehalder*. [GJ V] *De Kuhhalder, de Schofhalder, de Fillehalder un de Kelwehalder ware friher*. [Ost V]
→Füllen, Halter.

Füllenstute - f, filəʃtu:t, -ʃtu:də [Kock II]; filərʃtu:t, -ʃtu:də [Bog, GK, Gra, Len, Ost, War V]
V: Stute, die Füllen führt ● *Mir henn uns mit Ross bescheftigt, hadde Fillestude immer un Rindviech*. [Kock II] *Dann hat's Arweitsross ginn un Fillerstude odder Zuchtstude, Hengschte odder Knopphengscht, där war schun kastriert*. [Ost V] ■ PfWb II 1639: 'Stute mit einem Füllen'; RheinWb II 884.
→Füllen, Stute, Zuchtstute.

Füllsel - n, felzl, Sg. tant. [Baw II]
A, G, O, V, W: landwirtschaftliches Produkt, dass zur Füllung eines Nahrungsmittels dient ● *Bei de Tschokoladitoete* (↑Schokoladentorte) *woa es Felsl Tschokoladi*. [Baw II]
→füllen.

Fünftel - m, fynftl, Pl. id. [Ap, Brest, Hod, Ker, Mil, Sch, Wepr III, In, Tom IV]
A: der fünfte Teil einer Menge; Einheit zur Entlohnung einer Arbeit ● *Den Kukrutz* (↑Kukuruz) *hot mer ums Fünftl odder ums Sechstl hiegewwe, des heißt, där hot no der finfti odde de sechsti Taal* (↑Teil) *no krigt fars Kukrutzbreche.* [Ap III]
→Sechstel.

Furche - f, furx, -ə [Sad V]; furiç, -ə [Fak, Glog V]; forx, -ə [Bru V]; fåriçt, -ə [Ga, StA, Wil V]; firiç, -ə [Bold, StG, Sulk II]
A: durch Pflügen entstandene Vertiefung im Feld, Ackerfurche ● *No had me Firiche gmacht un die Pflanze in die Ärde* (↑Erde) *'nåigsetzt* (↑hineinsetzen). [Sulk II] *Die Storze* (↑Storzen) *sein meistns glei in de Forch oder im Wech* (↑Weg) *verbrennt gewe* (worden). [Bru V] *Die Furich is so grad* (↑gerade) *wie de Ocks brunzt* (also nicht gerade). [Glog V] **Anm.**: Die Varianten *Furich* und *Fåricht* weisen den Sprossvokal *-i-* auf. *Fåricht* zusätzlich Vokalsenkung u>o(å) und epithetisches *-t*. ■ Gehl 1991, 61.
→Scholle.

Furioso - m, furio:zo, Sg. tant. [GK, Gra, Lo, Ost, War V]
V: durch Kreuzung erzielte Vollblutrasse *Etym.:* Die Pferderasse wurde nach ihren Merkmalen nach ital. *furioso* 'wild, leidenschaftlich' benannt. ● *Furioso, des war e Inkreizung* (↑Einkreuzung) *vun Vollblut.* [Ost V] ■ Gehl 1991, 185.
→Pferd.

Fuß - m (n), fu:s, fi:s [Jood, Saw, StI II, KKa II, Ap, Gai, Stan III, Be, Tom IV, Alex, Bill, Bog, Bru, Fak, Ga, Ger, GJ, GK, Glog, GK, Gott, Gra, Eng, Ernst, Kieb, Len, Lieb, Low, Nitz, Ost, StA, Ui, War, Wil V, Bil, Ham, NP VI]; fus, fis [Fek II]; fuəs, fiəs [Ed I]; fuis, fi:ɐs [Pul I]; (n) fi:sl, Pl. id. [Ap, Fu III]
1. V: Tierbein samt Sprunggelenk und Zehen ● *Un noh is es Briehwasser ufn Buckl un uf die Fiss vun de Sau draufgschitt woen.* [Fek II] *Dä ware, wu de Fueß uf d' Heh hebt, dass e des Oise* (↑Eisen 2) *drufschlage tuet.* [Jood II] *Un noch honn se de Bärich* (↑Barg) *oogepackt* (↑anpacken) *hinne an de Fieß un gezoge* (↑ziehen 1) *an die Uhre* (↑Ohr). [StI II] *Die Fiesl un der Schwanz sinn gekocht warre oder sinn far ↑Sulz* (2) *gnumme warre* (worden). [Ap III] *Schwanz un Fieß odde die Ohre, des is zum kumme.* [Stan III]

Dann hod me die Sau an de Fieß oogepackt un hod se hiegschmiss. [Lieb V] *Die Stut, was zu langi Fieß ghat hat, is zu em kurzfießiche Hengscht kumme.* [Ost V] 2. V: unterer, fußähnlicher Teil von Vorrichtungen ● *No is de Sau aufgehngt woen ufn Galige* (↑Galgen), *de woar uff vier Fiss gstanne* (↑stehen). [Fek II] *Un die hann so Reindle* (↑Rein) *ghat aus Gusseise un die hann so drei Fieß ghat.* [GJ V] ◆ *Die Geelfießete* 'die Gelbfüßigen', ist ein Spottname für die Deutschen aus [Sad, StA und Wil V]. Die Ortsneckerei wird doppelt begründet: 1. weil die Saderlacher farbige Strümpfe tragen; 2. weil die Saderlacher und die Sanktannaer Eier zum Markt bringen wollten und diese mit den Füßen in einem Korb feststampften, damit recht viele hineingingen. (Petri 1969, 124) ■ PfWb II 155-158: 1.a 'unterster Teil des Beines bei Mensch und Tier', b. 'das ganze Bein', 3. 'unterer Teil stehender Gegenstände', a. 'an Möbeln und Geräten, 4.a 'ein Längenmaß'; Rhein II 932; BadWb Ii 265 f.; SüdHWb II 1025-1029: 1. 'Fuß von Mensch und Tier, oft auch das ganze Bein'; Gehl 1991, 106, 145.
→(1) Hachse, Hinter-, Vorderfuß, Vieh; kurzfüßig; (2) Dreifuß.

Fußmehl - n, selten, fu:zmęl, Sg. tant. [Drei, Eng, Kreuz, NA, Wies V]
A: Kleie *Etym.:* Der Kleie werden die vom Boden eingesammelten Mahlabfälle beigemengt, also ein Mehl, über das die Füße gehen. ● *Des Fußmehl, was die Schwein fresse, des is die Kleie.* [NA V]
→Kleie, Mehl.

Futter - n, futər, Sg. tant. [ASad, Franzf, Lind, NA, Resch, Tem, Wei, Wer, Wolf V]; futə [Bohl II]; fu:tər [Ru IV]; fuətər [Sad V, Bil, Ham, Mai, Pe, Schei, Suk VI]; fuədər [Tax I]; fuətə [Jood II]; fu:dər [Bog, Fak, GK, Glog, Ost V]; fudəra:ʃ [Sulk II]
A, B, V: Nahrung für Tiere ● *No is e min Schlitte gange Mischt fihre odde Hei fihre, dammen Winte nit muss uff Fuette sorge.* [Jood II] *Des waa unse Futer fir die Kihe* (↑Kuh). [Ru IV] *Aach schun in Aprül honn des Viech nausgetriebn aff die Weide, die wos ka Futter meahr ghobt hobn.* [ASad V] *For Fuder war hauptsechlich Klee, aso Luzerne, mir sagn Klee. Un dann wenicher Rotklee, Mohai* (↑Muhar) *un Wicke.* [Ost V] *Gärschtestrau* (↑Gerstenstroh) *un Haberstrau sinn em Ross sin Fuetter.* [Sad V] *Wem-me des Fuetter neitut in die Kripp, wem-me die Kuhe guet fuettret, no geit sie bis fufzeh Litter Mill*

Futterasch

(↑Milch). [Schei VI] *Anm.:* In den Varianten *fu:dər* und *fuədər* wird intervok. *-t>d-* erweicht.
■ Gehl 1991, 196.
→(Futtermittel:) Eiweiß, Futterasch, Futterei, Grün-, Hendel-, Kunstfutter, Heu, Kleie, kurzes Futter, Futtergrundbirne, -mehl, Kohlenhydrat, Kurz-, Winterfutter, Stärke, Stroh, Zellulose; (Sonstiges:) Fressen, Futterhaus, Reiz-, Stallfütterung; füttern.

Futterasch - n, selten, futəra:ʃ, Sg. tant. [Bold, Hom, StG, Sol, Sulk II]
A, V: Nahrung für landwirtschaftliche Haustiere ● *Die Baure hunn Kugrutz* (↑Kukuruz) *un Futterasch baaut* (↑bauen) *for die Viecher.* [Sulk II] ■ PfWb II 1665: 'Lebensmittel, Essen, Verpflegung', Mischbildung aus *Futter* und *Furasch* (aus frz. *fourage* 'Mundvorrat'); SüdHWb II 1038; RheinWb II 955; BadWb II 268.
→Futter.

Futterei - f, selten, fudrai, Sg. tant. [Bonnh, Graw, Kock, War II]
A, V: Fressen für Haustiere *Etym.:* Im Subst. wird *Futter* durch das Kollektivsuffix *-ei* erweitert; demnach ist es eine lokale Eigenbildung. ● *Do is recht gebärgich. Mer hot vill Fudrei mese baue, fer des Viech.* [Kock II]
→Futter.

Fütterer - m, fuətrər, Pl. id. [Jood II]; fi:dərər [Fak, Glog V]; fu:trə [Stan III]; fu:drə [StG, Sol, Sulk II]
A: Drescharbeiter, der Garben in die Dreschmaschine einführt ● *De'sch* (das is) *de Fuettrer un de Maschinist. Ja, noch senn noch die Gspreuweiber* (↑Spreuweib) *unne* (unten). [Jood II] *Des war die Garweaufschneidin, no war de Fuudre.* [Sulk II] *Un no ware die Fuutre, do ware zwaa Menner, wo neiglasst henn* (↑hineinlassen) *henn die Garwe.* [Stan III] ■ Gehl 1991, 130.
→Einleger, Riesleute; füttern.

Futtergrundbirne - f, fu:dəkrumbir, -ə [Seik, Sulk, Surg, Wem II]
G: kleine Kartoffelknolle, die zum Verfüttern verwendet wird ● *Die* ↑*Große had me vekaaft, dann ware die Steckgrumbire* (↑Steckgrundbirne) *un die Fudegrumbire.* [Sulk II] *Die Große had me vekaaft, dann ware die Fudegrumbire.* [Sulk V]
→Futter, Grundbirne.

Futterhaus - n, fu:dərhaisl, Pl. id. [Fak, Ga, Ger, GJ, GK, Glog, Ost V]
V: Vorrichtung aus Pfosten und Latten im Hintergang oder Stall zur Aufbewahrung einer Reserve von Stroh und Heu ● *Im Phärdstall war no noch des Fuderheisl.* [GJ V] *Am End vum Gang wor a Fuderheisl mit zwei Pfoschte un drei Querlatte for Stroh odder Haai, wenn schlechtes Wetter war.* [Ost V]
→Futter, Haus.

Futtermehl - n, fudərmę:l, Sg. tant. [Kock II]
V: mit Getreideschalen vermischtes, als Tierfutter verwendetes Mehl ● *Hat, Mähl, da wor Brotmähl, Fuddermähl, Nullemähl, des wor schun ganz feines Strudlmähl.* [Kock II]
→Futter, Mehl, Rotmehl.

füttern - schw, fytərn, kfytərt [GT I]; fitərn, kfitərt [Bohl, StI II, Kow V]; fu:tərn, kfu:tərt [Stan III]; fitən, kfitət [Baw, Seik II]; futən, kfutət [Petschw II]; fejdən, kfe:jdət [ASad, Lind, Wei, Wolf V]; fytrə, fytęt [Kr VI]; fitrə, kfitərt [Ap, Hod, Pal, Sch, Werb III, Put, Tom IV, Bog, Len, Low, War V]; fi:trə, kfi:tərt [Ost V]; fi:drə, kfi:dərt [Waldn III, Fak Glog V]; fi:drə, kfi:dət [StA V]; fu:drə, kfu:dərt [Kock II, Mil III]; fuətrə, kfuətərt [Jood II, Bil, Ham, Mai, Pe, Schei, Suk VI]
B, Fo, V: (Haustieren, Bienen oder Wild) Futter verabreichen ● *Die honn die Trewe* (↑Treber) *gfittet in Rindviech, jaja.* [Baw II] *Un des Gspreu* (↑Spreu) *war gued far die Kihe* (↑Kuh) *odde far die Ross zum fuettre.* [Jood II] *Im Summer hot mer Grienes gfudert, Klee un Äschpesätt* (↑Esparsette). [Kock II] *Im Wintr, do hodr messe die Bieneheiserje zumache, ower* (aber) *äe hod a misse fittre villmols.* [StI II] *Des wäiche Bascht* (↑Bast) *ist noch fe's Viech fittre gwest un aa in* ↑*Strohsack kumme.* [Ap III] *Die Bockrle missn gut gfudert wärre.* [Mil III] *Wu mer die Sei gfutert henn, do ware Zimmenttreg* (↑Zementtrog) *un Holztreg.* [Stan III] *Wenn die Kuh gut gfittert git, hann die Leit Milch, Kes un Rahm.* [Bog V] *Die hann misse for Hawr* (↑Hafer) *un Kukrutz for fietre un for Haai sorche.* [Ost V] *Im Summer hot er d'Fuchsn und d'Wölf aaf ene gwissn Plotz mit Fleisch gfejdet, um dass er im Winte durt schuißn* (↑schießen) *kann.* [Wolf V] *D'Kihe muss mer fuettre, mischte* (↑misten 3) *un trenke.* [Schei VI]
Anm.: Die Variante *fiedre* in [Waldn III] weist intervok. Erweichung *t>d* auf. ■ Gehl 1991, 181.
→auffüttern, mästen, verfüttern; Futter, Fütterer, Reizfütterung; ausgefüttert, gefüttert.

Gabel

Gabel - f (m), ga:bl, -n [Lug, Tem V]; (m) gapəl, -n [Ed, Wein, Wud I]; ko:bl, Pl. id. [Bat VI]; kavl, -ə [Ap, Brest, Gai, Sch III, Bak, Bog, Bru, Fak, Gutt, Len, Low, NA, Ost, Schön, War, Wis V]; kåvl, -ə [Fak, Glog V]
1. A, B, G, H, V: gabelförmige Vorrichtung mit (metallischen oder hölzernen) Zinken *Etym.:* Das seit dem 9. Jh. belegte Subst. kommt aus mhd. *gabel(e)*, ahd. *gabela*, auch altirländisch *gabul* f., m., 'Gabel, Schenkelspreize', lat. *gabulus* m. 'Galgen' ist wohl aus dem Keltischen entlehnt. Die weitere Herkunft ist unklar. Die Bedeutung geht wohl von der Schenkelspreize aus und gelangt über 'Astgabel' (vgl. etwa *Gabelung*) zu der (*Mist-* usw.) Gabel als Arbeitsinstrument. Die Bedeutung 'Essgerät' tritt im deutschsprachigen Bereich ungefähr seit dem 17. Jh. auf. (^{23}Kluge, 294) ● *Un dann ware andre Gawwle, die hann e Holzstiel ghat.* [GJ V] *Sei me naus mit meini zwei Bubn, a jedn a Gabl gebn, und ich bin vor.* [Lug V] *De Pfäedstall hod me in de Frih mit de Gawwl ausgmischt.* [NA V] *Dann hann se aagfangt uflade (↑aufladen) mit der Reichgawwl, des war a zweizwinkichi Gawwl.* [Ost V] *Da hunn i so e graußi Gobl, du i die Wabn (↑Wabe) obdeckln (↑abdeckeln) un nach in Honigschleiden (↑Honigschleuder) eini geht des.* [Bat VI] 2. W: Ranke an der Weinrebe ● *Mitn Gappel hot sich die Rejem (↑Rebe) aukrambüt (angeklammert).* [Wud I] ■ PfWb III 1 f.: I 2. 'Gerät in der Landwirtschaft, im Bergbau', 3. von sonstigen Geräten und Geräteteilen, II. sonstiger Gebrauch 1. 'Astgabelung an Bäumen und Pflanzen'; SüdHWb II 1045 f.; RheinWb II 964 f.; BadWb II 271 f.; Gehl 1991, 142.
→(1) Gabeler, Garbengabeler, Heu-, Holz-, Reich-, Rüben-, Spreu-, Zigeunergabel; abgabeln, gabeln, hergabeln; gabelweise.

Gabeler - m, ko:vlər, Pl. id. [StG, Sol, Sulk II]
A: Drescharbeiter, der das Stroh, Heu usw. mit der Gabel befördert ● *Am Stroh ware die zwaa Goowler, die wo des Stroh weggoowlt hunn (↑weggabeln).* [Sulk II]
→Gabel, Riesleute.

gabeln - schw, kavlə, kəkavlt [Brest III, Tom IV]
A: Garben, Stroh, Heu usw. mit der Gabel befördern ● *Wenn de Weize[n] gut war, no ware die Garwe so schwer fir gable.* [Brest III]
→ab-, her-, weggabeln; Gabel (1), Gabeler.

gabelweise - Adv, kavləvais [Bog, Len, Low, Ost, Wis V]
A, V: was mit einer Gabel aufgenommen werden kann ● *Des Stroh hat aane em anre (anderen) hingschob (↑hinschieben). Des war trucked (↑trocken), des losst sich leicht schiewe gawwleweis.* [Ost V]
→Gabel (1).

Galbenfrumos - m, selten, galbenfrumos, Pl. id. [Ham, Schei VI]
O: großer Apfel mit großen, gelben Früchten *Etym.:* Eine Entlehnung der rum. dial. Apfelbezeichnung *galben frumos* 'schöner gelber (Apfel)'. ● *Selle han se gseit Goldenparmien, dann Galbenfrumos, die rumenische, andre woaiß i ite.* [Schei VI]
→Apfelsorte, Goldparmäne.

Galgen - m, galigə, Pl. id. [Fek II]; kalikə [StI II]; kaljər [Da V]; gåliŋ, -ə [Petschw II]; galjə, -r [Bot V]

Abb. 22 Galgen

V: als Arbeitsunterlage dienende Vorrichtung, bestehend aus zwei (oder vier) aufrechten Pfählen, die von Querbalken zusammengehalten werden *Etym.:* Der Terminus ist eine metaph. Bedeutungsübertragung nach der Form der Vorrichtung. ● *No is de Sau aufghengt woen ufn Galige, de woar uff vier Fiss (↑Fuß) gstanne.* [Fek II] *Un noch wäd die Schwei abgsängt (↑absengen), abgwåschn guet un am Gåling wäd sie*

aufghengt. [Petschw II] *Noch hod er oogfangt zu schneide, owe em Galige.* [StI II]
→Bock (3), Schweinsrechen.

Ganauser - m, kanausər [Gara, Mil, Tor III, Bill, De, GStP, Karl, Len, Low, Nitz, StA, Tschak, War V]; kanå:sər, Pl. id. [Ap III]; kanasər [AK, Fil, Ker, PrStI, Tscher III, Bog, El, Lieb, Low, NB V]; kana:sər [Fil, Fu, Pal, Stan, Tscho III, Buk, Ker IV]; konausər [Wasch III, Kub V]; kanausə [Wer V]; konaus [Darda II]; kansərt [GStP V]
V: Gänserich ● *Und no hat's noch Gens gewwe, de Ganååser un die klååne Gensl.* [Ap III] *Geb Owacht, der Ganaser is arich bes.* [Bog V] ■ Petri 1971, 84.
→Gans, Geflügel.

Gans - f, gans, gens [Petschw II]; ga:ns, ge:ns [Kow I, Tew II]; kans, kens [Baw II, Ap, Waldn III], kants, kents [Sag II, AK, Ap, Brest, Fu, Ker, KK, Mil, Pal, Stan, Tor, Tscher, Wasch III, Buk IV, Albr, Ben, De, Gara, Gott, GStP, Hen, Karl, KBe, Len, Na, NB, Nitz, Orz, Ost, Rud, Sad, StAnd, Stef, War V]; kånts, kents [Fak, Ga, Glog, StA V]; kā:nts, kē:nts [Fek II]; kaunts [Ed, KT, Scham, Tscha, Wer, Wud, Wudi]; keuns [El V]
V: als Nutztier gehaltener großer Schwimmvogel mit (meist) weißen Federn und langem Hals; Anser ● *Die Hingl* (↑Hünkel), *Gens un die ↑Katsche, die hann vun den Kukrutz* (↑Kukuruz) *kricht.* [Baw II] *Die Gens un die Änte hat me gstoppt.* [Fek II] *Mie hamm nur Hihene* (↑Huhn) *ghabt, ka Katsch un ka Gens.* [Petschw II] *Do hat mer Gens, Pärlhinkl* (↑Perlhuhn) *und Bockerle* (↑Bockerl) *ghat.* [Ap III] *Die annre hann schon die Ende un die Gens gstoppt, dass se fett ware.* [Waldn III] *Gäns un Ente ware streidich.* [Len V] *Had mer e Zaun gmach um de Kuchlgarte, dass die Hingle un Gens net ringehn.* [Ost V] ■ Gehl 1991, 212.
→Ente, Ganauser, Gänseberg, -halter, -trift, -weide, Geflügel, Trapp-, Wildgans; hineinstopfen, stopfen.

Gänseberg - m, kenspęrx, -ə [Jink, Kä, Sag, Sar, Warsch II]; kensəpęrx [Put IV]
A: Gänseweide auf einer Anhöhe ● *Heher geleche is de Kärichbärch, de Schofbärch un de Gensbärch, doet woar friher die Genswaad.* [Jink II] ◆ Vgl. *Gäns(e)gasse* [Kisch II, Ker IV] und *Gänseeck* [Wepr III], im *Deutschen Dorf.* (Petri 1980, 42) ■ Petri 1980, 42, 95.
→Berg, Gans, Gänseweide, Schafberg.

Gänsehalter - m, kenshaldər, Pl. id. [La II]
V: Hirte, der täglich die Gänse auf die Weide treibt und hütet ● *Ganz friher, wie mir noch klaane Kinn* (Kinder) *woan, do woan noch Kuhhalder, Sauhalder, Schofhalder und Genshalder.* [La II]
→Gans, Halter.

Gänsetrift - f, kenstrift, Sg. tant. [Alt, Fek, Oh, Wem II]
A, V: Flurnamen nach einer früheren Gänseweide
Etym.: Vgl. *Trift* 'Weidewiese, Weide', von spätmhd. *trift* f., m., Verbalabstraktum zu *treiben.* ([23]Kluge, 836) ● *Newer de Håldeswiese is die Hutwaad mit de Såitrift; friher woar aach e Genstrift.* [Fek II] ■ Gänseweide, -wiese PfWb III 36; SüdHWb II 1085.
→Gans, Gänse-, Hutweide, Viehtrieb.

Gänseweide - f, veraltet, kensva:t, Sg. tant. [Jink, Kä, Sag, Sar, warsch II]
A: Flurnamen nach einer früheren Gänseweide ● *Heher geleche is de Kärichbärch* (↑Kirchberg), *de Schofbärch un de Gensbärch, doet woar friher die Genswaad.* [Jink II]
→Gans, Gänsetrift, Weide (1).

Ganter - f, gantə, Sg. tant. [Ed, GT, KT, Scham, Wein, Wud, Wudi I]
W: hölzerne Unterlage für Fässer ● *Die Gante sann dejes Hujtz owwe Pfoustn, do sann die Foss draufglejgn* (↑daraufliegen). [Wud I] ■ BayWb 1/2 926: 'Unterlage von Balken oder Baumstämmen für Fässer, Bauholz und drgl.' Herkunft: engl. *gauntre,* frz. *chantier,* aus lat. *canterius.* Bier vom Ganter aus verkaufen, verschenken, *Ganterbier, aufgantern* 'Bauholz, Fässer usw. auf einer Unterlage deponieren'.
→Holz, Pfosten.

ganzer Grund - m, kantsə krunt, kantse krindər [Bru, Wies V]
A: ganze Ansässigkeit, Bauernhof ● *Unser Hottar* (↑Hotter) *war nit groß, drum sein bei der Ansiedlung ka ganze Grinder vertaalt gewe, nar halwe un vertl.* [Bru V]
→Grund (3).

ganzer Kukuruz - m, gåntsə kukruts, Sg. tant. [Petschw II]; kantsə kukruts [Bog, GK, Gott, Gra, Low, Ost, War V]
A: nicht entkörnter Mais, Körner samt Kolben ● *Die Pfäede* (↑Pferd) *hann Kleehaai* (↑Kleeheu)

Garbe

krigt un gånzn Kukrutz oder Schrot, dann noch Howe (↑Hafer) un Ruem, Viechruem (↑Viehrübe). [Petschw II]
→Kukuruz.

Garbe - f, garbə, Pl. id. [Bil, Mai, Pe, Schei, Suk VI]; koɐrp, koɐrbn [Petschw II, Ru IV]; karp, -ə [Jood II]; karp, karvə [Gbu, Sulk II, Brest, Ker, Mil, Pal, Sch, Stan III, Tom IV, Alex, Bog, Bru, GJ, GK, Len, Low, Ost, Wis V]; kårp, kårvə [Fak, Glog V]; karvə, -nə [Ga, StA V]; koɐrp, koɐrvə [Fek, StI II]; koɐrəm, Pl. id. [Petschw II]; koɐb, -n [KT, Wein, Wud, Wudi I]
A: Bündel von Getreidehalmen ● *Die Goabn sann off Maandl* (↑Mandel) *aufgesetzt woan. In e Maandl woan dreihzehn Goabn un in de Mitt drauf woar de Reide.* [Wud I] *Wie es Steck* (↑Stück) *fätich war, noch sein die Goarwe aufgesetzt woan uff Heiwe* (↑Haufen). [Fek II] *Un es Weib hot des zammbunde, Garbe send gmacht worre.* [Jood II] *Ich hann e poaa Fuhr Garwe gereicht, hehehe!* [Gbu II] *Frihe hamm die Weiwer die Goarem mit de Sichl zammgnumme. (...) An de Dreschmaschie woa die Trumml* (↑Trommel), *do sein die Goarbn neiglossn woan.* [Petschw II] *Noch dem Meher woar die Frau, die hod die Goarwe gelese* (↑lesen). [StI II] *Sechzehn Garwe sein so zammglegt worre, un owwedrauf is de Reider kumme.* [Sulk II] *Wenn de Weize gut war, no ware die Garwe so schwer for gable.* [Brest III] *Die Bendr* (↑Band 1) *hot mer gebraucht for die Garwe zammbinne.* [Stan III] *De Goarbnbinder, där hat die Garbn miesn bindn.* [Ru IV] *Oo Kreiz* (↑Kreuz 1a) *sinn zwanzich Garwe, zweimol zwei Heifle mit je zehn Garwe.* [Tom IV] *Geger Owed* (Abend) *hot mer die Garwe zammgetraa un uff Kreiz ufgesetzt.* [Bru V] *Die ↑Gleckerin hat mit der Sichl die Garwe zammgholl.* [Ost V] *Un denn ham-mer Mandle gmacht, so schää achtzeh Garbe, so wie Kreiz.* [Schei VI] **Anm.:** In den Varianten Garwe, Goarwe ist *b>w*-Wandel anzutreffen. ■ Gehl 1991, 133.
→(Arten:) Frucht-, Hand-, Kopf-, Maschinen-, Mittelgarbe, obere -, Weizengarbe, Dach, Hut, Kopf (1d); Hut, Pfaff, Pfarrer, Pope, Reiter (2), Ritter, Schaub; (Verschiedenes:) Garbenaufschneiderin, -binder, -gabeler, schmeißer, -schober, -werfer.

Garbenaufschneiderin - f, karvəauf∫naidin, -ə [DtG, Sol, Sulk II]
A: Drescharbeiterin, die die Bänder an den Getreidegarben aufschneidet ● *Des war die Garweaufschneidin, no war de Fuudre* (↑Fütterer). [Sulk II] ◆ Die meisten Drescharbeiten wurden auf Männer und Frauen aufgeteilt.
→Garbe, Riesleute.

Garbenbinder - m, koɐrbnpindər, Pl. id. [Ru IV]
A: Landarbeiter bzw. -arbeiterin, der/die gemähtes Getreide zu Garben bindet ● *De Goarbnbinder hod Ärml ghat, die had me gnennt Bindeärml* (↑Binderärmel), *mit e Schnue dran. De Goarbnbinder, där hat die Garbn miesn bindn.* [Ru IV]
→Binder (2b); Garbe.

Garbengabeler - m, karvəkavlər, Pl. id. [Ker, Mil, Pal, Sch, Siw, Stan III]
A: Landarbeiter, der Garben auf den Dreschkasten befördert ● *Un no ware die Garwegawwler, die henn messe die Garwe härgawwle do dem Fuutre* (↑Fütterer). [Stan III]
→Gabel (1), Gabeler, Garbe, Riesleute; gabeln.

Garbenleute - f, karvəlait [Ost V]
A: Dreschhelfer für die Beförderung der Garben auf die Dreschmaschine ● *Des ware die Garweleit, bis uf de Dreschkaschte* (↑Dreschkasten). [Ost V]
→Riesleute, Schneiderin.

Garbenschmeißer - m, selten, karve∫maisə, Pl. id. [Drei, Eng, Kreuz, NA, Wies V]
A: Drescharbeiter, der Garben auf die Dreschmaschine befördert ● *An de Dreschmaschin woan die Garweschmeise, zwaa Eileche* (↑Einleger) *un zwaa Seckle* (↑Säckler). [NA V]
→Garbe, Garbenwerfer, Riesleute; schmeißen.

Garbenschober - m, karvə∫o:vər, Pl. id. [Fak, Ga, Glog, StA, Wil V]; karvə∫o:və [Ost V]
A: Haufen geschichteter Garben ● *Die Fuhr is dann haamgfihrt ginn* (worden) *in de Hof uff der Garweschowe. Dort war de Großvadder de Schowrsetzer* (↑Schobersetzer). [Ost V] ■ Gehl 1991, 136.
→Garbe, Schober.

Garbenwerfer - m, veraltet, karbəve̜rfər, Pl. id. [Jood II, Sad V]
A: Drescharbeiter, der Getreidegarben auf die Dreschmaschine reicht ● *Des senn Strohsetzer, dann Garbewärfer. No senn die Trummlwoibe* (↑Trommelweib), *was die Garbe henn noiglasst* (↑hineinlassen). [Jood II] ■ Gehl 1991, 131.
→Garbe, Garbenwerfer, Riesleute.

gären - schw, kẹ:rə, kəkẹ:rt [Baw, Seik, StI II, Ap, Fil, Pal, Sch, Tscher III, Tom IV, Bog, Fak, GK, Glog, Low, Ost, War V]
Allg: durch Gärung säuern, fermentieren ● *Die Pfische* (↑Pfirsich) *un die Birn, des honn sie zommgelese* (↑zusammenlesen), *un des hod in de Fesse gegärt.* [Baw II] *Die Trauwe* (↑Traube) *sinn gstoße warre, dann henn sie gäre misse, un de Moscht* (↑Most) *is zu Wei* (↑Wein) *warre.* [Ap III] *Die Umorke* (↑Umurke) *hat mer in großi Gleser* (↑Glas 2), *so Zehnlitergläser, hat ↑Kaper dran, un dann hat's gegärt.* [Ost V]

Garten - m (n), goartn, kẹətn [Bat VI]; kọɐtn, gɐətn [Aug, Ed, OG I, Ora, Resch, Stei V]; gartə, gɐrtə [Bil, Ham, Mai, Schei VI]; ka:rtə, kẹ:rtə [Ap, Fil, Mil III, NP, Tom IV, Bak, Bog, Fak, Ga, Glog, Len, Low, Ost, StA, Wil V]; kọɐ:tə, kẹ:tə [StI II]; kọɐdə, kẹədə [NA V]; (n) gẹ:rtl, Pl. id. [Ru IV, Lug, Tem, Wer V]; kẹ:rtl, Pl. id. [Fu, Stan III]
A, G: abgegrenztes (gewöhnlich neben dem Hof liegendes) Gelände zum Kleinanbau von Nutz- oder Zierpflanzen ● *Die Hausfrauene, die tan ihnen Goatn oawetn* (↑arbeiten). [OG I] *Un dä hatn schene Goate, mit so drei Reihe klaane Bieneheiserje.* [StI II] *Der ganzi Garte war in Bettl* (↑Beet) *eigetaalt.* [Ap III] *Im Garte ware oozwaa Rawattl* (↑Rabatte) *Salat.* [Mil III] *Es Feld hot messe geegt wärre un gschlaaft* (↑schleifen 2) *wärre, dass es so klor* (↑klar 2) *war wie e Gärtl.* [Stan III] *Kirbis had me im Gärtl anbaut, un dear is meist aff an Kittnbaum* (↑Quittenbaum) *gwachsn.* [Ru IV] *Sieht der net, die Säi* (↑Sau) *im Garte wuhle uns die Grumber raus!* [Bak V] *Die Goldamschle singen schee im Garte un aa im Wald.* [Glog V] *For Garte get's nor e schmale Streef* (↑Streifen) *mit Grumbre* (↑Grundbirne) *un ↑Fisole.* [Len V] *In Goate is alles: Rattich* (↑Rettich), *Esskirbis un Rodi Ruwe.* [NA V] *Im Feld ham-mir net viel Grumbire ghat, nor im Garte, zum Hausgebrauch.* [Ost V] *No, die Bienen hunn i schon seit 44 Jahre, neben Haus in Goartn.* [Bat VI] *Im Garte wachse Zwibbel, Gäelriëbe, 'Kolrabe.* [Schei VI] ◆ Im Hausgarten wird vor allem Küchengemüse, an den Rändern werden auch Obststräucher, Rebstöcke und Blumen angebaut. ■ Garten 1991, 223.
→(Gartenformen:) Blumen-, Forst-, Hanf-, Hopfen-, Klee-, Kraut-, Küchen-, Obst-, Wald-, Weingarten, Gartenfeld; (Verschiedenes:) Feld, Gartenblume, Gärtner, Weingartenhüter; angärteln.

Gartenfeld - n, koɐrtəfɛlt, -fɛldər [Jink, Kä, Sag, Sar, Warsch II]
G: zum Gemüsebau geeignetes, fruchtbares Ackerfeld ● *Off onsem Fäld woare Waldgärter mit gutem Goartefäld, wo friher Wald woar.* [Jink II]
→Feld, Garten.

Gartenzaun - m, ka:rtətsāūn, -tsāīn [Ap, Pal, Werb III, Tom IV, Alex, Bog, Ga, GJ, Gra, Len, Low, Nitz, Ost, Wis V]; ka:rtətsāū, -tsāī [Fak, Glog V]
G: Draht- oder Bretterzaun um den Hausgarten ● *Die Dahlier* (↑Dahlie) *ware newer em Gartezaun.* [Bog V] *Die Prominzl* (↑Prominze) *sinn als am Gartezaun gwachse, aus dene hat mer Prominzltee gekocht.* [Glog V] *Am Gartezaun, glei hinnerm Stroh, steht e große alde Nussbaam.* [Len V] *De Strohschower* (↑Strohschober) *war am End vum Hof, am Gartezaun gwehnlich.* [Ost V]
→Garten, Zaun.

Gärtner - m, kẹrtnə, Pl. id. [Gott, Gra, Ost, Wis V]; kẹətnə [Aug, Ed, Schor, Wein, Wud, Wudi I]
G: ausgebildete Person, die Anbau und Pflege von Obst und Gemüse betreibt ● *De Pfäedmist* (↑Pferdsmist) *is guet fi die Gaetne.* [Wud I] *Dort war e alte Gärtne, där hat uns gezeigt, wie mer die Beem* (↑Baum) *schneid und behandlt.* [Ost V]
→Garten, Gärtnerei.

Gärtnerei - f, gẹrtnərai, -ə [NA V]; kẹrtnəråi [Fek, Jood, Surg, Wem II]; kẹrtnəra:i [Ap, Fil, Ker, Sch, Stan, Tscher III, Bog, Ga, GJ, Gott, StA, Wis V]; kẹrtnərå:i [Fak, Glog, Wil V]
G: landwirtschaftlicher Bereich, der sich mit dem Pflanzen und der Züchtung von Gemüse und Blumen befasst ● *Des honn se gnumme fer ↑Tacke in de Gärtnerâi, zum die Pflanze abdecke em Fruhjohr.* [Jood II] *No hat's e Gärtnerei un de Milichverei* (↑Milchverein) *gewwe, wo die Baure ihre Milich abgliffert henn.* [Ap III] *E jedes Haus hot Gärtnerei ghabt, wal Absatz woar, is exportiët woan.* [NA V] ■ PfWb III 51; SüdHWb II 1103; RheinWb II 1038; BadWb II 297.
→Gemüsebau, Gärtner, Landwirtschaft.

Gas - n, ga:s, Sg. tant. [Jood II]; gạ:s, Sg. tant. [Wein I]; ka:s, Sg. tant. [Kutz III]; ka:s, ka:zə [OG, Tol I]; ka:s, -ə [Tschol, StIO I]; ga:z, -n [OW VI]
V: Propangas, Nebenprodukt der Kokereien und Erdölaufbereitungsanlagen, das für Beleuchtungs- und Heizzwecke verwendet wird ● *Un*

noch mit dem Gas wurd abbrennt un schee sauwer. [Jood II] ◆ Die Borsten auf der abgebrühten Schweinehaut wurden von den Donauschwaben gewöhnlich mit scharfen Messern abgeschnitten. Manchmal wurden die verbliebenen Borsten (nach ung. Vorbild) noch zusätzlich mit einer Gasflamme abgebrannt. In Ungarn wird neuerdings auch schon auf das Abschaben verzichtet und die Borsten werden nur abgebrannt.
→Aragas, Gasflamme.

Gasflamme - m, ga:zflamə, Pl. id. [Petschw II]
Allg: Flamme des Gases aus einem Gasbrenner ● *Un noch wäd die Schwei min Gasflamme åbbrennt, abgwåschn un am Gåling (↑Galgen) wäd sie aufghengt.* [Petschw II]
→Aragas, Gas; abbrennen.

Gasse - f (n), gåsn, Pl. id. [ASad, Ora, Resch, Stei, Tem, Wei, Wer, Wolf V]; kasə, -nə [Tax I, Tew II, StA V]; kas, -ə [Alt, Fek, Go, Jink, Nad, Oh, Pal, Surg, Wem, Wer II, Ap, Brest, Gai, Sch, Tscher III, Be, Tscher, Put, Tom IV, Bak, Bill, Fak, GJ, GK, Gott, Gutt, Len, Low, Nitz, Ost, Schön, Wies, Wil, Wis V, NP VI]; (n) kesl, Pl. id. [Ap, Hod III, Fak, Ga, Glog, Len, Pan V]; kęsjə [Fek, Go, Jink, Oh, Surg, Wak, Wem II]
A: aus Fahrweg, Gehsteigen und Abflussgräben bestehende Durchfahrtstraße zwischen zwei Häuserreihen, Dorfstraße *Etym.*: Das seit dem 10. Jh. bezeugte Wort kommt von mhd. *gaʒʒe*, ahd. *gaʒʒa*. Daneben altnordisch *gata* und gotisch *gatwo* 'Straße einer Stadt, Platz', wobei zumindest die altnordische Form keine genaue Entsprechung der gotischen ist. Herkunft unklar. (²³Kluge, 300) ● *Unse Gasse woare die Lutherschgass, die Doppltgass, es Juregässje, e Zwärchgässje un es Bedlmannsgässje.* [Jink II] *Ja, die Gasse in Apatie (ON), do sinn die Mittlgass un die Kreizgass, die groß Moraschtgass, Kärchegass, Spatzegass, es Rauwergessl.* [Ap III] *Die Gasse ware schen gruppiert. In eener Gsellschaft (bei Unterhaltungen) ware die Phaare aus der Hundschwanz-, Wertshaus-, Schule- un Blumegass zammgschloss.* [Bog V] *Unser Gass war nor e Gässl, schmal un korz, die Heiser kleen.* [Len V] *Und eine Gåssn woa Steidorf, un da runder woa Mihlgåssn.* [Stei V] **Anm.**: Die Lautvariante *Gåssn* mit *n*-Morphem im f. Sg. weist bair.-österr. Einfluss auf. ■ PfWb III 53: 1.a 'Dorfstraße', b. 'Flurnamen' (am Gässel), 2.a Dimin. 'schmaler Durchgang zwischen zwei Häusern'; SüdHWb II 1106 f.; RheinWb II 1041 f.; BadWb II 197 f.;

SchwWb III 78-80: 1. 'Straße in Dorf oder Stadt', *Straße* für 'Landstraße bzw. der Teil, der in der Stadt beginnt. In größeren Städten ist *Gasse* zwar amtlich abgeschafft, im Volksmund aber noch immer üblich', 2. übertragen, a. in- und außerhalb der Ortschaft heißt ein von Hecken oder Zäunen eingefasster Weg *Gasse*, *Gässlein*. Manche Flurnamen bezeichnen früher bewohnte Orte. Dazu müssen auch die vielen Flurnamen mit *Gasse* gehören; BayWb 1/2, 945: Gaß, Gaßen (Gass, Gassn, Gassl, Gassel).
→(Bezeichnungen:) Bäcker-, Bettelmanns-, Doppel-, Friedhofs-, Haupt-, Juden-, Kirchen-, Kirchhof-, Kreuz-, Lange-, Luther-, Mittel-, Morast-, Mühl-, Neben-, Ober-, Post-, Räuber-, Schinder-, Spatzen-, Unter-, Weinberg-, Wiesen-, Zwerchgasse; (Sonstiges:) Gassengraben, Kellerreihe, Platz (1), Sand-, Zigeunerloch.

Gassengraben - m, kasəkra:və, Pl. id. [Wem, Wer II, Gai, Hod, Sch III, ND, NP IV, Alex, Bog, Fak, Ga, GK, Glog, Gra, Len, Low, StA, Wil, Wis V]
A: Vertiefung neben dem Gehsteig (auf dem Dorf) zum Abfluss des Regenwassers ● *Eier Sau wuhlt im Dreck im Gassegrawe.* [Bog V]
→Gasse, Graben, Straßengraben.

Gastmahl - n, kaʃtmol, -mę:lə [Jood II]
A: festliches Essen mit Gästen nach Ernteschluss ● *Un wann's ganz Doref abgmaschient (↑abmaschinen) wor, no wor e Gaschtmohl.* [Jood II]
→Erntefest.

Gatzen - f, gatsə, Pl. id. [Ed, GT, KT, Wud, Wudi I, Ru IV]
W: großes, oben offenes Stellfass *Etym.*: Herkunft aus ital. *gazza* 'ein Geschirr, gewöhnlich aus Kupfer'. (BayWb 1/2, 967) Man sieht *Gatze* meist als Entlehnung aus ital. *cazza* 'Pfanne mit Stiel, Maurerkelle usw.' an. Übrigens scheint *cazza* selbst germanischen Ursprungs zu sein und mit *Kessel* in Verbindung zu stehen. (DWb 4, 1516) In der vorliegenden Bedeutung 'oben offenes Stellfass' liegt Bedeutungsverschiebung vor. ● *Die Gatze is es groußi, houchi Stöufass.* [Wud I] *Gatze, des woar e großes Fass. Un in däre Gatze hod me den Most reitun.* [Ru IV] ■ BayWb 1/2, 967: *Die Gatzen*: 1. 'zum Schöpfen von Flüssigkeiten aus einem größeren Gefäß', Rührlöffel, Schöpfkelle, 2. 'zum Messen', etwa zu mhg. *gôz* 'Guss', die Bier-, Milch-, Maßgatzen.
→Fass, Stellfass.

Gaul - m, gaul, gail [Ga, StA, Wil V]; kaul, kail [Baw, Fek, GBu, StI II, Har III]; ka:ul, kɛ:il [Waldn III]
V: Ackerpferd ● *In de meiste Heiser, was e weng (wenig) Feld hat, där hat Geil, weil ohne Geil hot me kaa Feld kennt geärwet (↑arbeiten).* [Fek II] *Also die Leit frihe, die honn die Geil un Huscherje (↑Hutsch) aufgezoge, net, un die Kih.* [GBu II] *Sie honn noch Klee mise oobaue (↑anbauen), wann se Geil hatte un Kieh.* [StI II] *Heit brauch mer ke Geil mäh, jetz sein die 'Kombaanje (↑Kombine).* [Har III] *Un vier Gäil hadde mer ghat, die Frucht is gemeht worre mit de Gäil.* [Waldn III] *D'Geil sein schun färtich gstrieglt.* [StA V]
→Gaulsgeschirr, -mist, Gäulsfliege, -fresser, Pferd.

Gäulsfliege - f, gailsfli:gə, Pl. id. [Fa, StA, Wil V]
V: Pferdebremse; Tabanidae ● *Die Geilsfliege stechn die Geil aarich, bevor es Oowetter (↑Unwetter) kummt.* [StA V] ■ Gehl 1991, 115; *Gäulsmücke* PfWb III 71: 'Viehbremse'; SüdHWb II 1127; RheinWb IX 1242.
→Fliege, Gaul.

Gäulsfresser - m, kailsfresə, Pl. id. [Ga, StA V]; pfe̥rdefresər [Franzf V]
V: Maulwurfsgrille; Gryllotalpa vulgaris *Etym.*: Das Komp. ist eine metaph. Bildung nach der Eigenschaft des Käfers, aus dem (Pferde)mist zu fressen, eigentlich eine Verkürzung aus *Gäuls(mist)fresser*. Ähnliche Bezeichnungen im donauschwäb. Dialektbereich sind *Buben-, Leute-, Pferdefresser*. (Petri 1971, 105) ● *De Geilsfresse is e Uugeziffer, was em Mischthaufe rumwuhlt (↑herumwühlen).* [StA V] ■ Gehl 1991, 115.
→Gaul, Ungeziefer.

Gaulsgeschirr - n, gailskʃir, Sg. tant. [Fek II]
V: aus Zaumzeug und Sielengeschirr bestehendes Pferdegeschirr ● *Hat, des Geilsgeschirr woa ba uns in Fäkäd (ON) von Leder. Des Geilsgeschirr hat des Brusttaal, mit den hod der Gaul gezoge.* [Fek II] ◆ Verwünschung im Pfälz.: *Ich wollt, du wärscht im Himmel und hättscht Gaulsgschirr aa.* (PfWb III 69) ■ PfWb III 69; SüdHWb II 1125; RheinWb II 1058; BadWb II 306.
→Gaul, Geschirr (2), Sielengeschirr.

Gaulsmist - m, gailsmiʃt, Sg. tant. [Ga, StA, Wil V]
V: (wie: Pferdemist) ● *De Geilsmischt is gut fer Mischtbeddl (↑Mistbeet) mache.* [StA V] ■ Gehl 1991, 195.
→Gaul, Mist.

Gauschel - f, veraltet, kauʃl, -ə [Fil, Mil, Ker, Mil, Pal, Sch, Siw, Stan, Tor, Tscher III, Be, Put, Tom IV, Bog, Ger, GJ, GK, Gra, Len, Low, War, Wis V]
Allg: eine bzw. zwei Handvoll *Etym.*: Vgl. *Gaufel* f., obd. 'hohle Hand, die zusammengelegten hohlen Hände voll', aus mhd. *goufe*, ahd. *goufana* 'hohle Hand' (^{23}Kluge, 302) Unser Subst. ist eine Nebenform davon. ● *(...) daß die Troppe, glitzrich klor, / en die Kauschl falle.* [Len V] *E Kauschl voll Kukrutz gewwe.* [StA V] ■ PfWb III 75; *Gaufse(l)* RheinWb II 1054; *Gaufel* BadWb II 303.
→Handvoll.

gebackene Winete - f, kepakəne vinəte Pl. id. [Fak, Ga, Glog, StA, Wil V]
G: panierte und in Fett gebackene Schnitte der Aubergine ● *Aus de Winätte hat mer Winättesalat gmacht un gebackene Winätte.* [Glog V] ■ Gehl 1991, 229.
→gebackenes Fleisch, Winete.

gebackenes Fleisch - n, kepakənəs flaiʃ, Sg. tant. [Bog, Ger, GK, Len, NA, Ost, War V]
V: panierte Fleischschnitte ● *Un dann is kumme gebackenes Fleisch un noch gebrodenes Fleisch.* [NA V]
→ausgebackenes Fleisch, Fleisch, gebackene Winete.

Gebirge - n, gebirge, Pl. id. [ASad, Lind, Wei, Wolf V]; kepirk, Sg. tant. [Fak, Ga, Glog, StA, Wil V]
A, Fo, O, W: zusammenhängende Gruppe von Bergen und Tälern ● *Sehgn'S die hochn Gebirge da drobn? Duort missn mir driberfahrn mit Mist, weil ohne Mist wockst nix.* [ASad V] *Die Schafflwullache (↑Schaffwalache) ausm Gebirg sinn kumme un henn Schaffl un aa Kalich (↑Kalk) vekaaft.* [Fak V]
→Berg; gebirgig.

gebirgig - Adj, selten, kepe̥rkiç [Bonnh, Kock, War II]
A: bergig, it vielen größeren Erhebungen ● *Do is recht gebärgich bei uns.* [Kock II]
→Gebirge.

Gebiss - n, kəpis, Pl. id. [Bohl, Mu II, Ap, Mil, Sch III, Be, Tom IV, Bog, GK, Len, Low, Ost,

gebraten

War V]; kəpis, -ə [Fak, Ga Glog, StA V, Bil, Pe VI]; pi:s, -ə [Sad V]
V: metallenes Mundstück am Pferdezaum ● *Un die zwei Rieme (↑Riemen), die sinn unne ins Gebiss aagschnallt ginn.* [Ost V]
→Sielengeschirr.

gebraten - Adj, prå:dən [Petschw II], kəpro:də [Fak, Ga, Glog, StA V]
G, V: in einer Pfanne durch Hitze in Fett gegart ● *Zu Nachtmohl gibt 's e guedi Suppn, gfillds Kraut, bradeni Bradwuscht un Fleischbraa[d]n un Bacheraai (↑Backerei), hat Faschingkrapfn, Pogatschel (↑Pogatsche).* [Petschw II]
→braten, gebratene Grundbirne, - Leber, gebratenes Fleisch.

gebratene Grundbirne - f, kəpråtənə krumpir, -ə [Jood II]; kəpro:təni krumpir, kəpro:tənə -ə [Ap, Fil, Mil III], kəpro:dəni krumbi:r, - ə [Fak, Ga, Glog, Wil V]
G: gebratene Kartoffel ● *Die Grammle kam-me esse mit Brot ode zu bråtene Grumbire.* [Jood II] *Zu dene gebrotene Grumbire hot mer aa Feldhähnle (↑Feldhendel) gsagt, weil die Leit die Grumbire im Feld, in oo kloones Feier, glegt henn.* [Mil III]
→Grundbirne; gebraten.

gebratene Leber - f, kəpro:dənə le:vər, -nə [StI II]; kəpro:dəni levər, Pl. id. [Fak, Glog V]
V: in einer Pfanne durch Hitze in Fett gegarte Tierleber ● *Noch honn se gfruhstuckt mit saure Paprike, Umorge (↑Umurke), gebrodene Lewer, gebrodenes Fleisch do is Knowwl (↑Knoblauch) drufgschniede woen (↑daraufschneiden).* [StI II]
→Leber; gebraten.

gebratenes Fleisch - n, kəpro:dənəs flaiʃ, Sg. tant. [Ap, Mil III, NP, Put IV, Fak, Ga, Glog, Ost, StA, War, Wil V, Bil, Ham VI]; kəprǫ:də flaiʃ [Baw, StI II]
V: in einer Pfanne durch Hitze in Fett gegartes Fleisch ● *Aso do ware gebrode Fleisch, widde ↑Saures un noch Backerei.* [Baw II] *Un noch waa gebrode Fleisch, ausgebacke Fleisch, un noch woa Salot (↑Salat) un saure Paprike (↑saurer Paprika).* [StI II]
→ausgebackenes Fleisch, Fleisch (1); gebraten.

gebrütschelte Grundbirne - f, kəpritʃltə krumpe:rə, Pl. tant. [Bog, Ger, GK, Low, Wis V]
G: gebratene Kartoffeln mit Fleisch- und Speckstücken zubereitet *Etym.*: Der Begriff ist eine Bildung nach *brütscheln, brutscheln* 'unter brodelndem Geräusch kochen', ähnlich *brutzeln*: 1.b. (PfWb I 1304 f.) *Brutzeln* hängt formal näher mit *brodeln* zusammen, gehört aber semantisch zu 'braten'. (^{23}Kluge, 140) ● *No hann se die gebritschlte Grumbeere in dem Owe (↑Ofen) gebrod (↑braten), dort in der Glut, gell.* [GJ V]
■ *Gebrütschelte* Pl. PfWb III 95: 'Kartoffelscheiben in Mehleinlauf getaucht und dann gebacken'.
→Grundbirne.

gedünstete Zwiebel - f, tinʃte tsvi:fl, Sg. tant. [StA V]
G: durch Dampf in wenig Fett gar gemachte Zwiebelschnitte ● *Mer hat Speck am Spieß gesse un dinschte Zwiefl mit Blut un Lewer (↑Leber), wenn's Gfligl (↑Geflügel) gschlacht worre is.* [StA V]
→Zwiebel.

Gefälle - f, selten, fele, Sg. tant. [OW VI]
Fo: Böschung, Steigung *Etym.*: Die Variante *Felle* ist eine Verkürzung von *Gefälle*, mit f. Genus, wohl nach dem Vorbild von *Steigung*. ● *Unsere Tafln (↑Tafel) gehn schon bis 45 Prozent Steigung, mähe geht das nicht, dass die Felle nicht zu groß is. Wird das trassiet (↑trassieren), wo de Weg kommt.* [OW VI]
→Fallung, Steigung.

Gefäß - n, kfe:s, -ə [Alex, Bog, Fak, GK, Gra, Glog, Len, Low, Ost, Paul, Mar, Wil V]
Allg: Behälter zum Aufbewahren von Flüssigkeiten und körnigem Material ● *Uff die Fesser is noh a äärdene Trechter (↑Trichter) drufkumm mid ame Loch, un in des Gfeß had mer kenne Wasse ninschitte (↑hineinschütten).* [Ost V]

gefleckt - Adj, kflekət [Ed, GT, Ins, OG, Pußt, Tschow, Wein, Wet I]
W: unregelmäßig mit farbigen Flecken überzogen ● *Wann so e schlechte Regn kemme is, sann die Blette gflecket worn, un die Weimbe (↑Weinbeere) sann kaputt gange.* [Pußt I]

Geflügel - s, kfli:gl, Sg. tant. [Petschw II]; kfligl [Ap III, Fak, Ga, Glog, StA, Stei V]
V: als Haustiere gehaltene Nutzvögel ● *Mie hamm ka andres Gfliegl nicht ghabt, nu Hihene. Ka Katsch un ka Antn un ka Gens, des ham-me net ghobt.* [Petschw II] *Also vum Gfliggl hot mer*

hauptsechtlich die Hingl ghat un de Gockl. [Ap III] *Manchi Leit henn fers* (für das) *Gfligl vum Feld Ähre glese* (↑lesen 1b). [Glog V] *Mer hat Speck am Spieß gesse un dinschte Zwiefl* (↑gedünstete Zwiebel) *mit Blut un Lewer, wenn's Gfligl gschlacht worre is.* [StA V] *Gfligl hab ich alles ghabtm nue kaani Bockln hab i nit ghabt.* [Stei V] ■ Gehl 1991, 211.
→(Arten:) Bockerl, Ente, Enterich, Ganauser, Gans, Gockel, Henne, Huhn, Hünkel, Katsche, Perlhuhn, Pirkitzle, Pujke.

Gefrier - f, veraltet, kfri:r, Sg. tant. [Bog, Fak, Ga, GK, Glog, Len, Lieb, Low, Ost, StA, Wies, Wis V]
Allg: (wiederholter) Frost, Frostgefahr *Etym.:* Das Subst. ist eine postverbale Bildung zu gefrieren. ● *Des Mischtbeddl* (↑Mistbeet) *is gegoss ginn* (↑gießen) *un so weider, bis de Thuwak* (↑Tabak) *e gwissi Hehe ghat hat, un bis die Gfrier rum war.* [Ost V] ♦ Die Frühbeete schützen die Pflanzen im zarten Wachstumsalter gegen die Nachtfröste bei Frühlingsbeginn. - Historischer Beleg: "Anfang Februar trüb, etwas Gefrier (...) Von da an Schneegestöber, des nachts Gefrier bis 17=ten März [1864]." (Deutsches Bauernleben 1957, 18, 37) ■ *Gefrier* DWb 5, 2160: 1. 'Frost'; *Gefriere* SchwWb III 169: 1. 'Kälte, Frost', 2. 'Schüttelfrost'; *Gefrör* BadWb 2, 321: 1. 'Fröste', keine Gfrör mehr.
→Eismänner, Wetter; gefrieren; kalt.

gefrieren - f, kfri:rn, kfro:rn [Aug, Schor, Wud I, Baw, Petschw II, In, Ru IV, ASad, NA, Resch, Tem, Wei, Wer V, OW VI]; kfri:rə, kfro:rə [Waldn III, Bak, Fa, Ga, Glog, Nitz, Ost, Wil V]
Allg: zu Eis erstarren, frieren *Etym.:* Das Subst. ist eine postverbale Bildung nach *gefrieren*. ● *Un neewetraa woa so e großes, un mei Votter hot immer Wasser neiloss* (hineingelassen) *in des Lahmeloch* (↑Lehmloch), *un wann's gfrorn is, is es Wasser gfrorn.* [Baw II] *Die Gääl* (↑Gaul) *hot mer an der Trog rausgfihrt fer ufe, wann's net gfrore war.* [Waldn III] *Un dann hot me imme Angst ghat, dass die Pflanze gfriern tun.* [NA V] *is gwart ginn* (worden), *dass ke Gfrier khummt, dass net gfriert.* [Ost V] ■ PfWb III 109 f.; SüdHWb II 1161; RheinWb II 808; BadWb II 321.
→ein-, hinein-, verfrieren; Eis, Gefrier.

Gefriertruhe - f, kfri:rtru:kl, -ə [StG, Sol, Sulk II, Fak, Ga, Glog, Wil V]
V: Elektrogerät für die Lagerung tiefgefrorener Lebensmittel ● *Me hod jo ke Gfriertrugl ghat selmols.* [Sulk II]
→Kühlschrank.

gefülltes Kraut - n, kfildəs kraut, Sg. tant. [Petschw II, Fak, Ga, Glog, StA V]; kfiltəs kra:ut [Jood II]; kfilts kraut [Fak, Glog, NAV]; kfilt kraut [GJ, GK, KJ V]; kfelt kraut [Fek, Surg, Wem II]; kfilts kra:t [Sulk II]
V: mit gemahlenem Fleisch (und Reis) gefüllte Krautwickel ● *Bei uns woar oweds Stichbrode* (↑Stichbraten) *un is gfellt Kraut gemocht woan un von jede Gåttung Wuescht* (↑Wurst) *is in e Blech un åbgebrode.* [Fek II] *Un no gibt's gfilltes Kraut, un de gibt's sieße Strudl un viel Bachsach* (↑Backsache). [Jood II] *Zu Nachtmohl gibt 's e guedi Suppn, gfilldes Kraut, brådeni Bradwuscht un Fleischbraan un Bacheraai.* [Petschw II] *Da war Wurschtsuppe un gfillts Kraut mit Kneel* (↑Knödel). [Sulk II] *No hat mer aach ganze Krautkepp ningetun, damit mer for gfillt Kraut hat.* [GJ V] *Bei uns hod me gfillts Kraut gmacht.* [NA V] ■ Gehl 1991, 227.
→Kraut, Krautgockelein, Sarma; füllen.

gefüttert - Adj, kfitərt [Bak, Ernst, Ger, Joh, Nitz, Stef V]; kfi:dət [Fak, Ga, GK, Glog, Ost, StA, Wil V]; kfi:dən [Aug, Bay, Ed, Schor, Wein, Wud, Wudi I]
Allg: mit Stoff oder einem anderen Material ausgekleidet, gepolstert ● *Des Paradigschärr* (↑Paradeschirr) *hat e Schwanzrieme ghat. Des war e gefiedeter Rieme un hat de Schwanz wegghalle.* [Ost V]
→füttern.

gegeneinander - Adv, ke:gənanər [Bog, GJ, GK, Low, Ost, War V]
Allg: einer gegen den anderen, aufeinander zu ● *Do sinn zwei ↑Walze* (1) *dorich Kammredder* (↑Kammrad) *gegenanner gang, un die Trauwebärle* (↑Traubenbeere) *sinn dortdrinn verquitscht ginn* (↑verquetschen). [Ost V]

Gegenstütze - f, ge:gnʃtitse, -ʃtitsn [OW VI]
Fo: schräg zu einer Vorrichtung angebrachter, stützender Balken oder Pfeiler ● *Un das, von alle Seit sind solche Gegnstitzn, welche das zusammenhalt.* [OW VI]

Gehängel - n, heŋl, -ə [Surg, Wem II, Ap, Gai, III, NP, Put IV, Fak, Ga, GK, Glog, Low, Ost, StA, War, Wil V]; heŋkəlį [Sad V]

W: volle Weintraube *Etym.*: Das Subst. ist nach der hängenden Form der beerenbesetzten Weintraube benannt. ● *Die Trauwe ware in der ↑Speisghong, jedes Hängel separat uff aam Stecke, sowie die Wärscht* (↑Wurst). [Ost V] **Anm.**: Die Form *Hängel* ist ohne das Präfix *ge-* gebildet. ■ *Gehängel(s)* PfWb III 116: 1. 'volle Weintraube'; SüdHWb II 1167; Gehl 1991, 75.
→Beere, Blatt, Stiel, Zweig; hängen.

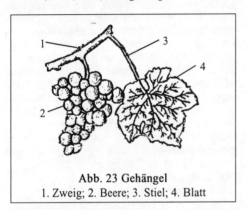

Abb. 23 Gehängel
1. Zweig; 2. Beere; 3. Stiel; 4. Blatt

Gehansapfel - m, khånsapfl, -ępfl [Fak, Ga, Glog, StA V]; khansapl, -epl [Kier II, Fil III, Len, Low, War V]; johanesapfl, -epfl [Pan, Wil V]; johaniapfl, -epfl [Wer V]; johaniapl, epl [Stan III] O: um den Johannstag (24. Juni) reifender Sommerapfel, Johannesapfel *Etym.*: Die Bezeichnung *Gehansapfel* kommt von *Hans*, Verkürzung von *Johannes*. ● *Bei uns worn viele Apflsorte: Långstiel-, Glås-, und Strudläpfl, Weinsaure, Ghånsäpfl un Jakobiäpfl.* [StA V] ■ Gehl 1991, 232; Petri 1971, 46.
→Apfelsorte.

gehen - st, ke:ə, kaŋə [StI II, Fak, Ga, Glog, StA, Wil V, Bil, Ham, Mai, Pe, Schei, Suk VI]
A: (vom Teig:) durch das Treibmittel aufgehen ● *In de Mitte 'nei in de Mulde* (↑Multer) *hot se den Dampl* (↑Dampfel) *gemocht un des obgedeckt, un des is noch gange.* [StI II] *Beim Knete soll de Månn net zuschaue, wel sunscht geht's Brot net.* [StA V] *Sälle Toaig ham-mer zuedeckt, denn ischt er gange schää.* [Schei VI]
→zusammengehen; Brot, Teig.

Geiß - f, kais, -ə [Saw II, Gai, Ap, Hod, Kol III, In IV, Bak, Bill, GK, Joh, Len, Low, Ost, Sad, Ui, War V]; ką:s, -ə [Ga, StA V]; ga:s, -n [Erb, KT, Wud, Wudi I]; ka:s, -ə [Fek, Wem II, Brest, Buk, Tsch III, Ru, Tom IV, Fak, Ga, Glog, Sack, Schön, SM, StA, Wil V]; ke:s [Sch, Tscher III, DStP, Sack V]; kę:s [Fek II]
V: Ziege; Capra hircus ● *Ja, Geiße sinn wennicher, weil die Geißenmillich hot so a Gschmach* (↑Geschmack). [ApIII] *Die Gaaße hamm nur die Professionistn* (Handwerker) *ghat, was ka Feld ghat hamm.* [Ru IV] *Die Leit henn nochn Krieg Gaaße anstatt Kih ghalde* (↑halten 1). [Fak V] *Statts Kih get's Geiße odder Schäf* (↑Schaf). [Len V] *In Oschtre* (ON) *sinn nohm Krieg ka zwanzich Kih mähr gwenn, ware nor Geiße.* [Ost V] **Anm.**: Der Ausdruck *kuhwarme Gaaßemilich*, frischgemolkene Ziegenmilch, ist eine Kontamination von *Geißenmilch* und *kuhwarme Milch*. ◆ Redewendungen: *schnacket wie e Gaaß*, 'wählerisch wie eine Ziege'. ■ Gehl 1991, 188; Petri 1971, 91.
→Geißberg, -tuttel, Geißenmilch, Vieh.

Geißberg - m, ka:spęriç, ə [Alt, Fek, Nad, Oh, Wem II]
A, V: Anhöhe, auf der früher Ziegen weideten; Flurnamen ● *Do gebt's de Sandbärich, de Staabärich, de Gaaßbärich.* [Fek II] ■ PfWb III 143: häufiger Flurname; SüdHWb II 1195; BadWb II 340.
→Berg, Geiß.

Geißenmilch - f, kaisəmiliç, Sg. tant. [Ap III]; ka:səmiliç [Fak, Ga, Glog, StA, Wil V]
V: Ziegenmilch ● *Ja, Geiße sinn wennicher, weil die Geißenmillich hot so a Gschmack* (↑Geschmack). [ApIII] ■ Gehl 1991, 188.
→Geiß, Milch.

Geißenmist - m, kaisəmiʃt, Sg. tant. [Bog, GK, Len, Ost, War, Wis V]
V: organischer Dünger von Ziegenkot und Strohresten ● *Rossmischt, Schofmischt oder Geißemischt, des is warme Mischt.* [Ost V]
→Mist.

Geißtuttel - f, kaistudlə, Pl. tant. [Sad V]; kaistudl, -ə [Kar, Tor III, Bak, Len V]; kaistutl, -ə [Mil, Wasch III, Bog, Low V]; ka:stutl, -ə [Ost V]; ka:studlə [Fak, Glog V]; kę:sdudəl [Kol III]; kę:stutl [Bill V]; ka:studl [Fil, Stan III, Ger V]; ka:stutl, -n [Aug, Ed, GT, Scham, StIO, Wein, Wud, Wudi I]; kaistutn [WerV]
W: Rebsorte mit großen, länglichen Beeren, rote und weiße Mädchentraube ● *Die Lampüschwaaf haum me nou ghot, die Gaaßtuttl, Kadarka, die*

Geiz

Ocksnaugn un die Eserjoo, des sann sche naicheri gwejest. [Wud I] *An de Droht sinn scheene Trauwe gebunn ginn: Zacklweißi, Geißtuttle oder blooe Ochseauge.* [Bog V] *Mir henn rodi un weißi Gaaßtuddle ghat.* [Glog V] *Die Gaaßttuttle, des ware so lenglichi, ovali, die Trollinger, die blooi, dicki Trauwe.* [Ost V] ■ Gehl 1991, 239; Petri 1971, 79.
→Lammschweif, Rebsorte.

Geiz - m, kaits, -ə [Bold, StG, Sulk, Wem II, Stan III, Bog, Bru, Fak, GK, Glog, Len, Low, NA, Ost, War V]; kaitsə, Pl. id. [Ga, StA V]
A, G, O, T, W: Neben-, Blattachseltrieb bei Acker- und Gemüsepflanzen, Sträuchern und Weinreben *Etym.:* Das Subst. kommt von spätmhd. *gize,* dieses zu mhd. *git(e)sen, gizen* 'habgierig sein', weiter zu ahd. *git* 'Gier, Habgier'; das Wort geht zurück auf idg. **gheidh-* 'begehren, gierig sein'. Die heutige Bedeutung 'Seiten-, Blattachseltrieb' besteht seit dem 18. Jh., wobei *Nebentrieb* eigentlich: 'der den Saft zu gierig an sich saugende Sposs' bedeutet. (Wahrig 1438)
● *Un no hodde Geiz triewe* (↑treiben 3), *so newenaus, no hod me mese geize, sell rundebreche* (↑herunterbrechen). [Sulk II] *No hot es schun Geiz getriewe, die hot mer mit de Geizmesse messe schee wegschneide.* [Stan III] *Un die Geize beim Kukrutz* (↑Kukuruz), *die hunn weg misse.* [Bru V] *Dann hod me die Weigäede ausgegeizt, die Geize rausgschnitte.* [NA V] *Un die Pardeis* (↑Paradeis), *wann se Geize ghat hann, hat mer die misse ausgeize. Hat mer ihne Steckre ginn un ausgegeizt.* [Ost V] ■ *Geiz* PfWb III (1) f., selten m.: 1. 'Nebentrieb ohne Fruchtansatz, besonders an Reben oder Tabakpflanzen'; SüdHWb II 1204: *Geiz* 2.a; RheinWb II 1168; BadWb II 345.
→Brut (2), Geizmesser; ausgeizen, geizen.

geizen - schw, kaitsə, [Bold, StG, Sulk II]
A, G, H, T, W: überflüssige Triebe des Maises, der Tomaten, des Hanfes, der Reben u. a. ausbrechen ● *Un no hodde Geiz triewe* (↑treiben 3), *so newenaus, no hod me mese geize, sell rundebreche* (↑herunterbrechen). [Sulk II]
→ausgeizen, köpfen; Geiz.

Geizmesser - n, kaitsmesə, Pl. id. [Ker, Pal, Sch, Stan III]
A, W: Schneidewerkzeug zum Ausschneiden der Nebentriebe ● *No hot es schun Geiz getriewe* (↑treiben 4), *die hot mer mit de Geizmesse messe schee wegschneide.* [Stan III]
→Geiz, Messer.

gekochte Grundbirne - f, kekhoxti krumbir, -ə [Bae, Fek, Nad, Wem II, Ap, Ker, Sch, Werb III, Bog, Ger, Glog, Low, War V]; khoxti krumpir, -ə [Jood II]
G: in siedendem Wasser zubereitete Kartoffel
● *Die Saue honn kriëgt mit Kleue* (↑Kleie), *Trenki* (↑Tränke) *ode klaane kochti Grumpire.* [Jood II]
→abgekochte Grundbirne, Grundbirne; kochen (1).

gekochter Kukuruz - m, kekhoxtə kukruts, Sg. tant. [Fak, Glog V]; khoxtə kukruts [Ga, StA V]
A: zum Verzehr gekochte Körner des Speisemaises ● *Im Winder hat me bei de Vorsetz* (Spinnstube) *kochte Kukrutz, des war de Rosszahkukrutz* (↑Rosszahnkukuruz) *un e Stick Brotkärbsa* (↑Bratkürbis) *gesse.* [StA V] **Anm.:** Das PPerfekt *khoxt* (gekocht) in [StA V] wird ohne das Präfix *ge-* gebildet.
→Kochkukuruz, Kukuruzsorte; kochen.

gekochtes Fleisch - n, kekhoxtəs flaiʃ, Sg. tant. [Bak, Bog, Fak, Ga, GK, Glog, Gott, Gra, Len, Low, Nitz, Ost, StA, War, Wies, Wil, Wis V]; kəkhoxt flaiʃ [Baw II]
V: in siedendem Wasser zum Verzehr zubereitetes Fleisch ● *Des gekocht Fleisch, des kemmt alles 'nei in selli Schwoadegende* (↑Schwartengender). [Baw II] *Aus ingekochti Paradeis macht mer Paradeissoß* (↑Paradeissoße) *un die esst mer mit gekochtem Fleisch un Knedle* (↑Knödel). [Bog V]
→Fleisch; kochen.

gekreuzt - Adj, kekraitst [Bog, GK, Low, Ost, War, Wis V]
A, H: kreuzförmig verschränkt ● *Dorte hann sie e Art Plett* (↑Plätte) *gmach un hann den Hanf ufgsetzt wie a Shower* (↑Schober), *viereckich, gekreizt, so iwwenanner.* [Ost V]
→Kreuz.

gekringelt - Adj, kəkrimlt [StI II]
V: gekräuselt, geringelt ● *Ärscht woarn die Mangolitza* (↑Mangalitza). *Es woan die runde, mit so gekringelte Hoar* (↑Haar) *hatte se, des woar die Fettschweine* (↑Fettschwein). [StI II]

Gekröse - n, kre:zl, Sg. tant. [Fak, Glog, Wil V]; kre:sl [Berg, Ker, Mil, Sch, StI, Werb III]; kre:ksl [Fek II]

1. V: Gedärm des Schlachttiers *Etym.*: Das fachsprachl. Wort *Gekröse* ist seit dem 14. Jh. als mhd. *gekroese* 'das kleine Gedärm' belegt. Zu beachten ist, dass mnd. *krose, kruse, krosele(n), krusele* einerseits 'Knorpel, Weichbein', andererseits 'Gekröse, Bauchfett' bedeutet. (²³Kluge, 309) ● *Es Kresl, des war vom Kalb, des ware die Därem* (↑Darm). [Stan III] **2.** Kochfleisch aus Kopffleisch u. a. kleinen Fleischabfällen vom Innern des Schweines ● *Des Koppfleisch un alles, hot, des muss weich sein. Mir honn halt Kreksl gsocht, zu dem Koppfleisch un alles, des is gekocht woen. Un die Brieh* (↑Brühe) *hot me ghase* (geheißen) *Grekslbrihe.* [Fek II] *Un der Kopp* (↑Kopf) *hunn se ärscht robgschniede* (↑herabschneiden), *där is ins Kretzl neikumme, un von dem sein noch Blutwirscht gmocht woen.* [StI II] ■ PfWb III 157: 1. 'Eingeweide'; RheinWb IV 1568; BadWb II 346.; Gehl 1991, 104; *Gekrösel* 2: SüdHWb II 1207: 'edles Eingeweide des Schlachttiers'.
→(1) Darm, Vieh; (2) Gekrösebrühe, -fleisch, -suppe, Innereien; kröseln.

Gekrösebrühe - f, krekslpriə, Sg. tant. [Fek II]
V: aus Gekröse gekochte Fleischbrühe ● *Des Koppfleisch* (↑Kopffleisch) *un alles, hot, des muss weich sein. Mir honn halt Kreksl gsocht, zu dem Koppfleisch un alles, des is gekocht woen. Un die Brieh hot me ghase* (geheißen) *Grekslbrihe.* [Fek II]
→Brühe (1), Gekröse (2).

Gekrösefleisch - n, kretslflaiʃ, Sg. tant. [StI II]
V: Kopffleisch und kleinere Abfälle vom Schweinefleisch ● *Noch is des Kretzlfleisch rauskomme, vun der Knoche vun alles raus, un noch is es gemohle* (↑mahlen) *woen.* [StI II]
→Fleisch, Gekröse (2).

Gekrösesuppe - f, kretslsupə, Sg. tant [StI II]
V: Suppe, die aus dem ↑Kopffleisch u. a. kleinen Fleischabfällen vom Innern des Schweines zubereitet wird ● *Es Mittagmohl woa Kretzlsuppe mit Paprika* (↑Paprika 1a), *Gelleriewe* (↑Gelberübe) *un Griezeich* (↑Grünzeug). [StI II]
→Gekröse (2), Suppe.

gelatineartig - Adj, ʒelatina:rtiç [Lieb, Nitz, Ost, War V]
V: von der Konsistenz der Gelatine ● *Des ↑Sulz (2) war so gelatinartich un owwe war so e Schicht Fett.* [Lieb V]
→weich.

gelb - Adj, kelp [Baw, Jood, Seik II, Gak, Ker III, Be IV, Da, Len V]; ke:l [StI II, Bog, Fak, Ga, GJ, GK, Glog, Ost, StA, War, Wil V]; kę:l [Bill V]; kølp [Pußt I, Bat VI]; göb [Aug, Ed, GT, KT, Scham, Schor, StIO, Wein, Wud I]
Allg: von gelber Farbe ● *De sann blau un rot un gölb gweest, mit en schene ↑Heft.* [Pußt I] *Die Ålbertå* (↑Alberta), *im Hiëgst* (Herbst), *dej sann göb gwejest, haum göbs Fleiesch* (↑Fleisch 2) *ghot.* [Wud I] *Do woan die Rosegrombirn un woan so gelwi Oat* (↑Art). [Baw II] *Un dann woan die geele Zuckermilone.* [StI II] *Wenn die Bletter geel wärn, kam-mer de Tuwak blettere* (↑blättern). [Fak V] *Nor an der Kärweih* (Kirchweihfest) *ware so geele Leffl, die ware aus Messing.* [GJ V] *Der geeli Ståååf* (↑Streifen) *im Regeboge bedeit viel Kukrutz* (↑Kukuruz). [Glog V] *Es Treppplatz* (↑Tretplatz) *war schun vorhär vorbereit, wumeglich mit geeli Lettärd* (↑Lettenerde). (...) *Die Dotterblumme, die sinn so geel wie a Aaierdodder* (↑Eidotter). [Ost V] *Un dann sinn die Biemoisle* (↑Bienenameise), *so kloani, so gölb un grab* (↑grau), *die fressn die Bie* (↑Biene). [Bat VI] ■ PfWb III 160-162: *gääl*, fast allgemein, *geel*, *De Duwak esch gääl* (vom reifen Tabak); RheinWb II 1172; BadWb 2, 348 f.: *gẹlb, gẹ̄l*; SchwWb III 261-264: *gēl, gę̄l, gẹləb*; Krauß 346.
→gelblich; Farbe, Gelbe Grundbirne, - Pflaume, -Zwetschke, Gelber Paprika, gelbe Erde, Gelberübe.

gelbe Erde - f, kelp eędə, Sg. tant. [Sier II]; ke:li eę:də [Petschw II]; ke:le ę:rt [Ap III, Bru V]
A: Boden mit hohem Lehmgehalt ● *Newem Zieglofe wor schwäri, geeli Ärd, vun där sein Zoiegl gebrennt gewe* (worden). [Bru V]
→Erde; gelb.

Gelbe Grundbirne - f, ke:li krumpir, -ə [Ap, Sch, Siw, Stan, Tscher, Werb III]
A: (wie:) Gelbe Mehlgrundbirne ● *Un noh ware Weißi Grumbire un Geeli Grumbire un Blooi Grumbire ware aa.* [Stan III] *Mir hatte die Frihgrumbire, Geele Grumbire, die Paprikaschgrumbire un annere.* [Low V]
→Gelbe Mehlgrundbirne, Grundbirne; gelb.

Gelbe Mehlgrundbirne - f, selten, gelbi me:lkrumbi:r, gelbn -n [Ora, Resch, Stei V]
G: leicht zerkochende Kartoffel mit gelbbrauner Schale *Etym.*: Benennungsmotive sind die weich

kochende Knolle und die Farbe ihrer Schale.
• *Des woan die Gelbn Mehlgrumbiern un die Rosagrumbiern.* [Stei V]
→Gelbe Grundbirne.

Gelbe Pflaume - f, gelvi pflaum, -ə [Petschw II]
O: Pflaume mit weißlich-gelbem Fruchtfleisch; Prunus domesticus • *De besti Schnaps is aus Zwöschpm* (↑Zwetschke), *de ↑Silvapalinka, dann aus Rodi Pflaume, Gelwi Pflaume, aus vielerlei Obst.* [Petschw II]
→Pflaume.

Gelbe Zwetschke - f, keːli kvetʃ, -ə [Ap, Berg, Fil, Ker, Stan, Wepr III]
O: Pflaumenart, Kernobstfrucht mit gelblichem Fruchtfleisch; Prunus domestica economica • *Die Obstbeem worn Epfelbeem, Biere* (↑Birne), *Ringlo* (↑Ringlotte), *Weichsl, Kärsche, Kitte* (↑Quitte), *Pärsching* (↑Pfirsich), *Aprikose, Geeli Quetsche un Blooi Quetsche.* [Ap III]
→Zwetschke; gelb.

Gelber Paprika - m, keːle paprikɐ, keːli - [Bog, GK, Ost V]
G: fleischige Paprikasorte mit gelbem Fruchtfleisch • *Dann hat mer Paprika aach gsetzt. Do war de Geele Paprika, de Griene Paprika un de scharfi, die Leiwlsknepp.* [Ost V]
→Paprika; gelb.

Gelberübe - f, geelriəp, -ə [Bil, Ham, Mai, Pe, Schei, Suk VI]; keləriːp, -riːvə [Sti II]; keləruːp, -ruːvə [Bak, Fak, Glog, Gutt V]; keːlruːvə, -nə [Ga, StA V]; keləriːp, -riːvə [Stl II, Ap III]
G: Mohrrübe, Karotte; Daucus carota • *Es Mittagmohl woa Kretzlsuppe* (↑Gekrösesuppe) *mit Paprika* (↑Paprika 2), *Gelleriewe un Griezeich* (↑Grünzeug). [Stl II] *Far die Kuchl* (↑Küche) *is aagebaut warre Grumbiere* (↑Grundbirne), *Griezeich, Geelriewe un anneres.* [Ap III] *Sieht der net, die Säi* (↑Sau) *im Garte wuhle uns die Grumber raus* (↑herauswühlen) *mitsamt de Geleruwe.* [Bak V] *Geleruwe, Geleruwe sinn die schenste Planze* (↑Pflanze). [Gutt V] *Im Garte wachse Zwibbel, Gäelriëbe, 'Kolrabe, alles.* [Schei VI] ♦ Pfälz. Redewendung: *Er drickt sich rin wie die Sau in die Gelleriewe. - Der Hund schabt Gäälerriewe* (kratzt sich wegen der Flöhe). *- Vergleich: Die Gellriewe stehn so dick wie die Hoor uf'm Kopp.* (PfWb III 163) ■ *Gelbrübe* PfWb III 163; SüdHWb II 1212 f.; RheinWb IX 1248; BadWb II 350; *Gelbe Rübe*
Gehl 1991, 225.
→Gemüse, Rübe; gelb.

gelblich - Adj, keːliç [Brest, Fil, Hod, Mil, Siw III, Be, Tom IV, Alex, Ernst, Low, Stef, Wis V]
Allg: leicht gelb • *Wenn die Ringlblumme* (↑Ringelblume) *mol geelich wärre, no sinn die ↑Gelse unausstehlich.* [Mil III]
→gelb.

Gelse - f, gels, -n [ASad, Lind, Resch, Tem, Wei, Wolf V]; gels, -ə [Tew II, AK, Fil, Gara, Hod, Kar, Ker, Kol, Stan, Tscher, Wasch III, Buk, Ker, NP IV, Bill, Ernst, GStP, Kub, Low, Mar, NB, Sad, Schön, Tschak, War, Wer V]; kels, kelzə [Fak, Ga, Glog, Pan, StA, Wil V]; kels, -ə [Ap, Buk, Kar, KK, Sch, Tscher III, Bog, GK, Len, Ost, Sad, Schön, Tschak, Tschan, War V]; gøysn [Aug, Ed, KT, Scham, Wud, Wudi I]
V: Stechmücke; Culex pipiens *Etym.*: Das österr. *Gelse* (früher auch *Golse*) für 'Stechmücke' steht zu bair. *gelsen* 'summen', einem Schallwort wie *gellen*. ([23]Kluge, 310) Vgl. dazu mhd. Verb *gëlsen*, auch elsässisch *gëlse(n)* 'laut schreien, gellen', sowie bair.-österr. *gelsen, gelseln* 'gellen; heulen, schreien, lachen, summen, dass es gellt'. (BayWb 1/2, 903) • *Wenn die Ringlblumme mol geelich* (↑gelblich) *wärre, no sinn die Gelse unausstehlich.* [Mil III] *Dann sinn die Bremse, wu die Ross stechn. Schlimm sinn aa die Gelse.* [Ost V] ■ BayWb 1/2, 903: *Die Gelsen* 'die Schnake'; Gehl 1991, 115; Petri 1971, 96.
→Mücke.

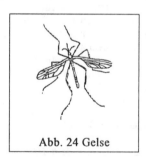

Abb. 24 Gelse

Gelte - f, geltə, Pl. id. [Bil, Ham, Mai, Pe, Schei, Suk VI]
Allg: Gefäß zur Lagerung (zumeist flüssiger) landwirtschaftlicher Produkte, Kübel *Etym.*: *Gelte* 'Milchgefäß u. ä.', aus mhd. *gelte*, ahd. *gellita, gellida*, entlehnt aus mlat. *gal(l)eta* 'Gefäß, Kübel'. ([23]Kluge, 310) • *No hann d'Leit so ↑Treber naitaa in e Gelte odder in e Floaischkibbl*

(↑Fleischkübel), *was sie hånnt ghet.* [Schei VI] ■ SchwWb III 299 f.: 1. 'mit Handhaben versehenes, mittelgroßes Wassergefäß zum Aufstellen'; PfWb III 181; SüdHWb II 1229; RheinWb II 1190, BadWb II 355.
→Fass.

gemahlener Paprika - m, kəma:lnə paprika, Sg. tant. [Bog, Ger, GJ, Lieb, Orz, War V]
G: getrocknete und gemahlene Paprikaschoten ● *Des war ke scharfer Paprika, des war gemahlne Paprika, was net scharf war.* [Lieb V]
→Paprika (1a); mahlen.

Gemahlenes - , kma:lənəs, Sg. tant. [Kock, Surg, Wem II, Fil, Ker, Pal, Stan III, Be, In, Put, Tom IV, Bru, Gra, Jahr, Kath, Mram, Zich V]
V: (verkürzt für:) gemahlenes Fleisch vom Schlachttier ● *Ob des Schnitzl* (↑Schnitzel 2) *war odder Gemahlenes odder Motschunge* († Wadschinken) *des war alles ein Preis.* [Stan III]
→Fleisch (1); mahlen.

Gemeinde - f, kəmainte, -s [Bog, Ger, Ost, War, Wis V]; kəme:n, -ə [Sch, Sek, Tor, Werb III]; kmã:n, -ə [Jink, Kä, Sag, Sar, Warsch II]
Allg: Verwaltung der Dorfgemeinde, die für den Gemeinbesitz zuständig ist ● *Die Gmaanewies ghert der Gmaan.* [Jink II] *Die Haldre* (↑Halter) *hann zwei Biko* (↑Bika) *vun der Gemeinde, vum Bikostall nausgfihrt.* [Ost V] ◆ Die Gemeindeverwaltung war für die Dorfhutweide, die männlichen Zuchttiere und ihr Pflegepersonal sowie für die Bestellung der Flurwächter zuständig. ■ PfWb III 189 f.: (auch *Gemeinde*) 1. 'die (politisch oder kirchlich) organisierte Ortsgemeinde', 2. 'das Gemeindeamt' (als Dienststelle und Dienstgebäude), 3.a 'Gesamtheit der Bewohner einer Gemeinde'; SüdHWb II 1237; RheinWb V 1044 f.; BadWb II 359 f.
→Dorf, Gemeindebär, -wiese, -wald, Halterhaus.

Gemeindebär - m, kəmõĩndipę:r, -ə [StG, Sol, Sulk II]
V: Zuchteber der Gemeinde ● *Bäre ware, jåjå, un de Gemoindebär is 'nausgange* (↑hinausgehen) *mit de* ↑*Halt.* [Sulk II]
→Bär (1), Gemeinde.

Gemeindebrunnen - m, kmã:pronə, -pręnə [Alt, Fek, Nad, Oh, Wem II]
A: öffentlicher Tiefbrunnen in der Gemeinde ● *Unse Gmaabronne hot aarich gutes, frisches Wasser.* [Fek II]
→Brunnen.

Gemeindewald - m, kmã:vålt, -vęldə [Go, Ma, Pal, Wak, Wiel II]
Fo: der Gemeinde gehörendes Waldrevier ● *Bei ons woar de Gmaawåld, der groß Hächwåld mit de Hächwåldstååler, un der Fåsånerwåld.* [Wak II] ■ PfWb III 192; SüdHWb II 1240; RheinWb V 1045; BadWb II 360.
→Gemeinde, Gemeindewiese, Wald.

Gemeindewiese - f, kmã:məvi:s, -ə [Jink, Kä, Sag, Sar, Warsch II]; gmã:vi:s, -vi:zə [Fak, Ga, Glog V]
A: durch die Zuteilung und Aufackerung von Gemeindebesitz entstandenes Ackerland, Flurnamen ● *Bei uns ware die langi un die kurzi Wiese, die Schinderwies un die Gmaawiese.* [Glog V] ■ Gemeinewiese PfWb III 192: 'der Gemeinde gehörende Wiese'; SüdHWb II 1241; RheinWb V 1045.
→Gemeinde, Gemeindewald, Wiese.

gemischter Honig - m, kəmiʃtər ho:niç, Sg. tant. [StI II]
B: aus dem Nektar verschiedener Blüten und Blumen gewonnener Honig ● *Es wor Akazihonich* (↑Akazienhonig), *noch woar Linnehonich* (↑Lindenhonig), *un noch woar Feldblummehonich* (↑Feldblumenhonig). *Also allerhand für, des woar gemischter Honich.* [StI II] ◆ Gemischter Honig entsteht, wenn die Bienen den Nektar verschiedener Feldblumen und Baumblüten einbringen.
→Honig.

Gemüse - f, kemi:sə, Sg.tant. [Gott, Gra, NA, Ost, Wis V]
G: roh oder gekocht als Nahrung dienende Pflanzen ● *Untem Kriech hod me Gemiese gebaut am Feld, Knofl un Zwiefl.* [NA V]
→(Gemüsearten:) Bohne, Dorschen, Erbse, Gelberübe, Grundbirne, Grünkichern, -zeug, Kaper, Knoblauch, Köhl, Kohlrabi, Kraut, Kren, Kürbis, Linse, Mag, Melone, Mohn, Paprika (1), Paradeis, Pastinak, Petersilie, Rhabarber, Rote Rübe, Salat, Sauerampfer, Spinat, Topinambur, Umurke, Winete, Zeller, Zwiebel; (Sonstiges:) Gemüsebau, Pflanze.

Gemüsebau - m, kemi:sepau, Sg. tant. [Gra, Ost, Trie V]
G: Pflanzung und Zucht von Gemüse ● *Die*

Fujakre (↑Fujaker), *des ware die* ↑*Fratschler, meh die arme Leit, was sich mit Gemiesebau beschäftigt hann un uff de Mark gfahre sinn.* [Trie V]
→Gemüse, Saures.

Genick - n, knak, Pl. id. [Jood II, Fil, Mil, Stan III, NP, Tom IV, Fak, Ga, Glog, Low, Ost, StA, Wil V]
V: Nacken, der hintere Halsbereich *Etym.:* Vgl. mhd. genic(ke) 'Nacken', steht im Ablaut zu Nacken. ([²³]Kluge, 313) ● *De Wagne*[r] *had noch gmacht Ochsejoche* (Ochsenjoch), *wäm-me die Kihe* (↑Kuh) *odde die Ockse hat eigspannt, wo sie ins Gnack honn kriëgt då.* [Jood II] *Beim Schweinefleisch war a* ↑*Schulter,* ↑*Schlegel, Rippe, Karmenadl* (↑Kabonade) *odder Gnack.* [Stan III] ■ *Genick, Genack* PfWb III 200 f.; SüdHWb II 1249; RheinWb VI 193; BadWb II 365.
→Genickriemen, Speck, Vieh.

Genickriemen - m, knakri:mə, Pl. id. [Jood II, Mil, Siw III, Be, Tom IV, Fak, Ga, Glog, Low, Ost, StA, War, Wil V]
V: (bei Zweispännern) im Genick der Pferde durch Schnallen festgehaltene Riemen ● *De Gnackrieme is schäreförmich* (scherenförmig) *ausnanner gang uff jeder Seit, so durch* ↑*Schnalle.* [Ost V]
→Genick, Scherriemen.

Genickspeck - m, knakʃpek, Sg. tant. [Fil, Gai, Mil, Pal, Sch III, Be, Tom IV, Bill, Bog, Ernst, Fak, Ga, GK, Glog, Gra, Low, Ost, StA, Stef, War, Wil V]
V: Speckstück aus dem Genick des Schweines ● *Aso mer hat vier Schunke* (↑Schinken) *gmach un zwei Seite Speck, Gnackspeck.* [Ost V]
→Genick, Speck.

Genossenschaft - f, genosnʃaft, -ə [Lug, NA, Ora, Resch V]; knosnʃaft, -ə [Bog, GK, Low, Ost, War V]
1: A, G, V, W: Zusammenschluss mehrerer Personen zur Förderung gleicher wirtschaftlicher Interessen im Bereich der Landwirtschaft ● *Unser Genossnschaft hat mehrere Sortn Traubn ghabt, die Jaramere* (↑Jarminer), *die Franzesischn, die Blauen, die wo me net spritzn brauch.* [Ru IV]
2. Allg: staatliche Konsumgenossenschaft (in Rumänien), die sich mit dem Erwerb und Absatz landwirtschaftlicher Erzeugnisse befasst ● *In de letztere Zeit hat die Genossnschaft viel Schwein gezicht* (↑züchten 2) *un exportiert, aff Deitschland un aff Österreich.* [NA V] *Die Leit henn die Milich ginn* (gegeben) *in die Gnossnschaft, also wu de Staat kaaft hat.* [Ost V] ◆ Produktions- und Konsumgenossenschaften waren in Rumänien staatliche Gründungen nach dem Zweiten Weltkrieg.
→(1) Milchgenossenschaft, Verein.

Georgine - f, georgi:nər, Pl. id. [Lug, Resch, Rud, Wer V]; georgi:nə [Werb III, Heid, Kub, Laz, Sad, Sack, Tsch, Tschan V]; georgi:na [Stan III, Jab V]; gargi:na [Franzf V]; jorgini: [Fil, Mil III, Fak, Glog V]; jårgi:nə [Ga, StA V]; joginɐ [KT, Wud, Wudi I]; keorgipuʃn [SM V]
G: Zierpflanze mit Körbchenblüten, Dahlie; Dahlia variabilis *Etym.:* Die Benennung *Georgine* für die Dahlie erfolgte 1801 nach dem Petersburger Botaniker J. G. Georgi. (Wahrig 1463) ● *Die Jorginie tut mer in oo Raih* (↑Reihe) *neistoppe* (↑hineinstupfen), *noh kann mer im Spotjahr scheni Streiß* (↑Strauß) *roppe* (↑rupfen 1c). [Mil III] ■ Petri 1071, 30.
→Blume.

Abb. 25 Georgine

gepflastert - Adj, kəplaʃtərt [Bog, GK, Len, Low, War, Wis V]
A, V: (von einer Fläche, einem Fußboden:) mit Brennziegeln ausgelegt ● *Des wor aa de Stall, aso Schweinstall ham-mir gsaat in Lenauheim. Es Vodeteel* (Vorderteil) *war jo met Ziggle geplaschtert un Ziment* (Zement). [Len V] *Vore am Schweinstall war de Zallasch, där war geplaschtert.* [Ost V]

gerade - Adj, Adv, graːde [OW VI]; graːt [ASad, Lind, Wei, Wolf V, Besch VI]; grɑ̊t [Tschol I]; kraːt [Bog, Ben, Bru, Da, Fak, Ga, Glog, Len, Low, StA, Wil V]; krɑ̊ːt [Pußt I, Bohl, Nad II, Ap, Gai, Har III, Stef V]; krɔːt [OG, Pußt, Tschol I, Fek II]
Allg: in gleicher Richtung, ohne Krümmung verlaufende Strecke ● *Duort hobn sie aan dickn Stamm abgschnittn grad, und duort hobn sie die Hittn (↑Hütte) draufgmocht.* [ASad V] *Die Furich (↑Furche) is so grad wie de Ocks brunzt (also nicht gerade).* [Glog V]
→überzwerch, schepp.

Gerade-in-die-Höhe - f, kraːt-ind-he: [Fil, Mil III]; ʃtrakə menər [Sch III, Franzt IV]; pfafəkhop [Low V]; ʃlɔŋœkhopf [Mram V]; khoxlefl [Ap III]
G: Korbblütler mit weißen oder farbigen Blüten, Schmuckzinnie; Zinnia elegans *Etym.*: Benennungsmotiv der Blume ist die aufrecht stehende Form des Stängels und der Blüte, die durch ein Satzwort: *Gerade-in-die-Höhe* oder durch Metahern wie: *Schlangenkopf, Kochlöffel, stracke Männer* (Euphemismus für 'Penis') bezeichnet werden. ● *Jetz blihe (↑blühen) die Krätzkarde, un do hinne kumme die Grad-ind-Heh.* [Mil III] ■ Petri 1971, 82.
→Blume.

Gerät - n, kereːt, -e [Bru, Charl, Fib, Jahr, StAnd, War, Wis V]
Allg: landwirtschaftliches Werkzeug, Vorrichtung *Etym.*: Das Subst. ist eine Entlehnung aus der Standardsprache. ● *In aaner Wärtschaft (↑Wirtschaft) hot mer vielerlei Geräte ghat, die sein oft ufm Hausbodm (↑Hausboden), Schoppebodm oder im Schoppe (↑Schuppen) im Truckne ghalt gewe (worden).* [Bru V] ■ PfWb III 214; SüdHWb II 259; RheinWb VII 128.
→Werkzeug.

geräuchert - Adj, kəraiçərt [Fak, Ga, Glog, StA V]; kəraːxt [Bog, GK, Len, Ost, War V]
V: (von Fleischwaren:) durch Raucheinwirkung haltbar gemacht ● *Die Schunge hann viel ↑Rotes, des Schungefleisch (↑Schinkenfleisch) und geraachte Hausworscht ausm Banat.* [Bog V] *Mer hat eigene Salami, gereichertes Schungefleisch und Rippsteck gesse.* [StA V]
→räuchern.

gerechteln - schw, kreçtln, kreçtlt [Na V]; kreçtlə, kekreçtlt [Fak, Glog, Kreuz, Wies V]
A, G, O: (ein landwirtschaftliches Produkt für seine Verwertung:) zurecht machen, vorbereiten *Etym.*: Vgl. mhd. *gerëhten* schw., tr. 'bereit, zurecht machen'. (LexerHWb I 875) Dsgl. *gerechteln* bair.-österr. 'gerecht, d. h. bereit, zurecht machen' (DWb 5, 3605), eine Iterativerweiterung von *gerechten* durch das Suffix *-le*. Diese Form tritt bair.-österr. als *gerechteln* auf und in Wien als *grechdln* 'zurechtmachen, vorbereiten, herrichten' (WbWien 414). ● *Do brauch me'n halwe Tag für alles ablesn un grechtln.* [NA V] ■ *sich gerechteln* BayWb 2/1, 31; PfWb III 219: 'sich bereit machen, um etwas in Empfang zu nehmen'. Zusammensetzung *hingerechteln*; .
→hergerechteln; Gerechtelwagen.

Gerechtelwagen - m, kriçtlvoːŋ, Pl. id. [Ed, KT, Wud, Wudi I]
A, O, W: Bauernwagen mit Leitern zum Transport landwirtschaftlicher Produkte *Etym.*: Der *Gerechtelwagen* ist nach seinem Einsatz zur Vorbereitung weiterer landwirtschaftlichen Arbeiten (*gerechteln*) benannt. ● *Mit dem Grichtlwogn hot me Mist, Ruam (↑Rübe) und Kukurutz gfihet.* [Wud I]
→Leiterwagen, Wagen; gerechteln.

Gerechtigkeit - f, veraltert, kreçtiçkhait, -ə [Bog, GK, Len, Low, Ost, War V]
A: ganze Ansässigkeit, zugeteilter Bauernhof *Etym.*: *Gerechtigkeit* als 'Hofbesitz des Bauern', auch 'soweit der Hofbesitz reicht', von *Gerechtsame* 'Grundbesitz, den der Bauer zu nutzen berechtigt ist' (Wolf 1987, 253). Also nicht gerechtes Verhalten, sondern 'Berechtigung, rechtmäßiger Anspruch' auf den Feldbesitz, im Sinne der früheren 'Holz- und Jagdgerechtigkeit' (Gehl 1991, 167). Vgl. *Gerechtsame* 'Vorrecht, Nutzungsrecht, Berechtigung zu etwas (Wahrig 1469) und *Gerichtsame*, Komp. aus *Gericht* und mhd. *sāme* 'Feld, Boden' (DudenWb 3, 1004). ● *Mei Oma had so e große Garte ghat, dopplti Grechtigkeit, un viel Obstbeem drin, e große Bierebaam (↑Birnbaum), zwei Hawwerbierebeem (↑Haferbirnenbaum) un e ganz große Maulbirebaam.* [Ost V] ◆ *Eine durch (Heirats)erbschaft erworbene doppelte Gerechtigkeit hatte zur Folge, dass auch das Hofgrundstück größer als üblich war und daran ein ausgedehnter Hausgarten anschloss.* ■ Gehl 1991, 167.
→Grund (3), Session.

Gereihe - n, krai, -ə [Ost V]
A: obere Verbindungsstange an der Sämaschine
● *Der Kukrutzsetzer, där hat zwei Rohre* (↑Rohr 1b) *nor ghat. Där hat aach e Greih ghat, un dort had me sich kenne drufsitze.* [Ost V] ◆ Die von Pferden gezogenen Sämaschinen hatten weniger Särohre als die maschinell betriebenen. ■ PfWb III 220: 1.a. 'obere Verbindungsstange der beiden Grießstecken am Vorderpflug'; 2.a. 'Deichsel mit Vorderbacken und Reihscheit am Wagen'; SüdHWb II 1263.
→Gereihe.

Germ - m, gęrm, Sg. tant. [Esseg IV, Lug, Tem, Wer V, OW VI]; kęrəm, Sg. tant. [Fak, Glog V]; kęrvə [StI II, Brest, Fil, Mil III, Be, ND IV, Bog, Gra, Len, Low, War V]
A: Backhefe *Etym.:* Das Wort ist eine ostobd. Bezeichnung für 'Backhefe'. Sie kommt aus mhd. *gerwen* f., mit bair. Realisierung der Endung. Es ist eine späte Bildung zu *gären* mit der Bedeutung 'Hefe'. (^{23}Kluge, 316) - Wortgeographisch ist der Ausdruck *Gerbe, gerben,* daraus (über *Gerbm*) *Germ* üblich, im Bereich der bairisch-österr. Mundart, d. h. in Tirol, Ober- und Niederösterreich, der Steiermark (neben *Hefe, Hepfe*), Kärnten (neben *Hefe* in Klagenfurt), in Mähren (südlich *Germ*, nördlich *Hefe*), in Siebenbürgen (*Germ* in Bistritz und *Hefe* in Hermannstadt, Mediasch), auch in München *Gerbe* neben *Hefe*. Das Vorkommen von *Hefe* schließt das von *Germ* nicht aus, z. B. in Graz wird unter *Germ* vorzugsweise 'Preßhefe', unter *Hefe* 'Bierhefe' verstanden. Da die bei der Bierbrauerei gewonnene *Bärme* jetzt vielfach für Kuchenteig zu bitter ist, weil die Biere jetzt bitterer als früher gebraut werden, so wird fabrikmäßig aus Roggenschrot Hefe hergestellt und in Filterpressen zu festem Teig ausgepresst. Dieses anderwärts in Deutschland als *Preßhefe* (auch *Pfundhefe*) bezeichnete Erzeugnis heißt in Berlin *Pfundbärme*. Der weitaus verbreitetste Ausdruck ist *Hefe*; er herrscht im ganzen übrigen Deutschland, in der Schweiz, in Vorarlberg, Böhmen, Teilen Schlesiens und Kärnten. Das Wort kommt von mhd. *heve, hefe, hepfe,* niederländisch *hef.* Die ältere nhd. Nebenform *Hefel*, von mhd. *hevele, hefel,* ahd. *hevilo* bedeutet 'Sauerteig' und hat sich nur noch dial. erhalten, z. B. *Hefl* in Rappenau, luxemburgisch *Heffen,* elsässisch *Bierheb, -hab, -heft.* Schweizerisch *Hepf, Hab* ist 'eine Art künstlicher Sauerteig'. (Kretschmer 1969, 105-107) ● *Mir hunn schun mit Gärwe gebacke. Awe (aber) es woar als aa Sauertaaig noch, mit dem honn se aa gebacke.* [StI II] *Die Gärem hat mer im Gscheft kaaft.* [Glog V] **Anm.**: Die Variante *Gärem* weist den Sprossvokal -e- auf. ■ *Germ* ÖstWb 230: auch *Germknödel, Germteig; Der Gerben* BayWb 1/2 934 f.: *Gerbm, Germ.*
→Sauerteig, Zeug.

geröstete Grundbirne - f, kre:ʃti krumbirə, Pl. tant. [Fil, Hod, Kol, Mil, Be, Tom IV, Fak, Ga, Glog, Ost, StA, Wil V]
G: durch Erhitzen, mit Zusatz von Fett gebratene Kartoffeln ● *Gern gesse hot mer als Käsnudle* (↑Käsenudel) *un Dunscht oder gereschti Grumbire un Nudle mit Dunscht.* [Mil III]
→Grundbirne; rösten (2).

geröstete Zwiebel - f, kere:ste tsvipl, Pl. id. [StI, Sol, Sulk II]
G: in Fett oder Öl gebratene, fein geschnittene Zwiebeln ● *Un noch in die Blutwischt* (↑Blutwurst) *hunn se noch Salz 'nei, Pheffer* (↑Pfeffer), *e bissje gereste Zwibbl un Paprike* (↑Paprika 1a). [StI II]
→Zwiebel.

Gerste - f, gę:rʃtn, Sg. tant. [Ru IV]; kęrʃtn [Scham I]; kęəʃt, -n [Ger V]; kęəʃtn [Petschw II]; kęəʃtə [Baw II]; gęə(r)ʃt [NA V]; kę:rʃtə [Jood II, Tom IV, Sad V]; kęəʃtə [Gbu, StI II]; kę:ʃtə [Fek II]; kę:rʃt [Kol, Stan, Wasch III, Fak, Glog, GStP, KSch, Ost V]; ke:əʃt [Ap III];
A: hauptsächlich als Futtermittel angebaute Getreidepflanze; Hordeum ● *Ja, do woar Kukurutz* (↑Kukuruz) *un Kukurutzschrot, Gäschte gekocht woen un Grombiën* (↑Grundbirne), *un mit dän sein die Sei* (↑Sau) *gemest* (↑mästen) *woen im Dorf.* [Fek II] *Mir honn en Waaz aabaut* (↑anbauen), *Gärschte, Haber* (↑Hafer), *Kugrutz un die Grumbire.* [Jood II] *Un Frucht un Gäerschtn, des wäd mid Maschie* (↑Maschine 1b) *oobaut..* [Petschw II] *Der Bauer hod Kukrutz oogebaut* (↑anbauen), *Frucht, Gäeschte un Hower. Die Sei hunn se mit de Gäeschte als gfittert.* [StI II] *Friher hot mer hauptsechlich die Frucht oogebaut un der Hawwer un die Gäersch un Kukruz.* [Ap III] *Die ↑Kutsche warn groß, fir zammfihre, wånn de Wåąz* (↑Weizen) *abgemäht war awwer (oder) Gärscht.* [Har III] *Dann is der Hawr drescht* (↑dreschen) *woan un Gärschtn.* [Ru IV] *Korn hot mer nor fir Bender* (↑Band) *mache angebaut, bissl Gärschte hot's als gewe.* [Tom IV] *Hawer un Gärsch hat mer friher mit de Ross getrete*

(↑treten). [Fak V] *Dann is schun de Schnitt kumm, dass me schon schneide kann die Gärscht. Also, mi honn Windergärscht, die kummt friher.* [KSch V] *Manchsmol had mer schun in die Ruwe* (↑Rübe) *aa bissl Gärscht ringmischt* (↑hereinmischen), *dass mer die Reihe ehnder gsieht.* [Ost V]
◆ Sprichwort: *De rieche Liet* (reiche Leute) *ihri Meidli un de arme Liet ihri Gärschte sinn frihe zittig* (reif). [Sad V] ■ Gehl 1991, 85.
→Früh-, Frühjahr-, Sommer-, Wintergerste, Gerstel, Gerstenähre, -ernte, -feld, -schnitt, -schrot, -stroh.

Gerstel - f, kɛrʃtl, Sg. tant. [Petschw II]; kɛəʃəl [Baw II]
A: enthülste und abgerundete Gerstenkörner, die aus Gerstengraupen bereitete Speise ● *In die Blutwirscht* (↑Blutwurst), *dot kommt die Gäeschel noch -nei.* [Baw II] *Mië tun' s mit Gärschtl, imme Gärschtl, des sein die Bluedwischt.* [Petschw II] ■ DWb 5, 3735: 2d. "die enthülste und abgerundete Frucht, die graupe", e. "die aus gerstengraupen bereitete speise: eine gersten, gerstenmus; die gerst, dicke gerstensuppe mit fleischigen ingredienzen"; ÖstWb 230: 'eine Suppeneinlage', geriebenes Gerstel, Rollgerstel.
→Gerste.

Gerstenähre - f, kɛːrʃtɛ̣ːr, -ə [Fak, Ga, Glog, StA, Wil V]
A: reifer Samenstand der Gerste ● *Manchi Leit henn fers* (für das) *Gfligl vum Feld Ähre glese* (↑lesen 1b), *Fruchtähre oder Gärschtähre.* [Glog V] ■ Gehl 1991, 74.
→Ähre, Gerste.

Gerstenernte - f, kɛːʃtɛərnt [Ga, StA V]
A: Ernte (Schnitt) der Gerste ● *Die Gäschteärnt wor immer zuärscht, die Fruchtärnt un die Hawerärnt sinn speder drankumme.* [StA V] ■ Gehl 1991, 133.
→Ernte, Gerste.

Gerstenfeld - n, kɛːrʃtfelt, -feldər [Ost V]
A: Acker, auf dem Gerste angebaut wird ● *Im Fruchtfeld und Gärschtfeld, wann die Dischtle wachse, tud me Dischtle steche mid em Dischtlstecher.* [Ost V]
→Feld, Gerste.

Gerstenschnitt - m, kɛːrʃtəʃnit, Sg. tant. [Tom IV, Fak, Ga, Glog, StA V]
A: Schneiden der reifen Gerste ● *Nom war schun de Schnitt. Aber em erschte de Gärschteschnitt em ↑Peter un Paul un am ärschte Juli is der Fruchtschnitt losgange.* [Tom IV]
→Gerste, Gerstenernte, Schnitt.

Gerstenschrot - n, kɛrʃtəʃroːt, Sg. tant. [Hod, Pal, Sch, Siw III, NP, Tom IV, Bog, GK, Gra, Len, Ost V]; kɛəstəʃroːt [NA V]
V: als Viehfutter grob zerkleinerte Gerste ● *Gfittet hod me Kukrutz* (↑Kukuruz) *un Schrot meistns, Gäeschteschrot, Kukruzschrot.* [NA V] *Die Kih hann Schrot kriet, also Kukrutzschrot mit etwas Kleie gmischt, mit Gärschteschrot oder Hawwerschrot.* [Ost V]
→Gerste, Schrot.

Gerstenstroh - n, kɛrʃtəʃtroː Sg. tant. [Fak, Ga, Glog, StA, Wil V]; kɛrʃtəʃtrʊu [Sad V]
A: Halme und Blätter der Gerste ● *Gärschtestrau un Haberstrau sinn em Ross sin Fuetter.* [Sad V] ■ Gehl 1991, 196.
→Gerste, Stroh.

gerührt - Adj, kriːrt [Ap III]
V: durch Rühren mit einem Gerät vermischte Flüssigkeit ● *Un des grihrti Blut hot mer no fer Blutwärscht* (↑Blutwurst) *odder Schwartlmage* (↑Schwartenmagen) *gnumme.* [Ap III]
→rühren.

geschaffen - schw, giʃafə, -ʃafət [Bil, Ham, Mai, Pe, Schei, Suk VI]
Allg: intensiv arbeiten ● *Moargets staa mer auf, amel um secks, nomel gaa mer gischaffe.* [Schei VI] ■ SchwWb III 447: *G(e)schaff(e)* n. 'das (lästige, tadelnswerte) schaffen, arbeiten', *g(e)schäff(e)nig* 'arbeitsam, fleißig, geschäftig'.
→schaffen.

Geschäft - n, kʃeft, -ə [Ed, Schor, Wer, Wud I, Bohl StG, Sulk II, Har, Mil, Sch III, Bru, Fak, Ger, Glog, Nitz, Orz, StA, Wer, Wil, Wis V]; kʃeft, -ər [KKa II, Ham, Mai, OW VI]
Allg: Verkaufsladen mit vorwiegend landwirtschaftlichen Waren *Etym.*: Die Wortbedeutung geht von 'Arbeit, geschäftlicher Betrieb' über den 'Ort der Ausübung eines gewerblichen Betriebs' auf 'Ladengeschäft, Absatzstelle für die Erzeugnisse' über. ● *Alse des Zaaich* (↑Zeug) *for Brot backe un for Zeichstrudl hot mer um e phåår Kreuzer im Gscheft immer gholt.* [Waldn III] *Die Gärem* (↑Germ) *hat mer im Gscheft kaaft.* [Glog V] ■ PfWb III 240 f.: 5. 'Kaufladen'; SüdHWb II

geschärft - Adj, kʃęrft [Ker, Sch, Wepr III, Alex, Bog, Fak, Ga, Glog, Ost, StA V]
A: (von einem Werkzeug:) schneidend gemacht ● *De Dischtlstecher war a Stecke un dran war so wie a Spachtl, a gschärftes, un mit dem had me die Dischtle ausgstoch* (↑ausstechen). [Ost V]

Gescheckte - f, kʃekəlde, Pl. id. [Ga, StA V]; kʃekəti [Stan III]; kʃekldi [Fak, Glog, Wil V]
V: Haustier bzw. Geflügelart mit mehrfarbigen Haaren bzw. buntem Gefieder *Etym.:* Das Subst. *Gscheckelde* ist vom Adj. *gescheckt* mit dem Suffix -el gebildet. ● *Un hot aa die Bärkschiere* (↑Berkshire) *gewwe un Gscheckedi hot mer au ghat.* [Stan III] *Es gebt bei uns viel Hehne, des senn die Rode, Schwarze, Gscheckelde.* [StA V]
■ *gescheckig, gescheckt* PfWb III 241: 'scheckig', vom Vieh 'gescheckt'; SüdHWb II 1281; RheinWb VII 986; BadWb II 382.
→Huhn, Schiefersteinige.

Geschirr - n, keʃir, -ə [Puß I]; kəʃir, Sg. tant. [Alt II]; kʃir, -ə [Fek II]; kʃir, Sg. tant. [Ap III, Fak, Glog V]; kʃir, -n [Nad II]; kʃiə, Sg. tant. [Wer I]; kʃęr, -ə [Alex, Bog, GK, Gra, Nitz, Ost, War, Wis V]
1. A, G, O, V: (glasierte) Blechgefäße, in denen landwirtschaftliche Erzeugnisse verarbeitet werden ● *E Fraa hot mitn grose, mit Muldre* (↑Mulde) *oder Weidlinge* (↑Weidling), *midn große Gschirre hot die Därem* (↑Darm) *un des Ingewaad* (↑Eingeweide) *alles 'nei.* [Fek II] 2. V: Seil- oder Riemenwerk zum Anspannen von Zugtieren ● *Also hol mer's Gschärr. Es ware nor Sielegschärre, Kummet hann ich nor in der Ackerbauschul gsiehn.* [Ost V] **Anm.:** Die Variante *Gschärr* weist in [Ost V] Vokalsenkung i>e(ä) auf. ■ PfWb III 246 f.: 1. 'Koch- und Essgeräte', 2.a 'Seil- und Riemenwerk zum Anspannen der Zugtiere', 2.b 'landwirtschaftliches Gerät' (Wagen, Pflug, Arbeitsgeräte); SüdHWb II 1286 f.; RheinWb VII 1152 f.; BadWb II 384; Krauß 350: 1. 'Gefäß'.
→(1) Kessel, Pfanne, Rein; (2) Kummet, Leitseil, Parade-, Pferde-, Ross-, Sielengeschirr.

geschliffen - Adj, keʃlifn [Puß I]; kʃlifə [Ker III, Fak, Ga, Glog, StA V]; kʃlif [Ost V]
Allg: (von einem Werkzeug:) mit scharfer Schneide ● *Die ↑Schneiderin hat die Garb mit ame gut gschliffene Messr* (↑Messer 1) *vun aaner Sichl ufgschnitt un hat se rechts ginn zum Inlossr* (↑Einlasser). [Ost V]
→ausgespitzt, scharf (1).

Geschmack - m, kʃmak, Sg. tant. [Ap III, Bog, Fak, GK, Glog, Len, Lieb, Low, Ost, War V]
A, B, Fi, Fo, G, O, V, W: beim Schmecken festgestellte Eigenart eines Stoffes ● *Ja, Geiße sinn wennicher, weil die Geißenmillich hot so a Gschmack.* [Ap III] *Die Sauerkärsche hann so e seierliche Gschmack.* [Bog V] *Fir Gschmack ham mir Pheffer un Knowloch* (↑Knoblauch) *neigetuu in die Blutworscht.* [Lieb V] *Die Ärdepple* (Erdäpfel), *ihre Name is Topinambur. Die sinn so de Gschmack wie Kolrawi* (↑Kohlrabi), *die had mer rohe gess.* [Ost V]
→Aroma, Parfüm-, Wermutgeschmack; schmecken; bitter, hantig, sauer, säuerlich, süß.

geschnittenes Kraut - n, kʃnitənəs kraut, Sg. tant. [Bog, Ger, GJ, GK, Hatz, Kath, Len, Low, Wis V]
G: mit dem Hobel zerkleinerter Weißkohl ● *Un no is widder e guti Schicht gschnittenes Kraut inzwische ningetun genn.* [GJ V]
→Kraut; schneiden.

geschützt - Adj, selten, geʃitst [Resch, Wei, Wolf V, OW VI]
Fo: (von Wildtieren:) gesetzlich vor Abschuss bewahrt ● *Also jagn darf man nichts außer die Wölfe, das andere Tier is alles gschitzt. (...) Aso es gibt Auerhahn, där is gschitzt un sähr teuer.* [OW VI]
→jagen (1).

Gesellschaft - f, kselʃaft, -ə [Bog, GK, Low, Ost, War V]
Allg: Vereinigung mehrerer Personen zu bestimmtem (landwirtschaftlich orientiertem) Zweck und mit bestimmter Satzung ● *Do hat sich mol e Gsellschaft gegrind, die hann uff e paar Joch a Fischteich ausgegrabt* (↑ausgraben) *un weggfihrt* (↑wegführen) *de Grund.* [Ost V]
→Chef.

gesiebt - Adj, ksi:pt [Bak, Fak, Ga, GK, Glog, Len, Low, Ost, StA, Wies, Wil, Wis V]
A, G, T: zur Aussonderung größerer Teile durch ein Sieb geschüttet ● *Dann is feine Grund, gsiebte Grund drufkumme* (↑daraufkommen), *dann*

sinn Straafe (↑Streifen) *gezoo ginn, is markiert ginn.* [Ost V]
→fein (2).

Gesiede - n, ksi:t, Sg. tant. [Fak, Ga, Glog, StA, Wil V]
A: Getreideabfall, Spreu *Etym.:* Vgl. obd. *Siede* und niederdeutsch *Kaff* stehen gleichberechtigt neben md. *Spreu*; nach Walther Mitzka 1943: Deutsche Wortgeschichte 3, 23. (²¹Kluge, 731) *Gesiede* (ksi:t) ist eine Abl. von *Siede* mit dem Kollektivpräfix *ge-*. Die Wortbedeutung ist 'Spreu, Getreideabfall', der zusammen mit Häcksel zum Verfüttern mit heißem Wasser abgebrüht wird (vgl. *sieden*). Allerdings bezeichnet *Gesiede* die einfache, nicht zubereitete Spreu, und geht von der obd. Wortform *Siede* aus. (Gehl 1991, 75)
● *Die Gsiedmadle tragn 's Gsied vun de Dreschmaschie ufn Haufe.* [Fak V] ■ Gehl 1991, 75; PfWb III 266 Gesied, s. *Gesüd* 277: 'Spreu oder Häcksel, mit siedendem Wasser übergossen, als Viehfutter verwendet'; SüdHWb II 1314; BadWb II 400; SchWb III 570.
→Gesiedemädchen, Pflanze, Spreu.

Gesiedemädchen - n, veraltet, ksi:tma:dl, -ə [Fak, Glog V]; ksi:tma:tl, -ə [Ga, StA, Wil V]
A: junge Drescharbeiterin, die an der Dreschmaschine die ausgeworfene Spreu auf einen Haufen befördert ● *Die Gsiedmadle tragn 's Gsied vun de Dreschmaschie ufn Haufe.* [Fak V] ■ Gehl 1991, 131.
→Gesiede, Riesleute, Spreuweib.

Gespann - n, kʃpan, Pl. id. [Tom IV, GK, Ost V]
A, V: zusammengespannte Zugtiere ● *Reichi Baure* (↑reicher Bauer) *henn vleicht zwei ode drei Gspann ghabt, aso zwei, vier oder secks Ross.* [Tom IV] ■ Gehl 1991, 157.
→Einspänner; einspannen; vierspännig.

Gestell - n, kʃtel, -ə [Gbu II]
A: (verkürzt für:) Wagengestell ● *En lange Baueschwoge* (↑Bauernwagen) *honn ich die Reder neigetun* (↑hineintun). *Un noch senn die Wogelaater* (↑Wagenleiter) *neighengt won un senn die Leickse* (↑Leuchse) *vill weider venand* (voneinander) *getun woan.* [Gbu II]
→Wagengestell.

Gestrudelte - Adj, selten, kʃtru:lt [Aug, Ed, KT, Schor, Wein, Wud I]
G, O, W: mit einer strudelförmigen länglichen Verdickung ausgestattet *Etym.:* Das Bennennungsmotiv ist die wulstförmige Erhebung der Verbindungslinie auf der Pfirsichoberfläche, die metaph. mit einem Strudel verglichen wird.
● *Die Gstrudlti sann rund gwejest. Wou die Noht* (↑Naht) *is, haums en Struul ghot, sou dick wi-r-en Finge.* [Wud I]
→Pfirsichsorte, Strudel (2).

Gestrüpp - n, kʃtrips, Sg. tant. [Bru V]; kʃtripf [Sad V]
A, Fo: dichtes Buschwerk, Gesträuch ● *Die* ↑*Butusch stammt vum rumänische Name "Bututsch", weil do ware noch teilweis Hecke un Gstripps un Bromberte* (↑Brombeere) *wie nirgendswu, soviel.* [Bru V] **Anm.:** In der Variante *Gstripf* wurde (in Sad V) *pp>pf* verschoben. ■ Gehl 1991, 68.
→Hecke (1a), Wald.

Gestüt - n, selten, kʃty:t, Pl. id. [GK, Low, Ost, War V]
V: Pferdezuchtanstalt *Etym.:* Entlehnung aus der Standardsprache. - Der fachsprachliche, seit dem 16. Jh. belegte Begriff *Gestüt* ist eine Kollektivbildung zu mhd. *stuot* f. 'Pferdeherde', das sich in dieser Zeit zur Bezeichnung für das weibliche Tier wandelt. Vom Kollektivum 'Pferdeherde' aus verschiebt sich die Bedeutung zu 'Hof, auf dem Pferde gezüchtet werden'. (²³Kluge, 320) ● *In die dreißicher Johre hat's Paratzer* (ON) *Gstüt, 's rumenischi, widrem Nuniushengschte* (↑Noniushengst) *gebrung.* [Ost V]
→Stute.

gesund - Adj, gezunt [OW VI]; ksunt [Fek, Jood, Surg II, Ker, Sch, Wepr III, Be, Tom IV, Bog, Fak, Ga, Glog, Nitz, Ost, StA, War, Wil, Wies]
Allg: (von Pflanzen und Tieren:) gut entwickelt, ohne Schädlings- oder Parasitenbefall ● *Wal's gibt Butzelkugrutz, was nit gsund ischt, nit dass där zu de andre Kugrutz dezukummt, na vuschimmlt där.* [Jood II] *Un wenn es schon gewacksn is, schaut man, welcher is vielleicht krank. Tut me schittern* (↑schüttern), *dass nur die gute Exemplarn bleibn, welche ganz gesund sind.* [OW VI]
→krank, verschimmeln; Butzelkukuruz.

Getriebe - n, ketri:p, -e [Ost V]
A: Mechanismus zur Übertragung von rotierenden Bewegungen ● *On 's Getrieb, wu die* ↑ *Walze (1) getrieb hat, war newe* (neben) *am große Rad, uff aaner Seit.* [Ost V]

→treiben (3).

getrocknet - Adj, kətroknət [Bohl II]; kətriklt [Hod III, Fak, Glog V]: kətruklt [Bog, GK, Len, Low, Ost, War V]
Allg: nach dem Verlust von Feuchtigkeit ● *Zwaa Mann henn den getricklte Hanf sortiert un des Bischeli* (↑Büschel) *am End zu em Kopf* (↑Kopf 1b) *bunde* (↑binden). [Hod III] *Die Rose (2), die getruckldi, war e gutes Brennmaterial.* [Ost V]
→trocken.

Gewanne - f, kəvan, -ə [Alt, Fek, Jink, Nad, Oh, Sag, Surg, Wak, Wem II]; kvan, -ə [Sch, Siw, Tscher III, Be, ND, Tom IV, Bak, Bru, Bog, Fak, GK, Glog, Gra, Ost, War V]; kvån, -ə [Kock II]; kvent, kvendə [Ga, StA V]
A: Teil der Gemarkung, Ackerlänge, etwa 250 Meter *Etym.:* Von mhd. *gewande* 'Ackergrenze, Ackerlänge'. Ursprünglich die Grenze des Ackers, an der beim Pflügen gewendet wurde. Dann über *Grenze* zur Bedeutung 'Teil der Gemarkung', häufig in Flurenbezeichnungen. Die Assimilierung zu *-nn-* is regional. Bezüge zu *Gewende* und *wenden*. ([23]Kluge, 322) ● *Aso in sällem Gwånn wor die Schneidemihl, weil där hod Schneide ghaaße, dem wu die Mihl* (↑Mühle 1) *wor.* [Kock II] *Ja, die Gleichgewann hot gleich lange Gewanne ghot.* [Jink II] *Noch drei Gwende biegt der Weg rechts ab. Uff däre Flur is mer noch vier Gwende abboge.* [StA V] ◆ Die Ackerschlengt in Banater Dialekten beträgt 160-200 m. ■ PfWb III 289 f.: 1. 'Streifen am Ackerende zum Wendes des Pfluges', 2.a 'Teil der Gemeindeflur', b. 'Flurname', 3.a 'Grenzfurche an der Längsseite des Ackers', b. 'die Länge des Ackerfeldes', 4. 'die gesamte Dorfflur', von mhd. *gewande*; SüdHWb II 1525; RheinWb IX 242; BadWb II 405; ; Gehl 1991, 167.
→Feld, Gewannenweg, Gleichgewanne, Länge (2).

Gewannenweg - m, kvånəve:k, -ve:gə [Fak, Glog V]; kvanəve:ç, -ə [Bog, Bru, GK, Len, Low, Ost, War V]; kventve:k, -ve:gə [Ga, Sad, StA V]
A: zwischen den Gewannen durch die Ackerfelder führender Weg ● *Iwerall hot mer dorch die Gwanneweche jedes Feldstick erreiche kenne.* [Bru V]
→Gewanne, Weg.

Gewehr - n, kve:r, -e [ASad, Lind, Resch, Wei, Wolf V]
Fo: vom Jäger verwendete Handfeuerwaffe mit langem Lauf ● *En ejdes Haus hot a Gwehr - Jochtgwehre, Meletärgwehre vo Weltkrej owa* (oder) *Revolve ghat, und we mej wos braucht hot, is ma wos schuißn gonge.* [Wolf V] ◆ Die Tradition des Waffenbesitzes in jeder Familie stammt noch von der österreichischen Militärgrenze, die im Banater Bergland von der Mitte des 18. Jhs. bis 1873 bestand.
→Jagdgewehr, Patrone; schießen.

Gewitter - n, gəvidər, Sg. tant. [NB V]
Allg: Niederschläge mit Blitz und Donner ● *Mer miesn et Hååi gewend hann* (↑wenden), '*vier* (bevor) *ob et Gewidder kummt un et schloßt* (↑schloßen) *un blitzt.* [NB V]
→Unwetter.

Gewölbe - n, veraltet, kvelp, Pl. id. [Fek, StG, Sol, Sulk II, Berg, Fil, Ker, Mil, Stan, Wepr III, Be, Tom IV, Bak, Bru, Ger, GJ, Gott, Low, War, Wis, Zich V]
Allg: Verkaufsladen für Lebensmittel und Haushaltswaren *Etym.:* Das Subst. ist eine Bedeutungserweiterung nach der - früher in österr. Städten - gewölbten Zimmerdecke der Verkaufsläden. ● *Heutzutag kaaft mer Butter vum Gwelb.* [Sulk II] *Geh mol ins Gwelb un verlang vum Gwelwer Gwirzsach* (↑Gewürzsache) *fer die Brotwirscht.* [Mil III] ■ ÖstWb 233: *Geschäftslokal* (veraltet); Grescher 1999, 60; Weiser 1994, 68.
→Geschäft, Gewölber; verkaufen.

Gewölber - m, veraltet, kvelvər Pl. id. [Fil, Ker, Mil, Pal III, Be, Tow IV]; kvelvr [Berg, Siw, Tscherw III]
Allg: Verkäufer in einem Lebensmittel- und Haushaltsladen ● *Geh mol ins Gwelb un verlang vum Gwelwer Gwirzsach* (↑Gewürzsache) *fer die Brotwirscht.* [Mil III] ■ Grescher 1999, 60: auch *Gwelwrin* 'Verkäuferin'; Weiser 1994, 68.
→Gewölbe.

gewölbter Keller - m, kekveləptə khelə, kəkveləpti khelrə, Pl. id. [Sch, Siw, Stan, Werb III]
V: Keller mit gewölbter Decke ● *Do hot mer jo geggwelebti Kellre ghat.* [Stan III] **Anm.:** Das Adj. *geggwelebt* weist doppeltes Präfix *ge-* und Sprossvokal *-e-* zwischen der Konsonantengruppe *lb* auf.
→Keller.

Gewürz - n, kvirts, Sg. tant. [Berg, Fil, Mil, Pal III, Fak, Glog V]; kvẹrts [Sch, Siw, Stan III, Bog, Ga, GJ, GK, Lieb, Low, Ost, StA, War V]
G, V: pflanzliche Zutat zum Schmackhaftmachen von Speisen; Gewürzpflanze ● *No hat mer es Kraut in Schichte in de Stenner* (↑Stande) *geton, e Hendche voll Salz driwwer un Gwärz dran.* [GJ V] *Als Gwärz hot mer Majoran genumm un Bohnekraut.* [Lieb V] *Im Garte ham-mer aa ghat Bohnekreidl, des tut mer in de Worscht un wammer Bohne kocht, des is e Art Gwärz.* [Ost V]
→Bohnenkraut, Fenchel, Gewürzbüschel, -nelke, -sache, Kaper, Krottenpalme, Kümmel, Lavendel, Lorbeerblatt, Majoran, Melisse, Pfeffer, Pfefferminze, Salz (1).

Gewürznelke - f (n) kviətsna:gəl, -ne:gəl [KT, Wud, Wudi I]; kvẹrtsna:gl, -ne:gl [Bog V]; (n) kvirtsne:cẹli, Pl. id. [SM V]; kvẹrtsne:gəlin [Stan, Wepr III]; kevẹrtsne:glçər, Pl. tant. [Sch, Tor III, Heu, Len V]
G: besonders duftende Gartennelke ● *Die rote Paprikablumme un die Gwärznegl hann aach im Gärtl gebliegt, un zwischer em Plaschter* (Pflastersteine) *hat die Oma die Tuttlblumme* (↑Tuttelblume) *rausghackt.* [Bog V] ■ *Gewürznelken, Gewürznägelchen* PfWb III 305; SüdHWb II 1343; BadWb II 411; Petri 1971, 34.
→Gewürz, Nelke.

Gewürzsache - f, kvirtssax, Sg. tant. [Fil, Ker, Mil, Pal III]
G, V: Gewürze für die Wurstbereitung ● *Geh mol ins Gwelb un verlang vum Gwelwer* (↑Gewölber) *Gwirzsach fer die Brotwirscht.* [Mil III] ■ Weiser 1994, 68.
→Bratwurstsache, Gewürz, Sache.

gezogener Strudel - m, ketso:gənə ʃtru:dl, ketso:gəne - [Fil, Sch, Tscher III, Bog, Gra, Len, War V]; kətso:gənə ʃtru:l, kətso:gəne - [Baw II]; tso:gənə ʃtru:dl, tso:gəni - [Ap III]; ketsoənə ʃtru:dl, ketsoəne - [Waldn III]
A, G: Strudel aus dünn gewalktem und ausgezogenem Teig ● *Mi hann so gezogene Struul gemächt uff de Hochzet.* [Baw II] *Und die zogene Strudl hat mer veschiedene Strudl gmacht, do hot me* ↑*Mååg 'nei, die Måågstrudl, oder Nusse 'nei, die Nussestrudl, oder mit Kärbse* (↑Kürbis), *die Kärbsestrudl.* [Ap III] *In den Strudl, wu so affm Tisch gelege war, in den gezoene Strudl is neikumme e bissl Fett un dann Kirbis, Kirsche, Epfl, was halt war.* [Waldn III] ◆ *In den Zieh-* strudel kommt eine Füllung aus Topfen, gemahlenen Äpfeln, Sauerkirschen, Mohn, gekochtem Bratkürbis oder gedünstetem Kraut.
→Strudel.

Gichtrose - n, veraltert, kiçtəro:zə, Pl. id. [Ga, StA V]; kiçtəros, -ro:zə [Kol III, Bog, Fak, Franzf, Glog V]
G: Pfingstrose; Päonia officinalis *Etym.:* Der Blumenname geht davon aus, dass man die Pflanze früher als Heilmittel gegen Gicht hielt. ● *An Phingschte hann die Gichterrose, Federrescher* (↑Federröschen), *Margarete* (↑Margerite), *die Nelke un Rose angfang ufzubliehe.* [Bog V]
◆ Ein pfälz. Volksglaube besagt: Wammer 'n Lumpe iwwer'n Gichroseblum bindt un noh 's Kind mit sellem Lumpe wäscht, kriegt's die Gichdre net. Oder: *Daafwasser* (Taufwasser) schitt mer iwwern Gichtroseblum, noh kriegt sell Kind ken Gichdere. Auch der Gichtrübe, Gichtwurzel und Wunderrübe genannte 'Zaunrübe' (Bryonia alba) wurden besondere Heilkräfte zugeschrieben: Durch das in der ausgehöhlten Wurzel der *Gichtrieb* aufgefangene Blut wurde der Gichtkranke von seinen Qualen befreit. (PfWb III 311) ■ PfWB III 310 f.; SüdHWb II 1351; RheinWb II 1216; BadWb II 413; Gehl 1991, 97 f.; Petri 1971, 51.
→Blume, Rose.

Gidran - m, gidran [Fak, Ga, Glog, Sad, StA V]; kitra:n [Bog, GK, Gra, Low, Ost, Sad, War V]
1. V: von arabischen Zuchthengsten durch Kreuzung erzieltes leichtes Reitpferd *Etym.:* Im Pferdenamen *Gidran* erfuhr die Bezeichnung der gesamten Pferderasse eine Bedeutungsverengung. ● *Furioso un Gidran, des ware Ficks* (↑Fuchs 2) *un guti Reitross, leichti Kavallrieross.* [Ost V] 2. V: Rufname für männliche Pferde ● *Jede Bauer hot seu Geil* (↑Gaul) *mim Nåme gnennt: Båndi, Gidran, Tschesar, un ständich uff se gred bei de Arweit.* [StA V] ◆ Das edle Reitpferd der Gidranrasse erfuhr in [Sad V] Bedeutungsverschlechterung zu 'mageres Pferd'. Die Bezeichnung *Gidran* wird auch als Pferdename verwendet. ■ Gehl 1991, 184.
→(1) Pferd; (2) Rossname.

Giebel - m (n), ki:bl, Pl. id. [Fek, Kock, Nad, Surg II, Gai, Ker, Sch, Siw, Wepr III, Be, Tom IV]; kivl [Bog, Fak, Ga, Glog, Ost, Wies V]; kevl [Bill, Bru, Charl, Len, Low, War, Wis V]; (n) kivəli [Fil, Mil, Stan III]

gießen

A: oberer Teil der Wand an der Schmalseite eines Gebäudes ● *Do war so e klaanes Tihrl am Giwweli, un da henn sie die ↑Frucht (1) neigläärt (↑hineinleeren).* [Stan III]
→Wand.

gießen - st, ki:sǝ, kǝkosǝ [Nad II, Ap, Gai, Sch, Siw III, ND, NP IV, Fak, Glog V]; ki:sǝ, kekosǝ [NA V]; ki:sǝ, kǝkos [Bog, GK, Len, Low, Ost, War, Wies, Wis V]; gi:sǝ, kosǝ [Franzf V]; ki:sǝ, kosǝ [Ga, StA V]
A, G, O, T: Wasser aus einem Gefäß über Kulturpflanzen ausschütten ● *Wenn trockenes Wette[r] woa, hat me mit de Gießkandl gegosse hat me viel schleppe können.* [NA V] *Des Mischtbeddl (↑Mistbeet) is gegoss ginn un so weider, bis de Thuwak (↑Tabak) e gwissi Hehe ghat hat, un bis die Gfrier (↑Gefrier) rum war.* [Ost V] **Anm.:** Das PPerfekt *gosse* wird in [Ga, Karlsf und StA V] ohne das Präfix *ge-* gebildet.
→darüber, -hineinleeren; Gießkanne.

Gießkanne - f (n), ki:skhan, -ǝ [Ker, Kutz, Sch, Siw, Tor III, Tow IV, Bog, Ger, GJ, Nitz, Len, War V]; ki:shandl, -ǝ [Fak, Glog, NA, Wil V]; (n) kiǝskhã:ndl, -n [Wein I]
G: Blechgefäß zum Begießen von Pflanzen ● *Wenn trockenes Wette[r] woa, hat me mit de Gießkandl gegosse, hat me viel schleppe können.* [NA V]
→Kanne; gießen.

Gießkannenkopf - m, gi:skhanǝkhopf, -khepf [Gai, Ker, Kutz, Sch III, GJ, Nitz, Wis V]
A, G, T: siebartig durchlöcherter Aufsatz auf einem Gießkannenrohr ● *De Gießkannekopf is e ↑Trichter (1b) mit em Sieb vorne.* [Kutz III]
→Kopf (1b).

Abb. 26 Gießkannenkopf

giftig - Adj, giftik [OW VI], kiftiç [Bak, Bog, Fak, Ga, GK, Glog, Len, Low, Ost, Sad, StA, War, Wil V]; giftǝt [ASad, Lind, Wei, Wolf V]
Allg: Gift enthaltend ● *Awwer sei doch net so giftich wie e Schlang.* [Fak V] *Mir hann viel Unkraut ghat, de Hahnefuß, de geele, giftiche, es Thuddlkraut (↑Tuddlkraut), ham-mer Kinnr uns Stecke[n] gmach for dermit spritze.* [Ost V] *Dee hom-mand mit an gifteten Gros (↑Gras 2) 's Wossa peitscht und die betäubten Forelln gfischt.* [Wei V] *Da brauch man sähe aufpassn, das sinn diese weiße [Pilze], wie ein Reenschirm, das sinn stark giftige, die darf man nicht essn.* [OW VI] ■ PfWb III 317; SüdHWb II 1359; RheinWb II 1229 f.; BadWb II 416.
→Giftige Kirsche.

Giftige Kirsche - f, kiftiçi khirʃ, -ǝ [Fak, Glog, Wil V]
A: (wie: Tollkirsche) ● *Mer muss schaue, dass die Kinner net vleicht vun dene Giftichi Kirsche essn.* [Glog V] ■ Gehl 1991, 234.
→Tollkirsche; giftig.

Gipfel - m, kipfl, Pl. id. [ASad, Lind, Resch, Wei, Wolf V]; gipf [Ed, KT, Wein, Wud I]
Fo, O, W: Spitze eines Baumes oder Strauches, oberer Teil des Geästes, der Zweige ● *Nom hot me die Bruat (↑Brut) auesbrouckt (↑ausbrocken) und in Gipf obbrauche (↑abbrechen).* [Wud I] *Abnds wärd der Baam aafgstellt, a Tanne, un de Gipfl is die Birke.* [ASad V]
→Baum (1).

Gipfeltabak - m, kiplthuwak, Sg. tant. [Wies V]
T: an der Spitze der Tabakpflanze liegende und zuletzt reifende Blätter *Etym.:* Die Bezeichnung kommt von der Lage der Blätter am Tabakstängel. Vgl. dazu *Gipfelblatt* 'oberstes Blatt der Tabakpflanze'. (PfWb III 322) ● *Aso, do war de Spitzthuwak, mr hat ne gnennt Kipplthuwak, des war erschti Klasse. Dann de mittri, des war de Hauptthuwak un de anri hat mr genennt de Sandthuwak.* [Wies V] ◆ Der Gipfeltabak wird zuletzt geerntet und als erste Güteklasse gewertet.
→Tabak, Tabakkopf.

Gladiole - f, gladio:lǝ [Pan V]; kla:dio:lǝ, Pl. tant. [Kar III, Bog, Low V]
G: Gartenschwertlilie; *Gladiolus communis Etym.:* Der Blumenname ist eine Entlehnung aus der Standardsprache. Er ersetzte frühere metaph. Bezeichnungen wie: *Rohr*- oder *Lieschblume* und *Säbelblume* oder *-strauß.* ● *Im Hochsummer hann die Lilie, die Kaiserblumme, Gladiole un de Owedsduft (↑Abendduft) geblüht.* [Bog V] ■ Gehl 1991, 91; Petri 1971, 37.
→Blume.

Glas

Glas - m, (n), glaːs, gleːzər [OW VI]; glaːs, gleːsər [OW VI]; klaːs, kleːsər [Tax I, Bohl, Jood, Seik II, Gak III, Tow IV, Bog, Bru, Fak, Ga, Glog, Kow, Len, Low, Ost, StA V]; klåːs [Ger V]; kloːs, Pl. id. [OG I]; klǫːs [Wudi I, GN, KKa II]; (n) kleːsje, kleːzərjə [StI II]
1. A, O, V, W: Trinkgefäß aus Glas ● *No woan so Gleserje, do honn se neigemesse* (↑hineinmessen) *wievl ↑Fettstoff es die Milich hot.* [StI II] *Wär gholfe hat, die Seck nuftraan* (↑hinauftragen) *uff de Bode* (↑Boden 1), *hat e Glas Wei[n] kriet.* [Ost V] 2. Fo, G, O: Einweckglas für Obst und Gemüse ● *Die Kiëschn* (↑Kirsche), *die ta-me olli in ↑Dunst 'nei. Zwaahundet Glas, die fülln me olli Jahr mit Pfäschn* (↑Pfirsich), *Weicksl* (↑Weichsel), *Zweischpn* (↑Zwetschke). [OG I] *Ich hab Scheibnhonich* (↑Scheibenhonig) *sähe viel gemocht. Ja, in Gleser ham-mir die eingfillt* (↑einfüllen). [Seik II] *Die Umorke* (↑Umurke) *hat mer in großi Gleser, so Zehnlitergläser, hat ↑Kaper dran, un dann hat's gegärt* (↑gären). [Ost V] *Die Schwammel* (↑Schwammerl) *tut man waschn mit kochetn* (↑kochend) *Wasser, und dann legt man sie in Gläser ein* (↑einlegen), *kannt man konserviern.* [OW VI] 3. O, W: Flasche ● *Sie bringe den Tanischte* (↑Tornister), *dot soll me noch e Wurscht noi un e Glas voll Woi* (↑Wein) *un Backsach noi.* [Jood II] ■ Gehl 1991, 171
→(2) Dunst-, Zehnliterglas.

Glasapfel - m, klaːsapfl, -epfl [Wer V]; klåːsapfl, -ǫpfl [Fak, Ga, Glog, StA V]
O: Apfelsorte mit hartem, glasähnlichem Fruchtfleisch ● *Bei uns worn viele Apflsorte: Långstiel-, Glås-, und Strudläpfl, Weinsaure, Ghånsäpfl* (↑Gehansapfel) *un Jakobiäpfl.* [StA V] ■ Gehl 1991, 232.
→Apfelsorte.

Glasfenster - n, klaːsfenstər, Pl. id. [DStP, Len, NA V]; klaːsfenʃtə [Mil, Sch, Tscher III, Be, Tom IV, Fak, Ga, Glog, StA, Wil V]
G: Glasdach auf dem Frühbeet ● *Owwe de Äed* (↑Erde) *sein zammgsetzt woan die Brette un die Fliggl* (↑Flügel 2) *sein draufkomme, die Glasfenste, un dann is Mistäede draufkomme.* [NA V] ■ PfWb III 330; RheinWb II 1255.
→Glas.

Glasheber - m, klaːsheːvə, Pl. id. [Drei, Kreuz, NA, Wies V]
W: Weinschöpfgerät aus Glas ● *En Wei[n] hot me midn Glashewe rausgezoche* (↑herausziehen) *odde mit de Pippe* (↑Pipe). [NA V]
→Heber.

glasieren - schw, klasiːrə, klasiːrt [Bog V]; klesiːrə, klesiːrt [Ost V]; klasiːə, klasiːət [Wer I]; klǫsiːə, kəklǫsiːət [Nad II]
A, O: (von Kuchen oder Obst:) mit einem Zuckerguss überziehen ● *Die Oma hat ufn Maark un ufn Wochemaark immer kaaft* (↑kaufen) *so glesierti Eppl, so in Zuckerwasser glesiert.* [Ost V]
→glasierter Apfel, glasierte Birne, Zuckerglasur.

glasierte Birne - f, selten, klesiːrti piːr, -ə [GJ, Gra, Len, Ost, Wis V]
O: geschälte und mit Zuckerguss überzogene Birne ● *Die Oma hat ufn Maark un ufn Wochemaark immer kaaft so glesierti Eppl un glesierti Biere.* [Ost V]
→Birne; glasieren.

glasierter Apfel - m, selten, klesiːrtə apl, klesiːrti epl [GJ, Gra, Len, Ost, War V]
O: geschälter und mit Zuckerguss überzogener Apfel ● *Die Oma hat ufn Maark un ufn Wochemaark immer kaaft so glesierti Eppl un glesierti Biere.* [Ost V]
→Apfel; glasieren.

Glaskrug - f, glaːskruəg, Pl. id. [Ham, Mai, Pe, Schei VI]
A, W: Korbflasche ● *Blutzker, wie me sagt, aus Glas. Die Glaskrueg, die sind gebunde mit Weide auße.* [Schei VI]
→(1a) Plutzer.

Glasschneider - m, klaːsʃnaidər, Pl. id. [Tax I, Bul III, In IV, Low V]; klaːsʃnaidər, -ʃnaidrə [Fak, Ga, Glog, Wil V]; klaːsʃnaidr [Tow IV]; klåsʃnaidə [Bohl II]; klaːsʃniːdər [Sad V]; kloːsʃnaiədə [Erb, KT, Wud, Wudi I]; klaːsər [Fil, Fu, Kar, Ker, Sch, Tscho III, DStP, Gutt, Heid, Schön, StA V]
V: (wie: Libelle) *Etym.*: Als Benennungsmotive kommen der schillernde, durchsichtige Körper des Insekts und sein surrendes Fluggeräusch in Betracht, das entfernt an das Geräusch beim Glasschneiden erinnert. Die Variante *Glaser* ist eine Entwicklung von *Glasschneider* unter Anlehnung an die standardsprachl., vor allem ostösterr. Wortform. ● *Glasschneidre fliegn gschwind, die kam-me schwär fange.* [Fak V] ◆ Wortgeographisch sind *Glasschneider* und *Glaser* im ostösterr. Sprachgebiet häufig vertretenen Synonyme für *Libelle*. (DWA I, Karte *Libelle*) ■ Gehl

1991, 116; Petri 1971, 91.
→Libelle, Schneider.

glatt - Adj, klat [Pußt I, Mu, Wem II, Ap, Hod, Mil, Sch, Tscher III, NP, Tom IV, Alex, Bog, Kath, Len, Low, Stef, War V]; klåt [Bohl, Nad II]; klǫt [Aug, Ed, GT, KT, Scham, Schor, StIO, Wein, Wud, Wudi I, Surg II]; klatiç [Bru, StAnd V] Allg: ohne Unebenheiten • *Im Winte had er obgschundn* (↑abschinden) *die Rindn, und die Stejka* (↑Stecken) *gspitzt und min Obziëgmejsse* (↑Abziehmesser) *glott gmocht.* [Wud I] **Anm.**: Die Variante *glattig* hat in [Bru, StAnd V] tautol. Suffix *-ig*.
→klar (2).

Glecke - f, klek, -ə [Fil, Ker, Mil, Pal, Sch, Stan, Tscher III, Tom IV, Fak, Glog V]; kəle:ç, kəle:gər, Pl. id. [FekII]
A: ein Armvoll geschnittenen Getreides, das man zu Garben zusammenrafft **Etym.**: Zu *legen*, verkürzt aus *Gelege*. • *Hat mit de Sens hot de Mann gemeht en die Frau hot hengenoch* (danach) *Geleger gemacht. Un wann es Gelech genug had ghat, hod se es hiegelegt.* [Fek II] *Mit der Sens henn sie gmeht un die Weiwer henn Glecke gmacht, sie henn e Buschl* (↑Büschel) *Bendr* (↑Band) *ufn Buckl ghat.* [Stan III] *In onre Garb sinn zwaa bis drei Glecke drin. Des sinn no so Hand voll, was die Gleckerin gmacht hat.* [Tom IV] *Vun zwaa Glecke gebt's en Kåreb* (↑Korb) *voll Kärner* (↑Korn). [Glog V] ■ PfWb III 339: 1.a; SüdHWb II 1222; RheinWb II 1263 f.; BadWb II 352; Gehl 1991, 133.
→Gleckerin; glecken.

glecken - schw, klekə, kəklekt [Brest, Sch, Siw III, Tom IV, Bog, Bru, GK, Len, NA, Sack V]
A: gemähte Getreidehalme mit der Sichel zu einem Bündel aufraffen • *Die Weibsleit hunn gegleckt un gebunn, die Kinner Saal* (↑Seil) *geleet* (↑legen 1). [Bru V] *Zwaa Mann hawwe gmeht, zwaa hawwe gegleckt un de aani hot gebunne.* [NA V] ■ PfWb III 339: 'das geschnittene Getreide in Glecken auf dem Boden ausbreiten'; SüdHWb II 1384.
→Glecke, Gleckerin.

Gleckerin - f, klekərin, -ə [Tom IV, Bog, GK, Len, Ost, War V]
A: landwirtschaftliche Arbeiterin, die gemähte Getreideähren mit der Sichel aufrafft und bündelt • *In onre Garb* (↑Garbe) *sinn zwaa bis drei Glecke drin. Des sinn no so Hand voll, was die Gleckerin gmacht hat.* [Tom IV] *Die Gleckerin hat mit der Sichl die Garwe zammgholl* (↑zusammenholen). [Ost V] ■ PfWb III 339; SüdHWb II 1384.
→Glecke; glecken.

gleich - Adj, klaiç [Brest, Gai, Sch, Siw III, Bog, Fak, Ga, Glog, Len, Low, Pau, Schön, Wil V]
A, Ge: (vom Saatfeld:) gleichmäßig geebnet • *Dann is es ärscht geecht ginn* (worden), *fer die Feichtichkeit ärhalle im Bode* (↑Boden 2), *de Bode gleich mache, dass gleiches Saatbett wärd.* [Ost V]

Gleichgewanne - f, kleiçkəvan, Sg. tant. [Jink, Kä, Sag, Sar, Warsch II]
A: mehrere Ackerstücke von derselben Länge; Flurname • *Ja, die Gleichgewann hot gleich lange Gewanne ghot.* [Jink II]
→Gewanne.

Glockenstrauß - m, glokəʃtru:s, -ʃtri:s [Sad V]; klokəplum, -ə [Wepr III, Bill, GStP, NA V]; kloknpuʃn [SM V]
G: Blume mit glockenförmigen, meist blauen Blüten, Glockenblume; Campanula • *Des senn d'Strieß, d'Glockestrieß isch die Glockenblume, d'Stärnestruß isch die Narzisse, mer segt jetz aa schun Stärnebliëmli.* [Sad V]
→Blume, Strauß.

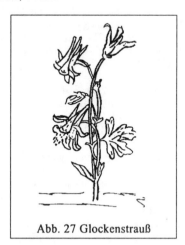

Abb. 27 Glockenstrauß

Glucke - f, kluk, -n [ASad, Resch, Tem, Wer V, OW VI]; kluk, -ə [Ap III, Fak, Glog, Sad V]; klukəre, Pl. id. [Ga, StA V]
V: Huhn, das Eier ausbrütet und Küken betreut

gluckerig

● *Die Gluck hot mer oogsetzt* (↑ansetzen) *in em Weidekarb* (↑Weidenkorb), *hot mehr Stroh 'nei un hot mer die Aaier neiglegt.* [Ap III] *Zwaa Heise weide is e Gluckere mit 21 Åie gwest, die is schun iwwe* (über) *zwaa Wuche uff ihrem Nescht gsesse.* [StA V] *Er sitzt wie die Gluck aufm Geld* (ist geizig). [Tem V] ■ PfWb III 357; SüdHWb II 1398 f.; RheinWb IV 784 f.; SchwWb III 713; *Gluckerin* BadWb 2, 435 f.: 1. 'Gluckhenne'; Gehl 1991, 218.
→Bippele, Huhn, Hünkel, Nest; brüten, glucksen; gluckerich.

gluckerig - Adj, klukəriç [Fak, Ga, Glog, Wil V]
V: (vom Huhn:) brütelustig, brüten wollend ● *Die Hehn* (↑Henne) *gluckst schun widder. Die is gluckerich un muss ins kaldi Wasser gsteckt wärre.* [Glog V] ◆ Wie in der Pfalz gilt auch im donauschwäb. Dialektbereich: Um dem glucksigen Huhn die Brütelust zu vetreiben, taucht man es in kaltes Wasser und sperrt es unter einen verdunkelten Korb. (PfWb III 360) ■ BadWb II 436: *gluckig, gluckerig, glucksig;* vgl. auch *brütig* 'brüten wollend' vom Huhn gesagt (I 351); *glucksig* PfWb III 360; SüdHWb II 1401; RheinWb IV 786 f.
→Glucke; glucksen.

glucksen - schw, kluksə, kəklukst [Fak, Ga, Glog, StA, Wil V]
V: (von der Glucke:) lockend rufen ● *Die Hehn* (↑Henne) *gluckst schun widder. Die is gluckerich un muss ins kaldi Wasser gsteckt wärre.* [Glog V] ■ PfWb III 359; SüdHWb II 400; RheinWb II 1285 f.; BadWb II 436 f.; Gehl 1991, 218.
→Glucke, gluckerig.

Glut - f, klu:t [StI, Wem II, Ap, Brest, Gai III, Be, Tom IV, Alex, Bog, Bru, Charl, Fak, Ernst, GStP, Len, Low, Ost, StA, War, Wil, Wis V, Bil, Ham VI]; klu:tə [Fil, Mil, III]
A, Fo: glühender Brennstoff ● *Mit de Kricke* (↑Krücke) *hunn se die Glut ausgekrickt* (↑auskrücken) *un ausm Backowe* (↑Backofen) *rausgezoge.* [StI II] *Do isch e* ↑*Dreifuß in die Glute gstellt warre, dass die* ↑*Tepsi fescht steht, do hot mer aa Kirbse* (↑Kürbis) *brote* (↑braten) *kenne.* [Mil III] *Mit de Owekrick* (↑Ofenkrücke) *is die Glut un Esch* (↑ Asche) *rausgschärrt gewe* (worden). [Bru V]
→Asche, Feuer.

Gockel - m, ko:kl, Pl. id. [Ap III]; kokəlo:r, -ə [Bil, Ham, Pe, Schei, Suk VI]
V: ausgewachsener Hahn ● *Also vum Gfliggl hot mer hauptsechtlich die Hingl* (↑Hünkel) *ghat un de Gockl.* [Ap III] *De Pujkegockelor isch viel greßer und schwärer wie e Gockelor.* [Schei VI]
→Geflügel, Hahn, Huhn, Pujkegockel.

Gockelein - n, gokələ, Pl. id. [Bil, Mai, Pe, Schei, Suk VI]
A, G, V: knödelförmige Speise aus Gemüse und Fleisch *Etym.*: Das Subst. bezeichnet etwas Kugelförmiges. Vgl. *Göckel* II Pl. 'große Augen, Bollaugen' (SchwWb III 729). ● *Graut* (↑Kraut) *fille* (↑füllen), *Gockele mache vom Graut, Grautgockele saget mir.* [Schei VI]
→Krautgockelein.

Goja - m, selten, go:ja [Erb I, Wep III, Pan V]; ko:lja [Gant, GT, Har I]
V: Storch *Etym.*: Entlehnung aus ung. *gólya* 'Storch'. ● *Im Fruhjahr kummen die Goja zurick.* [Wep I] *Die Goja hockn ufn Dach un klappern.* [Pan V] ■ Petri 1971, 93.
→Storch.

Goldamsel - f, goldamʃl, -n [Franzd, Resch, Sekul V]; koltamsl, -ə [Har IV]; kultamzl [Sad V]; koltamʃl [Fil, Fu, Mil, Stan, Tor, Tscher, Wasch III, Albr, Fak, Ga, Glog, GStP, Len, Low, NB, StA, Ui, Wil V]

Abb. 28 Goldamsel

V: Pirol; Oriolus oriolus ● *Die Goldamschle singen schee im Garte un aa im Wald.* [Glog V] *Im Wald gsieht mer die Goldamschle, des is de Pirol.* [Ost V] *In unsre Gegend sieht mer Goldamschln, Elsten, Rabn un seltn auch ein Zaunkenich.* [Resch V] ■ PfWb III 377; SüdHWb II 1412;

RheinWb II 1297; Gehl 1991, 121; Petri 1971 112.
→Amsel.

Goldling - m, selten, godliŋ, -en [OW VI]
Fo: Speisepilz mit goldgelber Farbe *Etym.:* Das metaph. Benennungsmotiv des Pilzes ist seine Farbe. • *Dann sind noch die Godlingen, die sind klein un gelb, so wie Gold.* [OW VI] ■ DWb 8, 811: 'alter Name einer Apfelsorte'.
→Schwamm (1).

Goldparmäne - m, goldənparmi:n, Pl. id. [Ham, Schei, Suk VI]; koltpɛrmi:nə [Fak, Ga, Glog, Sad, StA V]
O: haltbarer Winterapfel mit goldgelber Schale • *Es gibt noch viele Apflsorte, die, Jonatan un die Goldpärmiene, die Schikulae, die Törökbalint un noch andre.* [Glog V] *Selle han se gseit Goldenparmien, dann Galbenfrumos, die rumenische, andre woaiß i ite.* [Schei VI] ■ Gehl 1991, 323.
→Apfelsorte, Galbenfrumos.

Gomboz - n, selten, gombots, -n [Ham, Mai, OW, Schei VI]
A: Mehlknödel *Etym.:* Entlehnung aus ung. *gombóc* 'Knödel'. • *Gombotzn ham-me eftes gmächt, auch Leckwartaschken* (↑Leckwartascherl) *håm-me kocht.* [OW V]
→Knödel.

Göpel - m, kepl, -ə [Alex, Bog, Fak, Ger, Len, Nitz, Mar, Ost, Wis V]
A: Drehvorrichtung, die mit Pferdekraft eine Landmaschine in Bewegung setzt • *Speder sinn noh Gepple kumm, mid-die Ross. Die drehn sich im Kreis un treibn* (↑treiben 3) *die aanfachi Dresch* (↑Dresche). [Ost V] ■ PfWb III 382; SüdHWb II 1419; RheinWb II 1292; BadWb II 447.
→Dreschmaschine.

Gore - m (f), go:re, Pl. id. [Fek, Jood, Nad, Surg, WemII, Gak, Ker, Stan III]; (f) ko:ri, Pl. id. [KT, Wein, Wud, Wudi I, Berg III]
A: gedeckter Maisspeicher aus Latten im Hinterhof *Etym.:* Entlehnung aus ung. *góré* 'Maisscheune'. • *Do hamm's gsogt die Gori, wu sie in Hanf un in Kukrutz* (↑Kukruz) *drin hamm.* [Wud I] *Wu meh[r] Kukrutz* (↑Kukuruz) *woa, dort woa'n greßeren Gore, uff der Seistell* (↑Saustall). [Fek II] *De Kugrutz brauch Luft, un drumm hot jede so en Gore gebaut.* [Jood II] *Im Gore war de Kukrutz odder in Magezie* (↑Magazin), *do ware paar Waggone Frucht drin.* [Stan III] ♦ Der Gore wird zur Platzersparnis oft über dem Saustall errichtet. Er besteht aus Latten, die eine gute Durchlüftung und Trocknung des frischen Kolbenmaises ermöglichen, und ist mit Rohr oder Dachziegeln gedeckt. ■ *Gori* Gerescher 1999, 59.
→Hambar, Kotarka, Kukuruz-, Notgore, Tschardak.

Gostat - m, veraltet, go'stat [Bog, GJ, Gott, Gra, Len, Low, War, Wis V]; 'gostat [Bil, Ham, Mai, Pe, Schei, Suk VI]
A, G, O, V, W: landwirtschaftliche Staatsfarm (in Rumänien, zwischen 1946 und 1989) *Etym.:* Entlehnung des rum. Subst. *gostat*, verkürzt für *Gosgodăria de stat* '(landwirtschaftliches) Staatsgut'. • *Ja, d'obe isch en Gostat mit de Obstbeem gsei, mit de Epflbeem, do send d'Leit gange schaffe.* [Schei VI] ♦ Landwirtschaftliche Staatsfarmen waren auf einen Produktionszweig ausgerichtet. Es gab hauptsächlich Farmen für Acker- und Gemüsebau sowie Tierzucht, seltener für Obst- und Weinbau.
→Ferma.

graben - st, kro:m, kro:m [Ed, GT, Schor, Wud I]; kra:və, kəkra:və [Gai III, NP, Tom IV, Fak, Ga, Glog, StA, Wil V]; kra:və, kəkra:p [Bog, Bru, Len, Low, War, Wis V]; kra:və, kəkra:pt [GK, Ost V]
A, Fi, Fo, G, O, W: eine Vertiefung in der Erde ausheben • *Me hot zeascht* (zuerst) *in Weigoatn tiëf groom miëssn.* [Wud I] *Dort hunn se 1958 tiefi Erdlecher gegrab un sinn uff Knoche gstoß.* [Bru V] *In de dreißicher Johre hat sich e Familie e Fischteich gegrawe.* [Glog V]
→aus-, ein-, umgraben; Graben, Grabschippe.

Graben - m (n), gra:bn, gre:bn [ASad, Lind, Wei, Wolf V]; kra:bə, krɛ:bə [Jood II]; kra:və, kre:və [Kock II]; kra:və, krɛ:və [Bak, Bill, Fak, Glog, Len, Low V]; kra:və, -nə [Ga, StA V]; krɔ:və [Alt, Fek, Nad, Oh, Wem II]; (n) kra:vl, Pl. id. [OG I]; kram, Pl. id. [Pußt I]
A, G, W: lange, schmale, manchmal mit Wasser gefüllte Vertiefung in der Erde • *No ta-me Grawl ziehen* (↑ziehen 2), *no leg me ån* (↑anlegen), *die Eäbsn, die Umuekn* (↑Umurken), *so wie's holt kummt.* [OG I] *Do is e Graam gmocht woen, hod me's einischäen* (↑einscharren) *miëssn, un no is die Äed* (↑Erde) *draufgehaut* (↑daraufhauen) *woen.* [Pußt I] *Vetiefunge senn die Growe, do is de Howegrowe, de Huttergrowe an der Hutwaad* (↑Hutweide), *un de Flehgrowe.* [Fek II] *Ja, 'Kubik? Des isch Ärdearbeder, was neue Grabe mache.* [Jood II] *No henn sie Fischteiche gmacht*

un in Sumpft (↑Sumpf) die Grewe im Stand ghalde. [Kock II] Un dann is me rundegloffn un dann in Grabn hinein. [ASad V] In de Grawene hat me ↑Krapp kenne fange. [Ga V] ◆ Das Komp. Teiflskrawe 'Teufelsgraben', betrifft eine Flurenbezeichnung in [StA V]. Diese Feldflur birgt die Reste einer Verteidigungsschanze und liegt neben dem Schanzhügel. (Gehl 1991, 65)
→(Bezeichnungen:) Floh-, Gassen-, Hafer-, Hirsch-, Huter-, Mühl-, Schnepfen-, Storchen-, Straßen-, Weingarten-, Wolfsgraben, Rigola; (Verschiedenes:) Grabenbrücke, -lache, Vertiefung; graben.

Grabenbrücke - f, kro:vəprękə, Pl. id. [Alt, Fek, Nad, Oh, Wem II]
A: über eine wassergefüllte Vertiefung führende Brücke ● Die Growebräcke liecht am Wämände (ON) Growe. [Fek II]
→Brücke (1), Graben.

Grabenlache - f, kra:vəlak, -ə [Bru, Drei, Eng, Ga, Ger, Ost, Wies V]; krå:vəlåk, -ə [Fak, Ga, Glog V]
A: wassergefüllter Straßengraben ● Wånn's gregnt hat, watn die Kinner gärn newe de ↑Katsche in de Gråwelåck, in dem Låckewasser. [Glog V] ■ Gehl 1991, 65.
→Graben, Lache.

Grabschaufel - m, krǫ:pʃaufi, Pl. id. [OG I]

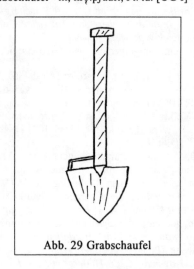

Abb. 29 Grabschaufel

G: Gerät mit vorne geschärftem Blatt zum Graben der Erde, Spaten ● Im Kuchlgoatn (↑Küchengarten), zunäscht wäd olles anglegt (↑anlegen), im Fruhjoah. Im Hirbscht ta-me umgråbn, mit de Grobschaufi. [OG I] **Anm.**: Das auslautende -l in Schaufi ist zu -i vokalisiert.
→Grabschippe, Schaufel; umgraben.

Grabschippe - f, kra:pʃip, -ə [Blum, Bog, Bru, Ger, GJ, Jahr, Low, War V]
A, G, O, W: Spaten ● Im Schoppe (↑Schuppen) ware noch Grabschippe, eiserne Reche. De Haairepper (↑Heurupfer) war am Haaischower. [Bru V] Mit der Grabschipp tud mer umgrawe. Die Scheppschipp, des is e Schaufl. [Jahr V]
→Grabschaufel, Schippe; graben.

Grad - n, gra:t, Pl. id. [Bil, Ham, Mai, Pe, Schei, Suk VI]; kra:t, Pl. id. [Ha, Seik, StI II, Fil, Pal, Sch III, In, Tom IV, Alex, Bill, Ga, Gra, Len, Nitz, War, Wil V]
1. Allg: Maßeinheit a. Allg: für die Temperatur ● Manichsmol leegt (↑liegen) noch de Schnee, noch gibt's scho schene woarme Teg, iwwe (über) zeh Grad Celsius. [Seik II] b. O, W: für den Alkoholgehalt von Getränken ● De Brentewei hat zweefuchzg (52) Grad ghat, bis er isch kalt gsaai, un denn bleibt er fuchzg Grad. [Schei VI]
→Maß.

Grammel - f, kraml, Pl. id. [Petschw II, Fak, Glog V]; kraml, -ə [Jood II, Ap, Hod, Werb III]
V: Griebe, Rückstand beim Ausschmelzen von Fettwürfeln Etym.: Vgl. Grammel, obd., eigentlich 'was nach dem Abgießen des Fetts aus der Pfanne geräumt werden muss'. (Wahrig 1566) ● Die Grammle kam-me esse mit Brot ode zu bråtene Grumbire (↑gebratene Grundbirne). [Jood II] Die Fett (↑Fett) auslosn (↑auslassen), des sain guedi Gramml fir Grammlpogatschel. [Petschw II] Fir ↑Schmalz is des Fett in klååni Stickle in der Kessl kumme un is ausglosse warre. Des ware die Grammle. [Ap III] ◆ In den Städten heißen die gebratenen Fettwürfel Grammeln, in den Dörfern meist Griewe. (Wolf 1987, 134) ■ BayWb 1/2 995: die Gramel, Gremel, 1. 'Fettgraupe', das Kreml, Überbleibsel von ausgepresstem Fett, woraus man Kremlknödl machen kann; ÖstWb 236.
→Grammelpogatsche, Griebe.

Grammelpogatsche - n, kramlpoga:tʃəl, Pl. id. [Petschw II]; kramlpoga:tʃl [Fak, Glog V]; kramlpoka:tʃl [Ap III]; kramləpoga:tʃele [Jood II]
V: rundes kleines Gebäck aus Mehl und Grammeln in einem mehrschichtigen Teig ● Die

Grammle kam-me esse mit Brot ode zu brǻtene Grumbire (↑gebratene Grundbirne). *Auch Grammlebogatschele senn guet fir esse.* [Jood II] *Die ↑Fettn auslosn* (↑auslassen), *des sein guedi Gramml fir Grammlpogatschel.* [Petschw II] *Mit Grammle hot mer a Kuche gebacke, hauptsechlich Grammelpogatschl.* [Ap III] **Anm.**: Die Variante *Grammlpogatschel* ist eine Abl. mit dem österr. Diminutivsuffix *-erl* (dial. *-l*) vom Subst. *Bogatsche/Pogatsche.* ■ ÖstWb 339: ostösterr. 'eine Grammel(bäckerei)'.
→Grammel, Kuchen, Pogatsche.

Gras - n, graːs, Sg. tant. [Bil, Ham, Mai, OW, Pe, Schei, Suk VI]; kraːs, Sg. tant. [Jood II, Ap, Fil, Gak, Mil III, Be, Put, Tom IV, Bak, Bog, Bru, DStP, Fak, Ga, GJ, GK, Glog, Len, Low, Lug, Ost, NB, StA, StM, War, Wil V]; krǫːs [Baw, La II, ASad, Lind, Resch, Wei, Wolf V]
1. A, Fo, V: aus länglichen Süßgräsern bestehende Pflanzendecke, die gemäht als Viehfutter verwendet wird ● *Sunscht henn die Kih Haai* (↑Heu) *krigt, also Gras un Riewe* (↑Rübe). [Ap III] *Es hot oo Raafe* (↑Reif) *gewwe heint Nacht, es Gras isch raafich* (↑reifig). [Mil III] *Wam-mer gemäht hat, hot selle schenes Wetter sein, dass es Gras schneller trucklt* (↑trocknen). [Bru V] *Sumpfbode, des is nasser Bode, uff dem wachst när Gras.* [Fak V] *Un dort war großes Gras, dort hab ich mich veschlupft.* [Lug V] *Kieh kumme, ↑Schelle brumme, Gras in die Krippe, Milich in die Tippe* (↑Tüpfen). [NB V] *Wie noch die Dreifelderwirtschaft war, dann is uff der Brachflur Gras gwackst* (↑wachsen), *dort is nicks gebaut ginn* (worden). [Ost V] *Also in Sommer wird das Gras schen gemeht un getrocknet un weggelegt.* [OW VI] *Un Fuetter gee dene Saue, jetz im Summer Gras un Trank.* [Schei VI] 2. A, G, W: Unkraut in Kulturpflanzen ● *Bis de Kukrutz* (↑Kukuruz) *aufgewoksse is, noch is des Gros aa kumme.* [Baw II] *Und wenn de Kukrutz mol e halb Mäte* (↑Meter) *hoch ischt, wärd er des zwatt Mol ghackt, dass ke Gras meh ibbenemme* (überhand nehmen) *kann.* [Jood II] *Die ↑Schubhacke hat vone so e Redje* (↑Rad) *un noch zwaa so ↑Messer, des tud es Gros obschneide* (↑abschneiden). [La II] *Wu die ↑Frucht es schenschti war un wu wenich Gras war, had mer rausgroppt* (↑herausrupfen) *mitsamt die Worzle* (↑Wurzel) *un hat Saal* (↑Seil) *gmach.* [Ost V] *Denn hom-mand mit an gifteten* (↑giftig) *Gros 's Wossa peitscht und die betäibten Forelln gfischt* (↑gfischt). [Wei V] ◆ Redewendung: *Wo's Gras wachst, dort wackst aa de Has.* (Auf guter Erde wächst alles) [Sad V] ■ Gehl 1991, 91.
→(1) Grasmäher, Muhar-, Sudangras; (2) Grassamen, Saugras; grasig; ausgrasen, grasen.

grasen - schw, grasə, graːst [Sad V]
A: (von Tieren:) Gras abweiden ● *Uff em Wase* (↑Wasen) *graset d'Hase, untr'em Wasser gumpet* (springen) *d'Fisch.* [Sad V] ■ PfWb III 412: 1.a 'Gras und Unkräuter auf Feldern und im Wald zur Grünfütterung der Haustiere abschneiden', 2. 'Unkraut jäten', 3. 'weiden'; SüdHWb II 1444 f.; RheinWb II 1361; BadWb 2, 461.
→Gras.

grasig - Adj, kraːsiç [Ost V]; krǫːsiç [StI II]
A: von Gras und Unkraut bewachsen ● *De Kukrutz* (↑Kukuruz), *där is als zwaamol ghackt woen, wann e grosig woa, un aamol gheißt* (↑häufeln) *hunn se.* [StI II] *Un dann git* (wird) *de Kukrutz zwei-dreimol ghackt, demnoh, wie er grasich is.* [Ost V]
→Gras.

Grasmäher - m, krasmeːər, Pl. id. [Bog, Bru, Len, Low, War V]; kraːsmeər, -meːrə [NA, Ost V]
A: Landmaschine zum Mähen von Gras und Futterpflanzen ● *Die Baure hunn jo später schun Grasmäher ghat.* [Bru V] *No is gmeht woan mit Grasmähe, mit Pfäede un auch mit Traktor.* [NA V] *De Klee kam-mer drei-viermol mehe* (↑mähen), *demnoh, mit der Sens oder letschti Zeit mid die Grasmehre.* [Ost V]
→Gras (1), Maschine (1).

Grassamen - m, kraːsõːmə, Pl. id. [Ost V]
A: Samen von Gräsern und von Unkraut ● *Beim ↑Fruchtfeld soll so gschwind wie meglich gstärzt* (↑stürzen) *ginn* (werden), *dass me die Feichtichkeit im Bode* (↑Boden 2) *halt, un dass de Grassome, wu ausgfall's, wegkummt.* [Ost V]

Gräte - f, kraːdə, Pl.id. [Ap, Hod, Fil, Pal III]
Fi: Verknöcherung zwischen den Muskeln der Fische ● *Die Fisch ware gut, die hun halt so klaani Grade ghat.* [Ap III]
→Fisch.

grau - Adj, krau [Len V]; kraːp [Bat VI]; kroː [Fak, Ga, Ger, GK, Glog, Ost, StA V]
Allg: eine Farbmischung zwischen weiß und schwarz ● *Ufm Hotar* (↑Hotter) *gsieht mer de Storch un die Reihre* (↑Reiher), *die weiß un grooi.* [Ost V] *Un dann sinn die Biemoisle*

(↑Bienenameise), *so kloani, so gälb un grab, die machn Winte dortn un fressn die Bie* (↑Biene). [Bat VI]
→Grauweiße.

Grauweiße - f, krouvaiəsi, Pl. id. [Aug, Ed, GT, KT, Scham, Wein, Wud I]
W: Rebsorte mit hellen, haltbaren Beeren *Etym.*: Benennungsmotiv ist die grauweißliche Schale der Beeren. ● *Me hot kaine aufhainge* (↑aufhängen) *die Grouweießi, die Hainigle und die Napolion.* [Wud I] ■ Petri 1971, 79.
→Rebsorte, Silberweiße; grau, weiß.

Gretel-in-der-Hecke - f, kre:tl-in-dr-hekə, Sg. tant. [Fil, Mil. Sch, Siw III]; kre:tl-hinr-tər-hekə [AK, KK, Pal III, Ger V]; kre:dl-hinər-tər-ti:r [Ger V]; kre:dl-hində-tə-ʃtaudn [Wer V]; gre:dl-hinər(untər)-tə-ʃtaudə [Ap III]; gre:tl-in-dər-ʃtu:də[Sad V]; kre:tl-untr-tər-ʃti:gn [Jab V]; kre:dl-unə-tə-ʃte:gə [Fak, Glog V]; kre:dl-ʃlupf-undə-ti-paŋk [Ga, StA V]
G: die Blume 'Jungfer im Grünen'; Nigella damascena *Etym.*: Die Personifizierung der Blumenbezeichnung durch einen Frauennamen und die volksetym. Weiterentwicklung zu Satznamen, unter Anlehnung an *Hecke, Staude, Tür, Stiege,* und *Bank* geht wohl von den ausgeprägten Schutzblättern der Blüte aus. ● *Im Garte im Eck wachst un bliht* (↑blühen) *die Gretl-in-dr-Hecke.* [Mil III] ■ Gehl 1991, 92; Petri 1971, 50.
→Blume.

Grickselmaus - f, krikslmaus, -mais [Blum, Bru, Jahr, Len, Low, War V]
V: Grille ● *Schau, do is e Grickslmaus in de Stub.* [Jahr V] ◆ Sprichwort in der Pfalz und auch donauschwäb.: *Grickselmaus - Glick im Haus.* ■ PfWb III 436: RheinWb IV 1490; Petri 1971, 105.
→Grickser, Maus (1).

Grickser - m (n), (m) kriksər, Pl. id. [Ga, StA, Wil V]; (n) kriksl, krikslə [Buk, Fil, Fu, Kar, Ker, Kol, Stan, Tsch, Tscha III, In IV, Ben, Da, Gutt, Lieb, Schön V]; krikslçər, Pl. id. [DStP, GStP V]; kriksərli [Hod III]; kriksli [Franzf V]; krikslmaisçər [Jahr V]; kriklmaisjə [Tscher V]; kriglmaisçə [Bul, Sch, Werb III, Bill, Heid V]; krik [Char V]; krikmaisl [Gott V]; krikmançə [Gott V]
V: Feldgrille; Gryllus campestris *Etym.*: Die Bezeichnung ist eine lautnachahmende Bildung nach dem Ruf der Grille. ● *D'Feldhase, Eidecksle, Grickser un Heischrecke henn die Kinde frihe uffn Acker kenneglernt.* [StA V] ■ Gehl 1991, 115; Petri 1971, 105; *Gricksel* PfWb III 435 f.; BadWb II 470.
→Grickselmaus, Ungeziefer.

Griebe - f, kri:və, Pl. id. [Fek II, Mil, Sch, Stan III, Bog, GJ, Gra, Nitz, War V]
V: Fleischrückstand beim Ausschmelzen von Speck ● *E Fett is ausgekocht woen, do hot's Griewe gewe. Un die Weiwer hann Griewekreppe gebacke.* [Fek II] *Die Leit henn nur die Sommersalami, Brotwirscht* (↑Bratwurst), *Lewwerwurscht* (↑Leberwurst) *un die Griewe gwellt.* [Stan III]
→Fleisch, Grammel, Griebenkräppel.

Griebenkräppel - , kri:vəkrepl, Pl. id. [Fek II]
V: kleines kugelförmiges Schmalzgebäck mit gemahlenen Grieben ● *E Fett is ausgekocht woen, do hot's Griewe gewe. Un die Weiwer hann Griewekreppe gebacke.* [Fek II] **Anm.**: *Kräppel* ist die Diminutivform für *Krapfen* mit unverschobenem *-pp-* und *ä-*Umlaut.
→Griebe, Krapfen.

Grieß - m, kri:s, Sg. tant. [Kock, Sulk, Wem II, Ap, Mil, Sch, Siw III, Put, Tom IV, Bog, Fak, Ga, Gra, Low, Nitz, Ost, War, Wis V]; griʃ [Bil, Ham, Mai, Pe, Schei, Suk VI]
1. A: geschälte und geschrotete, zur Speisezubereitung verwendete Getreidekörner ● *Hat, Mähl, da wor Brotmähl, Fuddermähl, Nullemähl, dann wor Grieß un Kleie.* [Kock II] *Grieß hod me mise extra verlange, mir will Grieß, mhm.* [Sulk II] *Etwas is zu Grieß gmahle warre, des war so growwes* (↑grob) *Mehl.* [Ap III] a. geschrotete, als Tierfutter verwendete Maiskörner ● *Un denn ham-me no Riëbe* (↑Rübe), *denn gem-me* (geben wir) *au no Gugrutzemeal* (↑Kukuruzmehl) *odde Grisch, wem-mer hand.* [Schei VI] **Anm.**: Die schwäb. Variante *Grisch* übernimmt die rum. Wortform *griʃ* 'Grieß'. ■ PfWb III 439: 1. 'körniges Mehl' aus Weizen, aus Mais; SüdHWb 1463; RheinWb II 1400; BadWb II 472; SchwWb III: 2. 'sandartig geschrotetes, nicht zu Mehl gemahlenes Getreide'.
→(1) Grießbrei, -strudel, Mehl; (1a) Schrot.

Grießbrei - m, kri:spra:i, Sg. tant. [Ap III, Fil, Hod, Ker, Pal, Siw, Tscher III, Put, Tom IV, Alex, Bak, Fak, Ger, Gra, GJ, Nitz, Wil, War V,

NP, Pe, Suk VI]
A: dickflüssiger, in Milch gekochter Brei aus Grieß ● *Ven dem hot mer Kuche gebacke oder Brei gmacht, Grießbrei oder Grießstrudl, was in der Kuchl (↑Küche) verwend is warre.* [Ap III]
→Grieß (1), Brei.

Grießstrudel - m, kriːʃtruːtl, Pl. id. [Ap III]
A: Mehlspeise aus Grieß, die dünn ausgerollt, zu einer Rolle geformt und gebacken wird ● *Ven dem hot mer Kuche gebacke oder Brei gmacht, Grießbrei oder Grießstrudl, was in der Kuchl (↑Küche) verwend is warre.* [Ap III]
→Grieß (1), Strudel.

Griff - m, grif, -ə [Da, StA V]; krif, -ə [Pußt I, Gai, Hod III, NP IV, DSta V, OW VI]; krif, Pl. id. [Nad, Oh II, Tow IV, Fak, Glog, Len, Low, Ost, StAnd V]
1. Allg: Vorrichtung zum Anfassen eines Werkzeugs oder Gerätes ● *Do is de Senseworf mit am Griff un an de Sens unne war de Hamm (↑Hamme). De Worf is de Stiel un de Griff is des, wu vorsteht. (...) Die Trauwemihl hat vier Griff ghat for drufhewe (daraufheben).* [Ost V] 2. Allg: zufassende Handbewegung ● *Die ↑Schneiderin hat mid aam Griff die Garb verwischt, mit ame gut gschliffene Messr vun aaner Sichl die Garb ufgschnitt un hat se rechts ginn zum Inlossr (↑Einlasser).* [Ost V] ■ Gehl 1991, 145, 151.
→(1) Heft, Sensengriff, Stiel.

grillen - schw, selten, griln, gegrilt [Resch, Stei, Tem V, OW VI]
Fo: Fleisch oder Ähnliches über dem Feuer zubereiten, garen *Etym.:* Entlehnung aus der Standardsprache. ● *Die Schwämme gehn sähr gut zu bratn, und das kannst auch so grilln mit Salz und ein wenig Pfeffe.* [OW VI]
→braten.

Grindel - m, krendl, Pl. id. [Waldn III]
A: Pflugbaum ● *Nochm Ärschte Weltkrieg sein die Ulmer Plig (↑Ulmer Pflug) kumme. Des wore ganz eisene Plig (↑eiserner Pflug). Do wor de Grendl un alles aus Eise un de Pflugkarre (↑Pflugkarren) auch aus Eise.* [Waldn III] **Anm.:** Die Variante *Grendl* weist i>e-Senkung auf. ■ PfWb III 444 f.: SüdHWb II 467; RheinWb II 1410 f.; BadWb II 469.
→Holzgrindel, Pflug.

Gritsche - f, kritʃ, -n [Aug, Ed, KT, Scham, Wud, Wudi I]; kritʃ, -ə [Fak, GK, Glog, Ost, Wil V]; kritʃə, Pl. id. [Sad V]; kritʃl [Len V];
V: Hamster; Cricetus cricetus *Etym.:* Mundartlich heißt *Hamster* in der Oberlausitz *Grintsch, Gritsch*, auch in Wien, älter dort *Grutsch*, von mhd. *grutsch.* (²¹Kluge, 287) ● *Ins Gritscheloch muss me viel Wasser neilääre (↑hineinleeren). No kummt die Gritsch raus un de Hund kann sie fange.* [Glog V] *Ja, do warn die Ratze, die Meis (↑Maus), die Ärdhase (↑Erdhase) un die Gritsche, wu als so große Schade mache.* [Ost V] ■ Gehl 1991, 119, Petri 1971, 113; *Grutsch* BayWb 1/2 1018.
→Gritschenloch, Kornmaus, Ungeziefer.

Abb. 30 Gritsche

Gritschenloch - n, kritnlox, -leçər [Resch, Tem, Wer V]; kritʃəlox, -leçər [Fak, Ga, Glog, StA V]
A: Erdbau des Hamsters im Ackerfeld ● *Ins Gritscheloch muss me viel Wasser neilääre (↑hineinleeren). No kummt die Gritsch raus un de Hund kann sie fange.* [Glog V] *Er sauft wie aan Gritschnloch.* [Tem V] ■ Gehl 1991, 119.
→Gritsche, Loch (1).

grob - Adj, grop [Bur VI]; kroːp [Pußt, Tax, Wein, Wer I, Nad, Surg II, NP IV]; krop [Bohl II, Ap, Mil, Sch, Werb III, Ben, Fak, Ga, Glog, Len, StA, StAnd, Wil V]; krǫp [DSta V]
Allg: nicht fein, aus größeren Teilen bestehend ● *Noh ham-me'n Hanf gebrechelt (↑brechen 1). Ärscht grob, die große Brechhoogl (↑Brechagen) raus, noh noch emol mit de feine Brechl (↑Breche).* [KaF II] *Etwas is zu Grieß gmahle warre, des war so growwes Mehl.* [Ap III]
→fein.

grobknochig - Adj, kropknoxiç [Baw, Jood, Wem II, Fil, Pal, Sch III, NP, Put, Tom IV, Alex, Bak, Ernst, Fak, Ga, GJ, GK, Gra, Nitz, Ost, Rud, Stef, War V, Ham, Pe VI]
V: (von Tieren:) mit grobem, schwerem Skelett • *Die Importbäre (↑Importbär) aus England, die ware grobknochich, die ware gar net vewandt mit unsri.* [Ost V]
→leichtknochig; Knochen.

groß ziehen - schw, kro:s tsi:n, - ketso:gn [Aug, Ed, Schor, Wud I, ASad, Lind, Resch, Tem, Wei, Wer V, OW VI]; kro:s tsi:ə, - ketsogə [StG, Sol, Sulk II, Waldn III]; kro:s tsi:gə, - ketso:gə [Ap III, Tom IV, Fak, Ga, Glog, StA, Wil V]; kro:s tsiə, - kətso: [Sch, Siw, Tscher, Tor III, Bak, Bog, Ger, GJ, Len, Low, Perj, Wis, Zich V]
A, V: ein Tier erziehen, heranziehen • *Mir humm ke Faal (↑Fadel) vekaaft, die hot me groß gezoge.* [Sulk II] *Mer hadde e gude Stute un hann uns meischtns e Fohle groß gezoge.* [Waldn III]
→ziehen (2).

Großbauer - m, kro:spauə, -n [Aug, Ed, Wein, Wud I, Lug, NA, Resch, Tem V]; kro:spauər, -paurə [Fek, StG, Wem II, Ap, Ker, Pal, Siw, Wepr III, Be, Tow IV, Bak, Bill, Bru, Gott, Gra, Kath, Len, Ost, Stef, War, Wis V]
A: Landwirt mit viel Ackerland und Nutztieren, der für seine Wirtschaft fremde Hilfe in Anspruch nimmt • *Die Sallesch henn die Großbaure ghat ufm Feld. Ufm Sallasch ware die ↑Beresch, des ware die Pächter, un die henn no widder Knechte ghat. Ungare oder Schokatze henn bei den Bauer garwet.* [Ap III] *Do woan die Klaabauen un die Großbauen, wo viel Feld ghabt hawwe.* [NA V]
■ PfWb III 457; SüdHWb II 1480.
→Bauer, Salasch (1).

Große - f, kro:se, kro:sə [Seik, StG, Sulk, Surg, Wem II]
G: große Speisekartoffel • *Die Große had me vekaaft, dann ware die Fudegrumbire (↑Futtergrundbirne).* [Sulk V]
→Grundbirne.

Größe - f, kre:se, Pl.id. [Bog, Ger, Gra, NA, Ost, War V]
Allg: (von landwirtschaftlichen Produkten:) Ausdehnung in alle Richtungen, Umfang *Etym.:* Entlehnung aus der Standardsprache. • *Hod me die Paradeis in Kiste gepackt. Die Paradeis hamm nur eine Greße därfe hawwe.* [NA V]

Große Weiße - f, kro:zi vaizi, Pl. id. [Fak, Glog V]
V: große Hühnerart mit weißem Gefieder • *Unse Hehne (↑Henne) worn Großi Weißi un Nackhalsichi, des sinn die Sussex. Manchi Leit henn aa Hansl-un-Gredl ghalde.* [Fak V] ■ Gehl 1991, 214.
→Huhn; weiß.

großer Bauer - m, kro:sə pauər, Pl. id. [StI II]
A: Bauer mit großem Grundbesitz, zahlreichem Vieh und Landmaschinen • *Die große Bauer, die hunn sich immer Schnitter genumme, gell, mit der Sense.* [StI II]
→Bauer.

Großhändler - m, kro:shendlə, Pl. id [Ap, Hod, Tscher III, In, Ru IV, Bill, Gra, Hatz, Low, NA, Trie, War, Wer V]
A, G, H, O, V, W: Großhandelskaufmann • *Do woan die Großhendle, die hawwe in de Frih imme alles zammkauft vun die Neiarader un hawwe dann exportiert.* [NA V]
→Händler.

großkernig - Adj, krǫuəskiəndlt [Aug, Ed, GT, KT, Scham, Schor, Wein, Wud I]
W: (Traube) mit großen Beeren • *Oucksnaugn (↑Ochsenauge) sann groueßkiəndlti Weiemba (↑Weinbeere) gwejesn, es hat blowi (↑blau) und griəni gejem (gegeben).* [Wud I]
→Kern (3).

Großknecht - m, kro:sknet, -ə [Berg, Fil, Ker, Mil, Pal, Tor III, Bog, Gott, Gra, Low, War V]
A: dienstältester Knecht am Bauernhof, der die Arbeit aller Knechte überwacht • *Dr Großknecht derf nochm Härr ooschaffe.* [Mil III] *Mit zwelf Johr war ich Kleenknecht bei meim Veter, mei große Bruder war de Großknecht. Er war um acht Johr älter, un wie er gheirat hat, no war ich de Großknecht.* [Gott V] ■ Gerescher 1999, 60; Weiser 1994, 64.
→Knecht.

Gruft - f, kruft, -ə [Fak, Glog V]; kruftə, Pl. id. [Baw, Fed, Jood, Kock, StI, Wem II]
A, V: (verkürzt für:) Eisgruft • *No honn die Leit Eis gebroche, un des is in die Grufte neikomme. Die woan so e drei Mette (↑Meter 1) tief, unse Eisgrufte.* [Baw II]
→Eisgruft.

Grukstaube - f, krukstaup, -tauvə [Pal III, Alex, Bog, GK, Ost, War V]
V: frei lebende Holztaube; Columba livia *Etym.:*

Die Bezeichnung ist lautnachahmend, nach dem Laut der Taube, gebildet. ● *Im Wald gsieht mer de Kuckuck, no sinn die Wildtauwe, no die Grukstauwe oder Holztauwe.* [Ost V] ■ PfWb III 465: 'Wildtaube', auch andere Taubenarten; Petri 1971, 95.
→Taube, Vogel.

Grummet - n, veraltet, kromot, Sg. tant. [Fek, Kock, StG II]
A: zweite Heuernte *Etym.:* Die Bezeichnung kommt von mhd. güenmāt, grummat, aus *Mahd* und einer umlautlosen Variante zu *grün*, die noch im Schweizerdeutschen gut bezeugt ist. Dort erscheint auch die Bedeutung 'frisch, jung', die hier wohl zugrunde liegt, also 'Schnitt der jungen (nachgewachsenen) Triebe'. (^{23}Kluge, 341) ● *Die Wiese hot me zwaamol mehe kenne, so um Pheter un Phaul* (↑Peter und Paul) *un so uff Stefani (20. August), es Grommot.* [Kock II] ■ PfWb III 466-468: Grummet m., n. 1. 'der zweite Grasschnitt' (auch Karte 169); SüdHWb II 1487; RheinWb II 1450 f.; BadWb II 483.
→Heu.

grün - Adj, krī:n [Bog, GK, Len, Low, Ost, War V]; krī: [La, StI II, Fak, Ga, Glog, StA V]; kriən [Aug, Ed, GT, KT, Scham, Schor, Wein, Wud I]
1. Allg: von grüner Farbe ● *Oucksnaugn* (↑Ochsenauge) *sann groueßkiëndlti Weiemba* (↑Weinbeere) *gwejesn, es hat blowi* (↑blau) *und griëni gejem* (gegeben). [Wud I] *Noch wenn's gspretzt wird, noch tun se so e Bledrdünger* (↑Blattdünger) *'nei ins Spretzsach* (↑Spritzsache), *des is so e grieni Brih* (↑Brühe), *des is gut fir de Treiwl* (↑Traubel) *aa.* [La II] *Die Wassermilone woarn auswennich grien un innwennich rot.* [StI II] *Im Wald gsieht mer de Kuckuck, dann noch die Tscharake* (↑Tscharak), *die grien un die rot Tscharake.* [Ost V] 2. A, H, G, O, T: unausgereift ● *De Wååz* (↑Weizen) *is jetz noch grie, awer in Juli is er schun zeidich.* [Fak V] *Die Aldi* (Alten) *hann drufgebiss uff de Mohai* (↑Muhar) *un hann gsaat, wann e grien war, är is noch net gut, noch net siß. Awwer wann de Mohai griener gfiedert* (↑füttern) *wärd, is es e wärtvolles Haai* (↑Heu). [Ost V]
→(1) Farbe, Grünes (2), Grünkichern, -mus, -zeug; grünspanig; (2) butzlich, zeitig; Grünfutter, -kochbohne, Grüne Bohne, Grüner Paprika, Grünzeug.

grün pelzen - schw, grīə pøjtsn, - pøjtst [Aug, Ed, GT, KT, Scham, Wein, Wud I]
O, W: im Sommer mit einem keilförmigen Edelreis pfropfen ● *Wenn die Rejem* (↑Rebe) *amel augwocksn* (↑anwachsen) *is, hot me sie im Fruhajoah pöjtzt; grië pöjtzt hot mer im Summa.* [Wud I]
→pelzen.

Grund - m, grunt, Sg. tant. [Aug, Ed, GT. KT, Schor, Wein, Wud I, OW VI]; krunt [Gai, Gak, Har III, NP, Put IV, Bog, Fak, Ga, GK, Glog, Len, Low, Ost, StA, Wis V]; kront [Fek, Go, Jink, Kä, Nad, Ma, Oh, Sag, Surg, Wak, Wem II]; (2) krunt, krintər [Bru, Wies V]
1. A, G, H, O, T, W: Erdboden, Ackererde ● *Im Weigoatn hot me zeascht* (zuerst) *in Grund tïëf umgroom* (↑umgraben) *miëssn.* [Wud I] *Dann is feine* (↑fein 2) *Grund drufkumme, dann is markiert ginn.* [Ost V] 2. A: Ackerfeld ● *Onser Feld hot mer verschiede genennt, socht mer, der Grond woar de Kukrutzgrond, Wiesgrond, Zigeinersgrond, ärschte Grond.* [Jink II] 3. A: ganze Ansässigkeit, Bauernhof ● *E Grund, des is vier Viertel Feld, also e ganzi Session.* [Glog V] *De Hottar* (↑Hotter) *is net greßer war, un 's Volk hat sich vermehrt, un so sinn die Grinder verkaaft war, un 's Geld uff die vieli Kinner vertaalt* (↑verteilen). [Wies V] ■ (1) PfWb III 471 f.: 1a. 'Ackererde', b. 'Humuserde zur Bodenverbesserung', 2. 'die obere Erdschichte', 3. 'Grundbesitz' (Grund und Boden); SüdHWb II 1489 f.; RheinWb II 1456-1465; BadWb II 484; Krauß 374: Grund 1; Gehl 1991, 65, 167.
→(1) Erde, bergiger-, roter-, schwarzer Grund; (2) Erster-, Kukuruz-, Zigeuner-, Vierter-, Wald-, Wiesengrund; (3) ganzer Grund, Gerechtigkeit, Grundstück, Hausgrund, Session.

Grundbirne - f, krumpir, -n [Aug I, Jos V, NB, Star, Stei V]; krumpi:r, -n [De, Jos, StM, Tschan V]; krumpiə, -n [StM V]; krumbiə, -n [StI II]; krumbi:ə, krumbi:n [NA V]; krumbin, Pl. id. [Petschw II]; krumpiɐ, -n [KT, Wud, Wudi I, Tscha III]; krumpir, krumpin [Franzd, Ora, Stei V]; grumpir, -ə [Ost V, Bil, Ham, Mai, Pe, Schei, Suk VI]; krumbir, -ə [Sulk II]; krumbi:r, -ə [Fak, Glog V]; krumbi:rə, Pl. id. [Ga, StA, Wil V]; krumpir, -ə [Jood, Sulk II, Ap III]; krumpi:r, -ə [Ap, Brest, Fil, Fu, Gai, Gara, Hod, Kar, Mil, Pal III, In IV, Albr, Bak, Ben, Bir, Buk, Char, DStP, Ernst, Franzf, GJ, Glog, Gott, Gra, Hatz, Heu, Jahr, Joh, Karl, Kath, KB, Ket, KJ, Kol, Laz, Low, Mar, Mori, Na, Nitz, Orz, Pau, Rud, Sack,

Grundbirne

Schön, StA, StAnd, Tor, Tschak, Tsche V]; krumbər, krumbrə [Len, Low, Schön, Sad V]; krumbər, Pl. id. [Bak V]; krumpęrə [AK, Tor, Tscher III, Jahr, Ksch, Lieb, Tsche V]; krumpęr, -ə [Bill, El V]; krombiə, -n [Fek II]; krompi:r, -n [Scham I, Baw II, Wasch III, NP IV]; krumpər, krumprə [Jood II, Eng, Heid V]; krumpər, Pl. id. [GK, Ost , War V]; krombər, krombrə [Hatz V]; krompę:r [Ben, Ger, GStP V]; krumbɐ [De VI] G: Kartoffel; Solanum tuberosum *Etym.*: Die Verbreitung der dial. Benennungen der *Kartoffel* zeigt wenig Regelmäßigkeiten; man findet in derselben Landschaft verschiedene Namen und umgekehrt, dieselben Namen in ganz verschiedenen Gegenden. Unser Name *Grundbirne* ist besonders den westdeutschen Dialekten eigen: linksrheinisches *Grumber* (rechtsrheinisches *Erdappel*), luxemburgisch *Gromper*, pfälz. *Grombēr, Grumbēr*, lothringisch "Grumber, Grompir, Krumbir", elsässisch *Grumbir*, schweizerisch *Grundbir*, aber er kommt oder kam früher auch weiter östlich vor: in Württemberg, in der Steiermark, in Kärnten und Siebenbürgen. Die österr. Dialekte kennen vorwiegend *Erdäpfel*, nur im Pl. - Es ist zu beachten, dass ungefähr gleichzeitig drei verschiedene Pflanzen mit essbaren Wurzelknollen aus Amerika in Europa eingeführt und anfangs oft verwechselt wurden. 1. *Die Kartoffel*, Solanum esculentum L., wurde angeblich aus Peru eingeführt und dort von den Einheimischen *Papas* genannt. In Europa kam sie zuerst nach Spanien und Italien. 2. *Die Batate* oder *süße Kartoffel*, Ipomoea Batatas Lam, aus der Familie der *Convolvulaceae* (Winden), soll aus Brasilien stammen. Sie wurde 1519 den Europäern bekannt, zuerst in Spanien und auf den Kanarischen Inseln eingeführt und von dort - noch vor der Kartoffel - in England. 3. Der *Topinambur*, Helianthus tuberosus L., mit der Sonnenblume verwandt, kam Anfang des 17. Jhs. aus Nordamerika nach England, von da nach Deutschland, wo ihre Knolle noch im Südwesten als Viehfutter verwendet wird. Ihre Namen sind "Erdäpfel, Erdbirnen, Grundbirnen, Erdartischocken". Diese Pflanzen oder ihre Wurzelknollen wurden im 17. und 18. Jh. oft miteinander verwechselt, besonders da zum Teil dieselben Namen auf verschiedene Pflanzen angewendet wurden. - Die *Kartoffel* hat ihren ersten europäischen Namen von den Italienern erhalten, die sie nach dem belgischen Botaniker Charles de Lecluse (Clusius) schom im 16. Jh. viel anbauten und nicht nur die Knollen gekocht und mit Hammelfleisch aßen, sondern sie auch als Schweinefutter benutzten. Sie bezeichneten sie als *Trüffeln, tartuffoli* und zum Unterschied von den eigentlichen Trüffeln auch als *tartuffoli bianchi*. Im Deutschen wurde der Name *Tartuffeln, Tartüffeln* übernommen und bis in die zweite Hälfte des 18. Jhs. beibehalten. Durch die seltene Dissimilation *t-t* zu *k-t* entstand die heutige Form *Kartoffel*. Sie geht bis zum Anfang des 17. Jhs. zurück und scheint aus der Schweiz zu stammen, wo sie zuerst belegt ist. Tatsächlich kam die Kartoffel schon im 16. Jh. aus Italien in die Schweiz und wurde damals nur von Gärtnern gepflanzt. Aus der Schweiz gelangte die Pflanze nach Frankreich - wahrscheinlich auch nach Deutschland - wo sie nach Clusius schon im 16. Jh. in Gärten ziemlich häufig war. - Der Wunsch, das fremde *Tartüffel*, das zugleich auch die Trüffel bezeichnete, durch ein einheimisches Wort zu ersetzen, hat frühzeitig zu den Ausdrücken *Erdapfel, Erd-* oder *Grundbirne* geführt. Erdapfel war im Deutschen schon lange vor Einführung der Kartoffel als geläufige Bezeichnung für in der Erde steckende Knollenfrüchte üblich: vgl. ahd. *erdaphul*, mhd. *ertapfel* für die Gurke oder Melone und später auch für die Zyklamenknolle, das sog. *Saubrot*. In der nördlichen Pfalz bezeichnet ērdábbel den Topinambur (die Sonnenblumenknolle), während die Kartoffel in der Pfalz *Grumbēr* heißt. Auch "Erdbirne, Grundbirne, Erdartischocke" bezeichnen nicht nur die Kartoffel, sondern auch den Topinambur. Die verschiedenen Synonyme haben sich in den Dialekten bis heute erhalten. Ihr geographisches Durcheinander erklärt sich aus der Geschichte des Kartoffelbaus. Da *Erdapfel* ein so vieldeutiger Name war, dass er große Verwirrung hervorgerufen hat und *Kartoffel* den Vorzug hatte, ein selbständiges, nicht zusammengesetztes Wort zu sein, setzte es sich in der Ugs. durch. (Nach Kretschmer 1969, 256-264) ● *Am beste woar's mit de ↑Frucht (1), Kukurutz (↑Kukuruz), die Gäeschte un die Grombirn.* [Baw II] *Ja, do woar Kukurutz un Kukurutzschrot, Gäschte gekocht woen un Grombiën fir die Sei.* [Fek II] *Mir honn en Kugrutz aabaut un die Grumbire, was die Famili braucht hot.* [Jood II] *Die Grumbin hod me mit de Haun (↑Haue) gstupft.* [Petschw II] *Un do hot mer misse sei Grumbiën unnoch sei Zwibbl un sei Sach oobaue.* [Stl II] *In Fruhjohr hot mer mise Grumbire stecke un de Hawer (↑Hafer) oobaue.* [Sulk II] *Far die Kuchl (↑Küche) is aagebaut warre Grumbiere, Zwiefl (↑Zwiebel) un anneres.* [Ap III] *Die Leit henn die*

Grumbire im Feld, in oo kloones Feier glegt. [Mil III] *Die Säi* (↑Sau) *im Garte wuhle uns die Grumber raus* (↑herauswühlen). [Bak V] *Regnt's ån Glogewitzer* (ON) *Kirweihtåg, noh gäbt's viel Grumbiere.* [Glog V] *For Garte get's nor e schmale Streef* (↑Streifen) *mit Grumbre un* ↑*Fisole.* [Len V] *Mei Schwiggevatte, dä hot hektarweis Grumbien gebaut.* [NA V] *Im Feld ham-mir net viel Grumbire ghat, nor im Garte, zum Hausgebrauch, ja.* [Ost V] *Dehui* (daheim) *uff der Hofstatt hat mer Riëbe und Grumbire aabaut.* [Schei VI] ◆ Kretschmer (1969, 256-258) gibt eine Übersicht über die Verbreitungsgebiete der Kartoffelnamen in der Ugs.: 1. Gebiete, wo *Kartoffel* neben *Erdapfel* gebraucht wird, sind Teile des sächsischen und fränkischen Vogtlandes, Tirol, Siebenbürgen und die Schweiz, wo in den Mundarten außer *Erdapfel* noch andere Ausdrücke auftreten, wie *Erd-, Grund-, Bodenbirne, Gummel.* 2. Nur *Erdapfel* wird verwendet in Österreich (außer Tirol) Oberelsass, Neumarkt in der Oberpfalz. Die größeren bair. Städte sind schon zu *Kartoffel* übergegangen. Auch in Württemberg ist neuerdings zu den dial. Namen *Erdbirnen, Erdäpfel, Grundbirnen* auch *Kartoffel* eingedrungen. In der hochdeutschen Literatur wird *Kartoffel* und seltener *Erdapfel* gebraucht. - Auf die Übernahme dt. dial. Varianten der *Grundbirne* im rum. und serbokr. Sprachbereich wird in Gehl/Purdela Sitaru 1991 (S. 126-128) eingegangen. Die rum. dial. Varianten *crumpir, crump(i)er, crumper, crumperi, crumpănă, crumpenă, crumpină, crumpel, grambiri* u. a. werden von rum. Wörterbüchern und Untersuchungen zwar registriert, jedoch fast immer als Entlehnung aus serbokr. *krumpir, krompir* oder aus ung. Vorlagen angegeben. Dabei wurde die Kartoffel den Serbokroaten im 18. Jh. von den Deutschen vermittelt. Nach Schneeweis (1960, 26) brachten Militärgrenzer im Siebenjährigen Krieg (1760) wohl kleine Mengen Kartoffeln aus Böhmen mit, doch setzte der Kartoffelanbau sich erst im 19. Jh., vor allem in Nordserbien und -kroatien durch, wo die gebräuchlichen serbokr. Kartoffelnamen *kròmpîr, krùmpîr,* auch *krùmpijer* aus österr. dial. Formen *Krumbeer, Grumper, Krumbir* übernommen wurden. Durch Dissimilation entstanden auch *kumpir* und *kompir.* In südlichen Landschaften ist serbokr. *krtola,* aus dt. *Kartoffel,* gebräuchlicher. Serbokr. *kròmpîr* und *krùmpîr* sind auch heute noch überall in Jugoslawien durchaus gängige Bezeichnungen. (Striedter-Temps 1958, S. 149 f.)

Auch die bis heute im Ung. ugs. auftretende Kartoffelbezeichnung *krumpli,* ebenso wie die Varianten *krumpri, kurumpi, kurumpli, krumli, koromplyi, kolompér* kommen von bair.-österr. *Grundbirne,* in der dial. Variante *Krumpl,* dessen auslautendes -*l* im Ung. durch -*li* substituiert wurde. (Kobilarov-Götze 1972, 246) - Daher ist anzunehmen, dass die aufgezeigten rum. Wortformen aus Banater dial. Varianten wie *Grumpier, Krumber* u. ä., bzw. aus bair.-österr. *Grundpirn* usw. entlehnt wurden und nicht von serbokr. *krumpir* stammen. Bei der Herkunftsbestimmungen des rum. *crumpir* müsste auf die verschiedenen dt. dial. Formen verwiesen und so die tatsächliche Wortentlehnung geklärt werden. ■ PfWb III 472-475; SüdHWb 1490 f; RheinWb II 1458-1465; BadWb 2, 484 f.; SchwWb III 874: *Grun(d)bir,* BayWb I/2 1297: *Krumbeer,* Petri 1971, 69 f.

→(Arten:) Elo, Ess-, Früh-, Futter-, Mai-, Rosa-, Sau-, Paprikasch-, Petersilien-, Schweins-, Steckgrundbirne, Erdapfel, Blaue -, Gelbe -, Rote -, Späte -, Weiße Grundbirne, Große; (Kartoffelspeisen:) Feldhenne, Grundbirnenflutten, -nudel, -polster, -püree, -salat, -schnitze, abgekochte -, gebratene -, gebrütschelte -, gekochte -, geröstete Grundbirne; (Verschiedenes:) Erdapfel (1), Gemüse, Grundbirnenacker, -jahr, -käfer, -keim, Grünzeug, Kartoffel.

Grundbirnenacker - m, krumbienɒkɐ, Pl. id. [Ed, GT, KT, Scham, Schor, Wud I]
G: zum Kartoffelbau bestimmtes Feldstück ● *Unsa Votta hat amoj* (einmal) *en Grumbianocka iwehaaps* (↑überhaupt) *goawet un hot e Drittl von de Fecksung* (↑Fechsung) *bhojtn* (behalten) *deafa.* [Wud I]
→Acker, Grundbirne.

Grundbirnenflutten - f, krumbi:rɐflutə, Pl. tant. [Ap, Fil, Siw, Tscher III, Put, Tom IV, Fak, Ga, Glog, Gott, Len, StA, Wil V]
A, G: gebrühte und breitgedrückte, mit Mehl zubereitete Kartoffelknödel *Etym.:* Das Grundwort *Flutten* ist verwandt mit *flutschen* 'gut vonstatten gehen'. Vgl. *Flutsche:* 2. Pl. 'gebrühte Kartoffelknödel'; auch *Flutsch(en)knöpfe* Pl.: 'breit gedrückte Klöße aus Stampfkartoffeln und Mehl'. (PfWb II 1493) ● *Am Grumbiere hot me Grumbierepiree gmacht oder hot mer gebrote Grumbiere oder hot mer Grumbiereflutte gekocht.* [Ap III] ◆ In der Pfalz werden die Stampfkartoffeln mit Mehl, Milch und Fett vermengt und dann mit dem Kochlöffel ausge-

schöpft. (PfWb III 476) ■ PfWb III 476: 'aus geriebenen Kartoffeln zubereitete Klöße und Pfannkuchen'.
→Grundbirne.

Grundbirnenjahr - n, krompirnjoɐ:r, Pl. id. [Baw, Jood, Seik, Wem II]
G: Bauernjahr im Bezug zur Kartoffelernte ● *Wann's viel gereget hot, wa en gut Grombirnjoahr, wann's net gereget hod, woar e schlechts Grombirnjoahr.* [Baw II]
→Grundbirne.

Grundbirnenkäfer - m, krumpərkhe:fər, Pl. id. [GJ, GK, Ost, War V]; krompirnkhe:vər, Pl. id. [Baw, Seik, Wem II]; krumbirəkhe:fər, Pl. id. [Bold, StG, Sulk II]
A, G: als Koloradokäfer bekannter Schädling auf Nachtschattengewächsen; Leptinotarsa decemlineata *Etym.:* Die Bezeichnung des Käfers rührt daher, dass er die Blätter der Kartoffelstaude und anderer Nachtschattengewächse schädigt.
● *Damols woan keine Grombirnkhewer, hot me net misse spritz sowie jetz.* [Baw II] *Friher wor awer ke Grumbirekefer, wie heutzutag.* [Sulk II] *An die Winette (↑Winete) sinn so gäre (gern) die Kefer drangang (↑darangehen), de Grumberkefer.* [Ost V] ◆ Der Kartoffelkäfer ist ein gefährlicher Pflanzenschädling, ein etwa 1 cm langer Blattkäfer mit mit je fünf schwarzen Längsstreifen auf dem schwarzen Untergrund der Deckflügel. ■ PfWb III 477; Petri 1971, 109.
→Grundbirne, Käfer.

Grundbirnenkeim - m, krumbi:rəkhaim, -ə [Fil, Mil, Sch III, Be, Put, Tom IV, Alex, Bog, Bru, Fak, Glog, Gra, Hatz, Kath, Len, Low, Nitz, Ost, Stef, War, Wil, Wis V, NP VI]; krumbi:rəkhaimə, Pl. id. [Ga, StA V]
G: Keim der Kartoffelknolle ● *Die Grumbierekeime sinn weiß, die henn in Keller ka Sunn (↑Sonne) krigt.* [Glog V] ◆ Kartoffeln und anderes Gemüse wird gewöhnlich im Keller gelagert, damit sie in der Dunkelheit langsamer keimen und auswachsen. ■ Gehl 1991, 79.
→Grundbirne, Keim.

Grundbirnennudel - f, krumbirənu:dl, Pl. tant. [Fak, Ga, Glog, StA, Wil V]; krumpirənu:tl [Ap, Fil, Ker, Sch, Tscher III]
A, Ge: gekochte Kartoffelstücke und Nudeln, mit Schmalz und Zwiebeln geröstet ● *No hot's Grumbierenudl gewwe un Bohnenudl (↑Bohnen-*

nudel), un no Nussenudl, Mågnudl (↑Magnudel). [Ap III]
→Grundbirne, Nudel.

Grundbirnenpolster - n, krumbirəpelʃtrli, -n [Fil, Hod, Kol, Mil III]
A, G: in heißem Fett gebackene, polsterförmige Kuchen aus Mehl- und Kartoffelteig *Etym.:* Das Komp. ist eine metaph. Bildung nach der polsterförmigen Gestalt des Gebäcks. Ähnliche Benennungen erscheinen auch in verwandten Dialekten, vgl. *Polster* n.: 2. 'Kuchen aus rohen, geriebenen Kartoffeln, in der Kuchenpfanne, in der Bratröhre oder im Ofen gebacken'. Ähnlich Grundbirnenpfannkuchen, *Apfel- und Kirschenpolster.* (PfWb I 1093) *Polster* n.: 2.b 'eine Apfelspeise in der Pfanne gebacken', s. *Äpfelpolster.* (SüdHWb I 1010) BayWb 1/1: *Polster* m. 'eine Art Speise, Vgl. Eier-, Apfel-, Mehlpolsterə.* ● *Gern gesse hot mer als Grumbirepelschtrlin un Käspelschtrlin.* [Mil III]
→Grundbirne, Käsepolster.

Grundbirnenpüree - m, krumpirəpire:, Sg. tant. [Ap, Fil, Hod, Siw, Tscher III, In, Ru IV, Bog, GJ, Gra, Kath, Nitz, Len, Wis V, NP VI]
G: zerdrückte, pürierte, mit Milch zubereitete Kartoffeln ● *Am Grumbiere hot me Grumbierepiree gmacht oder hot mer gebrote Grumbiere oder hot mer Grumbiereflutte (↑Grundbirnenflutten) gekocht.* [Ap III]
→Grundbirne, Zuspeise.

Grundbirnensalat - m, krumpirəsala:t, Sg. tant. [Ap, Ker, Mil, Stan, Werb III]; krumbirəsala:t [Fak, Ga, Glog, StA, Wil V]
G: Kartoffelsalat ● *Far quelle (↑quellen) ware die mehliche besser un far Grumbiresalat hot mer die feschte (↑fest), die speckedi (↑speckig) gnumme.* [Ap III]
→Grundbirne, Salat (2).

Grundbirnenschnitze - f, krumbirəʃnits, Pl. tant. [Fil, Mil, Sch, Siw III, Tom IV, Bog, GK, War, Wis V]
G: Gericht aus Kartoffelstücken, auch mit Petersilie gewürzt ● *Im Spotjahr hot mer als im Ofe Grumbireschnitz gmacht, do isch oft frischer Kiebackespeck (↑Kinnbackenspeck) drufglegt warre.* [Mil III] ■ PfWb III 480; SüdHWb II 1493; RheinWb II 1464; BadWb II 485.
→Grundbirne.

Grundherrschaft

Grundherrschaft - f, krunthɛrʃaft, -ə [Bill, Bog, Bru, Len, Low, Wis V]
A: meist mit dem Recht auf Frondienst verbundene Herrschaft über Grund und Boden ● *Mit hatte ka Grundherrschaft, un wie des kameralische Feld am End vum 19. Jh. verkaaft is gewwe (worden), hunn unser Baure des alles kaaft.* [Bru V]
→Bauer, Herrschaft, kameralisches Feld.

Grundloch - n, kruntlox, -leçər [Berg, Gak, Ker, Kol, Stan III]
A: Lehmloch am Dorfrand ● *Ausm Grundloch hat mer sich Lohm nemme kenne.* [Berg III] ■ Berg 1999, 60.
→Erdl-, Lehmloch, Grund (1), Loch (1).

Grundpräses - m, kruntpre:ses, Pl. id. [Heid, Karl, Kud, Wer, Zich V]
A, W: mit der Überwachung des Grundbuches betraute Amtsperson *Etym.:* Komp. aus *Präses* 'Leiter einer Behörde, eines Vereins' (Wahrig, 2775) und *Grund*, verkürzt aus *Grundbuchamt*. ● *Mein Großvatte war Bäegrichte und Grundpräses, där hat mit dem Bezirksgericht vielleicht zu tun ghabt. Zeitweise hat är sein ganzes Feld vepachtet.* [Wer V]
→Bergrichter.

Grundstück - n, gruntʃtik, -ə [Jood II]
A: abgegrenztes Stück Boden eines Eigentümers ● *Abe vun Petsch* (ON) *senn da schun achthundet eigetimlichi Grundsticke vekauft, was die Leute då tun arbede.* [Jood II]
→Grund (3).

Grüne Bohne - f, kri:ne po:n, - ə [Bog, Ger, Gra, Len, Low, NA, Ost, War, Wis V]; kri:ni põ:n, -ə [Baw, Wem II, Ap, Hod, Mil, Pal, Siw, Tscher III, Put, Tom IV, Alex, Grab, Gott, Mar V]
G: in grünem Zustand samt der Schote gekochte Bohne, Grünkochbohne ● *Far die Kuchl* (↑Küche) *is aagebaut warre Griezeich* (↑Grünzeug), *Grieni Bohne, Därri Bohne un anneres.* [Ap III] *Me hot Griene Bohne vekauft, die lange Spinnbohne, dann auch die Weißi Bohne fir in Härbst.* [NA V] ■ Petri 1971, 54.
→Bohne, Dürre Bohne, Grünkochbohne; grün (2).

Grüner Paprika - m, kri:nə paprikɐ, kri:ni - [Bog, GK, Ost V]; kri:nər papriç, Sg.tant. [Ap, Brest, Siw III]
G: fleischige Paprikasorte mit grünem Fruchtfleisch ● *Far die Kuchl* (↑Küche) *is aagebaut warre Grumbiere* (↑Grundbirne), *Zwiefl* (↑Zwiebel), *Knofl* (↑Knoblauch), *Griezeich* (↑Grünzeug), *Geelriewe* (↑Gelberübe), *Zellr* (↑Zeller), *Griener Paprich, Paredaais* (↑Paradeis) *un anneres.* [Ap III] *Dann hat mer Paprika aach gsetzt. Do war de Geele Paprika, de Griene Paprika un de scharfi* (↑scharf), *die Leiwlsknepp* (↑Leibchenknöpfe). [Ost V]
→Paprika.

Grünes - n, kri:nəs, Sg. tant. [Fek, Kock II]
1. A, V: Grünfutter wie gejätetes Unkraut und ausgehackte Maisschösslinge, Klee usw. ● *Die hann ein weng ↑Schrot kricht on in Sommeschzeide hann se Grienes kricht un Trenge* (↑Tränke). [Fek II] *Im Summer hot mer Grienes gfudert* (↑füttern), *hot mer mese Grienes hole, Klee, Äschpesätt* (↑Esparsette). [Kock II] 2. A: grüne Beigaben für Blumensträuße, vor allem Farnkraut; Aspidium filis mas ● *Im Blumegschäft brauch mer Grienes fer Streiß* (↑Strauß 1) *binde.* [Fak V] ■ PfWb III 487; SüdHWb II 1488; RheinWb II 1453; BadWb II 483.
→(1) Grünfutter; (2) grün (1).

Grünfutter - n, krī:fu:dər, Sg. tant. [Tom IV, Fak, Ga, Glog, StA, Wil V]; krẽ:nfu:dər [StG, Sol, Sulk II]
A, V: frische Grünpflanzen als Viehfutter, Saftfutter ● *Die Kih humm Kugrutzstroh* (↑Kukuruzstroh) *un Greenfuder krigt.* [Sulk II] *Der Klee, där war zum Griefuder un firs nechschti Jahr, zum Hei* (↑Heu). [Tom IV]
→Futter, Esparsette, Grünes, Klee, Tschalamadi; grün (2).

Grünkichern - f, grī:khixəle, Pl. tant. [Bil, Ham, Mai, Pe, Schei, Suk VI]
G: grüne Kichererbse; Cicer arietinum ● *Im Garte wachse Paprika, Salat, Bohne, Griekichele, alles.* [Schei VI] ■ Kicher SchwWb IV 361: Dimin. Kichele, 1. 'Gartenbohne', 2. auf dem Acker gepflanzte Bohnen', 3. 'Erbse'; Kichern, Kicherling PfWb IV 191: 'Kichererbse' (auch Kecherle); SüdHWb III 1280; RheinWb IV 454.
→Erbse, Gemüse.

Grünkochbohne - f, krī:khoxpo:n, -ə [Bog, GK, Low, Ost, War V]; kri:(n)khoxpo:n [Stan III]; kri:nkhoxpo:n [Low V]
G: in grünem Zustand zum Kochen verwendete Bohne ● *Bohne ware die Spinnbohne, die sinn am Kukrutz* (↑Kukuruz) *so nufgspunn* (↑hinauf-

Grünkochkürbis

spinnen). *Des wore die Griekochbohne, wu mer Supp un Zuspeis[e] gmach hat.* [Ost V]
→Bohne, Grüne Bohne, Grünkochkürbis; kochen; grün.

Grünkochkürbis - m, krī:nkhoxkherps, -ə [Bog, Gott, Low, War, Wis V]; krī:khoxkhęrps [Ap, Fil, Sch, Siw, Werb III]
G: länglicher Speisekürbis, der in grünem Zustand gekocht wird ● *Na hat's noch die Griekochkärbse gewwe, die sinn far Zuspeis (↑Zuspeise) koche gnumme warre.* [Ap III]
→Grünkochbohne, Kochkürbis, Kürbis; kochen.

Grünmus - n, veraltet, krī:mu:s, Sg. tant. [GJ, GK, Ost V]
G: (alte Bezeichnung für:) Spinat ● *Ja, Spinat un Sauerampl un Rabarbe ham-me ghat in Garte. Zum Spinat hann die Alti gsaat Griemus.* [Ost V]
→Gemüsebau, Spinat.

grünspanig - Adj, gri:nʃpa:niç [Bog, GJ, GK, Ost, Len, Low, War V]
Allg: (von Gegenständen aus Kupfer und Messing:) von Grünspan überzogen ● *Die Messingleffle ware oft grinspanich, die hann imme misse geputzt genn (werden).* [GJ V]
→grün (1).

Grünzeug - n, grintsaik, Sg. tant. [Ora, Resch, Stei, Tem V]; kri:ntsaik [Brest, Kara, Stan, Tor III, Fak, Glog V]; kri:(n)tsaik [Fil, Kol, Tscher, Tscho III]; krīətsaik [Ed, KT, Scham, Wud, Wudi I, Jood II]; kri:ntsaiç [Bog I, Ap, Gaj, Mil, Pal, Sch, Stan III, Alex, Bill, GJ, GStP, Heu, Jahr, Len, Low, NB, Ost, SM, War V]; krī:tsaiç, Sg. tant. [StI II, Ap III]; krentsaix [Buk IV]; kre:(n)tsaik [Wasch III]
G: Wurzeln der Petersilie; Petroselinum sativum ● *Ja, Zwibbl (↑Zwiebel) noistupfe (↑hineinstupfen) ode Griënzeig aabaue, un so kummt elles 'noi, de Sålåt.* [Jood II] *Es Mittagmohl woa Kretzlsuppe (↑Gekrösesuppe) mit Paprika, Gelleriewe (↑Gelberübe) un Griezeich.* [StI II] *Wenn mer Supp gekocht hot, da is Griezeich un Geelriewe 'neikumme in die Supp.* [Ap III] *Im Keller war es Grienzeich ingschlaa (↑einschlagen) in de Sand.* [GJ V] *Im Garte ham-mer ghat Rodi Ruwe (↑Rote Rübe) un Rettich, Karfiol, Paschkernat (↑Pastinak) un Grienzeich un vieles andre.* [Ost V] *In Goatn ham-mer des Grinzeig anbaut und Fisoln und Kellerabi.* [Stei V] ■ Gehl 1991, 225; Petri 1971, 53.

→Gemüse, Petersilie; grün.

Gruppe - f, grupe, grupn [OW VI]; krupe, krupn [Len V]
A, Fo: Arbeitsgruppe in der LPG oder in einem staatlichen landwirtschaftlichen Betrieb ● *In de ↑Kollektiv warn die Leit ingeteelt (eingeteilt) in Gruppn un Brigadn, un die hann e Gruppnfihre un e Brigadnfihre, des war so.* [Len V] *Die Jeger (↑Jäger) sind organisiert auf Gruppe, eine Gruppe von acht Pärsonen ode zehn Pärsonen.* [OW VI]
→Brigade, Gruppenführer, Partie.

Gruppenführer - m, krupnfi:rə, Pl. id. [Len V]
A: Leiter einer Arbeitsgruppe in der LPG oder in der landwirtschaftlichen Staatsfarm ● *In de ↑Kollektiv warn die Leit ingeteelt (eingeteilt) in Gruppn un Brigadn, un die hann e Gruppnfihre un e Brigadnfihre, des war so.* [Len V]
→Brigadenführer; Gruppe.

Gulahalt - f, selten, guləhalt, Sg. tant. [Fak, Ga, Glog, Wil V]; ku:ləhalt [GK, Ost V]
V: Viehherde *Etym.*: Das 1. Glied des Komp. *Gula* ist eine Entlehnung aus ung. *gulya* 'Herde; demnach ist *Gulahalt* eine tautol. Bildung. ● *Die Kih sinn noch uff die Gulehalt gang.* [Ost V] ■ Gehl 1991, 208.
→Halt.

Gulasch - m (n), kula:ʃ, Sg. tant. [OG I]; kuleʃl [Stan III]
V: aus Ungarn stammendes Gericht aus Rindfleisch-, später auch Kalbfleischwürfel mit scharf gewürzer Soße *Etym.*: Entlehnung aus ung. *gulás*, verkürzt aus *gulás hús* 'scharfes Fleischgericht, wie es von Rinderhirten im Kessel gekocht wird'. ● *Do is Sauerrahm, un no is e saures Guleschl gmacht worre un Beischel (↑ Beuschel), ja.* [Stan III]
→Fleisch, Paprikasch.

Gummirad - n, gumirat, -redə [Jood II]; kumira:t, -re:dər [Bog, GJ, Gra, Len, War V, Bil, Ham, Mai, Pe, Schei, Suk VI]; kumirat, -redə [Fak, ga, Glog, StA, Wil V]
A: Rad mit aufpumpbaren oder Vollgummireifen ● *Die Wäge (↑Wagen) honn sie schon gmacht mit Gummiredde nocht.* [Jood II] *Also Gummireder hann sie jetz dene letschte Jahre ärscht ghet.* [Schei VI]
→Rad.

Gummiwagen - m, kumiva:ə, -ve:ər [Bog, GK, Ost, War V]
A: von Pferden gezogener Transportwagen mit Gummirädern *Etym.:* Das Subst. ist eine verkürzte Form von *Gummi(räder)wagen*. ● *Die Ruwe* (↑Rübe) *sinn mit Traktore un mit Gummiwejer uff Kumlusch* (ON) *an die Bahn gfihrt ginn* (worden), *dart war die Ruwewoch* (↑Rübenwaage). [Ost V]
→Wagen.

Gurgel - f, kurgl, -ə [Fek, StI II, Ap, Mil III, NP, Put IV, Alex, Bru, GK, Gra, Len, Ost, Wies V]
V: vorderer Halsteil, Kehle ● *Un noh, wie die Sau emgschmisse* (↑umschmeißen) *woa, noh de Schlochter, där tut min Meser die Gurgl 'neisteche* (↑hineinstechen). [Fek II] *De Schlocherhod noh der Sau die Gurgl obgschnieje.* [StI II]
■ Gehl 1991, 105.
→Hals, Vieh.

Gusseisen - n, kusaisə, Sg. tant. [Ap, Ker, Wepr III, Bog, Ger, GJ, GK, Ost V]
A, V: Grauguss, stabiles Eisen ● *Un die hann so Reindle ghat aus Gusseise un die hann so drei Fieß ghat, odder hann se e ↑Dreifuß ghat.* [GJ V]
→Eisen.

Gutedel - f, ku:te:dl, Sg. tant. [Kar, Mil, Tscher, Wasch III, Bog, Bru, Ger, Kud, Len, Lieb, Low, Mar, Ost, Wer V]; ro:di ku:te:dl [GN II, Fu, Mil, Stan III, Franzt IV, Ger, Len, Low, Mar, Stef V]; vaisi ku:te:dl [Fu, Kar, Mil, Stan III, Franzt IV, Len, Low, Mar, Stef V]
W: fruchtbare, vom Weinbaugebiet am Genfer See stammende Sorte von Tafeltrauben, Chasselas ● *Do ware Trauwe aller Arte, angfang mit Maria-Magdalenatrauwe, Szegeder, Gutedl, Geißetuttle* (↑Geißtuttel). [Bog V] *Trauwesorte ware: Gutedel, Portugieser, Staanschiller, Madscharka, Mustafer u. a.* [Bru V] *Un Rewesorte ham-mer ghat: Gutedl, die Zacklweiß, die Mascharka, die hann so viel getraa* (↑tragen). [Ost V] ■ Gehl 1991, 239; Petri 1971, 79.
→Rebsorte.

gutz-gutz - Interj, guts, guts [Fak, Glog V]; kuts, kuts [Bru, GK, Len, Low, Ost, War, Wis V]
V: lautnachahmender Lockruf für Ferkel und Schweine ● *Die Färkle, die Wutzi, ruf mer gutzgutz.* [Ost V] ■ Gehl 1991, 203.
→Gutzel, Schwein.

Gutzel - n, gutsl, Pl. id. [Fak, Glog V]; gutsələ [Fak, Glog V]; gutsəlę [Ga, StA V], gutslçə [Tscher III, StAnd V]; gutsi [NPe V]; kutsili [Bog, GK, Ost, War V]; kitsələ [Fak, Glog V]
V: Kosenamen für Ferkel *Etym.:* Vgl. *Gutzel* m., Rückbildung aus *gutzeln* 'betteln', im Sinne von *Bettel, Almosen fordern*. Dazu auch *gutzeln*, ein alem.-rhein. Wort, besonders schweizerisch, seit dem 16. Jh. bezeugt, in der Bedeutung 'schmeichelnd betteln', eine Iterativbildung zu *gutzen*, besonders von Kindern um Naschereien, dsgl. 'locken' (z. B. *gotzel dem Ferkelchen e beßchen*. Dazu *abgutzeln* 'abbetteln', einem *begutzeln* 'einem schmeicheln'. (RheinWb II 1528; DWb 9, 1492) Es ist anzunehmen, dass *gutzeln* zuerst als Lockruf für kleine Ferkel (wie: *gutz-gutz*) und erst später als Kosenamen verwendet wurde.
● *Die Färkle oder Wutzi sinn aa die Gutzili, Gutzi, so sinn die klaani gnennt.* [Ost V] ■ PfWb III 525 f.: auch *Gutzchen, Gutzi* 'Schweinchen, Ferkel'; Gehl 1991, 192.
→Ferkel, Schwein; gutz-gutz.

Haar - n, ha:r, Pl. id. [Ap III, Tom IV]; ho:r [Jood II, Fak, Bak, Bog, Ga, Glog, StA, Hatz V]; hoɐ:r [StI II, NA V]; hoɐ [Fek II]
V: fadenförmiges Gebilde aus Hornsubstanz auf der Außenhaut von Tieren ● *Ärscht woarn die Mangolitza* (↑Mangalitza). *Es woan die runde, mit so gekrigelte Hoar hatte se.* [StI II] *Nom senn die Hoaa rausgekratzt woan von de Sau.* [Fek II] *No hamm sie die Sau so lang zoge un dreht, bis de Hoor rabgehn.* [Jood II] *Bei der Sau hot mer der Kopp, der Hals gsacht, die Haar, die Tuttle* (↑Tutte). [Ap III] *Die letschte Jahre hemmir die Deitschlender Saue* (↑Deutschländer Sau) *ghat, die so ohne Haar, gell.* [Tom IV] *Korzi Hoor sinn schnell gebärscht.* [Bog V] *Jetz tud me sie schon abbrenne mit ↑Aragas, dass ke Hoar droobleibt.* [NA V] **Anm.:** Mit Bedeutungserweiterung werden auch Schweineborsten als *Haare* bezeichnet. ◆ Im Volksglauben ermöglicht der Besitz von Körperabfällen (nach dem pars pro toto-Prinzip) den Dämonen, ihre schädliche Wirkung auf den früheren Besitzer auszuüben.

Dazu ein Zitat: Wann im Stall unner dr Bruck (↑Brücke 2) Hoor oder Eierschale leije (↑liegen), krepiere[n] die Ross. [Hatz V] - Redewendung (zu einer unmöglichen Aufgabe): Ropp (rupfe) mol dr Krott (Kröte) e Hoor raus, wann se kaani hat. - Sprichwort: De Hund vrliert die Hoor, awr die Naupe (schlechte Gewohnheiten) net. [Bak V] ■ Gehl 1991, 107.
→Borste, Kukuruzhaar, Vieh.

Hachse - f, haksə, -n [Petschw II, Ap III, ASad, Resch, Tem, Wei V]
V: Sprunggelenk des Beines vom Schlachttier ● *Bei der Sau hot mer der Kopp* (↑Kopf), *der Hals, der Bauch, die Hackse, der Schwanz odder hot mer Schwenzl gsacht.* [Ap III]
→Fuß (1).

Hacke - f (n), hake, Pl. id. [OW VI]; hakə [Jood II, Pan V]; håkə [Pußt I]; hak, -ə [Fek, Nad II, Be IV, Bog, Bru, Charl, Da, GK, Jahr, Len, Low, Ost, War V]; hakn, Pl. id. [Lug, Ora, Resch, Stei, Wer I]; (n) hakl, Pl. id. [Pußt I, Surg II, Stan III, OW VI]
1. A, Fo: Gerät zum Lockern der Erde bei der Gartenarbeit mit einem Holzstiel an einem Metallblatt ● *De Kukrutz* (↑Kukuruz) *wärd aa oighoiflt* (↑einhäufeln) *bei uns, wann's mit de Hacke wäred garbet* (↑arbeiten). [Jood II] *In de Reih hot mer misse mit de Hack hacke, haufe* (↑häufeln) *un schittre* (↑schüttern). [Bru V] *Mer hat gschärrt* (↑scharren) *mid a braadi* (↑breit) *Hack mit a schmali Schneid.* [Ost V] *Da hat me iberall a kleine Hüttn ghabt fir understelln Hackn un Schaufln un so weite.* [Wer V] 2. Fo, V, W: Werkzeug mit scharfer Schneide zum Bearbeiten von Holz oder Fleisch ● *In Fruhjahr hod me die Stecke einigschlogn* (↑hineinschlagen) *wiede mid e Hackl.* [Pußt I] *Un no hot mer e Hackl ghat.* (...) *Die Hackl ware zehn Zedimedder braat un dreißig Zedimedder lang.* [Stan III] *Das Holz wird bezimmert, mit so e breite Hacke un zusammenpasst.* [OW VI] **Anm.**: Die Variante Hackn mit n-Morphem im f. Sg. und Pl. weist bair.-österr. Einfluss auf. ■ Gehl 1991, 142
→(1) Haue, Schieber, Schubhacke, Werkzeug; hacken; (2) Fleisch-, Schrothacke.

hacken - schw, hakə, khakət [Bil, Ham, Pe, Schei, Suk VI]; hakə, khakt [Baw, Bold, Jood, La, Nad, StI, Sulk II, Ap, Stan III, Be, Tom IV, Bak, Bog, Bru, Charl, Fak, Fib, Ga, Glog, Jahr, Len, Ost, KSch, Sack, StA, War, Wil, Wies, Wis V]; håkə, khåkt [Pußt I]; hokə, khokt [Wer I]; gihakə, -hakt [Ham, Mai, Schei, Suk VI]
A, Ga, T, W: den Boden mit der Hacke lockern und zerkleinern ● *Un des Unkraut, des hot misst vollständig ghackt wärr.* [Baw II] *Die Loit* (Leute) *senn gange Woigarte* (↑Weingarten) *hacke un binde un spritze.* [Jood II] *De Weigoate muss aa eftes ghackt wän, net.* [La II] *De Kukrutz* (↑Kukuruz), *där is als zwaamol ghackt woen, wann e grosig woa, un aamol gheiflt hunn se.* [StI II] *De Tuwak* (↑Tabak) *had me zwaamol hacke mise un nochhär heifle.* [Sulk II] *Der Kukrutz hot ja aa misse ghackt wärre un Sach* [Ap III] *Des ware die beschte Schuh for in de* ↑*Schnitt un for Kukrutzbreche un Kukrutz hacke.* [Stan III] *Dann had me messe Kukrutz hacke schon.* [Tom IV] *Wann im neie Johr zuerscht e Mann stärbt, no saat mer: Heier werd's schlecht Kukrutz hacke gehn.* [Bak V] *In de Reih hot mer misse mit de Hack hacke, haufe un schittre.* [Bru V] *Un de Kukrutz is nohhär ghackt ginn mit der Hand.* [Ost V] *Hacke ham-mer amel* (allemal) *misse, bis dene Beem* (↑Baum) *sen groß gwe, viel sem-me gange gihacke.* [Schei VI] **Anm.**: In den sathmarschwäb. Dialekten tritt die verbale Form hacke neben gihacke auf. ■ Gehl 1991 139.
→abhacken, aufhacken (1a), -reißen, einscharren, hauen, häufeln, scharren, schüttern; verhackt; Hacke, Hackpflug, Schubhacke.

Hackpflug - m, hakpflu:k, -pfli:k [Fak, Ga, Glog, StA V]; hakpluk, -plik [Bru, Charl, Fib, Jahr V]; hakplux, -pliç [Ost V]
A: Pflug zum Lockern des Bodens und Jäten des Unkrauts ● *Beim Kukrutzhacke is jo mitm Hackplug dorchgfahr gewwe* (worden), *nor in de Reih hot mer misse mit de Hack hacke, haufe* (↑häufeln) *un schittre* (↑schüttern). [Bru V] *De Bode* (↑Boden 2) *wärd tief ufgmacht* (geöffnet) *mit em Pluch un mit em Hackpluch nohhär, där hat flachi Schare* (↑Schar) *un de Plucharm.* [Ost V] ■ Gehl 1991, 147.
→Kultivator, Pflug; hacken.

Häcksel - m, heksl, Pl. id. [La, StI II, Bog, Fak, Ga, Glog, GJ, GK, Len, Low, Ost, Sad, StA, War, Wil V]
V: Mischfutter aus zerkleinertem Maislaub, Rüben u. a. Futtermitteln ● *Die Sei* (↑Sau) *hunn kricht* (gekriegt) *Kukrutz* (↑Kukuruz) *un noch Kukrutzschrot un no hunn se noch droo Hecksl, e bissje.* [La II] *Die Sei hunn kricht* (gekriegt) *Kukrutz un noch Kukurutzschrot un noch droo*

Hecksl, e bissje. Des Hecksl, des woa die Riewe (↑Rübe) *un Sprei* (↑Spreu) *un alles.* [StI II] *Die Ruwe wärrn mitn Ruwehowwl klaa veschnidde* (↑verschneiden) *un kummen in Häcksl.* [Glog V] *Wann kaa Tau war, sinn die Spitze vum Laab* (↑Laub 1b) *abgebroch, des war alles so wie Hecksl gewenn.* [Ost V] ■ Gehl 1991, 196.
→Futter; verhäckseln.

Hackstock - m, hakʃtok, -ʃtek [Fek, Jood II, Bru, Charl, Fak, Ga, Glog, Jahr, Kahr, StA V]; håkʃtok , -ʃtek [Petschw II]
V: Tisch mit bohlenförmiger Platte, auf dem Fleisch transchiert wird ● *Wie die Sau zimmlich fätich woar, is sie uf en Hackstock Do is hat so en Tisch, duet is sie draufgelecht woan.* [Fek II] *Die Sau wäd ausenand gschnitte* (↑auseinander schneiden)*, die Därem* (↑Darm) *kummed raus, un no geht sie uff de Hackstock.* [Jood II] *Dann wäd die Schwei aufgspåldn* (↑aufspalten) *un die Därem rausgnumme un neitragn am Håckstock, un noch wäd' s aufgeoarwet.* [Petschw II] *Do hat mer gericht* (↑richten)*, was for die Schweinsschlacht notwendich war, die Schlachtmulder* (↑Schlachtmulter)*, de Hackstock, de Transchiertisch.* [Bru V]
→Transchiertisch.

Hafen - m (n), ho:və, Pl. id. [Fek II]; hę:f, -ə [Bil, Schei, Suk VI]; (n) hę:fələ [Bil, Ham, Mai, Pe, Schei, Suk VI]; he:pçə [Lieb V]
V: Topf *Etym.:* Vgl. obd. *Hafen* 'Topf'; österr. *Häfen* [hefm] 'Kochtopf'. (Teuschl 1994, 104). ● *Do hot die Hausfrau 's Blut aufgfangt mitn Howe un hot gerihrt, weil es Blut stockt gschwind.* [Fek II] *Die Sau in de Brihmulder* (↑Brühmulter) *hod me bissje abgschreckt mit oome Heepche kaldn Wasse.* [Lieb V] *Die Mill* (↑Milch) *ta mer in selle Häfele, seit mer Millhäfele, un de wärd se ʼdick (3).* [Schei VI] ■ PfWb III 559-563: 1.a 'irdener Topf zur Aufbewahrung von Flüssigkeiten', b. 'eiserner Kochtopf'; SüdHWb III 34 f.; RheinWb III 56 f.; BadWb II 525; SchwWb III 1018: (*Häfele*) 'Topf', jede Art von Geschirr aus Ton, Stein, Metall in Topfform.
→Milchhafen.

Hafer - m, ha:vər, Sg. tant. [Wud I, Sulk II, Buk III]; havər [Ap, Fill, Kol, Mil, Stan, Tschn, Wasch III, NP, Tom IV, Fak, Ga, Bill, Bre, Glog, Karl, Low, NB, Nitz, Orz, Sack, StA V]; havə [NA V]; ha:bər [Jood II, Sad V, Bil, Ham, Mai, Pe, Schei, Suk VI]; ha:vr [Ru IV]; havr [Bak, Ost V]; habr [Scham I]; ho:vər [StI II]; hovər [Gai III]; ho:vən [ASad, Lin, Wei, Wolf V]; ho:və [Petschw II]
A, V: meist als Pferdefutter verwendete Getreidepflanze mit abstehenden Rispen und gleichseitig angeordneten, zweiblütigen Ährchen; Avena sativa ● *Die Pfäede hann Kleehaai krigt un Schrot, dann noch Howe un Viechruem* (↑Viehrübe)*.* [Petschw II] *Der Bauer hod Kukrutz oogebaut, ʼFrucht (1), Geäschte un Hower. Un de Hower, des is wege de Geil* (↑Gaul)*, gel.* [StI II] *In Fruhjohr hot mer mise Grumbire stecke un de Hawer oobaue.* [Sulk II] *Friher hot mer hauptsechlich die Frucht oogebaut un der Hawwer un die Geärscht un Kukruz.* [Ap III] *Dann is der Hawr drescht woan un Gärschtn.* [Ru IV] *Im März henn die Leit messe (müssen) Hawer seje* (↑säen) *gehe, des war des erschte, was drokomme is.* [Tom IV] *Hawer un Gärscht hat mer friher mit de Ross getrete.* [Fak V] *Am Feld ham-me meistns Kugrutz, Gäeste, Hawwe, Linse un Wicke ååbegaut.* [NA V] *Die hann misse for Hawr un Kukrutz for fietre* (↑füttern) *un for Haai sorche.* [Ost V] *E nasser April un e kiehler Mai bringt viel Hawer und Haai.* [StA V] *Dann is e bisserl Howen Eadäpfl* (↑Erdapfel) *un Korn aabaut woan.* [Wei V] *Und auf d'Eschtre* (↑Estrich) *hat me den Woaitze nauftaa, de Rocke, Haber, die Sunnerose.* [Schei VI] ◆ Redewendung: *Im Hornung git's Haber, im März Häberli* [Sad V] 'frühe Aussaat im Hornung gibt eine gute Ernte, späte Aussaat nur eine schwache Ernte'. (Gehl 1991, 85) Kinderlied: *Morje geh mer Hawer dresche, kriet de Schimml Dreck zu fresse! Djieh, Schimml, djieh!* [Bak V] ■ Gehl 1991, 85; Petri 1971, 18.
→Haferernte, -graben, -schnitt, -schrot, -spreu, -stroh.

Haferbirnbaum - m, havərpi:rəpã:m, -pē:m [Bog, GK, Ost V]
O: Obstbaum, der Haferbirnen trägt ● *Im große Garte ware viel Obstbeem drin, e große Bierebaam, zwei Hawwerbierebeem un e ganz große Maulbirebaam* (↑Maulbeerbaum)*.* [Ost V]
→Birnbaum, Haferbirne.

Haferbirne - f, havərpi:r, -ə [Bog, Low, Ost V]
O: früh, in derselben Zeit wie der Hafer reifende Birnensorte ● *Hawwerbiere, des ware friheri* (↑früh) *un klennri geeli* (↑gelb) *Biere, die was in de Hawwerzeit kumme* (reifen)*.* [Ost V] ■ PfWb

III, 566; SüdHWb III 38; RheinWb III 65; BadWb II 519.
→Birne, Haferbirnbaum.

Haferernte - f, havəęrnt [Ga, StA V]
A: Ernte (Schnitt) des Hafers ● *Die Gäschteärnt wor immer zuärscht, die Fruchtärnt un die Hawerärnt sinn speder drankumme.* [StA V] ▪ Gehl 1991, 133.
→Ernte, Hafer.

Hafergraben - m, hǫvəkro:və, Sg. tant. [Alt, Fek, Oh, Wem II]
A: oft mit Wasser gefüllte Vertiefung in der Haferflur ● *Die Growe, do is de Howegrowe, de Huttergrowe an der Hutwaad* (↑Hutweide), *un de Flehgrowe.* [Fek II]
→Graben, Hafer.

Haferschnitt - m, havərʃnit, Sg. tant. [Ost V]
A: Ernte des Hafers ● *Dann is de Gäschteschnitt kumm un de Hawwerschnitt is kumm. Hawwer is net viel aagebaut ginn* (worden), *nor for die Ross.* [Ost V]
→Hafer, Schnitt.

Haferschrot - n, havərʃro:t, Sg. tant. [Ost V]
V: als Viehfutter grob zerkleinerte Haferkörner ● *Die Kih hann Schrot kriet, also Kukrutzschrot mit etwas Kleie gmischt, mit Gärschteschrot odder Hawwerschrot.* [Ost V]

Haferspreu - f, havərʃprauər, Sg. tant. [GK, Ost V]
A: Hülsen und Grannen des Hafers ● *Hawwersprauer hann die Kih kried* (gekriegt) *iwwer Nacht, des war gudes Fuder* (↑Futter). [Ost V]
→Hafer, Spreu.

Haferstroh - n. havərʃtro:, Sg. tant. [Bog, Fak, Glog, Gott, Low, Ost, Wil, Wis V]; hǫ:vərʃtro: [StI II]; ha:bərʃtrɐu [Sad V]
A: Halme und Blätter des Hafers ● *Un es Howerstroh, des woar weiger* (↑weich), *des hunn se gfittert* (↑füttern) *im Winder.* [StI II] *Gärschtestrau un Haberstrau sinn em Ross sin Fuetter.* [Sad V] ▪ Gehl 1991, 197.
→Hafer, Stroh.

hageln - schw, ha:gln, kha:glt [Franzd, Ora, Stei V]
Allg: (vom Niederschlag:) als Eiskörner fallend ● *Wenn's stirmt un haglt un schneibt, dann is schlechtes Wetter.* [Stei V]
→regnen, schloßen; Wetter.

Hahn - m, hãũ, -n [Ed, KT, Scham, Wud, Wudi I]; ha:n, -ə [Hatz V]
V: männliches Tier der Hühnervögel *Etym.:* Hahn wird in den deutschen Dialekten durch eine Vielzahl von lautmalenden und Kinderwörtern bezeichnet. In der md. und obd. Volkssprache wird *Hahn* fast nur für den Drehzapfen am Brunnen und Fass verwendet, der seit dem 15. Jh. Hahnengestalt erhalten hat, ähnlich der Wetterfahne. ([21]Kluge, 282) ● *Wenn der Hahn vor de Tihr* (Tür) *kreht* (↑krähen), *get's* (wird) *annres Wetter.* [Hatz V]
→Auer-, Pujkehahn, Gockel, Huhn, Kokosch; krähen.

Hahnenfuß - m, ha:nəfu:s, Pl. id. [Berg, Hod III, GK, Ost V]
A: als Unkraut verdrängte Kräuter oder kleine Stauden mit gelben oder weißen Blüten, vor allem Acker- oder Wasserhahnenfuß; Ranunculus arvensis bzw. aquatilis ● *Mir hann viel Unkraut ghat, de Hahnefuß, de geele* (gelb), *giftiche.* [Ost V] ▪ PfWb III 584: 2.a, auch *Hahnenkräutchen*; SüdHWb III 47; RheinWb III 109; BadWb II 532; Petri 1971, 61.
→Unkraut.

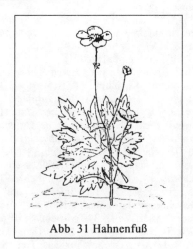

Abb. 31 Hahnenfuß

Haken - m, ha:kn, Pl. id. [ASad, Lug, Resch, Tem, Wei, Wolf V]; håkn [Pußt I, OW VI]; ho:kŋ [Tol I]; ho:kə [Bog, Fak, Ga, Ger, GJ, GK, Glog, Gott, Gra, Lieb, Low, StA, StAnd, War, Zich V], hǫkə [Nad II]
A, V: winkelig gebogenes Metall ● *Die Flackse* (↑Flachse) *vun de Hinnerfieß hot mer frei gmacht un die Hoke sein dort neigsteckt wor.* [Lieb V]

De Hengsitz (↑Hängesitz) *hat zwei Hoke, wu me drufhengt, un de Sitzsack kummt dorte druf.* [Ost V] ■ Gehl 1991, 151.

halb - Adj, halp [Bog, Fak, Ga, Glog, Gott, Len, Low, Ost, StA, Wil, Wies, Wis V]
Allg: zur Hälfte, in zwei gleiche Teile geteilt ● *D'Sou* (↑Sau), *die e gueti Trenki* (↑Tränke) *hat, braucht 's halbi Fresse.* [Sad V]
→Halbscheid (1), Halbeimer, halbsteirisches Ross, Viertel; halbreif, -rund.

Halbeimer - m, halbe:mə, Pl. id. [Pußt I]; halbəle, halbələ [Ham, Mai, Schei VI]
A, V, W: Maßeinheit für Flüssigkeiten (von etwa 28 Litern) ● *Un achtenzwanzich Litte, des woa de Halbeeme, ne, un de Eeme hot secksunfufzich Litte ghobt, des is ein Maß, ne.* [Pußt I] *No honn i e Halbele zu jedem ↑Stock* (1a) *naagschitt, nur so en Topf.* [Schei VI]
→Eimer (2).

halbreif - Adj, halpraif [Fek, Nad, Oh, StG, Wem II, Ker, Sch, Stan III, Be, Tow IV, Bog, Ger, GJ, Kath, Len, NA, Ost V]
A, G, O, W: nicht ganz ausgereift ● *Halbreif woan die nue, die hamm mise e bisl rosee nu sein, dass sie reif sein, bis sie ankumme.* [NA V]
→halb, reif.

halbrund - Adj, halprund [Ap, Hod, Sch, Siw, Waldn III, Bog, Ger, Low, Stei, War, Wis V]
Allg: einen halben Kreis bildend ● *Mer hadde aach e mechanische Reche, so e halbrunde, un e Kugrutzsetzer* (↑Kukuruzsetzer). [Waldn III] *Die Giblleche woan sowie obn halbrund ausgschnieddn.* [Stei V]
→halb, rund.

Halbscheid - f, halpʃait, halpʃaidə [Alex, Bak, Fak, Ga, Glog, Lieb, StA, Wies, Zich V]
1. Allg: die Hälfte eines (landwirtschaftlich genutzten) Gegenstandes ● *Am ↑Bock* (3) *sein die Halbscheide dann hängegeblieb un waan stabil.* [Lieb V] 2. A: (im Ausdruck *um die Halbscheid:*) Ackerfeld um die Hälfte des Ertrags bearbeiten ● *Dann haww i* (habe ich) *Feld um die Halbscheid in der Warschandemer Pußta genumme. Dårt haww i in åånere* (einer) *↑Hodaie gwohnt, bis zum Zwatte Weltkrieg.* [StA V] *Die hann sich a Schopp* (↑Schuppen) *gmacht, die hann bei de Baure um die Halbscheid gebaut.* [Wies V] ■ PfWb III 598; SüdHWb III 56; RheinWb III 127; BadWb II 537; SchwWb III 1059; ÖstWb 241.
→(1) halb; (2) Halbscheidbauer.

Halbscheidbauer - m, veraltet, halpʃaitpauər, -paurə [Fil, Gai, Mil, Sch, Wepr III, Be, Tow IV, Alex, Bak, Bru, Fak, Glog, Low, Mar, Wis V]
A: Kleinbauer, der Ackerland um die Hälfte des Ertrags bearbeitet ● *No hann ich mer e Haus kaaft un sinn Halbscheidbauer ginn* (geworden). [Alex V]
→Bauer, Halbscheid (2).

halbsteirisches Ross - n, halpʃtairiʃəs ros, halpʃtairiʃe - [Tom IV]
V: breites Vollblutpferd ● *Un no hem-me noch ghat die halbsteirische Ross, des ware die breitre måhr, die Hengschte do.* [Tom IV]
→Ross.

Halbviertelschaff - n, halpfi:rtlʃafl, Pl. id. [Fak, Ga, Glog, StA, Wil V]
A, O, W: hölzerner Bottich als Raummaß, der ein Achtel Hektoliter, also 12,5 Liter umfasst ● *In e Viertlschaffl gehn 25 Litter Wei* (↑Wein), *aa Äpfl odde Frucht, was me grad ausmesse will. Un in e Halbviertlschaffl gehn 12,5 Litter.* [Glog V] ■ Gehl 1991, 245.
→Viertelschaff.

Halfter - m, (n), halftər, halftrə [Kock, Wem II, Fil, Mil, Pal III, Be, NP, Put, Tom IV, Bog, Charl, Ernst, Fak, Ger, GJ, GK, Glog, Gra, Hatz, Len, Nitz, Ost, Sack, StA, War, Wil, Wis V, Bil, Ham, Pe VI]
V: Zaum ohne Gebiss des Pferdes ● *Die Ross ware mit Halftre aagebunn* (↑anbinden). *Friher mit Halfterstrick, die letscht Zeit schun mit Kette.* [Ost V] ■ PfWb III 601 f.; SüdHWb III 58 f.; RheinWb III 132 f.; BadWb II 539; Gehl 1991, 164.
→Halfterstrick, Sielengeschirr, Zaum.

Halfterstrick - m, halftərʃtrik, Pl. id. [Bog, Fak, Ga, GK, Glog, Gra, Ost, StA, War, Wis V]
V: aus einem Seil bestehender Halfter ● *Die Ross ware mit Halftre aagebunn* (↑anbinden). *Friher mit Halfterstrick, die letscht Zeit schun mit Kette.* [Ost V]
→Halfter, Strick.

Hals - m, hals, hels [Aug, Schor, Wud I, Baw, Wem II, AK, Ap, Hod, Pal, Mil, Siw, Stan III, Put, Tom IV, Alex, Bak, Fak, Ga, Glog, Kath, Lieb, Low, Wil, War V, NP, OW VI]

Halt

V: Körperteil von Tieren zwischen Kopf und Rumpf ● *Bei der Sau hot mer der Kopp* (↑Kopf 1a), *der Hals, der Bauch un die Fieß.* [Ap III] *Un no war die Schulder un es Ohrwangl* (↑Ohrwangel), *des is der Hals, also an der Backe.* [Stan III] *Der Katz is jo e Knoche im Hals steckegebliwwe.* [Fak V] *Un dann hod er gsucht am Hals die Schlagode* (↑Schlagader). [Lieb V] ■ Gehl 1991, 107.
→Gurgel, Nackhalsige, Vieh.

Halt - f, halt, -ə [Sulk II, Fak, Ga, GK, Glog, Gra, Ost, Pan, StA, War, Wil V]
V: Viehherde *Etym.:* Von mhd. *halt* 'Bestand, Ort, Aufenthalt', mhd. *halte* 'Weideplatz'. (Wolf 1987, 263) ● *Bäre* (↑Bär 2) *ware, un de Gemoindebär is 'nausgange mit de Halt.* [Sulk II] *Die Mangolitze* (↑Mangalitza), *es Wollschwein noh de Schrift, die sinn noch uff die Halt gang.* [Ost V] *Die Los* (↑Lose) *hat uff de Halt ufgnumme* (↑ aufnehmen). [StA V] ◆ Metaph. gebraucht: *Er ist gere bei der Halt.* 'Er ist gern in der Gemeinschaft.' *Der kummt der Halt net noh,* von einem saumseligen Arbeiter gesagt. (Wolf 1987, 263) - Historischer Beleg: "Vom 25=ten März [1864] an gingen die Pferde schon bei der Halt auf die Weide." (Deutsches Bauernleben 1957, 18) ■ Gehl 1991, 207.
→Halter, Gula-, Kälber-, Kuh-, Ross-, Sau-, Schweinshalt; halten (1).

halten - st, haltə, khalt [Sulk II, Stan III]; haldə, khaldə [Fek II, Ap, Hod, Mil, Pal III, Put, Tom IV, Fak, Ga, Glog, NA, Sad, StA V]; halə, khalə [Ha, Seik II]; halə, khal [Bog, Ger, GJ, GK, Len, Low, Ost, War V]
1. V: Haustiere anschaffen und züchten ● *Tauwe* (↑Taube) *hatte mir aa, dot in Fäkäd* (ON) *un Hose* (↑Hase) *hatte me ghalde.* [Fek II] *Friher honn se die Velker nit in de Biekeste* (↑Bienenkasten) *ghale, sonden in Kärb* (↑Korb 2), *die senn aus Stroh gebunde, aus Schabstroh* (↑Schaubstroh), *ja.* [Seik II] *In manche Heiser hot me Stallhase noch ghalde.* [Ap III] *Die Leit henn nochn Krieg Gaaße* (↑Geiß) *anstatt Kih ghalde.* [Fak V] *Schof had me ghalde, die had me de Schofhalde auf de Waad* (↑Weide 1) *gewwe es ganzi Joah.* [NA V]
2. A, O, W: bewahren, zurückhalten ● *Des Fleisch is oigsalzeun grauchert wore, dass es sich halt.* [Sulk II] *Beim Fruchtfeld soll so gschwind wie meglich gstärzt* (↑stürzen) *ginn* (werden), *dass me die Feichtichkeit im Bode* (↑Boden 2) *halt.* [Ost V] 3. Allg: Bestand haben, dauerhaft,

widerstandfähig sein ● *Mer hot des Kloofleisch* (↑Kleinfleisch) *messe wegesse, weil des hot sich net ghalte.* [Stan III] *Mir hann getracht, dass es Bärl* (↑Beere) *e dicki Schal hat. Weil die Dinnschalichi* (↑Dünnschalige), *aso Esstrauwe, hann sich net gut ghall.* [Ost V] ■ Gehl 1991, 207.
→(1) Halt, Halter; aufziehen; (2) zusammenhalten.

Halter - m, halter, Pl. id. [Sad V]; haldər [La, StI II, Fak, Ga, Glog, StA V]; haldər, haldrə [Bog, Ger, GJ, GK, Nitz, Ost, War, Wis V]
V: Viehhüter, der das Vieh auf die Weide bringt und dort bewacht *Etym.:* Aus bair.-österr. *Halter* (reg.) 'Hirt'. ● *Schwenglbrunne woa drunne* (unten) *uff de Hutwaad* (↑Hutweide), *dot wu die Halder des Vieh hiegetriewe hunn.* [StI II] *Was ferchi* (für) *Haldre ware? Des ware de Kuhhalder, de Schofhalder, de Fillehalder un de Kelwehalder. Die ware friher, un des war awer in letzt Zeit nimmär.* [Ost V] **Anm.:** In der Variante *Halder* wird im Wortinlaut *t>d* erweicht. ◆ Historischer Beleg: "Am 13=ten Sept [1863] telegraphierten die Halter, daß 24 Stück Pferde krepiert und 80 Stück entflohen wären." (Deutsches Bauernleben 1957, 16) - Mit dem Aufackern der Hutweide in manchen Gemeinden wurde auch der Viehhüter überflüssig. ■ ÖstWb 242; Gehl 1991, 207.
→Feldhüter, Füllen-, Gänse-, Kälber-, Kuh-, Pferds-, Ross-, Sau-, Schaf-, Schweinshalter, Halt, Halterhaus, -wiese, Hüter; halten (1).

Halterhaus - n, håltərhaus, -haisər [Alt, Fek, Nad, Oh, Wem II]; håltəshaus, -haisər [Go, Ma, Pal, Wak, Wiel II]; haldərhaus, -haizər [Fak, Ga, Glog, StA, Wil V]
V: Haus im Gemeindebesitz mit Ställen für männliche Zuchttiere ● *En Fäkäd* (ON) *is auch es Hålterhaus, de Sportplatz un de Läwäntäplätz.* [Fek II] *Es Durf hod e Håldeshaus, die Millichhalle on e Flåischbank.* [Wak II] *Der Vadder wor mit unsrer Stut im Halderhaus.* [Glog V] *Im Halderhaus is der Bikestall un der Ewerstall.* [StA V] ■ Gehl 1991, 181.
→Bika-, Eberstall, Gemeinde.

Halterwiese - f, håldəsvi:zə, Pl. id. [Alt, Fek, Nad, Oh, Wem II]
A, V: neben der Hutweide gelegene Äcker der Viehhalter ● *Newer de Håldeswiese is die Hutwaad mit de Såitrift* (↑Sautrift); *friher woar aach e Genstrift.* [Fek II]
→Halter, Wiese (2).

Hambar - m, hamba:r, -ə [Jood II, Bog, GJ GK, Len, Low, Ost, Perj, Wer V]; hambå:r [Waldn III]; håmbå:r [Fak, Glog V]; hampa:r [Stan III, Bru V]
1. V: überdachter Bretter- oder Rutenbau, manchmal mit Schlafmöglichkeit davor, zum Aufbewahren von Weizen oder Bohnen *Etym.:* Entlehnung aus türk. ambar 'Lagerschuppen, Kornspeicher, Lagerraum eines Schiffes' (Steuerwald 50) über bulg. *chambar*, serbokr. und rum. *ambar, hambar*, ung. reg. *hambár* 'Getreidespeicher'. Das Wort gelangte in die österr. Beamtensprache und über diese in die donauschwäb. Dialekte mit der Bedeutung 'Maisspeicher aus Rutengeflecht bzw. Latten'. (Gehl/Purdela Sitaru 1994, 62) ● *Was die Secktrager hänn die Kärn (↑Korn 1) auf de Bode odde in de Hambar tragn.* [Jood II] *De Knecht, dä hod im Tschardak gschlofe, im Hambår, wie mer saat.* [Waldn III] 2. A, V: hoher, quaderförmiger, überdachter Maisspeicher aus Latten auf Steinfundament; oft über einem Schweinestall errichtet ● *De Hambar war zu klein, die Baure (↑Bauer) henn alli großi Bede (↑Boden 2) ghat.* [Stan III] *De Sallasch (↑Salasch 3) un owwedriwwer war de Hambar bei manche Leit.* [GJ V] *Bei uns hem-mer Håmbåre firn Kukrutz (↑Kukuruz) ghat.* [Glog V] *Friher war de Hambar mit Ladde (↑Latte) gmacht, schmal un hoch, dass die Luft dorichgeht. Un unnedran war immer de Schoppe (↑Schuppen), de Maschinnschoppe. Un die letschti Zeit ware die Hambare groß, unsre war 27 Medder (↑Meter 1) lang un siwwe oder acht Medder hoch. Dort is 24 Waggon Kolwekukuruz drufgang.* [Ost V] *Die Baure hann Holz kaaft un hann Hambare gebaut.* [Perj V] ◆ Manchmal wird im Komp. *Kukruzhambar* besonders auf die Bestimmung dieses Lagerraums im Unterschied zu anderen Getreidespeichern hingewiesen: "Oft er es Täch lang net mol derhem un hat liewer irgendwu in eener Kammer, in eem Stall oder in eem Kukruzhambar gschlof, als wie in seim Haus". (Schwarz 1981, 193). - Historischer Beleg: "Die Armen bekamen allwöchentlich 3 Pfund Mehl pro Kopf. Die etwas im Besitz haben, bekamen 1/4 Frucht pro Kopf aus dem Hambar für einen Monat." Hier wird *Hambar* im Sinne von 'Voratsspeicher für die Gemeinde' verwendet. "Später [1863] bekamen wir von der hohen Regierung wieder 400 Metzen theils Frucht und Korn, welches wir im Hambar zur Austheilung an die Armen aufwahrten." (Deutsches Bauernleben 1957, 17) ■ Gehl 1991, 177; Gerescher 1999, 63.
→(1) Boden (1), Holzhambar, Tschardak; (2) Gore, Kotarka, Kukuruzkorb; (1,2) Silo.

Abb. 32 Hambar

Hamburger - f, hambuəgə Sg. tant. [Wer V]
W: edle Sorte von Tafeltrauben ● *Traubnsoetn waan veschiedene. Ich weiß, dass me Riesling ghabt hamm und Buegunde und Hambuege, des waan die, wo so gut grochn hamm.* [Wer V] ◆ Es ist ein aromatische Tafelweinsorte, ähnlich dem *Muskateller*, eine Traubensorte mit muskatartigem Geschmack, aus mhd. *muscatel*, aus mittellat. *muscatellum*. (Wahrig 2497) ■ Gehl 1991, 238. *Hamburger* ist eine Weiterentwicklung aus *Muskat Hamburg*, vgl. auch *Muskat Ottonell*, von *Othelo*.
→Rebsorte.

Hamme - m, ham, -ə [Bog, Ger, Gra, Len, Low, Ost, War, Wis V]
A: Bügel am Sensenblatt, der dieses mit dem Stiel verbindet *Etym.:* Vgl. mhd. *hamme* 'Hinterschenkel, Kniekehle'. (PfWb III 617) ● *Do is de Senseworf mit am Griff un an de Sens unne war des Taal (↑Teil), wu die Sens rinkummt (hereinkommt), des is de Hamm.* [Ost V] ■ *Hamme, Hammer* m. PfWb III 617: 1. 'Eisennagel am Vorderwagen, an dem die Waage hängt', 2. 'Bügel an der Sense, der in den Sensenwurf eingreift'; SüdHWb III 73 *Hame*, 183 *Hammer* 2.a; Rhein III 172 *Hame*; BadWb II 554 *Hamme* 2a.
→Sense.

Hampel - n, hampl, -n [Saw II]; hambl, Pl. id. [KaF, Kisch, StI II]
A, H: Handvoll, Büschel *Etym.:* Vgl. *Die Hampfel* 'Handvoll'; *voll*: In den elliptischen Formen *voll, eine Hand voll*, ist *voll* zu einem tonlosen Suffix des Subst. geworden, und es sind so die Nomina *Hámpfel, Mumpfel* entstanden. (BayWb 1/2, 1113 *hampfel*, 1/1 838 *voll*). ● *Die*

handbreit

hunn son Hambl genumme, unnoch zammgedreht unner de Oarem (Arm), *zammgebunne* (↑zusammenbinden), *unnoch woar der Saal* (↑Seil) *feätich.* (StI II) **Anm.**: *Hampl* ist die Mundartform mit unverschobenem *-p-*. ■ *Hampfel* als 'Handvoll': BadWb 2, 546; SchwWb III 1094; RheinWb III 185; *Hampel,* 204 *Hand-voll;* SSWb 4, 56: *Handvoll* 2. 'kleines Getreidebündel'; PfWb III 579: *Haffel,* 644: *Hand voll*: 1.a 'was in eine hohle Hand hineingeht', b. 'in zwei aneinander gehaltene hohle Hände'.

handbreit - Adj, handəbra:t [Fil, Mil, Stan III, Fak, Ga, Glog Wil V]
Allg: (von landwirtschaftlichen Produkten:) breit wie eine Hand ● *Schneid mol a handebraades Stick vun dem Brot ab.* [Mil III] ■ Weiser 1984, 71.
→Handvoll; handbreit, breit.

Handgarbe - f, hantkarp, -karvə [Ost V]
A: beim manuellen Getreideschnitt von Hand gebundene Garbe ● *Die Handgarwe ware viel greser gwenn wie die Maschingarwe. Awer die Maschingarwe ware mähr pinktlich, die Storze* (↑Storzen) *gleich, so wie abgschnitt* (↑abschneiden) *un die Eecher* (↑Ähre) *aach scheen gleich in de Reih, awer die Handgarwe ware mähr dorchenannner, verhuddlt* (↑verhudelt) *glee* (↑liegen). [Ost V]
→Garbe.

Händler - m, hendlər, Pl. id. [Kock II, Mil, Sch III, Be, Tom IV, Bog, Gra, War V, Pe VI]; hendlə [NA V]
Allg: Kaufmann, der landwirtschaftliche Produkte einkauft und verkauft ● *Die Hendler aus Italien sein in Fruhjohr kumme, wann die Ross gut ausgfuddert* (↑ausgefüttert) *wore un henn fette Ross kaaft.* [Kock II] *Aufm Wuchemoak* (↑Wochenmarkt) *woan die Hendle, ja Zwischnhendle besser gsacht.* [NA V]
→Fratschler, Kuh-, Groß-, Schweine-, Zwischenhändler, Kundschaft.

Handmähen - n, hentmeə, Sg. tant. [Ost V]
A: manuelle Mahd von Getreide, Gras oder von Futterpflanzen ● *Beim Handmehe hat mer sich die Saal* (↑Seil) *selwer gedreht* (drehen 3). [Ost V]
→mähen; mit der Hand.

Handrechen - m, handreçə, Pl. id. [Stan III]; hantreçə, Pl. id. [Waldn III]
A: hölzerne Harke zum Einsammeln verstreuter Ähren, von Gras- und Heuhalmen ● *Mit so braati* (↑breit) *Reche hot mer messe rechle, alles schee zammrechle mit de Handreche.* [Stan III] *Wammer e Riesor* (↑Riesar) *hot, wu mit de Hand gemeht* (↑mähen) *hot, die hunn meischtns aa mit de Handreche gerechlt.* [Wald III]
→Rechen; rechen, zusammenrechen; mit der Hand.

Handsäge - f, hantse:ge, -segə [Da V]; hântse:çə, Pl. id. [Nad II]; hantse:k, -ə, Pl. id. [Stan III]; hantse:ç, -n [Bohl II]; hantsa:x, -ə [Oh II]; hantso:x, -ə [Ben, Fak, Ga, Glog, StA, Wil V]
V: mit einer Hand geführte, manuelle Säge ● *Do hot's e klooni Handsege gewwe, noch ko elektrische Sege. Hot mer alles messe mit der Hand sege.* [Stan III]
→Säge (1); sägen; mit der Hand.

Handschuh - m, hantʃu:, -ə [Neud, Tschat III]; hantʃuə, Pl. id. [Wud I]; hantʃu:x, Pl. id. [Glog V]; hendʒiç, -ə [StI II]; hentʃiŋ, hentʃə [Orz V]; hẹntʃiŋ, Pl. id. [Kol III, Bog V]; hẹntʃiç, Pl. id. [Bad, Naane II, Kol III]; hẹntʃə, Pl. id. [Tschat III, Orz V]
B: Schutzüberzug für Hände aus Leder oder Gummi ● *Dä hat so e Helm un unnedraa is so e Sieb, des geht em so bis dohäe, un noch manchsmol Hendschich, owe nicht oft.* [StI II]

Handspritze - f, hantspritsə, Pl. id. [StA V, Bil, Ham, Schei, Suk VI]; hantʃprits, -ə [Fak, Glog, Ost V]
O, W: von Hand betätigte Rebensprize ● *Desäl Spritze nimmt mer uff der Buckel. Ja, so e Handspritze, mit der spritzt mer Galitzel und Kalch.* [Schei VI]
→Spritze.

Handvoll - f (n), hantfol, Pl. id. [Ker, Kol, Mil, Pal, Werb III, Be, NP, Tom IV, Alex, Bog, Fak, GK, Glog, Len, Low, Nitz, Ost, War V, Bil, Pe VI]; (n) hentçe fol [GJ V]
A, Fo, G, H, O, V, W: Menge, die in die hohle Hand passt ● *No hat mer es Kraut in Schichte in de Stenner* (↑Stande) *geton, e Hendche voll Salz driwwer un Gwärz* (↑Gewürz) *dran.* [GJ V] *Dann hann se Handvoll for Handvoll odder saa mer Bärt for Bärt gholl un ufs Wasser gschlaa, bis der Hannef* (↑Hanf) *weiß war.* [Ost V]
→Gauschel, Hampel; handvollweise.

handvollweise - Adv, hentfolvais [Alex, GK, Low, Ost V]
A, H: jeweils die Menge, die in eine hohle Hand passt ● *Mer hat den Hanf hendvollweis gebunn un ufglad (↑aufladen) un ans Wasser gfihrt.* [Ost V]
→Handvoll.

Hanf - m, hanf, Sg. tant. [Saw II, Hod III]; ha:nf [Fek II] hanft [StI II, Sad V]; hampf [Bil, Ham, Mai, Pe, Schei, Suk VI]; hanəf [Kock II, Waldn III, Tom IV, Bru, Fak, GK, Glog, NB, Ost V]; hånəf [Alt, Fek, Jink, Kä, Nad, Oh, Sag, Surg, Wak, Warsch, Wem II]; hanuf [Pan V]
H: einjährige, krautige Pflanze, die zwei bis drei Meter hoch werden kann und Fasern für Seilerwaren und gröberes Geflecht liefert; Cannabis sativa ● *En de Hånnefreeze wäed de Hånnef gereezt.* [Fek II] *Mit den Streng (↑Strang) ziehgt (↑ziehen) der Gaul, die senn von Hånnef. On was die Fiaker woarn, die honn Streng mit Kede (↑Kette) ghot.* [Fek II] *Wenn der Hanf hoch genug war, hat me'n gerupft.* [Saw II] *De Bauer hod als e klaa Stick Hanft oogebaut.* [StI II] *In de Tricknheiser (↑Trockenhaus) fer de Hanf henn viele gearbeit.* [Hod III] *Mir hadde viel Hannef oogebaut un aach Zuckeriewe (↑Zuckerrübe).* [Waldn III] *Am wichtigschte ware bei uns ↑Frucht (1), Kukruz (↑Kukuruz), Zuckerruwe, Hannef und Flachs.* [Tom IV] *Parzele for Hannef oubaue ware verpacht gewwe (worden).* [Bru V] *Im Zallasch (↑Salasch 2) ham-mer am Freidach Hannef un Flacks vestuppt (versteckt).* [NB V] *Wenn de holziche Taal vum Hannef weggfloo is un die Fasre hann ghal (gehalten), dann war e gut.* [Ost V] *Den Hampf ham-mer miese bräeche (↑brechen 1), no mit der Schwinge oogschlage (↑anschlagen 1). Un denn ham-mer Hampf ghet un ↑Kauder.* [Schei VI] Anm.: Die Variante *Hanft* in [StI II] weist epithetisches -t und *Hannef* den Sprossvokal -e-, bzw. *Hannuf* in [Pan V] den Sprossvokal -u- auf. ♦ Zur Aussteuer heiratsfähiger Bauerntöchter gehörten vor hundert Jahren noch eine Truhe voll Bett- und Unterwäsche, Hand- und Tischtücher aus gebleichtem Hanfgewebe. ■ Gehl 1991, 86; Petri 1971, 21.
→Buschakhanf, Flachs, Hanfbreche, -fabrik, -faser, -feld, -garn, -garten, -land, -reibe, -röste, -samen, -stück, -wasser, Karmanjola, Kauder, Pflanze, Werg; hänfen.

Hanfbreche - f, hanfpreç,-ə [Ap III]; hanəfpreç, -ə [Pal, Siw, Waldn III, Be, Tom IV, Ben, Blum, Bru, KöH, Jahr, Len, Wis V]
H: landwirtschaftlich genutztes Holzgerät mit einem Klapphebel und mehreren Zungen zum Brechen der Hanfstängel ● *De Hanf is gebroche warre mit de Hanfbreche.* [Ap III] *No had me den Hannef gebroche mid-de Hannefbrech, damit der Stengl (↑Stängel) rausgeht.* [Waldn III] *Ufm Bodm (↑Boden 1) ware noch die Hannefbrech un die Hechl, for de Hannef hechle.* [Bru V]
→Breche, Brechmaschine, Dulfe, Hechel, Knitsche, Hanf; brechen (1).

hänfen - Adj, henfən [Alex, Bog, GK, Len, Ost, War V]; hempfən [Waldn III]
H: aus Hanffasern gesponnen ● *De Hanneffäser is so sähr starek (↑stark), no hot mer als gspunne for hempfene Fruchtseck (↑Fruchtsack).* [Waldn III] *Hemmeder (Hemden), Unnerhose, Leinticher un die Handticher, alles wor fun henfenes, henfenes, so hann se's gsaat.* [Ost V] ■ PfWb III 648; SüdHWb III 104; RheinWb III 210; BadWb II 553; SchwWb III 1144 f.
→Hanf.

Hanffabrik - f, hanfabrik, -ə [Brest, Fu, Gai, Hod, Ker, Stan III]; hanfavrik, -ə [Ap III]
H: kleiner Betrieb in einem Schuppen zum mechanischen Bearbeiten der Hanfstängel ● *Hanf is aa gebaut warre, mir henn e paar Hanffawricke ghat.* [Ap III] *In de klaani Hanffabrike ware statts die manuelle ↑Knitsche schun die Brechmaschine. Dort war viel Staab.* [Hod III] ♦ Ein Bericht aus [Hod III] beschreibt die unhygienischen Arbeitsbedingungen in diesen kleinen Hanffabriken: "Anfang des 20. Jhs. zogen auch hier die Brechmaschinen ein, lösten das manuelle Knitschen ab. Nun wurden diese Schuppen aber ein Inferno, für die Arbeiter eine grimmig-kalte Hölle voller Staub, in der man nur vier bis fünf Meter weit sehen konnte. Die Kleidung und die Augenbrauen waren reichlich mit Staub bedeckt, die Nasenhöhlen verstopft. Die Frauen banden sich meist ein Tuch vor den Mund. Eine Seite des Schuppens war immer geschlossen, die anderen drei offen, um den Staub abziehen zu lassen. Die Schutzbrille an der Brechmaschine schützte zwar vor akuten Entzündungen der Augen, nicht aber vor Einbußen des Sehvermögens. Wohlgemerkt, hier wurde von Ende September bis Februar gearbeitet!" (Blättli 2000, 9.)
→Hanf.

Hanffaser - f, hanfa:zə, hanfa:zrə [Alex V]; hanəfå:zer, Pl. id. [Waldn III]
H: durch Bearbeitung der Hanfpflanze gewonnene Textilfäden ● *De Hanneffåser is so sähr starek, no hot mer als gspunne for hempfene (↑hänfen) Fruchtseck* (↑Fruchtsack). [Waldn III]
→Faser, Hanf.

Hanffeld - n, hånəfelt, -feldə [Ga, StA V]; hånəfelt, Sg. tant. [Glog V]
A: Äcker, auf denen Hanf gebaut bzw. geröstet wurde ● *Ufn Hånnefeld sinn ner klaani Heiser gebaut.* [Glog V] *Vun de Kumlusche (ON) Lecher* (↑Loch 1)*, newe de Hånneffelde fort is de Viehtrieb bis zum ↑Sit gånge.* [StA V] ◆ Das Hånneffeld in [GlogV] war ein am Rande gelegener Dorfteil, der an der Stelle einer früheren Hanfröste angelegt wurde. Nach dem Ersten Weltkrieg wurden auf diesem Flurenteil Bauplätze an Fabrikarbeiter und Kleinbauern verteilt. ■ Gehl 1991, 61.
→Feld, Hanf, Hanfland.

Hanfgarn - n, hanəfkarn, Sg. tant. [Ben, Bru, Charl, Fib, Jahr V]
H: aus Hanffasern hergestelltes Garn ● *A ↑Fruchttuch aus growem Hannefgarn war so finf Metter lang un braat (↑breit) un in de Mitt zammgenäht.* [Bru V]
→Hanf.

Hanfgarten - f, veraltet, hanəfka:rtə, -kę:rtə [Kock II, Mil, Tscher III, Tom IV]
H: Acker, auf dem Hanf für den Hausgebrauch angebaut wurde ● *Hat, do wore Ecker (↑Acker), halwe Ecker, no wore Krautgärte un Hannefgärte.* [Kock II]
→Garten, Hanf.

Hanfknitsche - f, hanfknitʃ, -ə [Gai, Hod, Ker, Mil, Sch, Siw, Stan, Wepr III]; hånəfknitʃ, -ə [Fak, Glog V]; hanəfkvitʃ, -ə [Ger V]
H: (wie: Dulfe) *Etym.:* Das Komp. ist eine Bildung nach *knitschen*, obd. für 'quetschen, zerquetschen'. (DWb 11, 1446) ● *Zuärscht ware die Dulfe, die Hanfknitsche. Die Taglehner (↑Tagelöhner) henn des Bischeli (↑Büschel) Hanf mit der Knitsch broche (↑brechen).* [Hod III]
Anm.: Die Variante *Hanefquitsch* in [Ger V] mit intervok. Sprossvokal *-e-* kommt von *quitschen*, eine Wortkreuzung zwischen *knitschen* und *quetschen*. ■ "Hanfknütsche, -knitsche" BadWb II 554: 'Handgerät zum (ersten, gröberen) Zerknittern der getrockneten Hanfstängel'.
→Dulfe, Hanfbreche.

Hanfland - n, hånəflant, -lenər [Jink, Kä, Sag, Sar, Warsch II]
H: zum Hanfanbau bestimmter Teil der Dorfflur ● *Em Feld woan die Hånneflenner, on em Hånnefwasser hot mer de Hånnef gereezt* (↑rösten 1). [Jink II]
→Hanf, Hanffeld.

Hanfreibe - f, hanəfra:ip, -raibə [Fu, Jar, Sch, Stan, Tor, Waldn III]
H: Mühle zum Erweichen der gebrochenen Hanfstängel und dem Entfernen der Holzteilchen ● *In Jarek (ON) wor e Hannefraaib. Des wor so e große Staa (↑Stein), där is rundrum gange. Un dort is der Hannef drunnergeleet worre (↑darunterlegen), dass er waaich wird, net.* [Waldn III] ■ PfWb III 648; SüdHWb III 105; RheinWb III 209 f.; BadWb II 554.
→Hanf.

Hanfröste - f, hanəfre:ts, -ə [KaF, Mi II, Ker, Kol, Mil, Pal, Waldn III, GK, Ost V]; hånəfre:ts, -ə [Gai III]; hånəfre:tsə, Pl. id. [Alt, Fek, Nad, Oh, Wem II]; hanofre:ts, -ə [Naane II]; hampfre:ts, -ə [Fil III]; hanfre:tsi, Pl. id. [Mil III]; hanəfre:tsi, Pl. id. [Tew II]
H: tiefes, stehendes oder fließendes Gewässer, in das die Hanfstängel zum Anfaulen der Holzteile gelegt werden ● *En de Hånnefreeze wäed de Hånnef gereezt.* [Fek II] *De Hannef is ins Waser (↑Wasser 1) kumme, des war net so tief, vleicht achzich-neinzich Zentimette tief, hod me den Dreck druf, do hod me Hannefreeze gemacht.* [Waldn III] *Un die Hannefreez had mer gschmeckt, ich waaß net, wie weit, wann die Luft kumme is.* [Ost V] ■ Ähnliche Bedeutung in: PfWb III 649: *Hanfröze, -roze*; SüdHWb III 105: *Hanfroße, -röze*; BadWb 2, 554 f: *Hanfrößße*; SchwWb III 1145: *Hanfrösse*; NordSSWb III 85: *Hanfröste*.
→Hanf, Röste; rösten.

Hanfsamen - m, hanfsa:mə, Pl. id. [Hod III]
H: Samen der Hanfpflanze ● *Den Hanfsame henn unsre Vorfahre aus der alde Heimat mitbrocht.* [Hod III]
→Hanf.

Hanfstück - n, hanfſtik, -ər [Bog, Bill, Bru Ost, War V]
A: Ackerfelder, auf denen Hanf gebaut wird ● *Die Hannefsticker ware do, solang des Feld noch kameralisch (im Staatsbesitz) war. Parzelle for Hannef oubaue* (↑anbauen) *ware verpacht gewe* (↑verpachten), *die Bergsau (Flussname) for de Hannef retze* (↑rösten) *war aach negst (nahe). So um 1860 hot a Bauer die Hannefsticker vum Ärar kaaft.* [Bru V]
→Hanf, Stück (1a).

Hanfwasser - n, hanfvasər, Sg.tant. [Ap III]; hånəfvasər [Alt, Fek, Go, Jink, Nad, Oh, Sag, Surg, Wak, Wem, War II]; hanəfvazər [Waldn III]
H: tiefes, stehendes Wasser zum Rösten der Hanfstängel ● *Em Feld woan die Hånneflenner, on em Hånnefwasser hot mer de Hånnef gereezt* (↑rösten 1). [Jink II] *De Hanf is greezt warre in so Sandlecher oder Teicher, wu so extre e Hanfwasser war.* [Ap III] *No hod men (man ihn) mise ins Hannefwasser fahre, un des war im Kåtsche Ried* (↑Katscher Ried). *Mir hadde am Ort ko Wasser, im Katsch (ON) wars Ried, es Donaried* (↑Donauried). [Waldn III]
→Hanf, Hanfröste, Sandloch, Teich, Wasser (1).

Hang - m, hęŋk, Pl. id. [ASad, Wei, Wolf V]
A, Fo: geneigte Fläche, Abhang ● *Aa Woldbrand hot's öfte gebn. A gonze Häng vo en Kilomete Broat* (↑Breite) *is wegbrennt.* [Wei V]
→Berg.

hängen - schw (intrans.), heŋə, gheŋt [Ap, Mil, Stan III, Bat VI]; heŋgə, hkeŋkt [Fak, Ga, Glog, StA, Wil V]; heŋə, khoŋk [Bog, Ger, GJ, GK, Gra, Ost, War V]
A, B, G, V, W: oben befestigt sein und lose nach unten baumeln ● *Häng de Ambr* (↑Eimer) *an die Brunnekatz.* [Mil III] *Un no in der Spaais wor alles voll ghängt, in der Reih.* [Stan III] *Die Maagskepp* (↑Magkopf) *ware zammgebunn un hann dorte ghong ufm Bodm* (↑Boden 1). [GJ V] *Die Trauwe in der Speis ghong, aach an Schnier ufghong.* [Ost V] *No, dä Schwoarm, dä hängt am Baam imme.* [Bat VI]
→ab-, an-, auf-, darauf-, ein-, her-, herunter-, hinauf-, zusammenhängen, hängen bleiben; Gehängel, Hängesitz.

hängen bleiben - st, heŋə plaibə, -pli:bə [Bil, Mai, Pe, Schö, Suk VI]; heŋə plaivə, -kəpli:və [Baw, Wem II, Ap, Fil, Fu, Pal, Tscher III, Put, Tom IV, Bog, Ger, Gott, Gra, Len, Low, War V]
Fi, Fo, V: sich an einer Vorrichtung aus Seilen verfangen ● *Do ware so Angle* (↑Angel) *dran an ener Leine. Die sinn no gezoge warre, dass die Fisch no henge gebliewe sinn.* [Ap III]
→hängen.

Hängesitz - m, heŋsits, -ə [Bog, Fak, Ga, GK, Gra, Low, Ost, Ui V]
V: an den Wagenleitern mit Haken aufgehängter Sitz ● *Dann is e Sitzbrett odder e Hengsitz. Där hat zwei Hoke* (↑Haken), *wu me drufhengt, un de Sitzsack kummt dorte druf.* [Ost V]
→Sitzbrett, -sack; hängen.

Hansel-und Gretel - f, hansl-un-kre:dl, Pl. id. [Gai, Tscher III, Fak, Glog, GStP, Len, Low, Ost, Wil V]; hensl-un-kre:tl [Fil, Mil III]
V: kleinwüchsige Hühnerart; Zwerghuhn *Etym.:* Die metaph. Bezeichnung der Zwerghühner dürfte auf die Fastnachtssymbole *Hansl und Gretel* auf dem (sich drehenden) Rad zurückgehen, die besonders im Banat und in der Batschka bekannt waren. ● *Unse Hehne* (↑Henne) *worn Großi Weißi un Nackhalsichi, des sinn die Sussex. Manchi Lait henn aa Hansl-un-Gredl ghalde.* [Fak V] ■ Gehl 1991, 214.
→Huhn, Zierhendel.

Hanselbank - f, veraltert, hanslpaŋk, -peŋk [Da V]; hănslpăŋk, -pēŋk[Ap III]; hånslpaŋk, -peŋk [Tscha III]; hanslpauŋk, -peiŋk [Ed, GT, KT, Scham, Schor, Wud, Wudi· I]
Allg: Schnitzbank ● *Mit em Mejsse* (↑Messer) *hot me die Weiembasteicka* (↑ Weinbeerenstecken) *aff de Hanslbank obzaung* (↑ abziehen). [Wud I]

hantig - Adj, selten, hantik [Aug, Ed. KT, Scham, Wein, Wud I]
G, O, W: bitter schmeckend *Etym.:* Das ostobd. Adj. *hantig* 'bitter, scharf' setzt mhd. *handec, hantag, hantīg* fort. ([23]Kluge, 356) ● *Die Schofnosn* (↑Schafsnase) *sann Pfeaschn gwejest, so leinglti* (↑länglich) *und e bissl hantig.* [Wud I]
→Geschmack.

hart - Adj, hart [Pußt I, Ha, Seik II, Ap, Fu, Gai, Hod, Hart, Sch, Werb III, Bog, Bru, Fak, Franzf, Ga, GJ, GK, Glog, GStP. Len, Low, StA, War, Wil V, OW, Pe VI]; hårt [OW VI]; hǫɐt [Wein I, Nad II]; hirt [Bat VI]
Allg: fest, widerstandsfähig gegen äußere Einflüsse ● *Dej Duarantsche* (↑Duransche) *haum*

e hoats Fleiesch (↑Fleisch 2), deies hot sie net ven Kean (Kern 1) glest. [Wud I] Ha, Fichteholz gibt's veschiedene Sorte, secht me, des is härter un waaicher. [Seik II] De Teendl (↑Tendel) is e Strauch mit stark hartem Holz. [Fu III] Die Åieschele (↑Eierschale) vun de Katscheåie sinn hart. [Glog V] Un weil die Stängle (↑Stängel) doch hart sinn, had mer sie schregs (↑schräg) gschnitt, mit em Laabschneider. [Ost V] Ja, es mache's mol ein wenig Waldhonig fu de Eichnbletta (↑Eichenblatt), des is so hirt, das is so wie e Leim. [Bat VI]
→fest (1), weich.

Hase - m, ha:s, -n [OW VI]; ho:s, -n [Ed, KT, Scham, Wud, Wudi I, ASad, Lind, Resch, Wei, Wolf V]; ha:s, ha:zə [StIO, Tol I, StI II, Fu, KK, Pal, Tscher III, In IV, Bog, Dol, Fak, Franzf, Ger, GJ, Glog, NA, Ost, Sack, Sad, StA V]; ho:s, -ə [Fek II; El, NB V]
1. V: kleineres Haustier mit langen Ohren und ausgeprägten Hinterläufen, Kaninchen; Lepus cuniculus ● *Tauwe* (↑Taube) *hatte mir aa, dot in Fäkäd* (ON) *un Hose hatte me ghalde.* [Fek II] *In manche Heiser hot me Stallhase noch ghalde, do warre groß un klaani Hase, die hot mer kenne ufziehge.* [Ap III] *Aja, ware schun aach Leit, was Hase ghal hann.* [GJ V] *Aso Hasn gibt's schon, aber mähr in de Ebene.* [OW VI] 2. A, Fo: Feldhase; Lepus europaeus ● *Wo's Gras wackst, dort wackst aa de Has.* (Auf guter Erde wächst alles) *Uff em Wase* (↑Wasen) *graset d'Hase.* [Sad V] *Und vo den Tog aan hot de Kaiser koa Reh, koan Hirsch un koan Hosn umglegt* (↑umlegen), *koan eunzgen.* [Wolf V] *Aso Hasn gibt's ganz wenig. Es gibt schon, aber mähr in de Ebene.* [OW VI] ■ Gehl 1991, 186; Petri 1971, 109.
→(1) Stallhase; (2) Feld-, Erdhase, Hasenbrot, Wild.

Haselnuss - f, ha:zlnus, -nise [Aug, Ed, Schor, Wer, Wud I, In, Ru IV, ASad, Ora, Resch, Sekul, Stei, Wei, Wer V]; ha:zlnus, -nis [Ap, Hod, Mil, Werb III, Fak, Glog, Wil V]; ha:slnus, -nis [Ker, Mil, Sch, Stan, Tscher, Werb III, Bill, Bog, Ger, GStP, Low, Nitz, Ost, War, Wis V]; ha:zlnusə, Pl. id. [Ga, StA V]
Fo, O: europäisches Birkengewächs mit einer ölhaltigen Nuss als Frucht; Corylis avellana ● *Warn Helze, un in dene Helze war e Haslnuss. Un duet in den Steckn hamm sie des Holz rein.* [Resch V] ■ Gehl 1991, 233; Petri 1971, 28.
→Haselnussstecken, Strauch.

Haselnussstecken - m, ha:zlnusʃtękn, Pl. id. [Aug, Ed, Wein, Wud I, ASad, Lug, Resch, Wei, Wer V]; ha:zlnusʃtekə, Pl. id. [Fek, StG, Wem II, Ap, Hod, Mil III, Tom IV, Fak, Ga, Glog, Ost, Wis V]
Fo: dünner Stock eines Haselnussstrauches ● *Un duet in den Haslnusssteckn hamm sie des Holz rein, so hamm sie's zuhaus gebracht.* [Resch V]
→Haselnuss, Stecken.

Hasenbrot - n, ha:zəpro:t, Sg. tant. [Ker, Sch, Siw, Stan, Tscher III, Be, Tow IV, Bill, Bru, Fak, GJ, Glog, Gutt, Kath, Nitz, Ost, Len, Low, War, Wil, Zich V]
A: von der Feldarbeit zurückgebrachtes, an der Luft erhärtetes, Stück Vesperbrot *Etym.*: Benennungsmotiv ist der Feldhase, der angeblich während der bäuerlichen Arbeit das übriggebliebene Mittagsbrot gesehen hat bzw. darübergelaufen ist. Durch diese Erzählung sollte das alte Brotstück den Kindern schmackhaft gemacht werden. ● *De Kinner had mer als e Stick Hasebrot haamgebracht. Des wor schun hart, awwer wem-mer was drufgschmiert hat, no henn sie's gärn gesse.* [Fak V] ◆ Da die Bäuerin bei der vielen Haus- und Feldarbeit oft nicht mehr Zeit zum Kochen hatte, erhielten die Kinder tagsüber oft ein Marmelade-, Zucker- oder Fettbrot. Dafür verwendete man auch das getrocknete *Hasenbrot* samt Kruste. Dafür wurde am Abend eine ausgiebige Suppe, eine Mehl- oder Gemüsespeise gekocht. ■ PfWb III 682 f.: 1.a. 'Rest vom Frühstücks- oder Vesperbrot, das der vater den Kindern aus dem feld mitbringt'; b. 'Brot, das den Kindern in einem fremden haus gereicht wird', c. 'keilförmiges Stück Brot vom großen Rundlaib'; d. 'mit Zucker bestreutes Stück Brot', e. 'Weißbrot', f. 'Gebildbrot in Hasenform'; SüdHWb III 145 f., RheinWb III 285; BadWb II 567.
→Brot, Hase.

Haue - f (n), hau, -n [Petschw II, Wer V]; hauə, Pl. id. [Sulk II]; hauə, -nə [Ga, StA V]; hau, -ə [Fak, Glog V]; (n) hailę, hailə [StA V]; (n) haiərlį, Pl. id. [Sad V]; haindl, Pl. id. [OW VI]
A: landwirtschaftliches Gerät mit langem Stiel und dünnem (dreieckigem oder abgerundetem) Blatt zur Bodenbearbeitung, Hacke *Etym.*: Aus bair.-österr. *Haue* 'landwirtschaftliches Gerät [zum Bearbeiten des Bodens]'. (ÖstWb 243) ● *Had, bevoe me oobauen tued, muss me des Feld häerrichtn, un dann kåm-me stupfn* (↑stupfen) *Kukrutz* (↑Kukuruz) *mit de Haun.*

hauen

[Petschw II] *Die Grumbire* (↑Grundbirne) *hod me mise mit de Haue ausmache, wor noch ke Maschie* (↑Maschine 1). [Sulk II] *Es gibt in Saderlach es groß Heierli un es chlei (kleines) Heierli.* [Sad V] *Und jede hat ein Heindl, sagt me bei uns.* [OW VI] **Anm.:** Die bair. Diminutivform *Heindl* bezieht sich nicht auf die Größe der Hacke. ◆ In [Sad V] werden zwei verschiedene Hacken verwendet: *es groß Heierli* zum Ziehen von Gartenwegen und *es chlei Heierli* zum Hacken der Gemüsewege. (Gehl 1991, 142) ■ BayWb 1/2, 1023 *Häunlein*; Gehl 1991, 142.
→Hacke, Reuthaue; hauen.

hauen - schw, haun, khaut [Petschw II]; hāūn, khāūt [Pußt I]; hauən, khauət [Aug, Ed, GT, KT, Scham, Schor, Wein, Wud I]; hauə, kha:ut [OG I]; hauə, khauət [OG I];
A, G, W: den Boden hacken ● *Jetz wäd's ghaut un nochhe, wann's ʦeitig is, no ta-me's* (tun wir es) *obrupfe* (↑abrupfen). (...) *Jetz ham-me schun des zweiti Mol ghauet, gell.* [OG I] *Dann hod me haun miëssn, e jedi Reih haun.* [Pußt I] *Haun muss me die Pflanzn, den Kukrtuz* (↑Kukuruz), *die Grumbien* (↑Grundbirne) *un die Zuckerruem* (↑Zuckerrübe). [Petschw II]
→ab-, aus-, darauf-, hinaufhauen, hacken; Haue.

häufeln - schw, haiflə, khaiflt [Bold, StG, StI, Sulk II, Sch, Siw, Stan, Tscher III, Put, Tom IV, Fak, Ga, Glog, Ost, StA V]; hi:flə, khi:flt [Sad V]; haufə, -khauft [Bru V]
A: Pflanzen durch Anhäufen von Erde um den Stängel stützen **Etym.:** Die Form *häufeln* ist von *haufen* mit Umlaut und dem Iterativsuffix *-le* gebildet. ● *De Kukrutz* (↑Kukuruz), *där is als zwaamol ghackt woen, wann e grosig woa, un aamol gheiflt hunn se. De hadde so en dreieckige Heiflpflug, is zugheiflt woan.* [StI II] *De Tuwak* (↑Tabak) *had me zwaamol hacke mise un nochhär heifle.* [Sulk II] *Un dann is der Kukrutz gheiflt worre.* [Stan III] *In de Reih hot mer misse mit de Hack hacke, haufe un schittre.* [Bru V] *De Kukrutz un die Sunneblumme wärn gheiflt.* [Fak V] *Es triddi Mol is de Kukrutz friher gheiflt ginn* (worden). [Ost V] ■ Gehl 1991, 139.
→hacken, an-, ein-, zuhäufeln; Häufelpflug.

Häufelpflug - m, haiflpflu:k, -pfli:k [StI II, Fak, Ga, Glog, StA, Wil V]
A: zum Anhäufeln der Pflanzenstängel dienender Pflug ● *Aamol gheiflt hunn se de Kukrutz. De hadde so en dreieckige Heiflpflug, is zugheiflt woan.* [StI II] ◆ Mit dem Häufelpflug wird Erde an die Stängel von Mais, Sonnenblumen und Kartoffeln gezogen, um sie vor dem Umknicken zu schützen. ■ Gehl 1991, 147.
→Pflug, Zuackerpflug; häufeln.

Haufen - m (n), haufn, Pl. id. [Petschw II]; haufə, Pl. id. [Ost V]; haufə, haifə [OG I, Jood II, Bog, Fak, Ga, Glog, NA, Ost, StA, Wil V]; hauvə, haivə [Fek, StI II]; (n) haifl, Pl. id. [Waldn III]; haifl, -ə [Tom IV]; hoifl, -ə [Jood II]
1. A, H: Menge übereinander liegender Dinge
a. A, H: bestimmte Anzahl von übereinandergeschichteten Getreidegarben bzw. Büscheln ● *Also ba uns senn zeh*[n] *Goarwe uw en Hauwe komme.* [Fek II] *Un do isch des ufgspraate* (↑aufspreiten) *worre un isch zammbunde worre uf so Hoifle uf em Feld.* [Jood II] *Am Omt* (Abend) *is zåmmgsetzt woan auf Haufn.* [Petschw II] *Zehn Goaewe hum-miё* (haben wir) *drufgeton* (↑darauftun) *uf aan Hauwe.* [StI II] *Wann de Hannef* (↑Hanf) *getrocknet war, hod me ne aufgstellt so auf Heifl.* [Waldn III] *No sein 10-15 Schab* (↑Schaub) *zu je am Haufe zammgstellt gewe.* [Bru V] *Oon Kreiz* (↑Kreuz 1a) *sinn zwanzich Garwe, zweimol zwei Heifle mit je zehn Garwe.* [Tom IV] *Nochhär hat mer grechlt* (↑rechen) *bis uf die Haufereih, wu die Haufe gstann hann.* [Ost V] b. A: Menge von aufgeschichtetem Stroh, Heu, Mist, Spreu u. a. ● *Des Eäbsnstrauh* (↑Erbsenstroh), *des ta-me* (tun wir) *auf Heife, dass es vefault.* [OG I] *Die Gsiedmadle* (↑Gesiedemädchen) *tragn 's Gsied vun de Dreschmaschine ufn Haufe.* [Fak V] *Die Wicke sein in de Scheien* (↑Scheuer) *odde am Haufe aufgsetzt woan.* [NA V] **Anm.:** In der Variante *Hauwe* wurde in [Fek und StI II] intervok. *-f>w-* sonorisiert. ■ PfWb III 703-705: 1.a 'Menge übereinander liegender Dinge', e. 'Erntehaufen' (Heu, Korn, Kartoffeln und Rüben - zum Überwintern angelegt); SüdHWb III 167-169: 1.e 'kleiner Heuhaufen', f 'kegelförmiger Garbenstand auf dem Acker'; RheinWb III 327-333; BadWb II 576; SchwWb III 1240-1243.
→(1a) Haufenreihe, Kreuz (1a), Mandel; (1b) Mist-, Sandhaufen, Petrenze, Schochen, Strohschober; aufhäufen, häufen, haufenweise.

häufen - schw, haibə, khaibət [Bil, Ham, Mai, Pe, Schei, Suk VI]
V: (Heu, Stroh:) zu einem Haufen aufschichten
● *D'Menner hann es Haai* (↑Heu) *gmeht, un de ham-mer's gheibet, des isch letzt, ham-mer große*

↑*Schochen gmacht.* [Schei VI]
→aufhäufen, Haufen (1b).

Haufenreihe - f, haufərai, -ə [Ost V]
A: Feldstreifen, auf dem die Garbenhaufen aufgesetzt werden ● *Nochhär hat mer grechlt (↑rechen) bis uf die Haufereih, wu die Haufe gstann hann (↑stehen).* [Ost V]
→Haufen (1a), Reihe.

haufenweise - Adv, haiflvais [At, Ed, Ins, Kir, Pußt, Tar, Wein I, Fak, Ga, Glog, Wil V]
A: in Haufen angelegt, angeordnet ● *Also die Bandl (↑Band 1) ham me aufschnein miëssn, nod hod me's heiflweis zammgschmissn, fe zwaa Reih.* [Pußt I] ■ PfWb III 705; SüdHWb III 169; RheinWb III 333; BadWb II 577.
→kilo-, korb-, reihenweise; Haufen (1a).

Hauptfluss - m, hauptflus, -flise [OW VI]
Fo: größeres fließendes Gewässer ● *Dervor (davor) hat man mit die Flößer (↑Floß) das Holz gebracht bis zum Hauptfluss, dort war das Holz angsaamlt.* [OW VI]
→Wasser.

Hauptgasse - f, haupkasə, Pl. id. [NA V]; hauptkåsə, Pl. id. [Alt, Fek, Go, Ma, Nad, Pal, Oh, Wak, Wem II]
A, G: im Verwaltungszentrum gelegene, große Dorfstraße ● *Em Mätteduerf (↑Mitteldorf) es die Hauptgåsse die ole Newegåsse, de alt un de nåji Mälichveråin (↑Milchverein).* [Fek II] *Bei ons is die Hauptgåsse, die Långegåsse un die Wiesegåsse.* [Wak II] *Wuchemoak is newen Fritthof, frihe woar auf de Hauptgasse.* [NA V]
→Gasse.

Hauptrebe - f, hauptre:p, -re:və [Baw, Wem II]
W: tragende Rebe am Weinstock ● *Die vier-fümf Hauptrewe, die mise gepflecht (↑pflegen) wärde 's ganzi Johr. Die vier-fümf Rewe, die därfe nur bleib, des anner muss ausgebroche wäär.* [Baw II]
→Rebe.

Haupttabak - m, hauptthuvak, Sg. tant. [Wies, Wis V]
T: in der Mitte des Stängels wachsende, ergiebigste Tabakblätter ● *Aso, do war de Spitzthuwak, mr hat ne gnennt Kipplthuwak (↑Gipfeltabak), des war erschti Klasse. Dann de mittri, des war de Hauptthuwak un de anri hat mr genennt de Sandthuwak.* [Wies V]
→Tabak.

Hauptweg - m, hauptve:k, -ve:gə [Fak, Ga, Glog, StA Wil V]
A: wichtiger Weg, unbefestigte Straße ● *Von Senntåne (ON) sinn etliche Hauptwege ausgånge, die viel befahre wårre sinn.* [StA V]
→Weg.

Haus - n, haus, haizər [Gak, Kutz III, Ru IV, Fak, Glog, Wil V]; haus, haizə [Krott, Tol, Wein I, Bohl, Surg II, Gak III, Bak, GJ, Gra, Nitz, Stei, Wies V, Besch, Bil, Ham, Mai, OW, Pe, Schei, Suk VI]; haus, haisər [Tax I]; haus, haisə [Ga, StA V]; haus, hizə [Tol I]; ha:us, ha:isər [Nad II]
A: Bauernhaus mit Wirtschaftshof ● *Es wor im e jede Haus en Keller.* [Gak III] *Wär firn Haus hat braucht, hot sich am Mark zwei odde drei Schweine kauft.* [Ru IV] *Newen Haus woa e Stick Goatn, dort ham-mer des Grinzeig anbaut.* [Stei V] *Ja, war 's Haus, und im Hof war dann noh de Saustall un d'Scheier.* [Schei VI]
→Hausboden-, -grund, -nudeln, -mittel, Dorf, Herd, Hütte, Küche, Bauern-, Futter-, Jagd-, Jäger-, Presshaus, Speis.

Hausboden - m, hauspo:də, -pe:də [Fek II, Ap, Brest, Sch III, Be, NP IV, Fak, Ga, Glog, StA, Wil V, Bil, Ham, Pe VI]; hauspodm, -pedm [Alex, Bog, Bru, Charl, Gra, Len, Low, Ost, War, Wis V]
A, G, O, V: Dachboden im bäuerlichen Wohnhaus ● *In aaner Wärtschaft (↑Wirtschaft) hot mer vielerlei Geräte ghat, die sein oft ufm Hausbodm, Schoppebodm oder im Schoppe (↑Schuppen) im Truckne ghalt gewe (worden).* [Bru V]
→Boden (1), Haus.

Hausgarten - m, hauskartn, -kęrtn [Wer V]; hauska:rtə, -kę:rtə [Ap, Berg, Fil, Hod, Siw III, ND, NP IV, Alex, Bak, Bog, Fak, Ga, Glog, GStP, Gutt, Low, Ost, Schön, War, Wil, Wis V]; hauskoɐtə, -kęətə [StI II]; hauskoɐdə, -kędə [NA V]
G: am Haus bzw. hinter dem Bauernhof liegender Gemüsegarten ● *Hostell (↑Hofstelle) is des, was zum Haus ghäet (gehört), Hausgoate. Un ba uns woan se groß, mi hatte zwaa Joch Hostelle.* [StI II] *Noch em Hinnerhof is de Hausgarte odder Kuchlgarte, hot mer gsagt.* [Ap III] ↑*Mag hat mer sich im Hausgarte aagebaut.* [Berg III] *Sie hawwe im Hausgoade liewer Paredeis (↑Paradeis) ode solche Sache gebaut, was Absatz ghat hat.* [NA V] *Un die Weingäetn ham-me ghabt und im Hausgartn, da hat me imme e bissl Frischobst ghabt.* [Wer V] ◆ *Im Hausgarten wurden gele-*

Hausgebrauch

gentlich auch Blumen und Obststräucher gepflanzt. ■ PfWb III 718; SüdHWb III 183; RheinWb III 359, Z. 61.; BadWb 2, SchwWb III 1279: meist Dimin. *Hausgärtle* 'kleiner Garten am Haus', im Gegensatz zum *Krautgarten*.
→Garten.

Hausgebrauch - m, hauskəpraux, Sg. tant. [Bog, Bill, Low, Ost, Wis V]
Allg: Verwendung von landwirtschaftlichen Produkten ausschließlich zum Verzehr in der eigenen Wirtschaft ● *Im ↑Feld ham-mir net viel Grumbire (↑Grundbirne) ghat, nor im Garte, zum Hausgebrauch, ja.* [Ost V]

Hausgrund - m, hauskrunt, Sg. tant. [In, Ru IV]
A: bei der Ansiedlung zugeteilte bzw. vererbte ganze Ansässigkeit, Bauernhof ● *A jedes Haus hat san Hausgrund ghobt. Un där Hausgrund is in vië Parzelln aufteilt woan.* [Ru IV]
→Grund (3), Haus.

Hausmaus - f (n), hausmaus [Ost V]; maus, mais [OG I, AK, Hod, KK, Pal, PrStI, Sch, Stan, Tor, Tscher, Wasch III, Ker IV, Albr, ASad, Bak, Bog, Fak, Ga, Glog, Hatz, Hom, Karl, Low, Mar, NB, Nitz, Ost, StA V, Bat VI]; ma:s [Har IV]; maisla [El V]; maos [Sag II]; mu:s, mais [Sad V]; (n) meisərje [Fek II]
V: im Bereich des Bauernhofes lebende Maus ● *Ja, do warn die Ratze, die Meis, die Hausmeis un die Feldmeis, wu als so große Schade mache.* [Ost V]
→Maus (1).

Hausmittel - n, hausmitl, Pl.id. [Ap, Brest, Ker, Siw, Tscher, Tor III, In, Ru IV, ASad, Bog, Ger, GJ, Kath, Nitz, Ost, SM, Tem, Wei, Wolf V]
V: überliefertes (natürliches) Mittel zur Bekämpfung einer Krankheit ● *In Apetie (ON) henn mer zwaa Tierärzt ghat. Awer Hausmittl hot mer aa ghat.* [Ap III]
→Haus, Medikament.

Hausnudeln - f, selten, hausnu:ln, Pl. tant. [Ora, Resch, Stei V]
A: Richtfest mit Festmahl nach beendetem Hausbau ● *Dann hamm sie Hausnuuln gmacht, aso es Haus is färtich. Jetz geh ma zu die Hausnuuln, un sie hamm gut gessn.* [Stei V] ♦ Die freiwilligen Helfer beim Hausbau wurden nach der Arbeit mit einem Festmahl belohnt: *Und hamm die ganzn Nachbes un was halt mitgholfn hamm, die hamm sie alli eingladn.* [Stei V]
→Haus, Nudel, Schlachtfest.

Haussack - m, haussak, -sek [Brest, Har, Hod, Tschwer III, NP, Tom IV, Alex, Bog, Fak, Ga, GK, Low, Nitz, Sack, Wis V, Bil, Ham, NP VI]
A: hänfener Bauernsack mit Kennzeichnung des Besitzers ● *Uff aaner Stang ware die Hausseck ufgereiht, mitm Hausherr seim Nome un de Hausnummer druf.* [Bru V]
→Sack.

Hauswurst - f, hausvurʃt, -virʃt [Fak, Ga, Glog, StA, Wil V]; hausvorʃt, -verʃt [Bog, Gott, GK, Len, Low, Ost, Wies V]
V: hausgemachte Bauernwurst ● *Die Schunge hann viel ↑Rotes, des Schungefleisch (↑Schinkenfleisch) und geraachte (↑geräuchert) Hausworscht ausm Banat.* [Bog V]
→Wurst.

Haut - f, haut, hεit [Baw, Jood II, Bak V]; haut, hait [Albr, Fak, Ger, Glog V]; hauət, haiət [Aug, Ed, GT, GT, Scham, Schor, StIO, Wein, Wud I]
1. V: tierisches Gewebe, das den Körper umgibt und schützt ● *Un noch, die Haut, die is obgezoge worn, wann er gschlocht hat, un die Kalbshaut ausgoarwed (↑ausarbeiten) fir Kalbslede.* [Baw II] *Fer des Schmalz wurd die Haut vun dem Fett abzoge.* [Jood II] *Mer soll zwischer Weihnachte un Neijohr ka Wäsch ufhänge, weil soviel Stick Wäsch wie mer ufhängt, soviel Häit hängt mer des Johr uff de Kehlbalke.* [Bak V] 2. G, O: Schale, Hülle von Früchten und Keimen ● *Die ↑Amster, dej sann rund gweiest und haum e scheini roudi Hauet ghot.* [Wud I] ♦ Als Ausdruck des Analogiezaubers fürchtete man, dass die Anzahl der in den *Raunächten* gewaschenen und zum Trocknen auf dem Dachboden aufgehängten Wäschestücke, die Anzahl der im kommenden Jahr verendeten und gehäuteten Haustiere voraussage. ■ Gehl 1991, 75, 106.
→(1) Kalbs-, Schleimhaut, Schwarte, Vieh; (2) Pflanze.

Hebel - m, he:bl, Pl. id. [Franzf V]; he:vl [Bog, GK, Gra, Len, Low, Ost, Wis V]
A, V: Griff zur Betätigung eines Mechanismus ● *In der Mitte vun der Brechl (↑Breche) war e Hewl, mir hanne Zung gnennt.* [Ost V]
→Zunge (2).

heben - st, he:bə, kho:bə [Tax I, Pan V]; he:və, kho:və [Fak, Glog V]; he:və, kho:p [Bog, Ger, Len, Nitz, Ost, War V]
Allg: in die Höhe bewegen, hoch nehmen ● *So oft wie mer 's Stroh ghob un gruttlt (↑rütteln) hat, umso reiner war's, also umso mähr ↑Frucht (1) is rausgfall ufs Platz.* [Ost V]
→lupfen, rütteln (1); Heber.

Heber - m, he:bər, Pl. id. [Ru IV]; he:vər [Sch, Siw III, Tom IV, Bog, GK, Len, Low, Ost, War, Wis V]; he:və [Drei, Kreuz, NA, Wis V]
W: (verkürzt für:) Weinheber ● *Es hat Heber gebn vun Glas un had auch Heber gebn vun so langen Kirbis* (↑Kürbis). [Ru IV] *En Wei[n] hot me midn Hewe rausgezoche* (↑herausziehen), *mitn Glashewe odde mit de Pippe* (↑Pipe). [NA V] ■ PfWb III 738: 1.a 'Gerät zum Abfüllen von Flüssigkeiten'; SüdHWb III 200 f.; RheinWb III 384.
→Glas-, Weinheber; heben.

Hechel - f, hęcəl, hęclə [Kol III, Blum V]; hęcl, -ə [KaF, Mi, Mu, Saw, Wem II, Ap, Gai, Pal, Wasch III, Be, NP, Tom IV, Alex, Ben, Bill, Bru, GK, Gra, Ost, War V, Ham VI]; hęcl, -ə [Jahr V, Bil, Ham, Mai, Pe, Schei, Suk VI]; haxl, Pl. id. [Pul I]; haxtl, -n [Wolf V]
H: Brett mit Eisenstiften zum Spalten und Glätten der Hanf- und Flachsfasern ● *Un noh is der Hechler kumm, där hat so e Hechl ghat.* [NP IV] *Ufm Bodm* (↑Boden 1) *ware noch die Hannefbrech un die Hechl, for de Hannef hechle.* [Bru V] *Hechle ware feini un growi Hechle, dort is de Hannef dorchgezoo ginn* (↑durchziehen). [Ost V] *Un denocher mit der Hächl so zoge, un denn ham-mer Hampf ghet un ↑Kauder.* [Schei VI] ■ PfWb III 739; SüdHWb III 201 f.; RheinWb III 385; BadWb II 589; SchwWb III 1313 f.
→Hanfbreche, Hechelzahn, Hechler; hecheln.

hecheln - schw, hęclə, khęclt [KaF II, Ap, Gai, Hod, Mil, Waldn III, Pal, Tscher, Blum, Bru, Ger, Len, Nitz V]; hęclə, khęclt [NP IV, Fak, Ga, Glog, Jahr V, Bil, Ham, Pe, Schei VI]; hę:kəln, hę:kəlt [Kr VI]; haxln, khaxlt [Aug I]; haxtln, khaxtlt [Wolf V]; hå:içln, kəhåiçlt [Tol, Wud, Wudi I]
H: Hanf- oder Flachsfasern durch die Hechel ziehen ● *Die Fåser sinn no ghechelt warre un die Brechhagl* (↑Brechagen) *sinn no rauskumme.* [Ap III] *Dann is de Hechler kumme un hot de Hannef ghechlt.* [Waldn III] *Ufm Bodm* (↑Boden 1) *ware noch die Hannefbrech* (↑Hanfbreche) *un die Hechl, for de Hannef hechle.* [Bru V] *Was me beim Hächle rauszieht, sel isch ↑Kauder.* [Schei VI] ◆ Beim Hecheln werden die letzten, gebrochenen Holzreste aus den Hanffasern, die kurzen Fasern ausgekämmt und die längeren parallelisiert. Je feiner der Hanf ausgehechelt wird, desto wertvoller ist das daraus gewonnene Garn. ■ PfWb III 740: 1.a '(Flachs, Hanf) durch die Hechel ziehen'; SüdHWb III 202; RheinWb III 385 f.; BadWb II 589 f., SchwWb III 1315 *hechlen*.
→Hechel, Hecheler, Kauder.

Hechelzahn - m, hęcltssä:, tsē: [Fil, Mil III, Tom IV, Fak, Ga, Glog, Ost, StA V]
H: Eisenstift auf der Hechel ● *De Kamilleroppr* (↑Kamillenrupfer) *war so e 30-35 cm braati Kischt* (↑Kiste) *mit e Raaih* (↑Reihe) *alti Hechlzäh.* [Mil III]
→Hechel, Zahn.

Hechler - m, veraltet, hęclər, Pl. id. [Hod, Pal, PrStI III, Be, NP, Tom IV, Bill, GJ, Ost V, Bil, Ham, Kr VI]
H: landwirtschaftlicher Arbeiter, der den Hanf berufsmäßig hechelt ● *Dann is de Hechler kumme un hot de Hannef ghechlt.* [Waldn III] *Un noh is der Hechler kumm, där hat so e Hechl ghat.* [NP IV] ■ PfWb III 739: 1.a 'wer mit der eigenen Hechel bei anderen den Flachs und den Hanf hechelt'; RheinWb III 386; BadWb II 590; SchwWb III 1315 *Hechler*.
→Bauer, Hechel; hecheln.

Hecht - m, hęct Pl.id [Ap, Hod, Pal III]
Fi: räuberisch lebender Fisch des Süsswassers; Esox lucius ● *No hot's gewwe hauptsechlich die Karpfe un die Hecht, es hot guti Fischsupp gewwe un Fischpaprikåsch.* [Ap III] ■ Petri 1971, 100.
→Fisch.

Hecke - f, hekə, Pl. tant. [Bru, Fak, Glog V]; hękə [Go, Ma, Pal, Wak, Wiel II]
1. A: Ackerfelder, die auf dem Platz früherer Hecken in einem Waldgebiet angelegt wurden
Etym.: (2) Das Subst. kommt aus mhd. *hecke, hege.* Hecke als Abgrenzung für hügliges, eher waldiges Gebiet findet sich auch in Siedlungsnamen der Südwestpfalz. Hier werden die Orte Heckenaschbach und Heckendalheim von Bickenaschbasch und Bliesdalheim geschieden. (Freundl. Mitteilung von Rudolf Post.) - Die zweite Bezeichnung des Paares, *Hecke,* scheint im Banat als

Hederich

Antithese zur *Heide* geschaffen worden zu sein, und auch die Abgrenzung dieses Gebietes ist schwieriger. Im Westen beginnt die Hecke dort, wo die Tiefebene hügelig zu werden beginnt und ostwärts erstreckt sie sich so weit, wie die rheinfränkischen Mundarten der deutschen Bewohner reichen. Hecke bedeutet 'Gestrüpp, Gebüsch'. In der welligen Landschaft, wo unter dem Gouverneur des Banats Claudius Florimund Mercy die älteren deutschen Siedlungen (ab 1720) entstanden, gab es früher ausgedehnte Wälder, Hecken und Gestrüpp. Aus dieser Zeit wird immer wieder von Waldrodung, Buschbrennen und Ausstockung von Wurzelwerk berichtet. Viele Flurnamen verweisen auf Gemarkungen, die mit dichtem Gestrüpp und Wald bewachsen sind. Natürlich war der Ackerboden in der *Hecke* schwerer zu bearbeiten als in der Ebene und war auch nicht so ertragreich, so dass es später zu einem Wohlstandsgefälle zwischen den Siedlungen in beiden Gebieten kam. Wiesenheid [Wies V] soll wegen den vielen Hecken von den Ansiedlern *Heckendorf* genannt worden sein. Im Norden erstreckt sich die Banater Hecke bis zur Marosch (rum. Mureș), doch das Arader Gebiet umfasst auch am rechten Flusslauf deutsche Siedlungen, in denen zum Unterschied von den mitteldeutsch-pfälzischen Dialekten südlich der Maroschlinie zum Großteil oberdeutsch (süd- und ostfränkisch) sowie alemannisch gesprochen wird. Dieses Banater Gebiet zeichnet sich durch Garten-, Tabak- und Obstbau sowie Milchwirtschaft aus. (Nach Lammert 1973, 11-26) ● *Die Hecke ware gleich am Unnerwald* (↑Unterwald). *Wahrscheinlich ware ach do amol Wald un Hecke, weil noch immer gutes Feld war.* [Bru V] a. A: dichtes Gestrüpp, Buschwerk ● *Bei ons woan die Pålkånər* (ON) *Häcke ui die Buschtååler* (↑Buschteil). [Wak II] *Im Bruckenauer Wald lebn viele Vegl, hauptsechlich Singvegl und aach Fasaune in de Hecke, im Gstripps* (↑Gestrüpp). [Bru V] 2. A: im östlichen Hügelland gelegener Teil des Banates ● *Hecke nennt mer e Teel vum Banat, zwische Radna un Temeschwar* (ON), *do senn viel Hiwwl* (↑Hügel) *un aa Wälder.* [Bru V] ■ PfWb III 741 f.; 1.a 'lebender Zaun', b. 'einzeln stehendes Gebüsch, Gestrüpp', 2. 'Buschwald, Jungwald' (In de Hecke wuhnė), 6. 'Flurnamen': d'Hääg, die Wolfsborner Heck; SüdHWb III 203 f.; RheinWb III 389-393; BadWb II 590; Gehl 1991, 68: 'Gebüsch, Gestrüpp'.
→(1) Feld; (1a) Gestrüpp; (2) Heide (2).

Hederich - m, hetəriç, Sg. tant. [Fil, Hod, Ker, Tscher III, Franz IV, Char, Ernst, Low, Mar, Ost, Stef V]; he:driç [Ha, Seik II]; hetriç [Bog, Fak, Ga, GK, Glog, Low, Ost, StA, Wil V]
A, B: als Unkraut verdrängter wilder Hederich; Raphanus raphanistrum ● *Schon Frihjahr zeitlich, secht men April, foahr ich scho of Hedrich, soge miė, un noch komm ich zureck uff de Agaze* (↑Akazie). [Seik II] *Unkraut ham-mer viel ghat, do ware die* ↑*Windhexe, es Schellkraut, die Melde, die Hinglsdärem* (↑Hünkelsdarm), *de Spitzwättrich* (↑Spitzwegerich), *de Hettrich un viel andre.* [Ost V] ◆ Die Imker nutzen den Hederich als Bienenweide zur Honiggewinnung. ■ PfWb III 747: 2.b 'wilder Hederich'; SüdHWb III 208; RheinWb III 403 f.; BadWb II 592 f.; Gehl 1991, 92; Petri 1971, 61.
→Unkraut.

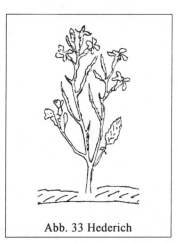

Abb. 33 Hederich

Hefel - m, he:vəl, Sg. tant. [Bil, Ham, Mai, Pe, Schei, Suk VI]
A: Sauerteig, der dem Brotteig als Ferment beigemischt wird *Etym.:* Vgl. *Hefe* von mhd. *hebe, hefe,* ahd. *hevo,* eigentlich 'der Hebende' zu *heben.* (²³Kluge, 363) ● *Do ham-mer des Mäehl gsiblet* (↑sieben) *un mit em Hewel aagrihrt* (↑anrühren) *un in säller Mulde* (↑Multer) *aaghewlet.* [Schei VI] ■ SchwWb III 1324 f.: 'Sauerteig zum Brotbacken', auch zu Umschlägen verwendet.
→anheflen.

Hefeteig - m, he:fəta:ik, Sg. tant. [StI II]
A: Teig aus Mehl, Hefe und Wasser oder Milch, der zu Hefekuchen oder -brot verarbeitet wird ● *Un noch woan die Schmärkreppl* (↑Schmer-

Heft

kräppel), *vum Schmär. Hunn se noch e Hefetaaig gemocht, do is de Schmär neikomme, noch is des so bleddrich* (↑blätterig). [StI II]
→Teig.

Heft - n, heft, Pl. id. [Aug, Ed, OG, Pußt, StIO, Wein I, Bohl, Fek, Surg II]
Allg: Griff an einem Werkzeug, besonders an Messern ● *De sann blau gweest un rot gweest un gölb* (↑gelb) *gweest, mit en schene Heft.* [Pußt I]
■ PfWb III 749 f.; SüdHWb III 210; RheinWb 407; BadWb II 594.
→Griff (1).

heften - schw, heftə, kheft [Bog, Bru, Gott, Gra, Len, Low, Nitz, Ost, War V]
A, G, O, W: etwas mit einem Bindematerial befestigen ● *Es war jo immer viel Arwet* (↑Arbeit) *in de Wingerte* (↑Weingarten), *im Frihjohr ufhacke, schneide, no später spritze* (↑spritzen 1a), *hefte un stutze.* [Bru V] *Die Rewe* (↑Rebe) *sinn gheft ginn, mit Liesche* (↑Liesch 1) *gheft ginn.* [Ost V]
→binden.

Heger - m, he:gər, Pl. id. [ASad, Lind, Resch, Wei, Wolf V]
Fo: Forstangestellter, der den Wald und das Wild schützt und pflegt ● *Des is mei Freind, de Kaiser, gwest, a echte Jager und a echte Heger. So wos kimmt nimma aff d'Wölt.* [Wolf V]
→Jäger; pflegen (1).

Heide - f, he:t, Sg. tant. [Bog, GK, GJ, Hatz, Gott, Gra, Len, Low, War, Wis V]; ha:də, Sg. tant. [Ga, StA V]; hå:t, Sg. tant. [Fak, Glog V]
1. A: Flurbezeichnung für Ackerfelder *Etym.:* (2) Die Begriffe *Heide* und *Hecke* sind nur den Banater Deutschen geläufige Sammelbegriffe. Geographisch umfasst die Banater Heide ein diluviales Lößplateau, das sich etwa zwischen den Überschwemmungsgebieten der Theiß im Westen, der Bega im Süden und dem Alluvialstreifen des Yergrabens im Osten erstreckt; danach beginnt ein welliges Hügelland. Die pflanzengeographische Merkmale der Heide wie wasserarmer, ärmlicher, stellenweise auch mooriger Boden, mit Zwergsträuchern, Gräsern und dem vorherrschenden Heidekraut (Calluna vulgaris) treffen auf die Banater Heide nicht zu. Schon eher der weitere Begriff, der in der Heide ein urwüchsiges Land im Gegensatz zur bebauten und bewohnten Landschaft sieht. Dazu gehört der mit Gräsern und Heidekraut bewachsene Boden, ja selbst der Wald. Im Mittelalter war die Banater Heide ein Grasland mit Jh.e langem Hirtenbetrieb, der aus der ursprünglichen Waldsteppenlandschaft eine künstliche Steppe schuf. Im österr. Beamtendeutsch hießen unbebaute Gebiete Prädien, Einöden, häufig auch Heide. Die extensive Weidewirtschaft wurde nach der Besiedlung des Banats durch intensiven Ackerbau, Weinbau, Viehzucht und Viehhandel abgelöst, doch der Gebietsname *Heide* hat sich erhalten. (Nach Lammert 1973, 11-26) ● *Uff de Hååd worn die Håådkette gwest, des wor net so gudes Feld.* [Glog V] 2. A: in der Banater Ebene gelegenes, fruchtbares Ackerland ● *Dort wu dr Bauer frih un spot/Mit seine Leit is viel geplot* (geplagt),/*Un wu die Arweit niemols steht,/Des is die Heed!* [Bog V] ◆ Das Banat gliedert sich in drei Landschaftstypen: das Bergland (im Süden), das Hügelland (im Osten) und die Ebene (im zentralen und westlichen Teil). Die *Heide* genannte Ebene war im Naturzustand ein Wechsel von Wald, Gestrüpp, Weide und Sumpf, fast nur von Wanderhirten und Fischern bewohnt. Im Verlauf der Geschichte wurde sie zum Schauplatz der Völkerwanderung, stand 164 Jahre lang (von 1552 bis 1716) unter Türkenherrschaft und wurde im 18. Jh. als Kameralprovinz *Temeswarer Banat* von der Habsburgermonarchie hauptsächlich mit Deutschen aus den südwestlichen Reichsprovinzen besiedelt, zu denen später auch Serben, Rumänen, Ungarn, Slowaken, Juden und Roma kamen. Im 19. und 20. Jh. war die *Heide* das reichste Gebiet des Banats und stand unter der Ausstrahlung der Provinzhauptstadt Temeswar. - Bewußt wurde als Titel des 1. Bandes der Beitragsreihe über Wirtschaft, Kultur und Lebensformen der Banater Schwaben der aussagekräftige Ausdruck *Heide und Hecke* gewählt. (Gehl 1973)
■ Gehl 1991, 61.
→Feld, Hecke (2), Heidekette.

Heidekette - f, hå:tkhetə, Pl. tant. [Fak, Glog V]
A: im Flurteil *Heide* gelegene Ackerfelder ● *Uff de Hååd worn die Håådkette gwest, des wor net so gudes Feld.* [Glog V] ■ Gehl 1991, 61.
→Heide (1), Kette (2).

heimbringen - schw, hãmpriŋə, -kəproxt [StI, Surg, Wem II]; ha:mpriŋə, -proxt [Fek, Kock II]; hã:mpriŋə, -proxt [Jood II]
1. A, G, H, T, V, W: ein landwirtschaftliches Produkt bzw. Vieh zum Bauernhof bringen a. V: Vieh von der Weide ins Dorf führen ● *Die Kieh*

hot me aff die Hutwaad (↑Hutweide) getriewe. Hot me se nausgeloss un dä Kiehhalde (↑Kuhhalter) hot se fuetgetriewe un hot de widder owets haambrocht. [Fek II] **b.** A, G, H, T, W: ein Erzeugnis vom Feld einfahren ● *Mir homm um selli* (jene) *Zeit die Kolber* (↑Kolben) *zammt dem Schellaub* (↑Schällaub) *haambrocht in Hof, des war in Oktobermonat. Des Schellaub, des muss mer abschele.* [Jood II] *Noch hunn se die Trauwe* (↑Traube) *gschnitte, haamgebrocht un se ufghengt* (↑aufhängen), *uff son 're* ↑*Schnur* (1). [StI II]
→(1a) treiben (2).

Heimermaus - n, haməmaisçən, Pl. id. [NB V]; haməmaisçə [Len, War V]; hęməmaisjə [Bog Ger, GJ, NStP, Tsch V]; heməmęsçə [KB V]; heməmaisl [Orz V]; hanimau [Sad V]
V: gelbbraune, wärmeliebende Hausgrille; Gryllus domesticus *Etym.:* Die Bezeichnung *Heimchen*, reg. für 'Hausgrille', kommt aus mhd. *heime* m., ahd. *heimo* m., das aus westgerm. **haimōn* m. 'Grille' stammt. Die seit dem 15. Jh. auftretende Diminutivform *Heimchen* ist wohl eine Umbildung einer anderen Form wie schweiz. *heimuch* und umgestellt ahd. *mūhheimo* m., so dass vielleicht ein abgeschwächtes Kompositum vorliegt. Das Wort ist sicher mit *Heim* verbunden worden und *-much* kann zu gotisch *mūka* 'sanft' gehören, doch vermutlich liegen hier Umdeutungen älterer Bezeichnungen vor. (²³Kluge, 365) - In unserer Variante *Hämmermäuschen* liegt eine doppelte Umdeutung der alten Bezeichnung, unter Anlehnung an *Hammer, hämmern* und an *Mäuschen* vor. ● *Lass des Hämmermeisje ned in die Kich rein.* [Bog V] *Es Hämmermeisje singt im Backowe.* [Ger V] ■ PfWb III 774; RheinWb III 454; Gehl 1991, 115; Petri 1971, 105.
→Ungeziefer.

heimführen - schw, hã:mfi:rə, -kfi:rt [Sulk II, Bru, Fak, Ga, Glog, NA, Ost, Pan, StA V]; hã:mfi:rə, -kfi:rt [Stan III]; hamfiərə, -kfiət [Fek II]; hãmfiərə, -kfiət [StI II]; hemfi:rə, -kfi:rt [Waldn III, Alex, Bog, GJ, Gott, Gra, Len, Low, War, Wis V]
A: landwirtschaftliche Produkte, Brennmaterial usw. mit einem Fuhrwerk nach Hause transportieren ● *Domol woan kaa Maschine nēuch, des is alles mit der Geil* (↑Gaul), *is Mist 'nausgfihet woan un haamgfihet.* [Fek II] *Die Menner hunn die Goarwe gsetzt* (↑setzen 1) *un haamgfiehet uff die* ↑*Triste.* [StI II] *Uno hod me'n haamgfihrt, in de Scheier 'noi.* [Sulk II] *Un Geize* (↑Geiz) *hot mer fuhreweis hååmgfihrt for die Kih.* [Stan III]

Nach sechs-siwwe Tag hod me de Hannef rausgenumme, hod ne getrocknet un hemmgfiehrt. [Waldn III] *Im Spotherbst hot mer des Kukruzstroh* (↑Kukuruzstroh) *haamgfiehrt.* [Bru V] *Er hat's letschti Laab* (↑Laub 1b) *vom Hottar* (↑Hotter) *hemgfiehrt.* [Bog V] *Die Fuhr is dann haamgfihrt ginn* (worden) *in de Hof.* [Ost V]
→führen.

heimtragen - st, ha:mtro:ŋ, -tro:ŋ [Aug, Ed, GT, KT, Scham, Schor, StIO, Wein, Wud, Wudi I]
A, Fo, G, O, W: (ein landwirtschaftliches Produkt) in der Hand oder mit einem Gefäß nach Hause befördern ● *Die scheinsti Weiemba hot me auesgschnien* (↑ausschneiden 1) *und in Keawü* (↑Korb) *haamtrogn.* [Wud I]

heimtreiben - st, ha:mtraivə, -kətri:və [Fek, GBu II]; hã:mtraivə, -kətri:p [NB V]
V: Vieh von der Weide in den Stall treiben ● *Schāf woan auch in jedm Haus. De war e Schofhalder, un där hat se ausgetriewe in Frihjahr. Un im Späthärbst hot er die Schāf haamgetriewe, wann emol eingwendet* (↑einwintern) *is.* [Fek II] *Die Sei* (↑Sau) *sein frihre* (früher) *aff de Waad* (↑Weide) *nausgange. Do woar de Seihalder, de hot ausgetriewe un oweds haamgetriewe noch.* [GBu II] *De Schweinshalten hann de Schweinshalt, de Sei un de Bärich* (↑Barg) *hååmgetrieb.* [NB V]
→treiben (2).

heiß - Adj, hais [Ap, Fil, Hod, Kol, Mil III]; ha:s [Ap III, Tom IV, Bru, Charl, Fak, Ga, Glog, StA, Wil V], he:s [Bog, GK, GStP, Len, Low, Ost, War, Wis V, NP IV]
Allg: sehr warm, erhitzt ● *Die Sau is es ärschti gebriht warre im heiße Wasse in e großī* ↑*Multer un da hot mer sie abgschabt.* [Ap III] *Die Nudle* (↑Nudel) *sinn allweil abgschmälzt warre, mit heißem Schmalz, un Brotbresilin* (↑Brotbrösel) *drin gereschtet* (↑rösten 2). [Mil III] *Mim Backschießer is de gformte Brottāich* (↑Brotteig) *in de haaße Backowe kumme.* [Bru V] *Die Pfannekuche wärrn mit bissl Schmalz in e haaßī Pfann gebacke.* [Glog V]
→warm; Hitze.

heizen - schw, haitsə, khaitst [Bog, GK, Ost, War, Wis V]; ha:tsə, kha:tst [Aug, Ed, GT, KT, Scham, Schor, Wein, Wud, Wudi I, Ap, Fu III, Tom IV, Fak, Ga, Glog, StA, Wil V]; hitsə, khitst [StI II, Fil, Mil, Pal, Sch III, GJ, GK V]

Allg: erwärmen, Wärme zuführen ● *No hunn se de Backowe ghitzt mit Raaisich* (↑Reisig). [StI II] *Von der Kich aus sinn die Efe* (↑Ofen) *ghitzt gen, un in so e große Raafang hat mer aach des Fleisch graacht* (↑räuchern). [GJ V] *En Backofe had mer mit Kukrutzstengl* (↑Kukuruzstängel) *ghaazt.* [Glog V] *Aso de warme Mischt* (↑Mist), *där heizt am beschte, där macht wärmer.* [Ost V]
→anschüren, verheizen; warm.

Heizer - m, haitsər, Pl. id. [Hod III, Ost V]; ha:itsə [Ru IV]
A, H: Landarbeiter, der eine mit Dampf betriebene Maschine heizt ● *In de Tricknheiser* (↑Trocknenhaus) *fer de Hanf henn der Maschinist, der Heizer, die Vorarbeiter, die zwei Sortierer un ↑Binder* (2) *gearbeit.* [Hod III] *Da war de Haaitze, dann waan zwei, wo die Fruchtgoabn naufgschmissn hobn auf die Dreschmaschie.* [Ru IV] *Der Heizer hat die ↑Dresch mit Stroh gschiert.* [Ost V]
→Maschinist; schüren.

Hektar - n, hekta:r, Pl. id. [ASad, Bak, Bog, Fak, Ga, Glog, Len, Lind, Nitz, Ost, Wei, Wolf V]; hekta:r, -n [OW VI]; 'hektar, Pl. id. [Bil, Ham, Mai, Pe, Schei, Suk VI]
Allg: Flächeneinheit von 10 000 m² ● *Aso mir hobn im ganzn fimf Hektar und etwas beisammen, abe wenn me ihm gut veroarbeit, gut pflegn tut, wockst* (↑wachsen) *aa wos.* [ASad V] *Unse Jachtrevier is 10.000 Hektar und no mähr gwest.* [Wolf V] *Der Holzschlag ist ein Portion Wald, von zwei Hektarn, rauf bis fünfzig Hektarn, wo der Wald runtergefeelt is* (↑herunterfällen), *runtergschlagn un rausgenommen is.* [OW VI] *Des ischt e Plantasche* (↑ Plantage), *so um die zweihundert 'Hektar nur mit Obstbääm.* [Schei VI]
→Ar, Maß; hektarweise.

hektarweise - Adv, hekta:rvais [Bog, Fak, Ger, Gott, Len, Low, NA, Ost, Wis V]
A, G: auf einer Fläche von mehreren Hektar ● *Mei Schwiggevatte, dä hot hektarweis Grumbien* (↑Grundbirne) *gebaut.* [NA V]
→Hektar.

Hekto - ɲ, hekto, Pl. id. [Bak, Nitz V]
O, W: (verkürzt für:) Hektoliter 'hundert Liter' ● *Mir hänn vum 1904er an dort unse Weingarte angeleet* (↑anlegen) *un hann bis zu 20, 25 Hekto gfeckst* (↑fechsen). [Nitz V]
→Liter.

Helling - f, heliŋ, Sg. tant. [Fil, Hod, Mil, Tscher, Werb III, Tom IV, Fak, Ga, Glog, StA, Wil V]
Allg: heller, gut ausgeleuchteter Platz ● *Die Muschgadl* (↑Muskatel) *soll mr in die Helling stelle, dass sie im Summr aa blihe* (↑blühen). [Mil III] ■ PfWb III 803: 'helles Licht'; SüdHWb III 257; RheinWb III 495; BadWb II 614: *Hellung.*

hellrot - Adj, helro:t [Har III, Fak, Ga, Glog V]; højrouət [Aug, Ed, GT, KT, Scham, Schor, StIO, Wein, Wud I]
A, O, W: von heller roter Farbe, lichtrot ● *Die Bougdaner* (↑Bogdaner) *haum en højrouetn Wei gejem.* [Wud I]
→rosarot.

Hendel - n, he:ndəl, Pl. id. [Ora, Stei V]; he:ndl, Pl. id. [Erb, Wudi I, Bad II, Gara, Kula III, De, Glog, Hom, Ka, Karl, Kub, Kud, Lieb, Pau, StA, Tem, Wil V]; he:nl, -ə [Sch, Sek III]; hi:nle [Franzf V]; hiəndl [OG I]; hindlə, Pl. id. [Sad V]
V: junges Huhn *Etym.:* Die Wortformen *Hendel, Henderl, Hendl* sind südd. und österr. für 'junges Huhn, Brathuhn'. ● *Un dann ziehg i auf* (↑aufziehen) *alle Jahr fünfzig Hiëndl.* [OG I] *Der Hiëndlechorb is fir die Hiëndle, beim Fresse.* [Sad V] *Wer sei neies Haus das erste Mal hat betretn, hat durchs offene Fensta a paar Hendl fliegn lassn, dass sie mitnehma des Unglick.* [Tem V] *Bleib in Hof un schau, dass der ↑Huli net kummt un e Hendl holt.* [Wil V] **Anm.:** Das Subst. ist ein Dimin. von *Henne* mit Gleitlaut -d-. ◆ Die meisten jungen Masthühner werden bei entsprechendem Mastgewicht als *Backhendl* geschlachtet. ■ ÖstWb 246; Gehl 1991, 214.
→Feld-, Zierhendel, Henne, Hendelfutter, -korb, Henne.

Hendelfutter - n, he:ndlfutə, Sg. tant. [OG I]
V: Futter für junge Hühner ● *Des Hiëndlfutte, fufzich Kile* (↑Kilo), *des is Kunstfutte, des is gemischt mit Kukrutz* (↑Kukuruz) *un Fischmöhl.* [OG I]
→Hendel, Kunstfutter.

Hendelkorb - m, hiəndləxo̧rp, -xȩrəp [Sad V]
V: kegelförmiger Korb aus schütterem Weidengeflecht zum Schutz der Küken beim Füttern ● *Der Hiëndlechorb is fir die Hiëndle, beim Fresse.* [Sad V] ■ Gehl 1991, 217.
→Bippelekorb, Hendel, Korb.

Hengst

Abb. 34 Hendelkorb

Hengst - m, heŋkst, -ə [Aug, Erb, GT, Ins, Kir, Krott, Paum, Schor, Vert, Wein, Wer, Wet, Wud I, Bru, Jahr V]; hiŋkst, -ə [Scham I]; heŋkʃt, -ə [Tax I, Darda, GN, Kock, Sulk II, AK, Buk, Gai, Hod, ker, Pal, Sch, Tscher, Wasch III, NP, Tom IV, Bog, Fak, Ga, GK, Glog, Low, NB, Nitz, Ost, Sad, StA, War, Wil V]; heŋkst, Pl. id. [Sulk II]
V: männliches Zuchtpferd ● *Hengscht ware kaani, nur Wicke (↑Bika) sein aa mitgange.* [Sulk II] *Un no hem-me noch ghat die halbsteirische Ross, des ware die breitre mähr, die Hengschte do.* [Tom IV] *De Hengscht is ausgschnitte worre, no wor er e Minning (↑München).* [Fak V] *De Hengscht hat die Stut belegt, un sie hat de Hengscht aagnumme (↑annehmen).* [Glog V] *De Bauer hot ufm Mark e Hengst kaaft.* [Jahr V] *Dann hat's Arweitsross ginn un Hengschte odder Knopphengscht, där war schun kastriert.* [Ost V] ■ Gehl 1991, 182.
→Beschäler, Knopf-, Nonius-, Privat-, Schimmel-, Staatshengst, Pferd.

Henne - f, he:n, -ər [Stan III, Fak, Glog V]; he:n, -ə [Karl, Resch, Stei V]; hen, -ə [Tew II, Bil, Schei VI]; he:n, -ɐ [SM V]; hen, -ɐ [Star V]; hõ:, hə:nə [Ga, StA V]; hiɐn, -ə [Ed, Scham, Tscha, Ver, Wud, Wudi I, Petschw II]; hiɐn, -ə [StI II, Tscha III]
V: Haushuhn; *Gallus gallus domesticus* ● *Hat, de Kukruz is fir futtern (↑füttern) des Viech, Rindfiech un Schweine un die Hihene.* [Petschw II] *Ich maan, do is die Krepier (↑Krepiere) drin, uns sinn schun vier Hehner krepiert.* [Glog V] *Mië hamm en Kokosch, fimf Hehne und drei Bockln (↑Bockerl).* [Resch V] *De ham-mer de Henne mese metzge (↑metzgen) un e Kalb metzge.* [Schei VI] ■ Gehl 1991, 213; Petri 1971, 102.
→Geflügel, Hendel, Huhn, Hünkel.

herabbeißen - st, rapaisə, -kəpisə [Jood II]
V: durch Beißen von etwas lösen, abknabbern ● *Aa die Kihe (↑Kuh) honn kriëgt Zapfekugrutz (↑Zapfekukuruz). Die Kihe honn die Kärn (↑Korn 1) rabbisse un honn die gfresse, un die Ross aa.* [Jood II] **Anm.:** Statt standardspr. Richtungspartikel *herab-* wird ugs. *rab-* verwendet.
→beißen, fressen.

herabfallen - st, rapfalɐ, -kfalɐ [Bil, Ham, Pe, Schei, Suk VI]
Allg: nach unten fallen ● *Da sänn d'Traube scho rabgfalle, weil sänd Abfaller gsaai, Abfallertrauwe hom-mir gseit.* [Schei VI]
→abfallen, Abfallertraube.

herabgehen - st, rapken, -kaŋə [Jood II]
V: sich unter äußerer Einwirkung von etwas lösen ● *No die Sau in die Multe (↑Multer) noi, es Brihewasse (↑Brühwasser) druf, hamm sie so lang zoge (↑ziehen) un dreht, bis de Hoor rabgehn, no wurd sie putzt.* [Jood II]
→putzen.

herabmachen - schw, rapmaxə, -kmaxt [Fek, Jood, Nad, Wem II]
A: (wie: abmachen) ● *Nach dem wärde Grumpre (↑Grundbirne) ghackt und Schnitt rabgmacht.* [Jood II]
→abmachen (2).

herabmähen - schw, ropmeə, -kme:t [Petschw, StI II]
A: (wie: abmähen) ● *Frihe woa de Schnitt. Do hamm die Menner vro (vorne) robgmeht, un die Weiwer hamm die Goarem (↑Garbe) mit de Sichl zammgnumme.* [Petschw II] *Do hod der Meher (↑Mäher) jetzt misse sei ↑Frucht (1) mit der Sens robmehe.* [StI II]
→abmähen, mähen.

herabmahlen - st, ropmålə, -kəmå:lə [StI II]
A, V: (von einem landwirtschaftlichen Produkt:) zermahlen ● *Noch honn se die Lewerkneel (↑Leberknödel) gmocht. Aso Lewer hunn se*

robgemåhle un e bissje Schmär (↑Schmer) *dråå.* [StI II]
→mahlen.

herabmaschinen - schw, rapmaʃi:nə, -kmɑʃi:nt [Fek, Jood, Kock II]
A: (wie: abmaschinen) ● *De Waaz* (↑Weizen) *un die Gärste, des hat die Maschie gemacht. Is gschowe* (↑schieben) *worre vun Hof zu Hof, un do honn sie des rabgmaschient.* [Jood II]
→maschinen; Maschine (1a).

herabnehmen - schw, ropnemə, -knomə [StI II]
B: etwas an erhöhter Stelle Gelagertes bzw. Befestigtes nach unten nehmen ● *No hot er den Biekorb* (↑Bienenkorb) *genumme, hat er so en Sieb druf un is gange mit grouße Stange un hot den ↑Schwarm robgnomme.* [StI II]
→nehmen.

herabpressen - schw, ropresə, -kəprest [La II]
W: (von Weintrauben:) durch Pressen Most gewinnen ● *Un noch tun's zwaa Mennr gleich robpresse un neitroge* (↑hineintragen) *in de Fessr.* [La II]
→pressen.

herabschneiden - st, rapʃnoidə, -kʃni:də [Jood II]; ropʃnaidə, -kʃni:də [StI II]
Fo, G, O, V, W: ein Teil von einem größeren Stück abtrennen ● *Den Woigarte* (↑Weingarten) *muss me in Fruhjohr ufdecke. Un nachdem tud mer schnoide, die Rebe rabschnoide.* [Jood II] *Un der Kopp* (↑Kopf) *hunn se ärscht robgschniede, där is ins Kretzl* (↑Gekröse) *neikumme, un von dem sein noch Blutwirscht* (↑Blutwurst) *gmocht woen.* [StI II]
→schneiden.

herabziehen - st, raptsiə, -kətso:gə [Fek II]
V: etwas durch Kraftanwendung abstreifen ● *De Speck, wos me zu Fett hot, do is die Schwoate* (↑Schwarte) *rabgezoge woan.* [Fek II]
→abmachen, abziehen (1), ziehen.

herauffahren - schw, raufa:rn, -gefa:rn [OW VI]
Fo: mit einem Fahrzeug nach oben fahren ● *Ja, de Leute sind mit de Wagn und mit Fäert* (↑Pferd) *so raufgfahrn.* [OW VI] **Anm.**: Statt standardspr. Richtungspartikel *herauf-* wird ugs. *rauf-* verwendet.
→fahren.

heraufziehen - schw, ra:uftsi:n, -getso:gn [OW VI]; rauftsi:çə, -kətso:xə [NA V]; ruftsi:gə, kətso:gə [Berg, Ker, Siw, Stan III, Be, Tow IV, Bog, Fak, Ger, GJ, Lieb, Ost, War V]
Fo: durch Zugkraft aufwärts befördern ● *Die Pumbe ziegt des Wasse* (↑Wasser 3) *rauf mim 'Motor.* [NA V] *Das Holz wird aufgebund* (↑aufbinden) *mit Drahtstricke un raufgezogn. Jetzt gibt's so kleine Waggonettn* (↑Waggonet), *das ziehgt rauf mit den Motor.* [OW VI]
→ziehen.

herausbringen - schw, rauspriŋən, -præxt [Resch, Stei V, OW VI]
Fo: (besonders von Holz:) nach außen befördern, transportieren ● *In die Försteschule* (↑Forstschule) *lernt mer den Wald anzubaun und ihm zu pflegen, und dann das Holz rausbringen und verarbeitn.* [OW VI] **Anm.**: Statt standardspr. Richtungspartikel *heraus-* wird ugs. *raus-* verwendet.

herausfahren - st, rausfa:n, -kfa:n [Wer V]
A: aus einem Bauernhof bzw. aus einer Siedlung hinausfahren ● *Die Bauen* (↑Bauer) *sinn nachts um eins in die Stadt gange, hamm sich die Arbeide* (↑Arbeiter) *gholt un dann sinn se rausgfahrn.* [Wer V] **Anm.**: Statt der standardspr. Richtungspartikel *heraus-* wird ugs. *raus-* verwendet. Zudem erhält die Partikel die Bedeutung 'hinaus'.
→fahren.

herausfallen - st, rausfalə, -kfalə [Fak, Glog V]; rausfalə, -kfal [Bog, GK, Ost V]
Allg: aus etwas heraus- und nach unten fallen ● *So oft wie mer 's Stroh, ghob un gruttlt* (↑rütteln) *hat, umso reiner war's, also umso mähr Frucht is rausgfall ufs Platz.* [Ost V]
→herunterfliegen.

herausführen - st, rausfi:rə, -kfi:rt [Ap, Berg, Ker, Mil, Sch, Stan, Waldn III, Be, Tom IV, Bru, Fak, Ger, Hatz, Kath, Ost, Low, Wis V]
V: (Haustiere) von drinnen nach draußen führen ● *Die Gääl* (↑Gaul) *hot mer an der Trog rausgfihrt fer saufe, wann's net gfrore war.* [Waldn III]
→führen.

herausgeben - st, rauske:və, -ke:və [StG, Sol, Sulk II]
A: (ein landwirtschaftliches Produkt) ausliefern ● *Do hamm sie abgwoge, nach sellem henn sie*

rausgewe. [Sulk II]

herausgehen - st, raːuskeə, -kaŋə [Waldn III, Fak, Ga, Glog, Mar, StA, Wil V]; rauskeə, -kaŋ [Ker, Sch, Stan, Werb III, Bog, Ger, Gott, Lieb, Ost, War V]
1. A: aus einem Raum herausfallen • *Die Sprauer (↑Spreu) is unne uff die Seid (↑Seite) rausgang.* [Ost V] 2. H: sich von etwas lösen • *No had me de Hannef (↑Hanf) gebroche midde Hannefbrech, damit der Stengl (↑Stängel) rausgeht un de Faser bleibt.* [Waldn III] **Anm.:** Statt standardspr. Richtungspartikel *heraus-* wird ugs. *raus-* verwendet.

herauskommen - st, intrans, rauskhomə, -khomə [StI II]; rauskkumme, -khumə [Fak, Ga, GJ, GK, Glog, Len, Low, Ost, Pan, StA, StM, Wil V]; rauskhumə, -khumə [Petschw II]; rauskhumə, -khum [Gai III, Bak, Bog, Nitz, War, Wis V]
1. Allg: (aus einem Material, einer Flüssigkeit hervorkommen, austreten • *Dä Großvatter hot misse die Blutwischt (↑Blutwurst) koche. Ins kochelinge (↑kochelig) Wasser 'nei un imme steche, dass des Fett rauskommt.* [StI II] *Wann se ausgepresst sinn, wann nicks mähr rauskummt, die ginn (werden) no verheckslt (↑verhäckseln), die Ruwe (↑Rübe).* [Ost V] A, Fo, G, H, O, W: (von Pflanzenkeimlingen:) aus dem Boden sprießen • *Im 1904er Johr ist bei Frucht un Kukrutz (↑Kukuruz) net mol de Some (↑Samen) rauskumm.* [Nitz V]

herauskratzen - schw, raukratsə, -kəkratst [Baw, Fek, StG, Wem II]
V: einen Teil von etwas durch Kratzen entfernen • *Nom is mit Hend un min Lewl (↑Löffel), senn die Hoaa (↑Haar) rausgekratzt woan von de Sau.* [Fek II]
→abkratzen.

herausmachen - schw, rausmaxə, -kmaxt [Ap, Fil, Mil, Sch, Siw, Tscher III, Put, Tom IV, Bak, Bog, Ga, GK, Glog, Len, Low, Nitz, Ost, Sad, StA, War, Wil, Wis V, Bil, Ham, Mai, Schei VI]; rausmǫxə, -kəmǫxt [Baw, Jood, StI, Wem II]
1. Fo, O, W: einen Wurzelstock ausgraben, roden • *Jetz mache se die Weigärte (↑Weingarten) raus, ich froo (frage) mich nor, for was?* [Nitz V] *Obe am Wald hot der ↑Gostat die Weibärg rausgmacht un alles voll pflanzt mit Epflbeim, Birnebeim un Zwetschkebeim.* [Schei VI] 2. A, G: (unterirdisch wachsende) Feldfrüchte ernten • *Die Grombirn (↑Grundbirne) senn im Härbst rausgmocht worn un in Kellr neiglegt.* [Baw II]

herausnehmen - st, rausneːmə, -kenomən [OW VI]; rauseːmə, -kənomə [Seik II]; rausneːməː, -kənumə [Petschw, StI II]; rauseːmə, -knumə [OG, Tschol I]; rausnemə, -knumə [Alex, Bog, Ger, Glog, Gott, Nitz, NA, Ost, Wis V]
B, Fo, G, V: etwas (aus einer Vorrichtung, einem Körper) nach außen nehmen • *Dann wäd die Schwei aufgspåldn un die Därem (↑Darm) rausgnumme un neitragnam Håckstock, un noch wäd's aufgeoarwet.* [Petschw II] *Die ibeflüssige Rohme (↑Rahmen) wänn rausgenomme.* [Seik II] *Un no, wann die Wawe (↑Wabe) voll woarn, no hod er die rausgenumme, no is gschleidert woan, Honich gschleidert.* [StI II] *Die Blaue Kolrawi un Schwoaze Rettich sein in Silos neikumme, se in Gartn in die Ärde neikumme. In Winte sein rausgnumme woan un sein vekauft woan.* [NA V] *Die Pflanzn wirdn schen gepflegt, un wenn die Pflanzn sind schon 20 cm, dann wird es von diesn Forstgarten rausgenommen mit Wurzeln.* [OW VI]
→ausnehmen.

herausreißen - st, rausraisə, -krisə [Bog, GK, Len, Low, Ost, War V]; rausraizə, -krisə [Fak, Glog V]
Allg: heftig herausziehen, durch Reißen gewaltsam entfernen • *Friher hann se misse die Rewe (↑Rebe) rausreiße, weil die Phylloxära (↑Phylloxera) hat in der Erd die Worzle (↑Wurzel) ufgfress.* [Ost V]

herausrinnen - st, rausrinən, -krunən [ASad, Tem, Resch, Wei, Wer, Wolf V, OW VI]; rausrinə, -krunə [Bak, Bog, Fak, Ga, GK, Glog, Len, Low, Nitz, Ost, StA, War, Wil V]
Allg: (von Flüssigkeiten oder feinkörnigem Material:) aus einem Gefäß herausfließen • *Mit de Pippene (↑Pippe) had me de Woi (↑Wein) rausrinne lasse kennt vum Fass.* [StA V] *Das Holz wird zusammenpasst, und nachhär wird es verschopft (↑verstopfen) mit Moos, dass das Wasser nicht rausrinnt.* [OW VI]
→rinnen.

herausrupfen - schw, hεrausropfn, -keropft [NA V]; rausropfə, -kropft [Fak, Ga, Glog, Pan, StA, Wil V]; rausropə, -kropt [Bak, Bog, DStP, GK, Len, Low, Ost, War V]
Allg: aus einem Untergrund herausziehen, herausreißen • *Wenn's aufgange is, dann is häraus-*

geropft woan un is vupickt woan (↑verpikieren). [NA V] *Wu die ↑Frucht (1) es schenschti war un wu wenich Gras war, had mer rausgroppt mitsamt die Worzle* (↑Wurzel) *un hat Saal* (↑Seil) *gmach.* [Ost V] **Anm.**: In der Variante *rausroppe* ist bei unverschobenem *-pp-* auch *u>o*-Senkung anzutreffen. ■ PfWb III 843 f.; SüdHWb III 292 f.; RheinWb VII 501, BadWb II 627.
→rupfen.

herausscharren - schw, rausʃɛrə, -kʃɛrt [Bru, Charl, Fib, Fak, Ga, Glog, Ost, StA, War V]
Allg: etwas durch scharrende Bewegungen nach außen befördern ● *Mit de Owekrick* (↑Ofenkrücke) *is die Glut un Esch* (↑Asche) *rausgschärrt gewe* (worden). [Bru V]
→scharren (1).

herausschneiden - st, rausʃnaidn, -kʃnitn [Pußt I, OW VI]; rausʃnaidə, -kʃni:də [StI II]; rausʃnaidə, -kʃnidn [BogV]; rausʃnaidə, -kʃnitə [Tax I, StI II, Tow IV, Kleck, Drei, Glog, Kreuz, NA V]; ra:usʃnaidə, -kʃnitə [Ap III]; rausʃnaidə, -kʃnidə [Bohl II, Har III, Glog V]; rausʃnaidə, -kʃni:də [Nad II, BenV]; rausʃnaidə, -kʃnit [Bill, Ben, Ger, GJ, Lieb V]; rausʃnaidə, -kʃni:t [DSta V]; råusʃnaidə, -kʃni:t [Kleck V]; rausʃnaidə, kʃnɪt [Ger V]; rausʃnaitə, -kʃnitə [Stan III, Orz V]; rausʃnait, -kʃnidə [Tax I]
Allg: ein Teil aus einem größeren Stück mit einem scharfen Werkzeug abtrennen ● *Noch honn se die Sau ufgschniede un de Schwanz rausgschniede. (...) Die Brotmulder* (↑Brotmulter), *die war aus em Baam* (↑Baum) *rausgschnitte.* [StI II] *Do hot mer die Knoche vum Fleisch misse rausschneide un mit de Fleischmihl mahle.* [Stan III] *Do is die Torsch* (↑Torsche) *rausgschniet genn aus de Krautkepp un Salz ninkumm.* [GJ V] *No is des transchiert wor, sein die Schunge* (↑Schinken) *rausgschnitt wor.* [Lieb V] *Dann hod me die Weigäede ausgegeizt, die Geize* (↑Geiz) *rausgschnitte.* [NA V]
→schneiden.

herausschütten - schw, rausʃitə, -kʃit [StI II, Fak, Glog, Wil V]
Allg: eine Flüssigkeit (bzw. ein kleinkörniges Material) aus einem Gefäß gießen, entleeren ● *Do hunn se ärscht des Wasser rausgschitt un ausgewesche* (↑auswaschen), *dass nicks drinbleibt vun den Melkkiewl* (↑Melkübel) [StI II]

herausstechen - schw, rausʃtɛçn, -kʃtoxn [Petschw II]; rausʃteçə, -kʃtoxə [Jood II]
A: Unkraut aus einem Getreidefeld mit einem scharfen Gerät entfernen ● *No hom-me so Spiëßli* (↑Spieß) *ghet, un mi senn in de Waaz* (↑Weizen) *gange, die Dischtl raussteche.* [Jood II] *Had, frihe is me in die Frucht gånge un hat die Distl rausgstochn, awe heind* (heute) *is das ja nicht mähe.* [Petschw II]
→stechen (3).

heraustreiben - schw, raustreibn, -ketri:bn [Lug, Tem V]
V: Vieh auf die Weide treiben ● *Und ich hab den Stier rausgetriebn, ich war imme sehr gut vorbereit mit de Peitsch* (↑Peitsche 2). [Lug V]
→austreiben (1), treiben (2).

herauswühlen - schw, rausvu:lə, -kvu:lt [Bak V]
V: etwas wühlend aus der Erde herausgraben ● *Sieht der net, die Säi* (↑Sau) *im Garte wuhle uns die Grumber* (↑Grundbirne) *raus mitsamt de Geleruwe* (↑Gelbrübe). [Bak V]

herausziehen - st, raustsi:ŋ, -ketso:ŋ [Pußt I]; raustsi:ŋ, -ketsoŋ [DSta V]; raustsi:n, -tso:gn [OW VI]; raustsa:n, -tsa:t [Wein I]; raustsi:ə, -kətso:gə [StI II, Ker III, Tow IV, Ger, Kow, Orz, StAnd V]; raustsi:gə, -kətsoʊgə [Fek, Jood, StI II, Fak, Glog V]; raustsi:çə, -kətso:xə [NA V]; rä:tsiə, -tso:gə [Tax I]; ausitsiəŋ, -tsoŋ [Pußt I]
Allg: einen Gegenstand durch Zugkraft aus etwas entfernen ● *Jetz geh mer in Weigät* (↑Weingarten), *die Stecke[n] außizieheng, un sann hieglegt woen.* [Pußt I] *Mi hat Schäiwer* (↑Schober), *un no is des Haai mit en Haairepper rausgezouge woan als.* [Fek II] *No had e miëse rauszihege den Nagl un andescht schlagge, dass es em Ross nit so weh tut am Fueß.* [Jood II] *Mit de Kricke hunn se die Glut ausgekrickt* (↑auskrücken) *un ausm Backowe rausgezoge.* [StI II] *En Wei[n] hot me midn Glashewe* (↑Glasheber) *rausgezoche odde mit de Pippe* (↑Pipe). [NA V] *Die ziehn dann e Bischl vum Thuwak* (↑Tabak) *raus un schaue un klassifiziere ne.* [Ost V] *Jetzt wärd mit Traktorn un Drohtseilbahn das Holz rauszogn.* [OW VI]
→ausdrücken, ziehen (1).

herauszüchten - schw, raustsiçtə, -ketsiçt [Bog, GK, Low, Ost, War V]
A, G, O, W: (von einer neuen Sorte: durch Züchtung hervorbringen, züchten ● *Jetz zuletscht war ↑Redschina Wielor, a rumenischi Sorte, wu do in*

de *Dobrodscha* (ON) *hann se die rausgezicht.* [Ost V]
→züchten (1).

Herbstrose - f, hɛrpʃtro:zə, Pl. id. [Ga, StA, Wil V]; hɛrpʃtro:s, -ə [Albr, Bak, Char, Ernst, Fak, GK, Glog, Joh, KB, Laz, Len, Low, Mar, Mori, Na, Ost, Pan, StAnd, Stef, Tschan, War V]; hɛrpstro:s [StA V]; hɛrpstro:sn [SM V]
G: Winteraster; Chrysantheme ● *Im Garte hammer viel Blumme ghat. Do warn Rose un Härbschtrose, Purtulake* (↑Portulak), *die Veiole, also die Märzeveigle.* [Ost V] ■ PfWb III 848: 'Herbstaster'; SüdHWb III 311; RheinWb III 543; BadWb 630 (andere Bedeutung).
→Rose (1).

Herd - m, he:rt, -ə [Bru, Jahr V]; hɛ:rt, hɛ:rdə [Kutz III]; hɛ:rt, -ə [Bru V]; hɛ:rt, Pl. id. [Waldn III, ASad, Lind, Wei, Wolf V, OW VI]
Allg: Gerät aus Blech oder Metall zum Heizen und Kochen ● *An jedem Herd war e Rähr* (↑Röhre). [Waldn III] *In de ufne Kiche* (↑offene Küche) *war e Herd mit so am ↑Dreifuß, wu druf gekocht is gewwe* (worden). [Bru V] *In de Mitt in de Hittn ham-mar en Feiehärd ghot, un durt homma Feia ghot. Af dem Härd is aa kocht woan.* [Wei V] *Die Leute habn gschlafn in die Kolibn* (↑Kolibe). *Dort war Härd in der Kolibn, und das Holz war angezundn.* [OW VI]
→Feuerherd, Ofen.

hereingeben - st, rainke:bn, -ke:bn [Aug, Ed, Schor, Wud I, Petschw II, ASad, Ora, Resch, Tem, Wei, Wer V, OW VI]; raikevə, -kevə [Bog, Ger, GJ, Nitz, Len, NA, Ost, War V]
Allg: (ein Material) in ein Gefäß füllen ● *Die Mistäede* (↑Misterde) *von vegangenen Joah hod me reigewwe. Die is nochmel gsiebt woan, dass se ↑fein* (2) *woa.* [NA V] **Anm.**: Statt der standardsprachl. Partikel *herein-* wird ugs. *rein-* bzw. dial. *rei-* verwendet.
→füllen.

hereinlegen - schw, reinle:gn, -gəle:kt [OW VI]; rãile:gə, -kle:kt [Bog, Bill, Fak, Ger, Glog, Len, Mar, Ost, War V]
Fo: (ein landwirtschaftliches Produkt) in einen bestimmten Raum legen ● *Un das gibt solche Pletzer* (↑Platz 1), *wo man das Heu reinlegt fir die Rehner* (↑Reh) *un die Hirschn.* [OW VI]
→legen.

hereinmischen - schw, rainmiʃə, -gəmiʃt [Baw, Seik, Wem II]; rinmiʃə, -kmiʃt [Bog, GK, Ost, War V]
Allg: etwas zu vorher Vorhandenem dazugeben ● *In den Blaustaa is de Kalich* (↑Kalk) *reingemischt woan, und mit dem hot me gspritzt.* [Baw II] *Manchsmol had mer schun in die Ruwe* (↑Rübe) *aa bissl Gärscht ringmischt, dass mer die Reihe ehnder gsieht.* [Ost V] **Anm.**: Statt der standardsprachl. Richtungspartikel *herein-* wird die dial. Form *rin-* bzw. die Verkürzung *ein-* verwendet.
→mischen.

hereinregnen - schw, raire:gnə, -kre:gət [Fil, Stan III, Tom IV, Ga, StA V]
Allg: (in einen Raum) als flüssiger Niederschlag herabfallen ● *Die Baure henn gschaut, dass net 'reiregne soll, weil beim Trette* (↑treten) *is oft a große Rege kumme.* [Stan III]
→Regen; regnen.

hereinschlagen - schw, rainʃla:gn, -kʃla:gn [Ed, GT, OG, Pußt, StIO, Wer I, OW VI]
Fo: ein spitzes Werkzeug schlagend in ein Material einbringen ● *Man kann den Spitz* (↑Spitze) *reinschlagen un 's Holz ziehn. Un da riegelt* (↑rügeln) *mer des Holz un des geht am Bäeg* (↑Berg) *runter.* [OW VI]
→schlagen (1).

hergabeln - schw, hɛ:rkavlə, -kəkavlt [Stan III]
A: Garben, Stroh, Heu usw. mit der Gabel transportieren ● *Un no ware die Garwegawwler, die henn messe die Garwe härgawwle do dem Fuutre* (↑Fütterer). [Stan III]
→Gabel (1), Garbengabeler; gabeln.

hergerechteln - schw, hɛ:rkərɛçtlə, -kərɛçtlt [Werb III]; hɛ:rkrɛçtlə, -kekrɛçtlt [Fak, Ga, Glog, Wil V]; hɛ:greçnə, -greçnət [Jood II]
V: herrichten, zurechtmachen, vorbereiten *Etym.*: Von bair.-österr. *gerechteln*, Abl. zu mhd. *gerëhten*, 'bereit, zurecht machen'. (WbWien 414). ● *Em Morget muss mer undem Kesslowe* (↑Kesselofen) *aaschiere* (↑anschüren) *de Kessl, und elles hägrechne.* [Jood II]
→gerechteln, herrichten.

herhängen - schw, hɛ:rhɛŋə, -khɛŋt [Ker, Mil, Pal, Sch, Siw, Stan III]
A: etwas oben befestigen ● *Un e Seckmann hot die Seck härghengt an die Maschie* (↑Maschine),

wu's neigrunne is (↑hineinrinnen). [Stan III]
→daranhängen, hängen.

Herr - m, hęr, -ə [La II, Gai III, Fak, Ga, StA V]
Allg: Grundbesitzer, der die Arbeiten überwacht, ohne mitzuarbeiten ● *In Weigoate* (↑Weingarten) *is viel zu arweide. Mer sagt, de Weigoate brauch en Knecht, net en Härr.* [La II] ◆ Im übertragenen Sinn heißt *Herr* auch Intellektueller - im Gegensatz zum Bauern - der sich durch seine Kleidung, Sprache und Lebensweise (auch als *herrisch*, im Gegensatz zu *baurisch* bezeichnet) von der Mehrheit der Dorfbevölkerung abhebt und auch seinen Wohnsitz oft in die Stadt verlegt. Vgl. den Artikel *baurisch* in Wb1, 107-109.
→Bauer, Herrschaft, Knecht.

Herrgottsfinger - m, selten, hęrkotsfiŋər, Sg. tant. [NA V]; hęrkotstorn [AK III]
Fo: Zweigriffeliger Weißdorn, Hagedorn; Crataegus oxyacantha ● *Bei uns woan im Wiäzbischl* (↑Würzbüschel) *auch Gspitzewegrich* (↑Spitzwegerich), *Bohnekraut* (↑Bohnenkraut), *Pockelschnuddl* (↑Bockerlschnudel), *↑Mariaauge und Herrgottsfinger.* [NA V] ◆ Zweige dieses Strauchs wurden vermutlich wegen ihrer Bezeichnung als *Herrgottsfinger* in den Würzwisch (↑Würzbüschel) aufgenommen. ■ Petri 1971, 28.
→Baum.

Herrgottshaar - n, hęrkotsha:r, -ə [NA V]; hęrkotsplum, -ə [GStP V]; hęrkotsplu:t, Sg. tant. [Ker III]; hęrkotsʃuŋkə [Hod, Stan III]
G: Tausendschön; Bellis perennis *Etym.*: Die Varianten: *Herrgottsblut, -haar, -schinken* sind Metaphern nach Form und Farbe von Blütenteilen. ● *Bei uns woan im Wiäzbischl* (↑Würzbüschel) *Kamelie* (↑Kamille), *Herrgottshaare, Kornblumme, Staanaagl* (↑Steinnagel) *un Sandkrabbler.* [NA V] ■ Petri 1971 18.
→Blume.

Herrgottsvogel - m (n), hęrkotsfo:gl, -fe:gl [Darda I, Ker III, Bak, Gutt, Len, Mar, Mori, Schön V]; hęrkotsfogɐl, -fe:gɐl [StI II, Tscha III]; hęrkotsfugl, -fegl [Kub, Tschan V]; hękotsfo:gl, -fe:gl [Neud III, Ben, Wer V]; hęrkotsfouxəl, -fęiçəl [Wer V]; heɐkotsfeigɐl [Ed, KT, Scham, Wud, Wudi I]; (n) hęrkotsfe:gɐle, -fe:gɐlə [Ga, StA V]; hęrkotsfe:gɐle, Pl. id. [Bad II, Wepr III, Sad, Schön V]; hęrkotsfegɐlə, Pl. id. [Fak, Glog V]; hęrkotsfe:glçə, -r [Bul, Har, Sch, III, Bir, GJ, GK, KB, Ksch, Len, Lieb, Tsche V]; hęrkotsfe:glçər [Har IV]; hęrkotsfe:lçə, -r [Ger, Hatz, Jahr V]; hęrkotsfe:jəli [Stan III]; hęrkotsfegale [StA V]; hęrkotsfe:gili, -n [Fil, Hod, Mil, Wasch III, Franzf V]; hęrkotsfe:çili [Low V]
V: Marienkäfer; Coccinella septempunctata ● *Uff dr Butterresilin* (↑Butterröslein) *kråwwle* (↑krabbeln) *Härgottsvegilin.* [Mil III] *Des Härrgottsveggele setzt sich uff die Hand, un no fliegt's fort.* [Fak V] *Die Kinner fangen als Härrgottsveelcher, Blindermeisje* (↑Blindermaus) *un im Fruhjohr die Mååikefer.* [Jahr V] ◆ Kinder setzen sich den Käfer auf die Hand und singen (bis er wegfliegt): *Härrgottsvegele flieg, dei Vadder is in Krieg, die Mudder is in Pommerland, Pommerland is abgebrannt, flieg fort.* [Glog V] *Härrgottsveelche, flieh fort, flieh im Härrgott sei Garte, bring mer e Appl, der e Appl, em Härrgott de allerdickschte.* [Ger V] Pfälzisch heißt es: *Herrgottsveelche, flieh fort, flieh ins Bäckers gaarde; hol mer e Weck un deer e Wecke, die annere kännen waarde.* (PfWb III 879) ■ PfWb III 878 f.; SüdHWb III 339; RheinWb III 567; BadWb II 645; *Herrgottsvögelein* Gehl 1991, 115; Petri 1971 93 f.
→Himmelskuh, Käfer, Vogel.

herrichten - schw, hęəriçtn, -kriçtət [Petschw II]; hęəriçtn, -kriçt [Pußt, Wer I]; he:riçtə, -geriçt [Nad II]; he:riçtə, -kriçt [Surg II, Ost V]
Allg: zurechtmachen, vorbereiten ● *Devoe hod me olles häegricht und in onden Foch hod me gspritzt* (↑spritzen 1a). [Pußt I] *Had, bevoe me oobauen tued, muss me acken un egn* (↑eggen), *des Feld häerrichtn, un dann kåm-me stupfn Kukrutz* (↑Kukuruz) *mit de Haun* (↑Haue 1). [Petschw II] *Mer hat es Feld härgricht for die Fruhjohrsaade* (↑Frühjahrsaat), *dann is zuärscht Hawwer* (↑Hafer) *aagebaut ginn oder ärscht Wicke.* [Ost V]
→hergerechteln, hinrichten, richten.

Herrschaft - f, hęrʃaft, -ə [Bog, Drei, Fak, Ger, Gra, KB, Nitz, Low, War, Wies, Wis V]
A: Grundherr mit seiner Familie ● *Des war Iwweland* (↑Überland) *ganz friher, des hat sich for die Härrschaft net rentiert.* [Bak V] *Un do in den stockhoche Haus, dort war die Härrschaft.* [KB V] *Un des warn Meierhef, Härrschaft.* [Wies V] *Ganz frihjer hat die Härrschaft jo mit Eselszucht angfangt, is awwer nit geglickt.* [Wis V] ■ PfWb III 881; 1.a. 'Dienstherr des Gesindes mitsamt seiner Familie'; SüdHWb III 340;

RheinWb III 568; BadWb II 645 f.
→Bauer, Grundherrschaft, Herr, Herrschaftsfeld, Meierhof.

Herrschaftsfeld - n, veraltet, hęrʃaftsfęlt, -fęldər [Jink, Kä, Sag, Sar, Warsch II]; hęəʃaftsfelt, -feldər [Alt, Fek, Nad, Oh, Surg, Wak, Wem II]
A: früherer Besitz der Grundherrschaft, Flurnamen ● *Ofm Feld liecht es frihere Phoarresfeld, es Häeschaftsfeld, es Pußtafeld on de Zehntetråppplåtz.* [Fek II] *Do woar es Härrschftsfäld un es Pharrefäld, es Kärichhopsfeld un es Klååheislerfäld.* [Jink II]
→Feld, Herrschaft, Herrschaftsmühle, Zehnteltretplatz.

Herrschaftsmühle - f, hęrʃaftsmi:l, -ə [Go, Ma, Pal, Wak, Wiel II]
A: Flurnamen nach einer früheren Wassermühle im Besitz der Grundherrschaft ● *Die Schwabemihl woar am Mihlbåch gleche. Nom woar noch die Härrschåftsmihl, am Mihlgråwe* (↑Mühlgraben). [Wak II]
→Herrschaftsfeld, -mühlenacker, Mühle (1).

Herrschaftsmühlenacker - f, hęrʃaftsmilakə, Sg. tant. [Kock II]
V: nach einer herrschaftlichen Wassermühle benannter Acker ● *Do worre meh[r] Parzelle, mer hot gsååt, des is de Raazemillacke, de Schneidemillacke owwe* (oder) *Härrschaftsmillacke.* [Kock II]
→Acker, Herrschaftsmühle.

herumackern - schw, umakərn, -kakərt [Baw, StI, Wem II], rumakrə, -kakərt [Stan III, Fak, Ga, Glog, NA, StA, Wil V]
A: umpflügen ● *Noch, woa umgackert woar, tued is noch Kukrutz* (↑Kukuruz) *draufkomme.* [Baw II] *Des war o Johr, do hot mer messe die Frucht alli rumackere un im Fruhjahr Kukrutz stecke.* [Stan III] *Im Frihjah is noch aamol tief rumgackert woan.* [NA V]
→ackern.

herumdrehen - schw, rumtre:ə, -kətre:t [Ap, Ker, Sch, Stan, Werb III, Be, NP IV, Bog, Bru, Gra, Low, War, Wis V]; remdre:ə, -gedre:t [Fek II]
A, V: etwas drehend um die eigene Achse bewegen ● *Mit däre Kede* (↑Kette) *hot me die Sau kennt drehe, sticke zwaa-dreimol rungedreht woen.* [Fek II] **Anm.**: Statt standardspr. Richtungspartikel *herum-* wird ugs. *rum-,* bzw. dial. *rem-* verwendet.
→drehen (1).

herumfahren - st, rumfoɐn, -kfoɐn [NA, Ora, Stei V]
Allg: (in den Dorfstraßen) umherfahren ● *Do woan Fuhrleite, die sein in de Gasse mi de Straafwege rumgfoahn.* [NA V]
→fahren.

herumfallen - st, rumfalə, -kfalə [Ost V]
Allg: umkippen, auf die Seite fallen ● *De Schowrsetzer* (↑Schobersetzer) *is runderum* (↑rundherum) *gange un hat misse owachtginn* (achtgeben), *dass de Strohschowr jo net rumfallt un ned abrutscht.* [Ost V]

herumfliegen - st, rumfli:gn, -kflo:gn [Petschw II, ASad, Tem, Resch, Weid, Wer, Wolf V, OW VI]; rumfli:gə, -kflo:gə [Ap, Fil, Hod, Mil, Sch, Siw III, Be, NP, Tom IV, Fak, Ga, Glog, Sad, StA, Wil V]
V: (von einem Tier mit Flügeln:) von einem Ort zum anderen fliegen ● *Die Starke* (↑Storch) *misse viel rumfliege un suchn Fresch* (↑Frosch) *far fresse. Ufm Dach im Starkenescht is e Starkepaar, un die henn kloone Stärkle.* [Mil III] *Do worn aa viel Flettermeis* (↑Fledermaus 1) *un oweds sinn Speckmeis* (↑Speckmaus) *rumgfloge.* [Ost V]
→fliegen.

herumlaufen - st, rumla:fə, -klofə [Ap, Fil, Ker, Mil, Pal, Sch, Siw, Wepr III, Put, Tom IV, Bru, Fak, Ga, Glog, Jahr, Nitz, War, Wis V]
V: (von kleinen Tieren:) sich frei umherbewegen ● *Där Taal* (↑Teil) *vorne im Stall, wu die Wutzle* (↑Wutz) *rumlaafe henn kenne, den hot mer Obar* (↑Obor) *gnennt.* [Ap III]
→laufen.

herumwühlen - schw, rumvu:lə, -kvu:lt [Bru, Fak, Ga, Glog, Nitz, Schön, StA, Wil, Wis V]
A, V: in etwas wühlen ● *De Geilsfresse* (↑Gäulsfresser) *is e Uugeziffer* (↑Ungeziefer), *was em Mischthaufe rumwuhlt.* [StA V]
→wühlen.

herunterbrechen - st, rundəpreçə, -kəproxə [Bold, StG, Sulk II]
T: überflüssige Triebe entfernen ● *Un no hodde Geiz triewe* (↑treiben 3), *so newenaus, no hod me mese geize, sell rundebreche.* [Sulk II] **Anm.**: Statt standardspr. Richtungspartikel *herunter-*

wird ugs. *runter-*, bzw. dial. *runde-* verwendet.
→ausgeizen.

herunterbringen - schw, runtəbriŋən, -gebraxt [Resch, Wei, Wolf V, OW VI]
Fo: (ein landwirtschaftliches Produkt) von einem höher gelegenen Ort nach unten befördern ● *Un da is schon die ↑Strecke, un wird des in die Waggonettn aufgeladen un wird mid em Zug runtegebracht.* [OW VI]
→führen.

herunterfällen - schw, runtərfe:ln, -gefe:lt [OW VI]
Fo: einen Baum mit einer Säge oder Axt so bearbeiten, dass er fällt ● *Der Holzschlag ist ein Portion Wald, von zwei Hektarn bis fünfzich Hektarn, wo der Wald runtergefeelt is, runtergschlagn un rausgenommen is.* [OW VI]
→fällen.

herunterfliegen - st, runəfli:gə, -kflo:gə [Fak, Ga, Glog, StA, Wil V]; runəfli:ə, -kflo: [Bog, GK, Len, Low, Ost V]
A: langsam zur Erde fallen ● *Dann is die Sprauer* (↑Spreu) *uff aan Seit gfloo un die ↑Frucht is grad runnegfloo.* [Ost V] **Anm.:** Statt der standardspr. Richtungspartikel *herunter-* ist hier die dial. Form *runne-*, mit Assimilation des *t*>*n* und Reduzierung des *-r*, anzutreffen.
→herausfallen.

herunterhängen - schw, runərheŋə, -kheŋt [Fak, Ga, Glog, StA, Wil V]; ronərheŋə, -kheŋt [Bog, GK, Len, Low, Ost, War V]
Allg: oben angebracht sein und nach unten baumeln ● *Wann de Kukrutz* (↑Kukuruz) *wormich* (↑wurmig) *war, had er ronnerghong un war taab* (↑taub)*.* [Ost V] ◆ Während der Wachstumsperiode sind Maiskolben am Stock nach oben ausgerichtet. Ist der Kolben mit seinem Stiel durch einen Schädling oder eine Krankheit beschädigt, so knickt er um und hängt nach unten.
→hängen.

herunterkommen - st, runtəkomən, -gekomə [OW VI]; runərkhumə, -khumə [Fak, Ga, Glog, StA, Wil V]; runərkhumə, -khum [Ost V]
Allg: von oben herabsteigen, -fallen ● *Där was vore am Kaschte* (↑Kasten) *war, is runnerkumm bei der Ables* (↑Ablöse)*. Un där wu frisch nufkumme is, hat sich hinne aagstellt.* [Ost V]

Das untn is e Rampe, wo das Holz runtekommt. [OW VI] **Anm.:** In der Variante *runtekommen* ist das *k* unbehaucht.
→hinaufkommen.

herunterlösen - schw, rundəlę:zə, -klę:zt [Jood II]; runtəle:sn, -kle:st [GN II]; hęruntərlęsn, -kelęst [Bohl II]
A, Fo, O: abtrennen, aufreißen ● *Em Härbscht sem-mer gange, die Kugrutzstengl* (↑Kukuruzstängel) *abschneude, ower em Zapfe* (↑Zapfen)*, un die Blette* (↑Blatt) *rundeläse, dass des tricklt* (↑trocknen)*.* [Jood II] ◆ In regenreichen Jahren und kühlem Sommer pflegt man die Hüllblätter der Maiskolben aufzureißen, damit der Kolben mehr Sonne erhält und schneller reift.
→abschneiden.

herunterschöpfen - schw, runərʃepə, -kʃept [Ap, Ker, Sch, Stan, Wepr III]
V: abschöpfen ● *De Rohm* (↑Rahm) *is runnergescheppt warre, no hot mer selwer Butter gmacht.* [Ap III]

herunterziehen - st, runərtsiə, -kətsoə [Ap III]
A, V: etwas durch Zugkraft abstreifen ● *Die Schuh, des sinn an der Zehwe* (↑Zehe) *die Klooe, die wärre mitm Klooezieher* (↑Klauenzieher) *runnerkezooe.* [Ap III]
→ziehen (1).

Herz - n, hęrts, -ə [Ap, Berg, Fil, Siw, Werb III, In, Ru IV, Bill, Bog, Ger, GJ, Len, Lie, Wis V]
V: (bei Tieren:) das zentrale Antriebsorgan des Blutkreislaufes ● *Die Sau hat noh die Innereie, die Blatter* (↑Blater)*, Lewwer* (↑Leber)*, die Niere, es Härz.* [Ap III] *Dann hod me noch Lumbl, also die Lung un es Härz rausgenumm.* [Lieb V]
→Innereien, Vieh.

Herzjesublume - f, hęrtsje:suplumə, Pl. tant. [Fil III, Bog, GK, Low, Ost V]; hęrtsje:suplum [Fil III]
G: Tränendes Herz; Dicentra spectabilis *Etym.*: Die Benennung erfolgt nach den hängenden, an ein blutendes Herz erinnernden Blüten der Pflanze. Die Weiterbildung zu *Herz Jesu* geschieht durch die *Herz-Jesu-Verehrung* in katholischen Gebieten. ● *Do warn die Tagunnachtschatte, Härzjesublumme, die Antonirose, des sein die Phingstrose* (↑Pfingstrose)*, Quackeblumme, also die Froschmeiler* (↑Froschmaul)*.* [Ost V] ■ Petri 1971, 33.
→Blume.

Hetschel - n, hetʃl, Pl. tant. [Brest, Bul, Fil, Fu, Stan, Tscher III, Buk, Ker IV, Bak, Ben, Bill, De, Eng, Fak, GB, Ger, GJ, Glog, GStP, Gutt, Hatz, Hei, In, Jahr, Joh, Jos, Kath, KJ, Knees, Kub, Kud, Laz, Len, Low, Na, NA, Nitz, Orz, Schön, StA, StAnd, Stei, Tschak, Tsch, Tsche, Ui V]; heitʃəl [KT, Wud, Wudi I]; hetʃəlę [Ga, StA, Wil V]; hetʃəlį [Sad V]; hetʃəpetʃ [Sad V]
O: Frucht der Heckenrose, Hagebutte ● *Aus de Hetschl hat mer e gudi ↑Leckwar gekocht.* [Fak V] *Aus Hetschl gebt's e gude Leckwar.* [Knees V] *Die Hetschl find mer an de Feldwege.* [Stei V] ■ Gehl 1991, 75.
→Hetschelberg, -rose, Obst.

Hetschelberg - m, selten, hetʃlpęək, Sg. tant. [Franzd, Resch, Sek V]
A, O: Anhöhe mit gerodeten Heckenrosen (u. a. Büschen), Flurnamen ● *Am Hetschlbäeg liegt jetz de Friedhof.* [Resch V]
→Berg, Hetschel.

Hetschelrose - f, hetʃlro:s, -ə [GK, Ost V]; hekəro:s [AFu, Gara, Stan, Wasch III, Ben, Schön, StAnd, Tschak V]; heknru:s [NB V]; huntʃro:s [Bill, DStP, Gutt, Kath, Ket, Low, Orz, Sack V]
A: als Unkraut verdrängte Staude der Heckenrose; Rosa canina *Etym.:* Die Heckenrose ist nach ihren Früchten, den bair.-österr. *Hetscherl* (ÖstWb 248) genannten Hagebutten, bezeichnet. ● *Unkraut ham-mer viel ghat, ↑Saugras, Wilde Wärmut, Hetschlrose un vieli andre.* [Ost V] ■ Petri 1971, 63.
→Hetschel, Rose (1), Unkraut.

Heu - n, ho:i, Sg. tant. [OW VI]; hå:i [Fak, Glog, KSch, NB V]; ha:i, Sg. tant. [Fek, Jood, StI II, Ap III, Tom IV, Bog, Bru, Ga, Len, Low, Lug, Ost, Sad, StA V, Bil, Ham, Mai, Schei, Suk VI]
A, Fo, V: im Winter als Viehfutter verwendetes, abgemähtes und getrocknetes Gras bzw. getrocknete Futterpflanzen ● *Mi hat Schäiwer (↑Schober), un no is des Haai mit en Haairepper rausgezouge woan als.* [Fek II] *No is e min Schlitte gange Mischt fihre odde Haai fihre, dass men im Winte nit muss uff Fuette sorge.* [Jood II] *Die Knechte sein in de Stell ins Haai neigange.* [StI II] *Sunscht henn die Kih Haai krigt, also Gras un Riewe (↑Rübe).* [Ap III] *Der Klee, där war zum Griefuder (↑Grünfutter) un firs nechschti Jahr, zum Haai.* [Tom IV] *Die Wiese for Haai mähe, ware immer an tiefere Stelle, die was for ↑Ackerfeld zu nass ware.* [Bru V] *Un dånn is die Hååiänte kumm, hot mer Hååi gemeht un eigfehrt (↑einführen), net.* [KSch V] *Em Summer duft's noh frischm Hei.* [Len V] *Aamol bin ich zwischn zwaa Stiere neingangen und hab ihne Hei in de Raaf (↑Raufe) gebn.* [Lug V] *Die hann misse for Hawr un Kukrutz for fietre (↑füttern) un for Haai sorche.* [Ost V] *E nasser April un e kiehler Mai bringt viel Hawer (↑Hafer) und Haai.* [StA V] *Un das gibt solche Pletzer, wo man das Heu reinlegt fir die Rehner (↑Reh) un die Hirschn.* [OW VI] *Mit dem ham-mer Haai gfihret un denocher de Woaizegarbe.* [Schei VI] ■ Gehl 1991, 196.
→Grummet, Heuernte, -gabel, -hütte, -land, -rechen, -rupfer, -schober, -stange, -wiese, Futter, Klee-, Wicke-, Wiesenheu, Muhar.

Heuernte - f, hå:ięnte, Sg. tant. [KSch V]
A: Mähen, Trocknen und Einbringen des Heues ● *Un dånn is die Hååiänte kumm, hot mer Hååi gemeht un eigfehrt (↑einführen), net.* [KSch V]
→Heu.

Heugabel - f, ha:ikavl, -ə [Bru, Charl, Fak, Fib, Gutt, Jahr, Len, War, Wil V]
A: hölzerne Gabel für die Heuernte ● *Dioe Holzgawwle ware die Haaigawwle.* [Bru V] ■ PfWb III 960: 1. 'Eisengabel mit drei oder vier Zinken zum Auf- oder Abladen des Heus', 2. 'leichtere Gabel zum heuwenden (mancherorts ganz aus Holz)'; SüdHWb III 462 f.; RheinWb III 591; BadWb II 672 f.
→Gabel (1), Heu.

Heuhütte - f, haihitn, Pl. id. [ASad, Lind, Resch, Wei, Wolf V]
Fo: überdachte Futterkrippe zur Wildfütterung ● *Durt hot er's Solz (↑Salz) mit de Erd vemischt und hot aa Heihittn aafgstellt.* [Wolf V]
→Heu, Hütte.

Heuland - n, håilant, -lendə [StA V]
A: Wiese von einer bestimmten Größe, gewöhnlich 2000 Quadratklafter ● *Noch de neie Weugärte (↑Weingarten) henn d'Håilände oogfangt, d'große un die klåine Håilände, un links vum Weg hat des Feld hinde de (hinter den) Weigärte ghaaße.* [StA V] ◆ Da es meistens auf der Dorfflur Hutweiden gab, waren Heuländer selten und wurden nur auf sumpfigen Ackerflächen angelegt. Alle übrigen Teile der Feldgemarkung wurden als Ackerfeld verwendet. ■ Gehl 1991, 12, 167.
→Heu, Wiese.

Heurechen

Heurechen - m, ha:ireçə, Pl. id. [Ost V]; hå:ireçə [Fak, Ga, Glog, StA, Wil V]
A: von einem Pferd gezogene Vorrichtung zum Einsammeln von Heu ● *De Klee is dann mid am Haaireche zammgrechlt un Haufe gmacht ginn (worden).* [Ost V] ■ PfWb III 896: 'Rechen für die Heuernte', de groß Haireche (wird vom Pferd gezogen), de klään Haireche (für die Hand des Menschen); SüdHWb III 466; RheinWb III 595.
→Rechen, Schwadenrechen.

Heurupfer - m, hå:irupfər, Pl. id. [Ga, Sad, StA V]; ha:iripfər [Pan, Wil V]; hå:irepfər [Fak, Glog V]; hoirepər [Lieb V]; ha:irepər, Pl. id. [Fek II, Ben, Bog, Bru, Charl, Fib, Jahr, KöH V]

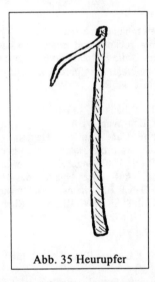

Abb. 35 Heurupfer

A, V: hakenförmiges Gerät mit langem Stiel zum Herausziehen von Heu, Stroh oder Spreu aus dem Schober *Etym.*: Das Komp. ist eine postverbale Bildung zu mhd. *rupfen, ropfen*. ● *Ha, die Klowe* (↑Klaue), *die hot me min Haairepper kennt abgereiß. Mi hat Schäiwer* (↑Schober), *un no is des Haai mit en Haairepper rauszeouge woan als.* [Fek II] *De Haairepper war am Haaischower.* [Bru V] *De Heurepper war so groß un aus Holz.* [Lieb V] ■ Gehl 1991 142.
→Heu.

Heuschober - m, ha:iʃo:vər, Pl. id. [Bog, Ben, Bru, Charl, Fib, GK, Jahr, KöH, Len, Low, Ost, War V]
A: auf einen Haufen aufgeschichtetes Heu ● *De Haairepper* (↑Heurupfer) *war am Haaischower.* [Bru V] *De Strohschower, de Sprauerschower* (↑Spreuschober), *de Laabschower* (↑Laubschober) *un de Haaischower, des war alles im Hinnerhof* (↑Hinterhof). [Ost V]
→Heu, Schober.

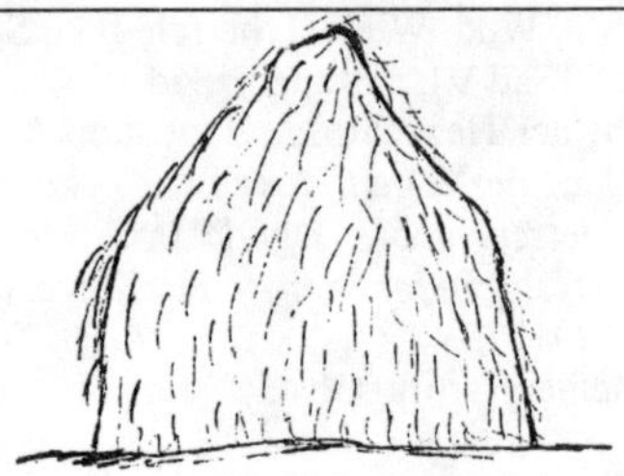

Abb. 36 Heuschober

Heuschrecke - m (f), hå:iʃrekə, Pl. id. [Fak, Glog, Wil V]; (f) ha:iʃrek, -ə [Bul, Pal, Sch, Tscher III, Albr, Bak, Bog, Ga, Franzf, GK, Gott, Hatz, Hei, Jahr, Kath, KB, Laz, Len, Lieb, Low, Mar, Mori, Na, NB, Nitz, Ost, Orz, Sad, Schön, StA, Ui, War V]; ho:iʃrek [Ben, Bill, Bir, Eng, Ge, Jos, Tschan V]; ha:iʃrekl [GJ, KJ V]; haiʃrekn [StI II, Tscha III, SM V]; ha:iʃrekən [De V]; heiʃrekə [Tsch V]; haiʃrekər [AK, Hod III, StA V]; ha:iʃrekər [Fu, Gara, Hod, Kar, Kol, Pal, Stan, Tscho, Wasch III, In IV, Char, DStP, GStP, Gutt, Joh, Karl, Kath, KB, KSch, Low, Mar, NB, Rud, Sack, StAnd, Star, Stef, Stei, Tschak, Tsche V]; heiʃrekər [Ap III]
V: Feldheuschrecke; Acriidae ● *Manchsmol sinn viel Omenze* (↑Ameise) *un Haaischrecke.* [Ost V] *D'Feldhase, Eidecksle* (↑Eidechse), *↑Grickser un Heischrecke henn die Kinde frihe uffn Acker kenneglernt.* [StA V] ■ PfWb III 970: *Heuschrecke* f., *Heuschreck(en)* m.; SüdHWb III 468; RheinWb III 596; BadWb II 680; Gehl 1991, 115; Petri 1971, 83.
→Ungeziefer.

Heustange - f, ha:iʃtaŋə, Pl. id. [Bil, Ham, Mai, Schei, Suk VI]
A: Seitenstange am Erntewagen, auf die Heu oder Getreidegarben geladen werden ● *Haaistange waret am Wage. Mit dem ham-mer Haai gfihret un denocher de Woaizegarbe).* [Schei VI]
→Heu, Stange.

Heuwiese - f, haivi:s, -n [Bat VI]
B: Wiese, von der durch Grasmahd Heu gewonnen wird ● *De ↑Honig is vun verschideni. Des*

Hexenkamm

meischti is des von 'Åkaz (↑Akazie) *un jetz in Härbst von Sonnenrosn* (↑Sonnenrose) *un wenn's mähr regnet, vun die Heiwiesn. Un es gibt verschideni Blumen.* [Bat VI]
→Heu, Heuland.

Hexenkamm - m, heksəkhambl, Pl. id. [Low, NA, Ost V], -khęmbl [Schön V]
A: Wilde Karde; Dipsacus silvester *Etym.: Kambl* ist die bair. Form für 'Kamm' (BayWb 1/1, 1250: *Kampl*), *Strähl* ist die schwäb.-alem. Form. (SchWb V 1820 f.: *Sträl* 'engzahniger Haarkamm'). - Die Pflanze wird wegen ihrer Form metaph. mit einem Kamm verglichen. Das Bestimmungswort des Komp. *Hexen-* bezieht sich auf die Zauberkraft, die der Pflanze (ähnlich der Donnerdistel) zugeschrieben wurde. Aus diesem Grund wurde sie in den Würzwisch aufgenommen. ● *Bei uns woan im Wiäzbischl* (↑Würzbüschel) *auch Donnerdistel, Hexenkambel, Tausndguldnkraut und Schofrippchen* (↑Schafrippe). [NA V] ■ Petri 1971, 33.
→Unkraut.

Himbeere - f (n), himber, -n [OW VI]; himpę:r, -n [OG I, De, GK, Kud, Lieb, Ost, Tschan V]; himpęrn [De, Kud, Star, Tschan V]; himpęr, -ə [AK, Ap, Buk, Fu, Pal, Kol, Sek, Tscher III, In, NP IV, Albr, Ben, DStP, Ger, Grab, NS, Schön, Tschak, Tsche, War V]; hempę:r, -ə [Bill, Jahr, Len V]; hempi:r, -ə [Low, StA, StAnd, Stef V]; hempir, -ə [Sack V]; himpęə, -n [Gutt V]; himpɐ, -n [Stei V]; haibɐ, -n [ASad, Lin, Wei, Wo V]; impę:ri, Pl. id. [Sad V]; impę:r, -ə [NA V]; embi:rə [KB V]; embi:ə, Pl. id. [Ben V]; (n) himpęrl, Pl. id. [Nitz V]
Fo, G: an Sträuchern wachsende, rote Frucht, bestehend aus kleinen Kugeln; Rubus idaeus *Etym.:* Das seit dem 10. Jh. belegte Subst. kommt von mhd. *hintber* n., ahd. *hintberi* n. Das Wort kann ein Komp. aus *Hinde* und *Beere* sein, obwohl das Benennungsmotiv unklar bleibt. ([23]Kluge, 374) ● *Donn hob i noch Eäbsn, Himbärn un Weimbe* (↑Weinbeere). [OG I] *No hot's noch Obst gewwe, Riwisl* (↑Ribisel), *Ärdbääre un Himbääre.* [Ap III] *Riwisle ham-ma ghat un Himbääre un Agrasle* (↑Agrasel), *also die schwarzi Johannisbääre.* [Ost V] *Sind ville Brombeern und Himbeern.* [OW VI] ■ PfWb III 986: (Wortformen:) *Himbeer, Hembeer, Embeer, Himbäär, Imbäär, Hembier* usw., das Wort kann auch 'Brombeere' und 'Erdbeere' bedeuten; SüdHWb III 482 f.; RheinWb III 629-6211;

BadWb II 691-693; Gehl 1991, 65; Petri 1971, 65.
→Beere, Obst.

Himmelschlüssel - m (n), himlʃlisl, Pl. id. [Fu, Pal, Schow, Stan, Tor, Wasch III, Franzd, GStP, NStP, Ora, Stei V]; (n) himlʃlisili [Hod III]; himlʃisələ [Bil, Ham, Pe, Schei, Suk VI]
G: duftende Primel; Primula veris ● *Des woarn die Himmlschlissl, un do hintn woarn die Veigeln.* [Stei V] *Hiazinthe und Schlisslblume hot me bei uns untr e gotzege* (einzigen) *Name gseit, Himmlschlissele.* [Schei VI] ■ SchwWb III 1595 f.: 3. Pflanzenname, a. Primula-Arten; PfWb III 996: 'Schlüsselblume, Primel; SüdHWb III 492; RheinWb III 646; Petri 1971, 57.
→Blume, Schlüsselblume.

Himmelskuh - f, himlskhu:, -khi: [Franzd, Resch, Sekul V]
V: Marienkäfer *Etym.:* Das Komp. ist eine metaph. Bildung ähnlich *Herrgottskäfer, -vogel* (da er fliegt) bzw. *Herrgottskälbchen -büblein* und *-schühlein, Marien-* und *Glückskäfer,* die alle im donauschwäb. Sprachgebiet verbreitet sind. (Petri 1971, 93 f.) ● *Die Himmelskuh is e schene kleine Kefer.* [Resch V]
→Herrgottsvogel, Käfer.

hinabfallen - schw, nopfalə, -kfalə [La II]
W: herunter-, zu Boden fallen ● *Wann die Pär* (↑Beere) *nobfalle, die mise zammgelese* (↑zusammenlesen) *wär, die Treiwl* (↑Traubel). [La II]
Anm.: Statt standardspr. Richtungspartikel *hinab-* wird ugs. *nab-* verwendet.

hinablassen - st, naplosə, -kəlosə [StI II]
Allg: (etwas Befestigtes:) abnehmen, lösen und weiter befördern ● *Noch woan die stoarge Mennr, was die Seck mit Frucht honn nabgelose un åbgewouge* (↑abwiegen). [StI II]
→hineinlassen.

hinabrollen - schw, oviroln, -krolt [Aug, Erb, GT, Krott, Pußt, Tar, Tschow, WeinI]
Allg: sich drehend abwärts bewegen ● *Un mit Kettn is die Boding* (↑Bottich) *zammghengt gwest, iwwen Wogn, wal sonst wää's jo vone owigrollt.* [Pußt I]
→drehen (1).

hinaufhängen - schw, intrans., nufheŋgə, -kheŋkt [Fak, Glog V]; nufheŋkə, -kheŋkt [Jood II]
V: oben befestigen und lose nach unten baumeln lassen ● *Die kummen nach in Rauhfang*

(↑Rauchfang). *Un die Schwartegende* (↑Schwartegender), *selli moss me presse, dass des iwweflissich ↑Schmalz rausgeht. No wäret sie nufghengt noh in Rauhfang.* [Jood II] **Anm.:** Statt standardspr. Richtungspartikel *hinauf-* wird dial. *nuf-* verwendet.
→hängen.

hinaufhauen - schw, aufihauən, -khauət [Aug, Ed, Krott, OG, Scham, Wein, Wud I]
W: den Boden zwischen den Weinreben bergauf hacken ● *Wenn unse Mial (Maria) im Weigoatn e Stund aufighauet ghot hot, hot sie rostn (rasten) miëssn.* [Wud I] ◆ Zwischen den Reihen des Weingartens auf einem Abhang hackte man immer aufwärts. (Ritter 2000, 8 [Wud I])
→hauen.

hinaufkommen - st, nufkhumə, -khumə [Fak, Ga, Glog, Ost, StA, Wil V]
Allg: nach oben steigen ● *Där was vore am Kaschte* (↑Kasten) *war, is runnerkumm bei der Ables* (↑Ablöse). *Un där wu frisch nufkumme is, hat sich hinne aagstellt.* [Ost V]
→herunterkommen.

hinaufreichen - schw, nufraiçə, -kraiçt [Ost V]
A: Garben (bzw. andere landwirtschaftliche Produkte) mittels einer Gabel zum Aufschichten auf die Fuhre oder auf den Haufen reichen ● *Im Hof hat mer die Garwe mit der Reichgawwl* (↑Reichgabel) *nufgreicht uff der Garweschowe* (↑Garbenschober). [Ost V]
→reichen.

hinaufschmeißen - st, nauffmaisn, -kfmisn [Ru IV]; nuffmaizə, -kfmisə [Fak, Ga, Glog, Wil V]
Allg: etwas mit Schwung nach oben befördern ● *Da war de Haaitze* (↑Heizer), *dann waan zwei, wo die Fruchtgoabn* (↑Fruchtgarbe) *naufgschmissn hobn auf die Dreschmaschie.* [Ru IV]
→schmeißen.

hinaufspinnen - st, nuffpinə, -kfpunə [Fak, Ga, Glog, StA, Wil V]; nuffpinə, -kfpun [Bog, GK, Low, Ost, War V]
A, G: (von Spinnpflanzen:) sich an einer Stütze emporranken ● *Bohne ware die Spinnbohne, die sinn am Kukrutz* (↑Kukuruz) *so nufgspunn. Des wore die Griekochbohne, wu mer Supp un Zuspeis gmach hat.* [Ost V]
→Spinnbohne.

hinaufsteigen - st, nuftaigə, -kfti:gə [Fek, Wem II, Ap, Hod, Pal, Mil, Sch, Tscher III] nufftaigə, -kftigə [Tom IV, Fak, Ga, Glog, StA, Wil V]
A: zu einem höher gelegenen Ort klettern ● *An der Laater* (↑Leiter) *is mer 'nufgstiege un hat alles 'neigläärt* (↑hineinleeren) *in den ↑Hambar. Drin is die ↑Frucht* (2) *glagert worre.* [Stan III]

hinauftragen - st, nauftra:gn, naukeftra:gn [Aug, Ed, Schor, Wein I, Petschw II]; nuftra:n, -kətra:n [Ost V]; nauftro̧:gə, -kətro:gə [Fek II]; aufitrā:ŋ, -ktrā:ŋ [Pußt I]
A, Ge, W: ein landwirtschaftliches Produkt auf einen hoch gelegenen Speicherraum, befördern ● *No hot däe miëssn die Weimbe* (↑Weinbeere) *dot am Wagn aufitragn.* [Pußt I] *Des is gleich hiegfiehet woen in Hof un uw en Bode* (↑Boden 1) *naufgetroge.* [Fek II] *Dann kummt de Kukrutz* (↑Kukuruz) *in die Seck 'nei un is e nauftragn woan am Kukruzgori* (↑Kukuruzgore). [Petschw II] *Wär gholfe hat, die Seck nuftraan uff de Bode, hat e Glas Wei[n] kriet.* [Ost V] *Wenn alle Grette* (↑Kratten) *voll ware, do me sie ufn Buckl gnomme un nauftreit.* [Schei VI] **Anm.:** Statt standardspr. Richtungspartikel *hinauf-* wird ugs. *nauf-* verwendet.
→tragen (1).

hinaufziehen - st, nuftsi:gə, -ketso:gə [Fil, Mil, Pal, Siw, Stan III, Fak, Ga, Glog, StA, Wil V]; nuftsigə, -kətso:gə [Stan III]; nuftsiə, -kətso: [Bog, GK, Len, Ost V]
Allg: etwas durch Zugkraft nach oben befördern ● *Die Sau is sauwer geputzt worre. Noh hot mer sie schen nufgezoge un ufghengt* (↑aufhängen). [Stan III] *De Kukurutz* (↑Kukuruz) *is nufgezoo ginn* (worden), *mit anre Roll sinn die Kärb* (↑Korb) *inghong* (↑einhängen) *ginn un nufgezoo.* [Ost V]
→ziehen (1).

hinausfahren - st, nausfoɐn, -kfoɐn [Fek II]
A: zu einem Ziel außerhalb des Ortes fahren ● *Me hot em iwwenn* (beim) *Schlächte* (schlachten) *e Wuescht* (↑Wurst), *zwaa gewe. No hot me kennt nausfoahn in Wald un hot sich kennt e Fuhe* (↑Fuhre), *zwaa Holz hole.* [Fek II] **Anm.:** Statt der standardspr. Richtungspartikel *hinaus-* wird ugs. *naus-* verwendet.

hinausfallen - st, nausfåln, -kfåln [Petschw II]
A: (von einem landwirtschaftlichen Produkt:) nach draußen fallen ● *Des Stroh is hint naus-*

gfålln, des hann die Weiwer neitragn in de Schupfn (↑Schuppen) ban Baue (↑Bauer) un die Sprei (↑Spreu). [Petschw II]

hinausführen - schw, nausfi:rə, -kfi:rt [Waldn III, Bog, Ger, GJ, GK, Glog, Hatz, Len, Low, Ost, War, Wil V], nausfi:rə, -kfiət [Fek II, Nad, StI, Wem II]; ausifiən, -kfiət [Erb, Kir, OG, Pußt, Schau, Tar, Tschow, Wein I]
A, V, W: etwas vom Bauernhof aufs Ackerfeld transportieren ● *So e offenes Holzfass von zwaahundet Litte hamm die Bauen oogfüjt* (↑anfüllen) *mit Wosse* (↑Wasser 2) *und af enen Wogn außigfihet.* [Pußt I] *Domol woan kaa Maschine nēuch, des is alles, is Mist 'nausgfihet woan un haamgfihet, alles is mit der Geil* (↑Gaul) *gemocht woare.* [Fek II] *Im Härbst hunn se schun de Mist nausgfiehet.* [StI II] *Mir hunn de Mischt mim Baurewage rausgfihrt affs Feld.* [Waldn III] *Aso do hat me se nausgfihrt ufs Stick* (↑Stück 1a) *un Stroh, dass se schlofe kenne.* [Ost V] **Anm.**: Statt standardspr. Richtungspartikell hinaus- wird ugs. naus- verwerndet.
→führen.

hinausgehen - st, nauske:ə, -kaŋə [Baw, Fek, Oh, StG, Sulk, Wak, Wem II]
V: (aus dem Dorf) auf die Gemeindeweide gehen ● *Bäre* (↑Bär 1) *ware, jåjå, un de Gemoindebär is 'nausgange mit de ↑Halt.* [Sulk II]
→treiben (2).

hinausreiten - st, naisraidə, nauskritə [Fak, Ga, Glog, StA, Wil V]; nausraitə, nauskrit [Alex, Bog, GK, Len, Low, Ost, War, Wis V]
v: aus einer Ortschaft auf die Dorfflur reiten ● *Jungi Buwe* (Buben) *hann sich uff die Ross gsitzt un sinn nausgritt un hann die Ross die ganz Nacht waade* (↑weiden) *gloss drauß.* [Ost V]

hinaustragen - st, naustro:gn, -ktro:gn [OG I]; naustro:gə, -kətro:gə [La II]
Allg: etwas von einer Fläche (einem Raum) nach draußen tragen ● *Noche wäd e obgschniedn, de Weigoatn* (↑Weingarten), *nache ta-me die Rebn naustrogn, die ta-me verbrenne.* [OG I] *Un wenn die Steck* (↑Stock) *frei senn, noch wänn die Räwe* (↑Rebe) *gschniede, die misse noch nausgetrage wäe.* [La II]
→tragen (1).

hinaustreiben - st, naustraibn, -getri:bn [ASad, Lind, Wei, Wolf V]; na:ustraivə, -kətrivə [Ap III]; naustrai:və, -kətri:və [Stan III]
V: Vieh auf die Weide treiben ● *De Kuhhalter is durich die Gass kumme un hot die Kih nausgetriwwe uff die Hutwaad* (↑Hutweide) *for wååde* (↑weiden). [Ap III] *De Kihhalter* (↑Kuhhalter) *hot die Kih nausgertriewe.* [Stan III] *In Frihjoahr, vo Mai an hom-me's Viech schon nausgetriebn aff die Weide, aach schun in Aprül, die wos ka Futter meahr ghobt hobn.* [ASad V]
→treiben (2).

hineinbinden - st, noipində, -pundə [Jood II]
A: durch Binden in einen anderen Teil einfügen ● *Die letscht Garb de'sch* (das ist) *de Huet* (↑Hut), *un die isch mid em eigene Stroh ins undere Sach noibunde worre.* [Jood II] **Anm.**: Statt standardspr. Richtungspartikel hinein- wird dial. noi(n)- verwendet.
→binden.

hineinfahren - st, ainifoɐn, -kfoɐn [Aug, Ed, GT, KT, Scham, Schor, Tar, Wein, Wud, Wudi I]; naifa:rə, -kfa:rə [Tom IV, Fak, Ga, Glog, StA, Wil V]; ninfa:rə, -kfa:r [Bill, Bru, Gott, Gra, Len, Low, Ost, War, Wis V]
Allg: (mit einem Transportmittel) in ein Ackerfeld, einen Hof bzw. in eine Siedlung fahren ● *Sann auch mit Wågn* (↑Wagen) *eienigfoahn und hamm am Moakplotz* (↑Marktplatz) *ihne Pfiësich vekauft.* [Wud V]
→fahren (1).

hineinflechten - st, āiəniflejxtn, -kflɐuxtn [Aug, Ed, Gə, Kə, Sch, Schor, Wein, Wud, Wudi I]
A, Fo, W: etwas durch Verknüpfen in ein Gebinde einfügen ● *Die blobi un weißi Ochseaugn* (↑Ochsenauge), *dej hot me amü* (allemal) *in Lejesekraunz* (↑Leserkranz) *einenigflauchtn.* [Wud I]

hineinfliegen - st, naifligə, -kflo:gə [StI II]; naifli:çə, -kflo:xə [Seik II]
B: in eine Vorrichtung fliegen ● *Wann so e jung Kenigin* (↑Königin) *in en annen* (anderen) *↑Stock (3) neifliecht, do steche se se ob.* [Seik II] *Wann emol die Kenigin drin is, no hod er so umgstilpt, no sein die anre all neigfloge.* [StI II]
→fliegen.

hineinfrieren - schw, naifri:rə, -kfri:rt [NA V]
G: (in einem Lagerraum für Gemüse:) gefrieren

● *Wal, wenn's neigfriert, no gehn die Kolrawi* (↑Kohlrabi) *kaputt.* [NA V]
→gefrieren.

hineinhängen - st, naiheŋə, -khent [Gbu II]; nāīhenə, -khent [StI I!]
A: ein Teil in eine Vorrichtung hängen ● *Un noch senn die Wogelaater* (↑Wagenleiter) *neighengt won un senn die Leickse* (↑Leuchse) *vill weider venant (voneinander) getun woan.* [Gbu II] *Un noch sein die Wawe* (↑Wabe) *neighengt woan in die Schleider* (↑Schleuder). *Un noch hunn se oogfangt zu drehe, un no is der Honich* (↑Honig) *'raus.* [StI II]

hineinlassen - st, nailasn, -glasn [Petschw II]; nailasə, -klast [Stan III]; nāīlosə, -kəlosə [StI II]; noilasə, -klasə [Jood II]
A: ein Material in einen Hohlraum einführen ● *Do is aa Mann, was die Garbe noilasse tuet in die Maschie* (↑Maschine). [Jood II] *An de Dreschmaschie woa die Trumml* (↑Trommel), *do sein die Goarbn* (↑Garbe) *neiglossn woan.* [Petschw II] *Un no ware die Fuutre* (↑Fütterer), *do ware zwaa Menner, wo neiglasst hen die Garwe.* [Stan III] **Anm.**: Das Verb *hineinlassen* steht hier für *e'inlassen'*.
→hinablassen.

hineinlaufen - st, ninla:fə, -klof [Bog, GK, Len, Low, Ost, War V]
A, G, O, W: in ein Gefäß fließen ● *Unre em Pippe* (↑Pipe) *war a Scheffl* (↑Schaff), *a Bitt* (↑Bütte) *gstann, un dort is es ningloff.* [Ost V]

hineinleeren - schw, nailẹ:rə, -kəlẹ:rt [La II]; nailẹ:rə, -klẹ:rt [Stan III, Fak, Ga, Glog, StA, Wil V, Bil, Ham, Mai, Schei, Suk VI]; nāīlẹ:rə, -klẹ:rt [Sulk II]; āīnila:n, -kla:t [Aug, Ed, GT, KT, Schor, Wud, Wudi I]
Allg: flüssiges oder klinkörniges Material in ein Gefäß, in einen Hohlraum gießen ● *De Buttntroge* (↑Buttenträger) *hot die Weiemba* (↑Weinbeere) *in d'Baueding* (↑Bottich) *einiglaat.* [Wud I] *Un noch gehn se zu jedn, un un noch muss me 'neilär die Treiwl in die Butte.* [La II] *Die Mågermillich hot mer in de Tschaarnok* (↑Tscharnok) *abgeholt un de Saue neigläärt.* [Sulk II] *Do war so e klaanes Tierl am Giwweli* (↑Giebel), *un da henn sie die ↑Frucht (2) neigläärt.* [Stan III] *Ins Gritscheloch muss me viel Wasser neilääre. No kummt die Gritsch* (↑Gritsche) *raus un de Hund kann sie fange.* [Glog V] *Do hat me e Träetstendele* (↑Tretständer) *ghet. No hat me zwei-drei Eimer Traube neigläärt.* [Schei VI]
→gießen.

hineinlegen - schw, nāīle:gə, -gəle:t [StI II]; nā:īle:gə, -kle:kt [Ap III]; naile:çə, -kəle:çt [Bohl II]; oile:çə, -kəle:çt [Oh II]; ninle:ə, -kəle:t [Len, Low, Ost V]; aileçə, aikələçt [StI II]; aiənile:ŋ, -kle:kt [Aug, Ed, GT, KT, Scham, Schor, Wein, Wud I]
Allg: etwas in ein Gefäß, eine Vorrichtung, einen Raum legen ● *Die schajnsti Weiemba hot me auesgschnien und in Keawü* (↑Korb) *eieniglejgt.* [Wud I] *Die Grombirn* (↑Grundbirne) *senn im Härbst rausgemocht* (↑herausmachen 2) *worn un haamgeliewet* (heimliefern), *in Kellr neiglegt.* [Baw II] *Die Paprike sein aa gewesche* (↑waschen) *woan, un maniche honn sie in die Trewer* (↑Treber) *neigelecht, vum Wei[n] des Gepresste.* [StI II] *Die Gluck hot mer oogsetzt* (↑ansetzen) *in em Weidekarb* (↑Weidenkorb), *hot mehr Stroh 'nei un hot mer die Aaier neigelegt.* [Ap III] *Dann wärd noch Reisich un so Veschiednes ningeleet.* [Len V] *Dann sinn die Schmaaßmicke* (↑Schmeißmücke), *die wu ihre Eier gäre in die Schunke* (↑Schinken) *ninleje.* [Ost V] **Anm.**: Intervok. *-g-* ist in *naile:çə* zu *-ch-* erweicht und in *ninle:ə* ganz geschwunden.
→legen (1, 2).

hineinmahlen - schw, noima:lə, -ma:lə [Jood II]
W: etwas mit einem Gerät zerkleinern und in einem Gefäß sammeln ● *Die Traube wäred noimahle in de Boding* (↑Bottich), *no ham-me sie abpresse un kummet 'noi ins Fass.* [Jood II]
→mahlen.

hineinmessen - schw, naimesə, -gəmesə [StI II, Ker, Sch, Werb III, Bill, Bog, Ger, Mar, Ost V]
A, V, W: eine Flüssigkeit zum Messen in ein Gefäß füllen ● *No woan so Gleserje* (↑Glas), *do honn se neigemesse, wievl Fettstoff es die Milich hot.* [StI II]

hineinmischen - schw, naimiʃə, -kəmiʃt [StI II, Sch, Stan, Waldn III]
V: etwas zwischen andere Dinge einbringen, vermengen ● *Die Ruweschnitz* (↑Rübenschnitzel), *die sein for die Kieh. Da is Kleie neigemischt worre un Rummle* (↑Rummel), *wie mir gsaat hann iwwe die Kiehriebe.* [Waldn III]
→mischen.

hineinquetschen - schw, naikvetʃə, -gəkvetʃt [La II, Ker, Mil, Stan III, Bru, Kath, Zich V]
W: ein landwirtschaftliches Produkt zerquetschen und in ein Gefäß einfüllen ● *Un noch des wird durchgemohle mit dem Quetscher, in de Boding (↑Bottich) wird's neigequetscht.* [La II]
→Quetsche.

hineinrinnen - , nairinə, -krunə [Petschw II, Stan III, Fak, Ga, Glog, StA, Wil V]
A, W: (von einem flüssigen oder kleinkörnigen landwirtschaftlichen Produkt:) in ein Gefäß fließen bzw. laufen ● *Un do woan extri Leit, die wu die Seck aufghåldn (↑aufhalten) hamm, un dot is neigrunne de Waaz (↑Weizen).* [Petschw II] *Un e Seckmann hot die Seck härghengt (↑herhängen) an die Maschie (↑Maschine), wu's neigrunne is.* [Stan III]
→rinnen.

hineinrühren - schw, āīəniri:ən, -kri:ət [Aug, Ed, GT, KT, Schor, Wein, Wud I]
Allg: ein Material durch Rühren in eine Flüssigkeit einbringen ● *Ins Wossa (↑Wasser 2) hot me Koilik (↑Kalk) und Koilitzn (↑Kanitzel) eienigrihet.* [Wud I]
→rühren.

hineinsäen - schw, neisej, -kse:t [Tom IV]
A: eine Feldfrucht über eine bereits wachsende Frucht säen ● *Der Rotklee, där is in die Frucht neigsät worre im Frihjahr.* [Tom IV]
→säen.

hineinschlagen - st, naiʃla:gn, -kʃla:gn [Ru IV]; āīniʃlǭ:ŋ, -kʃlǭ:ŋ [Aug, Ed, GT, KT, Pußt, Scham, Wein, Wud I]
Allg: einen (dünnen) Gegenstand schlagend in eine Öffnung treiben ● *In Fruhjahr hod me die Stecke einigschlogn wiede mid e Hackl (↑Hacke 2).* [Pußt I] *Und untn hot mer e Pippm (↑Pipe) fe Huiz (↑Holz) einigschlogn.* [Wud I] *Wenn de Wei (↑Wein) verarbeit woar, had me untn a Pippn neigschlagn und hadn rausglassn.* [Ru IV]
→schlagen (3).

hineinschmeißen - st, naiʃmaisə, -kʃmisə [Ker, StG, Tscher III, Be, Tom IV, Bak, Bru, Fak, Ga, Ger, GJ, NA, Ost, StA, Wis, Zich V]
V: (ein landwirtschaftliches Produkt) in einen Raum hineinwerfen ● *Un Bletsche (↑Bletschen), sein neigschmisse woan in Zallasch (↑Salasch 3), Kolrawibletsche un Riewebletsche im Frihjahrszeit.* [NA V]

hineinschneiden - st, naiʃna:idn, -ʃnitn [Tol I]; nāīʃnaidn, -kʃnitn [Pußt I]; naiʃnaidə, -kʃni:də [Bohl, StI II]; nāīʃnaidə, kʃni:də [Fa, Glog V]; nǭīʃnaidə, -kʃnitə [Tax I]
A, G, V: (Fleisch oder Gemüse:) zerkleinen und in eine Speise hineinrühren ● *In die ↑Sarma is Schweinefleisch un noch Reis un e bissje Zwibbl neigschniede woan, Pheffer un Salz.* [StI II]
→schneiden.

hineinschütten - schw, naiʃitn, -kʃit [Petschw II]; naiʃitə, -kʃit [Fak, Ga, Glog, Lieb, StA, Wil V]; na:iʃitə, -kʃit [Bil, Ham, Mai, Pe, Schei, Suk VI]; ninʃitə, -kʃit [Bog, GK, Gott, Gra, Len, Low, Nitz, Ost, War V]; ainiʃi:t, -kʃi:t [Pußt I]
A, W: eine Flüssigkeit oder kleinkörniges Material in einen Behälter oder Ähnliches fließen lassen ● *Wann de Kiewe voll is gweest, hot me in däre Weimbetroch (↑Weinbeerentrog) einigschitt.* [Pußt I] *Un indie Buttn schittn miẹ 'nei die Weimbe.* [Petschw II] *Dann hat mer Wasser neigschitt, un so die Därem links gemach.* [Lieb V] *Des großi Rad mit am Griff had mer gedreht und hat die Trauwe kärbweis (↑korbweise) ningschitt.* [Ost V] *Es ↑Lager hot me in e Plutzker (↑Plutzer) naaigschitt.* [Schei VI]
→ablassen.

hineinsetzen - schw, naisetsə, -ksetst [Baw, Bold, StG, Sulk, Wem II, Drei, Eng, Fak, Ga, Glog, NA, StA, Wil, Wies V]
A: ein Pflanzenteil zur Vermehrung in die Erde pflanzen ● *No had me Firiche (↑Furche) gmacht un die Pflanze in die Ärde 'nåigsetzt.* [Sulk II] *Nom hod me Kukrutz neigsetzt.* [NA V]
→setzen (2).

hineinstampfen - schw, naiʃtampfə, -kʃtampft [Bil, Ham, Pe, Schei, Suk VI]
A, G, H, O, V, W: (ein landwirtschaftliches Produkt) in ein Gefäß pressen ● *Un säle ↑Treber tan se neistampfe in e ↑Stande, un vun de kummt noh en Brenntewei (↑Branntwein) raus.* [Schei VI]
→stampfen.

hineinstechen - st, naiʃteçə, -kʃtoxə [Fek, Surg, Wem II, Fak, Ga, Glog, StA, Wil V]; naiʃteçə, kʃtox [Fil, Ker, Sch, Tor III, Alex, Bak, Ger, GJ, Len, Nitz, Wis, Zich V]
Allg: mit einem spitzen Werkzeug in etwas eindringen ● *Un noh, wie die Sau emgschmisse*

woa, noh tut de Schlochter min Meser in die Gurgl 'neisteche. [Fek II]
→stechen (2).

hineinstecken - schw, st, nāīʃtekn, -ʃtekt [Pußt I, Franzf V]; naiʃtekə, -kʃtekt [Ap, Brest, Gai, Sch, Siw III, Fak, Ga, Glog, Lieb, Pan, StA, Wil V]; aiənifteikn, -kʃteikt [Aug, Ed, GT, KT, Schor, Wein, Wud I]; (st) ninʃteçə, -kʃtox [Bog, Hatz, Len, Low, Ost, War V]
Allg: etwas fest in eine Öffnung drücken ● *Mitn Sejtzbohre* (↑Setzbohrer) *hot mer Lejche* (↑Loch 2) *gmocht und hot die Rejem* (↑Rebe) *eienigstejckt.* [Wud I] *Die Flackse* (↑Flachse) *vun de Hinnerfieß hot mer frei gmacht un die Hoke* (↑Haken) *sein dort neigsteckt wor.* [Lieb V] *Am Schowr* (↑Schober) *hat mer die Lade* (↑Leiter) *stehn ghat, in a Sprossn so a Brett ningstoch, wu vorgstann hat.* [Ost V] **Anm.**: Statt standardsprachl. Richtungspartikel *hinein-* tritt in den vorkommenden Varianten dial. *nei-* bzw. *nin-auf*. In *ninsteche* wird das Grundwort *stechen* in der Bedeutung 'stecken' verwendet. ■ PfWb III 1631 f.; SüdHWb III 542, BadWb II 713.
→stecken.

hineinstopfen - schw, naiʃtopə, -kʃtopt [Ap III]
V: (Gänse und Enten) gewaltsam füttern ● *Die Gens hot me gstoppt. Hot me Kukrutz* (↑Kukuruz) *eigwaaicht* (↑einweichen) *un da neigstoppt, bis die Gens fett ware.* [Ap III]
→fressen, stopfen; Ente, Gans.

hineinstreuen - schw, nọiʃtra:n, -kʃtra:t [Bold, StG, Sulk II]
T: ein körniges oder kleinstückiges landwirtschaftliches Produkt auf eine Fläche verteilen ● *Aans hat e Loch gmacht un des andri hat 'noigstraat de Kugrutz* (↑Kukuruz). [Sulk II]
→streuen.

hineinstupfen - schw, nāīʃtupfə, kəʃtupft [Oh II, Fil, Mil III]; nōīʃtupfə, -kʃtupft [Jood II]
G: (Samen oder Setzlinge) in die gelockerte Erde stecken, setzen ● *Ja, Zwibbl* (↑Zwiebel) *noistupfe ode Griënzeig* (↑Grünzeug) *aabaue* (↑anbauen), *un so kummt elles 'noi, de Sålåt.* [Jood II] *Die Jorginie* (↑Georgine) *tut mer in oo Raih* (↑Reihe) *neistoppe, noh kann mer im Spotjahr scheni Streiß roppe* (↑rupfen 1c). [Mil III] ■ PfWb III 1032.
→stupfen.

hineintragen - st, naitrā:ŋ, -kətra:ŋ [Petschw II]; neitrōŋ, naitrōŋ [Aug, Ed, GT, KT, Scham, Schor, Tar, Wud, Wudi I]; āītrō:ŋ, āītrō:ŋ [ASad, Lind, Resch, Wei, Wolf V]; naitro:gə, -kətro:gə [La II]
W: (in einen Lagerraum, eine Siedlung usw.) hineinschaffen, -bringen ● *Woan Weiber, die hamm die Mülli* (↑Milch) *in de Fruh neitrogn aff Budapest.* [Wud I] *Un noch tun's zwaa Mennr gleich robpresse* (↑herabpressen) *un neitroge in de Fessr.* [La II] *Des Stroh is hint nausgfållen, des hann die Weiwer neitragn in de Schupfn* (↑Schuppen) *ban Baue* (↑Bauer) *un die Spraai* (↑Spreu). [Petschw II] *Die Schwamme* (↑Schwamm) *hot mer aa eitrogn aff Reschitz* (ON) *in Hiëbst un vekaaft.* [Wolf V]
→tragen (1).

hineintun - st, nāītun, -kətun [Fek, Gbu, Surg II]; nāītuə, -kətu: [Ker, Siw, Tscher III, Be, Tom IV, Bru, Ger, GJ, Len, Lieb, War, Wis V]
Allg: ein Teil in eine Vorrichtung einfügen ● *En lange Baueschwoge* (↑Bauernwagen) *honn ich die Reder* (↑Rad) *neigetun. Un noch senn die Wogelaater neighengt woan.* [Gbu II] *Fir Gschmack ham mir Pheffer un Knowloch* (↑ Knoblauch) *neigetuu in die Blutworscht.* [Lieb V]
→füllen.

hineinziehen - st, hinaintsi:kn, -ketso:kn [Bohl II]; nāītsi:ə, tso:xə [Oh II]; naitsi:gə, -getsoo:gə [Gak III]; naitsi:ə, -kətso:ə [Gai III]; nāītsi:ə, -tsougə [Bur VI]; nāītsi:kə, kətso:gə [Tschat III]; nọitsi:ə, kətso:xə [Nad II]; noitsi:ə, ketsoə [Har III]; noitsiəgə, -kətsoəgə [Jood II]; nōītsi:ə, -kətso:xn [Nad II]
W: etwas nach innen ziehen ● *Un wenn de Woigarte* (↑Weingarten) *mol triebe* (↑treiben 4) *hot, do muss me schon noizihege un noibinde die Rebe in de Dråht.* [Jood II]
→ziehen (1).

hinfliegen - schw, hī:fliçə, -kflo:xə [StI II]
B: in eine bestimmte Richtung fliegen ● *Noch, wann se oogfangt honn zu wimmle* (↑wimmeln 2), *so raus un 'nei, nohod es gsocht, Kinder, gebt ocht, wu die Bie* (↑Biene) *hieflicht.* [StI II]
→fliegen.

hinführen - schw, hī:fi:rə, -kfi:rt [Fil, Ker, Stan, Tor III, Be, Tom IV, Alex, Ger, GJ, Nitz, Ost, Wis, Zich V]
Allg: (ein landwirtschaftliches Produkt) an eine

bestimmte Stelle befördern ● *Ja, hamm sie mit de Wege (↑Wagen) hiegfihrt, wo Dreschmaschie isch gsei.* [Schei VI]
→führen.

hinlegen - schw, hi:legə, -gəle:kt [Fek II]; hīlekn, hīklekt [Pußt I]; hi:lejə, -kle:t [Ost V]
Allg: etwas auf den Boden legen ● *Jetz geh mer in Weigät (↑Weingarten), die Stecke außizieheng (↑herausziehen), un sann hieglegt woen.* [Pußt I] *Un wann es Gelech (↑Gelege) genug had ghat, hod se es hiegelegt.* [Fek II] *De Saallejer (↑Seileleger) hat es ärscht a Saal hiegleet, un hinnenoh is de Binnr (↑Binder 2a) kumm, där hat se gebunn.* [Ost V] **Anm.**: In der Variante hingleet ist in [Ost V] intervok. -g- spirantisiert und geschwunden.
→legen (1).

hinrichten - schw, hī:nriçtə, -kəriçt [StI II]
A, B, G, V: etwas für eine Arbeit bereitstellen ● *Un noch is des alles schee hiegericht woan, un noch Zwibbl (↑Zwiebel) un Knouwl (↑Knoblauch) gschelt (↑schälen) woan.* [StI II]
→herrichten.

hinschieben - st, hī:nʃi:və, -kʃo:p [Ost V]
A: (ein landwirtschaftliches Produkt bzw. ein Material) von Hand zu einem bestimmten Ziel befördern ● *Des Stroh hat aane em anre (anderen) hingschob. Des war trucked (↑trocken), des losst sich leicht schiewe gawwleweis (↑gabelweise).* [Ost V]
→schieben.

hinschmeißen - st, hī:ʃmaizə, kʃmisə [Fak, Ga, Glog, Wil V]; hī:ʃmaisə, hīkʃmis [Bog, Ger, Len, Lieb, War V]
Allg: etwas hin-, bzw. umwerfen ● *Dann hod me die Sau an de Fieß oogepackt un hod se hiegschmiss.* [Lieb V]
→umschmeißen, schmeißen.

hinten - Adv, hintn [ASad, Lug, Resch, Tem, Weid, Wer, Wolf V]; hində [Gai, Gak III]; hinə [Tom IV, Fak, Ga, Glog, StA, Wil V]; hint [Rd, KT, Wud, Wudi I]
Allg: auf der Rückseite, an letzter Stelle ● *In Käwln (↑Korb) hot me die Pfiësich haambrocht von Weibäeg (↑Weinberg), hint a Käewl, frau a Käewl.* [Wud I]
→vorne; Hinterfuß, -hof, -schinken.

Hinterfuß - m, hinərfu:s, -fi:s [Ker, Mil, Sch, Tor III, Be, Tom IV, Bog, Bru, Ger, Lieb, Low, War, Zich V]
V: Hinterbein eines Vierfüßlers ● *Die Flackse (↑Flachse) vun de Hinnerfieß hot mer frei gmacht un die Hoke (↑Haken) sein dort neigsteckt wor.* [Lieb V]
→Fuß (1); hinten.

Hinterhof - m, hinərho:f, -he:f [Ap, Hod, Mil III, Fak, Glog, Ost, StA, Wil V]; hinrho:f, -he:f [Ker, Siw, Stan III, Alex, Bog, Ger, Nitz, Wis V]
A: hinterer Teil des bäuerlichen Wirtschaftshofes ● *Un im Hinnerhof ware die Stallunge, hauptsechlich der Kuhstall un de Rossstall getrennt un dann der Saustall.* [Ap III] *Der ↑Gore hat abgschlosse der Vodderhof un de Hinnrhof, där war iwwerzwärch (↑überzwerch) gstanne.* [Stan III] *Also de Treppplatz war de Hinnerhof. Dort war de Mischthaufe, de Strohschower, de Sprauerschower (↑Spreuschober), de Laabschower, de Haaischower un de Brennsachschower, war alles im Hinnerhof, net im Schopp (↑Schuppen).* [Ost V]
→Hof, Tretplatz; hinten.

Hinterschinken - m, hinərʃungə, Pl. id. [Bog, Fak, Gra, Glog, Low, Ost V]; hinəʃungə [Fak, Glog, Lieb, Wil V]
V: Schinken vom Hinterbein des Schweins ● *Die Vorderschunge ginn (werden) ausgebaandelt (↑ausbeinen) un die Hinnerschunge gsalzt un geraacht (↑räuchern).* [Bog V] *Dann hot de Schlechter (↑Schlachter) die Schunge gemach, Voddeschunge un Hinneschunge.* [Lieb V]
→Schinken, Vorderschinken; hinten.

hintragen - st, hī:tro:gə, -kətro:gə [GBu II]
Allg: (landwirtschaftliche Erzeugnisse) in einem Tragegefäß befördern ● *Die Leit honn zwaa-drei Kih gemelkt un teglich in de Milechhalle (↑Milchhalle) hiegetroge, des woar ihre Geld.* [GBu II]
→tragen (1).

hintreiben - st, hī:traivə, -ketri:və [StI II]
V: Vieh auf einen bestimmten Futterplatz bringen ● *Schwenglbrunne woa drunne (unten) uff de Hutwaad, (↑Hutweide) dot wu die Halder (↑Halter) des Viech hiegetriewe hunn.* [StI II]
→treiben (2).

hinziehen - st, hĩ:ntsiə, -kətso: [Ost V]; hĩ:tsiə, hĩ:tsõũ [OG I]
A: ein Material mit einem Gerät in eine Richtung bewegen ● *Im Häerbst wäd er tiëf zuedeckt mit die Eädn* (↑Erde), *wäd die Eädn zu die Steik guet hiezougn.* [OG I] *Die Spreuer* (↑Spreu) *had mer mid em große Reche gejer de Sprauerschowr hingezoo, als zwanzich Medder* (↑Meter 1) *aach.* [Ost V]
→ziehen (1).

Hirn - n, hirn, Sg. tant. [Tom IV, Fak, Ga, Glog, Wil V]; hiən [Fek, StI II] hęrn [Ker, Sch, Stan, Wepr III, Bog, Ger, Len, Lieb, Ost, Wis V]
V: als Speise zubereitetes Schweinehirn ● *Hiënwiëscht is soviel, des bessje (bisschen) Hiën, wås die Sau hot, un Zwiffl* (↑Zwiebel) *dezue un hald e weng Bråtwiëschtfleisch.* [Fek II] *Die Hiënwischt woa mit Semml un Hiën, un die hot me misse gschwind esse.* [StI II] *Es Härn hot me ausgeback dann un gess.* [Lieb V] ■ PfWb III 1081 f., 2; SüdHWb III 602 f.; RheinWb III 681; BadWb II 727.
→Hirnwurst.

Hirnwurst - f, hiənvurʃt, -virʃt [StI II]; hiənvuəʃt, -viəʃt [Fek II]
V: Wurst mit Zusatz von Schweinehirn ● *Hiënwiëscht is soviel, des bessje (bisschen) Hiën, wås die Sau hot, en Zwiffl* (↑Zwiebel) *dezue un hald e weng Bråtwiëschtfleisch* (↑Bratwurstfleisch), *so zammgemahle so moger* (↑mager) *Fleisch.* [Fek II] *Die Hiënwischt woa mit Semml* (↑Semmel) *un Hiën, un die hot me misse gschwind esse.* [StI II] ■ PfWb III, 1084; SüdHWb III 607, RheinWb III 688.
→Hirn, Hirnwurstbrühe, Wurst.

Hirnwurstbrühe - f, hiənviəʃtpri:, Sg. tant. [Fek, Kock, Surg II]
V: zum Verzehr zubereitete Brühe aus gekochter Hirnwurst ● *Maniche Leit hamm des stoark gärn gesse, die Hiënwiëschtbrih. Des woar Sonntags morjets e Frihstick.* [Fek II]
→Brühe (1), Hirnwurst.

Hirsch - m, hirʃ, -n [Ap, Gai, Ker, Mil, Stan, Tor III, Esseg, In, Ru IV, ASad, Karl, Lind, Low, Resch, Wei, Wolf V, OW VI]; hirʃ, -ə [Ap III, Bru, Char, KöH V]; hiəʃ, -ə [Ed, GT, KT, Wud, Wudi I, Alt, Fek, Nad, Oh, Wem II]
Fo: großes Jagdwild einer wiederkäuenden Paarhuferfamilie, deren Männchen Geweih tragen; Cervus elaphus ● *Hiësche woan ville im Wald.* [Fek II] *Do hat mer Hirsche und Wildschweine un des alles.* [Gai III] *Im Bruckenauer Wald lebn viel wildi Tiere, do ware Hirsche, Reh, Wildschwein, Ficks un Iltisse.* [Bru V] *Und vo den Tog aan hot de Kaiser koa Reh, koan Hirsch umglegt* (↑umlegen 2). [Wolf V] *Bei uns gibt es Wildschweine, Wölfe, Bärn, Hirschn und Rehner* (↑Reh). [OW VI] ■ PfWb III 1085; SüdHWb III 607 f.; RheinWb III 695 f.; BadWb II 728 f.; Petri 1971, 92.
→Edelwild, Hirschacker, -graben, -gras.

Hirschacker - m, hiəʃokɐ, Pl. id. [Ed. GT, KT, Wud, Wudi I]
A: nach dem Auftreten von Hirschen benannter Teil der Feldgemarkung von [Wud I] ● *Unsa Hiëschocka is sche afn Tuawöüle* (Turwaller, ON) *Houte* (↑Hotter) *glejgn.* [Wud I]

Hirschgraben - m, hiəʃkro:və, Pl. id. [Alt, Fek, Nad, Oh, Wem II]
A, Fo: Flurnamen nach einer Vertiefung im Waldrevier, in dem sich Hirsche aufhielten ● *Growe woan ville in Fäkäd* (ON), *do woar de ärscht un de zwått Sturchsgrowe, de Hiëschgrowe un e Wolfsgrowe newer de Wolfswiese.* [Fek II]
→Graben, Hirsch.

Hirschgras - n, hirʃkra:s [Ap III, Glog, Sad V]; hęrʃkra:s Sg. tant. [Bog, GK, Low, Ost V]; hęrʃəkra:s [Fak, Ga, StA, Wil V]
A: als Unkraut verdrängtes Rispengras; Poa trivialis ● *Es Härschgras un es Mohaigras* (↑Muhargras), *wu des auftaucht, des is schlimm, un die Braumbiere* (↑Brombeere) *in de Ruwe* (↑Rübe). [Ost V] **Anm.**: In den Varianten *Härschgras* und *Härschegras* ist Vokalsenkung i>e(ä) anzutreffen. ■ PfWb III 1086; RheinWb III 697; BadWb II 730; Gehl 1991, 92.
→Gras (2), Hirsch, Unkraut.

Hitze - f, hits, Sg. tant. [Fek, StI, Wem II, Berg, Ker, Mil, Sch, Tscher III, Be, Tow IV, Alex, Bill, Char, Fak, GJ, Len, Low, NA, Ost, Wis V, Bil, Ham, Mai, Suk VI]
Allg: große Wärme ● *Dann is es manchmol umgekähet woan* (↑umkehren), *wenn nicht so große Hitz woa.* [NA V]
→heiß.

hitziger Boden - m, hitsiçə po:də, Sg. tant. [Mil III, Be, Tom IV, Bog, DStP, Ernst, Fak, Ga, Glog, Gra, Ost, Sack, War V]
A, Fo, G, H, T, W: rasch trocknender, leichter Sandboden ● *De Sandbode is hitziche Bode, där tricklt (↑trocknen) zu gschwind aus.* [Fak V] ■ Gehl 1991, 64.
→Boden, Sandboden.

hobeln - schw, ho:bln, kho:blt [Aug, Ed, Tar, Wer, Wet I, In, Ru IV, ASad, Resch, Te, Wer V]; ho:blə, kho:blt [Tax I, Hod III, GJ, Trie V]; hovlə, khovlt [Fak, Ga, Glog, StA, Wil V]
A, G: (von Futterpflanzen und Gemüse:) mit einem Hobel zerkleinern ● *Do ware so breede (↑breit) Krautschneider. Die hann so secks Messre ghat, is des Kraut ghoblt genn.* [GJ V] ■ PfWb III 1097 f.: 2.: 'mit dem Krauthobel schnitzeln'; SüdHWb III 620; RheinWb III 707; BadWb II 736; SchwWb III 1703 f.
→schneiden; Krauthobel.

hoch - Adj, ho:x [Krott, Pußt I, Bohl, Jood, Seik, Surg II, Gai III, ND, Stan, NP IV, ASad, Bak, Bog, Bru, Fak, Glog, Gott, Gra, Len, Lind, Low, Lug, Nitz, Ost, Sad, Resch, StAnd, StA, Stei, War, Wei, Wis, Wolf V, Pe VI]; hǫux [Aug, Ed, GT, KT, Scham, Schor, Tar, Wud, Wudi I]
Allg: nach oben ausgedehnt, erhöht ● *De hamm jo miëssn aufiwoucksn (↑aufwachsen) so hoch, die Weireem.* [Pußt I] *Die Gatze (↑Gatzen) is es groußi, houchi Stöüfass (↑Stellfass).* [Wud I] *Heher geleche is de Kärichbärch (↑Kirchberg), de Zigeinebärch un de Kohlebärch.* [Jink II] *De Wage (↑Wagen), där isch nit so hoch, dä is nidrige gebaut.* [Jood II] *Dot senn so Planze (↑Pflanze) mit so hoche Stengl (↑Stängel), die hunn sehe gute Honich.* [Seik II] *Die hochi Trischte (↑Triste) sinn zammgsetzt warre, die Fruchtgarwe (↑Fruchtgarbe).* [Stan III] *Sehgn'S die hochn Gebirge da drobn?* [ASad V] *Und des Wasse war so hoch, so hoch wie die Frucht.* [Lug V] *Der Schowr (↑Schober) is so drei-vier Medder (↑Meter 1) hoch gsetzt ginn.* [Ost V] *Flieget d'Schwalme (↑Schwalbe) hoch un d'Kiebitz nieder, nom git's schen Wetter wieder.* [Sad V]
→mannshoch, niedrig, tief; Hochwald, -wasser, Höhe.

Hochrücken - m, ho:xrik, Sg. tant. [Baw, Jood, Wem II]; ho:rukə [Bil, Ham, Mai, Pe, Schei, Suk VI]
V: Fleisch vom Rückgrat des Schlachttieres

Etym.: *Hochrippe* als 'Rückgratrippe des (geschlachteten) Schweines ist seit dem 11. Jh. bekannt, schon spätahd. ist *hōchrippe* n. belegt. Heute steht das südwestdeutsche Wort gegenüber dem südöstlichen *Hochrucke* ([23]Kluge 378), das in unserem *Hochrick* auftritt. ● *Des is de Hockrick. Da wird Fleisch gebrode (↑braten) un die gut Hochricksoppe gekocht.* [Baw II] *De mache mer e guete Horuckesuppe, vum Horucke vu dere Sau.* [Schei VI] ■ *Hochrücken* DWb 10 1630: 1. 'das Rückgrat'; *Hochrippe* PfWb III 1106: 'Fleisch von der hinteren Rippenpartie des Schlachttieres'; SüdHWb III 629; *Ho(ch)rucke(n)* SchwWb III 1714: 'Hochrücken'; *Hochrippe, Hohrücken* Gahm 1994, 83.
→Fleisch (1), Hochrückensuppe, Rücken, Rückstrang.

Hochrückensuppe - f, ho:xreksup, Sg. tant. [Baw, StI II], hǫ:rukəzupə [Bil, Ham, Mai, Pe, Schei, Suk VI]
V: Suppe mit gekochtem Fleisch vom Rückgrat des Schlachttieres ● *Des is de Hockrick. Da wird Fleisch gebrode (↑braten) un die gut Hochrickoppe gekocht.* [Baw II] *De mache mer e guete Horuckesuppe, vum Horucke vu dere Sau.* [Schei VI]
→Hochrücken, Suppe.

Hochrunde - f, selten, ho:xrundi, Pl. id. [Drei, Kreuz, NA, Wies V]
G: Tomatensorte mit länglich-runden Früchten ● *Aso da woan Hochrundi un jetz sein die Exportparadeis.* [NA V]
→Paradeis; rund.

hochträchtig - Adj, ho:xtreçtiç [Mil, Tscher III, NP, Tom IV, Alex, Bog, GK, Low, Nitz, Ost, War, Wis V]
V: (von Tieren:) in der letzten Etappe schwanger ● *Die Stude (↑Stute) ware dann im Winter hochtrechtich, for se schone, un im Fruhjohr henn sie ausgschitt.* [Ost V] ■ RheinWb III 719: (von der Kuh gesagt); *hochträgig, hochtragicht* PfWb III 1108; BadWb II 741: (von Vieh gesagt, das bald Junge wirft).
→ausschütten, trächtig.

Hochwald - m, hę:çvalt, -vęldər [Go, Ma, Pal, Wak, Wiel II]
Fo: Forstrevier mit altem, hoch gewachsenem Baumbestand ● *Bei ons woar, secht mer, de Gmaawåld, der groß Hächwåld mit de Häch-*

Hochwaldteil

wåldstååler, un der Fåsånerwåld. [Wak II]
→Hochwaldteil, Wald; hoch.

Hochwaldteil - m, hę:çvåltstå:l, -ər [Go, Ma, Pal, Wak, Wiel II]
A: an den Hochwald grenzendes Feldstück ● *Bei ons woar, secht mer, de Gmaawåld, der groß Hächwåld mit de Hächwåldstååler, un der Fåsånerwåld.* [Wak II]
→Hochwald, Teil (1a).

Hochwasser - n, ho:xvasər, Sg. tant. [Ap III, Bog, GK, Gott, Gra, Len, Low, Ost, War V, OW VI]; ho:xvasə, [Bak, Fak, Ga, Glog, Lug, Wil V]
Allg: höchster Wasserstand eines Flusses, Überschwemmung ● *Im Hochwasser war Iwweschwemmung. In e Vertiefung is Morascht* (↑Morast) *gebliwwe, vun dem is die Moraschgass härkumme.* [Ap III] *Und im zwelwe Jahr* (1912) *war doch des Hochwasser. Aso des war zu Pfingstmontag, so halbete Juni.* [Lug V] *Dienstag un Freitag ward Hochwasser, großes Wasser, das Wasser ward in de Klaus gesammelt.* [OW VI]
→Überschwemmung, Wasser (1); hoch.

Hodaie - f, selten, hodaie, Pl. id. [Lug V]; hodaiə, -nə [Ga, StA V]; hota:i, -ə [Wer V]
A: kleine Bauernwirtschaft auf der Dorfflur, Einödhof, gewöhnlich mit Wohnraum, Küche, Stall und Schuppen *Etym.*: Aus rum. *odaie* (veralt. und reg.) 'vom Dorf isolierte Bauernwirtschaft bzw. Unterkunft für Hirten, Landarbeiter, Fischer'; aus bulg. *odaia*, dasselbe und dieses aus türk. *oda* 'Stube, Kammer'. (Gehl 1991, 177) Vgl. auch Vlăduțiu 1973, 257. ● *Un dann habn me sie missn nausfiehrn auf die Busiasche gassn, dort is so eine Hodaie.* [Lug V] *In der Warschandemer* ↑*Pußta* (1) *haww i in åånere Hodaie gwohnt, bis zum Zwatte Weltkrieg.* [StA V] *Es hat auch Hodaaie gäbn. Des waan draußn große Häuse mit Scheunen und so, da hamm die Leut auch übenachtet.* [Wer V] ■ Gehl 1991, 177.
→Hütte; Pußta (2).

Hof - m, ho:f, hę:f [Fek, Jood, StI II, Bak, Bog, Bru, Fak, Ga, Glog, Len, Lieb, Low, Ost, Pan, StA, War, Wil, Wis V]; ho:f, hę:f [Besch, Bil, Ham, Mai, Pe, Schei, Suk VI]
A, G, V: zum Haus gehörender, von Gebäuden umschlossener Platz ● *Un noch die lääre Seck, die sinn widde zureckkomme.* [Fek II] *Noch dem* ↑*Schnitt isch oigfiehrt* (↑einführen) *worre in Hof.* [Jood II] *Hammgfieht won un im Hof is des getrappt* (↑trappen) *woan, ufm Dreschplatz.* [StI II] *Do war e große Hof vun* ↑*Palm ingsaamt* (eingesäumt) *un e Rewespalier.* [Bog V] *Do is no die Dreschmnaschin zu am jede in de Hof kumm.* [Bru V] *Haai* (↑Heu), *Stroh, Laab* (↑Laub 1b), *alles war im Hof gstann.* [Ost V] *Geb Owacht, där Gaul scheißt noch in de Hof.* [StA V] *Im Hof war dann noh de Saustall un d'Scheier.* [Schei VI]
→Bauern-, Fried-, Hinter-, Meier-, Vorderhof, Hofstatt, -stelle, Scheuer, Tretplatz.

Hofstatt - f, ho:ʃtat, -ʃtet [Bil, Ham, Pe, Schei VI]
A: Gesamtraum, der zu einem Bauernhof gehört ● *Uf der Hofstatt unte im Brennteweihaus* (↑Branntweinhaus), *bei de* ↑*Kessel* (2b), *muss me warte, bis de Wodke* (↑Wodka) *rauskummt.* [Schei VI] ■ PfWb III 1131 f.: 1.b 'Grundstück mit Gebäuden und Hofraum'; SüdHWb III: 'Grundstück, auf dem ein Hof steht'; BadWb 2 750: 1. 'der Platz, auf dem ein Haus steht', 2. 'ein Flurname', 3. 'eines der alten Überlinger Flächenmaße'; SchwWb III 1753 f.: 1.a 'Gesamtraum, der zu einem (bewohnten) Hof gehört: Haus, Scheuer, Hofraite (freier Platz) usw.
→Hof, Hofstelle.

Hofstelle - , hoʃtel, -ə [Baw, Fek, Nad, Oh, StI, Wem II]; ho:ʃʃtel [Go, Ma, Pal, Wak, Wiel II]
A: zum Bauernhof gehörender Hinterhof bzw. Hausgarten *Etym.*: Möglicherweise Übergang von *Hofstatt, -stätte* zu *-stelle*. ● *Do woa ban jedn Haus e Hostell, des is de Trappplatz* (↑Tretplatz), *dort woar en extre große Platz, duert hot me des Sach zammegfiehet uff en Schower* (↑Schober). [Fek II] *Ba uns, do woan nu die grose Hostelle. Hostell is des, was zum Haus ghäet* (gehört), *Hausgoate. Un ba uns woan se groß, mi hatte zwaa Joch Hostelle.* [StI II] *Manechi Heiser hodde e Hofstell.* [Wak II]
→Garten, Hofstatt.

Höhe - f, he:e, Sg. tant. [Surg II, Gai III, Bog, Fak, GK, Glog, Low, Ost, Schön, Wis V]; he:ç [Har III]
Allg: Ausdehnung, Abmessung nach oben ● *Des Mischtbeddl* (↑Mistbeet) *is gegoss ginn* (↑gießen) *un so weider, bis de Thuwak* (↑Tabak) *e gwissi Hehe ghat hat, un bis die Gfrier* (↑Gefrier) *rum war.* [Ost V]
→hoch.

Hohl - f, ho:l, Pl. id. [Jink, Kä, Sag, Sar, Warsch II]
A: Erdvertiefung, Bodensenke ● *Ofm Värte-*

grond woar die Värtegronder-Hohl, des woar e große Hohl. [Jink II] ■ PfWb III 1137 *Hohl 1*: 1.a. 'Bodensenke', b. 'Hohlweg durch eine Bodensenke, auch künstlich angelegt', 2. Flurnamen; SüdHWb III 654 f.; RheinWb III 753, *Höhle* 1b; BadWb II 753.
→Kaule, Loch (1), Schanze, Viertergrund-Hohl.

Holder - m, holdər, Pl. id. [Hod, Kar III, Franzf, NA, Sad V]; holər [Tax I, AK, Brest, Bul, Siw, Stan, Tscher, Wasch III, In, Ru IV, Fak, Ga, Glog, Gra, GStP, Laz, Lieb, Lor, NB, NPa, NPe, StA, Tschak, Wil V]; holərt [KK, Sch III]; houlər [Tschow I, Haj III]; holendər [Ger, Gott, Heu, Kath, Tsch V]; hulendər [Hatz V]; hulenər [Len, Low V]
A, Fo: schwarzer Holunder; Sambucus nigra
Etym.: *Holunder*, aus ahd. *holuntar* zeigt in mhd. *holder* die alte Stammsilbenbetonung. Die Formen *Holder, Holler* sind noch heute im Alemannischen, im Rhein- und Ostfränkischen, in Tirol und Österreich anzutreffen. (²¹Kluge, 315) ● *Es Mariks (↑Mark 2) is in de Rewe (↑Rebe), un aa in de Holler, un in Sunneblummestengl.* [Glog V] ■ PfWb III 1142: (auch *Holunder*): 1. 'Schwarzer Holunder', 2. a. 'Flieder', b. 'Wacholder', c. 'Maßholder'; SüdHWb III 661 f.; RheinWb III 777-783: (*Holunder*); BadWb II 755; SchwWb III 1763; Gehl 1991, 83; Petri 1971, 67.
→Attich, Holderblume, -stecken, Unkraut.

Holderblume - f, holərplum, -ə [Ga, StA V]
A, Fo: zur Saft- und Sektbereitung verwendete Holunderblüten ● *Aus der Hollerblumme kamme gute Saft mache.* [StA V] ■ *Holderblüte, -blühe* PfWb III 1142.
→Blume, Holder.

Holderstecken - m, holərʃtekə, Pl. id. [Fak, Ga, Glog, StA, Wil V]
A, Fo: Stock von einem Holunderzweig ● *Es Mariks (↑Mark 2) is in de Rewe (↑Rebe), un aa in de Hollerstecke un in Sunneblummestengl.* [Glog V] ◆ Kinder entfernten das Mark aus dem Holunderstecken, um sich ein Schießgerät anzufertigen. ■ Gehl 1991, 78.
→Holder, Stecken.

Holz - n, holts, Sg. tant. [Tax, Tschol, Wein I, Fek, Ha, Mu, Nad, Oh, Seik, StI II, Ap, Fu, Fil, Gai, Gak, Tscher, Werb III, Be, Ru, Tow IV; ASad, Bak, Bill, Bog, Bru, Drei, DSta, Ger, Gra, GJ, GK, Len, Low, Ost, StAnd, Wei, Wer, Wis, Wolf V, Bat VI]; ho:lts [Tol I, OW VI]; hǫlts [Ger V]; hults Pl. id. [Pußt, Wer I]; hujts [Aug, Ed, GT, KT, Schor, StIO, Wein, Wud, Wudi I]; hɐujts, Sg.tant. [Tol I]; holts, høltsər [OW VI]; holts, høltsə [Ben V]; holts, heltsər [Oh II, Fak, Glog V]; holts, hęltsər [Gai III]; holts, heltsə [ASad, Glog, Ora, Resch, Stei, Wei, Wer V]
Allg: als Brennmaterial und als Material zur Herstellung verschiedener Geräte, Fahrzeuge, Tierunterkünfte und Speicherräume verwendete Substanz aus Zellstoffen ● *Die Gante (↑Ganter) sann dejes Hujz owwe Pfoustn, do sann die Foss draufglejgn.* [Wud I] *Där Damper (↑Dampfer) ist mit Holz gange, weil in Feked woar viel Waldung, do is vill Wald un vill Holz.* [Fek II] *En alde Tischlemaaste, dä hat so e alt Biehitte gemocht, ganz von Holz, do woan die Keste (↑Kasten 3) neigebaut.* [Ha II] *Die Weizettle (↑Weinzettler) honn gricht (gekriegt) drei ↑Meter (2) Holz, ocht ↑Meter (3) Waaz (↑Weizen), sechzig Litter Wei[n] un etwas Geld.* [StI II] *Und die ↑Zille war e größres Wasserfahrzeich aus Holz gwest.* [Ap III] *De Teendl (↑Tendel) is e Strauch mit stark hartem Holz.* [Fu III] *Märitzl (↑Meritzel), dea woar von Holz un dea woa dicht, dass ka Saft velor geht.* [Ru IV] *Friher ware auch holzeni Eeche (↑Egge) gwenn, de Rahme war fun Holz un vum Schmidt ware die Zinke gmacht gwenn.* [Ost V] *Sie hamment messn in Urwold oohaun (↑abhauen), un hamm's Holz vebreent.* [Wolf V] *Dann kommt des Holz gedriftert (↑driften), in die Wasseriesn. Das ist von siem (sieben) Hölzer gemacht, so ein Kanal.* [OW VI]
Anm.: Die Verwendung als 'Material', 'Brennstoff' wird lediglich als Sg. tant. gekennzeichnet, während die Bedeutung 'Teile eines Baums oder Strauches' die Pluralformen *Hölzer* usw. aufweisen. ◆ Sprichwort: "Dumm un stolz wackst uff aam Holz." [Bak V]
→(Arten:) Akazien-, Brenn-, Deputat-, Fichten-, Linden-, Maulbeer-, Pflanz-, Roll-, Stecken-, Winter-, Zwerchholz; (Verschiedenes:) Holzarbeiter, -boot, -fällen, -fass, -gabel, -geld, -grindel, -hambar, -karren, -magazin, -pipe, -pflug, -rad, -rahmen, -raufe, -rechen, -riese, -schindel, -schlag, -schläger, -schneider, -stange, -stiel, -trichter, -trog, -walze; Ganter, Kohle, Pfosten, Reisig, Wald; abholzen; hölzern, holzig.

Holzarbeiter - m, holtsoɐrvatɐ, Pl. id. [ASad, Lind, Wei, Wolf V]
Fo: im Holzschlag beschäftigter Waldarbeiter

● *Bei uns do obn saan d'Monna* (Männer) *Holzoarwata un z'gleich aa Bauen* (↑Bauer). *Da kam-ma net vo da Bauerei allaane lebn.* [Wei V]
→Arbeiter (1), Holz.

Holzboot - n, selten, holtspo:t, -ə [Ap III]
Fi: kleines Wasserfahrzeug aus Holz *Etym.:* Entlehnung aus der Standardsprache. ● *Tschickl, des is e kloones Holzboot, wu me dann grudert hot.* [Ap III]
→Holz, Kahn, Kalter, Tschickel, Zille.

hölzern - Adj, holtsən [Ost V]; heltsərn [Bru V]; holtsən [DSta, FDa, Len, StA, StAnd V]; hiltsən [Tschol I, Jood II]; hyjtsən [Ed I]
A: aus Holz bestehend ● *De ander Wage* (↑Wagen), *wu die hilzene Räde* (↑Rad) *senn, där isch nit so hoch.* [Jood II] *Zuletzt is mit am braate, helzerne Reche die ganze Wies sauwer abgerechnt* (↑abrechen) *gewwe* (worden) [Bru V] *Friher ware auch holzeni Eeche* (↑Egge) *gwenn, de Rahme[n] war fun Holz un vum Schmidt ware die Zinke gmacht gwenn.* [Ost V]
→eisern, holzig; Holz.

Holzfällen - n, holtsfe:ln, Sg. tant. [OW VI]
Fo: einen Baum mit einer Säge oder Axt fällen ● *Unsere Leute, die habn sich bescheftigt mit den Holzfeeln, mit den Holz liefern, mit Holz verarbeitn.* [OW VI]
→Holz; fällen.

Holzfass - m, holtsfas, -fesər [Aug, Ed, Pußt, Schor, Wud I, Ker, Fil, Stan, Wepr III, Be, Tom IV, Bog, Ger, GJ, Mar, Wil V]
W: geschlossenes Gefäß aus Holz, gewöhnlich mit bauchiger Form ● *Mit Kolitzn* (↑Kanitzel) *un Kålch ham me gspritzt. Des is in so e Holzfass aagmocht woen.* [Pußt I]
→Fass, Holz.

Holzgabel - f, holtskavl, -ə [Bru, Charl, Gutt, Jahr, KöH, Len, Low, Schön, War, Wis V]
A, Fo, V: Erntegabel mit hölzernen Zinken ● *For Haai* (↑Heu) *ufmache* (↑aufmachen 2) *hot mer Holzgawwle verwendt.* [Bru V] ■ PfWb III 1157.
→Gabel (1), Holz.

Holzgeld - n, holtsgelt, Sg. tant. [Ora, Resch, Sekul, Stei, Wei V]
Fo: Sachlohn, der in Brennholz entrichtet wird ● *Wir hattn ärreicht Holzgeld, bis dann hat a Bärgarbeite ka Holzgeld ghabt.* [Resch V]

→Deputatholz, Holz, Lohn.

Holzgrindel - m, holtskrendl, Pl. id. [Waldn III]
A: hölzerner Pflugbaum ● *Mer hadde Holzplig* (↑Holzpflug) *mit Holzgrendl un mit 'me Holzkarre, des ware frihe die Plig.* [Waldn III]
→Grindel, Holz.

Holzhambar - m, hamba:r, Sg. tant. [Ost V]
A: aus Brettern gezimmerter Speicher für landwirtschaftliche Produkte, vor allem für Getreide ● *Wie mer gebaut hann, ham-me de Holzhambar hinne ufgstellt, un hann dort es Kleehaai* (↑Kleeheu) *ningetuu* (hineingetan). [Ost V]
→Hambar, Holz.

holzig - Adj, holtsiç [Fu, Mil, Pan III, NP, Tom IV, Bill, Bog, Fak, Ga, GK, Glog, Len, Low, Ost, StA, War, Wil V]
A, Fo, G, H, O, W: mit Holzfasern durchsetzt ● *Wenn de holziche Taal vum Hannef* (↑Hanf) *brichich* (↑brüchig) *war un weggfloo is un die Fasre* (↑Faser) *hann ghal* (gehalten), *dann war e gut.* [Ost V]
→Holz.

Holzkarren - m, holtskharə, Pl. id. [Ker, Mil, Sch, Waldn III, NP, Tom IV]
A: hölzerner Vorderteil des Pfluges, an dem der Pflugbaum und die Räder angebracht sind ● *Mer hadde Holzplig mit Holzgrendl* (↑Holzgrindel) *un mit 'me Holzkarre, des ware frihe die Plig* (↑Pflug). [Waldn III]
→Holz, Pflugkarren.

Holzmagazin - n, holtsmagatsi:n, -e [Lug, Tem V]
Fo: Lagerraum für Stamm- und Schnittholz ● *Aso die Stiere sind auch mit auf die Weide gangen, und ich hab sie imme missn obn bein Holzmagazin herausnehmen aus de Kiehhalt* (↑Kuhhalt) *und z'Haus bringen.* [Lug V]
→Holz, Magazin.

Holzpflug - m, holtspluk, -plik [Fil, Sch, Siw, Tor, Waldn III, Alex, Bru, GJ, Gra, Low, Ost, War, Zich V]
A: Ackerpflug mit hölzernem Grindel und Pflugkarren ● *Mer hadde Holzplieg mit Holzgrendl* (↑Holzgrindel) *un mit 'me Holzkarre[n], des ware frihe die Plig.* [Waldn III]
→eiserner Pflug, Holz, Pflug.

Holzpipe - f, (m), (m) holtspipə, Pl. id. [Ost V]
W: aus Holz gefertigter Fasshahn mit Ventil

● *De Pippe war fun Messing un ware aach Holzpippe, demno. De Messingpipe war besser, där hat e greßres Loch ghat.* [Ost V]
→Holz, Pipe.

Holzrad - n, holtsra:t, -re:dər [Bil, Ham, Mai, Pe, Schei, Suk VI]; holtsrat, -redə [Fak, Ga, Glog, StA, Wil VI]
V: traditionell hergestelltes, hölzernes Wagenrad
● *Friher hann sie Holzreder ghet an de Wege (↑Wagen), un mit de Ockse hann se Traube gfiehrt.* [Schei VI]
→Holz, Rad.

Holzrahmen - m, holtsrå:mə, Pl. id. [Bak, Bog, Fak, GJ, GK, Glog, Len, Low, Ost, Trie, Wies, Wil, Wis V, Burl, Ham, NP, OW, Pe VI]; holtsrå:mə [Oh II]
G, T: Einfassung aus zusammengefügten Brettern
● *Uff des Mischtbeddl (↑Mistbeet) is e Holzrahme kumm, des had die Thuwaksfabrik (↑Tabakfabrik) gstellt (↑stellen 2).* [Ost V]
→Holz, Rahmen.

Holzraufe - m, holtsra:f, -ə [GK, Gra, Ost, V], holtsre:f, Pl. id. [Bog, Ger, Gott, Gra, Hatz, Joh, Jos, Sack, War, Wis V]
V: hölzerne, an der Stallwand angebrachte Raufe
● *Owwedran war de Holzraaf un speder schun e Eiseraaf, mit Sprossle fers Fuder (↑ Futter).* [Ost V]
→Holz, Raufe.

Holzrechen - m, holtsreçn, Pl. id. [Alex, Bog, Bru, Charl, GK, Ost, War V]
A: Rechen mit großen, hölzernen Zinken ● *Mit am große Holzrechn sein alle verstraate Ähre sauwer zammgerechnt gewe (↑zusammenrechen).* [Bru V]
→Rechen.

Holzriese - f, holtsri:zn, Pl. id. [ASad, Lind, Wei, Wolf V]
Fo: Rutschbahn, in der die gefällten Baumstämme talwärts gleiten *Etym.*: Das Grundwort steht zu mhd. rise 'Wasser-, Stein-, Holzrinne an einem Berge'. (LexerHWb II 458) ● *In Slatinara Wold is aamol a Holzriesn baut woan, un do is a Baam durgonge (↑durchgehen) un hot aa poar Monna (Männer) ziemlich vestimmelt.* [Wei V] ◆ Riesen wurden vor der Anlegung der Holzabfuhrwege verwendet, sind aber eine Gefahrenquelle für die Forstarbeiter. ■ PfWb III 2262; BadWb II 763.
→Holz.

Abb. 37 Holzriese

Holzschindel - f, holtsʃindl, Pl. id. [Franzd, Ora, Resch, Stei V]
Fo: hölzerne Dachschindel ● *Es Dach is mit Holzschindl gedeckt woan. Die Schindl sind reihweis angnaglt woen.* [Stei V] **Anm.**: Das Komp. ist eine Tautologie, da hier nur hölzerne Schindel erzeugt wurden.
→Holz, Schindel.

Holzschlag - m, holtsʃla:k, Sg. tant. [ASad, Lin, Wei, Wolf V]; holtsʃlak, Sg. tant. [Alt, Fek, Nad, Oh, Wem II, OW VI]
Fo: Waldstück, in dem Bäume gefällt werden
● *Em Wåld es die Jäheshette met em Jähesbrännje (↑Jägerbrunnen), on weiter de alt Holzschlag.* [Fek II] *Völ (viel) hot ma in Wold goarwat, wieda in Holzschlag.* [Wei V] *Der Holzschlag ist ein Portion Wald, von zwei Hektarn (↑Hektar), rauf bis fünfzich Hektarn, wo der Wald runtergefeelt is (↑herunterfällen) is.* [OW VI] ■ PfWb III 1162 f.: 'abgeholztes Waldstück'; SüdHWb III 689; BadWb II 764.
→Holz, Wald.

Holzschläger - m, holtsʃlę:gɐ, Pl. id. [ASad, Lind, Wei, Wolf V]
Fo: Forstarbeiter, der im Holzschlag arbeitet
● *Die gonzn Holzschläga saan zammkemma, mitn Redhauen (↑Reuthaue) hot me freia Raum gschofft un eso's Feia (↑Feuer) aafgholtn.* [Wei V]
→Holz.

Holzschneider - m, holtsʃnaidər, Pl. id. [ASad, Resch, Wei, Wolf V, OW VI]
Fo: Borkenkäfer, Holzbohrer; Ipida ● *Wenn nicht sofort die Este (↑Ast) abgehackt sind, abgefällt, unter de Rindl is dann der Holzschneider, ein Kefer.* [OW VI]

→Holz, Käfer, Ungeziefer.

Holzspan - m, holtspā:, -ʃpẽ: [ASad, Lind, Wei, Wolf V]
Fo: abgehobeltes Holzstäbchen zum Feueranzünden ● *Frehja hot ma Kohl* (↑Kohle) *brennt, Holzspaa draht* (↑drehen 3) - *mit dem hom-ma uns recht vül befosst. De Holzspaa hom-ma af Temeswar, Arad und sogoa ins Aasland gliefet* (↑liefern). [Wei V]

Holzstange - f, holtʃstaŋ, -ə [Perschw, Wem II, Brest, Gai, Hod, Siw III, Be, NP, Tom IV, Alex, Bog, Bru, Charl, Fib, Gutt, KöH, Len, Sack, Wies, Wil V, Ham, Pe VI]
Allg: (für verschiedene Zwecke verwendete) Stange aus Holz ● *Die Potrenzestange sein Holzstange, so 5 - 7 cm dick, ungefähr drei Meter lang, an jedem End spitzich.* [Bru V]
→Holz, Stange.

Holzstiel - m, holtsʃti:l, Pl. id. [Kock, Wem II, Berg, Ker, Mil, Siw III, Bog, Ger, GJ, GK, Ost, War V]; hultsti:l [Nad II]
A, G, V: aus Holz angefertigter Griff eines Gerätes ● *Un dann ware andre Gawwle* (↑Gabel 1), *die hann e Holzstiel ghat.* [GJ V]
→Holz, Stiel (2).

Holztrichter - m, holtstreçtər, Pl. id. [Bog, GJ, GK, Len, Low, Ost, War V]
W: kleine ovale Wanne aus Fassdauben ● *Die Trauwemihl hat vier Griff ghat un owwe war de Trechter, e Holztrechter.* [Ost V]
→Trichter (1a).

Holztrog - m, n, holtstro:k, -tre:k [Surg, StI II, Ap, Berg, Fil, Mil, Pal, Siw, Stan, Tor III, Tom IV, Bill, Bru, Ger, GJ, Kath, Low, Ost, StA, War, Wis V, NP VI]
V: großes längliches Gefäß aus Holz zum Füttern der Haustiere ● *Wu mer die Sei* (↑Sau) *gfutert* (↑füttern) *henn, do ware Treg, Zimmenttreg un Holztreg.* [Stan III]
→Holz, Trog.

Holzwalze - f, holtsvalts, -ə [Bak, Gra, Mar, Nitz, Ost, War V]
A, W: hölzerne Walze an einem landwirtschaftlichen Gerät ● *Die Trauwemihl* (↑Traubenmühle) *hat Walze ghat, die Aldi hann noch Holzwalze ghat.* [Ost V]
→Walze (1).

Honig - m, ho:niç, Sg. tant. [Ha, Seik, StI II, Ap, Fil, KK, Sch, Tscher III, Tom IV, Alex, Gra, Low, Schön, War V]; he:niç [Fak, Ga, Glog, StA V]; honik [Bat VI]; hunik [Sad V]
B, O: gelbliche, dünne bis zähflüssige, von den Arbeitsbienen aus Nektar gewonnene und in den Waben gespeicherte, süße Masse ● *Mir ham de Honich gschleidet* (↑schleudern) *mit de Schleidemaschie, un nach åbgeliefet.* [Ha II] *Dot senn so Planze* (↑Pflanze) *mit so hoche Stengl* (↑Stängel), *die hunn sehe gute Honich.* [Seik II] *Un no, wann die Wawe* (↑Wabe) *voll woarn, no hod er die rausgenumme, no is gschleidert woan, Honich gschleidert.* [StI II] *Die Kaiserbiere sinn dick un die Zuckerbiere sinn sieß wie Henich.* [Fak V] *No wärd de Henich gschleidert.* [Glog V] *Vun de Weideblite sammln die Biene gude Honich.* [Schön V] *Besser is besser, hat's Weib gsagt un hat Zucker uff de Henich gsträit.* [StA V] *Nå, Heäbst, mus i durchschaun dä Bienstock. Is e schweche* (↑schwach 2), *den lau* (lasse) *i sechssimm Kilo Honig drin.* [Bat VI] ■ Gehl 1991, 249.
→(Arten:) Akazien-, Feldblumen-, gemischter -, Linden-, Scheiben-, Waldhonig; (Sonstiges:) Bienenzucht, Blumenstaub, Honigle, Honigbusserl, -kirsche, -kuchen, -schleuder, -zucker, Scheiemkoro, Zucker; honigen; süß.

Honigbusserl - n, ho:niçpusəl, Pl. id. [Aug, Bay, Ed, Scham, Schor, Wer, Wud I, Seik, StI II, In, Ru IV, ASad, Tem, Resch, Wei, Wer, Wolf V]
A, B: kleiner runder Honigkuchen *Etym.:* Vgl. südd.-österr. ugs. *Busserl* 'Kuss' (DudenWb 1, 451). Das Kinderwort *Buß* 'Kuss' (auch in gleichbedeutendem engl. *buss*) liefert ein frühnhd. verbreitetes Verb *bussen, pussen,* ursprünglich ein Schallwort. Belegt ist 1688 *Bussl,* seit 1709 *Busserl* mit bair.-österr. Diminutiv, das auch ins benachbarte Schwäbische ausstrahlt. ([21]Kluge, 114) Im Wienerischen erscheint *Busserl* und *Kokosbusserl,* ein rundes Gebäck mit Kokosgeschmack. Wenngleich türk. *buse* 'Kuss' tatsächlich auftritt (vgl. Steuerwald 1988, 181), scheint es gewagt, *Busserl* als 'ein Relikt aus der Türkenbelagerung Wiens von 1683' hinzustellen (vgl. Wehle 1980, 110 f.) Jedenfalls haben sich die *Busserl* und auch die *Honigbusserl* von Wien aus während der österr. Verwaltung in Ost- und Ostmitteleuropa verbreitet und bis heute erhalten. ● *Na gud, mit Honich wäd halt so e Art vun Honichbussel gebacke.* [Seik II] ◆ Ein Backrezept für *Honigbusserl* sieht z. B. vor: "Kleine Lebkuchenkugeln, gebacken aus 500 g Mehl, 250

honigen

g Zucker, drei ganzen Eiern, drei Essslöffeln heißem Honig, Zimt und Backpulver." [Perj V]
■ *Busserl* ÖstWb 174: 'ein Kuss'; 'eine Bäckerei', *Kokosbusserl.*
→Honig, Honigkuchen.

honigen - schw, ho:nigən, kəho:nikt [Seik, StI II]
B: Honig liefern ● *Des waaß me nicht, wie die Agaziwelder (↑Akazienwald) honigen. Ower wann eine gewehnliche Witterung is, konn me pro Volk zwanzich bis dreißig Kilo Honich gekriech (kriegen).* [Seik II] ■ PfWb III 1168; SüdHWb III 695; BadWb I 765.
→Honig.

Honigkirsche - f, ho:nickhɛrʃ, -ə [Bog, Gra, War V]
O: süße, kleine Kompottkirsche mit heller Schale ● *Es git bei uns Speckkärsche un Honichkärsche, des worn geeli Sießkärsche.* [Bog V]
→Honig, Kirsche, Süßkirsche.

Honigkuchen - m, ho:nickhuxə, Sg. tant. [Seik, StI, Wem II, Ap, Fil, KK, Sch, Siw, Tscher III, Tom IV, Alex, Gra, Low, War V]; hē:nickhu:xə [Fak, Ga, Glog, Wil V]
A, B: trockener gewürzter, mit Honig bereiteter Lebkuchen ● *Hat, Honichkuche, awe des Rezept kennd ich net soge devoo, so dreißich ↑Deka Honich.* [Seik II] ■ PfWb III 1169; SüdHWb III 696; RheinWb IX 1310.
→Honig, Honigbusserl, Kuchen.

Honigle - f, selten, hɛinəglə, Sg. tant. [OG, Wud I], hɛinigl [Erb, Scham I]
W: Sorte süßer, zur Rosinenherstellung verwendeter, Tafeltrauben ● *Ja im Weingartn (↑Weingarten) sann mähe Sorte, des sann Wertäschkintschä un Hainegle sann e poa Steik (↑Stock).* [OG I] *Me hot kaine aufhainge (↑aufhängen) die Hainegle, dej sann stoak sieß gwejest.* [Wud I] ■ Petri 1971, 79.
→Honig, Rebsorte.

Honigschleuder - m, ho:nicʃlaidrə, Pl. id. [Seik, StI II]; honikʃlaidə, -n [Bat VI]; ho:nicʃlaidə, Pl. id. [Ha II]
B: Gerät, mit dem der Honig aus den Waben geschleudert wird ● *Die hann e Honichschleide un alles, wos me dezu brauch, net.* [Ha II] *Un do is am Honichschleidre ein Motor, un do geht des schun leichter.* [Seik II] *Da hunn i so e graußi Gobl (↑Gabel), du i die Wabn (↑Wabe) obdeckln (↑abdeckln) un nach in Honigschleiden eini geht des.* [Bat VI]
→Bienenzucht, Honig, Schleuder.

Honigzucker - m, ho:nictsukər, Sg. tant. [Bog, GK, Low, Ost, War V]
A, B: Karamelzucker mit Honigfüllung ● *Selmols war meh de Zucker in Modi, do war Milchzucker, Honichzucker, Leckwarzucker un scharfe Zucker.* [Bog V]
→Honig, Zucker.

Hopfengarten - m, veraltet, hopəka:rtə, -kę:rtə [Go, Ma, Pal, Wak, Wiel II]
A: Feldflur, auf der früher Hopfen gepflanzt wurde, Flurnamen ● *Außerm Durf woar de Kleegarte, de Hoppegarte un de Krautgarte.* [Wak II]
→Garten.

Horn - n, horn, hørnə [Tem V]; horn, hɛrnər [Bak, Bog, Fak, Ga, GK, Glog, Gott, Gra, Len, Low, Nitz, Ost, StA, War, Wil, Wis V]; horn, Pl. id. [Ost V]; hɛrn, hɛrnə [Erb I]; hǫ:ɐn, hę:ɐnə [Wud I] hęrnçə [Lieb V]
1. V: spitzer Stirnauswuchs bei Horntieren ● *Da sein zwaa Nachbarbubn aufn Bodn (↑Boden 1) un habn dem Stier den Strick auf die Herne un habn ihm angebundn obn.* [Lug V] *Es ärscht ware die Ungarischi (↑Ungarische), de mit de langi Härner, die grooi (↑grau) hann se ghat.* [Ost V] 2. A, V: hornartig vorstehendes Teil einer Vorrichtung ● *Vorne war e Härnche am Blech, un dort is de Darem drufgstrippt (↑daraufstrüpfen).* [Lieb V] ■ Gehl 1991, 108.
→(1) Vieh.

Hotter - m, hotər, Sg. tant. [Schön V]; 'hotar [Bru, Ga, StA, Wies V]; hota:r [Alex, Bog, GK, Gott, Gra, Len, Low, Ost, War, Wis V]; hotə [Baw, Seik, Wem II, NA, Wer V]; hodər [Fak, Glog V]; houtə [Aug, Ed, GT, KT, Scham, Schor, Wud, Wudi I]
A, V: Dorfflur, Gemeindegrenze Etym.: Vgl. *Hotter,* ostösterr. dial. für 'Feld-, Besitz-, Gemeindegrenze' (DudenWb 3, 1289); vgl. auch ung. *határ,* rum. *hotar* 'Grenze'. Im Banat bedeutet das Wort 'die gesamte Dorfgemarkung', nach der Bedeutung von serbokr. *hotar* und rum. *hotarul satului.* (Gehl / Purdela Sitaru 1994, 41) ● *Unsa Hiëschocka is sche[on] afn Tuawöüle* (Turwaller, ON) *Houte glejgn.* [Wud I] *Hat, so im ganse Hotte woa Weigoade (↑Weingarten).* [Baw II] *Er hat's letschti Laab (↑Laub 1b) vom Hottar hemgfiehrt.* [Bog V] *Ufm Bruckenauer Hottar is*

aa viel Wald. [Bru V] *Die Genossnschaft hod am Hotte en Impfstall gmacht, dort sein se gimpft woan.* [NA V] *Ufm Hotar gsieht mer viel Vegl.* [Ost V] *Do warn die Hodaje* (↑Hodaie) *un Pußte* (↑Pußta 2) *un die viele Schwenglbrunne ufn Hottar.* [StA V] *Me hat ja die Weingätn vestreut ghabt afm Hotte, un da hat me iberall a kleine Hüttn ghabt fir understelln Hackn un Schaufln un so weite.* [Wer V] *De Hottar is net greßer war, un 's Volk hat sich vermehrt, un so sinn die Grinder* (↑Grund 2) *verkaaft war.* [Wies V] **Anm.:** Intervok. -t- ist in [Fak und Glog V] zu -d- erweicht. ◆ Historischer Beleg [1870]: "Der Hotar ist mit lauter Wasser bedeckt und es hört noch nicht auf zu regnen. "(Deutsches Bauernleben 1957, 37) An die frühere Bedeutung 'Besitz-, Gemeindegrenze' erinnern die Komp. *hodərhaufə* 'Hotterhügel' in [Fak V] und *'hotarʃtā:* 'Hotterstein, Feldgrenze' in [StA V]. (Gehl 1991, 61) ■ Gehl 1991, 61.
→Feld.

Hübel - m, hi:bl, Pl. id. [Sd V]; hyvl, -n [ASad, Lind, Wei, Wolf V]; hivl, Pl. id. [Bru, Fak, Ga, Glog, StA V]
A: Bodenerhebung, kleiner Erdhaufen *Etym.:* Aus mhd. *hübel, hubel* 'kleine Erhöhung', mit Vokalverkürzung. ● *Bei uns worn an de Stroß die finf Hiwwl gwest.* [Glog V] *Dann senn rechts vum Weg drei Hiwwl oder de Stååbuckl kumme, wu d'Sentånneme* (ON) *Hottar* (↑Hotter) *ufgheert hat.* [StA V] *Dann saa-mer aa woanderst hiegonga oarwatn, bis aff Mehadia ibe die Hüwln mitn Rucksack voll Essn und en Werkzeich.* [Wei V] **Anm.:** In der Variante *Hiwwl* tritt b>w- Wandel auf. ◆ An den Glogowatzer fünf Hügeln gelegene Äcker werden *Finfhieglåcker* genannt, wobei standardspr. Einfluss (unverschobenes -g- und beibehaltenes langes -ie) mitwirkt. Es ist bemerkenswert, dass der offizielle Name der Gemeinde zwischen 1910-1918 *Öthalom* 'Fünfhügel'(dorf) war, aus ung. *öt* 'fünf' und ung. *halom* 'Hügel' gebildet. In [StA V] gab es die Flurbezeichnung *Papokhalma* 'Pfaffenhügel', ein Komp. aus ung. *papok* 'Pfarrer, Pl.' und ung. *halma* 'Erderhebung, Hügel' und in [Pan V] eine ähnliche *Bokretahedj* 'Straußberg' für eine buschbewachsene Anhöhe, aus ung. *bokretahegy* 'Straußberg'. Sinngemäß entspricht diesem Flurnamen in [Ga V] *la Dealul Tschiresch* 'am Kirschhügel', aus rum. *La dealul cireş* 'am Kirschhügel'. Am Flurenteil *Schanzhiwwl* 'Schanzhügel' in [StA V] stieß man bei Grabungen auf Überreste einer awarischen Erdfestung; deshalb das Komp. mit *Schanze* 'Befestigung, Erdwall'. (Gehl 1991, 59). ■ Gehl 1991, 59.
→Berg, Sauhübel, Steinbuckel; hübelig.

hübelig - Adj, hivliç [Bru, Bog, Low, Ost, Sch, War V]
A: mit Hügeln versehene, wellige Landschaft ● *Die Weingerte* (↑Weingarten) *ware gegr Bentschek* (ON) *zu, weil's do hiwlich war.* [Bru V]
→Hübel.

Huhn - n, hu:n, hy:nər [OW VI]; hu:n, hi:nər [Waldn III]; huən, hiənər [Sad V]; hō:, he:nə [Ga, StA V]
V: Nutzvogel, weibliches Tier der Hühnervögel, dessen Fleisch und Eier verzehrt werden; Gallus gallus domesticus *Etym.:* Vgl. mhd., ahd. *huon,* altsächsisch *hōn, hān,* aus germanisch **hōnaz* 'Huhn'. Die dehnstufige Zugehörigkeitsbildung zu *Hahn* bedeutet ursprünglich 'das zum Hahn Gehörige'. (^{23}Kluge, 386) - *Hahn* m., *Henne* f. und *Huhn* n. wird als gleiches Stichwort behandelt. (^{21}Kluge, 282) ● *Die annre hann schon die Ende* (↑Ente) *un die Gens gstoppt* (↑stopfen), *dass se fett ware, un no sein Hihner gschacht worre.* [Waldn III] *Do sitzt d'Hō: uff 19 ode 21 Åie un brieht sie drei Woche.* [StA V] *Die Uulu* (↑Huli) *die fressn auch die Hühner, und die Taubn tut er ausrottn.* [OW VI] ■ PfWb III 1216 f.: 1.a 'Haushuhn', b. 'Feld-, Rebhuhn; SüdHWb III 769 f.; RheinWb III 901-926; BadWb II 783-785; Petri 1971, 102.
→Art, Bippele, Ei, Geflügel, Glucke, Gockel, Hahn, Henne, Hühnerdarm, -fleisch, -suppe, Hünkel; (Arten:) Gescheckte, Große Weiße, Hansel- und Gretel, Leghorn, Nackhalsige, Patschfüßige, Rote, Rumänische Art, Schiefersteinige, Schopf-, Perlhuhn, Schwarze, Tappemich-zusammen, Zierhendel.

Hühnerdarm - m, he:nərtarm [NA V]; he:nətę:- rəm, Pl. tant. [Fak, Ga, Glog, StA, Wil V]; hiŋlstę:rəm, Pl. tant. [Bog, Len, Low, Ost, War V]
A: als Unkraut verdrängte Vogelmiere; Stellaria media *Etym.:* Die metaph. Bezeichnung geht von der Ähnlichkeit der verschlungenen Pflanze mit dem Hühnereingeweide aus. ● *Unkraut ham-mer viel ghat, do ware die* ↑*Windhexe, es Schellkraut, die Melde, die Hinglsdärem, de Spitzwättrich* (↑Spitzwegerich), *de Hettrich* (↑Hederich) *un viel andre.* [Ost V] ■ PfWb III 1251; SüdHWb III 820; RheinWb III 987; Gehl 1991, 92.

→Farm, Huhn, Unkraut.

Hühnerfleisch - n, henəflaiʃ, Sg. tant. [Jood II, Fak, Ga, Glog,]
V: Fleisch vom Huhn • *Da wurd Hehnesuppe (↑Hühnersuppe) kocht, na kummt Hehnefleisch mit Paredoissoß (↑Paradeissoße).* [Jood II]
→Fleisch (1), Huhn.

Hühnersuppe - f, hi:nəsupn, Sg. tant. [Petschw II]; he:nəsupə [Jood II]; he:nərsup [Berg III], he:nəsup [Bru, Fak, Ga, Glog, StA, Wil V]
V: mit Hühnerfleisch gekochte Suppe • *Da wurd Hehnesuppe kocht, na kummt Hehnefleisch mit Paredoissoß (↑Paradeissoße).* [Jood II] *In de Hochzeit war am Mittag meistn Pörkölt oder ↑Paprikasch, guedi Suppn, guedi Hihenesuppn.* [Petschw II] *Der Paschkrnat (↑Pastinak) is gut fer in die Hehnersupp.* [Berg III]
→Huhn, Hünkelsuppe, Suppe.

Huli - m, selten, huli, Pl. id. [Fak, Glog, Wil V]; u:lu, Pl. id [OW VI]
V, Fo: Hühnerhabicht, Sperber *Etym.*: Entlehnung aus rum. *uliu* (reg. *uli*) 'Hühnerhabicht' und dieses aus ung. *ölyű, ölyv* 'Habicht, Bussard'. (DEX 1984, 992) • *Bleib in Hof un schau, dass der Huli net kummt un e Hendl (↑Hendel) holt.* [Wil V] *Bei uns gibt's nur de Uulu, des gibt's schont. Die fressn auch die Hühner, und die Taubn tut er ausrottn.* [OW VI] ■ Gehl 1991, 122.
→Stoßvogel, Vogel.

Humus - m, humus, Pl. id. [Ap, Hod, Ker, Mil, Tscher III, In, Ru IV, Bill, GJ, Gra, Low, War, Wer V, OW VI]
Fo: fruchtbarer Bodenbestandteil, organische Substanz im Boden • *Die Reiser (↑Reis 2), alles wird schen geputzt un von drei Meter Reihe gemacht, dass dortn verfault, un das bleibt Humus fir de Erde.* [OW VI]
→Erde.

Humusboden - m, humuspo:də, Sg. tant. [Ap, Tscher, Waldn III, Be, NP, IV, Alex, Bog, GK, Len, Ost, War V]
A, G, H, W: aus organischen Resten gebildete, oberste, sehr fruchtbare Bodenschicht *Etym.*: Das Bestimmungswort des Komp. ist eine Entlehnung aus der Standardsprache. • *Mir hadde schwarzer Humusboden, där hat sich am Rad vum Wåge (↑Wagen) aaghengt, dass es wie e Mihlståå (↑Mühlstein) war.* [Waldn III] *De beschti Bode is de Humusbode odde Pechbode. Des is gude, fruchtbare Bode un is im Banat de Naturbode.* [Fak V] ■ PfWb III 1228: (vereinzelt) 'gute Gartenerde; SüdHWb III 780; 'Gehl 1991, 64.
→Boden (2); Natur -, Pechboden, schwarzer Boden.

Hund - m (n), hunt, hundə [Ed, Scham, Wud I, ON, StI II; AK, Ap, Fu, Gara, Hod, KK, Mil, Pal, Stan, Tscha, Tscher, Tscho, Wasch III, Buck, NP, IV, Albr, Bill, Bir, Bak, Bog, Char, De, El, Fak, Franzf, Ga, GJ, GK, Glog, Gott, Gra, GStP, Gutt, Har, Hatz, Jahr, Joh, Jos, Karl, Kath, Kub, Kud, Len, Lieb, Low, Mram, NA, NB, Nitz, Orz, Ost, Sack, Sad, Seul, StA, Star, Stef, StH, SM, StAnd, Tschak, Tsche, War, Wer, Wil, Wis V, Bil, Ham, Pe, Schei, Suk VI]; hunt, Pl. id. [Tem V]; hun [GJ V]; hont [SAg II, In IV]; hyndin [Gutt, Kud, Sad, Tschak V]; hundin [StI II, Tscha III]; hintin [Albr, De, Mar V]; (n) hundl [Wud I, SM V]; hundili [Wasch III]; hindla [El V]
V: zur Bewachung des Hofes bzw. der Schafherden gehaltenes Haustier; Canis familiaris • *Eier Hund schnufflt so viel, där muss e ↑Ratz gspiere.* [Mil III] *De Hund vrliert die Hoor, awr die Naupe (schlechte Gewohnheiten) net.* [Bak V] *Kommt e rote Hund, beißt'm Hinkl (↑Hünkel) de Kopp (↑Kopf) ab.* [Bog V] *Mei Pheer (↑Pferd) hann ke Peitsch gebraucht un mei Hund war mei Freind.* [Gott V] *Die Hunde hamm de Biko (↑Bika) in die Fieß (↑Fuß 1) gebiss.* [Ost V] *Das sind alles unsre Katzn. Drei Hund habn me auch, drei Hund.* [Tem V] *Der Hund isch rammleg (↑rammlig), mer seit där hot Hundhochzeit ode där rammlet.* [Schei VI] ♦ Sprichwörter: *Mr gwehnt sich dran wie de Hund an die Fleh (an die Schlee 'Schläge'). - Em bese (bösen) Hund muss mer e Stickl Brot hienschmeise; ein Geschenk besänftigt jeden.* (Gehl 1991, 186) - Volksglauben: *Wann de Hund verlorgeht, soll mer e Waansrad (↑Wagenrad) hole un'm Hund sei Name dreimol dorich die ↑Nab[e] rufe.* [Hatz V] ■ Gehl 1991, 186; Petri 1971, 90, f.
→Hundehochzeit, Hundsmilch, -zwiebel, Vieh; bellen, schnüffeln.

Hundehochzeit - f, hundəhoxtsait, Sg. tant. [Ap, Fil, Pal, Siw, Stan III, Put, Tom IV, Bog, Fak, Ga, Glog, StA V]
V: Begattungszeit bei Hunden • *Vom leefiche Hund saat mer, där hat Hundehochzeit.* [Bog V] ■ PfWb III 1239; SüdHWb III 800.
→läufig.

Hunderttagefrucht

Hunderttagefrucht - f, huntərta:gefruxt, Sg. tant. [Tom IV]
A: schnell wachsende Sorte von Frühjahrsweizen ● *In de letschte Zeit henn sie als ghabt Hunderttagefrucht, henn sie gsackt.* [Tom IV]
→Frucht.

Hundsmilch - f, huntsmiliç, Sg. tant. [GK, Low, Ost V]; huntsmilach [Sad V]; huntsmelch [Sack V]; huntsmilich [Kar, Kol, Tor, Tscher, Bak, Ben, Bir, DStP, GJ, Gott, GStP, Hod, Jahr, Joh, Jos, Kath, KJ, Ksch, Kub, Laz, Lieb, Low, Mori, Mram, Na, Nitz, Schön, Stan V]
A: als Unkraut verdrängte Zypressen-Wolfsmilch; Euphorbia cyparissias ● *Unkraut ham-mer viel ghat, Quecke, Wolfskraut, Hunsdmillich, Hundszwiwwle (↑Hundszwiebel) un Attich.* [Ost V] ■ Petri 1971, 34.
→Unkraut.

Hundszwiebel - f, huntstsvivl, -ə [Bog, Ernst, GK, Low, NB, Ost V]
A: als Unkraut verdrängter Gekielter Lauch, Allium carinatum ● *Unkraut ham-mer viel ghat, Quecke, Wolfskraut, Hunsdmillich, Hundszwiwwle un Attich.* [Ost V] ■ Petri 1971, 12.
→Hund, Unkraut, Zwiebel.

Hünkel - n, hiŋkl, Pl. id. [Fek II, Bog, Orz V], hiŋkl, -ə [Drei, GJ, GK, Ost, War V]; hiŋgl, Pl. id. [Baw II, StI II, Ap III]; hiŋgl, -ə [Fil, Mil III, Bog, Ger, GStP, Joh, Lieb, Perj V]
V: erwachsenes, eierlegendes Haushuhn; Gallus gallus domesticus ● *Die Hingl, Gens un die ↑Katsche, die hann vun den Kukrutz (↑Kukuruz) kricht.* [Baw II] *Hat, mi hatte Hinkl un hatte Änte (↑Ente) un hadde Gens un Beugl (↑Bockerl) hatte manichi Leit.* [Fek II] *Un die Hingl hunn aa kricht un die Geil (↑Gaul) hunn Hower (↑Hafer) kricht un die Kuh hot Klei (↑Kleie) kricht.* [StI II] *Also vum Gfliggl hot mer hauptsechtlich die Hingl, ghat un de Gockl.* [Ap III] *Oo krankes Hingl hot als oo vrbicktes (↑verpickt) Fiedili (↑Fideli).* [Mil III] *Kommt e rote Hund, beißt'm Hinkl de Kopp ab.* [Bog V] *Sunne, Sunne, Maie, die Hinkle leje Eie (↑Ei).* [Drei V] *Sie sinn als noch um Hingle komm un so.* [GStP V] *An Neijohr soll mer ke Hinklsfleisch esse, weil die Hinkl schärre (↑scharren) zruckzusich (rückwärts), noh hat mer ke Glick.* [Orz V] *Had mer e Zaun gmach um de Kuchlgarte (↑Küchengarten) nechscht em Dorf, dass die Hingle un Gens net ringehn.* [Ost V] **Anm.**: Die Wortform ist ein Diminutiv zu *Huhn* mit Umlaut. ■ PfWb III 1249-1251; SüdHWb III 814-819; RheinWb III 984-986; BadWb II 795; BayWb 1/2 1133: Hünkel, Hinkel, Huen; Petri 1971, 102.
→Geflügel, Huhn, Hünkelsfleisch, -haus, -paprikasch, -pest, -stall, -suppe, Blässhünkel; legen (2), pudern.

Hünkelsfleisch - n, hiŋklsfleisch, Sg. tant. [Len, Low, Orz V]
V: Fleisch des jungen oder ausgewachsenen Huhns ● *An Neijohr soll mer ke Hinklsfleisch esse, weil die Hinkl schärre (↑scharren) zruckzusich (rückwärts), noh hat mer ke Glick.* [Orz V] ■ PfWb III, 1252; SüdHWb III 821.
→Fleisch (1), Hünkel.

Hünkelshaus - n, hiŋkəlshaus, -haizər [Jahr V]
V: Hühnerstall ● *Eie (↑Ei) raus, Eie raus odde mir schicke de Fuchs ins Hinkelshaus.* [Jahr V] ◆ In der Pfalz ruft man dem Niesenden zu: Helf der Gott ins Hinkelshaus, kummsche aa zum Gockel. - Zwei Sprüche zum *Sommertag* (dem Sonntag Lätare, 3. Fastensonntag vor Ostern) lauten hier: 1. "Stab aus, Stab aus! (vgl. ausstauben)/ 'm Winter gehn die Aage aus,/ Summerkraut, Winterkraut,/ hupst de Fuchs ins Hinkelhaus,/ sauft all die Eier aus./ Ri, ra, ro,/ de Summerdaag is do!" 2. "Stab aus, Stab aus! 'm Winder geh'n die Aage aus. Veilche in de Blume gibt's en gude Summer. Summerkraut, Winderkraut, steigt de Fuchs in's Hinkelshaus, holt drei Eier raus; mer ens, der ens un 'm anner aach ens." (PfWb III 1253 f.; VI, 385 f.) ■ PfWb III 1253 f.; SüdHWb III 823; RheinWb III 988.
→Hünkel, Hünkelsstall.

Hünkelspaprikasch - n, hiŋlpaprikaʃ, Sg. tant. [Baw, Jood, StI, Wem II]
G, V: aus Hühnerfleisch, Gemüse und Paprika zubereitete wässrige Speise ● *Nochtmahl woa widde Paprikasch, Hinglpaprikasch odde Rendpaprikasch.* [Baw II]
→Hünkel, Paprikasch.

Hünkelspest - f, hiŋlspest, Sg. tant. [Alex, Bill, Bru, Ger, GJ, Len, Mar, Orz, Ost, War, Wis V]
V: epidemische Erkrankung des Geflügels ● *No war als die Pest im Hof, die Hingslpest un die Schweinepest.* [Bru V] ■ PfWb III 1255; SüdHWb III 826.
→Hünkel, Krankheit, Pest.

Hünkelsstall

Hünkelsstall - m, hiŋglʃtal, -ʃtel [Gai, Mil, Pal, Sch III, Alex, Bog, GK, Len, Low, Ost, Wis V]
V: geschlossener Raum zur Unterbringung von Hühnern ● *Der Hinglstall un de Schweinstall ware hinne, newer em Mischt (↑Mist), dass mer leicht ausmischte kann.* [Ost V]
→Hünkelshaus; Stall.

Hünkelsuppe - f, hiŋglsup, -ə [Ap, Ker, Sch, Siw III, Bog, Gra, Len, Low, War V]
V, G: flüssige, aus Gemüse, Hünkelfleisch und verschiedenen Zutaten gekochte Speise ● *Wenn mer Supp gekocht hot, e Hinglsupp, da is Griezeich (↑Grünzeug) un Geelriewe (↑Gelbrübe) 'neikumme in die Supp.* [Ap III]
→Hühnersuppe, Hünkel, Suppe.

hüpfen - schw, hopfə, khopft [Fak, Fa, Glog, StA, Wil V]; hupsə, khupst [Brest, Gai, Ker III]; hopsə, khopst [Bak, Bog, GK, Gott, Gra, Len, Low, Ost, War V]
V: (von Tieren:) in kleinen Sprüngen laufen, über etwas hüpfen ● *De Schollerhoppser (↑Schollenhüpfer), kennt Ehr den? Des is die Bachstelz, weil die hoppst vun aam Scholler uff de annre.* [Ost V]
→Schollenhüpfer

Hut - m, hu:t, hi:t [Fek, Surg II]; huət, hiət [Jood II]
A: Schutz des Garbenkreuzes durch die ausgebreitete oberste Garbe ● *Die letscht Garb de'sch (das ist) de Huet, un die isch mid em eigene Stroh ins undere Sach noibunde (↑hineinbinde) worre.* [Jood II] ■ PfWb III 1277: Hut 2: 'Schutz, Obhut, Geborgenheit'; SüdHWb III 860; RheinWb III 1040; BadWb II 803.
→Garbe.

hüten - schw, hitə, khit [Fek II]; hi:də, khi:t [StI II, Ap III, Fak, Glog V]
A, G, V, W: reifende Feldfrüchte und weidendes Vieh behüten ● *Ba uns woan die Keng (Kinder) drauß ba dene Kieh, da hod me selwescht (selbst) ghitt.* [Fek II] *Wann emol die Treiwl (↑Traube) reiwer (↑reif) sein wor, noch sein se gange hiede im Weigoate (↑Weingarten).* [StI II] *Ja, Feldhieter hot's no gewwe (↑gegeben), die henn es Feld ghiet, genau wie Weigartehieter.* [Ap III] ♦ In größeren Gemeinden wurden bezahlte Rinder-, Pferde- und Schweinehirten angestellt; nur in kleineren, in hügeligem Gelände gelegenen Gemeinden gab es keine ausreichende Hutweiden, so dass auch keine Hirten benötigt wurden und die Kinder das eigene Vieh auf kleinen Grasflächen und entlang der Feldwege weideten.
→Feld-, Weingartenhüter, Hüter, Hutweide.

Hüter - m, hi:tər, Pl. id. [Bog, Ger, GJ, GK, Len, Ost, War, Wis V]; hi:dər [Ap III, Tom IV, Bak, Ga, Fak, Glog, Jos, Lieb, Nitz, StA V]; hiɐdə [Ed, GT, KT, Schor, Wud I]
A, W: Flurhüter, der die reifenden Feldfrüchte und die Weinberge bewacht ● *De Hiade hot aufpasst, des kaani Weimba (↑Weinbeere) gstujn sann woan.* [Wud I] *De Bärichrichter (↑Bergrichter) hat bestimmt, wann die Les (↑Lese) angfangt hat, där hat iwwer die Hieder verfiegt.* [Bak V] *In de Milonehitt (↑Melonenhütte) hat sich de Hieder ufgehalde.* [Fak V] ■ PfWb III 1278, SüdHWb III 865; RheinWb III 1041; Gehl 1991, 177.
→Feld-, Jahr-, Wald-, Wein-, Weingartenhüter, Halter; hüten.

Hutergraben - m, hutərkro:və, Pl. id. [Alt, Fek, Nad, Oh, Wem II]
A: oft mit Wasser gefüllte Vertiefung neben der Hutweide ● *Die Growe, do is de Howegrowe (↑Hafergraben), de Huttergrowe an der Hutwaad, un de Flehgrowe.* [Fek II]
→Graben, Hutweide.

Hutsch - m (n), hutʃ, -ə [Tew II, Bul, Fu, Hod, Ker, Pal, Sch, Siw, Stan, Tscher, Wasch III, Be, Ker, NP, Put, Tom IV, Bill, Fak, Ga, Glog, Hatz, Heid, Mram, StA, Tsche V]; hutʃ, -ər [Gai III]; hutʃl, Pl. id. [Kub, Stan, Tscha III, In IV, De, Eng, Karl, Kud, Laz, Len, Pau, Rud, Schön, Tschak V]; (n) hutʃje, Pl. id. [Tor III]; huʃje, huʃərje [GBu II]; hutʃələ, Pl. id. [Ga, StA V]; hutʃələ, Pl. id. [Fak, Glog V]; hitʃəl, Pl. id. [Ap, Ker III, Jarm IV]; hitʃl, Pl. id. [Fil, Kol III, GK, Ost V]; hitʃçe, Pl. id. [Tscher, Werb III]
V: Fohlen, Jungpferd *Etym.*: Hutsch 'junges Pferd, Fohlen' ist in der Kindersprache, ursprüngliche Interjektion. (PfWb III 1279) Hutsch 3. "im nassauischen ist hutsch lockruf für rindvieh; daher dann auch als subst. fem. für rind, kuh gebraucht; auch in vorarlberg ist hutsch! hutsch! lockruf." (DWb 10, 1993) ● *Also die Leit frihe, die honn die Geil un Huscherje aufgezoge, net, un die Kih.* [GBu II] *Die klaani Filler odder Hitschl, die henn noch bei de Stude gsoff (↑saufen).* [Ost V] ♦ Sprichwort: *Em Arme sei Tochte wärd bal alt un em Arme sei Hutsch is bal alt.* (Die Tochter des Reichen heiratet früh und

das Jungpferd des Armen wird früh eingespannt.) Redewendungen: Kummscht me nooch wie e Hutschelä (läufst mir nach wie ein Fohlen). [StA V] Der lebt sich wie es Hutsch ufm Pußta ('sorglos'). [Sch III] Er macht sich ('gedeiht') wie'n Hutsch ufm Pußta. [Bul III] ■ PfWb III 1279; SüdHWb III 866, 2. 'Lock- und Kosewort für das Pferd, insbesondere für das Fohlen'; BadWb II 903; Gehl 1991, 183; Petri 1971, 98.
→Füllen, Pferd.

Hutschenbündel - n, hutʃnpiŋgl, Pl. id. [Ed, KT, Wud, Wudi I]
O, V, W: Vorrichtung auf der Achsel zum Transport von landwirtschaftlichen Erzeugnissen *Etym.*: Vgl. österr. *Hutsche* 'Schaukel' und österr. dial. *Binkel* 'Bündel'. (ÖstWb 167, 254) ● *Woan Weiber, wo die Mülliambe (↑Milcheimer) am Buckl gnomme hamm mit so an Hutschebingl, un hamm die Mülli in de Fruh neitrogn* (↑hineintragen) *aff Budapest.* [Wud I] ◆ Die Tragevorrichtung bestand aus einem *Hutschntuech* genannten, schützenden Tuch auf der Achsel, an dem vorne und hinten ein Eimer bzw. ein Korb angeschnürt und auf diese Weise befördert wurde.

Hütte - f, hytn, Pl. id. [Wer V], hitn [ASad, Lind, Wei, Wolf V], hit, -ə [Wem, Wer II, Ap, Hod, Siw, Bscher III, Be, NP, Tom IV, Bill, Bog, Bru, Fak, Ga, Glog, Gott, Gra, Len, Low, NA, Ost, SM, StA, War, Wil, Wis V, Pe VI]
A, Fo, W: geschlossener und überdachter Raum zur Übernachtung und zur Unterbringung von Werkzeugen und Geräten ● *Noch vor der Ansiedlung vun 1724 solle do noch paar Hitte gstann hunn.* [Bru V] *Die ↑Kolne woa e kleine Hitt, die hat e Zimme ghat, e Kugl (↑Küche) un Stallung.* [NA V] *Gschlofn ham-mar draaßt (draußen) in Wold in oane Hittn, in oane Koliba, durt saan me ibe d'Nacht blieb.* [Wei V] *Me hat ja die Weingätn vestreut ghabt afm ↑Hotte[r], un da hat me iberall a kleine Hüttn ghabt fir understelln Hackn (↑Hacke) un Schaufln un so weite.* [Wer V] **Anm.**: Das Morphem -*n* im f. Sg. und Pl. der Varianten *Hüttn* und *Hittn* geht auf bair.-österr. Einfluss zurück. ◆ Redewendung: *Fier (Feuer) in de Hitte* 'Streit im Haus'. [Sad V] ■ Gehl 1991, 177.
→Bienen-, Heu-, Jäger-, Kaff-, Melonenütte, Hodaie, Kabane, Kolibe, Kolne, Presshaus.

Hutweide - f, hu:tvait, Sg. tant. [Ga, NA, StA, Wil V]; hu:tva:t [Kock, StI, Sulk II, Ap III, Tom IV, Fak, Glog]; hutva:t [Alt, Fek, Jink, Kä, Kock, Nad, Oh, Sad, Warsch, Wem II, Bru, KSch, Ost V]; hu:dva:t [Sulk II]; huətva:t [Jood II, Sad V] hutvet [Bill, Bog, Bru, Ger, GJ, GK, Len, Low, War, Wis, Zich V]
V: nahe zum Dorf gelegene Gemeindeweide, auf die das Vieh täglich getrieben wird ● *Die Kieh hot me aff die Hutwaad getriewe.* [Fek II] *No henn sie die Hutwaad ufgetaalt uff Parzelle.* [Kock II] *Ba uns war ke Huetwaad, war e jedes Rind dehaam im Stall.* [Jood II] *Schwenglbrunne woa drunne (unten) uff de Hutwaad.* [StI II] *De Kuhhalter is durich die Gass kumme un hot die Kih nausgetriwwe uff die Hutwaad for wååde* (↑weiden). [Ap III] *Die Mongolitza (↑Mangalitza) ware iwwer de Tag drauß uff der Hutwad oder im Wald.* [Tom IV] *An der Moraner (ON) Stroß, gleich nach der Hutwaad, ware die Bettlmannsfelder.* [Bru V] *Bei uns wärd alles drauß gedrescht, entweder uff de Hutwad oder ufm Feld drauß.* [KSch V] *De Seihalder un d'Seihaldere (↑Sauhalterin) treibn d'Ewer un d'Lose uff die Hutweid.* [StA V] ◆ Historischer Beleg: "Von da [8. März 1863] an trocken und dürr sowohl im Felde als auf der Hutweide." (Deutsches Bauernleben 1957, 16) - Auf der großflächigen Hutweide hielten auch der Schützenverein (bis zum Ersten Weltkrieg) und die Freiwillige Feuerwehr des Ortes ihre Übungen ab. Die ursprünglich ausgedehnte Hutweide um das Weichbild der donauschwäbischen Ortschaften in ebenem Gebiet wurde Ende des 19. und anfangs des 20. Jhs. vielerorts aufgeackert und verteilt, um die Ackerfläche zu vergrößern. Dabei kam es oft zu unliebsamen Zwischenfällen, denn anders als die wohlhabenden Bauern konnte die arme Dorfbevölkerung kein Ackerland für den Anbau von Futterpflanzen erübrigen, und mit der Hutweide schwand ihre Futtergrundlage für die dringend benötigte Milchkuh. ■ Gehl 1991, 208.
→Bauern-, Kleinhäuslerhutweide, Hutweidestück, Sit, Slatina, Viehtrieb (2), Weide (1); hüten.

Hutweidestück - n, hu:tva:tʃtik, -ər [Kock II]
A: Ackerfeld aus der aufgeteilten Hutweide ● *No henn sie die Hutwaad ufgetaalt (↑aufteilen) uff Hutwaadsticker, dass e jeds hot e Joch kricht.* [Kock IV]
→Hutweide, Stück (1a).

Hutzucker - m, huːtsukər, Sg. tant. [Baw, Fek, Wem II, Pal, Sch, Wepr III, In, NP IV, Alex, Bog, GJ, Kath, Zich V, NP, OW VI]
A: kegelförmig gepresster Zucker *Etym*: Benennungsmotiv ist dier an einen spitzen Hut erinnernde Form des Produktes. ● *Die Kenn (Kinder) honn als aafache Zucker gricht un Prominznzucker un Hutzucker.* [Baw II] ■ PfWb III 1284 f.; SüdHWb III 878; RheinWb III 1037.
→Zucker.

Ida - f, ida [Bog, Fak, Ga, Gra, StA, Wil V]
V: Rufname für weibliche Pferde *Etym.*: Der Tiername entspricht dem gleichen Personennamen, da Haustiere in der Bauernwirtschaft meistens persönlich angesprochen werden. ● *Jede Bauer hot seu Geil (↑Gaul) mim Nåme gnennt: Båndi, Fanni, Ida, un ständich uff se gred bei de Arweit.* [StA V] ■ Gehl 1991, 198.
→Rossname.

Igel - m, iːgl, -ə [GK, Low, Ost, War V]; iːgl, Pl. id. [Kol III, Char, De, Jos, Karl, Kath, Low, Ost, Star, Ui V]; iːçl [Eng V]; igl [AK, Bul, Kol, Pal, Wasch III, In IV, Albr, Bak, Franzf, Ger, GJ, Gott, Gra, Gutt, Hatz, Hei, Jahr, Joh, KB, Ksch, Kud, Laz, Len, Lieb, Mar, Mori, Na, NB, Nitz, Orz, Rud, Sad, Stei, Tsch, Tschan, Tsche V]; içl [Wud I, Tscher III, Bill, DStP, GStP, War V]
V: Insektenfresser mit kurzgedrungenem Körper und auf dem Rücken aufrichtbaren Stacheln; Erinoceus europaeus ● *Do worn aa die wildi Tiere im Garte un ufm Feld, die Igle, die Ärdhecksle (↑Eidechse) un die Schlange.* [Ost V] ■ Petri 1971, 100.
→wildes Tier.

Iltis - m, iltis, -ə [Bru, Fak, Ga, Glog, Perj, StA, Wil V]; iltis, Pl. id. [StI II, Fu, Gaj, Kara, Ker, Kol, Pal, Stan, Tscha, Wasch III, Har IV, Albr, Ben, Bill, Bir, Char, De, DStP, Eng, Franzf, GJ, GStP, Gutt, Jahr, Jos, Ket, Ksch, Kud, Laz, Len, Lieb, Lind, Mar, Mori, Na, NB, NSie, Ost, Orz, Sad, Schön, StAnd, Star, Stei, Tschak, Tschan, Ui, Wei, Wolf V]; ildis [In IV, Bak, Gott, Gutt, Hatz, Hei, KB, Ost, StA V]; ldas [SM V]; iltus [Gara III]; eltis [AK III, Sack V]; eldes [Tscho III, Stef, Trie, Tsch V]; eːldes [Ger, Kath V]; eltes [Bul, Tscher III, Gra, Joh, Laz, Low, Nitz, Rud, Tsche V]; ɵ̃yitəs [Vert I]
Fo: meist dunkel gefärbter Marder von 40 cm Körperlänge; Mustela putorius ● *Im Bruckenauer Wald lebn viel wildi Tiere, do ware Hirsche, Reh, Wildschwein, Ficks un Iltisse.* [Bru V] *Des stinkt jo wie e Ildis.* [Fak V] *Ja, do wär mol de Fuchs un de Ildis, also de Aaierwissler.* [Ost V] *Also, e Iltis war gister Nacht an unser Hingl (↑Hünkel).* [Perj V] ■ PfWb II 1296; SüdHWb III 891; RheinWb III 1079; BadWb III 5; Gehl 1991, 120; Petri 1971, 111.
→Eierwiesel, Raubwild.

Imker - m, imkə, Pl. id. [Ha, Seik II]
B: Person, die Honigbienen züchtet und pflegt ● *En gute Imke muss die Kenigin tausche un die Völker auffitten (↑auffüttern), aufstärke mit eine ↑Reizfütterung, dass se gut iwwen (über den) Winter kommen.* [Seik II]
→Bienenzüchter.

impfen - schw, impfn, geimpft [ASad, Lug, Lind, Tem, Resch, Wei, Wer, Wolf V, OW VI] impfə, kəimpft [Wem, Wer II, AP, Brest, Gai, Pal, Sch, Siw, Tscher III, ND, NP IV, Bak, Bog, Ernst, GK, Gott, Gra, Len, Low, Ost, StA, StAnd, Ui, War, Wies, Wil, Wis V]; impfə, kimpft [Drei, Fak, Ga, Glog, NA V]; imptə [Bil, Ham, Pe, Schei, Suk VI]
1. V: (bei Haustieren:) eine Schutzimpfung vornehmen *Etym.*: Das Verb kommt von mhd. *impfe(te)n, inpfeten*, ahd. *impfōn, impitōn*; zunächst ein Ausdruck des Wein- und Gartenbaus für 'veredeln (pfropfen)', im 18. Jh. übertragen auf die Schutzimpfung von Menschen. das Wort ist entlehnt aus lat. *imputāre* gleicher Bedeutung, das seinerseits eine Nachdeutung von gr. *mphyteúō* 'ich pflanze ein, pfropfe auf' sein kann. Auf späterer Neuentlehnung beruhen schwäb. *im(p)te*. Die moderne Bedeutung ist eine Lehnübersetzung zu dem früheren *inokulieren*. ([23]Kluge, 396) ● *Die Schwei (↑Schwein) missn geimpft wärre, dass sie net velleicht krank wärrn un verreckn.* [Fak V] *Die Genossnschaft hod am ↑Hotte[r] en Impfstall gmacht, dort sein se gimpft woan.* [NA V] 2. O, W: pfropfen, veredeln ● *D'Reabe (↑Rebe) un d'Beem muss mer impte.* [Schei VI] ■ PfWb III 1301: impfen, impten 1. 'eine Schutzimpfung vornehmen', 2. 'Bäume

veredeln'; SüdHWb III 895; RheinWb III 1083 f. *Impe*; SchwWb IV 28 f. 1. 'einen Baum veredeln, pelzen', 2. 'eine Schutzimpfung verabreichen'; BadWb 3, 7.
→(1) Impfstall; (2) pelzen.

Impfstall - m, impfʃtal, -ʃtel [Drei, Eng, Kreuz, NA, Ost, Wies V]
V: überdachte Stelle zur Impfung des Weideviehs ● *Die Genossnschaft* (↑Genossenschaft 2) *hod am Hotte* (↑Hotter) *en Impfstall gmacht, dort sein se gimpft woan.* [NA V]
→Stall; impfen.

Import - m, import, Sg. tant. [Ed, GT, StIO, Schor, Tax, Wein, Wer, Wet, Wud I, Bad, Bohl, Fek, Jink, Nad, Schom, Wiel II, Ap, Fil, Fu, Haj, Har, Hod, Pal, Stan, Tor, Tscher III, Esseg, Franzt, Ker, ND IV, Bill, Bog, Ernst, Fak, GJ, GK, Len, Low, Ost, Stef, Zich V, Bil, NP, Suk VI]
Allg: Einfuhr von landwirtschaftlichen Gütern, Maschinen, Zuchttieren usw. *Etym.*: Entlehnung aus der Standardsprache. ● *Die Importbäre aus England, die ware grobknochich, die sinn ausm Import kumme, un die ware gar net vewandt mit unsri.* [Ost V]
→Export, Importbär.

Importbär - m, selten, importpɛ:r, -ə [Bog, GK, Len, Low, Ost, War V]
V: durch Import bezogener Zuchteber ● *Die Importbäre aus England, die ware grobknochich, die sinn ausm Import kumme, un die ware gar net vewandt mit unsri.* [Ost V]
→Import, Bär.

Innereien - f, inəra:i, -ə [Ap, Berg, Ker, Sch, Siw, Tscher III]
V: essbare Organe von geschlachteten Tieren wie Leber, Lunge, Herz, Niere ● *Die Sau hat noh an der Innereie, hot sie de Saumage, do hat's die Bloder* (↑Blater) *gewwe, die Lewwer* (↑Leber), *die Niere, es Härz.* [Ap III]
→Beuschel, Gekröse (2), Vieh.

Insel - f, inzl, -ə [Fak, Glog V]; insl [Ap, Mil, Sch III]
A: Feldflur von besonderer Beschaffenheit, oft von Wasser umgeben ● *Die Schofhalt is uff die Wies* (↑Wiese 1) *uff die Insl getriewe* (↑treiben 2) *warre.* [Ap III] ■ Gehl 1991, 62.
→Feld.

inwendig - Adv, invendiç [Bru V]; invendik [OW VI]; inveniç [StI II]; enveniç [Seik, Surg II]; aiveniç [Fak, Glog V]; āīvendiç [Tschol I]; inəventsiç [Sch, Tor, Werb III, Ger, Ost V]; enəventsiç [Len V]
Allg: an der Innenseite eines Gegenstandes ● *Enwennich nicht, nur auswennich senn die Kärb* (↑Korb 2) *als åbgschmiët* (↑abschmieren), *segt me so gschmiët mit Lehm un gewaaißlt* (↑weißeln). [Seik II] *Die Wassermilone* (↑Wassermelone) *woarn auswennich grien un innwennich rot.* [StI II] *Vor es ↑Loch* (2) *hat mer e sauwre* (↑sauber) *Bese gebunn, innewendsich angnaglt. Des war e Art ↑Seiher schun vum Fass.* [Ost V] ■ PfWb III 1307; SüdHWb II 154; RheinWb IX 425; BadWb III 11; SchwWb IV 45.
→außenwendig.

iterücken - schw, itriçə, kəitriçt [Fak, Ga, Glog, Wil V]
V: wiederkäuen *Etym.*: Das Verb setzt mhd. *it(e)rücken*, ahd. *itarucchan* fort. ● *Die Leit henn nochn Krieg Gaaße* (↑Geiß) *anstatt Kih ghalde* (↑halten 1), *die henn nochn Fresse misse itriche.* [Fak V] ■ PfWb III 1317: *iterüchen*; SüdHWb III 916 f.; RheinWb III 1064-1066: *idderichen*; BadWb III 12 f.; Gehl 1991, 194.
→wiederkäuen.

Jagd - f, joxt, Sg. tant. [ASad, Franzd, Lind, Resch, Wei, Wolf V]
Fo: Treiben und Erlegen von Wild ● *De Kaiser, dee hot mi ze de Jocht vefiehrt.* [Wolf V]
→Jagdgewehr, -haus, -kamerad, -revier, -verein, Jäger; jagen (1).

Jagdgewehr - n, joxtkve:r, -e [ASad, Lind, Resch, Wei, Wolf V]
Fo: zur Jagd verwendete, große Handfeuerwaffe ● *En ejdes Haus hot a Gwehr - Jochtgwehre, Meletärgwehre vo Weltkrej owa* (oder) *Revolve ghat.* [Wolf V]
→Gewehr, Jagd.

Jagdhaus - n, jaxthaus, -haizər [OW VI]
Fo: Waldhaus für Jäger ● *Dort gibt es ein große Jachthaus, dort kannt (können) acht-zehn Leute übernachtn.* [OW VI]
→Haus, Jagd, Jäger, Jägerhaus, Kanton; jagen (1).

Jagdkamerad - m, jagtkhumra:d, -n [ASad, Lind, Resch, Wei, Wolf V]
Fo: Gefährte bei der Jagd ● *Zwanzig Joahr lang sam-ma Jagdkumradn gwest.* [Wolf V]
→Jagd.

Jagdrevier - n, selten, jaxtrevi:r, -e [ASad, Lind, Resch, Wei, Wolf V]
Fo: Gebiet, auf dem die Jagd ausgeübt wird *Etym.:* Die Wortform *Jachtrevier* statt *Jocht-* deutet auf eine Entlehnung aus der Standardsprache, wobei g>ch spirantisiert wurde. ● *Unse Jachtrevier is 10 000 Hektar und no mähr gwest.* [Wolf V] ◆ Die Deutschböhmendörfer im Banater Bergland sind von ausgedehnten Waldgebieten umgeben.
→Jagd, Jäger, Revier.

Jagdverein - m, jaktfərain, -e [ASad, Lind, Lug, Resch, Wei, Wolf V]
Fo: Vereinigung von rechtmäßigen Jägern *Etym.:* Die Wortform *Jagdverein* lässt auf eine Entlehnung aus der Standardsprache schließen. ● *Ausgang de zwonziger Joahr hom-man fij Wolfsberg, Weidentol und Lindenföld den Jagdverein gegrind.* [Wolf V]
→Jagd, Verein.

jagen - schw, ja:gn, geja:gt [OW VI]; ja:ə, kəja:t [Bog, GK, Gott, Len, Low, Ost, War V]
1. Fo: (von Wild:) verfolgen, treiben und erlegen ● *Aach hoche Bärche* (↑Berg) *hat's Banat, dort get* (wird) *noch Wolf un Luchs gejaat.* [Len V] *Also jagn, darf man nichts außer die Wölfe, das andere Tier is alles gschitzt.* [OW VI] 2. V: (von Tieren:) treiben, scheuchen ● *Also friher sinn die Ross zammgebunn ginn mitm lange Strick, un runderum* (↑rundherum) *gjaat.* [Ost V]
→(1) Jagd, Jagdhaus, Jäger, Wildschütze; geschützt; (2) treiben (2).

Jäger - m, je:gər, Pl. id. [Fek II, OW VI]; ja:ga [ASad, Lind, Resch, Wei, Wolf V]; jęçlər [Sch, Tscher, Werb III, Be, Put IV, Fak, Glog V]
Fo: Forstangestellter, der die Tier und Pflanzenwelt in ausgewogenem Verhältnis bewahrt und bei Überbestand Tiere rechtmäßig abschießt ● *Wam-mer fenf-sechs Metter* (↑Meter 2) *Holz hat verbrennt iwwen Trappe* (↑trappen), *weil des hot me leicht kennt verschaff von em Jäger.* [Fek II] *De Kaiser woar a Jaga und hat Krapfl Jakob ghoißn. Er woar a Raubschitz.* [Wolf V] *Unsere Jäger können ganz wenig schießen, weil es kommen doch vom Ausland, die bezahlen und bekommen die Bewilligung fië Hirsch un Bärn zu schießn.* [OW VI]
→Förster, Heger, Jagd, Jagdhaus, Jägerbrunnen, -haus, -familie, Oberjäger, Raubschütz, Wald, Wildschütze; jagen (1).

Jägerbrunnen - m, jęhəspręnjə, Pl. id. [Alt, Fek, Nad, Oh, Wem II]
Fo: an der Jagdhütte im Wald fließender Wasserlauf ● *Em Wåld es die Jäheshette met em Jähesbrännje on weiter de alt Holzschlag.* [Fek II]
→Brunnen, Jäger.

Jägerfamilie - n, ja:gərfamilie, -n [ASad, Lind, Resch, Wei, Wolf V]
Fo: Familie von mehreren Jägern ● *De Riecher, des is a Jagerfamilie, vom Grejßtn bis zen Klejnsten gwest.* [Wolf V]
→Jäger.

Jägerhaus - n, jęhəshaus, -haisər [Alt, Fek, Nad, Oh, Wem II]
Fo: Sitz des Jagdvereins in der Gemeinde ● *Em Mätteduerf* (Mitteldorf) *woar es Jäheshaus, on em Wåld es die Jäheshette met em Jähesbrännje on weiter de alt Holzschlag.* [Fek II]
→Jäger, Jägerhütte, Haus.

Jägerhütte - f, jęhəshetə, Pl. id. [Alt, Fek, Nad, Oh, Wem II]
Fo: Jagdhaus mit Übernachtungsmöglichkeit für die Jäger ● *Em Mätteduerf* (Mitteldorf) *woar es Jäheshaus, on em Wåld es die Jäheshette met em Jähesbrännje on weiter de alt Holzschlag.* [Fek II]
Anm.: Das Grundwort des Komp. *-hette* weist Vokalsenkung *(ü)i>e* auf.
→Jäger, Jagd-, Jägerhaus, Jägerbrunnen.

Jahresbrot - n, jǫ:rpro:t, Sg. tant. [Ker, Mil, Pal, Siw, Stan III]
A: von Landarbeitern und Handwerkern erzielte Entlohnung in Getreide ● *Taglehner* (↑Taglöhner) *henn die ↑Frucht (2) abgemeht* (↑abmähen) *un henn sich's Johrbrot verdient.* [Stan III] ◆ Sowohl Kleinbauern und Landarbeiter als auch Handwerker, die kein eigenes Feld besaßen,

mussten sich in der Erntezeit bei Großbauern verdingen, um sich durch den Verdienst in natura das tägliche Brot bis zur nächsten Ernte zu sichern.
→Brot.

Jahrhüter - m, joɐhiətə, Pl. id. [Ed, KT, Wein, Wud, Wudi I]
W: für den Schutz der Felderträge und die Pflege der Feldwege zuständiger Flurhüter ● *Der Joahhiëte hot es gaunzi Joah aufpasst, dess nicks gstuhjn (gestohlen) is woan. Ea hot aa gschauet, dess die Wejgn (↑Weg) in Uadnung (↑Ordnung) ghojtn sann woan.* [Wud I] ◆ Die Flurhüter waren auch für die Feldwege zuständig, die von Gemeindearbeitern gepflegt wurden. Davon war der *Jahrhüter* ohne Unterbrechung und der *Weinhüter* nur während der Reife- und Erntezeit im Herbst angestellt.
→Hüter.

Jakobiapfel - m, jako:biapfl, -ępfl [Fak, Ga, Glog, StA V]; jako:viepl, Pl. id. [Fil, Kol III]; jako:biunanaapfl, -epfl [SM V]; jako:biunanəapl, -epl [Stan III]
O: um den Termin Jakob (25. Juli) und Anna (26. Juli) reifende Apfelsorte ● *Bei uns worn viele Apflsorte: Långstiel-, Glås-, und Strudläpfl, Weinsaure, Ghånsäpfl (↑Gehansapfel) un Jakobiäpfl.* [StA V] ■ Gehl 1991, 232.
→Apfelsorte.

Jakobsveilchen - n, jagopsfaigili, -n [Fil, Mil III]; jakopsfaigəli [Buk, Gai III]; jako:visfaigələ [Kar III]
G: Stiefmütterchen; Viola tricolor *Etym.:* Benennungsmotiv der Blume ist die Blühzeit, etwa am Jakobstag (25. Juli), obwohl dieser Termin nicht entscheidend ist. Aufschlussreicher sind Bezeichnungen wie *Tagundnachtschatten*, die sich auf die Farbunterschiede der Blütenteile (gelb und blau usw.) beziehen. ● *Die Jagobsveigilin bleiwe oom (einem) iwwers Jahr.* [Mil III] ■ Petri 1971, 78.
→Blume, Veilchen.

Jan - n, jå:n, -ə [Fak, Ga, Glog, Wil V]; jāū, Pl. id. [Aug, Ed, GT, Scham, StlO, Wein, Wud V]
A: Teilstück eines Ackerfeldes von unbestimmter Größe *Etym.:* Das Subst. setzt mhd. *jân* 'Reihe gemähten Grases, geschnittenen Getreides' fort. (Lexer HWb I 1472) ● *Em Hiëschocka (↑Hirschacker), im owren Jau, sann auch Oucksnaugn (↑Ochsenauge) gstaundn.* [Wud I] ■ BayWb 1/2,

1207: *der Jahn* 'eine Reihe gemähten Getreides'; SchwWb IV 73 f.: *Ja(n)* (Jaun) 'Reihe Garben auf dem Felde; jede Reihe von Gemähtem, Gedüngtem'; Gehl 1991, 167.
→Feld.

Janni - m, jani, Sg. tant. [Ga, GJ, GK, Ost, Wil V]
V: Rufname für männliche Pferde und Stiere *Etym.:* Entlehnung des ung. Personennamens *Janni*, Dimin. zu ung. *János* 'Johann'. ● Die Rossname ware dann ungarischi Name: Bandi, Joschka, Latzi, Janni, Jultscha. [Ost V] ■ Gehl 1991, 198.
→Bika, Rossname.

Japanischer - f, selten, japa:niʃi, Pl. id. [Aug, Ed, GT, KT, Scham, Schor, StlO, Wein, Wud I]
O: edler, aus Ostasien stammender Pfirsich *Etym.:* Benennungsmotiv ist die japanische Herkunft der Frucht. ● *Die aundri, die Feignpfeasche hot's füj gejem. Die Japanischi is die flochi, die Pogatschelpfeasche.* [Wud I] ■ Petri 1971, 60.
→Amerikaner, Feigenpfirsich, Pfirsichsorte.

Jarminer - f, jarame:re, Sg. tant. [Ru IV]
W: nach der Herkunftsortschaft Jarmina (in Kroatien) benannte Rebsorte ● *Unser ↑Genossnschaft (1) hat mehrere Sortn Traubn ghabt, die Jaramere, die Franzesischn, die Blauen, die wo me net spritzn brauch.* [Ru IV]
→Rebsorte.

jäten - schw, je:tn, kje:tn [Pußt I]; jejən, kje:jt [Ed, GT, KT, Scham, Wein, Wud I]
G, W: ausgeizen, unnötige Pflanzentriebe ausbrechen ● *Also des wos no außegwocksn is (↑auswachsen), hod me jetn miëssn, des is ausgjetn woen an jedn ↑Stock (1a).* [Pußt I] *Aunfaungs Juni is me jejen gaunge. Nom hot me die Bruat (↑Brut) auesbrouckt (↑ausbrocken) und in Gipf (↑Gipfel) obbrauche (↑abbrechen).* [Wud I]
→ausgeizen, ausjäten.

Joch - n, jox, Pl. id. [Tax, Wud, Wudi I, Fek, GBu, Ha, Seik, StI II, Brest, Gai, Sch, Siw III, In, NP IV, Bak, Bog, Bru, Fak, Ga, Glog, Gott, Gra, Hatz, Len, Low, Mar, Ost, War, Wer, Wis, Wolf V, OW, Pe VI]
A: altes Flächenmaß, wobei das österreichische Katastraljoch 1600 Katastralklaftern (200 Klafter lang und 8 Klafter breit) etwa einem halben Hektar entspricht *Etym.: Joch* als Feldmaß entsprach ursprünglich dem Ackerland, das an einem

Joghurt

Tag mit einem Ochsengespann (Ochsenjoch) umgepflügt werden konnte. (nach DWb 10, 2330, Joch 4.) ● *Die was weniger Feld hadde, die honn mit eingelände (↑eingelernt) Kih ihre siwwe-ocht Joch Feld geärwet (↑arbeiten).* [Fek II] *Also vier Virtl (↑Viertel) wär dann zweiundreisich Joch, un des is e Session.* [GBu II] *No henn sie die Hutwaad (↑Hutweide) ufgetaalt (↑aufteilen), dass e jeds hot e Joch kricht.* [Kock IV] *Ba uns woan a große Bauer, dä wos vierzich Joch Feld hat, owe von dem woan nor zwaa. Un ba uns woan die Hostelle (↑Hofstelle) so groß, mie hatte zwaa Joch Hostelle.* [StI II] *Nochm Erschte Weltkriech hunn die Soldate und die Kriegswitwen vun dem enteignete Feld a jeder drei Joch kriet.* [Bru V] *War e großi Wärtschaft (↑Wirtschaft), bei achtzich Joch Feld ware.* [Gott V] *Dem kenne me's vedanke, dass die hunnert Joch Talfeld, 's Iweland (↑Überland) ans Dorf kumm sinn.* [Nitz V] *Aso vier Joch im Tag had mer kenne mid em Sackische Pluch oder Eberhardpluch stärze (↑stürzen), mit vier Ross ingspannt.* [Ost V] ◆ Im Banat galt das Joch als Grundmaß für Ackerfeld. Es gab allerdings viele Abweichungen vom österreichischen Katastraljoch, dem großen Joch (zu 1600 Quadratklafter). Das *kleine Joch* maß 1200 und das *ungarische Joch* nur 1000 Quadratklafter. [NPa V] Das Subst. tritt auch in einer euphemistischen Redewendung für 'Friedhof' auf: *sechs Joch* [Hatz V] oder: *vier Joch* [Mar V]. (Horn 1975, 74) ■ PfWb III 1350, 1.a 'Zugjoch für Ochsen und Fahrkühe', 2.e: 'ein Feldmaß'; Gehl 1991, 167.
→Katastraljoch, Kette (2).

Joghurt - m, selten, ja'urt, Pl. id. [Bak, Bru, Fak, Ga, Glog, GJ, NA, Orz, War, Wis V]
V: durch den Zusatz von Milchsäurebakterien gewonnenes, weißes Sauermilchprodukt *Etym.*: Entlehnung aus rum. *iaurt* 'Joghurt'. ● *Me hot kewwe sein Kes selwe mache odde sein Ja'urt selwer mache.* [NA V]
→Milch.

Jonathan - m, jonatan, Pl. id. [Fak, Ga, Glog, StA, SM V]
O: schmackhafter und haltbarer Winterapfel ● *Es gibt noch viele Apflsorte, die Lederäpfl, die Sießun Pfundäpfl, die Schofnasäpfl, die Törökbalint un noch andre.* [StA V] ■ Gehl 1991, 232.
→Apfelsorte.

Joschi - m, joːʒi [Fak, DStP, GK, Gott, Gra, Ost, Wis V]
V: Rufname für Stiere *Etym.*: Die Bezeichnung ist eine Entlehnung des Dimin. zu ung. *József* 'Josef'. ● *Bei de Biko (↑Bika) ware friher die ungarischi Name gebreichlich, de Janni un de Joschi un de Pischta.* [Ost V]
→Bika, Joschka.

Joschka - m, joːʃka, Sg. tant. [Fak, Ga, GJ, GK, Ost, StA, Wil V]
V: Rufname für männliche Pferde *Etym.*: Entlehnung des ung. Personennamens *Joska*, Dimin. zu ung. *József* mit dem Suffix *-ka*. ● *Die Rossname ware dann ungarischi Name: Joschka, Latzi, Janni, Jultscha.* [Ost V] ■ Gehl 1991, 198.
→Joschi, Rossname.

Judengasse - n, judəkas, -ə [Berg, Gak, Kol, Stan III]; judəkasl, Pl. id. [Fil III]; juːrəkęsjə [Jink, Kä, Sag, Sar, Warsch II]
A: auf jüdische Gemeindebewohner deutendes Gässchen ● *Unse Gasse woare die Lutherschgass, die Doppltgass, es Juregässje, e Zwärchgässje un es Bedlmannsgässje.* [Jink II] **Anm.**: Die Lautvariante *Juregässje* weist Rhotazismus *d>r* auf. ■ Petri 1980, 32, 66.
→deutsches Dorf, Gasse, Judenkirchhof.

Judenkirchhof - m, judəkhiərhoːf, -heːf [Alt, Nad, Fek, Oh, Wem II]; jurəkhęriçoːp [Jink, Kä, Sad, Sar, Warsch II]
A: Begräbnisstätte für Dorfbewohner jüdischen Glaubens ● *Em Ännerduerf (↑Unterdorf) is de ålte Kiërhof un aa de Judekiërhof.* [Fek II] *Kärichhep woan mährere, do woar de räformert Kärichhop, de katholisch Kärichhop un de Jurekärichhop.* [Jink II] **Anm.**: Die Lautvariante *Jure-* weist Rhotazismus *d>r* auf. ◆ Vgl. *Judenfriedhof* [Ker, Pal III, Jos V], *Jüdischer Freidhof* [Brest, Stan III], auch *Judenfriedhofgasse* [Stan III]. (Petri 1980, 35 f.)
→Deutsches Dorf, Judengasse, Kirchhof.

Jultscha - f, juːltʃa, Sg. tant. [Fak, Ga, GK, Glog, Ost, StA, Wil V]
V: Rufname für Stuten und Kühe *Etym.*: Entlehnung des ung. Namens *Julcsa*, eine Koseform zu *Júlia*. ● *Die Rossname ware dann ungarischi Name: Bandi, Joschka, Latzi, Janni, Jultscha.* [Ost V] [Ost V] ■ Gehl 1991, 198.
→Rossname.

Jungbaum - m, juŋpaːm, -peːm [Ost V]
Fo, O: junger Baum, der verpflanzt werden kann ● *E alte Gärtne hat uns gezeigt, wie mer die Beem schneid und behandlt, wie me die Raupe fangt, wie me die Jungbeem setzt un so weider.* [Ost V]
→Baum.

Junges - n, juŋəs, juŋe [Bog, Gott, Gra V]; juŋəs, juŋi [Fak, Ga. Glog, StA, Wil V]
V: Jungtier bei Tieren und Vögeln ● *Die Stårike* (↑Storch) *uff unsen Haus henn Jungi.* [Fak V] *Die Schef henn dicki Beich* (↑Bauch), *die kriegn bal Jungi.* [Glog V] *Ich hann mer so gedenkt: Jetz misse unse Sturke schun bal Junge hann, oder jetz misste die Junge schun flieje* (↑fliegen) *kenne.* [Gott V] ■ PfWb III 1326: jung II 'vom Jungtier bei kleineren Tieren', a. Sg. 'das einzelne Tier aus einem Wurf', b. Pl. 'die Gesamtheit der Jungen eines Tieres'.
→Jungfisch, -vieh, Vieh.

Jungfisch - m, juŋfiʃ, Pl. id. [Ap, Fu, Hod, Ker, Pal, Wasch III, GK, Ost V]
Fi: Fisch im frühen Entwicklungsstadium ● *Dann hann se Karpfn, als Jungfisch, irgenwu kaaft un dort im Teich angsetzt.* [Ost V]
→Fisch, Junges.

Jungvieh - n, juŋfiːç, Sg. tant. [Ost V]
V: vom Bauern gehaltene und gezüchtete, junge Haustiere ● *Un dann ham-mer glärnt, wieviel Einheite Stärke, Eiweiß, Kohlnhidrate un so weiter, was es Jungviech brauch.* [Ost V] **Anm.:** Die Variante *Viech* ist ugs. für 'Vieh, Tier'.
→Junges, Vieh.

Kabane - f, selten, khabaːnə, Pl. id. [ASad, LInd, Resch, Stei, Wei, Wolf V, OW VI]
Fo: Schutzhütte, einfaches Holzhaus zur Übernachtung im Gebirge *Etym.:* Entlehnung aus rum. *cabană* 'Unterkunft, Schutzhütte'. ● *Die Leute schlafent gemeinsam in eine Kabane. In diese Barackn schlafnt auch 25 Personen. Dort warn schon Bettn, Strohsecke und Pölstern.* [OW VI]
→Baracke, Hütte.

Kadarka - f, kataːrka Sg. tant. [Bog, GK, Low, Ost, War V]; khatarkə, khataːrkə [Mil, Wasch III, Kud, Low, Ost, Stef, Wer V]; kartagə [Scham I]; kadarka, blaue [Wud I, Mil III, Low, Wer V]; kadarka portugiesər [Mil III]; khartaːkə [Stan III]
W: ertragreiche Weintraube ● *Nou haum me ghot die Lampüschwaaf, die Gaaßtuttl, Kadarka, die Ocksnaugn un die* ↑*Eserjoo.* [Wud I] *Die* ↑*Lorenzi ware die fruheschti* (↑früh). *Die Kadarka ware billichi, azo uff Masse war die Mascharka* (↑Madjarka) *un die Kadarka.* [Ost V]
→Rebsorte.

Käfer - m, kheːfər, Pl. id. [Resch, Tem, Ost, Wer V, OW VI]; kheːvər [Jood II]; xęːbər, xębrə [Sad V]; khęfər, khęfrə [Fak, Glog V]
Fo, V: zumeist als Schädling verdrängtes, zu den Insekten gehörendes Tier mit harten Deckflügeln; Coleoptera ● *Die Schunke* (↑Schinken) *brauchet acht Woche, dass sie guet sinn, dass it* (nicht) *en Kewer ode Wirmen* (↑Wurm) *noigehn in Schunke.* [Jood II] *De Baampicker* (↑Baumpicker) *hackt die Rinde uff* (↑aufhacken 1b) *un sucht sich Käffre un Wirem.* [Fak V] *An die Winette* (↑Winete) *sinn so gäre* (gern) *die Kefer drangang, de Grumberkefer.* [Ost V] *Die Himmelskuh is e schene kleine Kefer.* [Resch V] *Wenn nicht sofort die Este* (↑Ast) *abgehackt sind, abgefällt, unter de Rindl* (↑Rinde) *is dann der Holzschneider, ein Kefer.* [OW VI] ■ Gehl 1991, 116; Petri 1971, 94.
→Bettbrunzer, Himmelskuh, Grundbirnen-, Kolorado-, Mai-, Mist-, Nashornkäfer, Herrgottsvogel, Holzschneider, Ungeziefer, Schwabe, Russe; krabbeln.

Kaff - n, khoːf, Sg. tant. [Jahr, NB, Sack V]
A: Spreu, Deckblätter der Getreidekörner und Spelzen beim Dreschen ● *In de videscht* (vorderen) *Kofhitt ham-mer et Kof un et Stroh 'neigeton.* [NB V] **Anm.:** In [NB V] wird ein moselfränkischer Dialekt gesprochen und in [Jahr und Sack V] sind moselfränkische Dialektmerkmale anzutreffen, darunter die Verdumpfung von langem a zu å, ǫ und o und *et* für *das*. ■ DWb 11 20: 'Fruchthülse, besonders die Hülse des ausgedroschenen Getreides', hauptsächlich md. und ndd., mhd. *kaf*, mnd. *kaff*; RheinWb IV 32-34 (Kaff III): 1. 'Deckblätter des Hafers und Spelzen, beim Dreschen oder Wannen sich absondernd', an der Saar und Mosel, in der

Westeifel, im Hunsrück und Westerwald; *Kaff 2, Käff, Käfe* PfWb IV 3 f.: 1.a. 'Spreu von Roggen, Gerste usw., b. 'Abfälle beim Reinigen des Getreides'; SüdHWb III 1026.
→Kaffhütte, Spreu.

Kaffeetorte - f, selten, kave:torta, -tuətn [StG, Surg, Petschw, Wem II]
A, V: Kremtorte mit Kaffee und Vanille in der Füllung *Etym.:* Die angeführte Variante ist eine Entlehnung aus ung. *kávétorta* 'Kaffeetorte', das seinerseits aus dt. *Kaffeetorte* kommt; also handelt es sich um eine Rückentlehnung. ● *Ålledehånd Tuetn, des is Dobostorta, Tschokoladitorta, Kawetorta, Vaniliëtorta, russische Kremtodn, dä is fein.* [Petschw II] ◆ Für die Füllung der Kaffeetorte werden 3 Esslöffel Zucker gebräunt und danach mit 10 Esslöffel starkem kaffee und vanille aufgekocht. Wenn die Hälfte eingekocht ist, kommen drei Eidotter, die mit 3 Esslöffel Zucker schaumig gerührt wurden, in den kochenden Kaffee. Nach dem Auskühlen rührt man 150 g schaumig gerührte Butter mit ebensoviel Zucker dazu. (Blantz 1993, 142)
→Torte.

Kaffhütte - f, kho:fhit, -ə [NB V]
A: Scheune zur Aufbewahrung von Spreu und Stroh ● *In de videscht (vorderen) Kofhitt hammer et Kof un et Stroh 'neigeton.* [NB V] ■ *Kaffhütte* und *Kaffhaus* RheinWb IV 33: 'Verschlag in der Scheune, über dem Stall, zur Aufbewahrung der Spreu'.
→Hütte, Kaff.

Kahn - m, selten, kha:n, khe:nə [Ap, Hod, Ker, Pal, Stan III]
Fi: kleines Ruderboot *Etym.:* Entlehnung aus der Standardsprache. ● *Die Kalter sinn åå vun Holz. Des is e großer Kahn, ganz speziell, mit Lecher hiwwe un driwwe, dass ständig frisches Wasser drin war in Kalter.* [Ap III]
→Holzboot, Kalter.

Kaiserbirne - f, khaizəpi:rə, Pl. id. [Dol, Ga, Low, StA, Stan V]; khaizərtpi:r, -ə [Fak, Glog V]
O: edle Birnensorte mit dicken Früchten ● *Die Kaiserbiere sinn dick, die Butterbiere henn waaches* (↑weiches), *gudes ↑Fleisch (2) un die Zuckerbiere sinn sieß wie Henich* (↑Honig). [Fak V] ■ Gehl 1991, 233.
→Birne.

Kaiserblume - f, khaizərplum, -ə [Bog V]; khaisərkro:n [GA II, Sch III, Ger, Low, Mram V]; khaisərʃkro:n [GStP V]
G: Kaiserkrone; Fritillaria imperialis ● *Im Hochsummer hann die Lilie, die Kaiserblumme, Gladiole un de Owedsduft* (↑Abendduft) *geblüht.* [Bog V] ■ Petri 1971, 36.

Kaiserkrone - f, khaizərkrō:n, -ə [Sch III, Ger, Len, Low, Mram, NA V]; khaizrkrō:n [Fil, Mil III]; khaizərʃkrō:n [GStP V]
G: Liliengewächs mit roten Blüten, die unter einem Blätterschopf herabhängen; Fritillaria imperialis *Etym.:* Benennungsmotiv der Blume ist deren kronenähnliche Blüte, das zur metaph. Bezeichnung führt. ● *Jetz kumme die Marjehärzle* (↑Mariaherz) *un viel Tulpone* (↑Tulipan), *un hintenoh die Kaisrkrone.* [Mil III] ■ Petri 1971, 36.
→Blume.

Kaiserspitz - , khaizəʃpits, Sg. tant. [Ker, Mil, Pal, Stan, Werb III]
V: spitz in die Wade reichendes Stück Rindfleisch *Etym.:* Die Zusammensetzung mit *Kaiser* (-fleisch, -semmel, -schmarren, -birne usw.) verweist auf die besondere Qualität des Produktes. (Wehle 1980, 176) Ähnlich wie *Kaiserspitz* ist österr. *Kavalierspitz* ein Stück vom Wadenfleisch des Rindes. (Gahm 1994, 83). Vgl. *Kaiserfleisch* 'geselchtes Bauchfleisch'. (ÖstWb 265) ● *De Kaiserspitz is vun der hindri Schlegl. Da is die Schal* (↑Schale 2), *un no is Weißbradl* (↑Weißbraten) *do draa un do so en Spitz, de Kaiserspitz, des geht in den Modschunge* (↑Wadschinken) *'rei.* [Stan III] ■ Wehle 1980, 176.
→Fleisch (1).

Kalb - n, khalp, khelbər [Tax I, Tew II, Pan, Stei V, Bil, Ham, Mai, Pe, Schei, Suk VI]; khalp, khelbə [Ora, Stei V]; khalp, khelvər [GBu, Kock II, Fu, Ker, Mil, Sch, Siw, Tscher III, Be, ND, NP, Tom IV, Bak, Bog, Bru, Fak, Ga, Glog, Jahr, Nitz, Ost, StA, War, Wis V]; khalvl [Karl, Weiß]; khelvl [A, Gak, Ker, Pal, Stan III]; khelbli, Pl. id. [Tew II]; xelblị [Sad V]; khelpli [NA V]; khelpçə, -r [AK, Har, Sch III, Len, Low, Ost, Ui V]; khelfçən [NB V]; khaibl [Resch V]; khaivl [Weiß V]; khøjvi [Aug, Bay, Ed, GT, Kir, Kow, Krott, OG, Paum, Schor, StIO, Scham, Tar, Tol, Tschol, Wasch, Wein, Wetsch, Wud I]; khu:khelpçə [Len, Low, War V]; ʃti:rkhelpçə [GJ, Len, Low V]

kalben

V: Junges der Kuh ● *Un do håm-mer die Kelwer un die Huscherje (↑Hutsch) henne oogebonne bein Schrogl, naja.* [GBu II] *Die Kihhendle (↑Kuhhändler) henn die Melkkih gekaaft, so mitn Kalb.* [Kock II] *Mir henn zwaa Melkkih ghat un noch e Rind un e Kelwl odder zwaa, wenn die Kuh hat Zwillinge ausgschitt* (↑ausschütten). [Stan III] *Am Mittach ware alli widdrem derhaam, die Kih un die Kelbcher. A junges Kalb, was a Biko* (↑Bika) *war, ham-mer Boja gsagt.* [Ost V] *Die klaane Kelber saufn noch bei der Kuh.* [Pan V] *Es chlaine Chelbli isch bei uns es Mummili gsei.* [Sad V] *De ham-mer de Henne mese metzge* (↑metzgen) *un e Kalb metzge.* [Schei VI] ◆ Redewendungen: *Die Kuh hat vergess, dass sie aa mol e Kalb war. - Hat de Teiwl die Kuh gholl (geholt), kannr 's Kalb aa holle.* [Bak V] - In den bair. Dial. des Ofner Berglandes wird zwischen *Köjwi* 'Kalb unter einem Jahr' und *Kojm* 'Kalb über einem Jahr' unterschieden. ■ Gehl 1991, 190; Petri 1971, 88.
→Bika-, Mutterkalb, Boja, Botz, Kälberhalt, Kalbfleisch, Kalbin, Kalbshaut, Kuh, Mummele; Motsche; kalben.

kalben - schw, khalvərn, khalvert [StI II]
V: ein Kalb werfen, gebären ● *Wann die Kuh kalwert hot, noch hot se als kricht mähr ↑Schrot draa un Routmehl* (↑Rotmehl). *Des is aa vum Waaz* (↑Weizen), *jaja, so e Art vun Klei* (↑Kleie). [StI II]
→Kalb.

Kälberhalt - f, khelvərhalt, -ə [Bru, GK, Low, Ost, War V]
V: Herde von Kälbern, die auf die Weide getrieben wird, auch die Weide selbst ● *Uff die Hutwaad* (↑Hutweide) *ist die Kihhalt un die Kälwerhalt getrieb gewwe* (↑treiben). [Bru V] *Die Kih sinn uff die Kihhalt gang un uff die Kelwerhalt.* [Ost V]
→Halt, Kalb.

Kälberhalter - m, khelvəhaldər, -haldrə [Ost V]
V: Viehhüter, der Kälber auf die Gemeindeweide bringt und sie hütet ● *De Kuhhalder, de Schofhalder, de Fillehalder un de Kelwehalder ware friher.* [Ost V]
→Kalb, Halter.

Kalbfleisch - n, khalpflaiʃ, Sg. tant. [Aug, Schor, Scham, Tax I, Baw, Kock, Wem II, Ap, Ker, Mil, Sch, Stan III, In, Ru IV, Alex, Bog, Bru, Char, Kath, Mram, Low, Stei, War, Wis, Zich V, Mait, Pe, Suk VI]
V: als Speise verwendetes Fleisch des geschlachteten Kalbes ● *Die Kihhendle henn die Melkkih gekaaft, so mitn Kalb, es Kalbfleisch.* [Kock II] *Bei Rindfleisch henn därfe zehn Prozent Knoche draa seie, bei Kalbfleisch zwanzich Decka* (↑Deka) *bei einem Kilo.* [Stan III] *Frihe had me noch Kalbfleisch krigt, un had me es Kalb selbst gschlacht.* [Stei V]
→Fleisch, Kalb.

Kalbin - f, khalvin, -ə [Baw, Jood, StI, Wem II]
V: junge Kuh vor dem ersten Kalben ● *Freidogs woa Schlachttog, no håd er e Kalwin gschlocht un a Sau.* [Baw II] ■ PfWb IV 22; SüdHWb III 1050; RheinWb IV 75; BadWb III 53.
→Kalb, Mutterkalb.

Kalbshaut - f, khalpshaut, -həit [Baw, Fek, Jood, Seik, Wem II]
V: Haut des geschlachteten Kalbes ● *Un noch, die Haut, die is obgezoge worn, wann er gschlocht* (↑schlachten) *hat, un die Kalbshaut ausgoarwed* (↑ausarbeiten) *fir Kalbslede.* [Baw II]
→Haut, Kalb.

Kalium - n, selten, kha:lium, Sg. tant. [Gra, Len, Low, Ost, Wis V]
A: Bestandteil von Kunstdünger, der die Stammfestigkeit fördert *Etym.*: Entlehnung aus der Standardsprache. ● *Un dann ham-mer vum Kunstdinger glärnt, zu was er is, zum Beispiel dass Stickstoff es Blatt macht, dass es Superphosphat die Blitn* (↑Blüte) *macht, un dass es Kalium den Stamm fest macht.* [Ost V]
→Kunstdünger.

Kalk - n, khalk, Sg. tant. [Be IV, Wer V, Besch VI]; khalç [Ap III, Ham, Schei VI]; khålç [Pußt I]; kholk [Wein I]; khaliç [Baw, Nad, Surg II, Ker III, NP IV, Bru, Fak, Ga, Glog, Len, Low, Nitz, NPa, Ost, StA, War, Wil V]; kholiç [Wein I, ASad, Lind, Weid, Wolf V]; kå:liç [OW VI]; khoilik [Ed, KT, Wud I]
A, V, W: Kalkstein ● *Mit Kolitzn* (↑Kanitzel) *un Kålch ham-me gspritzt.* [Pußt I] *Ins Wossa hot me Koilik und Koilitzn eienigrihet* (↑hineinrühren). [Wud I] *In den Blaustaa is de Kalich reingemischt woan, und mit dem hot me gspritzt.* [Baw II] *Die Schafflwullache* (↑Schaffwalache) *ausm Gebirg sinn kumme un henn Schaffl un aa Kalich vekaaft.* [Fak V] *Do is Blaustaa 'neikum-*

me un in Wasse un oogmacht woan (↑anmachen) *mit Kalich.* [NA V] *Aso ärschtemal war scho mit Kålich gweißlt.* [OW VI] **Anm.**: Die Varianten Kalich, Kålich weisen den Sprossvokal *-i-* auf.
◆ Gebrannter Kalk wird in der Landwirtschaft als Zusatz zu Spritzmaterial für Bäume und Weingärten, als Desinfektionsmittel für Saatgut u. a. Zwecke verwendet. - Wortspiel: *Wohr is wåhr un is ke Kalich.* [NPa V] Hier wird auf die rum. Bezeichnung *var* für 'Kalk' angespielt.
→Kalkbrühe; ankalken; weißeln.

Kalkbrühe - f, khalkpri: Sg. tant. [Be IV, Wer V]; khalçpri: [Ap, Hod, Sch III, NP IV, Bog, GJ, Low, Ost, War V]; khaliçpri: [Bru, Fak, Ga, Glog, StA V]
O, W: in Wasser aufgelöster Löschkalk, der die Kupferkalkbrühe ergibt ● *Im Frihjahr muss mer de Wingert* (↑Weingarten) *spritze mit Kanitzl un Kalichbrih.* [Bru V]
→Kalk, Spritzsache.

kalt - Adj, khalt [Surg, Wem II, Ap, Gai, Sch, Werb III, NP, Put IV, Bak, Bog, Fak, Ga, Glog, GJ, Len, Low, Ost, War, Wies, Wis V, Ham, NP, Pe, Suk VI]
Allg: nicht erwärmt, von niedriger Temperatur ● *De Kuhmischt is mittl un de Schweinemischt is kalde Mischt.* [Ost V]
→warm; Gefrier, kalter Rauch.

Kalter - m, khalter, Pl. id. [Ap, Hod, Pal III]
Fi: hölzernes Boot zum Lagern von Fischen in einem Wasserbehälter ● *Die Kalter sinn åå vun Holz. Des is e großer Kahn, ganz speziell, mit Lecher hiwwe un driwwe, dass ständig frisches Wasser drin war in Kalter. No hot mer e Deckl ghat, wu mer ufmache hot kenne.* [Ap III] ◆ Der Kalter war der größte Behälter für Lebendfische. Es gab Standortkalter und Transportkalter. Der Standortkalter war 15-20 m lang, 4 m breit und 1,5 m tief. Die Aufbauten enthielten einen Wohn- und Schlafraum für den Nachtwächter. Der Mittelboden hatte große Öffnungen, die mit Verschlussbrettern abgedeckt wurden. Darunter befanden sich die mit Wasser gefüllte Verschläge für die einzelnen Fischarten. Ein Kalter hatte ein Fassungsvermögen für 200 bis 300 Meterzentner Fische. Es gab auch große Kalter, die bis zu 100 Tonnen Fische fassten. Die Fische wurden entweder vom Kalter aus verkauft oder damit auf die Absatzmärkte der nahegelegenen Städte befördert. (J. V. Senz 1976, 52 f.)
→Fischkalter, Kahn.

kalter Rauch - m, khaltə ra:x, Sg. tant. [Bog, Ger, GJ, GK, War V]; khaldə raux [Tom IV, Fak, Ga, Glog, Wil V]
V: zum Räuchern verwendeter Qualm von glimmendem Brennmaterial ● *Es is langsam gang, mit kalte Raach, war net so scharf wie in der Selcherei, wie die Fleischhacke hann.* [GJ V]
→Rauch; kalt, scharf (3).

kameralisches Feld - n, khamera:liʃəs felt, Sg. tant. [Bru V]
A: Ackerfeld in staatlichem Besitz ● *Mit hatte ka Grundherrschaft, un wie des kameralische Feld am End vum 19. Jh. verkaaft is gewwe* (worden), *hunn unser Baure des alles kaaft* (↑kaufen). [Bru V] ◆ Bruckenau ist Teil des zwischen Donau, Theiß und Marosch gelegenen Banats. Nach der Rückeroberung von den Türken (1716) war es habsburgische Krondomäne, so dass der österreichische Kaiser Lehnherr der angesiedelten Bauern war, deren Grundbesitz (↑kameralisches Feld) durch die Hofkammer verwaltet wurde. Das Banat wurde 1779 Ungarn eingegliedert, wurde 1849 bis 1861 selbständiges Kronland "Serbische Woiwodina und Temescher Banat" und 1867 erneut Bestandteil Ungarns, wo es bis zum Ende des Ersten Weltkrieges verblieb. Danach wurde es dreigeteilt: Der südwestliche Teil kam zu Jugoslawien, der nordöstliche zu Rumänien und nur ein kleiner Zipfel im Norwesten (bei Szeged) blieb bei Ungarn.
→Feld, Grundherrschaft.

Kamille - f, khamilə, Pl. id. [Brest, Fil, Gara, Hod, Jar, Ker, Mil, Pal, Tor, Tschat, Tscho III, Tom IV, Bill, GStP, Len, Low V]; khamilη Pl. id. [NB, Tschan III]; khamyjn [KT, Wud, Wudi I]; khomyjn [Erb I]; kramilə [Wasch III]; khame:lie [NA V]; khaməplum [Ernst V]
A: wild wachsene Heilpflanze, Korbblütler mit gelben Blüten und weißen Blütenblättern: Matricaria chamomilla ● *Unsr Salitr* (↑Saliter) *war jo groß, un wu viel Kamille beinand ware, des henn die Kindr schun gwisst.* [Mil III] *Des war net so viel Unkraut, awer do ware Dischtl* (↑Distel) *in de Frucht, do ware Radde* (↑Rade) *drin, do ware Pipatsche* (↑Pipatsch) *un Quecke un Bockelirotznase* (↑Bockerlrotznase) *drin un Kamille ware drin un* ↑*Zinnkraut.* [Tom IV] *Bei uns woan im Wiäzbischl* (↑Würzbüschel) *immer Kamelie, Herrgottshaare* (↑Herrgottshaar), *Kornblume, Staanaagl* (↑Steinnagel) *un Sandkrabbler.* [NA V]
◆ Aus den Blüten der Kamille wird der heilkräf-

Kamillenkopf

tige Kamillentee gebrüht, der bei Erkältungs- und Magenerkrankungen verwendet wird. ■ Gehl 1991, 93; Petri 1971, 47.
→Kamillenkopf, -rupfer, -sack, -tee, Unkraut.

Abb. 38 Kamille
1. Kamillenkopf; 2. Blüte

Kamillenkopf - m, khaiməkhopf, -khepf [Fak, Ga, Glog, Wil V]; khaiməkhop, -khep [Fi, Mil III, Bog, Gra, Low, War V]
A: Blütenstand der Kamille ● *Die kloone Kamillekepp sinn zwische de Hechlzäh* (↑Hechelzahn) *abgrisse.* [Mil III]
→Kamille, Kopf (1b).

Kamillenrupfer - m, khaiməropr, Pl. id. [Fil, Mil III, Be IV, Bog, Ernst, Gott, Gra, Sack V]
A: Gerät bestehend aus einer Kiste mit Hechelzähen zum Einsammeln der Kamillenblüten ● *De Kamilleroppr war so e 30-35 cm braati* (↑breit) *Kischt* (↑Kiste) *mit e Raaih* (↑Reihe) *alti Hechlzäh* (↑Hechelzahn), *un in der Mitte war oo starkr* (↑stark 1) *Stiel fescht gmacht fer die Kischt ziehge* (↑ziehen). [Mil III] **Anm.:** Die Variante *Kamilleroppr* weist unverschobenes *-pp-* und *-u>o-* auf.
→Kamille; rupfen.

Kamillentee - m, khaiməte:, Sg. tant. [Bog, Fak, Ga. Glog, Gott, Hatz, Len, Low, Ost, StA, Wies, Wis V]
A: als Heilmittel verwendeter Tee aus getrockneten Kamillenblüten ● *Die Bäsl Liss hat sich breche misse un hat Kamilletee getrunk.* [Bog] *Oweds hat mer oft Tee getrunge, meischtns Prominzltee, awwer aa Kamilletee un Lindetee.* [Glog V] ■ PfWb IV 36; SüdHWb III 1071;
RheinWb IV 108.
→Kamille, Tee.

Kamillesack - m, khaiməsak, -sek [Fil, Hod, Mil III, Be, NP IV, Sack, Ui, War V]
A: Sack aus Hanfgewebe, in dem man Kamillenblüten sammelt ● *Die Schulbuwe sinn als mit Schubkarre kumme, mit ihrem Kamillesack un ihrem Kamilleroppr* (↑Kamillenrupfer). [Mil III]
→Kamille, Sack.

Kammrad - n, khamrat, -redər [Bog, Gott, Ost, War V]
A: Zahnrad mit Holzzähnen ● *Do sinn zwei Walze dorich Kammredder gegenanner gang, un die Trauwebärle* (↑Traubenbeere) *sinn dortdrinn verquitscht ginn* (↑verquetschen). [Ost V]
→Rad.

Kanal - m, khana:l, khane:ln [OW VI]
Fo: künstlich eingerichteter Wasserlauf zum Driften des Holzes ● *Dann kommt des Holz driftet* (↑driften), *in die Wasseriesn. Das ist von siem Hölzer gemacht, so ein Kanal.* [OW VI]
→Riese.

Kanitzel - m, khanitsl, Sg. tant. [Jood II, Brest, Gai, Tscher III, NP IV, Bak, Bru, Fak, Ga, Glog, Nitz, Ost, StA, Wil V]; kolitsn [Pußt I]; khoilitsn [Aug, Ed, GT, KT, Scham, Schor, Wein, Wud I]; galitsəl [Bil, Ham, Mai, Pe, Schei, Suk VI]
O, W: Blaustein, Kupferkalkbrühe als Spritzmittel für den Weingarten *Etym.:* Das Subst. *Galitzenstein* kommt von bair. *galitzenstain, galizenstain,* auch *galizelstain* und *galizel* m., in der 'Kupfervitriol', *blâwer galizelstain* 'Kupfervitriol', *galitzenstain* 'weißer Vitriol'. (DWb 4, 1180) Im alten Deutschland wurde Zink zu 80% in Oberschlesien gefördert, so kam das slaw. Wort in die deutsche Bergmannsprache. Vgl. auch serbokr. (*modra*) *galica* 'Kupfervitriol' und die verbale Abl. *galičati, galiiti* 'mit Kupfervitriol spritzen', desgleichen ung. (*kék*) *gálica* 'Kupfervitriol', (*kristály kék*) *gálica* 'blauer Galitzenstein'. ● *Mit Kolitzn un Kålch ham me gspritzt. Des is aigwaakt* (↑einweichen) *woen, in so e Holzfass aagmocht woen.* [Pußt I] *Ins Wossa* (↑Wasser 2) *hot me Kolik* (↑Kalk) *und Koilitzn eienigrihet.* [Wud I] *Me kann mit Kanitzl spritze ode des noi Sach elles.* [Jood II] *Im Frihjahr muss mer de Wingert* (↑Weingarten) *spritze mit Kanitzl un Kalichbrih.* [Bru V] *Mer hat gspritzt mit Kanitzl, mit Bloostaa.* [Ost V] *Ja, so e Handspritze, mit*

der spritzt mer Galitzel und Kalch. [Schei VI] ◆ Die Volksmedizin rät in der Pfalz: "Zerlaß Honig in einer Pfanne, Thue Galitzenstein und Grünspan gepulvert darein, laß es ein wenig sieden, so hast du eine gute Salbe gegen faules Fleisch in den Wunden". (PfWb IV 76) ■ *Karnitzel* PfWb IV 76: 'Kupfervitriol, Blaustein; RheinWb IV 191: 'Vitriol, zum Beizen des Weizens'; *Galitzel* BadWb 2, 280: 'Kupfervitriol, Cuprum sulfuricum'; BayWb 1/2: *Galizel* m., *Galizelstain, Galizenstain* 'Kupfervitriol', ung. *galitzkö*; Gehl 1991, 243.
→Spritzsache; kanitzeln.

kanitzeln - schw, selten, galitslə, galitslt [Bil, Ham, Mai, Pe, Schei, Suk VI]
A, O, W: (ein landwirtschaftliches Produkt:) mit Blaustein gegen Schädlinge behandeln *Etym.:* Das Verb wird nach dem Subst. *Kanitzel* gebildet. ● *Do hat me de Woaitze mese galitzle, wann mer hat gsät, dassn d'Meis (↑Maus) ite solle freässe.* [Schei VI]
→Kanitzel.

Kanne - f, khandl, -ə [StI II, Fak, Ga, Glog, NA, Wil V]]
A, V: hohes Gefäß mit Henkel und Deckel zum Transport von Flüssigkeiten ● *Net Magermilch, mi hunn e Kandl voll Molge (↑Molke) kricht. In die Milchkandl hot me net Molge därfe neiton.* [StI II] ■ PfWb IV 47 f.: SüdHWb III 1084 f.; RheinWb IV 137.
→Gieß, Milchkanne.

Kanton - m, selten, khanto:n, Pl. id. [Resch, Stei V, OW VI]
Fo: Forsthaus *Etym.:* Entlehnung aus rum. *canton* 'Försterei, Forsthaus'. ● *Aso där Förster, welcher den Wald pflegt, där wohnt oben, Kanton heißt das.* [OW VI]
→Förster, Haus, Jagdhaus.

Kaper - m, kapər, Sg. tant. [Bog, Fak, Ga, GK, Glog, Len, Low, Ost, StA, War, Wil V]; ka:pr [Nitz, Stei V]; kapən [Tschan V]; kapr [Ap, Fill, Gai, Ker, Kol, Stan III, In, Ker IV, Albr, Ben, Bill, Bir, Char, De, GJ, Gott, Gra, Gutt, Hatz, Hei, Heu, Kath, Ksch, Kub, Kud, Laz, Len, Low, NB, Nitz, Orz, Rud, Sack, Sad, Schön, SM, StA, StAnd, Tschak, Tsche, Tsche, Ui, War, Wolf V]; kopə [Wer V]; kopr [Darda II, Star V]
G: einjähriges Doldengewächs, Salatgewürz Dill; Anetum graveolens *Etym.:* Der Pflanzenname kommt von ung. *kapor* 'Dill' (seit 1405 belegt), das slaw. Herkunft ist. Vgl. serbokr. *kopar* 'Dill', slowenisch *kôper*, slowak. *kôpor* usw. Südslaw. Herkunft ist auch albanisch *kópër*. (MESz 2, 362 f.) - Das dt. *Kaper* 'eingelegte Blütenknospe des Kapernstrauches, Capparis spinosa, seit dem 15. Jh. belegt ([23]Kluge, 434) kann den donauschwäb. Aussiedlern bekannt gewesen sein und das ung. Lehnwort gestützt haben. ● *Do hat's noch Kapper gewwe un Mååk (↑Mag), dann Spinat, Kraut, de Kehl (↑Köhl), de Kree (↑Kren), die Brotkärbse (↑Bratkürbis) un die Griekochkärbse.* [Ap III] *Die Umorke (↑Umurke) hat mer in großi Gleser, so Zehnlitergläser, hat Kapper dran, un dann hat's gärt.* [Ost V] ■ Gehl 1991, 226; Petri 1971, 14.
→Gemüse, Gewürz, Kapersoße.

Kapersoße - f, kapərso:s, Sg. tant. [Bog, Fak, Ga, Glog, Ost, StA, Wil V]
G: mit Mehlschwitze verdickte Dillsoße als Zugabe für Fleischspeisen ● *Mer hat verschiedeni Soße gmacht, hauptsechlich Paradeissoß Weickslsoß, Knowwlsoß, Kappersoß un Kriensoß.* [Bog V]
→Kaper, Soße.

Kaptar - f, selten, kopta:r, Pl. id. [Seik, StI II]
B: Bienenhaus *Etym.:* Entlehnung aus ung. *koptár* 'Bienenhaus'. ● *Un de Bienezichter muss des aane Volk uff zwaa vetaale (↑verteilen), tut sie in anre Koptar 'nei, des is e Bienekoarb.* [StI II]
→Bienenhaus, -zucht.

kaputt gehen - schw, khaput ke:n, - kaŋə [At, Aug, Erb, GT, Ins, Krott, OG, Pußt, Wasch, Wud I, NA, Ora, Resch, Stei V], khaput ke:ə, -kaŋə [Fek, StG, Wak II, Gai, Ker, Mil, Siw, Werb III, Lo, ND, Tsch IV, Bog, Glog, Nitz, StA, Wil V]
Allg: (von Pflanzen und Tieren:) eingehen, absterben ● *Wann so e schlechte Regn kemme is, sann die Blette gflecket worn un die Weimbe (↑Weinbeere) sann kaputt gange.* [Pußt I] *Wal wenn's neigfriert, no gehn die Kolrawi (↑Kohlrabi) kaputt.* [NA V]
→Schaden.

Karam - m, selten, kåram, Pl. id. [Ham, Pe, Schei VI]
V: Pferch, ungedeckter Laufstall für Jungschweine *Etym.:* Entlehnung aus ung. *karám* 'Pferch, Einfriedigung'. ● *In der Kåram ware d'Saue un d'Seile.* [Schei VI]
→Pferch.

Karausche - f, karauʃ [Hom V]; kharauʃn [Wer V]; 'karaisl, Pl.id. [Ap, Kar, Mil, III]; koraisl [Fil, Pal, Tscher III]; guraisl [De V]
Fi: zu den Karpfenfischen gehörender, kleiner Süßwasserfisch; Carassius carassius ● *Do ware aa die Stierl* (↑Sterlet), *die Schådl* (↑Schadel) *un die Schlaai* (↑Schleie) *un die Kareisl, die ware so klååni Fisch, die hat mer fer backe gnumme.* [Ap III] ■ Petri 1999, 92.
→Fisch.

Karbonade - n, kharmǝna:dl, Pl. id. [Petschw, Wem II, Fil, Hod, Mil, Pal, Tscher III, In, Ru IV, ASad, Alex, Bak, Bill, Bru, Fak, Ga, GK, Glog, Gott, Gra, Len, Low, Lug, Nitz, Ost, Resch, Schön, Tem, War, Wer, Wil V, NP, OW VI]; kharmǝna:tl [Ker, Sch, Siw, Stan III]
V: Fleisch für Kotelett *Etym.*: Die dt. Bezeichnung kommt aus frz. *la carbonade* 'Rostbraten', eigentlich 'Rippenstückchen', frz. *côtelette* 'Kotelett', auf dem Rost über Kohlen gebraten. (BayWb 1/2, 1292) ● *Beim Schweinefleisch war a Schulter, Schlegel, Rippe, Karmenadl odder Gnack* (↑Genick). [Stan III] *Die Schunge* (↑Schinken), *s'Karmenadl un de Ruckstrang* (↑Rückstrang), *des is alles geputzt ginn* (worden). [Ost V] ■ *Das Kármǝnádl* BayWb 1/2, 1292; *Karbonadeln* Teuschl 1994, 127; *Karbonade* PfWb IV, 67: 'Kotellet', auch 'Fleisch für Kotelett', auch *Karmenadl*, mancherorts in der mittleren und südlichen Vorderpfalz. Das Wort ist vielerorts durch *Kotelett* abgelöst; SüdHWb III 1117; RheinWb IV 178; BadWb III 72.
→Fleisch (1).

Kardinal - f, khardina:l, Sg. tant. [Ost V]
W: edle, frühreife Rebsorte mit rot-violetten Beeren ● *Dann war noch die Kardinal, wu so lilafarwich, violett sinn, vu so fruh* (↑früh) *zeidich* (↑zeitig) *sinn. Un wann se Farb hann, kam-me schun esse.* [Ost V]
→Rebsorte.

Karfiol - m, kharfeol, Sg. tant. [OG I]; kharfio:l [Gai, Neud III, Bill, Fak, Ga, Glog, Len, Low, NA, Ost, Rud, StA, Tschan V]; kharfiǝ [OG I]
G: Blumenkohl; Brassica oleracea cauliflora *Etym.*: Karfiol ist österr. (seit dem 17. Jh.), entlehnt aus ital. *cavolfiore* (eigentlich 'Kohlblume'), einer Zusammensetzung aus ital. *cavolo* 'Kohl' und ital. *fiore* 'Blume'. ([23]Kluge, 427) ● *Do gibt's Krauet, Karfeol, Umuekn* (↑Umurken), *Salat. (...) De Kühlschrank is bis in Härbst voll mit Eäbsn* (↑Erbse), *Fisauln* (↑Fisole), *Karfiol un Kraut.* [OG I] *In Fewe* (Februar) *hod me oogebaut die Kolrawi* (↑Kohlrabi) *un Karfiol far im Frihjahr.* [NA V] *Im Garte ham-mer ghat Rodi Ruwe* (↑Rote Rübe) *un Rettich, Karfiol un vieles andre.* [Ost V] ◆ In Graz ist *Blumenkohl* fast unverständlich, aber in Innsbruck als feinerer Ausdruck schon ziemlich üblich. In Passau ist Karfiol häufiger als Blumenkohl. Für Zittau wird Blumenkohl bezeugt, aber im Volksmund, besonders bei den Zittauer Gärtnern, Karfiol. (Kretschmer 1969, 603) ■ WbWien 495: *Kha(r)fiól*; Gehl 1991 226; Petri 1971, 20.
→Gemüse.

Karmanjola - m, karmanjo:la, Sg. tant. [Alex, Bog, GK, Low, Ost, War, Wis V]
H: aus italienischer Züchtung stammende, hochwüchsige Hanfsorte ● *Speder hann se de Karmanjola aagebaut, schene Hanf, e italienischi Sort. Där is drei Medder* (↑Meter 1) *hoch ginn un noch hecher.* [Ost V]
→Hanf.

Karnickel - n, kharnikl, Pl. id. [Kern, Mil, Pal III]; khani:gl, Pl. id. [OG I]; kheniçsha:s, -ǝ [Len, Sack V]; khiniçho:s, -ǝ [Vert, Wer, Wud I]
V: als Nutztier gehaltenes Kaninchen; Lepus cuniculus *Etym.*: Kaninchen ist die Diminutivform zu *Kanin*, dieses aus altfrz. *conin*, von lat. *cunīculus* (mhd. *kūniclīn*). Andere Entlehnungsformen sind *Karnickel* und *Königshase*. ([23]Kluge, 422) ● *Kani Kaniegl un kani Sau ham-me nede, nue Hiëndl* (↑Hendel), *un de fresn des net.* [OG I] ■ Petri 1971, 109.
→Vieh.

Karpfen - m, kharpfn, Pl. id. [Ap, GK, Ost, Wer V]; kharfn [Low V]; kharpfǝ, Pl. id. [Ap, Hod, Mil, Pal, Wasch III]; kharpf, -ǝ [Ker III]; kharfǝ [Stan III]; kharpǝ, Pl. id. [Buk, Tscherw III, Bog, GStP, Low, Pan V]; kharpǝ, -nǝ [StA V]; kharpfl, Pl. id. [Fu III]; kro:vi karpfl [Ap III]
Fi: gezüchteter Süßwasserfisch mit weichen Flossenstrahlen und zahnlosen Kiefern; Cyprinus carpio *Etym.*: Der Fischname kommt von mhd. *karpfe*, ahd. *karpf(o)*, vgl. auch mittelniederländisch *carpe(r)*. Die Herkunft des Wortes ist unklar. Der Fisch kam vor allem im Alpengebiet vor und wurde dann als Zuchtfisch weiter verbreitet. Aus einer germanischen Sprache stammt lat. *carpa* f., von dort stammen die romanischen Formen. ([23]Kluge, 428) Allerdings rum. *crap* von

Kartoffel

bulg., serbokr. *crap* 'Karpfen, vgl. unter *Krapp*.
● *No hot's gewwe hauptsechlich die Karpfe un die Hecht, es hot guti Fischsupp gewwe un Fischpaprikåsch.* [Ap III] *Dann hann se Karpfn, als Jungfisch, irgenwu kaaft un dort im Teich angsetzt.* [Ost V] ■ Gehl 1991, 120; Petri 1971 96 f.
→Fisch, Krapp.

Kartoffel - f, selten, kartofl, Pl. id. [OW VI]
Fo: Nachtschattengewächs mit essbaren Wurzelknollen; Solanum tuberosum *Etym.*: Die Bezeichnung *Kartoffel* statt *Grundbirne* (häufig) bzw. bair. *Erdapfel* ist in den donauschwäb. Dialekten selten und lässt auf standardsprachl. Einfluss schließen. ● *Die komment ja villmal härunter bis auf die Fälder* (↑Feld) *und nehmen die Kartoffl dort raus.* [OW VI] **Anm.**: *Kartoffel* wird in [OW VI] mit unbehauchtem *k* gesprochen.
→Erdapfel (1), Grundbirne, Pflanze.

Kasch - m, kaʃ, Sg. tant. [Fak, Ga, Glog, Sad, StA, Wil, Pan V]
V: frischer, gepresster Schafkäse ● *Mer hat vum Schofhalder den Kasch,* ↑*Brinse, Liptåi* (↑*Liptauer*) *kaaft un hat eigene Salami un gereichertes Schungefleisch* (↑Schinkenfleisch). [StA V]
→Käse.

Käse - m, khe:ze, Sg. tant. [Tem V, OW VI]; khe:s [Fek, Kock, StI, Wem II, Ap, Hod, Mil, Sch, Werb III, Bak, Bog, Fak, Ga, GK, Glog, Len, Low, NA, Nitz, Ost, StA, War, Wil, Wis V]
V, Fo: aus (saurer) Milch gewonnenes, weißes oder gelbliches Produkt verschiedener Festigkeit, auch Quark ● *Aus Melich hom-mir Sauermelich un Kes gemocht.* [Fek II] *Mir hatte e Milichverein. Dot hat me die Milich hie un die hunn Kes un Butter gemocht, no hunn se fuetgeliefert.* [StI II] *Do hot me Millich, Rohm* (↑Rahm), *Butter un Kes kennt kaafe.* [Ap III] *Wenn die Kuh gut gfittert git, hann die Leit Milch, Kes un Rahm.* [Bog V] *Me hot kewwe sein Kes selwe mache odde sein Ja'urt* (↑Joghurt) *sewer mache.* [NA V] *Sießowerscht* (↑Süßobers), *des war der Rahm, net. Dicki Milich is gmacht ginn, Kes, Butter.* [Ost V] *Meine Schwiegermutte, die hat nit Kese gesagt, sonden des waa de Topfn gwesn.* [Tem V] *Und in diesn Kessl machn sie den* ↑*Malai* (1b) *mit Speck, mit Kese, saure Milich und mit Fleisch.* [OW VI] ◆ Unter *Käse* wird sowohl der Schaftskäse als auch vorrangig der Quark verstanden, der aus entrahmter Sauermilch und Magermilch durch Erhitzen oder durch Sonneneinwirkung, z. B. auf Milchgefäße im Gang des Bauernhauses, gewonnen wird. - Sprichwort: *Er halt sich dran wie de Narr an de Käs.* ■ Gehl 1991, 205.
→(Arten:) Brinse, Kasch, Kuh-, Schaf-, Quittenkäse, Liptauer, Topfen, Zieger; (Verschiedenes:) Käselaib, -nudeln, -sack, -polster, Milch, saure Milch, Tschag.

Käselaib - n, khẹ:sla:vl, Pl. id. [StG, Sol, Sulk II]
V: rund geformter Käse ● *Un no hamm sie so Keslaawl gmacht un in Rauch ghängt.* [Sulk II]
→Käse, Laib.

Käsenudel - f, khe:snu:dl, -ə [Fil, Hod, Kol, Mil III; Be, Put, Tom IV, Bill, Fak, Ga, Glog, Gra, Len, Low, Ost, War V]
A, V: Gericht aus Nudeln und Quark, zu Salat oder eingesäuertem Gemüse gegessen ● *Gern gesse hot mer als Käsnudle un Dunscht oder gereschti Grumbire* (↑geröstete Grundbirne) *un Nudle mit Dunscht.* [Mil III]
→Käse, Nudel.

Käsepappel - f, khe:spapl, -ə, Pl. tant. [Sch III, Bog, GK, Ost, War V]; khe:spapl [Ap, Ker, Mil, Stan III, Ernst, Low V]; khẹsbebələ [Franz IV]; kaspapərln [Wud I]
A: als Unkraut abgewehrte Wilde malve; Malva silvestris *Etym.*: Die Pflanze ist metaph. nach den knöpfchenförmigen, weichen Früchten benannt. ● *Unkraut ham-mer viel ghat, die Wegwart[e], die Kespapple, die Kleeseid[e], des Sudangras un vieli andre.* [Ost V] ■ PfWb IV 95; SüdHWb III 1164; BadWb III 82; Petri 1971, 46.
→Unkraut.

Käsepolster - n, khe:spelʃtrli, -n [Fil, Hod, Kol, Mil III]
A, V: in heißem Fett gebackene, polsterförmige Kuchen aus Mehl und Käsefüllung ● *Gern gesse hot mer als Grumbirepelschtrlin un Käspelschtrlin.* [Mil III]
→Grundbirnenpolster, Käse.

Käsesack - m, khe:sak, -sek [StI II]
V: Tuchbeutel, in dem Quark hergestellt wird ● *No hadde se die große Kesseck, die hunn se ufghengt* (↑aufhängen) *un owwedruf is die Molge* (↑Molke) *gewest.* [StI II]
→Käse, Sack.

Kastanie - f, khasta:nie, -n [Tem V]; khastanjə, -n [De, NSie, Tschak V]; khestn, Pl. id [Wud I,

Kasten

PrStI, Tscha III, Kud, NA V], kheistn Pl. id. [Ed, KT, Scham, Wud, Wudi I]; kheʃtn, Pl. id. [Tschan V]; khestə, Pl. id. [Bog I, Kol III, Char, DStP, Hatz, Ket, Schön, War V]; kheʃtə, Pl. id. [Bul, Fu, Sch, Tscher, Wasch III, In IV, Albr, Bak, Ben, Eng, GJ, Gott, Gra, Gutt, Kath, Ket, Len, Low, Mori, Mram, NB, Pau, Sack, Tsche V], kheʃtər [Lieb V]; khistn [SM V]; khiʃtə [Ga, StA V]; kheʃtjə, Pl. id. [KB, StAnd V]; khjeʃtjər [Bill, NB V]; khetl, -ə [Jos, Nitz V]; khiʃtəpa:m, -pe:m [Sad V]
O: Edelkastanie, subtropische Art mit essbaren Früchten; Castanea sativa • *Meine Schwiegemutte, die hat noch sähr viele Ausdrücke gebraucht von Österreich-Ungarn. Sie hat nicht Zitronen gsacht, sonden Lemoni* (↑Lemone). *Sie hat nicht gsacht Kastanien, was man bratet im Winte, sonden die Maroni.* [Tem V] ■ Petri 1971, 23.
→Marone.

Kasten - m (n), khastn, Pl. id. [Wer V], kåstn, Pl. id. [OW VI]; khostn, Pl. id. [Pußt, Wer I]; khastə, khestə [Seik II]; khastə, khęstə [Ha, Bohl II]; kaʃtə, kheʃtə [Tax I, Tow IV, Ost, StAnd V]; khastl, Pl. id. [Tschol, StIO I]
1. A: (verkürzt für:) Saatkasten • *Vore an de Semaschin* (↑Sämaschine) *war e Greih (Gereihe) un hinne war de Kaschte, de Saatkaschte, wu de Some* (↑Samen) *ninkumm is, un unne die Rohre* (↑Rohr 1b) *mit Seche* (↑Sech). [Ost V] 2. A: (verkürzt für:) Dreschkasten • *Des Lokomobil hat de Kaschte in die Nähe vum Schower* (↑Schober) *manewriert.* [Ost V] 3. B: (verkürzt für:) Bienenkasten • *Un den Schwarm hann ich in en Korb, un hann en Kaste gemacht un honn oogfangt mit de Bie.* [Ha II] *En alde Tischlemaaste, dä hat so e alt Biehitte* (↑Bienenhütte) *gemocht, ganz von Holz, do woan die Keste neigebaut.* [Ha II] **Anm.:** In der Variante *Kåstn* ist in [OW VI] der stimmlose Verschlusslaut *k* unbehaucht.
→(1) Saatkasten; (2) Dreschkasten; (3) Bienenkasten, Korb (2).

kastrieren - schw, khastri:rə, khastri:rt [Bog, GK, Gra, Low, Ost, War, Wis V]
V: (von männlichen Haustieren:) die Keimdrüsen entfernen, ausschneiden • *Dann hat's Arweitsross ginn un Hengschte odder Knopphengscht, där war schun kastriert.* [Ost V]
→ausschneiden (3); Knopfhengst.

Katastraljoch - n, khatastra:ljox, Pl. id. [GBu, Surg, Wem II, Fil, Hod, Mil, Sch, Siw, Wepr III, Be, Ru, Tom IV, Bog, Ger, GJ, Len, Ost, War V, Bil, Mai, Pe, Suk VI]
A: Joch als Feldmaß, etwa ein halbes Hektar *Etym.: Katastraljoch* 'Joch' in der österr. Amtssprache, nach *Kataster* 'amtliches Grundstücksverzeichnis, das beim Vermessungsamt geführt wird', von ital. *catastro* 'Zins-, Steuerregister'. (DudenWb 4, 1440) - Die Bedeutung des österr. *Katastraljochs* 'Feldmaß' für *Joch* ist auch vorhanden in ung. *hold* 2, bzw. *katasztrális hold* 'Katastraljoch' und in rum. *iugăr, jugăr* 'altes, in Siebenbürgen verwendetes landwirtschaftliches Flächenmaß für 0,5775 ha', das von lat. *iugerum* 'Morgen Landes, Flächenmaß von 1/4 ha, eigentlich zusammenhängende Flur' kommt. • *Des woar so gemocht friher, des woar ocht Katastraljoch woar aa Virtl* (↑Viertel). *Mir hande drei Virtl Feld, vierunzwanzich Joch, des hot so in aan Joahr drei* ↑*Meter* (2) *Waaz* (↑Weizen) *un etwas Geld gemach.* [GBu II] *A Katastraljoch hot 560 oddr 565 Quadratmeter.* [Ru IV] *Des Katastraljoch wor 200 Klofter lang un acht Klofter braat.* [Glog V] ■ Gehl 1991, 167.
→Joch.

Kathreiner - f, khatrainər, Pl. id. [Fu III, Fak, Ga, Ger, Glog, Sack, Sad, Schön, StA V]; khatrainə [Fil, Mil III, NB V]; khatrainçər [Jahr V]; khatrainəs [AK, KK III]; khatrain [Mil III, Ker IV, Sad V]; khatrainəplum [Bir, Ger, Tschan V]; khatrainpliəməl [KT, Wud, Wudi I]; khatrainpuʃn [Schor, Wud I]; khatrainro:s [Stan, Wasch III, Bill, Franzf, Heid, Jos, KB, Low, Orz, Ost, Rud, Stef V]
G: (wie: Chrysantheme) *Etym.:* Benennungsmotiv ist der Termin des Erblühens der Blume vor dem Kathreintag, dem 25. November. Da zu Allerheiligen (1. November) die Gräber mit frischen Blumen geschmückt werden, nennt man die Pflanze gelegentlich auch *Totenblume* in [Tschak V] und *Totenbuschen* in [SM V]. (Petri 1971, 25) • *De Wege entlang hot mer die Kathreine im Garte.* [Mil III] *Die Kathreiner blihn zu Allerheiliche un kummen in Freidhof uff die Gräwer.* [Glog V] ■ Gehl 1991, 93; Petri 1991, 25.
→Blume, Chrysantheme.

Katsche - f, katʃ, -ə [Baw, Petschw, StI, Wiel II, Ap, Fil, Gaj, Gara, Kar, Ker, Kol, Stan, Tor, Tscher, Wasch III, In, Rem IV, Albr, Bak, Ben,

Katschenei

DStP, Eng, Fak, Ger, Glog, Gott, Gra, Gutt, Hatz, Kath, Laz, Len, Low, Mar, Mill, Mori, Mram, Na, Nitz, Orz, Pauk, Rud, StAnd, Stef, Tsche, War V]; katʃɐ, Pl. id. [StA V]; ka:tʃ, -ə [Har IV, Trie, Ver V]

Abb. 39 Katsche

V: Ente; Anas domestica *Etym.:* Vordergründig erscheint die Entlehnung von ung. *kacsa, kácsa* 'Ente' (vgl. auch ung. *kácsér, gácsér*) zu stehen, von dem auch tschech. *kačena* 'Ente' und *kačer* 'Enterich' stammt. Zu Bedenken sind allerdings Formen wie *Katsch, Katschrich, Katscher, Patscher* für 'Enterich', im Deutschen Wortatlas Bd. 2 und 7, wobei die Benennungsmotive auf Tierstimme, Gangart, Körperform, Lock und Kosenamen zurückgehen. (²¹Kluge, 167) Daher ist anzunehmen, dass die Tierbezeichnung *Katsch, Katsche* von den donauschwäb. Ansiedlern des 18. Jhs. aus den Herkunftsgebieten als lautnachahmende Bildung mitgebracht und unter fremdem Einfluss weiterentwickelt wurde. (Gehl 1991, 215) ● *Die Hingl* (↑Hünkel), *Gens un die Katsche, die hann vun den Kukrutz* (↑Kukuruz) *kricht.* [Baw II] *Mie hamm ka* (kein) *andres Gfliegl nicht ghabt, nu Hihene* (↑Huhn). *Ka Katsch un ka Antn un ka Gens, des ham-me net ghobt.* [Petschw II] *Dann hot's noch Katsche gewwe* (gegeben), *un de Entrich war un die Klååne ware die Ketschl.* [Ap III] *In de Låck* (↑Lache) *watn die Katsche un die Ketschele rum.* [Fak V] ■ Gehl 1991, 215.
→Ente, Geflügel, Katschenei.

Katschenei - n, katʃəå:i, -ə [Fak, Glog V]
V: Entenei ● *Die Åieschele* (↑Eierschale) *vun de Katscheåie sinn hart.* [Glog V] ■ Gehl 1991, 218.
→Ei, Katsche.

Katscher Ried - , kå:tʃə ri:t [Waldn III]
A, H: neben der Ortschaft Katsch (Kać) an der Donau gelegenes Ried ● *No hod men* (man ihn) *mise ins Hannefwasser fahre, un des war im Kåtsche Ried. Mir hadde am Ort ko Wasser, in Katsch war's Ried, es Donaried* (↑Donauried). [Waldn III]
→Ried.

Kätzchen - n, khetsl, Pl. tant. [Fak, Glog, Schön, StA, Wil V]
Fo, O: ährenähnlicher Blütenstand der Hasel- und Walnuss, Weide, Birke u. a. Bäume ● *Wenn die ↑Weide* (2) *in de Blite* (↑Blüte 2) *stehn, kriegn sie klaani Ketzl.* [Schön V] ■ *Katze* PfWb IV 121: 2. übertragen a. 'kätzchenähnliche Blüten' der Salweide, des Spitzwegerichs, des Haselstrauchs, der Hagebutte, der Fichte, Tanne und Kiefer.
→Blüte (1).

Katze - f, khats, -n [Tem, Resch V]; khots, -n [Ed, KT, Tschow, Wud, Wudi I]; khats, -ə [AK III, Bak, Fak, Glog, Hatz, Len, Lieb, StA V]; xats [Sad V]; khots [Darda II, Gai III]
V: Hauskatze, Zuchtform einer im Altertum gezähmten nordafrikanischen Katze mit einer miteleuropäischen Wildkatze; Felis domestica ● *Wann em e schwarzi Katz iwwer de Wech laaft, hat mer Unglick. Wann sich die Katz wäscht, git's* (gibt es) *anres Wetter.* [Hatz V] *Wann e Katz in Brunne fallt, holt me se raus mit de Brunnekatz, des is so e Vorrichtung mit drei Spitze an e Schnur.* [Len V] *Und hat so getrepplt sowie e wildi Katz un is auf mich losgsprungen.* [Lug V] *Das sind alles unsre Katzn. Ich hab nur zwei ode drei, abe mei Enklin, die hat viele, paar Dutzend. Drei Hund habn me auch, drei Hund.* [Tem V] ◆ Das Verhalten von Haustieren wurde häufig als zukunftsweisend gedeutet, etwa auf die Ankündigung eines Wetterumschwungs oder eines Besuches. - Redewendungen: *Der macht e Buckl wie die Katz wann's dunnert. Die sinn wie die Katze: vore schmaichle un hinne kratze.* [Bak V] ■ Gehl 1991, 188; Petri 1971, 101.
→Brunnen-, Eich-, Wildkatze.

Kauder - m, khaudər, Sg. tant. [Bil, Ham, Mai, Pe, Schei, Suk VI]
H: Abfälle beim Schwingen und Hecheln von Hanf und Flachs *Etym.:* Vgl. schweiz. *Kuder, Chuder* 'Abgang beim hecheln', schwäb. *Kuder, Kauder, Kauter* 'das vom Flachs am Rocken

Zurückgebliebene, Abwerg' (nach DWb 11, 307).
● *Was me beim Hächle (↑hecheln) rauszieht, sel isch Kauder.* [Ham VI] ■ SchwWb IV 286: 1. 'Abwerg, Abfälle beim Schwingen und Hecheln von Flachs und Hanf'.
→Hanf, Werg.

kaufen - schw, khaufn, kekhauft [Petschw II, ASad, Lug V]; khaufn, khauft [Ru IV]; kha:fə, kekha:ft [Kock, Wem II]; kha:fə, kha:ft [Baw II, Ap, Gai, Pal, Sch, Tscher III, NP IV, Bill, Bog, Bru, Fak, Ga, Glog, Jahr, Len, Low, Ost, War, Wies, Wil V]
Allg: (landwirtschaftliche Geräte, Maschinen, Grundstücke oder Produkte) käuflich erwerben ● *Es Fleisch is net kiloweis vekaaft woen, manche honn zwölfehalb ↑Deka gekaaft.* [Baw II] *Die Hendler aus Italien henn in Fruhjohr fette Ross kaaft.* [Kock II] *Do hot me Millich, Rohm (↑Rahm), Butter un Kes (↑Käse) kennt kaafe.* [Ap III] *Wär firn Haus hat braucht, hot sich am Mark zwei odde drei Schweine kauft.* [Ru IV] *Wie des kameralische Feld am End vum 19. Jh. verkaaft is gewe (worden), hunn unser Baure des alles kaaft.* [Bru V] *No hann sich manchi Leit zammgstellt for e Mehmaschin kaafe.* [Ost V] *No sinn die Kumluscher kumm, die hann ↑schwarz (3) Thuwak (↑Tabak) kaaft.* [Wies V]
→ab-, ver-, zusammenkaufen.

Kaule - f, khaul, -ə [Bog, GK, Gott, Gra, Hatz, Len, Low, Ost, War V]
A: Vertiefung im Boden, Lehmgrube ● *E Mann hat unne in de Kaul, newer de Gemeinde had er Ziggle gschlaa.* [Bog V] *Gar net weit die große Kaule, runderum Akazewald.* [Len V] ◆ Die Kaule am Dorfrand vieler donauschwäbischer Siedlungen, aus denen Baugrund zur Errichtung der ursprünglich gestampften Lehmhäuser gewonnen worden war, gehörte später zum Dorfbild. Deshalb betitelte Ludwig Schwarz seinen dreiteiligen, in Mundart geschriebenen Banater Familienroman (1977, 1978, 1981) *De Kaule-Baschtl,* da der arme Hauptheld Sebastian Hutfellner am Dorfrand, neben der Kaule, wohnte. ■ PfWb IV 140-142 (mit Karte 227 Kaule / Kaute): 1.a 'vom Menschen hergestellte Grube im Boden zur Aufbewahrung landwirtschaftlicher Vorräte', b. 'kleine Vertiefung im Garten zum Legen von Bohnen und Erbsen', c. 'Grube, in der nach Sand, Kies u. dgl. gegraben wird', e. 'kleines Loch, wie es Kinder für das Klickerspiel graben', von mhd. *kūle* 'Grube';

SüdHWb III 1221 f.; RheinWb IV 345 f.; BadWb III 96.
→Eisgruft, Hohl, Lehmloch, Loch (1).

Kavallerieross - n, kavalri:ros, Pl. id. [Bog, GK, Gott, Gra, Len, Low, Ost, War, Wis V]
V: leichtes, in der Kavallerie eingesetztes Reitpferd ● *Furioso un ↑Gidran, des ware Ficks (↑Fuchs 2) un guti Reitross, leichti Kavallrieross.* [Ost V]
→Reitross, Ross.

Kegel - m, khe:gl, Pl. id. [Bohl II]; khe:gl, -ə [Bill, GK, Ost, War, Wis V]
A, H: spitz zulaufender Körper mit runder Grundfläche ● *Am Ufer is de Hannef ufgsetzt ginn uff Kegle, so spitzich ufgsetzt.* [Ost V]

Keil - m, khail, -ə [Pußt, Tax, Tol, Tschol I, Mu II, Ker III, Fak, Ga, Glog, Len, Low, StA, StAnd, Wil V]; khail, -n [OW VI]; khəə, Pl. id. [StIO I]
A: spitz zulaufendes Holz- oder Metallstückchen zum Festkeilen ● *Ufm Sensegriff is e Ring un e Keil, was des Senseblatt fescht halt.* [Fak V] ■ Gehl 1991, 144.
→Sense.

Keim - m, khaim -ə [Bog, Bru, Fak, Glog, Gra, Len, Low, Nitz, SM, War, Wil, Wis V, NP VI]; khaimə, Pl. id. [Tax I, Tew II, Ga, StA V, Pe VI]
A, Fo, G, H, O, T, W: erster, aus dem Samen oder der Wurzel einer Pflanze sich entwickelnder Trieb ● *Die Grumbiere (↑Grundbirne) henn schun Keime, die muss mer abkeime.* [Glog V]
■ PfWb IV 157: 1a: 'Pflanzenkeim'; SüdHWb III 1240 f.; RheinWb IV 395; BadWb III 104 f.; BayWb I/2 1245 f.; Gehl 1991, 79.
→Grundbirnenkeim; keimen; keimig.

keimig - Adj, kha:miç [Fak, Ga, Glog, StA, Wil I]; kha:mik [Aug, Ed, GT, KT, Scham, Schor, Wein, Wud, Wudi I]
G, W: von Keimen (Schimmelpilzen) befallen ● *Eischlog (↑Einschlag), däa is, wos me in Wei (↑Wein) eieniheingt (↑hineinhängen), dass däa net kaamig wead.* [Wud I] *Zun Fleisch hem-mer als gärn Salzumorke (↑Salzumurke) gesse, die wärn leicht kaamich.* [Glog V] ■ BayWb I/2, 1246; *kahmig,* auch *der Kahm* 'Schimmel auf Flüssigkeiten'.
→Keim.

Keks - m, keks, -ə [Petschw II, Fak, Ga, Glog, StA V]
A: gesüßtes Kleingebäck ● *Hat, månichi Plåtz machn sie Struul (↑Strudel), guedn Topfnstruul un mit Epfl un Måågn (↑Mag), auch ↑Linzer un Keks.* [Petschw II] ◆ Backrezept: Zur Herstellung der Kekse werden zuerst die 200 g Butter oder Margarine in einer Schüssel glatt gerührt und mit 250 g Puderzucker und 2 Päckchen Vanillezucker schaumig geschlagen. Dazu werden 3 Eier gegeben und verrührt, ein halbes Päckchen Backpulver mit 500 g Mehl unterrührt und kräftig durchgearbeitet. Der fertige Teig wird zugedeckt und 30 Minuten im Kühlschrank ruhen gelassen. Den gekühlten Teig dreht man durch den Fleischwolf mit Spritzvorsatz oder füllt ihn in einen Spritzbeutel und spritzt verschiedene Formen auf das Backblech. Die geformten Kekse werden etwa 15 Minuten bei 180° C gebacken. Zur Verfeinerung kann man einen Teil der Kekse in Schokoladenkuvertüre tauchen und auf einem Kuchendraht trocknen lassen. (Bleiziffer 1997, 225)
→Backerei.

Keller - m, khelər, Pl. id. [Har, Ker III, Esseg IV, Bog, Bru, Fak, GJ, Glog, Len, StA, War V]; khelə [Tol I, Jood, Nad, Petschw, Surg II, NA, Wer V]; khelr, -ə [Baw, Fek, Kock, La II, Gai, Gak, Sch, Siw III, Be IV]; khølə [Fek, Kock II, ASad, Wei, Wolf V]; khęər [Bil, Ham, Mai, Schei, Suk VI]
G, W: teilweise oder vollkommen unter der Erde liegendes Geschoß eines Gebäudes ● *Die Grombirn (↑Grundbirne) senn im Härbst rausgemocht worn un in Kellr neiglegt.* [Baw II] *Noch die Woiles (↑Weinlese) kummen die Fesse (↑Fass) 'ruf vun Kelle.* [Jood II] *Annre Leit honn dehaam e Presshaus em Kellr.* [La II] *Dann de Most wäd åbglaasn (↑ablassen) un dä kummt in die Fesse 'nei, in Kelle.* [Petschw II] *Es wor im e jede Haus en Keller.* [Gak III] *Im Keller is es Kraut ingschniet (↑einschneiden) genn, de Krautstenner (↑Krautstande) hat unne gstann.* [GJ V] *Die Grumbierekeime sinn weiß, die henn in Keller ka Sunn krigt.* [Glog V] *Nom is de Most in Kelle getrage woan.* [NA V] *Mie hamm ein gewölbtn Kelle ghabt, weil mer ja Wein ghabt hamm.* [Wer V] *Un mache mer denn en Wei un ta-mer den 'nei in Käer.* [Schei VI] ◆ Im Keller wurden vor allem Lebensmittel (Gemüse, Schweineschmalz, Brot) und Wein kühl aufbewahrt und vor Sonneneinstrahlung geschützt.
→Gruft, Kellerhals, -reihe, gewölbter Keller, Weinkammer, -keller.

Kellerhals - m, khelərhals, -hels [StI II, Be IV, Bog, Fak, Ger, GJ, Glog, Nitz, Ost, StA, Wil V]
G: Kellereingang mit der Holztreppe *Etym.:* Die metaph. Bezeichnung geht von der Form des Kellereingangs aus. ● *Un die Krautfesser woan imme drin im Khellerhals.* [StI II] *Im Kellerhals war so e Breet (↑Brett), do hann die Baure 's Brot druff leije ghat, un die Millichtippe (↑Milchtüpfen) mit der Millich gstann un de Rahm.* [GJ V]
→Keller.

Kellerreihe - f, khęlǝra:iə, Pl. id. [Alt, Fek, Nad, Oh, Wem II]
A, W: nebeneinander stehende Presshäuser, die eine Dorfstraße bilden ● *In de Källeraaje stiehn bei uns ville Wåikeller, un in de Baureraaje senn ville Baueshreiser.* [Fek II]
→Gasse, Keller, Reihe.

Kern - m (n), khęrn, -ər [Baw II, Ap III, Fil, Hod, Pal, Siw III, Put, Tom IV, Fak, Ga, Glog, StA V]; khęrn, Sg. tant. [Jood, Oh II, Ben, Bru, Charl, Fib, Jahr V]; kheęn, Pl. id. [Ru IV], khęrn, khęrnə [Jood II]; khęən, -ər [StI II]; khęn, khęːrə [Ost V]; kheura [El V]; khęęn [Aug, Ed, Scham, Schor, StIO, Wein, Wud, Wudi V]; (n) khiəndl [Aug, Ed, Wein, Wud I]
1. Fo, G, O, W: harter innerer Teil einer Frucht *Etym.:* In *Kern* (3) erfolgte Bedeutungsübertragung von 'Obstkern' zu 'Weinbeere'. ● *Die weießi, rundi Schampiau (↑Champignon), dej haum en brauene, klaane Kean.* [Wud I] *Un die Kirwisl (↑Kürbis) had mer ausbohrt obn und ba ein kleine Loch had me die Keän alles raus.* [Ru IV] *D'Nusse wärn ufklopft un die Kärn rausgnumme.* [StA V] *Die ↑Szegediner, dann die Ziwewetrauwe ham-mer ghat. Die hann ka Käre ghat un mir hann richtichi Ziwewe (↑Zibebe) gmach dervunn, Rosine.* [Ost V] 2. A: Samen von Getreidepflanzen, vor allem Weizen- und Maiskörner ● *Däe ganze Kärn, des is seltn viəkumme, des is gschrode woan.* [Baw II] *Die Kihe honn die Kärn gfresse, un die Ross aa.* (...) *Was die Secktrager (↑Sackträger) waret, die hänn die Kärn auf de Bode (↑Boden 1) tragn.* [Jood II] *Der Kugrutz kam-mer aabaue mit de Maschie sechzich Zenti Reihebrädi (↑Reihenbreite), odde mit de Hacke, widde so in däre Bräti die Kärne.* (...) *Ba uns woa de Zinderkukrutz (↑Zünderkukuruz). Där hot so klaana Käener un is schun*

bal[d] rot. *Er is viel besser zu fittre* (↑füttern) *wie die Käener, wos jetz sein.* [StI II] *Beim Schroter hot me die Kärner hiegetut, die Kukrutzkärne, un dart sinn se zu Schrot gmahle warre.* [Ap III] *Wam-mer gedrescht hot, no hot mer 's* ↑*Fruchttuch verwendt, for die ausgfallne Kärn ufhalle* (↑aufhalten). [Bru V] *Vun zwaa* ↑*Glecke gebt's en Kåreb* (↑Korb) *voll Kärner.* [Glog V] *Die Kukrutzsorte ware verschiedene, de Rosszahnkukrutz un de Warjascher, de altmodische mit niedrichi Käre.* [Ost V] **3.** W: Weinbeere ● *Die veföütn* (↑verfault) *Kiëndl hot me aueszwickt, von dejni hot me in Kiëndlwei gmocht.* [Wud I]
■ PfWb IV 177 f.: II.1. 'Kern (Stein) des Steinobstes', 2. Kern des Kernobstes', 3. 'Kern der Nuss', 4. 'Samenkorn' a. 'Getreidekorn', b. 'Samen anderer Nutzpflanzen', II.1 'Sommerdinkel (Triticum dicoccum), eine Weizenart, 5. 'festes Holz im Stamminnern'; SüdHWb III 1263 f; RheinWb IV 424 f.; BadWb III 112 f.; BayWb 1/2, 1293 f. (auch *Kernl, Keəndl*); Gehl 1991, 77.
→(1) Nusskern; (2) Korn, Kukuruz-, Sonnenrosenkern; (3) Kernwein; großkernig.

Kernwein - m, khiəndlvāī, Sg. tant. [Aug, Ed, Wein, Wud I]
W: aus angefaulten Beeren gewonnener Wein ● *Die veföütn* (↑verfault) *Kiëndl hot me aueszwickt, von dejni hot me in Kiëndlwei gmocht.* [Wud I] ◆ Der Beerenwein hatte einen besonderen Geschmack und wurde bei Hochzeiten, Kindstaufen und ähnlichen Gelegenheiten aufgetischt. (Ritter 2000, 14)
→Kern (3), Wein.

Kerzenmacher - m, khertsəmaxər, Pl. id. [StI II]
B: Handwerker, der aus Wachs oder Stearin Kerzen gießt ● *Der Wochs* (↑Wachs) *hod er vekauft no dene Kärzemacher.* [StI II] ◆ Kerzengießer waren gewöhnlich gleichzeitig Lebzeltbäcker, etwa in [Bohl II], die vom Imker Honig und Wachs bezogen und verwerteten.
→Wachskerze.

Kessel - m, khesəl, Pl. id. [Ham, Pe, Schei VI]; khesl, Pl. id. [Jood, StI II, Ap, Berg, Stan III, NP, Orz, Tow IV, Bog, Bru, Glog, Lieb, Ost, Schön, Wer V, OW VI]; khe:sl [Ru IV]; khẹsəl [NPe V]; khẹsl [GN II]; khe:sl [Gai III]; khɐisl [Wud I]
1. G, Fo, O, V: großes, oben offenes Metallgefäß zum Kochen landwirtschaftlicher Produkte ● *Em Morget muss mer undem Kesslowe aaschiere* (↑anschieren) *de Kessl, und elles hägrechne* (↑hergerechteln). [Jood II] *Dort honn se noch die Kessl 'nei, un dot is sinn fië Sei die klaane Grumbiën* (↑Grundbirne) *gekocht won, un noch de* ↑*Pekmes is gekocht won.* [StI II] *Fir Schmalz is des Fett in klååni Stickle in der Kessl kumme un is ausglosse warre. Des ware die Grammle* (↑Grammel). [ApIII] *En großer Kessl voll Wasser is gschiert worre.* [Stan III] *Mid en Trenkkeßl, dea woa a kupfene Keßl, hod me die Rouß trenkt* (↑tränken). [Ru IV] *Bei uns ware for de Backowe oder de Kessl schiere, Rewe* (↑Rebe) *un Stengle* (↑Stängel) *genuch.* [Bru V] *Also die Nochbre hunn Quellfleisch griet, also des Fleisch, was gequellt, was im Kessl gekocht is wor.* [Lieb V] *Und jeder Arbeiter hat gehabt Geschirr für essen. Un das Hauptgeschirr ward ein Kessl.* [OW VI]
2. A: großes, geschlossenes Metallgefäß, a. A: in dem Wasser zur Dampferzeugung erhitzt wird; Dampfkessel ● *Mer hat misse Wasser fihre* (führen) *in die Bassene* (↑Bassin). *De Kessl hat viel Wasser gebraucht, des is verdampft.* [Ost V] **b.** O, W: in dem durch Destillation Schnaps erzeugt wird ● *Dort ware drei Kessle gwenn* (gewesen) *un die hann Schnaps gebrennt.* [Ost V] *Bei de Kessel, muss me warte, bis de* ↑*Wodke rauskummt.* [Schei VI]
→(1) Geschirr, Kesselfleisch, -ofen, Kupfer-, Tränk-, Wurstkessel; (2a) Dampfkessel; (2b) Raki-, Schnapskessel.

Kesselfleisch - n, kheslflaiʃ, Sg. tant. [Fek, Nad, StG, Wem II, Ap, Fil, Sch, Stan III, Be, Tow IV, Alex, Bill, Bog, Drei, Fak, Glog, Kreuz, NA, Ost, Wil, Wis V]
V: Schlachtfleisch, das im Kessel gekocht wird ● *Es Kesslfleisch, die Kepp* (↑Kopf 1a), *die Lumbl un die Läwwe* (↑Leber), *des is gekocht woan.* [NA V]
→Fleisch, Kessel, Quellfleisch.

Kesselofen - m, khesloːvə, -eːvə [Jood II]
Allg: unter einem Kessel aufgestellter Eisenherd ● *Em Morget muss mer underm Kesslowe aaschiere* (↑anschüren) *de Kessl, und elles hägrechne* (↑hergerechteln). [Jood II]
→Kessel (1), Ofen.

Kette - f (n), khet, -n [Pußt I]; khet, -ə [Bold II, Pal III, Be, Tow IV, Ben, Bill, Bog, Da, Fak, Glog, Len V]; khe:t, khe:də, Pl. id. [Fek, StI II]; khetə, -nə [Ga, Sad, StA V]; khetə, -nə [Ga, StA V]; khetum, -ə [Bil, Ham, Mai, Pe, Schei, Suk VI]; khetn [Pul, Tol I, Lug, Tem]; khe:tn, Pl. id.

[Wolf V]; (n) khetəle, khetələ [NP IV]
1. A, V, W: aus ineinandergreifenden Gliedern bestehendes, metallisches Band *Etym.:* (2) Das Flächenmaß *Kette* tritt in Banater Ortschaften in folgenden Bedeutungen auf: 1. in [Fak und Glog V] 'etwa so groß wie ein kleines Joch, also 1200 Quadraklafter' (etwa 5000 m^2), wobei das österr. Katastraljoch (mit 1600 Quadratklaftern) bedeutend größer ist; 2. in [Wil V] 'wie zwei Joch', 3. in [Ga und StA V] 'zehn Joch'. (Gehl 1991, 151). Im Deutschen kommt unserem Flächenmaß jene Bedeutung von *Kette* nahe, die im allgemeinen eine ununterbrochene Verbindung gleichförmiger Dinge meint wie Weber-, Vorposten-, Gebirgs-, Rebhuhn-, aber auch Gedankenkette, Kette von Plagen, Ausschweifungen usw. (DWb 11 633 f.: Kette 4.) Im Pfälzischen ist die *Kette von 20 Schritt* ein Wegmaß' von 1563: "Ein Viertel einer meile helt 50 Ketten, daß ist 1000 schrit oder 5000 schuch oder zehen acker lengen". (PfWb IV 187: 2a) - Die Sanktannaer *Kette* ist möglicherweise eine rum. Entlehnung, da sie flächenmäßig der Ausdehnung einer rum. Kette, *lanţ* m. entspricht. Dagegen ähnelt die *Kette* in Glogowatz dem ung. *láncz* 'Kette', auch Feldmaß 'Joch, Morgen' und dieses dem serbokr. *lánac* als altes Feldmaß 'Joch', etwa *pet lánaca zemlje* 'fünf Joch Land'. Das ung. und auch das rum. Wort (die zu unseren Belegen führen) gehen ersichtlich auf südslaw. Vorbilder zurück: serbokr. *lanac* 'ein altes Längen- und Flächenmaß', slowen. *lânec*, bulg. *lánec*, aber auch slowak. *lanc*, ukr. *lanc* usw. (MESz 2, 714 f.) ● *Un mit Kettn is de Maaschbaam* (↑Maischebaum) *zammghengt gwest, iwwen Wogn.* [Pußt I] *Mit den Streng ziehgt der Gaul, die senn von Hanft* (↑Hanft). *On was die Fiaker woarn, die honn Streng* (↑Strang) *mit Kede ghot.* [Fek II] *Do woan zwaa Kede drin in de Brihmulter.* [StI II] *Do wår dann de Elevator dort hann neie Kette misse drufkumme.* [Bill V] *Und hab de Klaanen (Kleinen) angebundn mit a gude Kettn und hab sie so gfiehrt am Mark.* [Lug V] *Die Ross ware die letscht Zeit schun mit Kette aagebunn.* [Ost V] *Wem-me en große Bärg hat nab misse, do hat mer d'Reder gspärrt mit de Kettum.* [Schei VI]
2. A: altes Flächenmaß, entsprechend etwa einem Joch, aber auch größer ● *Bei de Håådkette had mers Feld in Kette gmesse.* [Glog V] **Anm.:** Die Varianten *Kettn* und *Keetn* mit n-Morphem im f. Sg. und Pl. weisen bair.-österr. Einfluss auf. ■ PfWb IV 186 f.; SüdHWb III 1271-1273; RheinWb IV 439; BadWb III 117; Gehl 1991,

151; SchwWb IV 356 f.: (Kettem, Pl. Kettemen)
→(1) Kettenschleife, Sperrkette, Strang; (2) Heidekette, Joch.

Kettenschleife - f, khetəʃlaːf, -ə [Drei, Eng, NA V]; khetəʃleːf [Kreuz, Wies V]
A: Ackergerät aus verbundenen Ringen zum Glätten des Feldes ● *Die äschti Ketteschlaafe sein vum Triebswette* (ON) *gmacht woan un friher woan auch die Reiseschlaafe.* [NA V]
→Kette (1), Schleife.

Kiebitz - m, kiːbits, -ə [Buk, Fi, Ker III, Ker IV, Bill, Sad, Wer V]; kibits [Ker III, Ker IV, Gott, Tschan V]; kivits [Fil, Fu, Sch, Stan, Tor, Tscher, Wasch III, Franzf, Frei, Gott, Gra, Len, Low, War V]; giwix [NB V]; kivik [Gott, Karl, Len, NB, Low, Tschak V]; kiːvits [Stan, Wasch III, Buk IV, Bill, Wer V]; khibits [GStP, Tschan V]
V: mittelgroßer, schwarzweißer mit aufrichtbarem Federschopf am Hinterkopf; Vanellus vanellus *Etym.:* Der seit dem 14. Jh. belegte Vogelname geht auf mhd. *kībitze* u. a., mittelniederdeutsch *kivit, kiwit* zurück. Dabei handelt es sich um eine schallnachahmende Bildung nach dem Ruf dieses Regenpfeifers. (^{23}Kluge, 440) ● *Flieget d'Schwalme* (↑Schwalbe) *hoch un d'Kiebitz nieder, nom git's schen Wetter wieder.* [Sad V] ■ Gehl 1991, 1221; Petri 1971, 123.
→Vogel.

Kiftele - f, selten, pifteːle, Pl. tant. [Bil, Ham, Pe, Schei, Suk VI]
V: zu Klößen geformtes und gebratenes Hackfleisch, Frikadelle *Etym.:* Entlehnung aus rum. *chiftea* 'Hackfleischkloß', Pl. *chiftele*, dial. auch *cheftea* und *piftea*, Pl. *piftele*. Das rum. Subst. ist seinerseits entlehnt aus türk. *köfte* 'Frikadelle'. (DEX 145) ● *No war Suppe, Floaisch, Graut un Piftele, wie sagt me, säll Hackfleisch.* [Schei VI]
→Fleisch (1).

Kilo - n, khilo, Pl. id. [StI II, Stan III, Tem V]; kilo, Pl. id. [OG I, Seik II, Ru IV, ASad, Bog, GJ, Gra, Lind, Resch, War, Weid, Wolf V, Bat, Bil, Ham, Pe, Schei, Suk, VI]; kilo, kilə [OG I, Ha, StI, Wem II, Ap, Brest, Gai, Sch, Tscher III, Be, NP IV, Bak, Fak, Ga, Glog, Nitz, Sad, Wil V]
Allg: (verkürzt für:) Kilogramm, als Maßeinheit des Gewichts (= 1000) g ● *Wann se aundetholb-zwaa Kilo sann, no ta-me se obsteche* (↑abstechen), *die kumme oli 'nei in Nailonsackl* (↑Nylonsack) *un in Kühlschrank.* [OG I] *No honn ich*

misst zehn Kilo Honich vekaufe, es ich aan Kilo Wachs honn kricht. [Ha II] *Im September kriege die Bien bis fünfzehn Kilo, a Winterfutter.* [Seik II] *Un noch des Bratwirschtsach: In zeh Kilo Fleisch sein zwanzich Dekå Salz neikomme un siewenuntzwanzich Dekå Paprike un Knouwl (↑Knoblauch) is neikomme in die Brotwischt.* [StI II] *Bei Rindfleisch henn därfe zehn Prozent Knoche draa seie, bei Kalbfleisch zwanzich Decka bei einem Kilo.* [Stan III] *Acht oddr zaih (zehn) Kilo Traubn sann in ein Märitzl (↑Meritzel) reigangen.* [Ru IV] *In Großjetscha (ON) hat mer's Fleisch noch nohm Phund kaaft, zum Beispiel dreivertl Kilo, anderthalb Phund.* [GJ V] *Zum Beispiel meine Schwiegemutte, die hat nicht mit Kilo etwas gsacht, nue mit Pfund.* [Tem V] *Der hot Tausende Kilo Solz in Wold ze de Solzlecken (↑Salzlecke), woa's Wild weckslt.* [Wolf V] *Nå, in Heåbst, mus i durchschaun då Bienstock. Is e schweche (↑schwach 2), den lau (lasse) i sechs-simm Kilo Honig drin.* [Bat VI] *Un obe isch d'Wååg gsei, wo me hot gwoge, jeder wifl Kilo dass es hot ghet.* [Schei VI]
→Deka, Kilometer, Liter, Metze, Pfund, Waggon, Zentner; kiloweise.

Kilogramm - n, kilogram, Pl. id. [OW VI]
Fo: Gewichtseinheit von 1000 Gramm ● *Die Leute saameln diese Frichte (↑Frucht 2) un de Förster bezahlt ihnen nach Kilogramm.* [OW VI]
→Kilo.

Kilometer - n, khilometə(r), Pl. id. [Aug, Schor, Wud I, Baw, Jood, Kock, Seik II, Ap, Fil, Mil, Pal, Sch III, Put, Tom IV, GK, Gra, StA, War V, NP, OW, Pe VI]; kilome:tə [OW VI]
Allg: 1000 Meter umfassendes Längenmaß ● *Jetzt fahr ich schon es dritti Joahr 'nauf bei de tschechische Grenz, virzich Kilometter entfärnt.* [Seik II] *Un Sendiwan (ON) is nein Kilometter vun Apetie entfärnt.* [Ap III] *Das Nebntal, von zehn-zwölf Kilomete, war das lengste.* [OW VI]
→Kilo, Meter.

kiloweise - Adv, kilovais [Baw, Jood, Seik, StI, Wem II, Fil, Ker, Pal, Mil, Siw, Wepr III, NP, Tom IV, Bak, Bru, Fak, Ga, Glog, Gra, Nitz, Low, War, Wis V]
Allg: zu je einem (oder mehreren) Kilogramm ● *Es Fleisch is net kiloweis vekaaft woen, manche honn zwölfehalb ↑Deka gekaaft.* [Baw II]
→haufen, -korbweise; Kilo.

Kinnbacken - f, khī:pakə, Pl. id. [Bru, Fak, Glog, Jahr, Lieb, Low, Wis V]
V: Kinnlade des Schweines bzw. Fleisch davon ● *Vun de Kiebacke hod me noch de Kiebackespeck gemach, des wor Paprikespeck.* [Lieb V] ■ PfWb IV 216: 2. 'Fleisch von der Kinnlade des Schlachttiers, Kopffleisch überhaupt'; SüdHWb III 1312; RheinWb IV 496.
→Kinnbackenspeck, Vieh.

Kinnbackenspeck - m, kī:pakəʃpek, Sg. tant. [Fil, Mil III, Be, Tom IV; Alex, Bak, Bog, GJ, GK, Lieb, Nitz, Ost, War, Wis V]
V: fettes Fleisch von der Kinnlade des Schweines *Etym.: Speck vom Kinnbacken* meint das fette Kopffleisch des Mastschweines. ● *Im Spotjahr hot mer als im Ofe Grumbireschnitz (↑Grundbirnenschnitze) gmacht, do isch oft frischer Kiebackespeck drufglegt warre.* [Mil III] *Vun de Kiebacke hod me noch de Kiebackespeck gemach, des wor Paprikespeck.* [Lieb V]
→Kinnbacke, Speck.

Kipfel - m, khipfl, Pl. id. [Ed, Schor, Wein, Wud I, Kock, Nad, Wem II, Gai, Ker, Mil, Sch, Werb III, In, Ru IV, Alex, Bog, Fak, Ga, Glog, Sad, StA, War V]
A: längliches, an den Enden spitz zulaufendes Weizengebäck *Etym.:* Vgl. österr. *Kipfl, Kipferl*, aus mhd. *chipfen*. (Wahrig 2028) ● *In der Stadt hot mer sich Fransela-Brot, Kipfl, ↑Langosch mit Schofkäs oder ↑Mitsch kaaft un gesse.* [StA V] ◆ In der Stadt gab es *Kipfel* aus gewöhnlichem Brotteig, während der Teig der selbstgebackenen *Salzkipfel* mit Milch angemacht und zusammengerollt wurde. Nach dem Backen befeuchtete man die Oberfläche und streute Salz oder Kümmel darauf.
→Brot, Schmerkipfel.

kippen - schw, khipə, kəkhipt [Bog, GK, Len, Low, Ost, War V]
A, G, W: die Spitze einer Pflanze abschneiden *Etym.:* Vgl. frühnhd. *kipfen* 'die Spitze abhauen', von lat. **cippare* '(die Spitze) abhauen', zu lat. *cippus* 'Pfahl'. (Wahrig 2029) ● *In Fruchtfeld is Korn (↑Korn 2) ufgang (↑aufgehen) drin. Un no had mer des Korn gekippt mit der Sichl, dass es ka Some (↑Samen) macht, wege de Somefrucht. Schunscht wär zum Schluss schun gmischt gwenn vum Korn un Frucht.* [Ost V]
→abschneiden.

Kirchberg - m, khe̜riçpe̜rx, -ə [Jink, Kä, Sag, Sar, Warsch II]
A: Anhöhe, auf der eine Kirche steht ● *Heher geleche is de Kärichbärch, de Zigeinebärch un de Kohlebärch.* [Jink II]
→Berg.

Kirchenbrücke - f, khiərxəpre̜kə, Pl. id. [Alt, Fek, Nad, Oh, Wem II]
A: nahe zur Dorfkirche errichtete Flussbrücke ● *Bräcke senn die Äwwenbräcke un em Mätteduerf* (↑Mitteldorf) *die Kiërchebräcke.* [Fek II]
→Brücke.

Kirchengasse - f, khirxəkas, -ə [Fak, Glog V]; khe̜rçəkas [Ap, Brest, Fil III]
A: Straße, die zur Gemeindekirche führt ● *Ja, die Gasse in Apatie* (ON), *do sinn die Mittlgass un die Kreizgass, die groß Moraschtgass, Kärchegass un Spatzegass.* [Ap III]
→Gasse.

Kirchhof - m, khiriçəho:f, -he:f [Go, Ma, Pal, Wak, Wiel II]; khiərhof, -he:f [Alt, Fek, Nad, Oh, Wem II]; khe̜rçhof, -hef [Alex, Bill, GJ, Gra, Knees, Len, War V]; khe̜riçho:p, -he:p [Jink, Kä, Sag, Sar, Warsch II]
A: Begräbnisstätte neben einem Gotteshaus
Etym.: Das Subst. kommt aus mhd. *kirch(h)of* und bezeichnet zunächst den Hof vor der Kirche im wörtlichen Sinn. In frühnhd. Zeit wurde es (nord- und westdeutsch) zu 'Begräbnisstätte' verengt. ([²³]Kluge, 443) ● *Em Ännerduerf* (↑Unterdorf) *is de âlte Kiërhof un aa de Judekiërhof.* [Fek II] *Kärichhep woan mährere, do woar de räformert Kärichhop, de katholisch Kärichhop un de Jurekärichhop.* [Jink II] *Do es de âlte Kirichehof un de näie Kirichehof in de Kirichhofsgâsse.* [Wak II] *Em Kärchhoff senn ville alte Grewer* (Gräber). [Knees V] *Anm.:* Die Lautvariante *Kärichhop* weist unverschobenes *p*, Vokalsenkung *i>ä* und Sproßvokal *-i-* auf. ◆ Wenn der alte Kirchhof in der Dorfmitte nicht mehr ausreichte, wurde am Dorfrand ein neuer, größerer Kirchhof angelegt. Man erhielt meist nur die Grabsteine von Würdenträgern. Sobald diese Reste an die Friedhofsmauer verlagert wurden, konnte das freie Gelände als Parkanlage genutzt werden. - Für die verschiedenen Konfessionen einer Landgemeinde gab es ggf. getrennte Friedhöfe, so den evangelischen, katholischen, jüdischen und orthodoxen. Erst seit kurzem wurde diese Trennung auch nach dem Tod aufgelockert.
■ PfWb IV 241; SüdHWb III 1333; RheinWb IV 525 f.; BadWb 3, 136 f.; SchwWb IV, 404.
→Friedhof, Judenkirchhof, Kirchhoffeld, -gasse.

Kirchhoffeld - n, khe̜riçho:psfe̜lt, -fe̜ldər [Jink, Kä, Sag, Sar, Warsch II]
A: zum Kirchhof gehörendes Ackerfeld ● *Do woar es Härrschftsfäld un es Pharrefäld, es Kärichhopsfeld un es Klååheislerfäld.* [Jink II]
→Feld, Kirchhof, Kirchhofstraße.

Kirchhofgasse - f, khiriçho:fskåsə, Pl. id. [Go, Ma, Pal, Wak, Wiel II]
A: zum Friedhof führende Dorfstraße, gewöhnlich in Randlage ● *Do es de âlte Kirichehof un de näie Kirichehof in de Kirichhofsgâsse.* [Wak II]
→Friedhofsgasse, Gasse, Kirchhof, Kirchhoffeld.

Kirchweihschwein - n, khirxvaiʃvaindl, Pl. id. [Waldn III]
V: schon im Herbst, zum Kirchweihfest geschlachtetes Jungschwein ● *Manche hamm auch e Kirchweischweindl gschlacht.* [Waldn III] ◆ Gewöhnlich wurden die Schweine erst im Winter, nach starkem Kälteeinbruch, geschlachtet, da das Fleisch nicht gut konserviert werden konnte. Zur Kirchweih oder zur Hochzeit wurden Haustiere zu jeder Jahreszeit geschlachtet, um den Fleischbedarf für die zahlreichen Gäste zu decken.
→Schwein.

Kirne - f, khirm, -ən [ASad, Lind, Wei, Wolf V]
Fo: buttenförmiges Rückentragegerät *Etym.:* Vgl. *Kirne* 'Butterfass (Wahrig 2031), unter Anlehnung an die Funktion der ähnlichen Butte, und mit Assimilierung von *-rn>m*. ● *Die Leit* (Leute) *sann aff d'Munde* (↑Munte) *gange und hamm Bauchschwamme* (↑Buchenschwamm) *zammetrogn mit de Kirm.* [Wolf V]
→Butte.

Kirschbaum - m, khirʃnpa:m, -ə [ASad, NA, Resch, Tem, Wer V]; khirʃəpã:m, -pẽ:m [Ap, Hod, Gak, Mil, Pal III, Be, Put, Tom IV, Bak, Fak, Ga, Glog, Schön, Mar, Wil V]; khizəpã:m, -pẽ:m [Alt, Baw, Nad, Oh, Wem II]; khe̜rʃəpã:m, -pẽ:m [Siw, Tscher III, Alex, Bog, Bru, Fib, Gott, Jahr, Len, Low, StA, War V]; khiʃəpã:m, -pẽ:m [Fek II]
O: Obstbaum, der Kirschen trägt ● *Von de Kischebeem senn die Kische geroppt* (↑tupfen 1c) *un in die Stodt gfihet woen.* [Baw II] *In de*

Kischebaamtaaler hot's friher ville Kischebääm genn. [Fek II] *Die Amschle* (↑Amsel) *gehn gärn in die Kirschebeem.* [Mil III] *Mer hann mährere Kärschebeem* [Bog V] *In die Weigäete woan vill Kirschnbaame un Weickslbaame.* [NA V] ◆ Pfälz. Volksglaube: Eine Frau, die ihre Monatsregel hat, darf keinen Blumenstock anrühren und keinen Kirschbaum besteigen, sonst erleiden beide Schaden und gehen zugrunde. ■ PfWb IV 245; SüdHWb III 1343; RheinWb IV 554.
→Kirsche, Sauer-, Speckkirschbaum, Obstbaum.

Kirschbaumteil - m, khiʒəpa:msta:l, -ər [Alt, Fek, Nad, Oh, Wem II]
A: Flurnamen nach einem mit Kirschbäumen bestandenen Feldstück ● *Do woan ville Taaler. In de Kischebaamtaaler hot's friher ville Kischebääm gewwe.* [Fek II] ◆ Obstbäume wurden in Obstgärten oder auch am Rand von Weingärten gehalten.
→Kirschbaum, Teil (1a).

Kirsche - f, khiəʃ, -n [OG I]; khi:rʃə, Pl. id. [NB V]; khirʃ, -ə [Waldn III, Fak, Ga, Glog. Mar V]; kherʃ, -ə [GStP, Jahr, Low, NPe V] kheʀʃ, -ə [Ap, Gai, KK, Kol, Maisch, Stan, Tor, Tscher, Wasch, Wepr III, Bill, Bog, Hatz, Nitz, Ost, Orz, StA, Tsche V]; kheʀʃ, -n [Aug, Ed, Scham, Wud, Wudi I]; khiʃ, -ə [Baw II]; xriəsə [Sad V]; kri:si [Tew II]
A: kleines rundliches, gelbes bis dunkelrotes Steinobst, Frucht des Kirschbaums; Prunus avium *Etym.:* Zu den schwäb. und alem. Lautvarianten: kri:si, xriəsə vgl. die ahd. Formen für 'Kirsche': kirsa, chirsa, entlehnt aus lat. ceras(i)um, dieses aus gr. kerasion 'Kirsche'. ● *Jetz ta-me nue es Obst einfriën, in de Kühlschrank 'nei, olles wos wockst, Weicksl* (↑Weichsel), *Kiëschn, Biern.* [OG I] *Duot waan die Kische noch un Pfirsche, duot waan die Nusse, die woan extre afm Feld.* [Baw II] *Die Obstbeem worn Epplbeem, Biere* (↑Birne), *Ringlo* (↑Reneklode), *Weicksl, Kärsche, Kitte* (↑Quitte). [Ap III] *In den gezoene Strudl is neikumme e bissl Fett un dann Kirbis, Kirsche, was halt war.* [Waldn III] *Bei dem bliehe die Kersche zwaamol.* [Bog V] *Die Spatzekirsche sinn klaani, schwarzi Kirsche.* [Fak V] *Die letscht Zeit ham-mer vin Phärsche, vun Quetsche* (↑Zwetschge), *sogar vun Kärsche ham-mer Schnaps gebrennt* (↑brennen 2). [Ost V] ■ PfWb IV 243 f.; SüpdHWb III 1342; RheinWb IV 550-557; Gehl 1991, 234; Petri 1971, 57.
→(Sorten:) Giftige -, Honig-, Sauer-, Süß-, Spatzen-, Speckkirsche; (Verschiedenes:) Kirschbaum, Obst, Tollkirsche.

Kiste - f (n), khist, -ə [Har III, Bru, Da, Gra, NA, War V]; khiʃte, -ə [Gai III, Ben V]; khiʃt, -ə [Mil III, Fak, Ga, Glog, StA, Wil V]; khistn, Pl. id. [Esseg IV, Lug, Tem, Resch, Wer V]; (n) khistl, -ə [NA V]; khiʃtl, -ə [GK, Ost, War V]
Allg: rechteckiger, hölzerner Behälter ● *De Kamilleroppr* (↑Kamillenrupfer) *war so e 30-35 cm braati* (↑breit) *Kischt mit e Raaih* (↑Reihe) *alti Hechlzäh* (↑Hechelzahn). [Mil III] *Hod me die Paradeis in Kiste gepackt. Die Paradeis hamm nur eine Greße därfe hawwe.* [NA V] *Dann is der Tuwak* (↑Tabak) *groppt* (↑rupfen) *ginn in Kischtle, in so Pardeiskischtle un ufs Feld gschafft gewwe* (worden). [Ost V]
→Paradeiskiste.

Kiwick - m, kivik, Pl. id. [GK, NB, Ost, War V]
V: Höhlenbrüter mit dünnem, leicht gebogenem Schnabel, Wiedehopf; Upupa epops *Etym.:* Die Bezeichnung ist eine Lautnachahmung nach dem Ruf des Vogels. ● *Im Wald gsieht mer de Kiwick un de Baamklopper* (↑Baumklopfer), *de Specht, wie mer saat.* [Ost V] ■ Petri 1971, 123.
→Vogel.

Klafter - n (f), klo:ftə, Pl. id. [Ru IV, Fak, Glog V]; (f) klo:ftə [Ga, StA V]
A: altes Längenmaß unterschiedlicher Größe, Spannweite der seitwärts gestreckten Arme ● *Där Ockr* (↑Acker) *waa zeh Klofte braat un zwaahundet Klofte lang. Un e Klofte woa kani zwaa Metter.* [Ru IV] *Des Ⴕ Katastraljoch wor 200 Klofter lang un acht Klofter braat.* [Glog V] ◆ Die Größe des Klafters wird verschieden angegeben, z.B. in [Sch, StA, V] sechs Schuh, entsprechend 180 cm, in [Fak V] etwa zwei Meter. (Gehl 1991, 168) - Ein Klafter entspricht 6 Fuß/Schuh, d. h. etwa zwei Metern. Ein Schuh entspricht etwa 32 cm, also etwa einem Drittel Meter. (Horn 1975, 70 f.) ■ PfWb IV 260 n., m., f.: 1. 'Längenmaß' von 3 1/2 Schuh (98 cm) bis zu 3 m; SüdHWb III 1358 f.; RheinWb IV 598 f.; BadWb III 146; BayWb 1/2 1327 (die, das, der Klafter); Gehl 1991, 167 f.
→Klafterlatte, Maß, Meter (1), Quadratklafter.

Klafterlatte - f, klo:ftəlat, -ə [Surg II, Fak, Ga, Glog, StA, Wil V]
A: hölzernes Messgerät von etwa 2 m Länge ● *Mit de Kloftelatt had me zwaa Medder* (↑Meter

klappern

1) *messe kenne.* [Fak V] ■ Gehl 1991, 168.
→Klafter, Latte.

klappern - schw, klaprə, kəklapərt [Fak, Glog, Pan, Wil V]; klaprə, klapərt [Ga, StA V]
V: (von Storchenvögeln:) durch Aufeinanderschlagen des Schnabels ein klapperndes Geräusch erzeugen ● *Die ↑Goja hockn ufn Dach un klappern.* [Pan V]
→Vogel.

klar - Adj, kla:r [Bog, GK, Gra, Low, Ost, War, Wis V]; klǫ:r [Ker, Mil, Sch, Stan III]
1. W: (vom Most oder Wein:) durchsichtig, ungetrübt ● *De ärschte war schun viel besser wie der annre Wein, wu abglaaf is,* (↑ablaufen)*, de richtiche Presswein war schun klar, wie richtiche Wein.* [Ost V] 2. A, G: glatt, geebnet ● *Es Feld hot messe geegt wärre un gschlaaft* (↑schleifen 2) *wärre, dass es so klor war wie e Gärtl.* [Stan III]
→(1) trübe; (2) glatt.

klären - schw, refl, klę:rə, kəklę:rt [Jood II]
W: durch Absetzen von Rückständen im Wein klar werden ● *No kummt de Woi dart 'noi un des Fass wärd zugschlage, un nach klärt er sich, dass er sauber wird.* [Jood II]
→sauber.

Klasse - f, klas, -ə [Waldn III]; kla:s, -ə [Sulk II]
H, T: Kategorie, Güteklasse ● *No hat mer misse sehe, wieviel Sorte, also Klaase, dass es gebt.* [Sulk II] *Un där Hannef is not in Klasse kumme, ganz lange, guter, un not des Wärk* (↑Werg)*, de kirzre Hannef.* [Waldn III]
→Sorte, dritte -, erste -, vierte -, zweite Klasse; erstklassig.

klassifizieren - schw, selten, klasifitsi:rə, klasifitsi:rt [Bog, GK, Gra, Low, War, Wis V]
Allg: ein landwirtschaftliches Produkt nach Güteklassen einteilen *Etym.:* Entlehnung aus der Standardsprache. ● *Die ziehn dann e Bischl* (↑Büschel) *vum Thuwak* (↑Tabak) *raus un schaue un klassifiziere ne. Noh dem kriet mer gezahlt.* [Ost V]
→einteilen.

klauben - schw, klaum, klaupt [Aug, Ed, GT, KT, Scham, Schor, Wein, Wud, Wudi I]
A, Fo: auflesen, zusammenraffen ● *Hujz* (↑Holz) *hot mer im Wojd* (↑Wald) *net klaum dejefa* (dürfen)*.* [Wud II] ■ PfWb IV 280: 1. 'mit den Fingern auflesen'; SüdHWb III 1381 f.; RheinWb IV 664; BadWb III 151; BayWb 1/2 1320.
→lesen (1b), raffen, zusammenklauben.

Klaue - f, klauə, -nə [Ga, StA V]; klo:uə [Fak, Glog V]; klo:və, Pl. id. [Fek II]; klǫ:və [Lieb V]; kloə [Ap III]
V: (bei Paarhufern:) jede der beiden Hälften des Hufes ● *Ha, die Klowe, die hot me min Haairepper* (↑Heurupfer) *kennt abgereiß.* [Fek II] *Die Schuh, des sinn an der Zehwe* (↑Zehe) *die Klooe, die wärre mitm Klooezieher runnergezooe.* [Ap III] *Die Klowe hod mer abgezoe mid em Klowezieher.* [Lieb V] ◆ Die Klauen des geschlachteten Schweines werden mit einem hakenförmigen Gerät vom Fuß herabgezogen. ■ Gehl 1991, 107.
→Klauenzieher, Schuh.

Klauenzieher - m, kloətsiər, Pl. id. [Ap, Ker, Sch, Stan III]; klo:ətsiər [Bill, Bog, Ger, GJ, Len, Lieb, Mar, Ost, Wis V]
V: hakenförmige Vorrichtung zum Entfernen der Klaue beim geschlachteten Schwein ● *Die Schuh, des sinn an der Zehwe* (↑Zehe) *die Klooe, die wärre mitm Klooezieher runnergezooe.* [Ap III] *Die Klowe hod mer abgezoe mid em Klowezieher.* [Lieb V]
→Klaue; abziehen (1).

Klause - f, klaus, -n [ASad, Resch, Wei, Wolf V, OW VI]
Fo: Schleuse, in der das Wasser gestaut wird ● *Un da sinn Schleuser gemacht, Klaus sagt man das bei uns, wo man das Wasser abspeert* (↑absperren)*.* [OW VI] ■ ÖstWb 271: 'Talenge'; *Klausen* BayWb 1/2 1339: Holz-, Kaiser-, Wasserklausen; eine Art Schleuse.
→Schleuse.

Klee - m, kle:, Sg. tant. [Schor, Tax I, Kock, Petschw, StI II, AK, Brest, Fu, Gara, Hod, Kol, Tscher III, In, NP IV, Bak, Fak, Ga, Glog, GStP, Low, Mar, NA, Nitz, Ost, Pan, StA, War, Wei, Wil, Wolf V]; klę: [Petschw II]; klį: [DStP V]
A: Futterpflanze aus der Gattung der Schmetterlingsblütler mit gefingerten Blättern; Trifolium ● *Im Summer hot mer Grienes gfudert* (↑füttern)*, Klee un Äschpesätt* (↑Esparsette)*.* [Kock II] *Hat, Klee aussaan* (↑aussäen)*, des muss mer in Fruhjahr. (...) Die Antn* (↑Ente) *fressn Klee un Brennnesl un die Schwei, is stoark gut.* [Petschw II] *Sie honn noch Klee mise oobaue* (↑anbauen)*, wann se Geil* (↑Gaul) *hatte un Kieh, noh honn se*

Kleefeld

mise Klee oobaue. [StI II] *Klee un die Wicke sein frihe mit de Sense gmeht woan.* [NA V] *De Klee war aarich gut gerot, die Leit henn schun mitm Kleesome gerechnt.* [Nitz V] *Die Kih henn viel Klee gfresse, Rotklee, Weißklee un aa Rossklee.* [Pan V] ■ Gehl 1991, 86; Petri 1971, 73.
→Bibor, Kleefeld, -garten-, -heu, -samen, -seide, -stück, Luzerne, Muhai, Ross-, Rot-, Stein-, Weißklee, Wicke.

Kleefeld - n, kle:felt, -feldər [Bak, Bog, Fak, Ga, GK, Glog, Len, Low, Nitz, Ost, StA, War, Wil, Wis V]
A: mit Klee bebautes Ackerland ● *Die Rosshalte* (↑Rosshalter) *hann die Rosshalt in de Nacht iwe die Kleefelder getriewe* (↑treiben 1). [Nitz V] *Die scheni ↑Trappgans, des is die grescht. Die gehn oft in Kleefelder, un so gsieht mer die.* [Ost V]
→Feld, Klee.

Kleegarten - m, kle:ka:rtə, -kẹ:rtə [Go, Ma, Pal, Wak, Wiel II, Bog, GK, Gra, Low, Ost, War V]
A: kleines Feldstück zum Anbau von Futterpflanzen, Weinreben usw. ● *Außerm Durf woar de Kleegarte, de Hoppegarte un de Krautgarte.* [Wak II] *Manchi hann des Kleegärte gnennt, Weigärter odder korzi Lengde* (↑Länge) *un aach korzi Stickle* (↑Stück 1a). [Ost V] ◆ *Die sog. Kleegärten waren zum Anbau von Futterpflanzen zugeteilt.*
→Garten, Klee.

Kleeheu - n, kle:ha:i, Sg. tant. [Jood, Petschw II, gai, Sch, Siw III, Bog, Char, Len, Low, Ost, Seu, StH V]
A, V: Viehfutter aus getrocknetem Klee ● *Mir honn die Kihe* (↑Kuh) *gfuettert* (↑füttern) *Kleehaai, wenn nit, noch des Wiesehaai.* [Jood II] *Die Pfäede hann Kleehei krigt un gǎnzn Kukrutz* (↑Kukuruz) *oder Schrot, dann noch Howe* (↑Hafer) *un Ruem, Viechruem* (↑Viehrübe). [Petschw II] *Kleehaai is doch eiweißreiches Fuder* (↑Futter) *un's Wickehaai gnauso.* [Ost V]
→Heu, Klee.

Kleesamen - m, kle:sa:mə, Sg. tant. [Alex, Bog, Ger, Gott, Gra, Len, Low, Mar, War, Wis V]; kle:sõ:mə, Sg. tant. [Bak, Nitz V]
A: Samen des Futterklees ● *E bissl gmietlicher war's nor, wann Kleesame gekuppt is ginn.* [Alex V] *De Klee war aarich gut gerot, die Leit henn schun mitm Kleesome gerechnt.* [Nitz V] ■ PfWb IV 286; SüdHWb III 1392; RheinWb IV 683; BadWb III 156.
→Klee, Samen.

Kleeseide - f, kle:saidə, Sg. tant. [Fak, Ga, Glog, Sad, StA, Wil V]; kle:sait [Bog, GK, Low, Ost, War V]; kleasa:dn [SM V]
A: als Unkraut verdrängte Schlingpflanze in Klee- u. a. Feldern; Cuscuta trifolii ● *Unkraut ham-mer viel ghat, die Wegwart, die Kespapple* (↑Käsepappel), *die Kleeseid, des Sudangras un vieli andre.* [Ost V] ■ Gehl 1991, 94; Petri 1971, 30.
→Klee, Unkraut.

Kleestück - n, kle:ʃtik, -ər [Ap, Ker, Mil, Sch, Stan, Werb III, Be, Tom IV, Alex, Bog, Ger, Hatz, Len, Lieb, Mar, Orz, Ost, War, Wis V]
A: nahe dem Dorf gelegene Parzelle, auf der (vorwiegend) Futterpflanzen angebaut werden ● *Des war schon Feld ums Dorf härum, es Kleestick odde die Kleesticker.* [Lieb V]
→Klee, Stück (1a).

Kleie - f, klaiə, Sg. tant. [Kock, Sulk II, Gak, Mil, Sch, Waldn III, ND, NP, Put IV, Bak, Bru, Fak, Ga, GK, Glog, Gra, Len, Nitz, StA, Ui, War V]; xlaiə [Sad V]; kla:i [StI II, Ap III]; kloiə [Jood II]
V: beim Mahlen abfallende, mit Mehl vermischte Getreideschalen und -hüllen, die als Viehfutter verwendet werden ● *Die Saue hon kriëgt mit Kleue, Trenki* (↑Tränke) *ode mit Grumpire, die klaane kochti Grumpire* (↑gekochte Grundbirne). [Jood II] *Hat, da wor Mähl, dann wor noch Grieß un Kleie.* [Kock II] *Un die Hingl* (↑Hünkel) *hunn aa kricht un die Geil* (↑Gaul) *hunn Hower* (↑Hafer) *kricht un die Kuh hot Klei kricht.* [StI II] *Die Kleie, des had me for die Saue vefudet* (↑verfüttern). [Sulk II] *Die Kih sinn im Summer uf die Waad* (↑Weide) *getriewwe warre* (↑treiben 2). *Im Winter henn sie Kihriewe krigt un Klaai un abgekochti Grumbiere.* [Ap III] *Ruweschnitz* (↑Rübenschnitzel), *die sein for die Kieh. Da is Kleie neigemischt worre un.* [Waldn III] *Die Kih hann Schrot kriet, also Kukrutzschrot mit etwas Kleie gmischt, mit Gärschteschrot odder Hawwerschrot.* [Ost V] *Wär si under d'Chleie mischt, dä frässet d'Soue.* [Sad V] ■ Gehl 1991, 196.
→Abfall, Fußmehl, Futter, Mehl, Rotmehl.

Kleinbauer - m, klã:pauər, -pauən [NA V]; klã:npauər, -paurə [Bru, Ga, StA, Wil V]; klãpauər [Tom IV, Fak, Glog V]; klẽ:npauər

[Bog, GJ, GK, Gott, Gra, Len, Low, Ost, War V]; klō:pauər [Kar III]
Allg: Landwirt mit geringem Feldbesitz, der berufsmäßig auf einem eigenen (oder gepachteten) Stück Land vorwiegend für den Eigenbedarf Ackerbau und Viehzucht ausübt ● *Die Klaanbaure hunn ihre Sach* (↑Sache) *ufs Dreschplatz uff am gewisse Feldstick gfihrt un zu Triste ufgsetzt.* [Bru V] *Do woan die Klaabauen un Großbauen, wo viel Feld ghabt hawwe.* [NA V] ■ PfWb IV 299; SüdHWb III 1408; BadWb III 160.
→Bauer, Kleinhäusler.

Kleiner Roter - m, klã:nə ro:də, Pl. id. [Bog, GK, Gott, Wies, Wis V]; klã:ni ro:di, Pl. id. [Drei, Eng, Kreuz, NA, Wis V]
G: kleine Rettichsorte von roter Farbe ● *Rattich sein mähe Sortn, de Klaani Rodi, de Langi Rodi, de Langi Weißi, de Eiszapferattich.* [NA V] ◆ Der kleine, rasch zu erntende Rettich wrrd wegen seiner kurzen Vegetationsperiode auch *Monatsrettich* genannt.
→Rettich; rot.

Kleinfleisch - n, klã:flaiʃ, Sg. tant. [Ap, Hod, Mil III]; klō:flaiʃ [Stan III]
V: kleinere Fleischstücke, die beim Transchieren des geschlachteten Schweines anfallen ● *Do wärd die Sau auseinander gnumme, un do is no extre de Speck, die Schunge* (↑Schinken), *de Bauchspeck un es Klaafleisch.* [Ap III] *Mer hot des Kloofleisch messe wegesse, weil des hot sich net ghalte* (↑halten 3). [Stan III]
→Fleisch (1).

Kleinhäusler - m, veraltet, kle:nhaislər, Pl. id. [Sch, Tor III, Hatz, StAnd, V]; kle:nhẹislər, Pl. id. [Wies V]; kla:nhaislər [Bru, Charl, Jahr V]; klå:haizlər [Jink, Kä, Sag, Sar, Warsch II, Fak, Ga, Glog, Wil V]
A: Kleinbauer, auch besitzloser Landarbeiter, der sich zumeist vom Taglohn ernährt Etym.: Vgl. bair.-österr. *Kleinhäusler* 'Kleinbauer'. (ÖstWb 272) ● *Die Klaanhäusler hunn sich vun de Baure, je noch Meglichkeit, a paar Joch gedingt for abmache* (↑abmachen 2). [Bru V] *Un da ware viel Kleenhäisler im Darf. De Hottar* (↑Hotter) *is net greßer war, un 's Volk hat sich vermehrt, un so sinn die Grinder* (↑Grund 2) *verkaaft war, un 's Geld uff die vieli Kinner vertaalt, un vun dart hann alli die Kleenhäisler abgstammt.* [Wies V] ◆ Kleinhäusler ohne Feldbesitz bearbeiteten die Felder der Großbauern ums Teil oder im Taglohn. ■ PfWb IV 300: 'wer ein Haus und ein wenig oder gar keinen Acker hat, sich meist vom Tagelohn ernährt'.
→Bauer, Kleinbauer, Kleinhäuslerfeld, -hutweide, -weingarten, Taglöhner.

Kleinhäuslerfeld - n, klå:haizlərfẹlt, -fẹldər [Jink, Kä, Sag, Sar, Warsch II]
A: den armen Bauern zugeteilte Grundstücke ● *Do woar es Härrschftsfäld un es Pharrefäld, es Kärichhopsfeld un es Klååheislerfäld.* [Jink II]
→Feld, Kleinhäuslerhutweide, -weingarten.

Kleinhäuslerhutweide - f, veraltet, klå:haizlərhutva:t, Sg. tant. [Jink, Kä, Sag, Sar, Warsch II]
A: schwächeres Weideland für das Vieh besitzloser Bauern ● *Die Hutwaad woar separat: die Bauenhutwaad un die Klåånheislehutwaad.* [Jink II]
→Hutweide, Kleinhäusler, Kleinhäuslerfeld.

Kleinhäuslerweingarten - m, veraltet, klå:haislərviŋəd, -ə [Jink, Kä, Sag, Sar, Warsch II]
W: armen Bauern zugewiesene, entlegene Weingartenparzellen, Flurnamen ● *Bei ons woarn junge Wingede un die Klååheislerwingede beim Klååheislerfäld.* [Jink II]
→Kleinhäusler, Kleinhäuslerfeld, Weingarten.

Kleinknecht - m, veraltet, kle:knkneçt, -ə [Bog, Gott, Gra, Low, War V]
A: junger Knecht am Bauernhof, der dem Großknecht untersteht ● *Mit zwelf Johr war ich Kleenknecht bei meim Veter, mei große Bruder war de Großknecht. Er war um acht Johr älter, un wie er gheirat hat, no war ich de Großknecht.* [Gott V]
→Knecht.

Klette - f, klẹtə, Pl. id. [Ga, StA V]; klet, -ə [Bog, Fak, Glog, Len, Low, Ost, War V]
A: Große Klette; Arctium lappa ● *Unkraut hammer viel ghat, Wildi Wicke, Klette, Pickantle* (↑Pickan) *un Bettlleis* (↑Bettellaus). *Die Klett, die Pickantl un Bettlleis, des sinn die, wu sich an die Strimpf un an die Hose aanpicke* (↑anpicken). [Ost V] ◆ Die mit hakigen Stacheln versehenen Blütenknöpfe der Klette heften sich fest an die Kleidung. Deshalb werden aufdringliche Personen metaph. als *Klette* bezeichnet. (PfWb IV 303: 2.) ■ PfWb IV 303; SüdHWb III 1413; RheinWb IV 708; Gehl 1991, 94.
→Unkraut.

Klingelwagen - m, selten, kliŋvaːgə, -veːgə [NA, Kreuz, Wies V]
G: flacher Transportwagen, dessen Fuhrmann sich mit Klingelzeichen bei den Kunden ankündigt ● *Schon in de Nacht um drei sein die komme mit de Klinglwege.* [NA V]
→Wagen.

klopfen - schw, klǫpfn, klǫpft [Ru IV]; klopə, kəklopt [Bog, Bru, Charl, GK, Hatz, Jahr, KöH, Len, Low, Nitz, Ost, War, Wis V]
1. A: (vom Getreide:) durch Ausklopfen die Körner vom Stroh trennen ● *Auf e Benkl* (Bank) *oddr e Stolltihr* (↑Stalltür) *is es Koan* (↑Korn) *klopft woan.* [Ru IV] *Es Kornstroh is gekloppt ginn, uff der Bank oder um a Brett im Hof, un dann aach gwind ginn* (↑winden). (...) *Die Rose* (2) *sinn mit Steckre* (↑Stecken) *gekloppt ginn.* [Ost V] 2. A: die Sense mit dem Dengelhammer schärfen ● *Im Schoppe* (↑Schuppen) *ware noch de Denglstock ufm Denglstuhl un de Denglhammer for die Sense un ↑Hacke kloppe.* [Bru V]
→(1) ausklopfen; (2) dengeln.

Klotz - m, klǫts, kleętsə [Bat, Pe VI]; kløts, -ər [OW VI]; klots, klets [Tax I, Har III, ASad, Bak, Bog, Fak, Ga, Glog, Len, Lind, Low, Nitz, Ost, StA, StAnd, War, Wei, Wolf V]
Fo: großes Stück Holz, Teil eines Baumstamms ● *A andersmol saan Kletz gfoahrn woan, af de Erd gschleppt, da hot's oan totdruckt.* [Wei V] *Aso ein Floß besteht von zwei-drei Tafeln* (↑Tafel 2). *In eine Tafel sind mährere Klötzer zusammengebunden duich Strick.* [OW VI]
→Eichenklotz, Stamm (2).

knallen - schw, intrans, knaln, knalt [ASad, Lind, Resch, Wei, Wolf V]; knalə, kəknalt [Bak, Bog, Bru, Fak, Glog, Gott, Gra, Nitz, Ost, War, Wil V]; knalə, knalt [Tax I, Haj II, Ga, StA V, Pe VI]
Fo, V: (von einer Peitsche oder einem Gewehr:) ein kurzes, scharfes Geräusch abgeben ● *Hat e jede a Peitschn ghobt, dann is geknallt wuorn.* [ASad V] *De Kihhalter hat morjets mit de Kihhalterpeitsch* (↑Kuhhalterpeitsche) *hart* (laut) *geknallt, dass alle Leit ghert hunn, for's Viech nauslosse.* [Bru V] *Ich hann vun Rafia* (↑Raphia) *a Schmick* (↑Schmicke) *an die Peitsch drangmach un hann geknallt.* [Ost V] *De Kihhalter geht mit der Kihhalt un knallt mit de Knallepeitsch.* [StA V] *Wenn er's wo knalln hot gheert, is er grennt, den Raubschitz* (↑Raubschütz) *fange.* [Wolf V]
→Knallpeitsche.

Knallpeitsche - f, knalpaitʃ, -ə [Fak, Glog V]; knaləpaitʃ [Ga, StA V]
V: lange Lederpeitsche mit vielen Knoten, die beim Schwingen einen Knall erzeugt ● *De Kihhalter geht mit der Kihhalt* (↑Kuhhalt) *un knallt mit de Knallepeitsch.* [StA V] ◆ Die genannte *Knallpeitsche* besteht aus einem kurzem Stiel und einem langen, am oberen Ende zusammengeflochtenen Lederriemen. Dessen unteres Ende ist mit Knoten aus einer starken Hanfschnur versehen, die den Knall hervorrufen. ■ PfWb IV 331.
→Boller-, Kuhhalterpeitsche, Peitsche (2); knallen.

Knecht - m, veraltet, knęçt, -e [Bog, Gott, Gra, GStP, Len, Low, Ost, Wer, Wis V]; knęçt, -ə [La, Nad, Oh, StI II, Ap, Mil, Waldn III, Fak, Ga, Glog, Orz, StA V]; knaːęçt, Pl. id. [Mu II]; knaːiçt [Mu II]
A: Gehilfe des Bauern mit geregeltem Arbeitsverhältnis ● *In Weigoate* (↑Weingarten) *is viel zu arweide. Mer sagt, de Weigoate brauch en Knecht, net en Härr.* [La II] *Die Knechte sein in de Stell* (↑Stall) *ins Haai* (↑Heu) *neigange.* [StI II] *Die Sallesch* (↑Salasch) *henn die Großbaure ghat ufm Feld. Ufm Sallasch ware die ↑Beresch, des ware die Pächter, un die henn no widder Knechte ghat. Ungare oder Schokatze henn bei der Bauer garwet.* [Ap III] *De Knecht, dä hod im ↑Tschardak gschlofe, un im Winder hod er im ↑Stall gschlofe.* [Waldn III] *Mir hann damols ke Knechte ghat. Ich war Knecht bei meim Vater, hann aa im Stall misse schlofe.* [Gott V] *Secks Kinner war mer, Knecht un Mädle* (Mägde) *hodde mr aach ghat un noch Tachlehner* (↑Taglöhner). [GStP V] *Bei uns hann se mal gedrescht un ich un de Knecht sinn net nochkumme mit wegfihre.* [Ost V] *Wir habn keine Knechte ghabt, weil bei de Weingäetn is so, heut brauchn sie niemand, morgn brauchn sie zwanzich Leut.* [Wer V] ◆ Bis zum Ersten Weltkrieg hatte die bäuerliche Großfamilie mit zahlreichen Kindern kaum selbst genug Schlafplätze im Haus, so dass Knechte und manchmal auch der älteste Bauernsohn sich in der warmen Jahreszeit im Futterhäuschen des Großtierstalls oder im Maisspeicher mit Decken auf Strohunterlage ein Nachtlager bereiten mussten. So konnten sich die großen Burschen auch der väterlichen Kontrolle über ihre abendlichen Ausgänge mit der Kameradschaft entziehen. - Die ahd. Wortbedeutung für *kneht* 'Knabe, Bursche, Junggeselle, Lehrling u. a. trat noch auf, wenn Großeltern den

kneten

Enkel liebevoll *mein Knecht* nannten. "Gell, du bist mei Knecht?" (Wolf 1987, 31)
→Bauer, Groß-, Kleinknecht, Herr, Magd.

kneten - schw, kne:tə, kne:t [Ga, StA V]; kne:də, kəkne:t [StI II, Fak, Glog V]; knętə [Bil, Ham, Mai, Pe, Schei, Suk V]
A: (von einer Teigmasse:) mit den Händen drückend formen ● *Noch hot se geknet den Taaig (↑Teig) mit warmes <!> Wasser, so lauwarmes, un Salz 'nei, des Brot gut durichgeknet.* [StI II] *De Brottaag muss mer iwwer e Stund lang knede.* [Fak V] *Beim Knete soll de Månn net zuschaue, wel sunscht geht's Brot net.* [StA V] *Vun Mäehl, Ziggr (↑Zieger) un Mill (↑Milch) knäete mer de Ziggerstrudl.* [Schei VI] ◆ Im bäuerlichen Leben der Donauschwaben herrschte eine klare Arbeitsteilung, und das Brotbacken war alleinige Frauenarbeit. Deshalb sollten Männer nicht einmal beim Kneten zuschauen, um das Aufgehen des Teiges nicht zu stören. Auch wenn mehrere Frauen mit dem Kochen ausgelastet waren, empfanden sie Männer in der Küche als lästig.
→Brot, durchkneten.

Knitsche - f, knitʃ, -ə [Hod III, Fak, Glog V]
H: (wie: Dulfe) ● *Die Taglehner (↑Tagelöhner) henn des Bischeli (↑Büschel) Hanf mit der Knitsch broche (↑brechen 1).* [Hod III]
→Dulfe, Hanfknitsche.

Knoblauch - m, xnoblįk, Sg. tant. [Sad V]; knobələ [GA II, Bil, Ham, Mai, Pe, Schei, Suk VI]; knovlox [Fu, Har, Hod, Sch, Tor, Tscher, Wasch III, GStP, Lieb V]; knubliç [Nimm II]; kno:vəl [NB V]; kno:vl [Gai, Tscher III, Bill, Ger, Heu, Low, Nitz, Orz, NB, Tsche V]; knovl [Jood; StI II]; knọu̯vl [StI II]; kno:fl [Petschw, Sag II, Ap, Brest, Buk, Fil, Gara, Hod, Kar, Kol, Stan III, NP IV, Fak, Bog, Glog, Karl, NA, Ost, Rud, StA, StM V]; knaufy [KT, Wud, Wudi I]
G, V: stark riechendes Zwiebelgewächs, dessen Wurzelknolle als Gewürz verwendet wird; *Allium sativum* Etym.: Für die Variante *Knofl* vgl. ahd. *cnufloch, chlobilouh, clofalouh,* eigentlich 'gespaltener Lauch'. (Wahrig 2068) ● *No kriegt's Baazwasser (↑Beizwasser) drauf. Do kummt auch Knowl dezue, dass des en guete Gschmack kriëgt.* [Jood II] *In die Bradwusch kummt Pfeffe[r], Knofl, Paprika und Sålz, hat, jemånd, dä wu will, dä tuet 'nei.* [Petschw II] *Un noch is des alles schee hiegericht (↑hinrichten)*

woan, un noch Zwibbl un Knouwl gschelt woan. (...) Noch honn se gfruhstuckt mit saure Paprike, gebrodenes Fleisch, do is Knowwl drufgschniede woen. [StI II] *Far die Kuchl (Küche) is aagebaut warre Grumbiere (↑Grundbirne), Zwiefl, Knofl un anneres.* [Ap III] *Knowloch hod mer aach dort droogetuu un anneres Gwärz.* [Lieb V] *Untem Kriech is Gemiese gebaut woan am Feld, Knofl un Zwiefl.* [NA V] *Zwiwwle, Knofl ham-mer im Garte gsetzt (↑setzen 2b), ja.* [Ost V] **Anm.:** In den Varianten: *Knowl, Knofl* ist b>w(f)-Wandel anzutreffen. ◆ Redewendung: *Do blieht de Knofl,* Begleitspruch zum Handzeichen 'eine Feige zeigen', wodurch dem Fragesteller eine Abfuhr erteilt wird. (Gehl 1991, 226) ■ PfWb IV 358 f.: "Knobloch, Knowloch, Knowwloch, Knowwlich, Knowlik"; SüdHWb III 1505; Rhein. IV 968 f.; SchwWb IV 538 f.: "Gnoblauch, Gnobleuch, Gnobloch, Gnoblech, Gnoblich, Gnoblet, Gnouwelich, Gnoble, Gnobele, Gnobl, Gnofl"; ÖstWb 273: dial. *Knofel*; Gehl 1991, 226; Petri 1971, 13.
→Gemüse, Grünzeug, Sommer-, Winterknoblauch, Knoblauchsoße, -tunke, -wasser, -zehe.

Knoblauchsoße - f, kno:flso:s, Sg. tant. [Fak, Ga, Glog, StA, Wil V] knovlso:s [Bog V, GK, Gott, Gra, Len, Low, Ost, Wis V]
G: mit Mehlschwitze verdickte Knoblauchtunke als Zugabe zu Fleischspeisen ● *Mer hat verschiedeni Soße gmacht, hauptsechlich Paradeissoß Weickslsoß, Knowwlsoß, Kappersoß un Kriensoß.* [Bog V]
→Knoblauch, Knoblauchtunke, Soße.

Knoblauchtunke - m, knobələtuŋk, Sg. tant. [Bil, Ham, Mai, Pa, Schei, Suk VI]
G: aus Knoblauch zubereitete, mit Mehlschwitze verdickte Soße ● *De Tunk hann sie amo gmacht friher, de Knobeletunk, von Knobele, ja.* [Schei VI]
→Knoblauch, Knoblauchsoße, Tunke.

Knoblauchwasser - n, knobələvasər, Pl. id. [Bil, Ham, Mai, Pe, Schei, Suk VI]
G, V: mit Knoblauchsaft angereichertes Beizwasser zum Konservieren von Schlachtfleisch ● *De bringe mer d'Schunge (↑Schinken) in so en Kibbel (↑Kübel) un tut mer Salz nauf un e Knobelewasser.* [Schei VI]
→Knoblauch, Wasser (2).

Knoblauchzehe - f, kno:fltse:gə, Pl. id. [Fak, Ga, Glog, StA, Wil V]
G: einzelner Teil der Knoblauchzwiebel ● *De Knofl is net gleich. Im Fruhjohr setz mer de Summerknofl un im Spodjohr (Spätjahr) de Winderknofl, där macht greßri Knoflzehge.* [Fak V] ■ PfWb IV 359; Gehl 1991, 226.
→Knoblauch.

Knochen - m, knoxn, Pl. id. [Bay, Schor, Wud I, Petschw II, In, Ru IV, Tem, Wer V, OW VI]; knoxə, Pl. id. [Baw, Wem, Wer II, Ap, Hod, Sch, Siw, Stan III, Be, ND, NP, Tom IV, Alex, Bak, Bill, Bog, Fak, Glog V, Bil, Pe, Suk VI]; knoxə, -nə [Ga, StA V]
V: einzelner Teil des vor allem aus Kalk bestehenden Tierskeletts ● *Die Leit honn als Knoche velangt zu Soppe.* [Baw II] *Noch is des Kretzlfleisch* (↑Gekrösefleisch) *rauskomme, vun der Knoche vun alles raus, un noch is es gemohle woen.* [StI II] *Bei Rindfleisch henn därfe zehn Prozent Knoche draa seie, bei Kalbfleisch zwanzich Decka* (↑Deka) *bei einem Kilo.* [Stan III] *Dort hunn se 1958 tiefi Erdlecher gegrab un sinn uff Knoche gstoß, weil dort aamol e Siedlung war.* [Bru V] *Der Katz wurkst* (↑wurgsen) *widder, der is jo e Knoche im Hals steckegebliwwe.* [Fak V] ■ Gehl 1991, 107.
→Bein, Markknochen, Vieh, Zuwaage; ausbeinen; grob-, leichtknochig.

Knödel - m, kne:dl, Pl. id. [Kisch II, Tom IV, Nitz V]; kne:dl, -ə [Fil, Hod, Mil, Siw III, Be, Put IV, Bak, Bog, Fak, Ga, GK, Glog, Len, Low, Ost, StA, War, Wil, Wis V, Ham, NP, Pe VI]; kne:tl, Pl. id. [Gai III, ND IV]; kne:l, Pl. id. [StI, Sulk II]; knɐĩl, Pl. id. [Schor, Wud, Wudi I]
A, G, V: aus Kartoffelteig oder Semmelbröseln zu einem Kloß geformte Beilage zu einem Essen ● *Wie des gekocht hot, hunn se ganz große Kneel nei, un des woa die Kretzlsuppe* (↑Gekrösesuppe). [StI II] *Aff Nacht war Metzlsuppe. Da war Wurschtsuppe un gfillts Kraut mit Kneel un Bacheraai* (↑Backerei). [Sulk II] *Gern gesse hot mer großi Knedle un Paradeissoß, Bohne-Nudle* (↑Bohnen-Nudeln) *oddr Krapfe.* [Mil III] *Die Paradeissoß esst mer mit gekochtem Fleisch un Knedle.* [Bog V] ■ PfWb IV 364 f.; SüdHWb II 1513; RheinWb IV 1023; BayWb I/2 1348 f.
→Gockelein, Gomboz, Leberknödel, Leckwartascherl.

Knopf - m (n), knopf, knøpfe [Stei V, OW VI]; knopf, knepf [NP IV, Fak, Glog, Kow, StA V, Bur, Ham, Pe VI]; knopf, knẹpf [Tow IV, Orz V]; knoupf, kneipf [GT I]; knjaupf, knjeipf [Wer I]; knop, knep [Gai, Har III, Tom IV, Bill, Eng, Jahr, Knees, Len, Low, Ost V]; (n) knepxə, -r [Ger V]; knepfl, Pl. id. [Fak, Glog V]; knepfle, knepflə [Ga, StA V]
Allg: (knopfähnlicher) Knoten in einer Schnur, einem Strick usw. ● *Die ↑Bollerpeitsch[e] had e langi Ledeschnur mit viel Knepf. Der Kihhalder* (↑Kuhhalter) *treibt mit ihr die Kih un die Bike* (↑Bika) *uf die Hutwaad* (↑Hutweide). [Glog V]

Knopfhengst - m, knophenʃt, -ə [Fil III, Bog, GK, Len, Low, Ost, War, Wis V]
V: kastrierter Hengst, Wallach *Etym.*: Die Bezeichnung geht von den knopf-, bzw. knotenförmigen Hoden des Hengstes aus. Gewöhnlich wird mit *Knopfhengst* der kastrierte, zur Feldarbeit einsetzbare, Hengst benannt. ● *Dann hat's Arweitsross* (↑Arbeitsross) *ginn, Zuchtstude* (↑Zuchtstute) *un der Knopphengscht, där war schun kastriert.* [Ost V] ■ Hockl 1997, 38: *Knopphengscht* '(kastrierter) Zuchthengst'.
→Hengst, Münich; kastrieren.

knüpfen - schw, knipfə, keknipft [Fak, Ga, Glog, Pan, StA, Wil V]
Allg: zwei Enden eines eines dünnen, länglichen Materials zusammenbinden ● *Die Liesche* (↑Liesche) *sinn zammgebunn ginn im Winder, sinn geknippt ginn. Liescheknippe had mer's gnennt.* [Ost V]
→Lieschenknüpfen, binden.

kochen - schw, khoxən, kəkhoxt [Fek, GN II, ASad, Tem, Resch, Wei, Wolf V]; khoxn, gekhoxt [OW VI]; khoxn, kekhoxt [NPe, Wer V]; khoxn, khoxt [ASad, Lind, Stei, Wei, Wolf V]; khoxə, kəkhoxt [Baw, Bohl, Petschw, StI II, Ap, Neud, Stan, Waldn III, Tom IV, Ben, Fak, Ga, Glog, NA, Ost, Schön, Tem V]; koxə, kəkhou̯xt [StI II]; khoxə, khoxt [Jood, StI II, Ap III, StA V, Bil, Ham, Mai, Pe, Schei, Suk VI]; khɐu̯xə, khɐu̯xt [Wud I]
A, B, G, O, V: landwirtschaftliche Produkte mit siedendem Wasser zubereiten ● *Hot, des woa die äescht Oarwet* (↑Arbeit). *Däreweil hod es Wasse scho gekocht un is gebriht woan die Sau in de Brihmulder* (↑Brühmulde), *des kochende Wase dribgschitt woan* (↑darüberschütten). [Fek II] *No senn die zwaa Saue ufgarbet* (↑aufarbeiten), *sinn*

die Wirscht gmacht, Wirscht kocht und Salami gmacht. [Jood II] In die Bluedwirscht kummt Blued 'nei un Kopffleisch 'nei, des wäd kocht. [Petschw II] Dort honn se noch die Kessl 'nei, un dot sinn fir fie Sei (↑Sau) die klaane Grumbiën (↑Grundbirne) gekocht won un noch de ↑Pekmes is gekocht won. (...) Dä Großvatter hot misse die Blutwischt koche. [StI II] Die Fiesl (↑Fuß) un der Schwanz sinn gekocht warre oder sinn far ↑Sulz (2) gnumme warre (worden). [Ap III] De Kopp henn sie no losgschnidde un no is des Koppflaaisch (↑Kopffleisch) gekocht worre im Kessl [Stan III] In de Sommerkich is gekocht worre, wenn's stark warm war. [Waldn III] Die [verendeten] Kih (↑Kuh) sin alli in Schinderloch kumme un die Schwei hod mer gnumme fer Saaf (↑Seife) koche. [Tom IV] De Schweinsgrumbire hot mer im Kessl gekocht un zum Schweinstränk vermischt. [Bru V] Aus Kitte hat mer Kittekes (↑Quittenkäse) gekocht, där is aarich gut. [Glog V] De Kochkukrutz war weiß, aso weißi Käre (↑Korn 1), un den had mer im Winder gekocht. (...) Die Zuckerärbse, die sißi, hat mer mit de Schote zamm gekocht. [Ost V] In de Mitt in de Hittn (↑Hütte) ham-mar en Feiehärd ghot, un durt is aa kocht woan. [Wei V] Die Paradeis ond des ↑Sulz (1), des alles is da drin gekocht worn, eigmacht. [Wer V] Dänn koche mer e guete Suppe, e Metzgersuppe. [Schei VI]
→auskochen (1), einkochen, einmachen, quellen, sieden; kochend, kochig, roh; gekochte Grundbirne, gekochter Kukuruz, gekochtes Fleisch, Grünkochbohne, -kürbis, Kochfleisch, -kukuruz, -kürbis, -wurst, Küche.

kochend - Adj, khoxənt [Fek II], khoxət [Fak, Ga, Glog, Wil V, OW VI]
Allg: eine Flüssigkeit in stark erhitztem Zustand ● Däreweil is gebriht (↑brühen) woan die Sau in de Brihmulder, des kochende Wase dribgschitt woan (↑darüberschütten). [Fek II] Die Schwammel (↑Schwammerl) tut man waschn mit kochetn Wasser, und dann legt man sie in Gläser (↑Glas 2) ein (↑einlegen), kannt man konservieren. [OW VI]
→kochig; kochen.

Kochfleisch - n, khoxflaiʃ, Sg. tant. [StI II, Fak, Ga, Glog, StA, Wil V]
V: durch Kochen zubereitetes Fleisch ● Noch der Suppe un em Kochfleisch sann die ↑Sarme komme. [StI II]
→ausgebackenes Fleisch, Fleisch (1), gebratenes Fleisch; kochen.

kochig - Adj, khoxiç [Ap, Mil, Stan, Werb III, Be, Tom IV, Bog, Fak, Ga, Ger, Lieb, Wis V]; khoxəliŋ [StI II]
A, G, V: stark erhitzt, kochend ● Dä Großvatter hot misse die Blutwischt koche. Ins kochelinge Wasser 'nei un imme steche, dass des Fett rauskommt. [StI II] Es Wasser is schun kochich. [Werb III] Dann hot me es kochich Wasse gholt vum Kessl. [Lieb V] ■ PfWb IV 397.
→kochend; kochen.

Kochkukuruz - m, khoxkukruts, Sg. tant. [Fak, Glog, Ost V]
A: zum Kochen geeignete Maissorte ● Die Kukrutzsorte ware verschiedene, Kochkukrutz war zum Hausgebrauch aagebaut ginn, un de Patschkukrutz mit spitzichi Käre (↑Korn 1) un klaani Kolwe (↑Kolben). [Ost V]
→gekochter Kukuruz, Kukuruzsorte.

Kochkürbis - m, khoxkirvəs, Pl. id [Fak, Glog]; khoxkhęrps, -ə [Ga, GK, Len, Ost, StA, Wil V]; khoxkherps [Bog, Low, War V]
G: länglicher grüner, zum Kochen verwendeter Kürbis ● Kärbse hat mer ghat in Garte, die Kochkärbse un dann die Brotkärbse far Strudl. [Ost V] Die Kochkerbs is die Nudelkerbs, die hat mer im Summer gesse. [Low V]
→Grünkoch-, Nudelkürbis, Kürbis; kochen.

Kochwurst - f, khoxvurʃt, -virʃt [Tom IV, Fak, Ga, Glog, Wil V]; khoxvǫrʃt, -vęrʃt [Sch, Siw, Tscher III, Bog, Ger, GJ, Kath, Lieb, Wis V]
V: Frischwurst, die vor dem Verzehr abgekocht wird ● Blutworscht un Lewweworscht, des war die Kochworscht, die hat me misse koche. [Lieb V]
→Wurst; kochen.

Köder - m, khęjdə, Pl. id. [ASad, Lind, Resch, Wei, Wolf V]
Fo: Lockspeise zum Fangen von Tieren ● Und wenn er an Hosn (↑Hase 2) fir Käjde braucht hot, han i ihn schuißn (↑schießen) missn. [Wolf V]

Koglischan - m, selten, khogliʒã:n, Sg. tant. [Albr, GStP, Mar, Trie, Wis V]
A: Als Unkraut verdrängter Klatschmohn, Papaver rhoeas *Etym.*: Entlehnung aus fr. *coquelicot* (bzw. lothringisch *koklosližo, kokolaža*) 'Klatschmohn'. ● Mei Großvater sei Generazion, die hann die franzesisch Werter noch all gebraucht wie: De Babrion (↑Papillon) sitzt ufm Koglischaan. [Trie V] ◆ In den Franzosensiedlungen des Banats:

Köhl

Triebswetter sowie die drei Schwestergemeinden Charleville, Sankt Hubert und Seultour wurden um 1770 fast ausschließlich französische Lothringer angesiedelt, von denen sich nur die (zumeist verballhornten) Namen und einige Ausdrücke als Spottnamen in den angrenzenden Gemeinden erhalten haben. Heute sind die früheren Bewohner alle ausgesiedelt. In einem Interview von 1971 ist zu lesen: "Die Inwanrer, des ware nämlich Franzose, die sin aus Elsaß-Lothringen kumm, des war im 1772er Johr. Do ware noch Franzose-Derfer: Santhubert, Charleville, Soltour, die sin dribe ba die Serwe, gleich do newe an dr Grenz, ba Harzfeld. Un die Inwanrer, wu doher uf Triebswedder kumm sin, die han im Mercydorf iberwintert, bevor se sich do angsiedlt han. Vun 200 Familie ware 190 Franzose un nor zehn deitsche Familie." (Konsch 1981, 356) ■ Petri 1971, 52.
→Pipatsch, Unkraut.

Köhl - m, khe:l, Sg.tant. [Ap, Berg, Fil, Mil, Sch, Tscher III, Fak, Ga, Glog, Gra, Joh, Len, Low, NA, Sad, War V]
G: eine Kohlart mit krausen Blättern; Brassica var. acephala ● *Do hat's noch Kapper* (↑Kaper) *gewwe un Mååk* (↑Mag)*, dann Spinat, Kraut, de Kehl, de Kree* (↑Kren)*, die Brotkärbse* (↑Bratkürbis) *un die Griekochkärbse.* [Ap III] *In Fewe (Februar) hod me oogebaut die Kolrawi un Karfiol far im Frihjahr un Kehl.* [NA V] ■ PfWb IV 400-403 (mit Karte *Kohl, Köhl*); SüdHWb III 1588; RheinWb IV 1111-1113; Petri 1971, 20.
→Gemüse, Köhlkraut.

Kohle - f, kho:ln, Pl. id. [ASad, Franzd, Lind, Stei, Wei, Wolf V]
Fo: in Kohlemeilern aus Holz verschwelter Brennstoff ● *Frehja hot ma Kohln brennt, Holzspaa* (↑Holzspan) *draht* (↑drehen 3) *- mit dem hom-ma uns recht vül befosst.* [Wei V]
→Holz, Kohlenberesch, -brennerei.

Kohlenberesch - m, kho:lnbi:reʃ, Pl. id. [ASad, Lind, Wei, Wolf V]
Fo: betrieblich beauftragter Kohlenbrenner ● *No drei Taa (Tagen) hom-mand d'Kohlnbieresch en Beföhl kriegt, ins Segewärk vun STEG foahrn und hom-man's mejssn um Bretta* (↑Brett) *foahrn.* [Wei V]
→Beresch, Kohle.

Kohlenberg - m, veraltet, kho:ləpɛrx, -ə [Jink, Kä, Sag, Sar, Warsch II]
Fo: bewaldete Anhöhe, wo früher Holzkohle gebrannt wurde, Flurnamen ● *Heher geleche is de Kärichbärch, de Zigeinebärch un de Kohlebärch.* [Jink II]
→Berg.

Kohlenbrennerei - f, kho:ləprenəra:i, -ə [Bru, Charl, KöH V]
Fo: forstlich genutzter Betrieb von Kohlenmeilern, in denen Holz zu Holzkohle verschwelt wird ● *Außer dem Sauerbrunne* (↑Sauerbrunnen) *gibt's noch die Seceaner Quell im Owwerwald* (↑Oberwald)*, newer der Kohlebrennerei.* [Bru V]
→Kohle.

Kohlenhydrat - n, selten, kho:lnhidra:t, -e [Gra, Mar, Ost, Wies V]
A, G, V: organische Verbindung, die in Form von Stärke, Zellulose oder Zucker zu den wichtigsten Nährstoffen des Tierfutters gehört *Etym.:* Entlehnung aus der Standardsprache. ● *Un dann ham-mer glärnt, wieviel Einheite Stärke, Eiweiß, Kohlnhidrate un so weiter, was es Jungviech brauch.* [Ost V]
→Futter.

Köhlkraut - n, khe:lkraut, Sg. tant. [Berg, Mil, Pal, Sch, Siw, Stan, Tscher III, Fak, Ga, Glog, NA, Sad, Wil V]
G: (wie: Köhl) ● *Kraut had mer meischtns Weißkraut oogebaut, wenicher Rotkraut un Kehlkraut, awwer des wor aa gut.* [Beg III] ◆ Aus Köhlkraut bereitetes Gemüse wurde gerne am Gründonnerstag gegessen. ■ PfWb IV 407; SüdHWb III 1595; Gerescher 1999, 96 [Berg III]
→Gemüse, Köhl, Kraut.

Kohlrabi - m, 'kholra:bə, Pl. id. [Bil, Ham, Mai, Pe, Schei, Suk VI]; kholra:vi [Wasch III, Bog, Fak, Ga, GK, Glog, Jahr, Len, Low, NA, NB, StA, War, Wil V]; kholəra:wi [Orz V]; khelǝra:bi [Ora, Stei V]; khoulra:fi [Wud I]; kholra:wə [Stan III]; kholrapn [Tschan V]; khulra:və [Ger, Low V]; khuira:fi [KT, Wud, Wudi I]
G: Zuchtform des Gemüsekohls mit Stängelknollen; Brassica oleracea gongylodes *Etym.:* Entlehnung aus bair.-österr. *Kohlrabi*. Der Gemüsename kommt hier aus ital. dial. *cauliravi*, zu ital. *cavoli rapa*, aus lat. *caulis* 'Kohl' und *rapa* 'Rübe'. (Wahrig 2079) - Nach Kretschmer (1969, S. 301-303) unterscheidet man in Berlin: 1. *Kohlrabi*,

Brassica oleracea caulorapa, mit grünen, aus dem Erdboden ragenden Knollen, 2. *Kohlrübe*, Brassica napus rapifera (bzw. esculenta), mit kindskopfgroßen, graugelben Knollen und 3. *Weiße Rübe* oder *Teltower Rübe*, eine Varietät der Wasserrübe, die hier nicht weiter interessiert. Für das erstgenannte Gemüse ist *Kohlrabi* der vorherrschende Name. Mit deutscher Endung *Kohlrabe* Pl. *Kohlraben* wird im Südwesten (Fulda, Mainz, Württemberg, Bregenz) gesagt. Freilich geht auch das schriftsprachliche ital. *cavoli rape* auf -e aus. *Kohlrabi* beruht also entweder auf ital. dial. *cauliravi* (von lat. *caulus rapi*), oder wurde erst im Deutschen *cauli rape* zu *Caulerabi* umgestellt; diese Form ist 1678 belegt. Die Ansicht überwiegt, dass die *Kohlrabi* erst im 16. Jh. aus Italien nach Deutschland gebracht worden seien. In Marburg heißt die Pflanze *Oberkohlrabi*, anderwärts in Norddeutschland auch *Kohlrabi über der Erde*, im Gegensatz zu *Unterkohlrabi* 'Kohlrübe', in Schlesien *Oberrübe*, in weiteren Wörterbüchern *Oberkohlrübe*. In Wien wird die Kohlrübe - nach Kretschmer - schlichtweg *Rübe* genannt und wie der Weißkohl sauer eingemacht. Man liest daher an Verkaufsläden die Aufschrift *Kraut und Rüben*, (es gibt auch *Krautrüben*) die sonst auch in der Verbindung "Kraut und Rüben durcheinander" geläufig ist. Nach Kretschmer (1969, S. 597) musste die im Zweiten Weltkrieg entstandene Gemüse- und Obstversorgungsstelle (Geos) alle Gemüsearten mit zwei Namen benennen, allgemein verständlich zu sein. Sie hieß es z. B. parallel: Früh- und Spätkraut (Weißkohl), Kohlrabi (Oberkohlrabi) usw. - Es ist bemerkenswert, dass ung. *koreleráp̌e* samt den Varianten *koreleráp̌e*, *kalarábé*, *kaleraba*, *kauleráp̌e*, alle mit der Bedeutung 'Kohlrabi', auf dt. reg. Vorlagen wie bair.-österr. *Kehlerabi*, *Kehlerawi* und donauschwäb. *Kolrabi*, *Kalarabi* zurückgehen. Das ursprüngliche ung. *kalarábé* wurde durch Methatese zur heutigen Form *karalábé* umgebildet. Gleichfalls dt. dial. Vorlagen übernahmen andere benachbarte Sprachen wie serbokr. *keleraba*, *korába* und slowenisch *koleraba*, *kalarabi*. (Kobilarov-Götze 1972, 221 f.) ● *Dann had me Paprika oogebaut, Umoake (↑Umurke) oogebaut, Kolrawi im Somme un widrum Spetkolrawi in Härbst*. [NA V] *Im Garte hammer gebaut for uns nor Ärbse (↑Erbse) un Bohne, Kolrawi un Kraut, was mer gebraucht hat*. [Ost V] *In Goatn ham-mer des Grinzeig anbaut und Fisoln und Kellerabi*. [Stei V] *Im Garte wachse Zwibbel, Gäelriëbe (↑Gelberübe), 'Kolrabe, alles*. [Schei VI] ■ ÖstWb 274; Gehl 1991 227; Petri 1971, 20; *Kohlrabe 1* PfWb IV 408 f.
→Gemüse, Kohlrabibletschen, Blaue Kohlrabi, Spätkohlrabi.

Kohlrabibletschen - n, kholra:vipletʃə, Pl. id. [Drei, Eng, Kreuz, NA, Wies V]
V: Kohlrabiblatt ● *Un Bletsche, sein neigschmisse (↑hineinschmeißen) woan in Zallasch (↑Salasch 3), Kolrawibletsche un Riewebletsche im <!> Frihjahrszeit*. [NA V]
→Bletschen, Kohlrabi.

Kohlweißling - m, selten, kho:lvaislıŋ, Pl. id. [GJ, GK, Gra, Low, Ost, Wis V]
V: Tagfalter, dessen Raupen aus den im Kohl abgelegten Eiern schlüpfen und oft großen Schaden anrichten; Pieris brassicae *Etym.*: Entlehnung aus der Standardsprache. Benennungsmotiv ist die bevorzugte Eiablage des weißen Falters auf Kohlpflanzen. ● *Die Millre (↑Müller) sinn aa die Phauaue (↑Pfauenauge) un de Kohlweißling, där wu des Kraut lechrich macht*. [Ost V] ■ Petri 1971, 20.
→Schmetterling.

Kokosch - m (n), kokoʃ, -ə [Lasch II, AK, Sch, III, Bak, Bog, Charl, Eng, Fak, Glog, Gutt, Pau, SM, Tschak, Tschan V]; kokoʃ, -n [Frandz, Ora, Resch, Sekul V]; kokoʃ, kekeʃ [Ga, StA V]; kokroʃ [Fu, Gai, PrStI, Tor III, Ker IV, NB V]; kukaʃ [Tschow I]; (n) kokoʃlə [Mil III]; keke:ʃl [Glog V]
V: Hahn *Etym.*: Entlehnung aus rum. *co'coş*, das aus serbokr. *kõkoš* 'Henne', mit Bedeutungswandel, kommt, bzw. in der Batschka aus dem serbokr. Wort. Die Betonung auf der ersten Silbe stimmt mit ung. *kakas* 'Hahn' überein. (Gehl 1991, 213) Der in der Pfalz und in süddeutschen Mundarten verbreitete Hahnenname *Gockel* könnte die Übernahme des Lehnwortes gefördert haben. (Wolf 1987, 213) ● *Die Kokoschle stecke schun die Kepple (↑Kopf) raus*. [Mil III] *De ↑Ratz kriet Gäscht saat mer, wann de Kokosch ständich kreht (↑krähen)*. [Bog V] *Wann der Kokosch vor der Teer (↑Tür) kreht, kumme Gäscht*. [Gutt V] *Miё hamm en Kokosch, fimf Hehne und drei Bockln*. [Resch V] ■ SSWb V, 245: Kokəš; Gehl 1991, 213.
→Hahn, Pujkekokosch.

Kolatsche

Kolatsche - f, kola:tʃn, Pl. id. [Franzd, Ora, Resch, Sekul, Stei V]; kola:tʃə [StG, Sol, Sulk II]; kula:tʃə [Ga, StA V]
A: kleiner, gefüllter Hefekuchen *Etym.*: Bair.-österr. *Kolatsche* kommt aus tschech. *koláč* 'Kuchen'. ● *Des eschti Mehl* (↑erstes Mehl) *war zu Kolatsche backe.* [Sulk II] *Die Kolatschn sinn ja untn ganz anbrennt.* [Resch V] *'s Feie* (↑Feuer 1b) *is zu groß gwest, d'Kulatsche senn jo unne gånz vebrennt.* [StA V] *Ich hab oft Kolatschn backn.* [Stei V] ■ ÖstWb 274: *(auch Golatsche) eine Mehlspeise, Topfenkolatsche.*
→Kuchen, Schmerkolatsche.

Kolben - m, kholbn, Pl. id. [ASad, Lug, Tem, Resch, Wei, Wer, Wolf V, OW VI]; kho:lm, Pl. id. [Petschw II]; kholbə, Pl. id. [Bil, Ham, Mai, Pe, Schö, Schei, Suk, Tur VI]; kholbə, -r [Jood II]; kholvə, Pl. id. [Oh, Surg, Wem II, Ap, Stan III, Bak, Bog, Fak, Glog, NA, Nitz, Ost, StA, War, Wil V, NP VI]

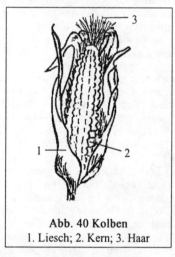

Abb. 40 Kolben
1. Liesch; 2. Kern; 3. Haar

A: länglicher Pflanzenteil mit nahe beieinander liegenden, essbaren Früchten; (auch für:) Maispflanze ● *Mir homm um selli* (jene) *Zeit die Kolber zammt dem Schellaub* (↑Schällaub) *haambrocht in Hof.* [Jood II] *De Kukrutz muss me nur aan stehn lossn, dann wänn die Kolm schänner.* [Petschw II] *In* ↑*Tschardak is der Kukrutz mit Kolwe neikumme.* [Ap III] *Do ware Steck* (↑Stock 1b), *wu der Kolwe brandich worre is.* [Stan III] *Meistns hod me die Kolwe mit Liesche gebroche* (↑brechen 2). [NA V] *Do war de Patschkukrutz mit spitzichi Käre un klaani Kolwe.* [Ost V] *En ganze Tag der* ↑*Kosch em Buckl un de Kolbe naufgfahr.* (...) *Do hot der 'Kollektiv Woaitze und Kolbe aabaut.* [Schei VI] **Anm.**: In sathmarschwäbischen Dialekten kommt es vor, dass, pars pro toto, das Subst. *Kolben* für die gesamte Pflanze, nicht nur für die Frucht, verwendet wird. ◆ Entkörnte Maiskolben dienten in den Bauernwirtschaften als Brennmaterial und als Spielzeug für die Kinder (vgl. *Kolweross* 'Maiskolbenpferd'. (Gehl 1991, 75) ■ Gehl 1991, 75.
→Kolbenkukuruz, -ross, Kukuruzkolben, Pflanze.

Kolbenkukuruz - m, kholvəkukuruts, Sg. tant. [Bog, GK, Len, Low, Ost, War V]
A: nicht entkörnter Kolbenmais ● *Uff die große Hambare* (↑Hambar) *is 24 Waggon Kolwekukuruz drufgang* (↑daraufgehen). [Ost V]
→Kolben, Kukuruz, Kukuruzkolben.

Kolbenross - n, kholvəros, -resər [Fak, Glog V]
A: als Spielzeugpferd verwendeter, entkörnter Maiskolben ● *Die Buwe* (Buben) *henn sich als gärn Kolweross aus abgripplti* (↑abgeribbelt) *Kukrutzkolwe gmacht.* [Glog V] ■ Gehl 1991, 75.
→Kolben, Ross.

Koliba - f, koliba, Pl. id. [ASad, Lind, Wei, Wolf V]; kolibə, -nə [Ga, StA, Wil V]; gulibə, Pl. id. [Fak, Glog V]
A, Fo, W: Hütte der Feldhüter und Waldarbeiter zur Übernachtung und zur Unterbringung von Arbeitsgerät *Etym.*: Entlehnung von rum. *colibă* 'ärmliche Hütte, Unterschlupf für Mensch und Vieh', aus slaw. *koliba*, vgl. serbokr. *koliba* 'ärmliche Hütte'. ● *Gschlofn ham-mar draaßt* (draußen) *in Wold in oane Koliba, die is vo aafgspoltnde* (↑aufgespalten) *Bretten* (↑Brett) *gmocht gwest. Durt saan me ibe d'Nacht bliebn, moachesmol aa die gonze Wocha.* [Wei V] ■ Gehl 1991, 178.
→Hütte.

Kolibe - f, selten, kolibn, Pl. id. [Wei, Wolf V, OW VI]; kolibə [Bog, Bru, Fak, Ga, Glog, StA, Wil, Wis V]
Fo: geschlossener und überdachter Raum zur Übernachtung *Etym.*: Entlehnung aus rum. *colibă* 'Hütte, Notunterkunft für Menschen und Tiere'. ● *Die Leute habn gschlafn in die Kolibn. Dort war Härd* (↑Herd) *in der Kolibn, und das Holz war angezundn.* [OW VI]
→Hütte, Kolne.

Kollektiv - f (m, n), veraltet, kholekti:f, Pl. id. [Alex, Bog, Bru, Fak, Ga, GK, Glog, Len, Low, Ost, StA, War, Wies, Wis V]; (n) kholekti:f [ASad, Lind, Wei, Wolf V]; (m) 'kolektif [Bil, Ham, Pe, Schei, Suk VI]
A, G, V: vom rumänischen Staat in den 1950er Jahren gewaltsam eingerichtete (und nach 1989 aufgelöste) landwirtschaftliche Produktionsgenossenschaft *Etym.*: Eigenbildung: Verkürzung aus *(landwirtschaftliche) Kollektivwirtschaft*, nach der rum. Vorlage *Cooperativă agricolă de producție* (C.A.P.) 'landwirtschaftliche Produktionsgenossenschaft', unter Anlehnung an dt. *Kollektiv*. • *Da bei uns is noch jede de Eigntime aff sein Haus und Gut, woe e hot, da is kein Kollektiv* [ASad V] *Vun de allererschte Kollektiv im Land is do gegrind genn (worden), e Kollektiv.* [Len V] *Noh is aaner ufgstann in der Partei un hat gsaat: "Die Kollektiv kriet es Kuhfeld un Schluss!"* [Ost V] *Zuärscht war die Semete un die Towaraschië, un in de 1950er Johre is die Kollektiv entstande.* [StA V] *In de fufzge Johre, wo sie aagfange honn mit de Kollektivisierung, honn sie d'Leit naaitriebe in der 'Kollektiv.* [Schei VI] ■ Gehl 1991, 210.
→Elpege, Kollektivierung, Semete, Towaraschie.

Kollektivierung - f, kholektivizi:ruŋ, Sg. tant. [Alex, Bru, Fak, Ga, GJ, Low, Nitz, Schön, Sta, Wil, Wis V]; kolektivizi:ruŋ [Bil, Ham, Mai, Pe, Schei, Suk V]
A: gewaltsame Bildung von LPGs in Rumänien • *In de fufzge Johre, wo sie aagfange honn mit de Kollektivisierung, honn sie d'Leit naaitriebe in 'Kollektif.* [Schei VI] **Anm.**: Die subst. Bildung mit dreifachem Suffix: *-ie(r)* + *-(s)ier* + *-ung* kam durch die Übernahme des rum. Suffixes *-iza* (aus rum *colectivizare*) zustande. ◆ Die gewaltsame Kollektivierung der Landwirtschaft in Rumänien wurde von Mitgliedern der Rumänischen Kommunistischen Partei als Parteiprogramm mit Übergriffen vorangetrieben.
→Kollektiv.

Kollektivwirtschaft - f, kholekti:fvęrtʃaft, -ə [Bog, GK, Ost, War V]
A, V: landwirtschaftliche Produktionsgenossenschaft im kommunistischen System • *Un speder, die Kollektivwärtschaft, die hann die ↑Rose (2) glei gedrescht* (↑dreschen). [Ost V]

Kolne - f, selten, kolnə, Pl. id. [Bak, Fak, Ga, Glog, NA, StA, Wil V]
W: Weingartenhütte *Etym.*: Entlehnung aus rum. *colnă* 'Notunterkunft und Lagerraum (im Weingarten). • *Die Kolne woa e kleine Hitt, die hat e Zimme ghat, e Kugl* (↑Küche) *un Stallung.* [NA V] ■ Gehl 1991, 238.
→Hütte, Kolibe, Presshaus.

Kolofonium - n, khalafo:nium, Sg. tant. [Bog V]; khalfo:ni, Sg. tant. [Ost V]
Allg: hartes, gelbes bis dunkles Balsamharz, das beim Erhitzen von Kieferharzen entsteht und als Leim, Schmiermittel für Riemen usw. verwendet wird *Etym.*: Das Subst. ist nach der griechischen Stadt Kolophon in Kleinasien benannt. • *De Heizer un de Maschinfīhrer* (↑Maschinenführer) *hann gschmiert mit Kalfoni die Rieme[n].* [Ost V] ■ Krauß 506.

Kolonie - f, selten, kholoni:, Pl. id. [Franzd, Ora, Resch, Stei V]
A: Ansiedlung in einem Wohngebiet • *Dann woa die äschti Kolonie un die zweiti Kolonie, dann woa die Fuchsntale Kolonie.* [Stei V]
→Dorf.

Koloradokäfer - m, kholoradokhęfər, -khęfrə [Fak, Glog V]; kholorado, Pl. [Wil V]; kolora:dokhe:fər [Low V]; kholra:bəkhe:bər, Pl. id. [Sad V]
V: Blattschädling auf Kartoffelstauden u. a. Nachtschattengewächsen *Etym.*: Die Bezeichnung des Käfers kommt vom Bundesstaat der USA Colorado, in dem er heimisch ist. • *Die Koloradokäffre henn in de Grumbiere viel Schade gmacht.* [Fak V] **Anm.**: Die Variante *Kolorado* in [Wil V] ist eine Verkürzung des Komp., während *Kolrabecheber* in [Sad V] eine Volkstym. unter Anlehnung von *Kolorado* an *Kohlrabi* darstellt. ■ Gehl 1991, 116.
→Käfer.

Kombine - f, kombi:ne, kombi:nə [Ost V]; 'kombã:njə, Pl. id. [Har III]
A: landwirtschaftliche Maschine, die Getreide zugleich mäht und drischt *Etym.*: Die Variante *kombã:njə* ist eine Entlehnung des ung. *kombájn* 'Kombine, Mähdrescher', während *khombainə* in [Fak, Glog V] das rum. *combină, combaină*, dasselbe, übernimmt. • *Heit brauch mer ke Geil* (↑Gaul) *mäh, jetz sein die 'Kombaanje.* [Har III] *Die letschti Zeit is jo nur mähr mit Kombine gedrescht ginn (worden). Die scheni Kormikma-*

schine hann dort im Schoppe (↑Schuppen) gstann un sinn veroscht (↑verrosten). [Ost V] ■ Gehl 1991, 147.
→Dresch-, Kormikmaschine.

Komm-Mitvogel - m, khomitfo:gl, -fe:gl [Gai, Star III, Heu, Schön V]; khumit [GJ, GK, Low, Ost, War V]
V: kleine, flachköpfige Eule mit durchdringender Stimme, Steinkauz; Athene noctua ● *Do gsieht mer manchsmol aa die Nachtigall, die Nachteil, un de Kumm-Mit, also de Steinkauz.* [Ost V] ■ Petri 1971, 86.
→Nachteule, Vogel.

Kommassierung - f, khumasi:ruŋ, Sg. tant. [Mil, Sch III, Ru IV, Bog, Stef V]
A: amtliche Zusammenlegung von Grundstücken, Flurbereinigung *Etym.:* Das Wort entstammt der österr. Beamtensprache. ● *Mit den Lagl (↑Lägel) ham-mer Wasser mitgnumm aus Feld. Weil mir hamm ja unser Feld außn ghabt, ganz weit zu foahn, bevor die Kummassierung war.* [Ru IV] ◆ Die Dreifelderwirtschaft brachte es mit sich, dass sich der bäuerliche Besitz der deutschen Kolonisten im 19. Jh. in verschiedenen Teilen der Feldflur befand. Nach der Grundentlastung von 1853 war es den nunmehr freien Bauern möglich, Feld zu kaufen und zu teilen, was in einigen Jahrzehnten zur Zerstückelung des bäuerlichen Besitzes, mit langen Anfahrtswegen und verlorener Arbeitszeit führte. Zudem gab es neben und zwischen dem bäuerlichen Besitz Gemeinde- und Staatsfelder, was die Situation noch erschwerte. Um die Wirtschaftlichkeit der Bauernhöfe zu erhöhen, kam es Ausgang des 19. Jhs. zur Flurbereinigung; der Staat legte die zerstreuten Felder der Bauernwirtschaften zusammen und möglichst nahe zur Gemeinde. ■ ÖstWb 275.

Königin - f, khe:nigin, -ə [Ha, Seik, StI II]; khenigin, Pl. id. [Bat VI]; khe:niçin, -ə [Fak, Ga, GK, Glog, Ost, StA, Wil V]
B: das fruchtbare Weibchen eines Bienenvolkes ● *Uno dreht me den Strohkoorb rum, un wenn die Kenigin drin is, dann geht de Schwarm 'nei.* [Ha II] *De Biezichte tut des Wocks (↑Wachs) auskoche, die Kenigin zichte (↑züchten 2), är macht, wie's meglich is.* [Seik II] *Wal die Kenigin, die fliecht fuet (↑fortfliegen) un noch ton sie sich vehalbiere owwe (oder) wie's halt kommt, wieviel Keniginne es se hunn.* [StI II] *Bei de Biene sinn die Arweitsbiene un die Kenichin.*

[Ost V] *De ärschte Schwoarm, wos außigeht (wegfliegt), dä hot oa Kenigin. De zweite, dä hot velleicht zehn Kenigin, jå.* [Bat VI] ■ Gehl 1991, 249.
→Biene.

konisch - Adj, kho:niʃ [Scham, Pußt, Wein, Wudi I, Ger, Kow, Len, Ost, War V]
A: kegelstumpfförmig ● *Die Reder (↑Rad) ware so konisch aanglegt, dass die Reih zugleich aagedrückt (↑andrücken) git (wird) sowie gwalzt.* [Ost V]

Konserve - f, khonsęrvə, khonsęrvə [Ap, Hod, Mil III, Tom IV, Bog, Fak, Gra, Low V]
Ge, Fi, O: luftdicht verschlossenes, haltbares Nahrungsmittel ● *Und in der Fischzentral (↑Fischzentrale) in Apetie (ON) sinn no die Fisch vearwet (↑verarbeiten) warre far Konsärve.* [Ap III]
→Kühltruhe; konservieren.

konservieren - schw, khonsęrvi:rn, khonsęrvi:rt [OW VI]; khonsərvi:rə, khonsərvi:rt [Alex, Bill, Bog, DStP, Gott, Gra, GStP, Ost, War, Wis V]
A, Fo, G, O, V, W: haltbar machen *Etym.:* Entlehnung aus der Standardsprache. ● *Die Frichte (↑Frucht 2) werdn in Fesser gesammelt, un das wird roch (↑roh) verkauft, nur sortiert und sauber in Fesser konserviert.* [OW VI]
→Konserve, Salizyl.

Kopf - m (n), khopf, khepf [Bohl, Nad, Sulk II, Ru IV, Fak, Ga, Glog, Kow, NA, Sad, Sem, StA V]; khopf, khępf [Ed I, Gai III]; khǫpf, khępf [Ger V]; kopf, kepf [OW VI]; khop, khøp [DStA V]; khop, khep [Mu, Nad, StI II, Ap, Stan III, Fil, Mil, Bog, Ger, GJ, GK, Kath, Len, Lieb, Low, NA, Nitz, Ost, War, Wis, Zich V], (n) khepfələ, Pl. id. [Fak, Glog V], khepl, -ə [Fil, Mil III]
1. H, V: oberer, herausragender und abschließender Teil eines Ganzen a. V: auf dem Hals sitzender, rundlicher Körperteil von Tieren ● *Un der Kopp hunn se ärscht robgschniede (↑herabschneiden), där is ins Kretzl (↑Gekröse) neikumme.* [StI II] *Um am Kopp, do ware die Auge, die Ohre die Schnuss mit de Naselecher, die Zung un die Zeh (↑Zahn).* [Ap III] *Die Kokoschle (↑Kokosch) stecke schun die Kepple raus.* [Mil III] *De Kopp henn sie no losgschnidde un no is des Koppflaaisch gekocht worre.* [Stan III] *Kommt e rote Hund, beißt'm Hinkl (↑Hünkel) de Kopp ab.* [Bog V] *Also am Kopp war's Koppstick, däs wu*

hinne iwwer die Ohre gang is. [Ost V] **b.** A, H, T: kopfähnlich verdicktes Ende eines Gegenstandes ● *Un no hod me mese de Kopf owe de Blih* (↑Blüte) *abbreche, dass es Blatt greser is wore.* [Sulk II] *Zwaa Mann henn den getricklte Hanf sortiert un des Bischeli am End zu em Kopf bunde.* [Hod III] *No hat mer aach ganze Kepp ningetun, Krautkepp, damit mer for gfillt Kraut hat.* [GJ V] *Mer had die Rub* (↑Rübe) *am* ↑*Schwanz* (2) *verwischt un hat de Kopp abgschlaa.* [Ost V] **c.** W: verdickter, unterer Teil des Rebstocks ● *De Rebstock is so gschnittn woan, dass e Kopf bildet sich. Un da had mer eine Rebn stehn lassn, mit vier odder fümf Augn.* [Ru IV] **d.** A: oberste Abschlussgarbe des Kreuzhaufens ● *Siebzehn Garwe hod mer am e Kreiz* (↑Kreuz 1a) *drauf un owedrauf woa de Kopf.* [NA V] **Anm.:** In der Variante *Kopp* tritt unverschobes *pp* auf. - Der stimmlose Verschlusslaut *k* wird in [OW VI] unbehaucht gesprochen. ◆ Redewendung: Vum Kopf stinkt de Fisch (Die Fehler kommen von der Führung her). ■ Gehl 1991, 71, 108, 247.
→(1a) Kopffleisch, Vieh; (Teile:) Auge (1), Ohr, Nasenloch, Schnusse, Zunge (1); (1b) Bika, Kopfgestell, -stück, -teil, Gießkannen-, Kamillen-, Kraut-, Mag-, Tabakkopf; köpfen; (1c) Rebenstock; (1d) Garbe, Kopfgarbe, Pope.

köpfen - schw, khepfə, khepft [Bold, Sol, StG, Sulk II]
T: (von Pflanzen:) den oberen Teil abbrechen ● *Do hod me gsagt Tuwak* (↑Tabak) *kepfe geht me.* [Sulk II]
→geizen; Kopf.

Kopffleisch - n, khopflaiʃ, Sg. tant. [Jood, Fek, Petschw II, Fak, Ga, Glog, StA V, Ham, Mai, Pe, Schei, Suk VI]; khopfla:iʃ [Stan III]
V: Kochfleisch vom Kopf eines Schlachttieres (Schweines) ● *Des Koppfleisch un alles, hot, des muss weich sein. Mir honn halt Kreksl* (↑Gekröse) *gsocht, zu dem Koppfleisch un alles, des is gekocht woen. Un die Brieh* (↑Brühe) *hot me ghase* (geheißen) *Grekslbrihe.* [Fek II] *Sell macht mer Schwartegende* (↑Schwartengender), *sell mache mer. Dot kummt a Kopffleisch noi un die Schwarte un Brådwurschtfleisch alles.* [Jood II] *In die Bluedwirscht kummt Blued* (↑Blut) *'nei un Kopffleisch 'nei, des wäd kocht.* [Petschw II] *De Kopp henn sie no losgschnidde* (↑losschneiden) *un no is des Koppflaaisch gekocht worre im Kessl.* [Stan III] *In Schwartemage wärd Kopffleisch, Schwarte, Speck un aa gstocktes Blut gfillt.* [Glog V] *Säll Kopffleisch ta-mer siëde* (↑sieden) *un rabnemme fun de Buiner* (↑Bein). [Schei VI]
→Fleisch (1), Kopf (1a).

Kopfgarbe - f, khopfkoɐrvə, Pl. id. [StI II]
A: oberste abschließende, mit den Ähren nach innen gelegte Garbe des Haufens ● *Un die owersti Goab, hat, des woa die Kopfgoarwe.* [StI II]
→Garbe, Kopf (1d).

Kopfgestell - n, khopfkʃtel, Pl. id. [Fak, Ga, Glog, StA, Wil V]; khopkʃtel [Bog, Len, Low, Ost, War V]
V: am Kopf liegender Teil des Pferdegeschirrs ● *Vore am Sielegschärr* (↑Sielengeschirr) *war es Koppgstell. Also am Kopp war's Koppstick, däs wu hinne iwwer die Ohre gang is un hat zwei Zunge ghat uff jeder Seit.* [Ost V] ■ Gehl 1991, 164.
→Kopf, Kopfstück, -teil; Sielengeschirr.

Kopfstück - n, khopʃtik, -ər [Bog, GK, Low, Ost, War V]; xopfʃtuk, Pl. id. [Sad V]
V: am Kopf liegender Teil des Pferdegeschirrs ● *Also am Kopp war's Koppstick, däs wu hinne iwwer die Ohre gang is un hat zwei Zunge ghat uff jeder Seit.* [Ost V] ■ Gehl 1991, 164.
→Kopf, Kopfgestell, Sielengeschirr.

Kopfteil - m, khopfta:l, -ə [Fek II]
V: Kopfgestell des Zaumzeugs bestehend aus Gebiss, Halfter, Riemen und Scheuklappe ● *Der Geilgschirr* (↑Gaulsgeschirr) *had e Kopftaal und dazu hot de Zaam* (↑Zaum) *un die Ziegl* (↑Zügel) *geghäet* (gehört). [Fek II]
→Kopf, Sielengeschirr.

Korb - m (n), khorp, khęrp [Kock II, Glog, Jahr, NA, Ost, Schön V, Bat VI]; khoɐrp, khęrp [Bat VI]; khǫ:rp, khę:rp [Ha II]; kharp, khęrp [Fil, Mil, III, Alex, Bog, GK, Len, Schön V]; khårep, khęrəp [Stan, Fak, Ga, Glog, StA, Wil V]; khop, khęəp [Pußt I]; (n) kheavy, -n [Aug, Ed, GT, KT, Schor, Tar, Wud, Wudi I]; xęrbli, Pl. id. [Sad V]; khervəje [StI II]
1. A, V: aus Weiden, Binsen, Stroh u. a. Material geflochtenes Tragegerät mit einem Griff oder zwei Griffen ● *In Käwln hot me die Pfiësich haambrocht von Weibäeg* (↑Weinberg), *hint a Keawü, frau* (↑vorne) *a Keawü.* [Wud I] *Des Brot kummt in die Backsimbl* (↑Backsimperl) *'nei, des*

korbweise

woan so klaane Kerweje, vun Strou (↑Stroh) un vun ↑Weide (2) woa des so zåmmgflochte. [StI II] Vun zwaa ↑Glecke gebt's en Kåreb voll Kärner (↑Korn). [Glog V] Do kommt ales 'nei in die Kärb do, in die Weidekärb. [NA V] De Kukurutz (↑Kukuruz) is nufgezoo ginn (↑hinaufziehen), mit anre Roll sinn die Kärb inghong gin un nufgezoo. [Ost V] Des steht wie drei Eier im Cherbli ('aufrecht, für gutgestärkte Frauenröcke gebraucht'). [Sad V] 2. B. korbförmiges Weiden- bzw Strohgeflecht zur Unterbringung der Bienenvölker • Un den Schwarm hann ich in en Koorb, un hann en Kaste gemacht un honn oogfangt mit de Bie (↑Biene). [Ha II] Die Kärb, die senn aus Stroh gebunde, aus Schabstroh (↑Schaubstroh), ja. [Seik II] In oan Koarb hunn i jetz un e zehn Volk in so'n Bienestock, mit Rahme (↑Rahmen) hot's. [Bat VI] Anm.: Die Variante Kåreb weist den Sprossvokal -e- auf. ■ Gehl 1991, 154 f.
→(1) Bippele, Brot-, Hendel-, Holz-, Stroh-, Stürz-, Weidenkorb, Kosch, Kratten, Simperl; korbweise; (2) Kasten (3), Simperl.

korbweise - Adv, kh̜ęrpvais [Bog, GK, Low, Ost, War V]
A, G, O, W: in Körben, einen Korb um den anderen • Des großi Rad mit am Griff had mer gedreht und hat die Trauwe (↑Traube) kärbweis ningschitt (↑hineinschütten). [Ost V]
→haufen-, kiloweise; Korb.

Kormikmaschine - f, kormikmaʃin, -ə [Ost V]
A: Dreschmaschine der Marke Kormik • Die letschti Zeit is jo nur mähr mit Kombine gedrescht ginn (worden). Die scheni Kormikmaschine hann dort im Schoppe (↑Schuppen) gstann un sinn veroscht (↑verrosten). [Ost V]
→Dreschmaschine, Kombine.

Korn - n, khorn, Sg. tant. [Jood, Mu, Sag II, Fil, Gai, Gara, Kara, Hol, Par, Stan, Tor, Tscher III, Buk, Tom IV, ASad, Albr, Bak, Ben, Bill, Bir, Bre, Char, De, DStP, Ger, GJ, GStP, Gutt, Hatz, Hei, Jahr, Joh, Jos, Karl, Kath, KJ, Ksch, Kub, Laz, Lieb, Len, Lin, Lo, Mori, Mram, Na, GStP, Orz, Ost, Sack, Sad, SM, StAnd, Stef, Tschak, Tsche, War, Wei, Wolf V]; kharn [AK, Ap, Brest, Fu, KK III]; khårn [Ga, StA V]; kho:r [Tschan V]; khuən [Wiel II, Kol, Wepr III, In IV, Eng, Franzf, Gra, Hod, Mar, Orz, Schön, StA V]; khǫan [Ru IV, ASad, Lind, Wei, Wolf V]; khon [Tschat, Wasch III, Wer V]; khan [Eng V]; kha:n [Wasch III]
A: Getreidesorte, Roggen; Secale cereale • Es Korn is no drescht worre mit de Hand. [Jood II] Korn is nur gebaut worre far Bendr (↑Band 1) mache, die hot mer gebraucht for die Garbe zammbinne. Des henn die Risare (↑Riesar) messe mache. [Stan III] Auf e Benkl oddr e Stolltihr (↑Stalltür) is es Koan klopft (↑klopfen 1) woan. [Ru IV] Die Felder senn so arm un kleen, dort get (wird) jo 's Korn kaum zeidich (↑zeitig). [Len V] Korn hot mer nor fir Bender mache angebaut, bissl Gärschte un bissl Reps (↑Raps) hot's als gewe. [Tom IV] Des Korn is wenich angebaut ginn, nor weger Saal (↑Seil). [Ost V] Zu ↑Maria Heimsuchung schmeißt die Mutter Gottes die Sichl ins Kårn un die Frucht is reif. [StA V] Dann is e bisserl Howen (↑Hafer) Eadäpfl (↑Erdapfel) un Korn aabaut woan. [Wei V] ■ PfWb IV 482-485: 1a: nur Sg. 'Roggen', b. 'Einzelkorn pflanzlicher Art', hier auch Pl. und Dimin., c. 'Gesamtheit des Getreides'; SüdHWb III 1682; RheinWb 1256; Gehl 1991, 86; Petri 1971, 67.
→Frucht, Kern (2), Kornblume, -maus, -schaub, -stroh, Lesekorn, Roggen.

Kornblume - f, khornplumə, Pl. tant. [Bog, GK, Low, Ost, War V]; khårnplumə, Pl. id. [Ga, StA V]; khornplum, -ə [Wiel II, Tscher III, Tor, Bak, Bill, Bre, Char, De, DStP, Ernst, Ger, GJ, Gott, GStP, Hatz, Joh, Jos, Kath, KB, KJ, Ksch, Laz, Low, Mori, NA, Nitz, NSie, Ost, Star, Stef, Tsch, Tschak, Tsche, War, Wis V]; kharnplum [AK, Bul, Fu, Kar III, In IV, Eng, Franzf, Gra, Gutt, Mar, Schön V]; kharnplom [Wasch III, StA V]; kharnplo:m [Tschat III]; khornplum [Sack V]; kho:rplu:mn [Kud, Tschan V]; khonplum [Stan III]; khurplum [NB V]; kuənpluma [Stei V]; khornpli:mlə [Gara III]
A: als Unkraut verdrängte Ackerpflanze; Centaurea cyanus • Bei uns woan im Wiäzbischl (↑Würzbüschel) Kamelie (↑Kamille), Herrgottshaare, Kornblumme, Staanaagl (↑Steinnagel) un Sandkrabbler. [NA V] In de Frucht ware Radl (↑Rade), Kornblumme, Pipatsche (↑Pipatsch), die Rittersporre un viel andres Unkraut. [Ost V] ◆ In der Nordpfalz kennt die Volksmedizin folgendes alte Rezept: "Von Kornblumen nehme die Blättcher, pflicke sie in ein Glas, verbinde es gut, stelle es drei Wochen in ein Ameisenhaufen; stärkt die Augen." ■ PfWb IV 485: 1.a; Gehl 1991, 94; Petri 1971, 23.
→Blume, Korn, Unkraut.

Abb. 41 Kornblume

Kornelkirsche - f, 'khornelkhirʃ, -ə [Ap, Ker, Siw, Werb III]
Fo, O: eine Art des Hartriegels; Cornus mas ● *Teentl is die Kornelkirsch. Die sinn seierlich (↑säuerlich), also ziemlich sauer, so e roti lengliche Frucht.* [Ap III]
→Tendel.

Kornmaus - f, khornmaus, -mais [Maisch III]; khårnmaus, -mais [Ga, StA V]
V: Hamster; Cricetus cricetus ● *Des Johr sinn ufm Kukrutzfeld viel Kårnmeis, die machn große Schade.* [StA V] ■ PfWb IV, 488: Das Wort erscheint in der südlichen Vorderpfalz, vgl. Karte 256; SüdHWb III 1687; RheinWb IV 1266; Gehl 1991, 120.
→Gritsche, Korn, Maus (1).

Kornschaub - f, khornʃa:p, Pl. id. [Bog, GK, Len, Ost, War V]
A: Bund Kornstroh ● *Was ich in die Hend holle kann, a gude Arem voll, des war die Schaab, die Kornschaab.* [Ost V]
→Korn, Schaub.

Kornstroh - n, khornʃtro:, Sg. tant. [Bak, Bog, Fak, Ga, GJ, GK, Glog, Len, Low, Ost, StA, War, Wies, Wil V]; khurnʃtro: [Baw, Jood, Seik II]
A: Stroh vom Roggen ● *Mit den Kurnstroh, wo ausgekloppt (↑ausklopfen) is, vun den hom-me die Saaler (↑Seil) gemocht.* [Baw II] *Es Kornstroh is gekloppt ginn, uff der Bank oder um a Brett im Hof, un dann aach gwind ginn (↑winden).* [Ost V] *Un hinrem Haus war Kornstroh, so Schabstroh (↑Schaubstroh) far Saal mache.* [Wies V]
→Korn, Stroh.

Kosch - m, selten, koʃ, Pl. id. [Bil, Ham, Schei VI]
A: geflochtener Weidenkorb *Etym.*: Entlehnung aus rum. *coş* 'geflochtener Korb'. ● *En ganze Tag der Kosch em Buckl un de Kolbe* (↑Kolben) *naufgfahr. Mir honn gseit Kosch, wie d'Rumener.* [Schei VI]
→Korb.

Kosmetik - f, selten, 'kosmetik, Sg. tant. [Bohl, Seik, StI II]
B: Schönheitspflege und die dafür verwendeten Produkte *Etym.*: Die Erstbetonung und die stimmlose Aussprache des *k* weist auf auf den Einfluss der ung. Variante *Kozmetika* hin. ● *Hat, fië andre Zweck tun se auch des Wocks vewende, secht me* (sagt man) *fië 'Kosmetik.* [Seik II]
→Medikament, Wachs.

Kot - m, selten, kho:t, Sg. tant. [Seik II]
B, V: Exkremente von Tieren und Insekten *Etym.*: Das Subst. ist eine Entlehnung aus der Standardsprache. ● *En woarme Teg, no mache die Bien ihre* ↑*Reinigungsflug un tun sich* ↑*reinigen. Weil sie die ganz Winterszeit ihen Kot zurickhalten, un dann sich reinigen.* [Seik II] ■ PfWb IV 499: 2. 'Exkremente des menschlichen Darms'.
→Scheiße; scheißen.

Kotarka - m, kotarka, Pl. id. [Dol, Tsche V]; kotarkə [Pan, Sch, Sd V]; kotå:rka [Blum, Bru, Jahr V]
A, V: freistehender hoher, überdachter Maisspeicher mit Steinfundament und Seiten aus Rutengeflecht oder Latten *Etym.*: Das Wort ist eine Bildung nach serbokr. *kotarica*, auch rum. *cotariţă* 'Weidenkorb', mit ung. Suffix *-ka*. (Gehl/Purdela Sitaru 1994, 84) Das Motiv der Bedeutungsübertragung von 'Weidenkorb' auf 'Maisspeicher' ist das ursprüngliche Rutengeflecht der Wände, ähnlich der *Wagenflechti* 'Brettern vor den Wagenleitern' in [Sad V], die vormals ein *Wagenhurt*, ein 'Flechtwerk von Reisern' war. (Gehl 1991, 163) ● *Die Kleenichkeit wie Stall, Kotarka un so net mol gerechnet.* [Dol V] *De Kukrutz is bei uns im Kotårka. Ich hol en Korb voll und wärf ne de Schwein in Zallasch* (↑Salasch 3). [Jahr V] *In Kotarka hemmer viel Kukurutz.* [Pan V] ■ Gehl 1991, 178.
→Hambar, Gore.

Kotschisch Irma - f, selten, kotʃiʃ irma [GN, KN, Surg, La, Sa II]
W: eine nach der Züchterin benannte Traubensorte *Etym.*: Die Bezeichnung kommt vom ung. Namen der Züchterin: *Kocsis Irma*. ● *Un sutiet* (↑sortieren) *wäd's, wenn me mähreri Sorte hot, mi han* ↑*Leanka un honn Kotschisch Irma un so* ↑*Batschkai Riesling, un des git feiner* (↑fein 1) *Wei*[n]. [La II]
→Rebsorte.

Kotzkazucker - m, kotskɛtsukər, Sg. tant. [Aug, Ed, Sch, Wud I, Fek, Jood, Surg, StG II, Mil, Sch, Stan, Werb III, NP, Ru, Tom IV, Bill, Bru, GJ, Len, Low, War, Wis V]
A: Würfelzucker *Etym.:* Das Bestimmungswort des Komp. ist eine Entlehnung aus ung. *kocka* 'Würfel'. ● *Des Fett hot mer zammgschnitte in so klaani Sticker wie de Kotzkazucker, un des hot mer no ausbrode* (↑ausbraten) *im Kessl.* [Jood II]
→Würfelzucker.

krabbeln - schw, krabln, gekrablt [Petschw II, Esseg IV, ASad, Lug, Resch, Tem, Wei, Wer, Wolf V]; krablə, kekrablt [Schor, Tax I, Kock, Tew, Wik II] ; kravlə, kəkravlt [Brest, Buk, Gai, Stan, Sch, Siw Wepr III, Be, ND, NP, Tom IV, Alex, Bog, GJ, GK, Gott, Gra, Len, Low, Ost, War, Wis V]; kråvlə, kəkråvlt [Fil, Mil III, Fak, Glog, Wil V]
V: (von Käfern:) mit raschen Bewegungen kriechen, klettern ● *Uff dr Butterresilin* (↑Butterröslein) *kråwwle Härgottsvegilin* (↑Herrgottsvogel). [Mil III]
→Käfer.

Krabbler - m, kravlər, Pl. tant. [GK, Ost V]; kravlçər [Bog, Low, War V]; kravəlçər [Low V]; krawliçər [Ker III]; ɛrtkrawlə(r) [NA V]
A: als Unkraut verdrängtes Burzelkraut; Portulaca oleracea ● *Ufm Feld war viel Unkraut, die Krawwler, die Wildi Margareta* (↑Wilde Margerite), *die großi geeli Oschterkärze* (↑Osterkerze), *die Ringlblumme un viele annre*. [Ost V] ■ Petri 1971, 57.
→Unkraut.

Kraft - f, kraft, Sg. tant. [Baw, La, Wem II, Ker, Mil, Tscher III]
W: Wachstum ● *Ja, noch geht die Kraft dot 'nei in die Steck* (↑Stock 1a) *un in die Blede* (↑Blatt). [LA II]

krähen - schw, kre:ə, kəkre:t [Bak, Bog, Fak, Ga, GK, Glog, GStP, Gutt, Hatz, Len, Low, Ost, StA, Ui, War, Wil, Wies, Wis V]
V: (vom Hahn:) schreien ● *De* ↑*Ratz kriet Gäscht saat mer, wann de* ↑*Kokosch ständich kreht.* [Bog V] *Wenn der Hahn vor de Tihr kreht, get's* (wird) *annres Wetter.* [Hatz V] ■ Gehl 1991, 219.
→schreien; Hahn.

Krake - m (f), krak, -ə [(f) Darda, StI II, Fil, Kar, Ker, Kol, Tscha III, Har, In IV, El, Fak, Franzf, (f) Ger, Glog, Ksch, Laz, Len, Lieb, Low, Mori, Na, NB, Nitz, Ost, Orz, Rud, Sack, StAnd, Stef, Tschak, Tsche, Ui, War V]; kra:k, -ə [(f) Bak, Bill, Char, Len, Low, StAnd V]; kra:k, kra:gə [Ost V]; krok [NB V]; kra:p, -ə [Berg III, Ga, StA V]; kva:k [Sad V]

Abb. 42 Krake

V: mittelgroßer Rabenvogel, Saatkrähe; Corvus frugilegus *Etym.:* Der Name ist wohl als Nachahmung des Rufs des Vogels aufzufassen. (PfWb IV 531) ● *Ee Krak hackt der anner net die Aue aus.* [Ker III] *Der is schlau wie e grooi Krak.* [Ger V] *Die Kraake flieje tief, vleicht wärd's heit Nacht schun schneeje.* [Len V] *Ufm Hotar* (↑Hotter) *gsieht mer viel Vegl. Do warn die Schneppe* (↑Schnepfe), *die Spatze, de Atzl* (↑Atzel) *un die Krage.* [Ost V] ◆ *Jau, Matz, was Krake!* ist ein donauschw. Ausdruck, wenn etwas schief zu gehen droht. [Len, StAnd V] ■ PfWb IV 528-531 *Krak* m, *Krake* f.: 1. 'Rabenkrähe' (Corvus corone corone), auch 'Saatkrähe' (Corvus frugilegus), 2. *graue Krake* 'Nebelkrähe'; RheinWb IV, 1344; Gehl 1991, 122; Petri 1971, 96.
→Rabe, Vogel.

krank - Adj, kraŋk [Aug, Wer, Wud I, Mu, Wem II, Ap, Gak, Hod, Fil, Siw, Pal, Tscher III, Be, In, ND IV, Alex, Bog, Fak, Ga, GK, GStP, Gutt, Mram, NPe, Ost, Sack, StA, Wil V, Bil, Ham, OW, Pe VI]; xraŋkx [Sad V, Kr VI]

Allg: (von Pflanzen und Tieren:) von einer Krankheit befallen ● *Oo (ein) krankes Hingl* (↑Hünkel) *hot als oo vrbicktes* (↑verpickt) *Fiedili* (↑Fideli). [Mil III] *Un wenn es schon gewacksn is, schaut man, welcher is vielleicht krank. Tut me schittern, dass nur die gute Exemplarn bleibn, welche ganz gesund sind.* [OW VI]
→brandig, gesund; verschimmeln; Krankheit.

Krankheit - f, kraŋkhait, -ə [Baw, Seik, StI II, Ap III]; kránkhait [Bat VI]; kraŋgət [Ha II, Fak, Ga, Glog, StA, Wil V]
A, B, G, V: Störung der Funktion eines Organs oder Körperteils ● *Dort woar jo Pärnospora un Listharmat, soge mië, des is Mehltau. Ja, des woare die wichtigsti Krankheite.* [Baw II] *Do is die Kranget kumme, mië sage ↑Atka zu den. Un in zwei Monat senn meini Bie* (↑Biene) *all kaputt gang.* [Ha II] *Des is keine Krankheit, des is ein Ungeziewer* (↑Ungeziffer), *e Milbensoorte.* [Seik II] *Un noch hod er misse ochtgewe, es do ka Krankheit 'neikommt un es ganzi Volk drufgeht* (stirbt). [StI II] *Die Trauwe* (↑Traube) *hot me gspritzt geges Ungeziffer, weil sunscht henn sie Krankheite kriegt.* [Ap III] *In Summer is als e Krånkheit, mir sind einmal so in August ölf Biensteck zugrund gången. Ja, des gibt jo so Medikamentn hier im Sathmar.* [Bat VI]
→Atka, Listharmat, Medikament, Mehltau, Peronospora, Pest, Rotlauf; krank.

Kranz - m, krants, krents [Pußt I, Kisch, Schom, StI, Surg II, Gai, Har, Kol III, Alex, Da, Fak, Ga, Glog, StA V, OW VI]; krants, kręnts [Bad II, DSta, Glog, NPe, Sem V]; krånts, krents [Tscha III, Glog, Mat, StA V]; krå:nts, krę:nts [Gai III]; krånts, kręnts [Pußt I]; kråunts, kreints [Pul V]; krantsl (n), Pl. id. [GT I]; krentsl (n) [Bad II]; krąntsl (n), Pl. id. [Tol I]
A: (verkürzt für:) Schnitterkranz ● *Noch hunn se en große Schnittekranz gflecht* (↑flechten) *vun Waaz* (↑Weizen), *un do hunn se ville Schnier* (↑Schnur 2) *dråå, un noch woan aa, die wos Spruch gsocht honn. Un in de Kirich is dä Kranz eigsegnet woan.* [StI II]
→Schnitterkranz.

Krapfen - m, krapfə, Pl. id. [Hod, Fil, Mil III, Fak, Ga, Glog, StA, Wil V, Ham, Pe VI]; krapə [Mu, Wem III, Sch, Siw III, ND, NP IV, Alex, Bog, GK, Gott, Gra, Nizt, Len, Ost, War, Wis V]; krepl, [Baw, StI II]
A: in heißem Fett gebackener runder (oder rechteckiger) Kuchen, Berliner Pfannkuchen *Etym.:* Der seit dem 9. Jh. belegte Namen *Krapfen* kommt von mhd. *krapfe*, ahd. *krapfo, kraffo*. Das Wort bedeutet in der älteren Zeit vor allem 'Kralle, Haken', das Gebäck ist also nach seiner gebogenen Form so benannt. ([23]Kluge, 483)
● *Die Weiwer honn imme die Kreppl* (↑Krapfen) *gebacke, un noch dezu Wein un des ↑Dunst.* [Baw II] *No hot die Hausfrau mise ihre Kreppl oorihre* (↑anrühren), *ihre Kreppltaaig mache.* [StI II] *Gern gesse hot mer großi Knedle* (↑Knödel) *un Paradeissoß, Bohne-Nudle* (↑Bohnen-Nudeln) *oddr Krapfe.* [Mil III] ◆ Fettkrapfen, oft mit Marmeladefüllung wurden nach einer Gemüsesuppe als Hauptgericht oder auch nach Suppe und Fleischspeisen als Nachgericht gegessen. Bis in die 1930er Jahre wurden sie auch auf Hochzeiten gereicht. Als Faschingsspeise und bei anderen Festen behielt der runde, gelegentlich mit einem weißen Rand verzierte, Krapfen seine Bedeutung auch nach dem Zweiten Weltkrieg. - Die Wortgeographie des Gebäcks ist bedeutsam. Die echte alte Bezeichnung des seit dem Mittelalter als Fastenspeise dienenden Gebäcks ist *Krapfen*, von ahd. *chrapfo*, mhd. *krapfe*, d. h. 'Haken', von der ursprünglich hakenartigen Form des Kuchens (weil man den Rand zackig auszuschneiden, und die Spitzen wechselweise in die Höhe und nieder zu biegen pflegt). Die Verkleinerungsform *Kräpfel* kommt von mhd. *krepfelīn*, dazu niederdt. und mitteldt. *Kräppel*. Die Form *Krapfen* wird in Hannover, Halberstadt, ganz Bayern und Österreich, auch in der Schweiz gebraucht, die Verkleinerungsform "Kräpfel, Kräpfchen, Kräpfelchen" in Thüringen, *Kräpfle* in Württemberg. Die Form *Kräppel* begegnet im Südharz, in Hessen, am mittleren Rhein und in Lothringen, *Kröppel, Fettkröppel* in Göttingen, *Kräweli* in Baden und *Kräpfli* in der Schweiz. Die preußischen *Kropfen* sind ungefüllt, während die gefüllten den berlinischen Namen *Pfannkuchen* führen. Im nördlichen Baden (Heidelberg, Rappenau) heißen nur die Küchel mit Apfelfüllung *Krapfen* (Apfelkrapfen), die anderen *Fastnachtsküchel*. In Bayern und Österreich heißen sie häufig *Faschingskrapfen* und werden in Wien nur in der Faschingszeit verkauft. In Oberösterreich bäckt man sie zur Erntezeit, weshalb sie *Schnīdakrapfen* (Schnitterkrapfen) oder *Sunnawendkrapfen* heißen. In Tirol werden sie auch im Herbst, zu Allerheiligen und wie die Nördlinger *Weihnachtskräpfel* und die Villinger *Nonnenkräpfel* zu Weihnachten gebacken. In der

Pfalz und in Heidelberg sagt man *Fastnacht-küchele*. *Pfannkuchen* bedeutet hier nur 'Eierkuchen', *Krapfen* wird nur für Küchel mit Apfelfüllung gebraucht. *Küchel* wird zur Bezeichnung ungefüllter Krapfen auch im Elsass, Bayern und in den österreichischen Alpenländern verwendet, dafür steht in Württemberg, Bayern und Tirol auch *Nudeln*, also mit einer ungewöhnlichen Wortbedeutung. Die Tiroler sagen für *Nudeln* auch *Krapfennudeln* oder bloß *Krapfen*. In Bern heißt der dort nicht heimische *Pfannkuchen Berliner Kugel*. In Berlin heißt der in Schmalz gebackene Kuchen, von der Form einer abgeplatteten Kugel, meist mit einer Füllung aus Himbeer- oder Aprikosenmus, der besonders zu Fastnacht gegessen wird, nicht *Krapfen*, sondern *Pfannkuchen*, während der sonst verbreitete, in der Pfanne gebackene Kuchen hier nicht *Pfannkuchen*, sondern *Eierkuchen* heißt. Die Bezeichnung *Berliner Pfannkuchen* für 'Krapfen' ist von Haus aus berlinisch und hat sich von hier in Nord- und Mitteldeutschland, südlich bis ins Vogtland, nach Weimar und Eisenach (neben *Kräpfel*), nach Wiesbaden, Mainz und Saarbrücken verbreitet. (Kretschmer 1969, 359-362) Im Handel werden heute runde, mit Marmelade gefüllte und mit Puderzucker bestreute *Krapfen* allerorten unter der verkürzten Bezeichnung *Berliner* angeboten. ■ BayWb 1/2 1379: auch in Komp. als "Büchsen-, Butter-, Fasnacht-, Germ-, Spritz-, Straubenkrapfen"; *Krapfen 2, Kräppel* PfWb IV 550: Komp. vgl. "Apfel-, Bauern-, Fastnachtskrapfen". Das Gebäck ist nach der ursprünglich hakenförmigen Gestalt benannt; SüdHWb III 1768 f.; RheinWb IV 1389; SchwWb IV 689: 1. 'Haken', 2. 'Speise mit Mehl u. a.', auch Komp. *Kraut-, Spinatkrapfen, Grüne Kräpfle* sind 'Nudelflecken, mit gehacktem Fleisch, Eiern, Kraut, Schnittlauch oder Zwiebeln gefüllt', dsgl. 'Backwerk, Wecken, mit Äpfeln, Hutzeln, Zwetschgenmus, Rosinen u. a. gefüllt, auch 'sichelförmiger Brotlaib, Kirchweihbrot'.
→Griebenkräppel, Kuchen, Krapfenteig, Schmerkrapfen.

Krapfenteig - m, kreplta:ik, Sg. tant. [StI II]
A: Teig aus Mehl und weiteren Zutaten zum Backen von Krapfen ● *No hot die Hausfrau mise ihre Kreppl oorihre* (↑anrühren), *ihre Kreppltaaig mache*. [StI II]
→Krapfen, Teig.

Krapp - m, selten, krap, Pl. id. [Ga, Wil V]
Fi: Karpfen; Cyprinus carpio *Etym.:* Das Subst. ist eine Entlehnung aus rum. *crap* 'Karpfen, das seinerseits auf bulg. und serbokr. *crap* 'Karpfen' zurückgeht. ● *In de Grawene* (↑Graben) *hat me Krapp kenne fange*. [Ga V] ■ Gehl 1991, 120.
→Karpfen.

Kratten - m, gretə, Pl. id. [Bil, Ham, Pe, Schei, Suk VI]
A: aus Weiden geflochtener Handkorb ● *Die Epfl ham-mer brocklet* (↑brocken) *in Grette aus Wiedle* (↑Weide 2). ... *Grette, so Handkorb, gflochte, ja*. [Schei VI] ■ SchwWb IV 693 f.: 1. 'Armkorb, meist aus Weiden geflochten'; PfWb IV 552: 1. 'hoher runder Korb, besonders zum Obstbrechen', von mhd. *kratte, gratte* 'Korb'.
→Buckelkratten, Korb (1).

Kratzkarde - f, kretskart, -ə [Fil, Mil III]
G: Kardengewächs mit stechenden Hüllkelchblättern, Weberkarde; Dipsacus fullonum ● *Jetz blihe* (↑blühen) *die Krätzkarde, un do hinne kumme die Grad-in-d'Heh* (?). [Mil III] ■ Petri 1971, 33.
→Blume.

Kraut - n, kraut [Ed, Tax, Tscha, Wer, Wud I, Bohl, GM, Ka, Mösch, Mu, ON, Sa, StI, Warsch, Will, Wasch II, Ap, Berg, Brest, Fu, Gai, Ker, KK, Kol, Pal, Par, Stan III, NP IV, Bog, Bill, Fak, Ga, GJ, GK, Glog, GStP, Jos, Karl, Kud, Len, Low, NA, Orz, Ost, StA, War, Wer V]; krauət [OG I]; kra:ut [OG I, Ap III]; kra:t [Har IV]; xru:t [Sad V], graut [Bil, Ham, Mai, Pe, Schei, Suk VI]
G: Kohl, Weißkraut; Brassica oleracea ● *Do gibt's Kiëwes* (↑Kürbis), *Paradeies, Krauet, Karfeol, Umuekn* (↑Umurken), *Salat*. (...) *De Kühlschrank mit vierhundert Litte* (↑Liter), *där is bis in Härbst voll mit Eäbsn* (↑Erbse), *Karfeol un Kraut*. [OG I] *Ba uns is Kraut un Paprike* (↑Paprika 1), *ganze Seck voll, in so große Krautfesser eigemocht worn*. [StI II] *Zuspeis hot me hauptsechlich vum Kraut un vum Spinat*. [Ap III] *Im Keller is es Kraut ingschniet* (↑einschneiden) *genn, de Krautstenner hat unne gstann*. [GJ V] *De Krauthowwl brauch mer, wam-mer's Kraut einseiert*. [Glog V] *Chruut macht de Buur riech* (reich), *un de Arem* (Armen) *fett*. [Sad V] *Im Garte ham-mer gebaut for uns nor Ärbse un Bohne, Kolrawi* (↑Kohlrabi) *un Kraut, was mer gebraucht hat*. [Ost V] *Dise Bletter vom Graut*

Krautblatt

muss mer fille, Grautgockele saget mir. [Schei VI] ♦ Vor hundert Jahren war Kraut ein wichtiges, häufig gekochtes Nahrungsmittel. Das galt vor allem für Kleinbauern, die nur davon - wenn überhaupt - fett werden konnten, wie es das Sprichwort aus [Sad V] behauptet. ■ Gehl 1991 227, Gerescher 1999, 96; Petri 1971, 20.
→(Krautspeisen:) gefülltes -, geschnittenes Kraut, Krautgockelein, -hobel, -salat, -strudel, Sarmakraut, (Arten:) Köhl-, Rot-, Sauer-, Weißkraut; (Verschiedenes:) Krautblatt, -bletschen, -fass, -garten, -hobel, -kopf, -schneider, -stande, -stein, Gemüse, Torsche.

Krautblatt - n, krautpla:t, -ple:dər [StI II, Fak, Ga, Glog, StA, Wil V]; grautbletər, Pl. id. [Bil, Ham, Mai, Pe, Schei, Suk VI]; grautblat, -ə [Schei VI]
G: Blatt vom Krautkopf ● *Die ↑Sarme sein eingewicklt (↑einwickeln) woan in Krautbleder.* [StI II] *Die Treber, die hat me fescht eigstampfet, un do hat me obenaa, frihe, Grautblatte odde Riëbeblatte naataa (hingetan).* [Schei VI]
→Blatt, Kraut.

Krautbletschen - f, krautpletʃə, Pl. id. [Drei, Fak, Ga, Glog, Kreuz, NA, Pan, Wies, Wil V]
G: breites Krautblatt ● *Ruwebletsche und aa Krautbletsche had mer als de Schwei neigschmisse (↑hineinschmeißen) in Stall.* [Glog V]
→Bletschen, Kraut.

Krautfass - n, krautfas, -fesər [StI II]; krautfas, -fęsər [Mu II]; krautfas, fesə [Pußt I]
G: Holzbottich zum Einsäuern von Weißkohl ● *Ba uns is Kraut un Paprike, ganze Seck (↑Sack) voll, in so große Krautfesser eigemocht (↑einmachen) worn.* [StI II] ■ PfWb IV 566; SüdHWb III 1792; RheinWb IV 1433.
→Fass, Kraut.

Krautgarten - m, krautgartn, -gęrtn [Tem, Wer V]; krautka:rtə, -kę:rtə [Go, Kock, Ma, Pal, Wak, Wiel II, Fil, Mil, Sch III, Be, Tom IV, Bog, Fak, Ga, Glog, Low, War V]
G: nahe zum Dorf gelegener Acker, auf dem vorwiegend Kraut u. a. Küchenpflanzen gebaut werden ● *Hat, do wore Ecker (↑Acker), halwe Ecker, no wore Krautgärte un Hannefgärte.* [Kock II] *Außerm Durf woar de Kleegarte, de Hoppegarte un de Krautgarte.* [Wak II] *Er schaut aus wie aan Storch in Krautgartn.* [Tem V] ♦ Redewendung: Der schaut in Krautgartn (der schielt). [Tem V]
→Garten, Kraut, Küchengarten.

Krautgockelein - n, grautgokələ, Pl. id. [Bil, Ham, Mai, Pe, Schei, Suk VI]
G, V: mit Reis und gemahlenem Fleisch gefüllte Krautblätter ● *Grautgockele saget mir. Diese Grautbletter schää rabnemme un fille mit Reis un Floaisch vu der Saue, und Zibbl (↑Zwiebel) un Paprike.* [Schei VI]
→gefülltes Kraut, Gockelein.

Krauthobel - m, krauthovl, Pl. id. [Gai, Mil, Schow, Be, Tom IV, Bog, Fak, Ga, Glog, Len, Nitz, StA, War, Wil V]
G: Schneide zum Einschneiden des Sauerkrautes ● *De Krauthowwl brauch mer, wam-mer's Kraut einseiert.* [Glog V] ■ PfWb IV 567; SüdHWb II 1793; RheinWb IV 1433.
→Kraut, Krautschneider, Rübenhobel.

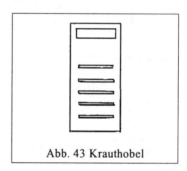

Abb. 43 Krauthobel

Krautkopf - m, krautkhopf, -khepf [Aug, Ed, Schor, Wud I, Esseg, In, Ru IV, ASad, Resch, Tem, Wei, Wer, Wolf V, OW VI]; krautkhop, -khep [Sch, Siw, Stan, Tor III, Bog, Ger, GJ, GK, GStP, Len, Low, War, Zich V, NP VI]
G: oberer, verdickter Teil der ausgewachsenen Kohlpflanze, Kohlkopf ● *No hat mer aach ganze Kepp ningetun, Krautkepp, damit mer for gfillt Kraut hat.* [GJ V] ■ PfWb IV 567; Gehl 1991, 227.
→Kopf (1b), Kraut.

Krautsalat - n, krautsalo:t, Sg. tant. [StI II]
G: aus zerkleinertem Weißkohl zubereiteter Salat ● *Salot, waa Krautsalot un saure Umorke (↑saure Umurke), wel die Paprike (↑Paprika 1) sein in der Krautfesser eigemocht (↑einmachen) woan.* [StI II] ■ PfWb IV 568; SüdHWb III 1795; RheinWb IV 1435.
→Kraut, Salat (2).

Krautschneider - m, krautʃnaidər, Pl. id. [Bog, Ger, Gra, Len, War V]; krautʃnaidər, -ʃnaidrə [GJ, GK, Wis V]
G: Hobel zum Zerkleinern des Weißkohls vor dem Einsäuern ● *Do ware so breede (↑breit) Krautschneider. Die hann so secks Messre ghat, is des Kraut ghoblt genn.* [GJ V]
→Kraut, Krauthobel; schneiden.

Krautstande - m, krautʃtenər, Pl. id. [Ker, Sch, Stan, Tscher III, Bog, Ger, GJ, GK, Len, Low, War, Wis V]
G: Stellfass zum Einsäuern des Krautes ● *Im Keller is Kraut ingschniet (↑einschneiden) genn, de Krautstenner hat unne gstann.* [GJ V]
→Kraut, Stande.

Krautstein - m, krautʃtā:, ʃtə:nə [StI II]
G: ausgehöhlter Steinwürfel für Sauerkraut ● *Äscht (zuerst) honn se's Kraut, un noch is de Krautstaa drufkomme.* [StI II] ■ PfWb IV 569; SüdHWb III 1796.
→Kraut.

Krautstrudel - m, krautʃtru:dl, Pl. id. [AK, Ap, Ker, Mil, Sch, Siw, Tscher III, In, Put, Tom IV, Alex, Fak, Gra, GStP, Nitz, Low, War, Wis V]
A, G: mit gekochtem, dünn geschnittenem Kraut gefüllter, gezogener Strudel ● *Mer hat veschiedene Strudl gmacht, do hot me ↑Mååg 'nei, die Måågstrudl, oder Nusse 'nei, die Nussestrudl, oder mit Kraut, de Krautstrudl.* [Ap III]
→Kraut, Strudel.

Kraxe - f, kraksn, Pl. id. [Aug, Ed, GT, KT, Scham, Schor, StIO, Wein, Wud, Wudi I, ASad, Ora, Resch, Stei, Wei, Wolf V]
Fo, G, O, W: Rückenkorb, Traggestell *Etym.: Kraxe* ist bair.-österr. für *Krätze*, süddt. für 'Rückenkorb, Traggestell'. (ÖstWb 281) ● *Auf de Kraxn haum me die Stejka (↑Stecken) ghot. (...) Drei-vië Kraxn Weiemba (↑Weinbeere) haum me amü (immer) ghot, oilli Winta.* [Wud I] *Die Fraun sind gegangen in Wald mit eine Kraxn.* [Resch V] ◆ Die Menge der vorrätigen Weintrauben konnte nach dem Inhalt des Rückenkorbes gemessen werden.
→Weinbeerenkraxe.

Krempitte - f, kre:mpitə, Sg. tant. [Bog, Fak, Ger, GJ, Glog, Lieb, Wis V]
A, V: mit Vanillekrem gefüllter Blätterteig, feines Gebäck *Etym.:* Das Grundwort des Komp., *Pitte* ist wohl eine Entlehnung aus ung. *pite* 'Fladen' (vgl. ung. *almáspite* 'Apfelkuchen'), gilt aber als Wanderwort. Es erscheint als serbokr. *pita* 'mit Gemüse und Käse gefülltes Gebäck', rum. dial. *pită* 'Brot', bulg. *pita* 'gesäuertes Fladenbrot', albanisch *pite* 'eiförmiger Laib' und schließlich türk. *pide, pîte, bide* 'Fladenbrot'. Alle diese balkanischen Varianten des Wortes gehen auf das gr. Etymon *pechté* 'Käse', neugr. *pétta, pítta* 'ein Gebäck, Kuchen' zurück. Es wird angenommen (MESz III 216), dass ung. *pite* über serb. und rum. Vermittlung aufgenommen wurde, aber auch eine türk. Herkunft ist nicht auszuschließen. (Gehl/Purdela Sitaru 1994, 164) ● *Es Schmär (↑Schmer), des is feineres Fett, mei Motter hot immer Krempitte gemach devun.* [Lieb V]
→Kuchen.

Kren - m, kren [Jahr V]; kre:n [Wud I, Bul, Fill III, Bak, Ben, De, Franzf V]; krẽ:, Sg. tant. [StI II, Ap III]; kri:n [Gaj, Ger, Pal III, Albr, Ben, Bill, Char, DStP, Eng, Ger, GStP, Joh, Kath, KB, Laz, Len, Low, Mar, Mori, Na, NB, Nitz, Orz, Ost V] krī:n [Bog, GK, Low, Ost V]; kre: [Brest, Fu, Kar, Tschat, Wasch III, Buk IV, GStP, Hei, Jos, Karl, Kub, Kud, Mram, NB, Schön, Star, Stei V]; krī: [Fak, Ga, Glog, StA, Wil V]; kri:(n) [Fil, Kar, Kol, PrStI, Stan, Tscho III, In IV, Gra, Gutt, StA V]; krin [Gott, Hatz, StAnd V]; kri:ɐ [StI II, Tscha III]; kriən [Sad V]; kri:ən [Hod III, Sad V]; krīə [KT, Wud, Wudi I]; gre:n [Ker IV]; gre:i(n) [Scham I, Wer V]
G: Meerrettich; Cochlearia armoracia rustica *Etym.: Kren*, südd. und österr. für 'Meerrettich', ist seit dem 12. Jh. belegt, mhd. *chrēn, krēn(e)*. Das Subst. ist aus dem Slawischen entlehnt, vgl. russ. *chren*, tschech. und serbokr. *kren* usw. (Kluge 1991, 485). Kretschmer zeigt dazu die Verbreitung des Pflanzennamens *Kren* im Südostdeutschen: in Österreich einschließlich Vorarlberg, in der Zips und in Siebenbürgen, in Teilen von Bayern, Baden-Württemberg und Sachsen. Zur Herkunft des Wortes aus dem Slawischen wird ergänzt, dass dem Wort hier ein etymologischer Anhalt fehlt und dass es die Slawen vielleicht aus jener unbekannten Sprache entlehnten, aus der Theophrast und Plinius den Namen *cerain (cherain)* anführen. (Kretschmer 1969, S. 333 f.) ● *Mir hunn als mit bissje Essich un Salz, Lorwebleder, Kree, noch hom-mer Weickslbleder (↑Weichselblatt) druf.* [StI II] *Do hat's noch Kapper (↑Kaper) gewwe un Mååk*

(↑Mag), *dann Spinat, Kraut, de Kehl* (↑*Köhl*), *de Kree.* [Ap III] *Im Garte ham-mer aa ghat Schalotte un Krien,* ↑*Zeller, Fenigl* (↑*Fenchel*) *un viel annres.* [Ost V] ■ PfWb IV 407; SchwWb IV 729; BadWb 3, 372; BayWb 1/2, 1371 f.; Gehl 1991, 227; Petri 1971, 16.
→Gemüse, Krensoße, -wurst, scharfer Kren.

Krensoße - f, krī:nso:s, Sg. tant. [Bog,, GK, Len, Low, Ost, Wis V]; krī:so:s [Fak, Ga, Glog, StA, Wil V]
G: aus gemahlenen Krenwurzeln und Mehlschwitze zubereitete Tunke als Zugabe zu Fleischspeisen ● *Mer hat verschiedeni Soße gmacht, hauptsechlich Paradeissoß Weickslsoß, Knowwlsoß, Kappersoß un Kriensoß.* [Bog V]
→Kren, Soße.

Krenwurst - n, kre:nvirʃtlə, Pl. id. [Mil, Sch, Siw, Stan III]; krē:virʃtl [Fak, Glog V]; krī:virʃtle, Pl. id. [Ga, StA, Wil V]
V: häufig heiß zu geriebenem ↑Kren gegessene, paarweise gebundene Würstchen aus Rindfleisch mit gemahlenen Speckstücken, Bockwurst mit Merrettich *Etym.:* Von bair.-österr. *Krenwurst*, eine an *Krenfleisch* angelehnte Wortbildung. Das österr. Subst. wurde in die rum. Ugs. als *crenvurşti* übernommen. Auch serbokr. ugs. ist *krènviršla*, gewöhnlich in der Wortfügung im Pl. *krenviršle za softom* bekannt (Strieder-Temps 1958, 148). Für die slaw. Formen handelt es sich um eine Rückentlehnung, da südd. und mhd. *krên(e)*, als Ausgangspunkt tschech. *hren*, russ. und sorbisch *chren* hat. ([23]Kluge, 485). Für bair.-österr. *Kren* bietet sich serbokr. *hren* als Etymon an. Auch rum. *hrean* wird auf slaw. *hrenu* zurückgeführt. (Gehl/Purdela Sitaru 1994, 94)
● *Krenwirschtle hat me nur auf Bestellung gmacht.* [Stan III] *Mer hat vum Schofhalder* (↑*Schafhalter*) *den* ↑*Kasch,* ↑*Brinse, Liptåi* (↑*Liptauer*) *kaaft un hat eigene Salami oder gekaafte Summersalami un Griewärschtle gesse.* [StA V] **Anm.:** Im Bestimmungswort des Komp. *Grie-* ist Tonerhöhung *-e>i-*, dagegen im Grundwort *-wärschtle* Tonsenkung *-i>e(ä)-* anzutreffen. ◆ Ähnlich dem *Krenfleisch* werden die warmen Krenwürstchen mit Essigkren oder auch mit Senf verzehrt.
→Kren, Wurst.

Krepiere - f, krepi:r, Sg. tant. [Brest, Gai, Sch, Tscher III, NP IV, Bak, Bog, Fak, Ga, GK, Glog, Gra, Gutt, Len, Low, Nitz, Ost, StA, StAnd, War, Wil, Wies, Wis V]
V: Seuche, die zum Verenden vieler Tiere führt *Etym.:* Das Wort ist eine postverbale Bildung nach *krepieren.* ● *Im Stall liegt schun widder etwas Krepiertes. Do is die Krepier drin, uns sinn schun vier Hehner* (↑*Henne*) *krepiert.* [Glog V]
◆ Ausdruck: *die Krepier haben* 'am Verenden sein'. ■ Gehl 1991, 113.
→krepieren.

krepieren - schw, krepi:rə, krepi:rt [Bog, Fak, Ga, GK, Glog, Gott, Gra, Hatz, Len, Low, Ost, StA, War V]
V: (von Tieren:) verenden ● *Im Stall liegt schun widder etwas Krepiertes. Do is die Krepier drin, uns sinn schun vier Hehner* (↑*Henne*) *krepiert.* [Glog V] *Wann im Stall unner dr Bruck* (↑*Brücke 2*) *Hoor oder Eierschale leije* (↑*liegen*)*, krepiere die Ross.* [Hatz V] ◆ Historischer Beleg: "Am 13=ten Sept [1863] telegraphierten die Halter, daß 24 Stück Pferde krepiert und 80 Stück entflohen wären." (Deutsches Bauernleben 1957, 17) Wegen der anhaltenden Trockenheit im Banat waren die Pferde nach Serbien (nach Kladova) gebracht worden. ■ PfWb IV 581; SüdHWb III 1809; RheinWb IV 1468; Gehl 1991, 113.
→eingehen, verrecken; krepiert; Krepiere, Krepiertes, Luder.

krepiert - Adj, krepi:rt [Put, Tom IV, Fak, Ga, Glog, StA, Wil V]
V: (von Tieren:) verendet ● *Die krepierti Kih* (↑*Kuh*) *hod mer gschlacht, awer do hot mer kei[n] Fleisch gnomme, die sin alli in* ↑*Schinderloch kumme.* [Tom IV]
→krepieren.

Krepiertes - n, krepi:rtəs, Sg. tant. [Bog, Fak, Ga, GK, Glog, Hatz, Len, Low, Ost, StA, War, Wil, Wis V]
V: verendetes Tier, Kadaver ● *Im Stall liegt schun widder etwas Krepiertes. Do is die Krepier drin, uns sinn schun vier Hehner* (↑*Henne*) *krepiert.* [Glog V] ■ Gehl 1991, 113.
→Luder; krepieren.

Kreuz - n, kraits, -ə [Tax, Wein I, Bohl II, Petschw II, Kutz III, Tom IV, Bog, Bru, Charl, Fak, Ga, Glog, NA, Nitz, StA V]; kraits, Pl. id. [Fek, StI II, Knees, Ost V, Bil, Mai, Pe, Schei, Suk VI]; kra:its [StI II, Stan III]; kroits, -ə [Jood II]; krǫits, -ə [Gai III]; kraits, -ər [StAnd V]
1. etwas Kreuzförmiges a. A: kreuzförmig aufge-

setzter Garbenhaufen *Etym.*: Die Bezeichnung kommt von den kreuzförmig aufgesetzten Getreidegarben im Garbenstand. ● *Mir hann Heiwe* (↑Haufen) *gsocht. Nor es woan Diërwe* (Dörfer), *wu Kreiz honn gsacht.* [Fek II] *Wem-me honn um de ↑Zehnt garbet, no hom-me zeh Garbe uff aa Kroiz too* (getan). [Jood II] *Am Omt* (Abend) *is zåmmgsetzt woan, nein owe* (oder) *elf Goarem* (↑Garbe) *im Kreiz 'zamm.* [Petschw II] *Die Goarwe komme uff die Kreizheiwe. Noch zwaamol so zeh Goarwe, des woa aa Kreiz.* [StI II] *Die Schnitter henn oweds achtzeh Garwe uf e Kreiz ufgsetzt.* [Stan III] *Uff de Felder ware schun die Kreiz gstanne.* [Tom IV] *Geger Owed hor mer die Garwe zammgetraa un uff Kreiz ufgsetzt.* [Bru V] *Off em Kreiz owwe is de ↑Pope.* [Stei V] b. A: kreuzförmige Unterlage aus Holz ● *Vun Holz woa so e Kraaiz, do hot se die Mulder* (↑Multer) *drufgstellt.* [StI II] **Anm.**: Die Bezeichnung *Kreuz* für 'kreuzförmig übereinandergesetzte Getreidegarben' tritt auch in Nachbarsprachen der donauschwäb. Dialekte auf, vgl. ung. *kereszt* und rum. *crucița.* ◆ Vor der mechanischen Getreideernte wurde das geschnittene Getreide mit Seilen aus Kornstroh zu Garben gebunden und vor dem Dreschen kreuzförmig zu Haufen (daher die Bezeichnung *Kreuz*) aufgesetzt. Aus meinen Befragungen geht hervor, dass die Garbenzahl des Kreuzes in den donauschwäb. Siedlungsgebieten zwischen 9 (zwei Lagen zu vier Garben und eine Obergarbe, z. B. in Hatz V) und 21 Garben (fünf Lagen zu vier Garben und eine darüber, z. B. in Nitz V und in vielen Ortschaften des Sathmarer Gebietes) schwankt. Die meisten Ortschaften bilden Haufen, also Kreuze aus 14 Garben (eine unten, drei Lagen zu vier oder vier Lagen zu drei Garben und eine Garbe darüber als Regenschutz). Die Entwicklung verlief von zehn (größeren) *Sensengarben* zu 14 bzw. 18 (kleineren) *Maschinengarben.* Bei unpaariger Garbenzahl fehlt die unterste Schutzgarbe; so entstanden die *Dreizehner* und *Siebzehner* Garben, hauptsächlich in nahe zu Arad gelegenen Banater Ortschaften. Die rumänischen Bauern des Banats nennen den Garbenstand ebenfalls *cruce, cruciță* 'Kreuz' und bilden ihn aus 16 Garben, jene aus Siebenbürgen und der Moldau aus 13, 17 oder 21 Garben. (Vlăduțiu 1973, 217; Pamfile 1913, 135) ■ Gehl 1991, 134.
→(1a) Achtzehner, Haufen (1a), Mandel, Kreuzhaufen, Vierzehner; aufkreuzen; gekreuzt.

Kreuzgasse - f, kraitskas, -ə [Nad, Surg, Wem II, Esseg, Ker IV, Ap, Buk, Fek, Fil, Fu, Gai, Hod, Jar, Kol, Mil, Sch, Siw, Tscher, Waldn III, Be, Tom IV, Alex, Bog, Fak, GJ, Len, Ost, War, Wis V]
A: quer zur Hauptgasse verlaufende, sich kreuzende Dorfstraße ● *Ja, die Gasse in Apatie* (ON), *do sinn die Mittlgass un die Kreizgass, die groß Moraschtgass, die Kärchegass un die Spatzgass.* [Ap III] ■ PfWb IV 588; Petri 1980, 30.
→Gasse, Zwerchgasse.

Kreuzhaufen - m, kraitshauvə, -haivə [StI II]; kraitshaufə, -haifə [Ost V]
A: Haufen von zahlreichen kreuzförmig übereinandergeschichteten Getreidegarben ● *Die Goarwe komme uff die Kreizheiwe. Mië hunn immer unne drei, do woa die Mittelgoarwe* (↑Mittelgarbe), *noch zwaa druf unnoch widder zwaa druf un so, zehni hum-mië* (haben wir) *drufgeton* (↑darauftun) *uf aan Hauwe* (↑Haufen). *Zehni uf aan Hauwe, noch zwaamol so zeh Goarwe, des woa aa Kreiz.* [StI II] *Wu die Kreizhaufe ware, des had mer mise rechle* (↑rechen). [Ost V] ◆ In der bäuerlichen Zählung entsprechen zwei einfache Garbenhaufen einem Kreuz, bzw. Kreuzhaufen.
→Haufen, Kreuz (1a).

Krippe - f, kripə, Pl. id. [Ga, NA, StA V]; krip, -ə [Be IV, Ben, Bog, Fak, GK, Glog, Len, Low, NB, Ost, War, Wis V, Bil, Mai, Schei, Suk VI]: xripf, -ə [Sad V]
V: hölzerner Futtertrog für Großvieh ● *Un die Ross hadde e Reef* (↑Reif) *un e Kripp.* [Be IV] *Dann hat mer die Kripp ghob, un die Viecher ware dort de ganze Summer.* [Bog V] *Es Futter kummt in die Krippe un in die Raafe.* [NA V] *Wem-me des Fuetter neitut in die Kripp, no geit die Kuhe bis fufzeh Litter Mill* (↑Milch). [Schei VI] ■ Gehl 1991, 180.
→Raufe, Trog.

Kristallzucker - m, kristaltsukər, Sg. tant. [Tem, Wer V]; krista:ltsukər [Ha, Seik, StI II, Fil, Pal, Sch III, Tom IV, Bak, Fak, Glog, Gra, Low, War V, NP, Pe VI]
B, O, W: Zucker in Form von Kristallen ● *Des Winterfutter entsteht ven Zucker; Kristaalzucker tun mir auflesn, un das wird dene Bien gfittet* (↑füttern). [Seik II]
→Zucker.

Krone - f, krǭŭnə, Pl. id. [StI II]
W: Erntekranz aus geflochtenen Trauben ● *Un noch hunn se e scheni Kroune gemocht vun Treiwl* (↑Traube), *so wie e Glocke.* [StI II] ◆ Die geflochtenen Traubenschichten wurden in der Erntekrone glockenförmig angeordnet.

Kropftaube - f, kropftaup, -tauvə [Ap, Hod III, In, Ru IV, Fak, El, Glog, StA, Wil V, Pe VI]; kroptaup, -tauvə [Stan, Tscher III, GStP, Low V]
V: Haustaubenrasse ● *Do ware die Kropftauwe un anneri. Hot mer vun Holz e Tauweschlag* (↑Taubenschlag) *gmacht, dann sinn die Tauwe drin gwest.* [Ap III] ■ Petri 1971, 95.
→Taube.

kröseln - schw, kretsə, kəkretzt [StI II]
V: kraus machen ● *Noch is des Fleisch gekretzelt woen, die Lewer* (↑ Leber) *un die Niern, des is gekocht woen, des Fleisch.* [StI II] ■ DWb 11, 2409.
→Gekröse (2).

Kröte - f, krot, -ə [Darda II, AK, Ap, Fu, Gara, Hod, Ker, KK, Mil, Pal, Stan, Tor, Tscher, Tscho, Wasch III, Har, NP IV, Albr, Bak, Bill, Bog, Fak, Franzf, Ga, Ger, GJ, GK, Glog, Gott, Gra, Gutt, Hatz, Hom, Joh, Karl, Kath, Kud, Laz, Len, Low, Nitz, Orz, Ost, Perj, Sack, StA, Trie, Tsche, Ui, War, Wil, Wies V]; kro:t [NB V]; krout [Ed, KT, Scham, Wud, Wudi I]; krait [El V]; krotn [Kub, NB, Stei V]; kroteriç [Glog V]

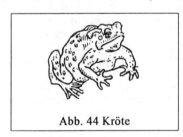

Abb. 44 Kröte

V: warzenbedeckter, kurzbeiniger, plumper Froschlurch, nützlich als Schädlingsvertilger; Bufo ● *Die Krotte schrein so laut, 's gebt widder Regge.* [Glog V] *Do worn aa die wildi Tiere im Garte un ufm Feld, die Igle, Schlange, Krotte un Fresch.* [Ost V] ■ Gehl 1991, 116; Petri 1971, 89.
→wildes Tier.

Krottenpalme - f, krotəpalm, Sg. tant. [GK, Ost V]; krotəphalm [Ost V]
G: als Gewürzkraut angebaute Gartensalbei; Salvia officinalis ● *Fer Gschmack hat mer im Garte des Gwürz ghat, die Krottepalm, die Lavendl, des mit so e Wärmutgschmack, die Pfefferminz un die Melisse.* [Ost V] ■ Petri 1971 66.
→Gewürz.

Krücke - f, krikə, Pl. id. [StI II, Ga, StA V]; krik, -ə [Sch, Tor III, NP, Tom IV, Bru, Charl, Fak, Fib, Glog, Jahr, Len, Low, Wil V]; grukə, Pl. id. [Bil, Ham, Mai, Pe, Schei, Suk VI]
A: Scharre mit Stiel zum Entfernten der Glut aus dem Backofen ● *Mit de Kricke hunn se die Glut ausgekrickt un ausm Backowe* (↑Backofen) *rausgezoge.* [StI II] *Mit der Grucke ham-mer sälle Kohle allwel verstoße.* [Schei VI] ■ PfWb IV 638: 1.d, Komp. Backofenkrücke; SüdHWb III 1868 f.; RheinWb IV 1579 f.
→Backschießer, Ofenkrücke; auskrücken.

Krug - m, kru:k, kri:k [Nad, Surg, Wem II, Ap, Mil III, Tom IV, Fak, Ga, Glog, StA, Wil V]; kruk, krik [Schön V], krux, kriç [Alex, Bog, GJ, KB, Nitz, Len, War V]
A, V: bauchiges, kannenartiges Gefäß (mit Henkeln) zum Aufbewahren von Flüssigkeiten ● *Ja, där Krug, des war halt e Tonkrug, där is leicht gebroche.* [Schön V]
→Sand-, Stein-, Ton-, Wasserkrug.

Kübel - m, khibəl, Pl. id. [Tax I, Mu II, Pan, Trie V, Bil, Ham, Mai, Pe, Schei, Suk VI]; khibl [Mu II]; khi:pl [Gai, Mil, Sch, Siw III]; khivl [Bold, StG, Surg, Wem II, Bog, Fak, Ga, Ger, Gra, Nitz, StA, Wil V]; khi:ve [Pußt I]
W: großer, oben offener Behälter ● *Un nod hod me die Weimbe in de Kiewe eine. Wann e voll is gweest, hot me ne in däre Weimbetroch* (↑Weinbeerentrog). [Pußt I] *De bringe mer d'Schunge* (↑Schinken) *in so en Kibbel, en Floaischkibbel, un tut mer Salz nauf.* [Schei VI] ■ Teuschl 1994, 141: kiwä, m. 'Eimer'.
→Butte, Fleisch-, Melkkübel.

Kubik - m, kubik, Pl. id. [ASad, Resch, Stei, Wei, Wolf V, OW VI]
Fo: (verkürzt für:) Kubikmeter ● *Bis zwei-drei Kubik kannt ma zusammenbindn, Kubikmeter sagt man bei uns.* [OW VI]
→Kubikmeter.

Kubikarbeiter - m, kubikarbaitər, Pl. id. [Jood II]; khubikoɐrvədə [Surg II]
A: Erdarbeiter in der Wasserwirtschaft *Etym.:* Die Bezeichnung geht von der Tätigkeit der Erdarbeiter aus, die das Erdreich nach Kubikme-

tern ausgraben müssen. ● *Die Loit* (Leute) *senn gange fir Kubikarbeiter be de Wasserindustrie. Ja, 'Kubik? Des isch Ärdearbeder, was 'Kubikmäter rauswärwe* (auswerfen), *neue Grabe* (↑Graben) *mache, wo de Fluss geht.* [Jood II]
→Erdarbeiter, Kubikmeter.

Kubikmeter - n, khubikmetər, Pl. id. [OW VI]; 'kubikmętər [Jood II]
A, Fo: Raummaß von je einem Meter Länge, Breite und Höhe, Festmeter ● *Des isch Ärdearbeder, was 'Kubikmäter rauswärwe* (auswerfen), *neue Grabe* (↑Graben) *mache, wo de Fluss geht.* [Jood II] *En ein Floß geht ungefähr 200-300 Kubikmeter Holz. Un mit drei-vier Leute wird es gerudert* (↑rudern) *bis zum Segewärk* (↑Sägewerk). [OW VI]
→Erd-, Kubik, Kubikarbeiter, Meter (1).

Küche - f, khyxe, khyxn [Wer V], khiçə, khiçn [Bohl II]; khiçn, Pl. id. [Resch, Stei V]; khiçe, khiçə [Be IV]; khiçe, -nə [Ker III]; khiç, -ə [Ker, Fil, Mil, Sch, Siw, Waldn III, Put, Tom IV, Bog, Bru, Ger, GJ, GK, Lieb, Nitz, War, Wis V]; khuxl, Pl. id. [Wein I, Surg II, Ap, Gai III, Tow IV, Glog, Ost, Wolf V, OW VI]; khugl, Pl. id. [Fek II, Fak, Glog, NA V]
1. Allg: zentral gelegener Koch und Hauswirtschaftsraum *Etym.:* Die Wortform *Kuchl* kommt von bair.-österr. und wien. *Kuchl* 'Küche'. (Teuschl 1994, 141) Vgl. *Küche* von mhd. *küchen* (z. B. in bair. *kuchel*), ahd. *kuhhina*. ([23]Kluge, 490) ● *Newe de Kich war die ↑Speis un dann de Bodeaufgang, wu mer uff de Bode* (↑Boden 1) *gange is.* [Waldn III] *Von der Kich aus sinn die Efe* (↑Ofen) *ghitzt gen, un in so e große Raafang hat mer aach des Fleisch graacht* (↑räuchern). [GJ V] *Vone war de Raafang in de Stub, dann is die Kich kumm un dann wor die Kammer hinne.* [Lieb V] *Ha, die hamm zwei Kugl ghabt.* [NA V] *Es woan Heise mit zwaa Zimmer, Kichn un Speis.* [Stei V] a. A, G, O, V: (im Ausdruck: in der Küche:) auf dem Speiseplan, in der Ernährung ● *Die henn a Stick* (↑Stück 2) *far sich noch ghat, e Kuchlgarte, wu sie ghat henn, was sie in der Kuchl gebraucht henn.* [Ap III] *Un dann Grumper* (↑Grundbirne) *ham-mer ghat, was mir so gebraucht hann in der Kuchl.* [Ost V] **Anm.:** Die Lautvariante *Kichn* hat unter bair.-österr. Einfluss *n*-Morphem im f. Sg. In *Kugl* tritt *ch>g*-Wandel auf. ◆ Historischer Beleg: "... es mußte auch eine Kuchel errichtet werden, wo täglich Suppe gekocht und unter die Armen vertheilt wurde." (Deutsches Bauernleben 1957, 18) In Notjahren wurden mit staatlicher Unterstützung Suppenküchen für die ärmsten Gemeindemitglieder eingerichtet. ■ *Kuchel* Krauß 530.
→(1) Bauernhaus, offene Küche, Sommerküche; kochen; (1a) Küchengarten.

Kuchen - m (n), khu:xn, Pl. id. [Wer V]: khu:xə [Ap, Gai, Sch III, Bak, Bog, Fak, Ga, Glog, Len, Low, NA, StA, War V]; khuxə [Stl II], (n) khiəxli [Sad V]
A: größeres Gebäck aus Mehl, Fett, Eiern, Zucker u. a. Zutaten ● *In zwaa Stund is des Brot ausgebacke. Friher hod mer aa Kuche gebacke noch.* [Stl II] *Mit Grammle hot mer a Kuche gebacke, hauptsechlich Grammelpogatschl.* [Ap III] *Un dann is kumme de Kuche un die Tortn.* [NA V] *Es Fier* (↑Feuer) *isch zu heiß gsi, un d'Kiëchli sinn unne ganz schwarz vubrännt.* [Sad V] *Abe die Kuchn, des hat me alles selbst gebackn.* [Wer V]
→Backerei, Brot, Brot-, Honig-, Pfann-, Zopfkuchen, Kolatsche, Krapfen, Krempitte, Palatschinke, Pogatsche, Strudel, Torte.

Küchengarten - m, khuxlkɒɐtn, -kɛətn [OG I]; khuxlkɒɐtə, -kɛətə [Alt, Fek, Nad, Oh, Surg, Wem II]; khuxlka:rtə, -kɛ:rtə [Ap III, Bog, GK, Ost, War V]
G: Hausgarten, in dem Gemüse für die Küche gebaut wird ● *Ja, ich hob en Kuchlgoatn, do hob i bereits* (fast) *olles. Do gibt's Kiëwes* (↑Kürbis), *Paradeies, Krauet, Karfeol, Umuekn* (↑Umurken). [OG I] *Die Kuchlgäete, des woar gutes Feld.* [Fek II] *Die henn a Stick* (↑Stück 2) *far sich noch ghat, e Kuchlgarte, wu sie ghat henn, was sie in der Kuchl gebraucht henn.* [Ap III] *Aus Sunneblummesteckre had mer de Zaun gmach um de Kuchlgarte nechscht em Dorf, dass die Hingle* (↑Hünkel) *un Gens* (↑Gans) *net ningehn.* [Ost V]
→Garten, Krautgarten, Küche (1a).

Kuchenpfanne - f, khuxəpan, -ə [NB V]
V: Blechpfanne zum Kuchenbacken ● *Milich* (↑Milch) *in die Tippe* (↑Tüpfen), *Eier in die Kuchepann.* [NB V] ■ PfWb IV 659 f.: SüdHWb IV 6; RheinWb IV 1636.

Kuckuck - m, kukuk, -ə [Scham, Wud I, Sag II, Ho, Kar, PrStl, Sta, Tor, Tscher, Wasch, Wepr III, Bill, Char, Fak, Glog, GStP, Gutt, Kud, Laz, Len, Low, Mar, Nitz, Ost, Perj, Schag, Schön, Seul, StAnd, StH, Tschan, Wer V, OW VI]; kuku [Ed, KT, Scham, Wud, Wudi I]; kukuks [Fu III]
Fo, V: Waldvogel mit charakteristischem Ruf,

der seine Eier in fremde Nester ablegt; Cuculus canorus ● *Im Fruhjohr ruft mer: Kuckuck im Reweloch, wieviel Johr leb ich noch? So oft wie mer noh de Kuckuck rufe hert, soviel Johr lebt mer noch.* [Charl V] *Im Wald gsieht mer de Kuckuck, dann noch die Tscharake* (↑Tscharak), *die grien un die rot Tscharake.* [Ost V] *Singvegl sind schon, Kuckuck, das gibt's, dann Amseln. Dä Amsel kommt auch in de Nehe zum Haus.* [OW VI] ■ Gehl 1991, 122; Petri 1971, 96.
→Vogel.

Abb. 45 Kuckuck

Kuh - f, khu:, khiə [Jood II, Ru IV, Lug, Tem, Wer V]; khu:ə, khiə [Ed, GT I, NP IV, Sad V, Bil, Ham, Mai, Pe, Schei, Suk VI]; khu:, khi: [Fek, GBu, StI, Sulk II, Ap, AK, Brest, Buk, Fu, Gaj, Gara, Ker, Kol, Mil, Pal, Stan, Tor, Tscher, Waldn, Wasch, Wepr III, Be, Tom IV, Albr, Bak, Ben, Bog, Char, DStP, Eng, Ernst, Fak, Ga, Ger, GJ, Glog, Gott, Gra, GStP, Hatz, Hom, Karl, Len, Lieb, Low, Mar, Na, NB, Nitz, Orz, Sack, StA, StAnd, Star, Stef , War V]; khou [Sag II]; khuɐ, khiɐ [Aug, Ed, KT, Scham, Wud, Wudi I]; khɐu [ASad, Lind, Wei, Wolf V]
A, V: zur Milcherzeugung, seltener zur Fleischgewinnung oder als Zugtier eingesetztes Rind; Bos taurus ● *Hat, noche woan, wo e Bauehof woa, wo Kihe und Säi* (↑Sau) *und Räisse* (↑Ross) *ghot hamm.* [Wud I] *Die was weniger Feld hadde, die honn mit eingelände* (↑eingelernt) *Kih ihre siwwe-ocht Joch Feld geärwet.* [Fek II] *Also die Leit frihe, die honn die Geil* (↑Gaul) *aufgezoge, net, un die Kih.* [GBu II] *De Wagne had noch gmacht Ocksejoche, wäm-me die Kihe odde die Ockse hat eigspannt.* [Jood II] *Die Muhriewe* (↑Muhrübe) *sann die runde weiße, fir die Kieh.* [StI II] *Ufn Sandbode is Mischt kumme. Me had Kih und Saue und Ross ghalde, dass mer hot kenne mischte* (↑misten 2). [Sulk II] *Die Kih sinn im Summer uf die Waad* (↑Weide) *getriwwe* (↑treiben) *warre. Im Winter henn sie Kihriewe krigt un Klaai* (↑Kleie) *un abgekochti Grumbiere.* [Ap III] *Die Kuh hot e Ambr* (↑Eimer) *voll Wassr ausgsoff.* [Mil III] *Un Geize* (↑Geiz) *hot mer fuhreweis hååmgfiehrt for die Kih.* [Stan III] *Die Ruweschnitz, die sein for die Kieh. E jedi Kuh, was gemolk is worre, hot des Korzfuder* (↑Kurzfutter) *kriet* (erhalten), *dass se ruhig steht währnd dem Melke.* [Waldn III] *Des Kugrutzlaub* (↑Kukuruzlaub) *hamm die Kihe die ganze Nacht fressn kenne.* [Ru IV] *Bei uns hod kei Mensch mid ame Ocks ode anre Kuh garwet* (↑arbeiten). [Tom IV] *Der Kihhalder treibt die Kih un die Bike* (↑Bika) *uf die Hutwaad.* [Glog V] *Ich hann 's Viech gern un geh täglich in de Stall, zu de Ross un Kieh.* [Gott V] *Schwalme* (↑Schwalbe) *soll mer net fange, sunscht git die Kuh roti Millich.* [Hatz V] *Drei, vier Stiere habn me da ghabt im Stall, je nachdem, wie de Stand von de Kiehe war.* [Lug V] *Kieh kumme, Schelle brumme, Gras in die Krippe, Millich in die Tippe* (↑Tüpfen). [NB V] *A Moadefell* (↑Marderfell) *hot sovöl kost wej a Köuh.* [Wolf V] *Die Schihele* (↑Schuh) *send bei der Sau un bei der Kuhe.* [Schei VI] ◆ Sprichwörter: *E Milchkuh deckt alle Armut zu. - In dr Nacht sinn alli Kih schwarz.* Redewendungen: *Stehscht do wie die Kuh vorm neie Tor. - Die Kuh hat vergess, dass sie aa mol e Kalb war* (der Emporkömmling verleugnet seine niedere Herkunft). *- Um Gottes Wille: Unser Kuh hat e Fille* (Fohlen) (wenn etwas Unglaubliches passiert). *- Alt wie e Kuh.* (sehr alt) *- Finschter wie in eine Chue* (stockdunkel). ■ Gehl 1991, 189; Petri 1971, 87.

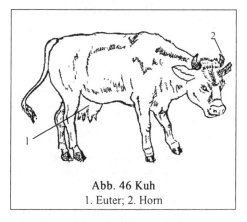

Abb. 46 Kuh
1. Euter; 2. Horn

→Kalb, Kuhdreck, -feld, -halt, -halter, -händler,

-käse, -magen, -mist, -rübe, -stall, Melkkuh, Rind.

Kuhdreck - m, khu:trek, Sg. tant. [Bog, Ger, GJ, GK, Ost, Wis V]; khi:trek [Mil, Pal, Sch, Stan, Tscher III]
V: Rindermist ● *Ja, de Kuhdreck mit Sprau* (↑Spreu), *där war gut for ufwesche de Bodm* (↑Boden 2). [GJ V] ◆ Sprichwort: "Die Lieb, die is so groß, die fallt so gut uf e Kihdreck wie uf e Ros." [Tscher III] ■ PfWb IV 670.
→Kuh, Mist, Scheiße.

Kuhfeld - n, khu:felt, Sg. tant. [GK, Ost V]
A: zum Anbau von Futterpflanzen zugeteiltes Ackerfeld ● *Glei nochm Krieg had mer Kuhfeld kriet, dreißich Ar for die Kuh un zehn Ar for a Rind.* [Ost V]
→Feld, Kuh.

Kuhhalt - f, khi:halt, -ə [Alex, Bog, Bru, GK, GJ, Len, Low, Ost, War, Wis V]; khi:halt, -haldə [Fak, Ga, Glog, Lug, StA V]
V: Rindviehherde ● *Uff die Hutwaad* (↑Hutweide) *ist die Kihhalt un die Kälwerhalt getrieb gewwe* (↑treiben). [Bru V] *Die Kih sinn uff die Kihhalt gang un uff die Kelwerhalt.* [Ost V] *Ba denne Lecher* (↑Loch) *is d'Seihalt un d'Kihhalt drauß gwest. De Kihhalter geht mit der Kihhalt un knallt mit de Knallepeitsch* (↑Knallpeitsche). [StA V]
→Halt, Kuhhalter.

Kuhhalter - m, khu:haltər, Pl. id. [Ap III]; khu:haldər, Pl. id. [La II, Fak, Ga, Glog, Ost, StA V]; khi:haltər, Pl. id. [Stan III, Bru, Ost, Lug, Resch, Tem V]; khi:haldə [Fek II, Oh, Pal, Seik, Surg, Wem II]
V: Kuhhirte, der das Vieh auf die Hutweide treibt und dort bewacht ● *Die Kih hot me aff die Hutwaad* (↑Hutweide) *nausgeloss un dä Kihhalde hot se fuetgetriewe* (↑forttreiben) *un hot de widder oweds haambrocht.* [Fek II] *Friher woan noch Kuhhalder, Sauhalder, Schofhalder und Genshalder.* [La II] *De Kuhhalter is durich die Gass kumme un hot die Kih nausgetriwwe uff die Hutwaad.* [Ap III] *De Kihhalte, er hat morjets mit de Kihhalterpeitsch hart* (laut) *geknallt, dass alle Leit ghert hunn, for's Viech* (↑Vieh) *nauslosse.* [Bru V] *Der Stier hat in Kihhalter gstoßn, und am anden Tag is de Kihhalte gstorbn.* [Lug V] *Kihhalter geht mit der Kihhalt un knallt mit de Knallepeitsch* (↑Knallpeitsche). [StA V] ■ Gehl 1991, 207.
→Halter, Kuh, Kuhhalt, Kuhhalterpeitsche.

Kuhhalterpeitsche - f, khi:haltərpaitʃ, -ə [Bru V]
V: (wie: Knallpeiscte) ● *De Kihhalter hat morjets mit de Kihhalterpeitsch hart* (laut) *geknallt, dass alle Leit ghert hunn, for's Viech nauslosse.* [Bru V]
→Knallpeitsche.

Kuhhändler - m, khi:hendlə, Pl. id. [Jood, Kock, Wem II]
V: Ankäufer und Verkäufer von Rindern ● *Un noh sein vun Pest* (Budapest) *Kihhendle kumme, die henn die Melikkih gekaaft un widder in e Maschterei* (↑Mästerei) *getoo.* [Kock II]
→Händler, Kuh.

Kuhkäse - m, khu:khe:s, Sg. tant. [Fak, Dol, Ga, Glog, StA V]
V: aus abgekochter Kuhmilch gewonnener Käse ● *Do ware hechschtn noch e Tippe* (↑Tüpfen) *Milich im Haus, a Tippche mit Rahm, e Brocke Kuhkäs un e Stick Schofbrinsa* (↑Schafbrinse) *un vielleicht aach a Stickl Butter.* [Dol V]
→Käse, Kuh.

Kuhkürbis - f, khu:khęrps, -ə [Ap III];
V: Futterkürbis ● *Kärbse hot's zwaaelei gewe Kuhkärbse un die Brotkärbse, die sinn im Winter gebrode* (↑braten) *ware.* [Ap III]
→Kuh, Kürbis.

kühl - Adj, khi:l [Fak, Gal Glog, StA V]
Allg: mehr kalt als warm ● *E nasser April un e kiehler Mai bringt viel Hawer* (↑Hafer) *und Haai* (↑Heu). [StA V]
→Kühlschrank, -truhe.

Kühlschrank - m, khi:lʃraŋk, -ʃreŋke [Stan III, Tem, Wer V]; khilʃraŋk, -ʃreŋk [Petschw II, Mil, Sch, Stan III]
Allg: mit einer Kältemaschine ausgerüsteter, schrankartiger Behälter zum Frischhalten von Lebensmitteln *Etym.:* Entlehnung aus der Standardsprache. ● *Mir hamm jo ke Kihltrugl ghat un ken Kihlschrank un nicks.* [Stan III] *Månichi Leit* (Leute) *tan die Wirscht* (↑Wurst) *in Kihlschrank 'nei, ich ess des net gärn.* [Petschw II] *Me hat ja frihe kein Kihlschrank ghabt, Mir hamm ein gewöbltn Kelle[r] ghabt, weil mer ja Wein ghabt hamm.* [Wer V]
→Eiskasten, Gefriertruhe, Kühltruhe; kühl.

Kühltruhe - f, khi:ltru, -ə [Ap, Hod, Mil, Pal, III, In, Ru IV,]; khi:ltrugl, -ə [Stan III]
A, Fi, V: Elektrogerät für die Lagerung tiefgefrorener Lebensmittel ● *Do hot's jo noch kei Kihltruh gewwe, wu mer die Fisch hat länger ufhewe (↑aufheben) kenne.* [Ap III] *Mir hamm jo ke Kihltrugl ghat un ken Kihlschrank un nicks.* [Stan III]
→Eiskasten, Kühlschrank; kühl.

Kuhmagen - m, khu:ma:gə, -mę:gə [Fak, Ga, Glog, StA, Wil V]; khi:mǫ:gə, Pl. id. [Baw, Fek, Seik, StI, Wem II]
V: Magen des (geschlachteten) Rindes ● *De Kihmoge, dä is schee gepotzt (↑putzen) un vekaaft worn.* [Baw II] ■ Gehl 1991, 189.
→Kuh, Magen.

Kuhmist - m, khu:mist, Sg. tant. [Eng, DStP, Kreuz, NA V]; khu:miʃt, Sg. tant. [Gai, Gak, Sch, Siw, Werb III, ND, NP, Put IV, Bog, Fak, Ga, GK, Glog, Len, Low, Ost, StA, Wil, Wis V, Bur, Ham, Kr, NP, Pe VI]
V: organischer Dünger von Kuhfladen und Strohresten ● *Pfärdsmist un Kuhmist wäd gmischt, alles is gut.* [NA V] *De Kuhmischt is mittl (↑mittel) un de Schweinemischt is kalde (↑kalt) Mischt.* [Ost V]
→Kuh, Mist.

Kuhrübe - f, khi:rup, -ri:və [Ap, Waldn III]
A: Futter-, Runkelrübe ● *Die Kih (↑Kuh) sinn im Summer uf die Waad (↑Weide) getriewwe (↑treiben) warre. Im Winter henn sie Kihriewe krigt un Klaai (↑Kleie) un abgekochti Grumbiere (↑abgekochte Grundbirne).* [Ap III] *Die Ruweschnitz (↑Rübenschnitzel), die sein for die Kieh. Da is Kleie 'neigemischt worre un Rummle (↑Rummel), wie mir gsaat hann iwwe die Kiehriebe.* [Waldn III]
→Kuh, Rübe.

Kuhstall - m, khu:ʃtal, -ʃtel [Ap, Fil, Hod, Mil, Pal, Sch, Werb III]; khi:ʃtal [Put, Tom IV, Alex, Bog, Fak, Glog, Gra, GJ, GK, SM, StM, Wil, War V, NP, Pe, Schö, Suk VI]
V: Stall für Kühe und Rinder ● *Un im Hinnerhof (↑Hinterhof) ware die Stallunge (↑Stallung), hauptsechlich der Kuhstall un de Rossstall getrennt, un dann der Saustall.* [Ap III] *Dort hinne an de Kihstall war e Vertiefung, dort is de Mischt hienkumm.* [Bog V]
→Kuh, Stall.

Kukuruz - m, kukuruts, Sg. tant. [Ed, KT, Scham, Wud, Wudi I, Baw, Tew, Wem II, Fil, Ker, Tschat, Tscher, Tscho, Wasch III, Buk IV, Albr, Ben, Bill, Bre, DStP, GStN, GStP, Heu, Karl, Kud, Len, Lieb, Low, NB, Nitz, NSie, Orz, Sack, SM, StA, Tschak, Tsche, Ui, War V]; kukruts [OG, Tax, Wud I, Baw, Fek, Jood, Petschw, StI II, Ap, Berg, Kol, Mil, Stan III, NP, Tom IV, Bak, Fak, Ga, Ger, Glog, KSch, Laz, NA, Nitz, Ost, Rud, Schön, StA, Stei, Wis V]; kugruts [Jood, Sulk II, Waldn III, Sad V, Bil, Mai, Pe, Suk VI]
A, V: Mais, als Viehfutter und als Speisemais dienend; Zea mays *Etym.:* Der Maisname *Kukuruz* m. ist ein türk.-slaw. Wanderwort, dessen Verbreitungsgebiet westwärts bis Österreich und Ostmitteldeutschland reicht. Österr. *Kukuruz* 'Mais', seit dem 20. Jh., ist aus serb. *kukuruz* entlehnt. Die ältere Bezeichnung *mahis* für 'Mais' aus dem Taino (Haiti) kommt vom indianischen Namen der Pflanze, *mahiz*, das über span. *maiz* mit der Sache nach Deutschland gelangte, nachdem der Mais zunächst als *Welschkorn* und *Türkisch Korn* bezeichnet worden war. ([23]Kluge, 492) Die Namen *Welschkorn* und *Türkisch Korn* (ung. *török búza* 'türkischer Weizen') deuten den Wanderweg der alten Kulturpflanze an, die in Europa zuerst 1525 in Andalusien angebaut wurde. Von Spanien kam der Mais über Italien in die Türkei, vgl. türk. *kokoroz* 'Mais', und von hier in die Balkanländer und zurück nach Mitteleuropa. In der ersten Hälfte des 17. Jhs. wurde in Siebenbürgen Mais angebaut und während der österreichischen Eroberung des Banats ist in den Akten von *Kukuruz* die Rede. (Gehl/Purdela Sitaru 1994, S. 46 f.) - Die Herkunft des Namens *Kukuruz* ist umstritten, die einen leiten ihn aus türkischen Wurzeln ab, die anderen aus slawischen. (Martin 1963, 138) Nützlich könnte vielleicht der Hinweis auf ital. reg. *cucurugu* sein, das nach dem Sprach- und Sachatlas Italiens und der Südschweiz (von Jaberg/Jud, Karte 574, Norditalien) die Bedeutung *La Pina (dell'abete)* 'Tannenzapfen' hat. Auch rum. reg. (in Nordrumänien und in der Westukraine) heißt *cucuruz* 'kegelförmiger Zapfen der Koniferen'. Im nordrum. Gebiet Marmarosch heißt auch der Weintraubenkamm *cucuruz de strugure*. (Nach Lammert 1984, 162) Das Bild eines samenbesetzten Tannenzapfens wurde demnach metaph. auf den Mais übertragen. Vgl. auch *Kukuruzzapfen* in [Jood II]. - Die donauschwäb. Ansiedler lernten den Maisanbau erst im Banat bzw. in der

Schwäbischen Türkei und der Batschka kennen. Die Banater Wortform *Kukruz* mit Schwund des Vokals in der zweiten Silbe lässt auf eine Übernahme des Wortes über die Verwaltungssprache aus der österr. Verkehrssprache schließen. (Wolf 1987, 266) Das Wanderwort ist slawisch: serbokr. *kukúruz, kokóruz,* bulg. *kukurúz,* russ. *kukuryza,* tschech. *kukurice,* poln. *kukurydza* usw., aber auch rum. dial. *cucuruz* und ung. *kukorica,* das über serb. Vermittlung auf ursprünglich türk. *kokoroz* zurückgeführt wird (Skok II, 228 f), und somit den angedeuteten Wanderweg der Maispflanze bestätigt. • *Des Hiëndlfutte* (↑Hendelfutter), *des is Kunstfutte un gemischt mit Kukrutz un Fischmöhl.* [OG I] *Nom hot me Mist, Ruam* (↑Rübe) *und Kukurutz gfihet* (↑führen). [Wud I] *Ja, do woar Kukurutz un Kukurutzschrot, un mit dän sein die Sei* (↑Sau) *gemest woen im Dorf.* [Fek II] *Mir honn en Waaz* (↑Weizen) *aabaut, Gärschte, Haber* (↑Hafer), *Kugrutz un Grumbire.* [Jood II] *Had, dann kåmme stupfn Kukrutz mit de Haun* (↑Haue). [Petschw II] *Die Baure hunn Kugrutz un Futterasch* (↑Futter) *baaut for die Viecher* (↑Vieh). [Sulk II] *Friher hot mer hauptsechlich die Frucht oogebaut un Kukrutz.* [Ap III] *No hot mer messe ausroppe* (↑ausrupfen) *der Kukrutz, nur zwaa Steck* (↑Stock 1b) *hot mer därfe steh lasse.* [Stan III] *Die Baure hunn sich beschefticht mit Kugrutz un Frucht.* [Waldn III] *Dann had me messe Kukrutz hacke schon.* [Tom IV] *Mir henn in seller Zeit viel Frucht un Kukrutz gfeckst* (↑fechsen). [Fak V] *Regnt's ån de Neibinåder* (ON) *Kirweih, noh gäbt's viel Kukrutz.* [Glog V] *Um die Zeit is schun bei uns Kukrutz gsetzt wor* (↑setzen) *un ghackt wor, de Kugrutz.* [KSch V] *Gfittet hod me Kukrutz un Schrot meistns, Gäeschteschrot, Kukruzschrot.* [NA V] *Im 1904er Johr ist bei Frucht un Kukruz net mol de Some rauskumm* (↑herauskommen 2). [Nitz V] *Die hann misse for Kukrutz, for fietre* (↑füttern) *un for Haai sorche.* [Ost V] ♦ Der Termin der Neupanater (V) Kirchweih ist der 31. Juli und fällt somit in die Wachstumsperiode des Maises. (Gehl 1991, 57) - "Kukruz! Kukruz! Heiße Täach em Kukruzbreche/ un die Nacht em Laab dann steche .../ Scheint die Sunn, noh muß mr schaffe,/ reent's, noh muß mr Kukruz raffe,/ Kukruz liesche, oweds spoot,/ Kukruz breche, wann's kaum groot; .../ Kukruz feehre, Kukruz truckle,/ Kukruz traan uff krumme Buckle, .../ Griene Kukruz en die Bidde,/ Kukruz en de Hambar schidde, .../ Kukruz owee, Kukruz unne,/ Kukruz vierunzwanzich Stunne,/ Kukruz hin un Kukruz her -/ wa' norr uff de Welt ke Kukruz wär!" (Hockl 1973, 51) ■ SSWb 5, 392, mit 66 Komp. (393-395); Gehl 1991, 137; Petri 1971, 81.

→(Pflanzenteile:) abgemachter -, ganzer -, gekochter Kukuruz, Butzelkukuruz, Liesch (1), Kukuruzkern, -haar, -kolben, -laub, -liesch, -pflanze, -schrot, -stängel, -stroh, -zapfen; Laub (1b), Zapfenkukuruz (Verschiedenes:) Kolben, Kukuruzabmacher, -brechen, -brecher, -feld, -flur, -grund, -hobel, -korb, -maschine, -mehl, -ribbeler, -schrot, -setzer, -sorte, -stück, Malai, Mamaliga.

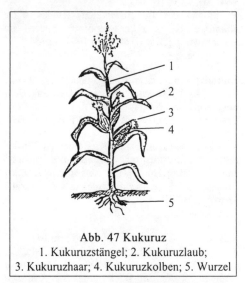

Abb. 47 Kukuruz
1. Kukuruzstängel; 2. Kukuruzlaub;
3. Kukuruzhaar; 4. Kukuruzkolben; 5. Wurzel

Kukuruzabmacher - m, kugrutsabmaxər, Pl. id. [Sulk II]
A: Werkzeug mit Spitzen zum Lösen der Kerne vom Maiskolben • *Manche Leit hadde so e eisene* (↑eisern) *Abmacher, so Kugrutzabmacher, jå.* [Sulk II]
→Abmacher, Kukuruz.

Kukuruzbrechen - n, kukrutspreçə, Sg. tant. [Ap III, Brest, Sch, Siw, Stan III, Be, Tom IV, Alex, Bak, Bog, Bru, Charl, Fak, Fib, Ga, Glog, Jahr, Len, Low, Sack, StA, Wil, Wies, Wis V]
A: Maisernte, bei der die Kolben (mit oder ohne Deckblättern) vom Stängel gebrochen werden. • *Des ware die beschte Schuh for in de ↑Schnitt un for Kukrutzbreche un Kukrutz hacke.* [Stan III] *Den Kukrutz hot mer ums Fünftl odder ums Seckstl* (↑Sechstel) *hiegewwe, des heißt, där hot no der finfti odde de sechsti Taal* (↑Teil) *no krigt*

fars Kukrutzbreche. [Ap III] *Beim Kukrutzbreche is manchesmol mit de Lische (↑Liesch 1) gebroche un derhaam abgeliescht gewwe (worden).* [Bru V]
→brechen (2).

Kukuruzbrecher - m, kukrutspreçər, Pl. id. [GK, Ost, War V]
A: Landarbeiter, der die reifen Maiskolben erntet ● *De Kukrutz hat mer friher gebroch mitzamm die Liesche. Un no sinn Bschenowaer (ON) Bulgare kumm, mir hann gsaat die Kukrutzbrecher, die hann am ↑Stock (1b) gliescht (↑lieschen).* [Ost V]
→Kukuruz; brechen (2).

Kukuruzfeld - n, kukrutsfelt, -feldər [Brest, Gai, Sch III, In, NP IV, Fak, Ga, Glog, Len, Low, NA, Ost, Schön, StA, War, Wil V]
A: Ackerfeld, auf dem Mais angepflanzt wird ● *In Härbst is Frucht oogebaut woan, am Kukrutzfeld und am Linsefeld.* [NA V] *Un dann is es Kukrutzfeld geecht ginn (↑eggen).* [Ost V] *Des Johr sinn ufm Kukrutzfeld viel Kårnmeis (↑Kornmaus), die machn große Schade.* [StA V]
→Feld, Kukuruz.

Kukuruzflur - m, kukrutsflu:r, -ə [Bog, Ger, GJ, GK, Gra, Len, Low, War, Wis V]
A: Teil der Feldflur auf der (innerhalb der Fruchtfolge) nur Hackfrüchte - vorrangig Mais - angebaut werden ● *Dann, wo mer von Großjetsche (ON) geger Billed (ON) gfahr is, dort war no der Kukrutzflur.* [GJ V]
→Flur, Kukuruzgrund.

Kukuruzgore - m, selten, kukututsgo:re, Pl. id. [FekII]; kukrutsgo:ri [Petschw II]
A: (wie: Gore) *Etym.:* Das Komp. ist eine tautol. Bildung zu Gore 'Maisspaicher'. ● *Dann kummt de Kukrutz in die Seck (↑Sack) 'nei un is e nauftragn (↑hinauftragen) woan am Bodn (↑Boden) ode am Kukruzgori.* [Petschw II]
→Gore, Kukuruz.

Kukuruzgrund - m, kukrutskront, Sg. tant. [Jink, Kä, Sag, Sar, Warsch II]
A: für den Maisbau bestimmter Teil der Feldflur ● *Der Grond woar verschiede, socht mer de Kukrutzgrond, Wiesgrond, Zigeinersgrond, Ärschtegrond.* [Jink II]
→Grund (2), Kukuruzflur.

Kukuruzhaar - n, kukrutsho:r, Pl. id. [Bak, Bog, Fak, Ga, Glog, GJ, GK, Hatz, Len, Low, Ost, War, Wil V]
A: Staubgefäß der Maispflanze ● *Die Liesche (↑Liesch 1), des war a gudes Fuder (↑Futter), weil die Kukrutzhoor sinn nährhaft (↑nahrhaft), die hamm viel Nährwärt.* [Ost V]

Kukuruzhobel - m, kukrutsho:vl, -ə [Ben V]; kukrutshuvl, Pl. id. [Blum, Bru, KöH, Jahr V]
A: hobelartiges Gerät zum Entkörnen der Maiskolben ● *Im Schoppe (↑Schoppen) ware die Kukrutzhuwwl, bei de Baure später aach de Kukrutzribbler fer de Kukrutz abribble.* [Bru V]
Anm.: Das Grundwort des Komp. *Kukrutzhuwwl* weist Spirantisierung b>w und Vokalwechsel o>u auf.
→Kukuruz, Kukuruzribbler; abribbeln.

Kukuruzkern - m, kukrutskhęrn, -khęrnə [Kock, Surg, Wem II, Ap, Ker, Mil, Pal, Sch, Siw III, Be, Tom IV, Bill, GJ, Kath, Ost, Stef, Zich V]
A: einzelnes gelbes Korn des Maiskolbens ● *Beim Schroter hot me die Kärner hiegetut, die Kukrutzkärne, un dart sinn se zu Schrot gmahle warre.* [Ap III]
→Kern (2), Kukuruz.

Kukuruzkolben - m, kukrutskholvə, Pl. id. [Bog, Fak, Ga, Glog, Schön, StA, Wil V]; kukrutskholbə [Pan, Sad V]
A: mit Körnern besetzter (oder entkörnter) Kolben der Maispflanze ● *Die Buwe (Buben) henn sich als gärn Kolweross (↑Kolbenross) aus abgripplti (↑abgeribbelt) Kukrutzkolwe gmacht.* [Glog V] ■ Gehl 1991, 75.
→Kolben, Kolbenkukuruz, Kukuruz.

Kukuruzkorb - m, kukrutskhorp, -khęrp [NA V]; kukrutskhårəp, -khęrəp [Ga, StA V]; gugrutssəkhoɐrp, -khęrp [Bil, Ham, Pe, Schei, Suk VI]
A: Maisspeicher *Etym.:* Der Maisspeicher wird Korb genannt, weil die Wände früher wie Körbe aus Weidenruten geflochten waren. ● *Hinner em Schoppe (↑Schuppen) in de Schweistall un dann e Kukruzkorb, de Lenge nach.* [NA V] *Er is uff de Kukuruzkåreb un hat sich dårte vesteckIt.* [StA V] *D'Kolbe hend mer in de Gugrutzekoarb taa.* [Schei VI] **Anm.:** Im Bestimmungswort des Komp. *Kåreb* tritt Vokalsenkung o>å und Sprossvokal e auf. ◆ Die neueren Kukuruzkörbe wurden aus Brettern gefertigt, wie ein Wirtschaftsgebäude mit Dachziegeln gedeckt und

Kukuruzlaub

standen auf einem Betonsockel. Häufig lag darunter der Schweine- oder Hühnerstall. (Gehl 1991, 178)
→Hambar (2).

Kukuruzlaub - n, kugrutslaup, Sg. tant. [Ru IV]; kukrutsla:p [Bog, Fak, Ga, Glog, Lieb, Ost, StA, War, Wil V]
A, V: als Futtermittel verwendete Blätter an den Maisstängeln ● *Des Kugrutzlaub hamm die Kihe* (↑Kuh) *die ganze Nacht fressn kenne.* [Ru IV] *De Kih hat mer im Winder Kukrutzlaab gfiedert* (↑füttern). [Fak, V] ◆ Historischer Beleg: "1864 Jänner Anfang kalt (...) kein Stroh, kein Geld, Kukuruzlaub kostet das Büschel 10 Kr[euzer] und ist nicht überall zu bekommen." (Deutsches Bauernleben 1957, 17) ■ Gehl 1991, 72.
→Kukuruz, Kukuruzstroh, Laub (1b).

Kukuruzliesch - n, kukrutsliʃ, -ə [Bru, Charl, Fib, GK, Jahr, Ost V]
A: Hüllblätter am Maiskolben ● *Die Kukrutzlische hot mer gebraucht for in die Strohseck bevor die Matratze ufkumm sein.* [Bru V] *Kukrutzliesche un Laab* (1b), *des hann die Kih kriet, Haai* (↑Heu) *wenicher.* [Ost V]
→Kukuruz, Liesch (1).

Kukuruzmaschine - f, kukrutsmaʃĩ:, -nə [Fil, Mil, Sch, Siw, Stan, Werb III, Be, Tom IV, Bog, Ger, Gott, Gra, Ost, War V]
A: Maissetzer ● *Mei Vatter is mit de Kukrutzmaschie ufs Kukrutzstick gfahre un hat Kukrutz gsteckt.* [Stan III]
→Kukuruz, Maschine.

Kukuruzmehl - n, gugrutsəmeɐl, Sg. tant. [Bil, Ham, Mai, Pe, Schei, Suk VI]
A: fein gemahlene Maiskörner ohne die Schalen ● *Un denn ham-me no Riëbe* (↑Rübe), *denn gemme* (geben wir) *au no Gugrutzmeal odde Grisch* (↑Grieß), *wem-mer hand.* [Schei VI]
→Kukuruz, Mehl.

Kukuruzpflanze - f, kugrutspflantsə, Pl. id. [Jood II]
A: junge Maispflanze ● *De Kukrutz muss me vurrupfe, weil nur zwaa Kugrutzpflanze därfet bloibe.* [Jood II]
→Kukuruz, Pflanze.

Kukuruzribbeler - m, kukrutsriplər, Pl. id. [Blum, Bru, Fak, Fib, Ga, KöH, Jahr, Ost, Wis V]; kukrutsrevlər [Ben, Bog, Sack V]; kukruts- rivlər [Stan III]; kukurutsrevlər [Ap, Hod, Pal III]; kugrutsrevlər [Ben V]
A: mechanisches Gerät zum Entkörnen der Maiskolben ● *Wenn die Kolwe* (↑Kolben) *trucke ware, no sinn sie grewwlt warre mit em Kukrutzrewwler.* [Ap III] *Do war der Kukrutzriwwler, un do hot mer schun ghat en Schroter for selwer schrote.* [Stan III] *De Kugrutzrewwler ham-mir selwer ghat. Där is mit de Hand betriewe worre.* [Ben V] *Im Schoppe* (↑Schoppen) *ware die Kukrutzhuwwl* (↑Kukuzhobel), *bei de Baure später aach de Kukrutzribbler fer de Kukrutz abribble.* [Bru V] **Anm.**: Die Variante *Kugrutzrewwler* weist Erweichung des *k>g* und *b>w*-Wandel auf. ◆ Die Messer im Trichter des Gerätes werden mit einem Schwungrad gedreht. Dabei werden die Maiskolben eingelegt, entkörnt, und die losen Körner fallen durch eine Öffnung heraus. ■ *Kukuruzrebbler* Gehl 1991, 148.
→Kukuruz, Kukuruzhobel, Ribbeler; abribbeln (1b).

Kukuruzschrot - n, kukrutsʃro:t, Sg. tant. [Fek, StI II], kukrutsʃro:t [Fil, Mil, Siw, Tscher III, Be, Tom IV, Bak, Bru, Charl, Fib, Ga, GK, Glog, Gott, Gra, Len, NA, Nitz, Ost, StA, War, Wil V]; kugrutsʃro:t [Ru IV]
V: als Viehfutter grob zerkleinerte Maiskörner ● *Ja, do woar Kukurutz un Kukurutzschrot, Gäschte gekocht woen un Grombiën* (↑Grundbirne), *un mit dän sein die Sei* (↑Sau) *gemest woen im Dorf.* [Fek II] *Die Sei hunn kricht* (gekriegt) *Kukrutz un noch Kukrutzschrot un no hunn se noch troo Hecksl* (↑Häcksel), *e bissje.* [StI II] *Die Mangolitza* (↑Mangalitza) *hamm Kugrutzschrot krigt, dann sann sie fetter woan.* [Ru IV] *Gfittet hod me Kukrutz un Schrot meistns, Gäeschteschrot un Kukrutzschrot.* [NA V] *Die Kih hann Schrot kriet, also Kukrutzschrot mit etwas Kleie gmischt, mit Gärschteschrot odder Hawwerschrot.* [Ost V]
→Kukuruz, Schrot.

Kukuruzsetzer - m, kukrutssetsər, Pl. id. [Be, Tom IV, Alex, Bill, Ger, GJ, Ost, War, Wis V]; gugurutsetsə [Waldn III]
A: Maissetzmaschine ● *E Gugurutzsetzer, e Quadratsetzer, hot mei Vater kaaft un e Schwaderecher.* [Waldn III] *Sogar unser Schokatze* (katholische Südslawen) *henn gsackt fer der Kukrutzsetzer, där Setzer.* [Tom IV] *Der Kukrutzsetzer, där hat zwei Rohre nor ghat. Där*

hat aach e Greih (↑Gereihe) ghat, un dort had me sich kenne drufsitze. [Ost V] ◆ Außer der Maissetzmaschine, die von Pferden oder von einem Traktor gezogen wurde, gab es handgezogene *Kukuruzleger* mit einem einzigen Setzrohr. ■ *Kukuruzstopfer* Gehl 1991, 148.
→Kukuruz, Quadratsetzer, Sämaschine.

Kukuruzsorte - f, kukurutssortę̌, -sortə [Fak, Ga, Glog, StA, Wil V]; kukrutssort, -ə [Ost V]
A: gezüchtete Sorte von Mais ● *Die Kukrutssorte ware verschiedene, de Rosszahnkukrutz un de Warjascher, de altmodische mit niedrichi Käre* (↑Korn 1), *de amerikanische Kukrutz mit tiefi Worzle, de Warwik, de Kochkukrutz zum Hausgebrauch un de Patschkukrutz mit spitzichi Käre un klaani Kolwe* (↑Kolben). [Ost V] ◆ Im donauschwäb. Siedlungsgebiet wurde vor allem drei Maissorten angebaut: 1. *Zea mays indurata*, (auch *Altmodische* genannt), mit kürzeren, außen glasigen Körnern. Sie ist weniger produktiv als neuere Sorten. 2. *Zea mays indentata* (auch *dentiformis* genannt), mit länglichen, eingekerbten Körnern. Die als *Pferdezahn* bekannte, ertragreiche Maissorte herrscht heute in Europa und in den USA vor und ist nach ihrem Herkunftsgebiet auch als *Amerikanischer Kukuruz* bekannt. 3. *Zea mays everta, varietās microsperma*, hat kleine, glasige und spitze Körner, die für Popkorn verwendet werden. Die erstgenannte Maissorte, *indurata* gehört zu jenen, die zuerst nach Europa gebracht wurden und auch ins Banat und in die Batschka gelangten. Durch die kleinen, niedrigen Körnern hatte diese Sorte geringere Erträge und wurde deshalb von 1920 bis 1940 von der Sorte *indentata* abgelöst. Diese stammt aus Mexiko und Südamerika. Sie kam nach der Jahrhundertwende ins Banat, als wegen der Dürre vorrangig Mais aus Argentinien mit hohem Laub und ein bis zwei großen, ertragreichen Kolben je Staude importiert wurde. Produktive Sorten dieser Form Aus den USA wurden ab 1955 produktive Sorten ins Banat importiert, eine davon war die Varietät *Warwick*. - Der *Altmodische Kukuruz* der Unterart *Zea mays indurata* umfasst einheimische Banater Formen mit kurzem Kern (vor 200 Jahren fand weder Auslese noch Züchtung statt), z. B. der *Kalatschaer* oder der *Warjascher* Mais, der auch für das Banater Hügelland geeignet ist. (Mayer 2001, 1 f.) ■ Gehl 1991, 138.
→Kukuruz, Sorte; (Sorten:) Altmodischer -, Amerikanischer Kukuruz, Koch-, Patsch-, Rosszahn-, Zünderkukuruz, Warjascher, Warwick.

Kukuruzstängel - m, kukrutsʃteŋl, -ə [Bak, Bog, Fak, Glog, Nitz, War V]; kugrutsʃteŋl, Pl. id. [Jood II, Sad V]
A: Stängel der Maispflanze ● *Em Härbscht semmer gange, die Kugrutzstengl abschneude* (↑abschneiden), *ower em Zapfe, un die Blette* (↑Blatt) *rundeläse* (↑herunterlösen), *dass des tricklt* (↑trocknen). [Jood II] *In ein* ↑*Bock* (2) *hem-mer zwelf bis fufzehn Burdi* (↑Bürde) *Kugrutzstengl gsetzt* (↑setzen 1). [Sad V]
→Kukuruz, Stängel (1).

Kukuruzstroh - n, kukrutsʃtro:, Sg. tant. [StG, Sol, Sulk II, Bru, Fak, Ga, Glog, StA, Wil V]
A: Maisstängel mit Blättern ● *Die Kih humm Kugrutzstroh un Greenfuder* (↑Grünfutter) *krigt*. [Sulk II] *Des Kukrutzstroh hat mer gschnied* (↑schneiden) *un zu Schab* (↑Schaub) *gebunn, mit Lischesaal* (↑Lieschseil) *oder Weide*. [Bru V] ◆ Historischer Beleg: "Unsere Pferde mußten mit Kukuruzstroh gefüttert werden ..." (Deutsches Bauernleben 1957, 17)
→Kukuruzlaub, Stroh.

Kukuruzstück - n, kukrutsʃtik, -ər [Ker, Mil, Pal, Sch, Stan III, Tom IV, Fak, Ga, Glog, StA, Wil V]
A: mit Mais bebaute Ackerfläche ● *Mei Vatter is mit de Kukrutzmaschine ufs Kukrutzstick gfahre un hat Kukrutz gsteckt*. [Stan III]
→Kukuruz, Stück (2).

Kukuruzzapfen - m, kugrutsstapfə, Pl. id. [Fek, Jood, Kock, Surg II]
A: Maiskolben *Etym.:* Vgl. die Bedeutungsübertragung vom Samenstand der Koniferen auf den Maiskolben unter *Kukuruz*. ● *Mir honn Zapfe gsagt dezu, un heut noch, Kugrutzzapfe*. [Jood II]
→Kukuruz, Zapfen (1), Zapfenkukuruz.

Kultivator - m, selten, khultiva:tor, Pl. id. [Bill, Gott, Gra, Low, Ost, Wis V]
A: Grubber, Hackpflug *Etym.:* Entlehnung aus der Standardsprache. ● *Demnoh, wie de Bode* (↑Boden 2) *war, hat mer aach kenne mid em Kultivator schärre* (↑scharren 2), *un dann sinn die Ruwe* (↑Rübe) *gschiddert* (↑schüttern) *ginn*. [Ost V]
→Hackpflug.

Kümmel - m, khiml, Sg. tant. [Wud I, KKa, Sag II, AK, KK, Kol, Sch, Stan, Wepr III, NP IV, Bog, Fak, Ga, GJ, GK, Glog, Heu, Karl, Len, Low, Ost, StA, Tschan, War V]; khimik [Sad V];

khimy [KT, Wud, Wudi I]
G: als Gewürzpflanze verwendetes Doldengewächs; Cuminum sativum ● *Dann hot mer Gwärz dran, Pfeffer, Lorbäärblatt, Kimml, Bohnekreidl.* [GJ V] *Im Garte ham-mer aa ghat Schalotte un Krien (↑Kren), ↑Zeller, Fenigl (↑Fenchel), Kimml, Liebsteckl un viel annres.* [Ost V] ■ Gehl 1991 227; Petri 1971, 30.
→Gewürz.

Kummet - n, khumet, Pl. id. [GK, Gra, Ost V]; komot [Franzd, Ora, Resch, Sekul V]
V: um den Hals des Zugtiers liegender, hölzerner oder gepolsterter Teil des Pferdegeschirrs ● *Also hol mer's Gschärr. Es ware nor Sielegschärre, Kummet hann ich nor in der Ackerbauschul gsiehn.* [Ost V] *Es gibt es Pfäedgschirr und aa de Kommot.* [Resch V] ◆ *Kummet* war am donauschwäbischen Pferdegeschirr unüblich. Es kam nur vereinzelt im Banater Bergland vor. ■ PfWb IV 689: 'um den Hals des Pferdes (der Kuh) liegender Teil des Zuggeschirrs'; SüdHWb IV 38 f.; RheinWb IV 1720.
→Geschirr (2), Pferdegeschirr.

Kundschaft - f, khuntʃaft, Sg. tant. [Ed, GT, Wein, Wud I, Baw, Jood, KKa, Kock, Surg II, Ap, Gai, Tscher III, NP, Tom IV, Bog, Dol, Eng, Ger, Gra, Ost, Stei, War V, Bil, Pe VI]; khuntʃaft, -n [Bonn II]; khunʃaft [GN II, Jahr V]
Allg: Gesamtheit der Kunden, Kundenkreis eines Produzenten ● *Ja, die Italiener ware unser Kundschaft. Im Fruhjohr sein kumme die Hendler un henn die Ross gekaaft.* [Kock II] **Anm.**: Das Kollektivum *Kundschaft* wird meistens als Sg. tant. angesehen, kann aber auch eine Pluralform erhalten. ■ PfWb IV 694 f.; SüdHWb IV 43; RheinWb IV 1717; BadWb 3, 326: *Kundschaft* 4; Krauß 534; NordSSWb III 1131; SSWb 5, 401.
→Händler.

Kunstdünger - m, khunstdiŋər, Sg. tant. [Fil, Ker, Mil, Pal, Sch, Stan, Werb III, Be, Tom IV, Bog, Gott, Gra, Len, Low, Mar, Ost, War, Wis V]
A: chemisch hergestellter Dünger *Etym.*: Entlehnung aus der Standardsprache. ● *Un dann ham-mer vum Kunstdinger glärnt, die chemischi Formle un zu was er is.* [Ost V]
→Kalium, Mist, Stickstoff, Superphosphat.

Kunstfutter - n, khunstfutə, Sg. tant. [OG I]; khunstfuətər [Jood II]
V: fabriksmäßig aus verschiedenen organischen Stoffen hergestellte Futtermischung ● *Des Hiëndlfutte, fufzich Kile (↑Kilo), des is Kunstfutte, des is gemischt mit Kukrutz (↑Kukuruz) un Fischmöhl.* [OG I] *Un fer die klaani Seili (↑Sau) war damals ke Milich ode Kunstfuetter.* [Jood II]
→Fischmehl, Futter.

künstlich befruchten - schw, khinʃtliç pəfruxtə, - pəfruxt [Bog, Glog, Gra, Ost, StA V]
V: (beim Rindvieh:) weibliche mit männlichen Geschlechtszellen künstlich vereinigen ● *Ihr breicht die Kuh nimmer zum Biko (↑Bika) fihre, weil mer kann die Kuh jetz kinschtlich befruchte.* [Bog V]
→befruchten, stieren.

Kunstraphia - n, khunstrafia, Sg. tant. [La II]
W: synthetisch gewonnene Bastfasern ● *Jedi Woche muss aamol gebunne wär mit Raffia oder mit Kunstraffia. Ich tun liewer mit Kunstraffia benne (↑binden).* [La II]
→Raphia.

Kunstrose - f, khunstro:s, -ro:zə [Ha II]
B: aus Wachs oder Kunststoff hergestellte, rosenförmige Zierblume ● *Wachs honn ich vekauft un Kunstrose lass auspress (↑auspressen), wu me neitut in de Rahme.* [Ha II] ◆ Donauschwaben bewahrten den Brautkranz aus weißen Kunstblumen in einem Bilderrahmen als Wandschmuck auf.
→Rose (3).

Kupferkessel - m, khupfəkhesl, Pl. id. [Wer V]
G, O: großes Metallgefäß aus Kupfer ● *Un do waa ein große Kupfekessl, wo me alles eigmacht hat, die Paradeis ond Marmelade, ↑Sulz (1) hamme gsagt. Des alles is da drin gekocht worn, eigmacht.* [Wer V] ◆ In nicht oxydierenden Kupferkesseln, die in einem Wirtschaftsraum oder Schuppen standen, konnten Tomaten zu Tomatensaft bzw. Obst zu Marmelade eingekocht und auch bei der Schweineschlacht Fleisch und Wurstwaren abgekocht werden. In Eisenkesseln wurde nur Hausseife aus Fleischabfällen gekocht, Waschwasser und Brühwasser für das Säubern der geschlachteten Schweine erhitzt.
→Kessel (1); kupfern.

kupfern - Adj, khupfən [Mil, Sch III, Be, Ru IV, Alex, GJ, Low, War V]
Allg: aus Kupfer bestehend ● *Mid en Trenkkeßl, dea woa a kupfene Keßl, hod me die Rouß trenkt*

(↑tränken). [Ru IV]
→eisern; Kupferkessel.

kuppen - schw, khupə, kəkhupt [Alex, Bill, Bog, Gott, Wis V]
A: (vom Kleesamen:) in der Mühle aus den Samenhülsen lösen ● *E bissl gemietlicher war's nor, wann Kleesame gekuppt is ginn.* [Alex V]
→reinigen.

Kuprosant - m, kuprozant, Sg. tant. [Jood II]
W: (Markenbezeichnung für:) ein Spritzmittel für den Weingarten ● *Me kann mit Kanitzl spritze* (↑spritzen) *ode des noi Sach elles, Kuprosant oder Sinäp* (↑Sinep), *dass de Mildau* (↑Mehltau) *nit die Traube mitnemmt.* [Jood II]
→Spritzsache.

Kürbis - m, khirbis, Pl. id. [Waldn III, Ru IV]; khirpəs [Ga, Pan, Wil V]; xiərpəs [Sad V]; khirvəs [Fak, Glog, Karl V]; khiəvəs [OG I]; khirvus [Hom, Mar V]; khiəvus [KT, Wud, Wudi I]; khęrvəs [Jahr, Nitz, Sack V]; khęrvus, -ə [Sch III, Bru, Jahr, Lieb, Tsch V]; khęvus [Wer V]; khirps, -ə [Fil, Hod, Mil III]; khęrps [Low V]; khęrps, -ə [Ap, Brest, Fu, Har, Kol, Tscher, Wasch, Wepr III, Bog, GK, GStP, Len, Low, Ost, StA, War V]
1. A, G: großgewachsenes Gemüse mit gelappten Blättern und großen, glockenförmigen Blüten, Gartenkürbis; Cucurbita pepo *Etym.:* Für die Wortformen vgl. *Kerwes* in Frankfurt, *Chürbse, Chörbse* in der Schweiz (Dornseiff 1970, 80), sowie *Kirbis, Kirwis, Kirbs* und *Kärbis, Kärwes, Kärbs* in der Pfalz. (PfWb IV 705) ● *Ja, ich hob en Kuchlgoatn, do hob i bereits* (fast) *olles. Do gibt's Kiëwes, Paradeies* (↑Paradeis), *Krauet, Karfeol, Umuekn* (↑Umurken), *Salat.* [OG I] *Kärbse hot's zwaaelei gewe Kuhkärbse un die Brotkärbse, die sinn im Winter gebrode ware.* [Ap III] *In den gezoene Strudl is neikumme e bissl Fett un dann Kirbis, was halt war.* [Waldn III] *Es hat ↑Heber gebn vun Glas un had auch Heber gebn vun so langen Kirbis.* [Ru IV] *Kärbse hat mer ghat in Garte, die Kochkärbse un dann die Brotkärbse far Strudl.* [Ost V] a. G: (verkürzt für:) Bratkürbis ● *In der ↑Tepsi hot mer aa Kirbse brote* (↑braten) *kenne.* [Mil III] ■ PfWb IV 705; SüdHWb IV 52 f.: RheinWb IV 1757; Gehl 1991, 227; Petri 1971, 29.
→(Sorten:) Brat-, Ess-, Grünkoch-, Koch-, Kuh-, Saukürbis; (Verschiedenes:) Gemüse, Kürbisstrudel.

Kürbisstrudel - m, khirbisʃtru:dl, Pl. id. [Tem, Werr V]; khirvəsʃtru:dl [Fak, Ga, Glog, StA, Wil V]; khęrpsəʃtru:dl [Wem II, AK, Ap, Mil, Sch, Siw, Tscher III]
A: mit gekochtem und gesüßtem Speisekürbis gefüllter gezogener Strudel ● *Mer hat veschiedene Strudl gmacht, do hot me ↑Mååg 'nei, die Måågstrudl, oder Nusse 'nei, die Nussestrudl, oder mit Kärbse, die Kärbsestrudl.* [Ap III]
→Kürbis, Strudel.

kurz - Adj, khurts [Gbu, Mu II, Gai, Waldn III, NP, Tom IV, Bak, Bru, Fak, Ga, Glog, StA, Wil V]; kųrts [Bill V]; khorts [Alex, Bog, GJ, GK, Len, Low, Ost, StAnd, War V]; khuəts [Nad II, OW VI]
Allg: von geringer Länge ● *Des hot ghaase* (geheißen) *es Wogegstell* (↑Wagengestell), *von en kueze Baueschwoge un en lange Baueschwoge.* (↑Bauernwagen). [Gbu II]*Un där Hannef* (↑Hanf) *is not in Klasse kumme, ganz lange, guter, un not des Wärk* (↑Werg), *de kirzre Hannef.* [Waldn III] *Unser Gass war nor e Gässl, schmal un korz, die Heiser kleen.* [Len V] *Manchi hann des Kleegärte gnennt, Weigärter* (↑Weingarten) *odder korzi Stickle* (↑Stück 1a). [Ost V]
→kurzfüßig, -rückig, lang; kurzes Futter, Kurzmaschine.

kurzes Futter - n, khurtsəs fuətər, Sg. tant. [Jood II]
A: Kurzfutter ● *Des hom-mer zammgschnitte mit de Kurzesmaschie fer kurzes Fuetter em ↑Rind.* [Jood II]
→Futter, Kurzmaschine; kurz.

kurzfüßig - Adj, khurtsfi:siç [Bru, Fak, Glog, Wil V]; khortsfi:siç [Alex, Bog, Ga, Gott, Gra, Low, Ost, War, Wis V]
V: mit kurzem Bein samt Sprunggelenk ● *Die Stut, was zu langi Fieß ghat hat, is zu em kurzfießiche Hengscht kumme.* [Ost V]
→kurz; Fuß (1).

Kurzfutter - n, khortsfu:dər, Sg. tant. [Fil, Mil, Waldn III, NP, Tom IV, Bog, GK, Gott, Gra, GStP, Ost, War, Wis V]
V: Mischfutter für das Vieh, besonders zerkleinerte Futterrüben mit Häcksel *Etym.:* Die Bezeichnung geht von den Futtermitteln aus, die in kurze Stücke zerkleinert werden. ● *Un des is noder* (dann) *Korzfuder, des is noht gfiedert* (↑füttern) *worre, net. E jedi Kuh, was gemolk is worre, hot des Korzfuder kriet.* [Waldn III] *Die*

Kih hann Korzfuder kriet, Schrot, also Kukrutzschrot mit etwas Kleie gmischt, mit Gärschteschrot (↑Gerstenschrot) odder Hawwerschrot. [Ost V] **Anm.**: In der Variante *Korzfuder* wird t>d intervokalisch erweicht; das Subst. weist u>o-Senkung auf. ◆ Die Bestandteile des *Kurzfutters* sind zerkleinert und vermischt, während etwa Maisstängel ganz in die Futterkrippe gelangen. ■ PfWb IV 709; SüdHess IV 58; RheinWb IV 1774; BadWb 3, 335.
→Futter, kurzes Futter.

Kurzmaschine - f, khurtsəmaʃī: , -nə [Fek, Jood, StG, Wem II]
A: Häckselmaschine *Etym.*: Die Benennung der Maschine geht von der Herstellung von *Kurzfutter* aus. ● *Des hom-mer zammgschnitte mit de Kurzesmaschie, fer kurzes Fuetter em Rind.* [Jood II]
→kurzes Futter, Maschine (1); kurz.

kurzrückig - Adj, khortsrukiç [GK, Len, Low, Ost, War V]
V: mit kurzer oberen Seite des Rumpfes ● *Die Stut, was e lange Rucke ghat hat, is zum a korzruckiche Hengscht kumme.* [Ost V]
→kurz; Rücken.

Kutsche - f, khutʃ, -ə [Haj, Har, Nadw III]
A: vierrädriger (leichter) von Tieren gezogener Wagen ● *Mir saae (sagen) Kutsch. Die Kutsche warn groß, fir zammfihre, wånn de Wååz (↑Weizen) abgemeht war awwer (oder) Gärscht.* [Har III] ◆ Die *Kutsche* in [Har III] ist ein Erntewagen.
→Kutscher, Radnakutsche, Wagen.

Kutscher - m, khutʃər, Pl. id. [Berg, Hod, Fil, Pal, Sch, Siw, Tscher III, Bog, Fak, Ga, GK, Glog, Len, Low, Ost, StA, War, Wil V]
V: Lenker eines Pferdewagens *Etym.*: Das Subst. ist abgeleitet aus *Kutsche*, eigentlich kein Mundartwort, dieses aus ung. *kocsi* [nicht *kotsi!*] 'Wagen aus dem ung. Ort Kocs, bei Raab', wo angeblich solche Wagen (ursprünglich mit einem Sesselgeflecht) hergestellt wurden. ([23]Kluge, 496) Im Ungarischen sind *kocsi* 'Kutsche' und *kocsis* 'Kutscher' seit 1493 belegt. (MESz 2, 514) ● *Die Peitsch war am Kutscher sei Stolz. Ich hann immer die Kutscher taxiert (bewertet) noh ihre Peitsch.* [Ost V] ■ Gehl 1991, 163.
→Kutsche.

Kuttel - f, selten, khutl, -ə [Bil, Ham, Mai, Schei, Suk VI]
V: essbare Eingeweide, auch Bauch- und Magenwand, Kaldaunen ● *Des isch e feine Suppe mit Kuttle un denn sauer gmacht, die Kuttlesuppe.* [Schei VI] ■ SchwWb IV 878-880: 'essbare Gedärme, mit Einschluss der Bauch- und Magenwand'; PfWb IV 715: 1.; Sg. 'Magen, Verdauungsapparat', 2. Pl. 'Gedärme', Kutt(e)le; SüdHWb IV 68; RheinWb IV 1798 f.
→Fleisch (1), Kuttelsuppe.

Kuttelsuppe - f, khutləsupə, Sg. tant. [Bil, Ham, Mai, Pe, Schei, Suk VI]
V: aus Kaldaunen zubereitete, gesäuerte Fleischsuppe ● *Des isch e feine Suppe mit Kuttle un denn sauer gmacht, die Kuttlesuppe.* [Schei VI] ■ SchwWb IV 879.
→Kuttel, Suppe.

Lache - f, laxə, Pl. id. [Sad V]; lax, -ə [Fil, Mil III, Be, ND IV]; lakə, -nə [Ga, StA, Wil V]; låk, -ə [Fak, Glog V]
A: Pfütze, Tümpel *Etym.*: Das seit dem 9. Jh. belegte Subst. geht auf mhd. *lache*, ahd. *lah(ha)* zurück. Weiter steht das Wort zu altenglisch *lacu* 'Bach, Teich, See', altnordisch *laekr* m. 'langsam fließender Bach'. Für diese Formen gibt es zwei Anschlussmöglichkeiten: 1. entlehnt aus lat. *lacus* m. 'Trog, See (u. a.)', zur Bedeutung vgl. auch lat. *lacūna* 'Vertiefung, Grube, Lache, Weiher'; 2. Anschluss an gemein-germanisch *lek-a 'undicht sein, tropfen' (s. *leck* als das 'durch Tropfen, Fließen Entstandene'). Die Dehnstufe des nordischen Wortes spricht für die zweite Möglichkeit, doch die Nähe der Bedeutung der lat. Wörter ist beachtlich. Vielleicht handelt es sich um Varianten derselben Grundlage, so dass durchgehende Urverwandtschaft vorliegt. ([23]Kluge 497 f.) ● *In de Låck watn die ↑Katsche un die Ketschele rum.* [Fak V] ■ PfWb IV 721 f: 1.a 'kleinere Wasseransammlung, Pfütze', b. 'kleiner Teich oder Wasserloch innerhalb des Ortes, in dem sich Enten und Gänse tummeln', c. 'nasse oder sumpfige Stelle, Tümpel in einer Wiese,

d. 'Wasserstelle, sumpfige Stelle im Wald'; SüdHWb IV 74 f.; RheinWb V 10 f.; Gehl 1991, 65 f.
→Dreck-, Wasserlache, Lachenwasser, Wasser (1).

Lachenwasser - n, låkəvasər, Sg. tant. [Eng, Drei, Fak, Ga, Glog, Wies V]
A: morastiges Wasser des Straßengrabens ● *Wånn's gregnt hat, watn die Kinner gärn newe de ↑Katsche in de Gråwelåck (↑Grabenlache), in dem Låckewasser.* [Glog V] ■ Gehl 1991, 65.
→Lache, Wasser (1).

Lägel - n, selten, lę:gl, Pl. id. [Bil, Ham, Mai, Pe, Schei, Suk VI]; la:gl [Ru IV]; lo:gl [Fak, Ga, Glog, StA, War, Wil V]; lo:kl [GJ, GK V]; lo:glçe [Tscher III]
A: Wassergefäß mit Griff oder Tragriemen
Etym.: Das Wort kommt in zwei Typen vor: In den Weinbaugebieten mit Umlautformen, die mhd. *laegel* entsprechen. Die auf mhd. *lâgel* zurückgehende Formen der Vorderpfalz zeigen die Entwicklungen â>ô (vgl. *Straße*>*Stroß*). Beide Formen sind über mhd. *laegel, lâgel* (Lexer 1, 1813), ahd. *lagella* auf lat. *lagella* 'Weinflasche, Fässchen' zurückzuführen. (PfWb IV 737) - *Lägel*, auch *Legel* f., m., n. reg. 'Fässchen, Hohlmaß' (< 11. Jh.), mhd. *lâgel(e), laegel(e)* f., ahd. *lâgel(la)* f., entlehnt aus lat. *lagoena* f., 'Flasche mit engem Hals und weitem Bauch'. (²³Kluge, 499). ● *So wie die Särwe ham-mer gsogt Tschutur aff e großes Lagl aus Holz, fir Wasser.* [Ru IV] *Dann war so e greßeres, vum Binder gemach, des war 's Logl.* [GJ V] *E kleenes Fass fir finf Liter Wasser ufs Feld nemme is e Logl.* [War V] *Lägl, mir hand ens ghet fir Wasser, zwanzig Litter. Weil dort isch frisch blibe, der ganze Tag, jaja.* [Schei VI] ■ PfWb IV 736 f.: 3.a. 'kleines Fässchen' (2-5, seltener bis 10 l fassend), in dem ein Trinkvorrat an Wein mit aufs Feld oder den Weinberg genommen wird', b. 'hölzerne Kanne zum Mitführen von Trinkwasser bei der Feldarbeit', c. 'hölzerner Trinkwasserbehälter' in Form eines flachen Fäßchens mit Tragriemen'; SüdHWb IV 327: *Legel, Logel*; RheinWb V 290: *Legel*; Krauß 543: 2. 'Tragfäßchen in Form einer gelegten kurzen Säule an eisernem Griff, zum Mitnehmen von Wasser aufs Feld', von Rumänen auch zum Einfüllen von Schafmilch benützt; *Legel* Gehl 1991, 245.
→Tschutra.

Lager - m, la:gər, Sg. tant. [Fak, GK, Glog, Len, Low, Mar, Ost, Pau, StA, Wil V, Bil, Ham, Mai, Schei, Suk VI]; lå:gər [Jood II, Bill V]; lå:kər [Bog V]; le:gər [Ru IV]; lę:gər [OW VI]
W: Ablagerung vom Wein, Bodensatz ● *Wenn der Woi (↑Wein) abkocht (↑abkochen) genzlich, no muss me'n abziehge (↑abziehen 2), vun Låger 'runder. Un de Woi kriëgt en Oischlag (↑Einschlag), dä wurd abbrennt im Fass.* [Jood II] *Untn hat sich Leger absetzt. Un ve dem hod mer Schnaps gebrannt, de Glegaschnops.* [Ru IV] *Das Lage hebt mer auf und macht sich e gude Schnaps devoo, Lageschnaps.* [NA V] *Späder is triewer (↑trübe) Most kumme, des war de Lager. De Lager had mer uff die Seit un hat speder mit die Trewer Schnaps gebrennt.* [Ost V] *Also was se ausgesetzt hot in Fass, es Lager, des hot me au mit de Treber mitbrannt.* [Schei VI] ■ SSWb VI 11: II.2.d: 'aus Weinhefe gebrannter Schnaps'; Gehl 1991, 240.
→Lagerschnaps, Treber; ansetzen (2), lagern.

lagern - schw, la:gərn, kla:gərt [Stan III]; la:grə, kla:gət [Bil, Ham, Mai, Pe, Schei, Suk VI]; lå:xərə, kəlå:xərt [Oh II]
A: etwas längere Zeit aufbewahren ● *In den ↑Hambar (1) is die ↑Frucht (1) glagert worre.* [Stan III] *Es Lager hot me in e Plutzker (↑Plutzer) taa und glaget, bis me hat Zwetschke brennt (↑brennen 2).* [Schei VI]
→Lager.

Lagerschnaps - m, la:gəʃnaps, Sg. tant. [Bak, Bill, Bog, Ger, Gra, Mar, NA, Nitz, Ost, Wis V]; gle:gəʃnops, Sg. tant. [Ru IV]
W: aus Treber, der Ablagerung im Weinfass, gebrannter Schnaps ● *Untn hat sich Leger absetzt. Un ve dem hod mer Schnaps gebrannt, de Glegaschnops.* [Ru IV] *Das Lage hebt mer auf und macht sich e gude Schnaps devoo, Lageschnaps.* [NA V] **Anm.:** Die Variante *Glegaschnops* wird mit dem Suffix *ge-* gebildet.
→Lager, Schnaps.

Laib - m, laip, Pl. id. [Resch, Tem, Wer V]; la:p [Ap III, Tom IV, Fak, Ga, Glog, StA, Wil V]; le:p [Ker, Sch, Siw, Tor III, Bog, Ger, GJ, Kath, Len, War, Zich V]
A: rund oder oval geformte feste Masse Brot oder Käse ● *Miё hamm en sähe groß Backofn ghabt, wo viё so große Laib Brot reingange sinn.* [Wer V]
→Brot-, Käselaib.

Lake - f, selten, lak, Pl. id. [Ger, Lieb, Nitz, Orz V]
V: Salzlösung zum Konservieren, Pökeln von Fleisch und Fisch ● *Des Fleisch is in die Lack kumm, ja. Die Lack war e Salzwasser, un me hod aach Knowloch* (↑ Knoblauch) *dezugetuu.* [Lieb V]
→Salzwasser; laken.

laken - schw, lakə, klakt [Ap, Brest, Hod, Ker, Tscher, Werb III]
V: Fleisch in Salzlake einpökeln ● *Un die Schunge* (↑Schinken) *sinn in Salz kumme, die sinn glackt warre, glackt hat des ghaaße.* [Ap III] ■ *lacken* 2: PfWb IV 727: 'Fleisch in einer Salzlake einpökeln, mit Salzlake übergießen', zu *Lacke* 'Salzbrühe'; SüdHWb IV 80.
→einsalzen; Lake.

Lambertel - n, lambęrtl, Pl. id. [GK, Heu, Low, Ost, Sad V];
G: Winterlevkoje; Matthiola incana *Etym.:* Die Bennennung erfolgte nach dem Lambertstag, dem Tag des hl. Lambert, 17. September (PfWb IV 744), an dem die Blume gewöhnlich aufgeblüht ist. ● *Im Garte ham-mer viel Blumme ghat. Do warn Rose un Härbschtrose, Purtulake, die* ↑*Veiole, die Negle* (↑Nägelchen) *und Lambärtle.* [Ost V] ■ Gehl 1991, 94; Petri 1971, 47.
→Blume.

Lamm - n, lam, lemər [Bak, Nitz, Wis V]; lam, lemə [Fek II]; lambl, Pl. id. [Fak, Glog; NA V]; lambələ, Pl. id. [Gal, StA V]
V: Jungtier von Schafen *Etym.:* Die Varianten *Lambel* und *Lambele*, mit nicht assimiliertem -b-, kommen von mhd. *lamp, -bes.* ● *Ba uns hat niemand ka Schof gmolke. Die Lemme senn gschlacht woan, was iwweflissich woan.* [Fek II] *Ich hab's Schoffleisch mit gäen gesse, awwe Lambl hod me gschlacht aff Ostern. Ich hab's Lamblfleisch gäen gesse.* [NA V] *Alli, was Schof gezicht hann, die hann viel Lemmer ghat un viel* ↑*Brinse kriet.* [Nitz V] *Wer sich zum Lamm macht* (demütigt), *den fressn die Welf.* [Wis V]
■ *Lambel* Gehl 1991, 191.
→Lammfleisch, Schaf.

Lammfleisch - n, lamflaiʃ, Sg. tant. [Aug, Ed, Scham, Wudi I, Fek, Surg, Wem II, Ap, Fil, Stan III, Bak, Gra, Nitz V]; lamblflaiʃ [Fak, Ga, Glog, NA, StA, Wil V]; lambələflaiʃ [Gal, StA V]
V: als Nahrungsmittel verwendetes Fleisch vom Lamm ● *Ich hab's Schoffleisch mit gäen gesse, awwe Lambl hod me gschlacht aff Ostern. Ich hab's Lamblfleisch gäen gesse.* [NA V]
→Fleisch, Lamm.

Lammschweif - f, lampyʃvaːf, Pl. id. [Aug, Ed, KT, Scham, Schor, StIO, Wein, Wud, Wudi I]
W: Rebsorte mit langen und breiten Beeren *Etym.:* Benennungsmotiv ist die längliche Form der Beeren. ● *Nou haum me ghot die Lampüschwaaf, die Gaaßtuttl, Kadarka, die Ocksnaugn un die Eserjoo, des sann sche naicheri* (neuere) *gwejest.* [Wud I] ■ Petri 1971, 78.
→Geißtuttel, Rebsorte, Schweif.

Landrasse - f, landras, Sg. tant. [Drei, Eng, Kreuz, NA, Ost, Wies V]
V: (häufig gehaltenes) deutsches Fleischschwein ● *Die letzti Zeit hawwe se die Edlschwein ghobt, die Landrass hod me gsacht.* [NA V]
→Edelschwein, Rasse.

Landstraße - f, lantʃtroːs, -ə [Wasch, Wer I, Wem, II, Ap, Hod, Sch III, Be, NP, Tom IV, Bill, Bog, Bru, Fak, Ga, Glog, Gott, Gra, Len, Low, Ost, Schön, StA, War, Wil, Wies V, Pe VI]
A: befestigte und asphaltierte Verbindungswege zwischen größeren Städten ● *Dorch die Landstroß Temeswar-Lippa* (ON) *getaalt* (↑teilen), *is owwerm* (↑ober) *Dorf der Owwerwald un geger die Bergsau* (Flussname) *zu de Unnerwald.* [Bru V] *Die Landstroß geht vun Ared* (ON) *uff Temeschwar un vun Ared uff Dewa* (ON). [Glog V] ◆ Rumänische Landstraßen entsprechen deutschen Kreisstraßen, in Ausnahmefällen auch Bundesstraßen. In beiden Fällen lässt die Instandhaltung viel zu wünschen übrig.
→Straße.

Landwirtschaft - f, lantvirtʃaft, Sg. tant. [Baw II, Waldn III, Ost V]
A, V: planmäßiger Betrieb von Ackerbau und Viehzucht, eine der wichtigsten Beschäftigungen der donauschwäbischen Bevölkerung ● *Un die wos sich mit de Landwirtschaft bschefticht honn, die honn sich ihre tegliches Brot schee vedient.* [Baw II] *Un vier Gäil* (↑Gaul) *hadde mer ghat, me ware zimmlich fortgschritte in de Landwirtschaft. Die Frucht is gemeht worre mit de Gäil, so dass, in acht Tage war die Frucht abgemeht.* [Waldn III] *Un do ware wege de Landwirtschaft drei Schmitte un zwei Schlossre* (Schlosser). [Ost V]
→Gärtnerei; landwirtschaftlich.

landwirtschaftlich - Adj, lantvirtʃaftliç [Ost V] A, V: die Landwirtschaft betreffend • *Dann ham-mer Buchfihrung glärnt, landwirtschaftliche Buchfihrung, die einfach Buchfihrung.* [Ost V]
→Landwirtschaft.

lang - Adj, laŋ [Pußt I, Mu, Seik II, Ker, Stan, Waldn III, Ru IV, Bak, Bog, Bru, Charl, Ga, GStP, GJ, GK, Gutt, Jahr, Len, Low, Ost, StA, StM, War, Wis V, Pe, OW VI]; lå̇ŋ [Fak, Glog V] Allg: in eine (räumliche) Richtung besonders ausgedehnt • *Des hot ghaase (geheißen) en kueze Baueschwoge (↑Bauernwagen) un en lange Baueschwoge zu eifihen (↑einführen) die Frucht, die Gäeschte (↑Gerste) un anneres.* [Gbu II] *Zeh Zenti (↑Zentimeter) lang un secks-siwwe Milimetter hoch, so groß is des Fliegloch (↑Flugloch).* [Seik II] *Die Hackl (↑Hacke 2) ware zehn Zendimedder braat un dreißig Zendimedder lang.* [Stan III] *Un där Hannef (↑Hanf) is not in ℞Klasse kumme, ganz lange net, guter, un not des Wärk (↑Werg), de kirzre Hannef.* [Waldn III] *Där Ockr (↑Acker) waa zeh Klofte (↑Klafter) braat un zwaahundet Klofte lang.* [Ru IV] *Die Holzstange sein so 5-7 cm dick, ungefähr drei Meter lang, an jedem End spitzich.* [Bru V] *Vor unser Heiser ware Maulbeerbääm, e langi Reih.* [Len V] *Scheni langi, weißi Liesche (↑Liesch) hann se gsucht, un die sinn zammgebunn ginn im Winder.* [Ost V] *Das Nebntal, von zehn-zwölf Kilomete, war das lengste.* [OW VI]
→arm-, meterlang, breit, kurz, länglich; Länge (1,2), Langegasse.

Länge - f, leŋge, Sg. tant. [Pußt I, OW VI]; leŋ [Fek, Nad II, Bill, Fak, Glog, StA, Wil V]; leŋt, leŋgdə [Sch, Siw III, Bog, Da, Ger, GK, Gra, Len, Ost, War V]
1. Allg: räumliche Ausdehnung in eine Richtung • *Had, des woar alles in aanre Leng.* [Fek II] *Des Holz is die Lengt nach gschnied woor.* [Da V] *da wird das Holz nach der Länge sortiert.* [OW VI]
2. A, Fo, W: abgeteiltes Flurstück, Gewanne • *Manchi hann des Kleegärte gnennt, Weigärter (↑Weingarten) odder korzi Lengde un aach korzi Stickle (↑Stück 1a).* [Ost V] ■ *Längde* PfWb IV 765 f.: 2. 'die beiden Längsseiten vom Garten', 3. 'Gewanne'; das Wort ist zu mhd. *lengede* 'Länge' gebildet. Die Wortbildung ist zu vgl. mit *Tiefde, Höchde*; RheinWb V 106 f.
→(1) lang; (2) Gewanne.

Langegasse - f, låŋəkåsə, Pl. id. [Go, Ma, Pal, Wak, Wiel II]; lå̇ŋikås, -ə [Fak, Glog V] A: Hauptgasse durch die ganze Dorflänge • *Bei ons is die Hauptgåsse, die Långegåsse un die Wiesegåsse.* [Wak II]
→Gasse, Hauptgasse; lang.

Langer Roter - m, laŋə ro:də, Pl. id. [Bog, Gott, Wies, Wis V]; laŋi ro:di, Pl. id. [Drei, Eng, Kreuz, NA V] G: lange Rettichsorte von roter Farbe • *Rattich sein mähe Sortn, de Klaani Rodi de Langi Rodi, de Langi Weißi, de Eiszapferattich.* [NA V]
→Rettich.

Langer Weißer - m, laŋə vaisə, Pl. id. [Bog, Gott, Wis V]; laŋi vaisi, Pl. id. [Drei, Eng, Kreuz, NA V] G: lange Rettichsorte von weißer Farbe • *Rattich sein mähe Sortn, de Klaani Rodi de Langi Rodi, de Langi Weißi, de Eiszapferattich.* [NA V]
→Rettich.

länglich - Adj, leŋliç [Mu II, Ap III, Glog, Len, Lieb, Ost, Wer V]; lɛiŋlt [Aug, Ed, GT, Schor, StIO, Wein, Wud I] Allg: deutlich länger als breit • *Dann sann die Schofnosn (↑Schafsnasen) gwejest, so leinglti und e bissl ↑hantig.* [Wud I] *Teentl (↑Tendel) is die Kornelkirsch. Die sinn seierlich, also ziemlich sauer, so e roti lengliche Frucht.* [Ap III] *De Paprike hat so lengliche Schotte (↑Schote).* [Lieb V] *Die Gaaßttuttle (↑Geißtuttel), die ware so lenglichi, ovali, die Trollinger, die blooi, dicki Trauwe.* [Ost V] *Un dann waan welche Traubn, die hamm so große, lengliche Bäen (↑Beere) ghabt, des waan die Damenfinge[r].* [Wer V]
→lang, oval.

Langosch - m, selten, lã:ŋgoʃ, Pl. id. [Lug, Resch, Tem V]; langoʃ, Pl. id. [Fak, Ga, StA, Pan V] A: fladenförmiges Fettgebäck *Etym.:* Entlehnung aus ung. *lángos* 'Flammenkuchen, Fladen'. • *In der Stadt hot mer sich ↑Fransela-Brot, Kipfl, Langosch mit Schofkäs oder ↑Mitsch kaaft un gesse.* [StA V] ♦ Der *Langosch* wird in erhitztem Fett gebacken und mit Salz, Zucker und Zimt bestreut, mit Rahm bestrichen oder mit Schafkäse gefüllt. Er wurde häufig auf Marktplätzen an Ständen (in den Siedlungsgebieten) als Zwischenmahlzeit verkauft.
→Brot.

Langstielapfel - m, låŋʃti:lapfl, -ępfl [Fak, Ga, Glog, StA V]
O: Apfelsorte mit langem Stiel • *Bei uns worn viele Apflsorte: Långstiel-, Glås-, und Strudläpfl, Weinsaure, Ghånsäpfl (↑Gehansapfel) un Jakobiäpfl.* [StA V] ■ Gehl 1991, 232.
→Apfelsorte.

Lastschlitten - m, laʃtʃli:də, Pl. id. [Gra, Ost V]
V: Pferdeschlitten zur Beförderung von Lasten • *De Schliede, ja, de Laschtschliede for arweide, där hat zwei Laaf* (↑Lauf). [Ost V]
→Schlitten.

Latte - f, lat, -n [Wein I, Wer V]; låt, -n [Tscha III]; latn, Pl. id. [Surg II]; lotn, Pl. id. [OG, Tol I]; latə, Pl. id. [Nad II, Ap III, Ga, StA V]; lạːtə, Pl. id. [Tol, Tschol I]; lat, -ə [Fek II, Ap, Gai, Gak, Har III, NP IV, Bak, Bog, Bru, Fak, Glog, Len, Low, V]; lad, -ə [Ost V]
Allg: zum Bau von Zäunen, Ställen und Speichern verwendetes längliches, kantiges Holzstück • *De ↑Tschardak war von Holz gebaut un mit Latte zugschlage, dass viel die Luft durchgange is.* [Ap III] *Friher war de ↑Hambar mit Ladde gmacht, schmal un hoch, dass die Luft dorichgeht.* [Ost V] **Anm.**: Die Varianten *Lattn* und *Lottn* im f. Sg. des Substantivs verweisen auf bair.-österr. Einfluss in der Fachsprache.
→Brett, Klafterlatte.

Latzi - m, latsi, Sg. tant. [Fak, GK, Glog, Ost, Pan, Wil V]; låtsi [Ga, StA V]
V: Rufname für männliche Pferde *Etym.*: Entlehnung des ung. Personennamens *Laci*, Dimin. zu ung. *László* 'Ladislaus'. • *Die Rossname ware dann ungarischi Name: Joschka, Latzi, Janni, Jultscha.* [Ost V] *Jede Bauer hot seu Geil* (↑Gaul) *mim Nåme gnennt: Båndi, Fanni, Ida, Låtzi, un ständich uff se gred bei de Arweit.* [StA V] ■ Gehl 1991, 198.
→Rossname.

Laub - n, laup, Sg. tant. [ASad, Lind, Resch, Tem, Wei, Wolf V]; la:p [Surg, Seik Sulk, Wem II, Brest, Gai, Sch, Stan III, Be, NP, Put IV, Alex, Bog, Fak, Ga, Glog, GJ, Len, Low, Nitz, Ost, War, Wil, Wis V]
1. A, Fo, O: Blätter von Bäumen, Sträuchern und anderen Pflanzen **a**. Fo, O: Blätter von Bäumen und Sträuchern während und nach der Vegetationsperiode • *Wenn amal 's Laub herauskummen is, 's Buchenlaub, hot me des Viech duort hinaufgetriebn.* [ASad V] *Es Laab fallt vun de Beem* (↑Baum) *runner.* [Pan V] **b**. A: als Futtermittel dienende (grüne und trockene) Blätter an den Stängeln der Maispflanze • *Des Laab hat me de Kih vefuttet.* [Sulk II] *Friher hot mer de Kukrutz mit em Laab håålmgfihrt un derhoom gschelt.* [Stan III] *Er hat's letschti Laab vom Hottar* (↑Hotter) *hemgfiehrt un zum Laabschuwwer ufgsetzt.* [Bog V] *Wie de Mohai* (↑Muhar) *zeidich* (↑zeitig) *war, no war sei Nährwärt wenicher wie Laab.* [Ost V] ■ Gehl 1991, 72: 1.
→(1a) Baum, Buchen-, Nusslaub; (1b) Laubschober, Kukuruz-, Schällaub.

Laubfrosch - m, laupfroʃ [ASad, Hom, Wolf, V]; laːpfroʃ, -freʃ [Sch, Stan, Werb III, Bak, Bog, Fak, Ga, GK, Glog, GStP, Len, Low, Nitz, Ost, War, Wis V]; lapfroʃ [Nitz V]; laːpfreʃl [Stan III]; laːpfreʃjə [Tscher III]
V: grün bis braun gefärbter Baumfrosch in Mittel- und Südeuropa; Hyla arborea • *Do worn aa die wildi Tiere im ufm Feld, die Igle, Schlange, Krotte, Fresch un Laabfresch.* [Ost V] ■ Gehl 1991, 116.
→Frosch.

Laubschneider - m, laːpʃnaidər, Pl. id. [GK, Ost V]
A: sichelförmiges Schneidegerät zum Abtrennen der Maisstängel • *Nohm schneid mer es Laab mid am Laabschneider oder mit der Sichl.* [Ost V]
→Laub (1b), Sichel; schneiden.

Laubschober - m, laːpʃoːvər, Pl. id. [Alex, Bog, GJ, Gott, Gra, Len, Low, Ost, War, Wis V]
A: aufgeschichteter Haufen von Maisstängeln mit trockenem Laub • *Er hat's letschti Laab vom Hottar* (↑Hotter) *hemgfiehrt* (↑heimführen) *un zum Laabschuwwer ufgsetzt* (↑aufsetzen). [Bog V] *De Strohschower, de Laabschower un de Haaischower, des war alles im Hinnerhof.* [Ost V]
→Laub (1b), Schober.

Lauf - m, laːf, Pl. id. [Wem II, Gak, Mil III, Be, Tom IV, GK, Gra, Ost V]
A: Kufe des Pferdeschlittens • *De Schlitte hot zwei Laaf.* [Gak III] *De Schliede, ja, de Laschtschliede for arweide, där hat zwei Laaf.* [Ost V]
→Schlitten.

laufen - st, laːfə, kloʃə [Hod, Pal, Mil III, Tom IV, Fak, Ga, Glog, Pan, StA, Wil V]; laːfə, klof

läufig

[Gai, Sch, Siw, Tscher III, Be, ND IV, Alex, Bog, Ernst, GJ, Gra, Len, Low, Nitz, Ost, Ui, War V]
V: sich mit schnellen Schritten, springend, fortbewegen ● *Die Hunde hamm de Biko* (↑Bika) *in die Fieß gebiss, wann die gloff sinn.* [Ost V]
→herumlaufen.

läufig - Adj, le:fiç [Ker, Sch, Siw, Tscher III, Bog, Ger, Gra, Knees, Nitz, Len, War V]
V: (von der Hündin:) brünstig ● *Vom leefiche Hund saat mer, där hat Hundehochzeit.* [Bog V] *Die Sau is rollich un de Hund is leefich.* [Knees V] ■ PfWb IV 824: 2.a. 'brünstig' von Hund und Katze; SüdHWb IV 188 f.; RheinWb V 207 f.
→rammlig; Hundehochzeit.

Laufstall - m, la:fſtal, -ſtel [Mil, Sch, Stan, Tscher III, Be, Tom IV]
V: ungedeckter Vorderteil des Schweinestalles ● *Die sinn jo gloffe in dem vodri* (↑vorder) *Stall, Laafstall hot där ghaaße.* [Stan III]
→Obor, Stall.

Laurenzi - f, lorentsi [Bog, GK, Low, Ost, War V]
W: frühe Tafeltraube, Sankt Laurenziustraube; Vitis vinifera clavennensis ● *Die Lorenzi ware die fruheschti* (↑früh). *Die Kadarka ware billichi, azo uff Masse war die Mascharka* (↑Madjarka) *un die Kadarka.* [Ost V] ■ *Lorenzer-Rebe* PfWb IV 1025.
→Laurenzi-Pfirsich, Rebsorte.

Laurenzi-Pfirsich - f, selten, loreintsi-pfeaſə, Pl. id. [Aug, Ed, KT, Wein, Wud I]
O: edler, im August reifender Pfirsich Etym.: Benennungsmotiv ist die Reifezeit der Frucht um den Laurentius/Lorenz-Tag, den 10. August.
● *Noh sann die Loreinzi-Pfeasche, jejzt im August. Dejes sann aa stoak guat gwejest.* [Wud I] ■ Petri 1971, 60.
→Laurenzi, Pfirsichsorte.

Laus - f, laus, lais [Ed, Tschow, Wud, Wudi I, Ap, Sch, Stan, Tschat, Tscher, Wasch III, Alex, Bog, Bog, Fak, GK, Ga, Glog, Gott, Gra, Len, Low, Nitz, Ost, StA, SM, Tem, War, Wil, Wis V, Pe VI]; La:s [Har III]; lous [Fu III, NB V]
V: Tierlaus mit einem Stechsaugrüssel; Anoplura ● *Des Ungeziffer im Garte ware hauptsechlich Leis, no hat's Raupe gewwe. Un am Salat sinn Schnecke gärn draagange.* [Ap III] *Der hat's im Griff wie de Bettlmann die Laus* (mit geübten Handgriffen arbeiten). [Bog V] *Die Hehner* (↑Henne) *henn schun widder Leis.* [Glog V] *Auf mich kommt kaan Floh un kaane Laus.* [Tem V]
◆ Pfälz. Redewendungen und Sprüche, die auch im donauschwäb. Siedlungsgebiet geläufig sind: *Dem hon die Leis die Hoor abgefress.* - *Er hot Angscht, die Leis däle me* (täten ihm) *vefriere* (von einem, der seine Kopfbedeckung nicht abnimmt). - *Dem isch e Laus iwwer die Lewwer gekrawwlt* (geloffe), von einem missmutigen, verstimmten Menschen. - *Besser e Laus im Kraut wie gar ke Flääsch* (Speck). Volksglaube: *Wammer vun Leis träämt, kriet mer Geld.* - *Mer kriggt ken Leis, wam-mer epper Grienes esst uff der Grindunnerschdag".* ■ PfWb IV 827-829: 1. 'schmarotzendes Insekt an Menschen und Tieren', 2.a 'Pflanzenschädling, b. 'sonstige Tiere'; SüdHWb IV 191-194; RheinWb V 213-231; Petri 1971, 84; *Läuse* Gehl 1991, 113.
→Ungeziefer.

lauwarm - Adj, lauva:rm [Berg, Ker, Mil, Sch, Werb III, Be, Tom IV, Bog, Ger, Gra, Mar, Ost, War V]; lauvœrm [StI II]
A, W: zwischen kalt und warm ● *Noch hot se geknet den Taaig mit warmes <!> Wasser, so lauwarmes, un Salz 'nei, des Brot gut durichgeknet.* [StI II]
→warm.

Lavendel - f, lavendl, Sg. tant. [Bill, Franzf, GK, Low, Ost V];
G: als Gewürzkraut angebauter Lippenblütler; Lavendula spica ● *Fer Gschmack hat mer im Garte des Gwärz ghat, die Krottepalm* (↑Krottenpalme), *die Lavendl, des mit so e Wärmutgschmack, die Pfefferminz un die Melisse.* [Ost V] ■ Petri 1971, 43.
→Gewürz.

Leanka - f, selten, lea:nka, Sg. tant. [La, Surg, Wem II]
W: eine Sorte von Tafeltrauben; Mädchentraube ● *Un sutiet* (↑sortieren) *wäd's, wenn me mähreri Sorte hot, mi han Leanka un honn* ↑*Kotschisch Irma un so* ↑*Batschkai Riesling, un des git feiner Wei[n].* [La II] ◆ Das Synonym *Mädchentraube* tritt z. B. in [Ger V] auf. (Petri 1971, 79) ■ Von ung. *leany* 'Mädchen' mit dem ung. Dim.-Suffix *-ka* gebildet; die Bezeichnung ist synonym mit der Sorte *Mädchentraube*.
→Rebsorte.

Leber - f, le:vər, Pl. id. [StI II]; levər [Fil, Mil, Pal, Sch, Siw, Tscher III, Tom IV, Bog, GJ, Gra, Jahr, Nitz, Len, Lieb, Low, War V]; lęvər [GK, Fak, Glog, Ost V]; lęvə [NA V]; levər, -nə [StI II, Ap III, StA V]
V: als Speise verwendete Tierleber • *Noch is des Fleisch gekretzellt* (↑kröseln) *woen, die Lewer un die Niern, des is gekocht woen, des Fleisch.* [StI II] *Die Sau hat noh die Innereie, do hat's die Bloder* (↑Blater) *gewwe, die Lewwer, die Niere, es Härz.* [Ap III] *Vun de Kelwer, wenn die geschlacht wärre, des Beischl* (↑Beuschel), *was is die Lewwer un Milz un alles, was derzugheert, un des wärd dann gekocht un wärd gess.* [Jahr V] *Do hot mer e Stick Lewwer abgschnitt un oo Stick Fleisch mit etwas Speck draa.* [Lieb V] *Des Fleisch vum Kopp, vun de Lung, vun de Läwwer, des is in die Lewwerworscht ginn.* [Ost V] *Mer hat dinschte Zwiefl* (↑gedünstete Zwiebel) *mit Blut un Lewwer gesse, wenn's Gfligl gschlacht worre is.* [StA V] ■ Gehl 1991, 105.
→gebratene Leber, Innereien, Leberknödel, -wurst, Rinderleber, Vieh.

Leberknödel - m, levərkne:dl, Pl. id. [Ap, Fil, Mil, Werb III, Be, Tom IV, Fak, Ga, Glog, Nitz, Schön, StA, Wil V]; levəkne:l, Pl. id. [StI II]
V: aus Mehl und Leber zubereiteter Kloß • *Noch honn se die Lewerkneel gemocht. Aso Lewer hunn se robgemåhle* (↑herabmahlen) *un e bissje Schmär* (↑Schmer) *dråå. Un noch hunn se Brot eigewaaicht, hunn des zåmmgemischt, un noch e Aai* (↑Ei) *droo un Mehl durigenannt* (↑durcheinander). [StI II]
→Knödel, Leber.

Leberwurst - f, lębəvurʃt, -virʃt [Jood II]; le:vərvurʃt, -virʃt [StI II]; levəvǫrʃt, -vęrʃt [Stan III]; lęvəvurʃt, -virʃt [Fak, Ga, Glog, StA, Wil V]; levrvǫrʃt, -vęrʃt [Bog, GK, Len, Low, Ost, War, Wis V]
V: eine aus Kalbs- oder Schweineleber hergestellte Streichwurst • *Mir machet Läberwurscht un machet mit Rois* (↑Reis), *Roiswirscht, abe Floisch isch iberall.* [Jood II] *Noch woarn vun allem, die Bratwirscht, Blutwirscht, Lewerwirscht.* [StI II] *Friher hat mer aa Lewwewärscht gmacht.* [Stan III] *Des Fleisch vum Kopp, vun de Lung, vun de Läwwer, des is in die Lewwerworscht ginn.* [Ost V]
→Leber, Wurst.

Leckwar - f, lekva:r, Sg. tant. [Berg III, Fak, Glog, Knees V]
O: aus entkerntem Obst und Zucker gekochtes Obst-, besonders Zwetschgenmus *Etym.:* Die donauschwäb. Musbezeichnung *Leckwar* ist über das Bairisch-Österreichische in den süddeutschen Sprachraum gedrungen und wird noch von älteren Duden-Ausgaben (z. B. Duden Rechtschreibung von 1967) als *ungarndeutsch* verzeichnet. Dabei handelt es sich nicht um ein ung. Lehnwort im Deutschen, obwohl es mit derselben Bedeutung wie ung. *lekvár* erscheint. Im deutschen Sprachraum ist der Wortstamm als "Leckerbissen, Leckerei, Leckermaul" usw. vertreten, in der Schweiz gibt es das Basler *Leckerli* 'rechteckig geschnittenes, honigkuchenähnliches Gebäck', während das Obstmus, die Latwerge, in der Westpfalz auch *Leckmerich* und *Leckschmeer (-schmiere)* heißt (PfWb IV 803) - Eigentlich stellt *Leckwar* eine lautliche Umbildung von mittellat. êlectuārium, mhd. *(e)lectuārje, latwārje* darstellt. Dieser Terminus der mittelalterlichen Heilkunde geht auf das gr. Etymon *ekleikón, ékleigma* 'breiartige Arznei, die man im Munde zergehen lässt', zurück. (Vgl. Erich Lammert: Leckwar, eine süße Sache. In: NBZ vom 4.05.1969) Der Anknüpfungspunkt liegt in den beiden verwandten Wortbedeutungen 'durch Einkochen verdickter Saft'. In den donauschwäb. Dialekten wurde der lat.-gr. Ausdruck der Apothekersprache zu *Leckwar* umgebildet, da man die Arznei früher mit Fruchtmus zubereitet hatte. - Im etymologischen Wörterbuch der ung. Sprache werden die ältesten ung. Belege für *lekvár, lékvár, likvár, lakvár* usw. ab 1783 (also bereits nach der Ansiedlung der Donauschwaben) mit zwei Wortbedeutungen festgehalten: 1. 'Arznei in Breiform, Latwerge', 2. 'Fruchtmus, Marmelade'. (MESz II 747). • *Aus de Hetschl* (↑Hetschel) *hat mer e gudi Leckwar gekocht.* [Fak V] *Leckwar häm-mer oft uff Leckwarbrot gess.* [Knees V] ♦ Neben der Musbezeichnung *Leckwar* in vielen donauschwäb. Dorf- und Stadtmundarten kommt die Bezeichnung *Latwerge* aus demselben Etymon, mhd. *latwärje, latwērje*, z. B. die Banater Varianten *Latwerch* in [Lieb], *Latwerje* in [Sem], weiterhin die südwestdeutschen Wortformen *Leckmerich* in [Trie], *Schmier* in [Schag und Tschan], *Schmeer* in [StAnd und NB], *Schlecks* in [Sack], *Schleckl* in [Wis], *Leckes* in [Ben], *Brei* in [Schim], *Sulz* in [Wolf], *Sulzen* in [Resch] usw. (Wolf 1987, 152) Die Marmelade, also das Mus heißt in [Glog V]

Quetschemus, also eigentlich bloß 'Zwetschkenmus'. Wegen der Bedeutungserweiterung zu 'Mus' allgemein kommt es im Dialekt von [Glog] zu den pleonastischen Erweiterungen *Pflaumequetschemus* 'Pflaumenmus' und gelegentlich sogar zu *Quetschequetschemus* 'Zwetschgenmus'. (Gehl 1991, 230) Als in der Zeit zwischen den zwei Weltkriegen die Bezeichnung *Temeschburg* für *Temeswar* aufkam, entstand auch eine Anekdote, in der vorgeschlagen wurde, das Wort *Leckwar* - als dessen Ursprung das ung. *lekvár* angenommen wurde - nach demselben Muster zu *Leckburg* umzuformen, ähnlich wurde *Leckwar* volksetym. als 'Ware zum Lecken' gedeutet. (Vgl. Gehl 1984, 205) ■ Gehl 1991, 230.
→Leckwarbrot, -tascherl, -zucker, Obst, Pekmes, Schleckel, Schmiere, Sulz (1).

Leckwarbrot - n, lekvarpro:t, Sg. tant. [Fak, Ga, Glog, Knees, Wil V]
A, O: mit Marmelade bestrichene Brotscheibe ● *Leckwar häm-mer oft uff Leckwarbrot gess.* [Knees V] ◆ In Notzeiten mussten sich die Schulkinder, aber auch Feld- und Forstarbeiter, in Ermangelung kräftigerer Speisen, nicht selten mit einem Musbrot begnügen. Bei Kindern war es auch als Zwischenmahlzeit verbreitet.
→Brot, Leckwar.

Leckwartascherl - n, lekvartaʃkən, Pl. tant. [OW VI]; lekvartatʃkəl [Fak, Glog, NA, Resch, Stei, Tem, Wer V]
A, O: mit Marmelade gefüllte, gekochte Teigtaschen *Etym.:* Das Wort ist bair.-österr., vgl. *Leckwar* 'Marmelade' und *Tascherl* 'eine Mehlspeise', Topfentascherl (Topfentatschkerl). (ÖstW 290, 413) ● *Gombotzn* (↑Gomboz) *ham-me eftes gmächt, auch Leckwartaschken håm-me kocht.* [OW V] ■ *Tatschkerln* (Wehle 1980, 271): 'gefüllte Teigtäschchen'.
→Knödel, Leckwar.

Leckwarzucker - m, lekvartsukər, Sg. tant. [Bog, GK, Gott, Gra, Low, Ost, War, Wis V]
A, O: Karamelzucker mit Musfüllung ● *Selmols war meh de Zucker in Modi, do war Milchzucker, Honichzucker, Leckwarzucker un scharfe Zucker.* [Bog V]
→Leckwar, Zucker.

Leder - n, le:dər, Sg. tant. [Fek II, Gai, Sch III, El V]; le:də [GT, Wudi I, Gai, Ger V]; ledər [Bog, GK, Len, Low, Ost, Orz, War V]; ledər [Fak, Glog, Kow V]; lętər [Bohl II, Knees V]; lędr [Kow V]; ledə [DSta V]; lerər [Ger V]; laidə [Ed, Wer I]
V: durch Gerben haltbar und fest gewordene, zur Herstellung von Riemen usw. verwendete Tierhaut ● *Hat, des Geilsgeschirr* (↑Gaulsgeschirr) *woa ba uns in Fäkäd* (ON) *von Leder.* [Fek II] *Schallanke* (↑Schalanken), *des is Zierledder, rodes Ledder mit braunem und geelem* (↑gelb), *ja.* [Ost V] **Anm.:** In der Variante *Lerer* tritt in [Ger V] rheinfrk. Rhotazismus d>r auf.
→Lederschnur, Scheu-, Zierleder.

Lederapfel - m, ledərapfl, -epfl [Fak, Ga, Glog, StA V]; ledrapfl, -epfl [SM, Wer V]; ledrapl, -epl [Stan III, Len, Low V]
O: Apfelsorte mit brauner, harter Schale und schmackhaftem Fruchtfleisch ● *Es gibt noch viele Apflsorte, die Lederäpfl, die Sieß- un Pfundäpfl, die Jonatan un noch andre.* [StA V] ■ Gehl 1991, 232.
→Apfelsorte.

Lederschnur - f, ledəʃnu:r, -ʃni:r [Fak, Glog V]
A, V: dünner Lederstreifen ● *Die ↑Bollerpeitsch[e] had e langi Ledeschnur mit viel Knepf. Der Kihhalder* (↑Kuhhalter) *treibt mit ihr die Kih un die Bike* (↑Bika) *uf die Hutwaad* (↑Hutweide). [Glog V] ■ Gehl 1991, 165.
→Leder, Schnur.

leer - Adj, lę:r [Fek II, Gai III, NP IV, Bog, Fak, Ga, Glog, Ost, StA, Wil, Wis V]
Allg: ohne Inhalt, Füllung ● *Des is gleich hiegfiehet woen in Hof un uw en Bode* (↑Boden 1) *naufgetroge. Un noch die läare Seck* (↑Sack), *die sinn widde zureckkomme.* [Fek II] *E Kuh hat gutes Fresse[n] krien misse oder war es Eiter* (↑Euter) *leer.* [Bog V]
→voll.

legen - schw, le:gə, gəle:gt [Fek II]; le:gə, kle:kt [Tom IV, Fak, Glog V]; le:kn, gle:kt [OW VI]; le:çə, gəle:çt [Seik, StI II]; lejə, kəle:t [Bog, Bru, Drei, GJ, GK, Hatz, Low, War V]
1. A: etwas auf den Boden bzw. auf eine Vorrichtung niederlegen ● *Hat, die Seck, do hot me messe zubenge* (↑zubinden), *off die Woch* (↑Waage) *lege un des is gleich woan uw en Woche* (↑Wagen) *getåå.* [Fek II] *Unoch woar a junges Medche, die hot Saal* (↑Seil) *gelecht. Die Saal woan ba uns von Schoasch* (↑Schasch) *gemocht.* [StI II] *Der Vattr hot gmeht, die Mottr*

hot ↑*Glecke gmacht un die Kinder henn Bender* (↑Band) *lege messe.* [Tom IV] *Die Weibsleit hunn geckleckt* (↑glecken) *un gebunn, die Kinner Saal geleet.* [Bru V] *Un da legt man ihnen auch Salz, so große Sticke. Sie komment un schleckn von den Salz.* [OW VI] 2. B, V: (von Vögeln oder Insekten:) Eier produzieren ● *Wann des Volk gut stoark* (↑stark 2) *is, dann lecht die Kenigin die Drohneeier, die senn nicht befruchtet.* [Seik II] *Sunne, Sunne, Maie, die Hinkle* (↑Hünkel) *leje Eie.* [Drei V] **Anm.**: In der Variante *leche* ist intervok. g>ch erweicht. ◆ (2) Redewendung: Er hat es Ei newes Nescht glegt ('hat nichts erreichen'). (Gehl 1991, 219) ■ Gehl 1991, 219.
→(1) darauf-, darunter-, herein-, hin-, hinein-, umlegen (1), stellen, zusammenlegen, -stellen; Seileleger; (2) aus-, herein-, hineinlegen; Hünkel.

Leghorn - n, leːkhorn, Pl. id. [Ap, Fil, Stan III, In, NP, Ru, IV, Fak, Ga, Glog, GStP, Len, Low, StA, War, Wil V]; lekhorn [Aug, Ins, Scham, Schor, Wer, Wud I, Tor III]; leːhorn [Ker, Sch, Siw, Tscher III]
V: in Amerika auf Leistung gezüchtetes weißes Italienerhuhn *Etym.*: Das in Amerika auf Leistung gezüchtete weiße Italienerhuhn ist nach dem Namen des Ausfuhrhafens *Livorno*, älter *Legorno*, benannt. Die engl. Bezeichnung *Leghorn* unterliegt im Deutschen einer volksetym. Umdeutung in Anlehnung an *(Eier) legen*, (²²Kluge, 434) also ein 'legefreudiges Huhn'. ● *Dann senn noch die Zierhehle* (↑Zierhendel), *es Leghorn un es Schopfhoh* (↑Schopfhuhn). [StA V] ■ PfWb IV 877 f.; SüdHWb IV 242; RheinWb. V 302.
→Große Weiße, Huhn.

Lehm - m, leːm, Sg. tant. [Ha, Kock, Seik II, Gak III, Be IV, Len, Wer V]; lãːm [StIO, Tol I, GK, Ost V]; lǟːm [Ap, Ker III], lãːm [Krott, Wein I]; lãːmə [Fek, Sier, Surg II, Bru, Glog V]; lãːmə [Nad II], lōīm [Tax I, Bil, Ham, Pe VI]
A, B: gelblich-braune, aus Ton und Sand bestehende Erde ● *Nur auswennich* (↑außenwendig) *senn die Kärb* (↑Korb 2) *als ȧbgschmiët, segt me so gschmiët mit Lehm un gewaaißlt.* [Seik II] *Ausm Grundloch hat mer sich Lohm nemme kenne.* [Berg III] *A Plett* (↑Plätte) *is sowie a Fähre, die is leicht gschwumm uff a Platz, wu's tief genuch war. Dann is sie beschwärt ginn mit Lahm.* [Ost V] ■ Gerescher 1999, 111.
→Erde, Lehmloch, Ton.

Lehmloch - n, lãːməlox, -leçər [Baw, Fek, Go, Jood, Ma, Oh, Pal, StI, Wem, Wak, Wiel II, Ap, Fil III]; lǟːməlox [Sier II, Put, Tom IV, Fak, Ga, Glog, StA, Wil V]; lãːmlox [Bru V]; lōːmlox [Berg III]
A: Grube am Dorfrand, aus der Lehm entnommen wurde ● *Un neewetraa woa so e große, mi honn gsocht Lahmeloch, un mei Votter hot immer Wasser neiloss* (hineingelassen), *es ganzi Joahr.* [Baw II] *Do woar de Stouckbronne* (↑Stockbrunnen) *on die Lahmelächer.* [Fek II] *Newer em Durf woan die Lahmelecher un de Fischteich.* [Wak II] ◆ Ursprünglich gab es solche Lehm- und Sandgruben am Rande jeden Dorfteils, da man die Erde als Baumaterial für Stampfwände und Lehmziegel nutzte, vgl. die Komp. *Sandloch* [Glog, Pan V], *Lȧhmeloch* [Glog V], *Leimloch* 'Lehmgrube' [Sad V] und *Kotsteenlecher* 'Lehmziegelgrube' [Pan V]. (Gehl 1991, 66)
→Kaule, Lehm, Loch (1).

Leibchenknöpfe - m, leivlsknep, Pl. tant. [Bog, GK, Ost V]
G: scharfe Paprikasorte mit runden, knopfähnlichen Früchten *Etym.*: Die Paprikafrüchte werden metaph. mit den runden, gewölbten Knöpfen des Trachtenleibchens verglichen. ● *Dann hat mer Paprika aach gsetzt. Do war de Geele Paprika, de Griene Paprika un de scharfi* (↑scharf 2), *die Leiwlsknepp.* [Ost V]
→Paprika.

leicht - Adj, laiçt [Wud, Wudi I, Mu, Wem II, Gai, Sch, Siw III, NP IV, Bak, Bog, Fak, Ga, Glog, Len, Low, Ost, War, Wil V, Pe, OW VI]
1. Allg: von geringem Gewicht ● *De Elevator war jo leichter, den henn se vorgschob, dort is es Stroh vum Kaschte* (↑Kasten 2) *gang.* [Ost V] 2. A, T, W: von geringer Konsistenz, schwach ● *Des war so gude Wein, so mit leichtem Aroma, so Pärfiemgschmack* (↑Parfümgschmack). [Ost V] ■ PfWb IV 801 f.: 1.a 'von geringem Gewicht, 1.b 'wenig ertragreich', *leichde(r) Wei(n)* 'bekömmlicher Wein mit niedrigem Alkoholgehalt', *leichde(r) Duwak* 'Tabak leichter Konsistenz'; SüdHWb IV 260-262; RheinWb V 340-343.
→(1) leichtknochig, schwer; (2) schwach (2).

leichtes Feld - n, laiçtəs felt, laiçti feldər [Fak, Glog V]
A: sandiger, warmer Boden ● *In Oschtre* (ON)

war ärschtklassiches Feld. Un de Sand un die Wiese ware leichtres Feld. [Ost V]
→Feld.

leichtes Ross - n, laiçtəs ros, laiçte ros [Tom IV, Fa, Glog V]
V: leichtes Ackerpferd ● *De Bauer hot Ross gebraucht, des ware meischtns Nonjus, ja, leichte Ross.* [Tom IV]
→Ross, schweres Ross.

leichtknochig - Adj, laiçtknoxiç [Baw, Jood, Wem II, Fil, Pal, Sch III, NP, , Put, Tom IV, Alex, Bak, Ernst, Fak, Ga, GJ, GK, Gra, Nitz, Ost, Rud, Stef, War V, Ham, Pe VI]
V: (von Tieren:) mit dünnen, leichten Knochen
● *So leichtknochichi Schwein hat mer aarich (stark) gschwind gmescht (↑mästen).* [Ost V] ◆ Zuchtschweine edler Rassen, mit leichtem Skelett, sind wuchsfreudiger als urtümlichere Formen und benötigen eine kürzere Mastzeit.
→grobknochig, leicht (1); Knochen.

Leim - m, laim, Sg. tant. [Bohl II, Ker III, Tow IV, Fak, Glog, Sad V, Bat VI]; la:im [Ben V]; lõīm [Tax I]; lõīm [Ga, StA V]
Allg: Klebstoff ● *B: Ja, es mache's mol ein wenig Waldhonig fu de Eichnbletta, des is so hirt (↑hart), das is so wie e Leim.* [Bat VI] **Anm.:** In den dial. (schwäb.) Varianten von [Tax I], [Gal und StA V] tritt Diphthong *oi* statt-*ei* auf.

Leine - f, leinə, Pl. id. [Ap, Fil, Fu, Hod, Pal, Sch, Tscher III]
Fi: lange dicke Schnur, Seil ● *Do ware so Angle (↑Angel) dran an ener Leine. Die sinn no gezoge warre, dass die Fisch no henge gebliewe sinn (↑hängen bleiben).* [Ap III]
→Schnur (1).

Leinsamen - m, lainsa:mə, Sg. tant. [Fek, Nad, Surg II, Ker, Mil, Sch, Siw, Tscher, Waldn III, Bill, Ger, Ost, War V]
A: stark ölhaltiger Samen des Flachses ● *Dann im Zweite Weltkriech sein die Eelsame kumme. Do is Leinsame oogebaut worre un Sonneblume zum Eel (↑Öl) mache.* [Waldn III]
→Ölsamen.

Leiter - f, laitər, laitrə [Kutz III]; lạidr, -ə [Gai III]; laitə, Pl. id. [Pußt I]; la:tə, -n [StIO, Tol I]; la:tər, la:trə [Sur II]; la:dər, la:dərn [Mu II]; la:dər, la:drə [Bold II]; la:də, la:drə [Bog, Fak, Glog, Gra, Low, Ost, War V]; lå:də, lå:drə [Ben V]; la:tərə, Pl. id. [Ga, StA V]; le:dər, le:drə [Ger, StAnd V]; le:tə, Pl. id. [Len V]; loitər, -n [Bat VI]; lọitər, lọitrə [Tow IV, Besch, Bil, Ham, Mai, Pe, Schei, Suk VI], latə, -n [Aug, Ed, Scham, Wud, Wudi I]
1. Allg: aufstellbare, bewegliche Treppe mit Sprossen ● *An der Laater is mer 'nufgstiege un hat alles 'neigläärt (↑hineinleeren) in den ↑Hambar (2).* [Stan III] *Do hat mer die Lade stehn ghat, in a Sprossn so a Brett ningstoch (↑hineinstecken), wu vorgstann is.* [Ost V] *Und aff de Leutern, do gehn i affi min Rauch, do honn i en Blosbalg (↑Blasebalg) fir en Schwoarm fangen.* [Bat VI] *Det ischt e Loiter gsei, un de isch me uff d'Eschtre (↑Estrich).* [Schei VI] 2. A: leiterähnliches Seitenteil des Bauernwagens ● *Eff de Latte, links un rechts, is die Leicksn (↑Leuchse) eikhejngt (↑einhängen) woen.* [Wudi I] *An die Laadre is noch a Peitschebeheler, vun Holz ausgebohrt, wu die Peitsch ningstoch wärd.* [Ost V] ■ Gehl 1991, 231.
→(1) Sprosse; (2) Leiterwagen, Wagenleiter.

Leiterbaum - m, lọitərbå:m, -bẹ̄:m [Bil, Ham, Mai, Pe, Schei, Suk VI]; la:dərpa:m, -pe:m [Bold II]; la:dəpa:m, -pe:m [Fak, Ga, Glog, StA, Wil V]; le:tərpa:m, pe:m [Da, StA V]
A: Holm an der Wagenleiter ● *Do war e Kettum (↑Kette), dä håt me is Rad un am Loiterbååm eighengt, wem-mer de Bärg nab isch gfahre. Dä isch sowie gsei wie e Bremse, no hat's halt bremst.* [Schei VI]
→Wagen.

Leiterwagen - m, latərva:gə, -ve:gə [StI II]; la:trva:gə, -ve:gə [Berg III]; le:tərv:agə, -ve:gə [Alex, Bog, Ger, GJ, GStP, Ost, Wis V]; la:dərvagə, -vegə [Fak, Ga, Glog, StA, Wil V]
A: Erntewagen, bei dem die Wagenleitern durch senkrechte Stangen erhöht werden ● *Un noch is es eigfihet (↑einführen) woan. Sann (sind) die grose Wege komme, die grose Latterwege.* [StI II] ■ PfWb IV 930: 1. 'mit Seitenleitern ausgerüsteter Erntewagen'; SüdHWb IV 289; RheinWb V 385; SchwWb IV 1168.
→Leiter (2), Wagen.

Leitseil - n, latsal, latsaltə [Ga, StA V]; lå:tsalt, -ə [Fak, Glog V]
V: Zügel zum Lenken der Zugpferde am Wagen *Etym.:* Die Variante *Låå̊tså̊lt* ist mit dem Stützlaut -t gebildet. ● *D'Geil (↑Gaul) senn an d'Peitsch un ans Latsal gewehnt.* [StA V] ■ PfWb IV 932; SüdHWb IV, 289 f.; RheinWb V

382; Gehl 1991, 164.
→Geschirr (2).

Lemoni - f, lemo:ni, Pl. id. [Fak, Glog, Tem V]
O: (wie:) Zitrone *Etym.:* Vgl. bair.-österr.
Lemoni, von ital. *limone.* [WbWien 525.]
● *Meine Schwiegemutte, die hat noch sähr viele Ausdrücke gebraucht von Österreich-Ungarn. Sie hat nicht Zitronen gsacht, sonden Lemoni.* [Tem V]
→Zitrone.

Lentschi - f, lentʃi, Sg. tant. [Baw, Kock, Wem II, GK, Ost, Pan, StA, Wies V, Bil, Pe VI]
V: Name für Melkkühe *Etym.:* Die Bezeichnung übernimmt ung. *Lencsi,* ein Dimin. zu ung. *Ilona* 'Magdalena'. ● *Jedi Melkkuh hat e Name ghat, sag mer Rosa un Jultscha un Lentschi un so.* [Ost V]
→Rind.

Lerche - f (n), lɛrx - ə [Sch III, Bog V]; lɛrxə, Pl. id. [Berg III, Drei, GStP, Low, NA V]; lɛ:rxə [Ger V]; le:rx [Bill, Tsche V]; lɛəxə [Ed I]; lɛrixə [Gara, Pal, Tscher, Wasch III]; (n) lɛrxl, -ə [GJ, GK, Ost V]; lɛəxəl [Wer I, Wer V]; lɛrixəl [Fek II, Fu, KK III, Karl V]; liɛrxə [NB V]; lɛrxn [Kub, NB V]

Abb. 48 Lerche

A: in Getreidefeldern nistender kleiner Singvogel, Feldlerche; Alauda arvensis ● *De Summe wärd bal[d] kumme; do fliegt die Lärche iwwers Feld.* [Drei V] *Ufm Hotar* (↑Hotter) *warn die Lärchle, wu so schen singe, des Schopplärchl, de Storch un die Reihre.* [Ost V] ■ Gehl 1991, 122.
→Schopflerche, Vogel.

lernen - schw, lɛnən, kəlɛrnt [Bohl, Nad II]; lɛrnə, klɛrnt [Fak, Ga, Glog, Ost, StA V]; lɛnə, klɛrnt [Ap III]
Allg: sich berufsbedingtes Wissen und entsprechende Fertigkeiten aneignen ● *Manchi hann gsaat, die Bauerei kam-mer derhaam (daheim) lärne, vum Vadder un vum Großvadder. Andri hann die Kinner in die Ackerbauschul gschickt, dass sie Bauer lärne.* [Ost V]
→Ackerbau-, Förster-, Meisterschule.

Lese - f, le:s, Sg. tant. [Ed, GT, KT, Pußt, Schor, Wein, Wud I, Fek, StG, Surf, Wem II, Mil, Sch, Werb III, Be, Tom IV, Bak, Bru, Fak, Ga, Glog, Nitz, Ost, StA, War, Wil, Zich V]
W: (verkürzt für:) Weinlese ● *Un do hod me fir die Les so enToschnfaal* (↑Taschenfeitel) *kaaft, des hot gut gschnien.* [Pußt I] *Nach de Les woa de Leseball, de woa imme sähr schön.* [Wud V] *De Bärichrichter* (↑Bergrichter) *hat bestimmt, wann die Les angfangt hat.* [Bak V] *Es Schenste war die Les. Die Fuhrfässer sein uff de waan kumm, die Butt.* [Bru V] ■ PfWb IV 939; SüdHWb IV 299; RheinWb V 401; Gehl 1991, 244.
→Leseball, -korn, Weinlese.

Leseball - m, le:səpal, Sg. tant. [Aug, Ed, GT, KT, Scham, Schor, Tar, Wein, Wud, Wudi I]
W: Weinlesefest mit Tanzmusik nach der beendeten Ernte ● *Nach de Les woa de Leseball, de woa imme sähr schön.* [Wud V]
→Lese.

Lesekorn - n, leiəskhoɐn, Sg. tant. [Aug, Ed, GT, KT, Scham, Schor, Wein, Wud, Wudi I]
W: nach der Weinlese geerntete Traube, bzw. aufgelesene Beere *Etym.:* Gemeint sind beim Ernten übersehene Trauben, auch abgefallene Beeren, die aber verniedlichend als 'einzelnes Korn' bezeichnet werden. ● *Lejeskoan suache sann die Kinde gaunge. Un ben Zuedeicke hot me si[ch] gfreiet iwwe (über) e guats Lejeskoan.* [Wud I]
→Korn, Lese.

lesen - st, le:zə, gəle:zə [La, StI II, Fak, Ga, Glog, Sad, StA V]; le:zə, kle:zn [Petschw II]; leiəsn, kleisn [Aug, Ed, GT, KT, Scham, Schor, Wud, Wudi I]
1. A: aufraffen a. A: (im Ausdruck *Garben lesen:*) geschnittene Getreideähren mit der Sichel zu einer Garbe aufraffen *Etym.:* Das Verb kommt aus mhd. *lesen,* ahd. *lesan,* lesen 'auflesen, sammeln'. ([23]Kluge, 515) ● *Noch woar der Meher* (↑Mäher), *noch woar die Frau, die hod die Goarwe gelese.* [StI II] b. A: (im Ausdruck *Ähren lesen:*) auf dem Feld verstreute Ähren in Büscheln einsammeln; auch Maisstrünke einsam-

meln ● *Manchi Leit henn fer's Gfligl vum Feld Ähre glese, Fruchtähre oder Gärschtähre.* [Glog V] 2. W: (von Trauben:) ernten ● *Miё tan fecksn* (↑fechsen), *owwe Kukurutz un Weiemba* (↑Weinbeere) *tan mer lejesn.* [Wud I] *Oofangs September wän die Treiwl* (↑Traubel) *reif, noch Mitte September wird 's geläse.* [La II] *Die Weinles? Hat, da kummt die Freindschaft 'zamm un wäd* (wird) *glesn.* [Petschw II] *Da sinn die Leser kumm mit Kärb* (↑Korb) *un hann die Trauwe in de Amber* (↑Eimer) *gles mit eme scharfe Messer.* [Ost V] ■ PfWb IV 940-942.: I.1 'einsammeln', a. 'vom Boden auflesen', b. 'pflücken, ernten' von Trauben und sonstigen Beerenfrüchten; SüdHWb IV 300-302; RheinWb V 401 f.; Gehl 1991, 134: 'Ähren nachlesen'.
→(1b) auf-, zusammenlesen raffen; (2) fechsen, klauben; Leser, Leserkranz, Weinlese; ablesen.

Leser - m, le:zər, Pl. id. [Bak, Fak, Ga, Glog, Nitz, Ost, StA, Wil V]
W: Landarbeiter, der Trauben von den Rebstöcken erntet ● *Dann war die Weinles. Da sinn die Leser kumm mit Kärb* (↑Korb) *un hann die Trauwe in de Amber* (↑Eimer) *gles mit eme scharfe Messer.* [Ost V] ■ PfWb IV 942: 1.a 'wer aufliest, sammelt', b. 'wer Trauben liest'; SüdHWb IV 302 f.; RheinWb V 404.
→Bauer, Weinlese; lesen (2).

Leserkranz - m, lejəsəkrɐunts, -krejnts [Ed, GT, KT, Scham, Wein, Wud, Wudi I]
W: für das Traubenfest angefertigter Kranz aus Weinlaub und Trauben ● *Die blobi un weißi Ochseaugn haaßn aa ↑Oriaschi. Dej groueßi Weiemba* (↑Weinbeere) *hot me in Lejesekraunz eineniglflauchtn* (↑hineinflechten). [Wud I]
→Schnitterkranz; lesen (3).

Lettenboden - m, lętpo:də, Sg. tant. [Fak, Ga, Glog, StA, Wil V]
A, Fo, G, H: lehmhaltiger, schwerer Erdboden *Etym.*: Komp. mit *Letten* 'Lehmboden', obd., von mhd. *lette*, ahd. *letto* 'Lehm'. (^{23}Kluge, 516) ● *De Lättbode ist schwäre Bode un zimmlich nass.* [Fak V] ■ PfWb IV 944; Gehl 1991, 64.
→Boden (2), schwerer Boden.

Lettenerde - f, letę:rt, Sg. tant. [Ker III, Ost V]
A: tonhaltige Erde, Lehm *Etym.*: Das Subst. ist ein Komp. mit obd. *Letten* 'Lehmboden', von mhd. *lette*, ahd. *letto* 'Lehm'. (^{23}Kluge, 516) Das tautol. Komp. *Lettenerde* ist nach dem Vorbild von *Häfnischerde* 'gelbe Erde' gebildet. ● *Es Treppplatz* (↑Tretplatz) *war schun vorhär vorbereit, wumeglich mit geeli* (↑gelb) *Lettärd, wu phickt* (↑picken), *was net losgeht, dass net e Wasserlacke* (↑Wasserlache) *entsteht, wann's reejet* (↑regnen). [Ost V] ■ *Lettenboden* PfWb IV 944: 'lettenhaltiger Boden'; auch *Lettenacker, Lettenfeld* SüdHWb IV 304; RheinWb V 406.
→Erde.

Leuchse - f, laiks, -ə [Gbu II, Gak III, Be, Tow IV, Ben, Bill, Glog, StAnd V], laiksn, Pl. id. [Aug, Ed, Scham, Wud, Wudi I]
A: geschwungene hölzerne Außenstütze für die Leitern die Bauernwagens *Etym.*: *Leuchse*, fachspr. von mhd. *liuhse*. Weitere Herkunft unklar. (^{23}Kluge, 440) ● *De Grichtlwogn* (↑Gerechtelwagen) *hot fia Leicksn. Ef de Latte* (↑Leiter 2) *is die Leicksn eikhejngt* (↑einhängen) *woen.* [Wudi I] *Un noch senn die Wogelaater* (↑Wagenleiter) *neighengt won un senn die Leickse vill weider venant* (voneinander) *getun woan.* [Gbu II] ■ Krauß 578; Gehl 1991, 160.
→Wagen.

Leventeplatz - m, veraltet, lęvęntęplåts, -plęts [Alt, Fek, Nad, Oh, Wem II]
A: größerer freier Dorfplatz, auf dem die Jugend militärische Übungen vornahm *Etym.*: Das Komp. ist eine Eigenbildung nach ung. *levente* 'Mitglied einer ehemaligen ungarischen Jugendorganisation, der die militärische Ausbildung der Jungmänner oblag'. ● *En Fäkäd* (ON) *is auch es Hålterhaus* (↑Halterhaus), *de Sportplatz un de Läwäntęplåts.* [Fek II]
→Platz (1).

Libelle - f, selten, libele, libelə [Pan, Sad V]; lipele, lipelə [Gra, GK, Ost V]
V: farbenprächtiges Insekt mit großen Facettenaugen und zwei leistungsfähigen Flügelpaaren; Aeschna cyanea *Etym.*: Entlehnung aus der Standardsprache. ● *Die Libelle sinn Schneidre bei uns.* [Ost V] *Libelle fliegn ibern Wasser.* [Sad V] ■ Gehl 1991, 116.
→Glasschneider, Schneider, Tier.

Liebstöckel - n, li:pʃtøkəl [Ker III]; li:pʃtekl, Sg. tant. [Bog, GK, War V]; li:pʃtengl [Ap, Kol III, Har, In IV]
G: als Küchengewürz verwendetes Doldengewächs; Levisticum officinale *Etym.*: Die Pflanze ist in Südeuropa heimisch. Die Bezeichnung ist

seit dem 12. Jh. belegt und kommt von mhd. *liebstockel, lübestecke* m., ahd. *lub(b)istecho, lubestecco, lubistuckil* m., entlehnt aus lat. *levisticum*, eine Nebenform zu *ligusticum*, angeblich nach seiner Herkunft aus Ligurien benannt. Der Pflanzenname *Liebstöckel* erfuhr sekundäre Anpassung an *lieb* und *Stecken*. ([23]Kluge, 519) ● *Im Garte ham-mer aa ghat Schalotte un Krien* (↑Kren), *Zeller, Fenigl* (↑Fenchel), *Kimml, Liebsteckl un viel annres.* [Ost V] ■ PfWb IV 980; SüdHWb IV 339; Petri 1971, 43 f.
→Gemüsebau.

liefern - schw, li:fərn, geli:fərt [OW VI]; li:fərn, kli:fərt [OW VI]; li:fən, kli:fət [ASad, Wei, Wolf V]; lifrə, klifərt [Kock II]
Allg: (ein landwirtschaftliches Produkt) zum Verkauf an einen anderen Ort senden ● *Mir hadde immer Melkkih un henn vill Millich gliefert.* [Kock II] *De Holzspaa* (↑Holzspan) *homma af Temeswar, Arad und sogoa ins Aasland gliefet.* [Wei V] *Unsere Leute, die habn sich bescheftigt mit den Holzfeeln* (↑Holzfällen) *mit den Holz liefern, mit Holz verarbeitn.* [OW VI]
→ab-, weiterliefern, verkaufen.

liegen - st, li:gn, kle:gn [Ru IV, Wer V]; li:gə, kle:gə [Seik, StI II, Stan III]; ligə, klegə [Fak, Glog, NA V]; laiə, kəlait [Bog, Ger, GJ, GK, Hatz V]; liə, kle: [Ost V]
Allg: auf einem Untergrund aufliegen ● *Manichsmol leegt noch de Schnee, noch gibt's scho schene woarme Teg, iwwe* (über) *zeh Grad Celsius.* [Seik II] *Also in de Saustell, do war immer Sand drin, wu sie glege sinn.* [Stan III] *Und unterstreit* (↑unterstreuen) *hat mer Stroh, aff dem Stroh sin's glegn.* [Ru IV] *Im Kellerhals war so e Breet* (↑Brett), *do hann die Baure 's Brot druff leije ghat.* [GJ V] *Wann im Stall unner dr Bruck* (↑Brücke 2) *Hoor oder Eierschale leije, krepiere die Ross.* [Hatz V] *Die Wicke bleibt ligge, bis sie trocken is.* [NA V] *Die Handgarwe* (↑Handgarbe) *ware mähr dorchenannner glee.* [Ost V]
→daraufliegen.

Liesch - n (m), liʃ, -ə [Bog, Bru, Charl, Jahr, Len, Low, NDo, War, Wis V]; li:ʃ, -ə [Drei, Eng, Kreuz, NA, Kreuz V]; li:ʒ, -ə [GK, Ost V]; li:ʃ, Sg. tant. [Bohl, Oh II]; li:ʃt, Sg. tant. [Nad, Sier II, Fak, Ga, Glog, Pan, StA, Wil V]
1. A: Hüllblätter des Maiskolbens *Etym.:* Vgl. *Liesch* n. 'Riedgras' (< 10. Jh.), aus mhd. *liesche*, f., schon ahd. *lisca, lesc* f. 'Farn'. Das Wort ist wohl entlehnt aus mittellat. *lisca* f., 'Riedgras', dessen Herkunft aber nicht klar ist. Vielleicht ist die Entlehnung in umgekehrter Richtung verlaufen, wie auch bei anderen romanischen Wörtern dieser Sippe vermutet wird. ([23]Kluge, 510) *Liesch* n. oder m., *Liesche* f, Pl. *Lieschen* ist die volkstümliche Bezeichnung für verschiedene schilfähnliche Pflanzen: Teichbinse, Gelbe Schwertlilie, Kalmus, Riedgräser, Wasserschwaden); dagegen hat *Lieschen* Pl. die Bedeutung 'Hüllblätter des Maiskolbens'. (DudenWb 4, 1680) - Serbokr. *lišće* 'Laub Blätterwerk', das Ladislaus Weifert als Ursprung der donauschwäb. Bezeichnung annimmt (vgl. Weifert 1935, 81) kann das Wort in einigen Banater Dialekten gestützt haben, doch es tritt auch in Dialekten auf, die keinen Bezug zum Serbokr. haben. Es ist anzunehmen, dass *Liesch* von den deutschen Ansiedlern aus den Herkunftsgebieten mit der ersten Bedeutung 'Binsen, Riedgras, im Wasser wachsende Seggenarten (Carex L.) schilfförmige Pflanzen' mitgebracht und in den Siedlungsgebieten um die zweite Bedeutung 'Hüllblätter des Maiskolbens' bereichert wurde. (Gehl 1991, 72) - Emilija Grubačić sieht in der Bezeichnung *Liesch* "eine durch Form und Funktion hervorgerufene Metapher, eine Übertragung des Namens der Segge, des Riedgrases, wie er in hessischen, saarländischen und anderen Dialekten der alten Heimat bezeugt ist, auf die neue Kulturpflanze". (Grubačić 1965, 269-272) ● *Beim Kukrutzbreche is manchesmol mit de Lische gebroche* (↑brechen 2) *un derhaam abgeliescht gewwe* (worden). [Bru V] *Meistns hod me die Kolwe mit Liesche gebroche un nom ausgliescht für die Strohseck.* [NA V] *De Kukrutz hat mer friher gebroch mitzamm die Liesche. Un no sinn Bschenowaer* (ON) *Bulgare kumm, die hann am* ↑*Stock* (1b) *glieschl.* [Ost V] 2. W: Schilfblätter, Binsen zum Abdichten der Weinfässer und Flechten von Seilen usw. ● *Då is de Liescht noigezogn woan.* [Nad II] *Un des is aa mit Schabstroh* (↑Schaubstroh) *odder mit Liescht gemacht.* [Sier II] *Zwische de Daufle* (Fassdauben) *bei de Ritze hat mer Liescht 'noi.* [StA V] **Anm.**: Die Variante *Liescht* ist aus *Liesch* mit epithetischem -t gebildet. ■ PfWb IV 988 *Liesch* n, *Liescht* n, m: 1. 'Name verschiedener Sumpf-, Ufer- und Wasserpflanzen mit grasartigen Blättern, wie Riedgras, Rohrkolben, Binsen, Schilf, Schwertlilie, Liesch' (auch donauschw.), Pl.

Liesche, Lieschte, 2. 'aus den Halmen von *Liesch* 1 geschnittene Streifen zum Abdichten von Fässern, Komp. *Fassliesch* ', 3. 'feuchtes Wiesenland'; SüdHWb IV 346; RheinWb V 640 f.; Gehl 1991, 72; Hockl 1997, 42.
→(1) Bast, Kukuruz, Kukuruzliesch, Lieschenknüpfen, -schober, -zecker, Schällaub; auslieschen, lieschen; (2) Lieschplatz, -seil, Schilfrohr.

lieschen - schw, li:ʃə, kli:ʃt [Bak, Bog, GJ, GK, Len, Low, Ost, War V]
A: die Hüllblätter des Maiskolbens entfernen ● *De Kukrutz* (↑Kukuruz) *hat mer friher gebroch* (↑brechen 2) *mitzamm die Liesche. Un no sinn Bschenowaer* (ON) *Bulgare kumm, die hann am* ↑*Stock* (1b) *gliescht. (...) Meischt is oweds* (abends) *gliescht ginn, da sinn die Nochbersleit kumm helfe.* [Ost V] ♦ Um die Maisernte rascher zu beenden, wurden die Maiskolben gewöhnlich samt den Hüllblättern vom Stock gebrochen, heimgefahren und im Bauernhof aufgehäuft. Das Maislieschen am Abend war eine der üblichen, freiwilligen und unengeltlichen Nachbarschaftsarbeiten (wie Hilfe beim Hausbau, bei der Schweineschlacht u. a. größeren Arbeiten), wie sie bei allen Völkern im südöstlichen Mitteleuropa üblich war.
→ab-, auslieschen; Liesch (1).

Lieschenknüpfen - n, li:ʒəknipə [Ost V]
A: Verbinden der Enden von Maisblatthüllen, um längeres Bindematerial zu gewinnen ● *Die Liesche sinn zammgebunn ginn im Winder, sinn geknippt ginn. Liescheknippe had mer's gnennt.* [Ost V]
→Liesch(1); knüpfen.

Lieschenschober - m, li:ʃəʃo:vər, Pl. id. [Bog, GK, Len, Low, Ost, War V]
A: Haufen aufgeschichteter Hüllenblätter des Maiskolbens ● *No sinn die Liesche weggetraa ginn, uff de Liescheschower drauß. De Liescheschower, des war a gudes Fuder* (↑Futter), *weil die Kukrutzhoor* (↑Kukuruzhaar) *sinn nährhaft* (↑nahrhaft), *die hamm viel Nährwärt.* [Ost V]
→Liesch (1), Schober.

Lieschenzecker - m, li:ʃətsekər, -tsekrə [Bog, GK, Len, Low, Ost, War V]
A: aus Maiskolbenblättern geflochtene Einkaufstasche ● *Bei uns net, awer in Sacklaas* (ON) *hann se im Kriech die Lieschezeckre un sowas gmach. Fun scheni Handarweit, die Zeckre.* [Ost V]

→Liesch (1), Zecker.

Lieschplatz - m, li:ʃplats, -plęts [Alt, Fek, Nad, Oh, Wem II]
A: sumpfiges, mit Schilf bewachsenes Feld ● *Em Sommer woan als ville Wåsserlåcke, on am Lieschplatz is dann Wasser gstånn.* [Fek II]
→Liesch (2), Platz (1), Sumpf, Wasserlache.

Lieschseil - n, liʃəsa:l, Pl. id. [Bog, Bru, Charl, Fib, Jahr, War V]
A: aus Binsen geflochtenes Seil ● *Des Kukrutzstroh hat mer gschniet* (↑schneiden) *un zu Schab* (↑Schaub) *gebunn, mit Lischesaal oder Weide.* [Bru V]
→Liesch (2), Seil.

lila - Adj, lila [Bog, GK, Gott, Gra, Len, Low, Ost, War V]
Allg: von violetter Farbe ● *Newer em Schwenglbrunne ware zwaa Maireslbeem* (↑Mairöschenbaum), *eene weiße, doppelte* (2) *un de anre mit lila Blume.* [Bog V] *Weinsfärber* (↑Weinfärwer) *is a Planz* (↑Pflanze), *die wackst gut mannshoch und hat schwarzi Bärle* (↑Beere), *fast lila, also violett. Un des hann se in de Wein getun for de Wein rot mache.* [Ost V]
→lilafarbig, violett; Farbe.

lilafarbig - Adj, lilafarviç [Bog, GJ, GK, Low, Ost, War V]
Allg: von violetter Farbe ● *Dann war noch die* ↑*Kardinal, wu so lilafarwich, violett sinn, wu so fruh zeidich* (↑zeitig) *sinn. Un wann se Farb hann, kam-me schun esse.* [Ost V]
→lila, violett; Farbe.

Lilie - f, liliə, -r [Tor III, In IV, Bog, De, DStP, Eng, Ernst, GK, Gott, Gutt, Hatz, Hei, Jos, KB, Laz, Low, Mar, Nitz, Orz, Ost, Rud, Schön, Stei, Tsch, Tschak, Tschan, War V]; lilja, -n [Kud V]; li:liə, -r [Tscher III, Bill, Char, Ger, GStP, Ui V]; liliər [Stan III, Ben, Ger, Jahr, Joh, KB, Na, Orz, Ost V]; li:liər [GStP V]; liling [Star V]; iligə, ilijər [Ga, StA, Wil V]; ilgə [GA II, Fil, Gara, Kar, Tschat, Wasch III, In IV]; vaisi li:li [Wer V]
G: Weiße Lilie; Lilium candidum ● *Im Hochsummer hann die Lilie, Kaiserblumme, Gladiole un de Owedsduft* (↑Abendduft) *geblüht.* [Bog V] *Do warn die Krisantien,* (↑Chrysantheme), *Margareta, Lilier, die weißi, die Schwärtlilier un viel andre Blumme.* [Ost V] ■ Gehl 1991, 93; Petri 1971, 44.

→Blume, Schwertlilie.

Lindenbaum - m, lindepa:m, -pę:m [Hod, Sch, Stan III, Bog, Gra, GStP, Len, Low, Ost, War V]; lindəpå:m, -pe:m [Fak, Ga, Glog, Wil V]
Fo: großer Baum mit herzförmigen, gesägten Blättern, Linde; Tilia ● *Mit de Blihe* (Blühe) *vun Lindebååm macht mer sich Lindetee.* [Glog V] *Dicke Lindebääm senn meh wie hunnert Johr schun alt.* [Len V] ■ Petri 1971, 73.
→Baum.

Lindenholz - n, lindəholts, Sg. tant. [Mu, Sal, Seik, II, Ker, Mil, Pal, Siw, Werb III, Be, Tow IV, Bog, Ost, War V]; linəholts [Fek, Oh, Surg, Wem II]
B, Fo: Holz der Linde ● *Lindeholz, des is schu seltn, des war auch gut fië Keste* (↑Kasten 3) *mache.* [Seik II]
→Holz.

Lindenhonig - m, linəhoniç, Sg. tant. [Fek, StI, Surg, Wem II]
B: aus dem Nektar der Lindenblüten gewonnener Honig ● *Es wor Akazihonich, noch woar Linnehonich, un noch woar Feldblummehonich. Also allerhand für, des woar gemischter Honich.* [StI II]
→Honig.

Lindentee - m, lindnte:, Sg. tant. [Aug, Ed, Ins I, Petschw II, Ru IV, ASad, Resch, Tem, Wei, Wer V, Bat, OW VI]; lindəte: [Baw, Fek, Jood, Surg II, Ap, Fil, Mil, Sch, Wepr III, Be, Tom IV, Bill, Bog, Bru, Char, Jahr, Len, Nitz, StA, Wil, Wis, Zich V, Bil, Pe, Suk VI]
O: (meist zu Heilzwecken getrunkener) Absud aus Lindenblüten ● *Oweds hat mer oft Tee getrunge, meischtns Prominzltee, awwer aa Kamilletee un Lindetee. Mit de Blihe* (Blühe) *vun Lindebååm macht mer sich Lindetee.* [Glog V]

links machen - st, lińks maxə, - kəmax [Ker, Mil, Sch, Stan, Tor III, Bog, Ger, GJ, GK, Lieb, Low, War, Wis V]
V: (von Schweinsdärmen:) das Innere nach außen kehren ● *Dann hat mer Wasser neigschitt, un so die Därm links gemach.* [Lieb V]

Linse - f, linsn, Pl. tant. [Ru IV, ASad, Lind, Ora, SM, Stei, Tem, Wei, Wer, Wolf V]; linzə [Hod III, Franzf, Fak, Ga, Glog, NA, StA, Wil V]; linsə [Brest, Kol, Stan, Tor, Tscher III, Bill, Bog, GK, GStP, Len, Low, NB, Orz, Ost, Tsche, War V]; lensə [Tschat, Wasch III]
G, V: Schmetterlingsblütler mit flachen, rundlichen Samen; Lens culinaris ● *Wenn die Linsn kummen sinn, had me mesn die Linsn no dreschn.* [Ru IV] *Am Feld ham-me meistns Frucht, Kugrutz* (↑Kukuruz), *Gäeste, Hawwe* (↑Hafer), *Linse un Wicke åågebaut.* [NA V] *Linse ham-mir* (haben wir) *wenich ghat, awwer Ärbse* (↑Erbse) *ham-mer ghat.* [Ost V] *Er esst die Linsn dreimal* (ist geizig). [Tem V] ■ Gehl 1991, 227; Petri 1971, 43.
→Gemüse, Linsenfeld.

Linsenfeld - n, linsnfelt, -feldər [Ru IV, Ora, Stei, Resch, Wer V]; linzəfelt, -feldər [Hod III, Franzf, Fak, Ga, Glog, NA, StA, Wil V]
A: Ackerfeld, auf dem Linsen angepflanzt werden ● *In Härbst is Frucht oogebaut woan, am Kukrutzfeld* (↑Kukuruzfeld), *am Wickefeld und am Linsefeld.* [NA V]
→Feld, Linse.

Linzer - m, lintsər, Pl. id. [Petschw II, Lug, Resch, Tem, Wer V]
A, V: (verkürzt für:) Linzer Torte *Etym.:* Nach der oberösterr. Stadt Linz an der Donau benannter Kuchen. ● *Hat, månichi Plåtz machn sie Struul* (↑Strudel), *guedn Topfnstruul un mit Epfl un Måågn* (↑Mag), *auch Linzer un Keks.* [Petschw II] ◆ Es ist ein Gebäck mit roter Marmeladefüllung und Zutaten wie gemahlene Nüsse, Mandeln, Kakao und Gewürzen mit gitterförmiger Teigverzierung. - Ein Rezept für *Linzer Torte* oder *Linzer Schnitten*: 500 g Mehl, 250 g Zucker, 2 Eigelb und ein ganzes Ei, 150 g Butter, 2 Esslöffel saurer Sahne, Zitronenschale, etwas gemahlener Zimt und gemahlene Nelken und eine Messerspitze Natron. Der Teig wird halbiert und daraus zwei gleichgroße Platten gerollt. Eine Platte legt man aufs Kuchenblech, bestreicht sie mit Marmelade und streut gehackte Nüsse darauf. Die andere Teighälfte deckt man darüber. Darauf kommt ein aus mehreren langen Teigrollen angefertigtes Gitter. Nach dem Backen bestreut man die Torte oder die Schnitten mit Puderzucker. (Bleiziffer 1997, 90)
→Backerei.

Lipizaner - m, lipitså:nər, Pl. id. [Fak, Ga, Ger, Glog, Wil V]; lipitsa [Kock, Nad, Wem II]
V: nach dem Gestütsort Lipizza bei Triest benannte Vollblutpferderasse ● *Hat, do wore*

Lippizza un die Nonjus, do hod me kenne schwäre Fuhre aa mache. [Kock II] ■ Gehl 1991, 185.
→Pferd.

Liptauer - m, liptåi, Sg. tant. [Fak, Ga, Glog, StA, Wil, Pan V]
V: nach dem slowak. Gebietsnamen Liptau benannter Schafkäse *Etym.:* Die Bezeichnung *Liptauer* für eine nach dem früheren deutschen Namen einer Landschaft im slowakischen Teil der Karpaten benannten slowak. Schafkäse wurde nach der ung. Lehnform *liptói* als *Liptåi* übernommen. Also handelt es sich dabei um eine Rückentlehnung. ● *Mer hat vum Schofhalder* (↑Schafhalter) *den ↑Kasch, Brinse, Liptåi kaaft un hat eigene Salami oder gekaafte Summersalami un Griewärschtle* (↑Krenwurst) *gesse.* [StA V]
→Käse.

Lisska - f, liska [Ga, StA, Wil V]
V: Rufname für weibliche Pferde *Etym.:* Der Pferdename ist ein Diminutiv des Frauennamens *Elisabeth* mit dem pleonastischen ung. Diminutivsuffix *-ka*. ● *Jede Bauer hot seu Geil* (↑Gaul) *mim Náme gnennt: Fanni, Ida, Lisska, un ständich uff se gred bei de Arweit.* [StA V]
→Rossname.

Listharmat - m, selten, listharmat [Baw, Jood, Seik II]
W: Pilzkrankheit bei Pflanzen, Mehltau *Etym.:* Das Subst. ist eine Entlehnung von ung. *lisztharmat* 'Mehltau'. ● *Dort woar jo Pärnospora un Listharmat, soge mië, des is Mehltau. Ja, des woare die wichtigsti Krankheite.* [Baw II]
→Krankheit, Mehltau.

Liter - m, litər, Pl. id. [StI, Sulk II, Ap, Brest, Tscher III, ND, NP IV, Bak, Bog, Fak, Ga, Glog, Gott, Gra, Gutt, Len, Low, Nitz, Ost, StA, War, Wil V, Ham, Mai, Pe, Schei, Suk VI]; litə [Aug, Ed, GT, KT, OG, Pußt, Scham, Schor, Wud, Wudi I]
Allg: Flüssigkeitsmaß von einem dm³ ● *De Kühlschrank mit vierhundert Litte, där is bis in Härbst voll mit Eäbsn, Fisauln* (↑Fisole), *Karfeol un Kraut.* [OG I] *Un achtenzwanzig Litte, des woa de Halbeeme* (↑Halbeimer), *ne, un de Eeme hot secksunfufzich Litte ghobt, des is ein Maß, ne.* [Pußt I] *Manichi Bauen hamm vier, fümf Kihe* (↑Kuh) *un zwanzich, dreißich Litte Mülli* (↑Milch) *ghot.* [Wud I] *Die Weizette* (↑Weinzettler) *honn gricht* (gekriegt) *drei ↑Meter (2) Holz, ocht ↑Meter (3) Waaz* (↑Weizen), *sechzig Litter Wei[n] un etwas Geld.* [StI II] *Und wenn die Sau oibärt hot* (↑einbären), *hot de Sauhalde* (↑Sauhalter) *uff Nacht gsagt, no hod er en Litter Woi* (↑Wein) *krigt un e Stuck Speck.* [Sulk II] *Die Leit, die ka Kuh ghat hann, die sinn kumm un hann aa Litr odder zwei Liter Millich kaaf.* [Ost V] *Wem-me die Kuhe guet fuettret* (↑füttern), *no geit sie bis fufzeh Litter Mill.* [Schei VI]
→Hekto, Maß, Zehnliterglas; literweise.

literweise - Adv, litərvais [Fil, Gai, Ker, Mil, Sch, Werb III, Be, NP IV, Alex, Bak, Bill, Fak, GJ, Glog, Lieb, Mar, Nitz, War V]
O, W: von der Menge eines Liters ● *Im Dorf ware schun Leit, was Schankrecht ghat hann. Die hann so halbliterweis un literweis de Wein verkaaft im Haus.* [Bak V]
→meterlang; Liter.

Lizenz - f, lesents, Sg. tant. [Wies, Wis V]
T: Genehmigung zur Ausübung eines Gewerbes, (hier:) des Tabakanbaus ● *A jeder Pflänzer* (↑Pflanzer) *hat Lessenz ghat, ohne Lessenz hat er je Thuwak* (↑Tabak) *kenne baue.* [Wies V]

Loch - n, lox, lǫçə [Pußt, Tax, Tol, Tschawa, Tschol, Wein I, OW VI]; lox, leçər [KKa, Mu, Nad II, Ap, Hod, Gai, Kutz, Pal, Sch, Werb III, Be, Tom IV; Fak, Ga, Ger, Glog, Kow, StA V, Ham, Mai, Pe, Schei, Suk VI]; lox, leçə(r) [Wer, Wudi I, Bohl, Nad, Saw, Surg II, Ben, Bog, Drei, DSta, GJ, Gutt, Len, Low, Ost, StAnd V]; lo:x, leçər [Sulk II]; lǫux, leçə [Ed I]; loux, leiçə [Aug, Ed, GT, KT, StIO, Wein, Wud I], leçl, Pl. id. [Gutt V]; leçle, leçlə [StA V]
1. A: natürliche oder durch Erdentnahme (für Bauzwecke) entstandene Vertiefung im Boden ● *Aans hod Lecher gmacht, des andri hat die Grumbir* (↑Grundbirne) *'noi in Loch, un aans hat sie mit de ↑Haue (1) zudeckt.* [Sulk II] *Die Hase hann im Stall Lecher gmacht un Ratze beigezoo.* [GJ V] *Ba denne Lecher is d'Seihalt un d'Kihhalt drauß gwest. Nordwestlich noch de Kumlusche Leche gehn zwaa Wege: de Schimånde Weg un d'Schimånde Stroße.* [StA V] *Mid em Briggele* (↑Prügel) *tud mer drille* (↑drillen), *mach mer e Loch in de Bode* (↑Boden 2). [Schei VI] 2. Allg: im Herstellungsverfahren erzeugte Öffnung in einem Werkzeug, einem Gerät usw. ● *Wenn des gebrennt hot, woa im Backowe hinne a Loch, dot is de Raach nausgange.* [StI II] *Die Spritzlad*

(↑Spritzlade) *hot auesgschauet wir-r-e Fassl, nua aum* (oben) *hot sie e viëeckets* (↑viereckig) *Louch ghot.* [Wud I] *Des is e großer Kahn, ganz speziell, mit Lecher hiwwe un driwwe, dass ständig frisches Wasser drin war.* [Ap III] *Un die Kirwisl* (↑Kürbis) *had mer ausbohrt obn und ba ein kleine Loch had me die Keän* (↑Kern 1) *alles raus.* [Ru IV] *Des Senseblatt hat des Sensehaus, es Loch, wu de Stiel naikummt.* [Glog V] *In der Botting* (↑Bottich) *vor es Loch hat mer e sauwre Bese gebunn.* [Ost V] ■ Gehl 1991, 66, 151, 178.
→(1) Brunz-, Erd-, Grund-, Gritschen-, Lehm-, Sand-, Schinder-, Stampf-, Zigeunerloch, Eisgruft, Kaule, ScHohl, hanze; (2) Flug, Vertiefung; (2) Sensenhaus; löchrig.

löchrig - Adj, leçriç [Wem II, Mil, Sch, Tscher III, Be, Tom IV, Alex, Bog, Ernst, Fak, Ga, Glog, Gra, Jahr, Laz, Len, Ost, StA, War, Wil, Wis V, Bil, Ham, Pe VI]
Allg: durchlöchert ● *Die Millre* (↑Müller) *sinn aa die Phauaue* (↑Pfauenauge) *un de Kohlweißling, där wu des Kraut lechrich macht.* [Ost V]
→Loch.

Löffel - m, lefl, Pl. id. [Jood II, Gai III, Bak, Fak, Ga, Glog, GJ, GJ, Len, Low, StA, War, Wil V]; levl, Pl. id. [Fek II]
V: löffelförmiges Gerät aus Eisen oder einem anderen Metall ● *Nom is mit Hend* (Hände) *un min Lewl, senn die Hoaa* (↑Haar) *rausgekratzt von de Sau.* [Fek II] *Friher hom-me des mit em Rasiermesse grasiert* (↑rasieren), *dass die Sau sauber isch. Ja, un die Leffl, soligi Blechleffl waret.* [Jood II] *Sie hann so blechene Leffl ghat, manchsmol aa bleiene Leffl.* [GJ V] ■ Gehl 1991, 151.
→Blech-, Messinglöffel, Bolle.

Lohn - m, lō:n, Sg. tant. [Berg III]; lọ:n [Tom IV]; lọ: [Jood II]
Allg: Bezahlung für verrichtete Tätigkeit eines Landarbeiters ● *Wem-me honn un de Zehnt garbet, no hom-me zeh Garbe uff aa Kroiz* (↑Kreuz) *too. Odde hem-me fufzehni druftoo* (↑darauftun), *denoch hom-me widdem unsen Loh kriëgt.* [Jood II] *Der Risar* (↑Riesar) *oder Beresch hat die Baurewirtschaft gepacht un hat sein Lohn vun de Fecksung* (↑Fechsung) *griet.* [Berg III] *De Lohn war meischtns nein bis neinehalb Prozent.* [Tom IV]
→Erwerb, Holzgeld.

Lokomobile - n, lokhomobil, Sg. tant. [Franzf V]; lokomopil [Ost V]
A: ortsbewegliche Dampfmaschine ● *Des Lokomobil hat de Kaschte* (↑Kasten 2) *in die Nähe vum Schower* (↑Schober) *manewriert.* [Ost V] ◆
Vor den selbstfahrenden Mähdreschern wurden die Dreschkästen von Lokomobilen und später von Traktoren gezogen, von denen beim Dreschen auch die Bewegung mittels Treibriemen auf die Dreschmaschine übertragen wurde.
→Traktor.

Lorbeerblatt - n, lorbərplat, -pletər [ASad, GJ, GK, Hatz, Mar, Mram, Resch, Tem, Wer V]; lorpərplat, pledər [Fak, Ga, Glog V]; lorvəpla:t, -ple:dər [StI II]
G: als Gewürz verwendetes, hartes Blatt des Lorbeerstrauches ● *Un no owedruf is widder Sauerkraut, un noch is Paprike* (↑Paprika 1a) *a weng* (ein wenig), *Paredaais* (↑Paradeis), *Lorwebleder.* [StI II] *Dann hot mer Gwärz dran, Pfeffer, Lorbäärblatt, Kimml, Bohnekreidl.* [GJ V]
→Blatt, Gewürz.

los - Adj, lo:s [Ap III, Tom IV, Fak, Ga, Glog, StA, Wil V, Bil, Ham, Mai, Schei VI]; los [Ker, Mil, Siw, Tor III, Bog, Ger, GJ, GK, Len, Low, War, Wis V]
V: (von Haustieren:) nicht angebunden, losgerissen ● *De Bauer hat in der Nacht in de Stall misse gehn, wann die Phärd loss ware.* [GJ V] *Geb Owacht, där Hund is los vun seine Kett.* [Glog V] ■ PfWb IV 1026 f.; SüdHWb IV 383; RheinWb V 547-553.

Lose - f, lo:s, -ə [Ap, Stan, Wepr III, Tom IV, Bir, Fak, Ga, Glog, Lieb, StA V]
V: Zuchtsau *Etym.:* Von mhd. *l ôse* 'weibliches Schwein'. (Lexer I 1958) ● *Bei der Sei hot's die Los gewwe un der Ewwer* (↑Eber). *Die Los is na zum Ewwer kumme, un no is sie trechtich ware.* [Ap III] *Die Lose, wu nimmär ausgshittet henn* (↑ausschütten), *die sinn nach Prag in die Salåmifabrik gange.* [Stan III] *Unse Los wor trechtich un hat vorigi Woch ausgschitt.* [Glog V] *De Seihalder un d'Seihaldere* (↑Sauhalterin) *treibn* (↑treiben 2) *d'Ewwer un d'Lose uff die Hutweid.* [StA V] ■ *Lose (1)* PfWb IV 1029: 1.a 'Mutterschwein, Zuchtsau', b. 'weibliches Ferkel', 2. 'schmutzige, schlechte Frau', auch derbes Schimpfwort; SüdHWb IV 387 f.; RheinWb V 556; SchwWb IV 1293 f.; *Los* BWb I 1119; Gehl 1991, 192.

→Schwein.

losgehen - st, intrans., loːskeə, keːt loːs [Ost V]
Allg: sich lösen ● *Es Treppplatz* (↑Tretplatz) *war schun vorhär vorbereit, wumeglich mit geeli* (↑gelb) *Lettärd* (↑Lettenerde), *wu phickt, was net losgeht.* [Ost V]
→picken (1).

losreißen - st, loːsraizə, -krisə [Fak, Gal, Glog, StA, Wil]; loːsraisə, -kəris [Bog, GK, Gott, Hatz, Len, Low, Ost, War, Wis V]
V: (von Haustieren:) sich mit Gewalt von einer Kette, einem Strick lösen ● *Am e Morjet* (Morgen) *bellt de Hund, wie wann er sich vun der Kett losreiße mecht.* [Bog V]

losschneiden - st, lǫːsʃnaidə, -kʃnidə [Stan III, Fak, Ga, Glog, StA, Wil V]
V: ein Teil von einem Ganzen schneidend abtrennen ● *De Kopp henn sie no losgschnidde un no is des Koppflaaisch* (↑Kopffleisch) *gekocht worre im Kessl.* [Stan III]
→abschneiden, schneiden.

Luchs - m, luks, -ə [Sch III, Bog, Len, Low, Ost V]
Fo: hochbeinige Raubkatze mit Ohrpinseln und wertvollem Fell; Lynx lynx ● *Aach hoche Berche* (↑Berg) *hat's Banat, dort get* (wird) *noch Wolf un Lux gejaat* (↑jagen). [Len V] ■ Petri 1971, 110.
→Raubwild.

Luder - n, selten, luːdər, Pl. id. [Bog, Gott, Gra, Low, Ost V]
V: verendetes Tier ● *Der Seppi schreit: "Nit esse, Leit! Es is Luderpaprikasch!" Es war awer net vum e Luder, nor gutes Rindspaprikasch vun 're gschlachte Kuh.* [Bog V] ■ PfWb IV 1046 f.: 3.a 'verendetes Tier'; RheinWb V 576 f.
→Luderpaprikasch, Verrecktes; krepieren.

Luft - f, luft, Sg. tant. [OG, Tschol, StIO I, Surg, Mu II, Ap, Brest, Gak, Sch, Siw III, NP IV, Bak, Bog, Drei, Fak, Franzf, Ga, GJ, GK, Glog, Len, Low, Ost, Sad, StA, Schön, War, Wies, Wil V, OW, Pe VI]
Allg: Luftzug, bewegte Frischluft ● *De ↑Tschardak war von Holz gebaut un mit Latte zugschlage, dass viel die Luft durchgange is.* [Ap III] *Un in dem Magasin* (↑Magazin) *muss Luft sinn, dass die Luft dorichgeht, schunscht* (sonst) *vedärbt* (↑verderben) *de Kukrutz* (↑Kukuruz) *leicht.* [Ost V] *Un do muss e gude Thuwaks-schopp* (↑Tabakschuppen) *sinn, do solle zwaa Tore sinn, dass die Luft dorichgeht.* [Wies V] ◆ Redewendung: De Luft geht (der Wind weht), wobei das m. Genus des Subst. auf mhd. *luft* m. (f) zurückgeht. (Gehl 1991, 57) ■ Gehl 1991 57.
→luftdicht.

luftdicht - Adj, lufttiçt [GK, Gra, Mar, Ost, War, Wil V]
O, W: fest verschlossen, luftundurchlässig ● *Dass is vun owwe nochmol e Gfeß* (↑Gefäß) *drufkumme, dass es luftdicht war. Awwer die Gase henn kenne rauskumme, sunscht wär's verpatscht* (↑verplatzen). [Ost V]
→Luft

Lumbel - f, lumbl, -ə [Fak, Ga, Glog, NA, StA, Wil V]; lumpl, -ə [Ker, Sch, Siw, Werb III, Alex, Bill, Ger, Gra, Len, Lieb, Ost, Wis V]
V: Lunge des Schlachttieres Etym.: Vgl. *Lummel*, obd. 'Lendenstück', aus mhd. *lumb, lumbel(e)*, entlehnt aus gleichbedeutendem lat. *lumbulus*, Dimin. zu *lumbus* 'Lende'. Die Bedeutungsverschiebung zu 'Tierlunge' geschah in Anlehnung an österr. *Lungenbraten*. ([²³]Kluge, 527) ● *Dann hod me noch Lumbl, also die Lung un es Härz rausgenumm.* [Lieb V] *Es Kesslfleisch, die Lumbl un die Läwwe* (↑Leber), *des is gekocht woan.* [NA V] ■ Gehl 1991, 105.
→Vieh, Lunge.

Lunge - f, luŋə, Pl. id. [Fek II]; luŋə, -nə [Ga, StA V]; luŋ, -ə [Gai, Siw III, Be, Tom IV, Alex, Bru, GK, Len, Lieb, Low, Ost, War V]
V: Lunge des Tierkörpers ● *No kommt des Ingewaad* (↑Eingeweide) *raus, des senn die Därem, de Mâge, Lunge.* [Fek II] *Des Fleisch vum Kopp, vun de Lung, vun de Läwwer* (↑Leber), *des is in die Lewwerworscht ginn.* [Ost V] ■ Gehl 1991, 105.
→Lumbel, Rinderlunge, Vieh.

lupfen - schw, lupfə, klupft [Bil, Ham, Pe, Schei, Suk VI]
Allg: etwas anheben, in die Höhe heben ● *Wenn alle Grette* (↑Kratten) *voll ware, do hat ui die andre glupft, un so hat men ufn Buckl gnomme un nauftreit* (↑hinauftragen). [Schei VI] ■ SchwWb IV 1344 f. 1. (mühsam, ein wenig) 'in die Höhe heben'.
→heben.

Luthergasse

Luthergasse - f, lutərʃkas, -ə [Jink, Kä, Sag, Sar, Warsch II, NP IV]
A: Dorfstraße, in der die evangelische Kirche steht ● *Unse Gasse woare die Lutherschgass, die Doppltgass, es Juregässje, e Zwärchgässje un es Bedlmannsgässje.* [Jink II] ■ Petri 1980, 74.
→deutsches Dorf, Gasse.

Luzerne - f, lutsərnə, Sg. tant. [Fak, Glog, Ost V]; lutsęrn [Berg, Gai, Tor, Tscha, Tscher III, Dol, Franzf, Len, Low V]:; lotsęrnkle: [Sack V]
A, V: Futter-, Blauklee; Medicago sativa ● *For Fuder* (↑Futter) *war hauptsechlich Klee, aso Luzerne, mir sagn Klee. Un dann wenicher Rotklee, Mohai un Wicke.* [Ost V] **Anm.**: Die Bezeichnung *Luzerne* statt *Klee* ist verhältnismäßig neu. ■ PfWb IV 1079: *Luzerne* 2; SüdHWb IV 458; RheinWb V 658; Gehl 1991, 86; Petri 1971, 47.
→Klee.

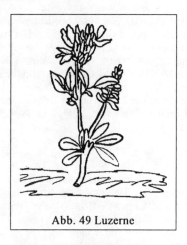

Abb. 49 Luzerne

Mädchentraube - f, meːtçentraube Sg. tant. [Ger, Ost V]; metçəntrauvə [Fak, Glog V]
W: edle, wohlriechende Sorte von Tafeltrauben *Etym.:* Entlehnung aus der Standardsprache.
● *Die Burgunder un die Medchentraube, des war was Nowles. Des war so gude Wein, so mit leichtem Aroma, so Pärfiemgschmack.* [Ost V]

■ Gehl 1991, 241.
→Rebsorte.

Madjarka - f, maʃaːrka, Sg. tant. [Bog, GK, Ost, Trieb, Wer V]; matʃaːrka [Bru, Bak V]; måtʃaːrka [Fak, Glog V]; matʃaːrda [Sad V]
W: ertragreiche Rebsorte *Etym.:* Vgl. *Madjarka* 'ungarische Rebsorte', von ung. *magyar* 'ungarisch' mit ung. Diminutivsuffix *-ka*. ● *Meischt hann se ghat Blooi, Matscharga, Schiller un Zacklweißi, des ware die Sortn.* [Bak V] *Trauwesorte ware: Gutedel, Portugieser, Staanschiller, Madscharka, Mustafer u. a.* [Bru V] *Un Rewesorte ham-mer ghat: Gutedl, die Zacklweißi, die Mascharka, die hann so viel getraa* (↑tragen). [Ost V] *E gute Wein is de Mariafelder Mascharka.* [Trieb V] ■ Gehl 1991, 219.
→Rebsorte, Traubensorte.

Mag - m, maːk, Sg. tant. [Bad, Tew II, Berg, Brest, Hod, Kar, Ker, Kol, Mil, Pal, Stan, Tscher, Wepr III, In, NP IV, Ben, Bir, Fib, Franzf, Ga, Gutt, Hatz, Heu, Hom, Joh, Jos, Kath, KSch, Kub, Laz, Lieb, Mar, Mram, Na, NPeRud, Schön, StA, StGB, Tsch, Tschan, Tsche, Ui, War V]; måːk [Ap III, Fak, Glog V]; moːk [Gai, Kol, Tscher III]; moːgə [At I, Sulk II, Gutt V]; maːks [GJ, NSie, Sad V]; maːgə [Tax I]; maːxə [Sag II, El, Eng, DStP, NA V]; maːxn [Wer V]; måːŋ [Petschw II]; moːgn [At, Ganna, Scham, Wet, Wud, Wudi I, Kud, Tschan V]; ma: [Fu, Kar III, Bak, Ga, GK, Gra, Heu, Ernst, Mori, Nitz, Ost, Schön V]
G: Mohn *Etym.:* Das dt. *Mohn* ist seit dem 9. Jh. belegt als ahd. *māhen*, mhd. *māhen*, daneben mit Ablaut und grammatischem Wechsel ahd. *māgen* aus *magon* (altsächsisch *magosāmo*). Außergermanisch vergleicht sich gr. *mēkōn* und russ. *mák*. Denkbar wäre auch ein Anschluss an indogermanisch *mak* 'Beutel' (s. *Magen*) in Bezug auf die auffälligen Samentaschen des Mohns. ([23]Kluge, 565) - Vgl. dazu rum. *mac*, ung. *mák*, von serbokr., auch bulg. und slowenisch *mak*. (MESz 2, 823) ● *Hat, månichi Plåtz machn sie Struul* (↑Strudel), *guedn Topfnstruul un mit Epfl un Måågn, auch Linzer un Keks.* [Petschw II] *Mag hat mer sich im Hausgarte aagebaut.* [Berg III] *Far die Kuchl* (↑Küche) *is aagebaut warre Griezeich* (↑Grünzeug), *Geelriewe* (↑Gelberübe), *Paredaais, Grieni Bohne, un annres.* [Ap III] *Die Maagskepp ware zammgebunn un hann dorte ghong ufm Bodm* (↑Boden 1). *Maags hann die Großjetscher gsaat.* [GJ V] *Mir henn in Gårte manchsmol Maag åågebaut.* [Glog V] ◆ Der Mohn ist eine der ältesten indoeuropäischen

Kulturpflanzen und stammt aus dem Mittelmeerraum. ■ Gehl 1991, 86.
→Gemüse, Magelsamen, Magkopf, -nudel, -strudel, Mohn.

Magazin - n, magatsi:n, -e [Ap III, Fil, Mil, Tscher]; magətsī:, -nə [Sch, Siw, Stan, Werb III]; magazin, -ə [Ost V]
Allg: Lagerraum für landwirtschaftliche Produkte ● *De Ries is in e großes Magezie 'reikumme, die ↑Riesfrucht hem-mir gsagt.* [Stan III] *Un in dem Magasin muss Luft sinn, dass die Luft dorichgeht, schunscht* (sonst) *vedärbt* (↑verderben) *de Kukrutz leicht.* [Ost V]
→Holzmagazin.

Magd - f, veraltet, ma:t, -ə [Alex, Bog, Ger, GJ, Gra, Len, Low, War, Wis V]
A: Gehilfin der Bäuerin mit geregeltem Arbeitsverhältnis ● *Die annre hann misse for Knecht un Maad gehn, awe de Mensch hat kenne lewe.* [Bog V]
→Bauer, Knecht.

Magdalenatraube - f, magdalenətraup, -traubn [Fil, Kar III, In, Ru IV]; magdaleiəna-traup [KT, Wud, Wudi I,]
W: (wie: Maria-Magdalena-Traube) ● *Meistns woan die Rislinger, dann woan die Slankamener, die Magdalenetraubn, die Schmeckeden* (↑Schmeckige)*.* [Ru IV] ■ Petri 1971, 79.
→Maria-Magdalenatraube, Rebsorte.

Magelsamen - m, mo:gso:mən, Pl. id. [Wer V]; ma:kso:mə [Har III]; mo:gəsa:mə [StI II]; mogəsā:mə [Baw II]; mo:kso:mə [Naane, Sar, Ud II, Mil, Tscher III]; mo:xəso:mə [Sag, Seik II, Low V]; ma:so:mə [AK, Sch, Tor, Werb III]; mo:sn [NB V]
G: Schlafmohn; Papaver somniferum ● *Die Nesstoete* (↑Nusstorte) *wärd mit Ness gebacke un die Mogesaametoete mit Mogesaame.* [Baw II] *Ba uns, do woan nu die grose Hostelle* (↑Hofstelle)*. Un do hot mer misse sei Grumbiën* (↑Grundbirne) *unnoch sei Zwibbl* (↑Zwiebel) *un sei Sach oobaue* (↑anbauen)*, hechstns noch bissje Kukrutz* (↑Kukuruz) *un Mogesame.* [StI II] **Anm.:** Die Variante *ma:ks* in [Sad II] ist eine Verkürzung von Magsamen. ◆ Ausdruck: *wilde Måk* 'Klatschmohn'. [Glog V] ■ PfWb III 1107: 1. 'Schlafmohn', 2. 'Klatschmohn, Papaver rhoeas'.
→Mag, Magelsamentorte, Samen.

Magelsamentorte - f, mogəsā:mətoətə, Pl. id. [Baw, Fek, Nad II]
A, G: Torte mit einer Füllung aus gemahlenen Mohnsamen, Butter, Zucker u.a. Zutaten ● *Die Nesstoete wärd mit Ness* (↑Nuss) *gebacke un die Mogesaametoete mit Mogesaame.* [Baw II]
→Magelsamen, Torte.

Magen - m, ma:gn, me:gn [Petschw II]; ma:gə, me:gə [Ap, Hod, Mil III, Be, Tom IV, Bog, Bru, Ger, GJ, Kath, NA, Ost, War, Zich V]; må:gə, me:gə [Fek II, Fak, Ga, Glog, StA V]; mọ:gə [Baw, StI II]
V: Körperorgan, in dem die Nahrung vorverdaut wird und danach in den Darm übergeht ● *No kommt des Ingewaad raus, des senn die Därem* (↑Darm)*, de Måge, Lunge.* [Fek II] *Die ↑Fettn auslosn* (↑auslassen)*, des sein guedi Grammln fir Grammlpogatschel, de sein gued firn Magn.* [Petschw II] *Zu dem is noch Brotwirschtsach* (↑Bratwurstsache) *neikomme in Moge, no is Pheffer neikomme noch.* [StI II] *Mir henn Schwartemage gmacht. Do wärd Kopffleisch, Schwarte, Speck un aa gstocktes Blut in Mage gfillt.* [Glog V] *↑Tschag is vun de Muttekelbe e Stickl vum Mage.* [NA V] ■ Gehl 1991, 105
→Innereien, Kuh-, Sau-, Schwartenmagen, Vieh.

mager - Adj, ma:gər [Ap, Fil, Ker, Stan, Tor III, Be, Tom IV, Bak, Bru, Fak, Ger, Glog, StA, War, Wis V]; mo:gər [Alt, Fek, Nad, Wak, Wem II]
V: wenig Fett enthaltend ● *Hiënwiëscht* (↑Hirnwurscht) *is soviel, des bessje* (bisschen) *Hiën, wås die Sau hot, un Zwiffl* (↑Zwiebel) *dezue un hald e weng Bråtwiëschtfleisch, so zammgemahle, so moger Fleisch.* [Fek II]
→fett; Magermilch.

Magermilch - f, ma:gərmilç, Sg. tant. [StI II]; ma:gərmiliç [Stan III, Bog, Fak, Ga, GK, Glog, Gra, Low, Ost, War, Wil, Wis V]; må:kərmiliç [Sulk II]
V: entrahmte Milch ● *Net Magermilch, mi hunn e Kandl* (↑Kanne) *voll Molge kricht.* [StI II] *Die Mågermillich hot mer de Saue 'neigläärt* (↑hineinleeren)*.* [Sulk II] *Jetz hem-mer sie abgråhmt, un die Magermillich hem-mer in Sautrank gewwe.* [Stan III] *Die Magermillich is die Schwein verfiedert* (↑verfüttern) *ginn, die Färkle hauptsechlich.* [Ost V] ■ PfWb IV 1114; SüdHWb IV 485; RheinWb V 733.
→Milch; mager.

Magkopf

Magkopf - m, ma:kskhop, -khep [GJ, GK, KJ V]
G: Samenkapsel der Mohnpflanze ● *Die Maagskepp ware zammgebunn un hann dorte ghong ufm Bodm* (↑Boden 1). *Maags hann die Großjetscher gsaat.* [GJ V] ◆ Der Volksmedizin ist bekannt; "Daß man von einigen getrockneten Mohnköpfen - Mageleköpfen - einen Thee bereitet" (gegen Durchfall bei Kindern). (PfWb IV 1107) ■ PfWb IV 1107.
→Kopf (1b), Mag.

Magnudel - f, mågnudl, Pl. tant. [AK, Ap, Fil, Ker, Sch, Wepr III, Tom IV, Fak, Ga, Glog, Wil V]
A, G: mit gemahlenem und gezuckertem Mohn überstreutes Nudelgericht ● *No hot's Grumbierenudl* (↑Grundbirnennudel) *gewwe un Bohnenudl, un no Nussenudl, Mågnudl.* [Ap III]
→Mag, Nudel.

Magstrudel - m, ma:kʃtru:dl, Pl. id. [AK, Ker, Mil, Tscher III]; må:kʃtru:dl [Ap, III, Tom IV, Fak, Ga, Glog, Wil V]
A, G: mit gemahlenem Mohn gefüllter Hefestrudel ● *Und die zogene Strudl* (↑gezogener Strudel) *hat mer veschiedene Strudl gmacht, do hot me Måg 'nei, die Måågstrudl, oder Nusse 'nei, die Nussestrudl, oder mit Kärbse* (↑Kürbis), *die Kärbsestrudl.* [Ap III]
→Mag, Strudel.

Mähbinder - m, me:pindər, Pl. id. [Ker, Mil, Stan, Waldn III, Put, Tom IV, Fak, Ga, Glog, StA, Wil V]; me:pinər [Bog, Ger, GJ, Nitz, Ost, War, Wis V]
A: Landmaschine, die das Getreide mäht, zu Garben bindet und abwirft ● *Mein Vater, dä hot schon voom Ärschte Weltkriech e Mehbinder ghat. Des war e amärikanische Binder.* [Waldn III] *Der Mehbinner hat abgmach* (↑abmachen), *hat die Garwe gemeht un zugleich gebunn.* [Ost V]
→amerikanischer Binder, Binder (1), Cormick, Mähmaschine; binden.

Mahd - f, ma:t, Sg. tant. [Fak, Ga, GK, Glog, StA, Wil V]
A: die abgemähten Halme von Getreide und Gras, bzw. die Futterpflanzen ● *Ufm Sensegriff is noch e Senseboge, där hat e Stecke un e Schnur, dass sich die Mahd schee umlegt.* [Fak V] ■ Gehl 1991, 144
→mähen.

mähen - schw, me:n, geme:t [OW VI]; me:ə, kəme:t [Fek, Jood II, Brest III, Waldn III, Tom IV, Alex, Bog, Bru, Ga, KSch, Ost, StA, Wil V]; me:ə, kme:t [Ap, Stan III, NA V, Bil, Ham, Mai, Pe, Schei, Suk VI]; mę:ə, kmę:t [Fak, Glog, Sack V]
A, Fo: mit Sichel, Sense oder Maschine Gras, Getreide oder Klee abschneiden ● *Hat mit de Sens hot de Mann gemeht en die Frau hot hengenoch (danach) Geleger* (↑Glecke) *gemacht.* [Fek II] *No is me gange ums Drittl Wiese mehe, dass me Haai hat for die Kihe.* [Jood II] *Die Wiese hot me zwaamol mehe kenne, so um Pheter-un-Phaul un so uff Stefani (20. August), es Grommot* (↑Grummet). [Kock II] *Noch woar schun der Hower* (↑Hafer) *zeidich* (↑zeitig), *där is noch aa gemeht woan.* [StI II] *Die Schnitter henn jo ales mit der Hand gmeht.* [Ap III] *Mit der Sens henn sie gmeht un die Weiwer henn Glecke gmacht.* [Stan III] *Die Frucht is gemeht worre mit de Gäil* (↑Gaul), *so dass mer, in acht Tage war die Frucht abgemeht.* [Waldn III] *Der Vattr hot gmeht, die Mottr hot Glecke gmacht un die Kinder henn Bender* (↑Band) *lege[n] messe.* [Tom IV] *Die Wiese for Haai mähe, ware immer an tiefere Stelle, die was for Ackerfeld zu nass ware.* [Bru V] *Un dånn is die Hååiänte kumm, hot mer Hååi* (↑Heu) *gemeht un eigfehrt* (↑einführen), *net.* [KSch V] *Klee un die Wicke sein frihe mit de Sense gmeht woan.* [NA V] *No hat mer gmäht bis Mittach. No hat mer gess un weider.* [Sack V] *Also in Sommer wird das Gras schen gemeht un getrocknet un weggelegt.* [OW VI] *D'Menner hann es Haai gmeht, un de ham-mer's mise verschittle* (↑verschütteln). [Schei VI] ◆ Das manuelle Mähen des Getreide war eine äußerst zeitaufwendige, kräftezehrende Arbeit. ■ Gehl 1991, 134.
→abmachen (2), ab-, herab-, niedermähen; Handmähen, Mähbinder, Mahd, Mäher.

Mäher - m, me:ər, Pl. id. [StI II, Mil, Stan, Werb III, Bog, Low, War]; me:dər, Pl. id. [Sad V]
A: Landarbeiter, der Getreide, Gras usw. schneidet *Etym.:* Die Variante *Mehder* in [Sad V] geht auf auf mhd. mâdaere zurück. ● *Do hod e jetzt misse sei Frucht mit der Sens robmehe. Noch woar der Meher, noch woar die Frau, die hod die Goarwe* (↑Garbe) *gelese* (↑lesen). [StI II] *De Mehder un de Morgestärn stehn zittlich (zeitig) uff un arbeitet gärn.* [Sad V] ■ PfWb IV 1119; SüdHWb IV 487; RheinWb V 738; Gehl 1991, 134; *Mäder* PfWb IV 117 f.: 1. 'Mäher', 2.'zunftmäßig organisierte Mäderinnung'; SüdHWb IV

486; RheinWb V 738.
→mähen.

mahlen - st, ma:ln, kma:ln [OW VI]; må:ln, kmå:ln [Petschw II]; ma:lə, kma:lə [Tax I, Fek, Sulk II, Ap, Fil, Hod, Pal, Sch, Stan, Tscher III, Bak, Ben, Fak, Ga, GJ, Glog, Len, Low, Nitz, StA, Wil V, NP, Pe, Suk VI]; mo:lə, kəmo:lə [StI II] A, V, W: ein landwirtschaftliches Produkt mit einer Vorrichtung zerkleinern ● *Do woan die Schwoate, die sinn zammgschnied woan odder gmahle woan, un die sein in Schwoategender* (↑Schwartengender) *komm.* [Fek II] *Die Menne* (Männer) *tan Fleisch måhln un Bradwirscht* (↑Bratwurst) *måchn.* [Petschw II] *Noch is des Kretzlfleisch* (↑Gekrösefleisch) *gemohle woen.* [StI II] *Un no hod me de Waaz* (↑Weizen) *in de Mihl gfihrt, zu mahle.* [Sulk II] *Beim Schroter sinn die Kukrutzkärne* (↑Kukuruzkern), *zu Schrot gmahle warre.* [Ap III] *Do is mer in die Mihl gfahre, do is gmahle ware.* [Stan III] *Die Baure hann sechs Kilo Frucht vum Metter* (↑Meter 3) *for mahle* ↑*Maut* (2) *zahle misse.* [Alex V] *Un dehoom* (daheim) *sein die Trauwe in de Trauwemill* (↑Traubenmühle) *gmahle worre* [Ben V] ■ Gehl 1991, 243.
→durch-, herab-, hinein-, zusammenmahlen, durchdrehen; gemahlener Paprika, Gemahlenes, Mühle.

Mähmaschine - f, me:maʃin, -ə [Bill, Bog, GJ, Ost, War, Zich V]
A: Landmaschine zum Mähen von Getreide und Gras ● *Aso greßeri Bauerwärtschafte* (↑Bauernwirtschaft) *hann not schun die Mehmaschine ghat.* [Bill V] *Die Mehmaschine sinn um tausntneinhunnert rum ufkumm* (aufgekommen) *in Oschtre* (ON). *No hann sich manchi Leit zammgstellt for e Mehmaschin kaafe* (↑kaufen). [Ost V] ◆ Bevor Traktoren als Zugmaschinen aufkamen, mussten Mäh- und Dreschmaschinen von zwei bis drei Paar Pferden gezogen werden.
→Abmachmaschine, Mähbinder, Maschine (1).

Maibaum - m, maipaum, -paimə [Ora, Resch, Stei V]; ma:jəpã:m, -pẽ:m [Fak, Ga, Glog, Gott, Len, Mar, Wis V]
1. Fo: zum 1. Mai bzw. zum Kirchweihfest aufgestellter (geschmückter) junger Baum *Etym.*: (2) Es erfolgte Bedeutungsübertragung vom Maibaum, der in der Dorfmitte oder vor bestimmten Häusern aufgestellt wird, zu 'geschmückter Strauch beim Richtfest'. ● *Mei großi Schwester war schun achtzehn un is schun um de Maiebaam, uff die Kerweih gang.* [Gott V] 2. Fo: zum Richtfest auf dem Dachstuhl befestigter Zweig oder Busch ● *Dann is am Eck am Dachstuhl e Maibaum aufgstellt woan, e große Birkstrauch* (↑Birkenstrauch), *mit Mascheln* (Schleifen) *drauf.* [Stei V] ■ PfWb IV 1127: 1. 'Baum, der zum 1. Mai in der Dorfmitte aufgestellt wird', 2. 'junger Baum (meist Birke), den der Bursche in der Nacht zum 1. Mai am Hause seiner Liebsten aufstellt', 3. meist Pl. 'Bäume, die aus festlichem Anlass aufgestellt werden', vgl. *Kirbebaum*.
→Baum.

Maiglöckchen - n, ma:iklekchən [NB V]; ma:iklekxər [AK, Tor, Tscher III, Bill, Bir, Char, DStP, Ger, GJ, GStP, Hei, Joh, KJ, Ksch, Len, Sack V]; maiklekl, -ə [Ap, Brest, Fu, Fil, Hod, Mil, Stan III, Franzf, Tom IV, Bak, Bog, Eng, GK, Gott, Hatz, Kath, Kud, Low, Mori, Orz, Ost, Rud, Sad, Schön, SM, StA, Star, Stei, Tsch, Tschak, Ui, War V]; ma:iglekal [StI II, Tscha III]; ma:iklok [Gara III]; ma:iglokl [De V]; ma:iklekla [Tschat, Wasch III]; ma:iklekli [Hod III, SM V]; ma:iklekla [Fil III]
G: Pflanze mit weißen, wohlriechenden und überhängenden Blüten; Convallaria majalis *Etym.*: Benennungsmotiv ist die Glöckchenform der Blüten. ● *Die Maigleckle schmecke stark gut.* [Mil III] *Des sinn so Fruhjohrsblumme* (↑Frühjahrsblume), *Oschterblumme, Tulipane* (↑Tulipan), *Maigleckle, Vergissmeinnicht.* [Ost V] ■ Gehl 1991, 95; Petri 1971, 27.
→Blume.

Maigrundbirne - f, maikrumpər, Pl. id. [GK, Ost V]; maikrumbi:r, -ə [Fak, Glog V]
G: bereits früh, Ende Mai reifende Kartoffel ● *Aso dann ware die Roti Grumber un die Weiße Grumber, die Maigrumber, aso die Fruhgrumber un die Speti Grumber.* [Ost V] ■ Gehl 1991, 226.
→Frühgrundbirne, Grundbirne.

Maikäfer - m, ma:ikhe:fər, Pl. id. [OW VI]; ma:ikhe:fər, -khe:frə [Fek II, Hod, Ker, Pal, Stan, Star, Tscher, Wasch III; Bill, Bog, Ger, Gott, Gra, GStP, Kud, Len, Low, NB, Ost, War V]; måikhe:fər, Pl. id. [Fak, Glog, Jahr, StA, Wil V]
Fo, V: zu den Blatthornkäfern gehörender Schädling, dessen Larven sich im Boden entwickeln; Melolontha vulgaris ● *Die Kinner fangen alss Härrgottsveelcher* (↑Herrgottsvogel), *Blindermeisje* (↑Blindermaus) *un im Fruhjohr die Mååi-*

kefer. [Jahr V] *De Maaikefre sim-mer als Kinner nohgloff uff der Hutwad* (↑Hutweide). [Ost V] *De Maikäfer is nur schlecht fir die Obstbeime, er hat nichts mit dem Wald.* [OW VI] ■ Gehl 1991, 116.
→Käfer, Ungeziefer.

Abb. 50 Maikäfer

Mairöschenbaum - m, maire:slpa:m -pẹ:m [Bog, GK V]; maire:slə [Alex V]; ma:ire:sli [SM V]; maiʃtraus, -ʃtrais [Tew II, Gai III, In IV]; ma:iplum, -plu:mə [Ap, Fil, Hod, Ker, Mil, Pal III, GStP, Gutt, Hatz, Heu, Joh, Len, NB, Pau, Tsche, Tsch, Ui V]; mẹipuʃn [Kir V]
Fo: Flieder; Syringa vulgaris *Etym.*: Der Fliederstrauch wird als Baum bezeichnet. Das Bestimmungswort *Mairesl* bezieht sich auf die Blütezeit im Mai, wobei *Röschen* für 'Blüte' steht. Vgl. ähnliche Bildungen in den Varianten *Maiblume, Maibusche, Maistrauß*, die vom dichtstehenden Blütenstand des Strauches ausgehen. ● *Newer em Schwenglbrunne ware zwaa Maireslbeem, eene weiße, doppelte* (↑doppelt) *un de anre mit lila Blume.* [Bog V] ♦ Gewöhnlich hat der einfache Flieder violette und der veredelte große, weiße Blüten. Der Duft beider Arten ist ähnlich. ■ Petri 1971, 71.
→Baum, Rose.

Maische - f, ma:ʃ, Sg. tant. [Aug, Ed, GT, KT, Scham, Schor, StlO, Wein, Wud I]
W: zum Schnapsbrennen verwendete Pressrückstände von Weinbeeren ● *Die Maasch is in de Maaschlad gwejest* (gewesen), *dej hot ke Pippm* (↑Pipe) *ghot, dej hot me miëssn iweweafe* (↑überwerfen). [Wud I] ■ PfWb IV 1137: 1. 'zum Keltern zerkleinertes Traubengut, 2.a 'Rückstand beim Keltern' 2.a 'Rückstand beim Schnapsbrennen', als Viehfutter verwendet; SüdHWb IV 502; RheinWb V 775; BayWb 1/2, 1680 *der Maisch*.
→Maischebaum-, lade, Treber.

Maischebaum - m, selten, ma:ʃpã:m, -pẽ:m [GT, OG, Pußt, Wein I]
W: Stange zum Befestigen des Maischebottichs auf dem Transportwagen ● *Auf dem Wogn is e Maaschbaam gwest, un doet is die Boding* (↑Bottich) *aufgstellt gwest. Un mit Kettn is de zammghengt gwest, iwwen Wogn, wal sonst wää's jo vone owigrollt* (↑hinabrollen). [Pußt I]
→Baum (2), Maische.

Maischlade - f, veraltet, ma:ʃla:t, -la:dn [Aug, Ed, KT, Wein, Wud I]
W: fassähnliches Holzgefäß mit einer viereckigen Öffnung am oberen Deckel, zur Aufbewahrung der Maische für das Schnapsbrennen ● *Die Maasch is in de Maaschlad gwejest* (gewesen), *dej hot ke Pippm* (↑Pipe) *ghot, dej hot me miëssn iweweafe* (↑überwerfen). [Wud I]
→Maische, Spritz-, Wasserlade.

Majalus - m, maja:lus [Berg, Ker, Stan, Werb III, Bru, Fak, Ga, Glog, StA, Wil, Wies V]; maja:liʃ, Sg. tant. [Jood II]
A: Maifest, hier auch Erntefest *Etym.*: Von ung. *majális* 'Maifest, Maifeier', dieses von lat. *majalis mēnsis* 'Maimonat'. (MESz 2, 818) Das Erntefest wird wegen der Ähnlichkeit beider Wortbedeutungen metaph. *Majalus* genannt. ● *Un wann de Schnitt färtich war, noch war Majalisch, wie me sagt.* [Jood II] ♦ Am ersten Mai war arbeitsfrei. Dieser Feiertag wurde häufig mit Tanz und Ausflug ins Freie gefeiert. Später wurde auch der Ausflug der Schüler ins Grüne vor dem Jahresschluss als *Majalus* bezeichnet.
→Erntefest.

Majoran - m, majora:n, Sg. tant. [Bog, Fak, Ga, Glog, Kath, Len, Lieb, Sad, Wil V]; majəru:n [Bi, Knees V]; maigro:n [Wud, Wudi I]
V: Gewürzpflanze aus der Familie der Lippenblütler; Mojorana hortensis ● *Als Gwärz hot mer Majoran genumm un Bohnekraut.* [Lieb V] ■ Gehl 1991, 227; Petri 1971, 51.
→Gewürz.

Malai - m, selten, malai, Sg. tant. [Bog, Len, Low, Ost V]
1. A. Speise aus Maismehl a. A: Maiskuchen, Fladen aus Maismehl *Etym.*: Entlehnung aus rum. *mălai* 'Mais, Maismehl, Maiskuchen'. ● *Em Summer duft's noh frischm Hei* (↑Heu), *noh Mamaliga un Malai.* [Len V] b. A.: Maisbrei ● *Und in diesn Kessl machn sie den Malai mit Speck, mit Kese, saure Milich und mit Fleisch.* [OW VI] ♦ Maiskuchen wurde, unter rumänischem Einfluss, vor allem im Banat nach dem

Zweiten Weltkrieg, statt des fehlenden Weizenbrotes, als Nahrungsmittel verwendet. Das trifft für die Banater Ebene, doch noch mehr für die 1000 m hoch gelegenen Siedlungen im Banater Bergland, zu.
→Kukuruz; (1.b) Mamaliga.

Mamaliga - f, selten, mamaliga, Sg. tant. [Bog, Len, Low, Ost V]
A: Maisbrei, Polenta *Etym.*: Aus rum. *mămăligă* 'Maisbrei'. ● *Em Summer duft's noh frischm Hei* (↑Heu), *noh Mamaliga un Malai*. [Len V] ◆ Der Maisbrei wurde nach rum. Vorbild in die donauschwäb. Küche übernommen und wird gerne zu Krautwickeln, zu Paprikasch, aber auch als selbstständige Speise, mit Käse oder Milch, verzehrt.
→Kukuruz, Malai (1.b).

Mandel - n, mandl, -ə [Bil, Mai, Pe, Schei, Suk VI]; mandl, Pl. id. [Ru IV]; mä:ndl, Pl. id. [KT, Wein, Wud, Wudi I]
A: Haufen aufgeschichteter Getreidegarben *Etym.*: Mandel f. (m., n.), 'Menge von 15 oder 16 Stück', war ursprünglich auf Garben bezogen. Das Subst. steht zu mittelniederländisch *mandele* 'Garbenstand von 15 oder 16 Garben', auch mittellat. (13. Jh.) *mandala* f. 'Bundel, Garbe', wohl im Sinne von 'Handvoll', zu lat. *manus* 'Hand'. Die weitere Herkunft ist unklar, vielleicht zu einem keltischen Wort für 'Garbe'. ([23]Kluge, 537; Wahrig 2351) ● *Die Goabn sann off Maandl aufgesetzt woan. In e Maandl woan dreizehn Goabn un in de Mitt drauf woar de Reide* (↑Reiter 2), *sell woa en grose gweist*. [Wud I] *De Risar* (↑Riesar) *hat zehn Prozent* [des Ertrags] *kriet, e jedes zehnti Mandl war in Risar seins*. [Ru IV] *Wem-mer send färtich gsei, un de ham-mer Mandle gmacht, so schää achtgah Garbe, so wie Kreiz*. [Schei VI] ◆ *Mandel*, wie in westeuropäischen deutschen Sprachgebieten, hieß der Garbenstand nur im Ofner und im Banater Ofner Bergland, sonst nur in wenigen Banater und Sathmarer Ortschaften, wo die Garben wegen der kühleren, feuchteren Witterung tatsächlich zu Mandeln aufgestellt werden mussten. Der Name *Mandel* galt auch als Zählmaß, das sich auf die Garbenzahl im Haufen bezieht: Eine kleine Mandel hieß ein Stand von 15, eine große Mandel ein Stand von 16 aufgestellten Garben. (Vgl. Gehl / Purdela Sitaru 1994, 43 f.)
→Haufen (1a), Kreuz (1a).

Mangalitza - n, mãngolitsa, Pl. id. [Wud I, StI II, Gai, Sch, Siw, Stan, Tscher III, Ru IV, Ger, Hom, NB, Orz, Wer V]; mangolitsə [GK, Ost V]; mangəlitsə [Fil, Stan III, Fak, Ga, Glog, StA, Zich V]; mãngəlitså [Sulk II]; mangulitsa [Tschan V]; mangulits [Wil V] mongolitsa [Tom IV]; mankolitsɐ [Stan III]
V: widerstandsfähiges Fettschwein mit krausen Borsten und kurzem Rüssel *Etym.*: Mangalitza, Mangolitza, Mangelitza ist in den donauschwäb. Dialekten als 'Fettschwein mit krausen Borsten und kurzem Rüssel' bekannt. Das Wort scheint aus ung. *mangalica* entlehnt zu sein, das auch rum. *mangăliță* ergab. Tatsächlich ist die ung. Wortform *mangalica* 'Fettschwein' schon 1791 bezeugt, wobei -*ica* ein Diminutivsuffix zu anderen Formen wie *mangali*, *mongulic* usw. darstellt, die auch die Bedeutungsübertragungen 'gemästeter Ochse, Spenferkel' aufweisen können. Die ung. Wortforschung verweist auf serbokr. Etymologie unter Wortformen wie *mangúlac*, *mangùlica* und auf die Herkunft des rum. Wortes aus ung. *mangalica* (MESz II 837), während die serbokr. Forschung die Wortformen *mangúlac* mit den Diminutivformen auf -*ica* und -*če*: *mangùlica* bzw. *mangulče* als eigene erkennt und ung. *mangalica* davon ableitet. (Skok 2, 369; vgl. auch Gehl/Purdela Sitaru 1994, 194) Ein weiterer Zusammenhang mit serbokr. *mangala* 'Kohlenpfanne', dieses aus türk. *mangal* 1. '(Holzkohlen-)Becken' (Steuerwald 1988, 758), unter Anlehnung an das Braten von Spanferkeln, Mastschweinen und -ochsen über (Holzkohlen)Feuern, kann nur vermutet werden. ● *Ärscht woarn die Mangolitza. Es woan die runde, mit so gekringelte Hoar hatte se*. [StI II] *Die Mangelitzå såin Fettschweine, die humm so großi Borschte*. [Sulk II] *Was fir Rass warn des? Mangolitza sinn net so schwär worre*. [Stan III] *Mir hamm die Sremer Schwein* (aus Syrmien) *ghat, die Mangolitza. Die hamm Kugrutzschrot* (↑Kukuruzschrot) *krigt, dann sann sie fetter woan*. [Ru IV] *Unser Mongolitza, die sinn frei iwer der ganzi Winder drauß off em Mischthaufe rumgloffe, un wenn so kalt war, sinn sie in Misch 'nei*. [Tom IV] *Die Mangolitze, die sinn noch uff die Schweinshalt gang*. [Ost V] ◆ Die Herkunft des Mangalitza-Schweins ist nicht geklärt, doch wird eine Domestikation und Auslese des Wildschweins, vor allem der Art Sus-mediteraneus, angenommen. Die Ähnlichkeit der Färbung und Zeichnung frisch geborener Mangalitza-Ferkel mit Frischlingen der Wildschweine ist ein Atavismus, der auf

Mangalitzaschwein

die verwandtschaftliche Nähe beider Formen verweist. Während der Römerherrschaft erfolgte eine Kreuzung von primitiven europäischen und asiatischen Schweinen. Während bei den heutigen mediteranen Rassen die asiatische Form vorherrscht, waren die einheimischen Formen vom Balkan das Mangalitza-Ausgangsmaterial. Man weiß, dass es Kreuzungen ohne methodische Auslese gegeben hat, so z. B. wurde das kroatische Sumadinka-Schwein mit dem lokalen Balkanschwein und das Schwein aus dem jugoslawischen Siska mit Formen aus Syrmien gekreuzt. Die erste methodische Zuchtanwendung wurde vom österr. Erzherzog Josef (1833) neben Chişineu-Criş (Rumänien) mit Schweinen von Topcider (Serbien) vorgenommen. Das Populationsgebiet der Mangalitza-Schweine lag in Ungarn, Kroatien, Jugoslawien und Rumänien (vor allem Banat und Siebenbürgen). Im Jahre 1939 gehörten 35% (1,1 Millionen) der Schweine Rumäniens dieser Rasse an. Der *Salam de Sibiu* bzw. 'Wintersalami', wie man ihn in den 1940er Jahren kannte, wurde aus Mangalitza-Fleisch hergestellt. Im Jahre 2000 betrugen die Mangalitza-Schweine nur mehr 2% der in Rumänien gehaltenen Schweine. - Folgende Formen (nach ihrem Aussehen) der Mangalitza-Rasse waren Ende des 19. und im 20. Jh. bei den donauschwäb. Bauern beliebt: 1. Das blonde Schwein, eigentlich der Prototyp der gesamten Rasse. Es hat einen kurzen Körper, der in der Endmast der Form eines Fasses ähnelt; der Rücken ist leicht konvex, ca. 1 m lang. Die lange, zylindrische Schnauze - ein Merkmal primitiver bzw. älterer Rassen - ermöglicht den Tieren, nach Regenwürmern und Pflanzenwurzeln zu wühlen. Kennzeichnend sind die langen, weiß-gelben Haare (6-11 cm), gemischt mit Flaum (0,5 cm), der die Tiere gegen Kälte, Wind und Stechmücken schützt. Ferkel und Sauen sind für Futter und Stallungen nicht anspruchsvoll. Bei Weidegang benötigen die Mangalitza-Schweine nur einmal pro Tag eiweißreiches Kraftfutter wie Mais und Gerste. Das viele Fett schützt vor Kälte, deshalb ist ganzjähriger Aufenthalt im Freien möglich. Bei überzogener Langzeitmast steigt das Körpergewicht bis zu 300 kg, davon der Fettanteil auf 75-80%. 2. Das rote Mangalitza-Schwein, in der Gegend von Großwardein/Oradea und Salonta, entstand durch Kreuzung der blonden mit der schwarzen Rasse. Die Produktionseigenschaften und Körpermerkmale (bis auf die Haarfarbe) ähneln jenen der blonden Form. 3. In Siebenbürgen verbreitete sich das *Baßner Schwein*, das 1872 in Baßen / Bazna, Kreis Mediasch/Mediaş durch die Kreuzung von Mangalitza-Sauen mit einem englischen Berk-Eber entstand. Bis etwa 1920 entwickelte diese Rasse zwei Formen: Die erste war mehr rustikal und stärker behaart, während idie zweite, nach wiederholter Einkreuzungen mit Berk-Ebern, frühreifer und weniger behaart waren. Die Schlachtausbeute liegt bei 80%, davon 61% Fleisch und 39% Fett. (Mayer 2001, 9-11) ■ Gehl 1991, 193; Petri 1971, 121.
→Fett-, Mangalitzaschwein, Schwein.

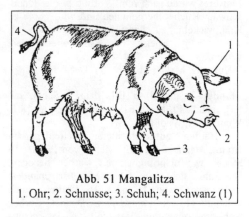

Abb. 51 Mangalitza
1. Ohr; 2. Schnusse; 3. Schuh; 4. Schwanz (1)

Mangalitzaschwein - n, mangolitsəʃvain, Pl. id. [Bog, GK, Gra, Low, Ost, Wis V]
V: Fettschwein der Mangalitza-Rasse ● *Die Mangolitzeschwein, die sinn noch uff die ↑Halt, uff die Schweinshalt gang.* [Ost V]
→Mangalitza, Schwein.

Manila - n, manila, Sg. tant. [Ost V]
A: (verkürzt für:) Manilafaser *Etym.*: Die Bezeichnung kommt vom Manila, dem Hauptausfuhrhafen der Philippinen, über den die Bastfaser der *Musa textilis*, einer Faserbanane, auch nach Europa geliefert wurde. Die Faser wird zu Bindfäden, Schiffstauen usw. verarbeitet. (Wahrig 2534) ● *Un dann die Garwe (↑Garbe), die sinn bei de Mehmaschin (↑Mähmaschine) mit Manilla gebunn.* [Ost V]
→Seil.

mannshoch - Adj, mansho:x [Gai, Sch, Siw III, ND, NP IV, Bak, Bog, Ga, GK, Glog, Len, Low, Ost, StA, War, Wil, Wis V, NP, Pe VI]
Allg: von der Größe eines Mannes ● *Weinsfärber (↑Weinfärwer) is a Planz (↑Pflanze), die wackst gut mannshoch und hat schwarzi Bärle (↑Beere),*

Marder

fast lila, also violett. [Ost V]
→fingerdick, hoch.

Marder - m, moadə, Pl. id. [ASad, Lind, Wei, Wolf V]; må:rdər, Pl. id. [OW VI]
Fo: Raubtier mit langestrecktem Körper, kurzen Beinen und dichtem, feinem Fell; Mustela martes ● *Dem Kaiser seins sann d'Fuchsn* (↑Fuchs), *d'Wölf, Moade und Fischotters gwest.* [Wolf V] *So gibt's noch Wildkatze un Mårder und Fuchs, abe wenig sind.* [OW VI] ■ PfWb IV 1177: 1.a 'das Raubtier Mustela martes', b. 'Kater', Komp. *Katzenmarder*, 2. übertragen, a. persönlich 'Dieb', auch Spottname für einen Marderfänger in Mutterstadt (*Märdel*), b. sachlich 'spärliche, verkümmerte Weinbeere'; SüdHWb IV 536; RheinWb V 854 f.
→Edelmarder, Marderfell, Raubwild.

Marderfell - n, selten, moadəfel, Pl. id. [ASad, Lind, Resch, Wei, Wolf V]
Fo: Balg des Marders *Etym.:* Entlehnung aus der Standardsprache. ● *Iwan (über den) Winta, kann i mi erinnern, hot er 30 Edelmoade gfangt.; a Moadefell hot sovöl kost wej a Köuh* (↑Kuh). [Wolf V] ■ PfWb IV 1178 f.; SüdHWb IV 536.
→Marder.

Margerite - f, margareta, Pl. id. [Bog, Fak, Ga, GK, Glog, Low, Ost, Pan, StA, Wil V]; margatertə [Low V]; margaretxər [Fak, Glog V]

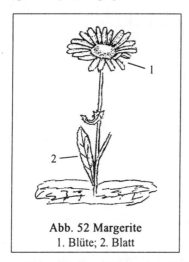

Abb. 52 Margerite
1. Blüte; 2. Blatt

G: Weiße Margerite; Chrysanthemum leucanthemum ● *An Phingschte hann die Gichterrose, Federrescher* (↑Federröschen), *Margarete, die Nelke un Rose angfang ufzubliehe.* [Bog V] *Do warn die Krisantien,* (↑Chrysantheme), *Margareta, Lilier, die weißi, die Schwärtlilier* (↑Schwertlilie) *un viel andre Blumme.* [Ost V] ■ Gehl 1991, 95; Petri 1971, 25.
→Blume.

Mariä Heimsuchung - f, maria haimsu:xuŋ [Fa, Ga, Glog, StA V]
A, G: landwirtschaftlicher Lostag (2. Juli), an dem bei guter Witterung die Getreideernte beginnen konnte ● *D'Ärnt* (↑Ernte) *soll zu Peter-un-Paul oder zu Maria Heimsuchung aafange, dånn schmeißt die Mutter Gottes die Sichl ins Kårn* (↑Korn) *un die Frucht is reif.* [StA V] ■ Gehl 1991, 133.
→Peter-und-Paul (1).

Maria-Magdalenatraube - f, maria-makdale:natraup, -trauvə [Bog, GK V]
W: edle Sorte von Tafeltrauben *Etym.:* Das Benennungsmotiv geht vom Termin der Reife dieser Traubensorte aus. Der Stichtag Maria Magdalena ist der 22. Juli. ● *Do ware Trauwe aller Arte, angfang mit Maria-Magdalenatrauwe, Szegeder, Gutedl, Geißetuttle* (↑Geißtuttel), *Schmeckichi* (↑Schmeckige), *Ochseauge.* [Bog V] ■ Petri 1971, 79.
→Magdalenatraube, Rebsorte.

Mariaauge - f, selten, mariɐaugə [NA V]
G: Zwergwinde; Convolvulus tricolor ● *Bei uns woan im Wiäzbischl* (↑Würzbüschel) *auch Gspitztewegrich* (↑Spitzwegerich), *Bohnekraut, Pockelschnuddl* (↑Bockerlschnudel), *Mariaauge und Herrgottsfinger.* [NA V]
→Blume.

Mariaherz - n, marjəhertsl, -ə [Mil III]; fraunhęrts [ASad, Lind, Low, Wei, Wolf V]; mutrhęrts [Ernst V]; hęrtsje:zuplum [Fil III]; menərhęrts [AK, KK III]; tre:nəhęrtsl [Fil III]; hęrtsplum, -ə [Sch, Siw III]
G: Tränendes Herz; Dicentra spectabilis *Etym.:* Benennungsmotiv der Blume sind die herabhängenden, herz-, bzw. tränenförmigen Blüten, die in Anlehnung an religiöse Motive zu metaph. Bezeichnungen führen wie: "Maria-, Frauen-, Mutterherz", dsgl. *Herzjesu-, Männerblume, Tränenherz, Herzblume* u. a. ● *Jetz kumme die Marjehärzle un viel Tulpone* (↑Tulipan), *un hintenoh die Kaisrkrone.* [Mil III] ■ Petri 1971, 33.
→Blume.

Marille - f, mary:n, Pl. id. [Ed, KT, Scham, Wud, Wudi I]; marilə, Pl. id. [Ham, Schei VI]
O: Aprikose ● *Ja, so runde, un denn seäle, Marille, henn die eine gseit.* [Schei VI] ■ SchwWb IV 1476: 'Aprikose', veraltet.
→Aprikose, Obst.

Marischka - f, selten, mårifka, Pl. id. [Ed, KT, Wein, Wud I]
O: spätreifender, edler Pfirsich mit rötlicher Schale *Etym.:* Die Bezeichnung der Pfirsichsorte kommt vom ung. Eigennamen *Mariska*, Koseform von *Marika* 'Maria'. Vermutlich ist das Benennungsmotiv die Reifezeit der Frucht um Mariä Himmelfahrt, den 15. August, bzw. Mariä Geburt, den 8. September. ● *Noh sann die Mårischka kumma, dej sann aa rouet* (↑rot) *gwejest.* [Wud I]
→Pfirsichsorte.

Mark - n, mo̱ɐrk [Baw, Seik, StI, Wem II]; mariks [Fak, Ga, Glog, StA, Wil V]
1. A, G, V: weiches Gewebe a. V: in Tierknochen ● *De Markknoche is zu Soppe* (↑Suppe). *Mië honn des Moark ufs Brot gschmiët unnoch Salz un Paprika drauf.* [Baw II] b. A, Fo, W: im Innern pflanzlicher Triebe, Stängelmark ● *Es Mariks is in de Rewe, un aa in de Hollerstecke* (↑Holderstecken), *un in Sunneblummestengl.* [Glog V] **Anm.:** Die Variante *Mariks* weist den Sprossvokal *-i-* auf. ■ PfWb IV 1185 f.: 1.a 'weiches Gewebe in den Knochen bei Mensch und Tier'; b. 'weiches Gewebe im Innern pflanzlicher Triebe (Rebholz, Holunder)'; SüdHWb IV 541 f.; RheinWb V 874 f.; Gehl 1991, 78: 'Stängelmark'.
→(1) Markknochen.

markieren - schw, marki:rə, marki:rt [Bog, Fak, Ga, GK, Glog, Len, Low, StA, Wies, Wis V]
Allg: mit einem Zeichen versehen, kennzeichnen ● *Dann is feine* (↑fein 2) *Grund drufkumme* (↑daraufkommen), *dann sinn Straafe gezoo ginn, is markiert ginn.* [Ost V] ◆ *Die Reihen im Beet, in denen der Samen ausgestreut wird, müssen durch Streifen in der Erde gekennzeichnet werden.*
→Streifen.

Markknochen - m, marknoxə, Pl. id. [Baw, Bold, Fed, Seik, StI, Wem II]; marksknoxə [Pal, Sch III, In, Tom IV, Bak, Bru, Gra, SM]; mariknoxə [Stan III]; mariksknoxə [Fak, Ga, Glog, StA, Wil VI]
V: zum Kochen verwendeter Knochen mit Mark ● *De Markknoche is zu Soppe* (↑Suppe). *Mië honn des Moark ufs Brot gschmiët unnoch Salz un Paprika drauf.* [Baw II] *De Schlegel is ausgebaant warre* (↑ausbeinen), *do ware die Marikknoche.* [Stan III] **Anm.:** Dia Varianten Marik- und Mariksknoche weisen den Sprossvokal *-i-* auf.
→Knochen, Mark (1a).

Markt - m, mark, me̱rk [Be, ND, Ru, Tow IV, Bak, Fak, Glog, Jahr, Lug, NB, Nitz, Trie, War V]; ma:rk, me̱:rk [Ost V]; moɐrk, meərk [Bohl, Gbu II, Ru IV, NA V]
Allg: Verkaufsveranstaltung in regelmäßigen Abständen an einem bestimmten Platz ● *Do woan alde Woge* (↑Wagen), *wo de Mist is gfiht won un neie Woge, wam-me is gfoahn am Moark, net, am Boine* (ON) *Moark.* [Gbu II] *Wär firn Haus hat braucht, hot sich am Mark zwei odde drei Schweine kauft.* [Ru IV] *Die Schafflwallache* (↑Schaffwalache) *henn ihre Sach in de Stadt ufm Mark verkaaft.* [Bak V] *Und hab den Klaanen angebundn mit a gude Kettn und hab sie so gfiehrt am Mark.* [Lug V] *Da woan Straafwege* (↑Streifenwagen), *die habn jedn Tag des uf Arad gfiehrt aff de Moark.* [NA V] *Die Oma hat ufn Maark un ufn Wochemaark immer kaaft so glesierti Eppl* (↑glasierter Apfel) *un glesierti Biere, so in Zuckerwasser glesiert.* [Ost V] *Die sinn mit Milone, Paprika un Parideis* (↑Paradeis) *bis Kikinda* (ON) *un Szegedin* (ON) *uff de Mark gfahre.* [Trie V]
→Export, Wendelins-, Wochenmarkt, Marktplatz; verkaufen.

Marktplatz - m, moɐrkplots, -plets [Ed, GT, KT, Wein, Wud, Wudi I]; ma:rkplats, -plets [Jink, Kä, Sad, Sar, Warsch II]
Alls: freier Dorfplatz, auf dem regelmäßig landwirtschaftliche Produkte verkauft werden ● *Sann auch mit Wågn neigfoahrn und hamm am Moakplotz ihne Pfiësich vekauft.* [Wud V]
→Markt, Platz (2b), Wochenmarktplatz.

Marone - n, maro:ni, Pl. id. [Stei V]; maro̱:ni, Pl. id. [Resch, Tem, Wer V]
O: essbare Frucht der Edelkastanie *Etym.:* Die dt. Bezeichnung stammt aus frz. *marron*, aus spätgr. *maraon* 'essbare Kastanie'. (Wahrig 2367) ● *Meine Schwiegemutte, die hat noch sähr viele Ausdrücke gebraucht von Österreich-Ungarn. Sie hat nicht gsacht Kastanien, was man bratet im*

Märzkrüglein

Winte, sonden die Maroni. [Tem V]
→Kastanie.

Märzkrüglein - n, mɛrtsəkri:glə, Pl. id. [Ger, GJ, KB, KJ, Moll, Sack V]; mɛrtskri:çl, -ə [Bog, GK, Jos, Laz, Len, Ost V]; mirtskriglçə, -n [NB V]
G: Hyazinthe; Hyacinthus orientalis *Etym.:* Der Blumenname geht von der Zeit des Erblühens und von der Form der Blüte aus. ● *Vor Oschtre ware die Märzkriechlche, die Sternblumme, Oschterblumme un Tulipane an der Reih.* [Bog V] ■ Petri 1971, 40.
→Blume.

Märzveilchen - n, mɛrtsəfɐigl, -ə [Mösch II, Ap, Fil, Fu, Ker, Kol, Tscha, Tscheb, Wepr III, In IV, Fak, Ga, GK, Glog, Hei, Heu, Laz, Len, Low, Nsie, Ost, Stef, Trau, War V]; mɛrtsəfaigələ [Kar III, Buk IV]; mɛətsafɐiçl [Wiel II]; mɛrtsfɐigl, -n [Tschan V]; mɛrtsfFigl [Franz IV, Bak, De, Ernst, Hatz, Jos, KB, Kudr, Tschan, Tschak V]; mɛrtsəfɐigələ [Gara, Wepr III, Franzf, Schön V]; mɛrtsəfaigilin [Ap, Fill III]; mɛrtsəfɐigəlin [Brest, Stan III]; mɛrtsifɐiliçə [Laz, Low, Mram V]; mɛrtsfɐiçl [DStP, Gra V]; mɛrtsəfɐiçəli [SM V]; mɛrtsəfɐiçəli [Brest III]; mɐrtsifɐigl [Star V]; mɛrts(ə)faigili [Hod, Pal, Par, PrStI, Wasch III, Buk IV]; mɛrtsfaigəli(n) [Kock II, Mil III]; mɛrtsfailçə(r) [Tor III]; mɛrtsfɐilçə [KK, Sek, Tor, Tscher, Tscho III, Bill, Franzf, Lieb, Low V]; miɐrtsfɐigəl [Kirwa II]; miɐtsfɐiçl [Wer V]; mɛrtsfɐɐglə [Stef V]; mɛrtsfiçər [War V]
G: Veilchen; Viola odorata ● *Im Garte ham-mer viel Blumme ghat. Do warn Rose un Härbschtrose, Purtulake, die Veiole, also die Märzeveigle, die Sternblumme und Negle* (↑Nägelchen). [Ost V] ■ PfWb IV 1203; SüdHWb IV 554; RheinWb V 919; Petri 1971, 77.
→Blume, Veilchen.

Maschansker Apfel - m, maʃansker apfəl, -epfəl [Wer V]; maʃanska apfl, - epfl [Tem V]; maʃanskərapl, -epl [Bog, Gott, Gra, GJ, Len, Low, War V]; muʃanskərapl, -epl [Stan III]
O: Borstofer, bzw. Meißnischer, eine edle Apfelsorte; Malum misniacum *Etym.:* Der Meißnische Apfel ist vermutlich durch Böhmen nach Wien gekommen; vgl. tschech. *mišensky jabloko*) (BayWb 1/2, 1679). Von Niederösterreich erfolgte seine Verbreitung nach Ungarn, zuerst in die österr. Provinzstädte wie Temeswar und Werschetz. ● *Sie is aan Maschanzkaapfl. Sie is wie Milich und Blut.* [Tem V] ■ BayWb 1/2 1679: *Der Maschanzker*, auch *Marschanzker*, ÖstWb 300 (*Maschansker*): 'eine Apfelsorte; Wehle 1980, 206: Meißner Äpfel, die in Böhmen als *mišenské jabloko* bekannt wurden; von Böhmen gelangte der Name nach Wien; Petri 1971, 46.
→Apfel.

Maschine - f, maʃi:ne, maʃi:nən [OG, Tax I, Franzf, Resch V]; maʃi:n, -ə [Ed, Wud I, Bohl, Petschw II, Har, Kutz, Pal III, Ben, Ger, Glog, Gutt, Jahr, Kow, Orz V]; maʃi:nə, Pl. id. [Pußt I, Nad, Petschw II, Neud III, NP IV, Alex V, Franzf, Glog V]; maʃin, -ə [Fek, Surg II, Bill, Orz, Ost V, OW VI]; maʃi:, -nə [Jahr V, Ham VI]; maʃī:, -nə [Pußt, Tschawa, Wein I, Bohl, Jood, Nad, Petschw, Sulk II, Brest, Stan III, Tom IV, StA V]; måʃi:, -nə [Bog, Fak, Glog V]; mɐʃī:, -nə [Ed I, NPe, StA V, Bur VI]; maʃi:, Pl. id. [StIO I];
1. A: mechanische Vorrichtung, die Kräfte überträgt und Arbeitsgänge ausführt ● *Domol woan kaa Maschine nëuch* (noch), *des is alles mit der Geil* (↑Gaul) *gemocht woare.* [Fek II] *Wann's mit de Maschie wärd garbet, not honn sie so Pflieg* (↑Pflug), *so Zuackerpflieg, un sell wärft die Ärde an jede Stock.* [Jood II] *Die Grumbire* (↑Grundbirne) *hod me mise mit de Haue ausmache, wor noch ke Maschie.* [Sulk II] *Also die Maschine, sind veschiedene Dampfmaschinen.* [Resch V] a. A: (verkürzt für:) Dreschmaschine ● *Un wie alles derham woar, Waaz* (↑Weizen), *Gäerschte* (↑Gerste), *un hat alles woa eigfiehet* (↑einführen), *noch in die Maschie komme.* [Fek II] *De Waaz un die Gärste, des hat die Maschie gemacht. Is gschowe* (↑schieben) *worre vun Hof zu Hof, wu do honn sie des rabgmaschient* (↑herabmaschinen). [Jood II] *Un e Seckmann* (↑Sackmann) *hot die Seck härghengt an die Maschie, wu's neigrunne is.* [Stan III] b. A: (verkürzt für:) Sämaschine ● *Un Frucht un Gäerschtn, des wäd mid Maschie oobaut.* [Petschw II] *Die Ruwe* (↑Rübe) *sinn aangebaut ginn* (↑anbauen) *met der Maschin, un dann sinn sie gschärrt ginn* (↑scharren 2), *wejer em Ärdfloh* (↑Erdfloh). [Ost V] **Anm.:** Das Simplex *Maschine* wird gelegentlich für Komp. wie *Dreschmaschine* u. a. verwendet.
→(1) (Arten:) Dampf-, Fleisch-, Kukuruz-, Kurz-, Mäh-, Sä-, Schleudermaschine, Grasmäher; (Verschiedenes:) Maschinenarbeiter, -eigentümer, -führer, -leute, -schuppen, Maschinist, Motor; maschinen; (1a) Dreschmaschine; (1b) säen.

maschinen - schw, maʃiːnə, maʃiːnt [Jood II]
A: Getreide mit der Dreschmaschine dreschen
Etym.: Das Verb erfuhr eine Bedeutungsverringerung von: 'landwirtschaftliche Arbeiten mit der Maschine ausführen' zu: 'mit der Dreschmaschine dreschen'. • *Friher warn Baure ode Taglehner* (↑Taglöhner), *die henn de ↑Schnitt abgemacht ums Zehnti* (↑Zehntel) *ode sinn maschine gange ums Drittl un so.* [Jood II] ■ PfWb IV 1205; SüdHWb IV 355; RheinWb V 921 f., SchwWb IV 1511.
→ab-, aus-, herabmaschinen; Maschine (1a).

Maschinenarbeiter - m, maʃiːarbaitər, Pl. id. [Fek, Jood, Nad, Surg, Wem II]
A: landwirtschaftlicher Arbeiter an der Dreschmaschine • *Die Maschiearbeiter hom-mir gsagt. Vier-fimf Woche lang sem-mer zu de Dreschmaschie gange.* [Jood II]
→Arbeiter (1), Maschine (1a), Maschinen-, Riesleute.

Maschineneigentümer - m, maʃinaigntimə, Pl. id. [Drei, Kreuz, NA, Wies V]; maʃīːaigntimər [Berg, Ker, Mil, Sch, Stan, Werb III]
A: Besitzer einer Dreschmaschine • *Ja, die Maschieeigntimer, die henn Prozente krigt.* [Stan III] *Ha, die ↑Maut (3) hawwe die Maschineigntime gricht.* [NA V]
→Eigentümer, Maschine.

Maschinenführer - m, maʃinfiːrər, Pl. id. [Ost V]; maʃīːfiːrə [baw, Jood, Seik II]
A, H: (wie: Maschinist) • *De Maschiefihre hot de Damper* (↑Dampfer) *misst begleit, un där hot die Dreschmaschie getriewe* (↑treiben 3). [Baw II] *De Heizer un de Maschinfihrer hann gschmiert mit Kalfoni* (↑Kolofonium) *die Rieme.* [Ost V]
→Maschinist, Riesleute.

Maschinengarbe - f, maʃinkarp, -karvə [Ost V]
A: vom Mähbinder gebundene Getreidegarbe • *Die Handgarwe ware viel greser gwenn wie die Maschingarwe. Awer die Maschingarwe ware mähr pinktlich, die Storze* (↑Storzen) *gleich, so wie abgschnitt un die Eecher* (↑Ähre) *aach scheen gleich in de Reih, awer die Handgarwe ware mähr dorchenannner, verhuddlt* (↑verhudelt) *glee* (↑liegen). [Ost V]
→Garbe.

Maschinenleute - f, maʃīːlait, Pl. tant. [Fil, Ker, Mil, Pal, Siw, Stan III, Put, Tom IV]
A: Landarbeiter an der Dreschmaschine • *Bei der Dreschmaschie ware die Maschieleit.* [Stan III]
→Dresch-, Riesleute, Maschine, Maschinenarbeiter.

Maschinenschuppen - m, maʃinʃopə, Pl. id. [GJ, Gra, GStP, Ost V]
A: Verschlag um Bauernwagen und Landmaschinen unterzustellen • *Friher war de ↑Hambar (2) mit Ladde* (↑Latte) *gmacht, schmal un hoch, dass die Luft dorichgeht. Un unnedran war immer de Schoppe, de Maschinnschoppe vor die Wejer* (↑ Wagen) *derdrunnert* (↑ darunter) *schiewe.* [Ost V]
→Maschine (1), Schuppen.

Maschinist - m, maʃinist, -n [Jood, Petschw II]; maʃinist, -ə [Gai, Hod III, In IV, Bak, Bog, Fak, Ga, Glog, Len, Low, Pan, StA V]
A, H: Schlosser, der Landmaschinen betreut und repariert • *De'sch (das is) de Fuettrer* (↑Fütterer) *un de Maschinist.* [Jood II] *An de Dreschmaschie woan extri Maschinistn.* [Petschw II] *In de Tricknheiser* (↑Trockenhaus) *fer de Hanf henn der Maschinist, der Heizer, die Vorarbeiter un annre gearbeit.* [Hod III]
→Heizer, Maschine, Maschinenführer.

Maß - n (f), maːs, Sg. tant. [Pußt I, Bohl II, Eng, Franzf, Ger, Stei, Wer V, (f) OV VI]; mãːs [Gai, Pe VI]; mǫːs [Wudi I, Nad II]; moːs [Ed, Tax, (f) Wein I, KKa, Oh II, NP IV, Bog, Ernst, Fak, Glog, Jahr, Kow, Mat, Orz, Ost, Sad, StA, (f) War V, Pe VI V]; moːs, -ə [Har III]
Allg: Einheit zum Feststellen von Größen oder Mengen • *Un achtenzwanzich Litte, des woa de Halbeeme* (↑Halbeimer), *ne, un de Eeme hot secksunfufzich Litte ghobt, des is ein Maß, ne.* [Pußt I] ■ PfWb IV 1206-1208: 1. gegenständlich 'Raummaß' (Hohlmaß, Längenmaß, im Gegensatz zu Gewicht); auch der Gegenstand, der zum Messen dieser Maßeinheit(en) dient, a. 'Hohlmaß bestimmten Umfangs' für Getränke, Getreide, Butter u. a., b. 'Längenmaß', Lineal; SüdHWb IV 559 f.; RheinWb V 926-930; Gehl 1991, 171.
→Ar, Durchmesser, Eimer, Grad, Hektar, Klafter, Liter, Meter (1).

mästen - schw, meːstə, gəmeːst [Fek II]; kmeːʃtət [Tom IV]; mestə, kmest [Bohl, Kock, Wem II, DStP, Jahr V]; meʃtə, kmeʃt [Ap, Hod,

Pal, Tscher III, NP IV, Bog, Ernst, Fak, Ga, GJ, GK, Glog, StA, Stef V]
V: Schlachtvieh besonders gut füttern ● *Ja, do woar Kukurutz (↑Kukuruz) un Kukurutzschrot, Gäschte (↑Gerste) gekocht woen un Grombiën (↑Grundbirne), un mit dän sein die Sei (↑Sau) gemest woen im Dorf.* [Fek II] *Ja, Maschterei wor aa, dass e Bauer alli Johr aa-zwaa Stuckl Viech hot gmest.* [Kock II] *Die Wutzle (↑Wutz) sinn noh ufgezoge (↑aufziehen) warre un gmescht un in Winte sun sie noh gschlacht warre.* [Ap III] *Mei Vatter hat damals e paar Sei gmeschtet.* [Tom IV] *De Vetter Alois hat sich uff Schweinszucht spezialisiert, er mescht die Schwein.* [Bog V] *Die Schwei wärn in Härbscht gut gmescht.* [Glog V] *So leichtknochichi (↑leichtknochig) Schwein hat mer aarich (stark) gschwind gmescht.* [Ost V] ■ Gehl 1991, 181.
→fressen, füttern, treiben (1); Mästerei, Mastschwein.

Mästerei - f, maʃtərai, Sg. tant. [Fek, Kock, Nad, StG , SurgII]
V: Viehmast ● *Ja, Maschterei wor aa, dass e Bauer alli Johr aa-zwaa Stuckl Viech hot gmest.* [Kock II]
→mästen.

Mastschwein - n, maʃtʃvain, Pl. id. [Ap, Hof, Pal, Mil, Sch, Siw, Tscher III, Tom IV, Bak, Bog, GK, Gra, Ost V]; mastʃvai [Fek, Kock, Wem II]; maʃtʃvāī [Fak, Ga, Glog, StA, Wil V]
V: Schwein, das gemästet wird bzw. ist ● *Die Bonnhader (ON) Fleischhacker sein kumme un die henn die Mastschwei gholt.* [Kock II] *Färkle (↑Ferkel), die was abgspent ware, die sinn schun halbgwackst, vun zwei, drei Monat. Un dann kumme die Maschtschwein.* [Ost V]
→Schwein; mästen.

Matte - f, matə, Pl. id. [Bil, Ham, Mai, Pe, Schei, Suk VI]
A: Wiese, Weideland *Etym.:* Vgl. mhd. *matte* 'Bergwiese', Instrumentalableitung zu *mähen*, so dass sich als Grundbedeutung ergibt 'Wiese, die gemäht wird' (gegenüber der Wiese, die nur abgeweidet wird). (^{23}Kluge, 546) ● *D'Menner hann es Haai gmeht, un de ham-mer's mise verschittle (↑verschütteln) un de umkehre (↑umkehren) selle Matte.* [Schei VI]
→Wiese (1).

Maulaffe - m, maulafə Pl. tant. [Darda II, Fil, Fu, Gai, Mil III, GSch, Len V]; maultatʃərl [SM V]
G: Blume aus der Familie der Rachenblütler, Löwenmaul; Antirrhinum majus *Etym.:* Der Blumenname ist ein metaph. Komp. mit spöttischer Absicht nach der Form der Blüte, die einem offenen Maul gleicht. Vgl. dazu andere Wortfomen für das *Löwenmaul* wie: Frosch-, Hasen-, Gickel-, Kraken-, Quacken- (Krähen-), Quackmaul; Frosch-, Kraken-, Schwalben-, Liebgöschel; Schnabelblume u. a. (Petri 1971, 15) ● *Maulaffe un Margetsstärn (↑Morgenstern) siggt (sieht) mer gern im Garte.* [Mil III] ■ Petri 1971, 15.
→Blume.

Maulbeerbaum - m, maulpe:rpa:m, -pẹ:m [Bog, Len, Low, War V]; maulpe:rəpa:m, -pe:m [Ga, StA, Wil V]; maulpi:rəpa:m, paimə [Da V]; maulpi:rəpa:m, -pe:m [Fak, GK, Glog, Ost V]; mẹupəpa:m, -pe:m [KT, Wud, Wudi I]
O: Gattung der Maulbeergewächse mit grob gezähnten Blättern; Morus ● *Vor unser Heiser ware Maulbeerbääm, e langi Reih.* [Len V] *Im Garte warn viel viel Obstbeem drin, e große Bierebaam, zwei Hawwerbierebeem (↑Haferbirnenbaum) un e ganz große Maulbirebaam.* [Ost V] *Ufm Weg Richtung Arad senn Maulbeerebääm gstanne, un in Richtung Schimånde (ON) Papplbääm.* [StA V] ◆ Maulbeerbäume (mit weißen Früchten) wurden bereits von der österreichischen Verwaltung des Banats im 18. entlang der Verkehrswege und in den Dorfstraßen gebaut, um Maulbeerblätter für die Züchtung von Seidenraupen zu gewinnen. Dieser Industriezweig hat sich bis in die letzten Jahrzehnte gehalten. Gegessen wurden vor allem die großen Beeren von veredelten Sorten, während alle Beeren zum Brennen von Schnaps auf *Fruchttücher* geschüttelt und in Fässern eingesammelt wurden. Man unterscheidet weiße, sehr süße, schwarze, aromatische und eine Kreuzung mit violetten Früchten. - Auch in der Pfalz musste der Maulbeerbaum mit weißer Frucht früher (um 1700-1850) zeitweise unter Zwang gepflanzt werden, da sein Laub als Futter für die Seidenraupen diente. Heute gibt es nur noch vereinzelt den schwarzen Maulbeerbaum. (PfälzWb IV 1233) ■ PfWb IV 1233; SüdHWb 582.
→Maulbeere, Maulbeerfass, -wald, Obstbaum.

Maulbeere - f, maulpər, -ə [Len V]; maulpẹːrə, Pl. id. [AK, Brest, Buk, Tscher III, Ga, StA, StM, Wil V, Bil, Ham, Mai, Pe, Schei, Suk VI]; maulpɐrə, Pl. id. [Hatz V]; maulpiːr, -ə [Stan III, Alex, Bill, Fak, Glog, GStP, Low V]; maulpirə, Pl. id. [Pal III, Karl, Nitz V]; maulpirn, Pl. id. [Wer V]; mẹupɐ [KT, Wud, Wudi I]
O: längliche schwarze bzw. weiße Frucht des Schwarzen Maulbeerbaums ● *Meischt em Arader Weg senn d'Santånneme (Sanktannaer) gfahre Maulbeere schittle (↑schüttlen) fer Schnaps brenne* (↑brennen 2). [StA V] *Noi, aus Maulbääre hat me kuin Schnaps brennt.* [Schei VI] **Anm.**: Die Variante *Maulbiere* ist eine Wortkreuzung von *Maulbeere* und *Birne*. ◆ Neben der schwarzen, aromatischen Maulbeere gibt es die *Weiße*, eine weiße, sehr süße Maulbeerart und die *Schiller*, die 'schillernde' Maulbeere, eine Kreuzung zwischen schwarzer und weißer Art. Die schwarze Maulbeere wurde in [Wud I] als *tiəkiʃi mẹupə* 'türkische Maulbeere' bezeichnet. (Ritter 2002, 10) ■ Gehl 1991, 234; Petri 1971, 48 f.
→Maulbeerbaum, -holz, -raki, Obst.

Maulbeerfass - n, maulbiːrfas, -fesr [Ru IV]
W: aus Maulbeerholz hergestelltes Fass ● *In (den) Schnaps had me missn in Maulbierfessr reitun, weil Maulbierfass, des is brau, des had e Farbe gebn.* [Ru IV]
→Fass, Maulbeerbaum.

Maulbeerholz - n, maulpiənholts, Sg. tant. [Aug, Ed, Pußt, Schor, Wud I]; maulpirəholts [Ker, Fil, Mil, Pal, Sch, Tor, Tscher III, Be, Tom IV, Alex, Bill, Bog, Fak, Ger, GJ, Glog, Len, Low, Nitz, War, Wis V]; maulpẹːrəholts [Da V]
Fo, O, W: Holz des Maulbeerbaumes ● *Ja, die Rakifesser, die sinn die beschte vun Maulbireholz.* [GJ V]
→Holz, Maulbeere.

Maulbeerraki - m, maulpiːrəraki, Sg. tant. [Bak, Bog, Fak, Ga, GK, Glog, Len, Low, StA, Wil V]
O: aus reifen Maulbeeren gebrannter Obstschnaps ● *Dann hat mer sich als e gute Maulbiereraki vergunne kenne.* [Alex V] *Bei uns wor hauptsechlich Pflaumeraki, awer aa Maulbiereraki un Aprikoseraki hat en gude Gschmack.* [Fak V] ■ Gehl 1991, 241.
→Maulbeere, Raki.

Maulbeerwald - m, maulpiːrəvalt, Sg. tant. [GK, Ost V]
V: Hain von Maulbeerbäumen ● *Vor am Friedhof war e Maulbierewald, e klaane Wald vun Maulbierebeem.* [Ost V]
→Maulbeerbaum, Wald.

Maulwurf - m, I, maulvurf, Pl. id. [In IV, De, Eng, Franzf, Kud, Schön, Tschak V] ; maːlwurf [Pau V]; maulvorf [Pal, Wasch III, Bill, Bir, Bog, DStP, GK, Jos, Kath, Laz, Len, Low, Na, Ost, Rud, Tsche, Ui, War V]; maulvɐrf [Gra V]; maulvɛrfər [Glog V]; maulvurfər [Fak V]; molfworf [Sag II]; maulvuɐrf [SM V]; maulvuɐrfl [El V];
V: Insektenfresser mit walzenförmigem Körper, kurzem, dichtem Pelz, rudimentären Augen und schaufelförmigen Grabbeinen; Talpa europaea
Etym.: Von mhd. *moltwërf, -wërfe, -worf, -wurm,* entstellt *mûlwerf, mûlwurf, mûrwerf, mû-werf, mûlwelf, mûlwelpfe* 'das die Erde (*molte*) aufwerfende Tier, Maulwurf', dsgl. *mûlwërf, -worf, -wurf, mûlwëlf, -wëlpfe.* (LexerHWb I 2195, 2227) - Das seit dem 8. Jh. belegte Wort erscheint in mhd. *mūlwurf, mū(l)werf* u. a., angelsächsisch *moldwerp.* das Wort erscheint in zahlreichen Umgestaltungen, so dass die früheste Form nicht mit Sicherheit festgestellt werden kann. Vermutlich ist der Ausgangspunkt 'Haufenwerfer' mit einem Wort im Vorderglied, das altengl. *mūwa, mūha, mūga,* altnordisch *múgi, múgr,* amerikanisch-engl. *mow* 'Korn-, Heuhaufen' entspricht.; dazu vielleicht das gr. Glossenwort *mykōn* 'Kornhaufen'. Dann erfolgte eine Umdeutung zu mhd. *molt(e),* ahd. *molta* 'Staub, erde', also zu 'Erdwerfer'. Der Zusammenhang der nhd. Form mit dem spät bezeugten Simplex mittelniederdeutsch *mul, mol* und sogar mittellat. *mulus* ist unklar. Schon im 16. Jh. wird er so erklärt, dass der Maulwurf mit dem Maul die Erde aufwerfe. ([23]Kluge 547) ● *Wann de Maulworf in e Bettl* (↑Beet) *rinkummt, macht er viel Dorchenander un Schade* (↑Schaden). [Ost V] ◆ Der pfälzische Volksglauben meint über den Maulwurf: *Wann de Maulworf stoßt, gibt's Wind. - Wannd' en Maulwurf in der Hand hebscht, bis er dot is, kannscht me annere Mann 's Glick weghewe mit. - Wenn der Maulwurf an der Hinterseite des Hauses stößt, stirbt jemand im Hause. - Wenn ein Maulwurf den Weg kreuzt, bedeutet das Glück.* ■ PfWb IV 1239 f. (Karte 288); SüdHWb IV 736-738; RheinWb V 1251 *Moltwerf*; Gehl 1991, 120; Petri 1971, 121.

→Erdwühler, wildes Tier.

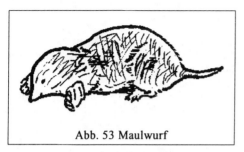

Abb. 53 Maulwurf

Maus - f (n), maus, mais [OG I, Ha, Sag, Seik, StI II, AK, Hod, KK, Pal, PrStI, Sch, Stan, Tor, Tscher, Wasch III, Ker IV, Albr, ASad, Bak, Bog, Fak, Ga, Glog, Hatz, Hom, Karl, Lieb, Low, Mar, NB, Nitz, Ost, StA V, Bat, Bil, Ham, Mai, Pe, Schei, Suk VI]; ma:s [Har IV]; maisla [El V]; mu:s, mais [Sad V]; meisərje [Fek II]; housplatsmous [NB V]; maisl, Pl. id. [Lieb V]; maisle [Mar V]
1. V: kleines Nagetier mit langem Schwanz und spitzer Schnauze, Hausmaus; Mus musculus *Etym.:* (Zu 2) Vgl. mhd. *mūs* 'Maus', doch zu beachten ist die alte Nebenbedeutung 'Muskel' in ahd., mhd. *mūs*, lat. *mūsculus* m. 'Muskel'. Sie kann auf einer Übertragung des Tiernamens beruhen oder als 'das sich Bewegende' auf die gleiche Grundlage zurückgehen. ([23]Kluge, 547) ● *Do is aan Ungeziffer, kleine wie en Ratz un greße wie an Maus, an Eädhund* (↑Erdhund). [OG I] *Es gibt so eine kleine Maus, mir soche ungarisch Zitzkaanj, die mecht so große Schäde.* [Seik II] *Bei dem laafe die Meis in der ↑Speis rum un hann die Aue voller Träne (weil sie nichts zu fressen finden).* [Bog V] *Ja, do warn die Ratze, die Meis, die Hausmeis un die Feldmeis, wu als so große Schade mache.* [Ost V] *Am Bienstock mus i schaun, dass d'Meis net einikemmen, weil wenn e Maus einikimmt, mocht se viel Schodn.* [Bat VI] *Do hat me die Woaitze mese galitzle* (↑kanitzeln), *wann mer hat gsät, dassn d'Meis ite solle freässe.* [Schei VI]
2. V: Fleischstück von der Lende des Schweins ● *Es Meisl war so e Muskl am Buckl, des war reines Fleisch.* [Lieb V] ■ PfWb IV 1246-1250: I.1. das Tier, II. übertragen, 2. sachlich, a. Pl. 'Lendenstücke vom Schwein' (Maisje); Gehl 1991, 120; Petri 1971, 111.
→(1) Haus-, Feld-, Gricksel-, Kornmaus, Ungeziefer, Zitzkan; (2) Vieh.

Maut - f, maut, Sg. tant. [Aug, Ed, Schor, I, Fek, Surg, Wem II, Ker, Mil, Sch, Siw III, Tom IV, Alex, Bill, Bog, Bru, Glog, Jahr, NA, Ost, Wis V]
1. Allg: Zollgebühr für Straßen- oder Brückennutzung *Etym.: Maut* f. ostobd. 'Zoll', von mhd. (bair.) *maut*, ahd. (bair.) *mūta*. Zugrunde liegt gemeingerm. *mōta* f. 'Abgabe, Entschädigung für Durchfahrt und Hilfe' in got. *mota* 'Zoll'. Die Bedeutung von spätmhd. (bair.) *muoze* 'Mahllohn des Müllers', ein Wort unklarer Herkunft ([23]Kluge, 548), ist im donauschwäb. Sprachbereich ebenfalls anzutreffen. ● *Da hat me Maut bezahlt. Die Fußgenge habe misn einen Lee zahln un die Wegn hamm mise zwanzich bis dreißich Lee bezahle, dennach, was sie aufgladn ghabt habn.* [NA V] 2. A: Mahlgebühr ● *Die Baure, was selwe die Pheer* (↑Pferd) *gstellt hann, hann nor zwaa Kilo Kukruz* (↑Kukuruz) *vum Metter* (↑Meter 3) *for schrote un sechs Kilo Frucht for mahle Maut zahle misse.* [Alex V] *Viel hat e Perzentmiller* (↑Prozentmüller) *in der Windmihl jo net verdient, e Drittl von der Maut hat er kriet.* [GStP V] 3. A: anteilige Abgabe beim Dreschen des Getreides ● *Nom is die Maut abgrechnet woan. Ha, die Maut hawwe die Maschineigntime gricht.* [NA V] ■ ÖstWb, 301: (f.) 'Zollgebühr für die Benutzung einer Straße oder Brücke'; PfWb IV 1255: 'Zoll', d. *Grasmut, Stallmaut.*
→(1) Ries; abrechnen.

mechanische Säge - f, meka:niʃi ze:ge, - ze:gn [Resch, Stei, Tem V, OW VI]
Fo: durch einen Benzinmotor betriebene Holzsäge ● *Da hamm wir schon mekanischi Segn. Von de sechzige Jahr härzu hamm wir schon Motorsege mit Benzinmotor.* [OW VI]
→Motorsäge, Säge (1).

mechanischer Rechen - m, meça:niʃə reçə, Pl. id. [Ker, Mil, Sch, Stan, Waldn, Wepr III]
A: durch einen Benzinmotor betriebenen Rechen ● *Mer hadde aach e mechanische Reche so e halbrunde un e Kugrutzsetzer* (↑Kukuruzsetzer). [Waldn III]
→Rechen.

Medikament - n, medikament, -n [Bat, OW VI]
B: (in landwirtschaftlichen Berufen angewandtes) Arzneimittel ● *In Summer is als e Krånkheit, mir sind einmal so in August ölf Biensteck zugrund gången* (zugrunde gehen). *Ja, des gibt jo so Medikamentn hier im Sathmar.* [Bat VI]
→Hausmittel, Kosmetik, Krankheit, Tablette.

Mehl

Mehl - n, me:l, Sg. tant. [Bohl, StI, Wem II, Ap, Fil, Hod, Mil, Sch, Siw, Werb III, Be, NP, Tom IV, Alex, Bog, GK, Low, Ost, Schön, War V, Bil, Ham, NP VI]; mẹ:l [Kock II]; mẹəl [Bil, Ham, Mai, Pe, Schei, Suk VI]
A: gemahlene Getreidekörner ohne die Schale ● *Un noch hunn se Brot eigewaaicht, hunn des zåmmgemischt, un noch e Aai (↑Ei) droo un Mehl durigenannt* (↑durcheinander). [StI II] *Hat, Mähl, da wor Brotmähl, Fuddermähl, Nullemähl un ganz feines Strudlmähl.* [Kock II] *Etwas is zu Grieß gmahle warre, des war so growwes Mehl.* [Ap III] *So e Mehl wie mir gemacht hann, macht ke Walzemiehl.* [Alex V] *Vun Mäehl, Ziggr* (↑Zieger) *un Mill* (↑Milch) *knäete mer Strudl.* [Schei VI] ◆ Historischer Beleg: "Die Armen bekamen allwöchentlich 3 Pfund Mehl pro Kopf." (Deutsches Bauernleben 1957, 17)
→Brot-, Fisch-, Futter-, Fuß-, Kukuruz-, Nuller-, Rot-, Strudel-, Weißmehl, erstes -, zweites Mehl, Grieß (1), Kleie; mehlig.

mehlig - Adj., me:liç [Ap, Pal III, Put, Tom IV, Alex, bak, Fak, Ga, Gra, Hatz, Len, Low, War V, Bil, Suk VI]
A, G: sehr weich und bröckelig, leicht zerfallend ● *Do hat's mehlichi gewwe* (gegeben) *un hot speckedi gewwe, also far Salat oder far Grumbire* (↑Grundbirne) *quelle* (↑quellen). [Ap III] ■ PfWb IV 1269: 2.b. 'bröckelig, löeicht zerfallend' von gekochten Kartoffeln, 3. 'locker', vom Boden, Syn. *luck*; SüdHWb IV 606; RheinWb V 1034.
→speckig; Mehl.

Mehlspeise - f, me:lʃpais, -ə [Fil, Mil III, NP, Tom IV, GK, Low, Ost, War V]; mølʃpais, Sg. tant. [ASad, Lind, Weid, Wolf V]
1. A: gekochte oder gebackene Speise aus Mehl, auch Milch, Eiern, Zucker ● *Die Mehlspeise hot mer es mehnscht* (meistens) *am Montag, Mittwoch un Freitach gesse, weil an dr andre Täg Fleisch uf dr Tisch kumme isch.* [Mil III] *De Mölspeis is untn gånz schwoarz vebrennt.* [Wei V] a. A, V: süßes Gebäck, Kuchen, aus Mehl und Zutaten ● *Friher, in de Gsellschaft, hann se gekochte Kukrutz* (↑gekochter Kukuruz) *gess, bissl Salz dran, oder Kukrutz gepatscht* (↑patschen), *net so wie jetzt mit Mehlspeis un waaß ich, wie.* [Ost V] ■ ÖstWb 302 (auch Mehlspeis); WbWien 551: *Möschbeis* 'die Mehlspeise, alles aus Mehl Gebackene oder Gekochte, etwa Apfelstrudel oder Mohnstrudeln'; PfWb IV 1271: An bestimmten Tagen der Woche (s. Mehltag), an Fasttagen, besonders am Karfreitag, werden Mehlspeisen gegessen; SüdHWb IV 608.
→(1a) Backerei.

Mehltau - m, me:ltau, Sg. tant. [Baw, Wem II, Brest, Tscher III, In, Tom IV, Bak, Fak, Ga, Glog, Gutt, Len, Low, Nitz, Ost, StA, War, Wil V]; mildau, Sg. tant. [Jood II]
A, O, W: Pilzkrankheit bei Pflanzen, deren Blätter einen mehlstaubähnlichen Belag aufweisen ● *Dort woar jo Pärnospora un Mehltau. Ja, des woare die wichtigsti Krankheite.* [Baw II] *Me kann mit Kanitzl* (↑Kanitzel) *spritze ode des noi Sach elles, ↑Kuprosant oder Sinäp* (↑Sinep), *dass de Mildau nit die Traube mitnemmt.* [Jood II] ■ PfWb IV 1271 f.; SüdHWb 609; RheinWb V 1071; Gehl 1991, 81.
→Krankheit, Listharmat.

Meierhof - m, maiərho:f, -he:f [Drei, Eng, Kreuz, Wies V]
A, V: Landgut, Pachthof ● *Un bei der Ufteelung* (↑Aufteilung) *hat jeds a halb Joch Garte kriet. Un des warn Meierhef, Härrschaft.* [Wies V] ◆ Bei der staatichen Ansiedlung (im 18. Jh.) wurde den Donauschwaben in der Batschka und im Banat von der Wiener Hofkammer Grundbesitz aus früheren Gütern zugeteilt, die ihren Besitzanspruch während der über 150-jährigen Türkenherrschaft verloren hatten. Diese Bauern waren nur der Landesadministration abgabepflichtig. Andere Ansiedler kamen auf die Güter von Grundherren, erhielten Ackerland zur Bearbeitung zugeteilt und standen bis 1849 im Leibeigenenverhältnis zur (weltlichen oder geistlichen) Grundherrschaft. ■ ÖstWb 302: 'Gutshof'; † *Meierei* PfWb IV 1277 'herrschaftliches Gut'; SüdHWb IV 612.
→Herrschaft, Hof.

Meise - f (n), maize, Pl. id. [Sad V]; ma:zə, Pl. id. [Fak, Ga, Glog, StA, Wil V]; ma:s, -ə [Buk, Stan III, GStP, Karl, NB, V]; me:s, -ə [Low, Tsche V]; (n) maizl, Pl. id. [Fu III]; ma:zl, -ə [GK, Ost, War V]; me:zl [Mil III]; meisl [Fu III]; ma:sn [Darda II]; meisjə [Tscher III]
V: Kohlmeise; Parus major ● *Im Wald gsieht mer de Stiglitz, de Zaukenich* (↑Zaunkönig) *un die Masle, des sinn die Meisn.* [Ost V] ■ PfWb IV 1282 f.; SüdHWb IV 617; RheinWb V 10 51 f.; Gehl 1991, 122; Petri 1971, 113.
→Vogel.

Meisterschule

Meisterschule - f, maistərʃuːle, -ʃuːln [Lug, Resch, Tem V, OW VI]
A, Fö, G, V, W: Ausbildungsschule für einen Landwirtschaftstechniker ● *Ich hab Meisterschule als Förster fertig gemacht.* [OW VI]
→Förster, Forstschule; lernen.

Melasse - f, selten, melase, Sg. tant. [Bog, GJ, GK, Ost, War V]
A: zähflüssiger, brauner Rückstand bei der Zuckergewinnung *Etym.:* Entlehnung aus der Standardsprache. *Melasse* geht auf franz. *mélasse* zurück; dieses kommt von lat. *mel*, griechisch *meli* 'Honig'. (Wahrig 2402) ● *Die ginn (werden) no verheckslt* (↑verhäckseln), *die Ruwe* (↑Rübe) *for Zucker mache. No bleibn die Schnitzl un Melasse aach.* [Ost V]
→Zucker.

Melde - f, meltə, Pl. tant. [GK, Ost V]; meldə [Ernst V]
A: als Unkraut verdrängte Gartenmelde; Atriplex patula ● *Unkraut ham-mer viel ghat, do ware die ↑Windhexe, es Schellkraut, die Melde, die Hinglsdärem* (↑Hünkelsdarm), *de Spitzwättrich* (↑Spitzwegerich), *de Hettrich* (↑Hederich) *un viel andre.* [Ost V] ■ Petri 1971, 17 f.
→Unkraut.

Abb. 54 Melde

Melisse - f, melisə, Sg. tant. [Ger, GJ, GK, Len, Low, Ost V];
G: als Gartengewürz gepflanzter, nach Zitrone duftender Lippenblütler; Melissa ● *Fer Gschmack hat mer im Garte des Gwärz ghat, die Krottepalm* (↑Krotenpalme), *die Lavendl, die Pfefferminz un die Melisse.* [Ost V] ◆ Die Pflanze ist auch als Bienenkraut bekannt - der Name *Melisse* kommt von gr.-lat. *melissophyllon* 'Bienenkraut' und wird auch von Bienenzüchtern zur Honiggewinnung angepflanzt.
■ Petri 1991, 47.
→Gewürz.

melken - st (schw), melkə, kəmolkə [Ga, StA V]; melkə, kmolkə [Fek II]; melkə, kmolk [Pal, Waldn III, Be, Put IV, Bog, GK, Len, Low, Ost, War V]; melikə, kmolkə [Fak, Glog]; (schw) melkə, gəmelkt [GBu II], meęlkə, gmolkə [Ham, Mai, Pe, Schei VI]
A, F: der Kuh, Ziege, dem Schaf Milch durch pressendes Streichen der Euterzitzen entziehen ● *Ba uns hat niemand ka Schof gmolke. Mir hann in de Fruh un oweds die Kieh gemolke.* [Fek II] *Die Leit honn zwaa-drei Kih gemelkt un teglich in de Milechhalle* (↑Milchhalle) *hiegetroge, des woar ihre Geld, net.* [GBu II] *E jedi Kuh, was gemolk is worre, hot des Korzfuder* (↑Kurzfutter) *kriet* (erhalten), *dass se ruhich steht währnd dem Melke.* [Waldn III] *Bevor mer melikt, muss mer des Kuheider mit de Strich gut wasche.* [Glog V] *Es is gmolk ginn* (worden), *die Milch is abgscheppt* (↑abschöpfen) *ginn.* [Ost V] *Na tan se's Eiter* (↑Euter) *schää abwesche un meälket in Mälkkibbel, sage mer.* [Schei VI]
Anm.: die Variante *melike* weist in [Fak und Glog V] Sprossvokal *-i-* auf. ■ Gehl 1991, 205.
→Melkkübel, -kuh, Milch,.

Melkkübel - m, męlkhibəl, Pl. id. [Bil, Ham, Mai, PÜe, Schei, Suk VI]; melkhiːvl, Pl. id. [StI II]; melkivl, Pl. id. [Kutz III]; melkkhivl, -ə [Fak, Glog V]
V: zum Melken verwendeter großer, oben offener Behälter ● *Do hunn se ärscht des Wasser rausgschitt* (↑herausschütten) *un ausgewesche, dass nicks drinbleibt vun den Melkkiewl.* [StI II] *Na tan se's Eiter* (↑Euter) *schää abwesche un meälket in Mälkkibbel, sage mer.* [Schei VI] ■ Gehl 1991, 205.
→Bottich; melken.

Melkkuh - f, melkhuː, -khi: [Kock, Mu II, Stan III, Brest, Pal, Sch, Tscher, Be, Tow IV, Alex, Bak, Bru, Fak, Fib, Ger, GK, Gra, Jahr, Low, Nitz, Ost, Sack, War, Wil, Wis V]
V: Kuh, die Milch gibt ● *Mir hadde immer Melkkih un henn vill Millich gliefert.* [Kock II] *Mir henn zwaa Melkkih ghat unna noch e Rind un e Kelwl* (↑Kalb) *odder zwaa, wenn die Kuh hat Zwillinge ausgschitt* (↑ausschütten). [Stan III]

Melone

Jedi Melkkuh hat e Name ghat, sag mer Rosa un Lentschi. [Ost V]
→Kuh; melken.

Melone - f, melo:n, -ə [Kol III, NP IV]; milo:n, -ən [Tschan V]; milo:n, -ə [StI II, Ap, Brest, Bul, Mil, Stan, Tor, Tscher III, Buk IV, Bill, GStP, Jahr, Joh, Low, Ost, Trie V]; milõ:, -nə [Wasch III]; milo: [Wasch III]; milo:nɐ [SM V]; milaun, -ə [Tax I, Darda II, Franzf, Karl, Kub, Kud, NB V]; milaunə [Tax I, Darda II, Franzf V]; milaun, -ər [Hom V]
G, A: rundes Kürbisgewächs mit süßen, saftigen Früchten ● *Ba uns sann fille Milone gwachse. Die hum-me als neigschmisse in Brunne, un noch wann se kalt ware, hum-me se rausgfischt, hehehe.* [StI II] *Es hat ganzi Felder gewwe, wu Milone aagebaut sinn warre. Do hat mer großi Milonefelder ghat.* [Ap III] *De Feldhieder* (↑Feldhüter) *muss die zeidichi* (↑zeitig) *Milone und die Weigärte* (↑Weingarten) *hiede.* [Fak V] *Im Garte ham-mer aa Milone angebaut.* [Ost V] *Schun in de neinzicher Johre rum (um 1890) han die angfang mit Milone, Paprika, Friehkrumbre* (↑Frühgrundbirne) *uff de Mark* (↑Markt) *zu fahre.* [Trie V] ■ Gehl 1991, 235.
→Grünzeug, Melonenfeld, -hütte, Wasser-, Zuckermelone.

Melonenfeld - n, milo:nəfelt, -feldər [Ap, Fil, Mil, Pal, Siw, Werb III, Be, Tom, Alex, Bog, GJ, Gott, Gra, Len, Low, War V]
A: mit Melonen bepflanzte Ackerfläche ● *Es hat ganzi Felder gewwe, wu Milone aagebaut sinn warre. Do hat mer großi Milonefelder ghat.* [Ap III]
→Feld, Melone.

Melonenhütte - f, milo:nəhitə, Pl. id. [Ga, StA V]; milo:nəhit, -ə [Bill, Bru, Fak, Glog, Low, Ost, Wil, Wis V]
A: aus Zweigen und Ästen verfertigte, gedeckte Notunterkunft für den Hüter des Melonenfeldes ● *In de Milonehitt hat sich de Hieder ufghalde.* [Fak V] ■ Gehl 1991, 177.
→Hütte, Melone.

Meritzel - m, selten, mɛritsl, Pl. id. [Ker, Siw, Stan Wepr III, In, Ru IV]
W: etwa 10 Liter fassendes hölzernes Hohlmaß
Etym.: Entlehnung von ung. *méret* 'Maß' oder *merítő* 'Schöpfer, Schöpfgefäß', wobei das Dimin. *Märitzel* sowohl mit ung. Suffix -*ic* als auch mit bair. -*(e)l* abgeleitet ist. ● *Märitzl, dea woar von Holz, un acht oddr zaih (zehn) Kilo Traubn sann in ein Märitzl reigangen.* [Ru IV]
→Butte, Schaff.

messen - st, mesn, kmesn [Pußt, Schor, Wud I, Petschw II, Esseg IV, ASad, Lind, Wei, Wolf V, Bat, VI]; mesn, kmosn [Lug, Tem, Wer, OW VI]; mesə, kəmesə [Tax, Wer I, Bohl, Oh II]; mesə, kmesə [Baw, Mu, Wem II, Ker, Kol, Pal III, Be, Tom IV, Fak, Franzf, Ga, Glog, StA, Wil V, Ham, Pe VI]; mesə, kmes [Sch, Siw III, Alex, Bog, GK, Gra, Len, Low, Nitz, Ost, War V]
Allg: einen Wert prüfen und bestimmen ● *Mit de Kloftelatt* (↑Klafterlatte) *had me zwaa Medder* (↑Meter 1) *messe kenne.* [Fak V] *De gebrenndi Schnaps is imme prowiert genn (worden) vun de Schnapsbrenner. Me hat gmess, wie ↑stark (3) där is.* [Ost V] **Anm.**: In der Variante *gmossn* bewahrt das PPerf. den alten bair. Ablaut -*o*-. ■ Gehl 1991, 168.
→ausmessen, probier: ׃.

Messer - m, mesər, Pl. id. [La, StI II, Bog, Ger, Lieb, Low, StAnd, War V]; mesər, mesrə [Hod III, Gal, Jahr, Fak, Glog, StA V]; mɛsər, mɛsrə [Fak, Glog V]; mezər Pl. id. [Fek II]; mesr, mesrə [Stan III, Tow IV, Bog V]; mesr, Pl. id. [Ost V]; mesə [Tax, Wer I, Franzf, Glog V, OW VI]; meisə, -n [Ed I, GT, KT, Scham, Wud, Wudi I]; me:sə, Pl. id. [Ger V]; mesə Pl. id. [Albr, DSta V]
1. A, G, V, W: scharfes Schneidewerkzeug mit einem Griff ● *Mit em Mejsse hot me die Weiembasteicka* (↑Weinbeerenstecken) *aff de Hanslbank obzaung* (↑abziehen). [Wud I] *Un noh tut de Schlochter* (↑Schlachter) *min Meser in die Gurgl 'neisteche[n].* [Fek II] *Die Schubhacke hat vone so e Redje* (↑Rad) *un noch zwaa so Messer, des tud es Gros* (↑Gras) *obschneide.* [La II] *Mein Voter hod die Messer gschliffe, gell.* [StI II] *Sei Messre hot mer messe schleife uff en Schleifstaa.* [Stan III] *So eisene Messre mit em schene Griff, die ware net roschtfrei.* [DJ V] *Denoh hot mer die Bruscht ufghackt, mit oom stärkere Messer.* [Lieb V] *Die ↑Schneiderin hat die Garb mit ame gut gschliffene Messr vun aaner Sichl ufgschnitt.* [Ost V] 2. V: Messgerät ● *So en runde Messer hunn se neigelet* (↑hineinlegen) *in die Millich, on des hot gezeigt, wievl Millich es is.* [StI II] ■ Gehl 1991, 143.
→(1) Geiz-, Rasier-, Stichmesser, Stahl, Taschenfeitel, Werkzeug.

Messing

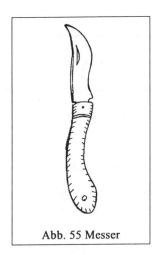
Abb. 55 Messer

Messing - n, mesiŋ, Sg. tant. [Aug, Scham, Schor, Tax, Wud I, Surg, StI, Wem II, Ap, Kutz, Mil, Sch III, Ru, Tom IV, Bak, Bill, Hatz, Nitz, Ost, Zych V, Ham, Mai, OW VI]
Allg: rot-gelbe Legierung aus Zink und Kupfer ● Nor an der Kärweih (Kirchweihfest) ware so geele Leffl, die ware aus Messing. [GJ V]
→Eisen (1), Messinglöffel.

Messinglöffel - m, mesilefl, -leflə [Ap, Ker, Mil, Pal, Sch III, Bog, Ger, GJ, GK, Ost, War, Wis, Zich V]
Allg: aus Messing hergestellter Löffel ● Die Messingleffle ware oft grinspanich (↑grünspanig), die hann imme misse geputzt genn (werden). [GJ V]
→Löffel, Messing.

Messingpipe - m, mesiŋpipə, Pl. id. [GK, Low, Ost, War V]
W: Fasshahn mit Ventil aus Messing ● De Pippe war fun Messing un ware aach Holzpippe, demno. De Messingpippe war besser, där hat e greßres Loch ghat. [Ost V]
→Pipe.

Meter - n, me:tər, Pl. id. [OW VI]; me:tęr [NPe V]; metər [Fek, Gbu, StI II, Ap, Brest, Sch, Siw, Stan III, Be, NP, Ru IV, Alex, Bak, Bog, Bru, Gott, Gra, GStP, Jahr, Knees, Len, Low, Nitz, Ost, War, Wies, Wis V, Erd VI]; medər [Kock II, Fak, Glog, Ost V]; me:tə [OG I]; me:tɐ [ASad, Lind, Wei, Wolf V]; metə [Baw, Jood II, Seik, Sulk, Wem II, Fak, Glog V]
1. Allg: 100 cm umfassendes Längenmaß ● Wann die Rebn schon en holbn Mete gwocksn sann, no ta-me se bindn. [OG I] Die woan so e drei Mette tief, unse Eisgrufte (↑Eisgruft). [Baw II] Und wenn de Kukrutz (↑Kukuruz) mol e halb Mäte hoch ischt, wärd er des zwat Mol ghackt, dass ke Gras meh ibbenemme (überhand nehmen) kann. [Jood II] Die Wassermihle hadde e groß Rod mit drei bis vier Medder in Dorchmesser. [Kock II] Ja, do wore hundet Mette Grumbire (↑Grundbirne) un noch mehr. [Sulk II] Un e Klofte woa kani zwaa Metter. [Ru IV] Die Holzstange sein so 5-7 cm dick, ungefähr drei Meter lang. [Bru V] Mit de Kloftelatt (↑Klafterlatte) had me zwaa Medder messe kenne. [Fak V] Der Schowr (↑Schober) is so drei-vier Medder hoch gsetzt ginn (↑setzen). [Ost V] Un was man hat, hier Fichtn, hier Buchn, hier kommt von elf bis zwölf Meter, hier kommt das neun- un zehnmetriges, wird des alles sortiert. [OW VI] 2. A, Fo: (verkürzt für:) Kubikmeter ● Mer hot fenfsechs Metter Holz verbrennt iwwen Trappe (↑trappen). [Fek II] Die Weizettle (↑Weinzettler) honn gricht (gekriegt) drei Meter Holz, ocht Meter Waaz (↑Weizen) un etwas Geld. [StI II] Wir hamm bekommen zwölf Mette äärstklassiches Deputatholz. [Resch V] Tausnde Meta Brennholz saan vebrennt. [Wei V] 3. A, B, V: (verkürzt für:) Meterzentner, 100 kg ● Mir hande drei Virtl (↑Viertel) Feld, vierunzwanzich Joch, des hat so in aan Joahr drei Waaz un etwas Geld gemach. [Gbu II] In andethalb Jahr bis zwaa Johr hot mer e scheni, bis zwaa Mette schwäre Sei (↑Sau) kriëgt. [Jood II] Die Weizettle (↑Weinzettler) honn gricht (gekriegt) drei Meter Holz, ocht Meter Waaz, sechzig Litter Wei[n] un etwas Geld. [StI II] In Staneschitz (ON) ware großi Baurehef, die Leit henn als siwwetausend Metter getrette (↑treten) in aam Jahr. [Stan III] Un die Elder sinn in de Vorbhalt (↑Vorbehalt) gang, do hat mr jo pro Joch e Meter Frucht un e Meter Kukruz ginn. [GStP V] No hann ich fimf Meter Rotkleesame[n] verkaafe kenne um tausend Gulde de Meter uf Guddebrunn (ON), far Export. [Wies V] ■ Gehl 1991, 166.
→(1) Kilo-, Zentimeter, Klafter, Maß; meterlang, zehnmetrig; (2) Kubikmeter; (3) Meterzentner.

meterlang - Adv, metərlaŋ [Wem, Wer II, Ap, Hod, Sch, Tscher III, Be, Tom IV, Alex, Bill, Bog, Fak, Ga, Glog, Len, Low, Ost, War, Wil V]
Allg: von der Länge eines Meters ● Do ware noch teilweis Hecke un Bromberte (↑Brombeere) wie nirgendswu, un die Rewe hunn sich meterlang hingezoo. [Bru V]

Meterzentner

→armlang, literweise; Meter (1).

Meterzentner - n, metətsentnə, Pl. id. [Ker, Siw, Werb III, Be, Tom IV, Alex, Bog, Gra, Lug, Mar, NA, Tem, War, Wis V]
Allg: ein Doppelzentner, 100 kg ● *Was glaubn Sie, der Stier hat vierzehn Metezentne ghabt, wie me ihm habn vekauft.* [Lug V]
→Meter (3).

Metze - f, veraltet, mets, -ə [Bru, GK, Gra, Lieb, Ost, Wis V]
A: altes deutsches und österreichisch-ungarisches Getreidemaß von etwa 62 l. *Etym.: Metze* f. 'altes Kornmaß', seit dem 11. Jh. belegt, von mhd. *metze, mezze* m., ahd. *mezza* f., *mezzo* m. 'Getreidemaß', Abl. zu *messen*. Die Ausgangsform ist nicht ausreichend klar; vgl. lat. *modius* m. 'Scheffel' von der gleichen Grundlage, das entlehnt mhd. *müt(te), mut(te)* m./n., ahd. *mutti, mutte* ergibt. Eventuell liegt bei *Metze* eine sehr alte Entlehnung mit Ausweichung des Umlauts (von *o*) zu *e* vor. ([23]Kluge, 556) ● *A volle Sack, des war a Metz Frucht oder Kukrutz* (↑Kukuruz), *ungefähr 50 kg.* [Bru V] ◆ Der Wiener *Metzen* (obd. für *Metze*) war ein Getreidemaß zu 61,48672 Liter und der Pressburger Metzen ein in Ungarn verwendetes Getreidemaß zu 62,531 Liter. (Jakob 2000, 8) ■ PfWb IV 1310; SüdHWb IV 645; RheinWb V 1110.
→Kilo.

Metzelsuppe - f, metslsupə, Pl. id. [StG, Sol, Sulk II]; metslsup, -ə [Da, Lieb, Nitz, Tschak V]
V: Nachtmahl mit Unterhaltung nach der Schweineschlacht *Etym.*: Die Bedeutungserweiterung erfolgte von der Wurstsuppe des Schlachttages, die beim Abendessen verzehrt wird zur Unterhaltung mit Musik und manchmal sogar Tanz beim Schlachtfest. ● *Aff Nacht war Metzlsuppe. Da war Wurschtsuppe un gfillts Kraut mit Kneel* (↑Knödel) *un Bacheraai* (↑Backerei). [Sulk II] *Am Owed war die Metzlsupp, die is gemach wor.* [Lieb V] ◆ Ein pfälz. Schwank wird ähnlich auch im donauschwäb. Sprachbereich erzählt: Als der Pfarrer einen Schulbub nach den drei höchsten Feiertagen im Jahr fragte, antwortete der: Fassenacht, Kärb un Metzelsupp. ■ PfWb IV 1312: 1.a. 'Suppe aus der Brühe, in der am Schlachttag Wurst und Fleisch gekocht werden', b. 'Wurst- oder Fleischgeschenk am Schlachttag', 2. 'Schlachtfest' (nach der dabei verzehrten Hauptmahlzeit); SüdHWb IV 646; RheinWb V 1112.
→Metzgersuppe, Schlachtfest.

metzgen - schw, metskə, metskət [Bil, Ham, Mai, Pe, Schei, Suk VI]
V: (von Haustieren:) schlachten ● *Seit em Grieg* (Krieg) *seit mer Metzger, weil der jede sei oaigene Sau hat metzget.* [Schei VI] ■ SchwWb IV 1648 f.
→schlachten; Metzger.

Metzger - m, metsgər, Pl. id. [Bil, Ham, Pe, Schei, Suk VI]
V: Handwerker bzw. landwirtschaftlicher Arbeiter, der zu Nahrungszwecken Vieh schlachtet ● *Frihe hot me gseit Floaischhacker, vor em Grieg* (Krieg). *Aber seither seit mer Metzger, weil der jede sei oaigene Sau hat gmetzget.* [Schei VI] ■ SchwWb IV 1649 f.
→Fleischhacker, Metzgersuppe; metzgen.

Metzgersuppe - f, metskəsupə, Sg. tant. [Bil, Ham, Mai, Pe, Schei, Suk VI]
V: (wie: Wurstsuppe) ● *Dänn koche mer e guete Suppe, e Metzgersuppe saget mer schwabisch.* [Schei VI]
→Metzger, Metzel-, Wurstsuppe, Suppe.

Milbe - f, milbə, Pl. id. [Fek, Seik, StI II, Low, Ost, War V]
B, V: ein Spinnentier, das die Bienenkrankheit hervorruft; Acarapis ● *Mië muss die Bien behandle gege die Milbe, un villmalst äfolglos.* [Seik II]
→Milbensorte, Ungeziefer.

Milbensorte - f, milbənso:rtə, Pl. id. [Bohl, Fek, Seik, StI II]
B, V: eine Art Milbe ● *Des is keine Krankheit, des is ein Ungeziewer* (↑Ungeziffer), *e Milbensoorte.* [Seik II]
→Milbe, Sorte.

Milch - f, milç, Sg. tant. [ASad, Lind, Resch, Tem, Wei, Wer, Wolf V, OW VI]; miliç [Jood, Kock, StI II, Ap, Stan III, Dol, DStM, Fak, Ga, Glog, GJ, GK, Hatz, Len, Low, Ost, StA, Tem, Wil V]; meliç [GBu II]; męliç [Fek II]; myli [Aug, Ed, GT, KT, Scham, Schor, Wud, Wudi I]; mil [Bil, Ham, Pe, Schei, Suk VI]
V: von weiblichen Säugetieren nach der Geburt produzierte weiße, nährstoffreiche Flüssigkeit ● *Manichi Bauen* (↑Bauer) *hamm vier, fümf Kihe un zwanzich, dreißich Litte Mülli ghot.* [Wud I]

Milcheimer

Die Fekeder Mällich hod mer in de Mälichverein getroge. [Fek II] *Un do woa de Bauer froh, wal des woar sei Monetsloh, die Mellich.* [GBu II] *Mir hadde immer Melkkih un henn vill Millich gliefert.* [Kock II] *Un fer die klaani Seili* (↑Sau) *war damals ke Millich ode Kunstfuetter.* [Jood II] *Vun dem Routmehl kricht die Kuh gudi Millich.* [StI II] *Do hot me Millich, Rohm, Butter un Kes kennt kaafe.* [Ap III] *Die Millich hot mer in der Verei* (↑Verein) *getrage.* [Stan III] *Wenn die Kuh gut gfittert git, hann die Leit Milch, Kes un Rahm.* [Bog V] *Ware hechschtn noch e Tippe* (↑Tüpfen), *zwei oder drei, Milich im Haus, sißi un sauri Millich, a Tippche Rahm.* [Dol V] *Die Kih mit großi Eidre* (↑Euter) *gebn viel Millich.* [Fak V] *Schwalme* (↑Schwalbe) *soll mer net fange, sunscht git die Kuh roti Millich.* [Hatz V] *Es is gmolk ginn* (worden), *die Millich is abgscheppt ginn.* [Ost V] *Also Tokan* (↑Tokane) *håm-me kocht, un viel Milch war bei uns.* [OW V] *Wem-me die Kuhe guet fuettret* (↑füttern), *no geit sie bis fufzeh Litter Mill.* [Schei VI] **Anm.:** Die Varianten *Milich* und *Melich* weisen den Sprossvokal *-i-* auf. Bei *Melich* ist Vokalsenkung i>e festzustellen. ◆ Redewendung: *Iwerall is Schwindl, nor in de Milch is Wasser.* [Bog V] *Milich* erscheint als Familienname in [StA V]. ■ Gehl 1991, 206.
→(Milchprodukte:) Butter, Käse, Magermilch, Molke, dicke -, Geißen-, saure -, süße Milch, Joghurt, Rahm, Brockel-, Sauermilch; (Sonstiges:) Milcheimer, -genossenschaft, -hafen, -halle, -haus, -kanne, -sechter, -verein, -zucker; melken,.

Milcheimer - m, myliampə, Pl. id. [Aug, Ed, GT, KT, Scham, Tar, Wud, Wudi I]
V: zum Transport von Milch verwendeter Blecheimer ● *Woan Weiber, wo die Mülliambe am Buckl gnomme hamm mit so an Hutschebingl* (↑Hutschenbündel) *un hamm die Mülli in de Fruh neitrogn* (↑hineintragen) *aff Budapest.* [Wud I]
→Eimer, Milch.

Milchgenossenschaft - f, miliçknosnʃaft, Sg. tant. [Brest, Pal, Siw III, NP, Tom IV, Bog, Ga, GK, Gra, Ost, StA, War, Wis V]
V: genossenschaftlicher Verein zur Verwertung der produzierten Milch *Etym.:* Entlehnung aus der Standardsprache. ● *Vor achzich-neinzich Johr wor aach a Millichgnossnschaft bei uns gwenn* (gewesen). *Späder is die Millich im Haus verbraucht ginn* (worden). [Ost V] ◆ Milchgenossenschaften, zur Verwertung der Milchprodukte, wurden in Rumänien in den 1930er Jahren von Landwirtschaftsvereinen gegründet. Manche Genossenschaften bestanden auch schon früher. In [StA V] rief der Bauernverein eine Milchgenossenschaft 1901 ins Leben, die bis 1920 bestand. Sie hatte 220 Mitglieder mit je ein bis zwei Kühen. Die Genossenschaft beschaffte eine Dampfmaschine zur Milchbearbeitung und verkaufte Butter und Käse. ■ Gehl 1991, 210.
→Genossenschaft (1), Milch, Milchverein.

Milchhafen - n, milhẹ:vələ, Pl. id. [Bil, Ham, Mai, Pe, Schei, Suk V]
V: Milchtopf ● *Die Mi!l ta mer in selle Häfele, seit mer Millhäfele, un de wärd se ?dick* (3). [Schei VI] ■ *Milchhaf(e)* m. SchwWb IV 1670.
→Hafen, Milch.

Milchhalle - f, miliçhalə, Pl. id. [Go, Ma, Pal, Wak, Wiel II]; miləçhalə, Pl. id. [GBu II]; miliçhåli [Fak, Glog V]
V: Milchsammelstelle der Verwertungsgenossenschaft *Etym.:* Die Übernahmestelle der Vereinsmilch war eine großer Raum, nach dem das Grundwort *Halle* gebildet wurde. ● *Die Leit honn zwaa-drei Kih gemelkt un teglich in de Millechhalle hiegetroge, des woar ihre Geld, net.* [GBu II] *Es Durf hod e Håldeshaus, die Millichalle on e Flåischbank.* [Wak II] **Anm.:** Die Varianten *Millich-* und *Millech-* weisen die Sprossvokale *-i-* und *-ə-* auf. ◆ Die bäuerlichen Betriebe konnten nur durch den Verkauf von landwirtschaftlichen Erzeugnissen wie Getreide, Vieh, Gemüse, Obst und Molkereiprodukte Geld erzielen. Die *Milchhalle* genannten Milchgenossenschaften wurden vom Bauernverein zur Milchverwertung auf lokaler Ebene in den 1930er Jahren gegründet. Sie besaßen üblicherweise Dampfmaschinen zur Milchverarbeitung. Butter und Käse wurden ausgeführt und den Mitgliedern entgolten, die zudem die abgerahmte Magermilch zur Tränkezubereitung zurückerhielten. (Gehl 1991, 210) ■ Gehl 1991, 210.
→Milchverein, Tscharnok.

Milchhaus - n, miliçhaus, -haizər [Hod, Pal, Tscher III, In, Ru IV, GJ, GK, Gott, Gra, Ost, V]
V: Bauernhof, von dem Kleinbauern oder Handwerkerfamilien täglich eine Menge Kuhmilch bezogen ● *Die Leit, die ka Kuh ghat hann, Professioniste un so, hann e Milichhaus ghat. Die sinn kumm un hann aa Liter odder zwei Liter khaaf* (↑kaufen). [Ost V]

Milchkanne

Milchkanne - f, milçkhan, -ə [Tow IV, Nitz V]; miliçkhan [Bog V]; milçkhandl, [StI II]; miliçkhandl [Fak, Ga, Glog, StA V]
V: großes, verschließbares Gefäß zum Milchtransport ● *Net Magermilch, mi hunn e Kandl voll Molge (↑Molke) kricht. In die Milchkandl hot me net Molge därfe neiton.* [StI II] ◆ Volksmedizin in der Pfalz: *Wammer scheni weißi Haut hawwe will, muß mer sich mit em Lumbe abbutze, wu mer die Millichkanne mit auswäscht.* ■ PfWb IV 1328; SüdHWb IV 664; RheinWb V 1141.
→Kanne, Milch.

Milchsechter - n, miliçseçtl, Pl. id. [Fek, StI, Surg II, Ker, Sch, Werb III]
V: Blechgefäß mit Sieb zum Filtern von Milch *Etym.:* Aus ahd. *sehtâri* , dieses aus lat. *sextarius* 'Maßgefäß'. ● *Un die saure Millich, die hunn se nei, un do woan so große Milchsechtl owe.* [StI II] **Anm.:** Das Grundwort *Sechtl* wird mit bair. Diminutivsuffix *-l* gebildet. ■ Sechter (Sester): SüdHWb V 944: 'altes Hohlmaß, besonders für Getreide, Nüsse, Kartoffeln, seltener für Wein'; HNassVWb 3, 551; PfWb VI 80 (Sester); SchwWb 5, 1331; BayWb 2, 219; Sechda, der Sechter: WbWien 677: 1. 'Melkgefäß mit kurzem Stiel'; 2. 'Handschöpfgefäß mit Stiel'.
→Milch.

Milchtüpfen - m, miliçtipə, Pl. id. [Bog, Ger, GJ, GK, Gra, Joh, Ost, Wis V]
V: irdener Milchtopf ● *Im Kellerhals uff so em Breet (↑Brett), do hann die Millichtippe mit der Millich gstann un de Rahm.* [GJ V] *Im Millichtippe uff de Sparherdplatt steht es Fuder für die Hingle (↑Hünkel).* [Joh V] ◆ Milchtöpfe waren hohe Gefäße aus gebranntem, glasiertem Ton. Darin wurde häufig Milch zum Säuern aufbewahrt. Als Maßeinheit verwendet, entsprach ein Topf 1 1/2 Liter. ■ PfWb IV 133; *Milchdüppen* SüdHWb IV 669; RheinWb V 1140.
→Milch, Tüpfen.

Milchverein - m, miliçfəraīn, -ə [StI II]; miliçfəra:in [Ap III]; miliçfəraī [Ap III]; meliçfərain, -ə [Fek II]
V: genossenschaftlicher Verein zur Verwertung der produzierten Milch ● *Die Fekeder Melich hod mer in de Mälichverein getroge un in Wemend is die aufgeärwet woan.* [Fek II] *Mir hatte e Milichverein. Dot hat me die Milich hie un die hunn Kes (↑Käse) un Butter gemocht.* [StI II] *No hat's e Gärtnerei un de Milichverei gewe, wo die Baure ihre Milich abgliffert henn.* [Ap III]
→Milch, Milchgenossenschaft, -halle, Verein.

Milchzucker - m, miliçtsukər, Sg. tant. [Bog, GK, Gra, Len, Low, Ost, War, Wis V]; miliçtsugər [Fak, Glog V]
A, V: mit Milch zubereitetes Karamelbonbon ● *Selmols war meh de Zucker in Modi, do war Milchzucker, Honichzucker, Leckwarzucker un scharfe Zucker.* [Bog V]
→Milch, Zucker.

Miltox - , selten, miltox, Sg. tant. [Petschw II]
O, W: (Markenbezeichnung für:) ein Spritzmittel für Obst- und Weinbau ● *De Weingoatn muss me spritzn (↑spritzen 1a) mit Blaustaa (↑Blaustein), Miltox, Biovit un alledehand Gattung. Ich kann des net sagn so, näm todom (nem tudom). ung. 'ich weiß es nicht').* [Petschw II]
→Spritzsache.

Milz - f, milts, -ə [Fek, Nad, Surg II, Ap, Ker, Sch, Werb III, Be, Tom IV, Bog, Bru, GJ, Gutt, Jahr, Low, War, Wis V]
V: als Speise verwendetes drüsenartiges Organ des Tierkörpers ● *Vun de Kelwer (↑Kalb), wenn die geschlacht wärre, des Beischl (↑Beuschel), was is die Lewwer un Milz un alles, was derzugheert, un des wärd dann gekocht un wärd gess.* [Jahr V]
→Vieh.

minderwertig - Adj, mindərveṛtiç [Ap, Ker, Kol, Pal III, In, Tom IV, Alex, Bog, GK, Gra, Len, Low, Ost, War, Wis V]
Allg: geringe Qualität, geringen Wert aufweisend ● *Ke griener (↑grün), nee, je dinkler (↑dunkel) de Thuwak (↑Tabak) is, desto minderwertiger is er.* [Ost V]

Mineralwasser - n, minəra:lvasər, Sg. tant. [Wer, Wud, Wudi I, Bad, Bohl, Gör, GA, GBu, Kock, Mu, Mut, Ud, Wik II, AK, Ap, Gara, KK, Kutz, Mil, Tschat III, Be, Esseg, In, ND, Put, Ru, Tow, Albr, Ben, Blu, Bru, Charl, Da, Ga, Gutt, GSch, KöH, Lieb, NDo, Resch, Schön, Tsch, Wer, Wil V, Bil, Erd, Ham, Kr, OW, Schö, Suk, Tur VI]
A, Fo: kohlensäure- und mineralhaltiges Quellwasser ● *Negscht (nahe) der Landstroß (↑Landstraße) ist e artesischer Brunne mit e kohlesäurehaltiche Mineralwasserquelle, die hat kihles Mineralwasser.* [Bru V]

Mineralwasserquelle

→Mineralwasserquelle, Wasser (1).

Mineralwasserquelle - f, minəra:lvasərkvel, -kvelə [Bru, Gutt, Lippa, Pau V]
A, Fo: Heilquelle mit kohlensäure- und mineralhaltigem Wasser ● *Negscht (nahe) der Landstroß (↑Landstraße) ist e artesischer Brunne mit e kohlesäurehaltiche Mineralwasserquell, die hat kihles Mineralwasser.* [Bru V]
→Mineralwasser, Quelle.

mischen - schw, miʃə, kemiʃt [Nad II, Gai III, Bru, Glog V]; miʃə, kəmiʃt [OG I]; miʃə, kmiʃt [Wein I, Tow IV, Bog, GJ. GK, Len, Low, NA, Ost, War V]; miʃə, kəmiʃ [Surg II]
Allg: Verschiedenes zu einer Einheit zusammenbringen, vermengen ● *Des Hiëndlfutte (↑Hendelfutter), fufzich Kile (↑Kilo), des is Kunstfutte, des is gemischt mit Kukrutz (↑Kukuruz) un Fischmöhl (↑Fischmehl).* [OG I] *Pfärdsmist un Kuhmist wäd gmischt, alles is gut.* [NA V] *No had mer des Korn (↑Korn 2) gekippt (↑kippen) mit der Sichl, schunscht wär zum Schluss schun gmischt gwenn vum Korn un Frucht.* [Ost V]
→anmachen, anrühren, herein-, zusammenmischen.

Mispelbaum - m, miʃplpā:m, -pē:m [GStP, Low V]; aʃplpa:m [Rud V]; aʃplpā:m [GK, Ost V]; naʃplpā:m [Len V]; eʃplpa:m [Tax I, Wer V], oʃplpā:m [Darda II]
V: Kernobstbaum mit birnenförmigen, erst überreif genießbaren Früchten, Gemeine Mispel; Mespilus germanica ● *De Vedde Matz (Vetter Mathias) sitzt ufm Aschplbaam un schaut, ob die Bäre (↑Bär 1) ausm Import schun kumme.* [Ost V] ■ Petri 1971, 48.
→Obstbaum.

Mist - m, mist, Sg. tant. [Ed, KT, Pußt, Wud, Wudi I, Baw, Fek II, Gbu, StI II, ASad. Lind, NA, Wei, Wolf V]; miʃt [Jood, Sulk II, Berg, Waldn III, Tom IV, Bog, Fak, Ga, Glog, Ost, StA V, Bil, Ham, Mai, Pe, Schei, Suk VI]
A, G, V: tierischer Kot vermischt mit Stroh als organischer Dünger ● *Entwede is e Mist gwest zen eingraam (↑eingraben), hod me den Stallmist aingraam.* [Pußt I] *Mit dem Grichtlwogn (↑Gerechtelwagen) hot me Mist, Ruam (↑Rübe) und Kukurutz gfihet.* [Wud I] *Domol woan kaa Maschine neuch, is Mist 'nausgfihet woan mit der Geil (↑Gaul).* [Fek II] *No is er min Schlitte gange Mischt fihre odde Hei (↑Heu) fihre.* [Jood II] *Ufn Sandbode is Mischt kumme.* [Sulk II] *Des ↑Brunzich wärd in e Brunzloch ufn Mischt abgfiehrt (↑abführen 2).* [Berg III] *Mir hunn de Mischt mim Baurewage (↑Bauernwagen) rausgfihrt afs Feld, im Frihjahr un im Härbscht.* [Waldn III] *Unser Mongolitza (↑Mangalitza), die sinn frei der ganzi Winder off em Mischthaufe rumgloffe, un wenn so kalt war, sinn sie in Misch 'nei.* [Tom IV] *Ohne Mist wockst goar nix.* [ASad V] *Dort hinne an de Kihstall war e Vertiefung, dort is de Mischt hienkumm.* [Bog V] *Rossmischt, Schofmischt oder Geißemischt, des is warme Mischt.* [Ost V] *D'Weiwa hommand mejssen (mussten) in Winta 's Wintaholz (↑Winterholz) foahrn und aa Mist foahrn.* [Wei V] *Ins Mischtbett kummt de Misch 'nei.* [Schei VI] ■ Gehl 1991, 195.
→(Arten:) Flarren, Gauls-, Geißen-, Kuh-, Pferds-, Ross-, Sau-, Schaf-, Schweine-, Stallmist, Kuhdreck, Kunstdünger; (Verschiedenes:) Mistbeet, -erde, -grube, -haufen, -käfer, -unterlage; ausmisten, misten, scheißen.

Mistbeet - n, miʃtpet, -ə [Bog, Ger, GJ, GK, War, Wis V, Bil, Ham, Mai, Pe, Schei, Suk VI]; mistpedl, Pl. id. [Na V]; miʃtpedl, Pl. id. [Fak, Ga, Glog, Ost, StA, War, Wil V]

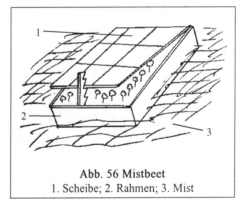

Abb. 56 Mistbeet
1. Scheibe; 2. Rahmen; 3. Mist

G, T: von Holzrahmen umgebenes, mit Glasfenstern bedecktes Frühbeet für junge Pflanzen ● *Zu ↑Barbara, am virte Dezembe, hod me schon die ärschti Mistbeddl gmacht un Paprika schun oogebaut.* [NA V] *Ausgangs Fewer (Februar) is e Mischtbeddl gmacht ginn vun Stallmischt.* [Ost V] *Zuärscht machet sie so e Mischtbett, un det tan se de Same 'nei.* [Schei VI] **Anm.:** Das Subst. *Mischtbeddl* weist bair. Diminutivsuffix *-l*, Vokalkürzung *ee>e* und Erweichung *t>d* auf. ◆ Die Erde des Frühbeetes ist mit Stallmist ver-

mengt, damit die Wärmeerzeugung das Wachstum der Pflanzen beschleunigt.
→Beet, Mist, Rahmen, Scheibe, Tabakkutsche.

misten - schw, miʃtə, gəmiʃt [Alex, Bog, Ger, GJ, War V]; miʃtə, kmiʃt [Bold, StG, Sulk II, Fak, Ga, Glog, StA, Wil V]; miʃtə, gmiʃt [Bil, Ham, Mai, Pe, Schei, Suk VI]
1. V: (von Tieren:) den Darm entleeren ● *Die Kuh hat jo im ganze Stall gemischt, weil sie wor jo net aagebunn.* [Bog V] 2. A: mit Mist düngen ● *Ufn Sandbode is Mischt kumme. Me had Kih und Saue und Ross ghalde, dass mer hot kenne mischte.* [Sulk II] 3. V: (den Stall) ausmisten ● *D'Kihe muss mer fuettre* (füttern), *mischte un trenke.* [Schei VI] ■ PfWb IV 1348: 1. 'den Darm entleeren', 2. 'den Stall von Mist säubern', 3. 'mit Mist düngen'; SüdHWb IV 686; RheinWb V 1189-1199.
→Mist; (1) scheißen; (3) ausmisten.

Misterde - f, mistęədə, Sg. tant. [NA V]; miʃtę:rt [Fak, Ga, Glog, StA, Wil V]
G: tierischer Kot vermischt mit Stroh als organischer Dünger ● *Owwe de Äed sein zammgsetzt woan die Brette un die Glasfenste sein draufkomme, un dann is Mistäede draufkomme.* [NA V]
→Erde, Mist.

Mistgrube - f, miʃtkru:və, Pl. id. [Fek, Nad, StG, Sulk, Wem II, Ker, Stan III]
T: mit Dünger gefüllte Unterlage des Warmbeetes ● *Do is e Mischtgruwe gmacht, da is Waldgrund drauf kumme un da is zudeckt ware. Un dann is oobaut ware* (↑anbauen) *mit Tuwak* (↑Tabak). [Sulk II]
→Mist, Mistunterlage, Tabakkutsche.

Misthaufen - m, miʃthaufə, -haifə [Stan, Waldn III, Gai, Sch, Siw, NP, Tom IV, Bak, Fak, Glog, Ost , Wil V]; miʃthaufə, -haifənə [Ga, StA V]
V: auf einen Haufen aufgeschichteter Stalldünger ● *Ganz hindri uff der Mischthaufe, dort hat mer die Därem* (↑Darm) *gwesche* (↑waschen). [Stan III] *De Saumischt un de Rossmischt is aff der Mischthaufe abgeleet worre, där war immer beim Auslauf vorm e jede Saustall.* [Waldn III] *Unser Mongolitza* (↑Mangalitza), *die sinn frei iwer der ganzi Winder drauß off em Mischthaufe rumgloffe, un wenn so kalt war, sinn sie in Misch 'nei.* [Tom IV] *De Mischthaufe, de Strohschower, de Sprauerschower* (↑Spreuschober), *de Laabschower, de Haaischower un de Brennsachschower* (↑Brennsachenschober), *des war alles im Hinnerhof, net im Schopp* (↑Schuppen). [Ost V] *De Geilsfresse* (↑Gäulsfresser) *is e Uugeziffer* (↑Ungeziefer), *was em Mischthaufe rumwuhlt* (↑herumwühlen). [StA V] ◆ Das anspruchslose serbische Fettschwein (Mangalitza) konnte das ganze Jahr ohne Stallhaltung auskommen, indem es sich zum Schutz vor starker Kälte in einem Stroh- oder auch Düngerhaufen verkroch. Üblich war auch Eichelmast im Wald.
→Haufen (1b), Mist.

Mistkäfer - m, miʃtkhe:fər, Pl. id. [Gara, Wasch III, Bog, GK, Ost V]
V: schwarzer Käfer mit plumpem Körperbau; Geotrupes ● *Des sin die Mischkefer, wu so in alte Rossmischt* (↑Rossmist) *gehn, tun den ufarweide* (↑aufarbeiten). [Ost V] ■ PfWb IV, SüdHWb IV, 688; RheinWb V 1183 f., Gehl 1991, 116; Petri 1971, 104 f.
→Käfer, Mist, Mistkrabbler.

Mistkrabbler - m, miʃtkravlər, Pl. id. [Fak, Glog, Wil V]
V: (wie: Mistkäfer) ● *Im Rossmischt kam-mer als die Mischkrawwler sehne* (sehen). [Fak V] ■ PfWb IV 1352; Gehl 1991, 116.
→Mistkäfer.

Mistunterlage - f, selten, miʃtunəla:k, Sg. tant. [Bog, GJ, Gra, Low, Ost, War, Wis V]
A, G, T, V: Düngerschicht unter der Erdschicht des Warmbeetes *Etym.:* Entlehnung aus der Standardsprache. ● *Die Mischtunnelag is vun Stallmischt, wumeglich warme Stallmischt.* [Ost V]
→Mist, Mistgrube.

mit der Hand - subst. Ausdruck, mit də hant [Fek, Surg, Wem II, Bog, Ger, Nitz, NA, Ost V]; midə hant [Fil, Hod, Mil III, Tom, Tow IV, Fak, Glog, StA, Wil V]
A: manuell, von Hand ● *Dann is noch mit de Hand oogebaut* (↑anbauen) *woan.* [NA V] *Un mit der Hand hat mer gsät.* [Schei VI]
→säen.

mitbrennen - schw, mitprenə, -prent [Bil, Ham, Mai, Schei, Suk VI]
O, W: (von landwirtschaftlichen Rückständen:) zusätzlich beim Schnapsbrennen verwenden ● *Also was se aagsetzt* (↑ansetzen 2) *hot in Fass,*

es Lager, des hot me au mit de Treber mitbrennt. [Schei VI]
→brennen (2).

Mitsch - f, selten, mitʃ, Pl. tant. [Alex, Bog, Drei, Eng, Fak, Ga, Glog, GStP, Kreuz, Low, Pan, Sack, Sad, Schön, StA, Wies, Wis V]
V: meist paarweise verkaufte Bratwürstchen *Etym.*: Entlehnung des rum. Ausdrucks *(cârnăciori) mici*, 'kleine Würstchen' in der Verkürzung, wobei die Pluralform des Adj. *mici* die substantivische Bedeutung übernahm. ● *In der Stadt hot mer sich Fransela-Brot, Kipfl, Langosch mit Schofkäs oder Mitsch kaaft un gesse.* [StA V]
→Wurst.

Mitte - f, mite, Sg. tant. [Tom IV, OW VI]; mitə [Bold, StI II, Fil, Mil, Stan III, Ga, GK, Ost, StA V]; mit, Sg. tant. [Fek II, Be, Tom IV, Alex, Bog, Bru, Charl, Da, Fak, Fib, Glog, Jahr, StA, StAnd, Wies V, Be, Ham, Pe VI]
Allg: von allen anderen Punkten eines Raumes (einer Fläche) gleich weit entfernter Mittelpunkt ● *Un no hot de Schlåchter die Sau in der Mitt aufgschniedn.* [Fek II] *In de Mitte 'nei in de Mulde* (↑Multer) *hot se den Dampl* (↑Dampfel) *gemocht, un des is noch gange* (↑gehen). [StI II] *Am Kamilleroppr* (↑Kamillerupfer) *war in der Mitte oo Stiel fer die Kischt ziehge* (↑ziehen). [Mil III] *Noh is die Sau in der Mitte ufgschnitte worre.* [Stan III] *Oft war uff de Felder in der Mitte e Streife mit Stupple* (↑Stoppel). [Tom IV] *A* ↑*Fruchttuch aus growem Hannefgarn* (↑Hanfgarn) *war so 5 Metter lang un in de Mitt zammgenäht.* [Bru V] *Die Schärrieme* (↑Scherriemen) *sinn ausenander gang so, un zwei in de Mitte.* [Ost V]
→Mitteldorf, -garbe, -gasse, -wand, -weingarten; mittel.

mittel - Adj, mitl [Bog, GK, Ost, Wis V]
Allg: durchschnittlich, zwischen zwei Extremen liegend ● *De Kuhmischt is mittl un de Schweinemischt is kalde Mischt.* [Ost V]
→Mitte.

Mitteldorf - n, mε̥tətuərf, -tε̥ərfə [Fek, Oh, Wem II]
A: zentraler Teil einer agrarisch geprägten Siedlung ● *Em Mätteduerf es die Hauptgåsse un die Newegåsse.* [Fek II]
→Dorf, Mitte.

Mittelgarbe - f, mitlkoɐrvə, Pl. id. [StI II]
A: in die Mitte des Haufens gelegte untere Getreidegarbe ● *Mië hunn immer unne drei, do woa die Mittelgoarwe, noch zwaa druf unnoch widder zwaa druf un so, zehni hum-mië* (haben wir) *drufgeton* (↑darauftun) *uf aan Hauwe* (↑Haufen). [StI II]
→Garbe, Mitte.

Mittelgasse - f, mitlkas, -ə [Ap, Fil, Ker, Mil, Sch, Stan III]
A: durch die Mitte der Gemeinde verlaufende Hauptgasse ● *Ja, die Gasse in Apatie* (ON), *do sinn die Mittlgass un die Kreizgass, die groß Moraschtgass, Kärchegass, Spatzegass, es Rauwergessl* (↑Räubergasse). [Ap III] ■ PfWb IV 1372; SüdHWb IV 710.
→Gasse, Mitte.

Mittelwand - f, mitlvand, -vendə [Seik, StI II]
B: aus Wachs bestehende Wand der Wabe ● *Vun den Wocks* (↑Wachs) *tun sie auch Mittlwende presse, die wänn gewalzt eigentlich.* [Seik II]
→Mitte, Wabe.

Mittelweingarten - m, metlvaikoɐtə, Sg. tant. [Alt, Fek, Oh, Wem II]
W: Flurnamen nach der zentralen Weingartenflur ● *Am Weigoategrowe senn die Fäkäder* (ON) *Weingäete. Des oon Feld haaßt Mettlweigoate.* [Fek II]
→Mitte, Weingarten.

Mitzi - f, mitsi, Sg. tant. [Ger, GJ, GK, Low, Ost V]
V: Rufname für weibliche Pferde *Etym.*: Der Name ist eine Koseform zum weiblichen Vornamen *Maria*. (WbWien 547) ● *Die Rossname ware aldi Name vun der Ansiedlung: Fanni, Olga, Mitzi, Freila.* [Ost V]
→Rossname.

modern - Adj, modɐrn [Aug, Ed, Scham, Wudi I, Fek, Surg, Wak II, Ap, Hod, Mil III, Esseg, In, Ru IV, Fak, Ga, Glog, NA V], motɐrn [Sch, Siw III, Ker, NP IV, Bill, Knees, Len, War V]
Allg: modisch, der neuesten Technik entsprechend ● *Die modärni Pumpbrunne sinn schun mit e Pump gange.* [Glog V]
→neumodisch.

Mohn - m, mo:n, Sg. tant. [De, Franzd, Ora, SM, Stei V]
G: Schlafmohn; Papaver somniferum ● *De Mohn un die Saurampe hod mer aach manchsmol im*

Molke

Goartn angebaut. [Stei V] ■ Petri 1971, 52.
→Gemüse, Mag.

Molke - f, mo̧lgə, Sg.tant. [StI II]; molgə [StI II]; molikə [Fak, Ga, Glog, StA V]
V: sich vom Weißkäse absondernde nährstoffreiche Flüssigkeit, Käsewasser ● *Net Magermilch, mi hunn e Kandl voll Molge kricht. In die Milchkandl* (↑Milchkanne) *hot me net Molge därfe 'neiton. Wann des Brot mit Molge gebacke is woan, noch woar's vil schener.* [StI II] **Anm.:** In der Variante *Molike* tritt Sprossvokal *-i-* auf.
◆ Die *Käsewasser* genannte Molke, die bei der Herstellung von Käse und Quark anfällt, wird in der Bauernwirtschaft vornehmlich dem Schweinetrank beigemengt. ■ PfWb IV 1389 f.: SüdHWb IV 731; RheinWb V 1242; Gehl 1991, 206.
→Milch, Ziegerwasser.

Monatslohn - m, mo:nətslō:, Sg. tant. [GBu II]
Allg: für Dienstleistungen bzw. für die regelmäßige Abgabe landwirtschaftlicher Produkte monatlich bezahlte Vergütung ● *Un do woa de Bauer froh, wal des woar sei Monetsloh, die Mellich* (↑Milch) [GBu II]

Monatsrettich - m, mo:natsretiç, Sg. tant. [Fak, Ga, Glog, Ost, StA, Wil V]; mɐunətsra:diç [Aug, Ins, Schor, Wud, Wudi I]
G: rasch wachsender Rettich mit weißem Fleisch und roter Schale, Radieschen ● *Im Garte hammer ghat Rodi Ruwe* (↑Rote Rübe) *un Rettich, Monatsrettich un Schwarze Rettich, des war de Winterrettich, Karfiol, Paschkernat* (↑Pastinak) *un Grienzeich* (↑Grünzeug) *un vieles andre.* [Ost V]
■ Gehl 1991, 239; Petri 1971, 61.
→Rettich.

Monopol - n, monopo:l [Bohl, Kock, Wem II, Ap, Ker, Kol, Mil, Pal, Sch III, In, NP, Tom IV, Bak, Bru, Fak, Ga, Glog, GK, Gra, Hatz, Ost, Pau, Wil, Zich V, Bil, Ham, NP, Pe VI]
Allg: alleiniger Anspruch auf Besitz eines Produktes und Handel damit **Etym.:** Entlehnung aus der Standardsprache. ● *Des Schnapsbrenne war Monopol, der Staat had jo e gude Taal dervun gholl.* [Ost V]

montieren - schw, monti:rə, monti:rt [Gai III, Be, Tom IV, Bak, Bru, Charl, Gutt, Jahr, Ost, Wil, Wis V]
Allg: ein Teil an eine landwirtschaftliche Vorrichtung, ein Gerät anbringen ● *Nochm Schnitt sein die Newerstange* (↑Nebenstange) *uff de Waa* (↑Wagen) *montiert gewwe* (worden), *for die Garwe* (↑Garbe) *druf ufschlichte* (↑aufschlichten). [Bru V]
→daraufmontieren.

Moos - n, mo:s [Fak, Ga, Ger, Glog, Gutt, Jahr, Lippa, Schag, SM, StA, Ui V, OW VI]; kri:nəs mo:s [Alex V]; mu:s, Sg. tant. [Char, Low, Ost, Seul, StH, Trau V]; mi:siç [Ap, Fil, Ker III]
A, Fo: als Unkraut verdrängte, feuchte Stellen bevorzugende Pflanze; Lycopodium selago
● *Dann warn noch die Dachworzle* (↑Dachwurzel), *die Drischlinge* (↑Drieschling) *un iwers Moos saan mer Mus.* [Ost V] *Das Holz wird bezimmert, mit so e breite Hacke un zusammenpasst, und nachhär wird es verschopft* (↑verstopfen) *mit Moos, dass das Wasser nicht rausrinnt.* [OW VI] ◆ Moos wurde zum Verstopfen der Fugen bei Wasserfahrzeugen und beim Bau der Riesen verwendet. ■ Gehl 1991, 96; Petri 1971, 45.
→Unkraut.

Morast - m, moraʃt, -ə [Ap, Hod, Pal III]
A: sumpfige, schlammige Erde ● *Im Hochwasser war Iwweschwemmung. In e Vertiefung is Morascht gebliwwe, vun dem is die Moraschtgass härkumme.* [Ap III]
→Sumpf.

Morastgasse - f, moraʃtkas, -ə [Ap, Brest, Fil, Hod III]
A: im Donaugelände gelegene, oft sumpfige Gasse ● *Ja, die Gasse in Apatie* (ON), *do sinn die Mittlgass un die Kreizgass, die groß Moraschtgass, Kärchegass, die Spatzegass un die Schinnersgass.* [Ap III]
→Gasse.

Morgenstern - m, morgənʃtɐrn, Pl. id. [Fil III]; mɐrgətsʃtɐrn [Mil III]; marjətsʃtɐrn [Ger, Len V]; ʃtɐrnplum [Jahr, DStp, Low, Trau V]; ʃtɐrnplumɐ [AK, KK III, Jab V]; ʃtɐrnɐplumɐ; ʃtɛ:rəplum [NB V]; vaisər ʃtɐrn [Stan III]
G: Amaryllisgewächs mit hohlem Blütenschaft und ansehnlichen, weißen oder gelben Blüten, Narzisse; Narcissus poeticus **Etym.:** Die Bezeichnung erfolgte nach der Ähnlichkeit der Narzissenblüte mit einem Stern. ● *Maulaffe un Margetsstärn siggt* (sieht) *mer gern im Garte.* [Mil III] ■ Petri 1971, 49.
→Blume.

Morscholo

Morscholo - m, selten, morʒolo:, Pl. id. [Ham, Mai, Schei VI]
W: Traubenmühle *Etym.:* Das Subst. ist eine Entlehnung des ung. reg. *morzsoló*, eine postverbale Bildung nach ung. *morzsol* 'bröckeln, krümeln; (Mais) entkörnen'. • *D'letschte Jahre hat me schon Morscholo ghet un Presse ghett.* [Schei VI]
→Mühle (2), Presse (2), stampfen.

Most - m, most, Sg. tant. [Petschw II, Ru IV, Bog, GK, Low, Ost, War V]; moʃt [Ap III]; muʃt [Fak, Ga, Glog, StA V]; mǫust [Aug, Ed. GT, KT, Scham, Schor, Wud, Wudi I]
W: nicht vergorener Trauben- und Obstsaft • *Mitn Tschutel* (↑Tschutra) *hot me in lejtzn Moust ve de Baueding* (↑Bottich) *aueßegschejpft* (↑ausschöpfen). [Wud I] *Dann de Most wäd åbglasn* (↑ablassen) *un dä kummt in die Fesse* (↑Fass) *'nei, in Kelle*[r]. [Petschw II] *Die Trauwe henn misse gäre, un de Moscht is zu Wei warre.* [Ap III] *Un in däre Gatze* (↑Gatzen) *hod me den Most reitun.* [Ru IV] *Nom is de Most in Kelle getrage woan.* [NA V] *De sießre* (↑süß) *Most war de ärschte, där hat mähr Zuckergehalt ghat.* [Ost V] ■ Gehl 1991, 240.
→Saft, Wein.

Motor - m, moto:r, -ə [Seik, StI, II, Bog, Drei V, OW VI]; motǫ:r [Nad II]; 'motor [NA V]; modo:r, -ɐ [StIO, I]
Allg: krafterzeugende Maschine zum Antreiben eines Gerätes • *Un do is am Honichschleidre* (↑Honigschleuder) *ein Motor, un do geht des schun leichter.* [Seik II] *Die Pumbe* (↑Pumpe) *zieght des Wasse rauf mim 'Motor.* [NA V] *Und da is de Motor, welcher diese Waggonettn raufzieht.* [OW VI]
→Dieselmotor, Maschine (1); einschalten.

Motorsäge - f, motorsę:çə, Pl. id. [Nad II]; moto:rnze:ge, -gn [OW VI]; motorso: [ASad, Lind, Wei, Wolf V]
Fo: durch einem Motor betriebene Handsäge • *In Holzschlag hom-mar mejssn mit de Waldsoo schneijn* (↑schneiden). *Heit is des scho völ bessa, ejtz oarwatn's mit de "Druschba", mit der Motorsoo.* [Wei V] *Da hamm wir schon mekanischi Segn. Von de sechzige Jahr härzu hamm wir schon Motorsege mit Benzinmotor.* [OW VI]
→Benzinmotor, Druschba, mechanische Säge, Säge (1), Waldsäge.

Motsche - n, motʃjə, -r [Fek, Oh, Nad, Pal, Seik, Surg, Wem II]
V: Kalb *Etym.:* Die Bezeichnung des Kalbes wurde - ähnlich den Namen für andere kleine Haustiere - nach einem Kosenamen aus der Kindersprache gebildet. • *Die Motschjer woare friher mitm Kihhalde off der Motschjerwaad.* [Seik II] ■ RheinWb V 1313: 2. übertragen 'ganz kleines Kind'; *Mutsch 3* PfWb IV 1487: 'Fohlen', Dimin. *Mitschel; Mutsch I,* f. SüdHWb IV 841: 2. 'Kosenamen für Katzen'.
→Kalb, Motschenweide, Munz.

Motschenweide - f, veraltet, motʃjərva:t, Sg. tant. [Fek, Oh, Nad, Pal, Seik, Surg, Wem II]
A, V: Gemeindeweide für Kälber • *Die Motschjer woare friher mitm Kihhalde off der Motschjerwaad.* [Seik II]
→Motsche, Weide (1).

Mücke - f, mik, -ə [Sag II, Bul, PrStI, Sek III, Albr, Bak, Ben, Bill, Bir, Charl, Dol, DStP, Eng, Ger, GJ, Gott, Gra, GStP, Gutt, Hatz, Heid, Jahr, Joh, Jos, Kath, Ket, KB, KSch, Laz, Len, Low, Mori, Na, NB, NPe, NSie, Nitz, Ost, Orz, Rud, Sack, StAnd, Stef, Tschak, Tschan, Tsch, Tsche, Ui, War V], muk, -ə [Buk, Bul, Gai, Har, Hod, Kar, Sek, Wasch III, In IV, Franzf, Karl, Mram V]; mukn, Pl. id. [Hom, StM V]; prummik, -ə [Stef V]
V: gedrungenes Insekt, Zweiflügler mit kurzen, dreigliedrigen Fühlern, Fliege; Musca domestica *Etym.:* Die Insektenbezeichnung ist seit dem 8. Jh. belegt und kommt von mhd. *mücke, mucke, mügge, mugge,* ahd. *mugga, muck.* Das Wort ist vermutlich abgeleitet aus einem gotischen *muhja-* n. 'Mückenschwarm'. (^{23}Kluge, 572) • *Em Summer senn die Stare her wie Micke uff de Brei.* [Len V] *Die Epplschnitze* (↑Apfelschnitz) *ware im Gang ufghonk* (↑aufhängen), *dort ware bestimmt tausnd Micke dran. (...) Dann sinn die Micke, die Rossmicke un die Schmaaßmicke.* [Ost V] **Anm.:** Die Variante *Muckn* mit der Endung *-n* im f. Sg. und verhindertem Umlaut *ü* vor *-ck* weist auf bair.-österr. Einfluss in der Fachsprache hin. ◆ Die wortgeographische Lage von *Mücke* wird im Wortatlas dargestellt. Zu den uns interessierenden Hauptformen *Mücke* (als *Mick, Muck, Mugge* weit verbreitet) steht nur im Südwesten des deutschen Sprachgebietes *Schnake, Schnoke* und vereinzelt in Süd- und Ostösterreich *Gelse, Gölse, Gösse.* (DWA I, Karte 10) Kretschmer differenziert die Wortformen und ihre Bedeutungen. *Mücke* bezeichnet in

Berlin alle Gattungen von Mücken, die von den Zoologen unter den *Nematocera* zusammengefasst werden und deren Unterschiede den Nichtzoologen meist unbekannt sind. Diesem nord- und ostdeutschen Sprachgebrauch steht ein west- und süddeutscher gegenüber, in welchem *Schnake* der gewöhnliche Ausdruck für diese Insekten ist. Nördlich geht *Schnake* bis Thüringen (Südharz), Kassel, Paderborn, Münster, Luxemburg, Lothringen, bis zum Elsass und der Rheinpfalz, umfasst Hessen, Baden und Württemberg, Bayern, Vorarlberg und die Schweiz. Teilweise bedeutet *Schnake* vor allem eine bestimmte Gattung von Mücken, so in Hannover die 'große Bachmücke', Tipula, in Paderborn die größeren Mücken, namentlich aber die 'Stechmücke', Culex pipiens. Die *Rheinschnaken* sind 'Stechmücken'. In Böhmen und in Österreich bis Kärnten, auch in der Zips und in Siebenbürgen, heißt die Stechmücke *Gelse*, während das Wort *Mücke* auf die kleinen Fliegenmücken, Crassicornia, beschränkt ist. In Tirol ist nur *Mucke* üblich, *Gelse* ist hier unbekannt. - Die Differenz *Mücke* - *Schnake* hängt damit zusammen, dass *Mücke, Mucke* usw. im Südwesten die 'Fliege' bedeutet, so luxemburgisch *Mek*, lothringisch *Mick*, elsässisch *Mucke(n)*, ebenso in der Pfalz, in Württemberg, in Aschaffenburg und Würzburg. Im Frühnhd. wird zwischen *Mücken* und *Fliegen* nicht scharf unterschieden. Allerdings ist von den zwei zoologisch getrennten Mückenklassen, den *Schlankmücken* oder Tipulariae, zu denen die Stech- und die Bachmücken gehören und den *Fliegenmücken* oder Crassicornia, die erste so verschieden von den Fliegen, dass sie wohl niemals verwechselt werden konnten, während die Fliegenmücken den Fliegen wohl ähnlich sind. Im Westen und Süden hat man dann für die 'Schlankmücken' die Namen *Schna(c)ke* (rheinisch *schnack* 'schlank gewachsen') und *Gelse* (nach dem mhd. Verb *gëlsen*, auch elsässisch *gëlse(n)* 'laut schreien, gellen') geschaffen. Im Nordosten dagegen wurde das Wort *Mücke* auch auf die 'Schlankmücken' ausgedehnt, während für lat. *musca* noch ahd. *flioga* verwendet wurde. Spätere Bibelübersetzungen haben das Luther'sche *mucken* durch *schnacken* ersetzt. Auch später wurde der Name *Mücke* als unpassend gehalten, weil es alle kleinen Fliegen benennt, unabhängig davon, ob sie stechen oder nicht. (Kretschmer 1969, 340-342) ■ Petri 1971, 111.
→Fliege, Ross-, Schmeißmücke, Ungeziefer.

Muhar - m, muhar, Sg. tant. [Gai, Har, Tscher, Wepr III, Heu, Hom V]; moha:r [Jink, Kä, Sag, Sar, Warsch II, Tscher, Stan III, Fil, Franzf V]; muha:i [Fa, Ga, Glog, Len, Low, StA V]; moha:i [Sch, Tor, Tsches, Werb III, Karl, Moll, NB V]; mohai [Mram, Ost V]
A, V: Fennich, Kolbenhirse; Setaria italica
Etym.: Entlehnung aus ung. *muhar* 'Fennich, Vogel-, Kolbenhirse', dieses (seit 1283 belegte) ung. Subst. von serbokr. *muhār*. Die ursprünglich slaw. Bezeichnung der Futterpflanze tritt auch in weiteren slaw. Sprachen und Wortformen auf wie serbokr. *mohar, muar, muvar*, tschech. *mohár, muhar*, slowak. *mohár*, russ. *mochar*. Die Herkunft der slaw. Wortform ist ungeklärt. (MESz 2 972) Rum. *mohar* geht - wie die donauschwäb. Wortformen - auf die ung. Bezeichnung zurück. ● *Friher hodde mer ofm Moharfäld als vill Mohar gebaut.* [Jink II] *For Fuder* (↑Futter) *war hauptsechlich Klee, un dann weniger Rotklee, Mohai un Wicke.* (...) *Die Aldi hann drufgebiss uff de Mohai un hann gsaat, wann e grien* (↑grün 2) *war, är is noch net gut.* [Ost V] **Anm.**: Die Varianten *Muhaai, Mohaai, Mohai* sind durch Wortkreuzung von *Muhar* mit *Heu* gebildet worden. ■ Gehl 1991, 197; Petri 1971, 68.
→Heu, Muharfeld, -gras,- samen.

Muharfeld - n, moharfęlt, -fęldər [Jink, Kä, Sag, Sar, Warsch II]
A: zum Anbau von Futterpflanzen bestimmter Teil der Dorfflur ● *Friher hodde mer ofm Moharfäld als vill Mohar gebaut.* [Jink II]
→Feld, Muhar.

Muhargras - n, mohaikra:s, Sg. tant. [GK, Ost V]; moha:r [Stan, Tscher III, Franzf V]; moha:i [Tor III, Karl, NB, Tsch V]; muha:r [Har, Tscher, Wepr III, Heu, Hom V]; muha:i [Len, Low V]
A: als Unkraut verdrängtes Gras ● *Es Härschgras* (↑Hirschgras) *un es Mohaigras, wu des auftaucht, des is schlimm, un die Braumbiere* (↑Bromeere) *in de Ruwe* (↑Rübe). [Ost V]
→Gras (1), Muhar, Unkraut.

Muharsamen - m, mohaisō:mə, Sg. tant. [Bog, Len, Low, Ost V]
A: Samen der Kolbenhirse ● *Wie de Mohai zeidich* (↑zeitig) *war, no hann se Mohaisome ghat un sei Nährwärt war wenicher wie Laab* (↑Laub 1b). [Ost V]
→Muhar, Samen.

Mühlbach

Mühlbach - m, mi:lpax, Sg. tant. [Go, Ma, Pal, Wak, Wiel II]
A: Flurnamen nach dem Wasserlauf, der früher eine Mühle betrieb ● *Die Schwabemihl woar am Mihlbåch gleche. Nom woar noch die Härrschåftsmihl, am Mihlgråwe.* [Wak II]
→Mühle (1), Mühlgraben.

Mühle - f, mi:l, -n [ASad, Lind, Resch, Wei, Wolf V]; mi:l, -ə [Kock, Sulk II, Ap, Brest, Siw, Stan, Tscher III, ND, NP IV, Bak, Bog, Fak, Ga, Glog, Gott, Gra, Len, Low, Nitz, Ost, StA, War, Wil V], mel, -ə [Alt, Fek, Nad, Oh, Wem II]
1. A: durch Motorkraft, Wasser oder Wind betriebene Anlage zum Mahlen von Getreide ● *Die Mell liegt am Mellgrowe.* [Fek II] *Aso in sällem Gwånn* (↑Gewanne) *wor die Schneidemihl, weil där hod Schneide ghaaße, dem wu die Mihl wor.* [Kock II] *Un no hod me de Waaz* (↑Weizen) *in de Mihl gfihrt, zu mahle.* [Sulk II] *Frucht un Gäesch* (↑Gerste) *is in der Mihl gmahle warre. Do hot's e Dampfmihl gewwe un Wassermihle.* [Ap III] *Do is mer in die Mihl gfahre, do is gmahle ware.* [Stan III] *De Schimml hat johrelang die Mihl gezoo* (↑ziehen 1). [Len V] *No wor's aus mit de Wassermillre, no hann se die Miehle zammgschlaa* (↑zusammenschlagen). [Perj V] 2. W: (verkürzt für:) Traubenmühle ● *Dort war e großi Botting un die Mihl war druf, die Trauwemihl.* [Ost V]
→(1) (Arten:) Dampf-, Donau-, Fleisch-, Herrschafts-, Raitzen-, Ross-, Schrot-, Schwaben-, Schiffs-, Walzen-, Wassermühle; (Verschiedenes:) Mühlbach, gasse, -graben, -stein, Müller (1); (2) Traubenmühle; mahlen.

Mühlgasse - f, mi:lgåsn, Pl. id. [Ora, Stei V]
A: zu einer Mühle führende Dorfstraße ● *Und eine Gåssn woa Steidorf, un da runder woa Mihlgåssn.* [Stei V]
→Gasse, Mühle (1).

Mühlgraben - m, mi:lkrå:və, -kre̜:və [Go, Ma, Pal, Wak, Wiel II]; melkro:və [Alt, Fek, Nad, Oh, Wem II]
A: Flurnamen nach einem abgezweigten Bachlauf, der Wasser zur Mühle leitete ● *Die Mell liegt am Mellgrowe.* [Fek II] *Die Schwabemihl woar am Mihlbåch gleche. Nom woar noch die Härrschåftsmihl, am Mihlgråwe.* [Wak II] ■ PfWb IV 1452: auch *Mühlbach.*
→Graben, Mühle (1), Mühlbach.

Mühlstein - m, mi:lʃtē:n, -ər [Ker, Sch, Siw, Tscher III, Bak, GJ, Nitz, Ost, War V]; mi:lʃtå̄:-ʃtē:nər [Waldn III, Put, Tom IV, Bru, Fak, Glog, StA, Wil V]; mi:lʃtō:, -ʃtō:nər [Mil III]
A: runder, flacher Stein, auf dem Getreide gemahlen wird ● *Unser Humusboden, där hat sich am Rad vum Wåge aaghengt, dass es wie e Mihlståå war.* [Waldn III] ■ PfWb IV 1453; SüdHWb IV 806; RheinWb V 1365.
→Mühle, Stein (2).

Muhrübe - f, mu:ri:p, -ri:və [Darda, KaF, Lasch, Kisch, StI II]
A: vorrangig an Milchkühe verfütterte, weiße Rübe *Etym.:* Vermutlich mit dem Tierlaut *muh* der Kuh gebildetes Komp. für Futter-, bzw. Kuhrübe. Vgl. ähnliche Bildungen in rheinischen Dialekten wie: *Muhhammel* für 'Kuh, Rind', *Muhkalb* 'Lockruf für ein Kalb', aber auch 'ungeschlachter Mensch, der laut schreit oder brüllt', schließlich *Muhhackel* 'Einfaltspinsel, Tolpatsch. (SüdHWb IV 801 f.) Im Pfälzischen dasselbe, dazu noch *Muhaffel* 'störrischer Mensch'. (PfWb IV 1448 f.) ● *Un Riewe, do hädde se die Muhriewe noch als oogebaut* (↑anbauen), *des sann* (sind) *die runde weise, fir die Kieh.* [StI II]
→Rübe.

Müller - m, milər, -n [Kock II]; milər, milrə [Tscha III, Alex, Bog, Char, GB, GK, GJ, Gott, Gra, Heuf, Joh, Jos, Laz, Low, Ost, Perj, Rud, War V]; milə [Wies V]; (2) milatsər [Tsch V]; milərma:lər [PrStI, Tscha III]
1. A: Besitzer oder Betreiber einer Mühle *Etym.:* (2) Die personifizierende Bezeichnung geht auf die Flügelschuppen des Insekts zurück, die an Mehlstaub erinnern, wie er sich auch beim Müller absetzt. ● *Un noh, im Mai henn sie de Grawe* (↑Graben) *geputzt, die Millern.* [Kock II] 2. V: Schmetterling; Lepidoptera ● *Des sinn alle Millre, die Schawemillre, dann die Schwalmschwenz* (↑Schwalbenschwanz), *die hann so schene Schwanz.* [Ost V] ■ Petri 1971, 108 f.
→(1) Mühle (1), Müllerspferd, Ober-, Prozent-, Ross-, Wasser-, Windmüller; (2) Schabenmüller, Schmetterling.

Müllerspferd - n, milərsphe:r, Pl. id. [Alex, Bill, Gott V]
A: zum Betreiben der Getreidemühle verwendetes Pferd ● *Millerspheer sinn, des war aa ke Gspaß, nor Tach un Nacht im Kreis tappe.* [Alex

V] ♦ Mühlenpferde, die den Göpel ständig im Kreis drehen mussten, um die Mühlsteine in Bewegung zu setzen, erblindeten mit der Zeit, ähnlich den Grubenpferden.
→Müller, Pferd.

Multer - f (n), multər, Pl. id. [Ap III, Ger, Glog V]; multə, Pl. id. [Bohl, Jood II]; multɐr [Pul I]; muldər, muldrə [StI II, Glog, Len V]; muldə, muldrə [Jood, Fek, Sulk II, Ham, Mai, Pe, Schei, Suk VI]; muldr, -ə [Berg III]; mujdn, Pl. id. [Wer I]; (n) muldərje, Pl. id. [Mu II]; muldrli, Pl. id. [Berg III]; mildələ, Pl. id. [Glog V]
A, V: längliches, ausgehöhltes Holzgefäß, Mulde *Etym.:* Multer, von mhd. *mu(o)lter* ist die ältere Form für das später daraus entstandene Wort Mulde. • *E Fraa hot mitn grose Muldre oder Weidlinge, die Därem un des Ingewaad* (↑Eingeweide) *alles minannr* (miteinander) *'nei.* [Fek II] *No die Sau in die Multe noi, es Brihewasse druf, no wurd sie putzt.* [Jood II] *Die Weiwer hunn noch alle Mulder un alles gewesch.* [StI II] *Die Sau is es ärschti gebriht warre im heiße Wasse in e großi Multer un da hot mer sie abgschabt.* [Ap III] *Do ham-mer des Mäehl gsiblet* (↑sieben) *un in säller Mulde aaghewlet* (↑anheflen). [Schei VI] ■ Mulde (und Multer) als 'Back-, Holztrog, Wäschezuber' PfWb IV 1455 f., 1460; SüdHWb IV 807 f., 813; HNassVWb II 386, 389; SchwWb IV 1455 f.; BayWb 1/2, 1596 *Mueltern, Muelterlein;* NordSSWb III 1622, Krauß 630.
→Brot-, Brüh-, Schlachtmulter, Weidling.

Mummele - n, selten, mumili̯, Pl. id. [Sad V]
V: noch säugendes Jungkalb *Etym.:* Die Tierbezeichnung entstand vermutlich in der Kindersprache aus dem lautnachahmenden *muh-muh.* Vgl. dazu auch *Mummel* m. 3., in der schwäbischen Kindersprache 'das Rind' und *mummeln* 'brummen'. (DWb 12, 2661) • *Es chlaine Chelbli isch bei uns es Mummili gsei.* [Sad V] ■ BadWb 3, 689: 1.a 'Kuh' Koseform (besonders in der Kindersprache), mancherorts, b. 'kleines Kälbchen', kinderspr., mancherorts, c. 'Lockruf für Kühe und Kälber'; Gehl 1991, 190; Petri 1971, 88.
→Kalb.

Münich - m, miniç, -ə [Gai III, Bak, Ben, Bill, Charl, Eng, GJ, NB, Pau, Sack, Sad, War V]; miniŋk, -ə [Fak, Glog]
V: verschnittener Hengst, Wallach *Etym.:* Vgl. mhd. *münech-phert* 'verschnittener hengst, wallach'. (Lexer I 2230) • *De Hengscht is ausgschnitte* (↑ausschneiden) *worre, no wor er e Minning.* [Fak V] ■ Gehl 1991, 183; Petri 1971, 98 f.
→Knopfhengst, Pferd.

Munte - f, selten, munde, Sg. tant. [ASad, Lind, Resch, Wei, Wolf V]
Fo: einzelner Gebirgszug (Banater Semenik-Gebirge) *Etym.:* Entlehnung aus rum. *munte* 'Berg', mit Bedeutungsverengung auf das Semenik-Gebirge im Banater Bergland. • *Die Leit* (Leute) *sann aff d'Munde gange und hamment Bauchnschwamme* (↑Buchenschwamm) *zammetrogn mit de Kirm* (↑Kirne). [Wolf V]
→Berg.

Munz - n, selten, munzl, Pl. id. [Franzd, Ora, Resch, Stei V]
V: Fohlen *Etym.:* Die Bezeichnung des Kleintiers lehnt sich an ein Wort aus der Kindersprache an. • *E kleines Pfäed is ein Munsl.* [Resch V] *Die Stutn hat e schenes braunes Munsl.* [Stei V] ■ SchwWb IV, 1816: 1. 'Katze' in der Kindersprache, Dimin. *Munzele; Mutsch* 3 PfWb IV 1487: 'Fohlen', Dimin. *Mitschel; Mutsch* I, f. SüdHWb IV 841: 1. 'Rufnamen für Stuten'.
→Fohlen, Motsche.

Muri - f, mu:ri, Pl. id. [Ed, Wein, Wud, Wudi I]
A: Grenze des Grundstücks *Etym.:* Von mhd. *mūr(e),* ahd. *mūra,* entlehnt aus lat. *mūrus* m., '(steinerne) Mauer.' ([23]Kluge, 546) • *In Wudersch* (ON) *sann die Heiese eff de Muri gstaundn. Be die Weigoatn is aa e Muristaa gwejesn.* [Wud I]
→Muristein.

Muristein - m, mu:riʃtā:, -nə [Ed, Wein, Wud I]
A, W: Grenzstein zwischen Ackerfeldern und Weingärten *Etym.:* Von mhd. *mūr(e),* ahd. *mūra* '(steinerne) Mauer' wurde die Bedeutung auf 'Außenwand' und 'Grundstücksgrenze' und schließlich auf 'Feldgrenze, Rain, Scheide' ausgedehnt, die durch einen *Muristein* gekennzeichnet wurde. • *In Wudersch* (ON) *sann die Heiese eff de Muri gstaundn. Be die Weigoatn is aa e Muristaa gwejesn.* [Wud I]
→Muri, Rain, Stein (1).

Muskat Hamburg - f, selten, muʃkat hamburk Sg. tant. [Bog, Fak, GK, Glog, Low, Ost, War V]
W: Rebsorte mit Muskatgeschmack *Etym.:* Entlehnung aus der Standardsprache. • *No hamme Muschkat Hamburg un Muschkat Othonell,*

die sinn widder mit em gude Aroma. [Ost V] ■ SSWb VII 302; Gehl 1991, 239.
→Muskateller, Rebsorte.

Muskat Othonell - f, selten, muſkat otonel, Sg. tant. [Bog, GK, Low, Ost, War V]
W: Rebsorte mit Muskatgeschmack *Etym.*: Entlehnung aus der Standardsprache. ● *Die Noa* (↑Neue), *des ware die wildi* (↑wild). *No ham-me Muschkat Hamburg un Muschkat Othonell, die sinn widder mit em gude Aroma.* [Ost V]
→Muskateller, Othonell, Rebsorte.

Muskatel - f, muſkatl, -ə [AK, Berg, Wepr III, Bog, GJ, Gott, Gra, Hatz, Len, Sack, Schön, Set, Tsch, Ui V]; muſka:tl [Scham I, Ap, Brest, KK, Tscha III, In IV, Bill, DStP, Eng, Ga, Gutt, Heu, Joh, KB, Seul, StA, Stei, Tsche, Wil V]; muſga:tl [Fil, Mil III]; muſkå:dl [Fak, Glog V]; muſkatln [SM V]; muſkardl [PrStI, Tscha III]; muſka:tli [Har III]
G: Geranie, Pelargonie; Pelargonium zonale hybridum *Etym.*: Der Blumennamen *Muskatel* ist eine Ableitung von *Muskat, Muskate,* 'ein Gewürz' aus den Samenkernen des *Muskatbaums,* Myristica fragrans. Das Wort ist seit dem 13. Jh. bekannt und kommt aus mhd. *muscāt[nuz]* f. Dieses ist entlehnt aus altfrz. *(noix) muscat,* weiter aus mittellat. *(nux) muscata* f. 'Muskatnuss', eigentlich 'nach Moschus duftende Nuss', zu spätlat. *mūscus* 'Moschus', dieses aus gr. *móschos,* schließlich aus altindisch *muṣká-* 'Moschus, Hode'. ([23]Kluge, 576) Die Benennung der Blume erfolgte nach ihrem Duft, der an *Muskat* erinnert, vgl. dasselbe Benennungsmotiv bei der Traubensorte *Muskat, Muskateller,* ein italienischer süßer Wein. An die ital. Form *moscatello* (wegen dem würzigen Muskatgeschmack) lehnt sich die deutsche Wortform *muscatell* an, die im 16. Jh. neben *moscateller* belegt ist. Zur gleichen Gruppe gehören die Namen würziger Obstarten wie: *MuskatellerAprikose*, nach frz. *abricot musqué,* "Muskateller-, Muskatellbirne", Pyra superba, *Muskatellerkirsche*, 'eine rote Herzkirsche': Prager Muskatellerkirsche, *Muskatellertraube,* Apiana uva. Der Name wurde gleichfalls auf würzig duftende Blumen übertragen wie: *Muskatellerkraut,* die 'Mohrensalbei', Salvia sclarea und *Muskaten-, Muskatblume* mit zwei Bedeutungen: 1. 'wie Muskatenblüte', 2. 'Name der Nachtviole', Hesperis matronalis und 'Muskaten-, Muskathyazinthe', Hyacinthus muscari. (nach DWb 12, 2744 f.) - Vgl. auch SSWb VII 302: Muskatellerapfel, -birne, -weinbere, Muskat(en)birne, Muskatrenette 'Apfelsorte'. - Die von nhd. *Muskat* abgeleiteten Wortformen sind vor allem in südd. und bair.-österr. Dialekten verbreitet und wurden ins Ung. als *muskáta, moskatel* entlehnt und das dt. auslautende *-l* durch das ung. Suffix *-li* ersetzt. So entstand die heutige ung. Form *muskátli* (und die adj. Abl. *muskátlis* (Kobilarov-Götze 1072, 295), auf die rum. *muşcată* (von hier bulgarisch *muškato*) und serbokr. *muškàtl, muškàtla* zurückgehen. (MESz 2, 970). - Die donauschwäb. Varianten bewahren die bair.-österr. Wortform *Muskatel, Muskatl* mit verschiedenen lautlichen Anpassungen, wie: *Muschkatl, Muschkadl, Muschkattl, Muschkardl.* Die Variante *Muschkatli* in [Har III] bewahrt das kürzlich übernommene ung. Lehnwort unverändert, wobei es sich um eine Rückentlehnung des ursprünglich deutschen Wortes aus dem Ung. handelt. ● *Die Muschkattle stehn im Blummetopf im Gang oder ufm Fenschterbrett.* [Berg III] *Die Muschgadl soll mr in die ↑Helling stelle, dass sie im Summr aa blihe* (↑blühen). [Mil III] *Muschkattle ware im Hof un aach im Glasgang* (verglaster Hausflur), *in de Blummekäschtle* (↑Blumenkasten). [Bog V] ◆ *Muschkatl* 'Geranie' ist eine beliebte Topfpflanze, die in warmer Jahreszeit im Gang oder Eingangsbereich steht oder hängt und im Winter drinnen auf dem Fenstersims ihren Platz hat. (Gerescher 1999, 123) ■ *Muskat(chen)* SSWb VII 301 f.: 1. 'Storchenschnabel, Geranium (Garten- und Zimmerpflanze), a. 'Nichtrankende Geranie' ohne Wohlgeruch, mit Farbangabe, b. 'Efeu- oder Hängegeranie', c. 'Muskatkraut oder Zitronengeranie', Geranium (Pelargonium) odoratissimum, d. 'Rosengeranie', Geranium (Pelargonium) roseum, e. 'Wiesenstorchschnabel', Geranium pratense; *Muskat* NordSSWb III 1641 f.: II. 1. Pflanzenname 'Geranium', a. nicht rankende, nicht duftende Geranie, B. 'Hängegeranie', c. 'Zitronengeranie' Geranium odoratissimum, d. 'Rosengeranie', Geranium roseum; Gehl 1991, 95; Petri 1971, 53.
→Blume.

Muskateller - f, muskatelər [Wud I, Fu, Tscher III, Bill, Low, Mar, Wer V]; mustafelər, Sg. tant. [Sad V]; mustafẹ:r [Bru V]; mustafẹ:r [Ga, StA V]; muskəfẹ:r [Gal, Pan, Wil V]; muskatelər tʃobodjønd [Stef V]; muskatelər hamburgər [Stef V]; muskatelər otonel [Stef V];
W: Sorte weißer Tafeltrauben mit aromatischem Muskatgeschmack *Etym.*: Die Bezeichnung

Muskateller für 'Traubensorte mit muskatartigem Geschmack und der Wein daraus' kommt aus mhd. *muscatel,* dieses aus mittellat. *muscatellum* und ital. *moscatello.* Die Traubensorte wurde aus Italien nach Deutschland gebracht und wurde im donauschwäbischen Siedlungsgebiet in mehreren Arten verbreitet. ● *Trauwesorte* (↑Traubensorte) *ware: Gutedel, Portugieser, Staanschiller, Madscharka, Mustafer u. a.* [Bru V] *Bei uns ware die Muskefär, des ware schmeckichi* (↑schmeckig) *Trauwe.* [Wil V] ■ PfWb IV 1479; SüdHWb IV, 834; RheinWb V 1452; SSWb VII 302: 1. 'Sammelname für Muskatellersorten', 2. 'Birnensorte' *arbor pirorum muscatel;* NordSSWb III 1642 f.; Gehl 1991, 139.
→Muskat Hamburg, Muskat Othonell, Rebsorte.

Mutter-lösch-das-Licht - f, selten, mutə-leʃ-əs-liçt-aus, Pl. id. [Franzd, Resch, Sekul V]
A: Löwenzahn; Taraxacum officinale *Etym.:* Benennungsmotiv des selbst gebildeten Satznamens zielt auf die Samenfäden des verblühten Löwenzahns, der wie eine Petroleumlampe ausgeblasen werden kann. Das Licht wurde zumeist von der Mutter gelöscht, daher der Namen. ● *Mit de Mutte-lesch-es-Licht-aus spieln die Kinde gäen; sie blasn die abgeblihtn Blummen aus.* [Resch V]
◆ Während die Kinder beim Spiel die Samenfäden des Löwenzahns wegpusteten, erfragten sie die Uhrzeit: Wie oft man pusten konnte, bis der Blütenstand der Pflanze leer geblasen war. Vgl. dazu Bezeichnungen des Löwenzahns wie *Uhrblum* in [Kreuz V] oder *Uhrziet* in [Sad V]. (Petri 1971, 73)
→Butterblume, Unkraut.

Mutterblatt - n, motəplat, -pletə [Bold, StG, Sulk II]
T: in der Stängelmitte wachsendes, großes Tabakblatt ● *Die Sandblette ware die billigsti un die andri ware die Motteblette, den Name hunn sie ihne gewwe.* [Sulk II]
→Blatt.

Mutterkalb - n, mutəkhalp, -khelbə [NA, Ora, Stei V]; motrkhalp, -khelvər [Sch, Siw, Tscher III; NP, Tom IV, Bog, Gott, Gra, len, Low, War V]; modərkhalp [Gai III, GK, Ost V]
V: weibliches Kalb ● *Tschag is vun de Muttekelbe e Stickl vum Mage* (↑Magen). [NA V] *Es klaani Kalb war a Modderkalb, dann war's a Rindl un dann war's a Ärschtling* (↑Erstling). [Ost V]
→Kalbin.

N

Nabe - f, na:p, na:və [Hatz V]; nå:p, nå:və [Fak, Glog V]; na:və, -nə [Ga, StA V]
A: Mittelstück des Wagenrades, in dem die Speichen befestigt sind ● *Wann de Hund verlorgeht, soll mer e Waansrad hole un'm Hund sei Name dreimol dorich die Nab[e] rufe.* [Hatz V] **Anm.:** In der Form *Nawe* ist Spirantisierung *b>w* festzustellen. ■ Krauß 635; Gehl 1991, 160.
→Wagenrad.

Nachlauf - m, no:hla:f, Sg. tant. [Ap, Gai, Hod, Mil, Pal III, Alex, GK, Gra, Low, Ost, Wis V]
O, W: der am Schluss der Destillation abfließende, schwächere Schnaps ● *Wann de Schnaps kommt, där heißt zuärscht de Vorlaaf un is aarich stark, un zuletscht kumm. de Nohlaaf.* [Ost V]
→Schnaps, Vorlauf.

Nachteule - f, naxtailə, Pl. id. [Ga, Pan, StA V]; naxtail, -ə [Kar, Ker, KK, Sch, Tor, Stan, Wasch III; In, NP IV; Bir, Fak, GK, Glog, Hatz, Mar, Ost, Stef, Wil V]; nǫxtail [Darda II]
V: schlanker, heller Nachtvogel, Schleiereule; Tyto alba ● *Do gsieht mer manchsmol aa die Nachtigall, die Nachteil, des is die Schleiereule un de Kumm-Mit, also de Steinkauz.* [Ost V] ■ PfWb V 27 f.; SüdHWb IV 885; RheinWb VI 21; Gehl 1991, 124.
→Komm-Mit-, Totenvogel, Vogel.

Nachtigall - f, naxtigal, -ə [Buk, Har, Stan, Tscher, Wasch III; Buk, Har IV, Albr, Alex, Bak, Bog, Ger, GK, GStP, Kub, Len, Low, NB, Nitz, NStP, Ost, StA, War, Wolf V]; nåxtigail, -ə [Fak, Glog V]
V: unscheinbarer, rötlichbrauner Singvogel; Luscinia megarhynchos ● *Do gsieht mer die Schwalme* (↑Schwalbe) *un de Bufing* (↑Buchfing), *manchsmol aa die Nachtigall.* [Ost V]
Anm.: Die Variante *Nåchtigeil* ist eine Kontamination zwischen *Nachtigall* und *Nachteule.* ■ PfWb V 30; SüdHWb IV 886; RheinWb VI 26 f.; Gehl 1991, 123; Petri 1971, 110.
→Vogel.

Nackhalsige

Nackhalsige - f, nakhalsiçe, Pl. id. [Ga, Pan, StA, Wil V]; nakhalziçi [Fak, Glog V]
V: Hühnerart ohne Flaumfedern am Hals ● *Unse Hehne worn Großi Weißi un Nackhalsichi, des sinn die Sussex. Manchi Lait henn aa Hansl-un-Gredl ghalde.* [Fak V] *Die Nackhalsige kennt me glei, weil die senn nackich, ohne Flååmfedere* (↑Flaumfeder) *am Hals.* [StA V] ◆ Dieselbe Bedeutung hat die Wortgruppe *blackhalsiges Hingl* in [Low V]. Nach ihrem Abstammungsort werden sie auch *Sussex* genannt. ■ Gehl 1991, 214; *Nackhälse* PfWb V 42: 'eine Hühnerrasse mit unbefiedertem Hals'; SüdHWb IV, 898.
→Hals, Huhn.

Nackter Pfirsich - f, selten, nokte pfeɐʃə, nokəti - [Aug, Ed, GT, Scham, Schor, StIO, Wein, Wud I]
O: glatthäutiger Pfirsich mit leicht herauslösbarem Stein; Nektarine *Etym.*: Benennungsmotiv dieser Pfirsichsorte ist die glatte, nicht mit Flaum besetzte Haut der Frucht, die metaph. als *nackt* bezeichnet wird. ● *Nocketi Pfeasche hot's wejeneg gejem. Die aundri, die Feignpfeasche hot's füj gejem.* [Wud I] ■ Petri 1961, 60.
→Pfirsichsorte.

Nadel - f, naːdl, -n [Kow, Stei V]; naːdl, -ə [Kisch II, Hod, Neud III, Bur VI]; nåːdl, -ə[Petschw II, Besch, Erd VI]; noːdl, -ə [Wud I, Sch III, NP IV, Bog, DSta, GK, Low, Ost, War, Wies, Wis V]; nåːtl, -n [StI II, Ger, Knees V]; noːtl, -ə [Wud I, gai III, Jahr, StA V]; noːl, -n [Ed, Wud, Wudi I]
T: (verkürzt für:) Tabaknadel ● *Der Tuwak is haamgfiehrt ginn un dort is er mit der Nodl, mit der Tuwaksnodl, ingfadlt* (↑ einfädeln) *ginn.* [Ost V]
→Tabaknadel.

Nagel - m, naːgl, neːgl [Bat VI]; nagl, negl [Jood II, Fak, Glog V]; nåːgl, neːgl [Saw II, DSta, Ger V]; nål, neːkl [Ger V]; noːgl, nejgl [Ed I]; nokl, nekl [Bohl II]
A, B, G, V: dünner Metallstift ● *No had e miëse rauszihege* (↑herausziehen) *den Nagl un andescht schlagge, dass es em Ross nit so weh tut am Fueß* (↑Fuß). [Jood II] *Jå, die Wabn* (↑Wabe), *des hammen ausnemme. Do hunn i socheni Brede* (↑Brett), *die hamm so dinni* (↑dünn) *Negl drin.* [Bat VI] ■ Gehl 1991, 160, 248.
→Zahn.

Nägelein - n, neːgili, -n [Fu, Hod, Kol III]; neːkili, -n [Brest III]; neːgəli, -n [Fil, Neud III, Franzf, Sad V]; neːgəle, neːgələ [Tsch III, GK, Ost V]; neːglxə [Tor III, Bill V]; neːxali [SM V]; neːgili [Brest III]; neːglçə, Pl. id. [Sch, Tor, III, Bill, Tsche V]; neəlin [Stan III]; naːgl, neːgl [Darda II]; naːxl, neːçl [Karl V]; raːtsəneːgəlin [Ap III]
G: Gartennelke; Dianthus caryophyllus *Etym.*: Das seit dem 13. Jh. belegte Wort *Nelke* entstand über *neilke* aus mittelniederd. *negelken*, dessen hochdeutsche Entsprechung *Nägelchen, Nägelein* ist, so schon ahd. *negillī(n)* n. gemeint waren ursprünglich die Gewürznelken, die wegen ihrer Form mit kleinen handgeschmiedeten Nägeln verglichen wurden. Im 15. Jh. wurde die Bedeutung wegen des Duftes auf die Gartennelke übertragen. [²³Kluge, 585) - Das Bestimmungswort der Variante *Raatzenegelin* in [Ap III] bezieht sich auf die *Raitzen*, gemeint sind die benachbarten 'Serben', welche die Blume gerne anbauen. ● *Im Garte ham-mer viel Blumme ghat. Do warn Rose un Härbschtrose, Purtulake* (↑Portulak), *die ↑Veiole, also die Märzeveigle, die Sternblumme und Negele.* [Ost V] ■ Nägelchen PfWb V 48: 2.b 'Nelke'; SüdHWb IV 902; RheinWb VI 48-50; Petri 1971, 32.
→Nelke, Steinnagel.

nahrhaft - Adj, nęːrhaft [GK, Ost V]
Allg: großen Nährwert für den tierischen Organismus enthaltend ● *Die Liesche* (↑Liesch 1), *des war a gudes Fuder, weil die Kukrutzhoor* (↑Kukuruzhaar) *sinn nährhaft, die hamm viel Nährwärt.* [Ost V]
→Nährwert.

Nährwert - m, selten, nęːrvęːrt, Sg. tant. [Bog, GJ, Len, Low, Ost, War V]
Allg: Wert eines Futtermittels für den tierischen Organismus *Etym.*: Entlehnung aus der Standardsprache. ● *Wie de Mohai zeidich* (↑zeitig) *war, no hann se Mohaisome* (↑Muharsamen) *ghat un sei Nährwärt war weniecher wie Laab* (↑Laub 2). [Ost V]
→nahrhaft.

Naht - f, selten, nǫːt, nęːt [Aug, Ed, KT, Scham, Schor, StIO, Wein, Wud, Wudi I]
G, O: Verbindungslinie auf der Oberfläche einer Frucht ● *Wou die Noht is, haum dej Pfeasche* (↑Pfirsich) *en Struul* (↑Strudel 2) *ghot, sou dick wi-r-en Finge.* [Wud I]

Napoleon - f, selten, napoːlion, Pl. id. [Ed, Wein, Wud I]
W: aus Frankreich stammende Rebsorte mit großen weißen Beeren ● *Die Napolion haum rundi weießi Kiëndl* (↑Kern 3) *ghot, so groueß sans woan.* [Wud I] ■ Petri 1971, 80.
→Rebsorte.

Napschugar - f, selten, nåpʃugạːr, Pl. id. [Aug, Ed, KT, Wein, Wud I]
O: edler Pfirsich mit süßem, gelbem Fleisch *Etym.:* Die Bezeichnung übernimmt die unveränderte ung. Entlehnung *napsugár* 'Sonnenstrahl', eine metaph. Bezeichnung der Pfirsichsorte.
● *Noh sann die Nåpschugar kumma, dej sann göjb* (↑gelb) *gweiest.* [Wud I]
→Pfirsichsorte.

Nase - f, naːzn, Pl. id. [Lug, Tem V]; nasː, naːzə [Fak, Glog, Orz V]; naːs, -ə [Lieb, Ost, War V]; nǫːzə [StI II]; nås, -ə [StAnd V]
V: (von Tieren:) Teil der Schnauze, in der sich das Riechorgan befindet *Etym.:* Die Bezeichnung *Nase* für *Schnauze* ist eine metaph. Verwendung.
● *Die Schnuss hot mer abschnitt un die Nas, wu des rotzich Sach war, des hod me weggschmiss.* [Lieb V] *Dann hab ich dem Stier derwischt beim Ring in de Nasn und hab ihm auf sein Platz angebundn.* [Lug V] *An Neijohr soll mer Schweinefleisch esse, weil die Schwein wuhle* (↑wühlen) *mit der Nas vor.* [Orz V] **Anm.:** Die Variante *Nasn* in [Lug, Tem V] mit der Endung *-n* im f. des Sg. weist bair.-österr. Einfluss auf.
→Nasenloch, -riemen, Schafsnase, Schnusse, Vieh.

Nasenloch - n, naːzəlox, -leçər [Ap III, Fak, Ga, Glog, StA, Wil V]
V: (von Pferden und Kühen:) Nüster ● *Un am Kopp, do ware die Auge, die Ohre, die Schnuss* (↑Schnusse) *mit de Naselecher, die Zung un die Zeh* (↑Zahn). [Ap III] *Des Ross het großi Naselecher un e Bless* (↑Blesse). [Fak V] ■ PfWb V 82; SüdHWb IV 930; RheinWb VI 101; Gehl 1991, 108.
→Kopf (1a), Nase, Pferd.

Nasenriemen - m, naːzəriːmə, Pl. id. [Brest, Tscher III, Be, Tom IV, Alex, Bog, GK, Gra, Len, Ost, War, Wis V, Bil, Pe VI]
V: Riemen am Kopfgestell, der über die Nüstern des Zugpferdes verläuft ● *Dann ware am Kopfgstell de Stärnrieme, de Naserieme un de Bartrieme.* [Ost V]
→Riemen, Sielengeschirr.

Nashornkäfer - m, selten, naːshornkheːfər, Pl. id. [GStN, Ost V]
V: Riesenkäfer, der sich in feuchtwarmer Humuserde entwickelt; Oryctes nasicornus *Etym.:* Entlehnung aus der Standardsprache ● *Wam-mer oweds uff der Gass sitzt, no fliegn als die Nashornkefer an die Mauer.* [Ost V] ■ Petri 1071, 112.
→Käfer.

nass - Adj, nas [Petschw, Wem II, Ap, Hod, gai, Sch, Siw, Stan, Waldn III, Be, ND, NP, Tom IV, Bak, Bog, Bru, Fak, Ga, GJ, GK, Glog, Len, Low, Nitz, Ost, Sad, StA, War, Wies, Wil, Wis, Wolf V, Ham, Pe VI]
1. A, G, H: mit Flüssigkeit getränkt ● *Die Garb owwedruf wor de* ↑*Ritter, so schreg un mit de Ähre nach unte, dass des Kreiz* (↑Kreuz) *net nass wärd, wann's reget* (↑regnen). [Stan III] *Nach sechs-siwwe Tag hod me de Hannef rausgenumme un getrocknet* (↑trocknen 2), *dass er nimme nass war un hod ne heimgfiehrt.* [Waldn III] *Die Wiese for Haai* (↑Heu) *mähe, ware immer an tiefere Stelle, die was for Ackerfeld zu nass ware.* [Bru V] *De Lättbode* (↑Lettenboden) *ist schwäre Bode, un zimmlich nass.* [Fak V] *Die Tristnticher* (↑Tristntuch) *hat mer uf die uf die Fruchtschiwer, dass die Frucht nit nass git* (wird). [Gott V] *Es Treppplatz* (↑Tretplatz) *war vorhär vorbereit schun, nass gmach, aangspritzt mit Wasser.* [Ost V] 2. Allg: verregnet ● *E nasser April un e kiehler Mai bringt viel Hawer* (↑Hafer) *und Haai.* [StA V] *Im 19-er war e nasses Johr, no hann ich fimf* ↑*Meter* (3) *Rotkleesame[n] verkaafe kenne, far Export.* [Wies V]
→(1) feucht, trocken.

nasser Boden - m, nasər poːdə, Sg. tant. [Bak, Fak, Ga, Glog, Nitz, Ost, StA, Wil V]
A: (wie: Sumpfboden) ● *Newer em Wasse* (↑Wasser 1) *is oft Sumpfbode. Des is nasser Bode, uff dem wachst när Gras.* [Fak V] ■ Gehl 1991, 64.
→Boden (2), Sumpfboden; nass (1).

Naturboden - m, natuːrpoːdə, -peːdə [Bog, Fak, Ga, Glog, StA, Wil, War V]
A, G, H, W: auch ohne Düngung sehr fruchtbares Ackerland, mit vielen organischen Ablagerungen ● *De beschti is de Humusbode. Des is gude,*

natürlich

fruchtbare Bode un is im Banat de Naturbode. [Fak V] ▪ Gehl 1991, 64.
→Boden (2); natürlich.

natürlich - Adv, selten, natura:l [OW VI]
Fo: naturgegeben, ohne Eingriff des Menschen
Etym.: Entlehnung der rum. Form *natural* 'natürlich, naturgegeben'. ● *Von schene Baume, welche Früchtn (↑Frucht 2) machn, zerstraat (↑zerstreuen) de Wind den Samen, und es tut sich natural wieder anbaun. Bei Buchn, Eichn, Eschn, bei dieses geht es, natural anbaun.* [OW VI]
→Naturboden

Nebelregen - m, nevlregə Pl. id. [Fak, Ga, Glog, StA, Wil V]; nevlre:çə [NA V], nevlre:n [Bog, Ger, Mar, Ost, War V]
A, W: anhaltendes feuchtes Wetter mit Nieselregen ● *Vor Urwani (↑Urban) is gspritzt woan, wenn's e Newlreeche woa.* [NA V]
→Regen.

Nebengasse - f, ne:vəkåsə, Pl. id. [Alt, Fek, Nad, Oh, Wem II]
A: senkrecht oder parallel zur Hauptgasse verlaufende Dorfstraße ● *Em Mätteduerf (↑Mitteldorf) es die Hauptgåsse un die Newegåsse.* [Fek II]
→Gasse.

Nebenstange - f, ne:vərʃtaŋ, -ə [Bill, Bru, Charl, Jahr V]; ne:vətʃtaŋ [Ost V]
A: Seitenstange am Erntewagen zur Erhöhung der Transportkapazität ● *Nochm ↑Schnitt sein die Newerstange uff de Waa montiert gewwe (worden), for die Garwe (↑Garbe) druf ufschlichte (↑aufschlichten).* [Bru V] *Dann hann se uf de Waa Zwärchhelzer (↑Zwerchholz) druf un Newetstange, un hann aagfangt uflade.* [Ost V]
→Stange, Wagen.

Nebental - m, ne:bnta:l, -te:lər [OW VI]
Fo: seitlich eines größeren Tals liegende, lang gestreckte Bodensenke ● *Das Nebntal, von zehnzwölf Kilomete, war das lengste.* [OW VI]
→Tal.

Nelke - f (n), nelk, -ə [Bill, Bog, GStP, Len, Low, War V]; na:gl, ne:gl [Wer I, Darda II, na:xl, ne:çl [Karl V]; Tscha III]; (n) ne:gili [Brest III]; ne:gəli̧ [Franzf, Sad V]
G: Gartennelke; Dianthus caryophyllus ● *An Phingschte hann die Gichterrose, Federrescher, Margarete, die Nelke un Rose angfang ufzubliehe.* [Bog V] ▪ Gehl 1991, 96; Petri 1971, 32.

→Blume, Federröschen, Gewürznelke, Nägelein.

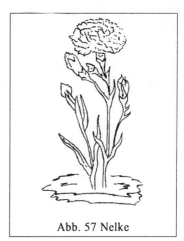
Abb. 57 Nelke

Nest - n, nest, -ər [Fek, Surg, StG, Wem II]; neʃt [Hod, Mil, Wepr III, Fak, Ga, Glog, Gott, Gra, StA, Wil V, Bil, Mai, Pe, Suk VI]
V: aus Gras, Stroh, Zweigen usw. angefertigte Nist- und Brutstätte von Vögeln ● *Unser Sturke (↑Storch) hann dort ihre Nescht ufm Dach ghat.* [Gott V] *Zwaa Heise weide is e Gluckere (↑Glucke) mit 21 Åie (↑Ei) gwest, die is schun iwwe (über) zwaa Wuche uff ihrem Nescht gsesse.* [StA V]
→Brut-, Schwalben-, Spatzen-, Storchen-, Wachtelnest.

Netz - n, nets, -ə [Aug, Ins, Schor, Tax I, Kock, La, Wem II, Ap, Fu, Hod, Jar, Pal, III, ND, NP, Ru IV, Alex, DStP, Ga, Glog, Gutt, Jahr, Sem, Wil V, Bil, OW VI]; nets, Pl. id. [ASad, Lind, Resch, Wei, Wo V]
Fi: aus Fäden geknüpftes Maschenwerk als Fanggerät für Fische ● *Die Fischer sinn mid am Netz im Fischteich dorchgang (↑durchgehen), un hann dann die Fisch vetaalt (↑verteilen).* [Ost V] *Dee hom-mand net mit de Angl (↑Angel) owa (oder) mit a Netz Forelln gfangt.* [Wei V]
→Reuse.

Neue - f, no:i, Sg. tant. [StI II]; nove [Pan V]; no:ɐ [Low, Tschan V], noɐ [Ost V]; no:ə [Sad V]; nohɐtraivl, Pl. id. [Baw II]
W: eine neue, erst kürzlich eingeführte, widerstandsfähige Rebsorte ● *Des woan frihe gudi Sortn, do woan die Nohatreiwl un die Ottelo, wos jo jetz genzlich ausghaut (↑aushauen) senn.* [Baw

II] *Bei uns woare nur Nooi un Selbsttroger* (↑Selbstträger). [StI II] *Die Noa, des ware die wildi* (↑wild). [Ost V] ■ Gehl 1991, 239.
→Rebsorte; neugezüchtet.

Neuerberg - m, naiəpɛrx [Bru V]
A: hügeliger Flurenteil (mit Weinrebenbepflanzung ● *Die Weingerte ware gegr Bentschek* (ON) *zu, weil's do hiwlich* (↑hügelig) *war. Es war de Alteberch un de Neieberch.* [Bru V]
→Altenberg, Berg, Neufeld.

neues Dorf - n, naiəs torəf, na:i tɛrfər [Fak, Ga, Glog, StA V]
Allg: vor kurzer Zeit dazu gebauter Teil einer ländlichen Siedlung ● *Unse Doref liegt bei Åred* (ON). *Newem Doref is e Neies Doref gebaut worre, des is ärscht fufzich Johr alt.* [Glog V] ■ Gehl 1991, 70.
→Dorf.

Neufeld - n, na:ifelt, Sg. tant. [Ost V]
V: erst seit kurzem als Ackerfeld genutzte Feldflur ● *In Oschtre* (ON) *war es Neifeld, es Pharrefeld un die Wärtswiese* (↑Wirtswiese), *die is verpacht ginn.* [Ost V]
→Feld, Neuerberg.

neugezüchtet - Adj, naigetsiçt [Bog, GK, Low, Ost, War V]
A, G, O, W: durch Kreuzung und Auslese erzielte neue Pflanzensorte ● *Die Staanschiller* (↑Steinschiller), *die* ↑*Afus Ali, also neigezichti noh em Zweite Weltkriech, die sinn aach mit em gude Aroma.* [Ost V]
→züchten; Neue.

neumodisch - Adj, naimo:diʃ [Fek, Nad, Oh, Surg II, Fil, Ker, Siw, Stan, Wepr III, Be, Tow IV, Alex, Char, GJ, Knees, Len, NA, Mram, SM, Wis, Zich V, Ham, Mai, OW, Pe, Suk VI]
Allg: modern, der neuesten Technik entsprechend ● *Jetz is schon alles neimodisch, jetz gießt mer elektrisch.* [NA V]
→elektrisch, modern.

niedermähen - schw, nidərmęə, -kmę:t [Bil, Ham, Mai, Pe, Schei, Suk VI]
A: mit der Sense Getreide oder Gras schneiden ● *Der Vater isch vornaa gange mit der Seäge* (↑Säge 2) *und hat nidergmäht.* [Schei VI]
→abmähen, mähen.

niedrig - Adj, ni:driç [Bru, Fak, Glog V]; nidriç [Jood II, GK, Ost V]; ni:dər [Sad V]
Allg: nicht hoch (gewachsen) ● *Un grad so kamme druflade alles, nor där ander Wage isch nit so* ↑*hoch, dä is nidrige gebaut.* [Jood II] *Friher hann se nor de Buschakhanf aagebaut. Där is niedrich gewenn, mannshoch, wann er gut grot* (geraten) *is, demnoh, wie's greejet* (↑regnen) *hat.* [Ost V] *Flieget d'Schwalme* (↑Schwalbe) *hoch un d'Kiebitz nieder, nom git's schen Wetter wieder.* [Sad V]
→hoch, tief; Niedrige Bohne.

Niedrige Bohne - f, ni:driçə po:nə, Pl. tant. [Drei, Kreuz, NA, Wies V]
G: Bohne mit kleinwüchsiger Staude ● *Die Reisbohne, so heißn sie, un da sein die Niedriche Bohne.* [NA V]
→Bohne; niedrig.

Niere - f, ni:rə, ni:rn [StI II, Lieb V]; nirə, Pl. id. [Ap, Berg, Fil, Sch, Stan III, Be, Tom IV, Bill, Bog, Fak, Ga, GJ, Ost, StA, Zich V]
V: als Speise verwedete Tierniere ● *Noch is des Fleisch gekretzelt* (↑kröseln) *woen, die Lewer un die Niern, des is gekocht woen, des Fleisch.* [StI II] *Die Sau hat noh die Innereie, die Lewwer* (↑Leber), *die Niere, es Härz.* [Ap III] *Härz un Niern, de sinn in die Blutworscht kumm.* [Lieb V] ■ Gehl 1991, 105.
→Innereien, Vieh.

Nikotin - n, selten, nikoti:n, Sg. tant. [Aug, Ed, Wein, Wud I]
O: das giftige Alkaloid des Tabaks enthaltende Spritzflüssigkeit für Obstbäume *Etym.:* Entlehnung aus der Standardsprache. ● *Die Pfeasche* (↑Pfirsich) *hot me mit Nikotin gspritzt.* [Wud I]
→Spritzsache, Tabak.

nivellieren - schw, niveli:rn, niveli:rt [Resch, Wer V, OW VI]
Fo: welliges Gelände einebnen, glätten ● *Und jede macht so ein Platz vierzich auf vierzich, tut es schen nivelliern und ein Loch' rein machn.* [OW VI]

Nockerl - n, nokərl, Pl. id. [ASad, Lind, Tem, Wei, Wer, Wolf V]
A: Mehl-, Grieß- oder Eierklößchen ● *Af dem Härd* (↑Herd) *is aa kocht woan: In de Frih Ejnbrennsuppn* (↑Einbrennsuppe), *z'Mittag Nockerl owa en Oajesterz* (↑Eierstörz) *und af d'Nacht*

Eardäpflsuppn. ■ *Der Nock, Nocken, das Nockelein* BayWb 1/2, 1723: (*Nockεl*), aus ital. *gnocco*; ÖstWb 320: *Nockerl.*

Nonius - m, no:njus, Pl. id. [Fek, Kock, Surg, Wem II, Fil, Mil, Pal, Siw, Werb III, Tom IV, Bog, Fak, GK, Ga, Glog, Len, Low, Ost, StA, Ui, War, Wil V, Bil, NP, Pe VI]; nunjus [Bak, Bru, Fak, Glog, Low, Ost, Wis V]
V: Pferd einer englischen, leichten Rasse ● *Hat, do wore Lippizza* (↑Lipizaner) *un die Nonjus, do hod me kenne schwäre Fuhre aa mache.* [Kock II] *De Bauer hot Ross gebraucht, des ware meischtns Nonjus, ja, leichte Ross. Uff die Ecker ware schlechte Wege 'naus, do hod me meischtns die leichti Ross, die Nonjus ghalte.* [Tom IV] *Die Zuchthengschte vun der ungarisch Zeit (vor 1918), des ware Nonjus, vum dem Nunnjus 38, so hat där ghaß (geheißen).* [Ost V] ◆ "Im Jahre 1785 wurde in der dem Banat benachbarten Stadt Mezöhegyes ein staatliches Gestüt errichtet ..., aus dem zwischen 1821 und 1855 die berühmten Pferdestämme: Lipizzaner, Nonius, Gidran und Furioso hervorgingen." (Dammang 1931, 99 f.) ■ Gehl 1991, 185.
→leichtes Ross, Noniushengst, Pferd.

Noniushengst - m, nuniushenʃt, -ə [Bog, GK, Low, Ost V]
V: Hengst der Nonius-Rasse ● *In die dreißicher Johre hat's rumenischi Paratzer* (ON) *Gstüt* (↑Gestüt), *widrem Nuniushengschte gebrung.* [Ost V]
→Hengst, Nonius.

Notgore - m, no:tko:re, Pl. id. [Ker, Mil, Sch, Siw, Stan III]
A: provisorischer Maisspeicher zur Unterbringung besonders reicher Ernte ● *Wann viel Kukrutz* (↑Kukuruz) *war, no hot mer e Notgore messe mache.* [Stan III]
→Gore.

Nudel - f, nu:dl, -n [Schor, Wud I, Esseg IV, ASad, Lind, Tem, Resch, Wei, Wer, Wolf V, OW VI]; nu:dl, -ə [Mu, Mut, Wem II, Ap, Fil, Hod, Kol, Mil, Wepr III, Be, ND, Tom IV, Alex, Bru, Fak, Ga, Glog, Gott, Gra, Len, Low, Nitz, Ost, Wies, Wil, Wis V, Bil, Ham, Pe , Schei, Suk VI]
A: fadenförmige, in Stücke geschnittene Teigware *Etym.:* Das (seit dem 16. Jh. belegte) Wort ist wohl eine Lautvariante zu *Knödel, Knuddel* u.a. Angenommen wird gleichfalls ein dolomitenladinischer Fortsetzer von lat. *minutulus* 'zerkleinert, winzig', daraus mit Abfall der unbetonten Erstsilbe die Form *menùdli* 'viereckige Teigplätzchen in der Suppe' und schließlich *Nudel.* (^{23}Kluge, 593) ● *No is noch e Aai 'naigschlage warre, des ware no sauri Aaier* (↑saures Ei) *un Nudl.* [Ap III] *Gern gesse hot mer als Käsnudle un Dunscht* (↑Dunst) *oder gereschti Grumbire* (↑geröstete Grundbirne) *un Nudle mit Dunscht.* [Mil III] *Na waalkere* (↑walgern) *mer en Toaig* (↑Teig), *schneide mer selle Nudle un tan däre Zigger* (↑Zieger) *nei.* [Schei VI] ◆ Dünne Nudeln werden als Suppeneinlage (s. das Komp. Hochzeitsnudeln) oder dickere als Haupgericht mit verschiedenen Beilagen gegessen. Fastentage, an denen Fleischspeisen verboten sind, werden Mehl- bzw. Nudeltage genannt. ■ PfWb V 171 f.; SüdHWb IV 1018 f.; RheinWb VI 267.
→(Arten:) Bohnen-, Grundbirnen-, Käse-, Mag-, Nuss-, Rindsuppen-, Suppennudel, Hausnudeln, Ribbel, saure Nudel; (Verschiedenes:) Nudelkürbis, -walger.

Nudelkürbis - m, nu:dlkhirvəs, Pl. id. [Fak, Glog, Wil V]; nu:dlkherps, -ə [Bog, Low, War V]
G: Speisekürbis, der zu Nudeln gehobelt und dann gekocht wird ● *Die Kochkerbs is die Nudelkerbs, die hat mer im Sommer gesse.* [Low V]
→Kochkürbis, Kürbis, Nudel.

Nudelseiher - m, nu:dlsaiər, Pl. id. [Fak, Ga, Glog, StA, Wil V]; nu:lsaiçər [StI II]
Allg: Sieb zum Filtern von gekochten Nudeln ● *Un des Blut, des hunn se 'nei in Nudlseicher, dass es stockt* (↑stocken) *un aa kocht.* [StI II] ■ PfWb VI 36: *Seiher*, als Komp. Kaffe-, Käse-, Milch-, Suppen-, Teeseiher.

Nudelwalger - m, nu:dlvalgər, Pl. id. [Ap III, Tom IV, Fak, Ga, Glog, StA, Wil V]
A: rundes Nudelholz zum Ausrollen des Teiges ● *En Taag* (↑Teig) *walgert mer mid em Nudlwalger.* [Fak VI]
→Nudel; walgern.

Nullermehl - n, nuləme:l [Sulk II, Fil, Mil, Sch III, Be, Tom IV, Bog, Gra, Len, Ost, War V]; nuləmẹ:l, Sg. tant. [Kock II]
A: feingemahlenes Mehl der besten Qualität ● *Hat, Mähl, da wor Brotmähl, Fuddermähl, Nullemähl, des wor schun ganz feines Strudlmähl.* [Kock II] *Nullemehl hoscht's wenichschti krigt, es Nullemehl.* [Sulk II]
→erstes -, Mehl, Strudelmehl.

Nuss - f, nus, nis [Har III, Tow IV, Bog, GK, Gott, Len, Low, Ost, War V]; nus, nes [Baw II]; nus, -ə [Baw, Seik, StI, Wem II, Ap, Hod, Mil, Tscher III, Put, Tom IV, Fak, Glog, Wil V]; nusə, Pl. id. [Ga, StA V]
1. Fo, O: in zwei Klappen eingeschlossene Steinfrucht mit essbarem Kern des Walnussbaums ● *Die Nesstoete wärd mit Ness gebacke un die Mogesaametoete mit Mogesaame* (↑Magelsamen). [Baw II] *Mer hat veschiedene Strudl gmacht, do hot me Nusse 'nei, die Nussestrudl, oder mit Kärbse* (↑Kürbis), *die Kerbsestrudl.* [Ap III] *Am Gartezaun, glei hinnerm Stroh, steht e große alde Nussbaam mit Niss so sieß wie Rahm.* [Len V] *D'Nusse wärn ufklopft* (↑aufklopfen) *un die Kärn rausgnumme.* [StA V]   a. Fo, O: Nussbaum ● *Duot waan die Kische* (↑Kirsche) *noch un Pfirsche, duot waan die Nusse, die woan extre afm Feld.* [Baw II] ■ PfWb V 180-184; SüdHWb IV 1028-;1030; RheinWb VI 288-299; 1.a: wie nhd., wo Walnussbäume fehlen oder sehr selten sind, bedeutet *Nuss* schlechthin die Haselnuss; da, wo erstere häufiger sind, nennt man letztere meist *Haseln*; SchwWb IV 2088-2090; BayWb 1/2 1764: Pl. Nuß oder Nußn.
→(1) Papier-, Steinnuss, Nussbaum, -kern, -nudel, -strudel, -torte, Obst; (1a) Nussbaum.

Nussbaum - f, nuspaum, -paim [Ben V]; nuspā:m, pe:m [Bog, Gott, Len, Low, Ost, war V]; nuspa:m, -ə [NA, Tem V]; nespa:m, -pe:m [Seik, StI II]
Fo, O: als Obstbaum angebaute Art des Walnussbaums mit wohlschmeckenden, ölhaltigen Früchten; *Juglans regia* ● *Unno hom-me noch de Biekorb* (↑Bienenkorb) *mit Nesslaab, vo Nessbeem ausgeriewe.* [Seik II] *Am Gartezaun, glei hinnerm Stroh, steht e große alde Nussbaam, mit Niss so sieß wie Rahm.* [Len V] *In die Weigäete woan vill Kirschnbaame un Nussbaame.* [NA V]
◆ Schwäb. Volksglauben: Nussbäume und Frauen müssen gepritscht (geschlagen, geschüttelt) werden, damit sie Frucht tragen. (SchwWb IV 2090) ■ PfWb V 184; SüdHWb IV 1030; RheinWb VI 296 f.; SchwWb IV 2090 f.
→Nuss (1a), Nusslaub, Obstbaum.

Nusskern - m, nuskhɐrn, -ə [Fak, Glog V]; nuskhɐrn, Pl. id. [Bog, Len, Low, Ost V]
O: Kern der Walnuss ● *Die Staanusse* (↑Steinnuss) *henn harti Schele* (↑Schale 1a) *un klaani, vewackseni Nusskärne.* [Glog V] ■ Gehl 1991, 235.
→Kern, Nuss (1).

Nusslaub - s, nesla:p, Sg. tant. [Seik, StI II]
Fo, O: Blätter des Walnussbaums ● *Unno homme noch de Biekorb* (↑Bienenkorb) *mit Nesslaab, vo Nessbeem ausgeriewe.* [Seik II]
→Laub (1a), Nussbaum.

Nussnudel - f, nusənu:dl, Pl. tant. [Bog, Fak, Ga, Glog, StA, Wil V]; nusənu:tl [Ap, Fil, KK, Pal, Siw, Tscher III]
A: Nudelgericht, mit gemahlenen und gezuckerten Nüssen überstreut ● *No hot's Grumbierenudl gewwe un Bohnenudl* (↑Bohnennudel), *un no Nussenudl, Mågnudl* (↑Magnudel). [Ap III]
→Nudel, Nuss (1).

Nussstrudel - m, nisʃtru:dl, -ə [Alex, Bog, Gott, Len, War, Wis V]; nusəʃtru:dl, Pl. id. [Wem II, AK, Ap, Brest, Mil, Wepr III, Put, Tom IV, Fak, Ga, Glog, StA, Wil V]
A, O: mit gemahlenen Nüssen gefüllter Hefestrudel ● *Mer hat veschiedene Strudl gmacht, do hot me ↑Mååg 'nei, die Måågstrudl, oder Nusse 'nei, die Nussestrudl, od..: mit Kärbse* (↑Kürbis), *die Kärbsestrudl.* [Ap III]
→Nuss (1), Strudel.

Nusstorte - f, nestoətə, Pl. id. [Baw II]
A, O: Torte mit einer Füllung aus gemahlenen Nüssen, Butter, Zucker u. a. Zutaten ● *Die Nesstoete wärd mit Ness gebacke un die Mogesaametoete mit Mogesaame* (↑ Magelsamen). [Baw II]
→Nuss, Torte.

Nutzen - m, nutsn, Pl. id. [OW VI]
Allg: Ertrag, Gewinn ● *De Draschel macht auch kein und auch kein Nutzen nicht.* [OW VI]
→Schaden.

Nylonblache - n, selten, nailonplå:xət, -ə [Bog, GK, GStP, Ost, War, Wis V]
A, G, T: großes Tuch aus synthetischen Textilfasern ● *Die unnerschti Tuwakbletter* (↑Tabakblatt) *sinn groppt* (↑rupfen) *ginn un in am Neilonblåchet odder in so e Tuch ninglegt ginn.* [Ost V]
→Blache.

Nylonsack - n, nailonsakl, Pl. id. [OG I]
V: Kunststoffbehälter ● *Wann se aundetholbzwaa Kilo sann, no tame se obsteche* (↑abstechen), *die kumme oli 'nei in Nailonsackl* (↑Nylonsack) *un in Kühlschrank.* [OG I]
→Sack.

obendarüber - Adv, obədribər [Aug, Ed, Scham, Wer I, Jood II, Lug, Resch, Sad, Tem, Wer V, Bil, Mai, Pe, Suk VI]; ovətrivər [Ap, Berg, Fil, Ker, Mil, Sch, Stan, Tor III, Be, Tom IV, Alex, Bog, Ger, GJ, Len, Ost, War V]
Allg: über etwas befindlich ● *De Sallasch* (↑Salasch 3), *un owwedriwwer war de ↑Hambar (2) bei manche Leit.* [GJ V] ■ PfWb V 192; SüdHWb IV 1039; RheinWb VI 319.
→darunter, obendrauf.

obendrauf - Adv, o:vətrauf [Baw, StG, Sol, Sulk, Wem II, Ap, Brest, Sch III, Be, Tom IV, Bru, Ger, Glog, Gra, Len, Nitz, Wis V]
A: an oberster Stelle liegend ● *Sechzehn Garwe* (↑Garbe) *sein so zammglegt worre, un owwedrauf is de Reider* (↑Reiter) *kumme odde de Pfarr* (↑Pfarrer), *hann mer gsagt.* [Sulk II]
→obendarüber; oberhalb.

Oberbrücke - f, ęvərprękə, Pl. id. [Alt, Fek, Nad, Oh, Wem II]
A: an höherer Lage errichtete Flussbrücke ● *Bräcke senn die Äwwenbräcke un em Mätteduerf* (↑Mitteldorf) *die Kiërchebräcke.* [Fek II]
→Brücke.

Oberdorf - n, o:vərturf, -tęrfər [Go, Ma, Pal, Wak Wiel II]; ęvərtuərf, -teęrfər [Alt, Fek, Nad, Oh, Wem II]
A: höher gelegener Teil einer agrarisch geprägten Siedlung ● *En unsern Äwwerduerf is die Äwwengåsse.* [Fek II] *Bei ons gibt's e Owerdurf on e Unterdurf.* [Wak II] ■ PfWb V 196: 'oberer, höher gelegener Teil eines Ortes'; SüdHWb IV 1042; RheinWb VI 320.
→Dorf, Gasse, Obergasse; oberdorfer.

oberdorfer - Adj, o:vətęrfər [StG, Sol, Sulk II]
V: zum oberen Teil des Dorfes gehörend ● *Des owedärfer Viech is zu der aani Saait* (↑Seite) *gange un des undedärfer zu der andri Saait.* [Sulk II]
→unterdorfer; Dorf.

obere Garbe - f, o:və koɐvə, Sg. tant. [Fek II]
A: Abschlussgarbe auf dem Haufen ● *Hat des is die owe Goarwe, die is rechts un links ooghengt* (↑anhängen) *woan, es der Wend se net so leicht råbtreibt* (↑herabtreiben). [Fek II] ◆ Die oberste Schutzgarbe im Garbenhaufen heißt in den donauschwäb. Dialekten metaph. *Reiter*, aber auch *Kopf-* oder *Mittelgarbe*, *obere Garbe*, *Pfaff*, *Herr* 'Pfarrer' oder *Pope*.
→Garbe.

Obergasse - f, ęvənkåsə, Pl. id. [Alt, Fek, Nad, Oh, Wem II]
A: im oberen Teil der Siedlung gelegene Dorfstraße ● *En unsern Äwwerduerf is die Äwwengåsse.* [Fek II] ■ PfWb V 197: 1. 'Gasse im Oberdorf', 2. Straßennamen; SüdHWb IV 1042.
→Gasse, Pberdorf, -wald, -wiese.

oberhalb - Präp, obərhalp [Tax, Wer, Wud, Wudi I, Petschw II, ASad, Lind, Sad, Wei, Wer, Wolf V]; ovərhalp [Wem, Wer II, Ap, Sch, Siw III, Be, Tom IV, Bill, Bog, Bru, Fak, Ga, GK, Glog, Gutt, Len, Low, Ost, StA, Wies, Wis V]
Allg: höher, darüberliegend, (auch:) nördlich von einem Bezugspunkt ● *Dorch die Landstroß* (↑Landstraße) *Temeswar-Lippa* (ON) *getaalt* (↑teilen), *is owwerhalb vum Dorf der Owwerwald un geger die Bergsau* (Flussname) *zu de Unnerwald.* [Bru V]
→obendrauf; Oberdorf.

Oberjäger - m, ovəja:gə, Pl. id. [ASad, Lind, Resch, Wei, Wolf V]
Fo: leitender Angestellter, der die Jäger eines Forstreviers beaufsichtigt ● *Do sag i: "Du Kaiser, du bist von ejtz aa de Herr iwe d'Jocht* (↑Jagd). *Do hast a Gwehr* (↑Gewehr), *do hast aa 200 Patronen, du bist de Owejage."* [Wolf V]
→Jäger

Obermüller - m, ovərmilər, Pl. id. [Alex, Bill, Bog, GStP, Gott, Ost, Low, War V]
A: Vorarbeiter in einer Getreidemühle ● *Mei Bruder hat aa Miller gelärnt, där is in der Dampfmihl Owwermiller genn* (geworden). [GStP V]
→Müller.

Obers - m, Sg. tant. [Franzd, Ora, Resch, Stei, Tem, Wer V]
V: süßer Rahm, Sahne *Etym.: Obers* ist bair.-österr. für 'Sahne'. Vgl. österr. *Obers* 'süßer Rahm, Sahne' (ÖstWb 322). - Das ostobd. *Obers*

'Sahne' (erst seit dem 19. Jh. belegt) ist eigentlich das Obere der Milch, substantiviert in der Form des Neutrums, wobei die Endung nicht mehr als solche empfunden wird. (^{23}Kluge, 595) ● *Meine Schwiegemutte, die hat nit Kese gesagt, sonden des waa de Topfn gwesn. Un fir die Schlagsahne, des waa de Obers gwesn, net wahr.* [Tem V] ◆ Beim Wort *Obers* erübrigt sich jede Forschung, das ist plastisch und verständlich, eben das Obere. Lassen Sie echte Kuhmilch stehen, schöpfen Sie das Obere ab, schlagen Sie es, und schon haben Sie das berühmte Werk von Richard Strauß, das zur Sachertorte gehört: *Schlagobers!* (Wehle 1980, 32) ■ ÖstWb 322: 'süßer Rahm, Sahne; Schlagobers, Kaffeeobers.
→Schlagsahne, Süßobers.

Oberwald - m, ovərvalt, Sg. tant. [Bru V]
A: der oben (höher oder nördlich) gelegene Teil eines Waldes, auch Flurnamen ● *Dorch die Landstroß* (↑Landstraße) *Temeswar-Lippa* (ON) *getaalt* (↑teilen), *is owwerhalb vum Dorf der Owwerwald un geger die Bergsau* (Flussname) *zu de Unnerwald.* [Bru V] ■ PfWb V 203: amtlicher Flurnamen.
→Oberdorf, -gasse, -wiese, Wald; oberhalb.

Oberwiese - f, evənvi:zə, Pl. id. [Alt, Fek, Nad, Oh, Wem II]
A: höher gelegene Wiese ● *Bei ons sen ville Wiese, die Äwwenwiese mit em Äwwenwiesebrännje, die Phoarrewiese un die Schmättewiese.* [Fek II] ■ PfWb V 204: *Oberwiese, -wiesen* als Flurnamen; SüdHWb IV 1049.
→Oberwiesenbrunnen, Wiese (1).

Oberwiesenbrunnen - m, evənvi:zəprenjə, Sg. tant. [Alt, Fek, Oh II]
A: durch die Oberwiese fließender Wasserlauf ● *Bei ons sen ville Wiese, die Äwwenwiese mit em Äwwenwiesebrännje* (↑Oberwiesenbrunnen), *die Phoarrewiese un die Schmätewiese.* [Fek II]
Anm.: Das Grundwort des Komp. *-brännje* ('Brünnlein') weist Vokalsenkung (ü)i>ä und Verkleinerung mit dem Diminutivsuffix *-je* auf. ■ *Brunnen* PfWb I 1289 f.: 1.a. 'natürliche Quelle, auch in gefasster Form', b. 'nasse Stelle in der Wiese', 2. 'künstlich angelegter Brunnen', vgl. *Born.*
→Brunnen, Oberwiese.

Obor - , selten, opar, Pl. id. [Ap, Gai, Hod, Ker III]
V: Laufstall für Jungschweine *Etym.:* Von serbokr. *obor* 'Pferch, Viehhürde, Viehhof'. ● *Där Taal* (↑Teil) *vorne im Stall, wu die Wutzle* (↑Wutz) *rumlaafe henn kenne, den hot mer Obar gnennt.* [Ap III]
→Laufstall.

Obst - n, o:pst, Sg. tant. [Petschw II]; opst [Baw, Jood II, Ap, Gai III, In IV, Bak, Bog, Fak, Ga, GK, Glog, Len, Low, Nitz, StA, War, Wer, Wil V]; opʃt [Tax I, Sad V]; oupst [OG I]
O: als Nahrung dienende Früchte von Bäumen und Sträuchern ● *Ja, es Obst woa viel. Von die Himbärn ham-men Soft* (↑Saft) *gmocht. Jetz tame nue es Obst einfriën, in de Kühlschrank 'nei, olles wos wockst, Weicksl, Kiëschn, Biern.* [OG I] *Die honn selmols Schnaps gebrennt* (↑brennen 2) *mit de Trewe* (↑Treber) *un min Obst.* [Baw II] *Schnaps kam-me vun Obst brenne un vun de Woitreber* (↑Weintreber) *brenne.* [Jood II] *De besti Schnaps is aus Zwöschpm, de* ↑*Silvapalinka, dann aus Rodi Pflaume, Gelwi Pflaume, Pfärsching, aus vielerlei Obst.* [Petschw II] *No hot's noch Obst gewwe* (↑geben), *Riwisl, Riwislsteck und Ärdbääre un Himbääre ware in jedem Haus.* [Ap III] *Mit demObst, des war a gudi Idee, solche Äppl un* ↑*Anna-Spät hann mir friejer do net gsiehn.* [Nitz V] *O je, da waa viel Obst fir* ↑*Sulz* (1) *kochn, aus Zwetschkn, Pfiësich und aus Aprikosn, des waa es allebeste.* [Wer V] ■ Gehl 1991, 229.
→(Arten:) Afina, Agrasel, Amarelle, Apfel, Aprikose, Birne, Brombeere (1a), Erdbeere, Hetschel, Himbeere, Kirsche, Maulbeere, Marille, Nuss (1), Pflaume, Pfirsich, Pomeranze, Reneklode, Quitte, Ribisel, Süßholz, Weichsel, Zitrone, Zwetschke; (Verschiedenes:) Dunst-, Frischobst, Obstbaum, -garten, -jahr, -schnaps, Leckwar, Schleckel.

Obstbaum - m, opstpaum, -paime [OW VI]; opstba:m, -be:m [Bil, Ham, Schei, Suk VI]; opstpa:m, -pe:m [Baw, Seik, StI, Wem II, Ap, Gai III, NP IV, Fak, Ga, GJ, Glog, Len, Low, Ost, War V], opstpa:m, -pe:m [Bak, Nitz V], opstpa:m, -ə [ASad, Franzd, NA, Resch, Stei, Tem, Wer V]
O: essbare Früchte tragender Baum ● *Iweroll woan Obstbeem, do woan die Pfische* (↑Pfirsich). [Baw II] *Die Obstbeem worn Epplbeem, Biere* (↑Birne), *Ringlo* (↑Reneklode), *Weichsl, Kärsche, Kitte* (↑Quitte), *Pärsching, Aprikose, Gelli Quetsche* (↑Gelbe Zwetschge) *un Blooi Quetsche.* [Ap III] *Die wo Obstbaame ghabt hawwe,*

Obstgarten

Pflaumebaame, die hawwe Schnaps gebrennt. [NA V] *Ich hann gheert, sie wolle weider Obstbääm setze.* [Nitz V] *Mir hann des so newebei e bissl was gmach, aa Rebsorte un viel Obstbeem.* [Ost V] *De Maikäfer is nur schlecht fir die Obstbeime, er hat nichts mit dem Wald.* [OW VI] *Ja, d'obe isch en ↑Gostat mit de Obstbeem gsei, do send d'Leit gange arbeite.* [Schei VI] ■ Gehl 1991, 229.
→Apfel-, Birn-, Kirsch-, Maulbeer-, Mispel-, Nuss-, Pfirsich-, Pflaumen-, Quitten-, Weichsel-, Zwetschkenbaum, Baum (1).

Obstgarten - m, opstkartə, -kęrtə [Baw, Seik, StI, Wem II]
O: Garten mit Obstbäumen und -sträuchern ● *Also, jetz is de Obstgarte firs ganz Dorf.* [Baw II]
→Garten, Obst.

Obstjahr - n, opstjo:r, -ə [Fak, Ga, Glog, StA, Wil V]
O: Jahr mit reicher Obsternte ● *Heier wor e gudes Obstjohr, do hem-mer viel Dunschtobst eiglegt.* [Fak. V] ■ Gehl 1991, 229.
→Obst.

Obstschnaps - m, opstʃnaps, Sg. tant. [Baw, Seik, StI II]
O: aus verschiedenen Obstsorten gebrannter Schnaps ● *Dä wos net vill Plaume hot, dä hot alles zommgschitt* (↑zusammenschütten). *Des woar hald so en Obstschnaps.* [Baw II]
→Obst, Schnaps.

Ochse - m, oks, -n [ASad, Lin, Wei, Wolf V]; oks, -ə [Tax I, Jood, Ka, Tew II, AK, Ap, Buk, Fu, Gai, Gak, Har, Ker, Kol, Tscher, Wasch, Wepr III, In, Tom IV, Fak, Ga, Glog, Karl, Len, Low, NA, Ost, Pau, Rud, StA, Zich V, Bil, Ham, Mai, Pe, Schei, Suk VI]
V: männliches, kastriertes Rind ● *De Wagne[r] had noch gmacht Ocksejoche, wäm-me die Kihe* (↑Kuh) *odde die Ockse hat eigspannt.* [Jood II] *Bei uns hod kei Mensch mid ame Ocks ode anre Kuh garwet.* [Tom IV] *Die Furich* (↑Furche) *is so grad* (↑gerade) *wie de Ocks brunzt* (↑brunzen) (also nicht gerade). [Glog V] *Bloß die Epplwallache* (↑Apfelwalache) *sinn in Oschtre* (ON) *mit Ockse gfahr.* [Ost V] *En ejda hot Feld krejgt, hot aan Ochsn krejgt un zu zwoat en Pflöu* (↑Pflug). [Wei V] *Friher hann sie Traube mit de Ockse gfiehrt.* [Schei VI] ■ Gehl 1991, 190.
→Ochsenauge, -joch, Rind.

Ochsenauge - f, oksnaugn, Sg. tant. [Wer V]; oksəaugə [Sad, Wer V], oksəau(g)ə [Scham I, Gai, Kar, Sta, Tscher III, Bill, Kud, Low, Sad V]; oksəau, -ə [Bog, Low, Ost, War V]; oksənaugn ro:te [Mil, Stan III]; ǫuksnauŋ [Aug, Ed, GT, KT, Schor, StlO, Wein, Wud I]; oksənaugn vaise [Mil, Stan III]
W: Traubensorte mit großen, runden, blauen Beeren *Etym.:* Die metaph. Benennung der Traubensorte erfolgte nach der Form der Beeren, die Ochsenaugen ähneln. Vgl. auch die synonyme, neue Bennennung *Oriaschi.* ● *Die blobi un weißi Oucksnaugn haaßn aa Oriaschi, dej hot me amü (allemal) in Lejesekraunz* (↑Leserkranz) *eienigflauchtn* (↑hineinflechten). [Wud I] *An de Droht sinn scheene Trauwe gebunn ginn: Zacklweißi, Gaaßtuttle oder blooe Ochseauge.* [Bog V] *Die Zensor, des ware scheni, so dicki, so wie Ochseaue.* [Ost V] *Un dann hat's große runde Traubn gebn, des waan die Ocksnaugn.* [Wer V] ■ Gehl 1991, 240, Petri 1971, 79.
→Blaue, Oriaschi, Rebsorte.

Ochsenjoch - n, oksəjox, -ə [Jood II, Fak, Ga, Glog, StA V]
V: über dem Nacken liegende, hölzerne Zugstange für Ochsen und Kühe ● *De Wagne[r] had noch gmacht Ocksejoche, wäm-me die Kihe* (↑Kuh) *odde die Ockse hat eigspannt, wo sie ins Gnack* (↑Genick) *honn kriegt då.* [Jood II] ■ PfWb V 216; Gehl 1991 157.
→Ochse.

Ofen - m, o:fn, e:fn [Alt II]; o:fə, e:fə [Wein I, Fil, Kutz, Mil III, Pal, Siw, Tscher III, Put, Tom IV, Alex, Bog, Fak, Ger, GJ, Glog, Ost, Nitz, StA, Wis, Wolf V]; o:və, Pl. id. [Jood, Petschw, StI II, Be IV, Drei, War V]; ǫ:ufə, ę:ifə [Gut V]; no:fn, Pl. id. [OW VI]
Allg: eiserner Herd zum Heizen, Kochen und Backen ● *Des gibt Sauebradlfleisch* (↑Sauerbratenfleisch), *was bråte wurd in de ↑Tepsi im Owe.* [Jood II] *Un noch woa de Owe inwennich* (↑inwendig) *schee ↑rosarot.* [StI II] *Im Spotjahr hot mer als im Ofe Grumbireschnitz* (↑Grundbirnenschnitze) *gmacht.* [Mil III] *Vun der Kich aus sinn die Efe ghitzt genn.* [GJ V] *De Patschkukrutz* (↑Platzkukuruz) *wärd ufm Ofe in Siewe* (↑Sieb) *gerescht* (↑trösten). [Glog V] **Anm.:** In der Variante *Owe* wird intervok. -f>w- sonorisiert. Die Variante *Nofn* in [OW VI] enstand durch die Verschmelzung des Artikels (de)n mit dem Subst. *Ofn.*
→Dreifuß, Herd, Back-, Dreck-, Kessel-, Räucherofen, Röhre.

Ofenkrücke - f, o:vəkrik, -ə [Bru, Charl, Fib, Jahr V]
A: (wie: Krücke) ● *Mit de Owekrick is die Glut un Esch (↑Asche) rausgschärrt gewwe (worden) ausn haaße (↑heiß) Backowe.* [Bru V]
→Krücke.

offen - Adj, ofən [Ed, GT, Ins, Krott, OG,Pußt, Schor, Scham, Schau, Tar I]; ofə [Fek, Kock, Wem II, Ap, Mil, Sch III, Bill, Bru, GJ, Jahr, Nitz, Len, War V]
Allg: nicht verschlossen, sondern geöffnet ● *So e offenes Holzfass von zwaahundet Litte hamm die Baue[r]n oogfüjt (↑ anfüllen) mit Wosse.* [Pußt I]
→offene Küche.

offene Küche - f, ufne khiçe, Pl. id. [Bru, Jahr V]
A, V: Sommerküche mit offenem Schornstein ● *In de ufne Kiche war e Herd mit so am Dreifuß, wu druf gekocht is gewwe (worden).* [Bru V] **Anm.**: Der Begriff ist eine Bedeutungserweiterung, da die Vorstellung des offenen Schornsteins auf den gesamten Raum ausgedehnt wird.
→Küche, offener Rauchfang.

offener Rauchfang - m, ufənə ra:faŋ, ufəne ra:feŋ [Bog, Ger, GJ, GK, War V]
A, V: offene Feuerstelle in der Küche mit darüberliegendem pyramidenförmigen Kamin ● *Vun der Kich (↑Küche 1) aus sinn die Efe ghitzt genn, un in dem uffene Raafang hann die Leit aach ihre Fleisch graacht (↑räuchern).* [GJ V]
→offene Küche, Räucherofen, Rauchfang.

offener Schweinestall - m, ufənə, ʃvainʃtal, -ʃtel [Ker, Mil, Sch, Werb III, Be, Tom IV, Bog, GK, Len, Ost, War V]
V: geschlossener, jedoch ungedeckter Bretterverschlag zur Mastschweinehaltung ● *Die Schweinstell ware bei manchi Hambare (↑Hambar 2) unnerdran, awe des ware uffeni Schweinstell, aso bloß e Bretterverschlag un Tihrl (↑Tür).* [Ost V]
→Salasch (3), Schweinestall.

Ohr - n, o:r, -ə [Stan III, Bak, Fak, Ga, Glog, Hatz, Len, Lieb, Low, NPe, Ost, StA, War, Wil V]; o̭:r, o̭:rə [Ap III, Fak, Glog V]; o:ɐ, -n [Bohl II]; u:r, -ə [StI II, DStP V]; å:r, -ə [Glog, Fak, Sad V]
V: sichtbare, äußere Fortsetzung des paariges Hörorgans am Kopf der Tiere ● *Un noch honn se de Bärich (↑Barg) oogepackt hinne an de Fieß un gezoge (↑ziehen 1) an die Uhre.* [StI II] *Un am Kopp, do ware die Auge, die Ohre, die Schnuss mit de Naselecher (↑Nasenloch), die Zung un die Zeh (↑Zahn).* [Ap III] *↑Schwanz un Fieß odde die Ohre, des is zum ↑Sulz (2) kumme.* [Stan III] *Wann em Esl die Ohre beiße (↑beißen 2), get's Reen (↑Regen).* [Hatz V] *Es Sulz, des warn die Ohre, die Fieß un es Schwenzje (↑Schwanz 1), was des Sulz gebt.* [Lieb V] *Also am Kopp war's Koppstick, däs wu hinne iwwer die Ohre gang is un hat zwei Zunge ghat uff jeder Seit.* [Ost V] ■ Gehl 1991, 109; 160.
→Kopf (1a), Ohrnummer, -wangel, Vieh.

Ohrnummer - f, o:rnumər, -numrə [GJ, Len, Low, Mram, Nitz, Orz, Ost, Rud, Schag, Seul, Tschan, STGB V]
V: im Ohr angebrachte Erkennungsmarke von Tieren ● *Jeder ↑Bär (1) hat sei Ohrnummer ghat. Un wenn die Sau gschitt (↑schütten) hat, no hann die Schwein dieselwi Ohrnummre griet.* [Ost V]
→Ohr.

Ohrwangel - n, veraltet, ɔ:rvaŋl, Sg. tant. [Sch, Siw, Stan, Wepr III]; urvaŋgl [Baw, Nad, Surg, Wem II]
V: Suppenfleisch von der Backenpartie des Rindes *Etym.*: Es handelt sich um eine ostösterr. Fleischbezeichnung, vgl. *Ohrwangl*, in Wien eine (nicht näher bestimmte) 'Rindfleischsorte', auch 'Ohrfeige' (Wehle 1980, 219); oder auch *Ohrwangen* Pl. 'Fischkiefern, Kiemen', so noch bei den Leipziger Fischern (DWb 13, 1267). Ähnlich wie der *Backenspeck* von Schweinen ist das *Ohrwangel* von der Backenpartie des Rindes ein von Bauern gern gekauftes, weil minderwertiges und billiges Suppenfleisch. ● *Noch woar Urwangl, des honn se hoat (sehr) gärn gesse. Des woar a Soppefleisch, des Urwangl.* [Baw II] *Beim Rind, do gibt's des Ohrwangl, no gibt's de ↑Kaiserspitz, no es Weißbradl (↑Weißbraten).* [Stan III] **Anm.**: Die Lautform *Uhrwangl* weist Tonerhöhung o>u auf. ■ Wehle 1980, 219.
→Fleisch (1), Ohr.

Öl - n, e:l, sg. tant. [Bad, Fek, KN, Sier, Surg, Wem II, Gai, Gak, Jar, Mil, Pal, Sek, Stan, Tscher, Waldn, Werb III, ND, NP, Put, Tom IV, Alex, Bak, Bog, Bru, Fak, Ga, Ger, GB, GK, Glog, Gott, GStP, Karl, KJ, Küb, Len, Lieb, Low, Mar, Mer, Mram, NA, NB, NPa, Orz, Ost, Pan, Sem, StA, Wies, Wil, Zich V, Bil, Ham, Mai, NP, OW, Pe VI]
A: aus Pflanzen gewonnenes, flüssiges Fett ● *Mer henn misse Sunneblume baue, no hem-*

mer Eel krigt. [Stan III] *Im Zweite Weltkriech is Leinsame oogebaut* (↑anbauen) *worre un Sonneblume zum Eel mache.* [Waldn III] *Aach Sonneblume henn die Leit angebaut un sogar Ri'zinus, fir in die Apotheke, fer Abfihrmittl mache. Ja, die henn Eel draus gmacht.* [Tom IV] *Die Sunneblumme sinn ärscht im Krieg so richtich ufkumm, for Eel mache.* [Ost V] ◆ Seit dem Zweiten Weltkrieg wurden tierische Fette in der Ernährung der Dorfbevölkerung, aus Mangel an Schlachttieren, aber auch aus ernährungshygienischen Gründen, zunehmend durch pflanzliche Fette ersetzt.
→Ölsamen.

Olga - f, olga, Sg. tant. [GJ, GK, Ost V]
V: Rufname für weibliche Pferde ● *Die Rossname ware aldi Name vun der Ansiedlung: Fanni, Olga, Mitzi, Freila.* [Ost V]
→Rossname.

Ölsamen - f, e:lsa:mə, Pl. id. [Ker, Mil, Siw, Waldn, Werb III]
A: Samen, aus denen Öl gewonnen wird ● *Dann im Zweite Weltkrieg sein die Eelsame kumme. Do is Leinsame oogebaut* (↑anbauen) *worre un Sonneblume zum Eel mache.* [Waldn III]
→Öl, Leinsamen, Rizinus, Samen, Sonnenblume.

Oriaschi - f, selten, oriạ:ʃi [Ed, KT, Wud, Wudi I]
W: Rebsorte für Rotwein mit großen, runden Beeren *Etym.:* Entlehnung aus ung. *oriási* 'riesig, riesengroß'. Vgl. auch die synonyme, metaph. Bezeichnung *Ochsenauge,* um die Größe der Weinbeeren zu beschreiben. ● *Die blobi un weißi Ochseaugn haaßn aa Oriaschi, dej hot me amü* (allemal) *in Lejesekraunz* (↑Leserkranz) *eienigflauchtn* (↑hineinflechten). [Wud I]
→Ochsenauge, Rebsorte.

Osterblume - f, o:ʃtərplumə, Pl. id. [Ga, StA V]; ọ:ʃtərplum, -ə [Bog, Fak, GK, Glog, Low, Ost V]; ustərplum [DStP V]; o:ʃtərplum [Pal III, Ernst, Laz, Sack V]
G: gelbe Narzisse; Narcissus pseudonarcissus *Etym.:* Benennungsmotiv der Blume ist ihre Blütezeit. ● *Vor Oschtre ware die Sterblume, Oschterblumme un Tulipane* (↑Tulipan) *an der Reih.* [Bog V] *Des sinn so Fruhjohrsblumme, Oschterblumme, Tulipane, Maigleckle, Vergissmeinnicht.* [Ost V] ◆ Wegen ihrer großen Blütenkelche wird die gelbe Narzisse auch *Trompetennarzisse* genannt. (Petri 1971, 49) ■ PfWb V 277: 1.a 'gelbe Narzisse', Narcissus pseudonarcissus, 1.b 'weiße Narzisse', Narcissus poeticus; SüdHWb IV 1113; RheinWb VI 432 f.; Gehl 1991, 88; Petri 1971, 49.
→Blume, Sternblume.

Osterkerze - f, o:ʃtərkḥerts, -ə [Bog, GK, Low, Ost, War V]
A: als Unkraut verdrängtes, stattliches Wollkraut, mit großen, endständigen Blütentrauben, Königskerze; Verbascum thapsiforme *Etym.:* Die Bezeichnung ist eine Metapher unter Anlehnung der Pflanzenform an die Form der hohen Osterkerze. ● *Ufm Feld war viel Unkraut, die Wildi Margareta* (↑Wilde Margerite), *die großi geeli* (↑gelbe) *Oschterkärze, die Ringlblumme un viele annre.* [Ost V] ■ PfWb V 281: 2a; Petri 1971, 76.
→Unkraut.

Osterschwein - n, selten, o:ʃtərʃvain, -ə [GK, Ost V]
V: aus der Banater Gemeinde Ostern (rum. Comloşu Mic) stammende, durch Zucht entstandene Schweinerasse ● *Oschtre (ON) war berihmt im ganze Land mit de* ↑Schweinezucht. *Dart war direkt de Name Osterschweine, die Oschtemer Schwein, die sinn uff Wien exportiert ginn* (worden). [Ost V]
→Schwein.

Othonell - f, otheler [Wud, Wudi I]; othelo [Kud, Sad V]; 'otelo [Baw II]; otila [Mil III, Low, Mar, Tschan V]; ortela [Scham I]; otelər [Fak, Ga, Glog, StA, Wil V]; hotelər plo:i, vaisi [Ap III, Pan V]; hatelen blaue, weiße [Kar III]
W: aromatische, weiße (seltener blaue) Rebsorte ● *Die Othella haum en rouetn* (↑rot) *Weij geiem. Die Othella hot me aa aufghejngt* (↑aufhängen). [Wud I] *Des woan frihe gudi Sortn, do woan die Nohatreiwl un die Ottelo, wos jo jetz genzlich ausghaut* (↑aushauen) *senn.* [Baw II] **Anm.:** Die Varianten *Otheler, Hoteller* sind volksetym. Weiterentwicklungen der Rebenbezeichnung unter Anlehnung an den Namen *Hotel.* ■ Gehl 1991, 240; Petri 1971, 80.
→Muskat Othonell, Rebsorte.

Otto - m, oto, Sg. tant. [GK, Gra, Ost V]
V: Rufname für männliche Pferde *Etym.:* Der männliche Personenname wird zur persönlichen Ansprache der Pferde verwendet. ● *Die Rossname ware aach deitschi Name: Otto, Roland.* [Ost V]
→Rossname.

oval - Adj, ova:l [Bohl, Mu II, Bog, GK, Low, Ost, War V]
Allg: länglich rund, eiförmig ● *Die Gaaßttuttle* (↑Geißtuttel), *des ware so lenglichi, ovali, die Trollinger, die blooi, dicki Trauwe.* [Ost V] ■ Krauß 622.
→länglich, rund.

pachten - schw, paxtə, kəpaxt [StI II, Ap, Berg, Hod, Wepr III, Bak, Bog, Fak, GK, Glog, Len, Low, Nitz, Ost, War, Weis, Wil, Wis V]
A, W: ein Grundstück gegen Entgelt zur Nutzung übernehmen ● *Der Risar* (↑Riesar) *oder Beresch hat die Baurewirtschaft gepacht un hat sein Lohn vun de Fecksung* (↑Fechsung) *griet.* [Berg V] *Die Weizettle hunn des gepacht für Geld oder Wei*[n]. [StI II] *Bis '14er hann mir des Feld gepacht vun de Baure, far Thuwak baue, nohär hann ich jo eigenes Feld ghat.* [Wies V]
→dingen; Weinzettler.

Palatschinke - m (f), (f) palatʃiŋke, palatʃiŋkn [Esseg IV, Tem, Wer V]; (m) palatʃiŋkə, Pl. id. [Fil, Mil III, Esseg, In IV, ASad, Lind, Resch, Wei, Wer, Wolf V]; plətʃiŋkə [Bak, Blum, Bru, Drei, Wis V]; plətʃiŋgə [Fak, Glog V]
A: gefüllter Eierkuchen, Pfannkuchen *Etym.*: Bairisch-österr. *Palatschinke* (statt *Pfannenkuchen*) 'gefüllter Eierkuchen' haben die donauschwäb. städtischen Umgangssprachen und von diesen die Verkehrsmundart übernommen. (Wolf 1987, 270) Vereinfachend hält das Etym. Wb. fest: *Palatschinke* f., österr., 'gefüllter Pfannkuchen' (> 20. Jh.). Entlehnt aus čech. *palačinka*, dieses aus ung. *palacsinta*, aus rum. *pla*[ă]*cinta*[ă], das zu lat. *placenta* gehört. ([23]Kluge, 608) Hierzu sind Präzisierungen erforderlich. Im Österreichischen ist *Palatschinke* eine Entlehnung aus ung. *palacsinta*, das auch unter dieser Form, als *Palatschinte* (mit Schinken gefüllte Palatschinten) vorkommt. Die ung. Form kommt von rum. *plăcintă* 'gefüllter Blätterkuchen, Pastete', das zahlreiche Abl., auch Diminutivformen, entwickelt hat und in Redewendungen erscheint wie: "e lesne a zice plăcintă, dar e mult, până se face" 'leichter gesagt als getan'; "a găsi plăcinta gata" 'sich an den gedeckten Tisch setzen'. Das rum. Lexem kommt aus vulgärlat. *placenta* 'Kuchen, Fladen'. - Ung. *palacsinta* ist seit 1577 belegt und kommt aus rum. *plăcintă*, mit entsprechender Lautumstellung, wobei ă>a und die Konsonantengruppe *pl* durch Einfügung des Vokals *a* aufgelöst wird. Die Anpassung des Wortes an das ung. Sprachsystem beweisen die Varianten des Wortes: *placinta, palaczinta, palicsinta, pëlacsinta palacinka, palacsinka, paladincsa*, von denen sich allerdings die literarische Form ung. *palacsinta* durchgesetzt hat, sie erscheint in bair.-österr. *Palatschinte* (neben *Palatschinke*). Dennoch wurde die Variante ung. *palacsinka* in der Bedeutung 'Eierkuchen' weiter verbreitet und ergab slowak. *palacinka*, tschech. *palačinka*, ukr. *palačinda, palačynta, palačinka*, serbokr. und bulg. *palačinka*. (MESz III 67). Die ung. Entlehnung *palacsinta* im Serbokroatischen erhielt als sprachliche Anpassung das serb. Suffix *-ka* und wurde als *palacsinka* ins Bulgarische weitergeleitet. (Skok 2, 590) - Es ist bemerkenswert, dass in der rum. Herkunftssprache des Wortes für die Bedeutung 'Eier-, Pfannkuchen' ugs. *clătite*, nach serbokr. *klati* 'stechen' steht, wobei dieses Wort (nach MESz III 67 f.) auch von ung. Dialekten in Siebenbürgen als *klatita, kletitya* 'Palatschinke' entlehnt wurde. (Gehl / Purdela Sitaru 1994, 168 f.) ● *Mer hot als gärn gesse Paradeissupp un hintenoo Palatschinke, mit Peckmes* (↑Pekmes) *drufgschmiert.* [Mil III] ◆ Mit europäischen Auswanderern gelangte der Name des Pfannkuchens, *Palatschinke*, auch nach Übersee. Wie mir Gewährsleute berichteten, gibt es im New Yorker Stadtteil Soho eine Imbissstube namens *Palačinka*. Das kleine Lokal liegt in der Grand Street 28 und bietet u. a. mit Bratkartoffeln, Käse und Mandelkrem gefüllte Eierkuchen, nach alten Rezepten aus Frankreich, Italien und Jugoslawien, an. *Palačinka-Bars* gibt es in mehreren Badeorten in Ungarn, *Palačinkarnica* auch in Novi Sad (Bulevar Oslobodjenje, *Disney* genannt) und Belgrad, (ein "Cafe-Restaurant" im Boheme-Viertel Skadarlija). Hier werden Palatschinken mit verschiedener Gemüse-, Fleisch- Obst- oder süßer Marmelade-, Pudding- und Honigfüllung serviert; ein Ausdruck für die schöpferische Phantasie der Küchenchefs. - Rum. *plăcintă* hat zusätzlich die Bedeutung von ung. *lángos* 'Brot-, Flammkuchen' angenommen, obwohl dieses ung. Wort in der Nachkriegszeit als rum. *langoş* entlehnt wurde und an den Kuchenbuden der

Banater und siebenbürgischen Städten aus der rum. Wortform als dt. *Langosch* 'in heißem Fett gebackener, flacher Kuchen, meist mit Käsefüllung' übernommen wurde. ■ ÖstWb 328: *Palatschinke* f., eine Mehlspeise.
→Kuchen, Pfannkuchen.

Palm - m (f), phalm, -ə [Bog, GK, Gott, Gra, Ost, Ẁar V]; phelm [Len V], (f) palmə, Pl. tant. [Ga, StA V]; phalmə, [Bad II, Ap, Fil, Gai, Kol III, Heu, Sack V]; phalmvaidə [Fek II, Low V]; pǫlmkhatslvaidə [Wud, Wudi I, Perj V]
Fo: Salweide; Salix caprea *Etym.:* Das Mhd. hatte beide Genera: *palme, balme* m. und f., *palm, balm* m. Die erste Bedeutung 'Palme' (*palma*), kirchensprachlich, ist von der Sache her nicht allgemein bekannt. Als Ersatz der orientalischen Palme dienen bei der Palmensegnung die Zweige der Salweide. Die Bezeichnung *Palm* wird zunächst auf den knospenden Weidenzweig, [Palm]zweig übertragen, dann auch auf die Blütenkätzchen [Palm]kätzlein, auf den Weidenbaum und auf die für die Palmweihe vorbereiteten Palmzweige [Palm]puschen. (WBÖ 2, 146 f.) ● *Do war e große Hof vun Palm ingsaamt* (eingesäumt) *un e Rewespalier* (↑Rebenspalier) *Un der Palm is mit der Rewescher gstutzt ginn un war wie e Zaun.* [Bog V] ◆ Salweidensträucher wurden im Bauernhof gerne am Hofrand, entlang von Zäunen gepflanzt, um für den Palmsonntag Zweige mit Kätzchen für den Busch schneiden und zur Kirche tragen zu können. - Volksglaube in der Pfalz, der auch im donauschwäb. Siedlungsgebieten verbreitet war: "Der geweihte P. schützt das Gebäude, in welchem er aufbewahrt wird, vor Feuer, besonders vor Blitzschlag. - Der P. bewahrt Mensch und Tier vor Krankheit und Behexung, wenn er am Kruzifix, hinter dem Spiegel, im Hausgang, im Stall über der Tür oder unter dem Dach angebracht wird. Er verhilft dem Kranken zur Gesundheit, wenn sein Lager mit dem Palmwisch mit Weihwasser besprengt wird. - Werden am Palmsonntage die geweihten Palmen in die Weizen- und Kornäcker gesteckt, so wird die Ernte gesegnet." (PfWb I 541) Ähnliche Anschauungen wurden von schwäbischen Aussiedlern mitgenommen: "Der Palm schützt gegen Wetterschlag, Krankheit, Verhexung, wird gegen die letztere auch gerne im Stall angebracht. Man soll mit ihm 3mal ums Haus laufen und jedesmal ein Vaterunser beten, damit das Haus nicht abbrennt. Der Palm bleibt im Garten ausgestellt, bis es zum erstenmal donnert; dann bringen ihn die Knaben ins Haus." (SchwWb I 595) ■ *Palm* m. BayWb 1/1 387 f.; 3. 'Büschel von Zweigen der Palmweide, der Stechpalme, des Sebenbaumes, der Mistel u. dgl.', welcher am Palmsonntag in der Kirche geweiht, und nicht nur beim Gottesdienst an diesem Tag gebraucht, sondern auch nach Hause getragen und als eine Art Haussegen das Jahr hindurch aufbewahrt wird; *Palme, Palm* WBÖ 2 146-148: f, m., 1. 'Palme', 2. 'Weidenzweig' (zur Weihe am Palmsonntag), in dieser Bedeutung auch m., in der Bedeutung 'Palmbuschen' nur m.; RheinWb VI 470-474: aus der kirchlichen Sitte der Palmenweihe am Palmsonntag ist das Wort im ganzen Gebiet allgemein, vor allem der Buchsbaum, dessen Zweige gesegnet werden, 1.a 'Buchsbaum' (Buxus sempervirens), b. Pl. 'Blütenkätzchenzweige der Salweide' (Salix caprea); *Palm, Palmen* PfWb I 540-542: 1. 'der Palmensträuß, der am Palmsonntag in katholischen Kirchen geweiht wird. Er besteht aus Buchszweigen, Palmkätzchen, Stechlaub, Zypressenzweigen, Zweigen des Lebensbaumes, aus Rosmarin, Wacholder, dürrem Eichenlaub, Haselnusskätzchen u. a. (Palme, Pälme)', 2.a 'Buchs', b. 'Stechpalme' (Ilex aquifolium)'; *Palme* BadWb I 111: 1. *phalm* w., 2. volkstümlich ist die Form *balm* für den am Palmsonntag geweihten Zweig, und zwar im Fränkischen meist f. Pl., bei Lahr und südlich m., meist Sg. Die Buben bringen *balmə* (Strauß aus Palmkätzchen) zur Kirche; die nächsten Verwandten, die keine Schulbuben haben, erhalten von ihnen dann eine *balmə*. Der ganze Brauch ist hauptsächlich Angelegenheit der Knaben, so dass der andere Strauß am 15. August geradezu *Mädlepalmen* heißen kann; *Palm(en)* SchwWb I 595: 2. *balm, balmə, barmə*, m., der am Palmsonntag (nach der Erzählung Matthias 21, Lukas 11) übliche Palmzweig, bzw. sein Ersatz, in der Kirche geweiht und als segensreich aufbewahrt. Der *Palmen* wird aus verschiedenen Zweigen gemacht, aus Buchs, Wacholder, Weißtanne, Holunder, Äpfeln, vergoldeten Eiformen und Nüssen. Eine Hauptrolle spielen aber die Zweige der Weide, besonders der Salweide, 3. 'von Pflanzen, die zur Herstellung des Palms dienen' a. 'Zweige der Salweide' mit noch unterentwickelten, silbern glänzenden Blütenkätzchen', b. 'Stechpalme'; NordSSWb IV 212: Palmweide 'Salweide'. Gehl 1991 84 *Palme*; Petri 1971, 66.
→Baum.

panieren - schw, pani:rn, pani:rt [Aug, Scham, Schor, Wud I; Petschw, In, Ru IV, ASad, Tem, Wer, Wolf V, OW VI]; pani:rə, pani:rt [Tax I, Kock, Sulk II, Fil, KK, Kern, Siw, Wepr III, Put, Tom IV, Alex, Bog, Schön, SM, War, Wil V]; pani:rə, kəpani:ət [Ap III, GStP, Ui V]
A, V: Schnitzel oder Fisch vor dem Braten in Ei und Mehl wenden ● *Schweinefleisch hot mer gebrode oder hot's gepaniët un Wiener Schnitzl gmacht.* [Ap III] ■ PfWb I 5522.
→braten.

Panzen - m, phants, phents [Sch, Siw, Tscher III, Be, Beschk, ND IV, Bog, Ger, GK, Gra, Hatz, Len, Low, Ost, Ui, War, Wis V]
V: Wanst, Tierbauch *Etym.: Panzen* ist die obd. Form für *Pansen* 'Wanst, Schmerbauch'. (Wahrig 2658) ● *Die Bauchgort* (↑Bauchgurte) *mit der Zung* (↑Zunge 2), *die Schnall. Des is um de Phanz zammgschnallt* (↑zusammenschnallen) *ginn.* [Ost V] ■ PfWb I 561: *Panz, Panzen* 'Bauch der Kuh, selten des Pferdes'; RheinWb VI 488.
→Bauch (1), Vieh.

Papier - n, påpi:r, Sg. tant. [Fak, Ger, Glog, Bat VI]; popi:ə [Wudi I]
B: steifes Papier, auch Zeitungspapier ● *Im Biekorb* (↑Bienenkorb), *do kenne Spenne* (↑Spinne) *drenseie* (darinsein), *un wege Krankheite muss me den ausbrenne mit Papier.* [Seik II] *Un nachdem dur-i* (tue ich) *hintn so Påpier eini un moch i den Koarb* (↑Korb) *zu.* [Bat VI]
→Papierfabrik, -nuss.

Papierfabrik - f, papi:rfabrik, -n [OW VI]
Fo: industrieller Betrieb zur Herstellung von Papier ● *Das wird alles fir die Papierfabrikn geliefert, weil des is ganz gesundes Holz.* [OW VI]
→Papier.

Papiernuss - f, papi:rnus, -n [Ed, KT, Scham, Wud, Wudi I, Asad, Lug, Resch, Stei, Tem, Weid, Wolf V]; papi:rnus, -ə [Bog, Fak, Ga, Glog, Len, Low, Pan, Wer, Wil V]
O: große Walnuss mit weichen, leicht zu knackenden Schalen ● *Die Papiernusse henn dinni Schele* (↑Schale 1a), *awer die Staanusse henn harti Schele un klaani, vewackseni* (↑verwachsen) *Nusskärne.* [Glog V] ■ Gehl 1991, 235; Petri 1971, 41.
→Papier, Nuss (1).

Pappelbaum - m, paplpa:m, -pe:m [Mu II, Ap, Sack, Sch, Stan III, ASad, Bill, Bru, Fak, Franzf, Ga, Glog, GStP, Kud, Na, Sad, StA, Stei, Wil V]; påplpa:m, -pa:mə [Tscha III]; paplpo:m, -pe:m [Kol III]; paplpoum, -peim [Bir V]
Fo: zweihäusiger Laubbaum aus der Gattung der Weidengewächse; Populus alba und nigra ● *Im Bruckenauer Wald ware viel Beem: Eichle, Tanne, Akaze un Papplbeem.* [Bru V] *Ufm Weg Richtung Arad senn Maulbeerebääm gstanne un in Richtung Schimånde* (ON) *Papplbääm.* [StA V] ◆ Schnellwüchsige Pappeln werden mit Vorliebe entlang der Straßen gepflanzt. Im Banat sind auch häufig Maulbeer- oder Nussbäume als Straßenbegrenzung anzutreffen. ■ PfWb I 565; RheinWb I 507; Gehl 1991, 84; Petri 1971, 56.
→Baum (1).

Paprika - m, paprikɐ, Sg. tant. [Erb, Tax, Per, Scham, Wud, Wudi I, Bad, Baw, Lasch, Petschw, Saw II, Har, Kar, Sch, Wepr III, Bog, GStP, NA, Nitz, Orz, Ost, Rud, Sack Trie, Tsche, Wer, Wis V]; paprikə [StI II, Stan III, Fak, Glog, Hatz V, Bil, Ham, Mai, Pe, Schei, Suk VI]; paprik [Jos V]; papriç [Ap, Buk, Fil, Gai, Mil, Sch, Tscher, Wepr III, NP IV]; popriç [ND IV]
1. G: Gemüse- und Gewürzpflanze, Schotenfrucht; Capsicum annuum *Etym.:* Vgl. ung. und serb. *Paprika* 'Paprikapflanze' und 'Gewürz'; beide gehen auf lat. *piper* 'Pfeffer' zurück. Die Spanier lernten den Paprika zuerst 1493 auf Haiti kennen und brachten ihn nach Europa, wo er zuerst in Spanien und Südfrankreich in Bauerngärten gepflanzt und als Pfefferersatz verwendet wurde. Auf seinem Weg nach Süd- und Mitteleuropa wurde der Paprika spanischer, indianischer, brasilianischer oder türkischer Pfeffer und Beißbeere genannt. Ins Deutsche kam der Paprikaname im 19. Jh. aus serb. *pàprika*, mit gleicher Bedeutung, eine Weiterbildung zu serb. *papar* 'Pfeffer'. Von den Südslawen kam der Paprika nach Ungarn und Siebenbürgen. Auch im Banat handelten ihn die *Serwianer*, slawische Gärtner. In Szeged und Umgebung wurde der Paprika zuerst getrocknet, zu *Rosenpaprika* zermahlen und von *Fratschlerinnen* 'Händlerinnen' aus Szeged, später aus dem Banater Pecica, im Hausiererhandel vertrieben. Im 20. Jh. ging der Wanderhandel mit Kraut, Melonen und Paprika auf deutsche Gärtner über. Eine besonders scharfe Paprikasorte wird im Banat nach seiner Form metaph. *Leiwlsknepp* genannt, da die kleinen runden Schoten den metallenen Westen-

knöpfen der schwäbischen Bauerntracht ähneln. Rum. heißt der Paprika *ardei*, abgeleitet vom Verb *a arde* 'brennen' und der kleine scharfe Salonpaprika *ardei iute* 'scharfer Paprika'. (Gehl/Purdela Sitaru 1994, 50) ● *Der ganzi Garte war in Bettl* (↑Beet) *eigetaalt* (↑einteilen). *Un do ware in aan Bettl Zwiefl* (↑Zwiebel) *gwest un in annre sinn Paprich*. [Ap III] *Zu ↑Barbara, am virte Dezembe, hod me schon die ärschti Mistbeddl gmacht un Paprika schun oogebaut*. [NA V] *Dann hat mer Paprika aach gsetzt. Do war de Geele Paprika, de Griene Paprika un de scharfi, die Leiwlsknepp.* [Ost V] *Schun in de neinzicher Johre rum* (um 1890) *hann die angfang mit Milone, Paprika, Friehkrumbre* (↑Frühgrundbirne) *un Parideis* (↑Paradeis) *uff de Mark zu fahre*. [Trie V] *Im Garte wachse Paprike, Salat, Bohne, Griekichele* (↑Grünkichern), *alles*. [Schei VI] a. G: rotes Pulver aus getrockneten Paprikaschoten zum Würzen von Speisen ● *Mië honn des Moark* (↑Mark 1a) *ufs Brot gschmiët unnoch Salz un Paprika drauf*. [Baw II] *In die Fleischwuscht, des Fleisch wäd gmählin, dann kummt Sålz un Paprika*. [Petschw II] *Es Mittagmohl woa Kretzlsuppe* (↑Gekrösesuppe) *mit Paprika, Gelleriewe* (↑Gelberübe) *un Griezeich*. (...) *Un no owedruf is widder Sauerkraut, un noch is Paprike a weng drufkomme*. [StI II] ◆ Das heutige ung. Nationalgewürz, der Paprika, kommt heute noch in Südmexiko, Peru, Brasilien und auf den Antillen als wildwachsende, ausdauernde Pflanze vor. Spanische Kolonisten, unter ihnen ein Arzt namens Chanes, ein Reisegenosse von Kolumbus, brachten 1494 die ersten Pflanzen nach Europa. Mit dem Anbau begann man in Spanien und Portugal, danach wurde der Paprika auf dem Balkan, in England und in Westeuropa bekannt. Die vor den Türken flüchtenden südslawischen Völker brachten die Paprikapflanze Ende des 17. Jhs. nach Ungarn. Nach Gundel kam die Paprikapflanze im 16. Jh. wahrscheinlich gleichzeitig aus dem Osten und Westen nach Europa. Als die Türken Ungarn besetzten, haben sie das orientalische Gewürz hier für ihren eigenen Bedarf angebaut. Die in Spanien noch heute verbreitete *Pimientas* ist mit der süd- und mittelamerikanischen Pflanze (mit großen fleischigen, milden Früchten) identisch, jedoch in Ungarn und in den Balkanstaaten entspricht ihr die in Indien heimische Pflanze, mit kleinen spitzen, besonders scharfen Früchten. Heute werden in Ungarn folgende Gewürzpaprikapulver hergestellt: Spezial-, milder, Delikatess-, edelsüßer, halbsüßer,

Rosen- und scharfer Paprika. (Gundel 1993, 10 f.) Der *türkische Pfeffer* wird zuerst in einem Wörterbuch von 1684 erwähnt. Lange galt die Paprikapflanze als seltenes Ziergewächs herrschaftlicher Parks oder abgeschlossener Klostergärten. Im 16. Jh. erwähnt sie der italienische Dichter Ariosto zusammen mit dem Tokajer. Ihre Verbreitung verdankt sie der napoleonischen Kontinentalsperre. Da Pfeffer rar geworden war, trat an seine Stelle der Paprika. In der zweiten Hälfte des 18. Jhs. wurde er bereits in der ungarischen Tiefebene angebaut, die Schoten an der Sonne getrocknet und zerstampft. Die Schärfe des heute verwendeten Paprikapulver kann nach einem Verfahren der Brüder Pálffy aus Szeged beliebig verändert werden, indem man aus den Schoten Adern und Körner und damit das scharfe Kapsaizin entfernt. Die schärfste Paprikasorte, der *Kirschpaprika* kann fünf- bis zehnmal soviel Kapsaizin enthalten wie die süßen Sorten. Früher hielt man das Kapsaizin für Gift, heute wird es auch als Heilmittel verwendet. In entsprechender Menge angewandt, stimuliert es Verdauung und Stoffwechsel. Als Bestandteil von Salben reizt es die Haut, verursacht Hyperämie (lokale Blutansammlung) und kann gegen Frostbeulen und Rheumatismus eingesetzt werden. (Blantz 1993, 174 f.) - In der Batschka ist ein *Paprikajantschi* ein rotgekleideter, auf den scharfen Paprika anspielender Spaßmacher, auch eine Faschingsfigur bzw. Puppe. (Gerescher 1999, 133) **Anm.:** Im Ofner Bergland war *Paprika* m. nur das gemahlene rote Gewürz. Die Paprikaschote wurde z. B. in [KT, Scham, Wud, Wudi I] *pfeifərauənə* m. 'Pepperoni' genannt. (Ritter 2002, 6] ■ Gehl 1991, 227; Petri 1971, 22.
→(1) (Arten:) Gelber-, Grüner Paprika, Leibchenknöpfe; (Verschiedenes:) Gemüse, Paprikablume, saurer Paprika; scharf; (1a) Paprikaspeck, gemahlener -, scharfer Paprika.

Paprikablume - f, paprikəplumə, Pl. id. [Ga, StA V]; paprikaplum, -ə [Bog, DStP, Jahr, Low, Nitz V]; paprikəpuʃə, Pl. id. [Fak, Glog V]; paprikəʃtri:s [Sad V]; papriçʃtrais [Fil III] G: Glänzender Salbai; Salvia splendens ● *Die rote Paprikablumme un die Gwärznegl* (↑Gewürznelke) *hann aach im Gärtl gebliet, un zwischer em Plaschter* (Pflastersteine) *hat die Oma die Tuttlblumme* (↑Tuttelblume) *rausghackt*. [Bog V] ■ Gehl 1991, 88; Petri 1971, 66.
→Blume, Paprika.

Paprikasch - n, paprika:ʃ, Sg. tant. [Petschw II, Ap, Berg, Hod, Siw III, NP IV, Bak, Bog, Ernst, Fak, Ga, GJ, Glog, GStP, Len, Low, Nitz, Ost, Schön, StA, Stei, Ui, War, Wil, Wies V]; paprikaʃ [Baw II]
G, V: aus Fleisch, Gemüse und Paprikagewürz zubereitete wässrige Speise *Etym.:* Vgl. ung. Adj. *paprikás* 'mit Paprika gewürzt'. Daraus entstand das Subst. *Paprikasch.* ● *Nochtmahl woa widde Paprikasch, Hinglpaprikasch odde Rendpaprikasch.* [Baw II] *In de Hochzeit war am Mittag meistn Pörkölt oder Paprikasch, guedi Suppn, guedi Hihenesuppn.* [Petschw II] *Ausm Mehl hot mer Brot gebacke un hot Nudl gmacht. Zum Paprikasch hot mer Nudl dazu gnumme.* [Ap III] *Des Paprikasch war e gutes Rindspaprikasch vun 're gschlachte Kuh.* [Bog V] ◆ Fischpaprikasch nach Apatiner Art wird folgendermaßen zubereitet: Fische in Stücke schneiden, Kartoffeln in Scheiben, Tomate vierteln, Zwiebeln und Paprikaschoten klein schneiden. Im Topf werden die Kartoffelscheiben auf dem Boden verteilt, die Fischstücke daraufgeschichtet, darüber die Zwiebelstücke verteilt, dann Paprikaschote und Tomatenstücke daraufgelegt. Man gießt mit eineinhalb Liter Wasser und Weißwein auf, bis alles bedeckt ist. Wenn die Suppe anfängt zu kochen, gibt man Essig, Paprikapulver und Salz (nach Geschmack) dazu. Man soll nicht zudecken und nicht rühren, nur ein wenig schütteln. Man isst Fischpaprikasch mit Brot oder selbstgemachten Nudeln. (Blantz 1993, S. 28 f.) *Paprikasch*: mit rotem, gemahlenem Paprika, wenig Wasser, Zwiebeln, Salz, gekochtem Schweine-, Geflügel- oder Rindfleisch. (Gerescher 1999, 133 f.) ■ Gerescher 1999, 133 f.: "Krumbiera-, Hingl-, Fisch-, Rinds-, Schofpaprikasch".
→Fisch-, Hünkel-, Luder-, Rindspaprikasch, Gulasch, Paprikaschgrundbirne, Pörkölt, Tokane.

Paprikaschgrundbirne - f, paprika:ʃkrumbir, -ə [Bog, Len, Low, Wis V]
G: in der Fleischsuppe mitgekochte, feste Kartoffel ● *Mir hatte die Frihgrumbire, Geele Grumbire, die Paprikaschgrumbire un annere.* [Low V]
→Grundbirne, Paprikasch.

Paprikaspeck - m, paprikəʃpek, Sg. tant. [Ker, Mil, Stan, Wepr III, Be, Tom IV, Alex, Bill, GJ, Lieb, Ost, Wis V]
V: zur Würze mit gemahlenem Paprika eingeriebener, meist gekochter, Speck ● *Vun de Kiebacke hod me noch de Kiebackespeck gemach, des wor Paprikespeck.* [Lieb V]

→Paprika (1a), Speck.

Paradegeschirr - n, paradikʃir, -ə [Tom IV, Fak, Ga, Glog, StA, Wil V; Bil, Ham, Pe VI]; para:dikʃɛr, -ə [Bog, Ernst, GK, Gott, Gra, Len, Low, Ost, War V]
V: für festliche Gelegenheiten und Überlandfahrten genutztes Pferdegeschirr ● *Es Paradigschärr hat grad so e Koppgstell (↑Kopfgestell), nor mit zwei Schallanke dran.* [Ost V]
→Geschirr (2), Schalanken.

Paradeis - f, paradais, Pl. id. [Fak, Ga, Glog, NA, StA, Stei, Wer V]; paradaiəs [OG I]; paratais [Fu, Ker, Sch, Wepr, Tscha, Wasch III, NP IV, Bak, Bog, Char, Eng, Fak, Franzf, Mram, Ost, Pau, Tsche V]; parədais [Bil, Ham, Mai, Pe, Schei, Suk VI]; parəda:is [StI II]; parəta:is [Ap III]; paridais [Trie V]; partais [Bul, Sek III, Albr, Bill, Bog, DStP, GK, Gra, Gutt, Joh, Len, Low, Mar, Ost, Ui, Wis V]; porodeis [Erb, KT, Scham, Wud, Wudi I]; pardi:s [Sad V]; parədaisapl, -epl [Kol III]
G: Tomate; Solanum lycopersicum *Etym.:* Nach Einführung der Tomate wird die Bezeichnung des *Paradiesapfels* im bair.-österr. Raum auf die neue Frucht übertragen. Deshalb gilt heute noch österr. *Paradeiser*. ([23]Kluge, 612) Vgl. österr. *Paradeiser*, auch *Paradeissoß*. (ÖstWb 329) Die auf frz., span. und portugisisch *tomate* und weiter auf mexikanisch *tomatl* zurückgehende Bezeichnung *Tomate* ist in ganz Deutschland und der Schweiz gebräuchlich, dagegen in Österreich vielfach unverständlich. In Böhmen und Schlesien, auch in Ölmütz und Bozen heißt die Frucht *Paradeisapfel*, im übrigen Österreich nur *Paradeis*, Pl. *Paradeiser*, in Linz *Paradies*, *Paradieser*. *Paradiesapfel* erscheint in Vorarlberg, Bayern, Baden, Württemberg, auch in Zürich. *Paradeis* ist die lautliche nhd. Fortsetzung von mhd. *paradīs*. Früher hieß in Norddeutschland eine Sorte von Äpfeln *Paradiesäpfel*. (Kretschmer 1969, 531) ● *Ja, ich hob en Kuchlgoatn, do hob i bereits (fast) olles. Do gibt's Kiëwes (↑Kürbis), Paradeies, Krauet, Karfeol, Umuekn, Salat.* [OG I] *Un no owedruf is widder Sauerkraut, un noch is Paprike (↑Paprika 1a) a weng (ein wenig), Paredaais, Lorwerbleder (↑Lorbeerblatt), un Fett is noch drufkomme, un noch is des gekocht worn. Un so woan noch die ↑Sarme.* [StI II] *Far die Kuchl (↑Küche) is aagebaut warre Griezeich (↑Grünzeug), Paredaais, Rettich, Umarke (↑Umurke), Grieni Bohne.* [Ap III] *Die Paradeis, die sein zum ↑Fruchtexport gange, des woan die Exportparedeis.* [NA V] Un

die Pardeis, wann se Geize (↑Geiz) ghat hann, hat mer die misse ausgeize. [Ost V] *Schun in de neinzicher Johre rum* (um 1890) *hann die angfang mit, Friehgrumbre* (↑Frühgrundbirne) *un Parideis uff de Mark zu fahre.* [Trie V] *Un do waa ein große Kupfekessl, wo me alles eigmacht hat, die Paradeis ond Marmelade,* ↑*Sulz* (1) *ham-me gsagt.* [Wer V] *De Tunk hann sie amo gmacht friher, von Paredeis de Paredeistunk, ja.* [Schei VI] ◆ Die Frucht wird roh zur Herstellung von Salaten (mit Zwiebeln und Paprika) verwendet, und durch Abkochen, in Flaschen konserviert, zu Tomatensuppe und -soße zubereitet. ■ Gehl 1991, 228; Petri 1971, 68.

Abb. 58 Paradeis

→(Arten:) Exportparadeis, Hochrunde; (Verschiedenes:) eingekochte Paradeis, Gemüse, Paradeiskiste, -soße, -suppe, -stecken, -tunke.

Paradeiskiste - f, partaiskhiʃtl, -ə [Alex, Bog, GK, GStP, Nitz, Ost, War V]
G: hölzerner Behälter zum Einsammeln und Transportieren von Tomaten ● *Dann is der Tuwak* (↑Tabak) *groppt* (↑rupfen) *ginn in Kischtle, in so Pardeiskischtle un ufs Feld gschafft gewwe* (worden). [Ost V]
→Kiste, Paradeis.

Paradeissoße - f, paradaiso:s, Sg. tant. [Mu, Wem, Wer II, Ap, Brest, Fil, Hod, Mil III, Be, ND, NP, Tom IV, Bak, Bog, Fak, GK, Glog, Nitz, Len, Low, Ost, War V]; parədoiso:s [Jood II]
G: mit Mehlschwitze verdickte Tomatensoße, als Zugabe zu Fleischgerichten ● *Da wurd Hehnesuppe kocht, na kummt Hehnefleisch mit Paredoissoß.* [Jood II] *Gern gesse hot mer großi Knedle un Paradeissoß, Bohne-Nudle* (↑Bohnen- Nudeln) *oddr Krapfe.* [Mil III] *Aus ingekochti Paradeis macht mer Paradeissoß, un die esst mer mit gekochtem Fleisch un Knedle.* [Bog V]
→Paradeis, Soße.

Paradeisstecken - m, parədaisʃtekə, -ʃtekrə [Bog, GK, Ost, War V]
G: längliches, in die Erde gestecktes Holz zur Stütze der Tomatenpflanze ● *Und die Sunneblummesteckre had mer gholl for Paredeissteckre, des war so wie gmacht for die Paredeissteckre.* [Ost V]
→Paradeis, Stecken.

Paradeissuppe - f, paradaissup, Sg. tant. [Fil, Mil III]; parədaisup [Wem, Wer II, Gai, Sch, Siw III, NP, Tom IV, Alex, Bog, Bru, Fak, Low, Ost, War, Wis V]
G: Suppe aus Tomatenmark, mit Nudeleinlage ● *Mer hot als gärn gesse Paradeissupp un hintenoo Palatschinke, mit Peckmes* (↑Pekmes) *drufgschmiert.* [Mil III]
→Paradeis, Suppe.

Paradeistunke - m, parətaistuŋk [Bil, Ham, Mai, Pe, Schei, Suk VI]
G: aus Tomaten zubereitete, mit Mehlschwitze verdickte Soße ● *De Tunk hann sie amo gmacht friher, von Paredeis, de Paredeistunk un au Knobeletunk, von Knobele, ja.* [Schei VI]
→Paradeis, Paradeissoße, Tunke.

Parasit - m, parasit, -n [Seik, StI II]
Allg: tierischer oder pflanzlicher Schmarotzer, Schädling ● *Un un vun de Hitze veschmelzt* (↑verschmelzen) *des Wocks* (↑Wachs) *längst, un die Parasitn, wos velleicht senn, die wärn auch kaputt.* [Seik II]
→Ungeziefer.

Parfümgeschmack - m, pɛrfi:mkʃmak, Sg. tant. [Ost V]
A, B, O, W: Duft einer wässrig-alkoholischen Lösung pflanzlicher Riechstoffe ● *Des war so gude Wein, so mit leichtem* (↑leicht 2) *Aroma, so Pärfiemgschmack.* [Ost V]
→Geschmack; schmecken.

Partie - f, parti:, -n [ASad, Lind, Wei, Wolf V]
Fo: Anzahl von Menschen in einer Arbeitsgruppe ● *Goarwat* (↑arbeiten) *und kocht is in de Partie mitanonda woan, zu dritt owa zu viert in da Woldpartie. Af d'Nacht saan meah Partien in oana Hittn* (↑Hütte) *zammkemma.* [Wei V] ■

Parzelle

PfWb I 584 f.; RheinWb VI 525 f.; Bad I 21 f.
→Gruppe, Waldpartie.

Parzelle - f, partsel, -n [In, Ru IV, Wer V]; partsel, -ə [Kock II, Bill, Bru, GK, Len, Low, Ost, War, Wies, Wis V]
A, Fo, G, T, W: kleine Ackerfläche *Etym.*: Die Bezeichnung *Parzelle* 'kleines Stück Land' kommt aus frz. *parcelle* '(vermessenes) Grundstück', daneben und ursprünglich 'Stückchen, Teilchen'. (^{23}Kluge, 615) ● *No henn sie die Hutwaad* (↑Hutweide) *ufgetaalt uff Parzelle.* [Kock IV] *Där Hausgrund is in viə Parzelln aufteilt woan.* [Ru IV] *Die Hannefsticker* (↑Hanfstück) *ware do, solang des Feld noch kameralisch* (im Staatsbesitz) *war. Parzelle for Hannef oubaue ware verpacht gewwe.* [Bru V] *Dann hat jeder Parzelle ingetaalt* (↑einteilen) *kriet fir Thuwak* (↑Tabak) *baue.* [Ost V] ■ SüdHWb I 594: 1. 'Teilstück der Flur, Ackergrundstück', 2. 'Teilstück des Ackers'; RheinWb VI 527 f.; ÖstWb 331: 'im Grundbuch eingetragenes, vermessenes Grundstück'.
→Feldstück, Stück (1a), Tafel (1); parzellieren.

parzellieren - schw, partseli:rə, partseli:rt [Alex, Bak, Bog, Ger, Nitz, Ost, War V]
A: ein Grundstück in Parzellen aufteilen ● *No hänn sie des Iwwerland* (↑Überland) *verkaaft, parzelliert, no sein dort die Weingärter angleet wor.* [Bak V]
→Parzelle.

Pastinak - m, paʃtəna:t, Sg. tant. [Ga, StA, Wil V]; paʃkəna:t [Fak, Glog, Sad V]; paʃkərna:t [Ost V]; paʃkrnat [Berg III]; paʃkəna:t [Brest, Stan III, Bill, GStP, Jos, Len, Low, Tschan V]; patʃkana:t [Wer V]; paʃtəna:t [Stan, Tor, Tscher III, El, Lieb V]; paʃtərna:t [Tschat III]; pastərna:t [SM V]
G: gelbblühendes Doldengewächs, dessen Pfahlwurzel als Suppengemüse verwendet wird; *Pastinaca sativa* ● *Der Paschkrnat is gut fer in die Hehnersupp.* [Berg III] *Im Garte ham-mer ghat Rodi Ruwe* (↑Rote Rübe) *un Rettich, Karfiol, Paschkernat un Grienzeich* (↑Grünzeug) *un vieles andre.* [Ost V] ■ Gehl 1991, 228; Gerescher 1999, 134; Petri 1971 53.
→Gemüsebau.

Patrone - f, patro:ne, -ən [ASad, Lind, Resch, Wei, Wolf V]
Fo: Hülse mit Sprengstoff und Zündvorrichtung als Munition für Handfeuerwaffen ● *Do sag i: "Du Kaiser, du bist von ejtz aa de Herr iwe d'Jocht* (↑Jagd). *Do hast a Gwehr, do hast aa 200 Patronen, du bist de Owejage* (↑Oberjäger).*"* [Wolf V]
→Gewehr.

patschen - schw, patʃə, kəpatʃt [Ost V]
A: zerplatzen ● *Friher, in de Gsellschaft, hann se gekochte Kukrutz* (↑gekochter Kukuruz) *gess, bissl Salz dran, oder Kukrutz gepatscht, net so wie jetzt mit Mehlspeis un waaß ich wie.* [Ost V] ■ PfWb I 603 f.: 9. 'zerplatzen', besonders vom Mais (verbreitet donauschw.): RheinWb VI 569 f.; BadWb I 125.
→Patschkukuruz.

Patschfüßige - f, selten, patʃkəfisədə [Ga, StA V]
V: schweres Fleischhuhn mit patschigem Gang *Etym.*: Die metaph. Bezeichnung der Hühnerart geht vom schwerfälligen Gang des Hausvogels aus und lehnt an das leichte Schuhwerk *Patschker* an. (Vgl. dazu Wbl, 685-688) ● *Die Tapp-mezamm senn aa noch die ͵atschkefißede, des senn große Hehne.* [StA V] ■ *Patschfuß* PfWb I 604: 'großer, breiter Fuß, Plattfuß'; RheinWb VI 572.
→Huhn, Tappe-mich-zusammen.

Patschkukuruz - m, patʃkukruts, Sg. tant. [Tscha III, Fak, Ga, Fer, Glog, Len, Low, Ost, StA V], platʃkukuruts [Ker IV]; platskukruts [Fil III]
A: Maissorte mit kleinen, spitzen Körnern, die zu Popcorn geröstet werden *Etym.*: Bildung mit dem ugs. Verb *patschen* 'platzen'. ● *Die Kukrutzsorte ware verschiedene, Kochkukrutz war zum Hausgebrauch aagebaut ginn, un de Patschkukrutz mit spitzichi* (↑spitzig) *Käre un klaani Kolwe* (↑Kolben). [Ost V] ◆ *Die Körner dieser Maissorte wurden in Sieben über dem Herd unter ständigem Schütteln geröstet, bis sie aufplatzten. Die aufgepufften, weißen Körner nannte man, z. B. in* [Glog V] *Kekeschl* 'Hähnchen' *und die angesengten, aber nicht aufgesprungenen Pipele* 'Kücken'. *Bezeichnenderweise wurde diese Maissorte hier auch Kikerizel* (man vgl. den Hahnenschrei) *genannt.* (Gehl 1991, 138) ■ *Platzkukuruz* Gehl 1991, 138.
→Kukuruzsorte; patschen.

Pause - f, pauze, Pl. id. [Ost V]
Allg: Unterbrechung des Arbeitsvorganges, kurze Rast um zu essen ● *De Risslait* (↑Rissleute) *ihre Weiwer un Kinner henn 's Fruhstuck gebrung, da war beileifich fufzehn Minute Pause.* [Ost V]

Pechboden - m, peçpo:də, Sg. tant. [Fak, Ga, Glog, Wil V]
A, G, H, W: fruchtbare Humuserde *Etym.*: Der metaph. Vergleich mit *Pech* erfolgte nach der dunklen, fast schwarzen Farbe des Humusbodens in der Banater Ebene. ● *De beschti Bode is de Humusbode odde Pechbode. Des is gude, fruchtbare Bode un is im Banat de Naturbode.* [Fak V] ■ Gehl 1991, 84.
→Humus -, Naturboden, schwarzer Boden.

Peitsche - m, paitʃ, -ə [Gai, Sch, Siw III, NP IV, Bog, Fak, Ga, GK, Glog, Gott, Gra, Len, Low, Lug, Ost, StA, War V]; paitʃn, Pl. id. [ASad, Lind, Resch, Tem, Wei, Wolf V]
1. A, V: Schlaggerät aus einem dünnen Lederstreifen bzw. einer Schnur an einem langen Stiel, zum Antreiben von Zugtieren ● *Hat e jede a Peitsch ghobt, dann is geknallt* (↑knallen) *wuorn.* [ASad V] *Mei Pheer* (↑Pferd) *hann ke Peitsch gebraucht un mei Hund war mei Freind.* [Gott V] *Also friher hann se die Ross mit de Peitsch runderum* (↑rundherum) *gjaat. Die Peitsch war am Kutscher sei Stolz.* [Ost V] 2. V: (wie: Knallpeitsche) ● *Und ich hab den Stier rausgetriebn, ich war imme sehr gut vorbereit mit de Peitsch.* [Lug V] ■ Gehl 1991, 165.
→(1) Bollerpeitsche, Peitschenbehälter, -stecken, -schnur, Zottel; (2) Knallpeitsche.

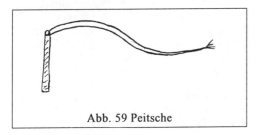

Abb. 59 Peitsche

Peitschenbehälter - m, paitʃəpeheldər, Pl. id. [GG, Gra, Ost V]
A: hohlförmige Vorrichtung zur Unterbringung der Peitsche ● *An die Laadre is noch a Peitschebehelder, vun Holz ausgebohrt, wu die Peitsch ningstoch* (↑hineinstecken) *wärd.* [Ost V]
→Peitsche.

Peitschenschnur - f, paitʃəʃnu:r, -ʃni:r [Jood II, Fil, Mil, Sch, Tscher III, Be, Tom IV, Bog, Bru, Charl, Fak, Ga, GK, Glog, Low, StA, War, Wil V, Bil, Ham, Pe VI]
A, V: dünner Lederriemen bzw. Schnur mit Zotteln am Peitschenstiel ● *Die Leit hann e weickslne* (↑weichselner) *ʔSchuss ausgeputzt, for die Peitscheschnur.* [Ost V] *Die Peitsch hat en Peitschesteck un die Peitscheschnur mit de Zottele.* [StA V] ■ Gehl 1991, 165.
→Peitsche (1), Schnur.

Peitschenstecken - m, paitʃəʃtekə, Pl. id. [Fak, Ga, Glog, StA, Wil V]; paitʃəʃtekə, -ʃtekrə [GK, Ost V]
A, V: länglicher Strock, an dem die Peitschenschnur befestigt ist. ● *Die beschti Peitschesteckre ware die tendlni* (↑tendelner) *Peitschesteckre.* [Ost V] *Die Peitsch hat en Peitschestecke un die Peitscheschnur mit de Zottele.* [StA V] ■ Gehl 1991, 165.
→Peitsche (1), Stecken, Zottel.

Pekmes - n, pekmes, Sg. tant. [StI II, Ap, Fil, Mil, Siw III]; pekmęs [Breg III]
O: Marmelade, Mus *Etym.*: Die Musbezeichnung kommt von serbokr. *pekmez* 'Marmelade, Mus', dieses von türk. *pekmez* 'dick eingekochter Obst-, speziell Traubenmost; Sirup' (Steuerwald 920). ● *Un noch woan die Schmärkreppl* (↑Schmerkrapfen), *do hunn se noch Peckmes nei.* [StI II] *Die Teentl* (↑Tendel) *hot mer aa far Peckmes gnumme. Der Teentlpeckmes is so bissl seierlich, is a gute Peckmes.* [Ap III] *Mer hot als gärn gesse Paradeissupp un hintenoo Palatschinke, mit Peckmes drufgschmiert.* [Mil III] ■ *Peckmäs* Gerescher 1999; 136: 'Obstmus, als Brotaufstrich oder Kuchenfüllung'.
→Leckwar, Tendelpekmes.

pelzen - schw, peltsn, peltst [Ora, Resch, Stei V]; pøitsn, pøitst [Aug, Ed, GT, KT, Scham, Schor, Wein, Wud I, ASad, Wei, Wolf V, OW VI]
O, W: pfropfen, veredeln *Etym.*: Das Verb ist seit dem 11. Jh. belegt und kommt von mhd. *belzen, pelzen, phelzen,* ahd. *pelzōn.* Es ist entlehnt aus gallo-romanischem *impeltāre* provensalisch *empeltar* 'einpfropfen', zu lat. *pelta* 'kleiner leichter Schild'. So wird übertragen das Auge des Edelreises genannt. (^{23}Kluge, 620) ● *Wenn die Rejem* (↑Rebe) *augwocksn* (↑anwachsen) *is, hot me sie im Fruhajoah pöjtzt.* [Wud I] *Mië tun die Baame* (↑Baum) *pelzn.* [Stei V] ♦ *"Pöjtzn mussa me, wenn de Mauschej* (Mond) *im Wocksn is, haum die Leiet* (Leute) *gsockt".* (Ritter 2000, 8, [Wud I]) Laut Analogieglauben gedeiht besonders gut, was bei wachsendem Mond gepflanzt bzw. veredelt wird. ■ BayWb 1/1, 389 f.; PfWb I 690; HNassVWb II 568; BadWb I 144;

Pension

SchwWb I 840.
→grün pelzen, impfen, veredeln.

Pension - f, pensiõ:n, Sg. tant. [Fek, Petschw, Surg, Wem II, Fil, Mil, Sch, Werb III, In, Ru IV, Alex, Bog, Bru, Ger, Low, Ost, War V, OW VI]; pensiõ:, Sg. tant. [Fak, Ga, Glog, Sad, StA V] Allg: Ruhegehalt, Rente (für alle Berufsschichten) *Etym.:* Das Subst. ist bair.-österr. ● *Zum Schluss bin i widde zu meim Fach kumme, als Brigadier in de Ferma "Scânteia". Vun dårt bin i aa in Pensioo [gegangen].* [StA V] ■ ÖstWb 333: 'Ruhegehalt' (allgemein).

Perlhuhn - n, pę:rhuən, -hi:ənər [Hod III]; pę:rlhe:ndl, -ə [Fak, Ga, Glog, Wil V]; pęrhẽ:nl, -ə [StA V]; pęrlhiŋkl, Pl. id. [Ap, Sch, Siw, Wepr III]; pę:rlhiŋkl [Ap, Gai, Stan III]; phę:rhiŋgl [Fil III, Bill, GStP, Len, Low, NB, NStP, War V]; phęrlçə [Tscher III]; mę:rhiŋgl [Fil III] V: als Haustier gehaltener Fasanenvogel mit perlförmigen weißen Flecken auf blaugrauen Gefieder; Numida meleagris *Etym.:* In den Varianten dienen die Subst. *Huhn, Hendel* und *Hünkel* als Grundwort des Komp. ● *Do hat mer Gens, Pärlhinkl und Bockerle (↑Bockerl) ghat, des war so es Gfligl.* [Ap III] *Noch 27 Täg brieje (↑brüten) senn d'Pirkitzle gschlupft.* [StA V] ■ *Perlhuhn, -hünkel* PfWb I 710; RheinWb VI 618; Petri 1971, 111 f.; Gehl 1991, 216.
→Geflügel, Pirkitzle.

Peronospora - f, pęronospo:ra, Sg. tant. [Fak, Glog V]; pęrənǫspǫu̯rə [OG I]; pęrnospo:ra [Baw, Jood II, Ost V]; pęrmǝspo:r [Ga, StA V] A: Algenpilz, ein Pflanzenparasit, der Traubenblätter und -beeren befällt *Etym.:* Die nhd. Schädlingsbezeichnung *Peronospora* ist ein Komp. aus gr. *perónē* 'Stachel' und gr. *sporá* 'Zeugung', eigentlich 'das Säen', dies zu gr. *spéirein* 'säen'. (GFWb 1044) ● *Schon zwaamol is gspritzt mit ↑Sinep, fir die Pärenospoure.* [OG I] *Dort woar jo Pärnospora un Listharmat, soge miě, des is Mehltau. Ja, des woare die wichtigsti Krankheite.* [Baw II] *Wann's feichti Wittrung (↑Witterung) war, is gäre (gern) die Pärnospora kumm.* [Ost V] ■ Gehl 1991, 81.
→Krankheit.

Pest - f, pest, Sg. tant. [Fek, Surg, StG, Wem II, Berg, Fil, Ker, Pal, Siw, Werb III, Be, In, Ru IV, Bill, Bru, Fak, Ga, GJ, Nitz, Lieb, Orz, Wis V] V: durch Pestbakterien hervorgerufene, ansteckende Viehseuche mit Geschwürenbildung ● *No war als die Pest im Hof, die Hingslpest un die Schweinepest.* [Bru V] ■ PfWb II 734; HNassVWb II 571; RheinWb VI 623 f.; BadWb I 163.
→Hünkels-, Schweinepest, Krankheit.

Peter-und-Paul - m, phe:tǝr-un-phaul [Kock II]; pe:tǝr-un-paul [Baw, Jood, Seik II, Tom IV, Ga, StA V]; pe:dǝr-un-paul [Fak, Glog, KSch V]; phe:dǝr-un-phaul [Bog, Len, Low, Ost V]; petǝr-unt-pøyli [Aug, Ed, Wein, Wud I]
1. A: landwirtschaftlicher Lostag (29. Juni), an dem bei günstiger Witterung der Gerstenschnitt und die erste Heuernte beginnen konnte ● *Ef Peter-un-Paul hom-mir imme gsocht, is de Schnitt do.* [Baw II] *Die Wiese hot me zwaamol mehe kenne, so um Pheter-un-Phaul un so uff Stefani (20. August), es Grommot.* [Kock II] *Nom war schun de Schnitt. Aber em erschte de Gärschteschnitt em Peter-un-Paul, un am ärschte Juli is der Fruchtschnitt losgange.* [Tom IV] *Dann is schun de Schnitt kumn., jo schun uff Peder-un-Paul in däre Zeit, dass me schon schneide kann die Gärscht.* [KSch V] *D'Ärn soll zu Peter-un-Paul oder zu ↑Maria Heimsuchung aafange, dånn schmeißt die Mutter Gottes die Sichl ins Kårn un die Frucht is reif.* [StA V] 2. O: etwa Ende Juni reifende Pfirsichsorte ● *Wos fië Pfeaschesuatn hot me in Wudäesch ghot? Die easchti sann die Peter-und-Pöüli.* [Wud I] ◆ In der religiös geprägten agrarischen Gesellschaft orientierte man sich für den Beginn bestimmter Tätigkeiten weniger nach dem Kalender, sondern mehr nach Lostagen, die auf die Gedächtnistage volkstümlicher Apostel und Heiligen und auf andere kirchlich bedeutsame Tage fielen. ■ Gehl 1991, 133.
→(1) Ernte; Barbara, Eismänner, Ernte, Mariä Heimsuchung, Urban; (2) Pfirsichsorte.

Petersilie - n, pedǝrsil, Sg. tant. [Ga, StA, Wil V]; pherǝrse:l [Stan III]; petǝrsi:l [Wasch III]; petǝrsi:ljə [SM V]; phe:drsi:l [Har IV]; petǝrse:liç [NB V] G: als Küchengemüse verwendetes Doldengewächs; Pertroselinum vispum ● *Es Pedersil hat mer in die Suppe gewwe.* [StA V] ■ PfWb I 743 f.: auch *Peterle* m., *Peterling* m.; RheinWb 637; *Peterling* BadWb I 168; Gehl 1991, 225; Petri 1971, 53.
→Gemüse, Grünzeug, Petersiliengrundbirne.

Petersiliengrundbirne

Petersiliengrundbirne - f, pe:dəsilkru:mbir, -ə [StG, Sol, Sulk II]
G: mit Petersilie zubereitete Salatkartoffel ● *Do ware die ↑Elo, hod me ghase un die Pedesilgrumbire hunn se gsagt un die Steckgrumbire.* [Sulk II] ■ *Petersiliengrundbirnen,* s. *Peterle(s)grundbirnen* Pl. PfWb I 744 f.: 'Kartoffelgericht mit viel Petersilie'.
→Grundbirne, Petersilie.

Petrenze - m, selten, petrentsə, Pl. id. [Fak, Ga, Wil V]; potrentsə [Bru, Charl, KöH V]
A: Stroh- oder Heuhaufen *Etym.:* Entlehnung aus ung. *petrence* 'Heuhäuflein', mit Bedeutungserweiterung auf 'Strohhäuflein'. ● *Des truckne Haai* (↑Heu) *is ufgschewert gewe* (↑aufschobern) *uff Potrenze. Mit zwaa Potrenzestange hunn sie des Haai an de Schower* (↑Schober) *getraa* (↑tragen). [Bru V] ■ Gehl 1991, 134.
→Haufen (1b), Petrenzestange.

Petrenzestange - f, petrentsəʃtaŋ, -ə [Fak, Ga, Wil V]; potrentsəʃtaŋ [Bru, Char, Gutt, KöH V]
A: Tragestangen zum Befördern von Heu oder Stroh ● *Die Potrenzestange sein Holzstange, so 5-7 cm dick, ungefähr drei Meter lang, an jedem End spitzich.* [Bru V] ■ Gehl 1991, 134.
→Petrenze, Stange.

Pfaff - m, pfaf, Pl. id. [Bil, Ham, Mai, Pe, Schei, Suk VI]
A: (wie: Pfarrer) ● *Und obenaa hot me den Pfaff taa aufs Mandle. So hot me dem gseit, der Pfaff muss obenaa.* [Schei VI] ◆ Wenngleich für die oberste Regenschutzgarbe statt *Pfarrer* das Synonym *Pfaff* verwendet wird, bezeichnen die Sathmarer Schwaben den (katholischen) Pfarrer üblicherweise mit *Herr*.
→Pfarrer.

Pfälzer - m, pfelzər, Pl. id. [Fek II]
V: (verkürzt für:) Pfälzer Wurst; Schwartenwurst
● *Mir honn Blutwoescht, Bråtwoescht un Schwoatewiëscht, des is Schwoartegender odder Pfelzer.* [Fek II] ■ PfWb I 789: 2. 'Kartoffeln', meist einfach *Pälzer* Pl.'; HNassVWb II 577; RheinWb VI, 656 f.: BadWb I 186.
→Schwartengender, Wurst.

Pfanne - f, pfan, -ə [Fak, Ga, Glog, StA, Wil V, Pe VI]; phan, -ə [Gai, Sch, Siw III, Be, ND IV, Alex, Bill, Gra, Len, Low, Ost, War, Wis V]
A, Fi, G, V: flaches, metallenes Gefäß mit Stiel zum Backen, Braten und Kochen ● *Die Pfannekuche wärrn mit bissl Schmalz in e haaßi* (↑heiß) *Pfann gebacke.* [Glog V] ■ PfWb I 792 f.; RheinWb VI 663; HNassVWb II 579.
→Geschirr (1), Pfannkuchen, Rein.

Pfannkuchen - f, pfanəkhu:xə, Pl. id. [Fak, Ga, Glog, StA, Wil V]; phanəkhu:xə [Bog, GJ, GK, Gra, Joh, Len, Ost, War, Wis V]
A: flacher, runder in der Pfanne gebackener Eierkuchen mit verschiedenen Füllungen ● *Die Pfannekuche wärrn mit bissl Schmalz in e haaßi* (↑heiß) *Pfann* (↑Pfanne) *gebacke.* [Glog V] ■ PfWb I 793 f.; RheinWb VI 670 f.; BadWb I 188.
→Kuchen, Palatschinke.

Pfarrer - m, pfar, -ə [StG, Sol, Sulk II]
A: oberste, abschließende Garbe, die als Regenschutz mit den Ähren nach innen auf den Garbenhaufen gelegt wird ● *Sechzehn Garwe sein so zammglegt worre, un owwedrauf is de Reider kumme odde de Pfarr, hann mer gsagt.* [Sulk II]
→Garbe, Pfaff, Reiter (2).

Pfarrerfeld - n, veraltet, phaɐfelt, -feldər [Ger, Gra, GJ, GK, Ost V]; phaɐfɛlt [Jink, Kä, Sag, Sar, warsch II]; phoɐrəsfelt [Alt, Fek, Nad, Oh, Wem II]
A: der Dorfpfarre zustehendes, meist verpachtetes Feld ● *Ofm Feld liecht es frihere Phoarresfeld, es Häeschaftsfeld, es Pußtafeld on de Zehnetråppplätz* (↑Zehnteltretplatz). [Fek II] *Do woar es Härrschtfäld un es Pharrefäld, es Kärichhopsfeld un es Klååheislerfäld.* [Jink II] *In Oschtre* (ON) *war es Neifeld, es Pharrefeld un die Wärtswiese* (↑Wirtswiese), *die es verpacht ginn.* [Ost V] ■ *Pfarracker* PfWb I 795: 'Pfarrfeld', entsprechend Pfarrwiese; RheinWb VI 677: 'zur Besoldung des Pfarrers gehöriges Gemeindeland'; BadWb I 189; SchwWb 1, 1013.
→Feld, Pfarrerwiese.

Pfarrerwiese - f, veraltet, phoɐrəvi:zə, Sg. tant. [Alt, Fek, Nad, Oh, Wem II]
A: Wiese, die früher zum Pfarrfeld, zum Pfarracker, gehörte ● *Bei ons sen ville Wiese, die Äwwenwiese mit em Äwwenwiesebrännje* (↑Oberwiesenbrunnen), *die Phoarrewiese un die Schmättewiese.* [Fek II]
→Pfarrerfeld, Wiese (1).

Pfauenauge - n, selten, phauauə, Pl. tant. [GJ, GK, Ost V]
V: große Tag- und Nachtschmetterlinge mit Augenzeichnung auf allen Flügeln; Saturnia pyri
Etym.: Entlehnung aus der Standardsprache.
● *Die Millre* (↑Müller) *sinn aa die Phauaue un de Kohlweißling, där wu des Kraut lechrich macht.* [Ost V]
→Auge, Schmetterling.

Pfeffer - m, pfefər, Sg. tant. [Har I, Pal II, Bad, Kock, Gai, Hod, KaF, Kar, KK, Kol, Kutz, Par III, Fak, Franzf, Ga, Glog, Karl, Mar, NSie, Sad, StM, StA, Wil V]; pfefə [Petschw II, OW VI]; phefər, phefr [StI II, Kisch, Lasch, Sag II, Brest, Har, Sch, Stan, Tor, Tscher III, Bill, Bog, Ger, GJ, GStP, Heu, Low, Lieb, NB, War, Zich V]
A, Fo, V: scharfes Gewürz aus reifen Früchten des Pfefferstrauches: Piper nigrum ● *In die Bradwusch* (↑Bratwurst) *kummt Pfeffe, Knofl* (↑Knoblauch)*, Paprika und Sålz.* [Petschw II] *In die ↑Sarma is Schweinefleisch un noch Reis neikumme, un Pheffer un Salz.* [StI II] *Dann hot mer Gwärz dran, Pfeffer, Lorbäärblatt, Kimml, Bohnekreidl.* [GJ V] *Fir Gschmack ham mir Pheffer un Knowloch neigetuu in die Blutworscht.* [Lieb V] *De Speck hat mer mit Knofl ingrieb* (↑einreiben)*, manchsmal aa noch mit Pheffer, dass er Aroma hat.* [Ost V] *Die Schwämme* (↑Schwamm) *kannst auch so grilln mit Salz und ein wenig Pfeffe.* [OW VI] **Anm.:** Die Variante *Pheffer* weist im Anlaut unverschobenes *p-* auf. ■ PfWb I 802 f.: (Lautstand: Peffer, Päffer, Päffar); RheinWb VI 689-691; Petri 1971, 55.
→Gewürz, Pfefferminze.

Pfefferminze - f, pfefərmintsə, [Fak, Sad, StA V]; pfefərmints, Sg. tant. [Bul, Fu, Stan III, In IV, Bog, De, Franzf, GK, Hatz, Joh, KB, Ket, Kud, Len, Lieb, Low, Mram, Ost, Rud, Sad, StAnd, Star, Stef, Stei V]; pfefarmints [SM, StA V]; pfeifamints [Wer V], phefərmints [Fek II, Kar, Stan III, Albr, Bak, Ben, Bill, Bir, DStP, Ger, GJ, Gott, Gra, GStP, Gutt, Jahr, Jos, Kath, KB, KJ, Len, Low, Mar, Mori, Na, NB, Orz, Ost, Schön, Tschan, Tschak, Tsche, Ui, War V]; phefəmints [Ben, Eng, Ksch, Tschan V]
G: stark aromatischer, als Magentee verwendeter Lippenblütler; Mentha piperita ● *Fer Gschmack hat mer im Garte des Gwärz ghat, die ↑Krottepalm[e], die Lavendl, des mit so e Wärmutgschmack, die Pfefferminz un die Melisse.* [Ost V] ■ Gehl 1991, 96; Petri 1071, 48.
→Gewürz, Pfeffer, Prominze, scharfer Zucker.

Pfeife - f (n), pfaif, -ə [Fak, Ga, Glog, Sad, StA, Wer V]; pfaif, -ə [Bog, GK, Hatz, Len, Low, Ost, V]; (n) phaifl, -ə [Ost V]
1. A: Rohr, das durch starke Luftzufuhr vibriert und einen schrillen Ton erzeugt ● *Jedi Dresch* (↑Dresche) *hat e Pheif mit am anre Ton. Die had am Mittach un um vier Uhr gehiff, dann war e korzi Pause. (...) No hann se's Pheifl mit ↑Tobottfett ingschmiert.* [Ost V] 2. A, V: Verdickung in Form einer Tabakpfeife ● *Wu die Worscht iwwer de Stang umgeboo war, des hat mer die Phaaif gsaat.* [Lieb V]
→pfeifen (1).

pfeifen - st, pfaifə, kəpfifə [Ap, III, In IV, Fak, Ga, Glog, Sad, SM, StA, Pe, OV VI]; phaifə, kəphif [Fil, Mil III, Be, ND IV, Bog, GK, Len, Low, Ost V]; pfifə, pfifə [Sad V]
1. A: mit einem Gerät einen lauten, schrillen Ton hervorbringen ● *Jedi Dresch* (↑Dresche) *hat e Pheif mit am anre Ton. Die had am Mittach un um vier Uhr gehiff, dann war e korzi Pause.* [Ost V] 2. V: (von Vögeln:) ei .en pfeifenden Ton hervorbringen ● *Die Vegelin pheife schun in aller Fruh.* [Mil III] *De Vegl, was frihe pfiffet, d'frässt gärn die Chatz* (↑Katze)*.* [Sad V]
→(1) Pfeife; (2) Vogel.

Pferch - m, phęrx, Pl. id. [Fek II, Jahr V]
V: eingegrenzter, ungedeckter Laufstall für Schweine ● *Sei* (↑Sau) *woan in jedn Haus. Duat* (dort) *woar e lange Trog in Phärch un duet senn se rausgelose woen.* [Fek II] *Die Schweinshalter honn de Schweinshalt in de Pherch getrieb.* [Jahr V] ◆ Der Laufstall liegt vor dem gedeckten Schlafstall und dient zum bei Stallhaltung zum Auslaufen und Fressen der Schweine.
→Salasch (3), Karam, Stall.

Pferd - n, pfę:rd, -e [OW VI]; pfęəd, -ə [Petschw II, Franzf, Ora, Resch, Sekul, Stei V]; pfę:rt, Pl. id. [Franzf, NA, Wer V]; pfęət, Pl. id. [Wer V]; pfęr [Ger, Mram, Sack V]; kfęrt [Bre, Kub V]; phe:rt, Pl. id. [Ben, Bir, Bog, Bru, SDtP, Eng, GJ, Low, Mram, NB, Schön, War V]; phę:rt [Bog, Ger, GJ, GK, Len V]; phę:r, Pl. id. [Alex, Gott V]; fęrt [Hom, Star V]; fęərt, Pl. id. [OW VI]; fęɐt [Wer V]; fę:t [Ben, Ber, Bir, De, DStP, Eng, GStp, Gott, GJ, Jahr, Ket, Tschak, Tsche, Tscher, War, Wer V]
V, Fo: als Zug- und Lasttier eingesetztes großes Haustier mit langhaarigem Schwanz und Mähne; Equus caballus ● *Mit die Pfäede is eigfiehet* (↑einführen) *woan an Trepplatz* (↑Tretplatz)*, un*

Pferdegeschirr

noch is die Dreschmaschie mit die Pfäede zogn woan. [Petschw II] *Die Ärd (↑Erde) is mit aaner Waalaater (↑Wagenleiter), vor die a Pherd gspannt war, gschlaaft (↑schleifen 2) gewe (worden).* [Bru V] *Mei Pheer hann ke Peitsch gebraucht un mei Hund war mei Freind.* [Gott V] *In de ↑Kollektiv warn die Leit ingeteelt (eingeteilt) in Gruppn un Brigadn, mit Phärd un Ween.* [Len V] *Wann krie[ge] ich des? An die Pheerd ihre Phingschte (am Sankt-Nimmerleins-Tag).* [Low V] *Die hamm oft zwei Stund mit die Pfäed fahn missn, dass se drauß sinn am Hotte (↑Hotter), wenn's Tag wärd.* [Wer V] *Jetzt gibt's so kleine Waggonettn, das ziehgt rauf mit den Motor. Mit Pfärde gezogen, dort hengt man das Holz auf diese Waggonettn an.* [OW VI] **Anm.**: In den Varianten *Pheerd* und *Pheer* tritt unverschobenes und behauchtes *ph* auf. In den Varianten *Färd, Fääd* und *Fääd* ist anlautendes *p*- geschwunden. ■ Petri 1971, 97-100.
→(Einteilung:) Gaul, Fohlen, Füllen, Hengst, Hutsch, Müllerspferd, Münich, Remonte, Ross, Schimmel, Stute (Rassen:) Fuchs (2), Furioso, Gidran (1), Kavallerie-, Reitross, Nonius, Lipizaner, Vollblut; (Verschiedenes:) Pferdestall, Pferdshalter, Pferdsmist, Vieh.

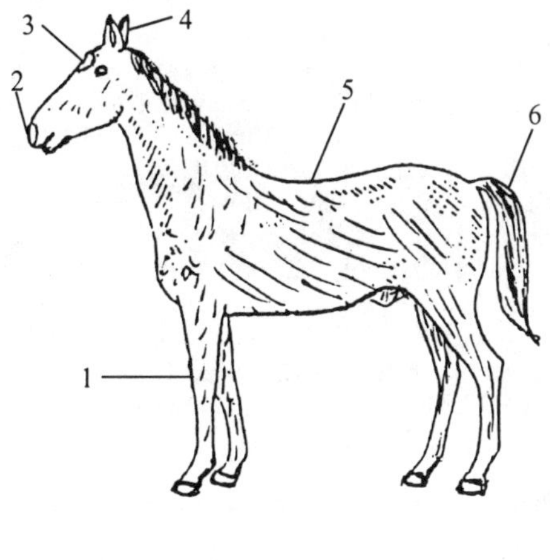

Abb. 60 Pferd
1. Fuß; 2. Nasenloch; 3. Blesse; 4. Ohr;
5. Rücken; 6. Schwanz

Pferdegeschirr - n, pfęətkʃir, Sg. tant. [Franzf, Ora, Resch, Sekul V]
V: Zaumzeug und Zugriemen zum Einspannen der Zugtiere ● *Es gibt es Pfäedgschirr und aa de Kommot.* [Resch V]
→Geschirr (2), Kummet, Rossgeschirr.

Pferdestall - m, pfę:ətʃtal, -ʃtel [Petschw II, Franzf, Ora, Resch, Sekul, Stei, NA, Wer V]
V: geschlossener Raum zur Unterbringung von Pferden ● *De Pfäedstall hod me in de Frih mit de Gawwl (↑Gabel 1) ausgmischt.* [NA V]
→Pferd, Rossstall, Stall.

Pferdshalter - m, phęrtshaldər, -haldrə [Bog, Ger, GJ, GK, Nitz, Ost, War, Wis V]
V: Hirte, der die Pferdeherde auf die Weide treibt und hütet ● *Bei uns war e Kihhalder, Scheinshalder, Phärdshalder un ganz friher aa e Fillehalder.* [GJ V]
→Halter, Pferd, Rosshalter.

Pferdsmist - m, pfę:rtsmist, Sg. tant. [Drei, Eng, Kreuz, NA V]; pfęətmist [Aug, Ed, Scham, Wein, Wud, Wudi I]
G: Pferdekot, vermischt mit Stroh, als organischer Dünger ● *Schwammelmist, des is auch mit Pfäedmist.* [Wudi I] *Pfärdsmist un Kuhmist wäd gmischt, alles is gut.* [NA V]
→Mist, Pferd.

Pfingstrose - f, pfingstro:sn [StI II, Tscha III, ASad, De, Lind, SM, Wei, Wolf V]; phiŋkʃtro:s, -ə [AK, KK III, Bak, Bill, Bir, Bog, DStP, Eng, Ger, GK, Gra, Hatz, Joh, Kath, Len, Lieb, Low, Ost, Sad, Schön, Tschak V]; phinkʃtru:s [NB V]; pfingstruoasn [Wer V]
G: staudiges Hahnenfußgewächs mit großen dunkelroten, duftenden Blüten; Päonia officinalis
Etym.: Der Blumenname geht davon aus, dass die Pflanze um Pfingsten erblüht und einer Rose ähnelt. ● *Do warn die Tagunnachtschatte, Härzjesublumme (↑Herzjesublume), die Antonirose, des sein die Phingschtrose, Quackeblumme, also die Froschmeiler (↑Froschmaul).* [Ost V] ■ PfWb I 847: 1.; HessNVWb II 612; RheinWb VI 755 f.; BadWb I 203; Petri 1971, 51.
→Antoni-, Gichtrose, Rose.

Pfirsich - f, pfiəziç, Pl. id. [Aug, Ed, GT, KT, Scham, Schor, Tar, Wein, Wer, Wud, Wudi I, Brest III, SM, Wer V]; pfęrʃiŋk [Fak, Ga, Glog, Sad, StA V]; phęrʃiŋ [Petschw II, Ap, Buk, Kol, Sch, Tscher III]; pfęərʃiŋ [NA, Resch, Tem V]; pfęrʃeŋ [Wasch III]; pfę:ʃn [OGI], pfęɐʃə [KT, Wud, Wudi I]; pfiʃə [Baw II]; phęrʃ, -ə [Bog, GK, Ost, Wis V]; fiɐrzə, Pl. id. [Bil, Ham, Mai, Schei, Suk VI];

O: saftige Frucht mit samtiger Haut; Prunus persicum *Etym.*: Von mhd. *pfersich*, aus vulgärlat. *persica* 'persische Frucht'. (Wahrig 2708) ● *Zwaahundet Glas, die fülln me olli Jahr mit Pfäschn,Weicksl* (↑Weichsel), *Zweischpn.* [OG I] *In Käwln* (↑Korb) *hot me die Pfiësich haambrocht von Weibäeg* (↑Weinberg). [Wud I] *Iweroll woan Obstbeem, do woan die Pfische.* [Baw II] *De besti Schnaps is aus Zwöschpm* (↑Zwetschke), *Pfärsching, aus vielerlei Obst.* [Petschw II] *Die letscht Zeit ham-mer vun Phärsche un Quetsche Schnaps gebrennt* (↑brennen 2). [Ost V] *Da waa viel Obst fir ↑Sulz* (1) *kochn, aus Zwetschkn, Pfiësich, fir Pfiësichsulz und aus Aprikosn, gell.* [Wer V] *Aus Epfl, Biere, Fiärsche, Zwetschke hot me starke Schnaps brennt.* [Schei VI] ■ PfWb I 848-851. (*Persching m.*); HNassVWb II 613; RheinWb VI 756-759; BadWb I 204 f.; *Pfersching:* Gehl 1991, 235; Petri 1971, 59 f.
→Obst, Pfirsichausstellung, -baum, -sorte, -sulz.

Pfirsichausstellung - f, pfiəsiçausstelυŋ, -ə [Aug, Ed, GT, KT, Schor, Tar, Wein, Wud, Wudi I]
O, W: Schaustellung von Pfirsichsorten mit Verkauf ● *Mei Vatte hot in dreiundreißge Joah in zweitn Preis gwunne ve die Pfiësichausstellung un Traubnausstellung.* [Wud V]
→Ausstellung; Pfirsich.

Pfirsichbaum - m, pfęɐʃiŋpa:m, -pe:m [Fak, Ga, Glog, StA, Wil V]; pfęərʃiŋpa:m, -ə [NA, Resch, Stei, Tem V]
O: Pfirsiche tragender Obstbaum ● *In die Weigäete woan vill Kirschnbaame, Weickslbaame un Pfäerschingbaame.* [NA V]
→Obstbaum, Pfirsich.

Pfirsichsorte - f, pfeɐʃəsuatn, Pl. id. [Aug, Ed, GT, Wein, Wud I]
O: Sorte von Pfirsichen ● *Wos fië Pfeaschesuatn hot me in Wudäesch ghot? Die easchti sann die Peter-und-Pöüli kumme, mit weießn Fleiesch* (↑Fleisch 2). [Wud I] ■ Petri 1971, 60.
→Pfirsich, Sorte; (Pfirsichsorten:) Alberta, Amerikaner, Amster, Champignon, Duransche, Feigenpfirsich, Gestrudelte, Japanische, Laurenzi-Pfirsich, Marischka, Nackter Pfirsich, Napschugar, Peter-und-Paul (2), Pogatschenpfirsich, Schafsnase, Später Pfirsich.

Pfirsichsulz - n, pfiəziçsults, Sg. tant. [Wer V]
O: Pfirsichmus ● *O je, da waa viel Obst fir Sulz kochn, was me grad fir Bäume selbe ghabt hat, Pfiësich, fir Pfiësichsulz und aus Aprikosn, des waa es allebeste, gell.* [Wer V]
→Pfirsich, Sulz (1).

Pflanze - f, pflantse, pflantsn [Petschw II, ASad, Resch, Tem, Wer V, OW VI]; pflantsə, Pl. id. [Bold, StG, Sulk II, Fak, Glog, NA V]; pflantsə, -nə [StA V]; plants, -ə [Jood, Seik II, Bog, Gutt, Len, Low, Ost, War, V]
A, Fo, G, H, T, W: Organismus aus Wurzeln, Stängel und Blättern, der anorganische Substanzen durch Photosynthese umwandeln kann ● *Des honn se gnumme fer ↑Tacke in de Gärtneråi, zum die Pflanze abdecke em Fruhjohr.* [Jood II] *Me muss die Pflanzn haun* (↑hauen), *den Kukruz* (↑Kukuruz), *die Grumbien* (↑Grundbirne) *un die Ruum* (↑Rübe). [Petschw II] *Dot senn so Planze mit so hoche Stengl* (↑Stängel), *die hunn sehe gute Honich.* [Seik II] *In Feber hunn se mese Tuwakkutsche* (↑Tabakkutsche) *mache, wu mer die Pflanze, die Some oobaut hot.* [Sulk II] *Geleruwe* (↑Gelbrübe). *Geleruwe sinn die schenste Pflanze.* [Gut. V] *An de Eismenne* (↑Eismänner), *nom hot me imme Angst ghat, dass die Pflanze gfriern tun.* [NA V] *Weinsfärber* (↑Weinfärwer) *is a Planz, die wackst gut mannshoch und hat schwarzi Bärle* (↑Beere). [Ost V] *Wenn die Pflanzn sind schon 20 cm, dann wird es von diesn Forstgarten rausgenommen mit Wurzeln.* [OW VI] ♦ In unserem Sinne sind *Pflanzen ohne holzigen Stamm jene in den Bereichen: Ackerbau, Gärtnerei, Tabakbau und Hanfbau gemeint.* ■ Gehl 1991, 77.
→(Teile:) Ähre, Blatt, Blüte (1), Frucht (2), Gesiede, Haut (2), Kolben, Rebe, Samen, Spelz, Stängel (1), Stiel, Stock, Torsche, Wurzel, Zapfen; (Arten:) Baum, Blume, Frühjahrswammerl, Gewürz, Grünzeug, Hanf, Karoffel, Schwamm, Schwammerl, Tabak, Unkraut, Weinstock, Würzbüschel; (Sonstiges:) Gemüse, Kukuruzpflanze, Pflanzer, Plantage.

Pflanzer - m, pflentsər, Pl. id. [Drei, Kreuz, Wies, Wis V]
T: Bauer, der gesetzlich Tabak pflanzt ● *A jeder Pflänzer hat Lessenz* (↑Lizenz) *ghat, ohne Lessenz hat er je Thuwak* (↑Tabak) *kenne baue.* [Wies V] ■ Pflänzler PfWb I 853: 'wer gern im Garten arbeitet'.
→Pflanze.

Pflanzholz - n, plantsholts, -heltsər [Alex, Bill, Bog, GK, GStP, Gra, Low, Ost, War V]
G: kurzer zugespitzter Stab zum Bohren von Pflanzlöchern ● *Mit em Planzholz is e ↑Loch (2) gmacht ginn in die Ärd* (↑Erde), *de Tuwakstock* (↑Tabakstock) *ninn un leicht angedruckt* (↑andrücken). [Ost V]
→Holz.

Pflaume - f, pflaumə, -n [Franzd, Ora, Resch, Sekul, Wer V]; pflaumə, Pl. id. [Hod, Wasch III, Albr, Franzf, Ga, Karl, NA, NSie, Sad, StA V]; pflaum, -ə [Fak, Glog V]; pfla:mə [Bre, Low V]; pflu:mə, Pl. id. [Sad V]; pflumə [Sad V]; pflo:mə [Har I]; pflomə [Neud III]; flaumə [Tscher III, Star V]; plaumə [Baw, KKa, Kock II, Ap, Brest, Fu, Gaj, Gara, Kar, Ker, Kol, Kutz, Pal, PrStI, Stan, Tscho III, Buk, In IV, Bill, Gott, Heu, Karl, NPa, Schön V]; pfla:ma [StI II, Tscha III, SM, StA V]; pla:mə [Sag II]
O: aus Vorderasien stammender Obstbaum mit blauen oder gelben, ovalen bis runden Steinfrüchten; Prunus domesticus ● *Dä was vill Plaume hot, dä hot extra Plaumeschnaps gebrennt* (↑brennen 2). [Baw II] *Pflaume sinn gut fer esse, fer eilege* (↑einlegen) *un fer ↑Raki brenne.* [Glog V] ■ Gehl 1991, 235; Petri 1971, 58 f.
→Gelbe -, Rote -, Sommerpflaume, Obst, Pflaumenbaum-, schnaps.

Pflaumenbaum - m, pflaumǝpa:m, -ə, [Aug, Ed. Schor, Wud I, ASad, NA, Resch, Tem, Wei V]; pflaumǝpa:m, pe:m [Ap III, In, Ru IV, Fak, Ga, Glog, StA, Wil V]
O: Pflaumen tragender Obstbaum ● *Die wo Obstbaame ghabt hawwe, Pflaumebaame, die hawwe Schnaps gebrennt.* [NA V]
→Obstbaum, Pflaume.

Pflaumenraki - m, pflaumǝraki, Sg. tant. [Fak, Ga, Glog, Sad, StA, Wil V]
O: aus Pflaumen gebrannter starker Schnaps ● *Wer viel Raki trinkt, krigt e Rakinas. Bei uns wor hauptsechlich Pflaumeraki, awer aa Maulbiereraki un Aprikoseraki hat en gude Gschmack.* [Fak V] ■ Gehl 1991, 241.
→Pflaume, Raki.

Pflaumenritsche - f, selten, pflaumǝritʃ, Sg. tant. [Fak, Ga, Glog, Wil V]; praumǝritʃ [Bak, Drei, DStP, Kud, Len, Perj, War V]
O: eingekochter Pflaumensaft samt Schalen und Fruchtfleisch *Etym.:* s. unter *Ritsche*. ● *Die Praumeritsch esst mer zu Fleisch odder Nudle.* [Drei V]

→Pflaume, Ritsche.

Pflaumenschnaps - m, pflaumǝʃnaps [Fak, Ga, Glog, Wil V]; plaumǝʃnaps, Sg. tant. [Baw, Seik, Wem II, Sch, Siw III]
O: aus Pflaumen gebrannter Schnaps ● *Dä was vill Plaume hot, dä hot extra Plaumeschnaps gebrennt* (↑brennen 2). [Baw II]
→Pflaume, Schnaps.

pflegen - schw, pfle:gn, gepfle:kt [OW VI]; pfle:gn, pfle:kt [ASad, Lind, Resch, Wei, Wolf V]; pfle:çn, kəpfle:çt [Baw, Wem II]
1. Fo, V: (von Tieren:) betreuen und behüten ● *Er is den gonzn Tog in Wold* (↑Wald) *gwest un hot's Wild pflegt.* [Wolf V] 2. A, G, Fo, T, W: (von Pflanzen:) Pflegearbeiten in Gärten und auf Äckern durchführen ● *Die vier-fümf Hauptrewe* (↑Hauptrebe), *die mise gepflecht wärde 's ganzi Johr.* [Baw II] *Aso mir hobn im ganzn fimf Hektar une etwas beisammen, abe wenn me ihm gut veroarbeit, gut pflegn tut, wockst* (↑wachsen) *aa wos.* [ASad V] *Die Pflanzn wirdn schen gepflegt, un wenn die Pflanzn sind schon 20 cm, dann wird es von diesn ↑Forstgarten rausgenommen mit Wurzeln.* [OW VI]
→(1) Heger.

Pflock - m, pflok, pflek [Fak, Ga, Glog V]; plok, plek [Bog, Low, NA, Ost, War V]
G, O, W: langer Stock, Pfahl ● *Die Paradeis sein oogebunne woan* (↑anbinden) *an die Pleck. Des sin meistns Agazipleck aus de Waldunge be Aljusch* (ON). [NA V] *Un dann sinn die Pleck gschlaa* (↑tschlagen) *ginn, weil bei uns war net Spalier.* [Ost V]
→Akazienpflock.

Pflückerbse - f, plikɛrpsə, Pl. tant. [Stan III, Ker IV, Bog, GK, Low, Ost, War V]
G: Sorte hopchwachsender Erbsen, die grün geerntet und dann entschotet werden ● *Die Plickärbse, die hat mer ausgeplickt for Zuspeis[e] un Suppe koche.* [Ost V] ■ PfWb I 860; RheinWb VI 767.
→Erbse; auspflücken.

Pflug - m, pflu:k, pfli:k [Nad II, Be, Tow IV, Fak, Ga, Glog, StA V]; pfluǝk, pfliǝk [Jood II]; pfløu, pfliǝk [ASad, Lin, Wei, Wolf V]; pluk, plik [Waldn III, Gutt V]; plu:x, pli:ç [Ben, Drei, NA V]; plux, pliç [Bog, Ger, Gra, Ost, Wies V]
A: Gerät zum Ackerbau, das den Boden für das

Pflugarm

Säen, Setzen von Pflanzen aufbricht ● *Wann's mit de Maschie* (↑Maschine) *wärd garbet, not honn sie so Pfliëg, so Zuackerpflieg, un sell wärft die Ärde an jede Stock, so an die ganzi Reihe, no gibt's so wie an Grabe* (↑Graben). [Jood II] *Mer hadde Holzplig mit Holzgrendl* (↑Holzgrindel) *un mit 'me ↑Holzkarre[n], des ware frihe die Plig.* [Waldn III] *Do woan schun die ↑Setzer* (2) *an die Pliech draufmontiert, dä hod jedn Schritt Kukrutz gschmisse.* [NA V] *De Bode* (↑Boden 2) *wärd tief ufgmacht (geöffnet) mit em Pluch un mit em Hackpluch nohhär, där hat flachi Schare un de Plucharm.* [Ost V] *En ejda hot Feld krejgt, hot aan Ocksn krejgt un zu zwoat en Pflöu, und homand a neis Lebn oogfangt do herobn in de Bergn.* [Wei V] *Wann ich vum Pluch hemkumm sinn, hat se immer gsaat: "Ich wer schun des anri mache!"* [Wies V] **Anm.**: Die Variante *Plug* in [Waldn III] weist im Anlaut unverschobenes *p-* auf. ■ PfWb III 557; SüdHWb III 32; RheinWb III 43; Gehl 1991, 148.
→Eberhardpflug; eisener Pflug, Grindel, Hack-, Häufel-, Holz-, Zuackerpflug, Pflugarm, -karren, Pflugputzer, Schar, Ulmer Sackischer -, Ulmer Pflug, Weingartenpflug.

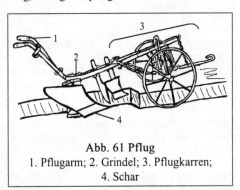

Abb. 61 Pflug
1. Pflugarm; 2. Grindel; 3. Pflugkarren; 4. Schar

Pflugarm - m, plu:xarm, -ęrm [Ost V]
A: Pflugsterz, Führungsgriff ● *De Bode* (↑Boden 2) *wärd tief ufgmacht (geöffnet) mit em Pluch un mit em Hackpluch nohhär, där hat flachi Schare un de Plucharm.* [Ost V] ■ PfWb I 863.
→Pflug.

Pflugkarren - m, pflu:kskhariç, -ə [Gl, B], plukskharə, Pl. id. [Waldn III]
A: niedriger Karren auf zwei Rädern, der an den Vorderpflug gehängt wird ● *bei de Ulmer Plig* (↑Ulmer Pflug), *do wor de Grendl* (↑Grindel) *un alles aus Eise un de Pflugskarre auch aus Eise.* [Waldn III] ■ Gehl 1991, S 148; *Pflugkarch*; PfWb I 864.
→Holzkarren, Pflug.

Pflugputzer - m, pflu:kputsər, Pl. id. [Fak, Ga, Glog, StA, Wil V]; pluxputsər [Bog, Len, Low, Ost, War V]

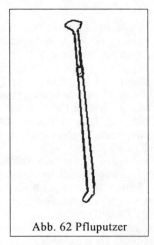

Abb. 62 Pfluputzer

A: geschärftes Reinigungswerkzeug für die Pflugschar mit einem Stiel ● *De Pluchputzcr war etwas Richtiches vum Schmitt gmacht, awer de Dischtlstecher* (↑Distelstecher) *war a leichteres Wärkzeich.* [Ost V] ◆ Das alte Reinigungswerkzeug mit einem Stiel gehörte zu den alten Pflügen. ■ Gehl 1991, 148.
→Pflug, Werkzeug; putzen.

Pfosten - m, pfostn, Pl. id. [Bohl, Surg, Nad II]; pfoustn [Aug, Ed, GT, Ins, KT, Scham, Schor, Wein, Wud, Wudi I]; pfoʃtə [Gai, Hod, Mil, Sch, Siw III, Kleck, Fak, Ga, Glog, StA, Wil V, Bil, Ham, Pe VI]; phostə [Bru, Charl, DStP, Jahr V]; phoʃtə [Da V]
Allg: behauener Balken, dickes Brett ● *Die Gante* (↑Ganter) *sann dejes Huitz owwe Pfoustn, do sann die Foss draufglejgn* (↑daraufliegen). [Wud I]
→Ganter, Holz.

Pfund - n, pfunt, Pl. id. [ASad, Fak, Ga, Glog, StA, Tem, Wer, Wil V, OW VI]; phunt [Alex, Bog, Bru, GJ, Len, Low, War V]
Allg: Gewichtseinheit von 500 g ● *In Großjetscha* (ON) *hat mer's Fleisch noch nohm Phund kaaft en de Fleischbank, zum Beispiel dreivertl*

Pfundapfel

Kilo, anderthalb Phund. [GJ V] *Zum Beispiel meine Schwiegemutte, die hat nicht mit Kilo etwas gsacht, nue mit Pfund.* [Tem V] ◆ Historischer Beleg: "Das Pfund Rindfleisch kostet sieben Kreuzer." (Deutsches Bauernleben 1957, 17)
→Kilo, Pfundapfel.

Pfundapfel - m, pfuntapfl, -ępfl [Fak, Ga, Glog, StA, Wer V]; phuntapl, -epl [Stan III]; phuntepl, Pl. id. [Trie V]
O: große Apfelsorte mit schmackhaftem, weichem Fruchtfleisch ● *Es gibt noch viele Apflsorte, die Lederäpfl, die Sieß- un Pfundäpfl, die Jonatan un noch andre.* [StA V] ■ Gehl 1991, 232.
→Apfelsorte, Pfund.

Phylloxera - f, filoksę:ra, Sg. tant. [Ap, Gai, Ker, Mil, Sch III, In, NP, Ru IV, Bak, Bog, Ga, GJ, GK, Len, Low, Nitz, Ost, Pau, StA, Wil V]; filiksę:ra [Fak, Glog V]
W: durch die Reblaus hervorgerufene Wurzelerkrankung der Weinrebe, wodurch die Blätter austrocknen; Phylloxera vastrix *Etym.:* Entlehnung aus der Standardsprache. - Die Bezeichnung *Phylloxera* kommt aus gleichbedeutendem neulat. *phylloxera* und dieses aus gr. *phyllon* 'Blatt' und gr. *xērós* 'trocken', eigentlich 'die Blattaustrocknende'; Reblaus. (GFWb 1061) ● *In die neinzicher Johre is die Philoxära kumm un hat die Rewe* (↑Rebe) *vernicht.* [Bak V] *Friher hann se misse die Rewe rausreiße, weil die Philoxära hat in der Erd die Worzle* (↑Wurzel) *ufgfress. Jetz existiert die Philoxära nimmär.* [Ost V] ◆ Nachdem die Reblaus (die Phylloxera) Ende des 19. Jhs. einen Großteil der Rebanlagen in Ostmitteleuropa vernichtet hatte, waren die Weinbauern gezwungen, ihre Pflanzungen auszurotten und mit veredelten Reben auf amerikanischer Unterlage zu ersetzen. Im Wesentlichen handelte es sich um die Unterlagsrebe Riparia portalis und für besonders kalkreiche Böden verschiedene Belandiere-Unterlagsreben. Dieser Umstellungsprozess war kostspielig, mühselig und zeitraubend und wurde erst in den 1920er Jahren beendet. Anfänglich verwendeten die Weinbauern die Grünveredlung und später das Trockenschnittverfahren. (Komanschek 1961, 52) ■ Gehl 1991, 81.
→Reblaus.

Pickan - s, pikhā:ntl, -ə [GK, Low, Ost V]; pekkra:s [Low V]; pikkra:s [Fu, Ker III]
A: als Unkraut verdrängte Grüne Borstenhirse; Setaria viridis *Etym.:* Die Bezeichnung ist ein Satzwort: *Pick an!*, wobei das Subst. *Pickantl* mit dem epitethischen Laut *-t* und dem Diminutivsuffix *(-e)l* erweitert wird. ● *Unkraut ham-mer viel ghat, Wildi Wicke* (↑Wilde Wicke), *Klette, Pickantle un Bettlleis* (↑Bettellaus). *Die Klett, die Pickantl un Bettlleis, des sinn die, wu sich an die Strimpf un an die Hose aanpicke.* [Ost V] ■ Petri 1971, 68.
→Unkraut; picken (1).

picken - schw, intrans., pikn, pikt [Ed I]; pikə, kepikt [Nad, Naane, Petschw II, Bru, DStA, Kow V]; pikə, kəpikt [Tschol I, Surg II, Ap III, Fak, Ga, Glog, StA V]; phikə, kəphikt [Bog, Len, Low, Ost, War V]
1. A: kleben, haften *Etym.:* Eine Nebenform des schwachen Verbs *pichen*, mhd. *bichen, pichen* ist österr. ugs. *picken* 'kleben'. (^{23}Kluge, 631) ● *Es Treppplatz* (↑Tretplatz) *war schun vorhär vorbereit, wumeglich mit geeli* (↑gelb) *Lettärd* (↑Lettenerde), *wu phickt, was net losgeht.* [Ost V] 2. V: mit Hilfe des Schnabels, mit raschen stoßartigen Bewegungen Nahrung aufnehmen ● *Un no is die Gluck drufgsetzt* (↑daraufsetzen) *warre, bis die Bippilin* (↑Bippele) *vun inne es Aai* (↑Ei) *gepickt henn und gschluppt* (↑schlüpfen) *sinn.* [Ap III] ■ BayWb 1/1, 381, WBÖ 3, 138: picken II, Krauß 681, NordSSWb IV 305: picken 2., a.d. Österr.; SudWb II 348.
→(1) losgehen; pickig, verpickt; Pickan.

pickig - Adj, pikiç [Fek, Jood, Kock, Wem II, Ker, Mil, Sch, Werb III, Be, Tom IV, Bill, Bru, Fak, GJ, Glog, StA, Wil V]
A: klebrig *Etym.:* Adjektivische Abl. von *picken* 'kleben'. Das Adj. ist österr. ugs. ● *Had, es gibt sandiges Feld un rode Grund* (↑roter Grund) *un schwarze Grund, hat so pickich, wann's regne tuet.* [Jood II] ■ bickad WbWien 152: 'klebrig'.
→picken (1)

Pinzgauer - f, pintsgauər, Pl. id. [Fil, Ker, Sch, Tscher III, NP, Tom IV, Alex, Bak, Bru, Charl, Ernst, Fib, Ga, GK, Gra, Gutt, Jahr, Len, Low, Ost, SM, Stef, Wis V]
V: aus dem österr. Pinzgau importierte Rinderrasse ● *Noh hann se Pinzgauer Kih gebrung. Vun dann is des mit ↑Zuchtbuch angang.* [Ost V] ■ Petri 1971, 88.
→Rind.

Pipatsch - f (m), pipatʃ, -ə [Ap, Breg, Fil, Kol III, Tom IV, Albr, Bak, Ga, GJ, GStP, Hatz, Heu,

Jab, Jahr, Joh, Jos, NA, NPe, Orz, Ost, Pan, Schön, Sack, Sad, StA, Tsch, Tschak, Tschan, Ui, War, Wil V]; piːpatʃ [Wasch III, Eng, Gra, Mar V]; pipatʃn [Kud, NB V]; pipotʃn [Vert, Wud, Wudi I]; (m) pupatʃ [Ap, Mil, Stan III]; paputsch [Pal III]
A: als Unkraut verdrängter Klatschmohn; Papaver rhoeas *Etym.:* Entlehnung aus ung. *pipacs* 'Klatschmohn'. ● *Die Pupatsche blihe schen rot.* [Mil III] *Des war net so viel Unkraut, awer do ware Dischtl in de ↑Frucht (1), do ware Pipatsche un Quecke drin.* [Tom IV] *In de Frucht ware Radl (↑Rade), Kornblumme, Pipatsche, die Rittersporn un viel andres Unkraut.* [Ost V] ◆ Als beliebtes Motiv in Kunst und Literatur ist *die Pipatsch* in Zeichnungen, Gemälden und Stickereien, als Motiv von Wandmalerei und in literarischen Texten vertreten. Es ist bemerkenswert, dass *Die Pipatsch* als wöchentliche Mundartbeilage des Banater Tagesblattes *Neue Banater Zeitung* vom 9.11.1969 bis heute erscheint, wenngleich die NBZ selbst seit 1993 nur mehr als Wochenbeilage der Bukarester Tageszeitung *Allgemeine Deutschen Zeitung für Rumänien* erscheint. Es hieß von dieser bebilderten, 1-2 Seiten Mundarttexte enthaltenden Beilage, in Anspielung auf das Titelbild: "Die Pipatsch blieht". - Bekannt ist der Vergleich: *Rot wie en Pipatsch* 'sehr rot'. ■ Gehl 1991, 97; Petri 1971, 52.
→Koglischan, Unkraut.

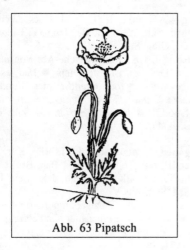

Abb. 63 Pipatsch

Pipe - f (m), pipn, Pl. id. [Wein I, Ru IV], pipə, Pl. id. [Bohl, Mu, Nad, Oh II, Ap, Brest, Gai III, ND, NP IV, Bak, Fak, Glog, Len, NA, Nitz, StA, Wil V]; pipm, Pl. id. [Aug, Ed, GT, KT, Wein, Wud I]; (m) pipə, Pl. id. [Ost V], pipə, -nə [Ga, StA V]
W: neuartiger Fasshahn mit Ventil *Etym.:* Das bair.-österr. Wort *Pipa* stammt aus ital. dial. *pipa* 'Fasshahn' und wurde im 15. Jh. mit ital. Importweinen von Venedig oder Triest nach Wien und München gebracht. (Kranzmayer 1960, 17) ● *In dem Fassl hot mer e Pippm fe Huiz (↑Holz) einigschlogn (↑hineinschlagen).* [Wud I] *Wenn de Wei verarbeit woar, had me untn a Pippn neigschlagn und hadn rausglassn.* [Ru IV] *Nom is die Pippe neikumme in de Boding (↑Bottich).* [NA V] *Des war e Art ↑Seiher schun vum Fass, dass net Bärle (↑Beere) mitkumme un de Pippe verstoppe.* [Ost V] *Mit de Pippene had me de Woi (↑Wein) rausrinne lasse kennt vum Fass.* [StA V] ■ Krauß 683: 'Fasshahn'; ÖstWb 337: 'Fasshahn, Wasserhahn; Gehl 1991 245.
→Heber, Holz-, Messingpipe.

Pirkitzle - n, selten, pirkitsle, Pl. id. [Ga, StA V]; pirkitsli̥ [Sad V]
V: Perlhuhn *Etym.:* Entlehnung aus rum. *pirchiță* 'Perlhuhn'. ● *Noch 27 Täg brieje (↑brüten) senn d'Pirkitzle gschlupft.* [StA V] ■ Gehl 1991, 216.
→Perlhuhn.

Pischta - f, piʃta, Sg. tant. [Aug, Scham, Schor, Wer, Wud I, Kock, Jood, Wem II, Breg, Brest, Ker, Kol, Pal, Siw, Wepr III, Be, Put IV, Bak, Bill, Fak, DStP, Ger, GK, Gott, Gra, Ost, StA, Wil, Wis V, Bil, Ham, NP, Pe VI]
V: Rufnamen für Stiere und Hengste *Etym.:* Entlehnung des ung. Personennamens *Pista*, eine Koseform zu ung. *István* 'Stefan'. ● *Bei de Biko ware friher die ungarischi Name gebreichlich, de Janni un de Joschi un de Pischta.* [Ost V]
→Bika.

Plantage - f, selten, plantaːʒe, Sg. tant. [Ham, Schei VI]
O, W: großflächige Anpflanzung von Obstbäumen *Etym.:* Entlehnung aus der Standardsprache. ● *Des ischt e Plantasche, so um die zweihundert 'Hektar nur mit Obstbääm.* [Schei VI]
→Pflanze.

Plastik - n, plastik, Sg. tant. [Jood II, DSta, Ger V]; plaʃtik [Jahr V]
Allg: Kunststoff *Etym.:* Das Subst. wurde von engl.-amerik. *plastic(s)* 'Kunststoffe, Plaste' entlehnt und über Fachzeitschriften verbreitet. ● *Sell wurd oigsalze (↑einsalzen) in soligi Fesser*

Platte

vun Plastik, no bloibt des so acht Teg lang im Salz. [Jood II] ■ Wb1, 705

Platte - f (n), plate, platn [Nad, Surg II], platn, Pl. id. [OW VI]; plotn, Pl. id. [Aug, GT, KT, Scham, Schor, Wer, Wud, Wudi I]; plate, platə [Ker, Kutz III, Be IV, Ben, Bru, GK, Nitz, Ost, War, Wis V]; platə, Pl. id. [Oh II, Fak, Glog V]; plate, platnə [Len V]; (n) platl, -ə [Gai, Gak III]; platl, Pl. id. [Glog V]
A, V: flaches, meist dünnes und zur Abdeckung verwendetes Gebilde aus Holz, Stein oder Metall ● *De Straafwogn* (↑Streifenwagen), *de vierejketi* (↑viereckig), *groueßi, is floch un hot e Plottn.* [Wudi I]
→Sparherdplatte.

Plätte - f, plet, -ə [Ap, Hod, Pal III, Fak, GK, Glog, Ost, Paul, Sem V]
Allg: flaches Schiff zum Übersetzen über Flüsse und Seen, Fähre ● *Dorte hann sie e Art Plett gmach un hann den Hanf ufgesetzt wie a Schower* (↑Schober), *viereckich, gekreizt, so iwwenanner. A Plett is sowie a Fähre, die is leicht gschwumm uff a Platz, wu's tief genuch war. Dann is sie beschärt ginn mit Lahm* (↑Lehm). [Ost V] **Anm.**: *Plätte*, aus dem Adj. *platt*, ist bair.-österr. ■ ÖstWb 228: 'ein flaches (Last)schiff'.

Platz - m, plats, pletsə [NA V]; plats, plets [Alt, Fek, Nad, Oh, Wem II, Ap, Ker, Mil, Sch, Siw III, Be, Tom IV, Bog, Fak, Ga, Glog, GK, NA, Ost, StA, War, Zich V]
1. A: größere freie, (oft von Gebäuden umgebene) Fläche ● *Do woa ban jedn Haus e Hostell* (↑Hofstelle), *des is de Tråpplatz, dort woar en extre große Platz, duert hot me des Sach zammegfiehet uff en Schower* (↑Schober). [Fek II] 2. A, G, V, O: (verkürzt für:) a. A: Tretplatz ● *Auf de Hutweid* (↑Hutweide), *do woan die Pletze, is gedrescht woan.* [NA V] *So oft wie mer 's Stroh, ghob un gruttlt* (↑rütteln) *hat, umso reiner war's, also umso mähr* ↑*Frucht* (1) *is rausgfall ufs Platz.* [Ost V] **b.** G: (verkürzt für:) Marktplatz ● *Am Platz, am Wuchemoark hod me kauft un hot des 'nei in die Kärb.* [NA V]
→(1) Gasse, Aas-, Levente-, Liesch-, Markt-, Schinder-, Sport-, Traktorplatz; (2a) Tretplatz; (2b) Marktplatz.

Platzkukuruz - m, patʃkukruts, Sg. tant. [Fil, Mil III, NP, Tom IV, Alex, Fak, Glog, StA, Wil V]
A: zum Rösten geeignete Maissorte, Popcorn *Etym.*: Komp. mit dem Verb *patschen* 'platzen'. Vgl. *patschen*: 9. 'zerplatzen'. besonders vom Mais, aus dem lautmalenden *patsch* abgeleitet. (PfWb I 603 f.) ● *Wenn dr Patschkukrutz ufknallt, wärd er weiß.* [Mil III] *De Patschkukrutz wärd ufm Ofe in Siewe* (↑Sieb) *gerescht* (↑rösten). [Glog V] ■ Gehl 1991, 138.
→Kukuruz.

Platzregen - m, platʃre:gə, Sg. tant. [Fil, Mil III, Ga, StA, Wil V]; platʃregə [Fak, Glog V]
Allg: Regenguss, Wolkenbruch *Etym.*: Das Komp. ist mit *platschen*, 'platzen', einem Verb lautnachahmenden Ursprungs, gebildet. ● *Es hot heint* (heute) *schun oo Pletschrege gewwe.* [Mil III] ■ Gehl 1991, 57.
→Regen.

Plutzer - m (n), plutsər, -n [Ru IV]; plutsər, Pl. id. [Bog, Fak, Ger, GJ, Low, Wis V]; plitsəl, Pl. id. [Wein I]; blutskər, Pl. id. [Bil, Ham, Mai, Schei, Suk VI]; plitsl, Pl. id. [Ru IV]
1. A: Flüssigkeitsbehälter aus Ton, Blech oder aus einem ausgehöhltem Kürbis ● *Un die Plutzern, de woan aus Ton, un die homm obe e großes Loch ghot und aff der Seite e klaans. Un no hot mer noch die kleinere Plitzl ghat, entweder so vun die Kirbis, mit Schnåps, oder greßre auch aus Ton, hot mer mitgnumme Wosser in die Plitzl.* [Ru IV] **a.** O, W: große Korbflasche ● *Blutzker, wie me sagt, aus Glas. Die Glaskrueg, die sind gebunde mit* ↑*Weide* (2) *auße, und no ham-mer gsagt Blutzker.* [Schei VI] **Anm.**: Die bair. Diminutivform *Plitzel* (*Plützer*) hat keine verkleinernde Funktion. ■ BayWb 1/1 466: 'ausgehöhlter Kürbis, der als Flasche dient; steinerne Flasche'; ÖstWb 339; 'Kürbis'; 'ein Steingutgefäß'.
→(1a) Glaskrug.

Pogatsche - n (f), poga:tʃəl, Pl. id. [Petschw II]; poga:tʃl [Fak, Glog V]
A: kleines rundes Gebäck mit mehrschichtigem Teig und einer Füllung *Etym.*: *Pogatsche* kommt über ung. *pogácsa* ins Österreichische und in donauschwäb. Dialekte. Es erscheint auch als rum. *pogace*. Nach MESz ist das ung. Wort südslawischer Herkunft, vgl. serbokr. *pògača* 'rundes Fladenbrot', slowenisch *pogáča* 'Fladenkuchen', bulgarisch *pogáča* 'rundes, blattförmiges ungesäuertes Brot*. Die Spur führt weiter auf italienisch *focàccia, fogaccia* Fladen, Kuchen, das auf mittellateinisch *focacea, focacia* 'eine Art Gebäck'

zurückgeht, wobei dieses mit lateinisch *focus* 'Feuer, Herdstelle' zusammenhängt. Über die südslawischen Sprachen und das Ungarische gelangte das Wort auch in weitere Sprachen: slowakisch *pagáč, pogáč*, 'dasselbe' oder albanisch *pogáce* 'gesäuertes Fladenbrot'. (MESz III 235) Es gibt auch eine türk. Entsprechung *bogaça, pogaça* 'Blätterkuchen, Mürbeteigpasteeε, was die weite Verbreitung und das Alter des Wortes belegt. (Gehl / Purdela Sitaru 1994, 164) ● *Zu Nachtmohl gibt's e guedi Suppn, Fleischbraan un Bacheraai, hat Faschingkrapfn, Pogatschel.* [Petschw II] ■ ÖstWb 339: ost-österr. 'eine (Grammel)bäckerei'.
→Backerei, Grammelpogatsche, Pogatschenpfirsich.

Pogatschenpfirsich - f, selten, poga:tʃəlpfeɐʃə, Pl. id. [Ed, Wein, Wud I]
O: runder, abgeflachter Pfirsich *Etym.*: Benennungsmotiv ist die abgeflachte, an ein rundes Gebäck erinnernde Form der Frucht. ● *Die aundri, die Feignpfeasche hot's füj gejem. Die Japanischi is die flochi, die Pogatschelpfeasche.* [Wud I]
→Japanischer, Pfirsichsorte, Pogatsche.

Poiana - f, selten, poja:na, Pl. id. [ASad, Lind, Resch, Stei, Wei, Wolf V]
Fo: Waldwiese, Lichtung *Etym.*: Entlehnung aus rum. *poiana* 'Lichtung, Waldwiese'. ● *Und mir habn am Locşor - so haaßt die Poiana da obn - jeder a Stickl Feld ghobt.* [ASad V]
→Waldwiese, Wiese (1).

Pomeranze - f, pomərantʃ, -ə [Baw, Fek, Jood, Seik, Surg II, Ap, Fil, Ker, Mil, Sch, Wasch, Werb III, In, NP IV, Hom, Karl V]; pomrantʃ [NA, NPe V]; pumərantʃn, Pl. id. [Aug, Ed, KT, Scham, Wud, Wudi I]; pumərandʒ [Fak, Ga, Glog, Wil V]; pumərandʒə, Pl. id. [Sad, StA V]; pumrantʃ [Gai, Kol III, Bill, GStP, Len, Lieb, Low, Nitz, NStP, War V]
O: Zitrusgewächs mit bitterer Fruchtschale, Bitterorange; Citrus aurantium amara *Etym.*: Der Name der Zitrusfrucht wurde im 15. Jh. entlehnt aus ital. *pomerancia*, ein Komp. aus ital. *pommo* 'Apfel' und ital. *arancia* 'bittere Apfelsine'. (^{23}Kluge, 640) ● *Handwärker honn sich schon mähr älaubt, die honn als Tschokoladi owwe Pomerantsche gesse.* [Baw II] ■ Gehl 1991, 135; Petri 1971, 26.
→Obst.

Pope - m, selten, popə, Pl. id. [Fak, Ga, Glog, StA, Wil V]; po:pə [Bog, Bru, Charl, GJ, GK, Knees, KöH, Ost V]
A: oberste, abschließende Garbe im Garbenhaufen *Etym.*: Am naheliegendsten ist die Entlehnung aus rum. *popă* 'Pfarrer', auch Bezeichnung für die letzte Garbe, die mit dem Stroh nach außen und mit ausgebreiteten Ähren nach innen auf die Spitze eines Garbenhaufens gesetzt wird. (Vgl. Dicţionarul limbii romăne moderne, Bucureşti 1958) Diese Bezeichnung ist auch bei rumänischen Bauern im Banat und in Siebenbürgen anzutreffen. Bezüglich der Wortbedeutung ist zu überlegen, dass im bair. Sprachraum *Pfaff* auch folgende Bedeutung hat: Ein Haufen Getreidegarben auf dem Feld, um einen Pfahl aufgestellt und durch andere, nach unten gestürzte, gedeckt. (BayWb 1/1, 421 *Der Pfaff.* 4.) Von den Herkunftsgebieten der donauschwäb. Siedler wird nur im Saargebiet eine Garbe als Regenschutz auf die neun Garben des Garbenstandes gelegt. In der Pfalz, in Baden und in Württemberg heißen die zu einem Kegel aufgestellten Getreidegarben *Puppe* (Vgl. Atlas der deutschen Volkskunde, Lief. V), wobei dieses Subst. dial. als *Popp* gesprochen wird. Bemerkenswert ist auch die ung. dial. Bezeichnung *papkéve* 'Pfaffengarbe', eine Entlehnung aus rum. *snopul popii* 'Pfaffengarbe'. Demnach kann rum. *popă* (vor allem im Banat) wohl als Ausgangspunkt der Entlehnung angenommen werden (Gehl/Purdela Sitaru 1994, 44), die durch ähnliche Bezeichnungen und Wortbedeutungen aus den Ursprungsgebieten der deutschen Siedler in Ostmitteleuropa gestützt wurde, etwa pfälzisch *Bopp, Puppe* 6.a 'dünne Getreidegarbe', besonders die unvollständige Garbe, 6.b 'Bündel getrockneten Tabaks'. (PfWb I 1360)
● *Viezehn Garwe kummen uff an Kreiz, die owerscht war de Pope.* [Bru V] *Off em Kreiz owwe is de Pope.* [Stei V] *Die letscht Garb ufm Kreiz, des war de Pope, hat mer gsaat.* [Ost V] ■ Gehl 1991, 134.
→Garbe, Kopf (1d), Pfarrer.

Pörkölt -, selten, pørkølt, Sg. tant. [Baw, Fek Petschw II, Berg III]
V: Gulasch aus Rind- oder Schweinefleisch *Etym.*: Entlehnung aus ung. *pörkölt* 'Gulasch'. ● *En Bauer hot es mehsti (meiste) Soppefleisch gekaaft, un zu Pörkölt un vleicht zu Paprikasch.* [Baw II] *In de Hochzeit war am Mittag meistn Pörkölt oder Paprikasch, guedi Suppn, guedi Hihenesuppn* (↑Hühnersuppe). [Petschw II] ◆ Bei

der Zubereitung des *Rinderpörkölt* lässt man kleingeschnittene Zwiebeln in erhitztem Schmalz oder Öl anschwitzen und das in Würfel geschnittene Fleisch kräftig anbraten. Man bestreut mit Paprika, salzt und pfeffert, gibt die kurz in heißes Wasser getauchte, geschälte und in Scheiben geschnittene Tomate oder das in etwas Wasser verrührte Tomatenmark, die entkernten, kleingeschnittenen Paprikafrüchte und die zerdrückten Knoblauchzehen dazu und lässt alles zugedeckt, bei schwacher Hitze schmoren. Wenn erforderlich, wird der verschmorte Saft durch wenig Wasser ersetzt. Auf ähnliche Weise wird auch das Schweinepörkölt zubereitet. Als Beilage eignen sich Nockerl oder Salzkartoffeln. (Miklósi 1991, S. 226)
→Fleisch, Gulasch, Paprikasch, Tokane.

Portugieser - f, portugi:zər, Sg. tant. [Fu, Tscher III, Bru, Fak, Ga, Glo, Glog, Sad, Stef, StA, Wer, Wil V]; portugi:zər blaue [Fu, Kar, Mil III, Franz IV, Len, Low, Mar V]; portuki:zər [Bog, GK, Ost, War V]
W: Rebsorte für Rotwein mit blauschwarzen Beeren ● *Trauwesorte* (↑Traubensorte) *ware: Gutedel, Portugieser, Staanschiller, Madscharka, Mustafer u. a.* [Bru V] *Dann ware noch die Traminer, die Riesling, die Altmodische Blaue, also die Portugieser un vieli annri.* [Ost V] ■ PfWb I 1114; SüdHWb I 1030; RheinWb VI 1032; Gehl 1991 240.
→Altmodische Blaue, Rebsorte.

Portulak - f, purtula:kə, Pl. tant. [GK, Ost V]
G: Zierpflanze mit fleischigen Blättern; Portulaca gradiflora ● *Im Garte ham-mer viel Blumme ghat. Do warn Rose un Härbschtrose, Purtulake, die Veiole, also die Sternblumme und Negle* (↑Nägelchen). [Ost V] ◆ *Das Portulakröschen, mit hellroten, gelben oder weißen Blüten, wurde auf sandigem Boden am Wegrand des Hofes und der Gasse angebaut.* ■ Petri 1971, 57.
→Blume.

Postgasse - f, postkesl, Pl. id. [Ap, Brest, Fil III]
A: kleine Gasse, in der das Posthaus liegt ● *In Apatie* (ON) *sinn die Kärchegass, Spatzegass, Schinnersgass, es Postgessl un es Rauwergessl.* [Ap III]
→Gasse.

Praktikum - n, praktikum, Sg. tant. [Ost V]
Allg: praktische Übungen zur Anwendung des Erlernten ● *Manchi hann die Kinner in die Ackerbauschul gschickt, dass sie Bauer lärne. Die hann dann e korzes Praktikum in a großi Baurewirtschaft gemach.* [Ost V]
→Ackerbauschule.

Presse - f, prese, presn [Pußt I]; prese, presə [Erb I], pres, -ə [Erb, Tax I, Petschw, StI II, Gai, Sch, Siw III, ND, NP IV, Bak, Bog, Ben, Bru, Fak, Ga, Glog, Gutt, Len, Low, Nitz, Ost, StA, War, Wil V, Bil, Ham, Mai, Pe, Schei, Suk VI]; prẹ:s, -ə [Wud I]; preis, -n [Aug, Ed, GT, KT, Scham, Wein, Wud I]
1. B: Maschine, die einen Druck auf ein Material ausübt ● *Dann hod äer gekocht von där Wave* (↑Wabe) *den Wochs* (↑Wachs). *No hadde so klaani Press, un do drin hod e noch gepresst die Wawe immer.* [StI II] 2. W: (verkürzt für:) Weinpresse ● *Die Trejwe* (↑Treber) *sann eff de eiseni Prejs naumoj auesprejsst woan.* [Wud I] *Un die Press hat dann Kärb* (↑Korb 1) *ghat, Holzkärb* (↑Holzkorb) *mit Sprossle* (↑Sprosse), *un dorte is de Moscht rausgeloff* (↑herauslaufen). [Ost V] *D'letschte Jahre hat me schon ↑Morscholo ghet un Presse ghett.* [Schei VI]
→(1) Wachspresse; pressen; (2) Morscholo.

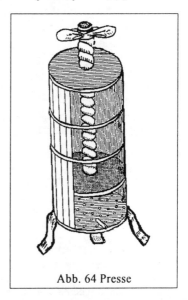

Abb. 64 Presse

pressen - schw, presn, keprest [Pußt I]; presn, kəprest [Bat VI]; presə, kəprest [Bohl II, Pal III, Bog, Bru, Len V]; presə, kəprest [Jood, Seik, StI II]; prẹsə, kəprest [Glog, Nitz V]; presə, prest [Tax I]; prẹisn, prẹist [Wud I]

Presshaus

B, V, W: ein Material oder Produkt durch Druck bearbeiten ● *Die kummen nach in Rauhfang* (↑Rauchfang). *Un die Schwartegende* (↑Schwartegender), *selli moss me presse, dass des iwweflissich Schmalz rausgeht. No wäret sie nufghengt* (↑hinaufhängen) *noh in Rauhfang.* [Jood II] *Vun den Wocks* (↑Wachs) *tun sie auch Mittlwende presse, die wänn gewalzt eigentlich.* [Seik II] *No hadde so klaani Press, un do drin hod e noch gepresst die Wawe* (↑Wabe) *immer.* [StI II] *Oweds sein die Trauwe gepresst gewe. Die Trewer* (↑Treber) *sein in a Fuhrfass fest gestampt* (↑fest stampfen) *gewe for* ↑*Raki brenne* [Bru V] *Des Wocks tut me pressn mit de Wåckspress. Kam-mer Wockskärzn* (↑Wachskerze) *aa mochn.* [Bat VI]
→ab-, aus-, herabpressen; Presse, Presshaus, -wein, Wachspresse.

Presshaus - n, preshaus, -haizə [Pußt I, Fek, La II]; preshaus, haisə [Tol I, Nad II]; preshaus, -haisər [Mu II]; prejshouəs, -haiəisər [Aug, Ed, GT, KT, Scham, Tar, Wud, Wudi I]

Abb. 65 Presshaus

W: Wirtschaftshaus beim Weingarten mit Vorrichtungen zum Weinpressen; Weinkelterei ● *Im Prejshoues hot me die Weiemba* (↑Weinbeere) *veoawat* (↑verarbeiten). [Wud I] *Manige Leit honn e Presshaus dot ban Weigoate* (↑Weingarten), *anre honn dehaan e Presshaus em Kellr.* [La II] ◆ Presshäuser stehen beim Weingarten oder auch in einer Reihe außerhalb des Ortes und sind oft in einen Lehmhügel eingegraben. In ihnen sind im hinteren Teil Gerätschaften zur Weinbereitung, im vorderen Teil auch ein Ofen und etliche Möbelstücke enthalten, so dass man sich während aller Winzerarbeiten hier längere Zeit aufhalten kann.
→Haus, Hütte, Kolne; pressen.

Presswein - m, presvain, Sg. tant. [Wer, Wud I, Ker, Kol, Pal, Sch III, NP, Tom IV, Alex, Bog, GK, Gra, Low, Ost, War, Wis V]
W: zuerst ablaufender Wein beim Pressen ● *De ärschte war schun viel besser wie der annre Wein, wu abglaf* (↑ablaufen) *is, de richtiche Presswein war schun klar, wie richtiche Wein.* [Ost V]
→Wein; pressen.

Privathengst - m, priva:thenʃt, -ə [Fak, Ga, GK, Gra, Low, Ost, Wil V]
V: von Bauern zur Züchtung gehaltener Hengst ● *Un dann ware Privathengschte, die hat mer mit Geld un mit Hawwer entlohnt.* [Ost V]
→Hengst.

probieren - schw, probi:rn, probi:rt [ASad, Lug, Tem, Wer V] ; probi:rə, probi:rt [Tax I, Pan, Sad, Trie V, Pe VI]; provi:rə, provi:rt [Baw, Mu, Wem II, AK, Gai, Ker, Pal III, ᴊe, Tom IV, Alex, Bru, Charl, Fib, Ga, GK, Gra, Gutt, Jahr, Len, Low, Mar, Ost, Pau, StA, Stef, Wil, Wis V, NP VI]
Allg: versuchen, auf den Geschmack prüfen ● *De gebrenndi Schnaps is imme prowiert genn* (worden) *vun de Schnapsbrenner. Me hat gmess, wie* ↑*stark* (3) *där is.* [Ost V]
→messen.

Prominze - f, prεmintsn, Pl. tant. [Tscha III]; promintsə [Ga, GStP, Len, Sack, StA V]; promintsl [Fak, Glog V]
G: (wie: Pfefferminze) *Etym.:* Das Subst. ist bair.-österr. (vgl. Wehle 1980) für 'Pfefferminze'. Die Rückführung von *Bromintss(n)* über *Brimíntss(n)* auf bair.-österr. *Braunminze (Wb-Wien 184) ist fraglich. ● *Die Prominzl sinn als am Gartezau* (↑Gartenzaun) *gwachse, aus dene hat mer Prominzltee gekocht.* [Glog V] ■ Gehl 1991, 97; Petri 1971, 48; *Prominzen* Wehle 1980, 233: 'Pfefferminzzuckerl'.
→Pfefferminze, Prominzentee, -zucker.

Prominzentee - m, promintslte:, Sg. tant. [Fak, Ga, Glog, Wil V]
G: Absud aus getrockneten Blättern und Stängeln der Pfefferminze ● *Oweds hat mer oft Tee getrunge, meischtns Prominzltee, awwer aa Kamilletee un Lindetee.* [Glog V]
→Prominze, Tee.

Prominzenzucker

Prominzenzucker - m, promintsntsukər, Pl. tant. [Aug, Ed, Sch, Wer I, Baw, Jood, StI, Wem II]; promintsltsukər [Fak, Ga, Glog V]
A, G: harte Pressbonbons mit Pfefferminzgeschmack ● *Die Kenn (Kinder) honn als aafache Zucker gricht un Prominznzucker un Hutzucker.* [Baw II] ■ Prominzen Wehle 1980, 233: 'Pfefferminzzuckerl'.
→Prominze, scharfer Zucker, Zucker.

Prozent - n, protsent, Pl. id. [Ap, Fil, Stan, Waldn III, In, Ru IV, OW VI]; protsent, -ə [Brest, Stan III, Tom IV, Fak, Ga, Glog, Ost, StA, Wies, Wil V]
Allg: der hundertste Teil eines Ganzen *Etym.*: Entlehnung aus der Standardsprache. ● *Ja, die Maschieeigntimer, die henn Prozente krigt.* [Stan III] *De Risar (↑Riesar) hat zehn Prozent [des Ertrags] kriet, e jedes zehnti Mandl war in Risar seins.* [Ru IV] *De Lohn war meischtns nein bis neinehalb Prozent.* [Tom IV] *Die Dreschleit hann um Prozente gedrescht. (...) Die Schnapsbrenner hann Schnaps gebrennt (↑brennen 2) um Prozente.* [Ost V] *Aso, um zehn Prozent hat's wennicher sein kenne, wie mer hat abliewre selle.* [Wies V] *Unsere Tafln (↑Tafel) gehn schon bis 45 Prozent Steigung.* [OW VI] ◆ Der Lohn für Erntearbeiten wird manchmal in Prozent vom eingebrachten Felderertrag entrichtet.
→Prozentmüller; prozentig.

prozentig - Adj, protsentiç [Ap, Hod, KK, Mil, Siw, Tscher III, In, Ru IV, Bog, Bru, Nitz, Len, Low, War, Wis V]; protsendiç [Fak, Glog V]
W: in Prozenten gemessener Bestandteil des Alkohols im Schnaps ● *Ausm Trewer hot mer Schnaps gebrennt. Der Trewerschnaps (↑Treberschnaps) war ziemlich ↑stark (3), bis zu vierzich un fufzich Prozent stark.* [Ap III]
→Prozent.

Prozentmüller - m, veraltet, pərtsentəmilər, Pl. id. [DStP, Gott, GStP, Low, Trie, Wis V]
A: Mühlenpächter, der um einen Teil der Mahlgebühr arbeitet *Etym.*: Das Bestimmungswort des Komp. *Perzent* ist bair.-österr., vgl. *Perzent* 'Hundertstel' (ÖstWb 346). ● *Viel hat e Perzentmiller in der Windmihl jo net verdient, e Drittl von der Maut hat er kriet, des anre de Harrar, dem was se gheert hat.* [GStP V]
→Müller, Prozent.

Prügel - m, prigl, Pl. id. [Bil, Ham, Mai, Schei, Suk VI]; brigələ [Schei VI]
Allg: dicker Stock, kurzes Rundholz ● *Do hat me e Träetstendele (↑Tretständer) ghet. No hat me zwei-drei Eimer Traube neigläärt, zwei Briggl nauftaa, un no had me gstampft.* [Schei VI] ■ SchwWb I 1466: 'Rundholz, Keule, Knüttel'.
→Stecken.

pudern - schw, phudrə, kəphudərt [Fil, Mil III, Alex, Low, Ost, War V]
V: (vom Geflügel:) sich im Sand baden ● *Die Hingle tien sich als gern im Sand phudre.* [Mil III] ■ PfWb I 1332; SüdHWb I 1204 f.; RheinWb VI 1163.
→Hünkel.

Pujke - f (n), selten, pujka, Pl. id. [Wasch III]; pujkə [Stan, Wepr III, Fak, Glog, Wil, Wis V]; pujkə, -nə [Ga, StA V]; pujkn [Har III]; pujk [Haj III]; (n) pujkl [Buk, Hod Stan III, Bill, Len, Low, Tsche V]; pujklçər [KSch V], pujkələ [Fak, Ga, Glog, StA, Wil V]
V: Truthahn, (auch) Truthenne *Etym.*: Die Bezeichnung ist eine Entlehnung des ung. *pulyka* 'Truthahn'. - Wehle (1980, 230), leitet *Pokerl* von ung. *pulyka* ab; dazu bedarf es einer Erläuterung. Nach MESz (Bd. 3, 308), gibt es im Ungarischen wohl Belege für *Pulyka* ab 1589, doch die Herkunft des Wortes ist umstritten; die wahrscheinlichste Etym. ist aus dem Lockruf *puly, puj* und dem Diminutivsuffix *-ka*, wie in vielen ung. Geflügelnamen (s. *csirke* 'Hühnchen'). Die dial. Form *póka*, in Westungarn, könnte mit *Pokerl* in Verbindung stehen. In Mittelungarn gilt die dial. Form *pulyka*, (die auch literarisch nicht direkt zu *Pokerl* führt, und in Ostungarn *pujka*. Obwohl das Wort (nach MESz) nicht slaw. oder rum. Entlehnung sein soll, ist die Nähe zu rum. *puica* 'Hühnchen; 'Kosenamen für geliebte Frau' ersichtlich. Dieses Wort ist von rum. *pui* 'Küken' abgeleitet, das wieder aus lat. *pullus* 'junges Tier, ausgebrütetes Junges; Hühnchen, Putchen' kommt. (DEX 759 f.) ● *Pujke sinn wennicher im Baurehof, weil die fressn ărich viel.* [Glog V] *De Pujkehåhn passt uf die Pujkene un die klaani Pujkele uf.* [StA V] *De Pujkehåhn geht im Hof mit de Pujke un de klååne Pujkele.* [Wil V] ■ Gehl 1991, 216: *Puike*; Petri 1971, 110.
→Bockerl, Pujkehahn, -gockel, -kokosch, Pujkrich.

Pujkegockel - m, puikəkokəlo:r, -ə [Bil, Ham, Pe, Schei, Suk VI]
V: männlicher Truthahn ● *De Pujkegockelor isch viel greßer und schwärer wie e Gockelor.* [Schei VI]
→Gockel, Pujke.

Pujkehahn - m, pujkəhå:n, -ər [Ga, StA, Wil V]; pujklhä:n [Bog V]
V: männlicher Truthahn ● *De Pujkehåhn passt uf die Pujkene un die klaani Pujkele uf.* [StA V] *De Pujkehåhn geht im Hof mit de Pujke un de klååne Pujkele.* [Wil V] ■ Gehl 1991, 216.
→Hahn, Pujke, Pujkekokosch, Pujkrich.

Pujkekokosch - m, pujkəkokoʃ, -ə [Glog, Sad V]
V: männlicher Truthahn *Etym.*: Die Tierbezeichnung ist ein Komp. aus *Pujke* und *Kokosch* zur Verdeutlichung des männlichen Vogels. ● *Där is jo ufgeblose (aufgeblasen) wie e Pujkekokosch.* [Glog V] ■ Gehl 1991, 216.
→Kokosch, Pujke.

Pujkrich - m, selten, pujkriç, -ə [Fak V]
V: männlicher Truthahn *Etym.*: Die Bezeichnung des männlichen Truthahns wird aus *Pujke* und dem Suffix -erich (vgl. *Enterich* gebildet. Es ist eine seltene Wortbildung. ● *Do laafe drei Puikriche uf de Gasss rum.* [Fak V] ■ Gehl 1991, 216.
→Pujke, Pujkehahn.

Pumpbrunnen - m, pumprunə, Pl. id. [Berg III, Len, Nitz V]; pumprunə, -prinə [Bak, Fak, Glog, Schön, Wil V]; pompronə, Pl. id. [Fek, Surg, Wem II]
A, V: mit einer Pumpe betriebener Schöpfbrunnen ● *Die modärni Pumpbrunne sinn schun mit e Pump gange.* [Glog V] *Im Darf warn schun Pumpbrinne un Radbrinne.* [Schön V] ■ Gehl 1991, 178.
→Brunnen, Pumpe.

Pumpe - f, pumpə, pumpn [Na, Resch, Tem, Wer V]; pumpn, Pl. id. [StIO I]; pumbə, Pl. id. [NA V]; pumbə, -nə [Ga, StA V]; pump, -ə [Surg, Wem II, Ap, Fil, Ker, Sch, Siw, Waldn III, Put, Tom IV, Bru, Bog, Drei, Ger, Kath, Len, Low, Mram, Wis, Zich V]
A: Gerät zur Förderung von Grundwasser ● *Dann ham-mer e Tiefbrunne ghadde mit Pump.* [Waldn III] *Die modärni Pumpbrunne sinn schun mit e Pump gange.* [Glog V] *Die Pumbe zieght des Wasse (↑Wasser 3) rauf mim 'Motor.* [NA V]
Anm.: Die Lautvariante *Pumpn* mit *n*-Morphem im f. Sg. und Pl. weist bair.-österr. Einfluss auf.
→Brunnen, Pumpbrunnen.

Pußta - f, pusta, pustə [ASad, Bak, Bog, Fak, Ga, GJ, GK, Glog, Low, Nitz, Ost, StA, War, Wil V]; pustə, Pl. id. [Berg, Hod, Pal, Sch, Tscher III, Put, Tom IV, Sad, Wis V]
1. A: Grassteppe, Weideland; Bildungselement von Flurnamen *Etym.*: Entlehnung aus ung. *puszta* 1. 'Grassteppe, Weideland', 2. 'Einödhof', dieses aus slaw. Etymon, vgl. serbokr. *pust* "unbebaut, verwüstet", auch rum. *pustiu* 'verwahrlost, öde, verlassen', dazu die Bedeutung 'Grassteppe', nach der großen Steppe in der Ungarischen Tiefebene: in serbokr. *pusta, pustara*, bulg., slowen., slowak., tschech., poln. *pusta*, rum. *pustă*. (MESz 3, 317 f.) ● *Aff de Pußta kann me anbaun olles ohne Plage, des gibt's bei uns nicht. Sehgn'S die hochn Gebirge da drobn?* [ASad V] *De Präfekt vun Busiasch hat ihne die Pußta nor um teires Geld verpacht.* ₍Nitz V] *Dann haww i (habe ich) Feld um die ↑Halbscheid in der Warschandemer Pußta genumme. Dårt haww i in åånere Hodaie gwohnt, bis zum Zwatte Weltkrieg.* [StA V] 2. A: Einödhof mit dem dazugehörigen Ackerfeld ● *Die Stell (↑Stall), die Hodaie un Pußte sinn in kurzer Zeit verschwunne un mit ehne die Feldkreize un die viele Schwenglbrunne uffn Hottar.* [StA V] *Vorher sinn die Leit zu die Pußte gang arweite, do war die San-Marco-Pußte, die Herrschaft.* [Wis V] ◆ (1) Historischer Beleg: "Sie sagten, daß eine Pußta mit 900 Joch Weide dort sey ..." (Deutsches Bauernleben 1957, 16) - Die Warschandemer *Pußta* in [StA V] ist ein nach der rum. Nachbarortschaft Vărşand benannter Flurname. Die *Schonka Pußta* in [Glog V] war ein früheres Weideland, das zum ausgehenden 19. Jh. verkauft und als Ackerland aufgeteilt wurde. Der Flurname ist benannt nach ung. *csonka* 'unvollständig, verstümmelt'. *Pußte* ist in [Sad V] die Bezeichnung für die benachbarte Kleinsiedlung *Bodrogul Nou*, die nur aus einigen Hütten besteht. Hier ist von ung. Wortbedeutung *puszta* 'Einödhof' auszugehen. (Gehl 1991, 62, 179) ■ Gehl 1991, 62.
→(1) Pußtafeld; (2) Hodaie.

Pußtafeld - n, pustafelt, -dər [Alt, Fek, Nad, Oh, Wem II, Ker, Sch, Stan III, Be, Tom IV, Fak, Glog, NPa, StA, Wil V]

putzen

A: durch Aufackern eines Graslandes gewonnenes Ackerfeld; Flurnamen ● *Ofm Feld liecht es frihere Phoarresfeld, es Häeschaftsfeld, es Pußtafeld on de Zehntetråppplåtz* (↑Zehnteltretplatz). [Fek II]
→Feld, Pußta (1).

putzen - schw, putsn, putst [Ed I, OW VI]; putsə, keputst [Bold, Kock, Nad, StI II, Ap, Hod, Mil, Pal, Sch, Siw, Stan, Tscher III, Be, Put, NP, Tom IV, Fak, GJ, GK, Glog, Knees, Ost, Low, War, Wil V]; putzə, putst [Jood II, Ga, StA V]; potsə, kəpotst [Baw, Seik, StI II]
A, G, V: sauber machen, reinigen ● *No die Sau in die Multe* (↑Multer) *noi, es Brihewasse* (↑Brühwasser) *druf, no wurd sie putzt.* [Jood II] *Un noh, im Mai henn sie de Grawe* (↑Graben) *geputzt, die Millern.* [Kock II] *De ↑Rampasch putzt die Därem* (↑Darm), *des is frischer Wein.* [Mil III] *Där is rumgfahre im Dorf die Frucht* (↑Frucht 1) *putze, die Samefrucht.* [Stan III] *Die Messingleffle ware oft grinspanich, die hann imme misse geputzt genn* (werden) [GJ V] *Die Schunge* (↑Schinken) *un s'Karmenadl* (↑Karbonade), *des is alles geputzt ginn.* [Ost V] **Anm.:** Der PPerfekt *putzt* wird in [Ed I, Jood II und OW VI] ohne das Präfix -ge gebildet. ■ PfWb I 1423-1430 (mit den Karten 75 und 76): 1. 'säubern, reinigen', a. Frucht '(Getreide, mit der Putzmühle) von Spreu und Staub reinigen', b. Kraut, Erbse, Bohne 'zum Kochen herrichten', c. 'das geschlachtete und abgebrühte Schwein mit dem Schaber von Borsten befreien', n. 'im Garten Unkraut jäten', o. 'Holz, Laub, Steine von den Wiesen ablesen und die Maulwurfshaufen beseitigen', p. 'Gräber, Rinnen, Bäche reinigen', q. 'Bäume beschneiden', r. Pferde und Kühe 'mit Striegel und Bürste reinigen'; SüdHWb I 1272-1274, RheinWb I 1190 f.; BadWb I 390 f.; SchwWb I 1571-1573; Gehl 1991, 181.
→ab-, ausputzen, abwaschen, herabgehen, striegeln; sauber (1); Pflugputzer.

Quackerblume - f, kvakərplum [Fak, GLog V]; kvakəplum, -ə [Bog, Ga, GK, Ost, Pan, StA, Wil V]; kvakn [NB V]
G: Großes Löwenmaul; Antirrhinum majus *Etym.:* Benennungsmotiv liegt im quackenden Laut aus dem offenen Froschmaul. Den Übergang zeigt die Benennung *Froschequack* in [Fil III].
● *Do warn die Tagunnachtschatte, Härzjesublumme* (↑Herzjesublume), *die Antonirose, des sein die Phingschtrose* (↑Pfingstrose), *Quackeblumme, also die Froschmeiler und die Tuwaksblumme* (↑Tabakblume). [Ost V] ■ Petri 1971, 15.
→Blume, Froschmaul.

Quadratklafter - n, veraltet, kvadra:tkloftər, Pl. id. [Fek, Kock, Surg, Wem II, Sch, Stan III]
A: altes Flächenmaß von etwa vier m^2 ● *E jeds hod e Joch kricht owwe* (oder) *e halwed Joch, was siwwehunnet* (700) *Quadratklofter hod ausgmacht.* [Kock II] ◆ Das Quadratklafter wurde längere Zeit zur Ausmessung von Hausplätzen, Gärten und kleineren Feldstücken verwendet. Etwa ein Stück Klee wurde im Banat nach Quadratklaftern verkauft. (Horn 1975, 74)
→Ar, Klafter.

Quadratsetzer - m, selten, kvadra:tsetsər, Pl. id. [Waldn III]
A: breite Maissetzmaschine *Etym.:* Entlehnung aus der Standardsprache ● *E Gugurutssetzer, e Quadratsetzer, hot mei Vater kaaft un e Schwaderecher* (↑Schwadenrechen). [Waldn III]
→Kukuruzsetzer.

Quecke - f, kvek, -ə [AK, Fu, Brest, Gara, Ker, Sch, Stan, Tor, Tschat, Tscher, Tscho, Wasch III, Tom IV, Bill, Bre, Fak, Glog, GStP, Karl, Low, Ost, Stef V]; kvet, -ə [Ga, StA]
A: lästiges Ackerunkraut mit langen, kriechenden Wurzelstöcken; Agropyron repens ● *Des war net so viel Unkraut, awer do ware Dischtl in de ↑Frucht* (1), *do ware Radde* (↑Rade) *drin, do ware Pipatsche* (↑Pipatsch) *un Quecke drin.* [Tom IV] *Unkraut ham-mer viel ghat, Quecke, Wolfskraut. (...) Mir saan Weißi Blumme, die hann so gut Worzle wie Quecke.* [Ost V] ■ PfWb V 311;

SüdHWb IV 1146; RheinWb VI 1317 f.; Gehl 1991, 97; Petri 1971, 12.
→Unkraut.

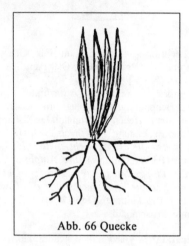

Abb. 66 Quecke

Quelle - f, kvel, kvelə [Bru, Charl, Ga, Gutt, KöH, NDo, Wil V]
A, Fo: aus der Erde tretendes fließendes Wasser ● *Außer dem Sauerbrunne* (↑Sauerbrunnen) *gibt's noch die Seceaner Quell im Owwerwald* (↑Oberwald) *und noch e Quell in der Moraner Dell.* [Bru V]
→Brunnen, Mineralwasserquelle.

quellen - schw, kvelə, kəkvelt [Ap, Fil, Pal, Sch, Tscher III, Tom IV, Alex, Bak, Ga, Gra, Len, Lieb, Low, Mram, Nitz, War, Wil V]
G, V: (von Kartoffeln oder Fleisch:) in kochendem Wasser sieden ● *Do hat's mehlichi gewwe* (gegeben) *un hot speckedi* (↑speckig) *gewwe, also far Salat oder far Grumbire* (↑Grundbirne) *quelle.* [Ap III] *Also die Nochbre hunn Quellfleisch griet, also des Fleisch, was gequellt, was im Kessl gekocht is wor.* [Lieb V] ■ quellen 2 PfWb V 314: 'in kochendem Wasser sieden', besonders von ungeschälten Kartoffeln; SüdHWb IV 1149; RheinWb VI 1325 f.
→kochen; Quellfleisch.

Quellfleisch - n, kvelflaiʃ, Sg. tant. [Bog, Gra, Lieb, Nitz, Ost, War V]
V: Schlachtfleisch, das gekocht wird ● *Also die Nochbre hunn Quellfleisch griet, also des Fleisch, was gequellt, was im Kessl gekocht is wor.* [Lieb V]
→Fleisch, Kesselfleisch; quellen.

Quetsche - f, kvetʃər, Pl. id. [La II]
W: landwirtschaftliches Gerät zum Zerdrücken, Zermahlen eines Produktes ● *Un noch des wird durchgemohle* (↑durchmahlen) *mit dem Quetscher, in de Boding* (↑Bottich) *wird's neigequetscht.* [La II]
→Ribbeler; hineinquetschen.

Quitte - f, kvit, -ə [Har, Sch, Tor, Tscher III, NB V]; khit, -n [Petschw II, Ru IV, Tschan, Wer V]; khit, -ə [Ap, Stan, Wepr III, Fak, Glog, Len, Low, Trie, Wil V]; khitə, -nə [Ga, StA V]; kvitapl, -epl [GStP, Sack V]
O: bitteres, apfel- oder birnenähnliches Obst von feinem Aroma; Cydonia oblonga ● *Die Obstbeem* (↑Obstbaum) *worn Epplbeem, Kärsche, Kitte, Pärsching* (↑Pfirsich). [Ap III] *Aus Kitte hat mer Kittekes gekocht, där is aarich gut.* [Glog V] *Bei de Kerweih* (Kirchweihfest) *hat de Viërtenzersch* (Vortänzerin) *e großer Rosmarensträuß getraan, de woar in e Quitt gstoch.* [NB V]
■ Gehl 1991, 216; Petri '1971 30.
→Quittenbaum-, -käse.

Quittenbaum - m, khitnbaum, -baimə [Ru IV]; khitəpa:m, -pe:m [Fak, Ga, Glog, StA, Wil V]
O: Obstbaum, der Quitten trägt ● *Kirbis had me im Gärtl* (↑Garten) *anbaut, un dear is meist aff an Kittnbaum gwachsn.* [Ru IV] ■ Gehl 1991, 236, Petri 1971, 30.
→Obstbaum, Quitte.

Quittenkäse - m, khitəkhe:s, Sg. tant. [Fak, Ga, Glog, Wil V]
O: aus Quitten gekochte, steife Marmelade
Etym.: Die Bezeichnung erfolgte nach der ähnlichen Konsistenz von Käse und Quittenmarmelade. ● *Aus Kitte hat mer Kittekes gekocht, där is aarich gut.* [Glog V]
→Käse, Quitte.

Rabatte - n, ravatl, Pl. id. [Fil, Mil III]
G: mit Gemüse bebautes Gartenbeet ● *Im Garte hat mer viel Rawattle gmacht, do ware oo-zwaa Rawattl Salat eigsät* (↑einsäen). [Mil III] **Anm.:** In der Form *Rawattl* ist b>w-Wandel und Diminu-

tivsuffix -*l* festzustellen. ◆ Der donauschwäb. Gemüsegarten war in Beete für das benötigte Küchengemüse, mit schmalen Dirchgangswegen, eingeteilt. Sauerampfer, seltener Rhabarber und Obststräucher standen entlang des Zaunes. Für Blumen war nur eine Ecke vorbehalten. Als nach der Enteignung des Feldbesitzes, 1945, kein Wirtschaftshof mehr benötig wurde, legten viele Bauernfamilien im Vorderhof, entlang der Hausfront, Rebenspaliere und Blumenbeete an. ■ PfWb V 333: 1.a 'schmales, meist mit Ziersträuchern eingefasstes Blumen- oder Rasenbeet am Gartenweg oder am Haus'; SüdHWb IV 1163 f.; RheinWb VII 2 f.
→Beet.

Rabe - m, ra:bə, ra:bn [Franzd, Resch, Sekul V]; ra:p, ra:və [AK, Pal, Sch, Tor, Tscher, Werb III, DStP, GJ, Jahr, Na, NPe, Sack, Stei V]
V: mittelgroßer Rabenvogel, Saatkrähe; Corvus frugilegus, (auch:) großer Kolkrabe; Corvus corax ● *In unsre Gegend sieht mer Goldamschln, Elsten, Rabn un seltn auch ein Zaunkenich.* [Resch V] ◆ Zwischen der häufigeren Saatkrähe und dem selteneren Raben wird im donauschwäb. Sprachgebiet - ähnlich dem rheinfränkischen - sprachlich und sachlich nicht klar unterschieden (s. auch unter *Krake*). ■ PfWb V 334-337: 1.a 'Rabe', auch: 'Raben- oder Saatkrähe'; Karte 312: *Rabe* (*Rab*, m. und f., *Rapp* und *Krapp*); SüdHWb IV 1167 f.; RheinWb VII 6-9: das Wort bezeichnet hier alle Krähenarten, besonders die Raben- und Saatkrähe; der Kolkrabe kommt überhaupt nicht vor, die Nebelkrähe nur selten; Petri 1971, 95.
→Krake, Vogel.

Rad - n, ra:t, re:dər [Bold, Gbu, Nad II, Har III, Ben, Da, StAnd V]; rå:t, re:dər [Pußt I, Be, Tow IV]; rat, redər [Ost V]; ra:t, re:də [Wein, Wer I, Jood, Mu II, Gak Waldn III, Bill, Kleck, Franzf, Drei, Glog, Len V]; ra:d, re:dr [Nad II]; rọ:t, redər [Kock II]; ra:dl, Pl. id. [Len, Resch V]; rådl, Pl. id. [Glog V]; rạ:dl, Pl. id. [OW VI]; ra:dl, -n [OW VI]; re:tjə, Pl. id. [La II]
A, Fo: Rollkörper, besonders am Bauernwagen und an landwirtschaftlichen Geräten ● *En lange Baueschwoge* (↑Bauernwagen) *honn ich die Reder neigetun.* [Gbu II] *Des Rad had e Bucks, sage mir, wu uff die Acks geht.* [Jood II] *Die Wassermihle hadde e groß Rod mit drei bis vier Medder* (↑Meter 1) *in Dorchmesser.* [Kock II] *Die ↑Schubhacke hat vone so e Redje un noch zwaa so Messer, des tud es Gros* (↑Gras) *obschneide.* [La II] *Där Humusbode hat sich am Rad vum Wåge aaghengt, dass es wie e Mihlståå* (↑Mühlstein) *war.* [Waldn III] *Die Reder ware so konisch aanglegt, dass die Reih zugleich aagedruckt* (↑andrücken) *git* (wird). [Ost V] *Däs hat solche Radln, eins hier un eins is hintn.* [OW VI] ■ Gehl 1991, 152, 161.
→Achse, Buchse, Gummi-, Holz-, Kamm-, Wagenrad, Nabe, Radbrunnen, Wagen.

Radbrunnen - m, ra:tprunə, Pl. id. [Berg III]; ra:tprunə, -prinə [Oh II, Bru, Charl, Da, Drei, Schön V]; rå:tprunə, -prenə [Fek II]
Allg: Schöpfbrunnen, dessen Seil auf einer Walze mit einem Rad bewegt wird ● *Außer dem Sauerbrunne gibt's noch de Radbrunne mit Mineralwasser an de Bahnstation.* [Bru V] *Im Darf warn schun Pumpbrinne un Radbrinne.* [Schön V]
→Brunnen, Rad.

Rade - f, ra:də, Pl. tant. [Albr, Hei V]; ratə [Stan, Wepr III, Franzf, V]; ra:d [Low V], rad [Tom IV]; ra:dl [Ker III, Put IV, Bog, Low, Ost V]; ra:tl [Ker III, Ost, Rud V]; ratl [GA II, PrStl III]
A: Getreideunkraut der Nelkengewächse mit purpurroten Blüten und giftigem Samen, Kornrade; *Agrostemma githago* *Etym.*: Der Pflanzenname *Rade* kommt von mhd. *rate*, ahd. *rat(t)o*, auch angelsächsisch *rado*. Die weitere Herkunft ist unklar. Vermutlich ist es eine Zugehörigkeitsbildung zu *Rad*, weil die Blüte einem Rad gleicht und die langen, schmalen Enden der Kelchblätter den Radspeichen ähneln. Demnach wird die Pflanze als Radträger aufgefasst und die Blüte mit Rädern verglichen. (^{22}Kluge, 578) ● *Des war net so viel Unkraut, awer do ware Dischtl* (↑Distel) *in de ↑Frucht (1), do ware Radde drin, do ware Pipatsche* (↑Pipatsch) *un Quecke.* [Tom IV] *In de Frucht ware Radl, Kornblumme, Pipatsche* (↑Pipatsch) *un viel andres Unkraut.* [Ost V] ■ PfWb V 344 f.; SüdHWb IV 1180; RheinWb VII 24 f.; *Radel* Gehl 1991, 97.
→Unkraut.

Radnakutsche - f, radnakhutʃ, -ə [Ben, Bru, Charl, Fib, Jahr V]
A: mit einer Zeltplane abgedeckter, vierrädriger Bauernwagen ● *Des sauwre* (↑sauber 1) *↑Fruchttuch hot mer aach uff die Radnakutsch gspannt, wann die Leit, bei uns am Schutzenglfest* (erster Septembersonntag) *uff Radna gfahr sein.* [Bru V] ◆ Mit einer Zeltplane aus Hanfgarn (als Regenschutz) abgedeckte Bauernwagen dienten zur

Beförderung der Landbewohner in Nachbarorte, in die nächste Stadt oder zum Wallfahrtsort, im Banat nach Maria Radna. So konnten auch bei schlechter Verkehrsanbindung wirtschaftliche, persönliche und religiöse Interessen wahrgenommen werden.
→Kutsche.

raffen - schw, rafə, kraft [Bak, Bog, Bru, GK, Hatz, Len, Low, Ost, War V]
A, O: (von Getreideähren, Maisstrünken oder Fallobst:) einsammeln, auflesen ● *Un zeitich (früh) im Frihjahr, hat mer misse die Storze (↑Storzen) raffe.* [Bru V] *Ab un zu sinn die Schilkinner gang Echer (↑Ähre) raffe. Awer friher, had mer so ghärt, dass armi Leit als gang sinn.* [Ost V]
→aufraffen, klauben, lesen (1b).

Raffia - f, selten, rafia, Sg. tant. [Baw, StI, Wem II]
A, W: Blattfaser der Bambuspalme *Etym.:* Entlehnung aus der Standardsprache. ● *Frihe homme mit Raffia gebonne (↑binden), jetz is jo wenig mit den Raffia.* [Baw II]
→Schnur (1).

Rahm - m, ra:m, Sg. tant. [Bog, Dol, Fak, Ga, GJ, GK, Glog, Gutt, Hatz, Joh, Len, Low, Nitz, Ost, StA, Wil, Wies V]; rä:m [Jood II]; rö:m [Ap III]; raum [Sad V]
Fettschicht auf der ungekochten Milch, Sahne ● *De scharfe Krië (↑scharfer Kren), dä wurd mit Rahm aagmocht.* [Jood II] *Do hot me Millich, Rohm, Butter un Kes kennt kaafe.* [Ap III] *Wenn die Kuh gut gfittert git, hann die Leit Milch, Kes un Rahm.* [Bog V] *Do ware hechschtn noch e Tippe (↑Tüpfen), zwei oder drei, Millich im Haus, siß un sauri Millich, a Tippche Rahm.* [Dol V] *Am Gartezaun e alde Nussbaam mit Niss so sieß wie Rahm.* [Len V] *Sießowerscht, des war der Rahm, net. Dicki Millich is gmacht ginn, Kes, Butter.* [Ost V] ◆ Für die fette obere Schicht, die sich auf der Milch ansammelt, wenn sie nach dem Melken einige Zeit stehen bleibt, gibt es zwei Hauptausdrücke: Sahne und Rahm. Sahne ist nord- und mitteldeutsch, wechselt aber auch in diesem Gebiet mit Rahm, so in Schwerin, Oldenburg, Göttingen, Kassel, Weimar, Siegen, Paderborn und Köln. Das Wort Sahne dringt durch Berliner Einfluss vor. Obersächsisch bezeichnet *Sahne* vorwiegend die süße Sahne, während die saure *Rahm* heißt. - Die verbreitetste Bezeichnung der Sache ist *Rahm,* sie findet sich in allen Teilen des deutschen Sprachgebietes, auch im Norden, neben Sahne, doch vorwiegend in Westdeutschland (Rheinland, Hessen, Westfalen), Thüringen und Süddeutschland, ferner in Tirol, Salzburg und Kärnten. In Ober- und Niederösterreich sowie in der Steiermark wird *Rahm* auf die sauere Sahne beschränkt, während die süße *Obers* heißt. In Kolmar heißt die süße Sahne *Nīdlä,* die sauere *Rahm,* wobei sich Rahm (*roim*) ausbreitet. Auch in den Mundarten ist *Rahm* in den Formen *raum* (von mhd. milchroum), *rōm, rām* fast über das ganze deutsche Sprachgebiet verbreitet. Im hochdeutschen Sprachraum ist *Rahm* die im Süden, in Bayern, Österreich, auch in der Pfalz, aus *raum,* von mhd. *roum* entstandene Dialektform. In der Schweiz wird an der Peripherie *Raum,* im Mittelland *Nīdel* gebraucht, und schriftdeutsch *Rahm* beginnt einzudringen, aber nur für den im Handel gebrauchten Rahm, nicht für die Haut auf der Milch. Im älteren Neuhochdeutsch wird noch die Form *Raum* oder *Rohm* gebraucht. - In Wien heißt die süße Sahne *Oʋers,* die sauere *Rahm.* Obers ist eigentlich *Oberes,* aber das -s wird nicht mehr als Flexionsendung empfunden, daher das Obers; man hört auch die Form *Oberst.* In den steirischen Mundarten bedeutet Obers 'Sahne des Rahms', d. h. 'die oberste Schicht oder die Haut des Rahms'. Die zu einem dicken Schaum geschlagene süße Sahne, wie sie in Konditoreien verabreicht wird, heißt im Gebiet von Sahne *Schlagsahne,* das als besonderer Terminus auch im Gebiet von Rahm (Köln, Ölmütz) vorkommt, in Wien *Schlagobers* und so auch in Salzburg, sonst im Gebiet von Rahm *Schlagrahm.* Der ältere österr. Ausdruck ist *Obersschaum.* (Kretschmer 1969, 399-402) ■ PfWb V 352; SüdHWb IV 1188 f.; RheinWb VII 174-176; ÖstWb 350; Gehl 1991, 206.
→Abrahmer, Milch, Sauerrahm, Süßobers; abrahmen.

Rahmen - m, ra:mə, Pl. id. [Ost V, Bat VI] rå:mə [DStA, Ger, Glog, Kow V]; rå:mə [StA V]; rọ:mə [GN, Seik II]; rɐumə [Wudi I]
A, B, G: Umrandung oder Fassung eines Gegenstandes ● *Die ibeflüssige Rohme wänn rausgenomme, un so wänn die Bien eingeengt (↑einengen) un gut woarm obgedeckt.* [Seik II] *Friher ware auch holzeni Eeche (↑Egge) gwenn, de Rahme war fun Holz gmacht gwenn. (...) Do sinn die Rahme, un die Wawe (↑Wabe) wärre gschleidert.* [Ost V] *In oan Koarb (↑Korb 2) hunn*

i jetz un e zehn Volk in so'n Bienestock, mit Rahme hot's. [Bat VI] ■ Gehl 1991, 249.
→Bienenzucht, Brut-, Holzrahmen, Mistbeet, Scheibe.

Rain - m, ra:nə, Pl. id. [Sad V]; rä:, -nə [Aug, Ed, GT, KT, Scham, Schor, Wein, Wud I]
A, W: Ackergrenze, ungenutzter Streifen zwischen zwei Grundstücken *Etym.: Rain* kommt von mhd., ahd. *rein* 'Feldgrenze' (^{23}Kluge, 665), eigentlich 'ungepflügter Streifen zwischen den Äckern'. ● *De Raa is zwischn zwaa Weigoatn owwe Äcken gwejesn, Wejgraa hot me aa gsogt.* [Wud I] ■ PfWb V 356: 1.a 'grasiger Abhang', b. 'grasiger Grenzstreifen zwischen zwei Äckern'; SüdHWb IV 1193 f.; RheinWb VII 35 f.; Gehl 1991, 62.
→Feld-, Wasserain, Muristein.

Raitzenmühle - f, selten, ra:tsəmi:l, -ə [Kock II]
A: von einem Südslawen (*Raitze*) betriebene Mühle *Etym.:* Das Bestimmungswort des Komp. kommt von *Raitze* 'Serbe oder Kroate, Südslawe', in der österr. Verwaltungssprache. - Vgl. *Raatz* 'Raitze, slaw. Bewohner der Batschla'. (Gerescher 1999, 155) ● *Ums Dorf rum is e Grawe gange, dot wore finef Wassermihle droo, un aane wor die Raazemihl.* [Kock II]
→Mühle, Raitzenmühlenacker.

Raitzenmühlenacker - m, selten, ra:tsəmilakə Sg. tant. [Kock II]
A: an der serbischen Mühle gelegener Acker ● *Do worre meh[r] Parzelle, mer hot gsäät, des is de Raazemillacke, de Schneidemillacke owwe* (oder) *Härrschaftsmillacke.* [Kock II] ◆ Die Benennung der Äcker erfolgte nach einem markanten (topographischen oder wirtschaftlichen) Merkmal; hier ist es die von einem Südslawen betriebene Wassermühle.
→Acker, Raitzenmühle.

Raki - m, raki [Bak, Ben, Bog, Bru, Fak, Ga, GJ, Glog, GK, Len, Low, Nitz, Ost, StA, War, Wil, Wis V]
O, W: Branntwein aus Treber oder Obst *Etym.:* Das Subst. ist eine Entlehnung aus rum. *rachiu* 'Branntwein, auch Getreide- oder Fruchtbranntwein und synthetischer Branntwein, aus verdünntem Alhohol'. Dieselbe Bedeutung hat serbokr. *rakija*. Beide Bezeichnungen gehen zurück auf türk. *raki* 'Anisbranntwein, aus Rosinen, Feigen oder Pflaumen hergestellter Schnaps'. (Steuerwald 1988, 948) ● *Die Trewer* (↑Treber) *sein in a Fuhrfass fest gestampt gewe for Raki brenne* (↑brennen 2). [Bru V] *Wer viel Raki trinkt, krigt e Rakinas. Bei uns wor hauptsechlich Pflaumeraki, awer aa Maulbiereraki un Aprikoseraki hat en gude Gschmack.* [Fak V] *Em Summer is Raki for verkoschte.* [Len V] *Losst de Tuwak* (↑Tabak), *losst de Raki, un ihr kennt sogar hunnert Johr alt werre.* [Nitz V] ◆ Spruch: *Gun Morge un de Raki.* (Man wünscht einen guten Morgentrunk). (Gehl 1991, 241) - *Rakinase* ist eine Metapher für die gerötete Trinkernase. ■ Gehl 1991, 241.
→Aprikosen-, Maulbeer-, Pflaumenraki, Rakifass, -kessel, Schnaps.

Rakifass - n, rakifas, -fesər [Alex, Bog, Ger, GJ, GK, Len, Low, Mar, War, Wis V], rakifas, -fesə [Bru, Jahr V]
O, W: kleines Fass zum Aufbewahren von Branntwein ● *Ja, die Rakifesser, die sinn die beschte vun Maulbireholz* (↑Maulbeerholz). [GJ V]

Rakikessel - m, rakikhesl, -ə [Ben, Bog, Ger, GJ, GK, Hatz, Len, Low, War, Wis V]
O, W: Destilliervorrichtung mit Kessel zum Schnapsbrennen ● *Ja, Rakikessl, also mir hann jo aa de Raki gebrennt* (↑brennen 2). [Ben V] *Ware mährere Rakikessle im Dorf, jo.* [GJ V]
→Kessel (2b), Raki, Schnapskessel.

rammeln - schw, ramlə, ramlət [Bil, Ham, Pe, Schei, Suk VI]; remlə, kremlt [Fak, Ga, Glog, StA, Wil V]
V: (von kleinen Tieren wie Hund, Katze, Hase:) brünstig sein, begatten ● *Der Hund isch rammleg, mer seit, där hot Hundhochzeit ode där rammlet.* [Schei VI] ■ PfWb V 259: 1. 'begatten', meist von Hunden, seltener von Katzen, Hasen, derb auch vom Menschen; *rammlen*; SüdHWb IV 1199, RheinWb VII 57; SchwWb V 122: a. 'brünstig dein', von kleinen Vierfüßern, besonders von Katzen.
→belegen; rammlig.

rammlig - Adj, ramlek [Bil, Ham, Pe, Schei, Suk VI]; remliç [Fak, Ga, Sad, StA, Wil V]
V: brünstig ● *Der Hund isch rammleg, mer seit, där hot Hundhochzeit ode där rammlet.* [Schei VI]
→läufig, rammeln.

Rampasch - m, rampaʃ, Sg. tant. [Ap, Gai, Hod, Mil, Pak, Tschwer III, Be, Put, Tom IV, Bog, Bru, Fak, GK, Glog, Gra, Ost, War V]

Rampe

W: gärender Wein, Krätzer *Etym.:* Das Wort erscheint als ung. *rámpás*, serbokr. *rampaš* 'gärender Most, saurer Wein'. Dennoch ist es falsch, ein ung. oder serbokr. Etymon für die dt. Bezeichnung anzunehmen, denn es gibt in der Rhein- und Maingegend die Wortformen *Rampes, Rampas, Rambas, Rambes* und auch das siebenbürgisch-sächsische *Rampásch* 'saurer Wein'. Älter ist die Form *Rappes* 'wein, der aus rappen, traubenkämmen, durch übergusz von Wasser bereitet ist (DWb 14, 81). Im Pfälzischen erscheint *Rampass*, auch "Rambass, Ramboss, Rambess" in den Bedeutungen 'saurer Wein, Tresterwein; minderwertige Ware' (PfWb V 360). Es ist anzunehmen, dass im 18. Jh. das deutsche Wort durch Vermittlung von Siedlern aus der Rheingegend in der ursprünglichen Form ins Ungarische und Serbische vermittelt wurde, hier die ung. vokalharmonische Angleichung zu ung. *rampás* erfahren hat (Kobilarov-Götze 1972, 363) und nun seinerseits die Aussprache des donauschwäb. und siebenbürgisch-sächsischen Wortes *Rampasch* beeinflusst hat. (Gehl / Purdela Sitaru 1994, 192 f.) ● *De Rampasch putzt die Därem* (↑Darm), *des is frischer Wein.* [Mil III] ■ Gehl 1991, 141; *Rampaß* PfWb V 360; 1. 'saurer Wein, Tresterwein'; SüdHWb IV 1201 f.; RheinWb VIII 63.
→Wein.

Rampe - f, Rampe, rampe, -n [OW VI]
Fo: Schräge, über die man Güter rollen kann
● *Das untn is e Rampe, wo das Holz runtekommt* (↑herunterkommen). [OW VI]

Raphia - n, selten, rafia, Sg. tant. [La II, Mil, Sch III, Tom IV, Bog, GK, Low, Ost, War V]]
A, W: aus den Blättern der afrikanischen Nadelpalme Raphia gewonnener Bast *Etym.:* Entlehnung aus der Standardsprache. - Raphia, aus neulat. *raphia*, dies über gleichbedeutendes engl. *raffia* aus malagassisch *rafia*: 'afrikanische Nadelpalme mit tannenzapfenähnlichen Früchten'. Aus ihren Blättern wird Raphiabast gewonnen. (GFWb 1158) ● *Jedi Woche muss aamol gebunne wär mit Raffia oder mit Kunstraffia. Ich tun liewer mit Kunstraffia benne* (↑binden). [La II] *Ich sinn auch vierspennich* (↑vierspännig) *als haamgfahre vum Acker, un hann vun Raffia a Schmick* (↑Schmicke) *an die Peitsch drangmach un hann geknallt.* [Ost V]
→Kunstraphia.

Raps - m, raps, Sg. tant. [Wepr III, Mar, Low V]; reps [Tom IV, Ga, StA V]; råps [Fak, Glog V]
A: Kulturpflanze mit gelben Blüten, deren Schotenfrüchte Öl enthalten; Brassica napus (oleifera) ● *Korn un bissl Gärschte* (↑Gerste) *un bissl Reps hot's als gewwe.* [Tom IV] ■ Gehl 1991, 86; Petri 1971, 19.

rasieren - schw, raziən, raziət [NA, Ora, Resch, Stei V]; ra:zi:rə, krazi:rt [Jood II, Fak, Ga, Glog, StA, Wil V]; rasi:rə, kərasi:ət [StI II]
V: Borsten und Haarstoppeln mit einem scharfen Werkzeug abschneiden ● *Friher hom-me des mit em Rasiermesse grasiert, dass die Sau sauber isch. Ja, un die Leffl, soligi Blechleffl waret, ja.* [Jood II] *Noch is die Sau gerasiët woan un gewesche* (↑waschen) *un geriewe, bis sie ganz weiß woa.* [StI II] *Dann sein die Schwein aufghengt woan un rasiët woan.* [NA V]
→abbarbieren, -rasieren; Rasiermesser.

Rasiermesser - n, razi:rmesə, Pl. id. [Jood II, Fak, Glog V]
V: scharf geschliffenes Messer, mit dem man starke Haare bzw. Borsten entfernen kann
● *Friher hom-me des mit em Rasiermesse grasiert, dass die Sau sauber isch. Ja, un die Leffl, soligi Blechleffl waret, ja.* [Jood II] ◆ Zum Säubern der gestochenen und gebrühten Sau wurden scharfe Messer und besondere, glockenförmige Blechlöffel benutzt.
→Löffel, Messer: rasieren.

Rasse - f, ras, -ə [Ap, Fil, Mil, Pal, Sch, Siw, Stan, Tscher III, Drei, Eng, NA, Ost, Wies V]
V: Gesamtheit von Haustieren, die sich durch gemeinsame Merkmale von den übrigen derselben Art unterscheiden ● *Was fir Rass warn des? Mangolitza* (↑Mangalitza) *ware aa, awwer die sinn net so schwär* (↑schwer) *worre.* [Stan III]
→Art, Landrasse, Sorte.

Ratsche - f, ra:tʃ, -ə [Baw, StI, Surg, Wem II]; retʃ, -ə [Fil, Ker, KK, Kutz, Mil, Nadw, Sch, Tscher III, Tom IV, Alex, Bru, Fak, Ger, Gra, GStP, Len, Low, War V]
W: hölzernes Gerät, mit dem durch Drehen ein klapperndes Geräusch zum Verscheuchen von Vögeln erzeugt wird; Rassel *Etym.:* Das Subst. ist obd. für *Rassel, Knarre.* ● *Do hånn sie die große Raatsche vill gmocht, die wos Krawall homm gschloge. Die homm die Star fotgetriewe* (↑forttreiben). [Baw II] ■ PfWb V 398 (auch *Rätsche*); SüdHWb IV 1246; RheinWb VII 139 f.

Ratz - m (f), rats, -ə [OG I, Sag II, Fu, Ker, Mil, Pal III, NP IV, Bog, Fak, Ga, GJ, Glog, Hom, Karl, Len, Low, Mar, NA, NB, Nitz, Orz, Ost, StA, Wer V]; (f) rat, -ə [Har, Sch, Tscher, Tor, Werb III]
G: Hausratte; Epimys rattus *Etym.:* Von mhd. *ratz, ratze* m., mit regelrechter obd. Verschiebung des *t>z* von *ratte.* (LexerHWb II 353) Vgl. *Ratte* (< 9. Jh.) mhd. *ratte*, ahd. *ratta*, aus den romanischen Sprachen entlehnt (fr. *rat* m., ital. *ratto* m.). Unklar ist, warum neben *Ratte* auch *Ratze* auftaucht und warum dieses auch 'Marder' und 'Iltis' bedeuten kann. (^{23}Kluge, 669) ● *Do is aan Ungeziffer, kleine wie en Ratz un greße wie an Maus, an Eädhund* (↑Erdhund). [OG I] *Eier Hund schnufflt* (↑schnüffeln) *so viel, där muss e Ratz gspiere.* [Mil III] *De Ratz kriet Gäscht saat mer, wann de ↑Kokosch ständich kreht* (↑krähen). [Bog V] *Die Hase hann im Stall Lecher gmacht un Ratze beigezoo.* [GJ V] *Ja, do warn die Ratze, die Meis, die Hausmeis un die Feldmeis, wu als so große Schade mache.* [Ost V] ◆ Vergleich: *Frech wie e Ratz.* - Komp. de *Ratzeschwaf* 'Rattenschwanz', übertragen für 'dünn (wie ein Rattenschwanz) geflochtener Zopf'. (Gehl 1991, 120)
■ Gehl 1991, 120; Petri 1971, 97.
→Ungeziefer.

Räubergasse - f, veraltet, rauvərkesl, Pl. id. [Ap, Brest, Fil III]
A: abseits gelegenes Gässchen, in dem früher oft geraubt wurde ● *In Apatie (ON) sinn die Kärchegass, Spatzegass un Schinnersgass, es Postgessl un es Rauwergess.* [Ap III]
→Gasse.

Raubschütz - m, raubʃits, -n [ASad, Lind, Resch, Wei, Wolf V]
Fo: Wildschütze, Wilderer ● *De Kaiser woar a Jaga und hat Krapfl Jakob ghoißn. Er woar a Raubschitz. ... Wenn er's wo knalln hot gheert, is er grennt, den Raubschitz fange.* [Wolf V]
→Jäger, Wildern.

Raubwild - n, raubvilt, Sg. tant. [ASad, Lind, Resch, Wei, Wolf V]
Fo: (Sammelbezeichnung für:) alle jagdbaren Raubtiere ● *Es Edelwild hot er pflegt und d'Raubwild is sei Ärwärb gwest.* [Wolf V]
→Bär (2), Fischotter, Fuchs (1), Iltis, Luchs, Marder, Wild, Wildkatze, Wolf.

Rauch - m, raux, Sg. tant. [Ha, Jood, StI, Sulk II, Gai, Sch III, NP IV; Bak, Fak, Ga, Glog, Schön, Sad, StA, Wil, V, Bat VI]; ra:x [Seik, StI II, Bog, DStM, Bog, Ger, GJ, GK, Len, Low, War V]
B, Fo, V: von Feuer aufsteigender Qualm ● *In Weifass dort mit den Rauch tut de Eischlog* (↑Einschlag) *neibrenne.* [Ha II] *Min Raach wänn die Biene zurickghalt.* [Seik II] *Mir mache Rauch mit Eichesogmehl* (↑Eichensägemehl) *odde Agazesogmehl.* [Jood II] *Wenn des gbrennt hot, woa im Backowe hinne a Loch, dot is de Raach nausgange.* [StI II] *Un no hamm sie so Keslaawl* (↑Käseleib) *gmacht un in Rauch ghängt.* [Sulk II] *Die Worscht is gselcht* (↑selchen) *worre in de Selchkamme mit Raach.* [DStM V] *De Raach hat sich in die Heh gezoo, in den große Raafang nin.* [GJ V] *Und aff de Leutern* (↑Leiter), *do gehn i affi min Rauch, do honn i en Blosbalg* (↑Blasebalg), *odde hunn i so en Fledewisch fir en Schwoarm fangen.* [Bat VI]
→kalter Rauch, Rauchfang; räuchern.

Räucherkammer - f, raiçəkhamə, -n [Wer V]
V: geschlossener Raum, in dem Fleischwaren im offenen Rauchfang geräuchert werden ● *Da drin waa die Reichekamme, wo me die ganzn Speckseitn und ganze Schinkn drin geräuchert hat.* [Wer V]
→Räucherofen; räuchern.

räuchern - schw, rọiçən, kerọiçət [Wer V]; raiçrə, kraiçət [Fak, Ga, Glog, StA V]; ra:igrə, gəra:igət [Baw, StI, Wem II]; rauxə, -krauxərt [Sulk II]; rauxə, krauxət [Petschw II]; ra:xə, kəra:xt [Bog, Ger, GJ, Gra, Low, Ost, War V]
V: Selchwaren durch Holzrauch haltbar machen ● *Mei Votter hod Salami gemocht un Schunge* (↑Schinken) *un Speck, on des hod er geraaiget.* [Baw II] *Hat, äescht* (zuerst) *kumme sie in Sålz, secks Wochn die Schunken, un dann wäts graucht.* [Petschw II] *Des Fleisch is oigsalze un grauchert wore, dass es sich halt* (↑halten). [Sulk II] *In dem uffene Raafang* (↑offener Rauchfang) *hann die Leit aach ihre Fleisch geraacht.* [GJ V] *Ja, mit Sochmähl* (↑Sägemehl) *had me de Fleisch un die Wirscht* (↑Wurst) *grauchet.* [Glog V] *Die Vorderschunge ginn* (werden) *ausgebaandelt* (↑ausbeinen) *un die Hinnerschunge gsalzt un geraacht.* [Bog V] *Na, die Wärscht, alli Wärscht sinn geraacht ginn.* [Ost V] *Was möglich waa, hat me geräuchert, un dann hat me'n ganzn Somme Speck ode Schinkn gessn.* [Wer V]
→selchen; Rauch, Räucherkammer, -ofen; geräuchert.

Räucherofen - m, raiçəo:fn, -e:fn [Wer V]
V: offener Rauchabzug, in dem Fleischwaren geräuchert werden ● *Über diesn Backofn waa auch en Reicheofn noch, wo me selbst gräuchet hat, wem-me gschlacht hat.* [Wer V]
→Ofen, offener Rauchfang, Räucherkammer; räuchern.

Rauchfang - m, raufaŋk, -feŋk [Jood II, OW VI]; raufaŋ, raufeŋ [Wein I, Wik II,Gak III, Be IV, GK, Glog, Len, Low, NA, Ost, War V]; ra:faŋ, ra:feŋ [Surg II, Bog, Ger, GJ, GK, Schön, War V]
V: trichterförmiges Zwischenstück zwischen dem offenen Herd und dem Schornstein, wo früher Schinken, Wurst und Speck zum Räuchern aufgehängt waren ● *Die kummen nach in Rauhfang. Un die Schwartegende* (↑Schwartengender), *selli wäret nufghengt noh in Rauhfang.* [Jood II] *De Raach hat sich in die Heh gezoo, in den große Raafang nin.* [GJ V] *Vone war de Raafang in de Stub, dann is die Kich kumm un dann wor die Kammer hinne.* [Lieb V] *Die Woascht* (↑Wurst) *is gselcht woan in Selchofe odder Raufang.* [NA V] *Der Speck is dann in de Raufang ufghong ginn* (↑aufhängen). [Ost V]
→offener Rauchfang, Rauch.

Raufe - m, ra:f, -n [Lug V]; rɛ:f, -n [Tol I]; ra:f, -ə [Fu III, Tom IV, Fak, Ga, GK, Glog, NA, Ost StA V]; re:f, Pl. id. [Be IV, Bog, Gott, GStP, Hatz, Joh, Jos, Sack, War, Wis V]; raft, Pl. id. [Len V]
V: an der Stallwand angebrachte hölzerne (auch eiserne) Futterleiter für Heu u. a. Trockenfutter **Etym.**: *Raufe* 'Futterleiter', aus mhd. *roufe*, ist eine Rückbildung von mhd. *roufen* 'raufen, rupfen'. ([²³Kluge, 669 f.]) ● *Un die Ross hadde e Reef un e Kripp.* [Be IV] *Aamol bin ich zwischn zwaa Stiere neingangen und hab ihne Hei* (↑Heu) *in de Raaf gebn.* [Lug V] *Ja, de Raft sann schief an de Mauer, dort krien sie's Stroh un Haai nin.* [Len V] *Es Futter kument in die Krippe un in die Raafe.* [NA V] **Anm.**: In der Variante *Reef* tritt langer Monophthong *-ee-* (über au>aa>ee), und in *Ranft* epenthetisches *-t* auf. ■ PfWb V 409 f.: *Raufe, Räufe* f., *Rauf(en)* m.; SüdHWb IV 1266; *Rauf, Räufe* RheinWb VII 162-165; Gehl 1991, 180.
→Eisen-, Holzraufe, Krippe.

Raupe - f, raup, -ə [Stan III, Fak, Glog, Ost, Stef V]; ra:up, -ə [Ap III]; raupə, Pl. id. [Ga, StA V]; rup, -ə (Sad V]
O: Schmetterlingslarve mit kleinen Beinen und behaartem Körper ● *Des Ungeziffer im Garte ware hauptsechlich Leis* (↑Laus), *no hats Raupe gewwe* (↑geben). [Ap III] *E alte Gärtne* (↑Gärtner) *hat uns gezeigt, wie mer die Beem* (↑Baum) *schneid und behandlt, wie me die Raupe fangt, wie me die Jungbeem setzt un so weider.* [Ost V]
■ Gehl 1991, 81, 117.
→Ungeziefer.

Rebe - f, re:bn, Pl. id. [Ru IV, OG, Wer V]; reiəm, Pl. id. [Ed, Wein, Wud I]; re:m, Pl. id. [Pußt I]; re:b, -ə [Jood II]; re:p, re:və [Bak, Bru, Fak, GK, Glog, Len, Low, Lunga, Ost, War, Wil V]; re:və, Pl. id. [Ga, StA V]; rɛp, rɛ:və [La II]; reʋbə, Pl. id. [Bil, Ham, Pe, Schei, Suk VI]
W: einjähriger Trieb, Ranke des Weinstocks und anderer Gewächse; auch der Weinstock selbst ● *Do hot me miëssn in Fruhjoah die Reem obschnein.* [Pußt I] *Im Fruhajoah hot me die Rejem ufdäicka miëssn.* [Wud I] *Den Woigarte muss me in Fruhjohr ufdecke. Un nachdem tud mer schnoide.* [Jood II] *Un wenn die Steck* (↑Stock 1a) *frei senn, noch wänn die Räwe gschniede.* [La II] *Un da had mer eine Rebn stehn lassn, mit vier odder fümf Augn* (↑Auge 2). [Ru IV] *Do ware noch teilweis Hecke, un die Rewe hunn sich meterlang hingezoo.* [Bru V] *Verfriere die Rewe in dr Woll* (↑Wolle 2), *sauft mer de Wein mit der Boll* (↑Bolle). [GK V] *Friher hann se misse die Rewe rausreiße, weil die Phylloxära hat in der Erd die Worzle ufgfress* (↑auffressen). [Ost V] *D'Reabe un d'Beem muss mer impte* (↑impfen 2). [Schei VI] **Anm.**: Das Subst. *Rebe* ist der Ausgangspunkt für die Bildung von Phraseologismen wie: *d'recht Rewe* 'Edelreis' und *d'wild Rewe* 'Unterlagensteckling'. [StA V] ◆ Pfälzische Winterregeln, die zum Teil auch im Banat bekannt sind: "Märzeschnee dut de Beem un Rewe weh. - Beim leere Schei(n) (bei Neumond) schneidt mer kä Rewe. - Sin die Rewe am Järgedag (Georgstag, 23. April) noch blott un blinn, soll sich fräe Mann, Weib un Kinn. - Wann die Rewe erfrieren in der Woll, trinkt mer de Wein(n) mit der Boll. - Leichden die Rewe uf Phingschde iwwer de Rhei(n), dann gibt's gude Wei(n)." (PfWb V 420). Banater Wetterregeln, die sich auf den Weinbau beziehen: "Sind im Januar die Flüsse klein, gibt es guten Wein. - Ist der Januar nass, bleibt leer das Fass. - Verfriere die Rewe in dr Woll, sauft mr de Wein mit dr Boll. - Trockener März, nasser April und kühler Mai, füllet Keller, Böden und gibt Heu. - Redewendung: De Weingarte brauch net e Herr, der

brauch e Knecht." (Horn 1984, 138 f.) - Brauchtum: Ein Winzerjunge, der zum ersten Mal Reben setzt, bekommt beim Setzen des ersten Rebstocks eine tüchtige Ohrfeige. (PfWb V 420) Ähnliches wird auch vom Baubeginn berichtet und kann als Widerhall früherer ritueller Opferhandlungen beim Beginn einer größeren Arbeit gewertet werden. ■ PfWb V 419 f.: SüdHWb IV 1281: RheinWb VII 202 f.; Gehl 1991, 79.
→Haupt-, Weinrebe, Pflanze, Rebenblatt, -bürde, -spalier, -stock, Reblaus, -sorte, Rute, Wolle (2).

Rebenblatt - n, re:vəplat, -pletər [Fil, Ker, Mil, Sch, Werb III, Be, Tow IV, Bog, GK, Gott, Gra, Ost, Wis V]
W: Blatt der Weinrebe ● *An de Droht sinn Reweblätter un scheene Trauwe gebunn ginn: Zacklweißi, Gaaßtuttle (↑Geißtuttel) oder blooe Ochseauge.* [Bog V]
→Blatt, Rebe.

Rebenbürde - f, rejəmbiətl, Pl. id. [Aug, Ed, GT, KT, Scham, Schor, Wein, Wud, Wudi I]
W: Bündel abgeschnittener Reben ● *Hujz (↑Holz) hot mer im Wojd net klaum (↑klauben) dejefa (dürfen). Sou haum die oami Leiet (Leute) die Rejembiëtl gstujn (gestohlen) und vehaazt (↑verheizen).* [Wud I]

Rebenschere - f, re:bəṣ̌ę:r, -ə [Pan, Sad V]; re:vəṣ̌ę:r [Bak, Bog, Fak, Ga, Glog, Gutt, Len, Low, Nitz, Ost, StA, War, Wil V]
W: Schere zum Schneiden der Weinreben ● *Un der ↑Palm is mit der Rewescher gstutz ginn un war wie e Zaun.* [Bog V] *Un dann git (wird) gschnitt mit der Reweschär.* [Ost V] ■ PfWb V 423; SüdHWb IV 1282; Gehl 1991, 245.

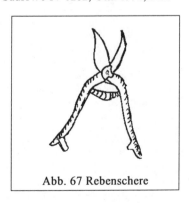
Abb. 67 Rebenschere

Rebenspalier - n, re:vəʃpali:r, Pl. id. [Bog, GK, Gott, Gra, Ost, War V]
W: Drahtgitter oder Gerüst, an dem Reben hochgezogen werden ● *Do war e große Hof vun ↑Palm ingsaamt (eingesäumt) un e Rewespalier.* [Bog V]
→Spalier, Rebe.

Rebenstock - m, re:bəʃtok, ʃtek [Pan, Sad V]; re:vəʃtok, -ʃtek [Ap III, Fak V]; re:pʃtok, -ʃtek [Ru IV]

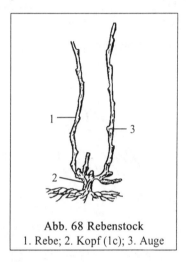
Abb. 68 Rebenstock
1. Rebe; 2. Kopf (1c); 3. Auge

O: Stock der Weinrebe ● *No hot's noch Obst gewwe, Riwisl, Riwislsteck und Ärdbääre (↑Erdbeere) un Himbääre und e paar Rewesteck ware in jedem Haus.* [Ap III] *De Rebstock is so gschnittn woan, dass e Kopf (1c) bildet sich. Un da had mer eine Rebn stehn lassn, mit vier odder fümf Augn.* [Ru IV] ■ PfWb V 424; SüdHWb IV 1283 f; Gehl 1991, 77.
→Auge (2), Kopf (1c), Rebe, Stock (1a).

Rebhendel - n, re:phe:ndl, -n [Ap III, Tom IV, Fak, Ga, Glog, StA, Wil V]; re:phengl, Pl. id. [Wasch III]; rephindl, -n [OW VI]; re:phiŋkl [Fil, Ker, Mil, Stan III, Be, Put IV, Alex, Bill, Bog, Gott, Gra, GStP, Len,Low, Stef, War, Wis V]; rephiŋgl, -ə [Tscher III, Buck IV, Lieb, Nitz, Ost V]; rephuŋgl [In IV]; re:phi:ənli [Hod III]
1. Fo, V: gedrungener Fasanenvogel mit braunem Fleck auf der Brust, Rebhuhn; Perdix perdix
Etym.: (2) Die metaph. Bezeichnung für die Bratkartoffeln mit Schalen geht vom Vergleich mit der braunen Farbe des Vogels aus. ● *Die*

Rebhendelsuppe

Rebhingl verschlupfn sich ufm Feld. Wem-mer oons fangt, gibt's e guti Rebhinglsupp. [Mil III] *Die Rebhendl haldn sich im Wald uff.* [Fak V] *Do warn de scheni Fasaun* (↑Fasan) *un die Rebhingle, dannoh die Wachtle.* [Ost V] *Das gibt nur Rebhindeln, so etwas gibt's nur in de Ebene.* [OW VI] 2. G: in Schalen, im Ofen oder auf offenem gebratene Kartoffel ● *Rebhendl sagt mer zu de Grumbiere* (↑Grundbirne)*, wam-mer sie mit de Schele* (↑Schale) *im Feier gebrode hat.* [Glog V] ■ Rebhünkel PfWb V 424: 1.a 'Rebhuhn', 2.b scherzhaft für 'gequellte Kartoffeln in der Schale'; SüdHWb IV 1283; Gehl 1991, 123; Petri 1971, 114.
→(1) Hendel, Rebhendelsuppe, Vogel; (2).

Abb. 69 Rebhendel (1)

Rebhendelsuppe - f, re:phe:ndlsup, Sg. tant. [Fak, Ga, Glog, Wil V];
V: Suppe mit Rebhuhnfleisch und Gemüse ● *Wem-mer oo Rebhingl fangt, gibt's e guti Rebhinglsupp.* [Mil III]
→Rebhendel, Suppe.

Reblaus - f, re:plaus, -lais [Baw, Fek, Surg II, Mil, Sch, Wepr III, Ga, Glog, Pan, Pau, Wil V]
W: Blattlaus, die Blätter und Wurzeln des Weinstocks schädigt; Viteus vitifolii (Wahrig 2870) ● *Friher hat die Reblaus viel Weigärte* (↑Weingarten) *vernicht.* [Ga V] ■ PfWb V 425; SüdHWb IV 1283 f.; RheinWb VII 203; Gehl 1991, 91.
→Phylloxera, Rebe.

Rebsorte - f, re:psort, -ə [Bak, Bru, Fak, Ga, Nitz, Low, Mar, Ost, Wil, Wis V]
W: Sorte von Weinreben ● *Mir hann des so newebei e bissl was gmach, aa Rebsorte un Obstbeem.* [Ost V] ■ Petri 1971, 79 f.
→(Rebsorten:) Afus Ali, Altmodische Blaue, Blaue, Batschkai Riesling, Blaue, Bogdaner, Burgunder, Damenfinger, Dünnschalige, Eserjo, Esstraube, Französische, Geißtuttel, Gutedel, Hamburger, Honigle, Jarminer, Kadarka, Kardinal, Kotschisch Irma, Leanka, Laurenzi, Mädchentraube, Madjarka, Magdalenatraube, Maria-Magdalenatraube, Muskateller, Muskat Hamburg, Muskat Othonell, Napoleon, Neue, Ochsenauge, Oriaschi, Othonell, Portugieser, Redschina Wielor, Riesling, Schmeckige, Selbstträger, Slankamen, Steinschiller, Szegediner, Traminer, Trollinger, Tschabadjön, Tschaslauer, Tschiri, Wertäschkinschä, Zackelweiß, Zensor, Zibebentraube; (Sonstiges:) Sorte, Traubensorte, Weinrebe, Zibebe.

rechen - schw, rexə, krexət [Sad V]; reçlə, gəreçlt [Waldn III]; reçlə, kreçlt [Stan III, Fak, Ga, Glog, Ost, StA V]; reçnə, kəreçnt [Bru V]
A: Getreide u. a. Halme mit einer Harke vom Feld einsammeln ● *Mit so braati* (↑breit) *Reche hot mer messe rechle, alles schee zammrechle mit de Handreche.* [Stan III] *Wam-mer e Riesor* (↑Riesar) *hot, wu mit de Hand gemeht hot, die hunn meischtns aa mit de Handreche gerechlt.* [Wald III] *Nochhär hat mer grechlt mit am holzene Reche oder mid am eisene Reche bis uf die Haufereih, wu die Haufe gstann* (↑stehen) *hann.* [Ost V] **Anm.:** Das Verb *rechen* bzw. die Iterativform *rechlen* ist mittel- und süddt. für 'harken'. Die Variante *rechnen* ist eine Gelegenheitsbildung mit gleicher Bedeutung unter Anlehnung an das Verb *rechnen*. ■ Gehl 1991, 135.
→ab-, ver-, zu-, zusammenrechen; wegräumen; Handrechen, Rechen.

Rechen - m (n), reçn, Pl. id. [Krott, OG, Paum, Wer, Weri I, Petschw II, ASad, Bru, Lind, Lug, Wei, Wer, Wolf V]; reçə [Fek, Darda, StI II, Ap, Brest, Gai, Hod, Siw, Stan III, NP, Put, Tom IV, Alex, Ga, Gutt, Jahr, Ost, Sack, StA, Wies, Wil V, Ham, Pe VI]; (n) reçələ, Pl. id. [Fak, Glog V]
A: große hölzerne bzw. eisene Handharke zum Einsammeln von Ähren oder Halmen auf dem Feld ● *Noch sann se gange mit den große eisene Reche, hunn se zammgerechet alles.* [StI II] *Mit so braati* (↑breit) *Reche hot mer messe rechle, alles schee zammrechle mit de Handreche.* [Stan III] *Zuletzt is mit am braate, helzerne Reche die ganze Wies sauwer abgerechnt gewwe (worden)* [Bru V] *Nochhär hat mer grechlt mit am holzene*

Reche oder mid am eisene Reche. [Ost V] **Anm.**: Die Diminutivform *reçələ* in [Fak, Glog V] 'kleiner Handrechen' wird mit dem Suffix *-le* gebildet. ■ Gehl 1991, 143.
→Hand-, Heu-, Holz-, Schwaden-, Schweinsrechen, mechanischer Rechen; rechen.

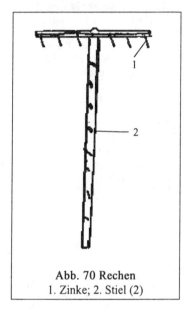

Abb. 70 Rechen
1. Zinke; 2. Stiel (2)

Redschina Wielor - f, selten, redʒina viːlor, Sg. tant. [Low, Ost V]; redʃina traube [Fil III]
W: edle Sorte von Tafeltrauben *Etym.:* Entlehnung aus rum. regina viilor 'Königin der Weingärten', eine im Weinbaugebiet der rum. Dobrudscha nach 1945 gezüchtete Sorte von Tafeltrauben. ● *Jetz zuletscht war Redschina Wielor, a rumenischi Sorte, wu do in de Dobrodscha (ON) hann se die rausgezicht* (↑herauszüchten). [Ost V] **Anm.**: Die junge Entlehnung wurde in der Lautform der Herkunftssprache übernommen, ohne eine Anpassung an das Lautsystem der Gastsprache zu erfahren. - Dabei ist auch die entsprechende deutsche Bezeichnung der Traubensorte *Königin der Weingärten* bekannt und z. B. in [Wud I] belegt. Die Bezeichnung *Reginatraube* in [Fil III] ist eine Variation der Bezeichnung. (Petri 1971, 80)
→Rebsorte, Traubensorte.

Regen - m, reːgn, Sg. tant. [Pußt I, Petschw II, Ru IV, ASad, Karl, Resch, Tem, Wei, Wer V, OW VI]; reign, Sg. tant. [Ed, GT, KT, Schor, Wein, Wud I]; reːn [Bak, Bog, Hatz, Len, Low, Nitz V]; reːgə, Sg. tant. [Stan III]; regə [Ga, Fak, Glog, StA, Wil V]; reːjə [GK, Odst V]
Allg: aus Wassertropfen bestehender Niederschlag ● *Wann so e schlechte Regn kemme is, sann die Blette* (↑Blatt) *gflecket* (↑gefleckt) *worn un die Weimbe* (↑Weinbeere) *sann kaputt gange.* [Pußt I] *Im e Louch* (↑Loch 2) *is die Eadn* (↑Erde) *drinne bliem, wos de Rejgn mitgnaume hot.* [Wud I] *Beim Trette* (↑treten) *is oft a große Rege kumme.* [Stan III] *Sunneblick mâcht de Rege dick.* [Fak V] *Die Krotte* (↑Kröte) *schrein so laut, 's gebt widder Regge.* [Glog V] *Wann em Esl die Ohre beiße* (↑beißen 2), *get's (gibt es) Reen.* [Hatz V] *Im 1926er war vum Juni an viel Reen, un de Klee war aarich gut gerot.* [Nitz V] *De Tau soll die Bletter krien (kriegen), awwer ka Reje.* [Ost V] *Nach ein Regn, da wacksn die Schwammel* (↑Schwamm 1) *sähr schnell.* [OW VI] **Anm.**: Die Variante *Reen* weist Schwund des stimmhaften Verschlusslautes -g- auf. ◆ Kurze Regenschauer bei Sonnenschein fallen meistens mit dicken Tropfen. ■ Gehl 1991, 57.
→Regenbogen, Regen, Nebel-, Platz-, Rost-, Sonnenregen, Schnee, Wetter; hereinregnen, regnen.

Regenbogen - m, reːgəpoːgə, Sg. tant. [Fak, Ga, Glog, StA, Wil V]
Allg: bogenförmige Lichtspiegelung, die durch die Brechung des Sonnenlichtes an Regentropfen entsteht ● *Seller Strååf* (↑Streifen) *im Regeboge, där wås ån breetschte* (↑breit) *is, vun den gebt's am meischte in den Johr; geel* (↑gelb) *bedeit viel Kukrutz* (↑Kukuruz), *rot viel Wåi[n], bloo* (↑blau) *viel Håi.* [Glog V] ■ Gehl 1991, 57.
→Regen.

regnen - schw, reːgnə, kreːgnt [Pußt I]; regnə, kregnt [Fak, Ga, Glog, StA, Wil V]; reːgnə, kreːgət [Seik, StI II, Stan III]; reʋgnə, reʋgnət [Bil, Ham, Mai, Pe, Schei, Suk VI]; reːnə, kreːnt [Bog, Len, Low, Ost, War V]; reːgnə, kəreːgət [Baw, Wem II]
Allg: (vom Niederschlag:) als Wassertropfen fallend ● *Des is afs Weder* (↑Wetter) *aakemme. Wann vill gregnt hot, hod me viё-fünfmol spritzn miёssn.* [Pußt I] *Wann's viel gereget hot, wa en gut Grombirnjoahr* (↑Grundbirnenjahr); *wann's net gereget hod, woar e schlechts Grumbirnjoahr.* [Baw II] *Im Oktowe is oft schon viel Feichtichkeit, dass es entwede greget owwe (oder) gschneet hot.* [Seik II] *De Ritter wor so schreg un mit de Ähre nach unte, dass des Kreiz* (↑Kreuz)

net nass wärd, wann's reget. [Stan III] *Wänn's Bloder regnt (Blasen macht), noh regnt's noch lang.* [Fak V] *Regnt's ån Glogewitzer (ON) Kirweihtåg, noh gäbt's viel Grumbiere (↑Grundbirne); regnt's ån de Neibinåder (ON) Kirweih, noh gäbt's viel Kukrutz (↑Kukuruz).* [Glog V] *Es Treppplatz (↑Tretplatz) war schun vorhär vorbereit, dass net e Wasserlacke (↑Wasserlache) entsteht, wann's reejet.* [Ost V] *Wenn's nit reagnet? No bin i gange mit zwee-drei Wedre voll, honn i fleißich gspritzt.* [Schei VI] ◆ Ein Bauernspruch sagt, dass Regenwetter am Glogowatzer Kirchweihtermin (16. Mai) das Wachstum der Kartoffeln fördert. Fällt Regen am Neupanater Kirchweihtermin (31. Juli), in der Wachstumsperiode des Maises, so ist eine gute Maisernte zu erwarten. (Gehl 1991, 57) ■ Gehl 1991, 57.
→hageln, hereinregnen, schneien; Regen.

Reh - n, re:, Pl. id. [Fu, Kol, Stan, Wasch III, In IV, ASad, Bak, Bog, Bru, Fak, Ga, GK, Glog, Gott, Gra, Hatz, Hei, Hom, Jahr, Joh, Jos, Karl, Len, Lieb, Lind, Low, Mar, Nitz, NSie, Ost, Resch, Sad, StA, Stef, War, Wei, Wil, Wolf V, Pe, Suk VI]; re:, -nər [OW VI]; re:pouk [Ed, Scham, Tscha, Wer, Wud I, Sol II]
Fo: Jagdwild, zierlich gebauter Hirsch mit kleinem, gabelig verzweigtem Gehörn; Jagdwild; Capreolus capreolus ● *Im Bruckenauer Wald lebn viel wildi Tiere, do ware Hirsche, Reh, Wildschwein, Ficks un Iltisse.* [Bru V] *Und vo den Tog aan hot de Kaiser koa Reh un koan Hirsch umglegt (↑umlegen 2), koan eunzgen.* [Wolf V] *Ja, also bei uns gibt es Wildschweine, Wölfe, Bärn, Hirschn, Rehner und Auerhahne gibt es auch.* [OW VI] ■ PfWb V 462; SüdHWb IV 1321; RheinWb VII 261; Gehl 1991, 120; Petri 1971, 92.
→Edelwild, Rehweide.

Rehweide - f, re:vaidn, Pl. id. [ASad, Lind, Resch, Wei, Wolf V]
Fo: grasbewachsene Waldlichtung, auf der Rehe u. a. Edelwild weidet ● *Oamel (einmal) sam-ma mit zehn Schlittn an de Rehweidn am Mormintz gegen Semenik (ON) vobeigfoahrn.* [Wolf V]
→Weide (1).

reiben - st, raibn, keri:bn [NPe V]; raibn, gri:bn [GN II]; raivə, keri:və [StI II]; raivə, kri:və [NP IV]; ra:ivə, krivə [Fak, Glog V]
1. Allg: (ein Werkzeug) drückend hin und her bewegen ● *Noch is die Sau gewesche (↑waschen) un geriewe woan, bis sie ganz weiß woa.* [StI II]
2. A, G: (von Lebensmitteln:) auf einem Reibeisen zerkleinern ● *Der Kree (↑Kren) hot mer griewe, hotn e bissl gebeht (↑bähen), dass er net so scharef (↑scharf 2) is, uno hot men zum Brotworscht (↑Bratwurst) hauptsechlich gesse.* [Ap III] ■ PfWb V 466 f.: 1. '(einen Gegenstand auf einem anderen) unter Druck hin- und herbewegen', a. '(auf einem Reibeisen) zerkleinern'; SüdHWb IV 1326 f.; RheinWb VII 265 f.
→(1) auf-, ausreiben, ribbeln.

reichen - schw, trans, ra:içə, kəra:içt [Gbu II]
A: darbieten, zum Nehmen hinhalten ● *Ich hann e poa Fuhr[e] Garwe (↑Garbe) gereicht, hehehe!* [Gbu II] ◆ Die Getreidegarben werden vom ersten Arbeiter mit der Gabel aufgespießt und so dem zweiten Arbeiter auf den Bauernwagen bzw. auf die Dreschmaschine gereicht. ■ PfWb V 470; SüdHWb IV 1329 f.: 1.a, Syn. *langen*; RheinWb VII, 277 f.
→hinaufreichen; Reichgabel.

reicher Bauer - m, raiçər pauər, raiçi paurə [Tom IV, Fak, Ga, StA V]
A: Großbauer mit viel Grundbesitz und Vieh sowie Landmaschinen ● *Reichi Baure henn vleicht zwei ode drei Gspann ghabt, aso zwei, vier oder secks Ross.* [Tom IV]
→großer Bauer, Bauer.

Reichgabel - f, raiçkavl, -ə [Ost V]
A: Gabel mit zwei Zinken, mit der vor allem Getreidegarben in die Höhe gereicht werden ● *Dann hann se aagfangt uflade (↑aufladen) mit der Reichgawwl, des war a zweizwinkichi (↑zweizinkig) Gawwl.* [Ost V]
→Gabel (1); reichen.

reif - Adj, raif [La, Petschw, StI II, StA V, Bir, Ham, Pe, Schei, Suk VI]
A, Fo, G, H, O, W: ausgereift; zur Ernte bereit ● *Oofangs September wän die Treiwl reif, noch Mitte September wird's geläse (↑lesen).* [La II] *Wie die Kukrutz (↑Kukuruz) reif woa, håmm sie ihn brochn (↑brechen 2) zammst (↑zusammen) min Schällaub.* [Petschw II] *Wann emol die Treiwl (↑Traube) reiwer sein wor, noch sein se gange hiede (↑hüten) im Weigoate.* [StI II] *Zu ↑Maria Heimsuchung schmeißt die Mutter Gottes die Sichl ins Kårn (↑Korn 2) un die ↑Frucht (2) is reif.* [StA V] *Mi hann allweiln gute Wei welle, dass*

Traube guet reif sänd. [Schei VI]
→halb-, stockreif, zeitig.

Reif - m, raif, Sg. tant. [Ed, Schor, Wud I, Mu, Nad II, Kutz III, Ora, Resch, Stei, Tem, Wer V]; raifə [Ga, StA V]; ra:fə [Mil III, Fak, Glog]; re:fə [Be IV, Bog, Drei, Gra, Len, Low, Ost, StAnd, War V]; ri:fə [Sad V]
Allg: Wasser, das sich am Morgen auf der Erde und auf Pflanzen niederschlägt und gefriert, gefrorener Tau ● *Es hot oo Raafe gewwe heint Nacht, es Gras isch raafich.* [Mil III] *Uff de Beim* (↑Baum) *liegt viel Riefe.* [Sad V] ■ PfWb V 474: *Reif, reifen, Reifer* 'gefrorener Tau'; SüdHWb IV 1332; RheinWb VII 289 f.; Gehl 1991, 58.
→Wetter; reifen; reifig.

reifen - schw, (intrans), raifə, kraift [Ga, StA V]
Allg: (unpersönlich:) sich am Morgen als Raureif niederschlagen ● *Es hat greift, des Feld is ganz reifich.* [StA V] ■ PfWb V 473; SüdHWb IV 1333 f.; RheinWb VII 290; Gehl 1991, 58.
→reifig.

reifig - Adj, raifiç [Ga, StA V]; ra:fiç [Fil, Mil III, Fak, Glog V]; re:fiç [Bog, GK, Gott, Gra, Ost, Low V]
Allg: mit Reif bedeckt ● *Es hot oo Raafe gewwe heint Nacht, es Gras isch raafich.* [Mil III] *Es hat greift, des Feld is reifich.* [StA V] ■ PfWb V 474; SüdHWb IV 1334; Gehl 1991, 58.
→reifen; Reif.

Reihe - f, ra:ie, Pl. id. [OW VI]; ra:i, -ə [GT, Kir, OG, Tar, Wud I, Jood, La, StI, Surg II, Fil, Gai, Mil, Stan III, Be, Lo, Put IV, Bru, Ga, Len, Ost, StA V]; rå:i, -ə [Ker III, Fak, Glog V]; rai, -ə [Pußt I, Hod III]; ra:ije, ra:ijə [Bohl II]; rɒɐiə, Pl. id. [Schei VI]
Allg: Folge gleichartiger Dinge in einer geraden Reihe ● *Also die Bandl* (↑Band 1) *ham-me heiflweis* (↑haufenweise) *zammgschmissn, fe zwaa Reih.* [Pußt I] *So e Zuackerpflug, seller wärft die Ärde an jede* ↑*Stock* (2a), *so an die ganzi Reihe.* [Jood II] *Un dä hatn schene Goate, un noch hat er gemocht so drei Reihe so klaane Bieneheiserje* (↑Bienenhaus). [StI II] *De Kamilleroppr* (↑Kamillerupfer) *war so e 30-35 cm braati* (↑breit) *Kischt* (↑Kiste) *mit e Raaih alti Hechlzäh* (↑Hechelzahn). [Mil III] *Un no in der Spaais* (↑Speis) *wor alles voll ghängt, in der Reih.* [Stan III] *In der Reih hot mer misse hacke, haufe* (↑häufen) *un schittre* (↑schüttern). [Bru V] *Vor unser Heiser ware Maulbeerbääm, e langi Reih.* [Len V] *Dann wärre Zuckerruwe aangebaut, die Sunneblumme wärre aangebaut, so wie de Kukurutz, in Reihe.* [Ost V] *Aso, i de Weibärg d[r]inne ischt au en Roaihe Käer* (↑Keller) *gsei.* [Schei VI]
→Bauern-, Haufen-, Kellerreihe, Reihenbreite, Schor.

Reihenbreite - f, raiəprɛ:ti, Sg. tant. [Jood II]
A: seitliche Ausdehnung einer Reihe ● *Der Kugrutz* (↑Kukuruz) *kam-mer aabaue* (↑anbauen) *mit de Maschie* (↑Maschine) *sechzich Zenti Reihebrädi.* [Jood II]
→Breite, Reihe.

reihenweise - Adv, raivais [Fek II]
A: reihum, in einer geregelten Reihenfolge ● *Un wie alles derham woar, Waaz* (↑Weizen), *Gäerschte, un hat alles woa eigfiehet, noch in die Maschie* (↑Maschine 1a) *komme. Des is alles reihweis gange, on noch is getrappt* (↑trappen) *woan, deham beim Haus.* [Fek II]

Reiher - m, raiər, rairə [GJ, GK, Ost V]; ra:iər [Tsche V]
V: Schreitvogel mit langem Schnabel und Federbusch am Hinterkopf, Fischreiher: Ardea cinerea ● *Ufm Hotar* (↑Hotter) *gsieht mer de Storch un die Reihre, die weißi un grooi.* [Ost V] ■ Petri 1971, 85.
→Vogel.

rein - Adj, rain [Bog, Ger, GK, Lieb, Mar, Ost, Wis, Zich V]
A, G, T: von Unkraut befreit ● *Un dann ham-mer den Salat ghackt und hann misse aach ausgrase, dass alles rein war.* [Ost V]
→sauber (2), ausgrasen.

Rein - f (n), ra:i, ra:inə [Ap III]; rāī, rāīnə [Fa, Ga, Glog, StA, Wil V]; (n) raindl [StI II, Fil, Mil III, Tow IV, Bog, Ger, GJ, GK, Nitz, Ost, War, Wis V]; rå:ntl [Bru V]
A, Fi, G, V: größerer, flacher Kochtopf ● *Des Fett is ausgebrode* (↑ausbraten) *woar in eiserne Reindl.* [StI II] *Die Sei* (↑Sau) *sinn gstoche* (↑stechen 2) *warre un es Blut is no grihrt* (↑rühren) *ware in anre Schissl odder in anre Raai.* [Ap III] *Un die hann so Reindle ghat aus Gusseise un die hann so drei Fieß ghat, odder hann se e* ↑*Dreifuß ghat un die annre Reindle so*

drufgstellt. [GJ V]
→Geschirr (1), Pfanne.

reinigen - schw, refl, rainigə, kərainikt [Seik, StI II]; rainigə, kerainiçt [Fil, Stan, Mil, Pal, Sch, Stan III, Put, Tom IV]; rainiçə, kərainiçt [Alex, Bog, Ger, Hatz, Nitz, Wies V]
1. Allg: etwas von Schmutz und Abfällen säubern • *Die ↑Frucht (2) is gereinicht worre, vor ob sie oogebaut worre is.* [Stan III] *Do hat mer nit brauche de Stall reiniche un nicks.* [Bog V] 2. B: (von Bienen:) den Kot entleeren • *En woarme Teg, no mache die Bien ihre Reinigungsflug un tun sich reinigen. Weil sie die ganz Winterszeit ihen Kot zurickhalten, un dann sich reinigen.* [Seik II]
→(1) abputzen, kuppen, putzen; sauber (1); (2) scheißen; Reinigungsflug.

Reinigungsflug - m, selten, rainiguŋsflu:k, Sg. tant. [Seik II]
B: (von Bienen:) erster Flug nach der Winterruhe, bei dem sie sich reinigen *Etym.:* Das Subst. ist eine Entlehnung aus der Standardsprache. • *En woarme Teg, no mache die Bien ihre Reinigungsflug un tun sich reinigen. Weil sie die ganz Winterszeit ihen Kot zurickhalten, un dann sich reinigen.* [Seik II] ■ PfWb V 48: auch *Reinigungsausflug;* SüdHWb IV 1342.
→reinigen (2).

Reis - m, rais, Sg. tant. [Wud, Wudi I, Petschw, StI II, Ap, Hod, Fek, Fil, Gak, Gara, Sch, Sta, Tor, Tscher III, Albr, Alex, Ben, Charl, De, DStP, El, Franzf, Glog, Hatz, Heid, Jahr, Orz, Schön, Trau, Trie, War, Zich V, Bil, Mai, Pe, Schei VI]; rois [Jood II]; ri:s [Sad V]; raiz, -ər [OW V]
1. A: Getreideart; zubereitete Früchte des Reises; Oryza sativa *Etym.:* Zur Variante *Ries* in [Sad V] vgl. mhd. *rîs* 'Reis'. • *Mir machet Läberwurscht un machet mit Rois, Roiswirscht, abe Floisch isch iberall, droi Taal (↑Teil) Floisch drin un aan Taal Rois nur.* [Jood II] *Reis? Hat, sein extre Reiswirscht. Mië tun' s mit Gärschtl (↑Gerstel), des sein die Bluedwischt.* [Petschw II] *In die Sarme (↑Sarma) is Schweinefleisch un noch Reis un e bissje Zwibbl.* [StI II] *Do hot mer oft Riwwle (↑Ribbel) ode Reis neigetuu oder Suppenudl.* [Ap III] *Diese Grautbletter (↑Krautblatt) fille mer mit Reis un Floaisch.* [Schei VI] 2. Fo, O: junger Zweig • *Un die Leute schlafn auf die Reiser von die Fichtn und Tannen, die Tannenreiser.* [OW VI] ■ Gehl 1991, 86; Petri 1971, 51.
→(1) Reisbohne, -fleisch, wurst; (2) Ast, Reiserschleife, Tannenreis, Zweig.

Reisbohne - f, raispo:nə, Pl. id. [Drei, Eng, Kreuz, NA, Wies V]
G: Bohne mit ganz kleinen, dem Reis ähnlichen Kernen • *Die Reisbohne, so heißn sie, un da sein die Niedriche Bohne.* [NA V] ■ PfWb V 483.
→Bohne, Reis.

Reiserschleife - f, raizəʃla:f, -ə [Drei, Eng, NA V]; raizəʃle:f, -ə [Kreuz, Wies V]
A: Ackergerät aus verbundenen Reisern zum Glätten des Feldes • *Die äschti Ketteschlaafe sein vum Triebswette (ON) gmacht woan un friher woan auch die Reiseschlaafe.* [NA V]
→Schleife, Reis (2).

Reisfleisch - n, raisflaiʃ, Sg. tant. [Bog, Fak, Ga, Glog, StA V]
A, V: aus gekochtem Reis und Fleisch bestehende Speise • *Mir henn als gärn Reisfleisch gekocht, un dezu hat mer sauri Umorke (↑saure Umurken) gesse.* [Fak V]

Reisig - n, raiziç, Sg. tant. [Sier, Wem II, Gai, Mil, Sch, Wepr III, Be, Put IV, Alex, Bru, Charl, Fak, Fib, Ga, Glog, Jahr, Len, Low, Ost, StA, War, Wil V, Bil, Ham, Pe VI]; ra:iziç [StI II]
Fo, O: dürre Zweige eines Baumes oder Strauches • *No hunn se de Backowe ghitzt (↑heizen) mit Raaisich.* [StI II] *Dann wärd noch Reisich un so Veschiednes ningeleet (↑hineinlegen).* [Len V]
→Holz.

Reiswurst - f, raisvurʃt, -virʃt [Petschw II]; ra:izvurʃt, -virʃt [Sulk II] roizvurʃt, -virʃt [Jood II]
V: Fleischwurst mit Zugabe von Reis bzw. Graupen • *Mir machet Läberwurscht un machet mit Rois, Roiswirscht, abe Floisch isch iberall.* [Jood II] *Reis? Hat, sein extre Reiswirscht.* [Petschw II] *Friher ware die Bludwärscht un jetz mähr Raaiswärscht und noch Fleischwurscht.* [Sulk II]
→Reis, Wurst.

reiten - st, raitə, kəritə [StI, Surg, Wem II]; raidə, kəri:də [Fak, Ga, Glog, Sad, StA, Wil V], raitə, kərit [Bak, Bog, GJ, GK, Len, Low, Nitz, Ost, War V]
V: sich auf dem Rücken eines Reittieres fortbewegen • *Un noch sein se als geritt, do beim*

Reiter

Trauwefest sein se geritte. [StI II] *Die Leit sinn mit de Wään* (↑Wagen) *zu der Wahl gfahr un geritt.* [Nitz V]
→hinausreiten; Reitross.

Reiter - f, raitə, Pl. id. [Baw, Jood, Seik, Wem II]; reidər, Pl. id. [StG, Sol, Sulk II]; raidə, Pl. id. [KT, Wein, Wud, Wudi I]
1. A, G: Putzmühle zum Reinigen von Getreide und Hülsenfrüchten *Etym.: Reiter, die,* ist südd.-österr. ein grobes Sieb für Getreide, von mhd. rīter. (DudenWb 5, 2136) ● *Die Buhn* (↑Bohne) *hå̄m-me durich die Reite gelosst, es de Dreck raus is komme, es die Buhn sauwe woan. Awwe de Waaz* (↑Weizen) *is net in die Reite komme.* [Baw II] 2. A: oberste Garbe im Garbenkreuz ● *In e Maandl woan dreihzehn Goabn un in de Mitt drauf woar de Reide, sell woa en grose gweist.* [Wud I] *Sechzehn Garwe sein so zammglegt* (↑zusammenlegen) *worre, un owwedrauf is de Reider kumme, hann mer gsagt.* [Sulk II] ■ ÖstWb 356: 'grobes Sieb'; PfWb V 496: 1.a 'weitmaschiges Getreidesieb'; SüdHWb IV 1357; RheinWb VII 286 f.
→(1) Windmühle (1); (2) Garbe, Pfarrer, Ritter.

Reitross - n, raitros, Pl. id. [Fil, Hod, Ker, Mil, Pal, Siw III, Be, NP, Tom IV, Bak, Fak, GK, Glog, Gott, Low, Ost, Sack, Ui, War V, Bil, Mait, NP, Pe VI]
V: leichtes, als Reittier verwendetes Vollblutpferd ● *Furioso un ↑Gidran, des ware Ficks* (↑Fuchs 2) *un guti Reitross, leichti Kavallrieross.* [Ost V]
→Kavallerieross, Ross; reiten.

Reizfütterung - f, selten, raitsfytəruŋ, Sg. tant. [Seik II]
B, V: Verabreichung von zusätzlichem Kraftfutter (an Bienen und Jungtiere), zur Wachstumsförderung und Stärkung der Widerstandskraft *Etym.:* Entlehnung aus der Standardsprache. ● *En gute Imke muss die Kenigin tausche un die Völker auffitten, aufstärke mit eine Reizfütterung, dass se gut iwwen* (über den) *Winter komme.* [Seik II]
→Futter; auffüttern.

Remonte - n, remonte [Len V]; remonti, Pl. id. [Bog, GK, Gra, Ost, War V]; remunti [Stan III, Lieb, Low V]
V: noch nicht zur Arbeit verwendetes, zum ersten Mal eingespanntes Jungpferd *Etym.:* Vgl. *Remonte* f. 'Auffrischung des Pferdebestandes berittener Truppen', daher *Remontepferd* 'junges, neugekauftes Militärpferd, Nachwuchspferd'. (Wahrig 2915) Demnach ist unsere Bezeichnung *Remonte* eigentlich eine Verkürzung von *Remontepferd.* ● *E Ross mit aan, zwaa Johr is e Remonti, es so halb un halb.* [Ost V] ■ Petri 1971, 99.
→Pferd.

Remorka - f, remorka, Pl. id. [Bak, Bog, Fak, Ga, Ger, Glog, Len, Low, Nitz, Schön, StA, Trie, War, Wil, Wis V, Bil, Ham, Pe, Schei, Suk VI]
Allg: Traktoranhänger *Etym.:* Entlehnung aus rum. *remorcă* 'Anhängerwagen'. ● *Ich war debei, wann Fässer uff de Remorka geruckld sinn ginn.* [Trieb V] *Un zletscht hann sie scho mit de Traktore gearbeit, aso uf so Remorka gstellt ghet.* [Schei VI]
→Traktor.

Reneklode - f, riŋglot, -ə [Scham I, Bill, Charl, Fak, Ga, GStP, Low, NStP, Seul, Trie, Wil V]; riŋəglot, -ə [Sad V]; riŋlot, -n [Tschan, Wer V]; riŋlo:, Pl.id. [Ap, Buk, Gai, Stan, Tscher III]
O: große, helle Pflaumensorte, Reineclaude; Prunus domestica *Etym.:* Der Name der Pflaumensorte wurde im 17. Jh. entlehnt aus fr. *reineclaude,* eigentlich 'Königin Claude', so bezeichnet zu Ehren der Gemahlin des französischen Königs Franz I. ([23]Kluge, 680) ● *Die Obstbeem worn Epplbeem, Biere* (↑Birne), *Ringlo, Weicksl* (↑Weichsel), *Kärsche, Kitte* (↑Quitte). [Ap III] ■ PfWb V 502 f.; SüdHWb IV 1365; RheinWb VII 316; *Ringlotte* Gehl 1991, 236; Petri 1971 59.
→Obst.

Rettich - m, retiç, Sg. tant. [AK, Ap, Brest, Hod, Kol, Sta, Tor, Tscher III, Bill, Bog, Fak, Glog, Gott, GStP, Low, Ost, War V]; ratiç [Karl, NA V]; ra:diç [Aug, Ed, Wein, Wud I]
G: Gemüse mit verdickten, würzig schmeckenden Wurzeln; Raphanus sativus var. vulgaris ● *Far die Kuchl* (↑Küche) *is aagebaut warre Griezeich, Paredaais, Rettich, Umarke* (↑Umurke), *Grieni Bohne un annres.* [Ap III] *Rattich sein mähe Sortn, de Klaani Rodi de Langi Rodi, de Langi Weißi, de Eiszapferattich.* [NA V] *Im Garte hammer ghat Rodi Ruwe un Rettich, Monatsrettich un Schwarze Rettich.* [Ost V] ■ PfWb V 509; SüdHWb IV 1375; RheinWb VII 368; Gehl 1991, 228; Petri 1971, 61.
→(Sorten:) Eiszapfen-, Monats-, Winterrettich, Kleiner Roter, Langer Roter, - Weißer, Schwarzer

Rettich; (Verschiedenes:) Gemüsebau.

Reuse - f, raiʃə, Pl.id. [Ap III]
Fi: schlauchartig geflochtenes, sich nach hinten verjüngendes Fischfanggerät ● *Die Fischer henn entweder mit der Reische gfischt oder henn sie e Netz ghat un so mit Fangangl.* [Ap III]
→Netz.

Reuthaue - f, redhau, -ən [ASad, Franzd, Lind, Stei, Wei, Wolf V]
Fo: Werkzeug mit Stiel und geschärftem, schwerem Blatt zum Roden von Unterholz *Etym.*: Das Bestimmungswort des Komp. *reuten* ist obd. für 'roden' und kommt aus mhd., ahd. *riuten*. Dazu gehört *Reute*, mhd. *riute* und *geriuti*, ahd. *riuti* 'urbar gemachtes Land. (^{23}Kluge, 683) - Geschichtlich wird im Bairischen zwischen *Reut* und *Ried* unterschieden und zwar so, "daß jenes einen vom Holz abgereuteten Grund, der bloß mit der Haue gehackt und nur einmal angebaut, sodann wieder zum Holzanflug oder Anbau liegen gelassen werde, dieses aber einen Grund bedeute, der wegen Stöcke oder Steinen oder Steile ohne Pflug, bloß mit der Haue bearbeitet und fast jährlich bebauet werde." (BayWb 2/1, 180 f.) ● *Die gonzn Holzschläga saan zammkemma, mitn Redhauen hot me freia Raum gschofft un eso's Feia* (↑Feuer) *aafgholtn.* [Wei V] ■ *Reuthacke* PfWb V 515: 'starke Hacke zum Roden' und *Rodhacke, -haue*, S. 566; *Rodhacke* SüdHWb IV 1439; RheinWb VII 478.
→Haue.

Revier - n, reviːr, -n [ASad, Lind, Resch, Wei, Wolf V, OW VI]
Fo: Waldbezirk, Jagdgebiet ● *In gonzn Revier hot se* (sich) *koane mehr des Wildn* (↑Wildern) *traut.* [Wolf V] *Aso där Förster, welcher den Wald pflegt in sei Revier, där wohnt oben, ↑Kanton heißt das.* [OW VI]
→Jagdrevier.

Rhabarber - m, rabarbər [Lug, Resch, Tem, Wer V]; raparpə, Sg. tant. [GJ, GK, Low, Ost V]; rupap [Low V]
G: Knöterichgewächs mit großen Blättern, deren Stiele zu Kompott verarbeitet werden; Rheum *Etym.*: Der Rhabarbername geht zurück auf ital. *rabarbaro*, dieses auf gr. *rha barbaron*, von gr. *rheon*, angelehnt an den Namen der Wolga, Rha + *barbaron* 'fremdländisch', zurückzuführen auf russisch *reven*, von persisch *rewend*, dem Namen der aus China und Tibet stammenden Pflanze. (Wahrig 2936) ● *Ja, Spinat un Sauerampl un Rabarbe ham-me ghat in Garte. Zum Spinat hann die Alti gsaat Griemus* (↑Grünmus), *ja*. [Ost V] ■ PfWb V 517: (Wortformen:) Rhabarwer, Rhabarbara, Rhabarwera, Rhabawere, Rhabara, Bawora, Syn. *Barbara* 4; SüdHWb IV 1380; RheinWb VII 376; Petri 1971, 61.
→Gemüse.

Ribbel - f, rivələ, Pl. id. [Fak, Ga, Glog, StA, Wil V]; rivlə, Pl. id. [Ap, Fil, Mil III]; rivəlçə, -r [Sch, Siw, Tscher III, Bog, Len, War V]
A: geriebene Teigstückchen als Suppeneinlage *Etym.*: Das Subst. ist eine postverbale Bildung nach *ribbeln.* ● *Do hot mer oft Riwwle* (↑Ribbel) *ode Reis neigetuu oder Suppenudl, die ganz feini* (fein 2), *des ware die Rindsuppnudl.* [Ap III] ■ PfWb V 520 f.: 1.a. 'durch Ribbeln entstehendes Klümpchen, Krümel', b. 'mit den Händen oder auf dem Reibeisen geriebener Teig als Suppeneinlage oder Kuchenstreusel', vgl. auch *Ribbelsuppe*; SüdHWb IV 1386 fr.; RheinWb VII 383 f.
→Nudel; ribbeln.

Ribbeler - m, rɛplə, Pl. id. [Petschw II]
W: landwirtschaftliches Gerät, mit dem die Traubenbeeren vom Gehänge abgestreift und gemahlen werden, Traubenmühle *Etym.*: Substantivierung der verbalen Intensivbildung *ribbeln.* ● *Aescht* (zuerst) *in de Räpple, dot wäd's 'neigschitt* (↑hineinschütten) *un wäd àbgräpplt. Un des rinnt in de Boding* (↑Bottich). [Petschw II] **Anm.**: Zum Vokalwandel i>e (ä) vgl. unter *abribbeln.* In der Variante *Räpple* ist auslautendes -r geschwunden.
→Quetsche, Kukuruzribbeler; abribbeln (1a).

ribbeln - schw, riplə, kəriplt [StI II]; riplə, kriplt [Fak, Glog V]; rivlə, krivlt [Bog, Len, Low, Ost V]; revlə, krevlt [Ap III]
A, G, O, V: reiben, um Körner oder Verunreinigungen von der Unterlage zu entfernen *Etym.*: Das Verb *ribbeln* ist eine Intensivbildung zu *reiben*, von mhd. *rîben.* (^{23}Kluge, 685) ● *Noch is die Sau gewesche* (↑waschen) *un geriewe un geribblt woan, bis sie ganz weiß woa.* [StI II] *Wenn die Kolwe* (↑Kolben) *trucke* (↑trocken) *ware, no sinn sie grewwlt warre mit em Kukurutzrewwler.* [Ap III] *Mer hat den Kukurutz* (↑Kukuruz) *aa mit de Hand ribble kenne.* [Fak V] *Do hann die Aldi* (Alten) *Eecher* (↑Ähre) *abgroppt* (↑abrupfen), *hann ne griwwlt in der Hand, hann die Spelle* (↑Spelz) *weggeblost.* [Ost

Ribisel

V] **Anm.**: Die Variante *riwwle* weist b>w-Wandel auf. Dsgl. im Verb *rewwle*, das auch i>e-Senkung aufweist. ■ Gehl 1991, 135.
→ab-, aufribbeln, reiben; Ribbel, Ribbeler.

Ribisel - f, ribizl, Pl. id. [Fak, Glog, Hatz, Kub, Mar, Stei, Tschak, Wer V]; ribi:sl [SM V]; ribisln [Tschan V]; ribislə [Wud I, Sad V]; ri:visl [Bir, Star V]; rivi:zl, Pl. id. [Wer V]; rivisl, -ə [StI II, Bul, Kar, Fu, Tscha, Tscher III, In IV, Albr, Bak, Ben, Bill, Bog, Char, DStP, Ga, Ger, GJ, GK, Gott, Gra, Gutt, Hei, Jahr, Joh, Jos, Kath, Ket, KJ, Ksch, Laz, Len, Low, Mar, Mori, Mram, Na, Nitz, Orz, Ost, Rud, Seul, StA, Stef, StH, Tschak, Tsch, Tsche, Ui, War, Wer, Wil V]; rivisl, Pl. id. [KT, Wud, Wudi I]; rivi:sl [Ap, Fil III, Sag II, Karl, Mram, Schön, StA V]; rivesl [Eng V]; rivisln [Kud V]; rivisjər [GStP, Jahr, StAnd V]; rivisili [Kol III, Buk IV]; rivi:sili [Hod III]; ri:visə [Wepr III]

Abb. 71 Ribisel

O: Johannisbeere; Ribes rubrum *Etym.*: Vgl. bair.-österr. *Ribisel* 'Johannisbeere'. (Öst.Wb 359) Ursprünglich stand die Bezeichnung nur für die rote, heute auch für die schwarze Sorte. (Dornseiff 1970, 44) Österr. *Ribisel* kommt von spätlat. *ribesium*, dieses von arabisch *ribas* 'sauer schmeckende Pflanze', rheum ribes, die man fälschlich für unseren Johannisbeerstrauch hielt. (Wahrig 2939) ● *No hot's noch Obst gewwe, Riwisl, Riwislsteck, Ärdbääre* (↑Erdbeere) *un Himbääre*. [Ap III] *Riwisle ham-ma ghat un Himbääre un Agrasle* (↑Agrasel). [Ost V] *Ribisl un Agrasl ham-mer ghabt im Gartn*. [Stei V] *O je, da waa viel Obst fir* ↑*Sulz* (2) *kochn, aus Zwetschkn, aus Riwiesl*. [Wer V] **Anm.**: Bei den Varianten *Riwiesl, Riwisl* ist b>w-Wandel anzutreffen. ■ Gehl 1991, 236.
→Obst, Ribiselstock.

Ribiselstock - m, rivi:slʃtok, -stek [Ap III]
O: Strauch der Ribisel ● *No hot's noch Obst gewwe* (↑geben), *Riwisl, Riwislsteck und Ärdbääre* (↑Erdbeere) *un Himbääre* (↑Himbeere) *und e paar Rewesteck ware in jedem Haus*. [Ap III]
→Ribisel, Stock (1a).

richten - schw, riçtə, kəriçt [Fek, StG, Surg II, Mil, Sch, Stan III, Alex, Bak, Bog, Bru, Charl, Fib, Jahr, Jos, Lieb, Nitz, Ost, War, Wis V]
Allg: etwas (für eine landwirtschaftliche Arbeit) bereitstellen, herrichten ● *De Bärichrichter* (↑Bergrichter) *hat angschafft* (↑anschaffen) *die Weche* (↑Weg) *richte*. [Bak V] *Do hat mer alles gericht, was for die Schweinsschlacht notwendich war*. [Bru V]
→herrichten.

Ried - n, ri:t, Sg. tant. [Waldn III]
A: sumpfiges Gebiet, in dem Riedgräser wachsen ● *Des Hannefwasser war im Kåtsche Ried. Mir hadde am Ort ko Wasser, im Katsch* (ON) *wars Ried, es Donaried*. [Waldn III]
→Donauried, Katscher Ried.

Riemen - m, ri:mə, Pl. id. [Brest, Gai, Sch, Siw III, NP IV, Albr, Bak, Bog, DSta, Ernst, Fak, Ga, Glog, Knees, Len, Low, Ost, War, Wis V]; rị:mə [Petschw II]; riəmə [Pußt I]
A: zur Bewegungs- und Kraftübertragung verwendeter Lederstreifen an Maschinen und am Pferdegeschirr ● *De Heizer un de Maschinfihrer hann gschmiert mit Kalfoni* (↑Kolofonium) *die Rieme. (...) De Schwanzrieme war e gefiedeter* (↑gefüttert) *Rieme un hat de Schwanz wegghalle*. [Ost V] ■ Krauß 722.
→Bart-, Genick-, Nasen-, Scher-, Schwanz-, Stirnriemen.

Ries - m, ri:s [Mil, Pal, Sch, Siw, Stan III]; ris, Sg. tant. [Fak, Ga, Glog, Ost, StA, Wil V]; re:s [Jood II]
A: gemeinsamer Lohn, anteilig vom Dreschertrag, der auf alle Mitglieder der Arbeitsgruppe gleichmäßig verteilt wird *Etym.*: Das Subst. ist von ung. *rész* 'Teil, Anteil' entlehnt, ein altes, seit 1195 belegtes finnougrisches Wort. (MESz 3, 392) Damit mag wienerisches *Riss* 'Beute, Erlös,

schnelles Geschäft' zusammenhängen (*an Riss mochn* 'einen günstigen Gewinn erzielen'), das aber wohl zu Unrecht als Verbalabstraktum zu *reißn* angegeben wird. (WbWien 589). Dsgl. ist wohl ein Zusammenhang unseres Subst. mit dem fachsprachlichen *Ries* 'Papiermaß' (*ris, rist, riz*), mit unklarer Kürzung entlehnt aus mittellat. *risma*, ital. *risma*, aus spanisch, portugiesisch *resma*, schließlich aus arabisch *rizma* 'Paket, Ballen', daneben auch 'Papiermaß' (²³Kluge, 687), auszuschließen, da unser konkretes Subst. *Ries* vom ung. Vorbild übernommen wurde und dessen Bedeutung beibehalten hat. ● *Mir arbete um Res, hom-mir gsagt, Res, ja.* [Jood II] *De Ries is in e großes Magezie* (↑Magazin) *'reikumme, die Riesfrucht hem-mir gsagt.* [Stan III] *Die Dreschleit die hem-mir hauptsechlich Rissleit gnennt, weil 's is um Riss gange, um Prozente hann die gedrescht. Un sunndags henn sie de Riss vertaalt, uff jede sei Taal.* [Ost V] ◆ Der *Ries* betrug in der Regel 10 Prozent des gedroschenen Getreides und wurde nach Abschluss der Arbeiten vom Gruppenführer gleichmäßig an alle Dreschhelfer verteilt. Diese waren gewöhnlich besitzlose Bauern oder Handwerker und verdienten sich durch die schwere Arbeit an der Dreschmaschine das Brot für den Winter. ■ Gehl 1991, 131.
→Maut, Riesar, Riesfrucht, -leute.

Riesar - m, ri:sa:r, -ə [Gai, Mil, Sch, Stan, Werb III]; risar [Berg III, Ru IV]; ri:sor [Waldn III];
A: Pächter einer Außenwirtschaft mit Anteil vom Ertrag, der größere Arbeiten wie die Getreide- und Maisernte in eigener Regie durchführt
Etym.: Von serb. *risar* 'Pächter, Erntearbeiter', dieses von ung. *részes* 'Teilhaber' (vgl. auch *részesbérlő* 'Anteilpächter') mit Vokalwandel e>i und Ersatz des ung. Suffixes -es durch serbokr. -ar für nomina agentis, vgl. serb. und kr. *ribar* 'Fischer' oder *pekar* 'Bäcker', eine Entlehnung des dt. Subst. mit Angleichung des Suffixes. ● *Der Risar oder Beresch hat die Baurewirtschaft gepacht un hat sein Lohn vun de Fecksung* (↑Fechsung) *griet.* [Berg V] *Die Bendr* (↑Band 1) *hot mer gebraucht for die Garwe zammbinne. Des henn die Risare messe mache.* [Stan III] *Wam-mer e Riesor hot, wu mit de Hand gemeht hot, die hunn meischtns aa mit de Handreche gerechlt* (↑rechen). [Wald III] *De Risar hat zehn Prozent kriet, e jedes zehnti Mandl war in Risar seins.* [Ru IV] **Anm.:** In der Variante *Riesor* in [Waldn III] ist -a in der Endsilbe über -å- zu -o- verdumpft. ■ Gerescher 1999, 160: *Risar*.
→Bauer, Beresch, Ries, Riesleute.

Riese - f, ri:zə, -n [ASad, Franzd, Resch, Wei, Wolf V, OW VI]
Fo: Gleitrinne zur Holzbeförderung im Gebirge
● *Un wenn das Wasser sammelt is, öffnen wir das Tor un lasst man's Wasser auf die Riesn drauf.* [OW VI] ■ ÖstWb 360. 'Gleitrinne (Rutsche) zur Holzbeförderung im Gebirge', Holzriese.
→Kanal, Unterbau, Wasserriese.

Riesfrucht - f, ri:sfruxt, Sg. tant. [Stan III]
A: (wie: Ries) ● *De Ries is in e großes Magezie* (↑Magazin) *'reikumme, die Riesfrucht hem-mir gsagt.* [Stan III]
→Ries.

Riesleute - f, rislait, Pl. tant. [Fak, Ga, Glog, Ost, StA V]
A: Arbeitsgruppe an der Dreschmaschine, die mit einem festgelegten Anteil des Ernteertrags entlohnt wird ● *Die Dreschleit, die hem-mir hauptsechlich Rissleit gnennt, weil 's is um Riss gange, um Prozente hann die gedrescht. Die ↑Dresch is schun um vier Uhr morjets aagang. Un um siwwe (sieben) Uhr morjets henn de Risslait ihre Weiwer un Kinner 's Fruhstuck gebrung, da war beileifich fufzehn Minute Pause.* [Ost V] ◆ Die Riesleute wurden vom Besitzer (bzw. von den Eigentümern) der Dreschmaschine für die Dauer der Drescharbeiten aufgenommen. Zu den deutschen Bezeichnungen der Riesleute wie: Maschinist, Garbenwerfer, Stroh- und Spreuträger usw. treten auch anderssprachige Namen, z. B. *Bandeführer*, ein Komp. das mit ung. *banda* 'Gruppe, Schar' gebildet wird, oder *Sakosch* (der die vollen Weizensäcke wiegt und notiert), eine Abl. von *Sack* mit dem substantivischen rum. Suffix -*oş* oder mit dem entsprechenden ung. -*ás*. *Petrenzemacher* für 'Strohträger' ist ein Komp. zu *Petrenze* 'Strohhäuflein', das mit Bedeutungsverschiebung aus ung. *petrence* 'Heuhäuflein' entlehnt wurde. (Gehl/Purdela Sitaru 1994, 46)
■ Gehl 1991, 131.
→(Drescharbeiter:) Dresch-, Garben-, Maschinen-, Säckeleute, Einleger, Fütterer, Garbenaufschneiderin, -gabeler, -schmeißer, -werfer, Gabeler, Gesiedemädchen, Heizer, Maschinenführer, -leute, Maschinist, Sackmann, Sackosch, Sack-, Spreu-, Strohträger, Säckler, Sackmann, Sackosch, Schober-, Spreusetzer, Trommel-, Spreuweib, Stroh-,

Waage-, Wassermann, Strohschieber, -schobermacher; (Verschiedenes:) Ries.

Riesling - f, ri:sliŋ, Sg. tant. [Scham I, Mil, Wasch III, Glo, Kor, Kud, Len, Low, Mar, Ost, Sad, Wer V]; risliŋk [ASad, Fak, Ga, Glog, Pan, Sad, StA, Wei, Wil V]; ri:sliŋər [Stan III, Ru IV, Bill, Low, Mar V]; ri:sliŋ banatər [Wer V]; ri:sliŋ slankamən [Fu III]
W: edle, sehr aromatische, aber wenig ertragreiche Rebsorte mit kleinen weißen Beeren; Vitis pusilla *Etym.:* Riesling, seit dem 15. Jh. bekannte Rebsorte. Zuerst als *rüßling* bezeugt; mit unklarer Herkunft. ([23]Kluge, 687) ● *Meistns woan die Rislinger, dann woan die Slankamener, die Magdalene-Traubn, die Schmeckeden* (↑Schmeckige). [Ru IV] *Dann ware noch die Traminer, die Riesling, die Portugieser un vieli annri.* [Ost V] *Ich weiß, dass me Riesling ghabt hamm und Burgunder und Hamburger, des waan die, wo so gut grochn hamm.* [Wer V] ■ PfWb V 535; SüdHWb IV 1401 f.: RheinWb VII 420; Gehl 1991, 240.
→Batschkai Riesling, Rebsorte.

Rigola - m, selten, rigola, Pl. id. [GStP, Gott, Mar, Trie, Wis V]
A: Erdvertiefung, Graben *Etym.:* Entlehnung aus frz. *rigole* 'Rinne, Abzugsgraben'. ● *Mei Großvater sei Generazion, die hann die französisch Werter noch all gebraucht wie: Är is mim ↑Scharja ibr'em Rigola gfahr.* [Trie V]
→Graben.

rigolen - schw, rigo:lə, grigo:lt [Bill, Bog, Ger, Low, Mar, War, Wis V]; regu:lə, gregu:lt [Bak, Nitz V]
Fo, W: (bei der Anlage eines Forst- oder Weingartens:) tief umgraben bzw. pflügen ● *In die neinzicher Johre is viel gregult wor, wie die Weingärter angfangt hänn.* [Bak V] ■ PfWb V 537; SüdHWb IV 1404; RheinWb VII 426 f.
→umgraben.

Rind - n, rint, rindər [Jood II, Stan III, Alex, Bog, GK, Len, Low, Ost, War, Wis V]; rint, -rində [Ora, Stei V]; (n) rindl [Ap, Fu III, GK, Ost V]
1. V: großer Wiederkäuer mit Hörnern, der für Fleisch- und Milchproduktion, seltener als Zugtier eingesetzt wird; Bos taurus ● *Des hommer zammgschnitte mit de Kurzesmaschie* (↑Kurzmaschine), *fer kurzes Fuetter em Rind.* [Jood II]
2. V: junges weibliches Rind, das noch keine Milch gibt ● *Mir henn zwaa Melkkih ghat unna* noch e Rind un e Kelwl odder zwaa, wenn die Kuh hat Zwillinge ausgschitt (↑ausschütten). [Stan III] *Glei nochm Krieg had mer Kuhfeld kriet, dreißich Ar for die Kuh un zehn Ar for a Rind.* [Ost V] *Ich hab drei Kih ghabt un hab Kelbe ghabt und Rinde ghabt.* [Stei V] ◆ In unserem Untersuchungsbereich kommen nur einige Rinderrassen in Betracht. Ursprünglich war das weiß-graue, große *Ungarische Steppenvieh* vor allem als Zugochsen bekannt, bevor sie von Pferden abgelöst wurden. Die wichtigste Rasse ist das gelb-weiße oder gelb-rötlich-weiß gefleckte *Einheimische Fleckvieh* mit guter Milchleistung (bis zu 2500 Liter pro Jahr), das Ende des 19. bis Mitte des 20. Jhs. oft mit Simmentaler Bullen eingekreuzt wurde, um erwünschte Leistungsmerkmale zu verbessern. Die österreichischen *Pinzgauer* wurden vor allem in Banater *Heckengemeinden* (östlich von Temeswar, vgl. ↑Hecke 2) angetroffen, während das *Gelb-* und *Braunvieh* (ohne Schecken) geeignete Weidetiere mit hoher Milchleistung für das Banater Hügel- und Bergland ist. (Mayer 2001, 12 f.) ■ PfWb V 537 f.: 'Gattungsbezeichnung', meistens dafür Rindvieh; in der verengten Bedeutung: 'junges weibliches Rind, im Alter zwischen 1/2 und 1 1/2 Jahren'; SüdHWb IV 1405 f.; RheinWb VII 432 f.; Petri 1971, 87 f.
→Bika, Botz, Erstling, Kalb, Kalbin, Kuh, Lentschi, Ochse, Rinderleber, Rinderlunge, Rindfleisch, -suppe, -vieh, Rindsdarm, -paprikasch, Stier; (Rinderrassen:) Bonyhader, Pinzgauer, Rumänisches Fleckvieh, Simmentaler, Ungarische.

Rinde - f (n), rintn, Pl. id. [Aug, Ed, GT, KT, Schor, StIO, Wein, Wud I, Petschw I, Esseg IV, ASad, Lind, Weid, Wolf V, OW VI]; rində, Pl. id. [Bog, Fak, Ga, GK, Glog, Len, Low, Nitz, Ost, StA, War, Wil V]; (n) rindl, Pl. id. [OW VI]
A, Fo, O, W: äußerer Gewebemantel bei Stamm, Ast und Wurzel von Bäumen, Sträuchern u. a. holzigen Pflanzen ● *Im Winte had er obgschundn* (↑abschinden) *die Rindn, und die Stejka* (↑Stecken) *gspitzt und glott gmocht.* [Wud I] *De Baampicker* (↑Baumpicker) *hackt die Rinde uff* (↑aufhacken 1b) *un sucht sich Käffre* (↑Käfer) *un Wirem* (↑Wurm 2). [Fak V] *Die Rindn geht sähr leicht runder mit e kleine Schaufl. (...) Mit die Rindl von die Fichtn macht mer die Dranjitzn* (↑Dranitza). [OW VI] ■ PfWb V 538; SüdHWb IV 1407; RheinWb VII 435 f.; Gehl 1991, 80.
→Baum (1).

Rinderleber - n, rindərle:vər, Pl. id. [Stan III]
V: als Speise verwendete Leber vom Rind
● *Rinderlewer, Rinderlunge odder des Sach* (↑Sache) *hot mer hechschtns kenne als ↑Zuwaage gewwe.* [Stan III]
→Leber, Rind.

Rinderlunge - f, rindərluŋe, Pl. id. [Stan III]
V: als Speise zubereitetes Atmungsorgan des Rindes ● *Rinderlewer, Rinderlunge odder des Sach hot mer hechschtns kenne als Zuwaage gewwe.* [Stan III]
→Lunge, Rind.

Rindfleisch - n, rintflaiʃ, Sg. tant. [Aug, Scham, Schor, Wer, Wud I, Baw, Seik, StI, Wem II, Ap, KK, Mil, Stan III, In, Ru IV, Alex, Bog, Bak, Fak, Ga, Gra, Nitz, Len, Wil, Wis V, OW VI]
V: Fleisch vom Rind ● *Die Bauerschleit* (↑Bauersleute) *honn Rindfleisch gekaaft un wenich Schweinenes, weil Saufleisch, des hot de Bauer.* [Baw II] *Do hot me noch Rindfleisch verwend, hauptsechlich far Paprikasch oder far Rindsupp.* [Ap III] *Bei Rindfleisch henn därfe zehn Prozent Knoche draa seie, bei Kalbfleisch zwanzich Decka bei einem Kilo.* [Stan III]
→Fleisch, Rind.

Rindsdarm - m, rintsta:rəm, -tę:rəm [Baw, Wem II, Ap, Gai, Ker, Mil, Pal, Siw, Stan III]; rintstå:rəm, -tę:rəm [Fak, Ga, Glog, StA, Wil V]; rentɐrm, -tęrm [Baw, Jood, StI, Wem II]
V: Darm des geschlachteten Rindes ● *Un noch die Därm hot mei Votte gschlesse* (↑schleißen) *un ausgeblose* (↑ausblasen), *un in Sommer getrecklt, die Renddärm.* [Baw II] *Die Leit sinn nur komme Rindsdärem kaufe, vom Rind die Därem. Die sinn aufgeblose worre* (↑aufblasen) *un getrocknet.* [Stan III]
→Darm, Rind.

Rindspaprikasch - n, rintspaprika:ʃ, Sg. tant. [Ap, Berg, Hod III, NP IV, Bak, Bog, Fak, Ga, GK, Glog, Gra, Len, Nitz, Ost, StA, War, Wil, Wis V]; rentpaprikaʃ [Baw, Jood, Seik, StI II]
V: mit Rindfleisch, Gemüse und Paprika zubereitete, wässrige Speise, Rindsgulasch ● *Nochtmahl woa widde Paprikasch, Hinglpaprikasch odde Rendpaprikasch.* [Baw II] *Der Seppi schreit: "Nit esse, Leit! Es is Luderpaprikasch!" Es war awer nor gutes Rindspaprikasch vun 're gschlachte Kuh.* [Bog V]
→Paprikasch, Rind.

Rindsuppe - f, rintsup Sg. tant. [Ap, Brest, Ker, Mil, Pal, Sch, Siw, Tscher III, Put, Tom IV, Alex, Bru, Charl, Kath, Nitz, StA, War, Wis V, NP VI]
V, G: aus Rindfleisch, Gemüse und Gewürzen gekochte Suppe ● *Wenn mer Supp gekocht hot, entweder Hinglsupp* (↑Hünkelsuppe), *Schweinesupp oder Rindsupp. Un da is Griezeich* (↑Grünzeug) *un Geelriewe* (↑Gelberübe) *'neikumme in die Supp.* [Ap III]
→Rind, Rindsuppennudel, Suppe.

Rindsuppennudel - f, rintsupnu:dl, Pl. id. [AK, Ap, Fil, Pal, Siw, Wepr III, Bru, Charl, Jahr, Kath, War, Zich V]
A, V: in der Rindsuppe mitgekochte dünne Nudeln ● *Do hot mer oft Riwwle* (↑Ribbel) *ode Reis neigetuu oder Suppenudl, die ganz feini* (fein 2), *des ware die Rindsuppnudl.* [Ap III]
→Nudel, Rindsuppe.

Rindvieh - n, rintfi:ç, Sg. tant. [Baw, Jood, Kock, Petschw II, Ap, Brest, Sch, Siw III, Be, ND, NP, Tom IV, Alex, Bak, Bill, Char, Ga, GK, Glog, Nitz, SM, StA, Ui, War, Wil V, Pe VI]; rentfi:ç [Baw II, Bog, Gott, Gra, Len, Low, Sack V]
A: Bestand an Rindern ● *Die wos Viech hadde, die honn die Trewe* (↑Treber) *gfittet in Rindviech, jaja.* [Baw II] *Kugrutz* (↑Kukuruz) *hod me nodwendig braucht fe die Saue* (↑Sau) *un vors Rindviech ode die Ross honn des kriëgt. Es Rindviech braucht die Ruebe* (↑Rübe) *fir fresse.* [Jood II] *Mir henn uns mit Ross bescheftticht, un hadde immer Rindviech.* [Kock II] *Hat, de Kukruz is fir futten* (↑füttern) *des Viech, Rindviech un Schweine un die Hihene* (↑Huhn). [Petschw II]
→Rind, Vieh.

Ring - m, (n), riŋ, -ə [Pußt I, Nad II, Be IV, Bill, Fak, DSta, Glog, Lug V]; riŋ, -ɐr [Tscha III]; riŋ, Pl. id. [Ed I, Franzf V]; riŋk, -ə [El V]; (n) riŋəl, Pl. id. [Pußt I]; riŋl, -ə [Fak, Glog, Ost V]; riŋgl, Pl. id. [Wer I]; riŋl, Pl. id. [KKa II]; riŋələ, Pl. id. [Pe VI]; riŋlə , Pl. id. [StA V]
A: metallener Reifen; Kettenglied ● *Ufm Sensegriff is e Ring un e Keil, was des Senseblatt fescht halt.* [Fak V] *Dann hab ich dem Stier derwischt beim Ring in de Nasn und hab ihm auf sein Platz angebundn.* [Lug V] *An de Schlepp, des sinn Ringle vum Schmitt oder färtich kaaft. Vore* (vorne) *is a Balke[n] un dann sinn Ringle, die gehn alli inander.* [Ost V] **Anm.:** Die Diminutivformen *Ringl, Ringle, Ringele* haben

keine verkleinernde Funktion. ■ Gehl 1991, 144, 145, 161.
→Schleppe.

Ringelblume - f, riŋlplum, -ə [Ap, Fil, Hod, Mil, Siw III, Be, NP, Tom IV, Bog, Franzf, GK, Laz, Low, Ost, War V]; riŋlsplum, -ə [Fak, Glog V]
A: als Unkraut verdrängter, gelbblühender Korbblütler; Calendula officinalis ● *Wenn die Ringlblumme mol geelich (↑gelblich) wärre, no sinn die Gelse unausstehlich.* [Mil III] *Ufm Feld war viel Unkraut, die Wildi Margareta (↑Wilde Margerite), die großi geeli Oschterkärze, die Ringlblumme un viele annre.* [Ost V] ■ PfWb V 546; Gehl 1991, 97; Petri 1971, 21.
→Blume, Unkraut.

rinnen - schw, rinə, krunə [Petschw II, Fak, Ga, Glog, StA, Wil]
Allg: (von einer Flüssigkeit oder weichen Masse:) fließen ● *Zäscht (zuerst) in de Räpple (↑Ribbeler), dot wäd's 'neigschitt (↑hineinschütten) un wäd åbgräpplt (↑abribbeln). Un des rinnt in de Boding (↑Bottich).* [Petschw II]
→heraus-, hineinrinnen.

Rippe - f, ripə, ripn [Petschw II, Resch, Tem, Wer V]; rip, -ə [Gai, Brest, Sch, Stan III, In, NP IV, Bog, Fak, Ga, GK, Glog, Len, Low, Ost, Schön, StA, War, Wil V]
V: einer der länglichen, gebogenenen Knochen, die den Leib der Wirbeltiere beiderseits umfassen, mit dem dazugehörigen Fleisch ● *Hat, månichi Leit låssn die Rippn, des wäd aa gselicht (↑selchen) un eigsålzn.* [Petschw II] *Also an der Bauchlappe (↑Bauchlappen), es Iwwerzwerchi (↑Überzwerches) sinn die Rippe.* [Stan III] *Manchi Leit hann aach die Rippe graacht, die Rippe.* [Ost V] *An de Rippe is de Rippespeck, un dann de Bauchspeck.* [Lieb V]
→Rippenspeck, Vieh.

Rippenspeck - m, ripəʃpek, Sg. tant. [Fek, Nad, Wem II, Ap, Berg, Mil, Sch, Stan III, Be, IV, Alex, Fak, Ger, Glog, Jahr, Lieb, Ost, Wis V]; ripʃpek [Ga, StA V]
V: fettes Fleisch aus der Rippenpartie des Schweines ● *An de Rippe is de Rippespeck, un dann de Bauchspeck.* [Lieb V] *Mer hat eigene Salami, gereichertes Schungefleisch (↑Schinkenfleisch) und Rippsteck gesse.* [StA V]
→Rippe, Speck.

Ritsche - f, ritʃ, Sg. tant. [Bak, Bru, Drei, Fak, Ga, Glog, Jahr, Schön, StA, War, Wil, Wis V]
O: eingekochter Pflaumen- bzw. Zwetschgensaft mit Schalen und Fruchtfleisch ● *Ritsch kocht mer aus zeidichi (↑zeitig) Pflaume un Quetsche. Die Ritsch is gut siß.* [Glog V] ■ (Nach) DWb 14, 1050 f.: *Ritscher*, m.: 'In Österreich eine Speise aus Gerste, Erbsen und auch Linsen. Die Bestandteile werden einzeln gekocht und dann gemengt'. Dieselbe Speise im Kärntischen *Ritschad*, n. In Hessen ist *Ritschert*, m. ein 'Kartoffelpfannkuchen', dass. bair. *Rötscher* (Schmeller 2, 191); Wehle 1980, 241: *Ritscher(t)*: 'eine Beilage der jüdischen Küche, vornehmlich zu Gansbraten, bestehend aus Erbsen, Rollgerste, Fisolen und Rauchfleisch'; Teuschl 1991, 191: *Ritschert*, n. 'Mischspeise aus Erbsen, Fisolen, Mischmasch', von mhd. *rütschen* 'rutschen'; WienWb 589: *Ritscha(d)*, das, der; BayWb 2/1, 191 *Rütscher*, der. - Unsere Variante *Ritsche* f. ist wohl von hier, unter Anlehnung an die *rutschige, glitschige* Speise, übernommen worden.
→Pflaumenritsche, Soße.

Ritter - m, ritər, Pl. id. [Stan III, Tom IV]
A: oberste, mit den Ähren nach innen gelegte Garbe im Haufen *Etym.:* Die Bezeichnung *Ritter* ist eine Personifizierung nach der Lage der Garbe an der obersten Stelle des Garbenhaufens. ● *Die Garb owwedruf wor de Ritter, so schreg (↑schräg) un mit de Ähre nach unte, dass des Kreiz (↑Kreuz) net nass wärd, wann's reget (↑regnen).* [Stan III] *Also oo Kreiz ware zwanzich Garwe un obedroo kommt der Ritter.* [Tom IV] ♦ Die *Ritter* genannte oberste Garbe wird mit den Ähren nach innen auf den Garbenhaufen gesetzt, um das Getreide vor Regen zu schützen.
→Garbe, Reiter (2).

Rittersporn - m, ritərʃporn [ASad, Lind, Wei, Wolf V]; ritəʃpoɐn [Wud, Wudi I]; ritəʃpo:rə, Pl. tant. [Bog, Fak, Ga, GK, Glog, Len, Low, Ost, StA, War, Wil V]; ritrʃpo:rə [Kol III, Low V]; ritərʃpɛ:rlį [Sad V]; ploɐ ritrʃporə [Har IV]
A: als Unkraut verdrängter Ackerrittersporn; Delphinium consolida ● *In de Frucht ware Radl (↑Rade), Kornblumme, Pipatsche (↑Pipatsch), die Ritterspore un viel andres Unkraut.* [Ost V] ■ PfWb V 558: 1. 'die Blume Delphinium aiacis'; SüdHWb IV 1428; RheinWb VII 465; Gehl 1991, 97; Petri 1971, 32; *Rittersparli* in Sankt Gallen (Dornseiff 1970, 36).
→Unkraut.

Ritze - f, rits, -n [ASad, Resch, Stei, Wei, Wolf V, OW VI]
Fo: schmale Spalte ● *Von alle Seit sind solche Gegnstitze* (↑Gegenstütze), *welche das zusammenhalt. Un da, wo die Ritzen bleibn, das wird verstopft mit Moos.* [OW VI]

Rizinus - m, ritsiːnus, Sg. tant. [Tom IV]
A: ein Wolfsmilchgewächs, dessen Samenöl als Abführmittel verwendet wird; Ricinus communis ● *Aach Sonneblume henn die Leit angebaut un sogar Ri'zinus, fir in die Apotheke, fer Abfihrmittl mache.* [Tom IV] ◆ Einige Gemeinden schlossen Verträge mit der pharmazeutischen Industrie ab und pflanzten auf größeren Flächen Kräuter wie Kamille, Rizinus, Pfefferminze u. a.
→Ölsamen.

Robot - f, robot, Sg. tant. [Fak, Glog V]; robotə [Ga, StA, Wil V], rovət [Bru, Charl, Jahr V]
Allg: verpflichtende Gemeindearbeit *Etym.:* Vgl. mhd. *robâte, robât, robolt* 'Fronarbeit', das aus slaw. *robóta, rabóta* kommt. (LexerHWb II 478) Aus serbokr. *robóta* 'Fronarbeit, Plackerei, Zwangsarbeit, schmutzige Geschäfte' kommt auch rum. *robotă* 'Frondienst; ununterbrochene, schwere Arbeit'. (DEX 812) Die zeitgenössische Bedeutung: 'verpflichtende, unangenehme Gemeindearbeit' hat sich aus den ursprünglichen Bedeutungen entwickelt. Die deutschen Siedler im Banat lernten das Wort aus der österreichischen Beamtensprache kennen. (Wolf 1987, 279) ● *For die Hutwaad* (↑Hutweide) *sauwer* (↑sauber 2) *halle, meistnens vun Distle, hunn die Leit misse Rowet mache.* [Bru V] ◆ Nach Aufhabung des Frondienstes (1849) blieb die Verpflichtung für die Bauern, Arbeitsdienste für die Gemeinde zu leisten wie: Instandhaltung der Hutweide und der Wege, Aushebung von Abflussgräben oder Errichtung von Dämmen in Flussnähe. ■ NordSSWb IV 562: 'Frondienst, Leibeigenschaft', *roboten* 'schuften, schwer arbeiten'; Gehl 1991, 128.
→Arbeit (2).

Roggen - m, rogn, Sg. tant. [Stei, Tem V]; rogə [KB V], rokə [Bil, Ham, Mai, Pe, Schei, Suk VI]; rokɐ [Haj III]
A: wichtiges Brotgetreide; Secale cereale ● *Und auf d'Eschtre* (↑Estrich) *hat me den Woaitze* (↑Weizen) *nauftaa, de Rocke* (↑Roggen), *Haber, die Sunnerose.* [Schei VI] ■ Petri 1971, 68.
→Korn.

roh - Adj, roː [Bog, GJ, Gra, Len, Low, Schön, StA, War, Wil V]; roːx [Ap, Hod III, Fak, Glog V]; rox [OW VI]
A, Fo, G, O, V, W: (von Fleisch, Gemüse, Obst:) nicht zubereitet, ungekocht ● *Mer hat de Brotworscht* (↑Bratwurst) *gedinscht* (↑dünsten) *oder hat me'n roch gesse.* [Ap III] *Die Ärdepple* (Erdapfel 2), *ihre Name is Topinambur. Die sinn so de Gschmack wie Kolrawi* (↑Kohlrabi), *die had mer rohe gess.* [Ost V] *Die Frichte* (↑Frucht 2) *werdn in Fesser gesammelt, un das wird roch verkauft, nur sortiert und sauber in Fesser konserviert.* [OW VI]
→kochen, rohes Fleisch.

rohes Fleisch - n, roːxəs flaiʃ, Sg. tant. [Fak, Ga, Glog, Gra, Schön, StA, Wil V]; roːxs flaiʃ [Baw, Oh, Seik, StG, Sulk, Wak II]
V: ungekochtes Fleisch ● *Mir misse rochs Fleisch* [ih]*ne gewwe, mir humm nicks meh.* [Sulk II]
→Fleisch, Rohsalami; roh.

Rohr - n, roːr, -ə [Kock, Wik II, Hod, Kutz, Pal III, Bog, Bru, Fak, Glog, GStP, NA, NB, Nitz, Ost, Sad, Schön, StAnd V]; rǫːr, -ə [Drei, Ga, Len, Low, StA V]; roːɐ, Pl. id. [Tol I]; reɐrl, Pl. id. [Ru IV]; (2) Sg. tant. rɛːr [Fu, Kol III]; ruər [Alt, Fek, Nad, Oh, Wak, Wem II]
1. A, G, H, V, W: langer zylindrischer Hohlkörper a. A, G, H, V, W: zur Leitung von Wasser u. a. Material ● *Die Wassermihle hadde e groß Rohr un e groß Rod mit drei bis vier Medder* (↑Meter 1) *in Dorchmesser.* [Kock II] *Später worn die Tricknheiser* (↑Trockenhaus) *mit gliehede Rohre, do hat mer de Hanf getricklt.* [Hod III] *Es hat ↑Heber gebn vun Glas un had auch Heber gebn vun so langen Kirbis. Dea Kirbis hat obn son Bauch ghat und untn so e dinnes Reahrl.* [Ru IV] *Eemoll noch die Hand ans Rohr / so wie domolls halle ...* [Len V] *Wäd de Schlauch am Rohr oogschraupt* (↑anschrauben), *un de Brunne wäd eigschalt* (↑einschalten), *un es geht.* [NA V]
b. A: zur Beförderung der Saatkörner aus der Sämaschine in den Boden ● *Der Kukrutsetzer, där hat zwei Rohre nor ghat. Där hat aach e Greih* (↑Gereihe) *ghat, un dort had me sich kenne drufsitze.* [Ost V] 2. Schilfrohr; Phragmites communis ● *In de Ruehrwiese hod mer Ruehr gschniede.* [Fek II] ■ Gehl 1991, 152, 246; (2) Petri 1971, 54 f.
→(1a) Schlauch; (1b) Sämaschine; (2) Rohrwiese, -spatz, Schasch.

Röhre

Röhre - f, rɛːrə, -n [OW VI]; reːrə, Pl. id. [Sulk II]; rę:rə, -nə [Ga, StA V]; reːr, -ə [Ap, Fil, Kutz, Sch, Siw III, Bog, Gra, Low, War V]; rę:r, -ə [Waldn III, Fak, Ga, Glog, StA, Wil V]
Allg: Backröhre aus Blech im Ofen ● *A jeds Haus hod en Backofe ghot. Där war gut, besse wie in de Rehre, ja.* [Sulk II] *Manche henn Krautstrudl gmacht, die sinn no gebacke ware in de Rehr.* [Ap III] *An jedem Herd war e Rähr.* [Waldn III]
→Ofen.

Rohrspatz - m, roːrʃpats, -ə [Ker, Sch, Stan, Tscher, Wasch III, Albr, Bill, Ger, GK, GStP, Low, Ost, War V]; raːrʃpats [Ap III]
V: Sumpfrohrsänger; Acrocephalus palustris ● *Am Wasser gsieht mer die Wildgans un die Wildente, 's Blesshingl* (↑Blässhünkel) *un de Rohrspatz.* [Ost V] ■ Gehl 1971, 83.
→Rohr (2), Spatz.

Rohrwiese - f, ruər, Sg. tant. [Alt, Fek, Nad, Oh, Wem II]
A: sumpfige Wiese, auf der Schilfrohr wächst, Flurnamen ● *In de Ruehrwiese hod mer Ruehr gschniede.* [Fek II] ■ PfWb V 573; SüdHWb IV 1486.
→Rohr (2); Wiese (1).

Rohsalami - f, roːsalaːmi, Pl. id. [Stan III]
V: ungeräucherte, zum Frischverzehr geeignete Salami ● *Windersalami, die Rohsalami, hat mer nur auf Bestellung gmacht, nur wenn jemand des bestellt hat.* [Stan III]
→Salami; roh

Roland - m, roːlant, Sg. tant. [GJ, Gra, Ost V]
V: Rufname für männliche Pferde *Etym.:* Der männliche Personenname wird zur persönlichen Ansprache der Pferde verwendet. ● *Die Rossname ware aach deitschi Name: Otto, Roland.* [Ost V]
→Rossname.

Rolle - f, role, roln [Franzf V]; role, rolə [Kutz III]; rol, -ə [Nad II, Bog, Fak, Ga, Glog, GK, Gutt, Len, Ost, War V]
A: Seilwinde ● *De Kukurutz* (↑Kukuruz) *is nufgezoo ginn* (worden), *mit anre Roll sinn die Kärb* (↑Korb) *inghong* (↑einhängen) *gin un nufgezoo.* [Ost V]

Rollholz - m, rolholts, Pl. id. [Stan III]
A, V: zum Schleißen der Gedärme verwendetes, dünnes rundes Holz ● *No hot en Mann die Brotwärschtdärem* (↑Bratwurstdarm) *gschleizt* (↑schleißen 2) *mit em Rollholz.* [Stan III]
→Holz.

rollig - Adj, roliç [Bog, Ger, GJ, Gra, Knees, Low, War, Zich V]
V: (von der Sau:) brünstig ● *Die Sau is rollich un de Hund is leefich.* [Knees V] *De Schweinsbäe* (↑Schweinsbär) *däef im Stall nit mit de Zichtin zusammkummen, nue wenn sie rollich is.* [Resch V] ■ PfWb V 579; SüdHWb IV 1450 f.; RheinWb VII 493.
→bärig; Sau.

Rosagrundbirne - f, roːzakrumpir, -n [Ora, Resch, SM, Stei, Tem V]; roːzəkrompir, -n [Baw, Jood, StI, Wem II]; roːzəkrumbiːr, -ə [Fak, Ga, Glog, StA, Wil V]; roːsakrumpir [Fu, Mil, Sch, Stan III, Bog, Gott, Gra, Low V]
G: Salatkartoffel mit rosafarbener Schale und festem Fleisch ● *Do woan die Rosegrumbirn un woan so gelwi Oat* (Art). [Baw II] *Do wore bei uns die großi Essgrumbiere, meischtns die Rosegrumbiere, un dann viel Steckgrumbiere un die Saugrumbiere.* [Fak V] *Des woan die Gelbn Mehlgrumbiern un die Rosagrumbiern.* [Stei V] ■ Gehl 1991, 226.
→Grundbirne, Rote Grundbirne.

rosarot - Adj, roːzaroːt [StI II]
A: von hellem, zartem Rot ● *Un noch woa de Owe* (↑ Ofen) *inwennich* (↑ inwendig) *schee rosarot.* [StI II]
→hellrot, rot.

Rose - f (n), roːze, roːzn [NPe, Wer V]; roːse, roːsn, Pl. id. [Mu II, Har III]; roːzə, Pl. id. [Ga, Pan, StA, Wil V]; rǫːus, rǫːuzə [Fak, Glog, Liget V]; roːs, roːzə [Gai, Gak, Siw, Werb III, ND, NP IV, Bog, Ger, GK, Hatz, Len, Low, Ost, War V]; roːzn, Pl. id. [OW VI]; (n) reːzl, Pl. id. [Fak, Glog V]; reːsle, Pl. id. [Ga, StA V, Besch VI]
1. G: Zierpflanze mit duftenden Blüten, dornigem Stiel und Steinfrüchten (Hagebutten); Rosa *Etym.:* (2) Die Bezeichnung *Rose* für den Fruchtstand der Sonnenblume ist eine Metapher unter Anlehung an die Form und die Blütenblätter der Rose (1). Ähnlich kommt die Benennung *Rose* für die Brause der Gießkanne und für verschiedene Zierelemente zustande. ● *An Phingschte hann die Gichterrose, Federrescher, Margarete, die Nelke un Rose angfang ufzubliehe.* [Bog V] *Du blihscht* (↑blühen) *jo wie e*

Rosmarin

Rous. [Fak V] *Im Garte ham-mer viel Blumme ghat. Do warn Rose un Härbschtrose, Purtulake* (↑Portulak) *und Negle* (↑Nägelein). [Ost V] *D' Rose senn scheni Blumme un sie ↑schmecke*[n] *gut.* [StA V] **2.** A: Fruchtstand der Sonnenblume ● *Die Rose sinn gschnitt* (↑schneiden) *ginn un sinn uf Haufe*[n] *kumm.* [Ost V] Allg: rosenförmiges Verzierungselement ● *Schallanke* (↑Schalanken)*, des is Zierledder, rodes* (↑rot) *Ledder mit braunem und geelem* (↑gelb)*, mit Lecher ningschlaa mit so e Spiggl* (↑Spiegel) *do un Rose.* [Ost V] ■ Gehl 1991, 76, 97; Petri 1971, 63; Krauß 736: 'Blüte des Rosenstrauchs in Nachbildung'.
→(1) Blume, Antoni-, Gicht-, Hetschel-, Herbst-, Pfingstrose, Butter-, Federröschen, Mairöschen-, Spinnrosenbaum; (2) Sonnenblume; (3) Kunstrose.

Rosmarin - m, rosmari:n, Sg. tant. [Wud I, Darda, Ha, Zi II, Buk, Mil, Pal, Wepr III, Heu, Hom, Pan V]; rosmarī: [Wud, Wudi II]; rosmarain [Saw II, Hod, Wasch III, Bill, Char, Ernst, Frei, Ger, GStP, Len, Low, Mram, NA, NPe, Seul V]; rozmarāī [Fak, Ga, Glog V]; rosmarai [SM V]; rosmərain [Sch, Tscher III, Hatz V]; rozəmre:n [Jahr, NB, Sack V]; ro:zəmarai [Brest, Fu, Kar, Kol, Tscher, Tscho III, Ost V]; rozmari: [Sad I]; ro:səmrain [Ben, Nitz, Orz V]; ro:zəmrāī [NPa IV]; rosumrain [Trie V]; ro:səmai [Wasch III]
A, G: Zierstrauch, dessen Blätter ein wohlriechendes Öl enthalten; Rosmarinus officinalis ● *Ja, Rosemren is ja vewend wor. Bei de Kerweih* (Kirchweihfest) *hat de Viërtenzersch* (Vortänzerin) *e großer Rosemrenstreuß getraan, de woar in e Quitt* (↑Quitte) *gstoch.* [NB V] ◆ Die wohlriechenden Zweige des Rosmarins begleiteten die Menschen auf ihrem Lebensweg als Bestandteil von Bräuchen. Im Volkslied heißt es: "Rosmarein, Rosmarein, immer wirst du bei uns sein". Vgl. dazu Speck 1973, 85-98. ■ PfWb V 593 f.; SüdHWb IV 1463 f.; RheinWb VII 515 f.; Gehl 1991, 84; Petri 1971, 64.
→Rosmarinstrauß, Strauch.

Rosmarinstrauß - m, rozəmre:nʃtrəus, -ʃtrais [NB, Tschan V]
A, G: Strauß aus Rosmarinzweigen ● *Ja, Rosemren is ja vewend wor. Bei de Kerweih* (Kirchweihfest) *hat de Viërtenzersch* (Vortänzerin) *e großer Rosemrenstreuß getraan, de woar in e Quitt* (↑Quitte) *gstoch.* [NB V] ◆ Zweige oder ganze Sträuße aus Rosmarinzweigen wurden in vielen donauschwäbischen Bräuchen im Lebenskreis und im Jahresablauf verwendet. Die Sträuße wurden mit bunten Bändern geschmückt und steckten häufig in einer Quitte. Auch in der Pfalz ist der Rosmarinstrauß in Beerdigungsbräuchen vertreten. ■ PfWb V 594; SüdHWb IV 1464; "Rosmareisträißl" Gerescher 1991, 162.
→Rosmarin, Strauß (1).

Ross - n, ros, Pl. id. [Jood, Kock, Sulk II, AK, Ap, Bul, Fil, Fu, Gai, Gak, Gara III, In, NP, Tom IV, Bak, Bog, Fak, Glog, Gott, Gra, Ost, Sad, War V], ro:s, re:sər [ASad, Lind, Wei, Wolf V]; rous, reisə [Ed, GT, KaBr, Kir, Kow, Krott, KT, StIO, Tscha, Tschow, Wein, Wer, Wud, Wudi I, Ru IV]
A, V: erwachsenes Pferd ● *Hat, noche woan, wo e Bauehof* (↑Bauernhof) *woa, wo Kihe* (↑Kuh) *und Säi* (↑Sau) *und Räisse ghot hamm.* [Wud I] *Dot stehn die Ross, senn åabunde uff aane Seite an en Baam* (↑Baum 2). [Jood II] *Mir henn uns mit Ross bescheftigt, hadde Fillestude* (↑Füllenstute). [Kock II] *Un die Ross hadde e Reef* (↑Reif) *un e Kripp.* [Bc IV] *Mid en khupfene Trenkkeßl hod me die Rouß trenkt.* [Ru IV] *De Bauer hot Ross gebraucht, des ware meischtns Nonjus, ja, leichte Ross.* [Tom IV] *De armi Leit ihre Fille wärre schnell Ross.* [Bog V] *Hawer* (↑Hafer) *un Gärscht hat mer friher mit de Ross getrete.* [Fak V] *Ich hann 's Viech gern un geh täglich zu der ↑Ferma in de Stall, zu de Ross un Kieh.* [Gott V] *Im Kameralwärtshaus hann die Leit friher iwenacht un hann die Ross ingstellt.* [Ost V] ◆ Redewendungen: *Er kaaft zuerscht die Halftr* (Halfter) *un noo 's Ross.* (Er macht die Rechnung ohne den Wirt.) - *Wann krie*[ge] *ich des? An die Ross ihre Oschtre* (am Sankt-Nimmerleins-Tag). [Bak V] ■ Gehl 1991, 193, Petri 1971, 97 f.
→Arbeits-, Kavallerie-, Reitross, halbsteirisches -, leichtes -, schweres Ross, Kolbenross, Pferd, Rossberg, -bürste, -distel, -geschirr, -halt, -halter, -mücke, -müller, -mist, -name, -schlitten, -stall; rossig, vierrossig.

Rossberg - m, rouspeɐg, Sg. tant. [Aug, Ed, GT, KT, Scham, Schor, Wud, Wudi I]
A: nach einer historischen Pferdeweide benannter Hügel ● *De Roußbeag hot aun en Oufne* (Ofner ON) *Houte* (↑Hotter) *auenigsteßn* (angestoßen). [Wud I]

Rossbürste - f, rospirʃt, -ə [Fak, Glog, Schön, Wil V]; rospęrʃtə, Pl. id. [Ga, StA V]; rospęrʃt, -ə [Bog, Ernst, GJ, Gra, Hatz, Ost, Stef, War V]
V: Bürste zum Reinigen der Pferde ● *Mer hat im Rossstall allweil de Striegl un die Rossbirscht ghat.* [Fak V] *Die Rossbärscht wor im Stall, mit der hat mer die Ross gebärscht.* [Ost V] ■ Gehl 1991, 180.
→Bürste, Ross.

Rossdistel - f, rostistl [Ru V];rostiʃtl, -ə [Ak III, Bog, Fak, Glog, GK, Kath, Low, Ost, Sad, Ste V]
A: Nickende Distel; Cirsium nutans ● *Die Rossdischtle hat mer sucht un ins Gwirzbischele gewwe.* [Glog V] ■ Gehl 1991, 90; Petri 1971, 26.
→Distel, Ross, Unkraut.

Rossgeschirr - n, roskʃir, Pl. id. [NP, Tom IV, Fak, Glog, Schön V]; roskʃęr [Sch, Siw III, Put IV, Alex, Bog, Bru, Gra, Ost V]
V: Pferdegeschirr ● *Am Rossgschärr sinn die ↑Strupfer, dass sich die Ross net ufreibn.* [Fak V] ■ Gehl 1991, 165.
→Geschirr (2), Pferdegeschirr, Ross.

Rosshalt - f, roshalt, -ə [Bak, Nitz V]
V: Herde von Stuten, Fohlen und Jungpferden, die auf die Dorfweide getrieben wird ● *Die Rosshalte hann die Rosshalt in de Nacht iwe die Kleefelder getriewe* (↑treiben 1). [Nitz V]
→Halt, Ross.

Rosshalter - m, roshaltə, Pl. id. [Nitz V]; roshaldər, Pl. id. [Fak, Ga, Glog, StA V]
V: (wie: Pferdshalter) ● *Friher hat's aa noch Seihalder un Rosshalder gewwe.* [Glog V]. *Die Rosshalte hann die Rosshalt in de Nacht iwe die Kleefelder getriewe.* [Nitz V] ■ Gehl 1991, 207.
→Halter, PferdshalterRoss.

rossig - Adj, rosiç [Alex, Bog, Ger, Knees, Nitz, Low, War, Zich V]
V: (von der Stute:) brünstig ● *E stieriche Kuh un e rossiche Stut, die senn unruhich.* [Knees V] ■ PfWb V 596; SüdHWb IV 1467; RheinWb VII 518 f.
→Ross, Stute.

Rossklee - m, roskle:, Sg. tant. [Ap, Kar, Stan III, Fak, Glog, Pan, Wil V]
A, V: als Futterpflanze verwendete Luzerne; Medicago sativa ● *Die Kih henn viel Klee gfresse, Rotklee, Weißklee un aa Rossklee.* [Pan V] **Anm.**: Die *Luzerne* wird zumeist als *Ross-*, bzw. *Gaulsklee* bezeichnet, wenngleich sie hauptsächlich an Milchkühe verfüttert wird. ■ Gehl 1991, 86.
→Klee.

Rossmist - m, rosmiʃt, Sg. tant. [Waldn III, Bog, Fak, GK, Glog, Ost, Wis V]
V: organischer Dünger von Pferdekot und Strohresten ● *De Saumischt un de Rossmischt is aff der Mischthaufe abgeleet worre, där war immer beim Auslauf vorm e jede Saustall.* [Waldn III] *Im Rossmischt kam-mer als die Mischkrawwler* (↑Mistkrabbler) *sehne.* [Fak V] *Rossmischt, Schofmischt oder Geißemischt, des is warme Mischt.* [Ost V]
→Gaulsmist, Mist, Ross.

Rossmücke - f, rosmukə [Pal III]; rosmik, -ə [GK, Ost V], rosmuk, -ə [Pal III]
V: kräftige, meist graubraune Fliege mit dickem Hinterleib, die hauptsächlich Weidetiere befällt; Bremse; Tabanidae ● *Dann sinn die Micke, die Rossmicke un die Schmaaßmicke* (↑Geschmeißmücke). [Ost V] ■ PfWb IV 1288: 'brummendes Insekt' 1. 'Hummel', 2. 'Viehbremse'; RheinWb I 1048; Petri 1971, 121.
→Bremse (1), Brummse, Mücke, Ross.

Rossmühle - f, rosmi:l, -ə [Mil, Sch, Tscher III, Be, Tom IV, Alex, Bog, Ger, Gott, Mar, Ost, War, Wis V]
A: Getreidemühle, deren Göpel durch Pferdekraft angetrieben wird ● *Mei Motter hat de Rossmiller von Oschtre* (ON) *gheirat, un ich hann uff däre Rossmihl gelärnt. Später hann ich die Rossmihl in Wiseschdia* (ON) *iwwerholl.* [Alex V] ■ PfWb V 597: amtlicher Flurnamen.
→Mühle, Ross, Rossmüller.

Rossmüller - m, rosmilər, Pl. id. [Fek, Nad, StG, Wem II, Gai, Ker, Mil, Siw, Stan, Werb III, Be, Tom IV, Alex, Bill, Bog, Ger, GJ, Gott, Hatz, Len, Mar, War, Wis V, Ham, Mai, Schei, Suk VI]
A: Besitzer und Betreiber einer durch Pferdekraft betriebene Getreidemühle ● *Mei Motter hat de Rossmiller von Oschtre* (ON) *gheirat.*
→Müller, Ross.

Rossname - m, rosna:mə, Pl. id. [Fil, Mil, Sch III, Be, NP IV, Alex, Bog, GK, Gra, Ost, War V, Bil, Ham, Pe VI]
V: persönlicher Rufname für Pferde ● *Die Rossname ware aldi Name vun der Ansiedlung:*

Fanni, Olga, Mitzi, Freila, dann ungarischi Name: Joschka, Latzi, Janni, Jultscha, un aach deitschi Name: Otto, Roland. [Ost V] ■ Gehl 1991, 197-200.
→(Pferdenamen:) Bandi, Fanni, Freila, Gidran (2) Janni, Joschka, Jultscha, Latzi, Liska, Mitzi, Olga, Otto, Roland, Rudi.

Rossschlitten - m, rosʃlitə, Pl. id. [Baw, Jood, Surg, Wem II, Ker, Pal, Sch III, Bog, GJ, Len, Ost V]; rosʃli:də [Fak, Ga, Glog, StA, Wil V]
A: von Pferden gezogener Transportschlitten ● *Do had e jede Bauer sän Rossschlitte ghet.* [Jood II]
→Ross, Schlitten.

Rossstall - m, rosʃtal, -ʃtel [Jood II, AK, Ap, Bul, Fil, Fu, Gai, Gak, Gara III, In, NP, Tom IV, Bak, Bog, Fak, Glog, Gott, Gra, Ost, Sad, War V]
V: Stall, in dem Pferde (manchmal auch zusammen mit Kühen) gehalten werden ● *Un im Hinnerhof* (↑Hinterhof) *ware die Stallunge, hauptsechlich der Kuhstall un de Rossstall getrennt, un dann der Saustall.* [Ap III] *Mer hat im Rossstall allweil de Striegl un die Rossbirscht ghat.* [Fak V] ■ Gehl 1991, 181.
→Ross, Pferdestall, Stall.

Rosszahnkukuruz - m, rostsã:nkukruts, Sg. tant. [Ost V]; rǫtsã:kukruts [Fak, Ga, Glog, StA V]; roskukruts [Tor III]; phẹ:rtstsant [Low V]; tsa:nkukruts [Fek, Sch III], bana:tər tsa:nkukruts [Hom V]
V: Maissorte mit pferdezahnähnlichen länglichen, eingekerbten Körnern; Zea mays indentata ● *Die Kukrutzsorte ware verschiedene, de Rosszahnkukuruz un de Warjascher, de altmodische Kukrutz mit niedrichi Käre* (↑Korn 1). [Ost V] *Im Winder hat me bei de Vorsetz* (Spinnstube) *kochte Kukrutz* (↑gekochter Kukuruz), *des war de Rosszahkukrutz un e Stick Brotkärbsa* (↑Bratkürbis) *gesse.* [StA V] ♦ Die Kolben dieser Maissorte werden bei der Milchreife weichgekocht und gegessen. Nach der Reife mussten die Körner die Nacht vor dem Kochen in Wasser aufgeweicht werden. Am besten schmeckte der gekochte Mais, wenn man von den aufgeweichten Körnern die Haut - ähnlich den Bohnenkörnern - abzog. Kochmais und gebratenes Speisekürbis wurden den Teilnehmern an der Spinnstube gereicht. ■ Gehl 1991 138.
→Amerikanischer Kukuruz, Kukuruzsorte.

Röste - f, re:ts, -ə [KaF II, Hod, Ker, Kol, Fil, Pal, Sch, Siw, Wepr III, NP, Tom IV, Alex, Bill, GK, Ost, War V]
H: der Platz, an dem die Hanfbündel geröstet werden; die Hanfbündel selbst ● *Dann is die Plett* (↑Plätte) *mit Lahm* (↑Lehm) *beschwert ginn. Trotzdem is die Reez als fortgschwumm* (↑fortschwimmen). *Där is noh 'naus un hat sei Reez widrum befeschtigt.* [Ost V] ■ HNassVWb II 900: *Röste* 2.; PfWb V 596 † *Röße*, 618 *Röze*; SüdHWb IV 1465 *Röße* (Flachsröße); RheinWb VII 519 *Rosse, Rösse*, 1.b; BayWb 2/1, 153 *die Roße* (Flachsroße; seltener *Röße*); SchwWb V 418 *Rösse*: 1. 'Prozess des Zermürbens durch Sonne, Regen und Tau, dem der Flachs oder Hanf ausgesetzt wird'. Örtlich: 'Platz dafür', 2. (nach der häufigen Art des Röstens) 'Wasserloch, Teich'.
→Hanfröste; rösten (1).

rosten - schw, rostn, krostət [Bat, OW VI]; rostə, krost [Baw, Surg, Wem II, In, Ru IV, Bru, DStP, GStP V]; roʃtə, kroʃt [Tax I, Hod, Mil, Sch III, Bog, GJ, GK, Glog, Sad, StA, Wil V, Bil, Ham, Mai, Pe, Schei, Suk VI]
Allg: (von eisernen landwirtschaftlichen Geräten:) Rost ansetzen ● *Do is es net so groscht, des war immer bisl fettich.* [GJ V]

rösten - schw, (1) re:tsə, kəre:tst [Alt, Fek, Jink, Kä, Nad, Oh, Sag, Surg, Wak, Warsch, Wem II, Waldn III, Bru, Fak, Ga, Glog, StA, Wil V]; re:tsə, kre:tst [Ap III]; (2) re:stə, kəre:st [Alex, Bog, Low, War, Wis V]; re:ʃtə, kəre:ʃtət [Fil, Hod, Mil III]; re:ʃtə, kəre:ʃt [Fak, Ga, Glog, Ost, StA, Wil V]
1. H: Flachs oder Hanf in Wasser mürbe machen; so behandeln, dass sich das Pektin von den Fasern löst und diese vom holzigen Stängel getrennt werden können *Etym.:* Das Verb *rösten* 'Flachs oder Hanf mürbe machen' kommt von mhd. *raezen*, mittelniederdt. *röten*. Es ist ein Faktitivum zu einem starken germanischen Verb *reut-a* 'faulen', das nur noch in altnordisch *rotinn* 'verfault' bezeugt ist. Vergleichbar ist auch ahd. *rōzēn, rozzēn*, mhd. *raezen, rōzen, rozzen* usw., alle 'faulen', auch mhd. *rōz* 'mürbe'. Der nhd. Lautstand ist von *rösten* 'braten' (s. auch *Rost*) beeinflusst. ([23]Kluge, 692) ● *En de Hånnefreeze wäed de Hånnef gereezt.* [Fek II] *Im Donaried* (↑Donauried) *hodde me de Hannef gereezt.* [Waldn III] *De Hanf is greezt warre in so Sandlecher odder Teicher* (↑Teich), *wu so extre e*

rostfrei

Hanfwasser war. [Ap III] *Die Hannefsticker ware do, solang des Feld noch kameralisch (im Staatsbesitz) war. Die Bergsau (Flussname) for de Hannef reeze war aach negst (nahe).* [Bru V] 2. A, G, V: durch Erhitzen, ohne Zusatz von Fett oder Wasser, braten ● *Die Nudle (↑Nudel) sinn allweil abgschmälzt (↑abschmälzen) warre, mit heißem Schmalz, un Brotbresilin drin gereschtet.* [Mil III] *De Patschkukrutz (↑Platzkukuruz) wärd ufm Ofe in Siewe (↑Sieb) gerescht.* [Glog V] ■ SüdHWb IV 1470; HNVWb II 900; RheinWb VII 524 f.; SSWb V 234; NordSSWb IV 601; PfWb V 601, auch *rosten*, 618: *rözen, rozen*; BayWb 2/1, 153 *rößen*; SchwWb V 419: *rossen, rössen.*
→(1) verrösten; Röste; (2) bähen; geröstete Grundbirne.

rostfrei - Adj, rostfrai [Aug, Bay, Schor, Wein, Wud I, ASad, Lind, Resch, Tem, Wei, Wolf V]; roſtfrai [Tax I, Tew II, Berg, Fil, Mil III, Bog, Fak, Ga, Glog, GJ, GK, Len, Low, Ost, Sad, StA V, Bil, Ham, Pe, Schei VI]
Allg: (von einem landwirtschaftlichen Gerät:) nicht rostend *Etym.*: Das Adj. ist eine Entlehnung aus der Standardsprache. ● *So eisene Messre mit em schene Griff, die ware net roschtfrei, ja, die ware meischtns roschtich.* [DJ V]
→rostig.

rostig - Adj, rostik [Aug, Bay, Scham, Wein, Wudi I, Petschw II, ASad, Lind, Resch, Tem, Wei, Wolf V, Bat, OW VI]; roſtiç [Tax I, Tew II, Hod, Mil, Pal, Siw, Stan III, Put, Tom IV, Bak, Bog, GJ, Ger, Gra, Len, Low, Nitz, Ost, War V, Bil, Mai, Pe, Schei VI]; roſtik [Franzf V]
Allg: (von eisernen Geräten:) mit Rost überzogen ● *So eisene Messre mit em schene Griff, die ware net roschtfrei, die ware meischtns roschtich.* [GJ V]
→rostfrei; rosten.

Rostregen - m, roſtregə, Sg. tant. [Fak, Ga, Glog, StA, Wil V]
Allg: Regen bei Sonnenschein, der angeblich *Rost*, verschiedene Pflanzenkrankheiten mit rotbrauner Färbung, hervorruft *Etym.*: Komp. von *Regen* mit *Rost*, eine Laubkrankheit des Rebstocks, die sich in rotbrauner Farbe äußert (PfWb V 598). ● *Roschtregge un ålde Weiwertånz håldn net lång, kummen åwwer gärn widder.* [Glog V]
◆ Eine Wetterregel stellt fest: Regen bei Sonnernschein (der angeblich den Rost der Weintrauben verursacht) und der Tanz alter Frauen halten nicht lange, können sich aber oft wiederholen. ■ Gehl 1991, 57.
→Regen.

rot - Adj, ro:t [Pußt I, Oh II, Gak, Fil, Har, Ker, Mil, Sch, Werb III, Bog, Bill, Drei, Fak, Ga, Glog, Hatz, Len, Low, Ost, StA, Wil V, Bat, Ham, Pe VI]; rouət [Ed, KT, Wud, Wudi I]
Allg: von roter Farbe ● *De sann blau gweest un rot gweest un gölb gweest, mit en schene ↑Heft.* [Pußt I] *Die Othella haum en rouetn Weij geiem.* [Wud I] *De Weg geht in Richtung roude Staabruch.* [Fek II] *Die Wassermilone woarn auswennich grien un innwennich rot.* [Stl II] *Die Pupatsche (↑Pipatsch) blihe schen rot.* [Mil III] *Kommt e rote Hund, beißt'm Hinkl (↑Hünkel) de Kopp ab.* [Bog V] *Der roti Strååf im Regeboge bedeit viel Wei[n].* [Glog V] *Schwalme soll mer net fange, sunscht git die Kuh roti Millich.* [Hatz V] *Weinsfärber (↑Weinfärwer), des hann se in de Wein getun for de Wein rot mache.* [Ost V] ■ Gehl 1991 57.
→hellrot, rosarot, rötlich; Farbe, Kleiner Roter, Langer Roter, rote Erde, Rote Grundbirne, - Pflaume, - Rübe, Rotes, Rotklee, -kraut, -mehl.

Rote - f, ro:de, Pl. id. [Ga, StA V]; ro:də islendər [Wud I, Tscher III, GStP, Low V]
V: Hühnerart mit rotbraunem Gefieder ● *Jede Art vun Hehne (↑Huhn) kennt me noch de Federe. Es gibt bei uns Rode, Schwarze, Gscheckelde (↑Gescheckte), des senn die Zifferstååniche (↑Schiefersteinige).* [StA V] ■ Gehl 1991, 214; Petri 1971, 104.
→Rumänische Art, Schwarze; rot.

rote Erde - f, ro:di ęę:də, Sg. tant. [Nad, Petschw II]; ro:di ę:rt [Bru, Fak, Glog, Wil V]
A: tonhaltiger, rötlicher Boden ● *Iwwer die Piratzäcker un bis Cerneteaz (ON) war e Erdwall vun roder Ärd.* [Bru V]
→Erde, roter Grund; rot.

Rote Grundbirne - f, ro:te krumpər, ro:ti krumpər [ASad, GK, Lind, Ost, Wei, Wolf V];
G: Speisekartoffel mit festem, rötlichen Fleisch ● *Aso dann ware die Roti Grumber un die Weiße Grumber, die Maigrumber, aso die Fruhgrumber un die Speti Grumber.* [Ost V]
→Grundbirne, Rosagrundbirne; rot.

Rote Pflaume - f, rodi pflaum, -ə [Petschw II, Fak, Glog V]]
O: Pflaumensorte mit rotem Fruchtfleisch, gewöhnliche Pflaume; Prunus domesticus ● *De besti Schnaps is aus Zwöschpm* (↑Zwetschke), *dann aus Rodi Pflaume, Gelwi Pflaume, Pfärsching* (↑Pfirsich), *aus vielerlei Obst.* [Petschw II] ■ Gehl 1991, 235.
→Pflaume; rot.

Rote Rübe - f, ro:te ru:p, ro:ti ru:və [Bog, GK, Ost, War V]; ro:te ru:p, ro:ti ri:və [Sack V]; ro:di ri:p [Har IV, Bill, GStP, Low V]; rotriwə [Nitz V]; ro:te ru:bn [SM V]; ro:di ru:p, - ru:və [Brest, Stan III, Fak, Glog, Karl, NA V]
G: für Salat verwendete Rübe mit rotem Fruchtfleisch; Beta vulgaris esculenta ● *In Goate* (↑Garten) *is alles: Rattich* (↑Rettich), *Kirbis un Esskirbis, ja, un Rodi Ruwe.* [NA V] *Im Garte ham-mer ghat Rodi Ruwe un Rettich, Karfiol, Paschkernat* (↑Pastinak) *un vieles andre.* [Ost V] *No hat mer gess: Speck un Rote Riewe oder sauri Umorke* (↑saure Umurke) *un nomol gemäht.* [Sack V] ■ Petri 1971, 19.
→Gemüse, Rübe; rot.

roter Grund - , ro:də grunt, Sg. tant. [Jood II]
A: Erde mit hohem Tongehalt ● *Had, es gibt sandiges Feld un rode Grund un schwarze Grund, hat so pickich* (↑pickig), *wann's regne tuet.* [Jood II]
→Grund (1), rote Erde.

Rotes - n, ro:təs, Sg. tant. [Bog, Gott, GK, Low, Ost, War V]
V: rotes Muskelfleisch, ohne Fettzusatz ● *Die Schunge hann viel Rotes, des Schungefleisch und geraachte* (↑geräuchert) *Hausworscht ausm Banat.* [Bog V]
→Fleisch; rot.

Rotklee - m, ro:tkle:, Sg. tant. [Baw, StG, Sol, Sulk, Wem II, Ap, Fil, Mil, Sch, Siw, Stan, Tor III, Tom IV, Fak, Ga, Glog, Low, Ost, Pan, StA, Tsch, Wil V]
A, V: als Grünfutter und Kleeheu verwendete Futterpflanze; Trifolium pratense ● *Ja, Rotklee war's, for Greenfuder* (↑Grünfutter). [Sulk II] *Der Rotklee, där is in die Frucht neigsät* (↑hineinsäen) *worre im Frihjahr.* [Tom IV] *For Fude* (↑Futter) *war hauptsechlich Klee, un dann wenicher Rotklee, Mohai un Wicke.* [Ost V] *Die Kih henn viel Klee gfresse, Rotklee, Weißklee un aa Rossklee.* [Pan V] ■ Gehl 1991, 86; Petri 1971, 74.
→Bibor, Klee, Rotkleesamen; rot.

Abb. 72 Rotklee

Rotkleesamen - m, ro:tkle:sa:mə, Sg. tant. [Bak, Bog, Fak, GJ, Gott, Gra, Len, Low, Nitz, Ost, War, Wies V]
A: Samen des Rotklees ● *Im '19er war e nasses Johr, no hann ich fimf* ↑*Meter* (3) *Rotkleesame verkaafe kenne um tausend Gulde de Meter uf Guddebrunn* (ON), *far Export.* [Wies V]
→Rotklee, Samen.

Rotkraut - n, ro:tkraut, Sg. tant. [Aug, Ed, Scham, Wud I, Fek, StG, Wak II, Mil, Sch, Tscher III, In, Ru IV, Bog, GJ, Ger, Glog, Kath, Gott, Trieb, Wis V]
G: Rotkohl ● *Kraut had mer meischtns Weißkraut oogebaut, wenicher Rotkraut un Kehlkraut, awwer des wor aa gut.* [Beg III] ■ PfWb V 609; SüdHWb IV 1479; RheinWb VII 533; Gerescher 1999, 96.
→Kraut; rot.

Rotlauf - m, ro:tla:f, Sg. tant. [Gai, Ker, Mil, Siw, Stan, Wepr III, Be, NP IV, Bill, Bru, Fak, Glog, Len, Lieb, Ost, War V]
V: Infektionskrankheit der Schweine mit Darmentzündung und blauroter Verfärbung der Haut ● *Un die Schwein hamm de Rotlaaf un die Schweinepest kriet, ja.* [Bru V] ■ PfWb V 610; SüdHWb IV 1479; RheinWb VII 533.
→Krankheit.

rötlich - Adj, ro:tliç [Gak, Fil, Mil, Werb III]; ro:tlaxt [Sch, Siw, Tscher III]; rouəlt [Ed, KT, Wud, Wudi I]
Allg: mit rotem Schimmer versehen *Etym.:* Die

Variante *rotlacht* ist von *rot* durch das kombinierte Suffix *-lacht* abgeleitet. Dieses besteht aus *-l-* und dem Suffix *-acht*, < ahd., *-aht, -oht,* mhd. *-eht, -ëht,* das bair.-alem.-frk. dial. weitgehend zu *-et* gewandelt wurde. (PfWb II 859, unter *eislacht*) ● *Die Tschaslau* (↑Tschaslauer) *sann sou leicht rouelt gwejest.* [Wud I] ■ PfWb V 610; SüdHWb IV 1480; RheinWb VII 535.
→rot.

Rotmehl - n, rọu̯tme:l, Sg. tant. [StI II]
V: als Tierfutter verwendete Mehlsorte niederer Qualität ● *Wann die Kuh kalwert* (↑kalben) *hot, noch hot se als kricht mähr Schrot draa un Routmehl. Des is aa vum Waaz* (↑Weizen), *jaja, so e Art vun Klei.* [StI II]
→Futtermehl, Kleie, Mehl; rot.

Rübe - f, ruəp, ruəbn [Ru IV]; ri:p, ri:və [Baw, StI II, Ap III, Bill, GStP, Low V]; ru:p, ru:və [Fak, Glog, Ost V]; ruəb, -ə [Jood II]; riəp, riəbə [Bil, Ham, Mai, Pe, Schei, Suk VI]; ru:p [Brest III, Stan IV, Karl V]; ru:bm [StM V]; ru:və, Pl. id. [Ga, StA V]; rivə [Nitz V]; ruɛm [Ed, KT, Wud, Wudi I]; ruɐm [Petschw II]
A: Nutzpflanze mit verdickter Pfahlwurzel; Beta vulgaris ● *Mit dem Grichtlwogn* (↑Gerechtelwagen) *hot me Mist, Ruam und Kukurutz gfihet* (↑führen). [Wud I] *Es Rindviech braucht die Ruebe fir fresse.* [Jood II] *Die Pfäede hann Kleehei krigt un gånzn Kukrutz* (↑ganzer Kukuruz) *oder Schrot, dann noch Howe* (↑Hafer) *un Ruem, Viechruem.* [Petschw II] *Un Riewe, do hådde se die Muhriewe noch als oogebaut, des sann* (sind) *die runde weise, fir die Kih.* [StI II] *Nachn Schnitt hod me in die Stupfl* (↑Stoppel) *Ruwe baut.* [Sulk II] *Sunscht henn die Kih Haai* (↑Heu) *krigt, also Gras un Riewe.* [Ap III] *Die Ruebn hat mer verhackt oder durch ane Ruebnschneider durchdraht* (↑durchdrehen). [Ru IV] *Die Ruwe wärrn mitn Ruwehowwl klaa veschnidde un kummen in Häcksl.* [Glog V] *Manchsmol had mer schun in die Ruwe aa bissl Gärscht* (↑Gerste) *ringmischt* (↑hereinmischen), *dass mer die Reihe ehnder gsieht.* [Ost V] *Dehui* (daheim) *uff der* ↑*Hofstatt hat mer Riëbe und Grumbire aabaut.* [Schei VI] **Anm.:** Die Variante *Ruem* in [Petschw II] weist Umlautverhinderung *u* und die Endung *m* auf, die durch Assimilation aus *Ruben* entstanden ist, wobei die subst. Endung *-n* im Sg. f. auf bair.-österr. Einfluss verweist. ■ Gehl 1991, 86.
→Muh-, Vieh-, Zuckerrübe, Gelbe-, Rote Rübe, Rübenblatt, -bletschen, -gabel, -hobel, -schneider, -schnitzel, -waage, Rummel.

Rübenblatt - n, ri:vəplat, -pletər [Bo, Bru, GJ, Len, Low, War V]; ru:vəplat, -pledər [Fak, Ga, Glog, StA, Wil V]; riəbəblatə, Pl. id. [Bil, Ham, Mai, Pe, Schei, Suk VI]
A: Blatt der Rübe ● *Die Treber, die hat me fescht eigstampfet, un do hat me obenaa, frihe, e Grautblatte odde Riëbeblatte naataa* (hingetan). [Schei VI]
→Blatt, Rübe.

Rübenbletschen - f, ri:vəpletʃə, Pl. id. [NA V]; ru:vəpletʃə [Fak, Ga, Glog, StA, Wil V]
A: Rübenblatt ● *Ruweblesche und aa Krautbletsche had mer als de Schwei neigschmisse in Stall.* [Glog V] *Un Bletsche, sein neigschmisse woan in Zallasch* (↑Salasch 3)*, Kolrawibletsche un Riewebletsche im* <!> *Frihjahrszeit.* [NA V]
→Bletschen, Rübe.

Rübengabel - f, ri:vəkavl, -ə [Bog, Len, Low, War V]; ru:vəkavl, -ə [Fak, Ga, Glog, Ost V]
A: leichte Gabel mit zwei Zinken zum Herausnehmen der Rüben aus dem Boden und zu ihrem Verladen ● *Dann sinn die Ruwe mit de Ruwegawwl ausgstoch* (↑ausstechen) *ginn.* [Ost V] ■ PfWb V 622; SüdHWb IV 1492 f.; RheinWb VII 554.
→Gabel (1), Rübe.

Rübenhobel - m, ru:vəhovl, Pl. id. [Ga, Glog, StA, Wil V]
A: Schneidegerät zum Zerkleinern der Rüben für Mischfutter ● *Die Ruwe wärrn mitn Ruwehowwl klaa veschnidde* (↑verschneiden) *un kummen in Häcksl.* [Glog V] ■ PfWb V 622; Gehl 1991, 149.
→Krauthobel, Rübe, Rübenschschneider.

Rübenschneider - m, ruəbnʃnaidər, Pl. id. [In, Ru IV, Fak V]
A, V: landwirtschaftliches Gerät zum Zerkleinern von Futterrüben ● *Die Ruebn hat mer verhackt oder durch ane Ruebnschneider durchdraht* (↑durchdrehen). [Ru IV]
→Rübe, Rübenhobel; schneiden.

Rübenschnitzel - f, (n), ri:bəʃnits, Pl. tant [Waldn III]; ru:vəʃnits, Pl. tant [Waldn III, Fak, Ga, Glog, Pan, StA, Wil V]; (n) ru:vəʃnitsl, -ə [Bog, Fak, GK, Glog, Ost, War V]
V: als Abfall bei der Zuckergewinnung anfal-

lende Schnitzel von Zuckerrüben ● *Do hot me sich kenne bstelle Riebeschnitz fir die Vieche* (↑Vieh), *net, Riebeschnitz. Die Ruweschnitz, die sein for die Kih. Da is Kleie neigemischt worre un Rummle* (↑Rummel), *wie mir gsaat hann iwwe die Kiehriebe.* [Waldn III] *Die Leit* (Leute) *hann aach Prozente Zucker kriet, un aach Ruweschnitzle.* [Ost V] ■ Gehl 1991, 197.
→Rübe, Schnitzel (1).

Rübenwaage - f, ru:vəvo:k, -ə [Fak, Ga, Glog, StA, Wil V]; ru:vəvo:x, -ə [Bog, GJ, GK, Len, Low, Ost, War V]
A: Brückenwaage zum Abwiegen beladener Fahrzeuge ● *Die Ruwe sinn mit Traktore un mit Gummiwejer* (↑Gummiwagen) *uff Kumlusch* (ON) *an die Bahn gfihrt ginn, dert war die Ruwewoch.* [Ost V]
→Rübe, Waage.

Rücken - m, rikə, Pl. id. [Bohl II, Mil III, ND, NP IV, Alex, Bog, Gott, Gra, Len, Low, War, Wis, Zich V]; rukə [Tom IV, Fak, Ga, GJ, Glog, Ost, StA, Wil V]
V: Oberseite des tierischen Rumpfes *Etym.*: Von mhd. *ruck(e), rück(e)*, ahd. *hrucci, ruggi, rucke*, weitere Herkunft unklar. (^{23}Kluge, 694) ● *Die Stut, was e lange Rucke ghat hat, is zum a korzruckiche Hengscht kumme.* [Ost V] ■ PfWb V 626 f.: 1.b 'hintere Seite des Rumpfes von Tieren', 'Wirbelsäule', insbesondere von Rind und Pferd, 'Rückenstück des Schlachttiers'; SüdHWb IV 1498 f.; RheinWb VII 561-568; Gehl 1991, 110; *Rugken, Rugk* BayWb 2/1, 79.
→Buckel, Hochrücken, Rückgrat, -strang, Vieh; kurzrückig.

Rückgrat - n, rikro:t, Pl. id. [Alex, Bog, Ger, GJ, Lieb, War V]
V: Wirbelsäule des Tieres ● *Der Schlechter* (↑Schlachter) *hot es Rickrot durichgschnitt unne, awwe net ganz.* [Lieb V]
→Rücken, Rückstrang, Vieh.

Rückstrang - m, rukʃtraŋ, -ʃtreŋ [GJ, GK, Ost, War V]
V: Wirbelsäule von Schlachttieren mit dem dazugehörigen Fleisch ● *Die Schunge* (↑Schinken), *'s Karmenadl* (↑Karbonade) *un de Ruckstrang, des is alles gputzt ginn* (worden). [Ost V] ■ PfWb V 639: 1.a 'Wirbelsäule von Tieren, besonders von Schlachttieren'; SüdHWb IV 1500 f.; RheinWb VII 566.

→Fleisch, Hochrücken, Rücken, Rückgrat, Strang.

Ruder - n, ru:dər, Pl. id. [OW VI]
Fo: stangenartige Vorrichtung zum Steuern eines Floßes ● *Und zu diesem kommt weder eine Tafl* (↑Tafel 2) *angehongn* (↑anhängen), *un vorne legt man ein Ruder.* [OW VI]
→Floß, Stange; rudern.

rudern - schw, ru:dərn, keru:dərt [Lug, Resch, Stei, Tem, Wer V, OW VI]; ru:dərn, kru:dərt [Ap, Berg, Fil, Hod, Pal, Tscher III]
Fi, Fo: ein Boot oder Floß mit Rudern fortbewegen ● *Tschickl* (↑Tschickel), *des is e kloones Holzboot, wu me dann grudert hot.* [Ap III] *En ein Floß geht ungefähr 200-300 Kubikmeter Holz. Un mit drei-vier Leute wird es gerudert bis zum Segewärk* (↑Sägewerk). [OW VI]
→Ruder.

Rudi - m, rudi, Sg. tant. [Bog, Fak, Ga, Ger, Gra, StA, Wil V]
V: Rufname für männliche Pferde *Etym.*: Der Tiername ist ein Diminutiv des männlichen Personennamens *Rudolf*, ● *Jede Bauer hot seu Geil* (↑Gaul) *mim Nåme gnennt: Rudi, Gidran, Tschesar, un ständich uff se gred bei de Arweit.* [StA V] ■ Gehl 1991, 198.
→Rossname.

rügeln - schw, ri:gəln, kri:gəlt [OW VI]; ruklə, kruklt [Ap, Mil, Sch, Wepr III]
Fo: (einen runden Gegenstand) kugeln, rollen ● *Sapiner* (↑Sapine), *das is ein Wärkzeug vom Eisn, mit ein Stiel. Das is so ein wenig rund und hat hier ein Spitz* (↑Spitze), *mit dem man das Holz riegelt, un des geht am Bäeg* (↑Berg) *runter.* [OW VI] **Anm.**: Die Variante *riegeln* ist die entrundete Form von *rügeln*. ■ *rückeln* BayWb 2/1 49, auch *rugelen*; *rugeln* PfWb V 683; *ruckeln* SüdHWb IV 1497.

rühren - schw, ri:rə, gəri:rt [Fek II]; riərə, kəri:rt [Jood II]; ri:rə, kri:rt [Ap, Fil III, Tom IV, Fak, Ga, Glog, StA, Wil V], re:rə, kre:rt[Lieb V]
V: eine flüssige Substsanz durch kreisende Bewegungen mit einem Kochlöffel oder Ähnlichem vermischen ● *Do hot die Hausfrau 's Blut aufgfangt mitn Howe* (↑Hafen) *un hot gerihrt, weil es Blut stockt gschwind.* [Fek II] *Ender war, henn se' s Bluet ufgfange, muss me rihre, dass net zammstocke tuet, in die Blutwirscht.* [Jood II] *Die Sei* (↑Sau) *sinn gstoche* (↑stechen 2) *warre un*

es *Blut is no grihrt ware in anre Schissl odder in anre Raai* (↑Rein). [Ap III]
→hineinrühren; gerührt.

Rührfass - n, riːrfasl, Pl. id. [StG, Sol, Sulk II]
V: Butterfässchen ● *Den Butter hann se gschlage* (↑schlagen 2) *mim Rihrfassl.* [Sulk II]
→Butterfass.

Rumänische Art - f, rumeːniʃi aːrt, Sg. tant. [Fak, Glog, Wil V]
V: einheimische, rumänische Hühnerart mit rotem und schwarzem Gefieder ● *Die Rumänischi Art, des sinn rodi un schwarzi Hehner.* [Glog V] ◆ Walachisches Hingl in [Low V] hat dieselbe Bedeutung: *walachisch* 'rumänisch' und *Hünkel* 'Huhn'. (Petri 1971, 104) ■ Gehl 1991, 214.
→Art, Huhn.

Rumänisches Fleckvieh - n, rumeːniʃəs flekfiːç, Sg. tant. [Bog, GK, Gra, Low, Ost, Wis V]
V: Kreuzungprodukt von Einheimischem Fleckvieh und Simmentaler Stieren ● *Zum Schluss hann se die Kih Rumenisches Fleckvieh gnennt, awwer es ware Simmentaler Art.* [Ost V] ◆ Einheimisches Fleckvieh, auch *die Scheck* (Scheckige, Bunte) genannt, wurde mit mit Simmentaler Bullen eingekreuzt, mehr in der Banater ↑Heide (2), weniger in der ↑Hecke (2). das Kreuzungprodukt von Fleckvieh und Simmentaler wurde in den Banater Dörfern fälschlicherweise *Simmentaler* genannt. Reine Simmentaler Kühe gab es nämlich nicht, denn der Import von Simmentaler Rindern beiderlei Geschlechts war zu teuer und zu arbeitsaufwendig. Die Farbe des Einheimischen Fleckviehs ist gelb-rötlich-weiß gefleckt. Es hat eine gute Milchleistung, Ende des 19. Jhs. im Durchschnitt 2000 Liter im Jahr, Anfang bis Mitte des 20. Jhs. 2600 Liter im Jahr, mit einer Schwankung von 300-400 Liter mehr oder weniger. (Mayer 2001, S. 12)
→Rind.

Rummel - m, ruml, -ə [Waldn III]
A: Futterrübe; Beta vulgaris, var. rapa ● *Die Ruweschnitz* (↑Rübenschnitzel), *die sein for die Kih. Da is Kleie neigemischt worre un Rummle, wie mir gsaat hann iwwe die Kihriebe.* [Waldn III] ■ PfWb V 647 f; SüdHWb IV 1527; HessNVWb II 930.
→Kuhrübe, Rübe.

rund - Adj, runt [Aug, Ed, GT, Pußt, Schor, Pußt, Wein, Wer, Wud I, Bohl, Mu, Na, StI, Wi II, Ap, Gai, Sch III, Ben, Bog, DStA, Fak, Franzf, Ga, Glog, Knees, Len, StA, StAnd V, Bat, Ham, OW, Schei VI]
Allg: bogen- oder kreisförmig ● *Die Amster, dej sann rund gweiest und haum e scheini roudi Hauet* (↑Haut 2) *ghot.* [Wud I] *Die Mangolitza* (↑Mangalitza) *woan die runde Fettschweine (...) So en runde* ↑*Messer* (2) *hunn se neigeleet in die Milich, on des hot gezeigt, wievl Milich es is.* [StI II] *Das Holz kommt so ein wenig schief bezimmert* (↑bezimmern), *dass auch rund wird diese Riesn* (↑Riese). [OW VI] *Ja, so runde, un denn seäle, Marille, henn die eine gseit.* [Schei VI] ◆ Die Fettschweine werden hier als *rund*, zum Unterschied von der langgestreckten Form der Fleischrassen, bezeichnet.
→halbrund, oval, viereckig; Hochrunde.

rundherum - Adv, rundərum [Bog, Ger, GJ, Gra, Ost, Low, War V]; rundrum [Waldn III]
Allg: ringsum, um einen Mittelpunkt herum ● *E Hannefraaib* (↑Hanfreibe) *wor so e große Staa, där is rundrum gange.* [Waldn III] *De Schowrsetzer* (↑Schobersetzer) *is runderum gange un hat misse owachtginn, dass de Strohschowr jo net rumfallt* (↑herumfallen). [Ost V]

rupfen - schw, rupfn, kərupft [Saw II]; rupfə, kərupft [Sad V]; ropfə, kəropft [Fak, Ga, Glog, StA Wil]; ropə, kəropt [Fek, Wem II, Mil, Sch, Siw III, Alex, Bak, Bog, Bru, Jahr, Len, Low, Nitz, Ost, War, Wis V]
1. A, H, V: etwas ziehend ausreißen a. A, H: Hanf oder Korn auseißen, wenn es zu klein bzw. ungeeignet zum Mähen ist Etym.: Aus mhd. *rupfen* und *ropfen*. ● *Wenn der Hanf hoch genug war, hat me'n gerupft, in Hampln* (↑Hampel) *gebunden un die einzelnen Hampln in Pyramidenform aufgestellt.* [Saw II] *Vun Aafang is der Hanf direkt groppt ginn, mitsamt der Worzl rausgroppt.* [Ost V] b. V: Flaumfedern von Geflügel ausreißen ● *Die Gens senn geroppt woan un die Feder hot me getreckelt* (↑trocknen), *un wann se gut getreckelt wan, noch hot me Polschter gmacht.* [Fek II] c. G, O: pflücken, ernten ● *Von de Kischebeem* (↑Kirschbaum) *senn die Kische geroppt un in die Stodt gfihet woen.* [Baw II] *Morge geh mer die Weicksle* (↑Weichsel) *vun dr Weickslbeem roppe. (...) Die Jorginie* (↑Georgine) *tut mer in oo Reih neistoppe* (↑hineinstupfen), *noh kann mer im Spotjahr*

scheni Streiß roppe. [Mil III] **Anm.**: In der Variante *roppe* tritt unverschobenes *-pp-* und *u>o*-Wechsel auf. ■ Gehl 1991, 135, 182.
→(1a) ab-, aus-, heraus-, verrupfen, (1b) Feder; (1c) Kamillerupfer.

Rusaberg - m, selten, ruːzapęǝk, Sg. tant. [Ora, Stei V]
A, Fo: nach der Ansiedlerfamilie benannte, auf einer Anhöhe gelegene Siedlung ● *Am Rusabäeg ham mië gwohnt. Hrusa had de Ansiedle ghaaßn von dem Bäeg.* [Stei V]
→Berg.

Russe - m, rus, -n [Franzd, Resch, Sekul V]; rus, -ǝ [Len, Low, War V]
V: Küchenschabe ● *Die Schwabn sind schwarze Kefer im Kelle, und braune heißn Russn.* [Resch V] ■ PfWb V 664 f.: 3.a. 'Küchenschabe', b. 'rote Ameise'; SüdHWb IV 1539 f.; RheinWb VII 638.
→Käfer, Schwabe, Ungeziefer.

Rüssel - m, risl, Pl. id. [Bak, Bog, Ger, Lieb, Len, War V]; riːsl [Fak, Ga, Glog, StA, Wil V]
V: spitze Verlängerung des Kopfes von Schweinen u. a. Tieren ● *No hod mer de Rissl vun der Sau misse mit em Droht zammziehe, no hod me sie rausfihre kenne.* [Lieb V] ■ Gehl 1991, 109.
→Schnusse, Vieh.

russische Kremtorte - f, rusiʃe kreːmtorta, - todn [Petschw II]
A: Torte mit gemahlenen Haselnüssen, Rum und Zitrone in der Kremfüllung ● *Álledehånd Tuetn, des is Dobostorta, Tschokoladitorta, Kawetorta* (↑Kaffeetorte), *Vaniliëtorta, russische Kremtodn, dä is fein.* [Petschw II]
→Torte.

Rüster - m, rystǝ, Pl. id. [Bohl II]; rustǝr [PrStI III]; ruːstǝ [Bohl, Bold II]; ruːʃtǝ [Bold II]; rustn [Stan III]; ruːʃǝ [Tor III; DStP, Ga, GStP, Rud, Tsche V], ruːʒǝ [Fak, Glog V]; ristǝr [Ga, StA V]; riːstǝr, Pl. id. [Bru V]; rustnpaːm, -ǝ [KT, Wud, Wudi I]
Fo: Ulme; Ulmus campestris **Etym.**: Aus mhd. *rust* und germ. *-dr(a)*, engl. *tree* in Baumnamen wie Flieder, Holunder, Wacholder, Heister. (Wahrig 2999) *Rüster* enthält das auch selbständig, als mhd. *rust*, bezeugte Vorderglied und das Baumnamensuffix *-ter, -der*. Die weitere Herkunft ist unklar. ([23]Kluge, 697) ● *Im Bruckenauer Wald ware viel Beem: Eichle, Tanne, Riester, Akaze un Papplbeem.* [Bru V] ■ PfWb V 669: *Rüster, Ruster* f., m. 'Ulme'; SüdHWb IV 1544; RheinWb VII 642; Gehl 1999, 84; Petri 1991, 75.
→Baum (1).

Rute - f, ruːte, ruːtn [Schön V]; ruːǝtǝ, -nǝ [Bil, Ham, Pe, Schei VI]
W: Schössling des Rebstocks ● *Aufdecka* (↑aufdecken) *ham-mië gseit, un denn ham-mer mit de Wiedle* (↑Weide 2) *naabunde selle Ruetene.* [Schei VI] ■ SchwWb V 503-504: 2. 'Trieb des Rebstocks'.
→Rebe.

rütteln - schw, rutlǝ, krutlt [Bog, Bru, GK, Ost V]; rudlǝ, krudlt [Ost V]; riːglǝ, kriːglt [OW VI]
1. Allg: heftig schütteln; Getreide sieben ● *Un zeitich (früh) im Frihjahr, hat mer misse die Storze* (↑Storzen) *raffe un die Ärd* (↑Erde) *an de Storze etwas ruttle.* [Bru V] *So oft wie mer 's Stroh, ghob un gruttlt hat, umso reiner war's, also umso mähr* ↑*Frucht* (1) *'s rausgfall ufs Platz.* [Ost V] 2. A: (von der Erde:) scharrend leicht aufrütteln ● *Mit der braadi Hack* (↑Hacke) *had mer gschärrt, bloß dass mers Unkraut un die Ärd gruddlt hat.* [Ost V] ■ rudeln, rutteln, rütteln PfWb V 631 f.: 1. '(Flüssigkeit, Dreck, den Bodensatz, die Frucht in der Fegemühle) aufrühren', 2. 'rütteln, schüren, auflockern, durcheinandermengen', 8. 'durchhecheln'. Sämtliche Formen setzen mhd. *rutteln, rütteln* voraus. Auch die Bedeutung 1, die semantisch zu *ruodeln* gehört, ist von einer Form mit kurzem Stammvokal abzuleiten, da mhd. *uo* dial. vor *d* als *ü* erscheint. Der Lemmaansatz in den Komposita ist daher problematisch. Vgl. Lexer II 546 *ruodeln*, 560 *rütteln, rutteln*; SüdHWb IV 1505 f.; RheinWb VII 560 f. *rüddeln, ruddeln*.
→(1) abgabeln, heben; (2) scharren.

Saatbeet - n, saːtpet, Sg. tant. [GJ, Len, Low, Ost, War, Wis V]
A: zur Aussaat bestimmtes und hergerichtetes Feld • *Dann is es ärscht geecht (↑eggen) ginn (worden), fer die Feichtichkeit ärhalle im Bode, de Bode gleich mache, dass gleiches Saatbett wärd.* [Ost V]

Saatkasten - m, saːtkhaʃtə, -kheʃtə [Ker, Pal, Stan, Wepr III, Tom IV, Bog, GJ, Gra, Ost V]
A: Hohlraum auf der Sämaschine, in der das Saatgut aufbewahrt wird • *Vore an de Semaschin war e Greih (Gereihe) un hinne war de Kaschte, de Saatkaschte, wu de Some (↑Samen) ninkumm is, un unne die Rohre (↑Rohr 1b) mit Seche (↑Sech).* [Ost V]
→Kasten, Sämaschine.

Sache - n (f), (n) sax, Sg. tant. [StI II, Mil, Stan III, NP IV, Bru, Fak, DSta, Ga, Ger, GJ, Knees, Lieb, Ost V, Bil, Ham VI]; (f) sax, Sg. tant. [Ap III]; (f) sax, -n [Wud, Wudi I, Petschw II, ASad, Lug, Tem, Wei, Wer, Wolf V]
Allg: nicht näher bestimmter Gegenstand verschiedenster Art (landwirtschaftliches Arbeitsmaterial, Erzeugnis, bäuerlicher Besitz) • *Me kann mit Kanitzl spritze ode des noi Sach elles.* [Jood II] *Ba uns hot mer misse uff de grose Hostelle (↑Hofstelle) sei Grumbiën (↑Grundbirne) unnoch sei Zwibbl un sei Sach oobaue.* [StI II] *Der Kukrutz hot ja aa misse ghackt wärre un Sach (...) Do hat mer Gens, Pärlhinkl (↑Perlhuhn) und Bockerle (↑Bockerl) ghat, des war die Sach.* [Ap III] *Rinderlewer, Rinderlunge oder des Sach hot mer hechschtns kenne als Zuwaage gewwe.* [Stan III] *Die Klaanbaure (↑Kleinbauer) hunn ihre Sach ufs Dreschplatz uff am gewisse Feldstick gfihrt un zu Triste ufgsetzt.* [Bru V] *Was halt so truckenes Sach war, des war alles ufm Bodm (↑Boden 1).* [GJ V] *Die Nas, wu des rotzich Sach war, des hod me weggschmiss.* [Lieb V] *Sie hawwe im Hausgoade (↑Hausgarten) liewer solche Sache gebaut, was Absatz ghat hat.* [NA V]
→Bratwurst-, Gewürz-, Schwartenmagen-, Specksache.

Sack - m (n), sak, sek [Fek, Jood, KKa, Petschw, StI, Sulk II, Stan, Waldn III, NP IV, Bak, Bill, Bru, Fak, Ga, Glog, Len, Low, NA, Ost, StA V, Ham VI]; sak, sęk [Jahr V]; såk, sęk [Glog V]; sakx, sękx [Sad V]; sak, seik [Aug, Pul I]; (n) sękxli̯, Pl. id. [Sad V]
A, G, H: hoher, schmaler, oben abzubindender Behälter aus grobem Stoff zur Lagerung oder zum Transport von körnigen oder kleinstückigen Gütern • *Do woan aa noch bei de Seck, duet woan zwaa Mann.* [Fek II] *Do ham-mer Seck uflade ode Ärde druflade un Stroh aa.* [Jood II] *Un do woan extri Leit, die wu die Seck aufghåldn hamm (↑aufhalten), un dot is neigrunne de Waaz (↑Weizen).* [Petschw II] *Un die Seck sein abgwoge ware un am ↑Boden (1) troge (↑tragen) glei.* [Sulk II] *Un e Seckmann (↑Sackmann) hot die Seck härghengt (↑herhängen) an die Maschie.* [Stan III] *Mährschtns hot mer de Hannef for Seck gspunne, ich had zirka hunnertfufzich Seck ghat.* [Waldn III] *Der Vattr hot finf Seck voll scheni Setzkrumbiere gricht (gerichtet).* [Bak V] *A volle Sack, des war a Metz (↑Metze) Frucht oder Kukrutz (↑Kukuruz).* [Bru V] *Wär gholfe hat, die Seck nuftraan (↑hinauftragen) uff de Bode, hat e Glas Wei[n] kriet.* [Ost V] *Wär zum Säckli gebore isch, kummet nie zue keim Sack.* [Sad V] ◆ Sack als Maßeinheit hat verschiedenes Fassungsvermögen. *De kläine Krumbieresack* (StA V) fasst 40-50 kg Kartoffeln, *de Habersack* (Sad V) bis zu 75 l, d. h. etwa 60 kg Weizen, *de große Jutesack* (Glog V) fasst 100 kg Reis, Zucker u. a. Der Ausdruck *zwelf Seck* 'zwölf Säcke, d. h. zwei Wagenladungen' bedeutete die Ablöse der Arbeitsgruppe bei der Dreschmaschine. (Gehl 1991, 171) - Pfälzische Redewendungen, die auch in Donauschwäbischen vertreten sind: *Die Katz im Sack kaafe* (etwas unbesehen übernehmen). - *Der hot die Katz aus em Sack gelosst* (einen bisher unbekannten Sachverhalt offenbart). - *Dem sei Sack hot ke Borrem (Boden),* (er ist unersättlich). - *Der steckt ehn zehnmol in sei Sack* (er ist ihm haushoch überlegen). - *Er lacht un heilt (kreischt) aus ääm Säckelche* (von Personen, die nach dem Lachen bald wieder weinen). - *Liewer e Sack voll Fleh hiere (hüten) wie e Mädel, wu heirade will.* - *Wann die Sunn in de Sack schluppt* (beim Untergehen in einer Wolke verschwindet, gibt's Reen. - *Des Kleed is weit wie e Sack, hängt an em wie e Sack, du steckscht drin wie in em Sack.* (PfWb V 687 f) In der letztgenannten Redewendung klingt nicht nur ein einfacher Vergleich, sondern die ursprüngliche Wortbedeutung an. Man vgl. die Herkunft

aus *Sack* 'länglicher Behälter aus grobem Stoff zum Transport grobkörnigen Materials' von mhd. *sac* m. n., ahd. *sac*. (²³Kluge, 698 f.) ■ Gehl 1991, 171.
→Frucht-, Haus-, Kamille-, Käse-, Sitz-, Strohsack, Nylon, Säckler, Sackmann, -träger.

Sackischer Pflug - m, sakiʃə plux, - pliç [Gra, Low, Ost, War, Wis V]
A: nach der Herstellerfirma benannter Ackerpflug ● *Aso vier Joch im Tag had mer kenne mid em Sackische Pluch oder Eberhardpluch stärze* (↑stürzen), *mit vier Ross ingspannt.* [Ost V]
→Pflug.

Säckler - m, seklə, Pl. id. [Drei, Kreuz, NA, Wies V]
A: (wie: Sackmann) ● *An de Dreschmaschin woan die Garweschmeise* (↑Garbenschmeißer), *zwaa Eileche* (↑Einleger) *un zwaa Seckle.* [NA V]
→Sack, Sackmann, Riesleute.

Sackmann - f, sakman, sekla:it [Gra, Mar, Ost V]; sekman, -menr [Mil, Sch, Stan, Werb III]
A: Drescharbeiter, der die Getreidesäcke an der Dreschmaschine an- und abhängt und die vollen Säcke wiegt ● *Un e Seckmann hot die Seck härghengt an die Maschie, wu's neigrunne is.* [Stan III] *Un am Kaschte* (↑Kasten 2) *ware die Seckleit, die hann abghong* (↑abhängen) *un gwoo* (↑wiegen). *Un wann zehn Zentner ware oder zwanzich, no war Ables.* [Ost V]
→Riesleute, Sack, Sackosch, Säckler, Sackträger.

Sackosch - m, selten, sakåʃ, -ə [Fak, Ga, Flog, StA, Wil V]; sakaʃ, -ə [Sad V]
A: (Wie: Sackmann) *Etym.*: Entlehnung aus ung. *zsákos* 'Arbeiter, der Säcke füllt oder schleppt', wobei in der Variante *Sackasch* in [Sad V] das ung. Suffix *-os* [oʃ] durch das ähnliche rum. *-aş* ersetzt wurde. Das anlautende *s-* wird nach dem Beispiel von dt. *Sack* dial. stimmlos gesprochen. Bemerkenswert ist, dass ung. *zsák* (seit dem 15. Jh. belegt) aus dt. *Sack* entlehnt wurde. Das anlautende stimmlose *s-* wurde im Ung. zu stimmhaftem *zs* [ʒ]. (Kobilarov-Götze 1972, 470). Eine Entlehnung des dt. *Sack* ist auch serbokr. *žak, žakna* 'ein aus Leder gefertigtes Fördergefäß', wohl aus der Terminologie der alten sächsischen Bergleute, desgleichen *žakelj, žaklja* 'Säckchen, Beutel' (auch slowenisch), aus dem bair.-österr. Diminutivum *Sackl*. (Strieder-Temps 1958, 224) ● *Der Sackåsch wegt* (↑wiegen) *die volli Fruchtseck* (↑Fruchtsack) *un schreibt sie uff.* [Glog V] ■ *Sakasch* Gehl 1991, 131.
→Riesleute, Sack, Sackmann.

Sackträger - m, sektra:gər, Pl. id. [Fek, Jood, Surg, Sulk II]
A: landwirtschaftlicher Tagelöhner, der die vollen Getreidesäcke (auf dem Rücken) auf den Speicher befördert ● *Nur selli honn Esse*[n] *kriëgt, was die Secktrager waret un die Kärn* (↑Korn 1) *auf de Bode* (↑Boden 1) *odde in de ↑Hambar* (1) *tragn.* [Jood II] *No ware noch die Gspreietroger* (↑Spreuträger) *un die Secktrager ware do.* [Sulk II] ◆ Pfälz. Redewendungen: Er kummt doher wie e Sackträger (von einem schlecht gekleideten Menschen. - Er esst wie e Sackträger (er isst sehr viel). ■ PfWb V 699: 'wer Säcke trägt', insbesondere Getreidesäcke von der Dreschmaschine zum Speicher; SüdHWb V 23; RheinWb VII 679.
→Sackmann; tragen (1).

säen - schw, sejə, kse:t [Be, Tom IV, Bog, Gott, Gra, Len, Ost V]; sejə, .sẹ:t [Bil, Ham, Mai, Pe, Schei, Suk VI]
A: Saatgut in den Boden bringen ● *Im März henn die Leit messe* (müssen) *Hawer seje gehe, des war des erschte, was drookomme is.* [Tom IV] *Die Frucht war ja schun im Spodjohr* (Herbst) *gseet worre, des is die Winterfrucht.* [Len V] *Un mit der Hand hat mer gsät.* [Schei VI]
→anbauen, aus-, ein-, hineinsäen, stecken, streuen, stupfen; Maschine (1b), mit der Hand, Sämaschine.

Saft - f (m), saft, Sg. tant. [Wem II, Ap, Brest, Sch, Siw, Wepr, Werb III, ND, NP, Ru IV, Bak, Bog, Fak, Ga, Gott, Gra, Nitz, Ost, StA, War, Wil, Wies, Wis V]; (m) sɔft [OG I]
1. A, Fo, G, O: flüssiger Bestandteil a. durch Pressen gewonnene trinkbare Flüssigkeit aus Obst oder Gemüse ● *Ja, es Obst woa viel. Von die Himbårn ham-men Soft gmocht. Jetz ta-me nue es Obst einfriën* (↑einfrieren), *in de Kühlschrank 'nei.* [OG I] *Märitzl* (↑Meritzel), *dea woar von Holz un dea woa dicht, dass ka Saft velor geht.* [Ru IV] *Aus de Hollerblumme kam-me gute Saft mache.* [StA V] b. V: Flüssigkeit, die während des Bratens oder Kochens aus dem Fleisch austritt ● *Uno hot's ↑Tepsifleisch gewwe, wu mer der Karpfe in der Tepsi 'nei hot, un gebrote* (↑braten) *warre in Saft.* [Ap III]
→Most.

Säge - f, ze:gn, Pl. id. [OW VI]; sə:īŋ [Tol I]; zeęgv̥, zeęgə [Besch, Ham, Mai, Pe, Schei, Suk VI]; se:ge, se:gə [Gak III]; se:gə, Pl. id. [Tax I]; sę:gə [Mu II]; se:k, se:gə [Pußt I, Tow IV]; seç, -n [Bohl II, Bat VI]; seçə [Nad II]; se:j, -ə [Bog, Gott, Gra, Hatz, Joh, Low V]; sę:çə, Pl. id. [Nad II]; se:ç, -n [Bohl II]; sa:k, -n [Aug, Pußt I]; sa:x, -n [OW VI], så:x, -ə [Nad II]; sǫ:k, -ə [Tax I]; so:x, -ə [Ben V]; so:x, se:xə [Da, Fak, Glog V]; zeę:gle, Pl. id. [Besch VI]; (n) sa:gəl, -n [OW VI]; sa:gl, Pl. id. [Bat VI]
1. Fo: Werkzeug mit gezähntem Blatt zum Zerschneiden von Holz *Etym.*: Die Bedeutungsübertragung von *Säge* 2 zu 'Sense' erfolgte über die ursprünglich gezähnte Sichel, die der Säge glich. ● *Die Leute tun nicht mehr mit die Hende die Segn ziehgn* (↑ziehen) *ond so das Holz felln* (↑fällen). [OW VI] 2. A: Sense ● *Der Vater isch vornaa gange mit der Seäge, ja, schwabisch mit der Seäge, und hat nidergmäht* (↑niedermähen). [Schei VI] **Anm.**: Das schwäb. Diminutivsuffix -*le* hat keine verkleinernde Funktion (*Seägle*), während *Sagl*, mit bair. Diminutivsuffix -*l*, in [Bat VI] eine kleinere Handsäge im Vergleich zu *Sech* bezeichnet. - In der Fachsprache werden ugs. und dial. Termini parallel verwendet, etwa: *Sege* und *Sag* in [Tax I], *Seche* und *Såch* in [Nad II] oder *Sege* und *Sach* in [OW VI]. ■ SchwWb V 1312: *Sege(n)s(e)*, also Segess: 1. 'Sense'.
→(1) elektrische -, mechanische Säge, Fleisch-, Hand-, Motor-, Waldsäge, Sägemehl, -werk; sägen; (2) Sense.

Sägemehl - n, se:kme:l, Sg. tant. [Bohl II, Ap III]; seçəmę:l [Nad II]; soxmę:l [Bog, Fak, Glog, Gra, Low, War V]
Fo, V: fein zerriebene Holzteile, die beim Sägen von Holz anfallen ● *Des Fleisch un die Schunge* (↑Schinken) *sinn gselcht warre* (↑selchen) *in Selchofe gewwe un ufs Feier is Segmehl drufkumme.* [Ap III] *Ja, mit Sochmähl had me de Fleisch un die Wirscht grauchet* (↑räuchern). [Glog V]
→Säge (1)

sägen - schw, se:gn, kse:kt [Aug, Scham, Schor, Wud I]; se:gə, kse:kt [Stan III, Fak, Ga, Glog, StA, Wil V]; se:kə, kse:kt [Tax I]; se:çə, kse:çt [Bohl, Fek, Kock, Surg II]; se:jə, kse:jət [Bog, Ger, GJ, War V]
Allg: etwas mit der Säge zerkleinern ● *Do hot's e klooni Handsege gewwe, noch ko elektrische Sege. Hot mer alles messe mit der Hand sege.* [Stan III]
→Säge (1).

Sägewerk - n, se:gevẹrk, -e [ASad, Resch, Stei, Wei, Wolf V, OW VI]
Fo: industrieller Betrieb, in dem Rundholz zu Brettern, Balken usw. zersägt wird *Etym.*: Entlehnung aus der Standardsprache. ● *No drei Taa* (Tagen) *hom-mand d'Kohlnbieresch* (↑Kohlenberesch) *en Beföhl kriegt, ins Segewärk vun STEG foahrn und hom-man's mejssn um Bretta foahrn.* [Wei V] *Un mit drei-vier Leute wird das Floß gerudert bis zum Segewärk.* [OW VI]
→Säge (1).

Salami - m, sala:mi, Pl. id. [Baw, Jood II, StI, Fak, Ga, Glog, Sad, StA, Wil, Pan V]; såla:mi [Petschw II]
V: kräftig gewürzte, luftgetrocknete Dauerwurst aus Schweine- oder Rindfleisch ● *Mei Votter hod Salami gmocht un Schunge* (↑Schinken) *un Speck, on des hod er graaiget* (↑räuchern). [Baw II] *Mïe machn Bluetwuscht, Fleischwuscht, des is Stiffulde* (↑Stiffulder) *un Sålami.* [Petschw II] *No senn die zwaa Saue ufgarbet, sinn die Wirscht gmacht, Wirscht kocht und Salami gmacht.* [Jood II] *Salami un die Woascht* (↑Wurst) *is gselcht woan in Selchofe odder Raufang.* [NA V] *Mer hat eigene Salami oder gekaafte Summersalami un Griewärschtle* (↑Krenwurst) *gesse.* [StA V] ◆ Die in der eigenen Hauswirtschaft hergestellte Salami wird wie die Frischwurst in der kälteren Jahreszeit verzehrt, während die industriell hergestellte Sommersalami auch im Sommer aufbewahrt und verzehrt werden kann. ■ Das dt. Subst. *Salami*, kam über frz. *salami* aus ital. *salame* m. Seine Herkunft wird über ital. *sale* 'Salz' aus lat. *sāl* 'Salz, also eigentlich "Würzung" angegeben. ([23]Kluge, 701). Der Wortgehalt entspricht in den deutschen Siedlungen in Rumänien dem rum. *salam* 'dicke, luftgetrocknete oder geräucherte Wurst aus gehacktem Rind- oder Schweinefleisch', das wie bulg. *salam* aus gleichlautendem türk. *salam* kommt. Die besonders gut haltbare Trockenwurst mit weißem Belag auf der Haut wird unter Anlehnung an rum. *salam de vară* Sommersalami genannt.
→Roh-, Sommer-, Wintersalami, Salamidarm, -fabrik, Wurst.

Salamidarm - m, salamita:rəm, -tẹrəm [Drei, Eng, Kreuz, Wies V]
V: zur Salamiherstellung verwendeter Darm ● *Salami hod me mit Salamidärem gmacht. Des woan die Seidedärem, die hod me kauft.* [NA V]
→Darm, Salami.

Salamifabrik

Salamifabrik - f, salå:mifaprik, -ə [Ker, Sch, Siw, Stan, Tscher III]
V: Betrieb, in dem durch Maschineneinsatz Salami hergestellt wird ● *Die ↑Lose, wu nimmär ausgschittet henn* (↑ausschütten), *die sinn nach Prag in die Salåmifabrik gange.* [Stan III]
→Salami.

Salasch - m, salaʃ, -ə [Waldn III, Bru, Fak, GJ, GK, Glog, NA, StA V]; salaʃt, Pl. id. [Sad V]; salaʃ, saleʃ [Ap, Hod, Ker, Tor III]; səla:ʃ [KT, Wud, Wudi I]; tsalaʃ, Pl. id. [GK, GSch, Jahr, Len, Low, Mer, NB, Ost, Tschan, War V]
1. A: Einödhof, als Zweithof auf eigenem Feld, oft Sitz des Pächters *Etym.:* Entlehnung aus ung. *szállás* 'Herberge, Lager, zeitweilige Unterkunft für Mensch und Tier', daraus auch rum. *sălaş* 'dass.' Zu bedenken ist auch mhd. *zalas* 'Herberge', das eine alte Entlehnung ins Ungarische und daraus eine Rückentlehnung in die donauschwäb. Dialekte vermuten lässt. Die Variante *Zalascht* erscheint in [Gsch, Mer, NB, Tschan V] in den Bedeutungen 'abgedeckter Laufstall' als auch 'Einödhof auf dem Feld'. Zudem heißt die Variante *Salascht* mit epithetischen *t* in [Sad V] 'zeitweilige Unterkunft auf dem Feld'. (Gehl/Purdela Sitaru 1994, 43). ● *Die Sallesch henn die Großbaure ghat ufm Feld. Ufm Sallasch ware die ↑Beresch, des ware die Pächter, un die henn no widder Knechte ghat. Ungare oder Schokatze henn bei den Bauer garwet (...) Ross und Kih ware in Sallasch hauptsechlich, und zu de Schef* (↑Schaf) *hot aa de Esl geghert.* [Ap III] *Des hot mer eigfähre, wär e Sallasch hat ghat. Sallasch, des is e Wirtschaftshof drauß im Feld.* [Waldn III] A: 2. wirtschaftlich genutzter Hinterhof in der Bauernwirtschaft ● *In de Salasch hunn die Baure ihre Trist* (↑Triste) *gsetzt. Do is no die Dreschmaschin zu am jede in de Hof kumm.* [Bru V] *Im Zallasch ham-mer am Freidach Hannef un Flacks vestuppt* (versteckt). [NB V] 3. V: vorderer (überdachter) Teil des Schweinestalls, Laufstall ● *Des is de Selaasch gweest, de hod me nu gsagt de Selaasch.* [Wud I] *De Sallasch un owwedriwwer war de ↑Hambar (2) bei manche Leit.* [GJ V] *Ich hol en Korb voll Kukurutz und wärf ne de Schwein in Zallasch.* [Jahr V] *De Schweinstall war jo mit Ziggle geplaschtert un Ziment. Un dann war so wie e Abhänger, e abgedecktes Vodeteel, wu's net ningereent hat, Zallasch hat me gsaat iwwe des.* [Len V] *Un Bletsche* (↑Bletschen), *sein neigschmisse* (↑hineinschmeißen) *woan in Zallasch, Kolrawibletsche un Riewebletsche im <!> Frihjahrszeit.* [NA V] *Vore am Schweinstall war de Zallasch, där war geplaschtert* (↑gepflastert). [Ost V] *Henne em Hof is e Tenn* (↑Tenne), *un e Zallasch is vore em Schweinstall.* [Stei V] **Anm.**: Das *z* im Wortanlaut kann durch Verschmelzung des Artikels *d(er)* mit anlautendem *s* hervorgegangen sein. ◆ (1) Ein *Salasch* in Hodschag wird so beschrieben: "Ein Bauer, der ca. 35 Joch Ackerfeld besaß, trachtete nach einem Salasch, sofern seine Felder beieinander lagen. Der Salasch bestand aus einem Wohnhaus, einem Stall für Pferde und Kühe, Hühnerstall sowie Stroh- und Heuschopf. In der Mitte lag der große Hof mit Ziehbrunnen und Misthaufen, einem 'Opar' (Koppel) als Auslauf für das Vieh. Nicht selten gab es da auch viele Obstbäume, vorzugsweise Apfel- und Zwetschgenbäume. Die hohen Pappeln, die breiten Nuss- und Maulbeerbäume sollten vor stürmischen Windböen schützen." (Hodschager Blättli, Dezember 2000, S. 17) ■ *Salasch* Gehl 1991, 190.
→(1) Großbauer, (2) Dresch-, Tretplatz; (3) Auslauf, Pferch, Schuppen, Schweinestall.

Abb. 73 Salasch

Salat - m, sala:t, Sg. tant. [OG I, Ap, Bre, Brest, Buk, Fil, Hod, Kol, Mil, Stan, Tscher III, Buk, In, ND, NP IV, Bak, Bog, Franzf, GK, Karl, Len, Low, Mar, Ost, War V, Bil, Ham, Mai, Pe, Schei, Suk VI]; sålå:t [Jood II]; sålå:d [Petschw II]; səla:t [Brest, Gai III, NP IV, Fak, Ga, Glog, StA V]; salo:d [StI II]; tsala:t [Low V]; tsalo:t [NB V]
1. G: Gemüsepflanze mit essbaren grünen Blättern, (auch:) Blattsalat; Lactuca sativa ● *Do gibt's Kiëwes* (↑Kürbis), *Paradeies, Krauet, Karfeol, Umuekn* (↑Umurken), *Salat.* [OG I] *Ja, Zwibbl* (↑Zwiebel) *noistupfe* (↑hineinstupfen) *ode Griënzeig* (↑Grünzeug) *aabaue, un so kummt elles 'noi, de Sålåt.* [Jood II] *Me hat auch Grumbiën* (↑Grundbirne) *gessn un Saures un Paprika un*

Sålåd. [Petschw II] *Un noch waa gebrode Fleisch* (↑gebratenes Fleisch), *ausgebacke Fleisch, un noch woa Salot un saure Paprike.* [StI II] *Im Garte hat mer viel Rawattle* (↑Rabatte) *gmacht, do ware oo-zwaa Rawattl Salat.* [Mil III] *Ja, ausgseet* (↑aussäen) *den Salat, dann ham-mer'n versätzt* (↑versetzen). [Ost V] *Im Garte wachse Paprika, Salat, Bohne, alles.* [Schei VI] 2. G: kaltes Gericht aus zerkleinerten, mit Essig, Öl, Salz und Gewürzen angerichteten Gemüsepflanzen ● *Do hat's mehlichi Grumbire* (↑Grundbirne) *gewwe* (gegeben) *un hot speckedi gewwe, also far Salat oder far Grumbire quelle* (↑quellen). [Ap III] *Die Pardeis hat mer ingekocht* (↑einkochen) *un aa fer esse un fer Salat mache dervon.* [Ost V] **Anm.**: Das *z* im Wortanlaut der Varianten *tsala:t* und *tsalo:t* in [Low und NB V] kann durch Verschmelzung des Artikels *d(er)* mit anlautendem *s* hervorgegangen sein. ■ PfWb V 717-719; SüdHWb V 40 f.; RheinWb VII 706 f.; Gehl 1991, 228; Petri 1971, 42.
→(1) Gemüse; (2) Grundbirnen-, Kraut-, Winete, -Wintersalat.

Salband - n (f), veraltet, salvent, Pl. id. [Nadw III, Ger V]; salven, Pl. id. [Ker, Mil, Sch, Stan, Tscher III]; (f) sa:lvin, -ə [Bad II]; salviŋ, salvi:nə [Nadw III]; selve:nə, Pl. id. [StA V]
V: ranziges Ende einer Speckseite *Etym.:* Vgl. *Salband* n. 'Webkante', fachsprachl. Frühnhd. *selbende,* also 'eigenes Ende'. Die heutige Lautform ist ostmd. und hat zu einer Anknüpfung an *Band* geführt. (²³Kluge, 614) ● *Des aldi Schmalz un all des Specksach* (↑Specksache) *hot mer gsammlt un es Salwen, die Ender vum Speck, des hot me net gesse.* [Stan III] ■ PfWb V 720: 2.a 'Ende, Rest, Überbleibsel' (von Speisen), b. 'ranziger Speckrand'; RheinWb VIII 70; HNassVWb III 17 f.
→Ende.

Saliter - m, salitər, Sg. tant. [Fak, Ga, Glog, StA, Wil V]; salitr [Fil, Mil III, Tom IV, Alex, Bog, War V]
A: (verkürzt für:) Saliterboden *Etym.:* Frühnhd. *salpeter* ist wohl umgebildet aus mhd. *salniter,* dieses aus lat. *sāl nitrum* 'Natron', dieses aus gr. *nítron,* das ägyptischen Ursprungs ist. Die Formveränderung erfolgte wohl unter Anlehnung an lat. *sāl petrae* 'Steinsalz'. (²³Kluge, 702) Aus *salniter* entstand durch Assimilation *Saliter.* ● *Unsr Salitr war jo groß, un wu viel Kamille beinand ware, des henn die Kindr schun gwisst.*

[Mil III] ■ Gehl 1991, 64.
→Saliterboden.

Saliterboden - m, salitərpo:də, Sg. tant. [Fak, Ga, Glog, Wil V]
A: salpeterhaltiger, weißer, unfruchtbarer Boden ● *De Saliterbode is de weißi Bode, uff dem wackst nicks.* [Fak V] ■ Gehl 1991, 64.
→Boden (2), weißer Boden.

Salizyl - n, salitsi:l, Sg. tant. [Aug, Ed, OG, Scham, Wer I]; salitsil [Alex, Bog, Fak, Ga, GJ, Len, Mar, Ost, War, Wis V, Mai, Pe, OW VI]
A, Fo, O: als Konservierungsmittel verwendete Salizylsäure ● *Die Kiёschn, die kumme olli in Glos* (↑Glas)*, ja, mit Saliziel, Zucke un Zitraune* (↑Zitrone). [OG I] *Es wird konserviert, ja, Salizill kommt dort rein.* [OW VI]
→konservieren.

Salz - n, zalts, Sg. tant. [Bil, Ham, Mai, Pe, Schei, Suk VI]; salts [Bad, Baw, Jood, Mu, Petschw, StI II, Brest, Gai, Sch, Siw III, In, NP IV, Bak, Bog, Ga, Len, Low, Pan, Schön, Sad, SM, StA, War, Wil V, Bat, Ham, Mai, OW VI]; sa:lts [StI II]; sålts [Fak, Glog V]; sǫlts [ASad, Lind, Tem, Wei, Wolf V]
1. A, Fo, V: körniges, zur Konservierung von Fleischprodukten verwendetes Gewürz ● *Sell wurd oigsalze in soligi Fesser vun* ↑*Plastik, no bloibt des so acht Teg lang im Salz.* [Jood II] *In die Fleischwuscht, des Fleisch wäd gmåhln, dann kummt Sålz un Paprika.* [Petschw II] *In die* ↑*Sarma is Schweinefleisch un noch Reis un e bissje Zwippl* (↑Zwiebel) *neigschniede woan* (↑hineinschneiden)*, Pheffer un Salz.* [StI II] *Un die Schunge sinn in Salz kumme, die sinn glackt* (↑lacken) *warre, glackt hat des ghaaße.* [Ap III] *Der hot Tausende Kilo Solz in Wold ze de Solzlecken, woa's Wild wecksLt* (↑wechseln). [Wolf V] *Die Schwämme gehn sähr gut zu bratn, und das kannst auch so grilln mit Salz und ein wenig Pfeffe.* [OW VI] *De bringe mer d'Schunge in so en Kibbel un tut mer Salz nauf un e Knobelewasser* (↑Knoblauchwasser). [Schei VI]
2. Fo, V: Kochsalz in großen Stücken zur zusätzlichen Vieh- und Wildfütterung ● *Un da legt man ihnen auch Salz, so große Sticke* (↑Stück). *Die Rehner* (↑Reh) *komment un schleckn von den Salz.* [OW VI]
→(1) Gewürz, Salzschaff, -umurke; einsalzen, salzen; (2) Salzlecke; schlecken.

salzen - schw, saltsə, ksasltst [Bog, Fak, Gra, Glog, Len, Low, Ost, War V]
V: (wie: einsalzen) • *Die Vorderschunge gin (werden) ausgebaandelt (↑ausbeinen) un die Hinnerschunge (↑Hinterschinken) gsalzt un geraacht (↑räuchern).* [Bog V]
→einsalzen; Salz (1).

Salzlecke - f, soltslekn, Pl. id. [ASad, Lind, Resch, Wei, Wolf V]
Fo: Stelle, wo Salz für das Vieh gestreut, bzw. ein Salzbrocken zum Lecken ausgelegt wird • *Der hot Tausende Kilo Solz in Wold ze de Solzleckn, woa's Wild weckslt (↑wechseln).* [Wolf V] ◆ Gemeinschaftliches *Salzlecken* galt als ein Verbrüderungssymbol salzburgischer Landleute, z. B. noch derjenigen, die im Jahre 1731 des Glaubens wegen auswanderten sowie derer, die im Jahre 1525 sich mit Gewalt der Hauptstadt bemächtigten. (BayWb 2/1 273) ■ PfWb V 731: Flurnamen, amtlich *Salzlecke*; SüdHWb V 51: Flurnamen *die Salzleck*; SchwWb V 556: 'Ort zum Salzlecken der Schafe, mitunter Flurnamen', Lom. Salzleckenhau, -wald, -weg.
→Salz (2).

Salzschaff - n, saltsʃafl [Fil, Mil, Pal, Siw, Stan, Tscher III]
V: Zuber, in dem Fleisch eingepökelt wird • *Es Kloofleisch (↑Kleinfleisch) is noch gschnidde worre (↑schneiden) un in e großes Salzschaffl, wie me sagt, in en Zuwwer (↑Zuber) eigsalze worre.* [Stan III]
→Salz, Schaff.

Salzumurke - f, saltsumork, -ə [Bog, Fak, Ga, GK, Glog, Low, Ost, StA, War, Wil V]
G: in Sakzwasser konservierte Salatgurke • *Zun Fleisch hem-mer als gärn Salzumorke oder Essichumorke gesse (gegessen).* [Glog V] *Umorke ham-mer aa ghat far iwwer Winter inleje (↑einlegen), inseire, for Salzumorke mache.* [Ost V] ■ Gehl 1991, 229.
→Salz (1), Umurke.

Salzwasser - n, saltsvasər, Sg. tant. [Bak, Bog, Fak, Ga, GK, Glog, Len, Lieb, Low, Ost, StA, War, Wil V]
G: mit Kochsalz angereichertes Wasser • *Die Lack war e Salzwasser, un me hod aach Knowloch (↑Knoblauch) dezugetuu.* [Lieb V] *Die Sunneumorke (↑Sonnenumurke) wärre nor in Salzwasser ingleet (↑einlegen) un phaar Tech (Tage) an die Sunn gstellt.* [Ost V] ■ PfWb V 733; SüdHWb V 52; RheinWb VII 718.
→Lake, Salz, Wasser (2).

Sämaschine - f, se:maʃin, -ə [Bog, Ger, GJ, Len, Low, Ost, War V]; se:maʃi:, -nə [Fak, Ga, Glog, Sad, StA, Wil V]
A: Landmaschine zur Ausbringung des Saatgutes in den Boden • *Die Zuckerruwe had mer mid-de Semaschin aangebaut, die is vun Ross gezog genn.* [Ost V] ◆ Die ursprünglichen Sämaschinen wurden von Pferden gezogen. ■ Gehl 1991, 149.
→Gereihe, Kukuruzsetzer, Maschine (1), Rohr (1b), Saatkasten, Sech; säen.

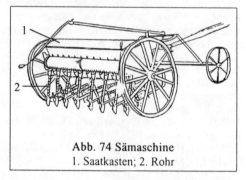

Abb. 74 Sämaschine
1. Saatkasten; 2. Rohr

Samen - m, sa:men, Pl. id. [OW VI]; za:mə [Bil, Ham, Mai, Pe, Schei, Suk V]; sã:mə, Pl. id. [Alex, Fak, Ga, Glog, NA, Pan, StA, Wil V]; sõ:mə [Bold, Ha, Seik, StG, StI, Sulk II, Bak, Bog, GK, Len, Low, Nitz, Ost, War V]
A, Fo, G, T: für die Aussaat ausgewählte Samenkörner, Saat • *Dä Some is in so e lange Schotte (↑Schote) dren, un die Schotte is nicht voll mit Some.* [Seik II] *In Feber hunn se mese Tuwakkutsche (↑Tabakkutsche) mache, wu mer die Pflanze, die Some oobaut hot.* [Sulk II] *Des is zugstreit woan, nit zugrechlt (↑zurechen), dass de Same nit vekratzt is.* [NA V] *Im 1904er Johr ist bei ↑Frucht (1) un Kukruz (↑Kukuruz) net mol de Some rauskumm (↑herauskommen 2).* [Nitz V] *Hinne an de Semaschin war de Saatkaschte, wu de Some ninkumm is.* [Ost V] *Es gibt solche Forstgarten, wo me anbaut mit Samen die Fichtn und Tannen.* [OW VI] ◆ Wenn der Salat, Spinat usw. *in Same schießt*, also Blütenstände und Samen entwickelt, wird er als Gemüse ungenießbar. ■ Gehl 1991, 77.
→Gras-, Klee-, lein-, Magel-, Muhar-, Öl-, Rotklee-, Tabaksamen, Pflanze, Samenfrucht, Schote.

Samenfrucht

Samenfrucht - f, sä:məfruxt, Sg. tant. [Stan III]; sō:məfruxt, Sg. tant. [Bog, GJ, GK, Ost, War V]
A: zur Aussaat verwendeter Weizen ● *Där is rumgfahre im Dorf die Frucht putze, die Samefrucht.* [Stan III] *No had mer des Korn gekippt mit der Sichl, dass es ka Some macht, wege de Somefrucht. Schunscht wär zum Schluss schun gmischt gwenn vum Korn un Frucht.* [Ost V]
→Frucht, Samen.

sammeln - schw, za:məln, za:məlt [OW VI], samlə, ksamlt [Fek, Nad, Surg, Wem II, Ap, Ker, Mil, Sch, Stan, III, Bog, Fak, GJ, Low, War V]
1. Allg: (landwirtschaftliche Produkte:) zusammentragen, ansammeln ● *Die Leute saameln diese Frichte (↑Frucht 2) un de Förster bezahlt ihnen nach Kilogramm.* [OW VI] a. Fo: (vom Stauwasser:) ansammeln, stauen ● *Un wenn das Wasser saamelt is, öffnen wir das ↑Tor un lasst man's Wasser auf die Riesn (↑ Riese) drauf.* [OW VI]
→(1) zusammentragen; (1a) ansammeln.

Sand - m, zant, Sg. tant. [Besch VI]; sant [Tax, Tschol, Tschawa, Wein I, Surg II, Gak, Stan III, Bog, Ger, GJ, GK, Len, Low, Ost, Wer V]; sånt [StIO I, Fak, Ga, Glog, StA, Wil V, OW VI]
1. A, V: feinkörniges, abgetragenes Sedimentgestein, das leichte Ackerböden bildet ● *Also die Saustell, die ware unnerm Gore. Do war immer Sand drin, wu sie glege sinn (↑liegen).* [Stan III] *Im Keller war es Grienzeich ingschlaa (↑einschlagen) in de Sand.* [GJ V] *Die Hehne (↑Huhn) vescherrn den ganze Sånd aus dem Såndhaufe.* [StA V] 2. A: (verkürzt für:) Sandfeld, leichter Boden ● *De Sand un die ↑Wiese (1) ware leichtres Feld. De schwarze Bode war gudes Feld, awer dart war die ↑Frucht (1) um e Woch speder zeidich (↑zeitig) wie uff dem Sand.* [Ost V] ■ Gehl 1991, 64.
→(1) Sandblatt, -haufen, -krug; (2) Feld, Sandboden, -loch, -tabak; sandig.

Sandberg - m, santpęriç, -ə [Alt, Fek, Nad, Oh, Wem II, Bog, Ger, GJ, Len, War V]
A: sandige Anhöhe, Flurnamen ● *Do gebt's de Sandbärich, de Staabärich, de Gaaßbärich.* [Fek II] ■ PfWb V 746; SüdHWb V 61; RheinWb VII 732.
→Berg, Sand (1).

Sandblatt - n, santplat, -pletə [Bold, StG, Sulk, Wem II, Fil, Mil, Pal III, Drei, Wies, Wis V]
T: unteres, sandiges Tabakblatt ● *Die Sandblette ware die billigsti un die andri ware die Motteblet-te (↑Mutterblatt), den Name hunn sie ihne gewwe.* [Sulk II] ■ PfWb V 746; SüdHWb V 61.
→Blatt, Sand.

Sandboden - m, santpo:də, Sg. tant. [Sulk,Wem II, Ap, Hod, Fil, Mil III, Be, NP, Tom IV, Alex, Ben, Bill, Bru, Fak, Ga, Glog, Gott, Gra, Ost, Low, Sack, War, Wies, Wis V]; santpo:də, -pe:tə [Stan III]
A, Fo, G, H, T, W: sandhaltiger, leichter Boden ● *Ufn Sandbode is Mischt kumme. Me had Kih und Saue und Ross ghalde, dass mer hot kenne mischte (↑misten).* [Sulk II] *Do war schwarzer Bode, ke Sandbode oder Steinbode.* [Stan III] *De Sandbode is hitziche Bode, där trickIt (↑trocknen) zu gschwind aus.* [Fak V] ■ Gehl 1991, 64.
→Boden (2), hitziger Boden, Sand (2).

Sandhaufen - m, santhaufn, Pl. id. [Aug, Ed, Ins, Scham, Schor, Wasch I, Petschw II, Esseg, Ru IV, ASad, Karl, Tem, Wer V, Bat, OW VI]; santhaufə [Baw, Kock, Seik, Surg, Wem II, AK, Ker, Sch, Tscher III, Be, Tom IV, Bru, GJ, Kath, SM, War V, Bil, Pe, Suk VI]; sånthaufə [Fak, Ga, Glog, StA, Wil V]
A: zu einem Haufen aufgeschichteter Sand ● *Die Hehne (↑Huhn) bade im haaße Staab (↑Staub) un veschärrn (↑verscharren) de ganze Såndhaufe.* [StA V]
→Sand (1); Haufen (1b).

sandig - Adj, sandik [Jood II, ASad, Lug, Resch, Tem, Wolf V], sandiç [Alt, Surg, Nad, Oh, Wak, Wem II, Fil, Ker, Mil, Sch, Siw, Tor III, Be, Tom IV, Bog, Ger, GJ, GK, Glog, Kath, Nitz, Len, War, Zich V]
A: (Erde:) mit hohem Sandanteil ● *Des is e sandichs Feld, doet wåckst vill Zinnkråidich (↑Zinnkraut).* [Fek II] *Had, es gibt sandiges Feld un rode Grund (↑roter Grund) un schwarze Grund, hat so pickich (↑pickig), wann's regne tuet.* [Jood II]
→Sand.

Sandkrabbeler - f, santkrablər [Kreuz, NA V]; sǫntlaifər [Darda II]
G: Portulakröschen; Portulaca grandiflora *Etym.*: Die Bezeichnungen *Sandkrabbeler* und *Sandläufer* sind metaph. Bezeichnungen nach dem kriechenden Wachstum der Blume und ihrer Vorliebe für sandigen Boden. Vgl. ähnliche Bezeichnungen wie: *Erdkrabbeler, Krabbelchen* für das Burzelkraut, Portulaca oleracea. (Petri 1971, 57)

● *Bei uns woan im Wiäzbischl* (↑Würzbüschel) *Kamelie* (↑Kamille), *Herrgottshaare* (↑Herrgottshaar), *Kornblumme, Staanaagl* (↑Steinnagel) *un Sandkrabbler.* [NA V] ∎ Petri 1971, 57.
→Blume.

Sandkrug - m, santkrux, -kriç [Bog, Ger, GJ, GK, Len, Low, War, Wis V]
A: Wasserkrug aus gebranntem Ton ● *Ja, Trinkwasser hann se ghat im Steenkruch, mer hat Sandkruch gsaat iwwer ne.* [GJ V] ◆ *"Oweds an de Brunne gehn/ un de Sandkruch fille,/ eemoll nor mech ich dort stehn/ un mei Dorscht noch stille."* (Hockl 1973, 36) ∎ PfWb V 750.
→Krug, Sand (1), Steinkrug.

Sandloch - n, santlox, -leçər [Ap, Brest, Fil, Mil, Pal, Sch, Siw, Tscher III, Be, Tom IV, Alex, Bog, Ger, GJ, Len, War, Wis V]
A, H: natürliche Vertiefung in sandigem Boden, in dem sich oft Wasser ansammelt ● *De Hanf is greezt* (rösten 1) *warre in so Sandlecher odder Teicher, wu so extre e Hanfwasser war.* [Ap III]
→Loch (1), Sand (2), Teich.

Sandtabak - m, santthuvak, Sg. tant. [Drei, Wies, Wis V]
T: zuerst reifende, am unteren Stängelteil wachsende und durch Regen mit Erdteilchen verunreinigte Tabakblätter *Etym.:* Die Bezeichnung rührt von den Erdteilchen, die an den untersten Tabakblättern haften und nach dem Ernten abgstreift werden müssen. Tabak gedeiht am besten in leichten, sandigen Böden. ● *Aso, do war de Spitzthuwak, mr hat ne gnennt Kipplthuwak* (↑Gipfeltabak), *des war erschti Klasse. Dann de mittri, des war de Hauptthuwak un de anri hat mr genennt de Sandthuwak.* [Wies V]
→Sand (2), Tabak.

Sapine - f, selten, sapi:nər, Pl. id. [OW VI]
Fo: Werkzeug zum Wegziehen gefällter Bäume, Sappel *Etym.: Sapine, Sappel* ist österr.; von frz. *sapine* 'Tannenholzbrett, Hebebaum', zu frz. *sapin* Tanne'. (Wahrig 3032) ● *Sapiner, das is ein Wärkzeug vom Eisn, mit ein Stiel. Das is so ein wenig rund und hat hier ein Spitz* (↑Spitze), *mit dem man das Holz riegelt* (↑rügeln). [OW VI] ∎ Wahrig 3032; *Sappi, Sappel* BayWb 2/1, 317: 'Spitzhacke an einem langen Stiele, mit welcher der Trift- oder Flößholzarbeiter in die Blöcke eingreift, die er im Wasser fortschaffen will'.
→Werkzeug.

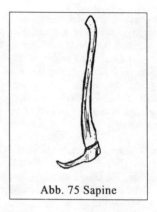

Abb. 75 Sapine

Sarma - f, sarmɐ, Pl. id. [Berg, III]; sarmə [KaF, Kisch, Lasch, StI II, Ker, Mil, Pal, Sch, Siw, Stan, Tor, Tscher, Waldn III]
V: Krautwickel, gefüllt mit gehacktem Schweinefleisch, Reis und Gewürz *Etym.:* Das Wanderwort ist eine Entlehnung aus serb. und rum. *sarma,* 'Krautwickel gefüllte Krautroulade'. Beide kommen aus turk. *sarma,* in Kohl- oder Traubenblättern eingewickeltes und in Olivenöl und Wasser gedämpftes Hackfleisch mit Reis; Kohlroulade, das auf türk. *sarmak* 'ringsum bedecken, einhüllen' zurückgeht. (Steuerwald 1988, 988) ● *In die Sarme is Schweinefleisch un noch Reis un e bissje Zwibbl neigschniede woan* (↑hineinschneiden), *Pheffer un Salz.* [StI II] *Die Sarma hat mer mit Sarmakraut gekocht.* [Berg III] ∎ Gerescher 1999, 166: Häufig im Winter gekocht, da sie länger haltbar bleiben.
→gefülltes Kraut, Sarmakraut.

Sarmakraut - n, sarmakraut, Sg. tant. [Breg, Fil, Ker, Pal, Sch, Stan, Tscher, Waldn, Wepr III]
G: Krautköpfe für Krautwickel, zusammen mit gehobeltem Kraut gesäuert ● *Die Sarma hat mer mit Sarmakraut gekocht.* [Berg III] ∎ Gerescher 1999, 166.
→Kraut, Sarma.

Sau - f (n), zau, zauə [Bil, Ham, Pe, Schei Suk VI]; sau, -ə [Jood, Sulk II]; sau, sai [Ed, Gant, Scham, Tschow, Wud, Wudi I, Baw, Bohl, Fek, GBu, Jink, Kä, Mu, Sag, Sar, StI, Warsch, Wem II, Ap, Fil, Fu, Gai, Tscher, Stan, Wasch III, Alex, Bak, Bog, Char, El, Eng, Ga, Gra, GSch, Joh, Jos, Knees, Len, Low, NB, Nitz, Sack, StA, Tsche, Wies V]; sa:u, sa:i [OG I]; sau, sęi [Jood II, Bak V]; sou, -ə [NB, Sad V]; səu, sęi [NA V]; (n) saili, Pl. id. [Jood II]

A, V: als Zuchtvieh gehaltenes Schwein *Etym.*: Bedeutungserweiterung von 'weibliches Schwein' über das - vorwiegend weibliche - Mastschwein auf die gesamte Gattung. • *Kani Kaniegl* (↑Karnickel) *un kani Sau ham-me nede, nue Hiëndl* (↑Hendel). [OG I] *Hat, noche woan, wo Kihe* (↑Kuh) *und Säi und Rejsse* (↑Ross) *ghot hamm.* [Wud I] *Sei woan in jedn Haus. In Phärch* (↑Pferch) *un duet senn se rausgelose woen.* [Fek II] *Die Sei sein frihre aff de Waad* (↑Weide) *nausgange.* [GBu II] *Kugrutz* (↑Kukuruz) *hod me nodwendig braucht fe die Saue un vors Rindviech. (...) Un fer die klaani Seili war damals ke Millich ode Kunstfuetter.* [Jood II] *Die Sei hunn se mit de Gäeschte* (↑Gerste) *als gfittert.* [StI II] *Bei der Sei hot's die Los* (↑Lose) *gewwe un der Ewwer.* [Ap III] *Un mir henn Schmalz ghat vun die Saue.* [Stan III] *Sieht der net, die Säi im Garte wuhle uns die Grumber raus* (↑herauswühlen). [Bak V] *Uff de* ↑*Transchiertisch muss de Schlachter die Sau transchiere.* [Bru V] *Wär si under d'Chleie mischt, dä frässet d'Soue.* [Sad V] *Die Schihele* (↑Schuh) *send bei dene Saue un bei der Kuhe.* [Schei VI] ■ Gehl 1991, 191.
→Saufleisch, -gras, -grundbirne, -halt, -halter, -hügel, -kürbis, -magen, -mist, -schwanz, -stall, -trank, -trift, Schwein, Zuchtsau, -schwein; rollig.

sauber - Adj, sauƏr [Jood, II, Pan, Sad, Trie V, OW VI]; sa̧ubr [Gai III]; sauvƏr [Baw, Seik, StI, Mu II, Stan III, Bog, Bru, Fak, Ga, GK, Glog, Gott, Gra, Len, Low, Nitz, Ost, StA, War, Wil]
1. Allg: ohne Schmutz, rein • *Wenn de Wei[n] sauwer woar, no is er abgezoge woan ins reine Fass.* [Baw II] *Wenn die Sau sauber isch, no wurd sie abgwesche.* [Jood II] *Die Sau is sauwer geputzt worre. Noh hot mer sie schen nufgezoge un ufghengt* (↑aufhängen). [Stan III] *Des* ↑*Fruchttuch hot mer aach uff die Radnakutsch* (↑Radnakutsche) *gspannt.* [Bru V] *In der Botting vor es* ↑*Loch (2) hat mer e sauwre Bese gebunn dass net Bärle* (↑Beere) *mitkumme.* [Ost V] *Die Frichte* (↑Frucht 2) *werdn nur sortiert und sauber in Fesser konserviert.* [OW VI] 2. A: ohne Unkraut und Pflanzenreste • *For die Hutwaad* (↑Hutweide) *sauwer halle, meistnens vun Distle, hunn die Leit misse Rowet* (↑Robot) *mache. Zuletzt is mit am Reche die ganze Wies sauwer abgerechnt* (↑abrechnen) *gewwe (worden)* [Bru V]
→(1) klären, putzen, reinigen (1), sauber machen.

sauber machen - schw, sauvƏr maxƏ, -kƏmoxt [Seik, StG, StI II]
B: reinigen • *No hod er sauwer gemocht ihren Platz, wu se friher woan.* [StI II]
→sauber (1).

sauer - Adj, sauƏr [Aug, Ed, Tax, Wein, Wud I, Sulk, Surg, Wem II, Berg, Ker, Mil, Sch, Stan, Tor III, Be, Ru, Tom IV, Bru, GJ, Low, Wis, Zich V, Bil, Mai, Pe, Schei, Suk VI]
Allg: (von Speisen:) während der Zubereitung gesäuert • *Des isch e feine Suppe mit Kuttle un denn sauer gmacht, die Kuttlesuppe.* [Schei VI]
→säuerlich, süß; Sauerampfer, -bratenfleisch, -kraut, -rahm, Saueres, saure Milch, - Nudel, - Umurke, saurer Paprika, saures Ei.

Sauerampfer - m, saurampfƏ, Sg. tant. [Hod III]; sauƏrampƏ [Franzd, Ora, Stei V]; saurampfl [Fak, Ga, StA V]; saurampl [Brest, Buk, Mil, Sch, Siw, Tor, Tschat, Tscher, Wasch III, Bill, Bog, Gott, Gra, Hatz, Karl, Len, Low, NB, Nitz, Ost, Tsche, War, Wer, Wis, Zich V]; sauƏrampʃl [Stan III]; saurampʃl [Glog V]; sauƏraml [KK III]; saurumpl [GStP V]; sauƏruntsl [SM V]; su:rhampfl [Sad V]
G: als Blattgemüse verwendeter Ampfer; Rumex acetosa • *Kinder esse gärn Saurampl.* [Mil III] *Ja, Spinat un Sauerampl un Rabarbe ham-me ghat in Garte. Zum Spinat hann die Alti gsaat Griemus, ja.* [Ost V] *De Mohn un die Sauerampe hod mer aach manchsmol im Goartn angebaut.* [Stei V] ■ PfWb V 792: Sauerampfel, -ampfer, -ämpferich. Die verschiedenen Varianten wie: Sauerampel, Sauerhambel, Surampel, Suurrommbel, Sauerrampler, Sauerrammel, Sauerrumpel, Sauerhamberich, Saueramschl usw. sind alle als Abl. zu mhd. *sûr-ampfer* zu betrachten; SüdHWb V 92 f.; HNassVWb III 45 f.; RheinWb VII 790-792; Gehl 1991, 98; Petri 1971, 65.
→Gemüse, Grünmus; sauer.

Sauerbratenfleisch - n, sauƏpra:dlflaiʃ, Sg. tant. [Frk, Jood, Kock II]
V: Fleisch für in Essig eingelegten Rinderschmorbraten • *Des gibt Sauebradlfleisch, was bråte wurd in de* ↑*Tepsi im Owe* (↑Ofen). [Jood II] ■ Sauerfleisch PfWb V 784: 'Gericht mit in Essig zubereitetem Fleisch (und Leber, Niere, Lunge); RheinWb VII 793.
→Fleisch (1); braten; sauer.

Sauerbrunnen - m, sauərprunə, -prinə [Bru, Gutt, Lippa V]
A, Fo: eingefasste Mineralwasserquelle ● *De Sauerbrunne, negscht der Landstroß* (↑Landstraße) *ist e artesischer Brunne mit e kohlesäurehaltiche Mineralwasserquelle.* [Bru V]
→Brunnen.

Saueres - n, saurəs, Sg. tant. [Baw, Jood, Petschw, StI, Wem II, Fil, Pal, Sch, Tscher III, Put, Tom IV, Bak, Fak, Glog, Gra, Nitz, Len, StA, Wil V]
G: mit Essig konserviertes Gemüse (wie Gurken, Paprika usw.) ● *Aso do ware gebrode Fleisch* (↑gebratenes Fleisch), *widde Saures un noch Backerei.* [Baw II] *Me hat auch Grumbiën* (↑Grundbirne) *gessn un Saures, sauri Umorken un Paprika un Sålåd* (↑Salat 2). [Petschw II]
→saure Umurke, saurer Paprika, Sauerkraut; sauer.

Sauerkirschbaum - m, sauərkḩerʃəpā:m, -pē:m [Bog, GJ, Gra, Hatz, Low, War V]
O: Obstbaum, der Sauerkirschen trägt ● *Bei uns im Gårte steht e Speckkärschebaam un aach zwaa Sauerkärschebeem.* [Bog V]
→Kirschbaum, Sauerkirsche.

Sauerkirsche - f, sauərkḩerʃ, -ə [Bog, GJ, Gra, Hatz, Low, War V]; su:rxriəsi̯ [Sad V]
O: sauer schmeckende Art der Kirsche; Prunus mahaleb ● *Die Sauerkärsche hann ich geere, die hann so e seierliche Gschmack.* [Bog V] ■ PfWb V 784 f.; SüdHWb V 95; RheinWb VII 793; Petri 1971, 58.
→Kirsche, Sauerkirschbaum, Weichsel; säuerlich.

Sauerkraut - n, sauərkraut, Sg. tant. [Aug, Ed, StlO, Wer I, Fek, Nad, StG, StI, Wem II, Berg, Ker, Mil, Sch, Werb III, Bog, Gra, Low, Wis V]; sauəkraut [Tom IV, Fak, Glog, StA, Wil V]
V: durch Gärung haltbar gemachter, kleingeschnittener Weißkohl ● *Un no owedruf is widder Sauerkraut, un noch is Paprike* (↑Paprika 1a) *a weng* (ein wenig), *Paredaais, Lorwebleder* (↑Lorbeerblatt), *un Fett is noch drufkomme.* [StI II] ■ Gehl 1991, 227.
→Kraut, Saueres; sauer.

säuerlich - Adj., saiərliç [Baw, Wem II, AK, Ap, Hod, Fil, Sch III, Put, Tom IV, Bog, Gra, Kath, Len, Low, War, Wis V]
O: ein wenig sauer ● *Teentl* (↑Tendel) *is die Kornelkirsch. Die sinn seierlich, also ziemlich sauer, so e roti lengliche Frucht.* [Ap III] *Die Sauerkärsche hann ich geere, die hann so e seierliche Gschmack.* [Bog V]
→Geschmack, Sauerkirsche; sauer.

Sauermilch - f, sauərmiliç, Sg. tant. [Hod, Mil, Siw, Werb III, Bog, Ger, Gra, Len, Low, War, Wis V]; sauərme:liç [Fek II]; sa:ərmiliç [Ap III]
V: durch Gärung geronnene, ungekochte Milch ● *Aus Melich hom-mir Sauermelich un Kes* (↑Käse) *gmocht.* [Fek II] *Die Saaermilich is stehe glast worre, un vun dem hot me Kes gmacht.* [Ap III] ◆ Im Pfälzischen unterscheidet man zwischen: "Die noch dünne, aber sauergewordene Milch ist die schele; die dicke ist die dicke oder Sauermilch, welche selbst im Winter zu Kartoffeln gegesen, als Leibspeise der Vornehmen dient. ■ PfWb V 786; SüdHWb V 97; RheinWb VII 795.
→Milch, saure Milch.

Sauerrahm - m, sauəra:m, Sg. tant. [Ker, Mil, Sch, Stan, Werb III]
V: durch Milchsäurebakterien sauer gewordene Sahne ● *Do is Sauerrahm, un no is e saures Guleschl* (↑Gulasch) *gmacht worre un Beischl* (↑Beuschel), *ja.* [Stan III]
→Rahm; sauer.

Sauerteig - m, sauərta:ik, Sg. tant. [StG, StI II, Pal, Sch, Stan, Wepr III]; sauərta:k [Tom IV, Fak, Ga, Glog, StA, Wil V]
A: gärender Zusatz, der das Aufgehen des Brotteigs bewirkt ● *Mir hunn schun mit Gärwe gebacke. Awe* (aber) *es woar als aa Sauertaaig noch, mit dem honn se aa gebacke.* [StI II] ◆ Pfälz. Volksglauben: "Wann en Kuh der Widderkaa (das Wiederkäuen) verlore hot, gebbt mer re Sauerdegg." (PfWb V 787) ■ PfWb V 787 f.; SüdHWb V 98; RheinWb VII 796.
→Dampfel, Germ, Teig.

Saufbotz - m, selten, saufbotsəle̥, Pl. id. [Ga, StA, Wil V]
V: noch säugende Jungkälber bis zu sechs Monaten ● *Im Botzelestall stehn die Saufbotzele. Des sein die klaane Botze bis zu secks Monat alt.* [StA V] ■ Gehl 1991, 190.
→Botz; saufen.

saufen - st, saufn, ksǫufn [Ru IV]; saufə, ksofə [Mu, Wem II, Ap, Gai, Mil, Waldn III, ND, NP,

Put, Tom IV, Fak, Ga, Glog, Mar, StA, Wil V]; sauvə, ksovə [StI II]; saufə, ksof [Sch, Siw III, NP IV, Alex, Bog, Bru, Charl, Hatz, Jahr, Len, Low, Ost, War, Wis V]
V: (von Tieren:) Milch, Wasser u. a. flüssige Nahrung aufnehmen ● *Bei de Schwenglbrunne uff de Hutwaad* (↑Hutweide), *dot hunn se dem Viech zu sauwe gewe.* [StI II] *Un die Wutzle* (↑Wutz) *henn am Tuttl* (↑Tutte) *gsoffe.* [Ap III] *Die Gääl* (↑Gaul) *hot mer an der Trog rausgfihrt fer saufe, wann's net gfrore war.* [Waldn III] *Ausn Fassl hod mes Wosser rauslosse un hod's de Rouß hiegebn zu saufn.* [Ru IV] *Wu is es Wasser? De Biko* (↑Bika) *hat's gsoff.* [Bog V] *Die klaani Filler* (↑Füllen), *die henn noch bei de Stude* (↑Stute) *gsoff.* [Ost V] *Die klaane Kelber saufn noch bei der Kuh.* [Pan V] ■ Gehl 1991, 195.
→abspänen, aussaufen, fressen, tränken; Saufbotz, -ferkel, Tränke.

Saufferkel - n, saufärkl, -ə [Alex, Bog, GK, Len, Low, Ost, War V]
V: Ferkel, das von der Muttermilch ernährt wird ● *Färkle die was abgspent ware* (↑abspänen), *des sinn noh nimmär Saufförkl, die sinn schun halbgwackst, vun zwei, drei Monat.* [Ost V]
→Ferkel; saufen.

Saufleisch - n, sauflaiʃ, Sg. tant. [Baw, Seik, Wem II]
V: Schlachtfleisch vom Schwein ● *Schweinenes is wenich gekaaft woen, weil die Baueschleit* (↑Bauersleute) *hadde Saufleisch, gell.* [Baw II]
→Fleisch, Sau.

Saugras - s, souəkra:s Sg. tant. [Sad V]; saukra:s [Fil, Ker III, Bog, Fak, GJ, Glog, Len, Low, NB, Ost, War V]; souəkra:s [Sad V]; ro:təs souəkra:s [Sad V]
A: als Unkraut verdrängter Bogen-Fuchschwanz; *Amarantus retroflexus* **Etym.**: Die Bezeichnung stammt von der Verwendung der Pflanze als ausgiebiges Grünfutter für Schweine u. a. Haustiere. ● *Unkraut ham-mer viel ghat, Saugras, Wilde Wärmut* (↑Wilder Wermut), *Hetschlrose* (↑Hetschelrose) *un vieli andre.* [Ost V] ■ Gehl 1991 98; Petri 1971, 13.
→Gras (1), Unkraut.

Saugrundbirne - f, saukrumbi:r, -ə [Fak, Ga, StA, Wil V]
G: kleine oder beschädigte Kartoffelknollen, die man roh oder abgekocht an Schweine oder andere Haustiere verfütterte ● *Do wore bei uns die großi Essgrumbiere, un dann viel Steckgrumbiere un die Saugrumbiere, des worn die ganz klaani un die vehackti* (↑verhackt). [Fak V] ■ Gehl 1991, 226.
→Grundbirne, Sau, Schweinsgrundbirne.

Sauhalt - f (n), sauhalt, -ə [Bru V]; sauhalt, -haldə [Ga, StA V]; (n) saiheldjə, Pl. id. [Jink, Kä, Sag, Sar, Warsch II]
V: auf der Weide behütete Schweineherde, (auch:) die Weide selbst ● *Of die Seiheldje senn friher die Sei getrieb woan* (↑treiben 2). [Jink II] *Uff de Säuhiwwl* (↑Sauhügel) *is die Sauhalt bis 1890 getrieb gewwe.* [Bru V] *Ba denne Lecher* (↑Loch 1) *is d'Seihalt un d'Hihhalt drauß gwest.* [StA V]
→Halt, Sau, Schweinshalt.

Sauhalter - m, sauhaldər, Pl. id. [La II]; sauhaldə [Sulk II]; saihaldər [GBu II, Fak, Ga, Glog, StA V]
V: Hirte, der die Schweine täglich auf die Weide treibt und dort hütet ● *Die Sei sein frihre aff de Waad* (↑Weide) *nausgange. Do woar de Seihalder, de hot ausgetriewe un oweds haamgetriewe noch.* [GBu II] *Ganz friher, wie mir noch klaane Kinn* (Kinder) *woan, do woan noch Kuhhalder, Sauhalder, Schofhalder und Genshalder.* [La II] *Und wenn die Sau oibärt hot* (↑einbären), *hot de Sauhalde uff Nacht gsagt, no hod er en Litter Woi* (↑Wein) *krigt un e Stuck Speck.* [Sulk II] *Friher hat's aa noch Seihalder un Rosshalder gewwe.* [Glog V]
→Halter, Sau, Sauhalterbrunnen, Sauhalterin, Schweinshalter.

Sauhalterbrunnen - m, såihåltəspronə, Pl. id. [Alt, Fek, Nad, Oh, Wem II]
A, V: auf der früheren Sauweide gelegener Ziehbrunnen ● *Dort es aach der Såihåltersbronne un es Weidebrännje.* [Fek II]
→Brunnen, Sauhalter.

Sauhalterin - f, saihaldəre, -haldərə [Ga, StA V]
V: Schweinehirtin ● *De Seihalder un d'Seihaldere treibn* (↑treiben 2) *d'Ewer* (↑Eber) *un d'Lose* (↑Lose) *uff die Hutweid.* [StA V]
→Sauhalter.

Sauhübel - m, saihivl, Pl. id. [Bru, Charl, Jahr V]
A: Anhöhe, auf der die Schweineweide liegt ● *Uff de Säuhiwwl is die Sauhalt bis 1890 getrieb gewwe* (↑treiben 2), *dann hat e Bauer des*

Feld vum Ärar kaaft. [Bru V]
→Hübel, Sau.

Saukürbis - m, saukherps, -ə [Kar III, Bog, Ger, Low V]; saukhẹrps [Ker, Stan III]; sǫikhẹrvus [Bru, Charl V]
A: Schweinen u. a. Haustieren gereichter Futterkürbis; Cucurbita pepo ● *Gewehnlich hor mer in de Kukrutz (↑Kukurutz) a noch Säukerwusse gsetzt.* [Bru V] ■ Petri 1971, 29.
→Kürbis, Sau.

Saumagen - m, sauma:gə, - me:gə [Ap, Berg, Ker, Mil, Siw, Tscher III]
V: zubereiteter Magen vom Schwein ● *Die Sau hat noh an der Innereie, hot sie de Saumage, do hat's die Bloder (↑Blater) gewwe, die Lewwer, die Niere, s'Härz.* [Ap III]
→Magen, Sau.

Saumist - m, saumiʃt, Sg. tant. [Hod, Ker, Mil, Waldn III]
V: Schweinekot, vermischt mit Stroh, als organischer Dünger ● *De Saumischt un de Rossmischt is aff der Mischthaufe abgeleet worre, där war immer beim Auslauf vorm e jede Saustall.* [Waldn III]
→Mist, Sau, Schweinemist.

saure Milch - f, saure miliç, Sg. tant. [OW VI]; saurə miliç, Sg. tant. [StI II]; sauri miliç [Dol, Ga, GK, Glog, Ost, StA V]
V, Fo: durch Gärung sauer gewordene Milch ● *Un die saure Millich, die hunn se nei, un do woan so große Milchsechtl (↑Milchsechter) owe.* [StI II] *Es ware hechschtn noch e Tippe (↑Tüpfen), zwei oder drei, Millich im Haus, siß un sauri Millich, a Tippche.* [Dol V] *Und in diesn Kessl machn sie den ↑Malai (1b) mit Speck, mit Kese, saure Millich und mit Fleisch.* [OW VI]
→Käse, Milch, Sauermilch; sauer.

saure Nudel - f, sauri nu:tl, -ə [Ap, Fil, KK, Mil, Siw III]
A, G: durch Beilagen gesäuertes Nudelgericht ● *Für sauri Nudl sinn Grumbiere (↑Grundbirne) mit Paprich (↑Paprika) gekocht un seierlich gmacht warre. No is noch e Aai 'naigschlage warre, des ware no sauri Aaier (↑saures Ei) un Nudl.* [Ap III]
→Nudel; sauer.

saure Umurke - f, saurə umorkə Pl. id. [StI II]; sauri umorkn [Petschw II]; sauri umork, -ə [Fak, Ga, Glog, Sack, StA, Wil V]
G: eingesäuerte Gurke ● *Me hat auch Grumbiën gessn un Saures, sauri Umorken (↑saure Umurken) un Paprika un Sålåd.* [Petschw II] *Mir henn Salot, waa Krautsalot un saure Umorke, wel die Paprike (↑Paprika 1) sein in der Fesser eigemocht (↑einmachen) woan.* [StI II] *als gärn Reisfleisch gekocht, un dezu hat mer sauri Umorke gesse (gegessen).* [Fak V] *No hat mer gess: Speck un Rote Riewe oder sauri Umorke un nomol gemäht (↑mähen).* [Sack V] ■ Gehl 1991, 87.
→Umurke, Saueres, sauer.

saurer Paprika - m, saurə paprikə, Pl. id. [Fek, StG, Sol, StI, Wem II, Berg, Fil, Sch III, Bog, Ger, GJ, Len, War V]
G: entkernte und eingesäuerte Paprikaschote ● *Un noch waa gebrode Fleisch, ausgebacke Fleisch, un noch woa Salot (↑Salat 2) un saure Paprike.* [StI II]
→Paprika (1), Saueres; sauer.

saures Ei - n, saurəs a:i, sauri a:ər [Ap, Fil, KK, Sch, Tscher III]; saurs å:i, sauri å:iər [Fak, ga, Glog, StA, Wil V]
A, V: gekochtes und gesäuertes Eiergericht ● *Für sauri Nudl sinn Grumbiere (↑Grundbirne) mit Paprich (↑Paprika 1a) gekocht un seierlich gmacht warre. No is noch e Aai 'neigschlage warre, des ware no sauri Aaier un Nudl.* [Ap III]
→Ei; sauer.

Sauschwanz - m, sauʃvants, -ʃvents [Nad, StG, StI, Surg, Wem II, Ker, Mil, Pal, Sch, Wepr III]
V: mit Haut überzogenes Endstück der Wirbelsäule der Sau ● *Un noch, in die Sarme (↑Sarma) hunn se als de Sauschwanz 'nei un so Zirkus gemocht.* [StI II]
→Sau, Schwanz (1).

Saustall - m, zauʃtal, -ʃtẹl [Besch, Bil, Ham, Mai, Pe, Schei, Suk VI]; sauʃtal, -ʃtel [Ap, Brest, Hod, Mil, Stan, Werb, Waldn III, Tom IV, Ga, StA V]; saiʃtal [Fek II]
V: geschlossener, zumeist gedeckter Raum zur Unterbringung von Schweinen ● *Des is so viel, wu meh[r] Kukrutz (↑Kukuruz) woa, dort woa'n greßeren ↑Gore, uff der Seistell.* [Fek II] *Un im Hinnerhof ware die Stallunge, hauptsechlich der Kuhstall un de Rossstall, un dann der Saustall.* [Ap III] *Also die Saustell, die ware unnerm Gori,*

do war immer Sand drin. [Stan III] *Ja, war 's Haus, und im Hof war dann noh de Saustall un d'Scheier.* [Schei VI]
→Sau, Schweinestall, Stall.

Sautrank - m, sautraŋk, Sg. tant. [Ker, Sch, Siw, Stan, Werb III]
V: flüssige Nahrung für Schweine ● *Jetz hemmer sie abgråhmt, hem-mer en Abråhmer ghat, un die Magermillich hem-mer in Sautrank gewwe.* [Stan III]
→Sau, Trank.

Sautrift - f, veraltet, såitrift, Pl. id. [Alt, Fek, Nad, Oh, Wem II]
A, V: Flurnamen nach einer früheren Schweineweide ● *Newer de Håldeswiese is die Hutwaad mit de Såitrift; friher woar aach e Genstrift.* [Fek II] ■ PfWb V 816: 'Schweineweide'; SüdHWb V 125.
→Hutweide, Sau, Viehtrieb.

Schabe - f, ʃa:bə, Pl. id. [Pan, Sad V]; ʃa:və, Pl. id. [AK, Gara, Stan III, In IV, Ga, StA V]; ʃa:p, ʃa:və [Bul, Fil, Fu, Kol, Mil, Sch, Siw, Wasch III, Albr, DStP, Eng, GJ, Hatz, Laz, Len, Lieb, Tsch, Tsche, Ui, War V]; ʃå:p, ʃå:və [Fak, Glog V]; ʃo:p, ʃo:və [Gutt V]; ʃa:bn, Pl. id [De, Kub, SM, Tschan V]; ʃo:vn, Pl. id. [Kud, NB V]; ʃo:m, Pl. id. [Ed, KT, Scham, Tol, Vert, Wud, Wudi I]
V: Kleidermotte; Tineola biselliela *Etym.:* Das Wort *Schabe* f. 'Schadinsekt' ist seit dem 11. Jh. belegt und kommt von mhd. *schabe*, ahd. *scabo*, vgl. altengl. *maelsceafa* m. 'Raupe' und steht vermutlich zu *schaben* als 'schabendes, zermahlendes Insekt'. So wird eigentlich die Motte bezeichnet. Die Übertragung auf 'Kakerlak' geschieht unter dem Einfluss von ital. (dial.) *sciavo*, das eigentlich 'Slawe' bedeutet, wie überhaupt derartige Schadinsekten gern mit fremden Stammesnamen bezeichnet werden. ([23]Kluge, 707) Das nieder- und mitteldeutsche Synonym für *Schabe*, *Motte*, seit dem 15. Jh. belegt aus frühnhd. *matte, mutte, motte*, kommt vermutlich aus *Made* mit Schwundstufe und Gemmination, doch sind die lautlichen und morphologischen Zusammenhänge nicht ausreichend klar. ([23]Kluge, 572) ● *Die Schåwe gehn als gärn ins Gwand un fressn Lecher 'nei.* [Glog V] ◆ Die wortgeographische Verbreitung von *Schabe* für 'Motte' liegt im gesamten südlichen und südwestlichen Sprachgebiet. (DWB I, Karte 11 *Motte*) Nach Kretschmer entspricht dem nord- und mitteldeutschen *Motte* im Süden *Schabe*, obwohl hier auch *Motte* anzutreffen ist. das Unterelsass gebraucht *Motte*, das Oberelsass *Schabe*. In Baden reicht *Schabe* mundartlich bis Rappenau, jedoch in Bruchsal und Rastatt herrscht *Motte*. Württemberg bis Heilbronn gebraucht *Schabe*, Aschaffenburg und Hof *Motte*, das übrige Bayern *Schabe*. In Böhmen, Mähren und Schlesien ist *Motte* gebräuchlich, in Österreich und der Schweiz *Schabe* (außer Graz, Bludenz und Bern). Ein Inserat der Wiener Zeitung von 1782 schreibt *Schaben oder Motten*. - Außerhalb des Gebietes, in dem *Schabe* die Kleidermotte bezeichnet wird dasselbe Wort für das anderwärts *Schwabe* genannte Insekt, Periplaneta orientalis, gebraucht, z. B. in Trier, Zweibrücken. Sonst heißt dieses Tier meist *Schwabe* f., bair.-österr. *der Schwab*, in Lübeck *Feuerkäfer* oder *Feuerwurm*, weil es den Küchenherd oder Backofen liebt, in Harburg *Kakerlatsche* (vgl. niederländisch *kakerlak*). Von der *Schwabe* wird ein kleinerer, nur etwa halb so langer Küchenkäfer 'Blatta germanica' als *Russe* unterschieden, wohl weil diese Insekten aus Russland eingewandert sein sollen. In Berlin nennt man beide Arten *Schwaben*. (Kretschmer 1969, 339 f.) Allerdings ist die *Deutsche Schabe* ein bis zu 13 mm langes, weltweit verbreitetes Insekt mit zwei dunklen Längsstreifen auf dem gelblichen Halsschild. Zur Unterscheidung von *Schabe* (1) 'Motte' wurden für das weitverbreitete Insekt vermutlich erst im 18. Jh. die Volksnamen "Schwabe, Russe, Franzose" gebildet, nach den Ländern, die irrtümlich als ursprüngliche Heimat dieser Art angesehen wurden. (Wahrig 3047) Vgl. dazu *Franzose* und *Russe* als Synonyme für *Schabe*: 2. "Küchenschabe". (PfWb V 823) ■ PfWb V, 823; SüdHWb V 531; RheinWb VII 824; Gehl 1991, 117; Petri 1971, 122.
→Schabenmüller, Schwabe, Ungeziefer.

Schabebrett - n, ʃa:vəpret, -pretər [Ben, Blum, Bru, Charl, KöH V]
V: glattes Brett zum Putzen der Gedärme bei der Schlachtung ● *Do hat mer gericht for die Schweinsschlacht de †Transchiertisch un die Schawebretter, for die Därme schawe.* [Bru V]
→Brett; schaben.

schaben - schw, ʃa:və, kʃa:pt [Mu, Petschw, Wem II, Brest, Hod, Pal, Siw III, Be, NP, Tom IV, Alex, Blum, Bru, Charl, Fib, Ga, Glog, GStP,

KöH, Jahr, Len, Ost, Wil, Wis V, Bil, Ham, NP, Pe VI]
Allg: reiben, um eine Schichte (Schmutz oder Unebenheiten) von einem Material abzutragen ● *Do hat mer gericht for die Schweinsschlacht de Transchiertisch un die Schawebretter, for die Därme schawe.* [Bru V]
→abschaben, Schabebrett.

Schabenmüller - m, ʃa:vəmilər, -milrə [GK, Ost V]; ʃa:vəfli:k, -fli:gəʃa:vəʃaisər, Pl. id. [Gutt V]; ʃa:vəʃisər, Pl. id. [Tscherw III]
V: Motte in der Entwicklungsstufe des Schmetterlings (auch:) Sammelbezeichnung für alle kleinen, unscheinbar gefärbten Schmetterlinge ● *Des sinn alle Millre, die Schawemillre, dann die Schwalmschwenz* (↑Schwalbenschwanz), *die hann so schene Schwanz.* [Ost V] ■ Schabenschisser PfWb V 825: 'Kleidermotte in der Entwicklungsphase des Schmetterlings'.
→Müller (2), Schabe.

Schadel - m, ʃå:dl, Pl.id. [Ap, Fu, Stan, Werb III]; ʃaidn [Hom V]; ʃtõ:ʃadl [Fil III]
Fi: größerer Süßwasserraubfisch ohne Schuppen mit vielen Bartfäden am Maul, Wels; Silurius glanis ● *Do ware aa die Stierl* (↑Sterlet), *die Schådl un die Schlaai* (↑Schleie) *un die Kareisl* (↑Karausche), *die ware so klååni Fisch, die hat mer fer backe gnumme.* [Ap III] ■ Petri 1999, 117.
→Fisch.

Schaden - m, ʃa:dn, Sg. tant. [OW VI]; ʃa:də, Sg. tant. [Bak, Bog, Fak, Ga, GK, Glog, Gott, Gra, Gutt, Len, Low, Nitz, Ost, StA, War, Wil, Wies V]; ʃo:dn [Bat VI]; ʃo:də [Baw, Ha, Seik II]
Allg: Beschädigung, Zerstörung, Verlust ● *Im Weigoate woar jo e grose Schode, wann dot'n Baum drin woa.* [Baw II] *Do hot me die Kärb* (↑Korb 2) *auswennig gschmiёt* (↑schmieren) *mit Lehm un noch geweißlt, wal do hot dir Uuwittrung* (↑Unwitterung) *necht so Schode gemocht.* [Seik II] *Des Johr sinn ufm Kukrutzfeld viel Kårnmeis* (↑Kornmaus), *die machn große Schade.* [StA V] *Wann de Maulworf in e Bettl* (↑Beet) *rinkummt, macht er viel Schade.* [Ost V] *Wenn e Maus in Bienstock einikimmt, mocht se viel Schodn.* [Bat VI] *De Draschel* (↑Drossel) *macht auch kein Schodn und auch kein Nutzen nicht.* [OW VI] ◆ Mäuse und anderes Ungeziefer können im Bienenstock große Zerstörung anrichten.
■ PfWb V 834 f.; SüdHWb V 141 f.; RheinWb VII 838 f.
→Nutzen; kaputt gehen.

Schaf - n, ʃå:f, Pl. id. [Fek II]; ʃo:f, Pl. id. [Wud I, Fek II, AK, Fu, Gai, KK III, Bill, Bog, GJ, Len]; ʃo:f, -ə [Ga, StA, Wil V]; ʃo:f, ʃe:f [Ap III, Fak, GJ, GK, Glog, NA, Sad V]; ʃof, Pl. id. [Franzf, Nitz V]; ʃo:f, ʃę:f [Bak, Bog, Len, Low, War V]
V: zur Woll-, Milch- und Fleischgewinnung gehaltenes, sandfarbenes oder dunkles Horntier; Ovis aries ● *Schåf woan auch in jedm Haus. Die Schåf sinn in jedn Frihjahr gschäet* (↑scheren) *woen, un die Woll is ausgeoarwet woan dann.* [Fek II] *Ross und Kih ware in Sallasch* (↑Salasch 1) *hauptsechlich, und zu de Schef hot aa de Esl geghert* (gehört). [Ap III] *Die Schef henn dicki Beich* (↑Bauch), *die kriegn bal Jungi* (↑Junges). [Glog V] *Statts Kih get's Geiße odder Schåf.* [Len V] *Schof had me ghalde* (↑halten 1), *die had me de Schofhalde auf de Waad* (↑Weide 1) *gewwe es ganzi Joah.* [NA V] *Alli, was Schof gezicht* (↑züchten 1) *hann, die hann viel Lemmer ghat un viel* ↑*Brinse kriet.* [Nitz √] ◆ Sprichwörter: Die Beie (↑Biene) un Schof, die bringe's im Schlof, (d. h. sie machen wenig Arbeit). [Glog V] Geduldichi Schof gehn viel in Stall. [Bak V] ■ Gehl 1991, 191; Petri 1971, 112 f.
→Lamm, Schafberg, -brinse, -fleisch, -garbe, -halter, -käse, -mist, -stall, Schafsnase, Vieh, Wolle (1); scheren.

Schafberg - m, ʃo:fpęrx, -ə [Jink, Kä, Sag, Sar, Warsch II]
A: grasbestandene Anhöhe, auf der Schafe weiden, Flurnamen ● *Heher geleche is de Kärichbärch, de Schofbärch un de Gensbärch, doet woar friher die Genswaad* (↑Gänseweide). [Jink II]
→Berg, Gänseberg, Schaf.

Schafbrinse - m, selten, ʃo:fbrinsa Sg. tant. [Fak, Dol, Nitz, Ost V]
V: (wie: Brinse) ● *Do ware hechschtn noch e Tippe* (↑Tüpfen) *Milich im Haus, a Tippche mit Rahm, e Brocke Kuhkäs un e Stick Schofbrinsa un vielleicht aach a Stickl Butter.* [Dol V] **Anm.**: Das Subst. ist ein verdeutlichendes Komp. zu *Brinse* 'Käse', da die Bezeichnungen *Topfen* und *Quark* im Dialekt fehlen und durch den verallgemeinernden Begriff *Käse* ersetzt werden.
→Brinse.

Schaff

Schaff - n, ʃafl, Pl. id. [Fak, Ga, Glog, Pan, StA, Wil V]; ʃefl [Bog, GK, Low, NPa, Ost, War V] W: großes, offenes Holzgefäß, Zuber, Bottich *Etym.*: *Schaff*, obd. 'Gefäß', ist seit dem 12. Jh. belegt, aus mhd. *schaf*, ahd. *sca(p)f*. Die Herkunft ist unklar und möglicherweise uneinheitlich. Das Wort bezeichnet in erster Linie Wassergefäße und Schöpfgefäße, daneben auch 'Boot', wie umgekehrt *Schiff* in erster Linie 'Boot' und daneben auch 'Wassergefäß' bedeutet. Entlehnung aus lat. *scapha* f. 'Nachen, Kahn', lat. *scaphium* 'Becken, Schale, Geschirr' ist nur unter Zusatzannahmen denkbar, da ablautende Bildungen (s. Schoppen) vorliegen. ([23]Kluge, 709) - Nach Kretschmer ist *Schaff* mit seinem Diminutiv *Schäffel* in Bayern und Österreich als *Schaffl* vertreten. Es erscheint auch in Baden (Bruchsal, Donaueschingen, Konstanz), in Siebenbürgen und im sächsischen Vogtland. das Wort fehlt zwar aus dem Niederdeutschen nicht (altsächsisch *skap* 'Fass', hat aber dort in der unverschobenen Form *Schapp* die Bedeutung 'Schrank' angenommen. Auch im westlichen Deutschland, in Elsass, Lothringen und in Luxemburg, wo *Schaff, Schaft* 'Regal, Schrank' bedeutet, ist das Wort als Gefäßname nicht vertreten. Die Bemerkung im DWb VIII 2014, dass *Schaff* im Mitteldeutschen nicht mehr vorzukommen scheine, ist unzutreffend: Es ist noch in Preußisch- und Österreichisch-Schlesien gebräuchlich. Ist das Gefäß aus Blech, so wird es in Linz *Weidling* genannt. - Die Gefäßnamen, die meist in zusammengesetzten Ausdrücken auftreten, haben eine wietere Verbreitung als die Grundwörter. So kommt *Butten* auch in Wien vor in *Tragbutten* und in *Waschbutten*, worin die Wäscherinnen die Wäsche einweichen. *Kübel* ist in Wien das Gefäß zum Wasserschöpfen und -tragen, doch das Abwaschfass heißt *Schaff* oder *Schaffl*. (Kretschmer 1969, 73 f.) ● *Die Schafflwullache ausm Gebir sinn kumme un henn Schaffl un aa Kalich* (↑Kalk) *vekaaft.* [Fak V] *Vun dem Epplwallach* (↑Apfelwalache) *hab ich Eppl un e Scheffl kaaft.* [NPa V] *Unre em Pippe war a Scheffl, a Bitt gstann, un dort is es ningloff* (↑hineinlaufen) [Ost V] ■ ÖstWb 368: 'Holzschaff, Wasserschaff', in Mengenangaben mit Pl., *Schaffel* 'kleines Schaff'; Gehl 1991, 245.
→Bütte, Fass, Meritzel, Schaffwalache, Salz-, Viertelschaff.

schaffen - schw, ʃafə, kʃafət [Bil, Ham, Pe, Schei, Suk VI] Allg: arbeiten ● *Det hat me viel gschaffet, det ham-mer mese hacke un denn spritze.* [Schei VI] ■ SchwWb V 655-660.
→anschaffen, arbeiten, geschaffen.

Schaffleisch - n, ʃå:flaiʃ, Sg. tant. [Aug, Ed, Schor, Wud I, Baw, Fek, Nad, Surg, Wem II]; ʃo:flaiʃ, Sg. tant. [Ap, Ker, Mil, Sch, Tscher III, Be, Tom IV, Alex, Bog, Bru, Gott, Lieb, NA, Ost, Wis V] V: als Nahrungsmittel verwendetes Fleisch des Schafs ● *Ich hab's Schoffleisch nit gäen gesse, awwe Lambl* (↑Lamm) *hod me gschlacht aff Ostern. Ich hab's Lamblfleisch gäen gesse.* [NA V]
→Fleisch, Schaf.

Schaffwalache - m, ʃaflvalax, -ə [Ben, Bak, Nitz V]; ʃaflvulax [Fak, Ga, Glog, StA, Wil V] A, O, W: rumänischer Gebirgsbauer, der in der Banater Ebene Holzwaren, Äpfel und Kalk verkauft oder gegen Getreide eintauscht *Etym.*: Das Bestimmungswort ist *Walache*, Bewohner der früheren Walachei, im Banater Sprachgebrauch in der Bedeutung 'Rumäne'. ● *Die Schafflwallache henn ihre Sach in de Stadt ufm Mark verkaaft.* [Bak V] *Die Schafflwullache ausm Gebirg sinn kumme un henn Schaffl un aa Kalich* (↑Kalk) *vekaaft.* [Fak V] ◆ Sog. *Motzen*, Gebirgsbauern aus den Westkarpaten, konnten auf den kargen Böden - wie im Banater Bergland - nicht alle nötigen Feldfrüchte ernten. Deshalb beschäftigten sie sich mit der Herstellung von Holzgeräten und -gefäßen und handelten diese sowie Äpfel und ungelöschten Kalk in den Dörfern der Ebene gegen Weizen und andere landwirtschaftliche Erzeugnisse. ■ Gehl 1991, 245.
→Apfelwalache, Schaff.

Schafgarbe - f, ʃo:fkarbə, Pl. id. [Sad V]; ʃo:fkarvə, Pl. id. [Ga, StA V]; ʃo:fkarp, -karvə [Bog, Fak GJ, Low, Ost, War V]; ʃo:fripə [Saw II, Ap, Ker, Kol III, Ker IV]; ʃo:fripər [Sch III] A: als Unkraut verdrängte Gemeine Schafgarbe; *Achillea millefolium* ● *Mir hann viel Unkraut ghat, die Schofgarb, die Dotterblumme, die sinn so geel* (↑gelb) *wie a Aaierdodder* (↑Eidotter). [Ost V] ◆ In der Tierheilkunde findet die Schafgarbe u. a. bei Durchfall und Kolik Verwendung. (PfWb V 848) Wegen ihrer Heilwirkung fand sie auch Aufnahme in den Würzwisch (↑Würzbüschel). ■ PfWb V 848; SüdHWb V, 155;

Schafhalter

RheinWb VII 847 f.; Gehl 1991, 98; Petri 1971, 11.
→Schaf, Schafrippe, Unkraut.

Schafhalter - m, ʃoːfhaltər, Pl. id. [Bak, Bog, Ger, GJ, GK, Len, Low, War, Wis V]; ʃǫfhaldər, Pl. id. [Fek, Kock, La II, Fak, Ga, Glog, StA V]; ʃoːfhaldə, Pl. id. [NA V]
V: Viehhirte, der die Schafherde auf der Weide bewacht ● *De war e Schofhalder, un där hat se ausgetriewe in Frihjahr. Un im Späthärbst hot er die Schâf haamgetriewe (↑heimtreiben), wann emol eingwendet (↑einwintern) is.* [Fek II] *Wie mir noch klaane Kinn (Kinder) woan, do woan noch Kuhhalder, Sauhalder, Schofhalder und Genshalder.* [La II] *Die Schef ware im Summer mitm Schofhalter uff de Hutwed (↑Hutweide).* [GJ V] *Kuhhalder un Schofhalder gebt's aa jetz noch.* [Glog V] *Schof had me ghalde (↑halten 1), die had me de Schofhalde auf de Waad (↑Weide 1) gewwe es ganzi Joah.* [NA V] *Mer hat vum Schofhalder den ↑Kasch, ↑Brinse un Liptâi (↑Liptauer) kaaft.* [StA V] ■ Gehl 1991, 207.
→Halter, Schaf.

Schafkäse - m, ʃaːfkheːs, Sg. tant. [NA, Ora, Stei, Tem, Wer V]; ʃoːfkhẹːs [Fak, Ga, Glog, Pan, Sad, StA, Wil V]
V: aus gegorener Schafmilch zubereiteter Käse ● *Had, in den Schafkes is ↑Tschag neikumme, dass er zammgeht (↑zusammengehen).* [NA V] *In der Stadt hot mer sich ↑Fransela-Brot, Kipfl, ↑Langosch mit Schofkäs oder ↑Mitsch kaaft un gesse.* [StA V]
→Käse, Schaf.

Schafmist - m, ʃoːfmiʃt, Sg. tant. [Bog, Fak, Ga, GK, Glog, Ost, StA, War, Wis V]
V: organischer Dünger von Schafkot mit Strohresten ● *Rossmischt, Schofmischt oder Geißemischt, des is warme Mischt.* [Ost V]
→Mist, Schaf.

Schafnasenapfel - m, ʃoːfnaːsapfl, -ɛpfl [Fak, Ga, Glog, StA, Wer V]; ʃoːfnoːsəapfl, -epfl [SM V]; ʃoːfnaːsapl, -epl [Stan III];
O: nach ihrer länglichen Form benannte Apfelsorte ● *Es gibt noch viele Apflsorte, die Lederäpfl, die Sieß- un Pfundäpfl, die Schofnasäpfl un noch andre.* [Fak V] ■ Gehl 1991, 323.
→Apfelsorte.

Schafrippe - f, ʃoːfripm, Pl. tant. [Ed, KT, Scham, Wud, Wudi I]; ʃoːfripə [Saw II, Ap, Ker, Krusch III]; ʃoːfripçən, Pl. id. [NA V]; ʃoːfripçər [Sch III]
A: (wie: Schafgarbe) ● *Bei uns woan im Wiäzbischl (↑Würzbüschel) auch Donnerdistel, Hexenkambel, Tausndguldnkraut (↑ Tausendgüldenkraut) und Schofrippchen.* [NA V] ■ PfWb V 851: 2. 'Schafgarbe', auch *Schaf(s)rippentee* (Schofribbetee) 'Schaf(s)garbentee'; SüdHWb V 158: RheinWb VII 850; Petri 1971, 11.
→Schafgarbe.

Abb. 76 Schafrippe

Schafsnase - f, selten, ʃoufsnoːsn, Pl. id. [Aug, Ed, Wein, Wud, Wudi I]
O: abgeflachte, an eine Schafsnase erinnernde Pfirsichsorte ● *Wos fië Pfeaschesuatn hot me in Wudäesch ghot? Die ↑Amerikaner, dann sann die Schofnosn gwejest, so leinglti (↑länglich) und e bissl ↑hantig.* [Wud I] ■ Petri 1971, 60.
→Nase, Pfirsichsorte, Schaf.

Schafstall - m, ʃoːfʃtal, -ʃtel [Baw, Nad, Oh, StG II, Ap, Berg, Ker, Pal, Stan III, Be, Tom IV, Bog, Bru, Jahr, Schön, Trau, Tschan, Tsche V, Bil, Bur, Erd, Kap, Mai, Pe, Schei, Suk VI]
V: (geschlossener) Unterbringungsraum für Schafe ● *Die Schef henn extre e Stall ghat, des war de Schofstall.* [Ap III]
→Schaf, Stall.

Schajt - m, selten, ʃajt, Sg. tant. [Bil, Ham, Mai, Pe, Schei, Suk VI]
V: Schwartenmagen *Etym.:* Entlehnung des ung. Komp. *disznósajt* 'Schwartenmagen'. Die Verkürzung ist ung. dial., während ung. *sajt* sonst 'Käse' bedeutet. ● *Selle Sticker vom Kopffleisch ta-mer*

en Schajt, ja. [Schei VI]
→Schwartenmagen.

Schalanken - f, ʃalaŋkə, Pl. tant. [GK, Low, Ost, War V]
V: Zierelement aus Leder und Kunstblumen am Paradegeschirr ● *Es Paradigschärr hat grad so e Koppgstell* (↑Kopfgestell), *nor mit zwei Schallanke dran. Schallanke, des is Zierledder, rodes Ledder mit braunem und geelem* (↑gelb), *mit Lecher ningschlaa mit so e Spiggl do un* ↑*Rose* (3), *ja.* [Ost V]
→Paradegeschirr, Rose (3), Spiegel.

Schale - f, ʃa:l, -ə [Stan III, Bog, GK, Len, Low, Ost, War V]; ʃe:lə, Pl. id. [Fak, Ga, Glog, StA, Wil V]
1. A, G, O, V, W: äußere, schützende Hülle **a.** A, G, O, W: von Früchten, Samen ● *Die Papiernusse henn dinni Schele, awer die Staanusse* (↑Steinnuss) *henn harti Schele.* [Glog V] *Mir hann getracht, dass es Bärl* (↑Beere) *e dicki Schal hat. Weil die Dinnschalichi* (↑Dünnschalige), *aso Esstrauwe, hann sich net gut ghall* (↑halten 3). [Ost V] **b.** V: harte Umhüllung des Vogeleis ● *Des Flomååi* (↑Flaumei) *hat ke Schal, des muss me glei esse.* [Glog V] 2. V: Fleisch von der Keule, dem Schlegel des Rindes ● *Da is die Schal, un no is Weißbradl* (↑Weißbraten) *do draa un do so en Spitz de Kaiserspitz, des geht in den Modschunge* (↑Wadschinken) *'rei.* [Stan III] ■ *Schale ist österr. für 'Oberschale, als Braten verwendetes Stück von der Rinderkeule'.* (Gahm 1994, 83)
→(1a) Wassermelone, (1b) Eierschale; schälen; (2) Fleisch (1).

schälen - schw, ʃeln, gəʃelt [OW VI]; ʃe:ln, kʃe:lt [Petschw II, Stan III]; ʃe:lə, kʃe:lt [Jood, StI, Sulk II, Ap, Mil, Stan III, Put,, Tom IV, Fak, Ga, Glog, Schön, StA, War, Wil V]
A, Fo, G, O: die äußerste Schicht von etwas lösen, abstreifen ● *De Kugrutz* (↑Kukuruz) *isch uff en Haufe gworfe worre un desch isch sälle Owed gschelt worre.* [Jood II] *Un noch sinn Zwibbl un Knouwl* (↑Knoblauch) *gschelt woan.* [StI II] *Die Kolwe* (↑Kolben) *sin so gebroche warre mitm Bascht* (↑Bast) *un sinn dann gschelt warre.* [Ap III] *Friher hot mer de Kukrutz mit em Laab* (↑Laub 1b) *hååmgfihrt un derhoom gschelt.* [Stan III] *Das Holz wird abgeputzt, wird gschelt.* [OW VI]
→abschälen; Schale, Schällaub.

Schällaub - n, ʃęlaup, Sg. tant. [Petschw II]; ʃelaup [Jood II]; ʃe:la:p [Baw, Bosch, Fek, GBu, Jink, Kier, KN, Mon, Saw, Wem, Wer II]
A: Deckblätter des Maiskolbens, die geschält werden müssen ● *Mir homm um selli* (jene) *Zeit die Kolber* (↑Kolben) *zammt dem Schellaub haambrocht* (↑heimbringen) *in Hof. Des Schellaub, des muss mer abschele.* [Jood II] *Wie die Kukrutz reif woa, håmm sie ihn brochn zammst* (zusammen) *min Schällaup.* [Petschw II]
→Bast, Laub, Liesch (1); schälen.

Schalotte - f, ʃalotə Pl. tant. [GK, Ost, Sad, Schön V]; ʃalat, -ə [Trie V]
G: Lauchart mit zusammengewachsenen kleinen Zwiebeln, die zusammen mit den Röhrenblättern als Gemüse dienen; Allium ascolanicum *Etym.:* Das Subst. kommt von frz. *échalote*, auch lothringisch *schalat* (vgl. *schalat* in Trie V). Dieses kommt mit unregelmäßiger Formentwicklung aus altfrz. *eschaloigne* und dieses aus lat. *Ascalōn*, zu gr. *Askálōn*, dem Namen der Stadt der Philister im südlichen Palästina, wo die Pflanze heimisch war. ([23]Kluge, 711) ● *Im Garte ham-mer aa ghat Schalotte un Krien* (↑Kren), *Zeller, Fenigl* (↑Fenchel), *Kimml, Liebsteckl un viel annres.* [Ost V]
■ PfWb V 862; SüdHWb V 171; RheinWb VII 886; Gehl 1991 228; Petri 1971, 12.
→Gemüsebau.

Schankrecht - n, ʃankreçt, Sg. tant. [Ap, Berg, Fil, Sch, Siw, Werb III, In, NP, Tom IV, Alex, Bak, Bill, Ger, Gra, Mar, Nitz, Ost, War, Wis V]
W: das Recht, Wein aus der eigenen Ernte zu verkaufen; Schankkonzession ● *Im Dorf ware schun Leit, was Schankrecht ghat hann, Butellerschank. Die hann so halbliterweis un literweis de Wein verkaaft im Haus.* [Bak V]
→Arrendat, Butellerschank; ausschenken.

Schanze - f, ʃants, -ə [Sch, Siw, Tscher III, Bog, Bru, Charl, KöH, Len, Low, Ost, War V]
A: Erdvertiefung, Graben *Etym.:* Die Wortbedeutung geht auf den Festungsgraben neben der Verteidigungsschanze zurück. Für das Banat ist auch an den Einfluss von rum. *şanţ* 'Graben', auch 'Schützengraben' und (im Mittelalter) 'Festungsgraben zu denken. Doch hier wird das Wort aus poln. *szaniec*, dt. *Schanze* hergeleitet (DEX 921), was die Annahme von 'Festungsgraben' als Herkunft unserer Wortbedeutung bestätigt. ● *Uff unserem Feld ware aach Schanze, do war die Saulänner*

Schar

(Sauerländer) *Schanz un die Rossmiller Schanz.* [Bru V] ◆ Die Erweiterung *Sauerländer* bezieht sich auf die Abstammung eines Teils der Bruckenauer Deutschen aus dem Sauerland. Die zweite Erweiterung *Rossmüller* bezieht sich wohl auf eine Pferdemühle, die einstmals in diesem tiefen Gelände stand, bzw. auf den Müller, der hier sein Feld hatte. ■ PfWb V 872 f.: 2.a 'Grube, in der im Feld Rüben über Winter aufbewahrt werden', b. 'Graben'; Schanzengraben 'kleiner Bach als Gemarkungsgrenze'.
→Hohl, Loch (1).

Schar - f (n), (n) ʃå:r, -n [Gutt V]; ʃa:r, -ə [Gak III, Be IV, Bill, Franzf, Glog, Ost V]; ʃå:r, -ə [Har III]; ʃå:r, Pl. id. [Tow IV]; ʃa:rə, Pl. id. [Ga, StA V]; (n) ʃa:rt, -ə [Fak, Pan V]; (n) ʃo̞:ɐr, -ə [Nad II]
A: (verkürzt für:) Pflugschar *Etym.*: *Schar*, landschaftlich für *Pflugschar*, kommt aus mhd. *schar* (m., f.), ahd. *scar, scara, scaro* 'schneidendes Eisen, Pflugschar' (LexerHWb II 661). ● *De Bode* (↑*Boden 2*) *wärd tief ufgmacht* (geöffnet) *mit em Pluch un mit em Hackpluch nohhär, där hat flachi Schare un de Plucharm.* [Ost V] ■ Gehl 1991, 152.
→Pflug; dreischarig.

scharf - Adj, ʃarf [Bog, Bru, Ga, Ger, GJ, GK, Gra, Kath, Len, Lieb, Ost, StA, Wil, Wis V, OW VI]; ʃo̞ɐrf [Baw, Fek II]; ʃarəf [Ap III, Fak, Glog V]
1. Allg: gut schneidend ● *Med em Stogl* (↑*Stahl*) *hod er die Messer schoarf gemocht, ender dass er es Fleisch veschniede hot.* [Baw II] *Un die Sau is noch emol abgekratzt woen midn schoarfe Meser, un no is aagfangt woen in der Mitt aufzuschneien.* [Fek II] *Die Rindn geht sähr leicht 'runder mit e kleine Schaufl, un die is scharf, is gut ausgespitzt.* [OW VI] 2. G, V: sehr stark mit Paprika o. Ä. gewürzt, von durchdringendem Geschmack ● *Der Kree* (↑*Kren*) *hot mer griewe* (↑*reiben 2*), *hotn e bissl gebeht* (↑*bähen*), *dass er net so scharef is, uno hot men zum Brotworscht* (↑*Bratwurst*) *hauptsechlich gesse.* [Ap III] *Des war ke scharfer Paprika, des war gemahlne Paprika, was net scharf war.* [Lieb V] *Dann hat mer Paprika aach gsetzt. Do war de Geele Paprika, de Griene Paprika un de scharfi, die Leiwlsknepp* (↑*Leibchenknöpfe*). [Ost V] 3. A, G, V: rasch wirkend ● *Es is langsam gang, mit kalte Raach, war net so scharf wie in der Selcherei, wie die Fleischhackre hann.* [GJ V] ■ PfWb V 876-878: 1. 'gut schneidend', 2.a: 'stark gesalzen, gewürzt, sehr sauer, ätzend'; SüdHWb V 191-193;

RheinWb VII 927-929.
→(1) ausgespitzt, geschliffen; (2) Paprika, scharfer Paprika, - Kren, - Zucker; (3) kalter Rauch.

scharfer Kren - m, ʃarfə kriə, Sg. tant. [Jood II]; ʃarfə kri:ən [Sad V]; ʃarfə krī: [Fak, Glog V]
G: scharfer Meerrettich ● *De scharfe Krië, dä wurd mit Rahm aagmocht* (↑*anmachen*). [Jood II]
■ Gehl 1991, 227.
→Kren; scharf (2)

scharfer Paprika - m, ʃarfər paprika, Sg. tant. [Alex, GJ, Len, Lieb, Orz, StA, War, Wis V]
G: Gewürzpaprika mit stark durchdringendem Geschmack ● *Des war ke scharfer Paprika, des war gemahlne Paprika, was net scharf war.* [Lieb V]
→Paprika (1a); scharf (2).

scharfer Zucker - m, ʃarfər tsukər, Sg. tant. [Bog, GK, Gott, Gra, Low, Ost, War, Wis V]; ʃarfər tsugər [Fak, Glog V]
A, G: Bonbons mit Pfefferminzgeschmack ● *Selmols war meh de Zucker in Modi, do war Milchzucker, Honichzucker, Leckwarzucker un scharfe Zucker.* [Bog V]
→Pfefferminze, Prominzenzucker, scharfer Paprika, - Zucker; scharf (2).

Scharfrucht - f, ʃa:rfruxt, Sg. tant. [Bog, Bru, Ger, Hatz, Nitz, Ost, War, Wis V]; ʃoɐ:rfruxt, Sg. tant. [Gbu, Petschw II, Wei, Wolf V]
A: bestimmte Menge Weizen, die dem Schmied für das Schärfen der Pflugscharen zu entrichten war ● *Mer hod mise* (müssen) *Schoarfrucht zahle, awwe mei Großvatter hot net mise.* [Gbu II]
→Frucht.

Scharja - m, selten, ʃarja, Pl. id. [GStP, Gott, Mar, Trie, Wis V]
Allg: Bauernwagen *Etym.*: Entlehnung aus frz. *charette* 'leichter, zweirädriger Karren' mit Bedeutungsübertragung auf 'üblicher Bauernwagen'. Dasselbe Wort wurde in [Glog V] über rum. șaretă 'leichter (zweirädriger) Wagen' als *Scharetta* 'zweirädriger Pferdewagen, Sandläufer' (Wb2, 706) entlehnt. ● *Mei Großvater sei Generazion, die hann die franzesisch Werter noch all gebraucht wie: Är is mim Scharja ibr'em* ↑*Rigola gfahr.* [Trie V]
→Wagen.

scharren - schw, ʃɛrn, kʃɛrt [Aug, Ed, Ins, Scham, Schor, Wer, Wud I, Petschw II, Ru IV, ASad, Karl, Resch, Tem, Wer V, Bat, OW VI];

ʃęrə, kʃęrt [Bog, Fak, Ga, GK, Glog, Ost, StA, War, Wil V]
1. V: (von Vögeln und Tieren:) den Boden mit den Füßen kratzen, auseinanderhacken *Etym.:* Vgl. *scharren* eine Intensivbildung zu *scherren* '(ab)kratzen, schaben, graben', von ahd. *sceran* '(ab)kratzen, (ab)schaben'. (Wahrig 3067) ● *An Neijohr soll mer ke Hinklsfleisch* (↑Hünkels- fleisch) *esse, weil die Hinkl schärre zruckzusich (rückwärts), noh hat mer ke Glick.* [Orz V] 2. A: leicht hacken, auflockern und von Unkraut säubern ● *Die Ruwe* (↑Rübe) *sinn aangebaut ginn met der Maschin* (↑Maschine 3), *un dann sinn sie gschärrt ginn, wejer em Ärdfloh* (↑Erdfloh). [Ost V] ■ **schärren, scharren** PfWb V 882 f.: 1a. 'kratzen, auseinanderscharren (von Hühnern, Hunden, Pferden), 1.e '(den Weinberg, den Zuckerrüben- acker) leicht hacken, auflockern, von Unkraut säubern'; SüdHWb V 196 f.; RheinWb VII 936.
→ein-, (1) heraus-, verscharren.

Schasch - n, selten, ʃaʃ [Alt, Fek, Oh, Wem II]; ʃoɐʃ, Sg. tant. [StI II]
A: Schilfrohr, Binse *Etym.:* Entlehnung aus ung. *sás* 'Liesch, Ried, Binse'. ● *Unoch woar e junges Medche, die hot Saal* (↑Seil) *gelecht* (↑legen). *Die Saal woan ba uns von Schoasch gemocht.* [StI II]
Anm.: In *Schoasch* wurde das entlehnte *a* zu *oa* diphthongiert.
→Rohr (2).

Schaub - f (n), veraltet, ʃaup, ʃaubə [Jood II]; ʃa:p, Pl. id. [Bog, Bru, GK, Len, Low, Ost, War V]; ʃa:p, Pl. id. (n) [Aug, Erb, Pußt, Wud I]
A: Strohbund, Garbe, Bund *Etym.:* Vgl. *Schaub* bei Maßangabe, obd. 'Garbe, Strohbund', von ahd. *scoub*, mhd. *schoub* 'Garbe, Gebund, Stroh- bund', eigentlich 'Zusammengeschobenes', zu *schieben*. (Wahrig 3071) ● *Die Eche* (↑Ähre) *sin obghockt won, so lang as me des Schaab braucht hot zem Bindn.* [Pußt I] *Des Kukrutzstroh* (↑Kukuruzstroh) *hat mer gschnied un zu Schab gebunn.* [Bru V] *Un vun dem Stroh hom-me noch Schaub gmacht. Die senn ausbeutlt* (↑ausbeuteln) *worre, un no senn sie zammbunde worre.* [Jood II] *Die Schaab is so groß, was ich in die Hend holle kann. A gude Arem voll is die Schaab un is zweimal gebunn ginn.* [Ost V] ■ PfWb V 893- 895: 1.a 'Gebund, Garbe', b. 'glattes, langes Stroh, gewöhnlich Roggenstroh' (für die Dacheindeckung, für die Fertigung von Seilen zum Binden der Getreidegarben, zum Anbinden der Reben, als Unterlage in Betten usw.); in heutigen und in verschiedenen historischen Belegen ist auch 'Gebund' Begriffsbestandteil. Mhd. *schoup, schoub* 'Gebund, Bündel'; SüdHWb V 210; RheinWb VII 952-955; SchwWb V 717 f.
→Garbe, Kornschaub, Schaubstroh.

Schaubstroh - n, ʃaupʃtro:, Sg. tant. [Jood, Sier II]; ʃa:pʃtro: [Sier, Seik II, Wies V]
A: gebündeltes Kornstroh ● *Am Wochenmark hod me kenne vukaufe* (↑verkaufen) *des Schaubstroh.* [Jood II] *Friher honn se die Velker* (↑Volk) *nit in de Biekeste* (↑Bienenkasten) *ghale* (↑halten 1), *sonden in Kärb* (↑Korb 2), *die senn aus Stroh gebunde, aus Schabstroh, ja.* [Seik II] *Un des is aa mit Schabstroh odder mit Liescht* (↑Liesch) *gemacht.* [Sier II] *Un hinnr em Haus war Kornstroh, so Schabstroh far Saal* (↑Seil) *mache.* [Wies V]
→Schaub, Stroh.

Schaufel - f, ʃaufl, -n [Wer V, OW VI]; ʃaufl, -ə [Bog, Fak, Ga, GK, Glog, Jahr, Ost, StA, Wil V]; ʃu:flə, Pl. id. [Sad V]
Allg: Werkzeug (aus Holz oder Blech) mit breitem Blatt und Stiel zum Aufnehmen und Forttragen von kleinerem Material, Schippe ● *Ja, winde* (↑winden) *hann se des gnennt. Un hann mit holzeni Schaufle des in die Luft gschmiss.* [Ost V] *Da hat me iberall a kleine Hüttn ghabt fir understelln Hackn un Schaufln un so weite.* [Wer V] *Die Rindn geht sähr leicht 'runder mit e kleine Schaufl, un die is* ↑*scharf* (1), *is gut ausgespitzt.* [OW VI] ■ PfWb V 869 f.: 1.a 'eiserne Schaufel mit langem Stiel für Erde, Sand usw.', b. 'hölzerne Wurfschaufel (aus einem Stück) für Getreide, Kartoffeln, Obst, Malz', 2.c 'Vorderfüße des Maulwurfs', d. 'Schulterstück vom Schlachttier'; SüdHWb V 212 f.; RheinWb VII 969 f.; SchwWb V 723.
→Schippe.

Scheibe - f, ʃaip, ʃaibə [Bog V]; ʃaibə, Pl. id. [Tax I]; ʃaivə,Pl. id. [Oh II]; ʃaip, ʃaivə [GK, Len, Low, Ost, War V]; ʃaibn Pl. id. [Pußt, Wer I]
G: dünne Glasplatte in einem Fenster ● *Uff de Mischbeddl* (↑Mistbeet) *sinn die Rahme mit Scheiwe. Die sinn ufgstellt ginn, je nochm Wätter.* [Ost V]
→Mistbeet, Rahmen, Scheibenhonig.

Scheibenegge - f, ʃaivəe:ç, -ə [Bog, Gott, Hatz, Len, Low, Ost, War V]
A: Egge mit tellerförmigen Metallscheiben zum

Aufreißen des Bodens ● Stärze (↑stürzen) haaßt flach ackre, aso schwarz mache die Ärd (↑Erde). Die letschti Zeit hat me's mit Scheiweech gmacht. [Ost V] **Anm.**: In der Wortform Scheiweech ist b>w-Wandel und Spirantisierung g>ch anzutreffen.
→Egge.

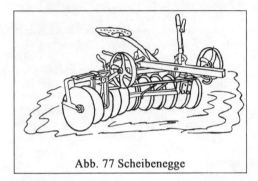

Abb. 77 Scheibenegge

Scheibenhonig - m, ʃaibnho:niç, Sg. tant. [Bohl, Seik, StI II]
B: in Scheiben geschnittener Wabenhonig ● Ich hab Scheibnhonich sähe viel gemocht. Ja, in Gleser (↑Glas 2) ham-mir die eingfillt. [Seik II]
→Honig, Scheibe.

Scheibtruhe - f, ʃaiptru:gl, Pl. id. [Tschol I]; ʃaiptru:gl, -ə [Fak, Glog, Pan, Wil V]; ʃoiptru:gl, -ə [Jood II]
A: Schubkarre mit truhenförmigem Oberteil
Etym.: Vgl. ostösterr. Scheibtruhe 'Schubkarren', zu scheiben 'rollen' und Truhe. (^{23}Kluge, 715)
● Sell (jenes) hảm-me Trågåtsch gsagt, un des is die Schoibtrugl. [Jood II] ◆ Ein Teil der Schiebtruhe ist die kistenförmige Truhe. ■ Gehl 1991, 155; ÖstWb 370; Gehl 1991, 155; Scheibtruhá Jungmair/Etz 1999, 242; Scheibtruchen Wehle 1980, 247.
→Schubkarren, Tragatsch.

Scheiemkoro - n, selten, ʃɛiəmkoro:, Sg. tant. [GN, Seik, Surg II]
B: als Bienenkraut dienende Seidenpflanze; Asclepias syriaca *Etym.*: Entlehnung aus ung. selyemkóró 'Seidenpflanze'. ● Dot senn so Planze (↑Pflanze) mit so hoche Stengl (↑Stängel), die hunn sehe gute Honich. Mir soge ungarisch Scheiemkoro. [Seik II]
→Honig.

Scheißdreckvogel - m, selten, ʃaistrekfo:gl, -fe:gl [Gra, Ost V]; ʃaistrekphikər, Pl. id. [Seul V], khi:treksphikər, Pl. id. [Gott V]; trekphikər, Pl. id. [Len V]; trekphekər, Pl. id. [Sack V]
V: Wiedehopf; Upupa epops *Etym.*: Die Bezeichnungen "Scheißdreck-, Kuhdreckvogel" bzw. -picker gehen von der Suche nach Nahrungsresten des Wiedehopfes in Pferdebollen und Kuhfladen aus. Vgl. dazu Scheißdreck(s)grübler, -käfer, -krabbeler und -krümeler in PfWb V 913.
● Do gsieht mer de Scheißdrecksvogl, des is de Wiedehopf, die Schwalme un de Bufing (↑Buchfing). [Ost V] ■ Petri 1971, 123.
→Vogel.

Abb. 78 Scheißdreckvogel

Scheiße - f, ʃais, Sg. tant. [Wem II, Gai, Sch, Tor III, ND, Tom IV, Ales, Bog, Fak, GJ, Ga, Glog, GStP, Lieb, Low, Orz, Schön, StA, War, Wil, Wies, Wis V, Pe VI]
1. V: Durchfall ● Was hadn die Kuh widder gfresse, die had jo die Scheiß. [Fak V] 2. V: tierischer Kot, Exkrement ● Wenn de Darm aagstoche war, dann war 's Fleisch halt bissje verschmeert mit Scheiß odder mit Brunz. [Lieb V] ■ PfWb V 913-915: 1.a 'Durchfall von Tieren', b. 'infolge von Durchfall sich ablagernder weißlicher Kot am After des Huhns', c. (ugs.) 'Kot, Exkrement'; SüdHWb 230 f.: 1. 'Tierkot', 2.a 'Durchfall', b. (Imkersprache) 'Bienenkrankheit'; Gehl 1991, 195; 1. 'Kot', 2. 'Durchfall'; Scheißen f. BayWb 2/1 474: 'Durchfall'.
→Kuhdreck, scheißen.

scheißen - st, ʃaisn, kʃisn [ASad, Lind, Lug, Tem, Resch, Wei, Wer, Wolf V, OW VI]; ʃaisə, kʃisə [Tax I, Tew II, Haj III, Be, Tom IV, Fak, Ga, Glog, StA, Wil V, Pe VI]; ʃaisə, kʃis [Bog, GK, Len, Low, Ost, War, Wis V]
V: den Darm entleeren ● De Gaul is scheißrich,

geb Owacht, där scheißt noch in de Hof. [StA V] ■ PfWb V 913-915; SüdHWb V 230-232; RheinWb VII 1014-125; BayWb 2/1 474, Gehl 1991, 195.
→brunzen, misten (1) reinigen (2); Kot, Scheiße; scheißerig.

scheißerig - Adj, ʃaisriç [Gai, Tor III, Be, Tom IV, Bog, Fak, Ga, Glog, Ost, StA, War, Wis V]
V: Bedürfnis zum Scheißen habend ● *De Gaul is scheißrich, geb Owacht, där scheißt noch in de Hof.* [StA V] ■ PfWb V 915; RheinWb VII 1025; Gehl 1991, 195.
→scheißen.

Schelle - f, ʃelɐ, ʃelə [Berg III]; ʃel, -ə [Ger, GK, Joh, Mori, NB V]
V: kleine Glocke ● *Kih kumme, Schelle brumme, Gras in die Krippe, Millich in die Tippe* (↑Tüpfen). [NB V] ◆ Gewöhnlich tragen Milchkühe nur während des Austriebs auf die Hutweide Schellen um den Hals gebunden. ■ Gerescher 1991, 169.

Schellkraut - s, ʃelkraut, Sg. tant. [Bog, GK, Low, Ost, War V]
A: als Unkraut verdrängtes Mohngewächs; Chelidonium maius *Etym.:* Schellkraut, auch Schöllkraut kommt aus mhd. schelkrut, -wurz, ahd. scellawurz, dieses geht vermutlich zurück auf lat. chelidonium; zu gr. chelidon 'Schwalbe'. (Wahrig 3160) ● *Unkraut ham-mer viel ghat, do ware die ↑Windhexe, es Schellkraut, die Melde, die Hinglsdärem* (↑Hünkelsdarm), *de Spitzwättrich* (↑Spitzwegerich), *de Hettrich* (↑Hederich) *un viel andre.* [Ost V] ◆ Pfälz. Volksmedizin: "Die Milich vun Schelkraut vertreibt Warze". (PfWb V 920) ■ PfWb V 920; SüdHWb V 242; RheinWb VII 1033.
→Unkraut.

schepp - Adv, ʃep [Brest, Siw III, Be, ND IV, Alex, Bog, Bru, Charl, Fib, GStP, Ost, Wis V]
Allg: schief, krumm ● *Do hot mer misse owachtgewwe, dass die Fuhr nit vielleicht schepp werd oder gar umfallt.* [Bru V] ■ PfWb V 930 f.; SüdHWb 249-251; RheinWb VII 1045.
→gerade, überzwerch.

scheren - schw, ʃɛ:ən, kʃɛɐt [Fek, Petschw II, NA, Ora, Resch, Tem V]; ʃɛ:rə, kʃɛ:rt [Fak, Ga, Glog, StA, Wil V]
V: das Fell zur Wollegewinnung bis zur Haut abschneiden ● *Die Schåf sinn in jedn Frihjahr gschäet woen, un die Woll is ausgeoarwet woan dann.* [Fek II] *De Schofhalde hot die Schof gschäet, ihre Woll.* [NA V]
→Schaf.

Scherriemen - m, ʃɛ:ri:mə, Pl. id. [Fil, Mil III, NP, Tom IV, Bog, GK, Low, Ost, War V]
V: scherenförmig übereinandergreifende Zügel bei Zweispännern ● *De Zweigspänner hat Schärrieme ghat. Die sinn ausenander gang so, had jedes Ross iwwenanner, die zwei in de Mitte, un die auswendsich sinn direkt gange.* [Ost V]
→Genickriemen, Riemen, Stutzel.

Scheuer - f, ʃaiɐr, Pl. id. [Sulk II, Bog, Ger, GJ, GK, Len, Low, Ost V, Besch, Bil, Ham, Mai, Pe, Schei, Suk VI]; ʃaiə, -n [NA, Ora, Resch, Stei V]
A: bedeckter Lagerraum, Scheune ● *Uno hod me'n haamgfihrt, in de Scheier 'noi.* [Sulk II] *Es Stroh war uff Schuwwre* (↑Schober), *in der Scheier hinne im Hof.* [GJ V] *Die Wicke sein in de Scheien odde aff e Triste aufgsetzt woan.* [NA V] *Mir hann Scheier net gekennt, alles war im Hof.* [Ost V] *Ja, war 's Haus, und im Hof war dann noh de Saustall un d'Scheier. (...) Un von det hann sie's gnomme in d'Scheier.* [Schei VI]
→Hambar, Hof, Schuppen.

Scheuleder - n, ʃailetər, Sg. tant. [GK, Bogg, Gra, Ost V]
V: Teil des Kopfgestells, viereckiges Lederstück seitlich der Augen des Zugpferdes ● *Es Koppstick* (↑Kopfstück) *hat zwei ↑Zunge (2) ghat uff jeder Seit. An die Zunge is es Scheiledder draan gwenn, an deni zwei Rieme, die sinn unne ins Gebiss aagschnallt ginn.* [Ost V]
→Leder, Sielengeschirr.

Scheune - f, selten, ʃoine, -n [Wer V]
Allg: Wirtschaftsgebäude zum Lagern von Stroh, Heu, Geräten usw. *Etym.:* Entlehnung aus der Standardsprache. ● *Die Hotaaie* (↑Hodaie) *waan draußn große Häuse mit Scheunen und so, da hamm die Leut auch übenachtet.* [Wer V]
→Tenne.

Schicht - f, ʃiçt, -ə [Ap, Brest, Ker, Sch, Tor III, Put, Tom IV, Alex, Bog, GJ, Len, Lieb, War, Zich V]
Allg: Lage eines einheitlichen landwirtschaftlichen Produktes bzw. Materials ● *Un no is widder e guti Schicht gschnittenes Kraut inzwi-*

schieben

sche ningetun genn. [GJ V] *Des ↑Sulz (2) war so gelatinartich un owwe war so e Schicht Fett.* [Lieb V]

schieben - st, ʃiːbə, kʃoːbə [Fek II]; ʃiːvə, kʃoːvə [Jood II, Glog, Ost V]; ʃiːm, kʃoːm [Pußt I]
A: etwas von Hand mit Druck weiter befördern ● *Me hod des Stroh messt schiebe, mer hat kein Elevator.* [Fek II] *Die Maschie (↑Maschine 1a) is gschowe worre vun Hof zu Hof, un do honn sie des rabgmaschient (↑herabmaschinen).* [Jood II] *Die Riesleit (↑Riesleute) hann misse schiewe, dass de Dreschkaschte an de Schowr (↑Schober) kumm is.* [Ost V]
→hin-, vorschieben, Strohschieber.

Schieber - m, ʃiəvə, Pl. id. [Ed, KT, Wein, Wud I]
A, W: Gerät zum Jäten des Unkrauts aus einem hölzernen Stiel und einer eisernen Kleinge
Etym.: Benennungsmotiv ist die Arbeitsweise: Um das Unkraut zu jäten, schiebt man das Gerät vor sich her. ● *Die Schiëwe hot de Ejckschmied gmocht, me hot sie aa söwe (selbst) mocha kejne.* [Wud I]
→Hacke.

schief - Adj, ʃiːf [Oh II, Ap, Fil, Hod, Mil, Siw III, In, Ru, Tom IV, Bog, Bru, Fak, Glog, Len, Low, Wil, Wis V, Bil, Pe, Suk, OW VI]
Allg: geneigt, schräg nach einer Seite abfallend ● *Ja, de Raft (↑Raufe) saan schief an de Mauer, dort krien sie's Stroh un Haai nin.* [Len V] *Das Holz kommt so ein wenig schief bezimmert, dass auch rund wird diese Kanal, diese Riesn (↑Riese).* [OW VI]
→schräg.

Schiefersteinige - f, ʃifərʃtäːniçe Pl. id. [Mil, Stan, Tscher, Wepr III]; ʃifərʃtäːniçi [Fak, Glog V]; tsifərʃtäːniçe [Ga, StA V]
V: Hühnerart mit buntem, schillerndem Gefieder
Etym.: Das Komp. *Schiefersteinige* passt das Adj. *schieferig* volksetym. an *Schieferstein* an.
● *Es gebt bei uns viel Hehne, des senn die Rode, Schwarze, Gscheckelde, die Zifferstååniche.* [StA V] ◆ *Die Italiener sind Hühner mit buntem Gefieder.* ■ Petri 1971, 104; *schieferig* PfWb V 958: 3. 'gefleckt, gesprenkelt, scheckig', z. B. von der Farbe der Hühner und der Tauben; SüdHWb V 278; RheinWb VII 1096.
→Huhn, Gescheckte.

schießen - schw, ʃiːsn, kʃosn [OW VI]; ʃuisn, kʃosn [ASad, Lind, Wei, Wolf V]
Fo: ein Geschoß auf Wild abfeuern, jagen ● *En ejdes Haus hot a Gwehr ghat, und we mej wos braucht hot, is ma wos schuißn gonge. (...) Vo denen hot er sovöl gschossn, sovöl ehm vorn Lauf kemme sand.* [Wolf V] *Unsere Jäger können ganz wenig schießn, weil es kommen doch vom Ausland, die bezahlen fië Hirsch un Bärn zu schießn.* [OW VI]
→umlegen (1); Gewehr, Schonzeit; angeschweißt.

Schiffsmühle - f, veraltet, ʃifsmiːl, -ə [DStP, Eng, Glog, Perj, Low, NA, Sem, Tschan V]
A: auf einem Schiff erbaute Wassermühle ● *Un die Schiffsmihle sinn zugrond gang, wie die Dampfmihle ufkomm sinn in de Ortschafte do bei uns.* [Perj V]
→Mühle, Wassermühle.

Schikulaer - m, selten, ʃikulaie, Pl. id. [Ga, StA, Wil, Pan V]
O: nach dem rum. Herkunftsort benannte Apfelsorte *Etym.:* Die Apfelsorte ist nach dem rum. Ortsnamen Șicula in den Westkarpaten benannt, weil sie aus dieser Gegend stammt. Rum. heißt sie gleichfalls *șiculaie*. ● *Es gibt noch viele Apflsorte, die Lederäpfl, die Sieß- un Pfundäpfl, die Schikulae, die Törökbalint un noch andre.* [StA V] **Anm.**: Das Fremdwort hat das rum. Suffix *-aie* beibehalten. ◆ Rumänische Gebirgsbauern (sog. Motzen) fuhren im Herbst mit Planwagen in die Ortschaften der Arader Ebene, um hier Äpfel u. a. Obst aus Ihrer Ernte zu verkaufen und sich um den Erlös mit Getreide und Kartoffeln einzudecken. ■ Gehl 1991, 323.
→Apfelsorte.

Schilfrohr - n, ʃilfroːr, Sg. tant. [Bog, GJ, GK, Ost, War V]; raːr [Fu, Hod, Kara, Kol III]; roːr [Sag II, Stan, Tor, Tschat, Tscher, Wasch III, Har IV, Bill, Char, GStP, Karl, Low, NB, Sad, Seul, StH V]
A: als Unkraut verdrängte Süßgräser in sumpfigem Gelände; Phragmites communis ● *Zum Unkraut ghärn noch die Binse, es Schilfrohr, die Wachtlsmahd (↑Wachtelsmahd) un viele andre.* [Ost V] ■ *Schilf* PfWb V 974; SüdHWb V 293 f., RheinWb VII 1123; Petri 1971, 54.
→Liesch (2), Unkraut.

Schiller - , ʃilər, Sg. tant. [Fil, Mil, Sch, Siw, Stan, Tscher, Werb III, Be, NP, Ru, Tom IV,

Bak, Bill, Bog, Glog, Gutt, Hatz, Len, Lieb, Nitz, Wies, Wil V]
W: Rebsorte mit hellroten Weintrauben, die einen Roséwein ergeben *Etym.*: Benennungsmotiv der Rebsorte sind die zwischen Weiß und Rot schillernden Trauben. ● *Meischt hann se ghat Blooi, Matscharga, Schiller un Zacklweißi, des ware die Sortn.* [Bak V] ■ Petri 1971, 80.
→Rebsorte, Steinschiller.

Schimmel - m, ʃiml, Pl. id. [Lasch, Mu, StG, Sier II, AK, Ap, Fu, Ker, Mil, Sch, Stan, Werb III, Be, NP, Ru IV, Bak, Fak, Ga, Glog, Len, Low, Mar, StA, Wies V]
V: erwachsenes Pferd von grauweißer Farbe *Etym.*: Die Bezeichnung für ein weißes Pferd ist zunächst adjektivisch, also ein Pferd, das wie Schimmel aussieht. Vereinzelt schon mhd. ([23]Kluge, 721) ● *De Schimml hat johrelang die Mihl* (↑Mühle) *gezoo* (↑ziehen). [Len V] ◆ Kinderreim: *Djieh* (Zuruf), *Schimml, djieh! Dreck bis an die Knie. Morje geh mer Hawr dresche, kriet de Schimml Dreck zu fresse! Djieh, Schimml, djieh!* [Bak V] ■ Petri 1971, 100.
→Pferd, Schimmelhengst.

Schimmelfass - n, ʃimblfas, -fesər [GK, Mar, Ost, Paul, Wil, Wis V]
W: im Innern von weißem Schimmel überzogenes Holzfass ● *Im a Schimblfass hat ke Inschlag* (↑Einschlag) *drin gebrennt.* [Ost V]
→Fass; schimmeln.

Schimmelhengst - m, ʃimlheŋʃt, Pl. id. [Bak, Bog, Gra, NB, Nitz, StA V]
V: Hengst von grauweißer Farbe ● *Mer hann am Dienstach e Schimmlhengscht kååft.* [NB V]
→Hengst, Schimmel.

schimmelig - Adj, ʃimbliç [Ker, Kol, Pal III, NP, Tom IV, Fak, Ga, GK, Glog, Len, Ost, StA, War, Wil V]
Allg: von weißlichen Schimmelpilzen überzogen ● *Der Hannef* (↑Hanf) *is in die Sunn gstellt un getrucklt ginn* (↑trocknen 2), *dass er net schimblich git.* [Ost V] ◆ Volksmedizin: Schimmeliges Brot ist ein Mittel gegen Zahnschmerz. - Pfälz. (und donauschwäb.) Sprichwort: *Aldi Lieb roscht nit, awwer schimmlich kann se werre.* ■ PfWb V 976; SüdHWb V 196 f.; RheinWb VII 1130.
→schimmeln.

schimmeln - schw, ʃimblə, kʃimblt [Fak, Gak, GK, Glog, Ost, StA, Wil V]
Allg: von weißen Schimmelpilzen überzogen werden ● *Dort kummt de Fade* (↑Faden) *dorich, dass die Tuwakbletter sich net zu fescht aanlege* (↑anlegen 4) *un schimble.* [Ost V] Anm.: Zum epenthetischen -b- als Gleitlaut vgl. die Etymologie von Schimmel, mhd. *schimel*, jedoch ahd. *skimbal*.
→schimmelig; Schimmelfass.

Schindel - f, ʃindl, -n [Tol I, Wer V, OW VI]; ʃindl, Pl. id. [Ora, Resch, Stei V]
Fo: dünnes Holzbrettchen, das zum Dachdecken verwendet wird ● *Es Dach is mit Holzschindl gedeckt woan. Die Schindl sind reihweis angnaglt woen.* [Stei V]
→Holzschindel, Schindelbaum.

Schindelbaum - m, ʃindlpå:m, -ə [Ora, Resch, Stei, Wei V]
Fo: zur Herstellung von Schindeln verwendeter Baum ● *Mei Vatte had in Schindlbaam zahln missn.* [Stei V]
→Baum, Schindel.

Schinder - m, ʃindər, Pl. id. [Tom IV, Fak, Ga, Glog, Lieb, StA V]; ʃinər, Pl. id. [Ap III, Ost V]
V: Abdecker, der totes Vieh entsorgt *Etym.*: Aus mhd. *schindaere* 'Schinder', zu mhd. *schinden* 'enthäuten, schälen, misshandeln', ist im Südwesten zu 'Henker', im Norddeutschen zu 'Straßenräuber, Plagegeist' geworden. ([21]Kluge, 650) ● *Die Schinnergass muss vun dart kumme, dass dart mol de Schinner gewohnt hot.* [Ap III] *Aso on Brestowatz* (ON) *do war e Schinder. Där hod die Kuh oogebunde* (↑anbinden), *no hat er die Walz gedreht, bis die Kuh ufn Wage* (↑Wagen) *druf war. Un no is är weggfahre zum Schinderplatz.* [Brest III] *Etwas Verreckts* (↑Verrecktes) *muss glei der Schinder abhole un vegrawe.* [Glog V] *Die annri im Dorf ware de Schinner un die Halder* (↑Halter). [Ost V] *Dort driwe hat de Schinder gwohnt, wu es verreckte Vieh eigrawe hat.* [StA V] ■ PfWb V 908; SüdHWb V 302 f.; RheinWb VII 1134 f.; Gehl 1991, 113.
→Schindergasse, -loch, -platz, -wiese; abschinden.

Schindergasse - f, ʃinərskas, Sg. tant. [Ap, Brest, Fil, Hod III]
A: Gasse in Randlage, durch die das tote Vieh aus der Gemeinde geschafft wird ● *In Apatie* (ON), *do sinn die Kärchegass, Spatzegass, Schin-*

nersgass, es Postgessl un es Rauwergessl. [Ap III]
→Gasse, Schinder.

Schinderloch - n, ʃindərlox, -leçər [Mil, Stan III, Put, Tom IV, GJ, Nitz, Wis V]
A, V: abseits (und tiefer) gelegenes Gelände, in dem verendete Haustiere begraben werden ● *Die verreckte Kih, die sin alli in Schinderloch kumme.* [Tom IV]
→Aasplatz, Loch (1), Schinder, Viehfriedhof.

Schinderplatz - m, ʃindərplats, -plets [Brest, Ker, Stan, Wepr III]
V: abgelegener Platz auf der Feldflur, auf dem verendete Haustiere begraben wurden ● *Aso on Brestowatz (ON) do war e Schinder. Där is no weggfahre zum Schinderplatz 'naus.* [Brest III]
→Platz, Schinder.

Schinderwiese - f, ʃindərviːs, -ə [Fak, Glog V]
A: Feldstück, auf dem verendetes Vieh begraben wurde; Flurnamen ● *Bei uns ware die langi un die kurzi Wiese, die Schinderwies un die Gmaawiese.* [Glog V]
→Schinder, Wiese (2).

Schinken - m, ʃiŋkn, Pl. id. [Wer V]; ʃuŋkn [Petschw II]; ʃuŋkə [Joos II, Ap, Stan III, GK, Ost V]; ʃuŋgə, Pl. id. [Baw, Fek, StI II, Ap, Hod III, Bog, Fak, Ga, Glog, Lieb, StA V, Bil, Ham, Mai, Pe, Schei, Suk VI]
V: geräuchertes Fleischstück von der Hinterkeule des Schweins ● *No sen die Schunge un die Specksteckr un alles is eingsalzt woen oweds.* [Fek II] *Un noch vier Woche kummt des Wasse raus un die Schunke un de Speck wäret abgwescht* (↑abwaschen). [Jood II] *Des anrer hunn se noch verschniede* (↑verschneiden) *uff Schunge un Speck.* [StI II] *Des Fleisch un die Schunge sinn gselcht warre in Selchofe.* [Ap III] *Nor Schunke un Speck wor fir de ganze Summer.* [Stan III] *Die Schunge hann viel Rotes, des Schungefleisch und geraachte* (↑geräuchert) *Hausworscht ausm Banat.* [Bog V] *Dann sinn die Schmaaßmicke* (↑Schmeißmücke), *die wu ihre Eier gäre in die Schunke ninleje* (↑hineinlegen). [Ost V] *Dann hat me'n ganzn Somme Speck ode Schinkn gessn.* [Wer V] *De bringe mer d'Schunge in so en Kibbel un tut mer Salz nauf un e Knobelewasser* (↑Knoblauchwasser). [Schei VI]
■ PfWb V 984 f. (auch *Schunken*); SüdHWb V 308-3110; RheinWb VII 1141-1143.
→Hinter-, Vorder-, Wadschinken, Schinkenfleisch, Speck.

Schinkenfleisch - n, ʃuŋgəflaiʃ, Sg. tant. [Bog, Fak, Ga, GK, Glog, Ost, StA, Wil V]
V: Fleisch vom geräucherten (und gekochten) Schinken ● *Die Schunge hann viel Rotes, des Schungefleisch und geraachte* (↑geräuchert) *Hausworscht ausm Banat.* [Bog V] *Mer hat eigene Salami, gereichertes Schungefleisch und Rippsteck* (↑ Rippenspeck) *oder gekaafte Sommersalami gesse.* [StA V]
→Fleisch (1), Schinken.

Schippe - f (n), ʃip, -ə [Mu, Wem II, Brest, Sch, Siw III, Be, NP IV, Bog, Bru, GK, Gott, Gra, Ost, War V]; ʃepçe [Len, Sack V]
Allg: hölzerne (bzw. eiserne) Schaufel *Etym.*: *Schippe*, auch *Schüppe* f., ist zuerst als *schopp* bezeugt, dann als *schuppe, schüppe*, mit Intensiv-Gemmination zu *schieben*, wie vermutlich auch *Schaufel*, also 'Gerät zum Wegschieben, Verschieben'. Davon kommt das Verb *schippen*. Redensarten wie *auf die Sc ippe nehmen* gehen aus von *Schippe* in der Bedeutung 'Schaukel', das zur gleichen Grundlage wie *schieben* gehört. (²³Kluge, 722) ● *Im Schoppe* (↑Schoppen) *ware die helzerne Schippe for Frucht ankeliche* (↑ankalken) *un Schnee scheppe.* [Bru V] ◆ Die Synonyme *Schippe* und *Schaufel* sowie ihre Bedeutungen 'aus Blech' bzw. 'aus Holz' sind räumlich nicht genau einzugrenzen. 1. *Schippe* ist 'ein Blech an langem Stabe zum Aufnehmen von Erde, Sand und dgl.' Die *Müllschippe* hat einen kurzen Handgriff und dient zum Aufnehmen von Müll, die *Kohlenschippe* zum Aufnehmen von Kohle. In Berlin ist *Schippe* der volkstümliche Ausdruck, während *Schaufel* zwar bekannt ist, aber gewählt klingt. *Schippe, Schüppe* ist, kurz gesagt, nord- und westdeutsch, fehlt aber im äußersten Norden, in Livland und Schlesien, dafür gebraucht das mittlere Deutschland: Halberstadt, Eisleben, Halle, Leipzig *Schippe*. In Dresden und Bautzen tritt *Schaufel* und nur selten *Schippe* auf. In Weimar kennt man nur die *Schneeschippe*, in Eisenach wird die hölzerne *Schneeschippe* von der eisernen *Schaufel* unterschieden. *Schippe* tritt in fast ganz Westdeutschland auf: in Oldenburg, Jever, in Westfalen herrscht *Schüppe*. Siegen hat *Schaufel*, Hessen (Kassel, Marburg, Mainz, Wiesbaden, Frankfurt, Fulda) wieder *Schippe*. Und so geht es durch das ganze westliche Deutschland durch: In der Rheinprovinz *Schüppe*, in Darmstadt, in der Rheinpfalz und im El-

sass, in Heidelberg, Bruchsal, Rastatt, selbst noch in Württemberg (neben *Schaufel*). In Luxemburg gilt *Schöpp*, lothringisch *Schipp*. Das unverschobene -pp- zeigt den niederdt.-mitteldt. Charakter des Wortes an (obd. entspricht *Schepfe*), das aber im äußersten Norden fehlt und im Südwesten weit in obd. Gebiet vorgedrungen ist. 2. Im übrigen Gebiet ist *Schaufel* der einzige gebräuchliche Ausdruck. Er erscheint in Hannover und Braunschweig, in Thüringen, Sachsen (außer Leipzig), Schlesien, Münster und Siegen, in ganz Baden und Württemberg (hier allerdings neben *Schippe*, in Bayern, Österreich, der Zips, der Schweiz und in Siebenbürgen. In manchen Städten kommt *Schaufel* neben *Schippe* als feinerer Ausdruck vor. Im Elsass hat die Gegend von Saarunion *Schipp*, die von Colmar *Schaufel*. 3. *Spaten* ist eine bestimmte Art von *Schippe*, mit ganz flachem Blatt aus Eisen oder Stahl, die nur zum Graben dient. In Wien ist das Wort unbekannt. Auch im donauschwäb. Sprachbereich steht dafür zumeist *Grabschaufel*, manchmal auch *Grabschipp*. Die *Müllschippe* nennt man im Norden *Kehrblech* (Kretschmer 1969, 410-412), das donauschwäb. dem *Mistblech* oder der *Mistschaufel* entspricht. ■ *Schüppe* PfWb V 1498-1501: 1.a 'Schaufel', b. 'Spaten', c. hölzerne Wurfschaufel für Getreide, Kartoffeln usw.', d. Dim. 'Mistschaufel'; SüdHWb V 821; RheinWb VII 1900-1906: das Wort ist allgemein rheinfrk. und moselfrk., in den Bedeutungen: 'Kohlenschaufel', 'Spaten', 'Holzschaufel für Getreide', 'eiserne Schaufel', 1. die ursprüngliche Bedeutung ist 'Schaufel', in verschiedener Form und zu verschiedenen Zwecken.
→Grab-, Schöpfschippe, Schaufel; schippen.

schippen - schw, ʃepə, kəʃept [Blum, Bog, Bru, Gott, Gra, Jahr, Len, Ost, Sack, War V]
Allg: ein Material mit der Schippe umwerfen, schaufeln ● *Im Schoppe (↑Schoppen) ware die helzerne Schippe for Frucht ankeliche (↑ankalken) un Schnee scheppe.* [Bru V] ■ *schüppen* PfWb V 1502: 1. 'schaufeln' (schippe, scheppe, auch: Schnee scheppe), 2. Heu wenden; SüdHWb V 823; HNassVWb 3, 174; RheinWb VII 1906.
→Schippe.

Schlachtbrief - m, ʃloxtpri:f, -ə [Baw, Bohl, Fek, Seik II]
V: von den Spießsteckern auf einem Stecken zum Stichbraten gebrachter Brief ● *Zum Stichbrode (↑Stichbraten) sinn die Spießstecke (↑Spießstecker) mit em Schlochtbrief uff em Stecke (↑Stecken) komme.* [Bohl II]
→Schlachterbrief.

Schlachtbrücke - f, ʃlaxtpruk [Ap, Berg, Hod, Mil, Pal, Werb III, NP, Tom IV]; ʃlaxtprukn, Pl. id. [Lug, Tem V]
V: Schlachthof *Etym.:* Das Komp. ist eine Wortkreuzung zwischen *Schlagbrücke* und *schlachten*. ● *In Apatie* (ON) *war e Schlachtbruck, wu des Viech gschlacht is ware.* [Ap III] *Die Stiere sein nach Wien gangen auf die Schlachtbruckn.* [Lug V] **Anm.:** Das Grundwort des Komp. *Bruckn* weist unter bair.-österr. Einfluss verhinderten Umlaut vor -ck sowie die Endung -n im f. Sg. auf.
→Schlagbrücke; schlachten.

schlachten - schw, ʃlaxtn, kʃlaxt [Tem, Wer V]; ʃlaxtə, kʃlaxt [Jood, Fek, Sulk II, Ap, Waldn III, Tom IV, Bog, Fak, Ga, Glog, Gott, Gra, Len, Low, Ost, StA, Wies, Wil, V, Pe VI]; ʃlǫxtə, kʃloxt [Baw II]
V: Nutztiere zur Fleischgewinnung töten und verarbeiten ● *Die Lemme (↑Lamm) senn gschlacht woan, was iwweflissich woan.* [Fek II] *Mir honn ellemol zwaa Sei uff aamol gschlacht.* [Jood II] *Die Sau tut me schlachte und brihe (↑brühen) in de Mulde (↑Multer).* [Sulk II] *In Apatie* (ON) *war e Schlachtbruck, wu des Viech gschlacht is ware.* [Ap III] *Manche hamm auch e Kirchweischweindl (↑Kirchweihschwein) gschlacht.* [Waldn III] *Die verreckte Kih hod mer gschlacht, awer do hot mer kei Fleisch gnomme.* [Tom IV] *In der Vorweihnachtszeit git* (wird) *gschlacht un Worscht gmacht.* [Bog V] *Die Bikokelwer (↑Bikakalb) hat mer net därfe schlachte.* [Ost V] *Mer hat Blut un Lewer gesse, wenn's Gfligl gschlacht worre is.* [StA V] *Weil Sie schlachtn sagn, miё hamm unsre eigene Schweine imme gschlacht, jedes Jahr e paar Schweine.* [Wer V]
→abstechen, metzgen; Schlachtbrücke, Schlachter, Schlachterei, Schlachtfest, -tag, Schweineschlacht.

Schlachter - m, ʃlaxtər, Pl. id. [Mu, Petschw, Wem II, Ap, Gai, Hod, Pal, Stan, Tscher III, Be, ND, NP, Tom IV, Alex, Ben, Blum, Bru, GStP, Len, Low, Ost, War, V]; ʃlåxter, Pl. id. [Fek II, Fak, Glog]; ʃlåxtə [Petschw II]; ʃleçtər [Baw, Jood, StI II, Lieb V]; ʃloxtər, [Fek, StI II]
V: Person die (meist nur gelegentlich) ein Nutztier tötet und sein Fleisch zu Nahrungszwe-

cken verarbeitet ● *Un noh, wie die Sau emgschmisse* (↑umschmeißen) *woa, noh de Schlochter, där tut min Meser die Gurgl 'neisteche.* [Fek II] *Ba uns muss seller* (jener) *steche wär es kann, is net e Schlechter.* [Jood II] *Zuärst wäd die Schwei*[n] *abgstochn vom Schlåchte, dann muss me sie brihoren, in de Brihemulde* (↑Brühmulter). [Petschw II] *Mein Voter, des woa de Schlechter.* [StI II] *Un no is die Sau ufghengt warre un is vertranschiert warre* (↑transchieren) *vum Schlachter.* [Ap III] *Mer hot oweds Wärscht* (↑Wurst) *gekocht un vum Fleisch gebrode* (↑braten) *for die Schlachter.* [Stan III] *Uff de Transchiertisch muss de Schlachter die Sau transchiere.* [Bru V] *Der Schlechter hot uff de Sau ihrem Vodefuß gekniet.* [Lieb V]
→Fleischhacker, Schlachterbrief; schlachten.

Schlachterbrief - n, ʃlåxtəpriəf, Pl. id. [Petschw II]
V: (Erweiterung von) Schlachtbrief ● *Des Spießstecke* (↑Spießstecken), *do hod me auf den Spieß Wirscht* (↑Wurst) *draufghengt und e Schlåchtebriëf hamm sie aa draufgeem, en jedn håmm sie ausgspottlt.* [Petschw II]
→Schlachter.

Schlachterei - f, ʃlaxtərai, Sg. tant. [Fek, Jood, Kock, Nad, Wem II]
V: das Schlachten, Arbeiten am Schlachttag ● *Wann die Schlachterei 'rum isch am Owed, no gibt's Schlachtsuppe for die Arbeiter.* [Jood II]
→Schweinsschlacht; schlachten.

Schlachtfest - , ʃlaxtfeʃt, Sg. tant. [Ap, Hod, Pal, Sch, Stan III]
V: Familienfeier nach dem Schlachttag ● *Warschtsupp hot me gesse un hot e bissl Brot eigebrockt. No hot mer es Schlachtfescht gfeiert un hot getrunge.* [Ap III]
→Ernte-, Traubenfest, Hausnudeln, Metzel-, Wurstsuppe, Schlachttag, Schweinsschlacht, Spießstecker, Stichbraten; schlachten.

Schlachtmulter - f, ʃlaxtmuldər, -muldrə [Hod, Mil, Tscher III, Be, Tom IV, Alex, Bog, Bru, Charl, Fak, Ga, Glog, Gra, GStP, SM, Ost, War, Wis V]
V: hölzerne Mulde zum Brühen geschlachteter Schweine ● *Do hat mer gericht, was for die Schweinsschlacht notwendich war, die Schlachtmulder, de Schweinsreche* (↑Schweinsrechen) *usw.* [Bru V]
→Brühmulter, Schweinsschlacht.

Schlachtsuppe - f, ʃlaxtsupə, Pl. id. [Fek, Jood, Kock, Surg, Wem II]
V: Metzelsuppe, ein Festessen nach dem Schlachttag ● *Wann die Schlachterei 'rum isch am Owed, no gibt's Schlachtsuppe for die Arbeiter.* [Jood II]
→Suppe, Wurstsuppe.

Schlachttag - m, ʃlaxta:k, -tẹ:k [Mil, Sch, Siw, Stan III, Tom IV, Fak, Ga, Glog, Nitz, StA V]; ʃlaxtọ:k, -te:k [Baw II]
V: Termin, an dem in der Bauernwirtschaft Schweine (u. a. Vieh) geschlachtet werden ● *Naja, dä Schlachttog, des woa schon damols, wann aanr Sei* (↑Sau) *hat zu schlochte.* [Baw II] *Un des war de Schlachttag, ja, un's Schmer is nochhär kumme.* [Stan III] *E Schlachtelied hat jemand am Schlachttag ufgsaat, net gsung.* [Lieb V]
→Schweinsschlacht, Schlachtfest; schlachten.

Schlagader - f, ʃla:go:də, -o:drə [Berg, Ker, Mil, Siw, Stan, Wepr III, Be, Put IV, Bog, Ger, GJ, Lieb, War V]
V: Arterie eines Tieres ● *Un dann hod er gsucht am Hals un hot die Schlagode durichgschnitt mitm Stechmesser.* [Lieb V]
→Ader.

Schlagbrücke - f, ʃla:kprukə, Pl. id. [Ga, StA, Wil V]
V: (früheres) Gemeindeschlachthaus, in dem das Vieh *geschlagen*, d. h. vor dem Abstechen betäubt wurde ● *Glei newe em* (neben dem) *Fakovertel* (Dorfteil) *senn d'Lecher* (↑Loch 1) *gwest, wu d'Schlagbrucke gstånne* (gestanden) *hat.* [StA V]
◆ Die Metzgermeister mussten das Großvieh vor dem Zweiten Weltkrieg in der *Schlagbrücke*, einem Gebäude am Dorfrand schlachten, in dem die Abfälle blieben. Das Fleisch wurde in den *Fleischbänken* des Dorfes verkauft. In der Nähe des Schlagbrücke begrub der ↑Schinder das verendete Vieh. ■ PfWb V 1010; SüdHWb V 344.
→Schlachtbrücke.

schlagen - st, ʃlå:gn, kʃlå:gn [DStA V]; ʃlo:gn, kʃlo:gn [Wein I]; ʃla:gə, kʃla:gə [StG, Sol, Sulk II, Ap III, Besch VI]; ʃlå:gə, kʃlå:gə [Nad II]; ʃlagə, kʃlagə [Ap III, Fak, Ga, Glog, StA, Wil V]; ʃla:n, kʃla: [Bak, Bog, Bru, Gott, Gra, Len, Low, Nitz, Ost, War V]
1. A, G, H: einen Schlag gegen etwas führen ● *Dann hann se Handvoll for Handvoll odder saa*

mer Bärt (↑Bürde) *for Bärt gholl un ufs Wasser gschlaa, bis der Hannef (↑Hanf) weiß war.* [Ost V] 2. V: Milch im Butterfässchen stoßen • *Den Butter hann se gschlage mim Rihrfassl* (↑Rührfass). [Sulk II] *Der Rohm is gschlage ware, bis där ↑dick* (3), *bis där Butter is ware.* [Ap III] 3. Allg: ein dünnes Holz schlagend fest in den Boden treiben • *Un dann sinn die Pleck* (↑Pflock) *gschlaa ginn, weil bei uns war net Spalier.* [Ost V] 4. Fo: (Baumstämme) fällen • *Im Wald is e Tannebaam gschlagn woen, den had e von Waldhitte* (↑Waldhüter) *krigt.* [Stei V] ■ PfWb V 1011-1018: 2.a 'schlagend auftreffen, auf etwas aufschlagen, c. 'durch Schlagen bewirken, herstellen'; SüdHWb V 346-340; RheinWb VII 1191-1227.
→(1) an- (1), ausschlagen, herein-, zusammenschlagen; (2) stampfen, zuschlagen, stoßen; (3) ein-, hereinschlagen.

Schlagsahne - f, ʃla:ksa:ne, Sg. tant. [Ora, Resch, Tem, Wer V]
V: steif geschlagene Sahne • *Meine Schwiegemutte, die hat noch sähr viele Ausdrücke gebraucht von Österreich-Ungarn. Sie hat nit Kese* (↑Käse) *gesagt, sonden des waa de Topfn gwesn. Un fir die Schlagsahne, des waa de Obes gwesn, net wahr.* [Tem V]
→Obers.

Schlange - f, ʃlaŋ, -ə [Fu, Hod, Ker, Pal, Stan, Tor, Tscher, Wasch III, Har IV, Bak, Bill, Bog, Fak, GK, Glog, Gott, Gra, GStP, Gutt, Hom, Karl, Kath, Len, Lieb, Low, Mram, NB, Nitz, Ost, War V]; ʃlaŋə, -nə [Ga, StA V]; ʃloŋ [Darda II]; ʃlauŋ [Sol III]
V: Schuppenkriechtier mit langem Köeper und fehlenden Gliedmaßen; Ophidia • *Awwer sei doch net so giftich wie e Schlang.* [Fak V] *Do worn aa die wildi Tiere im Garte un ufm Feld, die Igle, die Ärdhecksle* (↑Eidechse) *un die Schlange.* [Ost V] ■ Gehl 1991; 121; Petri 1971, 112.
→wildes Tier.

Schlauch - m, ʃlaux, ʃlaiç [Pußt, Schor, Wud I, Fek, Nad, Wem II, Gai, Stan, Tor III, Be, Tow IV, Bog, Fak, Ger, GJ, Lieb, NA, Trieb, Wis V, OW VI]
G, W: biegsame Gummiröhre (oder Kunststoff) zur Leitung von Flüssigkeiten • *Muss me's jedn Dåg in de Frihe anspritzn min Schlauch.* [Pußt I] *Wäd de Schlauch am oogschrauft, un de Brunne wäd eigschalt, un es geht.* [NA V]
→Rohr (1a).

Schleckel - n, ʃlekl, Sg. tant. [GJ, GStP, Ost, Low, War V]
O: Obstmus, Marmelade • *Un Dunschobst* (↑Dunstobst) *is ingleet* (↑einlegen) *ginn un Schleckl gekocht, bis es steif war.* [Ost V] ■ PfWb V 1054: 'Obstmus, besonders Pflaumenmus', auch *Schlecksel*; DWb IX 549.
→Leckwar, Obst.

schlecken - schw, ʃlekn, kʃlekt [Aug, Ed, Sch, Wein I, Petschw II, ASad, Lind, Wei, Wolf V, OW VI], ʃlekə, kʃlekt [Fek, Nad, StG, Wem II, Gai, Ker, Sch, Stan, Wepr III, NP, Tom IV, Alex, Bog, GJ, NA, Ost, Low, War, Wis V, Bil, Pe, Suk VI]
Fo: an etwas lecken • *Un da legt man ihnen auch Salz, so große Sticke* (↑Stück). *Sie komment un schleckn von den Salz.* [OW VI]
→Salz (2).

Schlegel - m, ʃle:gl, Pl. id. [Ru IV, Bak, Bru, GJ, Glog, Len, Nitz, War, Wer V]
1. A: hölzerner Dreschflegel • *Do hod me so en Schlegl ghot und auf e Benkl oddr e Stolltihr* (↑Stalltür) *is es Koan klopft* (↑klopfen 1) *woan.* [Ru IV] 2. V: Keule des Rindes • *De ↑Kaiserspitz is vun der hindri Schlegl. Da is die Schal* (↑Schale 2), *un no is der Modschunge* (↑Wadschinken) *am hindre Schlegl.* [Stan III] ■ PfWb V: 2.a 'Dreschflegel', 3. 'Keule eines geschlachteten Tiers'; SüdHWb V 406; RheinWb VII 1226; BayWb 2/1 519: 'wie nhd. Schlägel', von mhd. *slegel*, ahd. *slegil*.
→(1) Dreschflegel; (2) Fleisch (1).

Schleie - m, selten, ʃla:i, Pl.id. [Ap III, Hom V]; ʃlaiə [Pal III]
Fi: Karpfenfisch, vorwiegend in Gewässern mit schlammigem Grund; Tinca vulgaris • *Do ware aa die Stierl* (↑Sterlet), *die Schådl un die Schlaai un die Kareisl* (↑Karausche), *die ware so kläåni Fisch, die hat mer fer backe gnumme.* [Ap III] ■ Petri 1971, 122.
→Fisch.

Schleife - f, ʃla:f, -ə [Tom IV, Fak, Ga, Glog, NA, StA, Wil V]; ʃle:f [Mil, Sch, Siw, Werb III, Alex, Bak, Bog, Ger, GJ, Len, Low, Nitz, Ost, War, Zich V]
A: Ackergerät aus verbundenen Ringen (Ketten) oder Schlehdornzweigen zum Glätten des Feldes, Ackerschleppe • *Mit de Schlaaf is des Feld gschlaaft woan.* [NA V] ■ PfWb V 1062: 1.b.
→Kettenschleife, Reiserschleife, Schleppe; schleifen (2).

schleifen - st (schw), (1) ʃlaifn, keʃlifn [Stei V]; ʃlaifn, kʃlifn [OW VI]; ʃlaifə, kʃlifn [Pußt I, Nad II, Da V]; ʃlaifə, kʃlifə [Erb, Tax, Wud I, Bohl, Nad, Oh, StI II, Fu, Stan III, Ger V]; ʃlaifə, kʃlif [Bill, Bog, DSta, Len, StAnd V]; ʃlåifə, kʃlifə [Nad II, Franzf V]; (schw) ʃlaifn, kʃlaift [Franzf V]; (2) ʃlaipfə, kʃlaipft [Sad V]; ʃla:fə, kʃla:ft [Bru, Fak, Ga, Glog, NA, StA, Wil V]; ʃle:fə, kʃle:ft [Alex, Bog, Ger, Gott, Gra, Len, Low, Nitz, Ost, War, Wis V]
1. A, V: (einen schneidenden bzw. reibenden Gegenstand wie Messer, Mühlstein:) schärfen ● *Mein Voter, des woa de Schlechter* (↑Schlachter), *un där hod die Messer gschliffe, gell.* [StI II] *Sei Messre hot mer messe schleife uff en Schleifstaa.* [Stan III] *Der Miller hat aa die Steen schleife misse, jedi Wuch eenmol.* [Alex V]
2. A: schollıgen Boden vor der Aussaat mit einem Ackergerät glätten ● *Es Feld hot messe geegt wärre un gschlaaft wärre, dass es so klor* (↑klar) *war wie e Gärtl.* [Stan III] *Die Ärd* (↑Erde) *is mit aaner Waalaater* (↑Wagenleiter), *vor die a Pherd gspannt war, gschlaaft gewwe* (worden). [Bru V] *Mit de Schlaaf is des Feld gschlaaft woan.* [NA V] ■ Gehl 1991, 130.
→(1) Schleifstein, (2) schleppen (2a); Schleife.

Schleifstein - m, ʃlaifʃtā:, -ʃtē:n [Ker, Mil, Siw, Stan III, Bog, Ger, GJ, Nitz, War V]
V: Vorrichtung mit einem sich drehender Stein, an dem man ein Messer schärft ● *Sei Messre hot mer messe schleife uff en Schleifstaa.* [Stan III]
→schleifen.

Schleim - m, ʃlaim Sg. tant. [Kock, Wem II, Kern, Kol, Mil, Pal, Werb III, NP, Tom IV, Alex, Bru, GK, Len, Low, Nitz, Ost, StA, War, Wis V]
H: schlüpfrige, leicht klebrige Flüssigkeit ● *Dorichs Reeze* (↑trösten 1) *is des schleimich ginn, so griene Schleim hat sich uff die Fasre* (↑Faser) *aagsammlt.* [Ost V]
→Schleimhaut; schleimig.

Schleimhaut - f, ʃlaimhaut, -hait [Ap, Siw, Wepr III, Bak, Bru, GJ, Nitz, Lieb, Ost, War V]
V: Schleim absondernde Haut in Körperhöhlungen von Tieren ● *Die Schleimhaut is e feini Haut in de Därm, die is abgschabt wor.* [Lieb V]
→Haut, Schleim.

schleimig - Adj, ʃlaimiç [Kock, Wem II, Kern, Kol, Mil, Pal, Werb III, NP, Tom IV, Alex, Bru, GK, Len, Low, Nitz, Ost, StA, War, Wis V]

H: (von Hanfstängeln:) schlüpfrig wie Schleim ● *Dorichs Reeze* (↑trösten 1) *is des schleimich ginn, so griene Schleim hat sich uff die Fasre* (↑Faser) *aagsammlt.* [Ost V]
→Schleim.

schleißen - st (schw), ʃlaisə, kʃlesə [Baw II]; (schw) ʃlaitsə, kʃlaitst [Mil, Sch, Stan III]; ʃlatsə, kʃlatst [Fak, Glog]; ʃlezə, kʃlezə [Fek II]
1. V: Federn vom Kiel abreißen *Etym.:* Aus mhd., ahd. *sleiʒen* 'spalten, die Rinde abstreifen', weiter von germ. **slaitian* + ahd. *sliz(z)an* 'zerreißen'. ● *Die große Feder sein gschlese woen, die Federschleiß hom-mię des ghaaße.* [Fek II] *Fedre schleiße is e phuddlichi* (ungeordnete) *Arwet* (↑Arbeit 1). [Mil III] 2. V: die Schleimhaus beim Putzen der Därme abschaben ● *Un noch die Därm hot mei Votte gschlesse un ausgeblose, un in Sommer getreckit* (↑trocknen), *die Renddärm* (↑Rindsdarm). [Baw II] *No hot en Mann die Brotwärschtdärem* (↑Bratwurstdarm) *gschleizt mit em Rollholz.* [Stan III] **Anm.:** Die Varianten *schlatze* und *schlese* weisen munda. ispezifisches *ei>a* bzw. *ei>e* auf. ■ PfWb V 1074 f.: 1. '(der Länge nach) abreißen, zerreißen', 2. 'Därme putzen'; SüdHWb V 420; RheinWb VII 1308 f.; Gehl 1991, 182.
→(1) Federschleißen.

Schleppe - f, ʃlep, -ə [Mil, Siw, Tscher III, Tow IV, Alex, Franzd, Bog, Ger, GJ, Kath, Len, Ost, War, Wis V]

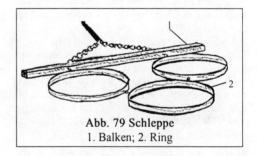

Abb. 79 Schleppe
1. Balken; 2. Ring

A: landwirtschaftliches Gerät aus Balken und Ringen zum Ebnen des Bodens; Schleife ● *Die Baure* (↑Bauer) *hann geackert un geecht und gschleppt mit de Schlepp un alles gmacht.* [Ost V]
→Balken, Schleife; schleppen (2a).

schleppen - schw, ʃlepn, kʃlept [ASad, Lind, Tem, Wei, Wolf V]; ʃlepə, kʃlept [Berg, Ker, Sch, Tor III, Be, Tow IV, Alex, Bru, Char, Glog, GStP, Len, Lieb, NA, Ost, Wis, Zich V]

Schleuder

1. Allg: (eine schwere Last:) mühsam tragen ● *Wenn trockenes Wette[r] woa, hat me mit de Gießkandl gegosse, hat me viel schleppe können.* [NA V] 2. Fo: (von Baumstämmen:) durch eigene Zugkraft oder mit Hilfe eines Zugtieres befördern ● *A andersmol saan Kletz (↑Klotz) gfoahrn woan, aff de Erd gschleppt, da hot's oan totdruckt.* [Wei V] a. A: die rauhen Furchen mit der Ackerschleppe glätten ● *Die Baure (↑Bauer) hann geackert un geecht und gschleppt mit de Schlepp, un alles gmacht.* [Ost V] ■ PfWb V 1080: 1. 'eine schwere Last (mühsam) tragen', 2.a. 'eine Last hinter sich herziehen', b.'mit der umgedrehten Egge den Acker einebnen'; SüdHWb V 426; RheinWb VII 1317 f.
→(2a) schleifen (2); Schleppe.

Schleuder - m, ʃlaidər, Pl. id. [Ha, Seik, StI II]
B: (verkürzt für:) Honigschleuder ● *Un noch sein die Wawe (↑Wabe) neighengt (↑hineinhängen) woan in die Schleider. Un noch hunn se oogfangt zu drehe, un no is der Honich 'raus.* [StI II]
→Honigschleuder, Schleudermaschine; schleudern.

Schleudermaschine - f, selten, ʃlaidəmaʃĩ, -nə [Ha, Seik II]
B: Honigschleuder ● *Mir ham de Honich gschleidet mit de Schleidemaschie, un nach åbgeliefet (↑abliefern).* [Ha II]
→Honigschleuder, Maschine; schleudern.

schleudern - schw, ʃlaidərn, kʃlaidərt [StI II]; ʃlaidən, kʃlaidət [Ha, Seik II]; ʃlaidrə, kʃlaidərt [Fak, Ga, GK, Glog, Ost, StA, Wil V]
B: (von Bienenwaben:) durch rasche Drehung auspressen, um den Honig zu gewinnen ● *Mir hamm de Honich gschleidet mit de Schleidemaschie, un nach åbgeliefet (↑abliefern).* [Ha II] *Wenn die Biene wos gebrocht honn, noch hot me scho Honich zu schleiden.* [Seik II] *Un no, wann die Wawe (↑Wabe) voll woarn, no hod er die rausgenumme, no is gschleidert woan, Honich gschleidert.* [StI II] *No wärd de Henich gschleidert.* [Glog V] *Do sinn die Rahme (↑Rahmen), un die Wawe wärre gschleidert.* [Ost V] ■ Gehl 1991, 149.
→ausschleudern; Schleuder.

Schleuse - f, selten, ʃloizə, -r, [OW VI]
Fo: Vorrichtung zum Stauen und Freigeben von Wasser ● *Un da sinn Schleuser gemacht, Klaus sagt man das bei uns, wo man das Wasser abspeert.* [OW VI]
→Klause, Tor; absperren.

Schlitten - m, ʃlitn, Pl. id. [Pußt I, ASad, Lind, Resch, Tem, Wei, Wolf V]; ʃli:n [Tol I]; ʃlitə [Jood II, Gak III, Bak, Bog, Gott, Gra, Kleck, Nitz, Len, Low, War V]; ʃli:də [Ben, Da, Fak, GK, Glog, Ost V]; ʃli:də, -nə [Ga, StA V]
A: Fahrzeug zur Beförderung von Personen und Lasten auf Schnee ● *No is e min Schlitte gange Mischt (↑Mist) fihre odde Hei (↑Heu) fihre, dass me in Winte nit muss uff Fuette (↑Futter) sorge.* [Jood II] *De Schliede, ja, de Laschtschliede for arweide, där hat zwei Laaf.* [Ost V] *Oamel samma mit zehn Schlittn an de Rehweidn (↑Rehweide) am Mormintz gegen Semenik (ON) vobeigfoahrn.* [Wolf V] ■ Gehl 1991, 158.
→Last-, Rossschlitten, Lauf, Wagen.

Schlossbergweg - m, ʃlospərikve:k, Sg. tant. [Glog V]; ʃlouspəriçsve:k [Alt, Fek, Nad, Oh, Wem II]
A: Weg in Richtung einer alten Ruine ● *De Schloußbärichweg geht in Richtung roude (↑rot) Staabruch.* [Fek II] ■ Schlossberg PfWb V 1104 f.: 1. 'Name einer Burgruine', 2. Flurnamen; SüdHWb V 459.
→Weg.

Schloße - f, ʃlo:zə, Pl. tant. [Ap, Ker, Mil, Stan, Waldn III, Put, Tom IV, Fak, Ga, Glog, StA, Wil V]; ʃlo:sə [Alex, Bak, Bill, Bog, Gra, Kath, Knees, Low, Nitz, Zich V]
Allg: großes Hagelkorn *Etym.*: Von mhd. *slōze* 'Hagelkorn'. (LexerHWb II 988) ● *Mei Felder sään oft vun de Schlose zammegschlaa worre.* [Waldn III] *Wann Schloße sein kumm, hätt die Wetterkanon die Wolke selle auseinannertreiwe.* [Bak V] *Die Sunn stecht so, dass wär ke Schloße kumme!* [Knees V] ■ PfWb V 1105 f.; SüdHWb V 459 f.; RheinWb VII 1374 f.; Gehl 1991, 58.
→Wetter; schloßen.

schloßen - schw, ʃlo:sə, kʃlo:st [Ker, Mil, Stan, Waldn III, In, Tom IV, Bak, Fak, Glog, Knees, NB, Nitz V]
Allg: hageln ● *Mer miesn et Hååi gewend hann, vier (bevor) ob et Gewidder kummt un et schloßt un blitzt.* [NB V] ■ PfWb V 1106; SüdHWb V 460; RheinWb VII 1375 f.; Gehl 1991, 58.
→hageln; Schloße.

schlüpfen - schw, ʃlupfə, kʃlupft [Fak, Ga, Glog, Pan, StA, Wil V, Bil, Pe, Sek VI]; ʃlupə, kʃlupt

[Ap, Ker, Sch, Siw, Tscher III, Put, Tom IV, Alex, Bru, GJ, Len, Nitz, Schön, War, Wis V]
B, V: (von Bienen und jungen Vögeln:) aus dem Ei kriechen, ausschlüpfen ● *Un no is die Gluck drufgsetzt (↑daraufsetzen) warre, bis die Bippilin vun inne es Aai (↑Ei) gepickt (↑picken 2) henn und gschluppt sinn.* [Ap III] *Noch drei Woche senn die Bippele aus de Äie gschlupft.* [StA V] ■ schlupfen PfWb V 1126-1128.
→Bippele.

Schlupftür - n, ʃlupti:rçe, -ti:rçə [Bog, Ger, GJ, GK, Ost, War V]
A, V: direkte Verbindungstüre von den Wohnräumen zum Stall ● *De Bauer hat in der Nacht durchs Schlupptierche kenne in de Stall gehn, wann die Phärd loss ware.* [GJ V]
→Tür.

Schlüsselblume - f (n), ʃlislplumə, Pl. id. [Ga, StA V]; ʃlislplum, -ə [AK, Fu, Tor, Tscher III, Fak, DStP, Glog, GStP, Low, Mar, Tsches, Wil V]; ʃlislplo:m [Tschat, Wasch III]; (n) ʃlislpliɛməl [Ed, KT, Scham, Wud, Wudi I]
G: duftende Primel; Primula veris ● *Die Schlisslblumme bliehn schee im Fruhjohr.* [DStP V] ■ PfWb V: 1. 'die Frühlungsblume, Primula veris'; RheinWb VII 1415 f.; SchwWb V 965; Gehl 1991, 99; Petri 1971, 57.
→Blume, Himmelschlüssel.

schmal - Adj, ʃma:l [Bohl, Mu, Nad, Oh II, Ap III, NP IV, Bog, Bru, Da, Fak, Ga, GK, Glog, Len, Low, Orz, Ost, War V]; ʃmo:l [Aug, Ed, KT, Scham, Wer, Wud I, Bat VI]
Allg: von geringer Breite ● *For Garte get's nor e schmale Streef (↑Streifen) mit Grumbre (↑Grundbirne) un ↑Fisole.* [Len V] *Friher war de ↑Hambar (2) mit Ladde (↑Latte) gmacht, schmal un hoch, dass die Luft dorichgeht. (...) Mer hat gschärrt (↑scharren 2) mid a braadi Hack mit a schmali Schneid.* [Ost V]
→breit; Schmalspurbahn.

Schmalspurbahn - f, ʃma:lʃpu:rba:n, Pl. id. [Resch V, OW VI]
Fo: auf Schienen mit geringer Spurbreite fahrende Eisenbahn, Forstbahn u. Ä. ● *Aber bevor die Schmalspurbahn gebaut is worn hier, bis damals hat man nur gedriftert (↑driften) mit de Flöße.* [OW VI]
→Dampflokomotive, Schmalspurstrecke; schmal.

Schmalspurstrecke - f, selten, ʃma:lʃpu:rʃtrekn, Pl. id. [OW VI]
Fo: Schienenstrang mit geringerer Spurweite als 1,43 m, (auch:) Schmalspurbahn ● *In dem Tal, da kannt man rauffahrn mit Schmalspurstreckn, un da fahrt eine Dampflokomotiv mit.* [OW VI]
→Schmalspurbahn, Strecke.

Schmalz - n, ʃmalts, Sg. tant. [Jood, Sulk II, Ap, Brest, Fil, Gai, Mil, Sch, Siw, Stan, Waldn III, NP IV, Bak, Fak, Ga, Glog, Len, Low, StA, War, Wil V]
V: ausgelassenes, als Nahrungsmittel dienendes tierisches Fett ● *Un des iwweflissich Schmalz geht aus dem Schwartegende (↑Schwartegender) raus.* [Jood II] *Des Schmär hot me zum Schmalz getoo.* [Sulk II] *Fir Schmalz is des Fett in klååni Stickle in der Kessl kumme un is ausglosse warre (↑auslassen).* [Ap III] *Die Nudle sinn allweil abgeschmälzt warre, mit heißem Schmalz.* [Mil III] *Dann is de Strudl in die ↑Tepsi kumme. Die war mit Schmalz schun eigschmiert (↑einschmieren) unne.* [Waldn III] *Die Pfannekuche wärrn mit bissl Schmalz in e haaßi Pfann gebacke.* [Glog V]
→Butterschmalz, Fett, Schmalzdose, Schmer; abschmälzen.

Schmalzdose - f, ʃmaltste:z, -ə [Jood II, Fak, Glog V]
V: hohes, geschlossenes Blechgefäß, in dem Schmalz aufbewahrt wird ● *Des Schmalz kummt in Dese, in Schmalzdese, un nochdem, wenn's voll isch, no kummt's in die Kammer.* [Jood II] ■ Gehl 1991, 172.
→Dose, Schmalz.

schmecken - schw, intrans, ʃmekə, kʃmekt [Ap, Fil, Mil III, Tom IV, Bog, Fak, Ga, GK, Glog, Lieb, Nitz, Ost, StA, Wil V, Pe VI]
Allg: riechen, einen Geruch verbreiten, (auch:) auf der Zunge wirken ● *Es hot an Geißenmillich gewwe, die net gschmeckt hot, un die war nahrhaft un war gut.* [Ap III] *Die ↑Stinkeritze schmecke als oweds stark laut.* [Mil III] *Ja, Gwärz (↑Gewürz) hod mer droogetuu, jeder wie's em gschmeckt hot.* [Lieb V] *Un die Hannefreez (↑Hanfröste) had mer weit gschmeckt, wann die Luft kumme is.* [Ost V] *D'Rose (↑Rose 1) senn scheni Blumme un sie schmecke gut.* [StA V] ■ SchwWb V 986-990: schmecken 'schmecken, riechen', beides allgemein; Schmecke, Schmecket(e) 'etwas zum Riechen', wohlriechender Strauß,

stark riechende Kräuter'; PfWb V 1152-1154: 1. 'auf den Geschmackssinn wirken', 2. 'riechen, mit dem Geruchssinn wahrnehmen'; RheinWb VII 1449; ÖstWb 375: schmecken (dial.) 'riechen'.
→schmeckig; Geschmack, Schmeckige.

schmeckig - Adj, ʃmekiç [Fak, Ga, Glog, StA, Wil V]
A: riechend, einen Wohlgeruch verbreitend ● *Bei uns ware die Muskefär* (↑Muskateller), *des ware schmeckichi Trauwe.* [Wil V]
→schmecken; Schmeckige.

Schmeckige - f, ʃmekige, Pl. id. [Stan III]; ʃmekiçi [Bog, GK, Len, Low, Ost, War V]; ʃmekede [Ru IV]; ʃmekəti [Ga, StA V]
W: aromatisch riechende Muskattraube ● *Meistns woan die Rislinger, dann woan die Slankamener, die Magdalene-Traubn, die Schmeckeden.* [Ru IV] *Do ware Trauwe aller Arte, Szegeder, Gutedl, Geißetuttle, Schmeckichi, Ochseauge.* [Bog V] ■ Gehl 1991, 240; Petri 1971, 80.
→Rebsorte; schmeckig.

schmeißen - schw, ʃmaisə, kʃmisə [Fek, Nad, Surg II, Berg, Ker, Sch, Tor III, Be, Tow IV, Bak, ger, GJ, NA, Ost, Wis V]
Allg: (ein landwirtschaftliches Produkt) streuen, (hier:) aussäen ● *Do woan schun die ↑Setzer (2) an die Pliech* (↑Pflug) *draufmontiert, dä hod jedn Schritt Kukrutz gschmisse.* [NA V]
→hin-, hinauf-, um-, zusammenschmeißen, werfen; Garbenschmeißer.

Schmeißmücke - f, ʃma:smik, -ə [Bog, GK, Lieb, Low, Ost, War V]; ʃma:səmik, -ə [GJ, KJ V]; kʃma:sfli:k, -fli:gə [Stan III]
V: stahlblaue dicke Fliege, die ihre Eier auf Fleisch, Käse und Aas ablegt, Schmeißfliege; Sarcophaga carnaria ● *Dort sinn die Schmaaßemicke net drangang, weil immer Zugg war.* [GJ V] *Wann die Schmaaßmicke neikumme sinn, dann war Schluss.* [Lieb V] *Dann sinn die Micke, die Rossmicke un die Schmaaßmicke, die wu ihre Eier gäre in die Schunke ninleje* (↑hineinlegen). *Dann kumme drin die Wärm* (↑Wurm). [Ost V]
◆ Volksglauben in der Pfalz: *Wann en Schmeeßmick ins Haus fliegt, heert mer vun 're Leicht* (Leiche, Leichenbegängnis). (PfWb V 1161) ■ PfWb V 1161; Petri 1971.
→Brummse, Mücke.

Schmer - n, ʃme:r, Sg. tant. [Sch, Siw, Stan, Werb III]; ʃmę:r [StI, Sulk II, Mil III, Tom VI, Bak, Fak, Ga, GJ, Glog, Lieb, StA, Wil, Zich]
V: zu Schmalz verarbeitetes Bauchfettgewebe vom Schwein *Etym.:* Schmer 'rohes Schweinefett' ist seit dem 8. Jh. belegt und kommt von mhd. *smer(-wes),* ahd. *smer(o)* n., aus gotisch **smerwa* m. 'Fett', altengl. *sme(o)ru* n. 'Schmer, Fett, Talg'. (^{23}Kluge, 731). Die Nebenbedeutung 'als Salbe auftragbarer, schmierbarer fetter Stoff' führte zur Bedeutungserweiterung von *Schmiere,* auch von *Schmer* zu 'Obstmus', das auch als Brotaufstrich verwendet wird. (Vgl. dazu unter (↑Leckwar) ● *Noch honn se die Lewerkneel* (↑Leberknödel) *gemocht. Aso Lewer hunn se robgemähle* (↑herabmahlen) *un e bissje Schmär drää. Un noch hunn se Brot eigewaaicht, hunn des zämmgemischt, un noch e Aai* (↑Ei) *droo un Mehl durigenannt* (↑durcheinander). [StI II] *Aus Schmär hot me so zwaamol Schmärkoleetschl bache* (↑backen), *sunscht had me's Schmär zum Schmalz getoo.* [Sulk II] *Un des war de Schlachttag, ja, un 's Schmer is nochhär kumme.* [Stan III] *Es Schmär, des is feineres Fett, mei Motter hot immer Krempitte gemach devun.* [Lieb V] ■ PfWb V 1683, 1180 f.; auch *Schmiere 3.a* 'Schmalz, ausgelassenes Fett', 3.b 'Brotaufstrich, besonders Marmelade, Latwerge '; *Schmier* RheinWb VII 1481 f.: 1.a 'Schweineschmalz zum Einschmieren'; BayWb 2/1 554.
→Schmalz, Schmerkipfel, -kolatsche, -kräppel.

Schmerkipfel - m, ʃmę:rkhipfl, Pl. id. [Ap, Fil, Mil, Pal, Siw, Stan, Tscher III, Tom IV, Bak, Bru, GJ, GK, StA, Wil V]
A, V: mit Schmer gebackener, meist mit Marmelade gefüllter Hefekuchen ● *Mer hot oweds Wärscht* (↑Wurst) *gekocht un vum Fleisch gebrode vor die Schlachter, un Schmärkipfl hot mer gebacke.* [Stan III]
→Kipfel, Schmer.

Schmerkolatsche - n, ʃmę:rkole:tʃl, Pl. id. [StG, Sol, Sulk II]
V: kleine gefüllte Hefekuchen mit Schweinefett ● *Aus Schmär hot me so zwaamol Schmärkoleetschl bache* (↑backen), *sunscht had me's Schmär zum Schmalz getoo.* [Sulk II]
→Kolatsche, Schmer.

Schmerkrapfen - m, ʃmę:rkrepl, Pl. id. [Fek, StG, StI, Nad, Surg, Wem II, Ker, Sch, Siw III, Bog, Gra, Ost, War V]

Schmetterling

A, V: mit Schmer gebackene Krapfen ● *Un noch woan die Schmärkreppl, do hunn se noch Peckmes* (↑Pekmes) *nei.* [StI II]
→Krapfen, Schmer, Schmerkipfel.

Schmetterling - m, ʃmetəliŋ, -ə [Hod III, De, Franzf, GK, Karl, Low, NPe, Ost, Stei, Tschak, Wis V]
V: Insekt mit beschuppten Flügeln und einem aus den Maxillen gebildeten Saugrüssel; Lepidoptera *Etym.:* Entlehnung aus der Standardsprache.
● *Iwwer die Schmetterlinge saa mer Miller, des sinn alle Millre, die Schawemillre, dann die Schwalmschwenz.* [Ost V] ■ Petri 1971, 109.
→Baberjon, Blindermaus, Fledermaus (2), Müller (2), Pfauenauge, Schwalbenschwanz, Kohlweißling, Tier.

Schmicke - f, ʃmik, -ə [Bog, Ernst, GK, Gott, Gra, Len, Ost, Stef, Ui, Wis V]
V: zusätzliche Schnur der Peitsche, am Ende des Lederriemens, um lauter zu knallen ● *Ich sinn auch vierspennich als haamgfahre vum Acker, un hann vun Rafia* (↑Raphia) *a Schmick an die Peitsch drangmach un hann geknallt.* [Ost V] ■ PfWb V 1167-1170 (mit Karte 335), *Schmick* in der Westpfalz und im Saarland; RheinWb VII 1461-1467.
→Peitsche.

Schmiedewiese - f, veraltet, ʃmętəvi:zə, Sg. tant. [Alt, Fek, nad, Oh, Wem II]
A: (früher:) zur Besoldung des Dorfschmiedes gehöriger Wiesenanteil ● *Bei ons sen ville Wiese, die Äwwenwiese mit em Äwwenwiesebrännje* (↑Oberwiesenbrunnen), *die Phoarrewiese un die Schmättewiese.* [Fek II] **Anm.:** Im Bestimmungswort des Komp. ist Vokalsenkung i>e(ä) festzustellen.
→Wiese (1).

Schmiere - f, ʃmi:r, Sg. tant. [Bog, Schag, Tschan V], ʃme:r [Sch, Siw III, Len, Low, NB, StAnd V]
O: Obstmus, Marmelade ● *Die Schmier is gut fer ofm Brot esse.* [Bog V] ■ PfWb V 1180 f.: 3. als Nahrungsmittel, a. 'Schmalz, ausgelassenes Fett', b. 'Brotaufstrich, besonders Marmelade, Latwerge'; RheinWb VII 1487 f.: 'Latwerge', durch Kochen eingedickter Saft aus Obst und Runkeln.
→Leckwar.

schmieren - schw, ʃmi:rn, kʃmi:rt [Resch V]; ʃmiən, kʃmi:ət [Pußt I, Baw, Nad, Surg II]; ʃmi:rə, kʃmi:rt [Jood II, Ap, Gak, Har, Stan III, Bru, Len, StA V]; ʃmiərə, keʃmiət [Besch VI]
1. A: ein bewegliches Teil einer Maschine bzw. eines Rades mit einem ölhaltigen Schmiermittel einfetten ● *Des Rad had e Bucks* (↑Buckse), *sage mir, wu uff die Acks geht, un des schmiert mer mit Wageschmier.* [Jood II] *De Heizer un de Maschinfihrer hann gschmiert mit Kalfoni* (↑Kolofonium) *die Rieme.* [Ost V] 2. Allg: (einen Gegenstand) mit einer streichfähigen Masse überziehen ● *Mië honn des Moark* (↑Mark 1a) *ufs Brot gschmiët unnoch Salz un Paprika drauf.* [Baw II] *Enwennich* (↑inwendig) *nicht, nur auswennich senn die Kärb* (↑Korb 2) *als âbgschmiët, segt me so gschmiët mit Lehm un gewaaißlt.* [Seik II] *De ↑Hambar* (1) *war vun Wiede* (↑Weide 2) *gflochte, die Wend, un des war gschmiert.* [Stan III] ■ Gehl 1991, 141.
→(1) einschmieren; Wagenschmiere; (2) ab-, daraufschmieren; vers- 'hmiert.

Schnalle - f, ʃnal, -ə [Kock II, Fil, Mil, Sch III, NP, Tom IV, DSta, Glog, Jahr, Knees, Orz, Ost V]; ʃnoln, Pl. id. [Aug, Pußt, Schor, Wud I]
V: metallene Vorrichtung, um einen Riemen durchzuziehen ● *Hinne die Schärrieme* (↑Scherriemen) *ware widrem zwei Schnalle, un do ware die Stutzle* (↑Stutzen) *bis zum Fuhrmann. Alli Schnalle ware aus Nickl.* [Ost V]
→Zunge (2) an-, zusammenschnallen.

Schnapfengraben - m, ʃnepəkro:və, Pl. id. [Alt, Fek, Nad, Oh, Wem II]
A: Flurnamen nach einem Wassergraben, der viele Schnepfen anlockt ● *Growe woan ville in Fäkäd* (ON), *do woar de ärscht un de zwätt Sturchsgrowe on de Schneppegrowe, weil doet woan ville Schneppe.* [Fek II]
→Graben, Schnepfe.

Schnaps - m, ʃnaps, Sg. tant. [Baw, Jood, Petschw II, Ap, Hod, Ker, Mil, Sch, Tscher III, NP, Tom IV, Alex, Bak, Bog, Bru, Fak, Ga, Glog, Len, NA, Nitz, Len, Low, StA V, Bat, Ham, Mai, OW, Schei, Suk VI]; ʃnåps [Ru IV]
O, W: durch Destillation und Brennen von Obst und Treber entstehendes, stark alkoholhaltiges Getränk ● *Die honn selmols Schnaps gebrennt mit de Trewe* (↑Treber) *un min Obst.* [Baw II] *Na wurd es ärscht e Schnaps trunge.* [Jood II] *Es woa schon, dass sie vun die Trewe Schnaps gebrennt*

hamm (↑brennen 2), awe (aber) jetz net. [Petschw II] *Do hod mer Schnaps in a Dunschtglas* (↑Dunstglas) *un hot Teentl* (↑Tendel) *'nai, dass es Teentlschnaps gibt.* [Ap III] *Un die kleinere Plitzl* (↑Plutzer) *woan entweder von Kirbis, mit Schnåps, oder greßre, auch aus Ton, mit Wosser.* [Ru IV] *Die wo Pflaumebaame ghabt hawwe, die hawwe Schnaps gebrennt.* [NA V] *Mit die Trewer hat mer Schnaps gebrennt.* [Ost V] *Uf nichterne Mage hat mer e als Schluck Schnaps aus de eigene Fecksung* (↑Fechsung) *getrunke.* [StA V] *Schnaps hunn i brennt aus Zwetschkn, Zwetschknschnaps, sinn nicht so viel Trauben dort.* [Bat VI] *Aus Epfl, Biere* (↑Birne), *Fiärsche* (↑Pfirsich), *Zwetschge hot me starke Schnaps brennt.* [Schei VI] ■ PfWb V 1244-1247; RheinWb VII 1551, SchwWb V 1032; Gehl 1991, 241.
→Bakati, Branntwein, Raki, Schnapsbrenner, -brennerei, -haus, -kessel; Silvapalinka, Starkes, Lager-, Obst-, Pflaumen-, Tendel-, Treber-, Zwetschkenschnaps, Wodka; brennen (2).

Schnapsbrenner - m, ʃnapsprenər, Pl. id. [Ker, Kol, Mil, Pal III, Be, NP, Tom IV, Bog, Fak, Ga, GK, Low, Mar, Ost, Pau, Wil V]
O, W: landwirtschaftlicher Arbeiter, der aus Treber Schnaps bereitet ● *Im Schnapshaus ware drei Schnapskessle, un die Schnapsbrenner hann gebrennt um Prozente.* [Ost V] ■ PfWb V 1247: RheinWb VII 1522.
→Schnaps; brennen (2).

Schnapsbrennerei - f, ʃnapsprenera:i, -ə [Alex, Bog, Fak, Ga, GK, Len, Low, Mar, Ost, Pau, War, Wil V, Bil, Pe VI]
O, W: privater oder staatlicher Kleinbetrieb, in dem durch Destillation Schnaps gebrannt wird ● *Un dann war bei uns die Schnapebrenneraai. Dort ware drei Schnapskessle im Schnapshaus, un die Schnapsbrenner hann gebrennt um Prozente.* [Ost V]
→Schnaps, Schnapshaus.

Schnapshaus - n, ʃnapshaus, -haisər [Alex, Bog, Ga, GK, Gra, Low, Mar, Ost, Paul, War, Wil V]
O, W: Haus, in dem eine Schnapsbrennerei untergebracht ist ● *Im Schnapshaus ware drei Schnapskessle, un die Schnapsbrenner hann gebrennt um Prozente.* [Ost V]
→Branntweinhaus, Schnaps, Schnapsbrennerei.

Schnapskessel - m, ʃnapskesl, Pl. id. [Fak, Ga, Glog, StA, Wil V]; napskhesl, -ə [GK, Gra, Ost, War V]
O, W: kupferne Vorrichtung, in der durch Destillation von Rohstoffen Schnaps gewonnen wird ● *Im Schnapshaus ware drei Schnapskessle, un die Schnapsbrenner hann gebrennt um Prozente.* [Ost V] ■ PfWb V 1250: 'bauchiges Metallgefäß für die Maisache beim Schnapsbrennen'; Gehl 1991, 241.
→Kessel (2b), Rakikessel, Schnaps.

Schnecke - m, ʃnek, -ə [Fek II, Ap, Hod, Kara, Ker, Mil, Stan, Tschat, Tscher, Wasch III, Har IV, Albr, Bak, Bog, Fak, Ga, GJ, GK, Glog, GStP, Hatz, Karl, Len, Lieb, Low, NB, Nitz, Orz, Ost, Sack, Sad (m), Schön, StA, War, Wil V]; ʃnęk [Tew II]; ʃnekn [Hom, Wer V]
V: als Schädling angesehenes, spiralig aufgerolltes Weichtier, mit oder ohne Gehäuse; Gastropoda *Etym.:* Herkunft des Wortes von mhd. *snecke*, ahd. *snecko* m., daher auch obd. *der Schneck*; weiter zu ahd. *snahhan* 'kriechen'; verwandt mit englisch *snake* und schwedisch *snok* 'Schlange'. Die übertragenen Bedeutungen gehen von der Langsamkeit bzw. von dem gewundenen Gehäuse aus. (Wahrig 3145) - Der Gattungsname *Schneck* erfuhr Bedeutungserweiterung durch die Bezeichnung aller Schneckenarten. ● *Des Ungeziffer im Garte ware hauptsechlich Leis, no hats Raupe gewwe. Un am Salat sinn Schnecke gärn draagange.* [Ap III] *Mir hann wenich Schnecke ghat im Garte, un andres Ungeziffer. Manchi Leit hann jo mit dem Flehphulver garweit.* [Ost V] ■ Gehl 1991, 117; Petri 1971, 104.
→Ungeziefer.

Schnee - m, ʃne:, Sg. tant. [Aug, Tax, Wud, Wudi I, Mu, Mut, Oh, Schom, Seik, StI, Wik II, Berg, Brest, Fil, Gak, Har, Nadw, PrStI, Tscha III, Esseg, Franzt,In, Ker, Put IV, Albr, Bak, Ben, Bot, Bru, Char, Da, El, KöH, Ga, Glog, Gra, GK, Kleck, Mar, Mram, Na, NPe, Stei, Tsch, Wolf, Zich V, Besch, Bur, Ham, Kal, Mai, NP, OW, Suk, Tur VI]
Allg: flockenförmiger Niederschlag aus gefrorenem Wasser ● *Manichsmol lejt* (↑liegen) *noch de Schnee, noch gibt's scho schene woarme Teg.* [Seik II] *Im Schoppe* (↑Schoppen) *ware helzerne Schippe for Schnee scheppe* (↑schippen). [Bru V] *Es liegt schun viel Schnee un 's schneibt noch allweil.* [Fak V] *Wasse is schon genug, und im Winte gibt's auch Schnee genug.* [OW VI] ■ Gehl 1991, 58.
→Regen, Wasser (1), Wetter; schneien.

Schneeglöckchen

Schneeglöckchen - n, ʃne:klekl, Pl. id. [Buk, Fu III, Bog, Fak, GK, Gott, Gra, Wil V]; ʃne:klękle, -klekla [StA V]; ʃne:klekəla [Glog V]; ʃne:kleklį̣ [Sad V]; ʃne:kleklçə [AK III, Bill, DStP, Heuf V] G: bis zu 15 cm hohes Pflänzchen, das bereits im Februar seine nickende, weiße Blüte entfaltet; Galanthus nivalis • *In unse Blummegärtl bliehn es ganzi Johr Blumme. De Anfang hann die Schneegleckl gemacht, noh sinn die Veilchen ufgebliht.* [Bog V] ▪ Gehl 1991, 99; Petri 1971, 37.
→Blume.

Schneide - f, ʃnait, Pl., id. [Ker, Mil, Sch, Wepr III, Be, Tom IV, Bog, GK, Ost, War V]
A: scharfe Seite der Klinge an landwirtschaftlichen Geräten • *Mer hat gschärrt (↑ scharren) mid a braadi (↑ breit) Hack mit a schmali Schneid.* [Ost V]
→schneiden.

schneiden - st, ʃnaidn, -kəʃnitn [Pußt I, OW VI]; ʃnaid, kʃnitn [Tscha III, OW VI]; ʃnaidn, kʃni:dn [Bat VI]; ʃnaidə, kʃnitə [Wud I, KKa II, Gai, Wald III, HSch, StA V]; ʃnaidə, kʃni:də [Baw, Bohl, Fek, Nad, La, StI, Wem II, Tow IV, Ben, Eng, Len V]; ʃnaidə, kʃnitə [Bold, Nad, Surg II, Kutz III, Franzf, NA, Ost V]; ʃnaidə, kʃnidə [Har, Stan III, Glog V]; ʃnaidə, kʃnit [Gai, Hod III, Orz, Ost V]; ʃnaidə, kʃni:t [Be IV, Bog, Bru, Da, DSta, Ger, Schön V]; ʃnaidə , kʃni:n [Tol I]; ʃnoidə, kʃni:də [Jood II]; ʃna:in, kʃni:n [Aug, Ed, GT, KT, Pußt, Scham, Schor, Wud, Wudi I, Petschw II, ASad, Lind, Wei, Wolf V]; ʃne:də, keʃne:də [Mu II]
A, G, H, O, V, W: etwas mit einem scharfem Werkzeug abschneiden • *Un do hod me so en Toschnfaal (↑Taschenfeitel) kaaft, des hot gut gschnien.* [Pußt I] *Aufaungs Oprüj (April) hot me die Rejem (↑Rebe) gschnien, eff aan owwe zwaa Augn.* [Wud I] *Den Woigarte tud mer schnoide, die Rebe rabschnoide.* [Jood II] *Un wenn die Steck (↑Stock 2) frei senn, noch wänn die Räwe gschniede.* [La II] *Die Menne (Männer) tan Fettn schneidn, Fettn auslosn (↑auslassen).* [Petschw II] *Des Schoasch (↑Schasch), des hunn se im Summer imme gschniede.* [StI II] *Es Kloofleisch (↑Kleinfleisch) is noch gschnidde worre un in e großes Salzschaffl.* [Stan III] *Den Hannef hot me dann gschnitte un aufgstellt so auf Heifl (↑Haufen).* [Waldn III] *Es war jo immer viel Arwet in de Wingerte, im Frihjohr ufhacke, schneide.* [Bru V] *Dann is schun de Schnitt kumm, dass me schon schneide kann die Gärscht.* [KSch V] *Hod me Speckstickl fir die Bludwoscht klaa gschniede.* [NA V] *E alte Gärtne hat uns gezeigt, wie mer die Beem (↑Baum) schneid und behandlt.* [Ost V] *In Holzschlag hom-mar mejssn mit de Waldsoo (↑Waldsäge) schneijn.* [Wei V] ▪ Gehl 1991, 135.
→ab-, auf-, aus-, darauf-, durch-, ein-, herab-, heraus-, hinein-, los-, ver-, weg-, zu-, zusammenschneiden, auseinander -, voneinander schneiden, hobeln, stutzen; geschnittenes Kraut, Kraut-, Laub-, Rübenschneider, Schneide, Schnitt.

Schneider - m, ʃnaidər, ʃnaidrə [Kol, Sch, Stan, III, NP IV, Char, De, Gu, Jahr, Joh, Low, NB, Sack, Tschak, Ui, War V]; ʃnaidərkais, -ə [Gott, Len V]; ʃnaidərka:s [GJ V]; vasərʃnaidər [Bill V]
V: (verkürzt für:) Glasschneider *Etym.:* Die Bezeichnung ist eine Kurzform für *Glasschneider* (s. dort). Die Variante *Schneidergeiß* ist eine ironische Weiterbildung unter Bezugnahme auf einen häufigen Berufsnecknamen für den Schneider. Die Variante *Wasserschneider* bezieht sich auf den Lebensraum des Insekts, das bevorzugt über stehen.den Gewässern umherschwirrt. • *Die Libelle sinn Schneidre bei uns.* [Ost V] ♦ Wortgeographisch ist *Schneider* eine im Süden des deutschen Sprachgebiets häufig vertretenes Synonym für *Libelle*. (DWA I, Karte Libelle) ▪ PfWb V 1300-1306: 2. 'das Insekt Libelle', Zus. *Bachschneider*; Petri 1971, 91.
→Glasschneider, Libelle.

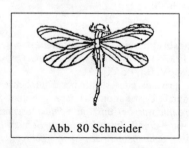

Abb. 80 Schneider

Schneiderin - f, ʃnaidərin, -ə [Ger, Hatz, Mer, Ost, Stef V]
A: Dreschhelferin, die auf der Dreschmaschine das Seil der Garben aufschneidet • *Die Schneiderin hat mid aam Griff die Garb (↑Garbe) verwischt, mit ame gut gschliffene Messr vun aaner Sichl ufgschnitt (↑aufschneiden) un hat se rechts ginn zum Inlossr (↑Einlasser).* [Ost V]
→Garbenleute.

Schneidermülleracker

Schneidermülleracker - m, selten, ʃnaidəmilakə, Sg. tant. [Kock II]
A: nach einer Wassermühle benannter Acker, der von einer Familie Schneider betrieben wurde ● *Do worre meh[r] Parzelle, mer hot gsååt, des is de Raazemillacke, de Schneidemillacke owwe (oder) Härrschaftsmillacke.* [Kock II]
→Acker.

schneien - schw, ʃnaibn, kʃnaipt [Aug, Ed, Schor, Wein, Wud I, Petschw II, ASad, Ora, Resch, Stei, Wei V, OW VI]; ʃnaibə, kʃnaipt [Tax I, Tew II, Haj, Hod III, Pan, Sad V, Bil, Ham, Suk, Pe VI]; ʃnaivə, kʃnaipt [Bog, Fak, Ga, GJ, Glog, Ost, StA, Wil V]; ʃne:ə, kʃne:t [Fek, Nad, Seik, Wak II, Ker, Sch, Tow, Tscher III, Bog, Ger, GJ, Len, Low, War, Zich V]
Allg: (vom Niederschlag:) flockenförmig fallen
Etym.: Von mhd. *snīen, snīwen,* ahd. *snīwan, snīgan.* (²³Kluge, 736) Die Form *snīwen* hat sich bair. als *schneiwen, schneiben,* auch schwäb. als *schneiben* durchgesetzt. Sie ist keine Abl. vom Subst. *Schnee* sondern steht dazu im Ablaut. Die seltenere, unmittelbare Abl. von *Schnee* ist das Verb *schneen, schneete,* in norddeutschen, aber auch in anderen Dialekten. (Nach DWb 15, 1282) In unseren Dialekten treten beide Varianten: *schneibn, schneiwe* und *schnee'e* auf. ● *Im Oktowe is oft schon viel Feichtichkeit, dass es entwede greget owwe (oder) gschneet hot.* [Seik II] *Es liegt schun viel Schnee, un 's schneibt noch allweil.* [Fak V] *Wenn's stirmt un haglt un schneibt, dann is schlechtes Wetter.* [Stei V] ■ Gehl 1991, 58.
→regnen; Schnee, Wetter.

Schnepfe - f, ʃnep, -ə [Fil, Hod, Stan, Tscher, Wasch, Wepr III, Bill, GK, GStP, Low, Hom, Ost, Sack, War V]; ʃnepə, Pl. id. [Alt, Fek, Nad, Oh, Wem II]
V: Sumpf- und Waldvogel mit langen Watbeinen und langem Schnabel für die Nahrungssuche im Boden, Waldschnepfe; Scolopax rusticola ● *Do woar de ärscht un de zwätt Sturchsgrowe (↑Storchgraben) on de Schneppegrowe, weil doet woan ville Schneppe.* [Fek II] *Ufm Hotar (↑Hotter) gsieht mer viel Vegl. Do warn die Schneppe, die Spatze, de Stoßvogl, de rot Stoßvogl.* [Ost V] ■ Petri 1971, 117.
→Schnepfengraben, Vogel.

Schnitt - m, ʃnit, Sg. tant. [GT I, Baw, Jood, Nad, Petschw, StG, Stl, Sol, Sulk II, Stan, Waldn III, Tom IV, Alex, Bog, Bru, Fak, Ga, Glog, Jahr, Knees, KSch, Mat, NA, Ost, Sack, Schön, StA, Stei V, OW, Pe VI]
A: (verkürzt für:) Getreideschnitt, Schneiden des Getreides ● *Friher warn Baure ode Taglehner, die henn de Schnitt abgmacht ums Zehnti (↑Zehntel).* [Jood II] *Frihe woa de Schnitt. Do hamm die Menner vro (vorne) robgmeht (↑herabmähen).* [Petschw II] *Nachn Schnitt hod me in de Stupfl Ruwe (↑Rübe) baut.* [Sulk II] *Des ware die beschte Schuh for in de Schnitt un for Kukrutz (↑Kukuruz) hacke.* [Stan III] *Nochm Schnitt hot me messe (müssen) glei de Stopplsturz mache.* [Waldn III] *Nom war schun de Schnitt, aber em erschte de Gärschteschnitt.* [Tom IV] *Wann die Frucht zeitich (↑zeitig) war, is de Schnitt ongang.* [Bru V] *Nochm Schnitt hat de Eigntime vun de Dreschmaschin deni Leit e bissl ↑Aldemasch gewwe.* [NA V] *Beileifich um Pheder un Phaul rum is de Schnitt aangange.* [Ost V] *Ach, frihjer, des wor e Strapaz, de Schnitt, for die Schnidder.* [Sack V] ◆ "Jetz kummt die Zeit, de Schnitt geht an. Die Frucht is zeidich." (Hockl 1957, 44.)
- Vor der Mechanisierung der Getreideernte wurde das Brotgetreide zuerst mit der Sichel, danach mit der Sense geschnitten, daher heißt die Ernte *Schnitt,* d. h. 'den Schnitt abmachen'. ■ PfWb V 1341, 1.b.; Gehl 1991, 135.
→Frucht-, Gersten-, Haferschnitt, Schnitter, Schnittertag; schneiden.

Schnitter - m, ʃnitər, Pl. id. [Stl II, Ap, Stan III, Sch, Siw III, In, NP IV, Bog, Ga, StA, War, Wis V]; ʃnidər [Brest, Gai III, Fak, Glog, Sack V]
A: Landarbeiter zum Schneiden des Getreides ● *Die große Bauer, die hunn sich immer Schnitter genumme, gell, mit der Sense.* [Stl II] *Die Schnitter henn jo alles mit der Hand gmeht.* [Ap III] *Die Schnitter henn die Garwe (↑Garbe) oweds zammgetrage un achtzeh Garwe uff e Kreiz (↑Kreuz) ufgsetzt.* [Stan III] *Ach, frihjer, des wor e Strapaz, de Schnitt, for die Schnidder.* [Sack V] ■ Gehl 1991, 136.
→Mäher, Schnitt, Schnitter, -herr, -kranz, -mann, -weib, Schnitterin; schneiden.

Schnitterherr - m, ʃnitərhęr, -ə [Fek, Kock, StG, Stl, Surg, Wem II]
A: Feldbesitzer, der die Erntearbeiter beschäftigt ● *E jedi Schnitten (↑Schnitterin) hat en Kranz gemocht fir sein Schnitterhärr.* [Stl II]
→Schnitter.

Schnitterin - f, ʃnitən, Pl. id. [Fek, StG, StI, Surg, Wem II]
A: Mäherin, Person, die Gras oder Getreide schneidet • *E jedi Schnitten hat en Kranz gemocht fir sein Schnitterhärr.* [StI II]
→Schnitter, Schnitterweib, Schnitterherr, -mann.

Schnitterkranz - m, ʃnitərkrants, -krents [StI II, Bak, Bog, ll, GK, Len, Low, Ost, StM, War V]
A: kreisrund gebundene Ähren (und Feldblumen), die häufig mit Bändern verziert sind • *Noch hunn se en große Schnittekranz gflecht vun Waaz* (↑Weizen), *un do hunn se ville Schnier* (↑Schnur 2) *dråå, un noch woan aa, die wos Spruch gsocht honn. Un in de Kirich is dä Kranz eigsegnet woan.* [StI II]
→Kranz, Leserkranz, Schnitter.

Schnittermann - m, ʃnitərman, -menər [Fek, Kock, StI, Surg, Wem II]
A: Schnitter • *Unse Schnitterherr hat dem Schnitterweib e Halstuch gschenkt un em Schnittermann e Hemd.* [StI II]
→Schnitter, -herr, -weib, Schnitterin.

Schnittertag - m, ʃnidərta:x, -tę:ç [Bak, Nitz, Sack V]
T: Sommertag, an dem der Getreideschnitt erfolgt • *Jetz arwet* (↑arbeiten) *ich noch meh wie vorher, iwerhaupt an Täch wie heit, so echti Schniddertäch.* [Sack V]
→Schnitt.

Schnitterweib - n, ʃnitərva:ip, -vaivər [StI II]
A: Schnitterin • *Unse Schnitterherr hat dem Schnitterweib e Halstuch gschenkt un em Schnittermann e Hemd.* [StI II]
→Schnitter, -herr, -in, -mann.

Schnitzel - n, ʃnitsl, Pl. id. [Aug, Scham, Schor, Wer, Wud I, Baw, Kock, Seik, Wem II, Ap, Fil, Ker, KK, Pal, Siw, Stan, Tscher III, In, Tom IV, Alex, Bog, Bru, Fak, Ga, GK, Gra, Nitz, Len, Low, Ost, War, Zich V]
1. A: (verkürzt für:) Rübenschnitzel *Etym.: Schnitz* m., *Schnitzel* n. bedeuten ursprünglich beide 'abgeschnittenes Stück'. Daraus südd. die Spezialisierung zu *Schnitz* 'Dörrobst' und seit dem 19. Jh. von Österreich ausgehend *Schnitzel* 'von einem Kalbsschlegel geschnittenes und gebratenes Stück Fleisch. (^{23}Kluge, 737) • *Die ginn* (werden) *no verhecksLt, die Ruwe* (↑Rübe) *for Zucker mache. No bleibn die Schnitzl un Melasse aach.* [Ost V] 2. V: dünne, gebratene Fleischscheibe von der Keule oder Schulter des Schlachttieres • *Un wos aans velangt hot, hat Soppefleisch* (↑Suppenfleisch) *un Schnitzl.* [Baw II] *Ob des Schnitzl war odder Gemahlenes odder Motschunge* (↑Wadschinken) *des war alles ein Preis.* [Stan III]
→(1) Rübenschnitzel; (2) Wiener Schnitzel.

schnüffeln - schw, ʃnuflə, kʃnuflt [Mil, Pal, Sch, Tschwe III, Be, Tom IV, Bog, Gra, Ost, War V]
V: (von Hunden u. a. Tieren:) schnuppern, wittern *Etym.:* Das Verb *schnüffeln* wurde übernommen aus niederdt. *snuffelen* und steht in lautlicher und semantischer Verbindung zu *schnauben, Schnupfen.* (^{23}Kluge, 738) • *Eier Hund schnufflt so viel, där muss e Ratz gspiere.* [Mil III]
→Hund.

Schnur - f, ʃnu:r, ʃny:re [Stei V]; ʃnu:r, ʃni:r [Bohl, Bold, StG, StI, Sulk, Wem II, NP, Put IV, Bog, Fak, Ga, Glog, Knees, Len, Low, Nitz, Ost, StA, StAnd, Wil, Wies, Wis V, Bur, OW VI]; ʃnuɐr, ʃniɐr [Wer I]; ʃnuɐ, ʃniɐ [GT I]; ʃnuə, ʃniə [Bohl II]
1. A, G, T, W: aus dünneren Fasern gedrehter Bindfaden • *Noch hunn se die Trauwe gschnitte, haamgebrocht* (↑heimbringen) *un se ufghengt, uff son 're Schnur.* [StI II] *Dann oosteche* (↑anstechen) *mit de Tuwaksnåål* (↑Tabaknadel) *un aff de Schnur druf.* [Sulk II] *Ufm Sensegriff is noch e Senseboge, där hat e Stecke* (↑Stecken) *un e Schnur, dass sich die Mahd schee umlegt.* [Fak V] *Die Trauwe* (↑Traube) *ware in der ↑Speis ghong* (↑hängen), *aach an Schnier ufghong, sowie die Wärscht* (↑Wurst). [Ost V] 2. T: auf einer Schnur gebündelte Tabakblätter • *Wann ufghol* (↑aufholen) *is war, hann se gsaat, aso bei 800 Schnier do sinn 200 Schnier Sandthuwak* (↑Sandtabak), *400 Schnier Hauptthuwak un 200 Kipplthuwak* (↑Gipfeltabak). [Wies V] 3. A: langes dünnes Band • *Noch hunn se en große Schnittekranz glecht vun Waaz* (↑Weizen), *un do hunn se ville Schnier dråå, un noch woan aa, die wos Spruch gsocht honn.* [StI II] **Anm.:** Die Doppelfoemen *Schnur* und *Schnue* in [Bohl II] weist auf standardsprachl. und dial. Einfluss im Fachwortschatz hin. ■ Gehl 1991, 144.
→(1) Faden, Leder-, Peitschenschnur, Leine, Raffia, Strick.

Schnusse - f, ʃnus, ʃnis [Ap, Hod, Mil, Pal III, Tom IV, Fak, Ga, Glog, Lieb, Mar, StA, Wil V];

ʃnis, Pl. id. [Bill, Bog, Bru, GK, Gra, Hatz, Mram, Nitz, Ost, War, Wis V]
V: Schnauze, Rüssel von Schweinen u. a. Tieren
Etym.: Auszugehen ist von *Schnute,* der niederdt. Entsprechung zu 'Schnauze' (vgl. mittelniederdt. *snūt,* bei der t>s-Wandel eingetreten ist. *Schnauze* ist auch als *schnauße* bezeugt, was die lautlich zu erwartende Form wäre, daher auch unser *Schnusse.* Das Wort steht mit *schnauben* im Zusammenhang. Bedeutungsmäßig wird von *Schnüffler* (oder ähnlich) auszugehen sein. (^{23}Kluge, 735) ● *Un am Kopp, do ware die Auge, die Ohre, die Schnuss mit de Naselecher, die Zung un die Zeh* (↑Zahn). [Ap III] *Die ↑Wutz tut gärn mit dr Schnuss wihle* (↑wühlen). [Mil III] *Die Schnuss hot mer abschnitt un die Nas, wu des rotzich Sach war, des hod me weggschmiss.* [Lieb V] *Aus der Schniss, de Ohre, die vier Fieß un ausm Schwanz is ↑Sulz (2) gmach ginn.* [Ost V] ■ PfWb V 1390-1393; SüdHWb V 687 f.; HNassVWb III 389; *Schnüsse* RheinWb VII 1684-1687.
→Kopf (1a), Rüssel, Vieh.

Schober - m, ʃo:bər, Pl.id. [Jood II, Sad V]; ʃo:vər, Pl. id. [Sulk II, Fak, Glog V]; ʃo:vər, ʃe:vər [Bru, Fak, Ga, Glog, Sad, StA V]; ʃo:vər, ʃɛivər [Fek II]; ʃo:vr, Pl. id. [Ost V]; ʃu:vər, Pl. id. [Baw II]; ʃuvər, ʃuvrə [GJ, GK V]; ʃuvər, ʃivər [Bog, Gott, Gra V]
A: im Freien geschichteter Getreide-, Stroh- oder Heuhaufen ● *Drei-vier Mann woen am Strohschuwer, die wos den Schuwer honn gsetzt* (↑setzen). [Baw II] *Mi hat Schäiwer, un no is des Haai mit en Haairepper rausgezouge woan als.* [Fek II] *No isch des oigfiehrt* (↑einführen) *worre uff de Trepplatz* (↑Tretplatz), *en große Schober isch gmacht worre.* [Jood II] *Selli hamm de Schower gsetzt un es Stroh gsetzt.* [Sulk II] *Mit de Potrenzestange* (↑Petrenzestange) *hunn se des Haai* (↑Heu) *an de Schower getraa* (↑tragen 1). [Bru V] *Die Tristnticher* (↑Tristentuch), *die ware groß un wasserdicht, die hat mer uf die Schiwer, uf die Fruchtschiwer, dass die Frucht nit nass git.* [Gott V] *Der Schowr is so drei-vier Medder* (↑Meter 1) *hoch gsetzt ginn, un dann is des Dach aagfangt ginn, dass es Wasser ablaaft.* [Ost V] *Die Strauschobermacher setzet des Strau uf de Schober.* [Sad V] ■ SüdHWb V 692; HNassVWb III 394; RheinWb VII, 1695; SchwWb V 1092; Gehl 1991, 136.
→(Arten:) Brennsachen-, Frucht-, Garben-, Heu-, Laub-, Lieschen-, Spreu-, Stängel-, Strohschober, Petrenze, Schochen; (Verschiedenes:) Schobersetzer, Triste; aufschobern, schobern.

schobern - schw, ʃovrə, kʃovrət [Bil, Ham, Mai, Pe, Schei, Suk VI]
A: Heu, Stroh und Maisstängel zu Schobern aufschichten ● *Und die Kolbe hat mer gschowret mit de Hend.* [Schei VI]
→aufschobern; Schober.

Schobersetzer - m, ʃo:vərsetsər, Pl. id. [Sulk II]; ʃo:vrsetsər, Pl. id. [Ost V]
A: Erntehelfer, der die Garben auf den Haufen schichtet ● *Un no ware die Schowersetzer, seckse hot me braucht.* [Sulk II] *Die Fuhr is dann haamgfihrt ginn* (worden) *in de Hof uff de Garweschowe* (↑Garbenschober). *Dort war de Großvadder de Schowrsetzer.* [Ost V]
→Riesleute, Schober, Strohsetzer; setzen.

Schochen - m, ʃoxə, Pl. id. [Bil, Ham, Mai, Pe, Schei, Suk VI]
V: Heu- oder Strohhaufen ● *D'Menner hann es Haai* (↑Heu) *gmeht, un de ham-mer's gheibet* (↑häufen), *des isch letzt, ham-mer große Schochen gmacht.* [Schei VI] ■ SchwWb V 1092: Demin. *Schöchle, Schock* usw., 'Haufen', 1. 'meist der große, runde Haufen Heu oder Emd, wie man ihn für die Nacht oder bei Regenwetter oder zum Aufladen macht'.
→Haufen (1b), Triste.

Schokolade - f, tʃokola:di, Sg. tant. [Baw, Fek, Petschw II]
A, V: Nahrungsmittel aus feingemahlenen Kakaobohnen, Milch und Gewürzen, Kakaobutter und Zucker *Etym.:* Schokolade ist ein Wanderwort, vgl. englisch *chocolate,* holländisch *chocolade,* dt. *Schokolade,* franz. *chocolat,* ital. *cioccolata,* russisch *schokolád,* das auf den Namen des mexikanisch-aztekischen Getränkes *chocolaia* zurückgeht. Ung. ist das Wort als *csokoládé* seit 1704 bezeugt. (MESz 1, 549) Das deutsche *Schokolade* geht auf mittelniederländisches *chocolade,* älter *chocolate* zurück, dieses kommt über spanisch *chocolatl* aus dem mexikanischen (Nahuatl) Eingeborenenwort *chocolatl* 'Kakaotrank', ein Komp. aus Nahuatl *choco* 'Kakao' und Nahuatl *latl* 'Wasser'. (^{23}Kluge, 739) ● *Bei de Tschokoladitoete woa es Felsl* (↑Füllsel) *Tschokoladi. (...) Handwärker honn sich schon mähr älaubt, die honn als Tschokoladi owwe Pomerantsche* (↑Pomeranze) *gesse.* [Baw II]
→Schokoladentorte.

Schokoladentorte - f, tʃokolaːditorta, -tuətn [Petschw II]; tʃokolaːditoəte, -toətə [Baw II]
A, V: Kremtorte mit Schokoladenfüllung und Rumbeigabe *Etym.:* Die Variante *Tschokoladitorta* in [Petschw II] ist eine Übernahme der ung. Form *csokoládétorta*, das seinerseits dt. *Schokoladentorte* entlehnt hat; also eine Rückentlehnung. ● *Bei de Tschokoladitoete woa es Felsl* (↑Füllsel) *Tschokoladi.* [Baw II] *Ålledehånd Tuetn, des is Dobostorta, Tschokoladitorta.* [Petschw II] ◆ Die Schokoladenfüllung besteht aus 150 g schaumig gerührter Butter, 2 Esslöffel Rum, 1 Ei, 250 g geriebener Schokolade, 20 g Kakao, 1 Vanillezucker und 100 g Puderzucker. (Blantz 1993, 143)
→Schokolade, Torte.

Scholle - f, ʃolə, Pl. id. [Ker III], ʃolər, Pl. id. [Ost V]
A: flacher, fester Erdklumpen, wie er beim Pflügen entsteht ● *De Schollerhoppser, de hoppst vun aam Scholler uff de annre immer.* [Ost V] ■ PfWb V 1482 f.; SüdHWb V 699 f.; HNassVWb III 399; RheinWb VII 1707 f.
→Erde, Furche, Schollenhüpfer.

Schollenhüpfer - m, ʃoləhupsər, Pl. id. [Char, Gott, Seul, V]; ʃolərhupsər [Ost V]
V: Bachstelze; Motacilla alba ● *De Schollerhoppser, des is die Bachstelz, weil die hoppst vun aam Scholler uff de annre immer, die tut ka Schritt mache.* [Ost V] ■ *Schollenhuppser* SüdHWb V 701; *Schollenhoppler* PfWb V 1403: Syn *Schollenklopfer, Schollenhüpfer* Petri 1971, 110.
→Bachstelze, Scholle; hüpfen.

Schonzeit - f, ʃoːntsait, -n [ASad, Lind, Resch, Tem, Wei, Wolf V]
Fo: Zeit des Jagsverbotes während der Aufzucht des Nachwuchses ● *Und d'Schonzeitn sind vom ehm streng eingholtn woarn; unser ↑Wildbestand woar ausgezeichnet.* [Wolf V]
→schießen.

Schöpfbrunnen - m, ʃepfprunə, -prinə [Fak, Ga, Glog, Sad, StA, Wil V]; ʃepprunə, Pl. id. [Bog, Ger, GJ, GK, Len, Wis V]
A, V: Brunnen mit einer Schöpfvorrichtung zur Wassergewinnung ● *Im Hof hann die Leit ghat Scheppbrunne, so e Schwenglbrunne.* [GJ V]
→Brunnen, Schwengelbrunnen.

Schopfhuhn - n, ʃopfhõː, -hẽːnə [Ga, StA V]; ʃopfhiŋgl [Bog, Gra, Len, Low, War V]
V: Hühnerart mit Federbusch auf dem Kopf ● *Dann senn noch die Zierhehle* (↑Zierhendel), *es Leghorn un es Schopfhoh.* [StA V]
→Huhn.

Schopflerche - f (n), ʃoplęrxə, Pl. id. [Berg, Stan III, Low V]; ʃuplęrxə [Len V]; (n) ʃopflęrxl, -ə [Fak, Glog V]; ʃoplęrxl [Tscha, Tscho III, In IV, GK, Ost V]
V: Haubenlerche; Galerida cristata ● *Ufm Hotar* (↑Hotter) *gsieht mer viel Vegl. Do warn die Lärchle, wu so schen singe, de Schopplärchl, de Storch un die Reihre, die weiß un grooi.* [Ost V] ■ Petri 1971, 102.
→Lerche.

Schöpfschippe - f, ʃepʃip, -ə [Blum, Bru, Jahr V]
Allg: (wie: Schippe) *Etym.:* Das von *schöpfen* abgeleitete Bestimmungswort des Komp. dient zur Unterscheidung vor *Grabschippe* 'Spaten'. ● *Mit der Grabschipp ud mer umgrawe. Die Scheppschipp, des is e Schaufl.* [Jahr V]
→Schippe.

Schor - f, selten, ʃoːr [Besch VI]; ʃor [Schor, Wer I]; ʃǫa, Pl. id. [OG, Wud, Wudi I]
G: Reihe von (gleichartigen) Dingen *Etym.:* Von ung. *sor* 'Reihe, Menge', dieses vermutlich von dt. *Schar* mit gleicher Bedeutung. (MESz 3, 537) In diesem Fall ist es eine Rückentlehnung. ● *Donn hob i noch Eäbsn* (↑Erbse), *Himbärn un zwaa Schoa Weimbe* (↑Weinbeere). [OG I] ■ Entlehnung von ung. *sor* 'Reihe'.
→Reihe.

Schote - f, ʃotə, Pl. id. [Ha, Seik, Stl II, Ga, StA V]; ʃot, -ə [Bog, Fak, Ger, Glog, Lieb, Low, Ost, War, Zich V]
G: Fruchthülle von Hülsenfrüchten und der Paprikapflanze ● *Dä Some is in so e lange Schotte dren, un die Schotte is nicht voll mit Some.* [Seik II] *De Paprike hat so lengliche Schotte.* [Lieb V] *Linse ham-mir* (haben wir) *wenich ghat, awwer Ärbse* (↑Erbse) *ham-mer ghat, die Zuckerärbse, die sißi, die was me mit de Schotte zamm kocht.* [Ost V]
→Samen.

schräg - Adj, ʃreːk [Pußt I, Bohl II, Gak, Stan III, Ben V, OW VI]; ʃreːks [Tschol I, Har III, Bog,

Schragen

Fak, Ga, GJ, GK, Glog, Ost, StA, War V]; ʃre:ç [StIO I, Bohl II]
Allg: schief, geneigt ● *Die Garb owwedruf wor de ↑Ritter, so schreg un mit de Ähre nach unte, dass des Kreiz (↑Kreuz) net nass wärd, wann's reget (↑regnen).* [Stan III] *Un weil die Storze (↑Storzen 2) doch hart sinn, had mer die Sunneblummestängle schregs gschnitt, mit em Laabschneider (↑Laubschneider).* [Ost V]
→schief.

Schragen - n, (m) ʃragə, Pl. id. [Jood II]; (n) ʃra:gl, Pl. id. [Ben V]; ʃrå:gl, Pl. id. [Be, Tow IV]; ʃro:gl, Pl. id. [GBu II]; ʃra:gl, -ə [Fak, Ga, Glog, StA V]; ʃrå:gl, -ə [StAnd V]; ʃra:gl, ʃre:gl [Gak III, Bill V]; ʃrå:gl, ʃre:gl [War V]
A: am vorderen und hinteren Teil des Wagens als Abschluss schräg angebrachtes Teil mit Sprossen ● *Un do håm-mer die Kelwer (↑Kalb) un die Huscherje (↑Hutsch) henne oogebonne (↑anbinden) bein Schrogl, naja.* [GBu II] *Un do hod e sich die Wagelaatre (↑Wagenleiter) no ibbesetzt (↑übersetzen) un die Britte (↑Brett) un de Schrage.* [Jood II] **Anm.:** Die Wortform hat bair. Diminutivsuffix -l ohne verkleinernde Funktion. ■ Gehl 1991, 161.
→Wagen.

schreien - st (intrans), ʃraiə, kʃri:ə [Fak, Ga, Glog, StA V]
V: (von Haustieren und Vögeln:) für die jeweilige Tierart kennzeichnende Laute ausstoßen ● *Wenn d'Esl viel schrein, gebt's Rege.* [StA V]
→krähen.

Schritt - m, ʃrit, Pl. id. [Wem II, Brest, Gai, Hod, Sch, Tscher, Wasch, In, ND, NP IV, ASad, Bak, Bog, Fak, Ga, GK, GStP, Gutt, Len, Low, Nitz, Ost, StA, Tem, Wei, Wer, Wies, Wis, Wolf V, Bat, Bil, Erd, NP, Pe, OW VI]
V: (von Tieren:) Vorsetzen eines Fußes ● *De Schollerhoppser (↑Schollenhüpfer), des is die Bachstelz, weil die hoppst vun aam Scholler uff de annre immer, die tut ka Schritt mache.* [Ost V]
→hüpfen.

Schrot - n, ʃro:t, Sg. tant. [Fek, Petschw, StI II, Ap, Gai, Hod, Mil, Sch III, Be, NP, Tom IV, Fak, Ga, GK, Glog, NA, Ost, StA, War, Wil V, Bil, Ham, Pe VI]; ʃro:dl [StAnd V]
A, V: zu Futterzwecken grob zerkleinerte Getreidekörner ● *Die hann ein weng Schrot kricht on in Sommeschzeide hann se Grienes kricht un Trenge (↑Tränke).* [Fek II] *Die Pfäede hann Kleehaai krigt un Schrot, dann noch Howe (↑Hafer) un Ruem.* [Petschw II] *Wann die Kuh kalwert (↑kalben) hot, noch hot se als kricht mähr Schrot un Klei.* [StI II] *Beim Schroter sinn die Kukrutzkärne (↑Kukuruzkern) zu Schrot gmahle warre.* [Ap III] *Gfittet hod me Kukrutz un Schrot meistns, Gäeschteschrot, Kukruzschrot.* [NA V] *Die Kih hann Korzfuder (↑Kurzfutter) kriet, Schrot, also Kukrutzschrot mit etwas Kleie gmischt.* [Ost V] ■ PfWb V 1451 f.; RheinWb VII 1815 f.; Gehl 1991, 197.
→Gersten-, Hafer-, Kukuruzschrot, Grieß (1a); schroten.

schroten - schw, ʃro:tə, kʃro:tə [Jood II]; ʃrọ:tə, kʃrọtə [Stan III]; ʃro:də, kʃro:də [Baw, StG, Sol, Sulk II, Tom IV, Fak, Glog V]
A: Getreide grob zerkleinen ● *Däe ganze Kärn (↑Kern 2), des is seltn viëkumme, des is gschrode woan.* [Baw II] *Jetz is Mer hot de Kugrutz im Nochbersdorf, in de Wassemihl gschrote.* [Jood II] *Un na is mer in die Schrotmihl, un dort hat me gschrode.* [Sulk II] *Do hot mer schun ghat en Schroter for selwer schrote.* [Stan III] *Die Baure hann zwaa Kilo Kukruz (↑Kukuruz) vum Metter (↑Meter 3) for schrote ↑Maut (2) zahle misse.* [Alex V] ■ PfWb V 1452 f.; SüdHWb V 769; RheinWb VII 1815 f.; Gehl 1991, 182.
→Schrot, Schroter, Schrotmühle.

Schroter - m, ʃro:tər, Pl. id. [Fek, Jood, Surg, Wem II, Ap, Sch, Stan, Werb III]; ʃro:dər [Fak, Ga, Glog, StA, Wil V]; ʃro:də [Bohl II]
A, V: landwirtschaftliches Gerät zum Zerkleinern von Getreidekörnern ● *Jetz is bam e jedes Haus schun ein Schroter. Friher hot me de Kugrutz misse im Nochbersdorf, in de Wassemihl schrote.* [Jood II] *Beim Schroter hot me die Kärner hiegetut, die Kukrutzkärne, un dart sinn se zu Schrot gmahle warre.* [Ap III] *Do hot mer schun ghat en Schroter for selwer schrote.* [Stan III] ■ Gehl 1991, 149.
→schroten.

Schrothacke - f, ʃro:thakl, Pl. id. [Baw, StI, Wem II]
V: kleines Hackbeil *Etym.:* Das Komp. ist vom Verb *schroten* 'hauen, abschneiden' (vgl. mhd. *schroten*) gebildet. ● *Er hat des Fleisch mid em Schrothackl transchiert (↑transchieren) und mit Messer.* [Baw II]
→Hacke (2).

Schrotmühle - f, ʃroːtmil, -ə [Baw, Kock, StG, Sol, Sulk, Wem II]
A: Mahlvorrichtung, die Getreide und Mais verschrotet ● *Un na is mer in die Schrotmihl, un dort hat me gschrode.* [Sulk II]
→Mühle; schroten.

Schubhacke - f, ʃuphakə, Pl. id. [La II]
W: handbetriebenes mechanisches Hackgerät ● *Jetz geht's schon e weng leichter, wal do hot me die Schubhacke. Die wird durchgschubbt, aamol 'rauf un aamol 'rob (herab) in de Reih (↑Reihe) un noch is schon färtich.* [La II]
→durchschubben, Hacke.

Schubkarren - m, ʃupkharə, Pl. id. [Fil, Mil III, Be, NP, Tom IV, Ben, Da, GK, Ger, Glog, Nitz, Ost, StAnd V, Bil, Besch VI]; ʃupkhariç [Fak, Ga V]; ʃupfkhariç, - kheriç [Sad, StA V]
Allg: mit zwei Griffen versehener, einrädriger Schiebekarren *Etym.:* Das Subst. ist bair.-österr.
● *Die Schulbuwe sinn als mit Schubkarre kumme, mit ihrem Kamillesack un ihrem Kamilleroppr* (↑Kamillenrupfer). [Mil III] *Im Stall war de Schubkarre, die Bärscht* (↑Bürste), *de Striegl un die Gawwl* (↑Gabel). [Ost V] ■ ÖstWb 380; *Schubkar(b)n* Jungmair/Etz 1999, 257; *Schupfkarch* Gehl 1991, 155.
→Scheibtruhe, Steinkarren, Wagen.

Schuh - m (n), ʃuː, -ə [Neud III, Kr VI]; ʃuː, Pl. id. [GT I, Ap III, Eng, Ger, Gutt, Jahr, Knees, StA, Stef, Wer V]; ʃuːx [Bad II, Fak, Glog, Hom, Len, Low V]; ʃux [Bohl II]; ʃuːə, Pl. id. [Ru IV]; ʃuə, Pl. id. [Ed I]; ʃuɐ, Pl. id. [Kir, Wudi I]; ʃiəle, ʃiələ [Bil, Ham, Pe, Schei, Suk VI]
V: Klaue von Huftieren *Etym.:* Das Subst. ist eine metaph. Bezeichnung für die Tierklaue.
● *Die Schuh, des sinn an der Zehwe* (↑Zehe) *die Klooe, die wärre mitm Klooezieher* (↑Klauenzieher) *runnergezooe* (↑herunterziehen). [Ap III] *Die Schihele send bei der Sau un bei der Kuhe.* [Schei VI]
→Klaue.

Schulter - n, ʃulder, Pl. id. [Mil, Stan, Tscher III]
V: Körperteil von Tieren zwischen Rumpf und Vorderbeinen, (auch:) Kategorie von Schlachtfleisch ● *Un no war die Schulder un es Ohrwangl* (↑Ohrwangel), *des is der Hals, also an der Backe.* [Stan III] ■ Vgl. Gahm 1994, 79, Fleisch an Bug oder Blatt, *Schulter* ist Fachbezeichnung in Deutschland, Österreich und der Schweiz für einen Teil des Schlachttiers

→Vieh.

Schuppen - m, ʃupfn, Pl. id. [Petschw II, Be IV, Bat VI]; ʃopfə, Pl. id. [Sulk II, Fak, Glog V]; ʃopə, Pl. id. [Kock II, Be IV, Bru, NA, Ost V]; ʃop, -ə [Bog, Bru, Len, Low, War, Wies V]
A, T, V, W: einfacher Bau, Verschlag, um etwas unterzustellen ● *Des Stroh is hint nausgfållen, des hann die Weiwer neitragn in de Schupfn.* [Petschw II] *Dann in de Schopfe, oosteche mit de Tuwaksnåål* (↑Tabaknadel) *un aff de Schnur druf un no ufhenge in e Schopfe.* [Sulk II] *Die Geräte, die sein oft ufm Hausbodm oder im Schoppe, im Truckne, ghalt gewe* (worden). [Bru V] *Un dann war so wie e Abhänger, e abgedeckte Schopp, wu's net ningereeent* (hineingeregnet) *hat, Zallasch* (↑Salasch) *hat me gsaat iwwe des.* [Len V] *Hinner em Schoppe in de Schweistall un dann e Kukruzkorb* (↑Kukuruzkorb), *de Lenge nach.* [NA V] *Die scheni ↑Kormikmaschine hann dort im Schoppe gstann un sinn veroscht.* [Ost V]
Anm.: Die Varianten *Schoppe* und *Schopp* sind mitteldt. Wortformen mit Vokal -o- und unverschobenem -pp-. ■ PfWb V 1501 f.: vgl. auch *Schopf* (2), *Schopfen*; SüdHWb V 715: *Schopp(en)*; RheinWb VII 1719: *Schopp*.
→Maschinen-, Tabakschuppen, Salasch (3), Scheuer, Schuppenboden.

Schuppenboden - m, ʃopəpodm, -pedm [Alex, Bog, Bru, Gra, Len, Low, Ost, War, Wis V]
A, G, O, V: Dachraum über dem Schuppen ● *Die Geräte, die sein oft ufm Hausbodm, ufm Schoppepodm oder im Schoppe, im Truckne, ghalt gewe* (worden). [Bru V]
→Boden (1); Schuppen.

schüren - schw, ʃiːrə, kʃiːrt [Ap, Brest, Gai, Sch, Siw, Stan, Tscher III, Bak, Bill, Bog, Bru, Fak, Ga, Glog, Len, Low, Ost, StA, StAnd, Wil V]
A, V: Feuer entfachen, durch Feuer beheizen ● *En großer Kessl voll Wasser is gschiert worre.* [Stan III] *Bei uns ware for de Backowe oder de Kessl schiere, Rewe* (↑Rebe) *un Stengle* (↑Stängel) *genuch.* [Bru V] *Der Heizer hat die Dresch* (↑Dresche) *mit Stroh gschiert.* [Ost V] ■ PfWb V 1504 f.: SüdHWb V 828 f.: RheinWb VII 1915 f.
→verbrennen (1).

Schuss - m, ʃus, Pl. id. [Bog, GK, Ost V]; ʃuːs [Ed, GT I]
Fo, O, W: junger, aufgeschossener Trieb des Rebstocks, Baumes oder Strauches *Etym.:* Die

Bezeichnung des Schößlings geht vom aufschießenden, schnellen Wachstum des jungen Triebes aus. ● *Die Leit hann weickslni* (↑weichselner) *Schuss gezoo* (↑ziehen 2) *im Garten am Weickslbaam* (↑Weichselbaum). [Ost V] ■ PfWb V 1510: 3.a: 'frischer Trieb des Baumes oder Strauches', b. 'schädlicher, fruchtloser Trieb, Geiz', c. 'Seitenschössling des Baumes', d. 'schlanker Zweig (des Haselnußstrauches)''; SüdHWb V 836 f.; RheinWb VII 1934-1936.
→Baum (1).

Schüssel - n, ʃisl, -ə [Ap III, Bak, Bog, Fa, Ga, Glog, Gott, Gra, Lieb, Low, Nitz, Ost, Sack, StA, Wil, Wis V]
A, G, V: vertieftes Gefäß aus Porzellan oder Blech, vor allem zum Anrichten und Auftragen von Speisen ● *Die Sei* (↑Sau) *sinn gstoche* (↑stechen 2) *warre un es Blut is no grihrt ware in anre Schissl odder in anre Raai* (↑Rein). [Ap III] *Do hot jemand es Blut ufgfang mit aaner Schissl.* [Lieb V] *No hat mer e großi Schissl ghat, dort is Brocklmillich nenkomm.* [Sack V]

schütteln - schw, ʃitlə, kʃitlt [Ha, StI II, Fak, Ga, Glog, StA]
Allg: etwas schnell hin und her bewegen ● *Mit de Stange hot me gschittlt, des woa imme schlecht.* [Ha II] *Meischt em Arader Weg senn d'Santånneme* (Sanktannaer) *gfahre Maulbeere schittle fer Schnaps brenne* (↑brennen 2). [StA V]
→ausbeuteln.

schütten - schw, ʃitə, kʃit [Fil, Sch III, NP, Tom IV, Bak, Fak, Ga, GK, Gra, Nitz, Ost, War V]
V: (wie: ausschütten) ● *Un wenn die Sau gschitt hat, no hann die Schwein dieselwi Ohrnummre griet.* [Ost V]
→aus-, darüber-, hinein-, zusammenschütten.

schütter - Adj, ʃitər [La II, Gai, Gak, Siw III; ND, NP IV, Bog, Fak, GK, Low, Ost, War V]
W: dünn stehend, spärlich, gelichtet *Etym.:* Vgl. mhd. "schiter, scheter, schetter" 'dünn, mager, nicht dicht, lücken-, mangelhaft'. (Lexer II 759) ● *Wie die Treiwl* (↑Traubel) *gebliht hann, is so'n große Sturm komme, un dä hot die Blihe* (↑Blühe) *verhindert. Un jetzt senn die Pär* (↑Beere) *schitter.* [La II] *Die letschti Zeit hann se die Ruwe* (↑Rübe) *dinn aangebaut, ganz schitter.* [Ost V] ■ PfWb V 1522.
→dünn (2); schüttern.

schüttern - schw, ʃitərn, kʃitərt [OW VI]; ʃitrə, kʃitərt [Bog, Charl, Fak, Ga, Glog, Gott, Gra, Jahr, Low, StA, Ost, War, Wil, Wis V]; ʃidrə, kʃidərt [Ost V]
A, Fo, G, T: dicht stehende Pflanzen durch Aushacken oder -rupfen lichten *Etym.:* Verbale Abl. von *schütter* 'rar stehend, licht, lückenhaft'. ● *In de Reih hot mer misse mit de Hack hacke, haufe* (↑häufeln) *un schittre.* [Bru V] *Die Sunneblumme gehn* (werden) *ghackt un gschittert wie de Kukrutz* (↑Kukuruz). [Ost V] *Un wenn de Stamm schon de Duichmesser von 15-20 cm hat, tut me schittern, dass nur die gute Exemplarn bleibn, welche ganz gesund sind.* [OW VI] **Anm.:** Die Doppelformen *schittre* un *schiddre* in [Ost V] verweisen auf das Schwanken der Fachsprache zwischen Ugs. und Dialekt.
→auseinzeln, hacken; schütter.

Schwabe - f, ʃva:p, ʃva:bn [Pal III, NP, IV, Franzd, Orz, Resch, Sekul, Stei]; ʃvo:m, Pl. id. [Ed, KT, Scham, Wud, Wudi I]; ʃvo:p, ʃvo:və [Fu, Hod, Pal III, Be, Tom IV, Bill, Char, GStP, Heid, Karl, KB, Low, NA, Orz V]
V: Deutsche Schabe; Blattella germanica ● *Die Schwabn sind schwarze Kefer im Kelle, und braune heißn Russn.* [Resch V] ■ *Schwabe 2* PfWb V 1527: 'Küchenschabe'; SüdHWb V 857; RheinWb VII 1976 f.; Petri 1971, 87.
→Käfer, Russe, Ungeziefer.

Schwabenmühle - f, ʃva:bəmi:l, -ə [Go, Ma, Pal, Wak, Wiel II]
A: Flurnamen nach einer früheren Gemeindewassermühle *Etym.:* Benennungsmotiv ist das gemeinschaftliche Besitzverhältnis, wobei mit dem Sammelbegriff *Schwaben* alle deutschen (eigentlich nordhessischen) Bewohner des Gebietes bezeichnet werden. ● *Die Schwabemihl woar am Mihlbach gleche. Nom woar noch die Härrschåftsmihl, am Mihlgrāwe* (↑Mühlgraben). [Wak II]
→Mühle (1).

schwach - Adj, ʃvax [Fek, Wem II, Fil, Ker, Mil, Schj, Tscher III, In, Ru IV, Bru, Fak, Ga, Gra, Len, Low, Nitz, StA, War V, Bat, Bil, Ham, Pe, Schei, Suk VI]
1. Allg: von relativ geringem Durchmesser, dünn ● *Also mir hann decke Goarwe* (↑Garbe), *ba uns senn zeh*[n] *Goarwe uw en Hauwe* (↑Haufen) *komme. Nor wu se weng* (ein wenig) *schweche woan, senn sechze*[hn] *Goarwe draufkomme.*

[Fek II] 2. B: kraftlos, kränklich ● *Nå, in Heäbst, mus i durchschaun dä Bienstock. Is e schweche, den lau (lasse) i sechs-simm Kilo Honig drin. De anden, wo stirker is, mit mähe Bienen, mähe Volk drin, dä mus i so zehn Kilo lassn.* [Bat VI] 3. O, W: (vom Branntwein:) von geringem Alkoholgehalt ● *Bei de ↑Kessel (2b), muss me warte, bis de Wodke (↑Wodka) rauskummt, där isch schwach.* [Schei VI]
→(1) dick (1); (2) leicht (2), stark (2,3).

Schwadenrechen - m, ʃva:dəreçər, Pl. id. [Mil, Siw, Waldn III]
A: Pferderechen zum Einsammeln von gemähtem Getreide oder Heu ● *E Gugurutzsetzer (↑Kukuruzsetzer), e ↑Quadratsetzer, hot mei Vater kaaft un e Schwaderecher.* [Waldn III]
→Heurechen, Rechen.

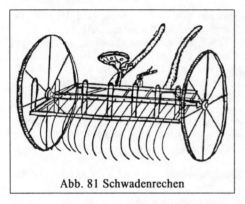
Abb. 81 Schwadenrechen

Schwalbe - f (n), ʃvalp, -ə [Sag II, Bul, Fu, Mil, Pal, Sch, Tor, Wasch III, Albr, Bill, Bog, Gott, Hatz, Ksch, Mar, Na, Orz, Tscha, Tschak, Tschan, Ui V]; ʃvalm, -ə [Tax I, KK, Fil, III, Bak, Fak, Glog, GJ, Hatz, Joh, Jos, Len, Lieb, Ost, Sack, Schön, War V]; ʃvalmə, Pl. id. [Ga, Sad, StA V]; ʃvalbɐ [Sad V]; ʃvalpn [De V]; ʃvalbm [Star V]; ʃvol(b)m [Ed, Scham, Tscha, Wer, Wud I, Sol III]; ʃvaləm [Stan III]; ʃvalm [Tax I, AK, Fil, Gara, Kar, Kara, Ker, Kol, Stan, Wasch III, Har, In, NP IV, Bak, Ben, Bir, Eng, Ger, GJ, Glog, Gra, GStP, Gutt, Hei, Jahr, Joh, Jos, Karl, Kath KB, Ket, Kub, Laz, Len, Lieb, Low, Mori, Nitz, Orz, Ost, Rud, Sack, Schön, StAnd, Stef, Stei, Trie, Tsche, War, Wer V]; ʃvalmɐ [StI II, Tscha III, StA V]; ʃvalmə [Bir, Char, Franzf, Ui V]; ʃvolam [SM V]; ʃvolm [Darda II]; ʃvoim [Ed, KT, Scham, Wud, Wudi I, Wer V]; ʃvalvə [Mram V]; (n) ʃvelmxər [Lieb V]
V: kleiner Singvogel mit dunklem Gefieder, langen Flügeln und gegabeltem Schwanz, der am Haus nistet; Hirundo urbica ● *Schwalme soll mer net fange, sunscht git die Kuh roti Milich.* [Hatz V] *Do is de Wiedehopf, die Schwalme un de Bufing (↑Buchfing), manchsmol aa die Nachtigall.* [Ost V] *Flieget d'Schwalme hoch un d'Kiebitz nieder, nom git's schen Wetter wieder.* [Sad V] ◆ Von den Hausschwalben haben die *Stein-* oder *Rauchschwalben* einen weißen und die *Blutschwalben* einen roten Brustfleck. Von diesem stammt der Volksglaube an die zu erwartende rote (also Blut enthaltende) Milch der Kühe, wenn man ein Schwalbennest mutwillig zerstört oder eine Schwalbe tötet. - Bauernregel: Zu Mariä Geburt (8. September) fliege die Schwalme furt, Un zu Mariä Verkindichung (25. März) kummen die Schwalme wiederum. - Volksglaube: Wo die Schwalwe nischde, wohnt's Glick. (PfWb V 1540) ■ PfWb V 1540 f.: Die Formen *Schwalm* und *Schmalb* werden um 1930 meist neben *Schwalb* als ältere Form genannt; Pl. "Schwalwe, Schwelwe, Schalwe, Schwalme", Dim. *Schwälbche, Schwälw(e)l*; SüdHWb V 863 f.; RheinWb VII 1987-1994 (mit Karte); Gehl 1991, 123, Petri 1971, 106.
→Schwalbennest, -schwanz, Vogel.

Abb. 82 Schwalbe

Schwalbennest - n, ʃvalmənɛʃt, -ə [GJ V]
V: an eine Wand geklebtes Brutnest der Hausschwalbe ● *Wann mer e Schwalmenescht vernicht, get die Kuh roti Milich.* [GJ V]
→Nest, Schwalbe.

Schwalbenschwanz - m, selten, ʃvalməʃvants, -ʃvents [Low V]; ʃvalmʃvants, -ʃvents [GK, Ost V]
V: Tagfalter mit schwanzartigem Anhang an den Hinterflügeln; Papilio machaon *Etym.:* Entlehnung aus der Standardsprache. ● *Des sinn alle Millre (↑Müller), die Schawemillre, dann die*

Schwamm

Schwalmschwenz, die hann so schene Schwanz. [Ost V] ■ Petri 1971, 113.
→Schwalbe, Schmetterling, Schwanz (1).

Schwamm - m (n), ʃvam, ʃveme [OW VI]; ʃvam, -ə [Bul, Fu, Kar, Kol, Pal, Stan, Tschat III, ASad, Ben, Bill, Gutt, Lind, Mram, NA, NPe, Schön, StA, Stei, Ui, Wei, Wolf V]; ʃvam, ʃvεm [Fak, Ga, Glog, StA, Wil]; (n) ʃvam, -ərli [Hod III]; ʃvum Pl. id. [Sad V]; ʃvamərl [Tscha III, Tem V]; ʃvamǝl [Aug, KT, Wud, Wudi I, OW VI]
1. A, Fo: Pilz (allg.); Fungi *Etym.:* Vgl. *Schwammerl* ostobd. 'Pilz', Dimin. zu *Schwamm*, in der die alte Nebenbedeutung 'Pilz' sich gehalten hat. ([23]Kluge, 747) - Bair.-österr. *Schwammerl*, 'Eierschwammerln'. (ÖstWb 381) ● Fie die Schwammel is de Pfäedmist guet, des is Schwammelmist. [Wud I] Nach ein Regn, da wacksn die Schwammel sähr schnell, da kann me sich zammklaubn (↑zusammenklauben). [OW VI] 2. Fo: fest sitzender, essbarer Baumpilz ● *Die Bauchnschwamme sein Schwamme, die wocksn meistns auf de Bauchebaamen* (↑Buchenbaum). [Wolf V] *Da is schene Buchnwald, da sinn weiße Schwämme.* [OW VI] ◆ In der Ebene sind Pilze weniger verbreitet und werden auch nur selten gegessen.
→(1) Bärenpratze, Brot-, Frühjahrschwammerl, Goldling, Pflanze, Schwammerlmist; (2) Buchenschwamm.

Schwammerlmist - m, ʃvaməlmist, Sg. tant. [Aug, Ed, KT, Sch, Wein, Wud, Wudi I] A: zur Aufzucht von Pilzen geeigneter Stallmist ● Fie die Schwammel is de Pfäedmist guet, des is Schwammelmist. [Wud I]
→Mist, Schwamm (1)

Schwanz - m, ʃvants, ʃvents [StI II, Ap, Stan III, Bog, Da, Fak, Ga, GJ, GK, Glog, Len, Low, Ost, StA, War, Wil V]; ʃventsjə, Pl. id. [Lieb V]
1. V: mit Muskeln, Haut und Fell überzogenes Endstück der Wirbelsäule bei manchen Tieren *Etym.:* (2) Die dünne Rübenwurzel wird metaph. mit einem Kuh- oder Rattenschwanz verglichen.
● *Noch honn se ufgschniede un de Schwanz rausgschniede.* [StI II] *Bei der Sau hot mer der Kopp, der Hals, die Fieß, der Schwanz odder hot mer Schwenzl gsacht.* [Ap III] *Schwanz un Fieß odde die Ohre, des is zum ↑Sulz (2) kumme.* [Stan III] *Es Sulz, des warn die Ohre, die Fieß un es Schwenzje, was des Sulz gebt.* [Lieb V] *Des Paradigschärr hat e Schwanzrieme ghat. Des war e gefiedeter* (↑gefüttert) *Rieme un hat de Schwanz wegghalle.* [Ost V] 2. A, G, V: (übertragen:) etwas Schwanzähnliches ● *Mer had die Rub* (↑Rübe) *am Schwanz verwischt un hat de Kopp abgschlaa. (...) Des sinn die Schwalmschwenz, die hann so schene Schwanz.* [Ost V]
→(1) Schwanzriemen, Sau-, Schwalbenschwanz, Vieh.

Schwanzriemen - m, ʃvantsri:mə, Pl. id. [Bog, GK, Gra, Ost, War V]
V: gepolsterter Riemen des Pferdegeschirrs, der unter dem Schwanz verläuft ● *Des Paradigschärr* (↑Paradegeschirr) *hat e Schwanzrieme ghat. Des war e gefiedeter* (↑gefüttert) *Rieme un hat de Schwanz wegghalle.* [Ost V]
→Riemen, Schwanz (1), Sielengeschirr.

Schwarm - m, ʃvarm, ʃvεrm [Ha, Seik II, Ga, StA V]; ʃvoɐrm, ʃvarm [StI II, Bat VI]; ʃvurəm, ʃvεrəm [Fak, Glog V]
B: verschieden große Gruppe von Insekten (oder Vögeln) ● *Un den Schwarm hann ich in en Korb, un hann en Kaste* (↑Kasten) *gemacht un honn oogfangt mit de Bie.* [Ha II] *No hot er den Biekorb genumme, hat er so en Sieb druf un is gange mit großße Stange un hot den Schwarm robgnomme* (↑herabnehmen). [StI II] *Die Bienen schwärmen jo. De Schwoarm hod widder en Schwoarm geb.* [Bat VI] **Anm.:** Die Form *Schwurem* weistu- statt -a- und Sprossvokal -e- auf. ■ Gehl 1991, 249.
→Biene; schwärmen.

schwärmen - schw, ʃvεrmən, gəʃvermt [Bat VI]; ʃvεrmə, kʃvεrmt [Seik II, Fak, Ga, Glog, StA V]; ʃvirmə, kʃvirmt [Sad V]
B: (von Bienen:) zur Gründung eines neuen Volkes ausfliegen ● *Wann schon secks-siwwe Brutrohme* (↑Brutrahmen) *senn, do is des Volk schon stoak* (↑stark 2) *un kann schwärme.* [Seik II] *Die Bienen schwärmen jo. De Schwoarm hod widder en Schwoarm geb.* [Bat VI] ■ Gehl 1991, 249.
→abschwärmen; Schwarm.

Schwarte - f, ʃva:rt, -ə [Jood II, Fil, Pal, Sch, Siw, Stan, Tscher III, NP, Tom IV, Bak, Fak, Ga, Glog, Lieb, StA V]; ʃvoatə, Pl. id. [Fek, StI II]; ʃvoɐtn, Pl. id. [Tschol I]; svartliŋ, Pl.id. [StIO I]
V: dicke Hautschicht vom Schwein ● *Do woan die Schwoate, die sinn obgemocht* (↑abmachen) *woan, un noch sein se zammgschnied woan, un die sein in Schwoategender komm.* [Fek II] *In der*

Schwartegende, dort kummt a Kopffleisch noi un die Schwarte un alles. [Jood II] Die Schwarte sinn in de Schwartemache kumme un derzu noch Brotwärschtflaaisch (↑Bratwurstfleish). [Stan III] In Schwartemage wärd Kopffleisch, Schwarte, Speck un aa gstocktes Blut gfillt. [Glog V] Do hod me erscht des färtich abgschwart, die Schwarte abgezoo. [Lieb V] Vun die Schwarte un vum Blut, des had mer zammgmischt. [Ost V] ◆ Sprichwort: Speck un Schwart sinn vun aaner Art. [Bak V] ■ PfWb V 1562; SüdHWb V 883; RheinWb VII 2013.
→Schwartengender, -magen, -wurst, Haut (1), Vieh; abschwarten.

Schwartengender - m, ʃvartəgendə, Pl. id. [Jood II]; ʃvoɐtəgendər [Baw, Fek II]; ʃvatəgindər, Pl. id. [StI II]
V: (wie: Schwartenwurst), neben Fleisch auch zerkleinerte, gekochte Schwarten enthaltende dicke Wurst *Etym.:* Vgl. *Günter*, m. 'Teil des Dickdarms': Das klein Gedärm bis zum großen Günter; den die alten Bauern auf den Günther oder die Endwurst, auch die Magenwurst (die man eigentlich erst im Sommer essen darf) gemacht haben. Das Wort ist noch heute in hessischen und in benachbarten Gebieten geläufig: *Günter* als Magen, Bauch, Mastdarm des Schweins, daher *Günterwurst*, die in den Mastdarm gefüllte Leberwurst, *Schwartengünter*, auch *Günter* schlechthin. *Günter* als gefüllter und dann gepresster Schweinsmagen (oberhess.), *Günter* als Teil des Schweinedarms, der mit Leberwurst oder Schwartenmagen gefüllt wird (niederhess.) usw. Die Herkunft ist zweifelhaft, vielleicht verwandt *Keutel*, *Kutteln* und an den Personennamen angelehnt. (Nach DWb 9, 1140 f.) ● *Des gekocht Fleisch des kemmt alles 'nei in selli Schwoadegende noch.* [Baw II] *Mir honn Blutwoescht, Bråtwoescht un Schwoatewiëscht, des is Schwoartegender odder Pfelzer.* [Fek II] *Sell macht mer Schwartegende, sell mache mer.* [Jood II] *Bei dem Schwateginder hunn se die Schwoate extra gekocht un gemohle.* [StI II]
Anm.: Die entrundete Form *Günter>Ginter* des Bestimmungswortes wurde hessisch durch *i>e*-Senkung und Erweichung *t>d* weiter entwickelt.
→Pfälzer, Schwarte, Schwartenwurst.

Schwartenmagen - m, ʃva:rtnma:gn, -me:gn [Resch, Tem, Wer V]; ʃva:rtəma:gə, -mę:gə [Fak, Ga, Glog, StA, Wil V]; ʃvạ:rtlma:gə, -mę:gə [Ap III]; ʃva:rtəma:xə, -mę:çə [Stan III]; ʃva:rtlmọ:gə, -me:gə [Sulk II]; ʃvoɐdlma:xə, -me:çə [NA V]; ʃvartəma:, -mę:ə [Lieb V]; ʃva:rtlma:, -me:ə [Bog, GK, Gra, Len, Low, Ost, War, Wis V]
V: im Schweinemagen abgefüllte Presswurst aus magerem Kopffleisch, zerkleinerten Schwarten, Fettstückchen und ggf. auch gestocktem Blut ● *Und Schwartlmoge, des hum-me aa gmacht.* [Sulk II] *Un der Mage, där is gfillt warre zum Schwartlmage.* [Ap III] *Dia Schwarte sinn in de Schwartemache kumme un derzu noch Brotwärschtflaaisch.* [Stan III] *Mir henn Schwartemage gmacht. Do wärd Kopffleisch, Schwarte, Speck un aa gstocktes Blut in Mage gfillt.* [Glog V] *De Schwartemaa hod me mitm Schwartemaaspieß am End geneht.* [Lieb V] *Schwoadlmache un Bludwoscht hod me kenne auch mache.* [NA V] *Der Karcsi hat unta sein Reckl aan kräftign Schwartnmagn herausgezogn.* [Tem V] **Anm.:** In der Lautvariante *Schwartemache* ist g>ch spirantisiert und in *Schwarte-* bzw. *Schwartlmaa* ist *g* mit der Endung *-en* ausgefallen. ■ PfWb V 1562 f.: 1. 'große runde Presswurst', bestehend aus Wurstfüllsel von zerschnittenen oder gemahlenen Schwarten, magerem Fleisch vom Kopf, Rüssel, Kinnbacken, Ohren, Speck u. a., dies in einem Schweinemagen, eine Schweineblase, einen Blutdarm oder einen Endkeutel gefüllt; zum Unterschied zum Saumagen ohne Kartoffeln; SüdHWb V 883 f.; RheinWb VII 2012 f.; Gehl 1991, 105.
→Blunze, Magen, Schajt, Schwarte, Schwartenmagensache, -spieß.

Schwartenmagensache - f, ʃva:rtlma:gəsax, Sg. tant. [Ap, Gai, Sch, Siw III]
V: Fleisch, Schwarten und Gewürze, mit denen der Schwartenmagen gefüllt wird ● *De Blunze* (↑Blunze) *is en End vum Dickdarm, do is aa Schwartlmagesach neikumme hauptsächlich.* [Ap III]
→Sache, Schwartenmagen.

Schwartenmagenspieß - m, ʃvartəma:ʃpi:s, Pl. id. [Lieb V]
V: zugespitzter Holzstift, mit dem die Öffnung des Schwartenmagens abgeheftet wird ● *De Schwartemaa hod me mitm Schwartemaaspieß am End geneht.* [Lieb V]
→Schwartenmagen, Spieß.

Schwartenwurst - f, ʃvoɐtəviʃt, -viəʃt, [Fek II]
V: neben Fleisch auch zerkleinerte, gekochte Schwarten enthaltende dicke Wurst ● *Mir hann mehrelei Wiëscht gemocht, mir honn Hiën-*

wiëscht, Bråtwiëscht un Schwoatewiëscht gemocht. [Fek II]
→Schwartengender, Wurst.

schwarz - Adj, Adv, ʃvarts [Baw, Mu II, Brest, Gai, Sch, Siw, Waldn III, NP IV, Bak, Bog, Fak, Ga, Glog, Gott, Gra, Hatz, Len, Low, Nitz, Ost, Resch, StA, War, Wil V, OW, Pe VI]
1. Allg: von schwarzer Farbe ● *Mir hadde schwarzer Humusboden, där hat sich am Rad vum Wåge (↑Wagen) aaghengt, dass es wie e Mihlståå (↑Mühlstein) war.* [Waldn III] *Die Rumänischi Art, des sinn rodi un schwarzi Hehner (↑Henne).* [Glog V] *Wann em e schwarzi Katz iwwer de Wech laaft, hat mer Unglick.* [Hatz V] *Weinsfärber (↑Weinfärwer) wackst gut mannshoch und hat schwarzi Bärle (↑Beere).* [Ost V] *Die Schwabn (↑Schwabe) sind schwarze Kefer im Kelle, und braune heißn Russn.* [Resch V] 2. A, G, T, W: (vom Acker:) sauber, ohne Unkraut ● *Stärze (↑stürzen) haaßt flach ackre, aso schwarz mache die Ärd. Die letschti Zeit hat me's mit Scheiweech (↑Scheibenegge) gmacht.* [Ost V] 3. T: illegal, unerlaubt ● *Na un no is noch e bissl "gschwärzt" ginn, des war no reines Geld. No hann die Kumluscher schwarz Thuwak (↑Tabak) kaaft.* [Wies V] ■ PfWb V 1564-1567: 1.a 'von der dunkelsten Farbe, (fast) kein Licht reflektierend, b. 'dunkelfarbig, relativ dunkel', c. als Namenteil zur Differenzierung dunklerer Varianten bei Pflanzen-, Tiergattungen, Krankheitssymptomen u. a., 2. übertragen a. 'negativ, schlecht, ungünstig' (schwarze Stunden, schwarzes Herz, schwarzes Buch), b. 'illegal, unerlaubt'; SüdHWb V 855-857; RheinWb VII 2015-2018.
→(1) Farbe, Schwarze, Schwarzer Rettich, Schwarzamsel, -wurzel; (2) schwarzer Boden; (3) schwärzen.

Schwarzamsel - f, ʃvartsamsl, -ə [NB V]; ʃvartsamʃl [Tscher, Wasch III, NB, Ost V]
V: (wie: Amsel) ● *Im Wald gsieht mer die Goldamschle, des is de Pirol. Dann gibt's noch annri Amschl, die Schwarzamschl, wie mer sie do kenne.* [Ost V] ■ PfWb V 1567 f.; Petri 1971, 123.
→Amsel.

Schwarze - f, ʃvartse, Pl. id. [Ga, StA V]
V: Hühnerart mit schwarzem Gefieder ● *Es gebt bei uns viel Hehne (↑Huhn), des senn die Rode, Schwarze, Gscheckelde (↑Gescheckte), die Zifferstååniche (↑Schiefersteinige).* [StA V]
→Rote; schwarz (1).

schwärzen - schw, ʃvertsə, kʃvertst [Sch, Tor III, NP IV, Bak, Nitz, Wies, Wis V]
T: unerlaubt verkaufen, schmuggeln ● *Na un no is noch e bissl "gschwärzt" ginn, des war no reines Geld. Die hann schwarz Thuwak (↑Tabak) kaaft.* [Wies V] ■ PfWb V 1569: 1. 'schwarz machen', 2. 'schmuggeln'; SüdHWb V 891; RheinWb VII 2025.
→schwarz (3).

schwarzer Boden - m, ʃvartsə po:də, Sg. tant. [Ost V]; ʃvartsər po:tə, -pe:tə [Stan III]
A: humusreiche Erde ● *Do war schwarzer Bode, ke Sandbode oder Steinbode.* [Stan III] *De schwarze Bode war gudes Feld, awer dart war die ↑Frucht (1) um e Woch speder zeidich (↑zeitig) wie uff dem Sand.* [Ost V]
→Boden; schwarz (2).

schwarzer Grund - , ʃvatsə grunt, Sg. tant. [Jood II]
A: Schwarzerde, dunkler, fruchtbarer Humusboden ● *Had, es gibt sandiges Feld un rode Grund un schwarze Grund, hat so pickich (↑pickig), wann's regne tuet.* [Jood II]
→Grund (1).

Schwarzer Rettich - m, ʃvartsə retiç, Sg. tant. [Fil, Gai, Stan III, Bog, Fak, GJ, Ost, Wis V]; ʃvɐrtsə ratiç [NA V]
G: spät reifender Rettich mit schwarzer Schale ● *Die Blaue Kolrawi un Schwoaze Rattich sein in Silos neikumme, in Gartn in die Ärde (↑Erde) neikumme.* [NA V] *Im Garte ham-mer ghat Rettich, Monatsrettich un Schwarze Rettich, des war de Winterrettich.* [Ost V]
→Rettich, Winterrettich; schwarz.

Schwarzwurzel - f, ʃvartsvurtsl [Ga, Glog, Sad V]; ʃvartsvortsl, -ə [Ernst, GK, Low, Ost V]

Abb. 83 Schwarzwurzel

Schwefel

A: als Unkraut verdrängtes Beinwell; Symphytum officinalis ● *Mir hann viel Unkraut ghat, de Staaklee* (↑Steinklee), *die Strippsworzle* (↑Strippwurzel) *un die Schwarzworzle.* [Ost V] ■ PfWb V 1572: 2.; SüdHWb V 893; RheinWb VII 2025; Petri 1971, 71.
→Unkraut, Wurzel; schwarz.

Schwefel - n, ʃveːfl, Sg. tant. [Ker, Kol, Mil, Pal, Sch III, Be, Tom IV, Alex, Ga, GK, Gra, Low, Mar, Ost, Pau, Wil V]; ʃvaiəfy [Aug, Ed, GT, KT, Scham, Wein, Wud I]
B, W: Schwefelstreifen, der beim Abbrennen scharfe Dämpfe entwickelt und dadurch die Weinfässer und Bienenstöcke entkeimt ● *Die Weiembastuum* (↑Weinbeerenstube) *hot me mit Schweiefü auesgschweiefüt.* [Wud I] *Ja, Inschlag is Schwefl. Wann de Inschlag gebrennt hat, war es Fass sauwer.* [Ost V] ■ Faßschwefel m: PfWb II 1056: 'Schwefelstreifen, der zum Entkeimen im Weinfass verbrannt wird'; SüdHWb II 367.
→Einschlag, Schwefelstange; schwefeln.

schwefeln - schw, ʃveːfln, kʃveːflt [Ru IV]; ʃveːvl, kʃveːvlt [Ha II]
B, W: ein Fass bzw. Bienenstock mit Schwefelrauch behandeln, ausschwefeln ● *Im Frihjoah hann ich se imme gschwewlt* (↑schwefeln), *es net die Wirm* (↑Wurm 2) *an dene Wabn* (↑Wabe) *gehn.* [Ha II] *Des Fass had mer ausgwaschn und hat's gschwefeln.* [Ru IV]
→ausschwefeln; Schwefel.

Schwefelstreifen - m, ʃveːvlʃtaŋ, -ə [Ha II]
B, W: zur Desinfektion angezündeter Schwefelstreifen ● *Des is so Schwewlstange ååbrennt, un nach, aller Unrat, wos sich dren* (im Bienenstock) *aufhalt, geht alles kaputt.* [Ha II]
→Schwefel.

Schwein - n, ʃvain, -e [Tem, Wer V]; ʃvain, Pl. id. [Stan, Tor III, Ru IV, Albr, Alex, Bak, Bog, Bill, Gott, Gra, Hom, Jahr, Karl, Len, Low, NB, Ost, Sack, War V]; ʃvain, -ə [Petschw II, NA V]; ʃvāī, Pl. id. [Fu, Ker, Mil III, Tom IV, Fak, Ga, Glog, Wil V]
V: zur Fleischgewinnung gehaltenes borstiges Nutztier; Sus scrofa domesticus ● *Hat, de Kukruz is fir futten* (↑füttern) *des Viech, Rindviech un Schweine un die Hihene* (↑Huhn). [Petschw II] *Die Mangolitza hamm Kugrutzschrot* (↑Kukuruzschrot) *krigt, dann sann sie fetter woan.* [Ru IV] *Die krepierte Kih sin alli in* ↑*Schinderloch kumme un die Schwei hod mer gnumme fer Saaf koche.* [Tom IV] *Wär sich unner die Kleie mischt, den fresse die Schwein.* [Bak V] *De Vetter Alois hat sich uff Schweinszucht spezialisiert, er mescht die Schwein.* [Bog V] *Die Schwei missn geimpft wärre.* [Fak V] *Die Magermilich is die Schwein verfiedert ginn, die Färkle hauptsechlich.* [Ost V] *Miё hamm unsre eigene Schweine imme gschlacht, jedes Jahr e paar Schweine.* [Wer V] ◆ Historischer Beleg: "Die Schweine wurden wegen Kukuruzmangel mager geschlachtet, eine [f.] verkauft." (Deutsches Bauernleben 1957, 17) ■ Gehl 1991, 181; Petri 1971, 118,
→Bär (1), Barg, Eber, Fadel, Ferkel, Gutzel, Lose, Dreißig-Kilo-, Kirchweih-, Mast-, Tüttel-, Zuchtschwein, Sau, Watz, Wutz, Züchtel, Züchtin; (Rassen:) Berk-, Yorkshire, Deutschländer Sau, Edel-, Fett-, Fleisch-, Oster-, Wildschwein, Landrasse, Mangalitza, Weiße (Sonstiges:) gutz-gutz, Schweinefleisch, -händler, -pest, -schlacht, -stall, -suppe, -zucht, Schweinernes, Schweinsausstellung, -bär, -halt, -halter, -grundbirne, -rechen, -tränke, Vieh.

Schweinefleisch - n, ʃvainəflaiʃ, Sg. tant. [Stan III]; ʃvainəflaiʃ [Baw, Wem II, Fil, Ker, Mil, Pal, Sch, Tscher III, In, Ru, Tom IV, Fak, Ga, Glog, Len, Low, StA, Stei, Wil V, Bil, Pe, Suk, OW VI]; ʃvainəflaːiʃ [Stl II, Ap III]
V: als Nahrungsmittel verwendetes Fleisch des geschlachteten Schweines ● *In die Sarme* (↑Sarma) *is Schweinefleisch un noch Reis un e bissje Zwibbl neigschniede woan* (↑hineinschneiden), *Pheffer un Salz.* [Stl II] *Wenn mer Supp gekocht hot, entweder Hinglsupp* (↑Hünkelsuppe) *oder vun Schweinefleisch Schweinesupp oder Rindsupp.* [Ap III] *Beim Schweinefleisch war a Schulter, Schlegel, Rippe, Karmenadl* (↑Kabonade) *odder Gnack* (↑Genick). [Stan III] *An Neijohr soll mer Schweinefleisch esse, weil die Schwein wuhle mit der Nas vor.* [Orz V] *Meistns hamm sie Paprikasch kocht aus Schweinefleisch.* [Stei V]
→Fleisch (1), Saufleisch, Schwein, Schweinernes.

Schweinehändler - m, ʃvainəhendlə, Pl. id. [Gai, Ker, Mil, Sch, Stan, Werb III]
V: Person, die Schweine kauft und verkauft ● *Unser Leit henn zammekauft Fettschweine, sie wore halt Schweinehendle.* [Stan III]
→Händler, Schwein.

Schweinemist

Schweinemist - m, ʃvainəmiʃt, Sg. tant. [Fak, Ga, GK, Glog, Ost, War V]
V: organischer Dünger von Schweinekot und Strohresten ● *De Kuhmischt is mittl* (↑mittel) *un de Schweinemischt is kalde* (↑ kalt) *Mischt.* [Ost V]
→Mist, Saumist, Schwein.

Schweinepest - f, ʃvainəpest, Sg. tant. [Ker, Fil, Pal, Sch, Stan, Werb III, Be, In, NP IV, Bill, Bru, Ger, Len, Ost, War, Wis V]
V: epidemische Erkrankung der Schweine ● *Un die Schwein hamm de Rotlaaf un die Schweinepest kriet, ja.* [Bru V]
→Krankheit, Pest, Schwein.

Schweinernes - n, ʃvainənəs, Sg. tant. [Baw, Jood, Seik, Wem II, Ap, Fil, Ker, Siw, Tscher III, In, Ru IV, Alex, Bak, Bru, DStP, Fak, Ga, GJ, Len, SM, StA, Wil, Wis V]
V: Schlachtstück vom Schwein ● *Schweinenes is wenich gekaaft woen, weil die Baueschleit* (↑Bauersleute) *hadde Schweinenes, wos e ʼSaufleisch woa, gell.* [Baw II] ■ PfWb V 1586.
→Schwein, Schweinefleisch.

Schweinestall - m, ʃvainʃtal, -ʃtel [Ap, Gai, Sch, Siw III, Fak, Ga, GK, Glog, Knees, Len, Low, Ost, War V]
V: geschlossener, zumeist gedeckter Raum zur Unterbringung von Schweinen ● *Im Schweistall hem-mer zwaa Schwei und e trechtichi Los* (↑Lose). [Glog V] *Des wor aa de Stall, aso Schweinstall ham-mir gsaat in Lenauheim. Es Vodeteel* (Vorderteil) *war jo met Ziggle geplaschtert* (↑gepflastert) *un Ziment.* [Len V] *Vore am Schweinstall war de Zallasch* (↑Salasch), *där war geplaschtert.* [Ost V] ◆ Redewendung: "Was is des fer e Schweistall?" (für Unordnung und Schmutz) ■ Gehl 1991, 181.
→Saustall, Schwein, offener Schweinestall, Stall.

Schweinesuppe - f, ʃvainəsup, -ə [Ap III]
V, G: flüssige, aus Gemüse, Schweinefleisch und Zutaten gekochte Speise ● *Wenn mer Supp gekocht hot, entweder Hinglsupp* (↑Hünkelsuppe) *oder vun Schweinefleisch Schweinesupp oder Rindsupp, da is Griezeich* (↑Grünzeug) *un Geelriewe* (↑Gelberübe) *ʼneikumme in die Supp.* [Ap III]
→Schwein, Suppe.

Schweinezucht - f, ʃvainətsuxt, Sg. tant. [Kock, Wem II, Ap, Gai, Pal, Siw III, Be, In, Tom IV, Alex, Ger, Gra, Hatz, Len, Low, Ost, Wis V]; ʃvainstsuxt, Sg. tant. [Bog V]
V: Aufzucht, Haltung und Mast von Schweinen ● *De Vetter Alois hat sich uff Schweinszucht spezialisiert, er mescht die Schwein.* [Bog V] *Oschtre (ON) war berihmt im ganze Land mit de Schweinezucht. Dart war direkt de Name "Osterschweine", die Oschtemer Schwein, die sinn uff Wien exportiert ginn (worden).* [Ost V]
→Schwein, Zucht.

Schweinsausstellung - f, ʃvainsausʃtelʊŋ, -ə [Bog, GK, Len, Low, Ost, War, Wis V]
V: vom Landwirtschaftsverein organisierte Ausstellung von Zuchtschweinen ● *Do hann sie als Schweinsausstellunge gmach, is es ganzi Land kumme.* [Ost V]
→Schwein.

Schweinsbär - m, ʃvainspɛ:r, -n [Franzd, Franzf, Hatz, Kub, Ora, Schön, Stei V]; ʃvainspɛə, -n [Resch, Sekul V]
V: Zuchteber ● *De Schweinsbäe däef im Stall nit mit de Zichtin zusammkummen, nue wenn sie rollich* (↑rollig) *is.* [Resch V] *Unse Nachben hamm en Schweinsbär mit Zuchtschwein un viele klaanei Schweindl.* [Stei V] ■ Petri 1971, 119.
→Bär (1), Schwein.

Schweinsgrundbirne - f, ʃvainskrumpir, -ə [Bru, Charl, Fib, Jahr V]
G: (wie: Saugrundbirne) ● *De Schweinsgrumbire hot mer im Kessl gekocht un zum Schweinsstränk vermischt.* [Bru V]
→Saugrundbirne, Schwein.

Schweinshalt - f, ʃvainshalt, -ə [GK, Jahr, NB, Ost V]; ʃvainshalt, -haldə [Fak, Glog V]
V: Schweineherde, die auf die Weide getrieben wird ● *Die Schweinshalter honn die Schweinshalt in de Pherch* (↑Pferch) *getrieb.* [Jahr V] *De Schweinshalten hann de Schweinshalt, de Sei un de Bärich* (↑Barg) *hååmgetrieb* (↑heimtreiben). [NB V] *Die Mangolitze* (↑Mangalitza), *es Wollschwein noh der Schrift, die sinn noch uff die Schweinshalt gang.* [Ost V]
→Halt, Sauhalt, Schwein, Schweinshalter.

Schweinshalter - m, ʃvainshaltər, Pl. id. [Blum, Bru, Jahr V]; ʃvainshaltə, -n [NB V], ʃvainshaldər, -haldrə [Bog, Ger, GJ, GK, Nitz, Ost, War, Wis V]
V: Hirte, der die Herde auf die Sauweide treibt

Schweinsrechen

und hütet ● *Bei uns war e Kihhalder, Scheinshalder un e Phärdshalder.* [GJ V] *Die Schweinshalter honn die Schweinshalt in de Pherch* (↑Pferch) *getrieb.* [Jahr V] *De Schweinshalten hann de Schweinshalt, de Sei un de Bärich* (↑Barg) *hååmgetrieb* (↑heimtreiben). [NB V]
→Halter, Sauhalter, Schweinshalt.

Schweinsrechen - m, ʃvainsreçə, Pl. id. [Bru, Charl, Fib, Jahr V]
V: rechenartige Vorrichtung mit aufrechtstehenden Pfosten zum Aufhängen des geschlachteten Schweines ● *Do hat mer gericht* (↑richten), *was for die Schweinsschlacht notwendich war, die Schlachtmulder* (↑Schlachtmulter), *de Schweinsreche, de Hackstock usw.* [Bru V]
→Galgen, Rechen, Schwein.

Schweineschlacht - f, ʃvainsʃlaxt, Sg. tant. [Bru, Charl, Fib, Jahr V]
V: Hausschlachtung von Schweinen zum Eigenverbrauch ● *Do hat mer gericht, was for die Schweinsschlacht notwendich war, die Schlachtmulder, de Schweinsreche, de Hackstock, de Traschiertisch un die Schawebretter, for die Därme schawe* (↑schaben). [Bru V] ◆ *Auf der Saderlacher Schweinsschlacht wurde von den Nachbarn das alte Lied Wirschtlisinge angestimmt:* "triplis, treplis, hindrəm hu:s,/ ʃtrek mər ə kuədi vurʃt ru:s! /ejị sọu het ə tsapfə,/ ken mər au ə xrapfə!/ ejị sọu het ə ni:rə,/ lan mi nit am fenʃtər fəfri:rə!/ ejị sọu het ə tikxə xopf,/ ken mər au ə vi:topfl!" (Trippel-trappel hinterm Haus, streck mir eine gute Wurst heraus! Eure Sau hat einen Zapfen, gebt mir auch einen Krapfen! Eure Sau hat eine Niere, lasst mich nicht am Fenster erfrieren! Eure Sau hat einen dicken Kopf, gebt mir auch einen Weintopfl!) [Sad V]
→Schlachttag, -fest, -multer, Schwein; schlachten.

Schweinstränke - s, ʃvainstreŋk, Sg. tant. [Bru, Fak, Glog, StA, Wil V]
V: den Schweinen verabreichte Kleienbrühe und Küchenabfällen ● *De Schweinsgrumbire hot mer im Kessl gekocht un zum Schweinstränk vermischt.* [Bru V]
→Tränke.

Schweizerei - f, selten, ʃvaitsəra:i, -ə [Fek, StI, Surg, Wem II]
V: Bauernwirtschaft, in der nach schweizerischem Vorbild Viehzucht und Molkerei betrieben wird *Etym.:* Entlehnung aus der Standardsprache.
● *Un dot woar e großi Schweizerei, un dot woan vill Kih un alles.* ■ DWb 15, 2473.
→Vieh.

Schwengelbrunnen - m, ʃveŋlprunə, -prinə [StI II, Gai, Ker, Mil, Pal, Sch, Stan, Tscher, Waldn III, ND, NP, Tom IV, Alex, Bak, Bog Fak, Ga, GJ, GK, Glog, Gott, Gra, Len, Low, Ost, StA, War, Wil, Wis V]; ʃveŋlpronə, -prenə [Fek II]

Abb. 84 Schwengelbrunnen

A, V: Ziehbrunnen mit Schwengel ● *Bei de Schwenglbrunne uff de Hutwaad* (↑Hutweide), *dot hunn se dem Viech zu sauwe* (↑saufen) *gewe.* [StI II] *Mir hadde Schwenglbrunne bis in sechsunzwanzicher Jahr.* [Waldn III] *Newer em Schwenglbrunne ware zwaa Maireslbeem* (↑Mairöschenbaum). [Bog V] *Im Hof hann die Leit ghat Scheppbrunne, so e Schwenglbrunne.* [GJ V] *Die Feldkreize un die viele Schwenglbrunne uffn Hottar* (↑Hotter) *sinn in kurzer Zeit verschwunne.* [StA V] ◆ Bei tiefem Wasserstand musste die Hebestange des Wassereimers von beträchtlicher Länge sein. Neben dem Ziehbrunnen stand ein Trog für die Viehtränke. Die Feldbrunnen waren von großer Bedeutung für die Wasserversorgung der Bauern und des Weideviehs während der heißen Sommerzeit.
→Brunnen, Schöpf-, Stockbrunnen.

schwer - Adj, ʃvẹ:r [Fek, Nad, StG, Surg, Wem II, Berg, Gai, Ker, Mil, Sch, Stan, Werb III, Be, NP IV, Alex, Kath, Ost, Wer, Zich V]
Allg: ein großes Gewicht aufweisend ● *Mangolitza* (↑Mangalitza) *ware aa, awwer die sin net so schwär worre.* [Stan III]
→leicht (1).

schwerer Boden - m, ʃvęːrə poːdə, Sg. tant. [Brest, Fil, Gai, Gak, Tscher III, Be, Tom IV, Bru, Charl, Fak, Glog, Jahr, StA, Wil V, Pe VI]
A: schwer zu bearbeitender lehmhaltiger, feuchter Boden ● *De Lättbode ist schwäre Bode, un zimmlich nass.* [Fak V] ■ Gehl 1991, 64.
→Boden (2), Lettenboden.

schweres Ross - n, ʃvęːrəs ros, ʃveːre ros [Tom IV, Fak, StA V]
V: breites Warmblutpferd, z. B. der Lippizanerrasse ● *Uff die Ecker* (↑Acker) *ware schlechte Wege 'naus, do hod me ke schwäri Ross kenne hawwe, meischtns die leichti Ross, die Nonjus* (↑Nonius) *halt.* [Tom IV]
→leichtes Ross, Ross.

Schwertlilie - f, ʃvęrtliliə, -r [Bog, GK, Heu, Low, Ost, War V]; ʃvęrtilgə [Sad V]; ʃvaːrtlmaː [Jahr V]; ʃveatliling [Darda II]
G: Deutsche, blaublühende Schwertlilie; Iris germanica *Etym.*: Benennungsmotiv der Pflanze ist das schwertförmige Aussehen der Blätter. ● *Do warn die Krisantien,* (↑Chrysantheme), *Margareta, Lilier, die weißi, die Schwärtlilier un viel andre Blumme.* [Ost V] **Anm.**: Die Variante *Schwartlmaa* 'Schwartenmagen' ist eine volksetym. Umdeutung des Pflanzennamens unter Anlehnung an *Schwartenmagen*. ■ PfWb V 1604; SüdHWb V 920; RheinWb VII 2064; Gehl 1991, 93; Petri 1971, 41.
→Lilie.

schwimmen - st, ʃvimən, kʃvomən [Aug, Schor, Wud I, Petschw II, Esseg IV, ASad, Tem, Wei, Wer, Wolf V, OW VI]; ʃvimə, kʃvumə [Gai III, Tom IV, Fak, Ga, Glog, StA, Wil V]; ʃvimə, kʃvum [Alex, Bog, GK, Len, Low, Ost, War V]
Allg: von einer Flüssigkeit getragen werden ● *A Plett* (↑Plätte) *is sowie a Fähre, die is leicht gschwumm uff a Platz, wu's tief genuch war. Dann is sie beschwärt ginn mit Lahm* (↑Lehm). [Ost V]
→fortschwimmen.

Schwinge - f, ʃviŋ, -n [PrStI III]; ʃviŋə, Pl. id. [Bil, Ham, Mai, Pe, Schei, Suk VI]
H: hölzerne Vorrichtung zum Brechen der holzigen Teile des Hanfstängels ● *Den Hampf* (↑Hanf) *ham-mer miëse* (müssen) *bräeche* (↑brechen 1), *no mit der Schwinge oogschlage. Un denn ham-mer Hampf ghet un* ↑*Kauder.* [Schei VI] ■ SchwWb V 1291; PfWb V 1614: 1.b., 'schwertförmiges Holzgerät zum Schwingen von Flachs bzw. Hanf'; SüdHWb V 927, 1.a.; HNassVWb III 593, 1.; RheinWb VII 2079, 1.a.
→anschlagen (1).

schwitzen - schw, ʃvitsə, kʃvitst [Fak, Ga, Glog, Gott, Gra, Len, Nitz, Ost, Wies V]
T, V: (von Organismen:) Feuchtigkeit ausscheiden ● *Do solle zwaa Tore sinn, dass die Luft dorichgeht, schunscht schlaat der Thuwak an, fangt an schwitze in der Mitt un verbrennt* (↑verbrennen 2). [Wies V] ■ Gehl 1991, 195.
→anschlagen (2).

Sech - n, seç, -ə [Gai, Brest, Sch, Siw III, NP IV, Fak, Ga, Glog, Len, Low, Pan, StA, Wil, War V]
A: den Boden schneidende Vorrichtung vor der Pflugschar bzw. dem Särohr ● *Hinne an de Semaschin war de Kaschte, de Saatkaschte* (↑Saatkasten), *wu de Some* (↑Samen) *ninkumm is, un unne die Rohre mit Seche.* [Ost V] ■ Gehl 1991, 153.
→Sämaschine.

Sechseimerfass - n, seksaimərfas, -fęsər [Sad V]
W: Weinfass mit einem Fassungsvermögen von sechs Eimern (etwa 330 Litern) ● *Bie uns het's Zweieimer-, Seckseimer-, Achteimer- un Zeheimerfässer geh* (gegeben). [Sad V] ■ Gehl 1991, 170.
→Fass, Eimer (2).

Sechstel - n, sekstl, Pl. id. [Ap, Brest, Fil, Ker, Sch, Siw III, NP, Tom IV]
A: der sechste Teil einer Menge, Einheit zur Entlohnung einer Arbeit ● *Den Kukrutz hot mer ums Fünftl odder ums Seckstl hiegewwe, des heißt, där hot no der finfti odde de sechsti Taal* (↑Teil) *no krigt fars Kukrutzbreche* (↑Kukuruzbrechen). [Ap III]
→Fünftel.

Seidendarm - m, selten, saidetaːrəm, -tęːrəm [Drei, Kreuz, NA, Wies V]
V: feiner, seidiger Darm zur Salamiherstellung *Etym.*: Benennungsmotiv ist die an Seide erinnernde, weiche Konsistenz des Darms. ● *Salami hod me mit Salamidärem gmacht. Des woan die Seidedärem, die hod me kauft.* [NA V]
→Darm, Salamidarm.

Seife - f, saifə, Sg. tant. [Neud III, Ga, StA V]; saːf, Sg. tant. [Ap, Fu, Hod, Pal, Stan III, Put,

Tom IV, Fak, Glog, Wil V]; se:f [Bak, Bog, Ger, GJ, Len, Low, War, Wis V]
V: aus Abfällen von verendeten Schweinen und Steinsoda hergestellte Hausseife ● *Die krepierti Kih sin alli in ↑Schinderloch kumme un die Schwei hod mer gnumme fer Saaf koche.* [Tom IV]

Seiher - m, saiər, Pl. id. [Bog, Fak, Ga, GJ, GK, Glog, Len, Low, Ost, StA, Wil V]
1. A, V, W: Sieb- und Filtervorrichtung für Flüssigkeiten a. W: Filter aus Besenreisern zum Säubern des Mostes ● *In der Botting vor es Loch hat mer e sauwre (↑sauber) Bese innewendsich (↑inwendig) angnaglt. Des war e Art Seiher schun vum Fass, dass net Bärle (↑Beere) mitkumme un de Pippe (↑Pipe) verstoppe (↑verstopfen).* [Ost V]
■ PfWb VI 36: 1. neben *Seihe* gebräuchlich, 'kleineres Sieb zum Kaffee seihen', 'Siebvorrichtung, um den Most von Bälgen, Kernen zu reinigen', 2. 'Brause der Gießkanne'; ÖstWb 385; Gehl 1991, 207.

Seil - m, sa:l, -ə [Fak, Glog V]; sa:l, -sa:lər [Baw II]; sa:l, Pl. id. [Fek, StI II, Bak, Bog, Bru, Gott, Gra, Nitz, Ost, Wies V]; sa:lə, -nə [Ga, StA V]; zọɐil, -ər [Schei VI]
A: Strick aus Kornstroh, Liesch, Binsen oder Weiden zum Binden von Garben, Büscheln von Maisstängeln u. a. Material ● *Mit den Kurnstroh, wo ausgekloppt is, vun den hom-me die Saaler gemocht.* [Baw II] *Die honn des zammgerafft, no hot me 's draufglegt uff des Saal, Waazsaal woar des.* [Fek II] *Unoch woar e junges Medche, die hot Saal gelecht. Die Saal woan ba uns von Schoasch (↑Schasch) gemocht, zammgebunne, unnoch woar der Saal feätich.* [StI II] *Die Weibsleit hunn geglegkt (↑glecken) un gebunn, die Kinner Saal geleet.* [Bru V] *De Saallejer hat es ärscht a Saal hiegleet, un hinnenoh is de Binnr (↑Binder 2a) kumm, där hat se gebunn.* [Ost V] *Un hinrem Haus war Kornstroh, so Schabstroh (↑Schaubstroh) far Saal mache.* [Wies V] ■ Gehl 1991, 136.
→Band (1), Drahtseilbahn, Lieschseil, Manila, Seileleger, Leit-, Weizenseil.

Seileleger - m, sa:le:jər, Pl. id. [Bog, Ger, GJ, Len, Ost, War V]
A: Erntehelfer, der die Strohseile zum Binden der Garben vorauslegt ● *De Saallejer hat es ärscht a Saal hiegleet, un hinnenoh is de Binnr (↑Binder 2b) kumm, där hat se gebunn.* [Ost V]
→Seil; legen (1).

Seite - f, saitn, Pl. id. [Tem, Wer V, OW VI]; sa̧itn, Pl. id. [IG, StIO I]; zaitə, Pl. id. [Bil, Ham, Mai, Pe, Schei, Suk VI]; sait, -ə [GK, Ost V]; sait, saidə [Baw, Wem, II, Ap, Brest, Gai III, Sch, NP IV, Bog, Fak, Ga, Glog, StA, Wil V]; sa:it, -ə [Sulk II]
1. A: Seitenteil, Grenzfläche eines Gerätes, einer Anlage usw. ● *Die Hudwaad (↑Hutwiede) war aff e jede Saait vum Darf.* [Sulk II] *On 's Getrieb war newe (neben) am große Rad, uff aaner Seit.* [Ost V] *No hant se zwoo Stange da, an de Seite am Wage[n].* [Schei VI] a. V: Speckstück von der Seite des Schweins ● *Aso mer hat vier Schunke (↑Schinken) gmach un zwei Seite Speck, Gnackspeck.* [Ost V] **Anm.**: Die Variante *Seitn* mit n-Morphem im f. Sg. des Substantivs weist bair.-österr. Einfluss auf.
→(1a) Speck.

Seitenteil - n, saitntail, -ər [Da V]; saidntail, -ə [Fak, Glog V]; saitəta:l, -ə [Jood II]
A: der seitliche Teil eines Transportmittels ● *Es gibt den Spenitärwagge (↑Spediteurwagen), dä hod nochhe Seitetaal un dä isch noch so ebe (↑eben), dam-me uflade druf kann un des leuchter isch zu ablade.* [Jood II]

Selbstträger - f, selpstre:gər, Sg. tant. [Fak, Ga, Glog, StA, StM V]; selpstrɔ:gər [StI II]
W: anspruchslose, widerstandsfähige Rebsorte ● *Bei uns woare nur Nooi (↑Neue) un Selbsttroger.* [StI II] ■ Gehl 1991, 240.
→Rebsorte.

selchen - schw, sel̥çn, kselçt [Resch, Tem, Wer V]; selçə, -kselçt [Ap III, Be, NP, Tom IV, Bru, DStM, Ga, Len, War, Wil V]; seliçə, kseliçt [Petschw II, Stan III, Fak, Glog V]
V: Wurst und Fleischwaren durch Trocknen und Rauch konservieren *Etym.*: Das Verb ist südd. und bair.-österr. für *räuchern*. ● *Hat, månichi Leit (Leute) låssn die Rippn, des wäd aa gselicht un eigsälzn.* [Petschw II] *Des Fleisch un die Schunge (↑Schinken) sinn gselcht warre, in Selchofe gewwe.* [Ap III] *Die Brotwärscht (↑Bratwurst), die hot mer drooghengt an die Stecke, un nochhär is alles gselicht wor, dass sie net verdärwe.* [Stan III] *Die Worscht is gselcht worre in de Selchkamme mit Raach (↑Rauch).* [DStM V] *Salami un die Woascht (↑Wurst) is gselcht woan in Selchofe odder Raufang.* [NA V] **Anm.**: Die Variante *seliche* weist Sprossvokal -*i*- auf. ■ ÖstWb 386.

→anselchen, räuchern; Selcherei, Selchkammer, -ofen.

Selcherei - f, selçərai, -ə [Ap, Mil, Siw III, Tom IV, Bog, GJ, GK, Len, Low, Wis V]
V: Metzgerei mit Betrieb zum Räuchern des Fleisches ● *Es is langsam gang, mit kalte Raach (↑kalter Rauch), war net so ↑scharf (3) wie in der Selcherei, wie die Fleischhackre hann.* [GJ V] ∎ ÖstWb 386.
→Selchkammer; selchen.

Selchkammer - f, selçkhamə, Pl. id. [DStM, Gra, Len, NPe, War V]
V: Kammer zum Räuchern der Selchwaren ● *Die Worscht is gselcht worre in de Selchkamme mit Raach (↑Rauch).* [DStM V]
→Selcherei, Selchofen; selchen.

Selchofen - m, selço:fə, -e:fə [Ap, Hod III, Fak, Ga, Glog, NA, Wil V]
V: Ofen zum Räuchern der Selchwaren ● *Des Fleisch un die Schunge (↑Schinken) sinn gselcht warre in Selchofe gewwe un ufs Feier (↑Feuer 1b) is Segmehl drufkumme.* [Ap III] *Salami un die Woascht (↑Wurst) is gselcht woan in Selchofe odder Raufang.* [NA V]
→Selchkammer; selchen.

Semete - f, veraltet, semete:, Pl. id. [Fak, Ga, Glog, Sad, StA V]
A: (um 1950 gegründete) Maschinen- und Traktorenstation für landwirtschaftliche Dienstleistungen *Etym.:* Übernahme des rum. Kurzwortes *Semete* aus den rum. Abkürzungen *S. M. T.* (Stațiunea de mașini și tractoare 'Maschinen- und Traktorenstation'). ● *Zuärscht war die Semete un die ↑Towaraschië, un in de 1950er Johre is die Kollektiv entstande.* [StA V] ♦ Die staatlichen Maschinen- und Traktorenstationen in Rumänien der Nachkriegszeit führten Dienstleistungen für die LPGs und die staatlichen Landwirtschaftsbetriebe, geannnt *Ferma*, aus. ∎ Gehl 1991, 211.
→Kollektiv.

Semmel - m, seml, Pl. id. [StI II]
A: Brötchen ● *Die Hiënwischt (↑Hirnwurst) woa mit Semml un Hiën (↑Hirn), un die hot me misse gschwind esse.* [StI II]
→Brot.

Sense - f, sens, -ə [Nad II, Kutz, Stan III, Bru, Charl, Fak, KöH, NA, Ost V]; sens, senzə [Fek, Jood, StI II, Fak, Glog, NA V]; sens, -ənə [Ga, StA V]

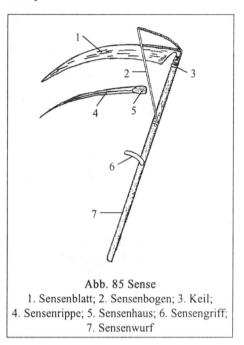

Abb. 85 Sense
1. Sensenblatt; 2. Sensenbogen; 3. Keil;
4. Sensenrippe; 5. Sensenhaus; 6. Sensengriff;
7. Sensenwurf

A: armlanges scharfes Schneideblatt an langem Stiel mit einem Griff zum Schneiden von Getreide, Gras usw. ● *Hat mit de Sens hot de Mann gemeht en die Frau hot hengenoch (danach) Geleger gemacht. Un wann es Gelech genug had ghat, hod se es hiegelegt.* [Fek II] *Des hot me mit de Sense rabgmacht (↑herabmachen). Un es Weib hot des zammbunde, Garbe send gmacht worre.* [Jood II] *Die große Bauer, die hunn sich immer Schnitter genumme, gell, mit der Sense. Do hod e jetzt misse sei ↑Frucht (2) mit der Sens robmehe (↑herabmähen).* [StI II] *Mit der Sens henn sie gmeht un die Weiwer henn Klecke (↑Gelege) gmacht.* [Stan III] *Im Schoppe (↑Schuppen) ware noch de Denglstock ufm Denglstuhl un de Denglhammer for die Sense un Hacke kloppe (↑klopfen 2).* [Bru V] *Den Denglstuhl brauch mer fer die Sense dengle.* [Fak V] *Klee un die ↑Wicke sein frihe mit de Sense gmeht woan.* [NA V] *Do is de Senseworf mit am Griff un an de Sens unne war de Hamm.* [Ost V] ∎ Gehl 1991, 135.
→Griff (2), Hamme, Keil, Ring, Säge (2), Sensenblatt, -bogen-, -griff, -haus, -rippe, -wurf, Sichel, Werkzeug, Wurf.

Sensenblatt

Sensenblatt - n, senzəplat, -pletə [Fak, Ga, Glog, StA, Wil V]
A: schneidender Teil der Sense, Sensenklinge ● *Des Senseblatt hat die Senseripp, die is owwe* (oben) *und des Sensehaus, es Loch, wu de neikummt.* [Glog V] ■ PfWb VI 74; RheinWb VIII, 85, Gehl 1991 144.
→Sense.

Sensenbogen - m (n), senzəpo:gə, -pe:gə [Fak, Ga, Glog, StA, Wil V]; (n) senzəpe:gəlį, Pl. id. [Sad V]
A: Vorrichtung an der Sense zum Umlegen der Mahd ● *Ufm Sensegriff is noch e Senseboge, där hat e Stecke* (↑Stecken) *un e Schnur, dass sich die Mahd schee umlegt.* [Fak V] ■ Gehl 1991, 144.
→Sense.

Sensengriff - m, senzəkrif, Pl. id. [Fak, Ga, Glog, StA, Wil V]
A: Stiel der Sense ● *Ufm Sensegriff is e Ring un e Keil, was des Sensblatt fescht* (↑fest) *halt. Un noch e Senseboge, där hat e Stecke* (↑Stecken) *un e Schnur, dass sich die Mahd schee umlegt.* [Glog V] ■ Gehl 1991, 144.
→Griff (1), Sense.

Sensenhaus - n, senzəhaus, -haizə [Fak, Ga, Glog, StA, Wil V]
A: Öffnung am Sensenblatt, durch das der Stiel eingeführt wird *Etym.:* Die Bezeichnung ist eine Metapher nach der Form des Sensenteils. ● *Des Senseblatt hat die Senseripp, die is owwe* (oben) *und des Sensehaus, es Loch, wu de Stiel neikummt.* [Glog V] ■ Gehl 1991, 144.
→Sense.

Sensenrippe - f, senzərip, -ə [Fak, Ga, Glog, StA, Wil V]
A: verdickte Kante des Sensenblattes *Etym.:* Die Bezeichnung ist eine Metapher nach der Form des Sensenteils. ● *Des Senseblatt hat die Senseripp, die is owwe* (oben) *und des Sensehaus, es Loch, wu de* ↑*Stiel* (2) *naikummt.* [Glog V] ■ PfWb VI 75; RheinWb VIII, 86; Gehl 1991, 144.
→Sense.

Sensenwurf - m, senzəvurf, -virf [Sad V]; sensəvorf, -vęrf [Bog, Da, Len, Low, Ost V]; senzəvåręf, -vęręf [Fak, Ga, Glog, StA, Wil V]
A: Sensenstiel mit allen daran befindlichen Holzteilen ● *Do is de Senseworf mit am Griff un an de Sens unne war de Hamm. De Worf is de Stiel un de Griff is des, wu vorsteht.* [Ost V]
Anm.: In der Variante Wåref ist u über o zu å gesenkt. Zudem weist sie Sprossvokal -e- auf. ■ PfWb VI 76, RheinWb VIII 86; Gehl 1991, 144.
→Sense.

separat - Adv, separa:t [Bog, GK, Ost, War V]; sepəra:t [Fak, Ga, Glog, StA, Wil V]
Allg: einzeln, getrennt, abgesondert ● *Die Trauwe* (↑Traube) *ware in der* ↑*Speis ghong* (↑hängen), *jedes Hängel* (↑Gehängel) *separat uff aam Stecke, sowie die Wärscht* (↑Wurst). [Ost V]

Session - f, sesiõ:n, -ə [Gbu II, Sch, Siw III, Be, NP IV, Bak, Bog, Fak, GJ, GK, Glog, Gott, Gra, Len, Low, Nitz, Ost, Perj, StA, War, Wil, Wis V]
A: ganzer Bauernhof, gewöhnlich zu 32-37 Joch *Etym.:* Das Subst. wurde aus lat. *sessiō* 'Sitzplatz', über die österr. Verwaltungssprache, entlehnt. ● *Also vier Virtl wär dann zweiundreisich Joch, un des is e Session, e ganze Grund wär des.* [Gbu II] *E Grund, des is vier Viertl Feld, also e ganzi Session.* [Glog V] *Vorher is es Feld im Dorf nit ufgetaalt ginn, weil nor de ältschte Sohn die Session kriet hat.* [Gott V] *E Wassermiehl uff dr Marosch is soviel wert wie e Session Feld.* [Perj V] ◆ "Eine ganze Session umfasste 37 Joch, davon 24 Joch Acker, 6 Joch Wiesen, 6 Joch Weide, 1 Joch Hausgrund; eine halbe Session betrug 21 Joch, davon 12 Joch Acker, 4 Joch Wiesen, 4 Joch Weide, 1 Joch Hausgrund; eine Viertel Session umfasste 13 Joch, davon 6 Joch Acker, 3 Joch Wiesen, 3 Joch Weide, 1 Joch Hausgrund." (Hofkammer Archiv Wien. Faszikel 35 "Impopulations Haupt Instruktion" vom 11. Januar 1972, Punkt 19. Zitiert nach Dammang 1931, S. 25) - Historischer Beleg: "Fechsung von meiner Session 8 Metz Frucht, auf der halben Session von Herrn Notär habe ich 11 Metz bekommen." (Deutsches Bauernleben 1957, 17) ■ Gehl 1991, 168 f.
→Gerechtigkeit, Grund (3), Viertel, Wirtschaft.

Setzbohrer - m, sejtsbo:re, Pl. id. [Ed, GT, KT, Wein, Wud I]
G, W: Pflanzholz zum Aussetzen von Gemüsepflanzen und Weinreben ● *Mitn Sejtzbohre hot mer Lejche* (↑Loch 2) *gmocht und hot die Rejem* (↑Rebe) *eienigstejckt* (↑hineinstecken). [Wud I]
→setzen (2b).

setzen - schw, zetsə, ksetst [Bil, Ham, Pe, Suk VI]; setsə, ksetst [Petschw, StI, Sulk II, Brest, Fil, Hod, Mil, Pal, Sch, Stan, Tscher III, Put, Tom IV, Fak, Ga, Glog, KSch, Ost, Sad, StA, Wies V]
1. A: ein Material in mehreren Lagen aufschichten • *Die Mennr hamm des Stroh in großi Strohschowe (↑Strohschober) gsetzt.* [Petschw II] *Un noch is es eigfihet (↑einführen) woan. Sann (sind) die grose Wege (↑Wagen) komme, die grose Latterwege. Unnoch die Weiwer hunn die Goarwe (↑Garbe) gereicht, die Menner hunn se gsetzt un haamgfiehet (↑heimführen) uff die Triste.* [StI II] *Selli hamm de Schower gsetzt un es Stroh gsetzt.* [Sulk II] *Un no ware die Strohmennr (↑Strohmann), die henn Stroh vun Elevater runder un henn die Strohtrischte gsetzt.* [Stan III] *Der Schowr is so drei-vier Medder (↑Meter 1) hoch gsetzt ginn.* [Ost V] *In ein ↑Bock (1) hem-mer zwelf bis fufzehn Burdi (↑Bürde) Kugrutzstengl (↑Kukuruzstängel) gsetzt.* [Sad V]
2. A, Fo, G, O, T: ein Pflanzenteil zur Vermehrung in die Erde verpflanzen **a**. A: Getreide, Mais und Kürbis säen • *De Kukrutz (↑Kukuruz) wärd ärscht im April gstzt.* [Glog V] *Also Arwede (↑Arbeit) hot me schun so gmacht. Um die Zeit is schun bei uns Kukrutz gsetzt wor un ghackt wor, de Kugrutz.* [Ksch V] *De Kukrutz ham-mer gsetzt, net aagebaut.* [Ost V] **b**. G, T: Kartoffeln stecken, Gemüse und Tabak pflanzen • *Die Pflanze hot me oofangs Mai gsetzt, weil de Tuwak (↑Tabak) verfriert.* [Sulk II] *Chansch mi setze wenn mi wit (willst), vor em Mai seksct mi nit.* [Sad V] *Zwiwwle, Knofl (↑Knoblauch) ham-mer im Garte gsetzt, ja.* [Ost V] *Zuerscht die Pflanze, dann vum 20. Mai bis zum 10. Juni is der Thuwak gsetzt war.* [Wies V] **c**. Fo, O: einen Schössling, einen Jungbaum in die Erde verpflanzen • *E alte Gärtne hat uns gezeigt, wie mer die Beem (↑Baum) schneid und behandl, wie me die Raupe fangt, wie me die Jungbeem setzt un so weider.* [Ost V] *Mid em Briggele (↑Prügel) tud mer drille (↑drillen), mach me e Loch, tud mer's in de Bode setze.* [Schei VI] ♦ Die Kartoffeln sollen nicht zu früh gepflanzt werden, wenn noch Nachtfröste zu erwarten sind, denn sie wachsen erst im Mai, wenn sich die Luft und die Erde erwärmt haben. - Zu früh versetzte Tabakpflanzen bilden keine ergiebigen Blätter; " ... weil der was vorher gsetzt is war, der is nar 'Narre-War' (Narrenware) gin. 'Narre' is der genennt war, der is in die Heh gschoß, der is nix gin." (Konschitzky 1982, 96) ■ Gehl 1991, 129.
→(1) auf-, zusammensetzen; Schobersetzer; (2a)

Setzer (2); (2b) auspflanzen, anlegen, -setzen, hineinsetzen, verpikieren (1), stupfen, versetzen; Setzbohrer, -grundbirne; (2c) voll pflanzen.

Setzer - m, setsər, Pl. id. [Bog, GK, Len, Low, Ost, War V]; setsə [NA V]
1. A: Landarbeiter, der landwirtschaftliche Produkte auf einer Fuhre oder auf einem Schober aufschichtet • *De Fuhrmann, de Setzer is owwe drufrum gang uff de Fuhr.* [Ost V] 2. A: Vorrichtung zum Aussäen von Getreidekörnern • *Do woan schun die Setzer an die Pliech (↑Pflug) draufmontiert, dä hod jedn Schritt Kukrutz gschmisse (↑schmeißen).* [NA V]
→setzen (1).

Setzgrundbirne - f, setskrumbi:r, -ə [Bak, Fak, Ga, Glog, StA V]
G: zum Stecken geeignete Kartoffel mittlerer Größe • *Der Vattr hot finf Seck voll scheni Setzkrumbiere gricht (gerichtet).* [Bak V] ■ Gehl 1991, 226.
→Grundbirne; setzen (2b).

Sichel - f, siçl, -ə [Petschw, Sulk II, Stan III, Bak, Fak, Ga, Glog, Len, Low, Ost, StA V]; siçəlį, Pl. id. [Sad V]
A: landwirtschaftliches Gerät mit kurzem Stiel und gebogener Klinge zum Schneiden von Getreide, Maisstängeln und Schilf und zum Aufraffen der gemähten Garben • *Im Schnitt hamm Die Weiwer die Goarem (↑Garbe) mit de Sichl zammgnumme.* [Petschw II] *No hod me Bandl (↑Band 1) mache mise und aufraffe mit de Sichl.* [Sulk II] *Mit der Sichl henn die Weiwer die Garb ufgnumme un ufs Band drufglegt.* [Stan III] *Wann die Kuh wenich Milich gibt, soll mer e Sichl mitm Stiel nufzus in de Plafon schlaan, dass die Hexe nimi kumme.* [Bak V] *Die Gleckerin hat mit der Sichl die Garwe zammgholl (↑zusammenholen).* [Ost V] (Spruch:) *Micheli, Sicheli, gang in d'Ärnt.* [Sad V] *D'Ärnt (↑Ernte) soll zu ↑Peter un Paul oder zu ↑Maria Heimsuchung aafange, dånn schmeißt die Mutter Gottes die Sichl ins Kårn (↑Korn) un die Frucht is reif.* [StA V] ■ Gehl 1991, 144.
→Sense, Sichelhängen, Stiel (2), Werkzeug.

Sichelhängen - n, siçlhɛŋət, Sg. tant. [Bil, Ham, Mai, Pe, Schei, Suk VI]; siçələgətə [Sad V]
A: Erntefest *Etym.:* Benennungsmotiv ist das Ablegen bzw. Aufhängen der Sichel nach beendeter Getreideernte. Die Bezeichnung für

den Ernteschluss wurde auf das anschließende Erntefest übertragen. ● *Un denn hat me e bitzele au gfeschtet, wenn der Schnitt isch verbei gsei, des isch Sichlhenget.* [Schei VI] ◆ Aus dem alem. [Sad V] wird berichtet: "Ist die Ernte beendet, flicht man aus Ähren einen Schnitterkranz, den der Bauer beim Heimfahren mit dem letzten Erntewagen sich auf den Hut setzt. Daheim wird der Kranz mit Wasser übergossen, um ihn frisch zu halten. Am darauffolgenden Sonntag feiert man die 'Sichlelegete'; die Schnitter werden zu einem Festmahl eingeladen." (Künzig 1937, 192) ■ *Sichelhenke* SchwWb V 1388.
→Erntefest, Sichel.

Sieb - n, si:p, si:bə [KT I]; si:p, -ə [Bill V]; si:p, si:və [StI II, Fak, Ga, Glog, StA V]
A, G, B, W: Gitternetz, das feste Stoffe ab einer bestimmten Größe zurückhält ● *No hot er den Biekorb* (↑Bienenkorb) *genumme, hat er so en Sieb druf un is gange mit grouße Stange un hot den Schwarm robgnomme.* [StI II] *De Gießkannekopf is e Trichter mit em Sieb vorne.* [Kutz III] *De Patschkukrutz wärd ufm Ofe in Siewe gerescht* (↑trösten). [Glog V] ■ Gehl 1991, 153.
→sieben.

sieben - schw, si:bə, ksi:pt [Tax I, Sad, Trieb V]; siblə, ksiblət [Ham, Mai, Pe, Schei, Suk VI]; si:və, ksi:pt [Sulk, Wem II, Mil, Pal, Sch, Tor III, Be, Tom IV, Alex, Bill, Ger, Hatz, Kath, Len, NA, Nitz, War, Zich V]
A: (ein Material) durch ein Sieb schütteln, um größere Teile auszusondern ● *Die Mistäede* (↑Misterde) *von vegangenen Joah hod me reigewwe. Die is nowl gsiebt woan, dass se* ʔ*fein* (2) *woa.* [NA V] *Do ham-mer des Mäehl gsiblet un mit em Hewel* (↑Hefel) *aagrihrt.* [Schei VI] ■ PfWb VI 96; RheinWb VIII 125 f.; *sible(n)* SchwWb V 1387.
→Sieb.

sieden - st, siədə, gsotə [Bil, Ham, Mai, Pe, Schei, Suk VI]
Allg: (ein landwirtschaftliches Produkt) kochen ● *Säll Kopffleisch ta-mer siëde un rabnemme fun de Buiner* (↑Bein). [Schei VI] ■ SchwWb V 1395: 'kochen'; PfWb VI 105 f.: '(langsam, allmählich) kochen'; RheinWb VIII 135 f.
→kochen.

Siele - m, si:lə, Pl. id. [GK, Low, Ost V]
V: Zugriemen, bzw. -strick für Zugtiere ● *Wich-tich war, dass de Siele richtich gelee* (↑liegen) *hat, sunscht hann sich die Ross ufgrieb* (↑aufreiben). *Un dann war die Sieletasch, de Sielestrick un die Zeem* (↑Zaum). [Ost V]
→Sielenstrick, -tasche.

Sielengeschirr - n, si:ləkʃɐr, -ə [Bog, Ernst, GJ, GK, Gott, Gra, Len, Low, Ost, War, Wis V]; siləkʃir, -ə [Bak, Fak, Ga, Glog, StA, Wil V]

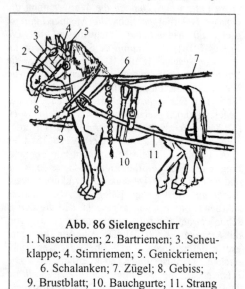

Abb. 86 Sielengeschirr
1. Nasenriemen; 2. Bartriemen; 3. Scheuklappe; 4. Stirnriemen; 5. Genickriemen; 6. Schalanken; 7. Zügel; 8. Gebiss; 9. Brustblatt; 10. Bauchgurte; 11. Strang

V: Pferdegeschirr mit breitem Brustblatt, von dem die Stränge ausgehen ● *Also hol mer's Gschärr. Es ware nor Sielegschärre, Kummet hann ich nor in der Ackerbauschul gsiehn.* [Ost V] ■ PfWb VI 108: 'Brustgeschirr für Zugtiere', anstelle des Kummets verwendet; RheinWb VIII 141.
→Geschirr (2) (Teile:) Bart-, Nasen-, Genick-, Schwanz-, Stirnriemen; Bauchgurt, Brust-, Buckelblatt; Brust-, Kopfgestell, -stück, -teil; Gebiss, Halfter, Scherriemen, Scheuleder, Siele, Sielenstrick, Strang, Zaum, Zügel, Zunge (2).

Sielenstrick - m, si:ləʃtrik, Pl. id. [Bog, GK, Low, Ost, War V]
V: Zugstrick am Sielengeschirr ● *Wichtich war, dass de Siele richtich gelee* (↑liegen) *hat. Un dann war die Sieletasch, de Sielestrick un die Zeem* (↑Zaum). [Ost V]
→Siele, Strick.

Sielentasche - f, si:lətaʃ, -ə [GK, Low, Ost V]
V: Lederhülle, Schlinge über der Siele, um die Haut des Pferdes vor Aufreiben zu schützen ● *Wichtich war, dass de Siele richtich gelee* (↑liegen) *hat. Un dann war die Sieletasch, de Sielestrick un die Zeem* (↑Zaum). [Ost V]
→Siele, Strupfer.

Silberweiße - f, selten, syvəvaiəsi, Pl. id. [Aug, Ed, Scham, Wein, Wud I]
W: Rebsorte mit silbrig schimmernden, haltbaren Beeren *Etym.:* Benennungsmotiv ist die silberweiß schimmernde Färbung der Beeren. ● *Die Süweweießi haum me nou ghot, die Lampüschwaaf, die Gaaßtuttl, Kadarka,, die Ocksnaugn un die Eserjoo, des sann sche neicheri gwejest.* [Wud I] ■ Petri 1971, 80.
→Grauweiße, Rebsorte; weiß.

Silo - m, silo:, -s [Ap, Sch, Stan III, Ru, Tom IV, Alex, Bill, Ger, GJ, Gott, Ost, NA, War, Wis V]
A, G: Großspeicherraum für landwirtschaftliche Produkte ● *Die Blaue Kolrawi un Schwoaze Rattich sein in Silos neikumme, in Gartn in die Ärde neikumme.* [NA V]
→Hambar.

Silvapalinka - m, selten, silvapạ:linka, Sg. tant. [Petschw II]
O: Zwetschkenschnaps *Etym.:* Entlehnung aus ung. *szilvapálinka* 'Zwetschkenschnaps'. ● *De besti Schnaps is aus Zwöschpm* (↑Zwetschke), *de Silwapalinka, dann aus Rodi Pflaume, Gelwi Pflaume, aus vielerlei Obst.* [Petschw II]
→Schnaps, Zwetschkenschnaps.

Simmentaler - f (m), simenta:lər, Pl. id. [Scham, Wud I, Gai, Gara, Mill, Tor, Tscher III, Franz IV, Bak, Bill, Bir, Bog, Eng, Fak, Franzf, Ga, Ger, GJ, GK, Glog, Gott, Gra, Hatz, Hei, Heu, Laz, Len, Lieb, Low, Mar, Mori, Nitz, Ost, Orz, Rud, Seul, StA, Stef, StH, War, Wies, Wis, Wolf V]
V: aus dem Simmental in der Schweiz stammende Rinderrasse ● *Ich hab damals zwaa Simmentaler ghabt. Der aane [Stier] war sehr teier, den habn sie aus der Schweiz direkt gebracht.* [Lug V] *In 1910 sinn die letschti Simmentaler ingfihrt ginn aus der Schweiz.* [Ost V] ◆ In den Banater Dörfern wurde das Kreuzungsprodukt zwischen *Fleckvieh* und *Simmentaler* fälschlicherweise *Simmentaler* genannt. Reine Simmentaler Kühe gab es nur ausnahmsweise etwa 10 Jahre lang bei punktuellem Import von männlichen und weiblichen Tieren; danach mischten sie sich mit dem einheimischem Fleckvieh. Der Import von männlichen und weiblichen Zuchttieren war zu teuer und arbeitsaufwändig, daher wurden nur Simmentaler Stiere eingeführt. (Mayer 2001, 12 f.) ■ PfWb VI 117; Petri 1971, 89.
→Rind.

Simperl - n, simpəl, Pl. id. [Wik II]; simbl, Pl. id. [Ha II]; simpəli, -n [Jood II]
A, B: aus Stroh geflochtenes flaches Körbchen *Etym.:* Vgl. *Simmer* n./m., veraltet, 'Hohlmaß für feste Stoffe', von mhd. *sümmer, summer*, das vorausgehende mhd. *sumber*, ahd. *sumb(a)rî, sumbarîn, sumbar* bedeutet Korb. (^{22}Kluge, 672) ● *Hat. is dann vun Stroh gemächt, wie e großes Simbl, so wie en Korb, net.* [Ha II] *Die Saue* (↑Sau) *hon kriëgt e Simpeli voll abgmachte Kugrutz* (↑abgmachter Kugruz), *un des honn se miëse fresse.* [Jood II] ■ ÖstWb 388: *Simperl* n. 'flaches Körbchen, Brotsimperl'; BayWb 2/1, 283: *Simpal*, n. 'ein Brotkorb', Bachsimperl.
→Backsimperl, Korb (1, 3).

Sinep - , zinẹp, Sg. tant. [Jood II]; sinep [OG, Wein, Wud I]
W: (Markenbezeichnung für:) ein Spritzmittel für den Weingarten ● *Schon zwaamol is gspritzt mit Sinep, fir die Pärenospoure* (↑Peronospora). [OG I] *Me kann mit Kanitzl* (↑Kanitzel) *spritze ode des noi Sach elles, Kuprosant oder Sinäp, dass de Mildau* (↑Mehltau) *nit die Traube mitnemmt.* [Jood II]
→Spritzsache.

singen - st, siŋə, ksuŋə [Fek, Kock, Wem II, Ap, Fu, Mil, Sch III, Tom IV, Bog, GK, Glog, Gott, Gutt, Len, Low, Nitz, Ost, War, Wil, Wis V]
V: (von Vögeln:) melodisch trillernde Töne hervorbringen ● *Die Goldamschle* (↑Goldamsel) *singen schee im Garte un aa im Wald.* [Glog V] *Ufm Hotar* (↑Hotter) *gsieht mer viel Vegl. Do warn die Lärchle* (↑Lerche), *wu so schen singe un des Schopplärchl.* [Ost V]
→Vogel.

Singvogel - m, siŋfogl, -fegl [Ap, Fil, Gai, Pal III, Be, Tom IV, Bru, Fak, Ga, Glog, GStP, Len, Low, Ost, StA, War, Wil, Wis V]; siŋfo:gl, -fe:gl [Bat, OW VI]
Fo, V: kleiner Vogel, der ausgeprägte Tonfolgen erzeugen kann ● *Im Bruckenauer Wald lebn viele Vegl, hauptsächlich Singvegl und aach*

Fasaune im Gstripps (↑Gestrüpp). [Bru V]
Singvegl sind schon, Kuckuck, das gibt's, dann Amseln, die kommen auch in de Nehe zum Haus. [OW VI] ■ PfWb VI 125; RheinWb VIII 157.
→Amsel, Drossel, Vogel.

Sit - m, selten, sit, Sg. tant. [Ga, StA, Wil V]
A: als Weidefläche genutzter, salpeterhaltiger Boden *Etym.:* Entlehnung aus ung. *szik* 'Alkaliboden, weiße Erde', mit phonetischer Anpassung k>t. ● *Vun de Kumlusche* (ON) *Lecher* (↑Loch 1), *newe de Hånneffelde* (↑Hanffeld) *fort is de Viehtrieb bis zum Sit gånge.* [StA V] ■ Gehl 1991, 12, 64.
→Boden, Hutweide, Slatina.

Sitzbrett - n, sitspret, -ər [Gbu II, Gak III, Fak, Ga, Glog, Ost, StA V]
A: quer über die Wagenleitern gelegtes Brett zum Sitzen während der Fahrt ● *Un wann's eigfihed* (↑einführen) *is won* (worden), *noch is jo e Sitzbrett neigelecht* (↑hineinlegen) *won in Woge.* [Gbu II] *Am Schowr* (↑Schober) *hat mer die Lade* (↑Leiter) *stehn ghat, in a Sprossn so a Brett ningstoch* (↑hineinstecken), *wu vorgstann hat, a Sitzbrett vum Waa* (↑Wagen) *zum Beispiel.* [Ost V] ■ Krauß 870.
→Brett, Hängesitz.

Sitzsack - m, sitssak, -sek [Bog, Fak, GK, Gra, Ost, War, Wil V]
V: gepolsterter Sack als Unterlage für den Wagensitz ● *De Hengsitz hat zwei Hoke* (↑Haken), *wu me drufhengt* (↑daraufhängen), *un de Sitzsack kummt dorte druf.* [Ost V] ◆ Auf gewöhnlichen Bauernwägen füllte man den Sitzsack mit Lumpen oder mit Deckblättern der Maiskolben. Ledersitze waren nur bei Überlandfahrten bzw. zu festlichen Gelegenheiten üblich.
→Hängesitz, Sack.

Slankamen - f, slankamen, Sg. tant. [Fu III]; slankamenər [Tscher III, NP, Ru IV]; Slankamenka [Ost V]; Slanka [Wasch III, Wer V]
W: nach der Herkunftsortschaft Slankamen (in Kroatien) benannte Rebsorte mit wohlriechenden Trauben ● *Meistns woan die Rislinger, dann woan die Slankamener, die Magdalene-Traubn, die Schmeckeden* (↑Schmeckige). [Ru IV] ■ Petri 1971, 80.
→Rebsorte.

Slatina - m, selten, slatina, Sg. tant. [Sad V]
A: sumpfige, salzhaltige Flur *Etym.:* Entlehnung aus rum. *slatină* 'sumpfiges, salpeterhaltiges Feld'. ● *De Slatina isch e schlechtes, wieses* (weißes) *Feld.* [Sad V] ■ Gehl 1991, 32, 64.
→Boden, Hutweide, Sit.

Soluzie - f, selten, solu:tsie, Sg. tant. [DStP, Perj, Sack, Wies V, OW VI]
Fo: gegen Baumschädlige verwendetes, chemisches Spritzmittel *Etym.:* Entlehnung aus rum. *soluție* 'chemische Lösung' mit Bedeutungsverengung zu 'aufgelöstes Spritzmittel'. ● *Und es gibt so Soluzie, mit der was man spritzt.* [OW VI]
→Spritzsache.

Sommergerste - f, somərkęrʃt, Sg. tant. [Stan III, Low V]; sumərkęəʃtə [StI II]; suməke:rʃtə [Jood II]; somǝkęəʃtə [Baw II]
A: im Frühjahr gesäte, frostunbeständige Gerstensorte ● *Noch, woa umgackert woar, tued is noch Kukrutz* (↑Kukuruz) *draufkomme, åwwe* (oder) *is Sommegäeschte, hat Sonnenblumen.* [Baw II] *De Fruhjohr muss e widde ackre, dass e die Grumbire* (↑Grundbirne), *Kugrutz odde Summegärschte odde Summerwaaz aabaue* (↑anbauen) *kann.* [Jood II] *In Fruhjahr hunn se die Summergäerschte oogebaut, Kukrutz un Bohne 'nei, hat olles oogebaut.* [StI II] ■ Petri 1971, 39.
→Gerste, Sommerweizen.

Sommerknoblauch - m, sumərkno:fl, Sg. tant. [Fak, Ga, Glog, StA V]
G: im Frühjahr gepflanzte Knoblauchsorte ● *De Knofl is net gleich. Im Fruhjohr setz mer de Summerknofl un im Spodjohr* (Spätjahr) *de Winderknofl, där macht greßri Knoflzehge* (↑Knoblauchzehe). [Fak V] ■ Gehl 1991, 226.
→Knoblauch.

Sommerküche - f, somǝkhiç, -ə [Ker, Mil, Sch, Siw, Tscher, Waldn III, Bog, Ger, Nitz, War V]
A: rückwärts gelegener Raum, in dem man im Sommer kochte und Hausarbeiten verrichtete ● *In de Sommerkich is gekocht worre, wenn's stark warm war.* [Waldn III]
→Küche (1).

Sommerpflaume - f, somǝpflaumǝ, -n [Franzd, Resch, Sekul]
O: (wie: Pflaume) *Etym.:* Benennungsmotiv der Frucht ist die Reifezeit im Sommer, während die

Zwetschke erst im Herbst reift. ● *Da sind aamol die Sommepflaumen und im Häebst kommen die Zwetschkn.* [Resch V]
→Pflaume.

Sommersalami - f, somərsala:mi, Sg. tant. [Stan III]; sumərsala:mi, Sg. tant. [Fak, Ga, Glog, Sad, StA, Wil, Pan V]
V: durch Räuchern für längere Zeit konservierte Salami ● *Awwer die Leit henn nur die Sommersalami, Brotwirscht* (↑Bratwurst), *Lewwerwurscht un die Griewe* (↑Griebe) *gwellt.* [Stan III] *Mer hat vum Schofhalder* (↑Schafhalter) *den ↑Kasch, ↑Brinse, Liptåi* (↑Liptauer) *kaaft un hat eigene Salami oder gekaafte Summersalami un Griewärschtle* (↑Krenwurst) *gesse.* [StA V]
→Salami.

Sommerweizen - m, sumərva:ts, Sg. tant. [Baw, Jood, Seik II]
A: im Frühjahr gesäte, frostunbeständige Weizensorte ● *De Fruhjohr muss e widde ackre, dass e die Grumbire* (↑Grundbirne) *odde Kugrutz* (↑Kukuruz), *Summegärschte odde Summerwaaz aabaue* (↑anbauen) *kann.* [Jood II]
→Sommergerste, Weizen.

Sonne - f, sone, Sg. tant. [Petschw II, Esseg IV, Lug, Resch, Tem V, OW VI]; sunə [Ga, StA, Bil, Pe VI]; sun [Kock, Wem II, Ap, Fil, Gai, Gak, Mil, Sch, Siw, Tscher, Wepr III, Be, Tom IV, Bog, Bru, Fib, Glog, Gott, Jahr, Hatz, Kath, Low, Nitz, Stef, Wies, Wil V]; sunɐ [Aug, Ed, GT, KT, Scham, Schor, Wein, Wud, Wudi I]
Allg: Sonnenlicht, Lichteinstrahlung als Wachstumsfaktor ● *Me hot die Blaal* (↑Blatt) *wejgbrouche* (↑wegbrechen), *dass dejes Weiemba* (↑Weinbeere) *meha Sunna kriëgt.* [Wud I] *Die Grumbierekeime* (↑Grundbirnenkeim) *sinn weiß, die henn in Keller ka Sunn krigt.* [Glog V] *Die Sunn scheint ke Hunger ins Land.* [Gott V] *Die Sunn stecht so, dass när ke Schloße kumme!* [Knees V] ◆ Im pfälzischen und im donauschwäb. Sprachbereich bekannte Sprüche: *Die Sunne sticht, do gebbt's e Gewirrer. - Die Sunn geht rout unner, do gibt's schäi Wedder. - Flien (fliegen) die Schwalwe nirrer, gibt's Rää, flien se hoch, scheint die Sunn. - Wenn die Sunn in die Hose (in de Sack) schluppt (d. h. beim Untergehen in einer dicken Wolke verschwindet) gibt's Rege. - En Schlang geht net dot, bis die Sunn unner is (die Schlange stirbt erst bei Sonnenuntergang). - Bei Regen singen die Kinder: Sunn, kumm erunner, / Rää, bleib drowe.* (PfWb VI, 169) ■ PfWb VI 168-171: 1.b 'Sonnenschein, Tageslicht'; Petri 1971, 38.
→Sonnenregen, -umurke.

Sonnenblume - f, sonəplu:m, -ə [Ha, Seik, Petschw II, Waldn III, Tom IV]; sonəplum, -ə [Baw, Jood, Wem II]; sunəplum, -ə [Sch, Stan III, Fak, Glog, Gott, Hatz, Heid, Len, Low, Ost, War V]; sunəplumə, Pl. id. [Ga, StA V]; sunɐplumɐ [StM V]
A, B: Korbblütler mit einer großen gelben, der Sonne ähnlichen Blüte; Helianthus annuus ● *Na, Riewe* (↑Rübe) *un Sonnəblume, naja, des woar aa.* [Baw II] *Noch däre Blitezeit* (↑Blütezeit) *gibt's noch die Sonneblume, owe duet is nicht so rotsam foahrn.* [Seik II] *Zuckerruem* (↑Zuckerrübe), *des ton schon die Baue[r]n da un Sunneblume.* [Petschw II] *Mer henn misse Sunneblume baue, no hem-mer Eel* (↑Öl) *krigt.* [Stan III] *Dann im Zweite Weltkriech sein die Eelsame kumme. Do is Leinsame oogebaut worre un Sonneblume zum Eel mache.* [Waldn III] *Aach Sonneblume henn die Leit angebaut un sogar Ri'zinus, fir in die Apotheke.* [Tom IV] *De Kukrutz un die Sunneblumme wärn gheiflt* (↑häufeln). [Fak V] *Dann wärre Zuckerruwe aangebaut, die Sunneblumme wärre aangebaut, so wie de Kukurutz, in Reihe.* [Ost V] ■ PfWb VI 172; RheinWb VIII 219; Gehl 1991, 86.
→Ölsamen, Rose (2), Sonnenblumenstecken, -stängel, Sonnenrose.

Sonnenblumenstängel - m, sunəplumeʃteŋl, Pl. id. [Ga, StA, Wil V]; sunəplumeʃteŋl, -ə [Bog, Fak, Glog, GK, Ost, War V]
A: holziger Teil der Sonnenblume, der die Blätter, Blüten und den Fruchtstand trägt ● *Es Mariks* (↑Mark 2) *is in de Rewe* (↑Rebe), *un aa in de Hollerstecke* (↑Holderstecken) *un in Sunneblummestengl.* [Glog V] *Un weil die Storze* (↑Storzen 2) *doch hart sinn, had mer die Sunneblummestengle schregs* (↑schräg) *gschnitt, mit em Laabschneider.* [Ost V]
→Sonnenblume, Sonnenblumenstecken, Stängel (1).

Sonnenblumenstecken - m, sunəpluməʃtekə, -ʃtekrə [Bog, GJ, GK, Ost, War V]
A: abgeschnittener Stängel der Sonnenblume ● *Und die Sunneblummesteckre had mer gholl for Paredeissteckre.* [Ost V]
→Sonnenblume, Sonnenblumenstängel, Stecken.

Sonnenregen - m, sunəregə, Sg. tant. [Tom IV, Fak, Ga, Glog, StA, Wil V]; sunəre:n [Sch, Siw, Tor III, Be, Put IV, Bog, Gra, Gott, Len, Low, War, Wis V]
Allg: Regen bei Sonnenschein ● *De Sunnerege is de Roschtregge, där kummt in Summer un håld net lång.* [Glog V] *Sunnereen, Glockesteen,/ fall uf mich,/ dass ich groß,/ groß wachse kann!* (Hockl 1956, 24) [Len V] ◆ Im pfälzischen und auch im donauschwäb. Sprachbereich bekannte Sprüche: Sunnerege un Aldeweiwerdänz dauern net lang. - Sunnereen, wachst de Klee. - Die Kinder stellen sich in den Sonnenregen und singen: Sunnereen, do wachst mer scheen. Oder: Sunnerään, Glockeststää(n) (bzw. Gottes Segen), / fall iwer (uf) mich,/ do wachs ich. ■ PfWb VI 173 f.; RheinWb VIII 220.
→Sonne, Regen, Rostregen.

Sonnenrose - f, sonənro:s, -n [Bat VI]; sunəro:sn, Pl. id. [Erb, Wud I]; sunərouəsn [KT, Wud, Wudi I]; sunəro:sə, Pl. id. [Fil, Kar III]; zunəro:s, -ə [Bil, Ham, Mai, Pe, Schei, Suk VI]; sonəro:s, -ro:zə [Ha, Seik, StI II]
A, B: Sonnenblume; Helianthus annuum ● *Noch däre Blitezeit* (↑Blütezeit) *gibt's noch die Sonnerose, owe duet is nicht so rotsam foahrn.* [Seik II] *De Honig is vun verschideni. Des meischti is des von 'Akaz un jetz in Härbst von Sonnenrosn.* [Bat VI] *Und auf d'Eschtre* (↑Estrich) *hat me den Woaitze nauftaa, de Rocke, Haber, die Sunnerose.* [Schei VI] ■ Petri 1971, 38.
→Sonnenblume; Sonnenrosenkern.

Sonnenrosenkern - m, zunro:zəkheẹn, -ə [Bil, Ham, Mai, Pe, Schei, Suk VI]
A: Kern der Sonnenblume ● *Im Hirbscht hat mer d'Sunnerose ausgschlage un die Sunnerosekeäne bläht mit de Blehmihle* (↑Blähmühle). [Schei VI]
→Kern, Sonnenrose.

Sonnenumurke - f, sunəumork, -ə [Bog, GJ, Len, Low, Ost, War V]
A: durch Salzwasser an der Sonne konservierte Salatgurke *Etym.:* Benennungsmotiv dieser Gurkenart ist die Zubereitungsart in Konservengläsern an der Sonne, um den Säuerungsprozess zu beschleunigen. ● *Die Sunneumorke wärre nor in Salzwasser ingleet* (↑einlegen) *un phaar Tech* (Tage) *an die Sunn gstellt.* [Ost V]
→Sonne, Umurke.

Sorte - f, sorte, sortn [Baw II, Ru IV, Bak, NA, Nitz V]; sortə, Pl. id. [Ap III, Ga, StA V]; sotə, Pl. id. [La II]; sort, -ə [Ha, Seik, Sulk II, Fak, GK, Glog, Gra, Low, Ost V]
A, G, O, W: Art, die sich durch spezifische Merkmale von anderen derselben Gattung unterscheidet ● *Ja im Weingartn sann mähe Sorte, des sann* ↑*Wertäschkintschä un Hainegle* (↑Honigliche). [OG I] *Des woan frihe gudi Sortn, do woan die Nohatreiwl* (↑Neue) *un die Ottelo* (↑Othonell). [Baw II] *Un sutiet wäd's, wenn me mähreri Sorte hot, un des git feiner Wei*[n]. [La II] *Ha, Fichteholz gibt's veschiedene Sorte, secht me, des is härter un waaicher.* [Seik II] *No hat mer misse sehe, wieviel Sorte, also Klaase, dass es gebt.* [Sulk II] *Die Grieni Bohne sinn far Zuspeis mache, un die annri Sorte sinn am Stock gebliewe bis sie zeitich* (↑zeitig) *wäre.* [Ap III] *Ja, mir hamm halt fimf-secks Sortn Traubn ghat.* [Ru IV] *Meischt hann se ghat Blooi, Schiller un Zacklweißi, des ware die Sortn.* [Bak V] *Rattich sein mähe Sortn, de Klaani Rodi de Langi Rodi, de Eiszapferattich.* [NA V] *Selmols ware die Sorte vum Kukrutz* (↑Kukuruz) *net so, die ware mähr flachworzlich.* [Ost V]
→Apfel-, Kukuruz-, Milben-, Pfirsich-, Reb-, Traubensorte, Art, Klasse, Rasse; sortieren.

sortieren - schw, sorti:rn, sorti:rt [Aug, Ed, Ins, Scham, Schor, Wer, Wud I, Petschw II, Ru IV, ASad, NA, Resch, Tem, Wer, Wolf V, Bat, OW VI]; sorti:rə, sorti:rt [Gai, Hod III, Fak, Ga, Glog, Schön, StA V]; sutiə, sutiət [La II]
Allg: (ein landwirtschaftliches Produkt) nach bestimmten Merkmalen ordnen ● *Un sutiet wäd's, wenn me mähreri Sorte hot, mi han* ↑*Leanka un honn* ↑*Kotschisch Irma un so* ↑*Batschkai Riesling, un des git feiner Wei*[n]. [La II] *Zwaa Mann henn den getricklte Hanf sortiert un des Bischeli* (↑Büschel) *zu em Kopf* (↑Kopf 1b) *bunde.* [Hod III] *Dann is des Fleisch sortiert woan.* [NA V] *Un da wird das Holz nach der Länge sortiert.* [OW VI] ■ Gehl 1991, 224.
→Sorte, Sortierer.

Sortierer - m, sorti:rər, Pl. id. [Hod III]
H: Hanfarbeiter, der im Trockenhaus die Hanfstängel sortiert ● *In de Tricknheiser* (↑Trockenhaus) *fer de Hanf henn der Maschinist, der Heizer, die Vorarbeiter un die zwei Sortierer gearbeit.* [Hod III]
→Binder (2a), Vorarbeiter; sortieren.

Soße

Soße - f, soːse, -n [OW VI]; soːs, -n [ASad, Lind, Lug, Resch, Tem, Wei, Wer, Wolf V, OW VI]; soːs, -ə [Wud, Wudi I, Wem, Wer II, Ap, Hod, Gai, Pal, Sch, Tscher III, ND, NP IV, Bak, Bog, Fak, Ga, GK, Glog, GStP, Gra, Gutt, Len, Low, Nitz, Ost, StA, Ui, War, Wil, Wies V, Pe VI]
A, Fo, G, O: aus verschiedenem Gemüse und Obst zubereitete Tunke als Zugabe zu Fleisch- und Mehlspeisen *Etym.:* Das relativ neue Wort *Soße* wurde im 16. Jh. aus frz. *sauce* entlehnt, das auf lat. *salsa* 'gesalzene (gewürzte) Brühe, eine Substantivierung des Adjektivs lat. *salsus* 'gesalzen' zurückgeht. ([23]Kluge 772) ● *Mer hat verschiedeni Soße gmacht, hauptsechlich Paradeissoß Weickslsoß, Knowwlsoß, Kappersoß un Kriensoß.* [Bog V] *Die kannt man gut machn mit Zwiebel, so gebratn, und mit eine Soße drauf.* [OW VI] ◆ Diese Bedeutung der deutschen, über das Französische aus dem Lateinischen übernommenen *Soße* entspricht der gesalzenen und gewürzten Bratentunke. Dagegen sind in der donauschwäb. Küche ausgiebig genosene, dünn- bis zähflüssige Soßen aus Gemüsen und Gewürzpflanzen (wie Tomate, Knoblauch, Zwiebel, Kren, Dill) und sogar süße Soßen (aus Sauerkirschen, Johannisbeeren, Äpfeln) übliche Beigaben zu Kochfleisch und Braten auf der Sonntags- und Festtagstafel. ■ PfWb VI 184; RheinWb VII 815 f.
→Kaper-, Kren-, Knoblauch, Paradeis-, Weichselsoße, Ritsche, Tunke.

Spalier - m, ʃpaliːr, Sg. tant. [Bak, Bog, Fak, Ga, Glog, Gott, Gra, Gutt, Len, Low, Nitz, Ost, StA, War, Wil V]
A, G, W: Drahtgitter, Gerüst, an dem Reben oder Kletterpflanzen hochgezogen werden ● *Un dann sinn die Pleck (↑Pflock) gschlaa (↑schlagen) ginn, weil bei uns war net Spalier. Nor im Garte war Spalier, un de Weigaarte war alles Stock.* [Ost V] ■ PfWb VI 188; RheinWb VIII 239.
→Rebenspalier.

spalten - schw, ʃpåltn, keʃpåltn [Pußt I]; ʃpaltn, kʃpaltn [Nad II]; ʃpoltn, kʃpoltn [Bat VI]; ʃpaldə, kʃpaldə [Mu, Nad II, Fak, Ga, Glog V]; ʃpaltə, kʃpalt [Da, Lieb, Schön V]; ʃpalə, kʃpalə [Mu, Oh, StI II, Ker, Sch, Stan III, Bog, GJ, Ost, Wis V]; ʃpalə, kʃpalt [Lieb, War V]
A, V: etwas in zwei (oder mehrere) Teile zerle- gen ● *Dann honn se gspalle, honn se's Ingewaad (↑Eingeweide) rausgenumme, des is neikomme in Zuwwer (↑Zuber).* [StI II] *Dann is die Sau gspalt wor.* [Lieb V]
→aufspalten.

Spanische Weichsel - f, ʃpaniʃe vaiksl, -ə [Mil, Sch, Stan III, Be, Tow IV, Bog, Gott, Gra, Low, War V]
O: große, schmackhafte Sauerkirsche, Amarelle ● *Vun de Weicksle get's die große Spanische Weichsle.* [Bog V] ■ Petri 1971, 58.
→Amarelle, Weichsel.

spannen - schw, ʃpanə, kʃpant [Bog, Bru, Jahr, Nitz, Ost, War V]
1. V: (wie: einspannen) ● *Die Ärd (↑Erde) is mit aaner Waalaater (↑Wagenleiter), vor die a Pherd gspannt war, gschlaaft (↑schleifen 2) gewwe (worden).* [Bru V] 2. A, V: etwas straff anbringen ● *Des sauwre Fruchttuch hot mer aach uff die Radnakutsch gspannt, wann die Leit uff Radna gfahr sein.* [Bru V]
→(1) einspannen.

Sparherd - m, ʃpaːrheːrt, -ə [GJ, GK, Joh, Len, Low, War, Wis V]; ʃpaːrhęːrt, -hęːrdə [Kutz III]; ʃpaːrhęːrt, -ə [Berg, Ker III, Glog, Ost, StA, Wil, V]; ʃpoiərt, Pl. id. [Wolf, Wei V]
Allg: eiserner, mit festem Brennstoff heizbarer Ofen für Küche und Wirtschaftsräume ● *Aso hat mer gschiert den Sparhärd, un so ham-mer selwer Schnaps gebrennt.* [Ost V]
→Sparherdplatte.

Sparherdplatte - f, ʃpaːrhertplat, -ə [Bog, Ger, GJ, Joh, War V]
Allg: gusseiserne Herdplatte ● *Im Millichtippe (↑Milchtüpfen) uff de Sparherdplatt steht es Fuder für die Hingle (↑Hünkel).* [Joh V]
→Platte, Sparherd.

Späte Birne - f, ʃpoːdi piːr, - ə [Fak, Glog V]; ʃpoːdi piːrə [Ga, StA V]; ʃpoːtpiːrə, Pl. id. [Stan V]
O: spät reifende Birnensorte ● *Die Spodi Biere sinn ärscht spod zeidich (↑zeitig) worre.* [Fak V] ■ Gehl 1991, 233; Petri 1971, 55.
→Birne, Später Pfirsich.

Späte Grundbirne - f, ʃpeːte krumpər, ʃpeːti krumpər [GK, Ost V]
G: spät reifende Kartoffel ● *Aso dann ware die Roti Grumber un die Weiße Grumber, die Mai- grumper, aso die Fruhgrumber un die Speti Grumber.* [Ost V]
→Frühgrundbirne, Grundbirne.

Später Pfirsich - m, ʃpe:də pfiʃə, Pl. tant. [Baw, Seik, Wem II]
O: spät reifende Pfirsichsorte ● *Net die frihe, was jetzt senn, awwe die Spede Pfische, wås im Härbst senn zeidich woan.* [Baw II]
→Pfirsichsorte, Späte Birne.

Spätjahrfrucht - f, ʃpo:tjo:rfruxt, Sg. tant. [Ga, StA V]
A: gegen Frost widerstandsfähiger Winterweizen ● *Die Spodjohrfrucht muss acht Teg vår un acht Teg noch Wendlene* (Wendelinstag, 20. Oktober) *aabaut wärre.* (StA V) ■ Gehl 1991, 138.
→Frucht, Winterfrucht.

Spätkohlrabi - m, ʃpetkholra:vi, Pl. id. [Drei, Eng, Kreuz, NA, Wies V]
G: im Herbst reifende Zuchtform des Gemüsekohls mit Stängelknollen ● *Dann had me Paprika oogebaut, Umoake* (↑Umurke) *oogebaut, Kolrawi im Somme un widrum Spetkolrawi in Härbst.* [NA V]
→Kohlrabi.

Spatz - f, ʃpa:ts, -n [Resch, Stei, Tem V]; ʃpots [ASad, Lind, Wei, Wolf V]; ʃpots, -n [Ed, Scham, Tscha, Wer, Wud I, Soll III]; ʃpo:ts, -n [Wer V]; ʃpats, -ə [Fek, Sag, StI, Tew II, AK, Ap, Berg, Bull, Gara, Hod, Kar, Kol, Mil, Stan, Tor, Tscha, Tscho, Tscher, Wasch III, Har, In, ND, NP IV, Albr, Bak, Ben, Bill, Bir, Bog, Char, De, DStP, Eng, Fak, Franzf, Ga, Ger, GJ, GK, Glog, Gott, Gra, GStP, Gutt, Hatz, Hei, Heu, Jahr, Joh, Jos, Karl, Kath, KB, KSch, Kub, Kud, Laz, Len, Lieb, Lippa, Low, Mar, Mori, Mram, Na, NB, Nitz, Orz, Ost, Ru, Sack, Sad, Schön, SM, StA, Star, Stef, Tschak, Tsch, Tsche, Ui, War, Wer, Wies, Wil, Wis, Wolf V]; kʃpats, -ə [NA V]; ʃpatritsi(n) [Fu III]
V: kleiner graubraun gefärbter Vogel, Sperling; Passer domesticus *Etym.*: Spatz für 'Sperling' kommt von spätmhd. *spaz, spatze,* vermutlich zu mhd. *sparwe, sperwe* 'Sperling' gebildet mit einem Suffix, das auch sonst in Kosenamen auftaucht (vgl. *Heinz* zu *Heinrich*). Die ursprüngliche Form ist wohl *sparz*. (Vgl. ²³Kluge 775) ● *Ufm Hottar* (↑Hotter) *gsieht mer viel Vegl. Do warn die Schneppe* (↑Schnepfe), *die Spatze, de Stoßvogl, de rot Stoßvogl.* [Ost V] ■ PfWb VI 218-222; RheinWb VIII 275 f.; Gehl 1991, 123; Petri 1971, 113.
→Rohrspatz, Spatzengasse, -kirsche, -nest, Vogel.

Spatzengasse - f, ʃpatsəkas, -ə [Ap, Brest, Fil III]
A: abgelegene kleine Gasse, in der sich viele Spatzen aufhalten ● *Ja, in Apatie* (ON), *do sinn die Kärchegass, Spatzegass, Schinnersgass, es Postgessl un es Rauwergesl.* [Ap III]
→Gasse.

Spatzenkirsche - f, ʃpatsnkhirʃ, -n [ASad, Ora, Resch, Stei, Tem, Wer V]; ʃpatsəkhirʃ, -ə [Fak, Ga, Glog, StA, Wil V]; ʃpatsəkhęrʃ, -ə [Bog, Gra, Len, Low, War V]
O: wild wachsende, dunkelrote bis schwarze Vogelkirsche mit kleinen Früchten *Etym.*: Benennungsmotiv ist der wilde Wuchs der Kirschenart auf Feldern und auf Wiesen, so dass der Baum häufig von Vogelschwärmen (vor allem von Feldspatzen und Staren) bevölkert ist. ● *Die Spatzekirsche sinn klaani, schwarzi Kirsche. Die sinn zimmlich bitter.* [Fak V] ◆ Ähnliche Bezeichnungen im donauschwäb. Sprachgebiet sind *Vogel-* und *Steinkirschn,* da der Kern größer als das Fruchtfleisch ist. ■ Petri 1971, 58.
→Kirsche, Spatz.

Spatzennest - n, ʃpatsəneʃt, -ər [Bak, Fak, Ga, Glog, Ost, StA, War V]
V: Nist- und Brutstätte von Spatzen ● *Die Kinner gehn als gärn Spatzeneschter aushewe* (ausheben). [Glog V] ■ Gehl 1991, 123.
→Nest, Spatz.

Speck - m, ʃpek, Sg. tant. [Baw, Fek, Jood, Petschw, StI II, Fil, Gai Hod, Sch III, Be, In, Tom IV, Alex, Bill, Bru, Fak, Ga, GK, Glog, Gra, Len, Lind, Low, Ost, Sack, StA, Wei, Wer, Wolf V, Bil, Ham, NP, OW, Pe VI]
Fo, V: unter der Haut befindliche Fettschicht bei Schweinen u. a. Tieren, die in Stücken gesalzen und geräuchert das ganze Jahr gegessen wird ● *Un de Speck is zammgschniede woan, un is ausgekocht woan.* [Fek II] *Hat, äescht kumme sie in Sålz, secks Wochn die Schunken un vier Wochn de Speck.* [Petschw II] *Des anrer hunn se noch verschniede uff Schunge un Speck.* [StI II] *Do wärd die Sau auseinander gnumme, un do is no extre de Speck, die Schunge, de Bauchspeck un es Klaafleisch.* [Ap III] *Des Mittachesse beim ↑Lese war Brot un Speck, aach Zigeinerspeck und Zwiwle.* [Bru V] *In Schwartemage wärd Kopffleisch, Schwarte, Speck un aa gstocktes* (↑stocken) *Blut gfillt.* [Glog V] *Aso mer hat vier Schunke gmach un zwei Seite Speck,*

Speck am Spieß

Gnackspeck. [Ost V] *Was möglich waa, hat me geräuchet, un dann hat me'n ganzn Somme Speck ode Schinkn gessn.* [Wer V] *Und in diesn Kessl machn sie den ↑Malai (1b) mit Speck, mit Kese und mit Fleisch.* [OW VI]
→Fett, Bauch-, Genick-, Kinnbacken-, Paprika-, Rippen-, Zigeunerspeck, Fleisch, Schinken, Seite (1a), Speckkirsche, sache, -schnitte, -stück, Speck am Spieß; speckig.

Speck am Spieß - m, ʃpek am ʃpi:s, Sg. tant. [Fak, Ga, StA V]
V: aufgespießtes, auf offener Glut (z. B. im Kesselhaus) gebratenes Speckstück ● *Mer hat Speck am Spieß gesse un dinschte Zwiefl (↑gedünstete Zwiebel) mit ↑Blut un Lewer (↑Leber), wenn's Gfligl (↑Geflügel) gschlacht (↑schlachten) worre is.* [StA V]
→Speck.

speckig - Adj., ʃpekət [Ap III, Fak, Ga, Glog, StA, Wil V]]
A, G: (von Erde, Brot, Gemüse usw.) feucht und fest ● *Do hat's mehlichi gewwe (gegeben) un hot speckedi gewwe, also far Salat oder far Grumbire (↑Grundbirne) quelle (↑quellen).* [Ap III] ■ PfWb VI 237: 3.a. 'gut, schwer, lehmhaltig', b. 'gut verrottet, glänzend', c. 'nicht ausgebacken, feucht', vom Brot; RheinWb VIII 294.
→mehlig; Speck.

Speckkirschbaum - m, selten, ʃpekhɐrʃəpã:m, -pẽ:m [Bog, GJ, Gra, Low, War V]
O: Obstbaum, der Speckkirschen trägt ● *Bei uns im Gårte steht e Speckkärschebaam un aach zwaa Sauerkärschebeem.* [Bog V]
→Kirschbaum, Speckkirsche.

Speckkirsche - f, ʃpekhɐrʃ, -ə [Bog, GJ, Gra, Low, War V]
O: große, schmackhafte Kompottkirsche *Etym.:* Benennungsmotiv der Kirschsorte ist ihr gut ausgeformtes, mit ausgereiftem Schlachtfleisch bzw. mit dem Speck gut gemästeter Schweine verglichenem Fruchtfleisch. ● *Es git bei uns Speckkärsche un Honichkärsche, des worn geeli Sießkärsche.* [Bog V] ◆ Die größte Kirschsorte mit dunkelroter Schale wurde frisch verzehrt, aber auch gerne als Kompott konserviert. Im donauschwäb. Sprachbereich waren weitere Bezeichnungen: *Dunst-* (d. h. *Kompott-*) *Früh-, Herz-, Fleisch* und *Wachskirsche.* (Petri 1971, 58)
→Kirsche, Speck.

Speckmaus - f, ʃpekmaus, -mais [Sen I, StI II, AK, Bul, Fill, Kar, Ker, Mil, Stan, Tscha III, In IV, Albr, Bir, Bog, Char, DStP, Franzf, Gott, Hei, Jos, Kath, KB, Ket, Ksch, Kub, Laz, Len, Lieb, Low, Na, Orz, Ost, Rud, Sack, StAnd, Stef, Tschak, Tschan, Tsche, War V]; ʃpekma:s [Har IV]; ʃpekflɐdərmaus, -mais [Fak, Glog V]
V: Fledermaus *Etym.:* In der Rheinpfalz und in Südhessen tritt *Speckmaus* für 'Fledermaus' auf. Die Bezeichnung kommt daher, dass man das Tier winters wie Speck im Rauch hängen sieht. ([21]Kluge, 204) ● *Do worn aa viel Flettermeis un oweds sinn Speckmeis rumgfloge.* [Ost V] **Anm.:** Die Variante *Speckfläddermaus* ist eine Wortkreuzung zwischen *Fledermaus* und *Speckmaus.*
■ PfWb III 1439 (Karte 132: Fledermaus); Petri 1971, 93.
→Fledermaus, wildes Tier.

Abb. 87 Speckmaus

Specksache - f, ʃpeksax, Pl. id. [Ker, Mil, Sch, Stan III]
V: verschiedene Reste vom Speck ● *Des aldi Schmalz un all des Specksach hot mer gsammlt un es Salwen (↑Salband), die Ender (↑Ende) vum Speck, des hot me net gesse.* [Stan III]
→Sache, Speck.

Speckschnitte - f, ʃpekʃnit, -ə [StI II, Bru, Fak, Ga, Glog, StA, Wil V]
V: vom Speck abgeschnittene dünne Scheibe ● *Friher hod mer aa Kuche gebacke noch. E Stick ausgewellert (↑auswälgern), un hot klaane Speckschnitte druf un Zwippl (↑Zwiebel).* [StI II]
→Speck.

Speckseite - f, ʃpeksait, -n [Wer V]
V: geschnittenes Stück Speck von einer Seite des Schweins ● *Da drin waa die Reichekamme (↑Räucherkammer), wo me die ganzn Speckseitn und ganze Schinkn drin geräuchert hat.* [Wer V]
→Speckstück.

Speckstück - n, ʃpekʃtik, -ə [Fak, Glog]; ʃpekʃtik, -lə [Stan III]; ʃpekʃtek, -r [Fek II]; ʃpekʃtikl, Pl. id. [NA V]
V: geschnittenes Stück Speck, Speckseite ● *No sen die Schunge un die Specksteckr un alles is eingsalzt woen oweds, wie scho die anre Ärwet* (↑Arbeit) *so zimmlich färtich woar.* [Fek II] *Salwelat* (↑Zerwelat) *war so e Frischwurscht, do worn halt au Speckstickle so drin.* [Stan III] *Hod me Speckstickl fir die Bludwoscht klaa gschniede.* [NA V] ■ PfWb VI 240.
→Speck, Speckseite.

Spediteurwagen - m, selten, ʃpenite:rvagə, -vegə [Jood II]
A: flacher Wagen für den Transport von Gütern aller Art ● *Es gibt den Speditärwagge, dä hod e Seitetaal, un dä isch noch so ebe*[n]*, dass me uflade* (↑aufladen) *druf kann.* [Jood II] ■ Spediteur PfWb VI 241: 'wer berufsmäßig Güter befördert'.
→Federwagen, Wagen.

Speis - f, ʃpa:is, -ə [Nad II, Stan, Waldn III]; ʃpais, Pl. id. [Be, Tom IV, Bak, Fak, GK, Glog, Ost, Stei, War, Wis V]
A, G, O, V, W: kleiner Raum zur Aufbewahrung von Lebensmitteln *Etym.:* Das Subst. kommt aus bair.-österr. † *Speis* (ugs.) 'Kasten oder (kleiner) Raum zur Aufbewahrung von Lebensmitteln und Speisen'. (ÖstWb 394) *Speisekammer* in Hamburg, in Darmstadt, in Baden und Württemberg *Speiskammer*, wird in Zweibrücken, in Bayern und Österreich *Speise* (*Speis*) genannt. Dass Abkürzung vorliegt, ist nicht wahrscheinlich, sondern dass das mittellat. spēsa, spensa, das dem nhd. *Speise*, ahd. *spîsa* zu Grunde liegt, auch *dispensa* bedeutete, sowohl 'Vorratskammer' als auch 'Vorrat'. (Kretschmer 1969, 470) ● *Un no in der Spaais wor alles voll ghängt, in der Reih.* [Stan III] *Newe de Kich* (↑Küche) *war die Speis un dann de Bodeaufgang, wu mer uff de Bode gange is.* [Waldn III] *Die Trauwe ware in der Speis ghong* (↑hängen)*, aach an Schnier ufghong.* [Ost V] *Es woan Heise mit zwaa Zimmer, Kichn un Speis.* [Stei V] ■ ÖstWb 394.
→Haus.

Spelz - f, ʃpøyts, Pl. id. [Aug, GT, KT, Scham, Schor, Wud, Wudi I]; ʃpel, -ə [Ost V]
1. A: Spreu der Kornfrüchte *Etym.:* Ein Erklärungsversuch für den Übergang der Wortbedeutung von *Spelt, Spelz* regional 'Dinkel' zu Getreidehülse steht bei Kluge: *Dinkel* (< 8. Jh.), von mhd. *spelte, spelze* f., ahd. *spelta, spelza* f., angelsächsaisch *spelta*, wie altenglisch *spelt* entlehnt aus lat. *spelta* f. Dieses scheint seinerseits ein Lehnwort aus dem Vorgänger von *Spelze* 'Getreidehülse' zu sein (überliefert ist eine Entlehnung aus dem Pannonischen - im Gebiet der Pannonier saßen aber um das 5. Jh., das für die Entlehnung in Frage kommt, Sueben und Langobarden). Benennungsmotiv hätte in diesem Fall der Umstand abgegeben, dass beim Dinkel die Spelzen nicht durch das Dreschen abfallen, sondern an den Körnern bleiben. Aber die Einzelheiten bleiben unklar, und eine Entlehnung des lat. Wortes aus einer unbekannten Sprache ist nicht ausgeschlossen. ([23]Kluge, 776) ● *Do sinn die Aldi* (Alten) *nausgang, hann Eecher* (↑Ähre) *abgroppt* (↑abrupfen)*, hann ne griwwlt* (↑ribbeln) *in der Hand, hann die Spelle weggeblost.* [Ost V]
2. W: Traubenkamm, Stielchen der Traubenbeere ● *Die Spöütz sann die Stingl* (Stängel) *ve die Weiemba* (↑Weinbeere) *und wos drau bliem is.* [Wud I] ■ PfWb VI 253 f.: 1. 'die dem Weizen ähnliche Getreideart *Triticum spelta* (seltener *Triticum dicoccon, monococcum*) 'Spelz', 2. nur Pl. '(leere) Samenhülse von Getreide, z. B. von Hafer, Weizen' *Spelze*; Rhein Wb VIII 313 f.; SchwWb V 1511 f.: 2. 'Hülse der Kornfrüchte'.
→(1) Spreu.

sperren - schw, ʃpɛrə, kʃpɛrt [Baw, Wem II, Ap, Ker, Mil, Sch, Tscher III, Put, Tom IV, Alex, Bak, Bru, GJ, Nitz, Low, StA, Wil, Wis V, Bil, Ham, Mai, Pe, Schei, Suk VI]
A: (vom Rad:) in der Bewegung hemmen ● *Wem-me en große Bärg hat nab misse, do hat mer d'Reder gspärrt mit de Kettum* (↑Kette)*, hot me gseit.* [Schei VI]
→Sperrkette.

Sperrkette - f, ʃpɛrkhet, -ə [Bil, Ham, Mai, Schei, Suk VI]
A: Kette zum Abbremsen des Wagenrads ● *Moischtns ischt am Wage nur e gotzige* (einzige) *Spärkett drane gsei. Do hot me 's Rad eighengt, un so isch es bremst worre.* [Schei VI]
→Kette (1); sperren.

Spiegel - m, ʃpi:gəl, Pl. id. [OW VI]; ʃpi:gl [Gai III, Esseg IV, Lug, Tem, Resch, Wer V]; ʃpi:xl [Bohl II]; ʃpigl, Pl. id. [Brest, Fil, Sch, Tscher III, Be, NP, Tom IV, Alex, Bill, Bru, Ernst, Gott, Gra, Hatz, Low, Ost, Stef, Wis V];

Spieß

Allg: (zu Zierzwecken verwendete) kleine reflektierende Glasfläche ● *Schallanke, des is Zierledder mit Lecher ningschlaa, mit so e Spiggl do un ↑Rose (3), ja.* [Ost V]
→Schalanken.

Spieß - m, ʃpiəs, Pl. id. [Petschw II]; ʃpiəsli, Pl. id. [Jood II]
A: (langer) zugespitzter Stock ● *No hom-me so Spiëßli ghet. Die ware so ausgschniede (↑ausschneiden) und henn e Stiel ghet, un mi senn in de Waaz (↑Weizen) gange, die Dischtl raussteche.* [Jood II] *Des Spießstecke, do hod me auf den Spieß Wirscht (↑Wurst) draufghengt und e Schlåchtebriëf (↑Schlachterbrief) hamm sie aa draufgeem.* [Petschw II] *Där Spieß war so dick wie e Kuglschreiber un spitzich, den hod me durch den Verschluss durichgfedlt.* [Lieb V]
→Schwartenmagenspieß, Spießstecker, Stecken, Stiel (2).

Spießstecker - m (n), ʃpi:ʃtekər, Pl. id. [StI II]; ʃpiəsʃtekə [Petschw II]; ʃpi:ʃtekə [Baw, Bohl, Fek, Seik]
V: Gast, der einen aufgesteckten Schlachtbrief zum ↑Stichbraten bringt; der Brauch selbst ● *Zum Stichbrode sinn die Spießstecke mit em Schlochtbrief uff em Stecke komme.* [Bohl II] *Des Spießstecke, do hod me auf den Spieß Wirscht (↑Wurst) draufghengt und e Schlåchtebriëf hamm sie aa draufgeem, en jedn hämm sie ausgspottlt, de Schlachte[r].* [Petschw II] *Die Spießstecker hunn gspoddlt (gespottet) de Schlochter, dass er der Sau des Messer in Oarsch hot gstoche.* [StI II]
→Schlachtfest, Spieß, Stecken, Stichbraten.

Spinat - m, ʃpina:t, Sg. tant. [StI II, Ap, Hod, Kol, Stan, Tor, Tscha, Tschat, Tscher, Wasch III, In IV, Ben, Bill, Bir, Bog, Brest, Char, DStP, Eng, Fak, Franzf, Ga, Ger, Glog, Gott, GStP, Hei, Heu, Jahr, Joh, Jos, Karl, Kath, KSch, Kud, Len, Low, Mram, NB, Orz, Ost, Rud, Sad, Schön, StA, Stei, Tschan, Tsche, Ui, War, Wil V]; ʃpena:t [De, Hatz, Jahr, KB, Laz, Len, Sack, Star V]; ʃpenat [Bill V]; ʃpeinot [Wer V]
G: als Blattgemüse angebautes, eisenhaltiges Gänsefußgewächs; Spinacia oleracea ● *Zuspeis (↑Zuspeise) hot me hauptsechlich vum Kraut un vum Spinat gmacht.* [Ap III] *Ja, Spinat un Sauerampl un Rabarbe ham-me ghat in Garte. Zum Spinat hann die Alti gsaat Griemus, ja.* [Ost V] ■ Gehl 1991, 228; Petri 1971, 70.
→Gemüsebau, Grünmus.

Spinnbohne - f, ʃpinpo:nə, Pl. id. [Ga, NA, StA V]; ʃpinpo:n, -ə [Bog, GK, Glog, Len, Low, Sta, War V]
G: Kletterbohne, die sich auf eine Stütze aufwärts rankt ● *Me hot Griene Bohne vekauft, die lange Spinnbohne, dann auch die Weißi Bohne fir in Härbst.* [NA V] *Bohne ware die Spinnbohne, des wore die Griekochbohne, wu mer Supp un Zuspeis gmach hat.* [Ost V] ◆ Die Spinnbohnen ranken sich an Maisstauden oder an Stecken, die man neben der Pflanze in die Erde schlägt.
→Bohne; hinaufspinnen.

Spinne - f, ʃpine, -ən [Tem, Resch, Wer V]; ʃpinə, Pl. id. [Ga, StA V]; ʃpin, -ə, [Ap, Fil, Mil, Pal, Sch, Siw, Tscher III, Put, Tom IV, Fak, Glog, Nitz, Schön, Wil V, Bil, Pe, Suk VI]; ʃpen, -ə [Bill, Len V]; ʃpinmǫkə, Pl. id. [Sad V]
V: Tier mit verschmolzenem Kopf-Bruststück, mit zwei Paar Mundwerkzeugen und vier Paar Beinen; Araneidae ● *Im Biekorb, do kenne Spenne drenseie (darinsein), un wege Krankheite muss me den ausbrenne mit Papier.* [Seik II] ◆ In der Pfalz und bei den Donauschwaben ist ein Volksglauben in Reimform verbreitet: Spinne am Owend - erquickend und lawend, Spinne am Morche - Kummer un Sorche, Spinne am Nochmiddag - Glick for de anner dag. Wegen der lautlichen Gleichheit des Subst. *Spinne* mit dem Infinitiv *spinne* ('spinnen'), wird der Spruch sowohl auf das Tier, als auch auf die Tätigkeit des Spinnens bezogen. ■ PfWb VI 284 f.; RheinWb VIII 359 f.; Gehl 1991, 118; Petri 1971, 122.
→Ungeziefer.

Spinnrosenbaum - m, ʃpinro:zəpã:m, -pẽ:m [Bog, Ger, Gra V]; ʃpinro:zn, Pl. id. [Tem, Stei, Wer V]; ʃpinro:s, -ə [Kar III, In IV, Len, Low, Rud, Tsch V]
G: Kletterrose *Etym.:* Der Rosenstrauch wird wegen seines hohen Wuchses als Baum bezeichnet. Das Element *Spinn-* im Bestimmungswort des Komp. bezieht sich auf die Eigenschaft der Kletterrose, eine Wand bzw. ein Gerüst durch ihr Wachstum gleichsam zuzuspinnen. ● *Newer em Gang (Hausflur) war e rote Spinnrosebaam, der hat wie e Laube ausgschaut.* [Bog V] ■ Petri 1971, 63.
→Baum, Rose.

Spitze - f, ʃpits, -n [Pußt, Wer, Wud, Wudi I, Besch, OW VI]; ʃpitsn, Pl. id. [Aug, GT I];

spitzen

ʃpi:tse, -n [Neud III]; ʃpitse, ʃpitsə [Ru IV]; ʃpitsə, Pl. id. [GT I, Bad II, Tom IV, Stef, StA V, Pe VI]; ʃpits, -ə [Bohl II, Bru, DStA, Fak, Ga, Glog, Len, Low, NA, Ost, Sem, StA V]
Allg: spitz zulaufendes Ende eines Werkzeugs, Materials usw. • *Wann de Schowr (↑Schober) in die Spitz gang is, hat mer die Lade (↑Leiter) stehn ghat. (...) Die Spitze vun de Saal (Seil) sinn zammgebunn ginn.* [Ost V] *Sapiner (↑Sapine), das is ein Wärkzeug vom Eisn, mit ein Stiel. Das is so ein wenig rund und hat hier ein Spitz, mit dem man das Holz riegelt (↑rügeln).* [OW VI] ■ Gehl 1991, 146.
→ausspitzen, spitzen; spitzig.

spitzen - schw, ʃpitsn, kʃpitst [Aug, Ed, GT, Scham, Schor, StlO, Wein, Wud I, Petschw II, Esseg, Ru IV, ASad, Lind, Resch, Tem, Wei, Wolf V, OW VI]; ʃpitsə, kʃpitst [Kock, Wem II, Ap, Fil, Gak, Mil, Sch, Wepr III, Be, NP, Tom IV, Bog, Fak, Gra, Kath, Len, Nitz, StA, War, Wil V, Bil, Pe VI]
Allg: etwas spitz machen, das Ende zuschneiden • *Im Winte had er obgschudn (↑abschinden) die Rindn, und die Stejka (↑Stecken) gspitzt und min Obziëgmejsse (↑Abziehmesser) glott gmocht.* [Wud I]
→Spitze; spitzig; ausspitzen.

spitzig - Adj, ʃpitsiç [Wud, Wudi I, Nad II, Ap, Gai, Kutz, Stan III, NP IV, Bru, El, Fak, Ga, Glog, Gutt, Lieb, Ost, StA, Wil V, Erd VI]; ʃpitsik [Besch VI]
Allg: spitz zulaufend *Etym.:* Das Adj. *spitzig* setzt mhd. *spitzec, spitzic* fort. • *Un fer steche hot mer spitzige Messre ghat, die annre ware abgestumpft.* [Stan III] *Die Holzstange sein so 5-7 cm dick, ungefähr drei Meter lang, an jedem End spitzich.* [Bru V] *Där Spieß war so spitzich, den hod me durch den Verschluss durichgfedlt.* [Lieb V] *Die Kukrutzsorte ware verschiedene, Kochkukrutz un de Patschkukrutz mit spitzichi Käre (Kern 2).* [Ost V] ■ PfWb VI 308; RheinWb VIII 382.
→abgestumpft, zugespitzt; spitzen; Spitze, Spitztabak, -wegerich;.

Spitztabak - m, ʃpitsthuvak, Sg. tant. [GstO, Wies, Wis V]
T: an der Spitze der Tabakpflanze wachsende, begehrteste Blätter • *Aso, do war de Spitzthuwak, mer hat ne gnennt Kipplthuwak (↑Gipfeltabak), des war erschti Klasse.* [Wies V]
→Tabak; spitzig.

Spitzwegerich - m, ʃpitsvegəriç, Sg. tant. [Sad, StA V]; ʃpitsvętriç [Bog, GK, Ost V]; ʃpitshętriç [Fak, Glog, Wil V]; ʃpits(ə)wedriç [Tor III, Buk IV, Ben, Low V]; ʃpitsvę:gərli [NaV]; ʃpitsavexali [SM V]; kʃpitstəve:griç [NA V]
A: als Unkraut verdrängte Pflanze mit großen Blättern und tiefen Wurzeln; Plantago lanceolata • *Bei uns woan im Wiäzbischl (↑Würzbüschel) auch Gspitztewegrich, Bohnekraut, Pockelschnuddl (↑Bockerlschnudel), Mariaauge und Herrgottsfinger.* [NA V] *Unkraut ham-mer viel ghat, do ware die ↑Windhexe, es Schellkraut, die Melde, die Hinglsdärem (↑Hünkelsdarm), de Spitzwättrich, de Hettrich (↑Hederich) un viel andre.* [Ost V] **Anm.**: Die Variante *Spitzhättrich* ist unter Anlehnung an *Hettrich* 'Hederich' gebildet. ♦ Vermutlich wegen seiner Heilwirkung durch Auflegen auf Schnittwunden u. Ä. wurde der Spitzwegerich gelegentlich in den Würzwisch (s. ↑Würzbüschel) aufgenommen. ■ PfWb VI 311-315, mit Karte 358: Spitzwegerich; RheinWb VIII 379; Gehl 1991, 99; Petri 1971, 56.
→Strippwurzel, Unkraut; spitzig.

Sportplatz - m, ʃportplåts, -plęts [Alt, Fek, Nad, Oh, Wem II, Fak, Glog V]
A: größerer freier Dorfplatz, auf dem sportliche Tätigkeiten ausgetragen werden • *En Fäkäd (ON) is auch es Hålterhaus (↑ Halterhaus), de Sportplatz un de Läwäntäplåtz.* [Fek II] ■ PfWb VI 318.
→Platz (1).

Spreu - f, ʃprai, Sg. tant. [Kock, Sier II, Gak III]; ʃpra:i, Sg. tant. [Fek, Petschw, StI II]; ʃprai, -ər [Ap III]; ʃprau [Ker III, Be IV, Bak, Bru, Bog, Ger, GJ, Len, Low, Wer, Wis V]; ʃprauər [Stan III, Ost V]; ʃpri:əts [Besch VI]; kʃproi [Jood II]
A: Hülsen und Grannen des gedroschenen Getreides • *Un des Gspreu war gued far die Kihe (↑Kuh) odde far die Ross zum fuettre (↑füttern).* [Jood II] *Die Spraai is gut fir em Viech zu straan (↑streuen) statt Stroh.* [Petschw II] *Un die Weiwer honn noch die Sprei geträge un andre, die hunn des Stroh, die Strohheiwe (↑Strohhaufen) gesetzt.* [StI II] *Die Sprauerweiwer, die ware vieri an der Sprauer.* [Stan III] *Ja, de Kuhdreck mit Sprau, där war gut for ufwesche de Bodm (↑Boden 2).* [GJ V] *Die Sprauer is unne uff die Seid (↑Seite) rausgang.* [Ost V] **Anm.**: Die Variante *Gspreu* in [Jood II] wird mit dem Präfic ge- gebildet. ♦ Sprichwort: *Ich traa liewer for mich Sprau wie for e annre Frucht.* [Bak V] ■ PfWb VI 539-343, auch *Spreuer*, mit Karte 359; RheinWb VIII 424

f.; HNassVWb III 700.
→Gesiede, Haferspreu, Kaff, Pflanze, Spelz (1), Spreugabel-, setzer, -schober, träger, -weib.

Spreugabel - f, ʃprauərkavl, -ə [Ost V]
A: breite Holzgabel mit engstehenden Zinken zur Beförderung von Spreu ● *Un mit der Sprauergawwl, des war a braadi (↑breit) holzeni (↑hölzern) Gawwl mit fymf-secks Zinke, a leichti, hann sie die Sprauer gholl uff de Sprauerschowr.* [Ost V]
→Gabel (1), Spreu.

Spreuschober - m, ʃprauərʃo:vr, -ʃe:vr [Ost V]
A: Haufen aufgeschichteter Spreu ● *Die Spreuer had mer mid em große Reche (↑Rechen) gejer de Sprauerschowr hingezoo, als zwanzich Medder (↑Meter 1) aach.* [Ost V]
→Schober, Spreu.

Spreusetzer - m, veraltet, ʃprauərsetsər, Pl. id. [GJ, GK, Ost V]
A: Drescharbeiter, der die Spreu auf den Haufen aufschichtet ● *De Sprauersetzer war gewehnlich e alde Mann, wu aach had wille sei Brot verdiene. Un där hat bald ka Ables (↑Ablöse) ghat, de Sprauersetzer.* [Ost V]

Spreuträger - m, ʃpraitro:gər, Pl. id. [Fek II]; kʃpraiərtrọ:gər [Sol, StG, Sulk II]
A: Drescharbeiter, der die Spreu von der Dreschmaschine auf einen Haufen befördert ● *Aans (einer) hat aufgemocht die Goarwe (↑Garbe). Noch woan Spreitroger un Strohschiewer.* [Fek II] *No ware noch die Gspreiertroger un die Secktrager ware do.* [Sulk II]
→Spreu, Spreuweib, Strohträger.

Spreuweib - n, veraltet, kʃproivaib, -vaibər [Jood II]; ʃprauərvaip, -vaivər [Stan III]
A: Drescharbeiterin, die die ausgeworfene Spreu auf einen Haufen befördert ● *Desch (das is) de Fuettrer (↑Fütterer) un de Maschinist. Ja, noch senn noch die Gspreuweiber unne (unten).* [Jood II] *Die Sprauerweiwer, die ware vieri an der Sprauer.* [Stan III]
→Gesiedemädchen, Rieseleute, Spreu, Spreuträger, Trommelweib.

Spritze - f, ʃpritsə, Pl. id. [Gai III, Ham, Schei VI]; ʃprits, -ə [Fil, Ker, Pal, Sch III, Put, Tom IV, Alex, Bak, Fak, Gra, Joh, Nitz, Len, Low, Wil, Wies V]
O, W: Gerät zum Versprühen von Spritzmitteln im Obst- und Weingarten ● *Desäl Spritze nimmt mer uff der Buckel, mit där spritzt mer Galitzel (↑Kanitzel) und Kalch.* [Schei VI] ■ PfWb VI 357: 1.b; RheinWb VIII 438 f.; SchwWb V 1594; Gehl 1991, 231.
→Handspritze; spritzen (1a).

spritzen - schw, ʃpritsn, gəʃpritst [OW VI]; ʃpritsn, kʃpritst [Aug, Ed, GT, KT, OG, Pußt, Scham, Schor, StlO, Wein, Wud I, Petschw II, Ru IV]; ʃpritsə, kʃpritst [Erb I, Baw, Jood, Stl, Surg II, Ap, Gai III, Be, ND, NP, Tom IV, Alex, Bru, Fak, Ga, GK, Glog, Low, Ost, StA, War, Wil V, Ham, Schei VI]; ʃpretsə, kʃpretst [La II, Bog, Len V]
1. A, Fo, O, W: Flüssigkeit in Tropfen wegschleudern a. O, W: flüssiges Pflanzenschutzmittel mit einem Gerät aussprühen ● *Schon zwaamol is gspritzt mit ↑Sinep, fir die Pärenospoure (↑Peronospora).* [OG I] *Mit Kolitzn (↑Kanitzel) un Kålch ham-me gspritzt.* [Pußt I] *Die Pfeasche (↑Pfirsich) hot me mit Nikotin gspritzt.* [Wud I] *Die Loit (Leute) senn gange Woigarte (↑Weingarten) hacke un binde un spritze.* [Jood II] *Un noch wird's gspretzt in Weigoate mit dem Spritzsach.* [La II] *De Weingoatn muss me haun (↑hauen), ausbrechn, bindn un spritzn mit Blaustaa.* [Petschw II] *Die Trauwe hot me gspritzt gegen Ungeziffer, weil sunscht henn sie Krankheite kriegt.* [Ap III] *Im Sommer weäd de Weigatn gspritzt un gstutzt.* [Ru IV] *Es war jo immer viel Arwet (↑Arbeit) in de Wingerte, im Frihjohr ufhacke, schneide, no später spritze, hefte un stutze.* [Bru V] *Und es gibt so ↑Soluzie, mit der was man spritzt.* [OW VI] *Ja, so e Handspritze, mit der spritzt mer Galitzel und Kalch.* [Schei VI] b. A: Wasser in Tropfen oder als Strahl über einer Fläche verteilen ● *Es Treppplatz (↑Tretplatz) war vorhär schun, gspritzt, aangspritzt mit Wasser.* [Ost V] ◆ Gespritzt wird gegen Krankheiten und Schädlinge des Rebstockes. Bei Regenwetter muss das Spritzen in kurzen Abständen wiederholt werden. ■ Gehl 1991, 231.
→(1a) Spritze, Spritzlade, -material, -sache, -wasser; (1b) anspritzen.

Spritzlade - f, veraltet, ʃpritsla:t, -la:dn [Ed, KT, Wud I]
O, W: fassähnliches Gefäß, Holzlade zum Aufbewahren der Spritzflüssigkeit im Weingarten ● *Die Spritzlad hot auesgschauet wir-r-e Fassl, nua aum (oben) hot sie e vïeeckets (↑viereckig) Louch ghot und untn hot mer e Pippm (↑Pipe) fe Huiz (↑Holz) einigschlogn (↑hineinschlagen).*

[Wud I]
→Fass, Maische-, Wasserlade.

Spritzmaterial - n, ʃpritsmateria:l, Sg. tant. [Fek, Jood, Surg, Wak II]
O, W: zum Spritzen der Rebstöcke und Obstbäume verwendeten chemische Stoffe ● *Viel Gattung Spritzmaterial gibt's.* [Jood II]
→Spritzsache; spritzen (1).

Spritzsache - n, ʃpretssax, -ə [Fek, La, Nad, Surg, Wem II]
O, W: flüssiges, auf die Weinreben versprühtes Pflanzenschutzmittel ● *Noch wenn's gspretzt wird, noch tun se so e Bledrdünger 'nei ins Spretzsach, des is so e grieni Brih* (↑Brühe), *des is gut fir de Treiwl* (↑Traubel) *aa.* [La II]
→Biovit, Blattdünger, Blaustein, Kalkbrühe, Kanitzel, Kuprosant, Miltox, Nikotin, Sinep, Soluzie, Spritzmaterial, -wasser; spritzen (1a).

Spritzwasser - n, ʃpritsvosɐ, Sg. tant. [Aug, Ed, GT, KT, Schor, Wud, Wudi I]
O, W: flüssiges Gemenge zum Spritzen von Obst- und Weingärten ● *Es Spritzwossa hot me sou gmocht: Ins Wossa hot me Koilik* (↑Kalk) *und Koilitzn* (↑Kanitzel) *eienigrihet* (↑hineinrühren). [Wud I]
→Wasser (2); spritzen (1a).

Sprosse - f (n), ʃprose, ʃprosn [OW VI]; ʃprosn, Pl. id. [Ost V]; ʃpros, -n [Glog, StA V]; ʃpros, -ə [Brest, Gai III, NP, Tow IV]; (n) ʃprosl, -ə [Oh II, Ost V]
A: in zwei Längshölzer eingebautes, dünneres Querholz ● *Am Schowr* (↑Schober) *hat mer die Lade stehn ghat, in a Sprossn so a Brett ningstoch* (↑hineinstecken), *wu vorgstann hat, a Sitzbrett vum Waa* (↑Wagen) *zum Beispiel.* (...) *An de Stallwand war de Holzraaf* (↑Holzraufe), *mit Sprossle fers Fuder* (↑Futter). [Ost V] **Anm.:** Die Variante *Sprossn* mit dem subst. Morphem -n im f. Sg. weist bair.-österr. Einfluss auf. ■ PfWb VI 362 f.: *Sprosse* f., *Sprossen* m., *Sprossel*; RheinWb VIII, 443 f.
→Leiter (1).

Spund - m, ʃpunt, ʃpundə [Mu, Nad II, Ap, Gai III, NP IV, Glog V]; ʃpundə Pl. id. [Fak, Ga, StA V]; ʃpuntə, Pl. id. [GK, Ost V]
W: Stopfen zum Verschließen von Fässern ● *In der Botting vor de Spunde, vor es Loch hat mer e sauwre* (↑sauber) *Bese gebunn, innewendsich* (↑inwendig) *angnaglt.* [Ost V] ■ Gehl 1991, 246.

→Pipe.

Staatsferma - f, veraltet, ʃta:tsfɛrma, Pl. id. [Bog, Fak, Gra, Hatz, Nitz, Ost, War, Wis V]
A, G, V, W: landwirtschaftliche Staatsfarm mit spezialisierter Produktion *Etym.:* Entlehnung aus rum. *fermă de stat* 'Staatsfarm'. ● *Die hann die moderni Sorte gezicht dort in de Staatsfärma.* [Ost V]
→Ferma.

Staatshengst - m, ʃta:tshɛŋʃt, -ə [Bog, GJ, GK, Gott, Gra, Len, Low, Ost, War, Wis V]
V: vom Staat zu Zuchtzwecken gehaltener Hengst ● *Friher ware in Grawatz (ON) die Zuchthengschte vun der ungarisch Zeit (vor 1918). Des ware Nonius, vum dem Nunnius 38, so hat där ghaß (geheißen).* [Ost V]
→Hengst.

Stahl - m, ʃtɔ:gl, Pl. id. [Baw, Fek, Wem II]
V: Stahlstück mit Griff und feinen Rillen zum Schärfen von Messern, Metzgerstahl *Etym.:* Das Subst. kommt von mhd. *stahel* 'Stahl' ([23]Kluge, 786). ● *Med em Stogl hod er die Messer schoarf* (↑scharf 1) *gemocht, ender dass er es Fleisch veschniede* (↑verschneiden) *hot.* [Baw II] **Anm.:** Die Variante *Stogl* weist h>g-Wandel und Verdumpfung des *a* zu offenem *ɔ* auf. ■ PfWb VI 404 f.: 2. aus Stahl hergestellte Geräte, a. 'Metzgerstahl', Wetzstahl; RheinWb VIII 496 f.; HNassVWb III 722.
→Messer.

Stall - m, ʃtal, ʃtel [Fek, Jood, Kock, StI II, Ap, Waldn III, Be IV, Bog, Bru, Fak, GJ, Glog, Gott, Gra, Hatz, Len, Low, Lug, Ost, Resch, StA, Stei, Wil, Wis V]; ʃtɔ:l, ʃtel [Tol I]
V: meist geschlossener Raum zur Unterbringung von Zuchtvieh im Wirtschafts- bzw. Einödhof ● *Ba uns war ke Huetwaad* (↑Hutweide), *war e jedes Rind dehaam im Stall.* [Jood II] *Mir hadde kaa (keine) Waad net, do honn die Leit ihre Viech trucket halle* (↑trocken halten) *mise im Stall.* [StI II] *Die Schef henn extre e Stall ghat, des war de Schofstall.* [Ap III] *De Knecht, dä hod im ↑Tschardak gschlofe un im Winder hod er im Stall gschlofe.* [Waldn III] *Ich war Knecht bei meim Vater, hann aa im Stall misse schlofe.* [Gott V] *Wann im Stall unner dr Bruck Hoor oder Eierschale leije* (↑liegen), *krepiere die Ross.* [Hatz V] *Drei, vier Stiere habn me da ghabt im Stall, je nachdem wie de Stand von de Kiehe war da in*

Stallfütterung

Lugosch. [Lug V] *Die Stell, die Hodaiene* (↑Hodaie) *un die Pußte* (↑Pußta 2) *sinn in kurzer Zeit verschwunne.* [StA V] ♦ Sprichwort: *Geduldichi Schof gehn viel in Stall.* [Bak V]
→Pferch, Bären-, Bika-, Botzen-, Eber-, Hünkels-, Impf-, Kuh-, Lauf-, Pferde-, Ross-, Sau-, Schaf-, Schweinestall, Stallfütterung, -hase, -mist, -tür, Stallung.

Stallfütterung - f, ʃtalfitəruŋ, Sg. tant. [Bog, GK, Gra, Low, Ost, War V]
V: Stallhaltung des Viehs, ohne Weidetrieb ● *Die Kih hann immer im Stall gstann, bei uns war Stallfitterung.* [Ost V]
→Futter, Stall.

Stallhase - m, ʃtalha:s, -ə [AK, Ap, Brest, Mil, Pal, Sch, Tscher III]
V: zur Fleischgewinnung gehaltenes Hauskaninchen ● *In manche Heiser hot me Stallhase noch ghalde* (halten), *do warre groß un klaani Hase, die hot mer kenne ufziehge* (↑aufziehen). ■ PfWb VI 413: 1. 'Hauskaninchen'; RheinWb VIII 505; HNassVWb III 725; Petri 1971, 109.
→Hase (1), Stall.

Stallmist - m, ʃtalmist, Sg. tant. [Ed, Ins, OG, Pußt, Schau, Wud I]; ʃtalmiʃt, Sg. tant. [Fak, Ga, Glog, Ost, StA, War V]
V, W: organischer Dünger von Haustieren ● *Entwede is e Mist gwest zen aigraam* (↑eingraben), *hod me den Stallmist aigraam.* [Pußt I] *Die Mischtunnelag is vun Stallmischt, wumeglich warme Stallmischt.* [Ost V]
→Mist, Stall.

Stalltür - f, ʃtallti:r, -n [Wud, Wudi I, Lug, Tem V]; ʃtalti:r, -ə [Bak, Bog, Fak, Glog, Gott, Gra, Nitz, Ost, War, Wil V]; ʃtålti:rə, Pl. id. [Ga, StA V]; ʃtǫlti:r, -ə [Ru IV, Stei, Wei V]
V: Tür an einem Stall ● *Auf e Benkl* (Bank) *oddr e Stolltihr is es Koan* (↑Korn) *klopft* (↑klopfen 1) *woan.* [Ru IV] *De Stier hat sich dann gstellt in die Stalltier.* [Lug V] ♦ Stalltüren setzen oft den alten Türtypus fort, dessen unterer Teil (z. B. zum Auslauf des Geflügels) getrennt geöffnet werden kann.
→Stall, Tür.

Stallung - f, ʃtaluŋ, -ə [Seik, StG, Wem II, Ap, Fil, Hod, Pal, Sch, Siw, Werb III, Put, Tom IV, Bog, Ga, Gra, GK, NA, Nitz, War V, Bil, Mai, Pe, Suk, Tur VI]
V: Wirtschaftsgebäude im Bauernhof zur Unterbringung größerer Haustiere ● *Un im Hinnerhof ware die Stallunge, hauptsechlich der Kuhstall un de Rossstall getrennt, un dann der Saustall.* [Ap III] *Die ↑Kolne woa e kleine Hitt, die hat e Zimme ghat, e Kugl* (↑Küche) *un Stallung.* [NA V] ■ PfWb VI 416; RheinWb VIII 507.
→Stall.

Stamm - m, ʃtam, ʃteme [Bohl II, OW VI]; ʃtam, ʃtem [Bohl, Mu II, Brest, Gai, III, ND, NP IV, ASad, Bru, Fak, Ga, Glog, Gott, Gutt, Kleck, Len, Lind, Low, Nitz, Ost, Sad, StA, War, Wei, Wil, Wolf V]; ʃta:m, ʃte:m [OW VI]; ʃta:m, ʃtę:m [Nad II]
Fo, O: fester, holziger Teil eines Baumes, der in der Erde wurzelt ● *Duort hobn sie aan dickn Stamm abgschnittn grad, und duort hobn sie die Hittn* (↑Hütte) *draufgmocht.* [ASad V] *Un dann ham-mer vum Kunstdinger glärnt, zum Beispiel dass Stickstoff es Blatt macht, un dass es Kalium den Stamm fest macht.* [Ost V] *Un wenn es zu dick ist, wenn de Stamm schon de Duichmesser von 15-20 cm hat, tut me schittern* (↑schüttern). [OW VI]
→Baum.

stampfen - schw, ʃtampfə, kʃtampft [Fak, Ga, Glog, Pan, StA, Wil V, Bil, Ham, Mai, Pe, Schei, Suk VI]; ʃtampə, kʃtampt [Baw, Mu, Wem III, Pal, Sch, Siw III, Bill, Bru, Ernst, GK, Len, Low, Nitz, Ost, Stef, Ui V]
A, V, W: mit einem Stößel (bzw. mit den Füßen) kräftig auf den Boden stoßen ● *Butter git* (wird) *mit am holzene Butterfass gschlaa, un gstampt mid am Stamber.* [Ost V] *No had me zwei-drei Eimer Traube neigläärt* (↑hineinleeren) *un no gstampft, so mit de Fieß, bis die alle vequetscht waret.* [Schei VI]
→ein-, hineinstampfen, schlagen (2); Morscholo, Stampfer.

Stampfer - m, ʃtampfər, Pl. id.; ʃtampər [Len, Nitz, Wies V]; ʃtambər [Bog, Bru, GK, Gra, Ost, Ui V]
V: Stößel zum Schlagen der Milch im Butterfass ● *Butter git* (wird) *mit am holzene Butterfass gschlaa, un gstampt mid am Stamber.* [Ost V]
→Butterstößel; stampfen.

Stampfloch

Stampfloch - n, ʃtamblox, -leçər [Bog, GK, Len, Low, Ost, War V]
A: durch Entnahme von Lehm für das Errichten von aufgestampften Wänden entstandene Vertiefung am Dorfrand ● *Mir hann viel Unkraut ghat, des is im Stambloch gwackse. Ja, die Blutiegle (↑Blutegel) sinn kumme, wam-mer uns im Stambloch gebad hann.* [Ost V]
→Kaule, Loch (1).

Stande - m, ʃtandə, Pl. id. [Bil, Ham, Pe, Schei, Suk VI]; ʃtenər [StG, Sulk, Wem II, Ker, Mil, Siw, Stan III, Be IV, Bog, Ger, GJ, Hatz, Kath, Len, Low, War, Zich V]
G, O, V, W: offenes Stellfass, Kufe *Etym.:* Vgl. mhd. *stande* 'Stellfass, Kufe'. (LexerHWB II 1136) ● *No hat mer es Kraut in Schichte in de Stenner geton, e Hendche voll Salz driwwer un Gwärz (↑Gewürz) dran.* [GJ V] *Do woan die Betonfesse, Stanne hot me gsacht.* [NA V] *Denn tu mer Traube wimmle (↑wimmeln 1), tut mes durmahle (↑durchmahlen) in em große Stande. De ande Tag tut me's 'nei in de Fesser.* [Schei VI] ■ SchwWb V 1632: 'offene Kufe für verschiedenen Inhalt'; PfWb VI 424: 1.b 'Stellfass als Hohlmaß', 40 l; RheinWb VIII 520.
→Stellfass, Kraut-, Tretstande.

Ständer - m, ʃtendər, -n [OW VI]
Fo: Gestell als Unterlage für einen Aufbau ● *Un die Drohtseilbahn is ganz einfach bei uns. Da wärdn solche Stendern aufgebaut, un dann wird de Droht ausgezogen.* [OW VI]

Stange - f, ʃtaŋe, ʃtaŋə [Stei V]; ʃtaŋə, Pl. id. [StI II, Ga, StA V, Bil, Ham, Pe, Schei, Suk VI]; ʃtaŋ, -ə [Ha, StI II, Ap, Hod Pal III, Be, Put, Tom IV, Ben, Bru, Charl, GK, GStP, Lieb, Nitz, Ost, War, Wis V, Bil, Ham, NP, Pe VI]; ʃtåŋ, -ə [Fak, Glog V]
Allg: langer Stab mit relativ geringem Durchmesser ● *Mit de Stange hot me gschittlt, des woa imme schlecht.* [Ha II] *No is gange mit grouße Stange un hot den Schwarm robgnomme.* [StI II] *Uff aaner Stang ware die Hausseck ufgereiht.* [Bru V] *Wu die Worscht iwwer de Stang umgeboo war, des hat mer die Phaaif (↑Pfeife 2) gsaat.* [Lieb V] *No hant se zwoo Stange da, an de Seite am Wage.* [Schei VI] ■ Gehl 1991, 153.
→Baum (2), Heu-, Holz-, Neben-, Petrenzestange, Ruder.

Stängel - m, steŋgl, Pl. id., (auch -ə) [Ha, Seik, StI II, Gai, Gak, Hod, Waldn III, ND, NP IV, Bak, Bog, Bru, Fak, GJ, GK, Glog, Len, Low, Ost, StA, StM, War, Wil V]; ʃtiŋkl [Aug, Ed, GT, GT, Scham, StIO, Wein, Wud I]
1. A, H: holziger Teil der Hanf-, Mais- und Sonnenblumenpflanze, der die Blätter, den Blütenstand und die Früchte trägt ● *Im ausgegrabene Därrloch (↑Dörrloch) hat me den Hanf gstaplt un die Stengl (↑Stängel) mit gedämpfte Glut getricklt (↑trocknen).* [Hod III] *Dann hod me den Hannef widder ufgstellt, dass er gut trucke (↑trocken) wärd. No had me ne gebroche (↑brechen) mid-de Hannefbrech (↑Hanfbreche), damit der Stengl rausgeht (↑heraus gehen) un de Faser bleibt.* [Waldn III] *Bei uns ware for de Backowe (↑Backofen) oder de Kessl schiere, Rewe (↑Rebe) un Stengle genuch.* [Bru V] *Un weil die Stängle doch hart sinn, had mer sie schregs (↑schräg) gschnitt, mit em Laabschneider.* [Ost V] 2. A, G, O, W: Stiel von Kräutern, Gemüse- und Obstpflanzen sowie Weintrauben ● *Die Weiemba sann min Stingl (↑Stängel 2) owiwua (nach oben) eff Weiembasteicka (↑Weinberenstecken) aufgheingt woan.* [Wud I] *Dɔt senn so Planze mit so hoche Stengl, die hunn sehe gute Honich.* [Seik II] ■ Gehl 1991, 78.
→(1) Kukuruz-, Sonnenblumenstängel, Pflanze, Storzen (2); (2) Stiel (1).

Stängelschober - m, ʃteŋlʃo:və, Pl. id. [StA V]
A: Haufen aufgeschichteter Maisstängel mit Laub ● *Mir henn bloß die Stenglschowe ufgsetzt un sinn schun weide (weiter).* [StA V] ◆ Die Maisstängel wurden gebündelt, im Hinterhof auf Haufen gesetzt und im Winter dem Vieh zum Abfressen des Laubs gefüttert. Danach wurden die Stängel zum Heizen des Kessels, des Backofens usw. verwendet.
→Schober.

stapeln - schw, ʃtaplə, kʃtaplt [Hod III]
Allg: landwirtschaftliche Produkte schichten, aufhäufen ● *Im ausgegrabene Därrloch (↑Dörrloch) hat me den Hanf gstaplt un die Stengl (↑Stängel) mit gedämpfte Glut getricklt (↑trocknen).* [Hod III]

Star - m (n), ʃtoɐ, -n [Ed, KT, Scham, Wud, Wudi I]; ʃto:r, -n [La II, Kol III]; ʃta:r, -ə [AK, Ap, Gara, Ker, Stan, Tscher, Wasch III, Fak, Ga, Glog, , Len, Low, StA V]; ʃta:r, Pl. id. [Baw II]; (n) ʃta:rl, -ə [Fu, Hod, Pal III, Fak, Glog, GStP, Ost V]; ʃta:rl, Pl. id. [Fu, Hod, Pal III, GStP, Low V]; ʃta:l, Pl. id. [Darda II]

Abb. 88 Star

Fo, V: Singvogel mit kurzem Hals und langem spitzem Schnabel; Sturnus vulgaris ● *Do hånn sie die große Raatsche (↑Ratsche) vill gemocht, die wos Krawall homm gschloge. Die homm die Star fotgetriewe (↑forttreiben).* [Baw II] *So geger Owed (Abend), noch komme die Storn, soge me. No muss me klopp (klopfen) mit etwos, noch firchte se sich.* [La II] *Em Summer senn die Stare her wie Micke uff de Brei.* [Len V] *Do gsieht mer als die Starle, wu als in de Weigarte ningehn un Schade mache.* [Ost V] ◆ Zur Zeit der Traubenreife richten Scharen von Staren oft erheblichen Schaden im Weingarten an. Durch lautes Klopfen, Vogelscheuchen oder farbige Papierstreifen versucht man, sie vom Einflug abzuhalten. ■ Gehl 1991, 123.
→Vogel.

stark - Adj, ʃtark [Wudi I, Petschw II, Ap, Fil, Hod, Mil, Tscha III, Alex, Bog, Bru, Fak, Fib, Ga, GK, Glog, Knees, Len, Lieb, Low, NPe, Mar, Ost, Paul, StA, Stef, Wil V, Bat VI]; starək [Waldn III]; ʃtɒːk [Seik, StI II]
1. H: fest, widerstandsfähig ● *Am Kamilleroppr (↑Kamillerupfer) war in der Mitte oo starkr Stiel fescht gmacht fer die Kischt ziehge (↑ziehen).* [Mil III] *De Hanneffåser is so sähr starek, no hot mer als gspunne for hempfene (↑hänfen) Fruchtseck (↑Fruchtsack).* [Waldn III] *Denoh hot mer die Bruscht (↑Brust 1) ufghackt, mit oom stärkere Messer, ans Bruschtbein.* [Lieb V] 2. A, B: kräftig, gut entwickelt, leistungsstark ● *Wann schon secks-siwwe Brutrohme senn, do is des Volk schon stoak un kann schwärme (↑schwärmen).* [Seik II] *Demnoh, wie stark die Frucht war, hunn die Leit for a Joch abmache bis zu 100 kg Frucht, 1 kg Speck un ↑Raki kriet.* [Bru V] *Nå, in Heäbst, mus i durchschaun dä Bienstock. Is e schweche, den lau (lasse) i sechs-simm Kilo Honig drin. De anden, wo stirker is, mit måhe Bienen, måhe Volk drin, dä mus i so zehn Kilo lassn.* [Bat VI] 3. O, W: Getränk mit hohem Alkoholgehalt ● *Ausm Trewer (↑Treber) hot mer Schnaps gebrennt. Der Trewerschnaps war ziemlich stark, bis zu vierzich un fufzich Prozent stark.* [Ap III] *Wann de Schnaps kommt, där heißt zuärscht de Vorlaaf un is aarich (arg) stark, un zuletscht kummt de Nohlaaf.* [Ost V] **Anm.**: Die Variante *starek* weist in [Waldn III] Sprossvokal -e- auf. ■ PfWb VI 436-440: 1.b 'gut entwickelt, leistungsstark' (stark im Holz, der Bien [Bienenstock] is stark); RheinWb VIII 532-534.
→(1) verstärkt; (2,3) schwach; Starkes.

Stärke - f, selten, ʃtɛrke, Sg. tant. [Gott, Gra, Low, Ost, Wis V]
A, G, V: aus Pflanzen (wie Kartoffeln, Mais und Reis) gewonnene, weiße, pulverförmige Substanz, die in der Nahrungsmittelindustrie verwendet wird **Etym.**: Entlehnung aus der Standardsprache. ● *Un dann ham-mer glärnt, wieviel Einheite Stärke, Eiweiß, Kohlnhidrate (↑Kohlenhydrat) un so weiter, was es Jungvieh brauch.* [Ost V]
→Futter.

Starkes - n, ʃtarkəs, Sg. tant. [Jood II, Bak, Fak, Ga, Glog, Nitz, StA, Wil V]
O, W: hochgradiges alkoholisches Getränk ● *Em Morget wurd Starkes trunge, där will. Schnaps ode Konjak, un noch Bier un Woi (↑Wein) un Kola un so.* [Jood II]
→Schnaps, stark (2).

Staub - m, ʃtaup, Sg. tant. [Ap, Fil, Mil III, Be, Tom IV, Alex, Bak, GK, Gra, Kath, Len, War, Wis V, Bil, NP, Pe, Surg VI]; ʃtaːp [Ap, Fil, Mil III, Be, Tom IV, Alex, Bak, GK, Gra, Kath, Len, War, Wis V, Bil, NP, Pe, Surg VI]
A: winzige, in der Luft schwebende oder abgesetzte Erdteilchen ● *Die Hehne (↑Huhn) bade im haaße Staab un veschärr de ganze Såndhaufe.* [StA V]
→Erde.

Stechapfel - f, ʃteçapl, Sg. tant. [Bog, GK, Len, Low, Ost, War V]
A: als Unkraut verdrängtes, giftiges Nachtschattengewächs mit großen, stachelbesetzten Früchten; Datura stramonium ● *Mir hann viel Unkraut*

ghat, Tollkärsche (↑Tollkirsche), Winne (↑Winde), Bikokepp, des is de Stechappl un viele andre. [Ost V] ◆ Die Blätter des giftigen Stechapfels enthalten asthmalindernde Substanzen. (Wahrig 3401) ■ PfWb VI 455: 4. 'die stachelige Frucht der Pflanze Stechapfel'; RheinWb VIII 555; Petri 1971, 31.
→Apfel, Bikokopf, Unkraut; stechen (1a).

stechen - st, ʃteçn, kʃtoxn [NPe V]; ʃteçə, kʃtoxə [Fek, Jood, StI II, Ap, Gai, Sch, Siw, Stan III, NP, Tom IV, Bak, Bog, El, Fak, Ga, Glog, NA, Wil V]; ʃteçə, kʃtox [Gott, Gra, Jahr, Len, Low, Nitz, Ost, War, Wies, Wis V]
1. B, V: (von Insekten:) mit dem Stachel durch die Haut eines Menschen (oder Tieres) dringen ● *Wann de Schwarm oweds furtfliegt, den muss me eifange. Wann die ville Bie (↑Biene) steche, des is gfährlich, des kam-me net mitmache.* [StI II] *Dann sinn die ↑Bremse, wu die Ross stechn. Schlimm sinn aa die Gelse.* [Ost V] 2. V: ein Nutztier aus wirtschaftlichen Gründen mit einem Messer töten ● *De Schlochter, där tut min Messer die Gurgl 'neisteche. Hat, manchmol is net so gut gelunge, des Steche.* [Fek II] *Ba uns muss seller (jener) steche, wär es kann, is net e Schlechter (↑Schlachter).* [Jood II] *Die Sei sinn gstoche warre un es Blut is no grihrt ware in anre Schissl.* [Ap III] *Un fer steche hot mer spitzige Messre ghat.* [Stan III] *Die Schweine sein gstoche woan un gebriht woan (↑brühen).* [NA V] *En Nochbauer odder en Freind, sälle tan d'Sau steäche.* [Schei VI] 3. A: (vom Unkraut:) mit einem spitzen Werkzeug ausstechen ● *No had mer als Dischtl gstoche in de Frucht, awer manchmol hod mer ich gar net die Zeit gnumme.* [Tom IV] *Im Fruchtfeld und Gärschtfeld, wann die Dischtle wachse, tud me Dischtle steche mid em Dischtlstecher.* [Ost V] 4. A: (von der Sonne:) unangenehm heiß brennen ● *Die Sunn stecht so, dass när ke Schloße kumme!* [Knees V] ■ PfWb VI 456-460: 1. konkret, a: 'mit einem spitzen Gegenstand in eine Richtung treffen', b. (von Tieren) 'stechen, beißen', c. 'einem Schlachttier mit dem Messer eine Schlagader durchtrennen, d. 'eine Pflanze ausmachen, ernten', e. 'mit einem Spaten die Erde umgraben', 2. übertragen a. 'stechende Schmerzen bereiten'.
→(1) anstechen; Stechapfel; (2) ab-, hineinstechen; Stichbraten, -messer; (3) aus-, herausstechen; Distelstecher.

stecken - schw, ʃtekə, kʃtekt [Sulk II, Stan III, Tom IV, Ga, StA V]
A, G, O: Getreidekörner, Gemüsepflanzen oder Stecklinge anpflanzen ● *In Fruhjohr hot mer mise Grumbire (↑Grundbirne) stecke un de Hawer (↑Hafer) oobaue.* [Sulk II] *Mei Vatter is mit de Kukrutzmaschine ufs Kukrutzstick gfahre un hat Kukrutz gsteckt.* [Stan III] *De Kukrutz hot me gsteckt, net gsejt.* [Tom IV]
→anbauen, hineinstecken, säen; Steckgrundbirne.

Stecken - m, ʃtekə, Pl. id. [Pußt I, Baw, Bohl, Seik II, Fil, Gai, Har, Mil, Sch, Stan, Wepr III, Bak, Fak, Ga, Glog, StA, Wil V]; ʃtekə, ʃtekrə [Bog, Len, Low, Ost V]; ʃteikɐ, Pl. id. [Aug, Ed, GT, Ins, KT, Scham, Schor, Tar, Wein, Wud I]
Allg: dünner, länglicher Stock ● *Jetz geh mer in Weigät (↑Weingarten), die Stecke außiezieheng (↑herausziehen), un sann hieglegt woen.* [Pußt I] *Auf de Kraxn (↑Kraxe) haum me die Stejka ghot.* [Wud I] *Zum Stichbrode (↑Stichbraten) sinn die Spießstecke mit em Schlochtbrief uff em Stecke komme.* [Bohl II] *Der Blumme muss mer e Stecke gewwe un sie oobinde.* [Mil III] *Die Brotwärscht (↑Bratwurst), die hot mer drooghengt an die Stecke, un nochhär is alles gselicht wor (↑selchen), dass sie net verdärwe (↑verderben).* [Stan III] *De Senseboge, där hat e Stecke un e Schnur, dass sich die Mahd schee umlegt.* [Fak V] *De Dischtlstecher war a Stecke un dran war so wie a Spachtl, un mit dem had me die Dischtle ausgstoch. (...) Un de Pardeis hat mer Steckre ginn un hat se ausgegeizt.* [Ost V] ◆ Damit die Tomatenstauden aufrecht wachsen und die Last der zahlreichen Früchte tragen können, muss man sie an Stecken binden, die neben jede Staude in die Erde geschlagen werden.
→Haselnuss-, Holder-, Paradeis-, Peitschen-, Sonnenblumen-, Weinbeerenstecken, Prügel, Spießstecker, Steckenholz.

Steckenholz - n, ʃtekəholts, Sg. tant. [Bru, Fak, Ga, Glog, Nitz, Stef, Wil V]; ʃteikɐhuits [Aug, KT, StIO, Wein, Wud I]
Fo: Stangenholz, dünne Äste ● *Unsa Voatte hot en Waggau (↑Waggon) Stejkahujtz brocht.* [Wud I]
→Holz, Stecken.

Steckgrundbirne - f, ʃtekrumbir, -ə [StG, Sol, Sulk II]; ʃtekrumbi:r, -ə [Fak, Ga, Glog, StA, Wil V]
G: zum Verpflanzen geeignete, mittelgroße Kartoffel ● *Do ware die ↑Elo, hod me ghase un die Pedesilgrumbire hunn se gsagt un die Steck-*

stehen

grumbire. [Sulk II] *Do wore bei uns die großi Essgrumbiere, meischtns die Rosegrumbiere, un dann viel Steckgrumbiere un die Saugrumbiere, des worn die ganz klaani un die vehackti* (↑verhackt). [Fak V] ◆ Um Pflanzmaterial zu sparen, konnten große Kartoffelknollen geteilt und somit als zwei Stecklinge verpflanzt werden.
■ Gehl 1991, 226.
→Grundbirne; stecken.

stehen - st, intrans, ʃteə, kʃtanə [Fek II, Fak, Ga, Glog, StA V]; ʃteə, kʃtan [Bog, GK, Len, Low, Ost, War V]
1. A, V: (von Lebewesen und Vorrichtungen:) sich in aufrechter Haltung befinden ● *No is de Sau aufghengt woen uf Galige* (↑Galgen), *de woar uff vier Fiss gstanne.* [Fek II] *Die Ross hann uff der Bruck gstann.* [Ost V] 2. A: in gestapelter Form gelagert werden ● *Bei uns in Oschtre* (ON) *war alles, Haai* (↑Heu), *Stroh, Laab* (↑Laub 1b), *Sprauer* (↑Spreu), *alles war im Hof gstann.* [Ost V]
→vorstehen.

stehenbleiben - st, ʃte:nplaivə, -kəpli:p [Ost V]
Allg: eine Fortbewegung bzw. eine Arbeit unterbrechen ● *Die Dresch* (↑Dresche) *is stehngeblieb, de Heizer un de Maschinfihrer hann gschmiert mit Kalfoni* (↑Kolofonium) *die Rieme un so weide* (weiter), *un dann is es widrem aangang* (↑angehen). [Ost V]
→angehen.

steif - Adj, ʃtaif [Ost V]
O: sehr dickflüssig, fast fest ● *Un Dunschobst* (↑Dunstobst) *is ingleet* (↑einlegen) *ginn un Schleckl* (↑Schleckel) *gekocht, bis es steif war.* [Ost V]
→fest (2).

Steigung - f, ʃtaiguŋ, Sg. tant. [OW VI]
Fo: Höhenzunahme, ansteigender Weg ● *Unsere Tafln* (↑Tafel) *gehn schon bis 45 Prozent Steigung, mähe geht das nicht, dass die Felle* (↑Gefälle) *nicht zu groß is.* [OW VI]
→Fallung.

steil - Adj, ʃtail [ASad, Lind, Resch, Wei, Wolf V]
A, Fo: (von einem Abhang:) schroff abfallend ● *Un dann is me rundeglofn, duort is steil hinunde un dann in Grabn hinein.* [ASad V]
→Berg.

Stein - m, ʃtain, -e [Pußt I, Bohl II, Waldn III]; ʃtain, -ə [Tol I]; ʃtâin, -ə [Nad II]; ʃtā:n, -ər [Kock II, OW VI]; ʃtā:, Pl. id. [Sier, Surg II]; ʃtå:n, -ə [Krott I]; ʃtå:, ʃte:nər [Fak, Ga, Glog, StA, Wil V]; ʃte:n, -ə [Bog, Ger, GJ, GK, Len, Low, StAnd, Wis V]; ʃtǭin, -ə [Nad, Tew II]
1. Allg: sehr hartes Material, Mineral ● *In Jarek* (ON) *wor e Hannefraaib* (↑Hanfreibe). *Des wor so e große Staa, där is rundrum gange. Un dort is der Hannef drunnergeleet worre* (↑darunterlegen), *dass er waaich wird, net.* [Waldn III] 2. (verkürzt für:) Mühlstein ● *Der Miller hat aa die Steen schleife misse, jedi Wuch eenmol.* [Alex V]
→(1) Muristein, Steinboden, -bruch, -buckel, -karren, -krug, -nuss; (2) Mühlstein.

Steinberg - m, ʃtā:pęriç, -ə [Alt, Fek, Nad, Oh, Wem II]
A: steinige Anhöhe, Flurnamen ● *Do gebt's de Sandbärich, de Staabärich un de Gaaßbärich.* [Fek II]

Steinboden - m, ʃtainpo:tə, -pe:tə [Gai, Ker, Mil, Sch, Stan, Werb III]
A: steiniges, unfruchtbares Erdreich ● *Do war schwarzer Bode, ke Sandbode oder Steinbode.* [Stan III]
→Boden, Stein.

Steinbruch - m, ʃtainbrux, -briç [Resch, Wer V]; ʃtā:prux, -priç [Wein I, Alt, Fek, Go, Kock, Nad, Oh, Pal, Surg, Wak, Wem II, Ga, Fak, Glog, StA, Wil V]; ʃte:prux, -priç [Bog, Gra, StAnd V]
A: Abbaustelle für nutzbares Gestein; Flurnamen ● *De Schloußbärichweg* (↑Schlossbergweg) *geht in Richtung roude* (↑rot) *Staabruch.* [Fek II] *Me hamm doch en Steinbruch ghabt in Wärschetz* (ON). [Wer V]

Steinbuckel - m, ʃtā:pukl, Sg. tant. [Ga, SM, StA, Wil V]
A: langgezogene, steinige Erhebung auf der Dorfgemarkung *Etym.:* Das Grundwort des Komp. -buckel ist eine metaphor. Anlehnung an die Form der Erderhebung. ● *Uff däre Flur is mer noch vier Gwende* (↑Gewanne) *abboge. Dann senn rechts vum Weg drei Hiwwel* (↑Hübel) *oder de Stååbuckl kumme, wu d'Sentånneme* (ON) *Hottar* (↑Hotter) *ufgheert hat.* [StA V]
→Hübel, Stein.

Steinkarren - m, ʃtainkharə, Pl. id. [Da V]; ʃtā:kharə [Fak, Glog V]; ʃtō:kharə [Ap, Hod, Pal, Sch, Siw III]
A, Fi, G, V: einrädriger Karren mit zwei Griffen

Steinklee

zum Schieben ● *Die Fischweiwer* (↑Fischweib) *henn der Stookarre gnumme un e großer Weidekarb, aus schwarzi* ↑*Weide (2), un uff de Gass henn sie no grufe: Fisch verkaafe, Leit, kaafe eich Fisch.* [Ap III] ■ PfWb VI 513: 1. 'zweirädrige Schubkarre zum Transport von Steinen'; Krauß 909.
→Schubkarren, Stein.

Steinklee - m, ʃtã:kle:, Sg. tant. [Fak, Ga, GK, Glog, Low, Ost, StA, Wil V]
A: als Unkraut verdrängter, reichlich Nektar absondernder Honig- oder Hirschklee; Melilotus ● *Mir hann viel Unkraut ghat, de Staaklee, de hoche, de Weißklee, die Strippsworzle* (↑Strippwurzel) *un die Schwarzworzle.* [Ost V]
→Klee, Unkraut.

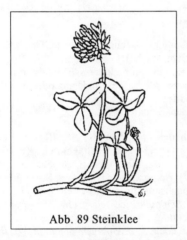

Abb. 89 Steinklee

Steinkrug - m, ʃte:nkrux, -kriç [GJ, GK, KJ V]
A, W: Wasserkrug aus gebranntem Ton *Etym.*: Benennungsmotiv ist die harte Konsistenz des gebrannten Tons. ● *Ja, Trinkwasser hann se ghat im Steenkruch, mer hat Sandkruch gsaat iwwer ne.* [GJ V]
→Krug, Sandkrug, Stein.

Steinnagel - f, ʃta:na:gl, Pl. id. [Darda II, NA V]
G: Bartnelke; Dianthus barbatus ● *Bei uns woan im Wiäzbischl* (↑Würzbüschel), *Kamelie* (↑Kamille), *Herrgottshaare, Kornblumme, Staanaagl un Sandkrabbler.* [NA V] ■ Steinnägelchen PfWb VI 516; Petri 1971, 32.
→Nägelein.

Steinnuss - f, ʃtã:nus, -ə [Ed, KT, Scham, Wud, Wudi I, Fak, Ga, Glog, StA, Wer, Wil V]
O: kleine Walnuss mit harter, schwer zu knackender Schale ● *Die Papiernusse henn dinni Schele* (↑Schale 1a), *awer die Staanusse henn harti Schele un klaani, vewackseni Nusskärne.* [Glog V] ■ Gehl 1991, 235; Petri 1971, 41.
→Nuss (1), Stein.

Steinschiller - f, ʃtã:nʃilər, Sg. tant. [Fu, Stan III, Bog, Bru, GK, Glo, Low, Mar, Ost V]; ʃtã:nʃilər rotər [Lug, Resch, Tem, Wer V]
W: edle, wohlriechende Sorte von hellroten Tafeltrauben ● *Trauwesorte ware: Gutedel, Portugieser, Staanschiller, Madscharka, Mustafer u. a.* [Bru V] *Die Staanschiller, die Afus Ali, die sinn aach mit em gude Aroma.* [Ost V] ■ Petri 1971, 80.
→Rebsorte, Schiller.

stellen - schw, ʃtelə, kʃtelt [Mu, Wem II, Ap, Hod, Mil, Sch, Werb III, Be, ND, NP, Tom IV, Bog, GK, Ost, Wies, Wis V, Bil, Ham, Pe VI]
1. Allg: etwas an einen bestimmten Platz, in stehende Haltung bringen ● *Die Muschgadl* (↑Muskatel) *soll mr in die* ↑*Helling stelle, dass sie im Summr aa blihe.* [Mil III] *Der Hannef is in die Sunn gstellt un getrucklt ginn* (↑trocknen 2), *dass er net schimblich* (↑schimmelig) *git.* [Ost V]
2. Allg: zur Verfügung stellen, herbeischaffen ● *Uff des Mischtbeddl* (↑Mistbeet) *is e Holzrahme kumm, des had-die Thuwaksfabrik gstellt.* [Ost V]
→(1) auf-, daraufstellen, legen (1); Stellfass.

Stellfass - n, ʃtelfas, -fęsər [Nad II, Breg, Bul, Fil, Mil, Sch, Tscher III, Be, NP, Tom IV, Ba, Ben, Fak, Ga, Glog, Gra, Jahr, Mar, Nitz, Ost, Pau, War, Wies V, Pe VI]; ʃtöyfos, -fejsər [Aug, Ed, GT, KT, Scham, Schor, Wud, Wudi I]
W: breites, stehendes, oben offenes Daubenfass ● *Die Gatze is es großi, houchi Stöüfass.* [Wud I] *E Stellfass is groß un steht uff seim Bode* (↑Boden 3). *Do kummt oft de Trewer 'nei.* [Glog V] ■ PfWb VI 528; Gehl 1991, 244.
→Fass, Gatzen, Stande; stellen (1).

Sterlet - m, ʃti:rl, Pl.id. [Ap, Fu, Pal III]
Fi: kleiner Stör; Acipenser ruthenus ● *Do ware aa die Stierl, die Schådl* (↑Schadel) *un die Schlaai* (↑Schleie) *un die Kareisl* (↑Karausche), *die ware so klååni Fisch, die hat mer fer backe gnumme.* [Ap III] ■ Petri 1999, 83.
→Fisch.

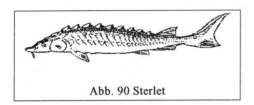
Abb. 90 Sterlet

Sternblume - f (n), ʃtẹrnplum, -ə [Ap III, Bog, DStP, GK, Jahr, Len, Low, Ost, Trau V]; ʃtẹrnpluəm, -ə [Sad V]; ʃtẹrnpluma [AK, KK III]; ʃtẹrnapluma [Franzf V]; ʃtẹrəplum [NB V]; (n) ʃtərnəpliəmlį, Pl. id. [Sad V]
G: Zwiebelgewächs mit hohlem Blütenschaft und ansehnlichen, weißen oder gelben Blüten, Narzisse; Narcissus incomparabilis • *Vor Oschtre ware die Märzkriechlche* (↑Märzkrüglein), *die Sterblumme, Oschterblumme un Tulipane an der Reih.* [Bog V] *Im Garte warn Rose un Härbschtrose, Purtulake* (↑Portulak), *die Sternblumme, Negle* (↑Nägelchen) *und Lambärtle* (↑Lambertel). [Ost V] ■ Petri 1971, 49.
→Blume, Osterblume, Sternstrauß.

Sternstrauß - m, veraltert, ʃtẹrnəʃtru:s, -ʃtri:s [Sad V]
G: (wie: Sternblume) Etym.: Zum Grundwort des Komp. vgl. Strauß 2. • *Des senn d'Strieß, d'Glockestrieß isch die Glockenblume, d'Stärnestruß isch die Narzisse, mer segt jetz aa schun Stärnebliëmli.* [Sad V] ■ Gehl 1991, 100.
→Sternblume.

Stich - m, ʃtiç, Pl. id. [Seik, StI II]; ʃtiç, -ə [Nad II, Ap. III]
B: Insektenstich, (hier:) Bienenstich • *Des tut mië nicks, wann ich manichsmol kriech zehzwanzich Stich.* [Seik II]

Stichbraten - m, ʃtiçpro:də, Sg. tant. [Baw, Bohl, Fek, Seik II]; ʃtiçpra:n [Petschw II]
V: gemütliches Abendessen am Schlachttag, bei dem (auch) Wurst und Schweinebraten gegessen wird Etym.: Die Bezeichnung ist eine Bedeutungserweiterung von einem konkreten Essen, nämlich Braten vom frischgeschlachteten Schwein, zum Abendessen am Schlachttag, bei dem auch Braten aufgetischt wird. • *Zum Stichbrode sinn die Spießstecke[r] mit em Schlochtbrief uff em Stecke[n] komme.* [Bohl II] *Bei uns woar oweds Stichbrode un is gfellt Kraut* (↑gefülltes Kraut) *gemocht woan un von jede Gåttung Wuescht is in e ↑Blech un åbgebrode.* [Fek II] *Am Åbnd kummt die Freindschaft 'zåmm, des is Stichbraan. Da hamm sie alledehand Dummheit gmocht, un die hann sich oozogn, dass me sie net kennt hot, Loarvn* (Larven 'Masken) *am Gsicht, un nah sein sie kumme zum Nåchtmohlessn, hehehe.* [Petschw II]
→Fleischbraten, Schlachtfest, Spießstecker; stechen.

Stichmesser - n, ʃteçmesər, -mesrə [Bog, Ger, Glog, Lieb, Low, War V]
V: scharfes Messer zum Schlachten von Nutztieren • *Un dann er gsucht am Hals un hot die Schlagode* (↑Schlagader) *durichgschnitt mitm Stechmesser.* [Lieb V]
→Messer; stechen (2).

Stickstoff - m, ʃtikʃtof, Sg. tant. [Kock II, Ost V]
A: Bestandteil von Kunstdünger, der das Wachstum der Pflanzen fördert • *Wenn des Feld gruht hot, no henn die Wurzl Stickstoff gsammlt.* [Kock II] *Un dann ham-mer vum Kunstdinger glärnt, zu was er is, zum Beispiel dass Stickstoff es Blatt macht, dass es Superphosphat die Blitn macht, un dass es Kalium den Stamm fest macht.* [Ost V]
→Kunstdünger.

Stieglitz - m, ʃti:glits, -ə [AK, Ap, Ker, KK III, El, Ofs V]; ʃtiglits [Buk, Fu, Pal, Sch, Siw, Stan, Tscher, Wasch III, Bak, Bog, Fak, Frei, Ga, GK, Glog, Gott, Gra, GStP, Gutt, Len, Low, NB, Ost, StA, War, Wer, Wil, Wis V]
V: Distelfink; Carduelis carduelis • *Im Wald gsieht mer de Stiglitz, de Zaukenich un die Masle, des sinn die Meisn.* [Ost V] ■ Petri 1971, 92.
→Vogel.

Stiel - m, ʃti:l, -ə [Jood, La II, Ap, Hod, Fil, Mil, Sch, Siw III, Be, ND, NP IV, Bog, Da, Ger, GJ, GK, len, Low, Nitz, Ost, War V, Ham, Mai, OW, Pe, Schei, Suk VI]; ʃti:l, Pl. id. [Mu, Nad II, Glog, Len V]
1. G, W: Stiel an Gemüsepflanzen, Obst und Trauben • *Ich sog ja imme zu unsre Leit, nor auflese de Pär* (↑Beere), *wal von de Pär git's de Wei[n], net von de Stiel, hehe.* [La II] 2. A, Fo: Griff • *No hom-me so Spießli ghet. Die ware so ausgschniede und e Stiel ghet, un mi senn in de Waaz* (↑Weizen) *gange, die Dischtl raussteche.* [Jood II] *Am Kamilleroppr war in der Mitte oo starkr Stiel fescht gmacht* (↑fest machen). [Mil III] *Wann die Kuh wenich Milich* (↑Milch) *gibt, soll mer e Sichl mitm Stiel nufzus in de Plafon schlaan, dass die Hexe nimmi kummme.* [Bak V] *Die Zigeinergawwle* (↑Zigeunergabel) *ware vom*

e dickre Droht gmach, un do ware so die drei Zwinke (↑Zinke) *un e Stiel.* [GJ V] *Des Senseblatt hat es Loch, wu de Stiel neikummt.* [Glog V] *De Worf* (↑Wurf) *is de Stiel un de Griff is des, wu vorsteht.* [Ost V] *Sapiner* (↑Sapine), *das is ein Wärkzeug vom Eisn, mit ein Stiel.* [OW VI]
→(1) Pflanze, Stängel (2), Wassermelone; (2) Griff (1), Holzstiel, Sense.

Stier - m, ʃtiːr, -e [Sag II, AK, Bul, Gai, Ker, Stan III, Hei, Karl, Low, Lug, Na, NSie, Orz, Star, Stei, Tem, Tsch, Tsche, Resch V]; ʃtiːə [Ed, Scham, Tscha, Wer, Wud I, Sol II]
V: männliches Rind, Bulle; Bos taurus ● *Drei, vier Stiere habn me da ghabt im Stall, je nachdem wie de Stand von de Kiehe war da in Lugosch.* [Lug V] ◆ Stiere wurden meist zu Zuchtzwecken, mehrfach in Gemeindebesitz gehalten und im Gemeindestall untergebracht. Stiernamen in der Batschka sind z. B.: Bimbo, Brutus, Cesar, Jambor. (Gerescher 1999, 35) ■ PfWb VI 581-583; RheinWb VIII 684- 687 (mit Karte VIII 7 Stier).
→Bika, Rind, Stiergeld; stieren; stierig.

stieren - schw, ʃtiːrə, kʃtiːrt [Sulk II, Fak, Ga, Glog, StA, Wil V]
V: (beim Rindvieh:) decken und gedeckt werden ● *Die Sau hot bärt, awwe die Kuh hot gstiert.* [Sulk II] *Die Kuh is stierich, die muss mer zum Bicke* (↑Bika) *fihre, dass sie stiert.* [Fak V] *Die Biko henn gstiert, dort uff der Waad* (↑Weide). *Der Halder* (↑Halter) *is dann kumm: "Hallo, eier Kuh hat gstiert!", där hat noh Stiergeld kriet.* [Ost V] ■ PfWb VI 583 f.: 1; RheinWb VIII 687 f.; Gehl 1991, 201.
→bären, befruchten; stierig; Stier.

Stiergeld - n, ʃtiːrkelt, Sg. tant. [Bog, GJ, GK, Gra, Ost V]
V: Bezahlung für das Decken der Kuh ● *Der Halder* (↑Halter) *is dann kumm: "Hallo, eier Kuh hat gstiert!", där hat noh Stiergeld kriet.* [Ost V]
→Stier.

stierig - Adj, ʃtiːriç [Ker, Mil, Sch, Tor III, Be, Tom IV, Alex, Bog, Fak, Ga, GJ, Glog, Knees, Ost, StA, War, Wil, Zich V]
V: (von der Kuh:) brünstig, nach dem Stier verlangend ● *Die Kuh is stierich, die muss mer zum Bicke* (↑Bika) *fihre, dass sie stiert.* [Fak V] *E stieriche Kuh un e rossiche Stut, die senn unruhich.* [Knees V] ■ PfWb VI 584 (mit Karte 366 *stierig*); RheinWb VIII 688; Gehl 1991, 200.
→stieren; Stier.

Stiffulder - m, ʃtifuldə, Pl. id. [Petschw II]
V: (wie:) Fleischwurst *Etym.:* Von den *Stiffulder* (*Stiffoller*) Deutschen in der Schwäbischen Türkei [II] hergestellte Brat- oder Fleischwurst. Die Stiffulder sind Sprecher von rund 30 nordhessischen *Stiffoller* Ortsdialekten in den südungarischen Komitaten Branau und Tolnau. Vgl. Abschnitt 3.1 "Gliederung der donauschwäbischen Mundarten", in der Einführung dieses Bandes. ● *Miё machn Bluetwuscht, Fleischwuscht, des is Stiffulde, un Sålami.* [Petschw II]
→Fleischwurst, Wurst.

Stinkeritze - f, ʃtinkəritsə, Pl. tant. [Fil, Mil, Wepr III]
G: Korbblütler mit eingerollten Früchten, Ringelblume; Calendula officinalis ● *Die Stinkeritze schmecke* (↑schmecken) *als oweds stark laut.* [Mil III] ■ Weiser 1994, 163; Petri 1971, 21.
→Blume.

Stirnriemen - m, ʃtirnriːmə, Pl. id. [Fak, Ga, Glog, Wil V]; ʃtərnriːmə [Bog, GK, Gott, Gra, Low, Ost, War, Wis V]
V: Riemen am Kopfgestell, der über die Stirn des Zugpferdes verläuft ● *Dann ware am Kopfgstell de Stärnrieme, de Naserieme un de Bartrieme.* [Ost V]
→Riemen, Sielengeschirr.

Stock - m, ʃtok, ʃtek [OG, Pußt I, Bohl, Fa, Jood, La, Seik II, Ap, Fu, Hod, Mil, Pal, Stan, Tscher III, In, Ru IV, Bog, Ga, Glog, Sad, StA V, Bil, Ham, Mai, NP, Pe, Schei, Suk VI]; ʃtouk, ʃtejk [Aug, Ed, GT, KT, Scham, Schor, Wein, Wud I]
1. A, W: Teil einer größeren Pflanze **a.** W: Wurzelstock, Rebstock ● *Miё sogn Weimbe* (↑Weinbeere) *fi Traubn, aber nicht viel, dreißich Steck.* [OG I] *Un des is e poa Mol umegwicklt woan ba den Stock, umegwicklt.* [Pußt I] *In Hiëbst hot me die Stejck augheiefüt* (↑anhäufeln) *bis zen Stouck, dass die Rejem* (↑Rebe) *noch außeschaut.* [Wud I] *Un de Zuackerpflueg wärft die Ärde an jede Stock, so an die ganzi Reihe.* [Jood II] *Die Steck senn zugedeckt iwwe Windr, des muss ufghackt wär.* [La II] *De Weingaarte geht* (wird) *im Frujohr 's ärscht ufgedeckt, mit der Hack an die Steck rum.* [Ost V] *No honn i e Halbele* (↑Halbeimer) *zu jedem Stock naagschitt, nur so en Topf.* [Schei VI] **b.** A: Stängel der

Maispflanze und tragender Teil von Gemüsepflanzen ● *Die Därri Bohne (↑Dürre Bohne) sinn am Stock gebliewe, bis sie zeitich wåre.* [Ap III] *No hot mer messe ausroppe der Kukrutz (↑Kukuruz), nur zwaa Steck hot mer därfe steh lasse.* [Stan III] *Un no sinn Bschenowaer (ON) Bulgare kumm, die hann de Kukrutz am Stock gliescht (↑lieschen).* [Ost V] 2. B: (verkürzt für:) Bienenstock ● *Wann so e jung Kenigin in en annen (anderen) Stock neifliecht, do steche se se ob.* [Seik II] ■ PfWb VI 604-607: 3. 'Pflanzen und Pflanzenteile', c. 'der Weinstock, Rebstock', d. 'der Stamm des Weinstocks', e. 'der Baumstumpf', f. 'der Stamm der Tabakpflanze', 5.a. 'die Behausung für das Bienenvolk', b. 'das Bienenvolk'.
→(1a) Pflanze (1a) Rebe, Reben-, Ribisel-, Weinstock; (1b) Stängel; stockreif; (2) Bienenstock.

Stockberg - m, selten, ʃtokəpęək, Sg. tant. [Ora, Stei V]
A, Fo: durch Rodung entstandene Wiesenflächen auf einer Anhöh,; Flurnamen *Etym.*: Benennungsmotiv des Flurnamens ist die durch Stockung 'Rodung' auf einer Anhöhe enstandene, offene Landschaft. ● *Dann woa Fucksntale Kolonie, untn im Fucksntal, un de Stockebäeg obn.* [Stei V] ■ Vgl. *Stockfeld* 'gerodetes Feld, das noch Baumwurzeln enthält', von mhd. *stocvëlt* 'durch Ausrodung (Stocken) eines Waldes zu gewinnendes Feld'. (PfWb VI 609, LexerHWb II 1208)
→Berg.

Stockbrunnen - m, selten, ʃtokprunə, -prinə [Schön V]; ʃtǫukpronə, -pręnə [Alt, Fek, Nad, Oh, Wem II]
A, V: Schwengelbrunnen *Etym.*: Benennungsmotiv ist die stockartige Stütze des Brunnenschwengels. ● *Do woar de Stouckbronne on die Lahmelächer (↑Lehmloch).* [Fek II] *Na un dann is me mit de Wassekrich (↑Wasserkrug) an die Stockbrinne gang ofm ↑Hotter.* [Schön V]
→Brunnen.

stocken - schw, ʃtokə, kʃtokt [Fek, StG, Sol II, Ap, Sch, Tor III, Be, Tom IV, Bog, Fak, Ga, Ger, GJ, Glog, Lieb, Low, StA, War, Wis V]
V: (vom Blut bzw. von der Milch:) gerinnen ● *Do hot die Hausfrau 's Blut aufgfangt mitn Howe (↑Hafen) un hot gerihrt, weil es Blut stockt gschwind.* [Fek II] *Un des Blut, des hunn se 'nei in Nudlseicher, dass es stockt un aa kocht.* [StI II] *In Schwartemage wärd Kopffleisch, Schwarte,* *Speck un aa gstocktes Blut gfillt.* [Glog V] *Dann is es Blut net gstockt, es is flissich gebliebt for die Blutworscht.* [Lieb V] ■ PfWb VI 608 f.: 1.a 'fest, starr, dick werden'; RheinWb VIII 721.
→zusammengehen, -stocken; flüssig.

stockreif - Adj, ʃtokraif [Gra, GStP, Perj, Low, NA, Trieb V]
G, O: (von Früchten von Gemüsepflanzen und Obststräuchern:) am Stock ausgereift ● *Awwe stockreifi Paradeis sinn imme besse wie die halbreifi.* [NA V]
→reif; Stock (1a,b).

stopfen - schw, ʃtopfə, kʃtopft [Fak, Ga, Glog, StA, Wil V]; ʃtopə, kʃtopt [Baw, Fek II, Ap, Waldn III]
V: Mastgeflügel zwangsweise zum Fressen zwingen ● *Die meiste honn die ↑Katsche un die Gens gstoppt.* [Baw II] *Die Gens un die Änte hat me gstoppt.* [Fek II] *Die Gens hot me gstoppt. Hot me Kukrutz eigwaaicht un da neigstoppt, bis die Gens fett ware.* [Ap III] *Die annre hann schon die Ende un die Gens gstoppt, dass se fett ware.* [Waldn III] *Gäns wärn mit Kukrutz gstopft.* [Glog V] **Anm.**: In der Variante *stoppe* tritt unverschobenes *-pp-* auf. ◆ Redewendung: "Där schnauft wie e gstopfte Gåns". (Gehl 1991, 212)
→fressen, hineinstopfen; Ente, Gans.

Stoppel - f, ʃtupfl, Pl. id. [Sulk II, Fak, Glog V]; ʃtupl, -ə [Tom IV]
A: Rest des abgeschnittenen Getreidehalms auf dem Feld ● *Nachn ↑Schnitt hod me in de Stupfl Ruwe (↑Rübe) baut.* [Sulk II] *Oft war uff de Felder in der Mitte e Streife mit Stupple un driwwer ware schun die Kreiz gstanne.* [Tom IV]
→Stoppelfeld, Storzen (1).

Stoppelfeld - n, ʃtuplfelt, -feldər [Tom IV]
A: abgeerntete Getreidefelder mit Halmresten ● *Un die Nachberschbuwe (Nachbarjungen) henn ihne Kih ufs Stupplfeld getriewe (↑treiben 2), wu Klee drin war.* [Tom IV]
→Feld, Stoppel.

Stoppelsturz - m, ʃtoplʃturts, Sg. tant. [Waldn III]
A: flaches Ackern zur Unkrautbekämpfung nach der Getreideernte ● *Nochm ↑Schnitt hot me messe (müssen) glei de Stopplsturz mache.* [Waldn III]
→ackern.

Storch

Storch - m (n), ʃtorx, -n [ASad, Ora, Resch, Tem, Wersch V]; ʃtorx, -ə [Sag II, Tor III, GJ, Hom, Len, Ost, Sad V]; ʃtoriç, -ə [Franzf, Low, Pan V]; ʃtork, -ə [Kar, Tor, Tscher, Wasch III, Be, NP IV, Ger, Gott, GStP, Karl, NB, Nitz, Rud, Sack, Sem, Tsche, Wer, Wis V]; ʃtorik, -ə [Stan III]; ʃtark, -ə [Ap, Fil, Fu, Hod, Ker, KK, Kol, Mil, Sch, Siw III]; ʃtarik, -ə [Hod III, Ga, StA, Wil V]; ʃtårik, -ə [Fak, Glog, V]; ʃtuɐrx [Fek II]; ʃturk, -ə [Pal II, Gott, Kud, Orz V]; ʃturx, -ə [Surg, Wem II, Kud, V]; (n) ʃtęrklə, Pl. id. [Fil, Mil III]

Abb. 91 Storch

V: Stelzvogel mit langem, geradem Schnabel, Hausstorch; Ciconia ciconia ● *En de Sturchsgrowe seht mer oft ville Sturche.* [Fek II] *Die Starke misse viel rumfliege un suchn Fresch far fresse far die kloone Stärkle.* [Mil III] *Die Stårike uf unsen Haus henn Jungi.* [Fak V] *Unser Sturke hann dort ihre Nescht ufm Dach ghat. Habt Ihr e Dorf gsiehn im Banat, wu's ke Platz git for e Sturkenescht?* [Gott V] *Ufm Hottar* (↑Hotter) *gsieht mer viel Vegl. Do warn de Storch un die Reihre, die weißi un grooi.* [Ost V] *Er schaut aus wie aan Storch in Krautgartn.* [Tem V] **Anm.**: Die Lautvarianten *Storich, Storik* und *Starik* weisen den Sprossvokal *-i-* auf. In *Sturch* ist Tonerhöhung o>u anzutreffen. ◆ Kinderspruch: Stårike, Stårike guder, bring mer e klaane Bruder, Stårike, Stårike Neschter ('Nester', eigentlich *bester*), bring mer e klaani Schwester. [Glog V] ■ Gehl 1991, 121, 123; Petri 1971, 93.
→Goja, Storchengraben, -nest, -paar, Vogel.

Storchengraben - m, ʃturxskro:və, Pl. id. [Alt, Fek, Nad, Oh, Wem II]
A: Flurnamen nach einem Wassergraben, der viele Störche anlockt ● *Growe woan ville in Fäkäd* (ON), *do woar de ärscht un de zwätt Sturchsgrowe on de Schneppegrowe, weil doet woan ville Schneppe.* [Fek II]
→Graben, Storch.

Storchennest - n, ʃtarkəneʃt, -ər [Fil, Mil III]; ʃtårikəneʃt, -ə [Fak, Ga, Glog, StA], ʃturkəneʃt [Bog, Gott, Gra V]
V: aus Zweigen und Gräsern auf hoher Lage erbauter Nistplatz der Störche ● *Ufm Dach im Starkenescht is e Starkepaar, un die henn kloone Stärkle.* [Mil III] *Unser Sturke hann dort ihre Nescht ufm Dach ghat. Habt Ihr e Dorf gsiehn im Banat, wu's ke Platz git for e Sturkenescht?* [Gott V] ■ Gehl 1991, 123.
→Nest, Storch.

Storchenpaar - n, ʃtarkəpa:r, -ə [Fil, Mil III]
V: zwei zusammengehörige Störche, die gemeinsam die Jungen aufziehen ● *Ufm Dach im Starkenescht is e Starkepaar, un die henn kloone Stärkle.* [Mil III]
→Storch.

Storzen - m, ʃtortsə, Pl. id. [Bog, Bru, GK, Len, Low, Ost, War V]; ʃturtsə [Fak, Glog V]
1. A, G, H, T: Getreidestoppeln, unteres Garbenende *Etym.:* Vgl. mhd. "storz, storze, störzel, storzen", s. *sturz, stürze,* sowie *stürzel, sturzel* 'Pflanzenstrunk'. (Lexer II 1215, 1281, f.) ● *Die Maschingarwe* (↑Maschinengarbe) *ware mähr pinktlich, die Storze gleich, so wie abgschnitt un die Eecher* (↑Ähre) *aach scheen gleich in de Reih, awer die Handgarwe ware mähr dorchenannner, verhuddlt* (↑verhudelt) *glee* (↑liegen). [Ost V]
2. A: abgeschnittener Rest eines harten Stängels ● *Un zeitich* (früh) *im Frihjahr, hat mer misse die Storze raffe* (↑raffe) *un die Ärd an de Storze etwas ruttle* (↑rütteln). [Bru V] *Un weil die Storze doch hart sinn, had mer die Stängle, die Sunneblummestängle schregs* (↑schräg) *gschnitt, mit em Laabschneider.* [Ost V] ■ PfWb VI 644-646: 1.a 'Wurzelstock von Holzgewächs', b. 'Rest eines abgebrochenen Astes am Baumstamm', c. 'ausgehauener dürrer Stumpf des Weinstocks', 2.a 'innerer, härterer Kern, harter Stängel', b. 'entblätterter Tabakstängel', c. Ästchen einer Weintraube mit Beeren', d. 'lange, harte Halme im Heu', e. 'Getreidestoppeln, unteres Garbenende',

3.b 'stumpfer Eggenzahn', h. 'abgenutzter Besen', 8. 'Pflugsarm', s. Storz; RheinWb VIII 756; Gehl 1991, 80: *Sturze*.
→(1) Stoppel; (2) Stängel (1).

stoßen - schw, ʃtoːsə, kʃtoːsə [Ap, Berg, Fil, Pal, Stan, Wepr III]
O, W: (von Trauben:) zerquetschen ● *Die Trauwe sinn gstoße warre, dann henn sie gäre misse, un de Moscht is zu Wei (↑Wein) warre.* [Ap III] ■ PfWb VI 650: 3.a 'mit dem Stößer Rahm buttern, b. 'zerkleinern, zerhacken, zerquetschen' (Grumbiere stoße); RheinWb VIII 756-759.
→schlagen (2); Stößer.

Stößer - m, ʃteːsər, Pl. id. [Bru, KöH V]
V, W: hölzernes Werkzeug zum Zerquetschen der Trauben im Bottich bzw. zum Stoßen der Buttermilch im Butterfässchen ● *Es Schenste war die Les (↑Lese). Die Fuhrfässer sein uff de Waan kumm, die Butt, die Trauwemihl (↑Traubenmühle) oder nor a Steßer.* [Bru V] ■ PfWb VI 650 f.: 3.a 'Werkzeug zum Stoßen im Mörser', b. 'Kartoffelstampfer', c. 'Stößel im Butterfass', d. 'Werkzeug zum Setzen von Pflanzen'; RheinWb VIII 767.
→stoßen.

Stoßvogel - f, ʃtoːsfoːgl, -feːgl [Bak, Bog, Fak, Ga, Glog, Len, Low, Nitz, Ost, Pan, Sad, StA, War, Wil, Wis V]; ʃtoːsfoːxl [Eng V]; ʃtoːsfoːgl [Fill, Ker, Kol, Stan, Tscher III, Buk, In IV, Albr, Bak, Bill, DStP, Fra, GJ, Gott, Gra, GStP, Gutt, Joh, Jos, Karl, Kath, KB, Ket, Kub, Laz, Len, Low, Mar, Mori, Na, Nitz, Rud, Sack, Sad, Star, Stef, Tsch, Tschan, Tsche, War V] ʃtoːsfoːl [Jahr V]; kroːsʃtoːsfoːgl [Ui V]; ʃtoːsfugl [NB V];
V: kräftiger Raubvogel, der Kleinsäugetiere und Hühner jagt, Hühnerhabicht; Astur palumbarius ● *Ufm Hottar (↑Hotter) gsieht mer viel Vegl. Do warn die Schneppe (↑Schnepfe), die Spatze, de Stoßvogl, de rot Stoßvogl.* [Ost V] ■ PfWb VI 654: allg. 'ein kleinerer Greifvogel, der im Sturzflug Beute schlägt', 2.a 'Habicht, Stößer', b. Sperber', c. 'Bussard'; RheinWb VIII 765 f.; Gehl 1991, 124; Petri 1971, 85.
→Huli, Vogel.

Strang - m, ʃtraŋ, ʃtreŋ [Fek, Petschw II, Neud, Sch III, NP IV, Alex, Blum, Jahr V]; ʃtråŋ, ʃtreŋ [Glog V]; ʃtrauŋ, ʃtreiŋə [Aug I]
H, V: aus vielen Fäden gewundenes, dickes Seil ● *Mit den Streng ziehgt (↑ziehen) der Gaul, die senn von Hanft. On was die Fiaker woarn, die honn Streng mit Kede ghot.* [Fek II] ■ Gehl 1991, 165.
→Gaulsgeschirr, Kette (1), Rückstrang.

Straße - f, ʃtraːsn, Pl. id. [Aug, Ed, Scham, Wud I, Petschw II, ASad, Resch, Tem, Wer V]; ʃtroːsə, Pl. id. [Ga, StA V]; ʃtroːs, -e [Alt, Fek, Jink, Kä, Nad, Oh, Sag, Sar, Surg, Warsch, Wem II, Ker, Mil, Sch, Werb III, Be, Tom IV, Bog, Bru, Fak, GK, Glog, Len, Low, Ost, War, Wies, Wil V]
A: geschotterter Verkehrsweg zwischen Dörfern und von einem Dorf in die Kreisstadt ● *Die Wämände (ON) Stroß fehrt in Richtung Wämänd, on die Wåldstroß geht dorch de Wåld.* [Fek II] *Bei ons woar die Warschander (ON) Stroß.* [Jink II] *An der Moraner (ON) Stroß, gleich nach der Hutwaad (↑Hutweide), ware die Bettlmannsfelder.* [Bru V] *Die Neibinader (ON) Stroß geht vun Glogewitz bis Neibinat.* [Glog V] *D'Schimande Stroß fihrt vun Sentånne (ON) bis Schimånde 'neu (hinein)* [StA V] ■ Gehl 1991, 69.
→Land-, Waldstraße, Straßenteil, -weg, Weg.

Straßengraben - m, ʃtraːsnkraːbn, -krɛːbn [Wer V]
A: rinnenförmige Vertiefung neben dem Fahrweg (in Städten) zum Abfluss des Regenwassers ● *Wenn se frühe rauskommen sinn aufn Feld, sinn se in Straßngrabn gsessn un hamm gwaat, dass die Sonn aufgeht, gell.* [Wer V]
→Gassengraben, Graben.

Straßenteil - m, ʃtroːsntaːl, -ər [Alt, Fek, Nad, Oh, Wem II]
A: an einer Straße gelegenes Feldstück ● *An de Stroßtaaler liecht es Stroßtaalsbrännje.* [Fek II]
→Straße, Straßenteilbrunnen, Teil (1a).

Straßenteilbrunnen - n, ʃtroːstaːlsprɛnjə, Pl. id. [Alt, Fek, Nad, Oh, Wem II]
A: auf einem Feld in Straßennähe fließender Wasserlauf ● *An de Stroßtaaler liecht es Stroßtaalbrännje.* [Fek II]
→Brunnen, Straßenteil.

Straßenweg - m, ʃtroːsveːk, Pl. id. [Alt, Fek, Nad, Oh, Wem II]
A: breiter Fahrweg, Hauptweg ● *De Stroßweg es e braade Weg.* [Fek II]

Strauch - m, ʃtraux, ʃtraiçə [Ap, Fil, Fu, Gara, Mil, Tscher III, In, Ru IV, GK, Ost, Stei V]
Fo, O: Holzpflanze mit mehreren, von der Wurzel sich teilenden, dünnen Stämmchen ● *De Teendl*

Strauß

is e Strauch mit stark hartem Holz. [Fu III]
→Baum (1), Birkenstrauch, Haselnuss, Kornelkirsche, Rosmarin, Tendel.

Strauß - m, ʃtraus, ʃtrais [Ap, Fil, Mil, Sch, Siw, Tscher III, Be, In, NP, Tom IV, Alex, Bill, Bog, Bru, Fak, Ga, Glog, Gott, Len, Low, Ost, SM, StA, Wil, Wis V]; ʃtru:s, ʃtri:s [Sad V]
1. G: mehrere zusammengebundene Blumen ● *Die Jorginie* (↑Georgine) *tut mer in oo Raih* (↑Reihe) *neistoppe* (↑hineinstupfen), *noh kann mer im Spotjahr scheni Streiß roppe* (↑rupfen 1c). [Mil III] *Im Blumegschäft brauch mer Grienes fer Streiß binde.* [Fak V] *Am Schluss is de Strauß ufs Dach gstoch gin (gesteckt worden).* [Bog V]
2. G: lebende Blume (meist als Teil von Komp.) ● *Des senn d'Strieß, d'Glockestrieß isch die Glockenblume, d'Stärnestruß isch die Narzisse.* [Sad V] ■ Gehl 1991, 72 f., 100.
→Blume, Rosmarinstrauß; (2) Glocken-, Stärnestrauß.

Strecke - f, ʃtreke, ʃtrekn [OW VI]
Fo: Bahnlinie, Gleisabschnitt ● *Un da gebn wir die Stemme runter, bis zu der Strecke, un wird des in Waggonettn aufgeladen un mit em Zug runtegebracht.* [OW VI]
→Schmalspurstrecke, Weg.

Streifen - m, ʃtraifn, -ə [Kr VI]; ʃtraifə, Pl. id. [Tom IV, Ernst, Stef V]; ʃtraifə, Pl. id. [Gai III]; ʃtraif, -ə [Bohl II, Hod III, Stei V]; ʃtra:fə, Pl. id. [Bohl II]; ʃtra:f, Pl. id. [Fak, Glog, Lieb V]; ʃtra:f, -ə [Gutt, Schön V]; ʃtre:f, -ə [Bog, GK, Len, Low, Ost, Wies, Wis V]
Allg: längs oder quer laufender Teilbereich eines Ganzen ● *Oft war uff de Felder in der Mitte e Streife mit Stupple* (↑Stoppel) *un driwer ware schun die Kreiz* (↑Kreuz) *gstanne.* [Tom IV] *Seller Strååf im Regeboge, där wås ån breetschte* (↑breit) *is, vun den gebt's am meischte in den Johr; geel* (↑gelb) *bedeit viel Kukrutz* (↑Kukuruz), *rot viel Wåi, bloo viel Håi.* [Glog V] *For Garte get's nor e schmale Streef mit Grumbre* (↑Grundbirne) *un Fisole.* [Len V] *Do hod me die Schwarte abgezoo un hot des in Straaf gschnitte.* [Lieb V] *Dann is feine* (↑fein 2) *Grund drufkumme, dann sinn Straafe gezoo ginn (worden).* [Ost V] ■ PfWb VI 690.

Streifenwagen - m, ʃtra:fvõ:ŋ, -ve:ŋ [Aug, KT, Scham, Schor, Wud, Wudi I]; ʃtra:fvagə, -vegə [Eng, Drei, DStP, Fak, Ga, Glog, NA, Pau, StA, Wies, Wil V]
A, G, O, W: niederer, flacher Wagen auf Holz- oder Gummirädern mit Pferdezug, zum Transport landwirtschaftlicher Produkte *Etym.*: Das Komp. ist bair.-österr. Herkunft. Zum 1. Bestandteil des Komp. vgl. mhd. streifen 'streichen, gleiten, ziehen' (mit ei>aa). Zur Grundbedeutung 'herumstreifen, fahren' kam die des Beförderns von Waren auf dem Lastwagen dazu. ● *De Straafwogn, de vierejketi* (↑viereckig), *groueßi, is floch un hot e Plottn* (↑Platte). [Wudi I] *Da woan Straafwege, die habn jedn Tag des auf Arad gfiehrt aff de Moark.* [NA V] ■ Strafwåg'n Hügel 1995, 159: 'ein niederer, länglicher Lastwagen, welcher zum Transporte von Kaufmannsgütern dient'.
→Wagen.

streuen - schw, ʃtrɛiə, kʃtrɛit [Ga, StA V]; ʃtrå:iə, kʃtrå:it [Fak, Glog V]; ʃtrauə, kʃtraut [Bog, Ger, GJ, Gra, Ost V]; ʃtra:n, gʃtra:t [Petschw II]
A, B, G, T: ein körniges oder kleinstückiges landwirtschaftliches Produkt auf eine Fläche verteilen ● *Die Spraai* (↑Spreu) *is gut fir em Viech zu straan statt Stroh.* [Petschw II] *So wie die Kih gfress gann, hann se sich des Fuder aach gleich gstraut.* [Bog V] *Die Baure hann vor de Dresch* (↑Dresche) *dick Stroh gstraut. (...) Die hann die Ruwe* (↑Rübe) *zu dick aangebaut, gstraut.* [Ost V] *Besser is besser, hat's Weib gsagt un hat Zucker uff de Henich* (↑Honig) *gsträit.* [StA V]
→aus-, darüber-, hinein-, unterstreuen, zustreuen.

Strich - m, ʃtriç, Pl. id. [Fek, Kock, Wem II, Gai, Mil, Sch III, Be, IV, Fak, Ga, Glog, StA, Wil V]
V: Zitze des Euters *Etym.*: Benennungsmotiv ist das strichförmige Aussehen der Zitze. ● *Bevor mer melikt, muss mer des Kuheider mit de Strich gut wasche.* [Glog V] ■ PfWb VI 700-702: 6. 'Euterzitze', Komp. Geißen-, Kuhstrich; Gehl 1991, 106.
→Euter, Tutte, Vieh.

Strick - m, ʃtrik, Pl. id. [Nad II, Da, Fak, Ga, Glog, Len, Low, Lug, Ost, StA, War V, OW VI]; ʃtrɪk [Petschw II]
Allg: aus mehreren Schnüren gedrehtes Seil ● *Jetz gehst und holst den neichn Strick, ... weil de Stier hat sich dann gstellt in die Stalltihr* (↑Stalltüre). [Lug V] *Also friher sinn die Ross zammgebunn ginn mitm lange Strick, un mit der*

Peitsch[e] hann se die Ross runderum gjaat (↑jagen 2). [Ost V] *Aso ein Floß besteht von zwei-drei Tafeln. In eine Tafel sind mährere Klötzer* (↑ Klotz) *zusammengebunden duich Strick.* [OW VI] ■ PfWb VI 702-704; Krauß 944.
→Draht-, Halfter-, Sielenstrick, Schnur (1).

Striegel - m, ʃtriːgl, Pl. id. [Fak, Ga, GJ, GK, Glog, Gra, Len, Low, Ost, StA, War, Wil V]
V: gezähntes Gerät mit Handgriff zur Reinigung des Fells der Pferde u. a. Haustiere ● *Mer hat im Rossstall allweil de Striegl un die Rossbirscht* (↑Rossbürste) *ghat.* [Fak V] *Im Stall war de Schubkarre, die Bärscht, de Striegl un die Gawwl* (↑Gabel). [Ost V] ■ Gehl 1991, 180.
→Bürste, Striegelbrett; striegeln.

Abb. 92 Striegel

striegeln - schw, ʃtriːglə, kʃtriːglt [Bog, Ga, GK, Gott, Gra, Len, Low, Ost, StA, War V]; ʃtriglə, kʃtriglt [Ga, Glog V]
V: (von Pferd oder Kuh:) mit dem Striegel putzen ● *Im Stall vun de Bäsl Kathi steht e Kuh, gut ernährt un schen gstriegelt.* [Bog V] *Wenn Zeit wor, had mer die Ross täglich gstriegelt.* [Fak V] *D'Geil* (↑Gaul) *sein schun färtich gstrieglt.* [StA V] ■ PfWb VI 710; RheinWb VIII 840; Gehl 1991, 182.
→bürsten, putzen; Striegel.

Strippwurzel - f, stripwurtsəl [Karl V]; ʃtripsvortsl, -ə [GK, Ost V]
A: als Unkraut verdrängter Spitzwegerich; Plantago lanceolata ● *Mir hann viel Unkraut ghat, de Staaklee* (↑Steinklee), *de Weißklee, die Strippsworzle un die Schwarzworzle.* [Ost V] ■ Petri 1971, 57.
→Unkraut, Spitzwegerich, Wurzel.

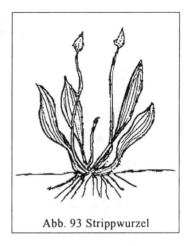
Abb. 93 Strippwurzel

Stroh - n, ʃtroː, Sg. tant. [Wein I, Fek, Ha, Jood, Nad, Petschw, Seik, Sier, StI II, Ap, Gak III, Ru, Tom IV, Bru, Fak, Ga, GJ, Glog, Kath, Len, Low, NB, Ost, StA, Wil V, Besch VI]; ʃtrɔə [Tax I]; ʃtrɔːu [Tol I]; ʃtrɔu̯ [StI II]; ʃtrau [Sad V]
A: Halme und Blätter von Getreide und Hülsenfrüchten ● *Me hod des Stroh messt schiebe, mer hat kein Elevator.* [Fek II] *Do hammer Seck uflade ode was amol isch, Stroh aa.* [Jood II] *Des Stroh, des hann die Weiwer neitragn in de Schupfn* (↑Schuppen). [Petschw II] *Die Backsimbl* (↑Backsimperl), *des woan so klaane Kerweje* (↑Korb), *vun Strou gflochte.* [StI II] *Die Gluck hot mer oogsetzt* (↑ansetzen 1a) *in em Weidekarb, hot mehr Stroh 'nei un hot mer die Aaier neigelegt.* [Ap III] *Und unterstreit hat mer Stroh, aff dem Stroh sin's glegn.* [Ru IV] *Am Gartezaun, glei hinnerm Stroh, steht e große alde Nussbaam.* [Len V] *In de videscht* (vorderen) *Kofhitt* (↑Kaffhütte) *ham-mer et Kof un et Stroh 'neigeton.* [NB V] *Die Baure hann dick Stroh gstraut* (↑streuen), *dass die Dresch* (↑Dresche) *die Ziggle im Hof net brecht.* [Ost V] *Die Strauschobermacher setzet* (↑setzen 1) *des Strau uf de Schober.* [Sad V] *E alde Strohkårb voll Stroh wärd benutzt als Nescht.* [StA V] ◆ Redewendung: Haberstrau im Chopf haa 'Haberstroh im Kopf haben; dumm sein'. (Gehl 1991, 78.) ■ Gehl 1991, 78.
→(Arten:) Erbsen-, Gersten-, Hafer-, Korn-, Schaubstroh; (Verschiedenes:) Futter, Strohband, -haufen, -korb, -mann, -sack, -schieber, -schober, -setzer, -träger, -triste, -wisch.

Strohband - n, ʃtro:pãndl, Pl. id. [Petschw II]
A: aus Kornstroh gedrehtes Garbenseil ● *Die Goarem (↑Garbe) sein mit Strohbandl zammbundn worn, un noch am Kreiz (↑Kreuz) zåmmgsetzt.* [Petschw II]
→Band (1), Stroh.

Strohhaufen - m, ʃtro:haufə, Pl. id. [Jood, Sulk II]; ʃtro:hauvə, -haivə [StI II]
A: größere aufgeschichtete Strohmenge ● *Un no geht des Stroh 'naus uff de Elevator un oft de Strohhaufe.* [Jood II] *Un die Weiwer honn noch die Sprei (↑Spreu) geträge un andre, die hunn des Stroh, die Strohheiwe gesetzt.* [StI II] *Am Strohhaufe ware die Strohträger.* [Sulk II] **Anm.**: Im Grundwort des Subst. ist intervok. f>w verschoben.
→Stroh, Strohschober, Triste.

Strohkorb - m, ʃtro:kho:rp, -khẹ:rp [Ha, Sti II]; ʃtro:khọrp, -khẹrp [Ga, stA V]
Allg: aus Stroh geflochtener Tragekorb mit einem großen, querstehenden Griff oder zwei kleinen Griffen am Rand ● *Uno dreht me den Strohkoorb rum, un wenn die Kenigin drin is, dann geht de Schwarm 'nei.* [Ha II] *E alde Strohkårb voll Stroh wård benutzt als Nescht.* [StA V]
→Korb (1, 3), Stroh.

Strohmann - m, ʃtro:man, -menr [Fil, Ker, Mil, Pal, Siw, Stan III]
A: Drescharbeiter, der das gedroschene Stroh auf den Haufen setzt ● *Un no ware die Strohmennr, die henn Stroh vun Elevater (↑Elevator) runder un henn die Strohtrischte gsetzt.* [Stan III]
→Riesleute, Stroh.

Strohsack - m, ʃtro:sak, -sek [Ap III, Bog, Bru, Charl, Gott, Gra, Jahr, Len, Low, NA, Sack, Schön, War, Wis V]; ʃtro:zak, -zeke [OW VI]; ʃtro:zak, -zek [Fak, GK, Glog, Ost, StA, Wil V]
A: mit Stroh bzw. Hüllblättern des Maiskolbens gefüllte Matratze ● *Des wåiche Bascht (↑Bast) ist noch fes Viech fittre gwest un is aa in Strohsack kumme.* [Ap III] *Die Kukrutzlische (↑Kukuruzliesch) hot mer gebraucht for in die Strohseck, bevor die Matratze ufkumm sein.* [Bru V] *Meistns hod me die Kolwe nom ausgliescht für die Strohseck.* [NA V] *Die Liesche sinn in de Strohsack kumme oder Liesche for die Rewe (↑Rebe) binne (↑binden).* [Ost V] *In diese Barackn schlafnt auch 25 Personen. Dort warn schon Bettn, Strohsecke und Pölstern.* [OW VI] ◆ *Der Strohsack wurde mit frischen Blättern der Maiskolben gefüllt, die man durch neue ersetzte, sobald die alten abgelegen waren, damit die Bettunterlage immer weich und luftdurchlässig sei. Ob er ursprünglich mit Getreidestroh gefüllt war, ist nicht mehr bekannt.* ■ PfWb VI 719: 1: 'mit Bettstroh gefüllter Sack als Unterlage im Bett', um 1930 selten, häufiger noch in Kinderbetten; RheinWb VIII 860.
→Sack, Stroh.

Strohschieber - m, ʃtro:ʃi:vər, Pl. id. [Fek, Kock, Surg, Wem II]
A: Drescharbeiter, der das Stroh von der Dreschmaschine auf den Schober befördert *Etym.*: Das Komp. geht vom Verb *schieben* 'vor sich her befördern' aus. ● *Aans (eines) hat aufgemocht die Goarwe (↑Garbe). Noch woan Spreitroger un Strohschiewer.* [Fek II] ■ *Strohträger* Gehl 1991, 132.
→Stroh, Strohträger; schieben.

Strohschober - m, ʃtro:ʃo:və, Pl. id. [Fek, Petschw II]; ʃtro:ʃo:vr [Ost V]; ʃtro:ʃu:vɔr [Baw II]
A: Haufen aufgeschichtetes und fest getretenes Stroh ● *Drei-vier Mann woen am Strohschuwer, die wos den Schuwer honn gsetzt.* [Baw II] *Des Stroh, des is noch aufgesetzt woan uw en Strohschowe.* [Fek II] *Die Mennr hamm des Stroh in großi Strohschowe gsetzt.* [Petschw II] *Es Stroh is in de Elevator ningang uff de Strohschowr. De Mischthaufe, de Strohschower, de Sprauerschower (↑Spreuschober), des war alles im Hinnerhof.* [Ost V]
→Haufen (1b), Schober, Stroh, Strohschobermacher.

Strohschobermacher - m, ʃtrauʃo:bərmaxər, Pl. id. [Sad V]
A: Drescharbeiter, der das Stroh von der Dreschmaschine auf den Haufen schichtet ● *Die Strauschobermacher setzet (↑setzen 1) des Strau uf de Schober.* [Sad V] ■ Gehl 1991, 132.
→Schober, Stroh, Strohsetzer, Riesleute.

Strohsetzer - m, ʃtro:setsər, Pl. id. [Jood, Surg, Wem II, Ap, Ker, Mil, Sch, Werb III, Bog, Gra, Ost, War V]
A: Drescharbeiter, der das Stroh auf den Haufen schichtet ● *Des senn Strohsetzer, dann Garbewärfer (↑Garbenwerfer). No senn die Trummlwoibe (↑Trommelweib), was die Garbe henn noiglasst.* [Jood II]
→Schobersetzer, Stroh, Strohschobermacher, Riesleute.

Strohträger - m, ʃtro:trå:gər, Pl. id. [StG, Sol, Sulk II]
A: Drescharbeiter, der das Stroh von der Maschine zum Schober befördert ● *Am Strohhaufe ware die Strohträger.* [Sulk II]
→Riesleute, Spreuträger, Stroh, Strohschieber.

Strohtriste - f, ʃtro:triʃtə, -nə [Ga, StA V, Bil, Bur, Suk, Pe, VI]; ʃtro:triʃt, -ə [Gai, Gak, Stan III, Tom IV, GK, Low, Ost, Wil V]
A: in einen Schober aufgeschichtetes Stroh ● *Un no ware die Strohmennr* (↑Strohmann), *die henn Stroh vun Elevater runder un henn die Strohtrischte gsetzt.* [Stan III] *Der Hannef is uff e Zaun odder uff e Strohtrischt kumme, dass er noch besser austrucklt* (↑austrocknen). [Ost V]
→Stroh, Triste.

Strohwisch - m, ʃtro:viʃ, Pl. id. [StI II]
A: zusammengedrehtes, handgroßes Bündel aus trockenem Stroh ● *Do woar so en Strohwisch, dä woar an 're ↑Stange, un noch mit dem hot me die Esche* (↑Asche) *zammgelese.* [StI II]
→Stroh.

Strudel - m, ʃtru:dl, Pl. id. [Petschw II, Waldn III]; ʃtru:dl, -ə [Ap, Berg, Fil, Gai, Sch, Siw, Werb III, Put, Tom IV, Bog, Fak, Ga, Glog, Len, Low, Ost, War V, NO, Pe, Schö, Suk VI]; ʃtru:l [Baw, Petschw II]
1. A, G, O, V: Gebäck aus dünn gewalktem, mit Obst, Gemüse oder Quark gefülltem, eingerolltem Teig *Etym.:* Das Subst. ist abgeleitet von ahd. *stredan* 'wallen, strudeln' ohne klare Vergleichsmöglichkeit. Die Mehlspeise gleichen Namens war ursprünglich schneckenförmig, daher die Bedeutungsübertragung. (²³Kluge, 803) ● *De Struul, där is zun Jause hiegstellt woen.* [Baw II] *Beim Schlachten is ka Zeit fir Strudl machn (...) Hat, månichi Plåtz machn sie Struul, guedn Topfnstruul un mit Epfl un Måågn* (↑Mag). [Petschw II] *Und die zogene Strudl hat mer veschiedene Strudl gmacht.* [Ap III] *Dann is de Strudl in die ↑Tepsi kumme. Die war mit Schmalz schun eigschmiert unne, dass e net aabrennt.* [Waldn III] *Kärbse* (↑Kürbis) *hat mer ghat in Garte, die Kochkärbse un dann die Brotkärbse far Strudl.* [Ost V] 2. G, O: strudelförmiger Wulst, Auswuchs auf der Oberfläche einer Frucht ● *Die Gstrudlti sann rund gwejest. Wou die Noht* (↑Naht) *is, haums en Struul ghot, sou dick wi-r-en Finge.* [Wud I] ■ BayWb 2/1, 810; ÖstWb 407: 'eine Mehlspeise', Apfelstrudel; auch *Strudler* 'eine Apfelsorte'.
→(1) Backerei, Strudelweinbeere, -backen, -mehl, gezogener -, Grieß-, Kraut-, Kürbis-, Mag-, Nuss-, Topfen-, Zieger-, Zeugstrudel, süßer Strudel; (2) Gestrudelte.

Strudelapfel - m, ʃtru:dlapfl, -ępfl [Fak, Ga, Glog, StA, Stei, Wer V]; ʃtru:dlapl, -epl [Bog, Ger, GJ, Len, Low, Ost, Perj, War, Wis V]
O: zum Kuchenbacken geeignete Apfelsorte ● *Bei uns worn viele Apflsorte: Långstiel-, Glås-, und Strudläpfl, Weinsaure, Ghånsäpfl* (↑Gehansapfel) *un Jakobiäpfl.* [StA V] ■ Gehl 1991, 232; Petri 1971, 46.
→Apfelsorte.

Strudelbacken - n, ʃtru:lpoxɐ, Sg. tant. [Aug, Ed, GT, Ins, KT, Scham, Schor, Wud, Wudi I]
A, O: der Vorgang des (Zieh-)Strudelbackens ● *Struulweiemba* (↑Struulweiemba) *sann klaa un blob* (↑blau) *gwejest, dej hot me zen Struulbocha gnaume.* [Wud I]
→Strudel (1); backen.

Strudelmehl - n, ʃtru:dlme:l [Fil, Mil, Siw III, Be, Tom IV, Bog, Bru, Fak, Ga, Glog, Ost, StA, Wil V]; ʃtru:dlmę:l [Kock II]
A: zum Kuchenbacken verwendetes Mehl der besten Qualität ● *Hat, Mähl, da wor Brotmähl, Fuddermähl, Nullemähl, des wor schun ganz feines Strudlmähl.* [Kock II]
→Mehl, Nullermehl, Strudel (1).

Strudelweinbeere - f, ʃtru:lvaiəmpɐ, Pl. id. [Aug, Ed, GT, KT, Scham, Wud, Wudi I]
W: zum Strudelbacken geeignete Traube mit kleinen Beeren ● *Struulweiemba sann klaa un blob* (↑blau) *gwejest, dej hot me zen Struulbocha* (↑Strudelbacken) *gnaume.* [Wud I]
→Strudel (1), Weinbeere.

Strupfer - m, ʃtrupfər, Pl. id. [Fak, Ga, Glog, Pan, Wil V]
V: Lederschlinge, um die Haut des Pferdes vor dem Aufreiben durch die Seile zu schützen *Etym.:* Vgl. *Strupfe*, obd. 'Riemen-, Bandschleife', von mhd. *strupfe* "Strippe, Lederschlinge". (Wahrig 3470) *Strupfer* ist eine Abl. davon mit dem Suffix *-er*. ● *Am Rossgschärr* (↑Rossgeschirr) *sinn die Strupfer, dass sich die Ross net ufreib* (↑aufreiben). [Fak V] ■ Gehl 1991, 165.
→Sielentasche.

Stück - n, ʃtik, -ər [Ha, Jood, StI II, Ap III, Dol, Fak, Ga, Glog, Lieb, Ost, StA V, Bil, Ham, Mai, Schei, Suk VI]; ʃtik, -ə [Ora, NA, Stei V, OW VI]; ʃtik, -r [Berg III]; ʃtek, -ə [Fek II]; ʃtek, -ər [Baw, Kock, StI, Wem II]; ʃtikl, Pl. id. [Aug, Ed, GT, KT, Scham, Schor, StIO, Wein, Wud I, Petschw II, Esseg, Ru IV, ASad, Fak, Glog, Lind, Resch, Wei, Wolf V]; ʃtuk, Pl. id. [StG, Sol, Sulk II]; ʃtukl, Pl. id. [Kock II]; ʃtikle, Pl. id. [Bil, Ham, Mai, Pe, Schei, Suk VI]; ʃtikl, -ə [Ap, Hod III, GK, Ost V]; ʃtiklje, -r [Sti II]
1. Allg: Teil eines Ganzen ● *E jiëds Stickl wo owebrouche (↑abbrechen) is ven Stejke (↑Stecken) hot me zaumkloubt (↑zusammenklauben).* [Wud I] *Un no wurds zammgschnitte in so klaani Sticker wie de ↑Kotzkazucker.* [Jood II] *Ja, Maschterei wor aa, dass e Bauer alli Johr aa-zwaa Stuckl Viech hot gmest.* [Kock II] *Noch kriege se ihre Wochs 'nei, un do hod er immer nur so e Sticklje 'nei.* [StI II] *De Sauhalde hod en Litter Woi (↑Wein) krigt un e Stuck Speck.* [Sulk II] *Fir Schmalz is des Fett in klååni Stickle in der Kessl kumme un is ausglosse warre.* [Ap III] *Wenn mähr wie vier Stickr Viech im Stall brunzn, no wärd des Brunzich ufn Mischt abgfiehrt (↑abführen 2).* [Berg III] *Do ware hechschtn noch e Stick Schofbrinsa (↑Schafbrinse) un a Stickl Butter.* [Dol V] *De Kinner had mer als e Stick Hasebrot haamgebrocht.* [Fak V] *De Dinndarm, där is in Sticker gschnitt wor, so lang wie die Worscht hat seie mise.* [Lieb V] *Im Winder hat me bei de Vorsetz (Spinnstube) e Stick Brotkärbsa (↑Bratkürbis) gesse.* [StA V] *Un da legt man ihnen auch Salz (2), so große Sticke.* [OW VI] *Selle Sticker vom Kopffleisch ta-mer en ↑Schajt, ja.* [Schei VI] a. A: Teil einer landwirtschaftlichen Nutzfläche, Feldstück ● *Wie es Steck fätich war, noch sein die Goarwe (↑Garbe) aufgesetzt woan.* [Fek II] *De Bauer hod als e klaa Stick Hanft oogebaut.* [StI II] *Die henn a Stick far sich noch ghat un e Kuchlgarte.* [Ap III] *Und mir habn duort obn jeder a Stickl Feld ghobt.* [ASad V] *Aso do hat me se nausgfiihrt ufs Stick un Stroh, dass se schlofe kenne. (...) Un wenn sie e gudes Stick gmeht hann ghat, dann hann se die Garwe ufgsetzt uff Kreiz.* [Ost V] *Därjenige, wo gschaffet hot im 'Kollektiv, hot des Stickle kriëgt, do hat er aabaue kenne, was er welle.* [Schei VI] **Anm.:** Die Variante *Steck* weist *i>e*-Senkung auf. ◆ (2) Historissrcher Beleg: "In meinem Bründlstück bekam ich noch gegen 50 Metz Kukuruz ..." (Deutsches Bauernleben 1957, 17)
■ Gehl 1991, 63.

→(1) Brocken, Speckstück, Teil (1); (1a) Feld, Feld-, Hutweide-, Hanf-, Klee-, Kukuruzstück, Parzelle, Teil (1a).

stupfen - schw, ʃtupfn, kʃtupft [Petschw II]
A, G: Gemüse oder Maiskörner setzen ● *Had, bevoe me oobauen tued, muss me acken un egn (↑eggen), des Feld häerrichtn, un dann kåm-me stupfn Kukrutz (↑Kukuruz) mit de Haun (↑Haue).* [Petschw II]
→hineinstupfen, säen, setzen (2b).

stürmen - schw, ʃtirmən, kʃtirmt [Franzd, Ora, Resch, Stei V]
Allg: (vom Wind:) mit großer Heftigkeit wehen ● *Wenn's stirmt un haglt un schneibt, dann is schlechtes Wetter.* [Stei V]
→Wetter, Wind.

Sturmlaterne - f, ʃturmlaṭern, -ə [Bohl II, Ap, Brest, Gai, Gak Siw III, Be, NP, Put IV, Bak, Bog, Fak, Glog, GK, Hatz, Len, Lieb, Ost, War V]; ʃturmlaṭernə, Pl. id. [Ga, StA, Wil V]
Allg: geschlossenes Öllicht mit Windschutz ● *Un am Owed is de Kukrutz (↑Kukuruz) nufgetraa ginn (↑hinauftragen) am ↑Hambar (2) im Dunkle, also mid e Sturmlatärn.* [Ost V]

stürzen - schw, ʃtirtsə, kʃtirtst [Glog, Pan V]; ʃteṛtsn, kʃteṛtst [NA V]; ʃteṛtsə, kʃteṛtst [Bak, Bog, Fak, Ga, GK, Gott, Gra, GStP, Len, Low, Nitz, Ost, StA, War, Wil, Wis V]
A: einen Acker flach umpflügen ● *Unser Knechte hann im Summer beigfihrt oder sinn stärze gfahr.* [GStP V] *Noch de Fruchtänte (↑Fruchternte) is gstärzt woan und im Frihjah noch aamol tief rumgackert.* [NA V] *Beim Fruchtfeld soll so gschwind wie meglich gstärzt ginn (werden), dass me die Feichtichkeit im Bode (↑Boden 2) halt, un dass de Grassome, wu ausgfall is, wegkummt.* [Ost V] ■ Gehl 1999, 127.
→ackern.

Stürzkorb - m, ʃtirtskharp, -kherp [Fil, Mil III]
Fi: hoher, enger, zum Fischen verwendeter Weidenkorb ● *Mitm Stirzkarb is mer an die Moschtung (ein Teich) gange un hat Fisch gfangt.* [Mil III]
→Korb.

Stute - f, ʃtu:te, ʃtu:tə [Waldn III]; ʃtu:də, Pl. id. [Ga, StA V]; ʃtu:t, ʃtu:də [Bog, Fak, Glog, Knees, Ost, War V]; ʃtut, -ə [Sch, Siw III, In IV, Heid,

Joh, Kud, NB, Rud, Tschan, Wer V]; ʃtu:tn, Pl. id. [Aug, Erb, Ins, GT, KT, Ni, OG, StlO, Schor, Vert, Wasch, Wein, Wer, Wet, Wud, Wudi I]; ʃtutn, Pl. id. [ASad, De, SM, Stei, Tem, Wolf V]
A, V: weibliches Pferd *Etym.*: Das von mhd. und ahd. *stuot* kommende Subst. entspricht eigentlich der 'Pferdeherde'. Die Ausgangsbedeutung ist vermutlich 'Stand', zu einer Erweiterung von *stehen*. Eine Pferdeherde besteht aus einem Hengst und mehreren Stuten, so dass seit der mhd. Zeit das Wort die heutige Bedeutung haben kann. Später setzte sich diese Bedeutung durch, während die ältere noch in der Neubildung *Gestüt* aus dem 16. Jh. auftritt. Auch das f. Genus ist erst deutsch (vgl. gotisch **stōda-* n., altengl. *stōd* n.), und hängt vielleicht mit der gleichen Entwicklung zusammen. (^{23}Kluge, 806) ● *Mer hadde e gude Stute un hann uns meischtns e Fohle groß gezoge.* [Waldn III] *Die klaani Filler odder Hitschl, die henn noch bei de Stude gsoff.* [Ost V] *E rossiche Stut, die is stark unruhich.* [Knees V] *Die Stutn hat e schenes braunes Munsl* (↑Munz). [Stei V] **Anm.**: In der Lautvariante *Stutn* tritt in bair. Dialekten die Endung *-n* im f. Sg. auf. ■ Gehl 1991, 183; Petri 1971, 98.
→Füllen-, Zuchtstute, Gestüt, Pferd; rossig.

stutzen - schw. ʃtutstn, kʃtutst [Ru IV]; ʃtutsə, kəʃtutst [Mu II]; ʃtutsə, kʃtutst [Bak, Bog, Bru, Fak, Ga, Glog, Nitz, Ost, StA V]; ʃtuts, kʃtutst [Baw, La, Seik, Wem II]
O, W: (zu lange Triebe oder Zweige) kurz schneiden ● *Wenn die Treiwl* (↑Traube) *obgeblitht honn, enner (eher) därf me jo net spritz awwe (oder) stutz.* [Baw II] *Noch hon se schon obgeblitht, die Treiwl, noch kam-me schon gstutz, ne.* [La II] *Im Sommer weäd de Weigatn* (↑Weingarten) *gspritzt un gstutzt un im Heabst is die Weiles.* [Ru IV] *Un der ↑Palm is mit der Reweschär* (↑Rebenschere) *gstutzt ginn un war wie e Zaun.* [Bog V] *Es war jo immer viel Arwet* (↑Arbeit) *in de Wingerte, im Frihjohr ufhacke* (↑aufhacken 1a), *schneide, no später spritze* (↑spritzen 1a), *hefte un stutze.* [Bru V] *De Weingarte is gstutzt ginn, mit der Siçhl oder mit der Reweschär.* [Ost V] **Anm.**: In den *Stiffuller* Mundarten der Schwäbischen Türkei steht das Verb nach den modalen Hildsverben *können* und *müssen* im PPerfekt: (z. B. *kann man:*) *gstutz*, statt im Infinitiv *stutze*. ■ Gehl 1991, 231.
→abstutzen, schneiden; Stutzen.

Stutzen - m (n), ʃtutsn, Pl. id. [Bohl II]; ʃtutsə [Kutz III]; (n) ʃtutsl [Fak, Ga, Glog, GK, Ost V]
V: kurzer, gestutzter Zugriemen *Etym.*: *Stutzel* ist die bair. Form für *Stutzen* 'ein kurzes Jagdgewehr' usw., von mhd. *stutze, stotze* 'Klotz, Stumpf', allgemein etwas, das gstutzt, verkürzt, ist. Abl. zu *Stutz* 'Stumpf', Näheres unbekannt. (Wahrig 3483) ● *Hinne die Schärrieme ware widrem zwei Schnalle, un do ware die Stutzle bis zum Fuhrmann.* [Ost V] ■ *Stutzel* BayWb 2/1, 801: 'abgestutzter Schweif; Tier mit einem solchen'.
→Scherriemen, abstutzen, stutzen.

Sudangras - n, sutankra:s, Sg. tant. [Bog, GK, Low, Ost, War V]; suda:nkra:s [Ost V]
A: als Viehfutter verwendete Grassorte ● *Unkraut ham-mer viel ghat, die ↑Wegwart[e], die Kespapple* (↑Käsepappel), *die ↑Kleeseid[e], des Sudangras un vieli andre.* [Ost V] ■ Petri 1971 38.
→Gras (1), Unkraut.

Suloker Tabak - m, sulokər tuvak, Sg. tant. [Bold, StG, Sulk II]
T: vorwiegend in der Schomodei gepflanzter Tabak ● *Des wor so e Oort* (↑Art), *Suloker Tuwak ham-mir friher allwel baut* (↑ bauen). [Sulk II]
→Tabak.

Sulz - n, sults, Sg. tant. [StI II, Ap, Stan III, Fak, Ga, GK, Glog, Lieb, Ost, StA, Wer, Wil V]; sultsn [Ora, Resch, Stei V]
1. O: weich gekochte Marmelade aus verschiedenem Obst *Etym.*: Vgl. obd., bair.-österr. *Sulz* f. für *Sülze*, d. h. 'Fleisch oder Fisch in Gelee' (ÖstWb 409); von hier Bedeutungserweiterung zu 'Obstmus'. Von mhd. *sulz(e)* 'Salzwasser', dann aus sachlichen Gründen Übergang zu Bezeichnung galertartiger Gerichte. (^{23}Kluge, 808) ● *Aus Brambe und Hetschl kann me guti Sulzn kochn.* [Resch V] *Zu de Marmelade ham-mir Sulzn gsagt.* [Stei V] *Un do waa ein große Kupfekessl, wo me alles eigmacht hat, die Paradeis ond Marmelade, Sulz ham-me gsagt.* [Wer V] 2. V: Fleischstücke in Gallert, Sülze ● *Un die Fieß un die Uhre* (↑Ohr) *un die Nose, des is es Sulz woen.* [StI II] *Die Fiesl un der Schwanz sinn gekocht warre oder sinn far Sulz gnumme warre (worden).* [Ap III] *Die Zunge henn mir im Sulz als gwellt.* [Stan III] *Es Sulz, des warn die Ohre, die Fieß un es Schwenzje, was des Sulz gebt.* [Lieb V] *Aus der Schniss* (↑Schnusse), *aus die Ohre, aus die vier Fieß un ausm Schwanz is Sulz*

Sumpf

gmach ginn. [Ost V] **Anm.**: Die Lautvariante *Sulzn* mit *n*-Morphem im f. Sg. weist bair.-österr. Einfluss auf.
→(1) Pfirsichsulz, Lekwar; (2) Fleisch (1); gelatineartig.

Sumpf - m, sumpf, Sg, tant. [Fak, Ga, StA, Wil V]; sumpə [Bru V]; sunpft [Kock II]
A: mit Wasser durchtränkter, landwirtschaftlich schlecht nutzbarer Acker, feuchtes Gelände ● *No henn sie Fischteiche gmacht un in Sumpft die Grewe* (↑*Graben*) *im Stand ghalde.* [Kock II] *Am annre Dorfend, hinnerm deutsche Kerchhof, is die Darwasch. Des ganze Gebiet is aach jetz noch teilweis Sumpe, wu verschiedene Tiere heimisch sinn.* [Bru V] **Anm.**: Die Variante *Sumpft* setzt mhd. *sumpf*, Nebenform von *sumpf*, mit epitethischem -*t*, fort. ■ PfWb VI 808: 1. 'feuchtes Wiesenland, sumpfiges Gelände', 2. Flurnamen (Am Sumpf); RheinWb VIII 993 f.
→Feld, Lieschplatz, Morast, Sumpfboden; sumpfig.

Sumpfboden - m, sumpfpo:də, Sg. tant. [Ap, Hod, Fil III, Fak, Ga, StA, Wil V]
A: mit Wasser getränkter, ertragarmer Boden ● *Newer em Wasse is oft Sumpfbode. Des is nasser Bode, uff dem wachst när Gras.* [Fak V] ■ gehl 1991, 64.
→Boden (2), Sumpf.

sumpfig - Adj, sumpiç [Bru, Charl, Fib, Jahr V]
A: (vom Boden:) von Feuchtigkeit durchtränkt ● *Die* ↑*Weide* (2) *hot mer kenne im sumpiche* ↑*Darwaschwald schneide.* [Bru V]
→Sumpf.

Superphosphat - n, selten, supərfosfa:t, Sg. tant. [Gott, Gra, Low, Ost, Wis V]
A: phosphorhaltiges Düngemittel, das die Blüte fördert *Etym.*: Entlehnung aus der Standardsprache. ● *Un dann ham-mer vum Kunstdinger glärnt, zu was er is, zum Beispiel dass Stickstoff es Blatt macht, dass es Superphosphat die Blitn macht, un dass es Kalium den Stamm fest macht.* [Ost V]
→Kunstdünger.

Suppe - f, zupə, Pl. id. [Bil, Ham, Mai, Pe, Schei, Suk VI]; supə, Pl. id. [StI II, Ga, StA V]; sopə, Pl. id. [Baw II]; sup, -ə [Ap, Gai, Sch, Tor III, Bak, Bog, Fak, Ga, Glog, Gott, Gra, Len, Low, Schön, Ost, StA, War V]; supn, Pl. id. [Petschw II]; sopə [Baw, Jood, StI, Surg, Wem II, Stan III]
G, O, V: flüssige, aus Gemüse, Fleisch und verschiedenen Zutaten gekochte Speise ● *Die Leit honn als Knoche velangt zu Soppe.* [Baw II] *In de Hochzeit war am Mittag meistn* ↑*Pörkölt oder Paprikasch, guedi Suppn, guedi Hihenesuppn.* [Petschw II] *Noch der Suppe un em Kochfleisch sann die* ↑*Sarme komme.* [StI II] *Wenn mer Supp gekocht hot, entweder Hinglsupp oder vun Schweinefleisch Schweinesupp oder Rindsupp. Un da is Griezeich un Geelriewe* (↑*Gelberübe*) *'neikumme in die Supp.* [Ap III] *Des wore die Griekochbohne, wu mer Supp un Zuspeis gmach hat.* [Ost V] *Es Pedersil* (↑*Petersilie*) *hat mer in die Suppe gewe.* [StA V] *Dänn koche mer e guete Suppe, e Metzgersuppe saget mer schwabisch.* [Schei VI] **Anm.**: Die Variante *Suppn* hat unter bair.-österr. Einfluss das Flexionsmorphem -*n* im f. Sg. Die Variante *Soppe* weist *u*>*o*-Senkung auf. ■ PfWb VI 813-817 (mit Karte 373); RheinWb VIII 1003.
→(Arten:) Beuschel-, Einbrenn-, Einmach-, Erdäpfel-, Fisch-, Gekröse-, Hochrücken-, Hühner-, Hünkel-, Kuttel-, Metzger-, Paradeis-, Rebhendel-, Rind-, Schlacht-, Schweine-, Wurstsuppe; (Verschiedenes:) Suppenfleisch, -nudel.

Suppenfleisch - n, supnflaiʃ, Sg. tant. [ASad, Resch, Tem, Wer, Wolf]; supəflaiʃ [Ap, Fil, Ker, Mil, Pal, Sch, Tscher III, Put, Tom IV, Bak, Bru, Fak, Ga, GJ, Gra, Nitz, War, Wis V]; sopəflaiʃ [Baw, Jood, StI II, Stan III]
V: in der Suppe mitgekochtes (zumeist getrennt gegessenes) Fleisch ● *En Bauer hot es mehsti* (meiste) *Soppefleisch gekaaft, un zu* ↑*Pörkölt un vleicht zu Paprikasch.* [Baw II] *Es meist gekaufti Suppefleisch bam* ↑*Fleischhacker wor Motschunge* (↑*Wadschinken*) *un Ohrwangl* (↑*Ohrwangel*). [Stan III]
→Fleisch (1), Suppe.

Suppennudel - f, supənu:dl, Pl. id. [Baw, Wem II, Ap, Fil, Ker, Sch, Wepr III, Put, Tom IV, Alex, Bog, Bak, Kath, Schön, Len, Wil, Wis V]
A: dünn geschnittene, in der Suppe gekochte Nudel ● *Do hot mer oft Riwwle* (↑*Ribbel*) *ode Reis neigetuu oder Suppenudl, die ganz feini* (fein 2), *des ware die Rindsuppnudl.* [Ap III]
→Nudel, Suppe.

süß - Adj, si:s [Gai, Sch, Siw, NP IV, Bak, Bog, Fak, Ga, GJ, Glog, Len, Low, Ost, StA, StM, War V]
A, B, O, W: wie Zucker und Honig schmeckend

● *Die Kiëschn, die kumme olli in Glos* (↑Glas), *so kleine Tablettn tan mer hinein, das nicht zu süß ist.* [OG I] *Des Mittachesse war Brot mit Zigeinerspeck und Zwiewle* (↑Zwiebel), *zu dene siße Trauwe.* [Bru V] *Die Zuckerbiere sinn sieß wie Henich.* [Fak V] *Am Gartezaun steht e Nussbaam mit Niss so sieß wie Rahm.* [Len V] *Die Aldi (Alten) hann gsaat, wann de Mohai* (↑Muhar) *grien* (↑grün 2) *war, är is noch net siß.* [Ost V] ■ Gehl 1991, 233.
→sauer; Geschmack, Honig, Süßholz, -kirsche, -obers, Zucker.

Süßapfel - m, si:sapfl, -ępfl [Bog, Fak, Ger, Ga, Glog, StA V]
O: Sommerapfel mit süßlichem Fruchtfleisch ● *Es gibt noch viele Apflsorte, die Lederäpfl, die Sießäpfl un Pfundäpfl, die Jonatan un noch andre.* [StA V] ◆ Das Komp. pitəsi:se, also der 'bittersüße' Apfel bezeichnet in [Fak und Glog V] dieselbe Apfelsorte. ■ Gehl 1991, 232.
→Apfelsorte, Weinsaurer.

süße Milch - f, si:si miliç, Sg. tant. [Dol V]
V: unbearbeitete Frischmilch ● *Es ware hechschtn noch e Tippe* (↑Tüpfen), *zwei oder drei, Milich im Haus, sißi un sauri Milich, a Tippche Rahm.* [Dol V]
→Milch, saure Milch.

süßer Strudel - m, siəsə ʃtrudl, Pl. id. [Jood II]
A: mit Marmelade, Obst oder gesüßtem Topfen, Mohn, Kürbis usw. gefüllter Hefestrudel ● *Un no gibt's gfilltes Kraut, un de gibt's sieße Strudl un viel Bachsach* (↑Backsache), *was de Zuckerbeck mache tuët.* [Jood II]
→Strudel (1), süß.

Süßholz - n, si:sholts, Sg. tant. [Har IV, GK, Karl, Low, Mar, Ost V]
O: als Hustenmittel und zur Herstellung von Lakritze verwendeter Wurzelstock der Staude eines Schmetterlingsblütlers; Glycyrrhiza glabra (Wahrig 3501) ● *Sießholz, des hat so wie Akazeblettr* (↑Akazienblatt), *un die Worzl is sieß, des is Sießholz for Kinner.* [Ost V] ■ Petri 1971, 37.
→Obst; süß.

Süßkirsche - f, si:skhęrʃ, -ə [Bog, GJ, Gra, Len, Low, War V]
O: besonders schmackhafte, dünnschalige Kompottkirsche ● *Es git bei uns Speckkärsche un Honichkärsche, des worn geeli Sießkärsche.* [Bog V] ■ Petri 1971, 58.
→Honigkirsche, Kirsche; süß.

Süßobers - m, Sg. tant. [Fak, Ga, GK, Glog, Gott, Gra, Len, Ost, Pan, StA, War, Wil V]
V: süßer Rahm, Sahne *Etym.:* Süßobers hat die adj. Erweiterung von süßer Rahm als Teil des Komp. aufgenommen. ● *Sießowerscht, des war der Rahm, net. Dicki Milich is gmacht ginn, Kes, Butter.* [Ost V] *Anm.:* Die dial. Variante Sießowerscht wird mit epithetischem -t gebildet. ◆ Um *Süßobers* zu erhalten, muss die Milch vor dem Abrahmen nur einen Tag lang stehen. ■ Gehl 1991, 206.
→Obers, Rahm; süß.

Szegediner - f, selten, seketi:nər, Sg. tant. [Ost V]; seketər [Bog, Gott, Gra, Low V]
W: aus dem ungarischen Szeged stammende, süße Rebsorte *Etym.:* Die Variante Szegediner geht von der deutschen Stadtbezeichnung Szegedin aus. ● *Do ware Trauwe aller Arte, angfang mit Maria-Magdalenatrauwe, Szegeder, Gutedl, Geißetuttle* (↑Geißtuttel). [Bog V] *Die Szegediner, dann die Ziwewetrauwe ham-mer ghat. Die hann ka Käre* (↑Kern) *ghat.* [Ost V]
→Rebsorte, Zibebentraube.

Tabak - m, thubak, Sg. tant. [Trie, Tschan V]; tuvak [Brest, Buk, Gara, Hod, Sch, Siw III, ND, NP IV, Bog, Fak, Ga, Glog, StA V]; tu'va:k [Sulk II]; thuvak [Bill, Dol, Ger, GStP, Karl, Len, Low, Nitz, Ost, Orz, War, Wies, Wis V]
T: nikotinhaltiges Nachtschattengewächs; Nicotiana tabacum ● *Do is e Mischtgruwe* (↑Mistgrube) *gmacht ware, un dann is oobaut ware mit Tu'wak.* [Sulk II] *Wenn die Bletter geel wärn, kam-mer de Tuwak blettere* (↑blättern). [Fak V] *Losst de Thuwak, losst de* ↑*Raki, un ihr kennt sogar hunnert Johr alt werre.* [Nitz V] *No em Kriech (Zweiter Weltkrieg) is viel Thuwak gebaut ginn.* [Ost V] *Unser ganzes Darf hat Thuwak gebaut, iwerhaupt die Kleenhäisler* (↑Kleinhäusler). [Wies V] *No is Thuwak gebaut ginn im*

Dorf. [Wis V] ◆ Die Tabakblätter werden in der Reihenfolge ihres Reifens geerntet: zuerst die untersten Sandblätter, dann der ergiebigste Haupttabak von der Stängelmitte, schließlich der wertvollste, an der Spitze der Pflanze gereifte Gipfeltabak. - Die Volksmedizin verwendet den Tabak als Mittel gegen Zahnschmerzen und Grippe. (PfWb II 4) ■ Gehl 1991, 87; Petri 1971, 50.
→(Arten:) Gipfel-, Haupt-, Sand-, Spitztabak, Suloker Tabak; (Teile:) Tabakblatt, -kopf, -samen, -stock; (Verschiedenes:) Finanzer, Nikotin, Pflanze, Tabakblume, -fabrik, -kutsche, -mann, -nadel, -scheuer, -schuppen.

Tabakblatt - n, tuvakplat, -pledər [Fak, Ga, Glog, Pan, StA, Wil V]; thuvakplat, -pletər [Alex, Bog, GK, Gra, Len, Low, Ost, Wies, Wis V]
T: Blatt der Tabakpflanze ● *Am Tuwakkopf* (↑Tabakkopf 1b) *wacksn die beschti Tuwakbletter.* [Fak V] *Dort kummt de Fade* (↑Faden) *dorich, dass die Tuwakbletter sich net zu fescht aanlege* (↑anlegen 4) *un schimble* (↑schimmeln). [Ost V]
■ Gehl 1991, 87.
→Blatt, Tabak.

Tabakblume - f, tuvaksplum, -ə [Bog, GK, Len, Low, Ost, War V]
G: Akanthusart; Thunbergia alata *Etym.:* Das Bennennungsmotiv ist die an eine Tabaksblüte erinnernde Blütenform der Pflanze. ● *Do warn die Tagunnachtschatte, Härzjesublumme* (↑Herzjesublume), *die Antonirose, des sein die Phingschtrose* (↑Pfingstrose), *Quackeblumme, also die Froschmeiler* (↑Froschmaul) *und die Tuwaksblumme.* [Ost V] ■ Petri 1971, 73; PfWb II 5: andere Bedeutungen.
→Blume, Tabak.

Tabakfabrik - f, tuvakfabrik, -ə [Fak, Ga, Glog, Sad, StA, Wil V]; thuvakfabrik, -ə [Bog, GK, Ost, Wies, Wis V]
T: industrieller Betrieb, in dem Tabak bearbeitet u. versandfertig gemacht wird ● *Uff des Mischtbeddl* (↑Mistbeet) *is e Holzrahme kumm, des haddie Thuwaksfabrik gstellt* (↑stellen 2). [Ost V]
→Tabak.

Tabakkopf - m, tuvakhopf, -khepf [Fa, Ga, Glog, Wil V]
T: oberster Teil, Gipfel der Tabakpflanze ● *Am Tuwakkopf wacksn die beschti Tuwakbletter.* [Fak V] ■ Gehl 1991, 87.
→Kopf (1b), Tabak.

Tabakkutsche - f, tuvakutʃ, -ə [Sulk II]
T: Warmbeet zur Aussaat der Tabaksamen ● *In Feber hunn se mese Tuwakkutsche mache, wu mer die Pflanze, die Some* (↑Samen) *oobaut hot* (↑anbauen). [Sulk II] ■ *Kutsche* PfWb IV 713 f.: 1. 'Mistbeet, erhöhtes Beet im Garten, auf dem Edelpflanzen (Gewürze, Arzneikräuter, Blumen) gepflanzt werden', 2. 'Anzuchtbeet im Tabakbau', von frz. *couche* 'Mistbeet'.
→Mistbeet, -grube, -unterlage, Tabak.

Tabakmann - m, thuvaksman, -menə [Bog, GK, Len, Low, Ost, Wae, Wies, Wis V]
T: Beauftragter der Tabakfabrik, der den Produzenten beim Tabakbau hilft und die Abgabe der Ernte überwacht ● *Dann is de Thuwaksmann kumm, där he den Thuwaksoome aangebaut. Der Thuwaksmann is de Vertreter vun der Thuwakfabrik for e phaar Därfer, där war de Fachmann.* [Ost V] ◆ Dem *Tabakmann* entsprach in der Pfalz die *Tabakkommission*, die den Tabakbau überwachte und der *Tabakkontrolleur*, ein Beamter der Zollverwaltung, der die mit Tabak bebauten Flächen feststellte. (PfWb II 7)
→Buchhalter, Fachmann, Tabak, Waagemeister.

Tabaknadel - f, thuvaksno:dl, -ə [Bill, Bog, GK, GStP, Low, Ost, War, Wies, Wis V]; tuvaksnå:l [Bold, StG, StI, Sulk, Wem II]

Abb. 94 Tabaknadel

T: nadelförmiges Gerät zum Einfädeln der Tabakblätter auf die Trockenschnur ● *Dann in de Schopfe* (↑Schuppen), *oosteche* (↑anstechen) *mit de Tuwaksnåål un aff de Schnur druf un no ufhenge in e Schopfe.* [Sulk II] *Die Thuwaksnodl is zwei-drei Zentimetter dick, aus Eise un am End zugspitzt.* [Ost V]
→Nadel, Tabak.

Tabaksamen - m, thuvaksõ:mə, Pl. tant. [Bog, GK, Len, Low, Ost, War, Wies, Wis V]
T: Samen der Tabakpflanze ● *Dann is de Thuwaksmann kumm, där he den Thuwaksoome*

Tabakscheuer

aangebaut. [Ost V]
→Samen, Tabak.

Tabakscheuer - f, thuvakʃaiər, Pl. id. [Wies, Wis V]
T: luftige Scheune, in der Tabakblätter getrocknet werden *Etym.:* Scheuer, seit dem 9. Jh. belegt, kommt von mhd. *schiur(e), schiewer,* ahd. *sciura, scūra,* Fortsetzer eines *r/n*-Stamms, dessen Variante mit *-n-* in *Scheune* erhalten ist. Die Bedeutung war zunächst 'Schutz, Schirm'. (²³Kluge, 718) ● *Due Thuwakscheier war hinr em Haus, un hinr em Haus war Kornstroh, so Schabstroh* (↑Schaubstroh) *far Saal* (↑Seil) *mache.* [Wies V]
→Tabak, Tabakschuppen.

Tabakschuppen - m, thuvakʃop, -ə [Ger, GJ, GK, GStP, Len, Ost]; thuvaksʃop [Wies, Wis V]
T: Schuppen mit guter Durchlüftung, in dem Tabakblätter getrocknet werden ● *Ja, des war de Thuwakschopp.* [GJ V] *Un do muss e gude Thuwaksschopp sinn, do solle zwaa Tore sinn, dass die Luft dorichgeht, schunscht schlaat der Thuwak an* (↑anschlagen). [Wies V]
→Tabak, Schuppen.

Tabakstock - m, tuvakʃtok, -ʃtek [Bog, GK, GStP, Low, Ost, Wies, Wis V]
T: Tabakpflanze ● *Mit em Planzholz is e Loch gmacht ginn in die Ärd* (↑Erde), *de Tuwakstock ninn un leicht angedruckt.* [Ost V]
→Tabak.

Tablette - f, tablət, -n [OG I]
Allg: in rundlicher Scheibenform gepresstes Arzneimittel zum Einnehmen oder als Konservierungsstoff ● *Die Kiëschn* (↑Kirsche), *die kumme olli in Glos, mit Salitziel* (↑Salizl), *Zucke un Zitraune, so kleine Tablettn tan mer hinein, das nicht zu süß ist.* [OG I] ■ PfWb II 12; SüdHWb I 1287; RheinWb I 1020; BadWb I 396.
→Medikament.

Tacke - f, takə, Pl. id. [Jood II, GK, Ost V]
A: aus Schilf oder Stroh geflochtene Matte *Etym.:* Vgl. mhd. *tacke* 'Decke, besonders Strohdecke, Matte', ahd. *tacha.* (LexerHWb 2, 1385) ● *Des honn se gnumme fer Tacke in de Gärtneråi, zum die Pflanze abdecke em Fruhjohr.* [Jood II] *Wann's heiß war, war e Wasserfass ufm Waa* (↑Wagen), *zugedeckt mit aaner Tacke.* [Ost V] ■ BayWb 1/1 584: Die Tacken, Tauken, Tocken, 'Decke von Baumzweigen, Bast oder Stroh geflochten'; WbWien 203: *Dackn* 'Tacke, Strohflechtmatte'; ÖstWb 179: *Dacke* (ugs.) 'Türdacke, Fußabstreifer'.

Tafel - f, tafl, -n [OW VI]
1. Fo: flache Waldparzelle ● *Unsere Tafln gehn schon bis 45 Prozent Steigung, mähe geht das nicht, dass die Felle* (↑Gefälle) *nicht zu groß is. Wird das trassiët* (↑trassieren), *wo de Weg kommt.* [OW VI] 2. Fo: (flaches) Bauteil eines Floßes ● *Aso ein Floß besteht von zwei-drei Tafeln. In eine Tafel sind mährere Klötzer* (↑Klotz) *zusammengebunden duich Strick.* [OW VI] ■ DWb 21, 17: 10. 'Hochebene, Plateau'.
→(1) Parzelle; (2) Floß.

Taglohn - m, ta:glõ:, Sg. tant. [Fak, Ga, Glog, Sad, StA, Wil V]; ta:xlõ:n [Bak, Bog, GK, Gott, Gra, GStP, Len, Low, Nitz, Ost, War, Wis V]; to:klõ:, Sg. tant. [Stl II]
A: nach Arbeitstagen berechneter und oft auch täglich ausgezahlter Lohn für unqualifizierte Arbeit ● *Dot woan vill in Togloo gange, gel, dot sinn vill Zuckeriewe oogebaut woan.* [Stl II] *Die Leit sinn gere bei uns in de Tachlohn kumm.* [GStP V] *No hann die Leit dorte gearweit bei der Dresch un im Tachlohn un so.* [Wis V] ■ PfWb II 39; SüdHWb I 1310; RheinWb VIII 1036, BadWb I 404; SchwWb 2, 28.
→Taglöhner.

Taglöhner - m, ta:glenər, Pl. id. [Jood II, Hod III, Fak, Ga, Glog, StA V]; ta:klenər [Stan III]; ta:klenə [Ru IV]; ta:xlenər [Bog, Gott, Gra, GStP, Len, War V]
Allg: landwirtschaftlicher Arbeiter, der für den einzelnen Tag gegen einen festen Betrag eingestellt wird ● *Friher warn Baure ode Taglenner, die henn de Schnitt abgmacht ums Zehnti* (↑Zehntel) *ode sinn maschine* (↑maschinen) *gange ums Drittl un so.* [Jood II] *Die Taglenner henn des Bischeli* (↑Büschel) *Hanf mit der Knitsch* (↑Knitsche) *broche.* [Hod III] *Taglehner henn die Frucht abgemeht un henn sich's Johrbrot* (↑Jahresbrot) *verdient.* [Stan III] *Die Taglenne, des woan ärmeri Leit, die hamm die Frucht obgmacht.* [Ru IV] *Mer hat nit kenne arweide ohne de Tachlenner.* [Bog V] *Secks Kinner war mer, Knecht un Mädle hodde mr aach ghat un noch Tachlenner.* [GStP V] ■ PfWb II 39; SüdHWb I 1310; RheinWb VIII 1036; BadWb I 404; SchwWb 2, 28.
→Arbeiter (1), Bauer, Kleinhäusler, Taglohn.

Tagundnachtschatten

Tagundnachtschatten - m, taːxunaxtʃatə, Pl. id. [Bog, Len, Low, Ost, War V]; taːgunaxtʃatə, Sg. [Fak, Ga, Glog, Pan, StA, Wil V]; taːunaxtʃatə [Stan III, Ben, Bill, DStP, GJ, Gutt, Hatz, Jahr, Joh, Jos, Kath, KB, KJ, Len, Low, Na, Sack V]; taːgunaxtʃatl [DStP V]; taːkunaxtspluma [Tscheb III, Sack V]; taːunaxtʃatn [GStP V]; taːxunaxtʃatə [Tsch, Tschak V]; taːxunaxtʃatn [GStP, Tschan V]; taːgunaxtʃatə [Ker, Kol III, In IV, De, KB, Kub, Kud, Laz, StAnd V]; taːgunaxtʃatn [SM, Star, Stei V]; toxundnoxtʃotn [Wer V]; taːkunaxtʃatə [Stan III]; toːgunoxtʃotn [Scham I]
G: Stiefmütterchen; Viola tricolor *Etym.*: Der Blumenname geht vom Wechsel von hellen und dunklen Farben in der Blüte aus. Ähnlich in der Variante: *Tagunnachtsblumme*. ● *De Anfang hann die Schneegleckl gemacht, noh sinn die Veilchen, die Tachunnachtschatte un die Vergissmeinnicht in alle Farwe ufgebliejht.* [Bog V] *Do warn die Tagunnachtschatte, Härzjesublumme* (↑Herzjesublume), *die Antonirose, des sein die Phingschtrose, Quackeblumme, also die Froschmeiler* (↑Froschmaul). [Ost V] ■ PfWb II 41; Gehl 1991, 100; Petri 1971, 78.
→Blume.

Tal - n, taːl, teːlər [Ora, Resch, Stei V, OW VI]
A, Fo: langgestreckter Einschnitt in der Erdoberfläche, besonders zwischen Bergen und Hügeln ● *Dann woa ein Tal, Fucksntale Kolonie, untn im Fucksntal.* [Stei V] *Das Wassertal, das ist ein Tal, das hot secksunvierzich Kilomete. Da war nur Wald die ganze Umgegnt* (↑ Umgegend). [OW VI]
→Berg, Fuchsen-, Neben-, Wassertal.

Talfeld - n, taːlfelt, -feldə [Bak, Nitz V]
A: in einem Tal gelegenes Ackerfeld ● *Dem kenne me's vedanke, dass die hunnert Joch Talfeld, 's Iweland* (↑Überland) *ans Dorf kumm sinn.* [Nitz V]
→Feld.

Tanne - f, tane, -n [ASad, Da, Lind, Resch, Wei, Wolf V, OW VI]; tanə, Pl. id. [Nad II, Ga, StA V]
A, Fo: immergrüner Nadelbaum mit hochstehenden Zapfen; Abies (auch:) Fichte ● *Abnds wärd der Baam aafgstellt, a Tanne un de Gipfl is Birke.* [ASad V] *Im Bruckenauer Wald ware viel Beem: Eichle, Tanne, Riester, Akaze un Papplbeem.* [Bru V] *Un die Leute schlafn auf die Reiser von die Fichtn und Tannen, die Tannenreiser.* [OW VI] **Anm.**: Die Bezeichnung *Tanne* wird häufig für 'Fichte', Picea, verwendet, während die Tanne als *Weißtanne* bezeichnet wird. ◆ Ein pfälz. Volksglaube ist auch in den donauschwäb. Siedlungsgebieten bekannt: *Die Buche sollscht du suche; vun de Eiche sollscht du weiche; die Tanne sollscht du banne* (PfWb II 74), weil unter der spitzen Krone die Blitzgefahr am größten ist. ■ PfWb II 74: 1. 'Tanne, auch Fichte'. zwischen den beiden Nadelbaumarten wird vielerortes nicht unterschieden; SüdHWb I 1352 f.; RheinWb VIII 1050 f; BadWb I 416.
→Baum (1), Fichte, Tannenbaum, -reis.

Tannenbaum - m, tanəpaːm, -peːm [Gai, Ker, KK, Sch, Werb III, Bog, Ga, Low, Ost, StA, Wil V]; tånəpåːm -peːm [Fak, Glog V]; tanəpåːm, -ə [Stei V]
Fo: Nadelbaum mit vierkantigen, spitzen Nadeln und herabhängenden Zapfen, Fichte; Picea *Etym.*: Die Bezeichnung *Tanne* wird üblicherweise für *Fichte*, Picea verwendet; zur Unterscheidung der Species *Abies* wird dafür *Weißtanne* gesagt. ● *An de Tånnebeem is viel Bååmwäcks, des is gut fer Kålåfoni* (Kolofonium). [Glog V] *Im Wald is e Tannebaam gschlagn woen, den had e von Waldhitte* (↑Waldhüter) *krigt.* [Stei V] ■ Petri 1971, 11.
→Baum (1), Baumwachs, Tanne.

Tannenreis - m, tanenraiz, -ər [OW VI]
A: junger Zweig der Tanne ● *Un die Leute schlafn auf die Reiser von die Fichtn und Tannen, die Tannenreiser.* [OW VI]
→Reis (2), Tanne.

Tappe-mich-zusammen - f, selten, tapmetsåm, Pl. id. [Ga, StA V]
V: schweres Fleischhuhn, Rhodeländer *Etym.*: Der seltene Satzname *Tappe-mich-zusammen* geht von der Patschfüßigkeit der schweren Hühnerart aus. Es ist eine lokale Eigenbildung. ● *Die Tapp-me-zamm senn aa noch die Patschkefißede, des senn große Hehne.* [StA V]
→Huhn, Patschfüßige.

Taschenfeitel - n, selten, toʃnfaːl, Pl. id. [Aug, GT, Krott, OG, Pußt, Tschow, Wein I]
Allg: Taschenmesser *Etym.*: Das Komp. ist bair.-österr. ● *Un do hod me fir die Les* (↑Lese) *so en Toschnfaal kaaft, des hot gut gschnien. Toschnfaal ham mië sogt dehaam, de ham-me mol afn Wochnmoak kaaft.* [Pußt I] ■ ÖstWb 413: (ugs.) 'einfaches Taschenmesser'; Ebner 1918, 180, *Tåschenfeitl* Wehle 1980, 271; Teuschl 1994,

228: *doschnfei'l*.
→Messer (1).

Tau - m, tau, Sg. tant. [Gai, Gak, Sch, Tscher III, NP, Tom IV, Bak, Bog, Fak, Ga, GJ, GK, Glog, Len, Low, Ost, Pan, StA, War, Wil, Wis V]
Allg: Wasser, das sich am Morgen auf der Erde und auf Pflanzen niederschlägt ● *In dem Klee is Tau driwergange un die Kih henn zu schnell gfresse, no sinn secks-siwwe Stick ufgeplatzt, sin alli eigange* (↑eingehen). [Tom IV] *Frisches Wasser, Duft un Tau/ dann em Blummegarte.* [Len V] *Mer hat die Saal* (↑Seil) *glei im Tau gmacht, dass se net brichich sinn.* [Ost V]
→Reif, Wetter.

taub - Adj, ta:p [Bog, Fak, Ga, GK, Glog, Len, Low, Ost, War, Wil V]
A, G, O: (von einer Frucht:) leer, ohne nutzbaren Inhalt *Etym.:* Die vorliegende Bedeutung des Adjektivs ist eine Metapher, ausgehend vom (krankhaften) Fehlen eines positiven Merkmals. Auszugehen ist von mhd. *toup*, ahd. *toub* 'nichts empfindend, nichts hörend, abgestorben'. (Wahrig 3532) ● *Wann de Kukrutz* (↑Kukuruz) *wormich* (↑wurmig) *war, had er runnerghong* (↑herunterhängen) *un war taab.* [Ost V] ■ PfWb II 141 f.: 4. 'leer', a. 'Nuss ohne Kern', b. 'Ähren mit unvollkommenen Körnern', c. 'hat einen tauben Hodensack, ist zeugungsunfähig', d. 'unbefruchtetes Hühnerei', e. 'unfruchtbarer Acker', 5.a 'vom Rebenholz', b. 'vom dürren, unbrauchbaren Holz', 6. *daawi Brennessel* 'Taubnessel'; SüdHWb I 1417 f.; RheinWb VIII 1089-1991; BadWb I 434 f.
→Taubnessel.

Taube - f (n), taup, taubn [OW VI]; taup, tauvə [Fek, Sag II, Fu, Hod, Pal, Sch, Stan, Tscher, Wasch III, Alex, Bill, Fak, Glog, GJ, GStP, Karl, KB, Len, Low, Mar, Nitz, Orz, Perj, Sack, Schön, StAnd, Stef, Wer, Wis V]; tauvə, Pl. id. [Ga, StA V]; taum [Ed, KT, Schor, Wud, Wudi I]; ta:p [Har IV]; (n) taivələ, Pl. id. [Fak, Ga, Glog, StA V]; taipçər [Bog, Ger, GJ, GK V]
Fo, V: mittelgroßer, weiß- bis blaugrauer Vogel, der gurrende Laute ausstößt und als Haustier gezüchtet wird; Columba ● *Tauwe hatte mir aa, dot in Fäkäd* (ON) *un Hose* (↑Hase) *hatte me ghalde* (↑halten). [Fek II] *Fascht e jedes Haus hat Tauwe un e phaar Tauweschlech ghat.* [GJ V] *Bei uns gibt's nur de Uulu* (↑Huli; *die Taubn tut er ausrottn.* [OW VI] ■ Gehl 1991, 216; Petri 1971, 94.
→Vogel; Gruks-, Kropf-, Wildtaube, Taubenfleisch, -schlag.

Abb. 95 Taube

Taube Brennnessel - f, ta:və prenaisl, ta:vi -ə [Bog, GK, Ost V]
A: als Unkraut verdrängte Taubnessel, Lippenblütler mit der Brennnessel ähnlichen, jedoch nicht brennennden Blättern; Lamium purpureum bzw. album ● *Mir hann viel Unkraut ghat, die Brennneisle, die Taawi Brennneisle, die Brominzle* (↑Brominze), *im Stambloch* (↑Stampfoch) *wachse die.* [Ost V] ◆ Die Taubnessel ist als nektarreiche Blume auch als *Bienensaug* bekannt und tritt in pfälz. Dialekten unter Bezeichnungen wie: Bienen-, Honig, Suckelblume auf (PfWb II 148), denen im Banat z. B. *Zutzelblume* in [Bak V] entspricht. ■ PfWb II 148; SüdHWb I 1423; RheinWb I 1279; BadWb I 437.
→Brennnessel, Unkraut; taub.

Taubenfleisch - n, taubnflaiʃ, Sg. tant. [Aug, Ed, Scham, Wein, Wud I, Petschw II, Esseg IV, ASad, Resch, Tem, Wer V]; taubəflaiʃ [Tew II, Sad, Trieb V, Bil, Ham, Mai, Pe, Schei, Suk VI]; tauvəflaiʃ [Kock, StG, Wem II, Ap, Brest, Sch, Tor III, Be, Tom IV, Bak, Bru, Ger, GJ, Glog, Ost, StA, Wil V]
V: als Nahrung verwendetes Fleisch von Haustauben ● *Es Tauwefleisch is gut. Ja, so gudi Bruscht hann die Teibcher, bevor se anfange zu flieje.* [GJ V]
→Fleisch, Taube.

Taubenschlag - m, tauveʃla:k, -ʃle:gə [Ap III]; tauvəʃla:k, -ʃle:k [Surg, Wem II, Ap, Berg, Ker, Mil, Pal, Sch, Stan III, Put, Tom IV, Alex, Bru,

Fak, Ga, Glog, StA, Wil V]; tauvəʃlaːx, -ʃleːç [Bog, Ger, GJ, GK, Ost, War V]
V: kleines Häuschen, spezieller Käfig für mehrere Tauben ● *Do ware die Kropftauwe (↑Kropftaube) un anneri. Hot mer vun Holz e Tauweschlag gmacht, dann sinn die Tauwe drin gwest.* [Ap III] *Fascht e jedes Haus hat Tauwe un e phaar Tauweschlech ghat.* [GJ V]
→Taube.

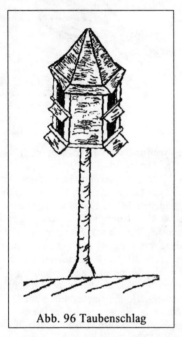

Abb. 96 Taubenschlag

tauschen - schw, tauʃə, kətauʃt [Ha, Seik, StI]
Allg: (ein Ding oder Lebewesen:) durch ein anderes ersetzen ● *En gute Imke muss die Kenigin tausche un die Völker auffitten, dass se gut iwwen Winter kommen.* [Seik II]

Tausendgüldenkraut - f, tausntguldnkraut, Sg. tant. [NA, Tem, Wer V]; tausntkuldəkraut [Tschow, Wud I, Wem II, Brest, Hod, Sch, Stan, Tscher, Wasch III, NP IV, Bill, Ernst, Faf, Glog, GStP, KB, Len, Low V]; tauzətkultəkraut [Ga, Sad, StA V]; tausətkuldəkraut [Fil, Tschat III]; tausntkuldəkrauət [KT, Wud, Wudi I]; tausntkuldəkraitiç [Tor III]; tausntkiləkraut [Fek, Pal II]; taːsiçgiləkraːt [Har III]
A: auf Wiesen vorkommendes Enziangewächs, das einen magenstärkenden Bitterstoff enthält; Erythraea centaurium ● *Bei uns woan im Wiäzbischl (↑Würzbüschel) auch Donnerdistel, Tausendguldnkraut und Schofrippchen (↑Schafrippe).* [NA V]
■ Gehl 1991, 100; Petri 1971, 34.
→Unkraut.

Abb. 97 Tausendgüldenkraut

Tee - m, teː, Sg. tant. [Aug, Bay, Ins, Scham, Schor, Wasch, Wud I, Bad, Baw, Fe, GN, Ka, Kock, Suirg, Wer, Wik II, Kutz, Par, Stan, Tscha III, Esseg, ND, NP, Ru IV, Bot, El, GK, Karl, Kath, Kud, Mram, StH, Wer, Zich V, Bil, Pe, Schei, Suk VI]
A, G, O: als Nahrungs- und Heilmittel getrunkener Absud von getrockneten Pflanzenteilen ● *Oweds hat mer oft Tee getrunge, meischtns Prominzltee, awwer aa Kamilletee un Lindetee.* [Glog V]
→Kamillen-, Linden-, Prominzentee.

Teich - m, taiç, Pl. id. [GK, Glog, Ost V]; taiç, -ər [Ap III]
Fi, H: (verkürzt für: Fischteich) ● *De Hanf is greezt (↑trösten1) warre in so Sandlecher oder Teicher, wu so extre e Hanfwasser war.* [Ap III] *Dann hann se Karpfn, als Jungfisch, irgenwu kaaft un dort im Teich angsetzt.* [Ost V]
→Fischteich, Hanfwasser, Sandloch.

Teig - m, taːik, Sg. tant. [Fek, StI II]; taːk [Fak, Glog V]; toɐik [Bil, Mai, Pe, Schei, Suk VI]
A: breiige Rohmasse aus Getreidemehl und Zutaten zum Backen von Brot, Kuchen usw. ● *Ja die Griewe senn durch e Fleischmaschie zammgemåhle woe un honn Taaig gemocht un Griewekreppl (↑Griebenkräppel).* [Fek II] *Noch hot se geknet den Taaig mit warmes <!> Wasser, so lauwarmes, un Salz 'nei, des Brot gut durichgeknet.* [StI II] *Na waalkere (↑walgern) mer en*

Teil

Toaig, schneide mer selle Nudle un tan däre Zigger (↑Zieger) *nei.* [Schei VI]
→Brot-, Hefe-, Krapfen-, Sauerteig, Mehl; gehen.

Teil - m, tail, -ə [Mu II, Kutz III]; tail, Pl. id. [El V]; ta:l, Pl. id. [El, Ost V]; ta:l, -ər [Alt, Fek, Nad, Oh, Wem II]; ta:l, -ə [Jood, Nad, Surg II, Ap III, Fak, Glog V]; tọ:l [Lieb V]; te:l [Len V]; tɛ:l [Bill V]; tøy [Aug, GT, KT, Scham, Schor, Wer, Wud, Wudi I]
1. Allg: Stück von einem größeren Ganzen ● *Däe hot auesgmocht* (↑ausmachen), *um en wiëvüjtn Töü ea in Ocka* (↑Acker) *owwe Weijgoatn oawet* (↑arbeiten). [Wud I] *Mir machet Läberwurscht un machet mit Rois, Roiswirscht* (↑Reiswurst), *abe Floisch isch iberall, droi Taal Floisch drin un aan Taal Rois nur.* [Jood II] *Den Kukrutz* (↑Kukuruz) *hot mer ums Fünftl* (↑Fünftel) *odder ums Seckstl hiegewwe, des heißt, där hot no der finfti odde de sechsti Taal no krigt fars Kukrutzbreche.* [Ap III] *Un an de Sens unne war des Taal, wu die Sens rinkummt (hereinkommt), des is de Hamm* (↑Hamme). *(...) Sunndags henn sie de Riss vertaalt, uff jede sei Taal.* [Ost V]
a. A: Feldstück ● *Do woan ville Taaler. In de Kischebaamtaaler hot's friher ville Kischebääm gewwe.* [Fek II]
→(1) Stück (1); einteilen, verteilen; (1a) Hochwald-, Busch-, Kirschbaum-, Straßen-, Waldtteil.

teilen - schw, ta:lə, keta:lt [Bog, Bru, Fak, Ga, Glog, Gott, Gra, Len, Low, Ost, StA, Wil V]
Allg: etwas in zwei oder mehrere Teile zerlegen ● *Dorch die Landstroß Temeswar-Lippa* (ON) *getaalt, is owwerhalb vum Dorf der Owwerwald* (↑Oberwald) *un geger die Bergsau* (Flussname) *zu de Unnerwald.* [Bru V]
→auf-, einteilen, ver-; Teil.

Tendel - m, tendl, Sg. tant. [Stan III, Franzd, Gutt, Resch, Tem, Weiß, Wer V]; te:ndl [Fu III]; te:ntl, -dlə [Ap III]; de:ndl [Fil III]; de:ndlpa:m [Sack V]; tendlpå:m [Fak, Glog V]; te:ndlkhȩrʃə [Sch III]; tandlkhȩrʃə [Har III]; tiəndlbȩ:rị̄ [Sad V]
Fo: Kornelkirsche, Hartriegel; Cornus mas ● *De Teendl is e Strauch mit stark hartem Holz.* [Fu III] *Teentl is die Kornelkirsch. Die sinn seierlich, also ziemlich sauer, so e roti lengliche Frucht.* [Ap III] ■ Gehl 1991, 236; Petri 1971, 28.
→Kornelkirsche, Strauch, Tendelpekmes, -schnaps; tendelner.

tendelner - Adj, tendelnə, tendelni [GK, Ost V]
Fo: aus Hartriegelholz bestehend ● *Die beschti Peitschesteckre* (↑Peitschenstecken) *ware die tendlni Peitschesteckre.* [Ost V]
→Tendel.

Tendelpekmes - n, te:ntlpekmes, Sg.tant. [Ap III]
O: Aus Früchten der Kornelkirsche gekochtes Mus ● *Die Teentl hot mer aa far Peckmes gnumme. Der Teentlpeckmes is so bissl seierlich, is a gute Peckmes.* [Ap III]
→Pekmes, Tendel.

Tendelschnaps - m, te:ntlʃnaps, Sg. tant. [Ap III]
O: aus Früchten der Kornelkirsche gebrannter Schnaps ● *Do hod mer Schnaps in a Dunschtglas* (↑Dunstglas) *un hot Teentl 'nei, dass es Teentlschnaps gibt.* [Ap III]
→Schnaps, Tendel.

Tenne - f, ten, Pl. id. [Bog, Ger, GJ, Gra, Wies V]
A: Scheune mit fest gestampftem Lehmboden ● *Henne em Hof is e Tenn, un e Zallasch* (↑Salasch 3) *is vore em Schweinstall.* [Stei V] ■ PfWb II 216 f.: 1. 'Lehmboden in der Scheune, Einfahrtstenne, früher als Dreschtenne dienend'; SüdHWb I 1470; RheinWb VIII 1335 f.; BadWb I 458 f.
→Scheune.

Tepsi - f, tepsi, -n [Fil, Mil, Waldn III, Tow IV]; tȩpsi, Pl. id. [Jood II]; tepsa, -nər [Berg III]; tepʃa, -nər [OW VI]; tȩpʃa, -nər [Bil, Pe, Schei, Suk VI]
A: Kuchenback- bzw. Bratblech, Tablett Etym.: Der Terminus kommt über serbokr. *tèpsija* aus türk. *tepsi* 'Kuchen-, Pastetenbackblech'. Das Lehnwort ist mit derselben Bedeutung anzutreffen in: griech. *tapsi*, ung. *tepsi* und rum. *tipsie*. (Gehl / Purdela Sitaru 1994, S. 51) ● *Des gibt Sauebradlfleisch, was bråte wurd in de Tepsi im Owe* (↑Ofen). [Jood II] *Do isch e Dreifuß in die Glute* (↑Glut) *gstellt warre, dass die Tepsi fescht steht, do hot mer aa Kirbse* (↑Kürbis 1a) *brote kenne.* [Mil III] *Dann is de Strudl in die Tepsi kumme. Die war mit Schmalz schun eigschmiert unne, dass e net aabrennt.* [Waldn III] *Tepscha, des senn die Blecher mitn Brot.* [OW VI] *Un denn ta mer's Brot auswirke in die Täpschene, so runde vun Blech.* [Schei VI] ■ Gerescher 1999, 201.
→Blech (2), Tepsifleisch.

Tepsifleisch - n, tepsiflaiʃ, Sg. tant. [Ap, Fil, Ker, Mil, Sch, Tscher III]
V: auf dem Blech in Saft gebratenes Fleisch ● *Uno hot's Tepsifleisch gewwe, wu mer der Karpfe in der Tepsi 'nei hot, un is gebrote (↑braten) warre in Saft.* [Ap III]
→Fleisch, Tepsi.

Thermometer - n, tǫrmomǫtər, Pl. id. [Fak, Ga, GK, Glog, Ost, StA, War, Wil V]
G, V: Gerät zum Messen der Temperatur ● *Uff de Mischbeddl (↑Mistbeet) sinn die Rahme mit Scheiwe (↑Scheibe). Die sinn ufgstellt ginn, je nochm Wädder (↑Wetter), war e Tärmomätter drin gstann.* [Ost V]

tief - Adj (Adv), ti:f [Bohl II, Gai, Mil, Waldn III, Be, Ru, Tom IV, Bog, Fak, Ga, Glog, NA, Ost, StA V, OW VI]; ti:əf [OG I]; tiəf [Aug, Ed, KT, Pußt, Wein, Wud I]
Allg: weit nach unten reichend ● *Im Häerbst wäd er tiëf zuedeckt mit die Eädn (↑Erde), wäd die Eädn zu die Steik guet hiezougn (↑hinziehen).* [OG I] *Me hot zeascht (zuerst) in ↑Grund (1) tiëf umgroom miëssn.* [Wud I] *De Hannef (↑Hanf) is ins Wasser kumme, des war net so tief, vleicht achzich-neinzich Zentimette tief.* [Waldn III] *Nur in Trenkkeßl (↑Tränkkessel) hod me mitgnumme ins Feld, wal dea breiter woar un net so tief wie e Eimer.* [Ru IV] *Die Wiese ware immer an tiefere Stelle, die was für Ackerfeld zu nass ware.* [Bru V] *Im Frihjah is noch aamol tief rumgackert woan.* [NA V] *De Bode (↑Boden 2) wärd tief ufgmacht (geöffnet) mit em Pluch (↑Pflug).* [Ost V]
→hoch, niedrig; Tiefbrunnen, Vertiefung.

Tiefbrunnen - m, ti:fprunə, -prinə [Ap, Ker, Mil, Pal, Sch, Stan, Waldn III]
A: Anlage zur Förderung von Grundwasser durch Schöpfeimer oder Pumpe ● *Dann ham-mer e Tiefbrunne ghadde mit Pump.* [Waldn III]
→Brunnen; tief.

Tier - n, selten, ti:r, -e [Bog, Bru, Ost V, OW VI]
Fo, V: Lebewesen mit stark entwickelten Sinnen und Instinkten *Etym.:* Das Subst. ist eine Entlehnung aus der Standardsprache, kann aber dial. Vieh nicht ersetzen. ● *Des ganze Gebiet is aach jetz noch teilweis Sumpe (↑Sumpf), wu verschiedene Tiere heimisch sinn.* [Bru V] *Also jagn, darf man nichts außer die Wölfe, das andere Tier is alles gschitzt..* [OW VI] →Biene, Eichkatze, Fisch, Libelle, Schmetterling, Tierarzt, Ungeziefer, Vieh, Vogel, Wild, wildes Tier.

Tierarzt - m, ti:rartst, -ęrtstə [Ap, Mil, Sch III, Bog, GK, Ost V]; ti:rętrst, -ə [Ap III]
V: Veterinärmediziner ● *In Apetie (ON) henn mer zwaa Tierärzt ghat. Awer Hausmittl hot mer aa ghat.* [Ap III] *Seit paar Täch sinn ich de neie Tierarzt im Dorf.* [Bog V]
→Tier, Vieh.

Tobottfett - n, tobotfet, Sg. tant. [Ost V]
A: (Markenname für:) harzteerhaltiger, zum Schmieren genutzter Fettstoff ● *No hann se's Pheifl (↑Pfeife) mit Tobottfett ingschmiert (↑einschmieren). Tobottfett, des is so wie Waaschmier.* [Ost V]
→Fett, Wagenschmiere.

Tokane - n, selten, tokan, Sg. tant. [Ham, Mai, OW, Schei, Suk VI]
G, V: Gulaschsuppe aus Fleisch und Gemüse *Etym.:* Entlehnung aus rum. *tocană* 'Speise aus gebratenen Fleischstücken und geschmortem Gemüse'; auch ung. *tokány* 'geschmortes Fleisch'. ● *Da war zipserisches Essn, also Tokan håm-me kocht un Tunka (↑Tunke), un viel Milch war bei uns.* [OW V]
→Paprikasch, Pörkölt.

Tollkirsche - f, tolkhęrʃə, Pl. tant. [Bog, GK, Len, Low, Ost, War V]
A: als Unkraut verdrängtes Nachtschattengewächs mit schwarzen, kirschenähnlichen, sehr giftigen Beeren; Atropa belladonna *Etym.:* Das Komp. ist eine doppelte Metapher wegen dem Vergleich der Beere mit der Kirschenform und der Wirkung des Giftes auf den Menschen nach dem Genuss der Frucht. ● *Mir hann viel Unkraut ghat, Tollkärsche, Winne (↑Winde), Bikokepp (↑Bikakopf), des is de Stechappl un viele andre.* [Ost V] ■ PfWb II 324, auch *Teufelskirsche* genannt; SüdHWb I 1566; RheinWb VIII 1229.
→Giftige Kirsche, Kirsche, Unkraut.

Ton - m, to:n, Sg. tant. [Gai III, Ru IV, Ben V]
A: tonhaltiger, in feuchtem Zustand leicht formbarer Boden ● *Un die Plutzern (↑Plutzer), de woan aus Ton, un die homm obe e großes Loch ghot und aff der Seite e klaans.* [Ru IV]
→Erde, Lehm, Tonkrug.

Tonkrug - m, to:nkruk, -krik [Schön V]
A: Krug aus gebranntem Ton ● *Ja, där Krug, des war halt e Tonkrug, där is leicht gebroche.* [Schön V]
→Krug, Ton.

Topf - m, topf, tepf [Alt, Surg, StG, StI, Wem II, Ap, Fil, Gai, Kutz, Mil, Pal III, ASad, Fak, Ga, Glog, Gutt, Len, Resch, StA, Wei, Wolf V, Bil, Ham, Mai, OW, Pe, Schei, Suk VI]
Allg: Gefäß mit hohem Rand aus Keramik oder Metall ● *No honn i e Halbele* (↑Halbeimer) *zu jedem Stock naagschitt, nur so en Topf. (...) Un denn ta mer die Mill* (↑Milch) *in ei[n] große Topf.* [Schei VI] ◆ *Topf* ist hauptsächlich npord- und mitteldeutsch, reicht aber stellenweise tief nach Süden, wo seine Entsprechung *Hafen*, österr. *Häfen* ist. Im Westen reicht *Topf* südlich bis Frankfurt, Wiesbaden, Mainz, in Darmstadt, Kaiserslautern, Bruchsal und im Elsass kommt es neben *Hafen* vor. In der Mundart entspricht dem nhd. *Topf* in Hessen und Lothringen *Döppen, Dippen, Dippe,* von mhd. *tupfen,* eine deminutive Weiterbildung zu *Topf.* (Kretschmer 1969, 531 f.)
→Blumentopf, Eimer (2).

Topfen - m, topfn, Sg. tant. [Aug, Ed, Schor, StIO, Wer, Wud I, Petschw II, Ru IV, Resch, Stei, Tem, Wei, Wolf V]
V: Quark *Etym.:* Das Wort ist südd.-österr. für 'Quark', von mhd. *topfe* 'Milchquark', dieses von *dopp* 'Punkt, Berührung, ausgehend von 'kleiner Knollen gestockter Milch'. (Wahrig 3580). ● *Meine Schwiegemutte, die hat noch sähr viele Ausdrücke gebraucht von Österreich-Ungarn. Sie hat nit Kese gesagt, sonden des waa de Topfn gwesn.* [Tem V] ■ BayWb 1/1 615: 'der Quark, d. i. die feste Substanz von saurer Milch nach Absonderung der Molken'. Komp. der *Topfenkäs,* die *Topfennudel.* Es gibt: "Topfenküchel, -strudel, -striezel, -schmarren" usw. Das *Topfenwasser* ist 'Molken von saurer Milch'; ÖstWb 419.
→Käse, Topfenstrudel.

Topfenstrudel - m, topfnʃtru:dl, Pl. id. [Resch, Stei, Tem V]; topfnʃtru:l [Petschw II]
A, V: mit Quark gefüllter Strudel ● *Hat, månichi Plåtz machn sie Struul, guedn Topfnstruul un mit Epfl un Måågn* (↑Mag), *auch Linzer un Keks.* [Petschw II]
→Strudel (1), Topfen.

Topinambur - m, selten, topinambu:r, Sg. tant. [Gra, Low, Ost, War, Wis V]
G: violette, essbare, wie die Kartoffel zubereitete Knolle einer Sonnenblumenart; Helianthus tuberosus L. *Etym.:* Entlehnung aus der Standardsprache. - Die Bezeichnung kommt vom Namen der Indianerstämme der *Tupinambá.* (Wahrig 3581) ● *De Topinambur, de is im Gschmack wie Kolrawi* (↑Kohlrabi), *de had mer rohe gess.* [Ost V] ◆ Der *Topinambur,* Helianthus tuberosus L., mit der Sonnenblume verwandt, kam Anfang des 17. Jhs. aus Nordamerika nach England, von da nach Deutschland, wo ihre Knolle noch im Südwesten als Viehfutter verwendet wird. (Kretschmer 1969, 256)
→Gemüse.

Tor - n, to:r, -n [OW VI]; to:r, -ə [Bog, Drei, Fak, Ger, Glog V]; tu̯ər, -ə [Surg II]
Fo: Absperrvorrichtung ● *Un wenn das Wasser saamelt* (↑sammeln) *is, öffnen wir das Tor un lasst man's Wasser auf die Riesn* (↑Riese) *drauf.* [OW VI]
→Schleuse.

Tornister - m, taniʃtə, Pl. id. [Jood II]
V: eckige, auf dem Rücken getragene Tasche ● *Sie bringe den Tanischte, dot soll me noch e Wurscht* (↑Wurst) *noi un e Glas voll Woi un Backsach noi.* [Jood II]

Törökbalint - m, selten, tørøkbalęnt, Pl. id. [Ga, StA, Pan V]
O: nach dem ung. Herkunftsort benannte Apfelsorte *Etym.:* Die Apfelsorte ist nach dem ung. Ortsnamen Törökbálint / Großturwall [GT I] im Ofner Bergland benannt, weil sie aus dieser Gegend mit Obstbautradition stammt. Die ung. Entlehnung deutet auf einen früheren Wirtschaftsaustausch und Spracheinfluss vor 1918, als das Komitat Arad noch ein Teil Ungarns war. ● *Es gibt noch viele Apflsorte, die Lederäpfl, die Sieß- un Pfundäpfl, die Schikulae, die Törökbalint un noch andre.* [StA V] ■ Gehl 1991, 332.
→Apfelsorte.

Torsche - f, torʃ, -ə [Tor, Tscher III, Bog, Ger, GJ, GK, Hatz, Len, War V]; torʒə, Pl. id. [Fak, Ga, Glog, Wil V]
G: harter Teil im Kohl- oder Salatkopf *Etym.:* Vgl. mhd. *torse* m., ahd. *torso* 'Stängel', aus mittellat. *thyrsus,* frz. *torse* m. 'Stumpf'. (RheinWb VIII 1243) ● *Do is die Torsch*

rausgschniet genn aus de Krautkepp un Salz ninkumm. [GJ V] ■ PfWb II 361 f.: Formen: Torsch m., Torsche f., Torschen m., 1.a. 'Kohlstrunk', überhaupt 'Stiel verschiedener Gemüsearten', 1.b. 'spärlich blühender Traubenstock mit nur vereinzelten Beeren'; SüdHWb I 1592; RheinWb VIII 1243 f.; Dorsche BadWb I 511; Gehl 1991, 74.
→Kraut, Pflanze.

Torte - f, torte, tortn [NA, Wer V]; to:rta, tuətn [Petschw II]; toəte, toətə [Baw II]; todn, Pl. id. [Petschw II]; tortå, Pl. id. [Ham, Pe, Schei VI] A: meist kreisrunder (selten rechteckiger), mit einer Krem gefüllter oder mit Obst belegter Kuchen ● *Do woar viel Backerei un noch Toete.* [Baw II] *Ålledehånd Tuetn, des is Dobostorta, Tschokoladitorta, Kawetorta, Viniliëtorta, russische Kremtordn, dä is fein.* [Petschw II] *Tortn hat's gewwe die Doboschtortn un so verschiedeni Arte.* [Ap III] *Un dann is kumme de Kuche un die Tortn.* [NA V] *Abe die Kuchn, des hat me alles selbst gebackn, gel. Sähr viel Tortn und alles, abe nicks vom Konditor, däs hat's net gebn.* [Wer V] *E schäne runde Tortå isch no 's letscht kumme.* [Schei VI] **Anm.**: In [Petschw II] tritt neben die aus dem Ung. entlehnte Variante *Torta* die dial. Form *Todn* mit dem Deklinationsmorphem -n auch im Sg. f., unter bair.-österr. Einfluss. Dabei ist das -r- im Wortstamm ausgefallen und t>d erweicht. Die schwäb. Variante *Tortå* übernimmt aus dem Ung. auch die dunkle Vokalfärbung in å.
→Backerei, Biskotten-, Dobosch-, Kaffee-, russische Krem-, Magelsamen-, Nuss-, Schokoladen-, Vanilletorte, Kuchen.

Totenvogel - m, to:dnfo:gl, fe:gl [Franzf, Hom, Stei V]; to:dənfugl [NB V]; tu:dnfugl [NB V]; to:dəfo:gl [Ap, Bul, Fil, Kar, Kol, Mil, Sch, Siw, Wasch , Wepr III, In, NP IV, Albr, Bak, Ben, Bog, Cgar, DStP, Fak, GJ, Glog , Gott, Gra, Gutt, Heu, Kath, Laz, Len, Lieb, Mram, Na, Nitz, Ost, Orz, Rud, Sack, Schön, StA, StAnd, Tscha, Tsche Ui V]; to:dɐfo:gl [StA V]
V: Steinkauz; Athene noctua ● *Wann de Todevogl schreit, saat mer: In dem Haus sterb jemand. De Todevogl ruft: Kumm mit!* [Bak V] *Wenn de Todevogl schreit, stärbt wär.* [Glog V] ◆ Im Volksglauben wird - wie in der Pfalz, auch im Banat - der Ruf des Kauzes als *Kumm mit* (auch mit dem Zusatz: *mit Hacke un Schipp*), als Aufforderung zum Sterben gedeutet. (PfWb II 378). In [Sad V] wird der Vogel nach seinem Ruf *Kuwick* onomatopoetisch *Kuwickli* benannt. (Gehl 1991, 124) ■ PfWb II 378; 'Steinkauz'; SüdHWb I 1606; RheinWb VIII, 1257; BadWb I 518; SchwWb II 296 'Käuzchen'; Gehl 1991 124; Petri 1971, 86.
→Nachteule, Vogel.

Abb. 98 Totenvogel

Towaraschie - f, veraltet, tovaraʃie, Pl. id. [Bill, Bog, Fak, Ga, Glog, Gra, Jahr, Low, Sack, StA, Wis V]
A: landwirtschaftliche Genossenschaft, Vorstufe der LPG **Etym.**: Entlehnung des rum. Subst. *tovărăşie* '(landwirtschaftliche) Genossenschaft'. ● *Zuärscht war die ↑Semete un die Towaraschië, un in de 1950er Johre is die Kollektiv entstande.* [StA V]
→Kollektiv.

trächtig - Adj, treçtiç [Ap, Brest, Fil, Hod, Pal, Siw, Wepr III, Put, Tom IV, Bak, Fak, Glog, GK, Gra, Nitz, Len, Low, War, Wis, Zich V, NP, Pe, Schö, Suk VI]
V: (von Tieren:) schwanger, Leibesfrucht tragend ● *Bei der Sei* (↑Sau) *hot's die Los* (↑Lose) *gewwe un der Ewwer* (↑Eber). *Die Los is na zum Ewwer kumme, un no is sie trechtich ware.* [Ap III] *Unse Los wor trechtich un hat vorigi Woch ausgschitt.* [Glog V]
→ausschütten, hochträchtig.

Tragatsch - m, selten, trågåtʃ, -ə [Ha, Jood, Seik, Surg II]
A: Schubkarre **Etym.**: Entlehnung aus ung. *tragacs = talicska* 'Schiebkarre'. ● *Sell* (jenes) *håm-me Trågåtsch gsagt, un des is die Schoibtrugl.* [Jood II]
→Scheibtruhe.

tragen - st, tragn, kətragn [Jood II]; tra:gə, kətra:gə [Ga, StA, Wil V]; trå:gə, ketrå:gə [StI II, Fak, Glog V]; tragə, trait [Besch VI]; tro:gə, kətrogə [Fek II]; trǫ:gə, kətrǫ:gə [Sulk II]; traŋ, kətraŋ [Petschw II]; traə, kətra: [Bog, Bru, GK, Low, Ost, War V]
1. A: etwas in der Hand, auf sich, bzw. mit einem Gefäß befördern ● *Die Fekeder Mällich hod mer in de Mällichverein getroge un in Wemend is die aufgeärwet woan.* [Fek II] *Nur selli honn Esse kriëgt, was die Secktrager waret un die Kärn* (↑Kern) *auf de Bode* (↑Boden 1) *odde in de ↑Hambar* (1) *tragn.* [Jood II] *Un noh kummen die jungi Menne[r], sein de, wo die Buttn tragn. Dort schittn mië 'nei die Weimbe* (↑Weinbeere). [Petschw II] *Un die Weiwer honn noch die Sprei* (↑Spreu) *geträge un andre, die hunn des Stroh, die Strohheiwe* (↑Strohhaufen) *gesetzt.* [StI II] *Un die Seck sein abgwoge ware un am Bode troge glei.* [Sulk II] *Mit de Potrenzestange* (↑Petrenzestange) *hunn se des Haai* (↑Heu) *an de Schower* (↑Schober) *getraa.* [Bru V] 2. A, G, O, W: Früchte hervorbringen ● *Un Rewesorte ham-mer ghat: Gutedl, die Zacklweißi, die Mascharka* (↑Madjarka), *die hann so viel getraa.* [Ost V]
→(1) heim-, hinauf-, hinaus-, hinein-, hin-, zusammen-, wegtragen; Butten-, Sackträger.

Traktor - m, trakto:r, -n [OW VI]; traktor, trakto:rə [Fek, La II, Gai, Gak, Sch, Werb III, ND, NP, Ru IV, Bak, Bog, Bill, Fak, Da, Drei, DStP, Ga, GJ, GK, Glog, Len, Low, Ost, War V, Bil, Ham, Pe, Schei, Suk VI]; traktor, -rə [Sulk II]; trak'to:r, -ə [Ga, StA V]; traktər, traktrə [Nitz V]
A, Fo: durch einen Dieselmotor angetriebenes Schlepperfahrzeug ● *Noch woa scho aa Bauer, där hot scho en Traktor sich kenne schaffe.* [FekII] *Noch fihen se's haam mit so'n klaane Traktor, no muss obgelode* (↑abladen) *wäen, no komme se widde zureck.* [La II] *Deäscht wore keine Traktor net.* [Sulk II] *Friher hat's kani Traktore gebn, do ham-mer alles mit die Rejsse* (↑Ross) *gmocht.* [Ru IV] *Bei Iweschwemmung* (↑Überschwemmung) *hann me die Leit mit Traktre aus ihrem Dorf rausgfiehrt.* [Nitz V] *Die Ruwe* (↑Rübe) *sinn mit Traktore un mit Gummiwejer* (↑Gummiwagen) *uff Kumlusch* (ON) *an die Bahn gfihrt ginn, dert war die Ruwewoch* (↑Rübenwaage). [Ost V] *In de Meisteschul muss man lärnen, wie man ein Traktor brauch pflegen, wie man ein Weg baut firn Traktor, ein Traktorweg.* [OW VI] *Un zletscht hann sie scho mit de Traktore, aso uf so Remorka gstellt ghet.*

[Schei VI] ■ Gehl 1991, 149.
→Bulldozer, Lokomobile, Remorka, Traktorplatz, -weg.

Traktorplatz - m, traktorplats, -plets [StG, Sol, Sulk II]
A: Parkplatz für Traktoren ● *Noch humm sie die Mihl weggrisse und humm en Traktorplatz gmacht.* [Sulk II]
→Platz (1), Traktor.

Traktorweg - m, trakto:rnve:k, -ve:gə [OW VI]
Fo: unausgebaute Strecke für Traktoren ● *In de Meisteschul muss man lärnen, wie man ein Traktor brauch pflegen, wie man ein Weg baut fir Traktorn, ein Traktornweg un wie man eine Drohtseilbahn braucht baun.* [OW VI]
→Traktor, Weg.

Traminer - f, trami:nər, Sg. tant. [Bog, GK, Low, Ost, War V]; traminər [Kud V]
W: edle Rebsorte mit blauroten Beeren *Etym.:* Die Sortenbezeichnung ist nach dem Herkunftsort Tramin - seit 1920 Tremano in Südtirol - benannt. (Wahrig 3593) ● *Dann ware noch die Traminer, die Riesling, die Altmodische Blaue, also die Portugieser un vieli annri.* [Ost V] ◆ Der starke Wein führte in der Pfalz zur scherzhaften volksetym. Bildung *Dreimänner,* da zum Trinken dieses Weines drei Männer nötig seien: Einer, der trinkt und zwei die ihn halten, damit er vor Entsetzen nicht umfalle. (PfWb II 409) ■ PfWb II 409; SüdHWb I 1640; RheinWb VIII 1281; BadWb I 528.
→Rebsorte.

Trank - m (n), traŋk, Sg. tant. [Bil, Ham, Mai, Pe, Schei, Suk VI]
V: (wie: Tränke) ● *Un Fuetter gee dene Saue, jetz im Summer Gras un Trank.* [Schei VI] ■ SchwWb II 316 f.: 'Viehtrank'.
→Sautrank, Tränke.

Tränke - f (n), treŋke, Sg.tant. [Jood II]; treŋkị [Sad V]; treŋgə [Fek II]; (n) treŋk [Fak, Ga, Glog, StA V]
V: besonders Jungschweinen verabreichtes warmes Wasser mit Beimengung von Kleienbrühe und Küchenabfällen ● *Die hann ein weng Schrot kricht on in Sommeschzeide hann se Grienes kricht un Trenge.* [Fek II] *Die Saue hon kriëgt mit Kleue* (↑Kleie), *Trenki ode mit Grumpire* (↑Grundbirne), *die klaane kochti Grumpire.* [Jood

II] *D'Sou, die e gueti Trenki hat, braucht 's halbi Fresse.* [Sad V] ■ PfWb II 413: 2. 'flüssiges, gebrühtes Viehfutter'; SüdHWb I 1647; RheinWb VIII 1290; BadWb I 530; Gehl 1991, 197.
→Futter, Schweinstränke, Trank; saufen, tränken.

tränken - schw, treŋkn, trenkt [Ru IV]; treŋgə, kətrent [Fak, Glog, Wil V]; trę:ŋgə, -trent [Ga, StA V, Bil, Ham, Mai, Pe, Schei, Suk VI]
V: Tieren zu trinken geben ● *Mid en Trenkkessl, dea woa a kupfene Kessl, hod me die Rouß trenkt.* [Ru IV] *Die Kih wärn in Summer eftes getränkt.* [Fak V] *D'Kihe muss mer fuettre, mischte* (↑misten 3) *un trenke.* [Schei VI] ■ Gehl 1991, 182.
→saufen; Trank, Tränkkessel.

Tränkkessel - m, trenkhe:sl, Pl. id. [Ru IV]
V: kupferner Kessel zum Tränken der Pferde ● *Mid en Trenkkeßl, dea woa a kupfene Keßl, hod me die Rouß trenkt. Ausn Fassl hod me's Wosser rauslosse in Trenkkeßl un hod's de Rouß hiegebn zu saufn.* [Ru IV]
→Kessel; tränken.

transchieren - schw, tranʃi:rə, -tranʃi:rt [Baw II, Ben, Blum, Bru, Charl, Fib, KöH, Jahr V]; tranʒi:rə, tranʒi:rt [Gai III, Be, Tom IV, Fak, Ga, Glog, Lieb, Sad, StA, Wil V]; fərtranʃi:rə, -tranʃi:rt [Ap III]
V: (von Fleischprodukten:) zerlegen ● *Er hat des Fleisch mid em Schrothackl* (↑Schrothacke) *transchiert und mit Messer.* [Baw II] *Uff de Transchiertisch muss de Schlachter die Sau transchiere.* [Bru V] *No is des transchiert wor, sein die Schunge* (↑ Schinken) *rausgschnitt wor.* [Lieb V]
→auseinandernehmen, vertranschieren; Transchiertisch.

Transchiertisch - m, tranʃi:rtiʃ, -ə [Ben, Blum, Bru, Charl, Fib, Jahr , KöH V]
V: langer, fester Tisch, oft mit Blechschutz, auf dem das Schweinefleisch zerlegt wird ● *Do hat mer gericht, was for die Schweinsschlacht notwendich war, die Schlachtmulder* (↑Schlachtmulter), *de Schweinsreche* (↑Schweinsrechen), *de Hackstock, de Transchiertisch.* [Bru V]
→Hackstock; transchieren.

transportieren - schw, transporti:rn, -rt [NA V]
G: von einem Ort zum anderen befördern ● *Vun de Gärtnerei is alles transportiët woan nach Arad.* [NA V]

trappen - schw, trapə, ketrapt [Fek, StI II]
1. Getreide bzw. Hülsenfrüchte dreschen a. A: durch darüberstampfende Pferde ● *Un wie alles derhaam woar, Waaz* (↑Weizen), *Gäerschte, un hat alles woa eigfiehet* (↑einführen), *noch in die Maschie* (↑Maschine 1a) *komme. Des is alles reihweis gange, on noch is getrappt woan, deham beim Haus.* [Fek II] *Ba uns is als im Hof getrappt woan, hammgfieht won un im Hof is des getrappt woan, ufm Dreschplatz, ja.* [StI II] b. A: mit der Dreschmaschine ● *Es warn zwaa Dreschr* (↑Drescher), *zwaa Dreschmaschine im Durf. Noch is imme so e Kompanie zammgange. Die sein iweråll hie un honn getrappt iweråll.* [StI II]
Anm.: Die Bedeutung 'mit der Maschine dreschen' entstand durch Erweiterung der Grundbedeutung 'mit Pferden Getreide austreten'. ◆ Trotz häufiger Verbote der Landesverwaltung wurde im 18. und 19. Jh., vor dem Aufkommen der Dreschmaschinen, das Getreide hauptsächlich im Banat und in der Batschka nicht wie vorgeschrieben mit dem Dreschflegel, sondern nach dem Vorbild anderer Ethnien durch kreisförmig darüberstampfende Pferde gedroschen, also getrappt. ■ PfWb II 419: 3. 'festtreten'; SüdHWb I 1655: 2.a 'traben, vom Pferd'; BadWb 1, 531; SchwWb 2, 319.
→dreschen; Tretplatz.

Trappgans - f, trapkans, -kens [Fil, Ker, Stan, Stef, Tscher III, Bill, GK, GStP, Len, Low, Ost, Stef, Wis V]; trapha:n, -ə [Low V]
V: kranichähnlicher, brauner, kräftiger Vogel, Trappe; Otis tarda *Etym.:* Von mhd., frühnhd. trapgans, mittelniederländisch trap(gans), entlehnt aus polnisch, tschech. drop. (²³Kluge, 833) ● *Die scheni Trappgans, des is die grescht. Die gehn oft in Kleefelder, un so gsieht mer die.* [Ost V] ■ Petri 1971, 112.
→Gans, Wild.

trassieren - schw, trasi:ən, trasiət [OW VI]
Fo: einen Straßenverlauf vermessen und markieren ● *Der Weg kommt mit em Buldoser* (↑Bulldozer) *gemacht. Es ärstemal wiëd de Weg trassiët, wird mit em Apparat ausgemossn.* [OW VI]
→ausmessen.

Traube - f, traubə, -n [Ru IV, Bat VI]; traube, traubn [Petschw II, Wer V]; traup, traubə [Fu, Har III]; trauvə, Pl. id. [StI II, Ga, StA V]; tra:uvə, Pl. id. [Bohl II]; traup, trauvə [Ap III, Bog, Fak, GK, Glog, Len, Low, Ost, Wis V];

Traubel

traubm, Pl. id. [StM V]; traivl, Pl. id. [Baw, Seik, StI, Wem II]
W: Weintraube; Vitis vinifera ● *Wenn die Treiwl obgebliht honn, enner (eher) därf me jo net spritz awwe (oder) stutz.* [Baw II] *Die Traubn wänn obgschnittn, dänn les (↑lesen 2) me sie in Ämbe (↑Eimer).* [Petschw II] *Noch hunn se die Trauwe gschnitte (↑schneiden), haamgebrocht un se ufgheng, uff son 're Schnur. (...) Un noch hunn se e scheni Kroune (↑Krone) gemocht vun Treiwl, so wie e Glocke.* [StI II] *Die Trauwe hot me gspritzt gegen Ungeziffer, weil sunscht henn sie Krankheite kriegt.* [Ap III] *Acht oddr zaih (zehn) Kilo Traubn sann in ein Märitzl (↑Meritzel) reigangen.* [Ru IV] *An de Droht sinn Rewebblätter (↑Rebenblatt) un scheene Trauwe gebunn ginn.* [Bog V] *Des Mittachesse war Brot mit Zigeinerspeck (↑Zigeunerspeck) und Zwiewle (↑Zwiebel), zu dene siße Trauwe.* [Bru V] *Die Trauwe hammer getricklt (↑trocknen 2).* [Ost V] *Un dann waan welche Traubn, die hamm so große, lengliche Bään ghabt, des waan die Damenfinge[r].* [Wer V] *Schnaps hunn i brennt aus Zwetschkn, Zwetschknschnaps, sinn nicht so viel Trauben dort.* [Bat VI] ■ Gehl 1991, 241.
→Abfaller, Abfallertraube, Beere, Gehängel, Traubel, Traubenausstellung, -ball, -fest, -mühle, -sorte, Trollen, Weinbeere, Zibebe.

Traubel - n, traivl, Pl. id. [Darda, KaF, La, StI II]
W: Weintraube ● *Noch hon se schon obgebliht, die Treiwl, noch kam-me schon gstuz (↑stutzen), ne.* [La II] ■ HNassVWb IV 110: 1. 'Weintraube' *Träubel,* in Oberhessen. Neben *Traubel* auch verdeutlichend *Weintraubel,* 2. 'Johannisbeere', 3. 'Stachelbeere', 4. Dim. 'Muskathyazinthe', 5. 'haferrispe', 6. 'Ährenbündel', (beim Ährenlesen), 7. Auch Dim. 'dicht zusammensitzende Haselnüsse, Kirschen'; PfWb II 425, s. *Traube* 1.a.
→Beere, Traube.

Traubenausstellung - f, traubnausʃtelʊŋ, -ə [Aug, Ed, KT, Scham, Schor, Tar, Wein, Wud, Wudi I]
O, W: Schaustellung von Traubensorten mit Verkauf ● *Mei Vatte hot in dreiundreißge Joah in zweitn Preis gwunne ve die Pfiësichausstellung un Traubnausstellung.* [Wud V]
→Ausstellung, Traube.

Traubenball - m, trauvepa:l, Sg. tant. [Bog, Gra, Len, Ost, Wis V]
W: (wie: Traubenfest) ● *Im Herbscht is uff de Derfer immer e Trauwebaal veranstalt ginn (worden).* [Bog V] ◆ Zum *Traubenball* war der große Tanzsaal in zwei Meter Höhe mit Drahtseilen bespannt, an dem schöne Trauben hingen. Während des Tanzes sprangen die Jungen hoch und rissen Trauben ab. Jungverheiratete Männer in Uniformen der Feuerwehr und mit Trillerpfeifen agierten als Polizisten. Sie belegten die erwischten Traubendiebe mit Geldstrafen. Vom Erlös wurde für die Musikanten und die "Polizisten" Wein gekauft.
→Ernte-, Traubenfest, Traube.

Traubenbeere - f, trauvəpẹ:rl, -ə [Ap, Brest, Fu, Gai III, ND, NP IV, Bal, Bog Fak, Ga, Glog, Gutt, Low, Nitz, Ost, War, Wil V]
W: Beere der Weintraube ● *Do sinn zwei ↑Walze (1) dorich Kammredder gegenaner gang, un die Trauwebärle sinn dortdrinn verquitscht ginn (↑verquetschen).* [Ost V]
→Beere, Traube.

Traubenfest - n, trauvəfest, Sg. tant. [StI II]
W: nach der Traubenernte gefeiertes Erntefest mit Tanz ● *Un noch sein se als geritte, do beim Trauwefest.* [StI II]
→Ernte-, Schlachtfest, Traube, Traubenball.

Traubenmühle - f, traubnmy:le, -my:ln [Pußt I]; trauvəmi:l, -ə [Bak, Bru, Fak, Ga, Glog, Mar, NA, Ost, StA, V]; trauvemil, -ə [Ben, Nitz, Ost, War V]

Abb. 99 Traubenmühle

Traubensorte

W: Gerät mit Walzen zum Zerquetschen der Trauben ● *Do hodn mië draußn e großi Boding steh ghobt mit de Traubnmühle.* [Pußt I] *Un dehoom (daheim) sein se nochmel in die Trauwemill neikumm un gmahle worre* [Ben V] *Die Fuhrfässer sein uff de Waan (↑Wagen) kumm, die Butt (↑Butte) un die Trauwemihl.* [Bru V] *Nom is die Trauwemihl auf de Boding (↑Bottich) gstellt woan un is gmahle woan.* [NA V] *Die Trauwemihl hat vier Griff ghat un owwe war de Trechter, e Holztrechter. Un's großi Rad mit am Griff had mer gedreht und hat die Trauwe kärbweis ningschitt.* [Ost V] ■ Gehl 1991, 246.
→Morscholo, Mühle (2).

Traubensorte - f, traubnsoǝte, -n [Wer V]; trauvǝsorte, -sortǝ [Bog, Bru, Ga, Hatz, Len, Low, Ost, StA, Wil V]
W: Art von Reben nach Merkmalen ihrer Erzeugnisse ● *Trauwesorte ware: Gutedel, Portugieser, Staanschiller, Madscharka, Mustafer u. a.* [Bru V] *Traubnsoetn waan veschiedene. Ich weiß, dass me Riesling ghabt hamm und Burgunder und Hamurger, bes waan die, wo so gut grochn hamm.* [Wer V]
→Rebsorte, Traube.

Treber - m (f), tre:bǝr, Sg. tant. [Tax I, Pan V, Bil, OW, Pe VI]; tre:vǝr, Sg. tant. [StI II, Ap, Fil, Mil, Sch, Siw, Tscher III, Fak, Ga, Glog, StA, (f) Bru, Ost V, Bil, Ham, Mai, Schei, Suk VI]; tre:vǝ, Pl. id. [Baw, Petschw II]; treiǝvǝ [Ed, GT, KT, Scham, Wein, Wud I]
W: zum Schnapsbrennen verwendete Pressrückstände von Weinbeeren sowie die Ablagerung im Weinfass *Etym.*: *Treber* Pl. 'Rückstand beim Keltern' ist seit dem 11. Jh. belegt. Es kommt aus mhd. *treber* f., ahd. *trebir*, vgl. altnordisch *draf* n. 'Abfall'. Außergermanisch erscheint das Wort russ. (dial.) als *drob* 'Bodensatz, Bierhefe', es ist verwandt mit *Trester*. ([²³]Kluge, 834) ● *Die Trejwe sann eff de eiseni Prejs naumoj aueprejsst woan.* [Wud I] *Die wos Viech hadde, die honn die Trewe gfittet in Rindviech, jaja.* [Baw II] *Es woa schon, dass sie vun die Trewe Schnaps gebrennt hamm, awe (aber) jetz net.* [Petschw II] *Die Paprike sein aa gewesche woan, un maniche honn sie in die Trewer neigelecht.* [StI II] *Ausm Trewer hot mer Schnaps gebrennt. Der Trewerschnaps war ziemlich stark.* [Ap III] *Die Trewer sein in a Fuhrfass fest gstampt (↑fest stampfen) gewe for Raki brenne.* [Bru V] *E Stellfass is groß, do kummt oft de Trewer 'nei.*

[Glog V] *Un die Trewer sinn in die Trewebassene odder in die Bottinge kumme.* [Ost V] *Un säle Treber tan se neistampfe in e ↑Stande, un vun de kummt noh en Brenntewei raus.* [Schei VI] ■ PfWb II 443; SüdHWb I 1673; RheinWb VII 1319; BadWb 538; Gehl 1991, 241.
→Lager, Maische, Treberbassin, -schnaps, Weintreber.

Treberbassin - f, tre:vǝrpasē:n, -ǝ [GK, Gra, Low, Ost, Pau, Ma, Wis V]
W: mit Beton ausgemauerte Grube zur Aufnahme der Treber ● *Un die Trewer sinn in die Trewebassene odder in die Bottinge kumme.* [Ost V]
→Bassin (2), Betonbassin.

Treberschnaps - m, tre:bǝrʃnaps, Sg. tant. [Tax I, Pan V, Bil, Erd, OW VI]; tre:vǝrʃnaps [Ap III, Fak, Ga, Glog, NA, Ost, StA, Wil V]
W: aus dem Pressrückstand von Weinbeeren gebrannter Schnaps ● *Ausm Trewer hot mer Schnaps gebrennt. Der Trewerschnaps war ziemlich ↑stark (3), bis zu vierzich un fufzich Prozent stark.* [Ap III] *Aus de Trewer kam-mer (kann man) gude Treweschnaps brenne.* [Glog V] *Do macht me sich e gude Schnaps devoo, Lageschnaps un aa Trewerschnaps.* [NA V] ■ Gehl 1991, 241.
→Treber, Schnaps.

treiben - st (schw), traim, ketri:m [Pußt I]; treim, tri:m [StIO I]; traibǝ, tribǝ [Jood II]; (schw) (schw) traibǝ, kǝtraipt [OG I]; traivǝ, kǝtri:vǝ [Baw, Fek, La, OH, StI II, Stan III, Tom IV, Ga, Ger, Ost, StA V]; traivǝ, kǝtrivǝ [Ap III, Fak, Glog, NA, Wil V]; traivǝ, kǝtri:p [Bog, Bru, Len, Low, Ost, Wil V]; traivǝ, tri:vǝ [Tschawa I, Bold, StG, Sulk II]
1. V: Vieh mit Kraftfutter mästen ● *Die Sei muss me äescht mit Gäeschte treiwe un noch mit Kukrutz (↑Kukuruz).* [StI II] 2. V: Vieh auf die Weide austreiben ● *Die Kieh hot me aff die Hutwaad (↑Hutweide) getriewe. Hot me se nausgeloss un dä Kiehhalde (↑Kuhhalter) hot se fuetgetriewe un hot de widder oweds haambrocht.* [Fek II] *Die Kih sinn im Summer uf die Waad getriewwe warre. Im Winter henn sie Kihriewe krigt un Klaai (↑Kleie) un abgekochti Grumbiere.* [Ap III] *Un die Nachberschbuwe (Nachbarjungen) henn ihne Kih ufs Stupplfeld getriewe.* [Tom IV] *Uff de Säuhiwwl is die Sauhalt bis 1890 getrieb gewwe, dann hat e Bauer des Feld vum Ärar kaaft.* [Bru V] *Der Kihhalder treibt die Kih*

treten

un die Biko (↑Bika) *uf die Hutwaad.* [Glog V] *Die Schweinshalter honn die Schweinshalt in de Pherch getrieb.* [Jahr V] *De Seihalder un d'Seihaldere* (↑Sauhalterin) *treibn d'Ewer* (↑Eber) *un d'Lose uff die Hutweid.* [StA V] 3. A, T: eine Maschine bzw. ein Gerät antreiben ● *De Maschiefihre hot de Damper* (↑Dampfer) *misst begleit, un där hot die Dreschmaschie getriewe.* [Baw II] *Hat, damolige Zeide woa noch die Damper mit dene hot me getriewe.* [Fek II] *On 's Getrieb, wu die Walze getrieb hat, war newe (neben) am große Rad, uff aaner Seit.* [Ost V] 4. A, O, W: (von Pflanzen:) sprossen, hervortreiben, wachsen ● *Un wenn de Woigarte mol triebe hot, do muss me schon noibinde die Rebe in de Dråht.* [Jood II] *Wann's scheni Wittrung is in Aprel, in oofangs Mai, noch treibt's noch so schnell.* [La II] *Un no hodde Geiz triewe, so newenaus, no hod me mese geize* (↑geizen). [Sulk II] *No hot es schun Geiz getriewe, die hot mer mit de Geizmesse messe schee wegschneide.* [Stan III] *Im Frihjahr muss me oobinne* (↑anbinden) *die Rewe, wenn se mol triewe.* [NA V] ■ (4) *treiben* DWb 22, 70: 4.a 'von pflanzen in der bedeutung: sprossen, hervortreiben, unter aufgabe des objekts: ausschlagen'.
→(1) mästen; (2) aus- (2), fort-, heim-, heraus-, hinaus-, hintreiben, heimbringen (1b), hinausgehen, jagen (2); (3) Getriebe.

treten - st, tre:tə, kətre:t [Mu II]; tre:tə, kətre:t [Mu II]; tretə, kətretə [Bold II, Fil, Ker, Mil, Pal, Sch, Stan, Tscher III, Fak, Franzf, Ga, Glog, StA, Wil V]; tretə, kətret [Ost V]; tretə, kətrotə [Drei V]; tre:də, kədre:t [Har III]
A: Gerste und Hafer mit Pferden austreten ● *Wann der Schnitt rum war, hod mer misse trette.* [Stan III] *Hawer un Gärscht* (↑Gerste) *hat mer friher mit de Ross getrete.* [Fak V] *Also friher hann se getrett, hann se die Frucht aaglet* (↑anlegen) *ufn Trepplatz. Dann sinn die Ross zammgebunn ginn mitm lange Strick, un mit der Peitsch hann se die Ross runderum gjaat.* [Ost V]
♦ Historischer Beleg: "July [1863] sehr heiß und windig. In 2 Tagen mit Fruchtaustreten fertig." (Deutsches Bauernleben 1957, 16) ■ Gehl 1991, 132.
→dreschen, eintreten; Tretplatz.

Tretplatz - m, tretplats, -plets [Jood II, Ga, Pan, StA, Wil V]; tretplots, -plets [Petschw II]; treplats, -plets [Tom IV, Fak, GJ, Glog, Ost V]; tråplats, -plęts [Fek II]

A: hinterer Teil des Bauernhofs, auf dem das Getreide gedroschen und danach Stroh, Spreu und Maisstängel aufbewahrt werden ● *Do woa ban jedn Haus e Hostell* (↑Hofstelle), *des is de Tråppplatz, dort woar en extre große Platz, duert hot me des Sach zammegfiehet uff en Schower* (↑Schober). [Fek II] *E jeder hod en Tretplatz ghet in Hof, un da is des zammgsetzt worre. Es Korn is no drescht worre mit de Hand.* [Jood II] *Mit die Pfäerde is eigfiehet* (↑einführen) *woan an Tretplotz, un noch is die Dreschmaschie kumme.* [Petschw II] *No hod mer die Garwe* (↑Garbe) *eingfihet uff der Treppplatz.* [Tom IV] *Also friher hann se getrett mit de Ross, hann se die Frucht aaglet* (↑anlegen) *ufn Treppplatz.* [Ost V]
Anm.: Die Variante *Treppplatz* in [Tom IV, Fak, Glog, Ost V] ist eine Assimilationsform, während *Trappplatz* in [Fek II] in Anlehnung an *trappen* 'festtreten' weitergebildet wird. ♦ In älterer Zeit legte man die Garben auf dem runden Tretplatz mit den Ähren nach innen aus und ließ sie von einem an der Leine laufenden Pferd austreten. (PfWb III, 500) ■ PfWb III, 500: (verbr. donauschw.); Gehl 1991, 132.
→Hof, Dreschplatz, Platz (2a), Salasch (2), Zehnteltretplatz; treten.

Tretstande - n, treətʃtendələ, Pl. id. [Bil, Ham, Mai, Pe, Schei, Suk VI]
W: offenes Stallfass zum Ausstampfen der Weinbeeren ● *Do hat me e Träetstendele ghet. No hat me zwei-drei Eimer Traube neigläärt, zwei Briggl* (↑Prügel) *nauftaa, un no had me gstampft, so mit de Fieß, bis die alle vequetscht waret.* [Schei VI]
→Stande; treten.

Trichter - m, trįçtər, Pl. id. [Nad II]; trįçtə [Pußt I]; treçtər [Mu II, GK, Ost V]; traxtər [Fak, Glog, Wil V]; trextə [Lieb V]; troxtə [KT, Wein, Wud, Wudi I]
1. Allg: Vorrichtung zum Abfluss von Flüssigkeiten (und körnigem Material) a. W: kleine ovale Wanne aus Fassdauben mit Abflussrohr zum Einfüllen des Weins in die Fässer *Etym.:* Die Lautvarianten gehen auf ältere Sprachformen zurück. *Trichter* ist seit dem 9. Jh. belegt als: mhd. *trahter, trehter, tri(e)hter*, aus ahd. *trahtāri, trehteri, trihjtere*. Das Wort ist entlehnt aus mittellat. **trajectorium* 'Trichter', zu lat. *trāicere, trāiectum* 'hinübergießen, durchgießen'. ([23]Kluge, 836) ● *Auf des großi Foss is e Trochte draufkumme.* [Wud I] *Die Trauwemihl* (↑Traubenmühle) *hat vier Griff ghat un owwe war de Trechter, e Holztrechter. Un's großi Rad mit am Griff had*

mer gedreht und hat die Trauwe kärbweis (↑korbweise) ningschitt. [Ost V] **b.** G, T, O: Gießkannenkopf mit Sieb ● *De Gießkannekopf is e Trichter mit em Sieb vorne.* [Kutz III] **c.** V: Vorrichtung zum Einfüllen des Wurstfleisches in den Darm ● *Un am End vun dem Darm hot me so e Trechte neigsteckt.* [Lieb V] ■ PfWb II 502 f.: 1.a 'kegelförmiges Gerät mit Abflussrohr', b. 'der (meist pyramidenförmige' Teil der Putzmühle, Rübenmühle und ähnlicher Geräte, 2. 'größeres Erdloch, in dem sich das Wasser hält'; SüdHWb I 1726, RheinWb VIII 1358; BadWb I 556; Gehl 1991, 246.
→(1a) Holztrichter.

Trinkwasser - n, triŋkvasər, Sg. tant. [Aug, Ed, Schor, Wud I, Baw, Surg, Wem, Ap, Mil, Sch, Tor III, In, Ru IV, Alex, Bog, Ger, GJ, Kath, Low, Zich V]
Allg: zum Trinken geeignetes Grundwasser ● *No hat's imme gheeßt, Brunnewasser un Artesiwasser; des gute Trinkwasser war's Artesiwasser vun der Gass.* [GJ V]
→Wasser (2).

Triste - f, trist, tristn [Ru IV]; tristə, Pl. id. [Ga, NA, StA V]; trist, -ə [StI II, Bru, Charl, Jahr V]; triʃt, -ə [Fil, Ker, Mil, Sch, Siw, Stan, Wepr III, Tom IV, Bog, Fak, Glog, Ost V]; triʃtə, Pl. id. [KSch, Sad V]; triʃtə, -nə [Ga, StA V]
A: viereckiger, auch kegelförmiger Haufen, Schober von Getreidegarben, Stroh, Spreu oder Heu ● *Unnoch die Weiwer hunn die Goarwe* (↑Garbe) *gereicht, die Menner hunn se gsetzt un haamgfiehet* (↑heimführen) *uff die Triste.* [StI II] *Die hochi Trischte sinn zammgsetzt warre, die Fruchtgarwe.* [Stan III] *Am Dreschplatz hamm links un rechts die Tristn gstandn vun däre Frucht, wo mer eingfihet hat.* [Ru IV] *Do hat mer Trischte ufgsetzt, do war no die Fruchttrischt.* [Tom IV] *Die Klaanbaure hunn ihre Sach zu Triste ufgsetzt.* [Bru V] *Bei uns senn grose Triste, entweder uff de Hutwad* (↑Hutweide) *oder ufm Feld drauß.* [KSch V] *Die Wicke sein in de Scheien* (↑Scheuer) *odde aff e Triste aufgesetzt woan.* [NA V] ■ SchwWb II 39 (driʃtə): 'im Freien kegelförmig (um eine Stange) aufgeschichteter Haufe von Heu, Stroh usw.'; DWb 22, 657: mundartlich im bairisch-österreichischen und im angrenzenden alemannischen Raum üblich; Gehl 1991, 136.
→Frucht-, Strohtriste, Schober, Schochen, Tristentuch.

Tristentuch - n, tristntux, -tiçər [Bog, GJ, Gott, Gra V]
A: aus Hanf gewebtes großes Tuch zum Abdecken der Getreidehaufen als Regenschutz ● *Die Tristnticher, die ware groß un wasserdicht, die hat mer uf die Schiwer* (↑Schober), *uf die Fruchtschiwer, dass die Frucht nit nass git.* [Gott V]
→Triste.

trocken - Adj, trokən [Nad II]; trokn [Alt II]; trokə [Nad II, Stan III]; trokət [Mu II, Gak III, NA V]; trukn [Pußt I]; trukən [GJ, GK, Ost V]; trukə [Bold, Jood, Sulk II, Ap, Waldn III]; trukət [Nad II, Fak, Glog, Ost V]
Allg: ohne Feuchtigkeit ● *Wann die Kugrutzstengl* (↑Kukuruzstängel) *trucke ware, no ham-me des enbunde* (↑einbinden) *mit Bender* (↑Band) *vum Schaubstroh.* [Jood II] *Na, net trocke, des is so pfeicht.* [Nad II] *De Tuwak* (↑Tabak) *is tricklt, un wenn e trucke war, bis in Oktower, no humme'n bischlt* (↑büscheln) *hot me gsagt.* [Sulk II] *Wenn die Kolwe* (↑Kolben) *trucke ware, no sinn sie grewwlt warre mi: em Kukurutzrewwler* (↑Kukuruzribbeler). [Ap III] *Wann so stark trocke war, is des Kukrutz schon welich* (↑welk) *ware.* [Stan III] *Dann hod me den Hannef widder ufgstellt, dass er gut trucke wärd.* [Waldn III] *Was halt so truckenes Sach war, des war alles ufm Bodm* (↑Boden 1). [GJ V] *Des Stroh war trucked, des losst sich leicht schiewe* (↑schieben). [Ost V] ■ trocken, trucken PfWb II 530-534: 1. 'dürr, ohne Feuchtigkeit'; SüdHWb I 1742-1744; RheinWb VII 1379 f.; BadWb I 564.
→getrocknet, feucht, nass (1), welk; trocken halten; Trockenbohne.

trocken halten - schw, trukət halə, -khalə [StI II]
V: Viehzucht allein mit Stallhaltung, ohne Weideauslauf betreiben ● *Mir hadde kaa (keine) Waad* (↑Weide) *net, do honn die Leit ihre Viech trucket halle mise im Stall.* [StI II]
→trocken.

Trockenbohne - f, trukəpo:n, -ə [Bog, GK, Low, Ost, War V]
G: reifer, trockener Bohnenkern ● *Un dann ware die Weiß Bohne, die truckeni, was mer im Winter for Truckebohne ghat hat.* [Ost V] ◆ Aus haltbaren Trockenbohnen wurden in der Winterzeit häufig Suppen und Beilagen für Nudel- oder Fleischgerichte zubereitet.
→Bohne, Dürre-, Weiße Bohne; trocken.

Trockenhaus

Trockenhaus - n, triknhaus, -heisr [Hod III]
H: Kammer mit glühenden Rohren zum Dörren der Hanfbündel ● *Später worn die Tricknheiser mit gliehede Rohre (↑Rohr), do hat mer de Hanf getricklt. In de Tricknheiser fer de Hanf henn de Maschinist, der Heizer, die Vorarbeiter, die zwei Sortierer un ↑Binder gearbeit.* [Hod III]
→Dörrloch; trocknen.

trocknen - schw, intrans, trans, troknə, getroknet [OW VI]; troknən, kətroknət [Bohl II, Neud III, NPe V]; troknn̥t, kətroknn̥t [GN II]; troknə, kətroknət [Bohl, Kock II, Gak, Hod, Stan, Waldn III]; troknə, kətroknt [Gai III]; truknə, kətruknət [El V]; troklə, kətroklt [Alt, Nad, Oh II, Be IV, Glog V]; triklə, kətriklt [Bold, Jood, StI II, Ap, Hod III, Bog, Fak, DStP, Ga, GK, Glog, Low, Ost, StA, Wil V]; triklə, triklt [Sulk II, StA V]; trukə[l]n, trukə[l]t [KT I]; truklə, kətruklt [Bru, Da, Ost, Schön, Wies, Wis V]; trikəln, kətrikəlt [Bad II]; treklə, kətreklt [Sier II]; trekə, kətrekət [Fek II]; treklə, ketreklt [Baw II]
1. A, H, T: trocken werden *Etym.:* Die Verbalformen *truckle, trickle* und *treckl* (mit *i>e*) kommen aus mhd. *truckenen, trückenen* und wurden durch das Iterativsuffix *-le* erweitert. ● *Em Härbscht sem-mer gange, die Blette (↑Blatt) rundeläse (↑herunterlösen), dass des tricklt.* [Jood II] *Unnoh, wie des getricklt woa, dann honn die Menner im Winter Saal (↑Seil) gemocht in de Stell (↑Stall).* [StI II] *De Tuwak (↑Tabak) is tricklt, un wenn e trucke war, bis in Oktober, no hum-me'n bischlt (↑büscheln).* [Sulk II] *Un wann de Hannef (↑Hanf) getrocknet wår ufm Feld, hod me ne aufgstellt auf Heifl (↑Haufen).* [Waldn III] *Wam-mer gemäht hat, hot selle schenes Wetter sein, dass es Gras schneller trucklt.* [Bru V] *De Sandbode, där tricklt zu gschwind aus.* [Fak V] *Die Epplschnitze (↑Apfelschnitz) ware im Gang ufghonk (↑aufhängen), no hann se getrucklt.* [Ost V] 2. Fo, H, V: trocken machen ● *Un noch die Därm hot mei Votte gschlesse (↑schleißen), un in Sommer getrecklt.* [Baw II] *Die Gens (↑Gans) senn geroppt (↑rupfen 1b) woan un die Feder hot me getrecklt, un wann se gut getrecklt wan, noch hot me Polschter gmacht.* [Fek II] *Im ausgegrabene Därrloch (↑Dörrloch) hat me den Hanf gstaplt un die Stengl (↑Stängel) mit gedämpfte Glut getricklt.* [Hod III] *Die Rindsdärem sinn aufgeblose worre un getrocknet.* [Stan III] *Die Trauwe ham-mer abgepärlt (↑abberen), in Backowegetrucklt, un mer hann s ganzi Johr Ziwewe (↑Zibebe) ghat.* [Ost V] *Der Thuwak (↑Tabak) muss gut getrucklt werre, un no gebischlt.* [Wies V] *Also in Sommer wird das Gras schen gemeht un getrocknet un weggelegt.* [OW VI] ■ Gehl 1991, 137.
→(1) austrocknen; trocken; (2) dörren.

Trog - m (n), tro:k, tre:k [Pußt I, Fek II, Stan, Waldn III, Fak, Ga, Glog, StA], tro:x, tre:ç [Drei, Len V]; drɛ:uk, drɛ:ik [Tol I]; (n) tre:gl, Pl. id. [Fak, Glog V]
V: längliches Gefäß aus Holz, Blech oder Beton zum Füttern und Tränken der Haustiere ● *Sei (↑Sau) woan in jedn Haus. Duat (dort) woar e lange Trog in Phärch (↑Pferch) un duet senn se rausgelose woen.* [Fek II] *Wu mer die Sei gfutert (↑füttern) henn, do ware Treg, Zimmenttreg un Holztreg.* [Stan III] *Die Gääl (↑Gaul) hot mer an der Trog rausgfihrt fer saufe wann's net gfrore war.* [Waldn III] ■ Gehl 1991, 181; Krauß 981.
→Holz-, Weinbeeren-, Zementtrog, Krippe.

Trollen - m, selten, trujn, Pl. id. [Ed, Scham, Wein, Wud I]
W: wegen der späten Blüte nicht mehr gereifte Weintraube ● *Die Trujn sann nimma zeietig woan.* [Wud I] ■ BayWb 1/1, 661: "Ich hab gewartet, daß mein Weingarten Trauben brächt, aber er hat wilde Trollen (labruscas 'wilder Wein') gebracht"; DWb 22, 800 f.: *Trolle(n)* m., f.
→Traube.

Trollinger - f, selten, troliŋər Sg. tant. [Ost V]; droliŋər [Stef V]
W: ergiebige Traubensorte mit großen, blauen Beeren ● *Die Gaaßttuttle (↑Geißtuttel), des ware so lenglichi, ovali, die Trollinger, die blooi, dicki Trauwe.* [Ost V] ■ Petri 1971, 79.
→Rebsorte.

Trommel - f, truml, -n [Petschw II]; trm̥l, -ə [Schön V]; truml, -ə [StI II, Bill, Fak, Ga, Glog, Ost, StA V]; trumlə, Pl. id. [Sad V]
A: auf einer Schiene gleitender, trommelförmiger Stahlzylinder an der Dreschmaschine ● *An de Dreschmaschie woa die Trumml, do sein die Goarbn neiglossn woan.* [Petschw II] *Noch drowe uff de Trumml woan zwaa Weiwer, die hunn die Goarwe gschnitte, noch woar aanr, där hot neigelosse alles in die Trumml.* [StI II] *Un der Inlossr (↑Einlasser) an der Trumml, där hat die Garb so leicht iwwer die Trumml, die Echer (↑Ähre), un dann ausglosst (↑auslassen).* [Ost V] ■ PfWb II 539: 2. 'walzenförmiger Teil von Ma-

schinen und Geräten', a. 'in der Putzmühle', b. die mit Zähnen versehene Walze der Dreschmaschine'; Gehl 1991, 154.
→Dreschmaschine, Trommelweib.

Trommelweib - n, veraltet, trumlvoib, -voibər [Jood II]
A: Drescharbeiterin, die Getreidegarben in die Trommel der Dreschmaschine einlässt ● *Des senn Strohsetzer, dann Garbewärfer (↑Garbenwerfer). No senn die Trummlwoibe, was die Garbe henn noiglasst.* [Jood II]
→Spreuweib, Riesleute, Trommel.

Tropfen - m, tropfn, Pl. id. [ASad, Lind, Tem, Resch, Wei, Wer, Wolf V]; tropfə, Pl. id. [Fak, Ga, Glog, StA, Wil V]; tropə [Wem II, NP IV, Bak, Bog, GK, Gott, Gra, Len, Low, Ost, War, Wis V];
Allg: kugelförmige kleine Menge Flüssigkeit ● *Wann em schlecht war, hat mer uff e Stick Wirflzucker phaar Troppe Franzbranntwein druftrippse gelosst un hat eemol gschlickt.* [Bog V]
→Wasser (2).

trübe - Adj, tri:p [Alex, Bog, GK, Len, Low, Ost, War, Wis V]
Allg: (von Flüssigkeiten:) unklar, durch Verunreinigungen getrübt ● *Späder is triewer Most kumme, des war de ↑Lager.* [Ost V]
→klar (1).

Tschabadjön - f, selten, tʃabadjøndʲę, Sg. tant. [Wud I, Tscher, Wasch III, Ger, Kud V]; tʃapadjøn, Sg. tant. [Bog, Low, Ost V]; tʃabatʃintʃ [Trie V]
W: edle Sorte von Tafeltrauben *Etym.:* Entlehnung aus ung. *csábagyöngy* 'verlockende Perle', nach Petri dagegen: 'Perle von Békéscsaba (ON)'. (Petri 1971, 79) ● *Die Tschabadjön, des ware ungarischi Trauwe. Die Zensor, des ware scheni, so dicki, so wie Ochseaue.* [Ost V] ■ Petri 1971, 79.
→Rebsorte.

Tschag - m, selten, tʃa:k, Sg. tant. [Drei, Kreuz, NA, Resch V]
V: Enzym im Magen des Kalbes oder Schafes, das Milch zum Gerinnen bringt, Lab *Etym.:* Entlehnung aus rum. *cheag* 'Lab'. ● *Had, in den Schafkes is Tschag neikumme, dass er zammgeht. Tschag is vun de Muttekelbe e Stickl vum Mage[n].* [NA V]
→Käse.

Tschalamadi - m, selten, tʃalama:di, Sg. tant. [StG, Sol, Sulk II, Fak, Ga, Glog, Wil V]
A: Maispflanzen, die als Grünfutter verwendet oder als Häcksel verabreicht werden *Etym.:* Entlehnung aus ung. *csalamádé* 'Grünmais'. ● *Un nach is Tschalamadi kumme, där is gut for Milich.* [Sulk II] ■ Gehl 1991, 197.
→Grünfutter.

Tscharak - m, veraltet, tʃarak, -ə [Char, GK, Ost, Seul, War V]; tʃa:k, -ə [KSch V]
V: Singvogel aus der Gruppe der Würger, Neuntöter; Lanius collurio *Etym.:* Die Bezeichnung ist eine Eigenbildung, wohl unter Anlehnung an ung. *csóka* 'Krähe'. Vgl. dazu die Variante *Tschake* in [KSch V]. ● *Im Wald gsieht mer de Kuckuck, dann noch die Tscharake, die grien un die rot Tscharake, des is de 'Neinteter', no sinn die Wildtauwe.* [Ost V] ■ Petri 1971, 108.
→Vogel.

Tschardak - m, tʃardak, -ə [Berg, Waldn III]; tʃarta:k [Ap, Ker, Mil, Sch, Stan III]
A, V: überdachter Bretter- oder Rutenbau, manchmal mit Schlafmöglichkeit davor, zum Aufbewahren von Weizen oder Bohnen (seltener Mais) *Etym.:* Das Subst. gelangte aus türk. *çardak* 'Laubengang, Pergola, Balkon' über bulg., serbokr. und albanisch *čardak*, rum. *cerdac* 'Veranda' in die donauschwäb. Dialekte. (Gehl/ Purdela Sitaru 1994, 62) ● *De Tschardak war von Holz gebaut un mit Latte zugschlage, dass viel die Luft durchgange is. Un dann is der Kukrutz mit Kolwe neikumme.* [Ap III] *De Knecht, dä hod im Tschardak gschlofe, im Hambår, wie mer saat, un im Winder hod er im Stall gschlofe.* [Waldn III] ■ Gerescher 1999, 208.
→Gore, Hambar (2).

Tscharnok - f, selten, tʃa:rnok, Pl. id. [StG, Sol, Sulk II]
V: Milchsammelstelle *Etym.:* Entlehnung aus ung. *csarnok* 'Halle' mit Bedeutungserweiterung zu 'Milchhalle, Sammelstelle für Milch'. ● *Die Mågermillich hot mer in de Tschaarnok abgeholt un de Saue neigläärt* (↑hineinleeren). [Sulk II]
→Milchhalle.

Tschaslauer - f, tʃaslauər, Sg. tant. [Aug, Ed, Scham, Schor, Wein I]; tʃaslau [KT, GT, Wud, Wudi I]; ʃasəla [Wer V]; dʃasla [Trie V]; dʃalər [SM V]; ʃaʃlər [Sad V]
W: Tafeltrauben mit rötlichen Beeren *Etym.:*

Von frz. *chasselas* m. 'Gutedel', eine weiße Traubensorte. Die Varianten *Tschasler, Trschaslau* und *Tschaslauer* sind Ableitungen von der ursprünglichen Entlehnung. ● *Die Tschaslau sann sou leicht rouelt* (↑rötlich) *gwejest.* [Wud I] ■ Petri 1971, 79.
→Rebsorte.

Tschesar - m, selten, tʃeːsaːr, Sg. tant. [Ga, StA, Wil V]
V: Rufname für männliche Pferde *Etym.:* Der Tiername ist eine Entlehnung des rum. Personen- und Pferdenamens *Cezar* [tʃeːzaːr], nach Gaius Iulius Caesar. ● *Jede Bauer hot seu Geil* (↑Gaul) *mim Nåme gnennt: Bândi, Rudi, Gidran, Tschesar, un ständich uff se gred bei de Arweit.* [StA V]
→Rossname.

Tschickel - m, selten, tʃikl, Pl. id. [Ap, Berg, Hod, Pal III]; tʃinakl [Berg III]; ʃinakl [Fak, Glog V]
Fi: kleines, hölzernes Fischerboot *Etym.:* Das Wort ist in der Batschka (und im Banat) als Diminutivform verbreitet und geht vermutlich auf ung. *csónak* 'Kahn' über die Zwischenform *Tschinaagl* (Senz 1976, 53) zurück. ● *Tschickl, des is e kloones Holzboot, wu me dann grudert hot.* [Ap III] ■ Gerescher 1999, 208: *Tschikl, Tschinakl* 'kleineres Ruderboot für Angelsport'.
→Holzboot.

Tschiri - f, selten, tʃiri, Pl. id. [Wein, Wud I]
W: haltbare Rebsorte mit schmackhaften Tafeltrauben *Etym.:* Vermutlich eine Eigenbildung, ausgehend vom klebrigen Saft der süßen Trauben; vgl. ung. *csirizes* 'kleisterig, klebrig'. ● *Die Tschiri sann die Aufheingweiemba* (↑Aufhängeweinbeere) *gwejest, die hot's nue in Wudeasch gejem.* [Wud I] ■ Petri 1971, 79.
→Rebsorte.

Tschutra - f (n), tʃutra, Pl. id. [Fak, Ga, Glog, Mer, Orz, StA, Wil, Wies V]; (n) tʃutəl [Ed, Kə, Wud, Wudi I]; tʃutur [Ru IV]; tʃutoritsa [Ru IV]; ʃutər [Mer, Nitz V]
1. A, W: hölzerne, abgeflachte Wasserflasche mit 5 l Fassungsvermögen *Etym.:* Das Subst. kann, je nach dem Wohnsitz der Donauschwaben, von ung. *csutora* 'Feldflasche' oder serbokr. *čutura* 'Holz-, auch Kürbisflasche' entlehnt sein. Das Wanderwort erscheint auch türk. als *çotra* 'flaches, hölzernes Trinkgefäß, speziell für Reisen' (Steuerwald 243), doch scheint dies nicht das Etymon für unsere Belege zu sein. Rumänische Wörterbücher verweisen auf ein lat. Etymon **cytola*. Auch MESz (I 577 f.) schließt einen großen Bogen mit der Wortbedeutung 'Holzflasche', von türk. *cotura, çotora, çotra* über neugr. *tsiotra*, albanisch *çutér*, südslaw. (bulg., serbokr., slowen.) *čutura*, rum. *ciútură* bis tschech. und slowak. *čutora* und ukr. *čutura*. Als Etymon erweist sich ein vulgärlat. **kiutola*, das auf gr. *chotula* 'Schüssel, Tasse' zurückgeht. Das lat. Wort wurde über ital. *ciotola* und rum. *ciútură* von den balkanischen Sprachen übernommen. Das ung. *csutora* hat die Bedeutung 'Brunneneimer' aus dem Rumänischen, die anderen Bedeutungen aus dem Serbokroatischen übernommen. (Gehl/Purdela Sitaru 1994, 93) ● *So wie die Särwe hammer gsogt Tschutur aff e großes Lagl und a klaans woar a Tschutoritza aus Holz, fir Wasser.* [Ru IV] *Mit de Tschutra had me Wasse ufs Feld mitgnumme.* [Fak V] *Häng die Tschutra um, laaf im Dorf härum.* [Mer V] 2. W: Schöpfgefäß ● *Mitn Tschutel hot me in lejtzn Moust ve de Baueding* (↑Bottich) *aueßegschejpft* (↑ausschöpfen). *Es Tschutel hot aundethoib owwe zwaa Litte* (↑Liter) *ghot.* [Wud I] ◆ In dieser abgeflachten Holzflasche nahmen Landarbeiter, Hirten und Feldhüter Trinkwasser mit aufs Feld. ■ Gehl 1991, 172.
→Fass, Lägel, Weinheber.

Tuch - n, tux, tyçər [Alex, NPe V]; tuːx, tiːçər [GT I, Gai III, Bill, Knees V, Besch VI]; tuːx, tiːçə [Kol III, Glog V]; tuːx, tiçər [GK, Ost, War V]; tux, tiçər [Wer I, Saw II]; tuəx, tiəçər [NP IV]; tuə, tieçər [Burl, Pe VI]; tɛːux, tɛːiçə [Wolf V]; tiːçl, -ə [Gai III]; tiːəçl, Pl. id. [Wud I], tiəçl, Pl. id. [GT, Wer I]
Allg: Gewebe aus pflanzlichen (oder tierischen) Fasern, Plane ● *Die unnerschti Tuwakbletter* (↑Tabakblatt) *sinn in am Neilonblåchet odder in so e Tuch ninglegt ginn.* [Ost V]
→Blache.

Tuddelkraut - n, thudlkraut, Sg. tant. [GK, Len, Low, Ost V]
A: als Unkraut verdrängtes Binsenkraut; Triglochin paluster *Etym.:* Das Subst. ist ein Komp. von *Kraut* 'krautige Pflanze' mit *Tuddel*, Diminutiv von *Tute* 'Kindertrompete', vgl. *tuten* 'auf einer Trompete blasen'. ● *Mir hann viel Unkraut ghat, de Hahnefuß, de geele* (↑gelb), *giftiche, es Thuddlkraut, ham-mer Kinnr* (Kinder)

uns Stecke gmach for dermit spritze. [Ost V] ■ Petri 1971, 74.
→Unkraut.

Tulipan - f, tulipan, -ə [Scham I, StI II, Brest, Tscha III, Har IV, Bak, Bill, DStP, Ernst, Franzf, Ga, Ger, GJ, GK, Heu, Kath, KJ, Laz, Len, Low, Mori, Na, Nitz, Ost, Rud, Sta, Star, Tsch, Tschan, Ui, War V]; tulipa:n, -ər [PrStI III, Nitz V]; tulipā:n, -ə [Ed, KT, Wud, Wudi I, Bog, GK, Len, Low, Ost, Wis V]; tulipå:n [Fak, Glog V]; tulipo:n, -ə [Bul, Kol, Wepr III, Albr, Bir, Hei, Mar, NB, Orz V]; dulipa:n [War V]; tulipa:na [StI II, Tscha III, StA, Star, Wer V]; tulipo:na [Pal III]; tulapa:n [Lieb V]; tuləpo:n [Bir, Ksch V]; tolapana [SM V]; toləpa:n [Sack V]; teləpo:nə [Jahr V]; tulpo:nə [Mram V]; tulpa:n, -ə [Fil, Kara III, DStP, KB, Ket, NB, Trau, War V]; tulpō:n [Fil, Mil III]; tulipa [AK, KK III]; tulip [Trie V]; telepo:n [Ben V]; tulpm [StAnd V]
G: Gartentulpe; Tulipa gesneriana *Etym.:* Vgl. Tulpe f., im 16. Jh. mit der Einführung der Pflanze aus der Türkei nach türk. Vorbild als 'Turban' benannt (ital. *tulipano* m.), bis 1653 noch Tulipan, doch seit dem 17. Jh. meist gekürzt zu Tulpe. ([22]Kluge, 744) ● *Jetz kumme die Marjehärzle* (↑Mariaherz) *un viel Tulpone, un hintenoh die Kaisrkrone.* [Mil III] *Vor Oschtre ware die Märzkriechlche* (↑Märzkrüglein), *die Sterblumme, un Tulipane an der Reih.* [Bog V] *Des sinn so Fruhjohrsblumme, Oschterblumme, Tulipane, Maigleckle, Vergissmeinnicht.* [Ost V] ■ PfWb II 598: *Tulipan(e)* f., m., aus frühnhd. *tulipan*, letzten Endes auf türkisch-persisch *tülbant, dulband* 'Turban' zurückgehend; SüdHWb I 1810 f.; RheinWb VIII 1436; BadWb I 589; Gehl 1991, 100; Petri 1971, 75.
→Blume.

Tunke - n, tuŋk, Sg. tant. [Bil, Ham, Mai, Pe, Schei, Suk VI]; tuŋka [OW V]
G, O: Soße zum Tunken ● *Da war zipserisches Essn, also Tokan* (↑Tokane) *håm-me kocht un Tunka, un viel Milch war bei uns.* [OW V] *De Tunk hann sie amo gmacht friher, von Paredeis, de Paredeistunk un au Knobeletunk, von Knobele, ja.* [Schei VI] ■ SchwWb II 466: 'Tunk-Brühe', die Bedeutung 'Soße' wurde als fremd empfunden; BadWb I 595 f.: 2. (stets f.) 'Soße', auch *Tunke(n)s* 2.b; PfWb II 619; SüdHWb I 1832; RheinWb VIII 1462.
→Paradeis-, Zwiebeltunke, Soße.

Tüpfen - m (n), tipə, Pl. id. [Dol, Ger, Low, NB V]; tepə [Hatz, Len]; (n) tipçe [Dol V]
V: irdener (oder gusseiserner) Topf ● *Was ich schun genennt hann, ware hechschtn noch e Tippe, zwei oder drei, Millich im Haus, sißi un sauri Millich, a Tippche Rahm.* [Dol V] *Kih kumme, Schelle brumme, Gras in die Krippe, Millich in die Tippe.* [NB V] ■ PfWb II 630-632; SüdHWb I 1847 f.: RheinWb I 1569 f.: Bad I 599: *Tüpfi.*
→Milchtüpfen.

Tür - f (n), ty:r, -en [OG I]; ty:r, -n [Bohl II]; ti:r, -n [Bohl, Fek II]; ti:r, Pl. id. [OG I, OW VI]; ty:ə, -n [Wer V]; ti:ə, -n [Pußt, StIO I]; tiɐ, -n [StIO I, Tscha III]; ti:r, -ə [Tax I, Sier, Surg II, Gak, Har III, Be, Tow IV, Bru, Bog, Drei, Ger, Glog, StA, OW VI]; te:r, -ə [Har III]; (n) te:rçe, Pl. id. [Bru V]; ti:rl [Stan III, GK, Ost V] tę:rl [Kutz III, Fak, Glog V]; tiəl [Pußt I]; ti:rje [Surg II]
Allg: bewegliche Vorrichtung zum Verschluss eines Innenraums ● *Do war so e klaanes Tihrl am Giwweli* (↑Giebel), *un da henn sie die ↑Frucht* (1) *neigläärt* (↑hineinleeren). [Stan III] *Die Schweinstell ware bei manchi Hambare* (↑Hambar 2) *unnerdran, awwe des ware uffeni Schweinstell* (↑offener Schweinestall), *aso bloß e Bretterverschlag un Tihrl.* [Ost V] ■ Krauß 988: 1. 'Verschlussfläche einer Öffnung', a. 'an Bauwerken', b. 'an allerlei Haushalts- und Wirtschaftsgeräten'.
→Schlupf-, Stalltür, Wand.

Tutte - f, tutl, -ə [Ap, Ker, Sch, Siw, Tscher III, Bak, Bog, Ger, Gra, Kath, Nitz, Len, War, Wis V]; tudl, Pl. id. [Fak, Glog, Wil V]; titl, -ə [Ga, StA, Pan V]
V: Euter der Säugetiere, auch Zitze *Etym.:* Von mhd. *tute, tutte,* Dimin. *tütel, tüttel.* (LexerHWb II 1591) Vgl. Zitze 'Brustwarze', spätmhd. *zitze,* niederd. *titte* neben ahd. *tutta,* mhd. *tu(t)e* m., f. und die Verkleinerung *tütel.* Es ist sicher eine Lautgebärde aus der Kindersprache. ([23]Kluge, 913) ● *Un die ↑Wutz hot noh ausgschitt* (↑ausschütten) *un hot Wutzle krigt, die henn am Tuttl gsoffe.* [Ap III] ■ PfWb II 702: 2. 'Euter der Säugetiere'; RheinWb VIII 1504; Gehl 1991, 106; *Dutte* SüdHWb I 1924; BadWb I 619.
→Euter, Strich, Tuttelblume, -schwein, Vieh.

Tuttelblume - f, tutlplum, -ə [Bog V]; thu:dlkraut [Kar, Sch, Wasch III, Gra, Joh, Jos, Len, Tsch, Tsche V]; thudəkraut [Ben V]
G: Schierling; Conium maculatum ● *Die rote Paprikablumme hann aach im Gärtl gebliet, un*

zwischer em Plaschter (Pflastersteine) hat die Oma die Tuttlblumme rausghackt. [Bog V] ■ Petri 1971, 27.
→Blume, Tutte.

Tuttelschwein - n, tudlʃvaintl, Pl. id. [Fil, Ker, Mil, Sch III, Be, Tom IV, Bog, Ger, GJ, Gra, NA, Ost, War V]
V: (noch säugendes) Ferkel ● *Manche hot auch sei Zuchtschwei ghat mit Tudlschweindl. Die greßeri haaßn Dreißig-Kiloschweindl.* [NA V]
→Schwein, Tutte.

übergeben - st, ivərke:bn, -ke:bn [Fil, Hod, Mil, Sch, Siw, Tscher, Tor, Waldn III, Alex, Bill, Ger, GK, Ost, Wies, Zich V]
A: landwirtschaftlichen Besitz jmdm. als Eigentum aushändigen ● *Die Eltre, wenn sie iwwegebe hamm, no hunn se Ausnbhalt kriet vum Sohn.* [Waldn III] ■ PfWb VI 844; RheinWb IX 16.
→Ausbehalt.

überhaupt - Adv, ivəha:ps [Aug, GT, KT, Scham, Schor, Wud, Wudi I, Ker, Sch, Tscher III, NP, Put IV, Ben, Gra, Low, Nitz, Ost, Wis V]
Allg: (bei Entlohnung oder Kauf:) pauschal, in der Gesamtheit *Etym.:* Das seit dem 14. Jh. belegte Adv. *überhaupt* war ursprünglich ein Ausdruck des Viehhandels: mhd. *über houbet* kaufen oder verkaufen (zu *houbet* 'Stück Vieh') war hier 'pauschal, ohne die einzelnen Stücke (Häupter) zu zählen', dann verallgemeinert zu verschiedenen rechtlichen Verhältnissen, bei denen eine pauschale Behandlung einer Einzelabrechnung gegenüberstand. Die heutige Bedeutung wurde ursprünglich durch 'überall' vertreten, das im 18. Jh. durch eine noch weiter gehende Verallgemeinerung von *überhaupt* in dieser Funktion verdrängt wurde. (²³Kluge, 844) Hier interessiert die Bedeutung 'aufs ganze gesehen, über das Gesagte hinaus'. ● *Nur selte hat mer e Ocka (↑Acker) owwa en Weijgoatn iwehaaps goarwet.* [Wud I] ■ PfWb VI 846 f.: 1.a: 'pauschal, in der Gesamtheit'; RheinWb IX 9.
→Drittel.

überholen - schw, ivərholə, -holt [Gai, Sch, Siw, Werb III, Be, NP IV, Alex, Bog, GK, Len, Low, Ost, War, Wies, Wis V]
T: fertigen Tabak (oder andere landwirtschaftliche Erzeugnisse) von den Produzenten übernehmen ● *So vor Weihnachte kummt widrem de Thuwaksmann (↑Tabakmann) mit seim Woochmeistr (↑Waagemeister) un Buchhalder, die tun de Thuwak iwwerholle.* [Ost V] **Anm.:** Dial. wird das Grundwort *holen* für 'nehmen' verwendet.

Überland - n, ivəlant, Sg. tant. [Bak, Bog, Ger, Nitz, Ost V]
A: zumeist durch Aufackern der Hutweide bzw. durch Aufteilen eines ungenutzten Landgutes an die Gemeinde gewonnenes und anteilig an die Bauern verteiltes Feld *Etym.:* Das Komp. ist durch Anlehnung an *überzählig* gebildet. ● *Des war Iwweland ganz friher, des hat sich for die Härrschaft net rentiert.* [Bak V] *Dem kenne me's vedanke, dass die hunnert Joch Talfeld, 's Iwweland, ans Dorf kumm sinn.* [Nitz V]
→Feld.

überschwemmen - schw, ivərʃvemə, -ʃvemt [Ap, Fu, Tscher III, Tom IV, Bill, Bog, GJ, GK, Len, Low, Ost, War, Wis V]; ivəʃvemə, -ʃvemt [Fak, Ga, Glog, Pan, StA, Wil V]
A: (eine Fläche) mit Wasser überfluten ● *Die Marosch is friher oft rauskumme un hat des Feld iwweschwemmt.* [Glog V] *Im Kriech war Oschtre (ON) iwwerschwemmt, dann hat sich de Fischteich mit Erd zugschwemmt.* [Ost V]
→zuschwemmen; Überschwemmung.

Überschwemmung - f, ivərʃvemuŋ, Sg. tant. [Baw, Fek, Kock, Wem II, Ker, Sch, Tscher III, Bog, GJ, GK, Len, Low, Ost, War, Wis V]; ivəʃvemuŋ [Bak, Fak, Glog, Sad, StA, Wil V]
A: Überflutung von Ackerfeldern durch Hochwasser ● *Im Hochwasser war Iwweschwemmung, in e Vertiefung is Moroscht (↑Morast) gebliwwe.* [Ap III] *Nor net viel Wasser hat im Fruhjohr sinn derfe, weil dann war net nor eemol Iweschwemmung!* [Nitz V] *Dann is, in e paar Johr, die Iwwerschwemmung kumm.* [Ost V] ■ PfWb VI 856; RheinWb IX 21.
→Wasser (1); über-, zuschwemmen.

übersetzen - schw, ibəsetsə, -setst [Jood II]
A: eine Vorrichtung entfernen und an einer anderen Stelle anbringen ● *Un do hod e sich die Wagelaatre (↑Wagenleiter) no ibbesetzt un die*

Britte (↑ Brett) *un de Schrage* (↑ Schragen). [Jood II]

überwerfen - st, ivəveɐfn, -voəfn [Aug, Ed, Wein, Wud I]
Allg: etwas auf den Kopf stellen *Etym.*: Das abgeleitete Verb geht von der Vorstellung *über (den Kopf) werfen* aus. ● *Die Maasch* (↑Maische) *is in de Maaschlad gwejest* (gewesen), *dej hot ke Pippm* (↑Pipe) *ghot, dej hot me miëssn iweweafe.* [Wud I] ◆ Da die Maischlade keinen Fasshahn zum Abfluss hatte, musste sie auf den Kopf gestellt, also *übergeworfen* werden, damit die Maische durch das obere viereckige Loch ablaufen konnte.
→werfen.

überzwerch - Adv, ivərtsvɛrx [Fil, Gai, Ker, Siw, Stan, Wepr III, Be, Tom IV, Alex, Bak, Bog, Bru, Ger, Len, Mar, Ost, War V]
Allg: überquer, über Kreuz ● *Der ↑Gore hat abgschlosse der Vodderhof un de Hinnrhof, där war iwwerzwärch gstanne.* [Stan III]
→gerade, schepp; Überzwerches.

Überzwerches - n, ivərtsvɛrx, Sg. tant. [Stan III]
V: Kochfleisch von der Seite des Rindes ● *Also an der Bauchlappe* (↑Bauchlappen), *es Iwwerzwerchi sinn die Rippe.* [Stan III] ■ *Überzwerch* oder *Leiterstück* ist Siedfleisch vom Schild des Rindes. (Gahm 1994, 83)
→Fleisch (1); überzwerch.

Ufer - n, u:fər, Pl. id. [Gai, Siw III, Tom IV, Bill, Ga, GK, Gra, Glog, Low, Ost, war V]
A: Rand eines Gewässers ● *Hat mer den Hanf ans Ufer vun dem Stamploch* (↑Stampfloch) *abglad un ins Wasser ninginn* (hineingegeben). [Ost V]

Ujhädj - m, selten, ujhɛtj [Jink, Kä, Sag, Sar, Warsch II]
A: bei Erdarbeiten aufgeworfene Anhöhe, Flurname *Etym.*: Entlehnung aus ung. *újhegy* 'neuer Berg'. ● *Ungrisch soot mer zu em Bärch bei ons Ujhädj.* [Jink II] ◆ Gelegentlich werden ung. und anderssprachige Entlehnungen unverändert in die Landwirtschaftsterminologie übernommen.
→Berg.

Ulmer Pflug - m, ulmər pluk, - plik [Waldn III]
A: in Ulm hergestellter eiserner Ackerpflug ● *Nochm Ärschte Weltkrieg sein die Ulmer Plig kumme. Des wore ganz eisene Plig* (↑eisener Pflug). [Waldn III]
→Pflug.

umbiegen - st, umpi:ə, -gəpo: [Bog, Ger, Gra, Len, Lieb, Ost, War, Wis V]
Allg: durch Verbiegen in eine andere Position bringen ● *Des, wu die Worscht umgeboo war, wu sie iwwer de Stang war, des hat mer die Phaaif* (↑Pfeife 2) *gsaat.* [Lieb V]

umbringen - schw, umpriŋən, -kəpraxt [Bat VI]
B: einem Tier gewaltsam das Leben nehmen, töten ● *Wenn me åndeni Kenigin* (↑Königin) *einituet, sofurt bringen sie's um.* [Bat VI]

umfallen - st, umfaln, -kfaln [Schor, Wud, Wudi I, Petschw, Wem II, ASad, Lind, Tem, Wei, Wer, Wolf V]; umfalə, -kfalə [Ap III, Tom IV, Fak, Ga, Glog, StA, Wil V]; umfalə, -kfal [Sch, Siw III, Bak, Bill, Bog, Bru, Jahr, Len, Low, Ost, War, Wis V]
Allg: (von einem Gegenstand, einem Transportmittel:) umkippen, auf die Seite fallen ● *Do hot mer misse owachtgewwe, dass die Fuhr nit vielleicht ↑schepp werd oder gar umfallt.* [Bru V]

Umgegend - f, selten, umge:gnt, Pl. id. [OW VI]
Fo: Umgebung, Landschaft in der Nähe *Etym.*: Das Subst. ist eine Wortkreuzung aus *Umgebung* und *Gegend*. ● *Das ↑Wassertal, das ist ein Tal, das hot secksunvierzich Kilomete. Da war nur Wald die ganze Umgegnd.* [OW VI]

umgraben - st, umkrå:pm, -kəkrå:pm [OG I]; umkro:m, -kro:m [Aug, Ed, GT, KT, Scham, Wein, Wud I]; umkrɔm [Pußt I]; umkra:və, -kəkra:və [Fil, Ker, Mil, Sch, Werb III, Be, Tom IV, Alex, Bill, Blum, Bru, Jahr, Nitz, Ost, StA, War V]; umkrå:və, -kekrå:və [Fak, Glog, Wil V]
G, W: die obere Schicht des Bodens umwenden ● *Im Kuchlgoatn* (↑Küchengarten), *zunäscht wäd olles anglegt, im Fruhjoah. Im Hirbscht ta-me umgråbn, mit de Grobschaufi.* [OG I] *De Mist hod glei umgrom mist wärdn, in die Reih.* [Pußt I] *Me hot zeascht* (zuerst) *in Grund tiëf umgroom miëssn.* [Wud I] *Mit der Grabschipp tud mer umgrawe. Die Scheppschipp, des is e Schaufl.* [Jahr V]
→ackern, graben, rigolen, vergraben; Grabschaufel, -schippe.

umkehren - schw, umkhɛən, -kekhɛət [NA, Ora, Stei V]; umkhe:rə, -khe:rt [Bil, Ham, Mai, Pe, Schei, Suk VI]
A: (vom gemähten Gras:) zum Trocknen wenden ● *Dann is es manchmol umgekähet woan, wenn nicht so große Hitz woa.* [NA V] *D'Menner hann*

es Haai gmeht, un de ham-mer's mise verschittle un de umkehre selle ↑Matte. [Schei VI]
→verschütteln, wenden.

umlegen - schw, umleːgn, kleːkt [ASad, Lind, Resch, Wei, Wolf V]; umleːgə, -kleːkt [Fak, Ga, Glog, StA, Wil V]
1. Allg: etwas aus aufrechter Haltung seitlich zu Boden legen *Etym.: Umlegen* (2) wird in metaph. Bedeutung verwendet. ● *Ufm Sensegriff is noch e Senseboge, där hat e Stecke un e Schnur, dass sich die Mahd schee umlegt.* [Fak V] 2. Fo: erschießen, töten ● *Und vo den Tog aan hot de Kaiser koa Reh, koan Hirsch und koan Hosn (↑Hase) umglegt, koan eunzgen.* [Wolf V] ■ Gehl 1991, 144.
→(1) legen (1); (2) schießen.

umschmeißen - st, umʃmaisə, -kʃmisə [Bog, Fak, Ger, GJ, Glog, Low, Nitz, Wis V]; emʃmaisə, -kʃmisə [Fek, Surg, Wem II]
Allg: etwas umwerfen ● *Un noh, wie die Sau emgschmisse woa, noh de Schlochter, där tut min Meser die Gurgl 'neisteche.* [Fek II]
→hinschmeißen, schmeißen.

umstülpen - schw, umʃtilpə, -kʃtilpt [StI II]
B: etwas umdrehen, auf den Kopf stellen ● *Wann emol die Kenigin drin is, no hod er so umgstilpt, no sein die anre all neigfloge.* [StI II]

Umurke - f, umurkn, Pl. id. [Darda II]; umuəkn, Pl. id. [OG I], umorkn, Pl. id. [Hom, Schim, StM V]; umarkn, Pl. id. [Kud V]; umourgn, Pl. id. [PrStI, Tscha III]; umurk, -ə [Scham I, Tscher III, Low, Sad V]; umork, -ə [Brest, Buk III, Tscher, Ben, Bill, Charl, DStP, Fak, GJ, Glog, Jahr, KB, KJ, Len, Low, NA, Ost, Paul, Tschak, War V]; umorgə, Pl. id. [StI II]; umœrkə [NA V]; omork, -ə [Sack V]; umarkə, Pl.id. [Ap III]; omårik, -ə [Ga, StA V]; umurt, -ə; umuigɐ [KT, Wud, Wudi I]; [Tschan V]; umort, -ə [Bill, Ger, Len, Ui V]; umortn, Pl. id. [NB V]; omort, -ə [Trie V]; umorkl, -ə [Fran III]
G: Gurke; Cucumis sativus *Etym.: Umurke* ist die österr. Form für *Gurke*, (im 16. Jh.) entlehnt aus poln. *ogurek* (heute *ogórek*), das seinerseits mit anderen slaw. Wörtern aus mittelgriech. ágavros 'unreif' stammt. (²³Kluge, 343) ● *Do gibt's Kiëwes (↑Kürbis), Paradeies, Krauet, Karfeol, Umuekn, Salat.* [OG I] *Noch honn se gfruhstuckt mit saure Paprike, Umorge, gebrodene Lewer (↑gebratene Leber).* [StI II] *Far die Kuchl (↑Küche) is aagebaut warre Griezeich, Paredaais, Rettich, Umarke.* [Ap III] *Dann had me Paprika oogebaut, Umoake oogebaut, Kolrawi im Somme.* [NA V] *Umorke ham-mer aa ghat far iwwer Winter inleje (↑einlegen), inseire, for Salzumorke mache.* [Ost V] ■ WbWien 695: *Umuakn*, Etym. slaw.; *Umurken* Gehl 1991, 228 f. Petri 1971, 29.
→(Arten:) Essig-, Salz-, Sonnenumurke, saure Umurke; (Verschiedenes:) Gemüse.

umwickeln - schw, uməvikln, -kviklt [Ed, Erb, GT, Ins, OG, Pußt, Schau, Tar, Wer I]
Allg: ein Ding mit etwas umhüllen, festschnüren ● *Un des is e poa Mol umegwicklt woan ba den ↑Stock* (1a), *umegwicklt un zammdraht (↑zusammendrehen).* [Pußt I]

Ungarische - f, ungaːriʃe, ungaːriʃi [AK, KK III, Bog, GK, Gra, Ost V]; ungaːriʃəs [Gai, Stan III, Albr, Bill, Lieb, Low, Mar, Stef, War V]; uŋgriʃfiːç [Kock II]
V: Kuh der Rasse Ungarisches Steppenrind ● *Hat des wor Bonnhader Viech, aus de Schweiz henn sie mol gebrocht. Es wor net so e ungrisch Viech wie do in Ungarn.* [Kock II] *Es ärscht ware die Ungarischi, de mit de langi Härner (↑Horn), die grooi (↑grau) hann se ghat.* [Ost V] ◆ Das weiß-graue Ungarische Steppenvieh ist eine große Rinderrasse (Widerristhöhe der Stiere 150-175 cm, Kühe 140-160 m) mit auffallend großen Hörnern. Diese anspruchslose Rasse wurde hauptsächlich zur Fleischproduktion gezüchtet und aus Ungarn viel exportiert. Sie eignet sich auch als Zugvieh, bekannt sind vor allem die Zugochsen. (Mayer 2001, S. 12) ■ Petri 1971, 88.
→Rind.

Ungeziefer - n, unkətsifər, Sg. tant. [Ap III, Bog, Fak, GK, Glog, Len, Low, Ost, War, Wil V]; ungetsiːvər [Seik, StI II]; ũːketsiːfə [OG I]; ũːgətsifə [Ga, StA V]
G: Tiere, die für den Menschen, für andere Tiere oder Pflanzen schädlich sind und deshalb verdrängt werden ● *Do is aan Ungeziffer, kleine wie an Ratz un Maus un greßre, wie an Eädhund (↑Erdhund).* [OG I] *Des is keine Krankheit, des is ein Ungeziewer, e Milbensoorte.* [Seik II] *Die Trauwe (↑Traube) hot me gspritzt gegen Ungeziffer, weil sunscht henn sie Krankheite kriegt.* [Ap III] *Mir hann wenich Schnecke ghat im Garte, un andres Ungeziffer. Manchi Leit hann jo mit dem Flehphulver garweit.* [Ost V] *De Geilsfresse is e Uugeziffer, was em Mischthaufe rumwuhlt (↑he-*

Unkraut

rumwühlen). [StA V]
→(Arten:) Ameise, Blutegel, Eierwiesel, Erdhase, -hund, Floh, Gäulsfresser, Gritsche, Heimarmaus, Heuschrecke, Holzschneider, Käfer, Laus, Maulwurf, Maikäfer, Maus (1), Milbe, Mücke, Parasit, Ratz, Russe, Schabe, Schwabe, Schnecke, Spinne, Wurm; (Sonstiges:) Vieh.

Unkraut - n, unkraut, Sg. tant. [Baw, Jood, StI, Wem II, Gai, Gak, Sch, Siw III, ND, NP, Tom IV, Bog, Da, Fak, Ga, Glog, GK, Ost, StA, War, Wil V, Pe VI]
A: zwischen Nutz- oder Zierpflanzen wild wachsende, schädliche Pflanze ● *Un des Unkraut, des hot misst vollständich ghackt wärr.* [Baw II] *Des war net so viel Unkraut, awer do ware Dischtl in de Frucht, do ware Radde drin, do ware Pipatsche un Quecke un Bockelirotznase* (↑Bockerlrotznase) *drin un Kamille ware drin un Zinnkraut.* [Tom IV] *Mit der braadi Hack had mer gschärrt, bloß dass mer's Unkraut un die Ärd* (↑Erde) *gruddlt* (↑rütteln) *hat.* [Ost V] ◆ Unabhängig von ihren Blüten, ihrer Funktion im Würzwisch (am 15. August in die Kirche gebrachter Kräuterstrauß) oder als Heilpflanze, galten alle wildwachsenden Pflanzen in der Saat als Unkraut und wurden bekämpft, da sie die Qualität des Getreides beeinträchtigten.
→(Arten:) Attich, Bettellaus, Bikakopf, Bockelrotznase, -schnudel, Brennnessel, Brombeere (1), Brominze, Butter-, Ringelblume, Dachwurzel, Distel, Dotterblume, Drieschling, Hahnenfuß, Hederich, Hetschelrose, Hexenkamm, Hirsch-, Mohar-, Sau-, Sudangras, Holder, Hühnerdarm, Hundsmilch, -zwiebel, Kamille, Käsepappel, Kleeseide, Klette, Koglischan, Kornblume, Krabbler, Lungenkraut, Melde, Moos, Mutterlösch-das-Licht, Osterkerze, Pickan, Pipatsch, Quecke, Rade, Rittersporn, Schafgarbe, Schellkraut, Schilfrohr, Spitzwegerich, Stein-, Weißklee, Schwarz-, Strippwurzel, Taube Brennnessel, Tausendgülden-, Tuddel-, Wolfs-, Zinnkraut, Tollkirsche, Wachtelmahd, Wegwarte, Wilde Margerite, - Wicke, Wilder Sauerampfer, - Wermut, Winde, Windhexe; (Sonstiges): Pflanze.

untendran - Adv, unətrā:n [Bog, GJ, GK, Len, Low, Ost, War V]; unətrā: [Fak, Ga, Glog, StA, Wil V]
Allg: darunter ● *Die Schweinstell ware bei manchi Hambare* (↑Hambar 2) *unnerdran, awe des ware uffeni Schweinstell, aso bloß e Bretterverschlag un Tihrl* (↑Tür). [Ost V]
→darunter.

unterackern - schw, undəakrə, -kəakərt [Jood II]; unərakrə, -akərt [Ost V]
A: Stoppel oder Dünger durch Ackern unter die Erde bringen ● *De Mischt* (↑Mist) *muss em Winte odde Fruhjohr nauskumme ufs Feld und wärd undeackert gloi* (gleich), *sunscht tricklt er aus* (↑austrocknen). [Jood II] *Dann is de Mischt unnerackert ginn.* [Ost V]
→ackern.

Unterbau - m, untərbau, Sg. tant. [OW VI]
Fo: unterer Teil, Fundament eines Baus ● *Diese Riesn wird auf ein Unterbau draufgelegt.* [OW VI]
→Riese.

Unterbrücke - f, ęnərpręk̇ə, Pl. id. [Alt, Fek, Nad, Oh, Wem II]
A: tiefer, bzw. im unteren Teil der Siedlung gelegene Flussbrücke ● *En Fäkäd* (ON) *is en Ännenduerf die Ännengässe un die Ännerbrick.* [Fek II]
→Brücke, Dorf, Gasse.

Unterdorf - n, unərtorf, -tęrfər [Siw, Tscher, Tor III]; untərturf, -tirfər [Go, Ma, Pal, Wak, Wiel II]; ęnəntuərf, -teęrfər [Alt, Fek, Nad, Oh, Wem II]
A: tiefer gelegener Teil einer agrarisch geprägten Siedlung ● *En Fäkäd* (ON) *is en Ännenduerf die Ännengässe un die Ännerbrick.* [Fek II] *Bei ons gibt's e Owerdurf on e Unterdurf.* [Wak II] ■ PfWb VI 938: 'der untere, tiefer gelegene Teil des Dorfes'; RheinWb IX 62.
→Brücke, Dorf, Gasse.

unterdorfer - Adj, undətęrfər [StG, Sol, Sulk II]
V: zum unteren Teil des Dorfes gehörend ● *Des owedärfer Viech is zu der aani Saait* (↑Seite) *gange un des undedärfer zu der andri Saait.* [Sulk II]
→oberdorfer; Dorf.

Untergasse - f, ęnərkåsə, Pl. id. [Alt, Fek, Nad, Oh, Wem II]
A: tiefer, bzw. im unteren Teil der Siedlung gelegene Dorfstraße ● *En Fäkäd* (ON) *is en Ännenduerf die Ännengässe un die Ännerbrick.* [Fek II] ■ PfWb VI 939: 1. 'Gasse im Unterdorf', 2. Straßennamen; RheinWb IX 63.
→Brücke, Dorf, Gasse.

unterstreuen - schw, untrʃtrain, -ʃtrait [Petschw II, In, Ru IV]
V: Stroh als Stallunterlage für das Vieh streuen ● *Und unterstreit hat mer Stroh, aff dem Stroh sin's glegn.* [Ru IV]
→streuen.

Unterwald - m, unərvalt, Sg. tant. [Bru V]
A: der unter (unterhalb bzw. südlich eines Bezugspunktes) gelegene Teil eines Waldes ● *Dorch die Landstroß (↑Landstraße) Temeswar-Lippa (ON) getaalt (↑teilen), is owwerhalb vum Dorf der Owwerwald un geger die Bergsau (Flussname) zu de Unnerwald.* [Bru V]
→Wald.

Unwetter - n, ō:vetər, Sg. tant. [Ga, StA, Wil V]
Allg: Sturm und Regen, Gewitter ● *Die Geilsfliege (↑Gäulsfliege) stechn die Geil aarich, bevor es Oowetter kummt.* [StA V] ■ Gehl 1991, 58.
→Gewitter, Wetter.

Unwitterung - f, selten, ū:vitruŋ, Sg. tant [Seik II]
Allg: schlechtes Wetter, schädliche Witterungsauswirkung *Etym.:* Das Wort ist wohl eine Gelegenheitsbildung. ● *Do hot me die Kärb (↑Korb 2) auswennich gschmiët (↑schmieren) mit Lehm un noch geweißlt, wal do hot dir Uuwittrung necht so Schode (↑Schaden) gemocht.* [Seik II] **Anm.:** Das Subst. ist eine Wortkreuzung zwischen *Unwetter* und *Witterung.*
→Witterung.

Urban - m, urva:ni, Sg. tant. [Drei, Kreuz, NA, Wies V]
W: Lostag der Weinbauern (25. Mai) *Etym.:* Benannt nach dem Tag des hl. Urban (25. Mai), dem Patron der Weinbauern. ● *Vor Urwani is gspritzt woan, wenn's e Newlreeche (↑Nebelregen) woa.* [NA V] ◆ Nach Nieselregen muss der Weingarten gegen Schädlingsbefall gespritzt werden.
→Peter-und-Paul.

Urwald - m, u:rvalt, veldər [Ap, Tscher III, NP IV, ASad, Bru, Fak, Ga, Glog Jahr Wil V, OW VI]; u:rvolt, veldə [ASad, Franzd, Lind, Resch, Wei, Wolf V]
Fo: unberührter, undurchdringlicher, nicht bewirtschafteter Wald ● *Der Bruckenauer Unnerwald wor im 18. Jahrhunnert noch zum Teel e Urwald.* [Bru V] *No sans halt, die Oarme einegwandet in Urwold in Wolfsbärg (ON).* [Wolf V] ■ PfWb VI 966; RheinWb IX 74.
→Wald.

Vanilletorte - f, vanilieto:rta, -tuətn [Petschw II]
A, V: Torte mit einer Vanillekremfüllung zwischen den übereinandergelegten Tortenböden ● *Ålledehånd Tuetn, des is Dobostorta, Tschokoladitorta, Vaniliëtorta, russische Kremtodn, dä is fein.* [Petschw II] ◆ Rezept: Für die Vanillekrem wird 300 g Zucker mit 22 Päckchen Vanillezucker vermischt und mit etwas Wasser verrührt. Danach wird das Eiweiß von 3 Eiern steif geschlagen, das Eigelb dazugegeben und die heiße Zuckermasse dazugerührt. Nun wird das Gemenge so lange geschlagen, bis die Masse erkaltet ist. Anschließend werden 300 g Butter schaumig gerührt und löffelweise unter die Ei-Zucker-Masse gemischt. Als Variante kann die Butterkrem mit Zitronensaft oder geschmolzener Schokolade abgeschmeckt werden. (Bleiziffer 1997, 230)
→Torte.

Veilchen - n, failçen, Pl. id. [Bog V]; failçə, Pl. id. [Drei V]; failçə, -r [AK, Bul, KK, To, Tscher III, Bill, Len,War V]; faigəl, -n [Ed, Scham, Wud, Wudi I, Franzd, Ora, Stei V]; faigələ, Pl. id. [Fak V]; faijəlį [Sad V]; failə [Albr V]
G: kleine duftende Blume mit blau-violetten Blüten; Viola odorata ● *De Anfang hann die Schneegleckl gemacht, noh sinn die Veilchen ufgebliht.* [Bog V] *Die Veilche un die Blumme, de Summe wärd bal[d] kumme; do fliegt die Lärche (↑Lerche) iwwers Feld.* [Drei V] *Des woarn die Himmlschlissl, un do hintn woarn die Veigeln.* [Stei V] ■ Gehl 1991, 100, Petri 1971, 77.
→Blume, Jakobs-, Märzveilchen, Veiole.

Veiole - f, fajo:lən, Pl. tant. [NB V]; faio:lə, Pl. tant. [Bul, Kutz, Sek, Waldn III, Ben, GJ, GK, Hatz, Jahr, KJ, Low, Ost V]; faio:lə [Ka, Sag II, Maisch III, Gutt V]; fa:io:lə [Sag II]; fajo:li [Sad V]; feju:lə [Sack V]; foju:lə [Har IV]
G: Veilchen; Viola odorata ● *Im Garte ham-mer viel Blumme ghat. Do warn Rose un Härbschtrose, Purtulake (↑Portulak), die Veiole, also die Märzeveigle, die Sternblume und Negle (↑Nägelchen).* [Ost V] ■ Petri 1971, 77; *veiolenblau* PfWb II 1103; *violenblau* RhWb IX 124.

→Veilchen.

verarbeiten - schw, fəra:rbaitn, -a:rbaitət [OW VI]; fəroɐrbaitn, -oɐrbait [ASad, Lind, Wei, Wolf V]; fəorvətn, -oɐvɐt [Wud I]; fərarvaitə, -arvaitət [Ben V]; fərarvaitə, -arvait [Mu II]; fərårvaitə, -årvait [Bog V]; fərå:rvaidə, -å:rvait [StAnd V]; fərarvətə, -arvət [Ap III, Bru, Bak, GK, Gra, Low, Ost, War V]; fəǫɐrvətə, -ǫɐrvət [Nad II]
Allg: einen pflanzlichen bzw. tierischen Rohstoff zu einem haltbaren Produkt verarbeiten ● *Im Prejshoues* (↑Presshaus) *hot me die Weiemba* (↑Weinbeese) *veoawat*. [Wud I] *Und in der Fischzentral in Apetie (ON) sinn no die Fisch vearwet warre far Konserve*. [Ap III] *Aso mir hobn im ganzn fimf Hektar und etwas beisammen, abe wenn me ihm gut veroarbeit, gut pflegn tut, wockst* (↑wachsen) *aa wos*. [ASad V] *Es Feld bei uns war schwerer zu verarwete*. [Bru V] *Unsere Leute, die habn sich beschäftigt mit den Holzfeeln* (↑Holzfällen) *mit den Holz liefern, mit Holz verarbeitn*. [OW VI]
→arbeiten, vertranschieren; verarbeitet.

verarbeitet - Adj, fərarbait [Ru IV]
W: (vom Wein:) vergoren, ausgearbeitet ● *Wenn de Wei[n] verarbeit woar, had me untn a Pippn* (↑Pipe) *neigschlagn und hadn rausglassn*. [Ru IV]
→verarbeiten.

verbrennen - schw, trans, intrans, fəbrɛnən, -brɛnt [NPe V]; fəbre:nə, -bre:nt [ASad, Lind, Stei, Wei, Wolf V]; fərprɛnə, -prɛnt [Bru, Wies V]; fəprɛnə, -prɛnt [Fek II]; fɛrprɛnə, -prɛnt [Glog V]; fəprɛnə, fəprɛnt [Wein I, Ga, StA V]; fəprẽinə, -prẽint [OG I]; fuprɛnə, -prɛnt [Sad V]
1. A, Fo: durch Feuer vernichten (um Hitze zu erzeugen) ● *Noche wäd e obgschniedn, de Weigoatn, nache ta-me die Rebn naustrogn, die ta-me verbrenne*. [OG I] *Mer hat fenf-sechs Metter* (↑Meter 2) *Holz verbrennt iwwen Trappe* (↑trappen), *weil des hot me leicht kennt verschaff*. [Fek II] *Die Storze* (↑Storzen) *sein meistns glei in de Forch* (↑Furche) *oder im Wech verbrennt gewwe* (worden). [Bru V] *Tausnde Meta Brennholz saan vebreent*. [Wei V] *Sie hamment messn in Urwold oohaun* (↑abhauen), *un 's Holz wegraamen* (↑wegräumen) *un hamm's vebreent*. [Wolf V] 2. T: (von Pflanzen:) durch Fäulnis beschädigt werden ● *Do solle zwaa Tore sinn, dass die Luft dorichgeht, schunscht schlaat der Thuwak an* (↑anschlagen 2), *fangt an schwitze* (↑schwitzen) *in der Mitt un verbrennt*. [Wies V]

■ PfWb II 1135-1137: I. intrans., 1. 'brennen', 2. 'unter der Sonnenglut verdorren', 3. 'von Kleeseide befallene ringförmige Stellen', II. trans., 1.a 'durch Feuer vernichten', b. 'verheizen'; SüdHWb II 451 f.; RheinWb I 968 f.; BadWb II 48.
→(1) brennen (1), schüren; Brennholz, Feuer.

verdampfen - schw, fərtampfə, -tampft [Fak, Ga, Glog, Ost, StA, V]
A: (von Wasser:) durch Hitzeeinwirkung zu Dampf werden ● *Mer hat misse Wasser fihre in die Bassene* (↑Bassin). *De Kessl hat viel Wasser gebraucht, des is verdampft*. [Ost V]

verderben - st, intrans, fədɛrvə, -dorvə [Fak, Ga, Glog, StA, Wil V]; fədɛrvə, fədorp [Bog, GK, Len, Ost V]; fərtɛrvə, -torvə [Stan III]; vətɛrvə, -torvə [NA V]
Allg: (von landwirtschaftlichen Produkten:) schlecht, ungenießbar werden ● *Die Brotwärscht* (↑Bratwurst), *die hot mer drooghengt* (↑daranhängen) *an die Stecke, un nochhär is alles gselicht wor* (↑selchen), *dass sie net verdärwe*. [Stan III] *Weil doch imme oogsteckti debei sein, die wänn faul. Un dann stecken sich mähreri an un vedärwe, net*. [NA V] *Un in dem Magasin* (↑Magazin) *muss Luft sinn, dass die Luft dorichgeht, schunscht* (sonst) *vedärbt de Kukrutz* (↑Kukuruz) *leicht*. [Ost V]
→anstecken.

verdienen - schw, fərti:nə, -ti:nt [Ost V]
A: (Geld oder Naturalien) durch Arbeit erwerben ● *De Sprauersetzer* (↑Spreusetzer) *war gewehnlich e alde Mann, wu aach had wille sei Brot verdiene*. [Ost V]

verdunsten - schw, fərtunʃtə, -tunʃt [Fak, Glog, Len, Ost V]
A: (von Wasser:) langsam in Gasform übergehen ● *De Bode* (↑Boden 2) *wärd gewalzt mit de Walz, dass es Wasser net verdunscht*. [Ost V]

veredeln - schw, fəre:dlə, -e:dlt [Bak, Mar, Nitz, Pau, War, Wis V]
O, W: Teile einer Nutzpflanze mit einer widerstandsfähigen Unterlage verbinden, pfropfen ● *Do sein die Veredler kumm von Werschetz* (ON), *die hänn viel do veredlt. Un no hann se aach die Bakuwarer glernt veredle. Ich hab domols aach schun veredlt*. [Bak V] ■ PfWb II 1150; SüdHWb II 475; BadWb II 54.
→pelzen; Veredler.

Veredler - m, fɐreːdlɐr, Pl. id. [Bak, Mar, Nitz, Pau, War, Wis V]
O, W: landwirtschaftlicher Arbeiter, der Obstbäume und Weinreben veredelt ● *Do sein die Veredler kumm von Werschetz (ON), die hänn viel do veredlt.* [Bak V]
→veredeln.

Verein - n, fɐrãĩ, -nə [Fil, Mil, Sch, Stan III, Fak, Ga, Glog, StA, Wil]
A, V: Verbindung von Personen zur Verwertung landwirtschaftlicher Produkte ● *Die Millich hot mer in der Verei getrage.* [Stan III]
→Genossenschaft (1), Jagd-, Milchverein.

verfaulen - schw, fɐrfauln, -fault [OW VI]; fəfaulə, -fault [OG I]
A, G, Fo, O, W: faulen, ungenießbar werden oder absterben ● *Des Eäbsnstrauh* (↑Erbsenstroh), *des ta-me auf Heife* (↑Haufen), *dass es vefault, un des wird eigrobn* (↑eingraben). [OG I] *No hod me es Wickefeld dreimol gackert, dass alles vufault is in Härbstzeit, des woa halt Brochfeld* (↑Brachfed) *gwest.* [NA V] *Die Reiser* (↑Reis2), *alles wird schen geputzt un von drei Meter Reihe gemacht, dass dortn verfault, un das bleibt Humus fir de Erde.* [OW VI]
→faul.

verfault - Adj, fəföyt [Aug, Ed, Scham, Wein, Wud I]
A, Fo, G, O, V, W: in Fäulnis übergegangen ● *Die veföütn Kiëndl* (↑Kern 3) *hot me aueszwickt, von dejni hot me in Kiëndlwei* (↑Kernwein) *gmocht.* [Wud I]
→verfaulen; faul.

verfrieren - st, fɐrfriːrə, -froːrə [Fek, Sulk, Surg, Wem II, Fil, Ker, Mil, Pal, Sch, Siw, Stan III, Tom IV, Alex, Ger, Gra, Nitz, Ost, War V]
A, G, O, T, W: (von Pflanzen:) durch Frost absterben, erfrieren ● *Die Pflanze hot me oofangs Mai gsetzt* (↑setzen 3), *weil de Tuwak* (↑Tabak) *verfriert.* [Sulk II] *Des war o Johr, do is die ↑Frucht (2) verfrore iwwer der Winder.* [Stan III] ◆ Ein Banater Sprichwort hält fest: *Verfriere die Rewe in dr Woll* (↑Wolle 2), *sauft mer de Wein mit der Boll* (↑Bolle). (Horn 1984, 138) ■ PfWb II 1157 f.
→erfrieren; Gefrier.

verfüttern - schw, fɐrfitrə, -fitərt [Fu, Pal, Sch, Siw III, Bog, Len, Low, War V]; fərfiːdrə, -fiːdərt [Tom IV, Fak, Ga, GK, Glog, Gra, Ost V, Bil, Ham, Pe VI]; fəfutrə, -futət [Seik, Sulk, Surg, Wem II]
V: (ein landwirtschaftliches Produkt) als Futter verwenden ● *Des Laab* (↑Laub 1b) *hat me de Kih vefuttert.* [Sulk II] *Die Magermillich is die Schwein verfiedert ginn, die Färkle* (↑Ferkel) *hauptsechlich.* [Ost V]
→füttern.

Vergissmeinnicht - n, fɐrgismainiçt, Pl. id. [Bog, GK, Low, Len, Low, Ost, War V]; fəkismainiçt [Fak, Ga, Glog, Pan, StA, Wil V]; fərkismainiç [Gaj, Pal III, Low V]; fəkismәniçt [Scham I, Fil III]; fərkesmiçnet [Jahr V]
G: Pflanze mit kleinen blauen Blüten; Myosotis ● *Noh sinn die Veilchen, die Tachunnachtschatte un die Vergissmeinnicht in alle Farwe ufgebliehd.* [Bog V] *Des sinn so Fruhjohrsblumme, Oschterblumme, Tulipane* (↑Tulipan), *Maigleckle, Vergissmeinnicht.* [Ost V] ■ PfWb II 1166: 1.a; SüdHWb II 494; RheinWb II 1209; BadWb II 61; Gehl 1991, 101; Petri 1971, 49.
→Blume.

vergraben - st, fəkraːvə, fəkraːvə [Fak, Ga, Glog, StA, Wil V]
Allg: eingraben, etwas in einer Grube unterbringen ● *Etwas Verreckts muss glei der Schinder abhole un vegrawe.* [Glog V]
→umgraben.

verhacken - schw, fɐrhakn, -hakt [In, Ru IV]
A, Fo, G, V: ein landwirtschaftliches Produkt mit einem Werkzeug oder Gerät zur weiteren Verwendung zerkleinern ● *Die Ruebn hat mer verhackt oder durch ane Ruebnschneider* (↑Rübenschneider) *durchdraht* (↑durchdrehen). [Ru IV] **Anm.:** Statt standardspr. Präfix zer- wird ugs. ver- verwendet.
→hacken; verhackt.

verhäckseln - schw, fɐrheksIə, -hekslt [Bog, Ga, GJ, GK, Len, Low, Ost, Pan, StA, War, Wis, Wil V]; fәhekslə, -hekslt [Fak, Glog V]
V: (von Futtermitteln:) zu kleinen Stücken zerhacken und zerschneiden ● *Wann se ausgepresst sinn, wann nicks mähr rauskummt* (↑herauskommen), *die ginn* (werden) *no verheckslt, die Ruwe* (↑Rübe), *for Zucker mache.* [Ost V]

verhackt - Adj, fəhakt [Fak, Ga, Glog, StA, Wil V]
A, G: bei der Ernte durch die Hacke zerschnitten

● *Do wore bei uns die großi Essgrumbiere, meischtns die Rosegrumbiere, un dann viel Steckgrumbiere un die Saugrumbiere, des worn die ganz klaani un die vehackti.* [Fak V] ■ Gehl 1991, 226.
→hacken, verhacken.

verhalbieren - schw, refl., fəhalbi:rə, -halbiət [StI II]
B: (sich) in zwei teilen; halbieren ● *Wal die Kenigin, die fliecht fuet* (↑fortfliegen) *un noch ton sie sich vehalbiere owwe* (oder) *wie's halt kommt, wieviel Keniginne es se hunn.* [StI II]

verheizen - schw, fəha:tsn, -ha:tst [Aug, Ed, GT, KT, Scham, Schor, Wein, Wud, Wudi I]
Allg: zum Heizen verfeuern ● *Hujz* (↑Holz) *hot mer im Wojd net klaum* (↑klauben) *dejefa* (dürfen). *Sou haum die oami Leiet* (Leute) *die Rejembiëtl* (↑Rebenbürde) *gstujn* (gestohlen) *und vehaazt.* [Wud I]
→heizen.

verhudelt - Adj, fərhudlt [Sch, Tor III, Fak, Ga, Glog, Ost, StA V]
Allg: verwirrt, unordentlich ● *Die Maschingarwe ware mähr pinktlich, die Storze* (↑Storzen) *gleich, awer die Handgarwe ware mähr dorchenannner, verhuddlt glee* (↑liegen). [Ost V] ■ *verhudeln* PfWb II 1182: 1.a 'verwirren', auch donauschwäb., c. 'etwas unordentlich verrichten', s. verpfuschen, 3. adj. PPerf.: 'irre, wahnsinnig, rasend' *vahudelt*. Etym. zu *Hudel* 'Durcheinander'; SüdHWb II 513, RheinWb III 885 f.; BadWb II 67.

verkaufen - schw, fərkhaufn, -khauft [Bat, OW VI]; fəkhaufn, -khauft [Aug, Ed, GT, KT, Schor, Tar, Wein, Wud, Wudi I, Petschw II, Ap, Hod, Pal, Sch, Tscher III, Esseg IV, ASad, Lug, Resch, Tem, Wei, Wer, Wolf V, OW VI]; fəkhą:fn, -khą:ft [ASad, Lind, Resch, Wei, Wolf V]; fərkha:fə, -kha:ft [Ap III, Bak, Ben, Bog, Bru, Gott, Gra, Len, Low, Nitz, Ost, War, Wies V]; fəkhaufə, -khauft [Ha, StI II]; fukhaufə, -khauft [Jood II]; fəkha:fə, -kha:ft [Baw, Seik, Sulk, Wem II, Fak, Ga, Glog, StA, Wil V]
Allg: landwirtschaftliche Produkte, Ackerflächen, Geräte und Maschinen an Kunden veräußern ● *Sann* (sind) *auch mit Wågn neigfoahrn und hamm am Moakplotz ihne Pfiësich vekauft.* [Wud I] *Wachs honn ich vekauft un Kunstrose lass auspress.* [Ha II] *Am Wochenmark hod me kenne vukaufe des Schaubstroh.* [Jood II] *Der Wochs hod er vekauft no dene Kärzemacher.* [StI II] *Die ↑Große had me vekaaft, dann ware die Steckgrumbire un die Fudegrumbire* (↑Futtergrundbirne). [Sulk II] *Die Fischweiwer* (↑Fischweib) *henn no grufe: Fisch verkaafe, Leit, kaafe eich Fisch.* [Ap III] *Wie des kameralische Feld am End vum 19. Jh. verkaaft is gewwe* (worden), *hunn unser Baure des alles kaaft.* [Bru V] *Die Schafflwullache* (↑Schaffwalache) *ausm Gebirg sinn kumme un henn Schaffl vekaaft.* [Fak V] *Hawwer* (↑Hafer) *is net viel aagebaut ginn* (worden), *nor for die Ross, net for verkaafe.* [Ost V] *Die Schwamme* (↑Schwamm) *hot mer aa eitrogn* (↑hineintragen) *aff Reschitz* (ON) *in Hiëbst un vekaaft.* [Wolf V] *In Wald sind ville Frichte* (↑Frucht 2), *was sähr gut sich verkaufn, firn Export.* [OW VI]
→ausschenken, exportieren, fratscheln, kaufen, liefern; Absatz, Blumengeschäft, Gewölbe, Markt.

verkosten - schw, fəkhεustn, fəkhεust [Aug, Ed, GT, Ins, KT, Scham, Schor, Tar, Wud, Wudi I]
W: ein Getränk bzw. eine Speise geschmacklich prüfen ● *E Weijbeieße* (↑Weinbeißer) *hot in Weij vekaust, des is a Weijvekouste gweiesn.* [Wud I]
→Weinverkoster.

verkratzen - schw, fəkratsn, -kratst [Aug, Ed, Scham, Wudi I, ASad, Ora, Resch, NA, Tem V]; fəkratsə, -kratst [Fek, Surg, Wem II, Fil, Ker, Sch, Tscher III, Be, Tow IV, Bru, Fak, Ger, Len, Ost, War V]
Allg: (ein landwirtschaftliches Produkt) zerkratzen, durch Kratzen beschädigen ● *Des is zugstreit woan, nit zugrechlt* (↑zurechen), *dass de Same nit vekratzt is.* [NA V] ■ PfWb II 1202 f.: 1. 'zerkratzen', 2. 'auseinanderscharren', die Maulwurfshügel; SüdHWb II 54f; RheinWb IV 1413; BadWb II 75,

vermehren - schw, refl, fərme:rn, fərme:rt [OW VI]; fəmę:rə, fəmę:ət [Seik, StI II]
A, B, Fo, V: zahlenmäßig anwachsen ● *Da muss me trocht* (trachten), *dass die Velker en de Heh komme, dass die ↑Brut* (1) *sich vemähet.* [Seik II] *De Kefer legt die Eier un das tut sich stark vermehrn.* [OW VI]

vermischen - schw, fəmiʃn, fəmiʃt [ASad, Lind, Resch, Wei, Wolf V]; fərmiʃə, fərmiʃt [Bru, Charl, Fib, Jahr V, Ham, Pe VI]; fəmiʃə, fəmiʃt [Alex, Bog, Fak, Ga, Glog, Gra, Len, StA, Wil, Wis V]
Allg: mehrere feste oder flüssige Stoffe vermen-

gen • *De Schweinsgrumbire* (↑Schweinsgrundbirne) *hot mer im Kessl gekocht un zum Schweinstränk vermischt.* [Bru V] *Durt hot er's Solz mit de Erd vemischt und hot aa Heihittn* (↑Heuhütte) *aafgstellt.* [Wolf V]

verpachten - schw, fəpaxtn, -paxtət [Wer V]; fərpaxtə, -paxt [Bak, Bog, Bru, Fak, Ga, GK, Glog, Len, Low, Nitz, Ost, StA, War, Wil, Wis V]
A, W: ein Grundstück gegen einen Pachtzins anderen zur Nutzung überlassen • *Die Felder ware Gemeindeeigentum un an die Baure verpacht.* [Bru V] *De Präfekt vun Busiasch hat ihne die* ↑*Pußta* (1) *nor um teires Geld verpacht.* [Nitz V] *Es Wärtshaus war friher Kameralwärtshaus, un derzu hat Feld ghärt, des is verpacht ginn.* [Ost V] *Mein Großvatte war Bäegrichte* (↑Bergrichter) *und Grundpräses, zeitweise hat är sein ganzes* ↑*Feld vepachtet.* [Wer V] ■ PfWb II 1231; SüdHWb II 573; RheinWb VI 447: BadWb II 89.

verpatschen - schw, fərpatʃə, -patʃt [Alex, Bog, Ger, GK, Gra, Low, Mar, Ost, Pau, Wil V]
Allg: durch inneren Druck, mit Geräusch platzen • *Dass is vun owwe nochmol e Gfeß* (↑Gefäß) *drufkumme, dass es luftdicht war. Awwer die Gase henn kenne rauskumme, sunscht wär's verpatscht.* [Ost V] ■ PfWb II 1232: 1; SüdHWb II 575, RheinWb VI 570; BadWb II 90.

verpickt - Adj, frpikt [Gai, Fil, Pal III]; fəpikt [Bak, Fak, Ga, Glog, Nitz, Ost, StA, Wil V]
Allg: verklebt *Etym.:* Abl. von *picken*, Nebenform zu *pichen* (ursprünglich *pechen* 'mit Pech bestreichen', österr. 'kleben'. (²³Kluge, 631) *Kranke Hühner haben einen mit Kot verklebten After.* • *Oo (ein) krankes Hingl* (↑Hünkel) *hot als oo vrbicktes Fiedili* (↑Fideli). [Mil III]
→picken (1)

verpikieren - schw, fəpiki:rə, -piki:rt [Drei, Kreuz, Ger, Ost, Wies V]; fu̯pikn, -pikt [NA V]
Fo, G: Setzlinge ins Freie pflanzen • *Wenn's aufgange is, dann is härausgeropft woan un is vupickt woan.* [NA V] **Anm.:** Die Lautvariante *vupickn* ist wohl eine volksetym. Anlehnung an *picken* (1).
→setzen (2a).

verquetschen - schw, fəkvetʃə, -kvetʃt [Fak, ga, Glog, StA, Wil V, Bil, Ham, Mai, Schei, Suk VI]; fəekvitʃə, -kvitʃt [Bog, GK, Ost, War V]

G, O, W: zerstampfen, auspressen • *Do sinn zwei* ↑*Walze* (1) *dorich Kammredder* (↑Kammrad) *gegenaner gang, un die Trauwebärle* (↑Traubenbeere) *sinn dortdrinn verquitscht ginn.* [Ost V] *Do hat me e Träetstendele* (↑Tretständer) *ghet. No hat me zwei-drei Eimer Traube neigläärt, zwei Briggl* (↑Prügel) *nauftaa, un no had me gstampft, so mit de Fieß, bis die alle vequetscht waret.* [Schei VI]
→auspressen.

verrechen - schw, fəreçən, -reçənt [OG I]
G: scholliges, unebenes Gelände glätten • *Hat in Aafang Määrz, no ta-me schaj* (schön) *oles verrechen.* [OG I]
→rechen.

verrecken - schw, fərekn, fərekt [Wud, Wudi I, ASad, Lind, Lug, Tem, Resch, Lind, Weid, Wer, Wolf V]; fəreka, fərekt [Alt, Fek, Oh, Wem, Wer II, Ap, Brest, Hod, Pal, Sch III, ND, NP IV, Bog, Ernst, Fak, Ga, GJ, GK, Glog, Gott, Gra, Hatz, Lieb, Nitz, Ost, StA, War, Wil, Wies, Wis V]; fərekxə, fərekxt [Sad V]
V: (von Tieren:) verenden • *Die Schwei[n] missn geimpft wärre, dass sie net velleicht krank wärrn un verreckn.* [Fak V] *Wann e Viech verreckt war, des hot me in de Viechfreidhof gebrung.* [Lieb V] ♦ Spruch: *Wiebersterbe* (Weibersterben) *tuet de Buur* (↑Bauer) *nit vederbe, Rossverrecke macht em Buur en Schrecke,* (das Verenden der Pferde war ein harter Schlag für den Bauern). [Sad V] ■ Gehl 1991, 113.
→krepieren; verreckt; Verrecker, Verrecktes.

Verrecker - m, fərekər, Sg. tant. [Bog, Fak, GJ, Lieb, Ost, War, Wis V]
V: Viehseuche *Etym.:* Die Bezeichnung ist eine postverbale Substantivierung und wird als Personifizierung aufgefasst. • *Mer hunn als verreckte Hingl* (↑Hünkel) *ghat, wann in unserm Hof de Verrecker war, nät.* [Lieb V]
→Verrecktes; verrecken.

verreckt - Adj, fərekt [Alt, Fek, Oh, Wem II, Tom IV, Fak, Ga, Glog, Lieb, StA V]
V: (von Haustieren:) krepiert, eingegangen • *Ofn Aasplatz es vrecktes Viech komm.* [Fek II] *Die verreckte Kih, die sin alli in Schinderloch kumme.* [Tom IV] *Mer hunn als verreckte Hingl* (↑Hünkel) *ghat, wann in unserm Hof de Verrecker war, nät.* [Lieb V] *Ba de Lecher* (↑Loch 1) *iwwer em Båh[n]gleis driwwe hat de Schinder*

gwohnt, wu es verreckte Vieh eigrawe hat. [StA V] ■ Gehl 1991 113.
→verrecken.

Verrecktes - n, fərekts, Sg. tant. [Bog, Fak, GK, Glog, Gra, Low, Ost, StA, Wil V]
V: verendetes Vieh, Kadaver ● *Etwas Verreckts muss glei der Schinder abhole un vegrawe.* [Glog V] ■ Gehl 1991, 113.
→Luder; verrecken.

verrosten - schw, intrans, fərostə, -rost [Bru V]; fəroʃtə, -roʃt [Fak, Ga, Glog, GJ, Joh, Len, Low, Ost, War V]
A: einrosten, von Rost beschädigt werden ● *Die scheni Kormikmaschine hann dort im Schoppe* (↑Schuppen) *gstann un sinn veroscht.* [Ost V]
Anm.: Das Verb wird mit dem ugs. Präfix ver- abgeleitet. ■ PfWb II 1246; SüdHWb II 593; RheinWb VII 523; BadWb II 97.

verrösten - schw, fəre:tsə, -re:tst [Fil, Hod, Ker, Kol, Mil, Pal, Sch, Tscher III, NP, Tom IV, Alex, Bill, GK, Gra, Low, Ost, war, Wis V]
H: (vom Hanf:) im Röstprozess verfaulen ● *Hann se de Hannef zu lang im Wasser ghall, dann war er schun verretzt.* [Ost V]
→rösten (1).

verrupfen - schw, fərupfə, -rupft [Ga, StA V]; furupfə, -rupft [Jood II]
A: Pflanzen herausreißen, um den Bestand zu schüttern ● *De Kukrutz* (↑Kukuruz) *muss me vurrupfe, weil nur zwaa Kugrutzpflanze därfet bloibe.* [Jood II]
→rupfen (1a).

verscharren - schw, fəʃərn, -ʃərt [Aug, Ed, Ins, Scham, Schor, Wer, Wud I, Petschw II, Ru IV, ASad, Karl, Resch, Tem, Wer V, Bat, OW VI]; fəʃərə, -ʃərt [Ap, Fil, Mil III, Be, Tom IV, Alex, Bak, GK, Gra, Kath, Len, War, Wis V, Bil, NP, Pe, Surg VI]
A: etwas scharrend zerstreuen ● *Die Hehne* (↑Huhn) *bade im haaße Staab un veschärrn de ganze Sândhaufe.* [StA V]
→ein-, scharren (1).

verschimmeln - schw, fəʃimlə, fəʃimlt [Fek II]; fuʃimln, fuʃimlt [Jood II]
Allg: (von einem landwirtschaftlichen Produkt:) durch Schimmelbefall verderben ● *Wann där austrecklt* (↑austrocknen) *woar, der Kukurutz den Waaz* (↑Weizen) *un des Sache, des is leichte aufhebn* (↑aufheben). *Weil de Kukrutz is feichter, där verschimmlt stark.* [Fek II] *Wal's gibt Butzelkugrutz* (↑Butzelkukuruz), *was nit gsund ischt, nit dass där zu de andre Kugrutz dezukummt, na vuschimmlt där.* [Jood II]
→krank.

verschmelzen - st, fəʃmeltsə, -ʃmoltsə [Seik, StI II]
Allg: durch Hitze flüssig werden, schmelzen ● *Un vun de Hitze veschmelzt des Wocks* (↑Wachs) *längst, un die Parasitn, wos velleicht senn, die wärn auch kaputt.* [Seik II]
→auslassen (1).

verschmiert - Adj, fərʃme:rt [Bill, Bog, Ger, GJ, Hatz, Kath, Len, Lieb, Low, War, Wis V]; fəʃmi:rt [Fak, Ga, Glog, StA, Wil V]
Allg: mit einer streichfähigen Masse überzogen, verschmutzt ● *Wenn de Darm aagstoch war, dann war 's Fleisch halt bissje veschmeert mit Scheiß odder mit Brunz.* [Lieb V]
→schmieren (2).

verschneiden - st, fəʃnaιdn, fəʃni:dn [Wein I]; fəʃnaidn, -ʃnitn [TemV]; fəʃnaidə, -ʃnitn [Nad II]; fərʃnaidə, -ʃnidə [Har III, Fak, Ga, Glog, StA, Wil V]; fəʃna:idə, -ʃni:də [Baw, Fek, StI, Wem II]; frʃnaidə, fərʃni:t [Bru V]
Allg: etwas in Stücke schneiden ● *Med em Stogl* (↑Stahl) *hod er die Messer schoarf gemocht, ender dass er es Fleisch veschniede hot.* [Baw II] *Des anrer hunn se noch verschniede uff Schunge* (↑Schinken) *un Speck.* [StI II] *Die Ruwe* (↑Rübe) *wärrn mitn Ruwehowwl klaa veschnidde un kummen in Häcksl.* [Glog V] ■ PfWb II 1268 f.: 1.a 'in Stücke schneiden', b. 'falsch zuschneiden', c. 'beschneiden, stutzen', 2. (ein männliches Haustier) 'kastrieren'; SüdHWb II 617; RheinWb VII 1593; BadWb II 106; Gehl 1991, 196.
→schneiden.

verschütteln - schw, fərʃitlə, -t [Bil, Ham, Mai, Pe, Schei, Suk VI]
A: (vom gemähten Gras:) zum Trocknen aufrütteln ● *D'Menner hann es Haai gmeht, un de hammer's mise verschittle un de umkehre, selle Matte.* [Schei VI]
→umkehren, wenden.

versetzen - schw, fərsetsə, -setst [GK, Ost V]
G, T: Pflanzen vom Warmbeet ins Freie verpflanzen ● *Ja, ausgseet* (↑aussäen) *ham-mer den Salat, un dann ham-mer'n versätzt un ghackt.* [Ost V]
→setzen (2b).

verstärkt - Adj, fərʃtɛrkt [Fil, Mil III, In, Ru IV, Alex, Bru, Fak, Ga, GK, Gott, Low, Ost, Ui, War V, Ham, Pe VI]
A, V: durch eine Vorrichtung stärker, widerstandsfähiger gemacht ● *Dann war's Brustblatt noch aamol verstärkt mit e Rieme derdriwwert (darüber).* [Ost V]
→stark (1).

verstecken - schw, fəʃteklə, fəʃtekt [StG, Sulk, Wem II, Fil, Mil, Stan, Werb III, Be, Tom IV, Bog, Fak, Ger, Gra, Len, Mar, Nitz, Ost, Wis]
A, T: (ein landwirtschaftliches Produkt) an einem geheimen Ort unterbringen ● *No hot me de Tu'wak mise vesteckle, weil no sein die Finanze* (↑Finanzer) *kumme und hamm am gstraft, wenn sie gfunde hunn.* [Sulk II] **Anm.:** Das Verb ist mit dem Iterativsuffix *-le* abgeleitet.
→abliefern.

verstellbar - Adj, fərʃtelpa:r [Kock II, Berg, Gai, Gak, Wepr III]
Allg: in einer bestimmten Weise einzustellen, zu regulieren ● *Der Gnackrieme* (↑Genickriemen) *is verstellbar gwenn mit zwei Schnalle. Un den hat mewr kenne instelle for großes odder klaanes Ross.* [Ost V]
→einstellen (2).

verstopfen - schw, fərʃtopfə, -ʃtopft [Fak, Ga, Glog, StA, Wil V]; fəʃtopə, -ʃtopt [Bog, GK, Len, Low, Ost, War V]; fərʃopfn, -ʃopft [OW VI]
Allg: zustopfen, den Abfluss verschließen *Etym.:* Zur Variante *verschopft* in [OW VI] vgl. *schoppen* '(etwas Wulstiges, Weiches) stecken, die Fugen zwischen den Hölzern wasserdicht machen'; an-, aus-, verschoppen, ein Loch zuschoppen. (BayWb 2/1, 437) ● *Des war e Art* ↑*Seiher schun vum Fass, dass net Bärle* (↑Beere) *mitkumme un de Pippe* (↑Pipe) *verstoppe.* [Ost V] *Das Holz wird bezimmert, mit so e breite Hacke un zusammenpasst, und nachhär wird es verschopft mit Moos, dass das Wasser nicht rausrinnt.* [OW VI]

verteilen - schw, fərta:lə, -ta:lt [Gai, Sch III, NP IV, Bru, Ga, Ost, StA, Wil V]; fəta:lə, -ta:lt [StI II, Fak, Glog, Wies V]
Allg: ein Ganzes in zwei oder mehrere Teile zerlegen, austeilen ● *Un de Bienezichter muss des aane Volk uff zwaa vetaale, tut sie in anre Koptar* (↑Kaptar) *'nei, des is e Bienekoarb.* [StI II] *Unser Hottar* (↑Hotter) *war nit groß, drum sein bei der Ansiedlung ka ganze Grinder* (↑ganzer Grund) *vertaalt gewe, nar halwe un vertl.* [Bru V] *Un sunndags henn sie de Riss* (↑Ries) *vertaalt, uff jede sei Taal.* [Ost V] *Un so sinn die Grinder* (↑Grund 2) *verkaaft war, un 's Geld uff die vieli Kinner vertaalt, un vun dart hann alli die Kleenhäisler* (↑Kleinhäusler) *abgstammt.* [Wies V]
→teilen, zerstreuen; Aufteilung, Teil (1).

Vertiefung - f, fərti:fuŋ, -ə [Ap, Fil, Ker, Mil, Sch, Siw III, Put, Tom IV]; fəti:fuŋ [Alt, Fek, Nad, Oh, Wem II, Fil, Mil III, Be, Put IV, Alex, Bog, Ger, GJ, Gra, Hatz, Len, War, Wis V]
A: Senke; tiefergelegene Stelle ● *Vetiefunge senn die Growe, do is de Howegrowe* (↑Hafergraben) *un de Flehgrowe.* [Fek II] *Im Hochwasser war Iwweschwemmung. In e Vertiefung is Morascht gebliwwe, vun dem is die Moraschgass härkumme.* [Ap III] *Dort hinne an de Kihstall war e Vertiefung, also kam-mer saan e Metter zwanzich, dort is de Mischt hienkumm.* [Bog V]
→Graben, Loch (1); tief.

vertilgen - schw, fətilgə, -tilkt [Fak, Ga, Glog, StA V]; fətilçə, -tilçt [Bog, GK, Low, Ost war V]
Allg: (von Unkraut und Ungeziefer:) vernichten, ausrotten ● *Mir saan Weiß Blumme* (↑Weiße Blume). *Die kam-mer schwär vertilche, die hann so gut Worzle wie Quecke.* [Ost V]

vertranschieren - schw, fətranʃi:ən, -tranʃiət [Baw, Fek II]; fərtranʃi:rə, -tranʃi:rt [Ap, Ker, Gai III, Bog, Gra, Lieb, Ost V]
V: Fleisch (die Sau) zerlegen, transchieren ● *Des Fleisch is aufgoarwet* (↑aufarbeiten) *woen, no in de Fleischbank is es vetranschiët woen.* [Baw II] *Un die Mannsleit, die woen drauß, die honn die Sau vertranschiët.* [Fek II] *Un no is die Sau ufghengt warre un is vertranschiert warre vum Schlachter.* [Ap III] *De Kopp is aach noch vertranschiert wor.* [Lieb V] ■ PfWb II 1304, dafür auch einfach *transchieren*; SüdHWb II 653.
→transchieren.

verwachsen - Adj, fərvaksə [Bog, GK, Len, Ost, War V]; fəvaksə [Fak, Ga, Glog, StA, Wil V]
A, Fo, G, O: zusammengewachsen, missgestaltet ● *Die Papiernusse henn dinni Schele* (↑Schale 1a), *awer die Staanusse* (↑Steinnuss) *henn harti Schele un klaani, vewackseni Nusskärne.* [Glog V] ■ PfWb II 1310 f.: 2.b 'missgestaltet, verkrüppelt'; SüdHWb II 659; RheinWb IV 168; Gehl 1991, 235.
→wachsen.

verweichen - schw, fuva:xə, -va:xt [Drei, Kreuz, NA V]
Allg: (wie: einweichen) ● *Do is Blaustaa 'neikumme un in Wasse vuwaacht un oogmacht woan* (↑anmachen) *mit Kalich* (↑Kalk). [NA V]
→einweichen.

Vieh - n, fi:, Sg. tant. [Ga, StA V]; fi:ç, Sg. tant. [Baw, Fek, Kock, Oh, Petschw, StI, Wem II, Ap, Berg, Mil, Waldn III, Be, Tom IV, ASad, Bru, Fak, Glog, Gott, Gra, Lieb, Lind, Low, Lug, Nitz, Ost, War, Wei, Wolf V]; fi:ç, -ər [Sulk II, Bog V]
A, V: Gesamtheit der vom Bauern gehaltenen und gezüchteten Nutztiere und des Geflügels ● *Die wos Viech hadde, die honn die Trewe* (↑Treber) *gfittet* (↑füttern) *in Rindviech, jaja.* [Baw II] *Hat des wor Bonnhader Viech, aus de Schweiz henn sie mol gebrocht.* [Kock II] *Die Spraai* (↑Spreu) *is gut fir em Viech zu straan* (↑streuen) *statt Stroh.* [Petschw II] *Die Baure* (↑Bauer) *hunn Kugrutz* (↑Kukuruz) *un Futterasch* (↑Futter) *baaut* (↑bauen) *for die Viecher.* [Sulk II] *In Apatie* (ON) *war e Schlachtbruck, wu des Viech gschlacht is ware.* [Ap III] *Do hot me sich kenne bstelle Riebeschnitz* (↑Rübenschnitzel) *fir des Viech.* [Waldn III] *In Frihjoahr, vo Mai an hom-me's Viech schon nausgetriebn aff die Weide.* [ASad V] *De Kihhalter hat morjets mit de Kihhalterpeitsch hart* (laut) *geknallt, for's Viech nauslosse.* [Bru V] *Ich hann 's Viech gern un geh täglich zu der Färma* (↑Ferma) *in de Stall, zu de Ross un Kieh.* [Gott V] *Und wie schun a Viech is, der Stier hat in Kihhalter gstoßn.* [Lug V] ◆
Im Allgemeinen wird Viehhaltung zur Gewinnung von Zug-, Milch- und Schlachttieren betrieben, ist aber von der Viehzucht nicht zu trennen, die auf die Erzielung besserer Pferde- und Rindersorten und den Absatz von Zuchttieren orientiert war. Das gilt für alle donauschwäb. Siedlungsgebiete und soll für die Schwäbische Türkei dargestellt werden. So heißt es in der Ortsmonografie Tevel von: "Wenn ich jetzt von Viehzucht und nicht von Viehhaltung spreche, so tue ich das bewußt und nicht zufällig, denn in unseren Zeitpunkt fällt der Hauptteil jenes Vorganges, als dessen Ergebnis in der Gegend von Bonyhád und dazu gehört auch Tevel, durch Kreuzung des bodenständigen ungarischen Steppenrindes, mit den durch die Einwanderer aus Süddeutschland mitgebrachten, verschiedenen Rassen angehörigen Vertretern des Höhenviehes der so berühmt gewordene Bonyháder Schlag der ungarischen Fleckviehrasse entstand." (Tevel 1988, 272) ■ Gehl 1991, 194.
→(Arten:) Bock (1), Esel, Geiß, Junges, Jungvieh, Rind, Rindvieh, Hund, Karnickel, Pferd, Schaf, Schwein; (Teile des Tierkörpers:) Ader, Arsch, Backe, Bauch (1), Beuschel, Blater, Blesse, Blut, Brust, Buckel, Darm, Eingeweide, Euter, Fett, Flachse, Fleisch (1), Fuß (1), Flügel, Gekröse, Genick, Gurgel, Haar, Hals, Haut (1), Herz, Horn (1), Innereien, Kinnbacken, Klaue, Knochen, Kopf (1a), Leber, Lumbel, Lunge, Magen, Maus (2), Milz, Nase, Niere, Ohr, Panzen, Rippe, Rücken, Rückgrat, Rüssel, Schulter, Schnusse, Schuh, Schwanz (1), Schwarte, Strich, Tutte, Wasserblase, Zehe, Zunge (1); (Sonstiges:) Junges, Schweizerei, Tier, Tierarzt, Viehrübe, -trieb.

Viehfriedhof - m, fi:çfraitho:f, -he:f [Ger, Lieb, Orz, War V]
A, V: abseits gelegenes Gelände, in dem verendete Haustiere begraben werden ● *Wann e Viech verreckt war, des hot me in de Viechfreidhof gebrung.* [Lieb V]
→Aasplatz, Friedhof, Schinderloch.

Viehrübe - f, fi:çruəm, Pl. id. [Petschw II]; khi:ru:p, -ru:və [Fak, Glog V]
A, V: Futterrübe; Beta vulgaris ● *Die Pfäede* (↑Pferd) *hann Kleehaai krigt un Schrot, dann noch Howe* (↑Hafer) *un Ruem, Viechruem.* [Petschw II] ■ Gehl 1991, 84.
→Rübe, Vieh.

Viehtrieb - m, fi:tri:p, Sg. tant. [Alex, StA V]; fi:tre:p [Jink, Kä, Sag, Sar, Warsch II]
1. A, V: Weg, auf dem das Vieh zur Weide getrieben wird ● *Vun de Kumlusche* (ON) *Lecher* (↑Loch), *newe de Hånneffelde* (↑Hanffeld) *fort is de Viehtrieb bis zum ↑Sit gånge.* [StA V]
2. A, V: Viehweide ● *Mer honn Hutwaad gsocht un aach Viehtreb. Die Bauenhutwaad un die Klååanheislehutwaad woan separat.* [Jink II] ■ PfWb II 1365; 1. 'Weg zur Viehweide', 2. 'Viehweide'; SüdHWb II 716: BadWb 145.
→Vieh; (2) Hutweide.

viereckig - Adj, fi:rekiç [Aug, Schor, Wud I, Jood, Kock, Mut, Saw, Sulk, Tew, Wiel II, Gai, Gak, Ker, Kol III, Be, Beschk, In, Tow IV, Ben, Bill, Bru, Da, De, Ernst, Franzf, GK, Karl, Kath,, Kud, Laz, Lieb, Mram, NPe, Ost, Stef, Weiß, Wer, Zich V, Bur, Erd, Kr, Suk VI]; fi:rekət [Sch, Stan, Werb III, Fak, Ga, Glog, StA, Wil V, OW VI]; fiəękət [Bohl, Nad II]; fiərejkət [Aug, Ed, KT, Scham, Schor, Wud, Wudi I]

Allg: (von einer rechteckigen Fläche:) mit vier Ecken versehen ● *De Straafwogn* (↑Streifenwagen), *de viërejketi, grouëßi, is floch un hot e Plottn* (↑Platte). [Wud I] *De ↑Hambar (1) war so hoch un so vierecket, vun Wiede* (↑Weide 2) *ware so gflochte, die Wend un des war gschmiert.* [Stan III] *Die Worschtspritz war viereckich mit em Deckel druf.* [Lieb V] *Dorte hann sie e Art Plett* (↑Plätte) *gmach un hann den Hanf ufgsetzt wie a Schower, viereckich, gekreizt, so iwwenanner.* [Ost V] ■ PfWb II 1373; SüdHWb II 721; RheinWb IX 112, BadWb II 147.
→dreieckig, rund.

vierspännig - Adj, fir:rʃpeniç [Baw, Jink, Wem II, Ap, Mil, Sch, Wepr III, Be, NP, Tom IV, Alex, Bog, Fak, Ga, GK, Glog, Gra, Len, Low, Nitz, Ost, StA, War, Wil V]
V: mit vier Pferden im Gespann ● *Ich sinn auch vierspennich als haamgfahre vum Acker, un hann vun Raffia* (↑Raphia) *a Schmick* (↑Schmicke) *an die Peitsch drangmach un hann geknallt.* [Ost V]
→Gespann, Zweispänner.

vierte Klasse - f, firti kla:s, Sg. tant. [Seik, Sulk, Surg, Wem II]
Allg: (von landwirtschaftlichen Produkten:) viel Abfall enthaltende, schlechteste Güteklasse ● *Un noch wor dritti Klaas, där wor ganz billich, un de virti Klaas, for senn hot me schun bal nicks krigt.* [Sulk II]
→Klasse.

Viertel - n, firtl, Pl. id. [GBu II, Fak, Glog V]; fęrtl [Ga, StA V]
A: Maßeinheit für Ackerboden, vierter Teil eines ganzen Bauernhofes, entspricht gewöhnlich acht Joch Feld ● *Des woar so gemocht friher, des woar ocht Katastraljoch woar aa Virtl. Mir hande drei Virtl Feld, vierunzwanzich Joch, des hat so in aan Joahr drei ↑Meter (2) Waaz* (↑Weizen) *un etwas Geld gemach.* [GBu II] *A paar Heise* (Häuser) *weider hädd-e* (hätte ich) *zwaa Värtl Feld deheiere* (durch Heirat gewinnen) *kenne.* [StA V] **Anm.:** In der Variante *Värtl* tritt in [StA V] *i>e(ä)*- Senkung auf. ◆ Die Größe der zugeteilten Bauernhöfe schwankte je nach dem Umfang der Dorfgemarkung. ■ Gehl 1991, 169.
→Session, Viertelschaff; halb.

Viertelschaff - n, fi:rtlʃafl, Pl. id. [Fak, Ga, Glog, StA, Wil V]
A, O, W: hölzerner Bottich als Raummaß, der ein Viertel Hektoliter, also 25 Liter umfasst ● *In e Viertlschaffl gehn 25 Liter Wei[n], aa Äpfl odde ↑Frucht (1), was me grad ausmesse will. Un in e Halbviertlschaffl gehn 12,5 Liter.* [Glog V] ■ Gehl 1991, 245.
→Halbviertlschaff, Schaff, Viertel.

Viertergrund - m, fęrtəkront, Sg. tant. [Jink, Kä, Sag, Sar, Warsch II]
A: vierter Teil des Ackerfeldes (nach der Aufteilung im Flurplan), Flurnamen ● *Ofm Värtegrond woar de Värtegronder-Bronne un die Värtegronder-Hohl.* [Jink II]
→Grund (2), Ärstergrund, Viertergrund-Brunnen, -Hohl.

Viertergrund-Brunnen - m, fęrtəkrondər pronə, Pl. id. [Jink, Kä, Sag, Sar, Warsch II]
A: im Flurteil Viertergrund gelegener Ziehbrunnen ● *Ofm Värtegrond woar de Värtegronder-Bronne un die Värtegronder-Hohl.* [Jink II]
→Brunnen, Viertergrund.

Viertergrund-Hohl - f, fęrtəkrondər-ho:l, Sg. tant. [Jink, Kä, Sag, Sar, Warsch II]
A: im Flurteil Viertergrund gelegener Hohlweg ● *Ofm Värtegrond woar de Värtegrond-Bronne un die Värtegronder-Hohl. Des woar e große Hohl.* [Jink II]
→Hohl, Viertergrund.

Vierzehner - m, fęrtsenər, Pl. id. [Ost V]
A: aus 14 Getreidegarben bestehender Garbenstand ● *Värzehner un Achtzehner hann se gmach, Färzehner un Achzehner Kreiz* (↑Kreuz). [Ost V] **Anm.:** Im Subst. *Värzehner* ist Vokalsenkung *-i>e(ä)*- anzutreffen.
→Garbe, Kreuz (1a).

violett - Adj, violet [Gai III, Bog, GK, Low, Ost, War V]
Allg: von veilchenblauem Farbton ● *Dann war noch die ↑Kardinal, wu so lilafarwich, violett sinn, wu so fruh* (↑früh) *zeidich* (↑zeitig) *sinn. Un wann se Farb hann, kam-me schun esse.* [Ost V]
→lilafarbig; Farbe.

Vogel - m (n), fogəl, fegəl [OW VI]; fo:gl, fe:gl [Franzd, Resch, Sad, Sekul, StA V]; fogl, fegl [Bog, Bru, Ga, GK, Glog, Gott, Gra, Ost, War V]; fe:gəli, -n [Fil, Mil III] [Perj V]; fo:xl [El, Eng, GStP V]; fuxl [Ka II, DStP V]; fo:gl [Hod, Ker, PrStl, Stan, Tor, Wasch III, Albr, Bak, Ben, Bill, Bir, Char, De, DStP, Franzf, Ger, GJ, Gott, Gra, Hatz, Hei, Joh, Jos,

Karl, Kath, Len, Lieb, Low, Mar, Mram, Na, Nitz, Orz, Ost, Ru, Sack, Sad, Schön, SM, StA, Star, Stef, Stei, Tsch, Tschak, Ui, War V]; fogl [Gutt V]; fugl [Kud, NB, Tschan V]; fo:l [Jahr V]; fe:gele [Neud III]; fe:gili [Kar III]; feigl [Wer V]; figlçe, Pl. id. [NB V] Fo, V: eierlegendes, mit Federn bedecktes Wirbeltier mit einem Hornschnabel und zwei Flügeln; Aves ● *Die Vegelin pheife schun in aller Fruh.* [Mil III] *Im Bruckenauer Wald lebn viele Vegl, hauptsechlich Singvegl.* [Bru V] *Ufm Hotar (↑Hotter) gsieht mer viel Vegl. Do warn die Lärchle, wu so schen singe, des Schopplärchl, de Storch un die Reihre.* [Ost V] *De Vegl, was frihe pfiffet, d'frässt gärn die Chatz (↑Katze).* [Sad V] *Vegel hamm wir nicht zu schieße. Aso es gibt Auerhahn, där is geschitzt un sähr teuer.* [OW VI] ■ Gehl 1991, 124; Petri 1971, 86.
→(Arten:) Amsel, Atzel, Auerhahn, Bachstelze, Baumklopfer, Blässhünkel, Buchfink, Drossel, Elster, Fasan, Huli, Kiwick, Komm-Mit-, Scheißdreck-, Sing-, Stoß-, Totenvogel, Krake, Kuckuck, Lerche, Meise, Nachteule, Nachtigall, Rabe, Rebhenne (1), Reiher, Schnepfe, Schwalbe, Spatz, Star, Stieglitz, Storch, Taube, Tscharak, Wachtel, Wildente, -gans, Zaunkönig; (Stimmen:) klappern, pfeifen (2), singen; (Sonstiges:) Herrgottsvogel, Tier.

Volk - m, folk, felkər [Seik, StI II, Fak, Ga, Glog, StA V, Bat VI]
B: (verkürzt für:) Bienenvolk ● *Ich hann secks Velker, dä annere hat zwanzich.* [Seik II] *Un noch hod er misse ochtgewe, es do ka Krankheit 'neikommt un es ganzi Volk drufgeht* (stirbt). [StI II] *In oan Koarb (↑Korb 2) hunn i jetz un e zehn Volk in so'n Bienestock, mit Rahme hot's.* [Bat VI]
→Bienenvolk, -zucht, Familie.

Volkswagen - n, veraltet, folksva:gl; -ve:gl [Eng, Kreuz, NA V]
G: volkstümlicher, vierrädriger Handkarren *Etym.:* Die metaph. Bezeichnung des bis um 1980 verbreiteten Transportgerätes geht von der Automarke *Volkswagen* aus. ● *Die letzti Jahre woan die kleine Wegl, die Volkswagl had me gsacht.* [NA V] ◆ Als es noch keine Autos gab, brachten die Neuarader Gemüsebauern und Marktfrauen ihre Waren auf Handkarren auf den städtischen Marktplatz.
→Wagen.

voll - Adj, fol [Bohl, StI II, Fu, Gai III, Be, Tom IV, Bak, Bog, Bru, Fak, Ga, Glog, Len, Low, StA, StAnd, Wil, Wis V]
Allg: mit einem Material gänzlich gefüllt ● *Un no, wann die Wawe (↑Wabe) voll woarn, no hod er die rausgenumme (↑herausnehmen), no is gschleidert woan, Honich gschleidert.* [StI II] *A volle Sack, des war a Metz (↑Metze) Frucht oder Kukrutz (↑Kukuruz).* [Bru V] *Der Sackåsch (↑Sackasch) wegt (↑wiegen) die volli Fruchtseck (↑Fruchtsack) un schreibt sie uff.* [Glog V] ◆ Die Komp. mit *voll* bilden z. B. in [Fak, Gal, Glog, StA V] Bedeutungen wie: *handvoll,* auch zu *Hampfl* assimiliert, *ghauftvoll* 'gehäuft voll, randvoll' bei festen Köepern wie Körnern, Schmalz, *bladlvoll* 'geplattet voll', bei Flüssigkeiten, dazu in [Sad V] *ebevoll* 'eben voll, gestrichen', *e Maulvoll* 'ein Maul voll, ein wenig', jedoch *e Kuhmaulvoll* 'ein volles Maul einer Kuh, d. h. 'sehr viel', dazu in [Sad V] die Sonderbedeutung *e Chuemulvoll* 'ein großer Schluck aus der Rakiflasche'. (Gehl 1991, 172) ■ PfWb II 1495; SüdHWb II 838-840; RheinWb IX 144-146; BadWb II 194; Gehl 1991, 172.
→leer.

voll pflanzen - schw, fol pflantsə, - pflantst [Bil, Ham, Mai, Pe, Schei, Suk VI]
Fo, O, W: (eine Ackerfläche) ganz bepflanzen ● *Obe am Wald hot der ↑Gostat alles voll pflanzt mit Epflbääm, Birnebääm un Zwetschkebääm.* [Schei VI]
→setzen (2c).

Vollblut - n, folplu:t, Sg. tant. [Fil, Mil, Sch III, NP, Put, Tom IV, Bak, Bru, GK, Karl, Len, Low, Ost, Wis V, Bil, Pe VI]
V: reinrassiges, aus arabischer oder englischer Zucht stammendes Pferd ● *Furioso, des war e Inkreizung (↑Einkreuzung) vun Vollblut.* [Ost V]
→Pferd.

voneinander schneiden - st, fənant ʃna:idə, kʃni:dn [Wein I]; fənant ʃna:idə, - kʃni:də [StI II]
V: durchschneiden, spalten ● *Noch had er ärscht venand gschniede. Noch honn se ufgschniede (↑aufschneiden) un de ↑Schwanz rausgschniede (↑herausschneiden).* [StI II]
→schneiden.

Vorarbeiter - m, fo:rarbaitər, Pl. id. (Hod III)
A, H: Hanfarbeiter, der im Trockenhaus arbeitet ● *In de Tricknheiser (↑Trockenhaus) fer de Hanf*

henn der Maschinist, der Heizer, die Vorarbeiter, die zwei Sortierer un Binder gearbeit.* [Hod III]
→Binder (2a), Sortierer.

Vorbehalt - m, veraltet, fo:rphalt, Sg. tant. [Bog, Gott, Gra, GStP, Low, War V]
A: Altenteil, Ausbehalt, Leibgedinge ● *Un die Elder sinn in de Vorbhalt gang, awer unser Vater hat nedemol de ganze Vorbhalt ghol, do hat mr jo pro Joch e ↑Meter (3) Frucht un e Meter Kukrutz (↑Kukuruz) ginn. Sie sinn als noch um Hingle (↑Hünkel) komm un so. Wie mei Vater no gstorb war, no ham-mer unsrem Bruder gezahlt, un der hat no unser Motter erhall.* [GStP V] ◆ Bei der Übergabe des Hofes an die Kinder regelten der Bauer und seine Frau die Besitz- und Erbschaftsverhältnisse und gingen in Vorbehalt. Bis an ihr Lebensende wohnten sie in einem Teil des Bauernhauses, im Zweiseithof im kleinen Haus, das an der gegenüberliegenden Seite des Längshauses errichtet war, eine Stube und Küche umfasste. Die Jungbauern mussten für den Lebensunterhalt der Eltern sorgen, die sich noch in der Wirtschaft nützlich machten und Obst- oder Gartenbau, gelegentlich auch Imkerei betrieben. ■ PfWb II 1507; SpdHWb II 858 f.: BadWb II 199.
→Bauer.

vorder - Adj, fodrə [Ap, Hod, Mil, Werb III], fotrə [Alex, Bog, Ger, Len, Ost, Wis V]; fodri [Stan III, Tom IV, Fak, Ga, Glog, Wil V]
Allg: an der Vorderseite, vornean ● *Die sinn jo gloffe in dem vodri Stall, Laafstall (↑Laufstall) hot där ghaaße.* [Stan III]
→vorne.

Vorderfuß - m, fodəfu:s, -fi:s [Ker, Mil, Sch, Stan, Tor III, Be, Tom IV, Bog, Ger, Gra, Lieb, Low, War V]
V: vorderes Bein eines Vierfüßlers ● *Der Schlechter (↑Schlachter) hot uff de Sau ihrem Vodefuß gekniet. Un dann hod er die Schlagode (↑Schlagader) durichgschnitt.* [Lieb V]
→Fuß (1).

Vorderhof - m, fodərho:f, -he:f [Fak, Ga, Glog, StA, Wil V]; fotərho:f [Ker, Pal, Sch, Stan, Tscher, Werb III, Bill, Bog, Ger, GJ, Ost, Wis]
A: vorne befindlicher Teil des Bauernhofs ● *Der ↑Gore hat abgschlosse der Vodderhof un de Hinnrhof, där war iwwerzwärch (↑überzwerch) gstanne.* [Stan III]
→Hof.

Vorderschinken - m, fordərʃungə, Pl. id. [Bog, Ger, GK, Ost, War V]; fodəʃungə [Fak, Glog, Lieb, Wil V]
V: Schinken vom Vorderbein des Schweins ● *Die Vorderschunge ginn (werden) ausgebaandelt (↑ausbeinen) un die Hinnerschunge.* [Bog V] *Dann hot de Schlechter (↑Schlachter) die Schunge gemach, Voddeschunge un Hinneschunge.* [Lieb V]
→Hinterschinken, Schinken.

Vorlauf - m, fo:rla:f, Sg. tant. [Ap, Hod, Wepr III, Be, Tom IV, Bak, Fak, Ga, Ger, GK, Glog, Gra, Low, Mar, Ost, Pau, War, Wil V]
O, W: erstgebrannter, sehr starker Schnaps ● *Wann de Schnaps kommt, där heißt zuärscht de Vorlaaf un is aarich stark, un zuletscht kummt de Nohlaaf.* [Ost V] ■ PfWb II 1523: 1. 'Most, der ungepresst aus der Maische rinnt', 2. 'der beim Brennen zuerst ausfließende, sehr starke und ungenießbare Branntwein', 3. 'Mehl vom ersten Durchlauf des Mahlgutes'; SüdHWb II 876; RheinWb V 202; BadWb II 204; Gehl 1991, 242.
→Nachlauf, Schnaps.

vorne - Adv, fornə [Tom IV, Fak, Ga, Glog, StA, Wil V]; forn [Esseg IV, Lug, Resch, Tem, Wer V]; fo:rə [Sch, Siw, Tscher III, Be, Put IV, Alex, Bill, GJ, Gott, Gra, Nitz, Ost, Len, Low, War, Wis V]; frɐu [Aug, Ed, GT, KT, Scham, Schor, Tar, Wein, Wer, Wud, Wudi I]
Allg: an der Vorderseite, vornean ● *In Käwln (↑Korb) hot me die Pfiësich haambrocht von Weibäeg (↑Weinberg), hint a Käewl, frau (vorne) a Käewl.* [Wud I]
→hinten, vorder.

vorschieben - st, fo:rʃi:və, -kʃo:və [Fak, Ga, Glog, StA V]; fo:rʃi:və, -kʃo:p [Ost V]
A: etwas mit Druck nach vorne befördern ● *De ↑Elevator war jo leichter, den henn se vorgschob, dort is es Stroh vum Kaschte (↑Kasten 2) gang.* [Ost V]
→schieben.

vorstehen - st, for:ʃteə, -kʃtanə [Gai III, Fak, Ga, Glog, StA, Wil V]; forʃteə, -kʃtan [Ost V]
Allg: nach vorne stehen, hinausragen ● *Am Schowr (↑Schober) hat mer die Lade (↑Leiter) stehn ghat, in a Sprossn (↑Sprosse) so a Brett ningstoch (↑hineinstecken), wu vorgstann hat, a Sitzbrett vum Waa (↑Wagen) zum Beispiel.* [Ost V]
→stehen.

Waage

Waage - f, vå:k, vå:gə [Bil, Ham, Pe, Schei, Suk VI]; vo:k, vo:kə [Fak, Glog V]; våx, -ə [Petschw II]; vo:x [Baw, Fek, Nad, Wem II, Ker, Sch, Stan III, Be, Tom IV, Bog, Ger, Len, NA, Ost, War V]
Allg: Gerät zum Abwiegen von landwirtschaftlichen Produkten ● *Hat, die Seck, do hot me messe zubenge (↑zubinden), off die Woch lege (↑legen) un des is gleich woan uw en Woche (↑Wagen) getåå.* [Fek II] *Die hawwe die Seck aff die Woch gschmisse.* [NA V] *Un obe, am Wäeg (↑Weg) isch d'Wååg gsei, wo me hot gwoge, jeder wiffl Kilo dass es hot ghet.* [Schei VI] Anm.: In den Varianten *Wåch* und *Woch* ist g>ch erweicht.
■ Gehl 1991, 154.
→Rübenwaage, Waagemann; wiegen.

Waagemann - m, vo:kmam, -menr [Brest, Sch, Siw, Stan III]
A: Drescharbeiter, der das gedroschene Getreide abwiegt ● *Un der Wogmann hot die ↑Frucht (2) gwoge, no senn die Seck (↑Sack) newehie gsetzt worre (↑setzen).* [Stan III]
→Riesleute, Waage; wiegen.

Waagemeister - m, voxmaistr, Pl. id. [GK, Low, Ost, War, Wies]
T: Verwalter einer städtischen Waage, der die Übernahme des Tabaks von den Produzenten überwacht ● *So vor Weihnachte kummt widrem de Thuwaksmann mit seim Woochmeistr un Buchhalder, die tun de Thuwak (↑Tabak) iwwerholle (überholen).* [Ost V]
→Tabakmann.

Wabe - f, va:be, va:bn [Ha II]; va:bn, Pl. id. [Bat VI]; va:bə, Pl. id. [Ga, StA V]; vå:p, vå:bə [Fak, Glog V]; va:p, va:və [Seik, StI II, GK, Ost V]
B: Wand des Bienenstocks, die aus sechseckigen, aus Wachs gebildeten, Zellen besteht ● *Im Frihjoah hann ich se imme gschwewlt (↑schwefeln), es net die Wirm (↑Wurm 2) an dene Wabn gehn.* [Ha II] *Die restliche Wawe, die muss mer rausnehme, dass des Volk sei Brutnest leichter woarm halle kann.* [Seik II] *Un no, wann die Wawe voll woarn, no hod er die rausgenumme, no is Honich gschleidert woan.* [StI II] *Do sinn die Rahme, un die Wawe wärre gschleidert.* [Ost V] *Jå, die Wabn, des kam-men ausnemme.* [Bat VI]
■ Gehl 1991, 249.
→Bienenzucht, Brutwabe, Mittelwand.

Wachs - n, vaks, Sg. tant. [Pußt I, Neud III, Sta, Glog, Kow V]; våks [KKa]; voks [GN, Seik II, Bat VI]; vǫks [StI II]
B: von Bienen für den Bau der Waben hergestellte weiche Masse, die auch zur Erzeugung von Kerzen benutzt wird ● *Wachs honn ich vekauft un Kunstrose lass auspress, wu me neitut in de Rahme.* [Ha II] *De Biezichte (↑Bienenzüchter) tut des Wocks auskoche, die Kenigin zichte, är macht; wie's meglich is.* [Seik II] *och kriege se ihre Wochs 'nei, un do hod er immer nur so e Sticklje (↑Stück) 'nei, geeler (↑gelb) Wachs.* [StI II] *Des Wocks tut me pressn mit de Wåckspress. Kam-mer Wockskärzn aa mochn.* [Bat VI]
→Kerzenmacher, Kosmetik, Wachsgeruch, -kerze, -presse.

wachsen - st, vaksn, gevaksn [OW VI]; vǫksn, kvǫksn [OG, Pußt I, ASad, Lind, Resch, Wei, Lind V]; vaksə, kvaksə [La II, Fak, Ga, Glog, Sad, StA V, Bil, Ham, Mai, Pe, Schei, Suk VI]
Allg: (von Pflanzen und Tieren:) gedeihen, sich entwickeln ● *So vier-fünf Rebn bleiwe dran. Wann se schon en holbn Mete gwocksn sann, no ta-me se bindn.* [OG I] *Auf so a Wiesn ode im Wald, auch auf die Zei (↑Zaun) is des gwocksn.* [Pußt I] *Ka Wassr un Zucker tun mir ned dezu, mi honn genung, ba uns wockst vill.* [La II] *Anbaun tun mir olles, abe wocksn?* *Ohne Mist wockst goar nix.* [ASad V] *Newer em Wasse is oft Sumpfbode. Des is nasser Bode, uff dem wachst när Gras.* [Fak V] *Wo's Gras wachst, dort wackst aa de Has. (Auf guter Erde wächst alles)* [Sad V] *Die Bauchnschwamme (↑Buchenschwamm) sein Schwamme, die wocksn meistns auf de Bauchebaamen.* [Wolf V] *Un wenn es schon gewacksn is, schaut man, welcher is vielleicht krank.* [OW VI] *Im Garte wachse Zwibbel, Gäelriëbe (↑Gelberübe), 'Kolrabe, alles.* [Schei VI]
→an-, auf-, aus-, verwachsen, aufgehen; ausgewachsen.

Wachsgeruch - m, vokskəru:x, Sg. tant. [Seik, StI II]
B: Geruch nach Bienenwachs ● *Noch kriegt de Biekorb (↑Bienenkorb) so en gute, fresche (↑frisch) Wocksgeruch, des håmm die Biene so gäen.* [Seik II]
→Wachs.

Wachskerze - f, vokskhęrts, -n [Bat VI]
B: aus Bienenwachs hergestellte Kerze ● *Des Wocks tut me pressn mit de Wåckspress. Kammer Wockskärzn aa mochn.* [Bat VI]
→Kerzenmacher, Wachs.

Wachspresse - f, våkspres, -n [Bat VI]
B: Vorrichtung, in der aus Wachs (oder Stearin) Kerzen geformt werden ● *Des Wocks tut me pressn mit de Wåckspress. Kam-mer Wockskärzn aa mochn.* [Bat VI]
→Presse, Wachs; pressen.

Wachtel - f, vaxtl, -ə [Hod, Ker, Stan, Tscher, Wasch III, Buk IV, Albr, Bill, Bog, Fak, Ga, GK, Glog, GStP, Karl, Len, Low, Mar, Ost, Ru, StA, Stef, War, Wil, Wies, Wis V]; vaxtlə, Pl. id. [Sad V]; va:xtl, -ə [NA V]
V: freilebender, fasanenartiger Hühnervogel mit kurzem Schwanz und braunem Gefieder; Coturnix coturnix ● *Do warn de scheni Fasaun (↑Fasan) un die Rebhingle (↑Rebhünkel), dannoh die Wachtle.* [Ost V] *D'Feldhase, Fasaune, Wachtle un Erdehäsle (↑Erdhase) henn die Kinde frihe uffn Acker kenneglernt.* [StA V] ■ Gehl 1991, 124; Petri 1971, 96.
→Vogel, Wachtelnest.

Wachtelnest - n, vaxtlneʃt, -ər [Bog, Fak, Ga, GK, Glog, Gott, Gra, Nitz, Ost, StA, War, Wil, Wis V]
V: oft im Ackerfeld liegendes Nest der Wachtel ● *Do warn die Wachtle. Beim Mehe (↑mähen) had mer oft a Wachtlnescht gfunne.* [Ost V]
→Nest, Wild.

Wachtelsmahd - f, vaxtlsma:t, Sg. tant. [Ost V]; waxtlfruxt [Low, Wer V]
A: als Unkraut verdrängtes Gemeines Leinkraut; Linaria vulgaris ● *Zum Unkraut ghärn noch die Binse, es Schilfrohr, die Wachtlsmahd un viele andre.* [Ost V] ■ Petri 1971, 44.
→Unkraut.

Wadschinken - m, mo:tʃuŋgə, Sg. tant. [Fil, Mil, Stan III, Fak, Ga, Glog, StA, Wil V]
V: Fleisch von der Wade des Rindes *Etym.:* Wohl ausgehend von ostösterr. *Wadschungen* wurde das *a>o* verdumpft und *w>m* gewandelt. ● *Do is so en Spitz, de Kaiserspitz, des geht in den Modschunge 'rei, also der Modschunge am hindre Schlegl (↑Schlegel 2).* [Stan III] ◆ Das Schinkenstück von der Unterschale des Schweins wird als Schnitzel, magere Steaks, Braten, roher Schinken und Kochschinken verwendet. Die Wade (österr. *Waden*) vom Rind ist für Braten, Siedfleisch und Gulasch geeignet. (Gahm 1994, 79, 82) ■ ÖstWb 470, ostöst., mundartlich *Wadschungen* 'eine Fleischsorte'; *Wadenstück* n. PfWb VI 993: 'Beinscheibe', Teil des Schlachttiers.
→Fleisch (1), Schinken.

Wagen - m (n), va:gn, ve:gn [OW VI]; vå:gn, ve:gn [Aug, Ed, GT, KT, Schor, Tar, Wud, Wudi I; Petschw II, Ri IV, ASad, Lind, Lug, Resch, Tem, Wei, Wer, Wolf V]; vå:ŋ, vẽ:ŋ [Pußt I]; vǫ:gn, Pl. id. [Pußt I]; vo:gn, Pl. id. [Wein, Wer I]; va:gə, ve:gə [Jood, StI II, Brest, Gak, Ker III, Ben, Gal, Sad, StA V, Bil, Ham, Mai, Schei, Suk VI]; vagə, vegə [Jood II]; vågə, vęgə [Glog V]; vǫ:gə, Pl. id. [Gbu II]; vå:gə, ve:gə [Waldn III, Be IV]; vagə, vęgə [Fil III, Tow IV, Glog, Gutt V]; va:kə, vę:kə [Franzf V]; va:çə, ve:çə [Bold II]; vǫ:xə, Pl. id. [Fek II]; vǫ:xə, ve:çə [Nad II]; va:n, ve:n [Bru V]; vå:n, ve:n [Bill, Bog, Len, Low V]; va:n, vę:n [Drei, Nitz, Wis V]; va:, ve:jə [Ost V]; va:, ve: [Bak, Ost V]; (n) vą:gəl, ve:gəl [Wein I]; vę:gl, Pl. id. [Gai III]; vegələ, Pl. id. [Glog V]; va:ndl, ve:ndlə [StAnd V]
Allg: von Pferden (seltener von Ochsen) gezogener Bauernwagen ● *So e offenes Holzfass von zwaahundet Litte hamm die Bauen aff enen Wogn außigfihet (↑hinausführen).* [Pußt I] *Sann auch mit Wågn neigfoahrn und hamm am Moakplotz ihne Pfiësich vekauft.* [Wud I] *Hat, die Seck, do hot me messe zubenge (↑zubinden), un des is gleich woan uw en Woche getåå.* [Fek II] *Do woan alde Woge, wo de Mist is gfiht won un neie Woge, wam-me is gfoahn am Moark, net.* [Gbu II] *Die Wäge honn sie schon gmacht mit Gummiredde nocht.* [Jood II] *Där hat so e Eispenner ghat mit em Wage.* [Brest III] *Mir hadde schwarzer Humusboden, där hat sich am Rad vum Wåge aaghengt.* [Waldn III] *Die Fuhrfässer sein uff de Waan kumm, die Butt, die Trauwemihl.* [Bru V] *Dann hann se uf de Waa Zwärchhelzer druf un Newetstange (↑Nebenstange).* [Ost V] *Ich hann Pardeis (↑Paradeis) un Grumbire (↑Grundbirne) kaaft, hann Wään ufgholl, un sinn gfahr un hann vekaaft.* [Wis V] *Ja, de Leute sind mit de Wagn und mit Fäert (↑Pferd) so raufgfahrn.* [OW VI] *Ja, hamm sie mit de Wege hiegfihrt, wo Dreschmaschie isch gsei.* [Schei VI] **Anm.:** In der Variante *Woche* ist intervok. *-g>ch-* erweicht und in den Varianten *Wään* und *Waa* geschwunden. ◆ Der Wagen ist

das wichtigste į zumeist von einem Pferdegespann gezogene - bäuerliche Transportmittel. Für die Batschka werden mehrere Arten genannt: Bauern- oder Leiterwagen, dann Parade- und Ochsenwagen. (Gerescher 1999, 216) Redewendung: E schlechti Hausfrau kann mitm Fertr (Schürze) mehr ausm Haus naustraan, wie de Mann mitm Lange Waa reinfiehrt. [Bak V] ■ PfWb VI 998-1002; RheinWb IX 186-195; SchwWb VI/1 342 f.; Gehl 1991, 158; Gerescher 1999: *Waaga*: 'Bauern- oder Leiterwagen'.
→(Arten:) Bauern-, Feder-, Gerechtel-, Gummi-, Klingel-, Leiter-, Streifen-, Spediteur-, Volkswagen, Fiaker, Kutsche, Scharja, Schlitten, Schubkarren; (Wagenteile:) Leiterbaum, Nebenstange, Rad, Schragen, Wagenleiter, -rad, -schmiere, Zwerchholz.

Wagengestell - n, voːgəkʃtel, -ə [Gbu II]
A: untere, durch die Langwiede zusammengehaltene Teile des Wagens ● *Des hot ghaase* (geheißen) *es Wogegstell, von en kueze Baueschwoge* (↑Bauernwagen) *un en lange Baueschwoge zu eifihen* (↑einführen) *die Frucht, die Gäeschte* (↑Gerste) *un anneres.* [Gbu II]
→Gestell, Wagen.

Wagenleiter - f, vogəlːatər, -lːatrə [Gbu, Jood II]; vaːgəlaːdər, -laːdrə [Gak III, Ga, StA V]; vagəlaːdər, -laːdrə [Fak, Glog V]; vaːlaːtər, -leːtrə [Bog, Bru, GK, Len, Low, Ost, War V]
A: seitliche Leiter des Bauernwagens *Etym.*: Bedeutungsübertragung nach den Sprossen wie bei einer Leiter. ● *En lange Baueschwoge* (↑Bauernwagen) *honn ich die Reder neigetun* (↑hineintun). *Un noch senn die Wogelaater neighengt won.* [Gbu II] *Un do hod e sich die Wagelaatre no ibbesetzt* (↑übersetzen) *un die Britte* (↑Brett) *un de Schrage.* [Jood II] *Die Ärd* (↑Erde) *is mit aaner Waalaater, vor die a Pherd gspannt war, gschlaaft* (↑schleifen 2) *gewwe* (worden). [Bru V] ■ PfWb VI 1005; Krauß 1037, Gehl 1991, 163.
→Leiter (2), Wagen.

Wagenrad - n, vagəråt, -redər [Fak, Ga, Glog, StA, Wil V]; vaːnsraːt, -redər [Hatz V]; våːnsraːt, -rędər [StAnd V]
A: hölzernes Rad eines Bauernwagens mit Felgen und Speichen ● *Wann de Hund verlorgeht, soll mer e Waansrad hole un'm Hund sei Name dreimol dorich die Nab[e] rufe.* [Hatz V] **Anm.**: Die Varianten *Waansrad, Wåånsrad* enthalten im Bestimmungswort des Komp. die Genitivform "Wagens"; intervok. *-g-* und das subst. Morphem *-en* sind darin geschwunden. ■ PfWb VI 1006; Krauß 1037; Gehl 1991, 298, Abb. 1.
→Nabe, Rad, Wagen.

Wagenschmiere - f, vagəʃmiːr, Sg. tant. [Jood II, Fak, Ga, Glog, StA, Wil V]; vaːʃmiːr [Ost V]
A: Mischung aus Harzteer- und Mineralölen (auch mit Graphit- und Talkzusatz) zum Schmieren der Buchse von Wagenrädern ● *Des Rad had e Bucks* (↑Buckse), *sage mir, wu uff die Acks geht, un des schmiert mer mit Wageschmier.* [Jood II] *No hann se's Pheifl* (↑Pfeife 1) *mit Tobottfett ingschmiert, des is so wie Waaschmier.* [Ost V]
→Tobottfett, Wagen; schmieren.

Waggon - m, vagõːn, Pl. id. [Ru IV]; vagõːn, -ə [Bog, Fak, Glog, Gra, KSch, Ost V]; vakõːn, -ə [Stan III]; vagãũ, -ə [Aug, Ed, GT, KT, Scham, Schor, StIO, Wein, Wud I]
A, Fo, V: (als großes Gewichtsmaß:) fünfzehn Tonnen ● *Unsa Voatte hot en Waggau Stejkahujtz* (↑Steckenholz) *brocht.* [Wud I] *Im Magezie* (↑Magazin), *do ware paar Waggone Frucht drin.* [Stan III] *Die Dreschmaschie hat mese bis andethalb Waggon Frucht dreschn.* [Ru IV] *Dort sein jo grose Triste, kumme Waggone raus, net, e Waggon, zwaa Waggone.* [KSch V] *Uff die große Hambare* (↑Hambar 2) *is 24 Waggon Kolwekukurutz drufgang.* [Ost V]
→Kilo, Waggonet.

Waggonet - m, selten, vagonet, -n [Franzd, Resch V, OW VI]
Fo: kleiner Förderwagen *Etym.*: Der Terminus kommt aus rum. *vagonet* 'kleiner Förderwagen in der Forstwirtschaft und im Bergbau'. ● *Jetzt gibt's so kleine Waggonettn, das ziehgt rauf* (↑heraufziehen) *mit den Motor un dort hengt man das Holz auf diese Waggonettn an* (↑anhängen). [OW VI]
→Waggon.

Wald - m, valt, veldə(r) [Aug, Ed, Pußt, Wud I, Fek, Go, Ha, Pal, Seik, Wak, Wem II, Tom IV, Bru, Fak, Ga, Glog, Len, Ost, Resch, Sekul, StA V, Bat, Ham, Mai, OW, Pe, Schei, Suk VI]; volt, veldə [ASad, Lin, Wei, Wolf V], vojt, vejdə [Aug, Ed, GT, KT, Scham, Schor, StIO, Wud, Wudi I]
A, B, Fo, V: dicht mit Bäumen und Sträuchern bewachsenes Gelände ● *Auf so a Wiesn* (↑Wiese

Waldarbeit

1) *ode im Wald, auch auf die Zei* (↑Zaun) *is des gwocksn.* [Pußt I] *Hujz* (↑Holz) *hot mer im Wojd net klaum* (↑klauben) *dejefa (dürfen).* [Wud I] *Där Damper* (↑Dampfer) *ist mit Holz gange, weil in Feked woar viel Wald un vill Holz.* [Fek II] *Heier war ich dren em Wald, dass die Bien unter de Beem en Schutz honn.* [Seik II] *Die Mongolitza* (↑Mangalitza) *ware iwer de Tag drauß uff der Hutwad* (↑Hutweide) *oder im Wald.* [Tom IV] *Ufm Bruckenauer Hottar* (↑Hotter) *is aa viel Wald, owwerhalb vum Dorf is der Owwerwald un geger die Bergsau (Flussname) zu de Unnerwald.* [Bru V] *Die Rebhendl haldn sich im Wald uff.* [Fak V] *Im Wald gsieht mer de ↑Kiwick un de Baamklopper* (↑Baumklopfer), *de Specht, wie mer saat.* [Ost V] *Do is vor de Oosiedlung alles voll Wold gwen; man hot messn z'erscht olles ooholzn* (↑abholzen). [Wei V] *Im ↑Wassertal, da war nur Wald die ganze Umgegnd.* [OW VI] *Obe am Wald hot der ↑Gostat die Weibärg rausgmacht.* [Schei VI] ◆ Während es auf den Feldfluren der Ebene-Gemeinden nur hainartige Baumgruppen und sonst keine Waldbestände gibt, dürfen auch die Wälder der Hügellandschaft (s. ↑Hecke) von den Dorfbewohnern kaum genutzt werden, da sie als Staatseigentum unter staatlicher Verwaltung stehen. Die Wälder um Bruckenau waren der Königsjagd (später dem Jagdvergnügen des Staatspräsidenten und seiner Gäste) vorbehalten. Den Dorfbewohnern ist das Betreten des Waldes und die Nutzung des Sauerbrunnens untersagt. Auch das Sammeln umgestürzter Bäume und trockener Äste als Brennholz ist nicht erlaubt. Um dennoch zu Fallholz zu kommen, tun dies die Einwohner heimlich in der Dunkelheit oder durch Bestechung eines Forstbeamten. (Bruckenau 1999, 50) ■ Gehl 1991, 68.
→(Arten:) Akazien-, Buchen-, Darwasch-, Eichen-, Fasanen-, Gemeinde-, Hoch-, Maulbeer-, Ober-, Unter-, Urwald, Hecke, Waldung; (Verschiedenes:), Förster, Gestrüpp, Holz, Holzschlag, Jäger, Waldarbeit, -bahn, -brand, -feld, Förster, -frucht, -garten, -grund, -honig, -hüter, -partie, -säge, -straße, -wiese.

Waldarbeit - f, voltoɐrvɐt Sg. tant. [ASad, Lind, Wei, Wolf V]
Fo: Arbeit im Wald, vor allem Holzschlag und Aufforstung ● *Des is schon vo da Oosiedlung her so gwest: A bisserl ↑Bauerei und a bisserl Woldoarwat, wal d'Oosiedla saan ookemma und hobn goa nicks ghobt.* [Wei V]
→Arbeit (2), Förster, Wald.

Waldbahn - f, voltba:n [ASad, Lind, Wei, Wolf V]
Fo: schmalspurige Forstbahn zum Transport von Arbeitern und Baumstämmen ● *Mir saan vo Armeniş (ON) owa gfoahrn mit de Woldbahn.* [Wei V]
→Wald.

Waldbrand - m, voltprant, -prent [ASad, Lind, Wei, Wolf V]
Fo: Zerstörung eines Waldes durch eine Feuersbrunst ● *Aa Woldbrand hot's öfte gebn. A gonze Häng* (↑Hang) *vo en Kilomete Broat* (↑Breite) *is wegbrennt.* [Wei V]
→Feuer (1a), Wald.

Waldfeld - n, valtfɛlt, -fɛldər [Jink, Kä, Sag, Sar, Warsch II]
A: Ackerland auf gerodetem altem Waldgebiet, Flurnamen ● *Em Waldfäld woar friher de alte Wald.* [Jink II]
→Feld, Waldgarten.

Waldförster - m, valtførstnə, Pl. id. [Lug V]
Fö: Waldaufseher *Etym.*: Das Komp. ist eine Wortkreuzung von *Waldhüter* 'Waldaufseher' und *Förster* 'Revierförster', mit eingeschobenem Suffix -en-. ● *Un da war a Waldförschtne gwohnt obn in den Haus, un der hat uns zugschaut, wie ich so gfochtn hab mit den Stier.* [Lug V]
→Förster, Wald, Waldhüter.

Waldfrucht - f, selten, valtfruxt, -friçtn [OW VI]
Fo, G: in der Forstwirtschaft erzielte Früchte ● *In Wald sind sähr ville Waldfrichtn, sinn ville Frichte, was sähr gut sich verkaufn, firn Export, firn Ausland.* [OW VI]
→Frucht (2), Wald.

Waldgarten - m, valtka:rtə, -kɛrtər [Jink, Kä, Sag, Sar, Warsch II]
A, Fo: fruchtbares Ackerfeld auf gerodetem Waldgebiet ● *Off onsem Fäld woare Waldgärter mit gutem Goartefäld, wo friher Wald woar.* [Jink II]
→Garten, Wald, Waldfeld.

Waldgrund - m, valtkrunt, Pl id. [Sulk II]
Fo, G: Erde aus einem Waldgebiet ● *Do is e Mischtgruwe gmacht, da is Waldgrund drauf kumme un da is zudeckt ware.* [Sulk II]
→Wald, Grund (1).

Waldhonig - m, valtho:niç, Sg. tant. [Bat VI]
B: aus dem Nektar von Waldbäumen gewonnener

Waldhüter

Honig ● *Ja, es mache's mol ein wenig Waldhonig vun de Eichnbletta* (↑Eichenblatt), *des is so hirt* (↑hart), *das is so wie e Leim.* [Bat VI]
→Honig, Wald.

Waldhüter - m, valthitə, Pl. id. [Ora, Resch, Stei V]; vǫlthitə [ASad, Lind, Wei, Wolf V, OW VI]
Fo: amtlicher Aufseher über einen Waldbestand ● *Im Wald is e Tannebaam gschlagn woen, den had e von Waldhitte[r] krigt.* [Stei V] ■ PfWb VI 1021.
→Hüter, Wald, Waldförster.

Waldpartie - f, voltparti:, -n [ASad, Franzd, Lind, Wei, Wolf V]
Fo: Arbeitsgruppe in der Waldarbeit ● *Goarwat* (↑arbeiten) *und kocht is in de Partie mitanonda woan, zu dritt owa zu viert in da Woldpartie.* [Wei V]
→Partie, Wald.

Waldsäge - f, valtzeę:gə, -zeęgə [Besch VI]; valtso:, Pl. id. [ASad, Lind, Wei, Wolf V]
Fo: zum Durchtrennen von Baumstämmen verwendete, große Säge ● *In Holzschlag hommar mejssn mit de Waldsoo schneijn* (↑schneiden). *Heit is des scho völ bessa, ejtz oarwatn's mit de ↑Druschba, mit der Motorsoo.* [Wei V]
→Mortorsäge, Säge (1), Wald.

Waldstraße - f, våltʃtro:s, -ə [Alt, Fek, Nad, Oh, Wem II]
A, Fo: durch ein Waldstück führender Verkehrsweg zwischen den Dörfern ● *Die Wämände* (ON) *Stroß fehrt in Richtung Wämänd, on die Wåldstroß geht dorch de Wåld.* [Fek II]
→Straße, Wald.

Waldteil - m, våltstå:lər, Pl. tant. [Go, Ma, Pal, Wak, Wiel II]
A: nahe zu einem Wald gelegene Ackerfelder ● *Bei ons woan die Pålkånər* (ON) *Häcke* (↑Hecke 1a), *die Wåldstååler un die Buschtååler.* [Wak II]
→Busch, Hochwaldteil, Teil (1a).

Waldung - f, valduŋ, Sg. tant. [Fek II, Ora, Resch, Stei V]; valduŋ, -ə [NA V]
A, G: ausgedehntes Waldgebiet ● *Där Damper* (↑Dampfer) *ist mit Holz gange, weil in Feked woar viel Waldung, do is vill Wald un vill Holz.* [Fek II] *Die Paradeis sein oogebunne woan an die Pleck* (↑Pflock). *Des sin meistns Agazipleck aus de Waldunge be Aljusch* (ON). [NA V] *In unsen Steidorf* (ON) *ham-me viel Waldung ghabt.* [Stei V]
→Wald.

Waldwiese - f, voltvi:zn, Pl. id. [ASad, Lind, Resch, Wei, Wolf V]
Fo: auf einer Lichtung gelegene, von Nutzvieh oder Edelwild beweidete Grasfläche ● *Dann habn mir aach Woldwiesn da obn, und die san eingrechnet fir Bodn* (↑Boden 2), *nur sie bringen sehr wenig.* [ASad V]
→Poiana, Wald, Wiese (1).

walgern - schw, valgrə, kvalgərt [Be, Tom IV, Fak, Ga, Glog, StA, Wil V]; va:lkərə, -kva:lkərt; velgə, kvelgət [Alt II]
A: Kuchen-, Nudelteig ausrollen *Etym.*: Vgl. mhd. *walgen* 'sich wälzwn, rollen, bewegen' und *walgern, welgern* (LexerHWb III 650 f.) ● *En Taag* (↑Teig) *walgert mer mid em Nudlwalger.* [Fak VI] *Na waalkere mer en Toaig, schneide mer selle Nudle un tan däre Zigger* (↑Zieger) *nei.* [Schei VI] **Anm.**: Die Variante *walgeren* ist eine Iterativform zu *walgen*. ■ † *walgen* SchwWb VI/1 383: 'wälzen, rollen'; *wälgen* PfWb VI 1027: *walken* 'Kuchen-, Nudelteig ausrollen'; ÖstWb: 'einen Teig mit dem Walker flach drücken und ausweiten'.
→Nudelwalger.

Walze - f, valts, -ə [Bohl II, Brest III, Tow IV, Fak, Glog, Len, NPe, Ost, StAnd V] valtsə, Pl. id. [Fek, Petschw II, Ga, StA, Wil V]; valts, -n [GN II, Orz, Tem V]; valtsn, Pl. id. [NPe V]; vojtsn, Pl. id. [Tol I]

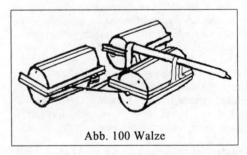
Abb. 100 Walze

1. A, V, W: zylinderförmiger Teil eines Geräts ● *No hot er e Wage, hinte war so e Walz. No hod er des oogebunde, no henn sie gedreht, bis halt die Kuh da druf war.* [Brest III] *On 's Getrieb, wu die Walze getrieb hat, war newe* (neben) *am große Rad, uff aaner Seit. (...) Die Trauwemihl* (↑Traubenmühle) *hat Walze ghat, die Aldi hann noch Holzwalze ghat.* [Ost V] 2. A: landwirt-

schaftliches Gerät zum Zerkleinern größerer Erdschollen und Andrücken des Bodens an die Saatkörner ● *De Bode wärd gewalzt mit de Walz, dass es Wasser net verdunscht.* [Ost V] **Anm.**: Die Variante *Walzn* mit *n*-Morphem im f. Sg. und Pl. weist bair.-österr. Einfluss auf. ■ PfWb VI 1036 f.: 1.a. 'Ackerwalze', b. Straßenwalze'; Krauß 1042: 'Rolle'; Gehl 1991, 248.
→(1) Holzwalze, Walzenmühle; (2) walzen.

walzen - schw, valtsə, kvaltst [Bog, Fak, Ga, Ger, GJ, Glog, Len, Low, Nitz, Sad, Ost V]
A: Zerkleinern der Erdschollen und Andrücken des Bodens an die Saatkörner ● *De Bode wärd gewalzt mit de Walz, dass es Wasser net verdunscht. (...) Die Reder (↑Rad) ware so konisch aanglegt, dass die Reih zugleich aagedruckt git (wird), sowie gwalzt.* [Ost V] ■ Gehl 1991, 130.
→Walze.

Walzenmühle - f, valtsəmi:l, -ə [Alex, Bill, Bog, Ger, Gra, Low, Ost, Wis V]
A: Getreidemühle, die mit Walzen statt mit Mühlsteinen mahlt ● *So e Mehl wie mir gemacht hann, macht ke Walzemiehl.* [Alex V]
→Mühle, Walze (1).

Wand - f, vant, vendə [Nad II, Gai, Gak, Ker III]; vant, vent [Bohl, Fek, Surg II, Ap, Fil, Mil, Pal, Sch, Stan III, Tow IV, Fak, Glog, Len, Low, StA V, Besch, Schei, Suk VI]; vã:nt, vẽ:nt [Bru V]; vɐint, vent [Wein I]
A: Seitenbegrenzung eines Wirtschaftsraumes ● *De ↑Hambar (2) war so hoch un so vierecket, vun Wiede (↑Weide 2) ware so gflochte, die Wend un, des war gschmiert.* [Stan III]
→Giebel, Tür.

wandern - schw, vandrə, kvandət [Kutz III]; vandən, kvandət [Ha, Seik II]
B: die Bienenvölker periodisch an ertragreiche Stellen befördern, Wanderimkerei betreiben ● *Hat, ven de Bienwirtschaft kenn me vill rede. Ich tun jo wanden mit de Bien.* [Seik II]

Ware - f, va:re, Sg. tant. [Bad II, NPe V]; va:r [Bak, Bog, Fak, Ga, Glog, Nitz, Pan, StA V]; voɐ [Aug V]
Allg: Erzeugnis landwirtschaftlicher Arbeit ● *Viel Arweit is mit dem Thuwak (↑Tabak), awer mr hat lewe kenne, wer gudi War hat ghat.* [Wies V]

Warjascher - m, varjaʃər, Sg. tant. [Ost V]; varjaʃər tsantkukruts [Low V]
A: nach dem Ort der Zuchtstation (ON Warjasch, V) benannte Maissorte ● *Die Kukrutzsorte ware verschiedene, de Rosszahnkukrutz un de Warjascher, de altmodische mit niedrichi Käre (↑Korn 1).* [Ost V]
→Kukuruzsorte.

warm - Adj, va:rm [Surg, Wem II, Ap, Gai, Sch, Waldn, Werb III, NP, Put IV, Bog, GJ, Len, Low, Ost, War, Wies, Wis V]; varm [StI II]; voɐrm [Seik II]; va:rəm [Fak, Glog, Wil V]
Allg: eine angenehme Temperatur, zwischen kalt und heiß aufweisend ● *So wänn die Bien eingeengt (↑einengen) un gut woarm obgedeckt.* [Seik II] *Noch hot se geknet den Taaig mit warmes Wasser, so lauwarmes un Salz 'nei.* [StI II] *In de Sommerkich is gekocht worre, wenn's stark warm war.* [Waldn III] *Die Mischtunnelag is wumeglich vun warme Stallmischt.* [Ost V] **Anm.**: Die Variante *warem* weist den Sproßvokal *-e-* auf.
→heiß, kalt, lauwarm; heizen.

Warwick - m, varvik, Sg. tant. [GK, Low, Ost V]
A: produktiver Mais, nach 1955 aus den USA nach Rumänien gebrachte Form der Indentata-Sorte *Etym.*: Sehr produktive Formen der Sorte *Zea mays indentata* wurden ab 1955 aus den USA importiert. Die Form *Warwick* hat sich im Banat schnell akklimatisiert und wurde zur Kreuzung mit dem einheimischem *Rosszahnkukuruz* und mit anderen amerikanischen Sorten zur Züchtung von Doppelhybriden verwendet. (Mayer 2000, S. 2) ● *Die Kukrutzsorte ware verschiedene, do war de Amerikanische Kukrutz mit tiefi Worzle, de Warwick.* [Ost V]
→Kukuruzsorte.

waschen - schw, vaʃn, kevaʃn [Alex, NPe V]; vaʃn, kvaʃn [Petschw II]; våʃn, kevåʃn [Bad II]; våʃn, kvåʃn [Tscha III]; va:ʃn, keva:ʃn [Neud III]; vo:ʃn, kvo:ʃn [GT I]; vaʃə, kvaʃə [Ap, Gai III, El, Fak, Ga, Glog, Schön, StA, Wil V]; veʃə, kəveʃə [StI II, Ost, V]; veʃə, kveʃə [Stan III]; veʃə, kəveʃ [Fek, Nad, Oh, StI, Wem II, Ker, Sch, Siw, Tor III, Bog, Ger, GK, Wis V]; veʃə, kveʃə [NP IV]; veʃə, kveʃt [GN, KKa II, Kol III, NP IV, Ham VI]
G, H, O, V, W: mit Wasser reinigen, säubern ● *Die Weiwe (Weiber) waschn die Därem.* [Petschw II] *Die Paprike (↑Paprika 1) sein aa gewesche woan. (...) Die Weiwer hunn noch alle Mulder (↑Multer) un alles gewesch, obgewesche.*

[StI II] *Ganz hindri uff der Mischthaufe, dort hat mer die Därem gwesche.* [Stan III] *Bevor mer melikt, muss mer des Kuheider* (↑Kuheuter) *mit de ↑Strich gut wasche.* [Glog V] *Es allererscht is de Dickdarm abgebunn un gut gewesch war.* [Lieb V]
→ab-, auswaschen, putzen.

Wasen - m, va:sə, Sg. tant. [Sad V]
A: Rasen ● *Uff em Wase graset d'Hase, untr'em Wasser gumpet (springen) d'Fisch.* [Sad V] ■ PfWb VI 1083-1086: auch *Wasem* '(kleinerer) Rasenplatz, Rasenfläche', vgl. ahd. *waso* 'Rasen, feuchter Erdboden', mhd. *wase, wasem* 'grasbewachsene Erdfläche'; RheinWb IX 288 f.; HnassVWb IV 537 f.; SchwWb VI/2 3361: 1. 'Torf', der in Stücken gestochen und getrocknet wird; 3. 'Waldboden mit geschlossener Vegetationsdecke'.
→Wiese (1).

Wasser - n, vasər, Sg. tant. [Nad, StI II, Brest, Waldn III, Tom IV, Bak, Bog, Fak, Glog, Ga, Len, Low, Nitz, Ost, Sad, StA, Wil V]; vǫsər [Ru IV]; vǫsə, Sg. tant. [Pußt I]; vazər [Drei V, OW VI]; vasr [La II]; vasə [OG, Tax I, Jood II, Ben, Bru, Len, Lug, NA V, OW VI]; vazə [Fek II]; vǫsɐ [Aug, Ed, GT, KT, Scham, Schor, StIO, Wud, Wudi I]
1. A: stehendes oder fließendes Gewässer, Regenwasser ● *Un neewetraa woa so e großes Lahmeloch, un mei Votter hot immer Wasser neiloss (hineingelassen), es ganzi Joahr. Wann's gfrorn is, is es Wasser gfrorn.* [Baw II] *No hod men (man ihn) mise ins Hannefwasser fahre, un des war im Kåtsche Ried* (↑Katscher Ried). *Mir hadde am Ort ko Wasser.* [Waldn III] *Und des Wasse war so hoch, so hoch wie die Frucht.* [Lug V] *Nor net viel Wasser hat im Fruhjohr sinn derfe, weil dann hat die Temesch es Wasser aus der Poganisch net abghol un es war Iweschwemmung!* [Nitz V] *Uff em Schowr* (↑Schober) *is e Dach gsetzt ginn* (↑setzen), *dass es Wasser ablaaft.* [Ost V] *Dee hom-mand mit an gifteten* (↑giftig) *Gros 's Wossa peitscht und die betäibten Forelln gfischt.* [Wei V] *Wasse is schon genug, und im Winte gibt's auch Schnee genug.* [OW VI]
2. V, W: zum Trinken, Reinigen oder Kochen verwendetes Brunnenwasser ● *So e offenes Holzfass von zwaahundet Litte* (↑Liter) *hamm die Bauen oogfüjt* (↑anfüllen) *mit Wosse und aff enen Wogn* (↑Wagen) *außigfihet* (↑hinausführen). [Pußt I] *Ins Wossa hot me Koilik* (↑Kalk) *und Koilitzn* (↑Kanitzel) *eienigrihet* (↑hineinrühren). [Wud I] *Däreweil hod es Wase scho gekocht un is gebriht woan die Sau, des kochende Wase dribgschitt woan* (↑darüberschütten). [Fek II] *Ka Wassr un Zucker tun mir ned dezu, mi honn genung, ba uns wockst vill.* [La II] *Un die kleinere Plitzl* (↑Plutzer) *woan entweder mit Schnåps, oder greßre, auch aus Ton, mit Wosser.* [Ru IV] *Do henn die Baure messe fleißich Wasser fihre.* [Tom IV] *Wu is es Wasser? De Biko* (↑Bika) *hat's gsoff.* [Bog V] *D'Wassermenner* (↑Wassermann) *missn beim Dresche ständich Wasser zum Dampfkessl bringe.* [Sad V] 3. A: Grundwasser ● *Die Pumbe ziegt des Wasse rauf mim 'Motor.* [NA V] *De Bode wärd gewalzt mit de Walz, dass es Wasser net verdunscht.* [Ost V] ■ Gehl 1991, 67: 1. 'Wasser im Allgemeinen', 2. 'Fluss', Bedeutungsverengung.; Wb2, 937.
→(1) (Arten:) Hanf-, Hoch-, Mineralwasser, Fischteich, Hauptfluss, Lache: (Verschiedenes:) Eis, Schnee, Überschwemmung, Wasserrain, -riesen, -mühle, -müller, -tal; (2) (Arten:) Artesisch-, Beiz-, Brüh-, Brunnen-, Knoblauch-, Salz-, Spritz-, Trink-, Zieger-, Zuckerwasser; (Verschiedenes:) Tropfen, Wasserfass, -krug, -mann, -tal.

Wasserblase - f, vasərplo:s, -ə [Bog, GJ, Gra, Lieb, Low, War, Zich V]
V: Urinblase bei Tieren ● *Beim Ufschneide, do hod me aarich leicht kenne die Wasserblos veletze oder aach de Darm veletze.* [Lieb V]
→Blater, Vieh.

Wasserfass - n, vasərfas, -fesər [Kock, Mu, Wem II, Fil, Mil, Pal, Sch, Tscher III, ND, NP, Tom IV, Bak, Bog, Bru, Charl, Ernst, Fib, Gott, Gra, Jahr, Len, Nitz, Ost, Sack, Ui, Wil, Wis V, Bil, Ham, Pe VI]
Allg: Daubenfass zum Transportieren von Trinkwasser auf den Acker ● *Wann's heiß war, war e Wasserfass ufm Waa* (↑Wagen), *zugedeckt mit aaner ↑Tacke.* [Ost V]
→Wasserkrug.

Wasserkrug - m, vasəkrux, -kriç [Bog, Ger, GJ, Gra, Nitz, Low, War V]
A: Tonkrug zum Aufbewahren von Trinkwasser auf dem Feld ● *Na un dann is me mit de Wassekrich an die Stockbrinne* (↑Stockbrunnen) *gang ofm ↑Hotter.* [Schön V]
→Krug, Wasserfass.

Wasserlache - f, vasərlakə, Pl. id. [Ga, Ost, StA, Wil V]; vasərlåk, -ə [Fak, Glog V]; våsərlåkə, Pl. id. [Alt, Fek, Nad, Oh, Wem II]
A: Pfütze, Tümpel ● *Em Sommer woan als ville Wåsserlåcke, on am Lieschplatz is dann Wasser gstånn.* [Fek II] *Es Treppplatz* (↑Tretplatz) *war schun vorhär vorbereit, wumeglich mit geeli Lettärd* (↑Lettenerde), *dass net e Wasserlacke entsteht, wann's reejet* (↑regnen). [Ost V]
→Lache, Lieschplatz, Wasser (1).

Wasserlade - f, veraltet, vosɐlo:d, -n [Ed. GT, KT, Wud I]
G, O, W: fassförmiges Holzgefäß, Holzlade zum Aufbewahren von Gieß- oder Spritzwasser ● *Die Wossalad hot grod sou auesgschauet, untn hot mer e Pippm* (↑Pipe) *fe Huiz* (↑Holz) *einigschlogn* (↑hineinschlagen). [Wud I]
→Fass, Maische-, Spritzlade, Wasser (2).

Wassermann - m, vasərman, -menər [Sad V]
A: Drescharbeiter, der den Dampfkessel der Dreschmaschine mit Wasser versorgt ● *D'Wassermenner missn beim Dresche ständich Wasser zum Dampfkessl bringe.* [Sad V] ■ Gehl 1991, 132.
→Riesleute, Wasser (2).

Wassermelone - f, vasərmelo:n, -ən [Wuk IV]; vasərmilọ:n, -ə [Bohl, StI II, Fak, Glog V]; vasəmilo:nə, Pl. id. [Ga, StA V]; vasəmilo:n, -ə [Ap, Berg, Fu, Stan Tscher III]

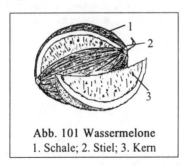

Abb. 101 Wassermelone
1. Schale; 2. Stiel; 3. Kern

G: runde Melonenart mit grüner Schale, rotem Fruchtfleisch und dunklen Kernen; Cucumis melo ● *Die Wassermilone woarn auswennich grien un innwennich rot. Un dann woan die geele Zuckermilone.* [StI II] *Ab un zu sinn im Garte noch Wassemilone un Zuckemilone aagebaut* (↑anbauen) *worre.* [Ap III] ■ Gehl 1991, 235; Petri 1971, 28.
→Schale, Stiel, Melone.

Wassermühle - f, vasəmi:l, -ə [Jood, Kock II, Ap, Brest, Fil, Fu, Gai, Hod, Pal, Tscher III, ND NP, Put, Tom IV, Bak, Bog, Fak, Ga, Glog, Gutt, Len, Low, Nitz, Ost, StA, Wil, War V, Pe, Schö, Suk VI]
A: durch Wasserkraft betriebene Getreidemühle ● *Friher hot me de Kugrutz* (↑Kukuruz) *misse im Nochbersdorf, in de Wassemihl schrote.* [Jood II] *Ums Dorf rum is e Grawe* (↑Graben) *gange, dot wore finef Wassermihle droo, un aane wor die Raazemihl* (↑Raitzenmühle). [Kock II] *Frucht un Gäescht is in der Mihl gmahle warre. Do hat's e Dampfmihl gewwe un Wassemihle.* [Ap III]
→Donau-, Schiffsmühle, Mühle (1), Wasser (1).

Wassermüller - m, veraltet, vasərmilər, -milrə [Fek, Kock II, Ap, Fu, Pal III, DStP, Fak, Glog, Pau, Sad, Tschan, War, Wis V]
A: Besitzer und Betreiber einer Wassermühle ● *Ich sinn e Tochter vom e Wassermiller. Wie die Dampfmiehle ufkomm sinn, no wor's aus mit de Wassermillre.* [Perj V]
→Müller, Wasser (1).

Wasserrain - m, vosɐrā:, -nə [Ed. KT, Wein, Wud I]
A, W: Abflussfurche für das Regenwasser im Weinberg *Etym.*: Das Grundwort des Komp. *Rain* kommt von mhd., ahd. *rein* 'Feldgrenze' (^{23}Kluge, 665), eigentlich 'ungepflügter Streifen zwischen den Äckern'. Im Komp. *Wasserrain* wurde aus *Rain*, ein ungenutzter Erdstreifen, eine Rinne für den Abfluss des Regenwassers. ● *De Wossaraa is mitn duachn Weigoatn gaunge. Em End is e Louch gweiesn, do is die Eadn* (↑Erde) *drinne bliem, wos de Rejgn mitgnaume hot.* [Wud I] ◆ Damit das Regenwasser die Erde in den abschüssig gelegenen Weingärten nicht zu Tale führe, waren streckenweise Sammellöcher für das Erdreich angelegt.
→Rain, Wasser (1).

Wasserriese - f, selten, vasəri:zn, Pl. id. [OW VI]
Fo: (wie: Riese) *Etym.*: Das Komp. ist eine tautol. Bildung zu *Riese*. ● *Dann kommt des Holz driftert* (↑driften), *in die Wasseriesn. Das ist von siem* (sieben) *Hölzer gemacht, so ein Kanal.* [OW VI]
→Kanal, Riese, Wasser.

Wassertal - m, selten, vasərta:l, Sg. tant. [Bil, Bur, OW VI]
Fo: vom der Wasser (einem Fluss) durchflossenes

Tal • *Das Wassertal, das ist ein Tal, das hot secksunvierzich Kilomete. Man kann fahrn mit der Dampflokomotiv bis ins Wassertal.* [OW VI]
→Tal, Wasser.

Watz - m, vats, Pl. id. [Jink, Ka, Mösch, Mu, Mut, Tew, Zi II, Alex, Ben, Ger, GJ, GStP, Jahr, KB, Knees, Kud, Len, Low, Mori, NB, Sack, Sar, StAnd, Ui, War V]
V: Zuchteber • *Unse Leit hann en Watz un Sei* (↑Sau) *mit Färklcher.* [Knees V] ■ RheinWb IX 316 f.: zu dem Wort ist *Wutz* 'Schwein' zu vgl. Die eigentliche Bedeutung ist beschränkt, meist in übertragener Bedeutung. 1.a. 'Eber, Zuchteber', doch veraltend, b. 'Stier'; PfWb VI 1110: 'schmutziger Kerl vom Land', zu dem heute in der Pfalz nicht mehr bezeugten *Watz* 'Eber'; Petri 1971, 119.
→Eber, Schwein, Wutz.

wechseln - schw, veksl, kvekslt [ASad, Lind, Resch, Wei, Wolf V]
Fo: (vom Wild:) regelmäßig auf einem bestimmten Pfad gehen • *Der hot Tausende Kilo Solz in Wold ze de Solzlecken* (↑Salzlecke), *woa's Wild weckslt.* [Wolf V]

Weder - m, selten, ve:dər, ve:drə [Bil, Ham, Schei VI]
Allg: Eimer aus Holz oder Blech *Etym.:* Entlehnung aus ung. *veder* 'Eimer, Kübel'. • *Mit dem Weder trage mer der Wei[n] 'nab in Kiër* (↑Keller). *No bin i gange mit zwee-drei Wedre voll, honn i fleißig gspritzt.* [Schei VI]
→Eimer (1).

Weg - m (n), ve:k, ve:gə [Tom IV, Fak, Ga, Glog, Sad, StA V, OW VI]; ve:k, ve:çə [Alt, Fek, Nad, Oh, Wem II]; ve:k, Pl. id. [ASad, Lind, Resch, Wei, Wolf V]; ve:ç, -ə [Alex, Bak, Bog, Bru, Jahr, Len, Low, War V]; vęək, -ə [Bil, Ham, Pe, Schei, Suk VI]; veig, veiŋ [Ed, KT, Wud I]; (n) ve:gl, Pl. id. [Fak, Glog, Ga, Wil V]; ve:glį [Sad V]
A, Ga, Fo, W: unausgebaute Strecke, Feld- oder Waldweg, Pfad • *Der Joahhiëte* (↑Jahrhüter) *hot aa gschauet, dess die Wejgn in Uadnung ghojtn sann woan.* [Wud I] *De Stroßweg es e braade Weg.* [Fek II] *Uff die Ecker* (↑Acker) *ware schlechte Wege 'naus, do hod me meischtns die leichti Ross ghat.* [Tom IV] *De Bärichrichter* (↑Bergrichter), *där hat angschafft* (↑anschaffen) *die Weche richte.* [Bak V] *Die Storze* (↑Storzen) *sein meistns glei in de Forch* (↑Furche) *oder im Wech verbrennt gewe.* [Bru V] *Sentånne* (ON) *un Kumlusch* (ON) *is ner durich en Weg trennt.* (...) *Vår Kerek* (ON) *hat sich der Weg taalt* (geteilt), *no is mer rechts odder links gfahre.* [StA V] *Do sein so a 30, 40 Reh glegn, nur a zwonzig Schritt ven Weg weg.* [Wolf V] *Der Weg kommt mit em Buldoser gemacht. Es ärstemal wiëd de Weg trassiët* (↑trassieren), *wird mit em Apparat ausgemossn.* [OW VI] *Un obe, am Wäeg isch d'Wååg gsei, wo me hot gwoge.* [Schei VI] ♦ Wege werden oft nach der Richtung benannt, in die sie führen, z. B. in [StA V] der *Arade Weg* (Weg nach Arad), *Kurtitsche Weg* (Weg nach Curtici), *Neipinade Weg* (Weg nach Neupanat) usw. Es gab *'s Wegli* [Sd V], den Pfad zwischen Gemüsebeeten, und *'s Hasewegl* [Glog V], den Kleintierwechsel im Unterholz. ■ Gehl 1991, 69.
→Feld-, Gewannen-, Haupt-, Straßen-, Traktorweg, Straße, Strecke, Traktorweg.

wegbrechen - st, vejkpreiçə, -prouxə [Aug, Ed, GT, KT, Scham, Schor, Wein, Wud I]
A, G, W: einen Pflanzenteil brechend entfernen • *Me hot die Blaal* (↑Blatt) *wejgbrouche, dass dejes Weiemba* (↑Weinbeere) *meha Sunna kriëgt.* [Wud I]
→brechen (2).

wegführen - schw, vekfi:rə, -kfi:rt [Bog, Fak, Ga, Glog, Len, Low, Ost, War, Wis V]
Allg: ein landwirtschaftliches Produkt bzw. ein Material mit einem Fahrzeug (zumeist Pferdewagen) befördern • *Bei uns hann se mal gedrescht, un ich un de Knecht sinn net nochkumme mit wegfihre.* (...) *Die hann uff e paar Joch a Fischteich ausgegrabt un weggfihrt de Grund.* [Ost V]
→führen.

weggabeln - schw, vekho:vln, -kho:vlt [Sulk II]
A: Garben, Stroh, Heu usw. mit der Gabel befördern • *Am Stroh ware die zwaa Goowler, die wo des Stroh weggoowlt hunn.* [Sulk II]
→gabeln; Gabeler.

wegräumen - schw, vekrã:mən, -krã:mt [Aug, Schor, Wer, Wud I, Wik II, ASad, Wei, Resch, Wei, Wolf V]; vekrã:mə, -krã:mt [Mu, Oh, Wem II, Ap, Hod, Stan III, Be, Tom IV, Bak, Bru, Jahr, Nitz, Ost, War, Wis V]
A, Fo: Hindernisse beiseite schaffen, um einen Platz zu säubern und für den Anbau vorzuberei-

ten ● *Sie hamment messn in Urwold oohaun* (↑abhauen), *un 's Holz wegraamen un hamm's vebreent.* [Wolf V]
→rechen.

wegschmeißen - st, vekʃmaisə, -kʃmisə [Tom IV, Fak, Ga, Glog, Ost V]; vekʃmaisə, kʃmis [Ker, Sch, Siw, Tscher III, Be IV, Alex, Bru, Bog, GJ, Lieb, Low, War V]
Allg: (ein unbrauchbares Produkt) wegwerfen, entfernen ● *Die Schnuss* (↑Schnusse) *hot mer abschnitt un die Nas, wu des rotzich Sach war, des hod me weggschmiss.* [Lieb V]

wegschneiden - st, vekʃnaidə, -kʃnidə [Ker, Mil, Pal, Sch, Stan III]
A, W: (junge Triebe) vom Stock mit einem scharfen Werkzeug abtrennen ● *No hot es schun ↑Geiz getriewe* (↑treiben 4), *die hot mer mit de Geizmesse messe schee wegschneide.* [Stan III]
→abschneiden, schneiden.

wegtragen - st, vektra:gə, -ketra:gə [Fak, Ga, Glog, StA, Wil V]; vektra:gə, -kətra: [Bog, GJ, GK, Hatz, Len, Low, Ost, War V]
Allg: ein landwirtschaftliches Produkt bzw. ein Material vom Ausgangspunkt zu seinem Bestimmungsort befördern ● *No sinn die Liesche weggetraa ginn, uff de Liescheschower drauß. De Liescheschower, des war a gudes Fuder* (↑Futter). [Ost V]
→tragen (1).

Wegwarte - f, ve:kva:rtə, Sg. tant. [Ga, Dad, StA V]; ve:kva:rt [Bog, GJ, GK, Len, Low, Ost, War V]
A: als Unkraut verdrängte Gemeine Wegwarte; Cichorium intybus ● *Unkraut ham-mer viel ghat, die Wegwart, die Kespapple* (↑Käsepappel), *die Kleeseid*[e], *des Sudangras un vieli andre.* [Ost V]
■ Gehl 1991, 101.
→Unkraut.

wegziehen - st, vektsẽɥ̃ə, -tsẽɥ̃n [OG I]
A: etwas unter Anwendung von Zugkraft von einer Stelle wegbewegen ● *Im Fruhjahr kummt's wegzangn fu die Steik* (↑Stock 1), *in de Mittn hie, die Eädn* (↑Erde). [OG I]
→hinziehen.

weh - Adj, ve: [Fak, Ga, Glog, Wil V]
V: Schmerzen verursachend, krank ● *Des Ross hat wehi Auge.* [Fak V] ■ PfWb VI 1147 f.; RheinWb IX 352; Gehl 1991, 108.
→Augenweh.

Weiberarbeit - f, vaiəvɐoɐrvət, Sg. tant. [Aug, Ed, KT, Scham, Schor, StIO, Wein, Wud I]
Allg: von Frauen durchgeführte Arbeit im Haus und in der Bauernwirtschaft ● *Die Weiemba* (↑Weinbeere) *hot mer in de Stodt vekauft, dejes is meistns e Weiewaoarwed gwejesn* (gewesen). [Wud I] ◆ In der Landwirtschaft gab es eine überlieferte Arbeitsteilung zwischen Männern und Frauen.
→Arbeit (1).

weich - Adj, va:iç [Fek, Ha, Seik II, Waldn III, Ost V], vå:iç [Ap III]; va:ik (ve:igər) [StI II]; va:x [Fak, Ga, Glog, StA V]
Allg: nicht hart, dem Druck nachgebend ● *Des Koppfleisch un alles, hot, des muss weich sein.* [Fek II] *Ha, Fichteholz gibt's veschiedene Sorte, secht me, des is härter un waaicher.* [Seik II] *Un es Howerstroh, des woar weiger, des hunn se gfittert im Winder.* [StI II] *Des wåiche Bascht* (↑Bast) *ist noh fers Viech fittre gwest un aach in ↑Strohsack kumme.* [Ap III] *In de Hannefraaib* (↑Hanfreibe) *is der Hannef drunnergeleet worre, dass er waaich wird.* [Waldn III] *Die Kaiserbiere* (↑Kaiserbirne) *sinn dick, die Butterbiere henn waaches, gudes Fleisch.* [Fak V] *Die Aldi* (Alten) *hann uff die Eecher* (↑Ähre) *drufgebiss un gsaat, des is noch zu waaich.* [Ost V] ◆ Da selbst das harte und kalorienarme Stroh als Ergänzung des Winterfutters verwendet wurde, griff man gerne auf das Haferstroh zurück, das mehr Blätter als anderes Getreidestroh hatte und deshalb weicher war.
→gelatineartig, hart; ein-, verweichen.

Weichsel - m, vaiksl, -n [Aug, Ed, Scham, Wein, Wud, Wudi I, Petschw II, ASad, Lug, Resch, Stei, Tem, Wei, Wolf V, OW VI]; vaiksl, Pl. id. [OG I, Ap III]; vaiksl, -ə [Brest, Mil, Stan, To, Tscher, Wasch III, NP, Tom IV, Bog, Fak, Ga, Glog, GStP, Jahr, Len, Low, NB, Ost, StA, War, Wil V]
A: Sauerkirsche; Prunus mahaleb *Etym.: Weichsel* für 'Sauerkirsche' ist seit dem 11. Jh. belegt und kommt von mhd. *wīhsel*, ahd. *wīhsila*, *wīhsel*, mittelniederd. *wissel*. Diese Wörter bezeichnen ursprünglich offenbar die einheimische Holzkirsche, während die eigentlichen Sauerkirschen im 2. Jh. durch die Römer nach Deutschland gebracht wurden. ([23]Kluge, 880) ● *Ja, es Obst woa viel. Von die Himbårn hammen Soft gmocht. Jetz ta-me nue es Obst einfriën, in de Kühlschrank 'nei, olles wos wockst, Weicksl, Kiëschn, Biern.* [OG I] *Die Obstbeem*

Weichselbaum

worn *Epplbeem, Biere* (↑Birne), *Ringlo* (↑Reneklode), *Weichsl, Kärsche, Kitte* (↑Quitte). [Ap III] *Morge geh mer die Weicksle vun dr Weickslbeem roppe* (↑rupfen 1c). [Mil III] *Vun de Weicksle get's die große Spanische Weichsle.* [Bog V] ■ Gehl 1991 236; Petri 1971, 59.
→Amarelle, Obst, Sauerkirsche, Spanische Weichsel, Weichselbaum, -blatt, -soße; weichselner.

Weichselbaum - m, vaikslpã:m, -pē:m [Ap, Brest, Gai, Hod, Mil, Sch III, Be, Tom IV, Bog, Fak, Ga, Glog, Nitz, Ost, StA, Wil, Wis V, NP VI]; vaikslpã:m, -ə [Ed, KT, Scham, Wud, Wudi I, ASad, NA, Resch, Tem, Wolf V]
O: Obstbaum, der Weichseln trägt ● *Morge geh mer die Weicksle vun dr Weickslbeem roppe* (↑rupfen 1c). [Mil III] *In die Weigäete woan vill Kirschnbaame un Weickslbaame.* [NA V] *Die Leit hann weickslni* (↑weichselner) *↑Schuss gezoo* (↑ziehen 2) *im Garten am Weickslbaam.* [Ost V]
→Obstbaum, Weichsel.

Weichselblatt - n, vaikslplat, -pletər [Fak, Glog V]; vaikslpla:t, ple:dər [StI II]
G: Blatt der Sauerkirsche ● *Mir hunn als mit bissje Essich, Salz un Kree* (↑Kren), *noch hommer Weickslbleder druf.* [StI II]
→Blatt, Weichsel.

weichselner - Adj, vaikslnə, vaikslni [GK, Ost, War V]
Fo, O: aus Weichselholz bestehend ● *Die Leit hann weickslni ↑Schuss gezoo* (↑ziehen 2) *im Garten am Weickslbaam.* [Ost V]
→Weichsel.

Weichselsoße - f, vaikslso:s, Sg. tant. [Wem II, Ap, Hod, Siw, Tscher III, Be, Tom IV, Bak, Bog, Ernst, Fak, Ga, GK, Glog, Gott, Gra, Len, Nitz, Ost, StA, War, Wil V]
O: Weichselsoße als Beigabe zu Fleischspeisen ● *Mer hat verschiedeni Soße gmacht, hauptsechlich Paradeissoß Weickslsoß un Kriensoß.* [Bog V]
→Soße, Weichsel.

Weide - f, (1) vaide, Sg. tant. [ASad, Lind, Lug, NA, Resch, Tem, Wei, Wolf V]; va:t [GBu, StI II, Ap III, Fak, Ga, GK, Glog, Ost, StA, Wil V]; (2) vaide, vaidə [Schön V]; vaidə, Pl. id. [Brest III, Bill, GDtP, Karl, Low, GStP V, Bil, Ham, Mai, Pe, Schei, Suk VI]; vait, vaidə [StI II, Ap, Brest, Tor, Tscher III, Be, Tom IV, Bill, Bru, GStP, Len, Lieb, War V]; vaitə, Sg.tant. [Ap III]; vi:tə, Pl. id. [Stan III]; vi:dle, vi:dlə [Bil, Ham, Pe, Schei, Suk VI]
1. A, Fo, V: grasbewachsene Fläche, Wiese, auf der Vieh weiden kann ● *Die Sei sein frihre* (früher) *aff de Waad nausgange. Do woar de Seihalder, de hot ausgetriewe un oweds haamgetriewe noch.* [GBu II] *Mir hadde kaa* (keine) *Waad net, do honn die Leit ihre Viech trucket halle mise im Stall.* [StI II] *Die Kih sinn im Summer uf die Waad getriwwe* (↑treiben) *warre.* [Ap III] *In Frihjoahr, vo Mai an, hom-me's Viech schon nausgetriebn aff die Weide, aach schun in Aprül.* [ASad V] *Aso die Stiere sind auch mit auf die Weide gangen, und ich hab sie imme missn z'Haus bringen.* [Lug V] *Schof had me de Schofhalde auf de Waad gewwe es ganzi Joah.* [NA V] *Die Biko* (↑Bika) *henn gstiert, dort uff der Waad.* [Ost V] 2. A, Fo: Weidengewächs mit zweihäusigen, zu Kätzchen zusammenstehenden Blüten; Salix; (auch) Weidenruten ● *Monichsmol hot me ven Weide, ven Weidebeem dezu gnumme.* [Seik II] *Die Backsimbl* (↑Backsimperl) *woan vun Strouh un vun Weide.* [StI II] *Die Fischweiwer* (↑Fischweib) *henn der Stookarre* (↑Steinkarren) *gnumme un e großer Weidekarb, aus schwarzi Weide.* [Ap III] *De ↑Hambar* (1) *war so hoch un so viereckket* (↑viereckig), *vun Wiede ware so gflochte, die Wend un des war gschmiert.* [Stan III] *Des Kukrutzstroh hat mer gschnied* (↑schneiden) *un zu Schab* (↑Schaub) *gebunn, mit Lischessaal* (↑Lieschseil) *oder Weide.* [Bru V] *Wenn die Weide in de Blite* (↑Blüte 2) *stehn, kriegn sie klaani Ketzl* (↑Kätzchen). [Schön V] *Denn ham-mer mit de Wiedle naabunde selle Ruetene* (↑Rute). [Schei VI] ◆ (1) Historischer Beleg: "Sie sagten, daß eine Pußta mit 900 Joch Weide dort sey ..." (Deutsches Bauernleben 1957, 16) - (2) Volksmedizin aus der Pfalz: Tee aus abgekochter Weidenrinde lindert Darmkatarrh, Erkältung, Kopfschmerzen, Rheuma, schwärende Wunden. (PfWb VI 1165) ■ Gehl 1991, 95, 208; PfWb VI 1162-1168: *Weide* (1): 'Silberweide' (Salix alba) und 'Korbweide' (Salix viminalis), auch Karte 384 *Weide*, (2) 'Viehweide'; RheinWb IX 369-374: 'alle Salix-Arten'; SchwWb VI/1, 573-575: *Weide* I 'Ort, wo Pferde, Vieh, Schafe geweidet werden', II 'Salix (jede Art)'; BayWb 2/2, 850 f.: *Die Waid* 'der Ort, wo ein Tier sein Futter sucht'; Petri 1971, 66 *Weide* (2).
→(1) Gänse-, Hut-, Motschen-, Rehweide, Weidenbrunnen; weiden; (2) Weidenbaum, -blüte, -korb.

weiden - schw, va:də, kva:t [GK, Gra, Ost V]; vå:tə, kvå:t [Ap III]; va:dlə, kva:dlt [Fak, Glog V]
A, V: (vom Vieh:) auf der Weide Gras fressen
● *De Kuhhalter* (↑Kuhhalter) *is durich die Gass kumme un hot die Kih nausgetriwwe* (↑hinaustreiben) *uff die Hutwaad* (↑Hutweide) *for wååde.* [Ap III] *Es Viech wadlt de ganzi Summer.* [Glog V] *Jungi Buwe* (Buben) *hann die Ross die ganz Nacht waade gloss drauß. So hann sie's Fuder* (↑Futter) *gspart.* [Ost V] **Anm.:** Die Variante *waadle* wird mit dem Iterativsuffix *-le* gebildet.
■ Gehl 1991, 208.
→Weide (1).

Weidenbaum - m, vaidəpa:m, -pe:m [Seik II, Karl, Lieb, StA, SM V]
Fo: Weide; Salix ● *Monichsmol hot me ven Weide, ven Weidebeem dezu gnumme.* [Seik II]
■ Petri 1971,66.
→Baum, Weide (2).

Weidenblüte - f, selten, vaidəpli:te, Sg. tant. [Eng, Schön, Trau V]
B, Fo: Blütezeit, das Blühen der Weiden *Etym.:* Entlehnung aus der Standardsprache. ● *Vun de Weideblite sammln die Biene gude Honich.* [Schön V]
→Blüte (2), Weide (2).

Weidenbrunnen - m, vaidəprẹnjə, Pl. id. [Alt, Fek, Nad, Oh, Wem II]
A: durch die frühere Viehweide fließender Wasserlauf ● *Dort es aach der Såihåltersbronne un es Weidebrännje.* [Fek II]
→Brunnen, Weide (1).

Weidenkorb - f (n), vaidəkhorp, -khẹrp [Fak, Ga, Glog, NA, Wil V]; vaidəkhorp, -khirp [Baw, StI, Wem II]; vaidəkha:rp, -khẹ:rp [Ap III]; (n) vi:dləkhẹrble, -khẹrblə [Schei VI]
Allg: aus Weiden geflochtenes Tragegerät mit einem Griff oder zwei Griffen ● *Alle morjets is er mit Weidekirb gange in die Grufte* (↑Gruft) *un hot des Eis imme so ufghackt, Stecker* (↑Stück) *ghackt.* [Baw II] *Die Gluck hot mer oogsetzt* (↑ansetzen) *in em Weidekarb, hot mehr Stroh 'nei un hot mer die Aaier neiglegt.* [Ap III] *Do kommt ales 'nei in die Kärb do, in die Weidekärb.* [NA V] *No hat me e Wiedlekärble neitaa un håt me abgschepft* (↑abschöpfen) *der Wei*[n]. [Schei VI]
→Korb, Weide (2).

Weidling - m, vaidliŋ, -ə [Fek II, Fak, Ga, Glog, Lieb, Sta, Wil V]; vaidliŋ, Pl. id. [Wer I, StI II, Tow IV]; vaitliŋ [StI II]
A, O, V: weites, schüsselartiges Küchengeschirr aus Blech *Etym.:* Bair.-österr. Entlehnung. ● *E Fraa hot mitn grose, mit Muldre oder Weidlinge, midn große Gschirre hot die Därem* (↑Darm) *un des Ingewaad* (↑Eingewiede) *alles 'nei.* [Fek II] *Die Frau is noch komm mid em Weidling um die Därem houle. (...) Sie hunn no gebacke als zwaadrei Weidling voll Kreppl* (↑Krapfen). [StI II] *Dann is die Sau ausgenumm wor, in so e große Weidling.* [Lieb V] ■ Vgl. österr. *Weidling, Weitling* weites, schüsselartiges Küchengeschirr'. (ÖstWb 475); *Weitling* Krauß 1056: 'große Schüssel'.
→Multer.

Weihnachtsglocke - n, vainaxtsklekl, -ə [Bog V]
G: Hahnenfußgewächs, dessen weiße oder rötliche Blüten bereits von Dezember bis Februar erscheinen, Christrose; Helleborus niger *Etym.:* Die oft neben dem Christbaum blühende, auch Christblume oder Weihnachtsrose genannte Winterblume wird hier metaph. mit *Weihnachtsglöckchen* verglichen, die den *Christbaum* begleiten. ● *Die Krisantiener* (↑Chrysantheme) *ware vor Allerheilche gericht*[et] *un die Weihnachtsgleckle hann newer em Chrischbaam* (↑Christbaum) *gebliehrt.* [Bog V] ■ Petri 1971, 39.
→Blume.

Wein - m, vain, Sg. tant. [Wer V]; vāīn [Baw II]; vāī, Sg. tant. [Baw, La II, Ap III, Ga, Ost, StA, Wil V]; vā:ī [StI II]; vāī [Fak, Glog V]; vāīj [Aug, Ed, GT, Ins, KT, Scham, Schor, Tar, Wud, Wudi I]; vōī [Jood II]; vǭī [Sulk II]; vi: [Sad V]
V, W: aus der Weintraube gewonnenes, alkoholhaltiges Gertränk ● *E Weijbeieße hot in Weij vekaust* (↑verkosten), *des is a Weijvekouste gweiesn.* [Wud I] *Dehaam is schee alles obgepresst woan un de Wei 'nei in die Fesser.* [Baw II] *Wenn der Woi abkocht* (↑abkochen) *genzlich, no muss me'n abziehge, vun Läger* (↑Lager) *'runder. Un de Woi kriegt en Oischlag* (↑Einschlag), *dä wurd abbrennt im Fass.* [Jood II] *Ich sog ja imme zu unsre Leit, nor auflese de Pär* (↑Beere), *wal von de Pär git's de Wei, net von de Stiel, hehe.* [La II] *De Sauhalde hod uff Nacht en Litter Woi krigt un e Stuck Speck.* [Sulk II] *Die Trauwe sinn gstoße warre, dann henn sie gäre misse, un de Moscht is zu Wei warre.* [Ap III] *Des woarn Eichnfessr* (↑Eichenfass) *meistns fir Wein.* [Ru

Weinbeere

IV] *Der roti Strååf* (↑Streifen) *im Regeboge bedeit viel Wåi, bloo viel Håi.* [Glog V] *Des isch Wie vun de iegene Fecksung, ja.* [Sad V] *Mie hamm ein gewölbtn Kelle*[r] *ghabt, weil mer ja Wein ghabt hamm.* [Wer V] ■ Gehl 1991, 242.
→Franzbrannt-, Kern-, Presswein, Most, Rampasch, Weinbeere, -beißer, -berg, -fass, -färber, -garten, -gartenhüter, -heber, -hüter, -kammer, -keller, -lese, -rebe, -stock, -verkoster.

Weinbeere - f, vaimbə, Pl. id. [Petschw II]; vaimpə, Pl. id. [Pußt I]; vāīmpə, Pl. id. [OG I]; vāīəmpə, -nə [Aug, GT, Scham, Schor, Wud, Wudi I]; vimbələ, Pl. id. [Fak, Glog V]; vaimbələ, vaimbələ [Ga, StA V]
W: Weintraube, (auch:) die einzelne Beere ● *Donn hob i noch Eäbsn, Himbärn* (↑Himbeere) *un zwaa Schoa* (↑Schor) *Weimbe. Mië sogn Weimbe fi Traubn.* [OG I] *Wann so e schlechte Regn kemme is, sann die Weimbe kaputt gange.* [Pußt I] *Die Spöütz* (↑Spelz) *sann die Stingl* (Stängel) *ve die Weiemba und wos drau bliem is.* [Wud I] *In die Buttn* (↑Butte) *schnittn mië 'nei* (↑hineinschütten) *die Weimbe.* [Petschw II] **Anm.:** Die Variante *Weimbe* ist eine Verkürzung von *Weinbeere*, wobei n>m assimiliert wird. ■ Gehl 1991, 242: 'getrocknete Traubenbeeren'; *Weinberl* Teuschl 1994, 249: *weinba'l*.
→Beere, Aufhänge-, Strudelweinbeere, Traube, Wein, Weinbeerenblatt, -kraxe, -stecken, -stube, -trog.

Weinbeerenblatt - n, vāīmpɐbla:l, Pl. id. [Aug, Ed, GT, KT, Scham, Schor, StIO, Wein, Wud, Wudi I]
W: Weinrebenblatt ● *Die schajnsti Weiemba hot me auesgschnien und in Keawü* (↑Korb) *eieniglejgt* (↑hineinlegen), *mit Weiembablaal dezwischn.* [Wud I]
→Blatt, Weinbeere.

Weinbeerenkraxe - f, vāīəmpakraksn, Pl. id. [Aug, Ed, GT, KT, StIO, Wein, Wud I]
W: Gestell aus Stecken zum Aufhängen und Trocknen von Weintrauben *Etym.:* Die Wortbedeutung wurde von *Kraxe* 'Rückenkorb, Tragegestell' auf 'Holzgestell zum Aufhängen von Weintrauben' erweitert. ● *Die scheinsti Weiemba hot me in Keawü* (↑Korb) *haamtrogn und in de Weiembastuum, auf die Weiembakraxn aufgheingt.* [Wud I]
→Aufhängeweinbeere, Kraxe, Weinbeere.

Weinbeerenstecken - m, vāīəmpɐʃtejkɐ, Pl. id. [Ed, GT, KT, Scham, Schork, Wud, Wudi I]
W: Stützpfahl für den Rebstock ● *Mit em Mejsse* (↑Messer) *hot me die Weiembasteicka fen Akatzehujtz* (↑Akazienholz) *aff de Hanslbank* (↑Hanselbank) *obzaung* (↑abziehen). [Wud I]
→Stecken, Weinbeere.

Weinbeerenstube - f, vāīəmpɐʃtu:m, Pl. id. [Aug, Ed, KT, Scham, Wein, Wud I]
W: Kammer, in der Weintrauben auf einem Gerüst aufgehängt und getrocknet werden ● *Die scheinsti Weiemba hot me auesgschnien, in Keawü* (↑Korb) *haamtrogn und in de Weiembastuum auf die Weiembakraxn aufgheingt.* [Wud I]
→Weinbeere.

Weinbeerentrog - f, vāīmpətrɔ:x, -tre:ç [Kir, Krott, OG, Pußt, StIO, Tol, Tschow I]
W: längliches Gefäß aus Holz oder Blech zum Sammeln der geernteten Weintrauben ● *Wann de Kiewe* (↑Kübel) *voll is gweest, hot me in däre Weimbetroch einigschitt* (↑hineinschütten). [Pußt I] ◆ Bei der Weinlese wurden die Trauben im Ofner Bergland in einem trogförmigen Gefäß gesammelt.
→Trog, Weinbeere.

Weinbeißer - m, vāījbaiesə, Pl. id. [Aug, Ed, GT, KT, Scham, Schor, Wud, Wudi I]
W: Verkoster von Qualitätsweinen, Weingenießer *Etym.:* Die Bezeichnung ist bair.-österr. Vgl. *Weinbeißer* (ugs.) 'Weinkenner, -genießer'. (ÖstWb 475) ● *Die Weijbeieße haum in Wudeasche* (ON) *Weij gean trunka. E Weijbeieße hot in Weij vekaust* (↑verkosten), *des is a Weijvekouste gweiesn.* [Wud I] *Weinbeissa* WbWien 714: 1. 'Weintrinker, der langsam und genussvoll den Wein geradezu *beißt* ', 2. 'zu Wein gegessener kleiner, länglicher Lebkuchen'; Teuschl 1994, 249.
→Wein, Weinverkoster.

Weinberg - m, vāībɐrk, Pl. id. [Bil, Ham, Pe, Schei, Suk VI]; vaipęak, Pl. id. [Aug, Ed, KT, Scham, Tar, Wud, Wudi I]
W: mit Weinreben bepflanzter Abhang ● *In Käwln* (↑Korb) *hot me die Pfiësich haambrocht von Weibäeg, hint a Käewl, frau* (↑vorne) *a Käewl.* [Wud I] *Nach em Kriëg hand mir nicks me zurickiberkumme, kein Fäld un kuin Weibärg, gar nicks.* [Schei VI] ■ PfWb VI 1190: 1. 'Rebenanpflanzung', 2. 'amtlicher Flurname'; RheinWb IX 383; SchwWb VI/1 610, nur *Weinbirg n. 'Wein-

berge, Landschaft'.
→Berg, Wein, Weinberggasse, Weingarten.

Weinberggasse - n, vaibęrkesələ, Sg. tant. [Ham, Schei VI]
A: zum Weinberg führende Gasse ● *Wem-me 's Weibärggessele 'nab isch, wo me isch in Weibäeg gange.* [Schei VI]
→Gasse, Weinberg.

Weinfärber - m, vainfęrvər, Sg. tant. [GK, Ost V]
A: Traubenholunder; Sambucus racemosa ● *Weinsfärber is a Planz (↑Pflanze), die wackst (↑wachsen) gut mannshoch und hat schwarzi Bärle (↑Beere), fast lila, also violett. Un des hann se in de Wein getun for de Wein rot mache.* [Ost V] ■ Petri 1971 67.
→Attich; Wein.

Weinfass - n, vāīfas, -fesər [Ha, StI, Wem II, Ap, Mil, Pal III, Alex, Bak, Fak, GJ, Glog, Gra, Wil V, Pe VI]; vaifasl, Pl. id. [Pußt I]
W: Holzfass, in dem Wein gelagert wird ● *So e Fassl, wi-r-e Weifassl.* [Pußt I] *In Weifass, dort mit den Rauch tut de Eischlog (↑Einschlag) neibrenne.* [Ha II] *Do worn allweil großi Weifesser in Keller.* [Glog V] ■ Gehl 1991, 244.
→Fass, Wein.

Weingarten - m, vainga:rtn, -gę:rtn [OG I]; vainga:tn, -gęətn [Wer V]; vaigoʊtn, kęətn, [Petschw II]; vēīkoʊtn, -kęətn [Aug, GT, KT, Scham, Schor, Wud, Wudi I]; vaigatn, -gęətn [Ru IV]; vaingartə, -gęrtə [Baw II]; vāīga:rtə, -gę:rtə [Fak, Glog V]; vainka:rtə, -kę:rtə [Ost V]; vaika:rtə, -kę:rtə [Bog, GJ, GK, Len, Low, NA, Ost, War V]; vāīkatə, -kętə [StI II]; voika:rtə, -kę:rtə [Jood II]; vōīka:rtə, -kę:rtə [Ga, StA V]; vāīka:rtə, -kę:rtər [Bak, Nitz, Wil V]; vāīkoʊtə, -kęətə [Baw, Fek, La, Nad, Oh, StI, Wem II, NA, Resch, Stei V]; viga:rtə, -gę:rtə [Sad V]; vāīgęt, -n [Pußt I]; viņərt, -ə [Bru V]; viņət, viņədə [Jink, Kä, Sag, Sar, Warsch II]
G, W: mit Weinreben bepflanzte Ackerfläche ● *Ja im Weingartn sann mähe Sorte, des sann ↑Wertäschkintschä un Hainegle (↑Honigliche) sann e poa Steik (↑Stock 1a).* [OG I] *Jetz geh mer in Weigät, die Stecke (↑Stecken) außizieheng (↑herausziehen), un sann hieglegt woen.* [Pußt I] *Do sann Bauen gweest, wo olli Tog in Wäigoatn gfoahrn sann mit die Räisse (↑Ross).* [Wud I] *Die Loit (Leute) senn gange Woigarte hacke un binde un spritze.* [Jood II] *In Weigoate is viel zu arweide. Mer sagt, de Weigoate brauch en Knecht, net en Härr.* [La II] *Im Weigoatn muss me viel oarwetn, vun Fruhjahr bis Härbst. In Härbst wäd's zudeckt im Fruhjahr aufdeckt.* [Petschw II] *Unser Leit hadde ufn Bärich ihre Weigäte. (...) Noch sein se gange hiede (↑hüten) im Weigoate.* [StI II] *Im Sommer weäd de Weigatn gspritzt un gstutzt und im Heabst is die Weiles.* [Ru IV] *Die Wingerte ware gegr Bentschek (ON) zu, weil's do hiwlich (↑hügelig) war.* [Bru V] *De Feldhieder muss die zeidichi (↑zeitig) Milone und die Weigärte hiede.* [Fak V] *Die Liesche (↑Liesch 1) warn unser Bindsach im Weigarte. Friher hat die Reblaus viel Weigärte vernicht.* [Ga V] *Auch in die Weigärte hawwe sie Pleck gewwe.* [NA V] *De Weingaarte geht (wird) im Frujohr 's ärscht ufgedeckt, mid am Weingarartepluck.* [Ost V] *Un die Weingäetn ham-me ghabt und im Hausgartn, da hat me imme e bissl Frischobst ghabt.* [Wer V] ♦ Der Flurnamen xritsvigę:rtə (Kreuzweingärten) in [Sad V] rührt daher, dass diese Äcker neben einem Flurenkreuz liegen. - Bis zum Zweiten Weltkrieg lagen die Weingärten auf den Feldfluren, nach Möglichkeit auf der Südseite von abhängigen Flächen, um den Reben und Trauben die nötige Sonneneinstrahlung zu sichern. Nach der 1945 erfolgten Enteignung des deutschen Feldbesitzes nutzte man jeden Quadratmeter bebaubare Fläche und zog Reben im Hof und Hausgarten auf dem Spalier. ■ PfWb VI 1192 f.; Gehl 1991, 238; Wingert PfW VI 1381 f.; RheinWb 549.
→Garten, Kleinhäusler-, Mittelweingarten, Wein, Weinberg, -zettler, Weingartengraben, -pflug,.

Weingartengraben - m, vāīkoʊtəkro:və, Pl. id. [Alt, Fek, Nad, Oh, Wem II]
A, W: (mit Wasser gefüllte) Vertiefung in der Weingartenflur ● *Am Weigoategrowe senn die Fäkäder (ON) Weingäete. Des oon Feld haaßt Mettlweigoate.* [Fek II]
→Graben, Weingarten.

Weingartenhüter - m, vaika:rtəhi:tr, Pl. id. [Ap, Berg, Ker, Pal, Wepr III]
A: Gemeindeangestellter, der den Weingarten bewacht ● *Ja, Feldhieter hot's no gewwe (↑gegeben), die henn es Feld ghiet, genau wie Weigartehieter.* [Ap III]
→Garten, Hüter, Wein; hüten.

Weingartenpflug - m, vainka:rtəpluk, -plik [Bog, Low, Ost, War V]
W: kleiner Hackpflug zum Aufdecken der Rebstöcke und zur Unkrautbekämpfung ● *De Weingaarte geht (wird) im Frujohr 's ärscht ufgedeckt, mid am Weingararteplugg, un dann mit der Hack an die Steck (↑ Stock 1a) rum.* [Ost V]
→Pflug, Weingarten.

Weinheber - m, vāīhe:bər, Pl. id. [Ru IV]; vāīhe:vər [Fak, Ga, Glog, StA, Wil V]
W: Vorrichtung aus Glas bzw. aus einem Kürbis, mit Ausbuchtung und langem Rohr, zum Ansaugen und Schöpfen des Weines aus dem Fass *Etym.:* Der Terminus ist ein postverbales Subst. nach *heben* 'hochziehen'. ● *Es hat Heber gebn vun Glas un had auch Heber gebn vun so langen Kirbis. Dea Kirbis hat obn son ↑Bauch (2) ghat und untn so e dinnes Reahrl (↑Rohr 1a). Un das woar de Weiheber.* [Ru IV] ◆ Das Gerät zum Ansaugen des Weines aus dem Fass war aus Glas, zuvor aus einem ausgehöhlten Flaschenkürbis mit langem Hals, *Cucurbita lagenaria*. Die Pflanze rankte sich an Gartenzäunen empor. Die reife Frucht wurde geerntet und das Fruchtfleisch durch Öffnungen an beiden Enden entfernt. Der Heber fehlte aus keinem Weinkeller; meist waren auch mehrere vorhanden. Zum Umfüllen des Weines wurde auch ein dünner Gummischlauch verwendet. - Die Frucht des Flaschenkürbis ist in den donauschwäbischen Dialekten bekannt als: Floschnkärwus, Heberkürbis, Schapfenkürbis (von schöpfen), Tökkulatsch (von ung. *tök* 'Kürbis' und *kulacs* 'hölzerne Feldflasche'), Tschutter (von ung. *csutora* 'Feldflasche'), Blutzer, Weinheber, Weinzieher, Zieher u. a. - Zum Umfüllen des Weines kann auch ein Schlauch verwendet werden. ■ Gehl 1991, 246.
→Heber, Tschutra, Wein.

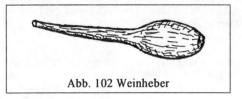
Abb. 102 Weinheber

Weinhüter - m, vāihiətə, Pl. id. [Ed, GT, KT, Scham, Wein, Wud I]
W: (verkürzt für:) Weingartenhüter ● *Es hot zwaa Hiëte gejem, in (den) Joahhiëte und in Weihiëte. Die homm aufpasst, dess nicks gstuhjn (gestohlen) is woan.* [Wud I] →Hüter.

Weinkammer - f, vainkhamər, -khamrə [Bru, Jahr V]
W: halbtiefer Kellerraum ● *Aanfacher un billiger war die Weinkammer, die war siebzich bis achzich Zentimetter tiefe wie die annre Reimlichkeide.* [Bru V] ◆ In der Weinkammer standen neben Fässern die Weinpresse und Weingartenspritzen.
→Keller, Wein.

Weinkeller - m, vāīkhelər, Pl. id. [Alt, Fek, Nad, Oh, Surg, Wem II, Fak, Ga, Glog, StA, Wil V]
W: (manchmal im Presshaus gelegener) Keller zum Aufbewahren von Winzergeräten und Fässern ● *In de Källeraaje stiehn bei uns ville Wåikeller, un in de Baureraaje (↑Bauernreihe) senn ville Bauesheiser.* [Fek II]
→Keller, Kellerreihe, Wein.

Weinlese - f, vainle:s, Sg. tant. [Petschw II, Bru, Mar, Ost V]; vainlę:s [La II]; våile:s [Fak, Ga, Glog, StA, Wil V]; vaile:s [Baw, StI, Wem II, Ru IV]; voile:s [Jood II]
W: Wein-, Traubenernte ● *Be de Weiles honn die Bekannde un die Freinde zåmmgoarwet.* [Baw II] *Be die Woiles kummen die Fesse 'ruf vun Kelle[r], elli schee auswesche un die Bodinge (↑Bottich) auswäsche.* [Jood II] *Die Weinläs, des is a weng so wie en Feirtog. Do wänn die Bekannde zammgerufe un die nochende Vewandte, noch word's gelåse.* [La II] *Die Weinles? Hat, da kummt die Freindschaft 'zamm un wäd (wird) glesn.* [Petschw II] *Im Sommer weäd de Weigatn gspritzt un gstutzt und im Heabst is die Weiles.* [Ru IV] *Bei der Weinles war for jedi Person a Aamer (↑Eimer).* [Bru V] *Dann war die Weinles. Da sinn die Leser kumm mit Kärb (↑Korb) un hann die Trauwe in de Amber gles mit eme scharfe Messer.* [Ost V] ■ PfWb VI 1199; RheinWb IX 384; Gehl 1991, 244.
→Lese, Leser, Wein; lesen (2).

Weinrebe - f, vāīre:m, Pl. id. [Aug, Ed, Ins, Pußt, StIO, Schau, Tar, Wasch, Wer, Wet I]; vainre:p, -re:və [Gai, Sch, Werb III, Be, Tom IV, Bak, Bru, Ger, Gott, Mar, Ost, Wis V]
W: Rebe des Weinstockes ● *Die Weireem von Weistock hod me aufibindn miëssn (↑aufbinden).* [Pußt I]
→Rebe, Wein, Weinstock.

Weinsaurer - m, vāīnsaurər, -saure [Fak, Ga, Glog, StA V]
O: Apfelsorte mit süß-säuerlichem Fruchtfleisch ● *Bei uns worn viele Apflsorte: Långstiel-, Glås-, und Strudläpfl, Weinsaure, Ghånsäpfl (↑Gehansapfel) un Jakobiäpfl.* [StA V] ◆ Zur selben Sort zählt der *Sauerappl* in [Low V]. (Petri 1971, 46) ■ Gehl 1991, 232.
→Apfelsorte, Süßapfel.

Weinsiedler - m, selten, vāīnsi:dlər [Bak, Jos, Nitz V]
W: Pächter eines Weingartens *Etym.:* Aus mhd. *wînzürl*, mit volksetym. Anlehnung an *Siedler*, wohl weil er in der Weinberghütte wohnt. Vgl. auch unter *Weinzettler*. ● *Un die großi Herrschafte, des ware bessri Beamte vun Temeschwar un Busiasch, die hänn großi Weingärter ghat, un die hän aa Weinsiedler ghat! Fimf, sechs Weinsiedler ware ufm Bärich, die hänn in deni aldi Häiser gwohnt.* [Bak V] ◆ Aus einer Tonaufnahme von W. Konschitzky aus dem Jahre 1974 geht der Bedeutungsumfang des Wortes hervor: "Aso der Schwarz hat dorte ufm Berich 8 oder 10 Joch Weingarte ghat, un der hat doch nie kenne do sin, na jetzt hat'r sich one ufghol, des war sei Weinsiedler. Der hat Techlehnr ghol un hat drauß gwohnt un alles, der hat no abgrechnt mit ihm, was'r for Tachlehner ausgin hat un des ganzi." (Gehl 1984, 218.)
→Weinzettler.

Weinstock - m, vaiʃtok, -ʃtek [Baw, Sei, Wem II]; vāīʃtok, -ʃtek [Pußt I]
W: im Anbau stehende Weinrebe ● *Die Weireem von Weistock hod me aufibindn miëssn.* [Pußt] *Die Hauptrewe an dem Weistock, die solle den Wei bringe.* [Baw II] ◆ Bauernregel: Märzeschnee tut de Beem (Bäume) un em Rebstock weh. ■ PfWb VI 1203; RheinWb IX, 385.
→Pflanze, Stock (1a), Wein, Weinrebe.

Weintreber - m, voitrebər, Sg. tant. [Jood II]
W: zum Schnapsbrennen verwendete Weinhefe, Ablagerung im Weinfass ● *Schnaps kam-me vun Obst brenne un vun de Woitreber brenne un vun alte Woi kam-me Schnaps brenne.* [Jood II]
→Treber, Wein.

Weinverkoster - m, vāījfəkoustə, Pl. id. [Aug, Ed, GT, KT, Scham, Schor, Tar, Wud, Wudi I]
W: Person, die den Wein kostet bzw. genießerisch trinkt ● *E Weijbeieße hot in Weij vekaust,*
des is a Weijvekouste gweiesn. [Wud I]
→Wein, Weinbeißer; verkosten.

Weinzettler - m, vaintsetlə, Pl. id. [StI II]; vāītsetlər [Fak, Glog, Pau, Wil V]; vaitsedlə [Drei, Kreuz, NA V]; vaitsęɐl, Pl. id. [Aug, Ed, GT, KT, Scham, Schor, Wud, Wudi I]; vintseli:r [Sem V]
W: Pächter des Weingartens *Etym.:* Das Subst. *Weinzettler* ist eine Rückentlehnung aus ung. *vincellér* 'Winzer, Weingärtner', das von mhd. *wînzürl, wînzurl* 'Winzer' stammt. Das Wort erscheint auch bair.-österr. als *Weinzierl* 'Winzer' (BayWb 2/2, 928), das auf lat. *vinitōr, vineātōr* zurückgeht (MESz III 1149). Die ung. Wortform entstand wahrscheinlich unter Einfluss der Berufsbezeichnungen auf *-ér*. Als Terminus des Weinbaus wurde *vincellér* im 14.-15. Jh. ins Ungarische entlehnt. (Kobilarov-Götze 1972, 465) Die volksetym. Weiterentwicklung des entlehnten Wortes erfolgte unter formaler Anlehnung an *Zettel* und Bedeutungswandel von 'selbständiger Weinbauer' zu 'Pächter des Weingartens'. Auch im österr. Weinbaugebiet wird zwischen dem *Hauer*, der eigene Weingärten mit Haus besitzt und *Winzer, Weinzierl* unterschieden, der im Haus seines Herrn wohnt und ihm den Weingarten baut (Kretschmer 1969, 233), also dem Pachtverhältnis unseres *Weinzettlers* entspricht. - Der Winzer heißt in [Sem V] *Winzelier*, eine Lautumstellung nach mhd. *wînzürl*. ● *De Weizäal hot auesgmocht, um en wiëvüjtn Töü (↑Teil) ea in Ocka (↑Acker) owwe Weijgoatn oawet (↑arbeiten).* [Wud I] *Noch woan doch die Weinzettler, die wos den Weigoate goarwet hunn. Die Weinzettle hunn des gepacht fir Geld oder Wei[n]. Sie hunn gricht drei ↑Meter (2) Holz, ocht ↑Meter (3) Waaz (↑Weizen), sechzich Litter Wei un etwas Geld.* [StI II] *Die Weizeddle hawwe drauß ihre ↑Kolne ghabt.* [NA V] ◆ Ähnlich den Pächtern landwirtschaftlicher Besitzungen wohnten die Weingartenpächter in einem Wirtschaftshaus des Eigentümers auf dem Weinberg, dingten saisonale Tagelöhner, führten alle anfallenden Arbeiten in eigener Regie aus und verrechneten Ertrag und Ausgaben zum Jahresschluss mit dem Besitzer des Weingartens. ■ Gehl 1991, 238; *Winzeler* PfWb VI 1196: 'Weinbergshüter'.
→Weingarten, Weinsiedler; pachten.

weiß - Adj, vais [Ed, Schor, Wud I, Bohl, Fek, Nad, Oh, StI II, Berg, Brest, Fil, Mil, Sch, Siw, Tscher III, Be IV, Bak, Bog, Fak, Ga, GJ, GK,

Glog, GStP, Kath, Low, Len, Ost, Pan, Schön, StA, StAnd, War, Wil, Zich V, OW VI]; vais [Gai III]; vaiəs [Aug, Ed, GT, KT, Scham, Schor, StIO, Wein, Wud I]; vɛ:s [Ap III]; vi:s [Sad V]
Allg: von weißer Farbe ● *Die weießi, rundi Schampiau* (↑Champignon), *dej haum en brauene, klaane Kean* (↑Kern 1) *und e schneeweießes Fleiesch* (↑Fleisch 2). [Wud I] *Noch is die Sau gerasiët* (↑rasieren) *woan un gewesche* (↑waschen) *un geriewe un geribblt, bis sie ganz weiß woa.* [StI II] *Wenn dr Patschkukrutz* (↑Platzkukuruz) *ufknallt, wärd er weiß.* [Mil III] *Newer em Schwenglbrunne ware zwaa Maireslbeem* (↑Mairöschenbaum), *eene weiße, doppelte un de anre mit lila Blume.* [Bog V] *Mir henn rodi un weißi Gaaßtuddle* (↑Geißtuttel) *ghat.* [Glog V] *De Kochkukrutz war weiß, aso weißi Käre* (Korn 1), *un den had mer im Winder gekocht.* [Ost V]
→Farbe, Grau-, Silberweiße, Große Weiße, Kohlweißling, Langer Weißer, Weiße, Weiße Blume, - Bohne, - Grundbirne, weißer Boden, Weißbraten, -klee, -kraut, -mehl; weißeln.

Weißbraten - m, vaispra:dl, Pl. id. [Stan III]
V: Stück Bratenfleisch vom Rindsschlegel ● *De ↑Kaiserspitz is vun der hindri Schlegl. Da is die Schal* (↑Schale 2), *un no is Weißbradl do draa un do so en Spitz de Kaiserspitz, des geht in den Modschunge* (↑Wadschinken) *'rei.* [Stan III]
→Fleisch (1); weiß.

Weiße - f, vaise, vaisə [StI II, Stan, Werb III, Bog, Ger, GJ, Ost, War V]; vaize, vaizə [Ga, NA, StA V]; vaizi, Pl. id. [Fak, Glog V]
V: deutsches Edelschwein, Fleischschweinerasse ● *Un noch hunn se gholt die Weiße, ja.* [StI II] *No hot mer die letschte Johre schun die Deitschlender Sei, hot me gsagt, Weiße.* [Stan III] *Do hem-mir die Deitschlender Saue ghat, die Weiße, gell.* [Tom IV] *Die Weise, die Jork* (↑Yorkshire), *die woan Fleischschwein.* [NA V]
■ Gehl 1991, 193.
→Deutschländer Sau, Schwein; weiß.

Weiße Blume - f, vaisi plum, - plimə [Bog, GJ, GK, Ost V]
A: als Unkraut verdrängtes Seifenkraut, ein Nelkengewächs mit weißen Blüten; Saponaria officinalis ● *Mir saan Weißi Blumme* (↑Weiße Blume). *Die kam-mer schwär vertilche, die hann so gut Worzle wie Quecke un so schittri feini Blimmle drin, net volli Blumme.* [Ost V] ◆ *Das Seifenkraut, das pfälz. das Beinwell, Symphytum officinale bezeichnet wird, dient zur Bekämpfung von mancherlei Krankheiten, auch als Seifenersatz zum Waschen von Kleidungsstücken. "... die Ordensleut, als Barfússer wa(e)schen ihre kappen darmit, haben nicht gelt Seiffen zú kauffen".* (PfWb VI 33 f.)

Weiße Bohne - f, vaisi po:nə, Pl. id. [NA V]; vaisi po:n, - ə [Bog, Fak, GK, Glog, Len, Low, Ost, War V]; vaispo:n [Low V]
G: reifer entkörnter, weißer Bohnenkern ● *Me hot Griene Bohne vekauft, die lange Spinnbohne, dann auch die Weißi Bohne fir in Härbst.* [NA V] *Un dann ware die Weißi Bohne, die truckeni, was mer im Winter for Truckebohne ghat hat.* [Ost V]
→Bohne, Dürre Bohne, Trockenbohne; weiß.

Weiße Grundbirne - f, vaise krumpər, vaisi krumpər [GK, Ost V]; vaisi krumpir, -ə [Stan III]; vaizi krumbi:r, - ə [Fak, Glog V]
A, G: Salatkartoffel mit weißem, mehligem Fleisch ● *Un - no ware Weißi Grumbire un Geeli Grumbire un Blooi Grumbire ware aa.* [Stan III] *Aso dann ware die Roti Grumber un die Weiße Grumber, die Maigrumber, aso die Fruhgrumber un die Speti Grumber.* [Ost V] ■ Gehl 1991, 226.
→Grundbirne; weiß.

weißeln - schw, vaislɴ, kvaislt [Wein, Wer I, Tem, Wer V, OW VI]; vaislə, kəvaislt [Surg II, Be, Tom IV, Alex, Bru, Ga, Gra, Len, Low V]; va:islə, kəva:islt [Ha, Seil II]; vaislə, kvaislt [Kock II, Fil, Ker, Pal III]; vaizlə, kvaizlt [Fak, Glog V]; vaizə, vaizn [Nad II]
B, O, V: (einen Gegenstand) zur Desinfektion mit Kalk überstreichen, tünchen ● *Enwennich* (↑inwendig) *nicht, nur auswennich senn die Kärb* (↑Korb 2) *als åbgschmiët* (↑abschmieren), *segt me so gschmiët mit Lehm un gewaaißlt.* [Seik II] *Aso ärschtemal war scho mit Kålich* (↑Kalk) *gweißlt.* [OW VI] ■ PfWb VI 1206.
→weiß; Kalk.

weißer Boden - m, vaisər po:də, Sg. tant. [Alex, Bill, Fak, Ga, Glog, StA, War, Wil V]
A: salpeterhaltiger, unfruchtbarer Boden ● *De Saliterbode is de weißi Bode, uff dem wackst nicks.* [Fak V] ■ Gehl 1991, 64.
→Boden (2); weiß.

Weißklee - m, vaiskle:, Sg. tant. [Har III, Fak, Ga, Glog, Ost, Pan, StA, Wil V]; vaisi kle: [Har III]
A, V: als Futterpflanze verwendete Kleeart; Trifolium repens ● *Mir hann viel Staaklee* (↑Steinklee) *ghat, de hoche, un aa de Weißklee.* [Ost V] *Die Kih henn viel Klee gfresse, Rotklee, Weißklee un aa Rossklee.* [Pan V] ■ Gehl 1991, 86; Petri 1971, 74.
→Klee.

Weißkraut - n, vaiskraut, Sg. tant. [Aug, Wein I, Fek, Surg, Wem II, Berg, Brest, Fu, Siw, Stan, Tor, Tscher III, In, Ru IV, Bog, Ger, Franzf, GStP, Kath, Len, SM, Wis, Zich V, NP VI]
G: Weißkohl ● *Kraut had mer meischtns Weißkraut oogebaut, wenicher Rotkraut un Kehlkraut, awwer des wor aa gut.* [Beg III] ◆ Volksglauben: "An Neijohr kocht mer Schweinefleisach mit Weißkraut, dass es Geld net all werd." [Bog V] ■ PfWb VI 1217; RheinWb IX 397; Gerescher 1999, 96; Petri 1971, 20.
→Kraut; weiß.

Weißmehl - n, vaisme:l, Sg. tant. [Aug, Scham, Schor, Tax I, Baw, Wem II, Ap, Berg, Fil, Hod, Pal, Sch, Wepr III, In, Ru, Tom IV, Alex, Bak, Bog, Ger, Gra, Len, Low, Nitz, StA, Wil, War V, NP, OW, Pe, Suk VI]
A: fein gesiebtes Brotmehl aus Weizenkörnern ● *Do is in Apetie (ON) hauptsechlich Weißmehl gwest, des feini* (↑ fein 2), *und es Brotmehl.* [Ap III]
→Mehl; weiß.

weiterliefern - schw, vaidəlifrə, -klifət [Petschw II]
Allg: (wie: liefern) ● *Die Zuckerruem* (↑Zuckerrübe), *die sinn weidegliffet woan in de Zuckefabrik* (↑Zuckerfabrik). [Petschw II]
→liefern.

Weizen - m, vaitsn, Sg. tant. [Stei V]; vaitsə [Brest III]; voitsə [Franz IV, Franzf V]; vɒeitsə [Bil, Ham, Mai, Pe, Schei, Suk VI]; voəsə [Na V]; va:ts [Bog, Scham, Wud I, Baw, Fek, GBu, Jood, Kock, Pal, Petschw, Sag, Seik, StI, Sulk II, Fil, Fu, Kol, PrStI, Stan, Tscha, Wasch III]; vå:ts [Hart III, Fak, Ga, Glog, StA V]
A: wichtigste Getreidepflanze der Donauschwaben, mit großen Körnern und kurzen Grannen; Triticum vulgare ● *Naja, de Waaz, dä is schon in Härbst ausgseet woan, de Windewaaz.* [Baw II] *Un wie alles derham woar, Waaz, Gäerschte* (↑Gerste), *un hat alles woa eigfiehet, noch in die Maschie* (↑Maschine) *komme.* [Fek II] *Mir hande drei Virtl* (↑Viertel) *Feld, vierunzwanzich Joch, des hat so in aan Johar drei* ↑*Meter* (2) *Waaz un etwas Geld gemach.* [Gbu II] *Mir honn en Waaz aabaut* (↑anbauen), *Gärschte un die Grumbire* (↑Grundbirne), *was die Famili braucht hot.* [Jood II] *Un dot in die Seck is neigrunne* (↑hineinrinnen) *de Waaz.* [Petschw II] *Des Routmehl, des is aa vum Waaz, jaja, so e Art vun Klei.* [StI II] *Un no hod me de Waaz in de Mihl gfihrt, zu mahle.* [Sulk II] *Wenn de Weize gut war, no ware die Garwe so schwer im gable* (↑gabeln). [Brest III] *Die Kutsche warn groß, fir zammfihre, wånn de Wååz abgemeht war awwer* (oder) *Gärscht.* [Har III] *De Wååz is jetz noch grie* (↑grün 2), *awer in Juli is er schun zeidich* (↑zeitig). [Fak V] *Mit de Wege* (↑Wagen) *ham-mer Woaitze gfihrt, wo Dreschmaschie isch gsei.* [Schei VI] ◆ Redewendung: *De Wååz is dick.* 'Der Weizen steht dicht'. (Gehl 1991, 87) ■ SchwWb VI/1, 662 f.; Gehl 1991, 87; Petri 1971, 74.
→Frucht, Sommer-, Winterweizen, Weizengarbe.

Weizengarbe - f, vɒeitsəgarbə, Pl. id. [Bil, Ham, Mai, Pe, Schei, Suk VI]
V: zu einer Garbe gebündelte Weizenähren ● *Haaistange waret am Wage. Mit dem ham-mer Haai fihret un denocher de Woaizegarbe.* [Schei VI]
→Garbe, Weizen.

Weizenseil - m, va:tsa:l, Pl. id. [Fek II]
A: aus angefeuchteten Weizen- oder Roggenhalmen gedrehtes Seil zum Binden der Getreidegarben ● *Die honn des zammgerafft, no hot me 's draufglegt uff des Saal, Waazsaal woar des.* [Fek II]
→Seil, Weizen.

welk - Adj, velk [ASad, Resch, Wei, Wolf V, OW VI]; velik [Fak, Ga, Glog, StA, Wil V]; veliç [Ker, Mil, Sch, Siw, Stan, Werb III, Bog, Ger, GJ, Ost, War, Zich V]
A: (aus Feuchtigkeitsmangel) vertrocknet ● *Wann so stark trocke war, is des Kukrutz schon welich ware, no hem-mer messe geh ausschneide.* [Stan III]
→trocken.

Wendelinsmarkt - m, vendli:nimɒerk, Sg. tant. [Fek, GBu, Kock, Nad, Wem II]
Allg: am Tag des heiligen Wendelinus (20. Oktober) abgehaltener Jahrmarkt *Etym.:* Benannt nach dem Jahrestag des hl. Wendelin (20. Okto-

wenden

ber), des Schutzpatrons der Bauern und Hirten. ● *Viel sem-mer auf Boja* (ON) *gfoahn, am Wendlinimoɐrk, ajaj. Ich konn mich ärinnen, do war wundeschen.* [GBu II] ◆ In der Pfalz wird an dem Montag im Oktober, der dem Wendelstag am nächsten kommt, ein Fest zu Ehren des Heiligen gefeiert, erstmalig 1710. Das Fest heißt auch *Keschdekerb* 'Kästenkirbe'. (PfWb VI 1245). Bei den katholischen Donauschwaben wurde der heilige Wendelin als Schutzpatron des Viehs verehrt. Ihm wurden Statuen in den Kirchen und gelegentlich Bildstöcke auf der Feldflur aufgestellt. ■ *Wendelsmarkt* PfWb VI 1245.
→Markt.

wenden - schw, venə, kəvent [Fek, Nad, StI, Surg II, Lieb, NB V]; venə, kvent [Bog, Ger, GJ, Gott, Len, Low, Ost, Wis V]
A, H: auf die entgegengesetzte Seite drehen ● *Den Hower* (↑Hafer) *hot me net kenne gleich zommbinne* (↑zusammenbinden), *wäl där soviel Bleder* (↑Blatt) *hat, där hot misse gewend wän.* [StI II] *Mer miesn et Hååi gewend hann, vier* (bevor) *ob et Gewidder kumnt.* [NB V] *Dann hann se die* ↑*Frucht* (2) *ufm Treppplatz* (↑Tretplatz) *mit der Gawwl* (↑Gabel) *gwend.* [Ost V]
→umkehren, verschütteln.

werfen - st, vɛrfə, kvorfə [Fek, Jood, Oh, StG, Wem II]; vɛrfə, kvorf [Bog, Ger, Len, Ost, War, Wis V]
A: ein Produkt mit Schwung an eine andere Stelle schleudern ● *De Kugrutz* (↑Kukuruz) *isch sälle Owed gschelt* (↑schälen) *worre, un de Kugrutz isch uff en Haufe gworfe worre.* [Jood II]
→schmeißen, überwerfen,.

Werg - n, vɛrk, Sg. tant. [Waldn III]
H: beim Schwingen und Hecheln des Hanfes abfallende Reste, die weiterverarbeitet werden ● *Un där Hannef is not in Klasse kumme, ganz lange, guter, un not des Wärk, de kirzre Hannef.* [Waldn III]
→Hanf, Kauder.

Werkzeug - n, vɛrktsoik, -tsoigə [OW VI]; vɛrktsaiç, -tsaigə [ASad, Lind, Ost V, Wei, Wolf V, OW VI]; vɛrktsaik, -tsaigə [Oh II, Har III, Schön V, OW VI]; vɛəktsaik, -tsaigə [Pußt, Wud I]; vɛrktsai, -ər [StAnd V]; vɛrktsaik, Sg. tant. [Tax I, KKa II, Franzf, Gutt V]; vɛrktsaiç [Bohl, Nad, Petschw, Surg II, Be IV, Albr, Alex, Bog, Ger, Glog V, Bat VI]; vɛrktsaiç [Bold II, NP IV]; vɛəktsaik [Wud I]; vɛəktsaiç [Mu II]
Allg: Gerät zur Ausübung landwirtschaftlicher Arbeiten ● *De Pluchputzer war etwas Richtiches vum Schmidt gmacht, awer de Dischtlstecher war a leichteres Wärkzeich.* [Ost V] *Dann saa-mer aa woanderst hiegonga oarwatn, bis af Mehadia ibe die Hüwln* (↑Hügel) *mitn Rucksack voll Essn und en Werkzeich.* [Wei V] *Sapiner, das is ein Wärkzeug vom Eisn, mit ein Stiel. Das is so ein wenig rund und hat hier ein Spitz* (↑Spitze), *mit dem man das Holz riegelt* (↑rügeln). [OW VI]
Anm.: Die Pluralform einiger Varianten ist auf standardsprachl. Einfluss zurückzuführen. ■ PfWb VI 1266, RheinWb IX 444; Krauß 1065.
→(Arten:) Distelstecher, Gerät, Hacke, Messer, Pflugputzer, Sapine, Sense, Sichel.

Wermutgeschmack - m, vɛrmutkʃmak, Sg. tant. [GK, Ost V]
G: an Wermut erinnernder Geschmack ● *Fer Gschmack hat mer im Garte des Gwärz ghat, die Krottepalm* (↑Krottenpalme), *die Lavendl, des mit so e Wärmutgschmack, die Pfefferminz un die Melisse.* [Ost V]
→Geschmack.

Wertäschkinschä - f, selten, ve:rtɛʃkintʃɛ, Sg. tant. [OG I]
W: im ungarischen Schildgebirge gepflanzte Sorte von Tafeltrauben *Etym.*: Komp. aus ung. *Vértes* (ON) und *kincs* 'Schatz', also 'Schatz vom Schildgebirge'. ● *Ja im Weingartn* (↑Weingarten) *sann mähe Sorte, des sann Wertäschkintschä un Hainegle* (↑Honigler) *sann e poa Steik* (↑Stock). [OG I]
→Rebsorte.

Wespe - f, vespə, Pl. id. [Wasch III]; veʃpə, Pl. id. [Gutt, GStP V]; veps, -ə [Fu, Tscha, Wasch III, Bog, Karl, GK, GStP, Len, Low, Ost, Tschak V]; veps, -n [Darda II]; vɛps, -ə [Fak, Glog, Wil V]; veftsə, Pl. id. [Ga, Pan, StA V]; vefts, -ə [Hod, Stan III]; veʃpl, -ə [Lieb V]; veʃpļi, Pl. id. [Sad V]; rosveps, -ə [Pau V]; kro:si veps [In IV]; tikə vepsə [Heid V]; vildi vespə [Jos V]; vildi veps [Ui V]
V: Gemeine Wespe, Stechimme mit zusammenfaltbaren Vorderflügeln; Vespa vulgaris *Etym.*: Das Wort kommt von mhd. "webse, webse, wepse" f./m., vgl. ahd. "wefsa, wefs, wespa, wepsia", altsächsisch *waspa*, mittelniederdt. *wespe*, lat. *vespa*. Dies lat. Synonym hat

den Sieg der nhd. Form entschieden. (²¹Kluge, 855) ● *Die Libelle sinn Schneidre* (↑*Schneider*) *bei uns. Ja, aach Biene un Wepse gibt's.* [Ost V]
◆ Im Erfassungsgebiet des Pfälzischen Wörterbuchs herrscht die Form *Weschp* in der Westpfalz und im Saarland vor (hier auch *Weschpel*). In der Ostpfalz erscheint *Hornessel*, wenngleich es sich bei der 'Hornisse' eigentlich um die größere Wespenart, 'Vespa crabro' handelt. Die Formen "Wischpel, Weschpel, Waschpel" treten in der Südpfalz und nördlich von Mannheim auf, schließlich *Wefz* um Speyer und Karlsruhe, sowie in der Kurpfalz. (PfWb VI, 1273 f.) ■ PfWb VI 1271-1274 (mit Karte 391); RheinWb IX 452 f.; HNassVWb IV 640 f.; Gehl 1991, 118; Petri 1971, 124.
→wildes Tier.

Wetter - n, vetər, Sg. tant. [Tax, Wem II, Ap, Brest, Fil, Tscher III, NP, In IV, Bak, Bog, Fak, Ga, Glog, Gott, Gra, Gutt, Len, Low, Nitz, Ora, Ost, Sack, StA, War, Wil, Wies, Wis V, NP, Pe, OW VI]; vetə [NA, Resch, Stei, Wolf V]; ve:dər [Aug, Ed, Erb, GT, OG,Pußt, Wud, Wudi I]
Allg: auf die Landwirtschaft bezogener Ablauf der meteorologischen Erscheinungen in einem begrenzten Gebiet ● *Des is afs Weder aakemme. Wann vill gregnt hot, hod me vië-fünfmol spritzn miessn.* [Pußt I] *Wenn trockenes Wette woa, hat me mit de Gießkandl gegosse, hat me viel schleppe können.* [NA V] *De Speck is ingsalzt* (↑*einsalzen*) *ginn drei Woche, demnoh, wie's Wetter war.* [Ost V] *Flieget d'Schwalme* (↑*Schwalbe*) *hoch un d'Kiebitz nieder, nom git's schen Wetter wieder.* [Sad V] *Wenn's stirmt un haglt un schneibt, dann is schlechtes Wetter.* [Stei V] ■ Gehl 1991, 121.
→Gefrier, Regen, Reif, Schloße, Schnee, Tau, Unwetter, Wetterkanone, Wind, Witterung; blitzen, hageln, schloßen, schneien.

Wetterkanone - f, veraltet, vetərkhano:n, -ə [Bak, Nitz V]
A, W: Schießvorrichtung zum Vertreiben der Gewitterwolken *Etym.:* Das Komp. bezeichnet ein Schießgerät, mit dem die schädlichen Hagelwolken vom Weinberg vertrieben werden sollten. Gemeint ist die Bedeutung '(Un)wetter'. ● *Ufm Bärich, do war die Wetterkanon. Wann* ↑*Schloße kumm sein, hätt die Wetterkanon die Wolke selle auseinannertreiwe.* [Bak V] ◆ Die Beschreibung des Wetterabwehrgerätes lautet: "Der Trechter vun däre Wetterkanon war so finf, sechs Meter hoch, der war im Elter seim Weingarte gstan, un mit dem hän se wirklich gschoß! Was se neingetun hän for Schieße, des waaß ich net. Awer es hat jo nix gholf, die Schloße sein doch kumm". (Konsch 1982, 128) Hier wird die alte Abwehrfunktion des Bösen durch großen Lärm (Schießen, Glockengeläute, Peitschenknallen) angesprochen, die in Reliktgebieten noch vor dem Zweiten Weltkrieg beim Überschreiten einer Lebensstufe (Geburt, Hochzeit), aber vor allem bei der Bedrohung der für die Landbewohner lebenswichtigen Ernte, zur Anwendung kam.
→Wetter.

Wicke - f (m), vikə, Sg. tant. [Brest, Fil, Gai, Stan, Tor, Tschat, Tscher, Wasch III, Bill, Char, GStP, Karls, Low, NA, Ost V]; (m) vikl [Ga, StA]
A: eine eiweißreiche Futterpflanze; Vicia ● *Am Feld ham-me meistns* ↑*Frucht* (1), *Kugrutz, Gäeste, Hawwe* (↑*Hafer*), *Linse un Wicke åågebaut.* [NA V] *For Fuder* (↑*Futter*) *war hauptsechlich Klee, un dann wenicher Rotklee, Mohai* (↑*Muhar*) *un Wicke.* [Ost V] ■ Gehl 1991, 87; Petri 1971, 76.
→Klee, Wickeheu, Wickenfeld, Wildi Wicke.

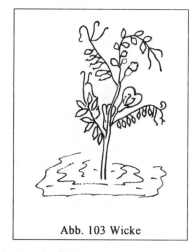

Abb. 103 Wicke

Wickeheu - n, vikəha:i, Sg. tant. [Ost V]
A: Heu aus getrockneter Wicke ● *Kleehaai is doch eiweißreiches Fuder* (↑*Futter*), *un 's Wickehaai gnauso.* [Ost V]
→Heu, Wicke.

Wickenfeld - n, vikəfelt, -feldər [Brest, Fil, Gai, Stan, Tor, Tschat, Tscher, Wasch III, Be, Tom IV, Bill, Char, GStP, Karls, Low, NA, Ost, Wis V]
A: Ackerfeld, auf dem Wicken angepflanzt werden ● *In Härbst is ↑Frucht (1) oogebaut woan, am Kukrutzfeld (↑Kukuruzfeld), am Wickefeld und am Linsefeld.* [NA V]
→Feld, Wicke.

wiederkäuen - schw, vi:dərkhauə, -khaut [In, Ru IV, Franzd, Stei V]
V: (von Wiederkäuern:) Futter aus dem Magen ins Maul zurückbringen und noch einmal kauen ● *Des waa unse Futer. Wann die Kuhe (↑Kuh) glegn is, hot sie wiederkaut (↑wiederkäuen).* [Ru IV]
→fressen, iterücken.

wiegen - st, vi:gə, kəvo:gə [Ga, StA V]; vi:gə, kvogə [Stan III, Bil, Ham, Pe, Schei, Suk VI]; ve:gə, kvogə [Fak, Glog V]; vi:çə, kəvo:xə [Wies V]; ve:çə, kvo:xə [Drei, Kreuz, NA, Wies V]; vi:ə, kvo: [Ost V]
Allg: mit einer Waage das Gewicht von etwas bestimmen ● *Un der Wogmann hot die Frucht gwoge, no senn die Seck newehie gsetzt worre.* [Stan III] *Der Sackåsch (↑Sackasch) wegt die volli Fruchtseck un schreibt sie uff.* [Glog V] *An de Dreschmaschin woan die Garweschmeise (↑Garbenschmeißer), zwaa Eileche (↑Einleger) un zwaa Seckle (↑Säckler), de aani hat gwoche.* [NA V] *Un die Seckleit, die hann abghong (↑abhängen) un gwoo.* [Ost V] *Aso, der Thuwak (↑Tabak) is gwoche war.* [Wies V] *Un obe, am Wäeg (↑Weg) isch d'Wååg gsei, wo me hot gwoge.* [Schei VI] **Anm.:** In der Variante *wieche* ist Spirantisierung der -g- anzutreffen, in *wieje, gwoo* ist es geschwunden. In der Variante *wege* tritt Vokalsenkung i>e auf. ■ PfWb VI 1323 f.: 1.a 'mit einer Waage das Gewicht messen', 2. 'ein bestimmtes Gewicht haben', (Formen: "wieje, wieche, weije, weje" usw.); RheinWb IX 501 f.
→abwiegen; Waage, Waagemann.

Wiener Schnitzel - n, vi:nər ʃnitsl, Pl. id. [Aug, Bay, Ed, Erb, Schor, Wer, Wud I, Petschw, Sulk II, AK, Ap, Breg, Brest, Fil, Gara, KK, Mil, Siw, Wepr III, In, Put, Tom IV, ASad, Bak, Bog, Bru, Gott, Joh, Kath, Nitz, Low, Schön, SM, StA, War, Wil, Wis V, Bat, Besch, Erd, OW VI]
A, V: dünne panierte und gebratene Fleischscheibe vom Schwein oder Kalb ● *Schweinefleisch hot mer gebrode (↑braten) oder hot's gepaniët (↑panieren) un Wiener Schnitzl gmacht.* [Ap III]
■ PfWb V 1349 f. (Mer essen heit Wiener Schnitzle.); WbWien 662 *Wina Schnitssl*; ÖstWb 377 *Wiener Schnitzl*.
→Schnitzel (2).

Wiese - f, vi:zə, Pl. id. [Alt, Fek, Go, Ma, Nad, Oh, Pal, Wak, Wem, Wiel II, Fak, Ga, Glog, Ost, StA V]; vizə, Pl. id. [Jood II]; vi:s, vi:zə [Go, Jink, Kä, Kock, Nad, Sag, Surg, Wak, Wem II, Ap III, Bog, Bru, Ost, War V]; vi:zə, -nə [Ga, StA V]; vi:zn, Pl. id. [Pußt I, Ru IV, Franzd, Ora, Resch, Sekul, Stei V]
1. A, V: mit Gras bewachsene Fläche, Weideland ● *Auf so a Wiesn ode im Wald, auch auf die Zei (↑Zaun) is des gwocknо. Mit den hom-me die Reem (↑Rebe) auch bundn.* [Pußt I] *Wiese homme ghat. Ode wem-me nit gnung hot ghet, no is me ums Drittl (↑Drittel) gange Wiese mehe.* [Jood II] *Die Wiese hot me zwaamol mehe kenne, so um Pheter un Phaul (↑Peter und Paul) un so uff Stefani (20. August), es Grommot (↑Grummet).* [Kock II] *Die Schofhalt is uff die Wies, uff die Insl getriewe warre.* [Ap III] *Das is alli Joahr umgwecksit woan, un die viëti Parzelln woar e Wiesn.* [Ru IV] *Die Wiese for Haai mähe, ware immer an tiefere Stelle, die was for Ackerfeld zu nass ware.* [Bru V] *Auf de Wiesn sind ville Amaazn (↑Ameise).* [Resch V] 2. A: aufgeackerte und bebaute Weide ● *Ofm Feld woare die långe Wiese, die Durfwiese un die Dammwiese.* [Wak II] *Die Wiese ware gudes Feld. Bei uns ware die langi un die kurzi Wiese, die Schinderwies un die Gmaawiese.* [Glog V] *In Oschtre (ON) war ärschtklassiches Feld. Un de ↑Sand (2) un die Wiese ware leichtres Feld.* [Ost V] *Mie hamm Grumbiern (↑Grundbirne) anbaut auf de Wiesn.* [Stei V] ■ Gehl 1991, 63.
→(1) (Bezeichnungen:) Pfarrer-, Rohr-, Ober-, Schmiede-, Wald, Wolfswiese; (Verschiedenes:) Matte, Oberwiesenbrunnen, Poiana, Wasen, Wiesenheu, -gasse; (2) (Bezeichnungen:) Damm-, Dorf-, Gemeinde-, Halter-, Schinder-, Wirts-, Zinnkrautwiese; (Verschiedenes:) Feld, Wiesengrund.

Wiesengasse - f, vi:zəkåsə, Pl. id. [Go, Ma, Pal, Wak, Wiel II]
A: am Dorfrand, den Wiesen zu gelegene Straße ● *Bei ons is die Hauptgåsse, die Långegåsse un die Wiesegåsse.* [Wak II]
→Gasse, Wiese (1).

Wiesengrund - m, vi:skront, Sg. tant. [Jink, Kä, Sag, Sar, Warsch II]
A: Ackerfeld auf einer bebauten Wiese ● *Der Grond woar verschiede, socht mer de Kukrutzgrond, Wiesgrond, Zigeinersgrond, Ärschtegrond.* [Jink II]
→Grund (2), Wiese (2).

Wiesenheu - n, vizəha:i, Sg. tant. [Jood II]
A: getrocknetes Wiesengras ● *Mir honn die Kihe* (↑Kuh) *gfuettert* (↑füttern) *Kleehaai* (↑Kleeheu), *wenn nit, noch des Wiesehaai.* [Jood II] ■ PfWb VI 1341: zarter als Kleeheu.
→Heu, Wiese (1).

wild - Adj, vilt [Bog, GK, Low, Ost, War V]
A, Fo, G, O, V, W: (von Tieren und Pflanzen:) in Freiheit wachsend oder lebend, nicht zahm bzw. angebaut ● *Die Noa* (↑Neue), *des ware die wildi, es gibt blooi un weißi. No ham-me Muschkat Hamburg un Muschkat Othonell, die sinn widder mit em gude Aroma.* [Ost V]
→Wilde Wicke, Wilde Margerite, Wilder Sauerampfer, - Wermut.

Wild - n, vilt, Sg. tant. [ASad, Lind, Resch, Wei, Wolf V]
Fo: (Sammelbezeichnung für:) jagdbare Tiere wie Reh-, Rot- und Schwarzwild, Füchse, Wölfe usw. ● *Do ven uns is völ Wild gwest, und vo de Oosiedlung* (Ansiedlung) *her is des Wildn bei den Behmen bliebn. (...) Er is den gonzn Tog in Wold gwest un hot's Wild pflegt.* [Wolf V]
→(Arten:) Bock (1), Auerhahn, Edel-, Raubwild, Trappgans (Sonstiges:) Tier, Wildbestand, Wildschütze, -schwein: wildern.

Wildbestand - m, selten, viltbeʃtant, Sg. tant. [ASad, Lind, Resch, Stei, Wei, Wolf V, OW VI]
Fo: Bestand an jagdbarem Wild *Etym.*: Entlehnung aus der Standardsprache. ● *Und d'Schonzeitn sind vom ehm streng eingholtn woarn; unser Wildbestand woar ausgezeichnet.* [Wolf V]
→Wild.

Wilde Margerite - f, vildi margareta, Pl. tant. [Fak, GK, Glog, Ost V]; margaretə [Pal II, Low V]; margare:tn [SM V]; margəretə [Fill, Gara, Stan, Tscho III, GStP V]; margaretʃən [Jahr V]; margritn [AFu III]
A: als Unkraut verdrängter Korbblütler, Weiße Margerite oder Wucherblume; Chrysanthemum leucanthemum ● *Ufm Feld war viel Unkraut, die Krawwler* (↑Krabbler), *die Wildi Margareta, die großi geeli* (↑gelbe) *Oschterkärze* (↑Osterkerze), *die Ringlblumme un viele annre.* [Ost V] ■ Gehl 1991, 95; Petri 1971, 25.
→Unkraut.

Wilde Wicke - f, vildi vikə, Sg. tant. [Tschow I, GK, Low, Ost V]
A: als Unkraut verdrängte Vogelwicke; Vicia cracca ● *Unkraut ham-mer viel ghat, Wildi Wicke, Klette, Pickantle* (↑Pickan) *un Bettlleis* (↑Bettellaus). [Ost V] ■ Petri 1971, 76.
→Unkraut, Wicke; wild.

Wildente - f, viltent, -ə [Ker III, Bill, Bog, GK, GStP, Len, Low, Ost, Stef, War V]; vildent, -endə [Pan, Sad V]; vilent [Mil, Pal, Tscher III, Low V]; vilentn [NB V];
V: freilebende kleine Schwimmente, Krickente; Anas crecca ● *Am Wasser gsieht mer die Wildgans un die Wildente, 's Blesshingl* (↑Blässhünkel) *un de Rohrspatz.* [Ost V] ■ Gehl 1991, 124; Petri 1971, 84.
→Vogel.

Wilder Sauerampfer - m, vildə sauərambl, Sg. tant. [GK, Ost V]; sauəraml [KK III, Stef V]; sauərambl [Bres, Tor, Tschat, Tscher, Wasch III, Buk IV, Bill, Hatz, Karl, Low, NB, Nitz, Tsche, Wer V]; sauəramʃl [Stan III]; sauərampfə [Hod III]; sauərumpl [GStP V]; surhampfl [Sad V]
A: als Unkraut verdrängter Krauser Ampfer; Rumex crispus ● *Mir hann viel Unkraut ghat, de Wilde Sauerambl, de Staaklee* (↑Steinklee), *de hoche, de Weißklee, die Strippsworzle* (↑Strippwurzel) *un die Schwarzworzle.* [Ost V] ■ Petri 1971, 65.
→Unkraut; wild.

Wilder Wermut - m, vild vęrmut, Sg. tant. [GK, Ost V]; vęrmət [Fek, Sag II, Kar III]; virmət [Karl V]; vęrmut [Tor III]; vermuts kraut [Franzd V]
A: als Unkraut verdrängter gelbblühender Korbblütler; Artemisia absinthum ● *Unkraut ham-mer viel ghat, Saugras, Wilde Wärmut, Hetschlrose* (↑Hetschelrose) *un vieli andre.* [Ost V] ■ Petri 1971 16.
→Unkraut; wild.

Wildern - n, vildn, Sg. tant. [ASad, Lind, Wei, Wolf V]
Fo: unberechtigtes Erlegen von Wid ● *Er hat nur*

von *Wildn glebt. Do ven uns is völ Wild gwest, und vo de Oosiedlung* (Ansiedlung) *her is des Wildn bei den Behmen bliebn.* [Wolf V] ◆ *Behmen* oder *Deutschböhmen* ist die Bezeichnung für die bairisch sprechenden, aus Böhmen im 19. Jh. zugewanderten Deutschen im Banater Bergland.
→Raubschütz, Wild.

wildes Tier - f, vildəs ti:r, vildi ti:rə [Bru, Low, Ost V]
V: wildlebendes, nicht jagdbares Tier, mit dem der Landwirt auf dem Feld oder im Wald in Berührung kommt ● *Im Bruckenauer Wald lebn viel wildi Tiere, do ware Hirsche, Reh, Wildschwein, Ficks un Iltisse. Un in de Sumpe* (↑Sumpf) *ware friher aach Fischotter.* [Bru V] *Do worn aa die wildi Tiere im Garte un ufm Feld, die iegle, die Ärdhecksle, die Schlange, Krotte, Fresch un die Laabfresch.* [Ost V]
→Eichkatze, Eidechse, Fledermaus, Frosch, Grickser, Igel, Kröte, Schlange, Speckmaus, Tier, Wespe.

Wildgans - f, viltkans, -kens [Ap, Fu, Ker, Sch, Siw, Stan, Werb III, Bill, Bog, Fak, Ga, Glog, Gott, Gra, Len, Low, Ost, StA, Stef, War, Wil, Wis V]; ʃne:kaunts [Ver V]
V: wilde Stammform der Hausgans; Anser anser ● *Wenn die Wildgens fliegn, kummt de Winder* [Glog V] *Am Wasser gsieht mer die Wildgans un die Wildente, 's Blesshingl* (↑Blässhünkel) *un de Rohrspatz.* [Ost V] ■ Gehl 1991, 124; Petri 1971, 100.
→Gans, Vogel.

Wildkatze - f, viltkatse, -n [Resch, Tem, Wer V, OW VI]; viltkhats, -ə [Baw, Surg, Wem II, Ker, Pal, Sch, Tscher III, Be, Put, Tom IV, Bak, Bru, Fak, GJ, Nitz, Sch, Wil V, Bil, Pe, Suk VI]
Fo: im Wald lebende Wildform der Katze; Felis silvestris ● *So gibt's noch Wildkatze noch un Mårder und Fuchs, abe wenig sind.* [OW VI]
→Katze, Raubwild.

Wildschütze - m, viltʃits, -n [ASad, Resch, Wei, Wolf V, OW VI]
Fo: Person, die ohne Jagdberechtigung Wild erlegt, Wilddieb ● *Die Wildschitzn schießn die Rehner* (↑Reh) *un die Hirschn, das wird streng bestraft, die Wildschitzn.* [OW VI]
→Jäger, Wild; jagen (1).

Wildschwein - f, viltʃvain, -e [Aug, Ed, Schor, Wud I, Alt, Fek, StG, Sulk II, Ap, Gai, Ker, Pal, Sch, Tor, Wepr III, OW VI]; viltʃvain, Pl. id. [Be, Tom IV, Bru, GJ, Glog, GStP, Ost, StA, Stef, Trie, War, Wis V]
Fo: wilde Vorfahren des Hausschweins; Sus scrofa ● *Do hot mer Hirsche und Wildschweine un des alles.* [Gai III] *Im Bruckenauer Wald lebn viel wildi Tiere, do ware Hirsche, Reh, Wildschwein.* [Bru V] *Ja, also bei uns gibt es Wildschweine, Wölfe, Bärn und Auerhahne gibt es auch.* [OW VI] ■ PfWb VI 1355: kein Wort der Mundart, dafür *Wildsau*; Petri 1991, 118.
→Edelwild, Schwein.

Wildtaube - f, viltaup, -tauvə [Fu, Sch, Stan, Tscher III, Fak, NP IV, Bog, Fak, Glog, GStPe, Len, Low, Ost, War V]
V: frei lebende Ringeltaube; Columba palumbus ● *Im Wald gsieht mer de Kuckuck, die Wildtauwe, no die Grukstauwe oder Holztauwe.* [Ost V] ■ Petri 1971, 95.
→Taube, Vogel.

wimmeln - schw, vimlə, kvimlt [StI II, Bil, Ham, Pe, Schei, Suk VI]
1. W: Trauben lesen ● *Denn tu mer Traube wimmle, tut mes durmahle* (↑durchmahlen) *in em große* ↑*Stande. Me hann spät gwimmlet.* [Schei VI] 2. B: sich schnell und in großer Zahl hin und her bewegen; schwärmen ● *Noch, wann se oogfangt honn zu wimmle, so raus un 'nei, no hod es gsocht, Kinder, gebt ocht, wu die Bie* (↑Biene) *hieflicht.* [StI II] ■ wimmlen SchwWb VI/1, 833: 1. 'Trauben lesen', 2. 'Obst brechen'.

Wind - m, vint, Pl. id. [Aug, Ed, Schor, Wein I, Fek, Nad, Sulk, Wem II, Ap, Gai, Sch III, In, Ru IV, ASad, Bog, Ger, Stei, Wer V, OW VI]
A, Fo, O: starke Luftbewegung, die sich auf den Ackerbau und die Forstwirtschaft auswirkt ● *Im Härbst geht ofr starke Wind, dann stirmt's.* [Stei V] *Von schene Baume, welche Früchtn* (↑Frucht 2) *machn, zerstraat* (↑zerstreuen) *de Wind den Samen, und es tut sich natural* (↑natürlich) *wieder anbaun. (...) Also es tragt sich zu, dass de Wald runtegeschlagn wird vom Wind, des is de Windbruch.* [OW VI]
→Wetter, Windbruch, -müller, Zug (1); stürmen.

Windbruch - m, vindbrux, Sg. tant. [ASad, Lind, Resch, Wei, Wolf V, Bat, OW VI]
Fo: durch heftige Windstöße verursachter Scha-

den im Wald ● *Also es tragt sich zu, dass de Wald runtegeschlagn wird vom Wind, des is de Windbruch.* [OW V]
→Wind.

Winde - f, vində, Pl. tant. [Sad V]; vinər [Ga, StA, Wil V]; vinə [Fill, Ker, Stan III, Bog, Ernst, Fak, GK, Glog, Low, Ost, War,V]; akərwęnə [Bill V]
A: als Unkraut verdrängte Ackerwinde; Convolvulus arvensis *Etym.:* Die Bezeichnung kommt von der Wachstumsform des Unkrauts, das sich eng um die Wirtspflanze schlingt und diese erstickt. ● *Mir hann viel Unkraut ghat, Tollkärsche, Winne, Bikokepp* (↑Bikakopf), *des is de Stechappl un viele andre.* [Ost V] **Anm.:** In den Varianten *Winner* und *Winne* ist Assimilation *nd*>*nn* anzutreffen. ■ PfWb VI 1365 f.: 2.a 'Acker- oder Zaunwinde'; RheinWb IX 545 f.; Gehl 1991, 101; Petri 1971, 27.
→Unkraut.

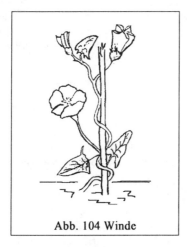

Abb. 104 Winde

winden - schw, vində, kvint [Tom IV, Bill, Bru, Ger, Gra, Nitz, Ost, War, Wis V]; vintə, kvintət [Ker, Sch, Siw, Stan, Werb III, Be IV]
A: gedroschenes Getreide durch Aufwerfen in den Wind von Spreu und Strohresten säubern ● *Die Windmihle, die hem alli Baure* (↑Bauer) *ghat, mit där hot mer als aa gwindet manichmol.* [Stan III] *Winde, winde hann se des gnennt. Un hann mit holzeni Schaufle des in die Luft gschmiss. Dann is die Sprauer* (↑Spreu) *uff aan Seit gfloo un die Frucht is grad runnegfloo* (↑herunterfliegen). [Ost V]
→blähen; Windmühle (1).

Windhexe - f, vintheks, -ə [Bog, Ernst, GK, Karl, Laz, Low, Ost, Sig V]
A: als Unkraut verdrängte Gemeine Mispel; Mespilus germanica *Etym.:* Die Bedeutungserweiterung erfolgte von der Personifizierung *Windhexe* 'leichter Staubwirbel, Wirbelwind' (PfWb VI 1370), der im Sommer durch das Hochströmen erhitzter Luftmassen entsteht, auf 'abgerissenes Pflanzenstück, das vom Wirbelwind hochgetragen wird'. ● *Unkraut ham-mer viel ghat, do ware die Windhexe, es Schellkraut, die Melde, de Hettrich* (↑Hederich) *un viel andre.* [Ost V] ■ Petri 1971, 48.
→Unkraut.

Windmühle - f, vintmi:l, -ə [Gak, Ker, Mil, Sch, Stan, Werb III, Be, Tow IV, Alex, Bill, Fak, Ga, GK, Glog, Gott, GStPOst, StA, Wil, Wis V]

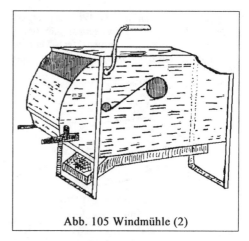

Abb. 105 Windmühle (2)

1. A: windgetriebene Getreidemühle *Etym.:* Das Subst. ist eine metaphor. Bildung nach dem Prinzip der Winderzeugung durch Flügel. ● *Mei Vater hat nimmähr in der Windmihl gearweit, där is schun in die Dampfmihl gang.* [GStP V] 2. A: Windfege, Putzmühle zum Reinigen des Getreides ● *Die Windmihle, die hem alli Baure* (↑Bauer) *ghat, mit där hot mer als aa gwindet manichmol.* [Stan III] *Vun Anfang ware noch ka Windmihle, awe mir hann noch a Windmihl ghat, bis zum Schluss.* [Ost V] ■ PfWb VI 1375: 1. 'windgetriebenes gerät zum Mahlen von Getreide', 2. 'kastenförmige Putzmühle für Getreide'; Gehl 1991, 149.
→(2) Blähmühle, Reiter (1); winden.

Windmüller

Windmüller - m, vintmilər, Pl. id. [Alex, Bill, Gott, Gra, GStP, Low, Trie, Wis V]
A: Betreiber einer Getreidemühle mit Windflügeln ● *Mein Großvatter sei Beruf is ausgstorb, där war Windmiller.* [GStP V]
→Müller, Windmühle (1).

Winete - f, selten, vinẹte, Pl. id. [Fak, Ga, Glog, StA, Wil V]; vinetə [Bog, GJ, GK, Len, Low, Ost, War, Wis V]; vinetlị [Sad V]
G: Aubergine, Eierfrucht; Solanul melongena *Etym.*: Der Auberginennamen *Winete* wurde von den Banater Deutschen erst vor bzw. nach dem Zweiten Weltkrieg von den Rumänen, samt der rum. Bezeichnung *pătlăgea vânătă* 'blaue Tomate' übernommen, wobei nur der zweite Bestandteil erhalten und phonetisch zu *Winete* weiterentwickelt wurde. ● *Aus de Winätte hat mer Winättesalat gmacht un gebackene Winätte.* [Glog V] *Un dann hat mer die Winette ghat, aso die letscht Zeit mähr. Un dort sinn so gäre (gern) die Grumberkefer (↑Grundbirnenkäfer) drangang (↑darangehen), an die Winette.* [Ost V] ■ Gehl 1991, 229.
→gebackene Winete, Gemüse, Winetesalat.

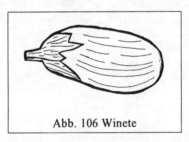

Abb. 106 Winete

Winetesalat - m, vinẹtesala:t, Sg. tant. [Fak, Ga, Glog, StA, Wil V]
G: Aufstrich aus Auberginen und Zutaten ● *Aus de Winätte hat mer Winättesalat gmacht un gebackene Winätte.* [Glog V] ◆ Die *Winetesalat* genannte Speise ist eigentlich ein aus der gebratenen und geschälten Auberginenfrucht mit Öl, Zwiebeln und weiteren Gewürzen zubereiteter Brotaufstrich. ■ Gehl 1991, 229.
→Salat (2), Winete.

Winterfrucht - f, vintərfruxt, Sg. tant. [Len V]
A: Winterweizen, gegen Frost widerstandsfähige Weizensorte ● *Die Frucht war ja schun im Spodjohr (Herbst) gseet (↑säen) worre, des is die Winterfrucht.* [Len V]
→Frucht, Spätjahrfrucht.

Winterfutter - n, vintərfutər, Sg. tant. [Seik, StI II]
B, V: (von Bienen und Tieren:) im Winter vom Menschen verabreichtes Futter ● *Im September kriege die Bien bis fünfzehn Kilo, a Winterfutter. Des entsteht ven Zucker; Kristaalzucker tun mir auflesn (↑auflösen), un das wird dene Bien gfittet (↑füttern).* [Seik II]
→Futter.

Wintergerste - f, vintərkẹ:rʃt, Sg. tant. [Stan, Tor, Wepr III]; vindərgẹ:rʃt, Sg. tant. [KSch V]
A: im Spätherbst ausgesäte Gerste, die auf dem Feld überwintert ● *Dann is schun de ↑Schnitt kumm, jo schun uf Peder un Paul (↑Peter und Paul), in däre Zeit, dass me schon ↑schneide[n] kann die Gärscht. Also, mi honn Windergärscht, die kummt friher.* [KSch V] ■ PfWb VI 1392; Petri 1971, 39.
→Gerste.

Winterholz - n, vintaholts, Sg. tant. [ASad, Lind, Wei, Wolf V]
Fo: zum Heizen verwendetes Brennmaterial ● *D'Weiwa hommand mejssen (mussten) in Winta völ (viel) Flocks (↑Flachs) spinna, 's Wintaholz foahrn und aa Mist foahrn.* [Wei V]

Winterknoblauch - m, vindərkno:fl, Sg. tant. [Fak, Ga, Glog, StA, Wil V]
G: im Herbst gepflanzte, winterbeständige Knoblauchsorte ● *De Knofl is net gleich. Im Fruhjohr setz mer de Summerknofl un im Spodjohr (Spätjahr) de Winderknofl, där macht greßri Knoflzehge (↑Knoblauchzehe).* [Fak V] ■ Gehl 1991, 226.
→Knoblauch.

Winterrettich - m, vintərretiç, Sg. tant. [Bog, Fak, Ga, GK, Glog, Len, Low, NA, Ost, StA, War, Wil, Wis V]; vintəra:diç [Aug, Ed, Ins, Schor, Wud, Wudi I]
G: spät reifender, Schwarzer Rettich *Etym.*: Benennungsmotiv für die Rettichart ist die späte Reife und die Möglichkeit, ihn auch über Winter zu lagern. ● *Im Garte ham-mer ghat Rodi Ruwe (↑Rote Rübe) un Rettich, Monatsrettich un Schwarze Rettich, des war de Winterrettich.* [Ost V] ■ Gehl 1991, 228; Petri 1971, 61.
→Rettich; Schwarzer Rettich.

Wintersalami - f, vindərsala:mi, Pl. id. [Stan III]
V: ungeräucherte, für den Frischverzehr geeignete Salami ● *Windersalami, die Rohsalami, hat*

Wintersalat

mer nur auf Bestellung gmacht, nur wenn jemand des bestellt hat. [Stan III]
→Salami.

Wintersalat - m, vintərsala:t, Sg. tant. [Kol, Stan, Wepr III]; vintəsolo:t, Sg. tant. [Wolf V]
G: für späteren Verzehr konservierter Salat ● *Die Schwamme (↑Schwamm) hot me dann eigseiet (↑einsäuern) fië Wintesolot moche.* [Wolf V] ■ Petri 1071, 42.
→Salat (2).

Wintertraube - f, selten, vindətraubə, Pl. id. [Seik, Surg II]
B: Knäuel von Bienen während der Winterruhe
Etym.: Entlehnung aus der Standardsprache.
● *Ja, die Bien, die ziehge (ziehen) sich zu eine Windetraube, socht me.* [Seik II] ■ PfWb VI 1395 f.: 'Wintersitz', in der Imkersprache: 'Knäuel von Bienen, die Winterruhe halten'.
→Biene; auswintern.

Winterweizen - m, vindəva:ts, Sg. tant. [Baw, Fek, Wem II]
A: im Herbst ausgesäte, winterfeste Weizensorte
● *Naja, de Waaz, dä is schon in Härbst ausgseet (↑aussäen) woan, de Windewaaz.* [Baw II] ■ PfWb VI, 1396.
→Weizen.

Wirtschaft - f, virtʃaft, Sg. tant. [StI II]; vertʃaft, -ə [Bog, Bru, Gott, Gra, Ost V]
A: Bauernhof mit entsprechendem Ackergrund
● *Mië woan net so reich, mi hadde net so großi Witschaft.* [StI II] *Friher hat mer sich e Wärtschaft ohne Kuh gar nit vorstelle kenne.* [Bog V] *In aaner Wärtschaft hot mer vielerlei Geräte ghat, die sein oft ufm Hausbodm (↑Hausboden), Schoppebodm oder im Schoppe (↑Schuppen) im Truckne ghalt gewe (worden).* [Bru V] *War e großi Wärtschaft, bei achtzich Joch Feld ware, des is no ufgetaalt (↑aufteilen) ginn.* [Gott V] *Wär derhaam ka Wärtschaft khad hat, zum Beispiel, die wu ihre Feld verpacht hann ghat, die hann die Kinner in die Ackerbauschul gschickt, dass er Bauer lärnt.* [Ost V] **Anm.**: Die Variante *Wärtschaft* weist *i>e(ä)*-Senkung auf.
→Bauern-, Dreifelderwirtschaft, Bauernhaus, Session.

Wirtsfeld - n, selten, vertsfelt, -feldər [Bru V]
A: Gemeindeäcker, aus deren Pachterlös die Obdachlosenzimmer im Gemeindegasthaus finanziert wurden ● *Die Wertsfelder hunn a de Gemeinde gheert, sinn wie die Bettlmannsfelder verpacht genn un des Geld hat des Gemeindewertshaus griet.* [Bru V]
→Feld.

Wirtswiese - f, vertsvi:zə, Sg. tant. [Ost V]
V: einem kameralen Wirtshaus zustehendes Feld
● *In Oschtre (ON) war es Neifeld (↑Neufeld), es Pharrefeld un die Wärtswiese. Es Wärtswiese war friher Kameralwärtshaus, un derzu hat Feld gehärt, des is verpacht ginn.* [Ost V] ◆ Das Banat war nach der deutschen Besiedelung über 100 Jahre Krondomäne der Wiener Hofkammer, die eine Postverbindung mit Stationen zum Pferdewechsel und Wirtshäusern einrichtete, denen Ackerland zugeteilt wurde. Durch Ostern verlief die Poststraße Wien - Budapest - Szegedin - Temeswar. - "Weil im Wärtshaus hann die Leit iwenacht, hann die Ross ingstellt un so weider. Dann hann die mise Hawr un Kukruz for fietre (füttern) un for Haai (Heu) sorche." [Ost V]
→Wiese (1).

Witterung - f, vitruŋ, Sg. tant. [Kock, La, Seik II, Fak, Glog, Ost V]
Allg: Beschaffenheit des Wetters ● *Wann no die Wittrung gut war, henn sie Fischteiche gmacht un in Sumpft die Grewe (↑Graben) im Stand ghalde.* [Kock II] *Wann's scheni Wittrung is in Aprel, in oofangs Mai, noch treibt's (↑treiben 4) noch so schnell.* [La II] *Im Oktowe konn schon schnell e goaschtige Wittrung komme, mit viel Feichtichkeit, dass es entwede greget owwe gschneet (↑schneien) hot.* [Seik II] *Wann's feichti Wittrung war, is gäre (gern) die Pärnospora (↑Päronospora) kumm.* [Ost V] ◆ Historischer Beleg: "Der Jänner [1870] fängt mit gelinder regnerischer Witterung an (...) Im März dann mit Schneegestöber täglich unfreundliche Witterung (...)." (Deutsches Bauernleben 1957, 17)
→Unwitterung, Wetter.

Wochenmarkt - m, voxəmark, -merk [Jood II, Tscher III]; voxəma:rk, -me:rk [Jink, Kä, Sag, Sar, Warsch II, Ost V]; vuxəmoerk, -meək [NA V]
Allg: wöchentliche Verkaufsveranstaltung landwirtschaftlicher Erzeugnisse auf einem Dorfplatz
● *Toschnfaal (↑Taschenfeitel) ham mië gsogt, de ham-me mol afn Wochnmoak kaaft.* [Pußt I] *Am Wochenmark hod me kenne vukaufe des Schaubstroh.* [Jood II] *Ofm Wochemaarkplatz es de Wochemaark abghalle woan.* [Jink II] *Aufm Wuchemoak woan die Hendle (↑Händler), ja*

Wochenmarktplatz

Zwischnhendle besser gsacht. [NA V] *Die Oma hat ufn Maark un ufn Wochemaark immer kaaft so glesierti Eppl (↑glasierter Apfel) un glesierti Biere.* [Ost V] ◆ Eine Beschreibung aus [Tscherw III] mag stellvertretend für den Ablauf der Wochenmärkte im donauschwäb. Siedlungsgebiet stehen. Hier heißt es: "Der Wochenmarkt in Tscherwenka war ein wichtiger Umschlagplatz für Gärtnereiprodukte, landwirtschaftliche Güter und Gebrauchsartikel des täglichen Bedarfs. Am Mittwochvormittag gab es den großen und am Samstag den kleinen Wochenmarkt. Von Anfang Juni bis Ende Oktober war das Angebot reichlich und vielfältig, in der Winterzeit spärlicher. Wenn auch in den meisten Häusern - auch in den nichtbäuerlichen - ein Gemüsegarten betrieben und Geflügel gehalten wurde, so gab es doch Ortsbewohner mit mehr 'städtischen' Lebensgewohnheiten, die alles, was sie an Lebensmitteln brauchten, im Geschäft und auf dem Wochenmarkt einkauften. Aber auch die anderen Tscherwenkaer gingen gerne auf den Wochenmarkt (...) vor allem Frauen, und auch die Kinder durften mitgehen, soweit sie nicht schulpflichtig waren bzw. Ferien hatten. Sie halfen beim Korbtragen, erhielten eine Kostprobe vom gekauften Obst oder konnten sich auch mal eine Schleckerei bei der Mutter aushandeln. Das geschäftige Treiben der Menschen, das mannigfaltige Angebot und das kunterbunte Bild von Obst, Gemüse und anderen Waren auf den Verkaufsständen oder am Boden, sowie das lebhafte Sprachengemisch auf dem Wochenmarkt sind unvergeßliche Eindrücke. (...) Die einen boten an, die anderen kauften, es wurde gehandelt und 'gefratschelt'; jeder versuchte so gut wie möglich einzukaufen bzw. die Ware an den Mann zu bringen." (Vetter/Keiper 1980, 467)
→Markt, Wochenmarktplatz; kaufen.

Wochenmarktplatz - m, voxəma:rkplats, -plets [Alt, Fek, Jink, Kä, Sag, Sar, Wak, Warsch, Wem II] Allg: Dorfplatz, auf dem wöchentlich landwirtschaftliche Produkte verkauft werden ● *Ofm Wochemaarkplatz es de Wochemaark abghalle woan.* [Jink II]
→Marktplatz, Wochenmarkt.

Wodka - m, votkə, Sg. tant. [Bak, GJ, Gra, Nitz, Len, Wil, Wis V, Bil, Ham, Pe, Schei VI] O, W: schwacher Vorlauf von Obst- oder Treberschnaps *Etym.*: Die lokale Bedeutung von *Wodka*, auch in den ung. und rum. Dialekten, weist eine Bedeutungsverschiebung von 'starker (Getreide)schnaps' zu 'schwachem Vorlauf' beim Schnapsbrennen auf. Zu verweisen ist auf die russ. Grundbedeutung *wodka* 'Wässerlein'. ● *Bei de ↑Kessel (2b), muss me warte, bis de Wodke rauskummt, där isch ↑schwach (3).* [Schei VI]
→Schnaps.

Wolf - m, volf, vølfe [OW VI]; volf, vølf [Wud I, Ap, Fu, Har, Hod, Ker, Stan, Tor, Tscher, Warsch III, Buk IV, Albr, ASad, Char, Ger, GSPe, Hom, Jos, Karl, Lind, Low, Nitz, Resch, Seul, Stef, StH, Tem, War, Wei, Wer, Wolf V]; volf, velf [Bog, Ga, Ger, GJ, Len, Low, Ost, Sad, StA, War, Wis V]; volf, vęlf [Gai, Kol, Sch III]; voləf, veləf [Sag II, Gai, Stan III, Fak, Glog, Tsche V]; volof, voləf [Orz, Stef V]; vulf [Sol II, NB V]; vuif [Ed, KT, Scham, Tscha, Wer, Wud I]
Fo, V: dem Schäferhund ähnliches, nur mehr selten auftretendes Raubtier; Canis lupus ● *Die wohne dort, wu sich Wolf un Fuchs gut Nacht saan.* [Bog V] *Un wie de Schimml in de Wald komm is, is uff emol de Wolf un de Fuchs komm.* [Len V] *Wer sich zum Lamm macht* (demütigt), *den fressn die Welf.* [Wis V] *Dem Kaiser seins sann d'Fuchsn d'Wölf, Moade (↑Marder) und Fischotters gwest.* [Wolf V] *Ja, also bei uns gibt es Wildschweine, Wölfe, Bärn und Auerhahne gibt es auch.* [OW VI] **Anm.**: Die Varianten *voləf* und *volof* weisen Sproßvokal -e- und -o- auf. ◆ Vergleich: Hungrich wie e Wolf ('heißhungrig'). ■ Petri 1971, 91.
→ Raubwild, Wolfsgraben, -kraut, -wiese.

Wolfsgraben - m, volfskro:və, Pl. id. [Alt, Fek, Nad, Oh, Wem II]
A, Fo: Flurnamen nach einer Vertiefung im Waldrevier, in dem es Wölfe gegeben hatte ● *Growe woan ville in Fäkäd (ON), do woar de ärscht un de zwått Sturchsgrowe, de Hiëschgrowe un e Wolfsgrowe newer de Wolfswiese.* [Fek II] ■ PfWb VI 144: Flurname.
→Graben, Wolf, Wolfswiese.

Wolfskraut - n, volfskraut, Sg. tant. [GK, Low, Ost V]; vulfskraut [Wud I]
A: Gemeine Osterluzei; Aristolochia clematis ● *Unkraut ham-mer viel ghat, Quecke, Wolfskraut, Hunsdmillich, Hundszwiwwle (↑Hundszwiebel) un Attich.* [Ost V] ■ Petri 1971, 16.
→Unkraut.

Wolfswiese - f, volfsvi:zə, Pl. id. [Alt, Fek, Nad, Oh, Wem II]
A: nahe zum Wolfsgraben gelegene Wiese ● *Growe* (↑Graben) *woan ville in Fäkäd* (ON), *do woar de Hiëschgrowe un e Wolfsgrowe newer de Wolfswiese.* [Fek II]
→Wiese (1), Wolf, Wolfsgraben.

Wolle - f, vole, Sg. tant. [GT, Wud I, Bad II, Neud III, NP IV, NPe V]; volə [Petschw II, DStA, Ga, StA V]; vol [Fek, Surg, Wem II, Ap, Berg, Ker, Mil, Pal, Sch, Stan III, Put, Tom IV, Alex, DStA, Eng, Fak, GJ, GK, Glog, Jahr, Knees, NA, Orz, StA, War, Wil, Wis V]; voi [Wer I]
1. V: geschorene Tier-, besonders Schafhaare ● *Die Schåf sinn in jedn Frihjahr gschäet* (↑scheren) *woen, un die Woll is ausgeoarwet woan dann.* [Fek II] *De Schofhalde hot die Schof gschäet, ihre Woll.* [NA V] 2. W: Haarfilz unter den Deckblättern der schwellenden Rebknospe ● *Verfriere die Rewe in dr Woll, sauft mer de Wein mit der Boll* (↑Bolle). [GK V] ◆ (2) Spätfröste schaden den noch wenig entwickelten Rebenknospen nicht und deuten dem Winzer ein ergiebiges Weinjahr an. ■ PfWb VI 1447 f.: 1.a 'Haare der Schafe', 3. 'isolierender Haarfilz, der unter den Deckblättern der schwellenden Rebknospe hervorkommt; RheinWb IX 625 f.; Gehl 1991, 110.
→(1) Schaf; (2) Rebe.

wühlen - schw, vu:lə, kvu:lt [Fak, Glog, Mar V]; vilə, kvi:lt [Mil, Sch, Siw, Bog, Bru, Ga, StA V]
V: (vom Schwein und Maulwurf:) die Erde mit der Schnauze aufreißen ● *Die Wutz tut gärn mit dr Schnuss wihle.* [Mil III] *Eier Sau wuhlt im Dreck im Gassegrawe* (↑Gassengraben). [Bog V] *An Neijohr soll mer Schweinefleisch esse, weil die Schwein wuhle mit der Nas vor.* [Orz V] ■ PfWb VI 1464: 1.a; RheinWb IX 641 f.
→herumwühlen.

Wurf - m, vorf, vɛrf [Ost V]
A: (verkürzt für:) Sensenwurf, Stiel *Etym.:* Das Subst. *Wurf* ist eine Abl. von *werfen*, hier: 'die gemähten Halme zur Seite werfen'. ● *Do is de Senseworf mit am Griff un an de Sens unne war de Hamm* (↑Hamme). *De Worf is de Stiel un de Griff is des, wu vorsteht.* [Ost V] ■ Gehl 1991, 144.
→Sensenwurf.

Würfel - m (n), virfl, Pl. id [Ap, Hod, Pal III, Fak, Ga, StA, Wil V]; virflçə, -r [Bog, Ger, GJ, Len, Lieb, War V]
Allg: (von einem landwirtschaftlichen Produkt:) würfelförmiges Stückchen ● *Die Leit hunn so kloone Wirflcher fingerbraat gschnitt vun den Fett.* [Lieb V]
→Brocken, Stück (1).

Würfelzucker - m, virfltsukər, Sg. tant. [Bog, GK, Gott, Hatz, Len, Low, Ost, War, Wis V]
A: würfelförmig gepresster Rübenzucker ● *Wann em schlecht war, hat mer uff e Stick Wirflzucker phaar Troppe* (↑Tropfen) *Franzbranntwein druftrippse gelosst un hat eemol gschlickt.* [Bog V] ■ PfWb VI 1492: RheinWb IX 654.
→Kotzkazucker, Zucker.

wurgsen - schw, vurksə, kvurkst [Fak, Ga, Glog, StA, Wil V]
V: hervorwürgen *Etym.:* Das Verb ist eine Iterativbildung zu *würgen*. ● *Der Katz wurkst widder, der is jo e Knoche im Hals steckegebliwwe.* [Fak V] ■ PfWb VI 1484: 1.a 'etwas mühsam oder gierig hinunterschlucken, in großen Bissen schlingen', b. 'hervorwürgen, sich erbrechen'; RheinWb IX 656.
→fressen.

Wurm - m, vurm, virm [Ga, StA, Wil V]; vurəm, virəm [Jood II, Fak, Glog, NA V]; vurm, vɛrm [Ap, Hod III]; vorm, vɛrm [Sag II, Gara, Har, KK, Tschat, Tscher, Wasch III, GStP, Le, Lo, Ost, Tsche, War V]; vorəm, vɛrəm [Stan III]; vurum, virəm [Mar V]; vɛrm, vɛrm [Fu, Kol, Sch III]
1. V: längliches, wirbelloses Tier ohne Gliedmaßen; Vermes ● *Die Schunke* (↑Schinken) *brauchet acht Woche, dass sie guet sinn, dass it* (nicht) *en Kewer* (↑Käfer) *ode Wirem noigehn in Schunke.* [Jood II] *Un far Fisch fange hot mer an die Angl* (↑Angel) *entweder Wärm droo oder Kukrutz* (↑Kukuruz) *oder aa mit Brot.* [Ap III]
2. V: frühes Entwicklungsstadium von Insekten, Larve ● *Im Frihjoah hann ich se imme gschwewlt* (↑schwefeln), *es net die Wirm an dene Wabn gehn.* [Ha II] *De Baampicker* (↑Baumpicker) *hackt die Rinde uff un sucht sich Käffre un Wirem.* [Fak V] *Die Schmaaßmicke, die leje ihre Eier gäre in die Schunke nin, dann wacksn drin die Wärm.* [Ost V] **Anm.:** Die Formen *Wurem*, Pl. *Wirem* und *Worem*, Pl. *Wärem* weisen den

Sprossvokal -e-, in *Wurum* der Sprossvokal -u- auf. ■ Gehl 1991, 82; Petri 1971, 123.
→Ungeziefer; wurmig.

wurmig - Adj, vurmiç [Fak, Ga, Glog, Pan, StA, Wil V]; vormiç [Bog, GK, Len, Low, Ost, War V]
A, G, O: von einem Wurm, einer Made befallen, wurmstichig ● *Wann de Kukrutz* (↑Kukuruz) *wormich war, had er runnerghong* (↑herunterhängen) *un war taab* (↑taub). [Ost V] **Anm.**: Die Variante *wormig* weist -u>o-Senkung auf.
→Wurm.

Wurst - f, vurʃt, virʃt [Sulk II, Fak, Ga, Glog, StA, Tem, Wil V]; vuʃt, -virʃt [Jood, Petschw II]; vuəʃt, viəʃt [Fek II]; vorʃt, virʃt [Nitz V]; vǫrʃt, vęrʃt [Stan III, Bog, DStM, GK, Len, Lieb, Low, Ost, Wis V]; vɐrʃt, vęrʃt [Berg III]; voɐʃt, viəʃt [NA, Ora, Stei V]
V: in einen Darm gefülltes, gewürztes und gekochtes Fleischgemisch ● *Mir hann mehrelei Wiëscht gemocht, mir honn Hiënwiëscht, Bråtwiëscht un Schwoatewiëscht gemocht.* [Fek II] *No senn die zwaa Saue ufgarbet* (↑aufarbeiten), *sinn die Wirscht gmacht, Wirscht kocht und Salami gmacht.* [Jood II] *Månichi Leit* (Leute) *tan die Wirscht in Kihlschrank 'nei, ich ess des net gärn.* [Petschw II] *Mer tut Wirscht mache. Friher ware die Bludwärscht un jetz mähr Raaiswärscht und noch Fleischwurscht.* [Sulk II] *Friher henn sie als Blut an die Wärscht gewwe in die Blutwärscht.* [Stan III] *In der Vorweihnachtszeit git* (wird) *gschlacht un Worscht gmacht, vill Brotworscht.* [Bog V] *Die Worscht is gselcht worre in de Selchkamme mit Raach.* [DStM V] *Die Trauwe un die Wärscht ware in der ↑Speis ghong* (↑hängen) *uff aam Stecke*[n]. [Ost V] *Der Karcsi hat unta sein Reckl zwaa gselchti Wirscht herausgezogn.* [Tem V] **Anm.**: In der Variante *Worscht* ist Vokalsenkung u>o festzustellen. ◆ Pfälzer Sprüche: *Pälzer Wei un Pälzer Worscht/ vertreiwen Hunger, löschen Dorscht.* - *Es geht um die Worscht* (eine Entscheidung steht bevor). *Sauerkraut mit Wärschdscher ist ein traditionelles Silvesteressen.* (PfWb VI 1490) - *Alles hat e End, nor die Worscht hat zwaa.* [Bog V] ■ PfWb VI 1489-1493 (mit Karte 406, auf der die Form *Worscht* f., m. vorherrscht); RheinWb IX 662-669; SchwWb VI/1 997-999.
→(Arten:) Arschdarm-, Blut-, Brat-, Fleisch-, Frisch-, Haus-, Hirn-, Koch-, Kren-, Leber-, Reis-, Schwartenwurst, Debreziner, Endkeutel, Mitsch, Salami, Stiffulder, Pfälzer, Zervelat; (Sonstiges:) Fleisch (1), Wurstfleisch, -kessel, -spritze, -suppe.

Wurstfleisch - n, vurstflaiʃ, Sg. tant. [Aug, Schor, Wud I, Resch, Tem, Wer V]; vurʃtflaiʃ [Ap, Fil, Mil III, Tom IV, Fak, Ga, Glog, Sad, StA, Wil V, Ham, Mai, Schei, Suk VI]; vorʃtflaiʃ [Bog, Ger, GJ, GK, Len, Low, War, Wis V]
V: zum Füllen der Wurst verwendetes, gekochtes und gemahlenes Fleisch ● *Do gibt's so e dicke, korze Darem* (↑Darm). *Des war de Endkeıdl* (↑Endkeutel), *där is mit Worschtfleisch angfillt genn* (↑anfüllen). [GJ V]
→Fleisch, Wurst.

Wurstkessel - m, vurʃtkhesl, Pl. id. [Fak, Ga, Glog, StA, Wil V]; vorʃtkhesl [Sch, Siw, Stan, Wepr III, Bog, Ger, Lieb, Wis V]
V: Eisenkessel, in dem Kochwürste und Fleisch am Schlachttag abgekocht werden ● *Manchmol is e Worscht im Worschtkesssl ufgeplatzt.* [Lieb V] ■ PfWb VI 1495; RheinWb IX 667.
→Kessel (1), Wurst.

Wurstspritze - f, vurstʃprits, -ə [Sch, Siw, Tor III]; vurʃtʃprits [Fak, Ga, Glog, StA, Wil V]; vuəʃtʃprits [StI II]; vorʃtʃprits [Sch, Siw, Tor III, Bog, Ger, GJ, Kath, Lieb, War V]
V: Kolbenspritze zum Füllen der Därme mit Wurstfleisch ● *Noch sein die Brotwischt* (↑Bratwurst) *gfillt woen mit däre Wueschtspritz.* [StI II] *Die Leit hadn friher e Worschtspritz aus Holz.* [Lieb V] ■ PfWb VI 1496; RheinWb IX 668.
→Wurst.

Wursuppe - f, varʃtsup, -ə [Ap III]; vorʃtsup [Bog, Gott, Ger, Gra, Len, Low V]; vurʃtsup [Bak, Fak, Ga, Glog, Nitz, Low, War V, NP, Pe VI]; voɐrʃtsupə, Sg. tant. [NA V]
V: Suppe aus der Brühe, in der am Schlachttag Wurst und Fleisch gekocht werden ● *Warschtsupp hot me gesse un hot e bissl Brot eigebrockt. No hot mer es Schlachtfescht gfeiert un hot getrunge.* [Ap III] *Auf die Därfe is die Woarschtsuppe gmacht woan.* [NA V] ◆ Redewendungen: *Nooch em Tod die Wurschtsupp* (wenn ein Angebot zu spät kommt); - *klar wie Worschtsupp* (ironisch); - *Er kennt sich aus in der Worschtsupp* (ist in einer Sache beschlagen). ■ PfWb VI 1496 f.
→Wurst, Suppe, Metzel-, Metzgersuppe.

Würzbüschel - n, vięʦpiʃl, Pl. id. [NA V]; viərtsbiʃəle [Sad V]
A: Kräuterbüschel, das am Fest Mariä Himmel-

fahrt (15. August) in der katholischen Kirche geweiht wird ● *Bei uns woan im Wiäzbischl Fruchthalme, Blumme un viel anderes.* [NA V] ◆ Der Würzwisch, ein Kräuterstrauß mit vielen wildwachsenden Pflanzen, darunter auch Disteln, wird in katholischen Gegenden am 15. August, dem Himmelfahrtstag Mariä, in der Kirche geweiht und im Haus aufbewahrt, um Blitzschlag und Unwetter abzuhalten. In Saderlach [Sad V] feiert man zu Mariä Himmelfahrt den *Chrüterbuschletag*. Dabei bindet man sieben verschiedene Feldblumen und Kräuter (Kornblumen, Weizen, Kletten usw.) zu einem Strauß zusammen und lässt ihn in der Kirche weihen. Der *Donnerkopf*, eine Distelart, im Würzbüschel erinnert noch an die beabsichtigte Abwehr von Blitzschlag. (Künzig 1937, 192) ■ *Würzwisch* PfWb VI 1501 f.; RheinWb IX 670.
→Büschel, Gewürz, Pflanze.

Wurzel - f, vurtsəl, -n [OW VI]; vurtsl, -ə [Mil III, Fak, Glog, Sad V]; vurtsl, Pl. id. [Kock II]; vortsl [Bog, GK, Len, Low, Ost, War V]; vårtsl [Ga, StA, Wil V]
A, Fo, G, H, O, T, W: der Befestigung in der Erde und der Ernährung dienender, verzweigter Teil von Pflanzen und Bäumen ● *Wenn des Feld gruht hot, no henn die Wurzl Stickstoff gsammlt.* [Kock II] *De Zellrich* (↑Sellerie) *hat verzweigti Wurzle.* [Mil III] *Selmols ware die Worzle vom Kukrutz* (↑Kukuruz) *net so tief in die Ärd* (↑Erde) *ningang, die ware mähr flachworzlich.* [Ost V] *Un wenn die Pflanzn sind schon 20 cm, dann wird es von diesn Forstgarten rausgenommen mit Wurzeln.* [OW VI] **Anm.**: Bei den Varianten *Worzl* und *Wårzl* ist Vokalsenkung u>o(å) anzutreffen. ■ Gehl 1991, 80.
→Pflanze, Dach-, Schwarz-, Strippwurzel; flachwurzelig.

Wutz - f (n), vuts, -ə [Ap, Mil III]; vutsje, vutzerje [Fek, Oh, Pal, Seik, StI, Surg, Wem II]; vutsl, -ə [Buk, Fil, Kar, Ker, Mil, Pal, III, Albr, Ger, Low V]
V: Zuchtschwein ● *Mir hann gsacht Wutzerje. Zu där hot me Zuchtsau nu gsagt.* [Fek II] *Un die klaane Wutzerje, die hunn aa ärscht Routmehl* (↑Rotmehl) *kricht e weng.* [StI II] *Un die Wutz hot noh ausgschitt* (↑ausschütten) *un hot Wutzle krigt, die henn am Tuttl* (↑Tutte) *gsoffe* (↑saufen). [Ap III] *Die Wutz tut gärn mit dr Schnuss wihle* (↑wühlen). [Mil III] **Anm.**: Das Dimin. *Wutzerje* wird für den Pl. von 'Ferkel' gebraucht. ■ PfWb VI 1511 f.; RheinWb IX 678 f.; Petri 1971, 120.
→Sau, Watz.

Yorkshire - f, jorkʃi:r, Pl. id. [Aug, Ins, Tar, Schor, Wein, Wud I, Baw, Bohl, Wem II, Ap, Fil, Gai, Hod, Pal, Sch, Tscher III, Be, In, Ru, Tom IV, Bog, Ger, GK, Gra, Low, Orz, Ost, Na, NB, War V, Bat, Bil, NP, OW VI]; jork, Pl. id. [NA V]
V: (verkürzt für:):) Yorkshireschwein ● *Die Weise* (↑Weiße), *die Jork, die woan Fleischschwein.* [NA V] *Un nochhär hann se die Jorkschier ingfihrt, die Weißi. Die hann sich mit de Zeit dorichgsetzt.* [Ost V] ■ Petri 1971, 121.
→Yorkshireschwein, Schwein.

Yorkshireschwein - n, jorkʃi:rʃvain, Pl. id. [Bill, Fak, Ga, Glog, Gra, Ost, War, Wil V]
V: weißes Fleischschwein der Yorkshire-Rasse ● *Die Jorschierschwein, des ware die weißi, die had mer aa ingfihrt.* [Ost V]
→Yorkshire, Schwein.

Zackelweiß - f, tsakelvais, Sg. tant. [Bak, Bill, Len, Low, Mar, Ost, Trie, Tschan V]; tsaklvaise, tsaklvaisi [Bak, Bog, Fak, Ga, Glog, Len, Low, Ost, StA, Wil V]
W: veredelte, fruchtbare Sorte von hellen Tafeltrauben ● *Meischt hann se ghat Blooi, Matscharga, Schiller un Zacklweißi, des ware die Sortn.* [Bak V] *An de Droht sinn scheene Trauwe gebunn ginn: Zacklweißi, Gaaßtuttle* (↑Geißtuttel) *oder blooe Ochseauge.* [Bog V] *Un Rewesorte ham-mer ghat: Gutedl, die Zacklweißi, die Mascharka, die hann so viel getraa* (↑tragen). [Ost V] ■ Gehl 1991, 240; Petri 1971, 79.
→Rebsorte.

Zahn

Zahn - m, tsa:n, tse:ne [Ben, Stei V]; tsa:n, tsɛ:ne [Wud I]; tsa:n, tsɛ:ne [Tem V]; tsa:n, tse:n [Jood II]; tsa:n, tsɛ:n [Erb, OG I, Franzf V, OW VI];tsan, tsɛn [Bog, Drei, StAnd V]; tsa:, tsɛ:i [GN II]; tsã, tsẽ: [Ap III]; tsã:, tsẽ: [Fak, Ga, Glog, StA V]; tso:, tsɛ: [Nad II]; tsa:n, tsaint [Wud I]; tsant,, tsent [OW VI]; tsaunt, tsaint [Wud I]
A: spitzer, einem Zahn ähnelnder Teil eines Gerätes ● *Un hod a gmacht Egge, wu me muss des Feld klor mache noch en Ackre, un de Schmied hat die Zehn noigmacht, Oisezeh.* [Jood] *Un am Kopp, do ware die Schnuss* (↑Schnusse) *mit de Naselecher, die Zung un die Zeh.* [Ap III]
Anm.: Die Varianten *Zahnt, Zehnt, Zaunt, Zeint* in [Wud I und OW VI] weisen epithetisches *-t* auf. ■ Gehl 1991, 146.
→Eisen-, Hechelzahn, Nagel.

Zapfen - m, tsapfn, Pl. id. [OW VI]; tsa:pfn, Pl. id. [Tol I]; tsåpfn, Pl. id. [Bohl II]; tsapfə, Pl. id. [Pußt, Tax I, Bohl, Jood II, Ben, Glog V]; tsapfə, -nə [Ga, StA V]; tsopfə [KT, Wein, Wud, Wudi I]; tsapə [Bohl, Bold, Surg II, Bak, Bog, Da, Nitz, Ost, War V]; tsa:pə, Pl. id. [Bohl II]
1. A: Maiskolben ● *Un wo die scheini Zopfe woan, do woan drei-vië Blaal* (↑Blatt) *dra bliëm, den hom-me gfloochtn un so aufgeheigt.* [Wud I] *Mir honn Zapfe gsagt dezu, un heut noch, Kugrutzzapfe.* [Jood II] 2. Fo: an einer langen Achse angeordnete Fruchtblätter der nacktsamigen Pflanzen ● *Der Samen kommt von de Zapfen, von de Fichtnzapfn.* [OW VI] 3. W: für den nächstjährigen Fruchttrieb stehengelassener Stift am Weinstock ● *Die Aldi hann de Weingaarte gschnitt uff drei-vier Zappe mit zwei-drei Aue* (↑Auge 2). [Ost V] ■ PfWb VI 1533 f.: 1.a 'Pfropf zum Verschließen des Zapfenlochs von Fässern, Zubern', 2.b 'Eiszapfen', 3.a 'Kiefern, Tannenzapfen', b. 'stehengelassener Stift am Weinstock'; RheinWb IX 711 f.; Gehl 1991, 76.
→(1) Kukuruzzapfen, Pflanze; (2) Fichtenzapfen.

Zapfenkukuruz - m, tsapfəkugruts, Pl. id. [Jood II]
A: nicht entkörnter Kolbenmais ● *Aa die Kihe* (↑Kuh) *honn kriëgt Zapfekugrutz, mie sage Zapfekugrutz. Die Kihe honn die Kärn* (↑Korn 1) *rabbisse* (↑rabbeißen) *un honn die gfresse , un die Ross aa.* [Jood II]
→Kukuruz, Kukuruzzapfen.

Zaum - m, tsã:m, Pl. id. [Fek II, Mil, Fil, Pal, Sch III, Be, Tom IV, Bru, Sad, Wil V]; tsã:,. tsẽ:m [Bog, GK, Gott, Gra, Len, Low, Ost, war V]
V: um den Kopf von Zugpferden gelegtes Riemenzeug ● *Der Geilschirr* (↑Gaulsgeschirr) *had e Kopftaal* (↑Kopfteil) *und dazu hot de Zaam un die Ziegl* (↑Zügel) *geghäet. Mit den Streng* (↑Strang) *ziehgt* (↑ziehen) *der Gaul, die senn von Hanft* (↑Hanft). [Fek II] *E aafaches Gschärr* (↑Geschirr 2) *hat de Zaam ghat, des sinn zwei Rieme vum Gebiss bis zum Fuhrmann.* [Ost V]
■ Gehl 1991, 165.
→Sielengeschirr, Halfter.

Zaun - m, tsãun, tsãın [Nad II, Brest, Fil, Gai, Sch, Siw, Tscher III, NP, Tom IV, Bog, Fak, Bru, Ga, GK, Glog, Ost, StA, War, Wil V]; tsãũ, tsãĩ [Pußt, Tax I, Fek, Surg II, Pe VI]
A, G, W: aus Holz oder Drahtgeflecht errichtete Einfriedigung eines Grundstücks oder Hausgartens ● *Auf so a Wiesn* (↑Wiese 1) *ode im Wald, auch auf die Zei is des gwocksn.* [Pußt I] *Un der ↑Palm is mit der Rewescher gstutzt ginn un war wie e Zaun.* [Bog V] *Aus Sunneblummesteckre had mer de Zaun gmach um de Kuchlgarte* (↑Küchengarten) *nechscht em Dorf.* [Ost V] ■ PfWb VI 1544; RheinWb IX 722.
→Gartenzaun, Zaunkönig.

Zaunkönig - m, tsaunkhe:niç, Pl. id. [Bul III, In IV, Albr, Bak, Ben, Bir, De, Franzf, Ger, Gott, GStPe, Hatz, Hei, Jahr, Jos, Joh, Kath, KB, Mar, NA, NSie, Ost, Orz, Resch, Rud, Sekul, SM, Stei, StM, Stei, Tschan, Ui, War V]; tsaukhe:niç [GK, Ost, Sad, Schön, War V]; tsa:khe:niç [Lieb V]; tsounkhe:niç [NB V]
V: in Zäunen lebender kleiner Singvogel; Troglodytes troglodytes ● *Im Wald gsieht mer de Stiglitz, de Zaukenich un die Masle, des sinn die Meisn.* [Ost V] *In unsre Gegend sieht mer Goldamschln, Elsten, Rabn un seltn auch ein Zaunkenich.* [Resch V] ■ PfWb VI 1546; RheinWb IX 725; Petri 1971, 122.
→Vogel, Zaun, Zaunschlüpfer.

Zaunschlüpfer - m, tsauʃlupər, Pl. id. [KK III, NP IV, DStP, Len, Low, NPa, Sack, Stef, Tsche V]; tsãũʃlupfərlę [Fak, StA V]; tsãũʃlipfl [Glog, Wil V]
V: (wie: Zaunkönig) ● *Schau mol, do im Garte is e Zauschlipfl.* [Glog V] ■ PfWb VI 1546: Dim. "Zaanschliwwerche, -schlipperle, schlipferle", wegen der Kleinheit des Vogels; RheinWb IX 725; Gehl 1991, 124; Petri 1971, 122.
→Zaunkönig.

Zecker - m, tsekər, tsekrə [Bog, GK, Len, Low, Ost, War V]; tsegər, tsegrə [Fak, Glog V]
A: aus Schilf oder Bast geflochtene Einkaufstasche • *Bei uns net, awer in Sacklaas (ON) hann se im Kriech die Lieschezeckre un sowas gmach. Fun scheni Handarweit, die Zeckre.* [Ost V] ■ BayWb 2/2, 1081: 'sackähnlicher, aus Bast, Stroh, Binsen und drgl. geflochtener Korb'; Wolf 1987, 111: Zegger, Zecker 'aus Bast, Stroh, Binsen oder Weiden geflochtener Einkaufskorb'.
→Lieschenzecker.

Zehe - , tse:və, Pl. id. [Ap, Fil, Pal, Sch, Stan, Wepr III, Bog, Ger, GJ, Len, Mar, Ost, War V]
V: Endglied des Tierfußes • *Die ↑Schuh, des sinn an der Zehwe die Klooe, die wärre mitm Klooezieher (↑ Klauenzieher) runnergezooe (↑ herunterziehen).* [Ap III]
→Vieh.

Zehneimerfass - n, tse:aimərfas, -fęsər [Sad V]
W: Weinfass mit einem Fassungsvermögen von zehn Eimern (etwa 560 Litern) • *Bie uns het's Zweieimer-, Seckseimer-, Achteimer- un Zeheimerfässer geh (gegeben). In ei Zeheimerfass sinn bal (fast) 600 Litter driegange (hineingegangen).* [Sad V] ■ Gehl 1991, 170.
→Eimer (2), Fass.

Zehnliterglas - n, tse:nlitrklas, -kle:sər [Bog, GK, Len, Lit, Ost, War V]
G: Einweckglas mit einem Fassungsraum von zehn Litern • *Die Umorke (↑Umurke) hat mer in großi Gleser, so Zehnlitergläser, hat ↑Kaper dran, un dann hat's gegärt.* [Ost V]
→Glas (2); zehnlitrig.

zehnlitrig - Adj, tse:litrik [Ga, StA V, Bil, Ham, mai, Pe, Schei, Suk VI]
A, W: mit einem Fassungsraum von zehn Litern • *Blutzker (↑Plutzer 1a) waret verschiedene Grese, dreilitrige, fimflitrige, zehlitrige.*
→zehnmetrig; Liter, Zehnliterglas.

zehnmetrig - Adj, veraltet, tse:nme:trik [OW VI]
Fo: mit einer Länge von zehn Metern • *Un was man hat, hier Fichtn, hier Buchn, hier kommt von elf bis zwölf Meter, hier kommt das neun- un zehnmetriges, wird des alles sortiert.* [OW VI]
→zehnlitrig; Meter.

Zehnt - n, tse:nt, Pl. id. [Jood II]
A: für landwirtschaftliche Arbeiten bezahlter, zehnter Teil des Ernteertrags Etym.: Der Zehnt war ursprünglich eine Abgabe in Höhe eines Zehntels des Ertrags usw. • *Wem-me honn um de Zehnt garbet, no hom-me zeh Garbe uff aa Kroiz (↑Kreuz) too (getan). Odde hem-me fufzehni druftoo (↑darauftun), denoch hom-me widdem (wieder) unsen Loh[n] kriëgt.* [Jood II] ■ PfWb VI 1560; RheinWb IX 735 f.
→Drittel, Zehntel.

Zehntel - n, tse:nti [Jood II]
A: (wie: Zehnt) • *Friher warn Baure ode Taglehner (↑Taglöhner), die henn de Schnitt abgemacht ums Zehnti ode sinn maschine (↑maschinen) gange ums Drittl un so.* [Jood II] ■ PfWb VI 1560; Rhein IX 736.
→Zehnt.

Zehnteltretplatz - m, tse:ntətråplats, -plets [Alt, Fek, Nad, Oh, Surg, Wak, Wem II]
A: Platz auf dem früheren Herrschaftsfeld, auf dem als Entlohnung um ein Zehntel der Ernte gedroschen wurde • *Ofm Feld liecht es frihere Phoarresfeld, es Häeschaftsfeld, es ↑Pußtafeld on de Zehntetråppplåtz.* [Fek II]
→Herrschaftsfeld, Tretplatz.

zeitig - Adv, tsaitik [OG I]; tsaidiç [Baw, Seik, StI, Wem II, Gai III, Tom IV, Fak, Ga, Glog, StA V]; tsaitiç [Ap III, Bog, Bru, Len, Low, Ost, War V]; tsaiətik [Ed, KT, Schor, Wud, Wudi I]; tsitik [Sad V]
A, G, O, W: (von Feldfrüchten, Obst usw.) reif, ausgewachsen • *Jetz wäd's ghaut (↑hauen) un nochhe, wann's zeitig is, no tan me's obrupfe.* [OG I] *Die Trujn (↑Trollen) sann nimma zeietig woan.* [Wud I] *Die Spede Pfische, sie senn äescht im Härbst zeidich.* [Baw II] *Noch woar schun der Hower (↑Hafer) zeidich, där is noch aa gemeht woan. Den hot me net kenne gleich zommbinne, wäl där soviel Bleder (↑Blatt) hat, där hor misse gewend wänn.* [StI II] *Die Grieni Bohne sinn far Zuspeis (↑Zuspeise) mache, un die annri Sorte sinn am ↑Stock (1b) gebliewe, bis sie zeitich wåre.* [Ap III] *Wann die Frucht zeitich war, is de Schnitt ongang.* [Bru V] *De Wååz (↑Weizen) is jetz noch grie, awer in Juli is er schun zeidich.* [Fak V] *Die Felder senn so arm un kleen, dort get (wird) jo 's ↑Korn (2) kaum zeidich.* [Len V] *De schwarze Bode war gudes Feld, awer dart war die ↑Frucht (1) um e Woch speder zeidich wie uff dem ↑Sand (2).* [Ost V] *De rieche Liet (reiche Leute) ihri Meidli un de arme Liet ihri Gärschte sinn frihe zittig.* [Sad V] ■ PfWb VI 1575 f., 2.a 'reif zum Ernten, zum Essen', von Obst, Käse

usw; RheinWb VII 292; SchwWb VI/ 1110, 1. 'reif', a. 'von Früchten, allgemein', b. 'von anderen Sachen, ein Furunkel', c. 'von Tieren: ausgewachsen, reif zur Verwendung'.
→grün (2), reif.

Zeller - m, tselər, Sg. tant. [StI II, Brest, Tscha, Tschat, Wasch III, In IV, Albr, Bak, Ben, Bill, Bog, Char, DStP, Ga, Ger, GJ, GK, Gott, Gra, GStP, Hatz, Hei, Jahr, Joh, Jos, Karl, Kath, KB, Kub, Laz, Len, Low, Mar, Mori, Mram, Na, NB, Nitz, Orz, Ost, Rud, Sack, Schön, StA, Star, Stef, Trie, Tsch, Tschak, Tsche, Ui, War, Wil V]; se:lər [StAnd V]; tselr [Ap, Mil, Pal III]; tselərɐ [Tschan V]; tsela [Stei V]; tselə [Darda II, Eng, Kud V]; selɒri: [De V]; tselərɪç [Brest, Hod, Kar, Kol, Stan III, Franzf, Sad, SM, StA V]; selərɪç [Tor, Wepr III, Gutt V]; tselrɪç [Mil III, Fak, Glog V]; tselri [Bul, Tor, Tscher III]; tselri: [Bir, Lieb, Ksch V]; tsølɐ [Wud, Wudi I, Wer V]
G: Sellerie, ein Suppen- und Salatgemüse; Apium graveolens *Etym.*: Für *Sellerie* wird in Wien und in der Steiermark *Zeller* verwendet, in München und Böhmen *Sellerie*, in Berlin *Sellri* gesprochen. Die Bezeichnung geht auf frz. *céleri* zurück, das seinerseits aus lombardischem *seleri*, piemontesisch *seler*, toskanisch *sedano*, lat. *selinum* und gr. *selinon* entlehnt ist. Österr. *Zeller* beruht offenbar auf ital. dial. *seler*. Die Wiedergabe des stimmlosen *s-* mit *z-* erscheint in elsässisch *Zelleri*, pfälz. *Zellerei*, oberhess. *Zelleri*, *Zellerich* und thüringisch *Zalderi*. (Kretschmer 1969, 458 f.) ● *Far die Kuchl* (↑Küche) *is aagebaut warre Griezeich, Geelriewe* (↑Gelberübe), *Zellr, Rettich un anneres.* [Ap III] *De Zellrich hat verzweigti Wurzle.* [Mil III] *Im Garte ham-mer aa ghat Schalotte un Krien* (↑Kren), *Zeller un viel annres.* [Ost V] ◆ Zum Würzen der Suppen werden Blätter und Wurzelknollen der Gartenpflanze verwendet und aus den Knollen wird auch Salat zubereitet. ■ Gehl 1991, 229; Petri 1971, 47; *Zellerer* BayWb 2/2, 1112: Sellerie, m., von ital. *celeri*, böhmisch *celer*; *Zellerich* SchwWb VI/1, 1117; *Sellerie* PfWb VI 65: Zellerie, Zellrie, Zellerich, Zellrich usw.; RheinWb VIII 74.
→Gemüse.

Zellulose - f, tselulo:ze, Sg. tant. [Ost V]
A: Hauptbestandteil pflanzlicher Zellwände ● *Je jinger de Klee war, je weneicher Zellulose drin war im Klee, um so eiweißreicher is er. Weil Kleehaai is doch eiweißreiches Fuder* (↑Futter)

un's Wickehaai gnauso. [Ost V]
→Futter.

Zementtrog - m, tsementro:k, -tre:k [Sulk, StG II, Ap, Mil, Sch, Werb III]; tsimentro:k, -tre:k [Stan III, Tom IV, Bog, Fak, Ga, GJ, Glog, Kath, Ost, StA, Wil V, NP VI]
V: großes längliches Gefäß aus Zement zum Füttern der Haustiere ● *Wu mer die Sei* (↑Sau) *gfutert* (↑füttern) *henn, do ware Treg, Zimmenttreg un Holztreg.* [Stan III]
→Trog.

Zensor - f, selten, tsensor, Sg. tant. [Bog, Low, Ost V]
W: ergiebige Rebsorte mit dicken, blauen Beeren *Etym.*: Entlehnung aus rum. *cenzor* '(Rechnungs)prüfer', gemeint ist wohl eine 'geprüfte, genehmigte Neuzüchtung'. ● *Die Tschabadjön, des ware ungarischi Trauwe. Die Zensor, des ware scheni, so dicki, so wie Ochseaue.* [Ost V]
→Rebsorte.

Zenti - m (n) tsenti, Pl. id. [Jood, Nad, Seik II, Glog V, OW VI]; tsęndi [Har III]; tsandi [Wein I]
Allg: (verkürzt für:) Zentimeter ● *Die Kiẹndl* (↑Kern 3) *sann bis zwaa Zejnti grouß gwejesn.* [Wud I] *Der Kugrutz* (↑Kukuruz) *kam-mer aabaue* (↑anbauen) *mit de Maschie* (↑Maschine) *sechzich Zenti Reihebrädi* (↑Reihenbreite), *odde mit de Hacke, widde so in däre Bräti* (↑Breite) *die Kärne* (↑Kern 2). [Jood II] *Zeh Zenti lang un secks-siwwe Milimetter hoch, so groß is des Fliegloch* (↑Flugloch). [Seik II]
→Zentimeter.

Zentimeter - n, tsentimetə, Pl. id. [Waldn III, Tom IV, Bog, Gak, Ga, GK, Ost, War, Wil V]; tsendimedər [Stan III, Fak, Glog V]
A: der hunderste Teil eines Meters ● *Die Hackl* (↑Hacke 2) *ware zehn Zedimedder braat* (↑breit) *un dreißig Zendimedder lang.* [Stan III] *De Hannef is ins Waser* (↑Wasser) *kumme, des war net so tief vleicht achzich-neinzich Zentimette tief.* [Waldn III] *Die Thuwaksnodl* (↑Tabaknadel) *is zwei-drei Zentimetter dick, aus Eise un am End zugspitzt.* [Ost V]
→Meter (1), Zenti.

Zentner - f, tsentnər, Pl. id. [Ap, Ker, Mil, Sch, Werb III, In, NP, Ru, IV, Bog, Ger, Len, Low, Mar, Ost, Trie, War V, Bil, Ham, Mai, Pe, Schei, Suk VI]

zerstreuen

Allg: Gewichtsmaß, 100 kg ● *Un am Kaschte ware die Seckleit (↑Säckeleute), die hann abghong un gwoo (↑wiegen). Un wann zehn Zentner ware, no war Ables (↑Ablöse).* [Ost V] *Denn hamm mer mese schaffe fir en Zentner, zwee Woaitze.* [Schei VI]
→Kilo.

zerstreuen - schw, tsərʃtra:n, -ʃtra:t [OW VI]
Fo: streuend verteilen, verstreuen ● *Von schene Baume (↑Baum), welche Früchtn (↑Frucht2) machn, zerstraat de Wind den Samen, und es tut sich natural (↑natürlich) wieder anbaun. Bei Buchn, Eichn, Eschn, bei dieses geht es, natural anbaun.* [OW VI]
→verteilen.

Zervelat - , salvela:t, Pl. id. [Stan III]
V: dem raschen Verzehr vorbehaltene Frischwurst *Etym.:* Vgl. *Zervelatwurst* 'Dauerwurst, Hartwurst', ursprünglich 'Hirschwurst', zu lat. *cervus* 'Hirsch, vermischt mit frz. *cervelat*, ital. *cervelatta* 'Hirnwurst', zu lat. *cerebellum* 'kleines Hirn'. (Wahrig 4096) In unserem Fall ist Bedeutungsverschiebung von Dauer- zu Frischwurst eingetreten. ● *Mei Vadder hat efter als e Salwelat odder e Debreziner gmacht. Salwelat war so e Frischwurscht, do worn halt au Speckstickle (↑Speckstück) so drin.* [Stan III] ■ PfWb VI 1584: 'salamiartige Dauerwurst, Sommerwurst'; *Zervelatwurst* RheinWb IX 756; ÖstWb 490.
→Debreziner, Wurst.

Zeug - n, tsaiç, Sg. tant. [Buk, Gai, Pal, Sch III, Tom, Tow IV]; tsa:iç [Waldn III, Be IV]; tsaik [Gak, Tschat, Tow III]; tsa:ik [Hod, Mil, Stan, Tscheb III]
A: Hefe *Etym.:* Vgl. *Zeug* 'Stoff, Materie', auch in Verbindung zu stellen mit *vollziehen*, gotisch *ustiuhan* 'vollziehen, vollenden', lat. *prodūcere* 'hervorbringen, zeugen' (^{23}Kluge, 909), wobei die gärende, auftreibende Wirkung der Backhefe und des Sauerteigs, also *Zeug* als 'bewirkender Stoff', den Ausgangspunkt gebildet haben mag. ● *Alse des Zaaich for Brot backe un for Zaaichstrudl hot mer um e phåår Kreuzer im Gscheft (↑Geschäft) immer gholt.* [Waldn III] ■ Wenngleich das Wort in den Batschkaer Dialekten recht gut belegt ist, fehlt die Bedeutung 'Hefe' im PfWb und SüdHWb.
→Germ, Zeugstrudel.

Zeugstrudel - f, tsaiçʃtru:dl, -ə [Buk, Gai, Pal, Sch III, Tom, Tow IV]; tsa:içʃtru:dl [Waldn III, Be IV]; tsaikʃtru:dl [Gak, Tschat, Tow III]; tsa:ikʃtru:dl [Hod, Mil, Stan, Tscheb III]
A: Gebäck aus dünn gewalktem, gerolltem (meist gefülltem) Hefeteig ● *Alse des Zaaich for Brot backe un for Zaaichstrudl hot mer um e phåår Kreuzer im Gscheft (↑Geschäft) immer gholt.* [Waldn III]
→Strudel, Zeug.

Zibebe - f, tsive:və, Pl. tant. [Bog, Fak, Ga, GK, Glog, Low, Ost, War, Wil V]
W: getrocknete Traubenbeere, Rosine *Etym.: Zibebe*, südostdeutsch für 'Rosine', von arabisch *zibiba* 'Rosine'. (Wahrig 4098) ● *Die Ziwewetrauwe, die hann ka Käre (↑Kern) ghat, un mir hann richtichi Ziwewe gmach dervunn, Rosine.* [Ost V] ■ Gehl 1991, 242.
→Zibebentraube.

Zibebentraube - f, tsive:vətraup, -trauvə [Fu III, Bog, GK, Low, Ost, War V]
W: edle Rebsorte mit kleinen, kernlosen und sehr süßen Beeren ● *Die ↑Szegediner, dann die Ziwewetrauwe ham-mer ghat.* [Ost V] ■ Petri 1971, 81.
→Rebsorte, Traube, Zibebe.

Ziegel - m, tsi:gl, Pl. id. [Fek, Kock, Nad, Sier, Petschw, Surg II, Ker III, On IV, Wer V]; tsigl [Tol I, Ap, Gai, Gak, Sch, Siw III, Be, NP IV, Bru, Fak, Ga, Glog, Ost, StA V]; tsi:xl [Nad II]; tsi:gl, -n [OW VI]; tsiəgl [Krott, Tax, Wein I]
A: aus Lehm gebrannter Ziegelstein ● *Die Baure (↑Bauer) hann dick Stroh gstraut (↑streuen), dass die Dresch (↑Dresche) die Ziggle im Hof un in de Infuhr (↑Einfuhr) net brecht.* [Ost V] ■ PfWb VI 1597: 2.; RheinWb IX 771 f.; Krauß 1100.

Zieger - m, tsigər, Sg. tant. [Bil, Ham, Mai, Pe, Schei, Suk VI]
V: Quark, Kräuterkäse *Etym.:* Vgl. *Zieger* westobd. 'Quark', von mhd., spätahd. *ziger*, ein Wort der Alpenmundarten; Herkunft unklar. (^{23}Kluge, 910) ● *Seäl Ziggerwasser, wem-mer hot Zigger gmacht, kenne mer die Saue giē.* [Schei VI] ■ SchwWb VI/1, 1195 *Ziger*: 'Milchschotten, gestandene Milch, Ziegenkäse'; ÖstWb 490: westöst. 'ein Käse'.
→Käse; Ziegernudel, -strudel, -wasser.

Ziegerstrudel

Ziegerstrudel - m, tsigərʃtruːdl, -ə [Bil, Ham, Mai, Pe, Schei, Suk VI]
A, V: mit Topfen gefüllter Hefestrudel ● *Vun Mäehl (↑Mehl), Ziggr un Mill (↑Milch) knäete mer Strudl, hat de Ziggerstrudl.* [Schei VI]
→Strudel, Zieger.

Ziegerwasser - n, tsigərvasər, Sg. tant. [Bil, Ham, Mai, Pe, Schei, Suk VI]
V: bei der Käsezubereitung entstehende, nährstoffreiche Flüssigkeit, Molke ● *Seäl Ziggerwasser, wem-mer hot Zigger gmacht, kenne mer die Saue gië.* [Schei VI]
→Molke, Wasser (1), Zieger.

ziehen - schw, tsiːn, kətsoːkn [GN II, Tscha III, NPe, Ger V]; tsiːən, kətsoːən [OG I]; tsiːgn, ketsoːgn [Bad II, OW VI]; tsiːgn, tsoːgn [Bat VI]; tsiːn, tsǫːŋ [Wer I]; tsiːn, tsãːn [Tol I]; tsiːçn, ketsoːgn [NPe V]; tsiːə, kətsoːgə [Mu, Surg II]; tsiːgə, kətsoːgə [Fek II, Ap, Fil, Mil III]; tsiːə, kətsoːə [Len V]; tsiə, kətsoːk [Ost V]; tsiːə, tsoːgə [Jood II]; tsiːə, tsoːŋ [Petschw II]; tsiːgə, kətsoːgə [Petschw II, Gai III, Franzf, Glog V]; tsiːçn, kətsoːxə [Bohl, Bold, Nad, Petschw II]; tsiːçe, kətsoːxə []; tsiːçə, ketsoːgə [GN II, NPe V]; tsiːçə, tsęuçə [El V]; tsiːə, kətsoːə [Sem V]; tsiə, kətsoə [Har III]; tsiːə, kətsoː [Gai, Pal III, Len, Orz, Ost V]
1. A, Fi, Fo, H, V: etwas durch Zugkraft vorwärts bewegen oder in Funktion setzen ● *Hat, des Geilsgschirr hat des Brusttaal (↑Brustteil), mit den hod der Gaul gezoge.* [Fek II] *No die Sau in die Multe[r] noi, es Brihewasse (↑Brühwasser) druf, hamm sie so lang zoge un dreht, bis de Hoor rabgehn (↑herabgehen).* [Jood II] *Die Dreschmaschie is mit die Pfäerde zogn woan.* [Petschw II] *Un noch honn se de Bärich (↑Barg) oogepackt hinne an de Fieß un gezoge an die Uhre (↑Ohr), noch is e obgstoche woan, un noch hunn se rausgezoge.* [StI II] *Do ware so Angle dran an ener Leine. Die sinn no gezoge warre, dass die Fisch no henge gebliewe sinn.* [Ap III] *Am Kamilleroppr (↑Kamillerupfer) war in der Mitte oo Stiel fescht gmacht fer die Kischt ziehge.* [Mil III] *De Schimml hat johrelang die Mihl (↑Mühle) gezoo.* [Len V] *Die Semaschin (↑Sämaschine), die is vun Ross gezog genn.* [Ost V] *Man kann den Spitz reinschlagen un 's Holz ziehn.* [OW VI]
2. V, G: etwas bauen, pflegen, entstehen lassen ● *No ta-me Grawl (↑Graben) ziehen, no leg me ån (↑anlegen), die Eäbsn, die Umuekn (↑Umurken), so wie's holt kummt.* [OG I] *Die Leit hann weichsli (↑weichselner) ↑Schuss gezoo im Garten am Weichslbaam.* [Ost V] **Anm.**: In der PPerfekt-Form *gezoche* ist g>ch spirantisiert und in der Variante *gezoo* samt der verbalen Endung geschwunden.
→(1) ab-, durch-, herab-, herauf-, heraus-, herunter-, hin-, hinauf-, hinein-, weg-, zusammenziehen; (2) auf-, ausziehen, groß ziehen.

Zierhendel - n, tsiːrhɛːhle, -hɛ̃ːlə [Ga, StA V]
V: wegen ihrer Kleinwüchsigkeit gehaltene Hühnerart; Zwerghuhn ● *Dann senn noch die Zierhehle, es Leghorn un es Schopfhoh (↑Schopfhuhn).* [StA V]
→Hansel-und-Gretel, Hendel, Huhn.

Zierleder - n, tsiːrledər, Sg. tant. [Fil, Mil III, NP, Tom IV, Bog, Bill, GK, Gra, Ost, War V]
V: für Schmuckelemente verwendetes Leder ● *Schallanke (↑Schalanken), des is Zierledder, rodes (↑rot) Ledder mit braunem und geelem (↑gelb), mit Lecher ningschlaa mit so e Spiggl (↑Spiegel) do un ↑Rose (3) ja.* [Ost V]
→Leder.

Zigeunerberg - m, veraltet, tsigainəpęrx, -ə [Jink, Kä, Sag, Sar, Warsch V]
A: abgelegene Anhöhe, auf der sich Zigeuner aufhielten, Flurnamen ● *Heher geleche is de Kärichbärch, de Zigeinebärch un de Kohlebärch.* [Jink II]
→Berg, Zigeunergrund.

Zigeunergabel - f, veraltet, tsigainərkavl, -ə [Ap, Fu III, Bog, Bru, Ger, GJ, GK, Low, War, Wis V]
A, V: von Wanderhändlern hergestellte Küchengabel *Etym.*: Benennungsmotiv der Gabel ist der Hersteller und Verkäufer. In Südosteuropa wurden verschiedene Haushaltsgegenstände aus Metall häufig von wandernden Zigeunern gehandelt. - Zigeuner als Stammesbezeichnung ist seit dem 15. Jh. bezeugt, entlehnt aus ital. *zingaro*, ung. *czigány*. Der Name ist weit verbreitet, aber in seiner Herkunft unklar (keine Selbstbezeichnung); auch als Schimpfwort benutzt. ([23]Kluge, 911) Im Ungarischen ist das Wort *cigány* seit 1476 belegt. Auf südslaw. Herkunft verweisen bulg. und serbokr. *ciganin* (von hier rum. *ţigan*). Das südslaw. Wort geht auf gr. *tsiggános* zurück, von dem ital. *zìngaro* und deutsch *Zigeuner* stammt. (MESz 1, 429) ● *Noch bei meiner Großmutter hann se gsaat Zigeinergawwle. Die ware vom e dickre Droht gmach, un do ware so*

Zigeunergrund

die drei Zwinke (↑Zinke) *un e Stiel.* [GJ V] ◆ Vgl. *Zigeuner.* 1. 'Angehöriger eines meist nicht seßhaften, herumfahrenden Volkes', vermutlich aus Indien kommend und im 15. Jh. in Mitteleuropa eingewandert, 2.a 'wer sich gerne herumtreibt', b. 'wer es nicht lange bei einer Arbeitsstelle aushält', c. 'ungepflegter, verlotterter, schmutziger Mensch'. (PfWb VI 1612 f.) – "Zuerst, und zwar im Jahr 1416, erschienen wandernde Zigeunergruppen in Ungarn. Sie bewegten sich auf Mitteleuropa zu. Die von vorgeblichen Herzögen, Freigrafen, Grafen oder gar Königen geführten Fremdlinge empfingen und genossen fast überall jene Gastlichkeit, welche die an Pilgerscharen gewöhnte Zeit zu üben pflegte. (...) Die abenteuerlichen Gestalten stießen schnell von der Donau zur Wasserkante vor, um sich dann auch dem Westen und Süden zuzuwenden. (...) Das Vorstellungsvermögen des spätmittelalterlichen Menschen bot weder Raum für ein Volk, das keinen angestammten Heimatboden besaß oder ihn aus eigenem Entschluß für ständig verließ, noch umfaßte es den Begriff des dauernden Nomadentums. Aber Märtyrer und wallfahrtende Büßer waren ihm sehr vertraut. So sicherten sich die Zigeuner anfangs noch für geraume Zeit Neigung und Unterstützung. ... In fast ganz Südosteuropa haben viele Zigeuner durch enge wirtschaftliche Verflechtung mit dem Alltag der ländlichen Bevölkerung, unmerklich und allmählich unter Aufgeben des Romani die Landessprachen angenommen. Es braucht nicht hervorgehoben zu werden, daß mit solchem Sicheinpassen nahezu überall die Seßhaftwerdung verbunden ist." (Wolf 1993, 15 f., 31) Aus dem Subst. ist das Adj. *zigeunerisch* 'nach Art der Zigeuner' abgeleitet. Es erscheint im Sprichwort: Besser zigeunerisch gefahr[en] as wie herrisch (wie die Herren, d. h. Bürger) geloff. [Sch III]
→Gabel, Zigeunerloch, -speck.

Zigeunergrund - m, veraltet, tsigainərskront, Sg. tant. [Jink, Kä, Sag, Sar, Warsch II]
A: Feldteil, auf dem sich Zigeuner aufgehalten hatten ● *Der Grond woar verschiede, socht mer de Kukrutzgrond, Wiesgrond, Zigeinersgrond, Ärschtegrond.* [Jink II]
→Grund (2), Zigeunerloch.

Zigeunerloch - n, veraltet, tsikainərlox, Sg. tant. [Ap, Brest, Fil III]
A: tief gelegene, vormals von Zigeunern bewohnte Gasse ● *Ja, die Gasse in Apatie* (ON), *do sinn die Mittlgass un die Kreizgass, es Postgessl un es Zigeinerloch.* [Ap III] ◆ Vgl. *Zigeunergasse* [Darda II, Hod, Wepr III, NP, Win IV], *Zigeuner-Siedlung* [Kisch II, Ru IV]; *Zigeunerwiesenweg* [Sar IV]. (Petri 1980, 68 f.)
→Gasse, Loch (1), Zigeunergabel, -grund.

Zigeunerspeck - m, veraltet, tsigainərʃpek, Sg. tant. [Alex, Bog, Bru, Charl, Fak, Ga, Gott, Gra, Low, StA, Wil, Wis V]
V: auf freiem Feuer am Spieß gebratene Speckstücke *Etym.:* Das Braten von Fleisch- und Speckstücken am Lagerfeuer auf freiem Feld hatten die donauschwäb. Bauern von Hirten und wandernden Zigeunerfamilien gesehen und von diesen als Abwechslung ihres Speiseplans übernommen. ● *Des Mittachesse beim* ↑*Lese war Brot un Speck, aach Zigeinerspeck und Zwiewle* (↑Zwiebel) *zu dene siße Trauwe* (↑Trauben). [Bru V] ◆ Um das karge Mittagessen während der harten Feldarbeit aufzubessern, pflegte man ein Lagerfeuer aus Pflanzenabfällen anzuzünden und Speckstücke am Spieß oder auch Kartoffeln samt der Schalen in der Glut zu braten.
→Speck, Zigeunergabel.

Zille - f, tsilə, Pl. id. [Ap, Fil, Hod, Pal III]; tsilɐ [Berg III]
Fi: flacher Frachtkahn für die Flussschifffahrt *Etym.:* Zille 'Flussschiff' ist ostmd. und ostobd., auch österr., seit dem 12. Jh. belegt. Mhd. *zülle, zulle,* spätahd. *zulla,* eine slaw. Entlehnung, vgl. slowen. *čóln,* tschech. *člun,* russ. *čëln* u. a. Dieses ist urverwandt mit ahd. *scalm* 'Schiff'. ([23]Kluge, 911) ● *Und die Zille war e greßres Wasserfahrzeich aus Holz gwest.* [Ap III] ◆ Die *Zille* ist ein bis neun m langer, 1,5 m breiter und bis zu 60 cm hoher Kahn. Als Material verwendeten die Apatiner *Schoppermeister* slawonische Eiche bzw. Nadelhölzer aus der Slowakei. Zum Verdichten verwendete man Baummoos *Miesich,* das zwischen die Brettfugen geklopft (*geschoppt*) wurde. Darüber kam eine Schiene und ein Teeranstrich. (J. V. Senz 1976, 50 f.) ■ Gerescher 1999, 228: *Zilla* 'Ruderboot, Fischerboot für zwei Personen und bis zu 100 kg Fisch, mit Heck- oder Seitenruder; seit den 1930er Jahren auch mit Motorantrieb für Wassersport'.
→Holzboot.

Zinke - f, tsiŋke, tsiŋkən [Bohl II]; tsiŋkə, Pl. id. [Ben V]; tsiŋk, -ən [OW VI]; tsiŋk, -ə [Ost V]; tsviŋkə, Pl. id. [GJ, GK V]

Zinkenegge

A, G, V: Zacke, Spitze *Etym.: Zinken* m., obd. 'Zacke' (< 9. Jh.), von mhd. *zinke*, ahd. *zinko*; vermutlich eine k-Erweiterung zu *Zinne* 'mit Einschnitten versehener oberster Teil der Wehrmauer', eine Weiterbildung zu altnordisch *tindr* m. 'Spitze, Hacke', altenglisch *tind* m. 'Zinke, Spitze, Schnabel', mhd. *zint* m. 'Zinken, Zacke', eine Bildung zu *Zahn*, also 'etwas Zahnartiges'. ([23]Kluge, 912) - *Zinke* f., *Zinken* m. *Zacke, Spitze*: das Subst. mhd. *zinke*, ahd. *zinko* ist wohl eine Bildung zu dem untergegangenen Subst. *Zind* 'Zahn, Zacke' (mhd. *zint*), das wie *Zinne* auf einer indogermanischen Form beruht, die zu dem unter *Zahn* behandelten idg. *[e]dont- *Zahn* gehört. 'Zinke' würde demnach eigentlich 'Zahn' bedeuten. (Duden 7, 783) ● *Un do ware no drei Zwinke, un do war no de Stiel.* [GK V] *Die Eech* (↑Egge) *hat eiseni Zinke. Friher ware auch holzeni* (↑hölzern) *Eeche gwenn, de Rahme war fun Holz un vum Schmidt ware die Zinke gmacht gwenn.* [Ost V] ■ Krauß 1108; Gehl 1991, 146, 154.
→Zinkenegge; zweizinkig.

Zinkenegge - f, tsiŋgəe:ç, -ə [Ost V]
A: Zahnegge mit eisernen Zinken ● *Dann is die* ↑*Frucht sogar geecht ginn* (↑eggen) *mit der Zingeech.* [Ost V]
→Egge, Zinke.

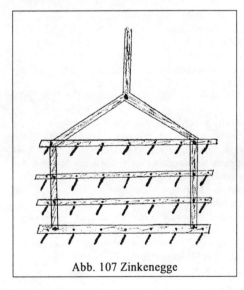

Abb. 107 Zinkenegge

Zinnkraut - n, tsinkraut, Sg. tant. [Tom IV, Ernst, Fak, Ger, GJ, GK, Len, War V]; tsinxru:t [Sad V]; tsinkraitiç [StM V]; tsinkråidiç [Alt, Fek, Nad, Oh, Wem II]; tsiŋkkraut [Wud I]; tsiŋkkrauət [KT, Wud, Wudi I]; siŋkkra:s [Low V]
A: Ackerschachtelhalm; Equisetum arvense ● *Die Zinnkråidichswiese is e sandichs Feld, doet wåckst vill Zinnkråidich.* [Fek II] *Des war net so viel Unkraut, awer do ware Dischtl in de* ↑*Frucht, do ware Radde* (↑Rade) *drin, do ware Pipatsche* (↑Pipatsch)*, Quecke un Zinnkraut.* [Tom IV] ■ PfWb VI 1623: 'Schachtelhalm', nach seiner Verwendbarkeit als Zinnputzmittel; RheinWb IX 803; Petri 1971, 33 f.
→Unkraut, Zinnkrautwiese.

Zinnkrautwiese - f, tsinkråidiçsvi:zə, Pl. id. [Alt, Baw, Fek, Nad, Oh, Surg, Wak, Wem II]
A: sandige, mit Ackerschachtelhalm u. a. Unkräutern bewachsene Feldflur, Flurnamen ● *Die Zinnkråidichswiese is e sandichs Feld, doet wåckst vill Zinnkråidich.* [Fek II]
→Wiese (2), Zinnkraut.

Zirok - n, tsirok, Sg.tant. [Ker, Mil, Pal, Siw, Stan, Tscher, Waldn III, Be, Tom IV, Bill, Ger, Gra, GStP, Mori, Nitz, Ost, Wis V]
A: Mohrenhirse; Sorgum vulgare *Etym.:* Aus ung. *cirok* und dieses aus serbokr. *sirak* 'Sorgum'. Dieses kommt ursprünglich aus lat. *suricum* 'Mohrenhirse', vgl. auch ital. *sorgo* 'Hirse'. ● *Von Aafang hat mer auch Zirok angebaut. Das is verwendet worre in de Besnfabrike, Zirock. Awwe des is zuletscht nimmär gange.* [Waldn III] ◆ Die Pflanze ist volkstümlich als *Besenreiser* bekannt, weil aus den Zweigen und Rispen vom Besenbinder Stubenbesen gebunden wurden.
→Besen.

Zitrone - f, tsitrɔ:ne, tsitrɔ:nən [Tem V]; tsitro:n, -ə [Fak, Ga, StA, Wil V]; tsiträunə, Pl. id. [OG I]
O: Zitrusart mit sauren gelben Früchten; Citrus medica ● *Die Kiëschn, die kumme olli in Glos, ja, mit Saliziel* (↑ Salizyl)*, Zucke un Zitraune.* [OG I]
→Lemoni, Obst.

Zitzkan - f, selten, tsistkạ:ŋj, Pl. id. [Seik, StI II]
B: Spitzmaus; Soricidae *Etym.:* Entlehnung aus ung. *cickány* 'Spitzmaus'. ● *Es gibt so eine kleine Maus, mir soche ungarisch Zitzkaanj, die mecht so große Schåde, die fresst die Bien un des Wocks* (↑Wachs) *un de Honich.* [Seik II] ■ Petri 1971, 117.
→Maus (1).

Zopfkuchen - m, tsopkhuxə, Pl. id. [Ap, Ker, Sch, Tscher III, Bog, Ger, Gott, Gra, GDtP, Joh, Len, Low, War, Wis V]
A: Hefestrudel aus zopfförmig übereinandergelegten Strängen ● *Zoppkuche is no an die Kinnr vertaalt warre, wenn die Hochzeit vom Haus is weggange.* [Ap III] ◆ Form und Funktion des Kuchens verweisen auf ein Kultgebäck. Der geflochtene Hefekuchen wird nicht nur auf der Hochzeit, sondern auch zu Allerseelen (2. November) gegessen. Ursprünglich gehörte er zu den Opferspeisen, die man den Verstorbenen aufs Grab legte (wie es etwa orthodoxe Christen noch immer praktizieren).
→Kuchen.

Zottel - n, tsotəlę, tsotələ [Ga, StA V]
A: am oberen Ende der Peitschenschnur angebrachte, farbige Wollquaste *Etym.:* Vgl. mhd. *zote, zotte* 'was zotticht herabhängt, flausch, zotte'. (Lexer III 1154); Vgl. *Zottel* (landsch.) 'unordentlich herabhängende Haarsträhne'. (Wahrig, 4118) ● *Die Peitsch hat en Peitschestecke un die Peitscheschnur mit de Zottele.* [StA V] ◆ Die Zierquasten an der Peitschenschnur bestanden aus blauer, roter oder gelber Wolle. (Gehl 1991, 165) ■ PfWb VI 1645: 1.a 'herabhängender Fetzen, Faser, Franse'; RheinWb IX 833 f.; Gehl 1991, 165.
→Peitsche (1).

Zuackerpflug - m, tsuakərpfluək, -pfliək [Fek, Jood, Kock, Surg, Wem II, Waldn III]
A: Häufelpflug ● *Not honn sie so Pfliëg, so Zuackerpfliëg, un sell wärft die Ärde (↑Erde) an jede Stock, no gibt's so wie an Grabe.* [Jood II]
→Häufelpflug, Pflug.

Zuber - m, tsu:bər [Pan, Sad V]; tsuvər, Pl. id. [StI II, Stan III, Fak, Glog V]
V: Holzkübel, Bottich mit Tragegriffen ● *Dann honn se gspalle (↑spalten), honn se's Ingewaad (↑Eingeweide) rausgenumme, des is neikomme in Zuwwer.* [StI II] *Es Kloofleisch (↑Kleinfleisch) is noch gschnidde worre un in e großes Salzschaffl, wie me sagt, in en Zuwwer eigsalze worre.* [Stan III] **Anm.:** Die Variante *Zuwwer* weist b>w-Wandel auf. ■ PfWb VI 1650, RheinWb IX 845; Krauß 1115; Gehl 1991, 173, 247.
→Bottich.

zubinden - st, tsu:pində, -kəpundə [Fak, ga, Glog, StA, Wil V]; tsu:peŋə, -gepoŋə [Fek, Nad, Oh, Wem II]; tsu:pinə, -kəpun [Alex, Bog, GJ, Lieb, Ost, War, Wis V]
A: ein Behältnis mit einer Schnur u. Ä. verschließen ● *Hat, die Seck, do hot me messe zubenge, off die Woch (↑Waage) lege un des is gleich woan uw en Woche (↑Wagen) getåå.* [Fek II] *De Darm is fescht zugebunn worre noh am End.* [Lieb V]
→abbinden, binden.

Zucht - f, tsuxt, Pl. id. [Seik II, Bog, GJ, GK, Gra, Low, Ost, Wis V]
A, B, V: Auslese und Züchtung von Pflanzen und Tieren ● *Jetz honn ich mit de Zucht vun de Kenichinne oogfangt.* [Seik II] *Der Staat hat Bscheler (↑Beschäler) un scheni Ross ghat for gudi Zucht.* [Ost V]
→Esel-, Schweinezucht, Zuchtbuch, -schwein, -station, -stute, -verein, Züchtin; züchten (1).

Zuchtbuch - n, tsuxtpu:x, -pi:çər [Hod, Pal, Sch III, In, NP IV, Bog, GK, Gra, Gutt, Jahr, Low, Ost, War, Wis V]
V: Ausweis zur Eintragung des Stammbaums hochwertiger Haustiere, Herdbuch ● *Noh hann se ↑Pinzgauer Kih gebrung. Vun dann is des mit Zuchtbuch angang.* [Ost V]
→Zucht.

Züchtel - n, tsiçtl, Pl. id. [Alex, GK, Gott, Gra, Len, Low, Nitz, Ost, War, Wis V]; tsiçtliŋ [GJ, Jahr, Len NPe V]; tsuxtl [Kub V]
V: zur Zucht vorgesehenes junges weibliches Schwein ● *A Zichtl is a Jungschwein, un die Sau is e Zuchtsau.* [Ost V] ■ Vgl. *Zuchtl* 'liederliches Frauenzimmer' (Hügel 1995, 199); wobei hier nur die spätere, metaph. Bedeutung festgehalten wurde.
→Schwein, Züchtin, Zuchtsau; züchten.

züchten - schw, tsiçtə, kətsiçt [Fek, Ha, Nad, Seik, Wak, Wem II, Bak, Bog, GK, Low, Nitz, Ost V]
1. Allg: durch Auslese und Kreuzung die Tierrasse bzw. Pflanzensorte verbessern ● *Die hann die moderni Sorte gezicht dort in de Staatsfärma (↑Staatsferma).* [Ost V] 2. V: (von Haustieren:) halten und aufziehen ● *In de letztere Zeit hat die ↑Genossenschaft (2) viel Schwein gezicht un exportiert, aff Deitschland un aff Österreich.* [NA V] *Alli, was Schof gezicht hann, die hann viel Lemmer ghat un viel ↑Brinse kriet.* [Nitz V]
→(1) herauszüchten; Zucht, Züchtel; (2) Züchtin, Zuchtstute.

Züchtin - f, tsiçtin, -ən [Wud I, Darda II, Buk, Gai III, Ker, Ru IV, Franzd, Franzf, Lippa, Resch, Sack, Sekul, Tschan V]; tsiçtiŋ [Ost V]
V: Zuchtsau ● *De Schweinsbäe däef im Stall nit mit de Zichtin zusammkummen, nue wenn sie rollich* (↑rollig) *is.* [Resch V] ■ Petri 1971, 119.
→Schwein, Züchtel, Zucht, Zuchtsau; züchten (2).

Zuchtsau - f, tsuxtsau, -sai [At, Scham, Schau I, Fek II, Tscha III, De, Ger, Gott, Gra, Hatz, Joh, KB, Ket, Kud, Low, Mar, Na, Rud, Sad, Stef, Stei, Tschak, Ui V]; tsuxtsa:u, -sa:i [GK, Gra, Ost V]; tsuxtsǫu [NB V]
V: für das Züchten bestimmte Sau, Mutterschwein ● *Mir hann gsacht Wutzerje* (↑Wutz). *De hot me Zuchtsau nu gsagt.* [Fek II] *A Zichtl is a Jungschwein, un die Sau is e Zuchtsau.* [Ost V]
◆ Die für die Zucht bestimmte Sau hat verschiedene Bezeichnungen: Züchtel als Jungtier und Züchtin als erwachsene Sau, dsgl. Ferkel- und Muttersau, Zuchtschwein und Zuchtlose (Petri 1971, 119), je nachdem, welches Synonym im jeweiligen Dialekt verwendet wird. ■ PfWb VI 1655.
→Sau, Züchtel, Züchtin, Zuchtsau.

Zuchtschwein - n, tsuxtʃvain, Pl. id. [Scham I, Jink, Mut, Wik II, Franzd, Ora, Star, Stei V]; tsuxtʃvai [NA, Schön V]
V: als Zuchttier gehaltene Sau ● *Manche hot auch sei Zuchtschwei ghat mit Tudlschweindl* (↑Tüttelschwein). *Die großeri haaßn Dreißig-Kiloschweindl.* [NA V] *Unse Nachben hamm en Schweinsbär mit Zuchtschwein un viele klaanei Schweindl.* [Stei V] ■ Petri 1971, 119.
→Zucht, Zuchtsau.

Zuchtstation - f, tsuxtʃtatsio:n, -ə [Bog, GK, Gra, Len, Low, Ost, War, Wies V]
A, G, V: staatlicher landwirtschaftlicher Betrieb zur Auslese und Züchtung von Nutzpflanzen und Haustieren ● *Noh hann se die Bonnjader* (↑Bonyhader) *Kih vun e Zuchtstation in Bonnjad, in Ungarn, beigebrung* (gebracht). [Ost V]
→Zucht.

Zuchtstute - f, tsuxtʃtu:t, -ʃtu:də [Bog, GK, Gra, Len, Ost, War, Wis V]
V: Stute, die zur Aufzucht dient ● *Dann hat's Arweitsross ginn un Fillerstude odder Zuchtstude, Hengschte odder Knopphengscht, där war schun kastriert.* [Ost V]
→Füllenstute, Zucht; züchten (2).

Zuchtverein - m, tsuxtfərain, Pl. id. [Alex, Bill, GJ, GK, Len, Low, Ost, War, Wis V]
A, V: landwirtschaftlicher Verein zur Auswahl und Züchtung von Nutzpflanzen und Haustieren ● *Da war e Zuchtverein, un de Bärestall* (↑Bärenstall) *war beim Bikostall* (↑Bikastall), *newedran. Jeder Bär hat sei Ohrnummer ghat.* [Ost V]
→Zucht.

Zucker - m, tsukər, Sg. tant. [Baw, Ha, La, Seik, StI II, Ap, Gai, Gak, Sch, Siw, Werb III, In, ND, NP IV, Bak, Bog, Fak, Ga, GJ, GK, Len, Low, Pan, StA, StM, War, Wil, Wies V, Ham, NP, Pe VI]; tsukə [Bat VI]; tsukhə [OG I]
A, B, O: aus Zuckerrüben (oder Früchten) gewonnenes Kohlenhydrat von süßem Geschmack ● *Die Kenn* (Kinder) *honn als aafache Zucker gricht un Prominznzucker un Hutzucker.* [Baw II] *Die Kiëschn, die kumme olli in Glos, ja, mit Saliziel* (↑Salizyl), *Zucke un Zitraune, das nicht zu süß ist.* [OG I] *Ka Wassr un Zucker tun mir ned dezu, mir hann genung, ba uns wockst* (↑wachsen) *vill.* [La II] *Des Winterfutter entsteht ven Zucker; Kristaalzucker tun mir auflesn, un das wird dene Bien gfittet.* [Seik II] *Die Leit* (Leute) *hann aach Prozente Zucker kriet, un aach Ruweschnitzle* (↑Rübenschnitzel). [Ost V] *Besser is besser, hat's Weib gsagt un hat Zucker uff de Henich* (↑Honig) *gsträit* (↑streuen). [StA V] *Min a Kile Zucke hom-me mähe Tee mochn wie mid e Kile Honig.* [Bat VI]
→(Arten:) Honig-, Hut-, Kotzka-, Kristall-, Leckwar-, Prominzen-, scharfer -, Würfelzucker; (Verschiedenes:) Honig, Melasse, Zuckerbäcker, -birne, -erbse, -fabrik, -gehalt, -melone, -rübe, -wasser; süß.

Zuckerbäcker - m, tsukəpek, Pl. id. [Fek, Jood, Kock, Nad, Petschw, Surg, Wem II]
A: Feinbäcker, Konditor ● *Un no gibt's gfilltes Kraut, un de gibt's sieße Strudl* (↑süßer Strudl) *un viel Bachsach, was de Zuckerbeck mache tuët.* [Jood II] ■ PfWb VI 1657; RheinWb IX 850; ÖstWb 493.
→Backsache, Zucker.

Zuckerbirne - f, tsukərpi:rn, Pl. id. [Wer V]; tsukəpirn [SM V]; tsukərpi:r, -ə [Fak, Glog V]; tsukərpi:rə, Pl. id. [Ga, StA V]
O: edle Birnensorte mit besonders süßem Fruchtfleisch ● *Die Kaiserbiere sinn dick, die Butterbiere henn waaches, gudes ↑Fleisch* (2) *un die Zuckerbiere sinn sieß wie Henich* (↑Honig). [Fak

V] ■ Gehl 1991, 233; Petri 1971, 55.
→Birne, Zucker; süß.

Zuckererbse - f, tsukərę̄rps, -ə, [Bog, Fak, Ga, GK, Glog, Len, Low, Ost, StA, War, Wil V]; tsukrę̄rpsə [Stan, Tor III, Ker IV, Low V]
G: süß schmeckende, in grünem Zustande gekochte Gartenerbse ● *Ärbse ham-mer ghat, die Zuckerärbse, die sißi* (↑süß), *die was me mit de Schote zamm kocht.* [Ost V] ■ Gehl 1991, 225; Petri 1971, 55.
→Erbse, Zucker.

Zuckerfabrik - f, tsukəfabrik, -ə [Fek, Surg, Petschw, Wak, Wem II, Ap, Brest, Hod, Mil, Siw, Stan, Werb III, Be, Tom IV, Alex, Bill, Low, Ost, War V, Mai, Pe, Suk VI]
A: Betrieb, in dem aus Zuckerrüben durch Maschineneinsatz Zucker hergestellt wird ● *Die Zuckerruem, die sinn weidegliffet* (↑weiterliefern) *woan in de Zuckefabrik.* [Petschw II]
→Zucker, Zuckerrübe.

Zuckergehalt - m, selten, tsukərkehalt, Sg. tant. [GK, Gra, Ost, Pau, Mar, Wis V]
O, W: Gehalt einer Pflanze, bzw. eines Produktes an Zucker *Etym.:* Entlehnung aus der Standardsprache. ● *De sießre* (↑süß) *Most war de ärschte, där hat mähr Zuckergehalt ghat.* [Ost V]
→Zucker.

Zuckermelone - f, tsukərmelo:n, -ən [Wuk IV]; tsukərmilǫ:n, -ə [StI II, Ker, Sch, Stan, Werb III, Fak, Glog V]; tsukəmilo:n, -ə [Ap III]
G: runde Melonenart mit bräunlicher Schale und gelbem Fruchtfleisch bzw. ovale Honigmelone: Cucumis melo ● *Die Wassemilone woarn auswennich grien un innwennich rot. Un dann woan die geele Zuckermilone.* [StI II] *Ab un zu sinn im Garte noch Wassemilone un Zuckemilone aagebaut worre.* [Ap III] ◆ Melonenbauern unterscheiden zwischen *glatten* und *ruppigen,* also rauhschaligen Zuckermelonen. [Stan III] ■ Gehl 1991, 235; Petri 1971, 28.
→Melone, Zucker.

Zuckerrübe - f, tsukəri:p, -ri:və [StI II, Waldn III, Bill, Ger, Gra, Low, War, Wis V]; tsukəru:p, -ru:və [Mil, Stan III, Tom IV, Glog, Ost, StA V]; tsukəruəp, -ruəm [Petschw II]
A: zur Zuckergewinnung verwendete Rübenart; Beta vulgaris crassa ● *Dot woar e Zuckerfabrik net weit un do sinn vill Zuckeriewe oogebaut*

woan. [StI II] *Zuckerruem, des ton schon die Baue[r]n da, un Sunneblume* (↑Sonneblume). [Petschw II] *Mir hadde viel Hannef oogebaut un aach Zuckeriewe.* [Waldn III] *Dann sinn die Zuckerruwe drokomme un speder is der Kukrutz* (↑Kukuruz) *drokomme.* [Tom IV] *Dann wärre Zuckerruwe aangebaut so wie de Kukurutz, in Reihe.* [Ost V] ■ Gehl 1991, 86; Petri 1971, 19.
→Rübe, Zucker, Zuckerfabrik.

Zuckerwasser - n, tsukərvasər, Sg. tant. [Ost V]
A, O: Wasser mit viel darin aufgelöstem Zucker ● *Die Oma hat ufn Maark un ufn Wochemaark immer kaaft* (↑kaufen) *so glesierti Eppl* (↑glasierter Apfel) *un glesierti Biere, so in Zuckerwasser glesiert.* [Ost V] ■ PfWb VI 1622 f.: 1.a 'mit Zucker und Wasser angerührtes Getränk', b. 'gezuckertes Wasser als Nahrung für die Bienen', 3. 'Ahornsirup'; RheinWb IX 854.
→Wasser (2), Zucker.

Zuckerzelten - n, tsukərtseltle, Pl. id. [Bil, Ham, Mai, Pe, Schei, Suk VI]
A: flacher, dünner Kuchen *Etym.:* Vgl. *Zelte(n)* obd. 'flacher Kuchen' aus mhd. *zelte,* ahd. *zelto,* dazu *Lebzelten* 'Lebkuchen', bair. *pfanzelt* 'in der Pfanne Gebackenes' (heute *Pflanzl* 'Frikadelle'. Herkunft unklar. (^{23}Kluge, 907) ● *Zerscht hammer Brenntewei* (↑Branntwein) *un Bacherei, Zuckerzelte, we mer saget schwabisch.* [Schei VI] ■ *Zelt(e)* SchwWb VI/1, 1118: Deimin, *Zeltle* 1. 'flacher, dünner Kuchen'.
→Backerei, Zucker.

zudecken - schw, tsuətekn, -kətekt [OG I]; tsu:tekə, -gətekt [La II]; tsu:tekə, -kətekt [Fak, Ga, Glog, Sad, StA V]; tsu:dekə, -tekt [Petschw, Sulk II]; tsu:daikn, -daikt [Aug, Ed, GT, KT, Schor, Wud I]
A, G, W: (von Pflanzen:) durch Erde oder anderes Schutzmaterial abdecken ● *Im Häerbst wäd er tief zuedeckt mit die Eädn* (↑Erde). [OG I] *Im Hiëbst hot me in Weigoatn zudeikt.* [Wud I] *Ja, da muss me ufhack, net. Die Steck* (↑Stock 1a) *senn zugedeckt iwwe Windr, des muss ufghackt wär.* [La II] *In Härbst wäd de Weigoatn zudeckt im Fruhjahr aufdeckt.* [Petschw II] *Aans hod die Grumbir* (↑Grundbirne) *'noi in Loch, un aans hat sie mit de Haue zudeckt.* [Sulk II] *Die Saal* (↑Seil) *sinn gut zugedeckt ginn, dass se feicht bleiwe.* [Ost V] ■ Gehl 1991, 244.
→ab-, aufdecken, aufhacken (1a).

Zug

Zug - m, (1) tsuk, Sg. tant. [Surg, Wem II, Fil, Mil, Pal, Sch III, Put, Tom IV, Bog, Ger, GJ, GK, Nitz, Ost, War, Wis V]; (1) tsu:k, tsi:ge [OW VI]
1. Allg: Luftbewegung, leichter Wind ● *Dort sinn die Schmaaßemicke (↑Schmeißmücke) net drangang, weil immer Zugg war.* [GJ V] 2. Fo: aus Lokomotive und Waggons bestehendes Schienenfahrzeug ● *Un da is schon die ↑Strecke, un wird des in die Waggonettn aufgeladen un wird ein Zug runtegebracht.* [OW VI]
→(1) Wind.

Zügel - n, tsi:gl, Pl. id. [Fek II]; tsigl [Fak, Ga, Glog, StA V]
V: am Kopfstück angebrachter Lederriemen zur Lenkung des Zugpferdes ● *Der Geilgschirr (↑Gaulsgeschirr) had e Kopftaal (↑Kopfteil) und dazu hot de Zaam un die Ziegl geghäet.* [Fek II] *In Acker wärd nochemol e Stick Ziggl vélängert.* [Glog V] ◆ Während der Feldarbeit werden die Zügel verlängert, damit sie die Pferde nicht bei der Arbeit behindern. ■ Gehl 1991 165.
→Sielengeschirr.

zugespitzt - Adj, tsu:kʃpitst [Bog, Fak, Ga, GK, Glog, Len, Low, Ost, StA, War, Wil V]
Allg: (von einem Werkzeug, einer Vorrichtung:) mit spitzem Ende versehen ● *Die Thuwaksnodl (↑Tabaknadel) is zwei-drei Zentimetter dick, aus Eise un am End zugspitzt.* [Ost V]
→abgestumpft, spitzig.

zugrunde gehen - st, intrans, tskrunt keə, - khaŋə [Bat VI]
B: zerstört werden ● *Un wenn d'Kenigin zgrund geht, de geht de Bienestock zgrund, die oarbeten (↑arbeiten) nicks mäh.* [Bat VI]

zuhäufeln - schw, tsu:haiflə, -khaiflt [Sti II]; tsu:hoiflə, -khoiflt [Jood II]
A: den Wurzelballen und den unteren Teil des Stängels durch Anhäufen von Erde abdecken ● *Un die Grumbire wärre es zwat Mol zughoiflt.* [Jood II] *De Kukrutz (↑Kukuruz), där is als zwaamol ghackt woen, wann e grosig (↑grasig) woa, un aamol gheiflt hunn se. De hadde so en dreieckige Heiflpflug, is zugheiflt woan.* [StI II]
→häufeln.

zumachen - schw, tsu:maxə, -gmaxt [Fek, Seik, StI, Wem II]
B: verschließen ● *Im Wintr, do hodr messe die Bieneheiserje (↑Bienenhaus) zumache, ower (aber) äe hod a misse fittre villmols.* [StI II]

Zünderkukuruz - m, tsindərkukruts, Sg. tant. [Fek, Kock, StI, Surg, Wem II]
A: Maissorte mit kleinen roten Körnern *Etym.:* Vermutlich wird die Maissorte nach der Ähnlichkeit der roten, spitzen Maiskörner mit einem Zünder bzw. einem Zündholz benannt. Zu denken ist an eine (unverstandene) Bezeichnung der Maissorte *Zinquentinkukrutz* in [Tor III] bzw. *Tschinkwentinkukruts* in [Low V] (Petri 1971, 82), 'in 50 Tagen reifende Maissorte', benannt nach ital *cinquanta* '50', von der die volksetym. Deutung als *Zünder* ausgegangen sein könnte. ● *Ba uns woa de Zinderkukrutz. Där hot so klaana Käener (↑Korn) un is schun bal[d] rot. Er is viel besser zu fittre (↑füttern) wie die Käener, wos jetz sein.* [StI II]
→Kukuruz.

Zunge - f, tsuŋə, -n [Ed, Schor, Wud I, Stan III, ASad, Lind, Resch, Stei, Tem, Wei, Wolf V, OW VI]; tsuŋ, -ə [Bohl, Wem II, Ap, Fil, Mil, Sch, Tscher III, Be, NP, Tom IV, Alex, Bill, Bru, Drei, Fak, Ga, Ernst, GK, Glog, Gott, Hatz, Low, Ost, Stef, StA, War V, Bil, Pe VI]
1. V: muskulöses Organ (zum Schmecken, Hervorbringen von Lauten und zur Nahrungsaufnahme) von Tieren ● *Un am Kopp, do ware die Auge, die Ohre, die Schnuss (↑Schnusse) mit de Naselecher, die Zung un die Zeh (↑Zahn).* [Ap III] *Die Zunge henn mir im ↑Sulz (2) als gwellt.* [Stan III] *Beim Schlachte kummt die Zung in Schwartemage.* [Fak V] 2. Allg: zungenförmiger, beweglicher Teil einer Vorrichtung, Hebel oder Schnalle ● *In der Mitte vun der Brechl (↑Breche) war e Hewl, mir hanne Zung gnennt. (...) Also am Kopp war's Koppstick (↑Kopfstück), däs wu hinne iwwer die Ohre gang is un hat zwei Zunge ghat uff jeder Seit.* [Ost V] ■ PfWb VI 1682-1684; RheinWb IX 870 f.; SchwWb VI/1 1351-1353; Krauß 1126; Gehl 1991, 146.
→(1) Kopf (1c), Vieh; (2) Hebel, Schnalle, Sielengeschirr.

zurechen - schw, tsureçlə, -kreçlt [Ker, Mil, Stan III, Be, Tow IV, Bog, Ger, Gott, Mar, NA, Ost, War, Wies V]
A, G: die Erde mit einem Rechen gleichmäßig über den ausgesäten Samen verteilen ● *Des is zugstreit woan, nit zugrchlt, dass de Same nit vekratzt (↑verkratzen) is.* [NA V]
→rechen.

zusammenarbeiten - schw, tsɐumoɐrvətn, -koɐrvət [Aug, Ed, GT, KT, Scham, Schor, Wud, Wudi I]; tsåmoɐ:rvətə, -koɐ:rvət [Baw, Seik, StI, Wem II]
A, V, W: sich bei einer größeren landwirtschaftlichen Arbeit gegenseitig helfen • *Ben Leiesn* (↑lesen 2) *haum die Nochben, die Briëde und Schweiesten zaumgoarwet.* [Wud I] *Be de Weiles* (↑Weinlese) *honn die Bekannde un die Freinde zåmmgoarwet.* [Baw II] **Anm.**: Statt der standardspr. Richtungspartikel *zusammen-* wird ugs. *zamm-* verwendet. ◆ Nachbarn, Verwandte und Bekannte halfen bei Erntearbeiten, bei der Schweineschlacht usw. aus und wurden selbst unterstützt, da die Arbeit so auf allen Bauernhöfen rascher beendet werden konnte. Diese Hilfeleistung förderte den Gemeinschaftssinn in ländlichen Siedlungen und trug zur Sicherheit jedes Mitglieds bei.
→arbeiten.

zusammenbinden - st, tsuza:menbintn, -gebuntn [Bat, OW VI]; tsampidn, -puntn [Wein I]; tsåmbintn, -puntn [GT I]; tsampintn, -puntn [Petschw II]; tsampində, -kəpundə [Nad II]; tsampinə, -kəpunə [StI II, Stan III]; tsampinə, -kəpun [Bog, Ger, GJ, GK, Ost V]; tsampintə, -kəpuntə [Knees V]; tsampin, -kəpun [Ost V]; tsåmpinə, -punə [StA V]; tsompinə, -kəpunə [StI II]; tsampində, -kpundə [Jood II]; tsǫmpęŋə, -kəpęŋt [Sier II]
A, Fo, H: etwas durch Binden vereinen, verknüpfen • *Un es Weib hot des zammbunde, Garbe send gmacht worre.* [Jood II] *Die Goarem* (↑Garbe) *sein mit Strohbandl zammbundn worn un noch am Kreiz* (↑Kreuz) *zåmmgsetzt.* [Petschw II] *Die hunn so'n Hambl* (↑Hampel) *zammgedreht un zammgebunne.* [StI II] *Also friher is dee Korn nur gebaut worre far Bendr* (↑Band 1) *mache, for die Garbe zammbinne.* [Stan III] *Die Maagskepp* (↑Magkopf) *ware zammgebunn un hann dorte ghong ufm Bodm* (↑Boden 1). [GJ V] *Die Ross sinn zammgebunn ginn mitm lange Strick.* [Ost V] *Bis zwei-drei Kubikmeter kannt ma zusammenbindn.* [OW VI] **Anm.**: Das Verb wird mit der ugs. Richtungspartikel *zamm-* statt standardspr. *zusammen-* gebildet.
→anbinden, aufbinden, binden.

zusammendrehen - schw, tsamtra:n, -tra:t [Aug, GT, Ins, OG, Pußt, StIO, Schau, Wet I]; tsamtre:ə, -kətre:t [Fek, StG, StI, Surg, Wak II, Berg, Gai, Ker, Mil, Siw, Wepr III, Be, Ker, Lo, Put IV, Bal, Bru, Ger, Gra, Kath, Len, Ost, War V]
A, H, W: Fasern zu einer Einheit zusammenwinden • *Un des is e poa Mol umegwicklt* (↑umwickeln) *woan ba den ↑Stock* (1a) *zammdraht.* [Pußt I] *Die hunn son Hambl* (↑Hampel) *genumme, unnoch zammgedreht un zammgebunne.* (StI II)
→(3) drehen.

zusammenflechten - schw, tsåmfleçtə, -kfloxtə [Fek, Jood, Kock, StG, StI, Surg II, Ker, Mil, Pal, Sch, Tscher, III, Be, Tom IV, Bog, Ger, Gra, Low, Ost, Schön, War V]
A: biegsames Material durch Flechten zu einem Produkt verbinden • *Die Backsimbl* (↑Backsimperl) *woan so klaane Kerweje* (↑Korb), *vun Strouh un vun ↑Weide* (2) *woa des so zåmmgflochte.* [StI II]
→flechten.

zusammenführen - schw, tsamfiən, -kfiət [Fek II]; tsamfi:rə, -kfi:rt [Brest, Gai, Har, Siw III, Be, Put, Tom IV, Alex, Ben, Bog, Bru, GK, Jahr, Ost, War, Wis V, Bil, Ham, Pe VI]
A: landwirtschaftliche Produkte mit einem Wagen an einen Sammelplatz befördern • *Do woa ban jedn Haus e Hostell* (↑Hofstelle) *is de Tråpplatz* (↑Tretplatz), *duert hot me des Sach zammegfiehet uff en Schower.* [Fek II] *Die Kutsche warn groß, fir zammfihre, wånn de Wååz* (↑Weizen) *abgemeht war awwer* (oder) *Gärscht.* [Har III]
→beifuhren, führen.

zusammengehen - st, tsamke:n, -kaŋən [Aug, Ed, Scham, Wein, Wud I, In, Ru IV, ASad, Lind, NA, Resch, Tem, Wei, Wolf V]; tsamke:ə, -kaŋə [Baw, Surg, Wem II, Ap, Ker, Mil, Sch, Tor III, Be, Tom IV, Bog, Bru, Ger, GJ, Glog, Lenm, Nitz, War, Wis]; tsuzamǝgo:, -gaŋə [Bil, Ham, Mai, Pe, Schei, Suk VI]
V: (von Milch und Blut:) gerinnen, stocken • *Had, in den Schafkes is ↑Tschag neikumme, dass er zammgeht.* [NA V] *Un denn ta mer die Mill* (↑Milch) *in ei[n] große Topf un denn goht sie zusamme.* [Schei VI] ◆ Volksglauben in der Pfalz und auch bei den Pfälzer Donauschwaben: Beim Buttern soll man sagen: Butter, Butter, butter [kringel] dich, 's is ken ärcheri Hex wie ich. ■ PfWb VI 1696: 2.b. 'zusammenklumpen, gerinnen'; RheinWb VII 726.
→gehen, stocken.

zusammenhalten - st, tsuza:məhhaltn, -khaltn [Lug, Resch, Tem V, OW VI]; tsamhaldə, -khaldə [Fak, Ga, Glog, StA, Wil V]
Fo: dafür sorgen, das etwas miteinander in Verbindung bleibt ● *Un das, von alle Seit sind solche Gegnstitze* (↑Gegenstütze), *welche das zusammenhalt. Un da, wo die Ritzen bleibn, das wird verschopft* (↑verstopfen) *mit Moos.* [O VI]
→halten (2).

zusammenhängen - schw, tsamheŋən, -kheŋt [Ed, Schor, Pußt, Wud I]
Allg: miteinander in Verbindung stehen ● *Auf dem Wogn* (↑Wagen) *is e Maaschbaam* (↑Meischebaum) *gwest, un doet is die Boding* (↑Bottich) *aufigstellt gwest. Un mit Kettn is de zammghengt gwest, iwwen Wogn, wal sonst wää's jo vone owigrollt* (↑hinabrollen). [Pußt I]
→hängen.

zusammenhelfen - st, tsamhelfə, -kholfə [Jood II]; tsamhelvə, -kholvə [Fek II]
A: bei größeren Arbeiten den einzelnen Bauern unentgeltlich aushelfen ● *Mie hann zammgholwe jede, die Nochbersleit un aa die Freiend* (Verwandte). [Fek II] *Had, es ware, was um Loh* (↑Lohn) *garbet honn, un wu mir gmaschient* (↑maschinen) *honn, mir honn zammgholfe, un honn em jede soins so ausgemaschient.* [Jood II]
◆ Ein bewährtes Prinzip der überlieferten Dorfgemeinschaft ist bis zur Jh.mitte die gegenseitige Hilfe der Verwandten und Nachbarn in Notlagen (familiäre Engpässe, Naturkatastrophen) und größeren Arbeiten wie Hausbau, manchen Erntearbeiten, Auslieschen der Maiskolben, Federnschleißen, Schweineschlacht u. a. wobei die Helfer nur mit einem kleinen Imbiss entlohnt wurden. Sie konnten freilich derselben Hilfe sicher sein.

zusammenholen - schw, tsamholə, -khol [Bog, Len, Low, Nitz, Ost V]
A: mehrere Teile zusammennehmen, aufraffen ● *Die ↑Gleckerin hat mit der Sichl die Garwe* (↑Garbe) *zammgholl.* [Ost V] **Anm.:** Im Lemma zusammenholen wird statt dem Grundwort *nehmen holen*, ohne dessen Bedeutung, verwendet.
→zusammenlesen, -nehmen.

zusammenkaufen - schw, tsamkhaufə, -kəkhauft [Stan III]; tsamkhaufə, -khauft [Eng, Kreuz, NA V]; tsamkha:fə, -kha:ft [Wem II, Fu, Pal, Siw, Stan III, Be, In, Put IV, Alex, Bru, Ernst, Fak, GK, Low, Ost, Stef, StA, Wil, Wis V]
Allg: größere Mengen landwirtschaftlicher Produkte zu Handelszwecken ankaufen ● *Unser Leit henn zammekauft Fettschweine, sie wore halt Schweinehendle.* [Stan III] *Die Großhendle, die hawwe in de Frih imme alles zammkauft vun die Neiarader un hawwe dann exportiert.* [NA V] *Un Butter un Kes* (↑Käse) *hann die ↑Fratschler billich zammkaaft un in de Stadt verkaaft.* [Ost V]
→kaufen.

zusammenklauben - schw, tsamklaubn, -klaupt [OW VI]; tsɐumkloubn, -kloupt [Aug, Ed, GT, KT, Scham, Schor, StIO, Wein, Wud I]
A, Fo: auflesen, einsammeln ● *E jiëds Stickl* (↑Stück 1) *wo owebrouche* (↑abbrechen) *is ven Stejke* (↑Stecken) *hot me zaumkloubt.* [Wud I] *Nach ein Regn, da wacksn* (↑wachsen) *die Schwammel* (↑Schwamm 1) *sähr schnell, da kann me sich zammklaubn.* [OW VI] ■ PfWb VI 1697.
→klauben.

zusammenlegen - schw, tsamle:gə, -kle:kt [StG, Sol, Sulk II]
A: landwirtschaftliche Produkte auf einen Haufen schichten ● *Sechzehn Garwe sein so zammglegt worre, un owwedrauf is de Reider* (↑Reiter) *kumme odde de Pfarr* (↑Pfarrer), *hann mer gsagt.* [Sulk II]
→legen, zusammenstellen.

zusammenlesen - st, tsamle:zə, -gəle:zə [La II]; tsɔmle:zə, -gəle:zə [Baw, Fek, Seik, Wem II]; tsesmileɐ:zə, -kleɐzə [Bil, Ham, Mai, Pe, Schei, Suk VI]
W: aufheben, einsammeln ● *Die Pfische* (↑Pfirsich) *un die Birn, des honn sie zommgelese, un des hod in de Fesse gägärt.* [Baw II] *Wann die Pär* (↑Beere) *nobfalle* (↑hinabfallen), *die mise zammgelese wär, die Treiwl* (↑Traubel). [La II] *Die Zwetschge tud me zemmilease, tud me 'nei in ↑Stande.* [Schei VI] ■ PfWb VI 1700.
→lesen (2), zusammennehmen.

zusammenmachen - schw, tsammaxə, -kmaxt [Alex, Bog, Ger, Low, NA, Ost, War V]
A: (gemähte Halme) zusammenrechen ● *Un wenn's trockn woa, no is es zammgmacht woan, und in aan-zwaa Tag is es haamgfihrt woan* (↑heimführen). [NA V]
→zusammenrechen.

zusammenmahlen - schw, tsamma:lə, -gəma:lə [Fek II]
V: ein landwirtschaftliches Produkt mit einer Vorrichtung zermahlen ● *Hiënwiëscht (↑Hirnwurscht) is soviel, des bessje (bisschen) Hiën, wås die Sau hot, un Zwiffl (↑Zwiebel) dezue un hald e weng Bråtwiëschtfleisch, so zammgemahle so moger (↑mager) Fleisch.* [Fek II] ■ PfWb VI 1700.
→mahlen.

zusammenmischen - schw, tsåmmiʃə, -kəmiʃt [StI II, Fak, Ga, Glog, StA, Wil V]; tsamiʃə, -kmiʃt [Fil, Pal, Siw, Wepr III, Be, ND IV, Bog, GK, Len, Low, Ost, Wis V]
Allg: Verschiedenes zu einer Einheit zusammenbringen ● *Un noch hunn se Brot eigewaaicht, hunn des zåmmgemischt, un noch e Aai (↑Ei) droo un Mehl.* [StI II] *Vun die Schwarte un vum Blut, des had mer zammgmischt.* [Ost V]
→mischen.

zusammennehmen - st, tsamneｍə, -gnumə [Fek, Jood, Kock, Nad, Petschw, Surg II, Hod, Ker, Pal, Siw, Tscher III, Be, NP IV, Bill, Fak, DStP, Glog, Jahr, Sta, Wil]
A: aufheben, einsammeln ● *Frihe woa de Schnitt. Do hamm die Weiwer die Goarem (↑Garbe) mit de Sichl zammgnumme.* [Petschw II]
→zusammenlesen, -holen.

zusammenpassen - schw, tsuza:menpasn, -past [OW VI]; tsampasn, -past [Petschw II, ASad, Resch, Stei, Wei, Wolf V], tsampasə, -kəpast [Alex, Bru, GJ, Gra, Nitz, Ost, War V]
Fo: Teile eines Ganzen in Passform zusammenfügen ● *Das Holz wird bezimmert, mit so e breite Hacke un zusammenpasst, und nachhär wird es verschopft (↑verstopfen) mit Moos, dass das Wasser nicht rausrinnt.* [OW VI]

zusammenraffen - schw, tsamrafə, -gəraft [Baw, Fek, Jood, Kock, Nad, Surg, II, Ker, Mil, Stan III, Be, NP IV, Bak, Nitz, Ost, War, Wis V]
A: kleine Teile von der Erde einsammeln ● *Die honn des zammgerafft, no hot me 's draufgelegt uff des Saal, Waazsaal (↑Weizenseil) woar des.* [Fek II]

zusammenrechen - schw, tsamreçə, -gəreçət [StI II]; tsamreçlə, -kreçlt [Stan III, Fak, Ga, Glog, GK, Len, Low, Ost, StA, War V]; tsamreçnə, -kəreçnt [Bru, Charl V]
A: alle zerstreuten Getreide-, bzw. Grashalme auf dem Feld mit einer Harke bzw. mit einem Pferderechen einsammeln ● *Noch sann se gange mit die große eisene Reche, hunn se zammgerechet alles.* [StI II] *Mit so braati (↑breit) Reche hot mer messe rechle, alles schee zammrechle mit de Handreche.* [Stan III] *Mit am große Holzrechn sein alle verstraate Ähre sauwer zammgerechnt gewe (worden).* [Bru V] *De Klee is dann mid am Haaireche zammgrechlt un Haufe gmacht ginn.* [Ost V]
→-rechen, zusammenmachen; Handrechen, -rechen, Rechen.

zusammenschlagen - st, tsmʃlagə, -kʃlagə [Fak, Ga, Glog, StA, Wil V]; tsamǝʃla:, -kʃla: [Ker, Sch, Siw, Waldn III, Bog, Ger, Hatz, Low, Perj, War V]
Allg: etwas stark beschädigen, zerschlagen ● *Mei Felder sään oft vun de Schlose (↑Schloße) zammegschlaa worre.* [Waldn III] *No wor's aus mit de Wassermillre, no hann se die Miehle zammgschlaa.* [Perj V]
→schlagen (1).

zusammenschmeißen - st, tsamʃma:isn, -kʃmi:sn [Aug, Ed, Schor, Pußt, Wud I]
W: (landwirtschaftliche Produkte) auf einem Haufen ansammeln ● *Also die Bandl (↑Band 1) ham-me aufschnein miëssn, nod hod me's heiflweis (↑haufenweise) zammgschmissn, fe zwaa Reih.* [Pußt I]
→schmeißen.

zusammenschnallen - schw, tsamʃnalə, -kʃnalt [Jood, Wem II, Ap, Hod, Mil, Siw III, Be, NP, Tom IV, Bak, Bru, Charl, Ernst, Fak, GK, Gra, Jahr, Joh, Ost, Stef, StA, War, Wil V]
Allg: mit einer Schnalle befestigen ● *Die Bauchgort (↑Bauchgurte) mit der Zung (↑Zunge 2), die Schnall. Des is um de Phanz (↑Panzen) zammgschnallt ginn.* [Ost V]
→Schnalle.

zusammenschneiden - st, tsamʃnaidə, -kʃnitn [Nad II]; tsamʃnaidə, -kʃni:t [Fek II, DStA V]; tsamʃnaidə, -kʃnitə [Jood II]
Allg: mit einem Schneidewerkzeug in Stücke zerlegen ● *Do woan die Schwoate (↑Schwarte), die sinn obgemocht (↑abmachen) woan, un noch sein se zammgschnied woan odder gmahle woan, un die sein in Schwoategender komm.* [Fek II] *Des hom-mer zammgschnitte mit de Kurzesmaschie (↑Kurzmaschine), fer kurzes Fuetter em*

Rind. [Jood II]
→schneiden.

zusammenschütten - schw, tsɔmʃitə, -kʃit [Baw, Fek, Seik, StI, Wem II]
Allg: (verschiedene landwirtschaftliche Produkte) vermengen, mischen ● *Dä wos net vill Plaume* (↑Pflaume) *hot, dä hot alles zommgschitt. Des woar hald so en Obstschnaps.* [Baw II]
→schütten.

zusammensetzen - schw, tsuzamənsetsə, -kəsetst [Bohl II]; tsaməsetsə, -ksetst [Kutz, Wepr III]; tsamsetsə, -ksetst [Jood II, Stan III, NA V]; tsåmsetsə, -ksetst [Petschw II]; tsamsetsə, -ksotst [Mu, Mut II]
A: (gleichartige Teile) aneinanderfügen ● *E jeder hod en Trepplatz* (Tretplatz) *ghet in Hof, un da is des Korn zammgsetzt worre.* [Jood II] *Am Omt* (Abend) *is zåmmgsetzt woan auf Haufn, nein owe* (oder) *elf Goarem* (↑Garbe) *im Kreiz* (↑Kreuz) *'zamm.* [Petschw II] *Die hochi Trischte* (↑Triste) *sinn zammgsetzt warre, die Fruchtgarwe.* [Stan III] *Owwe de Äed sein zammgsetzt woan die Brette*[r] *un die Fliggl* (↑Flügel 2) *sein draufkomme, die Glasfenste.* [NA V] ▪ PfWb VI 1705: 1.a.
→setzen (1).

zusammenspannen - schw, tsamʃpanə, -kʃpant [Fek, Nad, StG, Surg, Wem II, Fil, Gai, Hod, Ker, Sch, Werb III, Be, Tom IV, Alex, Bill, Fak, Glog, Len, Ost, Wis, Zich V]
V: (bei landwirtschaftlichen Arbeiten:) einzelne Pferde zu einem Gespann vereinen ● *Die arme leit hann zammgspannt, un wer ke Pheer* (↑Pferd) *ghat hat, for den hann ich mit meine eigeni gemahl.* [Alex V]
→einspannen.

zusammenstellen - schw, tsamʃtelə, -kʃtelt [Alex, Bru, Charl, Fak, Gra, Len, Low, War, Wis V]
Allg: Stangen, Bündel und dgl. aufrecht zu einem Haufen stellen ● *No sein 10-15 Schab* (↑Schaub) *zu je am Haufe zammgstellt gewe.* [Bru V]
→legen (1), stellen (1), zusammenlegen.

zusammenstocken - schw, tsamʃtokə, -kʃtokt [Fek, Jood, Kock, Surg II]
V: (wie: stocken) ● *Ender war, henn se' s Bluet ufgfange, muss me rihre* (↑rühren), *dass net zammstocke tuet, in die Blutwirscht.* [Jood II]
→stocken.

zusammentragen - st, tsamətroːŋ, -troːŋ [ASad, Lind, Wei, Wolf V]; tsamtraːgə, -kətraːgə [Ap, Gai, Stan III, Tom IV, Fak, Ga, Glog, StA, Wil V]; tsamtraːn, -kətraː [Alex, Bog, Bru, GJ, GK, Len, Sack, Wies V]
Allg: (ein landwirtschaftliches Produkt) zu einer Sammelstelle (bzw. zum Verbraucher) befördern ● *Die Schnitter henn die Garweoweds zammgetrage un achtzeh Garwe uf e Kreiz* (↑Kreuz) *ufgsetzt* (↑aufsetzen). [Stan III] *Geger Owed* (Abend) *hor mer die Garwe zammgetraa un uff Kreiz ufgsetzt.* [Bru V] *Die Leit* (Leute) *sann aff d'Munde* (↑Munte) *gange und hamm Bauchnschwamme* (↑Buchenschwamm) *zammetrogn mit de Kirm* (↑Kirne). [Wolf V]
→tragen (1); ansammeln, sammeln (1).

zusammenziehen - st, tsamtsiːn, -ketsoːgn [Aug, Ed, Scham, Wud, In IV, ASad, Resch, Tem, Wei, Wolf V, OW VI]; tsamtsiə, kətsoə [Ker, Mil, Sch, Tor III, Be IV, Bog, Ger, GJ, Lieb, Low, War V]; tsamtsiːgə, ketsoːgə [Fak, Ga, Glog, StA, Wil V]
Allg: durch Ziehen verengen, vereinen ● *No hod mer de Rissl vun der Sau misse mit em Droht zammziehe, no hod me sie rausfihre kenne.* [Lieb V]
→ziehen.

zuschlagen - schw, tsuʃlaːgə, -gʃlaːgə [Jood II]; tsuʃlåːn, tsukʃlåːn [StAnd V]; tsuːʃlaːn, -kʃlaː [Bog, GK, Gra, Low, Ost, War V]
W: (von einem Fass:) mit dem Spund verschließen ● *No kummt de Woi dart 'noi un des Fass wärd zugschlage, un nach klärt er sich* (↑klären), *dass er sauber wird.* [Jood II] *Wenn der Wein nimmär gekocht hat, sinn die Fesser zugschlaan un ufgfüllt ginn* (↑auffüllen). [Ost V] ▪ DWb 32, 796: 4: "ein faszz, den spund, den zapfen, den stopfen z[uschlagen]."
→schlagen (1).

zuschneiden - st, tsuːʃnaidn, -kʃnitn [Oh II, ASad, Resch, Tem, Wer V, OW VI]; tsuːʃnaidə, -kʃnitə [Fil, Mil, Sch, Stan III, Put, Tom IV, Fak, Ga, Glog, Len, Low, Mar, Ost, StA, Wil, Wis V]; tsuːʃnaidə, -kʃniːdə [Nad II, Ger V]; tsuːʃnaidə, -kʃniːt [Kleck V]
Allg: etwas mit einem scharfen Werkzeug zurechtschneiden ● *No henn sie halt die Schunge* (↑Schinken) *zugschnitte.* [Stan III]
→schneiden.

zuschwemmen - schw, tsuːʃvemə, -kʃvemt [Darda, Wem II, Fil, Fu, Hod, Mil III, Be, Tom

IV, Alex, Bru, Charl, DStP, Gutt, Jahr, Ga, Glog, Ost, Sad, StA, Wil, Wies V, Bil, Ham, Pe VI]
A: eine Bodenvertiefung durch fließendes Wasser mit Erdablagerungen ausfüllen • *Im Kriech war Oschtre (ON) iwwerschwemmt, dann hat sich de Fischteich mit Erd zugschwemmt.* [Ost V]
→überschwemmen; Überschwemmung.

Zuspeise - f, tsuʃpais, Sg. tant. [Brest, Gai, Sch, Siw, Tor III, In, ND, NP IV, Bog, Fak, Ga, GK, Glog, Len, Low, Ost, Wil V]; tsu:ʃpais [Ap III]
G: aus Gemüse zubereitete Beigabe zum Essen, besonders zu Fleischgerichten • *Na hat's noch die Griekochkärbse (↑Grünkochkürbis) gewwe, die sinn far Zuspeis koche gnumme warre.* [Ap III] *Des wore die Griekochbohne, wu mer Supp un Zuspeis gmach hat. Un dann ware die Weißi Bohne, die truckeni, was mer im Winter for Truckebohne (↑Trockenbohne) ghat hat.* [Ost V]
■ PfWb VI 1711 (auch donauschwäbisch).
→Grundbirnenpüree.

zustreuen - schw, tsuʃtraiə, -kʃtrait [Eng, Drei, NA, Wies V]
A, G: (ausgestreuten Samen) mit Erde bedecken • *Des is zugstreit woan, nit zugrechlt (↑zurechen), dass de Same nit vekratzt (↑verkratzen) is.* [NA V]
→streuen.

Zuwaage - f, tsu:va:ke, Sg. tant. [Stan III. In, Ru IV]; tsu:vo:k [Ap, Berg, Fil, Ker, Sch, Siw, Wepr III, Be, Tom IV, Bog, Fak, Ga, Glog, Len, Low, Schön, Wies, Wis V]
V: beim Verkauf von Rindfleisch dazugelegte Knochen und minderwertiges Fleisch *Etym.*: Das Subst. ist bair.-österr. • *Rinderlewer, Rinderlunge odder des Sach (↑Sache) hot mer hechschtns kenne als Zuwaage gewwe.* [Stan III] ■ ÖstWb 499: 'das Zugewogene, 'Fleisch mit Knochenbeigabe'.
→Knochen.

Zwacken - m, tsvakə, Pl. id. [Jood II, Hod, Mil, Sch, Siw III, Be, Tom IV, Bog, Bru, Charl, Fak, Ga, GK, Glog, Gott, Len, Ost, StA, War, Wil V]
Fo, O: gegabelter Ast • *So senn uff alle Zwacke meh Beere wie gnuch for mich geblieb.* [Len V] *Die Leit hann e weickslne (↑weichselner) ↑Schuss ausgeputzt, dass er nor Zwacke hat, for die Peitscheschnur.* [Ost V] ■ *Zwack(en)* PfWb VI 1717 f.: 'Ästchen, Zweig, oft gegabelt'; Gehl 1991, 81; *Zwackel* m. RheinWb IX 880: 1. 'Zweig-, Astgabelung', 2.a 'Baum, der im wachstum zurück-

bleibt'; *Zwackel* f. BayWb 2/2 1171: 'Gabel, besonders an Gewächsen'.
→Baum (1), Zweig.

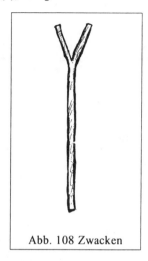

Abb. 108 Zwacken

Zweieimerfass - n, tsvaiaiməɾfas, -fęsər [Sad V]
W: Weinfass mit einem Fassungsvermögen von zwei Eimern (etwa 110 Litern) • *Bie uns het's Zweieimer-, Seckseimer-, Achteimer- un Zeheimerfässer geh (gegeben).* [Sad V] ■ Gehl 1991, 170.
→Fass, Eimer (2).

Zweig - n, tsvaigl, Pl. id. [Tem, Resch, Wer V]
Fo, O: aus dem Ast hervorgehender, dünner Teil des Baumes oder Strauches • *Ins Fundament vom Haus hat ma Astln un Zweigl einmauern lassn; sie habn nit solln lassn Krankheit oda frihen Tod ins Haus.* [Tem V] ◆ Das Einmauern von lebendigen Zweigen (statt früher Tieropfern) ins Fundament sollte als Abwehrzauber Krankheiten und Not von den Bewohnern des Hauses bewahren.
→Ast, Baum, Reis (1), Zwacken.

Zweispänner - m, tsvaikʃpenər, Pl. id. [GK, Ost V]; tsvå:ʃpenər [Fak, Glog V]
V: Gespann mit zwei Pferden • *A Zweigspänner hat Schärrieme (↑Scherriemen) ghat, die sinn ausenander gang so.* [Ost V] **Anm.**: Das Komp. ist von *Gespann* abgeleitet.
→Einspänner; einspannen; vierspännig.

zweite Klasse - f, tsvaite kla:s, Sg. tant. [Sulk II]
Allg: (von landwirtschaftlichen Produkten:) mittelmäßige Güteklasse • *Die ärschti Klaas Tuwak (↑Tabak) wor de teierst, no wor zweite Klaas, wor*

schun billiche. [Sulk II]
→Klasse.

zweites Mehl - n, tsvatəs me:l, Sg. tant. [StG, Sol, Sulk II]
A: Mehl zweiter Güteklasse, mit dem man Brot bäckt ● *No is es eschti Mehl kumme, no is zwatti Mehl kumme, no sein die Kleie kumme. Es zwatti Mehl wor zu Brot backe,* [Sulk II]
→erstes Mehl, Mehl.

zweizinkig - Adj, tsva:tsiŋkiç [Bog, Fak, Ga, Glog, StA, V]; tsve:tsiŋkiç [Bog, Low, Len, War V]; tsva:tsviŋkiç [Ost V]
A: (von landwirtschaftlichen Geräten:) mit zwei Zinken versehen ● *Dann hann se aagfangt uflade* (↑aufladen) *mit der Reichgawwl* (↑Reichgabel), *des war a zweizwinkichi Gawwl.* [Ost V] **Anm.**: Die Variante *zweizwinkig* ist wohl eine Gelegenheitsbildung, mit Assimilierung an das erste Kompositionsglied *zwei*.
→Zinke.

Zwerchgasse - f (n), tsvęrçkas, -ə [Sch, Siw III]; (n) tsvęrçkęsjə, Pl. id. [Jink, Kä, Sag, Sar, Warsch II]
A: quer zur Hauptgasse verlaufende Dorfstraße ● *Unse Gasse woare die Lutherschgass, die Doppltgass, es Juregässje, e Zwärchgässje un es Bedlmannsgässje.* [Jink II] ■ Petri 1980, 31.
→Gasse, Kreuzgasse.

Zwerchholz - n, tsvęrxholts, -heltsər [Ker, Mil, Sch, Siw, Stan III, Be, Tom IV, Bru, Ger, GK, Len, NPa, Ost, War V]
A: Verbindungsstange zwischen den Leitern des Erntewagens ● *Im Schoppe* (↑Schuppen) *ware die Newerstange* (↑Nebenstange) *un Zwerchhelzer for beifihre.* [Bru V] *Dann hann se uf de Waa* (↑Wagen) *Zwärchhelzer druf un Newetstange, un hann aagfangt uflade.* [Ost V] ■ PfWb VI 1737; RheinWb IX 898.
→Holz, Wagen.

Zwetschke - f, tsvetʃke, tsvetʃkn [De, Franzd, Ora, Resch, Stei, Wer V, Bat VI]; tsvetʃkə, Pl. id. [Wepr III, StM, Franzf, Ga, StA V, Bil, Ham, Mai, Schei, Suk VI]; tsvetʃkər [El V]; tsveʃpm, Pl. id. [KT, Wud, Wudi I, Darda II]; tsveʃpn [Wer I]; tsveʃpm, Pl. id. [Petschw II]; tsvaiʃp, -n [OG I]; kvetʃ, -n [Kud V]; kvetʃn [Kud V]; kvetʃ, -ə [Baw, Seik, StI II, Ap, AK, Ap, Fu, Gai, Kar, Ker, Kol, Sch, Tor, Tscher III, Fak, Ga, GJ, Glog, Hatz, Len, Low, Ost, Sack, Trie, Tsch, Ui V]

O: dunkelblaue, kleinere, längliche Pflaumenart mit gelblichem Fruchtfleisch; Prunus domestica economica *Etym.:* Im Süden und Westen des deutschen Sprachgebiets werden die frühen runden *Pflaumen* von den späten, länglichen *Zwetschgen* unterschieden, während im Norden und Osten beides *Pflaumen* heißt. Das Wort erscheint in zahlreichen reg. Varianten (*Zwetsche*, *Quetsche* usw.). Es ist entlehnt aus einem romanischen Wort (norditalienisch, südostfranzösisch *davascena*), eigentlich *damascēna*, 'Frucht aus Damaskus', weil die veredelten Pflaumensorten aus den pontischen Ländern stammen. (^{23}Kluge, 919) ● *Zwaahundet Glas, die fülln me olli Jahr mit Pfäschn* (↑Pfirsich), *Weicksl* (↑Weichsel), *Zweischpn.* [OG I] *Die Kische, Pfische, die Quetsche un die Birn, die senn alles eingelecht woen fer Dunstobst.* [Baw II] *De besti Schnaps is aus Zwöschpm, de* ↑*Silvapalinka, aus Pfärsching, aus vielerlei Obst.* [Petschw II] *Die Quetsche sinn eiglegt warre als Dunscht.* [Ap III] *Letscht Zeit ham-mer vun Phärsche, vun Quetsche, sogar vun Kärsche ham-mer Schnaps gebrennt.* [Ost V] *Da waa viel Obst fir* ↑*Sulz* (1) *kochn, aus Zwetschkn, aus Riwiesl, aus Äedbäen* [Wer V] *Schnaps hunn i brennt* (↑brennen 2) *aus Zwetschkn, Zwetschknschnaps, sinn nicht so viel Trauben dort.* [Bat VI] *Aus Epfl, Biere, Fiärsche, Zwetschke hot me starke Schnaps brennt.* [Schei VI] ■ Gehl 1991, 236; Petri 1971, 59.
→Blaue -, Gelbe Zwetschke, Obst, Zwetschkenbaum, -schnaps.

Zwetschkenbaum - m, kvetʃəp:m, -pẽ:m [Alex, Bak, Fak, Ga, Glog, GJ, Len, Low, Nitz, Wis V]; tsvetʃkəbā:m, -bẽ:m [Bil, Ham, Mai, Pe, Schei, Suk VI]
O: Obstbaum, der Zwetschken trägt ● *Obe am Wald hot der* ↑*Gostat alles voll pflanzt mit Epflbääm, Birnebääm un Zwetschkebääm.* [Schei VI] ♦ Als Parodie auf das Lied vom *Tannenbaum* ist im Banat das *Lied vom Quetschebaam* bekannt: "Oh, Quetschebaam, oh, Quetschebaam, wie bloo sinn deine Quetsche."
→Obstbaum, Zwetschke.

Zwetschkenschnaps - m, tsvetʃknʃnaps, Sg. tant. [Bat VI]; tsvetʃkəʃnaps [Ga, StA V]
O: aus Zwetschken hergestellter, hochprozentiger Branntwein ● *Schnaps hunn i brennt aus Zwetschkn, Zwetschknschnaps, sinn nicht so viel Trauben dort.* [Bat VI] ■ Gehl 1991, 237.
→Schnaps, Silvapalinka, Zwetschke.

Zwiebel

Zwiebel - f (m), tsvi:bəl, Pl. id. [OW VI]; tsvibəl [Bil, Ham, Mai, Pe, Schei, Suk VI]; tsvi:bl [De, Sad, Stei V]; tsvibl [Jood II]; tsibl [Bil, Schei VI]; tsvipl [Fek, StI II]; tsvi:fl, Pl. id. (-ə) [(m) Ap, Fil, Kol, Kub, Pal, Stan, Tscha, Wasch III, In IV, Fak, Glog, Hom, Karl, Mar, Mram, NA, Ost, Pau, Rud, Sack, Schön, StA, StM V]; tsvifl, Pl. id. [Fek II]; tsvi:vl, Pl. id. [Erb I, Gai III, Bir, Gra, Hatz, Jos, Na, Npe, Stef V]; tsvivl, -ə [Kula, Sch III, Albr, Bak, Charl, DStP, Eng, Ger, GJ, GStP, Gutt, Heid, KB, KSch, Joh, Low, Moll, NB, Nitz, NSie, Ost, Sack, Tsch, Tschak, Tsche, Ui, War V]; tsvi:vl, -ə [Bru V]; tsvẹ:vl, Pl. id. [Sag II]; tsvi:fy, -n [KT, Wud, Wudi I]
Fo, G: als Gemüse und Gewürz verwendeter, unterirdischer Spross mit mehreren Schichten eines Liliengewächses; Allium cepa ● *I hob amü in Zwiefü gschnien.* [Wud I] *Hiënwiëscht* (↑Hirnwurscht) *is soviel, des bessje* (bisschen) *Hiën, wås die Sau hot, un Zwiffl dezue un halt e weng Bråtwiëschtfleisch, so zammgemahle so moger* (↑mager) *Fleisch.* [Fek II] *Ja, Zwibbl noistupfe* (↑hineinstupfen) *ode Griënzeig aabaue, un so kummt elles 'noi, de Sålåt.* [Jood II] *Ba uns, do woan nu die grose Hostelle* (↑Hofstelle). *Un do hot mer misse sei Grumbiën* (↑Grundbirne) *unnoch sei Zwibbl un sei Sach oobaue.* [StI II] *Far die Kuchl* (Küche) *is aagebaut warre Grumbiere, Zwiefl, Knofl* (↑Knoblauch) *un anneres.* [Ap III] *Des Mittachesse war Brot mit Zigeinerspěck und Zwiewle, zu dene siße Trauwe.* [Bru V] *Mer hat gess Speck mit Zwiwwl, ↑Brinse un Schunge* (↑Schinken). [GJ V] *Untem Kriech is Gemiese gebaut woan am Feld, Knofl un Zwiefl.* [NA V] *Zwiwwle, Knofl hammer im Garte gsetzt, ja.* [Ost V] *Die kannt man gut machn mit Zwiebel, so gebratn, und mit eine Soße drauf.* [OW VI] *Im Garte wachse Zwibbl, Gäelriëbe* (↑Gelberübe), *'Kolrabe, alles.* [Schei VI] ◆ Zwiebeln wurden in der donauschwäb. Küche viel als Gewürz (roh, gekocht, in Fett gebraten usw.) verwendet. Grüne Zwiebel aß man gerne im Frühjahr als Vitaminspender zu Speck, Käse usw. ■ Gehl 1991, 229; Petri 1971, 12 f.
→gedünstete Zwiebel, geröstete -, Gemüse, Hundszwiebel.

Zwischenhändler - m, tsviʃnhendlə, Pl. id. [Bog, GK, Low, NA, Ost, Trie, War, Wis V]
G: Person, die Handel zwischen Erzeugern und Weiterverarbeitern betreibt, Großhändler ● *Aufm Wuchemoak* (↑Wochenmarkt) *woan die Hendle, ja Zwischnhendle besser gsacht.* [NA V]
→Händler.

STICHWORTVERZEICHNIS

Stichwortverzeichnis

Aasplatz
abbarbieren
abbeeren
abbeißen
abbinden[2]
abblühen
abbraten
abbrechen
abbrennen
abbrunzen
abdeckeln
abdecken
Abendduft
Abfall[1,2]
abfallen
abfällen
Abfaller
Abfallertraube
Abfallsache
abführen
Abführmittel
abfüllen
abgabeln
abgeblüht
abgekochte Grundbirne
abgemachter Kukuruz
abgeribbelt
abgestumpft
abhacken
abhängen
abhauen
abholzen
abkaufen
abkeimen
abkochen
abkratzen
abladen
ablassen
ablaufen
ablesen
abliefern
ablieschen
Ablöse
abmachen
Abmacher
Abmachmaschine

abmähen
abmaschinen
abpressen
abputzen
abrahmen
Abrahmer
abrasieren
abrechen
abrechnen
abreißen[1,2]
abribbeln
abrupfen
abrutschen
Absatz[1]
abschaben
abschälen
abschinden
abschlagen
abschmälzen
abschmieren
abschneiden[1,2]
abschöpfen
abschrecken
abschwärmen
abschwarten
absengen
abspänen
absperren
abstechen
abstutzen
abwaschen[1,2]
abwechseln
abwiegen
abziehen
Abziehmesser
Achse[1,2]
Achteimerfass
Achtzehner
Acker
Ackerbauschule
Ackerfeld
ackern
Ader
Afina
Afus Ali
Agrasel
Ähre
Akazie[2]

Akazienbaum
Akazienblatt
Akazienholz[2]
Akazienhonig
Akazienpflock
Akaziensägemehl
Akazienwald
Alberta
Aldemasch
Alterberg
Altmodische Blaue
Altmodischer Kukuruz
Amarelle
Amarellenbaum
Ameise
Amerikaner
amerikanischer Binder
Amerikanischer Kukuruz
Amsel
Amster
anbauen
anbinden[2]
anbrennen
andrücken
anfüllen
angärteln
Angel
angeschweißt
angesteckt
anhängen
anhäufeln
anheflen
ankalken
anlegen
anmachen[2]
annageln[2]
Anna-Spät
annehmen
anpacken[2]
anpicken
anrühren
ansammeln
anschaffen
anschlagen[1,2]
anschnallen

anschrauben[2]
anschüren
anselchen
ansetzen
anspritzen
anstechen
anstecken
anstellen
Antonirose
anwachsen
anzünden
Apfel[1,2]
Apfelbaum
Apfelmoj
Apfelschnitz
Apfelsorte
Apfelwalache
Aprikose
Aprikosenraki
Ar
Aragas
Arbeit[2]
arbeiten[2]
Arbeiter
Arbeiterin
Arbeitsbiene
Arbeitsross
armlang
Aroma
Arrendat
Arsch
Arschdarm
Arschdarmwurst
Art
artesischer Brunnen[2]
Artesischwasser
Asche
Ast[2]
Atka
Attich
Atzel
Auerhahn
aufarbeiten[2]
aufbauen
aufbinden
aufblasen
aufblühen

[1,2] Die hochgestellte 1, bzw. 2 bedeuten, dass dieses Lemma bereits in Wb1, bzw. 2 vorkommt.

Stichwortverzeichnis

aufdecken
auffangen
auffressen
auffüllen
auffüttern
aufgehen
aufgespalten
aufhacken[2]
aufhalten
aufhängen
Aufhänge-
   weinbeere
aufhäufen
aufheben
aufholen
aufklopfen
aufkreuzen
aufladen
auflesen
auflösen[2]
aufmachen
aufnehmen
aufplatzen
aufraffen
aufräumen
aufreiben
aufreißen
aufribbeln
aufschlichten
aufschneiden[1,2]
aufschobern
aufsetzen
aufspalten[1,2]
aufspreiten
aufstellen[2]
aufteilen
Aufteilung
aufwachsen
aufziehen
Auge
Augenweh
ausarbeiten
ausbacken
Ausbehalt
ausbeinen
ausbessern[1,2]
ausbeuteln
ausblasen
ausbohren[2]
ausbraten

ausbrechen
ausbreiten
ausbrennen
ausbrocken
auseinander
   nehmen
auseinander
   schneiden
auseinzeln
ausfallen
ausfliegen
ausgebacken
ausgebackenes
   Fleisch
ausgebohrt[2]
ausgefallen
ausgefüttert
ausgeizen
ausgespitzt
ausgewachsen
ausgleichen
ausgraben
ausgrasen
aushacken
aushauen
ausjäten
ausklopfen
auskochen
auskrücken
auskühlen
auslassen
Auslauf
auslegen
auslieschen
auslösen
ausmachen
ausmaschinen
ausmessen
ausmisten
ausnehmen
auspflanzen
auspflücken
auspressen
ausputzen
ausreiben
ausrotten
ausrupfen
aussäen
aussaufen
ausschenken

ausschlagen
ausschleudern
ausschneiden
ausschöpfen
ausschütten
ausschwefeln
außenwendig[2]
ausspitzen
ausstechen
Ausstellung
ausstreuen
austreiben
austrocknen[2]
auswachsen
auswälgern
auswaschen
auswintern
auswirken
ausziehen[1,2]
Baberjon[2]
Bachstelze
Backe[2]
backen
Backerei
Bäckergasse
Backofen[2]
Backsache
Backschießer[2]
Backsimperl[2]
baden
bähen
Bakati
Balken
Ballen[1,2]
ballotieren
Band[1,2]
Bandi
Bär
Baracke
Barbara
bären
Bärenpratze
Bärenstall
Barg
bärig
Bartriemen
Bassin[2]
Bast
Batschkai Riesling
Bauch

Bauchgurte
Bauchlappen
Bauchspeck
bauen[2]
Bauer
Bauerei
bauerieren
Bauernhaus
Bauernhof
Bauernhutweide
Bauernreihe
Bauernsack
Bauernwagen
Bauernwirtschaft
Bauersleute
Baum[1,2]
Baumklopfer
Baumpicker
Baumwachs
Beere
Beet
befruchten
behandeln[1,2]
beiführen
Bein
beißen
Beizwasser
belegen
bellen
Benzinmotor
Beresch
Berg
bergiger Grund
Bergrichter
Berkshire
Berkshireschwein
Beschäler
beschweren
Besen
bestellen
Bestellung[2]
Betonbassin
Betonfass
Bettbrunzer
Bettellaus
Bettelmannsfeld
Bettelmannsgasse
Beuschel
Beuschelsuppe
Bewilligung

bezimmern	blechern[2]	Bratwurst	Brunnenwasser
Bibor	Blechlöffel	Bratwurstdarm	Brunz
Biene	bleiern	Bratwurstfleisch	brunzen
Bienenameise	Blesse	Bratwurstsache	brunzerig
Bienenhaus	Bletschen	braun[2]	Brunzgrube
Bienenhütte	Blinddarm	Brechagen[1]	Brunzich
Bienenjahr	Blindermaus	Breche[1]	Brunzloch
Bienenkasten	blitzen	brechen[1,2]	Brust
Bienenkorb	Blockhaus	Brechmaschine	Brustbein
Bienenstand	Blühe	Brei	Brustblatt
Bienenstock	blühen	breit[1,2]	Brustteil
Bienenvolk	Blume[1,2]	Breite[1,2]	Brut
Bienenwirtschaft	Blumengarten	Breiting	brüten
Bienenzucht	Blumengeschäft	Bremse	Brutnest
Bienenzüchter	Blumenkasten	bremsen	Brutrahmen
Bika	Blumenstaub	brennen[1,2]	Brutwabe
Bikakalb	Blumentopf	Brennholz	Buche[2]
Bikakopf	Blunze	Brennmaterial	Buchecker
Bikastall	Blut	Brennnessel	Buchenbaum
binden[1,2]	Blüte	Brennsachen-	Buchenlaub
Binder[2]	Blutegel	schober	Buchenschwamm
Bindsache	Blütezeit	Brett[1,2]	Buchenwald
Binse	blutig	Brigade	Buchfink
Biovit	Blutwurst	Brigadenführer	Buchführung
Bippele	Bock[1,2]	Brigadier[2]	Buchhalter
Bippelekorb	Bockerl	Brinse	Buchse[2]
Birke[2]	Bockerlrotznase	Brockelmilch	Buckel
Birkenstrauch	Bockerlschnudel	Brocken	Buckelblatt
Birnbaum	Boden[1,2]	brocken	Buckelkratten
Birne	Bodenaufgang	Brombeere	bügeln[1]
Biskotte	Bogdaner	Brominze	Bulldozer
Biskottentorte	Bohne	Brot	Bürde
bitter	Bohnenkraut	Brotbrösel	Burgunder
Blache[1]	Bohnennudel	Brotkorb[2]	Bürste
blähen	Bohnen-Nudeln	Brotkuchen	bürsten
Blähmühle	Boja	Brotlaib	Buschakhanf
Blasebalg[2]	Bolle	Brotmehl	Büschel[1]
Blässhünkel	Bollerpeitsche	Brotmulter	büscheln
Blater	Bonyhader	Brotschwamm	Buschteil
Blatt[1,2]	Borste	Brotteig	Butellerschank
Blattdünger	Bottich[1,2]	Brottuch	Butte[2]
blätterig	Botz	brüchig[1,2]	Bütte
blättern	Botzenstall	Brücke	Buttenträger
blau[1,2]	Brachfeld	Brühe	Butter
Blaue	Brachflur	brühen	Butterbirne
Blaue Grundbirne	brandig	Brühmulter	Butterblume
Blaue Kohlrabi	Branntwein	Brühwasser	Butterfass
Blaue Zwetschke	Branntweinhaus	Brummse	Butterröslein
Blaustein[2]	braten	Brunnen[2]	Butterschmalz
Blech[2]	Bratkürbis	Brunnenkatze	Butterstäßel

Stichwortverzeichnis

Butusch
Butzelkukuruz
butzlich
Champignon
Chef[2]
Chemikalie
Christbaum
Chrysantheme
Cormick
Dach[2]
Dachwurzel
Dahlie
Damenfinger
Dammwiese
Dampfel
Dampfer
Dampfkessel
Dampflokomotive
Dampfmaschine[2]
Dampfmühle
darangehen
daranhängen
daraufdecken
daraufgehen
daraufhängen
daraufhauen
daraufkommen
daraufladen
darauflegen
daraufliegen
daraufmontieren[2]
daraufschlagen[1,2]
daraufschmieren
daraufschneiden
daraufschütten
daraufsetzen
daraufstellen
daraufstrüpfen
darauftun
Darm
darüberleeren
darüberschütten
darüberstreuen
darunter
darunterlegen
Darwasch
Darwaschwald
Debreziner
Deckel[2]
Deckzeit

Deka
Delle[2]
Dengelhammer[2]
dengeln
Dengelstock
Dengelstuhl
Deputatholz
deutsches Dorf
Deutschländer Sau
dick[1,2]
Dickdarm
dicke Milch
Dieselmotor
dingen
Distel
Distelstecher
Doboschtorte
Donaumühle
Donauried
Donnerdistel
Doppelgasse
doppelt[1,2]
Dorf
Dorfende
Dorfwiese
dörren
Dörrloch
Dorschen
Dose
Dotterblume
Draht[1,2]
Drahtseilbahn
Drahtstrick
Dranitza
Dreck[1,2]
Drecklache
Dreckofen[2]
drehen[1,2]
dreieckig[2]
Dreifelder-
    wirtschaft
Dreifuß[2]
dreischarig
Dreißig-Kilo-
    schwein
Dresche
dreschen
Drescher
Dreschflegel
Dreschgarnitur

Dreschkasten[2]
Dreschleute
Dreschmaschine[2]
Dreschplatz
Drieschling
driften
drillen
dritte Klasse
Drittel
Drohne
Drohnenei
Drossel
Druschba[2]
Dulfe[1]
dunkel
dünn[1,2]
Dünndarm
Dünnschalige
Dunst
dünsten
Dunstglas
Dunstobst
Duransche
durchdrehen
durcheinander
durchfahren
durchgehen
durchkneten
durchmahlen
Durchmesser
durchschneiden[1,2]
durchschubben
durchziehen
dürr
Dürre Bohne
eben[2]
Ebene
Eber
Eberhardpflug
Eberstall
Ecke[2]
Edelmarder
Edelschwein
Edelwild
Egge[2]
eggen
Ei
Eiche[2]
Eichel
Eichenblatt

Eichenfass
Eichenklotz
Eichensägemehl
Eichenwald
Eichkatze
Eidechse
Eidotter
Eierschale
Eierspeise
Eierstörz
Eierwiesel
Eigentümer
Eimer[2]
einackern
einbären
einbinden
einbraten
Einbrennsuppe
eineggen
einengen
einfach
einfädeln[1]
einfahren
einfangen
einfrieren
Einfuhr
einführen[2]
einfüllen
eingehen
eingekochte
    Paradeis
eingelernt
Eingeweide
eingraben
einhängen
einhäufeln
Einheit
einkochen
Einkreuzung
Einlasser
einlegen
Einleger
Einlöseamt
einmachen
Einmachsuppe
einreiben[2]
einsäen
einsalzen
einsäuern
einschalten

Stichwortverzeichnis

einscharren
Einschlag
einschlagen
einschmieren
einschneiden[2]
einspannen[1,2]
Einspänner
einstampfen
einstellen
einteilen
eintreten
einweichen
einwickeln[2]
einwintern
Eis
Eisen[1,2]
Eisenraufe
Eisenzahn
eisern[1,2]
eiserner Pflug
Eisgruft
Eiskasten
Eismänner
Eiszapfenrettich
Eiweiß
eiweißreich
elektrisch
elektrische Säge
Elevator[2]
Elo
Elpege
Elster
Ende
Endkeutel
Ente
enteignetes Feld
Enterich
Erbse
Erbsenstroh
Erdapfel
Erdäpfelsuppe
Erdarbeiter
Erdbeere
Erde[2]
erden
Erdfloh
Erdhase
Erdhaufen
Erdhund
Erdloch

Erdwühler
Ernte
Erntefest
erste Klasse
Erstergrund
erstes Mehl
erstklassig
Erstling
Erwerb
Esche[2]
Esel
Eselzucht
Eserjo
Esparsette
Essgrundbirne
Essig
Essigumurke
Esskürbis
Esstraube
Estrich
Estrichkammer
Europäer
Euter
Export
exportieren
Exportparadeis
Fach[1,2]
Fachmann[1,2]
Fadel
Faden[1,2]
fahren
fällen
Familie
Fangangel
fangen
Fanni
Farbe[1,2]
Fasan
Fasanenwald
Faschingskrapfen
Faser[1,2]
Fass[2]
faul
faulen
fechsen
Fechsung
Feder[2]
Federröschen
Federschleißen
Federwagen

Feigenpfirsich
fein[1,2]
Feld
Feldblumenhonig
Feldhase
Feldhendel
Feldhüter
Feldkreuz
Feldmaus
Feldrain
Feldstück
Feldweg
Fenchel
Ferkel
Ferma
fest[1,2]
fest machen[2]
fest stampfen
Festungsbrücke
Fett[1,2]
fett
fettig
Fettschwein
Fettstoff
feucht[2]
Feuchtigkeit
Feuer[2]
Feuerherd
Fiaker[2]
Fichte
Fichtenholz
Fichtenzapfen
Fideli
Finanzer
fingerbreit[2]
fingerdick[2]
Fisch
fischen
Fischer
Fischkalter
Fischkartell
Fischmehl
Fischotter
Fischpaprikasch
Fischsuppe
Fischteich
Fischweib
Fischzentrale
Fisole
flach[1,2]

Flachs
Flachse
flachwurzelig
Flarren
Flaumei
Flaumfeder
flechten[1,2]
Fledermaus
Flederwisch
Fleisch[2]
Fleischbank
Fleischbraten
Fleischbütte
Fleischfass
Fleischhacke
Fleischhacker
Fleischhacker-
   bursche
Fleischkübel
Fleischmaschine
Fleischmühle
Fleischsäge
Fleischschwein
Fleischwurst
Fliege
fliegen
Floh
Flohgraben
Flohpulver
Floß
Flügel[2]
Flugloch
Flur
flüssig
Fohlen
Forelle
Förster
Forstgarten
Forstschule
fortfliegen
fortliefern
fortschwimmen
forttreiben
Fransela-Brot
Franzbranntwein
Französische
fratscheln
Fratschler
Freikreuzdistel
Freila

Fressen
fressen
Fridschider
Friedhof
Friedhofsgasse
frisch
Frischobst
Frischwurst
Frosch
Froschmaul
Frucht
Fruchtähre
fruchtbar
Fruchternte
Fruchtexport
Fruchtfeld
Fruchtflur
Fruchtgarbe
Fruchthalm
Fruchtsack
Fruchtschnitt
Fruchtschober
Fruchttriste
Fruchttuch[1]
früh
Frühgerste
Frühgrundbirne
Frühjahrgerste
Frühjahrsaat
Frühjahrsblume
Frühjahr-
  schwammerl
Fuchs
Fuchsental
Fuhre
führen
fuhrenweise
Fuhrfass
Fuhrmann
Fujaker
fujakern
Füllen
füllen
Füllenhalter
Füllenstute
Füllsel
Fünftel
Furche
Furioso
Fuß[1,2]

Fußmehl
Futter[1,2]
Futterasch
Futterei
Fütterer
Futtergrundbirne
Futterhaus
Futtermehl
füttern[1]
Gabel[1,2]
Gabeler
gabeln
gabelweise
Galbenfrumos
Galgen[1,2]
Ganauser
Gans
Gänseberg
Gänsehalter
Gänsetrift
Gänseweide
Ganter
ganzer Grund
ganzer Kukuruz
Garbe
Garbenauf-
  schneiderin
Garbenbinder
Garbengabeler
Garbenleute
Garbenschmeißer
Garbenschober
Garbenwerfer
gären
Garten
Gartenfeld
Gartenzaun
Gärtner
Gärtnerei
Gas[2]
Gasflamme
Gasse
Gassengraben
Gastmahl
Gatzen
Gaul
Gäulsfliege
Gäulsfresser
Gaulsgeschirr
Gaulsmist

Gauschel
gebackene Winete
gebackenes Fleisch
Gebirge
gebirgig
Gebiss
gebraten
gebratene
  Grundbirne
gebratene Leber
gebratenes Fleisch
gebrütschelte
  Grundbirne
gedünstete Zwiebel
Gefälle
Gefäß[2]
gefleckt
Geflügel
Gefrier
gefrieren
Gefriertruhe
gefülltes Kraut
gefüttert[1]
gegeneinander
Gegenstütze
Gehängel
Gehansapfel
gehen
Geiß
Geißberg
Geißenmilch
Geißenmist
Geißtuttel
Geiz
geizen
Geizmesser
gekochte
  Grundbirne
gekochter Kukuruz
gekochtes Fleisch
gekreuzt
gekringelt
Gekröse
Gekrösebrühe
Gekrösefleisch
Gekrösesuppe
gelatineartig
gelb[2]
gelbe Erde[2]
Gelbe Grundbirne

Gelbe Mehl-
  grundbirne
Gelbe Pflaume
Gelbe Zwetschke
Gelber Paprika
Gelberübe
gelblich
Gelse
Gelte
gemahlener
  Paprika
Gemahlenes
Gemeinde
Gemeindebär
Gemeindebrunnen
Gemeindewald
Gemeindewiese
gemischter Honig
Gemüse
Gemüsebau
Genick
Genickriemen
Genickspeck
Genossenschaft
Georgine
gepflastert
gerade[1,2]
Gerade-in-die-
  Höhe
Gerät
geräuchert
gerechteln
Gerechtelwagen
Gerechtigkeit
Gereihe
Germ
geröstete
  Grundbirne
geröstete Zwiebel
Gerste[1]
Gerstel
Gerstenähre
Gerstenernte
Gerstenfeld
Gerstenschnitt
Gerstenschrot
Gerstenstroh
gerührt
geschaffen
Geschäft[1,2]

Stichwortverzeichnis

geschärft
Gescheckte
Geschirr[1,2]
geschliffen[1]
Geschmack
geschnittenes Kraut
geschützt
Gesellschaft
gesiebt
Gesiede[2]
Gesiedemädchen
Gespann
Gestell
Gestrudelte
Gestrüpp
Gestüt
gesund
Getriebe
getrocknet[2]
Gewanne
Gewannenweg
Gewehr
Gewitter
Gewölbe
Gewölber
gewölbter Keller
Gewürz
Gewürznelke
Gewürzsache
gezogener Strudel
Gichtrose
Gidran
Giebel[2]
gießen[2]
Gießkanne[2]
Gießkannenkopf[2]
giftig
Giftige Kirsche
Gipfel
Gipfeltabak
Gladiole
Glas[2]
Glasapfel
Glasfenster[2]
Glasheber
glasieren[2]
Glasierte Birne
glasierter Apfel
Glaskrug
Glasschneider[2]

glatt[1,2]
Glecke
glecken
Gleckerin
gleich
Gleichgewanne
Glockenstrauß
Glucke
gluckerig
glucksen
Glut
Gockel
Gockelein
Goja
Goldamsel
Goldling
Goldparmäne
Gomboz
Göpel
Gore[2]
Gostat
Graben
graben
Grabenbrücke
Grabenlache
Grabschaufel
Grabschippe
Grad
Grammel
Grammelpogatsche
Gras
grasen
grasig
Grasmäher[2]
Grassamen
Gräte
grau[1,2]
Grauweiße
Gretel-in-der-Hecke
Grickselmaus
Grickser
Griebe
Griebenkräppel
Grieß
Grießbrei
Grießstrudel
Griff[1,2]
grillen
Grindel

Gritsche
Gritschenloch
grob[1,2]
grobknochig
groß ziehen
Großbauer
Große
Größe
Große Weiße
großer Bauer
Großhändler
großkernig
Großknecht
Gruft
Grukstaube
Grummet
grün[1,2]
grün pelzen
Grund[1,2]
Grundbirne
Grundbirnenacker
Grundbirnenflutten
Grundbirnenjahr
Grundbirnenkäfer
Grundbirnenkeim
Grundbirnennudel
Grundbirnenpolster
Grundbirnenpüree
Grundbirnensalat
Grundbirnen-
   schnitze
Grundherrschaft
Grundloch
Grundpräses
Grundstück
Grüne Bohne
Grüner Paprika
Grünes
Grünfutter
Grünkichern
Grünkochbohne
Grünkochkürbis
Grünmus
grünspanig
Grünzeug
Gruppe
Gruppenführer
Gulahalt
Gulasch
Gummirad

Gummiwagen
Gurgel
Gusseisen[2]
Gutedel
Gutzel
gutz-gutz
Haar
Hachse
Hacke[2]
hacken[2]
Hackpflug
Häcksel
Hackstock[2]
Hafen
Hafer
Haferbirnbaum
Haferbirne
Haferernte
Hafergraben
Haferschnitt
Haferschrot
Haferspreu
Haferstroh
hageln
Hahn[2]
Hahnenfuß
Haken[2]
halb
Halbeimer
halbreif
halbrund
Halbscheid
Halbscheidbauer
halbsteirisches
   Ross
Halbviertelschaff
Halfter
Halfterstrick
Hals
Halt
halten
Halter
Halterhaus
Halterwiese
Hambar
Hamburger
Hamme
Hampel[1]
handbreit
Handgarbe

Händler
Handmähen
Handrechen
Handsäge²
Handschuh¹
Handspritze
Handvoll
handvollweise
Hanf¹
Hanfbreche¹
hänfen¹
Hanffabrik
Hanffaser¹
Hanffeld
Hanfgarn
Hanfgarten
Hanfknitsche¹
Hanfland
Hanfreibe
Hanfröste¹
Hanfsamen
Hanfstück
Hanfwasser
Hang
hängen
hängen bleiben
Hängesitz
Hanselbank²
Hansel-und Gretel
hantig
hart¹,²
Hase
Haselnuss
Haselnussstecken
Hasenbrot
Haue²
hauen
häufeln
Häufelpflug
Haufen
häufen
Haufenreihe
haufenweise
Hauptfluss
Hauptgasse
Hauptrebe
Haupttabak
Hauptweg
Haus²
Hausboden²

Hausgarten
Hausgebrauch
Hausgrund
Hausmaus
Hausmittel
Hausnudeln
Haussack
Hauswurst
Haut¹
Hebel²
heben
Heber
Hechel¹
hecheln¹
Hechelzahn
Hechler¹
Hecht
Hecke
Hederich
Hefel
Hefeteig
Heft¹,²
heften
Heger
Heide
Heidekette
heimbringen
Heimermaus
heimführen
heimtragen
heimtreiben
heiß
heizen
Heizer
Hektar
hektarweise
Hekto
Helling
hellrot²
Hendel
Hendelfutter
Hendelkorb
Hengst
Henne
herabbeißen
herabfallen
herabgehen
herabmachen
herabmähen
herabmahlen

herabmaschinen
herabnehmen
herabpressen
herabschneiden
herabziehen
herauffahren
heraufziehen
herausbringen
herausfahren
herausfallen
herausführen
herausgeben
herausgehen
herauskommen²
herauskratzen
herausmachen
herausnehmen²
herausreißen
herausrinnen
herausrupfen
herausscharren
herausschneiden
herausschütten
herausstechen
heraustreiben
herauswühlen
herausziehen²
herauszüchten
Herbstrose
Herd²
hereingeben
hereinlegen
hereinmischen
hereinregnen
hereinschlagen
hergabeln
hergerechteln
herhängen
Herr
Herrgottsfinger
Herrgottshaar
Herrgottsvogel
herrichten
Herrschaft
Herrschaftsfeld
Herrschaftsmühle
Herrschaftsmühlen-
  acker
herumackern
herumdrehen

herumfahren
herumfallen
herumfliegen
herumlaufen
herumwühlen
herunterbrechen
herunterbringen
herunterfällen
herunterfliegen
herunterhängen
herunterkommen
herunterlösen
herunterschöpfen
herunterziehen
Herz
Herzjesublume
Hetschel
Hetschelberg
Hetschelrose
Heu
Heuernte
Heugabel
Heuhütte
Heuland
Heurechen
Heurupfer
Heuschober
Heuschrecke
Heustange
Heuwiese
Hexenkamm
Himbeere
Himmelschlüssel
Himmelskuh
hinabfallen
hinablassen
hinabrollen
hinaufhängen
hinaufhauen
hinaufkommen
hinaufreichen
hinaufschmeißen
hinaufspinnen
hinaufsteigen
hinauftragen
hinaufziehen
hinausfahren
hinausfallen
hinausführen
hinausgehen

Stichwortverzeichnis

hinausreiten
hinaustragen
hinaustreiben
hineinbinden
hineinfahren
hineinflechten
hineinfliegen
hineinfrieren
hineinhängen
hineinlassen
hineinlaufen
hineinleeren
hineinlegen[2]
hineinmahlen
hineinmessen
hineinmischen[1,2]
hineinquetschen
hineinrinnen
hineinrühren
hineinsäen
hineinschlagen
hineinschmeißen
hineinschneiden[2]
hineinschütten
hineinsetzen
hineinstampfen
hineinstechen
hineinstecken[1,2]
hineinstopfen
hineinstreuen
hineinstupfen[2]
hineintragen
hineintun
hineinziehen
hinfliegen
hinführen
hinlegen
hinrichten
hinschieben
hinschmeißen
hinten
Hinterfuß
Hinterhof
Hinterschinken
hintragen
hintreiben
hinziehen
Hirn
Hirnwurst
Hirnwurstbrühe

Hirsch[2]
Hirschacker
Hirschgraben
Hirschgras
Hitze
hitziger Boden
hobeln[2]
hoch[1,2]
Hochrücken
Hochrückensuppe
Hochrunde
hochträchtig
Hochwald
Hochwaldteil
Hochwasser
Hodaie
Hof
Hofstatt
Hofstelle
Höhe[2]
Hohl
Holder
Holderblume
Holderstecken
Holz[1,2]
Holzarbeiter
Holzboot
hölzern[1,2]
Holzfällen
Holzfass
Holzgabel
Holzgeld
Holzgrindel
Holzhambar
holzig
Holzkarren
Holzmagazin
Holzpflug
Holzpipe
Holzrad
Holzrahmen[2]
Holzraufe
Holzrechen
Holzriese
Holzschindel
Holzschlag
Holzschläger
Holzschneider
Holzspan
Holzstange

Holzstiel[2]
Holztrichter
Holztrog
Holzwalze
Honig
Honigbusserl
honigen
Honigkirsche
Honigkuchen
Honigle
Honigschleuder[2]
Honigzucker
Hopfengarten
Horn[1]
Hotter
Hübel
hübelig
Huhn
Hühnerdarm
Hühnerfleisch
Hühnersuppe
Huli
Humus
Humusboden
Hund
Hundehochzeit
Hunderttagefrucht
Hundsmilch
Hundszwiebel
Hünkel
Hünkelsfleisch
Hünkelshaus
Hünkelspaprikasch
Hünkelspest
Hünkelsstall
Hünkelsuppe
hüpfen
Hut[1]
hüten
Hüter
Hutergraben
Hutsch
Hutschenbündel
Hütte
Hutweide
Hutweidestück
Hutzucker
Ida
Igel
Iltis

Imker
impfen
Impfstall
Import
Importbär
Innereien
Insel
inwendig[2]
iterücken
Jagd
Jagdgewehr
Jagdhaus
Jagdkamerad
Jagdrevier
Jagdverein
jagen
Jäger
Jägerbrunnen
Jägerfamilie
Jägerhaus
Jägerhütte
Jahresbrot
Jahrhüter
Jakobiapfel
Jakobsveilchen
Jan
Janni
Japanischer
Jarminer
jäten
Joch[2]
Joghurt
Jonathan
Joschi
Joschka
Judengasse
Judenkirchhof
Jultscha
Jungbaum
Junges
Jungfisch
Jungvieh
Kabane
Kadarka
Käfer
Kaff
Kaffeetorte
Kaffhütte
Kahn
Kaiserbirne

Kaiserblume
Kaiserkrone
Kaiserspitz
Kalb
kalben
Kälberhalt
Kälberhalter
Kalbfleisch
Kalbin
Kalbshaut
Kalium
Kalk[2]
Kalkbrühe
kalt
Kalter
kalter Rauch
kameralisches Feld
Kamille
Kamillenkopf
Kamillenrupfer
Kamillentee
Kamillesack
Kammrad
Kanal
Kanitzel
kanitzeln
Kanne
Kanton
Kaper
Kapersoße
Kaptar
kaputt gehen
Karam
Karausche
Karbonade
Kardinal
Karfiol
Karmanjola
Karnickel
Karpfen
Kartoffel
Kasch
Käse
Käselaib
Käsenudel
Käsepappel
Käsepolster
Käsesack
Kastanie
Kasten[2]

kastrieren
Katastraljoch
Kathreiner
Katsche
Katschenei
Katscher Ried
Kätzchen
Katze
Kauder[1]
kaufen
Kaule
Kavallerieross
Kegel[2]
Keil[1,2]
Keim
keimig
Keks
Keller[2]
Kellerhals[2]
Kellerreihe
Kern[2]
Kernwein
Kerzenmacher
Kessel[1,2]
Kesselfleisch
Kesselofen
Kette[1,2]
Kettenschleife
Kiebitz
Kiftele
Kilo
Kilogramm
Kilometer
kiloweise
Kinnbacken
Kinnbackenspeck
Kipfel
kippen
Kirchberg
Kirchenbrücke
Kirchengasse
Kirchhof
Kirchhoffeld
Kirchhofgasse
Kirchweihschwein
Kirne
Kirschbaum
Kirschbaumteil
Kirsche
Kiste[2]

Kiwick
Klafter
Klafterlatte[2]
klappern
klar
klären
Klasse
klassifizieren
klauben
Klaue
Klauenzieher
Klause
Klee
Kleefeld
Kleegarten
Kleeheu
Kleesamen
Kleeseide
Kleestück
Kleie
Kleinbauer
Kleiner Roter
Kleinfleisch
Kleinhäusler
Kleinhäuslerfeld
Kleinhäusler-
  hutweide
Kleinhäusler-
  weingarten
Kleinknecht
Klette
Klingelwagen
klopfen
Klotz[2]
knallen
Knallpeitsche
Knecht
kneten
Knitsche
Knoblauch
Knoblauchsoße
Knoblauchtunke
Knoblauchwasser
Knoblauchzehe
Knochen
Knödel[1]
Knopf[1,2]
Knopfhengst
knüpfen
kochen[1,2]

kochend
Kochfleisch
kochig
Kochkukuruz
Kochkürbis
Kochwurst
Köder
Koglischan
Köhl
Kohle
Kohlenberesch
Kohlenberg
Kohlenbrennerei
Kohlenhydrat
Köhlkraut
Kohlrabi
Kohlrabibletschen
Kohlweißling
Kokosch
Kolatsche
Kolben[2]
Kolbenkukuruz
Kolbenross
Koliba
Kolibe
Kollektiv
Kollektivierung
Kollektivwirtschaft
Kolne
Kolofonium[2]
Kolonie
Koloradokäfer
Kombine[2]
Kommassierung
Komm-Mitvogel
Königin
konisch[1,2]
Konserve
konservieren
Kopf[1,2]
köpfen
Kopffleisch
Kopfgarbe
Kopfgestell
Kopfstück
Kopfteil
Korb[2]
korbweise
Kormikmaschine
Korn[2]

Stichwortverzeichnis

Kornblume
Kornelkirsche
Kornmaus
Kornschaub
Kornstroh
Kosch
Kosmetik
Kot
Kotarka
Kotschisch Irma
Kotzkazucker
krabbeln
Krabbler
Kraft
krähen
Krake
krank
Krankheit
Kranz
Krapfen
Krapfenteig
Krapp^1
Kratten
Kratzkarde
Kraut
Krautblatt
Krautbletschen
Krautfass
Krautgarten
Krautgockelein
Krauthobel
Krautkopf
Krautsalat
Krautschneider
Krautstande
Krautstein
Krautstrudel
Kraxe
Krempitte
Kren
Krensoße
Krenwurst
Krepiere
krepieren
krepiert
Krepiertes
Kreuz^2
Kreuzgasse
Kreuzhaufen
Krippe^2

Kristallzucker
Krone
Kropftaube
kröseln
Kröte
Krottenpalme
Krücke^2
Krug^2
Kübel^{1,2}
Kubik
Kubikarbeiter^2
Kubikmeter
Küche^2
Kuchen
Küchengarten
Kuchenpfanne
Kuckuck
Kuh
Kuhdreck
Kuhfeld
Kuhhalt
Kuhhalter
Kuhhalterpeitsche
Kuhhändler
Kuhkäse
Kuhkürbis
kühl
Kühlschrank
Kühltruhe
Kuhmagen
Kuhmist
Kuhrübe
Kuhstall
Kukuruz
Kukuruzabmacher
Kukuruzbrechen
Kukuruzbrecher
Kukuruzfeld
Kukuruzflur
Kukuruzgore
Kukuruzgrund
Kukuruzhaar
Kukuruzhobel^2
Kukuruzkern
Kukuruzkolben
Kukuruzkorb
Kukuruzlaub
Kukuruzliesch
Kukuruzmaschine
Kukuruzmehl

Kukuruzpflanze
Kukuruzribbeler^2
Kukuruzschrot
Kukuruzsetzer
Kukuruzsorte
Kukuruzstängel
Kukuruzstroh
Kukuruzstück
Kukuruzzapfen
Kultivator
Kümmel
Kummet
Kundschaft^{1,2}
Kunstdünger
Kunstfutter
künstlich
  befruchten
Kunstraphia
Kunstrose
Kupferkessel^2
kupfern
kuppen
Kuprosant
Kürbis
Kürbisstrudel
kurz^2
kurzes Futter
kurzfüßig
Kurzfutter
Kurzmaschine
kurzrückig
Kutsche^2
Kutscher
Kuttel
Kuttelsuppe
Lache
Lachenwasser
Lägel^2
Lager^2
lagern^2
Lagerschnaps
Laib
Lake
laken
Lambertel
Lamm
Lammfleisch
Lammschweif
Landrasse
Landstraße

Landwirtschaft
landwirtschaftlich
lang^2
Länge^{1,2}
Langegasse
Langer Roter
Langer Weißer
länglich^2
Langosch
Langstielapfel
Lastschlitten
Latte
Latzi
Laub
Laubfrosch
Laubschneider
Laubschober
Lauf^2
laufen
läufig
Laufstall
Laurenzi
Laurenzi-Pfirsich
Laus
lauwarm
Lavendel
Leanka
Leber
Leberknödel
Leberwurst
Leckwar
Leckwarbrot
Leckwartascherl
Leckwarzucker
Leder^1
Lederapfel
Lederschnur
leer
legen^2
Leghorn
Lehm^2
Lehmloch^2
Leibchenknöpfe
leicht
leichtes Feld
leichtes Ross
leichtknochig
Leim^{1,2}
Leine
Leinsamen

Leiter²
Leiterbaum²
Leiterwagen
Leitseil
Lemoni
Lentschi
Lerche
lernen²
Lese
Leseball
Lesekorn
lesen
Leser
Leserkranz
Lettenboden²
Lettenerde²
Leuchse²
Leventeplatz
Libelle
Liebstöckel
liefern
liegen
Liesch²
lieschen
Lieschenknüpfen
Lieschenschober
Lieschenzecker
Lieschplatz
Lieschseil
lila
lilafarbig
Lilie
Lindenbaum
Lindenholz²
Lindenhonig
Lindentee
links machen
Linse
Linsenfeld
Linzer
Lipizaner
Liptauer
Lisska
Listharmat
Liter
literweise
Lizenz
Loch¹,²
löchrig
Löffel

Lohn
Lokomobile²
Lorbeerblatt
los
Lose
losgehen
losreißen
losschneiden
Luchs
Luder
Luft²
luftdicht
Lumbel
Lunge
lupfen
Luthergasse
Luzerne
Mädchentraube
Madjarka
Mag
Magazin
Magd
Magdalenatraube
Magelsamen
Magelsamentorte
Magen
mager²
Magermilch
Magkopf
Magnudel
Magstrudel
Mähbinder
Mahd
mähen
Mäher
mahlen²
Mähmaschine²
Maibaum
Maiglöckchen
Maigrundbirne
Maikäfer
Mairöschenbaum
Maische
Maischebaum
Maischlade
Majalus
Majoran
Malai
Mamaliga
Mandel

Mangalitza
Mangalitzaschwein
Manila
mannshoch
Marder
Marderfell
Margerite
Mariä
   Heimsuchung
Mariaauge
Mariaherz
Maria-Magdalena-
   traube
Marille
Marischka
Mark
markieren
Markknochen
Markt¹,²
Marktplatz
Marone
Märzkrüglein
Märzveilchen
Maschansker Apfel
Maschine¹,²
maschinen
Maschinenarbeiter
Maschineneigen-
   tümer
Maschinenführer
Maschinengarbe
Maschinenleute
Maschinen-
   schuppen
Maschinist
Maß¹,¹
mästen
Mästerei
Mastschwein
Matte
Maulaffe
Maulbeerbaum
Maulbeere
Maulbeerfass
Maulbeerholz²
Maulbeerraki
Maulbeerwald
Maulwurf
Maus
Maut

mechanische Säge
mechanischer
   Rechen
Medikament
Mehl
mehlig
Mehlspeise
Mehltau
Meierhof
Meise
Meisterschule
Melasse
Melde
Melisse
melken
Melkkübel²
Melkkuh
Melone
Melonenfeld
Melonenhütte
Meritzel
messen¹,²
Messer¹,²
Messing²
Messinglöffel
Messingpipe
Meter¹,²
meterlang¹,²
Meterzentner
Metze
Metzelsuppe
metzgen
Metzger
Metzgersuppe
Milbe
Milbensorte
Milch²
Milcheimer
Milchgenossen-
   schaft
Milchhafen
Milchhalle
Milchhaus
Milchkanne²
Milchsechter
Milchtüpfen²
Milchverein
Milchzucker
Miltox
Milz

Stichwortverzeichnis

minderwertig
Mineralwasser
Mineralwasser-
  quelle
mischen[2]
Mispelbaum
Mist[1]
Mistbeet
misten
Misterde
Mistgrube
Misthaufen
Mistkäfer
Mistkrabbler
Mistunterlage
mit der Hand
mitbrennen
Mitsch
Mitte[2]
mittel
Mitteldorf
Mittelgarbe
Mittelgasse
Mittelwand
Mittelweingarten
Mitzi
modern
Mohn
Molke
Monatslohn
Monatsrettich
Monopol
montieren
Moos
Morast
Morastgasse
Morgenstern
Morscholo
Most
Motor[2]
Motorsäge[2]
Motsche
Motschenweide
Mücke
Muhar
Muharfeld
Muhargras
Muharsamen
Mühlbach
Mühle[2]

Mühlgasse
Mühlgraben
Mühlstein
Muhrübe
Müller
Müllerspferd
Multer[1,2]
Mummele
Münich
Munte
Munz
Muri
Muristein
Muskat Hamburg
Muskat Othonell
Muskatel
Muskateller
Mutterblatt
Mutterkalb
Mutter-lösch-das-
  Licht
Nabe[2]
Nachlauf
Nachteule
Nachtigall
Nackhalsige
Nackter Pfirsich
Nadel[1]
Nagel[1,2]
Nägelein
nahrhaft
Nährwert
Naht[1,2]
Napoleon
Napschugar
Nase[2]
Nasenloch
Nasenriemen
Nashornkäfer
nass[2]
nasser Boden
Naturboden
natürlich
Nebelregen
Nebengasse
Nebenstange[2]
Nebental
Nelke
Nest
Netz

Neuarader Brücke
Neue
Neuerberg
neues Dorf
Neufeld
neugezüchtet
neumodisch
niedermähen
niedrig[2]
Niedrige Bohne
Niere
Nikotin
nivellieren
Nockerl
Nonius
Noniushengst
Notgore
Nudel
Nudelkürbis
Nudelseiher
Nudelwalger
Nullermehl
Nuss[1,2]
Nussbaum[2]
Nusskern
Nusslaub
Nussnudel
Nussstrudel
Nusstorte
Nutzen
Nylonblache
Nylonsack
obendarüber
obendrauf
Oberbrücke
Oberdorf
oberdorfer
obere Garbe
Obergasse
oberhalb
Oberjäger
Obermüller
Obers
Oberwald
Oberwiese
Oberwiesen-
  brunnen
Obor
Obst
Obstbaum

Obstgarten
Obstjahr
Obstschnaps
Ochse
Ochsenauge
Ochsenjoch
Ofen[2]
Ofenkrücke
offen
offene Küche
offener Rauchfang
offener
  Schweinestall
Ohr
Ohrnummer
Ohrwangel
Öl[1,2]
Olga
Ölsamen
Oriaschi
Osterblume
Osterkerze
Osterschwein
Othonell
Otto
oval[2]
pachten
Palatschinke
Palm
panieren
Panzen
Papier[1,2]
Papierfabrik
Papiernuss
Pappelbaum[2]
Paprika
Paprikablume
Paprikasch
Paprikasch-
  grundbirne
Paprikaspeck
Paradegeschirr
Paradeis
Paradeiskiste
Paradeissoße
Paradeisstecken
Paradeissuppe
Paradeistunke
Parasit
Parfümgeschmack

Partie
Parzelle
parzellieren
Pastinak
Patrone
patschen
Patschfüßige
Patschkukuruz
Pause
Pechboden
Peitsche
Peitschenbehälter
Peitschenschnur
Peitschenstecken
Pekmes
pelzen
Pension
Perlhuhn
Peronospora
Pest
Petersilie
Petersilien-
  grundbirne
Peter-und-Paul
Petrenze
Petrenzestange
Pfaff
Pfälzer
Pfanne
Pfannkuchen
Pfarrer
Pfarrerfeld
Pfarrerwiese
Pfauenauge
Pfeffer
Pfefferminze
Pfeife[2]
pfeifen
Pferch
Pferd[2]
Pferdegeschirr
Pferdestall
Pferdshalter
Pferdsmist
Pfingstrose
Pfirsich
Pfirsichausstellung
Pfirsichbaum
Pfirsichsorte
Pfirsichsulz

Pflanze
Pflanzer
Pflanzholz
Pflaume
Pflaumenbaum
Pflaumenraki
Pflaumenritsche
Pflaumenschnaps
pflegen
Pflock
Pflückerbse
Pflug[2]
Pflugarm
Pflugkarren
Pflugputzer
Pfosten[2]
Pfund
Pfundapfel
Phylloxera
Pickan
picken[1,2]
pickig
Pinzgauer
Pipatsch
Pipe[2]
Pirkitzle
Pischta
Plantage
Plastik[1]
Platte[1,2]
Plätte[2]
Platz
Platzkukuruz
Platzregen
Plutzer[2]
Pogatsche
Pogatschenpfirsich
Poiana
Pomeranze
Pope
Pörkölt
Portugieser
Portulak
Postgasse
Praktikum
Presse[1,2]
pressen[2]
Presshaus[2]
Presswein
Privathengst

probieren
Prominze
Prominzentee
Prominzenzucker
Prozent
prozentig
Prozentmüller
Prügel
pudern
Pujke
Pujkegockel
Pujkehahn
Pujkekokosch
Pujkrich
Pumpbrunnen[2]
Pumpe[2]
Pußta
Pußtafeld
putzen
Quackerblume
Quadratklafter
Quadratsetzer
Quecke
Quelle
quellen
Quellfleisch
Quetsche
Quitte
Quittenbaum
Quittenkäse
Rabatte
Rabe
Rad[1,2]
Radbrunnen[2]
Rade
Radnakutsche
raffen
Raffia
Rahm
Rahmen[1,2]
Rain
Raitzenmühle
Raitzenmühlen-
  acker
Raki
Rakifass[2]
Rakikessel[2]
rammeln
rammlig
Rampasch

Rampe
Raphia
Raps
rasieren
Rasiermesser
Rasse
Ratsche
Ratz
Räubergasse
Raubschütz
Raubwild
Rauch
Räucherkammer
räuchern
Räucherofen
Rauchfang[2]
Raufe
Raupe
Rebe
Rebenblatt
Rebenbürde
Rebenschere
Rebenspalier
Rebenstock
Rebhendel
Rebhendelsuppe
Rebhünkel
Reblaus
Rebsorte
Rechen[1,2]
rechen
Redschina Wielor
Regen
Regenbogen
regnen
Reh[2]
Rehweide
reiben[1,2]
reichen
reicher Bauer
Reichgabel
Reif[2]
reif
reifen
reifig
Reihe[1,2]
Reihenbreite
reihenweise
Reiher
Rein[2]

Stichwortverzeichnis

rein
reinigen
Reinigungsflug
Reis
Reisbohne
Reiserschleife
Reisfleisch
Reisig[2]
Reiswurst
reiten
Reiter
Reitross
Reizfütterung
Remonte
Remorka
Reneklode
Rettich
Reuse
Reuthaue
Revier
Rhabarber
Ribbel
Ribbeler
ribbeln
Ribisel
Ribiselstock
richten
Ried
Riemen[1,2]
Ries
Riesar
Riese
Riesfrucht
Riesleute
Riesling
Rigola
rigolen
Rind
Rinde
Rinderleber
Rinderlunge
Rindfleisch
Rindsdarm
Rindspaprikasch
Rindsuppe
Rindsuppennudel
Rindvieh
Ring[1,2]
Ringelblume
rinnen

Rippe
Rippenspeck
Ritsche
Ritter
Rittersporn
Ritze
Rizinus
Robot
Roggen
roh
rohes Fleisch
Rohr[2]
Röhre[2]
Rohrspatz
Rohrwiese
Rohsalami
Roland
Rolle
Rollholz
rollig
Rosagrundbirne
rosarot
Rose[1,2]
Rosengrundbirne
Rosmarin[1]
Rosmarinstrauß
Ross
Rossberg
Rossbürste
Rossdistel
Rossgeschirr
Rosshalt
Rosshalter
rossig
Rossklee
Rossmist
Rossmücke
Rossmühle
Rossmüller
Rossname
Rossschlitten
Rossstall
Rosszahnkukuruz
Röste[1]
rosten
rösten[1]
rostfrei[2]
rostig[2]
Rostregen
rot[2]

Rote
rote Erde[2]
Rote Grundbirne
Rote Pflaume
Rote Rübe
roter Grund
Rotes
Rotklee
Rotkleesamen
Rotkraut
Rotlauf
rötlich
Rotmehl
Rübe
Rübenblatt
Rübenbletschen
Rübengabel
Rübenhobel
Rübenschneider
Rübenschnitzel
Rübenwaage
Rücken
Rückgrat
Rückstrang
Ruder
rudern
Rudi
rügeln
rühren
Rührfass
Rumänische Art
Rumänisches
    Fleckvieh
Rummel
rund[1,2]
rundherum
rupfen
Rusaberg
Russe
Rüssel
russische
    Kremtorte
Rüster[2]
Rute[2]
rütteln
Saatbeet
Saatkasten
Sache[1]
Sack
Sackischer Pflug

Säckler
Sackmann
Sackosch
Sackträger
säen
Saft
Säge[2]
Sägemehl[2]
sägen[2]
Sägewerk
Salami
Salamidarm
Salamifabrik
Salasch[2]
Salat
Salband[1]
Saliter
Saliterboden
Salizyl
Salz
salzen
Salzlecke
Salzschaff
Salzumurke
Salzwasser
Sämaschine[1]
Samen
Samenfrucht
sammeln
Sand[2]
Sandberg
Sandblatt
Sandboden
Sandhaufen
sandig[2]
Sandkrabbeler
Sandkrug
Sandloch
Sandtabak
Sapine
Sarma
Sarmakraut
Sau
sauber[2]
sauber machen
sauer
Sauerampfer
Sauerbratenfleisch
Sauerbrunnen
Saueres

Sauerkirschbaum
Sauerkirsche
Sauerkraut
säuerlich
Sauermilch
Sauerrahm
Sauerteig
Saufbotz
saufen
Saufferkel
Saufleisch
Saugras
Saugrundbirne
Sauhalt
Sauhalter
Sauhalterbrunnen
Sauhalterin
Sauhübel
Saukürbis
Saumagen
Saumist
saure Milch
saure Nudel
saure Umurke
saurer Paprika
saures Ei
Sauschwanz
Saustall²
Sautrank
Sautrift
Schabe
Schabebrett
schaben
Schabenmüller
Schadel
Schaden
Schaf
Schafberg
Schafbrinse
Schaff
schaffen
Schaffleisch
Schaffwalache
Schafgarbe
Schafhalter
Schafkäse
Schafmist
Schafnasenapfel
Schafrippe
Schafsnase

Schafstall
Schajt
Schalanken
Schale
schälen²
Schällaub
Schalotte
Schankrecht
Schanze
Schar²
scharf¹,²
scharfer Kren
scharfer Paprika
scharfer Zucker
Scharfrucht
Scharja
scharren
Schasch
Schaub
Schaubstroh
Schaufel
Scheibe²
Scheibenegge
Scheibenhonig
Scheibtruhe²
Scheiemkoro
Scheißdreckvogel
Scheiße
scheißen
scheißerig
Schelle
Schellkraut
schepp
scheren
Scherriemen
Scheuer
Scheuleder
Scheune
Schicht
schieben
Schieber
schief²
Schiefersteinige
schießen
Schiffsmühle
Schikulaer
Schilfrohr
Schiller
Schimmel
Schimmelfass

Schimmelhengst
schimmelig
schimmeln
Schindel²
Schindelbaum
Schinder
Schindergasse
Schinderloch
Schinderplatz
Schinderwiese
Schinken
Schinkenfleisch
Schippe
schippen
Schlachtbrief
Schlachtbrücke
schlachten
Schlachter
Schlachterbrief
Schlachterei
Schlachtfest
Schlachtmulter
Schlachtsuppe
Schlachttag
Schlagader
Schlagbrücke
schlagen¹,²
Schlagsahne
Schlange
Schlauch²
Schleckel
schlecken
Schlegel
Schleie
Schleife²
schleifen²
Schleifstein
Schleim
Schleimhaut
schleimig
schleißen
Schleppe²
schleppen
Schleuder
Schleudermaschine
schleudern
Schleuse
Schlitten²
Schlossbergweg
Schloße

schloßen
schlüpfen
Schlupftür
Schlüsselblume
schmal¹,²
Schmalspurbahn
Schmalspurstrecke
Schmalz
Schmalzdose
schmecken
schmeckig
Schmeckige
schmeißen
Schmeißmücke
Schmer
Schmerkipfel
Schmerkolatsche
Schmerkrapfen
Schmetterling
Schmicke
Schmiedewiese
Schmiere
schmieren¹,²
Schnalle¹
Schnapfengraben
Schnaps
Schnapsbrenner
Schnapsbrennerei
Schnapshaus
Schnapskessel
Schnecke
Schnee
Schneeglöckchen
Schneide
schneiden¹,²
Schneider¹
Schneiderin¹
Schneidermülleracker
schneien
Schnepfe
Schnitt¹,²
Schnitter
Schnitterherr
Schnitterin
Schnitterkranz
Schnittermann
Schnittertag
Schnitterweib
Schnitzel

Stichwortverzeichnis

schnüffeln
Schnur[1,2]
Schnusse
Schober
schobern
Schobersetzer
Schochen
Schokolade
Schokoladentorte
Scholle
Schollenhüpfer
Schonzeit
Schöpfbrunnen
Schopfhuhn
Schopflerche
Schöpfschippe
Schor
Schote
schräg[2]
Schragen[2]
schreien
Schritt
Schrot[2]
schroten
Schroter[2]
Schrothacke
Schrotmühle
Schubhacke
Schubkarren[2]
Schuh[1,2]
Schulter
Schuppen[2]
Schuppenboden
schüren[2]
Schuss[1]
Schüssel
schütteln
schütten
schütter
schüttern
Schwabe
Schwabenmühle
schwach[1,2]
Schwadenrechen
Schwalbe
Schwalbennest
Schwalbenschwanz
Schwamm
Schwanz
Schwanzriemen

Schwarm
schwärmen
Schwarte[2]
Schwartengender
Schwartenmagen
Schwartenmagen-
  sache
Schwartenmagen-
  spieß
Schwartenwurst
schwarz[2]
Schwarzamsel
Schwarze
schwärzen
schwarzer Boden
schwarzer Grund
Schwarzer Rettich
Schwarzwurzel
Schwefel
schwefeln
Schwefelstreifen
Schwein
Schweinefleisch
Schweinehändler
Schweinemist
Schweinepest
Schweinernes
Schweinestall
Schweinesuppe
Schweinezucht
Schweins-
  ausstellung
Schweinsbär
Schweins-
  grundbirne
Schweinshalt
Schweinshalter
Schweinsrechen
Schweinsschlacht
Schweinstränke
Schweizerei
Schwengel-
  brunnen[2]
schwer
schwerer Boden
schweres Ross
Schwertlilie
schwimmen
Schwinge[1]
schwitzen

Sech[2]
Sechseimerfass
Sechstel
Seidendarm
Seife[2]
Seiher
Seil[1]
Seileleger
Seite[2]
Seitenteil[2]
Selbstträger
selchen
Selcherei
Selchkammer
Selchofen
Semete
Semmel
Sense[2]
Sensenblatt
Sensenbogen
Sensengriff
Sensenhaus
Sensenrippe
Sensenwurf[2]
separat
Session
Setzbohrer
setzen[2]
Setzer
Setzgrundbirne
Sichel
Sichelhängen
Sieb[1,2]
sieben
sieden
Siele
Sielengeschirr
Sielenstrick
Sielentasche
Silberweiße
Silo
Silvapalinka
Simmentaler
Simperl[2]
Sinep
singen
Singvogel
Sit
Sitzbrett[2]
Sitzsack

Slankamen
Slatina
Soluzie
Sommergerste
Sommerknoblauch
Sommerküche
Sommerpflaume
Sommersalami
Sommerweizen
Sonne
Sonnenblume
Sonnenblumen-
  stängel
Sonnenblumen-
  stecken
Sonnenregen
Sonnenrose
Sonnenrosenkern
Sonnenumurke
Sorte
sortieren[2]
Sortierer
Soße
Spalier
spalten
Spanische
  Weichsel
spannen
Sparherd[2]
Sparherdplatte[2]
Späte Birne
Späte Grundbirne
Später Pfirsich
Spätjahrfrucht
Spätkohlrabi
Spatz
Spatzengasse
Spatzenkirsche
Spatzennest
Speck
Speck am Spieß
speckig
Speckkirschbaum
Speckkirsche
Speckmaus
Specksache
Speckschnitte
Speckseite
Speckstück
Spediteurwagen

Speis²
Spelz
sperren
Sperrkette
Spiegel²
Spieß
Spießstecker
Spinat
Spinnbohne
Spinne
Spinnrosenbaum
Spitze¹,²
spitzen
spitzig¹,²
Spitztabak
Spitzwegerich
Sportplatz
Spreu²
Spreugabel
Spreuschober
Spreusetzer
Spreuträger
Spreuweib
Spritze¹
spritzen¹,²
Spritzlade
Spritzmaterial
Spritzsache
Spritzwasser
Sprosse²
Spund²
Staatsferma
Staatshengst
Stahl²
Stall²
Stallfütterung
Stallhase
Stallmist
Stalltür²
Stallung
Stamm¹,²
stampfen²
Stampfer²
Stampfloch
Stande
Ständer
Stange¹,²
Stängel¹,²
Stängelschober
stapeln²

Star
stark¹,²
Stärke
Starkes
Staub
Stechapfel
stechen¹
Stecken¹,²
stecken
Steckenholz
Steckgrundbirne
stehen²
stehenbleiben
steif
Steigung
steil
Stein²
Steinberg
Steinboden
Steinbruch²
Steinbuckel
Steinkarren²
Steinklee
Steinkrug
Steinnagel
Steinnuss
Steinschiller
stellen
Stellfass¹
Sterlet
Sternblume
Sternstrauß
Stich²
Stichbraten
Stichmesser
Stickstoff
Stieglitz
Stiel¹,²
Stier
stieren
Stiergeld
stierig
Stiffulder
Stinkeritze
Stirnriemen
Stock²
Stockberg
Stockbrunnen
stocken
stockreif

stopfen
Stoppel
Stoppelfeld
Stoppelsturz
Storch
Storchengraben
Storchennest
Storchenpaar
Storzen
stoßen
Stößer
Stoßvogel
Strang¹
Straße
Straßengraben
Straßenteil
Straßenteilbrunnen
Straßenweg
Strauch
Strauß
Strecke
Streifen¹,²
Streifenwagen
streuen
Strich
Strick¹,²
Striegel
striegeln
Strippwurzel
Stroh²
Strohband
Strohhaufen
Strohkorb
Strohmann
Strohsack
Strohschieber
Strohschober
Strohschober-
   macher
Strohsetzer
Strohträger
Strohtriste
Strohwisch
Strudel
Strudelapfel
Strudelbacken
Strudelmehl
Strudelweinbeere
Strupfer
Stück¹,²

stupfen
stürmen
Sturmlaterne
stürzen
Stürzkorb
Stute
Stutzen²
stutzen²
Sudangras
Suloker Tabak
Sulz
Sumpf
Sumpfboden
sumpfig
Superphosphat
Suppe
Suppenfleisch
Suppennudel
süß
Süßapfel
süße Milch
süßer Strudel
Süßholz
Süßkirsche
Süßobers
Szegediner
Tabak
Tabakblatt
Tabakblume
Tabakfabrik
Tabakkopf
Tabakkutsche
Tabakmann
Tabaknadel
Tabaksamen
Tabakscheuer
Tabakschuppen
Tabakstock
Tablette
Tacke
Tafel
Taglohn
Taglöhner
Tagundnacht-
   schatten
Tal
Talfeld
Tanne²
Tannenbaum
Tannenreis

Stichwortverzeichnis 19

Tappe-mich-zusammen
Taschenfeitel
Tau
taub
Taube
Taube Brennnessel
Taubenfleisch
Taubenschlag
tauschen
Tausendgüldenkraut
Tee
Teich
Teig
Teil^{1,2}
teilen
Tendel
tendelner
Tendelpekmes
Tendelschnaps
Tenne
Tepsi^2
Tepsifleisch
Thermometer
tief^2
Tiefbrunnen
Tier
Tierarzt
Tobottfett
Tokane
Tollkirsche
Ton^2
Tonkrug
Topf^2
Topfen
Topfenstrudel
Topinambur
Tor^2
Tornister
Törökbalint
Torsche
Torte
Totenvogel
Towaraschie
trächtig
Tragatsch
tragen^2
Traktor^2
Traktorplatz

Traktorweg
Traminer
Trank
Tränke
tränken
Tränkkessel
transchieren
Transchiertisch
transportieren
trappen
Trappgans
trassieren
Traube
Traubel
Traubenausstellung
Traubenball
Traubenbeere
Traubenfest
Traubenmühle^2
Traubensorte
Treber
Treberbassin
Treberschnaps
treiben^2
treten^{1,2}
Tretplatz
Tretstande
Trichter^2
Trinkwasser
Triste
Tristentuch
trocken^2
trocken halten
Trockenbohne
Trockenhaus
trocknen^{1,2}
Trog^2
Trollen
Trollinger
Trommel^2
Trommelweib
Tropfen
trübe
Tschabadjön
Tschag
Tschalamadi
Tscharak
Tschardak
Tscharnok
Tschaslauer

Tschesar
Tschickel
Tschiri
Tschutra
Tuch^1
Tuddelkraut
Tulipan^2
Tunke
Tüpfen
Tür^2
Tutte
Tuttelblume
Tuttelschwein
übergeben
überhaupt
überholen
Überland
überschwemmen
Überschwemmung
übersetzen
überwerfen
überzwerch
Überzwerches
Ufer
Ujhädj
Ulmer Pflug
umbiegen
umbringen
umfallen
Umgegend
umgraben
umkehren
umlegen
umschmeißen
umstülpen
Umurke
umwickeln
Ungarische
Ungeziefer
Unkraut
untendran
unterackern
Unterbau
Unterbrücke
Unterdorf
unterdorfer
Untergasse
unterstreuen
Unterwald
Unwetter

Unwitterung
Urban
Urwald
Vanilletorte
Veilchen
Veiole
verarbeiten^{1,2}
verarbeitet
verbrennen
verdampfen
verderben
verdienen
verdunsten
veredeln
Veredler
Verein
verfaulen
verfault
verfrieren
verfüttern
Vergissmeinnicht
vergraben
verhacken
verhäckseln
verhackt
verhalbieren
verheizen
verhudelt
verkaufen
verkosten
verkratzen
vermehren
vermischen
verpachten
verpatschen
verpickt
verpikieren
verquetschen
verrechen
verrecken
Verrecker
verreckt
Verrecktes
verrosten^2
verrösten
verrupfen
verscharren
verschimmeln
verschmelzen
verschmiert

verschneiden[1,2]
verschütteln
versetzen
verstärkt
verstecken
verstellbar
verstopfen
verteilen
Vertiefung
vertilgen
vertranschieren
verwachsen
verweichen
Vieh
Viehfriedhof
Viehrübe
Viehtrieb
viereckig[2]
vierspännig
vierte Klasse
Viertel[2]
Viertelschaff
Viertergrund
Viertergrund-Brunnen
Viertergrund-Hohl
Vierzehner
violett[1]
Vogel
Volk
Volkswagen
voll[2]
voll pflanzen
Vollblut
voneinander schneiden
Vorarbeiter
Vorbehalt
vorder
Vorderfuß
Vorderhof
Vorderschinken
Vorlauf
vorne
vorschieben
vorstehen
Waage[1,2]
Waagemann
Waagemeister
Wabe

Wachs[1,2]
wachsen
Wachsgeruch
Wachskerze
Wachspresse
Wachtel
Wachtelnest
Wachtelsmahd
Wadschinken
Wagen[2]
Wagengestell
Wagenleiter[2]
Wagenrad[2]
Wagenschmiere
Waggon[2]
Waggonet[2]
Wald[2]
Waldarbeit
Waldbahn
Waldbrand
Waldfeld
Waldförster
Waldfrucht
Waldgarten
Waldgrund
Waldhonig
Waldhüter
Waldpartie
Waldsäge[2]
Waldstraße
Waldteil
Waldung
Waldwiese
walgern[2]
Walze[1,2]
walzen[1,2]
Walzenmühle
Wand[2]
wandern[2]
Ware[1]
Warjascher
warm[2]
Warwick
waschen
Wasen
Wasser[2]
Wasserblase
Wasserfass
Wasserkrug
Wasserlache

Wasserlade
Wassermann
Wassermelone
Wassermühle
Wassermüller
Wasserrain
Wasserriese
Wassertal
Watz
wechseln
Weder
Weg
wegbrechen
wegführen
weggabeln
Wegrain
wegräumen
wegschmeißen
wegschneiden
wegtragen
Wegwarte
wegziehen
weh
Weiberarbeit
weich[1,2]
Weichsel
Weichselbaum
Weichselblatt
weichselner
Weichselsoße
Weide[2]
weiden
Weidenbaum
Weidenblüte
Weidenbrunnen
Weidenkorb
Weidling[2]
Weihnachtsglocke
Wein
Weinbeere
Weinbeerenblatt
Weinbeerenkraxe
Weinbeerenstecken
Weinbeerenstube
Weinbeerentrog
Weinbeißer
Weinberg
Weinberggasse
Weinfärber
Weinfass

Weingarten
Weingartengraben
Weingartenhüter
Weingartenpflug
Weinheber
Weinhüter
Weinkammer[2]
Weinkeller
Weinlese
Weinrebe
Weinsaurer
Weinsiedler
Weinstock
Weintreber
Weinverkoster
Weinzettler
weiß
Weißbraten
Weiße
Weiße Blume
Weiße Bohne
Weiße Grundbirne
weißeln[2]
weißer Boden
Weißklee
Weißkraut
Weißmehl
weiterliefern
Weizen
Weizengarbe
Weizenseil
welk
Wendelinsmarkt
wenden
werfen
Werg[1]
Werkzeug[1,2]
Wermutgeschmack
Wertäschkinschä
Wespe
Wetter
Wetterkanone
Wicke
Wickeheu
Wickenfeld
wiederkäuen
wiegen
Wiener Schnitzel
Wiese
Wiesengasse

Stichwortverzeichnis

Wiesengrund	wühlen	Ziegerstrudel	Zünderkukuruz
Wiesenheu	Wurf	Ziegerwasser	Zunge[1,2]
Wild	Würfel	ziehen[1,2]	zurechen
wild	Würfelzucker	Zierhendel	zusammenarbeiten
Wildbestand	wurgsen	Zierleder	zusammenbinden[1,2]
Wilde Margerite	Wurm	Zigeunerberg	zusammendrehen[1,2]
Wilde Wicke	wurmig	Zigeunergabel	zusammenflechten
Wildente	Wurst[1]	Zigeunergrund	zusammenführen
Wilder Sauerampfer	Wurstfleisch	Zigeunerloch	zusammengehen
	Wurstkessel	Zigeunerspeck	zusammenhalten
Wilder Wermut	Wurstspritze	Zille	zusammenhängen
Wildern	Wurstsuppe	Zinke[1]	zusammenhelfen
wildes Tier	Würzbüschel	Zinkenegge	zusammenholen
Wildgans	Wurzel	Zinnkraut	zusammenkaufen
Wildkatze	Wutz	Zinnkrautwiese	zusammenklauben
Wildschütze	Yorkshire	Zirok	zusammenlegen
Wildschwein	Yorkshireschwein	Zitrone	zusammenlesen
Wildtaube	Zackelweiß	Zitzkan	zusammenmachen
wimmeln	Zahn[1,2]	Zopfkuchen	zusammenmahlen
Wind	Zapfen[2]	Zottel	zusammenmischen
Windbruch	Zapfenkukuruz	Zuackerpflug	zusammennehmen
Winde	Zaum	Zuber[2]	zusammenpassen
winden	Zaun[2]	zubinden	zusammenraffen
Windhexe	Zaunkönig	Zucht	zusammenrechen
Windmühle	Zaunschlüpfer	Zuchtbuch	zusammenschlagen
Windmüller	Zecker	Züchtel	zusammenschmeißen
Winete	Zehe	züchten	
Winetesalat	Zehneimerfass	Züchtin	zusammenschnallen
Winterfrucht	Zehnliterglas	Zuchtsau	
Winterfutter	zehnlitrig	Zuchtschwein	zusammenschneiden[1,2]
Wintergerste	zehnmetrig	Zuchtstation	
Winterholz	Zehnt	Zuchtstute	zusammenschütten
Winterknoblauch	Zehntel	Zuchtverein	zusammensetzen[2]
Winterrettich	Zehnteltretplatz	Zucker	zusammenspannen
Wintersalami	zeitig	Zuckerbäcker	zusammenstellen
Wintersalat	Zeller	Zuckerbirne	zusammenstocken
Wintertraube	Zellulose	Zuckererbse	zusammentragen
Winterweizen	Zementtrog	Zuckerfabrik	zusammenziehen
Wirtschaft	Zensor	Zuckergehalt	zuschlagen[1]
Wirtsfeld	Zenti	Zuckermelone	zuschneiden[1,2]
Wirtswiese	Zentimeter[1,2]	Zuckerrübe	zuschwemmen
Witterung	Zentner	Zuckerwasser	Zuspeise
Wochenmarkt	zerstreuen	Zuckerzelten	zustreuen
Wochenmarktplatz	Zervelat	zudecken	Zuwaage
Wodka	Zeug	Zug	Zwacken
Wolf	Zeugstrudel	Zügel	Zweieimerfass
Wolfsgraben	Zibebe	zugespitzt	Zweig
Wolfskraut	Zibebentraube	zugrunde gehen	Zweispänner
Wolfswiese	Ziegel[2]	zuhäufeln	zweite Klasse
Wolle[1]	Zieger	zumachen	zweites Mehl

zweizinkig
Zwerchgasse
Zwerchholz
Zwetschke
Zwetschkenbaum
Zwetschken-
  schnaps
Zwiebel
Zwischenhändler

Schriftenreihe des Instituts für donauschwäbische Geschichte und Landeskunde

1. Hans-Heinrich Rieser:
Temeswar: Geographische Beschreibung der Banater Hauptstadt. 1992. 197 S. *ISBN 3-515-08288-3*
2. Mathias Beer:
Flüchtlinge und Vertriebene im deutschen Südwesten nach 1945. Eine Übersicht der Archivalien in den staatlichen und kommunalen Archiven des Landes Baden-Württemberg. 1994. 414 S. *8289-1*
3. Mathias Beer (Hrsg.):
Zur Integration der Flüchtlinge und Vertriebenen im deutschen Südwesten nach 1945. Ergebnisse der Tagung vom 11. und 12. November 1993 in Tübingen. 1994. 260 S. *8290-5*
4. Mathias Beer / Dittmar Dahlmann (Hrsg.):
Migration nach Ost- und Südosteuropa vom 18. bis zum Beginn des 19. Jahrhunderts. Ursachen, Formen, Verlauf, Ergebnis. 1999. 470 S. *8291-3*
5. Márta Fata (Hrsg.):
Die schwäbische Türkei. Lebensformen der Ethnien in Südwestungarn. Ergebnisse der Tagung des Instituts für Donauschwäbische Geschichte und Landeskunde in Tübingen vom 10. und 11. November 1994. 1997. 290 S. *8292-1*
6. Hans Gehl (Bearb.):
Wörterbuch der donauschwäbischen Bekleidungsgewerbe. (Donauschwäbische Fachwortschätze Teil 1). 1997. 608 S. m. 7 Ktn. *8293-X*
7. Hans Gehl (Bearb.):
Wörterbuch der donauschwäbischen Baugewerbe. (Donauschwäbische Fachwortschätze Teil 2). 2000. 589 S. m. 7 Ktn. *8294-8*
8. Horst Förster / Horst Fassel (Hrsg.):
Kulturdialog und akzeptierte Vielfalt? Rumänien und rumänische Sprachgebiete nach 1918. 1999. 288 S. *8295-6*
9. Andrea Kühne:
Entstehung, Aufbau und Funktion der Flüchtlingsverwaltung in Württemberg-Hohenzollern 1945–1952. Flüchtlingspolitik im Spannungsfeld deutscher und französischer Interessen. 1999. 271 S. *8296-4*
10. Hans-Heinrich Rieser:
Das rumänische Banat: Eine multikulturelle Region im Umbruch. Geographische Transformationsforschungen am Beispiel der jüngeren Kulturlandschaftsentwicklungen in Südwestrumänien. 2001. 549 S. *8297-2*
11. Karl-Peter Krauss:
Deutsche Auswanderer in Ungarn. Ansiedlung in der Herrschaft Bóly im 18. Jahrhundert. 2003. Ca. 464 S. m. 105 Abb. *8221-2*
12. Hans Gehl:
Wörterbuch der donauschwäbischen Landwirtschaft. (Donauschwäbische Fachwortschätze Teil 3). 2003. 664 S. m. 7 Ktn. *8264-6*

FRANZ STEINER VERLAG STUTTGART